España
&
Portugal
2011

Sumario Sumário

Contents

España Portugal

Espanha   Spain   **Portugal**   Portugal

Modo de empleo

INFORMACIÓN TURÍSTICA

Distancias desde las poblaciones principales,
oficinas de turismo, puntos de interés turístico
locales, medios de transporte,
campos de golf y ocio...

EL ALOJAMIENTO

De 🏨🏨🏨 a 🏠 :
categorías de confort.
⛺ : otros tipos
de alojamiento.
En rojo : los más agradables.

RESTAURANTES

De XXXXX a X : categorías
de confort.
𝄆 : bar de tapas
En rojo: los más agradables.

LAS ESTRELLAS DE BUENA MESA

❀❀❀	Justifica el viaje.
❀❀	Vale la pena desviarse.
❀	Muy buena cocina.

LAS MEJORES DIRECCIONES A PRECIOS MODERADOS

😊	Bib Gourmand.
🏠	Bib Hotel.

AGUILAR DE CAMPÓO – ✉ 34800 Palencia – 575 D
> Madrid 323 – Palencia 97 – Santander 104
> 🚊 pl. de España 30, 🕿 979 12 36 41, turismaguil
> 🛈 Torremirona, Suroeste : 3 km, 🕿 979 12 34 12
> 📷 Plaza central ★ – Castillo de Santa Maria ★★
> Plaza central ★

Mikasa
av. de Ronda 23 – 🕿 979 12 21 25 – www.mikasa.c
48 hab – 🖙 4€ – †33/42 € – ††48/55 € – 6 app
Rest – Menú 11€ – Carta 38/45 €
• Buena organización familiar en sus amplias
aunque algo recargadas en distintos estilos de
y con abundante luz natural, muy orientado a

La Villa con hab
Puente 39 – 🕿 979 12 50 80 – www.lavilla.c
11 hab – 🖙 4,50€ – †24/30 € – ††36 €
• Negocio familiar llevado con dedicaci
plementa con otro salón en la parte tra

ARENYS DE MAR 🅿 – ✉ 08350 Barce
> Madrid 672 – Barcelona 39 – G

en la carretera N II Suroeste : 2 km

Cortés
Real 54 – ✉ 08350 – 🕿 937 91 04 5
Santa, octubre, domingo noche y
Rest – Carta 60/75 €
Espec. Langosta guisada con
lonja de Arenys de Mar.
• Afamado negocio que ofre
completa bodega con exter

Las Cancelas
km : 12,5 – 🕿 93 793 85 55 –
domingo noche y lunes
Rest – Carta aprox. 35 €
• En una antigua masía c
abovedado y tres priva

ARENYS DE MUNT – ✉
> Madrid 648 – Ba

Santamarta
Martí 13 – 🕿 973 62
17 hab – 🖙 7,80
Rest – Menú 11€
• Casa de cálido
elegancia, ofrec
buido en tres s

4

Referencia del mapa Michelin
en el que se encuentra la localidad.

12 C1

h. – alt. 885 m

om, Fax 979 12 57 10

🏠 🖾 🚗 🕿 ⚡ AE ① ⑩ 🝙 VISA
BS**e**

LOCALIZAR LA LOCALIDAD

Emplazamiento de la localidad
en el mapa regional situado al final de la guía
(número del mapa y coordenadas).

do Semana Santa
s

nes. La habitaciones resultan completas,
Variedad de servicios. Comedor acogedor
etes.

🕿 ⇌ ⚡ AE ① ⑩ 🝙 VISA
CU**d**

LOCALIZAR
EL ESTABLECIMIENTO

Localización en el plano de la ciudad
(coordenadas e índice).

rta aprox. 35 €
por un bar a un comedor actual, que se com-
e habitaciones de adecuado confort.

DESCRIPCIÓN DEL
ESTABLECIMIENTO

Ambiente, estilo,
carácter y especialidades.

13 A3

H37 – **12 345 h. – Playa**
na 60

🖾 P AE ⑩ 🝙 VISA

ortes.com – Interesante bodega – cerrado Semana

aisantes de Llavaneres (febrero-mayo). Pescados de la
na carta de tendencia regional. Salas de estilo clásico y
o de vinos franceses.

INSTALACIONES
Y SERVICIOS

🕿 ⇌ 🖾 ⚡ ⚡ P VISA

nceles.com – cerrado febrero, del 6 al 16 de noviembre,

rústico-actual. Dispone de un comedor principal con el techo
de esmerada elaboración casera.

HOTELES
TRANQUILOS

🐾 Hotel tranquilo.
🐾 Hotel muy tranquilo.

17 B2

e rústico-actual. Dispone de un comedor principal con el techo
de esmerada elaboración casera.

PRECIOS

celona – **574** H37 – **6 977 h. – alt. 120 m**
– Girona/Gerona 60

< 🖾 ⚡ rest, ① ⑩ 🝙 VISA
BS**e**

w.santamarta.com – cerrado Semana Santa

– 🍴🍴80/86 € – 4 appartamentos
15 €
amiliar en medio de un valle. Posee un agogedor salon decorado con
ién habitaciones y apartamentos de distinto confort. Restaurant distri-
buena carta tradicional.

AE ① ⑩ 🝙 VISA
CS**e**

13 21 – www.rincondepepe.com
aprox. 21 € (productos de El Bierso)
– dedicación. Acceso por un bar a un comedor actual, que se comple-
a de cuado confort.

🕿 ⚡ AE VISA
AU**d**

5

Compromisos

"Esta obra aparece con el siglo y durará tanto como él".

Esta frase incluida en el prólogo de la primera Edición de La guía MICHELIN 1900 se hizo célebre a lo largo de los años y llegó a ser premonitoria. Si actualmente la guía cuenta con tantos lectores en todo el mundo, se debe en gran parte a su constante compromiso con todos ellos; compromiso que queremos reafirmar año tras año.

Compromisos de La guía MICHELIN:

La visita anónima: los inspectores visitan anónima y periódicamente hoteles y restaurantes para valorar el nivel de las prestaciones que ofrecen a sus clientes. Pagan todas las facturas y sólo se dan a conocer cuando necesitan obtener datos complementarios. Por otra parte, las cartas de los lectores constituyen una valiosa fuente de información para organizar nuestras visitas.

La independencia: la selección de establecimientos se efectúa con total independencia y pensando exclusivamente en los lectores. Los inspectores y el redactor jefe adoptan las decisiones de manera colegiada. Las distinciones más destacadas se deciden a nivel europeo. La inserción de establecimientos en la guía es totalmente gratuita.

La selección: la guía ofrece una selección de los mejores hoteles y restaurantes de todas las categorías de confort y precio. Constituye el resultado de la rigurosa aplicación del mismo método por parte de todos los inspectores.

La actualización anual: al objeto de ofrecer los datos más fiables, anualmente se revisan y actualizan todas las informaciones prácticas, las clasificaciones y las distinciones.

La homogeneidad de la selección: los criterios de clasificación son idénticos en todos los países que abarca La guía MICHELIN.

… y un solo objetivo: hacer cuanto esté en nuestra mano para ayudar al lector con el fin de que cada viaje o cada salida se conviertan en un momento de placer conforme a la misión que se ha fijado Michelin : contribuir a una mejor movilidad.

Editorial

Estimado lector,

Tenemos el placer de presentarle la 39ª edición de la Guía MICHELIN España & Portugal. Esta Guía contiene una selección de los mejores hoteles y restaurantes en cada categoría de precios, efectuada por un equipo de inspectores profesionales y formados en el sector de la hostelería. Como todos los años, han recorrido el país visitando nuevos establecimientos y comprobando el nivel de los prestaciones de los que ya figuraban en anteriores ediciones.

También anualmente, entre los establecimientos seleccionados distinguimos las mejores mesas con ✿ a ✿✿✿. Las estrellas identifican los establecimientos que ofrecen la mejor calidad de cocina en todos los estilos, teniendo en cuenta la selección y el dominio de los sabores, la relación calidad/precio y la regularidad.

Una vez más hemos detectado muchos restaurantes cuya cocina ha evolucionado muy favorablemente. Para destacar los que han mejorado su clasificación en la edición 2011, sumándose a los establecimientos con una, dos o tres estrellas, hemos añadido frente a cada una de ellas la letra « **N** ».

Asimismo, resaltamos los establecimientos « *con posibilidades* » de ascender al nivel superior. Estos establecimientos, que figuran en rojo en dicha relación, son los más destacados en su categoría. Podrán mejorar su calificación si, a lo largo del tiempo y en la mayoría de las preparaciones de la carta, progresa la regularidad de sus prestaciones. Mediante esta mención especial pretendemos dar a conocer los restaurantes que constituyen, a nuestro parecer, los valores de la gastronomía del futuro. Su opinión nos interesa y en particular en lo referente a los establecimientos « *con posibilidades* ». Escríbanos porque su participación es importante para orientar nuestras visitas y mejorar permanentemente su Guía.

Una vez más, gracias por su fidelidad y buenos viajes con la Guía MICHELIN 2011.

Consulte la Guía MICHELIN en
www.ViaMichelin.es
y escríbanos a :
laguiamichelin-esport@es.michelin.com

Categorías y Distinciones

CATEGORÍAS DE CONFORT

La guía MICHELIN incluye en su selección los mejores establecimientos en cada categoría de confort y de precio. Los establecimientos están clasificados según su confort y se citan por orden de preferencia dentro de cada categoría.

🏨🏨🏨	XXXXX	Gran lujo y tradición
🏨🏨	XXXX	Gran confort
🏨	XXX	Muy confortable
🏨	XX	Confortable
🏠	X	Sencillo pero confortable
💱/		Bar de tapas
🏠		Otros tipos de alojamiento recomendados (Turismo Rural, Turismo de Habitação, Agroturismo)
sin rest. sem rest.		El hotel no dispone de restaurante
con hab com qto		El restaurante tiene habitaciones

DISTINCIONES

Para ayudarle a hacer la mejor selección, algunos establecimientos especialmente interesantes han recibido este año una distinción. Éstos se identifican por llevar al margen ✿ o 🍴 y en el texto **Rest**.

LAS MEJORES MESAS

Las estrellas distinguen a los establecimientos, cualquiera que sea el tipo de cocina, que ofrecen la mejor calidad culinaria de acuerdo con los siguientes criterios: selección de los productos, creatividad, dominio del punto de cocción y de los sabores, relación calidad/precio y regularidad.

✿✿✿	**Cocina de nivel excepcional, esta mesa justifica el viaje** Establecimiento donde siempre se come bien y, en ocasiones, maravillosamente.
✿✿	**Excelente cocina, vale la pena desviarse**
✿	**Muy buena cocina en su categoría**

LAS MEJORES DIRECCIONES A PRECIOS MODERADOS

🍴	**Bib Gourmand** Establecimiento que ofrece una cocina de calidad, generalmente de tipo regional, a menos de 35 € (España y Andorra) y a menos de 30 € (Portugal). Precio de una comida sin la bebida.
🏨	**Bib Hotel** Establecimiento que ofrece un cierto nivel de calidad con habitaciones a menos de 55 € (65 € en grandes ciudades y zonas turísticas). Precio para 2 personas sin el desayuno.

LAS DIRECCIONES MÁS AGRADABLES

El rojo indica los establecimientos especialmente agradables tanto por las características del edificio, la decoración original, el emplazamiento, el trato y los servicios que ofrece.

⌂, 🏠 o 🏨🏨 **Hoteles agradables**

🍴, ✗ o ✗✗✗✗✗ **Restaurantes agradables**

MENCIONES PARTICULARES

Además de las distinciones concedidas a los establecimientos, los inspectores de Michelin también tienen en cuenta otros criterios con frecuencia importantes cuando se elige un establecimiento.

SITUACIÓN

Los establecimientos tranquilos o con vistas aparecen señalados con los símbolos:

     🍃   **Hotel tranquilo**

     🍃   **Hotel muy tranquilo**

     ←   **Vista interesante**

     ←   **Vista excepcional**

CARTA DE VINOS

Los restaurantes con una carta de vinos especialmente interesante aparecen señalados con el símbolo:

     🍇   **Carta de vinos particularmente atractiva**

            Pero no compare la carta que presenta el sumiller de un restaurante de lujo y tradición con la de un establecimiento más sencillo cuyo propietario sienta predilección por los vinos de la zona.

Instalaciones y servicios

30 hab / 30 qto	Número de habitaciones
🛗	Ascensor
A/C	Aire acondicionado (en todo o en parte del establecimiento)
📞 (((•)))	Conexión a Internet en la habitación, con sistema de alta velocidad (ADSL - WI-FI)
♿ hab qto	Habitaciones adaptadas para personas con movilidad reducida
🌳	Comidas servidas en el jardín o en la terraza
🏋	Gimnasio
🏊 🏊	Piscina al aire libre o cubierta
🪑	Jardín
🎾	Cancha de tenis
⛳18	Golf y número de hoyos
🏛	Salas de reuniones
⬡	Salones privados en los restaurantes
🚗	Garaje (generalmente de pago)
P	Aparcamiento reservado a los clientes
🐕	No se admiten perros (en todo o en parte del establecimiento)
Ⓜ	Estación de metro más próxima
mayo-octubre *maio-outubro*	Periodo de apertura comunicado por el hotelero

Precios

Los precios que indicamos en esta guía nos fueron proporcionados en el verano de 2010 y pueden producirse modificaciones debidas a variaciones de los precios de bienes y servicios. El servicio está incluido.

En España el I.V.A. se añadirá al total de la factura (8 %), salvo en Canarias (5 % I.G.I.C.), Ceuta (3 % I.P.S.I.) y Melilla (2 % I.P.S.I.). En Andorra se añadirá el I.S.I. (4 %). En Portugal (12 % restaurante, 5 % habitación) ya está incluido. En algunas ciudades y con motivo de ciertas manifestaciones comerciales o turísticas (ferias, fiestas religiosas o patronales…), los precios indicados por los hoteleros pueden sufrir importantes aumentos.

Los hoteles y restaurantes figuran en negrita cuando los hoteleros nos han señalado todos sus precios comprometiéndose, bajo su responsabilidad, a respetarlos ante los turistas de paso portadores de nuestra guía.

En temporada baja, algunos establecimientos ofrecen condiciones ventajosas, infórmese al reservar.

LAS ARRAS

Algunos hoteleros piden una señal al hacer la reserva. Se trata de un depósito-garantía que compromete tanto al hotelero como al cliente. Pida al hotelero confirmación escrita de las condiciones de estancia así como de todos los detalles útiles.

TARJETAS DE CRÉDITO

Tarjetas de crédito aceptadas por el establecimiento:

VISA **MC** **AE** **DC**   Visa – MasterCard (Eurocard) – American Express – Diners Club

HABITACIONES

⌂ – � 40/70 €	Precio de una habitación individual mínimo/máximo, desayuno incluido
♥♥ 70/100 €	Precio de una habitación doble mínimo/máximo
⌂ 9 €	Precio del desayuno

RESTAURANTE Y BAR DE TAPAS

Menú a precio fijo

Menú 15 €
Menu 12 €   Almuerzo o cena servido a las horas habituales

Comida a la carta

Carta 20 a 60 €   El primer precio corresponde a una comida normal que
Lista 15 a 40 €   comprende: entrada, plato fuerte del día y postre. El 2° precio se refiere a una comida más completa (con especialidad de la casa) que comprende: dos platos y postre

Tapa 4 €   Precio de una tapa

Ración aprox. 10 €   Precio de una ración

Localidades

GENERALIDADES

28000	Código postal
✉ 7800 Beja	Código postal y Oficina de Correos distribuidora
🅿	Capital de Provincia
577 M27	Mapa Michelin y coordenadas
24 000 h.	Población
alt. 175	Altitud de la localidad
🚠 3	Número de teleféricos o telecabinas
🚡 7	Número de telesquíes o telesillas
BX a	Letras para localizar un emplazamiento en el plano
⛳18	Golf y número de hoyos
✳ ≼	Panorama, vista
✈	Aeropuerto
⛴	Transportes marítimos
⛴	Transportes marítimos, pasajeros solamente
🛈	Información turística

INFORMACIONES TURÍSTICAS

INTERÉS TURÍSTICO

★★★	Justifica el viaje
★★	Vale la pena desviarse
★	Interesante

SITUACIÓN

👁	En la localidad
🗘	En los alrededores de la localidad
Norte, Sur-Sul, Este, Oeste	El lugar de interés está situado: al norte, al sur, al este, al oeste
①, ④	Salga por la salida ①, ④ identificada por el mismo signo en el plano de la guía y en el mapa Michelin
6 km	Distancia en kilómetros

Planos

□	●	Hoteles
■	●	Restaurantes - bares de tapas

CURIOSIDADES

Edificio interesante

Edificio religioso interesante

VÍAS DE CIRCULACIÓN

Autopista, autovía

número del acceso : completo-parcial

Vía importante de circulación

Sentido único – Calle impracticable, de uso restringido

Calle peatonal – Tranvía

Colón   **P**   Calle comercial – Aparcamiento

Puerta – Pasaje cubierto – Túnel

Estación y línea férrea

Funicular – Teleférico, telecabina

B   Puente móvil – Barcaza para coches

SIGNOS DIVERSOS

Oficina de Información de Turismo

Mezquita – Sinagoga

Torre – Ruinas – Molino de viento – Depósito de agua

Jardín, parque, bosque –Cementerio –Crucero

Golf – Hipódromo – Plaza de toros

Estadio – Piscina al aire libre, cubierta

Vista – Panorama

Monumento – Fuente – Fábrica – Centro comercial

Puerto deportivo – Faro

Aeropuerto – Boca de metro – Estación de autobuses

Transporte por barco :

pasajeros y vehículos, pasajeros solamente

③   Referencia común a los planos y a los mapas detallados Michelin

Oficina central de lista de correos – Teléfonos

Hospital – Mercado cubierto

Edificio público localizado con letra :

D   H   J   – Diputación – Ayuntamiento – Palacio de Justicia –

G   Delegación del Gobierno (España), Gobierno del distrito (Portugal)

M   T   U   – Museo – Teatro – Universidad, Escuela superior

POL.   – Policía (en las grandes ciudades: Jefatura)

Guardia Civil (España)

GNR   Guarda Nacional Republicana (Portugal)

Modo d'emprego

INFORMAÇÕES TURÍSTICAS

Distâncias desde as cidades principais, postos de turismo,
pontos de interesse turístico local,
meios de transporte,
campos de golfe e ócio…

OS HOTÉIS

De 🏨🏨🏨 a 🏠 :
categoria de conforto.
🏠 : outros tipos de
alojamento recomendados.
Os mais agradáveis:
a vermelho.

AGUILAR DE CAMPÓO – ⊠ 34800 Palencia – 575 D17
🔼 Madrid 323 – Palencia 97 – Santander 104
ℹ️ pl. de España 30, ℰ 979 12 36 41, turismaguila
🔚 Torremirona, Suroeste : 3 km, ℰ 979 12 34 12
👁 Plaza central ★ – Castillo de Santa Maria ★★

🏨 **Mikasa**
av. de Ronda 23 – ℰ 979 12 21 25 – www.mikasa.co
48 hab – ⊡ 4€ – †33/42 € – ††48/55 € – 6 appa
Rest – Menú 11€ – Carta 38/45 €
♦ Buena organización familiar en sus amplias i
aunque algo recargadas en distintos estilos de
y con abundante luz natural, muy orientado a

La Villa con hab
Puente 39 – ℰ 979 12 50 80 – www.lavilla.co
11 hab – ⊡ 4,50€ – †24/30 € – ††36 €
♦ Negocio familiar llevado con dedicació
plementa con otro salón en la parte tras

ARENYS DE MAR 🅿 – ⊠ 08350 Barcel
🔼 Madrid 672 – Barcelona 39 – Gi

en la carretera N II Suroeste : 2 km

OS RESTAURANTES

De 🍴🍴🍴🍴🍴 a 🍴 : categoria
de conforto.
🍴/ : bar de tapas.
Os mais agradáveis: a vermelho.

🍴🍴🍴 **Cortés**
❄ Real 54 – ⊠ 08350 – ℰ 937 91 04 5
Santa, octubre, domingo noche y
Rest – Carta 60/75 €
Espec. Langosta guisada con
lonja de Arenys de Mar.
♦ Afamado negocio que ofre
completa bodega con exten

AS MESAS
COM ESTRELLAS

❀❀❀ Esta mesa justifica a viagem.
❀❀ Vale a pena fazer um desvio.
❀ Muito boa cozinha.

🍴🍴 **Las Cancelas**
❀ km : 12,5 – ℰ 93 793 85 55 –
domingo noche y lunes
Rest – Carta aprox. 35 €
♦ En una antigua masía
abovedado y tres priv

ARENYS DE MUNT – ⊠
🔼 Madrid 648 – B

AS MELHORES DIRECÇÕES
A PREÇOS MODERADOS

🍴 Bib Gourmand.
🛏 Bib Hotel.

🏨 **Santamarta** 🔚
Martí 13 – ℰ 973 6
🛏 17 hab – ⊡ 7,8C
Rest – Menú 11€
♦ Casa de cálid
elegancia, ofre
buido en tres

ⓒⓝ **rcón d**

14

12 C1

h. – alt. 885 m

om, Fax 979 12 57 10

BSe

do Semana Santa

nes. La habitaciones resultan completas,
. Variedad de servicios. Comedor acogedor
etes.   CUd

arta aprox. 35 €
por un bar a un comedor actual, que se com-
e habitaciones de adecuado confort.

13 A3

H37 – 12 345 h. – Playa

ona 60

cortes.com – Interesante bodega – cerrado Semana

uisantes de Llavaneres (febrero-mayo). Pescados de la
uena carta de tendencia regional. Salas de estilo clásico y
do de vinos franceses.

canceles.com – cerrado febrero, del 6 al 16 de noviembre,

te rústico-actual. Dispone de un comedor principal con el techo
a de esmerada elaboración casera.

17 B2

Barcelona – 574 H37 – 6 977 h. – alt. 120 m

BSe

41 – Girona/Gerona 60

www.santamarta.com – cerrado Semana Santa

2 € – ♦♦80/86 € – 4 appartamentos
8/45 €
te familiar en medio de un valle. Posee un agogedor salon decorado con
mbién habitaciones y apartamentos de distinto confort. Restaurant distri-
un buena carta tradicional.   CSe

33 13 21 – www.rincondepepe.com
ión aprox. 21 € (productos de El Bierso)
on dedicación. Acceso por un bar a un comedor actual, que se comple-
de ade cuado confort.   AUd

15

Compromissos

"Esta obra aparece com o século e durará tanto como ele".

Esta frase incluída no prólogo da primeira Edição do guia MICHELIN 1900 tornouse célebre ao longo dos anos e chegou a ser premonitória. Se actualmente o guia conta com tantos leitores em todo o mundo, isto deve-se em grande parte ao seu permanente compromisso com todos eles; compromisso que queremos reafirmar ano após ano.

Compromissos do guia MICHELIN:

A visita anónima: os inspectores visitam anónima e periodicamente hotéis e restaurantes para avaliar o nível das prestações que oferecem aos seus clientes. Pagam todas as facturas e apenas se dão a conhecer quando necessitam de obter dados complementares. Por outro lado, as cartas dos leitores constituem uma valiosa fonte de informação para organizar as nossas visitas.

A independência: a selecção de estabelecimentos efectua-se com total independência e pensando exclusivamente nos leitores. Os inspectores e o redactor-chefe adoptam as decisões de forma conjunta. As distinções mais destacadas decidemse a nível europeu. A inserção de estabelecimentos no guia é totalmente gratuita.

A selecção: o guia oferece uma selecção dos melhores hotéis e restaurantes de todas as categorias de conforto e preço, constituindo o resultado da rigorosa aplicação do mesmo método por parte de todos os inspectores.

A actualização anual: com o objectivo de oferecer os dados mais fiáveis, anualmente revêem-se e actualizam-se todas as informações práticas, as classificações e as distinções.

A homogeneidade da selecção: os critérios de classificação são semelhantes em todos os países abrangidos pelo guia MICHELIN.

... e um único objectivo: fazer tudo quanto estiver ao nosso alcance para ajudar o leitor; para que cada viagem ou cada saída se torne num momento de prazer de acordo com a missão a que se propôs Michelin : contribuir para uma melhor mobilidade.

Editorial

Estimado lector,

Temos o prazer de lhe apresenta a 39ª edição do Guia MICHELIN Espanha & Portugal. Este Guia contém uma selecção dos melhores hotéis e restaurantes de cada categoria de preços, efectuada por uma equipa de inspectores profissionais, formados no sector da hotelaria que todos os anos percorreram o país, visitando novos estabelecimentos e comprovando o nível das prestações dos que já constavam de anteriores edições.

Também anualmente, de entre os estabelecimentos seleccionados, distinguimos as melhores mesas com ✿ a ✿✿✿. As estrelas identificam os estabelecimentos que oferecem a melhor qualidade de cozinha, de todos os estilos, tendo em conta a selecção e o domínio dos sabores, a relação qualidade/preço, e a regularidade.

Uma vez mais detectámos muitos restaurantes cuja cozinha evoluiu muito favoravelmente. Para destacar os que melhoraram a sua classificação na edição de 2011, somando-se agora aos estabelecimentos com uma, duas ou três estrelas, acrescentamos em frente a cada um deles a letra « **N** ».

Também realçamos os estabelecimentos «*com possibilidades*» de ascender a um nível superior. Estes estabelecimentos, que se apresentam a vermelho na referida lista, são os mais destacados na sua categoria. Poderão melhorar a sua qualificação se, ao longo do tempo, a regularidade das suas prestações progride, na maioria das cartas elaboradas. Através desta menção especial pretendemos dar a conhecer os restaurantes que constituem, em nosso entender, os valores da gastronomia do futuro. A sua opinião interessa-nos, particularmente no que se refere aos estabelecimentos «*com possibilidades*». Escreva-nos, porque a sua participação é importante para orientar as nossas visitas e melhorar permanentemente o Guia que é seu.

Uma vez mais, obrigado pela sua fidelidade e, boas viagens com o Guia MICHELIN 2011.

Consulte la Guia MICHELIN em
www.ViaMichelin.es
e escreve-nos para :
laguiamichelin-esport@es.michelin.com

Categorias
e Distinções

CATEGORIAS DE CONFORTO

O guia MICHELIN inclui na sua selecção os melhores estabelecimentos em cada categoria de conforto e de preço. Os estabelecimentos estão classificados de acordo com o seu conforto e apresentam-se por ordem de preferência dentro de cada categoria.

🏨🏨🏨	XXXXX	Grande luxo e tradição
🏨🏨🏨	XXXX	Grande conforto
🏨🏨🏨	XXX	Muito confortável
🏨🏨	XX	Confortável
🏨	X	Simples mas confortável
	♀/	Bar de tapas
🏠		Outros tipos de alojamento recomendados (Turismo Rural, Turismo de Habitação, Agroturismo)
sin rest. sem rest.		Hotel sem restaurante
con hab com qto		Restaurante com quartos

DISTINÇÕES

Para o ajudar a fazer a melhor selecção, alguns estabelecimentos especialmente interessantes receberam este ano uma distinção marcada com ✿ o 🏵 na margem e **Rest** no texto.

AS MELHORES MESAS

As estrelas distinguem os estabelecimentos que, com qualquer tipo de cozinha, oferecem a melhor qualidade culinária de acordo com os seguintes critérios: selecção dos produtos, criatividade, domínio do ponto de cozedura e dos sabores, relação qualidade/preço e regularidade.

✿✿✿	**Cozinha de nível excepcional; esta mesa justifica a viagem** Estabelecimento onde se come sempre bem e, por vezes, muitíssimo bem.
✿✿	**Excelente cozinha, vale a pena fazer um desvio**
✿	**Muito boa cozinha na sua categoria**

Bib Gourmand

Estabelecimento que oferece uma cozinha de qualidade, geralmente de tipo regional, por menos de 35 € (Espanha e Andorra) e menos de 30 € (Portugal). Preço de uma refeição sem a bebida.

Bib Hotel

Estabelecimento que oferece um certo nível de qualidade, com quartos por menos de 55 € (65 € em grandes cidades e zonas turísticas). Preço para 2 pessoas sem pequeno-almoço.

AS DIRECÇÕES MAIS AGRADÁVEIS

A cor vermelha indica os estabelecimentos especialmente agradáveis tanto pelas características do edifício, como pela decoração original, localização, trato e pelos serviços que oferece.

⌂, 🏠 o 🏨🏨🏨 **Hotéis agradáveis**

🍴, 🍴 o 🍴🍴🍴🍴 **Restaurantes agradáveis**

MENÇÕES PARTICULARES

Para além das distinções concedidas aos estabelecimentos, os inspectores da Michelin também têm em conta outros critérios frequentemente importantes quando se escolhe um estabelecimento.

SITUAÇÃO

Os estabelecimentos tranquilos ou com vistas aparecem assinalados com os símbolos:

🕊 **Hotel tranquilo**

🕊 **Hotel muito tranquilo**

← **Vista interessante**

← **Vista excepcional**

CARTA DE VINHOS

Os restaurantes com uma carta de vinhos especialmente interessante aparecem assinalados com o símbolo:

🍇 **Carta de vinhos particularmente atractiva**

Mas não compare a carta apresentada pelo escanção de um restaurante de luxo e tradição com a de um estabelecimento mais simples cujo proprietário sinta predilecção pelos vinhos da região.

Instalações e serviços

30 hab / 30 qto	Número de quartos
	Elevador
AC	Ar condicionado (em todo ou em parte do estabelecimento)
📶 📡	Ligação à Internet no quarto com sistema de alta velocidade (ADSL - WI-FI)
♿ hab qto	Quartos adaptados para pessoas com mobilidade reduzida
	Refeições servidas no jardim ou na esplanada
	Ginásio
	Piscina ao ar livre ou coberta
	Jardim
	Campo de ténis
18	Golfe e número de buracos
	Salas de reuniões
	Salões privados nos restaurantes
	Garagem (normalmente deve ser paga)
P	Estacionamento reservado aos clientes
	Não se admitem cães (em todo ou em parte do estabelecimento)
M	Estação de metro mais próxima
mayo-octubre	Período de abertura indicado pelo hoteleiro
maio-outubro	

Preços

Os preços indicados neste guia foram estabelecidos no verão de 2010. Podem portanto ser modificados, nomeadamente se se verificarem alterações no custo de vida ou nos preços dos bens e serviços. O serviço está incluido. Em Espanha o I.V.A. será aplicado à totalidade da factura (8%), salvo em Canarias (5% I.G.I.C.), Ceuta (3% I.P.S.I.) e Melilla (2% I.P.S.I.). Em Andorra será aplicado o I.S.I. (4 %). Em Portugal (12% restaurante, 5% quarto) já está incluído.

Em algumas cidades, por ocasião de manifestações comerciais ou turísticas os preços pedidos pelos hotéis poderão sofrer aumentos consideráveis.

Quando os hotéis e restaurantes figuram em carácteres destacados, significa que os hoteleiros nos deram todos os seus preços e se comprometeram sob a sua própria responsabilidade, a aplicá-los aos turistas de passagem, portadores do nosso guia.

Em época baixa alguns estabelecimentos oferecem condições vantajosas, informe-se ao fazer a reserva.

O SINAL

Alguns hoteleiros pedem um sinal ao fazer a reserva. Trata-se de um depósito-garantia que compromete tanto o hoteleiro como o cliente. Peça ao hoteleiro confirmação escrita das condições da estádia, assim como de todos os detalhes úteis.

CARTÕES DE CRÉDITO

Principais cartões de crédito aceites no estabelecimento :

VISA 🆎 AE 🆗   Visa – MasterCard (Eurocard) – American Express – Diners Club

QUARTOS

🛏–👤 40/70 €   Preço do quarto individual mínimo/máximo, pequeno almoço incluido

👤👤 70/100 €   Preço do quarto duplo mínimo/máximo

🛏 9 €   Preço do pequeno almoço

RESTAURANTE E BAR DE TAPAS

Preco fixo

Menú 15 €
Menu 12 €   Preço da refeição servida às horas normais

Refeições à lista

Carta 20 a 60 €   O primeiro preço corresponde a uma refeição simples, mas
Lista 15 a 40 €   esmerada, compreendendo : entrada, prato do dia guarnecido e sobremesa. O segundo preço, refere-se a uma refeição mais completa (com especialidade), compreendendo : dois pratos e sobremesa.

Tapa 4 €   Preço de uma tapa

Ración aprox. 10 €   Preço de uma porção

Localidades

✉ 7800 Beja	Código postal e nome do Centro de Distribuição Postal
P	Capital de distrito
577 M27	Mapa Michelin e coordenada
24 000 h.	População
alt. 175	Altitude da localidade
🚠 3	Número de teleféricos ou telecabinas
🎿 7	Número de teleskis ou telecadeiras
BX a	Letras determinando um local na planta
🏌18	Golfe e número de buracos
✳ ⋖	Panorama, vista
✈	Aeroporto
🚢	Transportes marítimos
⛴	Transportes marítimos só de passageiros
i	Informação turística

INFORMAÇÕES TURÍSTICAS

INTERESSE TURÍSTICO

★★★	Justifica a viagem
★★	Vale a pena fazer um desvio
★	Interessante

SITUAÇÃO

◉	Na localidade
⊙	Nos arredores da localidade
Norte, Sur-Sul,	O local de interesse está situado:
Este, Oeste	a Norte, a Sul, a Este, a Oeste
①, ④	Dirija-se à saída ① , ④ identificada pelo mesmo sinal na planta do guia e no mapa Michelin
6 km	Distância em quilómetros

Plantas das cidades

□ ● Hotéis
■ ● Restaurantes- bares de tapas

CURIOSIDADES

Edifício interessante
Edifício religioso interessante

VIAS DE CIRCULAÇÃO

Auto-estrada, estrada com faixas de rodagem separadas
– número do nó de acesso : completo-parcial
Grande via de circulação
Sentido único – Rua impraticável, regulamentada
Via reservada aos peões – Eléctrico
Colón Rua comercial – Parque de estacionamento
Porta – Passagem sob arco – Túnel
Estação e via férrea
Funicular – Teleférico, telecabine
Ponte móvel – Barcaça para automóveis

SIGNOS DIVERSOS

Posto de Turismo
Mesquita – Sinagoga
Torre – Ruínas – Moinho de vento – Mãe d'água
Jardim, parque, bosque – Cemitério – Cruzeiro
Golfe – Hipódromo – Praça de touros
Estádio – Piscina ao ar livre, coberta
Vista – Panorama
Monumento – Fonte – Fábrica – Centro Comercial
Porto desportivo – Farol
Aeroporto – Estação de metro – Estação de autocarros
Transporte por barco :
passageiros e automóveis, só de passageiros
③ Referência comum às plantas e aos mapas Michelin detalhados
Correio principal com posta-restante – Telefone
Hospital – Mercado coberto
Edifício público indicado por letra :
D H J - Conselho provincial – Câmara municipal - Tribunal
G - Delegação do Governo (Espanha), Governo civil (Portugal)
M T U - Museu – Teatro – Universidade, Grande Escola
POL. - Polícia (nas cidades principais : esquadra central)
- Guardia Civil (Espanha)
GNR - Guarda Nacional Republicana (Portugal)

23

How to use this guide

TOURIST INFORMATION

Distances from the main towns, tourist offices, local tourist attractions, means of transport, golf courses and leisure activities...

HOTELS

From 🏨🏨🏨 to 🏠:
categories of comfort.
⌂ : other types
of accomodation.
The most pleasant: in red.

RESTAURANTS

From XXXXX to X:
categories of comfort.
𝒴/ : Tapas bar
The most pleasant: in red.

STARS

🏵🏵🏵 Worth a special journey.
🏵🏵 Worth a detour.
🏵 A very good restaurant.

GOOD FOOD AND ACCOMMODATION AT MODERATE PRICES

😊 Bib Gourmand.
🏨 Bib Hotel.

AGUILAR DE CAMPÓO – ⊠ 34800 Palencia – 575 D17
▶ Madrid 323 – Palencia 97 – Santander 104
🚩 pl. de España 30, 𝒞 979 12 36 41, turismaguilar
🏵 Torremirona, Suroeste : 3 km, 𝒞 979 12 34 12
💿 Plaza central ★ – Castillo de Santa Maria ★★

Mikasa
av. de Ronda 23 – 𝒞 979 12 21 25 – www.mikasa.com
48 hab – 🍴 4€ – ♦33/42€ – ♦♦48/55 € – 6 appar
Rest – Menú 11€ – Carta 38/45 €
♦ Buena organización familiar en sus amplias in
aunque algo recargadas en distintos estilos dec
y con abundante luz natural, muy orientado a lo

La Villa con hab
Puente 39 – 𝒞 979 12 50 80 – www.lavilla.com
11 hab – 🍴 4,50€ – ♦24/30 € – ♦♦36 €
♦ Negocio familiar llevado con dedicación
plementa con otro salón en la parte trase

ARENYS DE MAR ℗ – ⊠ 08350 Barcelor
▶ Madrid 672 – Barcelona 39 – Giro

en la carretera N II Suroeste : 2 km

Cortés
Real 54 – ⊠ 08350 – 𝒞 937 91 04 57 –
Santa, octubre, domingo noche y me
Rest – Carta 60/75 €
Espec. Langosta guisada con pa
lonja de Arenys de Mar.
♦ Afamado negocio que ofrece
completa bodega con extenso

Las Cancelas
km : 12,5 – 𝒞 93 793 85 55 – ww
domingo noche y lunes
Rest – Carta aprox. 35 €
♦ En una antigua masía de
abovedado y tres privado

ARENYS DE MUNT – ⊠ 0
▶ Madrid 648 – Barc

Santamarta
Martí 13 – 𝒞 973 62 62
17 hab – 🍴 7,80€ – C
Rest – Menú 11€ – C
♦ Casa de cálido ar
elegancia, ofrecier
buido en tres sala

24

12 C1

h. – alt. 885 m

om, Fax 979 12 57 10

🛗 🆑 🚗 🛁 ⛽ 🅿 ① ⓪ 🆚
BS**e**

do Semana Santa

nes. La habitaciones resultan completas,
Variedad de servicios. Comedor acogedor
etes.

🍴 ⇄ ⚡ 🆎 ① ⓪ 🆚
CU**d**

rta aprox. 35 €
por un bar a un comedor actual, que se com-
habitaciones de adecuado confort.

13 A3

H37 – **12345 h. – Playa**

ona 60

🅰🅲 🅿 🆎 ⓪ 🆚

ortes.com – Interesante bodega – cerrado Semana

uisantes de Llavaneres (febrero-mayo). Pescados de la
ena carta de tendencia regional. Salas de estilo clásico y
o de vinos franceses.

🍴 🆁 ⇄ ⚡ 🅿 🆚

nceles.com – cerrado febrero, del 6 al 16 de noviembre,

e rústico-actual. Dispone de un comedor principal con el techo
de esmerada elaboración casera.

17 B2

celona – **574** H37 – **6977 h. – alt. 120 m**

◁ 🅰🅲 ⚡ rest. ① ⓪ 🆚
BS**e**

– Girona/Gerona 60

w.santamarta.com – cerrado Semana Santa
€ – ♦♦80/86 € – 4 appartamentos
45 €
amiliar en medio de un valle. Posee un agogedor salon decorado con
bién habitaciones y apartamentos de distinto confort. Restaurant distri-
buena carta tradicional.

🆎 ① ⓪ 🆚
CS**e**

13 21 – www.rincondepepe.com
rox. 21 € (productos de El Bierso)
icación. Acceso por un bar a un comedor actual, que se comple-
uado confort.

🆁 ⚡ 🆎 🆚
AU**d**

25

Commitments

*"This volume was created at the turn of the century
and will last at least as long".*

This foreword to the very first edition of the MICHELIN Guide, written in 1900, has become famous over the years and the guide has lived up to the prediction. It is read across the world and the key to its popularity is the consistency of its commitment to its readers, which is based on the following promises.

The MICHELIN guide's commitments:

Anonymous inspections: our inspectors make regular and anonymous visits to hotels and restaurants to gauge the quality of products and services offered to an ordinary customer. They settle their own bill and may then introduce themselves and ask for more information about the establishment. Our readers' comments are also a valuable source of information, which we can then follow up with another visit of our own.

Independence: Our choice of establishments is a completely independent one, made for the benefit of our readers alone. The decisions to be taken are discussed around the table by the inspectors and the editor. The most important awards are decided at a European level. Inclusion in the guide is completely free of charge.

Selection and choice: The guide offers a selection of the best hotels and restaurants in every category of comfort and price. This is only possible because all the inspectors rigorously apply the same methods.

Annual updates: All the practical information, the classifications and awards are revised and updated every single year to give the most reliable information possible.

Consistency: The criteria for the classifications are the same in every country covered by the MICHELIN guide.

... and our aim: to do everything possible to make travel, holidays and eating out a pleasure, as part of Michelin's ongoing commitment to improving travel and mobility.

Dear reader

Dear reader,

We are delighted to introduce the 39th edition of The MICHELIN guide España & Portugal.

This selection of the best hotels and restaurants in every price category is chosen by a team of full-time inspectors with a professional background in the industry. They cover every corner of the country, visiting new establishments and testing the quality and consistency of the hotels and restaurants already listed in the guide.

Every year we pick out the best restaurants by awarding them from ✿ to ✿✿✿. Stars are awarded for cuisine of the highest standards and reflect the quality of the ingredients, the skill in their preparation, the combination of flavours, the levels of creativity and value for money, and the ability to combine all these qualities not just once, but time and time again.

Additionnally, we highlight those restaurants which, over the last year, have raised the quality of their cooking to a new level. Whether they have gained a first star, risen from one to two stars, or moved from two to three, these newly promoted restaurants are marked with an "**N**" next to their entry to signal their new status in 2011.

We have also picked out a selection of *"Rising Stars"*. These establishments, listed in red, are the best in their present category. They have the potential to rise further, and already have an element of superior quality ; as soon as they produce this quality consistently, and in all aspects of their cuisine, they will be hot tips for a higher award. We've highlighted these promising restaurants so you can try them for yourselves; we think they offer a foretaste of the gastronomy of the future.

We're very interested to hear what you thing of our selection, particularly the *"Rising Stars"*, so please continue to send us your comments. Your opinions and suggestions help to shape your Guide, and help us to keep improving it, year after year. Thank you for your support. We hope you enjoy travelling with the MICHELIN Guide 2011.

Consult the MICHELIN Guide at
www.ViaMichelin.es
and write to us at:
laguiamichelin-esport@es.michelin.com

Classification and awards

The MICHELIN guide selection lists the best hotels and restaurants in each category of comfort and price. The establishments we choose are classified according to their levels of comfort and, within each category, are listed in order of preference.

🏨🏨🏨🏨🏨	XXXXX	Luxury in the traditional style
🏨🏨🏨🏨	XXXX	Top class comfort
🏨🏨🏨	XXX	Very comfortable
🏨🏨	XX	Comfortable
🏨	X	Quite comfortable
	♈/	Tapas bar
⌂		Other recommended accommodation (Turismo Rural, Turismo de Habitação, Agroturismo)
sin rest. sem rest.		This hotel has no restaurant
con hab com qto		This restaurant also offers accommodation

THE AWARDS

To help you make the best choice, some exceptional establishments have been given an award in this year's guide. They are marked ✿ or 🏵 and **Rest**.

THE BEST CUISINE

Michelin stars are awarded to establishments serving cuisine, of whatever style, which is of the highest quality. The cuisine is judged on the quality of ingredients, the skill in their preparation, the combination of flavours, the levels of creativity, the value for money and the consistency of culinary standards.

✿✿✿	**Exceptional cuisine, worth a special journey**
	One always eats extremely well here, sometimes superbly.
✿✿	**Excellent cooking, worth a detour**
✿	**A very good restaurant in its category**

GOOD FOOD AND ACCOMMODATION AT MODERATE PRICES

🏵	**Bib Gourmand**
	Establishment offering good quality cuisine, often with a regional flavour, for under €35 (Spain and Andorra) or under €30 (Portugal). Price of a meal, not including drinks.
🏨	**Bib Hotel**
	Establishment offering good levels of comfort and service, with most rooms priced at under €55 (€65 in towns and popular tourist resorts). Price of a room for 2 people, excluding breakfast.

PLEASANT HOTELS AND RESTAURANTS

Symbols shown in red indicate particularly pleasant or restful establishments: the character of the building, its décor, the setting, the welcome and services offered may all contribute to this special appeal.

⌂, 🏠 to 🏨🏨🏨🏨 **Pleasant hotels**

♀/, X to XXXXX **Pleasant restaurants**

OTHER SPECIAL FEATURES

As well as the categories and awards given to the establishment, Michelin inspectors also make special note of other criteria which can be important when choosing an establishment.

LOCATION

If you are looking for a particularly restful establishment, or one with a special view, look out for the following symbols:

🐾	**Quiet hotel**
🐾	**Very quiet hotel**
≼	**Interesting view**
≼	**Exceptional view**

WINE LIST

If you are looking for an establishment with a particularly interesting wine list, look out for the following symbol:

🍷	**Particularly interesting wine list**

This symbol might cover the list presented by a sommelier in a luxury restaurant or that of a simple inn where the owner has a passion for wine. The two lists will offer something exceptional but very different, so beware of comparing them by each other's standards.

Facilities
& services

30 hab / 30 qto	Number of rooms
	Lift (elevator)
AC	Air conditioning (in all or part of the establishment)
	High speed Internet connection (ADSL - WI-FI)
& hab qto	Rooms adapted for persons with restricted mobility
	Meals served in garden or on terrace
	Gym
	Swimming pool: outdoor or indoor
	Garden
	Tennis court
18	Golf course and number of holes
	Equipped conference hall
	Private dining rooms
	Garage (additional charge in most cases)
P	Car park for customers only
	Dogs are excluded from all or part of the establishment
M	Nearest metro station
mayo-octubre	Dates when open, as indicated by the hotelier – precise dates
maio-outubro	not available.

Prices

Prices quoted in this guide are for summer 2010. Changes may arise if goods and service costs are revised. The rates include service charge.

In Spain the VAT (IVA) will be added to the bill (8%), Canary Islands (5%), Ceuta (3% I.P.S.I.) and Melilla (2% I.P.S.I.), Andorra (4%). In Portugal, the VAT (12% restaurant, 5% room) is already included.

In some towns, when commercial, cultural or sporting events are taking place the hotel rates are likely to be considerably higher.

Hotels and restaurants in bold type have supplied details of all their rates and have assumed responsibility for maintaining them for all travellers in possession of this guide.

Out of season, certain establishments offer special rates. Ask when booking.

DEPOSITS

Some hotels will require a deposit, which confirms the commitment of customer and hotelier alike. Make sure the terms of the agreement are clear.

CREDIT CARDS

Credit cards accepted by the establishment:

VISA MC AE DC Visa – MasterCard (Eurocard) – American Express – Diners Club

ROOMS

☐ – 🛉 40/70 €   Lowest/highest price for a single room, Price includes breakfast

🛉🛉 70/100 €   Lowest/highest price for a double room

☐ 9 €   Price of breakfast

RESTAURANT AND TAPAS BAR

Set meals

Menú 15 €
Menu 12 €   Price for set meal served at normal hours.

A la carte meals

Carta 20 a 60 €   The first figure is for a plain meal and includes hors d'œuvre, main
Lista 15 a 40€   dish of the day with vegetables and dessert. The second figure is for a fuller meal (with speciality) and includes 2 main courses and dessert.

Tapa 4 €   Price for a tapa

Ración aprox. 10 €   Price for a portion

Towns

GENERAL INFORMATION

28000	Postal number
⊠ **7800 Beja**	Postal number and name of the post office serving the town
P	Provincial capital
577 M27	Michelin map and co-ordinates
24 000 h.	Population
alt. 175	Altitude (in metres)
🚡 **3**	Number of cable cars
🚠 **7**	Number of ski and chair lifts
BX a	Letters giving the location of a place on the town plan
⛳ 18	Golf course and number of holes
❋ ⇐	Panoramic view, viewpoint
✈	Airport
⛴	Shipping line
⛴	Passenger transport only
𝐢	Tourist Information Centre

TOURIST INFORMATION

SIGHTS

★★★	Highly recommended
★★	Recommended
★	Interesting

LOCATION

◉	Sights in town
⊙	On the outskirts
Norte, Sur-Sul, Este, Oeste	In the surrounding area: to the north, south, east or west of the town
①, ④	Sign on town plan and on the Michelin road map indicating the road leading to a place of interest
6 km	Distance in kilometres.

Town plans

□	●	Hotels
■	●	Restaurants – tapas bars

SIGHTS

	▮	▰			Place of interest
⛨	⛨	⛨	☦	☦	Interesting place of worship

ROADS

═══ ═══		Motorway, Dual carriageway
❹ ❹		Junction complete, limited, number
▬▬ ═══		Major thoroughfare
← ◄ ⌤⌤⌤⌤		One-way street – Unsuitable for traffic, street subject to restrictions
═══ ────		Pedestrian street – Tramway
Colón 🅿		Shopping street –Car park
╪ ╪╪ ╪╪		Gateway – Street passing under arch – Tunnel
▬▬▬		Station and railway
○⊹⊹⊹⊹○ ○▬●▬●○		Funicular – Cablecar
△ 🅱		Lever bridge – Car ferry

VARIOUS SIGNS

🛈	Tourist Information Centre
☪ ⟐	Mosque – Synagogue
⊙ ● ∴ 🌾 ⌁	Tower – Ruins – Windmill – Water tower
▱ tᵗt ⁑	Garden, park, wood – Cemetery – Cross
⛳ 🐎 🐂	Golf course – Racecourse – Bullring
○ ☳ ▧	Stadium – Outdoor or indoor swimming pool
◁ ☀	View – Panorama
■ ● ☼ 🛒	Monument – Fountain – Factory – Shopping centre
⚓ ⌁	Pleasure boat harbour – Lighthouse
✈ ⊙ 🚌	Airport – Underground station – Coach station
	Ferry services:
⛴ ⇀	– passengers and cars, passengers only
③	Reference numbers common to town plans and Michelin maps
🖃 ⊠ ⴲ ☎	Main post office – Telephones
✚ ▭	Hospital – Covered market
▨ ▨	Public buildings located by letter:
D H J	- Provincial Government Office – Town Hall – Law Courts
G	– Central Government Representation (Spain), District Government Office (Portugal)
M T U	– Museum – Theatre – University, College
POL	– Police (in large towns police headquarters)
🌀	Guardia Civil (Spain)
GNR	Guarda Nacional Republicana (Portugal)

33

Distinciones 2011

Distinções 2011
Awards 2011

ESPAÑA

Barizo
A Coruña
Cambre
Santa Comba
Salinas
Prendes
Puente
Arce
Avilés
Arriondas
Santander
Mareo
Torrelavega
Cambados
San Salvador de Poio
Villaverde
de Pontones
Raxo
León
Vigo
Bentraces
Ezcaray
Porto
Valladolid
Salamanca
Segovia
Coimbra
Madrid
Humanes de Madrid
Valdepalacios
Illescas
Aranjuez
PORTUGAL
Cáceres
LISBOA
Sanlúcar la Mayor
Sevilla
Faro
El Puerto de
Santa Maria
Málaga
El Ejido
Roquetas de Mar
Marbella
Ceuta

Las estrellas
de buena mesa 2011

Melilla

El color está de acuerdo con el establecimiento de mayor número de estrellas de la localidad.

LASARTE La localidad posee como mínimo ❀❀❀ un restaurante 3 estrellas.

Madrid La localidad posee como mínimo ❀❀ un restaurante 2 estrellas.

Sevilla La localidad posee como mínimo ❀ un restaurante 1 estrella.

LASARTE

DONOSTIA-SAN SEBASTIÁN

Larrabetzu

Errenteria o Rentería

Bilbao

Boroa

Hondarribia

Axpe

Oiartzun

Vitoria-Gasteiz

Urdaitz o Urdániz

Galdakao

Pamplona

Daroca de Rioja

La Vall de Bianya

Figueres

ANDORRA

Castelló d'Empúries

Sort

Olot

Anglès

Llançà

Gombrèn

CALA MONTJOI

Huesca

Cercs

Banyoles

Sagàs

Corçà

Olost

GIRONA

Calldetenes

Zaragoza

Sant Fruitós de Bages

Llagostera

Tossa de Mar

Terrassa o Tarrasa

SANT POL DE MAR

L'Hospitalet de Llobregat

SANT CELONI

Cambrils

Barcelona

Xerta

Menorca

Deià

Las Pedroñeras

Portals Nous

Sa Coma

Valencia

Llucmajor

Cala d'Or

Ondara

Mallorca

Bocairent

Dénia

Ibiza

Fontanars dels Alforins

Cocentaina

Illes Balears o Islas Baleares

Formentera

Elx o Elche

El Palmar

Dehesa de Campoamor

Isla de La Palma

Isla de Tenerife

Isla de Lanzarote

Isla de La Gomera

Guía de Isora

Isla de El Hierro

Isla de Gran Canaria

Isla de Fuerteventura

ISLAS CANARIAS

Las estrellas de buena mesa

❀❀❀ 2011

Donostia-San Sebastián	Akelafe	**Roses / Cala Montjoi**	El Bulli
Donostia-San Sebastián	Arzak	**Sant Celoni**	Can Fabes
Girona	El Celler de Can Roca	**Sant Pol de Mar**	Sant Pau
Lasarte	Martín Berasategui		

❀❀ 2011

N Nuevo ❀❀ → **Novo** ❀❀ → **New** ❀❀

Arriondas	Casa Marcial	**Madrid**	Ramón Freixa Madrid **N**
Barcelona	Lasarte	**Madrid**	Santceloni
Cáceres	Atrio	**Madrid**	Sergi Arola Gastro
Dénia	Quique Dacosta - El Poblet	**Madrid**	La Terraza del Casino
Errenteria	Mugaritz	**Marbella**	Calima **N**
Larrabetzu	Azurmendi **N**	**Olot**	Les Cols
Llançà	Miramar **N**	**Sanlúcar la Mayor**	La Alquería

❀ 2011

N Nuevo ❀ → **Novo** ❀ → **New** ❀

Amorebieta / Boroa	Boroa	**Barcelona**	Hofmann
Anglès	L'Aliança d'Anglès	**Barcelona**	Lluçanès
Aranjuez	Casa José	**Barcelona**	Manairó
Arriondas	El Corral del Indianu	**Barcelona**	Moments **N**
Avilés	Koldo Miranda	**Barcelona**	Moo
Axpe	Etxebarri	**Barcelona**	Neichel
Banyoles	Ca l'Arpa	**Barcelona**	Saüc
Barcelona	Àbac	**Barcelona**	Via Veneto
Barcelona	Alkimia	**Barizo**	As Garzas
Barcelona / L'Hospitalet	Evo	**Bentraces**	A Rexidora
Barcelona	Caelis **N**	**Bilbao**	Etxanobe
Barcelona	Cinc Sentits	**Bilbao**	Zortziko
Barcelona	Comerç 24	**Bocairent**	Ferrero **N**
Barcelona	Dos Cielos **N**	**Cala d'Or**	Gadus **N**
Barcelona	Drolma	**Calldetenes**	Can Jubany
Barcelona	Enoteca	**Cambados**	Yayo Daporta
Barcelona	Gaig	**Cambre**	A Estación
Barcelona	Hisop **N**	**Cambrils**	Can Bosch

Cambrils	Rincón de Diego
Castelló d'Empúries	La Llar
Cercs	Estany Clar
Cocentaina	L'Escaleta
Sa Coma	Es Molí d'En Bou
Corçà	Bo.Tic
A Coruña	Alborada **N**
Daroca de Rioja	Venta Moncalvillo **N**
Dehesa de Campoamor	Casa Alfonso
Deià	Es Racó d'Es Teix
Donostia-San Sebastián	Kokotxa
Donostia-San Sebastián	Mirador de Ulía **N**
Donostia-San Sebastián	Miramón Arbelaitz
El Ejido	La Costa
Elche	La Finca
Ezcaray	El Portal
Figueres	Mas Pau
Fontanars dels Alforins	Julio
Galdakao	Andra Mari
Gijón / Mareo	La Solana
Girona	Massana
Gombrèn	La Fonda Xesc
Guía de Isora	M.B
Hondarribia	Alameda
Huesca	Las Torres
Humanes de Madrid	Coque
Illescas	El Bohío
León	Cocinandos
Llagostera	Els Tinars
Llucmajor	Zaranda **N**
Madrid	La Broche
Madrid	El Club Allard
Madrid	Diverxo
Madrid	Kabuki **N**
Madrid	Kabuki Wellington
Madrid	Zalacain
Málaga	Café de París
Malpica de Bergantiños /	
Marbella	El Lago
Marbella	Skina
Murcia / El Palmar	La Cabaña
	de la Finca Buenavista
Oiartzun	Zuberoa
Olost	Sala

Ondara	Casa Pepa
Pamplona	Europa
Pamplona	Rodero
Las Pedroñeras	Las Rejas
Pontevedra /	
San Salvador de Poyo	Solla
Portals Nous	Tristán
Prendes	Casa Gerardo
Puente Arce	El Nuevo Molino
El Puerto de Santa María	Aponiente **N**
Raxo	Pepe Vieira
Roquetas de Mar	Alejandro
Sagàs	Els Casals
Salamanca	Víctor Gutiérrez
Salinas	Real Balneario
Sant Fruitós de Bages	L'Angle
Santa Comba	Retiro da Costiña
Santander	El Serbal
Segovia	Villena
Sevilla	Abantal
Sevilla	Santo **N**
Sort	Fogony
Terrasa	Capritx **N**
Torrelavega	Los Avellanos
Torrico / Valdepalacios	Tierra
Tossa de Mar	La Cuina de Can Simon
Urdaitz	El Molino de Urdániz
Valencia	Arrop **N**
Valencia	Ca'Sento
Valencia	Riff
Valencia	La Sucursal
Valencia	Torrijos
Valencia	Vertical
La Vall de Bianya	Ca l'Enric
Valladolid	Ramiro's
Vigo	Maruja Limón **N**
Villaverde de Pontones	Cenador de Amós
Vitoria-Gasteiz	Ikea **N**
Vitoria-Gasteiz	Zaldiarán
Xerta	Torreo de l'India
Zaragoza	Bal d'Onsera

ESPAÑA

→ **En rojo** *las mesas 2011 con posibilidades para* ❀❀
→ **Em vermelho,** *as mesas 2011 com possibilidades para* ❀❀
→ **In red** *the 2011 Rising Stars for* ❀❀

Las mesas 2011 con posibilidades para ❀
As mesas 2011 com possibilidades para ❀
The 2011 Rising Stars for ❀

Aranjuez	Rodrigo de la Calle

Localidades que poseen como mínimo un establecimiento Bib Gourmand.

Los Bib Gourmand 2011

Natxitua

Leintz-
Gatzaga
Berastegi
Mugiro
Arantzazu
Casalarreina
Páganos
Briones
Arnedo

Lesaka

Hecho

Vielha
o Viella
Escunhau
Areu
ANDORRA
Alp
Sarvisé
Peralada
Esponellà
Ainsa
Els Hostalets d'En Bas
Palau-Sator
Ponts
Torà
Terressa
o Tarrasa
Banyoles
Borja
Lleida
Sant Sadurni
d'Anoia
Blanes
Sant Quirze del Vallès
Cariñena
Sudanell
Solivella
Barcelona
Sant Cugat del Vallès
L'Hospitalet
de l'Infant
Falset
L'Hospitalet de Llobregat
Medinaceli
Sigüenza
Cambrils
Sant Pau d'Ordal
La Fresneda
Roquetes
Castellote
Tortosa
Cantavieja
Morella
Sant Carles de la Ràpita
Villalba de
la Sierra
Mora
de Rubielos
Torreblanca
Alcossebre o Alcocéber
Es Migjorn Gran
Cuenca
Cañete
L'Alcora
Castelló de la Plana
Alcúdia
Menorca
Viver
Vila-Real o Villarreal
Valencia
Mallorca
Beniparrell
Benifaió
Albacete
Ayora
Piles
Ibiza
Illes Balears
o Islas Baleares
Almansa
Alcoi
Cocentaina
Hellin
Villena
Ibi
Benimantell
Formentera
Elda
Ricote
Murcia
Vélez
Blanco
Los Dolores
Vera

Isla de
La Palma
Isla de
Tenerife
Isla de
Lanzarote
Puerto de la Cruz
Isla de La Gomera
Candelaria
Puerto
Calero
Las Palmas
de Gran Canaria
Isla de
El Hierro
Monte Lentiscal
Isla de
Fuerteventura
Isla de
Gran Canaria

ISLAS CANARIAS

Bib Gourmand

Buenas comidas a precios moderados
Refeições cuidadas a preços moderados
Good food at moderate prices

Ainsa	Callizo	**Boceguillas**	Área de Boceguillas
Albacete	Casa Paco	**Borja**	La Bóveda del Mercado
Albacete	Nuestro Bar	**Borleña**	Mesón de Borleña
Alcoi	Lolo	**Briones**	Los Calaos de Briones **N**
L'Alcora	Sant Francesc	**Cacabelos / Canedo**	Palacio de Canedo
Alcossebre	El Pinar	**Cacabelos**	La Moncloa de San Lázaro
Alcúdia	Genestar	**Cáceres**	Madruelo
Allariz	Casa Tino Fandiño	**Caldebarcos**	Casa Manolo
Almansa	Mesón de Pincelín	**Cambados**	Ribadomar
Almodóvar del Río	La Taberna	**Cambrils**	Acuamar-Casa Matas
Almuñécar	El Chaleco	**Candelaria**	El Archete
Almuñécar	Mar de Plata	**Cánduas**	Mar de Ardora
Alp	Casa Patxi	**Cantavieja**	Balfagón
Andújar	Los Naranjos	**Cañete**	La Muralla
Antequera	Caserío de San Benito	**A Cañiza**	Reveca
Arantzazu	Zelai Zabal	**Capileira**	El Corral del Castaño
Arcade	Arcadia	**Cariñena**	La Rebotica
Areu	Vall Ferrera	**Carmona**	La Almazara de Carmona
Arnedo	Sopitas	**Cartagena / Los Dolores**	La Cerdanya
Arnuero	Hostería de Arnuero **N**	**Casalarreina**	La Vieja Bodega
Astorga	La Peseta	**Castelló de la Plana**	Arropes
Astorga	Las Termas	**Castellote**	Castellote
Ayora	77	**Cazalla de la Sierra**	Posada del Moro
Badajoz	El Sigar	**Cocentaina**	La Montaña
Baiona	Paco Durán	**A Coruña**	Adega O Bebedeiro
Banyoles	Quatre Estacions	**A Coruña**	Artabria
Barcelona	Ávalon	**Covarrubias**	De Galo
Barcelona / L'Hospitalet	El Racó del Cargol	**Cuenca**	Raff
Barcelona	Mandarina	**Dosbarrios**	Los Arcos
Barcelona	La Provença	**Ea / Natxitua**	Ermintxo
Barcelona	Senyor Parellada	**Elda**	Fayago
Barcelona	Silvestre	**Esponellà**	Can Roca
Barcelona	La Taula	**Esteiro**	Muiño
Barcelona	Vivanda	**Estepona**	La Menorah
Benavente	Mesón del Abuelo	**Falset**	El Celler de L'Aspic
Benifaió	Juan Veintitrés	**Fene**	Muiño do Vento
Benimantell	L'Obrer	**La Fresneda**	Matarraña
Beniparrell	Casa Quiquet	**Fuentes de Nava**	La Taberna de la Nava
Berastegi	Arregi **N**	**A Guarda**	Anduriña
Blanes	S'Auguer	**A Guarda**	Marusía

N Nuevo ❀ ➡ Novo ❀ ➡ New ❀

Hecho	Gaby-Casa Blasquico	**Puerto de la Cruz**	Régulo
Hellín	D'on Manuel	**Quintanadueñas**	La Galería
Hervás	El Almirez	**Ribadeo / Vilaframil**	La Villa
L'Hospitalet de l'Infant	Itxas-Begi	**Ricote**	El Sordo
Els Hostalets d'En Bas	L'Hostalet	**Ruente**	Casa Nacho González **N**
Ibi	Ricardo	**Sanlúcar de Barrameda**	Casa Bigote
Leintz-Gatzaga	Gure Ametsa **N**	**Sant Carles de la Ràpita**	Miami Can Pons
Lesaka	Kasino	**Sant Cugat del Vallès**	Casablanca
Linares	Canela en Rama **N**	**Sant Pau d'Ordal**	Cal Xim
Linares	Los Sentidos **N**	**Sant Quirze**	Can Ferran
Linares de la Sierra	Arrieros	**Sant Quirze**	Lluernari
Lleida	Cassia	**Sant Sadurní d'Anoia**	La Cava d'en Sergi **N**
Lugo	La Palloza	**Santa Brígida**	Satautey
Madrid	Aynaelda	**Santander**	Machinero
Madrid	La Bola	**Santander**	Puerta 23 **N**
Madrid	Sal Gorda	**Santiago de Compostela**	Acio
Málaga	María **N**	**Santiago de Compostela**	Bierzo Enxebre
Malleza	Al Son del Indiano	**Sarvisé**	Casa Frauca
Marbella	Los Guisos de Santiago **N**	**Sevilla**	Az-Zait
Medina-Sidonia	Venta La Duquesa	**Sigüenza**	Calle Mayor
Medinaceli	Bavieca	**Solivella**	Cal Travé
Es Migjorn Gran	S'Engolidor	**Sudanell**	La Lluna
Moaña	Prado Viejo	**Tarrasa**	Sara **N**
Mora de Rubielos	El Rinconcico	**Torà**	Hostal Jaumet
Morella	Casa Roque	**Tordesillas**	La Lonja **N**
Morella	La Fonda	**Torreblanca**	La Strada
Mugiro	Venta Muguiro	**Torremolinos**	Juan
Murcia	Alborada	**Tortosa**	Rosa Pinyol
Murcia	Las Cadenas	**Tortosa / Roquetes**	Amaré
Murcia	La Gran Taberna	**Treceño**	Prada a Tope **N**
Navaleno	El Maño	**Tudela de Duero**	Mesón 2,39
Negreira	Casa Barqueiro	**Turégano**	El Zaguán
Noja	Sambal **N**	**Úbeda**	Amaranto **N**
Ocaña	Palio **N**	**Valencia de Don Juan**	Casa Alcón
Oleiros	Comei Bebei	**Valencia**	Montes
Oviedo	Las Campanas de San Bernabé	**Valladolid**	Don Bacalao
Padrón	A Casa dos Martínez	**Valladolid**	La Raíz
Páganos	Héctor Oribe	**Vallejera de Riofrío**	La Corrobla
Palau-sator	Mas Pou	**Vega de Tirados**	Rivas
Palencia	Isabel	**Vejer de la Frontera**	Trafalgar
Palencia	La Traserilla **N**	**Vélez Blanco**	El Molino
Las Palmas de Gran Canaria	El Arrosar	**Vera**	Terraza Carmona
Las Palmas de Gran Canaria	Casa de Galicia	**Vielha / Escunhau**	El Niu
Peralada	Cal Sagristà	**Vielha**	Era Lucana
El Perdigón	Bodega Pámpano	**Vigo**	La Oca
Piles	GloriaMar	**Vila-Real**	Espliego
Ponts	Ponts	**Villalba de la Sierra**	Mesón Nelia
Posada de Llanera	La Corriquera	**Villanueva de Argaño**	Las Postas de Argaño
Pozoblanco	La Casona de la Abuela **N**	**Villena**	Salvadora
Priego de Córdoba	Balcón del Adarve	**Viver**	Thalassa
Puente de San Miguel	Hostería Calvo	**Yegen**	El Rincón de Yegen
Puente-Genil	Casa Pedro	**Zafra**	La Rebotica
Puerto Calero	Amura		

ESPAÑA

N Nuevo ✿ → **Novo** ✿ → **New** ✿

Bib Hotel

Grato descanso a precio moderado
Grato descanso a preço moderado
Good accomodation at moderate prices

ESPAÑA

Hoteles agradables

Hotéis agradáveis
Particularly pleasant hotels

Barcelona	Arts
Donostia-San Sebastián	María Cristina
Guía de Isora	Abama
Loja / Finca La Bobadilla	La Bobadilla
Palma de Mallorca	Castillo H. Son Vida
Sanlúcar la Mayor	Hacienda Benazuza
Santiago de Compostela	Parador Hostal dos Reis Católicos
Valencia	The Westin València

ESPAÑA

Ablitas	Pago de Cirsus	Palma de Mallorca	Arabella Sheraton
Baiona	Parador de Baiona		Golf H. Son Vida
Barcelona	El Palace	Plasencia	Parador de Plasencia
Bolvir de Cerdanya	Torre del Remei	Playa	
Burgos	Landa	de las Américas	G.H. Bahía del Duque
Las Cabezas		Pollença	Son Brull
de San Juan	Cortijo Soto Real	Puigpunyent	G.H. Son Net
Corralejo	Gran Hotel Atlantis Bahía Real	Santander / El Sardinero	Real
Deià	La Residencia	Sant Miquel de Balansat	Hacienda Na
Granada / La Alhambra	Alhambra Palace		Xamena
Jerez de la Frontera	Villa Jerez	Torrent	Mas de Torrent
Luíntra	Parador de Santo Estevo	Torrico / Valdepalacios	Valdepalacios
Manacor	La Reserva Rotana	Trujillo	Parador de Trujillo
Marbella	Marbella Club	Vigo	Pazo Los Escudos
Marbella	Puente Romano	Villajoyosa	El Montíboli
Maspalomas	Grand H. Residencia		

Alarcón	Parador de Alarcón
Almagro	Parador de Almagro
Almendral	Rocamador
Artà	Sant Salvador
Ballesteros de Calatrava	Palacio de la Serna
Barcelona	Àbac
Benalup-Casas Viejas	Utopía
Bidegoian	Iriarte Jauregia
Boadilla del Monte	El Antiguo Convento de Boadilla del Monte
Bohoyo	Real de Bohoyo
Cala Sant Vicenç	Cala Sant Vicenç
Cardona	Parador de Cardona
Cazalla de la Sierra	Palacio de San Benito
Chinchón	Parador de Chinchón
Deià	Es Molí
Escalante	San Román de Escalante
Fuentespalda	La Torre del Visco
Gautegiz-Arteaga	Castillo de Arteaga
Getaria	Iturregi
Hondarribia	Obispo
Laguardia	Hospedería de los Parajes
Lloret de Mar	Rigat Park
Lloret de Mar	Santa Marta
Madrid	Orfila
Miraflores de la Sierra	Palacio Miraflores
Osuna	La Casona de Calderón
Palma de Mallorca	Palacio Ca Sa Galesa
Porto Cristo	Son Mas
Puente la Reina	El Peregrino
Ronda	San Gabriel
Salamanca	Rector
San Sebastián de la Gomera	Parador de San Sebastián de La Gomera
Sant Vicenç de Montalt	Castell de l'Oliver
Santa Margalida	Casal Santa Eulàlia
Santillana del Mar	Casa del Marqués
Somaén	Posada Real de Santa Quiteria
Topas	Castillo del Buen Amor
Tudela	Aire de Bardenas
Valldemossa	Valldemossa
Villacarriedo	Palacio de Soñanes
Xerta	Villa Retiro
Zafra	Casa Palacio Conde de la Corte
Zamora	Parador de Zamora

Almadén	Plaza de Toros de Almadén
Almagro	La Casa del Rector
Alquézar	Maribel
Arroyomolinos de la Vera	Peña del Alba
Azofra	Real Casona de las Amas
O Barco	Pazo do Castro
Benahavís	Amanhavis
Cabrils	Mas de Baix
Cadavedo	Torre de Villademoros
Caimari	Can Furiós
Calatayud	Hospedería Mesón de la Dolores
Casalarreina	Hospedería Señorío de Casalarreina
Cudillero	Casona de la Paca
Espolla	Canaleta Heras
Garachico	San Roque
Granada	Casa Morisca
Hoyos del Espino	El Milano Real
Huétor-Vega	Villa Sur
Laguardia	Castillo El Collado
Madremanya	La Plaça
Madrid	Acis y Galatea
Meaño	Quinta de San Amaro
Oviedo	Ayre Hotel Alfonso II
Palma de Mallorca	San Lorenzo
Panes / Alevia	Casona d'Alevia
es Pil.larí	Sa Posada d'Es Molí
San Vicente de la Barquera	Valle de Arco
Sant Julià de Vilatorta	Torre Martí
Sant Marçal	Sant Marçal
Sant Miquel de Balansat	Cas'Pla
Sóller	Ca N'ai
Taramundi	La Rectoral
Valle de Cabuerniga	Camino Real
Vilaboa / San Adrián de Cobres	Rectoral de Cobres
Villamayor	Palacio de Cutre
Vitoria-Gasteiz	Palacio de Elorriaga
Zeanuri	Etxegana

Albarracín	Casa de Santiago
Albarracín	La Casona del Ajimez
Allariz	O Portelo
Buera	La Posada de Lalola
Burgos	La Puebla
Cádiar	Alquería de Morayma
Cretas	Villa de Cretas
Cuenca	Posada de San José
Daroca	Posada del Almudí
Granada / La Alhambra	América
Linyola	Cal Rotés
Marbella	La Villa Marbella
Navacerrada	Nava Real
Nerja	Carabeo
La Parra	Hospedería Convento de la Parra
Puebla de Sanabria	Posada Real la Cartería
Reinosa	Villa Rosa
Sallent de Gállego	Almud
Santiago de Compostela	Costa Vella
Sevilla	La Casa del Maestro
Soria	Hostería Solar de Tejada
Toledo	Casa de Cisneros
Vejer de la Frontera	La Casa del Califa
Villafranca del Bierzo	Las Doñas del Portazgo

Alcanar	Tancat de Codorniu
Aldán	A Casa de Aldán
Artà	Can Moragues
Baza	Cuevas Al Jatib
Bentraces	Palacio de Bentraces
El Burgo de Osma	Posada del Canónigo
Calaceite	Cresol
Calatañazor	Casa del Cura
Cambados	Pazo A Capitana
Camuño	Quintana del Caleyo
Es Castell	Sant Joan de Binissaida
Es Castell	Son Granot
Collado Hermoso	Posada Fuenteplateada
Comillas	Torre del Milano
Constantina	Casa Grande
Crecente / Vilar	Palacio do Barreiro
Cuacos de Yuste	La Casona de Valfrío
Fontibre	Posada Rural Fontibre
Imón	La Botica
Imón	Salinas de Imón
Jábaga	La Casita de Cabrejas
Joanetes	Mas Les Comelles
Lloseta	Cas Comte
Monachil	La Almunia del Valle
Moraña	Pazo La Buzaca
Navafría	Posada Mingaseda
Oreña	Caborredondo
El Perelló	La Panavera
Pontedeume / Castelo de Andrade	Casa do Castelo de Andrade
Quintanilla del Agua	El Batán del Molino
Sallent de Gállego / Lanuza	La Casueña
San Esteban del Valle	Posada de Esquiladores
Sanlúcar de Guadiana	Casa La Alberca
Santa Eulalia del Río	Can Curreu
Santa Eulalia de Oscos	Casona del Bosque de Pumares
Santa Gertrudis	Cas Gasi
Sant Lluís	Alcaufar Vell
Sant Lluís	Biniarroca
Santoña	Posada Las Garzas
Sanxenxo / Reis	Antiga Casa de Reis
Sena de Luna	Días de Luna
Sóller	Ca's Xorc
Son Servera	Finca Son Gener
Son Servera	Petit H. Cases de Pula
Utrera	Hacienda de Orán
Valldemossa	Cases de Ca's Garriguer
Vilafamés	El Jardín Vertical
Villanasur Río de Oca	Valle de Oca
Vitoria-Gasteiz	La Casa de los Arquillos

Restaurantes agradables

Restaurantes agradáveis
Particularly pleasant Restaurants

Barcelona / L'Hospitalet	Evo	**Madrid**	La Terraza del Casino
Barcelona	Caelis	**Pamplona**	Josetxo
Barcelona	Enoteca	**Sanlúcar la Mayor**	La Alquería
Errenteria	Mugaritz	**Sant Celoni**	Can Fabes
Girona	El Celler de Can Roca	**Santa Cruz**	La Seda
Guía de Isora	M.B		

Ajo	Palacio de la Peña	**Olot**	Les Cols
Alacant	Torre de Reixes	**Pals**	Sa Punta
Boadilla del Monte	La Hostería del Convento	**Puente Arce**	El Nuevo Molino
Bocairent	Ferrero	**Roses / Cala Montjoi**	El Bulli
Deià	El Olivo	**Santa Comba**	Retiro da Costiña
Figueres	Mas Pau	**Sevilla**	Taberna del Alabardero
Marbella	Villa Tiberio	**Torrico / Valdepalacios**	Tierra
Moralzarzal	El Cenador de Salvador	**Villaverde de Pontones**	Cenador de Amós
Oiartzun	Zuberoa	**Vitoria-Gasteiz**	El Portalón

Almagro	El Corregidor	**Montseny**	Can Barrina
Anglès	L'Aliança d'Anglès	**Roses**	Flor de Lis
Arnedo	Sopitas	**Santa Eulalia del Río**	Can Curreu
Betancuria	Casa Santa María	**Santa Pola**	María Picola
Cercs	Estany Clar	**Sóller**	Bens d'Avall
Deià	Es Racó d'Es Teix	**Toledo**	El Palacete
Eivissa	La Masía d'en Sort	**Tona**	La Ferrería
Hondarribia	Sebastián	**Valencia**	El Alto de Colón
Hoyo de Manzanares	El Vagón de Beni	**Villoldo**	Estrella del Bajo Carrión
Llívia	Can Ventura	**Zafra**	Barbacana

Allariz	Portovello	**Granadilla de Abona**	Casa Tagoro
Benalauría	La Molienda	**Guardamar de la Safor**	Arnadí
Buera	Lalola	**Hecho**	Gaby-Casa Blasquico
Cabanas	O Muiño de Trigo	**Linares de la Sierra**	Arrieros
Cacabelos / Canedo	Palacio de Canedo	**Meranges**	Can Borrell
Cacabelos	La Moncloa de San Lázaro	**Puerto de la Cruz**	Régulo
Cambados	Posta do Sol	**Romanyà de la Selva**	Can Roquet
Donamaria	Donamaria'ko Benta	**Santiago de Compostela**	Bierzo Enxebre

Madrid	Tasca La Farmacia
Valencia	Casa Montaña

Turismo Rural

ESPAÑA

Para saber más

Para saber mais
Further information

ESPAÑA

Los vinos

Os vinhos – Wines

① y ②	Rías Baixas, Ribeiro
③ al ⑤	Valdeorras, Monterrei, Ribeira Sacra
⑥ al ⑨	Bierzo, Toro, Rueda, Cigales
⑩	Ribera del Duero
⑪	Rioja
⑫	Txakolí de Álava, de Bizcaia y de Getaria
⑬	Navarra
⑭ al ⑰	Campo de Borja, Calatayud, Cariñena, Somontano
⑱ al ㉓	Terra Alta, Costers del Segre, Priorato, Conca de Barberá, Tarragona, Penedès
㉔ y ㉕	Alella, Pla de Bages

㉖	Ampurdán, Costa Brava
㉗ al ㉙	Méntrida, Vinos de Madrid, Mondéjar
㉚ al ㉜	Valdepeñas, La Mancha, Ribera del Júcar
㉝	Ribera del Guadiana
㉞ al ㊵	Utiel - Requena, Almansa, Jumilla, Valencia, Yecla, Alicante, Bullas
㊶	Binissalem, Pla i Llevant - Mallorca
㊷ al ㊺	Condado de Huelva, Jerez Manzanilla - Sanlúcar de Barrameda, Málaga, Montilla - Moriles
㊻	Tacoronte - Acentejo, Valle de la Orotava, Ycoden - Daute - Isora, Abona, Valle de Güímar
㊼ al ㊾	Lanzarote, La Palma, El Hierro

CAVA ⑪, ⑭, ⑯, ㉒ al ㉖

Vinos y especialidades regionales

En el mapa indicamos las Denominaciones de Origen que la legislación española controla y protege.

Regiones y localización en el mapa	Características de los vinos	Especialidades regionales
Andalucía ㊷ al ㊺	**Blancos** *afrutados* **Amontillados** *secos, avellanados* **Finos** *secos, punzantes* **Olorosos** *abocados, aromáticos*	*Jamón, Gazpacho, Fritura de pescados*
Aragón ⑭ al ⑰	**Tintos** *robustos* **Blancos** *afrutados* **Rosados** *afrutados, sabrosos* **Cava** *espumoso (método champenoise)*	*Jamón de Teruel, Ternasco, Magras*
Madrid, Castilla y León, Castilla-La Mancha, Extremadura ⑥ al ⑩ y ㉗ al ㉝	**Tintos** *aromáticos, muy afrutados* **Blancos** *aromáticos, equilibrados* **Rosados** *refrescantes*	*Asados, Embutidos, Queso Manchego, Migas, Cocido madrileño, Pisto*
Cataluña ⑱ al ㉖	**Tintos** *francos, robustos, redondos, equilibrados* **Blancos** *recios, amplios, afrutados, de aguja* **Rosados** *finos, elegantes* **Dulces y mistelas** *(postres)* **Cava** *espumoso (método champenoise)*	*Butifarra, Embutidos, Romesco (salsa), Escudella, Escalivada, Esqueixada, Crema catalana*
Galicia, Asturias, Cantabria ① al ⑤	**Tintos** *de mucha capa, elevada acidez* **Blancos** *muy aromáticos, amplios, persistentes (Albariño)*	*Pescados, Mariscos, Fabada, Queso Tetilla, Queso Cabrales, Empanada, Lacón con grelos, Filloas, Olla podrida, Sidra, Orujo*
Islas Baleares ㊶	**Tintos** *jugosos, elegantes* **Blancos y rosados** *ligeros*	*Sobrasada, Queso de Mahón, Caldereta de langosta*
Islas Canarias ㊻ al ㊾	**Tintos** *jóvenes, aromáticos* **Blancos y rosados** *ligeros*	*Pescados, Papas arrugadas*
Valencia, Murcia ㉞ al ㊵	**Tintos** *robustos, de gran extracto* **Blancos** *aromáticos, frescos, afrutados*	*Arroces, Turrón, Verduras, Hortalizas, Horchata*
Navarra ⑬	**Tintos** *sabrosos, con plenitud, muy aromáticos* **Rosados** *suaves, afrutados* **Cava** *espumoso (método champenoise)*	*Verduras, Hortalizas, Pochas, Espárragos, Queso Roncal*
País Vasco ⑫	**Blancos** *frescos, aromáticos, ácidos* **Tintos** *fragantes*	*Changurro, Cocochas, Porrusalda, Marmitako, Pantxineta, Queso Idiazábal*
La Rioja (Alta, Baja, Alavesa) ⑪	**Tintos** *de gran nivel, equilibrados, francos, aromáticos, poco ácidos* **Blancos** *secos* **Cava** *esp umoso (método champenoise)*	*Pimientos, Chilindrón*

Vinhos e especialidades regionais

Indicamos no mapa as Denominações de Origem (Denominaciones de Origen) que são controladas e protegidas pela legislação.

ESPAÑA

Regiões e localização no mapa	Características dos vinhos	Especialidades regionais
Andalucía ㊷ a ㊸	**Brancos** *frutados* **Amontillados** *secos, avelanados* **Finos** *secos, pungentes* **Olorosos** *com bouquet, aromáticos*	*Presunto, Gazpacho (Sopa fria de tomate), Fritada de peixe*
Aragón ⑭ a ⑰	**Tintos** *robustos* **Brancos** *frutados* **Rosés** *frutados, saborosos* **Cava** *espumante (método champenoise)*	*Presunto de Teruel, Ternasco (Borrego), Magras (Fatias de fiambre)*
Madrid, Castilla y León, Castilla-La Mancha, Extremadura ⑥ a ⑩ e ㉗ a ㉝	**Tintos** *aromáticos, muito frutados* **Brancos** *aromáticos, equilibrados* **Rosés** *refrescantes*	*Assados, Enchidos, Queijo Manchego, Migas, Cozido madrileno, Pisto (Caldeirada de legumes)*
Cataluña ⑱ a ㉖	**Tintos** *francos, robustos, redondos, equilibrados* **Brancos** *secos, amplos, frutados, « perlants »* **Rosés** *finos, elegantes* **Doces e « mistelas «** *(sobremesas)* **Cava** *espumante (método champenoise)*	*Butifarra (Linguiça catalana), Enchidos, Romesco (molho), Escudella (Cozido), Escalivada (Pimentos e beringelas no forno), Esqueixada (Salada de ba calhau cru), Crema catalana (Leite creme)*
Galicia, Asturias, Cantabria ① a ⑤	**Tintos** *espessos, elevada acidêz* **Brancos** *muito aromáticos, amplos, persistentes (Albariño)*	*Peixes, Mariscos, Fabada (Feijoada), Queijo Tetilla, Queijo Cabrales, Empanada (Empada), Lacón con grelos (Pernil de porco com grelos), Filloas (Crêpes), Olla podrida (Cozido), Sidra, Aguardente*
Islas Baleares ㊶	**Tintos** *com bouquet, elegantes* **Brancos e rosés** *ligeiros*	*Sobrasada (Embuchado de porco), Queijo de Mahón, Caldeirada de lagosta*
Islas Canarias ㊻ a ㊾	**Tintos** *novos, aromáticos* **Brancos e rosés** *ligeiros*	*Peixes, Papas arrugadas (Batatas)*
Valencia, Murcia ㉞ a ㊵	**Tintos** *robustos, de grande extracto* **Brancos** *aromáticos, frescos, frutados*	*Arroz, Nogado, Legumes, Hortaliças, Horchata (Orchata)*
Navarra ⑬	**Tintos** *saborosos, encorpados, muito aromáticos* **Rosés** *suaves, frutados* **Cava** *Espumante (método champenoise)*	*Legumes, Hortaliças, Pochas (Feijão branco), Espargos, Queijo Roncal*
País Vasco ⑫	**Brancos** *frescos, aromáticos, acídulos* **Tintos** *perfumados*	*Changurro (Santola), Cocochas (Glândulas de peixe), Porrusalda (Sopa de bacalhau), Marmitako (Guisado de atum), Pantxineta (Folhado de amêndoas), Queijo Idiazábal*
La Rioja (Alta, Baja, Alavesa) ⑪	**Tintos** *de grande nível, equilibrados, francos, aromáticos, de pouca acidêz* **Brancos** *secos* **Cava** *espumante (método champenoise)*	*Pimentos, Chilindrón (Guisado de galinha ou borrego)*

Wines and regional specialities

The map shows the official wine regions (Denominaciones de Origen) which are controlled and protected by Spanish law.

Regions and location on the map	Wine's characteristics	Regional Specialities
Andalucía ㊷ to ㊺	Fruity **whites** **Amontillados** medium dry and nutty **Finos** very dry and piquant **Olorosos** smooth and aromatic	Gazpacho (Cold tomato soup), Fritura de pescados (Fried Fish)
Aragón ⑭ to ⑰	Robust **reds** Fruity **whites** Pleasant, fruity **rosés** **Sparkling wines** (méthode champenoise)	Teruel ham, Ternasco (Roast Lamb), Magras (Aragonese Ham Platter)
Madrid, Castilla y León, Castilla-La Mancha Extremadura ⑥ to ⑩ and ㉗ to ㉝	Aromatic and very fruity **reds** Aromatic and well balanced **whites** Refreshing **rosés**	Roast, Sausages, Manchego Cheese, Migas (fried breadcrumbs), Madrid stew, Pisto (Ratatouille)
Cataluña ⑱ to ㉖	Open, robust, rounded and well balanced **reds** Strong, full bodied and fruity **whites** Fine, elegant **rosés** **Sweet, subtle** dessert wines **Sparking wines** (méthode champenoise)	Butifarra (Catalan sausage), « Romesco » (sauce),» Escudella (Stew), Escalivada (Mixed boiled vegetables), Esqueixada (Raw Cod Salad), Crema catalana (Crème brûlée)
Galicia, Asturias, Cantabria ① to ⑤	Complex, highly acidic **reds** Very aromatic and full bodied **whites** (Albariño)	Fish and seafood, Fabada (pork and bean stew), Tetilla Cheese, Cabrales Cheese, Empanada (Savoury Tart), Lacón con grelos (Salted shoulder of Pork with sprouting turnip tops), Filloas (Crêpes), Olla podrida (Hot Pot), Cider, Orujo (distilled grape skins and pips)
Islas Baleares ㊶	Meaty, elegant **reds** Light **whites and rosés**	Sobrasada (Sausage spiced with pimento), Mahón Cheese, Lobster ragout
Islas Canarias ㊻ to ㊾	Young, aromatic **reds** Light **whites and rosés**	Fish, Papas arrugadas (Potatoes)
Valencia, Murcia ㉞ to ㊵	Robust reds Fresh, fruity and aromatic **whites**	Rice dishes, Nougat, Market garden produce, Horchata (Tiger Nut Summer Drink)
Navarra ⑬	Pleasant, full bodied and highly aromatic **reds** Smooth and fruity **rosés** **Sparkling wines** (méthode champenoise)	Green vegetables, Market garden produce, Pochas (Haricot Beans), Asparagus, Roncal Cheese
País Vasco ⑫	Fresh, aromatic and acidic **whites** Fragrant **reds**	Changurro (Spider Crab), Cocochas (Hake jaws), Porrusalda (Cod soup), Marmitako (Tuna & Potato stew), Pantxineta (Almond Pastry), Idiazábal Cheese
La Rioja (Alta, Baja, Alavesa) ⑪	High quality, well balanced, open and aromatic **reds** with little acidity Dry **whites** **Sparkling wines** (méthode champenoise)	Peppers, Chilindrón (Chicken/Lamb in a spicy tomato & pepper sauce)

ESPAÑA

Localidades
de A a Z

Localidades
de A a Z

Towns
from A to Z

ESPAÑA

ÁBALOS – La Rioja – **573** E21 – 387 h. – alt. 589 m – ⊠ 26339   **21** A2

▶ Madrid 342 – Logroño 31 – Bilbao 106 – Pamplona 119

Villa de Ábalos ⚜   🛋 🖭 rest, ⚒ ⚕ **P** 🚾 ⚏
pl. Fermín Gurbindo 2 – ✆ *941 33 43 02* – www.hotelvilladeabalos.com
12 hab ⌑ – ✝75/88 € ✝✝94/110 €   **Rest** – *(sólo clientes)* Menú 28 €
♦ Casa señorial de finales del s. XVI dotada con gruesos muros en piedra y confortables habitaciones de línea neorrústica, todas dispuestas en torno a un patio con lucernario.

Hospedería del Vino sin rest ⚜   🔲 🛋 ⚒ ⚕ **P** 🚾 ⚏
camino de Los Molinos - Bodegas Puelles – ✆ *941 33 44 15*
– www.hospedediadelvino.com – *15 abril-11 diciembre*
6 hab ⌑ – ✝96/106 € ✝✝120/132 €
♦ Instalado en una bodega familiar rodeada de viñedos, con tienda, sala de catas y visitas guiadas. Sus equipadas habitaciones tienen cierto aire italiano y unos baños actuales.

ABLITAS – Navarra – **573** G25 – 2 599 h. – alt. 386 m – ⊠ 31523   **24** A3

▶ Madrid 396 – Pamplona 108 – Logroño 106 – Zaragoza 92

en la carretera de Ribaforada Este : 5,5 km

Pago de Cirsus   ⪡ 🏊 🛋 🖭 ⚒ hab, ⚕ **P** 🚾 ⚏ 🖭
⊠*31523* – ✆ *948 38 62 12* – www.pagodecirsus.com
12 hab ⌑ – ✝✝95/195 €, ⌑ 16 €   **Rest** – Carta aprox. 59 €
♦ Conjunto de reciente construcción que imita la estructura de un torreón navarro medieval, con vistas a los viñedos que le rodean y al Moncayo. Confort y ambiente rústico. El comedor ofrece un ventanal a la sala de barricas y una carta tradicional actualizada.

Los ABRIGOS – Santa Cruz de Tenerife – **ver Canarias (Tenerife)**

ADAL TRETO – Cantabria – **572** B19 – Playa – ⊠ 39761   **8** C1

▶ Madrid 378 – Santander 41 – Bilbao 63

Las Ruedas   🛋 🖭 ⚒ ⚕ **P** 🚾 ⚏
barrio La Maza, (carret. N 634) – ✆ *942 67 44 22* – www.hotel-lasruedas.com
– *cerrado 20 diciembre-8 enero*
19 hab ⌑ – ✝43/67 € ✝✝51/77 €   **Rest** – *(cerrado lunes noche)* Menú 10 €
♦ Próspero negocio cuya fachada conjuga la tradición montañesa con el modernismo de principios del s. XX. Reducido hall-recepción y habitaciones de completo equipamiento. Acogedor restaurante a modo de mesón, con columnas en ladrillo visto y viguería en madera.

El ADELANTADO – Córdoba – **ver Iznájar**

AGAETE – Las Palmas – **ver Canarias (Gran Canaria)**

AGE – Girona – **574** E35 – 113 h. – ⊠ 17529   **14** C1

▶ Madrid 641 – Andorra la Vella 66 – Lleida/Lérida 183 – Puigcerdà 3

Cal Marrufès sin rest ⚜   ⚒ **P**
Ripoll 3 – ✆ *972 14 11 74* – www.calmarrufes.com
12 hab ⌑ – ✝40/60 € ✝✝60/90 €
♦ Un turismo rural que mejora poco a poco. Ofrece cuidadas habitaciones de aire rústico y entre ellas destacan las nuevas, más amplias, bien equipadas y con baños modernos.

▶ Madrid 394 – València 103 – Alacant/Alicante 74

✕   **Mariola** con hab 🆔 ⚙ 📶 🆅🆂🅰 ⚫ ⓪
San Antonio 4 – 𝒞 965 51 00 17 – www.restaurant-mariola.es – cerrado
20 junio-14 julio y 26 septiembre-14 octubre
13 hab ⬒ – ♦26/28 € ♦♦42/45 €
Rest – *(cerrado domingo noche y lunes salvo agosto y festivos)* Carta 20/30 €
♦ Este restaurante, distribuido en dos plantas, disfruta de un cuidado estilo rústico, con aperos agrícolas en la decoración y chimenea. Carta amplia de comida casera. Como complemento también posee unas sencillas habitaciones y amplios apartamentos en un anexo.

▶ Madrid 568 – Almería 62 – Mojácar 33 – Níjar 32

🏠   Mikasa 🍽 🛗 ✕ 🆔 📶 🛁 🅿
carret. de Carboneras 22 – 𝒞 950 13 80 73 – www.mikasasuites.com
20 hab   Rest *La Villa* – ver selección restaurantes
♦ Villa mediterránea formada por varios edificios unidos interiormente, con habitaciones personalizadas en su decoración y una zona SPA en un anexo. Agradable terraza.

🏠   **El Tio Kiko** sin rest ✍ ⟨ 🍽 🛗 🆔 ⚙ 🅿 🆅🆂🅰 ⚫ 🅰🅴
Sureste 12 – 𝒞 950 13 80 80 – www.eltiokiko.com
27 hab ⬒ – ♦80/125 € ♦♦110/175 €
♦ Casa escalonada en lo alto de una urbanización con vistas al mar. La espaciosa zona noble da a la piscina y sus habitaciones, todas con terraza, poseen un buen equipamiento.

✕✕   La Villa – Hotel Mikasa 🏠 🆔 ⇔ 🅿
carret. de Carboneras 18 – 𝒞 950 13 80 90
Rest –
♦ Casa tipo villa dotada con una apacible terraza. Posee tres salas de estética intimista donde combinan detalles actuales y de aire colonial. Cocina internacional y de fusión.

por la carretera de Fernán Pérez
Oeste : 5,3 km y desvío a la izquierda 0,5 km :

🏠   **La Almendra y El Gitano** sin rest ✍ ⟨ 🛢 🍽 🆔 🅿 🆅🆂🅰 ⚫
camino Cala del Plomo ✉04149 Agua Amarga – 𝒞 678 50 29 11
– www.laalmendrayelgitano.com
6 hab ⬒ – ♦90/110 € ♦♦100/170 €
♦ Casa rural de gran tipismo emplazada en un entorno solitario y aislado. Todas sus habitaciones ofrecen una decoración personalizada, con su propia terraza y vistas al campo.

▶ Madrid 323 – Palencia 97 – Santander 104
🛈 pl. de España 30 𝒞 979 12 36 41 turismoaguilar@msn.com Fax 979 12 57 10

🏨   **Valentín** 🛗 🆔 rest, ⚙ 📶 🛁 🌿 🆅🆂🅰 ⚫ 🅰🅴 ⓪
av. de Ronda 23 – 𝒞 979 12 21 25 – www.hotelvalentin.com
48 hab – ♦39/50 € ♦♦58/68 €, ⬒ 5 €   **Rest** – Menú 14 €
♦ Hotel céntrico y de amplias instalaciones. Ofrece un salón social polivalente, un pequeño jardín y unas habitaciones decoradas con distintos muebles de línea clásica. El comedor, que resulta acogedor y bastante luminoso, está muy orientado a los banquetes.

ESPAÑA

AGUILAR DE LA FRONTERA – Córdoba – **578** T16 – **13 746 h.**　**1** B2
– alt. 372 m – ✉ 14920

> ▶ Madrid 436 – Córdoba 52 – Antequera 70 – Jaén 102
> ◎ Localidad★　Parroquia de Nuestra Señora del Soterráneo★ – Plaza de San José★ – Torre del Reloj★

Ⓧ　**La Casona**　　AC ⅍ VISA ◑◉
Antonio Sánchez 6 – ☎ 957 66 04 39 – cerrado del 1 al 15 de julio
Rest – Carta 20/32 €
♦ Concurrido bar en la entrada, comedor a un lado de estilo andaluz y otra sala más, tipo bodega, para comidas privadas. Ofrece una cocina tradicional a precios moderados.

ÁGUILAS – Murcia – **577** T25 – **34 533 h.** – **Playa** – ✉ 30880　　**23** A3
> ▶ Madrid 494 – Almería 132 – Cartagena 84 – Lorca 42
> 🄸 pl. Antonio Cortijos ☎ 968 49 32 85 turismo@aguilas.es Fax 968 44 60 82

🏠　**El Paso**　　🛗 AC ⅍ 🕪 **P** 🚗 VISA ◑◉
Cartagena 13 – ☎ 968 44 71 25 – www.hotelelpasoaguilas.com
24 hab 🍴 – ♦39/49 € ♦♦55/72 €　**Rest** – Menú 10 €
♦ Muy céntrico y de carácter familiar. Presenta su zona social en un patio cubierto desde el que se distribuyen las habitaciones, actualizadas y con baños completos. El comedor disfruta de un montaje clásico y ofrece una carta tradicional con algunos menús.

en Calabardina Noreste : 8,5 km

🏠　**Al Sur** sin rest ◈　　◄ 🚗 ⅍ 🕪 VISA ◑◉
Torre de Cope 24 ✉30889 Calabardina – ☎ 968 41 94 66 – www.halsur.com
8 hab 🍴 – ♦70/86 € ♦♦96/107 €
♦ Coqueto hotel de estilo mediterráneo situado en lo alto de una colina. Goza de un ambiente acogedor, con habitaciones personalizadas en su decoración y una terraza-jardín.

AGÜIMES – Las Palmas – ver Canarias (Gran Canaria)

AIGUA BLAVA – Girona – ver Begur

AIGUADOLÇ (Puerto de) – Barcelona – ver Sitges

AINSA – Huesca – **574** E30 – **2 179 h.** – alt. 589 m – ✉ 22330　　**4** C1
> ▶ Madrid 510 – Huesca 120 – Lleida/Lérida 136 – Pamplona 204
> 🄸 av. Pirenaica 1 ☎ 974 50 07 67 turismoainsa@telefonica.net Fax 974 50 04 07
> ◎ Localidad★ – Plaza Mayor★★

🏠　**Los Arcos** sin rest　　◄ AC ⅍ 🕪 VISA ◑◉
pl. Mayor 23 – ☎ 974 50 00 16 – www.hotellosarcosainsa.com
6 hab 🍴 – ♦71/118 € ♦♦80/150 €
♦ Instalado en una casa de piedra rehabilitada, en el casco antiguo. Ofrece habitaciones de buen confort, con los suelos en madera e hidromasaje en la mayoría de los baños.

ⓍⓍ　**Callizo**　　◄ 🏛 AC ⅍ VISA ◑◉
🐸　pl. Mayor – ☎ 974 50 03 85 – www.restaurantecallizo.es
– cerrado 9 diciembre-15 marzo, domingo noche y lunes salvo verano
Rest – (sólo menú) Menú 25/40 €
♦ Acogedor restaurante instalado en una bella casona de piedra. Su cuidada decoración rústica se complementa con una interesante cocina creativa y una buena presentación.

✕ **Bodegón de Mallacán y Posada Real** con hab   🛖 AC rest, ℅

pl. Mayor 6 – ℰ *974 50 09 77* – *www.posadareal.com*   VISA ◎◎

8 hab – 🛏50/60 € 🛏🛏60/110 €, � 8 €   **Rest** – Carta 30/42 €

♦ En pleno casco antiguo. Dispone de un pequeño bar y varias salas de entrañable calidez distribuidas en distintos pisos, algunas con bellos murales de azulejos en las mesas. Frente al restaurante encontrará un hotelito bastante acogedor, con cierto encanto y cuidadas habitaciones de aire rústico.

✕ **Bodegas del Sobrarbe**   🛖 ℅ VISA ◎◎ ①

pl. Mayor 2 – ℰ *974 50 02 37* – *www.bodegasdelsobrarbe.com* – *cerrado enero y febrero*

Rest – Carta 34/42 €

♦ Antiguas bodegas decoradas en estilo medieval, con un bar a la entrada seguido de una serie de salones abovedados en piedra. Sus mesas se adornan con azulejos de Teruel.

AJO – Cantabria – **572** B19 – Playa – ✉ 39170   **8** C1

▶ Madrid 416 – Bilbao 86 – Santander 34

✕✕✕ **Palacio de la Peña** con hab ✍   🖼 AC ℅ rest, ℅⁾ P VISA ◎◎ AE ①

De la Peña 26 – ℰ *942 67 05 67* – *www.hotelapalaciodelapena.com*

6 hab – 🛏🛏220/260 €, ⊏ 24 €

Rest – *(cerrado Navidades, domingo noche y lunes)* Carta 57/66 €

♦ Casa-palacio del s. XVII muy bien restaurada. Su atractivo restaurante ocupa las viejas caballerizas, donde conviven la piedra, la madera y valiosas antigüedades. Si desea pasar unos días por la zona puede alojarse en alguna de sus exquisitas habitaciones, personalizadas con muebles de época y dotadas de gran confort.

ALACANT (ALICANTE) P – **577** Q28 – **334 757 h.** – Playa   **16** A3

▶ Madrid 417 – Albacete 168 – Cartagena 110 – Murcia 81

🛬 de Alicante por ② : 12 km ℰ 902 404 704

Iberia : aeropuerto El Altet ℰ 902 400 500

🚢 para Eivissa y Orán : Cía. Trasmediterránea, Terminal MTMA del Sureste (TMS), ℰ902 45 46 45 info@trasmediterranea.es Fax 96 514 08 59

🛈 Rambla de Méndez Núñez 23 ✉ 03002 ℰ 96 520 00 00 alicante@touristinfo.net Fax 96 520 02 43

y Portugal 17 ✉ 03002 ℰ 96 592 98 02 info@alicanteturismo.com Fax 96 592 01 12

R.A.C.E. Pintor Lorenzo Casanova 66, ℰ 96 522 93 49 Fax 96 512 55 97

👁 Museo Arqueológico Provincial de Alicante★★ EY**M3** - Castillo de Santa Bárbara★ (≤★) EY - Iglesia de Santa María (fachada★) EY - Explanada de España★ DEZ - Colección de Arte del S. XX. Museo de La Asegurada★ EY**M1**

Planos páginas 66, 67, 68

🏨 **Amérigo**   🖼 ⅃å |🛎| AC ℅ hab, ⁾⁾ 🛁 🚗 VISA ◎◎ AE ①

Rafael Altamira 7 ✉03002 – ℰ *965 14 65 70* – *www.hospes.es*   EZ**v**

78 hab – 🛏🛏100/280 €, ⊏ 18 € – 3 suites

Rest *Monastrell* – *(cerrado domingo y lunes)* Carta aprox. 55 €

♦ Ocupa un antiguo convento distribuido en dos edificios. Su interior presenta una estética actual, con varias obras de arte y habitaciones espaciosas definidas por su diseño. El restaurante gastronómico propone un perfecto maridaje entre tradición e innovación.

🏨 **Meliá Alicante**   ≤ ⅃ ⅃å |🛎| ₺ AC ℅ ⁾⁾ 🛁 VISA ◎◎ AE ①

pl. del Puerto 3 ✉03001 – ℰ *965 20 50 00* – *www.meliaalicante.com*

426 hab – 🛏🛏93/240 €, ⊏ 20 € – 118 suites   **Rest** – Menú 24 €   EZ**c**

♦ Resulta emblemático en la ciudad y goza de una situación privilegiada, entre el puerto deportivo y la playa. Todas sus habitaciones disponen de terraza con vistas al mar. Acogedor restaurante a la carta de estilo castellano-medieval.

ESPAÑA

ALACANT/ ALICANTE

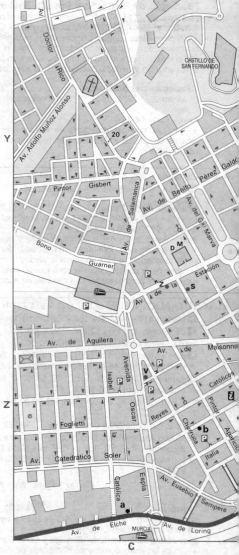

 SPA Porta Maris & Suites del Mar ⟨ ⌿ 🏊 ☀ 🖼 🛁 ⬆ & hab, 🅰️🅒 ✗
pl. Puerta del Mar 3 ✉03002 – ☎ 965 14 70 21   🛜 🛎 VISA ✪✪ 🅰🅴 ⊕
– www.hotelspaportamaris.com   EZ**d**
158 hab – ♥75/144 € ♥♥86/158 €, ⌒ 12,90 € – 21 suites
Rest *Marabierta* – *(cerrado domingo noche y lunes)* Carta 33/45 €
♦ Su excelente emplazamiento permite disfrutar de magníficas vistas al mar. Buenas instalaciones, habitaciones confortables y un completo servicio terapéutico en un anexo. El restaurante disfruta de grandes ventanales y ofrece una cocina bien elaborada.

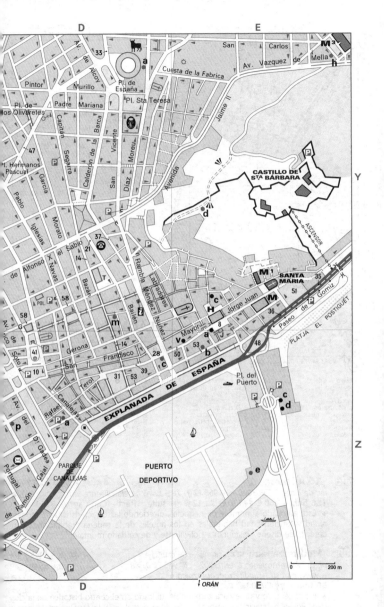

Abba Centrum Alicante ⻆ 🛗 ⛱ hab, 🅰️🅲 🍴 hab, 🕻 🛗 🚗
Pintor Lorenzo Casanova 31 ⊠*03003 –* ☎ *965 13 04 40* 🆚🆂🅰 ⓪⓪ 🅰🅴 ⓪
– www.centrumalicantehotel.com **CZb**
147 hab – ♥♥75/135 €, � 13,50 € **Rest** – *(cerrado domingo y festivos)* Menú 19 €
♦ Se presenta como un hotel que sabe combinar las zonas reservadas al cliente
alojado con las destinadas al público general y de congresos, pues tiene numerosos salones. Sencillo restaurante de carácter polivalente, ya que sirve también el
buffet de desayunos.

67

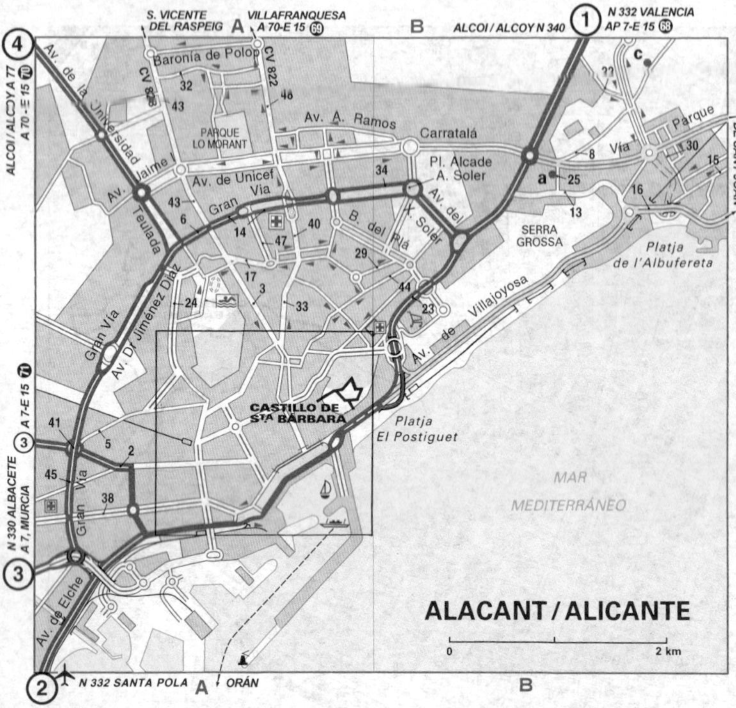
S. VICENTE DEL RASPEIG
VILLAFRANQUESA A 70-E 15
ALCOI / ALCOY N 340
N 332 VALENCIA AP 7-E 15
ALCOI / ALCOY A 77 A 70 - E 15
N 330 ALBACETE A 7, MURCIA
A 7-E 15
DE SANT JOAN
Baronía de Polop
PARQUE LO MORANT
Av. A. Ramos
Carratalá
Av. de la Universidad
Jaime I
Av. de Unicef
Gran Vía
Pl. Alcade A. Soler
SERRA GROSSA
Platja de l'Albufereta
Teulada
B. del Plá
Av. de Villajoyosa
Av. Dr Jiménez Díaz
CASTILLO DE STA BÁRBARA
Platja El Postiguet
MAR MEDITERRÁNEO
Av. de Elche
ALACANT / ALICANTE
0
2 km
N 332 SANTA POLA
ORÁN

AC Alicante hab, VISA
av. de Elche 3 ✉03008 – ✆ 965 12 01 78 – www.hotelacalicante.com CZ**a**
186 hab – 🛉60 € 🛉🛉130 €, ☕ 12 € – 1 suite **Rest** – Carta aprox. 32 €
◆ Está enfocado al hombre de negocios, ofreciendo las características de modernidad y funcionalidad habituales en los hoteles de la cadena. Habitaciones con detalles de diseño. Restaurante polivalente y de cuidado montaje.

Mediterránea Plaza sin rest, con cafetería
pl. del Ayuntamiento 6 ✉03002 – ✆ 965 21 01 88 VISA
– www.eurostarsmediterraneaplaza.com EYZ**a**
50 hab – 🛉🛉45/300 €, ☕ 10 €
◆ Hotel céntrico y de escasa zona noble, ubicado en el centro histórico de la ciudad. Posee habitaciones amplias y de línea actual, con los suelos en tarima y aseos completos.

Les Monges Palace sin rest VISA
San Agustín 4 ✉03002 – ✆ 965 21 50 46 – www.lesmonges.es EY**c**
22 hab – 🛉31/45 € 🛉🛉46/60 €, ☕ 6 €
◆ Esta casa dispone de una pequeña recepción, un saloncito y habitaciones de techos altos personalizadas en su decoración, la mayoría eclécticas y con baños de plato ducha.

XXX **La Ereta** ≤ 🛜 AC ⅍ **P** VISA ⚈

parque de la Ereta ⊠*03001* – ℰ *965 14 32 50* – *www.laereta.es*
– *cerrado del 11 al 31 de enero, lunes en invierno y domingo* EY**d**
Rest – *(sólo cena en verano salvo jueves, viernes y sábado, sólo almuerzo en invierno salvo jueves, viernes y sábado)* Carta 38/48 €
♦ Original construcción ubicada en lo alto del parque de la Ereta, por lo que goza de magníficas vistas al mar y a la ciudad. Ofrece dos menús degustación bastante creativos.

XXX **Valencia Once** AC ⅍ ⇄ VISA ⚈

Valencia 11 ⊠*03012* – ℰ *965 21 13 09* – *cerrado domingo noche y lunes*
Rest – Carta aprox. 40 € DY**a**
♦ Restaurante familiar muy bien organizado. Posee una barra a la entrada, la cocina a la vista y varias salas de montaje clásico, con reservados, distribuidas en dos pisos.

XX **Govana** AC ⅍ VISA ⚈

pl. Dr. Gómez Ulla 4 ⊠*03013* – ℰ *965 21 82 50* – *www.govana.es* – *cerrado del 15 al 30 de septiembre* EY**h**
Rest – *(sólo almuerzo)* Carta 30/43 €
♦ Este excelente restaurante familiar está ubicado en una bonita plaza ajardinada. Ofrece un acogedor estilo rústico y una carta tradicional con un buen apartado de arroces.

XX **Dársena** ≤ AC ⅍ VISA ⚈ AE ⓞ

Marina Deportiva - Muelle de Levante 6 ⊠*03001* – ℰ *965 20 75 89*
– *www.darsena.com* EZ**e**
Rest – Carta 38/51 €
♦ Restaurante panorámico ubicado en el puerto deportivo. Su bar de tapas, de marcado carácter marinero, da paso a un comedor de línea moderna y funcional. Personal atento.

XX **César Anca** AC ⅍ VISA ⚈ AE ⓞ

General Lacy 12 ⊠*03003* – ℰ *965 12 43 62* – *www.restaurantecesaranca.com* – *cerrado 28 junio-12 julio, domingo y lunes noche* CYZ**f**
Rest – Carta 31/40 €
♦ Combina la estética alemana que el negocio tenía en su origen y un interior bastante acogedor, con luces íntimas y celosías. Cocina actualizada de base tradicional.

XX **Nou Manolín** AC ⅍ ⇄ VISA ⚈ AE ⓞ

Villegas 3 ⊠*03001* – ℰ *965 20 03 68* – *www.noumanolin.com* DY**m**
Rest – Carta 30/48 €
♦ Un restaurante muy conocido por su amplia variedad de reservados, donde suelen realizar comidas o cenas de empresa. Su cocina muestra especial atención al recetario regional.

XX **Piripi** AC ⅍ ⇄ VISA ⚈ AE ⓞ

Oscar Esplá 30 ⊠*03003* – ℰ *965 22 79 40* – *www.piripi.com* CZ**v**
Rest – Carta 30/48 €
♦ Casa bien asentada que ha sabido ganarse a la clientela. Su propietario ha creado un marco sumamente acogedor donde se ofrece una carta regional con varios tipos de arroces.

X **Nou Palas** AC ⅍ VISA ⚈ AE

av. de la Estación 9 ⊠*03003* – ℰ *965 22 75 55* – *cerrado del 1 al 15 de septiembre, domingo y lunes noche* CY**z**
Rest – Carta 32/42 €
♦ Un recurso muy válido en su sencillez. El comedor disfruta de un ambiente rústico acogedor, con las paredes en ladrillo visto y la viguería de madera. Carta tradicional.

ESPAÑA

ESPAÑA

Y/ **El Portal**   AC VISA ◉◉ AE

Bilbao 2 ⊠03003 – ℰ 965 14 32 69   DZ**c**
Rest – Tapa 6 € – Ración aprox. 18 €
♦ Ofrece un interior bastante moderno en tonos azules, una buena barra y mesas altas para tapear. También posee un pequeño comedor. Completa carta de tapas y raciones actuales.

Y/ **La Taberna del Gourmet**   AC ⅜ VISA ◉◉ AE ⓪

San Fernando 10 ⊠03002 – ℰ 965 20 42 33 – www.latabernadelgourmet.com
Rest – Tapa 8 € – Ración aprox. 15 €   EZ**b**
♦ Se podría definir como un delicatessen del tapeo. Ofrece una amplísima variedad de tapas, todas ellas con productos de excelente calidad, y una gran selección de vinos.

Y/ **El Cantó**   AC ⅜ VISA ◉◉

Alemania 26 ⊠03003 – ℰ 965 92 56 50 – cerrado 24 agosto-14 septiembre y domingo   DZ**p**
Rest – Tapa 3,50 € – Ración aprox. 14 €
♦ Bar de tapas con cierto estilo de cervecería y taberna. Trabaja con productos de calidad ofreciendo una buena carta de pinchos, raciones, revueltos y cazuelitas.

Y/ **Nou Manolín**   AC ⅜ VISA ◉◉ AE ⓪

Villegas 3 ⊠03001 – ℰ 965 20 03 68 – www.noumanolin.com   DY**m**
Rest – Tapa 4 € – Ración aprox. 10 €
♦ Establecimiento de aire rústico dominado por la decoración en ladrillo visto y madera. Dispone de una amplia barra para el tapeo y un reservado de lujo en la antigua bodega.

Y/ **Piripi**   AC ⅜ VISA ◉◉ AE ⓪

Oscar Esplá 30 ⊠03003 – ℰ 965 22 79 40 – www.piripi.com   CZ**v**
Rest – Tapa 4 € – Ración aprox. 10 €
♦ Se encuentra en la planta baja del restaurante que le da nombre, destacando su excelente barra pública en madera. Sugerente, extensa y atractiva variedad de pinchos.

por la carretera de València :

XXX **Torre de Reixes**   🍴 🛏 AC ⅜ 🚗 VISA ◉◉

camino de Benimagrell 47 ⊠03559 – ℰ 965 26 26 31 – www.juanxxiii.es – cerrado domingo y lunes   B**c**
Rest – Carta aprox. 40 €
♦ Casona del s. XVI construida en pleno campo. Posee un acogedor salón principal y utiliza las antiguas habitaciones como reservados. Terraza de verano con bello patio andaluz.

XXX **Maestral**   🍴 🛏 AC ⅜ ⇔ P VISA ◉◉ AE ⓪

Andalucía 18 - Vistahermosa ⊠03016 – ℰ 965 26 25 85 – www.maestral.es – cerrado domingo noche   B**a**
Rest – Carta 37/54 €
♦ Se encuentra en una bonita villa de una zona residencial, rodeada de jardines y con terraza. En su interior, de elegante montaje, le ofrecerán una carta con platos de autor.

ALALPARDO – Madrid – **576** K19 – **575** K19 – **3 035 h.** – ⊠ 28130   **22** B2
▸ Madrid 45 – Segovia 120 – Guadalajara 58

X **El Faisán de Oro**   🛏 AC VISA ◉◉ AE

Extramuros 4 – ℰ 916 20 26 45 – www.elfaisandeoro.com – cerrado 15 días en agosto y domingo noche
Rest – Carta 36/45 €
♦ Se encuentra junto a la iglesia y está llevado directamente por su chef-propietaria, que ofrece sus platos de viva voz en dos sencillas salas de cálido ambiente familiar.

La ALAMEDA – Ciudad Real – ver Villanueva de San Carlos

ALAQUÁS – Valencia – 577 N28 – 30 392 h. – ⊠ 46970   16 A2

▶ Madrid 352 – Alacant/Alicante 184
  – Castelló de la Plana/Castellón de la Plana 96 – València 7

Alaquás   📶 🕭 hab, AC ⚡ 🎙 🔊 🚗 VISA ◍ AE ①
av. Pablo Iglesias 32 – ☎ 961 51 64 03 – www.husaalaquas.es
65 hab – ♦♦49/250 €, ⊇ 9 €
Rest – *(cerrado verano, sábado, domingo y festivos)* Menú 11 €
♦ Hotel de línea actual orientado al cliente de negocios. Ofrece habitaciones funcionales y un buen hall, donde se integran la recepción, la zona social y la cafetería. El comedor presenta un montaje sencillo y una carta bastante correcta, con algunos arroces.

XX **La Sequieta**   AC ⚡ VISA ◍ ①
av. Camí Vell de Torrent 28 – ☎ 961 50 00 27 – www.lasequieta.com – cerrado Semana Santa, del 10 al 31 de agosto, domingo y noches de lunes a miércoles
Rest – Carta 30/48 €
♦ Está dirigido por dos hermanos y con su nombre rinde un homenaje a la lengua valenciana. En su pequeño pero cuidado comedor podrá degustar una cocina de sabor mediterráneo.

ALARCÓN – Cuenca – 576 N23 – 191 h. – alt. 845 m – ⊠ 16214   10 C2

▶ Madrid 189 – Albacete 94 – Cuenca 85 – València 163
ℹ Posadas 6 ☎ 969 33 03 01 turismo@aytoalarcon.org Fax 969 33 03 98
◎ Emplazamiento★★★

Parador de Alarcón ⌖   ⇐ 📶 AC ⚡ VISA ◍ AE ①
av. Amigos de los Castillos 3 – ☎ 969 33 03 15 – www.parador.es
14 hab ⊇ – ♦♦235/319 €   **Rest** – Menú 35 €
♦ Fortaleza árabe-medieval sobre un peñón rocoso, dominando el río Júcar. Sus habitaciones combinan un estilo actual con detalles rústicos, como la piedra vista de las paredes. En su acogedor restaurante sirven una cocina regional y platos de caza.

ALARÓ – Illes Balears – ver Balears (Mallorca)

ALBA DE TORMES – Salamanca – 575 J13 – 5 331 h. – alt. 826 m   11 B3
– ⊠ 37800

▶ Madrid 191 – Ávila 85 – Plasencia 123 – Salamanca 19
ℹ Padre Raimundo 6 bajo ☎ 618 74 65 13 info@villaalbadetormes.com
◎ Iglesia de San Juan (grupo escultórico★)

Alameda   AC rest, ⚡ 🎙 P VISA ◍
av. Juan Pablo II – ☎ 923 30 00 31 – www.hotelrestaurantealameda.com
36 hab – ♦30/35 € ♦♦50/58 €, ⊇ 4 €   **Rest** – Menú 11 €
♦ Dispone de una concurrida cafetería exterior. La mayoría de las habitaciones poseen un mobiliario actual y funcional, aunque disponen de dos mucho más amplias con jacuzzi. Su sencillo comedor se complementa con una zona de banquetes de gran capacidad.

ALBACETE P – 576 O24/ P24 – 169 716 h. – alt. 686 m   10 D3

▶ Madrid 249 – Córdoba 358 – Granada 350 – Murcia 147
ℹ Tinte 2 (Posada del Rosario), ☎ 967 58 05 22 otalbacete@jccm.es Fax 967 21 42 26
◎ Museo (Muñecas romanas articuladas★) BZ**M1**

Plano página siguiente

Gran Hotel sin rest, con cafetería   📶 🕭 AC ⚡ 🎙 🔊 🚗 VISA ◍ AE ①
Marqués de Molins 1 ⊠02001 – ☎ 967 19 33 33 – www.abgranhotel.com
47 hab – ♦100/161 € ♦♦120/201 €, ⊇ 8 € – 2 suites   BY**r**
♦ Tras su hermosa fachada ecléctica de principios del s. XX encontrará modernidad, alta tecnología y habitaciones excelentemente equipadas. Buena oferta en salas de reuniones.

ESPAÑA

ALBACETE

MADRID CIUDAD REAL ⑥ A 31 — A — ① REQUENA N 322 — B — MADRID

CM 3203 ↙ ELCHE DE LA SIERRA — A — B — A 30 ,MURCIA ③

 Santa Isabel 🕮 ⛔ AC ♨ ⁽ᵖ⁾ 🏋 🚗 🅿️ VISA ⓥ AE ①

av. Gregorio Arcos, por ⑥: 2,5 km ☒02007 – ✆ 967 26 46 80
– www.hotelsantaisabelalbacete.com
36 hab – †70/75 € ††80/85 €, ⯑ 10 € – 3 suites
Rest – Carta 31/35 €

♦ Gran edificio estilo Luis XV construido a las afueras de la ciudad. Presenta una organización de carácter familiar, numerosos salones y unas espaciosas habitaciones. Su restaurante trabaja con unos precios bastante ajustados y una carta de gusto regional.

Los Llanos sin rest   🛗 ⏰ 🅰️ ⌖ 🎱 �️ 🚗 VISA ⊙ 🅰️🅴 ⓞ
av. de España 9 ✉02002 – 𝒞 967 22 37 50 – *www.hotellosllanos.es*
79 hab – 🛏80/195 € 🛏🛏80/235 €, ⌷ 12 €   BZ**c**
♦ Bien ubicado frente al parque de Abelardo Sánchez. Se presenta completamente renovado, con una correcta zona social y habitaciones actuales, la mitad de ellas con balcón.

Europa sin rest, con cafetería   🛗 🅰️ �️ ⌖ 🚗 VISA ⊙ 🅰️🅴 ⓞ
San Antonio 39 ✉02001 – 𝒞 967 24 15 12 – *www.hoteleuropaalbacete.es*
117 hab – 🛏45/83 € 🛏🛏63/125 €, ⌷ 7 € – 2 suites   BY**a**
♦ Este hotel cuenta con varias salas de reuniones y banquetes, por lo que es uno de sus puntos fuertes. Sus confortables y amplias habitaciones recrean un ambiente clásico.

San José sin rest   🛗 🅰️ ⌖ 🎱 🌧 🚗 VISA ⊙ 🅰️🅴 ⓞ
San José de Calasanz 12 ✉02002 – 𝒞 967 50 74 02
– *www.hotelsanjose-albacete.es*   BZ**u**
45 hab – 🛏60/97 € 🛏🛏60/129 €, ⌷ 9,75 €
♦ Disfrute de una estancia céntrica y tranquila en un hotel de gestión familiar. Ofrece habitaciones con cocina, buen equipamiento y mobiliario funcional. Clientela comercial.

Florida   🛗 ⏰ hab, 🅰️ ⌖ 🌧 🎱 🚗 VISA ⊙
Ibáñez Íbero 14 ✉02005 – 𝒞 967 55 00 88   AY**s**
55 hab ⌷ – 🛏60/70 € 🛏🛏75/95 €   **Rest** – Menú 16 €
♦ Junto a la plaza de toros. Su recepción se une con la cafetería y posee habitaciones espaciosas aunque algo sencillas, con mobiliario en pino de tonos claros. El restaurante, que está claramente enfocado en el cliente alojado, centra su actividad en el menú.

Castilla sin rest   🛗 🅰️ 🌧 🚗 VISA ⊙ 🅰️🅴
paseo de la Cuba 3 ✉02001 – 𝒞 967 21 42 88 – *www.hotel-castilla.es*
60 hab – 🛏51/58 € 🛏🛏51/91 €, ⌷ 4 €   BY**n**
♦ Resulta cálido y confortable dentro de su sencillez, con habitaciones muy funcionales, mobiliario en pino y aseos modernos. Poco a poco están actualizando diversos detalles.

XXX **Casa Marlo**   🎴 🅰️ ⌖ ⟷ VISA ⊙ 🅰️🅴 ⓞ
pl. Gabriel Lodares 3 ✉02002 – 𝒞 967 50 64 75 – *www.restaurantemarlo.com*
– *cerrado domingo noche*   BZ**v**
Rest – Carta 36/46 €
♦ Elegante edificio señorial dotado de un bar privado, varias salas con las paredes enteladas y un agradable patio-terraza donde tocan el piano durante las cenas de verano.

XX **El Secreto de Jávega**   🅰️ ⌖ VISA ⊙
pl. Maestro Chueca 13 ✉02005 – 𝒞 967 21 92 19 – *www.elsecretodejavega.com*
– *cerrado agosto y lunes*   AY**x**
Rest – Carta 36/48 €
♦ Un restaurante familiar que está de moda en la ciudad. Ofrece una moderna vinoteca y dos salas, una con ladrillo visto y la otra más actual. Cocina tradicional actualizada.

XX **Don Gil**   🅰️ ⌖ VISA ⊙ 🅰️🅴
Baños 2 ✉02004 – 𝒞 967 23 97 85 – *www.restaurantedongil.com* – *cerrado 15 días en agosto, domingo noche y lunes*   AY**c**
Rest – Carta 30/40 €
♦ Este restaurante familiar ofrece tres salas de aire clásico, un comedor de banquetes y un moderno lounge-bar. Carta tradicional, con un apartado de platos actuales y arroces.

ESPAÑA

ESPAÑA

XX Nuestro Bar 🔲 ⌘ P VISA ⊙ AE ⊙

Alcalde Conangla 102 ⊠02002 – ℰ 967 24 33 73 – www.nuestrobar.es – cerrado julio y domingo noche BZt
Rest – Carta 24/35 €

• Su cocina de corte local, muy apreciada en la ciudad, lo ha llevado a la cima del éxito. Marco regional, buen servicio de mesa y una carta amplia con algún plato por encargo.

XX Casa Paco 🔲 ⌘ ⇔ VISA ⊙ AE ⊙

La Roda 26 ⊠02005 – ℰ 967 22 00 41 – www.grupocasapaco.com – cerrado agosto AYc
Rest – Carta 31/35 €

• Un restaurante con solera y oficio a los fogones. Ofrece un cuidado montaje, una decoración acogedora y una cocina regional que se enriquece con varios platos tradicionales.

XX Álvarez 🔲 ⌘ ⇔ VISA ⊙ AE

Salamanca 12 ⊠02001 – ℰ 967 21 82 69 – www.restaurantealvarez.com – cerrado Semana Santa, agosto, lunes y festivos noche BYg
Rest – Carta 23/38 €

• Céntrico establecimiento de organización familiar con una barra de apoyo en la entrada, seguida de una sala de línea clásica y dos privados. Carta variada y menú temático.

XX Pingüino 🔲 ⌘ ⇔ VISA ⊙ ⊙

Madres de la Plaza de Mayo 1 ⊠02002 – ℰ 967 24 83 49 – cerrado del 1 al 15 de agosto, miércoles salvo festivos y domingo noche BZz
Rest – Carta 26/33 €

• Negocio llevado entre dos socios, uno en la sala y el otro en la cocina. Dispone de un bar de espera y un comedor de moderno montaje donde ofrecen una carta tradicional.

XX El Callejón 🔲 ⌘ ⇔ VISA ⊙ AE ⊙

Guzmán el Bueno 18 ⊠02002 – ℰ 967 21 11 38 – www.restauranteelcallejon.com – cerrado agosto, domingo noche y lunes BZz
Rest – Carta 32/43 €

• Restaurante típico donde un enorme portalón le da la bienvenida a un entorno taurino repleto de viejas fotografías y carteles. Seriedad, cocina tradicional y clientela fiel.

⅋/ Rubia y Tinto 🔲 ⌘ VISA

Muelle 22 ⊠02001 – ℰ 967 52 11 49 – www.vinculohosteleria.es – cerrado martes BYd
Rest – Tapa 2,50 € – Ración aprox. 9,50 €

• Este bar-cervecería goza de gran aceptación, pues ofrece una buena selección de tapas y raciones cantadas de palabra. Entorno cálido y acogedor, así como precios moderados.

al Sureste 5 km por ② ó ③ :

🏠🏠 Parador de Albacete ⟋ ⇐ ⣿ ⌘ ⌘ 🔲 ⌘ 🕪 ⣿ P VISA ⊙ AE ⊙

⊠02080 – ℰ 967 24 53 21 – www.parador.es
68 hab – †84/102 € ††105/128 €, ⊡ 16 €
Rest – Menú 32 €

• Ubicado en una antigua quinta manchega en medio del campo. Conjunto regional con unas instalaciones espaciosas y unas habitaciones bien equipadas. En su comedor de aire clásico, con vigas de madera a la vista, podrá conocer los platos típicos de esta tierra.

ALBAL – Valencia – **577** N28 – **15 443 h.** – ✉ **46470**   **16** B2

  ▶ Madrid 362 – Valencia 10 – Castelló de la Plana/Castellón de la Plana 92

XX **Mediterráneo**   AC 🕸 ⬩ P VISA ⓒ AE ⓞ
carret. Real de Madrid – 𝒞 *961 27 49 01 – www.restaurantemediterraneo.com
– cerrado Semana Santa, agosto y domingo*
Rest *– (sólo almuerzo salvo viernes y sábado)* Carta 25/32 €
  ♦ Negocio repartido en dos partes, por un lado el restaurante y por otro la zona
de banquetes. En su elegante comedor podrá degustar una carta tradicional con
varios arroces.

ALBARRACÍN – Teruel – **574** K25 – **1 097 h.** – alt. 1 200 m – ✉ **44100**   **3** B3

  ▶ Madrid 268 – Cuenca 105 – Teruel 38 – Zaragoza 191
  🅸 San Antonio 2 𝒞 978 71 02 62 turalbarracin@terra.es Fax 978 71 02 62
  ◉ Pueblo típico★ Emplazamiento★ Catedral (tapices★)

🏠 **Caserón de la Fuente** sin rest ⤵   🕸 VISA ⓒ ⓞ
Carrerahuertos – 𝒞 *978 71 03 30 – www.caserondelafuente.es*
14 hab ⊇ – ♦♦60/75 €
  ♦ Atractivo edificio que en otro tiempo fue un antiguo molino y fábrica de
lanas. Ofrece un interior rústico-regional con habitaciones amplias y una coqueta
cafetería.

🏠 **Casa de Santiago** ⤵   🕸 ⑪ VISA ⓒ
Subida a las Torres 11 – 𝒞 *978 70 03 16 – www.casadesantiago.net – cerrado 21
días en febrero y del 13 al 17 de septiembre*
9 hab – ♦48/54 € ♦♦64/70 €, ⊇ 6 € **Rest** – Menú 18 €
  ♦ Reminiscencias de un pasado exquisito, en una antigua casa que invita al
reposo. Disfruta de agradables salones sociales y pequeñas habitaciones de estética neorrústica. Comedor de buen montaje, con mobiliario de calidad y un servicio de mesa a la altura.

🏠 **La Casona del Ajimez** sin rest ⤵   ≤ 🚃 🕸 VISA ⓒ
San Juan 2 – 𝒞 *978 71 03 21 – www.casonadelajimez.com*
6 hab – ♦♦76 €, ⊇ 6 €
  ♦ La quietud del pasado dibuja su vetusta construcción en piedra, de hace más
de 200 años. Posee habitaciones muy acogedoras, con mobiliario antiguo en diferentes estilos.

🏠 **Arabia** sin rest   ≤ 🖚 🕸 ⑪ VISA ⓒ AE
Bernardo Zapater 2 – 𝒞 *978 71 02 12 – www.hotelarabia.es*
20 apartamentos – ♦♦68/78 €, ⊇ 7 € – 19 hab
  ♦ Ubicado en un antiguo convento del s. XVII. Ofrece una distribución algo com-
pleja, con habitaciones y apartamentos de gran amplitud. La cafetería centra la
zona social.

🏠 **Doña Blanca** sin rest   🖉 🕸 ⑪ P 🚗 VISA ⓒ AE ⓞ
Llano del Arrabal 10 – 𝒞 *978 71 00 01 – www.hoteldonablanca.net*
20 hab – ♦♦50/85 €, ⊇ 8 €
  ♦ Compensa su escueta zona social con unas habitaciones de buen confort, no
muy amplias pero bien equipadas y con terraza. El desayuno se sirve siempre en
las habitaciones.

XX **Tiempo de Ensueño**   ≤ 🖼 AC 🕸 VISA ⓒ ⓞ
Palacios 1 B – 𝒞 *978 70 60 70 – www.tiempodeensuenyo.com – cerrado enero,
del 13 al 18 de septiembre y martes*
Rest – Carta 39/49 €
  ♦ Está emplazado en una casa de piedra del casco antiguo y sorprende por su
interior, decorado con una estética moderna. Buen servicio de mesa y una carta
de base tradicional.

La ALBERCA – Salamanca – **575** K11 – 1 224 h. – alt. 1 050 m
– ✉ 37624

> ▶ Madrid 299 – Béjar 54 – Ciudad Rodrigo 49 – Salamanca 94
>
> 🚺 La Puente 13 ☏ 923 41 52 91 info@laalberca.com Fax 923 41 50 35 (temp)
>
> 👁 Pueblo típico★★
>
> 🝊 Sur : Carretera de Las Batuecas★ – Peña de Francia★★ (❋✴★★) Oeste :
> 15 km

🏨 **Doña Teresa** 👒   *Ƙ* 🖥 🔠 🎐 ⑾ 🚗 VISA ⑳ 🅰🅴 ⓪

carret. de Mogarraz – ☏ 923 41 53 08 – www.hoteldeteresa.com
41 hab – ♦60 € ♦♦90/110 €, 🍽 9 €   **Rest** – Menú 19 €

◆ Atractivo hotel con fachada en piedra y cuidado interior de estilo neorrústico.
Habitaciones de moderno confort y servicios variados, como el gimnasio o su
baño turco. El comedor, con sus vigas de madera, mantiene la decoración impe-
rante en la casa.

🏠 **Antiguas Eras** sin rest 👒   🖥 🎐 ⑾ **P** VISA ⑳ 🅰🅴

av. Batuecas 27 – ☏ 923 41 51 13 – www.antiguaseras.com
34 hab – ♦39/55 € ♦♦60/110 €, 🍽 5,50 €

◆ Goza de cierto encanto y cuenta con una parte antigua y otra de nueva construcción. Las habitaciones poseen mobiliario castellano y algunas de ellas están
abuhardilladas.

ALBOLOTE – Granada – **578** U19 – 17 089 h. – alt. 654 m – ✉ 18220   2 C1

> ▶ Madrid 415 – Antequera 91 – Granada 9

🏠 **BS Príncipe Felipe**   🖥 🔠 🎐 ⑾ 🛁 🚗 VISA ⑳ 🅰🅴 ⓪

av. Jacobo Camarero 32 – ☏ 958 46 54 11 – www.hotelprincipefelipe.com
159 hab – ♦37/45 € ♦♦45/70 €, 🍽 4 €   **Rest** – Menú 9,50 €

◆ Establecimiento dotado de una excelente organización. Posee varios tipos de
habitaciones, todas de línea actual y muchas de ellas con detalles como la
ducha de hidromasaje. Su restaurante de aire rústico ofrece una carta tradicional
y varios menús.

ALCALÁ – Santa Cruz de Tenerife – ver Canarias (Tenerife)

ALCALÁ DE GUADAIRA – Sevilla – **578** T12 – 70 155 h. – alt. 92 m   1 B2
– ✉ 41500

> ▶ Madrid 529 – Cádiz 117 – Córdoba 131 – Málaga 193

🍴 **La Cochera**   🍴 🔠 🎐 VISA ⑳ 🅰🅴 ⓪

Profesora Francisca Laguna 6 – ☏ 955 33 48 92 – *cerrado 15 julio-15 agosto,
domingo noche y lunes*
Rest – Tapa 3,25 € – Ración aprox. 12 €

◆ Excelente bar de tapas de ambiente neorrústico. Destaca por la calidad de sus
productos, con embutidos de Guijuelo, guisos caseros y deliciosas carnes de
vacuno a la plancha.

por la carretera SE 3204 Sur : 4,5 km y desvío a la izquierda 2 km

🏨 Hacienda La Boticaria 👒   🏊 🔄 🗖 *Ƙ* 🖥 🔓 hab, 🔠 ⑿ 🛁 **P** 🚗

carret. Alcalá-Utrera ✉41500 – ☏ 955 69 88 20 – www.laboticaria-hotel.com
107 hab – 15 suites   **Rest** –

◆ Un complejo de auténtico lujo donde se cuida cada detalle. Posee habitaciones
de gran confort, una elegante decoración, cuadra de caballos, SPA y una nutrida
oferta deportiva. El restaurante se complementa con un salón de banquetes junto
a un lago artificial.

ALCALÁ DE HENARES – Madrid – **576** K19 – **575** K19 – **204 574 h.** **22** B2
– alt. 588 m – ✉ 28801

▶ Madrid 32 – Guadalajara 25 – Zaragoza 290

🔢 Callejón de Santa María, ✆ 91 889 26 94 otcervantes@ayto-alcaladehenares.es
y pl. de los Santos Niños, ✆ 91 881 06 34 otssnn@ayto-alcaladehenares.es

🏌 Valdeláguila, por la carretera de Arganda : 8 km, ✆ 91 885 96 59

◎ Casco histórico★ – Antigua Universidad o Colegio de San
Ildefonso★ (fachada plateresca★, Paraninfo★, artesonado mudéjar★★) Z
– Capilla de San Ildefonso★ (sepulcro★★ del Cardenal Cisneros) Z

ALCALÁ DE HENARES

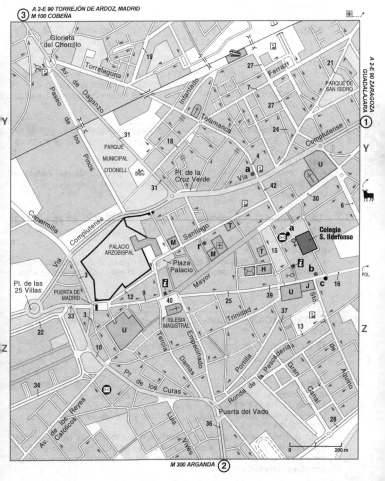

🏨 Parador de Alcalá de Henares 🚗 🌊 ⚁ hab, 🚘 ⚒ ⚑ 🛎 🅰

Colegios 8 ✉28801 – 𝒞 *918 88 03 30*   💳 ⓐ⑩ 🄰 ⓪
– www.parador.es   Zc
127 hab – ♦182 € ♦♦227 €, ☐ 18 € – 1 suite
Rest *Hostería del Estudiante* – ver selección restaurantes
Rest – Menú 34 €
♦ Conjuga algunas partes de lo que fue el convento de Santo Tomás con elementos de diseño vanguardista. Amplia zona social, completo SPA, habitaciones modernas y buen confort. En su comedor, actual y de cuidado montaje, encontrará la carta típica de Paradores.

🏨 El Bedel sin rest, con cafetería 🎐 🚘 ⚒ ⚑ 🛎 💳 ⓐ⑩ 🄰 ⓪

pl. San Diego 6 ✉28801 – 𝒞 *918 89 37 00*
– www.hotelhusaelbedel.com   Za
50 hab – ♦♦61/172 €, ☐ 12 €
♦ Hotel de línea clásica en el que encontrará confortables habitaciones, todas con mobiliario castellano. También posee una cafetería, donde le ofrecerán una carta sencilla.

🍴🍴 Miguel de Cervantes con hab 🎐 🚘 ⚒ ⚑ 💳 ⓐ⑩ 🄰 ⓪

Imagen 12 ✉28801 – 𝒞 *918 83 12 77* – *www.hcervantes.es*   Zr
13 hab – ♦45 € ♦♦60 €, ☐ 7 €
Rest – Carta 40/52 €
♦ Esta instalado en un edificio del s. XVII que cuenta con un comedor acristalado en torno a un patio. Montaje clásico, buen servicio de mesa y una carta de tinte tradicional. También ofrece unas habitaciones de estilo clásico-actual repartidas en dos plantas.

🍴🍴 Hostería del Estudiante – Parador de Alcalá de Henares 🚘 ⚒

Colegios 3 ✉28801 – 𝒞 *918 88 03 30* – *www.parador.es*   💳 ⓐ⑩ 🄰 ⓪
– cerrado agosto   Zb
Rest – Carta 40/50 €
♦ Aún conserva su estilo original, con los suelos en gres rojo, detalles castellanos y un buen montaje. Destaca por sus magníficas vistas al "Patio Trilingüe" de la Universidad.

🍴🍴 La Esquina Complutense 🚘 ⚒ 🔄 🚗 💳 ⓐ⑩ 🄰 ⓪

Ángel 1 y 3 ✉28805 – 𝒞 *918 82 73 90* – *www.laesquinacomplutense.com*
– cerrado domingo noche y lunes noche   Ya
Rest – Carta 35/49 €
♦ Antiguo palacete restaurado en el que aún se conservan artesonados, azulejos, escaleras e infinidad de pequeños detalles. Divide sus dependencias en restaurante y sidrería.

ALCALÁ DEL JÚCAR – Albacete – **576** O25 – 1 361 h. – alt. 596 m   10 D2
– ✉ 02210

▶ Madrid 278 – Albacete 66 – Alacant/Alicante 158 – Murcia 203
◎ Emplazamiento★

🏨 Pelayo 🌿 🎐 🚘 ⚒ ⚑ 💳 ⓐ⑩ 🄰

av. Constitución 4 – 𝒞 *967 47 30 99* – *www.hotelpelayo.net*
10 hab ☐ – ♦45 € ♦♦65/85 €
Rest – *(Semana Santa, julio-agosto, Navidades y fines de semana)*
Carta 28/48 €
♦ La recepción se encuentra en el bar y ofrece habitaciones bien equipadas, todas amplias y con baños actuales, aunque destacan las que tienen balcón. El restaurante, que fue el origen del negocio, se complementa durante el verano con una terraza-barbacoa.

ALCALÁ LA REAL – Jaén – **578** T18 – **22 783 h.** – ⊠ 23680   2 C2
▶ Madrid 401 – Antequera 97 – Córdoba 115 – Granada 54

🏨 **Torrepalma**   ⃒ ⃒ 🛗 ᯤ hab, Ⓐ 🅆 ⁽ᵖ⁾ ᯤ 𝚅𝙸𝚂𝙰 ◐
Conde de Torrepalma 2 – ℰ 953 58 18 00 – www.hoteltorrepalma.com
38 hab – ♦46/100 € ♦♦60/115 €, ⊋ 5,80 €
Rest – *(cerrado lunes en verano y domingo resto del año)* 9,50 €
◆ Su escasa zona social se compensa con una cafetería pública y unas confortables habitaciones de línea clásica-funcional. Los baños resultan algo reducidos pero son correctos. El restaurante, clásico y con mobiliario provenzal, ofrece una carta tradicional.

ALCANADA – Illes Balears – ver Balears (Mallorca) : Port d'Alcúdia

---

ALCANAR – Tarragona – **574** K31 – **10 570 h.** – **alt. 72 m** – **Playa**   13 A3
– ⊠ 43530
▶ Madrid 507 – Castelló de la Plana/Castellón de la Plana 85 – Tarragona 101
– Tortosa 37

🍴🍴 **Taller de Cuina Carmen Guillemot**   Ⓐ 🅆 ⇔ 𝚅𝙸𝚂𝙰 ◐ ⓞ
*Colón 26 – ℰ 977 73 03 23 – www.carmenguillemot.net – cerrado
Navidades, domingo noche, lunes y martes*
Rest – Carta 30/45 €
◆ Ocupa una casa particular, repartiendo las mesas por dos salas de aire moderno. El matrimonio propietario ofrece una cocina de sabor tradicional con elaboraciones actuales.

🍴 **Can Bunyoles**   Ⓐ 🅆 𝚅𝙸𝚂𝙰 ◐ ᴬᴱ
*av. d'Abril 5 – ℰ 977 73 20 14 – cerrado del 1 al 15 de septiembre, domingo
noche y lunes salvo festivos*
Rest – Carta 26/35 €
◆ Este restaurante presenta un bar de apoyo a la entrada y una acogedora sala que destaca, dentro de su sencillez, por tener una pequeña chimenea. Cocina de sabor regional.

en la carretera N 340 Este : 3,5 km y por camino 0,5 km

🏠 **Tancat de Codorniu** 🅢   ⃒ ⃒ ⃒ Ⓐ 🅆 ⁽ᵖ⁾ Ⓟ 𝚅𝙸𝚂𝙰 ◐ ᴬᴱ
⊠43530 – ℰ 977 73 71 94 – www.tancatdecodorniu.com
– cerrado noviembre
7 hab – ♦120/240 € ♦♦120/300 €, ⊋ 12 € – 4 suites
Rest – Menú 25 €
◆ Casa que sorprende por sus atractivos rincones, con un extenso entorno arbolado. Las habitaciones resultan amplias, luminosas, de llamativo diseño y excelente equipamiento. El pequeño restaurante está acristalado y disfruta de un montaje actual.

en Cases d'Alcanar Noreste : 4,5 km

🍴 **Racó del Port**   🅆 𝚅𝙸𝚂𝙰 ◐ ᴬᴱ ⓞ
*Lepanto 41 ⊠43569 Cases d'Alcanar – ℰ 977 73 70 50 – cerrado del 5 al 30 de
noviembre y lunes salvo festivos*
Rest – Carta 22/35 €
◆ Restaurante de correcto montaje y buena organización, con una terraza acristalada como complemento. Su cocina ofrece las más sabrosas especialidades marineras.

ALCAÑIZ – Teruel – **574** I29 – **16 392 h.** – **alt. 338 m** – ⊠ 44600   4 C2
▶ Madrid 397 – Teruel 156 – Tortosa 102 – Zaragoza 103
ℹ Mayor 1 ℰ 978 83 12 13 turismo@alcaniz.es Fax 978 83 12 13
◉ Colegiata (portada★) – Plaza de España★

🏨 **Parador de Alcañiz** ⌑ ⌕ *Castillo de Calatravos* – ☎ 978 83 04 00 – www.parador.es
37 hab – ♦120/130 € ♦♦150/163 €, ☞ 16 € **Rest** – Menú 32 €
♦ Está emplazado en un edificio medieval que ofrece vistas tanto al valle como a las colinas. Acogedora zona noble y cálidas estancias donde reina la decoración castellana. En su cuidado restaurante podrá degustar platos tan típicos como las migas de Teruel.

ALCÁZAR DE SAN JUAN – Ciudad Real – 576 N20 – 30 675 h. 9 B2
– alt. 651 m – ✉ 13600

▶ Madrid 149 – Albacete 147 – Aranjuez 102 – Ciudad Real 87

🏨 **Intur Alcázar de San Juan**
av. Herencia – ☎ 926 58 82 00 – www.intur.com
66 hab – ♦♦60/140 €, ☞ 10 € – 6 suites **Rest** – Menú 18 €
♦ Está frente a un parque, orientado al hombre de negocios. Dispone de un atractivo patio interior y espaciosas habitaciones, la mayoría con mobiliario neo-rrústico y terraza. El restaurante resulta luminoso y ofrece una carta tradicional con detalles de autor.

✗ **La Mancha**
av. de la Constitución – ☎ 926 54 10 47 – cerrado agosto y miércoles
Rest – Carta 20/33 €
♦ Restaurante con sala única de sencillo montaje, complementada con un bar de gran aceptación a la entrada y una espaciosa terraza. Ofrece una cocina casera de corte regional.

Los ALCÁZARES – Murcia – 577 S27 – 15 619 h. – Playa – ✉ 30710 23 B2

▶ Madrid 444 – Alacant/Alicante 85 – Cartagena 25 – Murcia 54
🛈 carret. N 332, urbanización Oasis ☎ 968 17 13 61 losalcazares@marmenor.net Fax 968 57 52 49

🏨 **525** sin rest
Río Borines 58 - Los Narejos – ☎ 902 32 55 25 – www.525.es
105 hab – ♦70/160 € ♦♦70/198 €, ☞ 14 € – 2 suites
♦ Destaca por su buen gusto en el diseño de interiores. La zona social es bastante completa y presenta habitaciones detallistas, confortables, amplias y todas con balcón.

🏨 **Cristina** sin rest
La Base 4 – ☎ 968 17 11 10 – www.cristinahotel.net – cerrado 22 diciembre-10 enero
36 hab – ♦38/55 € ♦♦58/90 €, ☞ 6 €
♦ Hotel de sencilla organización familiar. Ofrece una zona social con cafetería y habitaciones funcionales de correcta amplitud, actualizando poco a poco su confort general.

ALCOCÉBER – Castelló – ver Alcossebre

ALCOI – Alicante – 577 P28 – 61 552 h. – alt. 545 m – ✉ 03803 16 A3

▶ Madrid 405 – Albacete 156 – Alacant/Alicante 55 – Murcia 136
🛈 pl Espanya 14, ☎ 96 553 71 55 alcoi@touristinfo.net Fax 96 553 71 53
◉ Puerto de la Carrasqueta★ Sur : 15 km

🏨 **AC Ciutat d'Alcoi**
Colón 1 ✉03802 – ☎ 965 33 36 06 – www.ac-hotels.com
83 hab – ♦♦55/120 €, ☞ 12 € – 1 suite
Rest *La Llum* – (cerrado 15 días en febrero, 15 días en agosto y domingo noche) Carta 27/40 €
♦ Formado por tres edificios unidos interiormente, donde se combinan el diseño y el confort. Ofrece una atractiva zona social, varios tipos de habitaciones y una biblioteca. El restaurante, actual y de cuidado montaje, disfruta de un acceso independiente.

por la carretera de Benilloba Sureste : 2 km

XX **Lolo**   AC 🛇 P VISA ⚅ AE ⓪

camino Font de la Salut ✉03800 – 🕾 965 54 73 73 – *cerrado del 1 al 15 de septiembre y lunes*
Rest – *(sólo almuerzo salvo fines de semana)* Carta 30/35 €
♦ Se encuentra en pleno campo, con una entrada ajardinada, detalles rústicos de cierta elegancia y un comedor-terraza cubierto. Carta tradicional y un buen apartado de arroces.

por la carretera de la Font Roja Suroeste : 8 km y desvío a la derecha 1 km

🏠 **Masía la Mota** ॐ   ⇐ ⌇ 🛇 🕪 P VISA ⚅

carret. de la Font Roja ✉03800 – 🕾 966 54 03 70
– *www.masialamota.com*
12 hab ⊆ – †79/99 € ††98/118 €
Rest – *(sólo clientes, sólo cena menú)* Menú 30 €
♦ Hotelito de ambiente rústico ubicado en un entorno privilegiado, con una bonita piscina climatizada y vistas al Parque Natural de la Font Roja. Habitaciones personalizadas.

L'ALCORA – Castellón – **577** L29 – 11 150 h. – alt. 279 m – ✉ 12110   **16** B1

▶ Madrid 407 – Castelló de la Plana/Castellón de la Plana 19 – Teruel 130 – València 94

XX **Sant Francesc**   AC 🛇 VISA

av. Castelló 19 – 🕾 964 36 09 24
– *cerrado del 1 al 26 de agosto y sábado*
Rest – *(sólo almuerzo)* Carta 24/35 €
♦ Negocio familiar donde impera la amabilidad y el buen servicio de mesa. Dispone de un amplio salón con profusión de madera y mobiliario provenzal en pino. Cocina tradicional.

ALCOSSEBRE (**ALCOCÉBER**) – Castellón – **577** L30 – 934 h. – Playa   **16** B1 – ✉ 12579

▶ Madrid 471 – Castelló de la Plana/Castellón de la Plana 49 – Tarragona 139
🛈 pl. Vistalegre 🕾 964 41 22 05 alcossebre@touristinfo.net Fax 964 41 45 34

en la playa :

X **Can Roig**   🕭 🛇 VISA ⚅ AE ⓪

Sur : 3 km – 🕾 964 41 25 15 – *www.canroig.es* – *cerrado 15 diciembre-15 marzo, domingo noche y lunes salvo verano*
Rest – Carta 35/44 €
♦ Ubicado junto al mar y con una pequeña terraza de verano a la entrada. Posee un comedor acristalado de montaje clásico, con un buen servicio de mesa y un horno de leña.

X **Sancho Panza**   🕭 AC 🛇 VISA ⚅ AE ⓪

Jai-Alai - urb. Las Fuentes – 🕾 964 41 22 65 – *www.restsancho.com*
– *cerrado 10 enero-10 febrero*
Rest – Carta 20/30 €
♦ Restaurante de ambiente clásico-castellano llevado en familia. Aquí encontrará una completa carta de cocina tradicional e internacional, con bastantes arroces y mariscos.

en la urbanización El Pinar Norte : 4 km

XX **El Pinar**   ⇐ 🕭 🛇 P VISA ⚅ ⓪

Islas Mancolibre 4-A ✉12579 Alcossebre – 🕾 964 41 22 66
– *www.restaurantemontemar.com* – *cerrado enero y lunes*
Rest – Carta 25/35 €
♦ Destaca por su esplendida situación, en lo alto de una montaña y con vistas al mar. Ofrece elaboraciones tradicionales e internacionales, así como un buen apartado de arroces.

ESPAÑA

ALCÚDIA – Illes Balears – ver Balears (Mallorca)

L'ALCÚDIA – Valencia – **577** O28 – **11 378 h.** – alt. 26 m – ⊠ 46250   **16** A2
    ▶ Madrid 362 – Albacete 153 – Alacant/Alicante 134 – València 34

🏠   **Galbis**   📺 ⅃ 🔟 ⅃ ⅃ 🚗 🚐 💳 ⅄ ⊕
     Calígrafo Palafox 5-7 – ✆ *962 54 35 55*
     – www.hotelgalbis.com
     28 hab – 🛏68 € 🛏🛏75/85 €, � 7 €
     Rest *Galbis* – ver selección restaurantes
     ♦ Hotel de línea moderna y decoración actual que trabaja mucho con viajantes y
     clientes de empresa. Ofrece una sala de uso polivalente y habitaciones bastante
     bien equipadas.

🍴🍴   **Galbis** – Hotel Galbis   🔟 ⅃ 💳 🚐 ⅄ ⊕
     av. Antonio Almela 15
     – ✆ *962 54 10 93 – www.galbis.com*
     – cerrado Semana Santa
     Rest – *(sólo almuerzo en agosto)* Carta 32/47 €
     ♦ Establecimiento de larga trayectoria familiar y acertada organización. Su exqui-
     sita carta es un buen ejemplo del hacer mediterráneo, pues tiene un gran apar-
     tado de arroces.

ALDÁN – Pontevedra – **571** F3 – **2 685 h.** – ⊠ 36945   **19** A3
    ▶ Madrid 620 – Santiago de Compostela 86 – Pontevedra 27
      – Viana do Castelo 112

🏠   **A Casa de Aldán** sin rest   🚐 ⅃ ⅃ ⅃ 💳 🚐 ⅄
     José Graña 20 (puerto) – ✆ *986 32 87 32*
     – www.acasadealdan.com
     13 hab ⊑ – 🛏65 € 🛏🛏100 €
     ♦ Magnífica casa rural ubicada en una fábrica de salazones que data de 1837,
     con unos gruesos muros de piedra. Combina el entorno rústico con mobiliario
     de diseño minimalista.

ALDEAYUSO – Valladolid – **575** H17 – **20 h.** – ⊠ 47313   **12** C2
    ▶ Madrid 180 – Valladolid 61 – Segovia 84 – Palencia 112

🏠   **LaVida**   📺 ⅃ 🔟 ⅃ ⅃ 🧖 💳 🚐 ⅄
     pl. Mayor 1 – ✆ *983 88 15 59*
     – www.lavida.es
     17 hab – 🛏62/95 € 🛏🛏68/108 €, ⊑ 10 €
     Rest – *(cerrado domingo noche, lunes y martes) (sólo cena)*
     Menú 26 €
     ♦ Centro de turismo rural vinculado al enoturismo. Cuenta con un lagar que data
     de 1768, una sala de catas, un SPA y amplias habitaciones de ambiente rústico-
     actual. El restaurante, de línea actual, presenta un horno de leña y una carta tra-
     dicional de temporada.

ALEVIA – Asturias – ver Panes

L'ALFÀS DEL PI (ALFAZ DEL PÍ) – Alicante – **577** Q29 – **21 011 h.**   **16** B3
– alt. 80 m – ⊠ 03580
     ▶ Madrid 468 – Alacant/Alicante 50 – Benidorm 7
     🛈 Federico García Lorca 11 ✆ 96 588 89 05 alfasdelpi@touristinfo.net Fax 96
     686 02 50

🏠   **El Molí** sin rest   ⅃ 🔟 ⅄
     Calvari 12 – ✆ *965 88 82 44*
     – www.hotelmoli.com
     10 hab
     ♦ Disfruta de una espaciosa cafetería, con chimenea, que hace las funciones de
     zona social. Sus habitaciones resultan amplias aunque denotan el paso del
     tiempo.

ALGAIDA – Illes Balears – ver Balears (Mallorca)

ALGAR – Cádiz – **578** W13 – **1 544 h.** – **alt. 204 m** – ✉ **11639**   **1** B2
> ▶ Madrid 597 – Algeciras 74 – Arcos de la Frontera 20
>   – Cádiz 87

    Villa de Algar   ⬚ |≋| 𝔸ℂ ✕ 🕸 🅿 𝗩𝗜𝗦𝗔 ⓒⓑ
camino Arroyo Vinateros – ✆ *956 71 02 75*
– www.tugasa.com
20 hab – ♦38 € ♦♦63 €, ⊇ 3 €
Rest – *(cerrado martes)* Menú 10 €
♦ Ideal para los amantes de la naturaleza, pues está en plena serranía gaditana.
En sus sencillas habitaciones, todas con terraza, disfrutará de la tranquilidad que
ansía. En el restaurante, rústico y con chimenea, elaboran platos de sabor tradicional.

El ALGAR – Murcia – **577** T27 – **5 047 h.** – ✉ **30366**   **23** B3
> ▶ Madrid 457 – Alacant/Alicante 95 – Cartagena 15 – Murcia 64

✕✕   **José María Los Churrascos**   𝔸ℂ ✕ ⬄ 🅿 𝗩𝗜𝗦𝗔 ⓒⓑ 𝔸𝔼 ⓘ
av. Filipinas 22 – ✆ *968 13 60 28*
– www.loschurrascos.com
– cerrado domingo noche y lunes noche
Rest – Carta 32/43 € ❀
♦ Llevado con profesionalidad y en familia, gozando de buen nombre en la zona
gracias a la calidad del producto que ofrece. Clientela asidua, carta amplia y completa bodega.

Los precios junto al símbolo ♦ corresponden al precio más bajo en temporada
baja, después el precio más alto en temporada alta, para una habitación individual.
El mismo principio con el símbolo ♦♦ , esta vez para una habitación doble.

ESPAÑA

ALGECIRAS – Cádiz – **578** X13 – **116 209 h.** – **Playas en El Rinconcillo y**   **1** B3
Getares – ✉ **11201**
> ▶ Madrid 681 – Cádiz 124 – Jerez de la Frontera 141 – Málaga 133
> ⛴ para Tánger y Ceuta : Cía Trasmediterránea, Recinto del Puerto,
>   ✆ 902 45 46 45 info@trasmediterranea.es
>   Fax 956 58 34 44
> ℹ Juan de la Cierva, ✆ 956 78 41 31 otalgeciras@andalucia.org
>   Fax 956 78 41 34
> ◎ carretera de Tarifa ≤ ★★★

Plano página siguiente

    AC Algeciras sin rest, con cafetería por la noche   📶 |≋| 🔥 𝔸ℂ ✕ 🕸 🅼
carret. del Rinconcillo – ✆ *956 63 50 60*   ⟨⬤⟩ 𝗩𝗜𝗦𝗔 ⓒⓑ 𝔸𝔼 ⓘ
– www.ac-hotels.com   AY**b**
108 hab – ♦♦56/90 €, ⊇ 9 €
♦ Ofrece las características habituales de la cadena AC, combinando el diseño y
el confort. Habitaciones de completo equipamiento, en las últimas plantas con
buenas vistas.

en la autovía A 7 por ① **: 4 km**

    Alborán |≋| 🔥 hab, 𝔸ℂ ✕ 🕸 🅼 🅿 𝗩𝗜𝗦𝗔 ⓒⓑ 𝔸𝔼 ⓘ
Álamo ✉11205 – ✆ *956 63 28 70*
– www.hotelesalboran.com
79 hab – ♦60/83 € ♦♦65/128 €, ⊇ 8,25 €
Rest – Menú 11,50 €
♦ Agradable establecimiento orientado al cliente de negocios. Dispone de una
completa zona social, con un bonito patio andaluz, y unas habitaciones de
correcto confort. Restaurante sencillo y funcional.

ALGECIRAS

La ALHAMBRA – Granada – ver Granada

ALICANTE – Alacant – ver Alacant

ALJARAQUE – Huelva – 578 U8 – 17 960 h. – ⊠ 21110   1 A2

▶ Madrid 652 – Faro 77 – Huelva 10

🖪 Bellavista, Noreste : 3 km, ℰ 959 31 90 17

χχ **La Plazuela**   🗚 ⫯⫯ ⇄ VISA ◑◑ 🗚 ①

La Fuente 40 – ℰ 959 31 88 31 – cerrado domingo
Rest – Carta 37/50 €

♦ Bien conocido por su cocina internacional, que dedica un apartado especial a los platos tradicionales. Pequeña bodega en el sótano para aperitivos y comidas privadas.

ALLARIZ – Ourense – 571 F6 – 5 821 h. – alt. 470 m – ⊠ 32660   20 C3

▶ Madrid 482 – Ourense 19 – Vigo 112

🖪 Emilia Pardo Bazán ℰ 988 44 20 08 informacion@allariz.com
Fax 988 442008

AC Vila de Allariz 🏠 ⚂ |📶| & hab, 📠 ⚡ ¶ 👪 🅿 VISA ⚙ AE ①
paseo do Arnado 1 – 𝒞 988 55 40 40 – www.ac-hotels.com
38 hab – ♦♦70/210 €, � 12 €
Rest – *(cerrado domingo) (sólo cena)* Menú 19 €
♦ Llamativa construcción de diseño horizontal. Posee una luminosa zona social, confortables habitaciones de estilo moderno y dos anexos, uno para banquetes y el otro como SPA. El restaurante disfruta de un cuidado montaje y serenas vistas a una pradera.

🏠 **O Portelo** sin rest ⌘ |📶| ¶ VISA ⚙ ①
📷 *Portelo 20 – 𝒞 988 44 07 40 – www.hoteloportelorural.com*
14 hab – ♦42/48 € ♦♦52/60 €, � 5 €
♦ Antigua casa de piedra en pleno casco histórico. Posee una acogedora zona social con obras de Agustín Ibarrola y coquetas habitaciones en las que destacan sus preciosos baños.

✗✗ **Casa Tino Fandiño** 📠 ⚡ VISA ⚙ AE ①
🐌 *Carcere 7 – 𝒞 988 44 22 16 – www.tinofandinho.com – cerrado domingo noche*
Rest – Carta 31/34 €
♦ Negocio instalado en un viejo horno de pan, con un bar a la entrada y varias salas rústico-modernas en las dos plantas superiores. Cocina gallega a precios asequibles.

✗ **Portovello** 🏠 ⚡ VISA ⚙ AE
Parque Portovello – 𝒞 988 44 23 29 – cerrado martes noche en invierno
Rest – Carta 29/34 €
♦ La belleza del entorno, en un parque junto al río, domina esta antigua fábrica de curtidos de entrañable decoración rústica. Su cuidado balcón-terraza goza de hermosas vistas.

en Vilaboa Este : 1,2 km y desvío a la derecha

⚌ **Vilaboa** ⌘ 📧 ⚡ ¶ 🅿 VISA ⚙ ①
pl. Mayor ✉32667 Vilaboa – 𝒞 988 44 24 24 – www.casaruralvilaboa.com
– cerrado 22 diciembre - 22 de enero
7 hab ⊙ – ♦48/55 € ♦♦52/65 €
Rest *Vilaboa* – ver selección restaurantes
♦ Ocupa una vieja fábrica de curtidos que ha sido recuperada como casa rural, con los muros en piedra y un interior bastante actual. Decoración sobria y mobiliario restaurado.

✗✗ **Vilaboa** – Casa Rural Vilaboa ⚡ 🅿 VISA ⚙ ①
pl. Mayor ✉32667 Vilaboa – 𝒞 988 44 24 24 – www.casaruralvilaboa.com
– cerrado 22 diciembre - 22 enero y lunes
Rest – Carta 24/36 €
♦ Se encuentra en una nave rústica, espaciosa e independiente del hotel, con profusión de madera y piedra. Cocina gallega con algunos detalles propios del mediterráneo.

ALMADÉN – **Ciudad Real** – 576 P15 – **6 243 h.** – alt. 589 m – ✉ 13400   9 A3
▶ Madrid 302 – Toledo 222 – Ciudad Real 102 – Córdoba 128

🏠 **Plaza de Toros de Almadén** |📶| & hab, 📠 ⚡ 👪 VISA ⚙
pl. Waldo Ferrer – 𝒞 926 26 43 33 – www.hotelplazatoros.com
23 hab ⊙ – ♦42/64 € ♦♦50/108 €   **Rest** – Menú 10 €
♦ El edificio está declarado Monumento Nacional, ya que ocupa una plaza de toros del s. XVIII que es única por su forma hexagonal. Cálidas habitaciones de estilo rústico. Su restaurante posee varias salas y cuenta con el "ruedo" para la celebración de banquetes.

La ALMADRABA (Playa de) – **Girona** – ver Roses

ALMAGRO – **Ciudad Real** – 576 P18 – **8 672 h.** – alt. 643 m – ✉ 13270   9 B3
▶ Madrid 189 – Albacete 204 – Ciudad Real 23 – Córdoba 230
🛈 pl. Mayor 1 𝒞 926 86 07 17 turismo@ciudad-almagro.com Fax 926 86 07 17
◉ Pueblo típico★, Plaza Mayor★★ (Corral de Comedias★)

ESPAÑA

Parador de Almagro ⚘ ⬛ 🎴 ⚿ hab, AC ⚿ 📶 🛁 **P** VISA ⬤⬤ AE ①
Ronda de San Francisco 31 – ✆ *926 86 01 00*
– www.parador.es
53 hab – 🛏115/125 € 🛏🛏144/156 €, ⊊ 16 €
Rest – Menú 32 €
♦ Instalado parcialmente en el convento de Santa Catalina, del s. XVI. Ofrece varios patios centrales y habitaciones de buen confort que sorprenden por sus detalles regionales. Su elegante comedor se complementa con un salón de desayunos en el refectorio.

La Casa del Rector sin rest ⚘ 🎴 🛁 AC ⚿ 📶 ☁ VISA ⬤⬤ AE ①
Pedro Oviedo 8 – ✆ *926 26 12 59 – www.lacasadelrector.com*
27 hab – 🛏81/119 € 🛏🛏126/267 €, ⊊ 11 € – 2 suites
♦ Esta casa solariega ofrece habitaciones totalmente personalizadas, unas rústicas, otras eclécticas y casi todas con hidromasaje. Anexo de diseño, hermoso patio regional y SPA.

Retiro del Maestre sin rest ⚘ 🎴 🛁 AC ⚿ 📶 🛁 ☁ VISA ⬤⬤ AE ①
San Bartolomé 5 – ✆ *926 26 11 85 – www.retirodelmaestre.com*
26 hab ⊊ – 🛏55/95 € 🛏🛏65/130 €
♦ Ocupa una céntrica casa-palacio del s. XVI dotada con dos patios, una coqueta zona noble y habitaciones de línea funcional. Combinan con gusto el mobiliario en madera y forja.

Casa Grande sin rest, con cafetería ⚘ ⬛ 🛁 AC ⚿ 📶 VISA ⬤⬤
Federico Relimpio 10 – ✆ *671 49 62 88 – www.casagrandedealmagro.com*
– cerrado 24 diciembre-20 enero
19 hab ⊊ – 🛏75/85 € 🛏🛏82/106 €
♦ Esta casa solariega presenta un patio central y habitaciones de buen confort general, unas clásicas, otras más actuales y todas con duchas de hidromasaje en los baños.

Hostería de Almagro Valdeolivo ⚘ ⬛ 🎴 AC ⚿ 📞 VISA ⬤⬤ AE
Dominicas 17 – ✆ *926 26 13 66 – www.valdeolivo.com – cerrado del 15 al 31 de enero y del 15 al 30 de septiembre*
8 hab – 🛏75/85 € 🛏🛏85/125 €, ⊊ 9 €
Rest – *(cerrado domingo noche y lunes salvo festivos)* Menú 25 €
♦ Hotelito de organización plenamente familiar. Ofrece un salón social con chimenea, dos patios y confortables habitaciones, la mayoría de ellas con ducha de obra en los baños. En el restaurante, de línea clásica-actual, le propondrán una cocina tradicional.

XX **El Corregidor** ☁ AC ⚿ ↔ VISA ⬤⬤ AE ①
Jerónimo Cevallos 2 – ✆ *926 86 06 48 – www.elcorregidor.com*
– cerrado del 24 al 31 de julio y lunes
Rest – Carta 39/46 € ℬ
♦ Está formado por varias casas antiguas que comparten un patio central, donde montan la terraza. Curioso bar con el suelo empedrado y varias salas de ambiente rústico-regional.

ALMANDOZ – Navarra **– 573** C25 **– ✉ 31796**   **24** B1
▶ Madrid 437 – Bayonne 76 – Pamplona 42 – Donostia-San Sebastián 63

XX **Beola** con hab ⚘ 🎴 AC rest, ⚿ **P** VISA ⬤⬤
Mayor 13 – ✆ *948 58 53 00 – www.beola.com – cerrado 20 diciembre-febrero*
13 hab – 🛏40/50 € 🛏🛏50/100 €, ⊊ 6 €
Rest – *(cerrado domingo noche y lunes) (sólo almuerzo salvo viernes,sábado y verano)* Carta aprox. 40 €
♦ Palacio del s. XVIII donde la decoración rústica toma gran protagonismo. Ofrece un bar público, un amplio comedor y una carta basada en platos de elaboración tradicional. Si desea alojarse encontrará unas habitaciones de muy buen confort.

ALMANSA – Albacete – **576** P26 – 25 727 h. – alt. 685 m – ✉ 02640   **10** D3
   ▶ Madrid 325 – Albacete 76 – Alacant/Alicante 96 – Murcia 131

🏨🏨🏨   **Blu**   📶 ⅙ hab, 🅰🅲 ⚡ hab, 🍽 🔱 🚗 𝚅𝙸𝚂𝙰 ⓮ 🄰🄴 ⓪
   av. de Ayora 35 – ✆ *967 34 00 09* – *www.hotelblu.es*
   69 hab ⊆ – ✝87/135 € ✝✝87/162 € – 1 suite
   Rest – *(cerrado del 1 al 15 de agosto, domingo noche y lunes)* Menú 24 €
   ♦ Presenta un interior definido por el diseño, con una completa zona social y un
   pequeño SPA. Las habitaciones resultan originales y están bien equipadas. Su restaurante, de estética actual, ofrece una carta con cocina tradicional y algún plato
   más creativo.

🏠   **Los Rosales**   📶 🅰🅲 ⚡ 🍽 🅿 𝚅𝙸𝚂𝙰 ⓮ 🄰🄴 ⓪
   vía de circunvalación 12 – ✆ *967 34 00 00* – *www.hotellosrosales.com*
   47 hab – ✝26/30 € ✝✝43/70 €, ⊆ 3,75 €   **Rest** – Menú 13 €
   ♦ La mayoría de sus habitaciones resultan sencillas y funcionales, aunque posee
   varias que disfrutan de un nivel superior. Cafetería espaciosa y con gente de
   paso. Su comedor, que presenta un estilo rústico-regional, elabora una carta tradicional y un menú.

✕✕   **Mesón de Pincelín**   🅰🅲 ⚡ ↔ 𝚅𝙸𝚂𝙰 ⓮ 🄰🄴 ⓪
🐝   *Las Norias 10* – ✆ *967 34 00 07* – *www.pincelin.com* – *cerrado del 8 al 14 de
   enero, tres semanas en agosto, domingo noche y lunes*
   Rest – Carta 31/35 €
   ♦ Posee carácter y con su decoración permanece fiel a la estética clásica manchega. Aquí podrá disfrutar de una carta tradicional, con un buen apartado de
   guisos y arroces.

✕✕   **Maralba**   🅰🅲 ↔ 𝚅𝙸𝚂𝙰 ⓮ 🄰🄴 ⓪
   Violeta Parra 5 – ✆ *967 31 23 26* – *www.maralbarestaurante.es* – *cerrado 15 días
   en noviembre, domingo noche, lunes noche y martes*
   Rest – Carta 40/45 €
   ♦ Un restaurante llevado con ilusión y buen hacer. En su sala, de montaje actual,
   podrá degustar una cocina moderna que destaca frente a las elaboraciones clásicas de la zona.

✕✕   **Casa Valencia**   🅰🅲 ⚡ ↔ 🅿 𝚅𝙸𝚂𝙰 ⓮ ⓪
   vía de circunvalación 20 – ✆ *967 31 16 52* – *cerrado del 1 al 21 de julio,
   domingo noche y lunes*
   Rest – Carta 34/39 €
   ♦ Este negocio familiar cuenta con una amplia barra para tomar todo tipo de
   tapas y tres confortables comedores, dos de ellos privados. Ofrece platos tradicionales y de mercado.

✕✕   **Bodegón Almansa**   🅰🅲 ⚡ ↔ 𝚅𝙸𝚂𝙰 ⓮ 🄰🄴 ⓪
   Corredera 118 – ✆ *967 34 03 00* – *www.bodegonalmansa.com*
   – cerrado del 13 al 27 de septiembre, domingo noche y martes
   Rest – Carta 30/40 €
   ♦ Presenta un bar de raciones a la entrada, un privado y un comedor principal
   con las paredes en ladrillo visto. Carta tradicional completa y un apartado de guisos por encargo.

ALMÀSSERA – València – ver **València**

ALMENDRAL – Badajoz – **576** Q9 – 1 307 h. – alt. 324 m – ✉ 06171   **17** B3
   ▶ Madrid 405 – Badajoz 36 – Mérida 70 – Zafra 52

por la carretera N 435
Sur : 6 km y desvío a la izquierda (por paso elevado) 1 km

🏨🏨🏨   Rocamador ⌂   📡 🏊 🅰🅲 🍽 🔱 🅿
   ✉06160 Barcarrota – ✆ *924 48 90 00* – *www.rocamador.com*
   30 hab   **Rest** –
   ♦ Aléjese del mundanal ruido en esta imponente finca de aire rústico, emplazada
   en plena dehesa extremeña. Resulta realmente encantador por la tranquilidad del
   entorno. En su restaurante, que está instalado en la capilla del viejo edificio,
   encontrará una cocina de corte actual elaborada por un chef con inquietudes.

ESPAÑA

▶ Madrid 368 – Badajoz 56 – Mérida 25 – Sevilla 172

🏨 **Acosta Centro**　　　　　🎿 📶 🗮 🔊 🛬 🚗 ᴠɪꜱᴀ 🅱 🆎 ⑩
pl. Extremadura – 🕿 924 66 61 11 – *www.hotelacostacentro.com*
110 hab – 👤👤60/80 €, ☲ 8 € – 5 suites　**Rest** – Menú 15 €
♦ Hotel de línea actual e interior funcional. Dispone de un amplio hall de entrada circular y unas habitaciones bastante cómodas, con sencillo mobiliario y modernos aseos. El restaurante se complementa con una agradable terraza y una gran cafetería pública.

🏨 **Acosta Vetonia**　　　🎿 🗮 🔊 🕮 🖳 🛬 hab, 🅰🅲 ⚙ 👺 🛬 🅿 ᴠɪꜱᴀ 🅱 🆎
carret. N 630, Noreste : 2 km – 🕿 924 67 11 51 – *www.hotelacostavetonia.com*
62 hab – 👤👤50/70 €, ☲ 5 €　**Rest** – Menú 12 €
♦ Disfruta de una buena organización y un confort actual. Sus espaciosas habitaciones cuentan con mobiliario de calidad y todos los baños poseen columna de hidromasaje. Comedor de corte clásico, complementado en verano con una amplia terraza-barbacoa.

🍴🍴 **El Paraíso**　　　　　🛬 🅰🅲 ⚙ ⇔ 🅿 ᴠɪꜱᴀ 🅱 🆎 ⑩
av. de Sevilla 154 – 🕿 924 66 10 01 – *www.restauranteelparaiso.net*
Rest – Carta 32/38 €
♦ Tiene prevista una reforma total de sus instalaciones para así ofrecer una cocina más grande, una cafetería más luminosa y dos salas de ambiente rústico-actual.

▶ Madrid 550 – Cartagena 240 – Granada 171 – Jaén 232
✈ de Almería por ② : 8 km 🕿 902 404 704
🚢 para Melilla : Cía. Trasmediterránea, Estación Marítima 🕿 902 45 46 45
info@trasmediterranea.es Fax 950 25 73 90
ℹ Parque de Nicolás Salmerón (esquina Martínez Campos) 🕿 950 17 52 20
otalmeria@andalucia.org Fax 950 17 52 21
◎ Alcazaba★ 〈★ AY – Catedral★ ABZ
◎ Parque Natural de Cabo de Gata - Níjar★★ (playas de los Genoveses y Monsul★) Este : 29 km por ②

Planos páginas siguientes

🏨 **Elba Almería** sin rest, con cafetería　　🕮 🖳 🅰🅲 ⚙ 👺 🛬 🚗 ᴠɪꜱᴀ 🅱 🆎 ⑩
prolongación av. del Mediterráneo, por carret. Níjar-Los Molinos ✉ 04009
– 🕿 950 14 53 90 – *www.hoteleselba.com*　　　　　　　　　　　　CY
98 hab – 👤👤55/161 €, ☲ 6 € – 2 suites
♦ La amplitud y la luminosidad son sus notas dominantes. Ofrece habitaciones bien equipadas y modernas, todas con moqueta. Cafetería polivalente dotada con un pequeño comedor.

🏨 **Catedral**　　　　　　🕮 🅰🅲 ⚙ hab, 👺 🛬 ᴠɪꜱᴀ 🅱 🆎 ⑩
pl. de la Catedral 8 ✉ 04002 – 🕿 950 27 81 78 – *www.hotelcatedral.net*
20 hab – 👤90/250 € 👤👤110/250 €, ☲ 10 €　**Rest** – Menú 25 €　　BZs
♦ Un hotel con encanto, ya que ocupa un edificio histórico dotado de una ampliación actual. Habitaciones de diseño, excelente equipamiento y una terraza-solárium con vistas. En su comedor podrá degustar una correcta carta tradicional y algún plato más elaborado.

🏨 **Gran Fama** sin rest, con cafetería　　🕮 🖳 🅰🅲 ⚙ 🔊 🛬 🚗 ᴠɪꜱᴀ 🅱 🆎 ⑩
av. del Mediterráneo, por carret. Níjar-Los Molinos ✉ 04006 – 🕿 950 14 50 39
– *www.hotelhusagranfama.com*　　　　　　　　　　　　　　　CY
88 hab – 👤👤50/170 €, ☲ 11 €
♦ Conjunto de línea funcional dotado con varios salones panelables y unas espaciosas habitaciones, bien equipadas, con los suelos en parquet y de destacable insonorización.

ESPAÑA

Tryp Indalo Almeria 📶 🕭 hab, 🆎 🕭 📞 🛆 🚗 🆚 🚗 🆎 🅾️

av. del Mediterráneo 310, por carret. Níjar-Los Molinos ✉️*04009*
– 🕿 950 18 34 00 – www.solmelia.com CY
186 hab – 🛏️65/127 € 🛏️🛏️80/160 €, ☕ 12 €   **Rest** – Menú 14 €
♦ Hotel de construcción y diseño actual, dotado de unas modernas instalaciones. Posee habitaciones de cuidado confort y gran variedad de salones para reuniones y banquetes. En su restaurante se combina el menú con una pequeña carta de cocina tradicional.

Torreluz III 📶 🕭 hab, 🆎 🕭 hab, 📶 🛆 🚗 🆚 🚗 🆎 🅾️

pl. Flores 3 ✉️*04001 – 🕿 950 23 43 99 – www.torreluz.es* BYv
102 hab – 🛏️45/65 € 🛏️🛏️50/80 €, ☕ 7,50 €
Rest Torreluz Mediterráneo – ver selección restaurantes
Rest – (en el Hotel Torreluz II)
♦ Ambiente acogedor y confortable, tanto para el cliente de empresa como vacacional. Todas las habitaciones son actuales y tienen baños modernos. Taberna con tapas y raciones.

Costasol sin rest, con cafetería 📶 🆎 🕭 📶 🛆 🆚 🚗 🆎 🅾️

paseo de Almería 58 ✉️*04001 – 🕿 950 23 40 11 – www.hotelcostasol.com*
55 hab – 🛏️45/69 € 🛏️🛏️50/95 €, ☕ 6,50 € BZf
♦ Destaca por su emplazamiento en pleno centro de la ciudad. Dispone de un luminoso hall y habitaciones bastante actualizadas, con los suelos en tarima y mobiliario funcional.

Torreluz II 📶 🆎 🕭 📶 🚗 🆚 🚗 🆎 🅾️

pl. Flores 2 ✉️*04001 – 🕿 950 23 43 99 – www.torreluz.es* BYv
24 hab – 🛏️40/55 € 🛏️🛏️45/65 €, ☕ 7,50 €   **Rest** – Menú 15,50 €
♦ Resulta céntrico y funciona como un satélite del Torreluz III, haciendo normalmente la recepción en este segundo hotel. Habitaciones funcionales con los suelos en moqueta. Agradable comedor donde se puede degustar la cocina tradicional almeriense.

Torreluz Mediterráneo – Hotel Torreluz III 🆎 🕭 🆚 🚗 🆎 🅾️

pl. Flores 1 ✉️*04001 – 🕿 950 28 14 25 – www.torreluz.es – cerrado domingo y*
lunes noche BYe
Rest – Carta 35/45 €
♦ Pertenece a la misma propiedad de los hoteles Torreluz, con materiales de calidad en su instalación y una ambientación elegante. Buen servicio de mesa y una carta variada.

Real 🆎 🕭 ↔ 🆚 🚗 🆎

Real 15-1° ✉️*04001 – 🕿 950 28 02 43 – www.realrestaurante.es – cerrado*
15 julio-15 agosto y domingo BYk
Rest – Carta 35/45 €
♦ Casa señorial del s. XIX que ha sido rehabilitada. Los comedores y privados se distribuyen por sus bellas habitaciones, cada una con el nombre de una comarca almeriense.

Casa Sevilla 🆎 🕭 ↔ 🆚 🚗 🆎

Rueda López (Galería Comercial) ✉️*04004 – 🕿 950 27 29 12*
– www.casa-sevilla.com – cerrado del 1 al 20 de agosto, domingo y lunes noche
Rest – Carta 30/42 € 🕭 BZa
♦ Coqueto restaurante ubicado dentro de unas galerías comerciales. Dispone de un buen bar de tapas seguido de varios comedores y privados. Carta de mercado y excelente bodega.

Club de Mar 🕭 🆎 🕭 ↔ 🆚 🚗 🆎 🅾️

playa de las Almadrabillas ✉️*04007 – 🕿 950 23 50 48 – www.rcmalmeria.com*
– cerrado martes salvo festivos CZw
Rest – Carta 31/50 €
♦ Ubicado en la 1ª planta del club del puerto deportivo, donde tienen una gran sala y una agradable terraza con vistas. Carta mediterránea especializada en pescados y mariscos.

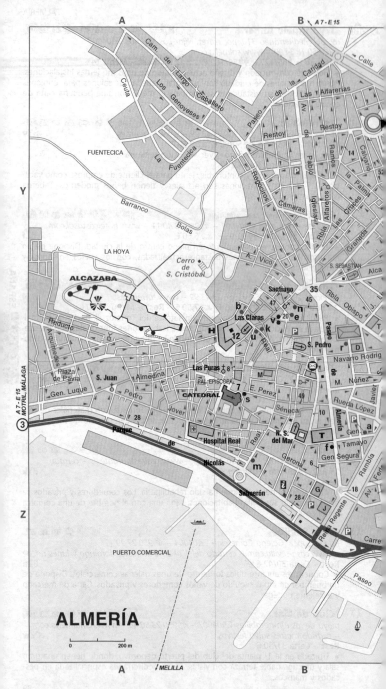

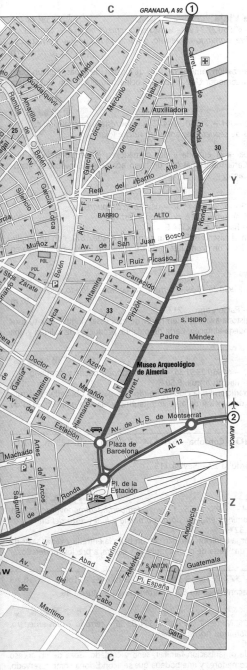

XX **La Encina Plaza Vieja** `AC` `%` `VISA` `OO` `AE`
Marín 16 ⊠04003 – ℰ 950 27 34 29 – www.restaurantelaencina.es - cerrado del
15 al 30 de septiembre, domingo en verano, y domingo noche y lunes resto del
año BY**b**
Rest – Carta 36/48 €
♦ Esta casa de organización familiar disfruta de un bar de tapas, con un pozo
árabe del s. XII, y un comedor clásico-actual. Cocina tradicional con algún plato
más elaborado.

X **Valentín** `AC` `%` `VISA` `OO` `AE`
Tenor Iribarne 19 ⊠04001 – ℰ 950 26 44 75 – www.restaurantevalentin.es
– cerrado del 1 al 15 de septiembre, domingo noche y lunes BY**n**
Rest – Carta 40/47 €
♦ Dispone de un bar a la entrada y dos comedores, el del sótano con una
bodega acristalada. Carta tradicional con un buen apartado de pescados, mariscos y arroces por encargo.

♀/ **Casa Puga** `AC` `VISA`
Jovellanos 7 ⊠04003 – ℰ 950 23 15 30 – www.barcasapuga.es
– cerrado del 1 al 15 de septiembre, domingo y festivos BY**u**
Rest – Tapa 1,20 € – Ración aprox. 14 €
♦ Taberna situada en el casco histórico, funcionando desde 1870, con un amplio
repertorio gastronómico y una completa carta de vinos. Un local emblemático en
la localidad.

♀/ **Casa Joaquín** `AC` `%` `VISA` `OO`
Real 111 ⊠04002 – ℰ 950 26 43 59 – cerrado septiembre, sábado noche
y domingos BZ**m**
Rest – Tapa 2,50 € – Ración aprox. 21 €
♦ Casi un siglo de historia avala el buen hacer de esta casa, singular por su fisonomía a modo de bodega-almacén. Carta de palabra, productos de calidad y una
fiel clientela.

♀/ **El Quinto Toro** `AC` `%` `VISA` `OO`
Juan Leal 6 ⊠04001 – ℰ 950 23 91 35 – cerrado sábado noche y domingo
Rest – Tapa 1,50 € – Ración aprox. 8,50 € BY**r**
♦ Disfruta de gran tradición en la ciudad, siendo una parada obligada en la ruta
de tapas. Posee una decoración de ambiente taurino y elabora gran variedad de
tapas andaluzas.

ALMODÓVAR DEL RÍO – Córdoba – **578** S14 – **7 839 h.** – alt. 123 m   **1** B2
– ⊠ 14720
▣ Madrid 418 – Córdoba 27 – Sevilla 115
◉ Castillo★★

X **La Taberna** `AC` `%` `VISA` `OO`
⊛ *Antonio Machado 24 – ℰ 957 71 36 84 – www.latabernadealmodovardelrio.com*
– cerrado agosto, domingo en julio, domingo noche y lunes resto del año
Rest – Carta aprox. 32 €
♦ Céntrica casa de larga tradición familiar, con un bar a la entrada y varias salas de
estilo clásico. Ofrece una carta de cocina regional y casera, a precios moderados.

ALMORADÍ – Alicante – **577** R27 – **19 147 h.** – alt. 9 m – ⊠ 03160   **16** A3
▣ Madrid 428 – Alacant/Alicante 52 – Cartagena 74 – Murcia 39

XX **El Cruce** `AC` `%` `P` `VISA` `OO` `①`
Camino de Catral 156, Norte : 1 km – ℰ 965 70 03 56 – cerrado 7 días en enero,
21 días en agosto, domingo noche y lunes
Rest – Carta 25/35 €
♦ Establecimiento de organización familiar, serio y cuidado. Goza de un acceso
independiente, dos comedores y una bodega que se acondiciona como reservado.

El Buey ✗ 🅰🅒 ✗ VISA ⓪⓪

La Reina 94 – ☎ 966 78 15 93 – cerrado 21 días en agosto y lunes
Rest *– (sólo almuerzo salvo viernes y sábado)* Carta 27/31 €
♦ Un amable matrimonio lleva con dedicación este pequeño restaurante, dotado con un bar a la entrada y un comedor de ambiente rústico-actual. Carta inventiva y de mercado.

La ALMUNIA DE DOÑA GODINA – Zaragoza – 574 H25 – 7 911 h. 3 B2
– alt. 366 m – ✉ 50100

▶ Madrid 270 – Tudela 87 – Zaragoza 52

El Patio 🏠 📶 ⅏ hab. 🅰🅒 ✗ 📶 🅿 VISA ⓪⓪ 🅰🅔 ⑪

av. de Madrid 6 – ☎ 976 60 10 37 – www.hotelelpatio.es
41 hab – ♥40/54 € ♥♥64/86 €, ⊂⊃ 6 €
Rest *– (cerrado domingo noche)* Menú 13 €
Rest El Patio de Goya *– (sólo almuerzo salvo viernes y sábado)* Carta 34/43 €
♦ Este hotel ha sido totalmente reformado, por lo que ahora se presenta con unas habitaciones adaptadas a la funcionalidad y las exigencias actuales. Sobriedad y calidez. El restaurante El Patio de Goya combina su íntima decoración con una carta innovadora.

ALMUÑA – Asturias – ver Luarca

ALMUÑÉCAR – Granada – 578 V18 – 27 696 h. – alt. 24 m – Playa 2 C2
– ✉ 18690

▶ Madrid 516 – Almería 136 – Granada 85 – Málaga 85
🅸 av. Europa-Palacete La Najarra ☎ 958 63 11 25 turismo@almunecar.info
Fax 958 63 50 07
◎ Castillo de San Miguel★

Casablanca 🏠 🍽 📶 ⅏ hab. 🅰🅒 ✗ 📶 🚗 VISA ⓪⓪

pl. San Cristóbal 4 – ☎ 958 63 55 75 – www.hotelcasablancaalmunecar.com
35 hab – ♥36/53 € ♥♥45/70 €, ⊂⊃ 4 € **Rest** *– (cerrado miércoles)* Menú 12 €
♦ Su propio nombre evoca el edificio de estilo árabe en el que se emplaza. Dotado de habitaciones acogedoras y bien equipadas, con mobiliario de calidad. En su comedor podrá degustar sabrosas carnes y pescados a la brasa.

El Chaleco ✗ 🅰🅒 VISA ⓪⓪

av. Costa del Sol 37 – ☎ 958 63 24 02 – www.elchaleco.com
– cerrado del 2 al 31 de enero, domingo noche y lunes
Rest *– (sólo cena en julio-agosto)* Carta aprox. 20 €
♦ Pequeño restaurante llevado en familia, de alegre decoración y adecuado servicio de mesa. Cocina francesa clásica con cierto toque casero, plasmada en un amplio menú.

La Última Ola ✗ 📶 ✗ VISA ⓪⓪ 🅰🅔 ⑪

Puerta del Mar 4 – ☎ 958 63 00 18 – www.restauranteultimaola.es
– cerrado 8 enero-15 marzo y lunes
Rest – Carta 31/40 €
♦ Posee dos comedores, comunicados por la cocina y con acceso independiente, que ofrecen un montaje de buen nivel en su categoría. Carta tradicional.

Mar de Plata ✗ 📶 ✗ VISA ⓪⓪ 🅰🅔 ⑪

paseo San Cristóbal – ☎ 958 63 30 79 – www.restaurantemardeplata.es
– cerrado mayo y martes
Rest – Carta 30/35 €
♦ Tres hermanos al frente del negocio. Acogedora sala donde podrá degustar variadas especialidades, como sus pescados a la sal. Productos escogidos y precios contenidos.

ALMUSSAFES – Valencia – **577** O28 – **8 300 h.** – alt. 30 m – ✉ **46440**   **16** B2
  ▶ Madrid 402 – Albacete 172 – Alacant/Alicante 146 – València 21

🏨 **Bartos**   🛜 🖵 ⅙ 🖨 🗚 🛠 rest, 🍴 🖴 🏊 🚗 VISA ⓪ AE ①
Lira Almussafense 13 – ✆ *961 78 22 22* – *www.hotelbartos.com*
79 hab – ✝53/140 € ✝✝69/220 €, ⌂ 7 €   **Rest** – Menú 10 €
♦ Hotel de línea clásica orientado a trabajar con clientes de empresa. Posee buenas zonas nobles, habitaciones de correcto equipamiento y una atractiva piscina en la azotea. La carta de su restaurante combina elaboraciones tradicionales e internacionales.

🏨 **Tryp Almussafes** sin rest   🗚 🖨 ⅙ 🗚 📞 🏊 🅿 VISA ⓪ AE ①
av. de la Foia - Parque Empresarial Juan Carlos I – ✆ *961 74 43 00*
– *www.solmelia.com* – *cerrado del 21 al 31 de diciembre*
131 hab – ✝✝45/350 €, ⌂ 10 € – 2 suites
♦ Ubicado en un polígono industrial. El hall tiene el bar integrado y ofrece habitaciones de estilo actual, funcionales y con los suelos en tarima. Piscina rodeada de césped.

ALOCÉN – Guadalajara – **575** K21 – **576** K21 – **178 h.** – alt. 949 m   **10** C1
– ✉ **19133**
  ▶ Madrid 109 – Toledo 179 – Guadalajara 56 – Cuenca 107

⌂ **La Posada de los Pantanos**   🗚 🛠 hab, VISA ⓪ AE ①
Mayor 61 – ✆ *949 28 45 45* – *www.laposadadelospantanos.com*
6 hab ⌂ – ✝✝120/220 €   **Rest** – Carta 30/40 €
♦ Turismo rural montado al detalle. Ocupa una casa rehabilitada del centro del pueblo, con un patio central acristalado y habitaciones bastante imaginativas en su decoración. Su coqueto restaurante se complementa con una pequeña pero atractiva bodega en piedra.

ALP – Girona – **574** E35 – **1 735 h.** – alt. 1 158 m –   **14** C1
    Deportes de invierno en Masella, Sureste : 7 km : ✦17 – ✉ **17538**
  ▶ Madrid 644 – Lleida/Lérida 175 – Puigcerdà 8

✗ **Casa Patxi**   🛜 VISA ⓪ ①
😊 *Orient 23* – ✆ *972 89 01 82* – *www.casapatxi.com* – *cerrado 15 días junio-julio,*
15 días en noviembre, martes noche y miércoles en abril, mayo, junio y
noviembre
Rest – Carta 26/35 €
♦ Antigua casa de piedra con decoración rústica y un cuidado jardín. Su carta, donde destacan los guisos, es un buen muestrario de la cultura gastronómica de la región.

ALPEDRETE – Madrid – **576** K17 – **575** K17 – **12 797 h.** – alt. 919 m   **22** A2
– ✉ **28430**
  ▶ Madrid 42 – Segovia 54

🏨 **Sierra Real**   ✦ 🛜 ⅙ 🖨 🗚 🛠 🍴 🏊 🅿 🚗 VISA ⓪ AE ①
Primavera 20 – ✆ *918 57 15 00* – *www.hotelsierrareal.com*
48 hab ⌂ – ✝50/90 € ✝✝60/130 €
Rest – *(cerrado domingo noche)* Menú 20 €
♦ Hotel de línea clásica-actual desde cuya terraza-ático disfrutará de espléndidas vistas al valle y a la sierra de Guadarrama. Habitaciones elegantes, confortables y modernas. Comedor de impecable montaje.

S'ALQUERIA BLANCA – Illes Balears – ver Balears (Mallorca)

ALQUÉZAR – Huesca – **574** F30 – **321 h.** – alt. 660 m – ✉ **22145**   **4** C1
  ▶ Madrid 434 – Huesca 48 – Lleida/Lérida 105
  ◎ Paraje★★ – Colegiata★
  ◐ Cañón de río Vero★

Villa de Alquézar sin rest ⟨ ▨ AC ⟨⟩ ⟨⟩ P visa ⟨⟩
Pedro Arnal Cavero 12 – ℰ 974 31 84 16 – www.villadealquezar.com – cerrado 24 diciembre-20 enero
31 hab ⌼ – †58 € ††67/78 €
♦ Instalado en una casa señorial que fue residencia del rey Sancho Ramírez. Sus habitaciones son muy confortables, destacando las que brindan vistas a los cañones del río Vero.

Maribel sin rest AC ⟨⟩ P visa ⟨⟩
Arrabal – ℰ 974 31 89 79 – www.hotelmaribel.es
9 hab ⌼ – †100 € ††120/180 €
♦ Este pequeño hotelito disfruta de unas excelentes instalaciones, combinando el lujo y el confort con una decoración personalizada que refleja detalles clásicos y modernos.

Santa María de Alquézar sin rest ⟨ ▨ AC visa ⟨⟩
paseo San Hipólito – ℰ 974 31 84 36 – www.hotel-santamaria.com
20 hab ⌼ – †65/85 € ††70/90 €
♦ Ubicado en una localidad de gran tipismo. Ofrece habitaciones de estilo actual con profusión de madera y baños con ducha. Organizan deportes de aventura.

El ALQUIÁN – Almería – **578** V22 – **5 603 h.** – ✉ 04130   2 D2
▶ Madrid 556 – Almería 11 – Granada 169 – Lorca 136

por la carretera de Viator Noroeste : 2 km y desvío a la derecha 1,8 km

Bellavista AC ⟨⟩ ⟨⟩ P visa ⟨⟩
Llanos del Alquián ✉04130 – ℰ 950 29 71 56
– www.restaurantebodegabellavista.com – cerrado del 16 al 31 de octubre, domingo noche y lunes
Rest – Carta aprox. 45 € ⟨⟩
♦ Este negocio familiar trabaja mucho con banquetes, aunque sin descuidar al cliente de paso. Su nutrida carta ofrece gran variedad de pescados frescos y una excelente bodega.

ALTAFULLA – Tarragona – **574** I34 – **4 685 h.**   13 B3
▶ Madrid 581 – Barcelona 88 – Tarragona 15
◐ Vila romana de Els Munts ★ (emplazamiento ★★, termas ★) Este : 3,5 Km

Gran Claustre ⟨ ⟩ ⟨ ⟩ & hab, AC ⟨⟩ P visa ⟨⟩ AE
Del Cup 2 ✉43893 Altafulla – ℰ 977 65 15 57 – www.granclaustre.com
– cerrado enero
20 hab ⌼ – †120/160 € ††140/230 €
Rest *Bruixes de Burriac* – *(cerrado domingo noche y lunes)* Menú 45 €
♦ Instalado en un antiguo convento que ha sido completamente actualizado. Sus reducidas zonas sociales se ven compensadas con unas habitaciones personalizadas de buen confort. El pequeño restaurante ofrece una carta de corte regional con toques actuales.

ALTEA – Alicante – **577** Q29 – **23 780 h.** – **Playa** – ✉ 03590   16 B3
▶ Madrid 475 – Alacant/Alicante 57 – Benidorm 11 – Gandía 60
🛈 San Pedro 9 ℰ 96 584 41 14 altea@touristinfo.net Fax 96 584 42 13
🏌 Don Cayo, Norte : 4 km, ℰ 96 584 80 46

Altaya sin rest ⟨ ⟩ ⟨ ⟩ & AC ⟨⟩ P visa ⟨⟩
Sant Pere 28 (zona del puerto) – ℰ 965 84 08 00 – www.hotelaltaya.com
24 hab – †54/92 € ††69/141 €, ⌼ 11 €
♦ Actual y en 1ª línea de playa. La zona social, que posee vistas al mar, resulta algo escasa. Sus habitaciones disfrutan de una fresca decoración con detalles azulejados.

ESPAÑA

ALTEA

🏨 **Tossal d'Altea** ⚓   🛱 🌊 *Fó* |🖃| ὃ hab, 🅰🅲 ☏ 🅿 *VISA* ⓩ 🅰🅴 ⓪
Partida Plà del Castell 96, Norte: 1 km – ✆ *966 88 31 83*
– www.hoteltossalaltea.com
21 hab ⌫ – ♦50/65 € ♦♦80/95 € – 1 suite
Rest *Almàssera de Guillem –* Carta 30/40 €
♦ Emplazado en una almazara con más de tres siglos de historia. Posee un pequeño jardín y habitaciones de buen confort, todas con vigas de madera y cinco con terraza. El restaurante, decorado con objetos de la antigua almazara, ofrece una carta clásica-regional.

✗ **Oustau de Altea**   🛱 *VISA* ⓩ 🅰🅴 ⓪
Mayor 5 (casco antiguo) – ✆ *965 84 20 78 – www.oustau.com – cerrado febrero y lunes salvo julio-septiembre*
Rest *– (sólo cena)* Carta 23/28 €
♦ En la parte más atractiva del casco viejo. Disfruta de una distribución en tres espacios, con un estilo rústico elegante y algunos detalles de diseño. Refrescante terraza.

✗ **Racó de Toni**   🅰🅲 *VISA* ⓩ 🅰🅴 ⓪
La Mar 127 (zona del puerto) – ✆ *965 84 17 63 – cerrado noviembre y domingo noche*
Rest – Carta 30/40 €
♦ El ambiente entrañable y la típica decoración taurina recrean un buen entorno para disfrutar su carta tradicional. Correcto servicio aunque las mesas están algo apretadas.

por la carretera de València :

🏨 **SH Villa Gadea** ⚓ 🛱 🌊 *Fó* |🖃| ὃ hab, 🅰🅲 ⅙ ⁿⁱ 🔱 🅿 🚗 *VISA* ⓩ 🅰🅴 ⓪
partida de Villa Gadea, Noreste : 3,5 km ⌷*03590 –* ✆ *966 81 71 00*
– www.sh-hoteles.com
201 hab – ♦92/230 € ♦♦96/260 €, ⌫ 17 €
Rest – Menú 35 €
Rest *Miramar –* Carta 37/45 €
♦ Se encuentra en 1ª línea de playa y destaca tanto por sus vistas al mar como por su gran centro de talasoterapia. Todas las habitaciones disfrutan de su propia terraza. La oferta gastronómica del hotel es amplia y variada, ya que cuenta con numerosos restaurantes.

ALTO CAMPÓO – Cantabria – ver Reinosa

ALTO DE MEAGAS – Gipuzkoa – ver Getaria

AMANDI – Asturias – **572** B13 – ⌷ **33311**   **5** B1
▶ Madrid 495 – Gijón 31 – Oviedo 45
◉ Iglesia de San Juan (ábside★, decoración★ de la cabecera)

🏨 **La Casona de Amandi** sin rest ⚓   🛱 ⅙ ⁿⁱ 🅿 *VISA* ⓩ
San Juan de Amandi 6 – ✆ *985 89 01 30 – www.lacasonadeamandi.com*
9 hab ⌫ – ♦50/70 € ♦♦70/90 €
♦ Casa solariega del s. XIX rodeada por un extenso jardín, con árboles centenarios. Sus dependencias se visten con mobiliario de época, antigüedades y detalles de buen gusto.

L'AMETLLA DE MAR – Tarragona – **574** J32 – 7 592 h. – alt. 20 m   **13** A3
– Playa – ⌷ **43860**
▶ Madrid 509 – Castelló de la Plana/Castellón de la Plana 132 – Tarragona 50 – Tortosa 33
🛈 St. Joan 55 ✆ 977 45 64 77 turisme@ametllamar.cat Fax 977 45 67 38

L'Alguer sin rest
Mar 20 – ℰ 977 49 33 72 – www.hotelalguer.net – Semana Santa-octubre
37 hab – ♦33/42 € ♦♦54/76 €, ⚌ 4,50 €
♦ Hotel de línea clásica-funcional situado en el centro de la localidad. Dispone de unas correctas zonas sociales y habitaciones de suficiente confort, con los baños completos.

Del Port sin rest
Major 11 – ℰ 977 45 70 43 – www.hoteldelportametlla.cat
16 hab – ♦32/37 € ♦♦59/74 €, ⚌ 4,80 €
♦ La reducida zona social se ve compensada por su privilegiada ubicación en el puerto pesquero y por sus habitaciones, algo funcionales aunque con mobiliario actual.

L'Alguer
Trafalgar 21 – ℰ 977 45 61 24 – www.restaurantalguer.com – cerrado 15 diciembre-15 enero y lunes
Rest – Carta 29/43 €
♦ Restaurante situado en 1ª línea de playa. Posee un interior actual, con dos salas acristaladas, una terraza y mobiliario clásico de buen nivel. Carta de pescados y mariscos.

Los precios junto al símbolo ♦ corresponden al precio más bajo en temporada baja, después el precio más alto en temporada alta, para una habitación individual. El mismo principio con el símbolo ♦♦, esta vez para una habitación doble.

ESPAÑA

L'AMETLLA DEL VALLÈS – Barcelona – 574 G36 – 7 949 h. — 15 B2
– alt. 312 m – ✉ 08480

▶ Madrid 648 – Barcelona 38 – Girona/Gerona 83

Buganvilia
carret. Sant Feliu de Codinas 75 – ℰ 938 43 18 00
– www.restaurantbuganvilia.com
Rest – *(sólo almuerzo salvo viernes, sábado, vísperas y festivos)* Carta 30/45 €
♦ Negocio familiar situado en una zona residencial. Ofrece diversas salas de aspecto actual y una correcta bodega acristalada. Interesante cocina regional y de temporada.

La Masía
passeig Torregassa 77 – ℰ 938 43 00 02 – www.lamasiadelametlla.com
– cerrado domingo noche
Rest – Carta 32/52 €
♦ Restaurante de tradición familiar instalado en una masía de principios del s. XX. Posee un luminoso comedor, dos salas de banquetes y un privado, todo de aire clásico-antiguo.

AMOREBIETA-ETXANO – Vizcaya – 573 C21 – 17 842 h. – alt. 70 m — 25 A3
– ✉ 48340

▶ Madrid 415 – Bilbao 21 – Donostia-San Sebastián 79 – Vitoria-Gasteiz 51

Konbenio sin rest
Konbenio 7 – ℰ 946 30 01 87 – www.hotelkonbenio.com – cerrado 1 al 7 enero
9 hab – ♦43 € ♦♦60 €, ⚌ 5 €
♦ Edificio de interesante pasado histórico. Ofrece unas habitaciones cálidas que combinan el mobiliario antiguo y el moderno, con techos en madera y baños de plato ducha.

en Boroa Noroeste : 3,6 km

XX **Boroa**   🏧 🕾 P 𝚟𝚒𝚜𝚊 ⓜ 🅰🄴 ⓞ
☸ ✉ 48340 Amorebieta-Etxano – 𝒞 946 73 47 47 – www.boroa.com
– cerrado del 1 al 15 de enero y del 15 al 31 de agosto
Rest – (sólo almuerzo salvo viernes y sábado) Carta 41/53 €
Espec. Bombón de foie y Sauternes en cubierta de palomitas sobre manzana y pan de chocolate y especias. Taco de bacalao a la parrilla sobre patata asada con pil-pil de sus callos y jugo de choriceros. Mini crêpes soufflé con rocas de cacao sobre merengue de la fruta de la pasión.
• Instalado en un caserío vasco del s. XV, bien rehabilitado y en un bello entorno natural. Posee una taberna típica y varios comedores rústicos definidos por el uso de la piedra y la madera. Su carta combina la cocina vasca tradicional con otra más innovadora.

L'AMPOLLA – Tarragona – **574** J32 – **3 118 h.** – ✉ 43895   **13** A3
▶ Madrid 541 – Barcelona 159 – Tarragona 67

🏠🏠 **Flamingo**   ≤ ⩩ 🔲 🕼 ⅟ hab, 🏧 🕾 hab, ℭ 🆗 🚗 𝚟𝚒𝚜𝚊 ⓜ 🅰🄴
ronda del Mar 58 – 𝒞 977 59 38 16 – www.hotelflamingo.cat
66 hab ⊊ – ♥60/86 € ♥♥76/119 €   **Rest** – Menú 19 €
• Hotel de línea actual emplazado en 1ª línea de playa. Ofrece suficientes zonas nobles y habitaciones bien equipadas, tanto para el cliente de empresa como para el vacacional. El restaurante destaca por sus grandes cristaleras, por ello, aquí podrá combinar la cocina tradicional con unas buenas vistas al mar.

AMPUDIA – Palencia – **575** G15 – **590 h.** – **alt. 790 m** – ✉ 34191   **11** B2
▶ Madrid 243 – León 115 – Palencia 25 – Valladolid 35

🏠🄰 **Posada de la Casa del Abad de Ampudia** ॐ   ⩩ 🕼 🕾 🏧 🕾
pl. Francisco Martín Gromaz 12 – 𝒞 979 76 80 08   ⅋° 🆗 🚗 𝚟𝚒𝚜𝚊 ⓜ 🅰🄴
– www.casadelabad.com
24 hab – ♥95/118 € ♥♥110/135 €, ⊊ 12 €
Rest El Arambol – (cerrado domingo noche y lunes) Carta 43/60 €
• Excelente reconstrucción de una posada del s. XVII usando materiales originales. Combina habitaciones de cuidado estilo rústico con otras de estética totalmente moderna. Restaurante de buen montaje, con la piedra y la madera como protagonistas del entorno.

AMPUERO – Cantabria – **572** B19 – **4 179 h.** – **alt. 11 m** – ✉ 39840   **8** C1
▶ Madrid 457 – Santander 51 – Vitoria/Gasteiz 127 – Bilbao 69
◉ Santuario de Nuestra Señora La Bien Aparecida ※★ Suroeste : 4 km

en La Bien Aparecida Suroeste : 5 Km

XX **Solana**   ≤ 🏧 🕾 𝚟𝚒𝚜𝚊 ⓜ 🅰🄴
La Bien Aparecida 11 ✉ 39849 – 𝒞 942 67 67 18 – www.restaurantesolana.com
– cerrado 15 días en noviembre y lunes
Rest – (sólo almuerzo salvo fines de semana y verano) Carta 30/42 € ﷼
• Se encuentra junto al Santuario de la Bien Aparecida, patrona de Cantabria, y destaca por las vistas al valle que ofrece su comedor. Cocina actual y algún plato tradicional.

en Udalla Suroeste : 5 km

X **La Mies del Condal**   🕾 P 𝚟𝚒𝚜𝚊 ⓜ 🅰🄴 ⓞ
barrio Udalla 14 ✉ 39850 – 𝒞 942 67 68 30 – cerrado 20 diciembre-20 enero, martes y miércoles salvo verano, domingo noche y lunes
Rest – Carta 30/35 €
• Pequeño restaurante llevado entre dos hermanas. En su comedor se ofrece un trato familiar, una sabrosa cocina casera y productos procedentes de su propia huerta.

▶ Madrid 372 – Bilbao 37 – Burgos 138 – Vitoria-Gasteiz 45

al Oeste : 2 km

XX   **El Refor**   AC ✾ VISA ⚅ ⓞ

Maskuribai 21 ✉*01470* – 𝒞 *945 39 33 14*
– www.elrefor.com
Rest – *(sólo almuerzo salvo viernes y sábado)* Carta 35/46 €
♦ Ocupa parte de un antiguo edificio en piedra, con una terraza, un bar y una sala en la que separan, mediante biombos, la zona a la carta de la del menú. Cocina tradicional.

▶ Madrid 441 – Gijón 99 – Oviedo 110 – Santander 94

🏠   **Del Norte** sin rest y sin ☂ ⚘   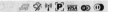 ✾ ⁽ᵗ⁾ P VISA ⚅ ⓞ

La Baduga – 𝒞 *985 41 71 56* – *www.hoteldelnorteandrin.com*
– marzo-15 diciembre
16 apartamentos – †††60/80 €
♦ Conjunto formado por tres edificios repartidos en una finca. Ofrece un amplio jardín y cálidos apartamentos, algunos tipo dúplex y los de planta baja con su propia terraza.

🏠   **La Boriza** sin rest ⚘   ✾ P VISA ⚅

– 𝒞 985 41 70 49 – www.hotellaboriza.es – marzo-15 octubre
11 hab ☂ – †48/71 € ††61/98 €
♦ Hotelito familiar en un edificio moderno que rememora la arquitectura rural. Coqueto salón social con chimenea, y habitaciones con mobiliario escogido y baños actuales.

ESPAÑA

▶ Madrid 321 – Córdoba 77 – Jaén 66 – Linares 41

◉ Localidad★ – Iglesia de Santa María (reja★) – Cristo en el huerto de los Olivos★★ – iglesia de San Bartolomé (portadas góticas★)
🏞 Parque Natural de la Sierra de Andújar★ : carretera en cornisa
   ≤★★ Norte : 32 km

XX   **Olmo Crespo**   AC VISA

Altozano Serrano Plato 4 – 𝒞 *953 52 59 41* – *www.restauranteolmocrespo.com*
– cerrado del 5 al 20 de agosto y lunes
Rest – Carta 30/45 €
♦ Está instalado en el Palacio Sirvente de Mieres y tiene el acceso por la entrada de carruajes. Ofrece un buen recibidor, una sala de cuidado montaje y una carta actual.

X   **Los Naranjos**   AC ✾ VISA
☺

Guadalupe 4 – 𝒞 *953 51 03 90*
– cerrado 2ª quincena de julio y martes
Rest – Carta 25/35 €
♦ Restaurante de estilo clásico-provenzal dotado con dos entradas, una independiente y la otra por la cafetería. Carta de cocina tradicional con algún plato típico de la zona.

Los ÁNGELES – A Coruña – ver Os Ánxeles

ANGLÈS – Girona – 574 G37 – 5 569 h. – alt. 181 m – ✉ 17160 15 A1

Madrid 676 – Barcelona 96 – Girona/Gerona 18 – Vic 51

L'Aliança d'Anglès (Lluis Feliu)

Jacint Verdaguer 3 – ✆ 972 42 01 56 – www.restaurantalianca.com – cerrado Navidades, 7 días en febrero, 20 agosto-10 septiembre, martes noche en invierno, domingo noche y lunes

Rest – Menú 51 € – Carta 46/53 €

Espec. Sardinas, pan, vino y azúcar, emulsión de pomelo y chardonnay (junio-septiembre). Cigalas, parmesano, macarrones y su boloñesa. Arroz, azafrán y "espardenyes".

◆ Está instalado en un elegante edificio de 1919 que en su día funcionó como casino y club social de la localidad. La agradable sala principal se presenta hoy a modo de café antiguo, conservando los bellísimos suelos de la época. Cocina creativa bien elaborada.

ANSERALL – Lleida – 574 E34 – 832 h. – ✉ 25798 13 B1

Madrid 602 – Lleida/Lérida 142 – Andorra la Vella 18 – Barcelona 171

al Norte 2,5 km

Masia d'en Valentí

carret. N 145 ✉25798 – ✆ 973 35 31 40 – cerrado del 1 al 15 de julio y miércoles

Rest – Carta 24/34 €

◆ Casa rural con la fachada parcialmente acristalada. Ofrece dos salas, la de la planta baja para la carta y la del piso superior para grupos. Interesante cocina regional.

ANTEQUERA – Málaga – 578 U16 – 45 168 h. – alt. 512 m – ✉ 29200 1 B2

Madrid 521 – Córdoba 125 – Granada 99 – Jaén 185

pl. de San Sebastián 7 ✆ 95 270 25 05 oficina.turismo@antequera.es Fax 95 270 25 05

urb. Antequera Golf, camino Gandía, ✆ 95 170 19 00

Localidad★ – Alcazaba ←★ - Museo Municipal (Efebo de Antequera★) – Colegiata de Santa María★

Noreste : Los dólmenes★ (cuevas de Menga, Viera y del Romeral) – El Torcal★★ Sur : 16 km – Carretera★ de Antequera a Málaga ←★★. Desfiladero de Los Gaitanes★★ - Álora (pueblo★) Suroeste : 37 km

Parador de Antequera

paseo García del Olmo 2 – ✆ 952 84 02 61 – www.parador.es

55 hab – †102/110 € ††128/138 €, ☕ 16 € **Rest** – Menú 32 €

◆ Se presenta completamente renovado y actualizado, con un interior de ambiente moderno y predominio de los tonos blancos. Confortables habitaciones de línea actual-funcional. Su luminoso restaurante ofrece una cocina de tinte regional y buenas vistas.

Antequera Golf

urb. Santa Catalina, Noroeste : 1,5 km – ✆ 902 54 15 40 – www.antequeragolf.com

180 hab

Rest –

Rest *El Encinar* –

◆ Ubicado en un área residencial. Disfruta de un atractivo hall con detalles de diseño, confortables habitaciones, abuhardilladas en la 3ª planta, y un magnífico SPA. El restaurante El Encinar combina su cuidado montaje con una interesante oferta culinaria.

ESPAÑA

🏨 Finca Eslava   🔄 🕹 🔥 ⚐ 🛏 hab, Ⓚ ⁈ 🔥 🅿

carret. de Córdoba - km 120, Norte : 2 km – 𝄐 952 84 49 34
– www.hotelfincaeslava.com
30 hab   Rest –
♦ Se trata de un antiguo cortijo rehabilitado con gusto. Disfruta de un bonito patio central y amplias habitaciones dotadas de un buen equipamiento y mobiliario de calidad. El restaurante se complementa con un bar y un gran salón de banquetes.

🏨 **Las Villas de Antikaria**   🕹 Ⓚ ⁈ ⁈ 🔥 🅿 🚗 🚗 VISA ⓒ 🄰🄴 ⓘ

av. de la Cruz Blanca 1 – 𝄐 952 84 48 99 – www.hotellasvillas.com
31 hab – 🛏55/65 € 🛏🛏75/85 €, � 4,25 € – 2 suites   **Rest** – Menú 10,50 €
♦ De línea actual, evocando con su nombre el pasado romano de la ciudad. Posee habitaciones amplias y de completo equipamiento, aunque la zona social resulta algo escasa. Comedores de correcto montaje donde elaboran platos de sabor tradicional.

✕✕ **Reina**   Ⓚ ⁈ ⇔ VISA ⓒ

Infante D. Fernando 7 – 𝄐 952 70 30 31 – cerrado lunes
Rest – Carta aprox. 40 €
♦ Agradable restaurante dotado con un bar a la entrada, tres salas y un privado, todos ellos de línea clásica. Carta atenta al recetario tradicional y un menú degustación.

en la antigua carretera de Málaga Este : 2,5 km

🏨 **Lozano**   🚗 🕹 🔥 hab, Ⓚ ⁈ ⁈ 🔥 🅿 🚗 VISA ⓒ 🄰🄴 ⓘ

av. Principal 2 ✉29200 – 𝄐 952 84 27 12 – www.hotel-lozano.com
52 hab – 🛏45 € 🛏🛏55 €, ⊊ 4,50 €   **Rest** – Menú 11 €
♦ Situado a la entrada de la localidad. Negocio actual que compensa su reducida zona social con unas habitaciones de línea moderna y buen equipamiento. Comedor de montaje funcional donde se trabaja tanto el menú como la carta.

por la carretera N 331 Norte : 18 km

✕ **Caserío de San Benito**   🚗 🅿 VISA ⓒ 🄰🄴
🙂

cruce carret. de Alameda ✉29200 – 𝄐 952 11 11 03
– www.caseriodesanbenito.com
Rest – *(sólo almuerzo salvo viernes, sábado, y julio-15 septiembre)* Carta 21/32 €
♦ Edificio construido en el campo a modo de caserío antiguo, con numerosos motivos rústicos y una ermita anexa que sirve como museo etnográfico. Cocina casera y platos copiosos.

ANTIGUA – Las Palmas – ver Canarias (Fuerteventura)

Os ÁNXELES (Los ÁNGELES) – A Coruña – 571 D3 – ✉ 15865   19 B2
▶ Madrid 613 – Santiago de Compostela 14 – A Coruña 92 – Pontevedra 59

🏨 **Balneario de Compostela**   🕹 🕹 🔥 hab, Ⓚ ⁈ 🔥 🚗 VISA ⓒ 🄰🄴

carret. C-543 - km 8,5 – 𝄐 981 55 90 00 – www.hbcompostela.com
55 hab – 🛏73/81 € 🛏🛏91/102 €, ⊊ 9 € – 4 suites – 4 apartamentos
Rest – Menú 16 €
♦ Confortables habitaciones y mobiliario funcional. El balneario anexo, que data de 1813, ofrece unas completísimas instalaciones, con aguas minero-medicinales, gimnasio y SPA. En su restaurante encontrará platos fieles a la tradición gallega.

🏨 **Casa Rosalía**   🕹 ⁈ ⁈ 🔥 🅿 VISA ⓒ

Soigrexa 19 – 𝄐 981 88 75 80 – www.hotelcasarosalia.com – cerrado
20 diciembre-20 enero
30 hab – 🛏37/54 € 🛏🛏49/72 €, ⊊ 5,95 €
Rest – *(cerrado domingo noche y lunes)* Carta 23/30 €
♦ Antigua casa de labranza que con su nombre rinde un homenaje a la poetisa gallega. La piedra y la madera toman el protagonismo en esta cálida construcción. Las salas del restaurante, de marcado ambiente rústico, rodean un bello patio interior acristalado.

AOIZ – Navarra – **573** D25 – 2 464 h. – alt. 504 m – ⊠ 31430   **24** B2

> ▶ Madrid 413 – Pamplona 28 – St-Jean-Pied-de-Port
> ℹ Arriba 15 ℰ 948 33 66 90 oitaoiz@hotmail.com Fax 948 33 66 22

XX **Beti Jai** con hab   🖵 ⅃ hab, 🗚 ℅ ⁂ 🆅🆁🆂🅰 ⓧ 🅰🅴 ⓪
    Santa Águeda 2 – ℰ 948 33 60 52 – www.beti-jai.com
    17 hab – ♦25/35 € ♦♦45/55 €, ⌷ 5 €
    Rest – *(cerrado domingo noche)* Carta 34/44 €
    ♦ Negocio instalado en dos casas típicas del centro del pueblo. Dispone de un bar público, dos salas en la 1ª planta y una completa carta de cocina tradicional navarra. También posee habitaciones, las nuevas de línea actual y las antiguas algo más modestas.

ARACENA – Huelva – **578** S10 – 7 612 h. – alt. 682 m – ⊠ 21200   **1** A2

> ▶ Madrid 514 – Beja 132 – Cáceres 243 – Huelva 108
> ℹ Pozo de la Nieve ℰ663 93 78 77 turismo@ayto-aracena.es Fax 959 12 79 53
> ◉ Localidad★ – Gruta de las Maravillas★★★
> ☰ Sur : Parque Natural, Sierra de Aracena y Picos de Aroche★★

🏨 **Aracena Park H.**   ⇐ 🍽 ⅃ 🍃 🅟 ⅃ 🗚 ℅ hab, ⁂ 🛗 🅿 🚗
    carret. Sevilla-Lisboa (N 433) - km 88 – ℰ 959 12 79 59   🆅🆁🆂🅰 ⓧ 🅰🅴
    – www.aracenapark.es
    65 hab – ♦50/106 € ♦♦65/133 €, ⌷ 12 € – 4 suites – 12 apartamentos
    Rest – *(cerrado domingo noche)* Menú 28 €
    ♦ Se encuentra en un alto con buenas vistas, tanto a la localidad como a la sierra de Aracena. Varias zonas comunes, completo SPA, habitaciones amplias y villas independientes. En su restaurante encontrará una carta variada, propia de un gusto internacional.

⌂ **Monte San Ginés** sin rest   ⅃ 🗚 ℅ ⁂ 🆅🆁🆂🅰 ⓧ 🅰🅴 ⓪
    Noria 19 – ℰ 959 12 64 32 – www.montesangines.com – (es necesario reservar)
    5 hab – ♦♦120 €, ⌷ 10 €
    ♦ Esta casa restaurada se presenta con un bonito patio, un salón social dotado de chimenea y confortables habitaciones, todas de línea clásica-actual y cuatro con terraza.

X **José Vicente**   🗚 ℅ 🆅🆁🆂🅰 ⓧ 🅰🅴
    av. Andalucía 53 – ℰ 959 12 84 55 – cerrado 20 junio-10 julio
    Rest – *(sólo almuerzo salvo viernes, sábado y verano)* Carta aprox. 35 €
    ♦ Ofrecen una modesta carta de cocina casera, siendo las setas y los productos derivados del cerdo los grandes protagonistas. Cuenta con una tienda de productos típicos.

ARANDA DE DUERO – Burgos – **575** G18 – 32 928 h. – alt. 798 m   **12** C2
– ⊠ 09400

> ▶ Madrid 156 – Burgos 83 – Segovia 115 – Soria 114
> ℹ pl. Mayor ℰ 947 51 04 76 oficinadeturismo@arandadeduero.es Fax 947 51 04 76
> ☰ Peñaranda de Duero (plaza Mayor★) – Palacio de Avellaneda★ : artesonados★ Este : 18 km

🏨 **Villa de Aranda** sin rest   🖵 ⅃ 🗚 ℅ ⁂ 🚗 🆅🆁🆂🅰 ⓧ 🅰🅴 ⓪
    San Francisco 1 – ℰ 947 54 66 74 – www.hotelvilladearanda.com
    27 hab – ♦85/315 € ♦♦95/325 €, ⌷ 12 €
    ♦ Instalado en un edificio de principios del s. XX que ha sido rehabilitado. Ofrece una reducida zona social y habitaciones bien equipadas, todas de línea actual-funcional.

🏨 **Alisi** sin rest   🖵 🗚 ℅ 🛗 🚗 🆅🆁🆂🅰 ⓧ 🅰🅴 ⓪
    av. Castilla 25 – ℰ 947 04 80 58 – www.hotel-alisi.com
    37 hab – ♦50/55 € ♦♦70/85 €, ⌷ 7 €
    ♦ Se encuentra a la entrada de la ciudad y destaca por su impecable mantenimiento, con habitaciones clásicas de buen confort general, suelos en tarima y los baños en mármol.

Tres Condes   🛎 & hab, 🆎 ⅏ ⁜ 🏄 🚗 VISA ⦾ AE ⓪

av. Castilla 66 – ℰ 947 50 24 00 – www.hoteltrescondes.com
32 hab – ♥55 €, ♥♥78 €, ☲ 4,80 €
Rest – *(cerrado domingo noche)* Menú 14,50 €
♦ Este hotel, que ocupa los bajos y la 1ª planta de un edificio de viviendas, se presenta completamente renovado, con unos salones polivalentes y habitaciones bien equipadas. Cafetería de línea actual, comedor típico castellano y un reservado a modo de bodega.

Julia *sin rest*   🛎 ⅏ ⁜ 🏄 VISA ⦾

pl. de la Virgencilla – ℰ 947 50 12 00 – www.hoteljulia.es
60 hab – ♥42 €, ♥♥65 €, ☲ 4 €
♦ Conjunto clásico cuya zona noble se viste con bellas esculturas y piezas de anticuario. Las habitaciones resultan algo reducidas, aunque están personalizadas en su decoración.

🍴🍴 Mesón de la Villa   🆎 ⅏ VISA ⦾ AE ⓪

La Sal 3 – ℰ 947 50 10 25 – cerrado del 13 al 30 de octubre, domingo noche y lunes
Rest – Carta aprox. 37 €
♦ Acreditado negocio que continúa la línea tradicional marcada desde sus fogones. Comedor de estilo castellano con sencillo servicio de mesa y amplia bodega subterránea.

🍴 Casa José María   🆎 ⅏ ⇔ VISA ⦾

Carrequemada 3 – ℰ 947 50 80 43 – cerrado 20 junio-7 julio y miércoles noche
Rest – Carta 30/42 €
♦ Céntrico establecimiento de organización familiar. Cuenta con unos sobrios comedores de estilo neorrústico, con las paredes en ladrillo visto y las mesas algo apretadas.

🍴 El Lagar de Isilla   🆎 ⅏ VISA ⦾ AE

Isilla 18 – ℰ 947 51 06 83 – www.lagarisilla.es
Rest – Carta 35/44 € 🍴
♦ Ofrece un buen bar de tapas, dos salas de aire castellano, con el horno de leña a la vista, y una bodega visitable que data del s. XV. Asados, pescados y carnes a la brasa.

🍴 Casa Florencio   🆎 ⅏ ⇔ VISA ⦾ AE ⓪

Isilla 14 – ℰ 947 50 02 30 – www.casaflorencio.com
Rest – *(sólo almuerzo)* Carta 29/38 €
♦ Presenta una tienda de embutidos en la entrada, un horno de leña a la vista y varios comedores de aire rústico, destacando por su confort y decoración el del piso superior.

en la antigua carretera N I :

🏨 Tudanca Aranda   ⟨ ⅃ᵹ 🛎 & hab, 🆎 ⅏ ⁜ 🏄 P 🚗 VISA ⦾ AE ⓪

salida 152 ó 153 autovía, Sur : 6,5 km ⊠09400 – ℰ 947 50 60 11
– www.tudanca-aranda.com
38 hab – ♥60/125 €, ♥♥60/165 €, ☲ 10,20 € – 2 suites   **Rest** – Menú 19,80 €
♦ Hotel de carretera rodeado de viñedos, con un gran hall y cómodas habitaciones dotadas de mobiliario clásico-castellano. También ofrece estancias más sencillas, tipo motel. Buen restaurante de estética tradicional castellana ubicado en un edificio anexo.

por la carretera N 122 Oeste : 5,5 km y desvío a la izquierda 2 km

🏨 Torremilanos 🌿   🛎 & hab, ⅏ 🏄 P VISA ⦾ AE ⓪

Finca Torremilanos ⊠09400 – ℰ 947 51 28 52 – www.torremilanos.com
35 hab ☲ – ♥106 €, ♥♥146 € – 2 suites
Rest – *(cerrado domingo noche y lunes)* Carta aprox. 45 €
♦ Edificio en piedra ubicado en una extensa finca de viñedos. Ofrece unas zonas nobles polivalentes y habitaciones de buen confort general, las más nuevas de línea moderna. El restaurante disfruta de un estilo clásico y cuenta con varias salas para banquetes.

ESPAÑA

ARANJUEZ – Madrid – **576** L19 – **575** L19 – 54 055 h. – alt. 489 m   **22** B3
– ✉ 28300

▶ Madrid 47 – Albacete 202 – Ciudad Real 156 – Cuenca 147

🛈 pl. de San Antonio 9 ℰ 91 891 04 27 infoturismo@aranjuez.es Fax 91 891 41 97

◉ Reales Sitios★★ : Palacio Real★ (salón de porcelana★★), parterre y Jardín de la Isla★ AX – Jardín del Príncipe★★ (Casa del Labrador★★, Casa de Marinos : falúas reales★★) BX

🏠 Doña Francisca sin rest   📶 ᴄ 🔜 🍽 🕻 🎧 📶 🚳 🇦🇪 ⓞ

Capitán 147 – ℰ 918 09 02 60 – www.hoteldonafrancisca.com   BZ**a**
60 hab 🖵 – 🍴60 € 🍴🍴90 €

♦ Bien situado frente a la bicentenaria plaza de toros. Disfruta de suficientes zonas sociales y habitaciones de adecuado confort, contemporáneas y con los suelos en tarima.

✕✕✕ Casa José (Fernando del Cerro)   📶 🍽 ✣ 📶 🚳 🇦🇪 ⓞ

☎

Carrera de Andalucía 17 – ℰ 918 91 14 88 – www.casajose.es
– cerrado del 3 al 9 de enero, del 1 al 21 de agosto, domingo noche
y lunes   AY**r**
Rest – 68,50 € – Carta aprox. 58 €
Espec. Espárragos en crudo, salsifis, trufa, picatostes y jugo de piñones sobre vinagreta de anémonas (abril-mayo). Repollo frito sobre mosto con bouquet fresco de celeris y vieiras (otoño-invierno). Lechuga braseada con colmenillas y gurumelos a la crema (mayo-junio).

♦ Casa familiar de larga trayectoria y línea clásica. La sala principal se encuentra en el 1er piso y destaca por su hermoso techo en madera. Su chef propone una sugerente cocina tradicional actualizada, trabajando mucho con las verduras y hortalizas de la zona.

✕✕ Rodrigo de la Calle   📶 📶 🚳 🇦🇪

carrera de Andalucía 85 – ℰ 918 91 08 07 – www.restaurantedelacalle.com
– cerrado lunes   AZ**c**
Rest – Carta 36/49 €

♦ Un restaurante que irá a más, ya que muestra talento tras sus fogones. Ofrece un bar de tapas, una sala de aire minimalista y una carta de autor con un apartado de arroces.

✕✕ El Castillo de 1806   🌴 📶 🍽 ✣ 🄿 📶 🚳

Jardín del Príncipe, Norte : 1 km por carret. de Madrid AX – ℰ 918 91 30 00
– www.castillo1806.com – cerrado lunes
Rest – *(sólo almuerzo salvo viernes y sábado)* Carta 41/55 €

♦ Hermoso edificio protegido por Patrimonio. Cuenta con una agradable terraza, una carpa, un bar de espera y varios comedores con los techos abovedados. Cocina de tinte actual.

✕✕ Casa Pablo   📶 🍽 📶 🚳 🇦🇪

Almíbar 42 – ℰ 918 91 14 51 – www.casapablo.net – cerrado agosto y domingo
noche   BY**b**
Rest – Carta 45/60 €

♦ Resulta bastante acogedor, tanto por la profusión de madera como por su cuidada decoración de carácter castellano, con un bar público muy popular y tres salas de buen montaje.

✕✕ Carême   🌴 📶 🍽 🄿 📶 🚳 🇦🇪 ⓞ

av. de Palacio 2 – ℰ 918 92 64 86 – www.caremejesusdelcerro.com
Rest – Carta 36/50 €   AX**a**

♦ Negocio de línea actual situado junto al Palacio Real. Posee una cafetería a la entrada, un comedor en el 1er piso y una terraza cubierta con vistas a los jardines reales.

ARANJUEZ

por la salida ① : Norte : 3,5 km

🏨🏨🏨 **Barceló Aranjuez** ⌖   ⊰ ⊐ 🏛 🎬 📶 ⚓ hab, 🄰🄲 🛜 ¶¶ 🎍 🚗
pl. de la Unesco 2 (Barrio de la Montaña) ☒28300   🆅🅸🆂🅰 ⬤⬤ 🄰🄴 ①
– ℰ 918 09 93 99 – www.barceloaranjuez.com
166 hab – ♛♛80/190 €, ⌑ 12 € – 2 suites   **Rest** – Menú 16 €
♦ Situado frente al Gran Casino de Aranjuez y junto a un campo de golf. Dispone de amplias zonas nobles de línea moderna, habitaciones de completo equipamiento y un SPA. El restaurante disfruta de una decoración actual y una carta tradicional bien elaborada.

ARANTZAZU – Guipúzcoa – 573 D22 – alt. 800 m – ☒ 20567   25 B2

▶ Madrid 410 – Donostia-San Sebastián 83 – Vitoria-Gasteiz 54
◉ Paraje★ – Carretera★ de Aránzazu a Oñate

XX   **Zelai Zabal**   🄰🄲 🛜 🅿 🆅🅸🆂🅰 ⬤⬤ 🄰🄴
☺   *carret. de Oñate, Noroeste : 1 km – ℰ 943 78 13 06 – www.zelaizabal.com*
– *cerrado 23 diciembre-15 febrero, domingo noche y lunes*
Rest – *(sólo almuerzo en invierno salvo fines de semana)* Carta aprox. 35 €
♦ De entrañable tipismo y cálida atmósfera, posee un pequeño bar en la entrada y un comedor con mobiliario antiguo y chimenea. Ofrece una carta regional con detalles actuales.

ARBIZU – Navarra – 573 D23 – 1 060 h. – alt. 493 m – ☒ 31839   24 A2

▶ Madrid 417 – Pamplona 40 – Vitoria/Gasteiz 60 – Logroño 123

🏨 **Olatzea**   📶 ⚓ hab, 🄰🄲 hab, ¶¶ 🎍 🅿 🆅🅸🆂🅰 ⬤⬤ 🄰🄴
Errota Kalea – ℰ 948 46 18 76 – www.hotelolatzea.com
11 hab ⌑ – ♛70/84 € ♛♛92/102 € – 1 apartamento   **Rest** – Menú 12 €
♦ Edificio de estética regional emplazado sobre un antiguo molino, donde aún se conserva el mecanismo del agua. Presenta amplias habitaciones de estilo rústico-actual. El restaurante, que tiene un acceso propio, ofrece una carta tradicional y varios menús.

L'ARBOCET – Tarragona – 574 I32 – ☒ 43312   13 B3

▶ Madrid 553 – Cambrils 8 – Lleida/Lérida 98 – Tarragona 25

XX   **El Celler de l'Arbocet**   🄰🄲 ⇿ 🅿 🆅🅸🆂🅰 ⬤⬤ 🄰🄴
Baix 11 – ℰ 977 83 75 91 – cerrado del 1 al 15 de febrero, del 12 al 30 de octubre y lunes
Rest – *(sólo almuerzo salvo julio-agosto, viernes y sábado)* Carta 40/60 €
♦ Negocio familiar ubicado en una casa típica de piedra. Su atractivo comedor principal ocupa una antigua bodega de aire rústico y disponen de otra sala que usan como privado.

ARBOLÍ – Tarragona – 574 I32 – 112 h. – alt. 715 m – ☒ 43365   13 B3

▶ Madrid 538 – Barcelona 142 – Lleida/Lérida 86 – Tarragona 39

X   **El Pigot d'Arbolí**   🆅🅸🆂🅰 ⬤⬤
Trinquet 7 – ℰ 977 81 60 63 – cerrado mayo y martes salvo festivos
Rest – Carta 25/35 €
♦ En un pueblecito aislado. Su modesto servicio de mesa se ve compensado por una cocina muy satisfactoria, que ofrece además conservas y embutidos caseros. Decoración regional.

ESPAÑA

ARBÚCIES – Girona – **574** G37 – **6 595 h.** – alt. 291 m – ⊠ **17401**   **15** A1

▶ Madrid 672 – Girona/Gerona 47 – Barcelona 74 – Vic 34

⌂ **Torres** sin rest   🅿️ 🅰️🅲️ 🖧 🛎️ 🚗 VISA 🆎 🅰️🅴️

Camprodón 14 – ✆ 972 86 14 60 – www.cantorres.com – cerrado 24 diciembre-7 enero
8 hab ⊡ – ♦51/67 € ♦♦98/104 €
◆ Este céntrico hotel cuenta con un salón social y unas habitaciones actuales de excelente equipamiento. Durante el verano organizan actividades culturales en su patio-jardín.

✕✕ **Les Magnòlies**   🅰️🅲️ 🖧 **P** VISA 🆎 🅰️🅴️

Mossèn Anton Serras 7 – ✆ 972 86 08 79 – www.lesmagnolies.com – cerrado 21 días en enero-febrero, lunes y martes
Rest – Carta 38/50 € ⅋
◆ Casa señorial de finales del s. XIX que toma su nombre del pequeño jardín con magnolias que lo rodea. Ofrece interesantes elaboraciones y un excelente servicio de mesa.

ARCADE – Pontevedra – **571** E4 – **3 723 h.** – ⊠ **36690**   **19** B3

▶ Madrid 612 – Ourense 113 – Pontevedra 12 – Vigo 22

✕ **Arcadia**   🅰️🅲️ 🖧 ⇄ VISA 🆎 🅰️🅴️ ①

av. Castelao 25-A – ✆ 986 70 00 37 – cerrado octubre, domingo noche y lunes
Rest – Carta 25/34 €
◆ Casa familiar asentada en la zona. Posee una amplia sala clásico-funcional subdividida en dos ambientes y un privado. Carta tradicional especializada en pescados y mariscos.

ARCHENA – Murcia – **577** R26 – **18 202 h.** – alt. 100 m – Balneario   **23** B2
– ⊠ **30600**

▶ Madrid 374 – Albacete 127 – Lorca 76 – Murcia 24

🏨 **Hyltor**   🅿️ 🅰️🅲️ 🖧 🛎️ **P** VISA 🆎 🅰️🅴️ ①

carret. del Balneario 12-14 – ✆ 902 46 16 46 – www.hotelhyltor.com
30 hab – ♦43/85 € ♦♦50/165 €, ⊡ 5 €   **Rest** – Menú 10 €
◆ Presenta una estética urbana y vanguardista marcada por el dominio de las líneas rectas, con habitaciones actuales y detalles de diseño. También dispone de un balneario-SPA. El restaurante, que tiene un carácter multifuncional, ofrece una cocina tradicional.

en el balneario Oeste : 2 km

🏨 **Termas**   🏊 🗻 🗔 🅿️ 🅰️🅲️ 🖧 **P** VISA 🆎 🅰️🅴️

⊠30600 – ✆ 902 33 32 22 – www.balneariodearchena.com
58 hab – ♦95/100 € ♦♦130/140 €, ⊡ 11 € – 6 suites   **Rest** – Menú 24 €
◆ Su zona social presenta un ambiente clásico, con algunos detalles de inspiración árabe, y posee habitaciones funcionales. Circuito de aguas termales y servicios terapéuticos. El restaurante, muy espacioso, también da servicio a los clientes del hotel Levante.

🏨 **Levante**   🏊 🗻 🗔 🅿️ 🅰️🅲️ 🖧 🛎️ **P** VISA 🆎 🅰️🅴️

⊠30600 – ✆ 902 33 32 22 – www.balneariodearchena.com
70 hab – ♦90/95 € ♦♦120/130 €, ⊡ 11 €   **Rest** – (en el Hotel Termas)
◆ Comparte algunos servicios con el hotel Termas y tiene un confort actual, con las habitaciones en tres plantas. Centro de belleza, aguas termales y tratamientos terapéuticos.

🏨 **León**   🏊 🗻 🗔 🅿️ 🅰️🅲️ 🖧 🛌 **P** VISA 🆎 🅰️🅴️

⊠30600 – ✆ 902 33 32 22 – www.balneariodearchena.com
117 hab – ♦70/74 € ♦♦101/107 €, ⊡ 8 €   **Rest** – (sólo buffet) Menú 19 €
◆ Es el hotel que tiene mayor capacidad del balneario, con la zona termal enfocada al cliente de paso. Encontrará habitaciones clásicas y unos completos servicios terapéuticos. Comedor de correcto montaje donde únicamente ofrecen buffet.

ARCHEZ – Málaga – **578** V18 – 440 h. – alt. 530 m – ⊠ 29753   **2** C2

> ▶ Madrid 544 – Sevilla 253 – Málaga 48 – Granada 127

✗ **Posada Mesón Mudejar** con hab   AC hab, ⅀ *VISA* ⓪
Álamos 6 – 𝒞 *952 55 31 06* – www.posadamesonmudejar.com
5 hab ⅀ – **†**35 € **††**53 €
Rest – *(cerrado miércoles salvo en verano y domingo en agosto)* Carta 22/31 €
♦ Atractivo restaurante de aire rústico, decorado en tonos oscuros y con una iluminación intimista. Su carta presenta platos tradicionales y especialidades propias
de la región. Como complemento al negocio también ofrece habitaciones, de
suficiente confort y con curiosos baños de obra.

ARCOS DE LA FRONTERA – Cádiz – **578** V12 – 31 210 h. – alt. 187 m   **1** B2
– ⊠ 11630

> ▶ Madrid 586 – Cádiz 65 – Jerez de la Frontera 32 – Ronda 86
> ⓘ pl. del Cabildo 𝒞 956 70 22 64 turismo@ayuntamientoarcos.org Fax 956 70
> 22 26
> ◉ Localidad★★, emplazamiento★★ – Plaza del Cabildo ≤★ – Iglesia de
> Santa María de la Asunción★ – Convento de la Caridad★

🏛 **Parador de Arcos de la Frontera** ॐ   ≤ 🛗 AC ⅀ ⁽ᵗⁱ⁾
pl. del Cabildo – 𝒞 *956 70 05 00* – www.parador.es   *VISA* ⓪ AE ⓪
24 hab – **†**120/130 € **††**150/163 €, ⅀ 16 €   **Rest** – Menú 32 €
♦ En pleno casco histórico y en un enclave elevado, por lo que disfruta de unas
magníficas vistas. Ofrece un precioso patio típico y habitaciones de completo
equipamiento. Su restaurante supone una gran oportunidad para conocer los
sabores de la cocina gaditana.

🏠 **Los Olivos** sin rest   AC ⅀ ⁽ᵗⁱ⁾ *VISA* ⓪ AE ⓪
paseo de Boliches 30 – 𝒞 *956 70 08 11* – www.hotel-losolivos.es
19 hab – **†**43/48 € **††**65/80 €, ⅀ 8,50 €
♦ Posee los detalles típicos de la arquitectura local: paredes encaladas, rejas en las
ventanas y macetas que adornan el patio interior al que se abren las habitaciones.

🏠 **Real de Veas**   AC ⅀ ⁽ᵗⁱ⁾ *VISA* ⓪ AE ⓪
Corredera 12 – 𝒞 *956 71 73 70* – www.hotelrealdeveas.com
12 hab – **†**40/45 € **††**50/65 €, ⅀ 6 €
Rest – *(sólo menú , sólo clientes salvo almuerzo)* Menú 12 €
♦ Casa típica del s. XVIII dotada con un patio central. Su reducida zona social se
ve compensada con unas habitaciones bien equipadas, casi todas con bañera de
hidromasaje.

🏠 **El Convento** sin rest ॐ   ≤ AC ⅀ *VISA* ⓪ AE ⓪
Maldonado 2 – 𝒞 *956 70 23 33* – www.hotelelconvento.es – marzo-octubre
11 hab – **†**41/56 € **††**56/86 €, ⅀ 7 €
♦ El mobiliario regional y la sobriedad decorativa evocan el pasado histórico del
edificio, aunque el confort de las instalaciones es actual. ¡Disfrute de las vistas!

AREA (Playa de) – Lugo – ver Viveiro

AREETA – Bizkaia – ver Getxo

La ARENA (Playa de) – Cantabria – ver Isla

s'ARENAL – Illes Balears – ver Balears (Mallorca) : Palma

Los ARENALES DEL SOL – Alicante – **577** R28 – 711 h. – Playa   **16** A3
– ⊠ 03195

> ▶ Madrid 434 – Alacant/Alicante 14 – Cartagena 90 – Elx/Elche 20

✗ **Las Palomas**   AK ⅍ VISA ⓪ AE
Isla de Ibiza 7 – ☎ 966 91 07 76 – www.rtelaspalomas.com
– cerrado del 15 al 30 de junio, domingo noche y lunes
Rest – Carta 25/40 €
♦ Dispone de un bar y dos comedores de línea clásica algo justos tanto en el montaje como en la decoración. Sencilla carta tradicional basada en asados y platos a la parrilla.

ARENAS DE CABRALES – Asturias – **572** C15 – **2 249 h.** – ✉ **33554**   5 C2
   ▶ Madrid 458 – Oviedo 100 – Santander 106
   ⊙ Desfiladero del Cares★ (Garganta divina del Cares★★ 3 h. y media a pie ida) Gargantas del Cares★

🏠 **Picos de Europa**   ⛰ ⅌ ♨ ⅍ P VISA ⓪
Mayor – ☎ 985 84 64 91 – www.hotelpicosdeuropa.com – abril-13 octubre
36 hab – †47/80 € ††59/99 €, ⊇ 7 €   **Rest** – Menú 15 €
♦ Sus habitaciones alternan el mobiliario provenzal con otro más actual. Piscina con solárium, salón social con chimenea y una terraza ubicada bajo un hórreo al borde del río. Cálido restaurante equipado con mobiliario de mimbre.

🏠 **Villa de Cabrales** sin rest   ♨ ⅍ ⁽ᵗ⁾ P 🚗 VISA ⓪
carret. General – ☎ 985 84 67 19 – www.hotelcabrales.com
23 hab – †30/75 € ††40/75 €, ⊇ 4 €
♦ Antigua casona de aire rústico-actual. Sus confortables habitaciones, con suelo en losetas de barro, alternan el mobiliario en madera con el hierro forjado.

🏠 **La Rivera** sin rest   ♨ ⅍ VISA ⓪
barrio El Coterín – ☎ 985 84 65 43 – www.hotellarivera.com
15 hab ⊇ – †25/45 € ††35/60 €
♦ Pequeño hotel ubicado en el centro de la localidad. Dispone de un pequeño salón para los desayunos y habitaciones funcionales, aunque de impecable mantenimiento y limpieza.

en la carretera de Panes Sureste : 2 km

🏠 **La Casa de Juansabeli**   ♨ AK rest, ⅍ P VISA ⓪
✉ 33554 – ☎ 985 84 67 90
16 hab ⊇ – †33/48 € ††43/68 €   **Rest** – *(junio-septiembre)* Menú 25 €
♦ Emplazado junto a un área de servicio, posee una magnífica fachada en piedra. Habitaciones con mobiliario clásico y aseos completos, algunos con bañera de hidromasaje. Restaurante de aire rústico.

Les ARENES – València – ver València (playa de Levante)

AREU – Lleida – **574** E33 – alt. 920 m – ✉ **25575**   13 B1
   ▶ Madrid 613 – Lleida/Lérida 157 – La Seu d'Urgell/Seo de Urgel 83

🏠 **Vall Ferrera** ⌖   ⇐ ⅍ ⁽ᵗ⁾ VISA ⓪
Martí 1 – ☎ 973 62 43 43 – www.hotelvallferrera.com – cerrado 7 enero-Semana Santa
17 hab – †35/37 € ††51/53 €, ⊇ 10 € – 6 apartamentos
Rest – Carta 25/33 €
♦ Casa de cálido ambiente familiar en medio de un valle. Posee un acogedor salón decorado con elegancia, ofreciendo también habitaciones y apartamentos de distinto confort. Restaurante distribuido en tres salas, con una carta de esmerada elaboración casera.

ARÉVALO – Ávila – **575** I15 – **8 074 h.** – alt. 827 m – ✉ **05200**   11 B2
   ▶ Madrid 121 – Ávila 55 – Salamanca 95 – Valladolid 78
   ⊙ Plaza de la Villa★

ESPAÑA

El Tostón de Oro 🟦 AC 🟥 VISA ⚫⚫ ⓞ

*av. de los Deportes 2 – 🅒 920 30 07 98 – www.eltostondeoro.net – cerrado
24 diciembre-24 enero y lunes*
Rest – Carta aprox. 32 €

♦ El comedor disfruta de un ambiente acogedor, con decoración clásica actualizada, y se complementa con una amplio salón para banquetes. Carta tradicional
con bastante variedad.

Las Cubas 🟦 AC 🟥 VISA ⚫⚫ AE ⓞ

*Figones 11 – 🅒 920 30 01 25 – cerrado 23 diciembre-2 enero y 2ª quincena de
junio*
Rest – *(sólo almuerzo)* Carta 25/35 €

♦ Salón principal rústico con muebles castellanos y tinajas. Cruzando la calle, en
otro edificio, poseen dos comedores más. Carta tradicional y regional con horno
de asar.

ARGANDA DEL REY – Madrid – **576** L19 – **575** L19 – 51 489 h.   **22** B2
– alt. 618 m – ✉ 28500

▶ Madrid 28 – Guadalajara 50 – Toledo 90

AC Arganda sin rest, con cafetería por la noche 🖥 🛗 🔥 🅻 AC 🟥 ⁛ 🏋 🚗
av. de Madrid 47 – 🅒 918 75 75 00 – www.ac-hotels.com VISA ⚫⚫ AE ⓞ
84 hab – ♦♦56/90 €, � 10 €

♦ Atractivo hotel de línea clásica distribuido en torno a un patio central. Ofrece
un hall de estética actual, con las paredes forradas en madera, y confortables
habitaciones.

ARGENTONA – Barcelona – **574** H37 – 11 633 h. – alt. 75 m   **15** B3
– ✉ 08310

▶ Madrid 657 – Barcelona 29 – Mataró 4

El Celler d'Argentona 🟦 AC 🟥 VISA ⚫⚫

*Bernat de Riudemeya 6 – 🅒 937 97 02 69 – www.cellerargentona.com – cerrado
domingo noche y lunes salvo festivos*
Rest – Carta 33/48 €

♦ Antigua bodega-lagar, típica catalana, ambientada con prensas, toneles, mobiliario regional y detalles cerámicos. Cocina tradicional especializada en platos de
caza y bacalao.

ARGÓMANIZ – Álava – **573** D22 – ✉ 01192   **25** A2

▶ Madrid 374 – Vitoria-Gasteiz 17 – Logroño 110 – Pamplona 87

Parador de Argómaniz ⌖ ≤ 🚃 🖥 🔥 hab, AC 🟥 👣 🅻 🅿
Parador 14 – 🅒 945 29 32 00 – www.parador.es VISA ⚫⚫ AE ⓞ
53 hab – ♦120/130 € ♦♦150/163 €, ⊇ 16 €   **Rest** – Menú 32 €

♦ Edificio en piedra de sobria construcción. Presenta un interior clásico-actual,
con varios salones polivalentes y habitaciones de línea moderna, todas muy luminosas. El restaurante, ubicado en la última planta, propone una cocina fiel al recetario regional.

ARGOÑOS – Cantabria – **572** B19 – 1 650 h. – alt. 24 m – ✉ 39197   **8** C1
▶ Madrid 482 – Bilbao 85 – Santander 40

en la carretera de Arnuero CA 141 Oeste : 2 km :

El Restaurante de Pilar 🟦 AC 🟥 VISA ⚫⚫ ⓞ

*Residencial Castilla 50 ✉39197 – 🅒 942 62 64 48
– www.elrestaurantedepilar.com – cerrado 24 diciembre-7 enero, del 21 al 27 de
junio y lunes salvo verano*
Rest – *(sólo almuerzo salvo viernes, sábado, vísperas y verano)* Carta 27/37 €

♦ El bar de la planta baja da paso a dos salitas en el piso superior, ambas de
línea actual. Aquí encontrará una carta tradicional y conservas artesanas de elaboración propia.

ARGÜELLES – Asturias – **572** B12 – ⊠ **33188**   **5** B1

▶ Madrid 463 – Oviedo 12 – Gijón 22

XX   **El Asador de Abel**   🦌 AC 🍴 P VISA ⦾

La Revuelta del Coche – 🕿 985 74 09 13 – www.elasadordeabel.com – cerrado del 19 al 28 de febrero, 20 días en agosto, domingo noche, lunes noche, martes noche y miércoles noche

Rest – Carta 27/40 €

◆ Con el propietario al frente del negocio. Dispone de un bar-sidrería de estilo rústico, seguido de un comedor más actual y un gran salón para banquetes. Cocina tradicional.

ARLABÁN (Puerto de) – Gipuzkoa – ver Leint-Gatzaga

ARMINTZA – Vizcaya – **573** B21 – **543 h.** – ⊠ **48620**   **25** A3

▶ Madrid 423 – Bilbao 31 – Donostia-San Sebastián 118 – Vitoria-Gasteiz 96

🏠   **Arresi** sin rest 🦢   ⪡ 🛏 ⒣ 🍴 🎿 ⽏ P VISA ⦾

Portugane 7 – 🕿 946 87 92 08 – www.hotelarresi.com – cerrado 23 diciembre-10 enero

10 hab ⊐ – ✝90/111 € ✝✝110/138 €

◆ Villa señorial rodeada de un bonito jardín, con el puerto, el mar y las montañas al fondo. Ofrece una acogedora zona social y habitaciones de buen confort, todas con terraza.

ARNEDILLO – La Rioja – **573** F23 – **472 h.** – alt. 653 m – ⊠ **26589**   **21** B2

▶ Madrid 298 – Logroño 67 – Pamplona 149 – Vitoria-Gasteiz 149

X   **La Vinoteca**   🦌 AC 🍴 VISA ⦾ ⓘ

av. del Cidacos 56 – 🕿 941 39 40 88 – www.restaurantelavinoteca.es – cerrado 7 días en septiembre, domingo noche y lunes

Rest – Carta 30/40 €

◆ Este restaurante de línea clásica dispone de una terraza, un bar de espera, con un pequeño vivero, y dos comedores. Cocina tradicional y carta de vinos bastante completa.

ARNEDO – La Rioja – **573** F23 – **14 457 h.** – alt. 550 m – ⊠ **26580**   **21** B2

▶ Madrid 306 – Calahorra 14 – Logroño 49 – Soria 80

🛈 Paseo de la Constitución 62, 🕿 941 38 39 88 turismo@aytoarnedo.org Fax 941 38 31 64

XX   **Sopitas**   ⭗ VISA ⦾

🙂   *Carrera 4 – 🕿 941 38 02 66 – www.sopitas.com – cerrado del 15 al 30 de junio, del 15 al 30 de noviembre, domingo noche y martes*

Rest – Carta aprox. 35 €

◆ Ocupa una antigua bodega, con los techos abovedados en piedra y ladrillo, una sala central y varios "lagares" laterales como privados. Cocina tradicional a precios moderados.

ARNUERO – Cantabria – **572** B19 – **2 122 h.** – alt. 45 m – ⊠ **39195**   **8** C1

▶ Madrid 451 – Bilbao 81 – Burgos 179 – Santander 37

XX   **Hostería de Arnuero** con hab   AC rest, 🍴 rest, ⽏ P VISA ⦾

🙂   *barrio Palacio 17 – 🕿 942 67 71 21 – www.hosteriadearnuero.es – marzo-octubre, festivos y fines de semana resto del año*

12 hab – ✝38/47 € ✝✝59/69 €, ⊐ 5 €

Rest – *(cerrado lunes) (sólo almuerzo salvo viernes, sábado, julio y agosto)* Carta 27/35 €

◆ Casa colonial en la que se combinan la piedra y la madera. Posee dos comedores, uno en una antigua capilla, y un salón de banquetes. Cocina tradicional actualizada. La hostería también ofrece unas coquetas habitaciones de aire rústico, algunas abuhardilladas.

ARONA – Santa Cruz de Tenerife – ver Canarias (Tenerife)

La ARQUERA – Asturias – ver Llanes

▶ Madrid 390 – Bilbao 54 – Donostia-San Sebastián 79 – Bergara 9

 Mondragón sin rest, con cafetería   🏨 ⚹ 🅰️ 🛰️ 🛜 🚗 🆅🅸🆂🅰️ ⊕ 🅰🅴 ⓞ
av. Biteri 16 – 𝒞 943 71 24 33 – www.hotelmondragon.com
43 hab – †55/86 € ††55/108 €, 🍽 7,50 € – 3 suites
♦ Instalado en un edificio bastante típico del centro de la ciudad. Ofrece habitaciones funcionales de confort actual y una cafetería, donde sirven platos combinados y tapas.

por la carretera de Udala GI 3552 Noroeste : 2 km

 Santa Ana ⌇   ← 🏨 ⚹ 🅰️ 🛰️ 🔒 🅿️ 🆅🅸🆂🅰️ ⊕ 🅰🅴 ⓞ
barrio Uribarri 37 – 𝒞 943 79 49 39 – www.santaanamondragon.com
12 hab 🍽 – †50/65 € ††70/80 €
Rest – *(cerrado domingo noche)* Menú 20 €
♦ Hotel de estética regional ubicado en una colina, con vistas a la ciudad. Sus habitaciones, todas funcionales, están personalizadas con los nombres de los montes cercanos. En el comedor, clásico-actual, le ofrecerán una carta vasca tradicional y dos menús.

ARRECIFE – **Las Palmas** – ver Canarias (Lanzarote)

▶ Madrid 426 – Gijón 62 – Oviedo 66 – Ribadesella 18
◳ Mirador del Fito★★★ Norte : 10,5 km

 La Estrada sin rest   🏨 🛰️ 🆅🅸🆂🅰️ ⊕
Inocencio del Valle 1 – 𝒞 985 84 07 67 – www.laestradahotel.com
– *17 marzo-octubre*
18 hab 🍽 – †30/45 € ††45/80 €
♦ Negocio de amable organización familiar. Ofrece habitaciones funcionales, bastante cuidadas y luminosas, con los suelos en madera y baños actuales de plato ducha.

✗✗ **El Corral del Indianu** (José Campoviejo)   🛰️ 🅰️ 🛰️ 🆅🅸🆂🅰️ ⊕ 🅰🅴 ⓞ
✿ *av. de Europa 14 – 𝒞 985 84 10 72 – www.elcorraldelindianu.com*
– *cerrado del 1 al 7 de enero, 10 días en noviembre, domingo noche, miércoles noche y jueves salvo agosto*
Rest – Carta aprox. 53 €
Espec. Ternera ecológica atunizada en un remake de vitello-tonatto. Pichón asado, boniato y cremosos de gamoneu con tosta de sus interiores. Chocolate frito, helado de mantequilla tostada.
♦ Se presenta con una sala interior de línea rústica-actual, otra acristalada a modo de invernadero y un patio-jardín. Carta reducida y completo menú degustación, con platos creativos que toman como base para sus elaboraciones el recetario tradicional asturiano.

en la carretera AS 342 :

 Posada del Valle ⌇   ← 🅰️ rest, 🛰️ 🅿️ 🆅🅸🆂🅰️ ⊕
Collía, Norte : 2,5 km ✉ 33549 Collía – 𝒞 985 84 11 57
– *www.posadadelvalle.com – abril-octubre*
12 hab – †51/62 € ††64/89 €, 🍽 8 €
Rest – *(sólo clientes, sólo cena)* Menú 25 €
♦ Casona de piedra situada en pleno campo. Encontrará diversos productos ecológicos, atractivas vistas al valle y dos tipos de habitaciones, unas rústicas y otras más actuales.

XX **Casa Marcial** (Nacho Manzano)   AC ✗ P ⊕ AE ⑩

✿✿ *La Salgar 10, Norte : 4 km ⊠33549 La Salgar* – ℰ *985 84 09 91*
– www.casamarcial.com – cerrado del 6 al 31 de enero, 7 días en junio, 7 días
en septiembre, domingo noche, lunes y martes noche salvo agosto
Rest – Menú 85 € – Carta 49/58 €
Espec. Oricios con una holandesa acidulada y aromáticos sobre yogur (octubre-
abril). Lubina a la sal con té de alcachofas. Jugo de fabada escabechado con
foie, verdinas germinadas y brotes de maíz.
♦ Situado en pleno monte, con el acceso por una estrecha carretera. La modesta
fachada contrasta con un cuidado interior en piedra, dejando a la vista algunas
vigas y diversos detalles decorativos más modernos. El chef-propietario propone
una cocina creativa.

ARROYOMOLINOS DE LA VERA – Cáceres – 576 L12 – 497 h.   18 C1
– alt. 617 m – ⊠ 10410

▶ Madrid 238 – Ávila 151 – Cáceres 111 – Plasencia 26

🏠 **Peña del Alba** 🖎   🛋 ⒥ ✗ & hab, AC ✗ 🎧 P VISA ⊕ AE ⑩

Camino de la Gargüera, Suroeste : 1,8 km – ℰ *927 17 75 16 – www.pdelalba.com*
– cerrado 7 enero-11 febrero
18 hab – †60 € ††78/97 €, ⊊ 7,50 €
Rest *La Era de mi Abuelo* – Carta 27/40 €
♦ Construcción en piedra con atractivos exteriores. Su zona social está presidida
por una chimenea circular en ladrillo visto y posee habitaciones rústicas repletas
de detalles. El restaurante tiene prestigio en la zona y destaca por su cuidado servicio de mesa.

ARTÀ – Illes Balears – ver Balears (Mallorca)

ARTEIXO – A Coruña – 571 C4 – 26 272 h. – alt. 32 m – ⊠ 15142   19 B1
▶ Madrid 615 – A Coruña 12 – Santiago de Compostela 78

🏠 **Florida**   🎴 & hab, AC ✗ 🕻 P VISA ⊕ AE ⑩

av. de Finisterre 19, Noreste : 1,7 km – ℰ *981 63 30 84*
– www.hotelfloridaarteixo.com
31 hab – †54/61 € ††64/72 €, ⊊ 6,10 € – 1 apartamento
Rest – *(cerrado domingo)* Menú 15,30 €
♦ Hotel de línea actual-funcional enfocado al cliente de empresa del polígono
industrial de Arteixo. Moderna cafetería y correctas habitaciones. El restaurante,
que tiene una carta bastante completa, está especializado en carnes a la brasa y
arroz con bogavante.

🏠 **Europa** sin rest   🎴 ✗ 🎧 VISA ⊕ AE ⑩

av. de Finisterre 31, Noreste : 1,5 km – ℰ *981 64 04 44 – www.hoteleuropaarteixo.com*
31 hab – †35/40 € ††43/54 €, ⊊ 5 €
♦ Negocio de organización familiar e instalaciones funcionales que poco a
poco está siendo renovado. Posee habitaciones de aspecto actual y suele trabajar
con comerciales.

ARTIES – Lleida – 574 D32 – alt. 1 143 m –   13 B1
Deportes de invierno en Baqueira-Beret : ⛷31 ⛷1 ⛷1 – ⊠ 25599
▶ Madrid 603 – Lleida/Lérida 169 – Vielha/Viella 6
◉ Localidad★

🏠 **Parador de Arties**   ⛷ ⒥ 🖎 Là 🎴 & hab, AC rest, ✗ 🛁 P 🚗
carret. de Baqueira – ℰ *973 64 08 01 – www.parador.es*   VISA ⊕ AE ⑩
54 hab – †106/124 € ††133/155 €, ⊊ 18 € – 3 suites   **Rest** – Menú 33 €
♦ Bello edificio recreado por la piedra y la madera de su arquitectura. Descubra su
cálido interior, con amplios salones de reuniones y unas habitaciones de cuidado
confort. Acogedor restaurante cuya cocina rinde honor al recetario de la tierra.

ESPAÑA

Casa Irene ⌂ ⟵ 🚗 🖼 ⌾ 🆔 ✗ 🏱 **P** **VISA** ⚏ **AE** ⓪

Mayor 22 – ☎ 973 64 43 64 – www.hotelcasairene.com – cerrado mayo y noviembre
22 hab ⌑ – †90/200 € ††130/260 €
Rest *Casa Irene* – ver selección restaurantes
♦ Sus habitaciones resultan cálidas y gozan de un completo equipamiento, todas con profusión de madera y en algunos casos abuhardilladas. Buena piscina con pequeña zona SPA.

Besiberri sin rest ⌾ ✗ **VISA** ⚏

Deth Fort 4 – ☎ 973 64 08 29 – www.hotelbesiberri.com – cerrado mayo, junio y 15 octubre-noviembre
17 hab – †60/85 € ††75/110 €
♦ Pequeño establecimiento situado en el centro del pueblo. Acogedora zona social con chimenea y mobiliario escogido, sala de desayunos y unas habitaciones de cuidado confort.

Casa Irene – Hotel Casa Irene ⚏ ✗ 🏱 **P** **VISA** ⚏ **AE** ⓪

Mayor 22 – ☎ 973 64 43 64 – www.hotelcasairene.com – cerrado mayo y noviembre
Rest – *(cerrado lunes salvo festivos)* Carta aprox. 50 €
♦ Su cocina internacional disfruta de cierto prestigio en la zona. Tiene un ambiente acogedor, con profusión de madera y un buen servicio de mesa. Completo menú degustación.

La Sal Gorda ⚏ ✗ **VISA** ⚏

carret. de Baqueira 5 – ☎ 973 64 45 31 – www.lasalgorda.com – cerrado del 5 al 20 de abril y 25 junio-2 julio
Rest – Carta 43/52 €
♦ Este coqueto restaurante se presenta con un comedor algo reducido pero agradable, de estilo clásico-regional. Propone una carta internacional con algún plato tradicional.

Urtau ✗ **VISA** ⚏ **AE**

pl. Urtau 2 – ☎ 973 64 09 26 – www.urtau.com – 15 noviembre-25 abril
Rest – *(cerrado miércoles)* Carta 40/48 €
♦ Céntrico establecimiento llevado en familia, que sorprende por el amplio surtido en tapas y pinchos que ofrece en el bar. Sala algo reducida de estilo clásico-regional.

ARTZENTALES – Vizcaya – **573** C20 – **712 h.** – alt. 400 m – ✉ **48879**   **25** A2
🅳 Madrid 406 – Bilbao 34 – Santander 80 – Vitoria-Gasteiz 78

Amalurra ⌂ ⟵ 🚗 ◱ ⚏ rest, ✗ 🏱 ⌖ **P** **VISA** ⚏

La Reneja 35 – ☎ 946 10 95 40 – www.amalurra.com – cerrado 22 diciembre-22 enero
17 hab – †54 € ††70 €, ⌑ 8 €
Rest – *(sólo clientes salvo fin de semana)* Menú 20 €
♦ En plena naturaleza y rodeado de verdes prados. Posee habitaciones luminosas y funcionales, cada una con un color diferente pero todas con los muebles en blanco. Moderno SPA. El restaurante, bastante alegre y actual, está ubicado en un edificio anexo.

ARUCAS – Las Palmas – ver Canarias (Gran Canaria)

ARZÚA – A Coruña – **571** D5 – **6 490 h.** – alt. 385 m – ✉ **15810**   **19** B2
🅳 Madrid 585 – Santiago de Compostela 39 – A Coruña 69 – Lugo 70

Suiza ⌖ hab, ✗ rest, 🏱 **P** **VISA** ⚏

carret. N 547 – ☎ 981 50 08 62 – www.hsuiza.com – cerrado 16 diciembre-14 enero
24 hab – †30/43 € ††48/58 €, ⌑ 5 €   **Rest** – Menú 12 €
♦ Hotel de paso ubicado al borde de la carretera. Las habitaciones, muy correctas en su categoría, están repartidas en dos zonas, con baños actuales y un buen mantenimiento.

ESPAÑA

al Suroeste : 10 km

⌂ **Casa Brandariz** ⌖   ← 🚗 🏧 rest, 🛠 📞 **P** 💳 ⊙ 🅰 ⊙
Dombodán ⊠*15819 Dombodán* – 🖋 *981 50 80 90*
– *www.casabrandariz.net*
7 hab – ♦37/42 € ♦♦42/45 €, � 4 €
Rest – Carta 20/27 €
♦ Casa de labranza construida en piedra, con un interior rústico de gran tipismo y un bello pórtico. Posee habitaciones de completo equipamiento, con profusión de madera. Su entrañable comedor, que ocupa las antiguas cuadras, ofrece productos caseros.

ASTORGA – León – **575** E11 – **12 078 h.** – alt. 869 m – ⊠ **24700**   **11** A1
▣ Madrid 320 – León 47 – Lugo 184 – Ourense 232
ℹ pl. Eduardo de Castro 5 🖋 987 61 82 22 turismo@
ayuntamientodeastorga.com Fax 987 60 30 65
◉ Catedral★ (retablo mayor★, pórtico★)

🏨 **Astur Plaza** sin rest, con cafetería   📶 🏧 🛠 📞 🚿 🚗 💳 ⊙ 🅰 ⊙
pl. de España 2 – 🖋 *987 61 89 00*
– *www.asturplaza.com*
32 hab – ♦50/70 € ♦♦60/98 €, ⊐ 7,50 € – 5 suites
♦ En la plaza del Ayuntamiento. Cuenta con un atractivo salón social en un patio acristalado, elegantes habitaciones de aire clásico y una taberna rústica en el local contiguo.

🏨 **Casa de Tepa** sin rest   🛠 📞 **P** 💳 ⊙ 🅰
Santiago 2 – 🖋 *987 60 32 99* – *www.casadetepa.com*
10 hab – ♦60/80 € ♦♦80/100 €, ⊐ 10 €
♦ Casa señorial dotada con varias zonas nobles de gusto clásico-elegante, una luminosa galería y habitaciones amplias personalizadas en su decoración. Encantador patio-jardín.

🍴 **La Peseta** con hab   📶 🏧 rest, 🛠 hab, 📞 💳 ⊙
😊 *pl. San Bartolomé 3* – 🖋 *987 61 72 75* – *www.restaurantelapeseta.com* – *cerrado del 16 al 31 de enero y del 16 al 31 de octubre*
19 hab – ♦37/45 € ♦♦47/57 €, ⊐ 5 €
Rest – *(cerrado domingo noche y martes noche)* Carta 24/33 €
♦ Un negocio de larga tradición familiar y carácter centenario donde se combina el confort actual con los sabores de antaño. Aquí, el cocido maragato es el gran protagonista. Como complemento al negocio también ofrece unas habitaciones de adecuado equipamiento.

🍴 **Serrano**   🏧 🛠 💳 ⊙ 🅰 ⊙
Portería 2 – 🖋 *987 61 78 66* – *www.restauranteserrano.es*
– *cerrado 11 enero-2 febrero, del 20 al 30 de junio y lunes salvo festivos o vísperas*
Rest – Carta 27/43 €
♦ Este restaurante comenzó como parrilla, sin embargo ahora ha ampliado su carta con varios platos de cocina tradicional y guisos de la abuela. Interior de aire rústico-actual.

🍴 **Las Termas**   🏧 🛠 💳 ⊙ ⊙
😊 *Santiago 1* – 🖋 *987 60 22 12*
– *cerrado del 1 al 15 de febrero, 24 junio-7 julio y lunes*
Rest – *(sólo almuerzo)* Carta 24/31 €
♦ Una parada obligada para los peregrinos que van camino de Santiago, ya que ofrece platos típicos de la región y especialidades, como el cocido maragato, a buen precio.

ESPAÑA

ATARFE – Granada – **578** U18 – 15 399 h. – **alt.** 598 m – ⊠ 18230   2 C1

▶ Madrid 416 – Antequera 89 – Granada 12 – Jaén 88

por la carretera de Las Canteras Norte : 3,5 km

XX **Mirador de la Ermita**   ⋐ 🛱 AC 🛠 VISA ⬤ AE ⓪

Camino de Los Tres Juanes ⊠18230 – ℰ 958 34 06 52 – www.grupoermita.com
Rest – Carta 36/48 €

♦ Ubicado al borde de un peñón, con una agradable terraza desde donde podrá
disfrutar de espléndidas vistas al parque de Sierra Elvira. Comedor amplio y de
cuidado montaje.

ÁVILA 🅿 – **575** K15 – 56 855 h. – **alt.** 1 131 m   11 B3

▶ Madrid 107 – Cáceres 235 – Salamanca 98 – Segovia 67

🚹 San Segundo 17, ℰ 920 21 13 87 oficinadeturismodeavila@jcyl.es Fax 920
25 37 17

🛫 El Fresnillo, antigua carretera de Cebreros, Sureste : 4 Km, ℰ 920 35 32 76

👁 Murallas★★ – Catedral★★ B(obras de arte★★, sepulcro del Tostado★★,
sacristía★★) Y – Basílica de San Vicente★★ (portada occidental★★,
sepulcro de los Santos Titulares★★, cimborrio★) B – Monasterio de Santo
Tomás★ (mausoleo★, Claustro del Silencio★, retablo de Santo Tomás★★) B

🏨🏨🏨 **Palacio de Los Velada** 🌿   📶 AC 🛠 🖄 🛜 🚗 VISA ⬤ AE ⓪

pl. de la Catedral 10 ⊠05001 – ℰ 920 25 51 00 – www.veladahoteles.com
144 hab – †61/281 € ††61/346 €, ⊇ 14 €   Bv
Rest – Carta 30/40 €

♦ Ocupa un edificio del s. XVI ubicado junto a la Catedral, con un bellísimo patio
interior que hace de zona social, dependencias de excelente confort y una elegante decoración. El restaurante, de línea clásica, ofrece una carta tradicional bastante amplia.

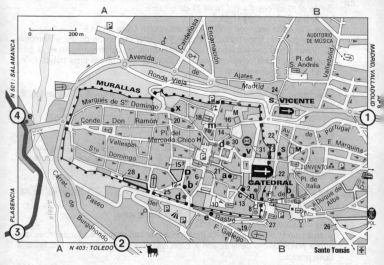

ESPAÑA

Parador de Ávila 🕭 🛱🖪 🗚 ⌘ 🗚 🅿 ⇔ 🎟 ⊛ 🖽 ⓘ

Marqués Canales de Chozas 2 ☒*05001* – ℰ *920 21 13 40* – *www.parador.es*
57 hab – 🛉106/115 € 🛉🛉133/144 €, ⌷ 16 € – 4 suites   A**x**
Rest – Menú 32 €
◆ En un atractivo palacio del s. XVI ubicado junto a las murallas. Sus acogedoras dependencias, con decoración algo sobria aunque muy cuidada, recrean un cálido interior. Agradable comedor de aire castellano, con vistas al jardín y una carta típica de la zona.

Reina Isabel sin rest, con cafetería 🛱🖪 🗚 ⌒ 🗚 ⇔ 🎟 ⊛ 🖽 ⓘ

paseo de la Estación 17, por ① ☒*05001* – ℰ *920 25 10 22* – *www.reinaisabel.com*
60 hab – 🛉60/120 € 🛉🛉84/138 €, ⌷ 8 €
◆ Precioso y elegante hall-recepción que define el estilo de todo el conjunto. Habitaciones confortables, cinco de ellas abuhardilladas. Amplio salón para banquetes y reuniones.

El Rastro sin rest 🛱 ⅙ 🗚 🎟 ⊛ 🖽 ⓘ

Cepedas ☒*05001* – ℰ *920 35 22 25* – *www.elrastroavila.com*   A**b**
26 hab ⌷ – 🛉40/48 € 🛉🛉55/85 €
◆ Ubicado en el antiguo Palacio del Duque de Tamames, del s. XVI. Su interior es de nueva construcción y ofrece habitaciones de aire rústico, con mobiliario en forja y madera.

Las Moradas sin rest 🛱 ⅙ 🗚 🗚 ⌒ 🗚 ⊛ 🖽

Alemania 5 ☒*05001* – ℰ *920 22 24 88* – *www.hotellasmoradas.com*
53 hab – 🛉61/74 € 🛉🛉79/98 €, ⌷ 7 €   B**c**
◆ Está en pleno centro y ocupa dos edificios comunicados interiormente, con una correcta zona social que tiene la cafetería integrada, dos salones y habitaciones actuales.

Hospedería La Sinagoga sin rest 🕭 🛱🖪 🗚 🗚 🎟 ⊛ 🖽

Reyes Católicos 22 ☒*05001* – ℰ *920 35 23 21* – *www.lasinagoga.net*
22 hab – 🛉50/60 € 🛉🛉60/90 €, ⌷ 9 €   B**a**
◆ Ubicado sobre los restos de una sinagoga del s. XV. Tras su recepción encontrará un patio interior con el techo acristalado y habitaciones funcionales, algunas abuhardilladas.

Puerta del Alcázar ⅙ hab, 🗚 rest, 🗚 🗚 🗚 🎟 ⊛

San Segundo 38 ☒*05001* – ℰ *920 21 10 74* – *www.puertadelalcazar.com*
– *cerrado 23 diciembre-7 enero*   B**s**
27 hab ⌷ – 🛉33/43 € 🛉🛉45/55 €
Rest – *(cerrado enero y domingo noche)* Carta 35/45 €
◆ Edificio situado frente a la puerta del Peso de la Harina, acceso de la muralla ubicado junto a la Catedral. Posee habitaciones funcionales con los suelos en tarima. El restaurante, que disfruta de un montaje actual, está presidido por unas columnas en piedra.

Las Leyendas 🛱 🕭 ⅙ hab, 🗚 🗚 hab, 🗚 🎟 ⊛ 🖽

Francisco Gallego 3 ☒*05002* – ℰ *920 35 20 42* – *www.lasleyendas.es*
19 hab – 🛉39/69 € 🛉🛉59/89 €, ⌷ 5,50 €   B**e**
Rest *La Bruja* –Paseo del Rastro 1 – Carta 25/39 €
◆ Ocupa una casa del s. XVI, rehabilitada en un estilo rústico-actual, y compensa su falta de zona social con unas correctas habitaciones, todas de aire rústico. En su restaurante encontrará una carta tradicional actualizada y las famosas carnes de esta tierra.

🗙🗙 El Almacén ⇐ 🗚 🗚 🎟 ⊛ 🖽 ⓘ

carret. de Salamanca 6 ☒*05002* – ℰ *920 25 44 55* – *cerrado septiembre,*
domingo noche y lunes   A**e**
Rest – Carta 36/48 € ⌘
◆ Negocio de línea moderna y organización familiar que destaca por las vistas a la muralla que ofrece desde su comedor. Cocina tradicional y completa bodega acristalada.

ESPAÑA

ESPAÑA

XX **Barbacana** 🕮 ⅋ VISA ⚫ AE

pl. Santa Teresa 8 ⊠*05001 –* 𝄐 *920 22 00 11 – www.restaurantebarbacana.com*
– cerrado 7 enero-10 febrero, domingo noche y lunes **Bb**
Rest – Carta 32/42 €

♦ Restaurante de diseño bastante actual. Dispone de un bar de pinchos en la
planta baja y un moderno comedor con detalles minimalistas en el 1er piso. Cuidadas elaboraciones.

XX **Doña Guiomar** 🕮 ⅋ VISA ⚫ AE ⓪

Tomás Luis de Victoria 3 ⊠*05001 –* 𝄐 *920 25 37 09 – cerrado domingo noche*
Rest – Carta 41/52 € **Bd**

♦ Presenta un bar de espera y un comedor actual, con los suelos en tarima, buen
servicio de mesa y unos bellos cuadros pintados por artistas abulenses. Cocina
tradicional.

XX **La Pera Limonera** 🕮 ⅋ VISA ⚫ AE ⓪

pl. de Mosén Rubí 5 ⊠*05001 –* 𝄐 *920 25 04 72 – www.laperalimonera.com.es*
– cerrado domingo noche y lunes **Bm**
Rest – Carta 40/50 €

♦ Tras su bella fachada de aire regional encontrará un restaurante de estética
actual y cuidado montaje. Su joven chef propone una cocina de tinte actual
que destaca en la zona.

X **Las Cancelas** con hab 🏖 🕮 rest, ⅋ 🛜 VISA ⚫ AE ⓪

Cruz Vieja 6 ⊠*05001 –* 𝄐 *920 21 22 49 – www.lascancelas.com*
– cerrado 7 enero-4 febrero **Bn**
14 hab – ♦50/55 € ♦♦68/78 €, ⊇ 6 € **Rest** – Carta 30/40 €

♦ Negocio familiar ubicado en una posada del s. XV, con un bar público y
el comedor en un atractivo patio cubierto. Cocina tradicional bien elaborada.
Haciendo honor a la historia del edificio también ofrece habitaciones, amplias y
con mobiliario rústico-actual.

X **Mesón del Rastro** con hab 🕮 VISA ⚫ AE ⓪

pl. del Rastro 1 ⊠*05001 –* 𝄐 *920 21 12 19* **Ad**
10 hab – ♦40/48 € ♦♦65/85 €, ⊇ 4 €
Rest – *(sólo almuerzo salvo jueves, viernes y sábado)* Carta aprox. 33 €

♦ Presenta un gran salón de espera, con chimenea, y un comedor de ambiente
regional vestido con mobiliario castellano. Su chef elabora platos propios del recetario regional. Como complemento al negocio también ofrecen unas cuidadas
habitaciones de línea actual.

por la carretera CL 505 por ① : 3,6 km y desvío a la derecha 1,4 km

🏨 **Avila Golf** 🏖 🚗 ⅃ 𝄐 🖥 ⅌ 🛗 & hab, 🕮 ⅋ 🛜 🔱 🅿 🚗 VISA ⚫ AE ⓪

carret. antigua de Cebreros ⊠*05196 –* 𝄐 *920 35 92 00 – www.fontecruz.com*
64 hab – ♦♦65/199 €, ⊇ 15 € – 10 suites
Rest *Zelai* – *(cerrado domingo noche y lunes)* Carta 36/56 €

♦ Excelente hotel emplazado junto a un campo de golf. Ofrece instalaciones
espaciosas, con varias zonas sociales y elegantes habitaciones, en el piso superior
abuhardilladas. En el cuidadísimo restaurante Zelai procuran conjugar la tradición
y la actualidad.

AVILÉS – Asturias – **572** B12 – 84 242 h. – alt. 13 m – ⊠ 33402 **5** B1

▶ Madrid 466 – Ferrol 280 – Gijón 25 – Oviedo 33

🖪 Ruiz Gómez 21, 𝄐 98 554 43 25 turismo@ayto-aviles.es Fax 98 554 63 15

🖸 Salinas ≼★ Noroeste : 5 km

🏨 **NH Palacio de Ferrera** 🚗 𝄐 ⅌ & hab, 🕮 ⅋ 🛜 🔱 🚗

pl. de España 9 – 𝄐 *985 12 90 80 – www.nh-hotels.com*
VISA ⚫ AE ⓪
74 hab – ♦♦65/280 €, ⊇ 15 € – 4 suites **BZb**
Rest *La Capilla* – Carta 40/54 €

♦ Parcialmente instalado en un palacio del s. XVII, con dependencias en él y en
un anexo de línea moderna. Según su ubicación las habitaciones poseen un estilo
antiguo o actual. El restaurante goza de un cuidado montaje y dos ambientes,
como el resto del hotel.

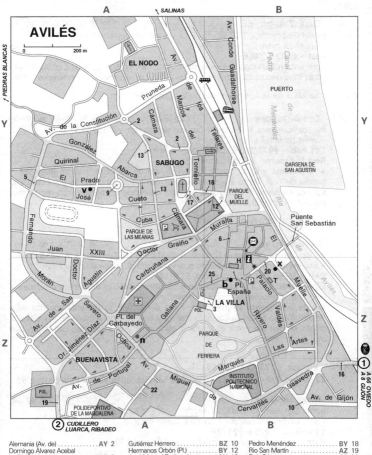

AVILÉS

0 — 200 m

EL NODO

SABUGO

PUERTO

DARSENA DE
SAN AGUSTIN

PARQUE
DEL
MUELLE

Puente
San Sebastián

PARQUE DE
LAS MEANAS

LA VILLA

PARQUE
DE
FERRERA

BUENAVISTA

INSTITUTO
POLITECNICO
NACIONAL

POLIDEPORTIVO
DE LA MAGDALENA

① A 66 OVIEDO
A 8 GIJÓN

② CUDILLERO
LUARCA, RIBADEO

Villa de Avilés

�ⓐ 🔟 💱 🕪 ⓦ 🕸 🚗 📟 🕸 🔤 🕦   AY**v**

Prado 3 – 𝒞 *985 52 61 16* – *www.hotelvilladeaviles.com*

68 hab – ♦60/145 € ♦♦60/220 €, ⊊ 11,50 € – 3 suites   **Rest** – Menú 18 €

♦ Compensa su reducida zona social con unas espaciosas habitaciones, la mayoría de ellas redecoradas, actualizadas y con los suelos en tarima flotante. El comedor, luminoso, funcional y de aire moderno, se complementa con tres salones panelables y una cafetería.

El Magristal de Avilés

🖐 🔟 💱 🕪 ⓦ 🔤 🕸 🔤 🕦   BZ**x**

Llano Ponte 4 – 𝒞 *902 30 59 02* – *www.magistralhoteles.com*

26 hab – ♦♦50/180 €, ⊊ 12 €

Rest *On* – *(cerrado 15 días en agosto y domingo)* Carta 36/44 €

♦ En líneas generales ofrece habitaciones de ambiente actual con balcón-mirador, sin embargo destacan las de la última planta por ser abuhardilladas y de superior confort. El restaurante, moderno y funcional, suele trabajar con clientes habituales de la zona.

119

✗ Casa Tataguyo
AC ✗ ⇔ VISA ⊙ AE ⓪

pl. del Carbayedo 6 – ☎ *985 56 48 15* – *www.tataguyo.com* – *cerrado*
15 abril-15 mayo   AZ**n**
Rest – Carta 26/48 €
◆ En una antigua casa de piedra con un interior de cálida rusticidad. En sus acogedoras salas degustará platos regionales y tradicionales regados con buenos caldos.

por ① : salida 3 de la autovía y desvío a la derecha 3 km

🏠🏠🏠 Zen Balagares 🦢
🛁 📺 🎨 ⅙ hab, AC ✗ 🐾 🟊 🅿 🚗 VISA ⊙ AE ⓪

av. Los Balagares 34 ☒*33404 Corvera de Asturias* – ☎ *985 53 51 57*
– *www.zenhoteles.com*
141 hab – 🛏🛏73/119 €, ⊊ 11,90 € – 6 suites
Rest *El Espartal* – Carta aprox. 38 €
◆ Imponente edificio construido en lo alto de un cerro, con un gran SPA y
campo de golf. Tanto las zonas sociales como sus habitaciones presentan una
estética moderna. El restaurante muestra un excelente montaje, con mesas muy
amplias y confortables butacones.

por la salida ② Suroeste : 2,5 km

✗✗ Koldo Miranda
🏡 AC ✗ 🅿 VISA ⊙ AE ⓪
ॐ

av. del Campo 20, (barrio La Cruz de Illas) ☒*33410 Castrillón* – ☎ *985 51 14 46*
– *www.restaurantekoldomiranda.com* – *cerrado domingo noche y lunes*
Rest – Menú 55 € – Carta aprox. 51 € ❀
Espec. Rodaballo a la plancha con verduritas. Carrilleras de ternera estofadas al
vino tinto. Cremoso de chocolate y avellanas.
◆ Esta bella quinta asturiana, de finales del s. XVIII, se presenta con dos salas
de aire rústico-actual, la cocina semivista y una bodega acristalada. Sus elaboraciones se mueven entre el recetario tradicional y el innovador, con algún que
otro guiño oriental.

AXPE – Vizcaya – 573 C22 – ☒ 48291   25 A2
🔻 Madrid 399 – Bilbao 41 – Donostia-San Sebastián 80 – Vitoria-Gasteiz 50

✗✗ Mendigoikoa con hab 🦢
✗ 🐾 🅿 VISA ⊙

barrio San Juan 33 ☒*48290 Abadiño* – ☎ *946 82 08 33*
– *www.mendigoikoa.com* – *Semana Santa-octubre*
11 hab ⊊ – 🛏75 € 🛏🛏110 €
Rest – *(cerrado domingo noche y lunes)* Carta 49/60 €
◆ Este establecimiento está formado por dos bellos caseríos en piedra. La estética rústica define sus tres salas y cuenta con una casa-museo, típica vasca, en el
piso superior. Las habitaciones, instaladas en el anexo, tienen una decoración
rústica.

✗✗ Etxebarri (Víctor Arguinzoniz)
AC ✗ 🅿 VISA ⊙ AE ⓪
ॐ

pl. San Juan 1 ☒*48291 Atxondo* – ☎ *946 58 30 42* – *www.asadoretxebarri.com*
– *cerrado 23 diciembre-9 enero, agosto y lunes*
Rest – *(sólo almuerzo salvo sábado)* Menú 120 € – Carta aprox. 90 €
Espec. Caviar a la brasa. Angulas a la brasa. Chuleta a la brasa.
◆ Instalado en un caserón de piedra típico de la zona. Posee un bar y una sala
de aire rústico-regional repartida en varios espacios. Autenticidad y simplicidad
son sus señas de identidad, destacando en la parrilla y siempre con productos
de la mejor calidad.

✗✗ Akebaso
AC ✗ 🅿 VISA ⊙ AE ⓪

barrio San Juan de Axpe ☒*48292 Atxondo* – ☎ *946 58 20 60*
– *www.akebasorestaurante.com* – *cerrado 15 días en febrero y martes*
Rest – *(sólo almuerzo salvo viernes y sábado)* Carta 40/50 €
◆ Antiguo caserío emplazado a las afueras de Axpe. Ofrece un interior rústico,
con las paredes en piedra, vigas de madera y chimenea. Carta tradicional y
amplia bodega.

AYAMONTE – Huelva – **578** U7 – **20 334 h.** – **alt. 84 m** – Playa   **1** A2
– ✉ 21400

> ▶ Madrid 680 – Beja 125 – Faro 53 – Huelva 52
> 🚢 para Vila Real de Santo António (Portugal)
> 🛈 Huelva 27 – 𝒞 959 32 07 37 turismo@ayto-ayamonte .es Fax 959 32 19 43
> 🏌 Isla Canela, carret. de la Playa, Sur : 3 km, 𝒞 959 47 72 63
> 👁 Localidad ★

Parador de Ayamonte ⌇   ⇐ 🚗 ⏃ 🖥 🕭 hab, 🅐🅒 🛠 📶 ♨ 🅿
av. de la Constitución – 𝒞 959 32 07 00 – www.parador.es   𝚅𝙸𝚂𝙰 ⬤⬤ 🅰🅴 ⬤
52 hab – 🛏84/110 € 🛏🛏105/138 €, ⊑ 16 € – 2 suites   **Rest** – Menú 32 €
♦ Ofrece estancias de línea clásica, amplias zonas nobles y unas cuidadas habitaciones. Bar-terraza con excelentes vistas a la localidad, el Guadiana, Portugal y el Atlántico. En su luminoso restaurante podrá degustar las especialidades típicas de la provincia.

AYLLÓN – Segovia – **575** H19 – **1 429 h.** – **alt. 1 019 m** – ✉ 40520   **12** C2
> ▶ Madrid 138 – Valladolid 177 – Segovia 94 – Soria 98

en Grado del Pico Sureste : 19 km y camino rural : 1 km

La Senda de los Caracoles ⌇   🕭 hab, 🛠 📶 ♨ 🅿 𝚅𝙸𝚂𝙰 ⬤⬤
Manadero ✉40520 – 𝒞 921 12 51 19 – www.lasendadeloscaracoles.com
16 hab ⊑ – 🛏75/85 € 🛏🛏95/140 €
Rest – *(sólo clientes , sólo fines de semana)* Carta 24/35 €
♦ Está ubicado en un entorno aislado al que se accede por un camino de arena. Ofrece un ambiente rústico, un salón con chimenea, correctas habitaciones y una pequeña zona SPA.

AYORA – Valencia – **577** O26 – **5 444 h.** – **alt. 552 m** – ✉ 46620   **16** A2
> ▶ Madrid 341 – Albacete 94 – Alacant/Alicante 117 – València 132

77   🅐🅒 🛠 𝚅𝙸𝚂𝙰 ⬤⬤ 🅰🅴 ⬤
Virgen del Rosario 64 (carret. N 330) – 𝒞 962 19 13 15 – www.restaurante77.com
– *cerrado 30 agosto-13 septiembre y martes*
Rest – Carta 30/35 €
♦ Su discreta fachada esconde un restaurante familiar de estilo clásico-regional, con detalles antiguos y un cuidado servicio de mesa. Carta de buen nivel a precios asequibles.

AZKOITIA – Guipúzcoa – **573** C23 – **11 266 h.** – **alt. 113 m** – ✉ 20720   **25** B2
> ▶ Madrid 417 – Bilbao 67 – Pamplona 94 – Donostia-San Sebastián 46

Joseba   🅐🅒 🛠 ⇔ 𝚅𝙸𝚂𝙰 ⬤⬤
Aizkibel 10 – 𝒞 943 85 34 12 – www.josebajatetxea.com – *cerrado
23 diciembre-7 enero, Semana Santa, 19 agosto-2 septiembre, domingo noche,
lunes y martes noche*
Rest – Carta 25/35 €
♦ En el antiguo palacio Floreaga, que data del s. XVI. Su rehabilitación ha apostado por la sobriedad decorativa, dejando las paredes en piedra. Esmerado servicio de mesa.

AZOFRA – La Rioja – **573** E21 – **266 h.** – **alt. 559 m** – ✉ 26323   **21** A2
> ▶ Madrid 348 – Logroño 37 – Vitoria-Gasteiz 75 – Burgos 111

Real Casona de las Amas sin rest   ⏃ 🕭 🛠 📶 🅿 𝚅𝙸𝚂𝙰 ⬤⬤ ⬤
Mayor 5 – 𝒞 941 41 61 03 – www.realcasonadelasamas.com – *cerrado
15 diciembre-15 enero*
14 hab ⊑ – 🛏130/147 € 🛏🛏162/186 € – 2 suites
♦ Bello hotel instalado en un palacete del s. XVII. Posee acogedoras estancias de aire rústico, habitaciones de gran confort y una pequeña pero agradable piscina con solárium.

▶ Madrid 409 – Cáceres 91 – Córdoba 278 – Lisboa 247

✈ de Badajoz, por ② : 16 km ☎ 902 404 704

Iberia : aeropuerto ☎ 902 400 500

🛈 pasaje de San Juan ☎ 924 22 49 81 turismo@aytobadajoz.es Fax 924 21 02 32

🏌 Guadiana, por la carret. de Merida : 8 km, ☎ 924 44 81 88

BADAJOZ

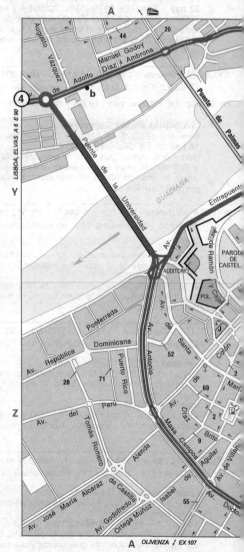

A OLIVENZA ∕ EX 107

NH G.H. Casino Extremadura

Adolfo Díaz Ambrona 11 ✉06006 – ✆ *924 28 44 02*
– *www.nh-hotels.com*

VISA ⓜ AE ①

AY**b**

56 hab – ♛♛60/279 €, ☕ 14 € – 2 suites   **Rest** – Carta aprox. 45 €

♦ Disfruta de un espacioso y moderno hall, ya que el edificio destina una planta para Casino y otra para Bingo. Habitaciones actuales equipadas con todo tipo de detalles. En su restaurante mirador, con hermosas vistas a la ciudad, elaboran una carta creativa.

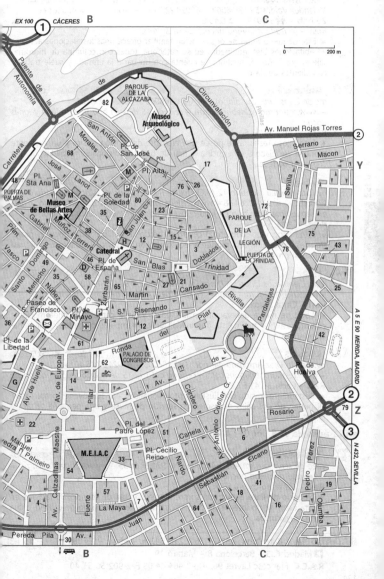

Badajoz Center 🔆 🖬 🕭 hab, 🖩 🕱 📞 🕴 🚗 VISA ⓸ AE ①
av. Damián Téllez Lafuente,15, por av. Damián Téllez Lafuente ✉06010
– 🖉 924 21 20 00 – www.hotelescenter.com   BZ
88 hab – 👫50/280 €, 🖵 12,85 €   Rest – Menú 15 €
♦ Hotel de nueva construcción que destaca por la gran capacidad de sus salones,
repartidos en dos plantas y panelables. Habitaciones espaciosas, modernas y bien
equipadas.

San Marcos 🖬 🕱 hab, 📞 🚗 VISA ⓸ AE
Meléndez Valdés 53 ✉06002 *– 🖉 924 22 95 18 – www.hotelsanmarcos.es*
20 hab – 👫54/96 €, 🖵 6,40 €   BYx
Rest – *(cerrado domingo noche)* Carta 30/48 €
♦ Este pequeño hotel de organización familiar ofrece unas instalaciones actuales
y habitaciones bien equipadas en su categoría, todas con columna de hidromasaje en los baños. El restaurante cuenta con un bar a la entrada y suele trabajar
con clientes de paso.

XXXX **Aldebarán** 🕱 🖬 🕱 ⇆ VISA ⓸ AE ①
av. de Elvas (urb. Guadiana), por ④ ✉06006 *– 🖉 924 27 42 61*
*– www.restaurantealdebaran.com – cerrado 15 días en agosto, domingo y lunes
noche*
Rest – Carta 38/63 €
♦ Este lujoso restaurante posee una elegante decoración clásica y un excelente
montaje. Se elabora una cocina actual de bases tradicionales realzada por una
completa bodega.

XX **El Sigar** 🕱 🖬 ⇆ VISA ⓸ AE
😊 *av. Luis Movilla Montero 12 (C.C. Huerta Rosales), por av. María Auxiliadora*
✉06011 *– 🖉 924 25 64 68 – www.elsigar.com – cerrado 7 días en febrero, 7 días
en septiembre, domingo en julio-agosto y domingo noche resto del año*
Rest – Carta 33/35 €   AZ
♦ Este negocio, ubicado en un centro comercial, está dirigido por jóvenes profesionales. Posee una sala moderna, equipada con mesas de cuidado montaje, así
como un privado.

XX **Hebe** 🖬 🕱 ⇆ VISA ⓸ AE ①
Julio Cienfuegos Linares 17, por ④ ✉06006 *– 🖉 924 27 17 00*
– www.heberestaurante.com – cerrado del 14 al 21 de agosto y domingo
Rest – Carta aprox. 37 € 🕸
♦ Local de nueva generación en la ciudad, ya que combina la línea moderna
con una estética minimalista dominada por las mamparas de cristal y la iluminación intimista.

XX **Lugaris** 🕱 🖬 🕱 VISA ⓸ AE ①
av. Adolfo Díaz Ambrona 44, por ④ ✉06006 *– 🖉 924 27 45 40*
– www.restaurantelugaris.com – cerrado del 1 al 15 de agosto y domingo noche
Rest – Carta 30/41 €
♦ Restaurante llevado con ilusión y profesionalidad por sus jóvenes propietarios.
Disponen de dos salas de esmerado servicio de mesa y una pequeña terraza a
la entrada.

en la autovía A 5 por ④ : 4 km

XX **Las Bóvedas** 🖬 🕱 ⇆ P VISA ⓸ AE ①
área de servicio - km 405 ✉06006 *– 🖉 924 28 60 35 – www.lasbovedas.com*
– cerrado domingo noche
Rest – Carta aprox. 40 €
♦ Negocio de línea actual que sorprende en un área de servicio. Su fachada en
piedra esconde un interior de cuidado montaje, con mobiliario de calidad y una
carta muy variada.

BADALONA – **Barcelona** – **574** H36 – **219 547 h.** – **Playa** – ✉ 08911   **15** B3
▶ Madrid 635 – Barcelona 8 – Mataró 19
R.A.C.C. Francesc Layret 96, 🖉 93 464 44 08 Fax 902 50 51 40

en la carretera de Montcada i Reixac Norte : 3 km

XX **Palmira** 🏠 AC ⟷ P VISA ⦿ AE
Escala 2 ✉08916 Canyet – 𝒞 933 95 12 62 – www.restaurantpalmira.com
Rest – Carta 40/52 €
♦ Llevado entre dos hermanos e instalado parcialmente en una masía, con un comedor clásico, dos privados y dos salones para banquetes. Carta tradicional con toques creativos.

BADARÁN – La Rioja – 573 E21 – 615 h. – alt. 623 m – ✉ 26310   21 A2
▶ Madrid 328 – Logroño 38 – Vitoria-Gasteiz 72 – Burgos 92

 Conde de Badarán ⇐ |🛏| AC rest. ℅ ⁽¹⁾ P VISA ⦿ AE ⓞ
carret. San Millán 1 – 𝒞 941 36 70 55 – www.condebadaran.com – cerrado enero
28 hab – †35/50 € ††50/80 €, ⌸ 7 €
Rest – *(cerrado domingo) (sólo menú)* Menú 18 €
♦ Dispone de agradables habitaciones de aire clásico, donde se combina el mobiliario en pino y forja, así como baños actuales que en algunos casos se integran en el dormitorio. En su correcto comedor se elabora un menú diario y otro tipo degustación.

BAEZA – Jaén – 578 S19 – 16 253 h. – alt. 760 m – ✉ 23440   2 C2
▶ Madrid 319 – Jaén 48 – Linares 20 – Úbeda 9
🛈 pl. del Pópulo 𝒞 953 77 99 82 otbaeza@andalucia.org Fax 953 77 99 83
◎ Localidad★★ – Centro monumental★★★ : plaza del Pópulo★ Z
  - Catedral★ (interior★★) Z-Palacio de Jabalquinto★ (fachada★★) Z
  - Ayuntamiento★ Y**H** – Iglesia de San Andrés(tablas góticas★) Y

Plano página siguiente

 Puerta de la Luna ⬱ ⌿ |🛏| 🛇 hab. AC ℅ ⁽¹⁾ 🏄 ⇔ VISA ⦿ AE ⓞ
Canónigo Melgares Raya 7 – 𝒞 953 74 70 19 – www.hotelpuertadelaluna.com
39 hab – †60/145 € ††66/175 €, ⌸ 13 € – 5 suites   Za
Rest – *(cerrado lunes y martes mediodía)* Carta 33/46 €
♦ Ocupa parte de un hermoso edificio del s. XVI. Dispone de un patio central, zonas sociales repartidas en varios rincones y habitaciones amplias de completo equipamiento. En su restaurante, luminoso y con vistas al jardín, encontrará una cocina actual-creativa.

 Palacio de los Salcedo sin rest |🛏| 🛇 AC ℅ ⁽¹⁾ ⇔ VISA ⦿ AE ⓞ
San Pablo 18 – 𝒞 953 74 72 00
– www.palaciodelossalcedo.com   Y**s**
30 hab – †45/60 € ††70/118 €, ⌸ 3,50 €
♦ Palacio del s. XVI ubicado en pleno casco histórico. Sorprende por su hermoso patio cubierto, por el confort de sus habitaciones y por la recuperación del mobiliario antiguo.

 Campos de Baeza ⌿ |🛏| 🛇 hab. AC ⁽¹⁾ 🏄 ⇔ VISA ⦿ AE
av. Puerta de Córdoba 57, por ③ : – 𝒞 953 74 73 11
– www.hotelcamposdebaeza.com
50 hab – †54/145 € ††58/165 €, ⌸ 10 €
Rest – *(cerrado 7 enero-13 febrero y lunes)* Menú 18,50 €
♦ Tras su cuidada fachada de línea clásica encontrará una buena zona social y amplias habitaciones de estilo clásico-funcional, con balcones en los pisos superiores. Su restaurante se complementa en verano con otro, tipo asador-grill, ubicado en la azotea.

 La Casona del Arco sin rest ⬱ ⌿ |🛏| 🛇 AC ℅ ⁽¹⁾ ⇔ VISA ⦿ ⓞ
Sacramento 3 – 𝒞 953 74 72 08 – www.lacasonadelarco.com   Z**b**
18 hab – †40/100 € ††49/120 €
♦ En una casa solariega del casco antiguo. Posee suficientes zonas nobles, cafetería para los desayunos, un patio abierto y confortables habitaciones, algunas abuhardilladas.

BAEZA

ESPAÑA

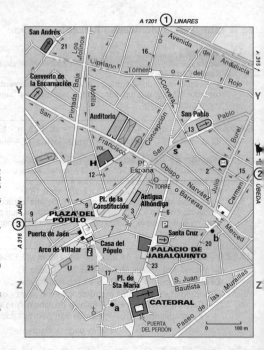

BAGÀ – Barcelona – **574** F35 – **2 362 h.** – alt. 785 m – ✉ 08695   14 C1

> ◘ Madrid 639 – Andorra La Vella 68 – Barcelona 121
> – Girona/Gerona 115

🏠 **Ca L'Amagat**   AC rest, 🛏 VISA ◑◑
Clota 4 – ℰ 938 24 40 32 – www.hotelcalamagat.com – cerrado
24 diciembre-8 enero
18 hab – †39 €, ††65 €, ⌷ 7,70 €
Rest – (cerrado lunes salvo verano) Menú 15,50 €
♦ Pequeño hotel de organización plenamente familiar. Posee un salón social con chimenea y sencillas habitaciones que resultan correctas en su categoría, con mobiliario en pino. Comedor espacioso y de techos altos, dejando la viguería de madera a la vista.

BAGERGUE – Lleida – ver Salardú

BAILÉN – Jaén – **578** R18 – **18 785 h.** – alt. 349 m – ✉ 23710   2 C2

> ◘ Madrid 294 – Córdoba 104 – Jaén 37 – Úbeda 40

🏠 **Husa Cuatro Caminos**   🛗 ₺ AC 🛏 🕯 🛋 VISA ◑◑ AE
Sevilla 90-92 – ℰ 953 67 06 16
– www.hotelcuatrocaminos.com
33 hab – †40/80 €, ††50/100 €, ⌷ 6 €
Rest *Casa Andrés* – ver selección restaurantes
♦ Pequeño hotel de aire clásico e instalaciones funcionales. Su reducida zona social se compensa con unas habitaciones de adecuado confort, todas con hidro-masaje en los baños.

✗ **Casa Andrés** – Hotel Husa Cuatro Caminos

Sevilla 90-92 – ℰ 953 67 02 19 – www.cateringcasaandres.com – cerrado domingo noche y lunes

Rest – Carta aprox. 35 €

♦ Este restaurante de organización familiar cuenta con un pequeño bar de espera y una sala alargada distribuida en dos niveles. Carta de base tradicional con algún toque actual.

en la antigua carretera N IV :

🏨 **Salvador**

✉ 23710 – ℰ 953 67 00 58 – www.hsalvador.com

28 hab ☲ – †37/48 € ††50/64 €   **Rest** – Menú 13,50 €

♦ Aparcar el coche delante de la puerta es una de las comodidades que ofrece este hotel, dotado con habitaciones tipo bungalow. La zona social está en un edificio anexo. El restaurante, clásico y bastante acogedor, se completa con una sala para banquetes.

BAIONA – Pontevedra – **571** F3 – **12 091 h.** – Playa – ✉ **36300**   **19** A3

▶ Madrid 616 – Ourense 117 – Pontevedra 44 – Vigo 21

🛈 paseo Ribera ℰ 986 68 70 67 oficinadeturismo@baiona.org Fax 986 35 74 74

🔘 Monterreal (murallas★ : ⩽★★)

🔲 Carretera★ de Bayona a La Guardia

ESPAÑA

🏨 **Parador de Baiona** 🦢   ⩽ 🗼 🚤 🎾 ♨ hab, 🔲 🕏 ⠏ 🛗 ⠏

– ℰ 986 35 50 00 – www.parador.es   𝚅𝙸𝚂𝙰 ⓪⊕ 𝔸𝔼 ⓪

117 hab ☲ – †196 € ††245 € – 5 suites   **Rest** – Menú 33 €

♦ Pazo gallego reconstruido en un entorno amurallado que destaca tanto por sus exteriores como por sus vistas al mar. Amplia zona noble y habitaciones con mobiliario antiguo. El restaurante, que tiene un elegante montaje y la carta clásica de Paradores, se complementa con una buena terraza.

🏨 **Pazo de Mendoza**   🔲 rest, 🕏 𝚅𝙸𝚂𝙰 ⓪⊕ 𝔸𝔼 ⓪

Elduayen 1 – ℰ 986 38 50 14 – www.pazodemendoza.es

11 hab – †56/109 € ††65/125 €, ☲ 5 €

Rest – *(cerrado domingo noche)* Menú 16 €

♦ Ocupa un pazo del s. XVIII que se alza frente al mar, con las ventanas abiertas al paseo marítimo. Habitaciones austeras pero confortables. Excelente cafetería y un buen restaurante, ambos con las paredes en piedra. Cocina tradicional con toques creativos.

al Sur : 2,5 km

✗✗ **Paco Durán**   ⩽ 🏠 🔲 🕏 ⠏ 𝚅𝙸𝚂𝙰 ⓪⊕

(🕏) *Iglesia Louzans 60 ✉ 36308 Baiña – ℰ 986 35 50 17*

Rest – Carta 23/35 €

♦ Está en pleno monte y ofrece unas vistas increíbles, tanto a Baiona como a las rías. En su sala, totalmente acristalada, podrá degustar una cocina tradicional bien elaborada.

en la carretera PO 552 Suroeste : 6 km

🏨 Talaso Atlántico   ⩽ 🚤 📺 🛗 🕏 hab, 🔲 ♨ 🛗 ⠏

Faro Silleiro ✉ 36309 Santa María de Oia – ℰ 986 38 50 90

– www.talasoatlantico.com

69 hab – 1 suite   **Rest** –

♦ Disfruta de una situación privilegiada frente al mar y en sus instalaciones cuenta con un moderno centro de talasoterapia. Habitaciones amplias, luminosas y bien equipadas. Tanto la cafetería como el restaurante gozan de excelentes vistas desde sus ventanales.

▶ Madrid 425 – Bilbao 28

ℹ Lehendakari Agirre Plazea 3 ☎ 94 619 33 95 turismo@bakio.org Fax 94 619 31 61

◉ Recorrido en cornisa★ de Baquio a Arminza ⇐★ – Carretera de Baquio a Bermeo ⇐★

Basarte sin rest ⬧   ❮ᵀ❯ **P** **VISA** ⬤⬤

Urkitzaurrealde 4 – ☎ 605 02 61 15 – www.basarte.net – marzo-noviembre

5 hab – ♦60 € ♦♦80/100 €, ☵ 5 €

◆ Caserío típico rodeado por una amplia finca repleta de viñedos. Ofrece un salón social con cocina y unas habitaciones bastante coloristas, todas confortables y bien equipadas.

Gotzón   ⌂ **AC** ⬥ **VISA** ⬤⬤

Luzarragako Bidea 2 ✉48130 Bakio – ☎ 946 19 40 43 – cerrado enero-febrero y lunes

Rest – (sólo almuerzo salvo junio-octubre) Carta 36/50 €

◆ Este restaurante familiar ha cumplido los 40 años de vida y está situado frente a la playa. Aquí puede degustar una cocina vasca elaborada con pescados y carnes de confianza.

▶ Madrid 496 – Barcelona 149 – Huesca 125 – Lleida/Lérida 27

ℹ pl. Comtes d'Urgell 5☎ 973 44 51 94 turisme@balaguer.net Fax 973 44 50 53

◉ Iglesia de Santa María★

Balaguer   ▤ **AC** ⬥ ❮ᵀ❯ **VISA** ⬤⬤ **AE** ➀

La Banqueta 7 – ☎ 973 44 57 50 – www.hotelbalaguer.com

30 hab – ♦37/45 € ♦♦51/61 €, ☵ 6,50 €

Rest – (cerrado sábado noche y domingo) (sólo menú) Menú 12 €

◆ Este negocio, llevado en familia, poco a poco va renovando sus instalaciones. Posee habitaciones de distinto confort, con mobiliario funcional y baños completos. El sencillo comedor disfruta de vistas al río y basa su trabajo en la elaboración de un menú.

Cal Xirricló   **AC** ⬥ **VISA** ⬤⬤ **AE**

Doctor Fleming 53 – ☎ 973 44 50 11 – www.calxirriclo.com – cerrado domingo y martes noche

Rest – Carta 32/50 €

◆ Llevado por la tercera generación de la misma familia. Ofrece un bar de tapas, donde también sirven el menú, y una sala de línea actual. Cocina elaborada de base tradicional.

ESPAÑA

Barcos en una cala

Illes BALEARS

Provincia : Balears
Mapa Michelin : 579
Población : 745 944 h.

Mapa regional : 6 B1

La belleza de su naturaleza y sus privilegiadas playas han convertido el archipiélago en un destino turístico muy apreciado.

El archipiélago balear se extiende sobre una superficie de 5.000 km². Está formado por cinco islas (Mallorca, Menorca, Eivissa, Formentera y Cabrera) y numerosos islotes. Sus habitantes hablan el balear, lengua derivada del catalán.

MALLORCA: Es la mayor de las Baleares y está considerada como uno de los centros turísticos más importantes de Europa. La industria del calzado y las fábricas de perlas artificiales de Manacor encuentran un amplio mercado en el extranjero. En ella se encuentra Palma, capital administrativa de la Comunidad Autónoma.

MENORCA: Es la segunda por su superficie y población. Gran parte de sus costas han sido protegidas de la construcción masificada y ha permanecido al margen de las grandes corrientes turísticas.

EIVISSA/IBIZA: Conocida como la Isla Blanca, posee una personalidad única por sus casas blancas, por sus terrados y por sus calles tortuosas como zocos africanos. En los años 60 se estableció en Ibiza una juventud ávida de un modo de vida diferente que encontró aquí su hábitat.

FORMENTERA: Está formada por dos islotes unidos por un istmo llano y arenoso. Las playas de arena blanca y agua cristalina son el principal atractivo de esta pequeña isla. En la costa alternan los acantilados rocosos y las dunas salpicadas de arbustos.

INFORMACIONES PRÁCTICAS

Transportes marítimos

⛴ para Balears ver : Barcelona, València. En Balears ver : Palma de Mallorca, Mahón y Eivissa.

Aeropuerto

✈ ver : Palma de Mallorca, Mahó, Eivissa

ALARÓ – **579** K5 – 5 327 h. – alt. 240 m – ⊠ 07340   6 B1

▶ Palma de Mallorca 24

en la carretera de Orient Noroeste : 3,5 km

S'Olivaret ⊗   ⌗ ⌂ ⃠ ⃠ ⅋ hab. 🅰🅲 ⅋ 🅰 🅿 🆅🆂🅰 ⅋ 🅰🅴
⊠ 07340 – ℰ 971 51 08 89 – www.solivaret.com – 15 marzo-octubre
25 hab ⊇ – †99/130 € ††150/198 €   **Rest** – Menú 35 €
♦ Antigua casa de campo en un bello paraje agreste entre las montañas de s'Au-
cadena y Castell. Decorada con sumo gusto, combina el mobiliario de época con el
confort más actual. Restaurante de ambiente informal con una agradable terraza.

ALCÚDIA – **579** M4 – 19 071 h. – alt. 20 m – ⊠ 07400   6 B1

▶ Palma de Mallorca 56

Sant Jaume sin rest ⊗   🅰🅲 ⅋ 🅟 🆅🆂🅰 ⅋ 🅰🅴 ⓪
Sant Jaume 6 – ℰ 971 54 94 19 – www.hotelsantjaume.com – cerrado
diciembre-enero
6 hab ⊇ – †72/80 € ††99/107 €
♦ Ubicado en una casa señorial del s. XIX, restaurada con buen criterio. Posee
unas cuidadas habitaciones, con decoración personalizada y baños modernos,
algunas con dosel.

Genestar   🅰🅲 ⅋ 🆅🆂🅰 ⅋
pl. Porta de Mallorca 1 – ℰ 971 54 91 57 – www.genestarestaurant.com
– cerrado del 7 al 31 de enero y miércoles
Rest – (sólo menú) Menú 25 €
♦ Presenta una sala de estética actual, con mesas amplias y un buen servicio de
mesa. Su chef propone una cocina muy personal, con productos de calidad y cuidadas elaboraciones.

ALGAIDA – **579** L6 – 5 050 h. – ⊠ 07210   6 B1

▶ Palma de Mallorca 22

Es 4 Vents   ⌂ 🅰🅲 ⅋ 🅿 🆅🆂🅰 ⅋ 🅰🅴 ⓪
carret. de Manacor – ℰ 971 66 51 73 – cerrado 20 junio-21 julio y jueves
Rest – Carta 25/35 €
♦ Se va actualizando poco a poco, pero sigue siendo su cocina tradicional con
varios platos regionales lo que le hace merecer el favor de sus clientes, locales y
turistas.

Hostal Algaida   ⌂ 🅰🅲 ⅋ 🅿 🆅🆂🅰 ⅋ ⓪
carret. de Manacor – ℰ 971 66 51 09
Rest – Carta 24/35 €
♦ Establecimiento familiar con cierto tipismo. Tiene una terraza, un bar con un
expositor de productos y, de aire neorrústico, un modesto comedor para el servicio a la carta.

s'ALQUERIA BLANCA – **579** N7 – 848 h. – ⊠ 07650   6 B1

▶ Palma de Mallorca 55

Son Llorenç sin rest   🅰🅲 ⅋ 🆅🆂🅰 ⅋
Ramón Llul 7 – ℰ 971 16 11 61 – www.hotelsonllorenc.com
– cerrado noviembre
8 hab ⊇ – †90 € ††120 €
♦ Hotelito rural de ambiente familiar. Posee una acogedora sala de estar, un
pequeño patio exterior y habitaciones de gran amplitud, las superiores con hidromasaje en los baños.

ARTÀ – 579 O6 – ⊠ 07570   6 B1

> ▶ Palma de Mallorca 78
>
> ◉ Coves d'Artà ★★★

🏠🏠 **Sant Salvador**   🏠 ⌂ AC ♨ rest, ⁉ VISA ◎ AE

Castellet 7 – 𝒞 971 82 95 55 – www.santsalvador.com
7 hab ⌂ – ♦100/152 € ♦♦111/190 €
Rest *Zezo* – *(sólo cena, cerrado enero-febrero y martes)* Carta aprox. 56 €
Rest *Gaudí* – *(cerrado martes)* Carta aprox. 44 €
◆ Se encuentra en un hermoso edificio señorial. La decoración es personalizada, colorista e imaginativa, combinando detalles clásicos y de diseño. Excelente equipamiento. El restaurante Zezo ofrece un menú degustación elaborado y un magnífico servicio de mesa.

🏠 **Can Moragues** sin rest   🔲 AC ♨ ⁉ VISA ◎

Pou Nou 12 – 𝒞 971 82 95 09 – www.canmoragues.com
8 hab ⌂ – ♦87/106 € ♦♦114/127 €
◆ Elegante casa señorial que data del s. XIX donde podrá disfrutar de una estancia tranquila. Posee unas modernas habitaciones con un equipamiento de alto nivel.

BANYALBUFAR – 579 I5 – 605 h. – alt. 100 m – ⊠ 07191   6 B1

> ▶ Palma de Mallorca 25
>
> ◉ Mirador de Ses Ànimes ★★ Suroeste : 2 km

🏠 **Sa Coma** ॐ   ⇐ ⌂ ※ 🛏 AC ♨ 🅿 VISA ◎

Camí d'es Molí 3 – 𝒞 971 61 80 34 – www.hotelsacoma.com – marzo-octubre
32 hab – ♦71/82 € ♦♦108/122 €, ⌂ 18 €
Rest – *(sólo cena) (sólo menú)* Menú 30 €
◆ Este pequeño hotel se encuentra en un alto, por lo que disfruta de unas magníficas vistas al mar. Encontrará varias zonas sociales y sencillas habitaciones de línea funcional. El restaurante complementa su actividad con el servicio del buffet de desayunos.

🏠 **Mar i Vent** ॐ   ⇐ ⌂ ※ 🛏 AC rest, ♨ 🅿 ☎ VISA ◎

Major 49 – 𝒞 971 61 80 00 – www.hotelmarivent.com
29 hab ⌂ – ♦79/110 € ♦♦98/150 €
Rest – *(cerrado domingo noche) (sólo cena salvo verano)* Menú 25 €
◆ Un hotelito situado a la entrada de la localidad, con bellas vistas al mar y la montaña. Acogedora zona noble, y unas habitaciones funcionales bien equipadas. Comedor con grandes ventanas y bonitos detalles decorativos.

✗ **Son Tomás**   ⇐ 🏠 ♨ VISA ◎

Baronía 17 – 𝒞 971 61 81 49 – cerrado 15 diciembre-enero, lunes noche y martes
Rest – Carta 25/33 €
◆ Restaurante familiar llevado con dedicación y buen hacer. Dispone de una agradable terraza y un comedor con ventanales al acantilado. Cocina tradicional y platos mallorquines.

BENDINAT – 579 J6 – ⊠ 07181   6 B1

> ▶ Palma de Mallorca 11

🏢 **Bendinat** ॐ   ⇐ 🏠 🏠 ⌂ AC ♨ ⁉ 🛀 🅿 VISA ◎ AE ⓞ

Andrés Ferret Sobral 1 ⊠07181 Portals Nous – 𝒞 971 67 57 25
– www.hotelbendinat.es – 25 febrero-octubre
52 hab ⌂ – ♦114/178 € ♦♦196/308 €   **Rest** – Carta 38/50 €
◆ Resulta tranquilo y está al borde del mar. Ofrece confortables bungalows, habitaciones de línea clásica-funcional y un cuidado entorno ajardinado, con árboles y terrazas. En su alegre comedor podrá degustar elaboraciones de sabor tradicional.

BINISSALEM – 579 L5 – 7 251 h. – alt. 160 m – ⊠ 07350   6 B1

> ▶ Palma de Mallorca 20 – Inca 7

🏢 **Scott's** sin rest ॐ   🔲 AC ♨ ⁉ VISA ◎

pl. Iglesia 12 – 𝒞 971 87 01 00 – www.scottshotel.com
12 hab ⌂ – ♦95/105 € ♦♦120/175 € – 3 suites
◆ Cálida cotidianeidad en una antigua casa señorial. Zona noble con mobiliario de calidad, acorde al estilo de unas habitaciones donde se ha extremado el gusto por el detalle.

ESPAÑA

133

CAIMARI – 579 L5 – ✉ 07314   6 B1

▶ Palma de Mallorca 38 – Inca 6

en Binibona Noreste : 4 km

🏠🏠 **Binibona Parc Natural** ⊗   ⫷ 🚗 🛖 ⤢ ⚏ ♨ ✕ 🅰🅲 💈 🛜 🅿 🆅🆂🅰 ⦿
Finca Binibona ✉07314 Caimari – ☏ 971 87 35 65 – www.binibona.es
– febrero-octubre
11 hab ⌥ – ♛125 € ♛♛170 €
Rest – *(cerrado martes) (sólo cena menu)* Menú 30 €
♦ Atractivo edificio en piedra dotado con vistas al campo y a las montañas.
Cuenta con unas espaciosas habitaciones, todas con jacuzzi y mobiliario de aire
rústico. Sencillo restaurante con una agradable terraza para disfrutar de sus cenas.

🏠 **Can Furiós** ⊗   ⫷ 🚗 🛖 ⤢ 🅰🅲 💈 🛜 🅿 🆅🆂🅰 ⦿
Camí Vell Binibona 11 ✉07314 Caimari – ☏ 971 51 57 51 – www.can-furios.com
7 hab ⌥ – ♛♛165/225 €   **Rest** – *(cerrado lunes) (sólo cena)* Menú 36 €
♦ Antigua casa rural con piscina y gratas vistas al campo y las montañas. Gusto
exquisito y alto confort en unas habitaciones personalizadas con estilos diferentes. Restaurante con mobiliario colorista y sobrios muros en piedra.

🏠 **Albellons Parc Natural** ⊗   ⫷ 🛖 ⤢ 🅰🅲 💈 🛜 🅿 🆅🆂🅰 ⦿
desvío 1,5 km ✉07314 Caimari – ☏ 971 87 50 69 – www.albellons.es
– 15 febrero-15 noviembre
9 hab ⌥ – ♛120 € ♛♛160 € – 3 suites
Rest – *(cerrado miércoles) (sólo cena menu) (sólo clientes)* Menú 30 €
♦ Conjunto rústico lleno de encanto, ubicado en pleno campo y con espléndidas
vistas tanto al valle como a las montañas. Comedor privado y habitaciones muy
bien equipadas.

CALA D'OR – 579 N7 – 2 706 h. – Playa – ✉ 07660   6 B2

▶ Palma de Mallorca 64

🛈 av. Perico Pomar 10 ☏ 971 65 74 63 turisme@ajsantanyi.net Fax 971 64
80 29

🖼 Vall d'Or, Norte : 7 km, ☏ 971 83 70 01

◎ Paraje★

🏠🏠 **Meliá Cala d'Or** ⊗   🚗 ⤢ 🛖 ⚏ ♨ 🅰🅲 💈 🛜 🆅🆂🅰 ⦿ 🆎 ⓵
Portinatx 16 – ☏ 971 64 81 81 – www.meliacalador.com – 28 abril-octubre
31 suites ⌥ – 18 hab   **Rest** – Menú 35 €
♦ Distribuido en cuatro edificios independientes, cuenta con todo el equipamiento y confort de la cadena Meliá. Habitaciones clásicas, con servicio de hidromasaje en sus baños. El restaurante ofrece un correcto montaje y tiene el mobiliario en mimbre.

🏠🏠 **Cala d'Or** ⊗   🛖 ⤢ 🖿 🅰🅲 💈 🆅🆂🅰 ⦿
av. de Bélgica 49 – ☏ 971 65 72 49 – www.hotelcalador.com – abril-octubre
97 hab ⌥ – ♛50/105 € ♛♛80/178 €
Rest – *(sólo cena) (sólo menú)* Menú 27 €
♦ Hotel de fachada impecable y cuidadas instalaciones. Entre sus múltiples atractivos disfruta de unas agradables terrazas bajo los pinos, con salida a una
pequeña cala.

✕✕✕ **Port Petit**   ⫷ 🛖 🅰🅲 💈 🆅🆂🅰 ⦿ 🆎
av. Cala Llonga – ☏ 971 64 30 39 – www.portpetit.com
– cerrado noviembre-abril y martes salvo julio-agosto
Rest – Carta 45/56 €
♦ Privilegiada situación en una cala frente al puerto. Este coqueto local alberga
un pequeño comedor decorado con gusto y una bella terraza, con una parte
acristalada.

ESPAÑA

XX **Gadus**   ⌂ AC VISA ⓒ
⁂ *av. Cala Llonga s/n (Puerto Deportivo) – ℰ 971 65 91 34*
– www.gadusrestaurant.com – abril - octubre
Rest – *(cerrado lunes) (sólo cena en julio-agosto)* Menú 74,50 € – Carta 50/74 €
Espec. Crema de guisantes y menta con berberechos. Lubina con tocino ibérico a
baja temperatura, puré de calabacín e hinojo marino. Manzana cocida con miel,
crema de vainilla, helado de romero y panal de miel.
• Este restaurante presenta una agradable terraza, con vistas al puerto deportivo,
una barra de espera y una sala acristalada de estética actual. Su chef propone una
cocina fresca y ligera de corte creativo, donde conjuga la técnica con la calidad
del producto.

X **Ca'n Trompe**   ⌂ AC ⅍ VISA ⓒ
av. de Bélgica 12 – ℰ 971 65 73 41 – www.cantrompe.es – 14 febrero-14 noviembre
Rest – *(cerrado martes en invierno)* Carta 26/40 €
• Su propietario ha sabido conservar y mejorar el negocio. Ofrece un comedor
de sencilla decoración tradicional y una terraza muy demandada durante toda la
temporada.

CALA MURADA – **579** N7 – **389 h.** – ⌧ 07688   6 B1
▶ Palma de Mallorca 67

XX **Sol y Vida**   ⩽ ⌂ VISA ⓒ
Aragó 32 – ℰ 971 83 31 70 – www.restaurante-solyvida.com – cerrado
15 noviembre-15 febrero y lunes
Rest – Carta 32/48 €
• Ubicado en una zona alta con vistas a la cala. En sus salas, una interior con
chimenea y la otra tipo galería, podrá degustar una cocina de autor con detalles
internacionales.

CALA PÍ – **579** L7 – ⌧ 07639   6 B2
▶ Palma de Mallorca 41

X **Miquel**   ⌂ ⅍ VISA ⓒ
Sa Torre 13 – ℰ 971 12 30 00 – www.restaurantemiguel.com – marzo-octubre
Rest – *(cerrado lunes)* Carta 23/42 €
• Esta casa familiar ofrece una agradable terraza, un llamativo expositor en
forma de barca y un comedor de aire rústico. Carta tradicional con varios arroces
y pescados.

CALA RATJADA – **579** O5 – **3 860 h.** – **Playa** – ⌧ 07590   6 C1
▶ Palma de Mallorca 79
⛴ para Ciutadella de Menorca : Interilles Balear ℰ 902 100 444
ℹ Castellet 5 ℰ 971 56 30 33 turisme@ajcapdepera.net Fax 971 56 52 56
Ⓖ Capdepera (murallas ⩽★) Oeste : 2,5 km

 Ses Rotges   ⌂ AC hab, ⇢ VISA ⓒ AE ①
Rafael Blanes 21 – ℰ 971 56 31 08 – www.sesrotges.com – 15 marzo-15 octubre
24 hab – †70/110 € ††84/135 €, ⌧ 14 €
Rest – *(cerrado domingo) (sólo cena)* Menú 49 €
• Antigua casa de piedra donde se ha cuidado cada rincón al detalle. Dispone de
una bella terraza y cálidas habitaciones, algunas con las típicas camas mallorquinas. Aquí encontrará dos salas de aire rústico-regional, perfectas para degustar su
cocina de raíces francesas.

CALA SANT VICENÇ – **579** M4 – **Playa** – ⌧ 07460   6 B1
▶ Palma de Mallorca 61

⌂⌂⌂ **Cala Sant Vicenç** ⌖   ⌂ ⅃ ⌨ ⌥ & hab, AC ⅍ ⟨ⁱⁱ⟩ VISA ⓒ
Maressers 2 ⌧07469 Pollença – ℰ 971 53 02 50 – www.hotelcala.com
– mayo-noviembre
38 hab ⌧ – †82/175 € ††164/351 €   **Rest** *Cavall Bernat* – Carta 24/36 €
• Llamativo edificio de aire colonial ubicado entre pinos. Sus habitaciones y la
zona común no son muy amplias, pero el mobiliario y la decoración revelan un
gusto exquisito. El restaurante goza de una línea más actual y minimalista, acorde
a su cocina creativa.

CAMPANET – 579 L5 – 2 602 h. – alt. 167 m – ⊠ 07310   6 B1

> ▶ Palma de Mallorca 39 – Inca 11 – Manacor 35

al Noroeste : 4 km

🏠🏠🏠 **Monnaber Nou** 🦢   ⩽ 🚗 🛋 🏊 🖥 ᵭ₆ 🎾 ढ़ hab. 🅰️ 🌂 ⁿⁱ 🐾 🅿️
Finca Monnaber Nou ⊠ 07310 – 🞉 971 87 71 76   🆅🅸🆂🅰 ⑳ 🅰🅴 ⓪
– www.monnaber.com
8 hab 🖵 – 🛉95/120 € 🛉🛉140/189 €   **Rest** – Menú 32 €
♦ Atractiva casa de campo que hunde sus raíces en el s. XIII, rodeada de una
extensa finca con vistas a las montañas. Acogedoras estancias que combinan rusticidad y clasicismo. Coqueto restaurante decorado con exquisito gusto.

CAMPOS – 579 M7 – 9 601 h. – ⊠ 07630   6 B1

> ▶ Palma de Mallorca 38

XX **Es Brot**   🅰️ 🌂 🆅🅸🆂🅰 ⑳
de La Ràpita 44 – 🞉 971 16 02 63 – *cerrado del 1 al 15 de febrero, domingo
noche y lunes*
Rest – Carta 27/45 €
♦ Su fachada combina la madera y el cristal. Magníficas instalaciones de cocina,
sala cuadrangular en estilo moderno y una carta amplia con platos internacionales y franceses.

en la carretera de Porreres Norte : 4 km y desvío a la izquierda 1 km

🏠🏠🏠 **Son Bernadinet** 🦢   ⩽ 🚗 🛋 🅰️ 🌂 ⁿⁱ 🐾 🅿️ 🆅🅸🆂🅰 ⑳
⊠ 07630 – 🞉 971 65 06 94 – *www.sonbernadinet.com – 20 marzo-octubre*
11 hab 🖵 – 🛉🛉194/248 €
Rest – *(cerrado martes) (sólo cena)* (es necesario reservar) Menú 40 €
♦ Arquitectura tradicional mallorquina en una finca cuyo interior, de líneas puras
y agradable rusticidad, recrea una atmósfera sosegada donde el tiempo parece
detenerse.

CAPDEPERA – 579 O5 – 11 911 h. – alt. 102 m – ⊠ 07580   6 B1

> ▶ Palma de Mallorca 82
> ◎ Murallas ⩽ ★

por la carretera de Cala Mesquida
Norte : 1,5 km y desvío a la derecha 1,5 km

🏠 **Cases de Son Barbassa** 🦢   🚗 🛋 🏊 ᵭ₆ 🅰️ 🌂 hab. ⁿⁱ 🅿️ 🆅🅸🆂🅰 ⑳ 🅰🅴
carret. Cala Mesquida, camí de Son Barbassa ⊠ 07580 – 🞉 971 56 57 76
– www.sonbarbassa.com – cerrado 16 noviembre-enero
12 hab 🖵 – 🛉115/218 € 🛉🛉154/280 €   **Rest** – Carta 32/47 €
♦ Casa rural emplazada en plena naturaleza. Ofrece una pequeña torre defensiva
que tiene más de 500 años, un interior rústico actual y amplias habitaciones de
línea funcional. El restaurante está instalado en una terraza acristalada y ofrece
una cocina actual.

SA COMA – 579 O6 – Playa – ⊠ 07569   6 B1

> ▶ Palma de Mallorca 69

🏠🏠🏠🏠 **Mallorca Palace**   🏊 🖥 ᵭ₆ 🛗 🅰️ 🌂 ⁿⁱ ⩗ 🅿️ 🆅🅸🆂🅰 ⑳ 🅰🅴 ⓪
Ses Savines – 🞉 971 81 20 09 – *www.mallorcapalace.com – 15 abril-octubre*
99 hab 🖵 – 🛉116/151 € 🛉🛉158/204 € – **15 suites**
Rest – *(sólo cena)* Menú 25 €
♦ Construcción rústica que evoca las casas señoriales mallorquinas. Todas las
habitaciones gozan de un magnífico confort y están orientadas a un jardín interior con piscina.

XXX **Es Molí d'En Bou** (Bartomeu Caldentey) 🛋 🄰🄲 🛜 ⇔ **P** 🆅🆂🄰 ⬤
⌘ *Liles – ℰ 971 56 96 63 – www.esmolidenbou.es – cerrado 28 noviembre
- 19 diciembre y lunes*
Rest – Menú 70 € – Carta aprox. 69 €
Espec. Canelón 2001. Gambas aliñadas con queso mahonés y yema de huevo.
Helado de Ca'n Pinxo con gelatina de café.
◆ Se presenta con una espaciosa sala de estética actual, una coqueta terraza y
una zona lounge-bar para tomar copas o café. Su chef trabaja sobre una cocina
creativa que toma como principal base para sus elaboraciones la calidad de las
materias primas.

DEIÀ – **579** J5 – **755 h.** – **alt. 184 m** – ✉ **07179**   **6** B1
🄳 Palma de Mallorca 28

🏠🏠🏠 **La Residencia** 🏡   ⇐ 🚗 🍸 🖥 ⅃🏊 🛉 ✲ 🄰🄲 🛜 ⁇ 🖳 **P** 🆅🆂🄰 ⬤ 🄰🄴 ⓪
Finca Son Canals – ℰ 971 63 90 11 – www.hotel-laresidencia.com – cerrado enero
64 hab ⌂ – ♥160/350 € ♥♥190/480 € – 3 suites
Rest *El Olivo* – ver selección restaurantes
◆ Antigua casa señorial, restaurada con maestría, que recoge la herencia arquitectónica de la isla. Posee unas dependencias de cálido confort decoradas con
sumo gusto.

🏠🏠 **Es Molí** 🏡   ⇐ 🚗 🍸 ⅃🏊 🛉 ✲ 🄰🄲 🛜 ⁇ 🖳 **P** 🆅🆂🄰 ⬤ ⓪
*carret. de Valldemossa, Suroeste : 1 km – ℰ 971 63 90 00 – www.esmoli.com
- 20 abril-28 octubre*
86 hab ⌂ – ♥140/170 € ♥♥220/315 €   **Rest** – *(sólo cena)* Menú 50 €
◆ Está rodeado por un espléndido jardín escalonado y presidido por una piscina
con agua de manantial. Disfruta de unas acogedoras habitaciones, dominando el
mar y la montaña. El restaurante, que ofrece buenas vistas, se complementa
con una agradable terraza.

XXX **El Olivo** – Hotel La Residencia   🛋 🄰🄲 🛜 **P** 🆅🆂🄰 ⬤ 🄰🄴 ⓪
*Finca Son Canals – ℰ 971 63 90 11 – www.hotel-laresidencia.com – cerrado
enero, lunes y martes (noviembre-marzo)*
Rest – Carta 53/70 €
◆ Se accede por el hotel y presenta una sala de aire rústico, con los techos altos,
detalles nobiliarios, mobiliario en mimbre y un buen servicio de mesa. Cocina
internacional.

XX **Es Racó d'Es Teix** (Josef Saverschell)   🛋 🛜 🆅🆂🄰 ⬤ 🄰🄴
⌘ *Sa Vinya Vella 6 – ℰ 971 63 95 01 – www.esracodesteix.es – cerrado
15 noviembre-6 febrero, lunes y martes*
Rest – Menú 98 € – Carta 69/83 €
Espec. Foie-gras salteado en salsa de canela con pera (invierno). Lechona mallorquina en salsa de jabugo. Parfait de almendras con budin de ensaimada (primavera).
◆ Negocio familiar ubicado en una acogedora casa de piedra. Ofrece una agradable terraza, con bellas vistas a las montañas, y una sala de esmerado ambiente
rústico dispuesta en dos niveles. Su chef elabora una cocina creativa que cuida
mucho todos los detalles.

X **Jaume**   🛋 🄰🄲 🛜 🆅🆂🄰 ⬤
*Arxiduc Lluis Salvador 22 – ℰ 971 63 90 29 – www.restaurantejaume-deia.com
- cerrado febrero y jueves*
Rest – Carta 41/62 €
◆ Llevado por el matrimonio propietario. Se presenta con un interior actualizado,
mesas bien vestidas, una coqueta terraza y una cocina regional basada en los productos locales.

ESPAÑA *(vertical, right margin)*

La mención **Rest** en rojo designa un establecimiento al que se le ha atribuido
una distinción gastronómica ✿ (estrella) o 🅑 (Bib Gourmand).

en la carretera de Valldemossa Noroeste : 2,5 km

⌂ Sa Pedrissa ⟨⟩ ← ⊞ ⟨⟩ ⟨⟩ ⟨⟩ ⟨⟩ AC ⟨⟩ ⟨⟩ P VISA ⟨⟩ AE
carret. Valldemossa - Deià km 64,5 ⟨⟩0/1/9 – ℰ 971 63 91 11
– www.sapedrissa.com – cerrado enero
6 suites ⟨⟩ – 2 hab   **Rest** – *(cerrado domingo)* Menú 65 €
♦ Casa del s. XVI situada en un enclave privilegiado, con vistas a la bahía de Deià y la piscina sobre el acantilado. La mayoría de las cuidadas habitaciones son tipo suite. Su restaurante ocupa un antiguo molino de aceite, con los suelos en piedra y chimenea.

FORMENTOR (CAP DE) – 579 N4 – ☒ 07470   6 B1
▶ Palma de Mallorca 78 – Port de Pollença/Puerto de Pollensa 20
◙ Carretera★ de Puerto de Pollensa al Cabo Formentor – Mirador des Colomer★★★ – Cabo Formentor★

🏠 Formentor ⟨⟩ ← ⊞ ⟨⟩ ⟨⟩ ⟨⟩ ⟨⟩ ⟨⟩ ⟨⟩ AC ⟨⟩ ⟨⟩ P
playa de Formentor – ℰ 971 89 91 00 – www.barcelo.com
122 hab   Rest –
♦ Destaca por su magnífica situación frente al mar, rodeado por un extenso pinar con vistas tanto a la bahía como a la montaña. Dependencias clásicas y buen confort general.

FORNALUTX – 579 K5 – 758 h. – alt. 160 m – ☒ 07109   6 B1
▶ Palma de Mallorca 36

🏠 Ca'n Verdera ⊞ ⟨⟩ ⟨⟩ ⟨⟩ AC ⟨⟩ ⟨⟩ ⟨⟩ VISA ⟨⟩ AE
des Toros 1 – ℰ 971 63 82 03 – www.canverdera.com – 15 marzo-octubre
9 hab ⟨⟩ – ♦130/170 € ♦♦150/230 € – 2 suites   **Rest** – Carta 29/36 €
♦ Este acogedor hotel ocupa dos casas antiguas, bien restauradas, del centro de la ciudad. Posee un bonito jardín, con piscina y terraza, así como habitaciones de buen confort.

SES ILLETES – 579 J6 – Playa – ☒ 07184   6 B1
▶ Palma de Mallorca 8

🏠 Meliá de Mar ⟨⟩ ← ⊞ ⟨⟩ ⟨⟩ ⟨⟩ ⟨⟩ ⟨⟩ ⟨⟩ & hab, AC ⟨⟩ rest, ⟨⟩ ⟨⟩ P
passeig d'Illetes 7 – ℰ 971 40 25 11
– www.meliademar.solmelia.com – abril-octubre   VISA ⟨⟩ AE ⟨⟩
133 hab – ♦♦305/340 €, ⟨⟩ 25 € – 11 suites   **Rest** – Carta aprox. 60 €
♦ Ha sido completamente actualizado para ofrecer un interior de marcado aire minimalista, con un maravilloso entorno ajardinado, su propia cala y magníficas vistas al mar. Disfruta de varios restaurantes asiáticos y uno más, tipo grill, junto a la piscina.

🏠 Bonsol ⟨⟩ ← ⊞ ⟨⟩ ⟨⟩ ⟨⟩ ⟨⟩ ⟨⟩ AC ⟨⟩ ⟨⟩ P VISA ⟨⟩ AE ⟨⟩
passeig d'Illetes 30 – ℰ 971 40 21 11 – www.hotelbonsol.es
– cerrado 6 noviembre-20 diciembre
88 hab ⟨⟩ – ♦111/154 € ♦♦166/242 € – 3 suites   **Rest** – Menú 35 €
♦ Acogedor hotel de aire castellano con agradables terrazas bajo los pinos. Amplia zona social, confortables habitaciones con baños modernos y bungalows completamente equipados. Comedor con profusión de madera y muros en piedra vista.

INCA – 579 L5 – 29 308 h. – alt. 120 m – ☒ 07300   6 B1
▶ Palma de Mallorca 32

por la carretera de Sencelles Sur : 4 km

🏠 Casa del Virrey ⟨⟩ ⊞ ⟨⟩ ⟨⟩ & hab, AC ⟨⟩ hab, ⟨⟩ P VISA ⟨⟩
Son Campaner ☒07300 – ℰ 971 88 10 18 – www.casadelvirrey.net
10 hab ⟨⟩ – ♦70/85 € ♦♦95/125 € – 6 suites
Rest *Doña Irene* – *(cerrado 7 enero-12 febrero, domingo noche y lunes)*
Carta 28/34 €
♦ Mansión señorial del s. XVII con un cuidado jardín, dotada de una elegante zona noble y unas habitaciones con mobiliario antiguo y techos altos, decoradas con sumo gusto. La viguería y los muros en piedra del restaurante evidencian su ilustre pasado.

ESPAÑA

LLORET DE VISTALEGRE – **579** L6 – **1 275 h.** – alt. 250 m – ⊠ 07518   **6** B1

▶ Palma de Mallorca 33

por la carretera de Montuïri Sureste : 1 km y desvío a la izquierda 2,5 km

⚐   **Sa Rota d'en Palerm** sin rest ⤳   ⪡ Ⲵ 🄰🄲 ⅋ ⅋ 🄿 ᴠɪꜱᴀ ◉◉
⊠07518 – ℰ 971 52 11 00 – www.sa-rota.com
5 apartamentos ⌑ – 🛏🛏122/152 € – 2 hab
◆ Casa de campo dotada de unas agradables terrazas e impresionantes vistas. La mayoría de las habitaciones son tipo apartamento, con mobiliario antiguo restaurado y detalles.

LLOSETA – **579** L5 – **5 704 h.** – alt. 180 m – ⊠ 07360   **6** B1

▶ Palma de Mallorca 31

⚐   **Cas Comte** ⤳   🄰🄲 ⅋ ⅋ ᴠɪꜱᴀ ◉◉ 🄰🄴
Comte d'Aiamans 11 – ℰ 971 87 30 77 – www.hotelcascomte.com
8 hab ⌑ – 🛏100 € 🛏🛏130 €   **Rest** – (sólo cena) (sólo clientes) Menú 25 €
◆ Casa señorial del s. XVIII restaurada con mucho acierto. Sus acogedoras dependencias, equipadas con todo lujo de detalles, conservan la sobriedad decorativa de antaño.

LLUCMAJOR – **579** L7 – **36 078 h.** – ⊠ 07620   **6** B1

▶ Palma de Mallorca 24

🏨🏨🏨 **G.H. Son Julia** ⤳   ⬭ ⧆ ⅃ ⅂ 🝜 ⵥ 🄸🄴🄲 ⅋ hab, ⅋ ᶿⱯ 🄿 ᴠɪꜱᴀ ◉◉ 🄰🄴
carret. de S'Arenal, Suroeste : 1 km – ℰ 971 66 97 00 – www.sonjulia.com
– 15 marzo-14 noviembre
20 hab – 🛏🛏185/600 €, ⌑ 20,50 € – 5 suites   **Rest** – Menú 45 €
◆ Mansión mallorquina del s. XV donde se dan cita el lujo y la elegancia. Ofrece un espectacular salón oriental, habitaciones de gran confort y un hermoso entorno ajardinado. El restaurante presenta una carta variada en la que destacan los platos de autor.

al Oeste : 4 km

🏨🏨🏨 **Mallorca Marriott Son Antem** ⤳   ⪡ ⧆ ⅃ ⅂ ⱠⳆ 🝜 🄸🄱 ᶿⱯ
⊠07620 – ℰ 971 12 91 00   ⅋ hab, 🄰🄲 ⅋ ⵌ ᶿⱯ 🄿 ᴠɪꜱᴀ ◉◉ 🄰🄴 ◎
– www.mallorcamarriott.com
142 hab ⌑ – 🛏129/219 € 🛏🛏149/239 € – 8 suites   **Rest** – Menú 29 €
◆ Este elegante complejo se encuentra entre dos campos de golf y disfruta de un excelente equipamiento. Sus habitaciones, todas exteriores y amplias, son una auténtica joya. El restaurante se ve complementado durante la época estival con una agradable terraza.

en sa Torre Suroeste : 10 km

🏨🏨🏨 **Hilton Sa Torre**   ⅃ ⱠⳆ 🝜 ᶿⱯ ⵥ 🄸🄲 ⅋ ᶿⱯ ᴠɪꜱᴀ ◉◉ 🄰🄴 ◎
camí de Sa Torre 8.7 – ℰ 871 96 37 00 – www.hilton.es
75 hab ⌑ – 🛏115/915 € 🛏🛏135/950 € – 15 suites
Rest *Zaranda* – ver selección restaurantes
◆ En una finca del s. XIV. Las zonas nobles y algunas habitaciones ocupan el edificio principal, sin embargo la mayoría se reparten por los anexos. Centro de conferencias y SPA.

⚐   **Puig de Ros D'Alt** ⤳   ⧆ ⱠⳆ 🄰🄲 hab, ᴠɪꜱᴀ ◉◉ 🄰🄴
camí de Sa Torre – ℰ 971 18 05 51 – www.puigderosdalt.com
12 hab ⌑ – 🛏90 € 🛏🛏125/150 €
Rest – (sólo clientes, sólo cena) Menú 29,50 €
◆ Atractiva casona situada en una finca de almendros. Posee numerosos muros en piedra, un agradable patio, una zona social con chimenea y amplias habitaciones de línea clásica. El restaurante, de carácter polivalente, sirve tanto los desayunos como las cenas.

ESPAÑA

XXX ☘☘☘ **Zaranda** (Fernando Arellano) – Hotel Hilton Sa Torre   AC $ VISA ◎ AE ①
☘☘ *camí de Sa Torre 8.7 – ₭ 971 01 04 50 – www.zaranda.es*
*– cerrado 23 noviembre-26 diciembre, del 7 al 21 de enero, domingo mediodía
en julio-agosto y lunes*
Rest – *(sólo cena salvo fines de semana) (sólo menú)* Menú 73/85 €
Espec. Sopa fría de almendras y ajos tiernos con cigalitas y trufa de verano. "Cap Roig"
con escamas crujientes, su fondo y patata rota. Chocolate naranja, azafrán y azahar.
  ♦ Instalado en un edificio rehabilitado a modo de antigua masía, con un patio a la
entrada y el entorno ajardinado. Encontrará dos salas de ambiente rústico-actual, con
los suelos en madera y un buen servicio de mesa. Cocina de autor y varios menús
degustación.

MANACOR – 579 N6 – **40 548 h.** – alt. 110 m – ⊠ **07500**   **6 B1**

▶ Palma de Mallorca 49

al Norte : 4 km

AAA **La Reserva Rotana** ⚲   ⚏ ⚐ ⏋ ♨ % 🖼 ⎙ AC $ P VISA ◎ AE
camí de s'Avall ⊠07500 – ₭ 971 84 56 85 – www.reservarotana.com
– 20 febrero-15 noviembre
22 hab ⌆ – †200/265 € ††280/365 €
Rest – Carta aprox. 52 €
  ♦ Acogedora finca señorial situada en una reserva natural. La decoración de sus
elegantes dependencias revela el gusto por las antigüedades. Posee un anexo
algo más sencillo. La sutileza y el lujo se unen en su restaurante para crear un
marco lleno de encanto.

PALMA DE MALLORCA P – 579 J6 – **401 270 h.** – Playas : Portixol DV,   **6 B1**
Can Pastilla por ④ : 10 km y s'Arenal por ④ : 14 km.

▶ Alcúdia 52 – Peguera/Paguera 22 – Sóller 30 – Son Servera 64
✈ de Palma de Mallorca por ④ : 11 km ₭ 902 404 704
Iberia : aeropuerto Son San Joan ₭ 902 400 500
⛴ – para la Península, Menorca y Eivissa : Cía. Trasmediterránea, Estación
Marítima 2 (Muelle de Peraires), ₭ 902 45 46 45 info@
trasmediterranea.es Fax 971 70 73 45 BV
🛈 pl. de la Reina 2, ₭ 971 17 39 90 oit@conselldemallorca.net Fax 971 17 39 94,
paseo del Borne, 27, ₭ 902 10 23 65 palmainfo@a-palma.es,
pl. d'Espanya (ed. Parc de ses Estacions), ₭ 902 10 23 65 palmainfo@a-palma.es
y en el aeropuerto, ₭ 971 78 95 56 oita@conselldemallorca.net
R.A.C.E. av. Conde Sallent 7, ₭ 971 71 51 40 Fax 971 72 67 35
🏌 Son Vida, Noroeste : 5 km, ₭ 971 79 12 10
🏌 Bendinat, carret. de Bendinat, Oeste : 15 km, ₭ 971 40 52 00
◉ Barrio de la Catedral★ : Catedral/La Seu★★ GZ – Iglesia de Sant Francesc
(claustro★) HZ – Museo de Mallorca (Sección de Bellas Artes★ : San
Jorge★) GZ **M1** - Museo Diocesano (cuadro de Pere Nisart : San Jorge★)
GZ **M2**. Otras curiosidades : – La Lonja/La Llotja★ FZ - Palacio Sollerich
(patio★) GY **Z** – Pueblo Español★ BU **A** - Castillo de Bellver★ BU ☀★★-
Museu d'Art Espanyol Contemporani (colecció March)★ HY **M3**

Planos páginas siguientes

AAA **Palacio Ca Sa Galesa** sin rest   ⧈ ⎙ AC $ ⓦ P VISA ◎ AE ①
Miramar 8 ⊠07001 – ₭ 971 71 54 00 – www.palaciocasagalesa.com
12 hab – †224/279 € ††284/513 €, ⌆ 24 €   **GZa**
  ♦ Elegantísimo palacete del s. XVI vestido con mobiliario de época y próximo a la
Catedral. Aquí encontrará lujosas zonas nobles y unas habitaciones de excelente
equipamiento.

⚙️ Palacio Avenida 　　　　🏦 🅖 🏧 ❄️ hab, ⁽¹⁾ 🕍 🆚🆂🅰 ⓒⓞ 🅐🅴

Alexandre Roselló 42 ⊠07003 – 𝒞 *971 90 81 08 – www.hotelpalacioavenida.com*
68 hab – 🕴64/84 € 🕴🕴69/119 €, ⌁ 12 €　　　　　　　　　　　HX**b**
Rest – Carta aprox. 40 €

• El hotel, que ocupa el edificio del antiguo cine Avenida, se presenta con cierto aire retro e influencias estéticas del Art-déco. Amplio hall y confortables habitaciones. El restaurante está presidido por un gran mural y ofrece una carta de tinte actual.

⚙️ Santa Clara *sin rest*　　　　🏦 🅖 ❄️ ⁽¹⁾ 🕍 🆚🆂🅰 ⓒⓞ 🅐🅴 ⓞ

Sant Alonso 16 ⊠07001 – 𝒞 *971 72 92 31 – www.santaclarahotel.es*
20 hab – 🕴100/155 € 🕴🕴130/210 €, ⌁ 15 €　　　　　　　　　　HZ**a**

• Casa señorial bien restaurada. Tras su amplia recepción encontrará un conjunto actual, con varios tipos de habitaciones, y una terraza-solárium dotada de magníficas vistas.

⚙️ Convent de la Missió 　　　🖭 🅖 ❄️ ⁽ᶜ⁾ 🕍 🚗 🆚🆂🅰 ⓒⓞ 🅐🅴 ⓞ

Missió 7-A ⊠07003 – 𝒞 *971 22 73 47 – www.conventdelamissio.com*
14 hab ⌁ – 🕴150/198 € 🕴🕴185/230 €　　　　　　　　　　　HXY**a**
Rest *Simply Fosh* – ver selección restaurantes

• Ocupa un seminario del s. XVII que tras la remodelación disfruta de una estética vanguardista, con espacios diáfanos, detalles de diseño y una decoración minimalista.

⚙️ Saratoga 　　　🏊 🕍 🖭 🅖 ❄️ ⁽¹⁾ 🕍 🚗 🆚🆂🅰 ⓒⓞ 🅐🅴 ⓞ

passeig Mallorca 6 ⊠07012 – 𝒞 *971 72 72 40 – www.hotelsaratoga.es*
162 hab – 🕴100/170 € 🕴🕴100/190 €, ⌁ 15 € – 25 suites　　　FY**s**
Rest – Menú 26 €

• Este hotel presenta una línea decorativa entre clásica y actual, ya que se está renovando poco a poco. Amplia zona social, habitaciones bien equipadas y un pequeño SPA. El restaurante se complementa con una cafetería panorámica en la 7ª planta.

🏨 Palau Sa Font *sin rest* ☜ 　　　🏊 🖭 🅖 ⁽ᶜ⁾ 🆚🆂🅰 ⓒⓞ 🅐🅴 ⓞ

Apuntadors 38 ⊠07012 – 𝒞 *971 71 22 77 – www.palausafont.com – cerrado del 2 al 31 de enero*　　　　　　　　　　　　　　　　　　FZ**b**
19 hab ⌁ – 🕴95/200 € 🕴🕴155/220 €

• Bella casa señorial del s. XVI dotada con un mirador en la azotea. El mobiliario de diseño y el concepto minimalista del espacio toman el protagonismo en sus habitaciones.

🏨 San Lorenzo *sin rest* ☜ 　　　🏊 🅖 ❄️ ⁽¹⁾ 🆚🆂🅰 ⓒⓞ 🅐🅴 ⓞ

San Lorenzo 14 ⊠07012 – 𝒞 *971 72 82 00 – www.hotelsanlorenzo.com*
9 hab – 🕴145 € 🕴🕴155 €, ⌁ 12 €　　　　　　　　　　　　FY**v**

• Atractiva casa señorial del s. XVII a la que se accede por una puerta enrejada. Posee unos cuidados exteriores, con piscina y jardín, así como habitaciones muy detallistas.

✕✕ La Bodeguilla 　　　🅖 ❄️ ⇆ 🆚🆂🅰 ⓒⓞ 🅐🅴

Sant Jaume 3 ⊠07012 – 𝒞 *971 71 82 74 – www.la-bodeguilla.com – cerrado domingo*　　　　　　　　　　　　　　　　　　　　　GY**t**
Rest – Carta 31/38 €

• Negocio familiar llevado por dos hermanos. Dispone de un comedor en dos plantas y una tienda de vinos, con barricas que hacen de mesas para la degustación y el tapeo.

✕✕ Simply Fosh – *Hotel Convent de la Missió* 　　　📷 🅖 🆚🆂🅰 ⓒⓞ 🅐🅴

Missió 7-A – 𝒞 *971 72 01 14 – www.simplyfosh.com*　　　　HXY**a**
Rest – *(cerrado domingo)* Carta 36/50 €

• Restaurante de estética moderna dotado con un bar a la entrada y una sala acristalada, esta asomada a un patio-terraza y con una cascada en una de sus paredes. Cocina actual.

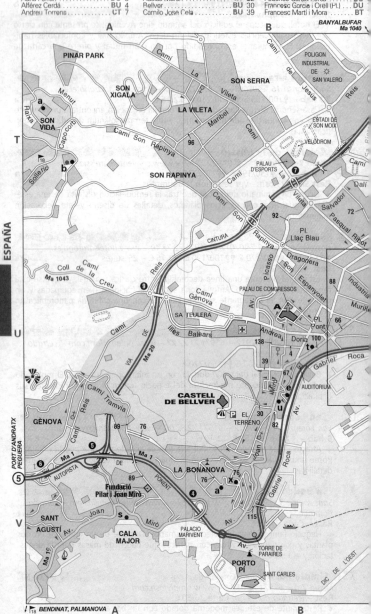

PALMA DE MALLORCA

BANYALBUFAR
Ma 1040

BENDINAT, PALMANOVA

142

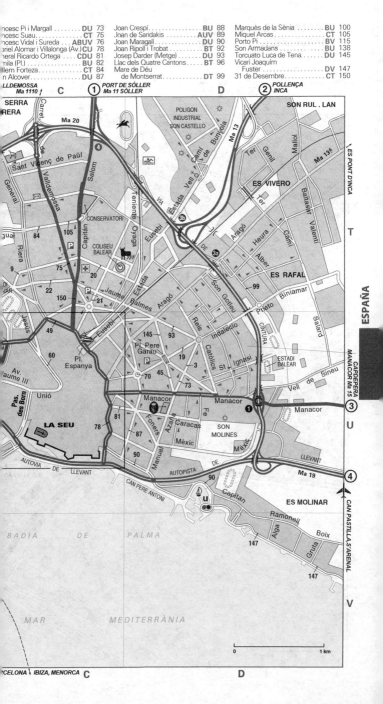

PALMA DE MALLORCA

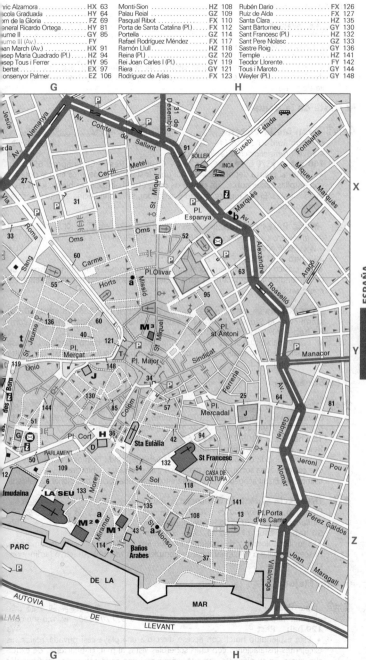

ESPAÑA

145

✗ **La Aldaba**   〔AC〕 ⬦ 〔VISA〕 〔⚬⚬〕 〔AE〕 〔①〕
Fábrica 18 ✉07013 – ☏ 971 45 81 24 – www.restaurantelaaldaba.es – cerrado
sábado mediodía y domingo   EY**a**
Rest – Carta aprox. 42 €
♦ Ubicado en una zona bastante céntrica de la ciudad. En su acogedor interior
de aire rústico le ofrecerán una carta tradicional, con carnes y pescados a la parrilla de carbón.

Al Oeste de la Bahía :

🏨🏨🏨 **Gran Meliá Victoria**   ≤ 🍴 ⌇ 🖼 〔≜〕 ᴧ hab, 〔AC〕 ✗ hab, ⁽ᵗ⁾ 👙 〔P〕 🚗
av. Joan Miró 21 ✉07014 – ☏ 971 73 25 42   〔VISA〕 〔⚬⚬〕 〔AE〕 〔①〕
– www.granmeliavictoria.solmelia.com   BU**u**
160 hab – 🛏370 € 🛏🛏390 €, ⌧ 29 € – 6 suites   **Rest** – Carta aprox. 65 €
♦ Frente al puerto deportivo. Presenta unas instalaciones de línea clásica dotadas
con amplias zonas nobles, un centro de congresos, habitaciones bien equipadas y
buenas vistas. El restaurante, íntimo y acogedor, sirve una cocina atenta al recetario tradicional.

🏨🏨 **Meliá Palas Atenea** sin rest, con cafetería   ≤ ⌇ 🖼 〔≜〕 ᴧ 〔AC〕 ✗ ⁽ᵗ⁾ 👙
av. Ingeniero Gabriel Roca 29 ✉07014 – ☏ 971 28 14 00   〔VISA〕 〔⚬⚬〕 〔AE〕 〔①〕
– www.solmelia.com   BU**e**
353 hab – 🛏110/200 € 🛏🛏120/220 €, ⌧ 18,35 € – 8 suites
♦ Un clásico de la hostelería local ubicado en pleno paseo marítimo. Dispone de
un espléndido hall, una amplia zona social y diversos servicios complementarios,
como un SPA.

🏨 **Armadams** sin rest   ⌇ 🖼 🖼 〔≜〕 ᴧ 〔AC〕 ✗ ⁽ᵗ⁾ 👙 🚗 〔VISA〕 〔⚬⚬〕 〔AE〕 〔①〕
Marqués de la Sènia 34 ✉07014 – ☏ 971 22 21 21 – www.hotelarmadams.com
73 hab – 🛏149/171 €, ⌧ 18 €   BU**t**
♦ Posee habitaciones de correcta amplitud, con mobiliario funcional, escasa
decoración e hidromasaje en los baños. Agradables piscinas, una exterior y otra
interior con jacuzzi.

en La Bonanova :

🏨🏨🏨 **Valparaíso Palace** ⌂   ≤ 🍴 🍴 ⌇ 🖼 🖼 ✗ 〔≜〕 ᴧ hab, 〔AC〕 ✗ ⁽ᵗ⁾ 👙
Francisco Vidal i Sureda 23 ✉07015 Palma de   〔P〕 〔VISA〕 〔⚬⚬〕 〔AE〕 〔①〕
Mallorca – ☏ 971 40 03 00 – www.grupotelvalparaiso.com   BV**a**
156 hab ⌧ – 🛏105/157 € 🛏🛏176/290 € – 18 suites
Rest – *(cerrado domingo)* Menú 40 €
♦ Su privilegiada ubicación dominando la bahía le brinda hermosas vistas. Presenta
una correcta zona social, con un magnífico hall, equipadas habitaciones y un comple-
tísimo SPA. En su acogedor restaurante encontrará una cocina tradicional actualizada.

🏨🏨 **Hesperia Ciutat de Mallorca** sin rest, con cafetería   🖼 ⌇ 🖼 〔≜〕 〔AC〕
Francisco Vidal i Sureda 24 ✉07015 Palma de   ✗ ⁽ᵗ⁾ 👙 〔P〕 〔VISA〕 〔⚬⚬〕 〔AE〕 〔①〕
Mallorca – ☏ 971 70 13 06 – www.hesperia-ciutatdemallorca.com   BV**x**
56 hab – 🛏🛏46/111 €, ⌧ 11,25 € – 2 suites
♦ Sencillo, colorista y de moderno interior. Sus habitaciones, bastante luminosas,
poseen mobiliario funcional y baños completos en mármol. Atractivo jardín y piscina exterior.

en Cala Major :

🏨🏨🏨 Nixe Palace   ≤ ⌇ 🖼 〔≜〕 〔AC〕 ⁽ᵗ⁾ 👙 🚗
av. Joan Miró 269 ✉07015 Palma de Mallorca – ☏ 971 70 08 88 – www.h-santos.es
129 hab **Rest** –   AV**s**
♦ Este espléndido hotel, con acceso directo a una playa casi privada, realza sus
excelentes instalaciones con unas soberbias vistas al mar. Habitaciones de exquisito gusto. En su elegante comedor encontrará una carta con platos tradicionales
e internacionales.

en Son Vida :

Castillo H. Son Vida 🕸️   ⇐ 🚗 🕭 ⅃ 🗔 ♨ ⚞ 📷 ⟦⟧ & hab, 🖭 ⚠️

Raixa 2 ✉️*07013 Palma de Mallorca*   🕪 🎧 **P** VISA ⚫⚫ AE ⓘ
– 𝒞 971 49 34 93 – www.luxurycollection.com   ATa
155 hab 🗜 – 🛏220/550 € 🛏🛏320/1100 € – 12 suites
Rest *Es Ví* – *(sólo cena)* Carta 58/74 € ⅜   **Rest *Es Castell*** – Carta 45/62 €
♦ Una elegante decoración y un moderno equipamiento conviven en este palacio señorial, ubicado entre pinos y dotado con espléndidas vistas a la ciudad, la bahía y las montañas. El restaurante Es Ví ofrece una refinada atmósfera y una cocina a base de menús degustación.

Arabella Sheraton Golf H. Son Vida 🕸️   ⇐ 🚗 🕭 ⅃ 🗔 ♨ ♨
📷 ⟦⟧ & hab, 🖭 ♨ 🕪 🎧 **P** 🚗 VISA ⚫⚫ AE ⓘ

Vinagrella ✉️*07013 Palma de Mallorca* – 𝒞 *971 78 71 00 – www.mallorca-resort.com*
92 hab 🗜 – 🛏230/320 € 🛏🛏370/450 € – 3 suites   ATb
Rest *Flame* – *(sólo almuerzo salvo junio-septiembre)* Carta 40/59 €
Rest *Plat d'Or* – *(sólo cena)* Carta 52/67 €
♦ Edificio señorial emplazado junto a un campo de golf y en un marco acogedor, donde se funden el lujo y la elegancia. Bellos exteriores y dependencias de línea clásica. El restaurante Plat d'Or ofrece un marco clásico-actual y una carta de tinte internacional.

Al Este de la Bahía :

en Es Molinar :

Portixol   ⇐ ⅃ ♨ ⟦⟧ 🖭 ♨ 🕪 VISA ⚫⚫ AE ⓘ
Sirena 27 ✉️*07006 Palma de Mallorca* – 𝒞 *971 27 18 00 – www.portixol.com*
26 hab 🗜 – 🛏100/150 € 🛏🛏170/400 €   DUu
Rest *Portixol* – ver selección restaurantes
♦ Singular y con buenas vistas al mar. Su moderna decoración resulta original por estar salpicada con detalles mediterráneos. Habitaciones y baños con mobiliario de diseño.

Portixol – Hotel Portixol   🕭 ⅃ 🖭 ♨ VISA ⚫⚫ AE ⓘ
Sirena 27 ✉️*07006 Palma de Mallorca* – 𝒞 *971 27 18 00 – www.portixol.com*
Rest – Carta 30/51 €   DUu
♦ Posee una entrada independiente respecto al hotel, una agradable terraza y un comedor acristalado, alegre y luminoso, con vistas a la piscina. Carta de fusión.

en Es Coll d'en Rabassa por ④ : 6 km

Ciutat Jardí sin rest   ⅃ ⟦⟧ & 🖭 ♨ 🕪 🎧 VISA ⚫⚫ AE
Illa de Malta 14, por Vicari Joaquím Fuster ✉️*07007 Palma de Mallorca*
– 𝒞 971 74 60 70 – www.hciutatj.com – cerrado 5 diciembre-11 enero   DV
20 hab 🗜 – 🛏95/125 € 🛏🛏119/300 €
♦ Hotel de tradición familiar fundado en 1921 y dotado con una magnífica fachada. Ofrece habitaciones de buen confort, con los baños algo pequeños aunque todos con hidromasaje.

Ca'n Jordi   🖭 ♨ VISA ⚫⚫ AE ⓘ
Illa de Xipre 12, por Vicari Joaquím Fuster ✉️*07007 Palma de Mallorca*
– 𝒞 971 49 19 78 – www.restaurantecanjordi.es   DV
Rest – Carta 46/68 €
♦ Restaurante de ambiente clásico dotado con un sugerente vivero a la entrada. Su especialidad son los pescados y mariscos, siempre de excelente calidad y sencilla elaboración.

Bonsol   🖭 ♨ VISA ⚫⚫ AE
Illa de Xipre 12, por Vicari Joaquím Fuster ✉️*07007 Palma de Mallorca*
– 𝒞 971 26 62 70   DV
Rest – Carta 40/60 €
♦ Este modesto negocio de aire marinero se presenta con una terraza acristalada, un vivero de marisco y una barra-expositor de pescado fresco. Disfruta de una clientela fiel.

ESPAÑA

en Platja de Palma (Can Pastilla, ses Meravelles, s'Arenal) por ④ : 10 km

🕅 Leman   ⇐ ℣ ⛆ 🖼 🖩 🖭 ⅏ 🕅 ⱱ 🕅

av. Son Rigo 6 ⊠*07610 Can Pastilla* – 𝓒 *971 26 07 12* – *www.hotel-leman.com – 12 febrero-octubre*

98 hab ⊡ – 🛉110/165 € 🛉🛉175/226 € – 23 apartamentos

Rest – *(sólo cena)* Menú 21 €

♦ Excelente alojamiento junto al mar. Aunque está orientado al descanso vacacional de sol y playa, ofrece todos los servicios y comodidades de un hotel moderno. El luminoso comedor basa su propuesta en un generoso buffet.

✕✕ Laurus   ⇐ 🖫 🖭 ⅏ 🕅 🕅

Tit Livi 23 ⊠*07610 Can Pastilla* – 𝓒 *971 26 32 31* – *www.laurusrestaurant.com – cerrado noviembre-febrero y lunes*

Rest – Carta 27/40 €

♦ Pequeño negocio familiar que destaca por su excelente emplazamiento frente a la playa y el puerto deportivo. Comedor actual para una cocina tradicional con detalles de autor.

PALMANOVA – 579 J6 – 3 902 h. – Playa – ⊠ 07181   **6** B1

▶ Palma de Mallorca 17

🛈 passeig del Mar 13 𝓒 971 68 23 65 omtpalmanova@calvia.com Fax 971 68 23 65

🕅🕅🕅 Mardavall ☙   ⇐ 🖼 🖫 ℣ 🖩 🖭 🛎 🖻 ⅃ hab, 🖭 ⅏ 🕅 🛋 🅿 🖾   🕅 🕅 🕅 🕅

Passeig Calvià ⊠*07181 Costa d'en Blanes Calvià*

– 𝓒 *971 62 96 29* – *www.stregis.com/mardavall* – *cerrado 15 diciembre-15 enero*

124 hab ⊡ – 🛉230/550 € 🛉🛉410/900 € – 9 suites

Rest *Es Fum* – *(cerrado martes y miércoles salvo verano) (sólo cena) (sólo menú)* Menú 128/153 €

Rest *Aqua* – Carta 59/71 €

♦ Lujoso hotel repartido en varios edificios, con un bello jardín y vistas al mar. Presenta un elegante hall octogonal, excelentes habitaciones y un completo SPA. El restaurante Es Fum, que ofrece una cocina de autor, destaca por su cuidadísimo servicio de mesa.

PEGUERA – 579 I6 – Playa – ⊠ 07160   **6** B1

▶ Palma de Mallorca 23

🛈 Ratolí 1 𝓒 971 68 70 83 omtpaguera@calvia.com Fax 971 68 54 68

🕅 Bahía   ℣ 🖫 ⅃ hab, 🖭 ⅏ 🕅 🕅 🕅 🕅 🕅

Bulevar de Peguera 81 – 𝓒 *971 68 61 00* – *www.hotelbahia.com* – *abril-octubre*

55 hab ⊡ – 🛉108/114 € 🛉🛉166/179 €

Rest – *(sólo cena) (sólo menú)* Menú 23 €

♦ Coqueto y de ambiente familiar, con unas luminosas estancias de confort clásico. Su atractiva arquitectura de estilo mallorquín se ve rodeada por un entorno muy tranquilo.

✕✕ La Gran Tortuga   ⇐ 🖫 🖭 ⅏ 🕅 🕅 🕅

carret. de Cala Fornells 37 – 𝓒 *971 68 60 23* – *www.lagrantortuga.net – cerrado 15 noviembre-enero*

Rest – Carta 26/42 €

♦ Está llevado con profesionalidad y destaca por su magnífico emplazamiento frente al mar. El comedor, que se complementa con una agradable terraza, ofrece excelentes vistas.

PETRA – 579 M6 – 2 886 h. – ⊠ 07520   **6** B1

▶ Palma de Mallorca 46

✕✕ Sa Plaça Petra con hab   🖫 🖭

pl. Ramón Llull 4 – 𝓒 *971 56 16 46* – *www.saplacapetra.com*

3 hab   **Rest** –

♦ Este coqueto restaurante está instalado en la plaza de la localidad y ofrece una sala dividida en dos partes, ambas de montaje clásico. Carta tradicional y vinos autóctonos. Como complemento al negocio disfruta de tres habitaciones, bastante cuidadas, confortables y con buenos detalles.

Es Pil.larí – 579 K6 – 1 994 h. – ✉ 07001   6 B1

▶ Palma de Mallorca 13

 Sa Posada d'Es Molí ⚘   ⌨ 🏠 ⅀ ▢ ✕ AC 🌡 P VISA ⊙ ⓞ
camí de Son Fangos – ℰ 971 26 05 93 – www.posadadesmoli.com
– 11 febrero-octubre
17 hab ⊑ – ♦85/101 € ♦♦150/176 € – 2 suites
Rest – *(sólo clientes)* Menú 28 €
♦ Casa señorial en un bello entorno ajardinado. Ofrece unas cálidas zonas sociales y habitaciones de completo equipamiento, muchas dotadas de camas mallorquinas con dosel.

Pollença – 579 M4 – 17 260 h. – alt. 200 m – Playa – ✉ 07460   6 B1

▶ Palma de Mallorca 55
ℹ Sant Domingo 17 ℰ 971 53 50 77 oit@ajpollenca.net Fax 971 53 11 54
🖼 Pollença, carret. de Palma de Mallorca km 49,3, ℰ 971 53 32 16

 Juma sin rest   🛗 AC 🌡 ⸜ⁱ⸝ P VISA ⊙ AE ⓞ
pl. Major 9 – ℰ 971 53 50 02 – www.pollensahotels.com – *cerrado*
15 noviembre-15 diciembre
7 hab ⊑ – ♦60/96 € ♦♦80/120 €
♦ Un marco acogedor situado en la Plaza Mayor de la localidad. Sobrias habitaciones decoradas con mobiliario de estilo antiguo, en claro contraste con un confort moderno.

L'Hostal sin rest   🛗 AC 🌡 ⸜ⁱ⸝ P VISA ⊙ AE ⓞ
Mercat 18 – ℰ 971 53 52 81 – www.pollensahotels.com
– marzo-octubre
6 hab ⊑ – ♦60/96 € ♦♦80/120 €
♦ Esta casa se ha rehabilitado por completo, dándole un aire minimalista y de diseño. Sus luminosas habitaciones resultan actuales y disfrutan de un completo equipamiento.

Posada de Lluc sin rest   ⅀ 🛗 AC 🌡 ⸜ⁱ⸝ VISA ⊙
Roser Vell 11 – ℰ 971 53 52 20 – www.posadalluc.com
– cerrado diciembre-enero
8 hab ⊑ – ♦70/110 € ♦♦95/185 €
♦ El origen de la posada data del s. XV y perteneció a una institución religiosa. Sus habitaciones, con decoración personalizada y baños actuales, resultan muy espaciosas.

✕✕ **Clivia**   AC 🌡 VISA ⊙ AE ⓞ
av. Pollentia 5 – ℰ 971 53 36 35 – *cerrado 15 noviembre-26 diciembre,*
febrero-15 marzo y miércoles
Rest – Carta 35/46 €
♦ Establecimiento de línea clásica dotado con toques de cierta elegancia. Ofrecen una carta tradicional y resulta muy popular por la calidad de sus pescados, traídos a diario.

por la carretera Ma 2200 Sur : 3 km y desvío a la izquierda 0,5 km

🏨 **Son Brull** ⚘   ← ⌨ 🏠 ⅀ ▢ ✕ 🛗 & hab, AC 🌡 ⸜ⁱ⸝ 🏊 P VISA ⊙ AE ⓞ
carret. Palma-Pollença ✉07460 – ℰ 971 53 53 53 – www.sonbrull.com
– 21 abril-noviembre
23 hab ⊑ – ♦210/339 € ♦♦248/399 €
Rest 365 – *(sólo cena)* Carta 46/75 €
♦ Este imponente edificio, rodeado por una extensa finca, ocupa un convento jesuita del s. XVIII. Combina el encanto antiguo con las características del confort más moderno. El restaurante 365 ofrece un buen servicio de mesa y una cocina creativa bien elaborada.

PORT D'ALCÚDIA – 579 M5 – Playa – ⊠ 07410   6 B1

> ❱ Palma de Mallorca 54
>
> 🚢 – para Ciutadella de Menorca : Iscomar Ferris, Muelle Comercial, ✆ 971 54 98 54 iscomarferris.alc@ral.es Fax 971 54 94 76
>
> 🇮 paseo Marítimo ✆ 971 54 72 57 turismepm@alcudia.net Fax 971 54 72 57 (temp)
>
> y carret. de Artà 68 ✆ 971 89 26 15 turismecb@alcudia.net Fax 971 89 26 15 (temp)

𝕏𝕏   Jardín   🏠 🅰🅲 🕏 🆅🅸🆂🅰 ⊙⊙ 🅰🅴 ⓞ

dels Tritons – ✆ 971 89 23 91 – www.restaurantejardin.com – cerrado enero-15 marzo, lunes y martes
Rest – (sólo fines de semana salvo mayo-14 octubre) Menú 60/70 €
♦ A cargo de dos hermanos que llevan el negocio con ilusión y simpatía. Ofrece una sala de aire rústico y un agradable porche volcado a un jardín. Interesante menú degustación.

♈/   Casa Gallega   🏠 🅰🅲 🆅🅸🆂🅰 ⊙⊙ 🅰🅴 ⓞ

Hostelería 11 – ✆ 971 54 51 79 – www.casagallegaalcudia.com
Rest – Tapa 1,50 € – Ración aprox. 7,50 €
♦ Bar de tapas de buen montaje y diseño actual. Ofrece una terraza, una barra bien surtida, con algunas mesas, y un pequeño comedor. La cocina queda a la vista del cliente.

en Alcanada Este: 3,5 km

𝕏𝕏   La Terraza   ⇐ 🏠 🅰🅲 🆅🅸🆂🅰 ⊙⊙ 🅰🅴 ⓞ

Pompeu Fabra 7 – ✆ 971 54 56 11 – www.laterrazaalcanada.com – abril-octubre
Rest – Carta 24/45 €
♦ Su mayor encanto reside en estar sobre un acantilado, con estupendas vistas a la bahía de Alcudia. Mobiliario de calidad en madera y mimbre. Cocina tradicional actualizada.

PORT D'ANDRATX – 579 I6 – ⊠ 07157   6 B1

> ❱ Palma de Mallorca 34
>
> 🄶 Paraje★ – Recorrido en cornisa★★★ de Port d'Andratx a Sóller

𝕏𝕏   Layn   ⇐ 🏠 🆅🅸🆂🅰 ⊙⊙ 🅰🅴 ⓞ

av. Almirante Riera Alemany 20 – ✆ 971 67 18 55 – www.layn.net – cerrado diciembre-enero
Rest – Carta 28/50 €
♦ Negocio llevado con dedicación. Además de su comedor dispone de dos terrazas, una con vistas al mar en el paseo marítimo y otra en la parte trasera, a la sombra de los pinos.

PORT DE POLLENÇA – 579 M4 – Playa – ⊠ 07870   6 B1

> ❱ Palma de Mallorca 58
>
> 🇮 passeig Saralegui, ✆ 971 86 54 67 oitport@ajpollenca.net Fax 971 86 67 46
>
> 🄾 Paraje★
>
> 🄶 Carretera★ de Port de Pollença al Cabo Formentor★ : Mirador d'Es Colomer★★★

🏠   Illa d'Or ॐ   ⇐ 🏠 🏊 ▣ 🅻👌 🍽 📶 🅰🅲 🕏 ᵕᵖ 🆂🅰 🆅🅸🆂🅰 ⊙⊙ 🅰🅴 ⓞ

passeig Colom 265 – ✆ 971 86 51 00 – www.hotelillador.com
– 25 febrero-20 noviembre
118 hab ⌂ – ♦66/114 € ♦♦113/242 € – 2 suites   **Rest** – Menú 32 €
♦ Se trata de un clásico en la zona y se encuentra frente al mar. Posee un pequeño embarcadero privado, cuidados espacios comunes y habitaciones dotadas de un elevado confort. El restaurante se complementa con una agradable terraza a la sombra de los árboles.

Miramar ⬧ 🅷 🅰🅲 🍴 💳 ⓒⓑ 🅰🅴 ⓘ
passeig Anglada Camarasa 39 – 𝒞 971 86 64 00 – www.hotel-miramar.net
– abril-octubre
84 hab ⬚ – ♦60/80 € ♦♦90/157 €   **Rest** – Menú 19 €
♦ Hotel familiar bien situado y de ambiente decimonónico. Ofrece una acogedora zona social y correctas habitaciones, algo justas de espacio y de sencillo
mobiliario clásico. El restaurante disfruta de terraza y elabora una carta propia
del recetario tradicional.

en la carretera de Alcúdia Sur : 3 km

Ca'n Cuarassa ⬧ 🏠 💳 ⓒⓑ 🅰🅴
✉07470 – 𝒞 971 86 42 66 – www.cancuarassa.com – 13 febrero-14 noviembre
Rest – Carta 27/40 €
♦ Atractivo marco de estilo rústico mallorquín. Ofrece una terraza acristalada y
varias salas, decoradas con lámparas de cristal y litografías abstractas. Cocina tradicional.

PORT DE SÓLLER – 579 K5 – alt. 160 m – Playa – ✉ 07849   6 B1
🔁 Palma de Mallorca 32
ℹ Canonge Oliver 10 𝒞 971 63 30 42 oitportdesoller@a-soller.es Fax 971 63
30 42

Espléndido ⬧ 🏠 ⤢ 🛏 🅷 ⟐ hab. 🅰🅲 🍴 📶 🧖 💳 ⓒⓑ 🅰🅴 ⓘ
Es Traves 5 – 𝒞 971 63 18 50 – www.esplendidohotel.com – marzo-noviembre
81 hab ⬚ – ♦125 € ♦♦150 € – 1 suite   **Rest** – Carta 33/45 €
♦ Se encuentra en 1ª línea de playa, en un edificio que tras ser restaurado ha
logrado una línea bastante actual, con habitaciones de buen confort y equipamiento. El comedor luce una estética moderna, dejando la cocina a la vista del
cliente.

Aimia ⬧ 🏠 ⤢ 🛏 🅷 ⟐ hab. 🅰🅲 🍴 📞 🧖 💳 ⓒⓑ 🅰🅴 ⓘ
Santa María del Camí 1 – 𝒞 971 63 12 00 – www.aimiahotel.com
– marzo-octubre
43 hab ⬚ – ♦155/170 € ♦♦170/225 €   **Rest** – Menú 24 €
♦ Hotel de línea moderna y actual. Ofrece unas habitaciones muy luminosas, con
terraza y baños completos que disponen tanto de bañera como de ducha independiente. En su restaurante, de correcto montaje, encontrará una sencilla carta
de cocina actual.

Los Geranios ⬧ 🅷 🅰🅲 🍴 hab. 📞 💳 ⓒⓑ 🅰🅴
passeig de la Platga 15 – 𝒞 971 63 14 40 – www.hotel-losgeranios.com – cerrado
del 15 al 31 de enero y 28 noviembre-15 diciembre
21 hab ⬚ – ♦70/110 € ♦♦100/225 €   **Rest** – Carta aprox. 30 €
♦ Disfruta de una terraza en el paseo de la playa, una reducida zona social y
habitaciones clásicas de correcto confort, casi todas las dobles con vistas. Organización familiar. En su restaurante podrá degustar una carta no muy extensa pero
de carácter creativo.

Randemar 🏠 🅰🅲 🍴 ⟷ 💳 ⓒⓑ
passeig Es Través 16 – 𝒞 971 63 45 78 – www.randemar.com
– 15 marzo-3 noviembre
Rest – *(cerrado martes en marzo-abril)* Carta 21/38 €
♦ Su animada localización en pleno paseo marítimo constituye todo un reclamo.
Pequeña barra de apoyo, un comedor distribuido en dos salas y una espaciosa
terraza de verano.

Es Canyis 🏠 🅰🅲 🍴 💳 ⓒⓑ
passeig de la platja de'n Repic 21 – 𝒞 971 63 14 06 – www.escanyis.es – cerrado
enero, febrero y lunes
Rest – Carta 34/43 €
♦ Un negocio de arraigada tradición familiar. Ofrece un luminoso comedor de
montaje clásico y una carta de tinte tradicional, con varios platos actualizados y
algunos arroces.

ESPAÑA

PORTALS NOUS – 579 J6 – **Puerto deportivo** – ✉ **07181** 6 B1

▶ Palma de Mallorca 12

XXXX **Tristán** (Gerhard Schwaiger) ← 🛣 AC 🛁 VISA ⚫ AE ①
☙ *Puerto Portals ✉07181 – 𝒞 971 67 55 47 – www.grupotristan.com*
– marzo-octubre
Rest – *(cerrado lunes) (sólo cena) (sólo menú)* Menú 159 € 🍴
Espec. Gamba de Sóller confitada en aceite de limón, paella de cous-cous y ensalada de albahaca y escalivada. Vieira envuelta en espinaca, banana cocida y caldereta de cigala y cardamomo. Dúo de lomo de caza en salsa de pimienta blanca, jugo de especias, polenta de piñones y cilantro (mayo-junio).
♦ Su ubicación frente al puerto deportivo y la elegante terraza acristalada armonizan con la distinguida línea clásica de su interior. Cocina creativa de gran nivel, donde se aúna el dominio técnico con la calidad del producto y unas originales presentaciones.

X **Flanigan** 🛣 AC ↔ VISA ⚫ AE
Puerto Portals - local 16 ✉07181 – 𝒞 971 67 91 91 – www.flanigan.es
Rest – Carta 33/46 €
♦ Esta casa ofrece un interior de ambiente marinero y una agradable terraza dotada de vistas al muelle. Cocina tradicional con arroces, pescados y platos de cuchara en invierno.

PORTO CRISTO – 579 O6 – **Playa** – ✉ **07680** 6 B1

▶ Palma de Mallorca 62

🅘 Moll 𝒞 971 81 51 03 turisme@manacor.org Fax 971 84 91 26

◎ Cuevas del Drach★★★ Sur : 1 km – Cuevas del Hams (sala de los Anzuelos★) Oeste : 1,5 km

por la carretera de Portocolom Suroeste : 4,5 km y desvío a la derecha 1 km

🏠 **Son Mas** 🌿 ← 🚗 🛣 🏊 ☒ ⅏ hab. AC 🛁 🕻 **P** VISA ⚫
carret. Porto Cristo-Portocolom ✉07680 – 𝒞 971 55 87 55 – www.sonmas.com
– marzo-octubre
16 hab ☑ – ♦213/254 € ♦♦249/298 €
Rest – *(cerrado martes) (sólo clientes)* Menú 39 €
♦ Casa de campo con profusión de piedra vista. Dispone de un salón social abovedado, amplias habitaciones decoradas con sobriedad y elegancia, así como unos cuidados exteriores.

PORTOCOLOM – 579 N7 – **Playa** – ✉ **07670** 6 B1

▶ Palma de Mallorca 63

X **Celler Sa Sinia** 🛣 AC 🛁 VISA ⚫ AE
Pescadors 25 – 𝒞 971 82 43 23 – febrero-octubre
Rest – *(cerrado lunes)* Carta 39/46 €
♦ Un clásico en la zona. El comedor está dividido en varios espacios, con los techos abovedados, las paredes en madera y algún detalle marinero. Buena selección de pescados.

PUIGPUNYENT – 579 J6 – 1 867 h. – alt. 240 m – ✉ **07194** 6 B1

▶ Palma de Mallorca 36

🏰 **G.H. Son Net** 🌿 ← 🚗 🛣 🏊 🎴 🎮 ⅏ hab. AC 🛁 ♨ **P** VISA ⚫ AE
Castillo Son Net – 𝒞 971 14 70 00 – www.sonnet.es – cerrado diciembre-febrero
24 hab ☑ – ♦♦200/370 € – 7 suites
Rest *Oleum* – Carta 34/54 €
♦ Elegante mansión mallorquina del s. XVII que realza con exquisito gusto todos sus rincones. Posee maravillosas estancias y habitaciones decoradas en distintos estilos. Entrañable restaurante instalado en lo que en su día fue un antiguo molino de aceite.

RANDA – **579** L6 – ✉ 07193   **6** B1
> ▶ Palma de Mallorca 26
> ◉ Santuario de Cura★ ※★★

XX   **Es Recó de Randa** con hab ⬙   🍴 ⊼ 🗚 ⅍ **P** 𝚟𝚒𝚜𝚊 ⚊ 𝔸𝔼
Font 21 – *℘ 971 66 09 97* – *www.esrecoderanda.com*
14 hab ⌂ – †87/109 € ††116/145 €   **Rest** – Carta 31/42 €
♦ Acogedora casa señorial en piedra donde encontrará varios comedores, luminosos y con mobiliario de calidad, así como una bonita terraza. Carta amplia de gusto tradicional. También disfruta de unas confortables habitaciones, todas espaciosas y bien equipadas.

SANTA MARGALIDA – **579** M5 – 11 537 h. – alt. 100 m – ✉ 07450   **6** B1
> ▶ Palma de Mallorca 43

en la carretera de Alcúdia Ma 3410 Norte : 4 km

🏠   **Casal Santa Eulàlia** ⬙   🍴 ⊼ 🕏 & hab. 🗚 ⅍ **P** 𝚟𝚒𝚜𝚊 ⚊ 𝔸𝔼 ⓞ
✉07458 Ca'n Picafort – *℘ 971 85 27 32* – *www.casal-santaeulalia.com*
– *20 marzo-octubre*
25 hab ⌂ – †150/160 € ††190/200 €   **Rest** – Menú 35 €
♦ Mansión del s. XIII en estilo mallorquín que ha respetado en su rehabilitación la nobleza de los antiguos señoríos. Habitaciones amplias y serenas, de elevado confort. Restaurante de excelente nivel en piedra vista.

SANTA MARÍA DEL CAMÍ – **579** K6 – 5 992 h. – alt. 150 m – ✉ 07320   **6** B1
> ▶ Palma de Mallorca 16

XX   **Molí des Torrent**   🍴 🗚 ⅍ **P** 𝚟𝚒𝚜𝚊 ⚊ 𝔸𝔼
carret. de Bunyola 75, Noroeste : 1,8 km – *℘ 971 14 05 03*
– *www.molidestorrent.de* – *cerrado 15 días en diciembre, 7 días en agosto, miércoles y jueves*
Rest – *(sólo cena en julio y agosto)* Carta 40/52 €
♦ Ocupa un antiguo molino de viento dotado con dos comedores de aire rústico y una agradable terraza. Su cocina aúna la tradición local con algunas especialidades alemanas.

SANTA PONÇA – **579** I6 – Playa – ✉ 07180   **6** B1
> ▶ Palma de Mallorca 21
> 🄴 Vía Puig de Galatzó ℘ 971 69 17 12 omtsantaponsa@calvia.com Fax 971 69 41 37
> 🄶🅂 Santa Ponça, urb. Nova Santa Ponça, ℘ 971 69 02 11

X   **Miguel**   🍴 🗚 ⅍ 𝚟𝚒𝚜𝚊 ⚊
av. Rei Jaume I-92 – *℘ 971 69 09 13* – *marzo-octubre*
Rest – Carta 28/40 €
♦ Negocio familiar situado en el centro de la localidad. Agradable terraza y un comedor, donde sirven una cocina que basa su maestría en la calidad de los productos.

SENCELLES – **579** L6 – ✉ 07140   **6** B1
> ▶ Palma de Mallorca 30

X   **Sa Cuina de N'Aina**   🍴 🗚 ⅍ 𝚟𝚒𝚜𝚊 ⚊ 𝔸𝔼 ⓞ
Rafal 31 – *℘ 971 87 29 92* – *www.sacuinadenaina.com* – *cerrado martes*
Rest – Carta 22/39 €
♦ Este restaurante, llevado en familia, ofrece una cocina de mercado basada tanto en los platos tradicionales como en los de elaboración propia. Interior rústico-actual.

ESPAÑA

SINEU – 579 M6 – 3 520 h. – alt. 160 m – ⊠ 07510   **6** B1

▶ Palma de Mallorca 45

Can Joan Capó   🕭 🏊 🚻 🛏 🛁 % hab, 🕻 🌐 VISA ⚈ AE
Degà Joan Rotger 4 – ℰ 971 85 50 75 – www.canjoancapo.com – cerrado 23 diciembre-enero
8 hab ⊊ – ♦130 € ♦♦150/220 €   **Rest** – *(sólo cena)* Menú 32 €
♦ Esta casa se construyó hace unos 700 años, sin embargo, recrea un ambiente neorrústico sumamente acogedor. Paredes en piedra, algunos muebles en forja y detalles actuales. El restaurante, que posee dos salas de aire antiguo, se ve complementado con una agradable terraza y centra su trabajo en un menú degustación.

SÓLLER – 579 K5 – 13 942 h. – alt. 54 m – Playa en Port de Sóller   **6** B1
– ⊠ 07100

▶ Palma de Mallorca 27

🖪 pl. d'Espanya ℰ 971 63 80 08 ma.mintour08@bitel.es Fax 971 63 80 09

G.H. Sóller   🕭 🏊 🖻 ♨ 🛏 🛁 ⅙ hab, 🛗 🌐 🕏 🅿 🚗
Romaguera 18 – ℰ 971 63 86 86 – www.granhotelsoller.com
33 hab – 5 suites   **Rest** –
♦ Este céntrico hotel ocupa un antiguo edificio de carácter señorial, con el exterior ajardinado. Disfruta de una correcta zona noble y posee habitaciones de muy buen confort. En su cuidado restaurante encontrará una carta de cocina tradicional actualizada.

S'Ardeviu sin rest   🛗 ⅙ VISA ⚈ AE
Vives 14 – ℰ 971 63 83 26 – www.sollernet.com/sardeviu – febrero-octubre
7 hab ⊊ – ♦85/95 € ♦♦100/120 €
♦ Típica casa mallorquina dotada de unas cómodas habitaciones equipadas con mobiliario antiguo. A destacar la acogedora zona social con bonito patio interior.

✗ El Guía con hab   🛗 rest, ⅙ VISA ⚈
Castañer 2, (hab de marzo a noviembre) – ℰ 971 63 02 27
18 hab ⊊ – ♦54 € ♦♦87 €
Rest – *(cerrado jueves salvo festivos)* Carta 26/40 €
♦ Negocio familiar situado en el centro de la localidad. Su principal actividad está en el restaurante, con un sencillo comedor y una carta atenta al recetario tradicional. Las habitaciones, impecables en su limpieza, se presentan en sintonía con el resto de instalaciones, siendo modestas pero muy correctas.

en el camino de Son Puça Noroeste : 2 km

Ca N'ai ⌂   ⇐ 🕭 🏊 🛗 ⅙ 🕼 🅿 VISA ⚈ AE ①
⊠07100 – ℰ 971 63 24 94 – www.canai.com – marzo-octubre
11 hab ⊊ – ♦80/150 € ♦♦180/275 €   **Rest** – *(cerrado lunes)* Menú 33 €
♦ Casa de campo arropada por el silencio de los naranjos. Su sencilla decoración revela un elevado gusto por la tradición, con entrañables habitaciones y vistas al Puij Major. Su acogedor restaurante de ambiente rústico está abierto a la belleza de la sierra de Alfabia.

por la carretera de Deià :

⌂ Ca's Xorc ⌂   🕭 🕭 🏊 🛗 ⅙ 🕻 🅿 VISA ⚈ AE ①
Noroeste : 4 km y desvío a la izquierda 0,5 km ⊠07100 – ℰ 971 63 82 80 – www.casxorc.com – 15 marzo-octubre
12 hab ⊊ – ♦174 € ♦♦205 €   **Rest** – *(cerrado martes)* Carta 38/50 €
♦ Un espléndido marco que combina detalles de diseño con la rusticidad de su pasado como finca agrícola. Las vistas desde la piscina son impresionantes. El impecable comedor ocupa el antiguo molino de aceite.

✗✗ **Bens d'Avall** ≼ ⌂ AC VISA ⊙⊙ AE ⊙

urb. Costa de Deià, Noroeste : 5 km y desvío a la derecha 2,3 km ✉*07100*
– ✆ 971 63 23 81 – www.bensdavall.com – abril-noviembre

Rest *– (cerrado martes en verano, domingo noche y martes noche resto del año y lunes)* Carta 53/57 €

♦ Está ubicado en una urbanización rodeada de monte y destaca por su fantástica terraza. Su cocina, basada en un recetario regional actualizado, sorprende por su gran nivel.

SON SERVERA – 579 O6 – **12 215 h.** – **alt. 92 m** – **Playa** – ✉ **07550**   6 B1

▶ Palma de Mallorca 65

🏢 av. Joan Servera Camps (paseo Marítimo) - Cala Millor ✆ 971 58 58 64 oturismecalamillor@ajsonservera.net Fax 971 58 58 64

📷 Son Servera, Noroeste : 7,5 km, ✆ 971 84 00 96

en la carretera antigua de Artà Norte : 1,5 km

⌂ **Ses Cases de Fetget** ⌵   ⌐ ⌂ ⛉ ▨ AC ✂ ⚐ P VISA ⊙⊙

✉*07550 – ✆ 971 81 73 63 – www.sescasesdefetget.com – cerrado 15 noviembre-enero*
11 hab ⚏ – ♦98/113 € ♦♦130/150 €   **Rest** *– (cerrado lunes)* Carta 28/49 €

♦ Conjunto rural con el entorno ajardinado. Su decoración combina la madera, la piedra y cálidas fibras vegetales. Habitaciones actuales, algunas con hidromasaje en los baños. El restaurante disfruta de un montaje moderno y un cuidado servicio de mesa.

en la carretera de Capdepera Noreste : 3 km

⌂ **Petit H. Cases de Pula** sin rest ⌵   ≼ ⌐ ⛉ ▨ AC P VISA ⊙⊙

✉*07550 – ✆ 971 56 74 92 – www.pulagolf.com*
10 hab – ♦85/130 € ♦♦135/230 €, ⚏ 10 €

♦ Cálido y familiar, ocupa una antigua casa de campo que hunde sus raíces en el s. XVI. Su rehabilitación conjuga el respeto a la tradición con un confort actual.

por la antigua carretera de Artà Norte : 3 km y desvío a la derecha 0,5 km

⌂ **Finca Son Gener** ⌵   ≼ ⌐ ⌂ ⛉ ▨ AC ✂ P VISA ⊙⊙ AE

✉*07550 – ✆ 971 18 36 12 – www.songener.com – marzo-octubre*
10 hab ⚏ – ♦270 € ♦♦290 €
Rest *– (cerrado martes) (sólo cena menú) (sólo clientes)* Menú 48 €

♦ Antigua casa de campo rodeada de una extensa finca, con vistas a las montañas. Cálidas habitaciones de gran amplitud y comedor reservado a los clientes alojados.

en Costa de los Pinos Noreste : 7,5 km

🏨 **Eurotel Punta Rotja** ⌵   ≼ ⌐ ⌂ ⛉ ▨ ⅙ ✂ ♨ ▨ AC ✂ ☏ ♨ P
✉*07559 Costa de los Pinos – ✆ 971 81 65 00*   VISA ⊙⊙ AE ⊙
– www.hipotels.com – 12 febrero-octubre
197 hab ⚏ – ♦72/119 € ♦♦93/176 € – 5 suites
Rest *La Cabaña* *– (cerrado miércoles)* Carta 40/59 €

♦ Se encuentra junto al mar, con un bonito jardín bajo los pinos, buenas vistas y piscinas en cascada. Sus dependencias han sido renovadas y ofrece servicios de talasoterapia. El restaurante La Cabaña dispone de una agradable terraza junto al acantilado.

VALLDEMOSSA – 579 J5 – **1 995 h.** – **alt. 427 m** – ✉ **07170**   6 B1

▶ Palma de Mallorca 18

⌂ **Es Petit Hotel de Valldemossa** sin rest   ♨ AC ☏ VISA ⊙⊙ AE
Uetam 1 – ✆ 971 61 24 79 – www.espetithotel-valldemossa.com
– cerrado del 15 al 30 de noviembre
8 hab ⚏ – ♦92/155 € ♦♦102/172 €

♦ Casa familiar llevada directamente por sus propietarios, que entregan las llaves para entrar y salir libremente. Interior de estilo rústico actual con detalles funcionales.

por la carretera de Palma Sur : 2 km y desvío a la derecha 1 km

🏠 **Valldemossa** ◈ ⟨ ⌂ ⛌ 🛗 & hab. 🔲 ⫸ ⟨⟩ 🅿 🚫 ⟐ 🆎

carret. vieja de Valldemossa ✉07170 – ☏ 971 61 26 26
– www.valldemossahotel.com
12 hab ⟐ – ✝195/237 € ✝✝303/355 €   **Rest** – Carta aprox. 50 €
♦ Lujosa casa ubicada en lo alto de un cerro, con varias escalinatas, terrazas y
una hermosa panorámica a la sierra de Tramontana. Sus habitaciones gozan de
un confort actual. El restaurante, que presenta un cuidado montaje, ofrece bellísi-
mas vistas al pueblo.

en la carretera de Andratx : Oeste : 2,7 km y desvío a la derecha 0,6 km

🏠 **Cases de Ca's Garriguer** sin rest ◈ ⛌ 🔲 ⫸ 🅰 🅿 🚫 🚫 🆎 ⓘ

Finca Son Olesa – ☏ 971 61 23 00 – www.vistamarhotel.es – marzo-octubre
10 hab ⟐ – ✝90/100 € ✝✝115/150 €
♦ Casa rural con encanto que ocupa unas antiguas dependencias agrícolas. Sus
espaciosas instalaciones están decoradas con detalles originales y mobiliario restaurado.

MENORCA

Es Castell – 579 T4 – ✉ 07720   6 C1
▶ Mahón 3

🏠 **Son Granot** ◈ ⛌ & hab. 🔲 ⫸ ⟨⟩ 🅿 🚫 🆎

carret. Sant Felip, Sureste : 1 km – ☏ 971 35 55 55 – www.songranot.com
– cerrado del 23 al 27 de diciembre
11 hab ⟐ – ✝84/192 € ✝✝130/260 €   **Rest** – (cerrado lunes) Carta 40/60 €
♦ Casa señorial de inspiración inglesa ubicada en lo alto de un cerro. Las habitaciones gozan de cierto aire colonial, con buen confort y modernos complementos tecnológicos. Restaurante de cuidado montaje donde ofrecen una sugerente
cocina de autor.

por la carretera de Sant Lluis Sur : 2 km y desvío a la izquierda 1 km

🏠 **Sant Joan de Binissaida** ◈ ⟨ ⌂ ⛌ 🛗 ⫸ ⟨⟩ 🅿 🚫 🚫

Camí de Binissaida 108 ✉07720 – ☏ 971 35 55 98 – www.binissaida.com
– abril-octubre
12 hab ⟐ – ✝76/130 € ✝✝146/297 €
Rest – (cerrado enero, febrero, marzo y lunes) Menú 48,60 €
♦ En esta casa de campo el descanso está asegurado. Sus cuidadas habitaciones
combinan a la perfección el mobiliario antiguo con elementos modernos como
las pantallas de plasma.

Ciutadella de Menorca – 579 R3 – 29 160 h. – alt. 25 m – ✉ 07760   6 C1
▶ Mahón 44
🚢 para Cala Ratjada : Interilles Balear, ☏ 902 100 444
🚢 para Port d'Alcúdia : Iscomar Ferris, camí de Sa Farola (Terminal Portuaria),
☏ 971 48 42 16 puertociudadela@iscomar.com Fax 971 38 52 22
ℹ pl. de la Catedral 5 ☏ 971 38 26 93 infomenorcaciutadela@menorca.es
Fax 971 38 26 67
◉ Localidad ★

✗ **Cas Ferrer de sa Font** ⌂ 🔲 ⫸ 🚫 🚫

Portal de sa Font 16 – ☏ 971 48 07 84 – www.casferrer.com
– cerrado 20 enero-20 marzo, domingo mediodía en julio y agosto, lunes, martes
noche y miércoles noche resto del año
Rest – Carta 30/40 €
♦ En el casco viejo. Antigua serrería de sabor isleño cuyos muros albergan un
marco neorrústico. Sus platos alternan la maestría regional con las últimas van-
guardias.

✗ El Horno   AK ✕ VISA ⑳ AE ①

des Forn 12 – ✆ 971 38 07 67 – mayo-octubre
Rest – *(sólo cena)* Carta 25/38 €
♦ Negocio familiar llevado con dignidad y buen hacer, brindándonos un ambiente acogedor. Su modesto montaje cuenta con un bar de espera y una sala rústica en la planta baja.

en la carretera del Cap d'Artrutx Sur : 3 km

✗ Es Caliu   🛋 P VISA ⑳

✉ 07760 – ✆ 971 38 01 65 – www.grillescaliu.com – cerrado
15 diciembre-15 enero
Rest – Carta 21/33 €
♦ Se encuentra junto a la carretera y está dotado de sencillas instalaciones, con amplios comedores rústicos y una gran terraza. La especialidad son las carnes a la brasa.

por la carretera de Cala Morell :

Sant Ignasi ≫   ⇐ 🛋 ☒ 戊 hab, AK ✕ P VISA ⑳ AE

Noreste : 3 km y desvío a la izquierda 1,6 km ✉ 07760 – ✆ 971 38 55 75
– www.santignasi.com – cerrado octubre-marzo
20 hab ☁ – ♦105/170 € ♦♦146/275 € – 5 suites
Rest *Es Lloc* – Carta 38/48 € 🥂
♦ Oasis de paz en una antigua masía rodeada de árboles centenarios. Exquisito gusto, y unas serenas habitaciones que, en diferentes estilos, invitan al descanso. Luminoso comedor cuyo interior, con vigas en el techo, queda dividido por una bella arquería.

⌂ Biniatram sin rest ≫   ☒ ✕ ✕ ⁽⁾ P VISA ⑳

Noreste : 7,5 km ✉ 07760 – ✆ 971 38 31 13 – www.biniatram.com
6 apartamentos – ♦♦55/110 €, ☁ 8 € – 4 hab
♦ Casona rural con piscina en plena naturaleza. Conservando su actividad agrícola alberga unas instalaciones sencillas pero confortables, en un estilo rústico bien cuidado.

en el camino de Macarella Sureste : 7,5 km

🏠 Morvedra Nou ≫   🛋 ☒ 戊 hab, AK ✕ P VISA ⑳

✉ 07760 – ✆ 971 35 95 21 – www.morvedranou.es – Semana Santa-12 octubre
18 hab ☁ – ♦60/170 € ♦♦70/215 €   **Rest** – Menú 21,50 €
♦ Antigua casa de campo rehabilitada según criterios actuales, combinando el moderno equipamiento con su primitivo sabor campestre. Posee piscina y unos bellos exteriores. El comedor ocupa un cálido rincón, donde sirven una carta atractiva y sugerente.

FORNELLS – 579 S3 – 602 h. – alt. 12 m – ✉ 07748   6 C1

▣ Mahón 30
🛈 Casa del Contramaestre. c/d'es Forn s/n, ✆ 971 15 84 30
    infomenorcafornells@menorca.es

✗ S'Áncora   🛋 AK ✕ VISA ⑳ AE ①

passeig Marítim 8 – ✆ 971 37 66 70 – www.sancora-menorca.com
– abril-diciembre
Rest – Carta 35/60 €
♦ Plena dedicación por parte del propietario, en un local de estilo clásico-funcional, cuya ubicación en el paseo marítimo le confiere un ambiente turístico muy animado.

✗ Es Cranc   AK ✕ VISA ⑳

Escoles 31 – ✆ 971 37 64 42 – cerrado diciembre-febrero y miércoles salvo agosto
Rest – Carta 40/74 €
♦ Un negocio llevado con orgullo y entusiasmo. Pase por alto su modesto montaje, pues lo que define a esta casa es una limpieza impecable y unos productos de alta calidad.

ESPAÑA

MAHÓN – 579 T4 – 29 125 h. – alt. 57 m – ⊠ 07701   6 C1

✈ de Menorca, Sant Climent, Suroeste : 5 km ℰ 902 404 704

Iberia : aeropuerto ℰ 902 400 500

⛴ – para la Península y Mallorca : Cía Trasmediterránea, Muelle Comercial,
ℰ 902 45 46 45 info@trasmediterranea.es Fax 971 36 99 28

ℹ av. J.A. Clavé, ℰ 902 92 90 15 infomenorcamao@menorca.es Fax 971 36
20 39

◉ Emplazamiento★, La Rada★

Port Mahón   ⇐ 🕭 ⊐ 🛉 🎖 ⚚ ' 🕭 🖬 ⑥ 🝙 ①

av. Fort de l'Eau 13 ⊠*07701 – ℰ 971 36 62 00 – www.sethotels.com*
80 hab ⊊ – ♦72/156 € ♦♦88/274 € – 2 suites   CY**a**
Rest – Menú 16 €

♦ Tranquilo alojamiento en una agradable zona residencial. Arquitectura de estilo colonial, y un interior de cierto sabor antiguo en claro contraste con su elevado confort. El restaurante ofrece una carta equilibrada.

Catalonia Mirador des Port   ⇐ ⊐ 🛉 🎖 ⚚ ' 🖬 ⑥ 🝙 ①

Vilanova 1 ⊠*07701 – ℰ 971 36 00 16 – www.hoteles-catalonia.com*
69 hab ⊊ – ♦59/265 € ♦♦70/265 €   AY**b**
Rest – *(sólo cena en verano)* Menú 18 €

♦ Caracterizado por unos criterios prácticos y actuales, con una agradable zona ajardinada y hermosas vistas al puerto. Sus habitaciones gozan de un completo equipamiento.

MAHÓN

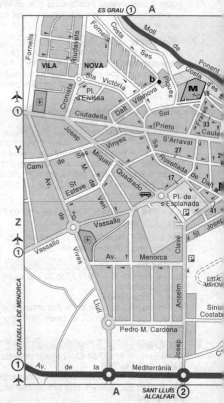

XX La Minerva

Moll de Llevant 87 (puerto) ⊠*07701 –* ℰ *971 35 19 95*
– www.restaurantelaminerva.com – cerrado enero-12 febrero y lunes salvo
abril-octubre   BCY**d**
Rest – Carta 40/55 €

♦ Amables veladas en un embarcadero con terraza. Cuenta también con un barco-bar, y un comedor de línea clásica que resulta cálido y confortable. Organización a la altura.

X Jàgaro

Moll de Llevant 334 (puerto) ⊠*07701 –* ℰ *971 36 23 90 – cerrado marzo,*
domingo noche y lunes noche salvo verano   CZ**g**
Rest – Carta 37/53 €

♦ Casa familiar bien llevada, instalada en un edificio de corte mediterráneo cuyo interior alberga dos salas, una en bodega y otra más funcional con el techo acristalado.

X Gregal

Moll de Llevant 306 (puerto) – ℰ *971 36 66 06*
– www.restaurantegregal.com   CY**c**
Rest – Carta 30/50 €

♦ Restaurante con cierto reconocimiento entre la población de la isla, ya que trabaja con un producto de buena calidad. El comedor resulta reducido, aunque de cuidado montaje.

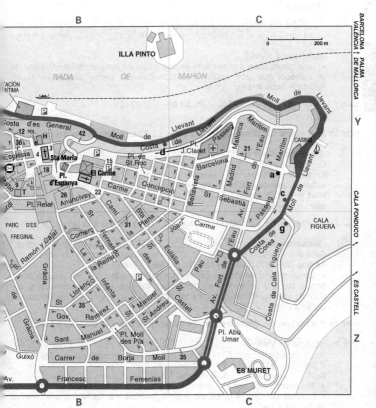

Es MERCADAL – 579 S4 – 5 292 h. – alt. 120 m – ⊠ 07740   6 C1

▶ Mahón 22
🚩 Son Parc, Noreste : 6 km, 𝒞 971 18 88 75
⛰ Monte Toro : ⬍★★ (3,5 km)

✕✕ Ca n'Aguedet   Ⓐ ⅏ 💳 ⓒⓑ ⒜ⓔ Ⓓ
Lepanto 30-1° – 𝒞 971 37 53 91
Rest – Carta 25/32 €
♦ Casa familiar donde se cuida el recetario tradicional de la cocina menorquina. Ofrece un luminoso comedor principal y otro cruzando la calle, este último pensado para grupos.

Es MIGJORN GRAN – 579 S4 – 1 523 h. – alt. 126 m – ⊠ 07749   6 C1

▶ Mahón 18

✕ S'Engolidor con hab   🏠 ⅏ 📞 💳 ⓒⓑ
🙂
Major 3 – 𝒞 971 37 01 93 – abril-octubre
4 hab 🖵 – †32/37 € ††47/58 €   **Rest** – *(cerrado lunes)* Carta 23/30 €
♦ Este restaurante recibe su nombre de un barranco próximo y está distribuido en varias salitas, con algunos patios-terraza para el verano. Cocina casera con toques menorquines. Como complemento al negocio dispone de habitaciones, algo pequeñas, sobrias y con baños de plato ducha.

SANT CLIMENT – 579 T4 – 545 h. – alt. 91 m – ⊠ 07712   6 C1

▶ Mahón 6

✕✕ Es Molí de Foc   🏠 Ⓐ ⅏ 💳 ⓒⓑ
Sant Llorenç 65 – 𝒞 971 15 32 22 – www.molidefoc.es – cerrado enero, domingo noche y lunes
Rest – Carta 36/46 € ❀
♦ Casa centenaria y con encanto, ya que ocupa un antiguo molino. Dispone de un comedor que sabe combinar su rusticidad con ciertos detalles bohemios. Agradable patio interior.

SANT LLUÍS – 579 T4 – 6 997 h. – alt. 50 m – ⊠ 07710   6 C1

▶ Mahón 4

por la carretera de Binibèquer Suroeste : 2,5 km y desvío a la derecha 1 km

✕ Sa Parereta d'en Doro   🏠 ℗ 💳 ⓒⓑ
Camí de Binissafuller ⊠07710 – 𝒞 971 15 03 53 – Semana Santa-octubre
Rest – *(cerrado domingo y lunes salvo julio-agosto) (sólo cena)* Carta 31/40 €
♦ Restaurante de modestos exteriores y en pleno campo, llevado con profesionalidad por su propietario. Posee una agradable patio-terraza y un comedor neorrústico muy luminoso.

por la carretera de Es Castell Noreste : 1,5 km y desvío a la izquierda 0,5 km

⌂ Biniarroca ❧   🏊 🏠 ⌧ ⅃ 🛏 hab, Ⓐ ⅏ 💗 ℗ 💳 ⓒⓑ
Camí Vell 57 ⊠07710 – 𝒞 971 15 00 59 – www.biniarroca.com – abril-octubre
18 hab 🖵 – †75/160 € ††120/210 €   **Rest** – Menú 30 €
♦ Conjunto rural de serenos exteriores, con piscina, jardín y una coqueta arquitectura atenta a las tradiciones campestres. Un mobiliario de buen nivel embellece su interior. Entrañable comedor donde lo rústico y lo antiguo intiman en perfecta comunión.

por la carretera de Alcalfar Sureste : 2 km y desvío a la derecha 0,5 km

⌂ Alcaufar Vell ❧   🏊 ⌧ 🛏 hab, ℗ 💳 ⓒⓑ ⒜ⓔ Ⓓ
carret. de Cala Alcalfar ⊠07710 – 𝒞 971 15 18 74 – cerrado enero y febrero
9 hab 🖵 – †110/245 € ††129/265 €
Rest – *(cerrado martes) (sólo clientes)* Menú 21 €
♦ Imponente casa señorial rodeada de jardines con vegetación autóctona. Su zona noble conserva el mobiliario original, mientras que las habitaciones ofrecen un confort actual.

EIVISSA – **579** C10 – **48 684 h.** – Playa – ⊠ 07800   **6** A2

    🛬 de Ibiza, por ③ : 9 km ✆ 902 404 704

    Iberia : aeropuerto ✆ 902 400 500

    🚢 – para la Península y Mallorca : Cía. Trasmediterránea, Andenes del Puerto (Estación Marítima), ✆ 902 45 46 45 info@trasmediterranea.es Fax 971 31 66 06 Y

    🛈 paseo Vara del Rey 1 ✆ 971 30 19 00 info@ibiza.travel
    Fax 971 30 17 40

    🏎 Ibiza, por la carret. de Sta Eulària des Riu : 10 km, ✆ 971 19 61 18

    ◉ Emplazamiento★★, La Ciudad Alta★ (Dalt Vila) Z : Catedral ❋★ - Museo Arqueológico★ **M1**. Otras curiosidades : – Museo monográfico de Puig de Molins★ Z **M2** (busto de la Diosa Tanit★) - Sa Penya★ Y

🏨🏨🏨 **Ibiza G.H.**   ← 🍴 🏊 ƒ₆ 🛎 & hab, 🎛 🛜 🛁 🚗 VISA ◉◉ 𝔸𝔼
paseo Juan Carlos I-17 – ✆ *971 80 68 06* – *www.ibizagranhotel.com* – *cerrado febrero*
157 hab ⌑ – 🛏220/3600 € 🛏🛏260/3600 €   V**c**
Rest – *(cerrado domingo mediodía)* Carta aprox. 40 €
♦ Un hotel dotado de grandes espacios, luz natural, un patio interior con lucernario y una elegante decoración a base de obras de arte. Habitaciones amplias y de línea actual. El restaurante del hotel se ve complementado por otro en el área del Casino.

EIVISSA / IBIZA

Abel Matutes Juan
(Pas. d') . . . . **V** 2

Astúries	**X** 5	
Balears	**X** 7	
Bisbe Huix	**X** 12	
Enric Fajarnés i Tur (Pl. d')	**V** 15	
Extremadura.	**VX** 16	
Fray Vicente Nicolas	**V** 18	
Galicia.	**X** 20	
Navarra.	**X** 32	
Pere Matutes Noguera (Av. de)	**X** 36	

Royal Plaza

Pere Francés 27 – ℰ 971 31 00 00 – www.hotelroyalplaza.net Vb
112 hab – †69/140 € ††103/200 €, ☲ 15 € – 5 suites
Rest – Menú 22,50 €

♦ Bien renovado y de línea clásica. Dispone de una adecuada zona social, habitaciones de completo equipamiento y una gran zona de solárium en la azotea, con piscina y jacuzzi. Correcto restaurante acristalado en la última planta.

Mirador de Dalt Vila

*pl. de España 4 – ℰ 971 30 30 45 – www.hotelmiradoribiza.com – Semana
Santa-octubre* Zb
11 hab – †190/320 € ††290/550 €, ☲ 21 € – 2 suites
Rest – Menú 50 €

♦ Esta preciosa casa señorial data de 1905 y destaca por su emplazamiento, dentro del recinto amurallado. Compensa su escueta zona social con unas magníficas habitaciones. En su reducido restaurante podrá descubrir una cocina de autor que resulta sugerente y está bastante bien elaborada.

La Marina

Barcelona 7 – ℰ 971 31 01 72 – www.hostal-lamarina.com Yc
30 hab – †45/68 € ††62/175 €, ☲ 5 €
Rest – Carta 30/40 €

♦ Conjunto alegre y colorista, muy bien situado junto al puerto. Posee coquetas habitaciones con mobiliario en madera o forja, destacando las que tienen vistas al mar y jacuzzi. Taberna-restaurante de estilo neorrústico dotada con una agradable terraza.

ESPAÑA

EIVISSA / IBIZA

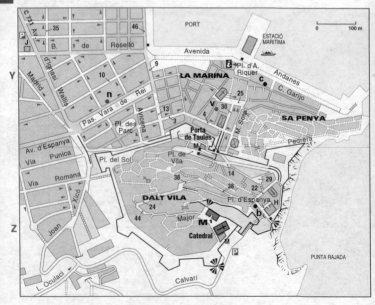

XX **El Cigarral**   AC 🕏 VISA ⓒⓞ AE ①

Fray Vicente Nicolás 9 – ℰ 971 31 12 46
– www.elcigarralrestaurante.com
– cerrado 25 abril-16 mayo y domingo   **Va**
Rest – Carta 39/52 €

♦ Negocio familiar dotado de una sala en dos ambientes, con profusión de plantas, detalles castellanos y un privado separado por celosías. Gastronomía tradicional actualizada.

X **Ca n'Alfredo**   🕏 AC 🕏 VISA ⓒⓞ AE ①

passeig Vara de Rei 16 – ℰ 971 31 12 74
– cerrado del 16 al 31 de mayo, del 16 al 30 de noviembre, domingo noche y lunes salvo festivos   **Yn**
Rest – Carta 36/60 €

♦ Céntrico local de línea clásica que decora sus paredes mediante fotografías de personajes famosos. Completa carta mediterránea con predominio de platos ibicencos y catalanes.

X **Nanking**   AC 🕏 VISA ⓒⓞ

de Mar 8-1° – ℰ 971 19 09 51
– cerrado 24 enero-24 febrero, del 6 al 26 de junio, miércoles y jueves mediodía   **Yv**
Rest – Carta 18/33 €

♦ Restaurante chino dotado de un correcto comedor adornado con motivos orientales, aunque no resulta recargado. Atractiva localización, seria organización y precios contenidos.

en la carretera de Sant Miquel de Balansat por ② : 6,5 km

XX **La Masía d'en Sort**   🕏 🕏 P VISA ⓒⓞ AE ①

✉ *07800 apartado 897*
– ℰ 971 31 02 28 – www.lamasiaibiza.com
– abril-octubre
Rest – *(cerrado lunes salvo agosto) (sólo cena)* Carta 36/50 €

♦ Hermosa masía con el encanto de la arquitectura tradicional isleña y un interior rústico-ibicenco muy acogedor. Destacable terraza y una galería de arte en el 1er piso.

en Es Vivé Suroeste : 2,5 km

🏠 **Torre del Mar**   ← 🚗 🕏 ⌚ 🛋 🍴 🏊 AC 🕏 ⚏ 🎱 P 🚗

platja d'en Bossa, por av. del Pere Matutes Noguera   VISA ⓒⓞ AE ①
✉ *07800 Es Vivé – ℰ 971 30 30 50*
– www.hoteltorredelmar.com
– mayo-septiembre   **X**
213 hab – ♦115/185 € ♦♦150/255 €, ⌚ 15 € – 4 suites
Rest – Menú 32 €

♦ Ocio y negocio encuentran su referencia. Excelentes instalaciones, zona social con vistas al mar, modernísima sala de reuniones y una terraza con piscina a pie de playa. Espacioso restaurante de línea clásica, acristalado y con agradable panorámica.

en Sant Jordi por ③ : 3 km

XX **S'Oficina**   🕏 AC P VISA ⓒⓞ AE ①

Begonias 20 (edif. Cantábrico) ✉ *07817 Sant Jordi*
– ℰ 971 39 00 81
– cerrado lunes en invierno
Rest – Carta 36/65 €

♦ La amplitud de espacios y una línea clásica-actual definen un cuidado montaje. Su carta, completa y equilibrada, hace referencia a los sabores de la gastronomía tradicional.

¿Buenas comidas a precios moderados? Elija un Bib Gourmand ⊛.

ESPAÑA

SANT JOSEP DE SA TALAIA – 579 P33 – **22 171 h.** – **alt. 216 m** – ⊠ **07830**   6 A2

▶ Eivissa/Ibiza 14

en la playa de Cala Tarida Noroeste : 7 km

X   **Ca's Milà**   ← 斎 ✠ **P** ☑ ◉◉

⊠ 07830 – ☎ 971 80 61 93 – www.restaurantecasmila.com – mayo-octubre
y fines de semana resto del año
Rest – Carta 34/44 €
♦ Su privilegiada localización a pie de playa brinda serenas vistas. Buena carta
de cocina tradicional marinera especializada en arroces. Atractivos exteriores
con terraza.

SANT MIQUEL DE BALANSAT – 579 O34 – ⊠ **07810**   6 A2

▶ Eivissa/Ibiza 19

por la carretera de Port de Sant Miquel
Norte : 2,5 km y desvío a la izquierda 1 km

fifi   **Cas'Pla** sin rest ✍   ← ⊿ ⌱ **f5** ⻏ **P** ☑ ◉◉

⊠ 07800 apartado 777 Eivissa – ☎ 971 33 45 87
– www.caspla-ibiza.com
16 hab – ♦108/216 € ♦♦140/259 €, ⌷ 13 €
♦ Encantador conjunto hotelero emplazado en plena naturaleza, con habitaciones de entrañable rusticidad distribuidas en distintos edificios de arquitectura
popular ibicenca.

en la urbanización Na Xamena Noroeste : 6 km

fifi   **Hacienda Na Xamena** ✍   ← 斎 ⊿ ▧ **f5** ✗ ⌂ ⻏ ✠ ⁑ ⁂ **P**
⊠ 07815 – ☎ 971 33 45 00   ☑ ◉◉ **AE** ⓪
– www.hotelhacienda-ibiza.com – mayo-octubre
56 hab – ♦191/345 € ♦♦240/585 €, ⌷ 22 € – 7 suites
Rest – Menú 53 €
♦ Le cautivará su privilegiado emplazamiento en una reserva natural, con vistas a
una bella cala. Lujo y servicios terapéuticos en un edificio ibicenco de exquisita
decoración. Restaurante lleno de gracia y encanto, donde se ha extremado el
gusto por los detalles.

SANTA EULALIA DEL RÍO – 579 D10 – **31 314 h.** – **Playa** – ⊠ **07840**   6 A2

▶ Eivissa/Ibiza 15

🛈 De Marià Riquer Wallis 4 ☎ 971 33 07 28 turisme@santaeularia.com
   Fax 971 33 07 28

◉ Puig de Missa★

XX   **Ses Savines**   ← 斎 ⻏ **P** ☑ ◉◉

Doctor Camacho (cala Ses Estaques) – ☎ 971 33 18 24
– www.restaurante-sessavines.com
– mayo-octubre
Rest – (cerrado lunes) Carta 26/36 €
♦ Se encuentra a pie de cala y presenta una imagen bastante actual, basada en
la combinación de elementos rústicos y modernos. Elaboran tanto cocina tradicional como actual.

X   **Celler Ca'n Pere**   斎 **AC** ⻏ ☑ ◉◉

Sant Jaume 63 – ☎ 971 33 00 56
– cerrado 15 enero-marzo y jueves
Rest – Carta 35/50 €
♦ Bodega típica con clara vocación turística. Posee un bar decorado con las tapa-
deras de enormes toneles y tres comedores rústicos en los que se recrean diferentes ambientes.

El Naranjo 🛣 AC VISA ⓪ AE ①

Sant Josep 31 – ☏ 971 33 03 24
– cerrado 7 enero-12 febrero, domingo noche y lunes salvo verano
Rest *– (sólo cena en verano)* Carta 34/43 €
♦ Llevado por dos jóvenes profesionales que han dado su impronta al negocio. Bar privado a la entrada, comedor clásico-regional con chimenea y una agradable terraza arbolada.

Rincón de Pepe 🛣 AC

Sant Vicent 53 – ☏ 971 33 13 21
Rest –
♦ Buen bar de tapas ubicado en una calle céntrica y concurrida. La barra de la entrada, repleta de tapas y raciones, se complementa con dos correctas salas de aire rústico.

por la carretera de Cala Llonga Sur : 4 km

La Casita 🛣 AC ☆ P VISA ⓪ AE ①

urb. Valverde ✉07849 Cala Llonga
– ☏ 971 33 02 93 – www.ibizalacasita.com
– cerrado 10 enero-10 febrero y martes
Rest *– (sólo cena salvo sábado, domingo y festivos)* Carta 35/50 €
♦ Conjunto rodeado de árboles y con una terraza a la entrada de estilo mediterráneo. Posee un comedor acristalado, tres salas interiores con chimenea y una carpa para banquetes.

por la carretera de Sant Carles Noreste : 5 km y desvío a la izquierda 0,5 km

Can Curreu ⊗ ☐ ♨ AC ☆ ♨ P VISA ⓪ ①

✉07840 Santa Eulalia del Río – ☏ 971 33 52 80 – www.cancurreu.com
17 hab ☐ – ♟♟195/275 € – 2 suites
Rest *Can Curreu* – ver selección restaurantes
♦ Turismo rural de ambiente ibicenco ubicado en una finca arbolada. Posee habitaciones de gran nivel, con los techos en madera, terraza y en muchos casos chimenea. Pequeño SPA.

Can Curreu – Hotel Can Curreu 🛣 AC ☆ P VISA ⓪ AE ①

✉07840 Santa Eulalia del Río – ☏ 971 33 52 80 – www.cancurreu.com
Rest – Carta 45/70 €
♦ Es uno de los mejores restaurantes de la isla, con un acogedor comedor de estilo mediterráneo-ibicenco y una atractiva terraza junto a un olivo milenario. Carta de autor.

SANTA GERTRUDIS DE FRUITERA – 579 O34/ P34 – ✉ 07814 6 A2

▶ Eivissa/Ibiza 11

al Oeste : 6,5 km

Cas Gasi ⊗ ⊞ 🛣 ☐ AC ☆ P VISA ⓪ AE ①

Camí Vell de Sant Mateu ✉07814 Santa Gertrudis de Fruitera – ☏ 971 19 77 00
– www.casgasi.com
10 hab ☐ – ♟180/366 € ♟♟204/399 €
Rest *– (sólo clientes)* Carta 39/58 €
♦ Finca rústica de aire ibicenco, en pleno campo y con un precioso entorno ajardinado. Buen salón y cálidas habitaciones dotadas de mobiliario antiguo, con los techos en madera.

ESPAÑA

¿Hace buen tiempo? Disfrute el placer de comer en la terraza: 🛣

ES PUJOLS – **579** C11 – Playa – ⊠ 07311   6 A2

🚻 Port de la Savina (Edif. Servicios del Puerto), 🖉 971 32 20 57 turismo@
formentera.es Fax 971 32 28 25

🛏️🛏️   **Sa Volta**   🗴 📵 🔢 🕸 *VISA* ⊚ ⚠ ⊙
av. Miramar 94 ⊠*07860 Sant Francesc* – 🖉 *971 32 81 25* – *www.savolta.com*
– marzo-15 diciembre
25 hab 🖙 – 🛏70/100 € 🛏🛏90/250 €   **Rest** – Carta aprox. 30 €
♦ Hotel familiar donde se han renovado con acierto su recepción y la zona social.
Entre sus habitaciones destacan las de la 3ª planta, que son más actuales. Elegante cafetería.

🛏️🛏️   **Voramar** sin rest, con cafetería   🗴 *Ιδ* 📵 � 🔢 🕸 🕻 🅿 *VISA* ⊚
av. Miramar 29 ⊠*07871 Sant Ferran* – 🖉 *971 32 81 19*
– www.hostalvoramar.com – *mayo-20 octubre*
41 hab 🖙 – 🛏65/115 € 🛏🛏90/160 €
♦ De línea actual y con unas instalaciones no muy amplias pero bien equipadas.
Las habitaciones resultan confortables, la mayoría con baños de plato ducha y
todas con terraza.

🍴🍴   **Caminito**   🍴 🔢 🅿 *VISA* ⊚ ⚠ ⊙
carret. de La Savina ⊠*07871 es Pujols* – 🖉 *971 32 81 06*
– www.caminitoformentera.es – *abril-diciembre*
Rest – *(sólo cena)* Carta 30/54 €
♦ Restaurante donde se ensalzan los valores gastronómicos de Argentina, con
carnes importadas y numerosas especialidades. Comedor de gran capacidad con
la parrilla a la vista.

🍴   **Pinatar**   🍴 🔢 *VISA* ⊚
av. Miramar 25 ⊠*07871 Sant Ferran* – 🖉 *971 32 81 37*
– www.hostalvoramar.com – *mayo-20 octubre*
Rest – Carta 34/42 €
♦ Tras su portalón de madera se nos presenta una sala actual seguida de dos
terrazas, una cubierta y otra bajo los árboles. Carta marinera especializada en pescados y arroces.

BALLESTEROS – **Cuenca** – **576** L/M 23 – ⊠ **16196**   10 C2

➡️ Madrid 181 – Toledo 195 – Cuenca 14 – Guadalajara 147

🏠   **Hospedería Ballesteros** 🖑   🕸 rest, *VISA* ⊚
⊠*16196 Villar de Olalla* – 🖉 *628 32 58 96* – *www.hospederiaballesteros.com*
7 hab – 🛏30/45 € 🛏🛏60/120 €, 🖙 5 € – 2 apartamentos
Rest – *(es necesario reservar)* Menú 25 €
♦ Conjunto formado por dos casas resguardadas tras un muro de piedra. Posee
un salón social con chimenea, habitaciones muy detallistas e hidromasaje en la
mayoría de los baños.

BALLESTEROS DE CALATRAVA – **Ciudad Real** – **576** P18 – 506 h.   9 B3
– alt. 659 m – ⊠ 13432

➡️ Madrid 198 – Alcázar de San Juan 82 – Ciudad Real 21 – Puertollano 34

🏨🏨   **Palacio de la Serna** 🖑   🍴 🗴 🔢 🕸 🕪 🏊 🅿 *VISA* ⊚ ⚠
Cervantes 18 – 🖉 *926 84 22 08* – *www.hotelpalaciodelaserna.com*
22 hab – 🛏93 € 🛏🛏120/326 €, 🖙 15 € – 5 suites   **Rest** – Carta 42/59 €
♦ Palacio del s. XVIII en cuyas dependencias se combinan los detalles de época
con la decoración de vanguardia. Sorprende por su originalidad el pabellón acristalado del patio. En su comedor podrá degustar elaboraciones del recetario regional y tradicional.

BALNEARIO – ver el nombre propio del balneario

BANDEIRA – Pontevedra – **571** D5 – **675 h.** – ✉ 36570 19 B2

▶ Madrid 581 – Lugo 91 – Ourense 80 – Pontevedra 83

🏠 **Victorino** 📶 ⚡ VISA ⓪⓪
General 35 – ☎ 986 58 53 30 – www.hotelvictorino.com
12 hab – ♦25/30 € ♦♦40/45 €, ☐ 3,80 €
Rest – Menú 14 €
♦ Pequeño negocio llevado con acierto por la propietaria y su hijo. Dispone de unas correctas habitaciones dotadas con cuartos de baño completos y suelos en parquet. Bar público a la entrada y un sencillo comedor.

BANYALBUFAR – Illes Balears – ver Balears (Mallorca)

BANYOLES – Girona – **574** F38 – **18 327 h.** – **alt. 172 m** – ✉ 17820 14 C3

▶ Madrid 729 – Figueres 29 – Girona/Gerona 19

ℹ Plaça Major 38 ☎ 972 57 55 73 turisme@ajbanyoles.org Fax 972 57 55 73

◎ Museo Arqueológico Comarcal★

Ⓖ Lago★ – Iglesia de Santa María de Porqueres★

XXX **Ca l'Arpa** (Pere Arpa) con hab 📶 ♿ AC ⚡ 🛜 VISA ⓪⓪ AE
☺ *passeig Indústria 5 ✉17820 Banyoles – ☎ 972 57 23 53*
– *www.calarpa.com*
8 hab ☐ – ♦85 € ♦♦115/130 €
Rest – *(cerrado domingo noche y lunes)* Menú 56 € – Carta 48/54 €
Espec. Terrina de perdiz agridulce de pera (octubre-febrero). Oca con peras (noviembre-diciembre). Costillas de cochinillo confitadas con manzana silvestre (verano).
♦ Disfruta de un moderno hall, un comedor bañado por la luz natural y una sala multiusos en el sótano. Buena bodega acristalada y una cocina tradicional con detalles creativos. Como complemento al negocio también posee habitaciones, dándose en ellas una interesante combinación de confort, elegancia y sobriedad.

XX **Quatre Estacions** AC ⚡ VISA ⓪⓪
☺ *av. de La Farga 5 – ☎ 972 57 33 00 – cerrado 15 días en enero, del 15 al 31 de agosto, domingo noche y lunes*
Rest – Carta 25/35 €
♦ Negocio llevado entre dos matrimonios. Dispone de un cuidado comedor, con profusión de madera, y un semiprivado circular. Su carta ofrece una cocina clásica-internacional.

BAÑOS DE FORTUNA – Murcia – ver Fortuna

BAQUEIRA-BERET – Lleida – **574** D32 – **alt. 1 500 m** – **Deportes de** 13 B1
invierno : ⚡31 ⛷1 ⚡1

▶ Madrid 581 – Bagnères-de-Luchon 46 – Lleida/Lérida 174
– Vielha/Viella 14

  Tuc Blanc 📺 📶 ⚡ ♨ P 🚗 VISA ⓪⓪ AE ⓪
✉25598 Salardú – ☎ 973 64 43 50
– *www.hoteltucblanc.com*
– *diciembre- abril y julio- septiembre*
165 hab ☐ – ♦50/132 € ♦♦99/135 €
Rest – *(sólo cena en invierno)* Menú 35,50 €
♦ Establecimiento de montaña, a pie de pistas, con una amplia variedad de servicios. Atractivo fitness y unas habitaciones funcionales de cuidada línea clásica. Comedor espacioso de montaje sencillo, complementado con una cafetería.

ESPAÑA

en la carretera de Beret :

La Pleta by Rafael Hotels ← 🔲 *ఠ* 🔲 ఉ hab. 𝒮 ¶° 🚗

Norte : 2,2 km ✉ *25598 Salardú* – ✆ *973 64 55 50*   VISA ⓐⓑ AE ⓞ
– www.rafaelhoteles.com
– *diciembre-abril y junio-septiembre*
68 hab ☲ – 🛉191/300 € 🛉🛉191/550 € – 3 suites
Rest – Menú 40 €
◆ Edificio de nueva construcción orientado claramente a los amantes del esquí y la montaña. Espaciosa zona noble con chimenea y habitaciones actuales de cálido confort. Luminoso restaurante con mobiliario en mimbre y vistas al valle.

Chalet Bassibe ← 🔲 🔲 𝒮 ¶° 🚗 VISA ⓐⓑ AE ⓞ
urb. Nin de Beret, Norte : 2,5 km ✉ *25598 Salardú* – ✆ *973 64 51 52*
– www.husa.es – *diciembre-abril*
36 hab ☲ – 🛉55/160 € 🛉🛉80/240 €   **Rest** – *(sólo cena en invierno)* Menú 40 €
◆ Acogedor establecimiento a pie de carretera dotado de unas cuidadas instalaciones, con coqueto salón-bar y unas habitaciones que destacan por su decoración detallista. Comedor panorámico.

BARAKALDO – **Vizcaya** – **573** C20/ C21 – 98 460 h. – alt. 39 m   **25** A3
– ✉ 48901

▶ Madrid 412 – Vitoria-Gasteiz 74 – Bilbao 16 – Santander 99

XXX **Gaztañaga** ← 🏠 AC 𝒮 ♻ 🚗 VISA ⓐⓑ
Ronda de Azkue 1-7º, (Edificio de Convenciones) Ⓜ *Ansio* – ✆ *944 04 19 26*
– www.restaurantegaztanaga.com – *cerrado agosto y lunes*
Rest – *(sólo almuerzo salvo jueves, viernes y sábado)* Carta 50/65 €
◆ El restaurante, muy moderno y espacioso, está ubicado en la 7ª planta del Bilbao Exhibition Center, un edificio emblemático con vistas a la ciudad. Sencilla carta tradicional.

BARÁSOAIN – **Navarra** – **573** E24 – 631 h. – ✉ 31395   **24** A2
▶ Madrid 465 – Pamplona 27 – Logroño 89 – Vitoria-Gasteiz 127

Merindades de Navarra sin rest 🌿 🔲 AC ¶° VISA ⓐⓑ AE
pl. de la Paz 1 – ✆ *948 75 20 63* – www.hotelmerindadesdenavarra.com
– *cerrado enero*
5 hab ☲ – 🛉🛉99/150 €
◆ Tras los recios muros en piedra de esta antigua casa encontrará un interior totalmente actualizado, con espacios bastante diáfanos y luminosas habitaciones de moderno confort.

BARBASTRO – **Huesca** – **574** F30 – 16 924 h. – alt. 215 m – ✉ 22300   **4** C1
▶ Madrid 442 – Huesca 52 – Lleida/Lérida 68

🅶 av. de la Merced 64 ✆ 974 30 83 50 oturismo@barbastro.org Fax 974 30 83 51

◉ Catedral★ - Cañón del río Vero★
◑ Torreciudad : ←★ (Noreste : 24 km)

G.H. Ciudad de Barbastro 🔲 ఉ hab. AC 𝒮 ¶° 🚗 VISA ⓐⓑ
pl. del Mercado 4 – ✆ *974 30 89 00* – www.ghbarbastro.com
41 hab – 🛉63 € 🛉🛉89 €, ☲ 8 €
Rest – *(cerrado domingo noche y lunes)* Carta 27/35 €
◆ Hotel de modernas instalaciones y céntrica localización. La zona noble resulta algo reducida, aunque se compensa con unas habitaciones amplias y bien equipadas. Dispone de un restaurante de cuidado montaje, con los suelos en madera.

Clemente 🔲 ఉ hab. AC 𝒮 ¶° VISA ⓐⓑ ⓞ
Corona de Aragón 5 – ✆ *974 31 01 86* – www.hotelclemente.com
32 hab – 🛉41/48 € 🛉🛉58/64 €, ☲ 8 €   **Rest** – Menú 11,56 €
◆ De línea actual y con unas calidades que lo asemejan a un hotel de ciudad. Ofrece habitaciones funcionales de buen confort, con los suelos en parquet y baños completos. En el restaurante, ubicado en el sótano, se elabora una cocina de tinte tradicional.

Mi Casa　　　🛗 ⚒ hab, 𝔸ℂ ⚒ hab, 📞 𝘷𝘪𝘴𝘢 ⦿⦿

av. de los Pirineos 12 – 𝒞 974 30 88 84 – www.hotelmicasaenbarbastro.com
36 hab ⌄ – ♦40 € ♦♦60 €
Rest – *(sólo menú)* Menú 10 €

♦ Un hotel de sencilla pero amable organización familiar. Dispone de un salón polivalente y completas habitaciones de estilo funcional-actual, con los suelos en tarima. El comedor resulta bastante modesto y basa su trabajo en la elaboración de un menú casero.

XX **Flor**　　　𝔸ℂ ⚒ ⇆ 𝘷𝘪𝘴𝘢 ⦿⦿ 𝔸𝔼 ⓪

Goya 3 – 𝒞 974 31 10 56 – www.restauranteflor.com – cerrado del 10 al 24 de enero y domingo noche
Rest – Carta 35/46 €

♦ Impecable y de gran capacidad, con varios comedores de estilo clásico y buen montaje. Ofrece una interesante carta de corte creativo y un espacioso salón para banquetes.

Sagrada Familia

BARCELONA

Provincia : ℙ Barcelona
Mapa Michelin : 574 H36
▶ Madrid 627 – Bilbao 607
– Lleida/Lérida 169 – Perpignan 187

Población : 1 621 537 h.
Mapa regional : 15 B3

INFORMACIONES PRÁCTICAS

Automóvil Club

R.A.C.E. Muntaner 81, ℰ 93 451 15 51 Fax 93 451 22 57

R.A.C.C. Santaló 8, ℰ 93 495 50 99 Fax 93 200 30 55

Transportes marítimos

⛴ para Baleares : Cia. Trasmediterránea, Moll de Sant Beltrà (Estació Marítima),
ℰ 902 45 46 45 info@trasmediterranea.es Fax 93 295 91 34 CT

Aeropuerto

✈ de El Prat-Barcelona por ⑤ : 18 km ℰ 902 404 704 – **Iberia** : aeropuerto,
ℰ 902 400 500

BARCELONA

Oficinas de Turismo

pl. de Catalunya 17-S, ☎ 93 285 38 34 info@barcelonaturisme.com Fax 93 304 31 55,

passeig de Gràcia 107 (Palau Robert), ☎ 93 238 80 91 dgdifusio_turisme.presidencia@gercat.net Fax 93 238 40 10,

Ciutat 2 (Ayuntamiento), ☎ 93 285 38 34 info@barcelonaturisme.com,

Sants Estació, ☎ 93 285 38 34 info@barcelonaturisme.com

y en el aeropuerto (Terminal 1), ☎ 93 478 47 04 ot.aeroportbcnta@gencat.cat Fax 93 478 47 36

👁 VER

BARRIO GÓTICO

Casa de l'Ardiaca* MX A Catedral* (≤desde el tejado**) MX, Carrer Paradis 10 (columnas romanas*) MX 133, Plaça del Rei** MX 150, Museu d'Història de la Ciutat** (excavaciones ciudad romana) MX M[1], Capilla de Santa Ágata (retablo del Condestable) MX F, Mirador del Rei Martí ≤ MX K Museu Frederic Marès MX M[2].

LA RAMBLA

Museu d'Art Contemporani de Barcelona (MACBA)**(edificio) HX M[10], Centre de Cultura Contemporània de Barcelona (CCCB) : patio* HX R, Antiguo Hospital de la Santa Creu (patio gótico) LY, Iglesia de Santa Maria del Pi LX, Palau de la Virreina LX, Palau Güell LY, Plaça Reial MY

LA FACHADA MARÍTIMA

Atarazanas y Museo Marítimo** MY, Port Vell* (Aquàrium) NY, Basílica de la Mercé NY, La Llotja (sala gótica) NX, Estació de França NVX, Parque de la Ciutadella NV, KX (Cascada, Castell dels Tres Dragons NV M[7], Museo de Zoología NV M[7], Parque Zoológico KX), La Barceloneta KXY, Museu d'Història de Catalunya KY M[9], Vila Olímpica (puerto deportivo , torres gemelas✳***) DT

CARRER DE MONTCADA

Museo Picasso* NV, Iglesia de Santa María del Mar** (rosetón) NX

MONTJUÏC

≤*CT, Pavelló Mies van der Rohe** BT Z, Museu Nacional d'Art de Catalunya*** CT M[4], Pueblo Español (Poble Espanyol) BT E, Anella Olímpica (Estadi Olimpic CT, Palau Sant JordiBT P[1]), Fundació Joan Miró CT W, Teatre Grec CT T[1]), Museo Arqueológico CT M[5]

L' EIXAMPLE

Sagrada Familia*** (fachada este o del Nacimiento**, ≤desde la torre este) JU, Hospital de Sant Pau* CS, Passeig de Gràcia HV (Casa Lleó Morera HV Y, Casa Amatller HV Y, Casa Batlló HV Y, La Pedrera o Casa Milà HV P), Casa Terrades (les Punxes) HV Q, Park Güell BS (banco ondulado, Casa-Museo Gaudí), Palau de la Música CatalanaMV (fachada, cúpula invertida), Fundació Antoni Tàpies HV S

OTRAS CURIOSIDADES

Monasterio de Santa María de Pedralbes** (iglesia*, claustro, frescos de la capilla de Sant Miquel***) Palacio de Pedralbes (Museu de les Arts Decoratives) EX Pabellones GüellEX Iglesia de Sant Pau del Camp (claustro) LY

LISTA ALFABÉTICA DE LOS HOTELES
LISTA ALFABÉTICA DOS HOTÉIS
INDEX OF HOTELS

ESPAÑA

ESPAÑA

LISTA ALFABÉTICA DE LOS RESTAURANTES
LISTA ALFABÉTICA DOS RESTAURANTES
INDEX OF RESTAURANTS

174

ESPAÑA

ESTABLECIMIENTOS CON ESTRELLAS
ESTABELECIMENTOS COM ESTRELAS
STARRED RESTAURANTS

✿✿✿2011		página
Lasarte	✕✕✕	201

✿✿2011		página
Àbac	✕✕✕✕	210
Alkimia	✕✕	211
Caelis N	✕✕✕✕	200
Cinc Sentits	✕✕	202
Comerç 24	✕✕	191
Dos Cielos N	✕✕✕	202
Drolma	✕✕✕✕	200
Enoteca	✕✕✕✕	200
Evo	✕✕✕✕	214
Gaig	✕✕✕✕	200
Hisop N	✕✕	211
Hofmann	✕✕✕	210
Lluçanès	✕✕	191
Manairó	✕✕	205
Moments N	✕✕✕	202
Moo	✕✕	203
Neichel	✕✕✕✕	210
Saüc	✕✕	203
Via Veneto	✕✕✕✕	209

BIB GOURMAND

Buenas comidas a precios moderados
Refeiçöes cuidadas a preços moderados
Good food at moderate prices

ESPAÑA

RESTAURANTES POR TIPO DE COCINA
RESTAURANTES POR TIPO DE COZINHA
RESTAURANTS BY CUISINE TYPE

ESPAÑA

RESTAURANTES ABIERTOS SÁBADO Y DOMINGO
RESTAURANTES ABERTOS SÁBADO E DOMINGO
RESTAURANTS OPEN ON SATURDAY AND SUNDAY

ESPAÑA

BARCELONA

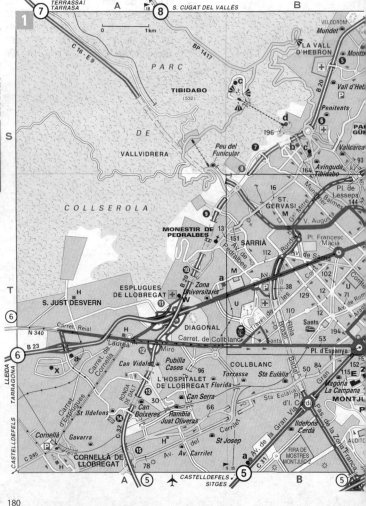

E	POBLE ESPANYOL
M⁴	MUSEU D'ART DE CATALUNYA
M⁵	MUSEU ARQUEOLÒGIC
P¹	PALAU SANT JORDI
T¹	TEATRE GREC
W	FUNDACIÓ JOAN MIRÓ
Z	PAVELLÓ MIES VAN DER ROHE

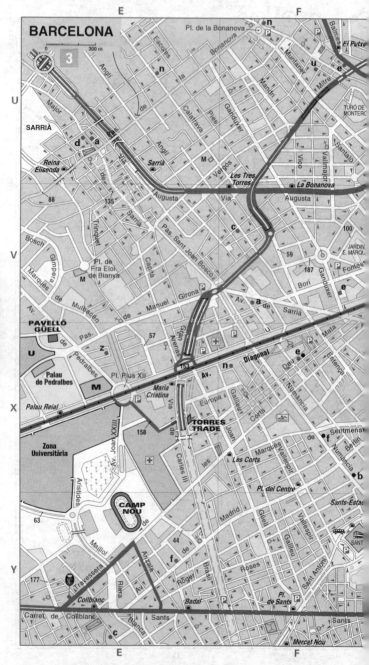

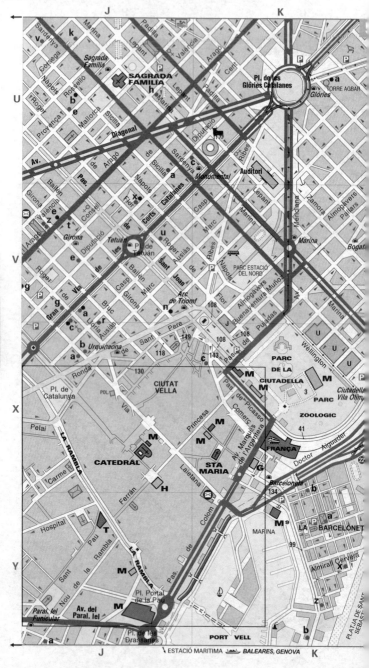

ÍNDICE DE CALLES DE BARCELONA

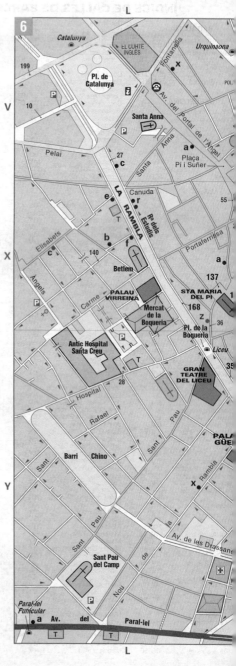

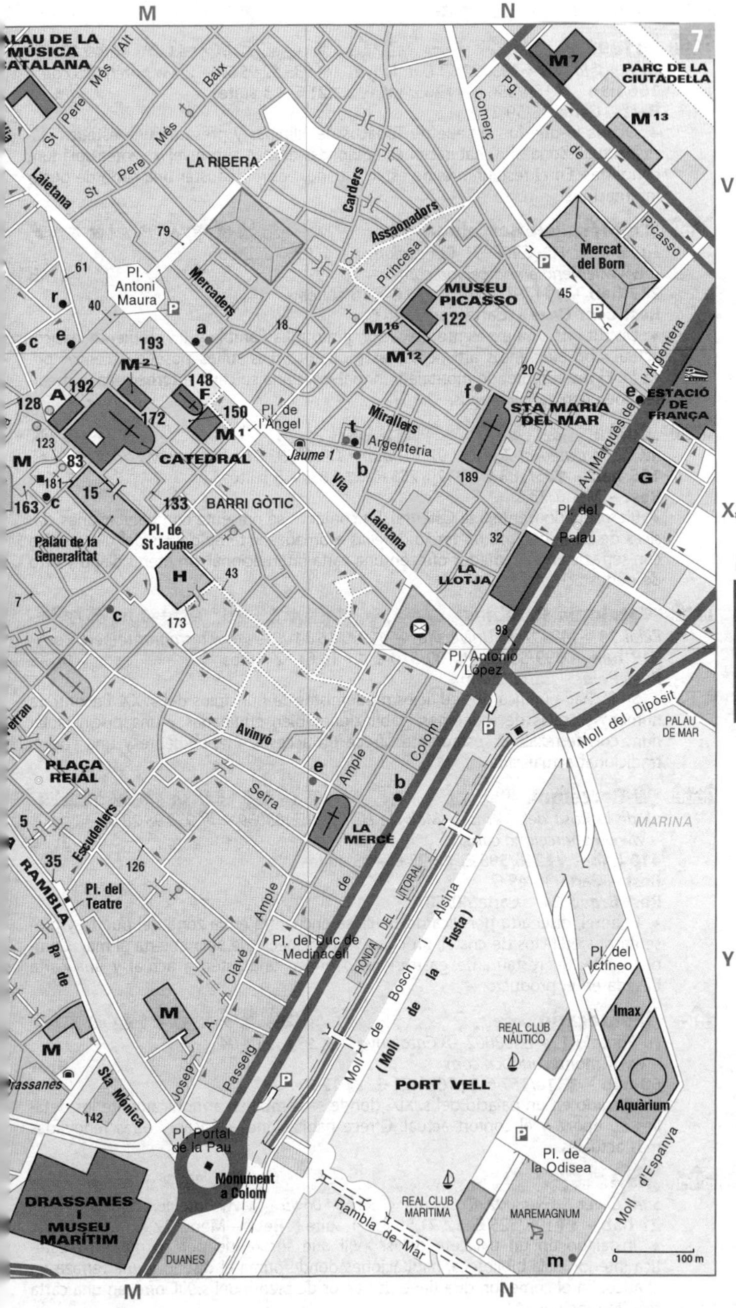
M
N
7
PALAU DE LA MÚSICA CATALANA
PARC DE LA CIUTADELLA
M7
M13
LA RIBERA
Laietana
St Pere Més Alt
St Pere Més Baix
Comerç
Carders
Assaonadors
Princesa
Mercaders
Pl. Antoni Maura
MUSEU PICASSO
122
M16
M12
Mercat del Born
Picasso
45
20
Av. Marquès de l'Argentera
ESTACIÓ DE FRANÇA
193
M2
192
148
F
150
Pl. de l'Àngel
172
M1
CATEDRAL
Miralls
Argenteria
Jaume 1
STA MARIA DEL MAR
189
G
Via Laietana
BARRI GÒTIC
133
Pl. de St Jaume
Palau de la Generalitat
H
43
173
LA LLOTJA
Pl. del Palau
32
98
Pl. Antonio López
Moll del Dipòsit
PALAU DE MAR
Avinyó
Colom
Ample
Serra
LA MERCÈ
PLAÇA REIAL
Escudellers
RAMBLA
Pl. del Teatre
126
Pl. del Duc de Medinaceli
RONDA DEL LITORAL
Moll de Bosch i Alsina
(Moll de la Fusta)
MARINA
Pl. del Ictíneo
Imax
REAL CLUB NÀUTICO
PORT VELL
Aquàrium
Pl. de la Odisea
Moll d'Espanya
Clavé
Passeig
Josep A.
Sta Mònica
Drassanes
142
Pl. Portal de la Pau
Monument a Colom
DRASSANES I MUSEU MARÍTIM
DUANES
Rambla de Mar
REAL CLUB MARITIMA
MAREMAGNUM
0
100 m
V
X
Y
ESPAÑA

Ciutat Vella y La Barceloneta

H1898
🛌 🖼 ⅃♿ 🕭 hab. 🛗 ⚝ ⁇ ♨ 🚗 VISA ⓿ AE ⓪
La Rambla 109 ✉08002 Ⓜ *Catalunya* – ℰ 935 52 95 52 – www.hotel1898.com
166 hab – ♦180/350 € ♦♦265/405 €, 🍴 21 € – 3 suites   **6LXf**
Rest – Carta 36/59 €
• Ocupa lo que fue la sede de Tabacos de Filipinas y presenta una estética clásica-actual. Zona SPA, habitaciones equipadas al más alto nivel y azotea-solárium con vistas. En el restaurante, de estilo urbano, podrá degustar una carta de gusto internacional.

Le Méridien Barcelona
🖼 ♿ hab. 🛗 ⚝ ⁇ ♨ 🚗 VISA ⓿ AE ⓪
La Rambla 111 ✉08001 Ⓜ *Catalunya* – ℰ 933 18 62 00
– www.lemeridienbarcelona.com   **6LXb**
217 hab – ♦♦179/795 €, – 16 suites
Rest *Cent Onze* – Carta aprox. 46 €
• Disfruta de una excelente ubicación junto a La Rambla y un ambiente clásico-actual, con elementos artísticos más modernos. Las suites poseen ascensor privado. El restaurante, de montaje informal, combina su carta internacional y mediterránea con varios menús.

Colón
🖼 🛗 ⚝ ⁇ ♨ VISA ⓿ AE ⓪
av. de la Catedral 7 ✉08002 Ⓜ *Jaume I* – ℰ 933 01 14 04 – www.hotelcolon.es
135 hab – ♦75/183 € ♦♦120/255 €, 🍴 18 € – 5 suites   **7MVe**
Rest – Menú 23 €
• Bien situado frente a la Catedral. En conjunto se presenta con habitaciones clásicas de buen confort, un tercio de ellas asomadas al templo y las del último piso con terraza. En el comedor ofrecen una carta internacional, un menú diario y otro de degustación.

Catalonia Ramblas
🛌 🖼 ♿ hab. 🛗 ⚝ ⁇ ♨ VISA ⓿ AE ⓪
Pelai 28 ✉08001 Ⓜ *Universitat* – ℰ 933 16 84 00 – www.restaurante-pelai.com
219 hab – ♦99/510 € ♦♦109/510 €, 🍴 16 € – 2 suites   **4HXa**
Rest *Pelai* – Carta 29/40 €
• Su fachada unifica dos edificios modernistas de principios del s. XX. Encontrará numerosas salas de reuniones, habitaciones bien equipadas y una piscina-solárium con terrazas. El restaurante ofrece un acceso independiente y una cocina tradicional actualizada.

W Barcelona
⇐ 🏠 🛌 ⅃♿ 🕭 🖼 ⁇ ♨ 🚗 VISA ⓿ AE ⓪
pl. de la Rosa dels Vents 1 (Moll De Llevant) ✉08039 – ℰ 932 95 28 00
– www.w-barcelona.com   **2CTa**
410 hab – ♦♦245/595 €, 🍴 25 € – 63 suites
Rest – Carta 35/49 €
Rest *Bravo 24* – Carta 40/58 €
• El hotel, diseñado por Ricardo Bofill, se encuentra en la zona del puerto y presenta dos edificios de cristal, un cubo y una especie de vela abierta al mar. Completo SPA. Su restaurante gastronómico ofrece una estética actual y una carta basada en el producto.

Montecarlo sin rest
🖼 ♿ 🛗 ⚝ ⁇ ♨ 🚗 VISA ⓿ AE ⓪
La Rambla 124 ✉08002 Ⓜ *Catalunya* – ℰ 934 12 04 04
– www.montecarlobcn.com   **6LXr**
50 hab – ♦110/157 € ♦♦168/421 €, 🍴 12 €
• Ubicado en un palacio del s. XIX, donde se combinan armónicamente los detalles de época y el confort actual. Ofrece habitaciones clásicas y otras renovadas más actuales.

Neri
🖼 🛗 ⚝ ⁇ ♨ VISA ⓿ AE ⓪
Sant Sever 5 ✉08002 Ⓜ *Liceu* – ℰ 933 04 06 55 – www.hotelneri.com
21 hab – ♦♦198/525 €, 🍴 21,50 € – 1 suite   **Rest** – Menú 22 €   **7MXc**
• Instalado en un palacete del s. XVIII que sorprende por su moderna estética interior. Sala-biblioteca, habitaciones donde prima el diseño y una terraza en el ático. En el comedor, que tiene dos arcos de piedra del s. XII, ofrecen una carta mediterránea-actual.

ESPAÑA

🏠 Grand H. Central　　　🗊 🕳 🖐 🔊 🗚 🛜 📶 🔊 🚻 💳 ⊕ 🆎 ⓞ
Via Laietana 30 ✉08003 ⓜ *Jaume I* – ☎ 932 95 79 00
– www.grandhotelcentral.com　　　　　　　　　　　　　**7**MV**a**
141 hab – 🛏180/400 €, ⌷ 20 € – 6 suites
Rest *Ávalon* – ver selección restaurantes
♦ Hotel de nueva generación que apuesta por el diseño y la funcionalidad.
Ofrece habitaciones equipadas al detalle y una terraza-solárium, con piscina y vistas panorámicas.

🏠 Duquesa de Cardona　　　🖐 🕳 hab, 🗚 🛜 📶 🚻 💳 ⊕ 🆎 ⓞ
passeig de Colom 12 ✉08002 ⓜ *Drassanes* – ☎ 932 68 90 90
– www.hduquesadecardona.com　　　　　　　　　　　　**7**NY**b**
40 hab – 🛏160/265 €, ⌷ 14 €
Rest – *(cerrado agosto y domingo)* Menú 18 €
♦ Tiene cierto encanto, pues se trata de una casa señorial del s. XIX donde se
cuidan mucho los detalles. Excelentes habitaciones y atractiva terraza-solárium
en la azotea. El restaurante combina su predominante estilo clásico con algunos
elementos modernos.

🏠 Rivoli Ramblas　　　🛋 🖐 🕳 hab, 🗚 🛜 📶 🚻 💳 ⊕ 🆎 ⓞ
La Rambla 128 ✉08002 ⓜ *Catalunya* – ☎ 934 81 76 76 – www.rivolihotels.com
119 hab – 🛏110/290 € 🛏🛏110/320 €, ⌷ 15 € – 6 suites　　　　**6**LX**r**
Rest – Menú 14 €
♦ Este edificio histórico disfruta de una excelente fachada y una línea clásica-
actual, con detalles Art-déco. Habitaciones confortables y una agradable terraza
interior. En su restaurante podrá degustar una carta clásica de corte internacional
y dos menús.

🏠 Royal Ramblas　　　🖐 🕳 hab, 🗚 🛜 📶 🚗 💳 ⊕ 🆎 ⓞ
La Rambla 117 ✉08002 ⓜ *Catalunya* – ☎ 933 01 94 00
– www.royalramblashotel.com　　　　　　　　　　　　**6**LX**e**
119 hab – 🛏110/190 € 🛏🛏120/250 €, ⌷ 10 €
Rest *La Poma* – Carta 34/51 €
♦ En pleno centro de la ciudad. Ofrece unas habitaciones bastante actuales, siendo superiores en la 1ª planta y estando asomadas a La Rambla en la
mitad de los casos. El restaurante, especializado en carnes a la brasa y pizzas, posee una entrada independiente.

🏠 Barcelona Catedral　　　🛋 🛢 🖐 🕳 hab, 🗚 🛜 rest, 📶 🚻 💳 ⊕ 🆎 ⓞ
Dels Capellans 4 ✉08002 ⓜ *Catalunya* – ☎ 933 04 22 55
– www.barcelonacatedral.com　　　　　　　　　　　　**7**MV**c**
80 hab – 🛏🛏119/458 €, ⌷ 18,50 €
Rest – *(cerrado agosto, sábado, domingo y festivos) (sólo almuerzo)*
Menú 18,80 €
♦ Hotel de estética moderna dotado con unas instalaciones actuales y de gran
gusto decorativo. Ofrece completas habitaciones y una excelente terraza en un
patio interior. El restaurante, ubicado junto al bar, combina su carta tradicional
con un menú del día.

🏠 Barcelona Universal　　　🛢 🖐 🕳 hab, 🗚 🛜 📶 🚻 💳 ⊕ 🆎 ⓞ
av. del Paral.lel 80 ✉08001 ⓜ *Paral.lel* – ☎ 935 67 74 47 – www.nnhotels.com
164 hab – 🛏🛏81/348 €, ⌷ 15 € – 3 suites　　　　　　　**6**LY**a**
Rest – *(sólo cena)* Menú 21,60 €
♦ Hotel de línea actual dotado con habitaciones espaciosas y bien equipadas.
Posee un bar integrado en la zona social y una piscina panorámica con solárium
en el ático. Restaurante de sencillo montaje en el que sólo se sirve buffet con carnes a la brasa.

🏠 Jazz sin rest　　　🛢 🖐 🕳 🗚 🛜 📶 🚻 🚗 💳 ⊕ 🆎 ⓞ
Pelai 3 ✉08001 ⓜ *Universitat* – ☎ 935 52 96 96 – www.hoteljazz.com
108 hab – 🛏102/268 € 🛏🛏102/327 €, ⌷ 15,50 €　　　　　**4**HX**b**
♦ Disfruta de una estética moderna y una decoración que desvela su gusto por
las líneas puras. Habitaciones de buen equipamiento y terraza en el ático, con piscina y solárium.

Lleó sin rest, con cafetería   🛗 ⬛ ⅙ 🅰🅲 📶 🏋 🆅🆂🅰 🐾 🅰🅴
Pelai 22 ⊠08001 Ⓜ Universitat – 𝒞 *933 18 13 12 – www.hotel-lleo.com*
89 hab – ♦135/160 € ♦♦165/195 €, ⊊ 14 €   **4HXa**
♦ Hotel de elegante fachada y línea funcional. Ofrece habitaciones de correcto confort, una espaciosa área social y una pequeña piscina en la azotea. Buena organización.

Onix Liceo sin rest   🛗 ⅙ 🅰🅲 📶 🕭 🏋 🏝 🆅🆂🅰 🐾 🅾
Nou de la Rambla 36 ⊠08001 Ⓜ Liceu – 𝒞 *934 81 64 41*
– www.hotelonixliceo.com   **6LYx**
45 hab – ♦♦90/165 €, ⊊ 8 €
♦ Ocupa un edificio rehabilitado del s. XIX que conserva su fachada, el patio de luces y la escalera original en mármol. Zona social moderna y habitaciones de línea funcional.

Catalonia Albinoni   🛗 ⬛ ⅙ hab, 🅰🅲 📶 hab, 📶 🆅🆂🅰 🐾 🅰🅴 🅾
av. Portal de l'Àngel 17 ⊠08002 Ⓜ Catalunya – 𝒞 *933 18 41 41*
– www.hoteles-catalonia.com   **6LVa**
83 hab – ♦100/215 € ♦♦100/260 €, ⊊ 16 €   **Rest** – Menú 39 €
♦ Instalado en el antiguo palacio Rocamora, cerca del Barrio Gótico. Ofrece una cuidada zona noble y habitaciones de línea funcional, siendo las reformadas mucho más actuales. Su restaurante propone una carta de cocina tradicional y dos menús diarios.

H10 Racó del Pí sin rest   🛗 ⅙ 🅰🅲 📶 📶 🆅🆂🅰 🐾 🅰🅴 🅾
del Pí 7 ⊠08002 Ⓜ Liceu – 𝒞 *933 42 61 90 – www.h10hotels.com*
37 hab – ♦75/375 € ♦♦79/535 €, ⊊ 16 €   **6LXa**
♦ Levantado sobre un edificio del s. XVIII del que aún conservan elementos originales. Su reducida zona social se compensa con unas habitaciones funcionales pero acogedoras.

Acta Millenni sin rest   🏋 🛗 ⅙ 🅰🅲 📶 🏋 🆅🆂🅰 🐾 🅰🅴 🅾
Ronda Sant Pau 14 ⊠08001 Ⓜ Paral·lel – 𝒞 *934 41 41 77*
– www.actahotels.com   **4HYc**
46 hab – ♦80/150 € ♦♦95/220 €, ⊊ 16,20 €
♦ Este coqueto hotel de fachada clásica dispone de una reducida pero elegante zona noble y habitaciones de buen confort, con los suelos en tarima. Pequeño espacio deportivo.

Park H. sin rest   🛗 ⅙ 🅰🅲 📶 📶 🆅🆂🅰 🐾 🅰🅴 🅾
av. Marqués de l'Argentera 11 ⊠08003 Ⓜ Barceloneta – 𝒞 *933 19 60 00*
– www.parkhotelbarcelona.com   **7NXe**
91 hab ⊊ – ♦87/137 € ♦♦104/191 €
♦ Instalado en un edificio protegido que data de 1953. Tiene una preciosa escalera de caracol, un salón social y la mayoría de sus habitaciones actualizadas, algunas con balcón.

Reding   🛗 ⅙ hab, 🅰🅲 📶 📶 🆅🆂🅰 🐾 🅰🅴 🅾
Gravina 5-7 ⊠08001 Ⓜ Universitat – 𝒞 *934 12 10 97 – www.hotelreding.com*
44 hab – ♦90/280 € ♦♦100/300 €, ⊊ 14 €   **4HXd**
Rest – *(cerrado agosto, sábado noche, domingo y festivos)* Menú 12 €
♦ Hotel de fachada clásica ubicado cerca de la plaça de Catalunya. Presenta una recepción actual, un salón social y habitaciones bien renovadas, estas con mobiliario funcional. Su sencillo comedor ofrece una carta que combina la cocina tradicional y la catalana.

Banys Orientals   🛗 ⅙ 🅰🅲 📶 📶 🆅🆂🅰 🐾 🅰🅴 🅾
L'Argenteria 37 ⊠08003 Ⓜ Jaume I – 𝒞 *932 68 84 60*
– www.hotelbanysorientals.com   **7NXt**
56 hab – ♦88 € ♦♦100 €, ⊊ 10 €
Rest *Senyor Parellada* – ver selección restaurantes
♦ Ofrece confortables habitaciones de estética minimalista con diseño a raudales, suelos en madera y estructura de dosel en las camas; sin embargo, no dispone de zona social.

Regencia Colón sin rest ⚑ AC 📶 📶 VISA ⚙ AE Ⓞ
Sagristans 13 ✉08002 Ⓜ Jaume I – 𝒞 933 18 98 58
– www.hotelregenciacolon.com **7**MV**r**
50 hab – ♛75/151 € ♛♛75/183 €, ☕ 12 €
♦ Su estratégica situación le permitirá disfrutar de uno de los rincones más emblemáticos de la ciudad. Ofrece habitaciones funcionales, con suelos en tarima y baños completos.

Denit sin rest ⚑ ⅙ AC ⚘ 📶 VISA ⚙ AE Ⓞ
Estruc 24 ✉08002 Ⓜ Urquinaona – 𝒞 935 45 40 00 – www.denit.com
36 hab – ♛79/189 € ♛♛99/209 €, ☕ 6 € **6**LV**x**
♦ Hotel de fachada clásica ubicada en una calle algo secundaria del centro de la ciudad. Distribuye sus habitaciones en cinco plantas, todas de aire moderno, urbano y funcional.

Continental Barcelona sin rest ⚑ AC 📶 VISA ⚙ AE Ⓞ
La Rambla 138-1° ✉08002 Ⓜ Catalunya – 𝒞 933 01 25 70
– www.hotelcontinental.com **6**LV**c**
35 hab ☕ – ♛89 € ♛♛110 €
♦ Hotel de fachada clásica y carácter centenario emplazado en plenas Ramblas. La recepción se completa con un espacio polivalente y unas habitaciones bastante bien renovadas.

XXX Torre d'Alta Mar ⩽ AC
passeig Joan de Borbó 88 ✉08039 Ⓜ Barceloneta – 𝒞 932 21 00 07
– www.torredealtamar.com **5**KY**b**
Rest –
♦ Destaca por su original emplazamiento en lo alto de una torre metálica, a 75 metros de altura. Sala circular, actual y completamente acristalada, con espectaculares vistas.

XX Lluçanès (Angel Pascual) AC ⚘ ⇄ VISA ⚙ AE
❀ *pl. de la Font ✉08003 Ⓜ Barceloneta – 𝒞 932 24 25 25*
– www.restaurantllucanes.com – cerrado domingo noche y lunes **5**KY**a**
Rest – Menú 68/110 € – Carta 73/97 €
Espec. Canelón de pollo de pata negra del Penedès con bechamel de Idiazabal ahumado. Bacalao de Islandia, salsa holandesa de albaricoque ahumado y setas. Tartar de ternera de Galicia, mayonesa y trufa blanca de verano.
♦ Negocio emplazado en el popular barrio de La Barceloneta, dentro del mercado de abastos. Presenta una barra con mesas para el menú y el restaurante gastronómico en el piso superior, este con mobiliario de diseño y vistas a la plaza. Cocina actual-catalana.

XX Comerç 24 (Carles Abellán) AC ⚘ VISA ⚙
❀ *Comerç 24 ✉08003 Ⓜ Arc de Triomf – 𝒞 933 19 21 02 – www.projectes24.com*
– cerrado domingo y lunes **5**KX**c**
Rest – Menú 72/92 € – Carta 50/74 € ⚛
Espec. Guisantes de Llavaneres con calamar de potera (primavera). Ceviche de gambita de playa con melocotón de viña. Arroz de conejo y "espardenyes" con manzana y lima.
♦ Establecimiento de estética moderna con la cocina a la vista del cliente. Aquí encontrará dos menús degustación y una carta creativa a base de tapas, tostas y raciones, todo con sabores bien definidos, una técnica depurada y materias primas de 1ª calidad.

XX Senyor Parellada – Hotel Banys Orientals AC ⚘ VISA ⚙ AE Ⓞ
😊 *L'Argenteria 37 ✉08003 Ⓜ Jaume I – 𝒞 933 10 50 94*
– www.senyorparellada.com **7**NX**t**
Rest – Carta 28/32 €
♦ Coqueto restaurante de estilo clásico-colonial, con una barra de apoyo y varias salas. Destaca su pequeño patio con el techo acristalado. Cocina regional a precios moderados.

ESPAÑA

✗✗ Elx   ← 🚗 AC VISA ☺ AE ⓞ

Moll d'Espanya 5-Maremagnum, Local 9 ✉08039 Ⓜ *Drassanes* – ✆ 932 25 81 17
– www.restaurantelx.com   **7**NY**m**
Rest – Carta 35/43 €
• Establecimiento agraciado con vistas al puerto de pescadores. Presenta un comedor moderno y una agradable terraza, ofreciendo pescados y una buena selección de arroces.

✗✗ Ávalon – Hotel Grand H. Central   AC 🍽 ⇄ VISA ☺ AE ⓞ

Pare Galifa 3 ✉08003 Ⓜ *Jaume I* – ✆ 932 95 79 05
– www.avalonrestaurant.es   **7**MV**a**
Rest – Carta aprox. 35 €
• Restaurante con personalidad propia. Disfruta de unas instalaciones de línea moderna, con mucho diseño, así como de un personal joven y amable. Carta de cocina creativa.

✗ Pitarra   AC ⇄ VISA ☺ AE ⓞ

Avinyó 56 ✉08002 Ⓜ *Liceu* – ✆ 933 01 16 47 *– www.restaurantpitarra.cat*
– cerrado del 13 al 28 de agosto, domingo y festivos noche   **7**NY**e**
Rest – Carta 28/45 €
• En este local tuvo su relojería Frederic Soler, una figura del teatro catalán. Ofrece salas de ambiente antiguo, dos privados y un comedor de tertulias. Cocina tradicional.

✗ Suquet de l'Almirall   🚗 AC 🍽 VISA ☺

passeig Joan de Borbó 65 ✉08003 – ✆ 932 21 62 33 *– www.suquetdelalmirall.com*
– cerrado Navidades, 15 días en agosto, domingo noche, lunes noche y festivos noche
Rest – Carta 38/48 €   **5**KY**z**
• Establecimiento salpicado con detalles marineros y una terraza muy bien acondicionada a la entrada. Completa carta marinera y de temporada, con dos menús degustación.

✗ Can Majó   🚗 AC VISA ☺ AE ⓞ

Almirall Aixada 23 ✉08003 Ⓜ *Barceloneta* – ✆ 932 21 54 55 *– www.canmajo.es*
– cerrado domingo noche y lunes   **5**KY**x**
Rest – Carta aprox. 44 €
• Afamado restaurante de organización familiar, donde sirven una esmerada carta especializada en productos del mar y arroces. Terraza y atractivo expositor de mariscos.

୨/ El Rovell del Born   AC 🍽 VISA ☺

L'Argenteria 6 ✉08003 Ⓜ *Jaume I* – ✆ 932 69 04 58 *– www.elrovelldelborn.com*
– cerrado lunes salvo festivos   **7**NX**b**
Rest – Tapa 9 € – Ración aprox. 15 €
• Bar de tapas a modo de taberna de estética actual, con una barra repleta de raciones, varias mesas altas para tapear y las paredes en madera. Carta tradicional actualizada.

୨/ Irati   AC VISA ☺ AE ⓞ

Cardenal Casanyes 17 ✉08002 Ⓜ *Liceu* – ✆ 933 02 30 84 *– www.sagardi.com*
Rest – Tapa 1,80 €   **6**LX**z**
• Típica taberna vasca, cercana al Gran Teatre del Liceu. Posee una sala tipo asador donde sirven una cocina vasca con toques de autor y una barra repleta de pinchos.

୨/ El Xampanyet   VISA ☺

Montcada 22 ✉08003 Ⓜ *Jaume I* – ✆ 933 19 70 03
– cerrado enero, 2° quincena de agosto, domingo noche y lunes   **7**NX**f**
Rest – Tapa 3,25 € – Ración aprox. 7,50 €
• Taberna de larga tradición familiar y decoración típica, a base de zócalos de azulejos. Ofrece una variada selección de tapas especializadas en conservas y salazones.

ESPAÑA

○/ **Dos Palillos**　　　　　　　　AC ✶ VISA ◯◯ ◯

Elisabets 9 ✉*08001* Ⓜ *Catalunya* – ℰ *933 04 05 13* – *www.dospalillos.com*
– cerrado 24 diciembre-2 enero, del 1 al 29 de agosto, domingo y lunes
Rest *– (sólo cena salvo jueves, viernes y sábado)* Tapa 4 €　　　　　**6**LX**c**
– Ración aprox. 10 €
◆ Bar de tapas asiáticas emplazado en una calle peatonal. Posee una barra clásica a la entrada y otra de línea japonesa en el interior, esta con la cocina vista en el centro.

○/ **Orio**　　　　　　　　　　AC VISA ◯◯ AE ◯

Ferran 38 ✉*08002* Ⓜ *Jaume I* – ℰ *933 17 94 07* – *www.sagardi.com*
Rest *–* Tapa 1,80 € *–* Ración aprox. 8 €　　　　　**7**MX**c**
◆ Local bien situado en una calle peatonal. Presenta una sugerente barra repleta de pinchos, un espacio donde abren ostras al momento y un comedor con mesas altas en el sótano.

Sur Diagonal

🏨🏨🏨 **Arts** ⌂　　　　⇚ 🏛 ⤢ 🏊 ⅃ぁ 🛗 🛗 ✆ hab, AC ✶ 🛁 🏊 ☞ VISA ◯◯ AE ◯

Marina 19 ✉*08005* Ⓜ *Ciutadella-Vila Olímpica* – ℰ *932 21 10 00*
– www.hotelartsbarcelona.com　　　　　　　**2**DT**r**
397 hab *–* 👥385/1200 €, ☞ 37 € *–* 59 suites *–* 28 apartamentos
Rest *Enoteca* – ver selección restaurantes
Rest *Arola* *– (cerrado enero)* Carta aprox. 60 €
◆ Este espléndido hotel ocupa una torre acristalada del Puerto Olímpico, con magníficas vistas. Sus habitaciones combinan el lujo con un diseño ultramoderno. El restaurante Arola, moderno, luminoso y de cocina creativa, se encuentra en la zona de la terraza.

🏨🏨🏨 **Hilton Diagonal Mar**　　⇚ 🏛 ⤢ 🏊 ⅃ぁ 🛗 ✆ hab, AC ✶ 🛁 🏊 ☞

passeig del Taulat 262-264 ✉*08019* Ⓜ *El Maresme Fòrum*　　　　VISA ◯◯ AE ◯
– ℰ 935 07 07 07 – www.hilton.com　　　　　　**2**DS**c**
413 hab *–* 👤153/443 € 👥175/465 €, ☞ 24,50 € *–* 20 suites
Rest *–* Carta aprox. 50 €
◆ Cerca del Fórum y orientado a la organización de congresos. Sus habitaciones presentan un diseño muy limpio, con mobiliario actual de excelente calidad y confort. El restaurante, de montaje funcional, combina el buffet de desayunos con una carta internacional.

🏨🏨 **El Palace**　　　　　🛗 ✆ AC ✶ 🛁 🏊 ☞ VISA ◯◯ AE ◯

Gran Via de les Corts Catalanes 668 ✉*08010* Ⓜ *Urquinaona* – ℰ *935 10 11 30*
– www.hotelpalacebarcelona.com　　　　　　**5**JV**a**
119 hab *–* 👥185/560 €, ☞ 28 € *–* 6 suites
Rest *Caelis* – ver selección restaurantes
◆ Un hotel emblemático, ya que ocupa un antiguo edificio que ha sido restaurado. Elegantes zonas sociales y habitaciones de excelente confort, todas con las paredes enteladas.

🏨🏨 **Majestic**　　　　🏊 ⅃ぁ 🛗 ✆ hab, AC ✶ 🛁 🏊 ☞ VISA ◯◯ AE ◯

passeig de Gràcia 68 ✉*08007* Ⓜ *Passeig de Gràcia* – ℰ *934 88 17 17*
– www.hotelmajestic.es　　　　　　**4**HV**f**
271 hab *–* 👥199/499 €, ☞ 25 € *–* 32 suites
Rest *Drolma* – ver selección restaurantes　　**Rest** *–* Carta aprox. 45 €
◆ Renovado y ubicado en una de las mejores zonas de la ciudad. Combina la excelencia en el servicio con unas habitaciones de magnífico equipamiento. Posee un SPA en el ático. El comedor, situado en el sótano y de montaje funcional, ofrece una carta tradicional.

🏨🏨 **Fira Palace**　　　　🏊 ⅃ぁ 🛗 ✆ hab, AC ✶ 🛁 🏊 ☞ VISA ◯◯ AE ◯

av. Rius i Taulet 1 ✉*08004* Ⓜ *Espanya* – ℰ *934 26 22 23* – *www.fira-palace.com*
258 hab *–* 👤399 € 👥425 €, ☞ 18 € *–* 18 suites　　　**2**CT**s**
Rest *El Mall* – Carta 52/65 €
◆ Hotel de línea clásica-actual que destaca por su magnífico mantenimiento y por la gran calidad de los materiales empleados. Buena oferta en salones y habitaciones muy amplias. El restaurante presenta una decoración rústica y propone una carta internacional.

ESPAÑA

ESPAÑA

Diagonal Barcelona

|🕮 🛁 hab, 🅰🅲 🛁 🕮 🎐 🕮 🚗 VISA ⓿ AE ⓪

av. Diagonal 205 ⊠08018 ⓜ Glòries – ☎ *934 89 53 00*
– www.hoteldiagonalbarcelona.com   5KUa
228 hab – ⫯85/350 € ⫯⫯85/450 €, � 17 € – 12 suites
Rest – *(cerrado agosto)* 49 €

♦ Ofrece diseño puro, ya que en él han volcado su creatividad varios artistas de renombre. Posee habitaciones muy modernas, con los baños a la vista, y un solárium en el ático. El restaurante, actual y con manteles tipo camino, presenta una carta tradicional.

Condes de Barcelona – (Monument i Center)

🔥 🕮 🛁 hab, 🅰🅲 🎐 🕮

passeig de Gràcia 73-75 ⊠08008   🛁 🚗 VISA ⓿ AE ⓪
ⓜ *Passeig de Gràcia –* ☎ *934 45 00 00 – www.condesdebarcelona.com*
232 hab – ⫯⫯135/315 €, �] 19 € – 3 suites   4HVm
Rest *Lasarte* – ver selección restaurantes
Rest *Loidi* – *(cerrado 14 días en agosto, domingo y festivos noche) (sólo menú)* Menú 38 €

♦ Hotel-monumento instalado en dos emblemáticos edificios, la Casa Batlló y la Casa Daurella. Su atractiva terraza-solárium se transforma por la noche en una zona de copas. El restaurante Loidi tiene una función polivalente y elabora dos menús a precio fijo.

Pullman Barcelona Skipper

🕮 🛁 🔥 🕮 🛁 hab, 🅰🅲 🎐 🛁 🚗

av. del Litoral 10 ⊠08005 ⓜ Ciutadella-Vila Olímpica   VISA ⓿ AE ⓪
– ☎ *932 21 65 65 – www.pullman-barcelona-skipper.com*   2DTc
235 hab – ⫯180/350 € ⫯⫯210/375 €, �] 25 € – 6 suites   **Rest** – Menú 36,50 €

♦ Combina el diseño y la tecnología con unos entornos de marcada calidez. Variada zona social, habitaciones modernas de buen confort, SPA y bonita azotea con piscina. El restaurante, luminoso, actual y con vistas a la terraza, ofrece una cocina internacional.

NH Constanza

🛁 🔥 🕮 🛁 hab, 🅰🅲 🎐 🕮 🛁 🚗 VISA ⓿ AE ⓪

Deu i Mata 69-99 ⊠08029 ⓜ Les Corts – ☎ *932 81 15 00 – www.nh-hotels.com*
300 hab – ⫯⫯115/290 €, �] 20 € – 8 suites   3FXe
Rest – Carta aprox. 45 €

♦ Edificio diseñado por Rafael Moneo para disfrutar de la luz natural y las líneas rectas. Tiene un gran hall de entrada, salones modulares y habitaciones de lujo funcional. El restaurante ocupa una sala en tonos blancos y ofrece platos de sabor tradicional.

ME Barcelona

⟵ 🛁 🔥 🕮 🛁 🅰🅲 🎐 hab, 🕮 🛁 🚗 VISA ⓿ AE ⓪

Pere IV-272 ⊠08005 ⓜ Poblenou – ☎ *933 67 20 50 – www.solmelia.com*
236 hab – ⫯⫯155/425 €, �] 22 € – 23 suites   2DSTc
Rest *Dos Cielos* – ver selección restaurantes
Rest – Menú 30 €

♦ Instalado en un edificio acristalado de 30 plantas. Disfruta de un moderno hall con detalles de diseño, un lounge-bar y unas habitaciones actuales, todas con vistas. En su restaurante, de montaje actual, le propondrán una cocina fiel al gusto internacional.

Claris

🕮 🛁 🔥 🕮 🛁 hab, 🅰🅲 🎐 🕮 🛁 🚗 VISA ⓿ AE ⓪

Pau Claris 150 ⊠08009 ⓜ Passeig de Gràcia – ☎ *934 87 62 62*
– www.derbyhotels.com   4HVw
80 hab – ⫯157/425 € ⫯⫯179/475 €, �] 21 € – 40 suites
Rest *East 47* – Menú 42 €

♦ Elegante y señorial. Está ubicado en el antiguo palacio Vedruna, donde clasicismo y vanguardia se alían en perfecta armonía. Posee una importante colección arqueológica. Su cuidado restaurante recrea una decoración que recuerda la estética de Andy Warhol.

Cuestión de standing : no espere el mismo servicio en un 🛏 o en un 🏠 que en un 🏨🏨🏨🏨 o en un 🕮🕮🕮.

Barcelona Center sin rest, con cafetería   🔲 🔲 🔲 🔲 🔲 🔲 🔲
Balmes 103 ✉*08008* Ⓜ *Passeig de Gràcia*   🔲 🔲 🔲
– ℰ 932 73 00 00 – www.hotelescenter.com   **4HVv**
129 hab – ♛♛90/490 €, ⌑ 13 € – 3 suites
◆ Cobijado tras una llamativa y cuidada fachada. Ofrece una zona social con empaque, habitaciones actuales de excelente equipamiento y una enorme terraza-solárium en la azotea.

AC Diplomatic   🔲 🔲 🔲 hab, 🔲 🔲 🔲 🔲 🔲 🔲 🔲
Pau Claris 122 ✉*08009* Ⓜ *Passeig de Gràcia – ℰ 932 72 38 10*
– www.hotelacdiplomatic.com   **4HVg**
209 hab – ♛100/280 € ♛♛113/293 €, ⌑ 19 € – 2 suites   **Rest** – Menú 15 €
◆ Hotel de línea actual al estilo de la cadena, combinando diseño, confort y equipamiento. Ofrece habitaciones actualizadas y una gran variedad de salas de reuniones. En el restaurante, ubicado en la 1ª planta, encontrará un menú del día y una carta actual.

Mandarin Oriental Barcelona   🔲 🔲 🔲 hab, 🔲 🔲 rest, 🔲 🔲
passeig de Gràcia 38-40 ✉*08007* Ⓜ *Passeig de Gràcia*   🔲 🔲 🔲 🔲
– ℰ 931 51 88 88 – www.mandarinoriental.com   **4HVy**
95 hab – ♛♛325/540 €, ⌑ 39 € – 3 suites
Rest *Moments* – ver selección restaurantes
Rest – Menú 33 €
◆ Instalado en un edificio que sirvió como banco y ahora ve sus dependencias completamente remozadas. Instalaciones de diseño, completo SPA y habitaciones de muy buen confort. Su restaurante propone una cocina de fusión, con platos asiáticos y mediterráneos.

Omm   🔲 🔲 🔲 🔲 🔲 🔲 🔲 🔲 🔲 🔲 🔲 🔲
Rosselló 265 ✉*08008* Ⓜ *Diagonal – ℰ 934 45 40 00 – www.hotelomm.es*
87 hab – ♛♛215/475 €, ⌑ 25 € – 4 suites   **4HVx**
Rest *Moo* – ver selección restaurantes
◆ Tras su original fachada encontrará un hotel vanguardista dotado de una amplia zona social en tres espacios. Habitaciones de excelente equipamiento y un atractivo SPA.

Cram   🔲 🔲 🔲 🔲 🔲 🔲 🔲 🔲 🔲 🔲
Aribau 54 ✉*08011* Ⓜ *Universitat – ℰ 932 16 77 00 – www.hotelcram.com*
67 hab – ♛100/495 € ♛♛110/495 €, ⌑ 22 €   **4HXb**
Rest *Gaig* – ver selección restaurantes
◆ Las habitaciones resultan algo reducidas, detalle que se compensa con las tecnologías más novedosas y un diseño tremendamente actual a cargo de afamados interioristas.

Gallery H.   🔲 🔲 🔲 🔲 hab, 🔲 🔲 🔲 🔲 🔲 🔲 🔲 🔲
Rosselló 249 ✉*08008* Ⓜ *Diagonal – ℰ 934 15 99 11 – www.galleryhotel.com*
110 hab – ♛♛100/350 €, ⌑ 18 € – 5 suites   **Rest** – Menú 23 €   **4HVd**
◆ Instalaciones de renovada línea actual. Dispone de varias salas de reunión y cómodas habitaciones definidas por su estética de líneas rectas y baños detallistas. El restaurante disfruta de grandes cristaleras y una acogedora terraza en un patio interior.

Granados 83   🔲 🔲 🔲 hab, 🔲 🔲 🔲 🔲 🔲 🔲 🔲 🔲
Enric Granados 83 ✉*08008* Ⓜ *Provença – ℰ 934 92 96 70*
– www.derbyhotels.com   **4HVz**
77 hab – ♛90/250 € ♛♛100/350 €, ⌑ 17 €
Rest – *(cerrado sábado mediodía y domingo)* Carta aprox. 37 €
◆ Hotel de línea vanguardista definido por el uso del cristal, el acero y el ladrillo. Sus habitaciones, de excelente equipamiento, están decoradas con antigüedades asiáticas. El restaurante, complementado por una terraza, ofrece una sencilla carta de fusión.

ESPAÑA

Murmuri 🛗 ⚹ AC ⚹ hab, ⚹ VISA ☯ AE ①

Rambla de Catalunya 104 ✉08008 Ⓜ *Diagonal –* ℰ *935 50 06 00*
– www.murmuri.com **4HVb**
53 hab – ♦149/449 € ♦♦169/479 €, ☕ 16 € – 5 apartamentos
Rest – Menú 35 €

• Edificio de fachada clásica emplazado en plenas Ramblas. Se presenta con un hall de línea actual, al igual que sus sobrias habitaciones, y una atractiva terraza solárium. En su restaurante podrá degustar una cocina asiática de fusión bien elaborada.

Barcelona Princess ⬅ ⚹ ⚹ 🛗 ⚹ hab, AC ⚹ ⚹ ⚹ ⚹ VISA ☯ AE ①

av. Diagonal 1 ✉08019 Ⓜ *El Maresme Fòrum –* ℰ *933 56 10 00*
– www.hotelbarcelonaprincess.com **2DSv**
322 hab – ♦79/315 € ♦♦91/327 €, ☕ 19 € – 42 suites **Rest –** Menú 14,95 €
• Instalado en dos modernas torres ubicadas junto al Fórum. Posee un lobby bastante colorista y unas habitaciones de estilo actual, con los baños acristalados y buenas vistas. En su comedor, luminoso a la par que funcional, le ofrecerán una carta tradicional.

AC Barcelona ⚹ ⚹ 🛗 ⚹ hab, AC ⚹ ⚹ ⚹ ⚹ VISA ☯ AE ①

passeig del Taulat 278 ✉08019 Ⓜ *El Maresme Fòrum –* ℰ *934 89 82 00*
– www.ac-hotels.com **2DSw**
336 hab – ♦♦100/330 €, ☕ 23 € – 32 suites **Rest –** Menú 25 €
• En la zona del Fórum, con las instalaciones típicas de los AC y un completo SPA. Encontrará habitaciones confortables y actuales, con las suites en las esquinas del edificio. Su moderno comedor mantiene abierta la cocina durante las 24 horas del día.

NH Numància 🛗 ⚹ hab, AC ⚹ ⚹ ⚹ ⚹ VISA ☯ AE ①

Numància 74 ✉08029 Ⓜ *Sants Estació –* ℰ *933 22 44 51 – www.nh-hotels.com*
208 hab – ♦72/163 € ♦♦89/246 €, ☕ 15 € **Rest –** Menú 28 € **3FXf**
• Próximo a la estación de ferrocarril de Sants. Disfruta de una cuidada zona social, con detalles de diseño, y unas espaciosas habitaciones actualizadas en su decoración. El restaurante resulta agradable y está bastante bien montado en su categoría.

BCN Design sin rest, con cafetería ⚹ 🛗 ⚹ AC ⚹

Passeig de Gràcia 29-31 ✉08002 Ⓜ *Passeig de Gràcia –* ℰ *933 44 45 55*
– www.eurostarshotels.com **4HVXa**
65 hab
• Presenta unas instalaciones de diseño, con reducidas zonas sociales y habitaciones bastantes modernas, todas con mobiliario funcional-actual y las paredes forradas en papel.

Abba Sants 🛗 ⚹ hab, AC ⚹ ⚹ ⚹ ⚹ VISA ☯ AE ①

Numància 32 ✉08029 Ⓜ *Sants-Estació –* ℰ *936 00 31 00*
– www.abbahoteles.com **3FXb**
140 hab – ♦78/338 € ♦♦78/349 €, ☕ 15,50 €
Rest *Amalur* – Carta aprox. 35 €
• Hotel orientado a los negocios, con un buen nivel general, diseño moderno y excelente mantenimiento. Ofrece una zona de salones polivalentes y habitaciones funcionales. Su restaurante cuida mucho la carta, aunque con lo que más trabaja es con el menú del día.

Atrium Palace ⚹ ⚹ 🛗 ⚹ hab, AC ⚹ ⚹ ⚹ VISA ☯ AE ①

Gran Via de les Corts Catalanes 656 ✉08010 Ⓜ *Urquinaona –* ℰ *933 42 80 00*
– www.hotel-atriumpalace.com **5JVXc**
69 hab – ♦130/230 € ♦♦140/240 €, ☕ 12 € – 2 suites **Rest –** Menú 30 €
• Alterna su entrada clásica con una ligera tendencia minimalista en la concepción de los espacios. Dependencias bien equipadas y un coqueto fitness-piscina en el sótano. El comedor presenta un aspecto funcional, combinando los servicios de buffet, carta y menú.

ESPAÑA

Alexandra 🏨 ⎹⎸ ⟨& hab, 🏧 ⛇ 📶 🐟 🚗 VISA ⦿ AE ①
Mallorca 251 ⊠08008 Ⓜ Passeig de Gràcia – ☏ 934 67 71 66
– www.hotel-alexandra.com **4HVv**
106 hab ⊒ – ♦♦115/300 € – 3 suites **Rest** – Menú 22,20 €
♦ Un hotel bastante acogedor. Ofrece modernas zonas nobles, con la cafetería integrada, y habitaciones de buen confort, con los suelos en parquet o gres y mobiliario actual. En el comedor, de montaje funcional, encontrará una sencilla carta de cocina italiana.

U 232 sin rest ⎹⎸ ⟨& 🏧 ⛇ 📶 📶 VISA ⦿ AE ①
Comte d'Urgell 232 ⊠08036 Ⓜ Hospital Clínic – ☏ 933 22 41 53
– www.nnhotels.com **4GXv**
102 hab – ♦90/200 € ♦♦100/220 €, ⊒ 13 €
♦ Este céntrico hotel de línea clásica-actual está dotado con unas acogedoras zonas nobles y confortables habitaciones, todas con armarios abiertos y unos baños actuales.

Soho sin rest ⎹⎸ ⟨& 🏧 ⛇ 📶 🐟 VISA ⦿ AE ①
Gran Via de les Corts Catalanes 543-545 ⊠08011 Ⓜ Urgell – ☏ 935 52 96 10
– www.hotelsohobarcelona.com **4HXr**
51 hab – ♦♦108/315 €, ⊒ 14 €
♦ En conjunto combina la estética vanguardista con los detalles de diseño, el uso decorativo de las luces y el juego de espacios. Maridaje entre el confort y la tecnología.

América sin rest ⛵ 🎬 ⎹⎸ ⟨& 🏧 ⛇ 📶 🐟 VISA ⦿ AE ①
Provença 195 ⊠08008 Ⓜ Provença – ☏ 934 87 62 92
– www.hotelamericabarcelona.com **4HVz**
60 hab – ♦80/196 € ♦♦80/230 €, ⊒ 15 €
♦ Conjunto luminoso y actual definido por su atractiva combinación de los colores rojo y blanco. Dispone de un patio interior y habitaciones funcionales de correcto confort.

Europark sin rest ⛵ ⎹⎸ ⟨& 🏧 ⛇ 📶 🐟 VISA ⦿ AE ①
Aragó 325 ⊠08009 Ⓜ Girona – ☏ 934 57 92 05 – www.hoteleuropark.com
103 hab – ♦♦86/354 €, ⊒ 14 € – 2 suites **5JVe**
♦ Actual y en pleno centro. Su reducida zona social se ve compensada con habitaciones de buen equipamiento. En la última planta tiene dos suites con terrazas y buenas vistas.

Astoria ⛵ 🎬 ⎹⎸ 🏧 ⛇ 📶 📶 VISA ⦿ AE ①
París 203 ⊠08036 Ⓜ Diagonal – ☏ 932 09 83 11 – www.derbyhotels.com
113 hab – ♦90/210 € ♦♦112/230 €, ⊒ 13 € – 2 suites **4HVk**
Rest – *(cerrado agosto, sábado, domingo y festivos) (sólo almuerzo menú)*
Menú 13 €
♦ Hotel de línea clásica dotado con amplias zonas nobles y habitaciones de buen confort, estas últimas con mobiliario actual y baños reducidos en mármol. Piscina en el ático. El comedor, de montaje actual, basa su oferta en un menú del día durante el almuerzo.

Cristal Palace ⎹⎸ 🏧 📶 📶 🐟
Diputació 257 ⊠08007 Ⓜ Passeig de Gràcia – ☏ 934 87 87 78
– www.eurostarshotels.com **4HXx**
149 hab Rest –
♦ Disfruta de una línea bastante actual, con amplias zonas sociales, varias salas de reuniones panelables y unas habitaciones de buen confort, todas con los suelos en tarima. En su restaurante encontrará un correcto menú del día y una carta de sabor tradicional.

NH Podium ⛵ 🎬 ⎹⎸ ⟨& hab, 🏧 ⛇ 📶 🐟 VISA ⦿ AE ①
Bailén 4 ⊠08010 Ⓜ Arc de Triomf – ☏ 932 65 02 02 – www.nh-hotels.com
140 hab – ♦113/212 € ♦♦115/235 €, ⊒ 18,50 € – 5 suites **5JVn**
Rest Corella – *(cerrado agosto, sábado y domingo)* Carta 30/36 €
♦ Se encuentra en pleno Ensanche modernista, con una fachada clásica y el interior actual. Ofrece habitaciones acogedoras, gimnasio con sauna y una piscina en el ático. El restaurante, con buen mobiliario y un montaje actual, ofrece una carta internacional.

ESPAÑA

🏨 **987 Barcelona H.** sin rest, con cafetería   🖼 ⚿ AC ⚿ 🕪 🕎 VISA ⚫ AE ⑩
Mallorca 288 ✉08037 ⓜ Passeig de Gràcia – ℰ *934 76 33 96*
– www.987hotels.com   **4HVp**
88 hab – ♦90/290 € ♦♦100/310 €, ☐ 14 €
♦ Presenta unas instalaciones que tienen mucho diseño, con luces de colores en las zonas comunes, un agradable patio interior y unas habitaciones de línea actual-funcional.

🏨 **Gran Derby** sin rest   🖼 🖼 AC 🕪 🕎 🕎 VISA ⚫ AE ⑩
Loreto 28 ✉08029 ⓜ Entença – ℰ *934 45 25 44 – www.derbyhotels.com*
29 hab – ♦104/236 € ♦♦104/270 €, ☐ 16 € – 12 suites   **4GXg**
♦ Establecimiento de línea clásica que resulta acogedor por su tamaño. Las habitaciones resultan luminosas y de notable amplitud, muchas de ellas con los suelos en parquet.

🏨 **Open** sin rest   🖼 ⚿ AC ⚿ 🕪 🕎 🕎 VISA ⚫ AE ⑩
Diputació 100 ✉08015 ⓜ Rocafort – ℰ *932 89 35 00 – www.hcchotels.es*
100 hab – ♦108/205 € ♦♦108/250 €, ☐ 17,30 €   **4HYx**
♦ Conjunto céntrico y de carácter funcional. Resulta práctico por su buen confort general, con habitaciones de completo equipamiento para su categoría y baños en mármol.

🏨 **Balmes**   🖼 🖼 AC ⚿ rest, 🕪 🕎 🕎 VISA ⚫ AE ⑩
Mallorca 216 ✉08008 ⓜ Diagonal – ℰ *934 51 19 14 – www.derbyhotels.com*
93 hab – ♦95/200 € ♦♦95/230 €, ☐ 7 € – 15 suites – 7 apartamentos   **4HVv**
Rest – *(cerrado sábado y domingo) (sólo almuerzo) (sólo menú)* Menú 13 €
♦ Hotel de estética funcional instalado en dos edificios, el más antiguo con piscina en un patio-terraza. También posee varios apartamentos y habitaciones con un nivel superior. El restaurante, ubicado en la planta sótano, ofrece una cocina de tinte tradicional.

🏨 **Sixtytwo** sin rest   🖼 🖼 AC ⚿ 🕪 🕎 VISA ⚫ AE ⑩
Passeig de Gràcia 62 ✉08007 ⓜ Passeig de Gràcia – ℰ *932 72 41 80*
– www.sixtytwohotel.com   **4HVn**
45 hab – ♦129/279 € ♦♦149/662 €, ☐ 19,50 €
♦ Este pequeño hotel se encuentra en pleno paseo de Gràcia, con una fachada bastante cuidada y un moderno interior. Ofrece habitaciones algo reducidas pero muy bien equipadas.

🏨 **Market**   🖼 🖼 AC ⚿ hab, 🕪 VISA ⚫ AE ⑩
passatge Sant Antoni Abad 10 ✉08015 ⓜ Sant Antoni – ℰ *933 25 12 05*
– www.markethotel.com.es   **4HYa**
52 hab – ♦60/130 € ♦♦65/145 €, ☐ 9,50 €   **Rest** – Menú 10 €
♦ Está bien situado junto al céntrico Mercat de Sant Antoni, en un antiguo edificio de vecinos. Sus habitaciones recrean un ambiente colonial-actual, con los suelos en madera. El restaurante, bastante agradable, combina su menú del día con una carta tradicional.

🏨 **Taber** sin rest   🖼 AC ⚿ 🕪 🕎 VISA ⚫ AE ⑩
Aragó 256 ✉08007 ⓜ Passeig de Gràcia – ℰ *934 87 38 87 – www.hcchotels.es*
92 hab – ♦117/205 € ♦♦117/250 €, ☐ 18,40 €   **4HXg**
♦ Actual y cercano a las Ramblas. Posee una reducida zona social y habitaciones funcionales, con los suelos en moqueta, mobiliario funcional y unos baños completos.

🏨 **Regente** sin rest   🖼 AC ⚿ 🕪 🕎 VISA ⚫ AE ⑩
Rambla de Catalunya 76 ✉08008 ⓜ Passeig de Gràcia – ℰ *934 87 59 89*
– www.hcchotels.es   **4HVt**
79 hab – ♦120/223 € ♦♦120/270 €, ☐ 20 €
♦ Instalado en un céntrico edificio de fachada modernista. Posee un bar con hermosas vidrieras, una pequeña zona noble y habitaciones actuales de suficiente confort.

Caledonian sin rest · 🛗 ♿ 🅐🅒 ※ 🛜 ⇔ 🆅🅸🆂🅰 ⑩ 🅰🅴
Gran Via de les Corts Catalanes 574 ⊠*08011* Ⓜ *Universitat –* ℰ *934 53 02 00*
– www.hotel-caledonian.com **4HXw**
57 hab – 🛏340 € 🛏🛏380 €, ⊊ 13,90 €
◆ De fachada clásica y excelente emplazamiento. Ofrece habitaciones con mobiliario funcional, suelos en madera y baños en mármol, así como otras estancias en un anexo.

Amrey Diagonal · 🛗 ♿ hab, 🅐🅒 ※ 🛜 🕍 🆅🅸🆂🅰 ⑩ 🅰🅴 ⑩
av. Diagonal 161-163 ⊠*08018* Ⓜ *Glòries –* ℰ *934 86 88 00*
– www.amrey-hotels.com **2DTf**
154 hab – 🛏69/208 € 🛏🛏69/258 €, ⊊ 15 € **Rest –** Menú 14 €
◆ Moderno, luminoso, práctico y funcional, con una arquitectura de líneas sencillas en la que se aprecian ciertos detalles de vanguardia. Orientado a una clientela de negocios. Su restaurante, de montaje actual, elabora una carta de corte tradicional.

Onix Fira sin rest · 🖸 🛗 ♿ 🅐🅒 ※ 🕍 ⇔ 🆅🅸🆂🅰 ⑩ ⑩
Llançà 30 ⊠*08015* Ⓜ *Espanya –* ℰ *934 26 00 87 – www.hotelonixfira.com*
80 hab – 🛏🛏60/119 €, ⊊ 7,60 € **4GYn**
◆ Una buena opción si necesita alojarse junto a la "Fira de Barcelona". Ofrece un entorno sencillo pero confortable, con una espaciosa cafetería y habitaciones funcionales.

Aparthotel Acácia sin rest · 🛗 ♿ 🅐🅒 ※ 🕍 ⇔ 🆅🅸🆂🅰 ⑩ 🅰🅴 ⑩
Comte d'Urgell 194 ⊠*08036* Ⓜ *Hospital Clínic –* ℰ *934 54 07 37*
– www.aparthotelacacia.com **4GXb**
26 apartamentos – 🛏🛏95/350 €, ⊊ 12 €
◆ Las ventajas de un hotel con la independencia de un apartamento. El edificio disfruta de un moderno diseño exterior, con habitaciones bien equipadas y cocina incorporada.

Splendid sin rest · 🛗 ♿ 🅐🅒 🕍 🆅🅸🆂🅰 ⑩ 🅰🅴 ⑩
Muntaner 2 ⊠*08011* Ⓜ *Universitat –* ℰ *934 51 21 42 – www.actahotels.com*
43 hab – 🛏60/160 € 🛏🛏69/190 €, ⊊ 9 € **4HXh**
◆ Este hotel destaca por su excelente ubicación, con una estética actual-funcional. Su reducida zona social se compensa con unas habitaciones de buen confort general.

Onix Rambla sin rest · 🖸 🛗 ♿ 🅐🅒 ※ 📞 🕍 🆅🅸🆂🅰 ⑩ ⑩
Rambla de Catalunya 24 ⊠*08007* Ⓜ *Catalunya –* ℰ *933 42 79 80*
– www.hotelonixrambla.com **4HXt**
40 hab – 🛏🛏92/152 €, ⊊ 8,65 €
◆ Presenta un diseño actual, sobrio y sin estridencias, con la madera, los tonos blancos y el hormigón como protagonistas. Posee habitaciones funcionales con suelos en tarima.

Continental Palacete sin rest · 🛗 🅐🅒 ※ 🆅🅸🆂🅰 ⑩ 🅰🅴 ⑩
Rambla de Catalunya 30 ⊠*08007* Ⓜ *Catalunya –* ℰ *934 45 76 57*
– www.hotelcontinental.com **4HXe**
19 hab ⊊ **–** 🛏92/102 € 🛏🛏117/222 €
◆ Instalado en un palacete restaurado, con una decoración de aire inglés definida por el uso de ricas telas. Acogedoras habitaciones y bellos salones de inspiración versallesca.

Prisma sin rest · 🛗 ♿ 🅐🅒 ※ 🕍 🆅🅸🆂🅰 ⑩ 🅰🅴 ⑩
av. Josep Tarradellas 119 ⊠*08029* Ⓜ *Entença –* ℰ *934 39 42 07*
– www.mediumhoteles.com **4GXs**
27 hab – 🛏🛏190/235 €, ⊊ 8,50 €
◆ En una amplia avenida, cerca de la Diagonal. Su reducida zona noble se ve compensada por unas habitaciones funcionales de detallado equipamiento. Ambiente acogedor.

XXXX   **Caelis** – Hotel El Palace

  🌸

Gran Via de les Corts Catalanes 668 ✉08010 Ⓜ *Urquinaona*
– ℰ 935 10 12 05 – www.caelis.com
– cerrado Semana Santa, agosto, domingo y lunes   **5JVa**
Rest – *(sólo cena)* Menú 70/80 € – Carta 66/81 € ❀
Espec. El té de colmenillas, pan de romero, chorizo y tripas de bacalao. Los macarrones rellenos como un "mar y montaña", bogavante y foie-gras. La vichyssoise en cubo de hielo, caviar Sturia y cucurucho de chantilly.
♦ Resulta sorprendente, tanto por su elegancia como por sus contrastes decorativos. Presenta un acceso independiente, un buen privado y una sala clásica-actual. Cocina creativa de cuidadas presentaciones donde sólo utilizan productos de la mejor calidad.

XXXX   **Enoteca** – Hotel Arts

  🌸

Marina 19 ✉08005 Ⓜ *Ciutadella-Vila Olímpica*
– ℰ 932 21 10 00 – www.hotelartsbarcelona.com
– cerrado agosto y domingo   **2DTr**
Rest – *(sólo cena salvo lunes y martes)* Menú 86 € – Carta 68/91 € ❀
Espec. "Espardenyes" a la plancha. Rodaballo, espárragos silvestres, patata "aliña" y su jugo. Cordero de leche, polenta, tomate y trompetas de la muerte.
♦ Presenta una sala clásica-actual de cuidado montaje y una atractiva decoración a base de vitrinas con botellas de vino. Desde sus fogones proponen una cocina actual de base tradicional, con elaboraciones perfectas y unos detalles creativos de excelente nivel.

XXXX   **Drolma** – Hotel Majestic

  🌸

passeig de Gràcia 68 ✉08007 Ⓜ *Passeig de Gràcia*
– ℰ 934 96 77 10 – www.drolmarestaurant.cat
– cerrado domingo   **4HVf**
Rest – Menú 125 € – Carta 95/134 € ❀
Espec. Canelones de faisana salvaje con trufas (diciembre-marzo). Gambas, crema fina de guisantes, menta y jamón. Bogavante con pasta y puerros.
♦ Su impecable montaje y la esmerada ornamentación de estilo clásico recrean un ambiente refinado y distinguido, protagonizado por la madera. Cocina de carácter internacional que basa su éxito en la calidad de las materias primas utilizadas.

XXXX   **Gaig** (Carles Gaig) – Hotel Cram

  🌸

Aragó 214 ✉08011 Ⓜ *Universitat*
– ℰ 934 29 10 17 – www.restaurantgaig.com
– cerrado Semana Santa, 3 semanas en agosto, domingo, lunes y festivos
Rest – Menú 90 € – Carta 58/83 € ❀   **4HXb**
Espec. Canelón tradicional a la crema de trufas. Tartar de lubina y gamba con caviar de arenque. Pies de cerdo guisados a la catalana.
♦ Este restaurante recrea un entorno de estética moderna atento a los detalles, con un magnífico servicio de mesa. Su cocina actualizada de base tradicional hace hincapié tanto en los productos de mercado como en las presentaciones. Espléndida bodega.

XXXX   **La Dama**

av. Diagonal 423 ✉08036 Ⓜ *Diagonal – ℰ 932 02 06 86*
– www.ladama-restaurant.com   **4HVa**
Rest – Carta 52/69 € ❀
♦ Marco clásico elegante que conserva la belleza modernista en los detalles decorativos, tanto en la fachada como en el interior. Ofrece un servicio de mesa excelente.

XXXX   **Beltxenea**

Mallorca 275 entlo ✉08008 Ⓜ *Diagonal – ℰ 932 15 30 24*
– www.beltxenea.com – cerrado agosto y domingo   **4HVh**
Rest – Carta 52/65 €
♦ Se encuentra en una elegante casa señorial que transmite al conjunto un cierto sabor añejo. Disfruta de un refinado clasicismo y dos de sus salas dan a un pequeño jardín.

ESPAÑA

XXX **Lasarte** – Hotel Condes de Barcelona   AC ※ 🚗 VISA ⚌ AE ①
☆☆ *Mallorca 259 ✉08008* Ⓜ *Passeig de Gràcia* – 𝒞 *934 45 32 42*
– www.restaurantlasarte.com – cerrado Semana Santa, agosto, domingo, lunes
y festivos   **4HVm**
Rest – Menú 115 € – Carta 76/101 €
Espec. Ostras crujientes con ensaladilla de pomelo, nueces y caldo cítrico. Lenguado con aceite de moluscos, pulpo, cítricos y espolvoreado de nueces con mandarina. Pichón asado, oreja de cerdo, espinacas y crema de hongos.
♦ Tiene el sello personal de Martín Berasategui y su grupo, con un buen hall y dos salas de excelente montaje, estas vestidas en un estilo bastante actual. Encontrará una carta muy creativa, con elaboraciones de autor y algún que otro plato tradicional vasco.

XXX **Casa Calvet**   AC ※ ⇔ VISA ⚌ AE ①
Casp 48 ✉08010 Ⓜ *Urquinaona* – 𝒞 *934 12 40 12* – *www.casacalvet.es*
– cerrado 20 días en agosto, domingo y festivos   **5JVXr**
Rest – Carta 46/50 €
♦ Instalado en un atractivo edificio modernista diseñado por Gaudí. Ofrece una carta actualizada de base tradicional, con muy buenas presentaciones y excelentes productos.

XXX **Windsor**   AC ※ ⇔ VISA ⚌ AE ①
Còrsega 286 ✉08008 Ⓜ *Diagonal* – 𝒞 *932 37 75 88*
– www.restaurantwindsor.com – cerrado del 1 al 7 de enero, Semana Santa,
agosto y domingo   **4HVb**
Rest – Carta 42/54 € ஃ
♦ Conjunto clásico de cuidadas instalaciones, con una sala principal acristalada al jardín y varios privados. Amplia carta de cocina catalana actualizada y una nutrida bodega.

XXX Colibrí   AC ⇔
Casanova 212 ✉08036 Ⓜ *Hospital Clínic* – 𝒞 *934 43 23 06*
– www.restaurantcolibri.com   **4GVz**
Rest –
♦ Negocio familiar dotado con un bar de espera y una sala de ambiente minimalista. Carta actual de mercado a precio fijo, con suplemento en algunos platos y un menú degustación.

XXX **Oliver y Hardy**   ☂ AC ※ VISA ⚌ AE ①
av. Diagonal 593 (interior) ✉08014 Ⓜ *Maria Cristina* – 𝒞 *934 19 31 81* – *cerrado*
agosto, sábado mediodía, domingo, lunes noche y martes noche   **3FXn**
Rest – Carta 39/48 €
♦ Un clásico de la noche barcelonesa. Está dividido en dos partes, por un lado una "boite" y por otro el restaurante. En su sala le ofrecerán una cocina tradicional actualizada.

XXX **Jaume de Provença**   AC ※ ⇔ VISA ⚌ AE ①
Provença 88 ✉08029 Ⓜ *Entença* – 𝒞 *934 30 00 29* – *www.jaumeprovenza.com*
– cerrado Semana Santa, agosto, domingo noche y lunes   **4GXh**
Rest – Carta 42/63 €
♦ Restaurante de línea clásica llevado directamente por su propietario. Posee una barra de espera, varias cavas de vino y un buen comedor con las paredes forradas en madera.

XXX **Racó d'en Cesc**   AC ※ ⇔ VISA ⚌ AE ①
Diputació 201 ✉08011 Ⓜ *Universitat* – 𝒞 *934 51 60 02* – *cerrado Semana*
Santa, agosto, domingo y festivos   **4HXk**
Rest – Carta 44/52 € ஃ
♦ Dispone de un recibidor, un comedor principal de marcado clasicismo y varias salas a modo de privados. Carta creativa basada en sugerencias y una completa selección de vinos.

ESPAÑA

✕✕✕ **Dos Cielos** – Hotel ME Barcelona ← ✿ ↔ 𝘃𝘪𝘴𝘢 ⊙ AE ⊙

✿ *Pere IV-272 ✉08005 Ⓜ Poblenou – ℰ 933 67 20 70 – www.doscielos.com*
Rest – *(cerrado 15 días en enero, 15 días en agosto, domingo y*
lunes) Menú 85/110 € – Carta 76/96 € ※   **2DSTc**
Espec. San Pedro con alcachofas y huevo de codorniz. Civet de anguila con cha-
lotas y ajos tiernos. Viaje amazónico.
◆ Se encuentra en la planta 24 del hotel Me Barcelona y sorprende por integrar
su cocina en el comedor, con mesas de buen montaje y una barra de acero
donde también se puede comer. Cocina de autor en busca de nuevos sabores y
excelentes vistas sobre la ciudad.

✕✕✕ **Moments** – Hotel Mandarin Oriental Barcelona AC ✿ 𝘃𝘪𝘴𝘢 ⊙ AE ⊙

✿ *passeig de Gràcia 38-40 ✉08007 Ⓜ Passeig de Gràcia – ℰ 931 51 88 88*
– www.mandarinoriental.com – cerrado domingo y lunes   **4HVy**
Rest – Menú 125 € – Carta 94/104 € ※
Espec. Arroz caldoso con picada de pescador. Pichón deshuesado
relleno de papada de cerdo "Duroc" y hoja de cerezo japonés. Paisajes de Sant
Pol en dos servicios.
◆ Se accede desde la recepción del hotel y destaca por su originalidad decorativa, con los suelos alfombrados. El chef y su experimentado equipo de cocina
ofrecen unas elaboraciones creativas de gran calidad, con sabores bien combinados y productos escogidos.

✕✕ Maria Cristina AC ↔

Provença 271 ✉08008 Ⓜ Balmes – ℰ 932 15 32 37
– www.restaurante-mariacristina.com   **4HVs**
Rest –
◆ Su atractivo exterior, con grandes cristales opacos, da paso a un pequeño hall
y varios comedores de ambiente clásico-actual. Cocina tradicional con productos
de calidad.

✕✕ **L'Olivé** AC ✿ ↔ 𝘃𝘪𝘴𝘢 ⊙ AE ⊙

Balmes 47 ✉08007 Ⓜ Passeig de Gràcia – ℰ 934 52 19 90 – www.rte-olive.com
– cerrado domingo noche   **4HXh**
Rest – Carta 45/55 €
◆ Este restaurante posee un hall-recepción, con la cocina vista a lo largo de la
entrada, un comedor dividido en dos ambientes y varios privados en el sótano.
Cocina catalana.

✕✕ Melton AC

Muntaner 189 ✉08036 Ⓜ Hospital Clínic – ℰ 933 63 27 76
– www.restaurantemelton.com   **4GVm**
Rest –
◆ Resulta pequeño pero cuida mucho algunos detalles como la iluminación, el
servicio de mesa y la decoración, de estética actual. Cocina italiana con una
dosis de creatividad.

✕✕ **Montjuïc el Xalet** ← ☂ AC ✿ ↔ 𝘃𝘪𝘴𝘢 ⊙ AE ⊙

av. Miramar 31 ✉08038 – ℰ 933 24 92 70 – www.gruptravi.com   **2CTb**
Rest – Carta aprox. 54 €
◆ Se encuentra en la ladera del Montjuïc, con unas espectaculares vistas a la ciudad. Está distribuido en tres plantas, con la sala principal en el piso más alto y
dos terrazas.

✕✕ **Cinc Sentits** (Jordi Artal) AC ✿ 𝘃𝘪𝘴𝘢 ⊙ AE ⊙

✿ *Aribau 58 ✉08011 Ⓜ Universitat – ℰ 933 23 94 90 – www.cincsentits.com*
– cerrado Semana Santa, 15 días en agosto, domingo y lunes   **4HXa**
Rest – *(sólo menú degustación)* Menú 49/69 €
Espec. Salmonete de roca, chanfaina fresca y tomillo limón. Cochinillo ibérico con
texturas de manzana. Chocolate con pan, aceite y sal.
◆ Este restaurante presenta un buen montaje y escasa decoración, acorde a su
estética de carácter minimalista. No hay carta y centra su oferta gastronómica
únicamente en tres menús degustación. Elaboraciones inventivas con producto
catalán de calidad.

ESPAÑA

XX **Moo** – Hotel Omm   [AC] ⅍ [VISA] ⊙⊙ [AE] ⊙
☆   4HV**x**
Rosselló 265 ✉08008 Ⓜ Diagonal – 𝒞 934 45 40 00 – www.hotelomm.es
– cerrado agosto y domingo
Rest – Menú 69/100 € – Carta 62/79 € ❀
Espec. Cigala con curry y rosas. Manzana caramelizada con foie-gras y aceite de
vainilla. Pichón a la cuchara.
♦ Restaurante de ambiente cosmopolita. Encontrará una cafetería y un diáfano
comedor, de línea actual, definido tanto por sus tragaluces como por los detalles
de diseño. Cocina de autor, una buena combinación de sabores y una carta de
vinos bastante original.

XX **Fonda Gaig**   [AC] ⅍ ⇔ [VISA] ⊙⊙ [AE] ⊙
Còrsega 200 ✉08036 Ⓜ Hospital Clinic – 𝒞 934 53 20 20 – www.fondagaig.com
– cerrado Semana Santa, del 9 al 23 de agosto, domingo noche y lunes
Rest – Carta aprox. 50 €   4GVX**c**
♦ Con su nombre hace referencia a la antigua fonda familiar, ya cerrada. Encon-
trará una fachada acristalada, un diáfano comedor en dos alturas y tres privados.
Cocina catalana.

XX **Saüc** (Xavier Franco)   [AC] ⅍ [VISA] ⊙⊙ [AE] ⊙
☆ *passatge Lluís Pellicer 12, (previsto traslado a Vía Laietana 49) ✉08036*
  Ⓜ *Hospital Clinic – 𝒞 933 21 01 89 – www.saucrestaurant.com*
  – cerrado 7 días en enero, 21 días en agosto, domingo y lunes   4GV**d**
  Rest – Menú 60/85 € – Carta 58/70 €
  Espec. Alubias de Santa Pau y gambas a la sal, pil-pil de ceps. Rodaballo, acelgas
  y espárragos silvestres, jugo de bogavante y azafrán (febrero-mayo). Jarrete de
  ternera lechal, "trinxat" de patata y perona.
  ♦ Restaurante de línea actual vestido con diversos detalles decorativos de vanguardia. Presenta dos salas de cuidado montaje, donde podrá degustar una cocina
  elaborada de cuidadas presentaciones. Productos bien tratados y de gran calidad.

XX **Casa Uriarte**   [AC] ⅍ [VISA] ⊙⊙
Gran Via de les Corts Catalanes 633 ✉08010 Ⓜ Urquinaona – 𝒞 934 12 63 58
– www.casauriarte.com – cerrado 15 días en agosto, domingo, lunes noche y
festivos noche   5JV**g**
Rest – Carta 44/54 €
♦ Negocio de línea clásica-actual que destaca tanto por su ubicación como por
la amplitud del local, distribuido en dos alturas. Carta tradicional, vasco-navarra y
de mercado.

XX **Petit París**   [AC] ⅍ [VISA] ⊙⊙ [AE] ⊙
París 196 ✉08036 Ⓜ Diagonal – 𝒞 932 18 26 78   4HV**k**
Rest – Carta 45/56 €
♦ Coqueto establecimiento decorado en un estilo clásico inglés, con profusión de
madera y las paredes enteladas. Carta regional con productos de la zona y suge-
rencias del día.

XX **La Provença**   [AC] ⇔ [VISA] ⊙⊙ [AE] ⊙
☺ *Provença 242 ✉08008 Ⓜ Diagonal – 𝒞 933 23 23 67 – www.laprovenza.com*
  Rest – Carta 26/34 €   4HV**z**
  ♦ Es acogedor y tiene una línea clásica-actual, con numerosos privados que lo
  hacen muy atractivo para el cliente de empresa. Carta amplia con un buen apar-
  tado de sugerencias.

XX **El Túnel d'en Marc Palou**   [AC] ⅍ [VISA] ⊙⊙ [AE] ⊙
Bailén 91 ✉08009 Ⓜ Girona – 𝒞 932 65 86 58 – www.eltuneldenmarc.com
– cerrado agosto, domingo y lunes noche   5JV**t**
Rest – Carta 36/43 €
♦ En una calle muy transitada. Posee dos salas de línea actual, distribuidas en
dos plantas, y una bodega que usan como privado. Cocina de base tradicional
con toques creativos.

ESPAÑA

ESPAÑA

XX **Alba Granados**　　　　　　　　　　AC � VISA ⦿ AE ⓞ

Enric Granados 34 ✉08036 Ⓜ Diagonal – 𝒞 934 54 61 16
– www.albagranados.com – cerrado domingo noche　　　　**4HXq**
Rest – Carta 35/45 €

♦ Sorprende por su decoración, ya que todo hace referencia al mundo del vino. Ofrece salas en dos pisos y una carta tradicional con un buen apartado de carnes a la parrilla.

XX **Solera Gallega**　　　　　　　　　AC ✓ VISA ⦿ AE ⓞ

París 176 ✉08036 Ⓜ Passeig de Gràcia – 𝒞 933 22 91 40
– www.soleragallega.com – cerrado del 10 al 30 de agosto, domingo noche y lunes
Rest – Carta 49/55 €　　　　　　　　　　　　　　　　**4GHVp**

♦ Hace honor a su nombre y está especializado en la cocina gallega. Tiene un sugerente vivero a la entrada y dos salas de estilo clásico marinero. Productos de gran calidad.

XX **El Yantar de la Ribera**　　　　　AC ✓ ⟺ VISA ⦿ AE ⓞ

Roger de Flor 114 ✉08013 Ⓜ Tetuan – 𝒞 932 65 63 09
– www.elyantardelaribera.net – cerrado domingo noche　　**5JVu**
Rest – Carta 28/34 €

♦ Establecimiento sobrio y elegante ubicado en un marco de aire castellano. Tiene un comedor y dos hornos a la vista del cliente, uno para lechazos y el otro para cochinillos.

XX **El Asador de Aranda**　　　　　　AC ✓ ⟺ VISA ⦿ AE ⓞ

Londres 94 ✉08036 Ⓜ Hospital Clínic – 𝒞 934 14 67 90
– www.asadordearanda.com – cerrado domingo noche　　　**4GVn**
Rest – Carta 33/37 €

♦ Disfruta de amplias instalaciones y una estética de ambiente castellano, dejando el horno de asar a la vista del cliente. Cocina tradicional especializada en asados.

XX **La Camarga**　　　　　　　　　　　AC ⟺ VISA ⦿ AE ⓞ

Aribau 117 ✉08036 Ⓜ Diagonal – 𝒞 933 23 66 55 – www.lacamarga.com
Rest – Carta 24/35 €　　　　　　　　　　　　　　　　**4HVu**

♦ Dispone de un bar de espera, un espacioso comedor principal con el suelo en parquet y numerosos privados de diferentes capacidades. Carta amplia de base catalana.

XX **Gorría**　　　　　　　　　　　　　AC ✓ ⟺ VISA ⦿ AE ⓞ

Diputació 421 ✉08013 Ⓜ Monumental – 𝒞 932 45 11 64
– www.restaurantegorria.com – cerrado Semana Santa, agosto, domingo, lunes noche y festivos noche　　　　　　　　　　　　　　　　**5JUa**
Rest – Carta 39/52 €

♦ Restaurante vasco de larga trayectoria dotado con un correcto montaje y una decoración de aire rústico. Su oferta gastronómica se complementa con una buena carta de vinos.

XX **La Maison du Languedoc Roussillon**　　AC ✓ VISA ⦿ AE

Pau Claris 77 ✉08010 Ⓜ Urquinaona – 𝒞 933 01 04 98
– www.restaurantelanguedocroussillon.com　　　　　　　**5JXa**
Rest – Carta 35/40 €

♦ Este restaurante recrea el entorno ideal para degustar una buena cocina regional francesa, con una cálida iluminación, una decoración actual y un servicio bastante atento.

XX **Icho**　　　　　　　　　　　　🍴 AC ✓ ⟺ VISA ⦿ AE

Deu i Mata 65-69 ✉08029 Ⓜ Les Corts – 𝒞 934 44 33 70
– www.ichobcnjapones.com – cerrado Semana Santa, del 2 al 23 de agosto, domingo y lunes noche　　　　　　　　　　　　　　　　**3FXe**
Rest – Carta aprox. 50 €

♦ Este restaurante japonés evoca con su nombre el de un árbol tradicional nipón. Estética actual, buen nivel y unas elaboraciones que cuidan tanto la técnica como el producto.

XX **Nectari** 🕸 ✂ 🎫 ⓒ🕯 🖭 ⓞ
València 28 ⊠08015 Ⓜ Tarragona – ℰ 932 26 87 18 – www.nectari.es
– cerrado 15 días en agosto y domingo **4GYx**
Rest – Carta 43/60 €
◆ Ocupa los bajos de un edificio de viviendas, donde se presenta con dos
salas actuales y un privado. Su chef-propietario elabora una carta mediterránea
con toques de autor.

XX **Patagonia Beef & Wine** 🕸 ✂ 🎫 ⓒ🕯 🖭 ⓞ
Gran Via de les Corts Catalanes 660 ⊠08010 Ⓜ Passeig de Gràcia
– ℰ 933 04 37 35 – www.patagoniabw.com **5JVXc**
Rest – Carta 31/56 €
◆ Este restaurante disfruta de un buen montaje y una decoración de estilo mini-
malista. Tiene una carta bastante amplia, pero su especialidad son las carnes rojas
argentinas.

XX **El Asador de Aranda** 🕸 ✂ 🎫 ⓒ🕯 🖭 ⓞ
Pau Clarís 70 ⊠08010 Ⓜ Urquinaona – ℰ 933 42 55 77
– www.asadordearanda.com – cerrado domingo noche **5JXb**
Rest – Carta 33/37 €
◆ Ofrece las características habituales en esta cadena de asadores. Bar de apoyo
a la entrada, horno de asar a la vista y dos cálidos comedores de elegante
ambiente castellano.

XX **Casa Darío** 🕸 ✂ ✂ 🎫 ⓒ🕯 🖭 ⓞ
Consell de Cent 256 ⊠08011 Ⓜ Universitat – ℰ 934 53 31 35
– www.casadario.com – cerrado agosto y domingo **4HXp**
Rest – Carta 44/57 €
◆ Casa de larga trayectoria y buen nombre por la calidad de sus productos.
Posee un bar privado, tres salas y tres reservados. Especialidades gallegas y fru-
tos del mar.

XX **Els Pescadors** 🕸 🎫 🖭 ⓒ🕯
pl. Prim 1 ⊠08005 Ⓜ Poblenou – ℰ 932 25 20 18 – www.elspescadors.com
– cerrado Semana Santa **2DTe**
Rest – Carta 39/51 €
◆ Posee una sala a modo de café de principios del s. XX, y otras dos con una
decoración más moderna. Generosa carta arraigada en la cocina marinera, con
arroces y bacalao.

XX **Manairó** (Jordi Herrera) 🕸 ✂ 🎫 ⓒ🕯 🖭 ⓞ
❀ *Diputació 424 ⊠08013 Ⓜ Monumental – ℰ 932 31 00 57 – www.manairo.com*
– cerrado del 16 al 22 de agosto y domingo **5JKUc**
Rest – Menú 65/100 € – Carta 47/65 €
Espec. Calamares a la romana de huevos fritos con morcilla. Filete al clavo
ardiendo. Huevos duros de coliflor y foie con verduras y trufa (diciembre-febrero).
◆ Este pequeño restaurante, muy conocido en la zona, está llevado directamente por su chef-propietario. En su sala, de estética actual y con obras de
varios artistas, encontrará una cocina creativa de base regional con sorprendentes detalles de autor.

XX **Alba París** 🎫 ⓒ🕯 🖭 ⓞ
París 168 ⊠08036 Ⓜ Hospital Clinic – ℰ 934 30 91 19 – www.albaparis.com
– cerrado del 1 al 15 de agosto y domingo **4GVa**
Rest – Carta aprox. 40 €
◆ Este negocio familiar ofrece una sala de línea clásica decorada con cuadros que
ensalzan el mundo del vino. Cocina tradicional y el chuletón a la piedra como
especialidad.

XX **La Clara** 🕸 ✂ 🎫 ⓒ🕯 🖭 ⓞ
Gran Via de les Corts Catalanes 442 ⊠08015 Ⓜ Rocafort – ℰ 932 89 34 60
– www.laclararestaurant.com **4HYb**
Rest – Carta 27/35 € 🍸
◆ Se presenta con un bar de tapas y dos salas de estética actual, distribuidas
estas en dos plantas y con la cocina vista entre ambas. Carta tradicional e impresionante bodega.

ESPAÑA

ESPAÑA

✗ Gresca
AC ✗ VISA ⓪⓿

Provença 230 ✉08036 ⓜ Diagonal
– ☎934 51 61 93 – www.gresca.net
cerrado 15 agosto-2 septiembre, sábado mediodía y domingo **4HVz**
Rest – Carta 32/44 €
♦ Su discreta fachada da paso a una sala alargada de estética minimalista,
donde juegan con los colores blanco y negro. El chef tiene inquietudes y propone
una cocina actual.

✗ Toc
AC ✗ VISA ⓪⓿ AE

Girona 59 ✉08009 ⓜ Girona – ☎934 88 11 48 – www.tocbcn.com
– cerrado fines de semana de junio-julio, agosto, sábado mediodía y domingo
Rest – Carta 37/53 € **5JVe**
♦ Este restaurante está distribuido en dos plantas y cuenta con una decoración
actual que ha tomado como modelo la estética de los años 70. Cocina catalana
actualizada.

✗ Tramonti 1980
AC ✗ ⇔ VISA ⓪⓿ AE ⓞ

av. Diagonal 501 ✉08029 ⓜ Hospital Clinic – ☎934 10 15 35
– www.tramonti1980.com **3FVs**
Rest – Carta 31/47 €
♦ Llama la atención por su colorista fachada en color lila y el interior se decora
con fotos firmadas de pilotos y motoristas. Carta italiana con un buen apartado
de risottos.

✗ Da Paolo
AC ✗ ⇔ VISA ⓪⓿

av. de Madrid 63 ✉08028 ⓜ Badal – ☎934 90 48 91 – www.dapaolo.es
– cerrado 3 semanas en agosto y domingo **3EYf**
Rest – Carta 22/33 €
♦ Restaurante italiano ubicado en las proximidades del estadio Nou Camp. Conjunto sencillo y cuidado, dotado con una sala bastante agradable y una carta bien
elaborada.

✗ Elche
AC VISA ⓪⓿ AE

Vila i Vilà 71 ✉08004 ⓜ Paral.lel – ☎934 41 30 89 – www.restaurantelche.com
Rest – Carta 40 € **5JYa**
♦ Este negocio, que tiene un buen servicio de mesa, combina con gusto los estilos rústico-actual y colonial. Carta amplia, con un apartado de arroces y otro de
medias raciones.

✗ Can Ravell
AC ⇔ 🚗 VISA ⓪⓿ AE ⓞ

Aragó 313 ✉08009 ⓜ Girona – ☎934 57 51 14 – www.ravell.com **5JVz**
Rest – Carta 33/50 € ❀
♦ Resulta muy curioso, pues posee una charcutería a la entrada y una pequeña
cocina que hay que atravesar para subir tanto al comedor como a los privados.
Cocina tradicional.

✗ Lázaro
AC ✗ VISA ⓪⓿ AE ⓞ

Aribau 146 bis ✉08036 – ☎932 18 74 18
– cerrado agosto, domingo y festivos **4HVr**
Rest – Carta 27/38 €
♦ Llevado entre dos hermanas. Posee una barra a la entrada y un correcto comedor, con una cálida iluminación y parte de las paredes en piedra. Cocina tradicional catalana.

✗ Racó de la Vila
AC ✗ ⇔ VISA ⓪⓿ AE ⓞ

Ciutat de Granada 33 ✉08005 ⓜ Llacuna – ☎934 85 47 72
– www.racodelavila.com **2DTn**
Rest – Carta 28/35 €
♦ Este concurrido restaurante se presenta con una barra de apoyo y varias salas,
todas de marcado ambiente rústico. Un marco entrañable para disfrutar de la
cocina tradicional.

✗ La Lubina — 🄰🄲 ✻ 🆅🅸🆂🅰 ⓿ 🄰🄴 ⓿

Viladomat 257 ✉08029 Ⓜ Hospital Clinic – ℰ 934 10 80 07
– www.lalubinarestaurant.com – cerrado agosto y domingo noche
Rest – Carta 39/47 €   **4**GX**c**

♦ Bien montado y con el propietario al frente del negocio. Dispone de una barra de espera, un vivero, cava de vinos y un correcto comedor. Especializado en productos del mar.

🍴 Rosal 34 — 🄰🄲 ✻ 🆅🅸🆂🅰 ⓿ 🄰🄴 ⓿

Roser 34 ✉08004 Ⓜ Paral.lel – ℰ 933 24 90 46 – www.rosal34.com
– cerrado del 22 al 28 de agosto, domingo y lunes   **2**CT**c**
Rest – Ración aprox. 17 €

♦ En una antigua bodega familiar, donde se combina la rusticidad de la piedra vista con una decoración actual. Ofrece platos elaborados al momento e interesantes tapas de autor.

🍴 Mesón Cinco Jotas — 🏠 🄰🄲 ✻ 🆅🅸🆂🅰 ⓿ 🄰🄴 ⓿

Rambla de Catalunya 91-93 ✉08008 Ⓜ Provença – ℰ 934 87 89 42
– www.mesoncincojotas.com   **4**HV**q**
Rest – Tapa 5 € – Ración aprox. 20 €

♦ Espacioso bar de línea rústica decorado en madera, con mesas a la entrada para degustar su esmerada selección de ibéricos y el comedor al fondo. Extensa carta de tapas.

🍴 Cervecería Catalana — 🏠 🄰🄲 ✻ 🆅🅸🆂🅰 ⓿ 🄰🄴 ⓿

Mallorca 236 ✉08008 Ⓜ Diagonal – ℰ 932 16 03 68   **4**HV**q**
Rest – Tapa 5 € – Ración aprox. 11 €

♦ Bar-cervecería muy popular en la zona. Está decorado con estanterías llenas de botellas y ofrece una nutrida selección de tapas elaboradas con productos escogidos.

🍴 De Tapa Madre — 🏠 🄰🄲 ⇔ 🆅🅸🆂🅰 ⓿ 🄰🄴 ⓿

Mallorca 301 ✉08037 Ⓜ Verdaguer – ℰ 934 59 31 34 – www.detapamadre.com
Rest – Tapa 5 € – Ración aprox. 15 €   **4**HV**e**

♦ Bar de tapas de aire rústico dotado con una pequeña terraza, un comedor y un privado en el piso superior. Sus pinchos y raciones están elaborados con productos de calidad.

🍴 Mesón Cinco Jotas — 🄰🄲 ✻ 🆅🅸🆂🅰 ⓿ 🄰🄴 ⓿

Còrsega 206 ✉08036 Ⓜ Hospital Clínic – ℰ 933 21 11 81
– www.mesoncincojotas.com – cerrado domingo   **4**HV**j**
Rest – Tapa 3,50 € – Ración aprox. 15 €

♦ Posee a la entrada una pequeña barra y varías mesas para el tapeo. Destacan sus comedores, actuales y con mobiliario castellano. Carta tradicional especializada en ibéricos.

🍴 Paco Meralgo — 🄰🄲 ⇔ 🆅🅸🆂🅰 ⓿ 🄰🄴 ⓿

Muntaner 171 ✉08002 Ⓜ Hospital Clínic – ℰ 934 30 90 27 – www.pacomeralgo.com
Rest – Tapa 6 € – Ración aprox. 20 €   **4**GHV**c**

♦ Ofrece dos barras y dos accesos independientes, pero sobre todo unos sugerentes expositores de marisco, con productos de calidad frescos y variados. También posee un privado.

🍴 Tapas 24 — 🄰🄲 ✻ 🆅🅸🆂🅰 ⓿

Diputació 269 ✉08007 – ℰ 934 88 09 77 – www.projectes24.com – cerrado domingo
Rest – Tapa 5 € – Ración aprox. 8 €   **4**HVX**x**

♦ Está situado en un semisótano y recrea una atmósfera actual, con dos barras y las paredes vestidas de mosaicos. En su pequeña carta encontrará deliciosas tapas y raciones.

🍴 Inopia — 🄰🄲 ✻ 🆅🅸🆂🅰 ⓿ ⓿

Tamarit 104 ✉08015 Ⓜ Poble Sec – ℰ 934 24 52 31 – www.barinopia.com
– cerrado 15 días en Navidades, Semana Santa, agosto, domingo y lunes
Rest – *(sólo cena salvo sábado)* Tapa 3 € – Ración aprox. 6 €   **4**HY**c**

♦ Cerca del Recinto Ferial. Este local destaca por su decoración, pues resulta, en cierto modo, personalizada. Tapas de cocina tradicional elaboradas con productos de calidad.

ESPAÑA

Segons Mercat
Balboa 16 ✉08003 Ⓜ Barceloneta – ✆ 933 10 78 80 – www.segonsmercat.com
Rest – Tapa 7 € – Ración aprox. 9 € **5KXb**
♦ Dispone de una barra en cuyo expositor encontrará productos frescos, sobre todo pescados y mariscos, así como una sala separada para tomar tapas, raciones y el plato del día.

Norte Diagonal

Casa Fuster hab,
passeig de Gràcia 132 ✉08008 Ⓜ Diagonal – ✆ 932 55 30 00 – www.hotelcasafuster.com **4HVs**
66 hab – ††346/495 €, ☕ 25 € – 39 suites
Rest *Galaxó* – Carta 59/81 €
♦ Magnífico hotel instalado en un bello edificio modernista. Ofrece un atractivo salón-café, habitaciones al más alto nivel y un bar panorámico en su terraza-azotea. En su elegante restaurante encontrará unas elaboraciones tradicionales catalanas actualizadas.

G.H. La Florida hab,
carret. Vallvidrera al Tibidabo 83-93 ✉08035 – ✆ 932 59 30 00 – www.hotellaflorida.com **1BSc**
53 hab – ††140/400 €, ☕ 28 € – 17 suites
Rest *L'Orangerie* – Carta aprox. 60 €
♦ Se encuentra en la cima del monte Tibidabo y posee dependencias diseñadas por famosos interioristas. Elegancia, vanguardismo, confort y unos completos servicios terapéuticos. El restaurante destaca tanto por el montaje como por sus hermosas vistas a la ciudad.

ESPAÑA

Àbac
av. del Tibidabo 1 ✉08022 Ⓜ Av. Tibidabo – ✆ 933 19 66 00 – www.abacbarcelona.com **1BSc**
15 hab – ††225/540 €, ☕ 30 €
Rest *Àbac* – ver selección restaurantes
♦ Aquí encontrará unas habitaciones espectaculares, todas de estética actual, con materiales de gran calidad, tecnología domótica y hasta cromoterapia en los baños. Moderno SPA.

Hesperia Presidente hab,
av. Diagonal 570 ✉08021 Ⓜ Hospital Clínic – ✆ 932 00 21 11 – www.hesperia.com
139 hab – ††98/399 €, ☕ 20 € – 12 suites **Rest** – Menú 25 € **4GVc**
♦ Con el sello organizativo propio de la cadena. Presenta una completa zona social y elegantes habitaciones, con los suelos en moqueta, buena iluminación y unos baños modernos. El restaurante, de carácter polivalente, ofrece una carta de tinte tradicional.

Hispanos Siete Suiza hab, rest,
Sicilia 255 ✉08025 Ⓜ Sagrada Familia – ✆ 932 08 20 51 – www.h7s.es
20 apartamentos – ††90/130 €, ☕ 3 € **5JUb**
Rest *La Cúpula* – Carta 33/45 €
♦ Confortable establecimiento de aire clásico dotado con apartamentos de dos dormitorios, dos aseos, salón, cocina totalmente equipada y en la mayoría de los casos terraza. El restaurante presenta dos salas, ambas de exquisito montaje clásico y buen mobiliario.

Diagonal Zero hab, rest,
pl. de Llevant ✉08019 Ⓜ El Maresme Fòrum – ✆ 935 07 80 00 – www.hoteldiagonalzero.com **2DSa**
260 hab – †80/150 € ††90/180 €, ☕ 18 € – 2 suites
Rest – *(cerrado domingo)* 22 €
♦ Bien ubicado junto al Centro de Convenciones de Barcelona. Sus habitaciones son modernas y luminosas, todas con lo último en equipamiento tecnológico. Gran gimnasio y SPA. El restaurante basa su oferta en un menú y una escueta carta de carácter mediterráneo.

AC Irla sin rest ⬛🛉🖻🅰️🌐🛁
Calvet 40-42 ✉*08021* Ⓜ *Hospital Clínic* – 𝓒 *932 41 62 10* – *www.ac-hotels.com*
36 hab 4GV**h**
♦ En conjunto resulta acogedor, combinando materiales de calidad con conceptos como la funcionalidad y el diseño. Sus habitaciones poseen baños actuales de tipo plato ducha.

Condado sin rest ⬛🖻🅰️📶🕻 🆅🅸🆂🅰 ⓪🅰️🅴 ⓪
Aribau 201 ✉*08021* Ⓜ *Diagonal* – 𝓒 *932 00 23 11* – *www.condadohotel.com*
75 hab – 🛉85/255 €, 🛉🛉85/265 €, ☷ 12 € – 1 suite 4GV**d**
♦ Hotel de buena organización y línea clásica-actual. Presenta una correcta zona social, con un espacio para internet, y habitaciones de adecuado confort, algunas con terraza.

Wilson sin rest ⬛🖻🅰️📶🆅🅸🆂🅰 ⓪🅰️🅴 ⓪
av. Diagonal 568 ✉*08021* Ⓜ *Hospital Clínic* – 𝓒 *932 09 25 11*
– www.wilsonbcn.com 4GV**c**
54 hab – 🛉60/110 € 🛉🛉90/130 €, ☷ 12 €
♦ Cuenta con una pequeña recepción, una cafetería en la 1ª planta y habitaciones de estilo moderno-funcional, destacando las que hacen esquina por ser más amplias y luminosas.

Medium Confort sin rest ⬛🖻🅰️📶🆅🅸🆂🅰 ⓪🅰️🅴 ⓪
Travessera de Gràcia 72 ✉*08006* Ⓜ *Diagonal* – 𝓒 *932 38 68 28*
– www.mediumhoteles.com 4GV**v**
36 hab – 🛉200 € 🛉🛉245 €, ☷ 8,50 €
♦ Céntrico y llevado con bastante buen criterio. Posee un moderno hall de entrada, habitaciones de aire funcional y una luminosa sala de desayunos dotada con una terraza.

Guillermo Tell sin rest ⬛🖻🅰️📶🛁🏛🆅🅸🆂🅰 ⓪🅰️🅴 ⓪
Guillem Tell 49 ✉*08006* Ⓜ *Pl. Molina* – 𝓒 *934 15 40 00* – *www.hotelguillermotell.com*
61 hab – 🛉69/184 € 🛉🛉77/205 €, ☷ 13,50 € 4GU**k**
♦ Tras su fachada de líneas depuradas encontrará un hotel de correcta organización. Habitaciones amplias y cuidadas, con mobiliario clásico de calidad y los baños en mármol.

Aparthotel Silver sin rest ⬛🖻🅰️📶🏛🆅🅸🆂🅰 ⓪🅰️🅴 ⓪
Bretón de los Herreros 26 ✉*08012* Ⓜ *Fontana* – 𝓒 *932 18 91 00* – *www.hotelsilver.com*
49 apartamentos – 🛉🛉80/145 €, ☷ 10 € 4GU**a**
♦ Lo más destacado es la pulcritud y el agradable trato familiar. Ofrece habitaciones no muy amplias pero de buen equipamiento general, todas con una pequeña cocina integrada.

Aristol sin rest ⬛🅰️📶🆅🅸🆂🅰 ⓪🅰️🅴 ⓪
Cartagena 369 ✉*08025* Ⓜ *Guinardó-Hospital Sant Pau* – 𝓒 *934 33 51 00*
– www.hotelaristol.com 2CS**u**
22 hab – 🛉🛉59/245 €, ☷ 8,50 €
♦ Hotel de sencilla organización dotado con un salón social polivalente y habitaciones de línea actual. Destacan las dos estancias ubicadas en la azotea, ambas con terraza.

Via Veneto 🅰️📶✧🆅🅸🆂🅰 ⓪🅰️🅴 ⓪
Ganduxer 10 ✉*08021* Ⓜ *Hospital Clínic* – 𝓒 *932 00 72 44*
– www.viavenetorestaurant.com – *cerrado del 1 al 20 de agosto, sábado mediodía y domingo* 3FV**e**
Rest – Menú 80/90 € – Carta 72/92 € ⊛
Espec. Tartar de cigalas con caviar de salmón y crema smitane. Pechuga de pichón asada con múrgulas, muslos rellenos a la royal y canelón de foie y manzana. Buñuelos de chocolate y avellana con velo de cacao y helado thai.
♦ Esta emblemática casa recrea un hermoso marco al estilo Belle Époque, con la sala distribuida en varios niveles y un impecable servicio de mesa. Cocina clásica-internacional aderezada con detalles actuales y una magnífica bodega. Clientela de gran nivel.

ESPAÑA

XXXX **Neichel** (Jean Louis Neichel)   AC ⇔ VISA ⓪ AE ⓪
    Beltran i Rózpide 1 ⊠08034 Ⓜ Maria Cristina
    – ℰ 932 03 84 08 – www.neichel.es
     cerrado 7 días en enero, 21 días en agosto, domingo, lunes y festivos
    Rest – Menú 73/90 € – Carta 66/80 € 𝓑   **3EXz**
    Espec. Tartar de cangrejo real, bogavante, wakame y erizos de mar al jengibre fresco. Cochinillo crujiente con gambas y "espardenyes" a la naranja, jugo anisado como un mar y montaña. Papillote transparente templado tropical al ron, tonka y sorbete de maracuyá.
    ♦ Elegante restaurante de ambiente clásico y organización familiar. Desde sus fogones, padre e hijo siguen apostando por una cocina de corte internacional, eso sí, cada vez más apegada a los productos de la zona. Profesionalidad y buen hacer.

XXXX **Àbac** – Hotel Àbac   🛉 AC ℅ ⇔ 🚗 VISA ⓪ AE ⓪
    av. del Tibidabo 1 ⊠08022 Ⓜ Av. Tibidabo – ℰ 933 19 66 00
    – www.abacbarcelona.com   **1BSc**
    Rest – (cerrado domingo y lunes) Menú 125/140 € – Carta 82/110 € 𝓑
    Espec. Ternera royale con concentrado destilado de Pedro Ximénez y texturas de manzana a la sidra. Lubina salvaje con escaloñas, reducción de cabernet, melocotón de viña al tomillo limonero y garnacha joven tratada a la naranja. Pintada con cigalas, tendón de ternera, tomate confitado y agua de verduras asadas.
    ♦ Está instalado en una curiosa villa de la parte alta de la ciudad, con una terraza, un bar de diseño y una sala de elegante línea clásica. De sus fogones surge una cocina creativa, con delicadas texturas y sabores, así como unas cuidadas presentaciones.

XXX **Freixa Tradició**   AC ℅ VISA ⓪ AE ⓪
    Sant Elíes 22 ⊠08006 Ⓜ Plaça Molina – ℰ 932 09 75 59 – www.freixatradicio.com
    – cerrado Semana Santa, 21 días en agosto, domingo y lunes   **4GUh**
    Rest – Carta 37/43 €
    ♦ Disfruta de una estética actual, con líneas puras de aire minimalista, detalles de diseño y un excelente servicio. Cocina tradicional 100%, predominando los platos catalanes.

XXX **Hofmann** (Mey Hofmann)   AC ⇔ VISA ⓪ AE ⓪
    La Granada del Penedès 14-16 ⊠08006 Ⓜ Diagonal – ℰ 932 18 71 65
    – www.hofmann-bcn.com – cerrado Navidades, Semana Santa, agosto, sábado
    y domingo   **4HVn**
    Rest – Carta 70/76 €
    Espec. Tarta de sardinas con tomate y cebollitas nuevas en caliente. Ventresca de atún asada con pesto, salsa picante y alcaparrones. Pichón crujiente en dos texturas con chutney de cebolla especiada.
    ♦ Refleja la filosofía gastronómica contemporánea, con varias salitas semiprivadas y un buen comedor principal asomado a la cocina a través de un amplio ventanal. Elaboraciones de carácter creativo e importante clientela de empresa.

XXX **Roig Robí**   🛉 AC ℅ ⇔ 🚗 VISA ⓪ AE ⓪
    Sèneca 20 ⊠08006 Ⓜ Diagonal – ℰ 932 18 92 22 – www.roigrobi.com – cerrado
    7 días en enero, 21 días en agosto, sábado mediodía y domingo   **4HVc**
    Rest – Carta 58/73 €
    ♦ Este negocio de línea clásica recrea un entorno muy agradable, con una sala tipo invernadero alrededor de un patio-jardín. Cocina tradicional catalana de excelente calidad.

XXX **Tram-Tram**   🛉 AC ℅ ⇔ VISA ⓪ AE ⓪
    Major de Sarrià 121 ⊠08017 – ℰ 932 04 85 18 – www.tram-tram.com
    – cerrado Navidades, Semana Santa,15 días en agosto, domingo y lunes
    Rest – Carta 38/45 €   **3EUd**
    ♦ Ubicado en la zona alta de la ciudad. Posee una sala de ambiente clásico dividida en dos partes, dos privados y una terraza-patio con galería acristalada. Cocina creativa.

XX **El Asador de Aranda**   🛱 AC 🎭 ⇔ **P** VISA ⚬⚬ AE ⓪

av. del Tibidabo 31 ⊠08022 – ℰ 934 17 01 15 – www.asadordearanda.com
– cerrado domingo noche   **1BSb**
Rest – Carta 33/37 €

♦ En el marco incomparable de la Casa Roviralta, edificio de estilo modernista también conocido como El Frare Blanc. Cocina típica castellana, donde el lechazo es la estrella.

XX **Alkimia** (Jordi Vilà)   AC 🎭 VISA ⚬⚬ ⓪

ℬ *Indústria 79 ⊠08025 ⓜ Sagrada Familia – ℰ 932 07 61 15 – cerrado Semana Santa, 21 días en agosto, sábado y domingo*   **5JUv**
Rest – Menú 58/74 € – Carta 66/75 €
Espec. San Pedro con verduras y láminas de panceta curada. Espaldita de lechazo churro con crema de tupinambo y salsifis. Flan de queso fresco con pera escalivada y regaliz.

♦ Está llevado en familia y ofrece un comedor de estética minimalista, con un buen servicio de mesa. Su cocina se presenta a través de dos menús degustación, uno de carácter innovador y el otro más tradicional, pudiendo extraer platos a la carta desde ambos.

XX **Coure**   AC 🎭 VISA ⚬⚬ AE

passatge de Marimon 20 ⊠08021 ⓜ Hospital Clínic – ℰ 932 00 75 32 – cerrado Semana Santa, 21 días en agosto, domingo y lunes   **4GVp**
Rest – Carta 40/49 €

♦ Restaurante de estética actual donde imperan los tonos claros y la decoración de inspiración minimalista. Su chef-propietario elabora una interesante carta de autor.

XX **Hisop** (Oriol Ivern)   AC VISA ⚬⚬ AE ⓪

ℬ *passatge de Marimon 9 ⊠08021 ⓜ Hospital Clínic*
– ℰ 932 41 32 33 – www.hisop.com
– cerrado 7 días en enero, 21 días en agosto, sábado mediodía, domingo y festivos
Rest – Carta 50/58 €   **4GVb**
Espec. Foie "after eight". Rape con colmenillas y wassabi. Pastelito de pistacho con rúcula y lima Keffir.

♦ Este pequeño negocio resulta a la vez íntimo y moderno, con una parte del techo alta y la otra abovedada en ladrillo visto. En su sala descubrirá unas elaboraciones creativas de bases tradicionales, generalmente con productos bien tratados y de calidad.

XX **Can Cortada**   🛱 🎭 ⇔ **P** VISA ⚬⚬ AE ⓪

av. de l'Estatut de Catalunya ⊠08035 ⓜ Valldaura – ℰ 934 27 23 15
– www.gruptravi.com   **1BSe**
Rest – Carta 32/45 €

♦ Instalado en una antigua torre-fortaleza que con el tiempo se transformó en masía. Ofrece varias salas de ambiente rústico-regional y una carta de cocina tradicional catalana.

XX **St. Rémy**   AC 🎭 ⇔ VISA ⚬⚬ AE ⓪

Iradier 12 ⊠08017 – ℰ 934 18 75 04 – www.stremyrestaurant.com – cerrado domingo noche   **3EUn**
Rest – Carta 32/37 €

♦ Se encuentra en un edificio a modo de palacete, con espaciosos comedores, mobiliario actual y una cuidada iluminación. Elaboran platos atentos al recetario catalán.

XX **Zure-Etxea**   AC 🎭 ⇔ VISA ⚬⚬ AE ⓪

Jordi Girona 10 ⊠08034 ⓜ Zona Universitaria
– ℰ 932 03 83 90 – www.zureetxea.es
– cerrado 15 días en agosto, sábado y domingo noche   **1ATa**
Rest – Carta 43/54 €

♦ Local de estética moderna llevado directamente por su chef-propietario. La sala, reducida pero de buen montaje, se complementa con un privado. Cocina de mercado y sugerencias.

ESPAÑA

ESPAÑA

✕✕ Comiols AC ⅍ ⇔ VISA ⚫ AE ⚪

Madrazo 68-70 ✉08006 Ⓜ Pl. Molina – ℰ 932 09 07 91 – www.comiols.es
– cerrado Semana Santa,15 días en agosto, sábado mediodía y domingo noche
Rest – Carta 44/58 € 4GU**b**

♦ Inicialmente puede parecer moderno y algo informal, sin embargo es un negocio llevado con gran profesionalidad. Platos tradicionales bien actualizados, ligeros y sin grasas.

✕✕ Le Quattro Stagioni ⌂ AC ⅍ ⇔ VISA ⚫ AE ⚪

Dr. Roux 37 ✉08017 Ⓜ Les Tres Torres – ℰ 932 05 22 79 – www.4stagioni.com
– cerrado Semana Santa, domingo y lunes mediodía (julio-agosto), domingo noche y lunes resto del año 3FV**c**
Rest – Carta 33/39 € ⅋

♦ Tiene las salas distribuidas en dos pisos, con una terraza acristalada y un patio exterior. Carácter mediterráneo, cocina italiana y una gran selección de vinos transalpinos.

✕✕ Silvestre AC ⅍ ⇔ VISA ⚫ AE ⚪
(image)

Santaló 101 ✉08021 Ⓜ Muntaner – ℰ 932 41 40 31 – www.restaurantesilvestre.com
– cerrado Semana Santa, 15 días en agosto, sábado mediodía, domingo y festivos
Rest – Carta aprox. 37 € 4GV**e**

♦ La pareja propietaria ha creado un entorno clásico con varios espacios independientes, proporcionando al conjunto cierta intimidad. Cocina de mercado a precios ajustados.

✕✕ Cal Xim AC ⇔ VISA ⚫ AE ⚪

Girona 145 ✉08037 Ⓜ Verdaguer – ℰ 934 59 20 30 – www.calxim.com
– cerrado Semana Santa, 15 días en agosto, sábado y domingo 4HU**c**
Rest – Carta 25/42 € ⅋

♦ Este restaurante ofrece una sala de ambiente actual, con una parrilla de carbón vegetal semivista y un privado. Cocina tradicional, carnes a la brasa y una excelente bodega.

✕ La Venta ⌂ AC ⇔ VISA ⚫ AE ⚪

pl. Dr. Andreu ✉08035 – ℰ 932 12 64 55 – www.restaurantelaventa.com
– cerrado domingo noche 1BS**d**
Rest – Carta aprox. 55 €

♦ Antiguo café de aire modernista, con terraza a la entrada y vistas panorámicas. Dentro posee otro restaurante, El Mirador de La Venta, con una carta más actual.

✕ La Taula AC ⅍ VISA ⚫ AE ⚪
(image)

Sant Màrius 8-12 ✉08022 Ⓜ El Putxet – ℰ 934 17 28 48 – www.lataula.com
– cerrado Semana Santa, agosto, sábado mediodía, domingo y festivos
Rest – Carta 26/32 € 3FU**u**

♦ Pequeño, acogedor y con detalles. Un concurrido y animado ambiente define esta casa, donde se trabaja básicamente sobre dos tipos de menús y una serie de recomendaciones.

✕ Vivanda ⌂ AC ⅍ ⇔ VISA ⚫ ⚪
(image)

Major de Sarrià 134 ✉08017 Ⓜ Sarrià – ℰ 932 03 19 18 – cerrado domingo noche y lunes 3EU**a**
Rest – Carta 22/33 €

♦ Se presenta con una sala de montaje moderno, joven e informal, combinando mesas clásicas con mesas altas de taburete. Elaboraciones actuales y algunos "platillos" de guisos.

✕ Caldeni AC ⅍ VISA ⚫

València 452 ✉08013 Ⓜ Sagrada Familia – ℰ 932 32 58 11 – www.caldeni.com
– cerrado 7 días en enero, 21 días en agosto, domingo y lunes 5JU**h**
Rest – Carta 39/45 €

♦ Establecimiento reducido pero de impecable mantenimiento. Ofrece una carta especializada en carnes, sobre todo de buey, así como tapitas y degustaciones de carácter creativo.

ℵ **Libentia**   AC 彩 VISA ∞ AE

*Còrsega 537 ⊠08025 Ⓜ Sagrada Familia – ✆ 934 35 80 48 – cerrado 15 días en
agosto, domingo y lunes*   **5**JU**k**
Rest – Carta 45/54 €
♦ Este restaurante disfruta de un ambiente joven y una estética actual, con la
sala desnuda de cualquier decoración. Centra su trabajo en un menú diario y
dos menús degustación.

ℵ **L'Encís**   AC 彩 VISA ∞ AE ①

*Provença 379 ⊠08025 Ⓜ Sagrada Familia – ✆ 934 57 68 74 – www.lencis.es
– cerrado Semana Santa, 21 días en agosto, lunes noche en invierno, sábado
noche en verano y domingo*   **5**JU**e**
Rest – Carta 34/38 €
♦ Pequeño negocio de carácter familiar dotado con un sencillo servicio de mesa
y una decoración de estilo moderno. La mayoría de sus platos proceden del recetario catalán.

ℵ **Mandarina**   AC 彩 ⇄ VISA ∞ AE
☺
*Caravel.la "La Niña" ⊠08017 – ✆ 932 05 60 04 – www.mandarinarestaurant.com
– cerrado del 1 al 8 de enero, del 1 al 27 de agosto, sábado y domingo*   **3**FV**a**
Rest – (sólo almuerzo) Carta aprox. 30 €
♦ Ofrece un aire fresco y juvenil, dejando en el cliente la sensación de comer sano y
ligero. Se distribuye en dos plantas, con la cocina semivista y una tienda "delicatessen".

ℐ **Casa Pepe**   AC 彩 VISA ∞

*pl. de la Bonanova 4 ⊠08022 – ✆ 934 18 00 87 – www.casapepe.es
– cerrado 7 días en agosto y lunes salvo festivos*   **3**FU**n**
Rest – Tapa 9 € – Ración aprox. 25 €
♦ Casa de organización familiar bastante curiosa, ya que en ella se combina el
servicio de comidas con una tienda gourmet. También preparan platos al
momento para llevar.

ℐ **Casa Pepe**   AC 彩 VISA ∞

*Balmes 377 ⊠08022 Ⓜ El Putxet – ✆ 934 17 11 76 – www.casapepe.es
– cerrado 7 días en agosto y lunes salvo festivos*   **3**FU**e**
Rest – Tapa 9 € – Ración aprox. 25 €
♦ Este atípico bar de tapas es, más bien, una tienda "delicatessen" de organización familiar, muy profesional y con horario continuado de cocina. Tienen platos para llevar.

Alrededores

en Santa Coloma de Gramenet :

ℵℵ **Ca n'Armengol**   AC 彩 ⇄ ⌂ VISA ∞ AE ①

*Prat de La Riba 1 ⊠08921 Santa Coloma de Gramenet Ⓜ Santa Coloma
– ✆ 933 91 68 55 – www.canarmengol.net – cerrado Semana Santa,
del 1 al 15 de agosto, domingo noche, lunes y martes noche*   **2**DS**a**
Rest – Carta 34/44 €
♦ Establecimiento familiar de reconocido prestigio en la zona, con un bar para el
menú, dos salas a la carta y un privado. Cocina tradicional actualizada y una
buena bodega.

ℵℵ **Lluerna**   AC 彩 ⇄ VISA ∞ AE

*Rafael Casanovas 31 ⊠08921 Santa Coloma de Gramenet Ⓜ Santa Coloma
– ✆ 933 91 08 20 – www.lluernarestaurant.com – cerrado del 21 al 25 de abril,
del 8 al 28 de agosto y domingo*   **2**DS**n**
Rest – Carta 36/51 €
♦ Llevado por el matrimonio propietario. Ofrece un pequeño comedor de aire
minimalista donde podrá degustar una carta tradicional de tintes creativos y dos
menús degustación.

ESPAÑA

en L'Hospitalet de Llobregat :

Hesperia Tower ≤ 🔲 🛗 🎱 ᴕ hab, 🏧 ⚹ 📶 🛀 🚗 💳 ⓦ 🅰🅴 ⓞ

Gran Via 144 ⊠08907 Ⓜ Hospital de Bellvitge – ℰ 934 13 50 00
– www.hesperia-tower.com   **1BT**a
248 hab – ♦♦120/350 €, � 24 € – 32 suites
Rest *Evo* – ver selección restaurantes
Rest *Bouquet* – *(cerrado agosto) (sólo almuerzo)* Carta aprox. 65 €
♦ Instalado en una torre diseñada por el prestigioso arquitecto Richard Rogers.
Posee una gran zona social, un centro de convenciones y habitaciones de línea
actual. En el restaurante de la 1ª planta elaboran una cocina tradicional con productos de temporada.

Evo – Hotel Hesperia Tower ≤ 🏧 ⚹ 🚗 💳 ⓦ 🅰🅴 ⓞ

Gran Via 144 ⊠08907 Ⓜ Hospital de Bellvitge – ℰ 934 13 50 00
– www.evorestaurante.com – cerrado agosto, domingo y festivos   **1BT**a
Rest – *(sólo cena salvo sábado)* Menú 145/180 €
Espec. Ancas de rana crujientes con yogur griego aliñado. Anguila del delta del
Ebro a la brasa con ragú de setas y pimientos asados. Bizcocho y crema de
limón con hojaldre y helado de leche merengada.
♦ Se encuentra a 105 m. de altura, en lo alto de una torre diseñada por el genial
arquitecto Richard Rogers, con un moderno comedor panorámico ubicado bajo
una cúpula acristalada, buenos detalles de diseño y unas magníficas vistas. Cocina
innovadora y de autor.

El Racó del Cargol 🏧 ⚹ 💳 ⓦ

Dr. Martí Julià 54 ⊠08903 L'Hospitalet de Llobregat Ⓜ Collblanc
– ℰ 934 49 77 18 – www.rocxi.es – cerrado Navidades, 21 días en agosto
y domingo   **3EY**c
Rest – Carta 24/35 €
♦ Cuenta con una barra de apoyo, un comedor principal de ambiente clásico y
dos salas más secundarias en el piso superior. Cocina tradicional catalana y sugerencias diarias.

en Sant Joan Despí :

Follia 🏧 ⇔ 🅿 💳 ⓦ 🅰🅴 ⓞ

Creu de Muntaner 17, por carrer Major ⊠08970 Sant Joan Despí – ℰ 934 77 10 50
– www.follia.com – cerrado Semana Santa, 3 semanas en agosto y domingo
Rest – Carta 40/45 €   **1AT**
♦ Casa en piedra dotada con modernos detalles en hierro. Posee un hall de
diseño, una atractiva bodega y dos salas, la principal acristalada hacia un jardín.
Cocina creativa.

en Sant Just Desvern :

Hesperia Sant Just 🛗 🎱 ᴕ 🏧 ⚹ 📶 🛀 🚗 💳 ⓦ 🅰🅴 ⓞ

Frederic Mompou 1 ⊠08960 Sant Just Desvern – ℰ 934 73 25 17
– www.hesperia-santjust.com   **1AT**a
138 hab – ♦♦55/233 €, ⊻ 14 € – 12 suites
Rest – *(cerrado agosto, sábado y domingo noche)* Menú 30 €
♦ Ubicado en una zona de oficinas. Presenta un amplio hall-recepción, varios
salones de conferencias y habitaciones funcionales de completo equipamiento.
Buena zona deportiva. El restaurante propone una carta tradicional especializada
en asados y parrilladas.

en Esplugues de Llobregat :

Abba Garden 🏊 🛗 🎱 ᴕ hab, 🏧 ⚹ 📶 🛀 🚗 💳 ⓦ 🅰🅴 ⓞ

Santa Rosa 33 ⊠08950 Esplugues de Llobregat – ℰ 935 03 54 54
– www.abbahoteles.com   **1AT**w
138 hab – ♦♦65/350 €, ⊻ 15 €
Rest – *(cerrado agosto y noches de viernes, sábado y domingo)* Menú 27 €
♦ Se encuentra en una tranquila zona hospitalaria rodeada de jardines. Sus habitaciones son amplias y funcionales, unas con vistas a Barcelona y otras con
terraza a la piscina. El comedor, luminoso y actual, cubre sus paredes con grandes
paneles de madera.

ESPAÑA

BARCENILLA – Cantabria – **572** B18 – **349 h.** – ✉ 39470   **8** B1

  ▶ Madrid 414 – Santander 21 – Bilbao 116

⌂   **Los Nogales** sin rest   ᴸᵃ ⁂ ℡⁽ᵢ⁾ **P** 🆅🆂🅰 🆆🆂 🅰🅴
    barrio La Portilla 7 – 𝒞 942 58 92 22 – www.posadalosnogales.com – cerrado
    del 8 al 28 de noviembre y 24 diciembre-5 enero
    8 hab – ▮50/90 € ▮▮70/110 €, ☲ 7 € – 3 suites
    ♦ Posada de cuidado exterior al estilo cántabro tradicional, que contrasta con la
    decoración interior, de estética contemporánea. Las habitaciones combinan
    diseño y calidad.

El BARCO DE ÁVILA – Ávila – **575** K13 – **2 721 h.** – alt. 1 009 m   **11** B3
– ✉ 05600

  ▶ Madrid 193 – Ávila 81 – Béjar 30 – Plasencia 70

🏨   **Real de Barco**   ⇐ ▥ 㐂 🅰🅲 ⁽ᵢ⁾ ⚗ **P** 🆅🆂🅰 🆆🆂 🅰🅴 🅞
    carret. N 110 - km 337 – 𝒞 920 34 08 44 – www.hotelrealdebarco.com
    95 hab – ▮50/80 € ▮▮50/90 €, ☲ 9 €   **Rest** – Menú 10 €
    ♦ Destaca por sus agradables zonas nobles, formadas por un salón con chimenea
    y un bar exclusivo para los clientes alojados. Habitaciones de línea clásica-actual y
    buen confort. El restaurante, de montaje actual, combina el buffet con una carta
    tradicional.

🏨   **Bellavista**   ▥ 🅰🅲 ⁂ ⁽ᵢ⁾ ⚗ 🆅🆂🅰 🆆🆂 🅰🅴 🅞
    carret. de Ávila 15 – 𝒞 920 34 07 53 – www.bellavista-hotel.es
    27 hab ☲ – ▮74 € ▮▮93 €   **Rest** – *(cerrado domingo noche)* Carta 30/44 €
    ♦ Hotel de línea clásico-actual situado a la entrada de esta localidad. Organiza-
    ción familiar con buena zona social y habitaciones funcionales de cuidado mobi-
    liario. Acogedor restaurante con mucha luz natural y un espacioso salón para
    banquetes.

en la carretera de los Llanos de Tormes Sur : 2 km

🏨   **Puerta de Gredos** ⌖   ▦ ᴸᵃ ⁂ ▥ 㐂 hab. 🅰🅲 ⁂ ⁽ᵢ⁾ ⚗ **P** 🆅🆂🅰 🆆🆂 🅰🅴 🅞
    ✉05600 El Barco de Ávila – 𝒞 920 34 51 71 – www.izanhoteles.es
    46 hab – ▮70/120 € ▮▮70/139 €, ☲ 12 € – 4 suites   **Rest** – Menú 19 €
    ♦ Lo forman cuatro edificios en pleno campo, siendo el principal una antigua
    casa del s. XVIII que funcionaba como lavadero de lana. Sus habitaciones gozan
    de una línea moderna. Restaurante de buen montaje donde se ofrece una carta
    tradicional actualizada.

O BARCO DE VALDEORRAS – Ourense – **571** E9 – **14 213 h.**   **20** D3
– alt. 324 m – ✉ 32300

  ▶ Madrid 439 – Lugo 123 – Ourense 118 – Ponferrada 52

🏨   **Pazo do Castro** ⌖   ⇐ ▰ ⌂ ⤋ ▥ ⁂ ▥ 㐂 hab. 🅰🅲 ⁂ ⁽ᵢ⁾ ⚗ **P**
    O Castro, Norte : 1,5 km – 𝒞 988 34 74 23   🆅🆂🅰 🆆🆂 🅰🅴
    – www.pazodocastro.com – cerrado 7 enero-8 febrero
    28 hab – ▮55/68 € ▮▮70/85 €, ☲ 10 € – 2 apartamentos   **Rest** – Menú 22 €
    ♦ Bello pazo del s. XVII con capilla y un original museo de carruajes. Un derroche
    de buen gusto y mimo inunda sus cálidas instalaciones, decoradas con mobiliario
    de época.

✗   **San Mauro**   🅰🅲 ⁂ 🆅🆂🅰 🆆🆂 🅞
    pl. de la Iglesia 11 – 𝒞 988 32 01 45 – cerrado domingo noche y lunes
    Rest – Carta aprox. 35 €
    ♦ Restaurante de organización familiar, situado en el casco histórico. Cafetería a
    la entrada, seguida de una sala de buen montaje y adecuado servicio de mesa.

BARIZO – A Coruña – **ver Malpica de Bergantiños**

ESPAÑA

BARRANDA – Murcia – **577** R24 – **864 h.** – ⊠ **30412**   **23** A2

▶ Madrid 404 – Murcia 89 – Albacete 153 – Almería 200

🏠   **El Zorro** sin rest ॐ   ⏋ ✕ **P** 𝘷𝘪𝘴𝘢 ⬤⬤
Paraje La Loma   Norte 1 km – ✆ *968 43 31 40 – www.hotelzorro.com*
9 hab ⊡ – †31 € ††55 € – 3 apartamentos
♦ Ubicado a las afueras del pueblo. Ofrece habitaciones algo básicas, con baños de plato ducha, aunque también dispone de unos sencillos apartamentos. Completa oferta de ocio.

Los BARRIOS – Cádiz – **578** X13 – **22 311 h.** – alt. 23 m – ⊠ **11370**   **1** B3

▶ Madrid 666 – Algeciras 10 – Cádiz 127 – Gibraltar 28

junto a la autovía A 7 Este : 6,5 km

🏨   Guadacorte Park   🏯 🏡 ⏋ *fá* ♦ 🛏 ♿ hab, **Ⅳ** ❝¶ 🕎 **P** 🚗
salida 113 ⊠*11370 –* ✆ *956 67 75 00 – www.hotelguadacortepark.com*
109 hab – 7 suites   **Rest** –
♦ Cercano a un centro comercial y rodeado de espacios verdes. Posee un elegante hall y habitaciones de ambiente clásico-actual, algunas de ellas con terraza directa al jardín. Su luminoso restaurante se complementa con una preciosa terraza asomada a la piscina.

BARRO – Asturias – **ver Llanes**

BAZA – Granada – **578** T21 – **23 359 h.** – alt. 872 m – ⊠ **18800**   **2** D2

▶ Madrid 425 – Granada 105 – Murcia 178

◎ Colegiata de Santa María de la Encarnación★ – Baños árabes★

por la carretera de Murcia Noreste : 3,5 km y desvío a la derecha 4 km

🏠   **Cuevas Al Jatib** ॐ   🏡 ⏋ ♦ hab, ✕ ❝¶ **P** 𝘷𝘪𝘴𝘢 ⬤⬤
Arroyo Cúrcal ⊠*18800 –* ✆ *958 34 22 48 – www.aljatib.com*
6 apartamentos – ††84/110 €, ⊡ 7,50 € – 4 hab
Rest – *(sólo fines de semana y verano)* (es necesario reservar) Menú 20 €
♦ Pintoresco marco en unas encantadoras casas-cueva típicas de la arquitectura popular, con relajantes baños árabes y acogedores rincones como la tetería. En su sencillo comedor podrá encontrar algunos platos propios de la gastronomía árabe, francesa y local.

BECEITE – Teruel – **574** J30 – **621 h.** – ⊠ **44588**   **4** C3

▶ Madrid 471 – Zaragoza 157 – Teruel 195 – Tarragona 134

🏠   **La Fábrica de Solfa**   🛗 **Ⅳ** ✕ hab, ❝¶ 𝘷𝘪𝘴𝘢 ⬤⬤ ⓘ
Arrabal del Puente 16 – ✆ *978 85 07 56 – www.fabricadesolfa.com – cerrado del 20 al 26 de diciembre*
8 hab ⊡ – †60/70 € ††80/90 €   **Rest** – *(cerrado lunes)* Menú 25 €
♦ Hotel rural de sencilla organización familiar. Ocupa un molino papelero de finales del s. XVIII, donde encontrará un buen salón social y cálidas habitaciones de aire rústico. En su coqueto restaurante elaboran una carta de tinte tradicional y un buen menú.

BECERRIL DE LA SIERRA – Madrid – **576** J18 – **575** J18 – **5 083 h.**   **22** A2
– alt. 1 080 m – ⊠ **28490**

▶ Madrid 54 – Segovia 63

✕   **El Zaguán**   **Ⅳ** ✕ 𝘷𝘪𝘴𝘢 ⬤⬤ ⓘ
Peña Lisa 2 – ✆ *918 55 60 64 – cerrado del 15 al 30 de noviembre, del 15 al 30 de junio y lunes salvo festivos*
Rest – Carta 30/45 €
♦ Sorprende por su emplazamiento en un viejo pajar de aire rústico, donde encontrará una carta tradicional enriquecida con algunos platos catalanes y creativas sugerencias.

> ▶ Madrid 579 – Barcelona 28 – Tarragona 74 – Girona/Gerona 121

🏠   **L'Hotelet** sin rest   🖥 ⬧ ⅍ 📶 *VISA* ☾ 🄰🄴 ⓪
Gimeno Navarro 10 – 𝒞 *936 39 09 95* – *www.lhotelet.com*
9 hab ⊐ – ⭦68/75 € ⭦⭦75/120 € – 1 suite
♦ Ocupa una tranquila villa dotada con una pequeña zona ajardinada. Presenta unas instalaciones funcionales de línea actual y habitaciones de buen confort, la mitad con terraza.

> ▶ Madrid 739 – Girona/Gerona 45 – Palamós 17

🅱 av. 11 de Septiembre 5 𝒞 972 62 45 20 turisme@begur.cat Fax 972 62 45 78

◉ Localidad ★

🏘   **El Convent** ⤷   ⬕ 🖫 ⌀ 🕭 🄰🄲 ⅍ 📶 ⅍ 🄿 *VISA* ☾ 🄰🄴
Racò 2, (Sa Riera), Sureste : 1,5 km – 𝒞 *972 62 30 91* – *www.conventbegur.com*
– *cerrado enero y febrero*
24 hab ⊐ – ⭦80/180 € ⭦⭦110/240 €   **Rest** – Menú 30 €
♦ Instalado en un convento del s. XVIII, cercano a la playa y en un entorno arbolado. Posee habitaciones de aire colonial, muchas con columna de hidromasaje en los baños. Su refectorio sirve como escenario al comedor, donde ofrecen una carta actual de temporada.

🏠   **Rosa**   🖥 🄰🄲 ⅍ 📶 *VISA* ☾
Pi i Ralló 19 – 𝒞 *972 62 30 15* – *www.hotel-rosa.com* – *marzo-octubre*
21 hab ⊐ – ⭦50/82 € ⭦⭦72/105 €
Rest *Fonda Caner* – ver selección restaurantes
♦ En el casco antiguo de la localidad, ocupando tres casas que se comunican por un patio interior. Habitaciones de correcta amplitud, con mobiliario moderno y baños actuales.

🏠   **Aiguaclara**   🍴 🄰🄲 📶 *VISA* ☾ 🄰🄴 ⓪
Sant Miquel 2 – 𝒞 *619 25 36 92* – *www.aiguaclara.com* – *cerrado enero-15 febrero*
10 hab ⊐ – ⭦70/116 € ⭦⭦95/150 €
Rest – *(cerrado domingo y lunes todo el año y martes en invierno)* 26 €
♦ Instalado en una antigua casa colonial. Posee un pequeño salón social, un patio y coquetas habitaciones que conjugan los detalles de antaño con el confort actual. El restaurante, repartido en dos zonas, tiene un espacio "chill out" para picar y un comedor.

🍴   **Fonda Caner** – Hotel Rosa   🄰🄲 ⅍ *VISA* ☾
Pi i Ralló 10 ⊠*17255* – 𝒞 *972 62 23 91* – *www.fondacaner.com* – *marzo-octubre*
Rest – *(sólo cena salvo Semana Santa, agosto y fines de semana)* Carta 25/40 €
♦ Restaurante de funcionamiento independiente aunque centrado en dar servicio a los clientes del hotel. Está repartido en varias salas y cuenta con una cocina semivista.

🍴   **Rostei**   🍴 *VISA* ☾
Concepció Pi 8 ⊠*17255* – 𝒞 *972 62 27 04* – *www.restaurantrostei.com*
– *junio-septiembre (sólo cena) y fines de semana resto del año*
Rest – *(cerrado diciembre-15 enero y lunes)* Carta 24/39 €
♦ Se encuentra en una pequeña casa con el techo del comedor abovedado. Lo más destacado es la agradable terraza cubierta por una parra centenaria. Precios bastante asequibles.

en la playa de Sa Riera Norte : 2 km

🏠   **Sa Riera** ⤷   🖫 🖥 ⅍ 📶 🄿 *VISA* ☾
⊠*17255* – 𝒞 *972 62 30 00* – *www.sariera.com* – *mayo-septiembre*
47 hab ⊐ – ⭦48/67 € ⭦⭦86/140 €
Rest – *(sólo cena menú) (sólo clientes)* Menú 10,50 €
♦ Emplazado en una tranquila playa, dispone de unas habitaciones de notable amplitud y sobriedad decorativa, muy válidas en su categoría. Aceptable zona noble.

ESPAÑA

en Aiguablava Sureste : 3,5 km

🏨 **Aigua Blava** ⬧ ≤ 🚗 🛖 🍽 🆊 🕯 ⟨¹⟩ 🛁 🅿 💳 ⓿ 🄰🄴 ⓪
platja de Fornells ⬧17255 – ℰ 972 62 45 62 www.aiguablava.com
– marzo-octubre
84 hab ⬡ – †114/156 € ††153/193 € – 1 suite   **Rest** – Menú 39 €
♦ Destaca por su privilegiada ubicación sobre una cala rodeada de zonas verdes.
Amplios espacios sociales y habitaciones en diferentes niveles, unas actuales y
otras rústicas. El restaurante, bastante amplio y de correcto montaje, sorprende
al comensal por sus magníficas vistas al mar.

🏨 **Parador de Aiguablava** ⬧ ≤ 🛖 🆊 🕯 & hab, 🆊 🕯 ⟨¹⟩ 🛁 🅿
platja d'Aigua Blava ⬧17255 – ℰ 972 62 21 62   💳 ⓿ 🄰🄴 ⓪
– www.parador.es
78 hab – †124/144 € ††155/180 €, ⬡ 18 €   **Rest** – Menú 33 €
♦ Emplazado en lo alto de una cala, su blanca arquitectura, el azul del Mediterráneo y el verde de los pinos perfilan una bella estampa. Cálida decoración y esmerado confort. Espacioso comedor acristalado, abierto a las bondades del recetario
ampurdanés.

por la carretera GIP 6531 Sur : 4 km y desvío a la izquierda 1 km

🏨 **Mas Ses Vinyes** ⬧ 🛖 & 🆊 rest, ⟨¹⟩ 🛁 🅿 💳 ⓿ 🄰🄴
⬧17255 Begur – ℰ 972 30 15 70 – www.massesvinyes.com – cerrado enero
y febrero
25 hab ⬡ – ††90/210 €   **Rest** – (cerrado lunes) Menú 28 €
♦ Se distribuye entre una bonita masia restaurada y cuatro anexos rectangulares
que rodean la piscina panorámica. Algunas habitaciones son clásicas y otras de
línea más actual. El restaurante se encuentra en el edificio principal y tiene un
uso polivalente, ya que también ofrece el servicio de desayunos.

BÉJAR – Salamanca – **575** K12 – 15 007 h. – alt. 938 m – Deportes de   11 A3
invierno en La Covatilla : ✆5 – ⬧ 37793
  🄳 Madrid 211 – Ávila 105 – Plasencia 63 – Salamanca 72
  🄸 carret. de Salamanca ℰ 923 40 30 05 infoturismo@aytobejar.com Fax 923
  40 30 05

🏠 **Argentino** sin rest y sin ⬡ 🕯 ⟨¹⟩ 💳 ⓿ 🄰🄴
travesía Recreo – ℰ 923 40 23 64
13 hab – †27 € ††43 €
♦ Modesto hostal familiar ubicado en un 1er piso. Ofrece unas habitaciones
sencillas pero actuales, que destacan sobre todo por su excelente limpieza y
mantenimiento.

BELATE (Puerto de) (VELATE) – Navarra – **573** C25 – alt. 847 m   24 B2
  🄳 Madrid 432 – Bayonne 85 – Pamplona 33 – Donostia-San Sebastián 72

en la carretera NA 1210 Sur : 2 km

🏠 **Venta de Ulzama** ⬧ ≤ 🕯 ⟨¹⟩ 🅿 🚗 💳 ⓿ 🄰🄴
⬧31797 Arraitz – ℰ 948 30 51 38 – www.ventadeulzama.com – cerrado enero
14 hab – †55/60 € ††65/75 €, ⬡ 10 €
Rest Venta de Ulzama – ver selección restaurantes
♦ Esta venta se encuentra en un puerto de montaña y depende de la misma
familia desde hace más de 100 años. Salón social con chimenea y habitaciones
de estilo clásico-actual.

🍴 **Venta de Ulzama** – Hotel Venta de Ulzama ≤ 🆊 🕯 🅿 🚗 💳 ⓿ 🄰🄴
⬧31797 Arraitz – ℰ 948 30 51 38 – www.ventadeulzama.com – cerrado enero
Rest – (cerrado lunes) Carta 29/41 €
♦ El comedor, muy luminoso, se reparte en dos salas de montaje clásico-regional,
con varios cuadros costumbristas decorando sus paredes. Cocina tradicional y platos regionales.

BELLAVISTA – Sevilla – ver Sevilla

BELLCAIRE D'EMPORDÀ – Girona – **574** F39 – **664 h.** – **alt. 35 m**   14 D2
– ✉ 17141

> ▶ Madrid 723 – Barcelona 131 – Girona/Gerona 33 – Perpignan 88

※ **L'Horta**   🎬 ❀ ⇔ 🅿 𝘷𝘪𝘴𝘢 ⓩⓑ
*Major 41 – ✆ 972 78 85 91 – www.hortabellcaine.wordpress.com – cerrado
noviembre, domingo noche y lunes*
Rest – Carta 34/52 €
♦ Este negocio tiene un aire rústico, techos altos y un correcto montaje, con dos
grandes arcos en ladrillo y chimenea. Elabora una carta de base regional con
toques actuales.

BELLVER DE CERDANYA – Lleida – **574** E35 – **2 231 h.**   14 C1
– **alt. 1 061 m** – ✉ 25720

> ▶ Madrid 634 – Lleida/Lérida 165 – La Seu d'Urgell/Seo de Urgel 32

> 🅰 pl. de Sant Roc 9 ✆ 973 51 02 29 bellver@bellver.net Fax 973 51 02 29 (temp)

> ◉ Localidad★

> Ⓖ Parque Natural Cadí-Moixeró★

🏠 **Bellavista**   ⇐ 𝌆 ❀ 📶 ❀ 🍴 🛁 🅿 𝘷𝘪𝘴𝘢 ⓩⓑ
*carret. de Puigcerdà 43 – ✆ 973 51 00 00 – www.bellavistabellver.com
– cerrado 7 noviembre-1 diciembre*
50 hab – †45 € ††68 €, ⌑ 7,50 €
Rest – *(cerrado domingo noche en invierno salvo festivos)* Menú 16 €
♦ Sencillo negocio llevado en familia. Cuenta con unas habitaciones muy funcionales, un salón polivalente en un anexo integrado e instalaciones deportivas en
otro edificio. En su amplio restaurante de aire rústico podrá degustar una cocina
de carácter regional.

🏠 **Cal Rei de Talló** ◈   ❀ hab, 🍴 𝘷𝘪𝘴𝘢
*barrio Talló, Suroeste : 1 km – ✆ 973 51 10 96 – www.hotelcalrei.cat – cerrado
mayo y noviembre*
12 hab ⌑ – †56/70 € ††70/99 €   **Rest** – Menú 18 €
♦ Pequeño establecimiento de modesta organización, instalado en una antigua
casa rehabilitada, con habitaciones de estilo rústico en piedra y madera, algunas
tipo dúplex.

BELMONTE – Cuenca – **576** N21 – **2 251 h.** – **alt. 720 m** – ✉ 16640   10 C2

> ▶ Madrid 157 – Albacete 107 – Ciudad Real 142 – Cuenca 101

> ◉ Antigua Colegiata★ (Sillería★) - Castillo★ (artesonados★)

> Ⓖ Villaescusa de Haro (Iglesia parroquial : capilla de la Asunción★) Noreste :
> 6 km

🏨 **Palacio Buenavista Hospedería** ◈   📶 ⅋ hab, 🎬 ❀ rest, 🍴 🛁
José Antonio González 2 – ✆ 967 18 75 80   ☁ 𝘷𝘪𝘴𝘢 ⓩⓑ
– www.palaciobuenavista.es
32 hab ⌑ – †40/50 € ††70/80 € – 4 suites   **Rest** – Menú 22 €
♦ Instalado en un palacio del s. XVI que aún conserva los artesonados y rejerías.
Posee una agradable zona noble en su patio castellano y unas correctas habitaciones. En su coqueto comedor podrá degustar una carta de cocina castellano-
manchega.

BELVIS – Ciudad Real – ver Villanueva de San Carlos

BEMBRIVE – Pontevedra – ver Vigo

BENADALID – Málaga – **578** W14 – **257 h.** – **alt. 690 m** – ✉ 29493   1 A3

> ▶ Madrid 574 – Sevilla 146 – Málaga 135 – Gibraltar 70

※ **Los Labraos**   🈁 🎬 ❀ 🅿 𝘷𝘪𝘴𝘢 ⓩⓑ
*carret. Ronda-Algeciras - km 23,3 – ✆ 952 11 70 58 – cerrado 20 días en junio y
lunes*
Rest – Carta 19/29 €
♦ Restaurante de ambiente rústico decorado con algunos aperos de labranza.
Posee un bar y dos salas, la principal con chimenea, donde le ofrecerán una
cocina de tinte regional.

ESPAÑA

BENAHAVÍS – Málaga – **578** W14 – 4 373 h. – alt. 185 m – ⊠ 29679　　1 A3

▶ Madrid 610 – Algeciras 78 – Málaga 79 – Marbella 17

G.H. Benahavís ⤵　　🍴 ☕ 🏋 🛏 & hab, 🆎 🍴 rest, ❄ 🛎 🅿 🚗
Huerta de Rufino – 𝒞 *902 50 48 62*　　　　　　　　　　　**VISA ◎◎ AE**
– *www.granhotelbenahavis.com*
85 hab ☲ – †59/159 € ††59/169 € – 10 suites　**Rest** – Menú 20 €
♦ Hotel de estilo colonial dotado con amplias dependencias y jardines. Presenta un suntuoso hall-salón con piano-bar, un buen SPA y confortables habitaciones de línea clásica. El restaurante destaca por su terraza, pues esta da a un hermoso patio con naranjos.

Amanhavis ⤵　　　　　　　　🍴 ☕ 🆎 hab, 🍴 ❄ **VISA ◎◎**
del Pilar 3 – 𝒞 *952 85 60 26* – *www.amanhavis.com* – *cerrado 8 enero-12 febrero*
9 hab – ††79/139 €, ☲ 11 €
Rest – *(cerrado domingo)* *(sólo cena)* Menú 35 €
♦ Casa restaurada en la que se cuida la decoración hasta el último detalle. Ofrece habitaciones temáticas y un patio central ajardinado de gran tranquilidad. En el restaurante, que se monta alrededor de la piscina, ofrecen una carta-menú que cambian a diario.

Los Abanicos 　　　　　　🍴 🆎 ❄ **VISA ◎◎ AE ①**
Málaga 6 – 𝒞 *952 85 50 22* – *cerrado del 1 al 15 de diciembre y 7 días en julio*
Rest – Carta 32/42 €
♦ Restaurante de larga tradición familiar ubicado en el centro de la población. Ofrece una terraza, un bar de espera y dos salas, con una decoración rústica bastante cuidada.

BENALAURÍA – Málaga – **578** W14 – 503 h. – alt. 667 m – ⊠ 29491　　1 A3

▶ Madrid 594 – Málaga 137 – Algeciras 81 – Marbella 82

La Molienda 　　　　　　　　🍴 ❄ **VISA ◎◎**
Moraleda 59 – 𝒞 *952 15 25 48* – *www.molienda.com* – *cerrado julio y lunes*
Rest – *(sólo almuerzo salvo viernes, sábado y verano)* Carta 20/30 €
♦ Negocio ubicado en una antigua almazara. Presenta un patio, un bar a la entrada y dos salas de colorista ambiente rústico, una de ellas decorada con la piedra de la molienda.

BENALÚA DE GUADIX – Granada – **578** T20 – 3 326 h. – alt. 903 m　　2 C2
– ⊠ 18510

▶ Madrid 438 – Almería 118 – Granada 51 – Jaén 110

Cuevas La Granja sin rest ⤵　　　　　　☕ ❄ 🅿 **VISA ◎◎ ①**
camino de la Granja, Norte : 0,5 km – 𝒞 *958 67 60 00* – *www.cuevas.org*
11 apartamentos – ††75/80 €, ☲ 7 €
♦ Está a las afueras del pueblo, pues se trata de las típicas cuevas de la zona transformadas en apartamentos, unos de aire antiguo y otros más rústicos. Buen confort general.

BENALUP-CASAS VIEJAS – Cádiz – **578** W12 – 7 151 h. – ⊠ 11190　　1 B3

▶ Madrid 682 – Sevilla 154 – Cádiz 92 – Gibraltar 62

Fairplay Golf H. ⤵　　🍴 🍴 ☕ 🏊 🏋 🍴 🎾 ⛳ 🛏 & hab, 🆎 🍴 hab, ❄ 🛎
La Torre – 𝒞 *956 42 91 00*　　　　　　　　　　　🚗 **VISA ◎◎ AE ①**
– *www.fairplaygolfhotel.com*
88 suites ☲ – †230/305 € ††399/598 € – 6 hab
Rest *La Table* – *(sólo cena)* Menú 65 €
Rest *Asia* – *(sólo cena)* Menú 65 €
♦ Un hotel de lujo cuyos precios engloban todos sus servicios. Posee campo de golf, SPA, espacios de estética colonial-actual, magníficas habitaciones y hermosas villas. Entre sus restaurantes destaca La Table, tanto por su nivel gastronómico como por sus vinos.

Utopía ⌓ 🔥 hab, 🄰🄲 ⚇ 📞 🚐 💳 ⓿ 🄰🄴 ⓪

Dr. Rafael Bernal 32 – ℰ 956 41 95 32 – www.hotelutopia.net
16 hab ⌑ – †90/139 € ††90/256 € **Rest** – Menú 39 €
♦ Singular y original, ya que todas sus habitaciones están personalizadas siguiendo una temática diferente y cuenta con un pequeño museo dedicado a los años 30. El restaurante es como un café-teatro, por eso durante las cenas de los fines de semana suele amenizar las veladas con música en vivo.

BENAOJÁN – **Málaga** – **578** V14 – **1 604 h.** – **alt. 565 m** – ⊠ **29370**   **1** A3
▶ Madrid 567 – Algeciras 95 – Cádiz 138 – Marbella 81

por la carretera de Ronda :

Molino del Santo ◈ 🔥 🄰🄲 ⚇ 📶 🛁 🄿 🚐 💳 ⓿

barriada Estación, Suroeste : 2 km ⊠29370 Benaoján – ℰ 952 16 71 51
– www.molinodelsanto.com – 15 febrero-15 noviembre
17 hab ⌑ – †58/78 € ††90/125 € **Rest** – Carta 21/30 €
♦ Atractivo hotel de estilo regional ubicado en el nacimiento de un río, en un antiguo molino de aceite. Ofrece habitaciones amplias y bien decoradas, con mobiliario provenzal. El comedor, también de ambiente rústico, se complementa con una agradable terraza.

BENASQUE – **Huesca** – **574** E31 – **2 200 h.** – **alt. 1 138 m** – **Deportes de**   **4** D1
invierno en Cerler – 🎿**19** – **Balneario** – ⊠ **22440**
▶ Madrid 538 – Huesca 148 – Lleida/Lérida 148
🛈 San Sebastián 5 ℰ 974 55 12 89 info@turismobenasque.com Fax 974 55 12 89
◔ Sur : Valle de Benasque★ – Congosto de Ventamillo★★ Sur : 16 km

Ciria 🍴 🔥 hab, 🄰🄲 ⚇ 📶 🄿 🚐 💳 ⓿

av. de Los Tilos – ℰ 974 55 16 12 – www.hotelciria.com – cerrado 15 días en
primavera y 15 días en otoño
36 hab ⌑ – †76/105 € ††92/120 € – 2 suites
Rest *El Fogaril* – Carta 35/45 €
♦ Ofrece un atractivo salón circular con chimenea central y dos tipos de habitaciones, las nuevas de línea moderna y las otras más rústicas, tipo dúplex y de aire montañés. El restaurante está definido por su decoración, con profusión de piedra y madera.

Aragüells sin rest, con cafetería ⚇ 📶 🚐 💳 ⓿

av. de Los Tilos 1 – ℰ 974 55 16 19 – www.hotelaraguells.com – cerrado
noviembre y mayo
19 hab ⌑ – †40/55 € ††58/85 €
♦ Pequeño hotel que destaca por su exterior de carácter montañés. Las habitaciones, algo reducidas, presentan un mobiliario funcional y la viguería a la vista en la 3ª planta.

Avenida sin rest ⚇ 📶 💳 ⓿

av. de Los Tilos 14 – ℰ 974 55 11 26 – www.h-avenida.com
16 hab ⌑ – †26/50 € ††39/60 €, ⌑ 5 €
♦ El reducido salón social se complementa con la cafetería y ofrece habitaciones de adecuado confort, abuhardilladas en la última planta y con los suelos en madera.

por la carretera de Francia Noreste : 13 km

Hospital de Benasque ◈ 🍴 🔥 hab, ⚇ 📶 🛁 🄿 💳 ⓿

Camino Real de Francia ⊠22440 – ℰ 974 55 20 12 – www.llanosdelhospital.com
57 hab ⌑ – †67/116 € ††84/144 € **Rest** – Menú 24 €
♦ Es uno de los hoteles emplazados a mayor altura de España y se encuentra en plena naturaleza. Acogedora zona social, varios tipos de habitaciones y un pequeño SPA. En su restaurante, que disfruta de mucha luz natural, elaboran una cocina de sabor tradicional.

BENAVENTE – **Zamora** – **575** F12 – **19 119 h.** – **alt. 724 m** – ⊠ **49600**   **11** B2
▶ Madrid 259 – León 71 – Ourense 242 – Palencia 108
🛈 pl. Mayor 1 ℰ 980 63 42 11 turismo@benavente.es Fax 980 63 61 08

ESPAÑA

ESPAÑA

Parador de Benavente ⟨⟩ ⟨⟩ ⟨⟩ ⟨⟩ ⟨⟩ ⟨⟩ hah ⟨⟩ ⟨⟩ ⟨⟩ ⟨⟩ ⟨⟩

paseos de la Mota – ℰ *980 63 03 00 – www.parador.es* 🆅🅸🆂🅰 ⟨⟩ 🅰🅴 ⟨⟩

38 hab – †106/134 € ††133/168 €, ⟨⟩ 16 € **Rest –** Menú 32 €

♦ Castillo-palacio renacentista en el que le cautivará su sobrio espíritu medieval. Habitaciones castellanas y un magnífico salón, con artesonado mudéjar en la torre. Diáfano comedor con arcada en ladrillo visto y chimenea en piedra.

Santiago sin rest ⟨⟩ ⟨⟩ ⟨⟩ ⟨⟩ 🆅🅸🆂🅰 ⟨⟩ 🅰🅴

av. Maragatos 34 – ℰ *902 10 10 21 – www.grupohlt.com*

29 hab – †48 € ††74 €, ⟨⟩ 7 €

♦ Cuenta con un diáfano hall y destaca por el buen equipamiento de sus habitaciones, todas ellas personalizadas en la decoración y con bañera de hidromasaje.

Villa de Benavente ⟨⟩ ⟨⟩ ⟨⟩ ⟨⟩ ⟨⟩ ⟨⟩ 🆅🅸🆂🅰 ⟨⟩ 🅰🅴

av. de las Américas - C.T. Benavente – ℰ *980 63 50 94*
– www.hotelvilladebenavente.com

50 hab – †42/62 € ††58/95 €, ⟨⟩ 3 € **Rest –** Menú 15 €

♦ Se encuentra en el Centro de Transportes de Benavente y se le podría definir como un hotel actual, funcional y confortable. Posee habitaciones amplias y bien equipadas. En su restaurante se combina la cocina internacional con la tradicional.

⟨⟩ Mesón del Abuelo ⟨⟩ ⟨⟩ 🆅🅸🆂🅰 ⟨⟩ 🅰🅴

av. del Ferial 126 – ℰ *980 63 44 14 – www.grupohlt.com*

Rest – Carta aprox. 35 €

♦ Dispone de un bar a la entrada con mesas para tapear y un comedor rústico-castellano de cuidado montaje donde se combinan los detalles en piedra, ladrillo, madera y forja.

al Sureste : 2 km

Arenas ⟨⟩ ⟨⟩ rest, ⟨⟩ ⟨⟩ 🆅🅸🆂🅰 ⟨⟩

salida 259 autovía A 6 ✉ *49600 –* ℰ *980 63 03 34*

37 hab – †42 € ††55 €, ⟨⟩ 2,80 €

Rest – *(cerrado sábado en invierno)* Menú 12 €

♦ Ubicado junto a una gasolinera, ofrece habitaciones confortables con mobiliario clásico-castellano y baños actuales. Zona social demasiado integrada en el bar. El comedor, muy enfocado al menú, se viste con una curiosa colección de relojes de pared.

por la carretera de León Noreste : 2,5 km y desvío a la derecha 0,5 km

El Ermitaño ⟨⟩ ⟨⟩ ⟨⟩ ⟨⟩ 🆅🅸🆂🅰 ⟨⟩ 🅰🅴 ⟨⟩

✉ *49600 –* ℰ *980 63 67 95 – www.elermitano.com – cerrado*
24 diciembre-14 enero, domingo noche y lunes salvo festivos

Rest – Carta 40/49 €

♦ Elegante casa de campo dotada con unos recios muros en piedra, varias salas de ambiente rústico-regional y unos cuidados exteriores. Cocina tradicional con detalles actuales.

BENDINAT – Illes Balears – ver Balears (Mallorca)

BENICARLÓ – Castellón – **577** K31 – **26 655 h.** – alt. **27 m** – Playa   **16** B1
– ✉ **12580**

▶ Madrid 492 – Castelló de la Plana/Castellón de la Plana 69 – Tarragona 116 – Tortosa 55

ℹ pl. de la Constitución ℰ 964 47 31 80 benicarlo@touristinfo.net Fax 964 47 31 80

Parador de Benicarló ⟨⟩ ⟨⟩ ⟨⟩ ⟨⟩ ⟨⟩ ⟨⟩ ⟨⟩ ⟨⟩ ⟨⟩ hab, ⟨⟩ ⟨⟩ ⟨⟩ ⟨⟩

av. del Papa Luna 5 – ℰ *964 47 01 00 – www.parador.es* 🆅🅸🆂🅰 ⟨⟩ 🅰🅴 ⟨⟩

106 hab – †104/129 € ††128/161 €, ⟨⟩ 16 € **Rest –** Menú 32 €

♦ Rodeado de un extenso jardín. El estilo clásico-contemporáneo crea un ambiente funcional, a la vez que confortable. Pida las habitaciones con terraza orientadas al mar. Su restaurante a la carta propone también buffet y barbacoa.

Rosi 🖻 🏧 ⚡ ⁽ᵗ⁾ 🛁 🚗 VISA ⚫ AE ①

Dr. Fleming 50 – 🔗 964 46 00 08 – www.hotelrosi.com
24 hab ⌷ – 🛏37/45 € 🛏🛏54/67 €
Rest – *(cerrado 2ª quincena de junio y lunes)* Menú 12 €
♦ En pleno centro urbano. Este hotel de organización familiar posee unas espaciosas habitaciones, muy confortables y con el mobiliario en madera de pino. Excelente limpieza. Desde la cafetería se accede a un restaurante sencillo aunque acogedor.

El Cortijo Hnos. Rico 🏧 ⚡ VISA ⚫ AE

av. Méndez Núñez 85 – 🔗 964 47 00 75 – www.elcortijobenicarlo.com
– cerrado domingo noche y lunes noche
Rest – Carta aprox. 37 €
♦ Corte clásico para un buen montaje, con un gran salón y una zona independiente de terraza para banquetes. Carta de oferta variada, especializada en pescados y mariscos.

Chuanet ⪻ 🍴 🏧 ⚡ ✥ P VISA ⚫ AE

av. Papa Luna – 🔗 964 47 17 72 – www.rincondechuanet.com – cerrado 15 días en noviembre, domingo noche y lunes salvo agosto y festivos
Rest – Carta 34/44 €
♦ Se encuentra en un chalet de estilo contemporáneo, destacando por sus dos comedores de cuidado montaje clásico-actual con unas magníficas vistas al mar.

BENICÀSSIM – Castellón – **577** L30 – 18 098 h. – Playa – ✉ 12560   **16** B1

🄳 Madrid 436 – Castelló de la Plana/Castellón de la Plana 14 – Tarragona 165 – València 88

🄸 Santo Tomás 74 (Casa Abadía) 🔗 964 30 01 02 turismo@benicassim.org
Fax 964 30 01 39

Avenida y EcoAvenida sin rest 🔟 🏧 ⚡ ⁽ᵗ⁾ P VISA ⚫ ①

av. de Castellón 2 (esquina Cuatro Caminos) – 🔗 964 30 00 47
– www.hotelecoavenida.com – febrero-octubre
64 hab – 🛏30/60 € 🛏🛏38/115 €, ⌷ 6 €
♦ Hotelito de organización familiar repartido en dos edificios. Ofrece unas habitaciones amplias pero sencillas y una agradable terraza, llena de plantas, junto a la cafetería.

en la zona de la playa :

El Palasiet 🌊 ⪻ 🚗 🔟 🔟 🖴 ⁍ 🚻 & hab, 🏧 ⚡ ⁽ᵗ⁾ 🛁 🚗 VISA ⚫ AE

Pontazgo 11 – 🔗 964 30 02 50 – www.palasiet.com – cerrado enero y febrero
67 hab ⌷ – 🛏144/157 € 🛏🛏188/218 € – 6 suites   **Rest** – Menú 30 €
♦ Fue pionero por sus servicios de talasoterapia, complementándose con su propio centro de salud y belleza. Entorno ajardinado, habitaciones con terraza y buenas vistas. En su coqueto restaurante, tipo jardín de invierno, ofrecen una pequeña carta.

Voramar ⪻ ⚡ 🖻 🏧 ⚡ rest, ⁽ᵗ⁾ 🛁 🚗 ⚫ AE ①

paseo Pilar Coloma 1 – 🔗 964 30 01 50 – www.voramar.net
56 hab ⌷ – 🛏51/145 € 🛏🛏66/145 € – 2 suites   **Rest** – Menú 20 €
♦ De corte clásico y con años de historia, aunque ha sido debidamente actualizado. Posee habitaciones de diferentes tamaños y una cafetería a pie de playa con grandes terrazas. Comedor panorámico dotado con un buen servicio de mesa.

Vista Alegre 🔟 🖻 🏧 rest, ⚡ P VISA ⚫ AE

av. de Barcelona 71 – 🔗 964 30 04 00 – www.hotelvistalegre.com
– marzo-septiembre
68 hab – 🛏34/39 € 🛏🛏55/65 €, ⌷ 6 €   **Rest** – *(sólo menú)* Menú 17 €
♦ Cumple con las características de un típico hotel vacacional, siendo destacables su buen mantenimiento y la cuidada organización. Todas sus habitaciones son exteriores. El restaurante, diáfano y sencillo, está orientado al cliente alojado y se basa en un menú.

en el Desierto de las Palmas Noroeste : 8 km

X **Desierto de las Palmas** ⟨ ⟨ ⟨ ⟨ P VISA ⟨ ⟨

✉12560 – ✆ 964 30 09 47 – www.restaurantedesierto.com
– cerrado 16 enero-28 febrero y martes salvo julio-agosto
Rest – Carta 26/44 €
♦ Está ubicado en un paraje natural, con una terraza y una sala panorámica dotada de vistas a las montañas, al valle y al mar. Carta tradicional con un apartado de arroces.

BENIDORM – Alicante – **577** Q29 – **71 034 h.** – Playa   **16** B3

▶ Madrid 459 – Alacant/Alicante 44 – València (por la costa) 136

ℹ av. Martínez Alejos 16, ✆ 96 585 13 11 touristinfo_benidorm@gva.es
y av. Europa, ✆ 96 586 00 95 touristinfo_benidorm@gva.es

◉ Promontorio del Castillo ⟨★ AZ

🏨 **Meliá Benidorm** ⟨ ⟨ ⟨ ⟨ ⟨ ⟨ hab. ⟨ ⟨ ⟨ ⟨ ⟨ ⟨ ⟨ ⟨ ⟨

av. Severo Ochoa 1 ✉03503 – ✆ 966 81 37 10 – www.solmelia.com
520 hab – ♦106/158€ ♦♦132/198€, ⟨ 14€ – 6 suites   CY**s**
Rest – (sólo buffet) Menú 23 €
♦ Enorme y funcional establecimiento que ocupa dos grandes torres, unidas por un hall de estilo americano. Habitaciones de elevado confort, con baños en mármol y terraza. Gran comedor que trabaja el buffet, con un rincón italiano donde sirven pasta y pizzas.

 Cimbel ⟨ ⟨ ⟨ ⟨ ⟨ ⟨ ⟨ ⟨ ⟨ ⟨

av. de Europa 1 ✉03503 – ✆ 965 85 21 00 – www.hotelcimbel.com
150 hab ⟨ – ♦60/120€ ♦♦110/190€ – 2 suites   BY**f**
Rest – Menú 20 €
♦ En 1ª línea de playa. Hotel acogedor y confortable dotado de una amplia zona social y agradables habitaciones, la mayoría con terraza y vistas al mar. Clientela habitual. Restaurante panorámico.

 Belroy ⟨ ⟨ ⟨ ⟨ ⟨ ⟨ ⟨ ⟨ ⟨ ⟨

av. del Mediterráneo 13 ✉03503 – ✆ 965 85 02 03 – www.belroy.es
125 hab ⟨ – ♦106/170€ ♦♦160/262€   BY**k**
Rest – Menú 16 €
♦ Tras una acertada renovación se presenta con unas instalaciones de estética actual. Ofrece un buen hall-recepción y habitaciones modernas dominadas por los tonos blancos. El restaurante a la carta está definido por su gran luminosidad y diseño.

 G.H. Delfín ⟨ ⟨ ⟨ ⟨ ⟨ ⟨ ⟨ ⟨ ⟨ P VISA ⟨ ⟨ ⟨

playa de Poniente, La Cala por ② : 3 km ✉03502 – ✆ 965 85 34 00
– www.granhoteldelfin.com – cerrado 24 octubre-15 abril
92 hab – ♦69/104€ ♦♦117/171€, ⟨ 10€
Rest – Menú 28,50 €
♦ De marcado clasicismo. Sus instalaciones, pese a evidenciar el paso del tiempo, resultan confortables. Bonito jardín con palmeras en torno a la piscina. La viguería vista y los artesonados constituyen el mayor atractivo del restaurante.

🏠 **Bilbaino** ⟨ ⟨ ⟨ ⟨ ⟨ ⟨ ⟨ ⟨

av. Virgen del Sufragio 1 ✉03501 – ✆ 965 85 08 04 – www.hotelbilbaino.com
– 11 marzo-20 noviembre   BZ**f**
38 hab – ♦30/70€ ♦♦50/150€, ⟨ 5€
Rest – Menú 12 €
♦ ¡Todo un clásico en la ciudad desde 1926! Situado en pleno casco antiguo, ofrece habitaciones con terraza sobre el mar, ambiente tranquilo y trato familiar. En su comedor podrá degustar una cocina casera.

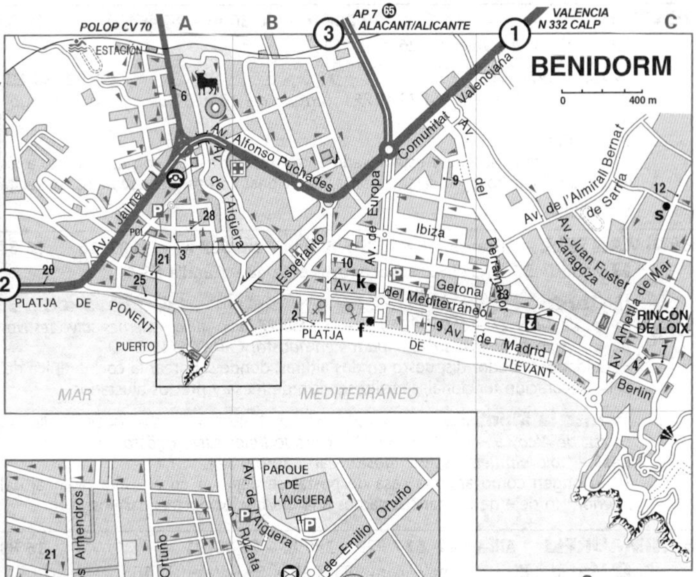

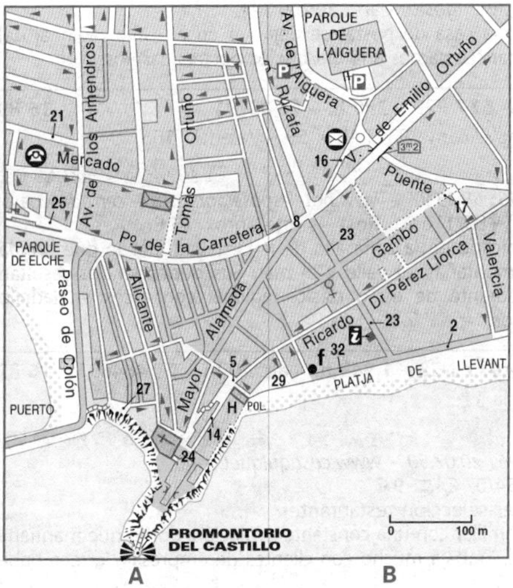

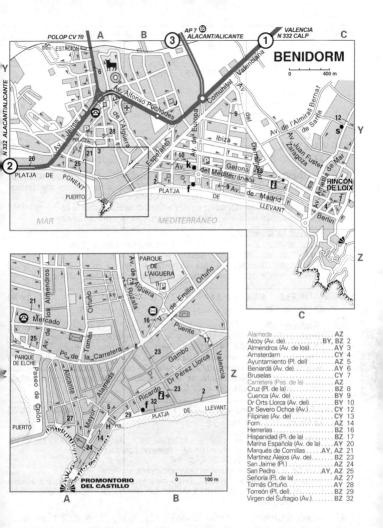

Alameda	AZ	
Alcoy (Av. de)	BY, BZ	2
Almendros (Av. de los)	AY	3
Amsterdam	CY	4
Ayuntamiento (Pl. del)	AZ	5
Beniardá (Av. de)	AY	6
Bruselas	CY	7
Carretera (Pas. de la)	AZ	
Cruz (Pl. de la)	BZ	8
Cuenca (Av. de)	BY	9
Dr Orts Llorca (Av. del)	BY	10
Dr Severo Ochoa (Av.)	CY	12
Filipinas (Av. de)	CY	13
Forn	AZ	14
Herrerías	BZ	16
Hispanidad (Pl. de la)	BZ	17
Marina Española (Av. de la)	AY	20
Marqués de Comillas	AY, AZ	21
Martínez Alejos (Av. de)	BZ	23
San Jaime (Pl.)	AZ	24
San Pedro	AY, AZ	25
Señoría (Pl. de la)	AZ	27
Tomás Ortuño	AY	28
Torreón (Pl. del)	BZ	29
Virgen del Sufragio (Av.)	BZ	32

al Noroeste por ③ : 7 km

Barceló Asia Gardens hab,

av. Alcalde Eduardo Zaplana Hernandez (Terra Mítica)
✉*03501 Benidorm* – ✆ *966 81 84 00*
– *www.asiagardens.es*
292 hab – 210/372 € 240/528 € – 20 suites
Rest – Carta aprox. 30 €
Rest *In Black* – *(cena sólo con reserva)* Carta aprox. 50 €
Rest *Koh Samui* – *(cena sólo con reserva)* Carta aprox. 36 €
◆ Complejo hotelero de estética oriental emplazado junto a Terra Mítica. Reparte sus dependencias entre ocho edificios, con una extensa superficie ajardinada y un exclusivo SPA. El restaurante In Black, de estilo urbano, propone una cocina actual-mediterránea.

BENIFAIÓ – Valencia – **577** O28 – **12 204 h.** – alt. 30 m – ✉ 46450   **16** B2
▶ Madrid 367 – València 26

✗   **Juan Veintitrés**   🗚 🛇 ⅥⅢ ◑ 🗚
㋡ *Papa Juan XXIII-8 –* ℰ *961 78 45 75 – cerrado del 10 al 31 de agosto, domingo noche y lunes*
Rest – Carta 30/35 €
♦ Resulta sorprendente y está llevado entre tres hermanos, con uno atento a los fogones y los otros a la sala. La carta, tradicional con toques creativos, se recita de palabra.

BENIMANTELL – Alicante – **577** P29 – **490 h.** – alt. 527 m – ✉ 03516   **16** B3
▶ Madrid 437 – Alcoi 32 – Alacant/Alicante 68 – Gandía 85

✗   **L'Obrer**   🗚 🛇 P ⅥⅢ ◑ 🗚 ⓪
㋡ *carret. de Alcoy 27 –* ℰ *965 88 50 88 – cerrado 27 junio- julio y viernes salvo festivos*
Rest – *(sólo almuerzo salvo sábados en agosto)* Carta 25/35 €
♦ Cuidado comedor dispuesto en dos alturas, donde saborear la cocina típica del país. Decoración funcional, sencillo servicio de mesa y precios ajustados.

✗   **Venta la Montaña**   🗚 🛇 ⇔ ⅥⅢ ◑
carret. de Alcoy 9 – ℰ *965 88 51 41 – cerrado lunes salvo agosto*
Rest – *(sólo almuerzo salvo agosto)* Carta aprox. 32 €
♦ Su origen como antigua casa de postas se deja ver en el estilo regional del interior. No deje de probar sus carnes a la brasa y los postres caseros.

BENIMAURELL – Alicante – **577** P29 – **280 h.** – ✉ 03791   **16** B3
▶ Madrid 445 – Alacant/Alicante 93 – Alcoi 59 – València 106

🏠   **Alahuar** ⊗   ⇐ ꓩ 🗚 🛇 ⅃ P ⅥⅢ ◑ 🗚
Partida El Tossalet – ℰ *965 58 33 97 – www.hotelesposeidon.com – cerrado enero*
20 hab � – ♦66/83 € ♦♦95/116 €   **Rest** – Carta aprox. 25 €
♦ Hotel con encanto ubicado en la zona alta de la localidad, por lo que brinda magníficas vistas a las montañas, al valle y al mar. Sus dependencias resultan muy confortables. Restaurante de estilo clásico-regional con arcos en ladrillo visto y techos abovedados.

BENIPARRELL – Valencia – **577** N28 – **1 949 h.** – alt. 20 m – ✉ 46469   **16** B2
▶ Madrid 362 – València 11

🏠   **Casa Quiquet**   🕮 ⅛ 🗚 🛇 ⅋ ⅃ P ⅥⅢ ◑ 🗚
av. de Levante 47 – ℰ *961 20 07 50 – www.casaquiquet.com*
34 hab – ♦44/55 € ♦♦54/67 €, ⊒ 9 €
Rest *Casa Quiquet* – ver selección restaurantes
♦ Conjuga la tradición familiar con una constante evolución, por lo que mantiene un buen confort general. Trabaja mucho con clientes de empresa y ofrece habitaciones actuales.

✗✗   **Casa Quiquet** – Hotel Casa Quiquet   ⅛ 🗚 🛇 P ⅥⅢ ◑ 🗚
㋡ *av. de Levante 45 –* ℰ *961 20 07 50 – www.casaquiquet.com – cerrado domingo noche*
Rest – Carta 28/35 €
♦ Establecimiento clásico-regional en el que destaca la sala Centenario, con un zócalo de azulejos y viguería en madera. Cocina tradicional y una buena selección de arroces.

BENISANÓ – Valencia – **577** N28 – **2 224 h.** – alt. 70 m – ✉ 46181   **16** A2
▶ Madrid 344 – Teruel 129 – València 24

🏠   **Rioja**   🕮 🗚 🛇 ⅋ ⅃ 🚗 ⅥⅢ ◑
av. Verge del Fonament 37 ✉46181 *–* ℰ *962 79 15 85 – www.hotel-rioja.es*
46 hab ⊒ – ♦48/106 € ♦♦59/125 €
Rest *Rioja* – ver selección restaurantes
♦ Negocio de tradición familiar que ya va por la 4ª generación. Posee un acogedor salón social y habitaciones funcionales de aspecto actual, la mayoría con baños completos.

XX **Rioja** – Hotel Rioja Ac ⌧ ⇔ 🚗 VISA ⚬⚬
av. Verge del Fonament 37 ⌧*46181 –* ℰ *962 79 15 85 – www.hotel-rioja.es*
– cerrado domingo noche y festivos noche
Rest – Carta 35/48 €
◆ Ofrece varias salas y salones actuales, un reservado y una bodega de ambiente
rústico. Junto a sus platos tradicionales y mediterráneos encontrará una buena
carta de arroces.

BENISSA – Alicante – **577** P30 – **13 221 h.** – **alt. 274 m** – ⌧ **03720**   **16** B3
▶ Madrid 458 – Alacant/Alicante 71 – València 110
🖪 av. País Valencià 1 ℰ 96 573 22 25 turismo@benissa.net Fax 96 573 25 37

XX **Casa Cantó** ⪡ Ac ⌧ 🚗 VISA ⚬⚬ ◑
av. País Valencià 237 – ℰ *965 73 06 29 – www.casacanto.com – cerrado 21 días
en noviembre y domingo*
Rest – Carta 34/48 €
◆ Nuevo local con hall a la entrada, bar privado y un luminoso comedor principal
desde cuyos ventanales se contempla el valle con el peñón de Ifach al fondo.
Interesante bodega.

por la carretera N 332 Sur : 2,5 km y desvío a la izquierda 1 km

🏠 **La Madrugada** sin rest ⟡ ⪡ 🛋 ☒ ⌧ & Ac ¶' P VISA ⚬⚬ AE ◑
partida Benimarraig 61-b ⌧*03720 Benissa –* ℰ *965 73 31 56
– www.lamadrugada.es – cerrado febrero*
7 hab – †83/123 € ††95/135 €, ☷ 12 € – 1 suite
◆ Hotel de buen nivel emplazado en una zona tranquila y aislada, con excelentes
vistas al mar. Disfruta de elegantes espacios sociales, jardines y habitaciones bien
equipadas.

BENTRACES – Ourense – **571** F6 – ⌧ **32890**   **20** C3
▶ Madrid 495 – Ourense 10 – Pontevedra 104

🏠 **Palacio de Bentraces** sin rest ⟡ ⪡ 🛋 ☒ ¦♯ ⌧ ¶' 🛁 P VISA ⚬⚬
– ℰ *988 38 33 81 – www.pazodebentraces.com – cerrado 23 diciembre-14 marzo*
9 hab – †85 € ††105 €, ☷ 6 €
◆ Elegante pazo señorial rodeado de un extenso jardín con piscina. Disfrute de
todo su encanto en unas habitaciones vestidas con excelente lencería y mobiliario de época.

XXX **A Rexidora** (Javier González) 🚗 Ac ⌧ ⇔ VISA ⚬⚬
☺ *carret. OU 540 –* ℰ *988 38 30 78 – www.arexidora.com – cerrado del 7 al 27 de
enero, 28 agosto-15 septiembre, domingo noche, lunes y martes noche*
Rest – Menú 50/90 € – Carta 40/55 €
Espec. Empanada de masa de castañas con cachola. Bogavante asado con arroz
negro. Pionono de castañas.
◆ Instalado en una hermosa casona señorial construida en granito. Presenta un
bar privado, dos reservados, dos salas de elegante ambiente clásico-rústico y
una terraza en un patio interior. Su cocina tradicional actualizada refleja el sello
personal del chef.

BERA (VERA DE BIDASOA) – Navarra – **573** C24 – **3 691 h.** – **alt. 56 m**   **24** A1
– ⌧ **31780**
▶ Madrid 494 – Pamplona 65 – Bilbao 133 – Donostia-San Sebastián 33

🏠 **Churrut** ¦♯ Ac rest, ¶' P
pl. de los Fueros 2 – ℰ *948 62 55 40 – www.hotelchurrut.com*
17 hab   Rest –
◆ Hotel de cuidados exteriores instalado en una casa señorial del s. XVII. Elegante zona social de carácter rústico y amplias habitaciones vestidas con mobiliario de época. El comedor resulta bastante luminoso, ya que se monta en el porche cubierto.

ESPAÑA

BERANTEVILLA – Álava – **573** D21 – 438 h. – ⊠ 01211   **25** A2

▶ Madrid 338 – Vitoria-Gasteiz 38 – Logroño 64 – Bilbao 81

ⅩⅩⅩ **Lola**   AC P VISA AE

Mayor 26 – 𝒞 945 33 70 62 – www.restaurantelola.net – cerrado Navidades
Rest – *(sólo almuerzo salvo viernes y sábado)* Carta aprox. 50 €

◆ Restaurante de corte moderno y diseño actual que sorprende en esta localidad. Disfruta de una bodega acristalada y un espacio para la sobremesa. Elaboraciones de tinte actual.

BERASTEGI – Guipúzcoa – **573** C24 – 1 033 h. – alt. 430 m – ⊠ 20492   **25** B2

▶ Madrid 459 – Vitoria-Gasteiz 108 – Donostia-San Sebastián 34
– Pamplona 53

ⅩⅩ **Arregi**   AC ✿ ↔ VISA ⓪

(☺) *Herriko enparantza 7 – 𝒞 943 68 30 59 – cerrado 23 diciembre-8 enero, del 1 al
15 de septiembre, martes, miércoles noche y jueves noche*
Rest – Carta aprox. 35 €

◆ Restaurante familiar ubicado en una casona de piedra. Posee un buen bar, una
gran sala de estilo rústico-elegante y una terraza. Cocina tradicional vasca y platos caseros.

BERGA – Barcelona – **574** F35 – 17 160 h. – alt. 715 m – ⊠ 08600   **14** C2

▶ Madrid 627 – Barcelona 117 – Lleida/Lérida 158

🛈 Àngels 7 𝒞 93 821 13 84 aj022.ofturisme@ajberga.cat Fax 93 822 11 55

ⅩⅩ **Sala**   AC ✿ ↔ VISA ⓪ AE ⓪

*passeig de la Pau 27 – 𝒞 938 21 11 85 – www.restaurantsala.com – cerrado
martes noche y miércoles noche en invierno, domingo noche y lunes*
Rest – Carta 40/50 €

◆ Negocio de larga trayectoria familiar. Posee salas en dos niveles de línea clásica
actual, un privado y una bodega acristalada. Cocina de temporada y un menú
degustación.

BERMEO – Vizcaya – **573** B21 – 16 937 h. – Playa – ⊠ 48370   **25** A3

▶ Madrid 432 – Bilbao 34 – Donostia-San Sebastián 98

🛈 Lamera 𝒞 94 617 91 54 turismoa@bermeo.org Fax 94 688 03 67

◎ Alto de Sollube★ Suroeste : 5 km

Ⅹ **Almiketxu**   ✿ ↔ P VISA ⓪ AE

*Almike Auzoa 8, Sur : 1,5 km – 𝒞 946 88 09 25 – www.almiketxu.com – cerrado
noviembre, lunes y noches de martes, miércoles, jueves y domingos en invierno*
Rest – Carta 37/54 €

◆ Caserío típico ubicado a las afueras de la localidad, con dos salas de aire regional y una, más rústica, a la que llaman popularmente el "Txoco". Carnes y pescados a la brasa.

BERRIA (Playa de) – Cantabria – ver Santoña

BERRIOPLANO – Navarra – **573** D24 – alt. 450 m – ⊠ 31195   **24** A2

▶ Madrid 391 – Jaca 117 – Logroño 98 – Pamplona 6

🏠 **NH El Toro**   Lõ AC ✿ ⁿ⁴ sÀ P VISA ⓪ AE ⓪

*carret. N 240 A – 𝒞 948 30 22 11 – www.nh-hotels.com – cerrado
18 diciembre-9 enero*
60 hab – ♥♥50/210 €, ☲ 9,50 € – 5 suites
Rest – *(cerrado domingo)* Menú 18 €

◆ Bastante acogedor. Tras sus cuidados exteriores en piedra vista encontrará una
correcta zona social, con cafetería, y unas habitaciones definidas por su cálida rusticidad. El restaurante, dedicado a la temática de los "encierros", ofrece una
cocina regional.

BESALÚ – Girona – **574** F38 – 2 361 h. – alt. 151 m – ⊠ 17850   **14** C3

▶ Madrid 743 – Figueres 24 – Girona/Gerona 32

🛈 pl. de la Llibertat 1 𝒞 972 59 12 40 turisme@besalu.net Fax 972 59 11 50

◎ Localidad★★ – Puente fortificado★, núcleo antiguo★★, Iglesia de Sant Pere★

🏨 **Els Jardins de la Martana** sin rest ⬧   🅰️🅲 ⁽ᵗ⁾ 🆅🆂🅰 ⓒⓑ 🅰🅴 ⓞ
Pont 2 – 𝒞 972 59 00 09 – www.lamartana.com
10 hab – ♦65/74 € ♦♦94/102 €, ⌑ 8 €
♦ Antigua casa señorial emplazada junto a un precioso puente medieval. Ofrece habitaciones espaciosas, la mayoría con suelos originales, techos altos y mobiliario funcional.

✗✗ **Cúria Reial**   🅰️🅲 🅿️ ⬧ 🆅🆂🅰 ⓒⓑ 🅰🅴 ⓞ
pl. de la Llibertat 8 – 𝒞 972 59 02 63 – www.curiareial.com – cerrado febrero, lunes noche y martes
Rest – Carta 24/39 €
♦ En un edificio que rememora su pasado conventual y presenta un acogedor estilo rústico. Posee un bar, varias salas con las paredes en piedra y una terraza con vistas al río.

✗ **Pont Vell**   ← 🏠 ⬧ 🆅🆂🅰 ⓒⓑ 🅰🅴
Pont Vell 24 – 𝒞 972 59 10 27 – www.restaurantpontvell.com – cerrado 22 diciembre-22 enero, del 1 al 7 de julio, domingo noche salvo verano, lunes noche y martes
Rest – Carta 34/44 €
♦ En pleno casco antiguo. Ofrece dos salas de aire rústico y una idílica terraza bajo la sombra de un níspero, todo con magníficas vistas al río. Cocina tradicional y regional.

por la carretera N 260 Oeste : 1,5 km y desvío a la izquierda 0,5 km

🏨 **Can Güell**   ☒ 📶 ♿ hab, 🅰️🅲 🅿️ hab, ⁽ᵗ⁾ 🛁 🅿️ 🆅🆂🅰 ⓒⓑ
pasatge Can Güell s/n ✉17850 Besalú – 𝒞 972 59 19 00
– www.grupcalparent.com
34 hab ⌑ – ♦84/128 € ♦♦105/160 €   **Rest** – Menú 22,15 €
♦ Instalado en una masía de grandes proporciones, con buenos exteriores y varias zonas sociales. Sus modernas habitaciones, en cambio, pueden resultar algo pequeñas. La zona de restauración se encuentra en un anexo, con un comedor actual y un salón de banquetes.

BETANCURIA – Las Palmas – ver Canarias (Fuerteventura)

BETANZOS – A Coruña – **571** C5 – 13 680 h. – alt. 24 m – ✉ 15300   **19** B1
▶ Madrid 576 – Santiago de Compostela 60 – A Coruña 23 – Ferrol 38

🏨 **San Roque**   📶 ♿ hab, 🅰️🅲 🅿️ ⁽ᵗ⁾ 🚗 🆅🆂🅰 ⓒⓑ 🅰🅴 ⓞ
carret. de Castilla 38 – 𝒞 981 77 55 55 – www.complejosanroque.es
30 hab ⌑ – ♦50/65 € ♦♦65/80 €
Rest *Os Caneiros* – Carta 28/40 €
♦ Ocupa un edificio restaurado que data de 1920. La zona social resulta algo escasa pero se compensa con unas habitaciones bien equipadas y con los suelos en parquet. El restaurante se encuentra en un anexo y es bastante popular por sus jornadas gastronómicas.

BÉTERA – Valencia – **577** N28 – 20 740 h. – alt. 125 m – ✉ 46117   **16** B2
▶ Madrid 355 – València 19 – Teruel 137

por la carretera de San Antonio de Benagéber Suroeste : 3,5 km

🏨 **La Calderona** ⬧   ← 🚗 🏠 ☒ 🗻 🦶 ✗ 📶 ♿ hab, 🅰️🅲 🅿️ ⓦ 🛁 🅿️ 🚗
Botxi 2-4 (urb. Torre en Conill) – 𝒞 961 69 94 00   🆅🆂🅰 ⓒⓑ 🅰🅴 ⓞ
– www.lacalderona.com
40 hab – ♦99/246 € ♦♦99/385 €, ⌑ 16 € – 2 suites   **Rest** – Menú 20 €
♦ Ofrece un amplio SPA, servicios terapéuticos y una zona de actividades deportivas. Sus habitaciones resultan bastante diáfanas, todas con terraza y un completo equipamiento. En su restaurante encontrará una carta actual y un buen apartado de arroces.

ESPAÑA

🏨 **Ad Hoc Parque** ⊗ ⇐ ⬩ ⬩ ⬩ 🔊 ⬩ 🅿 VISA ⬤ ①
Botxi 6-8 (urb. Torre en Conill) – 🕿 *961 69 83 93* – www.adhochoteles.com
39 hab – ✝56/166 € ✝✝56/198 €, � 12 €
Rest *La Sal* – Carta 25/36 €
♦ Muy bien situado para el turismo de negocios. Ofrece unas instalaciones luminosas y espaciosas, con mobiliario clásico de calidad y vistas al campo de golf. El restaurante se complementa con un privado, una terraza y un salón de banquetes con vistas al jardín.

BETLÁN – Lleida – ver Vielha

BIAR – Alicante – **577** Q27 – **3 723 h.** – **alt. 650 m** – ✉ 03410   **16** A3
🚗 Madrid 370 – Albacete 119 – Alcoi 36 – Alacant/Alicante 50
🛈 Cura Reig 1 🕿 96 581 11 77 biar@touristinfo.net Fax 96 581 08 33

✗ **Fuente El Pájaro** 🏠 🎿 🎥 VISA ⬤ AE ①
Camino de la Virgen – 🕿 *965 81 09 02* – www.parlantimenjant.com – *cerrado del 10 al 17 de enero, del 9 al 16 de mayo, del 12 al 19 de septiembre y lunes salvo festivos*
Rest – Carta 28/36 €
♦ Esta casa familiar presenta una única sala de aire rústico, con una pared en piedra y arcos en ladrillo visto, así como una agradable terraza de verano. Cocina tradicional.

BIDEGOIAN – Guipúzcoa – **573** C23 – **510 h.** – ✉ 20496   **25** B2
🚗 Madrid 451 – Vitoria-Gasteiz 94 – Donostia-San Sebastián 37 – Pamplona 86

🏨 **Iriarte Jauregia** ⊗ ⇐ 🍴 ⬩ 🎥 🎿 ⬩ 🅿 VISA ⬤ AE
Eliz Bailara 8 – 🕿 *943 68 12 34* – www.iriartejauregia.com
19 hab ⊇ – ✝85/132 € ✝✝109/170 €
Rest – *(sólo clientes, sólo cena)* Carta aprox. 30 €
♦ Casa palaciega del s. XVII construida en piedra y rodeada por un jardín con árboles centenarios. Sus confortables habitaciones combinan elementos antiguos y modernos. En el comedor, que destaca por su precioso techo, encontrará una carta de tinte tradicional.

BIEDES – Asturias – ver Santullano

BIELSA – Huesca – **574** E30 – **508 h.** – **alt. 1 053 m** – ✉ 22350   **4** C1
🚗 Madrid 544 – Huesca 154 – Lleida/Lérida 170
📷 Parque Nacional de Ordesa y Monte Perdido★★★

en el valle de Pineta Noroeste : 14 km

🏨 **Parador de Bielsa** ⊗ ⇐ 🍴 ⬩ hab, 🎿 🎿 🅿 VISA ⬤ AE ①
alt. 1350 ✉22350 *Bielsa* – 🕿 *974 50 10 11* – www.parador.es – *cerrado 20 enero-20 febrero*
33 hab – ✝104/128 € ✝✝134/168 €, ⊇ 16 € – 6 suites   **Rest** – Menú 32 €
♦ Privilegiada ubicación en un edificio al estilo de un refugio montañés, con gran presencia de madera y un alto nivel de confort, donde disfrutar del paisaje y la tranquilidad. Comedor con bonitas lámparas en forja, que ofrece platos típicos del Alto Aragón.

La BIEN APARECIDA – Cantabria – ver Ampuero

BIERGE – Huesca – **574** F29 – **262 h.** – **alt. 598 m** – ✉ 22144   **4** C1
🚗 Madrid 426 – Zaragoza 121 – Huesca 41 – Lleida/Lérida 100

🏠 **Hostería de Guara** ⊗ ⇐ 🔊 🎥 🎿 🅿 VISA ⬤
Oriente 2 – 🕿 *974 31 81 07* – www.hosteriadeguara.com – *cerrado enero*
14 hab ⊇ – ✝68/80 € ✝✝85/140 €   **Rest** – *(sólo menú)* Menú 22 €
♦ Goza de una amable organización familiar, con un bar junto a la recepción y habitaciones funcionales de buen confort, combinando el mobiliario en hierro forjado y madera. En su comedor, dotado con una chimenea, sirven un correcto menú.

BIESCAS – Huesca – **574** E29 – **1 675 h.** – alt. 860 m – ⊠ 22630　　4 C1

▶ Madrid 458 – Huesca 68 – Jaca 30

 Tierra de Biescas　　　　⏛ 🛁 🖅 ⅚ hab, 🆔 🕺 hab, 📞 🔩 **P** 𝘷𝘪𝘴𝘢 ⓒⓑ 🆎 ⓘ

paseo del Canal – ℰ 974 48 54 83 – www.hoteltierradebiescas.com

41 hab – 🛏58/86 € 🛏🛏89/132 €, 😄 8,65 €　**Rest** – Menú 26 €

◆ Hotel de línea actual formado por cuatro bloques, todos unidos entre sí pero a la vez personalizados en su decoración. Zona social con chimenea y correctas habitaciones. Dispone de dos restaurantes, uno de montaje funcional para la media pensión y otro a modo de sidrería vasca con la parrilla a la vista.

 Casa Ruba　　　　　　　　　　　　🖅 🆔 rest, 🕺 𝘷𝘪𝘴𝘢 ⓒⓑ

Esperanza 18 – ℰ 974 48 50 01 – www.hotelcasaruba.com – cerrado 7 días en mayo y 15 octubre-noviembre

29 hab – 🛏37/42 € 🛏🛏60/73 €, 😄 4,85 €

Rest – *(cerrado domingo noche)* Menú 16 €

◆ Goza de una atractiva fachada en piedra y cierto prestigio en la zona. La mayoría de sus habitaciones han sido bien renovadas, con suelos en tarima y aseos de plato ducha. En su sencillo comedor se ofrece un correcto menú del día y una carta regional.

Museo Guggenheim

BILBAO

Provincia : Ⓟ Vizcaya
Mapa Michelin : **573** C20
▶ Madrid 395 – Barcelona 613
  – A Coruña 567 – Lisboa 899

Población : 354 860 h.
Mapa regional : **25** A3

INFORMACIONES PRÁCTICAS

ᴎ Oficinas de Turismo

av. de Abandoibarra 2, ℰ94 479 57 60 infomacion@ bilbaoturismo.bilbao.net
Fax 94 479 57 61

y pl. del Ensanche 11, ℰ94 479 57 60 informacion@ bilbaoturismo.bilbao.net
Fax 94 479 57 61.

Automóvil Club

R.A.C.V.N. Rodriguez Arias 59 bis, ℰ94 442 58 08 Fax 94 442 52 56

Golf

🏌 Laukariz, urb. Monte Berriaga - carret. de Mungia, Noreste por BI 631,
  ℰ94 674 08 58

Aeropuerto

✈ de Bilbao, Sondika, Noreste : 11 km por autovia BI 631 ℰ 902 404 704 – **Iberia :**
  aeropuerto ℰ 902 400 500.

Transportes marítimos

🚢 para Portsmouth : P & O Ferries, Espigón 3, Muelle Vizcaya (Puerto de Bilbao-
  Santurtzi) help@poferries.com y Vapores Suardiaz Norte, Colón de Larreátegui
  30, ℰ 94 423 43 00 bio.lin@suardiaz.com Fax 94 424 74 59 EY.

◉ VER

Museo Guggenheim Bilbao*** DX –
Museo de Bellas Artes (sección de arte
antiguo**) DY **M**.

BILBAO

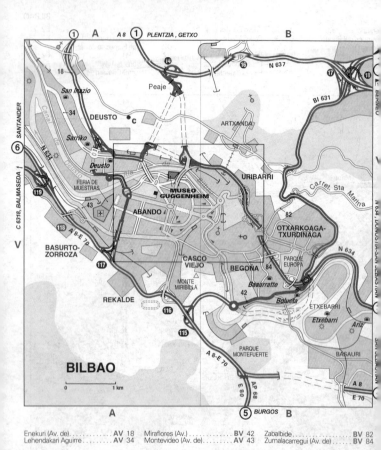

BILBAO

G.H. Domine Bilbao

Alameda Mazarredo 61 ⊠*48009* Ⓜ *Moyúa*
– ℰ 944 25 33 00 – www.granhoteldominebilbao.com
139 hab – ♦120/240 € ♦♦120/260 €, ☲ 18 € – 6 suites
Rest Beltz The Black – Carta 44/55 €

♦ El sello del diseñador Javier Mariscal impera en todas sus dependencias. Detalles modernos por doquier y magníficas habitaciones, muchas con vistas al Museo Guggenheim. El restaurante, de ambiente clásico-actual, propone una cocina tradicional actualizada.

DXa

Meliá Bilbao

Lehendakari Leizaola 29 ⊠*48001* Ⓜ *San Mamés – ℰ 944 28 00 00*
– www.solmelia.com
199 hab – ♦♦90/270 €, ☲ 22 € – 12 suites
Rest Aizian – ver selección restaurantes

♦ Construcción moderna y escalonada. Posee un gran hall dotado con ascensores panorámicos, varios salones y unas habitaciones muy bien equipadas, todas con baños de calidad.

CXb

Carlton ⛄ 🛗 📶 🚫 📶 🌀 🚗 VISA ⚙ AE ⓞ
pl. de Federico Moyúa 2 ✉48009 Ⓜ Moyúa – 𝒞 944 16 22 00
– www.hotelcarlton.es **DYx**
136 hab – ♦92/230 € ♦♦102/289 €, ⬚ 19,70 € – 6 suites
Rest – Carta 39/55 €
♦ Este hotel-monumento atesora historia, elegancia y cierto abolengo. Ofrece atractivas zonas nobles y habitaciones bastante espaciosas, la mayoría de ellas de estilo clásico. En su restaurante, también clásico, encontrará una cocina de carácter internacional.

López de Haro 🛗 AC 🚫 📶 🌀 🚗 VISA ⚙ AE ⓞ
Obispo Orueta 2 ✉48009 – 𝒞 944 23 55 00 – www.hotellopezdeharo.com
49 hab – ♦90/180 € ♦♦90/203 €, ⬚ 18 € – 4 suites **EYr**
Rest *Club Náutico* – *(cerrado 15 julio-15 agosto y domingo)* Carta 50/60 €
♦ Situado en una calle tranquila. Encontrará un ambiente selecto, una moderna zona social y dos tipos de habitaciones, unas de línea urbana y otras de estilo clásico-elegante. El restaurante, de montaje clásico-actual, ofrece una carta de tinte tradicional.

Ercilla ⛄ 🛗 🕭 hab, AC 🚫 📶 🌀 🚗 VISA ⚙ AE ⓞ
Ercilla 37 ✉48011 Ⓜ Indautxu – 𝒞 944 70 57 00 – www.ercillahoteles.com
319 hab – ♦75/165 € ♦♦75/195 €, ⬚ 16 € – 6 suites **DYa**
Rest *Bermeo* – *(cerrado 15 julio - 23 agosto)* Carta aprox. 60 €
♦ Uno de los hoteles más conocidos de Bilbao. Posee un moderno hall, una zona social actual y habitaciones de completo confort repartidas en 11 plantas, las suites con terraza. El restaurante, considerado todo un clásico, presenta una carta de tinte tradicional.

Abando ⛄ 🛗 🕭 hab, AC 🚫 📶 🌀 🚗 VISA ⚙ AE ⓞ
Colón de Larreátegui 9 ✉48001 Ⓜ Abando – 𝒞 944 23 62 00
– www.hotelabando.com **EYb**
138 hab – ♦60/95 € ♦♦60/140 €, ⬚ 12 € – 3 suites
Rest *Epaia* – *(cerrado domingo y festivos en verano)* Carta 31/42 €
♦ Se presenta con diferentes estilos, por lo que podrá elegir entre sus confortables habitaciones de línea clásica y otras de estética más actual. Organización amable y eficaz. El restaurante ofrece un montaje moderno y una carta tradicional bien elaborada.

Hesperia Bilbao 🛗 🕭 hab, AC 🚫 📶 🌀 🚗 VISA ⚙ AE ⓞ
Campo Volantín 28 ✉48007 Ⓜ Moyúa – 𝒞 944 05 11 00
– www.hesperia-bilbao.com **EXa**
144 hab – ♦60/450 € ♦♦70/450 €, ⬚ 13,50 € – 7 suites
Rest – *(cerrado domingo)* Menú 20 €
♦ Se encuentra a un lado de la ría y posee una atractiva fachada, con las galerías de las habitaciones acristaladas en distintos colores. Habitaciones bien equipadas. Su luminoso restaurante tiene un montaje actual y también funciona como sala de desayunos.

NH Villa de Bilbao 🛗 AC 🚫 📶 🌀 🚗 VISA ⚙ AE ⓞ
Gran Vía de Don Diego López de Haro 87 ✉48011 Ⓜ San Mamés
– 𝒞 944 41 60 00 – www.nh-hotels.com **CYn**
139 hab – ♦♦59/222 €, ⬚ 15,50 € – 3 suites **Rest** – Carta aprox. 40 €
♦ Hotel de negocios que destaca tanto por su situación como por su buena oferta en salones de trabajo. Habitaciones de gran amplitud, con suelos en madera y equipamiento NH. Aunque posee una pequeña carta, su restaurante está más enfocado al menú de empresas.

Jardines de Albia ⛄ 🛗 🕭 hab, AC 🚫 📶 🌀 🚗 VISA ⚙ AE ⓞ
San Vicente 6 ✉48001 Ⓜ Abando – 𝒞 944 35 41 40
– www.hotelhusaspajardinesdealbia.com **EYp**
136 hab – ♦60/180 € ♦♦60/220 €, ⬚ 15 € – 2 suites
Rest *Zuria* – *(cerrado una semana en agosto y domingo)* Carta 53/65 €
♦ De carácter funcional pero con un aire actual, tanto en el confort como en la decoración. La zona social resulta algo pequeña, aunque dispone de un buen gimnasio con SPA. El restaurante, repartido en dos niveles, trabaja mucho con la parrilla y a la brasa.

ESPAÑA

Miró sin rest 🕃 📶 🕃 📠 🕫 ⁽ᵖ⁾ 🕃 📶 ⚬⚬ 📠 ⓘ
Alameda Mazarredo 77 ⊠48009 Ⓜ Moyúa – 𝒞 *946 61 18 80*
– www.mirohotelbilbao.com D)(b
50 hab – ♦/5/125 € ♦♦90/165 €, ☲ 17 €
♦ Un hotel que destaca por su cuidada estética interior, ya que responde a la creatividad del diseñador Antonio Miró. Buen confort y soluciones prácticas en el mobiliario.

Zenit Bilbao 🕿 🕃 🕃 hab, 📠 🕫 ⁽ᵖ⁾ 🕃 ⚬ 📶 ⚬⚬ 📠 ⓘ
Autonomía 58 ⊠48012 Ⓜ Indautxu – 𝒞 *944 10 81 08 – www.zenithoteles.com*
64 hab – ♦60/170 € ♦♦60/180 €, ☲ 10,50 € – 1 suite CZx
Rest – *(cerrado domingo)* Menú 14,90 €
♦ Presenta una zona social de carácter polivalente y habitaciones no muy espaciosas de línea funcional-actual, con los suelos en tarima y detalles de diseño en los aseos. El comedor, luminoso, moderno y de sencillo montaje, sorprende por tener numerosos menús.

Tryp Arenal 🕃 📠 🕫 ⁽ᵖ⁾ 🕃 📶 ⚬⚬ 📠 ⓘ
Fueros 2 ⊠48005 – 𝒞 *944 15 31 00 – www.solmelia.com* EYZm
40 hab – ♦46/140 € ♦♦56/175 €, ☲ 7 € **Rest** – Menú 13 €
♦ Emplazado en pleno casco viejo. La falta de zona social se compensa con unas confortables habitaciones de aire clásico, todas de correcto mobiliario y con baños actuales. El restaurante, que suele trabajar mucho con menús, se apoya en una concurrida cafetería.

Bilbao Jardines sin rest 🕃 🕃 📠 🕫 ⁽ᵖ⁾ 📶 ⚬⚬
Jardines 9 ⊠48005 Ⓜ Casco Viejo – 𝒞 *944 79 42 10*
– www.hotelbilbaojardines.com EZx
32 hab – ♦46/60 € ♦♦58/75 €, ☲ 5,35 €
♦ De sencilla organización pero bastante bien situado en el casco antiguo. Posee habitaciones funcionales con mobiliario estándar actual y baños pequeños aunque modernos.

Iturrienea sin rest 🔁 🕫 ⁽ᵖ⁾ 📶 ⚬⚬ ⓘ
Santa María 14 ⊠48005 Ⓜ Casco Viejo – 𝒞 *944 16 15 00*
– www.iturrieneaostatua.com EZe
21 hab – ♦50 € ♦♦60 €, ☲ 3 €
♦ En pleno casco viejo. Presenta habitaciones personalizadas en su decoración, con los suelos en madera, algunas paredes en piedra y detalles tanto rústicos como regionales.

Sirimiri sin rest 🕃 🕃 🕫 ⁽ᵖ⁾ 🄿 📶 ⚬⚬ 📠 ⓘ
pl. de la Encarnación 3 ⊠48006 – 𝒞 *944 33 07 59 – www.hotelsirimiri.es*
28 hab – ♦55/70 € ♦♦60/90 €, ☲ 4 € FZe
♦ Ubicado junto al Museo de Arte Sacro. Disfrute de su estancia en un entorno familiar, con habitaciones correctas pero sin lujos, muy cuidadas y dotadas de baños actuales.

Artetxe sin rest ⪕ 🕃 ⁽ᵖ⁾ 🄿 📶 ⚬⚬
carret. Enékuri-Artxanda km 7 ⊠48015 – 𝒞 *944 74 77 80*
– www.hotelartetxe.com – cerrado del 1 al 15 de enero AVc
17 hab – ♦43/65 € ♦♦53/75 €, ☲ 6 €
♦ Este antiguo caserío está algo lejos del centro, sin embargo disfruta de unas buenas vistas. Todas sus habitaciones son funcionales, pero las del anexo resultan más modernas.

XXXX **Zortziko** (Daniel García) 📠 🕫 ⇆ 📶 ⚬⚬ 📠 ⓘ
❀ *Alameda de Mazarredo 17 ⊠48001 Ⓜ Abando –* 𝒞 *944 23 97 43*
– www.zortziko.es – cerrado del 1 al 15 de septiembre, domingo y lunes
Rest – Menú 75/85 € – Carta 65/90 € ※ EYe
Espec. Alcachofas estofadas con su crujiente. Corvina en salmuera asada. Pollo de caserío lacado con pan ácido de tamarindo y salsa especiada.
♦ Un restaurante que destaca por su gran nivel gastronómico. Presenta un comedor principal de elegante ambiente clásico, un pequeño privado y una sala de uso polivalente que, entre otras funciones, suele utilizarse como aula de cocina. Elaboraciones de autor.

ESPAÑA

Etxanobe (Fernando Canales) ← 🛆 AC ⚡ ⇔ VISA ⊚ AE ⓪

av. de Abandoibarra 4-3° ⊠48009 Ⓜ San Mamés – 𝒞 944 42 10 71
– www.etxanobe.com – cerrado del 1 al 15 de agosto y domingo CXY**u**
Rest – Menú 69/120 € – Carta 49/75 €
Espec. Lasaña de anchoas en sopa de tomate. Carpaccio de cigalas con toque de bacon ahumado. Bacalao en ligero pil-pil de calabaza y hongos con regaliz.
◆ Instalado en una dependencia del palacio Euskalduna, ubicado junto a la ría. Ofrece una sala de elegante montaje, parcialmente panelable y de estética moderna, así como un privado y una agradable terraza. Cocina creativa y platos de autor de excelente factura.

Aizian – Hotel Meliá Bilbao AC ⚡ ⇔ VISA ⊚ AE ⓪

Lehendakari Leizaola 29 ⊠48001 Ⓜ San Mamés – 𝒞 944 28 00 39
– www.restaurante-aizian.com – cerrado Semana Santa, del 1 al 20 de agosto, 29 agosto-5 septiembre y domingo CX**b**
Rest – Carta 45/63 € ⌂
◆ Este restaurante disfruta de una estética actual, con detalles de diseño, y gran reconocimiento en la ciudad. Buen servicio de mesa y una cocina tradicional bien elaborada.

Gure Kide AC ⚡ ⇔ VISA ⊚ AE ⓪

Particular de Estraunza 4 ⊠48011 Ⓜ Indautxu – 𝒞 944 42 11 29
– www.goizekocatering.com – cerrado 2ª quincena de agosto y domingo
Rest – Carta 50/60 € CDY**a**
◆ Ofrece un bar de espera, dos privados y un comedor bastante cuidado, con el techo en ladrillo visto y las paredes enteladas. Cocina tradicional de cuidadas presentaciones.

Guria AC ⚡ ⇔ VISA ⊚ AE ⓪

Gran Vía de Don Diego López de Haro 66 ⊠48011 – 𝒞 944 41 57 80
– www.restauranteguria.com – cerrado domingo noche CY**s**
Rest – Carta 56/69 €
◆ Goza de cierto abolengo y tiene el acceso por una cafetería pública, donde sirven los menús. En su cuidado comedor clásico le ofrecerán una carta tradicional e internacional.

Guggenheim Bilbao AC ⚡ VISA ⊚ AE ⓪

av. de Abandoibarra 2 ⊠48001 Ⓜ Moyúa – 𝒞 944 23 93 33
– www.restauranteguggenheim.com – cerrado 15 días en Navidades, domingo noche, lunes y martes noche DX**a**
Rest – Carta 53/72 €
◆ Dentro del museo y con el acceso por una cafetería. Encontrará una sala muy moderna, de línea minimalista, y una cocina innovadora que en ciertos aspectos parece experimental.

La Cuchara de Euskalduna AC ⚡ VISA ⊚ AE ⓪

Ribera de Botica Vieja 27 ⊠48014 Ⓜ Deusto – 𝒞 944 48 01 24
– www.restaurantelacuchara.com – cerrado domingo noche, lunes noche y martes noche CX**a**
Rest – Carta 50/66 €
◆ Próximo al palacio Euskalduna. Ofrece una sala de montaje moderno, con un buen servicio de mesa y cuadros de vistosos colores. Carta actual, sugerencias diarias y tres menús.

Guetaria AC ⚡ ⇔ VISA ⊚ ⓪

Colón de Larreátegui 12 ⊠48001 Ⓜ Abando – 𝒞 944 24 39 23
– www.guetaria.com – cerrado Semana Santa EY**z**
Rest – Carta 43/53 €
◆ Este negocio familiar se presenta con un bar público, tres privados y una sala principal en la que recrean dos ambientes, uno marinero y el otro, de mayor nivel, más clásico.

ESPAÑA

XX **Baita Gaminiz** 🏠 AC ⅍ VISA ◎ AE

Alameda Mazarredo 20 ⊠48009 Ⓜ Moyúa – ℰ 944 24 22 67 – cerrado Semana Santa, del 1 al 15 de septiembre, domingo, lunes noche y martes noche
Rest – Carta 45/57 € DX**c**

♦ Tiene un bar privado a la entrada, un comedor clásico distribuido en dos niveles y una agradable terraza asomada a la ría. Cocina tradicional especializada en bacalao.

XX **Serantes III** 🏠 AC VISA ◎ AE ◎

Alameda Mazarredo 75 ⊠48009 Ⓜ Moyúa – ℰ 944 24 80 04
– www.marisqueriaserantes.com – cerrado 28 junio-14 julio y domingo
Rest – Carta 60/80 € DX**b**

♦ Aquí se combina, con gran acierto, lo moderno y lo clásico. Posee una pequeña terraza, un buen bar de tapas y una sala de elegante clasicismo. Carta especializada en pescados.

X **Serantes** AC ⅍ ⇔ VISA ◎ AE ◎

Licenciado Poza 16 ⊠48011 Ⓜ Indautxu – ℰ 944 21 21 29
– www.marisqueriaserantes.com – cerrado 29 agosto-14 septiembre DY**z**
Rest – Carta 60/80 €

♦ De céntrica localización y acceso por un concurrido bar público. En el 1er piso dispone de dos salones de montaje clásico-actual. Elaboraciones basadas en productos del mar.

X **Asador Ripa** AC ⇔ AE

Ripa ⊠48001 Ⓜ Abando – ℰ 944 24 92 95 – www.asadorripa.com – cerrado domingo noche EY**x**
Rest – Carta 45/57 € ⅊

♦ Este asador resulta convincente tanto por el trato familiar que dispensan como por su interior, de confort actual. Cocina vasca tradicional basada en la calidad del producto.

X **Serantes II** AC ⅍ ⇔ VISA ◎ AE ◎

Alameda de Urquijo 51 ⊠48011 Ⓜ Indautxu – ℰ 944 10 26 99
– www.marisqueriaserantes.com – cerrado 24 julio-8 agosto DY**u**
Rest – Carta aprox. 60 €

♦ Su fachada es en sí misma toda una invitación, pues tiene un sugerente expositor de productos y un vivero de mariscos. Buen bar de tapas y dos salas de aire clásico-marinero.

X **Kikara** AC ⅍ VISA ◎ AE ◎

Iparraguirre 23 ⊠48009 Ⓜ Moyúa – ℰ 944 23 68 40 – www.kikara.com
– cerrado del 1 al 7 de septiembre DY**p**
Rest – Carta 38/50 €

♦ Ofrece un bar de tapas y varias salas, las de abajo para al menú y las del piso superior reservadas para la carta. Estética vanguardista, ambiente informal y platos de autor.

⅌ **Colmado Ibérico** AC ⅍ VISA ◎ AE ◎

Alameda de Urquijo 20 ⊠48008 Ⓜ Moyúa – ℰ 944 43 60 01
– www.colmadoiberico.com – cerrado domingo DYZ**c**
Rest – Tapa 1,60 € – Ración aprox. 16,50 €

♦ Este espacioso local se presenta con tres zonas muy bien diferenciadas, por eso encontrará un buen bar de tapas con algunas mesas, una charcutería y una tienda delicatessen.

⅌ **Gatz** AC VISA ◎ AE ◎

Santa María 10 ⊠48005 Ⓜ Casco Viejo – ℰ 944 15 48 61 – www.bargatz.com
– cerrado del 15 al 30 de septiembre y domingo noche EZ**c**
Rest – Tapa 1,60 €

♦ Pequeño bar de tapas que se desmarca un poco de la estética habitual en la zona. Posee un interior actual y centra su oferta en unos pintxos bien presentados y elaborados.

ESPAÑA

♀/ **Xukela** ⟨AC⟩ ⟨⟩ ⟨VISA⟩ ⟨⟩
El Perro 2 ⊠48005 Ⓜ Casco Viejo – 𝒞 944 15 97 72 – www.xukela.com
Rest – Tapa 2 € – Ración aprox. 10 € EZ**a**
♦ Este establecimiento resulta perfecto, dentro de su sencillez, para descubrir los múltiples sabores asociados al mundo del tapeo. Su especialidad son los quesos y patés.

♀/ **Rio-Oja** ⟨AC⟩ ⟨⟩ ⟨VISA⟩ ⟨⟩ ⟨AE⟩ ⟨⟩
El Perro 4 ⊠48005 – 𝒞 944 15 08 71 – cerrado Semana Santa y del 1 al 21 de septiembre y lunes EZ**a**
Rest – Ración aprox. 10 €
♦ Un negocio familiar ideal tanto para tapear como para recuperar los sabores de la auténtica cocina casera. Sugerente expositor con cazuelas que muestran los guisos del día.

BINIBONA – Illes Balears – ver Balears (Mallorca) : Caimari

BINISSALEM – Illes Balears – ver Balears (Mallorca)

LA BISBAL D'EMPORDÀ – Girona – **574** G39 – **10 385 h.** – alt. 39 m 15 B1
– ⊠ 17100

🚹 Madrid 723 – Girona/Gerona 28 – Barcelona 125
🅸 pl. del Castell 𝒞 972 64 51 66 castell@labisbal.cat Fax 972 64 31 86
◉ Castillo-palacio★

🏠 Castell d'Empordà ⌖ ⟨⟩⟨⟩⟨⟩⟨⟩⟨AC⟩⟨P⟩
carret. del Castell, Norte : 1,5 km – 𝒞 972 64 62 54 – www.castelldemporda.com
38 hab Rest –
♦ Castillo medieval rodeado por un hermoso bosque de 10 hectáreas. Ofrece dependencias decoradas con sumo gusto, ya que combinan la rusticidad del edificio y el confort actual. En su comedor podrá degustar platos propios de una cocina internacional actualizada.

BLANCA – Murcia – **577** R25 – **6 370 h.** – alt. 233 m – ⊠ 30540 23 B2
🚹 Madrid 372 – Murcia 40 – Albacete 121 – Alacant/Alicante 105

🏨 **Conde La Vallesa** ⟨⟩⟨⟩⟨AC⟩⟨⟩⟨⟩⟨P⟩⟨VISA⟩⟨⟩⟨AE⟩
Gran Vía – 𝒞 968 77 50 30 – www.condevallesa.com
18 hab – ♦60 € ♦♦80 €, ☲ 5 €
Rest *Gurea* – *(cerrado del 7 al 22 de noviembre, del 7 al 22 de febrero, domingo noche y lunes salvo festivos)* Carta 28/35 €
♦ Esta hermosa casa señorial disfruta de cálidas habitaciones, todas ellas vestidas con mobiliario en madera o forja, baños modernos y en algunos casos techos abuhardillados. Su restaurante a la carta está repartido en dos salas de ambiente clásico y ofrece una cocina de carácter tradicional con raíces vascas.

BLANES – Girona – **574** G38 – **40 047 h.** – Playa – ⊠ 17300 15 A2
🚹 Madrid 691 – Barcelona 61 – Girona/Gerona 46
🅸 passeig de Catalunya 2 𝒞 972 33 03 48 turisme@blanes.cat Fax 972 33 46 86
◉ Localidad★ – Jardín Botánico Marimurtra★ (⟨⟩★), paseo Marítimo★

✗ **S'Auguer** ⟨AC⟩ ⟨⟩ ⟨VISA⟩ ⟨⟩
😊 *S'Auguer 2-1° – 𝒞 972 35 14 05 – cerrado enero y miércoles*
Rest – Carta 28/35 €
♦ Está instalado en una casa de pueblo y ofrece varias salas, con la viguería vista y los suelos en madera. Cocina tradicional y marinera basada en la calidad del producto.

ESPAÑA

en la playa de S'Abanell :

ᗏᗏ **Horitzó**   ⟵ ▢ ᛌᶠ 🉐 🔄 🄰🄲 ⅏ ⁈ 🚗 🆚🅂🄰 🐵 🄰🄴
passeig Marítim S'Abanell 11 ⊠*17300 Blanes –* ℰ *972 33 04 00*
– www.hotelhoritzo.com – marzo-octubre
110 hab – ♥41/72 € ♥♥56/119 €, ⊃ 13 €   **Rest** – Menú 21,50 €
◆ Destaca por su situación en 1ª línea de playa. Tras una reforma general se presenta con una zona social de ambiente moderno y habitaciones de buen nivel, todas con balcón. El comedor a la carta, de montaje actual, se complementa con un pequeño privado y una agradable terraza de bar.

🄰🄰 **Blaucel**   🔄 ▢ ᛌᶠ 🉐 🔄 hab, 🄰🄲 ⅏ 🕽 🄼🄰 🚗 🆚🅂🄰 🐵 🄰🄴 🄾
av. Villa de Madrid 27 ⊠*17300 –* ℰ *972 35 85 50 – www.blaucelblanes.com*
– abril-24 octubre
138 hab ⊃ – ♥72/150 € ♥♥80/160 €   **Rest** – Menú 15 €
◆ Hotel de sencillas instalaciones y carácter vacacional situado a unos 100 m. del mar. Posee habitaciones funcionales, algunas salas de reuniones y una zona SPA en la azotea. El comedor, que basa su oferta en el buffet, se completa con un amplio bar en el que suelen organizar diversas actuaciones nocturnas.

BOADELLA D'EMPORDÀ – Girona – 574 F38 – 241 h. – alt. 150 m   14 C3
– ⊠ 17723

▶ Madrid 766 – Girona/Gerona 56

Ж **El Trull de L'en Francesc**   🄰🄲 ⇨ 🄿 🆚🅂🄰 🐵 🄰🄴 🄾
Placeta de L'Oli 1 – ℰ *972 56 90 27 – www.trull-boadella.com – cerrado febrero, lunes y martes*
Rest – Carta 24/35 €
◆ Ocupa una casa de piedra que antiguamente funcionó como molino de aceite. Correcto comedor de aire rústico en dos niveles y una amplia terraza acristalada con vistas al río.

BOADILLA DEL MONTE – Madrid – 576 K18 – 575 K18 – 43 414 h.   22 A2
– alt. 689 m – ⊠ 28660

▶ Madrid 17
🏌 Lomas-Bosque, urb. El Bosque, ℰ 91 616 75 00
🏌 Las Encinas de Boadilla, carret. de Boadilla-Pozuelo km 1,4, ℰ 91 632 27 46

ᗏᗏ **El Antiguo Convento de Boadilla del Monte** ⊗   🉐 🄰🄲 ⅏
de las Monjas – ℰ *916 32 22 20*   ⁈ 🔏 🚗 🆚🅂🄰 🐵 🄰🄴 🄾
– www.elconvento.net
16 hab ⊃ – ♥142/180 € ♥♥161/200 € – 1 suite
Rest *La Hostería del Convento* – ver selección restaurantes
◆ Convento del s. XVII dotado de un bello claustro y refectorio. Sus magníficas habitaciones poseen dosel en la mayoría de las camas, arcones antiguos y espléndidas tapicerías.

ЖЖЖ **La Hostería del Convento** – Hotel El Antiguo Convento de Boadilla del Monte
pl. Virgen del Rosario – ℰ *916 32 08 32*   🈴 🄰🄲 ⅏ ⇨ 🚗 🆚🅂🄰 🐵 🄰🄴 🄾
– www.elconvento.net – cerrado agosto, domingo noche, lunes y martes noche
Rest – Carta 47/61 € ℬ
◆ Casona anexa al convento. Tiene un cálido comedor en el 1er piso, con viejas vigas a la vista y los suelos en madera, así como una terraza en la planta baja. Carta creativa.

El BOALO – Madrid – 576 J18 – 575 J18 – 6 413 h. – ⊠ 28413   22 A2
▶ Madrid 54 – Segovia 67 – Ávila 90

Ж **Casa Agustín**   🄰🄲 ⅏ 🆚🅂🄰 🐵
la Audiencia 4 – ℰ *918 55 94 88 – cerrado lunes*
Rest – Carta 30/41 €
◆ Un negocio de los de toda la vida, pues lleva más de 30 años trabajando. Tiene un bar de tapeo, con chimenea, en la planta baja y un buen comedor rústico en el piso superior.

BOBORÁS – Ourense – **571** E5 – **3 001 h.** – **alt. 42 m** – ⊠ 32514

> ▶ Madrid 529 – Ourense 34 – Pontevedra 61 – Santiago de Compostela 79

⌂   **Pazo Almuzara**   🍴 ⌁ ⅘ hab. ⅍ 🌐 **P** VISA ⨌ AE ⊙
Almuzara, Este : 1 km – ℰ *988 40 21 75 – www.pazoalmuzara.com*
– cerrado 10 enero-9 febrero
17 hab – ♦30/56 € ♦♦35/75 €, ⊊ 6 €   **Rest** *– (sólo clientes)* Menú 14 €
♦ Pazo del s. XIX rodeado por un cuidado jardín. Ofrece una acogedora zona social y dos tipos de habitaciones, las de estilo antiguo, con mobiliario de época, y las actuales.

BOCAIRENT – Valencia – **577** P28 – **4 541 h.** – **alt. 680 m** – ⊠ 46880

> ▶ Madrid 383 – Albacete 134 – Alacant/Alicante 84 – València 93

> 🄸 pl. del Ayuntamiento 2 ℰ 96 290 50 62 bocairent@touristinfo.net Fax 96 290 50 85

🏠   **L'Estació** ⬙   🀫 ⌁ AC ⅍ 🌐 **P** VISA ⨌ AE ⊙
Parc de l'Estació – ℰ *962 35 00 00 – www.hotelestacio.com*
14 hab – ♦79/89 € ♦♦89/128 €, ⊊ 9 €   **Rest** – Menú 25 €
♦ Hotel con encanto instalado en el antiguo edificio de la estación de tren. Posee un salón social-cafetería, con chimenea, y unas habitaciones bastante detallistas. El comedor es de línea actual y se complementa con otra sala más grande tipo jardín de invierno.

🏠   **L'Àgora** |♿| AC ⅍ 🌐 VISA ⨌ AE
Sor Piedad de la Cruz 3 – ℰ *962 35 50 39 – www.lagorahotel.com*
8 hab – ♦66/90 € ♦♦80/140 €, ⊊ 9 € – 5 apartamentos
Rest *El Cancell* – ver selección restaurantes
♦ Este precioso hotel ocupa un edificio clásico-modernista que data de 1921 y disfruta de unas coquetas habitaciones, cuatro de ellas sorprendentes por su decoración temática.

XX   **El Cancell** – Hotel L'Àgora   AC ⅍ ⇆ VISA ⨌ AE
Sor Piedad de la Cruz 3 – ℰ *962 35 50 38 – www.elcancell.com*
Rest *– (sólo almuerzo salvo viernes y sábado)* Carta 20/35 €
♦ Posee un comedor principal algo ecléctico, un salón panelable y un privado con el techo abovedado. Cocina regional especializada en arroces y en platos del recetario local.

XX   **Riberet**   AC ⅍ VISA ⨌ AE ⊙
av. Sant Blai 16 – ℰ *962 90 53 23 – www.riberet.es – cerrado 7 días en febrero, 15 días en julio, lunes y martes*
Rest *– (sólo almuerzo salvo viernes y sábado)* Carta 25/40 €
♦ El chef-propietario ha reformado la casa y presenta dos salas de estética actual, dominadas por los tonos blancos. Cocina creativa y tradicional, con un apartado de arroces.

por la carretera de Villena Suroeste : 2 km

XXX   **Ferrero** con hab   ⌁ 🕽 ⅍ |♿| ⅘ hab. AC ⅍ rest. 🌐 🆂 **P** VISA ⨌ AE ⊙
🜊   *carret. CV 81, km 15,5 –* ℰ *962 35 51 75 – www.hotelferrero.com – cerrado 30 octubre-7 noviembre*
11 hab ⊊ – ♦175/210 € ♦♦195/230 € – 1 suite
Rest *– (cerrado del 15 al 31 de enero, miércoles noche salvo verano, domingo noche, lunes y martes)* Menú 49/80 € – Carta 45/55 € ⅏
Espec. Láminas de tocino ibérico, oreja de Judas y sesos fritos de cordero. Bacalao en costra, cebolleta tierna y panceta crujiente. Sauquillo merengado, moras y genciana seca.
♦ Está instalado en una hermosa masía del s. XIX, aunque esta se construyó sobre otra anterior. Presenta dos espacios continuos de moderno montaje, uno de ellos acristalado y con buenas vistas. Cocina de autor que sorprende por sus magníficos puntos de cocción. También disfruta de unas cuidadas habitaciones.

ESPAÑA

BOCEGUILLAS – Segovia – **575** H19 – **739 h.** – alt. 957 m – ⌖ 40560   **12** C2

   ▶ Madrid 119 – Burgos 124 – Segovia 73 – Soria 154

X X   **Área de Boceguillas**   ⟨ ⊼ 🎴 ⅏ 🅿 ▨ ⊚ 🅰
autovía A 1 - salidas 115 y 118 – 𝒸 921 54 37 03 – cerrado julio y agosto
Rest – Carta aprox. 35 €
♦ Su amplia cafetería da paso a una sala circular con vistas a Somosierra. Acertada distribución de las mesas, sabrosos platos castellanos y un gran cuidado con los detalles.

BOHOYO – Ávila – **575** L13 – **353 h.** – ⌖ 05690   **11** B3

   ▶ Madrid 202 – Valladolid 225 – Ávila 91 – Salamanca 102

🏨   **Real de Bohoyo** ⌖   🛏 🎴 🎴 ⅏ 📶 🎴 🅿 ⌖
carret. Navamediana – 𝒸 920 34 72 31 – www.hotelrealdebohoyo.com
14 hab   **Rest** –
♦ Hotel construido con profusión de piedra y madera. Presenta una decoración clásica-elegante, agradables zonas nobles, un SPA y habitaciones de excelente confort. El restaurante sorprende con techos en madera tallada, una chimenea y varias vidrieras antiguas.

BOÍ – Lleida – **574** E32 – **199 h.** – alt. 1 250 m – **Balneario en Caldes de**   **13** B1
Boí – ⌖ 25528

   ▶ Madrid 575 – Lleida/Lérida 143 – Viella 56
   ◉ Valle ★★
   G Este : Parque Nacional de Aigües Tortes y Lago San Mauricio★★ – Caldes de Boí★

X   **La Cabana**   ⅏ ▨ ⊚ 🅰 ⓪
carret. de Taüll 16 – 𝒸 973 69 63 13 – www.lacabana-boi.com – cerrado 12 octubre-8 diciembre, 25 abril-24 junio y lunes salvo verano
Rest – (es necesario reservar) Carta 25/37 €
♦ Encontrará una sala de correcto montaje, con profusión de madera, y la cocina a la vista del cliente. Elaboraciones de tinte casero donde se da gran protagonismo a las carnes.

BOLLULLOS PAR DEL CONDADO – Huelva – **578** T10 – **13 891 h.**   **1** A2
– alt. 111 m – ⌖ 21710

   ▶ Madrid 587 – Sevilla 54 – Huelva 44 – Castro Marím 94

X   **El Postigo**   🎴 ▨ ⊚ 🅰 ⓪
Rosario 2 – 𝒸 959 41 14 04 – cerrado 7 días en mayo, 15 días en septiembre y noches de lunes, martes y miércoles
Rest – Carta aprox. 35 €
♦ Dispone de un bar público en la planta baja y un comedor en el 1er piso, con un adecuado servicio de mesa y el techo en madera. Cocina regional-casera a precios moderados.

BOLTAÑA – Huesca – **574** E30 – **1 035 h.** – alt. 643 m – ⌖ 22340   **4** C1

   ▶ Madrid 473 – Huesca 90 – Lleida/Lérida 143 – Sabiñánigo 72
   🇮 av. de Ordesa 47 𝒸 974 50 20 43 turismoboltana@yahoo.es Fax 974 50 20 43

🏨   **Monasterio de Boltaña** ⌖   ⊼ 🛏 🎴 🖑 hab, 🎴 ⅏ hab, 📶 🎴 🅿
Afueras, Sur : 1 km – 𝒸 974 50 80 00   ▨ ⊚ 🅰 ⓪
– www.monasteriodeboltana.es
135 hab – ♦75/120 € ♦♦90/150 €, ⌷ 12 € – 5 suites   **Rest** – Carta 35/46 €
♦ Conjunto formado por un monasterio del s. XVII, un anexo en piedra y una serie de villas, todas con salón. Atractiva zona social y habitaciones de estética colonial. En su restaurante, que tiene un uso polivalente, podrá degustar elaboraciones creativas.

BOLVIR DE CERDANYA – Girona – **574** E35 – **378 h.** – alt. 1 145 m   **14** C1
– ⌖ 17539

   ▶ Madrid 657 – Barcelona 172 – Girona/Gerona 156 – Lleida/Lérida 188

Torre del Remei ⌖ ← 🚗 🅿 🏊 🛁 🛗 🤖 ✂ hab, 🍴 **P** 🆚 🌐 🄰🄴 ①
Camí Reial, Noreste : 1 km – 𝒞 972 14 01 82 – www.torredelremei.com – cerrado 15 días en noviembre
17 suites – 👥250/800 €, ⌂ 32 € – 5 hab   **Rest** – Carta 64/79 €
♦ Magnífico palacete modernista dotado con vistas a la sierra del Cadí y a los Pirineos. La elegancia arquitectónica encuentra su réplica en unas estancias de sumo confort. Acogedor restaurante de techos altos con solado en madera.

por la carretera N 260 Este : 2,5 km

Chalet del Golf ⌖ 🏊 ✂ 🅱 🛗 🤖 ✂ hab, **P** 🆚 🌐 🄰🄴 ①
Devesa del Golf ⌖17539 – 𝒞 972 88 43 20 – www.hesperia-chaletdelgolf.com – cerrado noviembre
33 hab ⌂ – 👤73/230 € 👥86/243 €
Rest – *(sólo cena salvo fin de semana)* Menú 22 €
♦ Bello hotel de estética pirenaica construido junto a un campo de golf, con una variada zona social y habitaciones bastante amplias, unas con terraza y otras tipo bungalow. El restaurante, que resulta muy luminoso, ofrece una cocina tradicional acorde a su cuidado servicio de mesa.

La BONANOVA – Illes Balears – ver Balears (Mallorca) : Palma

BOÑAR – León – **575** D14 – **2 085 h.** – ⌖ 24850   **11** B1
▶ Madrid 393 – Valladolid 238 – León 48 – Oviedo 128

❌❌ **La Praillona** 🛗 🄰🄲 ✂ 🆚 🌐
av. de la Constitución 41 – 𝒞 987 73 58 10 – www.lapraillona.es – cerrado noviembre y jueves
Rest – Carta 25/34 €
♦ Restaurante con fama en la zona. Ofrece un concurrido bar público, un comedor bastante acogedor y una cocina tradicional especializada tanto en guisos como en carnes y aves.

Les BORGES BLANQUES – Lleida – **574** H32 – **6 058 h.** – **alt. 310 m**   **13** B2
– ⌖ 25400
▶ Madrid 478 – Barcelona 148 – Lleida/Lérida 25 – Tarragona 69

🏠 **Hostal Benet** 🄰🄲 🍴 🆚 🌐 ①
pl. Constitució 21-23 – 𝒞 973 14 23 18 – www.hostalbenet.cat
30 hab – 👤35 € 👥50 €, ⌂ 4 €
Rest – *(cerrado Navidades, del 7 al 30 de septiembre, domingo noche y lunes) (sólo almuerzo de martes a jueves)* Menú 15 €
♦ Se encuentra en una hermosa casa restaurada del casco antiguo, con una pequeña recepción y habitaciones funcionales, las de mejor confort en un anexo. El restaurante posee dos salas, una de ellas de aire rústico, y elabora una cocina tradicional actualizada.

Les BORGES DEL CAMP – Tarragona – **574** I33 – **2 115 h.**   **13** B3
– **alt. 247 m** – ⌖ 43350
▶ Madrid 527 – Lleida/Lérida 83 – Tarragona 28 – Tortosa 94

❌ **La Fonda Emilio** 🄰🄲 ✂ **P** 🆚 🌐 🄰🄴
av. Magdalena Martorell 65 – 𝒞 977 81 70 25 – www.lafondaemilio.com – cerrado Navidades, 12 septiembre-4 octubre, viernes y festivos noche
Rest – Carta 30/43 €
♦ Establecimiento llevado por dos hermanas. Cuenta con una barra de apoyo a la entrada y una acogedora sala acristalada de línea actual. Cocina catalana con toques creativos.

BORJA – Zaragoza – **574** G25 – **5 030 h.** – **alt. 448 m** – ⌖ 50540   **3** B2
▶ Madrid 309 – Logroño 135 – Pamplona 138 – Soria 96
🅘 pl. de España 1 𝒞 976 85 20 01 ventanillaunica@borja.es Fax 976 86 72 15

ESPAÑA

BORJA

La Bóveda del Mercado ✗✗ ⊛ % VISA ⓒⓞ ⓘ

pl. del Mercado 4 – 𝒞 *976 86 82 51*

Rest – Carta 26/35 €

♦ Restaurante que distribuye sus dependencias en tres pisos, destacando la antigua bodega, de cuyos techos toma nombre el negocio. Su cocina trabaja sobre productos autóctonos.

BORLEÑA – Cantabria – **572** C18 – ✉ 39699   **8** B1

▶ Madrid 360 – Bilbao 111 – Burgos 117 – Santander 33

De Borleña   ⊛ ⁽¹⁾ VISA ⓒⓞ ⓘ

carret. N 623 – 𝒞 *942 59 76 22 – www.hoteldeborlena.com – cerrado noviembre*

10 hab – ♦45/50 € ♦♦66/70 €, ⊇ 4,50 €

Rest *Mesón de Borleña* – ver selección restaurantes

♦ La zona social es algo reducida, sin embargo, sus habitaciones, que están abuhardilladas en la planta superior, resultan confortables y presentan un impecable mantenimiento.

Mesón de Borleña – Hotel De Borleña ✗ ⊛ VISA ⓒⓞ ⓘ

carret. N 623 – 𝒞 *942 59 76 43 – www.hoteldeborlena.com – cerrado noviembre, domingo noche y lunes en invierno*

Rest – Carta 22/34 €

♦ Restaurante ubicado en un edificio anexo al hotel. Cuenta con un pequeño bar a la entrada y un comedor clásico, donde sirven una variada y completa carta de corte tradicional.

BOROA – Bizkaia – ver Amorebieta-Etxano

BOSSÒST – Lleida – **574** D32 – **1 219 h.** – alt. **710 m** – ✉ 25550   **13** A1

▶ Madrid 611 – Lleida/Lérida 179 – Vielha/Viella 16

◉ Iglesia de la Purificació de Maria★★

El Portalet con hab ✗ 🅰🅒 rest, ⊛ 🅿 VISA ⓒⓞ 🅰🅔 ⓘ

Sant Jaume 32 – 𝒞 *973 64 82 00 – cerrado del 15 al 30 de junio y del 15 al 31 de octubre*

6 hab – ♦♦50 €, ⊇ 7 €

Rest – *(cerrado domingo noche y lunes) (sólo menú almuerzo)* Carta 44/55 €

♦ Negocio familiar instalado en una casa de piedra, con una sala de línea funcional donde le ofrecerán una cocina bastante interesante. Menú al mediodía y carta por la noche. También cuenta con algunas habitaciones como complemento, algo sencillas pero limpias.

BOT – Tarragona – **574** I31 – **698 h.** – alt. **290 m** – ✉ 43785   **13** A3

▶ Madrid 474 – Lleida/Lérida 100 – Tarragona 102 – Tortosa 53

Can Josep 🅰🅒 ⊛ ⁽¹⁾ 🕾 VISA ⓒⓞ 🅰🅔

av. Catalunya 34 – 𝒞 *977 42 82 40 – www.canjosep.com – cerrado Navidades y del 1 al 15 de julio*

9 hab – ♦♦66,50 €, ⊇ 8 €   **Rest** – Menú 18 €

♦ Hotelito familiar en el que la carencia de zona noble se compensa con unas habitaciones espaciosas, equipadas con mobiliario moderno y baños actuales. Su restaurante, que presenta un correcto montaje, elabora platos tradicionales a precios moderados.

BREDA – Girona – **574** G37 – **3 784 h.** – alt. **169 m** – ✉ 17400   **15** A1

▶ Madrid 658 – Barcelona 56 – Girona/Gerona 53 – Vic 48

Fonda Montseny con hab ✗✗ 🅰🅒 ⊛ rest, ⁽¹⁾ 🅿 VISA ⓒⓞ 🅰🅔 ⓘ

pl. Trunas 1 – 𝒞 *972 16 02 94 – www.fondamontsenybreda.es*

11 apartamentos – ♦♦75 €, ⊇ 10 €   **Rest** – *(cerrado martes)* Carta 43/64 €

♦ Presenta una terraza a la entrada, un buen bar, donde sirven el menú del día, y un comedor a la carta de notable montaje. Cocina clásica de corte tradicional e internacional. Como complemento al negocio cuenta con unos apartamentos actuales y bien equipados.

✗ **El Romaní de Breda** 🄰🄲 ⌘ 🄿 𝚅𝙸𝚂𝙰 ⊕

Joan XXIII-36 – 𝒞 972 87 10 51 – www.elromanidebreda.cat
– cerrado 22 diciembre-6 enero, domingo noche y jueves salvo festivos
Rest – *(sólo almuerzo salvo viernes y sábado)* Carta 21/38 €
♦ Amable negocio familiar dotado con tres comedores de línea clásica y un privado junto a la bodega. Ofrece elaboraciones arraigadas en la cultura gastronómica de la zona.

BRIHUEGA – Guadalajara – 576 J21 – 575 J21 – 2 873 h. – alt. 897 m   10 C1
– ✉ 19400

🔁 Madrid 92 – Toledo 162 – Guadalajara 36 – Soria 153

🏨 **Hospedería Princesa Elima** 🛗 ዿ hab. 🄰🄲 ⌘ hab. ¶ 🆚 𝚅𝙸𝚂𝙰 ⊕

paseo de la Fábrica 15 – 𝒞 949 34 00 05 – www.hospederiaprincesaelima.com
20 hab – ♦40 € ♦♦50/60 €, ⊐ 5 €   **Rest** – Menú 10 €
♦ Se encuentra en un edificio de reciente construcción, sin embargo, en su interior combina algunos detalles decorativos de tradición rústica y árabe. Habitaciones acogedoras. Su restaurante presenta un comedor de adecuado montaje y una carta atenta al recetario regional.

BRIÑAS – La Rioja – 573 E21 – 260 h. – alt. 454 m – ✉ 26290   21 A2

🔁 Madrid 328 – Bilbao 99 – Burgos 96 – Logroño 49

🏨 **Hospedería Señorío de Briñas** sin rest ⌂ ¶ 🕸 𝚅𝙸𝚂𝙰 ⊕ ①

travesía de la calle Real 3 – 𝒞 941 30 42 24
20 hab ⊐ – ♦68/90 € ♦♦119/190 €
♦ Bello palacete del s. XVIII decorado con mobiliario de época. Todas sus habitaciones resultan confortables, sin embargo, las de la última planta destacan por su mejor montaje.

BRIONES – La Rioja – 573 E21 – 911 h. – alt. 501 m – ✉ 26330   21 A2

🔁 Madrid 333 – Burgos 99 – Logroño 34 – Vitoria-Gasteiz 54
🄶 Museo de la Cultura del Vino-Dinastía Vivanco★ Sureste : 1 km

⛺ **Casa El Mesón** sin rest ⌂ ⌘ ¶ 🄿 𝚅𝙸𝚂𝙰 ⊕ 🄰🄴 ①

travesía de la Estación 3 – 𝒞 941 32 21 78 – www.elmesonbriones.es
8 hab – ♦30/35 € ♦♦43/48 €, ⊐ 3,50 €
♦ Agradable casa rural en piedra y ladrillo. Dispone de unas cálidas habitaciones con los techos en madera, mobiliario rústico y baños modernos. Amable organización familiar.

✗✗ **Dinastía Vivanco** ◁ 🄰🄲 ⌘ 🄿 𝚅𝙸𝚂𝙰 🄰🄴

carret. N 232, Sureste : 1 km – 𝒞 941 32 23 40 – www.dinastiavivanco.com
– cerrado lunes
Rest – *(sólo almuerzo)* Carta 37/50 €
♦ En el Museo de la Cultura del Vino. Posee dos salas de línea actual distribuidas en dos niveles, ambas asomadas a los viñedos. Cocina tradicional y sólo vinos de esta bodega.

✗✗ **Los Calaos de Briones** con hab ⌘ 𝚅𝙸𝚂𝙰 ⊕ ①
🞉 *San Juan 13 – 𝒞 941 32 21 31 – www.loscalaosdebriones.com – cerrado del 1 al 15 de enero*
4 hab – ♦♦62 €, ⊐ 4 €
Rest – *(cerrado domingo noche y lunes) (sólo almuerzo salvo viernes, sábado y verano)* Carta 22/31 €
♦ Resulta céntrico y está llevado por dos amables matrimonios. Encontrará dos salas abovedadas, que ocupan las antiguas bodegas de la casa, y una carta de base tradicional. También dispone de unas coquetas habitaciones que le sorprenderán por sus detalles.

BRIVIESCA – Burgos – 575 E20 – 7 937 h. – alt. 725 m – ✉ 09240   12 C1

🔁 Madrid 285 – Burgos 42 – Vitoria-Gasteiz 78
🄸 Santa María Encimera 1 𝒞 947 59 39 39 info@turismo-briviesca.com
Fax 947 59 23 10

🏨 El Valles 🛗 AC 🛜 ⚓ P VISA ⚫ AE ⓪
carret. Madrid-Irún, km 280 – ☏ *947 59 00 25* – *www.hotelelvalles.com*
47 hab ⚏ – ♦55/60 € ♦♦65/75 €
Rest *El Valles* – ver selección restaurantes
♦ Lo encontrará junto a la carretera. Tras su frontal acristalado dispone de una correcta recepción con zona social, ascensores panorámicos y habitaciones de estilo actual.

🏠 Isabel sin rest, con cafetería 🛗 AC 🛜 VISA ⚫ AE ⓪
Santa María Encimera 21 – ☏ *947 59 29 59* – *www.hotel-isabel.com*
21 hab – ♦39/42 € ♦♦52/65 €, ⚏ 4 €
♦ Hotel de línea actual dotado con una cafetería pública, muy popular por sus pinchos y raciones. Sus cuidadas habitaciones poseen mobiliario funcional y suelos en madera.

🍴🍴 El Valles – Hotel El Valles 🍴 P VISA ⚫ AE ⓪
carret. Madrid-Irún, km 280 – ☏ *947 59 00 25* – *www.hotelelvalles.com*
Rest – Carta 41/57 €
♦ Restaurante de montaje clásico dotado con dos salas, unas de ellas acristalada, y un buen salón de banquetes. De sus fogones surge una cocina tradicional actualizada.

🍴 El Concejo AC 🍴 ⇆ VISA ⚫ AE ⓪
pl. Mayor 14 – ☏ *947 59 16 86* – *www.restauranteelconcejo.com*
Rest – Carta 29/38 €
♦ Céntrico y atractivo restaurante dotado con dos salas rústicas, una con chimenea y otra, en el piso superior, con el techo abuhardillado. Amplia carta de sabor tradicional.

BRONCHALES – Teruel – 574 K25 – 483 h. – alt. 1 569 m – ✉ 44367   3 B3
▶ Madrid 261 – Teruel 55 – Zaragoza 184

🏠 Suiza 🌿 🛗 ♿ hab, 🍴 🛜 VISA ⚫
Fombuena 8 – ☏ *978 70 10 89* – *www.hotelsuiza.es*
45 hab – ♦39 € ♦♦43 €, ⚏ 5,35 €   **Rest** – Menú 15 €
♦ Céntrico hotelito rodeado de bellos paisajes y numerosas fuentes. Todas sus habitaciones resultan confortables, sin embargo, las del anexo gozan de un nivel superior. Su espacioso comedor, de línea clásica-regional, está decorado con trofeos de caza mayor.

BROTO – Huesca – 574 E29 – 547 h. – alt. 905 m – ✉ 22370   4 C1
▶ Madrid 484 – Huesca 94 – Jaca 56

🏨 Pradas 🛗 AC rest, 🍴 🛜 ⚓ VISA ⚫ AE ⓪
av. de Ordesa 7 ✉*22370* – ☏ *974 48 60 04* – *www.hotelpradas.com* – *cerrado febrero*
24 hab ⚏ – ♦35/45 € ♦♦60/85 €   **Rest** – Menú 15 €
♦ Construcción pirenaica con la fachada en piedra. Cálida zona social con chimenea y habitaciones personalizadas, destacando ocho con salón independiente y tres abuhardilladas. Su agradable restaurante ofrece un buen montaje y una carta regional.

BROZAS – Cáceres – 576 N9 – 2 123 h. – alt. 411 m – ✉ 10950   17 B1
▶ Madrid 332 – Mérida 119 – Cáceres 51 – Castelo Branco 95

🏨 Convento de la Luz 🌿 🗇 🛗 AC 🍴 ⚓ P VISA ⚫ AE
carret. de Herreruela, Sureste : 1 km – ☏ *927 39 54 39*
– *www.hotelrioconventodelaluz.com*
25 hab – ♦60/105 € ♦♦60/131 €, ⚏ 11 €   **Rest** – Menú 14 €
♦ Antiguo convento franciscano completamente rehabilitado. Dispone de un patio central, un gran salón ubicado en la capilla y cuidadas habitaciones con mobiliario rústico. Restaurante repartido en tres salas, por lo que se puede gozar de cierta intimidad.

El BRULL – Barcelona – **574** G36 – 252 h. – alt. 843 m – ✉ 08553   14 C2

▶ Madrid 635 – Barcelona 65 – Manresa 51

▣ Osona Montanyë, Oeste : 3 km, ✆ 93 884 01 70

✗ **El Castell**   ◁ 🅐🅒 ⁇ 🅿 🆅🆂🅰 ⓒⓞ 🅰🅴 ⓞ
– ✆ 938 84 00 63 – www.elcastelldelbrull.com – cerrado septiembre y miércoles
Rest – (sólo almuerzo salvo fines de semana y festivos) Carta 23/32 €
♦ Emplazado en un promontorio. Posee un bar, donde montan mesas para el menú, el salón principal y una sala más rústica en el piso superior. Carta regional con guisos de carne.

en el Club de Golf Oeste : 3 km

✗✗ **L'Estanyol**   ◁ 🅐🅒 ⁇ ⇧ 🅿 🆅🆂🅰 ⓒⓞ 🅰🅴 ⓞ
✉08559 – ✆ 938 84 03 54 – www.restaurantestanyol.com – cerrado domingo noche y lunes noche en julio-agosto
Rest – (sólo almuerzo de octubre a junio salvo viernes y sábado) Carta 35/51 €
♦ Antigua masía ubicada junto a un campo de golf. Posee un bar, donde sirven el menú, y varios comedores de línea rústica-elegante. Cocina tradicional, regional e internacional.

BUENDÍA – Cuenca – **576** K21 – 484 h. – alt. 741 m – ✉ 16512   10 C1

▶ Madrid 131 – Toledo 203 – Cuenca 101 – Guadalajara 74

🏠 **La Casa de las Médicas** ⌁ |ᏚⅠ 🖑 hab, 🅐🅒 ⁇ ⁇ 🆅🆂🅰 ⓒⓞ
San Pedro 2 – ✆ 969 37 31 45 – www.lacasadelasmedicas.com – cerrado enero
10 hab – ♥♥65 €, � 5 € – 2 suites
Rest – (sólo fines de semana y festivos) Carta 31/42 €
♦ Ocupa la antigua casa del médico. Sus habitaciones están personalizadas en un bello estilo rústico, con los suelos en tarima y originales pinturas al fresco en las paredes. Dispone de dos correctos comedores, el más atractivo ubicado en una cueva-bodega.

BUERA – Huesca – **574** F30 – 100 h. – alt. 522 m – ✉ 22146   4 C1

▶ Madrid 432 – Huesca 49 – Lleida/Lérida 95

🏠 **La Posada de Lalola** ⌁   ⁇ 🆅🆂🅰 ⓒⓞ 🅰🅴
La Fuente 14 – ✆ 974 31 84 37 – www.laposadadelalola.com
7 hab – ♥65/75 € ♥♥80/95 €, ⊆ 7 €
Rest Lalola – ver selección restaurantes
♦ Pequeño hotel con la recepción en el restaurante. Antigua casa restaurada, con habitaciones acogedoras y coquetas que emanan calidez en un estilo rústico actual.

✗ **Lalola** – Hotel La Posada de Lalola   🅐🅒 ⁇ ⇧ 🆅🆂🅰 ⓒⓞ 🅰🅴
pl. Mayor – ✆ 974 31 84 37 – www.laposadadelalola.com
Rest – (cerrado del 6 al 31 de enero, lunes y martes en invierno) (sólo menú) Menú 30 €
♦ De sencilla organización a modo de casa particular, recreando un entorno íntimo y acogedor con cierto aire bohemio. Trabaja sin carta, basándose en los platos del día.

BUEU – Pontevedra – **571** F3 – 12 331 h. – Playa – ✉ 36939   19 A3

▶ Madrid 621 – Pontevedra 19 – Vigo 32

✗✗ **Loureiro** con hab   ◁ |ᏚⅠ 🅐🅒 rest, ⁇ ⁇ 🅿 🆅🆂🅰 ⓒⓞ 🅰🅴
playa de Loureiro, 13, Noreste : 1 km – ✆ 986 32 07 19
– www.restauranteloureiro.com – cerrado del 9 al 25 de enero
29 hab ⊆ – ♥30/60 € ♥♥40/70 €   **Rest** – Carta 25/43 €
♦ Negocio familiar ubicado en 1ª línea de playa. Posee dos salas de buen montaje y un comedor para banquetes en el piso inferior. Carta marinera con un apartado de mariscos. También tiene habitaciones, todas actuales y la mitad con vistas a la ría de Pontevedra.

BURELA – Lugo – 571 B7 – 9 381 h. – ⊠ 27880   20 D1
   ▶ Madrid 612 – A Coruña 157 – Lugo 108

🏨 **Palacio de Cristal**   🛒 🕸 🛜 🏄 🗡 VISA 👁 AE ①
*av. Arcadio Pardiñas 154 – 𝒸 982 58 58 03 – www.hotelpalaciodecristal.com
– cerrado 24 diciembre-7 enero*
30 hab – ♥24/36 € ♥♥36/60 €, ⨌ 4,50 €   **Rest** – Menú 20 €
♦ Establecimiento clásico-actual situado en el centro de la localidad. Las habitaciones resultan correctas, espaciosas y de aspecto funcional. Clientela habitual de viajantes. En el comedor ofrecen una carta tradicional con predominio de pescados y mariscos.

O BURGO – A Coruña – ver A Coruña

El BURGO DE OSMA – Soria – 575 H20 – 5 258 h. – alt. 895 m   12 C2
– ⊠ 42300
   ▶ Madrid 183 – Aranda de Duero 56 – Soria 56
   🗓 pl. Mayor 9 𝒸 975 36 01 16 burgoturismo@dipsoria.es Fax 975 34 08 71
   ◉ Catedral★ (sepulcro de Pedro de Osma★, museo : documentos antiguos y códices miniados★)

🏨🏨 **Il Virrey**   🖴 🛒 🛜 🕸 🛜 🏄 🗡 VISA 👁 AE ①
Mayor 4 – 𝒸 975 34 13 11 – www.virreypalafox.com – cerrado 20 diciembre-12 enero
52 hab – ♥55/65 € ♥♥82/95 €, ⨌ 12 €
Rest Virrey Palafox – ver selección restaurantes
♦ Ofrece detalles de gran elegancia, con un impresionante hall, una lujosa zona social y habitaciones de buen nivel definidas por el mobiliario en forja o torneado en madera.

🏠 **Hospedería El Fielato** sin rest   🛒 🛜 VISA 👁
av. Juan Carlos I-1 – 𝒸 975 36 82 36 – www.hospederiaelfielato.es
21 hab ⨌ – ♥40/55 € ♥♥55/65 €
♦ Con su nombre rinde un homenaje al carácter histórico del edificio, ya que aquí se pagaban los tributos e impuestos. Ofrece habitaciones de línea clásica y correcto confort.

🏠 **Posada del Canónigo** sin rest   🕸 🛜 VISA 👁
San Pedro de Osma 19 – 𝒸 975 36 03 62 – www.posadadelcanonigo.es
11 hab ⨌ – ♥60/70 € ♥♥70/80 €
♦ Atractivo edificio del s. XVII rehabilitado con acierto. Posee cálidas zonas sociales y habitaciones de buen confort, con gran profusión de madera y mobiliario de anticuario.

🗙🗙 **Virrey Palafox** – Hotel Il Virrey   AC 🕸 VISA 👁 AE ①
*Universidad 7 – 𝒸 975 34 02 22 – www.virreypalafox.com – cerrado
20 diciembre-12 enero, domingo noche y lunes*
Rest – Carta 30/43 € 🍴
♦ Negocio familiar con cierto renombre en la zona. Posee varias salas de estilo castellano que destacan por sus atractivas vidrieras de colores. Completa carta tradicional.

BURGOHONDO – Ávila – 575 K15 – 1 278 h. – alt. 846 m – ⊠ 05113   11 B3
   ▶ Madrid 156 – Valladolid 183 – Avila 43 – Toledo 124

🏨 **El Linar del Zaire**   🛜 🎿 AC 🕸 🛜 P VISA 👁
*carret. Avila-Casavieja 42 B – 𝒸 920 28 40 91 – www.ellinardelzaire.com
– cerrado 16 enero-6 febrero*
17 hab ⨌ – ♥40 € ♥♥60/150 €
Rest – *(cerrado lunes y martes de octubre-junio)* Menú 12 €
♦ Ocupa un robusto edificio de granito que antiguamente se utilizó como la escuela de la localidad. Ofrece cuidados exteriores y amplias habitaciones de estilo rústico-actual. El restaurante posee un buen montaje y amplios ventanales con vistas al jardín.

ESPAÑA

BURGOS 🅿 – **575** E18/ E19 – **178 966 h.** – **alt. 856 m** **12** C2

▶ Madrid 239 – Bilbao 156 – Santander 154 – Valladolid 125

ℹ pl. Alonso Martínez 7, ✆ 947 20 31 25 oficinaturismodeburgos@jcyl.es Fax 947 27 65 29

y pl. Rey San Fernando, ✆ 947 28 88 74 turismo@aytoburgos.es Fax 947 28 88 62.

R.A.C.E. av. Arlanzón (edif. Villapilar 3), ✆ 947 27 40 63 Fax 947 27 02 84

👁 Catedral★★★ (crucero, coro y Capilla Mayor★★, Girola★, capilla del Condestable★★, capilla de Santa Ana★) A – Museo de Burgos★ (arqueta hispanoárabe★, frontal de Santo Domingo★, sepulcro de Juan de Padilla★) B**M1** – Arco de Santa María★ A**B** – Iglesia de San Nicolás : retablo★ A- Iglesia de San Esteban★ A

↻ Real Monasterio de las Huelgas★★ (sala Capitular : pendón★, museo de telas medievales★★) por av. del Monasterio de las Huelgas A – Cartuja de Miraflores : iglesia★ (conjunto escultórico de la Capilla Mayor★★★) B

🏨🏨🏨🏨 **NH Palacio de la Merced** 🏋 ⇅ ♿ hab, AC ⚘ 📶 🏃 🚗

La Merced 13 ✉ *09002* – ✆ *947 47 99 00* VISA MC AE Ⓓ

– *www.nh-hotels.com* A**b**

107 hab – 👤92/201 € 👥92/251 €, ☕ 16,10 € – 3 suites

Rest – *(cerrado domingo noche)* Menú 27 €

◆ Antiguo convento de fines del s. XVI que conserva la fachada y el claustro originales. Sus dependencias cuentan con mobiliario escogido y detalles de diseño en la decoración. Elegante restaurante de línea actual con atractiva carta de autor.

BURGOS

Almirante Bonifaz	B	2
Alonso Martínez (Pl. de)	B	3
Aparicio y Ruiz	A	5
Arlanzón (Av. del)	B	6
Cid Campeador (Av. del)	B	8
Conde de Guadalhorce (Av.)	A	9
Eduardo Martínez del Campo	A	10
España (Pl.)	B	12
Gen. Santocildes	B	15
Libertad (Pl. de la)	B	16
Mayor (Pl.)	AB	18
Miranda	B	20
Monasterio de las Huelgas (Av. del)	A	21
Nuño Rasura	A	23
Paloma (La)	A	24
Reyes Católicos (Av. de los)	B	26
Rey San Fernando (Pl. del)	A	27
Santo Domingo de Guzmán (Pl. de)	B	28
Vitoria	B	

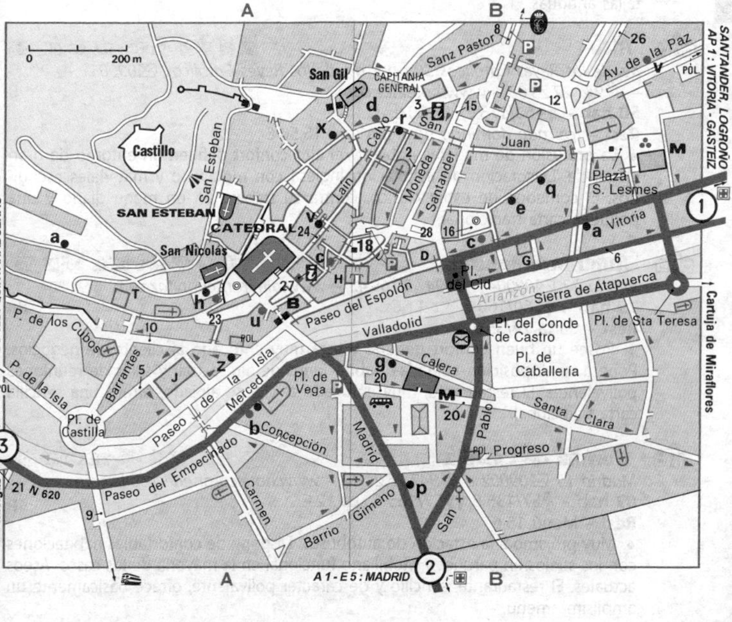

Abba Burgos 🕭

🗔 🖪🗇|🕭|🕭 hab, 🔟 🕭 rest, 🕆 🕭 🖪 🚗 🚾 ⚫ 🕭 ⚫

Fernán González 72 ⊠09003 – 🕾 947 00 11 00
– www.abbaburgoshotel.com   **Aa**
114 hab – 🕆🕆60/160 €, 🖵 13,50 €   **Rest** – *(cerrado domingo)* Menú 23 €
◆ Magnífico hotel ubicado a escasos metros de la Catedral. Ofrece habitaciones de gran amplitud y equipamiento, muchas de ellas con terraza y algunas con su propio jardín. Restaurante luminoso y moderno donde se fusionan la cocina tradicional y la de autor.

Velada Burgos

🕭🕭 hab, 🔟 🕭 🕆 🕭 🚗 🚾 ⚫ 🕭 ⚫

Fernán González 10 ⊠09003 – 🕾 947 25 76 80 – www.veladahoteles.com
64 hab – 🕆🕆65/270 €, 🖵 14 €   **Ax**
Rest *El Tostado* – *(cerrado domingo y lunes)* Carta aprox. 45 €
◆ Está instalado en un palacio del s. XVI que goza de cierto encanto. Correcto hall con sofás y modernas habitaciones, todas con salón independiente y algunas tipo dúplex. Su elegante restaurante ocupa un patio interior con el techo completamente acristalado.

AC Burgos sin rest

🕭🕭 🔟 🕆 🕭 🚗

paseo de la Audiencia 7 ⊠09003 – 🕾 947 25 79 66 – www.ac-hotels.com
68 hab – 2 suites   **Az**
◆ Sorprende por tener una fachada clásica que contrasta con su interior, de tintes vanguardistas. Moderno patio-distribuidor y habitaciones actuales de completo equipamiento.

Meliá Fernán González

🕭🔟 🕭 hab, 🕆 🕭 🚗 🚾 ⚫ 🕭 ⚫

Calera 17 ⊠09002 – 🕾 947 20 94 41 – www.hotelfernangonzalez.com
74 hab – 🕆45/70 € 🕆🕆50/90 €, 🖵 13,50 €   **Bg**
Rest *Fernán González* – Carta aprox. 40 €
◆ Hotel de corte clásico que destaca por el aire regio de su zona social. Posee detalles decorativos de buen gusto y unas correctas habitaciones, con los cabeceros en forja. Comedor distribuido en dos niveles, con estilizados arcos en piedra y tallas antiguas.

Rice

🕭 🔟 🕭 🕆 🕭 🚗 🚾 ⚫ 🕭 ⚫

av. de los Reyes Católicos 30 , por av. de los Reyes Católicos ⊠09005
– 🕾 947 22 23 00 – www.hotelrice.com   **B**
50 hab – 🕆🕆60/175 €, 🖵 10 €
Rest – *(cerrado domingo noche)* Menú 15,50 €
◆ La profusión de maderas nobles y el alto confort definen un entorno de gran elegancia. Decoración de inspiración inglesa con mobiliario y materiales escogidos. El comedor, de estilo clásico, centra su trabajo en un menú diario y una pequeña carta tradicional.

Almirante Bonifaz

🕭 🔟 🕭 🕭 🕭 🚗 🚾 ⚫ 🕭 ⚫

Vitoria 22 ⊠09004 – 🕾 947 20 69 43 – www.almirantebonifaz.com
79 hab – 🕆🕆60/160 €, 🖵 11 €   **Ba**
Rest – Carta 24/35 €
◆ Posee un buen confort general y está muy enfocado al cliente de negocios. Pone a su disposición cuidadas habitaciones de aire actual y salas de reuniones polivalentes. El restaurante, muy enfocado al cliente alojado, ofrece una sencilla carta tradicional.

Corona de Castilla

🕭 🔟 🕭 🕆 🕭 🚗 🚾 ⚫ 🕭 ⚫

Madrid 15 ⊠09002 – 🕾 947 26 21 42 – www.hotelcoronadecastilla.com
87 hab – 🕆57/135 € 🕆🕆57/165 €, 🖵 12 €   **Bp**
Rest – Menú 15 €
◆ Muy próximo a la estación de autobuses. Dispone de confortables habitaciones con los suelos en parquet y mobiliario funcional en la mayoría de los casos. Aseos actuales. El restaurante, sencillo y de carácter polivalente, ofrece básicamente un amplísimo menú.

🏨 **Azofra** 🈂 AC ⁽ฅ⁾ 🛁 VISA ⓪ AE ⓪
Don Juan de Austria 22, por ③ ✉09001 – 𝒞 947 46 20 03
– www.hotelazofra.com
29 hab – ♠52 €, ♠♠70 €, ☕ 5 €
Rest *Azofra* – ver selección restaurantes
♦ Ubicado en la zona universitaria. Tiene acogedoras habitaciones con los suelos en tarima y mobiliario clásico, destacando las abuhardilladas y las que disponen de galería.

🏨 **María Luisa** sin rest 🈂 AC 🕉 ⁽ฅ⁾ 🚗 VISA ⓪ AE ⓪
av. del Cid Campeador 42, por av. del Cid Campeador ✉09005 – 𝒞 947 22 80 00
– www.marialuisahotel.com **B**
46 hab – ♠50/140 €, ♠♠55/160 €, ☕ 7 €
♦ Instalaciones de estilo clásico elegante. Su escasa zona noble se compensa con unas habitaciones detallistas y bien equipadas, todas ellas con baños de línea actual.

🏨 **Mesón del Cid** ⬒ 🈂 ⁽ฅ⁾ 🛁 🚗 VISA ⓪ AE ⓪
pl. Santa María 8 ✉09003 – 𝒞 947 20 87 15 – www.mesondelcid.es
56 hab – ♠60/180 €, ♠♠60/200 €, ☕ 12 € **Ah**
Rest *Mesón del Cid* – ver selección restaurantes
♦ Disfruta de una excelente ubicación frente a la Catedral. Sus habitaciones se distribuyen en dos edificios de la misma calle, siendo las del anexo más completas y actuales.

🏨 **Norte y Londres** sin rest 🈂 ⁽ฅ⁾ VISA ⓪ AE
pl. de Alonso Martínez 10 ✉09003 – 𝒞 947 26 41 25
– www.hotelnorteylondres.com **Br**
50 hab – ♠45/60 €, ♠♠50/83 €, ☕ 6 €
♦ Está considerado como el hotel decano de Burgos, ya que abrió sus puertas en 1904. Tras su cuidada fachada encontrará unas dependencias bien equipadas de estilo clásico.

🏨 **Cordón** sin rest 🈂 AC 🕉 ⁽ฅ⁾ 🛁 VISA ⓪ AE ⓪
La Puebla 6 ✉09004 – 𝒞 947 26 50 00 – www.hotelcordon.com **Be**
35 hab – ♠40/90 €, ♠♠40/150 €, ☕ 8 €
♦ Toma el nombre de la histórica Casa del Cordón, a escasos metros. Ofrece un moderno hall-recepción y habitaciones clásicas con los suelos en madera, algunas abuhardilladas.

🏨 **Puerta de Burgos** ⌸ 🈂 AC 🕉 ⁽ฅ⁾ 🛁 🚗 VISA ⓪ AE ⓪
Vitoria 69, por ① ✉09006 – 𝒞 947 24 10 00 – www.puertadeburgos.es
159 hab – ♠♠49/160 €, ☕ 10 € – 3 suites
Rest *El Portón de Burgos* – (cerrado domingo noche) Carta 30/40 €
♦ Presenta una zona social de línea clásica-actual, varios salones panelables y unas habitaciones que resultan funcionales, con los suelos en tarima y baños de estética actual. El comedor cuenta con un acceso independiente y está distribuido en varios niveles.

🏠 **La Puebla** sin rest 🈂 ⁽ฅ⁾ VISA ⓪ AE
La Puebla 20 ✉09004 – 𝒞 947 20 00 11 – www.hotellapuebla.com
– cerrado 20 diciembre-8 enero **Bq**
19 hab – ♠48/60 €, ♠♠60/98 €, ☕ 8 €
♦ Tiene la recepción en el 1er piso, junto a su zona social, y unas habitaciones que gozan de cierto encanto, no muy amplias pero bastante bien personalizadas en su decoración.

🏠 **Entrearcos** sin rest, con cafetería 🈂 AC 🕉 ⁽ฅ⁾ VISA ⓪
Paloma 4 ✉09003 – 𝒞 947 25 29 11 – www.hotelentrearcos.com **Av**
14 hab – ♠50/70 €, ♠♠54/90 €, ☕ 7,50 €
♦ Destaca por su céntrica situación y su planteamiento comercial, con un enfoque muy turístico. Sus habitaciones, algo pequeñas y funcionales, resultan modernas y confortables.

ESPAÑA

%% **Casa Ojeda**   🅰️ 🍴 ⇔ 🆅🅸🆂🅰 ⊚ 🅰🅴 ⓪
Vitoria 5 ✉09004 – ℰ947 20 90 52 – www.grupojeda.es – cerrado domingo noche
Rest – Carta 40/50 € ℬ   B**c**
• Este negocio centenario posee, en el mismo edificio, un bar-cafetería, una pastelería y una tienda de delicatessen. Encontrará dos salas de aire castellano y tres privados.

%% **Mesón del Cid** – Hotel Mesón del Cid   🅰️ 🍴 ⇔ 🆅🅸🆂🅰 ⊚ 🅰🅴 ⓪
pl. de Santa María 8 ✉09003 – ℰ947 20 87 15 – www.mesondelcid.es – cerrado domingo noche   A**h**
Rest – Carta 30/43 €
• Ubicado en una casa del s. XV que conserva toda la sobriedad de la decoración castellana. Salas rústicas con profusión de madera y viguería vista. Buena bodega.

%% **La Vianda**   🅰️ 🍴 🆅🅸🆂🅰 ⊚ 🅰🅴
av. de la Paz 11 ✉09004 – ℰ947 24 31 85 – www.restaurantelavianda.com – cerrado domingo noche y lunes salvo festivos   B**v**
Rest – Carta 31/43 € ℬ
• Local de estética actual y decoración moderna gestionado por un amable matrimonio, ambos en cocina. Elaboraciones de autor con productos de temporada y una nutrida bodega.

%% **Azofra** – Hotel Azofra   🏠 🅰️ 🍴 ⇔ 🆅🅸🆂🅰 ⊚ 🅰🅴 ⓪
Juan de Austria 22, por ③ ✉09001 – ℰ947 46 10 50 – www.hotelazofra.com – cerrado domingo noche
Rest – Carta 31/48 €
• Posee un bar con dos hornos de leña a la vista, un comedor castellano definido por la profusión de madera y una sala para banquetes. La especialidad es el cordero asado.

%% **Ponte Vecchio**   🅰️ 🍴 ⇔ 🆅🅸🆂🅰 ⊚ 🅰🅴 ⓪
Vitoria 111 (pasaje), por ① ✉09006 – ℰ947 22 56 50 – www.pontevecchio.es – cerrado lunes
Rest – Carta 20/33 €
• Restaurante de cocina italiana que, al igual que sus homólogos de Valladolid y Palencia, ostenta un exquisito gusto decorativo. Comedor de esmerado montaje en varios niveles.

%% **Puerta Real**   🏠 🅰️ 🍴 ⇔ 🆅🅸🆂🅰 ⊚ 🅰🅴 ⓪
pl. Rey San Fernando 9 ✉09003 – ℰ947 26 52 00 – www.puertareal.es – cerrado domingo noche   A**u**
Rest – Carta 32/42 €
• Destaca por su excelente ubicación en la plaza de la Catedral, con un bar de tapas a la entrada y una sala de montaje actual. Cocina actualizada y un menú fiel a la tradición.

%% **Fábula**   🅰️ 🍴 🆅🅸🆂🅰 ⊚ 🅰🅴 ⓪
La Merced 19 ✉09002 – ℰ947 26 30 92 – www.restaurantefabula.com
Rest – Carta 30/45 € ℬ   A**b**
• Restaurante llevado por un amable matrimonio, con él en la sala y ella al frente de los fogones. Recrea dos ambientes de estética moderna y propone una cocina de tinte actual.

Y/ **La Favorita**   🅰️ 🍴 🆅🅸🆂🅰 ⊚ 🅰🅴
Avellanos 8 ✉09003 – ℰ947 20 59 49 – www.lafavoritaburgos.com
Rest – Tapa 1,80 € – Ración aprox. 12 €   B**d**
• Bar de tapas neorrústico que conserva las paredes originales en ladrillo visto y piedra. Cuenta con un comedor y destaca por la calidad de sus pinchos y carnes a la brasa.

Y/ **La Cabaña Arandina**   🏠 🅰️ 🍴 🆅🅸🆂🅰 ⊚ 🅰🅴
Sombrerería 12 ✉09003 – ℰ947 26 19 32   A**c**
Rest – Tapa 2 € – Ración aprox. 9 €
• En la zona más popular para tapear. Construcción baja a modo de cabaña, con el techo en madera, decoración actual y terraza en verano. Carta completa de raciones y pinchos.

en la autovía A I por ② :

🏨 **Landa**   ⚒ ⊐ ⊠ ⅃⅌ 🔊 AC ✂ ⁋ ⅍ Ⓟ 🚗 VISA
3,5 Km ⊠09001 – ℰ 947 25 77 77 – www.landa.as
39 hab – 📞136/160 € 📞📞170/200 €, ⊑ 16 €   **Rest** – Carta 50/59 €
◆ Magnífico hotel que recrea la estética de un castillo. Posee amplias zonas nobles y habitaciones personalizadas, la mitad de ellas con hidromasaje en los baños. Acogedor comedor clásico-regional para el almuerzo y un salón de aire medieval para las cenas.

CABANAMOURA – A Coruña – **571** D3 – ⊠ 15230   **19** A2
▶ Madrid 646 – Santiago de Compostela 47 – A Coruña 79 – Pontevedra 78

🏠 **Casa Perfeuto María** ⌘   ⅊ hab, ✂ rest, ⁋ ⅍ Ⓟ VISA ⓿ AE ⓪
– ℰ 981 85 10 09 – www.casaperfeutomaria.com
6 hab – 📞45/56 € 📞📞56/85 €, ⊑ 7 €   **Rest** – *(sólo menú)* Menú 18 €
◆ Confortable casa rural dotada con una zona ajardinada. Su interior combina la piedra y la madera, destacando el mobiliario antiguo y las llamativas ventanas en tonos azules. En su coqueto comedor sirven un menú casero con productos de la zona.

CABANAS – A Coruña – **571** B5 – **3 336 h.** – ⊠ 15621   **19** B1
▶ Madrid 600 – Santiago de Compostela 83 – A Coruña 40 – Lugo 105

🍴 **O Muiño de Trigo**   AC ✂ Ⓟ VISA ⓿ AE
San Martín do Porto, Oeste : 1 km – ℰ 981 43 21 85
– www.restaurantemuinodetrigo.com – cerrado del 15 al 30 de octubre,
domingo noche y lunes
Rest – Carta 30/39 €
◆ Antiguo molino construido en piedra, en pleno entorno rural. Ofrece espacios reducidos, sin embargo, resultan acogedores y gozan de una cuidada decoración rústica.

Las CABEZAS DE SAN JUAN – Sevilla – **578** V12 – **16 464 h.**   **1** B2
– alt. 71 m – ⊠ 41730
▶ Madrid 556 – Sevilla 58 – Cádiz 77

por la carretera A 371 Sureste : 13 km y desvío a la derecha 1 km

🏨 **Cortijo Soto Real** ⌘   ⚒ ⌂ ⊐ ⊠ ⅃⅌ ✂ 🍴 ⅊ hab, AC ✂ ⓣ ⅍ Ⓟ
⊠41730 – ℰ 955 86 92 00   VISA ⓿ AE ⓪
– www.hotelcortijosotoreal.com – cerrado enero-marzo y noviembre-diciembre
13 suites – 📞290/460 € 📞📞310/1080 €, ⊑ 20 € – 12 hab   **Rest** – Menú 50 €
◆ Lujoso cortijo ubicado en una extensa finca, con lago, donde se practica la caza menor. Agradable zona social y exquisitas habitaciones por su lencería, mobiliario y aseos. El restaurante goza de un excelente montaje y está a la altura del conjunto.

CABEZÓN DE LA SAL – Cantabria – **572** C17 – **8 372 h.** – **alt. 128 m**   **8** B1
– ⊠ 39500
▶ Madrid 401 – Burgos 158 – Oviedo 161 – Palencia 191
ℹ pl. Ricardo Botín ℰ 942 70 03 32 turismo@cabezondelasal.net Fax 942 70 19 44

🏠 **El Jardín de Carrejo** sin rest ⌘   ⚒ ✂ ⁋ Ⓟ VISA ⓿ AE ⓪
Sur : 1,5 km ⊠39509 Carrejo – ℰ 942 70 15 16 – www.eljardindecarrejo.com
12 hab – 📞77/98 € 📞📞89/122 €, ⊑ 11,50 €
◆ Casona rodeada por un extenso y hermoso jardín. Sorprende la modernidad y armonía de su interior, con estancias donde se combinan distintas maderas en diseños limpios y puros.

ESPAÑA

✗ **La Villa** 🛋 AC 🍴 VISA ⊕

pl. de la Bodega – 𝒞 *942 70 17 04 – www.restaurantelavillacabezon.com – cerrado Navidades, del 1 al 15 de septiembre, domingo noche y lunes salvo agosto*
Rest *– (sólo almuerzo salvo viernes y sábado en invierno)* Carta aprox. 33 €

♦ Céntrico y de reducidas dimensiones. Dispone de un pequeño bar de apoyo y una sala de estilo funcional, con detalles clásicos y los suelos en tarima. Cocina tradicional.

CABEZÓN DE LIÉBANA – Cantabria – **572** C16 – **699 h.** – ✉ 39571   **8** A1
▶ Madrid 404 – Santander 111 – Palencia 173

🏠 **Casona Malvasia** sin rest 🍃 ⟵ 🚙 ⃛ AC 🍴 ⑊ P̄ VISA ⊕ ⓪
Cabariezo, Noroeste : 1 km – 𝒞 *942 73 51 48 – www.hotelcasonamalvasia.com – cerrado 15 diciembre-enero*
8 hab ⊇ – ♦80/86 € ♦♦100/150 €

♦ Hotel de aire montañés construido sobre una bodega visitable. Ofrece un salón social con chimenea y habitaciones de elegante ambiente rústico personalizadas en su decoración.

CABEZUELA DEL VALLE – Cáceres – **576** L12 – **2 129 h.** – alt. 500 m   **18** C1
– ✉ 10610
▶ Madrid 229 – Mérida 187 – Cáceres 119 – Salamanca 116

🏠 **Tauro** sin rest AC 🍴 ⑊ VISA ⊕ AE ⓪
Hondón 53-55 – 𝒞 *927 47 20 78 – www.apartamentostauro.es*
6 apartamentos – ♦♦50/60 €, ⊇ 2,40 €

♦ Edificio de atractivo estilo rústico, con la recepción en el bar de la planta baja. Dispone de apartamentos bien equipados, todos con su propia cocina y salón polivalente.

CABO – ver a continuación y el nombre propio del cabo

CABO DE GATA – Almería – **578** V23 – **1 377 h.** – Playa – ✉ 04150   **2** D2
▶ Madrid 576 – Almería 30

🏠 **Blanca Brisa** ⃛ 🛋 ℥ hab. AC 🍴 ⑊ P̄ 🛋 VISA ⊕
Las Joricas 49 – 𝒞 *950 37 00 01 – www.blancabrisa.com – cerrado octubre*
34 hab ⊇ – ♦33/70 € ♦♦52/80 €   **Rest** – Menú 10 €

♦ Negocio familiar orientado tanto al cliente vacacional como al de empresa. Sus habitaciones resultan espaciosas y actuales, además todas disponen de terraza. El luminoso restaurante basa su actividad en la elaboración de platos propios de la región.

CABO DE PALOS – Murcia – **577** T27 – **889 h.** – ✉ 30370   **23** B3
▶ Madrid 465 – Alacant/Alicante 108 – Cartagena 26 – Murcia 75

✗ **La Tana** ⟵ 🛋 AC 🍴 VISA AE ⓪
paseo de la Barra 33 – 𝒞 *968 56 30 03 – www.la-tana.com – cerrado febrero*
Rest – Carta 25/35 €

♦ Negocio familiar ubicado en la zona del puerto, con comedores de correcto montaje y una carta rica en pescados y mariscos. Su terraza disfruta de buenas vistas al mar.

CABRA – Córdoba – **578** T16 – **21 352 h.** – alt. 350 m – ✉ 14940   **2** C2
▶ Madrid 419 – Sevilla 200 – Córdoba 82 – Málaga 112

🏠 **Fuente las Piedras** ⃛ 🛋 ℥ hab. AC 🍴 hab. ⑊ 🍴 P̄ VISA ⊕ AE ⓪
av Fuente las Piedras – 𝒞 *957 52 97 40 – www.mshoteles.com*
60 hab ⊇ – ♦50/80 € ♦♦60/107 €   **Rest** – Carta aprox. 30 €

♦ Se presenta con una agradable zona verde, una amplia recepción, la zona social en un patio interior y habitaciones de línea clásica, todas decoradas en tonos rojos y madera. El restaurante, bastante luminoso, combina los desayunos con una carta tradicional.

ESPAÑA

✗ **San Martín** 🏠 AC ❄ VISA ⊚ AE ⓞ
pza España 14 – 🕾 *957 52 51 31 – cerrado agosto y jueves*
Rest – Carta 28/35 €
♦ Este pequeño mesón cuenta con un bar a la entrada, un pasillo tipo patio y al fondo el comedor, lleno de cuadros, fotos y detalles rústicos. Cocina regional actualizada.

CABRILS – Barcelona – **574** H37 – **6 964 h.** – **alt. 147 m** – ✉ 08348 **15** B3
▶ Madrid 650 – Barcelona 23 – Mataró 7

🏠 **Mas de Baix** sin rest 🦢 🍴 AC ❄ 🎄 P VISA ⊚ AE
passeig Tolrà 1 – 🕾 *937 53 80 84 – www.hotelmasdebaix.com*
– cerrado del 1 al 15 de enero
9 hab – †80/105 € ††65/130 €, ☕ 10 €
♦ Se trata de una hermosa y céntrica casona que data del s. XVII. Ofrece zonas sociales de aire rústico, habitaciones personalizadas en su decoración y un entorno muy cuidado.

✗✗ **Ca L'Estrany** 🏠 ⅃ AC ❄ P VISA ⊚
camí Coll de Port 19 – 🕾 *937 50 70 66 – www.calestrany.com – cerrado domingo noche y lunes*
Rest – Carta 30/40 €
♦ Instalado en una masía del s. XV. Presenta una decoración rústica-moderna, con algún detalle vanguardista, así como una terraza exterior y una cocina tradicional actualizada.

✗✗ **Hostal de la Plaça** con hab 🗚 AC ❄ 🎄 P VISA ⊚ AE ⓞ
pl. de l'Esglesia 32 – 🕾 *937 53 19 02 – www.hostaldecabrils.cat*
14 hab – †60/70 € ††70/90 €, ☕ 6 €
Rest – *(cerrado domingo noche y lunes)* Carta 32/44 €
♦ Casa con solera y tradición en la zona. Posee varios privados de aire regional y unos buenos comedores, dos de ellos acristalados y con vistas. Cocina regional y de temporada. También ofrece habitaciones, algo pequeñas pero con un atractivo aire mediterráneo.

CABUEÑES – Asturias – ver Gijón

CACABELOS – León – **575** E9 – **5 534 h.** – ✉ 24540 **11** A1
▶ Madrid 393 – León 116 – Lugo 108 – Ponferrada 14

🏠 **Santa María** sin rest 🗚 ❄ 🎄 🚗 VISA ⊚
🍴 *Santa María 20-A –* 🕾 *987 54 95 88 – www.hostalsantamaria.net – cerrado 18 diciembre - 12 enero*
20 hab – †28 € ††41 €, ☕ 4,30 €
♦ Céntrico y de atención familiar. Dispone de una correcta zona social y unas confortables habitaciones, todas ellas con buen mobiliario y baños completos.

✗ **La Moncloa de San Lázaro** con hab 🏠 AC ❄ 🗚 P VISA ⊚ AE
Cimadevilla 97 – 🕾 *987 54 61 01 – www.moncloadesanlazaro.com*
8 hab – †50 € ††70/130 €, ☕ 8 € **Rest** – Carta 23/30 €
♦ Se construyó sobre un antiguo hospital de peregrinos, con profusión de piedra y madera. Tienda con productos del Bierzo, comedores de aire rústico y una carta regional. También ofrece habitaciones que dan continuidad a la estética reinante en la casa, todas confortables y con mobiliario de anticuario.

en Canedo Noreste : 6,5 km

✗ **Palacio de Canedo** con hab 🏠 🗋 AC ❄ 🎄 P VISA ⊚ AE ⓞ
La Iglesia ✉24546 *Canedo –* 🕾 *987 56 33 66 – www.pradaatope.es*
14 hab ☕ – †90/250 € ††105/265 € **Rest** – Carta 31/35 €
♦ Este hermoso palacio está rodeado de viñedos y es la sede de los Prada a Tope. Disfruta de un cálido bar, una preciosa tienda y dos comedores de ambiente rústico-antiguo. Sus habitaciones resultan sumamente originales, ya que presentan mobiliario rústico diseñado por el mismo propietario.

▶ Madrid 307 – Coimbra 292 – Córdoba 325 – Salamanca 217

🅸 pl. Mayor, 🖉 927 01 08 34 ofturismo.caceres@juntaextremadura.net
Fax 927 01 08 35

🄱 Norba, urb. Ceres Golf, por la carret. de Mérida : 6 km, 🖉 927 23 14 41

👁 El Cáceres Viejo ★★★ BYZ: Plaza de Santa María★, Palacio de los Golfines
de Abajo★ **D**

🄶 Virgen de la Montaña ≼★ Este : 3 km BZ – Arroyo de la Luz (Iglesia de la
Asunción : tablas del retablo★) Oeste : 20 km

🏛 Extremadura   🛋 🍴 🖥 👌 hab. 🕰 ⚇ 🏐 🈁 🚗 🅅🅸🅂🄰 ⓒⓞ 🄰🄴 ⓘ

av. Virgen de Guadalupe 28 ✉10001 – 🖉 927 62 96 39
– www.extremadurahotel.com   AZ**t**
148 hab – 🛉75/125 € 🛉🛉75/180 €, 🍴 11,50 € – 3 suites
Rest *Orellana* – *(cerrado domingo noche)* Carta 31/47 €

♦ Moderno y con un amplio hall-recepción, goza de numerosas salas para convenciones y reuniones de trabajo, ofreciendo también habitaciones de completo equipamiento. En su restaurante Orellana encontrará un ambiente acogedor en un marco actual.

🏛 AH Ágora   🏡 🖥 👌 hab. 🕰 ⚇ 🏐 🈁 🚗 🅅🅸🅂🄰 ⓒⓞ 🄰🄴 ⓘ

Parras 25 ✉10004 – 🖉 927 62 63 60 – www.ahhotels.com   BY**r**
64 hab – 🛉60/126 € 🛉🛉60/207 €, 🍴 9,50 €
Rest – Menú 21 €

♦ Hotel de línea moderna que integra en su recepción tanto la zona social como la cafetería. Ofrece habitaciones funcionales de estética actual, en la 4ª planta con terraza. El restaurante se traslada en verano a la azotea, pues tiene unas vistas espectaculares.

🄷 Casa Don Fernando sin rest   🖥 👌 🕰 ⚇ 🏐 🅅🅸🅂🄰 ⓒⓞ 🄰🄴

pl. Mayor 30 ✉10003 – 🖉 927 21 42 79 – www.casadonfernando.com
36 hab – 🛉55/90 € 🛉🛉60/140 €, 🍴 7,50 €   BY**h**

♦ Hotel de estética actual instalado en un edificio del s. XVI. Posee un moderno lobby, cuidadas habitaciones de línea clásica y un bar que deja el antiguo aljibe a la vista.

🄷 Iberia Plaza Mayor sin rest   🕰 ⚇ 🅅🅸🅂🄰 ⓒⓞ 🄰🄴 ⓘ

Pintores 2 ✉10003 – 🖉 927 24 76 34 – www.iberiahotel.com   BY**t**
39 hab 🍴 – 🛉30/60 € 🛉🛉30/90 €

♦ Adyacente a la Plaza Mayor, en la entrada monumental al Cáceres viejo. Correctas zonas nobles con mobiliario de época y estancias agradables en diferentes estilos.

🄷 Iberia Plaza América sin rest   🖥 👌 🕰 ⚇ 🚗 🅅🅸🅂🄰 ⓒⓞ 🄰🄴

Hermandad 12 ✉10001 – 🖉 927 21 09 06 – www.iberiahotel.com   AZ**c**
31 hab – 🛉30/60 € 🛉🛉30/80 €, 🍴 5 €

♦ Situado en una céntrica callejuela. Ofrece habitaciones con mobiliario clásico-antiguo, un buen salón social y un patio interior dotado de carpa, donde sirven los desayunos.

✕✕✕ Atrio (Toño Pérez)   🕰 ⚇ 🅅🅸🅂🄰 ⓒⓞ 🄰🄴 ⓘ

❀❀ *av. de España 30 (pasaje), (traslado a Plaza de San Mateo 1) ✉10002*
– 🖉 927 24 29 28 – www.restauranteatrio.com   AZ**n**
Rest – Menú 89/109 € – Carta 88/98 € 🏮
Espec. Gambas marinadas con ensalada de hierbas y crema agria con caviar. Pluma ibérica, melocotones salteados y berros. Tocinillo de cielo, tierra de cacao y yogur.

♦ Emblemático establecimiento en proceso de traslado al casco histórico de la ciudad. Su chef crea una cocina innovadora con maridajes clásicos, logrando magníficas texturas y unos sabores de gran pureza. La bodega resulta sencillamente excepcional.

CÁCERES

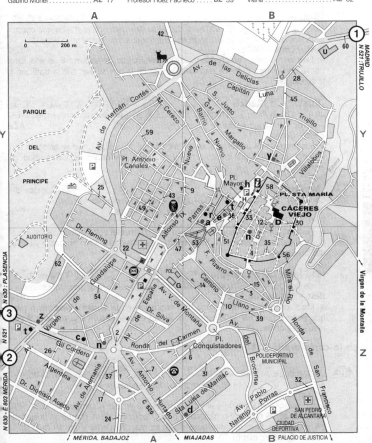

⚔ Torre de Sande

de los Condes 3 ⊠10003
– ✆ 927 21 11 47 – www.torredesande.com
– *cerrado del 15 al 31 de enero, domingo noche, lunes y martes noche*
Rest – Carta aprox. 40 €   **BZn**
♦ Se encuentra en una antigua casa de piedra dotada con una terraza ajardinada, un bar de tapas y tres comedores. En su mesa podrá descubrir una cocina
con toques creativos.

XX **La Tahona** 🗛 🕸 ⇔ 𝗩𝗜𝗦𝗔 ⬤

Felipe Uribarri 4 ✉10004 – 𝒞 927 22 44 55 – www.restaurantelatahona.com
*– cerrado del 10 al 16 de enero, del 15 al 31 de julio, domingo noche y martes
salvo festivos y vísperas* BY**a**
Rest – Carta 37/44 €

♦ Negocio con cierto nombre. Posee un comedor clásico en la planta baja, con
un horno de leña y una bodega vista, distribuyendo las dos salas privadas en el
piso superior.

XX **Botein** 🗛 🕸 𝗩𝗜𝗦𝗔 ⬤ 🗛𝗘 ⓘ

Madre Isabel Larrañaga ✉10002 – 𝒞 927 24 08 40 – www.botein.es – cerrado agosto,
lunes noche, martes noche, domingo en verano y domingo noche resto del año
Rest – Carta 38/48 € ABZ**d**

♦ Este restaurante, confortable y de aire minimalista, se encuentra en una zona
nueva de Cáceres. Propone una carta amplia en la que se dan cita la tradición y
la actualidad.

XX **Eustaquio Blanco** 🗛 🕸 𝗩𝗜𝗦𝗔 ⬤ 🗛𝗘 ⓘ

av. Ruta de la Plata 2 ✉10001 – 𝒞 927 23 95 20 – www.restauranteeustaquio.es
– cerrado domingo noche AZ**z**
Rest – Carta 31/43 €

♦ Sus propietarios atesoran gran experiencia culinaria. El negocio se presenta con
un bar y dos salas, una clásica-actual y otra panelable presidida por una bodega
acristalada.

XX **Madruelo** 🗛 🕸 𝗩𝗜𝗦𝗔 ⬤ 🗛𝗘
☺

Camberos 2 ✉10003 – 𝒞 927 24 36 76 – cerrado 7 días en febrero,
del 1 al 15 de agosto, domingo noche y lunes noche BY**y**
Rest – Carta 28/35 €

♦ Restaurante de acogedor aire rústico definido por el color blanco de sus paredes y el hecho de tener el techo ligeramente abovedado. Buen producto y cuidadas presentaciones.

X **El Figón de Eustaquio** 🗛 🕸 𝗩𝗜𝗦𝗔 ⬤ 🗛𝗘 ⓘ

pl. de San Juan 12 ✉10003 – 𝒞 927 24 81 94 – www.elfigondeeustaquio.com
Rest – Carta aprox. 38 € BY**e**

♦ Casa rústica considerada toda una institución en la ciudad. Posee cinco salas
que poco a poco han sido renovadas en un estilo clásico. Carta tradicional con
platos regionales.

en la carretera N 521 por ② **: 6 km**

🏠 Palacio de Arenales ॐ 🏊 🛗 ♿ hab, 🗛 ⁽ᵗ⁾ 🆗 🅿 🚗

✉10005 – 𝒞 927 62 04 90 – www.palaciodearenales.com
46 hab Rest –

♦ Un palacio rehabilitado y aislado, ya que está en pleno campo. Posee un SPA,
correctas zonas nobles y confortables habitaciones donde se combinan la elegancia y el diseño. El restaurante goza de un montaje moderno y con su carta da la
opción de varios menús.

en la carretera N 630 :

🏠 **Barceló V Centenario** ॐ 🛎 🏊 🛗 ♿ hab, 🗛 🕸 ⁽ᵗ⁾ 🆗 🚗

Manuel Pacheco 4-urb., Los Castellanos por ③ *: 1,5 km* 𝗩𝗜𝗦𝗔 ⬤ 🗛𝗘 ⓘ
✉10005 – 𝒞 927 23 22 00 – www.barcelo.com
129 hab – †66/128 € ††66/161 €, � 11 € – 9 suites
Rest *Florencia* – Carta 32/40 €

♦ Conjunto que destaca por su agradable entorno ajardinado. Sus espaciosas
habitaciones se van renovando poco a poco para ofrecer un ambiente clásico
con detalles actuales. El restaurante, también clásico y de excelente montaje, se
complementa con un privado.

CADAQUÉS – Girona – **574** F39 – **2 860 h.** – Playa – ⊠ 17488

▶ Madrid 776 – Figueres 31 – Girona/Gerona 70

ℹ Cotxe 2 📞 972 25 83 15 turisme@cadaques.cat Fax 972 15 94 42

👁 Localidad★★ – Emplazamiento★, iglesia de Santa María (retablo barroco★★)

ⓖ Cala de Portlligat★ Norte : 2 km – Casa-Museo Salvador Dalí★ Norte : 2 km – Parque Natural de Cap de Creus★★ Norte : 4 km

 Playa Sol sin rest   ← 🚗 ⤢ 🖼 Ⓜ 🏋 ⁘ 🚗 VISA ◉ AE ①

platja Pianch 3 – 📞 *972 25 81 00 – www.playasol.com*
– 11 febrero-12 noviembre
50 hab – 🛏65/165 € 🛏🛏80/206 €, � 15 €

♦ Ubicado en el puerto, dispone de una buena zona social y de unas habitaciones correctamente equipadas, con mobiliario estándar y baños renovados. Exteriores cuidados.

 S'Aguarda sin rest   ⤢ 🖼 Ⓜ 🏋 Ⓟ VISA ◉ AE ①

carret. de Port-Lligat 30 - norte: 1 km – 📞 *972 25 80 82*
– www.hotelsaguarda.com – cerrado del 13 al 30 de noviembre
28 hab – 🛏50/67 € 🛏🛏56/114 €, ⊃ 9 €

♦ En la parte alta de la localidad. Posee una línea funcional, ofreciendo habitaciones de adecuado confort, la mayoría con terraza y buenas vistas. Piscina-solárium en el ático.

 Blaumar sin rest ⤢   ← ⤢ Ⓜ 🏋 🚗 VISA ◉ ①

Massa d'Or 21 – 📞 *972 15 90 20 – www.hotelblaumar.com*
– 18 marzo-13 noviembre
27 hab – 🛏73/100 € 🛏🛏82/118 €, ⊃ 12 €

♦ Negocio familiar ubicado en una tranquila zona residencial. Ofrece unas cómodas habitaciones con baños completos, excepto algunas con plato ducha.

CADAVEDO – Asturias – **572** B10 – Playa – ⊠ 33788

5 A1

▶ Madrid 531 – A Coruña 212 – Gijón 74 – Lugo 153

 Torre de Villademoros ⤢   ← 🚗 🏋 ⁘ Ⓟ VISA ◉ ①

Villademoros, Oeste : 1,5 km – 📞 *985 64 52 64 – www.torrevillademoros.com*
– abril-octubre
10 hab – 🛏62/97 € 🛏🛏84/120 €, ⊃ 8 € – 1 suite
Rest – *(sólo clientes, sólo cena)* Carta aprox. 26 €

♦ Casona del s. XVIII con panera y un cuidado jardín junto a la torre medieval que le da nombre. Amplias habitaciones con decoración personalizada en estilo neorrústico.

CÁDIAR – Granada – **578** V20 – **1 634 h.** – alt. 720 m – ⊠ 18440

2 D1

▶ Madrid 515 – Almería 105 – Granada 101 – Málaga 156

en la carretera de Torvizcón Suroeste : 3,5 km

🏠 **Alquería de Morayma** ⤢   ← 🚗 ⤢ Ⓜ rest, 🏋 rest, ♿ Ⓟ VISA ◉

⊠*18440 –* 📞 *958 34 32 21 – www.alqueriamorayma.com*
17 hab – 🛏44/49 € 🛏🛏54/65 €, ⊃ 3 € – 6 apartamentos
Rest – Menú 12 €

♦ Conjunto rústico en pleno campo con espléndidas vistas a Las Alpujarras y sus alrededores. Sus dependencias, decoradas con detalles antiguos, recrean una cálida atmósfera. Restaurante de ambientación regional y bodega con caldos de elaboración propia.

ESPAÑA

CÁDIZ

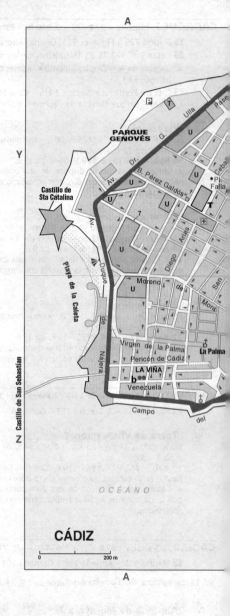

CÁDIZ

0   200 m

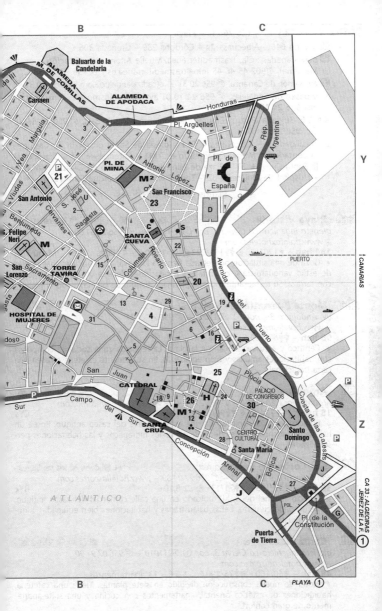

🔼 Madrid 646 – Algeciras 124 – Córdoba 239 – Granada 306

🚢 para Canarias : Cía. Trasmediterránea, Muelle Alfonso XIII (Estación Maritima), 𝒞902 45 46 45 info@trasmediterranea.es Fax 956 22 20 38 CY

🅸 av. Ramón de Carranza, 𝒞 956 20 31 91 otcadiz@andalucia.org Fax 956 20 31 92 y paseo de Canalejas, 𝒞 956 24 10 01 aytocadiz.turismo@telefonica.net Fax 956 24 10 05

R.A.C.E. Bulgaria (Parque Empresarial Poniente. Módulo 3-3), 𝒞 956 26 46 28 Fax 956 25 07 07

👁 Localidad★★ – Cárcel Real★ CZ**J** – Iglesia de Santa Cruz★ BCZ - Casa de la Contaduría : Museo Catedralicio★ CZ**M1** – Catedral★★ BZ – Oratorio de la Santa Cueva★ BY – Plaza de Mina★★ BY – Museo de Cádiz★ BY**M2** – Hospital de Mujeres★ BZ – Torre Tavira★ BY - Parque Genovés★AY

Planos páginas anteriores

 Playa Victoria   ⟨ 🛋 ⌱ 🎽 ⅙ hab, 🄰🄲 ⅍ 🖭 🕍 🚗 ⱅⱭⱾⱯ 👀 🄰🄴 ⓪
glorieta Ingeniero La Cierva 4, por ① ⊠*11010* – 𝒞 *956 20 51 00*
– *www.palafoxhoteles.com*
184 hab – ♦120/178 € ♦♦151/223 €, ☕ 15,50 € – 4 suites   **Rest** – Menú 30 €
◆ Goza de una situación privilegiada frente a la playa, con amplias zonas nobles de estilo vanguardista y confortables habitaciones de aire urbano-actual, todas con terraza. Su restaurante rodea la piscina y disfruta de buenas vistas al mar.

 Monte Puertatierra sin rest, con cafetería   🎽 🄰🄲 ⅍ 🖭 🕍 🚗
av. Andalucía 34, por ① ⊠*11008* – 𝒞 *956 27 21 11*   ⱅⱭⱾⱯ 👀 🄰🄴 ⓪
– *www.hotelesmonte.com*
98 hab – ♦♦65/189 €, ☕ 10 €
◆ Céntrico y a su vez cercano a la playa. La reducida zona social se compensa con habitaciones amplias y bien equipadas. En su elegante cafetería ofrecen una carta tradicional.

 Argantonio sin rest   🎽 🄰🄲 ⅍ 🖭 ⱅⱭⱾⱯ 👀
Argantonio 3 ⊠*11004* – 𝒞 *956 21 16 40* – *www.hotelargantonio.com*
15 hab ☕ – ♦70/85 € ♦♦90/119 €   CY**s**
◆ Edificio del s. XIX ubicado en una estrecha calle del casco antiguo. Posee un hall-patio, muchos detalles decorativos, suelos hidráulicos y las habitaciones personalizadas.

 Las Cortes de Cádiz sin rest   🛗 🎽 ⅙ 🄰🄲 🖭 ⱅⱭⱾⱯ 👀 🄰🄴 ⓪
San Francisco 9 ⊠*11004* – 𝒞 *956 22 04 89* – *www.hotellascortes.com*
36 hab – ♦57/103 € ♦♦71/135 €, ☕ 8,10 €   BY**c**
◆ Edificio señorial del s. XIX ubicado en una calle comercial del casco antiguo. Tiene un patio cubierto, bellas balaustradas y habitaciones bien equipadas, algunas algo justas.

🏨 **Cádiz Plaza** sin rest   🎽 ⅙ 🄰🄲 ⅍ 📞 ⱅⱭⱾⱯ 👀
glorieta Ingeniero La Cierva 3, por ① ⊠*11010* – 𝒞 *956 07 91 90*
– *www.hotelcadizplaza.com*
48 hab – ♦60/160 € ♦♦75/190 €, ☕ 5 € – 13 apartamentos
◆ Hotel de nueva construcción dividido en siete plantas. Tiene una cafetería, habitaciones de estética oriental, apartamentos con cocina y una suite-apartamento de gran confort.

🏨 **Regio** sin rest   🎽 🄰🄲 ⅍ 📞 ⱅⱭⱾⱯ 👀 🄰🄴 ⓪
av. Ana de Viya 11, por ① ⊠*11009* – 𝒞 *956 27 93 31*
– *www.hotelregiocadiz.com*
44 hab – ♦48/104 € ♦♦64/151 €, ☕ 6,50 €
◆ Cercano a la playa, en la principal avenida de la ciudad. Dispone de unas habitaciones reducidas aunque bien equipadas, con mobiliario clásico-actual y baños modernos.

ESPAÑA

XX **El Faro** 　　　　　　　　　　　　 AC 🛇 ⇔ 🚗 VISA ⊙⊙ AE ⓪
San Félix 15 ✉11002 – ℰ 902 21 10 68
– www.elfarodecadiz.com AZ**b**
Rest – Carta 38/46 € ⊛

◆ Se trata de uno de los restaurantes más prestigiosos de Cádiz. Ofrece una completa carta de cocina regional, con predominio de los pescados y mariscos. Excelente bodega.

♈/ **El Faro** 　　　　　　　　　　　　 AC 🛇 🚗 VISA ⊙⊙ AE ⓪
San Félix 15 ✉11002 – ℰ 902 21 10 68
– www.elfarodecadiz.com AZ**b**
Rest – Tapa 2,40 € – Ración aprox. 14,30 €

◆ Trabaja bastante y se presenta con un ambiente de estilo clásico-marinero. Le ofrecerán deliciosas tapas y raciones, aunque su especialidad son los pescaditos y las frituras.

♈/ **Show de Tapas** 　　　　　　　　 🎋 AC 🛇 VISA ⊙⊙
Fernandez Ballesteros 2 (paseo marítimo), por ① ✉11009
– ℰ 956 27 56 49
– www.showdetapas.com
Rest – Tapa 3,75 € – Ración aprox. 9,25 €

◆ Un local de tapas que se ha puesto de moda en la ciudad, con una estética moderna, la cocina semivista y un público joven. Carta de tapas bastante creativas y vinos por copa.

en la playa de Cortadura Sur : 4,5 km :

XX **Ventorrillo del Chato** 　　　　　 AC 🛇 ⇔ P VISA ⊙⊙ AE ⓪
Vía Augusta Julia (carret. San Fernando) ✉11011 Cádiz
– ℰ 956 25 00 25
– www.ventorrilloelchato.com
– cerrado domingo en agosto y domingo noche resto del año
Rest – Carta 40/56 €

◆ Edificio histórico de entrañable rusticidad ubicado junto a las dunas de la playa. Elaboran una completa carta de cocina tradicional actualizada y poseen una selecta bodega.

CAIMARI – Illes Balears – ver Balears (Mallorca)

CALA D'OR – Illes Balears – ver Balears (Mallorca)

CALA DE MIJAS – Málaga – **578** W15 – **1 933 h.** – Playa 　　　 **1** A3
▶ Madrid 565 – Algeciras 105 – Fuengirola 7 – Málaga 40
🈳 La Cala, Norte : 7 km, ℰ 95 266 90 33

al Norte : 7 km

🏨 **La Cala** ❦ 　　 ≤ ⅃ ▣ 𝄜 ✕ 🈺 ⇱ AC 🛇 hab, 🎙 ⅍ P VISA ⊙⊙ AE
✉29649 Mijas Costa – ℰ 952 66 90 16
– www.lacala.com
102 hab – ♦99/127 € ♦♦145/167 €, �) 15 € – 5 suites
Rest – Menú 27 €

◆ Edificio de estilo andaluz ubicado entre tres campos de golf, con vistas a las montañas. Colorista hall neorrústico, con viguería en madera, y habitaciones de gran confort. El restaurante, de ambiente rústico, ofrece una carta actual y vistas a la piscina.

CALA MAJOR – Illes Balears – ver Balears (Mallorca) : Palma

CALA MONTJOI – Girona – ver Roses

CALA MURADA – Balears – ver Balears (Mallorca)

CALA PÍ – Illes Balears – ver Balears (Mallorca)

CALA RATJADA – Illes Balears – ver Balears (Mallorca)

ESPAÑA

CALA SANT VICENÇ – Illes Balears – ver Balears (Mallorca)

CALA TARIDA (Playa de) – Illes Balears – ver Balears (Eivissa) : Sant Josep de Sa Talaia

CALABARDINA – Murcia – ver Águilas

CALACEITE – Teruel – **574** I30 – **1 131 h.** – alt. 511 m – ⊠ 44610   **4** C2
- ▶ Madrid 411 – Zaragoza 140 – Teruel 180 – Tarragona 105

⌂   **Cresol** sin rest ॐ   📻 °¡° 𝚅𝙸𝚂𝙰 ◑◐
Santa Bárbara 16 – ℰ 609 90 81 90 – www.hotelcresol.com
5 hab ☞ – ♦100/120 € ♦♦130/160 €
♦ Conjunto rústico dotado con un acogedor salón social, un antiguo molino de aceite en el sótano y amplias habitaciones en las que se combina el mobiliario antiguo y el actual.

CALAFELL – Tarragona – **574** I34 – **24 265 h.** – Playa – ⊠ 43820   **13** B3
- ▶ Madrid 574 – Barcelona 65 – Tarragona 31
- 🅩 Sant Pere 29-31 ℰ 977 69 91 41 informacio@calafell.org Fax 977 69 29 81

en la playa :

🏨   **Kursaal**   ⇐ 🍴 🛗 📻 ⅍ °¡° 🛌 𝚅𝙸𝚂𝙰 ◑◐ 𝔸𝔼
av. Sant Joan de Déu 119 – ℰ 977 69 23 00 – www.hotelkursaal.org
39 hab – ♦40/120 € ♦♦60/180 €, ☞ 10 €   **Rest** – Menú 18 €
♦ Situado en 1ª línea de playa. Su zona noble es poco espaciosa, pero las habitaciones, todas con mobiliario moderno-funcional y un buen equipamiento, resultan correctas. El esmerado montaje del restaurante se ve realzado por las vistas al mar.

🏨   **Canadá Palace**   🛌 🖥 🛗 📻 ⅍ °¡° 🅿
av. Mossèn Jaume Soler 44 – ℰ 977 69 15 00 – www.hotelcanadapalace.com
– Semana Santa-15 octubre
160 hab – ♦94/192 € ♦♦119/235 €, ☞ 9 € – 2 suites
Rest – *(sólo buffet)* Menú 44 €
♦ Hotel de línea actual emplazado en 2ª línea de playa, con suficientes zonas nobles, vistas a la piscina exterior y habitaciones confortables de adecuado equipamiento. Su comedor propone un variado buffet.

XX   **Masia de la Platja**   📻 ⅍ 𝚅𝙸𝚂𝙰 ◑◐ 𝔸𝔼 ⓘ
Vilamar 67 – ℰ 977 69 13 41 – www.masiadelaplatja.com – cerrado del
2 al 24 de noviembre, del 10 al 16 de enero, martes noche y miércoles
Rest – Carta 36/53 €
♦ Restaurante de organización familiar amable y profesional, con la sala dividida en dos partes y un cuidado servicio de mesa. Ofrece una carta basada en pescados y mariscos.

XX   **Vell Papiol**   📻 ⅍ ⇄ 𝚅𝙸𝚂𝙰 ◑◐
Vilamar 30 – ℰ 977 69 13 49 – www.vellpapiol.com – cerrado
22 diciembre-22 enero
Rest – Carta 40/60 €
♦ Establecimiento de línea moderna, con buen servicio de mesa y un personal atento. Ofrece recetas de la cocina mediterránea, con un amplio apartado de pescados y mariscos.

en la carretera C-31 Sureste : 2 km

XX   **La Barca de Ca l'Ardet**   📻 𝚅𝙸𝚂𝙰 ◑◐
Marinada 1 - urb. Mas Mel ⊠43820 – ℰ 977 69 15 59
– www.labarcadecalardet.com – cerrado Navidades y martes
Rest – Carta 46/62 €
♦ Restaurante ubicado a las afueras de la localidad, en una casa tipo chalet. Dispone de una sala clásica-actual donde podrá degustar una cocina tradicional y de mercado.

CALAHORRA - La Rioja - 573 F24 - 24 787 h. - alt. 350 m — 21 B2
- ✉ 26500

Madrid 320 - Logroño 55 - Soria 94 - Zaragoza 128

Ángel Oliván 8 ✉ 02071 ✆ 941 10 50 61 turismo@ayto-calahorra.es
Fax 967 21 42 26

Parador de Calahorra
hab,

paseo Mercadal - ✆ 941 13 03 58 - www.parador.es
60 hab - 102/110 € 128/138 €, 16 €
Rest - Menú 32 €
♦ Disfruta de una zona social sobria a la par que elegante y salas de reuniones bien equipadas. Sus confortables habitaciones poseen suelos en madera y mobiliario regional. En su acogedor comedor podrá degustar las especialidades gastronómicas de esta tierra.

Gala
hab,

av. de la Estación 7 - ✆ 941 14 55 15
- www.hostalgala.es
14 hab - 52 € 66 €
Rest - *(cerrado domingo noche)* Carta 28/35 €
♦ Hostal de fachada colorista y confort actual. Sus habitaciones gozan de buen equipamiento y baños con ducha, aunque todas dan a un patio interior. El restaurante, igualmente colorista y actual, presenta una carta tradicional y un correcto menú del día.

Chef Nino

Basconia 2 - ✆ 941 13 31 04 - www.chefnino.com
- cerrado 20 diciembre-20 enero, domingo noche y lunes
Rest - Carta 32/40 €
♦ Este céntrico restaurante familiar está dotado con un elegante comedor clásico y un correcto privado. Completa carta de temporada con algunos detalles actuales.

La Rana del Moral

Ramón Subirán 34 - ✆ 941 14 76 39 - www.laranadelmoral.com - cerrado del 24 al 30 de enero, domingo noche y lunes
Rest - Carta 27/38 €
♦ Está llevado directamente por el matrimonio propietario, que conoce muy bien su profesión. Cocina tradicional de tendencia riojana y extenso menú-carta a precio fijo.

La Taberna de la Cuarta Esquina

Cuatro Esquinas 16 - ✆ 941 13 43 55 - cerrado julio, martes noche y miércoles salvo vísperas de festivos
Rest - Carta 21/32 €
♦ Casa familiar ubicada en pleno casco viejo. Su interior alberga tres cálidas salas de aire regional, la del fondo más tranquila y con chimenea. Cocina casera y tradicional.

La CALAHORRA - Granada - 578 U20 - 800 h. - alt. 1 300 m — 2 D1
- ✉ 18512

Madrid 459 - Almería 100 - Granada 72 - Jaén 131

Localidad★ - Castillo★★

Puerto de la Ragua★★ Sur : 12 km

Hospedería del Zenete
hab,

carret. de la Ragua 1 - ✆ 958 67 71 92
- www.hospederiadelzenete.com
34 hab - 67/90 € 125/221 €, 6,50 €
Rest - Menú 10 €
♦ Goza de arquitectura rústico-regional en madera, ladrillo visto y piedra. Sus habitaciones resultan confortables y cuentan con un precioso suelo en baldosas de barro. Coqueto pero sobrio restaurante donde degustará las mejores especialidades de esta tierra.

ESPAÑA

CALAMOCHA - Teruel - 574 J26 - 4 776 h. - alt. 884 m - ✉ 44200 3 B2

Madrid 261 - Soria 157 - Teruel 72 - Zaragoza 110

Calamocha

carret. N 234 - ☎ 978 73 14 12

22 hab - 30 € 60 €, ☕ 3,50 €

Rest - Carta aprox. 29 €

♦ Presenta las características propias de los establecimientos de carretera, con unas habitaciones de suficiente confort, mobiliario clásico de calidad y baños completos. Espaciosa cafetería, comedor de correcto montaje y amplios salones para banquetes.

Fidalgo

rest,

carret. N 234 - ☎ 978 73 02 77 - cerrado 23 diciembre-2 enero

20 hab - 30/35 € 55/60 €, ☕ 3,50 €

Rest - Menú 12 €

♦ Goza de un cálido ambiente familiar, con un acogedor salón social de estilo clásico-elegante, una concurrida cafetería-tienda y unas habitaciones de adecuado equipamiento. Comedor de aire regional con una nutrida selección de platos tradicionales.

CALATAÑAZOR - Soria - 575 G21 - 70 h. - alt. 1 027 m 12 D2
- ✉ 42193

Madrid 202 - Burgos 120 - Soria 33

ESPAÑA

Casa del Cura

Real 25 - ☎ 975 18 36 31 - www.posadacasadelcura.com
- cerrado enero

6 hab - 65 € 84 €, ☕ 5 €

Rest - *(cerrado domingo noche y lunes)* Menú 30 €

♦ En un pueblo pintoresco y con la categoría de Posada Real. Ocupa dos viejas casas decoradas en estilo neorrústico, con toques de diseño. Dispone de espléndidas habitaciones. En su cálido comedor podrá degustar platos de sabor tradicional.

CALATAYUD - Zaragoza - 574 H25 - 21 933 h. - alt. 534 m 3 B2
- ✉ 50300

Madrid 235 - Cuenca 295 - Pamplona 205 - Teruel 139

pl. del Fuerte ☎ 976 88 63 22 oficinaturismo@calatayuddigital.es Fax 976 88 63 22

Hospedería Mesón de la Dolores

pl. Mesones 4 - ☎ 976 88 90 55
- www.mesonladolores.com

34 hab ☕ - 50/55 € 70/84 €

Rest - Carta 31/40 €

♦ Antigua posada con detalles alusivos a la vida de la Dolores, ensalzada en una popular copla. Posee habitaciones de estilo regional distribuidas en torno a un patio cubierto. Su cálido restaurante, de aire rústico, disfruta de un buen servicio de mesa.

Hospedería El Pilar

hab, rest,

Baltasar Gracián 15 - ☎ 976 89 70 20 - www.hospederiaelpilar.com

40 hab - 28/35 € 48/55 €, ☕ 4 €

Rest - *(cerrado sábado y domingo) (sólo clientes)* Menú 12 €

♦ Negocio familiar formado por varias casas comunicadas entre sí. Presenta el tipismo regional y una atractiva combinación de distintos tipos de mobiliario, en forja o madera. El restaurante resulta funcional y trabaja básicamente con clientes alojados o grupos.

XX **Bílbilis** `AC` `VISA` `OO`
Madre Puy 1 – ℰ 976 88 39 55 – www.restaurantebilbilis.es
– cerrado lunes salvo festivos
Rest – Carta 27/44 €
♦ Casa llevada directamente por su propietario. Dispone de un pequeño bar de espera y una sala en tonos azulones, con un buen servicio de mesa. Sencilla carta tradicional.

X **Posada Arco de San Miguel** con hab 🦢 `AC` `%` `VISA` `OO` `AE` `O`
San Miguel 18 – ℰ 976 88 72 72 – www.arcodesanmiguel.com
7 hab – ♦36/49 € ♦♦50/95 €, � 6 € **Rest** – *(cerrado lunes)* Carta aprox. 35 €
♦ Edificio ubicado junto a un pasadizo, con arco, del que toma su nombre. Está llevado en familia y presenta un interior de línea moderna en varios niveles. Carta tradicional. Como complemento al negocio también ofrece habitaciones, combinando en ellas antiguos detalles de aire rústico y elementos modernos.

en la antigua carretera N II Este : 2 km

🏨 **Calatayud** `AC` `%` rest, `Ψ` `ḿ` `P` `🚗` `VISA` `OO` `AE` `O`
salida 237 autovía ⊠50300 – ℰ 976 88 13 23 – www.hotelcalatayud.com
77 hab ⊻ – ♦40/49 € ♦♦63/69 € **Rest** – Menú 12 €
♦ Hotel de correcta organización y ambiente clásico. Aunque posee algunas habitaciones de un nivel superior, en general todas presentan buen confort y baños actuales. Su comedor a la carta se ve complementado por varios salones para la celebración de banquetes.

Las CALDAS – Asturias – **572** C12 – 120 h. – alt. 125 m – ⊠ 33174   **5** B1
▶ Madrid 452 – Oviedo 10 – León 132

🏨 **G.H. Las Caldas** 🦢 `☞` `🔲` `ĺ₆` `⊉` `₺` hab, `AC` `%` hab, `Ψ` `ḿ` `P`
– ℰ 902 12 10 22 – www.lascaldasvillatermal.com `VISA` `OO` `AE` `O`
69 hab ⊻ – ♦130/185 € ♦♦150/220 € – 9 suites
Rest *Viator* – Carta aprox. 38 €
♦ Excelente hotel-balneario instalado en dos edificios rehabilitados. Amplias zonas nobles, salas de reuniones, habitaciones de gran confort y completos servicios terapéuticos. En su restaurante, de techos altos y cuidado montaje, le ofrecerán una cocina tradicional bastante bien elaborada.

CALDAS DE LUNA – León – **575** D12 – Balneario – ⊠ 24145   **11** B1
▶ Madrid 391 – León 62 – Oviedo 69 – Ponferrada 114

🏨 **Balneario Caldas de Luna** 🦢 `🔲` `⊉` `%` `ḿ` `P` `VISA` `OO` `AE` `O`
Noreste : 1 km – ℰ 987 59 40 66 – www.balneariocaldasdeluna.com
23 hab ⊻ – ♦50/114 € ♦♦50/196 € **Rest** – *(sólo menú)* Menú 12 €
♦ Ubicado en plena naturaleza. Edificio en piedra que alberga unas modernas instalaciones de aire neorrústico. A destacar la excelente piscina interior de agua termal. Correcto comedor que basa su oferta en un menú tradicional.

CALDEBARCOS – A Coruña – **571** D2 – Playa – ⊠ 15294   **19** A2
▶ Madrid 704 – Santiago de Compostela 68 – A Coruña 115
– Pontevedra 100

X **Casa Manolo** `AC` `%` `P` `VISA` `OO` `AE` `O`
😊 *carret. AC 550 – ℰ 981 76 03 06 – cerrado del 15 al 30 de septiembre y lunes salvo verano y festivos*
Rest – Carta 20/30 € 🍴
♦ Negocio familiar de larga trayectoria. Ofrece un bar y un comedor funcional, donde sirven pescados y mariscos a buen precio. El plato más popular es la caldeirada de pescado.

ESPAÑA

CALDERS – Barcelona – **574** G35 – **899 h.** – **alt. 552 m** – ✉ **08275** **14** C2

Madrid 593 – Barcelona 71 – Manresa 18 – Vic 35

en la carretera N 141 C Noreste : 2,5 km

Urbisol

✉08275 – ✆ *938 30 91 53 – www.hotelurbisol.com – cerrado del 7 al 31 de enero*

13 hab – 97 € 214 € **Rest** – *(cerrado martes)* Menú 35 €

◆ Masía ubicada en pleno bosque, con un SPA y el entorno ajardinado. Sus habitaciones, de línea actual, son coloristas y poseen bañeras de hidromasaje. El restaurante, que ofrece una cocina tradicional actualizada, posee dos salas y dos salones para banquetes.

CALDES D'ESTRAC (CALDETAS) – Barcelona – **574** H37 – **2 799 h.** – Playa – ✉ **08393** **15** A2

Madrid 661 – Barcelona 36 – Girona/Gerona 62

Colón hab,

pl. de les Barques – ✆ *937 91 04 00 – www.hotel-colon.net*

78 hab – 108/162 € 150/216 € – 6 suites

Rest ***Maria Galante*** – *(cerrado domingo noche y lunes no festivos)* Carta 33/42 €

◆ Está en 1ª línea de playa y posee un SPA único en España, pues trabaja tanto con aguas termales como de mar. Habitaciones actuales, la mayoría asomadas al mediterráneo. En su restaurante, de elegante montaje, encontrará platos tradicionales e internacionales.

ESPAÑA

CALDES DE MALAVELLA – Girona – **574** G38 – **6 710 h.** – **alt. 94 m** – Balneario – ✉ **17455** **15** A1

Madrid 696 – Barcelona 83 – Girona/Gerona 21

P.G.A. Golf de Catalunya, por la carret. N II : Noroeste : 4,5 km, ✆ 972 47 25 77

Balneario Vichy Catalán

av. Dr. Furest 32 – ✆ *972 47 00 00 – www.balnearivichycatalan.com – cerrado 9 enero - 12 febrero*

82 hab – 40/105 € 49/149 € – 4 suites **Rest** – Menú 22 €

◆ Hotel-balneario rodeado por un bello entorno ajardinado. Ofrece amplios espacios sociales, habitaciones funcionales de cuidado confort y un completo servicio terapéutico. El restaurante normalmente trabaja con menús, sin embargo, dispone de una parte reservada para el servicio a la carta.

por la carretera N II Noroeste : 4 km y desvío a la izquierda 0,5 km

Meliá Golf Vichy Catalán hab,

carret. N-II - km 701 ✉*17455 Caldes de Malavella* – ✆ *972 18 10 20 – www.meliagolfvichycatalan.com*

148 hab – 95/200 €, 18 € – 1 suite

Rest ***Quimera*** – Carta 35/55 €

◆ Presenta un diseño moderno y está rodeado por verdes campos de golf, con unas instalaciones amplias y luminosas, la zona social en varios niveles y unas cuidadas habitaciones. El restaurante disfruta de un montaje bastante actual, dando así continuidad a la estética dominante en todo el edificio.

CALDES DE MONTBUI – Barcelona – **574** H36 – **16 885 h.** – **alt. 180 m** – Balneario – ✉ **08140** **15** B2

Madrid 636 – Barcelona 33 – Manresa 57

pl. Font del Lleó 20 ✆ 93 865 41 40 thermalia@caldesdemontbui.cat Fax 93 865 34 00

🏠 Vila de Caldes 🛜 ⌛ 🚻 AC 🎇 🛗 VISA ⓸ AE ⓸

*pl. de l'Àngel 5 – ℰ 938 65 41 00 – www.grupbroquetas.com – cerrado
23 diciembre - 7 enero y del 11 al 17 de julio*
30 hab – ♟80/150 € ♟♟120/170 €, ⌑ 12 €
Rest – Menú 15 €
◆ Este céntrico hotel cuenta con una atractiva entrada ajardinada, un buen hall-recepción y completas habitaciones de ambiente clásico-actual. Piscina y solárium en el ático. En su restaurante encontrará una carta tradicional actualizada y un menú degustación.

🏠 Balneario Broquetas ⍋ 🚃 🛜 ⌛ 🗔 🛗 🚻 AC 🎇 🔩 🅿

pl. Font del Lleó 1 – ℰ 938 65 01 00   VISA ⓸ AE ⓸
*– www.grupbroquetas.com
– cerrado 22 diciembre-7 enero y del 11 al 17 de julio*
86 hab – ♟70/100 € ♟♟110/160 €, ⌑ 12 € – 8 apartamentos
Rest – Menú 14,50 €
◆ Este edificio de finales del s. XIX ofrece unas cuidadas dependencias, una piscina climatizada y una bella colección de búhos. Magnífica galería modernista de baños termales. Su luminoso restaurante se complementa con una agradable terraza durante el verano.

🍴🍴 Robert de Nola AC 🎇 🅿 VISA ⓸ AE ⓸

*passeig del Remei 50 – ℰ 938 65 40 47 – www.robertdenola.cat – cerrado
domingo noche y lunes salvo festivos*
Rest – Carta 23/31 €
◆ Tras su fachada en piedra encontrará un comedor bastante actual, dividido en dos ambientes y con el suelo en pizarra. Carta tradicional con predominio de platos catalanes.

🍴🍴 Mirko Carturan Cuiner 🛜 AC 🎇 VISA ⓸ AE

*av. Pi i Margall 75 – ℰ 938 65 41 60
– www.mirkocarturan.com
– cerrado Semana Santa, 24 febrero-4 marzo, 15 días en agosto, sábado mediodía y domingo*
Rest – Carta 31/42 €
◆ Tiene la cocina a la vista, el comedor decorado con libros de cocina y al fondo un patio-terraza para la época estival. Cocina tradicional actualizada con toques creativos.

CALELLA – Barcelona – 574 H37 – 18 627 h. – Playa – ✉ 08370   **15** A2

🚩 Madrid 683 – Barcelona 48 – Girona/Gerona 55
🅸 Sant Jaume 231 ℰ 93 769 05 59 info@calellabarcelona.com Fax 93 769 59 82

🍴🍴 El Hogar Gallego AC 🎇 ⇦ 🅿 VISA ⓸ AE ⓸

*Ànimes 73 – ℰ 937 66 20 27 – www.elhogargallego.com – cerrado domingo
noche*
Rest – Carta 44/71 € 🏵
◆ Este negocio familiar tiene un bar con mesas para raciones, un comedor principal de línea clásica y otros tres salones algo más actuales. Pescados y mariscos de gran calidad.

CALELLA DE PALAFRUGELL – Girona – 574 G39 – Playa   **15** B1
– ✉ 17210

🚩 Madrid 727 – Girona/Gerona 44 – Palafrugell 6 – Palamós 17
🅸 Les Voltes 6 ℰ 972 61 44 75 turisme@palafrugell.net Fax 972 61 12 61 (temp)
◉ Pueblo pesquero★
🅖 Jardín Botánico del Cap Roig★ ≼★★

Garbí ⊗ ⟨ 🏠 🛋 ☐ ☷ & hab, 🔃 ⅋ 🄿 🆅🆂🅰 ⁎ 🅰🄴

Baldomer Gili i Roig 20 – ℰ 972 61 40 40 – www.hotelgarbi.com – Semana Santa-octubre

52 hab ☷ – ♦61/80 € ♦♦110/175 €   **Rest** – Menú 23,80 €

♦ Ubicado en el centro de un pinar, con unas habitaciones funcionales aunque acogedoras y otras más actuales en un pabellón contiguo. Espaciosa zona noble dotada de vistas. Restaurante de correcto montaje, con amplios ventanales que trasmiten gran luminosidad.

Alga ⊗ ⟨🏊 ☐ ⅋ 🛋 🔃 rest, ⅋ 🎵 🄿 ⊗ 🆅🆂🅰 ⁎ 🅰🄴

av. Joan Pericot i Garcia 55 – ℰ 972 61 70 80 – www.novarahotels.com – Semana Santa-octubre

53 hab ☷ – ♦65/152 € ♦♦100/190 €   **Rest** – Menú 20 €

♦ Se presenta con un agradable jardín, una completa área social y habitaciones de correcto confort, todas con mobiliario funcional aunque cinco resulten más amplias y actuales. En el restaurante, con vistas a los jardines, ofrecen un menú y algunas sugerencias.

Sant Roc ⊗ ⟨ 🏠 🛋 🔃 ⅋ rest, 🎵 🆅🆂🅰 ⁎ 🅰🄴 ⊙

pl. Atlàntic 2 (barri Sant Roc) – ℰ 972 61 42 50 – www.santroc.com – abril-octubre

45 hab ☷ – ♦84/135 € ♦♦116/180 €   **Rest** – Menú 26 €

♦ Este hotel familiar sorprende por su ubicación, sobre un acantilado que domina toda la costa. Ofrece acogedoras habitaciones de aire clásico, todas con balcón o terraza. El restaurante se reparte en dos salas y disfruta de unas magníficas vistas al mar.

PortBo sin rest ⊗ ☷ 🛋 & 🔃 ⅋ 🎵 🄿 🆅🆂🅰

August Pi i Sunyer 6 – ℰ 972 61 49 62 – www.hotelportbo.net – 15 marzo-septiembre

29 hab ☷ – ♦61/87 € ♦♦80/120 € – 14 apartamentos

♦ Conjunto construido en torno a una buena piscina. Posee diferentes zonas sociales distribuidas en varios niveles, habitaciones funcionales y unos amplios apartamentos.

Mediterrani sin rest ⟨ 🛋 ⅋ 🔃 🆅🆂🅰 ⊗

Francesc Estrabau 40 – ℰ 972 61 45 00 – www.hotelmediterrani.com – mayo-octubre

38 hab ☷ – ♦70/102 € ♦♦74/195 €

♦ Es un clásico en la zona y disfruta de una privilegiada ubicación frente al mar. Las habitaciones y baños, sobrios en su decoración, resultan muy válidos en su categoría.

✗ **Sa Jambina** 🔃 ⅋ ⇄ 🆅🆂🅰 ⊗ ⊙

Boffil i Codina 21 – ℰ 972 61 46 13 – cerrado 15 diciembre-10 enero y lunes

Rest – (sólo almuerzo en invierno) Carta 32/50 €

♦ Este restaurante dispone de un bar de espera, un comedor de ambiente marinero y una sala secundaria para grupos. Carta de palabra con numerosos pescados y platos de mercado.

CALERUEGA – Burgos – **575** G19 – 491 h. – alt. 959 m – ✉ 09451   12 C2

▶ Madrid 191 – Valladolid 124 – Burgos 92 – Soria 102

El Prado de las Merinas ⊗ 🛋 & hab, 🔃 ⅋ rest, ⅋ 🎵 🄿 🆅🆂🅰 ⊗

Río 35 – ℰ 947 53 42 44 – www.pradodelasmerinas.com – cerrado 24 enero-25 febrero

20 hab ☷ – ♦58/60 € ♦♦76/91 €   **Rest** – (cerrado lunes) Menú 26 €

♦ Hotel rústico llevado por un amable matrimonio. Posee un jardín a la entrada, una correcta zona social y habitaciones amplias, con mobiliario en forja y los baños completos. El restaurante es bastante espacioso y disfruta de una gran cristalera.

La CALETA – Santa Cruz de Tenerife – ver Canarias (Tenerife)

CALETA DE FUSTE – Las Palmas – ver Canarias (Fuerteventura)

CALLDETENES – Barcelona – **574** G36 – **2 391 h.** – alt. **489 m**   **14** C2
– ⊠ 08506

> ▶ Madrid 673 – Barcelona 72 – Girona/Gerona 64 – Manresa 57

XXX **Can Jubany** (Ferran Jubany)   🔠 ⇄ **P** 🈂 ⚙ 🆎 ⓪
ℰℬ *carret. C 25 (salida 187), Este : 1,5 km – 𝒞 938 89 10 23 – www.canjubany.com
– cerrado del 1 al 17 de enero, Semana Santa, del 1 al 15 de agosto, domingo
noche, lunes y martes noche*
Rest – Menú 45/85 € – Carta 52/65 € 🈭
Espec. Ventresca de atún a la brasa con sal de bacalao, cerezas y rebozuelos
(junio-agosto). Trufa al papillote con panceta y patatas del buffet (diciembre-
marzo). Pularda asada con butifarra, panceta y foie.
♦ Instalado en una hermosa masía, donde encontrará varias salas de cuidado
montaje y ambiente rústico-actual. De sus fogones surge una cocina actual de
bases tradicionales, elaborada siempre con productos locales de gran calidad y
una innegable maestría técnica.

CALLOSA D'EN SARRIÀ – Alicante – **577** Q29 – **8 056 h.**   **16** B3
– alt. **150 m** – ⊠ 03510

> ▶ Madrid 472 – Alacant/Alicante 57 – Benidorm 14 – Gandía 68

⌂ **El Repòs del Viatger** sin rest   🈂 📶 🈂 ⚙
*Major 1, (es necesario reservar) – 𝒞 965 88 23 22
– www.casaruralelreposdelviatger.com*
5 hab ⊑ – ♥45 € ♥♥60 €
♦ Casa tradicional de sencilla organización que conserva el mobiliario antiguo.
Ofrece habitaciones de estilo personalizado y decoración austera. Atractiva
biblioteca.

CALO – A Coruña – **571** D4 – ⊠ 15129   **19** B2

> ▶ Madrid 663 – Santiago de Compostela 6 – A Coruña 76

🏠 **Pazo de Adrán** 🈂   🍽 🗻 🔠 🈂 📶 🦽 **P** 🚗 🈂 ⚙
*Lugar de Adrán 4 – 𝒞 981 57 00 00 – www.pazodeadran.com – cerrado
enero-febrero*
9 hab – ♥65/80 € ♥♥86/100 €, ⊑ 9 €
Rest – *(cerrado domingo noche y lunes)* Menú 40 €
♦ Atractiva casa señorial ubicada en pleno campo. Disfruta de una elegante
decoración interior, habitaciones detallistas y un magnífico entorno ajardinado.
En su comedor, clásico y con las paredes en piedra, podrá degustar una cocina
tradicional actualizada.

CALP (CALPE) – Alicante – **577** Q30 – **29 666 h.** – **Playa**   **16** B3
– ⊠ 03710

> ▶ Madrid 464 – Alacant/Alicante 63 – Benidorm 22
> – Gandía 48

🅸 av. Ejércitos Españoles 44 𝒞 96 583 69 20 calpestacion@touristinfo.net
Fax 96 583 12 50
y pl. del Mosquit 𝒞 96 583 85 32 calpecentro@touristinfo.net Fax 96 583
85 31

🄶 Peñón de Ifach★

🏠 **Villa Marisol**   🈂 🗻 🗔 📠 🈂 🦽 hab, 🔠 🈂 hab, 📶 **P** 🈂 ⚙ 🆎
urb. Marisol Park 1-A – 𝒞 965 87 57 00 – www.marisolpark.com
17 hab ⊑ – ♥♥70/140 €
Rest – Menú 22 €
♦ Tiene gran encanto y unos cuidados exteriores, aunque está en una urbanización algo alejada del centro y de la playa. Habitaciones modernas, muy detallistas
y con terraza. Posee dos restaurantes, uno de corte tradicional y el otro con una
carta internacional.

Bahía Calpe
av. de Valencia 24 – ✆ 965 83 97 02 – www.torsehoteles.com
284 hab Rest –
◆ Disfruta de una situación céntrica y privilegiada, ya que está en 1ª línea de playa. Habitaciones de confort actual, todas con terraza y la mayoría dotadas de buenas vistas. El luminoso restaurante basa su servicio en un menú diario y un completo buffet.

La Cambra
Delfín 2 – ✆ 965 83 06 05 – cerrado 15 días en mayo-junio, 15 días en diciembre-enero y domingo
Rest – *(sólo almuerzo salvo verano y fines de semana)* Carta 27/42 €
◆ Restaurante que mantiene el estilo de una casa norteña, con vigas en el techo y mobiliario antiguo. Bar público en la planta baja y correcto comedor en el 1er piso.

El Bodegón
Delfín 8 – ✆ 965 83 01 64 – www.bodegon-calpe.com – cerrado 22 diciembre-23 enero, domingo en invierno y domingo mediodía resto del año
Rest – Carta 31/36 €
◆ Instalaciones bien cuidadas cuyo éxito radica en la sencillez. Encontrará una decoración rústica castellana y una cocina clásica, con platos tradicionales e internacionales.

por la carretera N 332 Norte : 2,5 km y desvío a la izquierda 1,2 km

Casa del Maco con hab
Pou Roig 15 ✉03720 apartado 260 Benissa – ✆ 965 73 28 42 – www.casadelmaco.com – cerrado enero
5 hab – †72/109 € ††84/121 €, ☕ 9 €
Rest – *(cerrado martes) (sólo cena salvo domingo)* Carta 49/61 €
◆ Esta casa de campo data del s. XVIII y disfruta de una elegante rusticidad, con las salas distribuidas en dos niveles y una atractiva terraza. Cocina internacional. Como complemento también posee una acogedora zona social y algunas habitaciones, estas últimas ligeramente abuhardilladas y de inequívoco encanto.

CAMALEÑO – Cantabria – 572 C15 – 1 075 h. – ✉ 39587 — 8 A1

Madrid 483 – Oviedo 173 – Santander 126

El Jisu
carret. de Fuente Dé, Oeste : 0,5 km – ✆ 942 73 30 38 – www.eljisu.com – cerrado enero
9 hab – †44/54 € ††55/65 €, ☕ 5,40 € **Rest** – *(cerrado martes)* Menú 18 €
◆ Este hotel tipo chalet se presenta, gracias a su entorno, como una buena opción para los amantes de la montaña. Salón social con chimenea y habitaciones de correcto confort. El restaurante resulta ideal para degustar los platos típicos de la comarca lebaniega.

El Caserío
– ✆ 942 73 30 48 – www.elcaseriodelaliebana.com
17 hab – †30/35 € ††45/50 €, ☕ 3,50 € **Rest** – *(sólo clientes)* Menú 12 €
◆ Negocio familiar de cuidadas instalaciones. Sus habitaciones, que presentan gran profusión de madera y un confort actual, se reparten entre varias casas unidas entre si.

CAMBADOS – Pontevedra – 571 E3 – 13 708 h. – Playa – ✉ 36630 — 19 A2

Madrid 638 – Pontevedra 34 – Santiago de Compostela 61
pl. do Concello ✆ 986 52 07 86 turismo@cambados.es Fax 986 52 48 66
Plaza de Fefiñanes★

Parador de Cambados �\u00a0🖥\u00a0🏊\u00a0❄️\u00a0✗\u00a0🍴\u00a0⚙️\u00a0&\u00a0hab, 🅰\u00a0📶\u00a0📞\u00a0🏋️\u00a0🅿️

paseo de la Calzada – 🕿 986 54 22 50 \u00a0\u00a0\u00a0\u00a0\u00a0\u00a0\u00a0\u00a0\u00a0\u00a0\u00a0\u00a0\u00a0\u00a0\u00a0\u00a0\u00a0 *VISA* ◉◉ AE ①
– www.parador.es
57 hab – †102/129 € ††128/161 €, � 16 € – 1 suite
Rest – Menú 32 €

◆ Elegante pazo del s. XVI ubicado en el centro de la localidad, rodeado de jardines y cerca de la ría. Amplia zona social y habitaciones con mobiliario neorrústico. El restaurante se presenta con un bello techo en madera y una completa carta de cocina gallega.

Casa Rosita �\u00a0❄️\u00a0🖥\u00a0&\u00a0hab, 🅰\u00a0📶\u00a0🏋️\u00a0🅿️\u00a0*VISA*\u00a0◉◉\u00a0AE

av. de Villagarcía 8, Oeste : 1 km – 🕿 986 54 34 77 – *www.hrosita.com*
53 hab – †36/45 € ††51/68 €, ⊏ 7 €
Rest – *(cerrado domingo noche)* Menú 15 €

◆ Hotel de carácter familiar volcado con los banquetes. Presenta unas habitaciones de línea clásica-funcional bastante espaciosas, destacando las que tienen vistas a la ría. En su restaurante encontrará una cocina gallega especializada en pescados y mariscos.

Pazo A Capitana *sin rest* 🍴 \u00a0\u00a0\u00a0\u00a0\u00a0\u00a0\u00a0\u00a0 �\u00a0&\u00a0🅰\u00a0📶\u00a0📶\u00a0🏋️\u00a0🅿️\u00a0*VISA*\u00a0◉◉

Sabugueiro 46 – 🕿 986 52 05 13 – *www.pazoacapitana.com* – *cerrado 15 diciembre-15 enero*
11 hab ⊏ – †60/70 € ††70/90 €

◆ Pazo totalmente restaurado, con un gran portalón y una bella fuente en el patio. Conserva los antiguos lagares y cocinas, que conviven en armonía con sus cálidas habitaciones.

Yayo Daporta 🅰\u00a0📶\u00a0*VISA*\u00a0◉◉\u00a0AE

Hospital 7 – 🕿 986 52 60 62 – *www.yayodaporta.com*
– cerrado del 15 al 30 de mayo, del 1 al 20 de noviembre, domingo noche y lunes salvo festivos
Rest – Menú 50/65 € – Carta aprox. 42 €
Espec. Consomé de pescado al azafrán con raviolis de pasta fresca rellenos de mejillón. Carpaccio de vieiras con migas de pan crujientes y aliño a base de ajo y pimentón. Canelón relleno de pollo de corral en pepitoria, setas y trufa.

◆ Lo encontrará en la 1ª planta de una casona de piedra que en el s. XVIII funcionó como Hospital Real. En contraste con sus fachadas presenta un interior de línea actual, con los suelos en madera. Cocina creativa bien elaborada y con interesantes combinaciones.

Pandemonium 🅰\u00a0📶\u00a0*VISA*\u00a0◉◉\u00a0①

Albariño 16 – 🕿 986 54 36 38 – *www.pandemonium.com.es*
– cerrado del 1 al 10 de octubre y lunes
Rest – *(sólo almuerzo salvo viernes y sábado)* Carta 37/41 €

◆ Resulta céntrico y está llevado entre dos hermanos, con un bar de tapas a la entrada y un comedor de montaje actual. Reducida carta de tintes creativos y un menú degustación.

Ribadomar 🅰\u00a0📶\u00a0🅿️\u00a0*VISA*\u00a0◉◉

Valle Inclán 17 – 🕿 986 54 36 79 – *www.ribadomar.es* – *cerrado 10 días en febrero-marzo, 15 dias en septiembre-octubre, domingo noche y martes noche salvo julio-agosto*
Rest – Carta 26/35 €

◆ Buen negocio familiar con el dueño al frente de los fogones. Presenta un comedor de montaje clásico y una carta tradicional gallega especializada en pescados y mariscos.

Posta do Sol 🍴\u00a0📶\u00a0*VISA*\u00a0◉◉\u00a0AE\u00a0①

Ribeira de Fefiñans 22 – 🕿 986 54 22 85 – *www.postadosol.com*
Rest – Carta 32/44 €

◆ Instalado en un antiguo bar. El comedor posee antigüedades y detalles regionales, como los encajes de Camariñas. Su especialidad son la empanada de vieiras y los mariscos.

ESPAÑA

CAMBRE – A Coruña – **571** C4 – 23 231 h. – ✉ 15660   **19** B1

▶ Madrid 584 – Santiago de Compostela 64 – A Coruña 12 – Lugo 85
◎ Iglesia de Santa María★

XX   **A Estación**   🛋 🏧 ⅋ 📺 ⓩ 🏧
☸   carret. da Estación 51 – 🅮 981 67 69 11 – www.aestacion.com – cerrado martes noche y miércoles salvo verano, domingo noche y lunes
Rest – Menú 47 € – Carta 40/54 €
Espec. Atún rojo marinado y asado, tartar de aguacate, mango y yogur de lima. San Martiño con navajas y rúcula. Tarta de almendra caliente, naranja y helado de tonka.
♦ Edificio tipo pabellón ubicado en un antiguo almacén, junto a la estación de ferrocarril. Se presenta con una zona ajardinada, una agradable terraza y dos salas de cuidada decoración, ambas muy luminosas. Cocina de base tradicional con buenas actualizaciones.

CAMBRILS – Tarragona – **574** I33 – 31 720 h. – Playa – ✉ 43850   **13** B3

▶ Madrid 554 – Castelló de la Plana/Castellón de la Plana 165 – Tarragona 18
🅘 paseo de las Palmeras 1 🅮 977 79 23 07 tur@cambrils.org Fax 977 79 26 25
◎ Localidad★
◉ Parque de Samá★ Norte : 8 km – Castillo-Monasterio de
Escornalbou★ Noroeste : 26 km

Planos páginas siguientes

en el puerto :

🏨   **Mónica H.**   🔊 ユ 🛁 |🖥| & hab, 🏧 ⅋ 🖙 🛀 🖘 📺 ⓩ ①
Galcerán Marquet 1 – 🅮 977 79 10 00 – www.hotelmonica.com
– cerrado 6 noviembre-17 febrero   CZ**b**
100 hab ⌂ – ♦67/112 € ♦♦98/162 €   **Rest** – (sólo clientes) Menú 21,50 €
♦ Hotel de bellos exteriores dotados de una zona recreativa con césped, piscina y palmeras. Acogedora área social y cuidadas habitaciones con baños actuales. Comedor privado.

🏨   **Tryp Port Cambrils**   ユ 🛁 |🖥| & hab, 🏧 ⅋ hab, 🖙 🛀 🖘
Rambla Regueral 11 ✉43850 – 🅮 977 35 86 00   📺 ⓩ ① ①
– www.solmelia.com   CY**e**
156 hab ⌂ – ♦65/180 € ♦♦70/220 €   **Rest** – Menú 20 €
♦ Orientado tanto al cliente vacacional como al de empresa, ya que cuenta con varias salas de reuniones. Habitaciones de aire moderno y funcional, todas con terraza. Si desea algún plato a la carta vaya al bar, pues en el comedor sólo sirven el buffet y un menú.

🏨   **Rovira**   ⋖ 🖼 |🖥| 🏧 ⅋ 🖙 🛀 🖘 📺 ⓩ ① ①
av. Diputació 6 – 🅮 977 36 09 00 – www.hotelrovira.com – cerrado
13 diciembre-22 enero   CZ**f**
56 hab ⌂ – ♦53/100 € ♦♦65/130 € – 2 suites
Rest – (cerrado martes salvo junio-septiembre) Menú 22,50 €
♦ Disfruta de una excelente situación frente a la playa. Sus habitaciones resultan espaciosas, confortables y con mobiliario de calidad, la mayoría de ellas con terraza. Su amplio comedor ofrece un esmerado servicio de mesa y una carta tradicional marinera.

🏨   **Princep** |🖥| 🏧 ⅋ 🖙 🖘 📺 ⓩ
Narcís Monturiol 2 – 🅮 977 36 11 27 – www.hotelprincep.com
– cerrado 10 diciembre-10 enero   CZ**c**
27 hab ⌂ – ♦53/95 € ♦♦75/110 €
Rest Can Pessic – (cerrado octubre-23 febrero, domingo noche y lunes) Carta 40/52 €
♦ Céntrico hotel de línea clásica-actual. Presenta una pequeña zona social y habitaciones amplias de correcto confort, todas ellas con baños completos y mobiliario funcional. El restaurante, bastante colorista, está dotado con una entrada independiente.

⌂ **Can Solé** · ⓚ 💱 🌐 🚗 VISA ⓪ AE

Ramón Llull 19 – 🕾 977 36 02 36 – www.hotelcansole.com – cerrado
22 diciembre-22 enero   BZ**e**
26 hab ⌴ – ♦31/44 € ♦♦42/58 €
Rest – *(cerrado lunes)* Menú 10 €
♦ Hotel familiar de correcto equipamiento, con habitaciones cuidadas, pequeñas y de mobiliario funcional, en su mayoría dotadas de plato ducha. Confortable comedor de estilo clásico con las paredes en ladrillo visto y detalles marineros en la decoración.

✗✗✗ **Can Bosch** (Joan Bosch)   ⓚ 💱 ⇔ VISA ⓪ AE ⓪
✿ *Rambla Jaume I-19 – 🕾 977 36 00 19*
– www.canbosch.com
– cerrado 22 diciembre-enero, domingo noche y lunes   BZ**d**
Rest – Menú 58 € – Carta 45/65 € ⅋
Espec. Ensalada de espárragos blancos con almejas. Merluza salvaje con terrina de patatas y verduritas. Sopa de lichis, piña macerada, merengue de jengibre y sorbete de piña.
♦ Este restaurante, de larga y sólida trayectoria familiar, está dotado con un pequeño hall, una sala de línea moderna y un privado. Su chef-propietario ofrece una completa carta de cocina tradicional actualizada, con un buen apartado de mariscos y arroces.

✗✗ **Rincón de Diego** (Diego Campos)   ⓚ 💱 VISA ⓪ AE ⓪
✿ *Drassanes 7, (Previsto traslado a Drassanes 19)*
– 🕾 977 36 13 07 – www.rincondediego.com
– cerrado 23 diciembre-26 enero, domingo noche y lunes   CZ**v**
Rest – Menú 36/56 € – Carta 44/59 € ⅋
Espec. Ensalada de bogavante con patata, alcachofa y vinagreta de tártara. Gazpacho de cerezas con bogavante, sorbete de aceite de oliva y su acompañamiento (junio-septiembre). Rodaballo salvaje con risotto de setas y salsa de cebolla y parmesano.
♦ Emplazado cerca del puerto y con cierto prestigio en la zona. Presenta una sala de elegante ambiente clásico y una cocina tradicional actualizada que, trabajando mucho con pescados y mariscos, destaca por la excelente calidad de sus materias primas.

✗✗ **Casa Gallau**   🌄 ⓚ 💱 ⇔ VISA ⓪ AE
Pescadors 25 – 🕾 977 36 02 61 – www.casagallau.com – cerrado
23 diciembre-23 enero y martes   CZ**c**
Rest – Carta 30/52 €
♦ Tras su original acceso encontrará una sala decorada con maquetas de barcos, una terraza ajardinada y una sala para banquetes en el piso superior. Cocina tradicional-marinera.

✗✗ **Joan Gatell**   ⇐ 🌄 ⓚ ⇔ VISA ⓪ AE ⓪
passeig Miramar 26 – 🕾 977 36 00 57
– www.joangatell.com – cerrado 15 diciembre-15 enero, domingo noche
y lunes   BZ**s**
Rest – Carta 65/78 €
♦ Todo un clásico que es llevado directamente por su propietario. Presenta dos salas de buen montaje y una magnífica terraza en el 1er piso. Sabrosas especialidades marineras.

✗✗ **Miquel**   🌄 ⓚ 💱 VISA ⓪ AE
av. Diputació 3 – 🕾 977 36 03 57 – www.restaurantmiquel.com
– cerrado noviembre y martes   CZ**t**
Rest – Carta 35/54 €
♦ Negocio familiar ubicado junto a la playa, con una sala interior de línea clásica y una agradable terraza. Ofrecen una carta tradicional marinera y muchos platos elaborados.

CAMBRILS

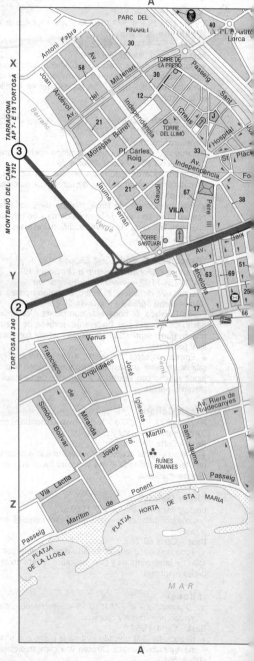

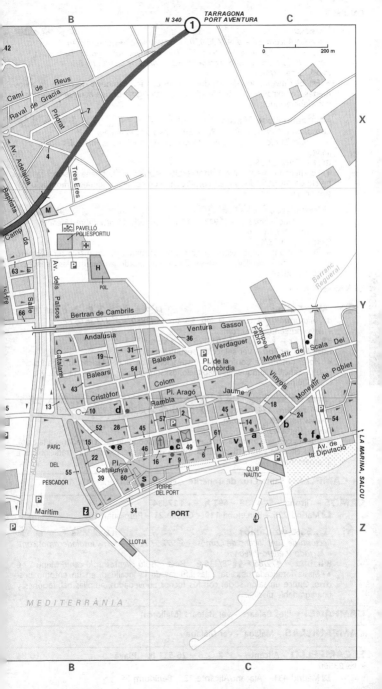

0   200 m

X

Camí   de   Reus

Raval de Gracia

Priorat

7

Av. Adeleida

4

Tres Eres

M

Camp de

Batista

63

Salle

66

PAVELLÓ
POLIESPORTIU

Av. dels Països

P

H

POL

Bertran de Cambrils

Barranc
Regueral

Y

Andalusia

Ventura   Gassol

36

19

31

Verdaguer

Pompeu Fabra

Pl. de la
Concòrdia

e

Balears

64

Balears

Colom

Monestir de   Scala   Dei

43

Cristòfor

Pl. Aragó

Jaume I

Vinyols

Monestir de Poblet

Catalans

Rambla

45

57

2

45

18

24

54

13

10

d

52

28

45

14

a

b

t   f

b

LA MARINA, SALOU

PARC

15

e

46

61

16   r   9

c   49

k   v

6

9

Av. de
la Diputació

P

22

Pl.
Catalunya

DEL

55

39

60

s

CLUB
NÀUTIC

P

PESCADOR

Marítim

i

34

TORRE
DEL PORT

PORT

Z

P

LLOTJA

MEDITERRÀNIA

B   C

279

XX **Bresca**   AC ⌗ VISA ⑩ AE

travessia Àncora 21 – ℰ 977 36 95 12 – www.brescarestaurant.com
– cerrado 23 diciembre-14 enero, 10 días en mayo, domingo noche y lunes
Rest *– (sólo cena en julio-septiembre salvo fines de semana y fes-*   CZ**a**
tivos) Carta 33/48 €
♦ Establecimiento llevado por dos jóvenes con inquietudes y decorado en tonos
fuertes, combinando diseño y rusticidad. Carta algo reducida aunque con esmeradas elaboraciones.

X **Acuamar-Casa Matas**   ≤ AC ⌗ VISA ⑩ AE ⑩
☺
Consolat de Mar 66 – ℰ 977 36 00 59 – www.acuamar.com
– cerrado 23 diciembre-3 enero, 15 octubre-15 noviembre, miércoles noche y
jueves   CZ**k**
Rest *–* Carta 27/35 €
♦ Se encuentra frente al puerto y resulta popular por la buena relación calidad-
precio de sus pescados y mariscos. Presenta un correcto montaje y mobiliario clásico-actual.

X **Montserrat**   AC ⌗ VISA ⑩

Mestre Miquel Planas 9 – ℰ 977 36 16 40 – cerrado 15 diciembre-15 enero,
domingo noche y lunes   CZ**r**
Rest *–* Carta 33/43 €
♦ Propone una buena selección de platos marineros, en un marco sencillo pero
con un cuidado servicio de mesa. Está especializado en mariscadas, "suquets",
arroces y fideos.

al Noreste por ① :

⌂⌂⌂ **Mas Gallau**   ⬚ ☷ ♬ ⌷ ⌗ ⌷ AC ⌗ ⌷ P ⌷ VISA ⑩ AE ⑩

av. Vilafortuny 134, carret. N 340, 3,5 km ⌷43850 – ℰ 977 36 05 88
– www.hotelmasgallau.com
38 hab ⌷ – †72/101 € ††91/125 € – 2 suites
Rest *Mas Gallau* – ver selección restaurantes
♦ Hotel dotado de confortables instalaciones de línea clásica. Su organización
resulta sencilla, aunque las habitaciones son amplias, poseen terraza y están
bien equipadas.

XX **Mas Gallau** – Hotel Mas Gallau   AC ⌗ P VISA ⑩ AE ⑩

av. Vilafortuny 134, carret. N 340 : 3,5 km ⌷43850 – ℰ 977 36 05 88
– www.hotelmasgallau.com
Rest *–* Carta 43/51 €
♦ Cuenta con una entrada independiente y dispone de dos comedores a la carta,
uno de ellos de aire rústico, donde podrá degustar elaboraciones tradicionales e
internacionales.

La CAMELLA – Santa Cruz de Tenerife – ver Canarias (Tenerife) : Arona

CAMÓS – Girona – **574** F38 – **692 h.** – ⌷ 17834   14 C3
      ◗ Madrid 726 – Barcelona 119 – Girona 21 – Perpignan 101

⌂ **La Sala de Camós** ⑤   ⬚ ☷ AC ⌗ ⌷ ⌷ P VISA ⑩ ⑩
Rectoria de Sant Vicenç de Camós – ℰ 972 57 22 82 – www.lasaladecamos.com
– cerrado 9 enero-7 febrero
8 hab ⌷ – †72/85 € ††98/115 €   **Rest** *– (sólo clientes, sólo cena)* Menú 22 €
♦ Masía fortificada ubicada a las afueras de la localidad, en un entorno bos-
coso. Ofrece un salón social con los techos abovedados, amplias habitaciones y
una agradable piscina.

CAMPANET – Illes Balears – ver Balears (Mallorca)

CAMPANILLAS – Málaga – ver Málaga

El CAMPELLO – Alicante – **577** Q28 – **26 511 h.** – Playa   16 B3
– ⌷ 03560
      ◗ Madrid 431 – Alacant/Alicante 13 – Benidorm 29

Playa Campello 🈂️ |🛗| ⅋ hab, 🆎 ⅋ 🆅🆂🅰 ⊕⊕

San Vicente 36 – ☎ *965 63 01 99*
– www.casapepe-campello.com
21 hab ⌦ – †45/65 € ††80/120 €
Rest *– (cerrado lunes salvo verano)* Carta aprox. 35 €
♦ Hotel ubicado en 1ª línea de playa. Ofrece habitaciones amplias y de completo equipamiento, la mayoría de ellas de aire rústico-marinero y muchas con vistas al mar. El restaurante, de marcada tradición marinera, se complementa con una agradable terraza.

Jorge I |🛗| 🆎 ⅋ 📶 🚘 🆅🆂🅰 ⊕⊕ 🆎 ⊕

San Francisco 25 – ☎ *965 63 58 31*
– www.hoteljorge1.net
50 hab ⌦ – †39/55 € ††65/95 €
Rest – Carta 31/37 €
♦ Conjunto funcional. Dispone de un buen hall de entrada y unas sencillas habitaciones, con los baños algo reducidos, que resultan de suficiente confort en su categoría. El restaurante posee dos salas, una para la carta y otra orientada a los menús de grupos.

✕✕ Andra-Mari 🆎 ⅋ ⇔ 🆅🆂🅰 ⊕⊕ 🆎 ⊕

av. Jijona 37 – ☎ *965 63 34 35 – www.restaurante-andramari.com*
– cerrado 8 días en junio, 19 días en noviembre, domingo noche, lunes noche y martes salvo festivos
Rest – Carta 33/43 €
♦ Restaurante de diseño actual dotado con un bar a la entrada, un comedor principal y dos privados. Ofrece platos propios del recetario vasco, siempre con productos de calidad.

✕✕ La Peña 🈂️ 🆎 ⅋ 🆅🆂🅰 ⊕⊕ 🆎 ⊕

San Vicente 12 (paseo Marítimo)
– ☎ *965 63 10 48*
Rest – Carta 35/41 €
♦ Comedor de la entrada con expositores de pescado y marisco, suelo de madera y decoración marinera. Posee otro salón en la 1ª planta del mismo estilo. ¡Pruebe sus calderos!

✕ Cavia 🈂️ 🆎 ⅋ 🆅🆂🅰 ⊕⊕ 🆎 ⊕

San Vicente 43 (paseo Marítimo)
– ☎ *965 63 28 57 – www.cavia.com*
– cerrado del 7 al 30 de enero y martes salvo festivos
Rest – Carta 41/46 €
♦ Frente a la playa, se accede por una terraza que acondicionan en verano. Sala con mobiliario sencillo y decoración marinera. Especializados en arroces y productos del mar.

CAMPO – Huesca – **574** E31 – 246 h. – alt. 691 m – ✉ 22450   **4** C1
▶ Madrid 494 – Zaragoza 183 – Huesca 109 – Andorra la Vella 190

Cotiella *sin rest* 🌢 ⟨ |🛗| ⅋ ⅋ 📶 🅿 🚘 🆅🆂🅰 ⊕⊕ ⊕

San Antonio – ☎ *974 55 03 03*
– www.hotelcotiella.com
26 hab – †33/46 € ††54/86 €, ⌦ 8,70 €
♦ Sus modernas instalaciones disfrutan de unas correctas zonas nobles y espaciosas habitaciones con los suelos en madera, algunas de la última planta abuhardilladas.

La mención **Rest** en rojo designa un establecimiento al que se le ha atribuido una distinción gastronómica ✿ (estrella) o ⊕ (Bib Gourmand).

CAMPO DE CRIPTANA – Ciudad Real – **576** N20 – 15 006 h.   **10** C2
– alt. 707 m – ✉ 13610
▶ Madrid 151 – Albacete 137 – Aranjuez 101 – Ciudad Real 99

ESPAÑA

⛪ **La Casa de los Tres Cielos** sin rest 　　　　🛁 🅰🅲 🕏 📞

Libertad 11 – 𝒞 926 56 37 90 – www.casalos3cielos.com
7 hab ⌑ – 🛏35 € 🛏🛏60 € – 5 apartamentos
♦ Resulta céntrico y está construido en varias alturas, con un patio-terraza y la zona de desayunos en unas cuevas. Habitaciones rústicas dotadas con mobiliario restaurado.

🍴 **Cueva La Martina** 　　　　　 ≼ 🅰🅲 🕏 ⇔ 📠 🆚🅸🆂🅰 ⦿ ⓪

Rocinante 13 – 𝒞 926 56 14 76 – www.cuevalamartina.com – cerrado del 15 al 31 de octubre y lunes noche
Rest – Carta aprox. 30 €
♦ Cueva con mirador ubicada sobre una loma, junto a los molinos de viento y sobre el pueblo y la llanura manchega. Su carta combina la cocina de la zona con platos más actuales.

CAMPOS – Illes Balears – ver Balears (Mallorca)

CAMPOSO – Lugo – **571** D7 – **24 h.** – ✉ 27163 　　　　　　 **20** C2

▶ Madrid 496 – Santiago de Compostela 106 – Lugo 20 – Ourense 97

⛪ **Casa Grande de Camposo** ॐ 　　　 🚗 🕏 📶 🅿 🆚🅸🆂🅰 ⦿ 🅰🅴 ⓪

Camposo 7 ✉27364 – 𝒞 982 54 38 00 – www.camposo.com
– marzo-octubre
9 hab – 🛏42/52 € 🛏🛏58/72 €, ⌑ 5,60 €
Rest – Menú 20 €
♦ Casa típica construida en granito y datada en el s. XVII. Goza de unas atractivas zonas sociales y confortables habitaciones, con mobiliario rústico y los suelos en madera. En su comedor, repartido en dos espacios, podrá degustar la auténtica cocina casera.

CAMPRODÓN – Girona – **574** F37 – **2 542 h.** – alt. 950 m – ✉ 17867 　　 **14** C1

▶ Madrid 699 – Barcelona 127 – Girona/Gerona 80

ℹ pl. d'Espanya 1 𝒞 972 74 00 10 turisme@camprodon.cat
　Fax 972 13 03 24

🖸 Camprodón, Bac de San Antoni, 𝒞 972 13 01 25

◎ Localidad★ – Pont Nou★ – Iglesia románica del Monasterio de Sant Pere★

🏨 **Maristany** ॐ 　　　 ≼ 🚗 🛁 📶 🅰🅲 rest, 🕏 📶 🅿 🆚🅸🆂🅰 ⦿ ⓪

av. Maristany 20 – 𝒞 972 13 00 78 – www.hotelmaristany.com
– cerrado 10 diciembre-febrero
10 hab – 🛏90 € 🛏🛏120 €, ⌑ 10 €
Rest – *(cerrado miércoles)* Carta 40/56 €
♦ Coqueto hotel de línea moderna ubicado en una casa a modo de chalet seño-rial, con habitaciones confortables, mobiliario escogido y baños algo reducidos. Entorno ajardinado. Restaurante a la carta decorado con buen gusto e instalado en un pabellón anexo.

🍴🍴 **El Pont 9** 　　　　　　 🍽 🅰🅲 🕏 ⇔ 🆚🅸🆂🅰 ⦿ 🅰🅴 ⓪

camí Cerdanya 1 – 𝒞 972 74 05 21 – www.restaurantelpont9.com
– cerrado del 7 al 17 de enero, 25 junio-10 julio, del 13 al 23 de octubre y noches de lunes, martes y miércoles
Rest – Carta 28/40 €
♦ Restaurante familiar llevado con profesionalidad. Destaca por su estética actual, con paredes coloristas y un buen servicio de mesa. Platos regionales a precios moderados.

Playa de Canarias

Islas CANARIAS

Mapa Michelin : 125
Población : 1 630 015 h.

Mapa regional : 7 B2

El archipiélago canario, situado en el Océano Atlántico, al Norte del Trópico de Cáncer, goza de un privilegiado clima durante todo el año. Se extiende sobre una superficie de 7.273 km^2. Está formado por nueve islas y cuatro islotes agrupados en dos provincias: Las Palmas (Gran Canaria, Fuerteventura y Lanzarote) y Santa Cruz de Tenerife (Tenerife, La Palma, La Gomera y El Hierro). Santa Cruz de Tenerife y Las Palmas de Gran Canaria comparten la capitalidad administrativa de la autonomía. Cada isla tiene su Cabildo Insular, que es en realidad el órgano de gobierno propio.

La temporada alta en Canarias va del 1 de noviembre al 30 de abril. No siempre es fácil reservar habitación por cuenta propia pues la mayoria de los hoteles canalizan su clientela a través de las agencias de viaje.

GRAN CANARIA : La costa Norte y Oeste es abrupta y rocosa, mientras que el Sur, más accesible y con immensas playas arenosas, ha alcanzado un gran desarrollo turístico.

FUERTEVENTURA : Por su superficie es la segunda después de Tenerife y la de menor densidad de población (28h./km^2) después de El Hierro. El clima suave, la constancia de los vientos y las características del mar hacen de sus costas el lugar ideal para la práctica del "windsurfing" y de otros deportes náuticos.

TENERIFE : Es la mayor en superficie. Su cadena montañosa está dominada por el cono volcánico del Teide (3.718 m), el punto más alto de España. Los dos centros turísticos más importantes son el Puerto de la Cruz (en el Norte) y la Playa de las Américas (en el Sur).

LANZAROTE : Declarada Reserva de la Biosfera. El turismo viene atraído por la peculiaridad de su paisaje: tierras volcánicas salpicadas de oasis de vegetación y cultivos.

LA PALMA : La "Isla Bonita" es muy montañosa: alcanza los 2.426 m. La Palma es una de las más ricas y pobladas de todas las Canarias.

LA GOMERA : Sus costas son abruptas, atormentadas por impresionantes barrancos. Es un lugar ideal para pasar unas tranquilas vacaciones en contacto con la naturaleza.

EL HIERRO : Es la más pequeña de las Canarias. Está poco poblada y sus principales fuentes económicas son el ganado y la agricultura; de sus viñas se obtiene un delicioso vino blanco. Su litoral rocoso es idóneo para la pesca submarina.

INFORMACIONES PRÁCTICAS

Aeropuerto

🛬 ver :

Las Palmas de Gran Canaria, Fuerteventura, Lanzarote, Santa Cruz de Tenerife, La Gomera, El Hierro, La Palma.

Transportes marítimos

🚢 para Canarias ver : Cádiz. En Canarias ver :

Las Palmas de Gran Canaria, Puerto del Rosario, Arrecife, Los Cristianos, Santa Cruz de Tenerife, San Sebastián de la Gomera, Valverde, Santa Cruz de la Palma.

GRAN CANARIA

AGAETE – **125** C2 – **5 782 h.** – **alt. 43 m** – ✉ **35480**   7 B2

▶ Las Palmas de Gran Canaria 34

◎ Valle de Agaete★

◎ carretera a Los Berrazales★ Sureste : 7 km

en el Puerto de las Nieves Oeste : 1,5 km

🏨 **Puerto de las Nieves**   🔲 ⅃ṡ 🖹 ⅃ hab. 🅰️ ⚡ 📶 ⅃ 🚗 𝘃𝘪𝘴𝘢 ⊕

av. Alcalde José de Armas Medina ✉*35480 Agaete* – 🕿 *928 88 62 56*
– *www.hotelpuertodelasnieves.es*
30 hab ☕ – ♦48/98 € ♦♦70/180 €
Rest *Faneque* – *(cerrado lunes) (sólo menú)* Menú 12 €
♦ Goza de unas confortables instalaciones que tienen como valor añadido un completo servicio terapéutico. Habitaciones espaciosas con solado en madera y mobiliario de calidad. Restaurante de línea moderna con abundante iluminación natural.

AGÜIMES – **125** F3 – **28 924 h.** – **alt. 275 m** – ✉ **35118**   7 B2

▶ Las Palmas de Gran Canaria 33

en la playa de Arinaga Sureste : 8 km

✕✕ **Nelson**   ⟵ 🅰️ ⚡ 𝘃𝘪𝘴𝘢 ⊕ 🅰🅴 ⓪

av. Polizón 47 ✉*35118 Arinaga* – 🕿 *928 18 08 60* – *cerrado del 1 al 15 de septiembre, domingo y lunes noche*
Rest – Carta aprox. 44 €
♦ Este negocio familiar disfruta de un bar privado y una sala clásica en un nivel superior, dominada por un ventanal con vistas al mar. Cocina marinera con productos locales.

ARUCAS – **125** E2 – **36 259 h.** – ✉ **35400**   7 B2

▶ Las Palmas de Gran Canaria 17

◎ Montaña de Arucas ⟵★

◎ Cenobio de Valerón★ Noroeste : 11 km

en la montaña de Arucas Norte : 2,5 km

✕ **Mesón de la Montaña**   🔲 🅰️ ⚡ 🅿 𝘃𝘪𝘴𝘢 ⊕ 🅰🅴 ⓪

✉*35400 Arucas* – 🕿 *928 60 14 75* – *www.mesonarucas.es*
Rest – Carta 20/28 €
♦ Magnífico emplazamiento en lo alto de la montaña, con un entorno ajardinado dotado miradores y vistas que se pierden en el océano. Está orientado a trabajar con grupos.

MASPALOMAS – **125** E4 – **123 h.** – **Playa** – ✉ **35100**   7 B2

▶ Las Palmas de Gran Canaria 50

ℹ av. de España (junto al Centro Comercial Yumbo) 🕿 928 77 15 50 cit@ grancanaria.com Fax 928 76 78 48

🏌 Maspalomas, av. de Neckerman, 🕿 928 76 25 81

🏌 Salobre Golf, urb. Salobre, por 2 : 7 km, 🕿 928 01 01 03

◎ Playa★

◎ Norte : Barranco de Fataga★★ – San Bartolomé de Tirajana (paraje★) Norte : 23 km por Fataga

Planos páginas siguientes

junto al faro :

🏨 **Grand H. Residencia** 🐘   🔲 ⅃ ⅃ṡ 🖹 ⅃ hab. 🅰️ ⚡ 📶 🚗

av. del Oasis 32 ✉*35100 Maspalomas Oeste*   𝘃𝘪𝘴𝘢 ⊕ 🅰🅴 ⓪
– 🕿 *928 72 31 00* – *www.grand-hotel-residencia.com*   Az
90 hab – ♦207/1280 € ♦♦298/2062 €, ☕ 25 € – **4 suites**   **Rest** – Menú 65 €
♦ Complejo hotelero formado por una serie de villas de estilo canario distribuidas en torno a una bella terraza con piscina. Distinguido confort y una exquisita decoración. Restaurante de elegante modernidad recreando un entorno coqueto y entrañable.

287

ESPAÑA

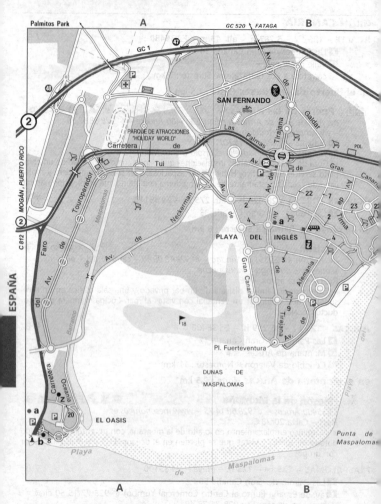

Ifa Faro ⌖ ← ⌂ ☂ 🛋 & hab, 🆉 ⚆ hab, 🛜 🕸 🅿 🌐 ⚙️ 🆎 ⓪

pl Colón 1 – ℰ 902 45 00 10 – www.ifahotels.com **Ab**

177 hab – †121/208 € ††156/331 €, ⚌ 12,95 € – 11 suites

Rest – Menú 22 €

♦ Destaca por su buen emplazamiento, ya que tiene acceso directo a la playa. Ofrece habitaciones bien equipadas de estética minimalista, todas con terraza y vistas al mar. El restaurante se centra en el cliente alojado, para el que elabora un variado buffet.

✕ **Las Rías** 🛜 ⚆ 🌀 🌐 ⚙️ 🆎 ⓪

C.C. Varadero 2ª planta

- local 173-174 ✉35100 Maspalomas Oeste

- ℰ 928 14 00 62 – www.lasrias-meloneras.com **Aa**

Rest – Carta 30/47 €

♦ Se encuentra en un centro comercial, con una parte abierta parcialmente al mar a modo de terraza. Buen expositor de pescado, un acuario de marisco y la cocina a la vista.

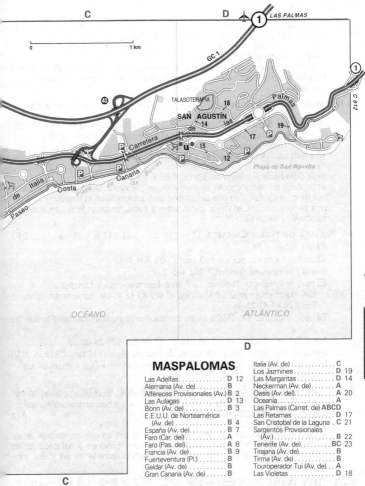

en la playa del Inglés :

✗✗ Rías Bajas   🅰🅒 💱 ⓥⓘⓢⓐ ⓒⓓ 🅰🅔 ⓞ

av. de Tirajana - edificio Playa del Sol ✉*35100 Maspalomas –* ☏ *928 76 40 33 – www.riasbajas-playadelingles.com*   B**a**

Rest – Carta 30/50 €

♦ Su profesionalidad y la bondad de sus productos lo han convertido en un clásico. Casa de esmerado montaje, cuyo nombre evidencia una cocina sumergida en el recetario gallego.

en la playa de San Agustín :

✗✗ Anno Domini   🏠 🅰🅒 💱 ⓥⓘⓢⓐ ⓒⓓ 🅰🅔 ⓞ

Centro Comercial San Agustín - local 82 a 85 ✉*35100 Maspalomas – * ☏ *928 76 29 15 – www.restaurantannodomini.com – octubre-abril*

Rest – *(cerrado domingo en octubre) (sólo cena)* Carta 30/40 €   D**u**

♦ Ubicado en un centro comercial, aunque con una clientela de buen nivel. Posee dos salas de estilo clásico y cuidado montaje donde ofrecen una cocina bien elaborada.

✕✕ Bamira   AC ❄ VISA ◉◉ AE ◑

Los Pinos 11 (Playa del Águila) ⊠*35290 San Agustín* – ☎ *928 76 76 66*
– *www.bamira.com* – *cerrado 6 junio 15 septiembre y miércoles*
Rest – *(sólo cena)* Carta 35/45 €

♦ Ofrece una sala personal y colorista, decorada con varias fotografías artísticas realizadas por sus propietarios. Cocina de fusión con influencias centroeuropeas y orientales.

en la urbanización Salobre Golf por ② : 4 km y desvío a la derecha : 3 km

🏨 Sheraton Salobre ⤵   ← ⚖ ⬚ ⬚ & hab, AC 🌐 ⬚ ⬚ VISA ◉◉ AE ◑

Swing, salida 53 autovía GC1 ⊠*35100 Maspalomas* – ☎ *928 94 30 00*
– *www.sheratonsalobre.com*
304 hab � – ♦130/320 € ♦♦150/340 € – 9 suites
Rest – Menú 34 €
Rest Camaleon – *(sólo cena)* Carta 35/55 €

♦ Un oasis de lujo y confort en medio de un paraje desértico. Ofrece habitaciones de gran calidad, con una decoración bien integrada en el entorno y una piscina panorámica. Posee varios restaurantes y bares, destacando el Camaleon por sus detalles de diseño.

LAS PALMAS DE GRAN CANARIA Ⓟ – 125 G2 – 381 847 h. – Playa   7 B2

▶ Maspalomas 50

✈ de Gran Canaria por ① : 30 km ☎ 902 404 704

Iberia : aeropuerto Gando ☎ 902 400 500

⛴ para la Península, Tenerife, La Palma, Fuerteventura y Lanzarote :
    Cía. Trasmediterránea, pl. Mr. Jolly, ☎ 902 45 46 45 info@trasmediterranea.es
    Fax 928 47 41 21 AS

🛈 León y Castillo 17, ☎ 928 21 96 00 dpromoc@grancanaria.com Fax 928 21 96 12

R.A.C.E. Luis Doreste Silva 3, ☎ 928 23 07 88 Fax 928 29 08 59

🏌 Las Palmas, Bandama, por la carret. de Cruz de Tejeda : 14 km, ☎ 928 35 10 50

◎ Vegueta-Triana★ (Casa de Colón★, Museo Canario★) CZ – Playa de las Canteras★ BVX – Paseo Cornisa ❄★ AT

🏨 Santa Catalina ⤵   ⬚ ⬚ ⬚ ⬚ ⬚ & ❄ ☎ ⬚ Ⓟ ⬚ VISA ◉◉ AE ◑

León y Castillo 227 ⊠*35005* – ☎ *928 24 30 40* – *www.hotelsantacatalina.com*
187 hab � – ♦95/201 € ♦♦107/267 € – 16 suites   ATz
Rest – Menú 29 €

♦ Edificio de estilo colonial inglés con detalles árabes y canarios, ubicado en un parque con palmeras. Ofrece excelentes salas de reuniones y habitaciones de confort clásico. Su cálido restaurante está repartido entre la terraza y una zona de interior.

🏨 Tryp Iberia sin rest, con cafetería   ← ⬚ ⬚ AC ❄ 🌐 ⬚ Ⓟ VISA ◉◉ AE ◑

av. Alcalde Ramírez Bethencourt 8 ⊠*35003* – ☎ *928 36 11 33* – *www.solmelia.com*
292 hab � – ♦♦75/125 € – 4 suites   AUa

♦ Muy vocacionado a un turismo de congresos y negocios. Ofrece unas habitaciones confortables y funcionales que progresivamente van actualizando su equipamiento.

✕✕ Amaiur   AC ❄ ⇆ VISA ◉◉ AE ◑

Pérez Galdós 2 ⊠*35002* – ☎ *928 37 07 17*
– *www.restaurantesdegrancanaria.com* – *cerrado agosto y domingo*
Rest – Carta 30/40 €   BYe

♦ Llevado de forma profesional entre dos hermanos. Posee un comedor clásico y tres privados, donde podrá degustar una carta de raíces vascas acompañada por platos de temporada.

✕✕ Rías Bajas   AC ❄ VISA ◉◉ AE ◑

Simón Bolívar 3 ⊠*35007* – ☎ *928 27 13 16*   CVXn
Rest – Carta 37/53 €

♦ Cuenta con una barra de espera, una cocina semivista, dos salas de aire rústico y un correcto privado en el piso superior. Muy apreciado por la bondad de sus mariscos.

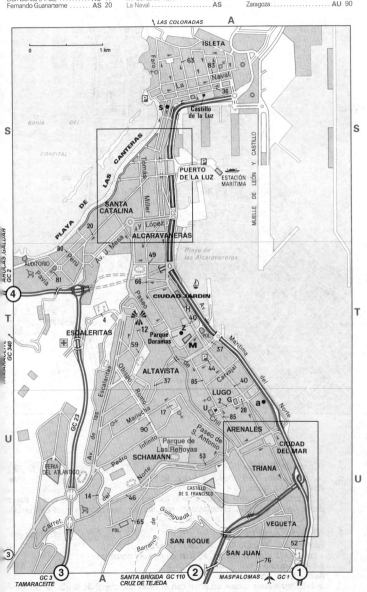

291

PUERTO DE LA LUZ

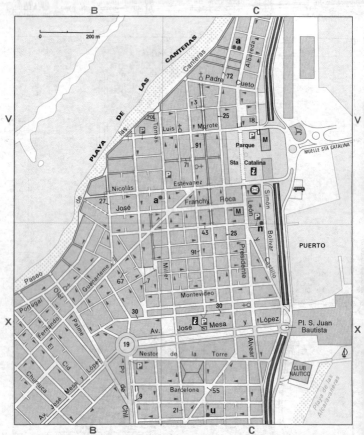

X **Casa de Galicia**

Salvador Cuyás 8 ✉ *35008 –* 📞 *928 27 98 55*

CVa

Rest – Carta aprox. 35 €

• Su propietario puede presumir de la calidad de los productos, ya que se traen desde Galicia y Huelva. Elaboraciones sencillas, amplio comedor y un concurrido bar público.

X **Deliciosamarta**

Pérez Galdós 23 ✉ *35002 –* 📞 *928 37 08 82*

*– cerrado 15 días en febrero, 15 días en agosto, domingo
y martes noche*

BYa

Rest – Carta aprox. 35 €

• Este restaurante rompe un poco con el estilo tradicional de la isla, ya que presenta un montaje moderno, con detalles minimalistas en su decoración, y una cocina creativa.

292

VEGUETA, TRIANA

✗ ## Asturias   AC ⚄ ⇔ VISA ⑳ AE ①

Capitán Lucena 6 ⊠35007 – ℰ 928 27 42 19
– cerrado del 1 al 15 de septiembre   BVa
Rest – Carta 37/53 €

♦ Casa de carácter familiar, con la dueña en los fogones, cuyo interior alberga un bar público a la entrada de gran amplitud y un comedor bien dispuesto en la 1ª planta.

✗ ## El Arrosar   AC ⚄ VISA ⑳ AE ①
☺
Salvador Cuyás 10 ⊠35008 – ℰ 928 27 26 45 – *cerrado domingo noche*
Rest – Carta aprox. 35 €   CVa

♦ Dispone de una barra de bar, que se usa para el servicio de comidas, y tres sencillas salitas. Resulta popular, ya que ofrece cocina gallega de calidad a precios contenidos.

✗ **Samoa**　　　AC ♸ VISA ⬦⬦ AE ①
Valencia 46 ⊠35006 – ℰ *928 24 14 71 – cerrado agosto y domingo*
Rest – Carta 24/34 €　　　　　　　　　　　　　　CXu
◆ Casa familiar, asentada y bien consolidada, que cuenta con el beneplácito de una clientela habitual. Su concurrido bar público y un pequeño comedor conforman su interior.

SANTA BRÍGIDA – **125** F2 – **19 154 h.** – **alt. 426 m** – ⊠ **35300**　　　**7** B2
▶ Las Palmas de Gran Canaria 15
🏡 Las Palmas, Bandama, Este : 7 km, ℰ 928 35 10 50
◎ Mirador de Bandama★★ Este : 7 km

en Monte Lentiscal Noreste : 4 km

🏠 **Santa Brígida** – (Hotel escuela)　　　◸ ⌿ ♻ ⌅ AC ♸ ⅍ VISA ⬦⬦ AE ①
Real de Coello 2 ⊠35310 Monte Lentiscal – ℰ *828 01 04 00 – www.hecansa.com*
40 hab ⌂ – †50/63 € ††67/84 €
Rest *Satautey* – ver selección restaurantes
◆ Hotel-escuela que destaca por su organización. Tiene un bello entorno ajardinado, dos salas polivalentes y habitaciones clásicas, con los baños algo pequeños pero completos.

✗✗ **Satautey** – Hotel Santa Brígida (Hotel escuela)　　　♸ VISA ⬦⬦ AE ①
🛈 *Real de Coello 2 ⊠35310 Monte Lentiscal –* ℰ *828 01 04 21 – www.hecansa.com*
Rest – *(sólo almuerzo salvo viernes y sábado)* Carta 26/32 €
◆ Disfruta de una entrada independiente respecto al hotel. Posee un recibidor a la entrada y un diáfano comedor definido por su gran galería acristalada, con vistas al jardín.

VEGA DE SAN MATEO – **125** E2 – **7 636 h.** – **alt. 950 m** – ⊠ **35329**　　　**7** B2
▶ Las Palmas de Gran Canaria 23

en La Lechuza Oeste : 4 km y desvío a la izquierda 0,5 km

🏠 **Las Calas** ◈　　　◸ ♸ rest, ⓦ P VISA ⬦⬦
El Arenal 36 ⊠35329 La Lechuza – ℰ *928 66 14 36*
– www.hotelrurallascalas.com
8 hab ⌂ – †60/70 € ††80/90 €　　**Rest** – *(sólo cena) (sólo clientes)* Menú 20 €
◆ Este hotel combina el aire rústico de la mayoría de sus habitaciones con la estética moderna que define dos de sus estancias. Todo se distribuye en torno a un patio-jardín.

FUERTEVENTURA – Las Palmas

ANTIGUA – **125** G3 – **10 371 h.** – **alt. 254 m** – ⊠ **35630**　　　**7** C2
▶ Puerto del Rosario 20

🏠 **Era de la Corte** sin rest ◈　　　⌅ ⅘ ♸ P VISA ⬦⬦
La Corte 1 – ℰ *928 87 87 05 – www.eradelacorte.com*
11 hab ⌂ – †35 € ††70 €
◆ Casona típica estructurada alrededor de dos patios que funcionan como salón social y terraza. Ofrece cálidas habitaciones de estilo rústico con detalles decorativos majoreros.

BETANCURIA – **125** G3 – **680 h.** – **alt. 395 m** – ⊠ **35637**　　　**7** C2
▶ Puerto del Rosario 29
◎ Pueblo★

✗✗ **Casa Santa María**　　　◸ ◿ AC ♸ VISA ⬦⬦
pl. Santa María ⊠35637 – ℰ *928 87 82 82*
– www.restaurantecasasantamaria.com – cerrado 5 mayo-10 junio
Rest – *(sólo almuerzo)* Carta 30/40 €
◆ Destaca por su atractiva decoración, ya que muestra detalles típicos en un marco dominado por la madera y los objetos de inspiración árabe. Terraza de exuberante vegetación.

ESPAÑA

CALETA DE FUSTE – 125 I3 **– 1 089 h. –** ⊠ 35630   **7** C2

▶ Puerto del Rosario 12

▦ Fuerteventura Golf Club, carret. Jandía, km 11, ℰ 928 16 00 34

🏨🏨🏨 **Elba Palace Golf** ⌖   ⪅ ⛱ ℔ ▦ ⛊ ⅙ hab, ⵉⵉ ⓦ ⅄ ℙ ⅦⅤ ⅏⅏ ⅄Ⅎ ⅅ
urb. Fuerteventura Golf Resort - Norte 1,5 km
– ℰ 928 16 39 22 – www.hoteleselba.com
51 hab ⌑ **– †**79/95 € **††**95/120 € **– 10 suites**
Rest – Menú 30 €   **Rest** *St. Andrew's* – *(sólo cena)* Carta aprox. 53 €
♦ Ubicado en un campo de golf y dotado de un bellísimo patio central con palmeras. Completa zona social y amplias habitaciones decoradas en un estilo clásico elegante. Restaurante de cuidado montaje donde se ofrece una carta de corte cosmopolita.

CORRALEJO – 125 I1 **– 5 362 h. – Playa –** ⊠ 35660   **7** C2

▶ Puerto del Rosario 38

ℹ av. Marítima 2 ℰ 928 86 62 35 info@corralejograndesplayas.com Fax 928 86 61 86

👁 Puerto y Playas★

🏨🏨🏨 **Gran Hotel Atlantis Bahía Real**   ⪅ ⌖ ⛱ ▦ ℔ ⅇ ⅙ hab, ⵉⵉ ⅗
av. Grandes Playas – ℰ 928 53 64 44   ⓦ ⅄ ⌂ ⅦⅤ ⅏⅏ ⅄Ⅎ ⅅ
– www.atlantishotels.com
226 hab ⌑ **– †**120/194 € **††**175/296 € **– 16 suites**
Rest *La Cúpula* – *(sólo cena)* (es necesario reservar) Carta aprox. 54 €
Rest *Yamatori* – *(sólo cena)* (es necesario reservar) Carta 34/44 €
Rest *Las Columnas* – *(sólo cena)* (es necesario reservar) Carta 36/50 €
♦ Magnífico conjunto en cuya arquitectura se conjuga la estética neomudéjar con algunas influencias coloniales. Disfruta de buenas vistas a las islas de Lanzarote y Lobos. Entre sus restaurantes destaca La Cúpula, que ofrece un elegante estilo clásico y una carta cosmopolita.

LAJARES – 125 H1 **– 800 h. –** ⊠ 35650   **7** C2

▶ Puerto del Rosario 32

✕✕ **El Patio de Lajares** con hab   ⛱ ▦ ⅗ hab, ℙ ⅦⅤ ⅏⅏
La Cerca 9 – ℰ 650 13 40 30 *– www.patio-lajares.com*
– cerrado del 10 al 31 de enero
6 hab ⌑ **– †**80/100 € **††**105/125 €
Rest *– (cerrado lunes y martes)* Carta 40/57 €
♦ Está llevado por un matrimonio alemán y se presenta con un comedor principal de montaje clásico, una sala acristalada y una terraza. Cocina cosmopolita y bodega internacional. Si desea alojarse esta es una buena opción, ya que también dispone de habitaciones.

¿Buenas comidas a precios moderados? Elija un Bib Gourmand ⓐ.

PUERTO DEL ROSARIO – 125 I3 **– 35 667 h. – Playa –** ⊠ 35600   **7** C2

▶ Corralejo 38

✈ de Fuerteventura, Sur : 6 km ℰ 902 404 704

⛴ para Lanzarote, Gran Canaria y Tenerife : Cía Trasmediterránea, León y Castillo 58, ℰ 902 45 46 45 info@trasmediterranea.es Fax 928 85 24 08

ℹ aeropuerto de Fuerteventura ℰ 928 86 06 04 info@ fuerteventuraturismo.com Fax 928 54 36 55

🏢 **JM Puerto Rosario** sin rest   ⪅ ℔ ▦ ⅗ ⅦⅤ ⅏⅏ ⅄Ⅎ
av. Ruperto González Negrín 9 – ℰ 928 85 94 64 *– www.hoteljmpuertodelrosario.com*
88 hab ⌑ **– †**52/65 € **††**70/95 €
♦ De línea moderna y adecuado equipamiento. Las habitaciones resultan confortables, con los suelos en pergo, baños actuales y vistas al puerto en la mitad de los casos.

ESPAÑA

LANZAROTE – Las Palmas

ARRECIFE – 125 E4 – **59 127 h.** – Playa – ⊠ 35500

▶ Costa Teguise 7

🛬 de Lanzarote, Oeste : 6 km 𝒞 902 404 704

🚢 para Fuerteventura, Gran Canaria, Tenerife y La Palma : Cía. Trasmediterránea, José Antonio 90, 𝒞 902 45 46 45 info@trasmediterranea.es Fax 928 81 23 63

🛈 Blas Cabrera Felipe 𝒞 928 81 17 62 info@turismolanzarote.com Fax 928 80 00 80

R.A.C.E. Blas Cabrera Tophan 8, 𝒞 928 80 68 81 Fax 928 80 65 86

📷 Fundación César Manrique ★ por ① : 7 km – Teguise (castillo de Santa Bárbara ❋ ★) por ① : 11 km – Tiagua (Museo Agrícola El Patio ★) por ③ : 13 km – Guatiza (Jardín de Cactus ★) por ① : 15 km – La Geria ★★ (de Mozaga a Yaiza) por ③ : 17 km – Cueva de los Verdes ★★★ Noreste : 27 km por Guatiza – Jameos del Agua ★ Noreste : 29 km por Guatiza – Mirador del Río ★★ (❋ ★★) Noroeste : 33 km por Guatiza

ARRECIFE

Arrecife G.H.

parque Islas Canarias – ☎ *928 80 00 00* – *www.arrecifehoteles.com*   B**x**
108 suites ☐ – **♦**75 € **♦♦**102 € – 52 hab   **Rest** *Altamar* – Carta 30/44 €

♦ Altiva torre acristalada y ubicada a pie de playa. Ofrece una variada zona social, una buena oferta de servicios complementarios y habitaciones de completo equipamiento. Su restaurante a la carta disfruta de excelentes vistas, tanto al océano como a la ciudad.

Lancelot

av. Mancomunidad 9 – ☎ *928 80 50 99* – *www.hotellancelot.com*   B**t**
110 hab ☐ – **♦**40/49 € **♦♦**50/59 €   **Rest** – Menú 12 €

♦ Repartido en dos edificios y con una clientela habitual. Correcta zona noble, confortables habitaciones con los baños actuales y una nueva área deportiva en la última planta.

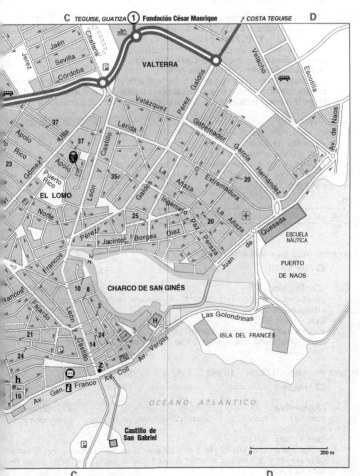

🏠 Miramar sin rest   🛗 ⅙ 🍴 🛜 🔥 VISA ◉◉ AE ⓪
av. Coll 2 – 𝒞 928 80 15 22 – www.hmiramar.com   Cz
85 hab – †36/46 € ††46/61 €, ⚌ 6 €
♦ Conjunto actual muy frecuentado por clientes comerciales. Las habitaciones gozan de un correcto confort, con suelos en moqueta, mobiliario clásico y en varios casos terraza.

XX Chef Nizar   AC 🍴 VISA ◉◉ AE
Luís Morote 19 – 𝒞 928 80 12 60 – cerrado domingo   Ch
Rest – Carta aprox. 34 €
♦ Un propietario veterano de origen libanés derrama en los fogones el arte de su tierra, mientras su familia atiende una sala montada en dos niveles. Esmerado servicio de mesa.

COSTA TEGUISE – 125 F4 – Playa – ✉ 35509   7 C1

🚩 Arrecife 7

🏨 Costa Teguise, urb. Costa Teguise, 𝒞 928 59 05 12

🏨🏨🏨 Gran Meliá Salinas 🔊   ≤ 🏤 🏠 🔟 🛠 🍴 🎷 AC 🍴 🗣 🔥 🅿
av. Islas Canarias – 𝒞 928 59 00 40 – www.solmelia.com   VISA ◉◉ AE ⓪
314 hab ⚌ – †145/239 € ††175/285 € – 2 suites
Rest *Atlántida* – (sólo cena buffet) Menú 30 €
Rest *La Graciosa* – (sólo cena) Carta aprox. 58 €
Rest *Casa Canaria* – Carta aprox. 53 €
♦ Disfrute de sus vacaciones en un hotel de atractivos exteriores, con profusión de plantas y terraza. Interior engrandecido por la prestancia del mármol. Baños detallistas. Destaca el restaurante La Graciosa por su carta, confort y servicio de mesa.

XX Neptuno   🏠 AC 🍴 VISA ◉◉ AE ⓪
av. del Jablillo - Local 6 ✉35508 – 𝒞 928 59 03 78
– cerrado domingo
Rest – Carta aprox. 28 €
♦ Dirigido por dos hermanos, goza de una trayectoria seria y estable. Barra de apoyo y una sala sencilla pero pulcra, que se ve realzada por un servicio de mesa que da la talla.

¿Desayuno incluido? La taza ⚌ aparece junto al número de habitaciones.

MÁCHER – 125 C4 – 749 h. – ✉ 35571   7 C1

🚩 Arrecife 16

XXX La Tegala   ≤ AC 🍴 🅿 VISA ◉◉ AE ⓪
carret. Tías a Yaiza 60 – 𝒞 928 52 45 24 – www.lategala.com – cerrado domingo
y lunes mediodía
Rest – Carta 30/37 €
♦ Restaurante de moderno montaje llevado por una familia con experiencia en el sector. Ofrece una sala acristalada que disfruta de vistas panorámicas, dos privados y bodega.

PLAYA HONDA – 125 D4 – 10 081 h. – Playa – ✉ 35509   7 C2

🚩 Arrecife 2

XX Aguaviva   AC 🍴 VISA ◉◉ ⓪
Mástil 31 – 𝒞 928 82 15 05 – www.restauranteaguaviva.com – cerrado domingo
noche y lunes
Rest – Carta 37/47 €
♦ Ubicado en una zona de playa algo alejada del ambiente turístico. Posee varias salas alegres y de cuidado montaje donde podrá degustar una cocina actual de base tradicional.

ESPAÑA

PUERTO CALERO – 125 C5 – **Playa** – ⊠ 35570   **7** C2

> ▶ Arrecife 20

XXX **Amura**   ⌂ AC ⅏ **P** VISA ⑳ AE ⑩
☺ *paseo Marítimo* – ℰ *928 51 31 81* – *www.puertocalero.com*
Rest – Carta 24/35 €
◆ Construcción octogonal en madera blanca que recuerda la estética de los edificios coloniales, con una gran terraza de excelente montaje y un interior de ambiente más actual.

PUERTO DEL CARMEN – 125 D5 – **Playa** – ⊠ 35510   **7** C2

> ▶ Arrecife 15
> **i** av. de las Playas ℰ 928 51 33 51 infoturismo@ayuntamientodetias.es
> Fax 928 51 56 15

XX **La Cañada**   ⌂ AC ⅏ VISA ⑳ AE ⑩
César Manrique 3 – ℰ *928 51 04 15*
– *www.restaurantelacallada.com*
Rest – Carta aprox. 32 €
◆ Casa bien llevada, con el dueño al frente de una cocina que apuesta por la calidad de sus productos. Posee una agradable terraza y una sala muy cuidada, montada en un altillo.

YAIZA – 125 B4 – **13 941 h.** – **alt. 192 m** – ⊠ 35570   **7** C1

> ▶ Arrecife 22
> ◐ La Geria★★ (de Yaiza a Mozaga) Noreste : 17 km – Salinas de
>   Janubio★ Suroeste : 6 km – El Golfo★★ Noroeste : 8 km

🏠 **Finca de las Salinas** ⊗   ⇶ ₺ꜗ ℀ AC ⅏ hab, "¶" **P** VISA ⑳ AE
La Cuesta 17 – ℰ *928 83 03 25* – *www.fincasalinas.com*
17 hab � – ♦61/135 € ♦♦104/180 € – 2 suites
Rest – *(cerrado junio y miércoles)* Carta 31/45 €
◆ Mansión del s. XVIII dotada con una atractiva fachada, una cálida zona social y un SPA. Sus cuidadas habitaciones de aire rústico se reparten por lo que fueron las cuadras. En su cálido restaurante podrá descubrir una cocina creativa de bases tradicionales.

TENERIFE – Santa Cruz de Tenerife

LOS ABRIGOS – 125 E5 – ⊠ 38639   **7** B2

> ▶ Santa Cruz de Tenerife 69

X **Los Roques**   ⇷ ⌂ AC VISA ⑳ AE
La Marina 16 – ℰ *922 74 94 01* – *www.restaurantelosroques.com*
– *cerrado 15 días en diciembre, junio, domingo y lunes*
Rest – *(sólo cena)* Carta aprox. 42 €
◆ Sorprende encontrar un restaurante como este, de línea moderna, en una localidad típicamente pesquera. Su chef elabora una cocina de autor bastante atrevida para la zona.

ALCALÁ – 125 C4 – **3 068 h.** – ⊠ 38686   **7** A2

> ▶ Santa Cruz de Tenerife 98

🏨 **Gran Meliá Palacio de Isora** ⇷ ⇶ ₺ꜗ ℀ ⦿ & hab, AC "¶" ⌂
Urbanizacion La Jaquita – ℰ *922 86 90 00*   VISA ⑳ AE ⑩
– *www.solmelia.com*
512 hab ⊝ – ♦147/286 € ♦♦184/456 € – 91 suites
Rest Calima – *(cerrado domingo y lunes) (sólo cena)* (es necesario reservar)
Carta aprox. 65 €
Rest Nami – *(cerrado martes y miércoles) (sólo cena)* Carta aprox. 40 €
Rest Club Ocean – Carta aprox. 38 €
◆ Complejo formado por diversos edificios. Disfruta de varias piscinas, una sobre el mar, amplias zonas sociales y unas habitaciones actuales, todas con terraza. Dentro de su nutrida oferta gastronómica destaca el restaurante Calima, con una carta de autor.

ESPAÑA

ARONA – 125 D5 – 78 614 h. – alt. 610 m – ✉ 38640   7 A2

🚘 Santa Cruz de Tenerife 72

🄲 Mirador de la Centinela★ Sureste : 11 km

en La Camella Sur : 4,5 km

X **Mesón Las Rejas**   AC ⅏ ⇔ VISA ⓪ AE ①

carret. General del Sur 31 ✉38267 La Camella – 𝒞 922 72 08 94
– www.mesonlasrejas.com – cerrado junio y domingo noche
Rest – Carta 25/40 €

♦ Llevado por su propietario con criterio profesional. En su interior, de estilo regional, alberga un pequeño bar privado, dos salas y un reservado. Bodega climatizada.

LA CALETA – 125 C5 – ✉ 38670   7 A2

🚘 Santa Cruz de Tenerife 82

🏨🏨🏨 **Sheraton La Caleta**   ⌘ ⚊ ♠ ⃗ ⅃ ⅃ ⎮s ▯ & hab, AC ⅏ rest, ⁇ 🏖 🚗

La Enramada 9 – 𝒞 922 16 20 00 – www.sheraton.com   VISA ⓪ AE ①
264 hab ⚏ – †125/240 € ††165/280 € – 20 suites
Rest – (sólo cena) (sólo buffet) Menú 40 €
Rest La Venta – (sólo cena) Carta 32/54 €
Rest Kamakura – (sólo cena) Carta 45/53 €

♦ Está distribuido entre varios edificios y disfruta de un completo SPA. Las habitaciones, de ambiente colonial y diferente nivel según las vistas, tienen su propia terraza. Entre sus restaurantes destaca La Venta, tipo mesón y especializado en cocina española.

XXX **El Jardín de Victor Rocha**   AC VISA ⓪ AE ①

av. Ayo (Royal Gardens Villa) Norte : 1.8 km – 𝒞 922 77 56 50 – www.rjardin.com
– cerrado junio
Rest – (sólo cena) Carta aprox. 55 €

♦ Próximo a un campo de golf. Bajando por unas escaleras encontrará una sala actual, con mesas en mármol y una cuidada iluminación. Elaboraciones actuales y dos menús gourmet.

CANDELARIA – 125 H3 – 24 319 h. – Playa – ✉ 38530   7 B2

🚘 Santa Cruz de Tenerife 22

X **El Archete**   AC ⅏ ⇔ P VISA ⓪ ①

Lomo de Aroba 2 - cruce autopista – 𝒞 922 50 03 54
– cerrado del 1 al 15 de octubre, domingo en verano y domingo noche en invierno
Rest – Carta 24/35 €

♦ Disfruta de cierto nombre en la zona. Encontrará un buen comedor acristalado, dos salas de aire rústico y varios salones para grupos. Combina la cocina regional y la actual.

LAS CAÑADAS DEL TEIDE – 125 F3 – alt. 2 160 m – **Deportes de**   7 B2
invierno: ⚞ 7

🚘 Santa Cruz de Tenerife 67

🄾 Parque Nacional del Teide★★★

🄲 Pico del Teide★★★ Norte : 4 km, teleférico y 45 min. a pie – Boca de Tauce★★ Suroeste : 7 km. Ascenso por La Orotava★

🏨 **Parador de Las Cañadas del Teide** ⊗   ≼ ▯ ▮ & hab, ⅏ P

✉38300 La Orotava – 𝒞 922 38 64 15 – www.parador.es   VISA ⓪ AE ①
37 hab – †108 € ††135 €, ⚏ 16 €
Rest – Menú 31 €

♦ Ubicado en un paraje volcánico, con instalaciones de notable calidad dotadas de un confort actual y una discreta zona noble. Posee habitaciones bien equipadas y detallistas. El restaurante goza de un excelente funcionamiento y una magnífica vista panorámica.

Los Cristianos – **125** D5 – **7 681 h.** – Playa – ⊠ **38640**　　**7** A2

> ▶ Santa Cruz de Tenerife 75

R.A.C.E. Mónaco, edificio Marte (oficina 116), ℰ 922 79 12 64 Fax 922 78 99 70

Ⅹ　**El Rincón del Arroz**　　🅐🅒 ⅀ 𝚟𝚒𝚜𝚊 ⓪ 🄰🄴

Los Sabandeños (edificio Soledad-Local 1) – ℰ *922 77 77 41* – *cerrado 20 diciembre-15 enero, 20 junio-15 julio, domingo noche y lunes*
Rest – Carta 30/46 €

◆ Casa familiar apartada del barullo turístico, donde sirven una carta seria y compensada. Posee una terraza acristalada y una salita muy cuidada, con barra de bar.

Ⅹ　**Le Bistrot d'Alain**　　🏠 🅐🅒 ⅀ 𝚟𝚒𝚜𝚊 ⓪

Valle Menéndez 16 – ℰ *922 75 23 36* – *cerrado 30 mayo-27 julio y lunes*
Rest – *(sólo cena)* Carta 30/49 €

◆ Este pequeño local se presenta a modo de bistrot francés, con una barra de apoyo, la cocina semivista al fondo de la sala y una terraza. Platos franceses y buenas sugerencias.

Garachico – **125** C3 – **5 416 h.** – ⊠ **38450**　　**7** A1

> ▶ Santa Cruz de Tenerife 61

🏠🏠　**San Roque** ⌚　　🏠 ⅀ 🅐🅒 ⅀ rest, ⁙ 𝚟𝚒𝚜𝚊 ⓪ 🄰🄴 ①

Esteban de Ponte 32 – ℰ *922 13 34 35* – *www.hotelsanroque.com*
20 hab ⊇ – ♦130/185 € ♦♦180/260 € **Rest** – *(sólo clientes)* Menú 26 €

◆ Casa señorial distribuida en torno a un patio canario, donde el encanto, la gracia y el detalle se ven envueltos en un bello marco modernista. Habitaciones y baños de ensueño. El restaurante, que tiene un uso polivalente para los tres servicios del día, extiende sus mesas hasta el porche que rodea la piscina.

Granadilla de Abona – **125** F5 – **39 993 h.** – alt. 670 m – ⊠ **38619**　　**7** B2

> ▶ Santa Cruz de Tenerife 68

🏠　**Senderos de Abona**　　🏠 🅐🅒 rest, ⅀ 𝚟𝚒𝚜𝚊 ⓪ ①

La Iglesia 5 – ℰ *922 77 02 00* – *www.senderosdeabona.com*
– cerrado del 1 al 20 de junio
17 hab ⊇ – ♦50/85 € ♦♦65/120 €
Rest *El Terrero* – Carta aprox. 25 €

◆ La cálida rusticidad de sus habitaciones, la serenidad de los patios ajardinados y su simpática organización familiar le confieren una personalidad propia y bien definida. En su acogedor restaurante podrá descubrir algunas especialidades típicas de la zona.

Ⅹ　**Casa Tagoro**　　🏠 ⅀ 𝚟𝚒𝚜𝚊 ⓪

Tagoro 28 – ℰ *922 77 22 40* – *www.casatagoro.de* – *cerrado 22 junio-21 julio, martes y miércoles*
Rest – Carta 27/40 €

◆ Esta preciosa casa restaurada ofrece dos salas de aire rústico y ambiente acogedor, con parte de sus paredes en piedra, los techos en madera y muchos detalles. Cocina actual.

Guía de Isora – **125** C4 – **20 536 h.** – ⊠ **38680**　　**7** A2

> ▶ Santa Cruz de Tenerife 95

al Suroeste : 12,5 km

🏠🏠🏠🏠　**Abama** ⌚　　← 🍽 🏠 ⅀ 🛁 ⅀ 🏠 🛐 ⅃ hab, 🅐🅒 ⅀ ⁙ 🛐 🅿 🚗

carret. TF 47 - km 9 ⊠38687 – ℰ *922 12 60 00*　　　　　　𝚟𝚒𝚜𝚊 ⓪ 🄰🄴 ①
– www.abamahotelresort.com
400 hab ⊇ – ♦♦275/650 € – 78 suites
Rest *M.B.* – ver selección restaurantes
Rest *Kabuki* – *(cerrado septiembre y martes) (sólo cena)* Carta 48/82 €
Rest *El Mirador* – Carta 45/66 €

◆ Este espectacular complejo disfruta de hermosos jardines y terrazas, así como un campo de golf, un SPA y un club de playa. Excelente zona social y magníficas habitaciones. Su amplia oferta gastronómica le permitirá degustar, en restaurantes de buen nivel, elaboraciones tradicionales, japonesas y hasta de autor.

ESPAÑA

XXXX   **M.B** – Hotel Abama   ⟨ 🚗 🛁 ⚒ ✗ 📶 👁 ⟳ **P** 🚗 **VISA** ⑩ **AE** ⓞ

🌼   *carret. TF 47 - km 9* ✉ 38687 – ✆ *922 12 60 00* – *www.abamahotelresort.com*
   Rest – *(cerrado 12 junio-14 julio, domingo y lunes) (sólo cena)* Menú 85/110 €
   – Carta 87/97 € 🍴
   Espec. Milhojas caramelizado de anguila ahumada, foie-gras, cebolleta y manzana
verde. Solomillo "Luismi" reposado con un hueso de pasta fresca cubierta de
setas al perejil y crema de hongos. Soufflé de chocolate con crema helada de
caramelo, canela y jugo de cacao.
   ♦ Restaurante gastronómico dotado con un coqueto hall-bar, una sala clásica-
actual, salpicada con detalles coloniales, y una tranquila terraza. Su cocina de
autor conjuga el uso de excelentes materias primas con una buena técnica y
unas esmeradas presentaciones.

GÜIMAR – *125* G3 – **17 662 h.** – **alt. 290 m** – ✉ 38500   **7** B2

   ▶ Santa Cruz de Tenerife 36
   🏞 Mirador de Don Martín★ Sur : 4 km

🏠   **Finca Salamanca** 🌿   🚗 🛁 ⚒ 📶 **P** **VISA** ⑩ **AE** ⓞ

   carret. Puertito, Sureste : 1,5 km – ✆ *922 51 45 30* – *www.hotel-fincasalamanca.com*
   16 hab ⌷ – 🛏53/91 € 🛏🛏80/156 € – 4 suites   **Rest** – *(sólo clientes)* Menú 15 €
   ♦ Ubicado en una amplia finca con jardín botánico. Zona social clásica y diferentes tipos de habitaciones repartidas por varios edificios, la mayoría espaciosas y
con terraza. El restaurante dispone de una sala polivalente para los desayunos y
las comidas.

LA OROTAVA – *125* F3 – **41 171 h.** – **alt. 390 m** – ✉ 38300   **7** B1

   ▶ Santa Cruz de Tenerife 36
   🛈 Calvario, ✆ *922 32 30 41* turismo.orotava@cabtfe.es Fax 922 32 43 67
   R.A.C.E. Tomás Zerolo 71 - Urbanización Mayorazgo (edificio El Drago), ✆ 922
     32 54 43 Fax 922 32 54 40
   🏞 Calle de San Francisco★ – Localidad★★
   🏞 Mirador Humboldt★★★ Noreste : 3 km

🏠   **Victoria** 🌿   🕴 📶 hab, 🍽 **VISA** ⑩

   Hermano Apolinar 8 – ✆ *922 33 16 83* – *www.hotelruralvictoria.com*
   14 hab ⌷ – 🛏63/83 € 🛏🛏78/138 €   **Rest** – Menú 11 €
   ♦ Antigua casona dotada con una hermosa fachada y un patio típico canario
que funciona como zona social. Ofrece habitaciones de correcto confort, la mayoría clásicas. El restaurante se complementa con una zona de tapeo, tipo tasca,
donde sirven los desayunos.

XX   **Lucas Maes**   🛁 📶 📶 **P** **VISA** ⑩ **AE** ⓞ

   Barranco de la Arena 53 – ✆ *922 32 11 59* – *www.lucasmaes-restaurante.com*
   – cerrado 23 agosto- 15 septiembre, domingo y lunes
   Rest – Carta 30/40 €
   ♦ Este restaurante cuenta con tres salas de línea actual, una de ellas acristalada
y con vistas tanto al jardín como al mar. Cocina semivista, bodega acristala y
carta actual.

PLAYA DE LAS AMÉRICAS – *125* D5 – **Playa** – ✉ 38660   **7** A2

   ▶ Santa Cruz de Tenerife 75
   🛈 av. Rafael Puig Lluvina 1 ✆ *922 75 06 33* turismo@adeje.es Fax 922 78 89 55
   🏌 Sur, urb. Golf del Sur, Sureste : 15 km, ✆ *922 73 81 70*
   🏞 Adeje (Barranco del Infierno★, 2 km a pie) Noreste : 7 km

🏠   **G.H. Bahía del Duque** 🌿   ⟨ 🚗 🛁 ⚒ 📶 ✗ 🕴 ⟳ hab, 📶 🕻 ⚿ **P**

   av. de Bruselas, (playa del Duque) ✉ 38660 Costa Adeje – ✆ *922 74 69 32*
   – www.bahia-duque.com
   417 hab – 65 suites
   Rest *Las Aguas* –   **Rest** *La Trattoria* –
   ♦ Espectacular complejo con un bellísimo hall y las habitaciones distribuidas en
edificios independientes, a modo de villas. Vegetación subtropical en torno a
varias piscinas. Dispone de numerosos restaurantes, destacando Las Aguas por
su elegante clasicismo.

ESPAÑA

Vincci La Plantación del Sur ⅏ ⇐ 🕭 ⅏ 🏋 🖥 ⅏ hab, 🕮 ❄ 🕻 🏊 🅿 🚗 🎫 ⚬⚬ 🅰🅴 ①

Roque Nublo 1 ✉*38660 Costa Adeje*
– 𝒞 922 71 84 83 – www.vinccihoteles.com
165 hab 🍴 – 🛏150/650 € 🛏🛏175/750 €
Rest *El Gourmet – (sólo cena)* Menú 55 €
◆ Hotel vacacional dotado de confortables habitaciones de aire colonial, las más independientes y con jacuzzi denominadas "villas". Completo SPA con centro de belleza y relax. Su restaurante a la carta posee un cuidado servicio de mesa y los techos en madera.

Jardín Tropical ⇐ 🏊 🕭 🏋 🖥 🕮 ⅏ hab, 🕮 ❄ 🏊 🅿 🎫 ⚬⚬ 🅰🅴 ①

Gran Bretaña ✉*38660 Costa Adeje – 𝒞 922 74 60 00*
– www.jardin-tropical.com
424 hab 🍴 – 🛏132/290 € 🛏🛏224/504 €
Rest *Las Rocas –* Carta 36/68 €
Rest *Las Mimosas – (sólo buffet)* Menú 36 €
Rest *El Patio – (cerrado julio, domingo y lunes)* Carta 46/66 €
◆ Conjunto de incuestionable belleza que sabe combinar su arquitectura encalada de inspiración árabe con una exuberante vegetación. Habitaciones de completo equipamiento. El restaurante Las Rocas seduce por sus vistas al mar y El Patio por su nivel gastronómico.

Puerto de la Cruz – 125 F2 – 32 219 h. – Playa – ✉ 38400   7 B1

▶ Santa Cruz de Tenerife 36

🚺 Las Lonjas s/n (Casa de la Aduana) 𝒞 922 38 60 00 amalaret@tenerife.es
Fax 922 38 47 69

📷 Pueblo★ – Paseo Marítimo★ (Lago Martiánez★) BZ

🖼 Playa Jardín★ por av. Blas Pérez González AZ – Jardín de aclimatación de La Orotava★★ por ① : 1,5 km – Mirador Humboldt★★★, La Orotava★★ por ①

Planos páginas siguientes

Botánico ⅏ ⇐ 🏊 🕭 🖥 🏋 ❄ 🖥 🕮 ❄ 🕻 🏊 🅿 🎫 ⚬⚬ 🅰🅴 ①

Richard J. Yeoward 1 – 𝒞 922 38 14 00 – www.hotelbotanico.com   DZ**h**
240 hab 🍴 – 🛏131/275 € 🛏🛏195/393 € – 12 suites
Rest *La Parrilla – (cerrado mayo, domingo y lunes) (sólo cena)*
Carta 47/58 €
Rest *Il Pappagallo – (cerrado junio, jueves y viernes) (sólo cena)*
Carta 41/47 €
Rest *The Oriental – (cerrado julio, martes y miércoles) (sólo cena)*
Carta 40/51 €
◆ Sus magníficas instalaciones cuentan con una espaciosa zona social, lujosas habitaciones y unos cuidados jardines tropicales. Excelente decoración y servicios de belleza. El restaurante más relevante, por servicio y dominio de los fogones, es La Parrilla.

Monopol 🏋 🖥 🕮 rest, ❄ 🎫 ⚬⚬ ①

Quintana 15 – 𝒞 922 38 46 11 – www.monopoltf.com   BY**n**
92 hab 🍴 – 🛏25/80 € 🛏🛏45/120 €
Rest *– (sólo cena buffet)* Menú 12 €
◆ Casa de estilo canario que centra su actividad en el patio interior, con gran profusión de plantas tropicales. Goza de habitaciones con mobiliario y decoración actualizados. El restaurante ofrece buffet a la cena y snacks al mediodía.

¡No confunda los cubiertos ✗ y las estrellas ✿!Los cubiertos definen una categoría de confort y de servicio. La estrella consagra únicamente la calidad de la cocina cualquiera que sea el standing del establecimiento.

ESPAÑA

A · B

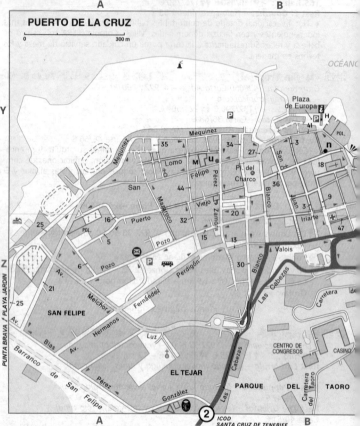

PUERTO DE LA CRUZ

0 — 300 m

X X **Magnolia** – (Felipe "El Payés Catalán")   🛜 AC ⅀ VISA ⦾ AE ⓘ
av. Marqués de Villanueva del Prado
– ☎ 922 38 56 14 – www.magnoliaelpayes.com
– cerrado martes   DZw
Rest – Carta 27/45 €

♦ Goza de gran tradición y tiene una clientela estable. En sus salas, clásicas y comunicadas entre sí, le ofrecerán una cocina tradicional basada en los productos de la región.

X **Régulo**   AC ⅀ VISA ⦾ AE
😊 *San Felipe 16 – ☎ 922 38 45 06 – www.restauranteregulo.com – cerrado julio,*
domingo y lunes mediodía   BYu
Rest – Carta 23/35 €

♦ En una típica casa canaria del s. XVIII. Goza de un hermoso patio y dos pisos en tonos ocres, con profusión de plantas y objetos antiguos. Cuidado servicio de mesa.

304

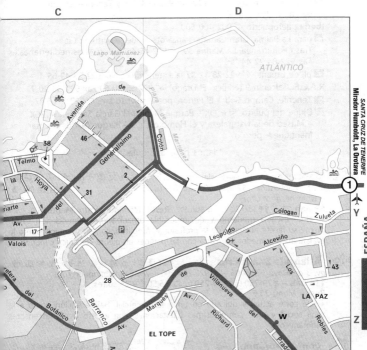

en el barrio de La Vera por ② : Suroeste : 4,5 km

XX **El Duende** ⌀ **P** _VISA_ **⬤⬤** **AE**

La Higuerita 41 (TF-320) ✉38400

– ☏ 922 37 45 17

– _www.el-duende.es_

– _cerrado lunes y martes_

Rest – Carta 28/41 €

◆ Su discreta fachada cobija un sobrio interior de aire rústico, con tres salas y un comedor-galería que disfruta de bellas vistas al pueblo. Carta de cocina creativa.

Una clasificación en rojo destaca el encanto del establecimiento 🏠🏠 XXX.

SANTA CRUZ DE TENERIFE 🅿 – 125 J2 – **222 417 h.**   7 B1

▶ Playa de las Américas 75 – Puerto de la Cruz 36

✈ Tenerife-Norte por ② : 13 km ☏ 902 404 704 y Tenerife-Sur por ② :
62 km ☏ 902 404 704

Iberia : aeropuerto ☏ 902 400 500

🚢 para La Palma, Gran Canaria, Lanzarote y Fuerteventura : Cía
Trasmediterránea, La Marina 39, ☏ 902 45 46 45 info@trasmediterranea.es
Fax 922 84 22 44

🆔 pl. de España, ☏ 922 28 12 87 lale@tenerife.es Fax 922 28 49 65

R.A.C.E. Galcerán 9 (edificio El Drago), ☏ 922 53 20 60 Fax 922 53 20 71

🏌 Tenerife, Campo Golf 1 El Peñón, por el sur : 16 km, ☏ 922 63 66 07

◎ Dique del puerto ⩤★ DX – Parque Municipal García Sanabria★ BCX
– Museo de la Naturaleza y el Hombre★ CY – Parque Marítimo César
Manrique★ por ②

Planos páginas siguientes

 Santa Cruz – (Hotel escuela)   🕴 🎧 📶 🛗 &. hab, 🅰🅒 📺 🍴 🏋 🅿
av. San Sebastián 152 ⊠38006 – ☏ 822 01 05 00   🆅🅸🆂🅰 ⓿ 🅰🅴 ⓞ
– *www.hecansa.com*   BY**b**
59 hab ⊡ – ♥♥88/120 € – 8 suites   **Rest** – *(cerrado agosto)* Menú 18 €
◆ Hotel-escuela moderno y de impecable organización, diferenciando sabiamente su faceta didáctica de la profesional. Amplitud, confort y equipamiento lo
avalan. Buen comedor a la carta con las paredes en piedra volcánica y madera.

 Atlántida Santa Cruz   ⩤ 🎧 📶 &. hab, 🅰🅒 📺 🍴 🏋 🚗 🆅🅸🆂🅰 ⓿ 🅰🅴 ⓞ
av. 3 de Mayo ⊠38005 – ☏ 922 29 45 00 – *www.hotelatlantida.com*
119 hab – ♥79/230 € ♥♥79/250 €, ⊡ 15,50 € – 25 suites   BZ**e**
Rest – Menú 25 €
◆ De corte actual y ubicado en un área comercial. Hall-recepción unido a la
zona social y unas completísimas habitaciones, con acceso desde ascensores
panorámicos.

 Contemporáneo   🕴 📶 🅰🅒 📺 🍴 🏋 🚗 🆅🅸🆂🅰 ⓿ 🅰🅴 ⓞ
rambla de Santa Cruz 116 ⊠38001 – ☏ 922 27 15 71
– *www.hotelcontemporaneo.com*   CX**e**
148 hab – ♥79/89 € ♥♥118/131 €, ⊡ 10,50 € – 2 suites
Rest – *(cerrado agosto y domingo)* Menú 19 €
◆ Está bien renovado, por eso se presenta con un lobby y estancias actuales de
mobiliario funcional. La 7ª planta ofrece 12 habitaciones con terraza y vistas al
puerto. El restaurante se complementa con un salón polivalente y un bar-lounge
de carácter informal.

 Taburiente   🕴 📶 🅰🅒 ☏ 🏋 🚗
Doctor José Naveiras 24-A ⊠38001 – ☏ 922 27 60 00
– *www.hoteltaburiente.com*   CX**r**
168 hab – 4 suites
Rest *Gom* –
◆ Tiene una zona social de aire moderno, un patio acristalado y dos tipos de
habitaciones, las estándar con mobiliario funcional-actual y las superiores, más
amplias y actuales. El restaurante disfruta de un montaje bastante cuidado y un
acceso independiente.

❌❌ **Los Cuatro Postes**   🅰🅒 📺 🆅🅸🆂🅰 ⓿ 🅰🅴 ⓞ
Emilio Calzadilla 5 ⊠38002 – ☏ 922 28 73 94
– *cerrado agosto y domingo*   DY**k**
Rest – Carta 30/40 €
◆ Casa bien llevada por un matrimonio. Acogedora sala clásico-moderna, con
una confortable barra-bar central y la cocina semivista. Productos de calidad y
una completa bodega.

ESPAÑA

X **Solana** $\boxed{AC}$ $\cancel{\%}$ $\overline{VISA}$ $\textcircled{co}$ $\boxed{AE}$

Pérez de Rozas 15 ⊠38004 – ℰ 922 24 37 80 – www.solanarestaurante.es
– cerrado del 7 al 31 de agosto, domingo y lunes   BY**a**
Rest – Carta 31/46 € ❀
◆ Negocio regentado por una pareja profesional, con ella en la sala y él en la cocina. Ofrece un pequeño hall, una sala minimalista con las paredes desnudas y una carta actual.

X **El Coto de Antonio** $\boxed{AC}$ $\cancel{\%}$ $\Leftrightarrow$ $\overline{VISA}$ $\textcircled{co}$ $\boxed{AE}$ $\textcircled{1}$

General Goded 13 ⊠38006 – ℰ 922 27 21 05 – cerrado domingo noche
Rest – Carta 26/36 €   AY**x**
◆ Restaurante de reducidas dimensiones y correcto montaje, organizado con profesionalidad. Ofrece una carta tradicional y de mercado, con platos clásicos como el "steak tartar".

EL SAUZAL – **125** G2 – **8 996 h.** – **alt. 450 m** – ⊠ **38360**   7 B1
   ▶ Santa Cruz de Tenerife 24

X **La Ermita** $\boxed{}$ $\boxed{AC}$ $\cancel{\%}$ $\boxed{P}$ $\overline{VISA}$ $\textcircled{co}$ $\boxed{AE}$

urb. Los Ángeles, Oeste : 1 km – ℰ 922 57 53 80
– cerrado domingo noche y miércoles
Rest – Carta aprox. 32 €
◆ Casa afianzada en la zona, con una organización seria y estable. Posee un pequeño bar en la entrada seguido de una sala de corte clásico. Clientela habitual de negocios.

TACORONTE – **125** H2 – **23 562 h.** – **alt. 510 m** – ⊠ **38350**   7 B1
   ▶ Santa Cruz de Tenerife 24
   🔝 Tenerife, Campo Golf 1 El Peñón, ℰ 922 63 66 07

en la carretera C 820 Este : 3,5 km

XX **Los Limoneros** $\boxed{AC}$ $\cancel{\%}$ $\boxed{P}$ $\overline{VISA}$ $\textcircled{co}$ $\boxed{AE}$ $\textcircled{1}$

Los Naranjeros ⊠38340 – ℰ 922 63 66 37 – cerrado domingo noche
Rest – Carta 50/71 €
◆ Instalaciones de montaje clásico divididas en dos módulos independientes, uno para banquetes y el otro a la carta. Cocina tradicional elaborada y completa bodega visitable.

TEJINA – **Santa Cruz de Tenerife** – **125** H2 – **676 h.** – ⊠ **38260**   7 B1
   ▶ Santa Cruz de Tenerife 22

en Valle de Guerra por la carretera TF 161 - Oeste : 2,4 km :

⚐ **Costa Salada** ❧ $\Leftarrow$ $\boxed{}$ $\boxed{}$ $\cancel{\%}$ $\boxed{P}$ $\overline{VISA}$ $\textcircled{co}$ $\textcircled{1}$

Camino La Costa - Finca Oasis ⊠38270 – ℰ 922 69 00 00
– www.costasalada.com – cerrado agosto
15 hab � – †50/96 € ††87/145 €   **Rest** – (sólo cena) Menú 20 €
◆ En un paraje aislado con terrazas frente al mar. Destaca por sus exteriores, con piscina y una pequeña cala de piedras. Habitaciones confortables con mobiliario de calidad. El restaurante ofrece vistas al mar y se complementa con una cueva a modo de reservado.

VILAFLOR – **125** E4 – **1 854 h.** – **alt. 1 400 m** – ⊠ **38613**   7 B2
   ▶ Santa Cruz de Tenerife 83

en La Escalona por la carretera de Arona - Suroeste : 7 km

▥ **El Nogal** ❧ $\Leftarrow$ $\boxed{}$ $\boxed{}$ $\boxed{}$ $\cancel{\%}$ $\boxed{\&}$ $\boxed{P}$ $\overline{VISA}$ $\textcircled{co}$ $\boxed{AE}$ $\textcircled{1}$

Camino Real ⊠38614 La Escalona – ℰ 922 72 60 50 – www.hotelnogal.com
42 hab ⊎ – †75/80 € ††120/140 €   **Rest** – Menú 20 €
◆ Antigua casa de campo frente a un valle, con atractivos balcones típicos canarios y una zona más moderna. Ofrece habitaciones rústicas con los techos abuhardillados en madera. El restaurante dispone de una carta tradicional y bellos detalles en la decoración.

ESPAÑA

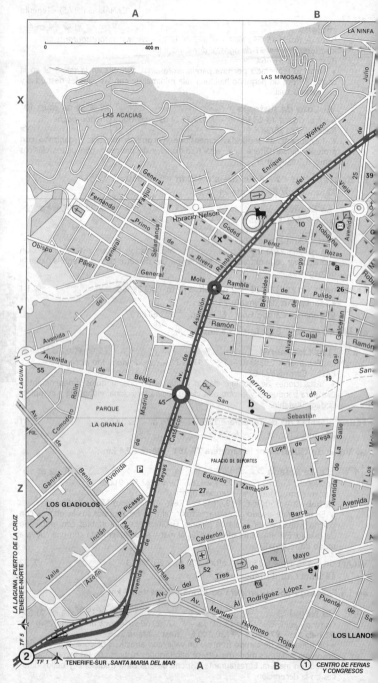

SANTA CRUZ DE TENERIFE

HERMIGUA – **125** C1 – **2 203 h.** – alt. 170 m – ⊠ 38820   **7** A2

▶ San Sebastián de la Gomera 18

⩘ **Ibo Alfaro** sin rest ⌂   ⬅ VISA

Ibo Alfaro – ℰ 922 88 01 68 – www.hotel-gomera.com

16 hab ⌂ – ♦56 € ♦♦75 €

◆ Casa del s. XIX con la típica arquitectura canaria y vistas al valle de Hermigua. Cuidadas habitaciones con mobiliario clásico-antiguo, suelos en madera y baños completos.

SAN SEBASTIÁN DE LA GOMERA

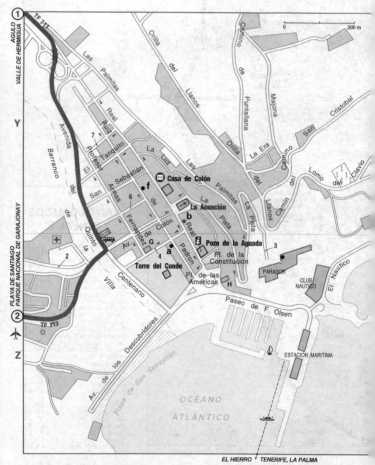

SAN SEBASTIÁN DE LA GOMERA – **125** D2 – **8 965 h.** – **Playa**   **7** A2
– ✉ 38800

> ▶ Arure 36

> ✈ La Gomera por ② : 32 km ☎ 902 404 704

> 🚢 para Tenerife y La Palma : Naviera Armas, Terminal del Puerto, local 5, ☎ 922 87 13 24

> 🛈 Real 4 ☎ 922 14 15 12 turismo@gomera-island.com Fax 922 87 02 81

> ◧ Valle de Hermigua★★ 17 km por ①. Parque Nacional Garajonay★★ 15 km por ② – Agulo★ 26 km por ①

Parador de San Sebastián de La Gomera ⚜   ≤ 🚗 🗓
Llano de la Horca 1 ✉*38800*   & hab, 📷 ⚡ 🅿 🚾 ⓪ 🖭 ⓪
– ☎ *922 87 11 00* – *www.parador.es*   Z
58 hab – †126 € ††157 €, ☲ 17 € – 2 suites
Rest – Menú 32 €
♦ Está en la parte alta de la ciudad y tiene una bonita decoración regional. Entre sus habitaciones destacan las que tienen los típicos balcones de madera. Atractivo jardín. En el comedor podrá degustar las especialidades gastronómicas propias de esta tierra.

Torre del Conde   📧 📷 ⚡ 🎙 🏄 🚾 ⓪ 🖭
Ruiz de Padrón 19 – ☎ *922 87 00 00*
– *www.hoteltorredelconde.com*   Z**a**
38 hab ☲ – †42/58 € ††64/75 €
Rest – *(cerrado domingo)* Menú 14 €
♦ Céntrico y bastante sencillo, tanto en su organización como en sus instalaciones. Las habitaciones poseen mobiliario funcional y ofrecen un correcto confort en su categoría.

Villa Gomera sin rest   ⚡ 🚾 ⓪
Ruiz de Padrón 68 – ☎ *922 87 00 20*
– *www.hotelvillagomera.com*   Y**f**
16 hab ☲ – †35/38 € ††45/48 €
♦ Pulcro establecimiento de carácter familiar y marcada funcionalidad, dotado de un equipamiento estándar que sabe cumplir con las necesidades básicas del confort.

EL HIERRO – Santa Cruz de Tenerife

VALVERDE – **125** D2-E2 – **4 995 h.** – **alt. 600 m** – ✉ 38900   **7** A2

> ▶ Sabinosa 43

> ✈ de El Hierro, Este : 10 km ☎ 902 404 704

> 🚢 para Tenerife y La Palma : Naviera Armas, Muelle la Estaca, ☎ 922 55 09 05 Fax 922 55 04 27

> 🛈 Dr. Quintero Magdaleno 4 ☎ 922 55 03 02 turismo@el-hierro.org Fax 922 55 29 03

> ◧ Oeste : 8 km El Golfo★★ (Mirador de la Peña ≤★★). El Pinar (bosque★) Suroeste : 20 km

en Echedo Noroeste : 5 km

✗ **La Higuera de Abuela**   🏠 ⚡ 🚾 🖭
✉*38900 Valverde* – ☎ *922 55 10 26* – *cerrado martes*
Rest – Carta 20/30 €
♦ Restaurante de simpática y amable organización familiar. Disfruta de una atractiva decoración neorrústica, con toques coloniales, y de un agradable patio lleno de vegetación.

ESPAÑA

en el Mirador de la Peña Oeste : 9 km

XX **Mirador de La Peña** ⇐ ✞ **P** _VISA_ ⬤⬤
carret. de Guarazoca 40 ✉ *38916 Valverde*
– ✆ *922 55 03 00*
– *www.elmeridiano.com*
Rest – Carta 25/35 €
♦ Nadie como César Manrique para fundir la arquitectura de diseño con un bello emplazamiento, volcado al mar y dotado de vistas al valle del golfo. Amplia sala acristalada.

en Las Playas Suroeste : 20 km

🏠 **Parador de El Hierro** ⌇ ⌛ ⌖ hab, **AC** ⌖ hab, ⬠ **P** _VISA_ ⬤⬤ **AE** ⓪
✉ *38900 Valverde* – ✆ *922 55 80 36*
– *www.parador.es*
45 hab – ♦116 € ♦♦145 €, ⌂ 17 €
Rest – Menú 32 €
♦ El sosiego está asegurado en este parador, colgado sobre una playa de roca volcánica. La mayoría de las habitaciones poseen mobiliario de estética colonial y bonitas vistas. Restaurante bien dispuesto, ideal para descubrir la gastronomía de la zona.

LA PALMA – Santa Cruz de Tenerife

SANTA CRUZ DE LA PALMA – **125** D4 – **17 084 h.** – **Playa** 7 A1
– ✉ **38700**

🅱 Los Llanos de Aridane 37
🛬 de La Palma, Suroeste : 8 km ✆ 902 404 704
Iberia : aeropuerto ✆ 902 400 500
⛴ para Tenerife, Gran Canaria, Fuerteventura y Lanzarote :
  Cía. Trasmediterránea : Antonio Pérez de Brito 2,
  ✆902 45 46 45 info@trasmediterranea.es
  Fax 922 41 82 51
ℹ av. Blas Pérez González ✆ 922 41 21 06
  informacion@lapalmaturismo.com
  Fax 922 41 21 06
◎ Iglesia de El Salvador (artesonados★) Y
◎ Mirador de la Concepción ⇐★ Suroeste : 9 km – Parque Nacional
  de la Caldera de Taburiente★★★ (La Cumbrecita y El Lomo
  de las Chozas ⁂★★★) Oeste : 33 km – Noroeste :
  La Galga (barranco★), Los Tilos★, Roque de los Muchachos★★★
  (⁂★★★) 36 km por ①

en la carretera de San Antonio a Breña Alta Suroeste : 6 km

🏠 **Parador de La Palma** ⌇ ⇐ ⌛ ⌖ ⊟ ⌖ hab, **AC** ⌖ ⌖ **P**
carret. El Zumacal ✉ *38712 Breña Baja* _VISA_ ⬤⬤ **AE** ⓪
– ✆ *922 43 58 28*
– *www.parador.es*
78 hab – ♦116 € ♦♦145 €, ⌂ 17 €
Rest – Menú 32 €
♦ Destaca por su construcción en una zona elevada, con hermosas vistas sobre el océano. El edificio disfruta de dos plantas, con una torre adosada y espaciosas habitaciones. En su comedor podrá disfrutar de los platos más típicos de la cocina palmera.

El símbolo ⌇ le garantiza noches tranquilas. ¿En rojo ⌇? Una deliciosa tranquilidad, solamente el canto de los pájaros al amanecer…

▶ Madrid 477 – Avilés 17 – Gijón 14 – Oviedo 38

🛈 Braulio Busto 2 ✆ 98 588 48 88 turismo@ayto-carreno.es Fax 98 588 47 11

 Marsol sin rest, con cafetería   ⇐ 🛗 🖳 🖾 ⅋ ⁽ᵗⁱ⁾ 🛋 🚗 🚗 🆅🆂🅰 ⓒ🅰 Ⓐ🄴

Astilleros – ✆ 985 87 01 00 – *www.celuisma.com*

85 hab – ♦60/127 €, ♦♦60/159 €, ⌛ 11 €

♦ Ocupa una torre de 10 pisos ubicada frente al puerto, junto a una pequeña playa. Sus acogedoras habitaciones combinan un completo equipamiento con mobiliario actual.

en la carretera AS 239 Sureste : 2 km

 Piedra   🛗 🖾 rest, ⅋ ⁽ᵗⁱ⁾ 🛋 🅿 🆅🆂🅰 ⓒ🅾 Ⓘ

Barrio Espasa 6 ✉33491 *Perlora* – ✆ 985 87 09 15

– *www.hotelpiedra.es*

98 hab ⌛ – ♦41/64 €, ♦♦50/97 €

Rest – Menú 13 €

♦ Funcional y de correcto confort. Dispone de habitaciones con mobiliario clásico, suelos en madera y baños actuales, algunas de ellas están en unas cabañas junto al hotel.

CANDELARIA – Santa Cruz de Tenerife – ver Canarias (Tenerife)

▶ Madrid 217 – Ávila 108 – Béjar 5 – Plasencia 61

◉ Pueblo típico★★

 Casa de la Sal ⤳   ⅋ ⁽ᵗⁱ⁾ 🆅🆂🅰 ⓒ🅾

Fuente de Perales 1 – ✆ 923 41 30 51 – *www.casadelasal.com*

10 hab ⌛ – ♦68/78 €, ♦♦78/85 €

Rest – *(sólo fines de semana salvo verano) (sólo clientes)* Menú 15 €

♦ Ocupa una fábrica de embutidos del s. XVIII ubicada en el centro del pueblo. Habitaciones rústicas de aire actual, con profusión de madera y predominio de los tonos pastel. El restaurante, de buen montaje, centra su oferta en una cocina de gusto tradicional.

 Artesa ⤳   🖪 ⅋ ⁽ᵗⁱ⁾ 🆅🆂🅰 ⓒ🅾 Ⓘ

Mayor 57 – ✆ 923 41 31 11 – *www.artesa.es*

– *cerrado del 1 al 15 de julio y del 1 al 15 de octubre*

9 hab ⌛ – ♦45 €, ♦♦65 €

Rest – *(cerrado de lunes a jueves salvo verano y festivos)* Menú 14 €

♦ Centro de turismo rural con una tienda de artesanía en la recepción. Posee cálidas habitaciones de aire rústico y dos talleres, cerámico y textil, donde imparten cursos. El comedor, repartido en dos salas, sirve también para albergar exposiciones temporales.

CANDELEDA – Ávila – **575** L14 – **5 166 h.** – alt. 428 m – ✉ 05480   **11** B3

▶ Madrid 163 – Ávila 93 – Plasencia 100 – Talavera de la Reina 64

en El Raso Oeste : 10 km

⌂ **La Sayuela** ⤳   ⇐ 🚲 🏊 ⅃ & hab, 🖾 ⅋ ⁽ᵗⁱ⁾ 🅿 🆅🆂🅰 ⓒ🅾 Ⓐ🄴 Ⓘ

camino de Las Sayuelas, Norte : 1 km ✉05480 *Candeleda* – ✆ 920 37 70 24

– *www.lasayuela.com*

5 hab – ♦♦75/96 €, ⌛ 8 €

Rest – *(sólo clientes , sólo menú)* Menú 40 €

♦ Esta casa destaca por sus magníficas vistas al valle del Tiétar y a la sierra de Gredos. Coqueto salón social con chimenea y habitaciones dotadas de mobiliario en forja.

⚲ **Posada Rincón de Alardos** sin rest ⚘   ⪡ ⤳ 🏖 📶 **P** 🆅🆂🅰 ⓪⓪
por la carret. de Madrigal de la Vera : 1,5 km y desvío a la derecha 1,5 km (Finca Las Planas) ⊠05480 Candeleda
– ℰ 920 37 70 75 – www.rincondealardos.es
5 hab ⛺ – ✦74/84 € ✦✦80/90 €
♦ Pequeño hotel rural emplazado en pleno campo. Ofrece dos salones de estilo regional y unas habitaciones de correcto confort, en general con mobiliario antiguo recuperado.

⚲ **Chozos de Tejea** ⚘   ⪡ ⤳ ⤳ 🏖 🄰🄲 📶 **P** 🆅🆂🅰 ⓪⓪
por la carret. de Madrigal de la Vera : 1,2 km (Finca La Cercona)
⊠05480 Candeleda – ℰ 920 37 73 06 – www.chozosdetejea.com
6 hab ⛺ – ✦55/65 € ✦✦65/75 €
Rest – *(sólo clientes , sólo menú)* Menú 15 €
♦ Casa de aire rústico ubicada en una gran finca con el entorno ajardinado. Posee un salón-comedor con chimenea y correctas habitaciones dotadas de mobiliario en madera y forja.

¿Buenas comidas a precios moderados? Elija un Bib Gourmand ⓐ.

CÁNDUAS – A Coruña – **571** C3 – ⊠ 15116   19 A1
▶ Madrid 651 – Santiago de Compostela 66 – A Coruña 65

XX **Mar de Ardora**   ⪡ 🏖 📶 🆅🆂🅰 ⓪⓪ 🄰🄴
ⓐ *As Revoltas - carret. AC 430, Este : 2 km – ℰ 981 75 43 11*
– www.mardeardora.com – cerrado del 7 al 30 de enero, domingo noche y verano y lunes
Rest – *(sólo almuerzo salvo viernes, sábado y verano)* Carta aprox. 35 €
♦ Se encuentra en una casita de piedra, con un bar privado de aire rústico, un precioso saloncito de sobremesa en un altillo y un comedor clásico-modernista en dos ambientes.

CANEDO – León – ver Cacabelos

CANFRANC-ESTACIÓN – Huesca – **574** D28 – 625 h. – ⊠ 22880   4 C1
▶ Madrid 504 – Huesca 114 – Pamplona 134
🅑 pl. Ayuntamiento 1 ℰ 974 37 31 41 turismo@canfranc.com Fax 974 37 30 37

🄱🄰 **Villa de Canfranc**   ⤳ 🛗 📶 📶 🛜 🆅🆂🅰 ⓪⓪
Fernando el Católico 17 – ℰ 974 37 20 12 – www.villadecanfranc.com
– 5 diciembre-marzo y 15 junio-12 septiembre
52 hab – ✦33 € ✦✦45/58 €, ⛺ 4,30 €
Rest – Menú 9,90 €
♦ Sencillo establecimiento llevado en familia cuyas habitaciones, con suelos en parquet y baños modernos, resultan funcionales. Correcta zona social.

en la antigua carretera de Candanchú Norte : 2,5 km

🄱🄰 **Santa Cristina** ⚘   ⪡ ⤳ 🛁 🛗 🖧 hab, 🄰🄲 📶 🛁 **P** 🆅🆂🅰 ⓪⓪ 🄰🄴
⊠22880 – ℰ 974 37 33 00 – www.santacristina.es – cerrado octubre y noviembre
56 hab ⛺ – ✦59/79 € ✦✦87/127 €
Rest – *(sólo cena salvo viernes, sábado y verano)* Menú 17 €
♦ Hotel de montaña ubicado en un bello entorno natural. Presenta una decoración en la que se combinan detalles rústicos y tablas pintadas a mano inspiradas en el arte románico. Restaurante panelable de correcto montaje y gran capacidad.

▶ Madrid 419 – Oviedo 74 – Palencia 193 – Santander 147

🖪 av. de Covadonga (Casa Riera) ✆ 98 584 80 05 turismo@cangasdeonis.com
Fax 98 584 80 05

🖸 Desfiladero de los Beyos★★★ Sur : 18 km

🛏🛏   **Imperion** sin rest   📶 AC ※ 🚗 VISA ⓪ AE ①
*Puente Romano – ✆ 985 84 94 59 – www.hotelimperion.com
– 20 abril-16 octubre*
18 hab – †40/115 € ††50/115 €, � 7 €
♦ Se encuentra a la entrada de la localidad. Dispone de una correcta zona social
y habitaciones de estilo clásico, con los suelos en tarima e hidromasaje en todos
sus baños.

🛏🛏   **Los Lagos**   📶 ※ 🔥 VISA ⓪ AE ①
Jardines del Ayuntamiento 3 – ✆ 985 84 92 77 – www.arceahoteles.com
45 hab – †39/78 € ††43/97 €, ⊑ 5,40 €
Rest *Los Arcos* – ver selección restaurantes
♦ Céntrico y dotado de un correcto hall-recepción, con pequeña cafetería y salón
social al fondo. Las habitaciones se presentan algo desfasadas pero con un buen
mantenimiento.

🛏🛏   **Puente Romano** sin rest   📶 ※ 🚗 VISA ⓪ AE ①
Puente Romano – ✆ 985 84 93 39 – 20 abril-16 octubre
27 hab – †27/80 € ††36/90 €, ⊑ 4,50 €
♦ Instalado en una villa señorial del s. XIX cuyas dependencias evocan el
ambiente de antaño. Habitaciones con mobiliario escogido, siendo las del 3er
piso abuhardilladas.

🛏🛏   **Ciudad de Cangas de Onís** sin rest   📶 AC ※ ⁽¹⁾ 🔥 VISA ⓪ AE
*av. de Castilla 36 – ✆ 985 84 94 44 – www.hotelcangasdeonis.com – cerrado
15 diciembre-enero*
26 hab – †56/104 € ††70/130 €, ⊑ 8 € – 2 suites
♦ Conjunto de línea actual. La zona social resulta algo reducida, aunque se compensa con unas cuidadas habitaciones, algunas abuhardilladas y todas con hidromasaje en los baños.

🛏🛏   **Águila Real** sin rest   📶 ※ VISA ⓪
La Pedrera 27 – ✆ 985 84 94 18 – cerrado enero
60 hab ⊑ – †30/80 € ††40/110 €
♦ Muy correcto dentro de su funcionalidad. Este hotel posee unas reducidas
zonas sociales y habitaciones de adecuado confort, unas con los suelos en
moqueta y otras en parquet.

🛏   **Nochendi**   ※ ⁽¹⁾ VISA ⓪ ①
*Constantino González 4 – ✆ 985 84 95 13 – www.hotelnochendi.com – cerrado
20 diciembre-3 febrero*
11 hab – †54/86 € ††65/119 €, ⊑ 7 €
Rest *El Molín de la Pedrera* – ver selección restaurantes
♦ La zona social es muy reducida, ya que el hotel sólo ocupa una planta en un
edificio de viviendas. Habitaciones luminosas, actuales y funcionales, con los suelos en tarima.

✗✗   **Los Arcos** – Hotel Los Lagos   AC ※ VISA ⓪ AE ①
av. de Covadonga 17 – ✆ 985 84 92 77 – www.loslagos.as
Rest – Carta aprox. 25 €
♦ Este restaurante, de estilo clásico-regional con elementos rústicos, tiene hasta
tres entradas y una sidrería como complemento. Cocina tradicional con algún
detalle actual.

✗   **El Molín de la Pedrera** – Hotel Nochendi   AC ※ VISA ⓪ AE ①
*Río Güeña 2 – ✆ 985 84 91 09 – www.elmolin.com – cerrado enero, martes
noche y miércoles*
Rest – Carta 27/36 €
♦ Ofrece una barra de espera y dos salas, la pequeña de aire rústico y la más
amplia definida por su sencillo montaje, con un gran expositor de botellas y lámparas de diseño.

ESPAÑA

en la carretera de Arriondas :

🏨 Parador de Cangas de Onís 🐾 ⋖ 🗐 ♿ hab, 🖾 🛠 ⟨⟨¶⟩⟩ 🏄 🅿️
Villanueva, Noroeste : 3 km ✉33550 – ☎ 985 84 94 02 ⟶ VISA ➊ AE ➊
– www.parador.es
64 hab – ♦119/129 € ♦♦149/161 €, ☲ 18 € **Rest** – Menú 33 €
♦ Integrado en el antiguo monasterio de San Pedro de Villanueva, junto al río
Sella y al pie de los Picos de Europa. Pasee por el magnífico claustro y deténgase
en la capilla. Los grandes ventanales del comedor brindan luz y calidez a su acogedora sala.

CANIDO – Pontevedra – 571 F3 – Playa – ✉ 36390 19 A3
▶ Madrid 612 – Ourense 108 – Vigo 10

💥💥 Durán 🐾 ☂ 🖾 VISA ➊ AE ➊
playa de Canido 129 – ☎ *986 49 08 37 – www.restauranteduran.com – cerrado
20 diciembre-10 enero, del 10 al 20 de septiembre, domingo noche y lunes*
Rest – Carta 37/61 €
♦ Buen restaurante de organización familiar. Ofrece dos salas de estilo clásico-
actual, una pequeña terraza y una cocina tradicional especializada en pescados
y mariscos.

CANTALLOPS – Girona – 574 E38 – 319 h. – alt. 200 m – ✉ 17708 14 D3
▶ Madrid 758 – Girona/Gerona 61 – Figueres 22 – Perpignan 46

🏠 Can Xiquet 🐾 ⋖ ☂ 🏊 🎬 🖾 🛠 ⟨⟨¶⟩⟩ 🅿️ VISA ➊ AE ➊
Afores, carret. de La Jonquera, 0,5 km – ☎ *972 55 44 55 – www.canxiquet.com*
14 hab ☲ – ♦90/140 € ♦♦125/170 € – 2 suites **Rest** – Menú 35 €
♦ Se encuentra en un singular paraje del Ampurdán y disfruta de una bella panorámica. Sus dependencias, casi todas con terraza y mobiliario actual, poseen todo
tipo de detalles. El restaurante, dotado con dos salas de buen montaje, ofrece
una carta regional.

CANTAVIEJA – Teruel – 574 K28 – 758 h. – alt. 1 200 m – ✉ 44140 4 C3
▶ Madrid 392 – Teruel 91

🏨 Balfagón ⋖ 🗐 ♿ hab, 🖾 🛠 ⟨⟨¶⟩⟩ 🏄 🅿️ VISA ➊ AE
av. del Maestrazgo 20 – ☎ *964 18 50 76 – www.hotelbalfagon.com – cerrado
Navidades y 15 días en febrero-marzo*
46 hab – ♦65/85 € ♦♦95/170 €, ☲ 10 € – 3 apartamentos
Rest – *(cerrado domingo noche salvo verano y festivos)* Carta 29/35 €
♦ Sorprende por la magnífica actualización de sus instalaciones, definidas por su
moderna zona social y de relax, así como unas cuidadas habitaciones, muchas
abuhardilladas. El restaurante ofrece una interesante cocina tradicional a precios
moderados.

CANTERAS – Murcia – ver Cartagena

CANTONIGRÒS – Barcelona – 574 F37 – ✉ 08569 14 C2
▶ Madrid 641 – Barcelona 94 – Figueres 84 – Manresa 72
◉ Rupit★ Este : 9 km

💥💥 Ca l'Ignasi 🛠 VISA ➊ AE
Major 4 – ☎ *938 52 51 24 – www.calignasi.com – cerrado lunes*
Rest – *(sólo almuerzo salvo viernes y sábado)* Carta 31/44 €
♦ En este restaurante encontrará tres salas de ambiente rústico catalán, la central
con chimenea y la última con una biblioteca. Cocina regional fiel a los productos
autóctonos.

Las CAÑADAS DEL TEIDE – Santa Cruz de Tenerife – ver Canarias (Tenerife)

▶ Madrid 237 – Toledo 252 – Cuenca 72

✗
☺

La Muralla con hab   🛋 AC rest. ※ ຖ° 🚗 VISA ❺ AE
carret. Valdemeca 20 – ℰ 969 34 62 99 – www.hostallamuralla.com
9 hab – ♦35/50 € ♦♦40/65 €, ⊈ 5 € – 8 apartamentos
Rest – *(cerrado 22 junio-9 julio, del 15 al 22 de septiembre y martes salvo verano)* Carta 28/38 €
♦ Se encuentra frente a una muralla antigua y cuenta con un cálido comedor de ambiente rústico. Carta tradicional, varios menús y elaboraciones de setas durante la temporada. El negocio se complementa con unas sencillas habitaciones y coquetos apartamentos emplazados en un anexo, la mayoría de ellos con chimenea.

▶ Madrid 548 – Ourense 49 – Pontevedra 76 – Vigo 57

✗
☺

Reveca   AC ※ P VISA ❺ AE
Progreso 15 – ℰ 986 65 13 88 – cerrado junio y lunes
Rest – Carta 31/36 €
♦ Bien conocido en la zona. Dispone de un bar a la entrada y varios comedores, unos interiores y otros a modo de terraza acristalada. Cocina gallega con productos de la zona.

▶ Madrid 697 – Sevilla 174 – Cádiz 68 – Gibraltar 107

⛺

La Breña ⌂   🛋 AC hab. ※ ຖ° P VISA ❺
av. Trafalgar 4 – ℰ 956 43 73 68 – www.hotelbrena.com – 16 mayo-16 octubre
7 hab – ♦♦50/105 €, ⊈ 5 €
Rest – *(cerrado lunes salvo julio y agosto)* Carta 24/46 €
♦ Hotel ubicado en un entorno natural de gran belleza. Posee un pequeño patio y habitaciones bastante amplias, con mobiliario clásico de cierta calidad y baños completos. El comedor, que resulta algo básico, destaca por su agradable terraza con vistas al mar.

▶ Madrid 574 – Barcelona 75 – Lleida/Lérida 105 – Manresa 39

✗✗

Tall de Conill con hab   ⎸🕮⎸ AC rest. ※ ຖ° VISA ❺ AE ⓪
pl. Àngel Guimerà 11 – ℰ 938 01 01 30 – www.talldeconill.com – cerrado del 2 al 15 de enero y del 1 al 13 de agosto
10 hab ⊈ – ♦48 € ♦♦75 €
Rest – *(cerrado domingo noche y lunes)* Carta 51/65 €
♦ Este negocio familiar dispone de dos comedores a la carta, con decoración personalizada y un correcto montaje, así como dos privados en el piso superior. Carta tradicional. Como complemento al negocio posee habitaciones funcionales de correcto equipamiento.

▶ Madrid 505 – Granada 80 – Motril 51

🏠

Finca Los Llanos ⌂   ⇐ ⌱ AC rest. ※ VISA ❺ AE ⓪
carret. de Sierra Nevada – ℰ 958 76 30 71 – www.hotelfincalosllanos.com
45 hab – ♦45/50 € ♦♦60/70 €, ⊈ 6 €   **Rest** – Menú 12 €
♦ Hotel familiar repartido entre varios edificios. Posee una zona social de aire rústico, habitaciones algo sobrias pero confortables y una piscina con vistas a las montañas. En su comedor encontrará un mueble buffet, una carta tradicional y platos locales.

El Corral del Castaño

🖅 ⅍ VISA ⚙ ①

pl. del Calvario 16 – ☎ 958 76 34 14 – cerrado del 10 al 30 de enero, del 20 al 30 de junio y miércoles
Rest – Carta 28/35 €

◆ Negocio ubicado en una casa que data del s. XVIII, con un bar a la entrada y dos comedores típicos, uno de ellos con chimenea. Elaboraciones creativas y platos locales.

CAPMANY – Girona – **574** E38 – **593 h.** – alt. 107 m – ⊠ 17750   **14** D3
▶ Madrid 748 – Girona/Gerona 52 – Figueres 15 – Perpignan 51

La Llar del Pagès

🖃 ⅍ VISA ⚙ AE ①

Alt 11 – ☎ 972 54 91 70 – www.lallardelpages.com – cerrado del 21 al 29 de noviembre, del 26 al 31 de diciembre, del 2 al 15 de mayo, domingo noche, lunes, martes y festivos noche
Rest – (es necesario reservar) Carta 31/49 €

◆ Restaurante ubicado en unas antiguas bodegas. Presenta dos salas abovedadas donde se combinan el ambiente rústico y el mobiliario actual, con un buen servicio de mesa.

CARABIAS – Guadalajara – **575** I21 – **576** I21 – **20 h.** – alt. 1 016 m   **10** C1
– ⊠ 19266
▶ Madrid 142 – Toledo 212 – Guadalajara 86 – Soria 96

Cardamomo 🌿

🖅 ⅍ rest, ¶ VISA ⚙ AE

Cirueches 2 – ☎ 902 88 31 08 – www.cardamomosiguenza.com
13 hab – ♦♦115 €, ☁ 12 €   **Rest** – Carta 28/35 €

◆ Destaca por el carácter personal de su decoración, donde juegan tanto con los colores como con los muebles de diseño. Agradable sala de estar y habitaciones de buen confort. En el restaurante, que disfruta de una bonita terraza, se elabora una carta tradicional algo corta pero actualizada.

CARAVACA DE LA CRUZ – Murcia – **577** R24 – **26 415 h.**   **23** A2
– alt. 650 m – ⊠ 30400
▶ Madrid 386 – Albacete 139 – Lorca 60 – Murcia 70
🛈 De las Monjas 17 ☎ 968 70 24 24 info@caravaca.org Fax 968 70 09 52

Central Caravaca sin rest

🖃 ⅍ ¶ 🛜 VISA ⚙

Gran Vía 18 – ☎ 968 70 70 55 – www.hotelcentralcaravaca.com
30 hab – ♦50/100 € ♦♦80/125 €, ☁ 7 €

◆ Este céntrico hotel ofrece instalaciones funcionales aunque bien equipadas. La zona social resulta reducida, sin embargo, se compensa con unas habitaciones de línea actual.

CARDENETE – Cuenca – **576** M24 – **623 h.** – alt. 963 m – ⊠ 16373   **10** D2
▶ Madrid 229 – Toledo 296 – Cuenca 65 – Valencia 187

La Rebotica

🖃 ⅍ VISA ⚙ AE ①

Iglesia 27 ⊠ 16373 – ☎ 969 34 80 24 – www.casaruralelatroje.com – cerrado 24 diciembre-1 enero, del 1 al 15 de septiembre y lunes
Rest – (sólo almuerzo salvo verano, viernes y sábado) Carta 22/32 €

◆ Está instalado en la antigua casa de la farmacéutica y sorprende por su cuidado montaje, con una bar privado y dos bellas salas de ambiente neorrústico. Cocina tradicional.

CARDONA – Barcelona – **574** G35 – **5 187 h.** – alt. 750 m – ⊠ 08261   **13** B2
▶ Madrid 596 – Barcelona 99 – Lleida/Lérida 127 – Manresa 32
🛈 av. Rastrillo ☎ 93 869 27 98 oficinaturisme@cardona.cat Fax 93 869 27 98
◉ Localidad★ – Colegiata★★ (cripta★) – Castillo★ - Montaña de la Sal★★

Parador de Cardona ⊗ ≤ ƒᴬ ▣ ᴚ hab, ℳ ﹪ (ᵗ) ﹩ ℙ
– ℰ 938 69 12 75 – www.parador.es — VISA ⓸ AE ①
54 hab ☲ – ♥153/163 € ♥♥191/204 € **Rest** – Menú 33 €
♦ Recia fortaleza medieval cuya silueta domina el entorno. Tiene dependencias
de aire gótico, un patio y sobrias habitaciones, destacando las que poseen
camas con dosel. El comedor resalta tanto por las paredes en piedra como por
sus enormes arcos apuntados.

Bremon ▣ ℳ ﹪ (ᵗ) ⇐ VISA ⓸ AE ①
Cambres 15 – ℰ 938 68 49 02 – www.hotelbremon.com
19 hab ☲ – ♥70/107 € ♥♥91/129 €
Rest – (sólo menú salvo fines de semana) Menú 15 €
♦ Singular edificio del s. XIX que funcionó como colegio de monjas. Posee un
acogedor salón social, con chimenea y terraza panorámica, así como unas coquetas habitaciones. El restaurante está decorado con fotos antiguas de la escuela y
ofrece cocina catalana.

CARIATIZ – Almería – ver Sorbas

CARIÑENA – Zaragoza – **574** H26 – **3 665 h.** – alt. 591 m – ✉ 50400   **3 B2**
▶ Madrid 285 – Zaragoza 48 – Teruel 136

χ **La Rebotica** ℳ VISA ⓸
⊙ San José 3 – ℰ 976 62 05 56 – www.restaurantelarebotica.es – cerrado del 25 al
30 de abril, 25 julio-14 agosto y lunes
Rest – (sólo almuerzo salvo sábado) Carta 30/35 €
♦ Sencillo restaurante ubicado en el casco antiguo y dotado de un entorno rústico acogedor. Basa su cocina en la gran calidad del producto y en unas exquisitas elaboraciones.

ESPAÑA

CARMONA – Sevilla – **578** T13 – **28 344 h.** – alt. 248 m – ✉ 41410   **1 B2**
▶ Madrid 503 – Córdoba 105 – Sevilla 40
ℹ Alcázar de la Puerta de Sevilla ℰ 95 419 09 55 turismo@carmona.org
Fax 95 419 00 80
⊙ Localidad★★ – Casco antiguo★ - Puerta de Sevilla★ AZ – Iglesia de San
Felipe★ BZ – Iglesia de San Pedro★ AZ – Santa María la Mayor★ BY –
Convento de las Descalzas★ BY – Necrópolis romana★ por calle Sevilla AZ

Plano página siguiente

Parador de Carmona ⊗ ≤ ⇆ ⍽ ▣ ᴚ hab, ℳ ﹪ (ᵗ) ﹩ ℙ
Alcázar – ℰ 954 14 10 10 – www.parador.es — VISA ⓸ AE ①
63 hab – ♥134/144 € ♥♥168/180 €, ☲ 18 €   BY**x**
Rest – Menú 33 €
♦ De estilo mudéjar, ubicado en el antiguo alcázar de Pedro I. Destacan las confortables habitaciones, el grato patio interior y las bellas vistas de la vega del Cór-
bones. Comedor con elegantes arcos ojivales, presidido por un gran frontal clásico en madera.

El Rincón de las Descalzas sin rest ⊗ ▣ ℳ (ᵗ) VISA ⓸ AE ①
Descalzas 1 – ℰ 954 19 11 72
– www.elrincondelasdescalzas.com   BY**a**
13 hab ☲ – ♥50/65 € ♥♥70/98 €
♦ Instalado en una casona del s. XIX. Posee pequeños patios y múltiples rincones, pero lo más notable son sus habitaciones, todas diferentes y con mobiliario
de época.

χχ **San Fernando** ℳ ﹪ ⇔ VISA ⓸ ①
Sacramento 3 – ℰ 954 14 35 56
– cerrado agosto, domingo noche y lunes   BY**s**
Rest – Carta 33/38 €
♦ Se encuentra en una antigua casa familiar del casco histórico. Dispone de dos
acogedoras salas de línea clásica donde podrá degustar una carta de cocina tradicional.

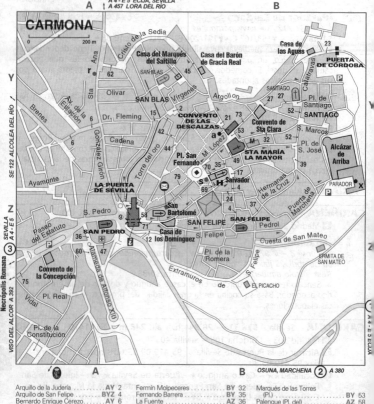

CARMONA

☆☆ La Almazara de Carmona

🅰🅲 ⚭ 🆅🅸🆂🅰 ⚉ 🅰🅴

Santa Ana 33 – ℰ 954 19 00 76 — AYr
Rest – Carta 30/35 €

♦ Está ubicado en una antigua almazara de aceite, con un concurrido bar de tapas y un comedor de estilo clásico-actual. Carta tradicional con un apartado de platos más modernos.

CARNOTA – A Coruña – **571** D2 – **4 938 h.** – ⊠ 15293 — **19** A2

▶ Madrid 690 – Santiago de Compostela 76 – A Coruña 104
 – Pontevedra 131

🏠 O Prouso sin rest

⚭ 🕾 🅿 🆅🅸🆂🅰 ⚉ 🅰🅴 ⓘ

pl. San Gregorio – ℰ 981 85 70 83 – www.oprousocarnota.com – cerrado del 1 al 15 de septiembre
12 hab – ♦40/60 € ♦♦50/60 €, ☲ 3,50 €

♦ Tras su cuidada fachada encontrará un correcto hall, un bar público con las paredes en piedra y espaciosas habitaciones, todas con mobiliario de calidad en madera maciza.

▶ Madrid 408 – León 126 – Lugo 99 – Ponferrada 12

⛰   **La Tronera** 🦢   AC ⅍ hab, ¶¹ VISA ⚏
El Caño 1, Suroeste. 1,5 km (Villadepalos) – 𝒞 616 18 26 19
– www.hotelrurallatroneradelbierzo.es – cerrado 27 septiembre-3 octubre
10 hab 🝙 – ¶60/70 € ¶¶70/91 €
Rest – *(sólo clientes salvo fines de semana)* Carta 30/35 €
♦ Casa de pueblo bien rehabilitada. Tiene un pequeño salón social con chimenea y habitaciones de aire rústico, no muy amplias pero donde se conjugan actualidad y funcionalidad. El restaurante ofrece una carta tradicional enriquecida con algunos arroces melosos.

✗   **Las Pallozas - Legado del Bierzo**   🏠 AC ⅍ P VISA ⚏ AE ⓪
junto a la autovía A-6 (salida 399) Norte : 1,5 km – 𝒞 987 11 14 56
– www.laspallozas.com
Rest – *(sólo almuerzo de lunes a jueves en invierno)* Carta 25/35 €
♦ Resulta muy atractivo por la vistosidad de las pallozas, unas construcciones típicas de la zona que tienen las paredes en piedra y el techo de paja. Discreto servicio de mesa.

▶ Madrid 636 – Pontevedra 29 – Santiago de Compostela 48

🏨   **Carril**   ≤ 🏠 ☃ 🛗 � AC ⅍ hab, ¶¹ 🛁 🚗 VISA ⚏ AE
Lucena 18 – 𝒞 986 51 15 07 – *www.hotelcarril.com*
29 hab 🝙 – ¶59/85 € ¶¶80/125 €
Rest *Plácido* – Carta 26/37 €
♦ Está bien organizado y disfruta de una zona social que sorprende por su modernidad. Habitaciones actuales-funcionales enfocadas a comerciales y clientes de empresa. En su cuidado restaurante encontrará una carta tradicional y algunas especialidades gallegas que ensalzan la calidad de sus productos.

🏨   **Playa Compostela** sin rest   🛗 ⅍ ⇄ P VISA ⚏
av. Rosalía de Castro 138 – 𝒞 986 50 40 10 – *cerrado del 1 al 15 de enero*
21 hab – ¶38/50 € ¶¶45/85 €, 🝙 4 €
♦ Hotel familiar instalado en un edificio de atractiva fachada en piedra. Posee una acogedora zona social y habitaciones clásicas, en la 2ª planta más amplias y con balcón.

✗   **Casa Bóveda**   🏠 AC ⅍ ⇄ VISA ⚏ AE
La Marina 2 – 𝒞 986 51 12 04 – *www.restaurantecasaboveda.com – cerrado 20 diciembre-20 enero, domingo noche y lunes*
Rest – Carta 23/48 €
♦ Pequeño restaurante ubicado en la zona del puerto, con un comedor clásico y tres privados. Ofrece una cocina especializada en pescados, mariscos, guisos marineros y arroces.

▶ Madrid 282 – Burgos 82 – Palencia 39
◎ Monasterio de San Zoilo (claustro★)
◉ Villalcazar de Sirga (iglesia de Santa María La Blanca : portada sur★, sepulcros góticos★) Sureste : 7 km

🏛   **Real Monasterio San Zoilo** 🦢   🛗 AC ⅍ ¶¹ 🛁 P VISA ⚏ AE ⓪
Obispo Souto – 𝒞 979 88 00 50 – *www.sanzoilo.com*
49 hab – ¶¶64/92 €, 🝙 7,50 € – 5 suites
Rest *Las Vigas* – Carta 33/40 €
♦ Este precioso hotel ocupa las estancias del antiguo monasterio benedictino. Alto nivel de confort y elegancia, con espacios comunes sobrios y habitaciones cuidadas al detalle. Comedor rústico dotado con una robusta viguería y una sala anexa para no fumadores.

CARRIZO DE LA RIBERA – León – 575 E12 – 2 518 h. – alt. 850 m 11 B1
– ✉ 24270

Madrid 344 – Valladolid 163 – León 27 – Oviedo 112

La Posada del Marqués sin rest

pl. Mayor 4 – ✆ 987 35 71 71 – www.posadadelmarques.com – Semana Santa-noviembre

11 hab – 65/80 € 80/105 €

◆ Elegante edificio del s. XVII adosado a un monasterio cisterciense. Dispone de una variada zona social y unas magníficas habitaciones que destacan por su mobiliario de época.

CARTAGENA – Murcia – 577 T27 – 211 996 h. – alt. 3 m 23 B3

Madrid 444 – Alacant/Alicante 110 – Almería 240 – Lorca 83

pl.Almirante Bastarreche (Puertas de San José), ✆ 968 50 64 83 infoturismo@ayto-cartagena.es Fax 968 52 69 12

NH Cartagena sin rest, con cafetería

Real 2 - pl. Héroes de Cavite ✉30201 – ✆ 968 12 09 08 – www.nh-hotels.com Ab

96 hab – 70/203 €, 12,50 € – 4 suites

◆ Resulta céntrico y está dotado con un buen hall a la entrada, que funciona como un espacio polivalente. Sus habitaciones son algo pequeñas pero confortables y actuales.

Alfonso XIII hab, hab,

paseo de Alfonso XIII-40 ✉30203 – ✆ 968 52 00 00 – www.hotelalfonsoxiii.com Be

120 hab – 60/120 € 60/150 €, 12 € – 4 suites

Rest *La Cocina de Alfonso* – ver selección restaurantes

Rest – Menú 20 €

◆ Goza de una correcta zona noble y confortables habitaciones de estilo clásico, con los suelos en moqueta, baños actuales y mobiliario escogido. Clientela de negocios. En su restaurante podrá degustar una cocina de tintes actuales.

Cartagonova sin rest

Marcos Redondo 3 ✉30201 – ✆ 968 50 42 00 – www.hotelhusacartagonova.com Aa

100 hab – 60/98 € 60/140 €, 11 €

◆ Tras su correcta fachada encontrará un hotel clásico que destaca por ofrecer un moderno SPA. Posee habitaciones de estilo clásico-funcional, algunas con un pequeño salón.

Carlos III hab,

Carlos III-49 ✉30201 – ✆ 968 52 00 32 – www.carlosiiihotel.com Bx

96 hab – 50/90 € 50/120 €, 12 € **Rest** – Menú 15 €

◆ Comparte algunos salones con el hotel Alfonso XIII y presenta dependencias de estética funcional, Sabe combinar un buen confort general con un mobiliario algo básico. Su correcto comedor a la carta se ve apoyado por un mesón, donde sirven tapas y raciones.

XX **La Cocina de Alfonso** – Hotel Alfonso XIII

paseo Alfonso XIII 40 ✉30203 – ✆ 968 32 00 36 – cerrado agosto y domingo

Rest – Carta aprox. 39 € Be

◆ Ofrece un comedor de estilo clásico, con el suelo en madera, y utiliza algunas salitas del hotel Alfonso XIII como privados. Carta internacional con varios platos de fusión.

XX **El Barrio de San Roque**

Jabonerías 30 ✉30201 – ✆ 968 50 06 00 – cerrado domingo salvo diciembre

Rest – Carta 27/36 € Ac

◆ Ocupa un antiguo almacén que ha cuidado mucho su decoración original, con el ladrillo visto, la viguería y el mobiliario modernista. Carta de temporada y sugerencias del día.

ESPAÑA

CARTAGENA

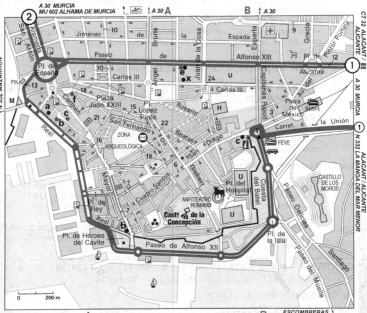

XX **La Braña**   AC ⅍ VISA ⊗ ⓞ

Balcones 18, (barrio de la Concepción), por N 332 Mazarron – ℰ 968 12 27 22
– cerrado agosto, domingo noche y lunes   A

Rest – Carta 32/36 €

♦ Se encuentra cerca del campo de fútbol y dispone de una fachada moderna, acorde a un interior sobrio, diáfano y de estética actual. Carta de mercado con sugerencias del día.

X **D'Almansa**   🛱 AC ⅍ VISA ⊗ AE ⓞ

Jabonerías 53 ✉30201 – ℰ 968 09 96 66 – www.dalmansa.com – cerrado
martes   A**b**

Rest – Carta 27/45 €

♦ Posee una terraza, un pequeño bar público que trabaja bastante, un comedor actual y un privado en un altillo. Cocina tradicional de temporada y un buen menú degustación.

X **La Marquesita**   AC ⅍ VISA ⊗ AE ⓞ

pl. de Alcolea 6 ✉30201 – ℰ 968 50 77 47
– cerrado del 15 al 31 de agosto y lunes   A**f**

Rest – Carta 32/39 €

♦ Restaurante familiar ubicado en una plaza bastante tranquila. Disfruta de una terraza exterior, una barra de espera y un comedor clásico decorado con detalles acogedores.

 Una clasificación en rojo destaca el encanto del establecimiento 🏠🏠 XxX.

en Los Dolores Norte : 3,5 km

※　**La Cerdanya**　　　　　　　　　　　　　　AK ⑨ VISA ⑩
Subida al Plan 5, por ② ⊠30310 Los Dolores – 𝒞 968 31 15 78 – cerrado 15 días en agosto y lunes
Rest – Carta aprox. 35 €
♦ Un negocio familiar que destaca por la gran calidad de sus productos. En su comedor, de ambiente rústico, encontrará aperos de labranza y ornamentos típicos de la Cerdanya.

en el parque empresarial Cabezo Beaza Noreste : 3,5 km

🏨　**Posadas de España**　　　　🛗 AK ⑨ 👘 🖪 🅿 VISA ⑩ AE ⓪
av. de Luxemburgo, por ① ⊠30353 – 𝒞 968 32 43 24
– www.posadasdeespana.com
98 hab – †54/90 € ††60/90 €, ☲ 7 €　**Rest** – Menú 11 €
♦ Edificio en ladrillo visto de fácil localización. Dispone de una pequeña recepción, salones panelables y habitaciones funcionales, confortables y bastante bien equipadas. El comedor, que resulta luminoso y muy sencillo, está unido a la cafetería.

en Canteras Oeste : 4 km

※　**Sacromonte**　　　　　　　　　　　AK ⑨ VISA ⑩ AE ⓪
Monte San Juan, 1, por N 332 Mazarrón ⊠30394 Canteras – 𝒞 968 53 53 28
– www.restaurantesacromonte.com – cerrado lunes salvo festivos　　　A
Rest – Carta 25/35 €
♦ Negocio distribuido en dos partes, por un lado el mesón, para tapas y raciones, y por otro el restaurante, de aire rústico y con varios privados. Bien llevado en familia.

CÁRTAMA – Málaga – **578** V15 – 21 313 h. – alt. 161 m – ⊠ 29570　　**1** B3
▶ Madrid 551 – Sevilla 226 – Málaga 21 – Gibraltar 144

en Gibralgalia Noroeste : 17 km

🏠　**Posada los Cántaros** ⤳　　⪪ ⌇ AK ⑨ rest, 👘 🅿 VISA ⑩ AE ⓪
Don Ramón ⊠29580 Cártama – 𝒞 952 42 35 63 – www.posadaloscantaros.com
5 hab ☲ – †77/84 € ††82/89 €
Rest – *(sólo clientes salvo fines de semana)* Menú 29 €
♦ Destaca tanto por sus vistas a la sierra de Gibralgalia como por sus curiosos detalles decorativos. Cálida zona social con chimenea y cuidadas habitaciones de aire rústico. El restaurante, que ofrece una carta internacional, se refuerza con una amplia terraza.

CARTAYA – Huelva – **578** U8 – 17 905 h. – alt. 20 m – ⊠ 21450　　**1** A2
▶ Madrid 648 – Faro 89 – Huelva 27 – Sevilla 116
⛳ Golf Nuevo Portil, urb. Nuevo Portil, Sureste : 13 km, 𝒞 959 52 87 99
◉ Marismas del río Piedras y Flecha de El Rompido★ 8,5 km al Sur

🏨　**Plaza Chica** sin rest　　　　　　AK 👘 🔆 🚗 VISA ⑩ ⓪
de la Plaza 29 – 𝒞 959 39 03 30 – www.hotelplazachica.net
11 hab – †42/60 € ††65/85 €, ☲ 5 €
♦ Esta casa destaca por su decoración, con un bello patio repleto de plantas, todas sus habitaciones personalizadas, atractivos muebles restaurados y muchos detalles curiosos.

por la carretera de El Rompido :

🏨🏨　**El Rompido Golf** ⤳　　⪪ ⌇ 🔆 ※ 🖪 🛗 🔆 hab, AK ⑨ 👑 🔆 🅿 🚗
Sur : 7 km y desvio a la derecha 1 km ⊠21459 El　　　　　VISA ⑩ AE ⓪
Rompido – 𝒞 959 02 43 20 – www.sethotels.com
184 hab ☲ – †90/180 € ††99/220 € – 12 suites
Rest – *(sólo cena buffet)* Menú 25 €
♦ Hotel de organización profesional que centra su filosofía en las opciones de ocio, tanto vacacional como de orientación deportiva, con un pequeño SPA y buen confort general. Su amplio restaurante basa su oferta en un completo buffet.

🏨 **Fuerte el Rompido** ⟨icons⟩ ⟨icons⟩ hab, 🅰🅒 ⟨icons⟩ 🅿 ⟨icon⟩
urb. Marina El Rompido, Sur : 8 km ✉*21459 El Rompido* 🆅🆂🅰 ⟨⟩ 🅰🅴 ⟨⟩
– 𝒞 959 39 99 29 – www.fuertehoteles.com – 26 marzo-24 octubre
300 hab ⟨⟩ – ♦65/216 € ♦♦65/270 €
Rest *– (sólo cena) (sólo buffet)* Menú 24 €
♦ Macrohotel ubicado en una urbanización privada. Ofrecen una completa oferta tanto de ocio como deportiva. Habitaciones amplias y luminosas, algunas de ellas familiares. Propone una variada oferta culinaria.

en la urbanización Nuevo Portil Sureste : 13 km

🏨 AC Nuevo Portil ⟨icons⟩ ⟨icons⟩ 🅿
✉*21459 Cartaya – 𝒞 959 52 82 40 – www.ac-hotels.com*
69 hab Rest –
♦ Hotel ubicado junto a un campo de golf. Sus instalaciones se distribuyen en dos edificios y posee habitaciones de línea actual, todas ellas con su propia terraza. Luminoso restaurante panorámico de estilo moderno.

CAS CATALÁ – Illes Balears – ver Balears (Mallorca) : Palma

CASALARREINA – La Rioja – **573** E21 – 1 366 h. – alt. 499 m – ✉ 26230   **21** A2
▶ Madrid 319 – Bilbao 100 – Burgos 88 – Logroño 48

🏨 **Hospedería Señorío de Casalarreina** sin rest ⟨icons⟩
pl. Santo Domingo de Guzmán 6 – 𝒞 941 32 47 30 🆅🆂🅰 ⟨⟩ 🅰🅴 ⟨⟩
– www.alojamientosconencantodelarioja.com – cerrado 23 diciembre-6 enero
15 hab ⟨⟩ – ♦69/110 € ♦♦85/190 €
♦ Estupendo hotel instalado en un ala del monasterio de la Piedad. Sus dependencias están decoradas con gusto, cuidando mucho los detalles. Baños con bañera de hidromasaje.

🍴🍴 **La Vieja Bodega** 🅰🅒 ⟨icons⟩ 🆅🆂🅰 ⟨⟩
av. de La Rioja 17 – 𝒞 941 32 42 54 – www.viejabodega.com – cerrado 10 enero-10 febrero. domingo noche y lunes noche
Rest – Carta 29/32 € ⟨⟩
♦ Conjunto rústico que ocupa una vieja bodega del s. XVII. La bondad de sus productos y una interesante carta de vinos lo han convertido en todo un clásico. Precios contenidos.

CASARABONELA – Málaga – **578** V15 – 2 748 h. – alt. 494 m – ✉ 29566   **1** A3
▶ Madrid 575 – Sevilla 261 – Málaga 46 – Gibraltar 131

por la carretera de Alozaina Sur : 6,5 km y desvío a la izquierda 0,5 km

🏠 **Caicune** ⟨icons⟩ hab, 🅰🅒 ⟨⟩ hab, 🅿
✉*29655 Casarabonela – 𝒞 952 45 65 42 – www.ruralcaicune.com*
8 apartamentos ⟨⟩ – ♦♦50/150 € – 2 hab
Rest *– (cerrado 15 días en enero,15 días en noviembre y de domingo noche a jueves en invierno)* Menú 20 €
♦ Construido sobre un antiguo cortijo que está en pleno campo, con un lago dentro de la finca y agua de su propio manantial. Ofrece varios patios y tres tipos de habitaciones. En su comedor, de ambiente rústico, encontrará una buena carta de gusto tradicional.

CASAR DE CÁCERES – Cáceres – **576** N10 – 4 879 h. – alt. 365 m   **17** B2
– ✉ 10190
▶ Madrid 316 – Cáceres 14 – Plasencia 75 – Salamanca 202

🏠 **La Encarnación** sin rest ⟨icons⟩ 🅿 🆅🆂🅰 ⟨⟩
Camino de la Encarnación – 𝒞 927 29 07 01 – www.casaruralencarnacion.com
5 hab – ♦♦65/89 €, ⟨⟩ 8,30 €
♦ Esta antigua casa solariega dispone de una agradable zona social y confortables habitaciones, estas últimas con muchos detalles decorativos. Posee una plaza de toros cuadrada.

ESPAÑA

CASAREJOS – Soria – **575** G20 – **219 h.** – alt. 1 261 m – ✉ 42148   12 C2
- ▶ Madrid 201 – Burgos 97 – Logroño 162 – Soria 59

⌂ **Cabaña Real de Carreteros** ⌖   ⚶ VISA
Las Angustias 45 – ℰ 975 37 20 62 – www.posadacarreteros.com – cerrado del 1 al 20 de enero
15 hab – ♦50 € ♦♦63 €, ☞ 6 €
Rest – *(sólo cena) (sólo clientes)* Carta aprox. 36 €
◆ Casona de carreteros cuyos orígenes se remontan al s. XVIII. Ofrece unas confortables habitaciones, algunas abuhardilladas, con techos en madera y mobiliario de aire antiguo.

CASARES – Málaga – **578** W14 – **4 993 h.** – alt. 435 m – ✉ 29690   1 A3
- ▶ Madrid 641 – Sevilla 227 – Málaga 115 – Gibraltar 46
- 🔘 Localidad ★ – Emplazamiento ★

🏨🏨 **Finca Cortesin** ⌖   ⟨ 🛏 🌳 🏊 🗔 *Lه* ✕ 🔲18 🛗 ե hab, 🔟 ⚶ ⁽ⁱ⁾ 🚲 🅿
carret. de Casares – ℰ 952 93 78 00   🚗 VISA ⓸ 🅰🅴 ⓪
– www.fincacortesin.com – cerrado enero-6 febrero
34 hab ☞ – ♦♦390/495 € – 33 suites
Rest *Schilo* – *(cerrado domingo y lunes) (sólo cena)* (es necesario reservar) Menú 115 €
Rest *El Jardín* – Carta aprox. 45 €
◆ Hotel tipo hacienda emplazado en una gran finca. Presenta materiales de 1ª calidad, detalles de lujo, un magnífico SPA y excelentes habitaciones. Entre sus restaurantes destaca el elegante Schilo, que ofrece una cocina contemporánea con influencias asiáticas.

en la carretera MA 8300 Sureste : 5 km

✕ **Venta García**   🔲 🔟 ⚶ VISA ⓸
✉29690 Casares – ℰ 952 89 41 91
Rest – *(cerrado lunes salvo agosto)* Carta 26/36 €
◆ Casita blanca ubicada junto a la carretera, en un paraje de montaña. Dispone de dos salas, la principal de línea actual y con detalles rústicos. Cocina regional actualizada.

CASCANTE – Navarra – **573** F24 – **4 034 h.** – ✉ 31520   24 A3
- ▶ Madrid 307 – Logroño 104 – Pamplona 94 – Soria 81

✕✕ **Mesón Ibarra**   🔟 ⚶ ⟷ VISA ⓸
Vicente Tutor 3 – ℰ 948 85 04 77 – www.restauranteibarra.com
Rest – Carta 33/40 €
◆ Combina los motivos regionales de su fachada con un cuidado interior de estética moderna, este último dominado por los tonos blancos. Carta tradicional y verduras de la zona.

CASES D'ALCANAR – Tarragona – ver **Alcanar**

CASTEJÓN DE SOS – Huesca – **574** E31 – **787 h.** – alt. 904 m   4 D1
– ✉ 22466
- ▶ Madrid 524 – Huesca 134 – Lleida/Lérida 134

🏨 **Plaza** sin rest ⌖   ե ⁽ⁱ⁾ 🅿 🚗 VISA ⓸
pl. del Pilar 2 – ℰ 974 55 30 50 – www.hotelplazapirineos.com
16 hab ☞ – ♦38/60 € ♦♦48/65 € – 2 apartamentos
◆ Coqueto hotel donde se cuidan mucho los detalles. Sus acogedoras habitaciones ofrecen una decoración personalizada y entre ellas destacan las del anexo, algo más amplias.

Es CASTELL – Illes Balears – ver **Balears (Menorca)**

CASTELL DE CASTELLS – Alicante – **577** P29 – **508 h.** – alt. 630 m   16 B3
– ✉ 03793
- ▶ Madrid 434 – Alacant/Alicante 78 – Benidorm 35 – València 129

Serrella ⇐ 📠 AC ⅍ ⅋ VISA ⓪
av. de Alcoi 2 – ℰ 965 51 81 38 – www.hotel-serrella.com
16 hab ⊊ – †50 € ††100/110 € **Rest** – *(cerrado miércoles)* Menú 20 €
♦ Negocio de carácter familiar que sorprende por sus cuidadas dependencias. Goza de unas confortables habitaciones con baños completos y mobiliario provenzal. Restaurante de excelente montaje en su categoría.

Casa Pilar ⍋ AC ⅍ P
San José 2 – ℰ 965 51 81 57 – www.casapilar.com
7 hab – †35 € ††60 €, ⊊ 10 € **Rest** – *(sólo clientes)* Menú 20 €
♦ Antigua casa de labranza dotada de cálidas habitaciones, todas ellas personalizadas en su decoración y con mobiliario restaurado. Elegante salón social y comedor privado.

El CASTELL DE GUADALEST – Alicante – 577 P29 – 231 h. 16 B3
– alt. 995 m – ⊠ 03517
▶ Madrid 441 – Alcoi 36 – Alacant/Alicante 65 – València 145
🛈 av. Alicante s/n ℰ 96 588 52 98 guadalest@touristinfo.net Fax 96 588 53 85
◉ Situación★

Nou Salat ⇐ ⅍ P VISA ⓪ AE ⓪
carret. de Callosa d'En Sarrià – ℰ 965 88 50 19 – cerrado 20 enero-10 febrero, 25 junio-6 julio y miércoles
Rest – Carta 26/40 €
♦ Salón espacioso y luminoso, con salas acristaladas donde sirven una variada carta de cocina casera con raíces mediterráneas. Correcto servicio de mesa y buen montaje.

CASTELLAR DEL VALLÈS – Barcelona – 574 H36 – 23 002 h. 15 B2
– ⊠ 08211
▶ Madrid 625 – Barcelona 32 – Sabadell 8

por la carretera de Terrassa Suroeste : 5 km

Can Font 🚗 AC ⅍ ⇔ P VISA ⓪ AE
urb. Can Font ⊠08211 – ℰ 937 14 53 77 – www.boda-font.com – cerrado del 1 al 7 de enero, 21 días en agosto y martes
Rest – *(sólo almuerzo salvo viernes y sábado)* Carta aprox. 50 €
♦ Este impecable restaurante presenta una sala de estilo rústico catalán, un privado y tres salones de banquetes. Cocina de mercado con platos tradicionales e internacionales.

CASTELLBISBAL – Barcelona – 574 H35 – 11 977 h. – alt. 132 m 15 A3
– ⊠ 08755
▶ Madrid 605 – Barcelona 30 – Manresa 40 – Tarragona 84

en la carretera de Martorell a Terrassa C 243c Oeste : 9 km

Ca l'Esteve 🏠 ⅋ AC ⅍ ⇔ P VISA ⓪ ⓪
⊠08755 – ℰ 937 75 56 90 – www.restaurantecalesteve.com – cerrado del 16 al 31 de agosto, domingo noche, lunes noche y martes noche
Rest – Carta aprox. 40 €
♦ Instalado en una gran casa de piedra, junto a los viñedos de la familia propietaria. En sus comedores podrá degustar platos típicos de la zona. Vino propio y cava de puros.

CASTELLCIUTAT – Lleida – ver La Seu d'Urgell

CASTELLDEFELS – Barcelona – 574 I35 – 62 080 h. – Playa – ⊠ 08860 15 A3
▶ Madrid 615 – Barcelona 29 – Tarragona 72
🛈 Pintor Serrasanta 4 ℰ 93 635 27 27 infoturismo@castelldefels.org Fax 93 635 27 26

en el barrio de la playa :

🏨 **Bel Air** ← ⌶ 🛗 🐧 hab. 🅰 ⚡ 📶 🏖 P 🚗 VISA ⦿ AE ①
passeig Marítim 169 – ℰ 936 65 16 00 – www.belair.es
44 hab ⌕ – ††80/250 €
Rest *Dom* – *(cerrado domingo noche y lunes)* Carta aprox. 40 €
♦ Hotel de estética moderna que destaca por su magnífica situación a pie de playa. Completísimas habitaciones, la mayoría con vistas frontales al mar y todas con terraza. Su comedor, de marcada línea minimalista, tiene grandes cristaleras y una carta creativa.

🏨 **Mediterráneo** ⌂ ⌶ 🛗 🅰 ⚡ ⓣ 🏖 🚗 VISA ⦿ AE ①
passeig Marítim 294 – ℰ 936 65 21 00 – www.hmediterraneo.com
69 hab – †85/175 € ††95/199 €, ⌕ 13 € **Rest** – Menú 22 €
♦ Está repartido entre dos edificios que se unen por la terraza-piscina, resultando algo superiores y más actuales las habitaciones del anexo, al que denominan Plaza. El restaurante ofrece una completa carta con platos tradicionales, internacionales y arroces.

🏨 **Ciudad de Castelldefels** ⌂ ⌶ 🛗 🅰 ⚡ rest, ⓣ 🏖 🚗 VISA ⦿ AE ①
passeig de la Marina 212 – ℰ 936 65 19 00 – www.grup-soteras.com
103 hab – †49/140 € ††49/160 €, ⌕ 13 € **Rest** – Menú 22 €
♦ Acoge unas instalaciones actuales y bien equipadas, con todo lo necesario para que disfrute de su estancia. Amplias zonas sociales y cuidada piscina con palmeras. En su luminoso comedor elaboran una carta que combina la cocina intenacional con la nacional.

🏨 **Playafels** sin rest ← ⌶ 🛗 🅰 ⚡ 🏖 P VISA ⦿ AE ①
playa Ribera de San Pedro 1-9 – ℰ 936 65 12 50 – www.grup-soteras.com
34 hab – †55/140 € ††55/160 €, ⌕ 13 €
♦ Muy bien situado en 1ª línea de playa. Presenta varias salas de reuniones y habitaciones de correcto equipamiento, la mayoría con vistas al mar y todas con buenas terrazas.

🏨 **Luna** ⌂ ⌶ 🛗 🐧 hab, 🅰 ⚡ rest, ⓣ 🏖 P VISA ⦿ AE ①
passeig de la Marina 155 – ℰ 936 65 21 50 – www.hotelluna.es
29 hab – †70/90 € ††80/120 €, ⌕ 12 € – 3 suites **Rest** – Menú 20 €
♦ Está algo alejado de la playa, detalle que compensan con agradables exteriores y una gran terraza bajo los pinos. Correctas habitaciones, con mobiliario funcional y terraza. El restaurante, luminoso y de cuidado montaje, elabora una carta de tinte tradicional.

✗✗ **La Canasta** ⌂ 🅰 ⚡ ⟳ VISA ⦿ AE ①
passeig Marítim 197 – ℰ 936 65 68 57 – www.restaurantelacanasta.com
Rest – Carta 49/61 €
♦ Atesora una gran trayectoria profesional. En sus salas, de elegante estilo clásico-marinero, podrá descubrir una cocina especializada en arroces, fideos, pescados y mariscos.

en Torre Barona Oeste : 2,5 km

🏨 **G.H. Rey Don Jaime** ⌂ ← ⌻ ⌂ ⌶ 🗔 🛗 🐧 hab, 🅰 ⚡ ⓣ 🏖 P 🚗 VISA ⦿ AE ①
av. del Hotel 22 ⌂08860 Castelldefels
– ℰ 936 65 13 00 – www.grup-soteras.com
212 hab – †55/160 € ††55/180 €, ⌕ 14 € – 8 suites **Rest** – Menú 30 €
♦ Se reparte entre dos edificios, ambos sobre una colina, y cuenta con dos tipos de habitaciones, unas actuales y las otras neorrústicas. Gran auditorio para congresos. El restaurante, dotado con dos elegantes salas, ofrece una carta tradicional e internacional.

CASTELLÓ D'EMPÚRIES – Girona – **574** F39 – **12 111 h.** – alt. **17 m**   **14** D3
– ⌂ 17486

▶ Madrid 753 – Figueres 8 – Girona/Gerona 47
🛈 pl. Jaume I-16 ℰ 972 15 62 33 turisme@castello.cat Fax 972 15 80 63
◎ Localidad★ – Iglesia de Santa María★ (retablo★, portada★★)

De La Moneda sin rest   🔀 🛎 AC 🎿 📶 🚗 VISA ⚫⚫

pl. de la Moneda 8 – ℰ 972 15 86 02 – www.hoteldelamoneda.com – cerrado del 8 al 25 de diciembre y febrero

11 hab 🛏 – †80/104 € ††100/170 €

◆ Mansión del s. XVII dotada con una preciosa recepción abovedada y un buen salón social. Posee magníficas habitaciones, muy coloristas, amplias y con detalles de sumo gusto.

Canet   🛜 🔀 🖪 🛎 AC 📶 🏄 P VISA ⚫⚫

pl. Joc de la Pilota 2 – ℰ 972 25 03 40 – www.hotelcanet.com
– cerrado 7 noviembre-7 diciembre

29 hab 🛏 – †45/60 € ††70/80 €   **Rest** – *(cerrado lunes)* Menú 12 €

◆ Hotel céntrico y de organización familiar. Dispone de un correcto hall, una elegante cafetería que funciona como zona social y habitaciones funcionales. Su acogedor restaurante, que tiene los techos abovedados, presenta una decoración de carácter neorrústico.

Emporium   AC 🎿 P VISA ⚫⚫ ⓪

Santa Clara 31 – ℰ 972 25 05 93 – www.emporiumhotel.com – cerrado del 1 al 14 de enero, del 17 al 28 de octubre, domingo noche en invierno y lunes en verano

Rest – Carta 53/64 € 🏵

◆ Negocio llevado entre un matrimonio y sus hijos. En la sala, de línea funcional-actual, le ofrecerán una carta tradicional actualizada, con toques creativos, y varios menús.

en la carretera de Roses Este : 4,5 km

La Llar (Joan Viñas)   AC 🎿 ⇔ P VISA ⚫⚫

✉17480 Roses – ℰ 972 25 53 68 – www.restaurantlallar.com – cerrado del 1 al 15 de febrero, del 16 al 30 de noviembre, miércoles noche salvo verano y jueves

Rest – Menú 55/73 € – Carta 45/68 €

Espec. Foie de pato a las uvas. Cordero de "Palau" a baja temperatura. Surtido de postres La Llar.

◆ Restaurante de ambiente neorrústico instalado en una antigua masía. En su comedor, con vigas de madera en el techo y una pared en ladrillo visto, podrá degustar una carta clásica-internacional muy bien elaborada. Buen carro de repostería.

CASTELLÓ DE LA PLANA (CASTELLÓN DE LA PLANA) ℙ   16 B1
– Castellón – **577** M29 – **180 005 h.** – alt. 28 m

▶ Madrid 426 – Tarragona 183 – Teruel 148 – Tortosa 122

🅸 pl. María Agustina 5, ℰ 964 35 86 88 castellon@touristinfo.net Fax 964 35 86 89

🖫 Mediterráneo, urb. La Coma, Norte : 3,5 km por la carret. de Barcelona, ℰ 964 32 12 27

🖫 Costa de Azahar, Noreste : 6 km, ℰ 964 28 09 79

Plano página siguiente

Luz Castellón   🖪 🛎 AC 🎿 📶 🏄 🚗 VISA ⚫⚫ AE ⓪

Pintor Oliet 3, por ③ ✉12006 – ℰ 964 20 10 10 – www.hotelluz.com

112 hab – †50/140 € ††50/171 €, 🛏 10,50 € – 32 suites

Rest – Carta 20/55 €

◆ Está orientado al cliente de empresa y destaca por su diseño actual, con mobiliario vanguardista. Gran zona social, varias salas de reuniones y habitaciones bastante amplias. En su comedor podrá degustar una cocina tradicional bien elaborada.

Intur Castellón   🖪 🛎 AC 🎿 📶 🏄 🚗 VISA ⚫⚫ AE ⓪

Herrero 20 ✉12002 – ℰ 964 22 50 00 – www.intur.com   **A**n

120 hab – ††60/200 €, 🛏 12 € – 2 suites   **Rest** – Menú 15 €

◆ Su actividad gira en torno al magnífico patio interior, muy luminoso y con el techo acristalado. Las confortables habitaciones poseen mobiliario actual en tonos oscuros. Su restaurante es un buen ejemplo de calidad, detalle y orden en el montaje.

CASTELLÓ DE LA PLANA/CASTELLÓN DE LA PLANA

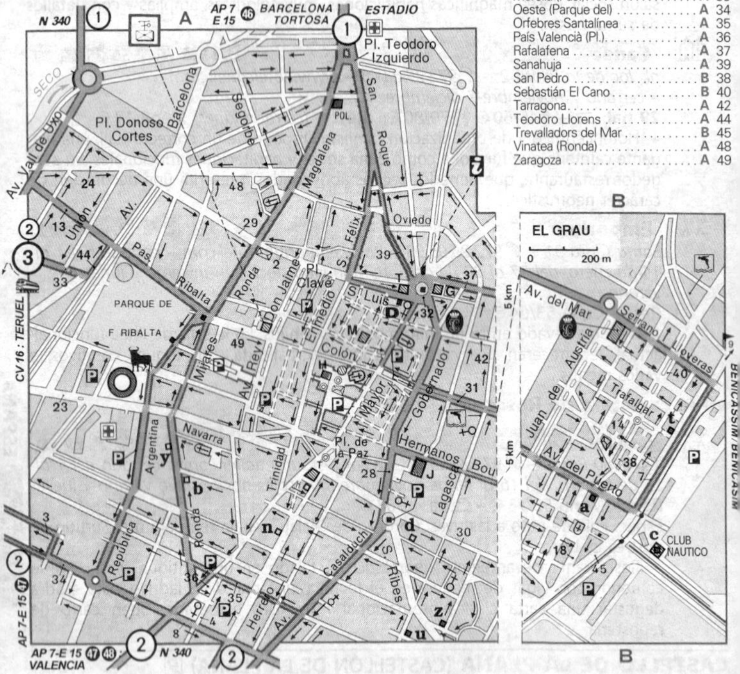

Abba Castellón

hab,

Pintor Oliet 9, por ③ ✉12006 – ✆ 964 34 46 00 – www.abbacastellonhotel.com

130 hab – ††49/214 €, ☕ 11 € **Rest** – Menú 17 €

◆ Hotel de línea moderna ubicado frente a la estación de autobuses. Disfruta de luminosas zonas nobles y unas habitaciones de completo equipamiento, con los suelos en tarima. En el restaurante podrá degustar una carta tradicional actualizada.

Castellón Center

Ronda Mijares 86 ✉12002 – ✆ 964 34 27 77 – www.hotelcastelloncenter.com

76 hab – †50/144 € ††50/175 €, ☕ 10,50 € **Rest** – Menú 18 € A**y**

◆ Su orientación al cliente de negocios, la oferta de salones y la amplitud de los espacios, tanto comunes como privados, son sus señas de identidad. Comodidad garantizada. En su moderno restaurante ofrecen una completa carta de tinte tradicional.

Jaime I

Ronda Mijares 67 ✉12002 – ✆ 964 25 03 00 – www.hoteljaimei.com

89 hab – †43/114 € ††43/133 €, ☕ 8 € **Rest** – Carta 20/31 € A**b**

◆ Edificio de arquitectura contemporánea, bien equipado y con habitaciones confortables, siendo estas de diferentes tamaños pero todas con los baños amplios y completos. En su restaurante, que hace las veces de cafetería, elaboran una correcta cocina italiana.

AC Castellón sin rest, con cafetería por la noche ☒ ☒ ☒ ☒ ☒ ☒ ☒
Carcagente 3 ✉12005 – ℰ *964 72 38 25* VISA ☒ AE ☒
– www.ac-hotels.com **Ad**
80 hab – �☐60/250 €, ☒ 11 €
♦ Su hall-recepción resulta polivalente y funcional, englobando diferentes servicios. Dispone de habitaciones confortables y bien equipadas, con baños modernos.

NH Mindoro ☒ ☒ ☒ ☒ ☒ ☒ VISA ☒ AE ☒
Moyano 4 ✉12002 – ℰ *964 22 23 00 – www.nh-hotels.com* **Aa**
93 hab – ♉45/150 €, ☒ 12 € – 12 suites
Rest – *(cerrado 22 diciembre-13 enero, julio-15 septiembre, viernes, sábado y domingo) (sólo cena) (sólo menú)* Menú 22 €
♦ Goza de las características habituales en los hoteles de la cadena. Dispone de salones panelables y habitaciones bien equipadas, con los suelos en tarima y baños completos. Su comedor ofrece una cocina tradicional y posee una barra para el buffet de desayunos.

XX **Pairal** ☒ ☒ ☒ VISA ☒ AE ☒
Dr. Fleming 24 ✉12005 – ℰ *964 23 34 04 – www.restaurantepairal.com*
– cerrado Semana Santa, 7 días en agosto, domingo y lunes noche
Rest – Carta 30/46 € **Az**
♦ Posee una pequeña zona de espera, dos privados y el cálido comedor principal con las paredes en ladrillo visto y vigas de madera en el techo. Carta tradicional actualizada.

XX **Arropes** ☒ ☒ VISA ☒ AE ☒
Benárabe 5 ✉12005 – ℰ *964 23 76 58 – cerrado agosto, domingo noche y lunes*
Rest – Carta 24/32 € **Au**
♦ Restaurante de amable organización familiar. Dispone de una barra privada y un salón tradicional, con un gran buffet central para el servicio de arroces. Carta regional.

en el puerto (Grau) Este : 5 km

XX **Club Náutico** ☒ ☒ ☒ ☒ VISA ☒ AE ☒
Escollera Poniente ✉12100 El Grau – ℰ *964 28 24 33*
– www.restauranteclubnautico.com – cerrado domingo noche **Bc**
Rest – Carta 40/60 €
♦ Excelentes vistas a toda la marina. Dispone de una amplia sala distribuida en dos espacios y un privado panelable, ofreciendo una carta especializada en pescados y mariscos.

XX **Brisamar** ☒ ☒ ☒ ☒ VISA ☒ AE ☒
paseo Buenavista 26 ✉12100 El Grau – ℰ *964 28 36 64*
– cerrado del 15 al 31 de octubre y domingo noche **Bt**
Rest – Carta 25/42 €
♦ Un clásico tanto por su marco como por la organización. Dispone de un amplio comedor en la planta baja y varios privados en el piso superior. Carta basada en pescados.

X **Tasca del Puerto** ☒ ☒ VISA ☒ AE ☒
av. del Puerto 13 ✉12100 El Grau – ℰ *964 28 44 81 – www.tascadelpuerto.com*
– cerrado domingo noche y lunes **Ba**
Rest – Carta 39/54 €
♦ Este restaurante presenta un buen montaje para su categoría. Aquí encontrará pescados y mariscos de gran calidad, así como una destacable carta de vinos y otra de licores.

CASTELLOTE – Teruel – *574* J29 – 824 h. – alt. 774 m – ✉ 44560 **4 C3**
▶ Madrid 417 – Zaragoza 144 – Teruel 146
– Castelló de la Plana/Castellón de la Plana 154

ESPAÑA

🏠 **Castellote** 🕭   🔆 📠 📠 ♨ ⁽ᵖ⁾ 🎴 ◎◎ 🅰🅴 ⓪

😊 *paseo de la Mina 13 – ℰ 978 88 75 96 – www.hostalcastellote.com*
42 hab – ♦30/40 € ♦♦47/57 €, ☐ 4 €   **Rest** – Carta aprox. 31 €
♦ Hotel de amable organización familiar. Ofrece unas instalaciones funcionales, con una pequeña recepción y confortables habitaciones dominadas por el mobiliario en pino. Su restaurante cuenta con un montaje clásico-actual y una carta tradicional a buen precio.

CASTELO DE ANDRADE – A Coruña – ver Pontedeume

CASTILLEJA DE LA CUESTA – Sevilla – **578** T11 – **17 150 h.**   1 B2
– alt. 104 m – ✉ 41950

▶ Madrid 541 – Huelva 82 – Sevilla 7

XX **Robles Aljarafe**   📠 🔆 ⟷ 🅿 🎴 ◎◎ 🅰🅴 ⓪

carret. Bormujos 2 – ℰ 954 16 92 60 – www.roblesrestaurantes.com – cerrado agosto
Rest – Carta 35/48 €
♦ Tras su fachada, típica andaluza, encontrará un restaurante de gran capacidad, con un comedor clásico y varios salones de banquetes. Cocina tradicional y sugerencias diarias.

CASTILLO DE GORRAIZ (Urbanización) – Navarra – ver Pamplona

CASTILLO DE TAJARJA – Granada – **578** U18 – **402 h.** – **alt. 830 m**   2 C2
– ✉ 18329

▶ Madrid 441 – Sevilla 236 – Granada 35 – Málaga 110

X **El Olivo de Miguel y Celia**   📠 🔆 🎴 ◎◎ ⓪

Constitución 12 – ℰ 958 55 74 93 – cerrado 20 diciembre-2 enero y lunes
Rest – (es necesario reservar) Carta 22/28 €
♦ Este restaurante resulta curioso y presenta una amable organización familiar, con un comedor clásico y una pequeña terraza acristalada. La carta se cambia todas las semanas.

CASTILLÓN – Lugo – **571** E7 – **109 h.** – ✉ 27438   20 C2

▶ Madrid 515 – Santiago de Compostela 110 – Lugo 84 – Ourense 38

🏠 **Rectoral de Castillón** 🕭   🚃 ⅋ hab. 🔆 ⁽ᵖ⁾ 🅿 🎴 ◎◎

Santiago de Castillón 37 – ℰ 982 45 54 15 – www.rectoraldecastillon.com – cerrado del 7 al 30 de enero
8 hab – ♦42/68 € ♦♦52/85 €, ☐ 4,50 €
Rest – (cerrado lunes) (es necesario reservar) Menú 18 €
♦ Buen turismo rural ubicado en una casa rectoral de grandes dimensiones, rodeada por jardines y bosques. Espaciosas habitaciones con los suelos en madera. El restaurante ofrece una sala neorrústica al cliente de paso y otra, más acogedora, para el huésped.

CASTRILLO DE LOS POLVAZARES – León – **575** E11 – **alt. 907 m**   11 A1
– ✉ 24700

▶ Madrid 339 – León 48 – Ponferrada 61 – Zamora 132

🏠 **Cuca la Vaina** 🕭   🗔 🔆 ⁽ᵖ⁾ 🎴 ◎◎ 🅰🅴

Jardín – ℰ 987 69 10 78 – www.cucalavaina.com – cerrado enero
7 hab – ♦50/55 € ♦♦60/65 €, ☐ 6 €
Rest – (cerrado lunes) (sólo almuerzo salvo viernes, sábado y verano) Menú 21 €
♦ Este hotelito de trato familiar se presenta con una decoración de estilo rústico-regional y unas acogedoras habitaciones, todas comunicadas entre sí por una galería. El comedor, ubicado en la planta baja, se complementa con una terraza en un patio acristalado.

✗ **Casa Coscolo** con hab ⌂   🔲 rest, ✗ rest, 𝘝𝘐𝘚𝘈 ⓸ 🄰🄴
El Rincón 1 – ☏ *987 69 19 84 – www.casacoscolo.com – cerrado 15 días en junio*
4 hab – 🛏45 € 🛏🛏54 €, ⌷ 3,15 €
Rest – *(cerrado lunes) (sólo almuerzo salvo viernes, sábado y vísperas de festivo)*
Carta aprox. 29 €
♦ Antigua casa de piedra construida en el centro de este pintoresco pueblo. Ofrece
un sencillo comedor de ambiente rústico y una carta tradicional con especialidades maragatas. Como complemento al negocio también dispone de unas cálidas
habitaciones, personalizadas aunque con los techos y los suelos en madera.

CASTRILLO DEL VAL – Burgos – **575** F19 – **721 h.** – alt. **939 m**   **12** C2
– ✉ 09193

▶ Madrid 243 – Burgos 11 – Logroño 114 – Vitoria-Gasteiz 116

en la carretera N 120 Noreste : 3 km

🏨 **Camino de Santiago**   𝐿𝑘 ⌷ 🔲 ✗ rest, ⁽ᵗ⁾ 🄰 🄿 🚗 𝘝𝘐𝘚𝘈 ⓸ ⓞ
urb. Los Tomillares ✉ *09193 –* ☏ *947 42 12 93*
– www.hotelcaminodesantiago.com
40 hab – 🛏41/46 € 🛏🛏50/66 €, ⌷ 4,50 €   **Rest –** Menú 12,50 €
♦ Se presenta con una sencilla organización familiar y cierto eclecticismo decorativo. Habitaciones amplias y detallistas, con los suelos en parquet y un esmerado
equipamiento. El restaurante basa la mayor parte de su trabajo en la elaboración
de un menú diario.

CASTRO – A Coruña – **571** B5 – ✉ 15578   **19** B1

▶ Madrid 612 – Santiago de Compostela 96 – A Coruña 54 – Lugo 113

🏨 **Pazo Libunca** ⌂   🚗 ⌷ 🔲 ✗ ⁽ᵗ⁾ 🄰 🄿 𝘝𝘐𝘚𝘈 ⓸ 🄰🄴 ⓞ
carret. de Xubia, Sur : 1 km – ☏ *981 38 35 40 – www.libunca.es*
14 hab – 🛏70/120 € 🛏🛏75/120 €, ⌷ 13 €
Rest – *(cerrado domingo noche y lunes)* Menú 48 €
♦ Magnífica casona de indianos rodeada de un extenso jardín y decorada con
unos bellísimos azulejos de Talavera. Habitaciones con mobiliario de época y
una excelente lencería. Elegante restaurante con las paredes enteladas y una
carpa exterior para banquetes.

CASTRO CALDELAS – Ourense – **571** E7 – **1 594 h.** – alt. **720 m**   **20** C3
– ✉ 32760

▶ Madrid 504 – Lugo 88 – Ourense 48 – Ponferrada 110

🏠 **Pousada Vicente Risco** ⌂   ✗ ⁽ᵗ⁾ 𝘝𝘐𝘚𝘈 ⓸
Grande 4 – ☏ *988 20 33 60 – www.pousadavicenterisco.com*
8 hab ⌷ **–** 🛏38 € 🛏🛏48 €   **Rest –** Menú 12 €
♦ La que antaño fue morada del ilustre escritor gallego es hoy una acogedora
casa rural en piedra. Disfrute del bello entorno y de unas habitaciones decoradas
con todo detalle. Comedor de correcto montaje en el 1er piso y una cafetería al
nivel de la calle.

CASTRO URDIALES – Cantabria – **572** B20 – **31 670 h.** – **Playa**   **8** C1
– ✉ 39700

▶ Madrid 430 – Bilbao 36 – Santander 73
🅘 paseo Marítimo 1 bis ☏ 942 87 15 12 turismocastro@cantabria.org Fax 942
87 13 37

✗✗ **El Manco**   🚗 🔲 ✗ 𝘝𝘐𝘚𝘈 ⓸ 🄰🄴 ⓞ
Lorenzo Maza – ☏ *942 86 00 16 – www.el-manco.com – cerrado lunes salvo*
festivos y vísperas
Rest – Carta 36/46 €
♦ Ofrece una terraza semicubierta a la entrada, seguida de un pequeño bar y
una confortable sala de línea moderna. Cocina tradicional actualizada con buen
apartado de mariscos.

✗ Ardigales   AC ✗ VISA ⓪ AE

Ardigales 18 – ✆ 942 78 06 03 – cerrado martes noche
Rest – Carta 30/40 €

♦ Negocio bien llevado por sus propietarios, presentes en sala y cocina. En su moderno comedor podrá degustar unos platos tradicionales elaborados con productos de buen nivel.

en la playa :

▲▲ Las Rocas   ≼ ▣ AC ✗ rest, ⁅ᵗ ▲ ⬤ VISA ⓪ AE ①

Flaviobriga 1 ⊠39700 – ✆ 942 86 04 00 – www.lasrocashotel.com
66 hab ⌓ – †66/110 € ††66/140 €
Rest – *(cerrado 21 diciembre-4 enero)* Menú 25 €

♦ La zona social se reduce al hall y a la cafetería. Habitaciones clásicas espaciosas y de completo equipamiento, muy luminosas y la mitad de ellas con vistas a la playa. Amplio comedor de correcto montaje, con una sala de banquetes en un lateral acristalado.

CASTROJERIZ – Burgos – 575 F17 – 891 h. – alt. 808 m – ⊠ 09110   12 C2
▶ Madrid 249 – Burgos 43 – Palencia 48 – Valladolid 99

⬆ La Cachava   ✗ ⁅ᵗ VISA ⓪ ①

Real de Oriente 83 – ✆ 947 37 85 47 – www.lacachava.com
8 hab – †25/35 € ††55/68 €, ⌓ 9 €   **Rest** – *(sólo clientes)* Menú 16 €

♦ Acogedor hotelito ubicado en una antigua casa de labranza. Sus habitaciones, con cierto aire colonial, se distribuyen en torno a dos patios, uno transformado en zona social.

CASTROPOL – Asturias – 572 B8 – 3 845 h. – Playa – ⊠ 33760   5 A1
▶ Madrid 589 – A Coruña 173 – Lugo 88 – Oviedo 154

🏠 Peña-Mar   ▣ ✗ P VISA ⓪

carret. N 640 – ✆ 985 63 51 49 – www.complejopenamar.com
– 15 abril-15 octubre
24 hab – †42/67 € ††48/74 €, ⌓ 10 €
Rest *Peña-Mar* – ver selección restaurantes

♦ Hotel de sencilla organización ubicado al borde de la carretera. Ofrece una reducida zona social y habitaciones funcionales, con mobiliario de línea clásica en madera.

✗✗ Peña-Mar – Hotel Peña-Mar   ✗ P VISA ⓪

carret. N 640 – ✆ 985 63 50 06 – www.complejopenamar.com – cerrado 15 enero-febrero y miércoles salvo Semana Santa y verano
Rest – Carta 37/57 €

♦ Tiene un bar rústico, con llamativos relojes en la pared, y una sala a la carta de gran capacidad donde sirven platos gallegos y asturianos. Trabaja mucho los banquetes.

✗ El Risón de Peña Mar   ≼ ☌ AC ✗ VISA ⓪

El Muelle – ✆ 985 63 50 65 – www.complejopenamar.com – cerrado 7 enero-8 marzo y lunes salvo Semana Santa y verano
Rest – Carta 37/57 €

♦ Restaurante de aire regional dotado con vigas en madera vista y detalles marineros. Destaca por sus terrazas, con vistas sobre el río Eo, y disfruta de una barbacoa exterior.

La CAVA – Tarragona – ver Deltebre

CAZALLA DE LA SIERRA – Sevilla – 578 S12 – 5 034 h. – alt. 590 m   1 B2
– ⊠ 41370
▶ Madrid 493 – Aracena 83 – Écija 102 – Sevilla 95

Palacio de San Benito 🕭   🏠 🔊 ⅃ & hab, 🅰️🄲 📶 🔊 🅿️ 🆅🆁🆂🅰️ ⬤⬤

San Benito – ℰ 954 88 33 36 – www.palaciodesanbenito.es
9 hab – †•†98/165 €, � 12 €
Rest – Carta 23/47 €
◆ Preciosa ermita del s. XV y un edificio nuevo anexo en consonancia, ambos repletos de obras de arte originales. Posee habitaciones personalizadas y decoradas con sumo gusto. El comedor y el salón de banquetes se encuentran en el interior del antiguo santuario.

🏠 **Posada del Moro** 🕭   🍽️ 🏠 ⅃ & hab, 🅰️🄲 🔊 🆅🆁🆂🅰️ ⬤⬤
😊 *paseo del Moro, 46 – ℰ 954 88 48 58*
– www.laposadadelmoro.com
31 hab – †45/65 € †•†65/100 €, ⊂ 5 €
Rest – *(cerrado lunes)* Carta aprox. 35 €
◆ En pleno Parque Natural de la Sierra Norte de Sevilla. Disfrute de un ambiente acogedor, un cuidadísimo entorno ajardinado y unas habitaciones de línea actual bien equipadas. El comedor, acreditado en la zona, ocupa un lugar destacado en esta casa.

CAZORLA – Jaén – **578** S20/ S21 – 8 133 h. – alt. 790 m – ✉ 23470   2 D2

▶ Madrid 374 – Sevilla 333 – Jaén 106 – Granada 191
ℹ️ paseo del Santo Cristo 19 ℰ 953 71 01 02 turismo@cazorla.es
Fax 953 71 01 02
◎ Localidad★ – Emplazamiento★
🔲 La Iruela : carretera★ de los Miradores ⬳★ - Noreste : 3 km – Parque Natural de la Sierra de Cazorla, Segura y Las Villas★★★ (Hornos ⬳★).
Cueva del Agua★ Sur : 38 km – Tíscar★ Sur : 39 km

ESPAÑA

🏠 **Guadalquivir** sin rest   🔊 🅰️🄲 🔊 📶 🍽️ 🆅🆁🆂🅰️ ⬤⬤
Nueva 6 – ℰ 953 72 02 68 – www.hguadalquivir.com
11 hab – †34/36 € †•†46/49 €, ⊂ 5,40 €
◆ Este hotelito familiar posee un pequeño salón social, donde sirven los desayunos, y habitaciones de impecable limpieza, todas con mobiliario en pino de línea provenzal.

🍴🍴 **La Sarga**   ⬳ 🅰️🄲 🔊 🆅🆁🆂🅰️ ⬤⬤ ⓪
pl. de Andalucía – ℰ 953 72 15 07 – www.lasarga.com – cerrado del 8 al 22 de enero, del 5 al 20 de septiembre, lunes noche y martes
Rest – Carta 31/40 €
◆ Este céntrico restaurante ofrece un sala de elegante clasicismo donde se miman mucho los detalles, tanto en el servicio de mesa como en las atenciones. Cocina tradicional.

🍴 **Mesón Leandro**   🏠 🔊 🆅🆁🆂🅰️ ⬤⬤ 🅰️🄴 ⓪
La Hoz 3 – ℰ 953 72 06 32 – www.castillocazorla.com – cerrado del 15 al 30 de junio y miércoles
Rest – Carta 21/28 €
◆ Ocupa una casa de pueblo y está llevado por un matrimonio, con él en la sala y ella al frente de los fogones. Coqueta terraza, sala rústica-actual y platos de tinte regional.

en la carretera de la Sierra Noreste : 2,5 km

 Sierra de Cazorla   ⬳ ⅃ 🔲 🔊 🔊 & hab, 🅰️🄲 🔊 rest, 📶 🔊 🅿️ 🆅🆁🆂🅰️ ⬤⬤ 🅰️🄴
✉23476 La Iruela – ℰ 953 72 00 15 – www.hotelsierradecazorla.com
39 hab ⊂ – †68/98 € †•†107/145 €   **Rest** – Menú 16 €
◆ Amplia zona noble y unas confortables habitaciones decoradas en cuatro estilos, el propio de montaña, africano, oriental y marroquí. Excelente SPA con servicios terapéuticos. El restaurante a la carta resulta algo reducido pero actual y de buen montaje.

en la Sierra de Cazorla :

🏠🏠🏠 **Parador de Cazorla** 🕸 ⟨ 🚗 🏊 🈵 🅰🅲 rest, 🐾 🅿 VISA ⬤ 🄰🄴 🕦
Lugar Sacejo, Este : 26 km - alt. 1 400 ✉23470 Cazorla – ℰ 953 72 70 75
– www.parador.es – cerrado 20 diciembre-7 febrero
34 hab – 🛏87/115 € 🛏🛏109/144 €, � 15 € **Rest** – Menú 32 €
♦ A su magnífica ubicación, en plena sierra de Cazorla, se unen las confortables instalaciones con una cuidada decoración de aire regional. La piscina brinda excelentes vistas. En su acogedor y amplio restaurante elaboran los platos típicos de la zona.

🏠 **Paraíso de Bujaraiza** 🕸 🏊 🕊 hab, 🅰🅲 🐾 🅿 VISA ⬤ 🄰🄴
carret. del Tranco, Noreste : 44,7 km ✉23478 Coto Ríos – ℰ 953 12 41 14
– www.paraisodebujaraiza.com – cerrado 4 enero-18 febrero
12 hab ⊂ – 🛏35/87 € 🛏🛏50/154 € – 4 suites **Rest** – Menú 22 €
♦ Se encuentra en un precioso paraje natural, entre las montañas y el río. Varias de sus habitaciones disponen de chimenea y en general cuentan con mobiliario provenzal. En su comedor podrá degustar elaboraciones propias del recetario regional y tradicional.

🏠 **Mirasierra** 🕸 🏊 🈵 🅰🅲 🐾 🕊 🅿 VISA ⬤
carret. del Tranco, Noreste : 36,3 km ✉23478 Coto Ríos – ℰ 953 71 30 44
– www.hotel-mirasierra.com
33 hab – 🛏35/40 € 🛏🛏40/50 €, ⊂ 4,50 € **Rest** – Menú 12 €
♦ Ubicado en una antigua venta serrana. Ofrece un pequeño salón social, habitaciones de correcto confort decoradas con cierto aire regional, piscina y unas agradables vistas. Su restaurante de aire rústico invita a degustar los platos típicos de la región.

CEDEIRA – A Coruña – **571** B5 – **7 465 h.** – Playa – ✉ 15350 **20** C1
▶ Madrid 659 – A Coruña 106 – Ferrol 37 – Santiago de Compostela 128

🏠🏠 **Herbeira** sin rest ⟨ 🈵 🕊 🅰🅲 🐾 🕊 🅿 VISA ⬤
Cordobelas, carret. de Ferrol - Sur : 1 km – ℰ 981 49 21 67
– www.hotelherbeira.com – cerrado 22 diciembre-22 enero
16 hab – 🛏54/108 € 🛏🛏65/150 €, ⊂ 10 €
♦ Hotel de organización familiar que destaca por sus magníficas vistas a la ría de Cedeira. Ofrece espacios sociales de estética actual y habitaciones de buen confort general.

✗ **Badulaque** 🅰🅲 🐾 VISA ⬤
Area Longa 1 – ℰ 981 49 22 65 – www.restaurantebadulaque.es.vg – *cerrado 15 enero-15 febrero y martes salvo agosto*
Rest – *(sólo almuerzo)* Carta 26/44 €
♦ Se encuentra próximo al puerto. Dispone de un bar rústico a la entrada y un diáfano comedor que destaca por su colorista servicio de mesa. Cocina marinera tradicional.

CELANOVA – Ourense – **571** F6 – **6 020 h.** – alt. 519 m – ✉ 32800 **19** B3
▶ Madrid 488 – Ourense 26 – Vigo 99
◉ Monasterio (claustro★★)
🄶 Santa Comba de Bande (iglesia★) Sur : 26 km

por la carretera OU 531 Sureste : 3 km

🏠 **Pazo A Fábrica** sin rest 🕸 🚗 🐾 🅿 VISA ⬤ 🄰🄴
✉32817 Sampaio – ℰ 988 43 20 92 – www.pazoafabrica.com
6 hab ⊂ – 🛏43/47 € 🛏🛏54/59 €
♦ Se trata de un pazo restaurado, donde conviven el sabor de antaño y el confort actual. Posee una bonita galería, biblioteca y cálidas habitaciones con las paredes en piedra.

CELEIRO – Lugo – ver Viveiro

CENERA – Asturias – ver Mieres

ESPAÑA

CENES DE LA VEGA – Granada – 578 U19 – 6 501 h. – alt. 741 m – ✉ 18190 2 D1

Madrid 439 – Granada 8

XXX **Ruta del Veleta**

carret. de Sierra Nevada 136 – ☎ 958 48 61 34 – www.rutadelveleta.com – cerrado domingo noche

Rest – Carta 36/55 €

◆ Llevado con gran profesionalidad. Su interesante carta, la decoración típica y la ubicación en un lujoso edificio le otorgan el reconocimiento unánime. Bodega visitable.

CERCS – Barcelona – 574 F35 – ✉ 08698 14 C1

Madrid 636 – Barcelona 116 – Lleida/Lérida 162 – Girona 129

en el cruce de las carreteras C 16 y C 26 Sur : 4 km

XX **Estany Clar** (Josep Xandri)

carret. C 16 - km 99,4 ✉08600 Berga – ☎ 938 22 08 79 – www.estanyclar.com – cerrado del 7 al 14 de febrero, del 6 al 13 de junio, del 7 al 14 de noviembre y lunes

Rest – *(sólo almuerzo salvo sábado)* Menú 70 € – Carta 46/76 €

Espec. Lenguado con almendras a nuestra manera, crema de apionabo, gotas y palmito. Manitas de cerdo con salteado de langostinos y gambas de Palamós con ajos tiernos, puerro y crema de nabo. Los tres flanes en red de caramelo y nube rosa en chantilly, yema y flores salvajes.

◆ Acogedor restaurante ubicado en una masía del s. XIV. Tras su bar-hall encontrará un agradable comedor, con los techos abovedados en piedra, dos coquetos privados y un amplio salón de banquetes. Propone una carta de autor y un interesante menú degustación.

CERDANYOLA DEL VALLÈS – Barcelona – 574 H36 – 58 747 h. – ✉ 08290 15 B3

Madrid 606 – Barcelona 15 – Mataró 39

XX **Tast & Gust**

Sant Martì 92 ✉08290 – ☎ 935 91 00 00 – www.tastandgust.com – cerrado Semana Santa, del 8 al 23 de agosto, domingo noche y lunes

Rest – Carta 37/56 €

◆ Este coqueto negocio combina su estética actual con una carta tradicional e internacional especializada en "Steak Tartar", ya que lo preparan hasta de seis maneras distintas.

CERECEDA – Asturias – 572 B14 – ✉ 33583 5 C1

Madrid 505 – Avilés 79 – Gijón 63 – Oviedo 57

Palacio de Rubianes hab, hab,

Oeste: 2 km – ☎ 985 70 76 12 – www.palacioderubianes.com

23 hab – †105/125 € ††200/300 €, ☕ 15 €

Rest – *(cerrado lunes y martes)* Menú 25 €

◆ Se construyó sobre una casa-palacio del s. XVII y en un entorno natural privilegiado. Salón social de línea actual, con chimenea, y habitaciones de serena decoración. El restaurante, que destaca por su montaje, elabora una cocina tradicional actualizada.

La Casa Nueva sin rest

– ☎ 985 92 37 37 – www.lacasanuevaasturias.com

6 hab – ††55/70 €, ☕ 5 €

◆ Esta antigua casa de labranza posee una agradable zona social, con chimenea, y correctas habitaciones vestidas con mobiliario de época. Bellas vistas a la sierra del Sueve.

ESPAÑA

CERVELLÓ - Barcelona - 574 H35 - 8 393 h. - alt. 122 m - ✉ 08758 15 A3

Madrid 608 - Barcelona 25 - Manresa 62 - Tarragona 82

al Noroeste : 4,5 km

Can Rafel

urb. Can Rafel ✉08758 - ☎ 936 50 10 05 - www.canrafel.net
- cerrado 7 enero-2 febrero
24 hab - 70 € 93 €, 12 €
Rest ***Can Rafel*** - ver selección restaurantes
◆ Está en una zona elevada, junto a un campo de golf con pequeños hoyos tipo Pitch & Putt. Zona social variada y habitaciones de línea clásica-regional, algunas con terraza.

Can Rafel - Hotel Can Rafel

urb. Can Rafel ✉08758 - ☎ 936 50 10 05 - www.canrafel.net
- cerrado 7 enero-2 febrero
Rest - *(cerrado martes)* Carta 25/35 €
◆ Se presenta con dos salas y dos privados, destacando la principal por su luminosidad, sus vistas al campo de golf y su chimenea. Interesantes elaboraciones de tinte actual.

CERVERA DE PISUERGA - Palencia - 575 D16 - 2 566 h. 12 C1
- alt. 900 m - ✉ 34840

Madrid 348 - Burgos 118 - Palencia 122 - Santander 129

Pineda

paseo Valdesgares 1 - ☎ 979 87 03 90 - cerrado 22 diciembre-10 enero
13 hab - 30/35 € 40/45 €, 2 €
Rest - *(cerrado domingo noche)* Menú 10 €
◆ Hotelito de organización familiar con buenos niveles de limpieza y mantenimiento. Presenta unas habitaciones algo pequeñas pero confortables, con mobiliario de buen nivel. El restaurante, dotado con dos salas de sencillo montaje, basa su oferta en un menú.

en la carretera de Resoba Noroeste : 2,5 km

Parador de Cervera de Pisuerga

✉34840 - ☎ 979 87 00 75 - www.parador.es
80 hab - 84/102 € 105/128 €, 16 €
Rest - Menú 32 €
◆ En un magnífico entorno, con vistas a las montañas y al pantano de Ruesga. Posee varios salones sociales y espaciosas habitaciones de ambiente rústico, todas con terraza. Su amplio comedor tiene un carácter polivalente, pues atiende los tres servicios del día.

CERVERA DEL RÍO ALHAMA - La Rioja - 573 F24 - 2 923 h. 21 B2
- alt. 543 m - ✉ 26520

Madrid 309 - Logroño 113 - Pamplona 117 - Soria 78

Cervera rest,

San Juan 4 - ☎ 941 19 86 50 - www.hotelruralcervera.com
- cerrado 20 diciembre-2 enero y del 8 al 19 de enero
8 hab - 40/45 € 71/80 €
Rest - *(cerrado domingo noche y lunes)* Menú 15 €
◆ Casa del s. XVII transformada en hotel. Ofrece un salón social con terraza exterior y habitaciones en los dos primeros pisos, todas coloristas y de línea clásica-actual. El restaurante San Gil, parcialmente instalado en una cueva, ofrece una carta tradicional.

CERVO – Lugo – **571** A7 – **4 685 h.** – alt. 69 m – ⊠ 27891   **20** C1

▶ Madrid 611 – A Coruña 162 – Lugo 105

en la carretera C 642 Noroeste : 5 km

X **O Castelo** con hab   ⚜ ⓦ **P** 🆅🅸🆂🅰 ⓒⓔ 🅰🅴 ⓓ
av. del Cantábrico ⊠ 27888 – 𝒞 982 59 44 02 – *www.hotelocastelo.com*
22 hab – †† 42/66 €, � 6 €
Rest – Carta 33/49 €
◆ Negocio familiar asentado en la zona. Presenta un sencillo bar de carretera y un espacioso comedor, donde le ofrecerán una deliciosa carta marinera y dos menús de marisco. También posee habitaciones, distribuidas en dos plantas y de línea funcional.

CEUTA – **742** y – **734** F15 – **78 674 h.** – Playa – ⊠ 51001   **1** B3

🛳 – para Algeciras : Cía. Trasmediterránea, Muelle Cañonero Dato, 𝒞 902 45 46 45 info@trasmediterranea.es Fax 956 50 43 91 Z

🅸 Edrissis (Baluarte de los Mallorquines), 𝒞 856 20 05 60 turismo@ceuta.es Fax 856 20 05 65

R.A.C.E. Beatriz de Silva 12-1° E, 𝒞 956 51 27 22 Fax 956 51 78 31

◎ Monte Hacho★ : Ermita de San Antonio ⩽★★

ⒽⒽⒽ **Parador H. La Muralla**   ⩽ 🏛 🏖 ⌷ 🎿 🅰🅲 ⚜ ⓦ 🔊 **P** 🆅🅸🆂🅰 ⓒⓔ 🅰🅴 ⓓ
pl. Virgen de África 15 ⊠ 51001 – 𝒞 956 51 49 40 – *www.parador.es*
106 hab – †80/98 € ††100/122 €, � 16 €   **Y**h
Rest – Menú 31 €
◆ Este atractivo parador está instalado en lo que fueron las Murallas Reales de Ceuta, con un hall clásico y unas habitaciones algo sobrias pero de buen confort. Presenta dos comedores en los que podrá descubrir su cocina tradicional y algún plato típico ceutí.

ESPAÑA

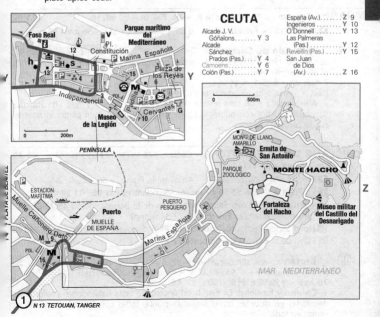

CEUTA

Alcade J. V. Góñalons	Y	3
Alcade Sánchez Prados (Pas.)	Y	4
Camoens	Y	6
Colón (Pas.)	Y	7
España (Av.)	Z	9
Ingenieros	Y	10
O'Donnell	Y	13
Las Palmeras (Pas.)	Y	12
Revellín (Pas.)	Y	15
San Juan de Dios (Av.)	Z	16

PENÍNSULA

🏨 **Tryp Ceuta**　　　　🔟 📶 ⚹ hab. 🗚 ⚐ ⛱ 🚶 🚗 VISA ⦿ AE ⓪
paseo Alcalde Sánchez Prados 3 ⊠*51001* – ☏ *956 51 12 00*
– www.trypceuta.solmelia.com　　　　　　　　　　　　　　　Y**s**
119 hab – ♥♥52/145 €, � 10 € **Rest** – Menú 40 €
♦ ¡En plena zona comercial! Su moderno hall acristalado, que cuenta con dos
ascensores panorámicos, da paso a unas habitaciones actuales y bien equipadas.
El restaurante trabaja mucho con clientes de paso, ofreciendo una carta tradicional y diferentes arroces.

✕ **El Refectorio**　　　　　　　🔲 🗚 ⚹ ⟳ VISA ⦿ AE ⓪
Poblado Marinero - local 37 ⊠*51001* – ☏ *956 51 38 84* – *www.elrefectorio.es*
– cerrado del 10 al 31 de enero, domingo y lunes mediodía en verano, domingo
noche y lunes resto del año　　　　　　　　　　　　　　　Y**v**
Rest – Carta 39/57 €
♦ Bien situado en la antigua lonja. Posee una agradable terraza con vistas al
puerto, un bar, un pequeño privado y un comedor rústico que destaca por su
bodega acristalada.

CHANTADA – Lugo – **571** E6 – **9 014 h.** – alt. 483 m – ⊠ 27516　　20 C2
　▶ Madrid 534 – Lugo 55 – Ourense 42 – Santiago de Compostela 90
　◎ Oseira : Monasterio de Santa María la Real★ (sala capitular★) Suroeste :
　15 km

🏨 **Mogay**　　　　　　　📶 ⚹ ⚐ 🚶 🚗 VISA ⦿ AE ⓪
Antonio Lorenzana 3 – ☏ *982 44 08 47* – *www.restaurantemogay.com*
29 hab – ♥40/50 € ♥♥45/55 €, ⊠ 5 € **Rest** – *(cerrado domingo)* Menú 15 €
♦ Céntrico hotel de línea actual llevado en familia. Las habitaciones, funcionales y
con mobiliario escogido, ofrecen un adecuado confort. Dispone de dos comedores, uno para el menú del día y otro para la carta. Vinoteca en temporada con
entrada independiente.

CHAÑE – Segovia – **575** H16 – **818 h.** – alt. 767 m – ⊠ 40216　　11 B2
　▶ Madrid 153 – Aranda de Duero 85 – Salamanca 161 – Segovia 58

🏠 **La Posada de Carmen** ॐ　　　　　🗚 hab, ⚹ ⚐ VISA ⦿ ⓪
San Benito 11 – ☏ *921 15 51 34* – *www.laposadadecarmen.com* – *cerrado del 15*
al 30 de septiembre
7 hab ⊠ – ♥35/45 € ♥♥66 €
Rest – *(cerrado domingo noche y lunes)* Menú 15 €
♦ Antigua casa rural bien restaurada por la propia familia. Posee una atractiva
decoración rústica con nobles vigas de madera y paredes en piedra vista. Adecuado confort.

CHICLANA DE LA FRONTERA – Cádiz – **578** W11 – **77 293 h.**　1 A3
– alt. 17 m – Playa – ⊠ 11130
　▶ Madrid 646 – Algeciras 102 – Arcos de la Frontera 60 – Cádiz 24
　🅸 La Plaza 3 ☏ 956 53 59 69 turismo@chiclana.es Fax 956 01 29 45
　y urbanización Novo Sancti Petri, playa de la Barrosa ☏ 956 49 72 34
　turismo@chiclana.es Fax 956 49 72 34 (temp)
　🅱 Novo Sancti Petri, urb. Novo Sancti Petri, Suroeste : 10 km, ☏ 956 49 40 05
　◎ Playa de la Barrosa★★ Suroeste : 7 km

🏨 **Alborán** sin rest, con cafetería　　　　📶 🗚 ⚹ ⚐ 🚶 🚗 VISA ⦿ AE
pl. de Andalucía 1 – ☏ *956 40 39 06* – *www.hotelesalboran.com*
70 hab – ♥50/98 € ♥♥60/130 €, ⊠ 4 €
♦ Céntrico y funcional. En este hotel encontrará unas habitaciones confortables
decoradas en distintas tonos según la planta, todas con los cabeceros de las
camas en forja.

ESPAÑA

en la urbanización Novo Sancti Petri :

Meliá Sancti Petri ⚓   ⇐ 🍴 🍴 🏊 🖼 🛎 👤 🚶 ᴼᴸ hab. AC 🌀 📶 🏄 P̄
playa de La Barrosa, Suroeste : 11,5 km   🚘 VISA ⓪ℍ AE ①
✉11139 Novo Sancti Petri – 𝒞 956 49 12 00 – www.melia-sanctipetri.com
222 hab ⊊ – 🛏189/347 € 🛏🛏206/365 € – 3 suites
Rest *Alhambra* – (sólo cena) Carta 51/62 €
Rest *El Patio* – (sólo cena buffet) Menú 36,80/50,92 €
Rest *San Marco* – (sólo almuerzo) Carta aprox. 53 €
♦ Su arquitectura palaciega se ve realzada por la proximidad al mar y por su hermoso patio porticado, con terrazas y fuentes. Excelentes habitaciones y una magnífica piscina. El elegante restaurante Alhambra es el marco ideal para los paladares más exigentes.

✗   **El Jardín** con hab   🍴 👤 ᴼᴸ hab. AC 🌀 📶 P̄ VISA ⓪ℍ AE
C.C. El Patio, Suroeste : 8,5 km ✉11139 Novo Sancti Petri – 𝒞 956 49 71 18
– www.el-jardin.com – cerrado del 10 al 30 de enero
17 hab – 🛏45/85 € 🛏🛏55/107 €, ⊊ 3 €
Rest – (cerrado lunes salvo verano y festivos) Carta aprox. 35 €
♦ Llevado en familia. Cuenta con un gran bar, un comedor clásico y otro mucho más luminoso de ambiente rústico. Cocina tradicional especializada en carnes, asados y bacalaos. Como complemento al negocio también dispone de unas confortables habitaciones.

CHILCHES (XILXES) – Castellón – 577 M29 – 2 872 h. – alt. 7 m   16 B2
– ✉ 12592

▶ Madrid 384 – Castelló de la Plana/Castellón de la Plana 19 – València 42

en la carretera N 340 Norte : 2 km

Simba   🏊 🖼 🌀 🛎 👤 ᴼᴸ hab. AC 🌀 📶 🏄 P̄ VISA ⓪ℍ AE ①
✉12592 – 𝒞 964 58 40 00 – www.hotelsimba.com
97 hab ⊊ – 🛏48/103 € 🛏🛏48/128 €   **Rest** – Menú 11 €
♦ Conjunto funcional y de línea moderna, complementado con una buena zona deportiva. Posee habitaciones de equipamiento algo básico y un curioso Museo de Historia Natural. Restaurante clásico a la carta y grandes salones para banquetes.

CHILLARÓN DE CUENCA – Cuenca – 576 L23 – 401 h. – alt. 915 m   10 C2
– ✉ 16190

▶ Madrid 166 – Toledo 181 – Cuenca 11 – Guadalajara 127

Midama sin rest   🛎 🌀 📶 VISA ⓪ℍ AE
Real - carret. N 320 – 𝒞 969 27 31 61 – www.hotelmidama.com
30 hab ⊊ – 🛏32/54 € 🛏🛏45/68 €
♦ Un hotel que sorprende tras su modesta fachada. Las habitaciones se distribuyen en tres plantas, todas con mobiliario funcional-actual, suelos en parquet y baños coloristas.

CHINCHÓN – Madrid – 576 L19 – 575 L19 – 5 308 h. – alt. 753 m   22 B3
– ✉ 28370

▶ Madrid 46 – Aranjuez 26 – Cuenca 131

ℹ pl. Mayor 6 𝒞 91 893 53 23 informacion.turistica@ciudad-chinchon.com
Fax 91 894 08 87

◉ Plaza Mayor ★★

Parador de Chinchón   🍴 🍴 🏊 ᴼᴸ hab. AC 🌀 📶 🏄 🚘
Huertos 1 – 𝒞 918 94 08 36 – www.parador.es   VISA ⓪ℍ AE ①
36 hab – 🛏124/134 € 🛏🛏155/168 €, ⊊ 18 € – 2 suites   **Rest** – Menú 33 €
♦ Convento del s. XVII cuyas dependencias, decoradas con mobiliario escogido, aún conservan el sosiego propio de su origen. Cuidado jardín y patio con figuras de santos. El restaurante ofrece una cocina que toma como base para sus elaboraciones los productos locales.

Condesa de Chinchón sin rest 🛗 & 🔟 💱 📶 🕥 🚗 📶 🚗 🅰🗷
Los Huertos 26 – ℰ 918 93 54 00 – www.condesadechinchon.com
35 hab – †35/65 € ††60/120 €, ⌧ 9,65 €
♦ Disfruta de una cuidada fachada y un agradable patio con terraza ajardinada. Habitaciones clásicas y elegantes dotadas con mobiliario de calidad e hidromasaje en los baños.

La Casa Rural sin rest 🔟 💱 📶 📶 🚗 🅰🗷
Sociedad de Cosecheros 5 – ℰ 918 94 11 77 – www.hotel-lacasarural.com
17 hab – †28/40 € ††40/60 €, ⌧ 6,50 € – 8 apartamentos
♦ Este hostal familiar reduce su zona social a un patio interior y posee habitaciones funcionales. En un edificio independiente ofrece apartamentos, más amplios y confortables.

La Graja sin rest 🔟 💱 📶 📶
Paje 7 – ℰ 687 31 78 66 – www.lagraja.com
8 hab ⌧ – †36/55 € ††52/72 €
♦ Casa rural a la que se accede atravesando un portalón. Dispone de un patio interior acristalado, una pequeña sala de estar y habitaciones de acogedor ambiente rústico.

Café de la Iberia 🕥 🔟 💱 ⟷ 📶 📶 🅰🗷
pl. Mayor 17 – ℰ 918 94 08 47 – www.cafedelaiberia.com
Rest – Carta 36/52 €
♦ Se encuentra en un antiguo café fundado en 1879 y disfruta de varios comedores, todos decorados con fotografías de toreros. Su precioso balcón da a una pintoresca plaza.

La Casa del Pregonero 🕥 🔟 💱 ⟷ 📶 📶
pl. Mayor 4 – ℰ 918 94 06 96 – www.lacasadelpregonero.com – cerrado martes
Rest – Carta 38/43 €
♦ Instalado en la casa del antiguo pregonero. Ofrece un bar, un patio rústico-actual que sirve de comedor y dos salas de aire moderno en el piso superior. Cocina tradicional.

por la carretera de Titulcia Oeste : 3 km

Nuevo Chinchón 📶 🕥 🔟 💱 📶 🏠 🅿 📶 📶
urb. Nuevo Chinchón ⌧28370 – ℰ 918 94 05 44
– www.hotelnuevochinchon.com
17 hab – †67 € ††75 €, ⌧ 8 € **Rest** – Menú 26 €
♦ Este tranquilo hotel disfruta de unos cuidados exteriores, con piscina y jacuzzi, así como de suficientes zonas nobles y correctas habitaciones, algunas de ellas con terraza. El restaurante se presenta con un comedor tipo patio y varios salones para banquetes.

CHURRIANA – Málaga – ver Málaga

CINES – A Coruña – ver Oza dos Ríos

CINTRUÉNIGO – Navarra – **573** F24 – **7 636 h.** – alt. 391 m – ⌧ 31592 **24** A3
▶ Madrid 308 – Pamplona 87 – Soria 82 – Zaragoza 99

Alhama 🔟 💱 📶 🏠 🅿 🚗 📶 📶
carret. N 113 - km 91 – ℰ 948 81 27 74 – www.hotelalhama.com
36 hab – †36/47 € ††63/70 €, ⌧ 4,25 € **Rest** – Menú 13 €
♦ Está junto a la carretera y tras él encontrará una zona residencial. Cuenta con dos tipos de habitaciones, las antiguas de línea funcional y las reformadas más actuales. Ofrece un comedor para el menú, otro clásico-actual para la carta y un salón de banquetes.

ESPAÑA

CISTIERNA – León – **575** D14 – 3 721 h. – alt. 935 m – ✉ 24800   **11** B1

▶ Madrid 380 – Valladolid 164 – León 62 – Oviedo 135

 Río Esla   🖾 AC rest, 🎇 rest, 🎙 🔊 VISA ⚈ AE ⓪

Esteban Corral 5 – ☎ 987 70 10 25 – www.hotelrioesla.com
17 hab ⌑ – †46/52 € ††62/74 € – 2 suites
Rest – Menú 11 €
◆ Ubicado en una calle cercana al centro de la ciudad. Posee un luminoso salón social, un pequeño SPA y espaciosas habitaciones de aire rústico-familiar. En su sencillo restaurante, prácticamente unido a la cafetería, encontrará una cocina de tinte tradicional.

CIUDAD REAL ℗ – **576** P18 – 74 014 h. – alt. 635 m   **9** B3

▶ Madrid 204 – Albacete 212 – Badajoz 324 – Córdoba 196
🛈 Alarcos 21, ☎ 926 20 00 37 infotur@ceoecepymecr.es Fax 926 20 00 37
R.A.C.E. General Aguilera 13, ☎ 926 22 92 77 Fax 926 22 92 77

Plano página siguiente

 Guadiana   ⅙ 🖾 ⅄ hab, AC 🎇 🎙 🔊 🕾 VISA ⚈ AE ⓪

Guadiana 36 ✉13002 – ☎ 926 22 33 13 – www.hotelguadiana.es   Z**h**
94 hab – †54/146 € ††54/162 €, ⌑ 5,50 € – 11 suites
Rest *El Rincón de Cervantes* – *(cerrado domingo noche)* Carta 30/40 €
◆ Se distingue por su marcada línea clásica y por la calidad de los materiales utilizados en su construcción. Habitaciones de completo equipamiento, con los suelos en parquet. En el restaurante, elegante y con profusión de maderas, elaboran una carta de autor.

 Santa Cecilia   ⅄ 🖾 AC 🎇 🎙 🔊 🕾 VISA ⚈ AE ⓪

Tinte 3 ✉13001 – ☎ 926 22 85 45 – www.santacecilia.com   Z**a**
70 hab – †50/99 € ††58/125 €, ⌑ 7 €
Rest – *(cerrado domingo noche)* Carta 26/34 €
◆ Presenta una decoración clásica y habitaciones funcionales de adecuado equipamiento, con los suelos en madera. Las cinco estancias superiores resultan algo más amplias. El comedor, con los suelos en mármol y mobiliario de calidad, ofrece una carta tradicional.

 Alfonso X   🖾 ⅄ hab, AC 🎇 🎙 🔊 🕾 VISA ⚈ AE ⓪

Carlos Vázquez 8 ✉13001 – ☎ 926 22 42 81
– www.hotelalfonsox.com   Z**c**
66 hab – ††54/150 €, ⌑ 11 €
Rest – *(cerrado agosto y domingo noche)* Menú 16 €
◆ Este hotel de línea moderna compensa su reducida zona social con unas habitaciones de buen confort en su categoría, todas dotadas de terraza a partir de la 4ª planta. El restaurante, que resulta bastante funcional, se ve reforzado por una cafetería anexa.

 Paraíso   🖾 🕾 🖾 AC 🎇 hab, 🎙 🔊 P 🕾 VISA ⚈ AE ⓪

Cruz de los Casados 1, por ④ ✉13002 – ☎ 926 21 06 06
– www.hparaiso.com
65 hab ⌑ – †43/70 € ††50/100 € – 1 suite
Rest *Sándalo* – Carta 30/46 €
◆ Hotel de línea actual ubicado en una de las salidas de la ciudad. Ofrece cuidadas zonas sociales y habitaciones funcionales de adecuado confort, con los suelos en tarima. El restaurante, de buen montaje, tiene como especialidad las carnes rojas al ladrillo.

XXX **Miami Park**   AC 🎇 VISA ⚈ AE ⓪

Ronda de Ciruela 34 ✉13004 – ☎ 926 22 20 43 – cerrado del 1 al 15 de agosto y domingo noche   Z**d**
Rest – Carta 35/48 €
◆ Este restaurante, de elegante montaje clásico, se presenta con un gran comedor y numerosos espacios abiertos que funcionan como privados. Cocina tradicional actualizada.

ESPAÑA

CIUDAD REAL

%% **San Huberto** 🔶 Ⓐ 🔁 VISA ⚫ AE

Montiel - Local 5 ✉13004 – ℰ 926 92 35 35 – www.asadorsanhuberto.com – cerrado domingo noche **Zb**

Rest – Carta 28/36 €

♦ Algo alejado del centro pero de cuidado montaje. Ofrece una buena terraza de verano, dos salas acristaladas y un pequeño privado. Cocina tradicional y productos de calidad.

XX **Gran Mesón** 🆎 ⅍ 𝖵𝖨𝖲𝖠 ⓒⓞ 𝗔𝗘
Ronda de Ciruela 34 ✉*13004 – ✆ 926 22 72 39 – www.granmeson.es – cerrado domingo noche* **Zd**
Rest – Carta 38/48 €
♦ Bien llevado por su chef-propietario, que cuida mucho los detalles. En la sala, de estilo rústico-regional, le ofrecerán una carta de cocina tradicional con platos de la zona.

X **San Huberto** 🆎 ⅍ 𝖵𝖨𝖲𝖠 ⓒⓞ 𝗔𝗘
General Rey 8 (pasaje) ✉*13001*
– ✆ 926 25 22 54 – www.asadorsanhuberto.com
– cerrado del 1 al 14 de agosto, domingo noche y lunes **Zt**
Rest – Carta 29/38 €
♦ Este pequeño restaurante se presenta con un interior rústico-regional y su propio horno de leña. Ofrece una carta tradicional dominada por las carnes de caza y los asados.

en la carretera de Porzuna Y : **Noroeste : 10 km**

🏠🏠🏠 Pago del Vicario ॐ ⇐ ℤ 🛗 ⅍ hab, 🆎 ⁌ 𝖘𝖆 🅿
carret. CM 412 - km 16 ✉*13196 – ✆ 902 09 29 26*
– www.pagodelvicario.com
24 hab – **Rest** –
♦ Gran complejo enológico-turístico ubicado en una bodega que elabora vinos de calidad. Posee habitaciones de diseño minimalista, todas de completo equipamiento. El restaurante, bastante moderno y original, sorprende con sus vistas a una sala de barricas.

CIUDAD RODRIGO – Salamanca – **575** K10 – **14 080 h.** – alt. 650 m **11** A3
– ✉ **37500**

▶ Madrid 294 – Cáceres 160 – Castelo Branco 164 – Plasencia 131

🄸 pl. de Amayuelas 5 ✆ 923 46 05 61 turismociudadrodrigo@jcyl.es Fax 923 48 07 30

◉ Catedral★★ (altar★, portada de la Virgen★, claustro★) – Palacio de los Castro★ – Plaza Mayor★ – Casa de los Cueto★

🏠🏠🏠 **Parador de Ciudad Rodrigo** ॐ ⇐ ⅍ hab, 🆎 ⅍ hab, ⁌ 𝖘𝖆 🅿
pl. del Castillo – ✆ 923 46 01 50 – www.parador.es 𝖵𝖨𝖲𝖠 ⓒⓞ 𝗔𝗘 ⓞ
35 hab – ✝120/130 € ✝✝150/163 €, ⌛ 16 € **Rest** – Menú 32 €
♦ Castillo feudal del s. XIV cuya torre del homenaje brinda espléndidas vistas. Correcta zona social y elegantes habitaciones con mobiliario sobrio de aire medieval. Restaurante de buen montaje especializado en cocina charra.

CIUTADELLA DE MENORCA – Illes Balears – **ver Balears (Menorca)**

CIZUR MENOR – Navarra – **ver Pamplona**

COBOS DE SEGOVIA – Segovia – **575** J16 – **74 h.** – ✉ **40144** **11** B3
▶ Madrid 108 – Valladolid 131 – Segovia 36 – Avila 59

X **El Cuartelillo** 🆎 ⅍ 𝖵𝖨𝖲𝖠 ⓒⓞ
pl. de la Iglesia 1 ✉*40144 – ✆ 921 17 94 37 – cerrado del 7 al 14 de enero, del 25 al 30 de abril, del 23 al 30 de septiembre, lunes y martes salvo festivos*
Rest – Carta 23/29 €
♦ Este restaurante rústico ocupa un antiguo edificio que ha sido bien rehabilitado. Dispone de un bar de tapeo y dos salas de buen montaje para su categoría. Cocina casera.

COCENTAINA – Alicante – **577** P28 – **11 467 h.** – alt. 445 m **16** A3
– ✉ **03820**
▶ Madrid 397 – Alacant/Alicante 63 – València 104

Nou Hostalet sin rest   🛗 ⅙ 🖾 ⁽¹⁾ 🅥🅢🅐 ⓒⓞ ⓘ

av. Xàtiva 4 – ℰ *965 59 27 03 – www.nouhostalet.com*

26 hab – †35/36 € ††65/68 €, ☲ 5,35 €

♦ Hotel de aspecto general bastante cuidado, con habitaciones funcionales de tonalidades claras. Pequeña recepción y una cafetería con acceso independiente.

✗✗ **El Laurel**   🏠 🖾 ⅏ 🅥🅢🅐 ⓒⓞ 🅐🅔 ⓘ

Juan María Carbonell 3 – ℰ *965 59 17 38*

– www.ellaurelrestaurante.com

– cerrado del 8 al 15 de enero, del 15 al 31 de agosto y lunes

Rest *– (sólo almuerzo salvo viernes y sábado)* Carta 26/33 €

♦ Posee una coqueta terraza y unos salones de elegante rusticidad, la mayoría de ellos con mobiliario antiguo. Su chef elabora una carta tradicional con algún plato actualizado.

✗✗ **La Montaña**   🏠 🖾 ⅏ 🅿 🅥🅢🅐 ⓒⓞ

😊 *Partida Els Algars 139, Sureste : 1 km –* ℰ *965 59 08 32*

– www.restaurantelamontana.es – cerrado agosto y martes

Rest – Carta 30/35 €

♦ Caserón aislado en plena montaña. Ofrece unos agradables exteriores y dos comedores de aire rústico bastante cuidados, uno de ellos con amplios ventanales y vistas al valle.

por la carretera N 340 (km 803) Norte : 1,5 km y desvío a la izquierda 0,5 km

✗✗✗ **L'Escaleta** (Ramiro Redrado y Kiko Moya)   🏠 🖾 ⅏ ⇔ 🅿 🅥🅢🅐 ⓒⓞ 🅐🅔 ⓘ

❀ *Pujada Estació del Nord 205 ⊠03824 –* ℰ *965 59 21 00 – www.lescaleta.com*

– cerrado del 10 al 17 de enero, domingo noche, lunes, martes noche y miércoles noche

Rest – Menú 40/80 € – Carta 39/59 € ஃ

Espec. Chipirones de la bahía salteados con habitas. Arroz seco con sabor a caracoles. Barrita helada de chocolate con caramelo y vainilla.

♦ Instalado en un atractivo chalet a las afueras de la localidad, donde se presenta con un bello entorno ajardinado y una sala principal de línea clásica-elegante. De sus fogones surge una cocina actualizada de base regional que cuida mucho todos los detalles.

COÍN – Málaga – **578** W15 – 21 866 h. – alt. 209 m – ⊠ 29100   **1** A3

🔽 Madrid 561 – Algeciras 108 – Antequera 81 – Málaga 35

Albaicín   🛗 ⅙ hab, 🖾 ⅏ ⅋ ⌂ 🅥🅢🅐 ⓒⓞ 🅐🅔

Canónigo Ordoñez 17 – ℰ *952 45 05 50 – www.hotelalbaicin.es*

18 hab – †55/70 € ††75/90 €, ☲ 6 €

Rest *– (cerrado domingo en verano)* Carta aprox. 35 €

♦ Está formado por tres edificios que se comunican a través de un patio interior. Las habitaciones, de línea actual, se decoran combinando detalles antiguos y modernos. El restaurante, de montaje actual, sorprende al dejar la estructura del tejado a la vista.

en la carretera de Monda Suroeste : 2 km :

✗ **Santa Fé** con hab   🏠 ⊼ 🖾 hab, ⅏ 🅿 🅥🅢🅐 ⓒⓞ ⓘ

⊠29100 – ℰ *952 45 29 16 – www.santafe-hotel.com*

– cerrado 15 febrero-4 marzo

3 hab ☲ – †55/60 € ††70/75 €   **Rest** – Carta aprox. 40 €

♦ Casita rústica situada a las afueras de la ciudad. Posee un bar de espera, salitas de agradable decoración y una terraza junto a la piscina, a la sombra de un olmo centenario. Sus habitaciones se presentan con llamativas vigas de madera y baños actuales.

COLERA – Girona – **574** E39 – 573 h. – alt. 10 m – Playa – ⊠ 17496   **14** D3

🔽 Madrid 756 – Banyuls-sur-Mer 22 – Girona/Gerona 67

🖪 Labrun 34, ℰ *972 38 90 50 smcolera@ddgi.es* Fax 972 38 92 83

🖸 carretera de Portbou★★

en la carretera de Llançà Sur : 3 km

XX **Garbet** ← 🕈 VISA 🐵

✉17496 – 𝒞 972 38 90 02 – www.restaurantgarbet.es – mayo-septiembre
Rest – Carta 46/78 €
♦ Negocio familiar que destaca por su situación en una cala protegida. Ofrece un reducido comedor y dos agradables terrazas con vistas al mar. Excelentes pescados y mariscos.

COLES – Ourense – ver Ourense

Es COLL D'EN RABASSA – Illes Balears – ver Balears (Mallorca) : Palma

---

COLLADO HERMOSO – Segovia – **575** I18 – **165 h. – alt. 1 222 m**   **12** C3
– ✉ 40170

▶ Madrid 113 – Valladolid 204 – Segovia 21

⌂ **Posada Fuenteplateada** sin rest ⌁   🍽 ᕕ 🕈 ⚿ VISA 🐵 AE

camino de las Rozas – 𝒞 921 40 30 87 – www.fuenteplateada.net
11 hab ⌁ – 🛏75/80 € 🛏🛏102/118 €
♦ Este turismo rural, decorado por su dueña con gran mimo, ofrece un salón social con biblioteca y unas magníficas habitaciones, todas amplias, con chimenea e hidromasaje.

COLLADO MEDIANO – Madrid – **576** J17 – **575** J17 – **6 473 h.**   **22** A2
– alt. 1 030 m – ✉ 28450

▶ Madrid 40 – Segovia 51

X **Martín** 🕈 AK ⚿ VISA 🐵

Real 84 – 𝒞 918 59 85 07 – www.restaurante-martin.com
– cerrado del 1 al 15 de septiembre y lunes
Rest – Carta aprox. 36 €
♦ Negocio de organización familiar y línea clásica. Ofrece un bar público con algunas mesas y un comedor a un lado, algo pequeño pero acogedor. Cocina tradicional.

COLLADO VILLALBA – Madrid – **576** K18 – **575** K18 – **55 027 h.**   **22** A2
– alt. 917 m – ✉ 28400

▶ Madrid 39 – Ávila 69 – El Escorial 18 – Segovia 50

en la carretera de Navacerrada Oeste : 1,5 km

XX **El Gallinero** AK ⚿ P VISA 🐵 AE ⓪

✉28400 Collado Villalba – 𝒞 918 40 66 58 – www.elgallinero.net
Rest – Carta aprox. 55 €
♦ Restaurante de buen montaje en cuya decoración predominan la piedra y la madera. Posee un bar de espera, un comedor de ambiente neorrústico y una gran sala de banquetes.

COLLBATÓ – Barcelona – **574** H35 – **4 040 h. – alt. 388 m** – ✉ 08293   **15** A3
▶ Madrid 609 – Barcelona 52 – Lleida/Lérida 146 – Tarragona 102

⌂ **Can Missé** ⌁   🍽 AK rest, ⚿ 🕈 P VISA 🐵 AE

Amadeu Vives 9 – 𝒞 937 77 90 61 – www.canmisse.com – cerrado Navidades
11 hab ⌁ – 🛏45/48 € 🛏🛏80/110 €
Rest – (cerrado del 1 al 15 de agosto y martes salvo festivos) (sólo clientes, sólo cena) Menú 12,50 €
♦ Hotel con encanto ubicado en una antigua casa señorial del centro del pueblo. Sus confortables habitaciones poseen mobiliario de calidad y baños actuales. El comedor recrea un marco acogedor, con un correcto montaje y los techos en madera.

COLLOTO – Asturias – ver Oviedo

COLMENAR DEL ARROYO – Madrid – **576** K17 – **575** K17   **22** A2
– 1 376 h. – alt. 690 m – ✉ 28213
▶ Madrid 56 – Ávila 80 – Segovia 84 – Talavera de la Reina 87

ESPAÑA

XX **El Mesón de Doña Filo** 　　　　　　　　　🄰🄲 ⅏ ⓋⅠⓈⒶ ⓐⓑ

San Juan 3 – 𝒞 918 65 14 71 – cerrado del 16 al 30 de junio, del 16 al 30 de agosto, lunes y martes
Rest – *(sólo menú)* Menú 50/56 €

◆ Casa céntrica, rústica y de ambiente familiar, con las paredes en piedra y una cuidada decoración. Su carta está basada en dos menús degustación y un apartado de sugerencias.

X **Chicote's** 　　　　　　　　　　🕿 🄰🄲 ⅏ ⓋⅠⓈⒶ ⓐⓑ 🄰🄴 ⑩

General Franco 1 – 𝒞 918 65 12 26 – cerrado del 15 al 30 de septiembre y lunes
Rest – *(sólo almuerzo salvo viernes y sábado de octubre-junio)* Carta 32/47 €

◆ Negocio de organización familiar a cargo de dos hermanos. Posee un bar a la entrada, donde sirven el menú del día, y un cálido comedor a la carta de ambiente rústico-regional.

COLOMBRES – Asturias – **572** B16 – **1 852 h.** – alt. 110 m – ✉ 33590　　5 C2
🄳 Madrid 445 – Oviedo 124 – Santander 73

por la carretera N 634 Oeste : 2 km y desvío a la izquierda 1 km

🏨 **Don Silvio** ⑤ 　　　　　　　　　　🔟 🄰🄲 ⅏ 🄿 ⓋⅠⓈⒶ ⓐⓑ 🄰🄴

carret. Noriega - La Mata Vieja ✉33590 – 𝒞 985 41 28 67
– www.hoteldonsilvio.com – cerrado 10 diciembre-6 enero
17 hab ☑ – ♦78/89 € ♦♦98/120 €　**Rest** – *(sólo clientes)* Menú 28 €

◆ Este pequeño hotel destaca por ofrecer un buen confort con un estilo rústico-actual bastante cuidado. Posee algunas habitaciones abuhardilladas y otras al pie de la piscina.

en Villanueva de Colombres Sur : 2,5 km

🏨 **Quinta de Villanueva** ⑤ 　　　　　　　⇐ ⇚ 🛎 🕾 🄿

✉33590 – 𝒞 985 41 28 04 – www.quintadevillanueva.com – Semana Santa-15 octubre
19 hab ☑ – ♦57/86 € ♦♦77/109 €　**Rest** – *(sólo clientes)* Carta aprox. 30 €

◆ Esta atractiva casa de indianos, ya centenaria, destaca tanto por su fachada como por sus exteriores. Coqueta zona social y habitaciones de aire colonial, nueve con galería. El comedor, que sólo sirve cenas a los clientes alojados, ofrece vistas al jardín.

COLUNGA – Asturias – **572** B14 – **3 878 h.** – alt. 21 m – ✉ 33320　　5 C1
🄳 Madrid 489 – Oviedo 63

🏨 **Mar del Sueve** sin rest 　　　　　　　🛗 ⅏ 🕾 🄿 🚗 ⓋⅠⓈⒶ ⓐⓑ

av. del Generalísimo 22 – 𝒞 985 85 21 11 – www.mardelsueve.com – 18 marzo - 11 diciembre
10 hab – ♦55/79 € ♦♦66/100 €, ☑ 4 €

◆ Hermosa casa señorial que aún conserva elementos originales como la escalera, las paredes en piedra, la viguería y los suelos en madera. Buen confort y gusto por los detalles.

Sa COMA – Illes Balears – ver Balears (Mallorca)

La COMA I La PEDRA – Lleida – **574** F34 – **278 h.** – alt. 1 004 m　　13 B1
– ✉ 25284
🄳 Madrid 610 – Berga 37 – Font Romeu-Odeillo Vía 102 – Lleida/Lérida 151

🏨 **Fonts del Cardener** ⑤ 　　　　⇐ 🔟 ⅏ 🄰🄲 rest, ⅏ 🄿 🚗 ⓋⅠⓈⒶ ⓐⓑ
🍴

carret. de Tuixén, Norte : 1 km – 𝒞 973 49 23 77
– www.hotelfontsdelcardener.com – cerrado del 10 al 31 de mayo y noviembre
13 hab – ♦45 € ♦♦75 €, ☑ 8,50 € – 4 apartamentos
Rest – *(cerrado miércoles y jueves salvo Navidades, Semana Santa, verano y festivos)* Menú 20 €

◆ Establecimiento familiar a pie de carretera, con instalaciones actuales de adecuado mantenimiento. Habitaciones de distinto confort, bien equipadas con baños completos. Restaurante de aire rústico que ofrece una cocina de calidad.

ESPAÑA

▶ Madrid 567 – Barcelona 81 – Tarragona 24

🅳 av. Brisamar 1 ℰ 977 68 00 10 turisme@elvendrell.net Fax 977 68 36 54

ХХ **Joila**   🖹 Ⓜ 🛇 ⇔ 🅿 ⱱⓈ𝒜 ⓒⓢ ⒶⒺ ⓄⒹ

av. Generalitat 34 – ℰ 977 68 08 27 – www.joila.com – cerrado
4 enero-4 febrero, domingo noche, martes noche y miércoles noche
Rest – Carta 27/43 €

♦ Este moderno negocio disfruta de un acogedor comedor, una sala privada, con profusión de madera, y una tienda de productos precocinados que goza de un acceso independiente.

▶ Madrid 610 – Pontevedra 6 – Santiago de Compostela 63 – Vigo 29

👁 Pueblo pesquero ★ - Hórreos ★

🏠 **Stella Maris** sin rest   ⇐ ⦿ 🛇 🅿 ⱱⓈ𝒜 ⓒⓢ ⓄⒹ

carret. de La Toja - av. de Chanceles 7 – ℰ 986 77 03 66
– www.hotel-stellamaris.com – Semana Santa-9 diciembre
35 hab ⌑ – ⁖30/79 € ⁖⁖50/84 €

♦ Este establecimiento destaca tanto por el emplazamiento, prácticamente colgado sobre el mar, como por las vistas que ofrece a la ría de Pontevedra desde algunas habitaciones.

▶ Madrid 412 – Burgos 169 – Oviedo 152 – Santander 43

🅳 Joaquín del Piélago 1 ℰ 942 72 07 68 oficinadeturismo@comillas.es
Fax 942 72 00 37

👁 Pueblo pintoresco ★

🏨 Golf Rovacías   ⇐ 🖹 🖺 🌲 🖽 🖻 Ⓜ 🕪 🎿 🅿 🚗

urb. Rovacías, Sureste : 2 km – ℰ 942 72 04 70 – www.rovacias.com
55 hab **Rest** –

♦ Construcción moderna, luminosa y dirigida al ocio de calidad, con una nutrida oferta deportiva y junto a un campo de golf. Ofrece habitaciones amplias y de confort actual. El restaurante se presenta acristalado y disfruta de unas vistas agradables.

🏨 **Comillas**   ⊐ ⓖ hab, Ⓜ 🛇 🕪 🅿 ⱱⓈ𝒜 ⓒⓢ ⒶⒺ

paseo de Solatorre 1 – ℰ 942 72 23 00 – www.hcomillas.com – marzo-noviembre
30 hab ⌑ – ⁖38/90 € ⁖⁖40/130 €
Rest – (sólo clientes, sólo cena) Menú 18 €

♦ Este conjunto, de planta horizontal, disfruta de cierto aire montañés y un amplio entorno ajardinado. Aquí encontrará unas habitaciones de acogedor ambiente rústico.

🏠 **Josein**   ⇐ ⦿ Ⓜ rest, 🛇 rest, 🕪 ⱱⓈ𝒜 ⓒⓢ ⒶⒺ ⓄⒹ

Manuel Noriega 27 – ℰ 942 72 02 25 – www.hoteljosein.com – marzo-octubre
28 hab ⌑ – ⁖40/80 € ⁖⁖60/125 €   **Rest** – (julio-agosto) Menú 20 €

♦ Hotel de organización familiar situado en 1ª línea de playa y con acceso directo a la misma. Ofrece habitaciones actuales, con mobiliario funcional y excelentes vistas al mar. Su bar público disfruta de entrada independiente y cuenta con un correcto comedor.

🏠 **El Tejo de Comillas**   ⦿ ⓖ hab, Ⓜ rest, 🛇 🕪 🅿 ⱱⓈ𝒜 ⓒⓢ

paseo de Solatorre 3 – ℰ 942 72 04 51 – www.hot;eltejodecomillas.com
24 hab – ⁖46/85 € ⁖⁖54/100 €, ⌑ 6,60 €
Rest – (sólo clientes buffet) Menú 18 €

♦ Tras el porche encontrará su recepción integrada en la cafetería, un cálido salón social y habitaciones de marcado ambiente rústico, todas las del último piso abuhardilladas. En el restaurante se combina el servicio de menú con un completo buffet.

en Trasvía Oeste : 2 km

 Dunas de Oyambre sin rest 🌿 ⇐ �, P. VISA ⚫⚫
barrio La Cotera ⊠*39528 Trasvía –* 🗺 *942 72 24 00*
– www.dunasdeoyambre.com – Semana Santa-15 octubre
21 hab – ♦43/65 € ♦♦54/97 €, ⊆ 6,05 €
♦ Casona de piedra construida en un alto. Posee habitaciones sencillas, aunque algunas de ellas, y el mirador, gozan de relajantes vistas al valle. Amplio entorno con césped.

por la carretera de Ruiseñada Sur : 2,5 km y desvío a la derecha 1 km

⌂ **Torre del Milano** sin rest 🌿 ⇐ 🖳 🌡 ᓬ ᠀ 🆒 P. VISA ⚫⚫ AE
⊠*39529 Ruiseñada –* 🗺 *942 72 22 44 – www.torredelmilano.com*
14 hab – ♦75/90 € ♦♦85/120 €
♦ Está en lo alto de una montaña y ofrece opciones de relax que combinan el turismo rural con los servicios propios de un balneario. Habitaciones coloristas y de confort actual.

en El Tejo Suroeste : 3,5 km

 Los Trastolillos sin rest 🌿 ᠀ P. VISA ⚫⚫ ①
barrio Ceceño 46 ⊠*39528 El Tejo –* 🗺 *942 72 22 12 – www.lostrastolillos.com*
10 hab ⊆ – ♦60/100 € ♦♦80/140 €
♦ Casa rural de nueva construcción. Su zona social consta de varias salitas y posee unas luminosas habitaciones personalizadas en su decoración. Entorno ajardinado con frutales.

en Rioturbio Suroeste : 5 km

 Posada Rural Rioturbio 🌿 🆓 rest, 🌡 hab, ᠀ P. VISA ⚫⚫
Rioturbio 13 ⊠*39528 Comillas –* 🗺 *942 72 04 11 – www.posadarioturbio.com*
– cerrado noviembre
7 hab – ♦51/67 € ♦♦62/83 € **Rest** – *(sólo clientes)* Carta aprox. 25 €
♦ Esta gran casa de aire montañés se encuentra en una pequeña aldea, rodeada de campos y con vistas al monte Corona. Habitaciones neorrústicas con mobiliario de estilo antiguo.

CONIL DE LA FRONTERA – Cádiz – 578 X11 – 20 984 h. – Playa   1 A3
– ⊠ 11140

▶ Madrid 657 – Algeciras 87 – Cádiz 40 – Sevilla 149
ℹ Carretera 1 🗺 956 44 05 01 turismo@conil.org Fax 956 44 05 00

al Noroeste :

🏨 **Fuerte Conil** 🌿 ⇐ 🚗 🏖 🏊 🏊 ❤ 🛎 🆒 🌣 🆒 VISA ⚫⚫ AE ①
playa de la Fontanilla, 1 km – 🗺 *956 44 33 44 – www.fuertehoteles.com*
– 5 febrero-octubre
240 hab ⊆ – ♦91/178 € ♦♦113/222 € – 10 suites
Rest – *(sólo cena) (sólo buffet)* Menú 28 €
♦ Magnífico hotel con diseño y decoración de estilo andaluz. El gran confort de sus estancias, junto con las espaciosas zonas nobles, harán las delicias de los huéspedes. Restaurante de aire rústico centrado en el buffet.

🏨 **Fuerte Costa Luz** 🌿 ⇐ 🚗 🏖 🏊 🖳 🆒 🛎 🆒 hab, 🆒 🌣 ᠀ 🆒 🚗
playa de la Fontanilla, 1 km ⊠*11140 –* 🗺 *956 45 60 60*   VISA ⚫⚫ AE ①
– www.fuertehoteles.com – mayo-12 diciembre
219 hab ⊆ – ♦91/178 € ♦♦113/222 € – 11 suites
Rest – *(sólo cena) (sólo buffet)* Menú 28 €
♦ Disfruta de un magnífico emplazamiento en 1ª línea de playa, con los exteriores bien cuidados y un servicio SPA bastante completo. Habitaciones actuales, todas con terraza. El restaurante, clásico con detalles neorrústicos, centra su actividad en el buffet.

🔳 **Diufain** sin rest ☝   🚗 🄰🄲 🛇 📶 🅿 🆅🆂🅰 ⑳ 🄰🄴
av. Fuente del Gallo, 1 km – & 956 44 25 51 – www.hoteldiufain.com – marzo-octubre
30 hab – ♟39/60 € ♟♟54/92 €, ⌧ 3,80 € – 16 apartamentos
♦ Establecimiento familiar, a modo de cortijo, distribuido en tres edificios, el principal con las habitaciones alrededor de un patio, y los otros dos para apartamentos.

CONSTANTINA – Sevilla – **578** S13 – **6 598 h.** – alt. 556 m – ✉ 41450   **1** B2
▶ Madrid 494 – Aracena 121 – Écija 82 – Sevilla 94

⌂ **Casa Grande** ☝   ⇐ 🚗 🔳 🄰🄲 rest, 🛇 🅿 🆅🆂🅰 ⑳ ⓘ
carret. de Cazalla de la Sierra - Noroeste: 1,5 km – & 955 88 16 08
– www.casagrande-rural.com – cerrado del 10 al 24 de enero
8 hab ⌧ – ♟35/40 € ♟♟70/80 €   **Rest** – *(cerrado lunes)* Menú 20 €
♦ Caserón rehabilitado con gusto y dotado de un agradable jardín. Sus habitaciones cuentan con mobiliario clásico de cierta elegancia y unos cuidados baños de plato ducha. El comedor goza de buenas vistas, con un cuidado montaje y una cocina tradicional.

CONSUEGRA – Toledo – **576** N19 – **10 932 h.** – alt. 704 m – ✉ 45700   **9** B2
▶ Madrid 132 – Toledo 65 – Ciudad Real 90

⌂ **La Vida de Antes** ☝   ⅏ hab, 🔾 ⌲ 🆅🆂🅰 ⑳
Colón 2 – & 925 48 06 09 – www.lavidadeantes.com – cerrado
10 enero-10 febrero y del 3 al 21 de julio
9 hab – ♟55/72 € ♟♟65/88 €, ⌧ 6,25 €
Rest – (es necesario reservar) *(sólo clientes)* Menú 22 €
♦ Casa manchega del s. XIX recuperada con gran acierto. Ofrece un atractivo patio central, con lucernario, y habitaciones personalizadas en su decoración, algunas tipo dúplex.

CORBERA DE LLOBREGAT – Barcelona – **574** H35 – **13 843 h.**   **15** A3
– alt. 342 m – ✉ 08757
▶ Madrid 592 – Barcelona 27 – Girona/Gerona 116 – Tarragona 87

✗✗ **Casa Nostra**   🈂 🄰🄲 🛇 ⇄ 🆅🆂🅰 ⑳ 🄰🄴
Federic Soler Pitarra – & 936 50 06 52 – www.restaurantcasanostra.com
– cerrado martes noche y miércoles noche en invierno, domingo noche y lunes
Rest – Carta 33/50 €
♦ Ofrece una sala clásica, un privado y una zona de terraza, con piscina, que utilizan para el servicio al aire libre. Cocina actual, platos de temporada y una cuidada bodega.

CORÇÀ – Girona – **574** G39 – **1 280 h.** – alt. 43 m – ✉ 17121   **15** B1
▶ Madrid 733 – Barcelona 126 – Girona 29 – Perpignan 108

en la carretera C 66 Sureste : 2 km

✗✗ **Bo.Tic** (Albert Sastregener)   🄰🄲 🛇 🅿 🆅🆂🅰 ⑳ 🄰🄴
❀ *– & 972 63 08 69 – www.bo-tic.com – cerrado*
18 octubre-17 noviembre, domingo noche y martes salvo verano, y lunes
Rest – Menú 59 € – Carta 52/65 €
Espec. Gazpacho con salpicón de bogavante y albahaca (junio-septiembre). Vieiras con parmentier de patata, parmesano y sofrito de tomate. Foie poellê con consomé de cebolla y Oporto.
♦ Destaca tanto por los valores de su cocina como por su singular emplazamiento, ya que está instalado en un antiguo molino de harina, con una luminosa sala de ambiente neorrústico y un agradable patio-terraza. Interesante carta de autor de bases tradicionales.

Mezquita

CÓRDOBA

Provincia : Ⓟ Córdoba
Mapa Michelin : 578 S15
▶ Madrid 407 – Badajoz 278
– Granada 166 – Málaga 175

Población : 328 428 h.
Altitud : 124 m
Mapa regional : 1 B2

INFORMACIONES PRÁCTICAS

🛈 Oficina de Turismo

Torrijos 10, ✆ 957 35 51 79, otcordoba@ andalucia.org Fax 957 35 51 80.

Automóvil Club

R.A.C.E. Av. Medina Azahara 35, ✆ 957 76 20 35 Fax 957 41 31 81.

Golf

🏌 Córdoba, Norte : 9 km por av. del Brillante, ✆ 957 35 02 08

◉ VER

Mezquita-Catedral ✱✱✱ (mihrab✱✱✱, Capilla Real✱, sillería✱✱, púlpitos✱✱) BZ – Judería✱✱ AZ – Palacio de Viana✱✱ BY – Museo Arqueológico Provincial✱✱ BZ **M1** – Alcázar de los Reyes Cristianos✱ (mosaicos✱, sarcófago romano✱, jardines✱) AZ – Iglesias Fernandinas✱ (Santa Marina de Aguas Santas BY, San Miguel BY, San Lorenzo V) – Torre de la Calahorra : maqueta✱ BZ – Museo Julio Romero de Torres✱ BZ **M7** – Plaza de los Capuchinos✱ BY – Palacio de la Diputación ABY.
Alrededor : Medina Azahara✱✱✱ Oeste : 6 km X – Las Ermitas : vistas✱✱ 13 km V.

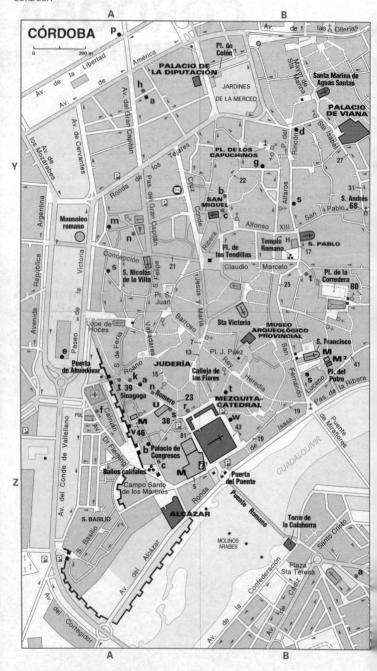

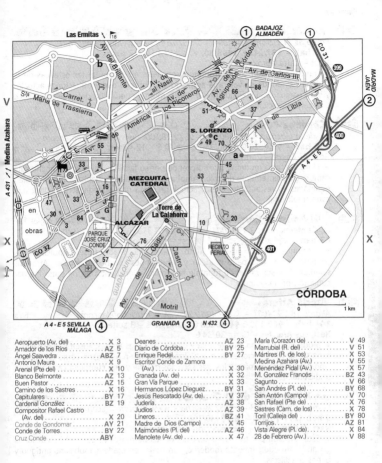

Las Ermitas

BADAJOZ
ALMADÉN

CÓRDOBA

0   1 km

A 4 - E 5 SEVILLA
MÁLAGA ④

GRANADA ③

N 432 ④

Palacio del Bailío ⌂   🏦 🍽 👘 ⚿ hab, 🆎 📶 ⚤ 🅿 🚗 VISA 🄌 AE ①
*Ramírez de las Casas Deza 10-12 ☒14001 – ℰ957 49 89 93
– www.hospes.es*   BY**g**
53 hab – 🛏170/305 € 🛏🛏180/325 €, ☲ 19 €
Rest – Menú 55 €

♦ Instalado en un palacio del casco viejo, donde se combinan a la perfección la belleza arquitectónica y decorativa de los ss. XVI-XVII con el confort más actual. El restaurante, de cocina actual, está montado parcialmente en un patio con el suelo acristalado.

Las Casas de la Judería   🍽 👘 ⚿ hab, 🆎 🍴 rest, 🕭 📶 🚗
Tomás Conde 10 ☒14004 – ℰ957 20 20 95   VISA 🄌 AE ①
– www.casasypalacios.com   AZ**b**
64 hab – 🛏184/252 € 🛏🛏230/315 €, ☲ 19 € – 3 suites
Rest *Las Caballerizas de los Marqueses* – Carta 30/47 €

♦ Ocupa varias casas rehabilitadas del s. XVI, así que encontrará bellos patios, valiosos restos arquitectónicos, confortables habitaciones y un auténtico laberinto de pasillos. El restaurante, de buen montaje, ofrece una cocina fiel al recetario tradicional.

ESPAÑA

AC Córdoba Palacio ⌷ ⛬ 🖭 ⚞ hab, 🅰🅺 ⚘ 📶 ⚂ 🄿 ⌷ VISA 🆎 🆎 ⓞ

Paseo de la Victoria ✉*14004* – ☏ *957 76 04 52* – *www.achotels.com*
155 hab – 🛏87/242 € 🛏🛏98/303 €, ⌷ 17,30 € – 7 suites   AZe
Rest – Carta aprox. 50 €

♦ Tanto la fachada como el interior son fieles a las propuestas estéticas de la cadena AC, donde se valora la amplitud y la luminosidad. Habitaciones actuales y bien equipadas. El restaurante, de buen montaje pero algo desangelado, ofrece una carta tradicional.

Córdoba Center ⌷ 🖭 ⛬ ⚞ hab, 🅰🅺 ⚘ 📶 ⚂ ⌷ VISA 🆎 🆎 ⓞ

av. de la Libertad 4 ✉*14006* – ☏ *957 75 80 00* – *www.hotelescenter.com*
196 hab – 🛏60/220 € 🛏🛏60/350 €, ⌷ 12 € – 12 suites   AYp
Rest *Al-Zagal* – Carta 32/45 €

♦ Hotel de línea moderna que sorprende por su fachada, pues por la noche esta cambia constantemente de color. Amplias zonas sociales y habitaciones muy bien equipadas. El restaurante, clásico-actual, presenta una bodega acristalada y una carta tradicional.

NH Amistad Córdoba ⚘ ⌷ 🖭 ⛬ 🅰🅺 ⚘ 📶 ⚂ ⌷ VISA 🆎 🆎 ⓞ

pl. de Maimónides 3 ✉*14004* – ☏ *957 42 03 35* – *www.nh-hotels.com*
83 hab – 🛏🛏99/299 €, ⌷ 17 €   **Rest** – Carta aprox. 45 €   AZv

♦ Conjunto histórico ubicado junto a la muralla árabe. Posee amplias zonas comunes, un bonito patio mudéjar y habitaciones con bellos detalles. Atractivo solárium. El restaurante, de montaje funcional, se encuentra en un patio interior cubierto por una cúpula.

Maciá Alfaros ⌷ ⛬ ⚞ hab, 🅰🅺 ⚘ 📶 ⚂ ⌷ VISA 🆎 🆎 ⓞ

Alfaros 18 ✉*14001* – ☏ *957 49 19 20* – *www.maciahoteles.com*   BYs
141 hab – 🛏60/160 € 🛏🛏60/208 €, ⌷ 11,40 € – 3 suites
Rest *Los Alarifes* – Carta 30/34 €

♦ Moderno hotel con arquitectura y diseño de raíces árabes. Posee una espaciosa zona social y habitaciones bien actualizadas, tanto en mobiliario como en decoración. El restaurante ofrece los tres servicios del día y una completa carta de tinte tradicional.

La Hospedería de El Churrasco ⚞ 🅰🅺 ⚂ ⌷ VISA 🆎 🆎 ⓞ

Romero 38 ✉*14003* – ☏ *957 29 48 08* – *www.elchurrasco.com*   AZa
9 hab ⌷ – 🛏120/140 € 🛏🛏140/160 €
Rest *El Churrasco* – ver selección restaurantes

♦ Está formada por tres casas unidas por sus hermosos patios. Las habitaciones gozan de un equipamiento moderno, con suelos en madera, mobiliario antiguo y baños detallistas.

Casa de los Azulejos sin rest ⚘ ⚞ 🅰🅺 ⚘ 📶 VISA 🆎 🆎

Fernando Colón 5 ✉*14002* – ☏ *957 47 00 00* – *www.casadelosazulejos.com*
8 hab ⌷ – 🛏60/100 € 🛏🛏80/165 €   BYa

♦ Atesora encanto, pues combina el estilo andaluz con los detalles coloniales. Cuidadas estancias, baños coloristas, suelos hidráulicos, un hermoso patio y una taberna de tapeo.

Selu sin rest 🖭 ⚞ 🅰🅺 ⚘ 📶 ⚂ ⌷ VISA 🆎 🆎 ⓞ

Eduardo Dato 7 ✉*14003* – ☏ *957 47 65 00* – *www.hotelselu.com*   AYs
104 hab – 🛏50/102 € 🛏🛏50/168 €, ⌷ 10,20 €

♦ En pleno casco viejo. Clásico y de organización profesional, con las zonas nobles a ambos lados de la recepción y unas cuidadas habitaciones que destacan por su amplitud.

Casa de los Naranjos sin rest ⚞ 🅰🅺 ⚂ ⌷ VISA 🆎

Isabel Losa 8 ✉*14001* – ☏ *957 47 05 87* – *www.casadelosnaranjos.com*
20 hab ⌷ – 🛏43/86 € 🛏🛏54/140 €   BYd

♦ Instalado en una casa antigua con dos patios repletos de plantas. Las habitaciones resultan algo reducidas, aunque poseen buen mobiliario en forja y un correcto equipamiento.

Mezquita sin rest 🛗 AC ℅ VISA ⓸

pl. Santa Catalina 1 ✉14003 – ℰ *957 47 55 85* – *www.hotelmezquita.com*
31 hab – †31/52 € ††45/102 €, ⌺ 3,80 €   BZ**w**

◆ Anexo a la Mezquita-Catedral, en una antigua casa señorial de sencilla organización. Recepción comunicada con un patio interior y habitaciones amplias con baños actuales.

Maestre sin rest 🛗 AC ⁽ᵗ⁾ 🕿 VISA ⓸ AE ⓞ

Romero Barros 4 ✉14003 – ℰ *957 47 24 10* – *www.hotelmaestre.com*
26 hab – †30/40 € ††40/55 €, ⌺ 5 € – 7 apartamentos   BZ**s**

◆ Sencillo hotelito dotado con habitaciones de línea clásica y apartamentos bien equipados, estos últimos más actuales. El servicio de desayunos lo dan en el hostal anexo.

Riviera sin rest y sin ⌺ 🛗 AC ℅ ⁽ᵗ⁾ VISA ⓸

pl. Aladreros 5 ✉14008 – ℰ *957 47 30 00* – *www.hotelrivieracordoba.com*
29 hab – †35/70 € ††45/110 €   AY**m**

◆ De línea clásica y próximo al Mausoleo Romano, en los jardines de la Victoria. Estilo funcional y grata cotidianeidad, con habitaciones sencillas, renovadas y de buen confort.

Los Omeyas sin rest 🛗 AC ⁽ᵗ⁾ 🕿 VISA ⓸ AE ⓞ

Encarnación 17 ✉14003 – ℰ *957 49 22 67* – *www.hotel-losomeyas.com*
29 hab – †40/60 € ††57/100 €, ⌺ 4,50 €   BZ**t**

◆ Modesto pero muy bien situado, junto a la Mezquita-Catedral. Posee un bello patio andaluz, con columnas y suelos en mármol, así como amplias habitaciones de línea funcional.

XXX El Caballo Rojo 🕿 AC ℅ ⇄ VISA ⓸ AE ⓞ

Cardenal Herrero 28 ✉14003 – ℰ *957 47 53 75* – *www.elcaballorojo.com*
Rest – Carta 37/49 €   AZ**r**

◆ Casa emblemática dotada de una gran cafetería, comedores clásicos y una terraza con vistas en el 2º piso. Cocina regional con especialidades andaluzas, mozárabes y sefardíes.

XXX Los Berengueles 🕿 AC ℅ ⇄ VISA ⓸ AE

Conde de Torres Cabrera 7 ✉14001 – ℰ *957 47 28 28*
– *www.losberengueles.com* – *cerrado agosto, domingo noche y lunes noche*
Rest – Carta 34/43 €   BY**b**

◆ Instalado en la antigua casa de la Marquesa de Valdeloro, un edificio de raíces andaluzas que aún conserva sus zócalos de azulejos y una belleza atemporal. Cocina tradicional.

XXX El Blasón AC ℅ VISA ⓸ AE ⓞ

José Zorrilla 11 ✉14008 – ℰ *957 48 06 25* – *www.elcaballorojo.com* – *cerrado 21 días en julio*   AY**n**
Rest – Carta aprox. 45 €

◆ En una zona histórica y comercial. Presenta un bar, con un patio cubierto al fondo para tapear, y comedores de cuidada decoración en la 1ª planta. Carta de cocina tradicional.

XXX Almudaina AC ℅ ⇄ VISA ⓸ AE ⓞ

pl. Campo Santo de los Mártires 1 ✉14004 – ℰ *957 47 43 42*
– *www.restaurantealmudaina.com* – *cerrado domingo en verano y domingo noche resto del año*   AZ**c**
Rest – Carta 30/43 €

◆ Acogedor restaurante situado cerca del alcázar. Su señorial interior se realza mediante detalles regionales y dispone de un agradable patio cubierto por una cúpula-vidriera.

XX Choco AC ℅ VISA ⓸ ⓞ

Compositor Serrano Lucena 14 ✉14010 – ℰ *957 26 48 63*
– *www.restaurantechoco.es* – *cerrado del 15 al 31 de agosto, domingo noche y lunes*
Rest – Carta 38/46 €   V**a**

◆ Restaurante familiar llevado por el chef-propietario. Dispone de un bar con entrada independiente y dos cuidados comedores de aire minimalista. Carta interesante y creativa.

ESPAÑA

ESPAÑA

XX **El Churrasco** – Hotel La Hospedería de El Churrasco   AC ⇔ VISA ⊕ AE ①
Romero 16 ✉14003 – ℰ 957 29 08 19 – www.elchurrasco.com
– cerrado agosto   AZ**n**
Rest – Carta 38/47 € ⚄
♦ Antiguas casas judías con bar de acceso, salas en dos niveles repletas de obras de arte y un acogedor patio cordobés. Bodega-museo en un anexo, con varios comedores privados.

XX **El Buey y el Fuego**   AC ⅀ ⇔ VISA ⊕ AE ①
Benito Pérez Galdós 1 ✉14001 – ℰ 957 49 10 12 – www.asadoresdecordoba.net
– cerrado domingo noche   AY**h**
Rest – Carta 28/37 €
♦ Negocio que trabaja con productos de gran calidad y goza de una buena clientela. Posee dos comedores de estilo clásico-regional y su especialidad son las carnes a la brasa.

XX **Casa Rubio**   ⌂ AC ⅀ VISA ⊕ AE ①
Puerta Almodóvar 5 ✉14003 – ℰ 957 42 08 53
– www.tabernarestaurantecasarubio.com   AZ**t**
Rest – Carta 35/45 €
♦ Posee un bar de tapas y dos confortables comedores de estilo clásico-actual, con las paredes en tonos beige. La agradable terraza de la azotea brinda vistas a las murallas.

XX **Tempura**   ⌂ AC ⅀ VISA ⊕ AE ①
Acera de Granada 2, (previsto traslado a calle Teruel 21) ✉14009
– ℰ 957 20 31 74 – www.restaurantetempura.com – cerrado 15 días en enero, 15 días en agosto, domingo noche y lunes   BZ**a**
Rest – Carta aprox. 42 €
♦ El chef-propietario, que se ha formado en restaurantes de reconocido prestigio, demuestra inquietudes y propone una cocina de producto, siempre con cuidadas elaboraciones.

X **Taberna Casa Pepe de la Judería**   ⌂ AC ⅀ VISA ⊕ AE ①
Romero 1 ✉14003 – ℰ 957 20 07 44 – www.casapepejuderia.com   AZ**s**
Rest – Carta 29/40 €
♦ En plena judería. Antigua casa con típico patio andaluz, bar de tapas y comedor principal en el 1er piso. Destaca la atractiva terraza de su azotea, con vistas a la Catedral.

X **El Alma**   ⌂ AC ⅀ VISA ⊕ ①
Teruel 23 ✉14012 – ℰ 957 28 27 98 – www.elalmacordoba.es – cerrado domingo noche y lunes noche   V**b**
Rest – Carta 34/44 €
♦ Restaurante de aire rústico-actual llevado con dedicación. Dispone de una agradable terraza bajo un soportal, una barra de apoyo y un comedor. Cocina de mercado actualizada.

X **La Cuchara de San Lorenzo**   ⌂ AC ⅀ VISA ⊕
Arroyo de San Lorenzo 2 ✉14002 – ℰ 957 47 78 50 – cerrado agosto, domingo noche y lunes salvo festivos   V**c**
Rest – Carta 34/41 €
♦ Este pequeño negocio está llevado entre dos hermanos y se presenta con una buena combinación de piedra y madera. Cocina actual de base tradicional y platos típicos cordobeses.

X La Fragua   ⌂ AC ⇔
Calleja del Arco 2 ✉14003 – ℰ 957 48 45 72   AZ**c**
Rest –
♦ Se encuentra en una calleja de la judería, donde se presenta con una taberna, un agradable patio y varias salas vestidas con detalles de inspiración árabe. Cocina tradicional.

Taberna San Miguel-Casa El Pisto ⓐ ⓚ ✵ VISA ⓸ AE

pl. San Miguel 1 ✉14002 – ℰ *957 47 83 28 – www.casaelpisto.com – cerrado agosto, domingo y lunes noche*　　　　　　　　　　　　　　　　　BY**c**

Rest – Tapa 2,50 € – Ración aprox. 12 €

◆ Taberna centenaria con una cuidada decoración regional que goza de gran reputación en la ciudad. Excelentes pinchos y raciones, para acompañar con caldos de Moriles.

Mesón Juan Peña　　　ⓚ ✵

av. Doctor Fleming 1 ✉14004 – ℰ *957 20 07 02 – cerrado 15 julio-agosto y domingo*　　　　　　　　　　　　　　　　　　　　　　　　AZ**f**

Rest – Tapa 3 € – Ración aprox. 12 €

◆ Este curioso bar de tapas está decorado con aperos de labranza, artesanía, antiguas cajas fuertes y motivos de carácter taurino. Carta muy variada de cocina casera y andaluza.

Casa Rubio　　　ⓚ ✵ VISA ⓸ AE ⓞ

Puerta Almodóvar 5 ✉14003 – ℰ *957 42 08 53 – www.casapepejuderia.com*

Rest – Tapa 2 € – Ración aprox. 8 €　　　　　　　　　　　　　AZ**t**

◆ Bar de tapas emplazado junto a la imponente Puerta de Almodóvar, en una casa antigua dotada con una barra a la entrada, una sala de aire rústico y un bellísimo patio sefardí.

Taberna Casa Pepe de la Judería　　　ⓚ ✵ VISA ⓸ AE ⓞ

Romero 1 ✉14003 – ℰ *957 20 07 44 – www.casapepejuderia.com*　　AZ**s**

Rest – Tapa 3 € – Ración aprox. 11 €

◆ Un clásico en la zona turística, que sirve como lugar de encuentro habitual para la degustación de tapas y raciones de calidad, pudiendo utilizar las mesas del comedor.

Taberna Salinas　　　ⓚ ✵ VISA ⓸ AE ⓞ

Tundidores 3 ✉14002 – ℰ *957 48 01 35 – www.tabernasalinas.com – cerrado agosto y domingo*　　　　　　　　　　　　　　　　　　　　BY**t**

Rest – Ración aprox. 6,50 €

◆ Esta taberna, cargada de tipismo y decoración andaluza, distribuyen sus salitas en torno a un patio central cordobés. Raciones de cocina tradicional y regional a buen precio.

por la av. del Brillante V :

🏨 Parador de Córdoba ⤴　⟵ ⌷ 🍴 📶 🛗 � & hab, ⓚ ✵ ⑴ 🔏 🅿 VISA ⓸ AE ⓞ

av. de la Arruzafa 37, Norte : 3,5 km ✉14012
– ℰ *957 27 59 00 – www.parador.es*

88 hab – �115/125 € ♦♦144/156 €, ☖ 16 € – 6 suites　**Rest** – Menú 32 €

◆ Edificio de sobria arquitectura construido sobre el antiguo palacete de recreo de Abderramán I, con magníficos exteriores ajardinados y unas dependencias de gran confort. El restaurante se complementa con una atractiva terraza-bar dotada de excelentes vistas.

CORESES – Zamora – 575 H13 – 1 156 h. – alt. 646 m – ✉ 49530　　11 B2

▶ Madrid 247 – Salamanca 78 – Valladolid 88 – Zamora 15

🏨 Convento I ⤴　↳ 🈸 ⓚ ✵ ⑴ 🔏 🅿 VISA ⓸ AE

carret. de la Estación, Sur : 1,5 km – ℰ *980 50 04 22 – www.hotel-convento.com*

63 hab ☖ – ♦70/91 € ♦♦103/123 € – 7 suites　**Rest** – Menú 29 €

◆ Un marco deslumbrante. Dese un paseo por el arte en sus magníficas zonas nobles y disfrute con una decoración que cambia de estilo según las dependencias. Atractivo SPA. Su acogedor comedor se complementa con una cafetería y elegantes salones para banquetes.

CORRALEJO – Las Palmas – ver Canarias (Fuerteventura)

CORTADURA (Playa de) – Cádiz – ver Cádiz

ESPAÑA

🖸 Madrid 490 – Aracena 30 – Huelva 114 – Serpa 77

por la carretera de El Repilado a La Corte Noreste : 9,5 km

🏠   **La Posada de Cortegana** ॐ   🍴 ᴦ hab, 🎛 ॐ rest, ⏚ 🅿 📭 ◉◉
✉ 21230 – 𝒞 959 50 33 01 – www.posadadecortegana.es
40 hab ॼ – †70/95 € ††85/100 €   **Rest** – Menú 14 €
♦ Una buena opción si desea sentir al máximo la vida en el campo. Presenta
una pequeña zona social y las habitaciones repartidas en cabañas de madera,
todas bien equipadas. El restaurante tiene dos salas de buen montaje, una acristalada y la otra con chimenea.

A CORUÑA 🅿 – **571** B4 – **246 056 h.** – Playa   **19** B1

🖸 Madrid 603 – Bilbao 622 – Porto 305 – Santiago de Compostela 73
✈ de A Coruña por ② : 10 km 𝒞 902 404 704
Iberia : aeropuerto Alvedro 𝒞 902 400 500
🚤 Dársena de la Marina 𝒞 981 22 18 22 oficina.turismo.coruna@xunta.es
    Fax 981 22 18 22
R.A.C.E. Rosalía de Castro 12, 𝒞 981 20 34 17 Fax 981 22 56 58
🚆 A Coruña, por la carret. de Lugo : 7 km, 𝒞 981 28 52 00
◉ Avenida de la Marina★ ABY – Domus-Casa del Hombre★ V
◉ Cambre (Iglesia de Santa María★) 11 km por ②

🏨   **Hesperia Finisterre**   ⪕ 🍴 🎿 ॐ 📶 ᴦ hab, 🎛 ॐ ᵞ ⏚ 🅿
paseo del Parrote 2 ✉ 15001 – 𝒞 981 20 54 00   📭 ◉◉ 🆎 ◉
– www.hesperia-finisterre.com   BZc
52 hab – ††80/180 €, ॼ 18 € – 39 suites   **Rest** – Menú 32 €
♦ Espléndido hotel dotado de vistas y de una fachada clásica que contrasta con
sus vanguardistas instalaciones, decoradas en un estilo moderno con muchos
detalles de diseño. Su restaurante, luminoso y actual, ofrece una carta tradicional
con toques de autor.

🏨   **Meliá María Pita**   ⪕ 📶 ᴦ hab, 🎛 ॐ ᵞ ⏚ ⇄ 📭 ◉◉ 🆎 ◉
av. Pedro Barrié de la Maza 1 ✉ 15003 – 𝒞 981 20 50 00 – www.solmelia.com
176 hab – ††65/160 €, ॼ 13 € – 7 suites   AYa
Rest Trueiro – Carta 29/41 €
♦ Disfruta de un emplazamiento privilegiado en 1ª línea de playa, con vistas
tanto al mar como a la ciudad. Ofrece amplias zonas nobles y habitaciones con
mobiliario escogido. En su restaurante encontrará una carta internacional con
bastantes platos gallegos.

🏨   **AC A Coruña** sin rest, con cafetería   📶 📶 ᴦ 🎛 ॐ ᵞ ⏚ ⇄
Enrique Mariñas 34-Matogrande ✉ 15009   📭 ◉◉ 🆎 ◉
– 𝒞 981 17 54 90 – www.ac-hotels.com   Xb
116 hab – ††60/130 €, ॼ 12 € – 2 suites
♦ Instalaciones de línea moderna con detalles de diseño. Posee un salón polivalente, que funciona como zona social, bar y cafetería, así como unas habitaciones
de buen confort.

🏨   **NH Atlántico**   📶 🎛 ॐ ᵞ ⏚ 📭 ◉◉ 🆎 ◉
jardines de Méndez Núñez ✉ 15006 – 𝒞 981 22 65 00 – www.nh-hotels.com
194 hab – ††59/224 €, ॼ 15,50 € – 5 suites   AZv
Rest – (cerrado viernes, sábado y domingo) Menú 28 €
♦ Ofrece el estilo habitual de la cadena, con suficientes zonas sociales y habitaciones funcionales dotadas de un correcto equipamiento. Clientela de congresos y empresas. Restaurante de montaje actual.

🏨   **Hesperia A Coruña** sin rest   📶 ᴦ 🎛 ॐ ᵞ ⏚ 📭 ◉◉ 🆎 ◉
Juan Flórez 16 ✉ 15004 – 𝒞 981 01 03 00 – www.hesperia.com   AZc
127 hab – ††59/169 €, ॼ 12 €
♦ Ubicado en una céntrica calle comercial. Destaca por el confort de sus habitaciones, todas de ambiente actual, algunas con terraza y en general de completo
equipamiento.

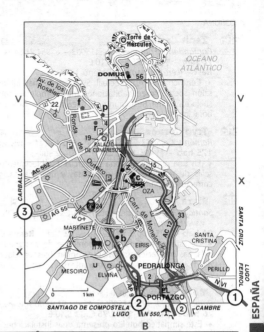

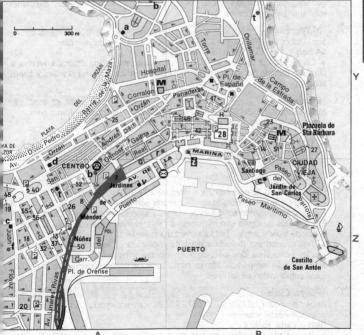

ESPAÑA

Zenit Coruña   🖃 �&ᴸ hab, 🆗 ⵚ ⑨ ⺎ 🚗 𝘃𝘪𝘴𝘢 ⓪ AE ⓪

Comandante Fontanes 19 ✉15003 – 𝒞 *981 21 84 84* – *www.zenithoteles.com*
70 hab – **††**60/175 €, ☲ 10 €   A7**d**
Rest – *(cerrado domingo)* Menú 15 €
♦ Céntrico y de estilo actual. Su acogedor hall integra la recepción, el bar y el salón social. Posee habitaciones muy completas, con mobiliario moderno y el suelo en tarima. Restaurante de línea funcional que destaca por sus cuidadas elaboraciones.

Tryp Coruña sin rest   🖃 🆗 ⵚ ⑨ ⺎ 𝘃𝘪𝘴𝘢 ⓪ AE ⓪

Ramón y Cajal 53 ✉15006 – 𝒞 *981 24 27 11* – *www.trypcoruna.solmelia.com*
175 hab – **††**49/151 €, ☲ – 2 suites   X**c**
♦ En una prestigiosa zona comercial. Establecimiento clásico-actual dotado con salas de reuniones bien dispuestas y unas habitaciones que destacan por su correcto equipamiento.

Plaza   🖃 ᴅ hab, 🆗 ⵚ ⑨ ⺎ 𝘃𝘪𝘴𝘢 ⓪ AE

Santiago Rey Fernández Latorre 45 ✉15006 – 𝒞 *981 29 01 11*
– www.hotelplaza.es   X**z**
84 hab – **†**45/100 € **††**50/110 €, ☲ 12 €   **Rest** – Carta 24/32 €
♦ De estética minimalista, disponiendo de una zona social moderna pero reducida. Las habitaciones, bastante confortables, en algunos casos tienen los baños de diseño a la vista. El restaurante se ve complementado por una cafetería y ofrece una carta tradicional.

Moon sin rest, con cafetería   🖃 ᴅ 🆗 ⵚ ⑨ 𝘃𝘪𝘴𝘢 ⓪ AE

Ramón y Cajal 47 ✉15006 – 𝒞 *981 91 91 00* – *www.mooncoruna.com*
26 hab – **†**49/76 € **††**52/76 €, ☲ 5,40 €   X**c**
♦ Este simpático hotelito presenta unas instalaciones no muy amplias pero acogedoras, con un salón social, cafetería y modernas habitaciones decoradas mediante paisajes lunares.

Maycar sin rest   🖃 ᴅ ⵚ ⑨ 𝘃𝘪𝘴𝘢 ⓪ AE ⓪

San Andrés 159 ✉15003 – 𝒞 *981 22 56 00* – *www.hotelmaycar.com*
54 hab – **†**35/45 € **††**50/65 €, ☲ 3,50 €   AZ**t**
♦ Compensa sus sencillas instalaciones con una privilegiada situación, junto a la plaza de Pontevedra y muy cerca de la playa. Habitaciones funcionales y baños actuales.

𝕏𝕏𝕏   Pardo   🆗 ⵚ ⇄ 𝘃𝘪𝘴𝘢 ⓪ AE ⓪

Novoa Santos 15 ✉15006 – 𝒞 *981 28 00 21* – *www.casapardo-domus.com*
– cerrado domingo, lunes noche y martes noche   X**c**
Rest – Carta 43/55 € ⌂
♦ Esta casa, de larga trayectoria, está llevada directamente por sus dueños. Ofrece una decoración clásica-actual y una carta tradicional elaborada con buenos productos.

𝕏𝕏𝕏   Alborada (Luis Veira)   🆗 ⵚ ⇄ 𝘃𝘪𝘴𝘢 ⓪ AE

✿ *paseo Marítimo Alcalde Francisco Vázquez 25* ✉15002 – 𝒞 *981 92 92 01*
– www.restaurantesalborada.com – cerrado domingo   BY**t**
Rest – *(sólo almuerzo salvo jueves, viernes y sábado)* Menú 60 € – Carta 40/60 €
Espec. Fritos de cigala con mayonesa de soja. Huevos rotos con cigalas, patatas, aceite de trufa y jamón. Tarta de manzana caliente.
♦ Tras su moderna fachada acristalada encontrará un restaurante sorprendente, con la cocina vista, dos salas de buen montaje y un privado. Sus elaboraciones, actuales y de temporada, toman como base las materias primas frescas y una sabia combinación de sabores.

𝕏𝕏𝕏   Playa Club   ≤ 🆗 ⵚ ⇄ 𝘃𝘪𝘴𝘢 ⓪ AE ⓪

Andén de Riazor ✉15011 – 𝒞 *981 25 71 28* – *www.playaclub.net – cerrado*
domingo noche y lunes   V**p**
Rest – Carta 38/48 €
♦ Privilegiada ubicación sobre la playa de Riazor, con unas magníficas vistas. Luminoso comedor a la carta dotado con un elegante privado y una atractiva cocina de autor.

XX **Domus**   ≤ 🆔 ❄ ⇔ 💳 ⊚ 🆎 ⓪

Ángel Rebollo (Domus-Casa del Hombre) ⊠15002 – 𝒞 981 20 11 36
– www.casapardo-domus.com – cerrado lunes   V**a**
Rest – *(sólo almuerzo salvo viernes y sábado)* Carta 28/37 €
♦ Combina su moderna decoración con una pared en roca natural, y dota a la
sala de magníficas vistas gracias a su lateral acristalado. Cocina tradicional con
detalles de autor.

XX **Mirador de San Pedro**   ≤ 🆔 ❄ ⇔ 🅿 💳 ⊚ 🆎 ⓪

Monte de San Pedro, Noroeste : 2 km por av. de Gran Canaria V ⊠15011
– 𝒞 981 10 08 23 – www.miradordesanpedro.es
Rest – *(sólo almuerzo salvo viernes, sábado y vísperas de festivos)* Carta 40/47 €
♦ Disfruta de un magnífico emplazamiento en el monte de San Pedro, por lo que
ofrece unas impresionantes vistas al océano y a la ciudad. Cocina actual con deta-
lles de autor.

XX **A la Brasa**   🆔 ❄ 💳 ⊚ 🆎 ⓪

Juan Florez 38 ⊠15004 – 𝒞 981 27 07 27 – *www.gasthof.es*   AZ**f**
Rest – Carta 37/43 €
♦ En pleno centro. Tiene una barra de apoyo a la entrada, con expositor y vivero,
así como dos salas de correcto montaje donde ofrecen una completa carta de
cocina tradicional.

XX **Coral**   🆔 ❄ 💳 ⊚ 🆎 ⓪

callejón de la Estacada 9 ⊠15001 – 𝒞 981 20 05 69
– www.restaurantemarisqueriacoral.com – cerrado domingo   AY**r**
Rest – Carta 37/53 €
♦ Negocio de larga trayectoria familiar. Posee una única sala de estilo clásico que
contrasta con la rusticidad de sus paredes en piedra. Carta tradicional con
muchos mariscos.

XX **Artabria**   🆔 ❄ 💳 ⊚ 🆎 ⓪
ⓒ
Fernando Macías 28 ⊠15004 – 𝒞 981 26 96 46 – *www.restauranteartabria.com*
– cerrado 15 días en junio   V**r**
Rest – Carta 32/36 €
♦ Cercano a la playa de Riazor. Posee un bar privado y un comedor actual vestido con cuadros de autores gallegos. Carta tradicional e internacional, así como
un menú degustación.

X **A Mundiña**   🆔 ❄ 💳 ⊚ 🆎

Estrella 10 ⊠15003 – 𝒞 881 89 03 27 – *www.amundina.com – cerrado Semana
Santa y domingo*   AZ**b**
Rest – Carta 32/37 €
♦ Pequeño restaurante de línea actual. Tiene un bar-vinoteca a la entrada y una
sala que deja la cocina semivista. Carta tradicional con platos gallegos, pescados
y mariscos.

X **Carbonada**   ≤ 🆔 ❄ 💳 ⊚

Manuel Murguía 6 ⊠15011 – 𝒞 981 27 10 14 – *www.restaurantecarbonada.es
– cerrado del 15 al 28 de febrero, del 15 al 30 de junio, lunes noche y martes*
Rest – Carta 24/34 €   V**f**
♦ Frente al estadio de Riazor. Presenta una barra de espera y un comedor clásico,
con detalles en piedra y madera. Carta internacional, algún plato gallego y carnes
a la brasa.

X **Adega O Bebedeiro**   🆔 ❄ 💳 ⊚ 🆎
ⓒ
Ángel Rebollo 34 ⊠15002 – 𝒞 981 21 06 09 – *www.adegaobebedeiro.com
– cerrado 21 diciembre-8 enero, domingo noche y lunes*   AY**b**
Rest – Carta 25/33 €
♦ Goza de gran éxito gracias a su carta, variada y a precios asequibles. Comedor
rústico con profusión de piedra, y una bonita decoración a base de aperos y objetos antiguos.

ESPAÑA

℉/ **Comarea**　　　　　　　　　　　　　　　　🔲 🎊 VISA ⓪ AE

Carlos Martínez Barbeito y Morás 4 ✉15009 – ℰ 981 13 26 58
– www.comarea.es – cerrado domingo　　　　　　　　　　　　　　X**b**
Rest – Ración aprox. 15 €

♦ Bar de tapas-vinoteca de estética actual emplazado en un barrio residencial.
Entre sus raciones destacan algunos mariscos, el pulpo y los ibéricos. Excelente
carta de vinos.

en O Burgo Sur : 4 km

XX **Agar Agar**　　　　　　　　　　　🔲 🎊 🔁 VISA ⓪ AE ⓪

Amparo López Jeán 24 (A Corveira), por N 550 ✉15174 O Burgo
*– ℰ 981 65 35 36 – www.agaragar.es – cerrado domingo noche, lunes, martes
noche y miércoles noche*　　　　　　　　　　　　　　　　　　　　X
Rest – Carta 29/38 €

♦ Ocupa los bajos de un edificio de viviendas, con un pequeño bar de espera y
un comedor de línea actual dotado de vistas a la ría. Carta tradicional con detalles de autor.

COSGAYA – Cantabria – **572** C15 – 86 h. – alt. 530 m – ✉ 39518　　　**8** A1

▶ Madrid 413 – Palencia 187 – Santander 129

🏠 **Del Oso** 🌫　　　　　　　　　　　　🔲 🍴 🛏 🎊 ⁽¹⁾ P VISA ⓪

– ℰ 942 73 30 18 – www.hoteldeloso.com – cerrado enero-12 febrero
51 hab – ♦59/68 € ♦♦71/85 €, ☲ 10,80 €
Rest *Del Oso* – ver selección restaurantes

♦ Precioso hotel de línea tradicional con dos edificios en piedra. Sus acogedoras
habitaciones de aire rústico lo conforman como un lugar idóneo para hacer un
alto en el camino.

🏠 **La Casona de Cosgaya**　　　　　🔲 rest, 🎊 hab, ⁽¹⁾ P VISA ⓪

*barrio Areños – ℰ 942 73 30 77 – www.casonadecosgaya.com – cerrado del 10
al 25 de diciembre*
13 hab – ♦41/71 € ♦♦69/116 €, ☲ 12,10 €
Rest *El Urogallo* – Carta 30/38 €

♦ Instalado en una casona rehabilitada del s. XVI que presenta sus fachadas en
piedra. Posee un salón con chimenea, cálidas habitaciones de aire rústico-actual
y un pequeño SPA. Disfruta de un atractivo bar-vinoteca y un restaurante decorado con trofeos de caza.

XX **Del Oso** – Hotel Del Oso　　　　　　　🔲 🍴 🎊 P VISA ⓪

– ℰ 942 73 30 18 – www.hoteldeloso.com – cerrado enero-12 febrero
Rest – Carta 35/40 €

♦ El restaurante, de marcado ambiente rústico, es muy conocido en la zona gracias tanto a la contundencia de sus platos como al sabor de su popular cocido
lebaniego.

COSLADA – Madrid – **576** L20 – **575** L20 – 90 280 h. – alt. 621 m
– ✉ 28821　　　　　　　　　　　　　　　　　　　　　　　　　　**22** B2

▶ Madrid 17 – Guadalajara 43

XX **La Ciaboga**　　　　　　　　　　　　🔲 🎊 VISA ⓪ AE ⓪

av. del Plantío 5 ✉28820 – ℰ 916 73 59 18 – www.laciaboga.com – cerrado del
1 al 15 de agosto y domingo
Rest – Carta 39/46 €

♦ Está llevado por la familia propietaria con gran dedicación y profesionalidad. Ofrece un pequeño bar, una sala de ambiente clásico y una cocina fiel al
recetario tradicional.

en el barrio de la estación Noreste : 4,5 km

 AC Coslada 🛌 💺 🕭 hab, 🄰🄲 🛱 📶 🕍 🚗 💳 ⑳ 🄰🄴 ①

Rejas 5 - salida Coslada autovía A 2 ✉28022 Coslada – 🕿 917 46 27 30
– www.ac-hotels.com
112 hab – 🛏🛏57/155 €, 🖙 11 € – 1 suite
Rest *La Terminal* – *(cerrado agosto)* Menú 12 €
◆ Se encuentra en un polígono industrial y ofrece el confort habitual en esta cadena, con amplias zonas nobles y habitaciones actuales de equipamiento completo. El restaurante, que disfruta de una estética minimalista, ofrece una cocina tradicional elaborada.

🍴 **La Fragata** 🄰🄲 🛱 💳 ⑳ 🄰🄴 ①

av. San Pablo 14 ✉28823 Coslada – 🕿 916 73 38 02
– www.lafragatacoslada.com – cerrado Semana Santa, 21 días en agosto,
domingo
Rest – *(sólo almuerzo salvo jueves, viernes y sábado)* Carta 32/48 €
◆ Esta casa disfruta de un pequeño bar, un comedor clásico, presidido por la maqueta de una hermosa fragata, y una carta tradicional con un buen apartado de sugerencias.

COSTA – ver a continuación y el nombre propio de la costa

COSTA DE LOS PINOS – Illes Balears – ver Balears (Mallorca) : Son Servera

---

COSTA TEGUISE – Las Palmas – ver Canarias (Lanzarote)

COVADONGA – Asturias – **572** C14 – **alt. 260 m** – ✉ 33589   5 C2

> ▶ Madrid 429 – Oviedo 84 – Palencia 203 – Santander 157
> 🚩 explanada de la Basílica 🕿 98 584 60 35 Fax 985 84 60 43
> ◉ Emplazamiento★★ – Museo (corona★)
> ◐ Mirador de la Reina ≤★★ Sureste : 8 km – Lagos de Enol y de la Ercina★ Sureste : 12,5 km

 G.H. Pelayo 🌇 ≤ 💺 🕭 hab, 🄰🄲 🛱 rest, 🕍 🄿 💳 ⑳ 🄰🄴

Real Sitio de Covadonga – 🕿 985 84 60 61 – www.arceahoteles.com
– cerrado 3 enero-3 febrero
52 hab – 🛏60/135 € 🛏🛏65/140 €, 🖙 7 €   **Rest** – Menú 14,90 €
◆ Junto a la basílica de Covadonga, con un hall-recepción de aire clásico, varios saloncitos sociales y confortables habitaciones definidas por la calidad del mobiliario. El restaurante está acristalado y disfruta de hermosas vistas a Los Picos de Europa.

🍴 **El Huerto del Ermitaño de Covadonga** 🏠 🛱 💳 ⑳

Real Sitio de Covadonga 25 – 🕿 985 84 61 12
– www.elhuertodelermitanodecovadonga.com – cerrado 10 diciembre-2 enero y
jueves salvo verano
Rest – *(sólo almuerzo salvo julio-15 septiembre)* Carta 35/43 €
◆ Antigua casa restaurada junto al río. Dispone de un bar, una salita y el comedor principal en un piso inferior, todo de aire rústico, con profusión de piedra y madera.

en la carretera AS 262 :

 Auseva sin rest 🛱 💳 ⑳

El Repelao, Noroeste : 1,5 km ✉33589 – 🕿 985 84 60 23 – www.hotelauseva.com
– Semana Santa-octubre
12 hab – 🛏31/54 € 🛏🛏45/69 €, 🖙 6 €
◆ Pequeño hotel de sencilla organización, dotado de unas funcionales habitaciones con mobiliario en pino y baños actuales, destacando las dos abuhardilladas del 3er piso.

COVARRUBIAS – Burgos – **575** F19 – **639 h.** – **alt. 840 m** – ⊠ **09346**   **12** C2

■ Madrid 228 – Burgos 39 – Palencia 94 – Soria 117

🅓 Monseñor Vargas 🌮 947 40 64 61 turismocovarrubias@hotmail.es Fax 947 40 64 61(temp)

◉ Colegiata★ - Museo (tríptico★)

◎ Quintanilla de las Viñas : Iglesia★ Noreste : 24 km

⌂   **Doña Sancha** sin rest ⍋   ⇐ ⅍ ⅏ **P** *VISA* ⓶ ⓪

🏠   *av. Victor Barbadillo 31 – 🌮 947 40 64 00 – www.hoteldonasancha.com*
14 hab – †33/42 € ††45/52 €, ⏁ 4 €
♦ Este hotelito disfruta de una agradable zona de césped con pérgola, un salón social con chimenea y coloristas habitaciones, ocho de ellas abuhardilladas y cuatro con terraza.

✕✕   **De Galo**   🅐🅚 ⅍ *VISA* ⓶ 🅐🅔

😊   *Monseñor Vargas 10 – 🌮 947 40 63 93 – www.degalo.com – cerrado Navidades, febrero y miércoles*
Rest – *(sólo cena en agosto)* Carta aprox. 33 €
♦ Acogedor restaurante de estilo rústico instalado en una antigua posada. Hall con una bella cocina serrana y un comedor de correcto montaje en lo que fueron las cuadras.

COVAS – Lugo – **571** B7 – ⊠ **27861**   **20** C1

■ Madrid 604 – A Coruña 117 – Lugo 90 – Viveiro 2

⌂   **Dolusa** sin rest   🛗 ⅍ 🚗 *VISA* ⓶

Suasbarras 14 – 🌮 982 56 08 66 – www.hoteldolusa.com
15 hab – †25/40 € ††40/58 €, ⏁ 4 €
♦ Pequeño negocio de organización familiar. Ofrece habitaciones sencillas con los baños algo anticuados, sin embargo, resultan correctas y algunas disfrutan de vistas al mar.

COVELO – Pontevedra – **571** F4 – **3 399 h.** – **alt. 490 m** – ⊠ **36872**   **19** B3

■ Madrid 555 – Ourense 62 – Pontevedra 47 – Vigo 49

en Fofe Noreste : 8 km

⌂   **Rectoral de Fofe** ⍋   ⇐ 🏠 ⏄ ⅍ rest, ⅏ **P** *VISA* ⓶ 🅐🅔 ⓪

Aldea de Arriba 13 ⊠36873 Fofe – 🌮 986 66 87 50 – www.rectoraldefofe.com
9 hab – †45/58 € ††65/98 €, ⏁ 5 €
Rest – (es necesario reservar) Menú 15 €
♦ Singular turismo rural aislado en plena naturaleza, con decoración neorrústica y vistas al valle. Agradable piscina, coqueta terraza-porche y habitaciones de correcto confort. En su comedor podrá degustar un menú casero y algunos platos elaborados por encargo.

CRECENTE – Pontevedra – **571** F5 – **2 596 h.** – **alt. 240 m** – ⊠ **36420**   **19** B3

■ Madrid 551 – Ourense 58 – Pontevedra 85 – Vigo 60

en Vilar Noroeste : 5 km

⌂   **Palacio do Barreiro** ⍋   🚗 ⏄ ⅍ **P**

Serra 6 ⊠36429 Vilar – 🌮 986 66 64 79 – www.pazodobarreiro.com – cerrado diciembre-febrero
7 hab – †58/72 € ††72/90 €, ⏁ 5 €
Rest – (es necesario reservar) *(sólo clientes)* Carta aprox. 24 €
♦ Hermoso pazo gallego con su propia capilla y unas camelias centenarias de gran valor botánico. Salón social con chimenea, comedor privado, lagar y unas coquetas habitaciones.

CRETAS – Teruel – **574** J30 – **629 h.** – ⊠ 44623   4 C2

▶ Madrid 471 – Zaragoza 151 – Teruel 198 – Tarragona 117

🏠 **Villa de Cretas** ♨   🏧 🅰 ⚙ 🛜 ☕ 💳 ⚙ 🅰 ⓘ
   pl. de España 7 ⊠ 44623 – ℰ *978 85 05 42* – *www.hotelvilladecretas.com*
   – cerrado enero y octubre
   12 hab ⊇ – ♦75 € ♦♦96 €   **Rest** – *(cerrado lunes y martes)* Menú 30 €
   ◆ Esta casa señorial ha tenido diversas funciones públicas antes de convertirse
   en hotel con encanto. Posee habitaciones no muy amplias pero bastante mima-
   das en su decoración. El restaurante, de excelente montaje, elabora una cocina
   tradicional actualizada.

Los CRISTIANOS – Santa Cruz de Tenerife – ver Canarias (Tenerife)

El CRUCERO – Asturias – ver Tineo

CUACOS DE YUSTE – Cáceres – **576** L12 – **915 h.** – alt. 520 m   18 C1
– ⊠ 10430

▶ Madrid 223 – Ávila 153 – Cáceres 130 – Plasencia 45

🏠 **Moregón**   🏧 ⚙ ⚙ 💳 ☕
   av. de la Constitución 77 – ℰ *927 17 21 81* – *www.moregon.com*
   16 hab – ♦38/40 € ♦♦50/53 €, ⊇ 4 €   **Rest** – Menú 10 €
   ◆ Pequeño negocio familiar muy cercano al histórico monasterio de Yuste. Bar-
   recepción y coquetas habitaciones, reducidas en dimensiones aunque con baños
   aceptables. Restaurante de gran pulcritud, con mobiliario en madera de pino.

en la carretera de Valfrío Sur : 4,5 km

🏠 **La Casona de Valfrío** ♨   ⚙ ⚙ ⚙ 🅿 💳 ☕
   carret. de Valfrío ⊠ 10430 – ℰ *927 19 42 22* – *www.lacasonadevalfrio.com*
   6 hab ⊇ – ♦♦90/110 €   **Rest** – *(sólo cena menú) (sólo clientes)* Menú 25 €
   ◆ Casa rústica levantada en un paraje de bellos exteriores, con la piscina rodeada de
   césped. Decoración rústica detallista y habitaciones abuhardilladas en el piso superior.

CUBAS – Cantabria – **572** B18 – ⊠ 39793   8 B1

▶ Madrid 478 – Santander 27 – Bilbao 86

🏠 **Posada Río Cubas** sin rest ♨   ⚙ 💳 ☕
   Horna 12, Sureste : 1,5 km – ℰ *942 50 82 41* – *www.posadariocubas.com*
   – 15 marzo - 20 diciembre
   14 hab – ♦40/72 € ♦♦51/90 €, ⊇ 5,50 €
   ◆ Casa que cuida mucho su atmósfera de tranquilidad y gusto por los detalles,
   rodeada por un pequeño prado y con habitaciones de cálido confort, tres de
   ellas abuhardilladas.

CUDILLERO – Asturias – **572** B11 – **5 797 h.** – ⊠ 33150   5 B1

▶ Madrid 505 – Oviedo 57 – Luarca 53

🛈 Puerto del Oeste ℰ 98 559 13 77 turismo@cudillero.org Fax 98 559 15 14
◎ Muelle : ≤★
🅖 Ermita del Espíritu Santo (≤★) Este : 7 km – Cabo Vidio★★ (≤★★)
   Noroeste : 14 km

🏠 **Casona de la Paca** sin rest ♨   ⚙ ♿ ⚙ ⚙ 🅿 💳 ☕
   El Pito, Sureste : 1 km – ℰ *985 59 13 03* – *www.casonadelapaca.com*
   – cerrado 10 diciembre-12 febrero
   19 hab – ♦62/87 € ♦♦78/104 €, ⊇ 8,60 € – 10 apartamentos
   ◆ Instalado en una casona de indianos cuyas dependencias mantienen el
   ambiente de antaño. Destaca por su elegante sala acristalada y sus habitaciones,
   algunas con miradores.

🏠 **Casa Prendes** sin rest   ⚙ ⚙ 💳 ☕
   San José 4 – ℰ *985 59 15 00* – *www.hotelprendes.com*
   9 hab – ♦44/88 € ♦♦55/88 €, ⊇ 6 €
   ◆ Sus habitaciones pueden resultar pequeñas, sin embargo, tienen una cálida
   decoración de aire rústico, con las paredes en piedra, mobiliario clásico y los suelos en tarima.

ESPAÑA

XX **El Pescador** con hab ◁ 🏠 🍴 ⿻ P VISA ☺
El Pito-Tolombreo de Arriba, Sureste : 1,5 km – ℰ 985 59 09 37
– www.hotelrestauranteelpescador.com – cerrado 19 diciembre-5 enero
8 hab 🖙 – **†**65/08 € **††**90/118 € **Rest** – Carta 25/45 €
♦ Ocupa una casa tipo chalet y es muy conocido en la zona por la excelente calidad de sus pescados. Sus salas resultan muy luminosas y presenta un ambiente rústico-elegante. Las habitaciones se encuentran en el piso superior y quedan definidas tanto por su amplitud como por su cuidado mobiliario clásico.

al Oeste : 5 km

XX **Mariño** con hab ◁ ⿻ ⿻ P VISA ☺ AE ①
Concha de Artedo ⊠33155 *Concha de Artedo –* ℰ 985 59 11 88
– www.concha-artedo.com – cerrado 7 enero-7 febrero
12 hab – **†**25/31 € **††**43/55 €, 🖙 5 €
Rest – *(cerrado domingo noche y lunes)* Carta 36/44 €
♦ Situado en la ladera de un monte, por lo que brinda espléndidas vistas a la playa. Tiene un bar-sidrería y una gran sala acristalada, donde podrá degustar su carta marinera. Desde sus habitaciones verá un paisaje conocido como El Balcón de la Concha de Artedo.

CUÉLLAR – Segovia – 575 I16 – 9 861 h. – alt. 857 m – ⊠ 40200   12 C2
▶ Madrid 147 – Aranda de Duero 67 – Salamanca 138 – Segovia 60

X **San Francisco** con hab 🛗 AK ⿻ VISA ☺ AE ①
av. Camilo José Cela 2 – ℰ 921 14 20 67 *– www.hmsanfrancisco.com*
29 hab – **†**32 € **††**54 €, 🖙 2,50 €
Rest – *(cerrado domingo noche)* Carta aprox. 30 €
♦ Su actividad principal radica en el restaurante, que tiene amplios salones de ambiente rústico-castellano. Cocina casera y deliciosos asados elaborados en hornos muy antiguos. Sus habitaciones pueden resultar interesantes como recurso en la zona.

en la carretera CL 601 Sur : 3,5 km :

XX **Florida** con hab 🏠 AK ⿻ ⿻ P VISA ☺ AE ①
⊠40200 – ℰ 921 14 02 75 *– www.restaurantehotelflorida.es – cerrado Navidades y del 1 al 15 de noviembre*
10 hab – **†**40/50 € **††**50/60 €, 🖙 5 €
Rest – *(cerrado domingo noche y lunes)* Carta 30/45 €
♦ Un establecimiento que, además del restaurante, posee un elegante salón de banquetes con entrada independiente. Cocina internacional con ciertas dosis de actualidad. También ofrece habitaciones bien montadas en el piso superior, con mobiliario clásico, baños completos y los suelos en madera.

CUENCA P – 576 L23 – 55 866 h. – alt. 923 m   10 C2
▶ Madrid 164 – Albacete 145 – Toledo 185 – València 209
🛈 pl. de la Hispanidad 2, ℰ 902 10 01 31 info@todocuenca.es Fax 969 2358 15
🕸 Villar de Olalla, por la carret. de Ciudad Real : 10,5 km, ℰ 969 26 71 98
👁 Emplazamiento★★ – Ciudad Antigua★★ Y : Catedral★ (portada de la sala capitular★ Rejas★, Museo Diocesano★ : díptico bizantino★ **M1**) – Casas Colgadas★ ◁★ : Museo de Arte Abstracto Español★★ - Museo de Cuenca★ **M2** – Plaza de las Angustias★ Y – Puente de San Pablo ◁★ Y
🖸 Hoz del Huécar : ◁★ Y – Las Torcas★ 20 km por ① – Ciudad Encantada★ Noroeste : 25 km Y

🏨 **Parador de Cuenca** ◁ ◁ ⿻ 🍴 🛗 AK ⿻ ⿻ 🛁 P ☺
paseo del Huécar (subida a San Pablo) ⊠16001   VISA ☺ AE ①
– ℰ 969 23 23 20 *– www.parador.es*   Yf
61 hab – **†**124/134 € **††**155/168 €, 🖙 18 € – 2 suites **Rest** – Menú 33 €
♦ Ocupa un convento del s. XVI, junto a la hoz del Huécar y con vistas a las Casas Colgadas. Claustro acristalado y habitaciones de confort actual con mobiliario castellano. El comedor destaca por tener un precioso techo artesonado y un gran mural de azulejos.

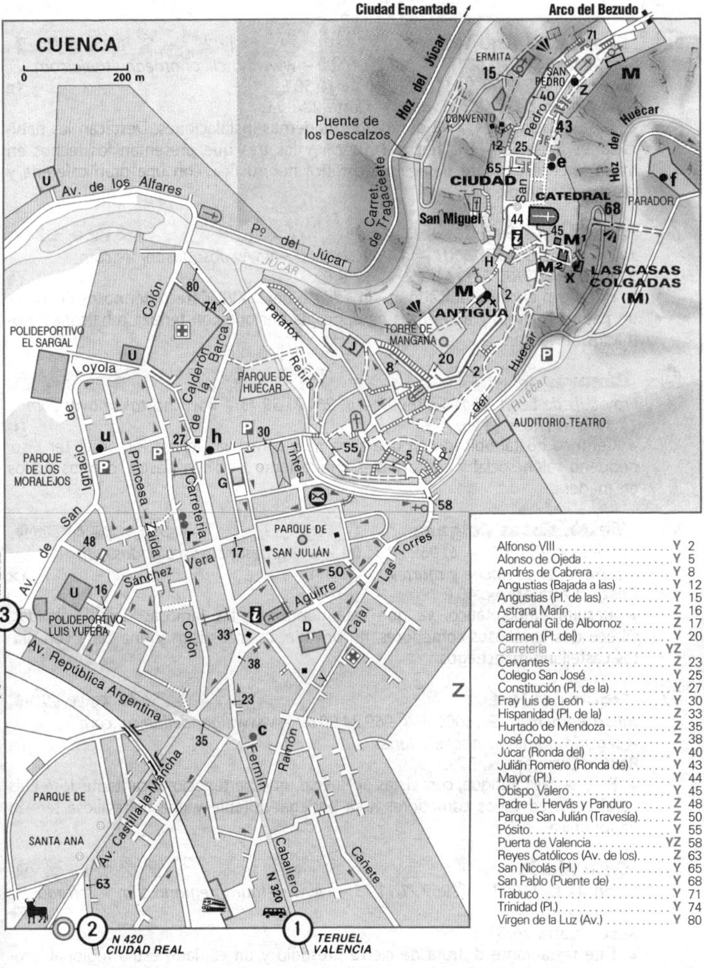
CUENCA
0
200 m
Ciudad Encantada
Arco del Bezudo
Hoz del Júcar
Puente de los Descalzos
Carret. de Tragacete
ERMITA
SAN PEDRO
CONVENTO
CIUDAD
San Miguel
CATEDRAL
PARADOR
Hoz del Huécar
LAS CASAS COLGADAS (M)
ANTIGUA
TORRE DE MANGANA
Av. de los Alfares
Pº del Júcar
JÚCAR
Colón
Palafox
Retiro
POLIDEPORTIVO EL SARGAL
Loyola
Calderón de la Barca
PARQUE DE HUÉCAR
AUDITORIO-TEATRO
PARQUE DE LOS MORALEJOS
Av. de San Ignacio
Princesa Zaida
Carretería
Tintes
PARQUE DE SAN JULIÁN
Las Torres
Sánchez Vera
Aguirre
Cajal
POLIDEPORTIVO LUIS YUFERA
Av. República Argentina
Fermín Caballero
Ramón
Cañete
Av. Castilla-la-Mancha
PARQUE DE SANTA ANA
N 320
N 420 CIUDAD REAL
TERUEL VALENCIA
Y
Z

Alfonso VIII	Y	2
Alonso de Ojeda	Y	5
Andrés de Cabrera	Y	8
Angustias (Bajada a las)	Y	12
Angustias (Pl. de las)	Y	15
Astrana Marín	Z	16
Cardenal Gil de Albornoz	Z	17
Carmen (Pl. del)	Y	20
Carretería	YZ	
Cervantes	Z	23
Colegio San José	Y	25
Constitución (Pl. de la)	Y	27
Fray luis de León	Y	30
Hispanidad (Pl. de la)	Z	33
Hurtado de Mendoza	Z	35
José Cobo	Z	38
Júcar (Ronda del)	Y	40
Julián Romero (Ronda de)	Y	43
Mayor (Pl.)	Y	44
Obispo Valero	Y	45
Padre L. Hervás y Panduro	Z	48
Parque San Julián (Travesía)	Z	50
Pósito	Y	55
Puerta de Valencia	YZ	58
Reyes Católicos (Av. de los)	Z	63
San Nicolás (Pl.)	Y	65
San Pablo (Puente de)	Y	68
Trabuco	Y	71
Trinidad (Pl.)	Y	74
Virgen de la Luz (Av.)	Y	80

Torremangana

San Ignacio de Loyola 9 ✉16002 – ✆ 969 24 08 33 – www.hoteltorremangana.com Yu

118 hab – †66/103 € ††66/145 €, ☕ 11,20 € – 2 suites

Rest – Menú 18 €

♦ Hotel de línea clásica dotado con un atractivo acceso ajardinado y varias zonas nobles. Todas sus habitaciones poseen un buen confort, aunque 31 de ellas resultan superiores. El restaurante cuenta con una entrada independiente y ofrece una carta tradicional.

AC Cuenca sin rest, con cafetería

av. Juan Carlos I, por ① ✉16004 – ✆ 969 24 15 50 – www.ac-hotels.com

81 hab – ††65/170 €, ☕ 10 €

♦ Se encuentra en una zona industrial, por ello trabaja con clientes de empresa. Interior funcional propio de la cadena, zona social con bar-cafetería y baños de diseño actual.

Leonor de Aquitania ⇐ 🗐 AC rest. ⁒ ℗ 📶 VISA ⓪ AE ①

San Pedro 60 ⊠*16001 –* 𝒞 *969 23 10 00 – www.hotelleonordeaquitania.com*
46 hab – ♦87/97 € ♦♦110/130 €, ⚏ 10,50 €   Yz
Rest *Horno de las Campanas* – Carta 22/35 €

◆ Casa-palacio del s. XVIII dotada de modernas instalaciones. Destacan las habitaciones orientadas a la hoz del Huécar y las tres que presentan los techos en madera. El restaurante posee una estética neorrústica, con una gran cafetería y las paredes en piedra.

Posada de San José sin rest ⑊ ⇐ VISA ⓪ AE ①

Julián Romero 4 ⊠*16001 –* 𝒞 *969 21 13 00 – www.posadasanjose.com*
31 hab – ♦29/63 € ♦♦41/159 €, ⚏ 9 €   Ye

◆ Hotel con encanto ubicado en un edificio del s. XVII. Ofrece hermosos rincones, un pequeño jardín y aposentos de época, la mayoría con terraza o balcones asomados al Huécar.

Cánovas sin rest y sin ⚏ 🗐 AC ⁒ ℗ VISA

Fray Luis de León 38-1° ⊠*16001 –* 𝒞 *969 21 39 73 – www.hostalcanovas.com*
17 hab – ♦40 € ♦♦55/75 €   Yh

◆ Céntrico hostal ubicado en una zona muy comercial. Recepción en el 1er piso, pequeño salón social y confortables habitaciones de línea clásica, con los suelos en madera.

Meson Casas Colgadas ⇐ AC ⁒ VISA ⓪ AE ①

Canónigos ⊠*16001 –* 𝒞 *969 22 35 09 – www.mesoncasascolgadas.com
– cerrado lunes noche y martes*   Yx
Rest – Carta aprox. 40 €

◆ Resulta emblemático, ya que está dentro de las famosas Casas Colgadas. Ofrece dos luminosos comedores, un privado, buenas vistas y una carta con platos castellano-manchegos.

Figón del Huécar 🗐 AC ⁒ ⇆ VISA ⓪ AE ①

Julián Romero 6 ⊠*16001 –* 𝒞 *969 24 00 62 – www.figondelhuecar.com
– cerrado domingo noche y lunes*   Ye
Rest – Carta aprox. 37 €

◆ En una casa antigua, con vistas al Huécar, que perteneció al cantante José Luis Perales. Posee varios comedores, una bodega visitable y una maravillosa terraza panorámica.

Casa Marlo AC ⁒ ⇆ VISA ⓪ ①

Colón 41 ⊠*16002 –* 𝒞 *969 21 11 73 – www.restaurantemarlo.com – cerrado domingo noche*   Zr
Rest – Carta 26/37 €

◆ Este restaurante disfruta de cierto prestigio y un cuidado estilo regional. Propone una cocina tradicional variada e interesante, así como un elaborado menú degustación.

Raff AC ⁒ VISA ⓪

Federico García Lorca 3 ⊠*16004 –* 𝒞 *969 69 08 55 – www.restauranteraff.es
– cerrado del 24 al 31 de enero, 24 julio-7 agosto, del 1 al 7 de noviembre, sábado mediodía y domingo*   Zc
Rest – Carta aprox. 35 €

◆ Resulta original, ya que representa un nuevo concepto gastronómico en la ciudad. En su minúsculo local de aire minimalista podrá degustar una cocina tradicional actualizada.

La Ración AC ⁒ VISA ⓪ AE

Colón 39 ⊠*16002 –* 𝒞 *969 21 11 73 – cerrado domingo noche*   Zr
Rest – Tapa 4 € – Ración aprox. 9 €

◆ Situado junto al restaurante Casa Marlo, que es de la misma propiedad y toda una garantía. Ofrece numerosas raciones, siendo la especialidad de la casa las manitas crujientes.

CUÉRIGO – Asturias – 572 C13 – 63 h. – ⊠ 33686   **5** B2

  ▶ Madrid 449 – Oviedo 52 – León 89

 C'al Xabu ⍉   ← |❖| 🅰🅲 rest, ⌘ ⚏ 🅿 VISA ⬤⬤

  – 🕾 985 48 73 31 – www.calxabu.com – cerrado del 1 al 15 de mayo

10 hab – ✝40/48 € ✝✝50/60 €, ⌷ 6 €

Rest – (cerrado domingo noche y lunes) Menú 12 €

♦ Está distribuido en dos casas comunicadas entre sí, una de ellas en piedra. Posee una curiosa zona social instalada en una antigua cocina-museo y habitaciones de línea actual. En su restaurante podrá degustar diversas elaboraciones propias de la cocina creativa y algún que otro plato más tradicional.

La CUETA – León – 575 C11 – ⊠ 24142   **11** A1

  ▶ Madrid 428 – Oviedo 105

↑ **El Rincón de Babia** ⍉   ⌘ 🅿 VISA ⬤⬤ ①

  barrio de Quejo – 🕾 987 48 82 92 – www.elrincondebabia.com

12 hab ⌷ – ✝49 € ✝✝56 €   **Rest** – (sólo clientes , sólo menú) Menú 15 €

♦ Antigua casona restaurada y llevada por una simpática pareja. Ofrece un acogedor salón social con chimenea y habitaciones de aire rústico personalizadas en su decoración.

CUEVA – ver el nombre propio de la cueva

Las CUEVAS DE CAÑART – Teruel – 578 J28 – 90 h. – ⊠ 44562   **4** C3

  ▶ Madrid 367 – Zaragoza 160 – Teruel 136

    – Castelló de la Plana/Castellón de la Plana 159

Don Iñigo de Aragón ⍉   🛋 ♨ |❖| & hab, 🅰🅲 rest, ⌘ 🅿

  pl. Mayor 9 – 🕾 978 88 74 86   VISA ⬤⬤ AE ①

  – www.doninigodearagon.com – cerrado 12 diciembre-enero

19 apartamentos – ✝✝95/100 €, ⌷ 10 €

Rest – (cerrado lunes salvo verano) Menú 17 €

♦ Antigua casona señorial dotada de amplias instalaciones. Destaca por su buen confort, con variedad de estancias, decoración rústica y columnas de hidromasaje en los baños. El restaurante presenta tres salas y un buen montaje, con las paredes en piedra vista.

CULLERA – Valencia – 577 O29 – 24 121 h. – Playa – ⊠ 46400   **16** B2

  ▶ Madrid 388 – Alacant/Alicante 136 – València 38

  🄴 del Mar 93 🕾 96 172 09 74 cullera@touristinfo.net Fax 96 173 80 62

    pl. Constitución 🕾 96 173 15 86 culleraplaya@touristinfo.net Fax 96 173 15 86

✗✗ **Eliana Albiach**   🛋 🅰🅲 ⌘ VISA ⬤⬤ AE

  Peset Alexandre 2 – 🕾 961 73 22 29 – www.elianaalbiach.com – cerrado

7 enero-12 febrero y lunes salvo festivos

Rest – (sólo almuerzo salvo viernes, sábado, festivos, vísperas y verano)

Carta 33/46 €

♦ Este pequeño restaurante presenta una estética actual y se encuentra a unos 20 metros de la playa. Carta de cocina creativa con un gran apartado de arroces tradicionales.

El CUMIAL – Ourense – ver Ourense

DAIMIEL – Ciudad Real – 576 O19 – 18 527 h. – alt. 625 m – ⊠ 13250   **9** B2

  ▶ Madrid 173 – Toledo 121 – Ciudad Real 34

Doña Manuela   🛋 |❖| & hab, 🅰🅲 ⌘ ⚏ 🔬 🗗 VISA ⬤⬤

  paseo del Carmen – 🕾 926 26 07 03 – www.hoteldemanuela.com

39 hab ⌷ – ✝63/86 € ✝✝74/96 €

Rest – (cerrado domingo noche) (sólo cena) Menú 15 €

♦ Hotel de estética rústica-regional ubicado a la entrada de la ciudad. Ofrece espaciosas habitaciones, unas clásicas, otras más modernas y algunas abuhardilladas. El comedor, que se encuentra en la 1ª planta, posee techos rústicos y una coqueta terraza-patio.

※※ **Bodegón**　🏧 🍽 ⇧ 💳 ⊕ 🅰🅴 ⓪
Luchana 20 – 𝒞 926 85 26 52 – www.mesonbodegon.com – cerrado domingo noche, lunes noche y martes noche
Rest – Carta 46/61 € 🏵
♦ Instalado en una antigua bodega. Sorprende con varias salas donde se combina lo rústico y lo moderno, unas mesitas para parejas metidas en tinajas y un privado. Cocina actual.

DAIMÚS – Valencia – **577** P29 – **3 068 h.** – **alt. 6 m** – Playa – ✉ 46710　**16** B2
▶ Madrid 414 – València 73 – Alacant/Alicante 110

en la playa Noreste : 1,5 km

※※ **Casa Manolo**　← 🍽 🏧 ⇧ 💳 ⊕ 🅰🅴 ⓪
paseo Marítimo – 𝒞 962 81 85 68 – www.restaurantemanolo.com
Rest – *(sólo almuerzo de noviembre a mayo salvo fines de semana)*
Carta 30/50 € 🏵
♦ Casa en auge que destaca por su magnífico emplazamiento sobre la playa. Disfruta de unas cuidadas instalaciones, una cocina tradicional actualizada y una estupenda bodega.

DARNIUS – Girona – **574** E38 – **536 h.** – **alt. 193 m** – ✉ 17722　**14** C3
▶ Madrid 759 – Girona/Gerona 56

⌂ **Can Massot** sin rest ॐ　🍽 📞 🅿 💳
carret. Maçanet 17 – 𝒞 972 53 57 00 – www.canmassot.com
6 hab ☕ – ♦41 € ♦♦70 €
♦ Casa de payés del s. XVII con estancias rústicas de suma sencillez, aunque todas las habitaciones poseen baño y mobiliario antiguo restaurado. Salón social con chimenea.

en la antigua carretera de Darnius a Maçanet de Cabrenys
Suroeste : 5,5 km

🏨 **La Central** ॐ　← 📺 📱 🏧 🍽 📞 🅿 💳 ⊕ 🅰🅴 ⓪
✉17720 Maçanet de Cabrenys – 𝒞 972 53 50 53 – www.hlacentral.com
– cerrado 9 enero-8 febrero
21 hab ☕ – ♦40/70 € ♦♦40/140 €　**Rest** – Carta aprox. 35 €
♦ Original edificio de estilo modernista ubicado en un paraje verde y aislado, junto al río Amera. Ofrece habitaciones confortables, con los baños modernos y agradables vistas. Dispone de un bar público y un coqueto restaurante con las paredes en piedra.

DAROCA – Zaragoza – **574** I25 – **2 331 h.** – **alt. 797 m** – ✉ 50360　**3** B2
▶ Madrid 269 – Soria 135 – Teruel 96 – Zaragoza 85
👁 Murallas★ – Colegiata de Santa María (retablos★, capilla de los Corporales★, Museo Parroquial★)

🏠 **Posada del Almudí** ॐ　📱 🏧 rest. 🍽 📞 ♨ 💳 ⊕ ⓪
Grajera 7 – 𝒞 976 80 06 06 – www.posadadelalmudi.com
30 hab ☕ – ♦45 € ♦♦65 €　**Rest** – Menú 12 €
♦ Esta bella casa-palacio de los ss. XV y XVI conserva los techos abuhardillados y estancias de ambiente rústico-actual. Justo enfrente posee un anexo con habitaciones modernas. El restaurante, de correcto montaje, ofrece una carta atenta al recetario tradicional y tiene relajantes vistas al jardín.

DAROCA DE RIOJA – La Rioja – **573** E22 – **44 h.** – **alt. 726 m**　**21** A2
– ✉ 26373
▶ Madrid 346 – Burgos 108 – Logroño 20 – Vitoria-Gasteiz 90

ESPAÑA

XX **Venta Moncalvillo** (Ignacio Echapresto) AC 🌣 ⇄ P VISA ◎ AE ①
🕄 *carret. de Medrano 6 – 𝒞 941 44 48 32 – www.ventamoncalvillo.com – cerrado*
Navidades, 2ª quincena de agosto y domingo salvo festivos
Rest – *(sólo almuerzo salvo viernes y sábado)* Menú 50 € – Carta 39/47 € 🕸
Espec. Verduras a la parrilla con polvo de jamón. Solomillo a la parrilla con tocino
ibérico. Pastel de cacao y confitura de ciruela.
♦ Esta sorprendente casa familiar se presenta con una barra a la entrada, un ele-
gante comedor de aire rústico, un saloncito para la sobremesa y varios privados.
Cocina tradicional actualizada que destaca por el extraordinario nivel de calidad
de sus productos.

DEBA – Guipúzcoa – 573 C22 – 5 408 h. – Playa – ✉ 20820 25 B2
▶ Madrid 459 – Bilbao 66 – Donostia-San Sebastián 41
🄶 Carretera en cornisa★ de Deba a Lekeitio ⇐★

XX **Urgain** AC VISA ◎ AE ①
Hondartza 5 – 𝒞 943 19 11 01 – www.urgain.net – cerrado martes noche salvo
verano
Rest – Carta 45/67 €
♦ Resulta original, ya que combina su montaje actual con algunos detalles de
inspiración rupestre en alusión a las cuevas de la zona. Carta de temporada con
productos del mar.

DEHESA DE CAMPOAMOR – Alicante – 577 S27 – 4 068 h. – Playa 16 A3
– ✉ 03189
▶ Madrid 458 – Alacant/Alicante 60 – Cartagena 46 – Murcia 63
🄶 Real Club de Golf Campoamor, Norte : 6,5 km, 𝒞 96 532 04 10

XXX **Casa Alfonso** (Alfonso Egea) 🚗 🛋 AC 🌣 ⇄ VISA ◎
🕄 *Garcilaso de la Vega 70 A – 𝒞 965 32 13 65 – www.casaalfonso.es – marzo-septiembre*
Rest – *(cerrado lunes en invierno y martes mediodía)* Menú 70 €
– Carta 47/63 € 🕸
Espec. Gambas rojas salteadas, pasta fresca y salsa de albahaca. Gallo Pedro frito
sobre cama de patata, pimiento de Padrón y puntilla de huevo. Pan borracho con
manzana gratinada.
♦ Está emplazado en una hermosa villa que cuenta con una terraza-jardín, una
sala clásica-elegante y un excelente servicio de mesa. Su chef presenta una
cocina tradicional con detalles actuales, siempre elaborada a raíz de unas materias
primas de gran calidad.

DEIÀ – Illes Balears – ver Balears (Mallorca)

DELTEBRE – Tarragona – 574 J32 – 11 751 h. – alt. 26 m – ✉ 43580 13 A3
▶ Madrid 541 – Amposta 15 – Castelló de la Plana/Castellón de la Plana 130
– Tarragona 77
◎ Parque Natural del Delta del Ebro★★

en La Cava

🏨 **Rull** ⌧ 🛋 🕹 hab, AC 🌣 ⁘ 🕭 P VISA ◎
av. Esportiva 155 ✉43580 Deltebre – 𝒞 977 48 77 28 – www.hotelrull.com
47 hab ⌑ – †45/60 € ††69/96 €
Rest – *(cerrado domingo noche)* Menú 10 €
♦ Hotel moderno y funcional ubicado en el centro de la localidad. Dispone de un
correcto hall, salones de reuniones y habitaciones espaciosas, algunas de ellas
más actuales. En su luminoso comedor sirven una carta de tendencia regional.

🏨 **Delta H.** ⌦ 🚗 ⌧ 🕹 hab, AC 🌣 ⁘ 🕭 P VISA ◎ AE
av. del Canal ✉43580 Deltebre – 𝒞 977 48 00 46 – www.deltahotel.es
24 hab – †38/87 € ††60/157 €, ⌑ 7 € **Rest** – Menú 14,75 €
♦ Construcción horizontal rodeada de amplios espacios ajardinados. Ofrece habitaciones bien equipadas, todas con una estética que rememora las típicas barra-
cas de la zona. Dispone de dos comedores, uno de ellos dotado con magníficas
vistas sobre los arrozales.

※ **Can Casanova**   🅐🅒 ※ 🅟 🆅🅸🆂🅰 ⓞⓞ 🅐🅴
av. del Canal ✉43580 *Deltebre –* 𝒞 *977 48 11 94 – cerrado 24 diciembre-4 enero*
Rest *– (sólo almuerzo)* Carta 25/32 €
♦ Este sencillo restaurante de organización familiar disfruta de un bar público y
una sala de correcto montaje. Aquí podrá degustar una carta atenta al recetario
regional.

DÉNIA *– Alicante –* **577** P30 *–* **44 464 h.** *– Playa –* ✉ **03700**   **16** B2

▶ Madrid 447 – Alacant/Alicante 92 – València 99

⛴ – para Baleares : Balearia, Estación Marítima Principal, 𝒞902 16 01 80

🅹 pl. Oculista Buigues 9 ✉ 03700 𝒞 96 642 23 67 denia@touristinfo.net
Fax 96 578 09 57

🏨 **La Posada del Mar**   ≼ 🛋 🛗 🅐🅒 ※ 🎧 🏋 🚘 🆅🅸🆂🅰 ⓞⓞ 🅐🅴 ⓘ
pl. de les Drassanes 2 – 𝒞 *966 43 29 66 – www.laposadadelmar.com*
25 hab ☐ – †110/165 € ††130/180 €
Rest *Sal de Mar* – ver selección restaurantes
♦ Emblemático edificio del s. XIII ubicado junto al puerto deportivo. Tras una
sabia restauración ofrece amplias y acogedoras habitaciones decoradas con detalles de buen gusto.

🏨 **Chamarel** sin rest   🅐🅒 ※ 🎧 🚘 🆅🅸🆂🅰 ⓞⓞ
Cavallers 13 – 𝒞 *966 43 50 07 – www.hotelchamarel.com*
14 hab ☐ – †70/81 € ††124/135 €
♦ Casa señorial del s. XIX ubicada en el casco antiguo. Bar con chimenea y habitaciones personalizadas en su decoración, con detalles clásicos, coloniales y de
aire oriental.

🏨 **El Raset** sin rest   ≼ 🛋 🅐🅒 ※ 🎧 🚘 🆅🅸🆂🅰 ⓞⓞ 🅐🅴 ⓘ
Bellavista 1 – 𝒞 *965 78 65 64 – www.hotelelraset.com*
20 hab ☐ – †70/113 € ††85/137 €
♦ Ocupa lo que fue la escuela de los hijos de la cofradía de pescadores, dotada
con magníficas vistas al puerto de Dénia. Interior de carácter funcional y estética
minimalista.

🏨 **Costa Blanca**   🛋 🛗 hab, 🅐🅒 ※ 🎧 🆅🅸🆂🅰 ⓞⓞ 🅐🅴 ⓘ
Pintor Llorens 3 – 𝒞 *965 78 03 36 – www.hotelcostablanca.com*
50 hab ☐ – †42/51 € ††58/99 €   **Rest** *– (sólo menú)* Menú 12 €
♦ Este hotel, céntrico y de fachada clásica, se presenta con una correcta recepción, cafetería y diferentes habitaciones de línea funcional. Clientela de turistas y
comerciales. El restaurante basa su trabajo en un menú del día.

🏠 **Adsubia** sin rest   🛋 🛗 🅐🅒 ※ 🎧 🚘 🆅🅸🆂🅰 ⓞⓞ
av. Miguel Hernández 35 ✉*03700 –* 𝒞 *966 43 55 99 – www.hoteladsubia.com*
46 hab ☐ – †40/68 € ††50/90 €
♦ Parece más un hotel urbano que uno de playa, muy enfocado al cliente de trabajo y al viajante. Reducida zona social y unas habitaciones funcionales, con los
baños actuales.

※※ **Sal de Mar** *– Hotel La Posada del Mar*   🌀 🅐🅒 ※ 🆅🅸🆂🅰 ⓞⓞ 🅐🅴 ⓘ
pl. de les Drassanes 2 ✉*03700 –* 𝒞 *966 42 77 66*
– www.restaurantesaldemar.com – cerrado 15 días en octubre y martes salvo
julio y agosto
Rest *–* Carta 33/45 €
♦ Dispone de un pequeño bar privado y las salas distribuidas en dos pisos, con
un servicio de mesa de diseño y mobiliario de estética colonial. Cocina mediterránea elaborada.

※※ **El Asador del Puerto**   🌀 🅐🅒 ※ 🆅🅸🆂🅰 ⓞⓞ 🅐🅴 ⓘ
pl. del Raset 10 – 𝒞 *966 42 34 82 – www.grupoelraset.com*
Rest *–* Carta aprox. 44 €
♦ Este negocio destaca por su emplazamiento y por tener un interior rústico que
deja tanto el horno de leña como la parrilla a la vista del cliente. Deliciosas carnes y asados.

XX **El Raset** 🛋 AC 🍴 VISA ⦵ AE ⓪
Bellavista 7 – ℰ 965 78 50 40 – www.grupoelraset.com
Rest – Carta aprox. 46 €
♦ Local redecorado con un mobiliario clásico que ha mejorado su confort. Seriedad, ambiente acogedor y un mantenimiento irreprochable. Cocina tradicional.

X **La Barqueta** 🛋 AC 🍴 VISA ⦵ AE ⓪
Bellavista 10 – ℰ 966 42 16 26 – www.grupoelraset.com
Rest – Carta aprox. 32 €
♦ Establecimiento compuesto por dos terrazas y dos salas, en la 2ª planta con atractivas vistas al mar. Posee una suave decoración rústica y es muy popular por sus frituras.

en la carretera de Las Marinas :

 Los Ángeles ⤢ ≤ 🛋 ⅃ 🍴 AC 🍴 ⁽ᵗᵗ⁾ 🕌 P VISA ⦵ ⓪
Noroeste : 5 km ⊠03700
– ℰ 965 78 04 58 – www.hotellosangelesdenia.com
– cerrado 13 noviembre-18 febrero
80 hab ⌂ – †78/120 € ††96/250 €
Rest – Menú 25 €
♦ Este acogedor hotel está ubicado en 1ª línea de playa, con habitaciones de aire rústico amplias y confortables, muchas de ellas con vistas al mar. También dispone de áticos. Restaurante-galería con vistas tanto a la terraza como al mar.

XXX **Quique Dacosta - El Poblet** 🛋 AC 🍴 VISA ⦵ AE
✿ ✿ *urb. El Poblet, Noroeste : 3 km ⊠03700*
– ℰ 965 78 41 79 – www.elpoblet.com
– marzo-septiembre
Rest – *(cerrado lunes salvo agosto y martes salvo junio-agosto)*
Menú 112/135 € – Carta 77/82 € ⅋
Espec. Gamba de Dénia en tres servicios. Pieza de ternera asada a las brasas del naranjo. Pera Williams.
♦ Villa dotada con un agradable pabellón acristalado junto a la terraza, dos salas neorrústicas en su interior y la cocina a la vista. Carta de autor en constante evolución, con grandes dosis de creatividad y unas puestas en escena ciertamente imaginativas.

en la carretera de Les Rotes Sureste : 4 km

 Les Rotes ⤢ ≤ 🛋 ⅃ ₤₆ 📶 ₺ hab, AC 🍴 ⁽ᵗᵗ⁾ 🕌 P VISA ⦵ AE ⓪
carret. del Barranco del Montgó 85 ⊠03700 – ℰ 965 78 03 23
– www.hotellesrotes.com
32 hab ⌂ – †63/116 € ††96/190 €
Rest – Menú 30 €
♦ Se encuentra en una zona residencial próxima a una cala. Encontrará una variada zona social y habitaciones de buen confort, 12 de ellas con vistas al mar y de mayor amplitud. Su restaurante trabaja sobre una carta regional, con un buen apartado de arroces.

A DERRASA – Ourense – 571 F6 – ⊠ 32710   **20** C3
▶ Madrid 509 – Pontevedra 110 – Ourense 10

X **Roupeiro** AC 🍴 P VISA ⦵ ⓪
Roupeiro (carret. C 536) – ℰ 988 38 00 38
– cerrado del 10 al 30 de julio
Rest – Carta 30/36 €
♦ Este restaurante, de sencillo montaje y decoración rústica, ofrece una carta tradicional a precios moderados. Posee dos salas, una de ellas presidida por una gran chimenea.

 La mención **Rest** en rojo designa un establecimiento al que se le ha atribuido una distinción gastronómica ✿ (estrella) o ⊕ (Bib Gourmand).

ESPAÑA

DESFILADERO – ver el nombre propio del desfiladero

DESIERTO DE LAS PALMAS – Castelló – ver Benicàssim

DEVA – Asturias – ver Gijón

DÍLAR – Granada – 578 U19 – 1 728 h. – ⊠ 18152   2 C1
🚩 Madrid 436 – Sevilla 274 – Granada 16

Zerbinetta ⌖   ⇐ 🍴 ☒ & hab, 🅰🅲 ⌖ rest, 🌀 **P** 🆅🆂🅰 ⊙⊙ 🅰🅴 ⊙
paseo de La Laguna 3 – ℰ 958 59 52 02 – www.hotelzerbinetta.com
27 hab ⊡ – †30/75 € ††35/90 €
Rest – Menú 15 €
• Integrado en el paisaje y emplazado en la parte alta de la ciudad, junto a la ermita de Dílar. Ofrece habitaciones de línea rústica actual, la mayoría con excelentes vistas. En su restaurante, de carácter panorámico, encontrará una sencilla carta tradicional.

Los DOLORES – Murcia – ver Cartagena

DONAMARIA – Navarra – 573 C24 – 433 h. – alt. 175 m – ⊠ 31750   24 A1
🚩 Madrid 481 – Biarritz 61 – Pamplona 57
– Donostia-San Sebastián 57

✗ **Donamaria'ko Benta** con hab   ⌖ rest, 🌀 **P** 🆅🆂🅰 ⊙⊙
barrio de la Venta 4, Oeste : 1 km – ℰ 948 45 07 08 – www.donamariako.com
– cerrado 15 diciembre-4 enero
5 hab – †50 € ††70/80 €, ⊡ 7 €
Rest – (cerrado lunes) Carta 30/40 €
• El restaurante centra la actividad de este negocio familiar, instalado en una venta del s. XIX definida por su entrañable rusticidad. Cocina actualizada de base tradicional. Las habitaciones, también de ambiente rústico, se encuentran en un edificio anexo.

Terraza en la plaza de la Constitución

DONOSTIA-SAN SEBASTIÁN

Provincia : 🅿 Guipúzcoa
Mapa Michelin : **573** C24
▶ Madrid 453 – Bayonne 54
– Bilbao 102 – Pamplona 79

Población : 185 357 h.
Mapa regional : **25** B2

INFORMACIONES PRÁCTICAS

🛈 Oficina de Turismo

Boulevard Zumardia 8, ☎ 943 48 11 66, sansebastianturismo@ donostia.org Fax 943 48 11 72.

Automóvil Club

R.A.C.V.N. (Real Automóvil Club Vasco Navarro) Foruen pasealekua 4, ☎ 943 43 08 00 Fax 943 42 91 50.

Golf

🏌 Real Golf Club de San Sebastián, Jaizkíbel por N I : 14 km, ☎943 61 68 45

🏌 R.N.C.G. Basozabal, camino de Goyaz Txiki 41, por Oriamendi pasealekua - Sur : 7 km (BX), ☎943 47 27 36

Aeropuerto

✈ de San Sebastián, Fuenterrabía, por la carret. de Irún : 20 km ☎ 902 404 704 – Iberia : aeropuerto, 902 400 500.

⊙ VER

Emplazamiento y bahía*** ABV
– Aquarium-Palacio del Mar* AV
– Monte Igueldo⩽*** AV – Monte
Urgull⩽** DY.

Alrededor :
Monte Ulía ⩽* Noreste : 7 km por N I
CV – Museo Chillida-Leku* por la
carret. de Madrid : 6 km.

DONOSTIA / SAN SEBASTIÁN

N I : TOLOSA, PAMPLONA MADRID ② Museo Chillida-Leku

Centro :

🏨🏨🏨🏨 María Cristina

⟨ ⅃⚬ 🎿 AC 🚭 rest, 🛜 ⚙ VISA ⓪ AE

República Argentina 4 ✉20004
– ☎ 943 43 76 00
– www.luxurycollection.com

108 hab – ♦95/315 € ♦♦135/610 €, ⌧ 25 € – 28 suites

EY**h**

Rest *Café Saigón* – Carta 30/41 €

♦ Buque insignia de la hostelería donostiarra. Este precioso edificio de principios del s. XX ofrece un interior sumamente elegante y unas magníficas habitaciones. En su restaurante, Café Saigón, elaboran una cocina oriental de fusión con raíces vietnamitas.

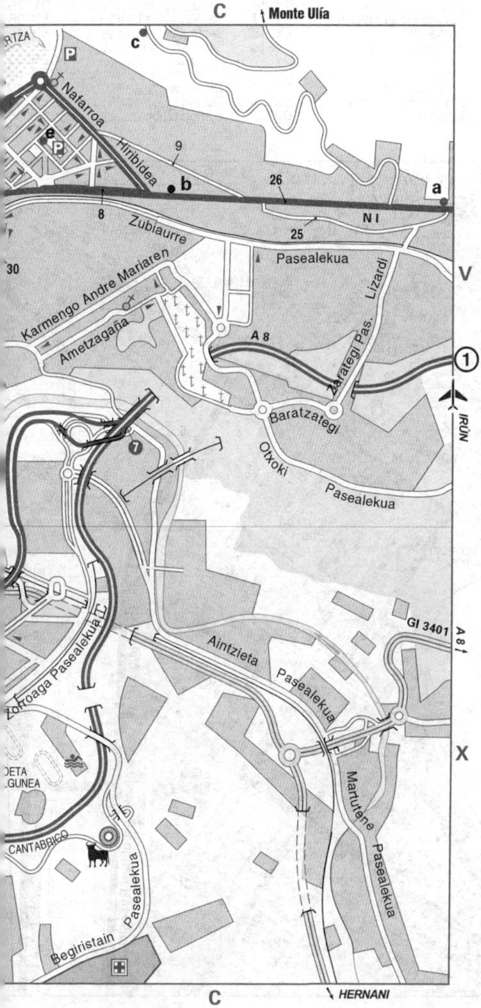

DONOSTIA-SAN SEBASTIÁN

Antso Jakitunaren (Hiribidea) . . . . BV 4
Argentinako Errepublikaren (Pas.) . . . . BV 6
Ategorrietako Galtzara Zaharra. . . . . CV 10
Ategorrieta (Hiribidea) . . CV 9
Beatriz Infantaren . . . . . . AV 12
Bizkaia (Pas.) . . . . BX 13
Ehunurteurrenaren (Pl.) . BV 16
Garibai . . . . BV 21
Heriz (Pas.) . . . . AV 23
Intxaurrondo . . . . CV 25
Jose Elosegi Alkatearen (Hiribidea) . . . . CV 26
Kristina Infantaren. . . . . . AV 29
Mandasko Dukearen (Pas.) . . . . CV 30
Pasealeku Berria. . . . . . . BV 33
Pio Baroja (Pas.) . . . . . . AV 34
Pio XII (Aren Pl.) . . . . . . BX 35
Resurreccion Maria Azkue. . . . . AV 40
Sanserreka (Pas.) . . . . . . BV 44
Satrustegi (Hiribidea) . . . AV 46
Tolosa (Hiribidea). . . . . . AV 47
Urumea (Pas.). . . . . BV 50
Zumalakarregi (Hiribidea) AV 55
Zurriola (Pas.) . . . . CV 57

ESPAÑA

Abba Londres y de Inglaterra — hab, VISA AE
Zubieta 2 ✉20007
– ✆ 943 44 07 70
– www.hlondres.com DZz
139 hab – 100/250 € 135/300 €, 16 € – 9 suites
Rest ***La Brasserie Mari Galant*** – *(cerrado 15 días en enero)*
Carta 37/48 €
◆ Emblemático y de hermoso clasicismo. Si su cálido salón social nos brinda serenas vistas a la playa, las habitaciones nos sumergen en una entorno de gran confort y elegancia. En la luminosa sala de su restaurante podrá degustar una cocina de base tradicional.

DONOSTIA-SAN SEBASTIÁN

Niza sin rest, con cafetería

Zubieta 56 ⊠20007 – ⌀ 943 42 66 63 – www.hotelniza.com   **DZb**

40 hab – ♦58/72 € ♦♦110/153 €, ⊑ 11,50 €

♦ Recomendable por su magnífico emplazamiento y por su entrañable decoración. Las habitaciones son alegres y confortables, aunque hay que destacar las 18 con vistas al mar.

Alemana sin rest

San Martín 53-1° ⊠20007 – ⌀ 943 46 25 44 – www.hostalalemana.com

21 hab – ♦58/90 € ♦♦72/105 €, ⊑ 6,50 €   **DZd**

♦ Tras su atractiva fachada clásica encontrará un negocio familiar de buen confort general, con la recepción en la 1ª planta y habitaciones actuales de impecable mantenimiento.

Parma sin rest   AC ⚘ ((·)) VISA ⊙⊙

Salamanca pasealekua 10 ✉20003 – ℰ 943 42 88 93
– www.hotelparma.com   EYu
27 hab – 🛏58/90 € 🛏🛏84/149 €, � 9,50 €
♦ Hotelito de organización familiar bien situado junto a la parte vieja, con el mar de fondo. Ofrece habitaciones funcionales y algo pequeñas, pero correctas en su categoría.

Juanito Kojua   AC ⚘ VISA ⊙⊙ AE

Portu 14 ✉20003 – ℰ 943 42 01 80 – www.juanitokojua.com – cerrado Navidades, 10 días en junio, domingo noche y lunes noche   DYm
Rest – Carta 30/51 €
♦ Negocio familiar ubicado en una calle peatonal del casco antiguo. Posee un hall y varias salas de carácter costumbrista, con detalles regionales y marineros. Cocina vasca.

Kokotxa (Daniel López)   AC ⚘ VISA ⊙⊙ ⓪

Campanario 11 ✉20003 – ℰ 943 42 19 04 – www.restaurantekokotxa.com – cerrado del 15 al 28 de febrero, del 1 al 15 de junio, del 15 al 31 de octubre, martes noche de enero-junio, domingo noche y lunes   DYa
Rest – Carta 50/70 €
Espec. Alcachofas y vieiras con emulsión de almendra amarga y naranja (marzo-junio). Hongos y trufa con migas crujientes ligeramente especiadas (noviembre-marzo). Tartar de atún rojo con salmorejo asado y sorbete de cebolla caramelizada (junio-octubre).
♦ Este acogedor restaurante está ubicado en pleno casco viejo, con un pequeño hall y una única sala que resulta al mismo tiempo sencilla y actual. De sus fogones surgen una cocina tradicional actualizada y dos deliciosos menús, uno diario y otro de degustación.

La Muralla   AC ⚘ VISA ⊙⊙ AE ⓪

Embeltrán 3 ✉20003 – ℰ 943 43 35 08 – www.restaurantelamuralla.com – cerrado martes noche en invierno y domingo noche   DYt
Rest – Carta 23/35 €
♦ Está en pleno casco antiguo y tiene a su propietaria volcada en el negocio. Encontrará una única sala de línea actual, una carta de cocina tradicional actualizada y dos menús.

Bodegón Alejandro   AC ⚘ ⇔ VISA ⊙⊙ AE ⓪

Fermín Calbetón 4 ✉20003 – ℰ 943 42 71 58 – www.bodegonalejandro.com – cerrado 22 diciembre-14 enero, domingo noche y lunes   DYu
Rest – Carta 36/43 €
♦ Céntrico local con dos comedores y un pequeño privado, decorados en un simpático estilo regional, donde ofrecen una carta-menú a precios fijos. Personal joven y amable.

Ganbara   AC ⚘ VISA ⊙⊙ AE ⓪

San Jerónimo 21 ✉20003 – ℰ 943 42 25 75 – cerrado 2ª quincena de junio, 2ª quincena de noviembre, domingo noche y lunes   DYx
Rest – Tapa 2,10 € – Ración aprox. 15 €
♦ Muy popular gracias a la calidad de sus pinchos, que sirven en el bar o en el pequeño comedor del sótano. Ofrece una carta regional de asador y su especialidad son las setas.

Martínez   AC

Abutzuaren 31-13 ✉20003 – ℰ 943 42 49 65 – www.barmartinez.com – cerrado 20 enero-6 febrero, del 2 al 20 de junio, jueves y viernes mediodía   DYy
Rest – Tapa 2,20 € – Ración aprox. 15 €
♦ Negocio de arraigada tradición familiar ubicado en pleno casco antiguo. La sugerente variedad de sus pinchos, tanto fríos como calientes, han hecho de él un auténtico clásico.

ESPAÑA

A Fuego Negro

31 de Agosto-31 ✉20003 – ℰ 650 13 53 73 – *www.afuegonegro.com* – *cerrado del 14 al 28 de febrero y lunes* DY**g**

Rest – Tapa 3,30 € – Ración aprox. 15 €

◆ Bar de tapas de estética actual emplazado en el barrio antiguo. Describen su oferta en una gran pizarra y ofrecen varias mesas para degustar sus menús de pinchos creativos.

al Este :

Villa Soro sin rest

av. de Ategorrieta 61 ✉20013 – ℰ 943 29 79 70 – *www.villasoro.com*

25 hab ⌂ – †100/210 € ††125/335 € CV**b**

◆ Magnífica villa señorial construida a finales del s. XIX. Las habitaciones del edificio principal son de estilo clásico, mientras que las del anexo resultan más actuales.

Arzak (Juan Mari y Elena Arzak)

av del Alcalde José Elosegi 373, (Alto de Miracruz) ✉20015 – ℰ 943 27 84 65 – *www.arzak.es* – *cerrado 19 junio-6 julio, del 6 al 30 de noviembre, domingo y lunes* CV**a**

Rest – Menú 165 € – Carta 117/139 € ✾

Espec. Cebolla con té y café. Patata, bogavante y copaiba. Hidromiel y fractal fluido.

◆ Instalado en una casona centenaria dotada con un pequeño bar de espera y dos salas de estética moderna, la principal en la planta baja. Encontrará una excelente cocina de autor elaborada entre padre e hija, un taller de investigación y una completísima bodega.

Mirador de Ulía

paseo de Ulía 193 ✉20013 – ℰ 943 27 27 07 – *www.miradordeulia.com* – *cerrado del 15 al 31 de diciembre, lunes y martes* CV**c**

Rest – Carta 45/60 €

Espec. Hongo en su estado, tierra húmeda, micro-vegetales. Bogavante con su pinza líquida. Tarta de queso desestructurada.

◆ Tiene una privilegiada situación en uno de los montes que rodean la ciudad, por ello la sala se enriquece con fantásticas vistas a la bahía. Su cocina, actual con tintes creativos, supone un buen maridaje entre técnica, destreza y materias primas de calidad.

Narru

Miguel Imaz 10 ✉20002 – ℰ 943 29 83 68 – *www.narru.es* – *cerrado 15 días en octubre, domingo noche y lunes* EY**c**

Rest – Carta 40/50 €

◆ Este joven negocio se presenta con un buen bar de tapas, una vinoteca acristalada, la cocina vista y una sala funcional-actual en el sótano. Carta actual y de temporada.

Bergara

General Arteche 8 (Gros) ✉20002 – ℰ 943 27 50 26 – *www.pinchosbergara.com* – *cerrado febrero y octubre* CV**e**

Rest – Tapa 2,50 € – Ración aprox. 10 €

◆ Varios premios de alta cocina en miniatura garantizan la calidad de sus elaboraciones. Su excelente barra de tapas y pinchos se complementa con una serie de mesas tipo asador.

al Sur :

Palacio de Aiete

Goiko Galtzara-Berri 27 ✉20009 – ℰ 943 21 00 71 – *www.hotelpalaciodeaiete.com* BX**v**

75 hab – †65/130 € ††65/170 €, ⌂ 14 €

Rest *BeraBera* – Carta 29/46 €

◆ Ubicado en una tranquila zona residencial. Tiene la cafetería integrada en el hall, varias salas de reuniones y unas habitaciones de línea funcional, la mitad con terraza. En su restaurante encontrará una carta de cocina tradicional y dos menús degustación.

🏨 Astoria7 🛗 ᴀᴄ 🛜 🛁 🚗 🆚 ⓪ ᴀᴇ ⓪

Sagrada Familia 1 ✉20004 – ☏ 943 44 50 00 – *www.astoria7hotel.com*
102 hab 🛏 – 🚹70/148 € 🚹🚹90/253 €   **Rest** – Menú 20 €   BX**c**
◆ Ocupa un antiguo cine, por eso este es el tema central de su decoración. Cada habitación está dedicada a un actor o director que ha pasado por el festival de cine de Donostia. El comedor, de línea funcional, también recurre al 7° arte para su ambientación.

🍴🍴 Miramón Arbelaitz (José María Arbelaitz) ᴀᴄ 🍴 🆚 ⓪ ᴀᴇ

§3
Mikeletegi 53 (Miramón Parkea) ✉20009 – ☏ 943 30 82 20 – *www.arbelaitz.com*
– cerrado 22 diciembre-9 enero, 15 días en Semana Santa, 25 julio-8 agosto, domingo, lunes noche y martes noche   BX**z**
Rest – Carta 50/74 €
Espec. Alcachofas a la plancha, pencas, hongos y jugo de jamón ibérico (marzo-junio). Taco de bacalao confitado, agua de garbanzos y algas. Taco de mango con sorbete de jengibre y cítricos.
◆ Se encuentra en pleno parque tecnológico, con un pequeño bar a la entrada y una única sala de ambiente funcional-actual distribuida en diferentes alturas. Su chef-propietario elabora varios menús y una atractiva carta de cocina actual con bases tradicionales.

al Oeste :

🏨 Barceló Costa Vasca 🍴 🛝 🛗 ᴀᴄ 🍴 🛜 🛁 🅿 🚗 🆚 ⓪ ᴀᴇ ⓪

Pío Baroja 15 ✉20008 – ☏ 943 31 79 50 – *www.barcelo.com*   AV**m**
196 hab – 🚹🚹59/350 €, 🛏 15 € – 7 suites   **Rest** – Menú 24 €
◆ Presenta un buen hall, una zona social de aire moderno y habitaciones actuales, con los suelos en tarima, mobiliario funcional y ducha de hidromasaje en la mitad de los baños. En el restaurante, de gran capacidad, se cocina a la vista del cliente.

🏨 NH Aránzazu 🛗 ♿ hab, ᴀᴄ 🍴 🛜 🛁 🚗 🆚 ⓪ ᴀᴇ ⓪

Vitoria-Gasteiz 1 ✉20018 – ☏ 943 21 90 77 – *www.nh-hotels.com*   AV**b**
176 hab – 🚹🚹69/205 €, 🛏 15 € – 4 suites
Rest – *(cerrado domingo noche) (sólo menú)* Menú 25 €
◆ Cercano a la playa de Ondarreta. En conjunto resulta bastante funcional, con una importante zona de salones y correctas habitaciones, las renovadas en una línea NH más actual. El restaurante propone un interesante menú y diversas sugerencias diarias.

🏨 San Sebastián 🛗 ᴀᴄ 🍴 🛜 🛁 🚗 🆚 ⓪ ᴀᴇ ⓪

Zumalakarregi hir 20 ✉20008 – ☏ 943 31 66 60 – *www.hotelsansebastian.net*
87 hab – 🚹81/156 € 🚹🚹103/194 €, 🛏 15,65 € – 3 suites   AV**r**
Rest – Menú 17,25 €
◆ Hotel de línea clásica-actual emplazado a unos 200 m de la playa de Ondarreta. Disfruta de una completa zona social y habitaciones bien equipadas, con mobiliario de calidad. Su elegante y amplia cafetería cuenta con un pequeño comedor integrado en la misma.

🏨 La Galería sin rest 🛗 ᴀᴄ 🍴 🛜 🅿 🆚 ⓪ ᴀᴇ ⓪

Kristina Infantaren 1 ✉20008 – ☏ 943 21 60 77 – *www.hotellagaleria.com*
23 hab – 🚹65/110 € 🚹🚹110/135 €, 🛏 6 €   AV**n**
◆ Marco acogedor en un edificio de finales del s. XIX equipado con mobiliario de época. Sus habitaciones, elegantes y confortables, homenajean a reconocidos artistas.

🏨 Codina sin rest 🛗 ♿ ᴀᴄ 🛜 🆚 ⓪ ᴀᴇ ⓪

Zumalakerregi 21 ✉20008 – ☏ 943 21 22 00 – *www.hotelcodina.es*
65 hab – 🚹70/143 € 🚹🚹76/178 €, 🛏 13 €   AV**a**
◆ Presenta un aspecto moderno y actual, por lo que es una buena opción cerca de la playa. Correcta zona social, con cafetería pública, y habitaciones de completo equipamiento.

ESPAÑA

Avenida sin rest ← ⌾ 🛒 🏋 📶 💆 🅿 📼 ⁞⁞ 📧 ⓘ
*Igeldo pasealekua 55 ⊠20008 – 𝒞 943 21 20 22 – www.hotelavenida.net
– 15 marzo-7 diciembre* AVf
47 hab ⊆ – †60/160 € ††60/175 €
◆ Disfruta de una situación dominante, con vistas a la ciudad. De larga trayectoria y eficiente organización, va renovando sus instalaciones poco a poco. Correcto equipamiento.

ⵝⵝⵝⵝ **Akelaŕe** (Pedro Subijana) ← 🅰🅲 ⅗ ⇔ 🅿 📼 ⁞⁞ 📧 ⓘ
❀ ❀ ❀ *paseo del Padre Orcolaga 56, (barrio de Igueldo), 7,5 km por Igeldo pasealekua
⊠20008 – 𝒞 943 31 12 09 – www.akelarre.net – cerrado febrero, del 1 al 15 de
octubre, martes salvo julio-diciembre, domingo noche y lunes salvo festivos o
vísperas* AV
Rest – Menú 140 € – Carta 94/146 € ⅏
Espec. Navaja con pata de ternera. Rodaballo con su kokotxa. Crema de fresas con perlas de yogur helado.
◆ Esta casa combina sus hermosas vistas al mar con un magnífico servicio de mesa. De sus fogones surge una propuesta gastronómica excepcional, de corte creativo pero sin negar las raíces tradicionales, con los sabores muy bien marcados y las texturas definidas.

ⵝⵝ **Rekondo** ⌂ 🅰🅲 ⅗ ⇔ 🅿 📼 ⁞⁞ 📧 ⓘ
*Paseo de Igueldo 57 ⊠20008 – 𝒞 943 21 29 07 – www.rekondo.com – cerrado
del 13 al 26 de junio, del 1 al 24 de noviembre, martes noche (salvo julio-agosto)
y miércoles* AVf
Rest – Carta 51/61 € ⅏
◆ Caserío situado en la subida al monte Igueldo, con una sala clásica-funcional, dos privados y una bodega realmente excepcional. Cocina vasca, buenos productos y parrilla.

ⵝⵝ **Xarma** 🅰🅲 ⅗ 📼 ⁞⁞ 📧 ⓘ
*av. de Tolosa 123 ⊠20018 – 𝒞 943 31 71 62 – www.xarmajatetxea.com
– cerrado domingo noche, lunes y martes noche* AXx
Rest – Carta 52/65 €
◆ Llevado por el matrimonio propietario, que como cocineros se ocupan de los fogones. Ofrece dos salas actuales, al igual que su cocina, con sabores y texturas bien combinados.

ⵝ **Agorregi** 🅰🅲 ⅗ 📼 ⁞⁞
*Portuetxe bidea 14 ⊠20008 – 𝒞 943 22 43 28 – www.agorregi.com – cerrado
Navidades, del 15 al 31 de agosto y domingo* AXa
Rest – *(sólo almuerzo salvo jueves, viernes y sábado)* Carta 34/38 €
◆ El local dispone de una pequeña barra a la entrada, con algunas mesas donde también sirven comidas, y al fondo el comedor, de línea actual. Cocina vasca con detalles actuales.

DOSBARRIOS – Toledo – **576** M19 – 2 497 h. – alt. 710 m – ⊠ 45311   9 B2
▶ Madrid 72 – Alcázar de San Juan 78 – Aranjuez 25 – Toledo 62

ⵝ **Los Arcos** con hab 🅰🅲 ⅗ rest, ⁞⁞ 🅿 📼 ⁞⁞ ⓘ
⌂ *autovía A 4 - salida 69 – 𝒞 925 12 21 29 – www.losarcoshotel.net*
25 hab – †50 € ††70 €, ⊆ 3 € **Rest** – Carta 28/36 €
◆ Establecimiento de carretera llevado entre varios hermanos. Ofrece un espacioso bar, un correcto comedor y una cocina tradicional que suele trabajar con productos de la zona. Como complemento al negocio dispone de unas confortables habitaciones, todas con mobiliario clásico e hidromasaje.

DURANGO – Vizcaya – **573** C22 – 28 229 h. – alt. 119 m – ⊠ 48200   25 B3
▶ Madrid 425 – Bilbao 34 – Donostia-San Sebastián 71 – Vitoria-Gasteiz 40
🄸 Lariz Torre 2, 𝒞94 603 39 38 turismo@durango-udala.net Fax 94 603 39 46

ESPAÑA

🏨 **G.H. Durango** 🚗 🛜 🛗 ⓑ hab, 🅐🅒 ⚑ 🛜 ⚓ 🚐 🚗 🆚🅘🅢🅐 ⓪ 🅐🅔 ⓪
Gasteiz bidea 2 – ☎ *946 21 75 80 – www.granhoteldurango.com*
66 hab – ♦75/132 € ♦♦75/162 €, ⚏ 13 € – 2 suites
Rest – *(cerrado domingo noche)* Menú 20 €
◆ Construcción tipo palacete en la que se combinan los materiales de calidad y
el buen gusto decorativo. Zona social de elegante clasicismo y habitaciones de
estética actual. El restaurante goza de un correcto montaje y trabaja con carnes
de su propia ganadería.

EA – Vizcaya – **573** B22 – 905 h. – alt. 100 m – ✉ 48287   **25** B3
▶ Madrid 434 – Bilbao 52 – Donostia-San Sebastián 70 – Vitoria-Gasteiz 82

en Natxitua Noroeste : 3,5 km

🍴 **Ermintxo** con hab 🌿   ≤ ⓑ hab, 🅐🅒 rest, ⚑ 🛜 🅟 🆚🅘🅢🅐 ⚏
😊 *barrio Elejalde* ✉*48311 Natxitua –* ☎ *946 27 77 00 – cerrado noviembre*
🛏 **9 hab – ♦45 € ♦♦55 €, ⚏ 6 €**
Rest – *(cerrado lunes noche y martes salvo verano)* Carta aprox. 35 €
◆ Está ubicado en un edificio actual que destaca por sus magníficas vistas al
mar. Ambiente familiar, montaje clásico-funcional y elaboraciones de gusto
regional-tradicional. Sus habitaciones, bastante acogedoras, gozan de un buen
confort general.

ECHEDO – Santa Cruz de Tenerife – ver Canarias (El Hierro) : Valverde

---

ÉCIJA – Sevilla – **578** T14 – 40 400 h. – alt. 101 m – ✉ 41400   **1** B2
▶ Madrid 458 – Antequera 86 – Cádiz 188 – Córdoba 51
🅱 pl. de España 1 ☎ 95 590 29 33 turismo@ecija.org Fax 95 590 29 33
◉ Localidad★ – Iglesia de Santiago★ (retablo★) – Iglesia de San Juan
(torre★) – Palacios de Benamejí, Peñaflor y Valdehermoso (fachadas★)

🏠 **Platería** 🛗 🅐🅒 ⚑ rest, 🛜 🁚 🆚🅘🅢🅐 ⚏
Platería 4 – ☎ *955 90 27 54 – www.hotelplateria.net*
18 hab – ♦30/55 € ♦♦55/88 €, ⚏ 2 €   **Rest** – Menú 8 €
◆ Este céntrico hotel ofrece tranquilas habitaciones de línea clásica, con correctos
baños y mobiliario lacado en tonos blancos. La zona noble ocupa un luminoso
patio cubierto. En el restaurante encontrará una carta tradicional y un económico
menú del día.

EIBAR – Guipúzcoa – **573** C22 – 27 419 h. – alt. 120 m – ✉ 20600   **25** B2
▶ Madrid 439 – Bilbao 46 – Pamplona 117 – Donostia-San Sebastián 55

🏨 **Arrate** 🛗 🅐🅒 rest, ⚑ 🛜 🁚 🆚🅘🅢🅐 ⚏ 🅐🅔 ⓪
Ego Gain 5 – ☎ *943 20 72 42 – www.hotelarrate.com*
88 hab – ♦59/74 € ♦♦86/96 €, ⚏ 7,30 €   **Rest** – *(sólo menú)* Menú 16 €
◆ Resulta céntrico y funcional. Este hotel distribuye sus habitaciones en siete
plantas, todas con los suelos en tarima, correcto confort en su categoría y los
baños renovados.

🍴🍴 **Chalcha** 🅐🅒 ⚑ 🆚🅘🅢🅐 ⚏ 🅐🅔 ⓪
Isasi 7 – ☎ *943 20 11 26 – www.restaurantechalcha.com – cerrado agosto,
domingo en julio y lunes resto del año*
Rest – Carta 44/58 €
◆ Restaurante vasco con la dueña al frente de los fogones. De estilo clásico-regio-
nal y escasa amplitud, posee un mobiliario y un servicio de mesa que dan la talla.

EIVISSA – Illes Balears – ver Balears

El EJIDO – Almería – **578** V21 – 84 227 h. – alt. 140 m – ✉ 04700   **2** D2
▶ Madrid 586 – Almería 32 – Granada 157 – Málaga 189
R.A.C.E. carret. Almerimar - Centro Comercial Copo (local 34), ☎ 950 48 94 25
Fax 950 48 94 26
🏌 Almerimar, Sur : 10 km, ☎ 950 60 77 68

XXX La Costa (José Álvarez) · AK · VISA · AE

Bulevar 48 – *950 48 17 77 – www.restaurantelacosta.com – cerrado domingo y martes noche*
Rest Carta 33/47 €
Espec. Trilogía de bogavante. Ventresca de atún a la brasa con escabeche de manzana y cardamomo. Torrija caramelizada a la vainilla con helado de yogur y nueces garrapiñadas.
♦ Se presenta con varios privados, sugerentes vitrinas-expositores y un comedor de línea clásica-actual, este con una bodega acristalada a la vista. Cocina de tinte tradicional basada en la excelente calidad de sus productos, especialmente pescados y mariscos.

XX La Pampa · AK · VISA · AE

pl. de la ONU 2 – *950 48 25 25 – www.restaurante-lapampa.com – cerrado agosto y domingo*
Rest – Carta aprox. 39 €
♦ Salón de estilo clásico, decorado con plantas y de correcto montaje, donde podrá degustar sus sabrosas carnes a la brasa. Buen servicio de mesa con la dueña al frente.

ELCHE – Alacant – ver Elx

ELCIEGO – Álava – 573 E22 – 1 046 h. – alt. 450 m – ⌖ 01340   25 A3
▶ Madrid 356 – Vitoria-Gasteiz 77 – Logroño 31 – Pamplona 115

Marqués de Riscal

Torrea 1 - Bodegas Marqués de Riscal – *945 18 08 88
– www.hotel-marquesderiscal.com – cerrado del 3 al 31 de enero*
43 hab ⌑ – ††275/875 €
Rest Marqués de Riscal – ver selección restaurantes
Rest Bistró 1860 – Carta aprox. 55 €
♦ Forma parte del impresionante edificio creado por Frank O. Gehry para albergar las bodegas de las que toma su nombre, con habitaciones de lujoso diseño y un moderno SPA. También posee dos restaurantes, uno gastronómico y otro tradicional llamado Bistró 1860.

XXXX Marqués de Riscal – Hotel Marqués de Riscal

Torrea 1 - Bodegas Marqués de Riscal – *945 18 08 88
– www.hotel-marquesderiscal.com – cerrado del 3 al 31 de enero*
Rest – (cerrado domingo y lunes) Carta 57/64 €
♦ Tiene un acceso independiente para el cliente no alojado, un pequeño hall y una sala de magnífico montaje. Propone dos menús degustación, uno creativo y otro más tradicional.

ELDA – Alicante – 577 Q27 – 55 168 h. – alt. 395 m – ⌖ 03600   16 A3
▶ Madrid 381 – Albacete 134 – Alacant/Alicante 37 – Murcia 80

AC Elda

pl. de la Ficia – *966 98 12 21 – www.ac-hotels.com*
88 hab – ††65/110 €, ⌑ 10 € – 2 suites
Rest – (cerrado domingo noche) Carta 36/43 €
♦ Combina perfectamente la actualidad y la funcionalidad. Amplia zona social de aire moderno y confortables habitaciones al estilo de la cadena, con los suelos en tarima. El restaurante destaca por su montaje y buena iluminación.

X Fayago

Colón 19 – *965 38 10 13 – cerrado 21 días en agosto, domingo noche, lunes, martes noche y miércoles noche*
Rest – Carta aprox. 35 €
♦ Presenta una estética actual, con un vivero de marisco a la entrada y una sala diáfana, dotada con una barra lateral que funciona como bar. Carta de producto a buen precio.

ELIZONDO – Navarra – **573** C25 – **alt. 196 m** – ⊠ **31700**   **24** B1

➲ Madrid 450 – Bayonne 53 – Pamplona 49 – St-Jean-Pied-de-Port 31

✗ **Santxotena**   🗚 ⅏ 𝚟𝚒𝚜𝚊 ⊙⊙

Pedro Axular – ℰ 948 58 02 97 – cerrado Navidades, del 1 al 15 de septiembre y lunes

Rest – *(sólo almuerzo en invierno salvo sábado)* Carta 25/33 €

♦ El esmerado servicio de mesa, la amable atención y el cálido ambiente familiar son valores en alza en este restaurante, donde sirven una carta de elaboración tradicional.

ELORRIAGA – Araba – ver Vitoria/Gasteiz

ELOSU – Álava – **573** D21 – **100 h.** – ⊠ **01170**   **25** A2

➲ Madrid 369 – Vitoria-Gasteiz 22 – Logroño 111 – Bilbao 57

🏨 **Haritz Ondo** ⌖   ⩽ 🕭 hab, 🗚 ⅏ 📶 🄿 𝚟𝚒𝚜𝚊 ⊙⊙

Elosu 20 – ℰ 945 45 52 70 – www.hotelharitzondo.es

14 hab – ♦35/58 € ♦♦50/72 €, ⊇ 10 €

Rest – *(cerrado 20 diciembre-31 enero y lunes)* Menú 17 €

♦ Ocupa un tranquilo caserío completamente restaurado, de ambiente acogedor y con decoración rústica. Sus confortables habitaciones poseen mobiliario antiguo y baños actuales. El espacioso restaurante acristalado dispone de excelentes vistas al parque natural.

ELX (ELCHE) – Alicante – **577** R27 – **230 112 h.** – **alt. 90 m**   **16** A3

➲ Madrid 406 – Alacant/Alicante 24 – Murcia 57

🛈 Plaça del Parc 3, ℰ 96 665 81 96 info@turismedelx.com Fax 96 665 81 97

R.A.C.E. Jacarilla - Centro Comercial L'Aljub, ℰ 96 543 40 96 Fax 96 543 66 66

◉ El Palmeral★★ YZ - Huerto del Cura★★ Z- Parque Municipal★ Y - Basílica de Santa María (portada★) Y

Plano página siguiente

🏨 **Huerto del Cura** ⌖   🚗 🍽 ⊼ 🕭 hab, 🗚 ⅏ 📶 ⚙ 🄿 🚗
Porta de la Morera 14 ⊠*03203 – ℰ 966 61 00 11*   𝚟𝚒𝚜𝚊 ⊙⊙ 🄰🄴 ⓪
– www.huertodelcura.com   Z**c**

71 hab – ♦♦90/120 €, ⊇ 10 € – 10 suites

Rest Els Capellans – Carta 37/53 €

♦ Se presenta con una zona social de estilo urbano, un bar bastante moderno y las habitaciones, tipo bungalows y de confort actual, distribuidas por el palmeral. El restaurante, de cuidado montaje y con una carta actual, se ve apoyado por una agradable terraza.

🏨 **Jardín Milenio** ⌖   🚗 🍽 ⊼ 📶 🕭 hab, 🗚 ⅏ 📶 ⚙ 🄿 𝚟𝚒𝚜𝚊 ⊙⊙ 🄰🄴 ⓪
Prolongación de Curtidores ⊠*03203 – ℰ 966 61 20 33 – www.hotelmilenio.com*

72 hab – ♦♦70/110 €, ⊇ 7,50 €   Z**b**

Rest La Taula del Milenio – Carta 34/47 €

♦ Su ubicación, en pleno palmeral, le brinda la tranquilidad y sosiego que su trabajo precisa. Ofrece habitaciones espaciosas y bien iluminadas, en un entorno privilegiado. El restaurante elabora una carta actual y se complementa con una terraza acristalada.

🏨 **Tryp Ciudad de Elche** sin rest   📶 🗚 ⅏ ⚙ ⚙ 𝚟𝚒𝚜𝚊 ⊙⊙ 🄰🄴 ⓪
av. Joan Carles I-5 ⊠*03203 – ℰ 966 61 00 33 – www.solmelia.com*

66 hab – ♦50/100 € ♦♦60/110 €, ⊇ 11 €   Y**a**

♦ Hotel de línea clásica-funcional ubicado en el centro de la ciudad. Aunque tanto las zonas sociales como las habitaciones son algo pequeñas, en conjunto resulta confortable.

🏠 **Madruga** sin rest y sin ⊇   📶 🗚 ⅏ 📶 𝚟𝚒𝚜𝚊 ⊙⊙
pl. Jardí d'Asp 5 ⊠*03205 – ℰ 966 67 47 94*   X**n**

28 hab – ♦32/35 € ♦♦42/46 €

♦ Con todo el encanto de un pequeño hotel. Modesto, digno y con un confort sencillo pero actual. Habitaciones completas con mobiliario funcional y unos baños bien equipados.

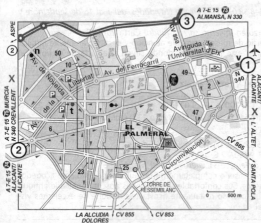

ELX / ELCHE

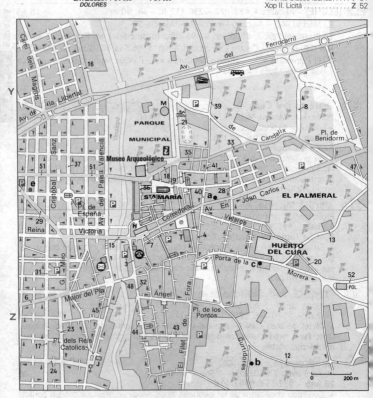

ELX

XXX **La Magrana** 🔲 🔲 🔲 🔲 🅿 VISA AE
av. de Alicante 109 ✉03202 – ✆965 45 82 16
– www.restaurantelamagrana.com – cerrado domingo noche y lunes salvo festivos X**v**
Rest – Carta 34/46 €
♦ Establecimiento precedido de una bonita zona ajardinada. Ofrece salas de cuidado montaje, con detalles de diseño en la decoración y una cocina actual basada en el producto.

X **Asador Ilicitano** 🔲 🔲 VISA ⓾ AE ⓪
Maestro Giner 9 ✉03201 – ✆965 43 58 64 – www.asadorilicitano.com – cerrado del 15 al 31 de agosto y domingo X**t**
Rest – Carta 28/42 €
♦ Negocio de ambiente rústico y buen montaje, con una pequeña barra a la entrada y la sala repartida en dos espacios. Su carta tradicional presenta sabrosos asados.

X **Mesón El Granaino** 🔲 🔲 VISA ⓾ AE ⓪
Josep María Buck 40 ✉03201 – ✆966 66 40 80 – www.mesongranaino.com – cerrado 15 días en agosto y domingo Y**e**
Rest – Carta 31/39 €
♦ Una buena opción gastronómica. Bar público muy concurrido, con una excelente barra, sala bien acondicionada y una bodega en el sótano. Destaca su decoración típica.

por la carretera de El Altet X Sureste : 4,5 km

XXX **La Finca** (Susi Díaz) 🔲 🔲 🅿 VISA ⓾ AE
✿ *partida de Perleta 1-7 ✉03295 – ✆965 45 60 07 – www.lafinca.es – cerrado del 1 al 15 de enero, Semana Santa, 7 días en noviembre, domingo noche y lunes*
Rest – Menú 57 € – Carta 60/75 € 🕸
Espec. Vieira en carpaccio templado con trufa y ceps. Fideos negros con langostinos en tempura y "all i oli" de tinta. Manitas a la brasa, foie y ceps.
♦ Bonita casa de campo rodeada por una terraza ajardinada. Posee un moderno hall de entrada y un comedor de ambiente rústico, con elementos actuales, donde prestan atención a todos los detalles. Atractiva carta de base regional con toques actuales y creativos.

EMPURIABRAVA – Girona – **574** F39 – **2 877 h.** – **Playa** – ✉ 17487 **14** D3
▶ Madrid 752 – Figueres 15 – Girona/Gerona 52
🅸 Pompeu Fabra ✆972 45 08 02 turisme@empuriabrava.cat Fax 972 45 06 00
◉ Urbanización★

🏨 **Port Salins** 🕸 ← 🛋 🏊 🧖 ⅄ hab. 🔲 🔲 ▒ 🅿 🚗 VISA ⓾ AE
av. Fages de Climent 10-15 – ✆902 45 47 00 – www.hotelportsalins.com
42 hab – ♦67/146 € ♦♦80/204 €, ⌐ 17 €
Rest *Noray* – Carta 40/64 € 🕸
♦ Destaca su emplazamiento, junto al amarre de los yates en un canal. Zona social con ascensor panorámico y habitaciones funcionales de atrevido diseño, la mayoría con terraza. En el luminoso restaurante ofrecen una cocina creativa y una completa bodega.

ERRATZU – Navarra – **573** C25 – ✉ 31714 **24** B1
▶ Madrid 457 – Donostia-San Sebastián 72 – Pamplona 58

en la carretera de Pamplona Oeste : 1,5 km

🏠 **Casa Kordoa** sin rest 🕸 🅿
✉31714 – ✆948 45 32 22 – www.kordoa.com
6 hab – ♦♦40/42 €, ⌐ 4 €
♦ Atractivo caserío del s. XVIII llevado por sus propietarios. Posee un coqueto salón social y correctas habitaciones, con mobiliario clásico, vigas vistas y baños completos.

▶ Madrid 479 – Bayonne 45 – Pamplona 98 – Donostia-San Sebastián 7

🛈 Magdalena 27, 𝒞 943 44 96 38 turismo@errenteria.net Fax 943 44 96 48

en el cruce de la carretera de Astigarraga a Oiartzun

Sur : 4 km y desvío 1,5 km

XXXX **Mugaritz** (Andoni Luis Aduriz)　　🔟 ⅌ 🄿 𝚟𝚒𝚜𝚊 ⓦ 🄰🄴 ①

🍃🍃 *Aldura Aldea 20-Otzazulueta Baserria* ✉20100 – 𝒞 943 51 83 43
– *www.mugaritz.com – cerrado 21 diciembre-18 enero, 7 días
en abril, martes mediodía de mayo-septiembre, domingo noche, lunes y martes*
Rest – *(sólo menú)* Menú 110/140 €
Espec. El plato de salsifí fosilizado aliñado con huevas y acentos marinos. Hebras
de raya doradas en una glasa tostada de mantequilla, brillo untuoso de cerdo ibérico. Varias cucharadas de contrastes afines, crema de leche, hojas y dulces.
♦ Instalado en un antiguo caserío, con un comedor de aire neorrústico y un
espacio para la sobremesa en un anexo. Su chef elabora una cocina muy personal, pues procura recuperar los sabores originales a través de técnicas vanguardistas y modernas presentaciones.

▶ Madrid 748 – Barcelona 135 – Girona/Gerona 39

🛈 pl. de Les Escoles 1 𝒞 972 77 06 03 turisme@lescala.cat Fax 972 77 33 85

◉ Villa turística ★

🄶 Empúries★★ (ruinas griegas y romanas) - Emplazamiento★★ Norte : 2 km

🏨 **Nieves-Mar**　　≼ ⌇ ⅌ 🖛 🔟 ⅌ rest, 🛁 🄿 𝚟𝚒𝚜𝚊 ⓦ 🄰🄴 ①
*passeig Marítim 8 – 𝒞 972 77 03 00 – www.nievesmar.com – Semana
Santa-15 octubre*
75 hab ⌷ – †65/85 € ††110/140 €　**Rest** – Menú 23 €
♦ Emplazado a los pies del paseo marítimo, con excelentes vistas al mar y a la
bahía. Posee unos exteriores bastante cuidados y habitaciones amplias a la par
que funcionales. En su espacioso comedor, que también disfruta de buenas vistas,
podrá degustar una cocina de elaboración tradicional.

XX **El Roser 2**　　≼ 🛋 🔟 ⅌ 🛋 𝚟𝚒𝚜𝚊 ⓦ 🄰🄴 ①
*passeig Lluís Albert 1 – 𝒞 972 77 11 02 – www.elroser2.com – cerrado febrero,
domingo noche y miércoles*
Rest – Carta aprox. 55 € 🕭
♦ Está llevado entre dos hermanos y cuenta con un comedor que le sorprenderá
tanto por su servicio de mesa como por sus vistas. Cocina tradicional y productos
de gran calidad.

XX **Els Pescadors**　　≼ 🔟 ⅌ 🄿 𝚟𝚒𝚜𝚊 ⓦ 🄰🄴 ①
*Port d'en Perris 5 – 𝒞 972 77 07 28 – www.pescadors.com – cerrado noviembre,
domingo noche y jueves salvo julio-agosto*
Rest – Carta 35/61 €
♦ Con buenas vistas al mar. La pequeña barra de apoyo da paso a dos salas de
adecuado montaje, una de ellas con el techo abovedado. Carta tradicional con
productos de la zona.

XX **Miryam** con hab　　🔟 rest, ⅌ 🄿 𝚟𝚒𝚜𝚊 ⓦ
Ronda del Pedró 4 – 𝒞 972 77 02 87 – cerrado 18 diciembre-13 enero
14 hab – ††68/80 €, ⌷ 9 €
Rest – *(cerrado domingo noche salvo julio-agosto)* Carta 36/63 €
♦ Casa familiar que tiene en el restaurante su actividad principal, con un vivero,
un bar privado y dos salas de aire rústico. Carta basada en pescados y mariscos
de la zona. Como complemento también cuenta con varias habitaciones de estilo
rústico-castellano, algo básicas aunque correctas en su mantenimiento.

ESCALANTE – Cantabria – **572** B19 – **763 h.** – **alt. 7 m** – ✉ **39795**   **8** C1

▶ Madrid 479 – Bilbao 82 – Santander 45

🏠🏠   **San Román de Escalante** ⟋   🚗 ☒ AC 🕅 rest, ♨ P VISA ⓒⓔ AE ⓪
carret. de Castillo, 1,5 km – ℰ 942 67 77 28 – www.sanromandeescalante.com
13 hab ⌂ – †‡135/229 € – 3 suites   **Rest** – Carta 34/46 €
♦ Casona montañesa del s. XVII dotada con una bella ermita románica. Sus habitaciones están decoradas en un estilo clásico-elegante, en muchos casos con mobiliario restaurado. Posee dos comedores de aire rústico y excelso montaje, con profusión de madera.

La ESCALONA – Santa Cruz de Tenerife – ver Canarias (Tenerife) : Vilaflor

ESCALONA DEL PRADO – Segovia – **576** I17 – **606 h.** – **alt. 892 m**   **12** C2
– ✉ **40350**

▶ Madrid 124 – Valladolid 95 – Segovia 29 – Avila 118

✗   **Los Trillos**   AC 🕅 VISA ⓒⓔ
Alfonso Gónzalez de la Hoz 4 – ℰ 921 57 27 14 – www.restaurantelostrillos.com
– cerrado martes noche
Rest – Carta 24/36 €
♦ Se encuentra en la calle que atraviesa el pueblo y dispone de un bar, una sala para el menú del día y un comedor de ambiente rústico en el piso superior. Carta tradicional.

ESCUNHAU – Lleida – ver Vielha

ESKORIATZA – Guipúzcoa – **573** C22 – **4 063 h.** – ✉ **20540**   **25** A2

▶ Madrid 387 – Vitoria-Gasteiz 30 – Donostia-San Sebastián 76
– Logroño 123

🏠🏠   **Azkoaga Enea**   🖭 ⅄ AC 🕅 hab, ⁇ VISA ⓒⓔ
Gastañadui 4 – ℰ 943 71 45 66 – www.hotelazkoagaenea.com
14 hab ⌂ – †57/70 € ††81/100 €   **Rest** – Menú 21 €
♦ Ocupa una casa típica considerada como elemento de valor arquitectónico. Aquí encontrará habitaciones actuales personalizadas en su decoración, todas con los suelos en tarima. El comedor, íntimo y también actual, se asoma a un pequeño patio trasero con césped.

ESPASANTE – A Coruña – **571** A6 – ✉ **15330**   **20** C1

▶ Madrid 615 – A Coruña 107 – Lugo 104 – Viveiro 28

✗   **Planeta**   ⪡ 🕅 VISA ⓒⓔ
puerto, Norte : 1 km – ℰ 981 40 83 66 – www.restauranteplaneta.es – cerrado 15 días en enero-febrero y lunes noche
Rest – Carta 24/43 €
♦ Negocio con buen nombre ubicado en la zona del puerto. Posee un amplio bar público, una sala de montaje clásico y su propio vivero. Está especializado en productos del mar.

ESPINOSA DE CERVERA – Burgos – **575** G19 – **107 h.** – **alt. 1 028 m**   **12** C2
– ✉ **09610**

▶ Madrid 205 – Valladolid 137 – Burgos 91 – Soria 107

🏠   **La Parada del Cid** ⟋   🖭 🖭 AC rest, 🕅 ⁇ ♨ P ⟷ VISA ⓒⓔ AE ⓪
La Era – ℰ 947 53 43 16 – www.laparadadelcid.com
15 hab – †53 € ††68 €, ⌂ 7 € – 6 apartamentos   **Rest** – Menú 18 €
♦ Se presenta con un saloncito social y espaciosas habitaciones, unas de aire rústico y otras, tipo dúplex y más actuales, en un anexo. Gran piscina cubierta. El restaurante, de techos altos, recrea un ambiente castellano y tiene un horno de asar a la vista.

ESPINOSA DE LOS MONTEROS – Burgos – **575** C19 – **2 129 h.**   **12** C1
– ✉ **09560**

▶ Madrid 365 – Valladolid 235 – Burgos 118 – Santander 109

↑ **Posada Real Torre Berrueza** ⬧   🍴 rest, 📞 🆅🅸🆂🅰 ⑳
Nuño de Rasura 5 – ℰ *947 14 38 22 – www.torreberrueza.es*
8 hab ⌑ – †65 € ††85 €   **Rest** – (reserva aconsejable) Carta 26/39 €
♦ Instalado en una torre rehabilitada del s. XII. Aquí encontrará un salón social con chimenea y habitaciones de ambiente moderno, todas muy coloristas y de buen confort. El restaurante se encuentra en un edificio anexo de nueva construcción. Cocina regional.

en Quintana de los Prados Sureste: 3,5 km

↑ **El Cajigal** sin rest ⬧   🍴 📶 🅿 🆅🅸🆂🅰 ⑳
El Cajigal 69 ✉09569 *Quintana de los Prados –* ℰ *947 12 01 35*
– www.elcajigal.com
5 hab – †43 € ††54 €, ⌑ 5 €
♦ Es un establecimiento modesto, sin embargo la tranquilidad está asegurada. Posee una zona social con chimenea y sencillas habitaciones, todas con antiguo mobiliario familiar.

ESPIRDO – Segovia – **575** J17 – **871 h.** – alt. 1 062 m – ✉40191   **12** C3
   ▶ Madrid 100 – Segovia 10

↑ **La Casona de Espirdo** ⬧   & hab, 🆔 hab, 🍴 📶 🆅🅸🆂🅰 ⑳ ①
Las Fuentes 19 – ℰ *921 44 90 12 – www.espirdo.com*
8 hab – †50 € ††75/87 €, ⌑ 7,50 €
Rest – (sólo clientes, sólo cena) Menú 16 €
♦ Antigua casa de labranza con un sobrio soportal. Las habitaciones resultan confortables, con los techos en madera y los baños actuales. Menú casero para el cliente alojado.

L'ESPLUGA DE FRANCOLÍ – Tarragona – **574** H33 – **3 982 h.**   **13** B2
– alt. 414 m – ✉43440
   ▶ Madrid 521 – Barcelona 123 – Lleida/Lérida 63 – Tarragona 39
   🛈 pl. Mil.lenari 1 ℰ 977 87 12 20 tur.espluga@esplugadefrancolí.cat. Fax 977 8713 43

🏠 **L'Ocell Francolí**   🆔 rest, 🍴 rest, 📶 🆅🅸🆂🅰 ⑳
passeig Cañellas 2-3 – ℰ *977 87 12 16 – www.ocellfrancoli.com – cerrado del 1 al 15 de enero y del 1 al 15 de julio*
12 hab – †30/35 € ††49/54 €, ⌑ 7 €
Rest – (cerrado domingo noche) Menú 19 €
♦ Instalado en el centro de la localidad, en una antigua fonda renovada. Sus dependencias, que resultan sencillas pero acogedoras, poseen mobiliario provenzal. Comedor clásico funcional donde proponen una carta variada y atenta a las especialidades regionales.

ESPLUGUES DE LLOBREGAT – Barcelona – ver Barcelona : Alrededores

ESPOLLA – Girona – **574** E39 – **404 h.** – alt. 124 m – ✉17753   **14** D3
   ▶ Madrid 759 – Barcelona 159 – Girona 60 – Perpignan 60

🏨 **Canaleta Heras** sin rest ⬧   🛏 🖫 🅟 🍴 📶 🅿 🆅🅸🆂🅰 ⑳ 🅰🅴
Balmanya 24 – ℰ *972 56 31 01 – www.canaletaheras.com – 13 mayo-septiembre*
5 hab ⌑ – ††155 €
♦ Este hotelito ocupa una antigua casa señorial del s. XVII, combinando los elementos rústicos propios de su arquitectura con los detalles decorativos de diseño más actual.

ESPONELLÀ – Girona – **574** F38 – **462 h.** – alt. 142 m – ✉17832   **14** C3
   ▶ Madrid 739 – Figueres 19 – Girona/Gerona 29

🍴 **Can Roca**   🏠 🆔 🍴 ⟳ 🅿 🆅🅸🆂🅰 ⑳ 🅰🅴
🤪 *av. Carlos de Fortuny 1 –* ℰ *972 59 70 12 – cerrado 1ª quincena de marzo, 2ª quincena de septiembre y martes*
Rest – (sólo almuerzo en invierno salvo fines de semana) Carta 25/35 €
♦ Negocio de atención familiar, con una barra de apoyo en la entrada y dos comedores de estilo clásico, donde sirven platos de sabor local a precios moderados.

ESQUEDAS – Huesca – **574** F28 – **74 h.** – alt. **509 m** – ✉ **22810**   **4** C1

▶ Madrid 404 – Huesca 14 – Pamplona 150

XX   **Venta del Sotón**   🗚 ⚙ **P** 🚗 ⊚ 🗚 ⓪

carret. A 132 – 🕾 974 27 02 41 – www.ventadelsoton.com
– cerrado 7 enero-7 febrero, domingo noche, lunes y martes noche
Rest – Carta 39/68 €
♦ Esta casa a modo de venta posee un buen bar, una gran sala circular, presidida por una parrilla central, y varios comedores de aire rústico. Elaboraciones tradicionales.

L'ESTARTIT – Girona – **574** F39 – **1 994 h.** – **Playa** – ✉ **17258**   **15** B1

▶ Madrid 745 – Figueres 39 – Girona/Gerona 35

🖪 passeig Marítim 🕾 972 75 19 10 info@visitestartit.com Fax 972 75 17 49

🖸 Islas Medes★★ (en barco)

🏨   **Bell.Aire**   🛋 🛗 ⚙ 🚗 ⊚ 🗚 ⓪

Església 39 – 🕾 972 75 13 02 – www.hotelbellaire.com – Semana Santa- octubre
76 hab 🖵 – ♦31/46 € ♦♦51/81 €   **Rest** – Menú 11 €
♦ Hotel de atención familiar profesional y línea clásica. Posee un amplio hall y habitaciones funcionales, con los baños limpios aunque algo anticuados. En su restaurante encontrará una carta de tinte casero y un correcto menú.

🏠   **Cal Tet**   🗚 ⚙ 🚗 ⊚ 🗚

Santa Anna 38 – 🕾 972 75 11 79 – www.caltet.com – cerrado 20 diciembre-enero
11 hab 🖵 – ♦43/64 € ♦♦54/161 €   **Rest** – Carta 29/53 €
♦ Se encuentra en una calle bastante céntrica y tiene la recepción en la barra de una marisquería, donde tuvo origen el negocio. Habitaciones de estilo funcional-actual. El restaurante presenta un aire rústico y ofrece una carta típica de pescados y mariscos.

ESTEIRO – A Coruña – **571** D3 – **Playa** – ✉ **15240**   **19** A2

▶ Madrid 648 – Santiago de Compostela 49 – A Coruña 96 – Pontevedra 80

🏨   **Punta Uia**   ⬿ 🚗 🛗 ⚙ 🍴 **P** 🚗 ⊚

carret. AC 550, Sureste : 1,5 km – 🕾 981 85 50 05 – www.hotelpuntauia.com
– cerrado 24 diciembre-2 enero
10 hab – ♦53/81 € ♦♦70/95 €, 🖵 5 €
Rest A Lareira – (cerrado lunes) Carta 25/37 €
♦ Este hotel goza de gran encanto, ya que disfruta de bellos hórreos e idílicas vistas a la ría. Entre sus habitaciones, todas detallistas, destacan las tres con terraza. En su restaurante, bastante coqueto, podrá degustar una carta tradicional bien elaborada.

X   **Muiño**   🗚 ⚙ 🚗 ⊚ ⓪

Ribeira de Mayo - carret. AC 550 – 🕾 981 76 38 85 – cerrado del 8 al 25 de noviembre y lunes salvo verano
Rest – Carta 26/35 €
♦ Restaurante de sencillo montaje en estilo clásico funcional, con buen vivero de mariscos, una sala para el menú y otra a la carta. Su plato estrella es el bogavante con arroz.

ESTELLA – Navarra – **573** D23 – **14 238 h.** – alt. **430 m** – ✉ **31200**   **24** A2

▶ Madrid 380 – Logroño 48 – Pamplona 45 – Vitoria-Gasteiz 70

🖪 San Nicolás 4 🕾 948 55 63 01 oit.estella@navarra.es Fax 948 55 20 24

🖸 Palacio de los Reyes de Navarra★ – Iglesia San Pedro de la Rúa : (portada★, capiteles★★) – Iglesia de San Miguel : (fachada★, altorrelieves★★)

🖸 Monasterio de Irache★ (iglesia★) Suroeste : 3 km – Monasterio de Iranzu (garganta★) Norte : 10 km. carretera del Puerto de Lizarraga★★ (mirador★), carretera del Puerto de Urbasa★★

ESPAÑA

🏠 Tximista
🅂 & hab. ℳ ℅ ⁽ʸ⁾ ⌖ ℙ 🆅🆂🅰 ⬤⬤ 🅰🅴 ⓘ

Zaldu 15 – ℰ 948 55 58 70 – www.hoteltximista.com – cerrado 24 diciembre-9 enero
29 hab – ✝65/115 € ✝✝95/123 €, 🍽 11 €
Rest – (cerrado domingo noche y lunes mediodía) Menú 17 €
• Instalado en una fabrica harinera del s. XIX que hay junto al río. Ofrece cuidadas habitaciones de línea actual, algunas emplazadas en unos antiguos silos de planta octogonal. En su comedor le ofrecerán una cocina tradicional con detalles actuales.

✗✗ Richard
ℳ ℅ 🆅🆂🅰 ⬤⬤

av. de Yerri 10 – ℰ 948 55 13 16 – www.barrestauranterichard.com – cerrado del 1 al 15 de septiembre y lunes
Rest – Carta 38/48 €
• Disfruta de una amable organización familiar y está comunicado con el bar público anexo. Aquí ofrecen una cocina de sabor regional especializada en verduras de temporada.

ESTEPONA – Málaga – 578 W14 – 65 592 h. – Playa – ⊠ 29680
1 A3

▶ Madrid 640 – Algeciras 51 – Málaga 85
🛈 av. San Lorenzo 1 ℰ 95 280 20 02 turismo@estepona.es Fax 95 279 21 81
🏌 El Paraíso, Noreste : 13 km por N 340, ℰ 95 288 38 46
◉ Localidad ★ – Casco antiguo ★

✗✗ Robbies
ℳ ℅ 🆅🆂🅰 ⬤⬤

Jubrique 11 – ℰ 952 80 21 21 – cerrado del 15 al 31 de diciembre, agosto y lunes
Rest – (sólo cena) Carta 36/45 €
• Este coqueto restaurante sorprende por su estética, muy "cool", con curiosos detalles decorativos e innumerables fotos de las estrellas de Hollywood. Cocina internacional.

✗ El Palangre
⬅ ☂ ℳ ℅ 🆅🆂🅰 ⬤⬤ ⓘ

Colón 20 – ℰ 952 80 58 57 – cerrado jueves
Rest – Carta 23/32 €
• Está en una zona alta de la ciudad, por lo que ofrece vistas parciales al mar. Agradable terraza, decoración marinera y una cocina especializada en pescados y mariscos.

por la autovía de Málaga :

⌂ Albero Lodge sin rest ⌖
🚗 ☃ ℳ ℙ 🆅🆂🅰 ⬤⬤ 🅰🅴 ⓘ

Támesis 16, (urb. Finca la Cancelada), Noreste : 10 km – ℰ 952 88 07 00
– www.alberolodge.com – marzo-octubre
9 hab – ✝90/120 € ✝✝115/155 €, 🍽 10 €
• Hotelito con encanto, tipo chalet, construido cerca de la playa. Ofrece un sencillo salón social con chimenea, habitaciones de carácter temático y un agradable jardín.

✗ La Alcaría de Ramos
☂ ℳ ℅ 🆅🆂🅰 ⬤⬤ ⓘ

urb. El Paraíso, Noreste : 11,5 km y desvío 1,5 km ⊠29688 – ℰ 952 88 61 78
– www.laalcariaderamos.es
Rest – (sólo cena) Carta 25/34 €
• El negocio, llevado con amabilidad entre dos hermanos, se presenta con un agradable comedor principal, donde esperan al comensal con la chimenea encendida. Carta tradicional.

en la carretera de Cádiz N 340 Suroeste : 5 km

🏨 G.H. Elba Estepona
⬅ 🚗 ☂ ☃ ☐ 🛗 🅵👙 🅂 & hab. ℳ ℅ ⁽ʸ⁾ ⌖ ℙ

⊠29680 – ℰ 952 80 92 00 – www.hoteleselba.com
🆅🆂🅰 ⬤⬤ 🅰🅴 ⓘ
181 hab 🍽 – ✝141/202 € ✝✝189/312 € – 23 suites **Rest** – Menú 50 €
• Disfruta de una variada zona noble y luminosas habitaciones, todas dotadas de un elegante ambiente clásico, terraza y vistas al mar. Gran centro de talasoterapia. En sus restaurantes podrá degustar elaboraciones tradicionales, mediterráneas y orientales.

ESPAÑA

XX **La Menorah** 🛜 AC VISA ⬤⬤ AE ⓞ
😊 *urb. Arena Beach* ⊠*29680 –* 𝒞 *952 79 27 34 – cerrado 7 enero-7 febrero y lunes*
Rest – Carta 32/35 €
♦ Encontrará una agradable terraza, un pequeño hall y una sala de cuidado montaje, con las paredes en tonos blancos. Amplia carta de cocina tradicional con pescados de la zona.

ESTERRI D'ÀNEU – **Lleida** – **574** E33 – **965 h.** – **alt. 957 m** – ⊠ **25580**   **13** B1
🚹 Madrid 624 – Lleida/Lérida 168 – La Seu d'Urgell/Seo de Urgel 84
ℹ Major 40 bis 𝒞 973 62 63 45 turisme@esterrianeu.cat
◉ Vall d'Àneu★★
🄶 Iglesia de Sant Joan d'Isil★ Noroeste : 9 km

🏠 **La Creu** sin rest 🏨 ⅙ ⅍ ⑱ VISA ⬤⬤ AE ⓞ
Major 3 – 𝒞 *973 62 64 37 – www.pensiolacreu.com – cerrado noviembre*
21 hab ⌲ – ✝26/29 € ✝✝48/52 €
♦ Céntrica pensión familiar dotada de habitaciones no muy espaciosas, aunque de buen confort actual, la mayoría adaptadas para minusválidos. Zona social nueva y amplia.

X **Els Puis** con hab ⋖ AC rest, ⅍ ⑱ VISA ⬤⬤ ⓞ
av. Dr. Morelló 13 – 𝒞 *973 62 61 60 – www.hotelpuis.com*
– cerrado mayo y 2ª quincena de octubre
7 hab – ✝27/32 € ✝✝32/40 €, ⌲ 5 €
Rest – *(cerrado domingo noche y lunes)* Carta aprox. 34 €
♦ Acogedora casa familiar en la que podrá degustar una cocina de tintes creativos. Su atento servicio de mesa se enriquece con una amplia selección de vinos y licores. Las habitaciones que complementan este negocio resultan muy sencillas, sin embargo destacan por su limpieza y mantenimiento.

A ESTRADA – **Pontevedra** – **571** D4 – **21 880 h.** – ⊠ **36680**   **19** B2
🚹 Madrid 599 – Ourense 100 – Pontevedra 44 – Santiago de Compostela 23

X **Nixon** AC VISA ⬤⬤ AE ⓞ
av. de Puenteareas 4 – 𝒞 *986 57 02 61 – www.restaurantenixon.com – cerrado del 10 al 30 de noviembre, domingo noche y lunes*
Rest – Carta 32/43 €
♦ Negocio de larga trayectoria familiar dotado con un bar público y una sala de línea funcional. Ofrece una carta tradicional que destaca por su apartado de platos con salmón.

ETXALAR – **Navarra** – **573** C25 – **823 h.** – **alt. 100 m** – ⊠ **31760**   **24** B1
🚹 Madrid 494 – Biarritz 48 – Pamplona 65 – Donostia-San Sebastián 40

en la carretera N 121 A Oeste : 4 km

🏨 **Venta de Etxalar** ⅙ 🏨 ⅙ hab, AC ⅍ ⑱ P 🚐 VISA ⬤⬤ AE
⊠*31760 –* 𝒞 *948 63 50 00 – www.etxalar.com – cerrado 24 diciembre-15 enero*
39 hab ⌲ – ✝45/57 € ✝✝70/80 €
Rest – *(sólo almuerzo salvo viernes y sábado)* Menú 9 €
♦ Cercano a la carretera y con un buen parking exterior. Ofrece un salón social y habitaciones de correcto confort, todas de línea clásica y con el mobiliario macizo en roble. El restaurante, de ambiente rústico, propone una cocina de gusto tradicional.

EZCARAY – **La Rioja** – **573** F20 – **2 077 h.** – **alt. 813 m** – **Deportes de**   **21** A2
invierno en Valdezcaray : ⅍7 – ⊠ **26280**
🚹 Madrid 316 – Burgos 73 – Logroño 61 – Vitoria-Gasteiz 80
ℹ Sagastía 1 𝒞 941 35 46 79 turismo@ezcaray.org Fax 941 35 46 79

Echaurren 📶 🗚 rest, ⅍ rest, ⁕¹ 🍴 VISA ⓄⓄ AE Ⓞ

Padre José García 19 – ℰ 941 35 40 47 – www.echaurren.com – cerrado del 19 al 26 de diciembre

25 hab ♦60/65 € ♦♦90/105 €, ⊂ 9 €

Rest *El Portal* – ver selección restaurantes

Rest – *(cerrado domingo noche salvo julio-agosto)* Menú 45 € 🕮

♦ Hotel de tradición familiar con prestigio en la región. Excelente organización, correcta zona social, bar de línea actual y habitaciones de adecuado confort. En el comedor encontrará una completa carta de cocina tradicional, con especialidades y dos menús.

Palacio Azcárate sin rest 📶 🗚 ⁕¹ 🏊 🍴 VISA ⓄⓄ

Padre José García 17 – ℰ 941 42 72 82 – www.palacioazcarate.com – cerrado 3 semanas en noviembre

18 hab ⊂ – ♦60/100 € ♦♦72/128 € – 1 suite

♦ Está formado por dos edificios de aire señorial. Sus habitaciones resultan muy confortables, con mobiliario de calidad y los suelos en tarima. Agradable terraza-jardín.

🗙🗙🗙 El Portal (Marisa Sánchez y Francis Paniego) – Hotel Echaurren 🗚 ⅍ 🍴
☃

Padre José García 19 – ℰ 941 35 40 47
– www.echaurren.com – cerrado del 19 al 26 de diciembre, del 10 al 25 de enero, 27 junio-4 julio, martes salvo julio-diciembre, domingo noche y lunes

Rest – Menú 60/75 € – Carta 48/63 € 🕮

Espec. Concassé de pepino, yogur, almendras frescas, helado de manzana verde, pan y aceite picual (primavera-verano-otoño). Guisantitos lágrima salteados y habitas de primavera con yema y patata líquida (primavera). Tartar de tomate con cigala y ajo blanco.

♦ Se encuentra en los bajos del hotel familiar y cuenta con un interior de línea clásica-actual. Su cocina fusiona, con gran maestría técnica, lo tradicional y lo creativo. Sólo ofrecen dos menús degustación, pudiendo extraer de ellos los platos a la carta.

🗙🗙 Casa Masip con hab 🍴 ⅍ ⁕¹ VISA ⓄⓄ AE Ⓞ

Academia Militar de Zaragoza 6 – ℰ 941 35 43 27 – www.casamasip.com
– cerrado del 15 al 30 de noviembre

12 hab ⊂ – ♦50/70 € ♦♦70/100 €

Rest – *(cerrado martes) (sólo almuerzo salvo viernes, sábado, vísperas y verano)* Carta 24/39 €

♦ Instalado en una casa solariega. Posee un comedor rústico-actual, con algunas paredes en piedra y vigas de madera. En su carta encontrará platos actuales y de gusto regional. Como complemento ofrece un buen salón social y unas habitaciones neorrústicas.

en Zaldierna Sur : 5 km

🏠 Río Zambullón sin rest 📶 ⅍ ⁕¹ VISA ⓄⓄ AE Ⓞ

del Molino ✉26289 Zaldierna – ℰ 941 35 41 70 – www.riozambullon.com

6 hab ⊂ – ♦64 € ♦♦80 €

♦ Casa típica construida en piedra. Tiene un salón con chimenea y las habitaciones distribuidas en dos plantas, todas con una acogedora decoración rústica y bellos detalles.

FALSET – Tarragona – 574 I32 – 2 864 h. – alt. 364 m – ✉ 43730   **13** A3

🔼 Madrid 518 – Lleida/Lérida 96 – Tarragona 43 – Tortosa 66

🔋 Sant Marcel 2 ℰ 977 83 10 23 oit@priorat.cat Fax 977 83 11 50

🔘 Localidad ★

Sport 📶 🗚 ⅍ ⁕¹ VISA ⓄⓄ AE

Miquel Barceló 6 – ℰ 977 83 00 78 – www.hostalsport.com

31 hab ⊂ – ♦70 € ♦♦90 €   **Rest** – Menú 25 €

♦ Antiguo hostal de línea neorrústica que dispone de habitaciones con suelos en moqueta, mobiliario funcional y espaciosos baños. Confortable salón social. El comedor ofrece gran variedad de platos y una carta de vinos que destaca por su selección de Prioratos.

ESPAÑA

※※ El Celler de L'Aspic

Miquel Barceló 31 – *℘ 977 83 12 46 – www.cellerdelaspic.com – cerrado 15 días en Navidades, 15 días en junio, domingo noche, lunes noche, martes noche y miércoles*
Rest – Carta 31/35 € ⅋

♦ Restaurante de línea moderna centrado en el mundo del vino, con numerosas vitrinas y expositores como parte de su decoración. Cocina tradicional actualizada a buen precio.

FANALS (Playa de) – Girona – ver Lloret de Mar

FANO – Asturias – **572** B13 – **218 h.** – ⊠ **33201**　　　　　　**5** B1
　　　❱ Madrid 481 – Oviedo 41 – León 152

※※ La Tabla

camino de Lavandera 60 - carret. AS 248 - km 11 – ℘ 985 13 64 56
– www.restaurantelatabla.com – cerrado 15 días en febrero, lunes noche y martes
Rest – Carta 41/50 € ⅋

♦ Conjunto rústico-actual llevado entre hermanos. El comedor ocupa lo que fue la cuadra, con altos techos en madera, chimenea y una bonita bodega acristalada. Cocina actual.

FELECHOSA – Asturias – **572** C13 – ⊠ **33688**　　　　　　**5** B2
　　　❱ Madrid 467 – Oviedo 52 – Mieres 37 – Gijón 56

⌂ De Torres

carret. General 85 – ℘ 985 48 70 11 – www.hrdetorres.com
13 hab – †30/40 € ††50/60 €, ⊆ 4,50 €
Rest – *(cerrado lunes noche y martes salvo festivos)* Menú 12 €

♦ Pequeño hotel construido con cierto aire montañés. La recepción se encuentra junto al bar de la entrada y ofrece habitaciones actuales con mobiliario de estilo rústico. El restaurante posee dos comedores, destacando el de la carta por su mejor montaje.

La FELGUERA – Asturias – **572** C13 – ⊠ **33930**　　　　　　**5** B2
　　　❱ Madrid 448 – Gijón 40 – Mieres 14 – Oviedo 21

⌂⌂ Palacio de las Nieves ⌁

carret. a Pajomal – ℘ 985 67 88 99 – www.palaciodelasnieves.com
14 hab ⊆ – †76 € ††99 €
Rest – *(cerrado agosto, domingo noche y lunes salvo festivos)* Menú 29 €

♦ Palacete de elegante ambiente clásico ubicado a las afueras de la ciudad. Posee dos salones sociales y habitaciones personalizadas en su decoración, con mobiliario de calidad. En su impecable restaurante se elabora una cocina de carácter imaginativo.

FENE – A Coruña – **571** B5 – **14 165 h.** – **alt. 30 m** – ⊠ **15500**　　　**19** B1
　　　❱ Madrid 609 – A Coruña 58 – Ferrol 6 – Santiago de Compostela 86

por la carretera N 651 Sur : 3 km y desvío a San Marcos 1 km

※ Muiño do Vento

Cadavás 4B-Magalofes ⊠15509 Magalofes – ℘ 981 34 09 21 – cerrado
24 diciembre-1 enero, del 1 al 20 de septiembre, domingo noche y lunes
Rest – Carta aprox. 35 € ⅋

♦ Casa familiar de larga trayectoria y confortables instalaciones en su categoría. Posee un bar de espera, dos salas de correcto montaje y una gran bodega con 450 referencias.

ESPAÑA

▶ Madrid 608 – A Coruña 61 – Gijón 321 – Oviedo 306

ℹ Magdalena 56, ☏ 981 94 42 72 ferrolturismo@ferrol.es,
Puerto de Curuxeiras, ☏ 610 52 25 27
oficina.turismo.ferrol@xunta.es

y pl. Camilo José Cela (edificio Xunta de Galicia, 1°), ☏ 981 31 11 79
oficina.turismo.ferrol@xunta.es Fax 981 33 71 31

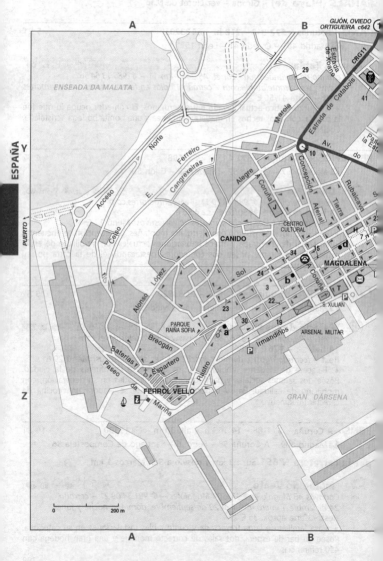

Hesperia Ferrol sin rest
Estrada de Castela 75 ✉15403
– ✆ 981 33 02 26
– www.hesperia.com CY**h**
94 hab – 95/130 € 100/160 €, 12 €
◆ Hotel de línea clásica situado en una de las principales arterias de acceso a la ciudad. Destaca el confort de sus habitaciones, muy luminosas y con mobiliario de calidad.

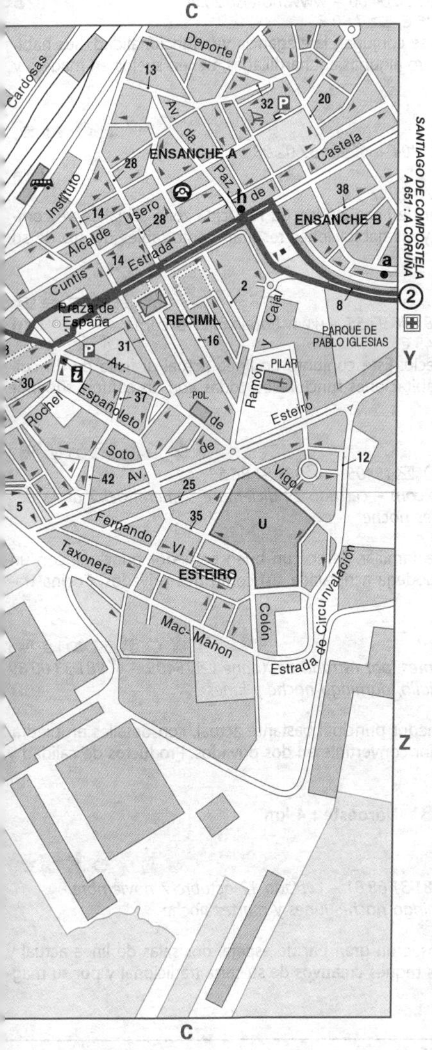

FERROL

Acceso Norte	AY	
Alcade Usero	CY	
Alegre	ABY	
Alonso López	AYZ	
Álvarez de Sotomayor	CY	2
Amboaxe (Pr. de)	BZ	3
Angustias (Pr. das)	CZ	5
Armas (Pr. de)	BY	7
As Pías (Av.)	CY	8
A Coruña	BYZ	
Baterías	AZ	
Breogán	AZ	
Cangrexeiras	AY	
Canido (Pr. de)	BY	10
Caranza (Estrada de)	CY	12
Cardosas (Camiño de)	CY	
Castela (Estrada de)	CY	
Castillo de Andrade	CY	13
Catabois (Estrada de)	BY	
Catalunya	CY	14
Celso E. Ferreiro	AY	
Circunvalación (Estrada de)	CZ	
Colón	CZ	
Concepción Arenal	BY	
Cuntis	CY	
Deporte	CY	
Dolores	BYZ	15
España (Pr. de)	CY	
Españoleto	CY	
Espartero	AZ	
Esteiro (Av. de)	CYZ	
Euzkadi	CY	16
Fernando VI	CZ	
Galiano	BCY	18
Iglesia	BCYZ	19
Inferniño	CY	20
Instituto	CY	
Irmandiños	BZ	
Mac-Mahón	CZ	
Magdalena	BCYZ	22
María	ABYZ	23
Mariña (Pas. da)	AZ	
Marola	BY	
Méndez Núñez	BZ	24
Naturalista López Seoane	CYZ	25
Paz (Av. da)	CY	
Pontevedra	CY	28
Ramón y Cajal	CY	
Raposeiro (Estrada do)	BY	29
Rastro	AZ	
Real	BCYZ	30
Rei (Av. da)	BCY	
Ricardo Carballo Calero	CY	31
Río Mera	CY	32
Rochel	CY	
Rubalcava	BY	
Sánchez Barcaiztegui	BY	34
San Roque y Ánimas	CZ	35
Sol	BYZ	
Soto	CY	
Taxonera	CZ	
Tierra	BY	
Velázquez	CY	37
Venezuela	CY	38
Vigo (Av. de)	CYZ	
Villarrube	BY	40
Virgen de la Cabeza	BY	41
Zurbarán	CY	42

ESPAÑA

ESPAÑA

🏨 Parador de Ferrol ⟨ 🛗 ᴄ hab, 🅰 ᔕᴋ 🛎 🏋 𝚟𝚒𝚜𝚊 ☺ 🅰🅴 ⓸

Almirante Fernández Martín ⊠15401
– ☎ 981 35 67 20 – www.parador.es AZ**a**
36 hab – †102/129 € ††128/161 €, � 16 €
Rest – Menú 32 €

♦ Edificio regional dotado de buenas vistas, tanto al puerto como al mar. Sus confortables habitaciones, algunas con galería, ofrecen mobiliario clásico y suelos en parquet. El restaurante disfruta de varias salas, la más usada con vistas y detalles marineros.

🏨 El Suizo *sin rest* 🛗 🅰 ᔕᴋ 🛎 🚗 𝚟𝚒𝚜𝚊 ☺ 🅰🅴 ⓸

Dolores 67 ⊠15402 *– ☎ 981 30 04 00 – www.hotelsuizo.es* BZ**b**
34 hab – †49/70 € ††56/86 €, ⊊ 7,50 €

♦ Tras su hermosa fachada se conjugan la elegancia y la funcionalidad. Sus habitaciones, poco espaciosas pero algunas abuhardilladas, tienen suelos en madera y baños en mármol.

🏨 América *sin rest* ᔕᴋ 🛎 🚗 𝚟𝚒𝚜𝚊 ☺

Sánchez Calviño 70-76 ⊠15404 *– ☎ 981 37 02 08*
– www.hahotelamerica.es CY**a**
28 hab – †30/50 € ††35/70 €, ⊊ 5 €

♦ Pequeño negocio familiar de línea clásica. Su reducida zona social se ve compensada con una cafetería y las habitaciones resultan confortables dentro de su funcionalidad.

🏨 Real *sin rest y sin* ⊊ 🛗 🛎 𝚟𝚒𝚜𝚊 ☺ 🅰🅴

Dolores 11 ⊠15402 *– ☎ 981 36 92 55 – www.hotelrealferrol.com* BY**d**
40 hab – †26/36 € ††36/45 €

♦ Interesante y a buen precio. Este conjunto de línea actual disfruta de un cuidado salón social y unas habitaciones funcionales, todas con un confort superior a su categoría.

🍴🍴 O Parrulo 🅰 ᔕᴋ ⇄ 🅿 𝚟𝚒𝚜𝚊 ☺ 🅰🅴 ⓸

av. de Catabois 401, por ① ⊠15405 – ☎ 981 31 86 53
– www.restauranteoparrulo.com – cerrado 29 diciembre-8 enero, del 2 al 23 de agosto, domingo y miércoles noche
Rest – Carta aprox. 45 €

♦ Casa de larga trayectoria familiar. Ofrece un buen comedor principal, con un expositor y una completa bodega acristalada, así como tres privados. Cocina tradicional gallega.

🍴🍴 Medulio 🅰 ᔕᴋ ⇄ 🅿 𝚟𝚒𝚜𝚊 ☺ 🅰🅴 ⓸

lugar del Bosque 73 - Serantes, por estrada de Xoane ⊠15405 *– ☎ 981 33 00 89*
– cerrado 2ª quincena de julio, domingo noche y lunes BY
Rest – Carta 40/53 €

♦ Se presenta con un comedor principal bastante actual, con detalles en piedra, y una sala en el piso superior convertible en dos privados. Productos de calidad y buena bodega.

por estrada do Raposeiro BY Noroeste : 4 km

🍴🍴 A Gabeira 🍴 🅰 ᔕᴋ ⇄ 🅿 𝚟𝚒𝚜𝚊 ☺

Balón 172 ⊠15593 *– ☎ 981 31 68 81 – cerrado 12 octubre-7 noviembre,*
24 diciembre-3 enero, domingo noche, lunes y martes noche
Rest – Carta aprox. 45 € 🍴

♦ Este negocio familiar posee un gran bar de espera, dos salas de línea actual y un privado. Destaca por los toques creativos de su carta tradicional y por su magnífica bodega.

FIGAREDO – Asturias – ver Mieres

FIGUERAS - Asturias - 572 B8 - ✉ 33760 5 A1

Madrid 593 - Lugo 92 - Oviedo 150

Palacete Peñalba

El Cotarelo – ✆ *985 63 61 25* – *www.hotelpalacetepenalba.com*

20 hab – ††109/150 €, ☕ 9 €

Rest ***Peñalba*** – ver selección restaurantes

◆ Sus elegantes dependencias mantienen el estilo modernista de principios del s. XX. Posee magníficas habitaciones con mobiliario de época y otras de aire colonial en un anexo.

Peñalba - Hotel Palacete Peñalba

av. Trenor (puerto) – ✆ *985 63 61 66* – *www.hotelpalacetepenalba.com* – *cerrado lunes salvo julio y agosto*

Rest – Carta 32/57 €

◆ Situado en la zona portuaria. Cuenta con un bar de ambiente marinero y un elegante comedor clásico en la 1ª planta. Su carta tradicional tiene un buen apartado de mariscos.

FIGUERES - Girona - 574 F38 - 43 330 h. - alt. 30 m - ✉ 17600 14 D3

Madrid 744 - Girona/Gerona 42 - Perpignan 58

pl. del Sol ✆ 972 50 31 55 turisme@figueres.org Fax 972 67 31 66

R.A.C.C. Sant Antoni 97, ✆ 972 67 33 95 Fax 972 51 30 74

Torremirona, Navata, por la carret. de Olot : 9,5 km, ✆ 972 55 37 37

Localidad★ – Teatre-Museu Dalí★★ BY – Torre Galatea★ BY – Museo de Juguetes (Museu de Joguets★) BZ – Castillo de Sant Ferran★ AY

Vilabertran★ (Monasterio de Santa María de Vilabertran★★) Noreste : 5 km

Planos páginas siguientes

Duràn

Lasauca 5 – ✆ *972 50 12 50* – *www.hotelduran.com* BZ**c**

65 hab – †65/85 € ††95/120 €, ☕ 9 € **Rest** – Menú 18 €

◆ De reconocido prestigio en la zona y con una larga tradición familiar. Ofrece habitaciones de línea actual, muchas con mobiliario de diseño inspirado en obras de Dalí. En su restaurante, clásico-regional, se elaboran platos tradicionales e internacionales.

President

av. Salvador Dalí 82 – ✆ *972 50 17 00* – *www.hotelpresident.info* BZ**v**

77 hab – †40/50 € ††55/80 €, ☕ 8 € **Rest** – Carta 25/40 €

◆ Hotel de línea clásica llevado en familia, dotado de unas habitaciones que están siendo renovadas paulatinamente para mejorar su confort general. Acogedora zona social. Concurrido restaurante de correcto montaje y cuidada decoración.

Pirineos

Salvador Dalí 68 – ✆ *972 50 03 12* – *www.hotelpirineospelegri.com*

56 hab – †53/62 € ††65/81 €, ☕ 9 € BZ**e**

Rest ***El Pelegrí*** – *(cerrado domingo noche y lunes)* Carta 22/34 €

◆ Céntrico hotel dotado con una pequeña recepción y una cafetería que funciona como zona social. Las habitaciones resultan confortables dentro de su funcionalidad. El restaurante a la carta posee cierto aire rústico, con el techo abovedado en ladrillo visto.

Ronda

hab, rest,

av. Salvador Dalí 17, por ③ – ✆ *972 50 39 11* – *www.hotelronda.com*

61 hab – †49/67 € ††55/102 €, ☕ 10 € **Rest** – Menú 18 €

◆ Este hotel de gestión familiar ofrece una correcta zona social y habitaciones de adecuado confort, con mobiliario funcional-actual y un buen equipamiento. Personal muy atento. En sus comedores podrá degustar una carta tradicional especializada en bacalaos.

ESPAÑA

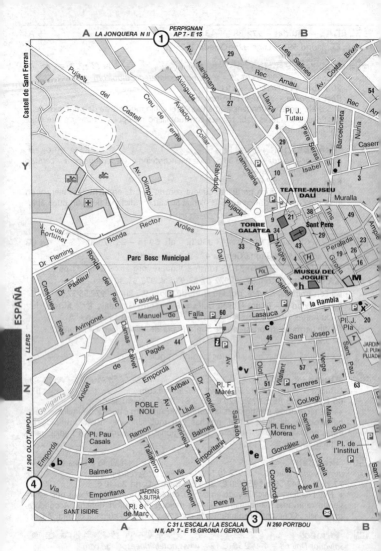

Travé 🛋 🕭 ᵹ hab, 🆒 ⚡ rest, 🕾 🛜 🅿 🚗 VISA ⚈ AE ⑩
carret. de Olot – ℰ *972 50 05 91 – www.hoteltrave.com*   AZ**b**
76 hab – ✝56/76 € ✝✝66/96 €, � 8 €   **Rest** – Menú 18 €
◆ De seria organización familiar y correcto confort general. Ofrece varios tipos de
habitaciones, unas con mobiliario funcional y otras de estilo castellano. El restaurante cuenta con varias salas y una completa carta, trabajando mucho los pescados y mariscos.

Rambla sin rest 🕭 🆒 📶 🚗 VISA ⚈
Rambla 33 – ℰ *972 67 60 20 – www.hotelrambla.net*   BZ**x**
24 hab – ✝47/65 € ✝✝58/75 €, ⊇ 6 €
◆ Céntrico y con una cuidada fachada clásica. En la recepción dispone de varios
ordenadores a modo de cybercafé. Habitaciones funcionales con mobiliario sencillo pero actual.

404

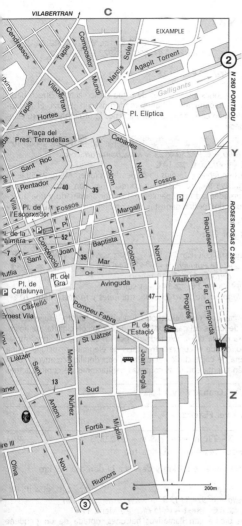

ESPAÑA

🏠 **Los Ángeles** sin rest

📺 🗓 ⚙ 🛜 🚗 VISA ⓒⓞ AE ①

Barceloneta 10 – ℰ *972 51 06 61*

– www.hotelangeles.com   **BYf**

40 hab – ♦35/44 € ♦♦45/60 €, ⌷ 5 €

♦ Casa de modesta organización familiar, con una reducida recepción y una pequeña sala de desayunos. Ofrece habitaciones de suficiente confort con mobiliario funcional-actual.

✗ **Mesón Castell 4**

🗓 ⚙ VISA ⓒⓞ

Pujada del Castell 4 – ℰ *972 51 01 04 – cerrado domingo*   **BZh**

Rest – Carta 29/45 €

♦ Establecimiento de estilo neorrústico, con un concurrido bar de tapas y las salas en dos niveles. Carta tradicional donde destacan los mariscos, el cordero y el cochinillo.

405

en la antigua carretera N II :

Empordà 🏠 📶 🅰 ⚡ rest, 🛜 🅿 🛋 🚗 VISA ◉ AE ◉
av. Salvador Dalí 170, por ① : 1,5 km ✉17600 – *ℰ 972 50 05 62*
– www.hotelemporda.com
39 hab – †71/105 € ††82/122 €, ⌕ 12,85 € – 3 suites
Rest – Carta 38/62 € 🍴
♦ Buen hotel dotado con unas instalaciones de estilo clásico-actual. Ofrece habitaciones de adecuado equipamiento y baños modernos con jacuzzi. El restaurante goza de gran prestigio en la zona, destacando por la organización profesional, su carta y su bodega.

Bon Retorn 🛋 ⍑ 📶 ⚷ hab, 🅰 ⚡ 🅿 🚗 VISA ◉ ◉
por ③ : 2,5 km ✉17600 – *ℰ 972 50 46 23* – *www.bonretorn.com*
50 hab – †59/200 € ††69/200 €, ⌕ 10 €
Rest – *(cerrado 15 días en febrero, 15 días en noviembre y lunes)* Menú 25,50 € 🍴
♦ Familiar y en progresiva mejora. Posee un correcto hall con cafetería y habitaciones funcionales de adecuado equipamiento. Exterior ajardinado y una atractiva piscina. En su comedor podrá degustar un completo menú degustación y una excelente bodega.

en la carretera de Olot por ④ :

🍴🍴🍴 Mas Pau *(Xavier Sagrista)* con hab 🍴 🛋 🏠 ⍑ 📶 🅰 hab, 🛜 🅿
🍴 *5 km* ✉17742 Avinyonet de Puigventós – *ℰ 972 54 61 54* VISA ◉ AE ◉
– www.maspau.com – cerrado 6 enero-18 marzo
16 hab – †80/88 € ††100/112 €, ⌕ 14 € – 4 suites
Rest – *(cerrado domingo noche salvo julio-agosto, lunes y martes)* Menú 70 €
– Carta 44/66 €
Espec. Pasta de foie-gras con ceps, alcachofas y aceite de tartufo. Crujientes de bacalao con ensalada de judías del ganxet. Manitas de cerdo con cigalitas de Rosas.
♦ Ocupa una preciosa masía del s. XVI, rodeada por un cuidado jardín y emplazada en pleno campo, donde encontrará tres salas de elegante rusticidad y una terraza cubierta. Cocina de corte clásico actualizada con detalles creativos. Por si desea alojarse también cuenta con unas coquetas habitaciones de confort actual.

FINCA LA BOBADILLA – Granada – ver Loja

FINISTERRE – A Coruña – ver Fisterra

FISCAL – Huesca – **574** E29 – **330 h.** – **alt. 768 m** – ✉ **22373**   **4** C1
▶ Madrid 534 – Huesca 144 – Lleida/Lérida 160

por la carretera de Ainsa Sureste : 4 km y desvío a la derecha 5,5 km

🏠 Casa Arana 🍴 ⩽ ⚡ 🅿 VISA
Albella ✉22371 Albella – *ℰ 974 34 12 87* – *www.casasarana.com*
8 hab – ††59/75 €, ⌕ 6 €   **Rest** – *(sólo clientes)* Menú 17 €
♦ Bonita casona en piedra con llamativos balcones, dotada de un pequeño comedor privado, y unas habitaciones en tonos alegres, con mobiliario rústico y cuidada lencería.

FISTERRA (FINISTERRE) – A Coruña – **571** D2 – **5 005 h.** – Playa   **19** A2
– ✉ **15155**

▶ Madrid 733 – A Coruña 115 – Santiago de Compostela 131
🅖 Cabo★ ⩽★ Sur : 3,5 km, carretera★ a Corcubión (pueblo★) Noreste : 13 km

🏠 Playa Langosteira sin rest 📶 ⚷ ⚡ 🛜 🚗 VISA ◉ AE ◉
Lugar de Escaselas - AC 445 – ℰ 981 70 68 30 – www.hotelplayalangosteira.com
– marzo-octubre
28 hab ⌕ – †30/60 € ††50/80 €
♦ Se encuentra junto a la carretera de acceso a la localidad. Sus habitaciones, actuales, funcionales y con los suelos en tarima, están distribuidas en tres plantas.

X **O'Centolo** 🛜 AC ⇔ VISA ⊛ AE ⓪
Bajada del Puerto – 𝒞 981 74 04 52 – www.centolo.com – cerrado
22 diciembre-15 febrero
Rest – Carta 34/51 €
◆ Establecimiento de organización familiar ubicado en la zona del puerto. Posee un bar de línea actual, un comedor en el piso superior y un privado. Carta tradicional marinera.

X **O Fragón** 🛜 AC ℀ VISA ⊛ AE
pl. da Cerca 8 – 𝒞 981 74 04 29 – www.ofragon.es – cerrado 15 días en
noviembre y 15 dias en febrero
Rest – Carta 25/40 €
◆ Con el mar y el castillo de San Carlos como telón de fondo. Presenta un comedor de aire actual vestido con detalles rústicos y marineros. Carta de cocina gallega actualizada.

FOFE – Pontevedra – ver Covelo

FONTANARS DELS ALFORINS – Valencia – **577** P27 – **1 024 h.**   **16** A2
– alt. 628 m – ✉ 46635

▶ Madrid 359 – València 108 – Alacant/Alicante 91 – Albacete 108

XX **Julio** AC ℀ VISA ⊛
🕄 *Conde Salvatierra 9 – 𝒞 962 22 22 38 – www.juliorestaurant.es – cerrado 7 dias*
en abril, 21 dias en noviembre, lunes y martes
Rest – *(sólo almuerzo salvo viernes y sábado)* Carta 38/46 €
Espec. Hamburguesa de sepia con chips de verdura. Arroz en penques (otoño-invierno). Dulce de almendra con helado de café.
◆ El negocio, situado en la calle principal, disfruta de unas modernas instalaciones, con una coqueta cafetería para el menú y un comedor a la carta de estética actual. Cocina tradicional de tintes creativos, elaborada con buenos productos y técnicas actuales.

FONTIBRE – Cantabria – **572** C17 – **82 h.** – ✉ 39212   **8** B2
▶ Madrid 352 – Burgos 116 – Bilbao 169 – Vitoria-Gasteiz 178

⌂ **Posada Rural Fontibre** sin rest ⌾ ⪤ 🛝 VISA ⊛
El Molino 23 – 𝒞 942 77 96 55 – www.posadafontibre.com
7 hab – ♥45/59 € ♥♥56/84 €, ☑ 5,50 €
◆ Recia casona montañesa sobre el nacimiento del río Ebro. Posee cálidas habitaciones de estilo rústico, con distintas tonalidades y mobiliario restaurado. Aseos actuales.

XX **Fuentebro** ℀ VISA ⊛ AE ⓪
– 𝒞 942 77 97 72 – www.restaurantefuentebro.com
Rest – *(sólo almuerzo salvo viernes, sábado, festivos y julio-agosto)*
Carta 29/38 €
◆ Ofrece un bar, un saloncito con chimenea y un comedor rústico-elegante en el piso superior, este último con los techos en madera y una galería acristalada. Carta tradicional.

FORMENTERA – Illes Balears – ver Balears

FORMENTOR (Cap de) – Illes Balears – ver Balears (Mallorca)

El FORMIGAL – Huesca – ver Sallent de Gállego

FORNALUTX – Illes Balears – ver Balears (Mallorca)

FORNELLS – Illes Balears – ver Balears (Menorca)

FORNELLS DE LA SELVA – Girona – **574** G38 – **2 295 h.**   **15** A1
– alt. 102 m – ✉ 17458

▶ Madrid 693 – Barcelona 91 – Girona/Gerona 8 – Sant Feliu de Guíxols 37

ESPAÑA

Fornells Park 🚗 ☒ 📶 🄰🄲 ⚡ rest, ⁛ 🛁 🅿 🆅🆂🄰 ⓿ 🄰🄴 ⓪

antigua carret. N II, Norte : 1,5 km – ✆ *972 47 61 25*
– www.hotelhusafornellspark.com
50 hab – ♦♦45/95 €, ☒ 10,80 € – 3 suites   **Rest** – Menú 21 €
♦ Hotel de línea clásica que destaca por su atractivo entorno ajardinado, con la piscina junto a un pinar. Correcta zona social y habitaciones decoradas en diferentes estilos. El restaurante disfruta de un frontal acristalado y un cuidado servicio de mesa.

FORTUNA – Murcia – **577** R26 – **9 583 h.** – alt. 240 m – Balneario   **23** B2
– ☒ 30620

▶ Madrid 388 – Albacete 141 – Alacant/Alicante 96 – Murcia 25

en Baños de Fortuna Noreste : 3 km

Victoria ☜ 🚗 ☒ ✗ 📶 🄰🄲 ⚡ 🛁 🅿 🆅🆂🄰 ⓿ 🄰🄴

☒30630 Fortuna – ✆ 902 44 44 10 – www.leana.es
72 hab ☒ – ♦97 € ♦♦144 €   **Rest** – *(sólo menú)* Menú 28 €
♦ Un destino ideal para quien quiera relajarse, ya que combina un marco histórico de singular belleza con todos los tratamientos balneoterápicos asociados a las aguas termales. El comedor, clásico y de sencillo montaje, basa su trabajo en un menú.

Balneario ☜ 🚗 ☒ ✗ 📶 🄰🄲 ⚡ 🛁 🅿 🆅🆂🄰 ⓿ 🄰🄴

☒30630 Fortuna – ✆ 902 44 44 10 – www.leana.es
58 hab ☒ – ♦97 € ♦♦144 €   **Rest** – *(sólo menú)* Menú 28 €
♦ Conjunto muy clásico en el que se combinan el confort actual y algunos elementos decorativos propios del s. XX. Habitaciones bien equipadas y una zona de aguas termales.

España ☜ 🚗 ☒ ✗ 📶 🄰🄲 ⚡ 🛁 🅿 🆅🆂🄰 ⓿ 🄰🄴

☒30630 Fortuna – ✆ 902 44 44 10 – www.leana.es
43 hab ☒ – ♦62 € ♦♦84 €   **Rest** – *(sólo menú)* Menú 18 €
♦ Es el más sencillo de los hoteles del balneario, sin embargo, tras su renovación, resulta coqueto y actual. Una buena opción para olvidarse del estrés en las aguas termales.

FORUA – Vizcaya – **573** B21 – **1 016 h.** – alt. 28 m – ☒ 48393   **25** A3
▶ Madrid 430 – Bilbao 35 – Donostia-San Sebastián 85 – Vitoria-Gasteiz 70

❌❌ **Baserri Maitea** ✗ 🅿 🆅🆂🄰 ⓿ 🄰🄴 ⓪

barrio de Atxondoa, Noroeste : 1,5 km – ✆ *946 25 34 08*
– www.grupozaldua.com – cerrado 20 diciembre-18 enero
Rest – *(sólo almuerzo salvo viernes y sábado)* Carta 39/50 €
♦ Caserío rústico del s. XVIII próximo al bosque. Posee un comedor de estilo antiguo en dos niveles y una sala anexa para banquetes, con chimenea y viejas vigas a la vista.

La FOSCA – Girona – ver Palamós

FRAGA – Huesca – **574** H31 – **14 302 h.** – alt. 118 m – ☒ 22520   **4** C2
▶ Madrid 438 – Zaragoza 122 – Huesca 134 – Tarragona 119

❌❌ **+Billauba** 🄰🄲 ✗ 🆅🆂🄰 ⓿

av. de Aragón 41 – ✆ *974 47 41 67 – www.billauba.com*
– cerrado del 1 al 7 de enero, del 15 al 31 de agosto y domingo
Rest – *(sólo almuerzo salvo viernes y sábado)* Carta 34/40 €
♦ Restaurante familiar de excelente aspecto. Posee una pequeña tienda de vinos a la entrada y un comedor clásico-actual totalmente acristalado. Cocina tradicional actualizada.

La FRANCA – Asturias – **572** B16 – **Playa** – ✉ 33590   **5** C2

▶ Madrid 438 – Gijón 114 – Oviedo 124 – Santander 81

🏨   **Mirador de la Franca** ⬧   ≼ 🍴 🆔 rest, 𝒮𝒻 🎙 🅿 🚾 ⊚ 🆎
playa, Oeste : 1,2 km – ☎ *985 41 21 45* – *www.arceahoteles.com*
– marzo-octubre
61 hab – †49/120 € ††59/130 €, ⌷ 9 €   **Rest** – Menú 22 €
♦ Privilegiado emplazamiento en la playa. Ha mejorado sus instalaciones, ofreciendo confortables habitaciones y zonas sociales con detalles antiguos que aportan cierto encanto. Su espacioso comedor con el techo en madera brinda excelentes vistas al mar.

FREGENAL DE LA SIERRA – Badajoz – **576** R10 – **5 237 h.**   **17** B3
– alt. 579 m – ✉ 06340

▶ Madrid 445 – Aracena 55 – Badajoz 97 – Jerez de los Caballeros 22

🏨   **Cristina**   🔝 🆔 𝒮𝒻 🎙 ⫟ 🅿 🚾 ⊚
El Puerto – ☎ *924 70 00 40* – *www.hotelcristinafregenal.com*
39 hab – †51/58 € ††64/73 €, ⌷ 4,45 €   **Rest** – *(cerrado lunes)* Carta 22/27 €
♦ Estancias de negocios y grandes celebraciones, donde diferentes estilos y tendencias se aúnan armónicamente. Salón con azulejos que representan los pueblos de la comarca. Disfrute de los placeres de la buena mesa en su atractivo restaurante.

FRESNADILLO – Zamora – **575** H11 – **138 h.** – ✉ 49255   **11** A2

▶ Madrid 290 – Valladolid 136 – Zamora 35 – Bragança 103

🏠   **Los Vettones** ⬧   ఉ hab, 🆔 rest, 𝒮𝒻 rest, 🚾 ⊚
Arroyo 2 – ☎ *980 61 13 17* – *www.losvettones.net* – *Semana Santa,*
julio-15 septiembre y fines de semana resto del año (salvo 8 enero-11 febrero)
11 hab – †55/60 € ††70/80 €, ⌷ 10 €   **Rest** – Menú 22 €
♦ Casa de labranza dotada de un patio central y varias salas de aire rústico. Ofrece dos tipos de habitaciones, todas con detalles aunque las antiguas resultan más pequeñas. En su comedor, con las paredes en piedra, podrá degustar una nutrida carta regional.

La FRESNEDA – Teruel – **574** J30 – **501 h.** – alt. 585 m – ✉ 44596   **4** C2

▶ Madrid 413 – Teruel 181 – Alcañiz 27 – Lleida/Lérida 128

🏨   **El Convent** ⬧   ⬧ ⬦ 🆔 𝒮𝒻 🅿 🚾 ⊚ 🆎
El Convento 1 – ☎ *978 85 48 50* – *www.hotelelconvent.com* – *cerrado del 23 al*
27 de diciembre
12 hab ⌷ – †70/120 € ††100/160 €
Rest – *(cerrado domingo noche y lunes)* (es necesario reservar) Carta 39/49 €
♦ Cuenta con amplias zonas sociales que se ven comunicadas gracias al patio interior, completamente acristalado. Conjunto ubicado sobre los muros de una antigua iglesia. Restaurante con decoración rústica elegante y una cálida iluminación.

🍴   **Matarraña**   🆔 𝒮𝒻 🚾 ⊚
😊   *pl. Nueva 5* – ☎ *978 85 45 03* – *cerrado 7 días en septiembre y martes*
Rest – Carta 20/32 €
♦ Negocio familiar instalado en una antigua casa de piedra, con un bar de espera, dos comedores rústicos y dos salas más en el 1er piso. Carta tradicional a precios moderados.

FRESNEDOSO DE IBOR – Cáceres – **576** M13 – **329 h.** – alt. 516 m   **18** C2
– ✉ 10328

▶ Madrid 214 – Mérida 155 – Cáceres 115

🏠   **Casa Grande** sin rest ⬧   🆔 𝒮𝒻 🎙 🚾
Calvo Sotelo 13 – ☎ *957 57 52 93* – *www.casagranderural.com*
6 hab – †40/45 € ††55/60 €, ⌷ 4 €
♦ Negocio rural bien atendido, ya que la propietaria vive en una casa anexa. Todas las habitaciones son distintas, tanto en su personalizada decoración como en la distribución.

FRIGILIANA – Málaga – 578 V18 – 3 071 h. – alt. 311 m – ✉ 29788   2 C2

▶ Madrid 555 – Granada 111 – Málaga 58

◎ Localidad ★ – Barrio Morisco-mudéjar ★★

por la carretera de Torrox Noroeste : 2,5 km

⛰ **La Posada Morisca** sin rest ⤴   ≤ ⌓ **P** 𝗩𝗜𝗦𝗔 ⓸ 𝗔𝗘

Loma de la Cruz ✉29788 – ☏ 952 53 41 51 – www.laposadamorisca.com
– cerrado 15 diciembre-enero
12 hab – ♦40/60 € ♦♦50/90 €, ⌓ 6 €

♦ La tranquilidad reina en este establecimiento, colgado en la ladera de la montaña y con espectaculares vistas. Sus habitaciones poseen terraza y una cálida decoración rústica.

en la carretera de Nerja Sur : 4 km

🏨 **Almazara** ⤴   ≤ ⌓ ⌰ 📺 📶 𝗔𝗖 ⅍ rest, ⅋ 𝘴𝘢 **P** 𝗩𝗜𝗦𝗔 ⓸ 𝗔𝗘

Los Tablazos 197 – ☏ 952 53 42 00 – www.hotelruralalmazara.com
22 hab ⌓ – ♦58/76 € ♦♦66/99 €
Rest – *(cerrado 7 enero-24 febrero)* Menú 15,50 €

♦ De estilo rural montañés, con profusión de madera y ladrillo en su decoración. Dispone de una acogedora zona social y habitaciones de buen confort, ellas con terraza. El restaurante, de correcto montaje, disfruta de excelentes vistas desde su mirador.

FRÓMISTA – Palencia – 575 F16 – 822 h. – alt. 780 m – ✉ 34440   12 C2

▶ Madrid 257 – Burgos 78 – Palencia 31 – Santander 170

ℹ Arquitecto Anibal 2 ☏ 979 81 01 80 citfromista@telefonica.net

◎ Iglesia de San Martín ★★

🏨 **Doña Mayor**   ⌓ 📶 & hab, 𝗔𝗖 ⅍ rest, ⅋ 𝗩𝗜𝗦𝗔 ⓸ 𝗔𝗘 ⓪

Francesa 31 ✉34440 Frómista – ☏ 979 81 05 88 – www.hoteldonamayor.com
– cerrado 2 enero-11 febrero
12 hab ⌓ – ♦60/76 € ♦♦76/96 €
Rest *La Esclusa* – Carta 27/39 €

♦ Conjunto de cuidadas instalaciones y amable organización familiar. Aquí encontrará unas habitaciones de estética actual, con detalles de diseño y en algunos casos terraza. El restaurante, dotado con un acceso independiente, propone una cocina tradicional.

🏠 **San Martín** sin rest   ⅍ ⅋ **P** 𝗩𝗜𝗦𝗔 ⓸

pl. San Martín 7 – ☏ 979 81 00 00 – www.hotelsanmartin.es
– cerrado enero
12 hab – ♦38 € ♦♦50 €, ⌓ 5 €

♦ Hotel bien ubicado frente a la iglesia románica que le da el nombre. Correcta recepción, habitaciones completas de sencillo mobiliario y baños actuales. Conjunto acogedor.

✕✕ **Hostería de los Palmeros**   ⌓ 𝗔𝗖 ⅍ 𝗩𝗜𝗦𝗔 ⓸ 𝗔𝗘 ⓪

pl. San Telmo 4 – ☏ 979 81 00 67 – www.hosteriadelospalmeros.com
– cerrado 10 enero-4 febrero y martes salvo Navidades, Semana Santa, verano y festivos
Rest – Carta 37/51 € ⅋⅋

♦ Antiguo hospital de peregrinos, con buena cafetería en la planta baja y salón clásico en el 1er piso. Destacan su mobiliario y el maridaje de la cocina vasco-castellana.

FUENGIROLA – Málaga – 578 W16 – 71 482 h. – Playa – ✉ 29640   1 B3

▶ Madrid 575 – Algeciras 104 – Málaga 31

ℹ av. Jesús Santos Rein 6 ☏ 95 246 74 57 turismo@fuengirola.org Fax 95 246 51 00

FUENGIROLA

0 — 300 m

Beatriz Palace   ⇐ 🚗 🍽 🛁 🛋 ※ ▮ 🔖 ᕁ hab, 🆚 hab, 🎐 🛎 **P** 🚗

por ② – ☎ 952 92 20 00 – www.beatrizhoteles.com   𝘝𝘐𝘚𝘈 ⦿ 🆎 ⑩

279 hab – †71/130 € ††79/200 €, ⊴ 13,50 € – 6 suites

Rest *La Alacena* – (*cerrado domingo noche*) Carta aprox. 45 €

◆ Consta de tres edificios, con la fachada y todas las habitaciones mirando al mar. Gran hall con patio central, amplios salones y habitaciones de línea clásica-funcional. Su restaurante presenta una carta de tinte tradicional, con un buen apartado de arroces.

Roca Tranquila   ⇐ 🏡 🆚 ⁂ ⇪ **P** 𝘝𝘐𝘚𝘈 ⦿ 🆎

Tórtola 9 (urb. Torreblanca del Sol), por ① *: 4,5 km* – ☎ 952 19 60 67 – www.rocatranquila.es – *cerrado 20 diciembre-enero y lunes*

Rest – Carta aprox. 55 €

◆ Se encuentra en una zona alta, dominando toda la ciudad. Ofrece un comedor principal con buenas vistas, varias salas interiores de línea clásica y dos terrazas. Cocina actual.

Girol   🆚 ⁂ ⇪ 𝘝𝘐𝘚𝘈 ⦿ 🆎 ⑩

av. de las Salinas 10, por ① – ☎ 952 66 02 68 – www.restaurantegirol.com

Rest – Carta 38/48 €

◆ Casa familiar de estetica moderna, con los padres pendientes de la sala y los hijos a los fogones. Ofrece un buen servicio de mesa y una cocina actual con detalles de autor.

Monopol   🆚 ⁂ 𝘝𝘐𝘚𝘈 ⦿ 🆎

Palangreros 7 – ☎ 952 47 44 48 – *cerrado domingo*   AZ**r**

Rest – (*sólo cena*) Carta 26/36 €

◆ Este negocio familiar, a cargo del matrimonio propietario, presenta un interior que combina la estética clásica con el ambiente centroeuropeo. Cocina de gusto internacional.

Old Swiss House   🆚 ⁂ 𝘝𝘐𝘚𝘈 ⦿ 🆎

Marina Nacional 28 – ☎ 952 47 26 06 – www.oldswisshouse.com – *cerrado martes*

Rest – Carta 24/37 €   AZ**n**

◆ Su fachada recuerda la estética de las casitas suizas e intentan reflejar también ese ambiente en el interior. Carta internacional con platos centroeuropeos y helvéticos.

FUENMAYOR – La Rioja – **573** E22 – **3 238 h.** – alt. 433 m – ✉ 26360   21 A2

▶ Madrid 346 – Logroño 13 – Vitoria-Gasteiz 77

Asador Alameda   🆚 ⁂ 𝘝𝘐𝘚𝘈 ⦿ 🆎 ⑩

pl. Félix Azpilicueta 1 – ☎ 941 45 00 44 – www.restaurantealameda.com – *cerrado agosto, Navidades, domingo noche y lunes*

Rest – Carta 48/63 € 🍴

◆ Esta casa familiar dispone de dos salas, una en la planta baja, con una gran parrilla vista, y otra más clásica en el piso superior. Cocina tradicional y excelente producto.

Chuchi   🆚 ⁂ 𝘝𝘐𝘚𝘈 ⦿ 🆎 ⑩

carret. de Vitoria 2 – ☎ 941 45 04 22 – www.mesonchuchi.com – *cerrado del 1 al 15 de septiembre*

Rest – Carta aprox. 50 € 🍴

◆ Posee un bar público y dos salas de elegante ambiente rústico, dejando la zona de asados y brasas a la vista del cliente. Gran vinoteca-tienda con todos los vinos a la venta.

FUENSALDAÑA – Valladolid – **575** G15 – **1 393 h.** – alt. 749 m   11 B2
– ✉ 47194

▶ Madrid 218 – León 132 – Palencia 49 – Valladolid 10

La Despensa del Príncipe   🆚 ⁂ 𝘝𝘐𝘚𝘈 ⦿

Ronda 24 – ☎ 983 58 31 39 – *cerrado del 10 al 20 de enero, del 7 al 30 de agosto, domingo noche y lunes*

Rest – Carta 30/45 €

◆ Restaurante de línea moderna ubicado en el 1er piso de una casa actual. Ofrece dos salas de correcto montaje en las que sirven una carta de tendencia tradicional.

FUENTE BERROCAL (Urbanización) – Valladolid – ver Valladolid

FUENTE DÉ – Cantabria – 572 C15 – alt. 1 070 m – 🚡 1   8 A1
> ▶ Madrid 424 – Palencia 198 – Potes 25 – Santander 140
> ◎ Paraje ★★
> ◐ Mirador del Cable ✴★★ estación superior del teleférico

🏨 **Parador de Fuente Dé** ⬙   ≤ 🕴 㐄 hab, 🅰🅲 ⅍ ⅋ 🕍 P̲ 🚗
alt. 1 005 ✉*39588 Espinama –* ☎ *942 73 66 51*   🆅🆂🅰 ⓒⓞ 🅰🅴 ⓪
– www.parador.es – cerrado 22 diciembre-4 febrero
77 hab – 💲84/102 € 💲💲105/128 €, ☲ 16 €
Rest – Menú 32 €
♦ Gran edificio en piedra recorrido por una amplia cristalera. Por su ubicación, al pie de los Picos de Europa, resulta el alojamiento idóneo para los amantes de la montaña. Posee dos comedores, uno para clientes y otro para grupos, ambos de estilo rústico.

🏠 **Rebeco** ⬙   ≤ 🏡 🕴 🅰🅲 rest, ⅍ P̲ 🆅🆂🅰 ⓒⓞ
🍽 *alt. 1 005* ✉*39588 Espinama –* ☎ *942 73 66 01*
30 hab – 💲54 € 💲💲59/70 €, ☲ 6 €
Rest – Menú 16 €
♦ Casa de montaña dotada con bellos balcones de madera y buenas vistas, al valle y a los Picos de Europa. Ofrece sencillas habitaciones de ambiente rústico, varias tipo dúplex. Su restaurante cuenta con dos comedores, donde sirven platos del recetario regional.

FUENTERRABÍA – Gipuzkoa – ver Hondarribia

FUENTES DE LEÓN – Badajoz – 576 R10 – 2 571 h. – ✉ 06280   17 B3
> ▶ Madrid 467 – Mérida 121 – Badajoz 115 – Barrancos 53

🏨 **Convento San Diego** ⬙   🕴 🅰🅲 ⅍ hab, ⅋ 🕍 P̲ 🆅🆂🅰 ⓒⓞ 🅰🅴
Convento – ☎ *924 72 41 88 – www.hotelconventosandiego.com*
12 hab ☲ **–** 💲70/95 € 💲💲95/165 €
Rest – *(cerrado lunes)* Menú 40 €
♦ Ocupa un convento franciscano del s. XVI que ha sido recuperado, con un espacio polivalente en la antigua iglesia, un bello claustro y habitaciones de línea funcional-actual. El restaurante, ubicado en lo que fue el refectorio, propone una cocina de temporada.

FUENTES DE NAVA – Palencia – 575 F15 – 729 h. – ✉ 34337   11 B2
> ▶ Madrid 288 – Valladolid 78 – Palencia 31

🍴 **La Taberna de la Nava**   🏡 🅰🅲 ⅍ 🆅🆂🅰 ⓒⓞ
😊 *pl. Calvo Sotelo 5 –* ☎ *979 84 20 50 – www.latabernadelanava.com – cerrado del 1 al 7 de septiembre, domingo noche y lunes*
Rest – *(sólo almuerzo salvo viernes y sábado)* Carta 29/34 €
♦ Restaurante de aire rústico llevado por un matrimonio, con ella en sala y él al frente de los fogones. Cocina de base tradicional, con buen producto y cuidadas elaboraciones.

FUENTESPALDA – Teruel – 574 J30 – 342 h. – alt. 712 m – ✉ 44587   4 C3
> ▶ Madrid 446 – Alcañiz 26 – Lleida/Lérida 116 – Teruel 182

por la carretera de Valderrobres
Noreste : 6,3 km y desvío a la izquierda 5,3 km

🏨 **La Torre del Visco** ⬙   ≤ 🏡 🅰🅲 rest, ⅍ rest, 🕍 P̲ 🚗 🆅🆂🅰 ⓒⓞ
✉*44587 Fuentespalda –* ☎ *978 76 90 15 – www.torredelvisco.com – cerrado del 2 al 20 de enero*
12 hab ☲ **–** 💲151/275 € 💲💲161/305 € **– 5 suites**
Rest – *(cerrado lunes mediodía, martes mediodía y miércoles mediodía)* (es necesario reservar) Menú 47 €
♦ Noble masía del s. XV ubicada en pleno campo, donde reina la tranquilidad. Las acogedoras estancias combinan el mobiliario antiguo y modernista con detalles de buen gusto. Su restaurante ofrece una carta, platos del día y sabrosas elaboraciones de temporada.

FUERTEVENTURA – Las Palmas – ver Canarias

GALAPAGAR – Madrid – 576 K17 – 575 K17 – 31 820 h. – alt. 881 m – ✉ 28260 22 A2

Madrid 37 – Ávila 79 – Segovia 66 – Toledo 105

Garnacha

carret. Las Rozas-El Escorial 12, (km 16) – ✆ 918 58 33 24 – www.restaurantegarnacha.com – cerrado noviembre, domingo noche y lunes

Rest – Carta 41/47 €

◆ Reducido comedor de buen montaje, decorado en piedra vista y con vigas de madera en el techo. Posee también un reservado al fondo y una coqueta bodega en el sótano.

GALAROZA – Huelva – 578 S9 – 1 618 h. – alt. 556 m – ✉ 21291 1 A1

Madrid 485 – Aracena 15 – Huelva 113 – Serpa 89

Galaroza Sierra

carret. N 433, Oeste : 0,5 km – ✆ 959 12 32 37 – www.hotelgalaroza.com

22 hab – 🚹42/48 € 🚹🚹60/70 €, ☕ 6 € – 7 apartamentos

Rest – Menú 15 €

◆ Ubicado en plena sierra de Aracena. Sus habitaciones, equipadas con mobiliario de inspiración rústica, ofrecen un cuidado confort. Posee algunos apartamentos tipo dúplex.

ESPAÑA

GALDAKAO (GALDÁCANO) – Vizcaya – 573 C21 – 29 226 h. – alt. 60 m – ✉ 48960 25 A3

Madrid 403 – Bilbao 11 – Donostia/San Sebastián 91 – Vitoria-Gasteiz 68

Andra Mari

barrio Elexalde 22 – ✆ 944 56 00 05 – www.andra-mari.com – cerrado del 21 al 26 de abril, agosto y lunes

Rest – *(sólo almuerzo salvo fines de semana)* Menú 39/60 € – Carta 47/64 €

Espec. Vieiras y gambas marinadas con crema de hinojo y cítricos. Almejas templadas con algas y emulsión de aceite. Setas de temporada sobre patata y ravioli de huevo crujiente.

◆ Caserío vasco emplazado en lo alto de la localidad. Posee una zona de espera con bar a la entrada, varias salas de ambiente rústico-regional y un bello espacio en el sótano dedicado tanto al vino como a la sidra. Cocina vasca tradicional con toques actuales.

Aretxondo

barrio Elexalde 16-A – ✆ 944 56 76 71 – www.restaurante-aretxondo.com – cerrado del 1 al 15 de enero, del 1 al 15 de agosto y lunes

Rest – *(sólo almuerzo salvo fines de semana)* Carta 41/54 €

◆ Este caserío de línea actual se presenta con un bar-hall privado, dos comedores de aire rústico y una sala polivalente para banquetes. La bodega está excavada en la roca.

GALDEANO – Navarra – 573 D23 – ✉ 31290 24 A2

Madrid 432 – Pamplona 54 – Vitoria-Gasteiz 74 – Logroño 57

Palacio Dos Olivos

hab, rest,

pl. Luis Balerdi 2 – ✆ 948 54 05 45 – www.palaciodosolivos.com

15 hab ☕ – 🚹72/120 € 🚹🚹90/150 € – 1 suite

Rest *Sierra de Lóquiz* – *(cerrado lunes y martes) (sólo almuerzo salvo fines de semana)* Carta 46/57 €

◆ Está instalado en un palacio renacentista bien rehabilitado, con numerosas paredes en piedra y un cuidado jardín. Correcta zona social y habitaciones de estilo clásico-actual. El restaurante propone una cocina actual que toma como base los productos navarros.

GALIZANO – Cantabria – **572** B18 – **666 h.** – ⊠ **39160**　　　　**8** C1

    ▶ Madrid 408 – Santander 30 – Bilbao 88

⚏　**Casona Las Cinco Calderas** ⤸　　　　🚗 ᕼ hab, 🆃🅲 hab, ⬲ 🅿
　　barrio Linderrío 13, Este : 1.5 km – ☎ *942 50 50 89*　　　🆅🅸🆂🅰 ⓞⓞ 🅰🅴 ⓞ
　　– www.lascincocalderas.com
　　12 hab ⊊ – ♛76/100 € ♛♛82/110 €
　　Rest – *(sólo clientes, sólo cena)* 20 €
　　♦ Esta casona disfruta de un agradable jardín, un porche, un salón-biblioteca y unas habitaciones de línea actual, con profusión de maderas claras y algún mueble restaurado.

GALLEGOS – Segovia – **575** I18 – ⊠ **40162**　　　　**12** C3

    ▶ Madrid 124 – Valladolid 217 – Segovia 34

⚏　**La Posada de Gallegos** ⤸　　⬳ 🏠 🏊 🛗 ᕼ hab, ⚒ ⬲ 🛁 🚗 🆅🅸🆂🅰
　　camino de Matabuena – ☎ *921 50 90 70* – *www.laposadadegallegos.com*
　　8 hab ⊊ – ♛65 € ♛♛80 €
　　Rest – (es necesario reservar) Menú 18 €
　　♦ Excelente turismo rural ubicado a unos 200 m. del pueblo, en un edificio de piedra. Salón social con chimenea y coquetas habitaciones, cuatro con terraza. Su atractivo restaurante se complementa, en el sótano, con una "txoko" rústico a modo de sociedad vasca.

⚏　**La Data** ⤸　　　　　　　　⚒ hab, ⬲ 🆅🅸🆂🅰 ⓞⓞ
　　Lámpara 29 – ☎ *921 50 90 87* – *www.ladata.es*
　　10 hab ⊊ – ♛♛70/80 €
　　Rest – *(sólo clientes salvo fines de semana)* Carta aprox. 35 €
　　♦ Ocupa un edificio de nueva construcción y aire regional, donde encontrará un salón rústico-actual y cuidadas habitaciones, la mayoría abuhardilladas y con vistas a los prados. El comedor, de ambiente rústico y con chimenea, ofrece una carta regional.

GANDÍA – Valencia – **577** P29 – **80 020 h.** – **Playa** – ⊠ **46701**　　**16** B2

    ▶ Madrid 416 – Albacete 170 – Alacant/Alicante 109 – València 68

    ℹ Marqués de Campo ☎ 96 287 77 88 gandia@touristinfo.net Fax 96 286 55 77

    y passeig Marítim Neptú 45 ☎ 96 284 24 07 gandiaplaya@turistinfo.net Fax 96 284 52 17 (temp)

Plano página siguiente

en el puerto (Grau) Noreste : 3 km

🍴🍴　**L'Ham**　　　　　　　　　🆃🅲 ⚒ 🆅🅸🆂🅰 ⓞⓞ 🅰🅴 ⓞ
　　Germans Benlliure 22 ⊠*46730 Grau de Gandía* – ☎ *962 84 60 06*
　　– cerrado lunes　　　　　　　　　　　　　　　　　　　　Z**n**
　　Rest – *(sólo almuerzo salvo agosto, viernes y sábado)* Carta 22/54 €
　　♦ Ubicado en una calle poco transitada de la zona del puerto, con el propietario al frente del negocio. Goza de gran aceptación por su cocina, basada en arroces y mariscos.

en la zona de la playa Noreste : 4 km

🏨　**Albatros** sin rest, con cafetería por la noche　🏊 🛗 🆃🅲 ⚒ ⬲ 🅿 🆅🅸🆂🅰 ⓞⓞ
　　Clot de la Mota 11 ⊠*46730 Grau de Gandía* – ☎ *962 84 56 00*
　　– www.hotel-albatros.com　　　　　　　　　　　　　　Y**c**
　　44 hab – ♛33/72 € ♛♛50/97 €, ⊊ 6 €
　　♦ Hotel de línea funcional orientado al hombre de negocios, pese a estar en una zona de playa. Ofrece habitaciones sencillas pero bien equipadas, algunas de ellas con terraza.

ESPAÑA

GANDÍA

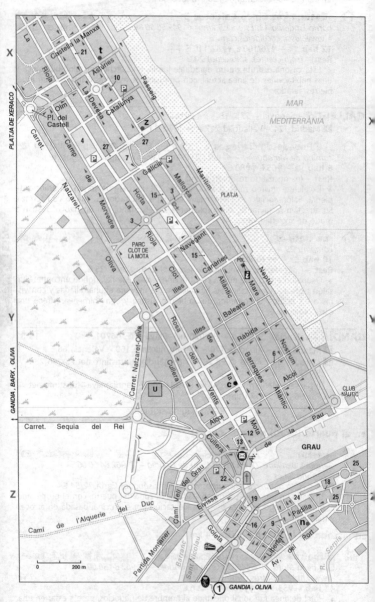

✗ **Emilio** 🆔 🍴 📷 ⓒ 🅰 ⓞ
*av. Vicente Calderón 10 - bloque F5 ✉46730 Grau de Gandía – 𝒞 962 84 07 61
– www.restaurante-emilio.com – cerrado 15 días en octubre y miércoles*
Rest – Carta aprox. 45 €   X**z**
♦ Restaurante familiar de buen montaje dotado con un estilo clásico-actual.
Ofrece una carta tradicional bastante completa, con arroces y mariscos, así como
una nutrida bodega.

✗ **Kayuko** 🆔 🍴 ⟷ 📷 ⓒ 🅰 ⓞ
*Formentera 16 ✉46730 Grau de Gandía – 𝒞 962 84 01 37
– www.restaurantekayuko.com – cerrado lunes*   X**t**
Rest – Carta aprox. 45 €
♦ Afamado por la calidad del producto y por elaborar platos típicos de la región,
como el "arroz meloso". Posee unos salones bastante luminosos y suele trabajar
con tres menús.

por la carretera CV 675 Oeste : 6 km y desvío a la izquierda 1 km

🏠 **La Falconera** 🌿 ⇐ 🗗 🗟 🆔 hab, 🍴 🅿 📷 ⓒ
*cami Pinet 32 (Marxuquera) ✉46728 – 𝒞 962 86 83 15
– www.lafalconera.com*
4 hab – 🛏118/128 €, ⌴ 12 €
Rest – *(sólo clientes)* Carta aprox. 32 €
♦ Esta casa señorial ha sido restaurada y posee un bonito jardín, lleno de palmeras, pinos y eucaliptos. Sus espaciosas habitaciones combinan el mobiliario clásico
y antiguo.

GARGANTA – ver a continuación y el nombre propio de la garganta

GARÒS – Lleida – ver Vielha

La GARRIGA – Barcelona – **574** G36 – **14 991 h.** – **alt. 258 m**   **15** B2
– Balneario – ✉ 08530

▶ Madrid 650 – Barcelona 38 – Girona/Gerona 84

🏨 **G.H. Balneario Blancafort** 🗟 🗗 🛁 🛗 ⅃ hab, 🆔 🍴 🐾 🏋 🚗
Mina 7 – 𝒞 938 60 56 00 – www.balnearioblancafort.com   📷 ⓒ 🅰
126 hab ⌴ – 🛏103/143 € 🛏158/236 € – 30 suites
Rest D'ors – *(es necesario reservar)* Carta aprox. 48 €
♦ Antiguo balneario que recuperó su esplendor para convertirse en un hotel de
lujo. Ofrece múltiples servicios terapéuticos y magníficas habitaciones. El restaurante, de elegante clasicismo, elabora una cocina tradicional e internacional con
detalles de autor.

🏨 **Termes La Garriga** ⅃ 🗗 🛗 📷 🍴 🏋 🚗 📷 ⓒ 🅰
Banys 23 – 𝒞 938 71 70 86 – www.termes.com
22 hab ⌴ – 🛏114/151 € 🛏141/186 €
Rest – Menú 42 €
♦ Edificio novecentista con excelentes servicios terapéuticos y habitaciones de
cuidada decoración e impecable equipamiento. Piscina de agua termal con
pequeña zona ajardinada. El restaurante presenta un montaje actual y ofrece
una carta de cocina tradicional.

GARRUCHA – Almería – **578** U24 – **8 626 h.** – **alt. 24 m** – **Playa**   **2** D2
– ✉ 04630

▶ Madrid 536 – Almería 100 – Murcia 140
🛈 paseo del Malecón 42, 𝒞 950 13 27 83 turismogarrucha@gmail.com
   Fax 950 13 27 83

⌂ **Tikar** 🎱 |❄| ⅙ hab, 🅰️🅲 ⚡ 🛰️ 🅿️ 🎨 ⬤⬤
carret. Garrucha a Vera 17
– 𝓒 *950 61 71 31* – *www.hoteltikur.com*
– *abril noviembre*
6 hab ⊆ – ♦49/130 € ♦♦59/130 €
Rest – *(cerrado domingo)* Menú 15 €
♦ Este pequeño hotel presenta habitaciones confortables y de línea funcional, todas con su propio salón y los suelos en parquet. Destacan las dos que tienen vistas al mar. El restaurante, que se decora con exposiciones temporales de pintura, ofrece carta y menú.

GAUTEGIZ-ARTEAGA – **Vizcaya** – **573** B22 – **869 h. – alt. 40 m**   **25** B3
– ✉️ **48311**

▶ Madrid 431 – Bilbao 52 – Donostia-San Sebastián 94
– Vitoria-Gasteiz 98

⌂⌂⌂ **Castillo de Arteaga** 🍃   ⇐ 🚣 |❄| ⅙ hab, 🅰️🅲 ⚡ 🛰️ 🏊 🅿️ 𝖵𝖨𝖲𝖠 ⬤⬤ 🅰🅴 ①
Gaztelubide 7 – 𝓒 *946 27 04 40* – *www.grupozaldua.com*
– *cerrado enero*
13 hab ⊆ – ♦115/135 € ♦♦135/165 €
Rest – *(cerrado domingo noche)* Menú 50 €
♦ Data del s. XVI y disfruta de excelentes vistas a la reserva de Urdibai. Sus habitaciones poseen mobiliario de época y artesonados originales, destacando las de las torres. El restaurante ofrece dos salas de ambiente clásico, una de ellas con chimenea.

en la carretera de Ibarrangelu :

⌂ **Txopebenta** sin rest   ⚡ 🛰️ 🅿️ 𝖵𝖨𝖲𝖠
barrio Zendokiz, Noreste : 3 km ✉️*48314*
– 𝓒 *946 25 49 23*
6 hab – ♦38 € ♦♦44/49 €, ⊆ 5,50 €
♦ Coqueta casa de turismo rural dotada con un pequeño porche. Aquí el ambiente hogareño se respira tanto en el salón, con chimenea, como en sus sencillas habitaciones.

⌂ **Urresti** sin rest 🍃   ⚡ 🛰️ 🅿️ 𝖵𝖨𝖲𝖠 ⬤⬤
barrio Zendokiz, Noreste : 3,5 km ✉️*48314* – 𝓒 *946 25 18 43*
– *www.urresti.net*
6 hab – ♦40/47 € ♦♦50/59 €, ⊆ 6,50 € – 2 apartamentos
♦ Casa construida a modo de granja, en pleno campo y con varios animales. Posee unas sencillas habitaciones de línea provenzal y algunos apartamentos más amplios, tipo dúplex.

GAVÀ – **Barcelona** – **574** I36 – **45 994 h. – Playa** – ✉️ **08850**   **15** B3
▶ Madrid 620 – Barcelona 24 – Tarragona 77

en la zona de la playa Sur : 5 km

❌❌❌ **Les Marines** 🚣 🅰️🅲 ⚡ ↔ 🅿️ 𝖵𝖨𝖲𝖠 ⬤⬤ 🅰🅴 ①
Calafell 21 ✉️*08850*
– 𝓒 *936 33 35 70* – *www.lesmarines.com*
– *cerrado 15 días en agosto, domingo noche y lunes*
Rest – Carta 38/52 €
♦ Está emplazado en una finca arbolada próxima al mar, con una atractiva terraza y acogedoras salas de ambiente clásico. Cocina tradicional actualizada y sugerencias del día.

Los precios junto al símbolo ♦ corresponden al precio más bajo en temporada baja, después el precio más alto en temporada alta, para una habitación individual. El mismo principio con el símbolo ♦♦, esta vez para una habitación doble.

▶ Madrid 634 – Ax-les-Thermes 58 – Andorra la Vella 56
– Girona/Gerona 153

⌂ **Cal Reus** sin rest ♨   ♒ ⁽ⁱ⁾ 𝖵𝖨𝖲𝖠 ⑳ 𝖠𝖤 ⓪
Major 4 - Quatre Cantons 6 – ✆ *972 89 40 02*
7 hab ☲ – ♦30/35 € ♦♦50/55 €
♦ Casa de pueblo muy sencilla, aunque encaja perfectamente dentro del concepto de alojamiento rural. Sus habitaciones resultan correctas y todas poseen su propio baño.

✕✕ **El Rebost de Ger**   𝖠𝖢 ♒ 𝖵𝖨𝖲𝖠 ⑳ 𝖠𝖤
pl. Major 2 – ✆ *972 14 70 55* – *www.elrebostdeger.com* – *cerrado 2ª quincena de junio, lunes y martes*
Rest – Carta 42/52 €
♦ Negocio de estilo rústico-regional dotado con un comedor, un privado, un espacio "chill out" en la buhardilla y una bodega para comidas informales. Elaboraciones creativas.

▶ Madrid 429 – Bilbao 33 – Donostia-San Sebastián 84 – Vitoria-Gasteiz 69
🅳 Artekalea 8 ✆ 94 625 58 92 turismo@gernika-lumo.net Fax 94 625 32 12
🅖 Norte : Carretera de Bermeo ⪜★- Ría de Guernica★ – Balcón de Vizcaya
⪜★★ Sureste : 18 km

🏠 **Gernika** sin rest   🕮 ⅍ ♒ ⁽ⁱ⁾ 𝖆 𝖯 𝖵𝖨𝖲𝖠 ⑳ ⓪
Carlos Gangoiti 17 – ✆ *946 25 03 50* – *www.hotel-gernika.com*
– *cerrado 19 diciembre-19 enero*
40 hab – ♦53 € ♦♦71 €, ☲ 5 €
♦ Hotel familiar dotado con un elegante bar y un buen salón social. Ofrece dos tipos de habitaciones, las más modernas con aire acondicionado y los baños en mármol.

✕✕ **Zallo Barri**   𝖠𝖢 ♒ ⇄ 𝖵𝖨𝖲𝖠 ⑳ 𝖠𝖤
Juan Calzada 79 – ✆ *946 25 18 00* – *www.zallobarri.com*
Rest – *(sólo almuerzo salvo viernes y sábado)* Carta 37/48 €
♦ Moderno local de estilo minimalista dotado de comedores con paneles móviles, diferenciando así la carta del menú. Elaboran una cocina tradicional actualizada.

▶ Madrid 14 – Aranjuez 38 – Toledo 56

✕✕ **Casa de Pías**   𝖠𝖢 ♒ ⇄ 𝖵𝖨𝖲𝖠 ⑳ 𝖠𝖤 ⓪
pl. Escuelas Pías 4 ✉*28901* – ✆ *916 96 47 57* – *www.casadepias.com* – *cerrado Semana Santa y agosto*
Rest – Carta 43/53 €
♦ Céntrico negocio que sorprende por sus cuidadas instalaciones de estilo actual, con un buen hall, dos salas y dos privados en el 1er piso. Cocina actual con detalles de autor.

en la autovía A 4 Sureste : 5,5 km

🏨 **Tryp Los Ángeles**   ⪪ 🏊 ✕ 𝖠𝖢 ♒ ⁽ⁱ⁾ 𝖆 𝖯 🚗 𝖵𝖨𝖲𝖠 ⑳ 𝖠𝖤
✉*28906* – ✆ *916 83 94 00* – *www.tryp-losangeles.com*
118 hab – ♦45/81 € ♦♦50/95 €, ☲ 4 € – 3 suites   **Rest** – Menú 12 €
♦ Establecimiento de carretera totalmente aislado del ruido. Sus habitaciones destacan por la amplitud y el cuidado equipamiento, con todos los baños en mármol. En su restaurante, de estilo clásico-elegante, encontrará una sencilla carta de tinte tradicional.

ESPAÑA

▶ Madrid 487 – Bilbao 77 – Pamplona 107 – Donostia-San Sebastián 24

🛈 Parque Aldamar 2 ℰ 943 14 09 57 turismo@getaria.net Fax 943 14 09 57 (temp)

🖾 Carretera en cornisa★★ de Guetaria a Zarauz

Saiaz Getaria sin rest   ≤ |📶| & 🅰🅒 ⸙ 🕼
Roke Deuna 25 – ℰ 943 14 01 43 – www.saiazgetaria.com
17 hab
◆ Casa del s. XV donde aún se conservan algunos muros en piedra. Presenta una coqueta zona social, una luminosa cafetería y correctas habitaciones, la mayoría asomadas al mar.

Itxas-Gain sin rest |📶| & 🕼 𝚅𝙸𝚂𝙰 ⸙
Roke Deuna 1 – ℰ 943 14 10 35 – www.hotelitxasgain.com
16 hab – ♦40/50 € ♦♦55/120 €, � 5 €
◆ Su nombre significa "Sobre el mar". Ofrece un buen hall, un jardín y habitaciones de adecuado confort, en líneas generales de estilo moderno y en la 3ª planta abuhardilladas.

Elkano   🅰🅒 🌂 𝚅𝙸𝚂𝙰 ⸙ 🅰🅴 ⓪
Herrerieta 2 – ℰ 943 14 06 14 – www.restauranteelkano.com – cerrado 15 días en Semana Santa, 1ª quincena de noviembre, domingo noche, lunes y martes noche (salvo julio y agosto)
Rest – Carta 56/71 €
◆ Negocio familiar dotado con un bar de espera y una sala de cuidado montaje, en un estilo clásico-marinero. Trabajan mucho con la parrilla y ofrecen productos de gran calidad.

Kaia Kaipe   ≤ 🕼 🅰🅒 🌂 𝚅𝙸𝚂𝙰 ⸙ 🅰🅴 ⓪
General Arnao 4 – ℰ 943 14 05 00 – www.kaia-kaipe.com – cerrado 1ª quincena de marzo, 2ª quincena de octubre, lunes y miércoles noche salvo verano
Rest – Carta 40/61 € ⊛
◆ Esta casa posee un bar privado, un comedor de montaje clásico-marinero y otro, más sencillo, con acceso a la terraza. Gran bodega, vivero propio y vistas al puerto pesquero.

Iribar con hab y sin �   🅰🅒 rest, 🌂 🕼 𝚅𝙸𝚂𝙰 ⸙ 🅰🅴
Nagusia 34 – ℰ 943 14 04 06 – cerrado 7 días en abril, 7 días en junio, 7 días en octubre y 7 días en noviembre
5 hab – ♦38/50 € ♦♦50/60 €
Rest – *(cerrado miércoles noche y jueves)* Carta 35/49 €
◆ Se encuentra en el casco antiguo de la localidad, con una decoración de ambiente rústico y algún detalle marinero. Carta de cocina vasca bastante rica en pescados. Como complemento cuenta con unas correctas habitaciones, renovadas y de carácter funcional.

en el alto de Meagas Sur : 4,5 km

Azkue con hab   🕼 |📶| & hab, 🕼 🅿 𝚅𝙸𝚂𝙰 ⸙
⊠20808 Getaria – ℰ 943 83 05 54 – www.hotelazkue.com
19 hab ⊯ – ♦40/50 € ♦♦65/78 €
Rest – *(cerrado martes salvo verano)* Carta 25/31 €
◆ Esta casa familiar ofrece un bar público, un comedor regional de sencillo montaje y una agradable terraza arbolada. Precios moderados y elaboraciones de tinte casero. Como complemento disfruta de unas habitaciones clásicas de adecuado confort.

en el barrio de Azkizu Oeste : 2,5 km

Iturregi sin rest 🌤   ≤ 🍃 ⵣ |📶| & 🅰🅒 🌂 🕼 🅿 𝚅𝙸𝚂𝙰 ⸙ 🅰🅴
⊠20808 Getaria – ℰ 943 89 61 34 – www.hoteliturregi.com – cerrado enero-15 febrero
6 hab ⊯ – ♦♦150/340 € – 2 suites
◆ Ubicado a las afueras de la ciudad, rodeado de fincas con viñedos y próximo a una bodega de txacolí. Porche con vistas, elegante salón social y habitaciones muy detallistas.

GETXO – Vizcaya – **573** B21 – 80 770 h. – alt. 51 m – ✉ 48992

> ▶ Madrid 407 – Bilbao 14 – Donostia-San Sebastián 113
> **ℹ** en Algorta : playa de Ereaga 𝒞 94 491 08 00 infoturismo@getxo.net Fax 94 491 12 99
> Neguri, Noroeste : 2 km, 𝒞 94 491 02 00

en Getxoko Andramari (Santa María de Getxo) :

XXX **Cubita**   ⇐ 🏠 🅰🅒 ⅗ ⇔ 🅿 🆅🅂🅰 ⓪ 🅰🅴 ⓪
carret. de La Galea 30 ✉48990 Getxo – 𝒞 944 91 17 00 – www.cubita.biz
– cerrado agosto, domingo noche y miércoles
Rest – Carta 44/65 €
♦ Adosado al bello molino de Aixerrota, que funciona como una galería de arte. Posee un bar público, dos privados y comedores clásicos de buen montaje, todos con vistas al mar.

en Neguri :

🎱 **Artaza**   🅸 🅰🅒 ⅗ 🕊 🅿 🆅🅂🅰 ⓪ 🅰🅴 ⓪
av. de Los Chopos 12 ✉48991 Getxo – 𝒞 944 91 28 52 – www.hotelartaza.com
21 hab ☲ – ♟♟66/83 €
Rest – *(cerrado Navidades, Semana Santa y domingo noche)* Menú 45 €
♦ Atractiva villa veraniega construida en 1952. Disfruta de una buena cafetería y unas cálidas habitaciones, algunas abuhardilladas y todas con un ligero estilo inglés. El restaurante, dotado con varias salas de línea clásica, propone una cocina muy tradicional.

en Areeta (Las Arenas) :

🏘 **Embarcadero**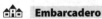
av. Zugazarte 51 ✉48930 – 𝒞 944 80 31 00 – www.hotelembarcadero.com
27 hab – ♟132/141 € ♟♟157/168 €, ☲ 14 €
Rest – *(cerrado domingo noche y lunes)* Carta 48/63 €
♦ Antigua casona señorial emplazada junto al mar, con la estructura exterior a modo de caserío y el interior de diseño actual. Luminosa zona social y confortables habitaciones. En su comedor encontrará una carta tradicional con algunos platos internacionales.

GETXOKO ANDRAMARI – Bizkaia – ver Getxo

GIBRALGALIA – Málaga – ver Cártama

GIBRALTAR – **578** X13/ X14 – 28 875 h.   1 B3

> ▶ Madrid 673 – Cádiz 144 – Málaga 127
> ✈ de Gibraltar, Norte : 2,7 km 𝒞 00 350 200 73026
> **G.B. Airways y B. Airways :** The Rotunda, Winston Churchill Ave 𝒞 00 350 200 79300 – **Iberia** : 2A Main Street, Unit G 10 𝒞 00 350 200 77666
> **R.A.C.E.** 4 Cathedral Square P.O. Box 385 𝒞 00 350 200 75161 Fax 00 350 200 48596
> 🔲 Localidad★

Plano página siguiente

🏘 **The Caleta** ⊛   ⇐ 🏠 ⅃ 🅸🅴 🅸 🅰🅒 ⅗ 🕊 ⇔ 🆑 🅿 🆅🅂🅰 ⓪ 🅰🅴 ⓪
Catalan Bay – 𝒞 003 50 20 07 65 01 – www.caletahotel.com   v
158 hab – ♟♟113/216 €, ☲ 11 €
Rest *Nuno's* – Menú 30 €
♦ Privilegiada situación sobre el mar, que contrasta con el discreto aspecto exterior. Hotel bien organizado y de adecuadas instalaciones. Pida las habitaciones con vistas. Restaurante italiano de cuidado montaje que destaca por su bellísima terraza panorámica.

ESPAÑA

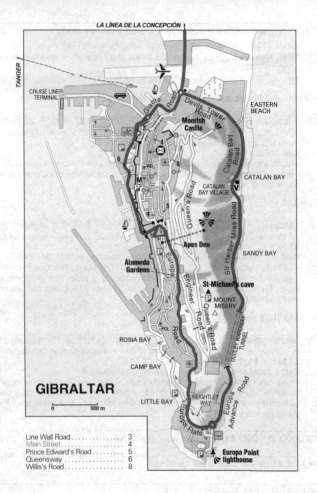

LA LÍNEA DE LA CONCEPCIÓN ↑

TANGER ↑

CRUISE LINER TERMINAL

Glacis Road

Devils Tower Road

Moorish Castle

EASTERN BEACH

Catalan Bay Road

CATALAN BAY

V

CATALAN BAY VILLAGE

Queen's Road

Sir Herber Miles Road

SANDY BAY

Apes Den

Alameda Gardens

Europa Road

Engineer Road

ROSIA BAY

St-Michael's cave

MOUNT MISERY

Queen's Road

DUDLEY WARDWAY TUNNEL

CAMP BAY

GIBRALTAR

0   500 m

LITTLE BAY

KEIGHTLEY WAY

Europa Road

Europa Advance Road

Europa Flats

Europa Point lighthouse

GIJÓN – Asturias – **572** B12 – **277 554 h.** – Playa   **5** B1

▶ Madrid 474 – Bilbao 296 – A Coruña 341 – Oviedo 30

🛈 Rodríguez San Pedro (Espigón Central de Fomento del Puerto Deportivo) ✆ 98 534 17 71 infogijon@gijon.info Fax 98 535 63 57

R.A.C.E. Palacio Valdes 19, ✆ 98 535 53 60 Fax 98 535 09 70

🗓 Castiello, Sureste : 5 km, ✆ 98 536 63 13

🏨🏨🏨 **NH Gijón**   🚗 ⊼ 🛎 ⚃ hab. 🎦 ⁽ⁱ⁾ 🛠 🚙 VISA ⓪ AE ①

paseo del Doctor Fleming 71 ✉33203 Gijon
– ✆ 985 19 57 55
– *www.nh-hotels.com*
64 hab – �[†]�\[†]73/200 €, ⊊ 13 €
Rest *Avant Garde* – Carta aprox. 40 €

♦ Se presenta con una correcta zona social, varios salones panelables y unas habitaciones actuales de notable amplitud. Buen solárium en el ático y zona de belleza en el sótano. En el restaurante, dinámico e innovador, se combinan tapas, bocados y raciones.

422

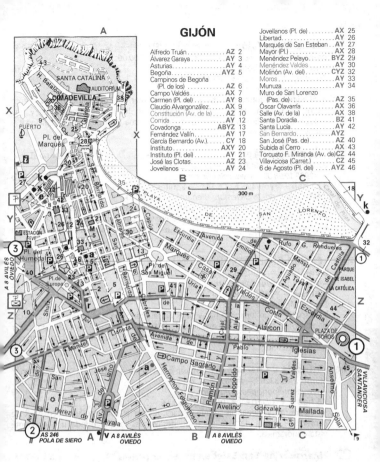

GIJÓN

ⒽⓄⓄⒽ Hernán Cortés sin rest   🛗 🆔 ⚙ 🛜 🔉 🆚 🌐 AE ①

Fernández Vallín 5 ✉33205
– ℰ 985 34 60 00
– *www.hotelhernancortes.es*   **AYa**
60 hab – 🛏🛏60/90 €, ☲ 5 € – 16 suites
◆ Céntrico hotel de línea clásica dotado de espaciosas instalaciones. Combina su elegante decoración con un gran nivel de confort y una atención especial a los detalles.

ⒽⓄⒽ Parador de Gijón Molino Viejo   🏕 🛗 🆔 ⚙ 🅿 🆚 🔉 AE ①

parque de Isabel la Católica, por av. del Molinón ✉33203 – ℰ 985 37 05 11
– *www.parador.es*   **CYa**
40 hab – 🛏120/130 € 🛏🛏150/163 €, ☲ 16 €
Rest – Menú 32 €
◆ Ocupa un antiguo molino ubicado junto al parque. Sus luminosas dependencias le brindan todas las comodidades dentro de un ambiente cálido y distinguido. El restaurante se viste de gala para acoger una cocina arraigada en los sabores de la tierra.

Abba Playa Gijón ⟨ ☕ ♨ 🛗 & hab, 🅰🅲 ❄ 🏠 🛜 🏧 🚗 🅲🅰🆂 ◐🄰🄴 🄾

paseo del Doctor Fleming 37 ✉33203 – 𝒞 985 00 00 00
– www.abbagijonhotel.com   CY**k**
80 hab – ♦75/169 € ♦♦75/182 €, ☑ 14 €
Rest – Menú 20 €

◆ El edificio, en forma de cubo y con vistas al mar, está orientado tanto al cliente de negocios como al vacacional. Moderno bar, luminosas habitaciones y una terraza-solárium. En su restaurante encontrará una reducida carta tradicional y varios tipos de menús.

Tryp Rey Pelayo 🏛 🛗 & hab, 🅰🅲 ❄ 🏠 🛜 🚗 🅲🅰🆂 🄰🄴 🄾

av. Torcuato Fernández Miranda 26 ✉33203
– 𝒞 985 19 98 00 – www.solmelia.com   CZ**b**
125 hab – ♦♦60/195 €, ☑ 14 € – 4 suites
Rest – *(cerrado 26 diciembre-8 enero)* Menú 16,20 €

◆ Moderno hotel situado frente a un tranquilo parque. Dispone de unas espaciosas habitaciones completamente equipadas, con solado en madera y baños en mármol. Restaurante de estilo clásico con un servicio de mesa de buen nivel.

Ciudad Gijon 🛏 ♨ 🛗 & hab, 🅰🅲 ❄ 🏠 🛜 🚗 🅲🅰🆂 🄰🄴 🄾

Bohemia 1, por ③ ✉33207 – 𝒞 985 17 61 12
– www.hotelciudadgijon.com   AY**c**
130 hab – ♦♦60/135 €, ☑ 11 € – 4 suites
Rest – Menú 23 €

◆ Dispone de un luminoso hall y salas de reuniones panelables en el sótano. Las habitaciones gozan de un estilo actual, destacando la planta ejecutiva por tener más servicios. El comedor presenta una decoración funcional y una carta tradicional de mercado.

Príncipe de Asturias sin rest, con cafetería por la noche ⟨ 🛗 🛜 🚗
Manso 2 ✉33203 – 𝒞 985 36 71 11   🅲🅰🆂 🄰🄴 🄾
– www.hotelprincipeasturias.com   CY**v**
76 hab – ♦70/150 € ♦♦70/190 €, ☑ 13 € – 2 suites

◆ Clasicismo y elegancia se aúnan para aportar al conjunto un buen nivel de confort. Le sorprenderá su salón de desayunos, ya que brinda una excelente vista panorámica.

Marqués de San Esteban sin rest, con cafetería 🛗 🅰🅲 ❄ 🛜
Marqués de San Esteban 11 ✉33206 – 𝒞 985 09 09 29   🅲🅰🆂 🄰🄴 🄾
– www.bluehoteles.es   AY**x**
27 hab ☑ – ♦54/115 € ♦♦57/125 €

◆ Sus habitaciones, no muy amplias pero bien equipadas, disfrutan de un estilo actual, con los suelos en tarima y en muchos casos balcón. Posee dos estancias abuhardilladas.

Pasaje sin rest, con cafetería ⟨ 🛗 ❄ 🛜 🚗 🅲🅰🆂 🄰🄴 🄾
Marqués de San Esteban 3 ✉33206 – 𝒞 985 34 24 00
– www.hotelpasaje.net   AY**k**
29 hab – ♦45/75 € ♦♦59/110 €, ☑ 7 €

◆ Hotel de organización familiar con vistas al puerto deportivo. Sus correctas habitaciones se complementan con una cafetería pública y un salón social en el 1er piso.

Bahía sin rest y sin ☑ 🛗 ❄ 🛜 🚗 🅲🅰🆂 🄾
av. del LLano 44 ✉33209 – 𝒞 985 16 37 00
– www.hotelbahiagijon.com   AZ**v**
34 hab – ♦33/50 € ♦♦45/70 €

◆ Ocupa la 1ª planta de un edificio de viviendas y es una buena opción en su categoría, tanto por el mantenimiento de sus dependencias como por el confort de sus habitaciones.

🏠 **Castilla** sin rest 📧 🍴 🛜 **VISA** 🔵🔵

Corrida 50 ⊠33206 – ☏ 985 34 62 00 – www.hotelcastillagijon.com
43 hab – ✝44/71 € ✝✝62/92 €, ☕ 4,85 € AY**r**
♦ Hotel de línea clásica con habitaciones funcionales y baños modernos, estos últimos algo pequeños. Impecable nivel de limpieza y la sala de desayunos como única zona social.

XX **La Zamorana** 🔳 🛜 **VISA** 🔵🔵 **AE** ⓪

Hermanos Felgueroso 38 ⊠33209
– ☏ 985 38 06 32 – www.lazamorana.net
– cerrado 25 abril-8 mayo, del 15 al 31 de octubre y lunes salvo agosto
Rest – Carta 38/52 € BZ**a**
♦ Este negocio ofrece una sidrería, varias salas rústicas y un comedor de superior montaje dotado con una entrada independiente. Carta tradicional y una bodega muy completa.

XX **V. Crespo** 🔳 🛜 **VISA** 🔵🔵 **AE** ⓪

Periodista Adeflor 3 ⊠33205 – ☏ 985 34 75 34 – www.restaurantecrespo.com
– cerrado julio y lunes AZ**r**
Rest – Carta 44/53 €
♦ Casa sólida y seria dotada con un bar en la entrada y una sala de aire marinero distribuida en varios espacios. Cocina de base tradicional basada en la calidad del producto.

XX **La Salgar** 🏫 🔳 🛜 **VISA** 🔵🔵 **AE** ⓪

paseo Dr. Fleming 859, por av. del Molinón ⊠33203
– ☏ 985 33 11 55 – www.lasalgar.es
– cerrado domingo noche, lunes y martes noche CY**e**
Rest – Carta 34/46 €
♦ Restaurante de línea moderna ubicado junto al Museo del Pueblo de Asturias. En su atractivo comedor podrá degustar una carta de tinte tradicional con un apartado creativo.

X **La Casa Pompeyana** 🛜 **VISA** 🔵🔵 **AE** ⓪

Nava 5, por ③ ⊠33207
– ☏ 984 19 24 19 – www.lacasapompeyana.com
– cerrado 2ª quincena de mayo, 2ª quincena de septiembre y martes salvo festivos AY**f**
Rest – Carta 36/50 €
♦ Restaurante decorado con atractivos frescos alegóricos que rememoran la cultura e historia de Pompeya. Carta tradicional italiana con un apartado de pasta fresca y pizzas.

X **El Perro que Fuma** 🔳 🛜 **VISA** 🔵🔵 **AE**

Poeta Ángel González 18 (Viesques), por Anselmo Solar CZ ⊠33204
– ☏ 984 19 34 93 – www.elperroquefuma.com – cerrado 2ª quincena de septiembre, domingo noche y lunes CZ**d**
Rest – Carta 36/48 €
♦ ¡Esta casa le sorprenderá! En su comedor, de moderno montaje, ofrecen una carta actual bastante amplia, varios menús del día y dos menús degustación. Clientela de empresa.

X **El Candil** 🔳 🛜 **VISA** 🔵🔵 **AE** ⓪

Numa Guilhou 1 ⊠33206
– ☏ 985 35 30 38 – www.elcandilgijon.es
– cerrado Navidades, del 1 al 15 de julio y domingo AY**e**
Rest – Carta 29/47 €
♦ Coqueto restaurante decorado con detalles marineros y candiles. Ofrece una cocina tradicional de tintes vascos en la que se explotan las excelentes materias primas de la zona.

ESPAÑA

¿Buenas comidas a precios moderados? Elija un Bib Gourmand 🅰.

en Somió por ① CZ

XX **La Pondala** ㊟ ⚘ VISA ⓸ AE ❶

av. Dioniso Cifuentes 58 - 3 km ✉*33203*
– 𝒞 *985 36 11 60* – *www.lapondala.com*
– *cerrado del 6 al 23 de junio y jueves*
Rest – Carta 30/48 €

♦ Fundado en 1891. Propone una cocina clásica-tradicional que se elabora con productos escogidos, procurando así mantener el sabor de siempre. Atractiva terraza posterior.

en Cabueñes por ① CZ

🏠 **Quinta Duro** sin rest 🌿 ⬚ 🏢 ⬚ ⚘ ⑴ 🈂 **P** VISA ⓸ AE ❶

camino de las Quintas 384, 5 km ✉*33394* – 𝒞 *985 33 04 43*
– *www.hotelquintaduro.com*
11 hab – †59/74 € ††103/145 €, ⬚ 6,45 €

♦ Atractiva casa señorial rodeada por una extensa zona verde con árboles centenarios. Tanto su zona social como las espaciosas habitaciones se visten con mobiliario antiguo.

🏠 **Casona de Cefontes** sin rest 🌿 ⚘ ⑴ **P** VISA ⓸

Camino de la Carbayera 564, 6 km ✉*33394 Cefontes-Cabueñes*
– 𝒞 *985 33 81 29* – *www.casonadecefontes.com*
13 hab – †59/86 € ††80/97 €, ⬚ 9,65 €

♦ Casa de estética regional rodeada por una amplia zona de césped y prados. Sala de desayunos con chimenea e impecables habitaciones, todas actuales pero con detalles rústicos.

en Deva por ① : 6 km y desvío a la derecha 1 km CZ

🏠 **La Ermita de Deva** sin rest 🌿 ⬖ ⬚ ⚘ ⑴ **P** VISA ⓸

Camin del Vallenquin 432 ✉*33394* – 𝒞 *985 33 34 22* – *www.laermitadeva.com*
– *cerrado enero - febrero*
9 hab ⬚ – †75/90 € ††100/180 €

♦ Casa de labranza del s. XVIII dotada con su propia capilla en el jardín, dedicada a San Antonio. Porche acristalado y habitaciones muy confortables, algunas abuhardilladas.

por la carretera N 632 por ① : 7 km CZ

🏨 **Palacio de la LLorea** 🌿 🔊 🏢 🏢 ⬖ hab, ⬛ ⚘ ⑴ 🈂 **P**

carret. de Villaviciosa - Campo de Golf La Llorea VISA ⓸ AE ❶
✉*33394* – 𝒞 *985 13 18 12*
– *www.palaciodelallorea.com*
60 hab – †80/135 € ††80/155 €, ⬚ 12 € – 2 suites
Rest – Menú 20 €

♦ Conjunto horizontal ubicado junto a un campo de golf. Posee una elegante zona social, un completo SPA con servicios terapéuticos y habitaciones actuales muy bien equipadas. El restaurante ocupa la antigua capilla del palacio, que ha sido restaurada.

en Santurio por ① : 7,5 km CZ

XX **Los Nogales** ⬚ ⬛ ⚘ ⬖ **P** VISA ⓸ AE ❶

Camin de la Matona 118 ✉*33394* – 𝒞 *985 33 63 34*
– *cerrado 24 diciembre-enero, lunes noche y martes*
Rest – Carta 40/60 €

♦ Ubicado en pleno campo, sorprende por la calidad de los productos con que elabora sus platos. Terraza acristalada precediendo al bar-sidrería, y correctas salas a la carta.

en Mareo por ② : 6 km

XXX **La Solana** (Gonzalo Pañeda) ⌖ ⌖ 🅰🅲 ⌖ ⇔ 🅿 𝚟𝚒𝚜𝚊 ⊚
☖ *camín de la Cuesta Gil 140 ✉33390 – ℰ 985 16 81 86*
– www.restaurantelasolana.es – cerrado 25 abril-10 mayo, 15 días en noviembre,
domingo noche y lunes
Rest – Menú 60 € – Carta aprox. 53 €
Espec. Vieira con alcachofas y jugo de moluscos. Lubina asada con jugo de "pitu",
hongos y patatas. Migas, sorbete de frambuesa y yogur.
♦ Atractiva casona de indianos, de mediados del s. XX, precedida por un precioso
jardín. Presenta un buen hall, con un privado anexo, y varios comedores de sobria
línea clásica distribuidos por las habitaciones del piso superior. Cocina actual de
base asturiana.

GIMENELLS – Lleida – **574** H31 – **1 182 h.** – ✉ 25112 **13** A2
▶ Madrid 472 – Barcelona 185 – Lleida 26 – Huesca 106

XX **Malena** ⌖ 🅰🅲 ⌖ ⇔ 🅿 𝚟𝚒𝚜𝚊 ⊚ ①
Roques Blanques – ℰ 973 74 85 23 – www.malenagastronomia.com
– cerrado del 1 al 7 de enero, domingo noche y lunes
Rest – *(sólo almuerzo de 15 octubre a 15 junio, salvo viernes y sábado)* Carta 35/48 €
♦ Instalado en una antigua vaquería, con la cocina a la vista y un comedor clásico-actual. Productos locales elaborados con técnicas modernas y nuevas aplica-
ciones de la brasa.

GINÉS – Sevilla – **578** T11 – **12 934 h.** – **alt. 122 m** – ✉ 41960 **1** B2
▶ Madrid 544 – Sevilla 12 – Huelva 88

XX **Asador Almansa** ⌖ 🅰🅲 ⌖ 𝚟𝚒𝚜𝚊 ⊚ 🅰🅴 ①
Arnilla 12 - carret. Espartinas ✉41960 – ℰ 954 71 34 51
– www.restaurantealmansa.com – cerrado 2ª quincena de agosto y domingo en
verano
Rest – *(sólo almuerzo en invierno salvo fines de semana)* Carta 30/50 €
♦ Asador de ambiente clásico muy conocido en la zona. Ofrece dos confortables
comedores y está especializado tanto en carnes, de Ávila o Galicia, como en
lechazo castellano.

XX **Huerta La Merced** ⌖ 🅰🅲 ⌖ ⇔ 𝚟𝚒𝚜𝚊 ⊚ 🅰🅴 ①
av. de Europa 9 (antigua carret. Sevilla-Huelva) – ℰ 954 71 78 19
– www.huertalamerced.es – cerrado domingo noche y lunes
Rest – Carta 32/40 €
♦ Ocupa la antigua casa del guardés en la hacienda La Merced, dotada con dos
salas y un privado. Su carta, de tinte actual, también oferta platos clásicos y un
menú degustación.

GIRONA (GERONA) 🅿 – **574** G38 – **96 188 h.** – **alt. 70 m** **15** A1
▶ Madrid 708 – Barcelona 97 – Manresa 134 – Mataró 77
🛫 de Girona por ② : 13 km ℰ 902 404 704
🛈 Rambla de la Llibertat 1, ℰ 972 22 65 75 turisme@ajgirona.org Fax 972 22 66 12
R.A.C.C. carret. de Barcelona 22, ℰ 972 22 36 62 Fax 902 53 61 16
🔟 Girona, Sant Julià de Ramis, Norte : 4 km, ℰ972 17 16 41
◎ Ciudad antigua (Força Vella)★★ – Catedral★ (nave★★, retablo mayor★,
Tesoro★★ : Beatus★★, Tapiz de la Creación★★★, Claustro★) BY – Museu
d'Art★★ : Viga de Cruïlles★, retablo de Púbol★, retablo de Sant Miquel de
Cruïlles★★ BY**M1** – Colegiata de Sant Feliu★ : Sarcófagos★ BY**R**
– Monasterio de Sant Pere de Galligants★ : Museo Arqueológico (sepulcro
de las Estaciones★) BY – Baños Árabes★ BY**S**
🄲 Púbol (Casa-Museu Castell Gala Dalí★) Este : 16 km por C 255

Plano página siguiente

GIRONA

Álvarez de Castro . . . . AZ 2
Argenteria . . . . BY 3
Ballesteríes . . . . BY 4
Bellaire . . . . BY 6
Berenguer Carnicer . . . . AY 7
Bonastruc de Porta . . . . AY 9
Carme . . . . BZ 10
Ciutadans . . . . BZ 12
Cúndaro . . . . BY 13
Devesa (Pas. de la) . . . . AY 14
Eduard Marquina (Pl. de) . . . . AZ 15
General Fournàs . . . . BY 16
General Peralta (Pas. del) . . . . BZ 17
Joaquim Vayreda . . . . AY 18
Juli Garreta . . . . AZ 19
Llibertat (Rambla de la) . . . . BZ 23
Nou . . . . AZ
Nou del Teatre . . . . BZ 27
Oliva i Prat . . . . BY 26
Palafrugell . . . . BY 28
Pedreres (Pujada de les) . . . . BZ 29
Ramon Folch (Av. d'en) . . . . AY 31
Reina Isabel la Católica . . . . BZ 36
Reina Joana (Pas. de la) . . . . BY 37
Rei Ferran el Católic . . . . BY 33
Rei Martí (Pujada del) . . . . BY 34
Santa Clara . . . . ABYZ
Santa Eugénia . . . . AZ 49
Sant Cristòfol . . . . BY 39
Sant Daniel . . . . BY 40
Sant Domènec (Pl. de) . . . . BY 42
Sant Feliu (Pujada de) . . . . BY 44
Sant Francesc (Av. de) . . . . AZ 45
Sant Pere (Pl. de) . . . . BY 48
Ultònia . . . . AZ 53

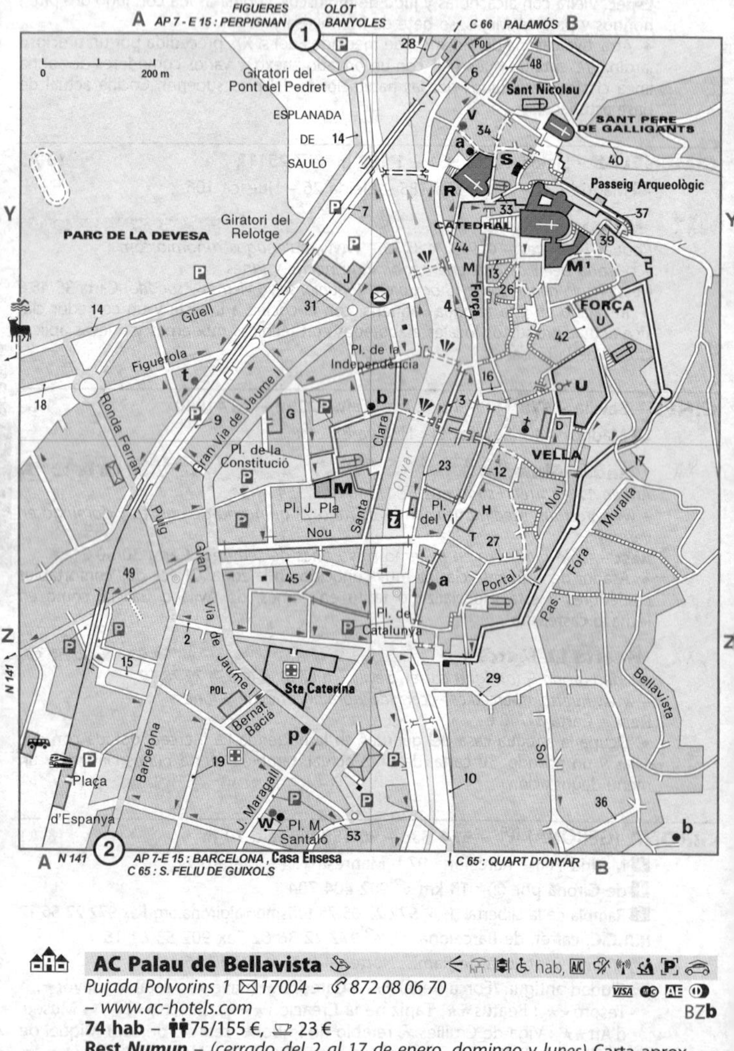

AC Palau de Bellavista hab,
Pujada Polvorins 1 ✉17004 – ✆ 872 08 06 70
– www.ac-hotels.com BZb
74 hab – 75/155 €, 23 €
Rest *Numun* – *(cerrado del 2 al 17 de enero, domingo y lunes)* Carta aprox. 65 €

◆ Se encuentra en una zona residencial, rodeado de árboles y con bonitas vistas a la ciudad desde su amplio hall-terraza. Habitaciones actuales, con los suelos en tarima. Restaurante de estética moderna donde podrá disfrutar con elaboraciones de corte creativo.

Carlemany 🖉 & 🗚 ∯ ⁽⁰⁾ 🖄 🚗 ⚈ 🌑 🗚 ◯

pl. Miquel Santaló 1 ✉17002 – ☎ 972 21 12 12 – www.carlemany.es
89 hab – †80/125 € ††90/185 €, ☲ 13,75 € AZ**w**
Rest *El Pati Verd* – ver selección restaurantes

◆ Hotel de línea actual dotado de una elegante zona noble, y de unas habitaciones espaciosas con mobiliario escogido y baños modernos. Trabaja mucho los congresos.

 Meliá Girona 🖪 🖉 & hab, 🗚 ∯ ⁽⁰⁾ 🖄 🚗 🚈 ⚈ 🗚 ◯

Barcelona 112, por ② ✉17003 – ☎ 972 40 05 00 – www.solmelia.com
108 hab – ††75/140 €, ☲ 14 € – 3 suites
Rest – *(sólo cena)* 18 €

◆ Moderno y confortable, con una reducida zona social y dependencias actualizadas. Sus habitaciones gozan de un completo equipamiento, con mobiliario elegante y baños en mármol. Excelente buffet para los desayunos y correcto restaurante de línea clásica.

 Ciutat de Girona 🖪 & 🗚 ∯ ⁽⁰⁾ 🖄 🚈 ⚈ 🗚 ◯

Nord 2 ✉17001 – ☎ 972 48 30 38
– www.hotel-ciutatdegirona.com ABY**b**
54 hab – †90/142 € ††100/158 €, ☲ 13 € – 8 apartamentos
Rest – Menú 22 €

◆ Compensa su escueta zona social con unas espléndidas estancias. En un anexo ofrece habitaciones y apartamentos de línea actual, con una pequeña piscina en un patio interior. El restaurante sorprende por la fusión de cocinas de otras culturas a buen precio.

 Llegendes de Girona sin rest 🖪 🗚 ∯ ⁽⁰⁾ 🚈 ⚈ 🗚 ◯

Portal de la Barca 4 ✉17004 – ☎ 972 22 09 05
– www.llegendeshotel.com BY**a**
15 hab – †95/132 € ††95/142 €, ☲ 10 €

◆ Se encuentra en pleno casco histórico, con detalles ornamentales antiguos y, en general, una decoración de corte moderno. Habitaciones no muy amplias pero de buen confort.

🗎 **Costabella** 🏊 🖪 🖪 🗚 ∯ rest, ⁽⁰⁾ 🖄 🅿 🚈 ⚈ 🗚 ◯

av. de Francia 61, por ① ✉17007
– ☎ 972 20 25 24
– www.hotelcostabella.com
45 hab – †50/80 € ††60/90 €, ☲ 9 € – 2 suites
Rest – *(sólo menú)* Menú 16 €

◆ De seria organización, dispone de unas acogedoras habitaciones con suelo en mármol, mobiliario funcional y baños actuales. Amplia oferta de servicios complementarios.

🗎 **Condal** sin rest y sin ☲ 🖪 🗚 ∯ ⁽⁰⁾ 🚈 ⚈ 🗚

Joan Maragall 10 ✉17002
– ☎ 972 20 44 62 – www.hotelcondalgirona.com AZ**p**
28 hab – †41 € ††69 €

◆ Dotado de una sencilla organización y habitaciones funcionales, algo sobrias en decoración y con plato ducha en la mayoría de los baños. Está siendo actualizado poco a poco.

XXX **Albereda** 🗚 ∯ 🚈 ⚈ 🗚 ◯

Albereda 7 ✉17004
– ☎ 972 22 60 02 – www.restaurantalbereda.com
– cerrado 24 diciembre-7 enero, Semana Santa, del 1 al 15 de agosto, domingo, lunes y festivos BZ**a**
Rest – Carta 37/52 €

◆ Elegante restaurante decorado en estilo clásico, con los techos abovedados en ladrillo visto y un impecable servicio de mesa. Complementa su carta con una interesante bodega.

ESPAÑA

XXX **Massana** (Pere Massana)   AC 🍴 VISA ◎◎ AE ①
Bonastruc de Porta 10-12 ✉ *17001 –* 𝓒 *972 21 38 20*
– www.restaurantmassana.com – cerrado Navidades, 7 días en agosto, domingo
y martes noche   AYt
Rest – Carta 51/66 € ✷
Espec. Carpaccio de ceps, gambas marinadas, trufa y vinagreta de piñones. Arroz
negro meloso, vieiras y "espardenyes". Tocino de papada meloso y crujiente con
butifarra negra, manzana y ensalada de cítricos.
♦ Un negocio en constante auge. Presenta un comedor de línea actual, con una
bodega acristalada, así como una zona de reservados independiente. Cocina tradicional donde cuidan tanto los detalles como los productos y las presentaciones.
Completa carta de vinos.

XX **El Pati Verd** – Hotel Carlemany   AC 🍴 🚗 VISA ◎◎ AE ①
pl. Miquel Santaló 1 ✉ *17002 –* 𝓒 *972 21 12 12 – www.carlemany.es*
– cerrado del 9 al 23 de enero, del 15 al 31 de agosto y domingo   AZw
Rest – Carta 34/49 €
♦ Negocio con personalidad propia. Disfruta de un atractivo comedor circular
completamente acristalado, tipo jardín de invierno, donde ofrecen una interesante carta de autor.

XX **Mimolet**   AC 🍴 ↔ VISA ◎◎ AE
Pou Rodó 12 ✉ *17007 –* 𝓒 *972 20 21 24 – www.mimolet.net – cerrado*
24 diciembre-6 enero, domingo y lunes   BYv
Rest – Carta 34/47 €
♦ Presenta una estética actual, resultando diáfano y colorista, con el comedor
distribuido en varias alturas y un buen privado. Cocina regional actualizada y
menú degustación.

al Noroeste por ① y desvío a la izquierda dirección Sant Gregori y cruce desvío
a Taialà 2 km

XXXX **El Celler de Can Roca** (Joan y Jordi Roca)   AC 🍴 P VISA ◎◎ AE ①
✿✿✿ *Can Sunyer 48* ✉ *17007 –* 𝓒 *972 22 21 57 – www.cellercanroca.com*
– cerrado Navidades, Semana Santa, del 23 al 31 de agosto, domingo y lunes
Rest – Menú 110 € – Carta 72/95 € ✷
Espec. Cigalas al humo de curry. Lenguado a la brasa con aceite de oliva virgen,
hinojo, piñones, bergamota y naranja. Gran bombón de chocolate.
♦ En esta casa familiar encontrará una sala triangular de estética moderna, luminosa y acristalada en torno a un jardín interior, así como una singular bodega
dotada de diferentes espacios sensoriales. Cocina creativa de excelente nivel,
interesante y sugerente.

GOMBRÈN – Girona – **574** F36 – **232 h.** – alt. 919 m – ✉ 17531   **14** C1
◗ Madrid 663 – Barcelona 120 – Girona/Gerona 94 – Puigcerdá 56

XX **La Fonda Xesc** (Francesc Rovira) con hab   ▥ AC rest, 🍴 ⁽ᵗ⁾ VISA ◎◎ AE ①
✿ *pl. Roser 1 –* 𝓒 *972 73 04 04 – www.fondaxesc.com – cerrado 10 días en enero y*
10 días en julio
14 hab ⌑ – ✝45 € ✝✝75 €
Rest – *(cerrado lunes) (sólo almuerzo salvo viernes y sábado)* Menú 57 €
– Carta 49/56 €
Espec. Tartar de atún con aguacate y huevos de arenque. Merluza de palangre
con parmentier de trufa y jugo de asado. Pera con queso fresco y fruta de la
pasión.
♦ Sorprendente casa de atención familiar emplazada en una aldea de montaña.
Su sala está distribuida en varios espacios, entre grandes arcos y muros en piedra.
Cocina creativa. Las habitaciones resultan bastante sencillas y funcionales, sin
embargo son decorosas e interesantes como recurso.

La GOMERA – Santa Cruz de Tenerife – ver Canarias

GORGUJA – Girona – ver Llívia

▶ Madrid 460 – Huesca 70 – Lleida/Lérida 86

◉ Torreciudad ≤ ★★ Noreste : 5 km

⚘   **Bodega del Somontano**   🆊 🕱 🅿 𝚅𝙸𝚂𝙰 ⓬ 🄰🄴 ⓪

barrio del Cinca 11 (carret. de Barbastro) – ✆ *974 30 40 30*
– *www.bodegadelsomontano.com*
Rest – *(sólo almuerzo)* Carta aprox. 30 €

♦ Establecimiento ubicado a la entrada de la localidad. Posee dos salas de línea clásica-funcional, aunque una tiene chimenea y resulta algo más rústica. Cocina tradicional.

GRAN CANARIA – Las Palmas – **ver Canarias**

Alhambra

GRANADA

Provincia : ℗ Granada
Mapa Michelin : **578** U19
▶ Madrid 416 – Málaga 124
  – Murcia 278 – Sevilla 250

Población : 234 325 h.
Altitud : 682 m
Mapa regional : **2** C1

INFORMACIONES PRÁCTICAS

🛈 Oficinas de Turismo

pl. de Mariana Pineda 10, ℰ958 24 71 27 infotur@dipgra.es Fax 958 24 71 29

y Santa Ana 4, ℰ958 57 52 02 otgranada@andalucia.org Fax 958 57 52 03.

Automóvil Club

R.A.C.E. Camino de Ronda 98 ℰ 958 26 21 50 Fax 958 26 11 16.

Golf

🏌 Granada, av. de los Cosarios (Las Gabias), por la carret. de Motril : 8 km,
  ℰ958 58 49 13

Aeropuerto

✈ de Granada por la carret. de Sevilla : 17 km ℰ902 404 704 – Iberia : aeropuerto,
  ℰ902 400 500.

👁 VER

Emplazamiento*** – Alhambra*** CDY (Bosque* , Puerta de la Justicia*) – Palacios Nazaries*** : jardines y torres** CY – Palacio de Carlos V** CY : Museo de la Alhambra* (jarrón azul*), Museo de Bellas Artes (Cardo y zanahorias** de Sánchez Cotán) – Alcazaba* CY – Generalife** DX – Capilla Real** (reja***, sepulcros***, retablo*, Museo : colección de obras de arte**) BY – Catedral* BY (Capilla Mayor*, portada norte de la Capilla Real*, órganos*) – Cartuja* : sacristía** – Iglesia de San Juan de Dios* AX – Monasterio de San Jerónimo* (iglesia**, retablo**) AX – Albayzín** : terraza de la iglesia de San Nicolás (≤***) CX **N2** – El Bañuelo* CX – Museo Arqueológico (portada plateresca*) CX – Parque de las Ciencias* T
Alrededores. :
Sierra Nevada** Sureste : 46 km T

433

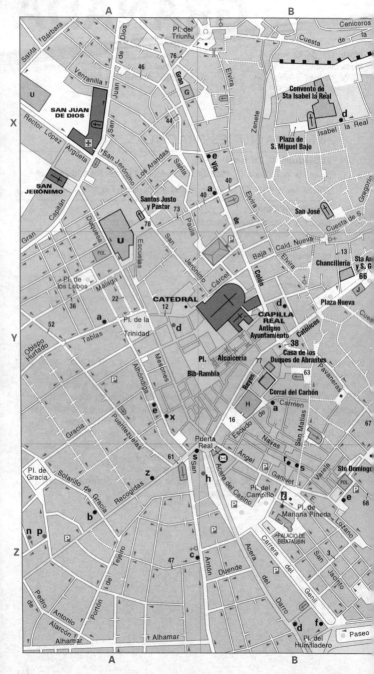

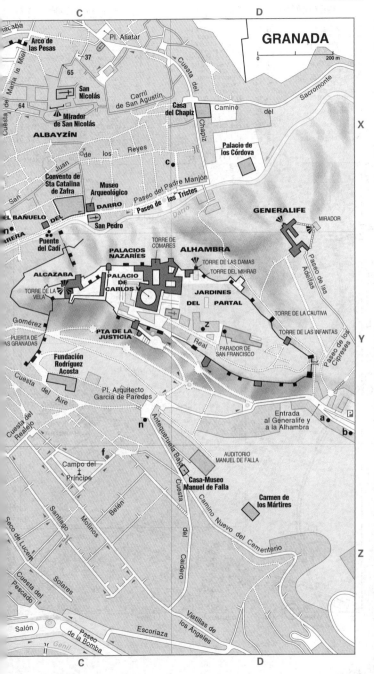

GRANADA

AC Palacio de Santa Paula 📻 | 🕏 hab, 🎦 ⚡ 🛜 👫 🕸

Gran Vía de Colón 31 ✉18001 – 📞 *958 80 57 40*
– *www.ac-hotels.com*   🆅🆂🅰 ⊕ 🅰🅴 ⓪
                                                    BXa
69 hab – ♛♛140/351 €, ⚏ 20 € – 6 suites
Rest *El Claustro* – Carta 38/56 €
◆ Instalado en el antiguo convento de Santa Paula. Dispone de una espaciosa zona noble ubicada en lo que era la biblioteca y confortables habitaciones completamente equipadas. Restaurante de buen nivel, con el techo en madera y vistas al claustro.

Granada Center 🕏 | 🕏 hab, 🎦 ⚡ 🛜 👫 🕸 🆅🆂🅰 ⊕ 🅰🅴 ⓪

av. Fuentenueva ✉18002 – 📞 *958 20 50 00* – *www.hotelescenter.es*
168 hab – ♛60/248 € ♛♛60/347 €, ⚏ 15 €   **Te**
Rest – Menú 20 €
◆ Actual y tranquilo, en el campus universitario. Principios prácticos definen un interior moderno y luminoso, al calor de un refinado confort. Su distinguido comedor propone una cuidada cocina internacional bien elaborada.

M.A. Nazaríes 📻 | 🕏 hab, 🎦 ⚡ 🛜 👫 🅿 🕸 🆅🆂🅰 ⊕ 🅰🅴 ⓪

Maestro Montero 12 ✉18004 – 📞 *958 18 76 00* – *www.hoteles-ma.es*
244 hab – ♛♛90/120 €, ⚏ 22 € – 9 suites   **Ta**
Rest *Las Gacelas* – Carta aprox. 55 €
◆ Disfruta de un piano-bar anexo a la recepción y habitaciones de estilo actual, con los suelos en tarima y bien equipadas. Excelentes suites y un gran salón para eventos. El restaurante elabora platos tradicionales, creativos y algunos de inspiración asiática.

Villa Oniria 🏠 🖥 📻 🕏 hab, 🎦 🛜 🕸

San Antón 28 ✉18005 – 📞 *958 53 53 58* – *www.villaoniria.com*   **ABZc**
31 hab
Rest *La Fábula* –
◆ Casa-palacio del s. XIX dotada con una fachada clásica y un bello patio central. Posee habitaciones algo pequeñas aunque de gran calidad, todas decoradas por Pascua Ortega. El restaurante presenta un montaje bastante moderno y gracias a la creatividad de su chef cada vez disfruta de más adeptos en la ciudad.

Hesperia Granada *sin rest, con cafetería* 🕏 🕏 hab, 🎦 ⚡ 🛜 👫 🕸

pl. Gamboa ✉18009 – 📞 *958 01 84 00* – *www.hesperia.es*   🆅🆂🅰 ⊕ 🅰🅴 ⓪
68 hab – ♛♛75/257 €, ⚏ 14 €   **BYa**
◆ Antigua corrala de vecinos recuperada, con un bello patio cubierto que funciona como zona social y antigüedades en la decoración. Habitaciones clásicas con el suelo en tarima.

NH Victoria 🕏 🕏 hab, 🎦 ⚡ 🛜 👫 🆅🆂🅰 ⊕ 🅰🅴 ⓪

Puerta Real 3 – 📞 *958 53 62 16* – *www.nh-hotels.com*   **ABZs**
68 hab – ♛♛65/250 €, ⚏ 14,50 € – 1 suite
Rest – *(cerrado 15 julio-15 septiembre, sábado y domingo) (sólo almuerzo)*
Menú 20 €
◆ Este céntrico hotel combina su fachada clásica con unas instalaciones actuales, muy al estilo de la cadena. Encontrará una correcta zona social y habitaciones bien equipadas. En su comedor, de ambiente funcional y moderno, se elabora una cocina tradicional bien actualizada.

Andalucía Center 🔲 🕏 🕏 hab, 🎦 ⚡ 🛜 👫 🕸 🆅🆂🅰 ⊕ 🅰🅴 ⓪

av. de América ✉18006 – 📞 *958 18 15 00* – *www.hotelescenter.es*   **Td**
115 hab – ♛♛60/300 €, ⚏ 10 €
Rest – Carta aprox. 35 €
◆ Está muy orientado al trabajo con empresas y convenciones, ya que posee varios salones panelables y se encuentra cerca del Palacio de Congresos. Habitaciones de buen confort. Su luminoso comedor se ve complementado con un espacio en la azotea, donde montan una barbacoa para la época estival.

ESPAÑA

Palacio de los Patos

🛏 👍 hab, AC 🚫 🎙 🏛 🍽 VISA ⓪ AE ①

Solarillo de Gracia 1 ✉18002 – ☎ 958 53 57 90 – www.hospes.com

37 hab – ♦♦140/350 €, ☲ 20 € – 5 suites   AZb

Rest *Senzone* – Carta aprox. 55 €

♦ Antiguo palacete rehabilitado, con zonas nobles vanguardistas y habitaciones señoriales cargadas de diseño. En un anexo ofrecen estancias dominadas por el uso del cristal. El restaurante combina su montaje actual con unas cuidadas elaboraciones.

Tryp Albayzín

📶 AC 🚫 🏛 🍽 VISA ⓪ AE ①

carrera del Genil 48 ✉18005 – ☎ 958 22 00 02 – www.solmelia.com

106 hab – ♦♦60/190 €, ☲ 13,50 € **Rest** – Menú 16 €   BZf

♦ Con todo el romanticismo de la antigua Granada. Su bello interior ha apostado por la tradición del ladrillo visto, el mármol, la geometría árabe y los detalles en forja. El restaurante se encuentra en un patio repleto de plantas y con el techo acristalado.

Suites Gran Vía 44 sin rest y sin ☲

👍 AC 🚫 🎙 VISA ⓪ AE ①

Gran Vía de Colón 44 ✉18010 – ☎ 958 20 11 11

– www.suitesgranviagranada.com   BXe

21 apartamentos – ♦♦86/255 €

♦ Instalado en un edificio histórico que ha sido completamente renovado. Su escueta zona social se compensa con amplios apartamentos, todos con cocina y un equipamiento moderno.

Maciá Cóndor

📶 AC 🚫 🏛 🍽 VISA ⓪ AE ①

av. de la Constitución 6 ✉18012 – ☎ 958 28 37 11 – www.maciahoteles.com

104 hab – ♦60/115 € ♦♦60/170 €, ☲ 8 €   **Rest** – Menú 17 €   Sb

♦ En el centro residencial y administrativo de la ciudad. Un estimado alojamiento en un cuidado y acogedor ambiente, de bellas y cálidas habitaciones. El restaurante dispone de un correcto buffet y está muy enfocado al menú.

Dauro sin rest

📶 AC 🚫 🎙 🍽 VISA ⓪ AE ①

acera del Darro 19 ✉18005 – ☎ 958 22 21 57 – www.hoteles-dauro.com

36 hab – ♦50/173 € ♦♦50/195 €, ☲ 9,20 €   BZd

♦ Pequeño hotel ubicado en el centro monumental y dotado con una agradable atmósfera de carácter familiar. Los baños de las habitaciones poseen duchas de hidromasaje.

Dauro II sin rest, con cafetería

📶 AC 🚫 🎙 🍽 VISA ⓪ AE ①

Navas 5 ✉18009 – ☎ 958 22 15 81 – www.hoteles-dauro.com

48 hab – ♦50/173 € ♦♦50/195 €, ☲ 9,20 €   BZr

♦ En pleno corazón de la ciudad. Su adecuado equipamiento da paso a un confort moderno y actual. Cuidadas habitaciones de línea clásica con baños al gusto del día.

Reina Cristina

📶 👍 hab, AC 🚫 hab, 🎙 🍽 VISA ⓪ AE ①

Tablas 4 ✉18002 – ☎ 958 25 32 11 – www.hotelreinacristina.com   AYa

58 hab – ♦46/90 € ♦♦66/139 €

Rest *El Rincón de Lorca* – (cerrado agosto) Carta 28/40 €

♦ Instalado en la antigua casa del poeta Luis Rosales, amigo de Federico García Lorca. Dispone de un patio típico y confortables habitaciones, algo más amplias las del anexo. El restaurante, que posee una entrada independiente, disfruta de una carta tradicional y ofrece diversas especialidades de carácter regional.

Casa Morisca sin rest

📶 👍 AC 🚫 🎙 VISA ⓪ AE ①

cuesta de la Victoria 9 ✉18010 – ☎ 958 22 11 00 – www.hotelcasamorisca.com

14 hab – ♦♦86/160 €, ☲ 9 €   DXc

♦ Emana el sosiego de otros tiempos. Casa del s. XV cuyo nombre evidencia su propia estética, con un patio columnado, zona ajardinada y una sala abovedada para los desayunos.

ESPAÑA

Universal sin rest
Recogidas 16 ✉18002 – ✆ 958 26 00 16 – www.universalgranada.com
56 hab – 🚹40/70 € 🚹🚹40/100 €, ☕ 10 € AZ**z**
◆ Tras su reforma se presenta con una zona noble de línea actual, una sala de conferencias en el sótano y las habitaciones actualizadas, todas con mobiliario clásico-funcional.

Palacio de los Navas sin rest
Navas 1 ✉18009 – ✆ 958 21 57 60 – www.palaciodelosnavas.com
19 hab ☕ – 🚹70/129 € 🚹🚹86/161 € BZ**s**
◆ Instalado en la antigua casa de los Condes de Nava, del s. XVI. Tiene un patio típico que ejerce de zona social y confortables habitaciones, en el último piso abuhardilladas.

Palacio de Santa Inés sin rest
cuesta de Santa Inés 9 ✉18010 – ✆ 958 22 23 62 – www.palaciosantaines.com
35 hab – 🚹60/150 € 🚹🚹60/360 €, ☕ 10 € CX**n**
◆ Delicioso hotelito en un coqueto palacete del Albayzín que data del s. XVI. Entrañable marco con unas dependencias cuidadas al detalle, destacando el atractivo patio.

Carmen de Santa Inés sin rest
placeta de Porras 7 ✉18010 – ✆ 958 22 63 80 – www.carmensantaines.com – cerrado enero y febrero BX**w**
9 hab – 🚹60/90 € 🚹🚹60/360 €, ☕ 10 €
◆ En una antigua casa árabe renovada y ampliada entre los ss. XVI y XVII. Vigas, artesonados y un pequeño patio dotan a este encantador establecimiento de una singular belleza.

Carlos V sin rest
pl. de los Campos 4 - 4° ✉18009 – ✆ 958 22 15 87 – www.hotelcarlosvgranada.com BZ**e**
33 hab – 🚹29/49 € 🚹🚹29/79 €, ☕ 4 €
◆ Ubicado en el 4º piso de un edificio de viviendas, donde sorprende por su decoración de diseño y una gran calidad del mobiliario. Posee baños de plato ducha con hidromasaje.

Anacapri sin rest
Joaquín Costa 7 ✉18010 – ✆ 958 22 74 77 – www.hotelanacapri.com
55 hab – 🚹50/67 € 🚹🚹60/97 €, ☕ 11 € BY**d**
◆ Hotel de grata organización instalado en un atractivo edificio con bello patio interior del s. XVIII. Sereno clima de descanso en unas habitaciones cálidas y reposadas.

Don Juan hab,
Martínez de la Rosa 9 ✉18002 – ✆ 958 28 58 11 – www.hoteldonjuan.com
81 hab – 🚹50/80 € 🚹🚹60/120 €, ☕ 7 € T**b**
Rest – *(sólo buffet)* Menú 13 €
◆ Hotel de línea clásica dotado de una sencilla área social. Ofrece habitaciones amplias y funcionales que resultan muy válidas en su categoría. Organización amable. El restaurante, de aire moderno y juvenil, basa su oferta en el menú.

Santa Isabel la Real sin rest
Santa Isabel la Real 17 ✉18010 – ✆ 958 29 46 58 – www.hotelsantaisabellareal.com BX**d**
11 hab ☕ – 🚹75/175 € 🚹🚹85/185 €
◆ Se encuentra en una casona del s. XVI, en pleno Albayzín y con vistas a la Alhambra desde algunas de sus habitaciones. Bonito patio con columnas y salón social con chimenea.

Las Nieves hab, rest,
Alhóndiga 8 ✉18001 – ✆ 958 26 53 11 – www.hotellasnieves.com AY**x**
30 hab – 🚹35/75 € 🚹🚹45/93 €, ☕ 6 € **Rest** – *(sólo almuerzo)* Menú 10 €
◆ Este edificio del s. XIX disfruta de un equipamiento adecuado y unas habitaciones bastante cuidadas, todas reformadas y con un mobiliario de línea moderna-funcional. El comedor basa casi todo su trabajo en un correcto menú del día.

ESPAÑA

Sacromonte sin rest y sin 🍴   📶 ♿ 🅰🅲 ⚡ 📶 🅿 🆅🅸🆂🅰 ⓪
pl. del Lino 1 ✉18002 – ℰ *958 26 64 11 – www.hotelsacromonte.es*
31 hab – †43/60 € ††50/90 €   AY**e**

◆ Este céntrico hotel tiene las habitaciones repartidas en cuatro plantas, todas con mobiliario clásico y los suelos en mármol. Clientela habitual de turistas y comerciales.

XX **Los Santanderinos**   🅰🅲 ⚡ 🆅🅸🆂🅰 ⓪ 🅰🅴
Albahaca 1 ✉18006 – ℰ *958 12 83 35 – www.lossantanderinos.com – cerrado agosto y domingo*   T**f**
Rest – *(sólo almuerzo salvo jueves, viernes y sábado)* Carta 43/53 €

◆ Cercano al Palacio de Congresos. Goza de reconocido prestigio en la zona por la calidad de sus productos, ofreciendo una distribución en dos espacios de montaje clásico.

XX **Las Tinajas**   🅰🅲 ⟷ 🆅🅸🆂🅰 ⓪ 🅰🅴 ⓞ
Martínez Campos 17 ✉18002 – ℰ *958 25 43 93*
– www.restaurantelastinajas.com – cerrado 16 julio-14 agosto   AZ**p**
Rest – Carta 36/45 €

◆ Es un clásico y goza de cierta popularidad por sus tertulias taurinas. Aquí encontrará elaboraciones andaluzas, tres tipos de menús y una completa bodega. Clientela habitual.

XX **La Leñera**   🍴 🅰🅲 ⚡ 🆅🅸🆂🅰 ⓪ 🅰🅴 ⓞ
paseo Jardín de la Reina 4 ✉18006 – ℰ *958 81 88 10 – www.asadorlalenera.es*
– cerrado agosto y domingo noche   T**v**
Rest – Carta aprox. 50 €

◆ Este restaurante-asador cuenta con un bar público a la entrada y dos comedores, ambos de montaje clásico y ambiente rústico. Carta tradicional especializada en carnes.

XX **La Ermita en la Plaza de Toros**   🅰🅲 ⚡ 🆅🅸🆂🅰 ⓪ 🅰🅴 ⓞ
av. Doctor Olóriz 25 ✉18012 – ℰ *958 29 02 57*
– www.grupoermita.com   S**e**
Rest – Carta 30/45 €

◆ Se encuentra bajo los soportales de la plaza de toros. Rincón rústico con sabor taurino donde podrá revivir toda la magia y el embrujo de la ciudad. Ambiente joven.

X **Cunini**   🍴 🅰🅲 ⚡ 🆅🅸🆂🅰 ⓪ 🅰🅴 ⓞ
pl. Pescadería 14 ✉18001 – ℰ *958 25 07 77 – www.marisqueriacunini.com*
– cerrado domingo noche y lunes   AY**d**
Rest – Carta 29/49 €

◆ Todo un clásico. Destacado y afamado rincón, de exquisitos y frescos productos del mar, dentro de un animado ambiente. Calidad y buen hacer son sus características.

X **Mariquilla**   🅰🅲 ⚡ 🆅🅸🆂🅰 ⓪
Lope de Vega 2 – ℰ *958 52 16 32 – www.restaurantemariquilla.com*
– cerrado 5 julio-2 septiembre, domingo noche y lunes   AZ**n**
Rest – Carta 25/40 €

◆ En una céntrica zona de la ciudad. Pequeño restaurante de carácter familiar, dotado de correctas instalaciones y adecuado confort. Carta mediana a precios atractivos.

X **Lago di Como**   🍴 🅰🅲 ⚡ ⟷ 🆅🅸🆂🅰 ⓪ 🅰🅴 ⓞ
campo del Príncipe 8 ✉18009 – ℰ *958 22 61 54*
– www.lagodicomo.es   CZ**f**
Rest – Carta 20/35 €

◆ Dispone de un bar público a la entrada, dos comedores de sencillo montaje y una sala secundaria en el piso superior. Carta italiana con un buen apartado de pizzas y carnes.

¶/ **De Costa a Costa** `AC` `%` `VISA` `OO`

*Ancha de Gracia 3 ✉18003 – ℰ 958 52 31 37 – www.decostaacosta.com
– cerrado lunes*   **Ts**
Rest – Tapa 2 € – Ración aprox. 10 €
♦ Un restaurante de excelente organización en el que se han cuidado mucho los detalles, combinando elementos actuales y marineros. Sugerente expositor de pescados y mariscos.

¶/ **Casa Enrique** `AC` `%`

acera del Darro 8 ✉18005 – ℰ 958 25 50 08 – cerrado domingo   **BZh**
Rest – Tapa 1,80 € – Ración aprox. 12 €
♦ Pequeño pero emblemático local donde se combinan tradición y rusticidad. Su entrañable decoración a modo de mesón y sus selectos productos son sus grandes atractivos.

¶/ **Taberna Tendido 1** `冊` `AC` `%` `VISA` `OO` `AE` `O`

av. Doctor Olóriz 25 ✉18012 – ℰ 958 27 23 02 – www.tendido1.com – cerrado 7 días en mayo-junio   **Sn**
Rest – Tapa 3,20 € – Ración aprox. 12 €
♦ Bajo los soportales de la plaza de toros. Disfrute de un ambiente cómodo, relajado y confortable, en el que altos techos y muros en ladrillo visto conforman el entorno.

¶/ **Mesón Luis** `AC` `%` `VISA` `OO` `AE` `O`

*Pedro Antonio de Alarcón 41 ✉18004 – ℰ 958 52 13 09 – cerrado
15 agosto-15 septiembre y lunes*   **Ta**
Rest – Tapa 1 € – Ración aprox. 10 €
♦ Una buena recomendación. Trato amable en este pequeño y grato lugar, donde seis mesitas con cierta independencia invitan a animadas tertulias.

en La Alhambra :

🏨 **Alhambra Palace** `≤` `🛎` `AC` `%` `🕅` `🖽` `VISA` `OO` `AE` `O`

*pl. Arquitecto García de Paredes 1 ✉18009 – ℰ 958 22 14 68
– www.hotelalhambrapalace.com*   **CYn**
113 hab – ♦157 € ♦♦200 €, ☳ 17,30 € – 13 suites   **Rest** – Menú 46 €
♦ Majestuosa y noble ubicación, con hermosas vistas a Granada y a Sierra Nevada. Lujoso edificio de inspiración árabe, acorde a la arquitectura histórica de la ciudad. Magnífico restaurante de suntuosa decoración, complementado con una terraza acristalada.

🏨 **Parador de Granada** `⌘` `🚗` `冊` `⅓` hab, `AC` `%` `🕅` `🖽` `P` `VISA` `OO` `AE` `O`

Alhambra ✉18009 – ℰ 958 22 14 40 – www.parador.es   **DY**
40 hab – ♦♦320 €, ☳ 20 € – 5 suites   **Rest** – Menú 34 €
♦ Remanso de paz instalado en el antiguo convento de San Francisco, del s. XV. Posee líneas suaves, jardín y evocadores rincones para un alojamiento de elevado confort. El restaurante se ve apoyado por una agradable terraza repleta de vistosas glicinias.

🏨 **Guadalupe** `🛎` `AC` `%` rest, `🕅` `VISA` `OO` `AE` `O`

paseo de la Sabica ✉18009 – ℰ 958 22 34 24 – www.hotelguadalupe.es
58 hab – ♦50/75 € ♦♦60/115 €, ☳ 9 €   **Rest** – Menú 20 €   **DYa**
♦ Junto a La Alhambra, en un entorno de inusitada belleza. Sus habitaciones son amplias y confortables, destacando las del 4º piso por disponer de bañeras de hidromasajes.

🏨 **Alixares** `🏊` `🛎` `⅓` hab, `AC` `🕅` `🖽` `VISA` `OO` `AE` `O`

paseo de la Sabika 40 ✉18009 – ℰ 958 22 55 75 – www.hotelesporcel.com
204 hab – ♦50/150 € ♦♦60/200 €, ☳ 10 €   **DYb**
Rest – Menú 14 €
♦ Hotel de amplias instalaciones, luminoso y de línea actual. En general ofrece habitaciones de adecuado equipamiento, muchas de ellas con terraza y vistas a la ciudad.

América 🕭   ⌂ 🅰🅲 hab, 🛇 ⁽ᵗᵖ⁾ 🆅🅸🆂🅰 ◌

Real de la Alhambra 53 ✉ *18009 –* ℰ *958 22 74 71*
– www.hotelamericagranada.com – marzo-noviembre   **DY**z
16 hab – 🛏50/80 € 🛏🛏80/140 €, ⌑ 8 €
Rest *– (cerrado sábado) (sólo almuerzo)* Carta 27/33 €

• En la ciudadela de la Alhambra, en una antigua casa del s. XIX. Hotelito familiar de bella fachada y entrañable decoración, con una coqueta zona social y cálidas habitaciones. Restaurante con detalles de sabor granadino, que ocupa un patio-jardín cubierto.

por la carretera de Sierra Nevada T : 4 km

Real de la Alhambra   🎇 & hab, 🅰🅲 🛇 ⁽ᵗᵖ⁾ 🕭 🌊 🆅🅸🆂🅰 ◌ 🅰🅴 ◍

Mirador del Genil 2 ✉ *18008 –* ℰ *958 21 66 93 – www.maciahoteles.com*
179 hab – 🛏50/150 € 🛏🛏50/195 €, ⌑ 10,70 € – 6 suites   **Rest** – Menú 21,50 €

• Cuenta con unas instalaciones modernas y actuales. Su zona social se complementan con varias salas de reuniones y presenta confortables habitaciones con aseos de diseño. El restaurante ofrece un cuidado montaje, un gran buffet y una carta tradicional.

GRANADILLA DE ABONA – Santa Cruz de Tenerife – ver Canarias (Tenerife)

La GRANJA (SAN ILDEFONSO) – Segovia – **575** J17 – 5 725 h.   **12** C3
– alt. 1 192 m – ✉ **40100**

▶ Madrid 74 – Segovia 13
◉ Palacio de La Granja de San Ildefonso★★ (Museo de Tapices★★)
  – Jardines★★ (surtidores★★)

Parador de La Granja   ⌇ 🕭🎇 & hab, 🅰🅲 🛇 ⁽ᵗᵖ⁾ 🕭 🅿 🆅🅸🆂🅰 ◌ 🅰🅴 ◍

Infantes 3 – ℰ *921 01 07 50 – www.parador.es*
102 hab – 🛏129/138 € 🛏🛏161/172 €, ⌑ 18 € – 25 suites
Rest *Puerta de la Reina* – Carta 35/45 €

• Instalado en la antigua Casa de los Infantes, del s. XVIII. Posee un interior actual, tres patios, un buen SPA y espaciosas habitaciones, todas con los baños muy cuidados. En su luminoso restaurante elaboran una carta tradicional y varios menús "especiales".

Roma   ⌂ 🛇 ⁽ᵗᵖ⁾ 🆅🅸🆂🅰 ◌

Guardas 2 – ℰ *921 47 07 52 – www.hotelroma.org – cerrado*
del 20 al 30 de junio y del 15 al 30 de noviembre y del 20 al 28 de diciembre
16 hab – 🛏45/48 € 🛏🛏65/70 €
Rest *– (cerrado martes salvo verano)* Menú 14 €

• Edificio de finales del s. XIX ubicado junto al palacio y sus jardines. Aquí encontrará dos tipos de habitaciones, en una planta rústicas y en la otra un poco más clásicas. El restaurante, luminoso y de línea actual, apuesta claramente por la cocina regional.

Reina XIV   🅰🅲 🛇 🆅🅸🆂🅰 ◌ 🅰🅴 ◍

Reina 14 – ℰ *921 47 05 48 – www.reina14.com – cerrado enero, 25 junio-5 julio*
y lunes
Rest *– (sólo almuerzo salvo viernes y sábado)* Carta 22/36 €

• Negocio llevado por el matrimonio propietario. Posee una bonita bodega vista a la entrada y dos comedores, el principal de ambiente clásico. Cocina de tinte tradicional.

en la carretera del puerto de Navacerrada :

El Jardín de la Hilaria   🛇 ⁽ᵗᵖ⁾ 🆅🅸🆂🅰 ◌ 🅰🅴 ◍

Valsaín, Sur : 3 km ✉ *40109 Valsaín –* ℰ *921 47 80 42*
– www.eljardindelahilaria.com – cerrado 15 días en junio y 9 días en noviembre
15 hab ⌑ – 🛏54/70 € 🛏🛏86/114 €
Rest *Hilaria* – ver selección restaurantes

• Atractivo edificio ubicado al borde de la carretera. Posee un acogedor salón social con chimenea y confortables habitaciones, cuatro de ellas más amplias y abuhardilladas.

✗ **Hilaria** – Hotel El Jardín de la Hilaria   🏠 ⅍ VISA ⚬⚬ AE ①
Valsain, Sur : 3 km – ℰ 921 47 80 42 – www.eljardindehilaria.com – cerrado 15
días en junio, 9 días en noviembre y lunes
Rest – *(sólo almuerzo salvo fines de semana y verano)* Carta 25/35 €
♦ Esta casa se presenta con una terraza acristalada, un bar público y las salas
repartidas en dos plantas, ambas de ambiente clásico-regional. Cocina regional
y platos típicos.

GRANOLLERS – Barcelona – **574** H36 – **60 658 h.** – alt. 148 m   **15** B2
– ✉ 08401

▶ Madrid 641 – Barcelona 29 – Girona/Gerona 75 – Manresa 70
🄗 Anselm Clavé 2, ℰ 93 860 41 15 info@turismevalles.net Fax 93 860 41 16

Plano página siguiente

🏨 **Granollers**   🛴 🖻 ё hab, 🄰🄲 ⅍ ¶¶ 🛁 🄿 🚗 VISA ⚬⚬ AE ①
av. Francesc Macià 300 ✉08401 – ℰ 938 79 51 00 – www.hotelgranollers.com
72 hab – ✦40/80 € ✦✦45/100 €, ⌸ 8 €   AZ**n**
Rest *La Piranya* – *(cerrado del 8 al 22 de agosto y lunes)* Carta 26/35 €
♦ Situado a la salida de la ciudad, en una zona industrial, con amplias salas para
reuniones y dependencias de adecuado confort. Dispone de dos restaurantes, uno
dedicado sólo al buffet y el otro, La Piranya, con una carta marinera y un buen
apartado de arroces.

🏠 **Iris** sin rest   🖻 🄰🄲 ¶¶ 🛁 🚗 VISA ⚬⚬ AE ①
av. Sant Esteve 92 ✉08402 – ℰ 938 79 29 29 – www.hoteliris.com   BZ**k**
54 hab – ✦45/54 € ✦✦58/65 €, ⌸ 6 €
♦ Próximo a la estación de cercanías. Posee un pequeño hall, con el bar integrado, y habitaciones funcionales de distintos tipos, destacando las renovadas
por su mayor confort.

✗✗ **La Taverna d'en Grivé**   🄰🄲 ⅍ 🄿 VISA ⚬⚬ AE ①
Josep Maria Segarra 98 (carret. de Sant Celoni) ✉08400 – ℰ 938 49 57 83
– cerrado agosto, domingo noche, lunes y miércoles noche   BY**c**
Rest – Carta 40/55 €
♦ Restaurante familiar que sorprende, tras su discreta fachada, por su buen nivel
de montaje, con tres salas de acogedora rusticidad. Carta de cocina tradicional
actualizada.

✗✗ **El Trabuc**   🏠 🄰🄲 🄿 VISA ⚬⚬ AE ①
carret. de El Masnou, por carret. de El Masnou ✉08400 – ℰ 938 70 86 57
– www.eltrabuc.com – cerrado del 16 al 31 de agosto y domingo noche
Rest – Carta 34/47 €   AZ
♦ Antigua masía dotada con varias salas de cuidado aire rústico. Ofrece una
amplísima carta de cocina tradicional, trabajando mucho los caracoles, el bacalao
y a la brasa.

✗✗ **Casa Fonda Europa** con hab   🖻 ё hab, 🄰🄲 ⅍ ¶ VISA ⚬⚬ AE ①
Anselm Clavé 1 ✉08402 – ℰ 938 70 03 12 – www.casafondaeuropa.com
37 hab – ✦80 € ✦✦85 €, ⌸ 7 €   **Rest** – Carta 20/35 €   BY**f**
♦ Goza de gran tradición, pues abrió en 1771. Ofrece un bar público, dos salas
de línea clásica-antigua y tres privados. Cocina catalana, platos caseros y un apartado de brasa. Mención aparte merecen sus magníficas habitaciones, personalizadas y con detalles.

en Vilanova del Vallès por la carretera de El Masnou AZ

🏨 **Augusta Vallès**   ≤ 🏠 🏊 🖻 ё hab, 🄰🄲 ⅍ ¶¶ 🛁 🄿 VISA ⚬⚬ AE ①
Sur : 4,5 km (salida 13 AP-7) ✉08410 Vilanova del Vallès – ℰ 938 45 60 50
– www.hotelaugustavalles.com
101 hab – ✦✦70/350 €, ⌸ 11 €   **Rest** – Menú 25 €
♦ Hotel de planta horizontal y línea moderna que ofrece unas habitaciones algo
sobrias pero perfectamente equipadas, la mitad de ellas con vistas al circuito de
Cataluña. El restaurante se complementa durante la época estival con una agradable terraza exterior.

ESPAÑA

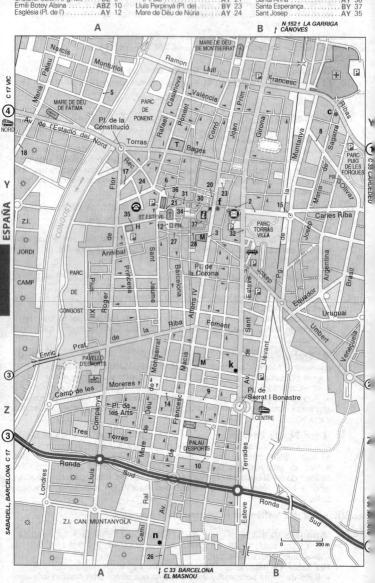

X **El Bon Caliu**   AC ❄ ⇔ VISA ⓪ AE
Verge de Nuria 26, Sur : 6 km ✉08410 Vilanova del Vallès – ℰ 938 45 60 68
– cerrado Semana Santa, agosto y domingo
Rest *– (sólo almuerzo salvo viernes)* Carta 27/48 €
♦ Su amplio hall, con barra de apoyo, está seguido de una sala de correcto montaje y un reservado. Cocina tradicional elaborada con productos de temporada y una completa bodega.

GRATALLOPS – Tarragona – **574** I32 – 266 h. – alt. 301 m – ✉ 43737   **13** A3
▶ Madrid 512 – Barcelona 146 – Tarragona 52

🏨 **Cal Llop** ⚘   AC ❄ ⁽ᵗ⁾ VISA ⓪
Dalt 21 – ℰ 977 83 95 02 – www.cal-llop.com – cerrado 10 enero-10 febrero
9 hab ⌒ – †107 € ††155 €
Rest *– (cerrado martes) (sólo cena salvo sábado, domingo y festivos)* Menú 25 €
♦ Se encuentra en la zona alta del pueblo y dispone de habitaciones sobrias pintadas en diferentes tonalidades, con mobiliario funcional y baños de plato ducha muy coloristas. Su comedor está repartido en dos partes, una de ellas a modo de patio de luces.

GRAZALEMA – Cádiz – **578** V13 – 2 205 h. – alt. 823 m – ✉ 11610   **1** B2
▶ Madrid 567 – Cádiz 136 – Ronda 27 – Sevilla 135
◉ Localidad★

🏨 **Puerta de La Villa** ⚘   ⅃ᵂ 🛋 ⅋ hab, AC ❄ ⅍ VISA ⓪ AE
pl. Pequeña 8 – ℰ 956 13 23 76 – www.grazalemahotel.com
28 hab – †81/101 € ††101/127 €, ⌒ 11 € – 5 apartamentos
Rest *La Garrocha – (cerrado domingo noche y lunes)* Carta aprox. 44 €
♦ Excelente entorno natural. Merecen atención las buenas instalaciones y las calidades escogidas. Habitaciones y apartamentos correctos, con mobiliario en madera y forja. La elegancia es la nota predominante en el restaurante, clásico y con el techo entelado.

🏠 **Casa de las Piedras**   ❄ hab, VISA ⓪ ⓵
Las Piedras 32 – ℰ 956 13 20 14 – www.casadelaspiedras.net
16 hab – †30/37 € ††38/48 €, ⌒ 5,90 € – 6 apartamentos
Rest *– (cerrado 15 días en enero, 15 días en julio y jueves salvo primavera y otoño)* Menú 11,50 €
♦ Hostal de ambiente familiar ubicado en una sobria casa señorial. Ofrece habitaciones acogedoras, aunque algo básicas en su equipamiento, y varios apartamentos a unos 300 m. El restaurante, de ambiente rústico, cuenta con su propia entrada y un pequeño patio.

en la carretera de Ronda Este : 4,5 km

🏨 **Fuerte Grazalema** ⚘   ⇚ ⅃ 🛋 ⅋ hab, AC ❄ ⁽ᵗ⁾ ⅍ P VISA ⓪ AE ⓵
carret. A-372 km 53 ✉11610 – ℰ 956 13 30 00 – www.fuertehoteles.com
– 26 marzo-octubre
75 hab ⌒ – †80/96 € ††100/120 € – 2 suites   **Rest** – Menú 20 €
♦ Hotel de aire regional ubicado en pleno Parque Natural. Posee numerosos detalles ecológicos y unas habitaciones de excelente equipamiento, la mayoría con terraza. El restaurante tiene buenas vistas y combina la carta del almuerzo con el buffet de la cena.

GREDOS – Ávila – **575** K14 – ✉ 05132   **11** B3
▶ Madrid 169 – Ávila 63 – Béjar 71
◉ Sierra★★ - Emplazamiento del Parador★★
◉ Carretera del Puerto del Pico★ (⇚★) Sureste : 18 km

🏨 **Parador de Gredos** ⚘   ⇚ ⅋ 🛋 ⅋ hab, AC rest, ❄ ⁽ᵗ⁾ ⅍ P
alt. 1 650 – ℰ 920 34 80 48 – www.parador.es   VISA ⓪ AE
72 hab – †87/106 € ††109/133 €, ⌒ 16 € – 2 suites   **Rest** – Menú 32 €
♦ Edificio de piedra ubicado en un hermoso y aislado entorno natural. Fue el 1ᵉʳ parador de la cadena y aquí es donde se reunieron los políticos que elaboraron la constitución. En su comedor, bastante espacioso, podrá descubrir los platos típicos de la región.

ESPAÑA

GRIÑÓN – Madrid – **576** L18 – **575** L18 – 9 387 h. – alt. 670 m – ⊠ 28971   **22** A2
> ▶ Madrid 32 – Aranjuez 36 – Toledo 47

✗ **El Mesón de Griñón**   🏠 AC 🅿️ 🚗 VISA ⬛ AE

Palo 2 – 🎧 *918 14 01 13 – www.elmesondegrinon.com – cerrado julio y lunes*
Rest – Carta 30/52 €

♦ Goza de gran tipismo y ofrece una atractiva terraza. Bar público con un buen expositor de productos y tres salas decoradas con fotos, trofeos de caza y detalles taurinos.

O GROVE – Pontevedra – **571** E3 – 11 250 h. – Playa – ⊠ 36980   **19** A2
> ▶ Madrid 635 – Pontevedra 31 – Santiago de Compostela 74

> 🈁 pl. de O Corgo 🎧 986 73 14 15 oftur@turismogrove.com Fax 986 73 11 42

🔠 **Maruxia** sin rest   🛗 ♿ 🌱 📶 🚗 VISA ⬛ AE ⓪

av. Luis Casais 14 – 🎧 *986 73 27 95 – www.hotelmaruxia.com*
58 hab ⬚ – ♦43/73 € ♦♦58/96 € – 2 suites

♦ Hotel de línea actual llevado en familia. Correcta zona social y habitaciones funcionales de buen confort, decoradas con mobiliario escogido. Solárium con vistas en la azotea.

🔠 **Puente de la Toja** sin rest   🛗 ♿ 🌱 📶 🅿️ VISA ⬛ ⓪

Castelao 206 – 🎧 *986 73 07 61 – www.hotelpuentedelatoja.com – cerrado 16 diciembre-14 marzo*
49 hab ⬚ – ♦50/103 € ♦♦60/119 €

♦ Ofrece una zona social de vistosa modernidad y confortables habitaciones, la mayoría amplias y actuales. Tiene acuerdos con el centro termal de La Toja y sus campos de golf.

🏠 **Serantes** sin rest, con cafetería   🛗 🌱 VISA ⬛

Castelao 40 – 🎧 *986 73 22 04 – www.hotelserantes.com – abril-octubre*
32 hab ⬚ – ♦34/65 € ♦♦40/75 €

♦ Clásico establecimiento emplazado en pleno centro, dotado de equipadas habitaciones. La recepción y la cafetería, donde sirven platos combinados, forman las áreas comunes.

✗✗ **A Solaina**   AC 🌱 VISA ⬛ AE ⓪

Peralto B 8 – 🎧 *986 73 34 04 – www.marisqueriassolaina.com – cerrado 20 diciembre-25 enero, martes noche y miércoles salvo verano, festivos y vísperas*
Rest – Carta aprox. 48 €

♦ En una callejuela cercana al puerto. Esta casa de organización familiar disfruta de una sala de línea actual y siempre trabaja con pescados y mariscos de excelente calidad.

✗✗ **D'Berto**   AC 🌱 ⇄ VISA ⬛

av. Teniente Domínguez 84 – 🎧 *986 73 34 47 – www.dberto.com – cerrado 20 diciembre-2 enero, 15 días en abril-mayo y martes*
Rest – Carta 38/49 € ❀

♦ Bien llevado entre dos hermanos. Ofrece un bar de espera con vinoteca, una sala actual y un privado. Cocina especializada en pescados y mariscos, todo de excepcional calidad.

✗✗ **Beiramar**   AC 🌱 VISA ⬛ AE ⓪

av. Beiramar 30 – 🎧 *986 73 10 81 – www.restaurantebeiramar.com – cerrado noviembre y lunes*
Rest – Carta 30/43 €

♦ Restaurante de larga trayectoria familiar, y reducidas dimensiones, situado frente al puerto. Combina una estética actual con una carta especializada en pescados y mariscos.

✗ **La Posada del Mar**   AC 🌱 VISA ⬛ AE ⓪

Castelao 202 – 🎧 *986 73 01 06 – cerrado 10 diciembre-enero, domingo mediodía en julio-agosto, domingo noche y lunes resto del año*
Rest – Carta aprox. 40 €

♦ Negocio familiar dotado de dos salas de adecuado montaje, con barra de apoyo a la entrada y un pequeño vivero. Cocina tradicional con buen apartado de pescados y mariscos.

✗ **Solaina** ⬠ 🅺 🕉 🆅🅸🆂🅰 ⊙⊙ 🅰🅴 ⓪
av. Beiramar – ℰ 986 73 29 69 – www.marisqueriassolaina.com
– cerrado 20 diciembre-25 enero, domingo noche y martes salvo verano
Rest – Carta 25/38 €
♦ Este sencillo restaurante-marisquería está llevado por sus propietarios y trabaja mucho gracias a la calidad de sus productos. La sala superior ofrece buenas vistas al puerto.

en la carretera de Pontevedra Sur : 4 km

🏨 **Abeiras** 🕉 ⫸ ♿ hab, 🅺 🕉 🕻 🆚 🅿 🆅🅸🆂🅰 ⊙⊙
Ensenada de O Bao ✉36980 – ℰ 986 73 51 34 – www.hotelabeiras.com
30 hab �} – ✦49/140 € ✦✦49/160 €   **Rest** – (sólo clientes) Menú 25 €
♦ Hotel construido en piedra y ubicado al borde del mar, en una finca repleta de
pinos y eucaliptos. Ofrece un salón social con chimenea y unas habitaciones de
buen confort.

en San Vicente do Mar Suroeste : 8,5 km

🏨 **Mar Atlántico** ◈ ⫶ 🕉 🔲 🆔 ⫸ 🅺 🕉 🅿 🆅🅸🆂🅰 ⊙⊙ 🅰🅴 ⓪
✉36988 San Vicente del Mar – ℰ 986 73 80 61 – www.hotelmaratlantico.com
– 25 marzo-15 octubre
47 hab ⊃ – ✦30/140 € ✦✦50/150 €   **Rest** – Menú 23 €
♦ Atractivo exterior, correcta zona noble, confortables habitaciones y una completa oferta lúdica para que su estancia resulte más grata. Entorno ajardinado
con piscina y SPA. Alegre restaurante de línea clásica.

GUADALAJARA 🅿 – **576** K20 – **83 039 h. – alt. 679 m**   **10** C1
▶ Madrid 55 – Aranda de Duero 159 – Calatayud 179 – Cuenca 156
🅸 pl. de los Caídos 6, ℰ 949 21 16 26 turismoguadalajara@jccm.es
👁 Palacio del Infantado★ (fachada★, patio★) AY

Plano página siguiente

🏨 **Tryp Guadalajara** 🆔 ⫸ ♿ hab, 🅺 🕉 🕻 🆚 🅿 🆅🅸🆂🅰 ⊙⊙ 🅰🅴 ⓪
autovía A 2 Km 55, por ① ✉19002 – ℰ 902 44 66 66
– www.hotelguadalajara.com
159 hab – ✦✦60/160 €, ⊃ 12,85 €   **Rest** – (sólo cena en agosto) Menú 26 €
♦ Elegancia y buen gusto definen su interior. Está centrado en la celebración de
distintos eventos, por eso ofrece diversos salones modulares y unas modernas
habitaciones. El restaurante se ilumina por una claraboya y propone una cocina
de sabor tradicional.

🏨 **AC Guadalajara** 🆔 ⫸ ♿ hab, 🅺 🕉 🕻 🆚 🚗 🆅🅸🆂🅰 ⊙⊙ 🅰🅴 ⓪
av. del Ejército 6 ✉19004 – ℰ 949 24 83 70 – www.ac-hotels.com   AY**t**
103 hab – ✦✦56/120 €, ⊃ 10 € – 2 suites   **Rest** – Menú 28 €
♦ Al más puro estilo de la cadena. Edificio moderno de fachada sobria, con zona
social algo escasa, salón de uso polivalente y unas habitaciones de completo
equipamiento.

✗✗ **Amparito Roca** 🅺 🕉 ✧ 🆅🅸🆂🅰 ⊙⊙ 🅰🅴
Toledo 19 ✉19002 – ℰ 949 21 46 39 – www.amparitoroca.com – cerrado
Semana Santa, del 15 al 31 de agosto y domingo   BZ**b**
Rest – Carta 44/52 €
♦ Instalado en un chalet de fachada actual. Su carta tradicional incluye especiali-
dades más innovadoras. Buen servicio de mesa y clientela de negocios selecta.

✗✗ **Lino** 🅺 🕉 🆅🅸🆂🅰 ⊙⊙ 🅰🅴
Vizcondesa de Jorbalán 10 ✉19001 – ℰ 949 25 38 45
– www.restaurantelino.com – cerrado miércoles   BY**c**
Rest – Carta 30/42 €
♦ Este negocio se presenta con una amplia cafetería y un comedor clásico, este
último con una cava de vinos acristalada. Cocina tradicional con alguna elaboración más actual.

ESPAÑA

GUADALAJARA

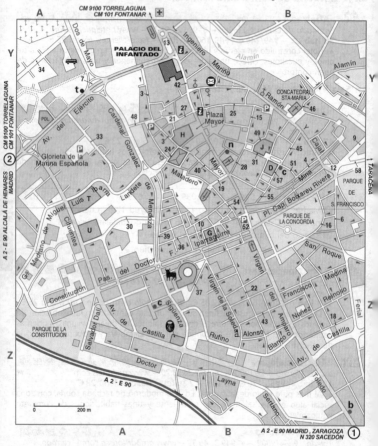

Diego's

Sigüenza 16 ⊠19003
– ℰ 949 25 36 34 – www.restaurantediegos.com
– cerrado agosto y lunes

AZ**c**

Rest – (sólo almuerzo salvo jueves, viernes y sábado) Carta 36/50 €

◆ Pequeño restaurante ubicado en un soportal, con un hall a la entrada y un correcto comedor. Dos hermanos llevan las riendas del negocio, ofreciendo platos de base tradicional.

❌ **Miguel Ángel** $\quad$ AC ❌ VISA ⓪ AE ⓪

Alfonso López de Haro 4 ⊠*19001 –* ✆ *949 21 22 51*

– www.grupomiguelangel.com – cerrado viernes en verano y domingo noche

Rest – Carta 33/46 € $\qquad$ BY**n**

♦ La chimenea, el horno de leña y el precioso artesonado del techo protagonizan la decoración regional del salón. Carta tradicional de cocina castellana basada en asados.

junto a la autovía A 2 por ② :

🏨 **Torcal** $\quad$ 🛗 ❤ hab, AC ❌ rest, 📞 ❄ P VISA ⓪ AE ⓪

km 50,5 - Suroeste 3,5 km ⊠*19171 Cabanillas del Campo –* ✆ *949 20 84 10*

– www.hoteltorcal.com

59 hab ⊇ – ♦50/65 € ♦♦50/85 € $\quad$ **Rest** – *(sólo cena)* Carta aprox. 25 €

♦ Hotel de nueva construcción dotado de instalaciones funcionales. Ofrece confortables habitaciones con los suelos en madera y mobiliario de buen nivel en tonos claros.

❌ **Los Faroles** $\quad$ AC ❌ P VISA ⓪ AE ⓪

km 51, Suroeste : 2 km ⊠*19004 –* ✆ *949 20 23 32*

– www.restaurantelosfaroles.com – cerrado agosto, domingo noche y lunes

Rest – Carta 47/53 €

♦ Situado al borde de la autovía. En su salón de estilo castellano podrá degustar una completa carta de cocina tradicional. Muy concurrido gracias a su buen nombre en la zona.

en Marchamalo por ② **Noroeste : 4 km**

❌❌❌ **Las Llaves** $\quad$ 🏛 AC ❌ ⇄ VISA ⓪ AE

pl. Mayor 16 – ✆ *949 25 04 85 – www.restaurante-lasllaves.com – cerrado Semana Santa, 15 días en agosto y domingo*

Rest – *(sólo almuerzo salvo fines de semana)* Carta 37/49 €

♦ Instalado en un palacete del s. XVI, con la entrada por el antiguo acceso de carruajes. Posee dos elegantes salas, una de ellas con chimenea, y un agradable patio interior.

GUADALUPE – Cáceres – **576** N14 – **2 096 h.** – alt. 640 m – ⊠ **10140** $\qquad$ 18 C2

▶ Madrid 225 – Cáceres 129 – Mérida 129

🏢 pl. Santa María de Guadalupe – ✆ 927 15 41 28

ayuntamientodeguadalupe@hotmail.com

👁 Emplazamiento★ - Pueblo viejo★ – Monasterio★★ : Sacristía★★ (cuadros de Zurbarán★★) camarín★ – Sala Capitular (antifonarios y libros de horas miniados★) – Museo de bordados (casullas y frontales de altar★★)

🚗 Carretera★ de Guadalupe a Puerto de San Vicente ≼★

🏨 **Parador de Guadalupe** ❧ $\quad$ ≼ 🌿 🏛 ☲ 🛗 AC ❌ ❄ P

Marqués de la Romana 12 – ✆ *927 36 70 75* $\qquad$ VISA ⓪ AE ⓪

– www.parador.es

41 hab – ♦106/115 € ♦♦133/144 €, ⊇ 16 € $\quad$ **Rest** – Menú 32 €

♦ Este bellísimo parador se levantó sobre edificios de los ss. XV y XVI. Posee habitaciones de aire castellano, unos hermosos jardines y terrazas dotadas con excelentes vistas. En su comedor podrá degustar las especialidades gastronómicas propias de esta tierra.

GUADARRAMA – Madrid – **576** J17 – **575** J17 – **14 800 h.** – alt. 965 m $\qquad$ 22 A2

– ⊠ **28440**

▶ Madrid 48 – Segovia 43

❌ **Asador Los Caños** $\quad$ 🏛 AC ❌ VISA ⓪ AE ⓪

pl. de Los Caños 1 – ✆ *918 54 02 69 – www.asadorloscanos.com – cerrado 20 junio-8 julio*

Rest – *(sólo almuerzo salvo viernes, sábado y verano)* Carta 26/40 €

♦ Este céntrico asador, de reducidas dimensiones, ofrece una barra de apoyo a la entrada y un comedor en la 1ª planta. La especialidad es el lechazo elaborado en horno de leña.

ESPAÑA

ESPAÑA

X **La Chimenea** 🛋 🅰🄺 ⅀ 🆅🅸🆂🅰 ⓒⓞ 🄰🄴 ⓘ
La Sierra 20 – 𝒞 918 54 29 36 – www.restaurante-lachimenea.com – cerrado del 15 al 30 de septiembre y martes salvo festivos
Rest – *(sólo almuerzo de lunes a jueves salvo Navidades, Semana Santa y verano)* Carta 35/42 €
♦ Casa famosa por sus carnes a la parrilla. Cuenta con un bar y dos salas de ambiente rústico, ambas con chimenea. En su carta encontrará un buen apartado de carnes rojas.

X **La Calleja** 🛋 🅰🄺 ⅀ 🆅🅸🆂🅰 ⓒⓞ 🄰🄴
calleja del Potro 6 – 𝒞 918 54 85 63 – www.restaurantelacalleja.com – cerrado del 1 al 15 de junio y lunes
Rest – *(sólo almuerzo en invierno salvo viernes y sábado)* Carta 23/35 €
♦ Este agradable establecimiento familiar dispone de un pequeño bar de espera y un único comedor rústico, con las paredes en ladrillo visto. Trabaja mucho las carnes a la brasa.

GUADIX – Granada – **578** U20 – **20 395 h.** – alt. 949 m – ✉ 18500   **2** D1
🚗 Madrid 436 – Almería 112 – Granada 57 – Murcia 226
🛈 av. Mariana Pineda 𝒞 958 69 95 74 otguadix@andalucia.org
◎ Localidad ★ - Catedral ★ (fachada ★) – Barrio de Santiago ★ – Barrio de las Cuevas ★
◎ Carretera ★★ de Guadix a Purullena (Oeste : 5 km)

🏨 **Comercio** 🄵🅼 🛎 ⅃ & hab, 🅰🄺 ⅀ hab, ⵙ 🈂️ 🚃 🆅🅸🆂🅰 ⓒⓞ 🄰🄴 ⓘ
Mira de Amezcua 3 – 𝒞 958 66 05 00 – www.hotelcomercio.com
40 hab – †40/45 € ††50/65 €, � 6 € – 2 suites   **Rest** – Menú 11 €
♦ Este céntrico hotel ocupa un palacete de ambiente clásico. Posee una correcta zona social, habitaciones amplias con mobiliario de aire antiguo, un SPA y una azotea-solárium. El restaurante dispone de dos salas y ofrece una carta tradicional bien elaborada.

en la autovía A 92 Noroeste : 2 km

🏨 **Abades Guadix** 🛎 & hab, 🅰🄺 ⅀ ⵙ 🈂️ 🅿 🚃 🆅🅸🆂🅰 ⓒⓞ 🄰🄴 ⓘ
km. 292 – 𝒞 958 66 63 97 – www.abades.com
43 hab – †45/135 € ††50/170 €, ⊏z 7 €   **Rest** – Menú 20 €
♦ Para estar en un área de servicio sorprende por sus cuidadas instalaciones, con habitaciones de buena amplitud, suelos en madera, mobiliario clásico-actual y baños completos. Su comedor a la carta se complementa con un gran salón de banquetes.

GUALBA – Barcelona – **574** G37 – **1 192 h.** – alt. 177 m – ✉ 08474   **15** A2
🚗 Madrid 657 – Girona/Gerona 52 – Barcelona 57

al Sureste 3 km y desvío a la izquierda 1 km

🏨 **Masferrer** ⌂ ⟵ 🚐 ᙆ 🅰🄺 ⅀ ⵙ 🅿 🆅🅸🆂🅰 ⓒⓞ 🄰🄴
– 𝒞 938 48 77 05 – www.hotelmasferrer.com – cerrado enero
11 hab ⊏z – †107/117 € ††137/147 €
Rest – *(cerrado domingo noche)* (es necesario reservar) Menú 30 €
♦ Antigua masía ubicada en plena naturaleza, con la sierra del Montseny al fondo. Sus habitaciones poseen mobiliario antiguo y bañera de hidromasaje en la mayoría de los baños. El restaurante, dotado con grandes ventanales, ofrece una carta de cocina catalana.

GUALTA – Girona – **574** F39 – **380 h.** – alt. 15 m – ✉ 17257   **15** B1
🚗 Madrid 732 – Barcelona 130 – Girona 32 – Perpignan 99
🏌 Empordà Golf Resort, por la carret. de Palafrugell a Torroella de Montgrí - Este : 3,5 km, 𝒞 972 76 04 50

✗ Ca la Paquita

⌐ 🅐🅒 🅟 🆅🅸🆂🅰 ⓿ 🅐🅴 ⓿

Major 22 – ☏ 972 75 83 03 – www.restaurantcalapaquitadegualta.cat – cerrado enero y lunes

Rest – *(sólo almuerzo salvo fines de semana y verano)* Carta 48/62 €

♦ Restaurante de buen montaje ubicado en una casa de la localidad. Posee un hall, dos salas clásicas con detalles rústicos y un patio-terraza. Cocina tradicional actualizada.

en la carretera C31 Este : 3,5 km

🏨 Empordà Golf

≤ ⅃ 🅃 🗠 🅰🅱 🖢 🕭 🆔 🅐🅒 ❀ ⸙ 🛁 🅟 🚗 🆅🅸🆂🅰 ⓿ 🅐🅴

carret. Torroella de Montgrí a Palafrugell ✉17257 Gualta – ☏ 972 78 20 30 – www.hotelempordagolf.com – cerrado 8 diciembre-10 febrero

78 hab – ♦99/117 € ♦♦99/165 €, ☲ 8,50 €   **Rest** – Menú 27 €

♦ Se encuentra dentro del complejo de golf, por lo que está rodeado de campos de césped. Instalaciones actuales y habitaciones de vivos colores, todas con terraza. El restaurante, que también se encarga del servicio de desayunos, ofrece una carta tradicional.

A GUARDA (La GUARDIA) – Pontevedra – **571** G3 – **10 425 h.**   **19** A3
– alt. 40 m – Playa – ✉ 36780

▶ Madrid 628 – Ourense 129 – Pontevedra 72 – Porto 148

🛈 Praza do Reló 1 ☏ 986 61 45 46 turismo@aguarda.es Fax 986 61 02 83 (temp)

🔲 Monte de Santa Tecla★ (≤★★) Sur : 3 km

ESPAÑA

🏨 Convento de San Benito sin rest

🅐🅒 ❀ ⸙ 🚗 🆅🅸🆂🅰 ⓿

pl. de San Benito – ☏ 986 61 11 66 – www.hotelsanbenito.com

23 hab – ♦47/53 € ♦♦57/77 €, ☲ 6 €

♦ Hotel con encanto instalado en un edificio histórico. Todas sus habitaciones cuentan con mobiliario de época, sin embargo las superiores también tienen las paredes en piedra.

🏠 Eli-Mar sin rest

🖢 ❀ ⸙ 🆅🅸🆂🅰 ⓿ 🅐🅴 ⓿

Vicente Sobrino 12 – ☏ 986 61 30 00 – www.eli-marhotel.com

18 hab ☲ – ♦33/53 € ♦♦55/70 €

♦ Sencillo, familiar y orientado a trabajar con comerciales. Ofrece unas habitaciones bastante funcionales, con mobiliario castellano y baños completos pero muy reducidos.

✗✗ Bitadorna

⌐ 🅐🅒 ❀ 🆅🅸🆂🅰 ⓿ 🅐🅴

Porto 30 – ☏ 986 61 19 70 – www.bitadorna.com – cerrado Navidades, 15 días en marzo, domingo noche, lunes noche y martes noche salvo julio-agosto

Rest – Carta 30/37 €

♦ Ubicado en la zona del puerto. Cuidado comedor con toques actuales en la decoración, donde degustará una esmerada cocina que aúna sabores típicos, tradicionales e innovadores.

✗ Marusía

⌐ 🅐🅒 ❀ 🆅🅸🆂🅰 ⓿

😊

Porto 29 – ☏ 986 61 38 09 – cerrado 22 diciembre-22 enero, domingo noche y martes salvo verano

Rest – Carta 26/35 €

♦ Establecimiento familiar especializado en bogavante y otros productos de la ría. Se accede por un bar de apoyo que da paso a un comedor funcional, con la cocina semivista.

✗ Anduriña

≤ ⌐ 🅐🅒 ❀ 🆅🅸🆂🅰 ⓿ 🅐🅴 ⓿

😊

Porto 58 – ☏ 986 61 11 08 – www.restauranteandurinha.com – cerrado noviembre, domingo noche, lunes noche y martes noche salvo verano

Rest – Carta 30/35 €

♦ Se encuentra en la zona más turística de la ciudad, con una terraza semicubierta, un bar de espera y un comedor de sencillo montaje. Elaboraciones de sabor marinero.

GUARDAMAR DE LA SAFOR – Valencia – **577** P29 – 358 h.   **16** B2
– alt. 11 m – ✉ 46711

➲ Madrid 422 – Gandía 6 – València 70

✗ **Arnadí**   🎄 ⅍ ⅍ 🆅🆂🅰 ⓪ 🅰🅴

*Moll 14 – ℰ 962 81 90 57 – www.restaurantearnadi.com – cerrado noviembre,
domingo noche y lunes*
Rest – *(sólo cena en verano)* Carta 30/41 €
♦ Ubicado en el centro del pueblo, posee un acogedor interior de estilo clásico-
regional en el que destaca la terraza ajardinada. Sugestiva carta de tendencia
francesa.

GUARDAMAR DEL SEGURA – Alicante – **577** R28 – 16 329 h.   **16** A3
– Playa – ✉ 03140

➲ Madrid 442 – Alacant/Alicante 36 – Cartagena 74 – Murcia 52

🅱 pl. de la Constitución 7 ℰ 96 572 44 88 guardamar@touristinfo.net Fax 96
572 72 92

🏨 **Meridional**   ⪕ 🛗 🄰🄲 ⅍ ⁽¹⁾ 🅰 🄿 🆅🆂🅰 ⓪ 🅰🅴

*av. de la Libertad 64 - urb. Las Dunas – ℰ 965 72 83 40
– www.hotelmeridional.es – cerrado enero*
52 hab – 🛏60/103 € 🛏🛏70/125 €, ⴰ 7 €
Rest *El Jardín* – ver selección restaurantes
♦ Se encuentra en 1ª línea de playa y la mayoría de las habitaciones disfrutan de
vistas al mar. Sus estancias resultan algo pequeñas, pero con mobiliario moderno
y colorista.

✗ **El Jardín** – Hotel Meridional   🄰🄲 ⅍ 🄿 🆅🆂🅰 ⓪ 🅰🅴

*av. de la Libertad 64 - urb. Las Dunas – ℰ 965 72 83 40
– www.hotelmeridional.es – cerrado enero*
Rest – Carta 25/33 €
♦ Agradable restaurante donde se dan cita un cuidado servicio de mesa y una
cocina tradicional actualizada, con un destacable apartado de arroces.

La GUARDIA – Pontevedra – ver A Guarda

La GUARDIA – Toledo – **576** M19 – 2 544 h. – ✉ 45760   **9** B2
➲ Madrid 86 – Toledo 72 – Ciudad Real 123

en la autovía A 4 Norte : 3,5 km

🏨 **Real Castillo**   🛗 🄰🄲 ⅍ rest, ⁽¹⁾ 🅰 🄿 🆅🆂🅰 ⓪

salida 79 autovía ✉45760 – ℰ 925 13 83 46 – www.hotelrealcastillo.com
10 hab ⴰ – 🛏50/65 € 🛏🛏75/99 €   **Rest** – Carta 23/34 €
♦ Edificio de nueva construcción que recuerda a un castillo con su fachada.
Ofrece habitaciones amplias, de estética medieval y con mobiliario en forja.
Baños con hidromasaje. El restaurante anexo tiene un aire rústico y elaboraciones
de gusto tradicional.

GUERNICA Y LUNO – Bizkaia – ver Gernika-Lumo

GUETARIA – Gipuzkoa – ver Getaria

GUÍA DE ISORA – Santa Cruz de Tenerife – ver Canarias (Tenerife)

GUIJUELO – Salamanca – **575** K12 – 5 971 h. – alt. 1 010 m – ✉ 37770   **11** B3
➲ Madrid 206 – Ávila 99 – Plasencia 83 – Salamanca 49

🏨 **Entredos** sin rest   🛗 🄰🄲 ⁽¹⁾ 🛜 🆅🆂🅰 ⓪

*Encina 26-28 – ℰ 923 15 81 97 – www.hotelentredos.com – cerrado
23 diciembre-6 enero*
20 hab ⴰ – 🛏45/60 € 🛏🛏65/75 €
♦ Resulta correcto y se encuentra en una zona nueva de la localidad, con una
línea bastante actual y un equipamiento funcional. Clientela habitual de viajantes
y comerciales.

⌂ **Torres** sin rest   🛗 ⚙ 📶 📶 VISA ⓪ AE

San Marcos 3 – 𝒞 923 58 14 51 – www.hotel-torres.com
37 hab – ♦32/35 € ♦♦52/59 €, ☁ 4 €

♦ Confortable en su categoría, funcional y llevado con seriedad. El negocio se completa con una administración de lotería y una cafetería que sólo funciona por las mañanas.

GÜIMAR – Santa Cruz de Tenerife – ver Canarias (Tenerife)

HARO – La Rioja – 573 E21 – **12 261 h.** – alt. 479 m – ✉ 26200   **21** A2

▶ Madrid 330 – Burgos 87 – Logroño 49 – Vitoria-Gasteiz 43

🛈 pl. Monseñor Florentino Rodríguez 𝒞 941 30 33 66 riojalta@arrakis.es
Fax 941 30 33 66

◉ Balcón de La Rioja ❄ ★★ Este : 26 km

🏨 **Los Agustinos**   🛗 AC ⚙ 📶 🧖 🐾 VISA ⓪ AE ①

San Agustín 2 – 𝒞 941 31 13 08 – www.hotellosagustinos.com
60 hab – ♦74/94 € ♦♦92/118 €, ☁ 15 € – 2 suites
Rest *Las Duelas* – *(cerrado domingo en invierno)* Carta 38/51 €

♦ Ocupa un edificio del s. XIV que sirvió como convento, con habitaciones clásicas y un majestuoso claustro cubierto que hace de zona polivalente. El restaurante ofrece tres salas, dos de ellas en los pasillos del claustro, y una cocina tradicional actualizada.

✕ **Mesón Atamauri**   AC ⚙ ⇔ VISA ⓪ AE

pl. Juan García Gato 1 – 𝒞 941 30 32 20 – www.atamauri.com – cerrado del 15 al 31 de diciembre, del 1 al 15 de julio, domingo noche y lunes
Rest – Carta 35/41 €

♦ Esta casa del s. XVIII dispone de un bar público, un comedor rústico con las paredes en piedra y una bodega que se usa como privado. Cocina tradicional y raciones generosas.

HECHO – Huesca – 574 D27 – **954 h.** – alt. 833 m – ✉ 22720   **3** B1

▶ Madrid 497 – Huesca 102 – Jaca 49 – Pamplona 122

◉ Localidad ★

✕ **Gaby-Casa Blasquico** con hab   AC rest, ⚙ VISA ⓪
☺

pl. La Fuente 1 – 𝒞 974 37 50 07 – www.casablasquico.com
– cerrado del 1 al 10 de septiembre
6 hab – ♦49 € ♦♦53 €, ☁ 5,50 €   **Rest** – Carta 29/35 €

♦ Casa definida por la profusión decorativa, con la entrada y los balcones repletos de plantas. Su acogedor comedor presenta un buen servicio de mesa y numerosos detalles. Como complemento al negocio también cuenta con algunas habitaciones, todas personalizadas y dos abuhardilladas.

✕ **Canteré**   🏮 AC ⚙ VISA ⓪

Aire 1 – 𝒞 974 37 52 14 – www.cantere.es – cerrado enero, febrero y martes
Rest – Carta 26/35 €

♦ Negocio familiar con el propietario a cargo de los fogones. Dispone de un bar público en la planta baja y un comedor clásico en el 1er piso, decorado con piedra y madera.

en la carretera de Selva de Oza Norte : 7 km

⌂ **Usón** ᠀   ⩽ ⚙ P VISA ⓪

✉22720 – 𝒞 974 37 53 58 – www.hoteluson.com – 15 marzo-10 diciembre
11 hab – ♦40/50 € ♦♦55/59 €, ☁ 7 €   **Rest** – Menú 16 €

♦ Hotelito emplazado en plena naturaleza. Se autoabastece de energía y posee habitaciones funcionales de correcto confort, con baños de plato ducha y hermosas vistas al valle.

ESPAÑA

▶ Madrid 306 – Albacete 59 – Murcia 84 – València 186

🏨 **Emilio**   📶 🏧 ⚡ rest, 🍴 🅿 🚗 💳 ⓧ 🆎 ⓞ
carret. de Jaén 23 – 📞 *967 30 15 80 – www.hremilio.com*
46 hab ⌂ – †55/65 € ††80/90 €   **Rest** – Menú 12 €
♦ Este edificio, moderno y dotado con un buen hall de entrada, ofrece habitaciones de adecuado confort, con los suelos en tarima, mobiliario clásico-actual y baños completos. El restaurante posee un montaje clásico y se complementa con una zona para banquetes.

🏨 **Reina Victoria**   📶 🏧 ⚡ rest, 🍴 🚗 💳 ⓧ 🆎 ⓞ
Coullaut Valera 3 – 📞 *967 30 02 50 – www.hotelreinavictoriahellin.com*
24 hab – †50/65 € ††80/105 €, ⌂ 5 €   **Rest** – Menú 10 €
♦ Un hotel de sencilla organización familiar emplazado en el centro de la localidad. Tiene habitaciones de buen equipamiento y confort repartidas en cuatro plantas. El restaurante, tradicional con detalles rústicos, disfruta de una entrada independiente.

🍴🍴 **D'on Manuel**   🏧 ⚡ ⇔ 🅿 💳 ⓧ
🐷 *Murcia 31 –* 📞 *967 30 55 01 – www.dmgastronomia.com – cerrado del 1 al 8 de septiembre y domingo salvo festivos*
Rest – Carta aprox. 30 €
♦ En la salida sur de la localidad. Posee un comedor a la carta clásico-funcional y una sala mucho más moderna en el piso superior, esta última pensada para el menú degustación.

HERMIGUA – Santa Cruz de Tenerife – ver Canarias (La Gomera)

HERNANI – Guipúzcoa – **573** C24 – 19 289 h. – ⊠ 20120   **25** B2
▶ Madrid 452 – Biarritz 56 – Bilbao 103 – Donostia-San Sebastián 8

en la carretera de Goizueta Sureste : 5 km

🍴🍴 **Fagollaga**   🏠 🏧 ⚡ ⇔ 🅿 💳 ⓧ 🆎 ⓞ
Ereñozu Auzoa 68-69 ⊠20120 – 📞 *943 55 00 31 – www.fagollaga.com – cerrado 7 días en Navidades, 15 días en Semana Santa, domingo noche, lunes, martes noche y miércoles noche*
Rest – Carta 41/49 €
♦ Casa de trayectoria familiar fundada en 1903. Ofrece un bar de espera, una sala de montaje actual, un pequeño privado y una cocina que conjuga la tradición con la innovación.

La HERRADURA – Granada – **578** V18 – **Playa** – ⊠ 04649   **2** C2
▶ Madrid 523 – Almería 138 – Granada 90 – Málaga 66
◐ Oeste : Carretera ★ de La Herradura a Nerja ≤ ★★

🏨 **Almijara**   📶 ⅙ hab, 🏧 ⚡ 🔧 💳 ⓧ 🆎 ⓞ
acera del Pilar 6 – 📞 *958 61 80 53 – www.hotelalmijara.com*
40 hab ⌂ – †41/67 € ††49/80 €   **Rest** – Menú 12 €
♦ Hotel de organización familiar que destaca por su gran nivel de limpieza y mantenimiento. Ofrece unas habitaciones espaciosas y bien equipadas, todas con balcón o terraza. El restaurante, que ofrece una carta sencilla, se complementa con un bar en la azotea.

HERRERÍAS DE VALCARCE – León – **575** D9 – ⊠ 24520   **11** A1
▶ Madrid 433 – León 152 – Lugo 76 – Ponferrada 39

🏠 **Paraíso del Bierzo** ⧈   ≤ 🏠 🍸 ⚡ 🅿 💳 ⓧ
– 📞 *987 68 41 37 – www.paraisodelbierzo.com – cerrado enero*
13 hab – †38/46 € ††49/59 €, ⌂ 7 €   **Rest** – Menú 12 €
♦ Antigua casa de arquitectura popular ubicada en pleno Camino de Santiago. Los detalles de época salpican su interior, recreando un ambiente rústico realmente entrañable. Comedor de sencillo montaje cuya decoración combina piedra, ladrillo, madera y forja.

HERVÁS – Cáceres – **576** L12 – **4 126 h.** - alt. 685 m – ⊠ 10700   **18** C1

> ▶ Madrid 241 – Mérida 192 – Cáceres 124 – Salamanca 97

XX   **Nardi**   AC 🍴 VISA ⦿ AE ⓪
Braulio Navas 19 – 𝒞 927 48 13 23 – cerrado del 15 al 25 de junio, agosto y martes salvo festivos, vísperas y agosto
Rest – Carta 24/34 €
♦ Se encuentra en una calle peatonal, con un bar privado y una sala distribuida en dos ambientes, uno clásico y el otro rústico. Cocina tradicional con detalles creativos.

XX   **El Almirez**   AC 🍴 VISA ⦿ AE ⓪
😊 *Collado 19 – 𝒞 927 47 34 59 – www.restauranteelalmirez.com – cerrado 8 días en junio, 8 días en septiembre, domingo noche salvo agosto y lunes no festivos*
Rest – Carta 29/35 €
♦ Bien llevado por su chef-propietaria. El reducido comedor se distribuye en dos niveles, con mobiliario clásico y las paredes en tonos burdeos. Carta de gusto tradicional.

El HIERRO – Santa Cruz de Tenerife – ver Canarias

HINOJOSA DE DUERO – Salamanca – **575** J9 – **747 h.** - alt. 601 m   **11** A2
– ⊠ 37230

> ▶ Madrid 331 – Valladolid 242 – Salamanca 122 – Guarda 90

en la carretera a Salto Saucelle Noroeste : 9 km

↑   **Quinta de la Concepción** ⚘   ← 🛏 AC 🍴 👙 P VISA ⦿ ⓪
– 𝒞 923 51 30 70 – www.quintadelaconcepcion.es
8 hab – ♦40/45 € ♦♦55/65 €, ⊇ 5 €   **Rest** – *(sólo clientes)* Menú 17 €
♦ Ubicado en un paraje con hermosas vistas al Duero. Dispone de una completa zona social, un apartamento con cocina americana y confortables habitaciones, algunas con terraza.

HÍO – Pontevedra – **571** F3 – ⊠ 36940   **19** A3

> ▶ Madrid 620 – Santiago de Compostela 88 – Pontevedra 29
> ◎ Crucero ★

XX   **Doade** con hab   🏠 AC 🍴 🖥 P VISA ⦿
bajada playa de Arneles 1 ⊠36948 – 𝒞 986 32 83 02 – www.hoteldoade.com – cerrado noviembre
8 hab ⊇ – ♦35/60 € ♦♦55/90 €   **Rest** – *(cerrado lunes)* Carta 31/42 €
♦ Casa familiar de larga trayectoria. Posee un bar público y dos salas de montaje clásico-actual, donde podrá degustar platos marineros y deliciosos pescados al horno. En la planta superior encontrará sus habitaciones, de estilo funcional-actual y completo equipamiento.

X   **As Lagoas**   🍴 VISA ⦿ AE
David Cal 13 ⊠36945 – 𝒞 986 32 85 42 – cerrado septiembre y lunes
Rest – Carta 26/36 €
♦ Este negocio dispone de un bar típico a la entrada y una sala acristalada de modesto montaje. Su carta de cocina actual tiene un buen apartado de entrantes tradicionales.

HONDARRIBIA (FUENTERRABÍA) – Guipúzcoa – **573** B24 – **16 458 h.**   **25** B2
– Playa – ⊠ 20280

> ▶ Madrid 512 – Pamplona 95 – Donostia-San Sebastián 19
> ✈ de San Sebastián 𝒞 902 404 704
> **Iberia :** aeropuerto 𝒞 902 400 500
> 🛈 Javier Ugarte 6 𝒞 943 64 54 58 turismo@bidasoa-activa.com Fax 943 64 54 66
> ◎ Ciudad Vieja ★
> ◎ Ermita de San Marcial (←★★) Este : 9 km - Cabo Higuer★ (←★) Norte : 4 km – Trayecto ★★ de Hondarribia a Pasai Donibane por el Jaizkíbel : capilla de Nuestra Señora de Guadalupe ←★ – Hostal del Jaizkíbel ←★★, descenso a Pasai Donibane ←★ – Pasai Donibane★

Plano página 457

ESPAÑA

ESPAÑA

Parador de Hondarribia sin rest ⌂ 🐕 🔧 🚫 🕯️ 🛗 **P** 🚗 **VISA** ✷ **AE** **①**
pl. de Armas 14 – 𝒞 943 64 55 00 www.parador.es AY**a**
36 hab � – †186 € ††233 €
♦ Fortaleza medieval dotada de magníficas vistas al estuario del Bidasoa. Un patio cubierto une la parte antigua con el anexo, situando aquí la mayoría de sus habitaciones.

Jaizkibel ⌂ 🏡 🛗 ᴴ & hab, 🆒 🚫 🕯️ 🛗 **P** 🚗 **VISA** ✷ **AE**
Baserritar Etorbidea 1, por Jaizkibel Etorbidea – 𝒞 943 64 60 40
– www.hoteljaizkibel.com – cerrado 7 días en enero AY
24 hab – †87/152 € ††98/195 €, ⊒ 12 €
Rest – *(cerrado domingo) (sólo menú)* Menú 24 €
♦ De construcción moderna, con solárium y exteriores ajardinados. Sus habitaciones gozan de un estilo actual, con sobria decoración de aire minimalista y un buen equipamiento. El restaurante, luminoso y dotado de terraza, centra su oferta en un variado menú.

Obispo sin rest ⌂ & 🆒 🚫 🕯️ **VISA** ✷
pl. del Obispo 1 – 𝒞 943 64 54 00 – www.hotelobispo.com AZ**c**
16 hab ⊒ – †78/120 € ††96/156 €
♦ Instalado en un palacio del s. XIV con profusión de madera y piedra. Destaca tanto por su coqueta terraza junto a la muralla como por sus habitaciones, algunas abuhardilladas.

Río Bidasoa ⌂ 🏊 🏡 🔧 🏡 & hab, 🆒 🚫 🕯️ 🛗 **P** **VISA** ✷ **AE** **①**
Nafarroa Behera 1 – 𝒞 943 64 54 08
– www.hotelriobidasoa.com BZ**k**
42 hab – †76/135 € ††107/178 €, ⊒ 14 €
Rest Sugarri – *(cerrado domingo noche y lunes)* Carta aprox. 45 €
♦ Presenta un entorno ajardinado e instalaciones actuales de completo equipamiento. Sus habitaciones tienen los suelos en tarima, mobiliario funcional y en algún caso vestidor. El restaurante, que posee una terraza junto al jardín, propone una cocina actual.

Jauregui 🏡 & hab, 🆒 🚫 🕯️ 🛗 🚗 **VISA** ✷ **AE** **①**
Zuloaga 5 – 𝒞 943 64 14 00 – www.hoteljauregui.com AX**e**
42 hab – †61/102 € ††81/160 €, ⊒ 12 € – 11 apartamentos
Rest Enbata – Carta 38/46 €
♦ Resulta céntrico y posee una fachada con cierto tipismo. Encontrará habitaciones de adecuado confort, con los suelos en tarima, y correctos apartamentos en la 4ª planta. El restaurante, de aire marinero, hace referencia a un viento de la bahía de Hondarribia.

Palacete sin rest ⌂ & 🆒 🕯️ **VISA** ✷ **AE**
pl. de Gipuzkoa 5 – 𝒞 943 64 08 13 – www.hotelpalacete.net AY**b**
9 hab – †50/92 € ††60/100 €, ⊒ 7 €
♦ Edificio de aspecto medieval ubicado en una plaza típica del casco antiguo. Posee una correcta terraza y coloristas habitaciones de línea funcional, una de ellas con mirador.

Alameda (Gorka y Kepa Txapartegi) 🏡 🆒 🚫 **VISA** ✷ **AE** **①**
Minasoroeta 1 – 𝒞 943 64 27 89
– www.restalameda.com
– cerrado enero, domingo noche, lunes y martes noche AZ**s**
Rest – Menú 50/80 € – Carta 51/59 €
Espec. Espárragos naturales a la plancha con papada (abril-junio). Pescado del día sobre caldo concentrado de roca y azafrán. Cochinillo confitado con anís y canela.
♦ Negocio familiar de larga trayectoria instalado en una casa típica, junto a una alameda. Cuenta con un bar independiente, una buena sala de estilo clásico-actual y un agradable porche acristalado. Cocina vasca con detalles actuales y sabores bien combinados.

HONDARRIBIA/ FUENTERRABÍA

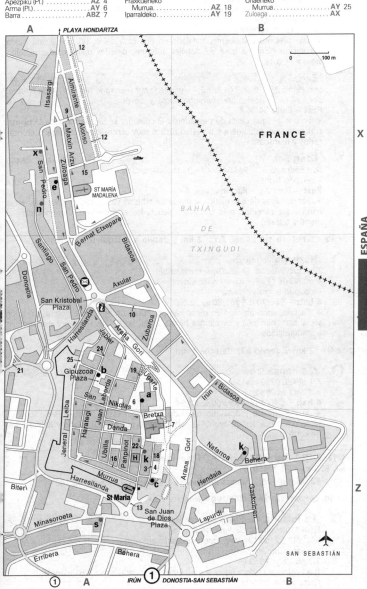

ESPAÑA

457

XX **Sebastián** ⚒ ⇔ 🚾 ⓪ AE ⓪

Mayor 11 – ℰ 943 64 01 67
– www.sebastianhondarribia.com
– cerrado 15 días en noviembre, domingo noche y lunes
(salvo en verano) AZ**k**
Rest – Carta 39/49 €

♦ Este precioso restaurante, instalado en una casa del s. XVI, posee una cálida decoración rústica a base de detalles antiguos, paredes policromadas y bellas vigas a la vista.

X **Zeria** ⌂ ⚒ 🚾 ⓪

San Pedro 23 – ℰ 943 64 27 80 – www.zeria.net – cerrado del 1 al 14 de febrero,
del 1 al 14 de noviembre, domingo noche y jueves AX**n**
Rest – Carta 34/46 €

♦ En una antigua casita de pescadores. El comedor se encuentra en la 1ª planta, con profusión de madera y un estilo rústico muy acogedor. Especializado en pescados y mariscos.

♀/ **Gran Sol** ⌂ AC ⚒ 🚾 ⓪

San Pedro 65 – ℰ 943 64 27 01 – www.bargransol.com
– cerrado lunes AX**x**
Rest – Tapa 3 € – Ración aprox. 5 €

♦ Bar de tapas de aire rústico, a modo de taberna vasca, con pinchos fríos en la barra y los calientes, más creativos, elaborados al momento. Comedor para el menú y terraza.

por la carretera de Lezo AY: 2 km y desvío a la izquierda 0,5 km

⌂ **Haritzpe** sin rest ⬆ ⚹ ⚒ ⑴ P 🚾 ⓪

Zimizarga Auzoa 49 ⊠20280 Hondarribia
– ℰ 943 64 11 28 – www.haritzpe.net
– cerrado enero y febrero
6 hab – ♦60/70 € ♦♦65/80 €, ☕ 6 €

♦ Caserío vasco ubicado en pleno campo. Posee un agradable porche, un salón social con chimenea y excelentes habitaciones, las del piso superior más amplias y abuhardilladas.

por ① : 2 km y desvío a la derecha 1 km

⌂ **Maidanea** sin rest ⬆ ⚹ ⚒ ⑴ P

Arkoll ⊠20280 Hondarribia
– ℰ 943 64 08 55
6 hab – ♦40/48 € ♦♦50/60 €, ☕ 5 €

♦ El matrimonio propietario ha dado su propio estilo a este caserío, con un salón-biblioteca, los desayunos en un atractivo porche acristalado y habitaciones de corte clásico.

HONTORIA DE VALDEARADOS – Burgos – **575** G19 – 237 h. **12** C2
– alt. 870 m – ⊠ 09450

▶ Madrid 176 – Aranda de Duero 20 – Burgos 92 – Segovia 140

por la carretera de Caleruega Noreste : 2 km

XX **La Posada de Salaverri** con hab ⬆ 🖻 AC ⚒ P 🚾 ⓪ AE ⓪

⊠09450 Hontoria de Valdearados
– ℰ 947 56 10 31 – www.laposadadesalaverri.com
– cerrado noviembre
7 hab ☕ – ♦♦69 €
Rest – *(cerrado domingo noche y lunes no festivos salvo julio y agosto)*
Carta aprox. 39,50 €

♦ Casona restaurada y emplazada en pleno campo, con la fachada en piedra y un atractivo interior de estilo rústico-regional. Comedor de buen montaje con profusión de madera. Las habitaciones dan continuidad a la estética predominante en todo el edificio.

ESPAÑA

HORCAJO MEDIANERO – Salamanca – **575** K13 – 280 h.   **11** B3
– alt. 1 008 m – ⊠ 37860

> ▷ Madrid 195 – Ávila 84 – Plasencia 108 – Salamanca 47

介   **Casona Valdejimena** ⤴   🍸 🛠 ☝ 📶 VISA 🐼
Estanco 1 – 𝒞 923 15 15 59 – www.casonavaldejimena.com
7 hab ⤴ – ✚53/60 € ✚✚53/85 €
Rest – *(cerrado lunes)* (es necesario reservar) Menú 22 €
♦ Marco de ambiente acogedor en esta casona de labranza del s. XIX. Cálidas habitaciones con mobiliario antiguo, cuidado salón social y comedor en la cocina original de la casa.

HORNA – Burgos – ver Villarcayo

L'HOSPITALET DE L'INFANT (HOSPITALET DEL INFANTE)   **13** B3
– Tarragona – **574** J32 – 5 754 h. – Playa – ⊠ 43891

> ▷ Madrid 579 – Castelló de la Plana/Castellón de la Plana 151 – Tarragona 37 – Tortosa 52

> ℹ Alamanda 2 𝒞 977 82 33 28 turisme@vandellos-hospitalet.cat Fax 977 82 39 41

🏨   **Pino Alto** ⤴   🍴 🍸 ⌧ 🗔 🛁 🛗 AC 🛠 🛋 🚗 VISA 🐼 ﷼ ⓞ
urb. Pino Alto, Noreste : 1 km ⊠43892 Miami Platja – 𝒞 977 81 10 00
– www.hotel-pinoalto.com – 19 mayo-25 septiembre
137 hab ⤴ – ✚50/92 € ✚✚66/150 €   **Rest** – Menú 17 €
♦ Complejo hotelero de estructura semicircular, en torno a una atractiva terraza ajardinada con piscina. Dispone de habitaciones bien equipadas con mobiliario funcional. Sencillo restaurante con servicio de buffet y algunas sugerencias.

🏠   **Vistamar**   ⌧ ⌧ 🛗 AC 🛠 🛁 🅿 🚗 VISA 🐼 ﷼ ⓞ
del Mar 24 – 𝒞 977 82 30 00 – www.hoteles-vistamar.com – 20 abril-2 octubre
72 hab ⤴ – ✚48/90 € ✚✚64/148 € – 9 apartamentos   **Rest** – Menú 12 €
♦ Hotel de línea clásica emplazado en 1ª línea de playa. Tiene una piscina exterior junto al paseo marítimo y unas habitaciones bastante funcionales, todas con terraza. Su amplio comedor principal, de ambiente rústico y con vistas al mar, se complementa con otro más sencillo para el servicio de buffet.

✕✕   **Itxas-Begi**   🍸 AC 🛠 VISA 🐼 ⓞ
🏵   *Puerto Deportivo, local 2 – 𝒞 977 82 34 09 – cerrado 19 diciembre-3 febrero y lunes*
Rest – Carta 32/38 €
♦ Resulta agradable y destaca por su emplazamiento, ya que está en pleno puerto deportivo. Sala de ambiente actual, pequeña terraza acristalada y una cocina tradicional vasca.

✕   **L'Olla**   AC 🛠 VISA 🐼 ⓞ
Via Augusta 40 – 𝒞 977 82 04 38 – cerrado 9 diciembre-6 enero,
27 septiembre-1 octubre, lunes salvo 15 junio-30 agosto y domingo noche
Rest – *(sólo almuerzo salvo viernes, sábado y verano)* Carta 28/43 €
♦ Restaurante bien llevado, de aspecto muy decoroso y buen mantenimiento, que goza de cierto reconocimiento en la localidad. Carta variada.

L'HOSPITALET DE LLOBREGAT – Barcelona – ver Barcelona : Alrededores

---

Els HOSTALETS D'EN BAS – Girona – **574** F37 – 137 h. – ⊠ 17177   **14** C2
> ▷ Madrid 711 – Girona/Gerona 47 – Olot 10 – Vic 44

✕   **L'Hostalet**   AC 🛠 🅿 VISA 🐼
🏵   *Vic 18 – 𝒞 972 69 00 06 – cerrado julio y martes*
Rest – *(sólo almuerzo salvo viernes, sábado y agosto)* Carta 20/26 €
♦ Un sencillo establecimiento de ambiente neorrústico que destaca por los techos abovedados de su comedor principal. Cocina catalana con un buen apartado de carnes a la brasa.

HOYO DE MANZANARES – Madrid – **576** K18 – **575** K18 – 7 580 h.   **22** A2
– alt. 1 001 m – ⊠ 28240

> ▷ Madrid 34 – El Escorial 28 – Segovia 76

ESPAÑA

XX **El Vagón de Beni**   🕿 🄰🄲 ♨ ✿ 🄿 ⅥⅤⅤ ✆ 🄰🄴 ①

San Macario 6 – 𝒞 918 56 68 12 – www.elvagondebeni.com
– cerrado del 1 al 15 de octubre, domingo noche y lunes
Rest – Carta 46/51 €

♦ Armonioso conjunto, a modo de antigua estación, instalado en dos vagones de tren. Original montaje con las mesas flanqueando el pasillo y una coqueta terraza sobre el andén.

HOYOS DEL ESPINO – Ávila – **575** K14 – **469 h.** – ✉ **05634**   **11** B3

▶ Madrid 174 – Ávila 68 – Plasencia 107 – Salamanca 130
◪ Laguna Grande★ (≤★) Sur : 12 km

🔒 **El Milano Real** ⤸   ≤ 🕿 🎮 & hab, 🄰🄲 rest, ♨ ⁛ 🚿 ⅥⅤⅤ ✆ 🄰🄴 ①

Toleo 2 – 𝒞 920 34 91 08 – www.elmilanoreal.com
21 hab – ♦65/145 € ♦♦80/196 €, �}} 15 €
Rest – *(cerrado martes mediodía salvo 15 mayo-15 octubre)* Menú 24 € 🕸

♦ Hotel típico de montaña. Sus estancias están definidas por la profusión de madera y el gusto por los detalles, destacando las habitaciones abuhardilladas y la biblioteca. Su comedor disfruta de atractivas vistas y ofrece una cocina tradicional actualizada.

XX **Mira de Gredos** con hab ⤸   ≤ ♨ 🄿 ⅥⅤⅤ ✆

🄷🄾 *carret. de Barco – 𝒞 920 34 90 23 – cerrado octubre*
15 hab �}} – ♦38 € ♦♦53 €
Rest – *(cerrado jueves salvo Navidades, Semana Santa, julio y agosto)* Carta 33/47 €

♦ Este acogedor restaurante cuenta con una gran sala acristalada desde la que podrá contemplar la sierra de Gredos. Cocina tradicional con un buen apartado de carnes. Agradables salones sociales y unas correctas habitaciones como complemento al negocio.

HOZNAYO – Cantabria – **572** B18 – ✉ **39716**   **8** B1

▶ Madrid 399 – Bilbao 86 – Burgos 156 – Santander 22

🔒 **Villa Pasiega**   🔳 🎦 🎮 & hab, 🄰🄲 ♨ ⁛ 🚿 🄿 ⅥⅤⅤ ✆ 🄰🄴 ①

Las Barreras - carret. N 634 – 𝒞 942 52 59 62 – www.hotelvillapasiega.com
– cerrado Navidades
87 hab – ♦45/72 € ♦♦75/160 €, �}} 6,50 €
Rest – *(sólo cena buffet)* Menú 18 €

♦ Posee diferentes tipos de habitaciones, personalizadas y algunas abuhardilladas, aunque todas de gran amplitud, con buen equipamiento y baños modernos. Completo SPA. El restaurante, que centra su oferta en el buffet, se ve apoyado por una espaciosa cafetería.

HUELVA 🄿 – **578** U9 – **148 806 h.** – alt. 56 m   **1** A2

▶ Madrid 629 – Badajoz 248 – Faro 105 – Mérida 282
🅩 pl. Alcalde Coto Mora 2, 𝒞 959 65 02 00 othuelva@andalucia.org Fax 959 65 02 01
🅱 Bellavista, carret. de Aljaraque km 6, 𝒞 959 31 90 17
◉ Localidad★ – Barrio de Reina Victoria★
◪ Paraje Natural de las Marismas del Odiel★★ 2 km por ③

🔒 **NH Luz Huelva** sin rest, con cafetería por la noche   🎦 🄰🄲 ♨ ⁛ 🚿 🚗
Alameda Sundheim 26 ✉21003 – 𝒞 959 25 00 11   ⅥⅤⅤ ✆ 🄰🄴 ①
– www.nh-hotels.com   BZ**e**
102 hab – ♦45/144 € ♦♦50/160 €, �}} 12 € – 5 suites

♦ Con las características de confort propias de la cadena. Correcta zona noble, varias salas de reunión y habitaciones de completo equipamiento, la mayoría de ellas con balcón.

🔒 **Tartessos** sin rest   🎦 🎦 & 🄰🄲 ⁛ 🚿 ⅥⅤⅤ ✆ 🄰🄴 ①
av. Martín Alonso Pinzón 13 ✉21003 – 𝒞 959 28 27 11 – www.eurostarshotels.com
106 hab – ♦♦54/209 €, �}} 9 € – 7 suites   BZ**x**

♦ Tras una gran renovación se presenta con un estilo bastante actual, complementando su reducida zona social con habitaciones de buen confort general, la mitad con balcón.

ESPAÑA

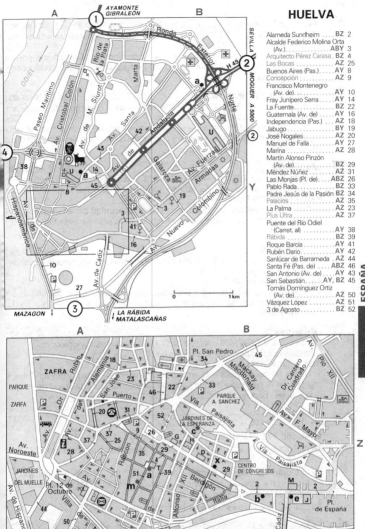

HUELVA

Alameda Sundheim . . . . **BZ** 2
Alcalde Federico Molina Orta
(Av.) . . . . **ABY** 3
Arquitecto Pérez Carasa . . **BZ** 4
Las Bocas . . . . **AZ** 25
Buenos Aires (Pas.) . . . . **AY** 8
Concepción . . . . **AZ** 9
Francisco Montenegro
(Av. de) . . . . **AY** 10
Fray Junípero Serra . . . . **AY** 14
La Fuente . . . . **BZ** 22
Guatemala (Av. de) . . . . **AY** 16
Independencia (Pas.) . . . **AZ** 18
Jabugo . . . . **BY** 19
José Nogales . . . . **AZ** 20
Manuel de Falla . . . . **AZ** 27
Marina . . . . **AZ** 28
Martín Alonso Pinzón
(Av. de) . . . . **BZ** 29
Méndez Núñez . . . . **AZ** 31
Las Monjas (Pl. de) . . . **ABZ** 26
Pablo Rada . . . . **BZ** 33
Padre Jesús de la Pasión **BZ** 34
Palacios . . . . **AZ** 35
La Palma . . . . **AZ** 23
Plus Ultra . . . . **AZ** 37
Puente del Río Odiel
(Carret. al) . . . . **AY** 38
Rábida . . . . **BZ** 39
Roque Barcia . . . . **AY** 41
Rubén Darío . . . . **AY** 42
Sanlúcar de Barrameda . **AZ** 44
Santa Fé (Pas. de) . . . . **ABZ** 46
San Antonio (Av. de) . . . **AZ** 43
San Sebastián . . . . . **AY, BZ** 45
Tomás Domínguez Ortiz
(Av. de) . . . . **AZ** 50
Vázquez López . . . . **AZ** 51
3 de Agosto . . . . **BZ** 52

ESPAÑA

🏨 **AC Huelva** sin rest, con cafetería por la noche ⬚ 🖾 🆎 📶 🛗 🚗
av. de Andalucía ⬚21005
– ✆ 959 54 52 00
– *www.ac-hotels.com* BY**a**
65 hab
♦ Un buen hotel enfocado a los clientes de paso y de negocios. Las escasas
zonas sociales son polivalentes y se compensan mediante unas habitaciones
bien equipadas.

🖿🖿 **Familia Conde** sin rest, con cafetería   🛗 🗚 ⅏ ¶° 🕭 ꕯꕯ ꕯꕯ
Alameda Sundheim 14 ⊠*21003 –* 𝒞 *959 28 24 00 – www.hotelfamiliaconde.com*
54 hab ⊇ *–* ♦50/60 € ♦♦56/72 €   BZ**b**
◆ Establecimiento actual gracias a que van renovando sus habitaciones poco a
poco. La cafetería, también para clientes del exterior, ofrece platos combinados y
un menú del día.

🖿🖿 **Virgen de la Cinta** sin rest   🕭 🗚 ⅏ ¶° ꕯꕯ ꕯꕯ
av. Manuel Siurot 7 ⊠*21004 –* 𝒞 *959 54 12 60 – www.hotelvirgendelacinta.com*
18 hab ⊇ *–* ♦50/60 € ♦♦56/72 €   BZ**a**
◆ Edificio tipo palacete situado en una zona residencial. Su área social resulta
algo reducida, detalle que se compensa con habitaciones actuales y de completo
equipamiento.

XX **Azabache**   🗚 ⅏ ꕯꕯ ꕯꕯ ⓪
Vázquez López 22 ⊠*21001 –* 𝒞 *959 25 75 28 – www.restauranteazabache.com*
– cerrado del 1 al 7 de agosto, sábado noche, domingo y festivos   AZ**m**
Rest – Carta 30/43 €
◆ Este céntrico restaurante se presenta con un concurrido bar a la entrada y un
comedor de ambiente clásico. Elaboraciones sencillas pero bastante fieles al recetario regional.

XX **Portichuelo**   🗚 ⅏ ꕯꕯ ꕯꕯ 🄰🄴 ⓪
Vázquez López 15 ⊠*21003 –* 𝒞 *959 24 57 68 – www.restauranteportichuelo.com*
– cerrado domingo noche y lunes   AZ**a**
Rest – Carta aprox. 45 €
◆ Situado en una zona de calles peatonales junto al Gran Teatro. Dispone de un
bar público y un comedor actual dominado por el expositor de vinos del fondo.
Cocina regional.

XX **Vilanova**   🗚 ⟷ ꕯꕯ ꕯꕯ
San Salvador 17 ⊠*21003 –* 𝒞 *959 24 51 35 – www.vilanovavinoteca.es*
– cerrado agosto, domingo y lunes noche   BZ**c**
Rest – Carta 35/45 €
◆ Ofrece un bar-vinoteca a la entrada, un comedor de estilo actual-funcional y
una sala en el piso superior que funciona como privado. Carta actual de temporada y buena bodega.

HUESCA 🅟 *– 574 F28 – 52 059 h. – alt. 466 m*   4 C1

▶ Madrid 392 – Lleida/Lérida 123 – Pamplona 164 – Pau 211

🔢 pl. López Allué, 𝒞 974 29 21 70 oficina@huescaturismo.com Fax 974 29
21 54

◎ Catedral★ (retablo de Damián Forment★★) BY**A** – Museo Arqueológico
Provincial★ (colección de primitivos aragoneses★) AY**M1** – Iglesia de San
Pedro el Viejo★ (claustro★) BZ**B**

🄶 Castillo de Loarre★★ (❄★★) Noroeste : 36 km por ④

🏠🏠 **Abba Huesca**   🛋 🛗 🕭 હ hab. 🗚 ⅏ 🖐 🕭 ꕯꕯ ꕯꕯ 🄰🄴 ⓪
Tarbes 14 ⊠*22005 –* 𝒞 *974 29 29 00 – www.abbahuescahotel.com*
74 hab *–* ♦75/145 € ♦♦75/155 €, ⊇ 12,50 € *– 10 suites*   BZ**a**
Rest – *(cerrado domingo y lunes)* Menú 22 €
◆ Este hotel, actual y con filosofía de cadena, disfruta de un gran hall, un patio
con lucernario y luminosas zonas sociales. Habitaciones amplias y bien equipadas.
El restaurante sigue la línea de los Abba Mía y ofrece una carta fiel a la gastrono-
mía italiana.

🖿🖿 **La Posada de la Luna** sin rest   🛗 🗚 ¶° 🕭
Joaquín Costa 10 ⊠*22003 –* 𝒞 *974 24 08 57 – www.posadadelaluna.com*
8 hab   AY**b**
◆ Instalado en un edificio bien rehabilitado. Posee una reducida zona social y
unas espaciosas habitaciones que tienen en la luna y los planetas sus referencias
decorativas.

HUESCA

Ainsa . . . . AY 2
Alfonso I Aragón . . . . BY 3
Castillo de Loarre (Pl.) . . . . AY 5
Catedral (Pl. de la) . . . . AY 6
Comercio . . . . AY 8
Coso Alto . . . . AYZ
Costanilla del Suspiro . . . . AY 9
Cuatro Reyes . . . . BZ 12
Fueros de Aragón (Pl. de los) . . . . BYZ 15
Goya . . . . BZ 16
Immaculada (Pl. de la) . . . . . . AZ 18
Ingeniero Cajal Lasala . . . . AZ 19
Ingeniero Pano . . . . AZ 21
López Allue (Pl.) . . . . BZ 22
Luis Buñuel (Pl.) . . . . AY 24
Menendez Pidal . . . . AZ 25
Misericordia (Ronda) . . . . BY 26
Moya . . . . AZ 28
Navarra (Pl. de) . . . . AZ 29
Peligros . . . . BYZ 31
Pirineos (Av. de los) . . . . AY 33
Quito Sertorio . . . . AY 34
Sancho Ramírez . . . . BZ 38
Santo Cristo de los Milagros (Av. del) . . . AY 40
San Bernardo (Pl.) . . . . AY 36
San Pedro (Pl.) . . . . BZ 37
Saturnino Lopez Novoa . . . . . . BZ 41
Templarios . . . . BY 43
Unidad Nacional (Pl.) . . . . BY 44
Universidad (Pl. de la) . . . . AY 46

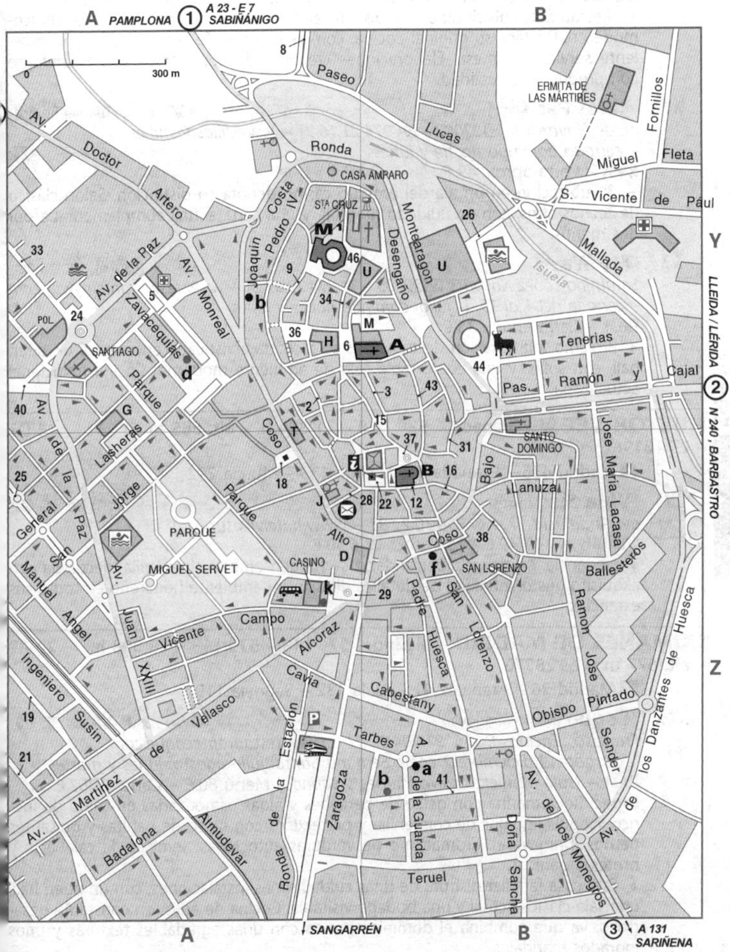

San Marcos sin rest

San Orencio 10 ✉22002 – ✆ 974 22 29 31 – www.hostalsanmarcos.es

29 hab – 🛉30/38 € 🛉🛉49/59 €, ☕ 4,50 € BZ**f**

◆ Pequeño hotel de organización familiar. La sala de TV sirve también para los desayunos, y posee unas sencillas habitaciones con mobiliario en pino y los baños completos.

✗✗✗ Las Torres   🖼 ⚡ 𝓥𝓘𝓢𝓐 ⊙⊙ 🅰🅴 ⓪

🟆 *María Auxiliadora 3 ✉22003 – 𝒸 974 22 82 13 – www.lastorres-restaurante.com*
– cerrado 15 días en Semana Santa, del 16 al 31 de agosto, domingo y lunes noche
Rest – Menú 52 € – Carta 46/53 €   AY**d**
Espec. Esturión con judías verdes, tirabeques, judía de Kenia y guisantes con pez agridulce. Atún con pincelada de cacao, regaliz de remolacha y vinagreta de sandía pasión. Guiso meloso de cerdo con crustáceo a la plancha y quinoa.
♦ Restaurante distribuido en dos niveles y decorado en un estilo clásico-moderno. Destaca su original cocina, con las paredes de cristal opaco, y el excelente servicio de mesa. Elaboraciones creativas de bases tradicionales, siempre con productos de calidad.

✗✗ Lillas Pastia   🕌 🖼 ⚡ ⇄ 𝓥𝓘𝓢𝓐 ⊙⊙ 🅰🅴 ⓪

pl. de Navarra 4 ✉22002 – 𝒸 974 21 16 91 – www.lillaspastia.es
– cerrado domingo noche y lunes   AZ**k**
Rest – Carta aprox. 49 €
♦ Su ubicación en un ala del antiguo casino denota su distinción. Salón clásico de techos altos, con un cuidado montaje y una carta actual complementada por dos menús.

✗✗ My Way   ⬅ 🖼 ⚡ 𝓥𝓘𝓢𝓐 ⊙⊙

Saturnino López Novoa 3 ✉22005 – 𝒸 974 22 67 21 – www.restaurantemyway.com
– cerrado del 1 al 15 de julio, domingo noche y lunes   BZ**b**
Rest – Carta aprox. 35 €
♦ Próximo a la estación de tren. Tras su fachada acristalada encontrará un buen hall, con sofás, y una confortable sala de ambiente moderno. Cocina tradicional actualizada.

HUÉTOR VEGA – Granada – 578 U19 – 11 324 h. – alt. 685 m   2 D1
– ✉ 18198

➤ Madrid 436 – Granada 7 – Málaga 133 – Murcia 292

🏨 Villa Sur *sin rest*   ⬅ ⤢ 📶 ⬅ ⚡ 📶 𝓥𝓘𝓢𝓐 ⊙⊙ 🅰🅴

av. Andalucía 57 – 𝒸 958 30 22 83 – www.hotelvillasur.com
11 hab – ♦40/49 € ♦♦54/66 €, � 6,50 €
♦ Elegancia, calidez y sabor andaluz se funden en esta típica villa, decorada con exquisito gusto. Infinidad de detalles dibujan un ambiente hogareño en todas sus estancias.

HUMANES DE MADRID – Madrid – 576 L18 – 575 L18 – 18 098 h.   22 A2
– alt. 677 m – ✉ 28970

➤ Madrid 26 – Aranjuez 41 – Ávila 132 – Segovia 119

✗✗✗ Coque (Mario Sandoval)   🖼 ⚡ ⇄ 🅿 𝓥𝓘𝓢𝓐 ⊙⊙ 🅰🅴 ⓪

🟆 *Francisco Encinas 8 – 𝒸 916 04 02 02 – www.restaurantecoque.com*
– cerrado 19 diciembre-2 enero,Semana Santa, julio-agosto, lunes y martes
Rest – *(sólo almuerzo salvo viernes y sabado)* Menú 80 € – Carta 45/57 € 🕸
Espec. Roca marina con gelée de percebes y algas osmotizadas en caldo de ibérico. Ñoquis líquidos de colmenilla y perretxicos con guiso de habitas y guisantes tiernos (primavera). Cromatismo de verduras autoclonas, semillas de calabacín y brotes orgánicos.
♦ Esta casa familiar disfruta de unas cuidadísimas instalaciones, con un buen hall, una sala clásica-actual y una bodega visitable. Cocina de autor en constante desarrollo, ya que combina el dominio técnico con unas agradables texturas y unos logrados maridajes.

IBI – Alicante – 577 Q28 – 24 113 h. – alt. 820 m – ✉ 03440   16 A3
➤ Madrid 390 – Albacete 138 – Alacant/Alicante 41 – València 123

✗ Ricardo   🖼 ⚡ 𝓥𝓘𝓢𝓐 ⊙⊙ 🅰🅴

🟢 *Juan Brotóns 11 – 𝒸 966 55 11 03 – www.restaurantericardo.es – cerrado 21 días en agosto, del 13 al 19 de septiembre, martes noche, miércoles noche y lunes*
Rest – Carta 35/42 €
♦ Restaurante llevado por un joven matrimonio, que presenta la casa con una estética actual dominada por los tonos grises. En su carta verá platos tradicionales e innovadores.

por la carretera de Alcoi Este : 2,5 km y desvío a la izquierda 0,5 km

🅇 **Serafines** 〔AC〕 ⌘ 〔P〕 〔VISA〕 ⦿⦿

Parque Natural San Pascual ⊠*03440 –* ✆ *966 55 40 91 – cerrado del 8 al 31 de agosto y lunes*

Rest – *(sólo almuerzo salvo fines de semana)* Carta 26/37 €

♦ En plena naturaleza. Un marco de cálida rusticidad aderezado con toques clásicos, a modo de refugio de montaña, donde ofrecen una cocina de raíces locales.

IBIZA – Illes Balears – ver Balears (Eivissa)

La IGLESUELA DEL CID – Teruel – **574** K29 – 502 h. – alt. 1 227 m   4 C3
– ⊠ **44142**

▶ Madrid 415 – Morella 37 – Teruel 113

🏠 **Casa Amada** ⌘ 〔VISA〕 ⦿⦿

Fuentenueva 10 – ✆ *964 44 33 73 – cerrado del 22 al 28 de diciembre*

21 hab – 🛉30 € 🛉🛉42 €, � 3 €   **Rest** – *(cerrado domingo noche)* Menú 16 €

♦ Una casa seria dentro de su sencillez. Ofrece habitaciones de correcto mobiliario y suficiente equipamiento. Amable organización familiar y excelente nivel de limpieza. Cuenta con dos espacios para el restaurante, uno en la cafetería y otro en el 1er piso.

ILLESCAS – Toledo – **576** L18 – 21 264 h. – alt. 588 m – ⊠ 45200   9 B2

▶ Madrid 37 – Aranjuez 31 – Ávila 144 – Toledo 34

🅇🅇 **El Bohío** (José Rodríguez) 〔AC〕 ⌘ 〔VISA〕 ⦿⦿ 〔AE〕 ⦿

⦿ *av. Castilla-La Mancha 81 –* ✆ *925 51 11 26 – www.elbohio.com – cerrado agosto, domingo y lunes noche*

Rest – Menú 49/85 € – Carta 64/71 € 🏵

Espec. Cigalas con guiso de fideos, jugo montado y all i oli. Colmenillas rellenas de pollo guisado con avellanas y foie-gras. Cabrito asado con cebolletas.

♦ En este negocio encontrará un hall de espera y un único comedor de aire rústico, con mobiliario clásico y detalles de cierta elegancia. Su chef propone una cocina actualizada de base regional, con buenas dosis de creatividad y gran autenticidad en los sabores.

Ses ILLETES = **ILLETAS** – Illes Balears – ver Balears (Mallorca)

IMÓN – Guadalajara – **576** I21 – 30 h. – alt. 955 m – ⊠ 19269   10 C1

▶ Madrid 149 – Aranda de Duero 117 – Guadalajara 92 – Soria 85

🏠 **Salinas de Imón** 🍃 ⌘ ⌘ 📶 〔VISA〕 ⦿⦿

Real 49 – ✆ *949 39 73 11 – www.salinasdeimon.com*

12 hab – 🛉70/120 € 🛉🛉80/130 €, ⊑ 9 €

Rest – *(sólo cena) (sólo clientes)* Menú 30 €

♦ Casa señorial del s. XVII restaurada y decorada con mobiliario antiguo. Habitaciones con losetas de barro rústico, algunas con dosel y baños actuales. Comedor privado.

🏠 **La Botica** 🍃 ⌘ 〔VISA〕 ⦿⦿

Cervantes 40 – ✆ *949 39 74 15 – www.laboticahotelrural.com*

6 hab – 🛉65/96 € 🛉🛉80/120 €, ⊑ 10 €   **Rest** – Menú 30 €

♦ La antigua botica de la localidad ha sido recuperada como una casa rural de indudable encanto. Ofrece un pequeño museo y bellas habitaciones personalizadas en su decoración.

INCA – Illes Balears – ver Balears (Mallorca)

INGLÉS (Playa del) – Las Palmas – ver Canarias (Gran Canaria) : Maspalomas

IRÚN – Guipúzcoa – **573** C24 – 60 951 h. – alt. 20 m **25** B2

> ▶ Madrid 509 – Bayonne 34 – Pamplona 90 – Donostia-San Sebastián 16
>
> 🛈 barrio de Behobia por ① (Complejo Comercial), ✆ 943 62 26 27 Fax 943 62 26 27
>
> 🗗 Ermita de San Marcial ⁂ ★★ Este : 3 km

XXX Iñigo Lavado 🔤 🎇 🚗 VISA ⓪⑤

av. Iparralde 43 - Ficoba, por Iparralde Hiribidea ⊠20302 – ✆ 943 63 96 39 – www.inigolavado.com – cerrado del 7 al 21 de enero, del 1 al 15 de julio, domingo noche y lunes CY

Rest – *(sólo almuerzo salvo viernes y sábado)* Carta 44/55 €

♦ Construcción moderna, tipo cubo, ubicada a la entrada del recinto ferial. La creatividad del chef y de su equipo se ve acompañada por un entorno luminoso y de cuidado montaje.

XX Labeko Etxea 🔤 🔤 ⇔ P VISA ⓪⑤ AE ①

barrio de Olaberria 49, por Eguzkitzaldea : 2 km ⊠20303 – ✆ 943 63 19 64 – www.labekoetxea.com – cerrado domingo noche BZ

Rest – Carta 35/50 €

♦ Atractivo caserío dotado con instalaciones de elegante rusticidad. Ofrece un restaurante gastronómico y una sidrería de tendencia actual en la que sirven una cocina renovada.

ESPAÑA

IRÚN

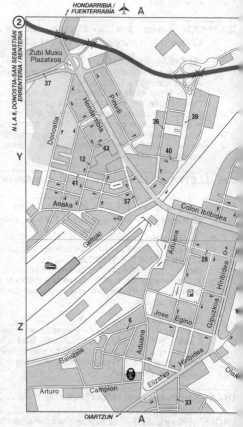

XX **Mertxe** `VISA` `◉◉`

Francisco de Gainza 9 ✉*20302*

– ☎ *943 62 46 82*

– *cerrado 15 días en febrero, 7 días en julio, 7 días en septiembre, domingo noche y lunes* BY**b**

Rest – *(sólo almuerzo salvo viernes y sábado)* Carta aprox. 45 €

♦ Llevado por una pareja, con ella en la sala y él pendiente de los fogones. Ofrece una sala clásica, una coqueta terraza cubierta y una carta actual basada en medias raciones.

X **Ibaiondo** `AIC` `℀` `VISA` `◉◉`

Joaquín Tadeo Murgía 1 ✉*20304*

– ☎ *943 63 28 88*

– *cerrado 15 días en febrero-marzo, 15 días en agosto, domingo noche y lunes* CY**f**

Rest – Carta 34/40 €

♦ Aquí encontrará un hall de espera y un comedor de línea clásica, este decorado mediante vidrieras que reflejan diversas escenas marineras. Cocina vasca con detalles actuales.

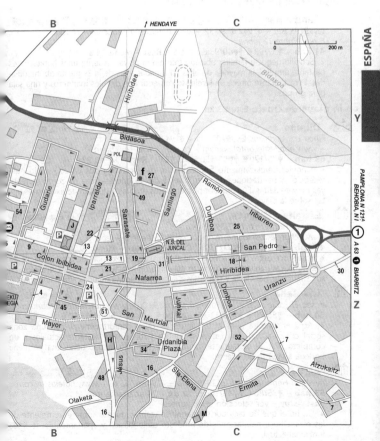

junto a la autopista A 8 salida 2 por ② : 4,5 km

🏨🏨 **Atalaia**   🛗 ᵫ 🄰🄺 🛜 🄿 VISA ⚙️
Aritz Ondo 69 (Centro Comercial Txingudi) ✉20305 – 𝄐 943 62 94 33
– www.hotelatalaia.com – cerrado Navidades
16 hab – †67/93 € ††88/116 €, ☑ 9 €   **Rest** *Atalaia* – ver selección restaurantes
♦ Llevado por un matrimonio que está totalmente volcado en el negocio. Ofrece habitaciones de línea funcional-actual, todas con los suelos en tarima y algunas tipo dúplex.

❌❌ **Atalaia** – Hotel Atalaia   🛎 🄰🄺 ⇔ 🄿
Aritz Ondo 69 (Centro Comercial Txingudi) ✉20305 – 𝄐 943 62 94 33
– www.hotelatalaia.com – cerrado Navidades
Rest – *(sólo almuerzo salvo viernes y sábado)* Carta aprox. 50 €
♦ Disfruta de una agradable terraza con porche, un correcto privado y un comedor de estética actual, donde podrá degustar una carta vasca tradicional y un buen menú degustación.

ISLA – ver a continuación y el nombre propio de la isla

ISLA – Cantabria – **572** B19 – **Playa** – ✉ 39195   8 C1
▶ Madrid 426 – Bilbao 81 – Santander 40

en la playa de La Arena Noroeste : 2 km

🏠 **Campomar** ⌖   🍽 🛜 🏊 🛗 🄰🄺 rest, 🍴 🄿 VISA ⚙️ 🄰🄴
✉39195 Isla – 𝄐 942 67 94 32 – www.hotelcampomar.com – cerrado
6 noviembre-12 febrero
41 hab – †37/90 € ††40/95 €, ☑ 8 €   **Rest** – Menú 14 €
♦ Sencillo negocio familiar ubicado frente a la playa. Presenta unas habitaciones bastante amplias, la mayoría de ellas reformadas y las de la 3ª planta abuhardilladas. El restaurante ofrece un luminoso comedor con detalles marineros y una sala para grupos.

en la playa de Quejo Este : 3 km

🏠🏠🏠 **Olimpo** ⌖   ← 🍽 🏊 ₤₅ 🍴 🛗 🄰🄺 🍴 🛜 🏋 🄿 VISA ⚙️ 🄰🄴 ⓪
Finca Los Cuarezos ✉39195 Isla – 𝄐 942 67 93 32
– www.hotelesdecantabria.com – cerrado enero-14 febrero
69 hab – †75/120 € ††95/150 €, ☑ 12 €   **Rest** – Menú 27 €
♦ Singular emplazamiento frente al mar, con acceso a dos calas. Amplio hall-recepción y habitaciones de buen nivel, todas exteriores. Goza de zonas recreativas muy cuidadas. Su comedor posee viveros propios y disfruta de excelentes vistas sobre la playa.

🏨🏨 **Estrella del Norte**   🏊 ₤₅ 🛗 🄰🄺 🍴 🛜 🏋 🚐 VISA ⚙️ 🄰🄴
av. Juan Hormaechea ✉39195 Isla – 𝄐 942 65 99 70
– www.hotelestrelladelnorte.com – cerrado 9 enero-9 febrero
47 hab – †55/87 € ††71/130 €, ☑ 9,80 €   **Rest** – Menú 19,50 €
♦ Posee ascensores panorámicos y un atractivo diseño exterior que combina la piedra y el vidrio. Las habitaciones disfrutan del confort más actual, con aseos completos. En su restaurante, panelable y con vistas a la piscina, encontrará una carta tradicional.

🏨🏨 **Isla Bella**   🛗 🄰🄺 🛜 🏋 🚐 VISA 🄰🄴 ⓪
paseo El Sable 2 ✉39195 Isla – 𝄐 942 67 93 06 – www.hotelesdecantabria.com
64 hab – †55/80 € ††70/110 €, ☑ 7,60 €   **Rest** – Menú 13,50 €
♦ Aquí encontrará unas instalaciones de buen confort general, con una zona social clásica-actual, una cafetería pública, habitaciones bastante actuales y un completo SPA. El restaurante, también de montaje actual, tiene una pequeña bodega a la vista del cliente.

🏨🏨 **Astuy**   ← 🏊 🛗 🍴 🛜 🚐 VISA ⚙️
av. Juan Hormaechea 1 ✉39195 Isla – 𝄐 942 67 95 40 – www.hotelastuy.com
53 hab – †35/80 € ††45/100 €, ☑ 8 € – 24 apartamentos
Rest *Astuy* – ver selección restaurantes
♦ Un hotel que destaca por su magnífico emplazamiento sobre el rompiente de las olas. Ofrece habitaciones de modesto estilo clásico y apartamentos de línea funcional-actual.

ESPAÑA

✗ **Astuy** – Hotel Astuy ⫷ AC ✵ VISA ⚫⚫
av. Juan Hormaechea 1 – ℰ *942 67 95 40 – www.hotelastuy.com*
Rest – Carta 30/45 €
◆ Uno de los restaurantes más conocidos de la zona, ya que esta población es famosa por su marisco y aquí tienen sus propios viveros de langostas. Buen servicio y vistas al mar.

ISLA CRISTINA – Huelva – **578** U8 – **21 324 h.** – Playa – ✉ **21410**   1 A2
🖸 Madrid 672 – Beja 138 – Faro 69 – Huelva 56
🖪 Islantilla, urb. Islantilla, Este : 6,5 km, ℰ 959 48 60 39

🏠 **Paraíso Playa** ⤶ ⫶ Ⅎ ⅃ ♿ hab, AC ✵ 🅿 ⇆ VISA ⚫⚫
av. de la Playa – ℰ *959 33 02 35 – www.hotelparaisoplaya.com – cerrado 15 diciembre-15 enero*
40 hab – †30/75 € ††55/120 €, ⌷ 6 € – 6 apartamentos
Rest – *(15 junio-septiembre)* Menú 13 €
◆ Buen ejemplo de excelente organización familiar y mantenimiento. Posee habitaciones y apartamentos decorados con mobiliario funcional, así como una gran piscina.

IZNÁJAR – Córdoba – **4 740 h.** – alt. 345 m – ✉ **14970**   2 C2
🖸 Madrid 426 – Sevilla 212 – Córdoba 104 – Málaga 89

en El Adelantado Suroeste : 7 km

🏠 **Cortijo La Haza** ⤶ ⫷ ⅃ ⁽ᵗᵖ⁾ 🅿 VISA ⚫⚫
Adelantado 119 ✉*14978 Iznájar –* ℰ *957 33 40 51*
– www.cortijolahaza.com
5 hab ⌷ – †65 € ††85 €
Rest – *(sólo cena)* Menú 25 €
◆ Este antiguo cortijo se encuentra en plena naturaleza y disfruta de un ambiente rústico bastante acogedor, con una zona ajardinada, un patio y cálidas habitaciones. Su restaurante propone una cocina internacional y un menú degustación que cambian a diario.

JÁBAGA – Cuenca – **576** L23 – **534 h.** – alt. 971 m – ✉ **16194**   10 C2
🖸 Madrid 155 – Albacete 168 – Cuenca 13 – Toledo 174

en la carretera N 400 Sur : 3,5 km

🏠 **La Casita de Cabrejas** ⤶ ⇆ ⅃ AC ✵ ⁽ᵗᵖ⁾ 🅿 VISA ⚫⚫ ⓞ
(vía de servicio) – ℰ *969 27 10 08 – www.lacasitadecabrejas.com – cerrado Navidades*
12 hab ⌷ – ††75/87 €
Rest – *(cerrado domingo) (sólo clientes)* Carta aprox. 27 €
◆ Destaca por su rusticidad y se encuentra en una finca rodeada de árboles. Salón social con chimenea y cálidas habitaciones, todas con mobiliario antiguo y vigas de madera.

JACA – Huesca – **574** E28 – **13 396 h.** – alt. 820 m – ✉ **22700**   4 C1
🖸 Madrid 481 – Huesca 91 – Pamplona 111
🖪 pl. San Pedro 11-13 ℰ 974 36 00 98 oficinaturismo@aytojaca.es
  Fax 974 35 51 65
🖪 Club de Golf Jaca, urb. Lomas de Badaguas, Este : 12 km,
  ℰ 974 35 07 70
◉ Catedral★ (capiteles historiados★) - Museo Diocesano (frescos★) Y
  – Museo Ángel Oresanz y Artes de Serralbo★
◎ Monasterio de San Juan de la Peña★★ : paraje★★
  – Claustro★★ (capiteles★★) Suroeste : 21 km por ③

Plano página siguiente

ESPAÑA

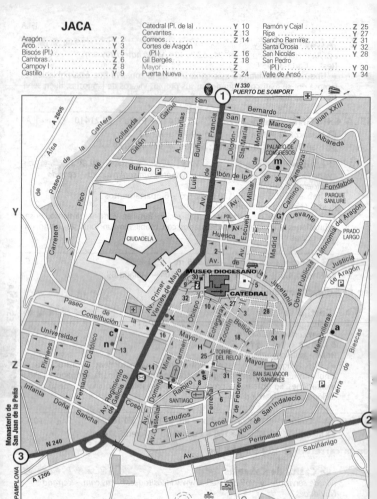

 Reina Felicia ← ⚡ 🏊 🔲 ⅃⅊ 🍴 ♿ hab, 🔲 ⚡ hab, 🛜 🐕 🚗 ᵛⁱˢᵃ 🔟 🅰🅴 🅾

paseo Camino de Santiago 16-20, por ③ – 𝒞 974 36 53 33

– www.pronihoteles.com

70 hab – ♦60/435 € ♦♦65/440 €, ☲ 12 € – 6 suites

Rest – *(cerrado mayo y noviembre)* Menú 20 €

◆ Hotel de línea actual ubicado en una zona residencial de la localidad. Dispone de buenos espacios sociales, habitaciones modernas y espaciosas así como una pequeña zona SPA. En su comedor, luminoso y de cuidado montaje, se ofrece un menú bastante amplio.

Conde Aznar
🛖 ⚗ 🛗 VISA ⬤ AE

paseo de la Constitución 3 – ☏ *974 36 10 50* – *www.condeaznar.com*
34 hab ☷ – ♟61/81 € ♟♟76/232 €   Z**c**
Rest *La Cocina Aragonesa* – ver selección restaurantes
◆ Pequeña recepción precedida por una terraza a la entrada y atractivas habitaciones de acogedora rusticidad, unas con los suelos en madera y otras con losetas de barro cocido.

Real
🗲 *Lš* 🛖 & hab. 🄰🄲 ⚗ 🕽 🛗 🚗 🚙 VISA ⬤ AE

Membrilleras 7 – ☏ *974 36 30 08* – *www.eizasahoteles.com*   Z**a**
78 hab – ♟50/86 € ♟♟60/108 €, ☷ 8 €   **Rest** – Menú 13,40 €
◆ Tras su cuidada fachada encontrará un hotel de línea actual, con una correcta zona social y habitaciones funcionales de adecuada amplitud, todas con los baños completos. El comedor, junto a la cafetería y polivalente, disfruta de una terraza-patio interior.

A Boira sin rest
🛖 🄰🄲 ⚗ 🕽 VISA ⬤

Valle de Ansó 3 – ☏ *974 36 38 48* – *www.hotelaboira.com*   Y**m**
30 hab – ♟37/43 € ♟♟50/62 €, ☷ 7 €
◆ Sus cuidadas habitaciones disfrutan de un buen confort, con los suelos en parquet y el mobiliario en madera. Posee algunas estancias abuhardilladas en la última planta.

✗✗ La Cocina Aragonesa – Hotel Conde Aznar
🄰🄲 ⚗ VISA ⬤ AE

Cervantes 5 – ☏ *974 36 10 50* – *www.condeaznar.com* – *cerrado 20 días en noviembre, 10 días en junio, martes noche y miércoles*   Z**n**
Rest – Carta 33/56 €
◆ Este atractivo restaurante presenta diversos detalles regionales y una gran chimenea en piedra presidiendo el comedor. Su prestigio toma forma con el buen hacer en la cocina.

✗✗ Lilium
⚗ ⟷ VISA ⬤

av. Primer Viernes de Mayo 8 – ☏ *974 35 53 56* – *cerrado domingo noche, lunes noche y martes noche*   Y**x**
Rest – Carta aprox. 33 €
◆ Este concurrido negocio está bien llevado por su propietario. Posee una sala de aire moderno en dos niveles y otra de estilo rústico, en el sótano, con bonito techo en madera.

✗✗ El Portón
🄰🄲 ⚗

pl. Marqués de Lacadena 1 – ☏ *974 35 58 54* – *cerrado del 1 al 15 de junio, del 1 al 15 de noviembre y miércoles*   Z**s**
Rest – Carta 33/45 €
◆ Establecimiento de línea clásica y seria organización familiar. Ofrece comedores de cuidado montaje, la cocina semivista y una gastronomía actualizada de base tradicional.

✗✗ Serbal
🄰🄲 ⚗ VISA ⬤ AE

Carmen 22 – ☏ *974 36 38 92* – *cerrado del 6 al 13 de septiembre, lunes noche y martes salvo verano*   Z**k**
Rest – Carta aprox. 36 €
◆ Restaurante de organización familiar dotado con una pequeña barra de apoyo y dos salas, destacando la que ocupa la antigua bodega por tener las paredes y el techo en piedra.

en la urb. Lomas de Bedaguás Este : 12 km

Barceló Jaca
🗲 🛖 & hab. 🄰🄲 ⚗ 🕽 🛗 🚗 🚙 VISA ⬤ AE ⓞ

Le Paul, (Badaguas) ✉22714 *Badaguas* – ☏ *974 35 82 00* – *www.barcelo.com* – *cerrado mayo, octubre y noviembre*
65 hab ☷ – ♟40/110 € ♟♟60/130 € – 9 suites   **Rest** – Menú 15 €
◆ Se encuentra dentro de una gran urbanización y presenta la estética propia de un edificio montañés, con amplias zonas sociales y cálidas habitaciones de confort actual. El restaurante tiene un uso polivalente, complementándose con una cafetería y una terraza.

ESPAÑA

JAÉN

STA MARÍA
DEL VALLE

Paseo de
España

26

41

Pl. de la
Concordia

24

Av. de Madrid

Carret. de Madrid

Sta María del Valle

5

5

X

Misericordia

31

Av. Muñoz

Grandes

Av. de Ruiz Jiménez

Sta

Luna

LA VICTORIA

73

Madrid

La

de

52

8

Español

a

k

SAN ROQUE

Ronda

Y

M

Baeza

51

14

56

Arquitecto

P

Parque de
La Victoria

de

Priego

J

G

Pl. de las
Batallas

ÑOS
ABES

58

M

Berges

62

POL

S. ANDRES

Estación

EGIDO DE BELÉN

61

16

Pl. de los
Jardinillos

17

48

Pl. de Belén

Granada

UBEDA A 316 (2) A 44-E 902 GRANADA

20

Av. de

38

e

PARQUE
FELIPE ARCHE

S. BARTOLOMÉ

22

65

e

P

74

54

63

S. Bartolomé

21

Pl. de la
Constitución

d

9

P

CO DE
LORENZO

36

Colón

3

D

SAGRARIO

S. ILDEFONSO

Alameda de
Calvo Sotelo

Aguilar

67

12

32

47

72

CAMPO
HÍPICA

Z

39

Cerón

Pl. de
Santa María

CATEDRAL

43

2

ERCED

55

H

Sur

14

Jesús

27

25

Fuente de Don Diego

Ronda

Conde

de

a de los Huertos

0

300 m

B

C

- ▶ Madrid 336 – Almería 232 – Córdoba 107 – Granada 94
- 🔢 Maestra 13 bajo ✉ 23004 ✆ 953 31 32 82 otjaen@andalucia.org Fax 953 31 32 83
- 🔲 Localidad★ – Catedral★★ (imagen gótica de la Vírgen de la Antigua★) BZ – Capilla de San Andrés★ BY – Iglesia de San Ildefonso★ CZ – Baños árabes★★ BY
- 🔳 Castillo de Santa Catalina★ ⁂★★) AZ

Planos páginas anteriores

🏨 **Parador de Jaén** ⚜   ⇐ 🛒 📶 🅰🅲 ❄ ⁽¹⁾ 🛗 🄿 🆅🅸🆂🅰 ⚏ 🅰🅴 ⓪
Oeste : 4,5 km ✉23001 – ✆ *953 23 00 00*
– www.parador.es   AZ**h**
45 hab – †119/129 € ††149/161 €, ⚏ 18 €
Rest – Menú 33 €
♦ Instalado junto al castillo-fortaleza de Jaén, del s. XIII, con el que comparte algunos muros. Recrea un ambiente medieval y destaca por sus magníficas vistas sobre la ciudad. El restaurante presenta altas bóvedas en piedra y una carta de carácter regional.

🏨 **Infanta Cristina**   🛒 🕯 🖥 🖧 hab, 🅰🅲 ❄ ⁽¹⁾ 🛗 🚘 🆅🅸🆂🅰 ⚏ 🅰🅴 ⓪
av. de Madrid ✉23009 – ✆ *953 26 30 40*
– www.hotelinfantacristina.com   CX**z**
72 hab – †60/106 € ††60/122 €, ⚏ 11 € – 1 suite
Rest *Az-zait* – *(cerrado domingo)* Carta 30/40 €
♦ Buen hotel de elegante línea clásica ubicado a la entrada de la ciudad. Las habitaciones se disponen en torno a un hall central, que culmina en una bóveda acristalada. El restaurante tiene una exquisita decoración y ofrece una cocina de raíces españolas.

✗✗✗ **Casa Antonio**   🅰🅲 ❄ ⟷ 🆅🅸🆂🅰 ⚏ 🅰🅴 ⓪
Fermín Palma 3 ✉23008 – ✆ *953 27 02 62 – www.casantonio.es – cerrado agosto, domingo noche y lunes*   BY**k**
Rest – Carta aprox. 47 €
♦ Se presenta con un pequeño bar de espera, un comedor principal de cuidado montaje y línea actual, así como dos salitas a modo de privados. Carta de cocina actual.

✗✗ **Horno de Salvador**   🕯 🅰🅲 ❄ 🄿 🆅🅸🆂🅰 ⚏ 🅰🅴 ⓪
carret. al Castillo, Oeste : 3,5 km ✉23001 – ✆ *953 23 05 28 – cerrado junio, domingo noche y lunes*   AZ
Rest – Carta aprox. 45 €
♦ Está en un paraje solitario y cuenta con una agradable terraza bajo los pinos. En su sala, clásica-elegante, encontrará una cocina tradicional con diversas actualizaciones.

✗✗ **Yuma's**   🅰🅲 ❄ 🆅🅸🆂🅰 ⚏ 🅰🅴
av. de Andalucía 74 ✉23006 – ✆ *953 22 82 73 – cerrado del 1 al 20 de agosto y domingo*   AX**a**
Rest – Carta 37/53 €
♦ Restaurante de organización familiar dotado con un elegante bar de tapas a la entrada y un cuidado comedor de ambiente clásico. Cocina tradicional y buen producto.

✗ **Casa Vicente**   🅰🅲 ❄ 🆅🅸🆂🅰 ⚏ ⓪
Cristo Rey 3 ✉23002 – ✆ *953 23 22 22 – cerrado agosto, domingo noche y lunes noche*   BY**a**
Rest – Carta aprox. 36 €
♦ Posee un bar de tapas a la entrada, así como una sala de ambiente taurino decorada con multitud de cuadros, fotografías y algunas cabezas de toro. Cocina de sabor regional.

X **Mesón Río Chico**   𝔸ℂ ✆ ⇔ 𝚅𝙸𝚂𝙰 ⚹ ⓞ
Nueva 12 ✉23001 – ✆ 953 24 08 02 – cerrado agosto, domingo noche y lunes
Rest – Carta 30/40 €   BY**e**
♦ Dispone de una taberna de línea actual, donde sirven el menú del día, tapas y raciones, así como un comedor de estilo clásico y varios privados de superior montaje.

𝖄/ **Taberna El Hortelano**   𝔸ℂ ✆
Teodoro Calvache 25 ✉23001 – ✆ 953 24 29 40 – cerrado
15 agosto-15 septiembre, domingo y lunes   CZ**d**
Rest – Tapa 1,90 € – Ración aprox. 14 €
♦ Su estética se detiene en elementos propios de una taberna antigua, con detalles típicos como apuntar el importe de las consumiciones directamente sobre la barra de mármol.

JARANDILLA DE LA VERA – Cáceres – **576** L12 – **3 129 h.**   **18** C1
– alt. 660 m – ✉ 10450
🔁 Madrid 213 – Cáceres 132 – Plasencia 53
🇬 Monasterio de Yuste★ Suroeste : 12 km

🏰 **Parador de Jarandilla de La Vera** ⌖   🚗 🍴 🍽 𝔸ℂ ✆ ⍡ 🎿 🅿
av. García Prieto, 1 – ✆ 927 56 01 17 – www.parador.es   𝚅𝙸𝚂𝙰 ⚹ 𝔸𝔼 ⓞ
53 hab – †106/130 € ††133/163 €, � 16 €   **Rest** – Menú 32 €
♦ Castillo feudal del s. XV donde residió el emperador Carlos V, y que aún conserva la muralla, el patio interior y los exteriores ajardinados. Habitaciones de cuidado confort. El restaurante dispone de un exquisito servicio de mesa.

🏰 **Ruta Imperial** ⌖   ≼ 🍴 ㄴ hab, 𝔸ℂ ✆ 🎵 🎿 🅿 𝚅𝙸𝚂𝙰 ⚹
Machoteral – ✆ 927 56 13 30 – www.hotelruralrutaimperial.com
17 hab ⊆ – †60/81 € ††65/105 €   **Rest** – Menú 25 € 🍷
♦ Este hotel se ha construido bajo la estética tradicional de la zona, por lo que sus habitaciones recrean un ambiente rústico, con terrazas y vistas a la sierra de Gredos. El comedor ofrece un cuidado montaje y una carta tradicional actualizada.

🏠 **Don Juan de Austria** sin rest   🔲 📶 ㄴ 𝔸ℂ ✆ 🎵 𝚅𝙸𝚂𝙰 ⚹ 𝔸𝔼
av. Soledad Vega Ortíz 101 – ✆ 927 56 02 06 – www.donjuandeaustria.com
26 hab ⊆ – ††70/90 €
♦ Negocio de organización familiar que se complementa con un moderno SPA. Sus habitaciones, personalizadas en distintos estilos, alternan el mobiliario en madera y forja.

X **El Mesón del Labrador**   𝔸ℂ ✆ 𝚅𝙸𝚂𝙰 ⚹ 𝔸𝔼
av. Doña Soledad Vega Ortiz 133 – ✆ 927 56 07 91 – cerrado del 15 al 30 de
junio, del 1 al 15 de noviembre y martes
Rest – Carta aprox. 37 €
♦ Cuenta con un amplio bar de apoyo y un sencillo comedor, donde sirven una cocina atenta al recetario tradicional. Una buena opción como recurso en al zona.

JÁTIVA – València – ver Xàtiva

JÁVEA – Alacant – ver Xàbia

JAVIER – Navarra – **573** E26 – **113 h.** – alt. 475 m – ✉ 31411   **24** B2
🔁 Madrid 411 – Jaca 68 – Pamplona 51

X **El Mesón** con hab ⌖   𝔸ℂ rest, ✆ 🎵 𝚅𝙸𝚂𝙰 ⚹ ⓞ
Explanada – ✆ 948 88 40 35 – www.hotelmeson.com – cerrado
15 diciembre-15 febrero
8 hab – †45/53 € ††55/67 €, ⊆ 6,70 €   **Rest** – Carta 20/34 €
♦ Este sencillo negocio familiar ofrece un bar, un comedor clásico salpicado por detalles actuales y una agradable terraza. Cocina tradicional y pichón casero como especialidad. También posee unas correctas habitaciones de línea funcional-actual en la 1ª planta.

▶ Madrid 622 – Antequera 176 – Cádiz 35 – Écija 155

✈ de Jerez, por la A 4 ① : 11 km ☎ 902 404 704

Iberia : aeropuerto ☎ 902 400 500

🛈 Alameda Cristina, ☎ 956 34 17 11 turismoinfo@aytojerez.es Fax 956 34 17 11

⛳ Montecastillo Barceló, por la carret. de Ronda : 11,3 km, ☎ 956 15 12 13

👁 Localidad★★ - Plaza de Ponce de León : ventana plateresca★★ AY**C6**
– Iglesia de San Juan de los Caballeros★ AY – Plaza de la Asunción★ BZ**13**
(Cabildo★★ ABZ**C2**) – Palacio del Marqués de Bertemati★ AZ**R**
– Catedral★★ AZ – Alcázar★ AZ – Iglesia de San Miguel★★ BZ – Casa
Domecq★ BY**C4** – Palacio del Tiempo★★ AY - Real Escuela Andaluza de
Arte Ecuestre★ (espectáculo★★) BY

👁 La Cartuja★ Sur : 6 km por calle Cartuja BZ – La Yeguada de La
Cartuja★ Sur : 6,5 km por calle Cartuja BZ

🏨🏨🏨🏨 **Villa Jerez** 🐾   🍴 🛋 🗗 ⚽ 🎗 hab, 🅰🅲 🛜 📶 ⛴ 🅿 🚗 ᴠɪꜱᴀ ⓪ 🅰🅴 ⓪
av. de la Cruz Roja 7, por ① ✉11407 – ☎ 956 15 31 00
– www.villajerez.com
16 hab – †99/336 € ††110/376 €, � 15 € – 2 suites
Rest – Menú 30 €
♦ Elegante casa señorial rodeada de jardines y decorada con detalles de sumo
gusto. Pone a su disposición una acogedora zona noble y habitaciones de excelente equipamiento. Su restaurante ofrece carta internacional y una agradable
terraza junto a la piscina.

🏨🏨🏨 **Palacio Garvey**   🍴 🛋 & hab, 🅰🅲 🎗 📶 🅿 ᴠɪꜱᴀ ⓪ 🅰🅴 ⓪
Tornería 24 ✉11403 – ☎ 956 32 67 00 – *www.sferahoteles.com*   BY**t**
16 hab – †60/120 € ††70/150 €, ⊑ 11 €
Rest *La Condesa* – Carta aprox. 38 €
♦ Este magnífico palacete del s. XIX esconde tras su fachada un bello patio y
espaciosas habitaciones definidas por el diseño y el confort. El restaurante, de
línea moderna, se complementa con un gran salón de banquetes ubicado en la
antigua bodega.

🏨🏨🏨 **Jerez**   🍴 🍴 🍜 🍴 🗗 🍽 🛋 & hab, 🅰🅲 🎗 📶 ⛴ 🅿 ᴠɪꜱᴀ ⓪ 🅰🅴 ⓪
av. Alcalde Álvaro Domecq 35, por ① ✉11405 – ☎ 956 30 06 00
– www.jerezhotel.com
117 hab – †70/312 € ††72/329 €, ⊑ 15 € – 9 suites
Rest – Menú 25 €
♦ Los atractivos exteriores y las amplias zonas nobles avalan su calidad. Cuenta
con varias salas de reuniones, un SPA y confortables habitaciones en proceso de
actualización. El restaurante propone un equilibrio entre la cocina tradicional y la
internacional.

🏨🏨🏨 **Prestige Palmera Plaza G.H.**   🍜 🗗 🛋 & hab, 🅰🅲 🎗 📶 ⛴ 🅿 🚗
Pizarro 1 ✉11403 – ☎ 956 03 15 00   ᴠɪꜱᴀ ⓪ 🅰🅴 ⓪
– www.prestigepalmeraplaza.com   BY**w**
48 hab – ††75/150 €, ⊑ 8 € – 4 suites
Rest *El Marqués* – Carta 40/50 €
♦ Conjunto instalado parcialmente en unas antiguas bodegas y formado por tres
edificios que rodean un patio con palmeras. Habitaciones muy espaciosas y de
completo equipamiento. El restaurante ofrece una carta actual y se completa
con un gran salón de banquetes.

🏨🏨🏨 **Sherry Park H.** 🐾   🍜 🍜 🗗 🛋 🅰🅲 🎗 📶 ⛴ 🅿 ᴠɪꜱᴀ ⓪ 🅰🅴 ⓪
av. Alcalde Álvaro Domecq 11 bis ✉11405 – ☎ 956 31 76 14
– www.hipotels.com   BY**a**
174 hab – †104 € ††131 €, ⊑ 14,15 €
Rest *El Ábaco* – Menú 30 €
♦ En pleno centro urbano y rodeado por un frondoso jardín. Está distribuido por
bloques, con terraza en la mayoría de las habitaciones y una amplia gama de
servicios. Restaurante de montaje clásico donde se ofrece una cocina de corte
internacional.

ESPAÑA

JEREZ DE LA FRONTERA

Los Jándalos Jerez sin rest, con cafetería

Nuño de Cañas 1 ⊠11402

– ℰ *956 32 72 30*

– *www.jandalos.com*

BY**b**

58 hab – ♦60/260 € ♦♦60/290 €, ⊇ 11 €

♦ Céntrico hotel situado en una antigua bodega. Dispone de una reducida zona social y acogedoras habitaciones de estilo clásico-actual, algunas tipo dúplex. Pequeño SPA anexo.

☖☖ **Casa Grande** sin rest
pl. de las Angustias 3 ✉11402 – ✆ *956 34 50 70* – *www.casagrande.com.es*
15 hab – ♥65/160 € ♥♥85/180 €, ☕ 10 €
BZ**c**
♦ Hermosa casa señorial de principios del s. XX. Ofrece una atractiva zona social, confortables habitaciones, muchas con mobiliario de época, y un buen solárium en el ático.

☖☖ **Chancillería**
Chancillería 21 ✉11403 *Jerez de la Frontera* – ✆ *956 30 10 38*
– www.hotelchancilleria.com
AY**a**
14 hab ☕ – ♥60/75 € ♥♥80/100 €
Rest *Sabores* – *(cerrado domingo y lunes) Carta aprox. 40 €*
♦ Instalado en dos casas del s. XVIII unidas por un patio. Sus sobrias habitaciones poseen mobiliario funcional y baños actuales. Azotea con vistas al casco antiguo. El restaurante, que tiene personalidad propia, ofrece una carta actual con raíces andaluzas.

☖☖ **Doña Blanca** sin rest
Bodegas 11 ✉11402 – ✆ *956 34 87 61* – *www.hoteldonablanca.com*
30 hab – ♥50/65 € ♥♥60/77 €, ☕ 6,50 €
BZ**b**
♦ Destaca por sus habitaciones, confortables, amplias, de aspecto clásico-funcional y con los suelos en tarima. Correcta zona social y amable organización familiar.

☖ **Serit** sin rest
Higueras 7 ✉11402 – ✆ *956 34 07 00* – *www.hotelserit.com*
35 hab – ♥45/55 € ♥♥55/70 €, ☕ 7 €
BZ**a**
♦ De sencilla organización y escasa zona social, aunque se muestran muy atentos a la actualización y el mantenimiento. Entre sus habitaciones destacan las del edificio anexo.

✕✕ **Tendido 6**
Circo 12 ✉11405 – ✆ *956 34 48 35* – *www.tendido6.com*
Rest – Carta 24/35 €
BY**e**
♦ Cuenta con un buen bar de tapas y dos salas de ambiente regional en las que se rinde un homenaje al mundo taurino. Carta tradicional y especialidades como el Rabo de toro.

৸/ **Juanito**
Pescadería Vieja 8-10 ✉11402 – ✆ *956 33 48 38* – *www.bar-juanito.com*
– cerrado domingo en verano
BZ**s**
Rest – Tapa 2 € – Ración aprox. 9 €
♦ Afamado bar de aire regional emplazado en el casco viejo. De ambiente informal, destaca por la calidad de sus productos y por su bello patio-terraza con el techo acristalado.

en la autovía A 382 por ② :

☖☖☖ **La Cueva Park**
10,5 km ✉11406 – ✆ *956 18 91 20* – *www.hotellacueva.com*
53 hab – ♥50/120 € ♥♥60/132 €, ☕ 10 € – 2 suites
Rest *Mesón La Cueva* – ver selección restaurantes
♦ Está junto al circuito de velocidad, por lo que trabaja mucho con clientes vinculados al motor. Habitaciones de buen confort, con los suelos en tarima y mobiliario provenzal.

✕✕ **Mesón La Cueva** – Hotel La Cueva Park
10,5 km ✉11406 *apartado 536* – ✆ *956 18 90 20*
– www.hotellacueva.com
Rest – Carta 30/44 €
♦ Ofrece varias salas de aire regional y un buen bar de tapas, con numerosos jamones colgados del techo, expositor y un pequeño vivero. Carta regional muy atenta al marisco.

▶ Madrid 220 – Ávila 110 – Cáceres 125 – Plasencia 40

🏨 **Túnel del Hada** ॐ ⛛ ⬥ 🆔 % rest, ⛛ ⚐ 🚾 ⬤

travesía Fuente Nueva 2 – ☏ *927 47 00 00* – *www.tuneldelhada.com*
15 hab – ⛛⛛97/242 €, ⚏ 13 € – 2 suites **Rest** – Carta aprox. 40 €
◆ Varias casas comunicadas entre sí, donde se conjugan los materiales arquitectónicos de aire rústico y el mobiliario de diseño moderno. Ofrece tecnologías actuales y un SPA. El restaurante disfruta de una entrada independiente.

🏠 **El Cerezal de los Sotos** ॐ ⛛ % ⛛ **P** 🚾 ⬤ ⓪

camino de las Vegas, Sureste : 1 km – ☏ *927 47 04 29*
– *www.elcerezaldelossotos.net* – *cerrado enero y febrero*
6 hab ⚏ – ⛛⛛79 € **Rest** – *(sólo clientes)* Menú 19 €
◆ Típica casa serrana dotada de un cálido comedor privado con chimenea y habitaciones abuhardilladas, con viguería vista y camas en madera o forja. Bonita vista panorámica.

🍴 **Valle del Jerte la Sotorriza** 🆔 % ⬥ 🚾 ⬤ 🅰 ⓪

Gargantilla 16 – ☏ *927 47 00 52* – *www.donbellota.com* – *cerrado*
27 junio-11 julio, domingo noche y lunes
Rest – Carta 20/35 € ⅏
◆ En pleno valle del Jerte. Este negocio posee dos salas de aire rústico y una completa bodega, con más de 450 referencias. Basa su éxito en la calidad de las materias primas.

▶ Madrid 449 – Valencia 108 – Alacant/Alicante 84
🏌 La Sella, carret. de La Xara, Noroeste : 2,5 km, ☏ *96 645 42 52*

en la carretera de La Xara Noroeste : 2,5 km

🏨 **Dénia Marriott La Sella** ॐ ← 🏕 ⛛ **Ĺ₅** 🏨 ⛛ ⬥ 🆔 % 🕻 ⚐

Alquería de Ferrando – ☏ *966 45 40 54* **P** 🚾 ⬤ 🅰 ⓪
– *www.lasellagolfresort.com*
178 hab ⚏ – ⛛⛛95/220 € – 8 suites
Rest *Segaria* – *(cerrado enero, domingo y lunes)* Carta 31/50 €
◆ En el entorno del Parque Natural de Montgó, con terrazas y junto a un campo de golf. Su alto nivel de confort se refuerza con un buen surtido de servicios complementarios. El restaurante Segaria ofrece para las cenas una selecta carta internacional.

▶ Madrid 660 – Barcelona 111 – Figueres 53 – Girona/Gerona 47

🏠 **Mas Les Comelles** ॐ ← ⛛ 🆔 % ⛛ **P** 🚾 ⬤ 🅰 ⓪

Sur : 1,5 km – ☏ *972 69 00 04* – *www.maslescomelles.com*
5 hab ⚏ – ⛛95/125 € ⛛⛛140/195 €
Rest – *(sólo clientes, sólo cena)* Menú 48 €
◆ Excelente masía del s. XIV emplazada en la ladera de una montaña, con vistas al valle y a sus pueblos. Salón social con chimenea y habitaciones de elegante ambiente rústico.

🏠 **El Ferrés** ॐ % ⛛ **P** 🚾 ⬤ 🅰 ⓪

Mas El Ferrés, Sur : 1 km – ☏ *972 69 00 29* – *www.elferres.com*
7 hab ⚏ – ⛛⛛112 € **Rest** – *(sólo cena) (sólo clientes)* Menú 18 €
◆ Tranquila casa de aire rústico y nueva construcción, rodeada de extensos campos con ganado. Posee correctas habitaciones dotadas con mobiliario provenzal y baños actuales.

ESPAÑA

KEXAA (QUEJANA) – Álava – 573 C20 – ⊠ 01476
25 A2

▶ Madrid 377 – Bilbao 32 – Burgos 148 – Vitoria-Gasteiz 50

⌂ Los Arcos de Quejana ⊗ ≤ 🏠 & 🎿 📶 🏊 P VISA ⚙

carret. Beotegi – ✆ 945 39 93 20 – www.arcosdequejana.com – *cerrado
20 diciembre-5 enero*
16 hab – ♦55 € ♦♦68 €, � 6 €
Rest *Los Arcos de Quejana* – ver selección restaurantes

♦ Antiguo palacio medieval enclavado en pleno Valle de Ayala. Posee un anexo
de nueva construcción donde se albergan las habitaciones, cuidadas aunque de
escasa amplitud.

✕✕ Los Arcos de Quejana – Hotel Los Arcos de Quejana ≤ 🎿 P VISA ⚙

carret. Beotegi – ✆ 945 39 93 20 – www.arcosdequejana.com – *cerrado
24 diciembre-5 enero*
Rest – Carta 30/49 €

♦ Ofrece una moderna bodega visitable, varias salas panelables a la carta y un
salón de banquetes abuhardillado en el último piso, este con el acceso por un
ascensor panorámico.

LABUERDA – Huesca – 574 E30 – 172 h. – alt. 569 m – ⊠ 22360
4 C1

▶ Madrid 496 – Huesca 109 – Jaca 95 – Lleida/Lérida 128

en la carretera A 138 Sur : 2 km

⌂ Peña Montañesa ≤ ⌣ 🄰🄲 🎿 rest, 📶 🏊 P VISA ⚙ ①

⊠22360 – ✆ 974 51 00 51 – www.hotelpenamontanesa.com – *cerrado enero y
febrero*
49 hab – ♦45/80 € ♦♦58/200 €, � 6 € **Rest** – Menú 15 €

♦ Hotel de carretera con carácter vacacional y orientado al cliente familiar. Posee
habitaciones espaciosas y de buen confort, muchas tipo apartamento y con
hidromasaje. El luminoso comedor posee vistas al valle y se complementa con
una terraza acristalada.

LAGUARDIA – Álava – 573 E22 – 1 510 h. – alt. 635 m – ⊠ 01300
25 A2

▶ Madrid 348 – Logroño 17 – Vitoria-Gasteiz 66

🄸 Mayor 52 ✆ 945 60 08 45 turismo@laguardia-alava.com Fax 945 60 08 45
◉ Pueblo★ – Iglesia de Santa María de los Reyes (portada★★)

⌂⌂⌂ Villa de Laguardia ⌣ 🎴🏠 & hab, 🄰🄲 🎿 📶 🏊 P 🚗 VISA ⚙ 🄰🄴 ①

paseo de San Raimundo 15 – ✆ 945 60 05 60 – www.hotelvilladelaguardia.com
79 hab – ♦♦65/125 €, � 12,50 € – 5 suites
Rest *El Medoc Alavés* – (cerrado domingo noche y lunes) Carta aprox. 35 €

♦ Hotel vinculado a un centro temático del vino, constituyendo esta una de sus
mejores ofertas. Ofrece habitaciones decoradas con gran mimo y calidez, así
como un moderno SPA. El restaurante, dotado con una sala y dos privados, propone una carta tradicional.

⌂⌂⌂ Hospedería de los Parajes 🎴 & hab, 🄰🄲 🎿 📶 VISA ⚙

Mayor 46-48 – ✆ 945 62 11 30 – www.hospederiadelosparajes.com
18 hab � – ♦120/140 € ♦♦140/160 € **Rest** – Carta 36/43 €

♦ Destaca tanto por su equipamiento como por su originalidad, pero sobre
todo por como cuidan cada detalle. Habitaciones personalizadas, coqueta bodega
y tienda delicatessen. El restaurante sorprende con su cocina de tinte actual y un
impecable servicio de mesa.

⌂ Castillo El Collado 🄰🄲 🎿 rest, 📶 VISA ⚙ 🄰🄴 ①

paseo El Collado 1 – ✆ 945 62 12 00 – www.hotelcollado.com
– *cerrado 15 enero-15 febrero*
10 hab – ♦85 € ♦♦105/125 €, � 10,50 € **Rest** – Menú 25 €

♦ Elegancia y distinción en una casa señorial adosada a las antiguas murallas.
Cuenta con unas coquetas habitaciones, en diferentes estilos, equipadas con
mobiliario de época. El restaurante ofrece tres confortables salones y una carta
de sabor tradicional.

Antigua Bodega de Don Cosme Palacio ⑤   🔊 ⚙ 📶 P

carret. de Elciego – 𝒞 945 62 11 95   VISA 🆎 AE ⑩
– www.cosmepalacio.com – cerrado 22 diciembre-22 enero
13 hab – †73/78 € ††83/90 €, ⌓ 9 €
Rest – *(cerrado domingo noche y lunes)* Menú 30 €
♦ Antigua bodega en piedra que ha sido rehabilitada. Presenta una curiosa zona social, con vistas a las cubas de fermentación, y amplias habitaciones de estilo rústico-actual. El restaurante, también rústico y de gran capacidad, ofrece una cocina tradicional.

Aitetxe sin rest   📶

pl. San Juan 2 – 𝒞 620 53 76 50 – www.aitetxe.com
6 hab – ††40/60 €, ⌓ 6 €
♦ Una opción económica dentro del casco histórico. Disfruta de una sencilla pero amable organización familiar, una reducida zona social y habitaciones de máxima funcionalidad.

✗✗ Posada Mayor de Migueloa con hab ⑤   🔊 VISA 🆎 AE

Mayor de Migueloa 20 – 𝒞 945 62 11 75 – www.mayordemigueloa.com
– cerrado 10 enero-9 febrero
8 hab – †72/95 € ††93/115 €, ⌓ 10 €
Rest – Carta aprox. 50 €
♦ La nobleza de antaño pervive en este palacio del s. XVII, dotado con un bello zaguán y varias salitas de aire clásico-rústico. Pequeña bodega para tapeo y carta regional. En la planta superior se encuentran las habitaciones, de cálida rusticidad.

✗ Marixa con hab   ⟵ 🔊 📶 VISA 🆎

Sancho Abarca 8 – 𝒞 945 60 01 65 – www.hotelmarixa.com
10 hab ⌓ – †40/80 € ††40/100 €
Rest – Carta 30/45 €
♦ Restaurante llevado con profesionalidad entre hermanos. Posee una entrañable sala de aire regional y otra acristalada, esta última con hermosas vistas a la sierra y al valle. Como complemento al negocio también ofrece habitaciones, todas con su propia terraza.

LAJARES – Las Palmas – ver Canarias (Fuerteventura)

LALÍN – Pontevedra – **571** E5 – 21 254 h. – alt. 552 m – ✉ 36500   **19** B2
▶ Madrid 563 – Chantada 37 – Lugo 72 – Ourense 62

Pontiñas   📺 🔊 ⚙ 📶 🏋 VISA 🆎 AE

da Ponte 82 – 𝒞 986 78 71 47 – www.hotelpontinas.com
23 hab ⌓ – †28 € ††45 €   **Rest** – Menú 10 €
♦ Hotel ubicado a la salida de la localidad. La sencillez decorativa de sus habitaciones, amuebladas con cierta funcionalidad, se ve compensada por unos baños actuales. En su espacioso comedor podrá degustar una correcta carta tradicional.

✗✗ Cabanas   🔊 ⚙ ⇆ VISA 🆎 AE

Pintor Laxeiro 3 – 𝒞 986 78 23 17 – www.restaurantecabanas.com – cerrado domingo noche
Rest – Carta 28/44 €
♦ Ubicado junto al mercado de abastos, con un interior rústico-actual donde podrá degustar platos tradicionales y de temporada. Buen bar con raciones y un reservado-bodega.

LANJARÓN – Granada – **578** V19 – 3 897 h. – alt. 720 m – Balneario   **2** D1
– ✉ 18420
▶ Madrid 475 – Almería 157 – Granada 51 – Málaga 140
🏛 av. de Madrid 𝒞958 77 04 62 turismo@lanjaron.es Fax 958 77 04 62
◪ Las Alpujarras ★★

ESPAÑA

🔠 Alcadima 🐾 ⪉ 🛋 ⛽ 📺 🛗 ⤴ 🌡 ⛓ 🚗 VISA ⓜ AE ⓘ

Francisco Tárrega 3 – ✆ 958 77 08 09 – www.alcadima.com – cerrado 3 enero-5 febrero

29 hab – ♦50/65 € ♦♦63/85 €, ⊆ 7,50 €   **Rest** – Menú 15 €

◆ Está formado por varios edificios ubicados en la parte baja de la localidad y cuenta con unas habitaciones de estilo rústico, la mayoría de ellas con vistas a la sierra. En su coqueto comedor panorámico podrá degustar deliciosos platos regionales y locales.

🔠 Nuevo Palas 📺 ⛽ 🛗 ⴵ hab, 🔠 🌡 rest, 📶 VISA ⓜ

av. de las Alpujarras 24 – ✆ 958 77 01 11 – www.hotelnuevopalas.com – cerrado 16 diciembre-14 febrero

28 hab ⊆ – ♦48/60 € ♦♦65/76 € – 2 suites   **Rest** – Menú 17 €

◆ Hotel familiar de 4ª generación y línea clásica. Cuenta con un correcto salón social y confortables habitaciones, la mayoría con mobiliario renovado de carácter funcional. El comedor basa su oferta culinaria en un modesto menú.

LANUZA – ver Sallent de Gállego

LANZAROTE – Las Palmas – ver Canarias

LAREDO – Cantabria – **572** .19 – **12 591 h.** – alt. 5 m – Playa – ✉ **39770**   8 C1

▶ Madrid 427 – Bilbao 58 – Burgos 184 – Santander 48

🅸 Alameda de Miramar ✆ 942 61 10 96 laredo@cantabria.org Fax 942 61 10 96

✗✗ Plaza 🌉 🔠 🌡 VISA ⓜ AE ⓘ

Comandante Villar 7 – ✆ 942 61 19 42 – cerrado domingo noche salvo julio-agosto

Rest – Carta 36/48 €

◆ Se accede por un soportal, tras el cual encontrará una terraza, un bar de tapas y una sala de elegante línea clásica presidida por un gran espejo. Cocina regional actualizada.

✗ Casa Felipe 🔠 🌡 VISA ⓜ ⓘ

Corregimiento 5 – ✆ 942 60 32 12 – cerrado diciembre y lunes

Rest – Carta 36/47 €

◆ Posee un buen bar de tapas y un coqueto comedor, este último distribuido en dos alturas y dominado por un gran botellero de madera. Carta tradicional con lechazo de calidad.

en el barrio de la playa :

🔠 El Ancla 🐾 🌉 🔠 rest, 🌡 📶 ⤴ VISA ⓜ AE ⓘ

González Gallego 10 ✉39770 Laredo – ✆ 942 60 55 00 – www.hotelelancla.com

32 hab – ♦43/81 € ♦♦63/135 €, ⊆ 9 €

Rest – *(cerrado noviembre y lunes)* Menú 18 €

◆ Ofrece un bonito jardín a la entrada y habitaciones confortables pero algo desfasadas en su decoración, ya que muchas presentan los suelos en moqueta y mobiliario castellano. En su sencillo comedor podrá degustar una cocina atenta al recetario tradicional.

LARRABETZU – Vizcaya – **573** C21 – **1 874 h.** – alt. 100 m – ✉ **48195**   25 A3

▶ Madrid 402 – Vitoria-Gasteiz 71 – Bilbao 19 – Donostia-San Sebastián 90

✗✗ Horma Ondo 🔠 ⬦ 🅿 VISA ⓜ AE ⓘ

Caserío Legina - Goikoa, (junto al campo de Golf Artxanda), Suroeste : 5,5 km – ✆ 946 56 57 00 – cerrado del 1 al 16 de enero

Rest – *(sólo almuerzo salvo viernes y sábado en invierno, miércoles, jueves, viernes y sábado en verano)* Carta 50/60 € 🏵

◆ Este caserío se presenta con una decoración de contrastes, pues resulta muy moderna frente a la rusticidad del edificio. Cocina tradicional y a la brasa de excelente producto.

junto a la autovía N 637 salida 25

ƴƳƴ **Azurmendi** (Eneko Atxa Azurmendi) ⒶⒸ 🚫 ⇆ Ⓟ 🆅🅸🆂🅰 ⓪⓪ 🅰🅴 ⓞ
£₃ £₃ *Legina Auzoa, Oeste : 2,8 km* ✉*48195 Larrabetzu*
– ℰ *944 55 88 66 – www.azurmendi.biz*
– *cerrado Navidades, Semana Santa, agosto y domingo*
Rest – *(sólo almuerzo salvo viernes y sábado)* Menú 55/80 € – Carta 50/70 €
Espec. La huerta. Fundente y crocante de morcilla hecha en casa con caldo de
alubias, berza y vegetales. Fresas y rosas.
◆ Se encuentra en pleno campo, asentado sobre una gran bodega de txacolí que
sorprende por su estética, rústica a la par que actual. Su chef elabora una cocina
innovadora que conjuga la creatividad con un excelente producto y una incuestionable maestría técnica.

LASARTE-ORIA – **Guipúzcoa** – **573** C23 – **17 782 h.** – **alt. 42 m**   **25** B2
– ✉ **20160**

▶ Madrid 491 – Bilbao 98 – Donostia-San Sebastián 8 – Tolosa 22

ƴƳƴƳ **Martín Berasategui** ⇐ 🛋 ⒶⒸ 🚫 Ⓟ 🆅🅸🆂🅰 ⓪⓪ 🅰🅴 ⓞ
£₃ £₃ £₃ *Loidi 4 – ℰ 943 36 64 71 – www.martinberasategui.com*
– *cerrado 12 diciembre-13 enero, sábado mediodía, domingo noche y*
martes
Rest – Menú 155 € – Carta 110/124 € 🍴
Espec. Falso canelón de tocino ibérico con pulpo al vino blanco. Salmonetes con
cristales de escamas comestibles, rabo y jugo de chocolate blanco con algas. Chocolate y miel de acacia con café amargo irlandés.
◆ Instalado en una villa de estética actual. Disfruta de un elegante hall y un
comedor acristalado de excelente montaje, con relajantes vistas al campo y una
chimenea central. Maestría, talento y creatividad definen a la perfección sus delicadas elaboraciones.

ESPAÑA

LASTRES – **Asturias** – **572** B14 – **1 396 h.** – **alt. 21 m** – **Playa** – ✉ **33330**   **5** C1
▶ Madrid 497 – Gijón 46 – Oviedo 62

🛏 **Eutimio** 🚫 🕪 🆅🅸🆂🅰 ⓪⓪
San Antonio – ℰ *985 85 00 12 – www.casaeutimio.com*
– *cerrado febrero*
11 hab – ♦36/54 € ♦♦54/120 €, ⌂ 9 €
Rest *Eutimio* – ver selección restaurantes
◆ Céntrico hotel que ocupa una casona de piedra, con habitaciones de estilo
neorrústico cuidadas al detalle. A destacar el cálido salón social con terraza y vistas al mar.

ƛ **Eutimio** – Hotel Eutimio ⇐ 🚫 🆅🅸🆂🅰 ⓪⓪
San Antonio – ℰ *985 85 00 12 – www.casaeutimio.com – cerrado febrero, 7 días*
en junio, 7 días en octubre, domingo noche y lunes
Rest – Carta 33/49 €
◆ Casa de aire regional con cierto prestigio en la zona. En su mesa encontrará
una esmerada cocina y una selecta carta de vinos. ¡Pregunte por sus mariscos y
pescados del día!

LAUJAR DE ANDARAX – **Almería** – **578** V21 – **1 796 h.** – **alt. 921 m**   **2** D2
– ✉ **04470**

▶ Madrid 497 – Almería 70 – Granada 115 – Málaga 191

🏠 **Almirez** 🌿 ⇐ ⒶⒸ 🚫 rest, 🕪 Ⓟ 🆅🅸🆂🅰 ⓪⓪ 🅰🅴 ⓞ
carret. de Berja, Oeste : 1 km – ℰ *950 51 35 14 – www.hotelalmirez.es*
19 hab – ♦36/39 € ♦♦46/50 €, ⌂ 6 €
Rest – Menú 14 €
◆ Situado en un paraje solitario de la alpujarra almeriense, donde podrá disfrutar
de un entorno diáfano y natural. Habitaciones sencillas y funcionales, todas
con terraza. Cuenta con un comedor principal de aire rústico y una sala algo
más impersonal para grupos.

LAVACOLLA – A Coruña – **571** D4 – ✉ **15705** 19 B2

▶ Madrid 628 – A Coruña 77 – Lugo 97 – Santiago de Compostela 11
🛬 de Santiago de Compostela ✆ 902 404 704
Iberia : aeropuerto ✆ 902 400 500

🏨 **Ruta Jacobea** ⌖ 🕭 🎧 🍴 🛁 P 🚗 VISA ⓪ AE ⓪
antigua carret. N 634 – ✆ *981 88 82 11*
– www.rutajacobea.net
20 hab – ♦62/73 € ♦♦90/102 €, ☲ 8 €
Rest *Ruta Jacobea* – ver selección restaurantes
♦ Una buena opción para alojarse en la última etapa del Camino de Santiago.
Ofrece un cuidado exterior y habitaciones bastante actuales, abuhardilladas en la
planta superior.

XX **Ruta Jacobea** – Hotel Ruta Jacobea 🎧 🍴 ⇔ P VISA ⓪ AE ⓪
antigua carret. N 634 – ✆ *981 88 82 11*
– www.rutajacobea.net
Rest – Carta 30/43 €
♦ Unido al hotel está el restaurante, dotado con una cafetería, dos salas de línea
clásica-actual, dos privados y una carpa para banquetes. Carta tradicional y platos del día.

LAXE – A Coruña – **571** C2 – 3 413 h. – Playa – ✉ **15117** 19 A1

▶ Madrid 665 – Santiago de Compostela 66 – A Coruña 69

🏨 **Playa de Laxe** sin rest ⩽ 🕭 🎧 🍴 🍴 🚗 VISA ⓪ AE
av. Cesáreo Pondal 27 – ✆ *981 73 90 00 – www.playadelaxe.com*
– cerrado enero y febrero
28 hab – ♦35/70 € ♦♦45/100 €, ☲ 5,40 € – 2 suites
♦ Buen hotelito de línea clásica-actual situado a un paso de la playa. Posee un
saloncito social, una cafetería moderna y habitaciones bien equipadas, con mobiliario funcional.

XX **Zurich** 🎧 🍴 VISA ⓪
Isidro Parga Pondal 8 – ✆ *981 72 80 81 – www.marisqueriazurich.es – cerrado*
lunes salvo julio y agosto
Rest – Carta 36/54 €
♦ Restaurante-marisquería muy conocido en la zona por la gran calidad de sus
productos. Disfruta de un pequeño bar y un comedor, ambos decorados en un
estilo moderno y actual.

La LECHUZA – Las Palmas – ver Canarias (Gran Canaria) : Vega de San Mateo

LEGASA – Navarra – **573** C25 – ✉ **31793** 24 A1

▶ Madrid 497 – Pamplona 49 – Vitoria-Gasteiz 140
– Donostia-San Sebastián 55

XX **Arotxa** 🎧 🍴 P VISA ⓪
Santa Catalina 34
– ✆ *948 45 61 00 – www.arotxa.com*
– cerrado del 15 al 31 de enero y martes
Rest – *(sólo almuerzo salvo viernes y sábado)* Carta 29/36 €
♦ En su comedor, diáfano, de cuidado montaje y con vigas de madera a la vista,
encontrará una carta tradicional rica en detalles, con buenas carnes y sugerencias diarias.

LEINTZ-GATZAGA (SALINAS DE LENIZ) – Guipúzcoa – **573** D22 25 A2
– 266 h. – ✉ **20530**

▶ Madrid 377 – Bilbao 68 – Donostia-San Sebastián 83
– Vitoria-Gasteiz 22

※※ **Soran** con hab   🕪 AC rest, ¶¶ VISA ⊕⊕

Santiago 3 – ℰ 943 71 53 98 – www.soranetxea.com

10 hab – †50 €, ††70 €, ⊑ 6 €

Rest – *(cerrado lunes noche y martes)* Carta 30/40 €

♦ Instalado en una casa-palacio del s. XVI. El establecimiento cuenta con un bar, donde sirven el menú, un agradable comedor y dos privados. Cocina tradicional y de temporada. Aquí también encontrará habitaciones, de ambiente rústico pero con detalles actuales.

en el puerto de Arlabán por la carretera GI 627 - Suroeste : 3 km

※※ **Gure Ametsa**   AC 🌿 P VISA ⊕⊕

😊 ✉20530 Leintz Gatzaga – ℰ 943 71 49 52 – cerrado 23 diciembre-3 enero, 5 agosto-3 septiembre y lunes

Rest – *(sólo almuerzo en invierno salvo viernes y sabado)* Carta aprox. 35 €

♦ Negocio familiar ubicado en las cercanías de un puerto de montaña. Posee un bar a la entrada y dos comedores, el más acogedor con chimenea y el otro reservado para banquetes.

LEIRO – Ourense – **571** E5 – 1 793 h. – alt. 99 m – ✉ 32420   **19** B3

▶ Madrid 531 – Ourense 37 – Pontevedra 72 – Santiago de Compostela 93

🏠🏠🏠 **Mosteiro de San Clodio** 🕭   🕮 🕪 AC 🌿 ¶¶ 🛁 P VISA ⊕⊕ AE

San Clodio, Este : 1 km – ℰ 988 48 56 01 – www.monasteriodesanclodio.com – cerrado enero y febrero

21 hab – ††64/199 €, ⊑ 7,50 € – 4 suites   **Rest** – Carta aprox. 40 €

♦ La calidez de la piedra y el sobrio estilo románico se funden en este antiguo monasterio. Recréese en unas instalaciones que destacan por su confort y equipamiento. Su atractivo comedor brinda una bella imagen del claustro y de sus zonas ajardinadas.

LEKEITIO – Vizcaya – **573** B22 – 7 477 h. – alt. 10 m – ✉ 48280   **25** B2

▶ Madrid 452 – Bilbao 56 – Donostia-San Sebastián 61 – Vitoria-Gasteiz 82

🅸 pl. de la Independencia, ℰ 94 684 40 17 turismo@lekeitio.com Fax 94 684 41 67

🅲 Carretera en cornisa de Lekeitio a Deba ⩽★

🏠 **Zubieta** sin rest 🕭   🕪 ൎ 🌿 ¶¶ 🛁 P VISA ⊕⊕ AE

Portal de Atea – ℰ 946 84 30 30 – www.hotelzubieta.com – 11 febrero-octubre

15 hab – †63/85 €, ††75/129 €, ⊑ 10 € – 9 suites

♦ Su fachada rústica esconde una pequeña recepción, bien apoyada por una zona de bar y un salón social con chimenea. Habitaciones de cálido confort, algunas abuhardilladas.

LEÓN P – **575** E13 – 134 305 h. – alt. 822 m   **11** B1

▶ Madrid 327 – Burgos 192 – A Coruña 325 – Salamanca 197

🛧 de León por ④ : 6 km ℰ 902 404 704

Iberia: aeropuerto ℰ 902 400 500

🅸 pl. de Regla 4 ℰ 987 23 70 82 oficinadeturismodeleon@jcyl.es Fax 987 27 33 91

🅾 Catedral★★★ B (vidrieras★★★,trascoro★, Descendimiento★, claustro★)
– San Isidoro★★ B(Panteón Real★★★ : capiteles★ y frescos★★
- Tesoro★★ : Cáliz de Doña Urraca★, Arqueta de los marfiles★) – Antiguo Convento de San Marcos★ (fachada★★, Museo de León★, Cristo de Carrizo★★★, sacristía★) A

🅲 San Miguel de la Escalada★ (pórtico exterior★, iglesia★) 28 km por ②
– Cuevas de Valporquero★★ Norte : 47 km B

Plano página siguiente

LEÓN

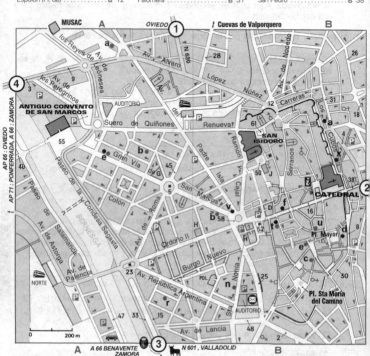

🏨 **Parador Hostal San Marcos**　　🛏️ 👤 ♿ hab, AC ✁ 🍴 ✦ P

pl. de San Marcos 7 ✉24001 – ☎ 987 23 73 00　　VISA ⓸ AE ①

– www.parador.es　　A

186 hab – ♦166 € ♦♦208 €, ☐ 21 € – 16 suites

Rest – Menú 37 €

♦ Convento del s. XVI cuyos muros, testigos de excepción de la historia, albergan magníficos salones de aire regio y espléndidas habitaciones decoradas con
obras de arte. Su elegante comedor acoge una excelente muestra de la gastronomía leonesa.

🏨 **NH Plaza Mayor** sin rest, con cafetería　　🛏️ ♿ AC ✁ 🍴 ✦ 🚗

pl. Mayor 15 ✉24003 – ☎ 987 34 43 57　　VISA ⓸ AE ①

– www.nh-hotels.com　　B**d**

51 hab – ♦160 € ♦♦300 €, ☐ 16 €

♦ Instalado en un antiguo edificio que destaca por su fachada en piedra y por
saber combinar la modernidad con el confort. Zonas nobles polivalentes y equipamiento completo.

AC San Antonio sin rest, con cafetería por la noche

Velázquez 10, por Alcalde Miguel Castaño ⊠24005
– 𝒞 987 21 84 44 – www.ac-hotels.com   B
84 hab – †††60/140 €, ☲ 12 €
♦ Confortable hotel dotado de un elegante hall, y del clásico salón polivalente. Habitaciones con suelo en madera y baños en mármol, en su mayoría con plato ducha.

Alfonso V

Padre Isla 1 ⊠24002 *– 𝒞 987 22 09 00 – www.hotelalfonsov.com*   Bv
57 hab – †70/105 € ††70/155 €, ☲ 14 € – 5 suites
Rest *– (cerrado domingo noche)* Carta 36/49 €
♦ Clasicismo y vanguardia se unen en sus espaciosas instalaciones de moderno confort. A destacar el atractivo hall abierto hasta el techo en un impresionante efecto óptico. El restaurante resulta luminoso y ofrece una carta tradicional con detalles de autor.

Luis de León

Fray Luis de León 26, por Alcalde Miguel Castaño ⊠24005 *– 𝒞 987 21 88 20*
– www.hotelluisdeleon.com   B
113 hab – †65/80 € ††75/180 €, ☲ 12 €
Rest *Las Médulas* – Menú 15 €
♦ Edificio de construcción moderna y confort actual dotado con unas habitaciones funcionales de completo equipamiento. Disfruta de una buena organización. El restaurante, de cuidado montaje y ubicado en una galería comercial anexa, ofrece una carta tradicional.

Quindós

Gran Vía de San Marcos 38 ⊠24002 *– 𝒞 987 23 62 00 – www.hotelquindos.com*
96 hab – †50/74 € ††50/108 €, ☲ 6 €   Ae
Rest *Formela* – ver selección restaurantes
♦ Ofrece un buen confort general, sin embargo se empieza a apreciar el paso de los años tanto en la decoración de las habitaciones como en la iluminación de las zonas comunes.

La Posada Regia

Regidores 11 ⊠24003 *– 𝒞 987 21 31 73 – www.regialeon.com*   Bt
36 hab ☲ – †55/75 € ††90/120 €
Rest *Bodega Regia* – ver selección restaurantes
♦ Instalado en un edificio del s. XIV que aún conserva el encanto de antaño y un cuidado anexo. Ofrece habitaciones rústicas con vigas de madera a la vista y mobiliario antiguo.

París

Ancha 18 ⊠24003 *– 𝒞 987 23 86 00 – www.hotelparisleon.com*   Bf
60 hab – †51/55 € ††73/90 €, ☲ 3 €
Rest *Mesón Rosetón* – (cerrado julio y lunes) Carta 27/39 €
♦ Este es un hotel familiar que poco a poco ha ido creciendo al incorporar edificios anexos. Ofrece un trato personalizado, unas habitaciones de buen confort y un pequeño SPA. En su restaurante, de montaje rústico-actual, encontrará una carta de tinte tradicional.

Centro León sin rest

av. Los Cubos 6 ⊠24007 *– 𝒞 987 87 55 80 – www.qhhoteles.com*   Bx
22 hab – †40/100 € ††45/150 €, ☲ 3 €
♦ Su casi inexistente zona social se compensa con un buen bar-cervecería. Ofrece unas habitaciones reducidas pero actuales, algunas con vistas a la Catedral, y un pequeño SPA.

Fernando I

av. de los Cubos 32 ⊠24007 *– 𝒞 987 22 06 01 – www.hospederiafernandoi.com*
27 hab – †35/55 € ††55/85 €, ☲ 4 €   Rest – 12 €   Ba
♦ Acogedor y cercano a la Catedral. Disfruta de unas agradables habitaciones con los suelos en tarima y unos baños muy cuidados, aunque estos son algo pequeños. El restaurante posee una decoración que recuerda la época medieval y ofrece una carta tradicional.

ESPAÑA

ESPAÑA

XXX **Formela** – Hotel Quindós   AC ⅍ VISA ☺☺ AE ⓪
Gran Vía de San Marcos 38 ⊠24002 – ℰ 987 22 45 34 – www.hotelquindos.com
– cerrado domingo   A**e**
Rest – Carta 33/40 €
♦ Definen su ambiente el mobiliario de diseño, las obras de arte y el adecuado
servicio de mesa. Propone una carta basada en la tradición, acompañada con
selectos caldos.

XX **Vivaldi**   AC ⅍ VISA ☺☺
Platerías 4 ⊠24003 – ℰ 987 26 07 60 – www.restaurantevivaldi.com – cerrado
del 7 al 15 de enero, del 1 al 15 de julio, domingo y lunes   B**u**
Rest – Carta 41/51 €
♦ Ocupa una casa ubicada en pleno barrio húmedo, con varias plantas y dos elegantes comedores. Cocina de base tradicional en la que se aprecian los toques
originales del chef.

XX **Palacio Jabalquinto**   AC ⅍ ⇔ VISA ☺☺ AE ⓪
Juan de Arfe 2 ⊠24003 – ℰ 987 21 53 22 – www.palaciojabalquinto.com
– cerrado 2º quincena de febrero, domingo noche y lunes   B**c**
Rest – Carta 34/44 €
♦ Ocupa la 1ª planta de un edificio señorial del s. XVII, con un bar a la entrada y
una sala que destaca por su decoración, actual y de líneas puras. Servicio de
mesa de diseño.

XX **Barandal**   AC ⅍ VISA ☺☺ AE
Gran Vía San Marcos 9 ⊠24001 – ℰ 987 22 14 18
– www.restaurantebarandal.com – cerrado del 1 al 15 de agosto, domingo
y lunes noche   B**b**
Rest – Carta 42/47 €
♦ Posee un lounge bar en la planta baja y un interior de línea actual, con detalles de vanguardia, la cocina a la vista y un buen servicio de mesa. Elaboraciones de autor.

XX **Cidón**   AC ⅍ VISA ☺☺
av. Reyes Leoneses 24 - Museo Musac, ⊠24008 – ℰ 987 07 02 70 – cerrado lunes
Rest – Carta 35/43 €   A
♦ Se encuentra en el MUSAC, lo que marca, en cierto modo, su estética de carácter minimalista. Cuenta con un luminoso comedor principal y una sala para grupos. Cocina actual.

XX **Cocinandos** (Yolanda Léon y Juanjo Pérez)   AC ⅍ VISA ☺☺ AE ⓪
☸ *Las Campanillas 1 ⊠24008 – ℰ 987 07 13 78 – www.cocinandos.com – cerrado*
15 días en febrero, 20 días en agosto, domingo y lunes   A**a**
Rest – *(sólo menú)* Menú 38 €
Espec. Verduritas en tempura. Merluza al vapor, pil-pil de cecina y una picadita de
tomate, dátil y cebollino. Cochinillo asado al vacío y deshuesado con patatitas
chimichurri y crema de calabaza y naranja.
♦ Emplazado en una de las zonas más nuevas de la ciudad. Ofrece un interior de
línea moderna, con la cocina vista, así como una carta de tintes creativos que
basa su oferta en un único menú degustación, variando los platos aproximadamente una vez a la semana.

XX **Bodega Regia** – Hotel La Posada Regia   AC ⅍ ⇔ VISA ☺☺ AE
Regidores 9 ⊠24003 – ℰ 987 21 31 73 – www.regialeon.com
– cerrado 2ª quincena de enero, 1ª quincena de septiembre y domingo
Rest – Carta 32/46 €   B**t**
♦ Entrañable restaurante de estilo rústico dotado de varias salas, dos de las cua-
les conservan restos de la muralla romana en sus paredes. Carta típica de la zona.

XX **Adonías**   AC ⅍ ⇔ VISA ☺☺ AE ⓪
Santa Nonia 16 ⊠24003 – ℰ 987 20 67 68 – cerrado domingo   B**n**
Rest – Carta 31/44 €
♦ Negocio familiar acreditado en la ciudad. En sus comedores, de aire regional y
correcto montaje, podrá degustar una completa carta de corte tradicional.

XX **La Cocina de César** ⓐⓒ 🍴 🅥🅘🅢🅐 ⓒⓒ 🅐🅔

El Chantre 1, por Alcalde Miguel Castaño ✉24005 – ☎ 987 26 01 82
– www.lacocinadecesar.es – cerrado Semana Santa, 15 agosto-15 septiembre
Rest *– (sólo almuerzo salvo jueves, viernes y sábado)*   B
Carta 27/41 €
♦ Este local se encuentra en una calle peatonal, con un buen montaje y cierta elegancia. En su sala, única y diáfana, le ofrecerán una carta de cocina tradicional actualizada.

X **Amancio** ⓐⓒ 🍴 ⇄ 🅥🅘🅢🅐 ⓒⓒ 🅐🅔 ⓞ

Juan Madrazo 15 ✉24002 – ☎ 987 27 34 80 – *www.amanciorestaurante.com*
– cerrado domingo noche, lunes y miércoles noche   A**b**
Rest – Carta 27/42 €
♦ Este restaurante familiar dispone de dos salas, una con mobiliario clásico y otra para grupos en el piso inferior. Aquí encontrará una carta tradicional y un correcto menú.

X **La Gitana** ⓐⓒ 🅥🅘🅢🅐 ⓒⓒ 🅐🅔

travesía Carnicería 5 ✉24003 – ☎ 987 21 51 71 – *cerrado del 15 al 31 de octubre, miércoles noche y jueves*   B**e**
Rest – Carta 30/37 €
♦ Está llevado en familia y se ha convertido en todo un clásico del Barrio Húmedo, con un bar en la planta baja y un comedor de aire rústico en el piso superior. Buen producto.

⅃/ **Prada a Tope** ⓐⓒ 🍴 🅥🅘🅢🅐 ⓒⓒ

Alfonso IX-9 ✉24004 – ☎ 987 25 72 21 – *www.pradaatope.es – cerrado del 15 al 30 de julio y lunes*   A**r**
Rest – Ración aprox. 7,50 €
♦ Típico bar de tapas ambientado con fotografías de El Bierzo. Cuenta con una larga barra en madera donde exponen los productos a la venta y un comedor de aire rústico.

en la carretera N 621 por ② : **4 km**

🏠 **Del Pozo** sin rest, con cafetería 🛗 ⓐⓒ 🍴 🤸 🅿 🚗 🅥🅘🅢🅐 ⓒⓒ 🅐🅔
✉24197 Villarrodrigo de las Regueras – ☎ 987 28 19 03
– www.hoteldelpozo.com
60 hab – 🛏48/81 € 🛏🛏55/102 €, ⊆ 6 €
♦ Instalaciones actuales y de amable organización familiar. Ofrecen habitaciones de completo equipamiento y mobiliario escogido, con suelos en madera y baños actuales.

LEPE – Huelva – **578** U8 – 25 886 h. – alt. 28 m – ✉ 21440   **1** A2
🛣 Madrid 657 – Faro 72 – Huelva 41 – Sevilla 121

X **El Otro Sitio** 🏠 🍴 🅥🅘🅢🅐 ⓒⓒ

Oria Castañeda 10 ✉21440 – ☎ 959 38 00 93 – *cerrado noviembre, lunes, martes y miércoles en invierno y domingo en verano*
Rest *– (sólo cena)* Carta aprox. 25 €
♦ Casa de pueblo acogedora y bien rehabilitada, con las paredes encaladas, el suelo rústico original y las vigas de los techos a la vista. Cocina actual atípica en la zona.

LÉRIDA – Lleida – ver Lleida

LERMA – Burgos – **575** F18 – 2 836 h. – alt. 844 m – ✉ 09340   **12** C2
🛣 Madrid 206 – Burgos 37 – Palencia 72
🛈 Audiencia 6 ☎ 947 17 70 02 oficina@citlerma.com Fax 947 17 09 50
🔞 Lerma, autovía A I, Sur : 8 km, ☎ 947 17 12 14
◎ Plaza Mayor★

ESPAÑA

LERMA

🏨 **Parador de Lerma** 🌙   ⊲ 🛎 ⏱ hab, 🅰🅲 ℀ ℂ 🕸 🚗 ⇔ 𝚟𝚒𝚜𝚊 ⊛ 🅰🅴 ⓪
pl. Mayor 1 – ℰ 947 17 71 10 – www.parador.es
70 hab – ♦134/144 € ♦♦168/180 €, ⊇ 18 €
Rest – Menú 33 €
♦ Hermoso palacio del s. XVII ubicado en plena Plaza Mayor. Su agradable zona noble ocupa un patio columnado con lucernario y las habitaciones gozan de un completo equipamiento. Restaurante de elegante montaje y techos altos, con un horno de leña a la vista.

🏨 **Alisa**   🅰🅲 rest, ℀ ℂ 𝚜𝚊 🅿 ⇔ 𝚟𝚒𝚜𝚊 ⊛ 🅰🅴 ⓪
antigua carret. N I - salida 203 autovía – ℰ 947 17 02 50 – www.hotelalisa.com
49 hab – ♦48/50 € ♦♦65/85 €, ⊇ 7 €
Rest – Menú 17 €
♦ Con la fachada en ladrillo visto y una amplia cafetería. Las habitaciones, bastante luminosas y espaciosas, ofrecen sencillo mobiliario y unos baños de línea actual-funcional. El restaurante propone una carta de cocina tradicional y varias sugerencias diarias.

🏨 **La Hacienda de mi Señor** sin rest   🛎 ℀ ℂ 𝚟𝚒𝚜𝚊 ⊛ 🅰🅴 ⓪
El Barco 6 – ℰ 947 17 70 52 – www.lahaciendademisenor.com
15 hab – ⊇ ♦50 € ♦♦75 €
♦ Este céntrico hotel ocupa una antigua construcción del s. XVII. Dispone de una amplia zona social con las paredes en piedra, habitaciones muy coloristas y una terraza-patio.

🏠 **El Zaguán** sin rest 🌙   ℀ ℂ 𝚟𝚒𝚜𝚊 ⊛ 🅰🅴
Barquillo 6 – ℰ 617 76 25 47 – www.elzaguanlerma.com
10 hab – ♦50 € ♦♦60 €, ⊇ 6 €
♦ Casa solariega del s. XVII dotada con varias salas de calida rusticidad, un patio regional y un salón muy moderno. Sus habitaciones también presentan un contraste de estilos.

✕✕ **Asador Ojeda**   🅰🅲 ℀ ⇔ 𝚟𝚒𝚜𝚊 ⊛ 🅰🅴
pl. Mayor – ℰ 947 17 12 56 – www.grupojeda.com – cerrado del 15 al 31 de enero
Rest – *(sólo almuerzo salvo viernes y sábado)* Carta 30/36 €
♦ Posee una tienda de productos típicos y una sala en cada planta, la de abajo con un horno de leña y la superior, más elegante, con un privado. Su especialidad son los asados.

✕ **Casa Brigante**   ℀ ⇔ 𝚟𝚒𝚜𝚊 ⊛ ⓪
pl. Mayor 5 – ℰ 947 17 05 94 – www.casabrigante.com – cerrado 15 días en marzo y 15 días en noviembre
Rest – *(sólo almuerzo)* Carta 26/34 €
♦ Está instalado en una casa centenaria dotada de soportales. Ofrece un atractivo comedor rústico, con un horno de leña a la vista, dos salas en el piso superior y un privado.

LES – Lleida – **574** D32 – alt. 630 m – ✉ 25540   **13** A1
◘ Madrid 616 – BagnèresdeLuchon 23 – Lleida/Lérida 184
◘ av. Sant Jaume 39 ℰ 973 64 73 03 turismoles@turismoles.com Fax 973 64 83 82

🏠 **Talabart**   ℀ hab, 🅿 𝚟𝚒𝚜𝚊 ⊛ 🅰🅴 ⓪
Baños 1 – ℰ 973 64 80 11 – www.hoteltalabart.com – cerrado noviembre
24 hab – ♦35 € ♦♦60 €, ⊇ 5 € **Rest** – *(cerrado lunes)* Carta 23/37 €
♦ Modesto establecimiento familiar dotado con habitaciones funcionales y de sencillo mobiliario, aunque disponen de baños completos. Tranquila zona ajardinada. En su comedor, que resulta cálido y trabaja bastante, ofrecen una correcta carta regional.

LESAKA – Navarra – **573** C24 – **2 808 h.** – **alt. 77 m** – ✉ 31770   **24** A1
> ▶ Madrid 482 – Biarritz 41 – Pamplona 71 – Donostia-San Sebastián 37

✗   **Kasino**   🛋 📶 𝗩𝗜𝗦𝗔 ⓿ 🄰🄴
😊 *pl. Vieja 23 – ℰ 948 63 71 52 – cerrado lunes noche salvo festivos*
Rest – Carta 21/32 €
♦ Restaurante llevado en familia, en una antigua y céntrica casa de piedra. Posee un bar rústico y una sala donde ofrecen una cocina casera de buen nivel a precios asequibles.

LEVANTE (Playa de) – València – ver Valencia

LEYRE (Monasterio de) – Navarra – **573** E26 – **alt. 750 m**   **24** B2
– ✉ 31410
> ▶ Madrid 419 – Jaca 68 – Pamplona 51
> ◎ ❀★★ – Monasterio★ (iglesia★★ : cripta★★, interior★, portada oeste★)
> Ⓖ Hoz de Lumbier★, Oeste : 14 km, Hoz de Arbayún★ (mirador : ≼★★)
> Norte : 31 km

🏨   **Hospedería de Leyre** 🦢   🛗 🄰🄺 rest, 📶 📶 🅿 𝗩𝗜𝗦𝗔 ⓿ 🄰🄴 ⓪
– ℰ 948 88 41 00 – www.hotelhospederiadeleyre.com – *marzo-10 diciembre*
32 hab – ✝38/42 € ✝✝67/81 €, ☟ 6,60 €   **Rest** – Menú 17,20 €
♦ Situación privilegiada junto al monasterio de Leyre. Posee habitaciones de aspecto actual y buen confort en su categoría, todas asomadas al patio de piedra de la entrada. El comedor, de aire rústico, basa su trabajo en un menú del día y algunas sugerencias.

LEZA – Álava – **573** E22 – **225 h.** – ✉ 01309   **25** A2
> ▶ Madrid 364 – Vitoria-Gasteiz 41 – Logroño 26 – Pamplona 116
> Ⓖ Laguardia★ – Iglesia de Santa María de los Reyes (portada★★) Sureste : 7,5 km

⌂   **El Encuentro** sin rest   📶 📶 𝗩𝗜𝗦𝗔 ⓿ 🄰🄴 ⓪
Herriko Plaza 3 – ℰ 660 58 37 36 – lidinigu@hotmail.com
5 hab – ✝50/55 € ✝✝50/70 €, ☟ 6 €
♦ Hermosa casa del s. XVI con el exterior en piedra. Sus habitaciones poseen un estilo rústico-actual, bellos detalles, suelos en barro y en algunos casos están abuhardilladas.

LEZAMA – Vizcaya – **573** C21 – **2 287 h.** – **alt. 352 m** – ✉ 48196   **25** A3
> ▶ Madrid 394 – Bilbao 14 – Donostia-San Sebastián 91 – Vitoria-Gasteiz 71

⌂   **Matsa** sin rest 🦢   🕭 📶 📶 🅿 𝗩𝗜𝗦𝗔 ⓿
Aretxalde 153 – ℰ 944 55 60 86 – www.ruralmatsa.com – cerrado 22 diciembre-10 enero
12 hab – ✝58/61 € ✝✝70/82 €, ☟ 6 €
♦ Casa rústica situada a las afueras de la localidad, en un entorno bastante tranquilo. Ofrece un salón social con chimenea y habitaciones funcionales, algunas abuhardilladas.

LEZAMA – Álava – **573** C21 – **alt. 350 m** – ✉ 01450   **25** A2
> ▶ Madrid 369 – Bilbao 36 – Burgos 136 – Vitoria-Gasteiz 42

⌂   **Iruaritz** 🦢   📶 📶 🅿 𝗩𝗜𝗦𝗔 ⓿ 🄰🄴
barrio San Prudencio 29 – ℰ 945 89 26 76 – www.grupolezama.es – cerrado del 1 al 15 de febrero
5 hab – ✝50/62 € ✝✝60/70 €, ☟ 6 €   **Rest** – *(sólo clientes)* Menú 18 €
♦ Un marco ideal para el descanso, pues se trata de un caserío vasco del s. XV dotado con dependencias de gran confort, todas distintas y con mobiliario antiguo restaurado.

LIÉRGANES – Cantabria – **572** B18 – **2 467 h.** – **alt. 110 m** – **Balneario**   **8** B1
– ✉ 39722
> ▶ Madrid 389 – Santander 24 – Bilbao 93 – Burgos 151

ESPAÑA

⌂ **El Arral** sin rest 🏠   🍴 ♨ ⁽ᵗ⁾ 𝑉𝐼𝑆𝐴 ☯
Convento 1 – ℰ 942 52 84 75 – www.casonaelarral.com – 12 marzo 12 diciembre
10 hab – ⟊70/105 €, ⟐ 7 €
♦ Casona en piedra construida junto al río Miera, con diversas zonas comunes y un jardín. Ofrece habitaciones amplias y coloristas, así como su propia ermita abierta al culto.

LIGÜÉRZANA – Palencia – **575** D16 – **81 h.** – **alt. 970 m** – ✉ 34839   **12** C1
▶ Madrid 340 – Burgos 101 – Palencia 117 – Santander 119

⌂ **Casa Mediavilla** 🏠   ♨
– ℰ 979 87 76 36 – www.casamediavilla.com
6 hab – ⟊30 € ⟊⟊40 €, ⟐ 4 €   **Rest** – (es necesario reservar) Menú 12 €
♦ Antigua casa de labranza de entrañable rusticidad. Disfruta de un acogedor salón social, unas correctas habitaciones con mobiliario actual y un pequeño comedor.

LIMPIAS – Cantabria – **572** B19 – **1 741 h.** – **alt. 29 m** – ✉ 39820   **8** C1
▶ Madrid 378 – Santander 48 – Vitoria-Gasteiz 125 – Bilbao 66

🏨 **Parador de Limpias** 🏠   🍴 🗖 🗔 🖼 ♨ ▐█▌ ⅙ hab, ♨ ♨ ⁽ᵗ⁾ 🚗 𝐏
Fuente del Amor – ℰ 942 62 89 00 – www.parador.es   🚗 𝑉𝐼𝑆𝐴 ☯ 𝐴𝐸 ⓘ
58 hab – ⟊119/129 € ⟊⟊149/161 €, ⟐ 18 € – 7 suites   **Rest** – Menú 33 €
♦ En una finca arbolada de gran extensión. Está formado por dos construcciones, un recio palacio del s. XIX y un anexo más actual, con habitaciones modernas y confortables. El restaurante, que disfruta de un acceso independiente, ofrece una carta tradicional.

LINARES – Jaén – **578** R19 – **61 338 h.** – **alt. 418 m** – ✉ 23700   **2** C2
▶ Madrid 297 – Ciudad Real 154 – Córdoba 122 – Jaén 51
◎ Localidad★ – Museo Arqueológico★

🏨 **Santiago**   🗖 🖼 ▐█▌ ⅙ hab, 𝐴𝐶 ♨ ⁽ᵗ⁾ 🚗 🚗 𝑉𝐼𝑆𝐴 ☯ 𝐴𝐸 ⓘ
Santiago 3 – ℰ 953 69 30 40 – www.hotel-santiago.es
66 hab – ⟊50/78 € ⟊⟊50/97 €, ⟐ 9 €
Rest – (cerrado domingo noche) Menú 20 €
♦ Ubicado junto a la plaza del Ayuntamiento. Ofrece unas instalaciones de línea clásica-elegante, con habitaciones confortables y la zona social compartida con la cafetería. En su restaurante, de ambiente clásico, encontrará una cocina tradicional actualizada.

🏨 **Victoria**   ▐█▌ ⅙ hab, 𝐴𝐶 ♨ rest, ⁽ᵗ⁾ 🚗 🚗 𝑉𝐼𝑆𝐴 ☯ 𝐴𝐸
Cervantes 7 – ℰ 953 69 25 00 – www.hotelvictoria.es
51 hab – ⟊43/65 € ⟊⟊64/90 €, ⟐ 4 €   **Rest** – (cerrado martes) Menú 12 €
♦ En conjunto resulta funcional. Encontrará unas correctas zonas nobles y dos tipos de habitaciones, las más actualizadas con sencillo mobiliario clásico y los suelos en tarima. El restaurante, de buen montaje, combina su carta regional con un menú del día.

🍴🍴 **Los Sentidos**   𝐴𝐶 ♢ 𝑉𝐼𝑆𝐴 ☯
☺ *Doctor 13 – ℰ 953 65 10 72 – www.lossentidos.net – cerrado del 1 al 15 de agosto, domingo noche y lunes*
Rest – Carta aprox. 35 €
♦ Tras su atractiva fachada en piedra presenta una pequeña recepción y cuatro salas de estética actual, una de ellas asomada a un pequeño patio interior. Cocina de autor.

🍴 **Canela en Rama**   𝐴𝐶 𝑉𝐼𝑆𝐴 ☯ 𝐴𝐸
☺ *República Argentina 12 – ℰ 953 60 25 32 – cerrado del 21 al 31 de enero, martes noche y miércoles*
Rest – Carta 28/35 €
♦ Bien llevado por una pareja, con ella pendiente de la sala y él atento a los fogones. Ofrece una taberna de línea actual, un coqueto comedor y una carta regional actualizada.

ESPAÑA

℣/ **Taberna Lagartijo**   `AC`
Ventanas 27 – ✆ *697 92 49 93*
Rest –
♦ Esta taberna-museo es todo un santuario de la Fiesta Nacional, con un marcado aire rústico-andaluz, las paredes repletas de motivos taurinos y un espacio dedicado a Manolete.

LINARES DE LA SIERRA – Huelva – **578** S10 – **299 h.** – **alt. 497 m**   **1** A2
– ✉ 21207
   ▶ Madrid 499 – Sevilla 98 – Huelva 111 – Barrancos 63

X   **Arrieros**   🍃 🕉 ⟲ `VISA` ⓿
☺   *Arrieros 2 –* ✆ *959 46 37 17 – www.arrieros.net – cerrado 15 junio-15 julio y lunes salvo festivos*
Rest – *(sólo almuerzo)* Carta aprox. 33 €
♦ Típica casa serrana ubicada en un pueblo de calles empedradas. Posee un comedor rústico con una chimenea central y los techos en madera. Carta regional actualizada.

La LÍNEA DE LA CONCEPCIÓN – Cádiz – **578** X13 – **64 595 h.**   **1** B3
– Playa – ✉ 11300
   ▶ Madrid 673 – Algeciras 20 – Cádiz 144 – Málaga 127
   ⓘ av. 20 de Abril (esquina av. del Ejército) ✆ 956 78 41 35 otlinea@andalucia.org Fax 956 78 41 36

XX   **La Marina**   ⟨ 🍃 `AC` 🕉 `VISA` ⓿ `AE`
paseo Marítimo - playa La Atunara – ✆ *956 17 15 31 – www.rest-lamarina.es*
– cerrado domingo noche salvo abril-septiembre
Rest – Carta 30/35 €
♦ Está en auge gracias a su emplazamiento en la misma playa y a la calidad de sus elaboraciones. Bar con expositor de productos, vivero, dos comedores y una magnífica terraza.

LINYOLA – Lleida – **2 836 h.** – **alt. 220 m** – ✉ 25240   **13** B2
   ▶ Madrid 503 – Barcelona 144 – Lleida 35 – Sant Julià de Lòria 133

🏠   **Cal Rotés** sin rest 🌿   🖥 ⧉ & `AC` 🕉 ⟨ɰ⟩ `VISA` ⓿
Isabel II-19 – ✆ *933 63 76 60 – www.calrotes.cat*
6 hab ⌐ – ╫90/115 € ╫╫135/170 €
♦ Este encantador hotelito ocupa en una casa pairal catalana del s. XVIII, con una acogedora zona social y habitaciones personalizadas mediante mobiliario antiguo restaurado.

LLAFRANC – Girona – **574** G39 – Playa – ✉ 17211   **15** B1
   ▶ Madrid 726 – Girona/Gerona 43 – Palafrugell 5 – Palamós 16
   ◉ Faro de San Sebastián★ (❄★) Este : 2 km

🏨   **Llafranch**   ⟨ 🍃 ⧉ `AC` 🕉 ⟨ɰ⟩ `VISA` ⓿ `AE`
passeig de Cipsela 16 – ✆ *972 30 02 08 – www.hllafranch.com*
– cerrado noviembre-26 diciembre
28 hab – ╫46/85 € ╫╫58/195 €, ⌐ 12 €   **Rest** – Carta 35/52 €
♦ Establecimiento con gran tradición y solera en la zona, emplazado frente a la playa. Pone a su disposición unas habitaciones de línea actual correctamente equipadas. Restaurante instalado en una terraza cubierta y acristalada que brinda magníficas vistas.

🏨   **Llevant**   🍃 ⧉ `AC` 🕉 rest, ⟨ɰ⟩ `P` `VISA` ⓿ `AE`
Francesc de Blanes 5 – ✆ *972 30 03 66 – www.hotel-llevant.com – cerrado noviembre*
26 hab ⌐ – ╫70/140 € ╫╫95/300 €
Rest – *(cerrado domingo noche y lunes en invierno)* Menú 25 €
♦ Negocio de larga trayectoria familiar situado junto al mar. Posee unas sencillas habitaciones de línea moderna, con los baños actualizados, y ofrece un adecuado confort. El restaurante se complementa con dos terrazas, una acristalada y la otra descubierta.

ESPAÑA

Terramar ← 𝄞 🛏 🏧 🍴 🛇 VISA ☎

passeig de Cipsela 1 – 𝒞 972 30 02 00 – www.hterramar.com – abril octubre
53 hab – ♦54/119 € ♦♦67/166 €, ⌂ 12,50 € **Rest** – Menú 22 €
♦ Bien situado en el paseo marítimo. Ofrece una recepción en madera, con algunos detalles marineros, y unas correctas habitaciones que poco a poco están siendo actualizadas. El restaurante recrea un ambiente actual y cuenta tanto con un bar como con una terraza acristalada.

Casamar 🅢 ← 𝄞 🏧 rest, 🛇 🎵 VISA ☎ AE ①

Nero 3 – 𝒞 972 30 01 04 – www.hotelcasamar.net – abril-diciembre
20 hab ⌂ – ♦53/67 € ♦♦77/115 €
Rest – *(cerrado lunes noche salvo verano y martes)* Carta aprox. 42 €
♦ Este hotel se encuentra en la parte alta de la playa, por lo que disfruta de buenas vistas. Ofrece una zona social renovada y habitaciones funcionales, la mayoría con balcón. Su luminoso y moderno restaurante se distribuye entre un comedor acristalado y una sala con chimenea.

LLAGOSTERA – Girona – **574** G38 – 7 764 h. – alt. 60 m – ✉ 17240 **15** A1
▶ Madrid 699 – Barcelona 86 – Girona/Gerona 23

en la carretera de Sant Feliu de Guíxols:

Els Tinars (Marc Gascons) 🏠 🏧 ♻ 🅟 VISA ☎ AE ①

Este : 5 km ✉ 17240 – 𝒞 972 83 06 26 – www.elstinars.com – cerrado 10 enero-10 febrero, domingo noche y lunes
Rest – Menú 59 € – Carta 44/61 € 🍷
Espec. Gamba de Palamós, blinis de patata, tomate, albahaca y limón (primavera). Ventresca de atún toro a la brasa de carbón con tomate al horno, pan de ajo y toques picantes (primavera-verano). Lomo de cordero a la brasa, patatas del bufet, violeta, tomate, queso de oveja y aceitunas negras (primavera-verano).
♦ Casa llevada por una pareja de hermanos, con ella pendiente de las salas y él de los fogones. Ofrece un hall con sofás, unos comedores de línea clásica-regional y una extensa carta de cocina tradicional, enriquecida con un buen apartado de platos más actuales.

Ca la María 🏠 ♻ 🅟 VISA ☎ AE ①

Este : 4,5 km ✉ 17240 – 𝒞 972 83 13 34 – www.restaurantcalamaria.cat – cerrado 22 diciembre-13 enero y martes
Rest – Carta 34/52 €
♦ Esta atractiva masía del s. XVII cuenta con dos salas de aire rústico y un acogedor privado en lo que fue la cocina. Carta tradicional actualizada de tendencia catalana.

LLANARS – Girona – **574** F37 – 584 h. – alt. 1 080 m – ✉ 17869 **14** C1
▶ Madrid 701 – Barcelona 129 – Girona/Gerona 82

Grèvol 🅢 ← 𝄞 🖵 🛏 🛇 🕭 hab, 🏧 🛇 🎵 🍴 🅟 🚗 VISA ☎ AE

carret. de Camprodón – 𝒞 972 74 10 13 – www.hotelgrevol.com – cerrado del 2 al 18 de mayo y del 7 al 23 de noviembre
36 hab ⌂ – ♦117/195 € ♦♦162/226 € **Rest** – Menú 35 €
♦ Chalet de montaña decorado con gran elegancia y definido por la profusión de las maderas nobles. Ofrece amplias zonas sociales, confortables habitaciones y un completo SPA. Su restaurante goza de un excelente montaje y está distribuido en varios niveles.

LLANÇÀ – Girona – **574** E39 – 5 209 h. – Playa – ✉ 17490 **14** D3
▶ Madrid 767 – Banyuls 31 – Girona/Gerona 60
🛈 Camprodón 16-18 𝒞 972 38 08 55 turisme@llanca.cat Fax 972 12 19 31

Carbonell 🛏 🕭 hab, 🏧 🛇 🅟 VISA ☎ ①

Mayor 19 – 𝒞 972 38 02 09 – www.hotelcarbonell.es
35 hab ⌂ – ♦35/50 € ♦♦60/80 €
Rest – *(Semana Santa y 20 junio-20 septiembre)* Menú 17 €
♦ Establecimiento familiar en constante renovación. Ofrece habitaciones sencillas, unas con mobiliario clásico y otras de estilo más actual. Cafetería y zona social conjuntas. El amplio restaurante centra su trabajo en la elaboración de dos correctos menús.

en el puerto Noreste : 1,5 km

🏨 **Grifeu** ← 🛜 ⅀ rest, 𝗩𝗜𝗦𝗔 ⓪ 𝐀𝐄
carret. de Portbou 36 ✉17490 – ✆ 972 38 00 50 – *www.hotelgrifeu.com*
– abril-octubre
33 hab ⌾ – ♦75/100 € ♦♦90/155 € **Rest** – Menú 22 €
• Destaca por su situación en 1ª línea de playa. Coqueta recepción, correcta zona social y habitaciones con mobiliario provenzal, la mitad de ellas dotadas de vistas al mar. En el restaurante, que se complementa con una agradable y amplia terraza de verano, podrá degustar una cocina de elaboración tradicional.

🏨 **La Goleta** sin rest |🛗| 𝐀𝐂 ⅀ 𝐏 𝗩𝗜𝗦𝗔 ⓪ 𝐀𝐄 ⓪
Pintor Terruella 22 ✉17490 – ✆ 972 38 01 25 – *www.hotellagoleta.com*
– cerrado 15 enero-10 febrero
30 hab ⌾ – ♦60/80 € ♦♦65/95 €
• Hotel vacacional emplazado en la parte alta del puerto. Ofrece habitaciones sencillas y algo austeras, aunque con baños actuales y la mayor parte del mobiliario funcional.

𝖃𝖃𝖃 **Miramar** (Paco Pérez) con hab ← 𝐀𝐂 rest, ⅀ 𝗩𝗜𝗦𝗔 ⓪ 𝐀𝐄 ⓪
✿✿ *passeig Marítim 7* ✉17490 – ✆ 972 38 01 32 – *www.miramar.cat* – *cerrado enero y febrero*
10 hab ⌾ – ♦50/60 € ♦♦80/100 €
Rest – *(cerrado domingo noche y lunes)* Menú 80 € – Carta 56/80 € ⅋
Espec. Risotto de reig y trufa blanca (octubre-diciembre). Almejas, lima, soja y jengibre. Erizos de mar y trufa melanosporum (febrero-abril).
• Disfruta de un excelente emplazamiento, pues está en pleno paseo marítimo. Presenta un buen hall, una sala interior con la cocina semivista y un espacio acristalado a modo de terraza cubierta. El chef armoniza, con talento y técnica, tradición e innovación. Sus sencillas habitaciones resultan válidas como recurso.

𝖃𝖃 **Els Pescadors** ← 🛜 𝐀𝐂 ⅀ ⟷ 𝗩𝗜𝗦𝗔 ⓪ 𝐀𝐄 ⓪
Castellà 41 ✉17490 – ✆ 972 38 01 25 – *www.restaurantelspescadors.com*
– cerrado 15 enero-10 febrero, domingo noche y lunes salvo en julio-agosto
Rest – Carta 41/60 €
• En pleno puerto. Posee un comedor actual, con algunos detalles marineros de diseño y la cocina semivista, así como una agradable terraza y un privado en la planta superior.

𝖃𝖃 **La Vela** 🛜 𝐀𝐂 𝗩𝗜𝗦𝗔 ⓪
av. Pau Casals 23 ✉17490 – ✆ 972 38 04 75 – *www.restaurantlavela.com*
– cerrado domingo noche y lunes salvo verano
Rest – Carta 33/45 €
• Goza de un comedor luminoso y actual, con un cubierto moderno y una agradable terraza al fondo de la estancia. Su amplia carta matiza los valores de la cocina tradicional.

𝖃𝖃 **El Vaixell** 𝐀𝐂 ⅀ 𝗩𝗜𝗦𝗔 ⓪ 𝐀𝐄 ⓪
Castellar 62 ✉17490 – ✆ 972 38 02 95 – *www.elvaixell.com* – *cerrado 15 diciembre-15 enero y lunes salvo agosto y festivos*
Rest – *(sólo almuerzo salvo Semana Santa, verano, viernes y sábado)*
Carta 25/43 €
• Comedor diáfano, luminoso y de montaje actual, con pocas mesas para dar mejor servicio. Ofrecen una carta tradicional-marinera y un correcto menú durante la semana.

𝖃 **La Brasa** 🛜 𝐀𝐂 ⅀ 𝗩𝗜𝗦𝗔 ⓪ 𝐀𝐄 ⓪
pl. Catalunya 6 ✉17490 – ✆ 972 38 02 02 – *www.restaurantlabrasa.com*
– cerrado 15 diciembre-15 febrero, lunes noche y martes
Rest – Carta 25/35 €
• Sencillo establecimiento llevado por un matrimonio. Cuentan con un correcto comedor y una pequeña terraza, donde ofrecen una carta tradicional y varios platos a la brasa.

ESPAÑA

▶ Madrid 453 – Gijón 103 – Oviedo 113 – Santander 96

🛈 Alfonso IX (edificio La Torre) 𝒞 98 540 01 64 turismo@
ayuntamientodellanes.com Fax 98 540 19 99

🖼 l a Cuesta, Sureste : 3 km, 𝒞 98 541 70 84

La Hacienda de Don Juan   🛗 AC rest, 🍴 ⸮🛆 P VISA ⓪ AE
Pidal 29 – 𝒞 985 40 35 58 – www.haciendadedonjuan.com
28 hab – 🛏40/90 € 🛏🛏80/125 €, ⊋ 10 € – 4 suites   **Rest** – Menú 25 €
♦ Este moderno edificio disfruta de acogedoras zonas nobles, que incluyen una
pequeña biblioteca, un SPA y confortables habitaciones, unas abuhardilladas y
otras con terraza. El restaurante, tipo invernadero, llama la atención por su sala
semicircular.

La Posada del Rey sin rest   🛗 🍴 VISA ⓪ AE ⓪
Mayor 11 – 𝒞 985 40 13 32 – www.laposadadelrey.es
6 hab – 🛏55/95 € 🛏🛏70/115 €, ⊋ 5 €
♦ Instalado en una antigua casa de piedra del casco histórico. Sus habitaciones,
algo pequeñas, tienen una decoración rústica-actual y están abuhardilladas en la
última planta.

Las Rocas sin rest   ≤ 🛗 🍴 VISA ⓪
*Marqués de Canillejas 3 – 𝒞 985 40 24 31 – www.hotelasrocas.com
– abril-septiembre*
33 hab ⊋ – 🛏30/90 € 🛏🛏50/145 €
♦ Uno de los pocos hoteles ubicados en la misma localidad, junto al puerto.
Encontrará habitaciones de notable amplitud, con mobiliario funcional y vistas a
la zona portuaria.

en Pancar Suroeste : 1,5 km

El Jornu con hab y sin ⊋   🍴 VISA ⓪
Cuetu Molin ⊠33509 Pancar – 𝒞 985 40 16 15 – cerrado noviembre
5 apartamentos – 🛏🛏61/99 €
Rest – *(cerrado domingo y lunes noche salvo julio-agosto)* Carta aprox. 33 €
♦ Esta casa familiar goza de buena reputación en la zona gracias, en gran
medida, a la calidad de los productos con que elabora sus platos. Salas de
ambiente clásico-funcional. Como complemento al negocio ofrece varios apartamentos tipo dúplex.

en La Arquera Sur : 2 km

Finca La Mansión sin rest   🏊 🛗 AC 🍴 P VISA ⓪ AE
⊠33500 Llanes – 𝒞 985 40 23 25 – www.fincalamansion.net – Semana
Santa-octubre
24 hab – 🛏48 € 🛏🛏60/145 €, ⊋ 5 €
♦ Tras su fachada clásica encontrará un agradable patio-salón social, que destaca
por su gran chimenea, y habitaciones muy espaciosas vestidas con mobiliario clásico-colonial.

La Arquera sin rest   ≤ 🛗 ⸮ 🍴 P VISA ⓪
⊠33500 Llanes – 𝒞 985 40 24 24 – www.hotelarquera.com
13 hab – 🛏48/108 € 🛏🛏54/130 €, ⊋ 8,65 € – 9 apartamentos
♦ Casona típica en la que aún conservan un antiguo hórreo. Las habitaciones, de
línea clásica-regional, se complementan con nueve apartamentos más actuales
ubicados en un anexo.

en La Pereda Sur : 4 km

La Posada de Babel ⌂   🍴 P VISA ⓪
⊠33509 La Pereda – 𝒞 985 40 25 25 – www.laposadadebabel.com
– cerrado 15 diciembre-15 marzo
12 hab – 🛏73/93 € 🛏🛏92/116 €, ⊋ 10,10 €   **Rest** – *(sólo clientes)* Menú 25 €
♦ Está distribuido en varios edificios y disfruta de una extensa zona de césped
con árboles. Sus habitaciones resultan bastante acogedoras y disfrutan de una
estética actual.

ESPAÑA

🏠 **El Habana** ⌂   🚗 ⅃ **P** 🚳 ⓪ ①
✉33509 La Pereda – 𝒞 985 40 25 26 – www.elhabana.net – abril-octubre
12 hab – †75/113 € ††85/163 €, ⌑ 9 €
Rest – (sólo clientes) Menú 24 €
◆ Establecimiento familiar cuyas habitaciones, espaciosas y con mobiliario de aire antiguo, le brindan un sosegado descanso. Amplias zonas verdes y comedor privado.

🏠 **Arpa de Hierba** sin rest ⌂   ⩽ ⅌ ❦ **P** 🚳 ⓪ ①
✉33509 La Pereda – 𝒞 985 40 34 56 – www.arpadehierba.com
– cerrado 15 diciembre-15 enero
8 hab ⌑ – †62/103 € ††82/122 €
◆ Hotel de amable organización familiar. Presenta una decoración de elegante clasicismo, un salón social con chimenea e impecables habitaciones personalizadas en su mobiliario.

al Oeste : 6,5 km

🏠 **Arredondo** ⌂   ⩽ 🚗 ⛛ ⅌ rest, ❦ **P** 🚳 ⓪ ①
carret. Celorio - Porrua ✉33595 Celorio – 𝒞 985 92 56 27
– www.hotelrural-arredondo.com – cerrado del 2 al 20 de enero
16 hab – †55/70 € ††63/95 €, ⌑ 6 €
Rest – (sólo clientes) Menú 17 €
◆ Caserío del s. XVIII emplazado en una finca con bosques, prado y ganado propio. Buena zona social de aire rústico y cálidas habitaciones, algunas con chimenea e hidromasaje.

en Barro Oeste : 6,5 km

🏠 **Miracielos** sin rest ⌂   🖥 ⅌ ❦ **P** 🚗 🚳 ⓪ 🅰
playa de Miracielos ✉33529 Barro – 𝒞 985 40 25 85 – www.hotelmiracielos.com
– marzo-octubre
21 hab ⌑ – †40/95 € ††60/120 €
◆ Hotel de línea actual situado cerca de la playa. Dispone de una pequeña galería acristalada como zona social y habitaciones de correcto confort, todas sencillas y funcionales.

en Niembro Oeste : 8 km

✗✗ **San Pelayo**   🚗 🄰🄲 ⅌ **P** 🚳 ⓪ 🅰
✉33595 Niembro – 𝒞 985 40 73 76 – www.restaurantesanpelayo.com
– cerrado 15 enero-15 febrero y lunes salvo verano
Rest – (sólo almuerzo salvo viernes y sábado) Carta 28/36 €
◆ Restaurante de montaje actual decorado con originales detalles marineros. Posee dos comedores bien dispuestos, complementados por una espaciosa terraza tipo porche.

Los LLAOS – Cantabria – ver San Vicente de la Barquera

LLAVORSÍ – Lleida – **574** E33 – 374 h. – alt. 811 m – ✉ 25595   **13** B1
▶ Madrid 600 – Barcelona 243 – Lleida 139 – Andorra la Vella 87

🏠 **Riberies**   🚗 ⅃ ♨ 🛗 🅖 hab, 🄰🄲 ⅌ hab, ❦ **P** 🚗 🚳 ⓪ 🅰
camí de Riberies – 𝒞 973 62 20 51 – www.riberies.com
34 hab ⌑ – †70/80 € ††120/160 €
Rest – Menú 25 €
◆ Este atractivo hotel disfruta de una confortable zona social y unas coquetas habitaciones, la mayoría de aire clásico-actual y algunas de la parte antigua abuhardilladas. Su luminoso restaurante está distribuido en tres partes y sorprende por su carta, pues en ella afloran interesantes detalles de actualidad.

ESPAÑA

LLEIDA (LÉRIDA) Ⓟ – **574** H31 – **135 919 h.** – **alt. 151 m** **13** A2

▶ Madrid 470 – Barcelona 169 – Huesca 123 – Pamplona 314

ℹ pl. Ramón Berenguer IV, ✆ 973 24 88 40 ot.lleida@gencat.net Fax 973 22 14 28
y Major 31 bis, ✆ 902 25 00 50 infoturisme@paeria.es Fax 973 70 04 80

R.A.C.C. av. del Segre 6, ✆ 973 24 12 45 Fax 973 23 08 25

⛳ Raimat, por la carret. de Huesca : 9 km, ✆ 973 73 75 39

👁 La Seu Vella★★ : Situación★, Iglesia★★ (capiteles★), claustro★★ (capiteles★ campanario★★) Y – Iglesia de Sant Martí★ Z – Hospital de Santa María (patio★) Z**M2** – Palau de la Paeria (fachada★) Z**H**

⌂⌂⌂ **NH Pirineos** ⇅ ♿ hab, AC 🚭 📶 🗣 🚗 VISA MC AE DC
Gran Passeig de Ronda 63 ✉*25006* – ✆ *973 27 31 99* – *www.nh-hotels.com*
91 hab – 👥55/160 €, ☕ 13 € Y**c**
Rest – *(cerrado agosto, domingo y festivos)* Menú 18 €
◆ Al estilo de la cadena. Modernas instalaciones que destacan por el buen confort y el correcto equipamiento, en el centro comercial de la ciudad. Notable capacidad en salones.

⌂⌂⌂ **AC Lleida** 🏋 ⇅ ♿ hab, AC 🚭 📶 🗣 🚗 VISA MC AE DC
Unió 8 ✉*25002* – ✆ *973 28 39 10* – *www.ac-hotels.com* Z**c**
75 hab – 👥56/95 €, ☕ 11 € **Rest** – Menú 16 €
◆ Establecimiento de línea funcional dotado de un área noble polivalente, integrada en la recepción, y unas confortables habitaciones con baños en mármol verde. El restaurante tiene un uso polivalente para desayunos, almuerzos y cenas.

⌂⌂ **Real** ⇅ ♿ hab, AC 🚭 rest, 📶 VISA MC AE
av. de Blondel 22 ✉*25002* – ✆ *973 23 94 05* – *www.eizasahoteles.com*
58 hab – 👤50/150 € 👥50/175 €, ☕ 9 € Z**d**
Rest – *(cerrado 15 días en agosto, domingo y festivos)* Menú 14,60 €
◆ Su céntrica ubicación, los precios asequibles y la renovación integral lo configuran como una buena opción. Habitaciones amplias y actuales, todas ellas bien equipadas. El restaurante, que posee una entrada independiente, ofrece menú y una carta tradicional.

⌂ **Ramón Berenguer IV** sin rest ⇅ ♿ AC 📞 VISA MC DC
pl. Berenguer IV 2 ✉*25007* – ✆ *973 23 73 45* Y**n**
52 hab – 👤41/45 € 👥45/50 €, ☕ 7 €
◆ Se presenta con un aire bastante actual dentro de su funcionalidad. Las habitaciones resultan algo pequeñas pero confortables, con plato ducha en la mayoría de sus baños.

XX **Cassia** AC 🚭 VISA MC
☺ *av. Rovira Roure 41* ✉*25007* – ✆ *973 10 40 15* – *www.restaurantcassia.com*
– *cerrado del 2 al 23 de agosto* Y**a**
Rest – *(sólo almuerzo salvo jueves, viernes y sábado)* Carta aprox. 35 €
◆ Sorprende por su ubicación en un centro deportivo, sin embargo, se presenta con una estética actual, la bodega acristalada y la cocina a la vista. Reducida carta de autor.

XX **Grevol** AC ⚙ VISA MC AE DC
Alcalde Pujol 19, por av. de Doctor Fleming ✉*25006* – ✆ *973 28 98 95*
– *www.grevol.es* – *cerrado 7 días en Semana Santa, 20 días en agosto, domingo noche, lunes y martes noche* Y
Rest – Carta aprox. 60 €
◆ En los bajos de un edificio de viviendas, con un hall a la entrada y un comedor alargado de línea actual. Carta tradicional donde prima la calidad del producto.

X **Xalet Suís** AC VISA MC AE DC
av. Alcalde Rovira Roure 9 ✉*25006* – ✆ *973 23 55 67* – *cerrado 2ª quincena de enero y 2ª quincena de agosto* Y**x**
Rest – Carta 28/45 €
◆ Este negocio familiar posee un coqueto exterior, con aspecto de casita suiza, y una acogedora sala de ambiente rústico. Elaboraciones atentas al recetario tradicional.

LLEIDA

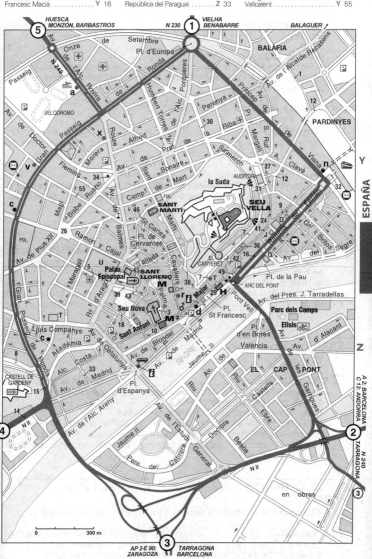

※ **L'Antull** AC ※ VISA ◎ AE ⓪
Cristóbal de Boleda 1 ⊠25006 – ℰ 973 26 96 36 – cerrado Semana Santa, del 1 al 15 de agosto, miércoles noche, domingo y festivos Y**v**
Rest – Carta 33/46 €
• Llevado directamente por sus propietarios. Correctas instalaciones con bar público en la entrada y una pequeña sala, donde ofrecen una carta basada en productos del mar.

※ **El Celler del Roser** AC ※ VISA ◎ AE ⓪
Cavallers 24 ⊠25002 – ℰ 973 23 90 70 – www.cellerdelroser.com – cerrado domingo noche Z**r**
Rest – Carta 25/34 €
• Restaurante ubicado en pleno casco antiguo. Posee dos salas de sencillo montaje, una de ellas en el sótano ocupando lo que fue la bodega. Elaboraciones de sabor tradicional.

en la carretera N II a por ④ : 3,5 km

※※ **Carballeira** AC ※ ⇔ P VISA ◎ AE ⓪
⊠25194 Butsenit – ℰ 973 27 27 28 – www.carballeira@carballeira.net – cerrado del 1 al 15 de enero, Semana Santa, del 1 al 15 de agosto, domingo noche, lunes y martes noche
Rest – Carta 53/72 €
• Elegante montaje y una selecta clientela, con el matrimonio propietario en la sala. Escuche las recomendaciones del chef y sorpréndase con la calidad de sus productos.

en la vía de servicio de la A 22 por ⑤: 7 km

🏨 **Finca Prats** ☒ ₤ 🛎 ₰ hab, AC ※ hab, ⓣ 🛐 P 🚗 VISA ◎ AE
carret. N-240, km 102,5 ⊠25198 Lleida – ℰ 902 44 56 66 – www.fincaprats.com
36 hab ⊿ – ††130/160 € – 4 suites **Rest** – Carta 40/50 €
• Hotel de línea moderna que sorprende tanto por su diseño, en hormigón, madera y cristal, como por su ubicación, rodeado de césped y junto a un campo de golf. Amplio SPA. El restaurante, luminoso y de cuidado montaje, ofrece una cocina tradicional actualizada.

LLERANA – Cantabria – **572** C18 – 136 h. – ⊠ 39639 **8** B1
◗ Madrid 429 – Santander 41 – Bilbao 111

🏨 **Casona de LLerana** ☒ AC ⓣ 🛐 VISA ◎ AE ⓪
La Magdalena – ℰ 942 59 35 39 – www.casonadellerana.com
12 hab ⊿ – †80/130 € ††85/140 €
Rest – (*cerrado domingo noche y lunes*) Menú 55 €
• Coqueto hotelito instalado en una casona del s. XVIII. Presenta una zona social con muebles de diseño y confortables habitaciones, todas domotizadas y con profusión de madera. El restaurante, luminoso y de buen montaje, propone una cocina de tinte actual.

LLES DE CERDANYA – Lleida – **574** E35 – 271 h. – alt. 1 471 m **13** B1
– ⊠ 25726
◗ Madrid 624 – Andorra la Vella 48 – Lleida/Lérida 165 – Puigcerdà 36

🏠 **Cal Rei** 🍃 ≤ ※ rest, ⓣ VISA ◎
Cadí 4 – ℰ 659 06 39 15 – www.calrei.cat – cerrado 27 junio-15 julio
8 hab – †60 € ††75/100 €, ⊿ 8 € **Rest** – (*sólo clientes*) Menú 16 €
• Se encuentra en unos antiguos establos, donde ofrece habitaciones de aire rústico, alguna tipo dúplex, y un salón social con chimenea. Bellas vistas a la sierra del Cadí.

LLESP – Lleida – 574 E32 – ⊠ 25526   **13** A1

   ▶ Madrid 537 – Bagnéres de Luchon 78 – Lleida/Lérida 130 – Vielha/Viella 45

  ⊁   **Villa María**   🏠 ⅏ **P** 🚗 ⊕ **AE** ⓪

    carret. de Caldes de Boí – 𝒞 973 69 10 29 – www.restvillamaria.com – cerrado
    del 15 al 23 de junio, del 1 al 10 de septiembre y lunes salvo julio-agosto
    Rest – Carta 27/37 €
    ♦ A pie de carretera, donde dispone de unas instalaciones acogedoras en su sen-
    cillez. Posee un bar y un correcto comedor, con el suelo en parquet y algunas
    paredes en madera.

LLÍVIA – Girona – 574 E35 – 1 589 h. – alt. 1 224 m – ⊠ 17527   **14** C1

   ▶ Madrid 658 – Girona/Gerona 156 – Puigcerdà 6
   ◉ Museo Municipal (farmacia★)

  🏠   **Aparthotel Les Corts** sin rest ⤫   🔲 🛁 🔁 **P** 🚗 ⊕

    Cana 7 – 𝒞 972 14 62 56 – www.aparthotellescorts.com
    – cerrado 30 mayo-15 junio y del 1 al 9 de octubre
    4 hab ⊡ – ♥65 € ♥♥94/104 € – 3 apartamentos
    ♦ Instalado en un atractivo edificio de piedra. Dispone de unos apartamentos
    tipo dúplex y habitaciones con cocina, todo bastante acogedor y con equipa-
    miento de buen nivel.

  ⊁⊁   **Can Ventura**   ⟺ 🚗 ⊕ **AE** ⓪

    pl. Major 1 – 𝒞 972 89 61 78 – www.canventura.com – cerrado 24 junio-15 julio,
    15 días en octubre, lunes y martes
    Rest – Carta 32/52 €
    ♦ Edificio del s. XVIII con un interior de entrañable rusticidad que conserva todo
    el calor de antaño. Buena disposición de las mesas, vestidas con materiales de
    calidad.

en Gorguja Noreste : 2 km

  ⊁   **La Formatgeria de Llívia**   ⪡ ⟺ **P** 🚗 ⊕

    Pla de Ro ⊠17527 Llívia – 𝒞 972 14 62 79 – www.laformatgeria.com
    – cerrado 23 junio-15 julio, martes y miércoles (salvo agosto, Navidades y
    festivos)
    Rest – Carta 32/41 € ⅏
    ♦ Esta casa compagina su actividad con la producción de sus propios quesos.
    Posee un hall-bar y un moderno comedor que destaca por su original chimenea
    y sus vistas al jardín.

LLODIO – Álava – 573 C21 – 18 314 h. – alt. 130 m – ⊠ 01400   **25** A3

   ▶ Madrid 385 – Bilbao 20 – Burgos 142 – Vitoria-Gasteiz 49

junto al acceso 3 de la autopista AP 68 Este : 3 km

  ⊁⊁   **Palacio de Anuncibai**   🍴 **AC** ⅏ ⟺ **P** 🚗 ⊕ **AE**

    barrio Anuncibai ⊠01400 Llodio – 𝒞 946 72 61 88 – www.palacioanuncibai.com
    – cerrado Semana Santa y del 7 al 25 de agosto
    Rest – *(sólo almuerzo salvo sábado)* Carta 37/52 €
    ♦ Aquí encontrará un bar, dos terrazas acristaladas, varios comedores clásicos y
    un salón abuhardillado que reservan para los banquetes. En los jardines tienen
    su propia ermita.

LLORET DE MAR – Girona – 574 G38 – 39 363 h. – Playa – ⊠ 17310   **15** A2

   ▶ Madrid 695 – Barcelona 67 – Girona/Gerona 43
   🅹 passeig Camprodón i Arrieta 1 𝒞 972 36 47 35 lloret-turisme@lloret.org
     Fax 972 36 05 40

     y av. de les Alegries 3 por ② 𝒞 972 36 57 88 central-turisme@lloret.org
          Fax 972 36 77 50

Plano página siguiente

ESPAÑA

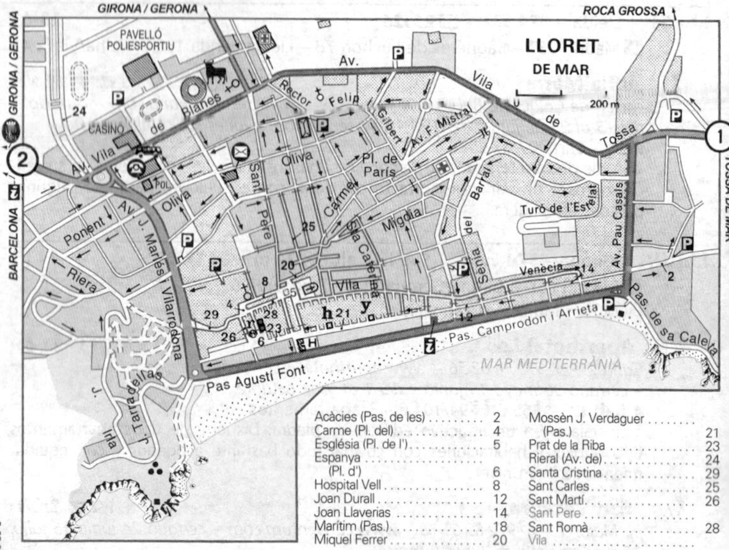

Acàcies (Pas. de les)	2	Mossèn J. Verdaguer (Pas.)	21
Carme (Pl. del)	4	Prat de la Riba	23
Església (Pl. de l')	5	Rieral (Av. de)	24
Espanya (Pl. d')	6	Santa Cristina	29
Hospital Vell	8	Sant Carles	25
Joan Durall	12	Sant Martí	26
Joan Llaverias	14	Sant Pere	
Marítim (Pas.)	18	Sant Romà	28
Miquel Ferrer	20	Vila	

Excelsior sin rest
passeig Mossèn J. Verdaguer 16 – ✆ 972 36 41 37 – www.smhoteles.com
45 hab – 🚹35/80 € 🚹🚹65/140 €, ☕ 6 € **y**

◆ Una buena opción respecto a la oferta hotelera de la zona, ya que tiene unas instalaciones modernas y busca al cliente particular. Solárium con vistas y jacuzzi en la azotea.

Marsol
passeig Mossèn J. Verdaguer 7 – ✆ 972 36 57 54 – www.marsolhotels.com
114 hab ☕ – 🚹45/94 € 🚹🚹60/126 € **Rest** – Menú 20 € **h**

◆ Frente al mar. Presenta una correcta zona social, una pequeña sala de reuniones, habitaciones funcionales y un solárium-piscina acristalado en la azotea, con el techo móvil. El restaurante, que suele trabajar con los clientes del hotel, basa su oferta en opciones como el servicio de buffet y el menú.

Can Tarradas
pl. d'Espanya 7 – ✆ 972 36 97 95 – www.restaurantecantarradas.com – cerrado del 20 al 28 de diciembre y miércoles en invierno **e**
Rest – Carta 27/36 €

◆ Dispone de un comedor amplio, bastante bien actualizado, así como un gran botellero y una agradable terraza. Completa carta de cocina tradicional con un apartado de pizzas.

Can Bolet
Sant Mateu 6 – ✆ 972 37 12 37 – cerrado 3 enero-20 febrero, domingo noche y lunes salvo julio-agosto **r**
Rest – Carta 27/53 €

◆ Muy conocido en la ciudad. La planta baja tiene una barra que está adaptada para dar comidas informales, reservando así el piso superior para su comedor. Carta tradicional.

en la urbanización Playa Canyelles por ① : 3 km

El Trull
✉17310 – ✆ 972 36 49 28 – www.eltrull.com
Rest – Carta 33/54 €

◆ Negocio con gran aceptación. Tiene una sala de aire rústico, una terraza sobre la piscina y varios salones para banquetes con cocinas independientes. Amplia carta tradicional.

en la playa de Fanals por ② : 2 km

🏨🏨🏨 Alva Park 　　🏊 ⅃ᵦ 📶 🄰🄲 🛰 ⁽ᵖ⁾ 🛁 🚗 ᵛⁱˢᵃ 💳 🄰🄴 ⓪
Francesc Layret 3-5 ⊠17310 – ☎ 972 36 85 81 – www.alvapark.com
86 hab ☕ – ♦520/915 € ♦♦550/945 €
Rest *A Flor d'Aigua* – ver selección restaurantes
Rest *Minamo* – *(cerrado domingo y lunes) (cena sólo con reserva)* Menú 250 €
♦ Apartamentos de gran lujo en los que se han cuidado absolutamente todos los detalles, con alusiones decorativas al mundo oriental, bellas piscinas, SPA y una zona de masajes. El restaurante japonés disfruta de un fantástico montaje, personalizado, sobre el agua y con una cuidadísima iluminación.

🏨🏨 Rigat Park 🐚 　　🍴 🍽 ⅃ 🄽 ᵦ 📶 🄰🄲 🛰 🛁 🄿 ᵛⁱˢᵃ 💳 🄰🄴 ⓪
*av. América 1 ⊠17310 Lloret de Mar – ☎ 972 36 52 00 – www.rigat.com
– marzo-octubre*
78 hab ☕ – ♦220/330 € ♦♦240/470 € – 21 suites   **Rest** – Menú 56 €
♦ Magnífico hotel con detalles rústicos ubicado en un parque arbolado frente al mar. Dispone de confortables habitaciones con mobiliario escogido y detalles de sumo gusto. Restaurante a la carta de esmerado montaje en torno a una terraza de verano.

🗙🗙🗙 A Flor d'Aigua – Hotel Alva Park 　　🄰🄲 🛰 🚗 ᵛⁱˢᵃ 💳 🄰🄴 ⓪
Francesc Layret 1-3 ⊠17310 – ☎ 972 36 14 00
Rest – *(es necesario reservar)* Carta 60/75 €
♦ Está muy enfocado al cliente del hotel y sobre todo destaca por su decoración, pues recrea una atmósfera de ambiente minimalista con detalles orientales. Carta actual.

en la playa de Santa Cristina por ② : 3 km

🏨🏨 Santa Marta 🐚 　　🍴 ⅃ 🗙 🄽 🄰🄲 🛰 rest. ⁽ᵖ⁾ 🛁 🄿 ᵛⁱˢᵃ 💳 🄰🄴 ⓪
⊠17310 Lloret de Mar – ☎ 972 36 49 04 – www.hotelsantamarta.net
– cerrado 18 diciembre-10 febrero
76 hab – ♦125/207 € ♦♦137/297 €, ☕ 17 € – 2 suites   **Rest** – Menú 55 €
♦ Emplazado en un frondoso pinar frente a la playa. Goza de una variada zona social y habitaciones de cuidado confort, unas con mobiliario clásico y otras algo más funcionales. Su restaurante ofrece un buen servicio de mesa y una carta clásica-tradicional.

LLORET DE VISTALEGRE – Illes Balears – ver Balears (Mallorca)

LLOSETA – Illes Balears – ver Balears (Mallorca)

LLUCMAJOR – Illes Balears – ver Balears (Mallorca)

LOARRE – Huesca – **574** F28 – **376 h.** – alt. 773 m – ⊠ 22809 　　**4** C1
▶ Madrid 415 – Huesca 36 – Pamplona 144
◉ Castillo★★ (❉★★)

🗙🗙 Hospedería de Loarre con hab 　　🄽 🄰🄲 🛰 rest. ⁽ᵖ⁾ ᵛⁱˢᵃ 💳
pl. Mayor 7 – ☎ 974 38 27 06 – www.hospederiadeloarre.com – cerrado del 13 al 26 de diciembre, 7 días en junio y 7 días en julio
12 hab ☕ – ♦58/82 € ♦♦72/100 €
Rest – *(cerrado martes mediodía salvo verano)* Carta 40/48 €
♦ Posee una cafetería con las paredes en piedra y un comedor en la 1ª planta, de correcto montaje aunque algo sobrio en su decoración. Carta tradicional y algún plato actual. También encontrará unas habitaciones de línea clásica y adecuado confort.

LOBIOS – Ourense – **571** G5 – **2 259 h.** – Balneario – ⊠ 32870 　　**19** B3
▶ Madrid 506 – Santiago de Compostela 165 – Ourense 64
– Viana do Castelo 88

por la carretera de Portugal Sur : 5,2 km y desvío a la izquierda

Lobioscaldaria ⌖ ⌖ ⌖ ⌖ ⌖ hab, AC ⌖ ⌖ P ⌖ VISA ⌖ AE

☒32870 – ☎ 988 44 84 40 – www.caldaria.es

74 hab – †58/72 € ††72/99 €, ⌚ 11,35 € – 6 suites   **Rest** – Menú 19,70 €

♦ Tras su fachada en piedra granítica este hotel-balneario disfruta de un diseño actual, con materiales de gran calidad. Excelente conjunto termal con servicios terapéuticos. En el restaurante se conjuga un cuidado montaje con una cocina tradicional elaborada.

LODOSA – Navarra – 573 E23 – 4 939 h. – alt. 320 m – ☒ 31580   24 A2

▣ Madrid 334 – Logroño 34 – Pamplona 81 – Zaragoza 152

☓ Marzo con hab ⌖ AC rest, ⌖ ⌖ VISA ⌖

Ancha 24 – ☎ 948 69 30 52 – www.hrmarzo.com – *cerrado 24 diciembre-5 enero, del 5 al 22 de agosto y último fin de semana de cada mes*

14 hab – †21/24 € ††38/44 €, ⌚ 3,50 €   **Rest** – Carta 24/36 €

♦ El restaurante centra la actividad de este negocio familiar, dotado con un bar privado a la entrada y un comedor clásico en la 1ª planta. Cocina fiel al recetario regional. Como complemento también dispone de habitaciones, sencillas pero correctas.

LOGROÑO ℗ – La Rioja – 573 E22 – 152 107 h. – alt. 384 m   21 A2

▣ Madrid 331 – Burgos 144 – Pamplona 92 – Vitoria-Gasteiz 93

▣ Logroño-Agoncillo por ② : 10 km ☎ 902 404 704

Iberia: aeropuerto ☎ 902 400 500

▣ Príncipe de Vergara 1 (paseo del Espolón), ☎ 902 27 72 00 info@lariojaturismo.com Fax 941 29 16 40

Portales 50 (Edif. Escuelas Daniel Trevijano), ☎ 941 27 33 53 info@logroturismo.org Fax 941 27 33 52

R.A.C.E. av. Vara del Rey 66, ☎ 941 24 82 91 Fax 941 24 83 06

▣ Valle del Iregua★ (contrafuertes de la sierra de Cameros★) 50 km por ③

G.H. AC La Rioja ⌖ ⌖ ⌖ AC ⌖ ⌖ ⌖ ⌖ VISA ⌖ AE ①

Madre de Dios 21 ☒26004 – ☎ 941 27 23 50 – www.ac-hotels.com

76 hab – ††65/130 €, ⌚ 12 €   **Rest** – *(sólo cena)* Menú 24 €   **Ba**

♦ Construido en una zona de gran expansión. Posee espaciosas zonas nobles y cuidadas habitaciones, todas con el confort habitual de los AC, suelos en tarima y baños actuales. En el restaurante, de montaje informal, encontrará una reducida carta tradicional.

NH Herencia Rioja ⌖ AC ⌖ ⌖ ⌖ ⌖ VISA ⌖ AE ①

Marqués de Murrieta 14 ☒26005 – ☎ 941 21 02 22 – www.nh-hotels.com

81 hab – ††46/162 €, ⌚ 13 € – 2 suites   **Ah**

Rest *El Zarcillo* – *(cerrado agosto, sábado y domingo)* Carta 27/36 €

♦ Presenta la recepción integrada en la zona social, varias salas de reuniones y habitaciones de moderno equipamiento, con mobiliario de calidad y aseos actuales. En el restaurante, que tiene una sala y un privado de aire rústico, elaboran una carta tradicional.

Carlton Rioja ⌖ ⌖ hab, AC ⌖ rest, ⌖ ⌖ ⌖ VISA ⌖ AE ①

Gran Vía del Rey Juan Carlos I-5 ☒26002 – ☎ 941 24 21 00 – www.pretur.es

114 hab – †61/130 € ††61/162 €, ⌚ 13 € – 2 suites   **Ac**

Rest – Carta 30/45 €

♦ Lo encontrará en una de las mejores zonas de la ciudad, con un reducido hall-recepción, un buen salón social en la 1ª planta y completas habitaciones de línea funcional. El comedor, bastante luminoso y de montaje clásico, se complementa con una terraza.

Gran Vía sin rest ⌖ ⌖ AC ⌖ ⌖ ⌖ ⌖ VISA ⌖ AE ①

Gran Vía del Rey Juan Carlos I-71 bis ☒26005 – ☎ 941 28 78 50 – www.hotelhusagranvia.com   **Az**

91 hab – ††61/177 €, ⌚ 13 €

♦ Ofrece un pequeño bar junto a la recepción, varias salas de reuniones panelables y unas habitaciones de estilo clásico bastante bien equipadas, con los baños en mármol.

LOGROÑO

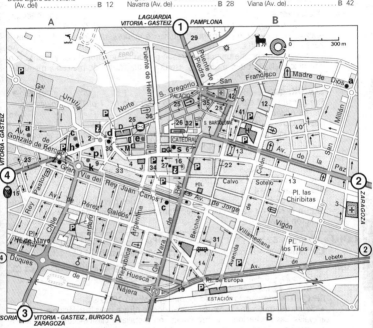

|🏨| **Marqués de Vallejo** sin rest   🔄 ⅃ 🅰🅲 ⅊ 📶 🤎 𝚅𝙸𝚂𝙰 ◐◔ 🅰🅴

Marqués de Vallejo 8 ⊠26001 – 𝒞 941 24 83 33
– www.hotelmarquesdevallejo.com   B**s**
50 hab – ♥60/175 € ♥♥60/216 €, ⅁ 11 €
◆ Resulta singular, pues ocupa tres casas del casco viejo, la principal con una llamativa fachada. Bello hall-patio cubierto, gran salón social y habitaciones de línea actual.

|🏨| **Portales** sin rest   🔄 ⅃ 🅰🅲 ⅊ 📶 🛜 ╤ 𝚅𝙸𝚂𝙰 ◐◔ 🅰🅴 ⓪

Portales 85 ⊠26001 – 𝒞 941 50 27 94 – www.hotelportales.es   A**d**
48 hab – ♥65/152 € ♥♥65/200 €, ⅁ 10,80 €
◆ Hotel de estética actual emplazado en pleno centro. Su reducida zona social se compensa con unas habitaciones bastante confortables, funcionales y de completo equipamiento.

|🏨| **Murrieta**   🔄 ⅃ hab, 🅰🅲 ⅊ rest, ╤ 𝚅𝙸𝚂𝙰 ◐◔ 🅰🅴 ⓪

Marqués de Murrieta 1 ⊠26005 – 𝒞 941 22 41 50 – www.hotelmurrieta.es
104 hab – ♥54/110 € ♥♥54/130 €, ⅁ 9 €   A**p**
Rest – *(cerrado Navidades) (sólo menú)* Menú 17 €
◆ Disfruta de una correcta zona social y confortables habitaciones repartidas en ocho plantas, todas actuales, con los suelos en tarima azul y mobiliario funcional. El comedor combina el servicio de buffet del desayuno con la elaboración de un menú del día.

ESPAÑA

XX **La Galería**   AC ⌘ VISA ⑳ ⓘ
Saturnino Ulargui 5 ⊠26001 – 𝒞 941 20 73 66 – www.restaurantelagaleria.com
– cerrado Semana Santa, 7 días en junio y domingo   A**k**
Rest – Carta aprox. 50 €
♦ Presenta una sala-bodega para catas y un moderno comedor, este con un
buen montaje y la cocina a la vista. Carta de cocina actual, con toques creativos
y bases tradicionales.

XX **Kabanova**   AC ⌘ VISA AE
Benemérito Cuerpo de la Guardia Civil 9 ⊠26005 – 𝒞 941 21 29 95
– www.kabanova.es – cerrado 1ª quincena de abril, domingo noche y lunes
Rest – Carta 25/40 €   A**c**
♦ Toma su nombre de una ópera creada por un compositor checo y cuenta con
una única sala de buen montaje y estética actual. Carta de mercado, menú del
día y menú degustación.

X **Zubillaga**   AC ⌘ VISA ⑳ ⓘ
San Agustín 3 ⊠26001 – 𝒞 941 22 00 76 – cerrado del 1 al 15 de noviembre,
martes noche y miércoles   A**e**
Rest – Carta 30/42 €
♦ Restaurante de larga tradición familiar y entrañable decoración donde se recrea un
espacio regional con profusión de maderas. Cocina tradicional con platos vascos y riojanos.

X **Mesón Egües**   AC ⌘ ⇄ VISA ⑳ AE ⓘ
La Campa 3 ⊠26005 – 𝒞 941 22 86 03 – www.mesonegues.com – cerrado
Navidades, Semana Santa y domingo   A**a**
Rest – Carta 30/45 €
♦ Ofrece un bar, un comedor de aire rústico y dos privados, uno de ellos dedi-
cado a la cata de vinos. Cocina tradicional con protagonismo de la parrilla y el
chuletón de buey.

LOIU – Vizcaya – **573** C21 – **2 205 h.** – ⊠ 48180   **25** A3
▶ Madrid 399 – Bilbao 7 – Bermeo 29 – Vitoria-Gasteiz 76

🏨 **Loiu**   🛎 AC rest, ⌘ ⁽ᵗ⁾ P VISA ⑳ AE
Lastetxe 24 – 𝒞 944 53 50 38 – www.hotel-loiu.com
24 hab – ♦♦45/125 €, ⊃ 9 €
Rest – *(cerrado agosto, sábado y domingo)* Menú 19,50 €
♦ Se encuentra en una zona residencial, donde ofrece unas instalaciones bastante
actuales. Las habitaciones se presentan con mobiliario clásico-actual y los suelos
en moqueta. El restaurante, que se encuentra en el sótano, elabora platos de
sabor tradicional.

LOJA – Granada – **578** U17 – **21 574 h.** – alt. 475 m – ⊠ 18300   **2** C2
▶ Madrid 484 – Antequera 43 – Granada 55 – Málaga 71

en la carretera A 328 Noroeste : 2 km

🏨 **Llano Piña**   🏠 🏊 🛎 ᴋ hab, AC ⌘ ⁽ᵗ⁾ 🅰 P VISA ⑳
⊠18300 – 𝒞 958 32 74 80 – www.llanopina.com
12 hab ⊃ – ♦35/49 € ♦♦50/89 €   **Rest** – Menú 12 €
♦ Este hotel rural se encuentra en una gran finca y presenta un estilo rústico-
actual, con cálidas habitaciones que combinan el mobiliario en madera y forja. El
comedor se complementa con dos reservados, un salón de banquetes y una
terraza-barbacoa en verano.

en la Finca La Bobadilla por la autovía A 92 - Oeste : 18 km y desvío 3 km

🏨🏨🏨 **La Bobadilla** ⌖   ⌖ 🏠 🏠 🏊 🖵 🄻 ⌘ 🛎 AC ⌘ rest, ⁽ᵗ⁾ 🅰 P
por salida a Villanueva de Tapia ⊠18300 Loja   VISA ⑳ AE ⓘ
– 𝒞 958 32 18 61 – www.barcelolabobadilla.com
60 hab ⊃ – ♦155/471 € ♦♦173/438 € – 10 suites
Rest – Menú 60 €
Rest *La Finca* – *(cerrado domingo y lunes en mayo-julio)* Carta 43/67 €
♦ Disfrute de una estancia inolvidable en este elegante cortijo, rodeado de olivos y con
una zona SPA. Sus lujosas habitaciones le aguardan con un equipamiento completo. El
restaurante La Finca cuenta con un interior neorrústico donde se mima cada detalle.

Lo PAGÁN – Murcia – ver San Pedro del Pinatar

LORCA – Murcia – 577 S24 – 91 906 h. – alt. 331 m – ⊠ 30800   23 A2

▶ Madrid 460 – Almería 157 – Cartagena 83 – Granada 221

ℹ Lope Gisbert (Casa de Guevara) ☎ 968 44 19 14 ciudaddelsol@lorca.es
Fax 968 46 61 57

LORCA

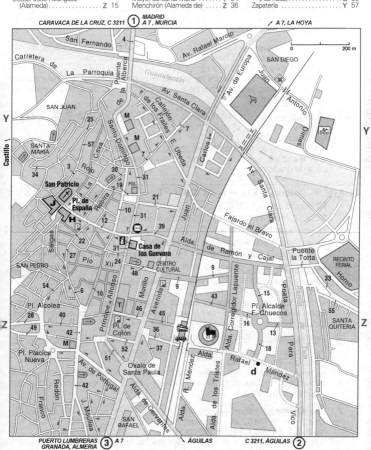

Jardines de Lorca 🎵 🕭 ⬡ 🅰🅺 ⚒ ⁽¹⁾ 🛁 🅿 🚗 ⅦⅩⅣ 🆎 ⑩

Alameda Rafael Méndez – ℰ *968 47 05 99*
– www.hotelesdemurcia.com   **Zd**
45 hab – 🛏70/133 € 🛏🛏70/155 €, ⚓ 8 €
Rest – Menú 12 €
♦ Disfruta de varias salas de reuniones y confortables habitaciones, las de la última planta abuhardilladas y con terraza. En un edificio anexo destaca su completo SPA. Posee un comedor de línea clásica y trabaja bastante en la organización de banquetes.

LUANCO – Asturias – **572** B12 – Playa – ✉ **33440**   **5** B1
▶ Madrid 478 – Gijón 15 – Oviedo 42
◎ Cabo de Peñas★

La Estación de Luanco sin rest, con cafetería por la noche 🎵 🕭 🅰🅺

Gijón 10 – ℰ *985 88 35 16*   ⚒ ⁽¹⁾ 🛁 ⅦⅩⅣ ⓪ 🆎 ⑩
– www.asociacion-chf.com
24 hab ⚓ – 🛏66/98 € 🛏🛏87/130 € – 4 suites
♦ Se presenta con dos salones polivalentes y unas luminosas habitaciones, todas vestidas con mobiliario moderno. Destaca la piscina cubierta del sótano, con sauna e hidromasaje.

La Plaza sin rest   🕭 ⚒ ⅦⅩⅣ ⓪

pl. de la Baragaña 9 – ℰ *985 88 08 79 – www.laplazahotel.net*
28 hab – 🛏40/80 € 🛏🛏50/120 €, ⚓ 10 €
♦ Distribuido en dos edificios de una plaza bastante céntrica. Las habitaciones del principal son funcionales-actuales, mientras que las del anexo sorprenden más por su diseño.

✗✗ **Robus**   🏠 🅰🅺 ⚒ ⅦⅩⅣ ⓪ 🆎

Ortega y Gasset 16 – ℰ *985 88 11 95*
Rest – Carta 43/63 €
♦ Dispone de un diminuto bar-recepción a la entrada y una sala que, gracias a unas mamparas móviles, se reparte en varios espacios. Buen servicio de mesa y carta de producto.

LUARCA – Asturias – **572** B10 – **13 529 h.** – Playa – ✉ **33700**   **5** A1
▶ Madrid 536 – A Coruña 226 – Gijón 97 – Oviedo 101
🅸 Los Caleros 11 ℰ 98 564 00 83 turismo@ayto-valdes.net Fax 98 547 03 71
◎ Emplazamiento★ (◁ ★)
◎ Suroeste, Valle de Navia : recorrido de Navia a Grandas de Salime (❊ ★★ Embalse de Arbón, Vivedro ❊ ★★, confluencia★★ de los ríos Navia y Frío)

Villa de Luarca sin rest   🕭 ⚒ ⁽¹⁾ ⅦⅩⅣ ⓪

Álvaro de Albornoz 6 – ℰ *985 47 07 03 – www.hotelvilladeluarca.com*
14 hab – 🛏🛏50/96 €, ⚓ 4 €
♦ Céntrico hotel con encanto ubicado en una casa señorial. Sus habitaciones gozan de buen confort, con techos altos, suelos originales en madera y mobiliario de aire colonial.

Báltico sin rest   🕭 ⚒ ⁽ᵗ⁾ ⅦⅩⅣ ⓪

Párroco Camino 36 – ℰ *985 64 09 91 – www.hotelbaltico.com*
27 hab – 🛏🛏45/60 €, ⚓ 3 €
♦ Hotel de organización familiar que comparte servicios con su cercano homónimo. Ofrece habitaciones bastante actuales, todas con los suelos en tarima y algunas abuhardilladas.

La Colmena sin rest   🕭 ⚒ ⁽¹⁾ ⅦⅩⅣ ⓪

Uría 2 – ℰ *985 64 02 78 – www.lacolmena.com*
16 hab – 🛏35/45 € 🛏🛏50/65 €, ⚓ 5 €
♦ Céntrico, acogedor y de amable organización familiar. Las habitaciones disfrutan de un cuidado equipamiento, con los suelos en madera y duchas de hidromasaje en los baños.

XX **Villa Blanca**
av. de Galicia 25 – ℰ 985 64 10 79 – cerrado noviembre y lunes en invierno
Rest – Carta 24/46 €
◆ Bar a la entrada y sala de estilo clásico, con amplios ventanales que se abren a una agradable terraza llena de plantas. Su carta combina el sabor local y el más tradicional.

XX **Sport**
Rivero 9 – ℰ 985 64 10 78 – cerrado 8 enero-10 febrero y miércoles noche salvo verano
Rest – Carta 33/47 €
◆ Junto a la lonja de pescado. Bar público con un comedor enfrente de estilo regional y otro más clásico en el 1er piso, dotado de un gran ventanal sobre la ría. Selecta bodega.

en Almuña Sur : 2,5 km

🏠 **Casa Manoli** sin rest 🌿
carret. de Paredes y desvío a la izquierda 1 km – ℰ 985 47 07 03
– www.hotelluarcarural.com
13 hab – ♦♦36/66 €, � 3,50 €
◆ Acogedor hotel ubicado en un bello paraje, entre el mar y la montaña. Posee un salón social con galería acristalada y unas habitaciones de estilo clásico con baños actuales.

¡No confunda los cubiertos X y las estrellas ✿! Los cubiertos definen una categoría de confort y de servicio. La estrella consagra únicamente la calidad de la cocina cualquiera que sea el standing del establecimiento.

ESPAÑA

LUCENA – Córdoba – **578** T16 – 42 248 h. – alt. 485 m – ✉ 14900   **2** C2
▶ Madrid 471 – Antequera 57 – Córdoba 73 – Granada 150
🛈 Castillo del Moral ℰ 957 51 32 82 turlucena@turlucena.com Fax 957 50 36 62

🏠 **Santo Domingo**
Juan Jiménez Cuenca 16 – ℰ 957 51 11 00 – www.mshoteles.com
30 hab – ♦50/80 € ♦♦55/110 €, ⊆ 6 €
Rest *La Espadaña* – Carta 25/39 €
◆ Antigua casa-convento que conserva elementos constructivos originales. Posee habitaciones de estilo clásico bien equipadas y un agradable patio interior. El restaurante, de línea clásica y con los techos abovedados, propone una cocina de tinte tradicional.

en la carretera N 331 Suroeste : 2,5 km :

🏠 **Los Bronces**
✉14900 – ℰ 957 51 62 80 – www.hotellosbronces.com
40 hab – ♦38/43 € ♦♦54/65 €, ⊆ 5 €
Rest *Asador Los Bronces* – ver selección restaurantes
◆ Se encuentra en un polígono industrial y está llevado en familia. Encontrará un gran hall, una escalera de caracol en mármol y cuidadas habitaciones, todas de línea clásica.

XX **Asador Los Bronces** – Hotel Los Bronces
✉14900 – ℰ 957 51 62 80 – www.hotellosbronces.com
Rest – *(cerrado domingo en verano y domingo noche resto del año)*
Carta 29/40 €
◆ Este asador ofrece un buen bar a la entrada, un privado y un comedor en el piso superior, este último con vidrieras y maderas nobles. Especializado en asados y parrilladas.

▶ Madrid 495 – Oviedo 58

🏨 **Palacio de Luces** ⚓   ⟨ 🛋 🖥 🏊 🕴 ⛵ hab. 🅐🅒 🛎 🍴 🍴 🅿 🆚🆂🅰 🆖 🅰🅴

carret. AS-257 – ☏ *985 85 00 80* – *www.palaciodeluces.com*
40 hab 🛏 – 🕴164/282 € 🕴🕴164/307 € – 4 suites
Rest – *(cerrado lunes)* Menú 35 €

♦ Se encuentra en un palacio del s. XVI que ha sido renovado y al que se le han añadido varios anexos modernos. Completa zona noble y habitaciones actuales muy bien equipadas. Su luminoso restaurante disfruta de amplios ventanales con vistas a las montañas.

▶ Madrid 506 – A Coruña 97 – Ourense 96 – Oviedo 255

🔁 Miño 12, ☏ 982 23 13 61 oficina.turismo.lugo@xunta.es Fax 982 88 90 53

👁 Murallas★★ – Catedral★ (portada Norte : Cristo en Majestad★) Z**A**

🏨 **G.H. Lugo**   🏊 🕴 ⛵ hab. 🅐🅒 🛎 🍴 🍴 🅿 🚗 🆚🆂🅰 🆖 🅰🅴 🅞

av. Ramón Ferreiro 21, por av. Ramón Ferreiro ✉27002 – ☏ *982 22 41 52*
– *www.gh-hoteles.com*   Z**a**
156 hab – 🕴🕴75/275 €, 🛏 12,50 € – 11 suites
Rest – *(cerrado domingo)* Menú 18,50 €

♦ Establecimiento que destaca por su cálido ambiente y por el confort que le brindan sus equipadas instalaciones. Espaciosa zona noble rodeada de tiendas y amplio SPA. Su elegante comedor de montaje clásico propone una interesante carta de gusto internacional.

🏨 **Orbán e Sangro** sin rest   🛎 🅐🅒 ⛵ 🅿 🆚🆂🅰 🆖 🅰🅴

Travesía do Miño 6 ✉27001 – ☏ *982 24 02 17* – *www.pazodeorban.es* – *cerrado febrero*   Z**d**
12 hab – 🕴60/80 € 🕴🕴80/120 €, 🛏 10 €

♦ Coqueto hotel instalado en una casa señorial del s. XVIII. Sus habitaciones poseen mobiliario de época y preciosos baños de diseño, sin embargo destacan las abuhardilladas.

LUGO

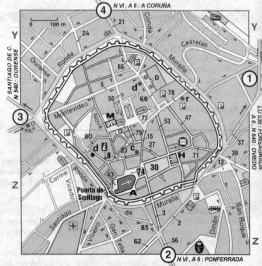

XX **Mesón de Alberto** 🔲 ⅏ ⇔ 𝚟𝚒𝚜𝚊 ⊛ 🅰🄴 ⓞ
Cruz 4 ⊠27001 – ℰ 982 22 83 10 – www.mesondealberto.com – cerrado
domingo y martes noche **Zc**
Rest – Carta 32/42 €
♦ Encontrará una tapería en la planta baja, un buen comedor a la carta en el
1er piso y dos privados. Carta amplia de cocina tradicional gallega y un expositor
de mariscos.

XX **España** 🄰 🔲 ⅏ ⇔ 𝚟𝚒𝚜𝚊 ⊛ 🅰🄴 ⓞ
Teatro 10 ⊠27002 – ℰ 982 24 27 17 – www.restespana.com – cerrado del 15
al 30 de enero, domingo noche y lunes **Yr**
Rest – Carta 32/37 €
♦ Negocio llevado entre hermanos. Posee una gran cafetería, dos salas de línea
actual y un privado. Su carta tradicional actualizada se completa con un apartado
de setas y caza.

XX **La Barra** 🔲 ⅏ ⇔ 𝚟𝚒𝚜𝚊 ⊛
San Marcos 27 ⊠27001 – ℰ 982 25 29 20 – www.restaurantelabarra.com
– cerrado domingo **Yd**
Rest – Carta 30/42 €
♦ Cuenta con un bar público, un comedor principal neorrústico y tres privados
más actuales en el sótano. Su variada carta tradicional está especializada en pescados y mariscos.

en la carretera N 640 por ① :

🏠 **Jorge I** 🛗 ⅙ hab, 🔲 ⅏ ⁽ᵗ⁾ ⅄ 🅿 𝚟𝚒𝚜𝚊 ⊛ 🅰🄴 ⓞ
La Campiña - 3 km ⊠27192 Muxa – ℰ 982 30 32 55 – www.hoteljorge1.com
30 hab – †42/72 € ††49/97 €, � 6 € – 2 suites
Rest – *(cerrado domingo noche)* Carta 25/34 €
♦ Se encuentra en una zona industrial, pero resulta atractivo por su fachada parcialmente acristalada. Habitaciones amplias, actuales y bien equipadas, con los
baños completos. Su restaurante está especializado en carnes a la brasa y trabaja
mucho con banquetes.

XX **La Palloza** 🔲 ⅏ ⇔ 🅿 𝚟𝚒𝚜𝚊 ⊛
🏠 *5,5 km ⊠27192 Muxa – ℰ 982 30 30 32 – cerrado domingo noche, lunes y*
martes salvo festivos y vísperas
Rest – Carta aprox. 35 €
♦ Está especializado en banquetes, sin embargo cuida la carta con dos salas de
línea clásica-actual y tres privados. Cocina tradicional y un buen apartado de caza
en temporada.

en la carretera N VI :

XX **Casa Grande de Nadela** con hab 🔲 rest, ⅏ ⁽ᵗ⁾ 🅿 𝚟𝚒𝚜𝚊 ⊛ 🅰🄴 ⓞ
Nadela 50, por ② : 6,5 km ⊠27160 – ℰ 982 30 59 15
– www.casagrandenadela.com – cerrado 7 días en febrero
10 hab – †60 € ††80 €, � 6 €
Rest – *(cerrado domingo noche y lunes)* Carta aprox. 45 €
♦ Esta casa de campo, que tiene más de 100 años, posee unos recios muros en
piedra, un bar, un comedor rústico y dos privados. Cocina tradicional, asados y
carnes a la parrilla. Como complemento también ofrece habitaciones, todas con
mobiliario de época.

en la carretera N 540 por ③ : 4,5 km

🏠 **Santiago** 🛝 🛝 ⅙ 🛗 🔲 ⅏ ⁽ᵗ⁾ ⅄ 🅿 𝚟𝚒𝚜𝚊 ⊛ 🅰🄴 ⓞ
urb. Bellavista ⊠27297 Lugo – ℰ 982 01 01 01 – www.hotelsantiago-sl.es
60 hab – ††60/180 €, � 9 € **Rest** – Menú 11,50 €
♦ Tras su moderna fachada acristalada encontrará una reducida zona social, una
correcta cafetería y varias salas de reuniones. Habitaciones funcionales de adecuado confort. En sus comedores ofrecen un menú económico y una reducida
carta de tinte tradicional.

ESPAÑA

LUGROS – Granada – **578** U20 – 367 h. – alt. 1 237 m – ⊠ 18516   2 D1

▶ Madrid 448 – Sevilla 311 – Granada 63 – Almería 132

al Sureste : 4 km y desvío a la derecha 1 km

🏠 **Patio de Lugros** ⤢   ⬳ 🛱 ⤢ & hab, ⁂ **P.** 𝖵𝖨𝖲𝖠 ⚫⚫
Cerrillo de las Perdices – *𝒞 958 06 60 15* – *www.patiodelugros.net* – *cerrado*
21 noviembre-18 marzo y 27 junio-22 julio
10 hab � – ♦54/65 € ♦♦45/88 €   **Rest** – Menú 15 €
♦ Destaca por su ubicación en pleno Parque Natural de Sierra Nevada. Las habitaciones, sobrias y con plato ducha en los aseos, se distribuyen en torno a un gran patio central. Restaurante de sencillo montaje que se abastece con productos de su propia granja.

LUINTRA – Ourense – **571** E6 – 2 435 h. – ⊠ 32160   20 C3

▶ Madrid 517 – Santiago de Compostela 123 – Ourense 28
– Viana do Castelo 175

◩ Itinerario por el río Sil★ (Paraje★ junto al Monasterio de Santo Estevo de
Ribas de Sil) Este : 5 km

al Este : 5 km

🏰 **Parador de Santo Estevo** ⤢   ▦ & hab, ▥ ⁂ �ẞ̱ **P.** ⇲
Monasterio de Santo Estevo de Ribas de Sil   𝖵𝖨𝖲𝖠 ⚫⚫ ᴀᴇ ⓪
⊠ *32162 Nogueira de Ramuín* – *𝒞 988 01 01 10* – *www.parador.es*
– *cerrado 3 enero-19 febrero*
77 hab – ♦124/144 € ♦♦155/180 €, ⊑ 18 €   **Rest** – Menú 33 €
♦ Monasterio de gran belleza arquitectónica situado en pleno bosque, con los cañones del río Sil al fondo. Posee tres preciosos patios y unas habitaciones de confort actual. El restaurante ocupa las antiguas caballerizas y tiene los techos abovedados en piedra.

LUZAIDE (VALCARLOS) – Navarra – **573** C26 – 418 h. – alt. 365 m   24 B1
– ⊠ 31660

▶ Madrid 464 – Pamplona 65 – St-Jean-Pied-de-Port 11

✗ **Maitena** con hab   ⬳ 🛱 ⁂ 𝖵𝖨𝖲𝖠
Elizaldea – *𝒞 948 79 02 10* – *www.hostalmaitena.com*
– *cerrado 6 enero-15 marzo*
6 hab – ♦38/40 € ♦♦49/58 €, ⊑ 5 €   **Rest** – Carta aprox. 32 €
♦ Casa familiar fundada en 1950. Disfruta de una terraza, un bar público a la entrada y dos correctos comedores, ambos con vistas a las montañas. Platos de sabor tradicional. Como complemento al negocio también dispone de habitaciones, todas con buenos niveles de mantenimiento y suficiente confort.

MAÇANET DE CABRENYS – Girona – **574** E38 – 729 h. – alt. 370 m   14 C3
– ⊠ 17720

▶ Madrid 769 – Figueres 28 – Girona/Gerona 67

🏨 **Els Caçadors** ⤢   ⬳ ⤢ ⤢ ▤ ▥ rest, ⁂ **P.** 𝖵𝖨𝖲𝖠 ⚫⚫ ᴀᴇ
urb. Casanova – *𝒞 972 54 41 36* – *www.hotelelscassadors.com*
– *cerrado 31 enero-4 febrero*
18 hab – ♦39 € ♦♦73 €, ⊑ 9,20 € – 2 suites
Rest – *(cerrado domingo noche y miércoles salvo 11 mayo-octubre y festivos)*
Menú 16,50 €
♦ Edificio de estilo montañés situado en un verde paraje. Posee un salón social con chimenea y habitaciones de correcto confort, con mobiliario castellano y baños actuales. En su comedor, de aire rústico, podrá degustar platos regionales a precios moderados.

MACHER – Las Palmas – **ver** Canarias (Lanzarote)

MADREMANYA – Girona – **574** G38 – **238 h.** – **alt. 177 m** – ⊠ **17462**   **15** B1
▶ Madrid 717 – Barcelona 115 – Girona/Gerona 19 – Figueres 49

🏠 **La Plaça** ⅌   ⌂ ⅃ 🛏 AC ⅍ **P** *VISA* ⓪
Sant Esteve 17 – ℰ *972 49 04 87 – www.laplacamadremanya.com – cerrado*
15 enero-15 febrero
8 suites, ⌸ 13,25 € – 3 hab
Rest *– (cerrado lunes, martes y miércoles en invierno) (sólo cena en verano salvo*
fines de semana) Carta 32/58 €
♦ Hotel de atención familiar dotado de confortables habitaciones tipo suite, la
mayoría con chimenea y todas con una bellísima combinación de elementos rústicos y modernos. Pequeño comedor en piedra vista con carta tradicional de
buen nivel y una extensa bodega.

C. Labonne/MICHELIN

Puerta de Alcalá

MADRID

Provincia : P Madrid
Mapa Michelin : **576** K19 – **575** K19
▶ Barcelona 617 – Bilbao 395
– A Coruña 603 – Lisboa 625

Población : 3 255 944 h.
Altitud : 646 m
Mapa regional : **22** B2

INFORMACIONES PRÁCTICAS

⊞ Oficinas de Turismo

Duque de Medinaceli 2, ✆ 902 100 007, turismo@madrid.org, Fax 91 429 37 05

pl. Mayor 27, ✆ 91 588 16 36, turismoptm@munimadrid.es, Fax 91 480 20 41

estación de Atocha, ✆ 91 528 46 30, turismo@madrid.org, Fax 91 530 79 55

estación de Chamartín, ✆ 91 315 99 76, turismo@madrid.org, Fax 91 323 79 51

aeropuerto de Madrid-Barajas (Terminales T1 y T4), ✆ 91 305 86 56, turismo@ma-drid.org, Fax 91 305 41 95.

Bancos y Oficinas de cambio

Principales bancos :

Invierno (abiertos de lunes a viernes de 8.30 a 14 h. y sábados de 8.30 a 14 h. salvo festivos).

Verano (abiertos de lunes a viernes de 8.30 a 14 h. salvo festivos).

En las zonas turísticas suele haber oficinas de cambio no oficiales

Transportes

Taxi : cartel visible indicando LIBRE durante el día y luz verde por la noche. Compañías de radio-taxi.

Metro y Autobuses : Una completa red de metro y autobuses enlaza las diferentes zonas de Madrid. Para el aeropuerto, además del metro, existe una línea de autobuses con su terminal urbana en el intercambiador de la Av. de América (línea 200).

Aeropuerto y Compañías Aéreas :

🛪 Aeropuerto de Madrid-Barajas por ② : 12 km, ✆ 902 404 704.

Iberia, Velázquez 130, ✆ 902 400 500 HUV

Iberia, aeropuerto, ✆ 902 400 500.

Estaciones de tren

🚆 Chamartín, ✆ 902 320 320 HR.

🚆 Atocha, ✆ 902 320 320 GYZ

Golf

🏌 Club de Campo, Villa de Madrid, ✆ 91 550 20 10

🏌 La Moraleja, por la carret. de Burgos : 11 km, ✆ 91 650 07 00

🏌 Club Barberán & Collar, por la carret. de Toledo : 10 km, ✆ 91 648 95 27

🏌 Las Lomas, El Bosque, por la carret. de Talavera de la Reina : 18 km, ✆ 91 616 75 00

🏌 Club Jarama R.A.C.E., por la carret. de Burgos : 28 km, ✆ 91 657 00 11

🏌 Nuevo Club de Madrid, Las Matas, por la carret. de Segovia : 26 km, ✆ 91 630 08 20

🏌 Somosaguas, Oeste : 10 km por Casa de Campo, ✆ 91 352 16 47

🏌 Club Olivar de la Hinojosa, por M-40, ✆ 91 721 18 89

🏌 La Dehesa, Villanueva de la Cañada, por la carret. de Segovia y desvío a El Escorial : 28 km, ✆ 91 815 70 22

🏌 Real Sociedad Hípica Española Club de Campo, por la carret. de Burgos : 28 km, ✆ 91 657 10 18

Alquiler de coches

AVIS, ✆ 902 180 854 – EUROPCAR, ✆ 902 105 030 – HERTZ, ✆ 902 402 405 – NATIONAL ATESA, ✆ 902 100 101.

Compras

Grandes almacenes : calles Preciados, Carmen, Goya, Serrano, Arapiles, Princesa, Raimundo Fernández Villaverde.

Centros comerciales : El Jardín de Serrano, ABC, La Galería del Prado, La Vaguada.

Comercios de lujo : calles Serrano, Velázquez, Goya, Ortega y Gasset.

Antigüedades : calle del Prado, barrio de Las Cortes, barrio Salamanca, calle Ribera de Curtidores (El Rastro).

Automóvil Club

R.A.C.E. (Real Automóvil Club de España)

Eloy Gonzalo 32, ✆ 91 594 73 00 Fax 91 594 73 71.

👁 VER

PANORÁMICAS DE MADRID

Faro de Madrid : ☀**DU

MUSEOS

Museo del Prado*** NY – Museo
Thyssen Bornemisza*** MY **M⁶**
– Palacio Real** KXY (Palacio* : Salón
del trono*, Real Armería**, Museo de
Carruajes Reales* DX **M¹**) – Museo
Arqueológico Nacional** (Dama de
Elche**) NV – Museo Lázaro
Galdiano** (colección de esmaltes y
marfiles***) GU **M⁴** – Casón del Buen
Retiro* NY – Museo Nacional Centro
de Arte Reina Sofía* (El Guernica***)
MZ – Museo de América* (Tesoro de
los Quimbayas*, Códice
Trocortesiano***) DU – Real Academia
de Bellas Artes de San Fernando* LX
M² – Museo Cerralbo* KV – Museo
Sorolla* FU **M⁵** – Museo de la Ciudad
(maquetas*) HT **M⁷** – Museo Naval
(modelos*, mapa de Juan de la Cosa**)
NXY **M³** – Museo Nacional de Artes
Decorativas* NX **M⁸** – Museo
Municipal (portada**, maqueta de
Madrid*) LV **M¹⁰** – Museo Nacional de
Ciencia y Tecnología (ballestilla**) FZ
M⁹.

IGLESIAS Y MONASTERIOS

Monasterio de las Descalzas Reales**
KLX – Iglesia de San Francisco el
Grande (sillería*, sillería de la sacristía*)
KZ – Real Monasterio de la
Encarnación* KX – Iglesia de San
Antonio de la Florida* (frescos**) DV
– Iglesia de San Miguel* KY.

BARRIOS HISTÓRICOS

Barrio de Oriente** KVXY – El Madrid
de los Borbones** MNXYZ – El Viejo
Madrid* KYZ.

LUGARES PINTORESCOS

Plaza Mayor** KY – Parque del Buen
Retiro** HY – Zoo-Aquarium** AM
– Plaza de la Villa* KY – Jardines de las
Vistillas (Q *) KYZ – Campo del Moro*
DX – Ciudad Universitaria* DT – Casa
de Campo* AL – Plaza de Cibeles*
MNX – Paseo del Prado★ MNXYZ
– Puerta de Alcalá★ NX – Plaza
Monumental de las Ventas★ JUV
– Parque del Oeste* DV

PARQUES TEMÁTICOS

Faunia* CM.
Warner Bros Park* por ④ : 30 km.

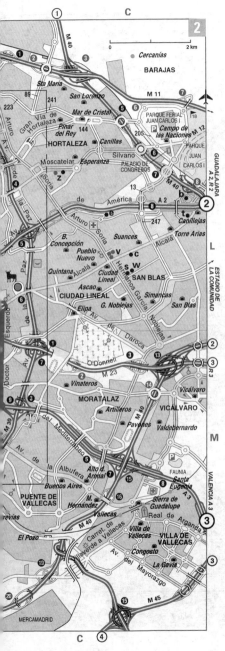

MADRID

3

Melchor Fernández Almagro
Ginzo de Limia
HOSPITAL DEL REY

Ilustración
Av. de la
14 30

César Manrique
Valle de Mena

Veleta de Ganapanes
Av. de Belarcos
Barrio del Pilar
Sinesio Delgado

Peñagrande
Capitán

Sinesio Delgado

Antonio Machado
PARQUE DE AGUSTÍN RODRÍGUEZ SAHAGÚN
de la Dirección
21
177
Ventilla

R

Antonio
Delgado
Blanco
TETUÁN
Argibay
Bisoños

Isla de Oza
Villaamil
Nieto
Azucenas
Valdeacederas

Machaco
Valdezarza
Olalla
Marqués de Viana
Infanta Mercedes
Orense
b
207

Sinesio
Pas. de la Dirección
117
Tablada
234
39

Francos Rodríguez
Sauco
Bravo
Tetuán
v b
Huesca
u

S

Francos Rodríguez
Francés Rodríguez
136
Gta.
Yagüe
r

6
72
Estrecho
Navarra
187
X
174
PALACIO DE CONGRE

72
72
Jerónima Llorente
Castilla
126
Av. Gral Perón
t

Moreras
San Raimundo
Ávila
Infantas Mercedes
199
c
109
Z

Juan XXIII
72
Teruel
a
50
TORRE PICASSO
COMPLE AZCA

Ramiro de Maeztu
Alvarado
Dulcinea
Orense
P

CIUDAD
Almansa
Almansa
195

UNIVERSITARIA
30 e 30
Guzmán el Bueno
Cuatro Caminos
b
58
157 7
N. Ministerio

163
Victoria
Sta. Engracia
María
de Guzmán
NUEVOS MINISTERIOS

Metropolitano
Av. de la Reina
105
Iglesias
Ríos
M
Rosas

T

Av. del Valle
216
Santander
Filipinas
Ríos Rosas
162
d
219

Ciudad Universitaria
Bueno
de
Murillo
n
f
e

Isaac
Rl. de Cristo de Rey
Av. de Filipinas
CHAMBERÍ
José
103
33
u
a

MUSEO DE AMÉRICA
Cea
Bermúdez
Canal
Abascal
Alonso Cano
Gregori Marañó
97

Av. del Arco de la Victoria
204
Islas Filipinas
124
Pera
Donoso
Cortés
e
Vallehermoso
Bravo
q
Viriato
7
103

U

El Faro
Fernando
El Católico
Valdés
Araples
Quevedo
84
Iglesia
108
16
POL

Pas. de Moret
Moncloa
Prin
Meléndez
Sta.
82 z
f

D   **E**   **F**

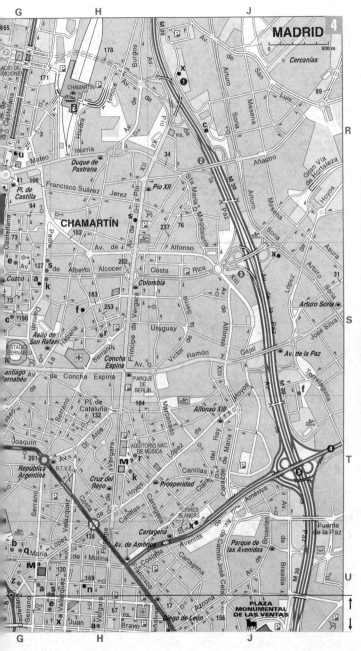

MADRID

4

MADRID

5

Pas. de Moret · Fernando · El · Católico · Valdés · Arapiles · Quevedo · Iglesia · 84 · 108 · Zurbano · f
Moncloa · Melendez · 82 · 7 · k · a · e
Argüelles · Alberto Aguilera · San Bernardo · Bilbao · Engracia · Luchana · 40
PARQUE · Pintor · 150 · Carranza · 208 · Sagasta · Génova · Almagro
DEL · OESTE
TELEFÉRICO · Bernardo · Fuencarral · Sta · Hortaleza · Génova
La Rosaleda · Rosales · San Antonio de la Florida
Templo de Debod · Pl. de España · Gran · San · Vía · CENTRO
Príncipe Pío · Torija · Gran · Vía · PL. DE CIBELES
CASA DE CAMPO · Cuesta de S. Vincente · PALACIO REAL · Teatro Real de la Ópera · Montera · Alcalá · PASEO
18 · M¹ · Bailén · Arenal · Pl. de la Puerta del Sol · Prado · DEL
CAMPO DEL MORO · Mayor · PLAZA MAYOR · Huertas · MUSEO DEL PRADO
Av. de Portugal · Pte de Segovia · Segovia · H · Atocha · Sta. Isabel
93 · 258 · Segovia · Toledo · Lavapiés · Atocha
Ronda · Gran Vía de S. Francisco · Ribera de Curtidores · Embajadores
Ermita · Pas. de los Melancólicos · Gta de Puerta de Toledo · CASINO DE LA REINA · 242 · 22 · Delicias
Puente de San Isidro · Puerta de Toledo · Embajadores · 172 · n
181 · 181 · 235 · 85 · 243 · Cabeza
Imperial · Toledo · Acacias · 172 · Palos de la Frontera
ESTADIO V. CALDERÓN · Pirámides · Pas. del Dr. Vallejo Nágera · 87 · Ferrocarril
M 30 · Pirámides · Pas. de las · Acacias · 87 · 228 · Embajadores
Pas. del Quince de Mayo · Pas. de Yeserías · Delicia
15 · PARQUE DE LA ARGANZUELA · María · e · r
Marqués de Vadillo · Antonio · ARGANZUELA · 121 · 28
General Ricardos · Jacinto Verdaguer · n · 2 · Pas. de
Urgel · 14 · PALACIO DE CRISTAL · Legazpi
Mercedes Arteaga · Antonio · Pas. de y Santa · López · M 30 · 240 · Pto Lega
0 · 500 m

D · E · F

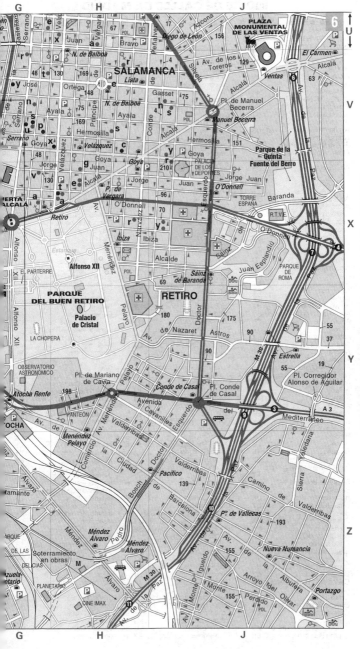

ÍNDICE DE CALLES DE MADRID

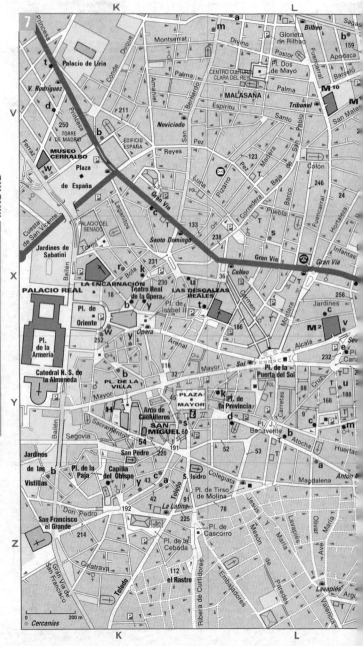

MADRID

MADRID

LISTA ALFABÉTICA DE LOS HOTELES
LISTA ALFABÉTICA DOS HOTÉIS
INDEX OF HOTELS

MADRID

528

LISTA ALFABÉTICA DE LOS RESTAURANTES
LISTA ALFABÉTICA DOS RESTAURANTES
INDEX OF RESTAURANTS

ESTABLECIMIENTOS CON ESTRELLAS
ESTABELECIMENTOS COM ESTRELAS
STARRED RESTAURANTS

⭐⭐ 2011

		página
Ramón Freixa Madrid N	XxxX	543
Santceloni	XxxX	550
Sergi Arola Gastro	XxX	550
La Terraza del Casino	XxxX	538

⭐ 2011

		página
La Broche	XxX	550
El Club Allard	XxX	548
Diverxo	XX	555
Kabuki N	X	556
Kabuki Wellington	XxX	544
Zalacain	XxXxX	554

BIB GOURMAND
Buenas comidas a precios moderados
Refeições cuidadas a preços moderados
Good food at moderate prices

🅑		página
Aynaelda	XX	547
La Bola	X	540
Sal Gorda	XX	548

MADRID

RESTAURANTES POR TIPO DE COCINA
RESTAURANTES POR TIPO DE COZINHA
RESTAURANTS BY CUISINE TYPE

MADRID

RESTAURANTES ABIERTOS SÁBADO Y DOMINGO
RESTAURANTES ABERTOS SÁBADO E DOMINGO
RESTAURANTS OPEN ON SATURDAY AND SUNDAY

MADRID

Centro

🏨 The Westin Palace 🔥 🛗 ⚙ hab, 🆔 ⚙ rest, ⚙ 🔈 🚗 VISA ⓪ AE ⓪
pl. de las Cortes 7 ⊠*28014* Ⓜ *Sevilla –* ☎ *913 60 80 00 – www.westin.com*
421 hab – ♟♟225/1740 €, � 34 € – 47 suites   **8MYe**
Rest – Carta 32/37 €
♦ Elegante edificio histórico emplazado frente al Congreso de los Diputados. Presenta la zona social bajo una bóveda acristalada y unas magníficas habitaciones de línea clásica. En su restaurante podrá degustar una carta internacional y varios menús temáticos.

🏨 Villa Real 🔈 🆔 ⚙ 🚗 VISA ⓪ AE ⓪
pl. de las Cortes 10 ⊠*28014* Ⓜ *Sevilla –* ☎ *914 20 37 67 – www.derbyhotels.com*
96 hab – ♟145/385 € ♟♟145/430 €, ⊒ 21 € – 19 suites   **8MYc**
Rest *East 47* – Menú 32 € ❀
♦ Cuenta con una valiosa colección de arte griego y romano en todas sus dependencias. Sus confortables habitaciones poseen atractivos detalles y mobiliario en caoba. El restaurante, informal y con mucha luz natural, ofrece una cocina de sabor internacional.

🏨 Urban 🔥 🔈 🆔 ⚙ 🆔 🔈 🔥 🚗 VISA ⓪ AE ⓪
Carrera de San Jerónimo 34 ⊠*28014* Ⓜ *Sevilla –* ☎ *917 87 77 70*
– www.derbyhotels.com   **7-8LMYz**
96 hab – ♟175/425 € ♟♟175/475 €, ⊒ 21 €
Rest *Europa Decó* – ver selección restaurantes
♦ Hotel de vanguardia definido por la calidad de sus materiales, con atractivos juegos de luces, numerosas obras de arte y unas habitaciones que poseen todo tipo de detalles.

🏨 ME Madrid ⟨ 🔥 🔈 ⚙ hab, 🆔 ⚙ 🔈 🔥 🚗 VISA ⓪ AE ⓪
pl. de Santa Ana 14 ⊠*28012* Ⓜ *Sevilla –* ☎ *917 01 60 00 – www.memadrid.com*
174 hab – ♟♟165/369 €, ⊒ 25 € – 18 suites   **7LYc**
Rest *Midnight Rose* – Carta aprox. 40 €
♦ Apuesta claramente por el diseño, pues su fachada clásica da paso a un interior con varios ambientes y detalles de vanguardia. Atractiva zona de copas panorámica en la azotea. El restaurante, también moderno y con la cocina vista, ofrece una carta actual.

🏨 Tryp Ambassador 🔈 🆔 ⚙ 🔈 🔥 VISA ⓪ AE ⓪
cuesta de Santo Domingo 5-7 ⊠*28013* Ⓜ *Santo Domingo –* ☎ *915 41 67 00*
– www.solmelia.com   **7KXk**
159 hab – ♟♟85/220 €, ⊒ 18 € – 24 suites
Rest – Carta 45/58 €
♦ Señorial y con un bello patio interior cubierto, en concordancia con la zona noble de la ciudad. Sus confortables habitaciones gozan de un mobiliario elegante y de calidad. Restaurante con el techo acristalado a modo de jardín de invierno.

🏨 De las Letras 🔈 ⚙ hab, 🆔 ⚙ 🔈 🚗 VISA ⓪ AE ⓪
Gran Vía 11 ⊠*28013* Ⓜ *Gran Vía –* ☎ *915 23 79 80 – www.hoteldelasletras.com*
108 hab – ♟♟119/415 €, ⊒ 18 €   **Rest** – Menú 20 €   **7LXq**
♦ Edificio restaurado que contrasta con un interior actual y colorista. Sus habitaciones ofrecen un diseño neoyorquino, con una iluminación intimista y poemas en las paredes. El restaurante, moderno y casi unido al lounge-bar, trabaja básicamente con dos menús.

🏨 María Elena Palace 🔈 ⚙ hab, 🆔 ⚙ 🔈 🔥 VISA ⓪ AE
Aduana 19 ⊠*28013* Ⓜ *Sol –* ☎ *913 60 49 30 – www.chh.es*   **7LXc**
87 hab – ♟100/250 € ♟♟120/450 €, ⊒ 18 €   **Rest** – Menú 19 €
♦ Disfruta de un diáfano hall y un magnífico patio cubierto por una bóveda acristalada. Habitaciones clásicas con mobiliario de buen nivel, moqueta y los baños en mármol. Su restaurante, de acogedor estilo clásico, propone una carta actual y un menú diario.

NH Paseo del Prado 🛁 £5 🕼 ⅙ hab, 🕼 ❖ 🌐 🖼 🚾 ☯ 🗛 🔘

pl. Cánovas del Castillo 4 ⌖*28014* Ⓜ *Banco de España –* ℰ *913 30 24 00*
– www.nh-hotels.com   **8**MY**z**
114 hab – ♦♦89/514 €, ⌑ 27 €
Rest *Estado Puro* – Carta aprox. 25 €

♦ Goza de una situación privilegiada y resulta ideal tanto para visitas culturales como de negocios. Presenta habitaciones algo pequeñas pero de calidad, con mobiliario moderno. El restaurante, muy dinámico, basa su trabajo en raciones, platos y tapas clásicas.

Ópera 🗐 ⅙ hab, 🕼 hab, ❖ 🔵 🖼 🚾 ☯ 🗛 🔘

cuesta de Santo Domingo 2 ⌖*28013* Ⓜ *Ópera –* ℰ *915 41 28 00*
– www.hotelopera.com   **7**KX**b**
79 hab – ♦80/162 € ♦♦85/280 €, ⌑ 15 €
Rest *El Café de La Ópera* – *(cerrado agosto)* Carta aprox. 60 €

♦ Posee un bar de ambiente clásico que hace de zona social, una sala de desayunos polivalente y otra más para reuniones. Habitaciones modernas y actuales. El restaurante tiene la particularidad de que ameniza sus veladas con Ópera o Zarzuela en directo.

Catalonia Las Cortes ⅙ hab, 🕼 ❖ 🔵 🖼 🚾 ☯ 🗛 🔘

Prado 6 ⌖*28014* Ⓜ *Antón Martín –* ℰ *913 89 60 51*
– www.hoteles-catalonia.com   **7**LY**u**
65 hab – ♦♦325/525 €, ⌑ 16 €   **Rest** – *(sólo cena)* Menú 29 €

♦ Palacio del s. XVIII que perteneció a los Duques de Noblejas. Posee un interior clásico-actual que está definido por su luminosidad. Habitaciones de completo equipamiento.

Lusso Infantas 🗐 ⅙ hab, 🕼 ❖ rest, 🔵 🖼 🚾 ☯ 🗛 🔘

Infantas 29 ⌖*28004* Ⓜ *Chueca –* ℰ *915 21 28 28 – www.hotelinfantas.com*
40 hab – ♦70/233 €, ⌑ 15,15 €   **8**MX**r**
Rest *Ex Libris* – Carta 31/47 €

♦ Se encuentra en un antiguo edificio que ha sido completamente remodelado, con una decoración bastante actual. Tanto las habitaciones como los baños están bien equipados. El restaurante, de línea minimalista y decorado con "Ex Libris", ofrece una cocina actual.

Palacio San Martín sin rest £5 🗐 ⅙ 🕼 ❖ 🔵 🖼 🚾 ☯ 🗛 🔘

pl. San Martín 5 ⌖*28013* Ⓜ *Callao –* ℰ *917 01 50 00 – www.intur.com*
93 hab – ♦♦72/250 €, ⌑ 12 € – 1 suite   **7**KX**t**

♦ Tiene la zona social repartida entre varios rincones y un patio central con el techo acristalado. Sus habitaciones presentan diferentes dimensiones y mobiliario clásico.

Husa Paseo del Arte £5 🗐 ⅙ hab, 🕼 ❖ 🔵 🔵 🖼 🚾 ☯ 🗛 🔘

Atocha 123 ⌖*28012* Ⓜ *Atocha –* ℰ *912 98 48 00 – www.husa.es*   **8**MNZ**b**
254 hab – ♦♦90/220 €, ⌑ 19,50 € – 6 suites
Rest – *(cerrado agosto)* Menú 22 €

♦ Como su nombre indica, está muy bien situado para visitar los museos más prestigiosos de Madrid. Posee espacios luminosos y diáfanos, con habitaciones funcionales de calidad. El restaurante ocupa el patio interior, con el techo acristalado y un pequeño jardín.

Preciados 🗐 ⅙ hab, 🕼 ❖ 🔵 🔵 🖼 🚾 ☯ 🗛 🔘

Preciados 37 ⌖*28013* Ⓜ *Callao –* ℰ *914 54 44 00 – www.preciadoshotel.com*
68 hab – ♦95/160 € ♦♦105/300 €, ⌑ 15 € – 5 suites   **7**KX**u**
Rest – Menú 18 €

♦ El sobrio clasicismo de su arquitectura, que data del s. XIX, contrasta con el moderno y completo equipamiento de las dependencias. Zona social escasa pero acogedora. El restaurante, que tiene un carácter polivalente, ofrece una carta tradicional y dos menús.

🏨🏨🏨 **Tryp Atocha** sin rest   🛗 🏧 ⚙ 📶 🛁 🈂 📠 🏧 ⓥ

Atocha 83 ⊠28012 Ⓜ Antón Martín – 𝒞 913 30 05 00 – www.solmelia.com
150 hab – 🛏210 € 🛏🛏280 €, 🖵 16 €   **8MZa**
♦ Edificio palaciego de 1913 dotado con unas instalaciones modernas y funcionales. Goza de espaciosas zonas nobles, como su salón de actos con vidrieras o la magnífica escalera.

🏨🏨🏨 **Catalonia Moratín** sin rest   🛗 ♿ 🏧 ⚙ 📶 🛁 ⓥ 📠 🏧 ⓥ

Atocha 23 ⊠28012 Ⓜ Sol – 𝒞 913 69 71 71 – www.hoteles-catalonia.com
59 hab – 🛏150/515 € 🛏🛏190/515 €, 🖵 15 € – 4 suites   **7LYb**
♦ Este palacete del s. XVIII combina elementos originales, como su bella escalera, con otros más modernos. Zona social en el antiguo patio de carruajes y habitaciones actuales.

🏨🏨🏨 Lope de Vega sin rest   🛗 ♿ 🏧 📶 🛁 🈂

Lope de Vega 49 ⊠28014 Ⓜ Antón Martín – 𝒞 913 60 00 11
– www.hotellopedevega.com   **8MYd**
59 hab
♦ Este hotel cuenta con dos salas de reuniones, una tipo biblioteca, y unas habitaciones actuales, todas con alusiones escritas tanto a Lope de Vega como al Madrid del s. XVII.

🏨🏨🏨 **Room Mate Alicia** sin rest   🛗 ♿ 🏧 ⚙ 📶 🛁 📠 🏧 ⓥ

Prado 2 ⊠28014 Ⓜ Sevilla – 𝒞 913 89 60 95 – www.room-matehotels.com
34 hab 🖵 – 🛏90/130 € 🛏🛏100/170 €   **7LYm**
♦ Edificio antiguo que ha sido recuperado, por lo que contrasta la fachada con su moderno interior. Encontrará habitaciones de línea actual, muy urbanas, algunas tipo dúplex.

🏨🏨🏨 **Mayorazgo**   🛗 🏧 ⚙ 📶 🛁 🈂 📠 ⓥ 📠 🏧 ⓥ

Flor Baja 3 ⊠28013 Ⓜ Plaza de España – 𝒞 915 47 26 00
– www.hotelmayorazgo.com   **7KVc**
200 hab – 🛏100/115 € 🛏🛏135/160 €, 🖵 10 €   **Rest** – Menú 18 €
♦ Es uno de los clásicos de la ciudad. Dispone de un buen hall, una piano-bar actualizado y una zona de salones modulares. Habitaciones algo anticuadas pero correctas. El restaurante, que disfruta de un ambiente clásico, propone un pequeño menú tipo carta.

🏨🏨🏨 **Ada Palace**   🈂 🛗 ♿ hab, 🏧 📶 📠 ⓥ 📠

Marqués de Valdeiglesias 1 ⊠28004 Ⓜ Banco de España – 𝒞 917 01 19 19
– www.chh.es   **8MXc**
80 hab – 🛏90/260 € 🛏🛏120/320 €, 🖵 15 €
Rest *Ágora* – Menú 22 €
♦ Ocupa un edificio histórico, lo que le reporta ventajas y algún inconveniente, como el reducido tamaño de su recepción. Habitaciones clásicas de buen confort. El restaurante se encuentra en la sexta planta, junto a la cafetería y sus privilegiadas terracitas.

🏨🏨 **Suite Prado** sin rest   🛗 🏧 ⚙ 📶 ⓥ 📠 🏧 ⓥ

Manuel Fernández y González 10 ⊠28014 Ⓜ Antón Martín – 𝒞 914 20 23 18
– www.suiteprado.com   **7LYa**
9 hab – 🛏75/136 € 🛏🛏75/195 €, 🖵 14 € – 9 suites
♦ De ambiente familiar, con fachada clásico-actual. En su interior alberga una encantadora escalera antigua. Habitaciones tipo apartamento con salón independiente y cocina.

🏨🏨 **Meninas** sin rest   🛗 ♿ 🏧 📶 ⓥ 📠 🏧 ⓥ

Campomanes 7 ⊠28005 Ⓜ Ópera – 𝒞 915 41 28 05 – www.hotelmeninas.com
37 hab – 🛏99/165 € 🛏🛏119/210 €, 🖵 15 €   **7KXy**
♦ Está instalado en un edificio de viviendas y destaca por su trato, de carácter familiar y personalizado. Acogedora zona social con biblioteca y habitaciones de corte actual.

MADRID

🏨 Quo Puerta del Sol sin rest   📶 AC ⅍ 🎧 VISA ⊕ AE ①

Sevilla 4 ⊠28014 Ⓜ Sevilla – ℰ 915 32 90 49 – www.hotelesquo.com
61 hab – †80/245 € ††80/305 €, � 17 € – 1 suite   **7LYe**
• Prácticamente carece de zona social y las habitaciones son algo pequeñas, sin embargo, compensan estos detalles con un buen equipamiento y una cuidada decoración minimalista.

🏨 Plaza Mayor sin rest   📶 AC ⅍ 🎧 VISA ⊕ AE ①

Atocha 2 ⊠28012 Ⓜ Sol – ℰ 913 60 06 06 – www.h-plazamayor.com
34 hab – †50/70 € ††60/120 €, � 8 €   **7LYd**
• A un paso de la Plaza Mayor. Pequeño hotel de agradable funcionalidad y aspecto actual, con habitaciones alegres aunque algo reducidas. Cafetería pública en la planta baja.

🏨 Gonzalo sin rest y sin �   📶 AC ⅍ 🎧 VISA ⊕

Cervantes 34-3ª planta ⊠28014 Ⓜ Antón Martín – ℰ 914 29 27 14
– www.hostalgonzalo.com   **8MYs**
15 hab – †45 € ††55 €
• Este hostal, típicamente familiar, está ubicado en una casa de vecinos del barrio de Las Letras. Sus espaciosas habitaciones cuentan con un mobiliario básico y funcional.

🍴🍴🍴🍴 La Terraza del Casino (Paco Roncero)   🌯 AC ⅍ ⇄ VISA ⊕ AE ①
❀❀

Alcalá 15-3° ⊠28014 Ⓜ Sevilla – ℰ 915 32 12 75 – www.casinodemadrid.es
– cerrado agosto, sábado mediodía, domingo y festivos   **7LXv**
Rest – Menú 120 € – Carta 70/85 € ❀
Espec. Salmón marinado en miso con ensalada de piña, pepino e hinojo. Bogavante con arroz de aceite de oliva. Jarrete de ternera con papillote de verduras.
• En un edificio del s. XIX. Encontrará un marco palaciego, una estética actual y una de las terrazas con más prestigio de Madrid. Su chef trabaja con mesura sobre una carta moderna y creativa, siempre con excelentes calidades y unos perfectos puntos de cocción.

🍴🍴🍴 Alboroque   AC ⅍ VISA ⊕ AE ①

Atocha 34 ⊠28012 Ⓜ Antón Martín – ℰ 913 89 65 70 – www.alboroque.es
– cerrado domingo   **7LYa**
Rest – Carta 40/45 €
• Se accede por un patio de carruajes y ocupa dos alas del edificio, dedicado tanto a la cultura como a la gastronomía. Varias salitas de buen nivel y una carta de tinte actual.

🍴🍴🍴 Paradis Madrid   AC ⅍ ⇄ VISA ⊕ AE

Marqués de Cubas 14 ⊠28014 Ⓜ Banco de España – ℰ 914 29 73 03
– www.paradis.es – cerrado sábado mediodía, domingo y festivos   **8MYv**
Rest – Carta 40/55 €
• Modernas instalaciones ubicadas junto al Palacio del Congreso, con acceso a través de un hall-tienda de delicatessen. Dispone de un amplio comedor y una zona para tapear.

🍴🍴🍴 Café de Oriente   🌯 AC ⅍ ⇄ VISA ⊕ AE ①

pl. de Oriente 2 ⊠28013 Ⓜ Ópera – ℰ 915 41 39 74 – www.grupolezama.es
Rest – Carta 40/57 € ❀   **7KXYw**
• Propone varios ambientes frente al Palacio Real: el de una lujosa cafetería y el de bodega-comedor, con reservados de buen nivel. Carta tradicional con tendencias vascas.

🍴🍴🍴 La Manduca de Azagra   AC ⅍ ⇄ VISA ⊕ AE ①

Sagasta 14 ⊠28004 Ⓜ Alonso Martínez – ℰ 915 91 01 12 – cerrado agosto,
domingo y festivos   **7LVb**
Rest – Carta 45/50 €
• A su privilegiada ubicación se suma un amplio local de estilo minimalista, donde se cuidan tanto el diseño como la iluminación. Cocina basada en la calidad del producto.

✗✗ El Mentidero de la Villa · AC 🍴 ⇔ VISA ⊚ AE ⑩

Santo Tomé 6 ⊠28004 Ⓜ Chueca – ℰ 913 08 12 85
– www.mentiderodelavilla.es – cerrado agosto, sábado mediodía, domingo,
lunes noche y festivos **8MVb**
Rest – Carta 43/55 €

◆ Acogedor e íntimo restaurante donde se combinan un esmerado montaje y una decoración bastante original. Su carta de cocina tradicional actualizada resulta muy recomendable.

✗✗ Casa Matías · AC 🍴 VISA ⊚ AE ⑩

San Leonardo 12 ⊠28015 Ⓜ Plaza de España – ℰ 915 41 76 83
– www.casamatias.es – cerrado domingo noche **7KVb**
Rest – Carta 43/49 €

◆ A modo de sidrería vasca, con grandes toneles en los que el cliente puede escanciar la sidra. Posee dos espaciosas salas de aire rústico-moderno, una con parrilla a la vista.

✗✗ Julián de Tolosa · AC 🍴 VISA ⊚ AE ⑩

Cava Baja 18 ⊠28005 Ⓜ La Latina – ℰ 913 65 82 10
– www.casajuliandetolosa.com – cerrado domingo noche **7KZc**
Rest – Carta 47/58 €

◆ Este prestigioso asador de ambiente neorrústico ofrece uno de los mejores chuletones de buey de la ciudad. Su reducida carta se ve compensada por la calidad de los productos.

✗✗ Europa Decó – Hotel Urban · · · · · · · · · · · · · · · AC 🚗 VISA ⊚ AE ⑩

Carrera de San Jerónimo 34 ⊠28014 Ⓜ Sevilla – ℰ 917 87 77 80
– www.derbyhotels.com – cerrado agosto, sábado mediodía y domingo
Rest – Carta aprox. 50 € ☞ **7-8LMYz**

◆ Va de boca en boca por su diseño innovador y el excelente servicio de mesa, elaborando una cocina mediterránea, de mercado y de "globalización", basada en productos exóticos.

✗✗ Corral de la Morería · AC 🍴 VISA ⊚ AE ⑩

Morería 17 ⊠28005 Ⓜ Ópera – ℰ 913 65 84 46 – www.corraldelamoreria.com
Rest – (sólo cena) Carta 52/75 € **7KZb**

◆ Restaurante con espectáculo flamenco de gran nivel. Las mesas están un poco apretadas, ya que se distribuyen en torno al "tablao". Ofrece carta y varios menús gastronómicos.

✗✗ Esteban · AC 🍴 ⇔ VISA ⊚

Cava Baja 36 ⊠28005 Ⓜ La Latina – ℰ 913 65 90 91 – www.rte-esteban.com
– cerrado 20 julio - 10 agosto, domingo noche, lunes noche y martes noche
Rest – Carta 40/51 € **7KZy**

◆ Sus acogedoras instalaciones presentan una decoración de aire clásico-castellano, con fotos de personajes famosos y algunos detalles castizos. Cocina de sabor tradicional.

✗ La Esquina del Real · AC 🍴 VISA ⊚ AE ⑩

Amnistía 4 ⊠28013 Ⓜ Ópera – ℰ 915 59 43 09 – cerrado
15 agosto-15 septiembre, sábado mediodía, domingo y festivos **7KYy**
Rest – Carta 40/50 €

◆ Agradable e íntimo establecimiento de estilo rústico, con las paredes en piedra y ladrillo. Ofrecen buen trato y una carta atractiva, con platos de tendencia francesa.

✗ Bolívar · AC 🍴 VISA ⊚ AE ⑩

Manuela Malasaña 28 ⊠28004 Ⓜ San Bernardo – ℰ 914 45 12 74
– www.restaurantebolivar.com – cerrado agosto y domingo **7LVa**
Rest – Carta 35/40 €

◆ Local familiar en el barrio tradicional de Malasaña, con excelente trato personal y carta variada a buenos precios. Acogedora sala de corte moderno.

X **Zerain** 　　　　　　　　　　　 AC � ⟷ VISA ◉ AE ①
Quevedo 3 ✉28014 Ⓜ Antón Martín – ℰ 914 29 79 09
– www.restaurante-vasco-zerain-sidreria.es – cerrado domingo noche
Rest – Carta 40/49 € 　　　　　　　　　　　　　　　　　**8**MY**x**
♦ Marco de sidrería vasca con grandes toneles. Ambiente acogedor y simpática decoración, con fotografías de pueblos y rincones típicos. Carta asequible de tipo asador.

X **Krachai** 　　　　　　　　　　　　　 AC VISA ◉ AE ①
Fernando VI 11 ✉28004 Ⓜ Alonso Martínez – ℰ 918 33 65 56 – www.krachai.es
– cerrado agosto y domingo noche 　　　　　　　　　　　　**8**MV**a**
Rest – Carta 25/35 €
♦ Repartido en dos salas, ambas con una iluminación bastante cuidada y de montaje actual. La carta, de cocina tailandesa, distribuye los platos según su técnica de elaboración.

X **La Gastroteca de Santiago** 　　　　 AC ✂ VISA ◉ AE ①
pl. Santiago 1 ✉28013 Ⓜ Ópera – ℰ 915 48 07 07 – cerrado Semana Santa, del 15 al 31 de agosto, domingo noche y lunes 　　　　　　　　　**7**KY**b**
Rest – Carta aprox. 55 €
♦ Tras sus dos grandes cristaleras encontrará un restaurante reducido pero acogedor, de organización amable y aire moderno. Tiene la cocina semivista y una carta actual.

X **La Tasquita de Enfrente** 　　　　　　 AC VISA ◉ AE
Ballesta 6 ✉28004 Ⓜ Gran Vía – ℰ 915 32 54 49
– www.latasquitadeenfrente.com – cerrado Semana Santa, agosto, domingo y lunes 　　　　　　　　　　　　　　　　　　　　　　　**7**LX**s**
Rest – (es necesario reservar) Carta 56/68 €
♦ Este pequeño negocio familiar se caracteriza por haber sabido fidelizar a su clientela. Propone una buena cocina de mercado, tratada con sencillez, cariño e inteligencia.

X **La Bola** 　　　　　　　　　　　　　　　　 AC ✂
🕷 *Bola 5 ✉28013 Ⓜ Santo Domingo – ℰ 915 47 69 30 – www.labola.es – cerrado sábado noche y domingo en verano y domingo noche resto del año*
Rest – Carta 30/35 € 　　　　　　　　　　　　　　　　**7**KX**r**
♦ Esta casa familiar mantiene el sabor castizo del viejo Madrid. Ofrece un interior de carácter tradicional, con gran tipismo y fotografías antiguas. ¡Pida el cocido madrileño!

X **Botín** 　　　　　　　　　　　　　 AC ✂ ⟷ VISA ◉ AE ①
Cuchilleros 17 ✉28005 Ⓜ Sol – ℰ 913 66 42 17 – www.botin.es 　**7**KY**s**
Rest – Carta 35/45 €
♦ Abrió sus puertas en 1725, por lo que figura en el Libro Guinness de los Records como el restaurante más antiguo del mundo. Su decoración evoca la esencia del viejo Madrid.

ⵙ/ **Le Cabrera** 　　　　　　　　　　　　 AC VISA ◉ AE
Bárbara de Braganza 2 ✉28004 Ⓜ Colón – ℰ 913 19 94 57
– www.lecabrera.com – cerrado domingo, lunes y del 8 al 23 de agosto
Rest – Ración aprox. 8 € 　　　　　　　　　　　　　　　**8**NV**z**
♦ El negocio, original y con mucho diseño, se divide en dos zonas, una con acceso al chef que prepara los platos tras la barra y la otra, en el sótano, pensada más para copas.

ⵙ/ **La Botillería del Café de Oriente** 　　 ⌂ AC ✂ ⟷ VISA ◉ AE ①
pl. de Oriente 4 ✉28013 Ⓜ Ópera – ℰ 915 48 46 20 – www.grupolezama.es
Rest – Tapa 4 € – Ración aprox. 10 € 　　　　　　　　　　**7**KX**w**
♦ En zona de gran ambiente gastronómico y nocturno. Decoración clásica de café vienés, con gran variedad de canapés y la posibilidad de tomar buenos vinos por copa.

Ψ/ **La Camarilla** `AC` `%` `VISA` `oo` `AE` `O`
Cava Baja 21 ✉28005 ⓂLatina – ✆ *913 54 02 07*
– www.lacamarillarestaurante.com – cerrado del 4 al 22 de julio y miércoles
Rest – Tapa 4 € – Ración aprox. 12 €   **7**KZ**a**
♦ Un buen lugar si quiere comer a base de raciones o tapas. Presenta una gran
barra de tapeo a la entrada y a continuación el comedor, este último de montaje
moderno e informal.

Ψ/ **Bocaito** `AC` `%` `⇔` `VISA` `oo` `AE` `O`
Libertad 6 ✉28004 ⓂChueca – ✆ *915 32 12 19 – www.bocaito.com – cerrado*
agosto, sábado mediodía y domingo   **8**MX**b**
Rest – Tapa 2,80 € – Ración aprox. 11 €
♦ Se reparte entre dos locales comunicados entre sí y ofrece cuatro salas, todas
de aire rústico-castellano aunque con detalles taurinos en su decoración. Cocina
tradicional.

Ψ/ **Prada a Tope** `AC` `%` `VISA` `oo`
Príncipe 11 ✉28012 ⓂSevilla – ✆ *914 29 59 21 – www.pradaatope.es*
– cerrado domingo noche y lunes   **7**LY**u**
Rest – Tapa 6 € – Ración aprox. 10 €
♦ Fiel a las directrices estéticas de la cadena. Presenta una barra y varias mesas
desnudas, decorando la sala con mucha madera, fotos antiguas y productos típicos de El Bierzo.

Ψ/ **Taberna de San Bernardo** `AC` `%` `VISA` `oo` `AE`
San Bernardo 85 ✉28015 ⓂSan Bernardo – ✆ *914 45 41 70 – cerrado lunes*
Rest – Tapa 2 € – Ración aprox. 7 €   **7**LV**m**
♦ Bar tipo taberna de ambiente castizo. Posee una gran barra, una sala principal
y dos privados, el del sótano con las paredes en ladrillo visto. ¡Pida sus famo-
sos Bernarditos!

Retiro, Salamanca

🏨🏨🏨 **Ritz** `⌂` `ほ` `⊟` `&` hab, `AC` `%` `📶` `⅄` `VISA` `oo` `AE` `O`
pl. de la Lealtad 5 ✉28014 ⓂBanco de España – ✆ *917 01 67 67*
– www.ritzmadrid.com   **8**NY**k**
137 hab – ♥♥350/700 €, ⌷ 30 € – 30 suites
Rest – Menú 61 €
♦ Hotel de prestigio internacional ubicado en un palacete de principios del s.
XX. Disfruta de unos bellísimos espacios comunes y ofrece habitaciones de suntuosa decoración. El restaurante cuenta con un elegante comedor y una agradable terraza de verano.

🏨🏨🏨 **Villa Magna** `⌂` `ほ` `⊟` `&` hab, `AC` `%` `📶` `⅄` `⌂` `VISA` `oo` `AE` `O`
paseo de la Castellana 22 ✉28046 ⓂRubén Darío – ✆ *915 87 12 34*
– www.hotelvillamagna.com   **6**GV**y**
164 hab – ♥300/550 € ♥♥300/610 €, ⌷ 37 € – 17 suites
Rest *Villa Magna* – *(cerrado agosto, domingo y festivos)* Carta aprox. 75 €
Rest *Tsé Yang* – *(rest. chino)* Carta aprox. 70 €
♦ Tras una importante reforma se presenta con una zona social mucho más luminosa y habitaciones de estética actual, destacando las suites de la última planta por
su terraza. En el restaurante Villa Magna encontrará una deliciosa cocina de autor.

🏨🏨 **Hospes Madrid** `ほ` `⊟` `&` `AC` `%` `📶` `⅄` `VISA` `oo` `AE` `O`
pl. de la Independencia 3 ✉28001 ⓂRetiro – ✆ *914 32 29 11 – www.hospes.es*
40 hab – ♥♥162/589 €, ⌷ 23,75 € – 1 suite   **8**NX**v**
Rest – *(cerrado domingo y lunes)* Menú 45 €
♦ Ocupa un edificio que data de 1883, con la recepción en el paso de carruajes,
dos salas de reuniones, un SPA y modernas habitaciones, muchas asomadas a la
Puerta de Alcalá. El restaurante, que presenta un montaje moderno, ofrece una
carta de cocina actual.

🏨🏨🏨 Gran Meliá Fénix   𝓕𝓼 📶 & hab, 🏧 ⅀ ⓣ⁼ 🅢🄰 🚗 𝗩𝗜𝗦𝗔 ⓒⓓ 🄰🄴 ⑩

Hermosilla 2 ✉28001 Ⓜ *Serrano* – 𝒞 914 31 67 00 – www.granmeliafenix.com
199 hab – 🛏165/395 € 🛏🛏175/405 €, ⌲ 26 € – 16 suites   **8NVc**
Rest – Menú 65 €

♦ Conjunto dotado de señorío y distinción. Posee amplias zonas nobles, como su llamativo hall bajo cúpula, y habitaciones de elegante línea clásica equipadas a un gran nivel. El restaurante recrea una atmósfera relajada y ofrece una cocina de tinte mediterráneo.

🏨🏨🏨 Wellington   📶 🏧 ⅀ ⓣ⁼ 🅢🄰 🚗 𝗩𝗜𝗦𝗔 ⓒⓓ 🄰🄴 ⑩

Velázquez 8 ✉28001 Ⓜ *Retiro* – 𝒞 915 75 44 00 – www.hotel-wellington.com
233 hab – 🛏140/325 € 🛏🛏140/415 €, ⌲ 22 € – 28 suites   **6HXt**
Rest *Kabuki Wellington y Rest Goizeko Wellington* – ver selección restaurantes

♦ En zona elegante junto al Retiro. Estilo clásico, actualizado recientemente en zonas nobles y habitaciones. Frecuentes tertulias taurinas en su relajado marco.

🏨🏨🏨 Adler   📶 & 🏧 ⅀ ⓣ⁼ 🚗 𝗩𝗜𝗦𝗔 ⓒⓓ 🄰🄴 ⑩

Velázquez 33 ✉28001 Ⓜ *Velázquez* – 𝒞 914 26 32 20 – www.hoteladler.es
44 hab – 🛏250/400 € 🛏🛏300/495 €, ⌲ 27 €   **6HVx**
Rest – Carta 60/80 €

♦ Exclusivo y selecto, recreando su elegante interior con materiales de gran calidad. Destacan las confortables habitaciones, con un equipamiento al más alto nivel. Restaurante de atmósfera acogedora y montaje detallista.

🏨🏨🏨 AC Palacio del Retiro   𝓕𝓼 📶 & hab, 🏧 ⅀ ⓣ⁼ 🅢🄰 🚗 𝗩𝗜𝗦𝗔 ⓒⓓ 🄰🄴 ⑩

Alfonso XII-14 ✉28014 Ⓜ *Retiro* – 𝒞 915 23 74 60 – www.ac-hotels.com
49 hab – 🛏210/305 € 🛏🛏220/340 €, ⌲ 29 € – 1 suite   **8NXYc**
Rest – Carta aprox. 47 €

♦ Edificio señorial de principios del s. XX. La recepción ocupa lo que era el paso de carruajes, acompañada por una elegante zona social y unas excelentes habitaciones. El restaurante, enfocado claramente al cliente alojado, ofrece una carta tradicional-actual.

🏨🏨🏨 Selenza Madrid   📶 & 🏧 ⅀ ⓣ⁼ 🚗 𝗩𝗜𝗦𝗔 ⓒⓓ 🄰🄴

Claudio Coello 67 ✉28001 Ⓜ *Serrano* – 𝒞 917 81 01 73 – www.selenzahoteles.es
44 hab – 🛏🛏175/230 €, ⌲ 20 €   **6GVs**
Rest *Ramón Freixa Madrid* – ver selección restaurantes

♦ Tras su atractiva fachada clásica encontrará un hall-recepción de diseño, una elegante zona social y confortables habitaciones, todas con elementos clásicos y vanguardistas.

🏨🏨 Vincci Soma   𝓕𝓼 📶 & hab, 🏧 ⅀ ⓣ⁼ 🅢🄰 🚗 𝗩𝗜𝗦𝗔 ⓒⓓ 🄰🄴 ⑩

Goya 79 ✉28001 Ⓜ *Goya* – 𝒞 914 35 75 45 – www.vinccihoteles.com
169 hab – 🛏57/464 € 🛏🛏78/486 €, ⌲ 17,30 €   **6HVc**
Rest – *(cerrado agosto)* Menú 25 €

♦ Céntrico y de instalaciones actuales. Disfruta de un bello salón-biblioteca con chimenea y habitaciones de completo equipamiento, destacando las que poseen terraza. El restaurante, luminoso, moderno y decorado en tonos blancos, ofrece una carta de autor.

🏨🏨 Petit Palace Embassy   📶 & hab, 🏧 ⅀ ⓣ⁼ 🅢🄰 𝗩𝗜𝗦𝗔 ⓒⓓ 🄰🄴 ⑩

Serrano 46 ✉28001 Ⓜ *Serrano* – 𝒞 914 31 30 60 – www.hthoteles.com
75 hab – 🛏🛏108/648 €, ⌲ 17,30 €   **6GVu**
Rest – *(cerrado agosto)* Menú 35 €

♦ Combina la belleza de un edificio del s. XIX con un interior de diseño, resultando algo atrevido pero acogedor. Habitaciones de completo equipamiento, todas con ordenador. El restaurante es como un patio cubierto, luminoso y alargado, con un pequeño privado.

🏨🏨 Jardín de Recoletos   🏠 📶 🏧 ⅀ ⓣ⁼ 🚗 𝗩𝗜𝗦𝗔 ⓒⓓ 🄰🄴 ⑩

Gil de Santivañes 4 ✉28001 Ⓜ *Serrano* – 𝒞 917 81 16 40 – www.vphoteles.com
43 hab ⌲ – 🛏🛏129/220 €   **Rest** – Menú 25 €   **8NVp**

♦ Atractiva fachada con balcones abalaustrados. Dispone de un elegante hall-recepción con una vidriera en el techo, amplias habitaciones tipo estudio y un buen patio-terraza. Su pequeño comedor de estilo clásico ofrece una carta de tinte tradicional.

AC Recoletos sin rest   ᛜ ᚛ ⅙ AC ☆ ꜛ ≤ 🚗 VISA ⨂ AE ①
Recoletos 18 ⊠28001 Ⓜ Retiro – ℰ 914 36 13 82 – www.ac-hotels.com
62 hab – **♥♥**120/280 €, ☲ 18 € – 1 suite   **8NXs**
♦ Tras su atractiva fachada neoclásica encontrará una moderna recepción, con una de sus paredes en vinilo, y unas cuidadas habitaciones de estética actual. Buen equipamiento.

NH Balboa sin rest, con cafetería   ᛜ ᚛ AC ⅙ ꜛ ≤ VISA ⨂ AE ①
Núñez de Balboa 112 ⊠28006 Ⓜ Núñez de Balboa – ℰ 915 63 03 24
– www.nh-hotels.com   **4HUn**
120 hab – **♥**75/250 € **♥♥**90/300 €, ☲ 17 €
♦ Tras su reducido hall dispone de un espacio polivalente que funciona como barra de bar, área de desayunos y zona de lectura. La mayoría de sus habitaciones han sido renovadas.

Hesperia Hermosilla sin rest   ᛜ ᚛ AC ꜛ 🚗 VISA ⨂ AE ①
Hermosilla 23 ⊠28001 Ⓜ Serrano – ℰ 912 46 88 00
– www.hesperia-hermosilla.es   **6GVp**
67 hab – **♥♥**68/232 €, ☲ 16,15 €
♦ Hotel de línea actual ubicado en un edificio de principios del s. XX. Acogedor patio acristalado, preciosa escalera y confortables habitaciones, con las paredes enteladas.

Club 31   AC ⅙ ⇄ VISA ⨂ AE ①
Alcalá 58 ⊠28014 Ⓜ Retiro – ℰ 915 31 00 92 – www.club31.net – cerrado
agosto   **8NXe**
Rest – Carta 50/65 €
♦ Un restaurante con prestigio en la ciudad. Posee un interior en el que se combinan los detalles clásicos y modernos, así como una carta de cocina internacional bien elaborada.

Ramón Freixa Madrid – Hotel Selenza   ⅙ ⇄ VISA ⨂ AE ①
ॐ ॐ *Claudio Coello 67 ⊠28001 Ⓜ Serrano – ℰ 917 81 82 62*
– www.ramonfreixamadrid.com – cerrado Navidades, Semana Santa, agosto,
domingo y lunes   **6GVs**
Rest – Carta 71/88 € ⅙
Espec. Ostra a la plancha con corazones de lechuga, tartar de rubio sobre patata, torta de camarón y caldo de almejas. Salmonetes asados, habitas y guisantes, torrija al laurel, anchoa y piquillos con migas (primavera). Liebre a la royal (invierno).
♦ De estética moderna, con pocas mesas pero bien dispuestas y precedido por una agradable terraza de verano. De sus fogones surge una cocina de autor que sorprende por sus elaboraciones, coherentes, muy bien presentadas y con productos de excelente calidad.

Sanxenxo   AC ⅙ ⇄ VISA ⨂ AE ①
José Ortega y Gasset 40 ⊠28006 Ⓜ Núñez de Balboa – ℰ 915 77 82 72
– www.sanxenxo.com.es – cerrado Semana Santa, agosto y domingo noche
Rest – Carta 64/77 €   **6HVe**
♦ Magníficas instalaciones en las que predominan el granito y la madera, con las salas repartidas en dos plantas. Cocina tradicional gallega con pescados y mariscos de calidad.

Pedro Larumbe   AC ⅙ ⇄ VISA ⨂ AE ①
Serrano 61-ático 2ª planta ⊠28006 Ⓜ Rubén Darío – ℰ 915 75 11 12
– www.larumbe.com – cerrado Semana Santa, 15 días en agosto, domingo,
lunes noche en invierno y festivos   **6GVr**
Rest – Carta 43/50 €
♦ En el piso superior de un palacete reconvertido en centro comercial. Posee tres salas de aire regio, todas con detalles exquisitos. Carta internacional con toques creativos.

XXX **Goizeko Wellington** – Hotel Wellington 　　　AC ⌀ VISA ⊛ AE ①
Villanueva 34 ⊠28001 Ⓜ Retiro – ℰ 915 77 01 38 – www.goizekogaztelupe.com
– cerrado sábado mediodía en julio-agosto y domingo 　　　　　6HX**t**
Rest – Carta 60/80 € ⅏
♦ Instalaciones de estilo clásico-moderno con un exquisito montaje, donde sirven una carta que fusiona la cocina tradicional, la internacional y la creativa. Bodega completa.

XXX **Kabuki Wellington** (Ricardo Sanz) – Hotel Wellington 　　　AC ⌀
ॐ *Velázquez 6 ⊠28001 Ⓜ Retiro – ℰ 915 77 78 77* 　　VISA ⊛ AE ①
– www.restaurantekabuki.com – cerrado Semana Santa, del 1 al 21 de agosto,
sábado mediodía, domingo y festivos 　　　　　　　　　　6HX**a**
Rest – Menú 85 € – Carta 50/75 €
Espec. Sashimi de toro. Sushi. Carne de wagyu en salsa teriyaki.
♦ Un restaurante que está teniendo mucho éxito en la ciudad. Presenta una gran sala de línea actual en dos alturas, con una barra de sushi y detalles de diseño. Cocina japonesa elaborada con productos de excelente calidad, en general bien tratados y presentados.

XXX **Castelló 9** 　　　　　　　　　　AC ⌀ ⇄ VISA ⊛ AE ①
Castelló 9 ⊠28001 Ⓜ Príncipe de Vergara – ℰ 914 35 00 67 – www.castello9.es
– cerrado Semana Santa, agosto, domingo y festivos 　　　　6HX**e**
Rest – Carta 38/52 €
♦ Estilo clásico elegante en el barrio de Salamanca. Salas íntimas donde ofrecen una carta clásica internacional y un menú degustación con variedad de platos y medias raciones.

XX **La Paloma** 　　　　　　　　　　AC ⌀ ⇄ VISA ⊛ AE ①
Jorge Juan 39 ⊠28001 Ⓜ Príncipe de Vergara – ℰ 915 76 86 92
– www.rtelapaloma.com – cerrado Semana Santa, agosto, domingo y festivos
Rest – Carta 52/63 € 　　　　　　　　　　　　　　6HX**g**
♦ Tiene una organización profesional y una clientela elegante, con un comedor en dos niveles y un excelente servicio de mesa. Combina platos internacionales y tradicionales.

XX **O'Grelo** 　　　　　　　　　　AC ⌀ ⇄ VISA ⊛ AE ①
Menorca 39 ⊠28009 Ⓜ Ibiza – ℰ 914 09 72 04 – www.restauranteogrelo.com
– cerrado domingo en julio-agosto y domingo noche resto del año
Rest – Carta 55/61 € 　　　　　　　　　　　　　　6JX**y**
♦ Conozca las excelencias de la cocina tradicional gallega, con gran variedad de pescados y mariscos. Bar de raciones en la entrada y detalles neorrústicos en la decoración.

XX **La Torcaz** 　　　　　　　　　　AC ⌀ ⇄ VISA ⊛ AE ①
Lagasca 81 ⊠28006 Ⓜ Núñez de Balboa – ℰ 915 75 41 30 – www.latorcaz.com
– cerrado agosto y domingo 　　　　　　　　　　　　6GHV**t**
Rest – Carta 45/58 €
♦ Acogedor y dotado con un buen expositor de vinos. Posee una sala en tres ambientes, con una decoración clásica-actual, excelente servicio de mesa y una completa bodega.

XX **Dassa Bassa** 　　　　　　　　　　AC VISA ⊛ AE ①
Villalar 7 ⊠28001 Ⓜ Retiro – ℰ 915 76 73 97 – www.dassabassa.com – cerrado
Semana Santa, agosto, domingo y lunes 　　　　　　　8NX**t**
Rest – Carta aprox. 60 €
♦ Ocupa lo que era una antigua carbonera, ofreciendo un buen hall y cuatro modernas salas decoradas con detalles de diseño. Cocina creativa en la que se cuidan los sabores.

XX **Oter Epicure** 　　　　　　　　　　AC ⌀ ⇄ VISA ⊛ AE ①
Claudio Coello 71 ⊠28001 Ⓜ Serrano – ℰ 914 31 67 70 – www.oterepicure.com
– cerrado domingo y festivos noche 　　　　　　　　6GV**n**
Rest – Carta 42/48 €
♦ Ofrece un comedor de diseño clásico-actual en tonos grises y tres privados en el sótano. Carta de tendencia tradicional, una completa bodega y su propia cava de puros.

XX **Al Mounia** 🔢 ⌘ VISA ⦿ AE
Recoletos 5 ⊠28001 Ⓜ *Banco de España – 𝒞 914 35 08 28 – www.almounia.es*
– cerrado 25 julio-agosto y domingo noche **8NVu**
Rest – Carta aprox. 50 €
♦ Exótico local cerca del Museo Arqueológico Nacional. Decoración marroquí con madera tallada, escayolas y típicas mesitas bajas sobre moqueta. Platos tradicionales maghrebies.

XX **El Gran Barril** 🔢 ⌘ ⇄ VISA ⦿ AE
Goya 107 ⊠28009 Ⓜ *Goya – 𝒞 914 31 22 10 – www.elgranbarril.com*
Rest – Carta aprox. 50 € 🍴 **6JVy**
♦ Local de confortables instalaciones con la fachada acristalada. Posee una bar, dos comedores, una sala en el sótano y un privado. Cava de puros, bodega y vivero de marisco.

XX **Shikku** 🔢 ⌘ VISA ⦿ AE
Lagasca 5 ⊠28001 Ⓜ *Retiro – 𝒞 914 31 93 08 – www.shikku.es – cerrado del 8 al 22 de agosto y domingo* **4GXa**
Rest – Carta aprox. 55 €
♦ Disfruta de una barra de apoyo a la entrada y una sala de montaje actual, con los suelos en moqueta. Cocina japonesa elaborada con productos de calidad.

XX **La Miel** 🔢 ⌘ VISA ⦿ AE ⓪
Maldonado 14 ⊠28006 Ⓜ *Núñez de Balboa – 𝒞 914 35 50 45*
– www.restaurantelamiel.com – cerrado agosto y domingo **4HUx**
Rest – Carta 38/48 €
♦ De línea clásica, con el matrimonio propietario en sala y cocina. Ofrece un buen confort, esmerado servicio de mesa y una correcta carta internacional. Nutrida bodega.

XX **Gerardo** 🔢 ⌘ ⇄ VISA ⦿ AE
D. Ramón de la Cruz 86 ⊠28006 Ⓜ *Manuel Becerra – 𝒞 914 01 89 46*
– www.restaurantegerardo.com **6JVs**
Rest – Carta 40/59 €
♦ Buen bar de espera con expositor de productos, un privado y un comedor clásico que destaca por sus vistas a un patio interior ajardinado. Carta de cocina tradicional.

XX **El Almirez** 🔢 ⌘ VISA ⦿ AE ⓪
Maldonado 5 ⊠28006 Ⓜ *Núñez de Balboa – 𝒞 914 11 54 69 – cerrado Semana Santa, del 10 al 23 de agosto y domingo noche* **4GHUe**
Rest – Carta 40/48 €
♦ Establecimiento de estilo clásico en dos niveles, con dos comedores, un bar con algunas mesas, a modo de taberna, y una carta tradicional con predominio de la cocina vasca.

XX **El Chiscón de Castelló** 🔢 ⌘ VISA ⦿ ⓪
Castelló 3 ⊠28001 Ⓜ *Príncipe de Vergara – 𝒞 915 75 56 62*
– www.elchiscon.com – cerrado agosto, domingo y lunes noche **6HXe**
Rest – Carta 35/46 €
♦ Su fachada típica esconde un interior que por su cálida decoración se asemeja a una casa particular, sobre todo en las salas de la 1ª planta. Cocina tradicional a buen precio.

XX **La Hoja** 🔢 ⌘ VISA ⦿ AE
Doctor Castelo 48 ⊠28009 Ⓜ *O'Donnell – 𝒞 914 09 25 22 – www.lahoja.es*
– cerrado domingo **6JXy**
Rest – Carta 35/50 €
♦ Ofrece dos salones de ambiente clásico en los que podrá degustar una copiosa cocina asturiana, con un apartado de fabada y pollos de su propia granja. Tienda delicatessen.

XX **Pelotari**   AC ⅍ ⇔ VISA ⦵ AE ⦵
Recoletos 3 ⊠28001 Ⓜ Colón – ℰ 915 78 24 97 – www.pelotari-asador.com
– cerrado domingo   **8NVu**
Rest – Carta 34/46 €

♦ Clásico asador vasco llevado por sus propietarios, uno en sala y el otro en cocina. Posee cuatro comedores de estilo clásico regional, dos de ellos convertibles en privados.

XX **La Castela**   AC ⅍ VISA ⦵ AE ⦵
Doctor Castelo 22 ⊠28009 Ⓜ Ibiza – ℰ 915 74 00 15 – www.lacastela.com
– cerrado Semana Santa, agosto y domingo   **6HXr**
Rest – Carta 35/50 €

♦ Sigue la línea de las históricas tabernas madrileñas, con bar de tapeo a la entrada. Sencilla pero correcta sala de estilo clásico, donde ofrecen una carta tradicional.

Ⓨ **Juan Bravo 25**   ⌂ AC ⅍ VISA ⦵ AE ⦵
Juan Bravo 25 ⊠28006 Ⓜ Núñez de Balboa – ℰ 914 11 60 25
– www.juanbravo25.com – cerrado 15 días en agosto y domingo   **4HUa**
Rest – Tapa 3,50 € – Ración aprox. 18 €

♦ Gran local situado en el entresuelo, con una barra central repleta de pinchos y tapas al estilo vasco. Dispone de un comedor anexo en el que ofrecen una carta tradicional.

Ⓨ **José Luis**   ⌂ AC ⅍ VISA ⦵ AE ⦵
General Oráa 5 ⊠28006 Ⓜ Rubén Darío – ℰ 915 61 64 13 – www.joseluis.es
Rest – Tapa 2,50 € – Ración aprox. 15 €   **4GUz**

♦ Afamado local en una buena zona de la ciudad, donde ofrecen una extensa selección de canapés, pinchos y raciones, en un entorno elegante con decoración clásica.

Ⓨ **Mesón Cinco Jotas**   ⌂ AC ⅍ VISA ⦵ AE ⦵
Puigcerdá ⊠28001 Ⓜ Serrano – ℰ 915 75 41 25 – www.mesoncincojotas.com
Rest – Tapa 3 € – Ración aprox. 15 €   **6GXv**

♦ Reconocido por la gran calidad en su oferta de productos ibéricos, con tapas y raciones. Posee una espléndida terraza y tres acogedoras salas distribuidas en tres pisos.

Ⓨ **Tasca La Farmacia**   AC ⅍ VISA ⦵ AE ⦵
Diego de León 9 ⊠28006 Ⓜ Diego de León – ℰ 915 64 86 52
– www.asadordearanda.com – cerrado 11 julio - 7 agosto y domingo
Rest – Tapa 4,50 € – Ración aprox. 12 €   **4GHUs**

♦ De estilo tradicional, destacando una bellísima barra azulejada con motivos nobiliarios. No deje de probar las tapas o raciones de bacalao y zancarrón.

Ⓨ **Mesón Cinco Jotas**   AC ⅍ VISA ⦵ AE ⦵
Serrano 118 ⊠28006 Ⓜ Núñez de Balboa – ℰ 915 63 27 10
– www.mesoncincojotas.com   **4GUa**
Rest – Tapa 5 € – Ración aprox. 12 €

♦ Establecimiento de línea actual dotado con una correcta selección de tapas, tostas y raciones, donde priman los derivados del cerdo ibérico. Disponen de un buen comedor.

Ⓨ **El Barril**   AC ⅍ VISA ⦵ AE ⦵
Goya 86 ⊠28009 Ⓜ Goya – ℰ 915 78 39 98 – www.elbarrildegoya.com
Rest – Tapa 12 € – Ración aprox. 20 €   **6JVXr**

♦ Marisquería con la barra muy bien acondicionada, donde exponen una extensa gama de productos de impecable aspecto. Al fondo disponen de un comedor con una correcta carta.

Ⓨ **Taberna de la Daniela**   AC ⅍ VISA ⦵ AE ⦵
General Pardiñas 21 ⊠28001 Ⓜ Goya – ℰ 915 75 23 29   **6HVs**
Rest – Tapa 3 € – Ración aprox. 9 €

♦ Taberna típica del barrio de Salamanca, con la fachada azulejada y varios comedores para degustar sus tapas y raciones. Es famosa por su cocido madrileño.

♈ **El Barril de Alcántara** 　　　ⒶⒸ ✂ ⱽⁱˢᵃ ⊚ ㉑ ⓪
Don Ramón de la Cruz 91 ✉28006 Ⓜ *Manuel Becerra –* ℰ *914 01 33 05*
– www.elbarrilalcantara.com 　　　　　　　　　　　　　　**6**JV**n**
Rest – Tapa 7 € – Ración aprox. 15 €
♦ Marisquería con gran aceptación, tanto por el servicio como por la calidad
ofrecida. Dispone de un bar-cervecería y dos comedores, para degustar sus mariscos y raciones.

Arganzuela, Carabanchel, Villaverde

🏨 **AC Carlton Madrid** 　　　🛗 ⒶⒸ ✂ 📶 🅂Ⓐ ⱽⁱˢᵃ ⊚ ㉑ ⓪
paseo de las Delicias 26 ✉28045 Ⓜ *Atocha –* ℰ *915 39 71 00*
– www.ac-hotels.com 　　　　　　　　　　　　　　　　**5**FZ**n**
113 hab – ♔♔70/200 €, ⌴ 13 € – 9 suites 　**Rest** – Carta aprox. 28 €
♦ Hotel de larga trayectoria en la ciudad. Aquí encontrará unas habitaciones
amplias y bastante bien actualizadas, con mobiliario funcional-actual y grandes
cabeceros. El restaurante-cafetería, que ofrece una cocina tradicional, cuenta
con varios salones anexos.

🏨 **Abba Atocha** 　　　　🛗 ⒶⒸ ✂ 📶 🅂Ⓐ 🚗 ⱽⁱˢᵃ ⊚ ㉑ ⓪
paseo de Santa María de la Cabeza 73 ✉28045 Ⓜ *Delicias –* ℰ *914 73 91 11*
– www.abbahoteles.com 　　　　　　　　　　　　　　**5**EZ**e**
108 hab – ♔54/141 € ♔♔54/155 €, ⌴ 13,50 €
Rest – *(cerrado agosto, sábado y domingo)* Menú 19,50 €
♦ Posee salones de conferencias panelables y bastante bien equipados. Las habitaciones son de estilo funcional, con mobiliario moderno y los baños renovados .
Restaurante de línea actual con el suelo en tarima.

✕✕ **Aynaelda** 　　　　　　　　🚗 ⒶⒸ ✂ 🚗 ⱽⁱˢᵃ ⊚ ㉑
😊 *Los Yébenes 38* ✉28047 Ⓜ *Casa de Campo –* ℰ *917 10 10 51*
– www.aynaelda.com – cerrado domingo noche 　　　　**1**AM**b**
Rest – Carta 32/37 €
♦ Disfruta de una amplia terraza, un buen bar, una sala de aire rústico y otra más
funcional en el piso superior. Carta tradicional muy completa, con gran variedad
de arroces.

✕ **Los Cigarrales** 　　　　　　ⒶⒸ ✂ 🚗 ⱽⁱˢᵃ ⊚ ⓪
Antonio López 52 ✉28019 Ⓜ *Marqués de Vadillo –* ℰ *914 69 74 52*
– www.restaurantescigarrales.com – cerrado domingo noche 　　**5**DZ**n**
Rest – Carta 35/42 €
♦ Este restaurante de aire castellano cuenta con una atractiva sala y un salón
para banquetes, ambos con profusión de madera. Carta tradicional enriquecida
con platos manchegos.

Moncloa

🏨 **Husa Princesa** 　　🎬 🛁 🛗 & hab, ⒶⒸ ✂ rest, 📶 🅂Ⓐ 🚗 ⱽⁱˢᵃ ⊚ ㉑ ⓪
Princesa 40 ✉28008 Ⓜ *Argüelles –* ℰ *915 42 21 00*
– www.hotelhusaprincesa.com 　　　　　　　　　　　**5**DV**z**
263 hab – ♔♔160/350 €, ⌴ 20 € – 12 suites
Rest – *(cerrado agosto, domingo y lunes noche)* Menú 55 €
♦ Magnífico hotel situado en una de las principales arterias de la ciudad, con
amplias zonas nobles y unas habitaciones espaciosas dotadas de muy buen confort. En su íntimo y moderno comedor podrá degustar una cocina tradicional con
esencias mediterráneas.

🏨 **Meliá Madrid Princesa** 　　🛁 🛗 & hab, ⒶⒸ ✂ hab, 📶 🅂Ⓐ ⱽⁱˢᵃ ⊚ ㉑ ⓪
Princesa 27 ✉28008 Ⓜ *Ventura Rodríguez –* ℰ *915 41 82 00*
– www.meliamadridprincesa.com 　　　　　　　　　　**7**KV**t**
237 hab – ♔♔120/311 €, ⌴ 25 € – 27 suites
Rest *Uno* – *(cerrado agosto)* Carta 35/53 €
♦ Un hotel totalmente renovado. Dispone de una buena zona social, donde combinan el mobiliario actual con las antigüedades, y habitaciones bien equipadas de
ambiente moderno. El restaurante presenta una carta actual y dispone de un
espacio lounge para tapear.

MADRID

AC Monte Real 🔊 📶 ♿ hab, 🅰️ ⅍ 📶 ⅍ 🚗 VISA ⑳ AE ①

Arroyofresno 17 ✉28035 – ℰ 917 36 52 73 – www.ac-hotels.com **1ALb**
60 hab – **††**75/350 €, ⊊ 15 € – 12 suites
Rest – *(cerrado agosto)* Menú 26 €

♦ Un hotel emblemático que se presenta actualizado bajo la moderna estética de la cadena AC. Cuenta con un buen salón social, una atractiva terraza y confortables habitaciones. El restaurante ofrece un montaje informal y una carta media tradicional.

Jardín Metropolitano 📶 ♿ hab, 🅰️ ⅍ 📶 ⅍ 🚗 VISA ⑳ AE ①

av. Reina Victoria 12 ✉28003 Ⓜ Cuatro Caminos – ℰ 911 83 18 10
– www.vphoteles.com **3ETb**
96 hab – **†**95/300 € **††**115/320 €, ⊊ 15 € – 6 suites
Rest – *(cerrado agosto)* Menú 25 €

♦ Goza de un equipamiento moderno y ocupa un edificio distribuido alrededor de un patio central, cubierto por una claraboya. Habitaciones amplias, clásicas y bien equipadas.

Mercure Madrid Plaza de España sin rest 📶 ♿ 🅰️ 📶

Tutor 1 ✉28008 Ⓜ Ventura Rodríguez – ℰ 915 41 98 80 VISA ⑳ AE ①
– www.mercure.com **7KVd**
96 hab – **†**85/330 € **††**85/355 €, ⊊ 18 €

♦ Hotel de línea clásica dotado con una agradable zona social y acogedoras habitaciones, todas con cierta elegancia. Los detalles y el confort se combinan en perfecta armonía.

Husa Moncloa 🔊 📶 ♿ hab, 🅰️ ⅍ rest, 📶 🚗 VISA ⑳ AE ①

Serrano Jover 1 ✉28015 Ⓜ Argüelles – ℰ 915 42 45 85
– www.hotelhusamoncloa.com **5DVc**
146 hab – **††**125/230 €, ⊊ 15 € – 2 suites
Rest – *(en el Hotel Husa Princesa)*

♦ Funciona como un anexo del hotel Husa Princesa, que le presta la mayoría de sus servicios ya que él sólo ofrece alojamiento y desayuno. Habitaciones amplias y bien equipadas.

XXX El Club Allard (Diego Guerrero) 🅰️ ⅍ ⇔ VISA AE ①

🕸 *Ferraz 2 ✉28008 Ⓜ Plaza España – ℰ 915 59 09 39 – www.elcluballard.com*
– cerrado agosto, sábado mediodía, domingo, lunes noche y festivos
Rest – *(sólo menú)* Menú 61/74 € **7KVw**
Espec. Mini babybell de Camembert trufado. Raviolis de alubias de Tolosa con infusión de berza. Rodaballo salvaje con cebolleta tierna al aroma de albahaca.
♦ Está en un edificio modernista protegido, por lo que no encontrará ninguna indicación exterior, y se presenta con una sala de elegante ambiente clásico. Su cocina creativa demuestra un excelente nivel técnico, con fusiones acertadas y delicadas presentaciones.

XX El Bosque Sagrado 🚗 🅰️ ⅍ 🅿️ VISA ⑳ AE

av. de las Provincias - Casa de Campo ✉28011 Ⓜ Lago – ℰ 915 26 78 17
– www.elbosquesagrado.com – cerrado del 1 al 15 de enero, del 15 al 30
de agosto, domingo noche y lunes **1AMv**
Rest – *(sólo cena salvo fin de semana)* Carta 35/46 €

♦ Instalado en el antiguo pabellón de Asturias en la Casa de Campo. Posee un gran patio, un comedor con detalles rústicos y un salón para banquetes con servicios independientes.

XX Sal Gorda 🅰️ ⅍ VISA ⑳ AE ①

🕸 *Beatriz de Bobadilla 9 ✉28040 Ⓜ Guzmán El Bueno – ℰ 915 53 95 06*
– www.restaurantesalgorda.es – cerrado Semana Santa, agosto y domingo
Rest – Carta 30/35 € **3DTe**
♦ Restaurante de reducidas dimensiones llevado por reconocidos profesionales. Cocina clásica bien elaborada, basada en el recetario tradicional y con algún plato internacional.

Ψ/ **Kulto al Plato** ⬛ ⅀ ⱱ⒮⒜ ⓪⓪
Serrano Jover 1 ✉28015 Ⓜ *Argüelles* – ⒻΘ 917 58 59 46 – *www.kultoalplato.com*
– *cerrado domingo* **5DVc**
Rest – Tapa 3,50 € – Ración aprox. 12,50 €

♦ Bar de tapas distribuido en varios niveles. Encontrará dos zonas de mesas, una para tomar sus menús degustación de tapas y la otra, con las mesas más altas, para el picoteo.

Chamberí

AC Santo Mauro ⬛ ⅀ ⒡ 🖥 ⬥ hab, ⬛ ⅀ ⅋¹⒮ 🖥 ⬥
Zurbano 36 ✉28010 Ⓜ *Alonso Martínez*
– ⒻΘ 913 19 69 00 – *www.ac-hotels.com* **5FVe**
43 hab – †200/300 € ††240/360 €, ⊊ 30 € – 8 suites
Rest *Santo Mauro* – *(cerrado agosto, domingo y lunes)* Menú 90 €

♦ Precioso palacete de estilo francés emplazado en una zona aristócrata y de embajadas. Encontrará un marco elegante y con lujosos detalles, todo rodeado de un bonito jardín. El restaurante goza de gran distinción, ya que ocupa un bellísimo salón-biblioteca.

InterContinental Madrid ⬛ ⒡ 🖥 ⬥ hab, ⬛ ⅀ ⅋¹⒮ 🖥 ⬥
paseo de la Castellana 49 ✉28046 Ⓜ *Gregorio Marañón* ⱱ⒮⒜ ⓪⓪ ⱭⒺ ⓪
– ⒻΘ 917 00 73 00
– *www.madrid.intercontinental.com* **4GUv**
279 hab – ††159/259 €, ⊊ 32 € – 33 suites
Rest – Menú 42 €

♦ Goza de un elegante hall clásico, con cúpula y profusión de mármoles, así como de un agradable patio-terraza interior y unas habitaciones que destacan por su gran confort. En su restaurante, anexo al hall-bar, podrá degustar una cuidada carta internacional.

Hesperia Madrid ⒡ 🖥 ⬥ hab, ⬛ ⅀ hab, ⅋¹⒮ 🖥 ⱱ⒮⒜ ⓪⓪ ⱭⒺ ⓪
paseo de la Castellana 57 ✉28046 Ⓜ *Gregorio Marañón* – ⒻΘ 912 10 88 00
– *www.hesperia-madrid.com* **3FUb**
139 hab – †122/411 € ††157/421 €, ⊊ 29 € – 32 suites
Rest *Santceloni* – ver selección restaurantes
Rest – *(sólo almuerzo)* Menú 29 €

♦ Disfruta de un buen emplazamiento en una céntrica zona de negocios. Su pequeño hall se compensa con una gran variedad de salones. Habitaciones de elegante estilo clásico. El restaurante, que está en el patio interior, también sirve los desayunos.

Orfila ⬛ 🖥 ⬛ ⅀ ⅋¹⒮ 🖥 ⱱ⒮⒜ ⓪⓪ ⱭⒺ ⓪
Orfila 6 ✉28010 Ⓜ *Alonso Martínez*
– ⒻΘ 917 02 77 70 – *www.hotelorfila.com*
– *cerrado agosto* **8NVd**
28 hab – †187/385 € ††187/405 €, ⊊ 30 € – 4 suites
Rest – Menú 45 €

♦ Palacete de finales del s. XIX ubicado en una exclusiva zona residencial. Un ambiente señorial define todas sus dependencias, equipadas con elegante mobiliario clásico. Comedor acogedor, pudiendo también disfrutar de su carta en el jardín interior.

NH Abascal ⒡ 🖥 ⬥ hab, ⬛ ⅀ ⅋¹⒮ 🖥 ⱱ⒮⒜ ⓪⓪ ⱭⒺ ⓪
José Abascal 47 ✉28003 Ⓜ *Abascal*
– ⒻΘ 914 41 00 15 – *www.nh-hotels.com* **3FUa**
180 hab – ††59/224 €, ⊊ 22 € – 3 suites
Rest – *(cerrado 15 julio- agosto)* Carta 35/45 €

♦ Elegante edificio de línea clásica con una buena fachada. Goza de un excelente hall con columnas en mármol, patio-jardín, hermosa escalera y habitaciones bien equipadas.

Santceloni – Hotel Hesperia Madrid   🅰🅲 ⌘ ⇔ VISA ◎ AE ①

paseo de la Castellana 57 ⊠*28046* Ⓜ *Gregorio Marañón*
– ℰ *912 10 88 40* – www.restaurantesantceloni.com
– *cerrado Semana Santa, agosto, sábado mediodía, domingo y festivos*
Rest – Menú 120/195 € – Carta 111/138 € 🏵   **3FUb**
Espec. Ostras en escabeche de cítricos, coliflor y rúcula. Carré de cochinillo asado al momento al aroma de tomillo. Crema de café con la mousse cocida de chocolate.
♦ Toda una experiencia culinaria. Este elegante restaurante presenta una sala de línea clásica-actual, distribuida en dos niveles y de excelente montaje. De sus fogones surge una cocina tradicional actualizada, bien elaborada y con sugerentes detalles creativos.

La Broche   🅰🅲 ⌘ VISA ◎ AE ①

Miguel Ángel 29 ⊠*28010* – ℰ *913 99 34 37* – www.labroche.com – *cerrado Semana Santa, agosto, domingo, lunes y festivos*   **3FUc**
Rest – Menú 70/100 € – Carta 66/89 €
Espec. Ajoblanco de almedras con langostino y aceite de argán. Rape a la parrilla con espárragos a la vainilla. Músico de frutos secos y queso.
♦ Su comedor, diáfano y asomado a la calle por un gran ventanal, disfruta de una estética minimalista definida por el dominio de los tonos blancos. Su chef propone una cocina actualizada que toma como base para sus elaboraciones las combinaciones clásicas.

Il Gusto   🅰🅲 ⌘ VISA ◎ AE ①

Espronceda 27 ⊠*28003* Ⓜ *Canal* – ℰ *915 35 39 02*
– www.restauranteilgusto.com   **3FTUd**
Rest – Carta 35/45 €
♦ Descubra los deliciosos matices de la gastronómica italiana. Sus modernas instalaciones disponen de hall y de un elegante comedor en el que se combinan el mármol y la madera.

Sergi Arola Gastro   🅰🅲 ⌘ VISA ◎ AE ①

Zurbano 31 ⊠*28010* Ⓜ *Rubén Darío* – ℰ *913 10 21 69* – www.sergiarola.es
– *cerrado Navidades, Semana Santa, del 12 al 31 de agosto, sábado mediodía y domingo*   **5FVa**
Rest – *(sólo menú)* Menú 95/160 € 🏵
Espec. Sardinas marinadas rellenas de huevas de arenque, pan y tomate. Lomo de mero negro en sopa de coco y curry. Coca de hígado de pato con verduras asadas al horno.
♦ Le sorprenderá, pues disfruta de un cocktail-bar, una sala de estética moderna y un singular privado emplazado al mismo pie de los fogones. Cocina de autor que destaca por su dominio técnico, la delicadeza de las elaboraciones y la perfección de sus maridajes.

Lur Maitea   🅰🅲 ⌘ ⇔ VISA ◎ AE ①

Fernando el Santo 4 ⊠*28010* Ⓜ *Alonso Martínez* – ℰ *913 08 03 50*
– www.lurmaitearestaurante.com – *cerrado agosto y domingo*   **8MVu**
Rest – Carta 53/60 €
♦ Se ha convertido en uno de los clásicos de la ciudad. Su elegante comedor tiene el suelo en parquet y una decoración definida por los tonos azules. Cocina vasca actualizada.

Astrid & Gastón   🅰🅲 ⌘ VISA ◎ AE ①

paseo de la Castellana 13 ⊠*28046* Ⓜ *Serrano*
– ℰ *917 02 62 62* – www.astridygastonmadrid.com
– *cerrado domingo*   **8NVx**
Rest – Carta 58/63 €
♦ Se encuentra en los bajos de un edificio y dispone de dos plantas, ambas amplias y de ambiente actual. Ofrece un bar de espera y una carta que nos descubre la cocina peruana.

XX **Zorzal**   AC ⅍ VISA ◯◯ AE ◯

paseo de Eduardo Dato 5 ⊠28010 Ⓜ Rubén Darío – 𝒞 914 46 45 48
– www.restaurantezorzal.com – cerrado Semana Santa, agosto, domingo, lunes
y martes noche   **3FUz**
Rest – Carta aprox. 35 €
♦ Tras su fachada clásica encontrará un local de estética moderna, con los suelos en madera y un buen servicio de mesa. Carta de cocina tradicional con detalles actuales.

XX **Mesón del Cid**   AC ⅍ VISA ◯◯

Fernández de la Hoz 57 ⊠28003 Ⓜ Gregorio Marañón – 𝒞 914 42 07 55
– www.mesondelcid.es – cerrado Semana Santa, agosto, domingo y festivos
noche   **3FUr**
Rest – Carta 36/45 €
♦ La casa madre de este restaurante se encuentra en Burgos. Ofrece un amplio
bar de tapas y varios comedores de carácter castellano. Carta fiel al recetario
tradicional.

XX **Gala**   AC ⅍ ⇔ VISA ◯◯ AE ◯

Espronceda 14 ⊠28003 Ⓜ Alonso Cano
– 𝒞 914 42 22 44 – www.restaurantegala.com
– cerrado 15 días en agosto y domingo noche   **3EUn**
Rest – Carta aprox. 45 €
♦ Cuenta con un hall, un reservado y un moderno comedor de diseño actual. Al
fondo dispone de otro reservado, con una bodega a la vista, que contrasta por su
estilo rústico.

XX **Casa Hilda**   AC ⅍ VISA ◯◯ AE ◯

Bravo Murillo 24 ⊠28015 Ⓜ Quevedo – 𝒞 914 46 35 69 – cerrado agosto,
domingo noche y lunes noche   **3EUq**
Rest – Carta 30/35 €
♦ Organización correcta, sencilla y familiar. Ambiente algo austero donde predomina el mármol, salvo el reservado, que es tipo bodega. Carta clásica
compensada.

XX **La Plaza de Chamberí**   AC ⅍ VISA ◯◯ AE ◯

pl. de Chamberí 10 ⊠28010 Ⓜ Iglesia – 𝒞 914 46 06 97
– www.restaurantelaplazadechamberi.com
– cerrado domingo noche   **5FVk**
Rest – Carta 37/44 €
♦ Goza de cierto tipismo y está asentado en la zona. Dispone de un comedor de
estilo clásico-antiguo distribuido en dos niveles. Su carta está atenta al recetario
tradicional.

XX **Lúa**   AC ⅍ VISA ◯◯ ◯

Zurbano 85 ⊠28003 Ⓜ Gregorio Marañón
– 𝒞 913 95 28 53 – www.restaurantelua.com
– cerrado 15 días en agosto y domingo   **3FUe**
Rest – (sólo menú) Menú 44 €
♦ Este pequeño restaurante resulta joven y divertido, con la sala repartida en
tres espacios. Basa su trabajo en un menú diario, tipo degustación, de corte crea-
tivo-actual.

XX **Las Tortillas de Gabino**   AC ⅍ VISA ◯◯ AE ◯

Rafael Calvo 20 ⊠28010 Ⓜ Rubén Darío
– 𝒞 913 19 75 05 – www.lastortillasdegabino.com
– cerrado del 1 al 7 de enero, 20 días en agosto, sábado mediodía, domingo
y festivos   **3FUf**
Rest – Carta 30/35 €
♦ Negocio llevado entre dos hermanos. Dispone de un recibidor, dos salas actuales decoradas con paneles de madera y un privado. Carta tradicional con un apartado de tortillas.

MADRID

X **Villa de Foz**　　　　　　　　　AC ⅍ ⇔ VISA ⬤⬤ AE ⓪

Gonzálo de Córdoba 10 ⊠28010 Ⓜ Bilbao – 𝒞 914 46 89 93
– www.villadefoz.com – cerrado agosto y domingo　　　　**5EVe**
Rest – Carta 36/45 €

♦ Disfruta de dos correctos comedores, ambos de línea clásica-actual. Su carta de cocina tradicional gallega se ve enriquecida con un apartado de raciones y postres caseros.

X **Don Sancho**　　　　　　　　　　AC ⅍ VISA ⬤⬤ AE ⓪

Bretón de los Herreros 58 ⊠28003 Ⓜ Gregorio Marañón – 𝒞 914 41 37 94
– cerrado domingo, lunes noche y festivos　　　　　**3FUu**
Rest – Carta 25/36 €

♦ Bien organizado, con el dueño y el chef al frente del negocio. Tiene una sala de línea actual en dos niveles y una clientela habitual. Especializado en bacalaos y carnes.

Y/ **Taberna El Maño**　　　　　　　　　　⌂ ⅍ VISA ⬤⬤

Vallehermoso 59 ⊠28015 Ⓜ Canal – 𝒞 914 48 40 35 – cerrado domingo
noche y lunes　　　　　　**3DUe**
Rest – Tapa 3 € – Ración aprox. 11,50 €

♦ Antiguo local definido por su tipismo y por tener algunos detalles de ambiente taurino. Ofrece pinchos, tapas y raciones elaborados con productos de buena calidad.

Y/ **1929**　　　　　　　　　　　　AC ⅍ VISA ⬤⬤ ⓪

Rodríguez San Pedro 66 ⊠28015 Ⓜ Argüelles – 𝒞 915 49 91 16
– www.taberna1929.com – cerrado agosto , domingo y festivos　　**5DVf**
Rest – Tapa 2,20 € – Ración aprox. 10 €

♦ Local de aire rústico llevado por su propietario. Posee una barra bien surtida, algunos barriles que se usan como mesas y dos salas para degustar sus elaboraciones.

Chamartín, Tetuán

🏨🏨 **Puerta América**　　　　　🖾 Ⅰ₅ 🕲 ⅙ hab, AC ⅍ ⅌ ℄ 🚗 VISA ⬤⬤ AE ⓪

av. de América 41 ⊠28002 Ⓜ Cartagena – 𝒞 917 44 54 00
– www.hotelpuertamerica.com　　　　**4JUx**
330 hab – ♛♛150/486 €, ⊑ 27 € – 33 suites
Rest *Lágrimas Negras* – (cerrado domingo y lunes noche) (sólo almuerzo en agosto) Carta 45/80 € ❀

♦ Resulta colorista y está marcado por el diseño, ya que en cada una de sus plantas se refleja la creatividad de un prestigioso artista. Las habitaciones son muy originales. Su moderno restaurante tiene cierto aire neoyorquino, con zona de bar y techos altos.

🏨🏨 **Mirasierra Suites H.**　　　⌂ Ⅰ 🖾 Ⅰ₅ 🕲 ⅙ hab, AC ⅍ ⅌ ℄ 🚗

Alfredo Marquerie 43 ⊠28034 Ⓜ Herrera Oria　　　VISA ⬤⬤ AE ⓪
– 𝒞 917 27 79 00 – www.jubanhoteles.com　　　　**1BLa**
180 hab – ♛♛140/400 €, ⊑ 25 €　**Rest** – Carta 45/55 €

♦ Disfruta de una espaciosa recepción ubicada bajo una cúpula abierta, habitaciones muy bien equipadas, tipo apartamento, y una gran terraza de verano con distintos ambientes. Su restaurante ofrece una cocina tradicional con toques actuales e internacionales.

🏨🏨 **NH Eurobuilding**　　　　Ⅰ₅ 🕲 ⅙ hab, AC ⅍ ⅌ ℄ 🚗 VISA ⬤⬤ AE ⓪

Padre Damián 23 ⊠28036 Ⓜ Cuzco – 𝒞 913 53 73 00 – www.nh-hotels.com
455 hab – ♛♛92/538 €, ⊑ 23,80 € – 4 suites　　　**4GSa**
Rest – Menú 45 €

♦ Da continuidad a la filosofía de confort de la cadena, ofreciendo unas dependencias amplias y bien equipadas. Cuenta con numerosas salas de reuniones y un moderno SPA. Los fogones de su restaurante se muestran fieles al recetario tradicional.

AC Cuzco 🖐 🗗 🛴 hab, 🔟 🕾 🐴 🄿 🚭 🚾 ⓸ 🄰🄴 ⓞ

paseo de la Castellana 133 ✉28046 Ⓜ *Cuzco –* ☏ *915 56 06 00*
– www.ac-hotels.com **3FSa**
315 hab – ♦♦108/350 €, ☎ 22 € – 14 suites
Rest – Menú 30 €
♦ Está completamente renovado, con las características de confort, diseño y modernidad que habitualmente representan a la cadena AC. Habitaciones de adecuado equipamiento. Su restaurante permanece abierto las 24 horas del día.

 Holiday Inn Madrid 🔟 🖐 🖐 🗗 🛴 hab, 🔟 🎸 🕾 🐴 🚾 ⓸ 🄰🄴 ⓞ

pl. Carlos Trías Beltrán 4, acceso por Orense 22-24 ✉28020
Ⓜ *Santiago Bernabeu –* ☏ *914 56 80 00*
– www.holidayinnmadrid.net **3FSz**
280 hab – ♦♦90/450 €, ☎ 20 € – 33 suites
Rest – 28 €
♦ Bien situado junto al complejo Azca, centro financiero repleto de oficinas y locales de ocio. Amplia oferta en servicios adicionales y habitaciones de línea actual. El restaurante se presenta con un sencillo comedor de carácter polivalente.

 NH La Habana 🖐 🛴 hab, 🔟 🎸 🐴 🚾 ⓸ 🄰🄴 ⓞ

paseo de La Habana 73 ✉28036 Ⓜ *Colombia –* ☏ *914 43 07 20*
– www.nh-hotels.com **4HSf**
155 hab – ♦204 € ♦♦227 €, ☎ 19 €
Rest – *(cerrado agosto)* Menú 30 €
♦ Hotel de línea moderna orientado a una clientela de negocios. Ofrece unas habitaciones algo reducidas aunque confortables, con mobiliario actual y los suelos en tarima.

 Don Pío sin rest, con cafetería 🖐 🖐 🔟 🎸 🐴 🄿 🚾 ⓸ 🄰🄴 ⓞ

av. Pío XII-25 ✉28016 Ⓜ *Pio XII*
– ☏ *913 53 07 80 – www.hoteldonpio.com* **4HRs**
41 hab – ♦72/128 € ♦♦80/160 €, ☎ 14 €
♦ Buen hall-patio, con claraboya de estilo clásico-moderno, al que dan todas sus habitaciones, de notables dimensiones y detalles como los baños con hidromasaje.

 Castilla Plaza 🖐 🖐 🛴 hab, 🔟 🎸 🐴 🚭 🚾 ⓸ 🄰🄴 ⓞ

paseo de la Castellana 220 ✉28046 Ⓜ *Plaza Castilla –* ☏ *915 67 43 00*
– www.abbahoteles.com **4GRu**
228 hab – ♦75/350 € ♦♦125/350 €, ☎ 17 €
Rest – Carta 37/43 €
♦ Bello edificio acristalado que forma parte, junto a las Torres Kio, del conjunto arquitectónico conocido como la Puerta de Europa. Confortable, actual y rico en detalles. El restaurante elabora una cocina de sabor mediterráneo y tiene interesantes sugerencias.

 Infanta Mercedes sin rest 🖐 🛴 🔟 🎸 🐴 🚾 ⓸ 🄰🄴 ⓞ

Huesca 21 ✉28020 Ⓜ *Tetuán –* ☏ *915 70 33 33*
– www.hotelinfantamercedes.es **3ESv**
61 hab – ♦45/125 € ♦♦50/173 €, ☎ 10,65 €
♦ Hotel de modesta organización enfocado al hombre de negocios. Ofrece habitaciones sencillas y funcionales, todas de correcto confort pero algo básicas en su equipamiento.

¡La selección de esta guía se enriquece con usted, sus descubrimientos y sus comentarios son importantes para nosotros. Háblenos de su satisfacción o de su decepción. Buena o mala sorpresa: escríbanos!

✕✕✕✕✕ **Zalacaín** 🄰🄲 ✻ ⇔ 🆅🅸🆂🄰 ⓪ 🄰🄴 ⓪

🕸 *Álvarez de Baena 4 ✉28006 🄼 Gregorio Marañón*
– 𝒞 915 61 48 40 – www.restaurantezalacain.com
– cerrado Semana Santa, agosto, sábado mediodía, domingo y festivos
Rest – Carta 67/83 € 🕸   **4GUb**
Espec. Langostinos a la plancha sobre tomate, cebolla y aceitunas negras con
vinagreta de trufas. Huevos trufados con hongos confitados y gambas. Entrecot
de buey al vino tinto con tuétano de ternera jóven.
♦ Esta casa, una de las más prestigiosas y elegantes de España, se presenta con
un buen hall, un bar privado y varias salas de refinado ambiente clásico. Fiel a sí
misma mantiene firme, y a gran nivel, el estandarte de la cocina clásica. Excelente
organización.

✕✕✕✕ **Príncipe de Viana** 🄰🄲 ✻ 🆅🅸🆂🄰 ⓪ 🄰🄴 ⓪

Manuel de Falla 5 ✉28036 🄼 Santiago Bernabeu – 𝒞 914 57 15 49 – cerrado
Semana Santa, agosto y domingo   **4GSc**
Rest – Carta 50/70 € 🕸
♦ Cocina de inspiración vasco-navarra como marcan los cánones, siendo por ello
bien conocido en la ciudad. Dispone de instalaciones de línea clásica y un exce-
lente montaje.

✕✕✕✕ **El Bodegón** 🄰🄲 ✻ ⇔ 🆅🅸🆂🄰 ⓪ 🄰🄴 ⓪

Pinar 15 ✉28006 🄼 Gregorio Marañón – 𝒞 915 62 88 44 – www.grupovips.com
– cerrado agosto, sábado mediodía y domingo   **4GUq**
Rest – Carta 57/81 €
♦ Resulta elegante y disfruta de una cuidada línea clásica, con un bar de espera
privado y el comedor repartido en varios niveles. Ofrece elaboraciones de corte
tradicional.

✕✕✕ **Combarro** 🄰🄲 ✻ ⇔ 🆅🅸🆂🄰 ⓪ 🄰🄴 ⓪

Reina Mercedes 12 ✉28020 🄼 Nuevos Ministerios
– 𝒞 915 54 77 84 – www.combarro.com
– cerrado Semana Santa, agosto y domingo noche   **3ESa**
Rest – Carta 64/77 €
♦ Cocina gallega basada en la calidad del producto, visible en sus viveros. Bar
público, comedor en el 1er piso y varias salas en el sótano, todo bajo un elegante
clasicismo.

✕✕✕ **Aldaba** 🄰🄲 ✻ ⇔ 🆅🅸🆂🄰 ⓪ 🄰🄴 ⓪

av. de Alberto Alcocer 5 ✉28036 🄼 Cuzco – 𝒞 913 59 73 86
– cerrado Semana Santa, agosto, sábado mediodía, domingo
y festivos   **4GSe**
Rest – Carta 56/69 € 🕸
♦ Posee un bar de apoyo en la entrada y tras él un agradable comedor de
estilo clásico-moderno, complementado por varios saloncitos privados. Excelente
carta de vinos.

✕✕✕ **Goizeko Kabi** 🄰🄲 ✻ 🆅🅸🆂🄰 ⓪ 🄰🄴

Comandante Zorita 37 ✉28020 🄼 Alvarado – 𝒞 915 33 01 85
– www.goizekogaztelupe.com – cerrado domingo   **3ESa**
Rest – Carta 53/61 €
♦ Restaurante de cocina vasca actualizada con cierto prestigio en la ciudad. La
distribución de sus mesas resulta algo apretada, aunque no está exento de elegancia y confort.

✕✕✕ **El Foque** 🄰🄲 ✻ 🆅🅸🆂🄰 ⓪ 🄰🄴 ⓪

Suero de Quiñones 22 ✉28002 🄼 Cruz del Rayo – 𝒞 915 19 25 72
– www.elfoque.com – cerrado domingo   **4HTr**
Rest – Carta 38/47 €
♦ Bien ubicado junto al Auditorio Nacional de Música. Posee un comedor clásico-
marinero distribuido en dos niveles, con un mástil y velas en la sala. Especializado
en bacalao.

XX **Piñera**   🗚 🕸 ⇄ 🚗 🆚 ☜ 🅰🅴 ①

Rosario Pino 12 ⊠28012 Ⓜ Valdeacederas
– ℰ 914 25 14 25 – www.restaurantepinera.com
– *cerrado 15 días en agosto.*   **3FRb**
Rest – Carta aprox. 55 € ⅋
♦ Disfruta de un buen hall a la entrada, con una barra de espera, así como dos salas de estética actual y dos privados. Cocina tradicional e internacional actualizada.

XX **Diverxo** (David Muñoz)   🗚 🆚 ☜
ॐ
Pensamiento 28 ⊠28020 Ⓜ Cuzco
– ℰ 915 70 07 66 – www.diverxo.com
– *cerrado Navidades, Semana Santa, 15 días en agosto, domingo y lunes*
Rest – (es necesario reservar) *(sólo menú)* Menú 70/90 €   **3ESb**
Espec. Mollete chino, bun de trompetas a la crema y piel de leche, tomate kumato cherry y cecina de buey. Rape chifa versión glaseado express. Canapé pekinés invertido con sésamo negro.
♦ Restaurante de ambiente moderno al que se accede por un bar-coctelería. En su sala, bastante luminosa y de estética actual, le propondrán varios menús degustación que reflejan una cocina creativa de fusión con marcadas tendencias asiáticas.

XX **Viavélez**   🗚 🕸 🆚 ☜ 🅰🅴 ①

av. General Perón 10 ⊠28020 Ⓜ Santiago Bernabeu
– ℰ 915 79 95 39 – www.restauranteviavelez.com
– *cerrado Semana Santa, agosto, domingo noche y lunes*   **3ESc**
Rest – Carta 50/62 €
♦ Esta taberna-restaurante disfruta de un selecto bar de tapas a la entrada y un moderno e íntimo comedor en el sótano. Su cocina creativa toma como base el recetario asturiano.

XX **La Tahona**   🗚 🕸 ⇄ 🆚 ☜ 🅰🅴 ①

Capitán Haya 21 (lateral) ⊠28020 Ⓜ Cuzco
– ℰ 915 55 04 41 – www.asadordearanda.com
– *cerrado agosto y domingo noche*   **3FSu**
Rest – Carta 33/42 €
♦ Bar de entrada con horno de leña y artesonado en madera que da paso a varias salas de ambiente castellano y medieval. Disfrute del tradicional asado y el clarete de la casa.

XX **El Telégrafo**   🖼 🗚 🕸 ⇄ 🆚 ☜ 🅰🅴 ①
Padre Damián 44 ⊠28036 Ⓜ Cuzco – ℰ 913 59 70 83
– www.eltelegrafomarisqueria.com   **4GSs**
Rest – Carta aprox. 50 €
♦ Este local imita en su decoración el interior de un barco, con las salas repartidas en varios espacios y niveles. Buen bar de entrada y marisquería con expositor de productos.

XX **Carta Marina**   🖼 🗚 🕸 ⇄ 🆚 ☜ 🅰🅴 ①
Padre Damián 40 ⊠28036 Ⓜ Cuzco
– ℰ 914 58 68 26 – www.restaurantecartamarina.com
– *cerrado Semana Santa, agosto y domingo noche*   **4GSk**
Rest – Carta 36/48 €
♦ Establecimiento con profusión de madera en su decoración. Bar privado de buen montaje y acogedores comedores con terraza de verano e invierno. Fiel a la tradición gallega.

La mención **Rest** en rojo designa un establecimiento al que se le ha atribuido una distinción gastronómica ✿ (estrella) o ☺ (Bib Gourmand).

El Comité   AC ✖ VISA ◉◉ AE ◐

pl. de San Amaro 8 ✉28020 Ⓜ *Nuevos Ministerios*
– ✆ 915 71 87 11
– cerrado sábado mediodía y domingo   **3FSx**
Rest – Carta 38/47 €

♦ Restaurante de un acogedor estilo bistrot y mobiliario tipo café, que muestra en sus paredes un sinfín de fotografías antiguas. Carta especializada en cocina francesa.

Kabuki   ㊟ AC ✖ VISA ◉◉ AE ◐

av. Presidente Carmona 2 ✉28020 Ⓜ *Santiago Bernabeu – ✆ 914 17 64 15*
– cerrado Semana Santa, del 8 al 31 de agosto, sábado mediodía, domingo y festivos   **3FSt**
Rest – Menú 60 € – Carta 55/68 €
Espec. Atún tataki con purés de aceituna negra y manzana. Buey wagyu a la plancha. Daifuku y sorbete de maracuyá.

♦ Íntimo restaurante japonés de estética minimalista. Cuenta con una moderna terraza y una barra-cocina donde se preparan, entre otros platos, el popular sushi. Trabajan con productos de gran calidad, tratándolos con delicadeza y adaptándolos al paladar europeo.

Al-Fanus   AC ✖ VISA ◉◉ AE ◐

Pechuán 6 ✉28002 Ⓜ *Cruz del Rayo – ✆ 915 62 77 18 – www.alfanus.es*
– cerrado agosto y domingo noche   **4HTk**
Rest – Carta 31/40 €

♦ Genuina cocina siria en un local con barra de apoyo en la entrada y comedor de estilo árabe. La iluminación intimista de los artesanales apliques metálicos recrea sus paredes.

Tasca La Farmacia   AC ✖ VISA ◉◉ AE ◐

Capitán Haya 19 ✉28020 Ⓜ *Cuzco – ✆ 915 55 81 46*
– www.asadordearanda.com
– cerrado 10 agosto-6 septiembre y domingo   **3FSr**
Rest – Tapa 4,50 € – Ración aprox. 12 €

♦ Este precioso local se ha decorado con azulejos, arcos en piedra, ladrillo visto, celosías en forja y una hermosa vidriera en el techo del comedor. Es famoso por su bacalao.

Mesón Cinco Jotas   ㊟ AC ✖ VISA ◉◉ AE ◐

Padre Damián 42 ✉28036 Ⓜ *Cuzco – ✆ 913 50 31 73*
– www.mesoncincojotas.com   **4GSs**
Rest – Tapa 3,20 € – Ración aprox. 13 €

♦ Pertenece a una cadena especializada en jamón y embutidos ibéricos de calidad. Posee dos salas bien montadas donde se puede disfrutar de sus raciones y de una correcta carta.

Ciudad Lineal, Hortaleza, Campo de las Naciones, San Blas

Foxá M-30   ⊠ ☒ ʃ₆ ⌷ & hab, AC ✖ ⁾⁾ ⋀ ⌂ VISA ◉◉ AE ◐

Serrano Galvache 14 ✉28033 – ✆ 913 84 04 00
– www.suitesfoxa.com   **4JRx**
73 hab – ♦♦64/286 €, ⌑ 15 € – 2 suites
Rest – Menú 12 €

♦ Magnífico hotel decorado con obras de arte y mobiliario antiguo. Impresionante escalera imperial en su hall, y unas diáfanas habitaciones personalizadas en distintos estilos. El comedor le brinda las mejores especialidades clásicas e internacionales.

Puerta Madrid   ⌷ & hab, AC ✖ ⁾⁾ ⋀ ⌂ VISA ◉◉ AE ◐

Juan Rizi 5 ✉28027 – ✆ 917 43 83 00
– www.hotelpuertamadrid.com   **2CLe**
188 hab – ♦♦60/265 €, ⌑ 18 € – 6 suites
Rest – *(cerrado agosto y domingo)* Carta 35/52 €

♦ Tras su llamativa fachada acristalada encontrará una espaciosa zona social con columnas y paredes en hormigón visto, así como habitaciones modernas con excelentes baños. El restaurante disfruta de un estilo actual y cuenta con un horno de leña a la vista.

Quinta de los Cedros rest,
Allendesalazur 4 ✉28043 Ⓜ Arturo Soria – ✆ 915 15 22 00 – www.quintadeloscedros.com 4JS**x**
32 hab – 🛉80/180 € 🛉🛉99/220 €, ☕ 15 €
Rest *Los Cedros* – *(cerrado 3 semanas en agosto y domingo)* Carta 45/53 €
◆ Moderna construcción a modo de villa toscana, rodeada de césped y con hermosos detalles decorativos. Habitaciones personalizadas de buen equipamiento. El restaurante, elegante y dotado con una agradable terraza, elabora una cocina tradicional actualizada.

Velada Madrid hab,
Alcalá 476 ✉28027 – ✆ 913 75 68 00 – www.veladahoteles.com 2CL**c**
257 hab – 🛉51/314 € 🛉🛉51/335 €, ☕ 15 € – 4 suites
Rest *El Tostado* – *(cerrado agosto, sábado y domingo)* Carta aprox. 40 €
◆ Hotel de gran capacidad que destaca por su amplia oferta en salones de conferencias, algunos con su propia entrada. Correctas habitaciones de línea clásica y una zona SPA. El restaurante disfruta de un acceso independiente y una carta tradicional.

Nuevo Madrid sin rest, con cafetería
Bausá 27 ✉28033 Ⓜ Pinar de Chamartín – ✆ 912 98 26 00 – www.hotelnuevomadrid.com 4JR**c**
225 hab – 🛉65/189 € 🛉🛉65/239 €, ☕ 17 €
◆ Buen hotel de fachada acristalada. Ofrece un luminoso lobby central dotado de ascensores panorámicos y unas habitaciones de excelente equipamiento, con los baños en mármol.

Novotel Madrid Campo de las Naciones hab,
Amsterdam 3 ✉28042 Ⓜ Campo de las Naciones – ✆ 917 21 18 18 – www.novotel.com 2CL**x**
240 hab – 6 suites
Rest *Claravía* –
◆ Conjunto de línea clásico-actual junto al Parque Ferial. Zonas nobles suficientemente amplias, y habitaciones de correcto confort con muebles funcionales. Comedor muy luminoso con terraza para la época estival.

Barceló Torre Arias hab,
Julián Camarillo 19 ✉28037 Ⓜ Ciudad Lineal – ✆ 913 87 94 00 – www.barcelo.com 2CL**w**
108 hab – 🛉🛉60/550 €, ☕ 14 € **Rest** – *(cerrado agosto)* Menú 17 €
◆ Hotel moderno, luminoso y funcional, dotado con numerosos detalles de diseño en correspondencia a su llamativa fachada acristalada. Habitaciones de excelente equipamiento. El restaurante ofrece la cocina propia de un recetario internacional.

Zenit Conde de Orgaz
Moscatelar 24 ✉28043 Ⓜ Esperanza – ✆ 917 48 97 60 – www.zenithoteles.com
90 hab – 🛉🛉53/145 €, ☕ 10 € **Rest** – Menú 14 € 2CL**z**
◆ En una zona residencial bien comunicada con el aeropuerto. Resulta alegre y combina perfectamente sus habitaciones, de carácter funcional, con los espacios para el trabajo. Moderno comedor acristalado a modo de terraza cubierta.

Tryp Alcalá 611 sin rest
Alcalá 611 ✉28022 Ⓜ Canillejas – ✆ 917 43 41 30 – www.solmelia.com
93 hab 2CL**t**
◆ Edificio de reciente construcción que limita su zona social al hall y ofrece habitaciones funcionales de correcto confort. Agradable terraza con piscina en la parte posterior.

Acis y Galatea sin rest
Galatea 6 ✉28042 Ⓜ Canillejas – ✆ 917 43 49 01 – www.hotelesglobales.com
20 hab ☕ – 🛉63/103 € 🛉🛉76/120 € 2CL**b**
◆ Goza de cierto encanto, destacando por su amable organización familiar y por una moderna decoración que contrasta los colores claros y oscuros. Habitaciones bien equipadas.

MADRID

Julia sin rest
🖹 & 🅰🅒 ⚫ 🎧 ⚙ 📶 ⇔ 𝚟𝚒𝚜𝚊 ⚫ 🅰🅔 ⓘ

Julián Camarillo 9 ⊠*28037 – ℰ 914 40 12 17 – www.hoteljulia.es* **2CLs**
47 hab – 🛏52/57 € 🛏🛏67/77 €, ⊇ 7 €

♦ Ubicado junto a los juzgados. Posee una correcta recepción, un salón poliva
lente y dos ascensores panorámicos para ir a las habitaciones, todas clásicas y
con baños actuales.

XX Jota Cinco
🅐🅒 ⚙ ⇔ ⇔ 𝚟𝚒𝚜𝚊 ⚫ 🅰🅔

Alcalá 423 ⊠*28027* Ⓜ *Ciudad Lineal – ℰ 917 42 93 85*
– www.grupojotacinco.com – cerrado Semana Santa y domingo noche
Rest – Carta 36/53 € 🏵   **2CLv**

♦ Ofrece un bar público en el que sirven raciones de gran nivel gastronómico y
confortables salas de estilo clásico-regional. Cocina tradicional y platos creativos
de bacalao.

XX Nicomedes
🏠 🅰🅒 ⇔ 𝚟𝚒𝚜𝚊 ⚫ 🅰🅔 ⓘ

Moscatelar 18 ⊠*28043* Ⓜ *Arturo Soria – ℰ 913 88 78 28*
*– www.nicomedesrestaurante.es – cerrado Semana Santa, agosto, sábado
mediodía, domingo noche y lunes noche*   **2CLz**
Rest – Carta 40/54 €

♦ Atractiva casa dotada de una terraza a la entrada y una cuidada bodega en el
sótano. Destaca su comedor colonial acristalado y el del 3er piso, más acogedor y
con chimenea.

X Casa d'a Troya
🅰🅒 ⚙ ⇔ 𝚟𝚒𝚜𝚊 ⚫ 🅰🅔 ⓘ

Emiliano Barral 14 ⊠*28043* Ⓜ *Avenida de la Paz – ℰ 914 16 44 55 – cerrado
24 diciembre-2 enero, Semana Santa, 15 julio-agosto, noches de lunes a jueves,
domingo y festivos*   **4JSf**
Rest – Carta 45/58 €

♦ Establecimiento de organización familiar. Disfruta de un hall-bar seguido de
dos comedores, ambos con buen confort en su categoría. Cocina gallega de sencilla elaboración.

X La Arrocería de María
🅰🅒 ⚙ 𝚟𝚒𝚜𝚊 ⚫ 🅰🅔

Arturo Soria 2 ⊠*28027* Ⓜ *Ciudad Lineal – ℰ 913 68 00 27*
– www.grupojotacinco.com – cerrado domingo noche   **2CLv**
Rest – *(sólo almuerzo en verano)* Carta 31/40 €

♦ Disfruta de unas instalaciones actuales, con una sala de estilo moderno emplazada en un semisótano. Correcta carta tradicional dominada por un amplio apartado de arroces.

X La Lanzada
🅰🅒 ⚙ ⇔ 𝚟𝚒𝚜𝚊 🅰🅔

Arturo Soria 2 ⊠*28027* Ⓜ *Ciudad Lineal – ℰ 917 42 85 64*
– www.grupojotacinco.com – cerrado domingo noche   **2CLv**
Rest – Carta 27/38 €

♦ Casa de ambientación clásica-marinera donde predominan la madera y las
tonalidades azules. Cocina tradicional gallega elaborada con productos de
correcta calidad.

Alrededores

por la salida ② **:**

Hilton Madrid Airport
🌊 🔲 🎰 📶 & hab, 🅰🅒 ⚙ hab, 📶 🛗 🅿 ⇔

av. de la Hispanidad 2-4 ⊠*28042* Ⓜ *Alameda de Osuna*   𝚟𝚒𝚜𝚊 ⚫ 🅰🅔 ⓘ
– ℰ 911 53 40 00 – www.madridairport.hilton.es
275 hab – 🛏🛏131/401 €, ⊇ 26 € – 9 suites   **Rest** – Menú 35 €

♦ Hotel de línea moderna formado por dos edificios, con forma de cubos, comunicados entre sí. Está orientado a clientes de empresa y ferias por su cercanía al
aeropuerto. El restaurante se encuentra en uno de los patios, con una carta internacional y buffet.

Meliá Barajas 🚗 🏡 🏊 🖥 🛗 🚫 hab, 🆑 🛠 🕭 📶 🅿 🚾 ⚙ 🆎 ⓪
av. de Logroño 305, A 2 y desvío a Barajas pueblo : 15 km ✉ 28042 Ⓜ Barajas
– ✆ 917 47 77 00 – www.melia-barajas.com
220 hab – 🚻235/255 €, ⛃ 19,50 € – 8 suites   **Rest** – Menú 32 €
♦ Instalaciones confortables y de línea clásica, con habitaciones de completo
equipamiento y baños actualizados. Gran variedad de salones rodeando la zona
de jardín-piscina.

Tryp Alameda Aeropuerto 🛠 🖥 🚫 hab, 🆑 🛠 🕭 📶 🕭
av. de Logroño 100, A 2 y desvío a Barajas pueblo : 15 km 🚾 ⚙ 🆎 ⓪
✉ 28042 Ⓜ Barajas – ✆ 917 47 48 00 – www.solmelia.com
145 hab – 🚻65/300 €, ⛃ 15 € – 3 suites   **Rest** – Menú 15 €
♦ Tras un importante proceso de reformas se presenta actualizado, con un luminoso hall, varias zonas sociales y diferentes tipos de habitaciones, todas de buen
confort. El restaurante, amplio y funcional, combina el buffet con un menú y una
carta tradicional.

Aparthotel Convención Barajas sin rest y sin ⛃ 🖥 🆑 🛠 📶 🕭
Noray 10 - A 2, desvío a Barajas pueblo 🚗 🚾 ⚙ 🆎 ⓪
y Zona Industrial : 10 km ✉ 28042 Ⓜ El Capricho – ✆ 913 71 74 10
– www.hotel-convencion.com
95 apartamentos – 🚻51/225 €
♦ Se distribuye en dos bloques gemelos y compensa sus escasas zonas comunes
con unas habitaciones bastante espaciosas, tipo apartamento, todas con saloncito y cocina.

NH Barajas sin rest 🖥 🆑 🛠 📶 🕭 🚗 🚾 ⚙ 🆎 ⓪
Catamarán 1 - A 2, desvío a Barajas pueblo y Zona Industrial : 10 km ✉ 28042
Ⓜ El Capricho – ✆ 917 42 02 00 – www.nh-hotels.com
173 hab – 🚻49/163 €, ⛃ 9,50 €
♦ ¡Una buena opción en su estilo! De correcto confort y perteneciente a un seg-
mento de hoteles sencillos dentro de la cadena NH. Algo justo en sus zonas comunes.

Villa de Barajas sin rest 🖥 🆑 🛠 📶 🕭 🚗 🚾 ⚙ 🆎 ⓪
av. de Logroño 331, A 2 y desvío a Barajas pueblo : 15 km ✉ 28042 Ⓜ Barajas
– ✆ 913 29 28 18 – www.hotelvilladebarajas.com
41 hab – 🛏59/82 € 🚻67/95 €, ⛃ 10 €
♦ Pequeño y limitado en instalaciones aunque tiene el encanto que otorga la
intimidad y el trato personalizado. Habitaciones correctas, completas y de suficiente confort.

Rancho Texano 🚗 🆑 🛠 ♻ 🅿 🚾 ⚙ 🆎 ⓪
av. de Aragón 364 - A 2, y acceso vía de servicio Coslada-San Fernando : 12 km
✉ 28022 – ✆ 917 47 47 36 – www.ranchotexano.com – cerrado domingo noche
Rest – Carta 35/45 €
♦ Amplias instalaciones de sabor añejo, con diversidad de comedores en dos
niveles. Está especializado en productos a la brasa a modo de steak-house. Encantadora terraza.

Mesón Don Fernando 🆑 🛠 🚾 ⚙ 🆎 ⓪
Canal de Suez 1 - A 2, y desvío a Barajas pueblo : 15 km ✉ 28042 Ⓜ Barajas
– ✆ 917 47 75 51 – cerrado sábado
Rest – Carta aprox. 40 €
♦ Negocio familiar de sencillo mobiliario, con acceso por bar público y un comedor de estilo clásico-regional algo anticuado. Ofrecen copiosos platos de cuidada
elaboración.

por la salida ⑦ :

AC Aravaca sin rest, con cafetería por la noche 🛠 🖥 🚫 🆑 🛠 📶 🕭 🚗
camino de la Zarzuela 3, Aravaca : 10,2 km - salida 10 🚾 ⚙ 🆎 ⓪
autopista ✉ 28023 – ✆ 917 40 06 80 – www.ac-hotels.com
110 hab – 🚻70/155 €, ⛃ 12 €
♦ Hotel de negocios al más típico estilo de la cadena. Posee una zona social
junto a la cafetería, varias salas de reuniones y confortables habitaciones, todo de
gran calidad.

MADRIDEJOS – Toledo – **576** N19 – 11 404 h. – alt. 688 m   **9** B2
– ⊠ 45710

> ▶ Madrid 120 – Alcázar de San Juan 29 – Ciudad Real 84
> – Toledo 74

en la autovía A 4 Norte : 6 km

XX **Un Alto en el Camino**   〔AC〕 〔％〕 〔P〕 〔VISA〕 〔◑◐〕 〔①〕
km 113 ⊠45710
– 𝒞 925 46 26 99
– cerrado del 12 al 22 de septiembre y sábado
Rest – *(sólo almuerzo)* Carta 30/40 €
◆ Dispone de un bar público a la entrada, con un apartado a modo de tienda, seguido de un correcto comedor decorado con murales de El Quijote. Carta con cierta innovación.

MADRONA – Segovia – **575** J17 – alt. 1 088 m – ⊠ 40154   **12** C3
> ▶ Madrid 90 – Ávila 58 – Segovia 9

🏠 **Sotopalacio** sin rest   〔％〕 〔⁽ᵗ⁾〕 〔VISA〕 〔◑◐〕 〔①〕
Segovia 15 – 𝒞 921 48 51 00
– www.sotopalacio.com
12 hab ⌲ – †40/50 € ††50/65 €
◆ Un hostal bien equipado que goza de una instalación impecable. La escasez de zona noble se ve compensada por unas habitaciones decorosas con baños actuales.

MADROÑERA – Cáceres – **576** N12 – 2 916 h. – alt. 589 m – ⊠ 10210   **18** C2
> ▶ Madrid 262 – Cáceres 62 – Mérida 102 – Plasencia 99

🏠 **Soterraña** ॐ   〔❀〕 〔AC〕 〔％〕 〔⁽ᵗ⁾〕 〔P〕 〔VISA〕 〔◑◐〕 〔AE〕 〔①〕
Real 75
– 𝒞 927 33 42 62
– www.soterrana.com
23 hab – †35/60 € ††42/72 €, ⌲ 5 €
Rest – Carta 20/31 €
◆ Ocupa dos edificios situados a ambos lados de la carretera, el principal en una casa solariega distribuida en torno a un patio. Algunas habitaciones están abuhardilladas. El comedor a la carta se complementa con un agradable mesón de ambiente rústico.

MAGAZ – Palencia – **575** G16 – 1 021 h. – alt. 728 m – ⊠ 34220   **12** C2
> ▶ Madrid 237 – Burgos 79 – León 137 – Palencia 9

🏠 **Europa Centro** ॐ   ≤ 〔ƒ₀〕 〔≣〕 〔�📶〕 〔も〕 hab, 〔AC〕 〔％〕 〔⁽ᵗ⁾〕 〔ʃå〕 〔P〕 〔🚗〕 〔VISA〕 〔◑◐〕 〔AE〕 〔①〕
urb. Castillo de Magaz, (carret. de Palencia), Oeste : 1 km
– 𝒞 979 78 40 00
– www.hotelessuco.com
114 hab – †40/85 € ††60/100 €, ⌲ 9 € – 8 suites
Rest – Menú 20 €
◆ Gran hotel dotado con amplias zonas nobles y múltiples salones para convenciones. Elegante hall-recepción, área de servicio dinámica y habitaciones de adecuado confort. En su restaurante, clásico y de buen montaje, encontrará una interesante carta tradicional.

MAHÓN – Illes Balears – ver Balears (Menorca)

> Los turismos rurales ⋔ no nos ofrecen los mismos servicios que un hotel.
> Se distinguen frecuentemente por su acogida y su decoración, que reflejan
> a menudo la personalidad de sus propietarios. Aquellos clasificados en
> rojo ⋔ son los más agradables.

ENTRANTES, PRIMER PLATO, SEGUNDO PLATO, POSTRE.

Entre cada sabor, no hay nada mejor que Agua de Pedras.
Y los conocedores de la buena mesa lo saben. Saben que cada sorbo de Agua de Pedras es una experiencia única. El mejor sabor, su gas 100% natural y su frescura son un festín para los sentidos. Refresca el paladar e intensifica el sabor de la comida como ninguna otra agua puede hacer.

AGUA CON VIDA

MAJADAHONDA – Madrid – **576** K18 – **575** K18 – **68** 110 h.   **22** A2
– alt. 743 m – ⊠ 28220

▶ Madrid 20 – Segovia 82 – Toledo 83

Las Rejas, Isaac Albéniz, Suroeste : 4,5 km, ✆ 91 634 79 30

XX **Jiménez**   🛖 AC VISA ⓪② AE ⓪

av. de la Estación (antiguo apeadero)
– ✆ 913 72 81 33 – www.jimenezrestaurante.com
– cerrado Semana Santa, 21 días en agosto y noches de domingo
a miércoles
Rest – Carta 34/56 €
♦ Ocupa el edificio de un antiguo apeadero, reformado y embellecido con una decoración clásica no exenta de cierta elegancia. Buen servicio de mesa y agradable terraza.

XX **El Viejo Fogón**   AC ⅍ ⇔ VISA ⓪②

San Andrés 14 – ✆ 916 39 39 34 – www.elviejofogon.com – cerrado domingo y lunes en julio-agosto, domingo noche y lunes noche resto del año
Rest – Carta 36/45 €
♦ Este negocio se presenta con una pequeña barra de apoyo, un comedor rústico y una sala que usan como privado en el piso inferior. Carta de cocina tradicional actualizada.

X **Lisboa Antiga**   AC ⅍ VISA ⓪② AE ⓪

Iglesia 3 (posterior) – ✆ 916 34 51 86 – cerrado del 1 al 25 de agosto, domingo noche y lunes
Rest – Carta 34/42 €
♦ Bastante agradable y de ambiente familiar. Aquí podrá descubrir los sabores de la auténtica cocina portuguesa y una amplia variedad de platos elaborados con bacalao.

Costa malagueña

MÁLAGA

Provincia : 🅿 Málaga
Mapa Michelin : 578 V16
▶ Madrid 538 – Algeciras 133
– Córdoba 175 – Sevilla 217

Población : 568 305 h.
Mapa regional : 2 C2

INFORMACIONES PRÁCTICAS

🛈 Oficinas de Turismo

pasaje de Chinitas 4, 𝒞95 130 89 11 otmalaga@ andalucia.org Fax 95 130 89 12

y av. Cervantes 1, 𝒞95 213 47 30 turismo@ ayto-malaga.es Fax 95 221 41 20.

Automóvil Club

R.A.C.E. Córdoba 17 𝒞 95 222 98 36 Fax 95 260 83 83.

Golf

🏌 Real Club de Campo de Málaga, por la carret. de Algeciras : 9 km, 𝒞95 237 66 77

🏌 El Candado, por la carret. de Almería : 5 km, 𝒞95 229 93 40

Aeropuerto

✈ de Málaga por la carret. de Algeciras : 9 km 𝒞 902 404 704

Iberia : aeropuerto 𝒞 902 400 500

Transportes marítimos

⛴ para Melilla : Cia. Trasmediterránea, Estación Marítima, Local E-1 CZ – 𝒞 902 45 46 45 info@trasmediterranea.es Fax 952 06 12 18.

🔾 VER

Gibralfaro : ≼** EY – Alcazaba*
(Museo Arqueológico*) FY – Catedral*
DY – Iglesia de El Sagrario (portada*,
retablo manierista**) DY **F** – Santuario
de la Virgen de la Victoria* por calle
Victoria EY – Museo Picasso** EY **M³**.
Alrededores :
Finca de la Concepción* 7 km por ④ .

Parador de Málaga Gibralfaro ⌂ ← 🏠 🗻 ₤ ⑤ hab, 🆆 ℀ 🕾
Castillo de Gibralfaro ✉29016 – ✆ 952 22 19 02 — 🖪 **P** 🆅🆂🅰 ⓪ 🅰🅴 ⓪
– *www.parador.es* FY**a**
38 hab – ♦134/144 € ♦♦168/180 €, ☲ 18 € **Rest** – Menú 33 €
♦ Auténtica balconada sobre la bahía y la ciudad, a los pies de la alcazaba. Elegante compromiso entre lo clásico y lo moderno en unas habitaciones de excelente equipamiento. Restaurante de cuidada decoración y exquisito ambiente en un marco luminoso.

Vincci Selección Posada del Patio 🗻 🛗 ₤ hab, 🆆 ℀ rest, 🕾
pasillo de Santa Isabel 7 ✉29005 – ✆ 951 00 10 20 🖪 🏠 🆅🆂🅰 ⓪ 🅰🅴 ⓪
– *www.vinccihoteles.com* CY**b**
87 hab – ♦♦90/299 €, ☲ 15 € – 17 suites
Rest *Baraka* – Carta 35/43 €
♦ Este magnífico hotel está formado por dos edificios, ambos reformados y presentados con un luminoso interior de línea minimalista. Habitaciones diáfanas y actuales. Al restaurante Baraka, de estilo clásico-actual, se accede por la antigua puerta de la Posada.

AC Málaga Palacio 🗻 🖧 🛗 ₤ hab, 🆆 ℀ 🕾 🖪 🆅🆂🅰 ⓪ 🅰🅴 ⓪
Cortina del Muelle 1 ✉29015 – ✆ 952 21 51 85 – *www.ac-hotels.com*
195 hab – ♦♦100/200 €, ☲ 15 € – 19 suites **Rest** – Menú 30 € DZ**n**
♦ Disfruta de una línea moderna, al estilo de la cadena, y está bien situado cerca del puerto. Amplia zona social y habitaciones confortables dotadas con mobiliario actual. Su comedor resulta bastante luminoso y ofrece una carta de sabor tradicional.

Barceló Málaga 🖧 🛗 ₤ hab, 🆆 🕾 🖪
Héroe de Sostoa 2 ✉29002 – ✆ 952 04 74 94 – *www.barcelo.com* AV**z**
216 hab – 5 suites **Rest** –
♦ Está junto a la estación del AVE y posee un acceso que le comunica interiormente con ella. Excelente organización, diseño y toda clase de innovaciones tecnológicas. El restaurante cuenta con dos espacios, uno para el buffet y otro de carácter gastronómico.

Monte Málaga 🗻 🛗 🆆 ℀ hab, 🕾 🖪 🏠 🆅🆂🅰 ⓪ 🅰🅴 ⓪
paseo marítimo Antonio Machado 10 ✉29002 – ✆ 952 04 60 00
– *www.hotelesmonte.com* AV**x**
171 hab – ♦♦65/189 €, ☲ 14 € – 8 suites **Rest** – Carta aprox. 35 €
♦ Hotel de construcción ecológica dotado con tecnología solar y fotovoltaica en la fachada. Posee un gran hall, salones panelables y habitaciones funcionales bien equipadas.

Molina Lario 🗻 🛗 ₤ hab, 🆆 ℀ 🕾 🖪 🆅🆂🅰 ⓪ 🅰🅴 ⓪
Molina Lario 22 ✉29015 – ✆ 952 06 20 02 – *www.hotelmolinalario.com*
98 hab – ♦♦85/235 €, ☲ 15 € – 5 suites **Rest** – Menú 16 € DZ**a**
♦ Destaca por su buen emplazamiento y por sus cuidadas instalaciones de línea moderna, con una reducida zona social y habitaciones muy confortables de equipamiento detallista. El restaurante disfruta de un montaje actual y se complementa con una cafetería.

Novotel Málaga 🏠 🗻 🛗 ₤ hab, 🆆 ℀ 🕾 🖪 🏠 🆅🆂🅰 ⓪ 🅰🅴 ⓪
av. de Velázquez 126, por ②: 5 km ✉29004 – ✆ 952 24 81 50
– *www.novotel.com*
155 hab – ♦60/175 € ♦♦70/175 €, ☲ 14 € **Rest** – Menú 15 €
♦ Se encuentra en una salida de la ciudad, orientado a una clientela de negocios. Ofrece instalaciones modernas y funcionales, así como habitaciones bien equipadas. El restaurante deja la cocina a la vista y da continuidad a la cafetería.

Room Mate Lola sin rest, con cafetería 🛗 ₤ 🆆 ℀ 🕾 🏠 🆅🆂🅰 ⓪
Casas de Campos 17 ✉29001 – ✆ 952 57 93 00 – *www.room-matehotels.com*
50 hab ☲ – ♦♦65/165 € DZ**b**
♦ En pleno centro de la ciudad. Destaca por su estética de diseño, definida por el predominio de los colores blanco y negro. Buen confort general y cafetería con zona chill-out.

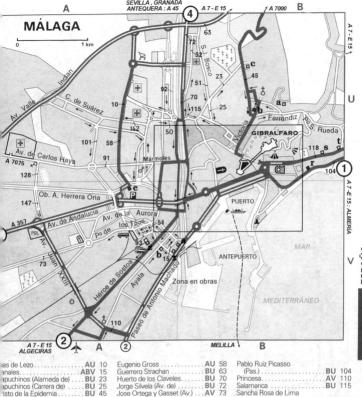

MÁLAGA

SEVILLA , GRANADA
ANTEQUERA : A 45

Don Curro sin rest, con cafetería
🛏️ 🅰️🅲 ✂️ 📶 🐾 🍷 **VISA** 🆖 ⓞ

Sancha de Lara 9 ✉️*29015 –* ☎️ *952 22 72 00 – www.hoteldoncurro.com*
112 hab ⌿ – 🛇65/87 € 🛇🛇78/110 € – 6 suites   DZ**e**

♦ Establecimiento definido por su categórico clasicismo y su refinada elegancia.
Sus habitaciones poseen una línea clásica-actual, con los suelos en parquet y
baños en mármol.

Los Naranjos sin rest
🛏️ 🅰️🅲 ✂️ 📶 🍷 🐾 **VISA** 🆖 🅰️🅴 ⓞ

paseo de Sancha 35 ✉️*29016 –* ☎️ *952 22 43 19 – www.hotel-losnaranjos.com*
41 hab – 🛇60/105 € 🛇🛇60/159 €, ⌿ 7,50 €   BU**t**

♦ El trato familiar que ofrece esta casa es toda una garantía de organización y
buen mantenimiento. Posee habitaciones funcionales y bien equipadas, con los
baños en mármol.

Zenit Málaga
🛏️ 🅰️🅲 ✂️ hab, 🍷 🐾 **VISA** 🆖 🅰️🅴 ⓞ

Cuba 3 ✉️*29013 –* ☎️ *952 25 20 00 – www.zenithoteles.com*   BV**c**
62 hab – 🛇50/116 € 🛇🛇50/120 €, ⌿ 8,50 €   **Rest** – Menú 14 €

♦ Algo apartado del centro. Ofrece unas instalaciones correctas para esta categoría, con una reducida zona social, sala de reuniones y habitaciones de carácter
funcional. Restaurante a modo de cafetería, de sencilla carta y montaje.

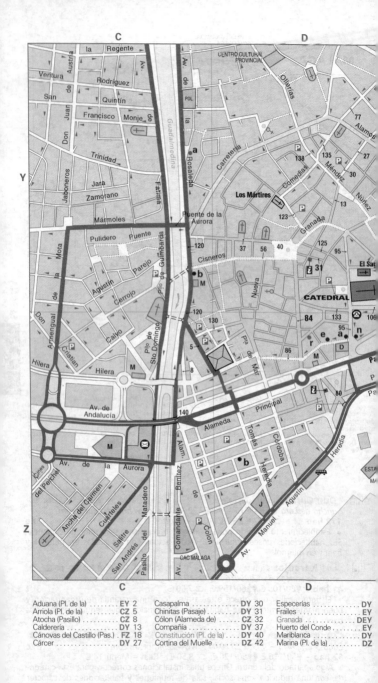

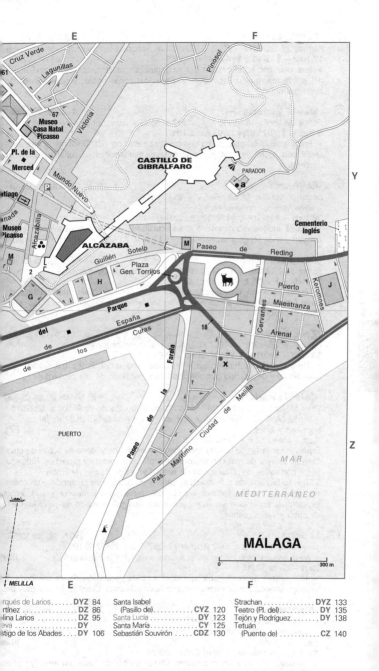

MÁLAGA

0   300 m

Del Pintor sin rest
Álamos 27 ✉29012 – ✆ 952 06 09 80 – www.hoteldelpintor.com DY**b**
17 hab – 🚹45/94 € 🚹🚹49/143 €, ☕ 7 €
◆ Este pequeño hotel destaca por su original decoración, con pinturas digitales del artista malagueño Pepe Bornoy. Reducidas zonas nobles y habitaciones de buen confort.

Monte Victoria sin rest
Conde de Ureña 58 ✉29012 – ✆ 952 65 65 25 – www.hotelmontevictoria.es
8 hab – 🚹59/75 € 🚹🚹77/97 €, ☕ 10 € BU**a**
◆ Entrañable hotel ubicado en una preciosa casa tipo villa. Dispone de una zona social con mobiliario antiguo y espaciosas habitaciones personalizadas en su decoración.

California sin rest
paseo de Sancha 17 ✉29016 – ✆ 952 21 51 64
– www.hotelcalifornianet.com BU**s**
24 hab – 🚹59/104 € 🚹🚹80/120 €, ☕ 9 €
◆ En una antigua villa de instalaciones actualizadas, con pequeños salones de aire antiguo y unas acogedoras habitaciones. Llevado en familia con profesionalidad.

Don Paco sin rest
Salitre 53 ✉29002 – ✆ 952 31 90 08 – www.hotel-donpaco.com AV**b**
31 hab – 🚹50/65 € 🚹🚹60/80 €, ☕ 7 €
◆ Establecimiento de correcta organización familiar, cuyas habitaciones, de estilo funcional y equipadas con baños modernos, se disponen en torno a un patio interior.

Zeus sin rest
Canales 8 ✉29002 – ✆ 952 31 72 00 – www.hotel-zeus.com AV**a**
33 hab – 🚹40/100 € 🚹🚹60/150 €, ☕ 7 €
◆ De instalaciones funcionales y reducida zona social. Posee habitaciones de línea actual y decoración personalizada, con mobiliario de aire provenzal.

Café de París (José Carlos García)
Vélez Málaga 8, (previsto traslado a Muelle Uno - Puérto de Málaga) ✉29016 – ✆ 952 22 50 43 – www.rcafedeparis.com – cerrado del 15 al 31 de julio, domingo y lunes FZ**x**
Rest – Menú 68 € – Carta 45/65 €
Espec. Steak tartar de ternera con mostaza extra-fuerte y arena de aceite de oliva. Taco de ternera de mar con vinagreta templada de tomate y pistachos. Nido crujiente con toffee de plátano, vainilla natural y helado de piel de limón.
◆ Tras su fachada, de diseño actual, encontrará una amplia recepción y un comedor principal clásico-elegante vestido con profusión de madera y sugerentes expositores. En el piso superior cuenta con otra sala a modo de privado. Carta de autor y varios menús.

Adolfo
paseo marítimo Pablo Ruiz Picasso 12 ✉29016 – ✆ 952 60 19 14
– www.restauranteadolfo.com – cerrado domingo y martes noche BU**r**
Rest – Carta 34/45 €
◆ Restaurante de confortable ambiente y cálida decoración clásica salpicada de detalles rústicos, donde ofrecen una compensada carta. Clientela selecta muy fiel.

Montana
Compás de la Victoria 5 ✉29012 – ✆ 952 65 12 44
– www.restaurantemontana.es – cerrado domingo noche, lunes, martes noche y miércoles noche BU**b**
Rest – *(sólo cena en verano)* Carta 30/50 €
◆ Instalado en un antiguo palacete. Ofrece un bar de tapas, un atractivo patio central que usan como terraza y un comedor de línea clásica en el piso superior. Cocina actual.

ESPAÑA

XX **Qundia** 🅰️🍸🆚🏧🅰️🅴🔘

San Rafael 4 ✉29008 – 𝒞 951 10 01 65 – www.qundia.com – cerrado agosto, domingo, lunes noche y martes noche CY**a**

Rest – Carta 36/54 €

◆ Ofrece una pequeña recepción y un interior de estética actual, con una barra de apoyo, la cocina a la vista y una sala dominada por los colores blancos. Cocina de autor.

XX **María** 🅰️🍸🆚🏧🅰️

av. Pintor Joaquín Sorolla 45, por paseo de Sancha ✉29016 – 𝒞 952 60 11 95 – cerrado domingo noche BV

Rest – Carta 30/35 €

◆ Presenta una barra de espera y una sala de cuidado montaje, con profusión de madera, varios arcos y diversos espacios en ladrillo visto. Cocina tradicional y sabrosos guisos.

X **Figón de Juan** 🅰️🍸🔄🆚🏧

pasaje Esperanto 1 ✉29007 – 𝒞 952 28 75 47 – cerrado agosto y domingo

Rest – Carta 21/35 € AV**e**

◆ Su aspecto exterior, un tanto discreto, se ve compensado por el cuidado servicio de mesa y una atenta brigada. De sus fogones surge una cocina tradicional bien elaborada.

🍸/ **El Trillo** 📶🅰️🍸🆚🏧🅰️🔘

Don Juan Díaz 4 ✉29015 – 𝒞 952 60 39 20 – www.grupotrillo.es DZ**r**

Rest – Tapa 2,70 € – Ración aprox. 12 €

◆ Este establecimiento cuenta con una barra de tapeo y un simpático comedor al fondo, decorado en un estilo rústico. Productos de calidad y presentaciones bastante cuidadas.

por la carretera A 7000 BU :

🏨 **Cortijo La Reina** ◈ 🎋🍸📶🚹🅰️🍸🕊️🅰️🅿️🆚🏧🅰️🔘

Noreste : 13 km y desvío a la derecha 0,8 km ✉29013 – 𝒞 951 01 40 00 – www.hotelcortijolareina.com

36 hab – ♦60/133 € ♦♦60/166 €, ⬜ 9 €

Rest – Carta 30/37 €

◆ Antiguo cortijo andaluz con terrazas bajo árboles centenarios. La zona noble se reparte por numerosos rincones y las confortables habitaciones han personalizado su decoración. Coqueto restaurante neorrústico distribuido en varias salas.

en El Palo por ① : 6 km

X **El Cobertizo** 📶🅰️🍸🆚🏧🅰️🔘

av. Pío Baroja 25 (urb. Echeverría) ✉29017 Málaga – 𝒞 952 29 59 39 – cerrado septiembre y miércoles

Rest – Carta 22/32 €

◆ Negocio de organización familiar y aire rústico, con cierto tipismo en su decoración. Tiene el bar a un lado y el comedor al otro, ofreciendo una carta de gusto tradicional.

en Churriana por ② y carretera de Coín : 6,5 km

XX **La Cónsula** – (Restaurante escuela) 🅰️🍸🅿️🆚🏧🅰️🔘

Finca La Cónsula ✉29140 Málaga – 𝒞 952 62 24 24 – www.laconsula.com – cerrado Navidades, Semana Santa, agosto, sábado, domingo y festivos

Rest – (sólo almuerzo) Carta 44/55 €

◆ Muy bien llevado entre los profesores y alumnos de una escuela de hostelería. Encontrará un salón amplio, luminoso y de cuidado montaje, así como una carta de línea actual.

ESPAÑA

en Campanillas por ③ : 12,2 km y desvío a la derecha 1,7 km

🏠 **Posadas de España Málaga** sin rest, con cafetería   ⌐ 📶 ⅙ 🅰🄲 ⅗
Graham Bell 4 ⊠29590 – 𝒞 951 23 30 00   ⁕ ⅍ 🅿 𝚟𝚒𝚜𝚊 ◉◉ 🄰🄴 ⓪
– www.posadasdeespana.com
92 hab ⊆ – 👭50/60 €
♦ Situado en el parque tecnológico, con una concepción muy funcional. Correctas habitaciones dotadas de mobiliario diseñado para trabajar, la mitad con camas de matrimonio.

MALLEZA – Asturias – **572** B11 – ⊠ **33866**   **5** B1
> ◖ Madrid 504 – Oviedo 56

✗✗ **Al Son del Indiano**   🄰🄲 ⅗ 🅿 𝚟𝚒𝚜𝚊 ◉◉ 🄰🄴 ⓪
☺ *pl. Conde de Casares 1*
– 𝒞 985 83 58 44 – www.alsondelindiano.com
– cerrado martes salvo agosto
Rest – *(sólo almuerzo en invierno salvo viernaes y sábado)*
Carta 25/35 €
♦ Se trata de una antigua fonda restaurada junto a la iglesia de la localidad. Dispone de un atractivo bar con chimenea y tres cálidos comedores de acogedor estilo rústico.

MALLORCA – Illes Balears – ver Balears

MALPARTIDA DE PLASENCIA – Cáceres – **576** M11 – **4 627 h.**   **18** C1
– alt. 467 m – ⊠ 10680
> ◖ Madrid 227 – Ávila 158 – Cáceres 88 – Ciudad Real 313

🏠 **Cañada Real** ⅘   ⌐ 📶 ⅙ hab, 🄰🄲 ⅗ hab, ⁕ ⅍ 🅿 ⌂ 𝚟𝚒𝚜𝚊 ◉◉ 🄰🄴 ⓪
carret. EX-108, Sur : 1 km – 𝒞 927 45 94 07 – www.hotelcreal.es
61 hab ⊆ – 👤49/92 € 👭65/119 €
Rest *Asador del Abuelo Bruno* – Carta 25/40 €
♦ Hotel de línea actual dotado con una espaciosa cafetería y un acogedor salón-biblioteca. Las habitaciones resultan confortables aunque algo sencillas en su equipamiento. En su restaurante-asador podrá degustar una carta basada en asados y platos tradicionales.

MALPICA DE BERGANTIÑOS – A Coruña – **571** C3 – **6 228 h.**   **19** B1
– Playa – ⊠ 15113
> ◖ Madrid 651 – Carballo 18 – A Coruña 58 – Santiago de Compostela 63

🏠 **Fonte do Fraile** sin rest ⅘   📶 ⅙ 🄰🄲 ⅗ ⌂ 𝚟𝚒𝚜𝚊 ◉◉
playa de Canido 9 – 𝒞 981 72 07 32 – www.hotelfontedofraile.com
– cerrado enero y febrero
22 hab – 👤40/68 € 👭55/85 €, ⊆ 7 €
♦ Se encuentra en el casco urbano, aunque sólo a 100 m. de la playa. Buen hall, salón clásico con vistas al césped, cafetería, jacuzzi y unas habitaciones montadas a capricho.

en Barizo Oeste : 7 km

✗✗ **As Garzas** (Fernando Agrasar) con hab ⅘   ≤ 🄰🄲 ⅗ rest, ⁕ 🅿 𝚟𝚒𝚜𝚊 ◉◉
☺ *Porto Barizo 40, (carret. DP 4306 - km 2,7)*
⊠*15113 Malpica de Bergantiños*
– 𝒞 981 72 17 65 – www.asgarzas.com
– cerrado del 2 al 25 de noviembre
4 hab ⊆ – 👤73 € 👭73/85 €
Rest – *(cerrado lunes) (sólo almuerzo salvo viernes, sábado, verano y festivos)*
Menú 46/60 € – Carta 40/54 €
Espec. Vieira con ibérico y tosta de brona. Caldeirada de San Martiño. Mero a la plancha con arroz de la huerta.
♦ Casa tipo chalet aislada en plena costa y ubicada frente al mar. Posee una sala acristalada de línea actual, destacando tanto por el montaje como por sus vistas. Cocina gallega actualizada y bien elaborada, con unos productos de excepcional calidad. También ofrece habitaciones, todas de estética moderna.

MANLLEU – Barcelona – **574** F36 – 20 647 h. – alt. 461 m – ✉ 08560   **14** C2

▶ Madrid 649 – Barcelona 78 – Girona/Gerona 104 – Vic 9

🏠   **Torres**   🛗 AC ⌘ hab, "¶" 🚗 VISA ⚱ AE ①

passeig de Sant Joan 40
– 𝓒 938 50 61 88 – www.hoteltorres.info
– cerrado 23 diciembre-6 enero
17 hab – ♦37/44 € ♦♦61/72 €, � 8,30 €
Rest *Torres Petit* – ver selección restaurantes
Rest *La Fonda 1910* – Carta 20/36 €
♦ Hotel familiar dirigido por dos hermanos. Dispone de una reducida zona social y de unas habitaciones funcionales, con mobiliario estándar y baños completos. El restaurante La Fonda 1910 ofrece una modesta carta de cocina tradicional a precios moderados.

✗✗   **Torres Petit** – Hotel Torres   AC ⌘ ⇔ 🚗 VISA ⚱ AE ①

passeig de Sant Joan 38
– 𝓒 938 50 61 88 – www.torrespetit.com
– cerrado 23 diciembre-6 enero, Semana Santa, del 16 al 30 de agosto,
domingo, martes noche y miércoles noche
Rest – Carta 33/47 €
♦ Restaurante de línea clásica-actual donde ofrecen una carta tradicional actualizada, con algún plato internacional y dos menús. Comedores de cuidado montaje y completa bodega.

¿Buenas comidas a precios moderados? Elija un Bib Gourmand ⊛.

ESPAÑA

MANRESA – Barcelona – **574** G35 – 76 558 h. – alt. 205 m   **15** A2

▶ Madrid 591 – Barcelona 59 – Lleida/Lérida 122 – Perpignan 239

🛈 Via Sant Ignasi 40, 𝓒 93 878 40 90 turisme@ajmanresa.org Fax 93 878 41 56

◉ Localidad ★ – Basílica-Colegiata de Santa María★★ BZ – Cova de Sant Ignasi★★ BZ – Pont Vell★ BZ

Plano página siguiente

🏠🏠   **Els Noguers**   🛗 ⅙ hab, AC ⌘ "¶" ♨ P VISA ⚱

av. Països Catalans 167 - carret. C-55, km 29, por ① ✉08243
– 𝓒 938 74 32 58 – www.hotelelsnoguers.cat
30 hab – ♦68/72 € ♦♦85/90 €, ⊆ 5 €
Rest – *(cerrado agosto, domingo y lunes noche)* Menú 15 €
♦ Algo alejado del centro aunque bien situado junto a un centro comercial. Posee habitaciones confortables y bien equipadas que compensan su escasa zona social. El comedor, con carta tradicional y varios menús, se encuentra en un edificio anexo.

✗✗   **Aligué**   AC ⌘ ⇔ P VISA ⚱ AE ①

barriada El Guix 10 (carret. de Vic), por ① ✉08243 – 𝓒 938 73 25 62
– www.restaurantaligue.es
Rest – *(sólo almuerzo salvo viernes y sábado.)*
Carta 38/55 € ⅝
♦ Posee un bar a la entrada con mesas para el menú, dos comedores y dos privados. Cocina tradicional de temporada con detalles de autor, trabajando mucho la trufa y las setas.

✗✗   **La Cuina**   AC ⌘ VISA ⚱ AE ①

Alfons XII-18 ✉08241 – 𝓒 938 72 89 69
– www.restaurantlacuina.com   AZ**e**
Rest – Carta 30/42 €
♦ Disfruta de un pequeño vivero y tres comedores, uno más amplio y de inferior montaje dedicado al menú. Carta tradicional que destaca por su apartado de pescados y mariscos.

MANRESA

MANZANARES – Ciudad Real – **576** O19 – **19 186 h.** – alt. 645 m
– ⊠ 13200

9 B3

▶ Madrid 173 – Alcázar de San Juan 63 – Ciudad Real 52 – Jaén 159

Parador de Manzanares

autovía A 4 – ℰ *926 61 04 00* – www.parador.es
50 hab – †84/102 € ††105/128 €, ⊇ 16 €
Rest – Menú 32 €

♦ Presenta un estilo rústico-funcional, con amplios exteriores, cocheras indivi-
duales y una zona ajardinada. Sus habitaciones tienen mobiliario clásico-regional.
El restaurante cuenta con dos salas, la principal de forma circular y asomada a
un jardín.

🏨 El Cruce 🔲 🈴 📶 🛇 🏴 🅿 VISA ⊕ AE ①

autovía A 4 – 𝒞 926 61 19 00 – www.hotelelcruce.com

38 hab – ♦76 €, ♦♦95 €, ☷ 7 €   **Rest** – Menú 20 €

♦ Hotel de carretera dotado de correctas zonas nobles y habitaciones de buen confort general, la mayoría de ellas con un pequeño balcón y los baños actuales. El comedor, que goza de un buen montaje, sabe combinar el mobiliario regional con la estética actual.

🏠 Antigua Casa de la Bodega *sin rest* 🔲 📶 🈴 VISA ⊕

Clérigos Camarenas 58 – 𝒞 926 61 17 07 – www.antiguacasadelabodega.com – cerrado febrero

6 hab ☷ – ♦55 € ♦♦80 €

♦ Esta casa familiar formó parte de la histórica bodega Larios, que data del s. XIX. Ofrece una cálida zona social y habitaciones detallistas vestidas con mobiliario de época.

MARBELLA – Málaga – **578** W15 – **134 623 h.** – Playa   1 A3

▶ Madrid 602 – Algeciras 77 – Cádiz 201 – Málaga 59

🄳 glorieta de la Fontanilla ✉ 29602 𝒞 95 277 46 93 turismo@marbella.es Fax 95 277 94 57

y pl. de los Naranjos 1 𝒞 95 282 35 50 otnaranjos@marbella.es Fax 95 277 36 21

🖼 Río Real, por la carret. de Malaga : 5 km, 𝒞 95 276 57 33

🖼 Los Naranjos, por la carret. de Cádiz : 7 km, 𝒞 95 281 24 28

🖼 Aloha, urb. Aloha, por la carret. de Cádiz : 8 km, 𝒞 95 290 70 85

🖼 Las Brisas, Nueva Andalucía, por la carret. de Cádiz : 11 km, 𝒞 95 281 30 21

◎ Localidad★★ – Casco antiguo★ – Plaza de los Naranjos★ – Museo del grabado Español Contemporáneo★

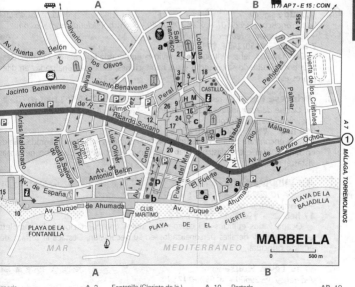

MARBELLA

ESPAÑA

🏨🏨🏨 Gran Meliá Don Pepe 🌭 ≤ 🖼 🕭 🏊 🔲 🏄 🍽 🛎 🕹 hab, 🎛 🕸 🕯

José Meliá, por ② ⊠29602 – 𝒞 *952 77 03 00* 🛗 🅿 🚾 ⊛ 🄰🄴 ⓞ
– www.gran-melia-don-pepe.com
196 hab 🖾 – 🛏144/420 € 🛏🛏159/450 € – 5 suites
Rest *Calima* – ver selección restaurantes
Rest *Grill La Farola* – Menú 46 €
♦ Un oasis de serenidad y belleza junto al mar, rodeado por un bello jardín subtropical. Sus excelentes estancias le sorprenderán por el confort y la profusión en los detalles. El restaurante Grill La Farola ofrece platos de carácter tradicional e internacional.

🏨🏨 Fuerte Marbella ≤ 🖼 🕭 🏊 🔲 🏄 🛎 ⅛ hab, 🎛 🕸 🕯 🛗 🅿 🚗

av. El Fuerte ⊠29602 – 𝒞 *952 86 15 00* 🚾 ⊛ 🄰🄴 ⓞ
– www.fuertehoteles.com **Be**
261 hab 🖾 – 🛏103/149 € 🛏🛏147/221 € – 2 suites
Rest – *(sólo cena buffet)* Menú 36 €
♦ Presenta habitaciones de armoniosa decoración y unas zonas sociales que rezuman clasicismo. Privilegiada ubicación frente a la playa, con zonas ajardinadas y palmeras. El restaurante, centrado en el buffet, se complementa con otro más sencillo junto al mar.

🏨🏨 Fuerte Miramar ≤ 🏊 🛎 ⅛ hab, 🎛 🕸 🕯 🛗 🚗 🚾 ⊛ 🄰🄴 ⓞ

pl. José Luque Manzano ⊠29603 – 𝒞 *952 76 84 00 – www.fuertehoteles.com*
– abril-octubre **Bv**
219 hab 🖾 – 🛏96/139 € 🛏🛏147/222 € – 7 suites
Rest – *(sólo cena buffet)* Menú 36 €
♦ Próximo al centro pero alejado del bullicio urbano. Presenta un buen hall, confortables habitaciones de estilo clásico-funcional y una gran piscina rodeada de zonas verdes. El restaurante, ubicado a pie de playa, propone una carta rica en pescados y mariscos.

🏨 Claude sin rest 🛎 🎛 🕯 🚾 ⊛ 🄰🄴

San Francisco 5 ⊠29601 – 𝒞 *952 90 08 40 – www.hotelclaudemarbella.com*
– cerrado enero y febrero **Aa**
7 hab 🖾 – 🛏150/255 € 🛏🛏175/280 €
♦ Casa familiar del s. XVII en la que vivió la emperatriz Eugenia de Montijo. Destaca por su cuidado salón social y sus habitaciones, todas personalizadas en diferentes estilos.

🏨 Princesa Playa sin rest 🏊 🛎 🎛 🕸 🛗 🚾 ⊛ 🄰🄴 ⓞ

av. Duque de Ahumada - Paseo Marítimo ⊠29602 – 𝒞 *952 82 09 44*
– www.princesaplaya.com **Ba**
100 hab – 🛏🛏175/250 €, 🖾 12,50 €
♦ Aquí encontrará habitaciones tipo apartamento, con la cocina integrada, suelos en tarima y un estilo clásico-actual. Desayunos en el último piso, con hermosas vistas al mar.

🏠 La Villa Marbella sin rest 🎛 🕸 🕯 🚾 ⊛ 🄰🄴

Príncipe 10 ⊠29601 – 𝒞 *952 76 62 20*
– www.lavillamarbella.com **Ay**
17 hab 🖾 – 🛏90/189 € 🛏🛏99/219 €
♦ Ocupa varios edificios del casco viejo, todos con habitaciones de completo equipamiento y detalles personalizados en su decoración. Destaca la terraza del edificio principal.

🏠 The Town House sin rest 🛎 🎛 🕸 🕯 🚾 ⊛ 🄰🄴

Alderete 7 ⊠29600 – 𝒞 *952 90 17 91*
– www.townhouse.nu **Bb**
9 hab 🖾 – 🛏105/125 € 🛏🛏125/145 €
♦ Pequeño hotel instalado en una casa rehabilitada del casco antiguo. Ofrece un interior de línea clásica-actual, muy personal, y habitaciones de buen confort. Terraza-solárium.

XXXX **Calima** (Dani García) – Hotel Gran Meliá Don Pepe　◄ 🕿 AC ⚡ ⇔ P
⭐⭐ *José Meliá, por ② ⊠29600 – ℰ 952 76 42 52*　　VISA ⓪ AE ⓪
– www.restaurantecalima.es – 15 marzo-15 octubre
Rest *– (cerrado domingo y lunes) (sólo cena) (sólo menú)* Menú 96/118 € 🕸
Espec. Tomate verde de albahaca con guisantes y percebes. Lata de caviar
Calima. Dumpling de cola de cerdo ibérico con carabineros.
♦ Presenta una estética minimalista tanto en la cocina, completamente a la
vista, como en la sala, esta última amplia, de excelente montaje y con una gran
cristalera abierta al mar. Sus completos menús degustación conjugan técnica y
originalidad.

XX **Messina**　　　　　　　　　　　　AC ⚡ VISA ⓪
av. Severo Ochoa 12 ⊠29603
– ℰ 952 86 48 95 – www.restaurantemessina.com
– cerrado domingo　　　　　　　　　　　　**Bv**
Rest *– (sólo cena)* Carta 35/46 €
♦ Tras las grandes cristaleras de su entrada encontrará un local diáfano y de
línea actual. Carta creativa enriquecida con algunos platos malagueños, asiáticos
e italianos.

XX **Santiago**　　　　　　　　🕿 AC ⚡ ⇔ VISA ⓪ AE ⓪
av. Duque de Ahumada 5 ⊠29602 – ℰ 952 77 00 78
– www.restaurantesantiago.com
– cerrado noviembre　　　　　　　　　　　**Ab**
Rest *–* Carta 40/55 € 🕸
♦ Se encuentra en el paseo marítimo y está considerado todo un clásico de la
ciudad, con una terraza de verano, una barra de espera y varios comedores. Pescados y mariscos.

XX **La Tirana**　　　　　　　　　　🕿 🕿 ⇔ VISA ⓪ AE ⓪
urb. La Merced Chica - Huerta Márquez, por ② ⊠29600
– ℰ 952 86 34 24 – www.restaurantelatirana.es
– cerrado 9 enero-9 febrero, domingo y lunes en invierno
Rest *– (sólo cena en julio y agosto)* Carta 33/45 €
♦ Agradable restaurante instalado en una bonita villa, con jardín propio y una
espléndida terraza repleta de plantas. Posee un bar de espera y una sala de cuidado montaje.

XX **Casa de la Era**　　　　　　　◄ 🕿 AC P VISA ⓪ AE ⓪
Finca El Chorraero, Noreste : 1 km por carret. de Ojén A-355 ⊠29602
– ℰ 952 77 06 25 – www.casadelaera.com – cerrado domingo (salvo Semana
Santa)　　　　　　　　　　　　　　　**B**
Rest *– (sólo cena en agosto)* Carta 30/40 €
♦ Está instalado en una casa tipo chalet, donde ofrece una sala acristalada con
bellas vistas a la montaña. Carta regional andaluza con un pequeño apartado de
cocina marroquí.

XX **Zafferano**　　　　　　　　　　　AC ⚡ VISA ⓪
Gloria 11 ⊠29601 – ℰ 952 86 31 25 – www.ristorantezafferano.it – cerrado
10 enero-10 febreo y domingo　　　　　　　　**ABc**
Rest *– (sólo cena)* Carta 36/47 €
♦ Negocio clásico-actual situado en una céntrica calle peatonal. Dispone de un
bar en la planta baja y un agradable comedor en el 1er piso. Cocina italiana con
dosis creativas.

XX **Buenaventura**　　　　　　　　　🕿 AC ⚡ VISA ⓪ ⓪
pl. de la Iglesia de la Encarnación 5 ⊠29601 – ℰ 952 85 80 69
– www.demarbella.net　　　　　　　　　　　**Bz**
Rest *–* Carta 30/55 €
♦ Marco de cálida rusticidad en tonalidades ocres, con chimenea y bodega acristalada. En su bonito patio interior podrá degustar una carta tradicional con
toques creativos.

ESPAÑA

ESPAÑA

✗ Skina ☸

Aduar 12 ✉29601
– 𝒞 952 76 52 77 – www.restauranteskina.com
– cerrado del 9 al 31 de enero, del 6 al 12 de junio, sábado mediodía de
octubre-mayo, domingo y lunes   **Ax**
Rest – (sólo cena en verano) Menú 75 € – Carta aprox. 79 € ⅋⅋

Espec. Lubina ahumada, risotto ahumado, bayas de gotxi y alcachofas. Paletilla de
chivo lechal, apionabo y revuelto de espárragos. Yogur de albaricoques hecho en
casa.

♦ Interesante y atrevido. Este minúsculo restaurante se encuentra en una zona
peatonal del casco antiguo y recrea un ambiente actual, con el suelo en tarima y
una excelente bodega acristalada. Su cocina creativa toma como base el recetario
malagueño tradicional.

✗ Los Guisos de Santiago

av. del Mar 20 ✉29602 – 𝒞 952 77 43 39 – www.restaurantesantiago.com
– cerrado noviembre   **Ap**
Rest – Carta 30/35 €

♦ Ofrece una decoración clásica bastante cuidada, con espejos y citas escritas, así
como una carta tradicional que destaca tanto por sus guisos como por sus platos
de cuchara.

౿/ La Taberna de Santiago

av. del Mar 20 ✉29602 – 𝒞 952 77 00 78 – www.restaurantesantiago.com
– cerrado noviembre   **Ap**
Rest – Tapa 1,50 € – Ración aprox. 7 €

♦ Local de tapeo con la fachada repleta de azulejos. Disfruta de una pequeña
barra con expositor de productos, varias mesas en mármol y una espaciosa terraza.

en la autovía de Málaga por ① :

🏨🏨 Don Carlos ☸

salida Elviria : 10 km ✉29604 Marbella – 𝒞 952 76 88 00
– www.doncarlosresort.com
236 hab ☷ – †112/400 € ††120/416 € – 6 suites – 24 apartamentos
Rest *Bahía* – Menú 55 €
Rest *Ombú* – (cerrado 15 octubre-Semana Santa, lunes y martes) (sólo cena)
Carta aprox. 60 €

♦ Posee amplias zonas nobles y dependencias de excelente confort. Lo más destacado es su impresionante entorno tropical, pues tiene piscinas y se extiende
hasta la playa. El restaurante Ombú, ubicado en el jardín, ofrece una carta creativa basada en el producto.

🏨🏨 Río Real ☸

urb. Río Real, salida Torre Real : 3,5 km y desvío 1,5 km ✉29603 Marbella
– 𝒞 952 76 57 32 – www.rioreal.com
29 hab ☷ – †120/173 € ††140/220 €
Rest – (julio-agosto) (sólo cena) Carta 50/60 €

♦ Hotel de excelente nivel ubicado en un campo de golf. Sus dependencias,
luminosas y confortables, han sido decoradas por el reconocido interiorista Pascua Ortega. El restaurante, de estética clásica-actual, ofrece una cocina tradicional
con toques creativos.

🏨🏨 Vincci Selección Estrella del Mar ☸

urb Estrella del Mar, salida km 190
✉29604 Marbella – 𝒞 951 05 39 70 – www.vincihoteles.com
133 hab – ††100/270 €, ☷ 20 €
Rest – Carta 40/51 €

♦ Un edificio de diseño horizontal que recuerda en su estética interior esencias
del mundo árabe y andalusí. Habitaciones amplias y luminosas, con vistas al mar
o a la montaña. Posee dos zonas de restauración, así que encontrará una buena
oferta gastronómica.

XXX La Hacienda 🛱 ※ P VISA ⁂ AE

salida Las Chapas : 11,5 km y desvío 1,5 km ✉*29604 Marbella – ℰ 952 83 12 67*
– www.restaurantelahacienda.com – cerrado noviembre
Rest *– (sólo cena salvo domingo)* Carta 41/55 €
♦ Villa de aire rústico donde aún se mantiene el encanto de otra época, con un
bello jardín y un cálido interior. Cocina tradicional actualizada y sugerentes
menús degustación.

XX El Lago 🛱 🕂 ※ P VISA ⁂ AE
💤

av. Las Cumbres - urb. Elviria Hills, salida Elviria : 10 km y desvío 2 km
✉*29604 Marbella – ℰ 952 83 23 71 – www.restauranteellago.com – cerrado*
lunes salvo julio y agosto
Rest *– (sólo cena)* Menú 45/60 € – Carta aprox. 60 €
Espec. Pulpo a la parrilla con crema de patata asada y trufa. San Pedro con salteado de calabacín, tomillo, melocotón y cítricos. Presa ibérica marinada con
especias, patata, morcilla de hígado y albaricoque.
♦ Destaca por su emplazamiento, en un relajante campo de golf y frente a un
pequeño lago artificial. Ofrece una coqueta terraza de verano y una sala de cuidado montaje, esta última dotada con una gran cristalera semicircular. Cocina
actual e innovadora.

en la carretera de Cádiz por ② :

🏨 Marbella Club ॐ 🚪 🛱 🏊 🕂 ⅙ ※ ⁂ 🔥 P VISA ⁂ AE ①

Boulevard Príncipe Alfonso von Hohenlohe, 3 km ✉*29602 Marbella*
– ℰ 952 82 22 11 – www.marbellaclub.com
84 hab – †215/415 € ††230/430 €, ⤶ 35 € – 51 suites   **Rest** – Carta 58/82 €
♦ Emblemático, ya que rezuma elegancia clásica y siempre sabe actualizarse. Disfruta de un piano-bar, amplias estancias, un SPA frente al mar y excelentes habitaciones. El restaurante-grill, con la parrilla en el centro, ofrece una carta de tinte
internacional.

🏨 Puente Romano ॐ 🚪 🛱 🏊 🕂 ※ 🍽 ⅙ hab. 🔲 ※ ⁂ 🔥 P 🚗

Boulevard Príncipe Alfonso von Hohenlohe, 3,5 km   VISA ⁂ AE ①
✉*29602 Marbella – ℰ 952 82 09 00 – www.puenteromano.com*
204 hab – †200/400 € ††220/950 €, ⤶ 30 € – 81 suites
Rest *Roberto* – Carta 49/72 €
♦ Elegante conjunto de ambiente andaluz dotado con un magnífico jardín subtropical. Posee habitaciones tipo bungalow, espaciosas y de elevado confort. El
restaurante, que está especializado en cocina italiana, disfruta de una magnífica
terraza con vistas al mar.

🏨 Coral Beach 🏊 🕂 🍽 🔲 ※ 🔥 P 🚗 VISA ⁂ AE ①

5 km ✉*29602 Marbella – ℰ 952 82 45 00 – www.hotelcoralbeach.com*
– 17 abril-15 octubre
148 hab – †162/265 € ††178/297 €, ⤶ 22 € – 22 suites
Rest *Florencia* – *(sólo cena)* Carta aprox. 52 €
♦ Hotel de claro ambiente mediterráneo construido en torno a una gran piscina
central. Ofrece espaciosas habitaciones, todas con terraza e idílicas vistas al mar.
El restaurante, presidido por una acequia de influencia árabe, ofrece una carta
tradicional.

XXX Villa Tiberio 🛱 🔲 ※ P VISA ⁂ AE ①

2,5 km ✉*29600 Marbella – ℰ 952 77 17 99 – www.villatiberio.com – cerrado*
domingo
Rest *– (sólo cena)* Carta 47/57 €
♦ Restaurante italiano ubicado en una villa que destaca por su atractiva terraza
ajardinada. Comedor clásico, detalles decorativos de gusto refinado y música de
piano en vivo.

XXX La Meridiana del Alabardero ⪜ 🛱 🔲 P VISA ⁂ AE

camino de la Cruz, salida Nagüeles : 3,5 km y desvío a la derecha 0,7 km
✉*29600 Marbella – ℰ 952 77 61 90 – www.lameridiana.es*
Rest – Carta 53/62 €
♦ Negocio de amplios espacios definido por su decoración, pues combina deta-
lles asiáticos e hindús. El jardín, con camas balinesas, se usa como zona chill-out.
Carta actual.

ESPAÑA

XX **El Rodeito** 🐀 🗚 🛇 ⁇ 🅿 VISA ⦿ AE Ⓞⓘ
carret. N-340 ⊠*29660 Nueva Andalucía* – ℰ *952 81 08 61* – *www.elrodeito.com*
Rest – Carta 55/65 €
♦ Mesón asador bastante acogedor, con ambientación típica castellana y aperos de labranza decorativos. Ofrece dos comedores con chimeneas centrales y una terraza de verano.

MARCHAMALO – Guadalajara – ver Guadalajara

MARCILLA – Navarra – **573** E24 – **2 834 h.** – **alt. 290 m** – ⊠ **31340**   **24** A2
▶ Madrid 345 – Logroño 65 – Pamplona 63 – Tudela 38

🏠 Villa Marcilla 🛇 🕭 🗚 ⁇ 🅿
carret. Estación,Noreste : 2 km – ℰ *948 70 82 87* – *www.hotelvillamarcilla.com*
24 hab   Rest –
♦ Tras su atractiva fachada en piedra descubrirá un hall amplio y luminoso, un agradable salón social y confortables habitaciones, todas personalizadas y de ambiente colonial. En su cafetería, por las noches, también sirven un correcto menú.

XX **Villa Marcilla** 🐀 🗚 🛇 ⟷ 🅿 VISA ⦿ AE Ⓞⓘ
carret. Estación, Noreste : 2 km – ℰ *948 71 37 37*
– *www.restaurantevillamarcilla.es* – *cerrado del 1 al 15 de julio*
Rest – *(sólo almuerzo salvo fines de semana)* Carta 32/46 €
♦ Esta antigua casa señorial se presenta con un hall, dos salas de ambiente clásico y un patio-porche que hace de terraza. Carta regional actualizada y un buen menú degustación.

MAREO – Asturias – ver Gijón

MARÍN – Pontevedra – **571** E3 – **25 969 h.** – **alt. 14 m** – ⊠ **36900**   **19** B2
▶ Madrid 619 – Santiago de Compostela 66 – Pontevedra 8
– Viana do Castelo 110

🏠 **Villa de Marín** sin rest 🛇 🗚 🛇 ⁇ 🕭 VISA ⦿ AE Ⓞⓘ
Calvo Sotelo 37 – ℰ *986 89 22 22* – *www.hotelvillademarin.com*
25 hab – ♥35/65 € ♥♥48/95 €, ⊇ 4,50 €
♦ Céntrico y de línea clásico-funcional. Posee habitaciones confortables con mobiliario de buen nivel, un correcto hall y una moderna cafetería orientada al público de la calle.

MARTORELL – Barcelona – **574** H35 – **26 681 h.** – **alt. 56 m** – ⊠ **08760**   **15** A3
▶ Madrid 598 – Barcelona 33 – Manresa 37 – Lleida/Lérida 141

🏠 **AC Martorell** sin rest 🛏 🛇 🕭 🗚 🛇 ⁇ 🕭 🚗 VISA ⦿ AE Ⓞⓘ
av. Pau Claris – ℰ *937 74 51 60* – *www.ac-hotels.com*
92 hab – ♥♥56/180 €, ⊇ 11 €
♦ Con la decoración actual propia de la cadena. Ofrece suficientes zonas nobles y confortables habitaciones, con los suelos en tarima y plato ducha en la mayoría de sus baños.

El MASNOU – Barcelona – **574** H36 – **22 288 h.** – ⊠ **08320**   **15** B3
▶ Madrid 628 – Barcelona 14 – Girona/Gerona 87 – Vic 56

🏠 **Torino** 🛇 🗚 🛇 ⁇ 🕭 VISA ⦿ AE Ⓞⓘ
Pere Grau 21 – ℰ *935 55 23 13* – *www.hoteltorinoelmasnou.com* – *cerrado 23 diciembre-6 enero*
13 hab – ♥50/52 € ♥♥70/72 €, ⊇ 7 €
Rest – *(cerrado sábado) (sólo menú)* Menú 12 €
♦ Este céntrico hotelito de organización familiar compensa su reducida zona social con unas habitaciones cuidadas y bien equipadas, algo pequeñas pero correctas en su categoría. El comedor, que presenta un sencillo montaje, limita su oferta a un menú del día.

MASPALOMAS – Las Palmas – ver Canarias (Gran Canaria)

MASQUEFA – Barcelona – **574** H35 – 8 168 h. – ⊠ 08783   15 A3

   ▶ Madrid 608 – Barcelona 47 – Girona 126 – Lleida 154

por la carretera B 224 Oeste : 3 km

🏠🏠🏠   **Can Bonastre** ⌂   ⇐ ⍨ ⅙ hab, 🄰🄲 ⅌ hab, ꝑ 🄼 🄿 🆅🆂🄰 ⅏ 🄰🄴 🄞
Finca Can Bonastre de Santa Magdalena ⊠08783 – ℰ 937 72 87 67
– www.canbonastre.com – cerrado 24 enero-3 marzo y del 8 al 24 de agosto
10 hab ⌂ – †170/239 € – ††185/259 € – 2 suites
Rest *Tribia* – *(cerrado de lunes a jueves)* Carta 40/55 €
♦ Este hotel-bodega se encuentra en una gran finca repleta de viñedos y ofrece vistas a las montañas de Montserrat. Reducida zona social, habitaciones bien equipadas y un SPA. El restaurante presenta un montaje actual bastante cuidado y en él encontrará tanto una carta creativa como un menú degustación.

MATAPOZUELOS – Valladolid – **575** H15 – 1 061 h. – ⊠ 47230   11 B2

   ▶ Madrid 175 – Valladolid 38 – Segovia 109 – Ávila 104

XX   **La Botica**   🏠 🄰🄲 ⅌ 🆅🆂🄰 ⅏ 🄰🄴 🄞
pl. Mayor 2 – ℰ 983 83 29 42 – www.asadorlabotica.com
– cerrado del 1 al 15 de enero, lunes noche, martes noche y miércoles noche
Rest – Carta 30/40 €
♦ Posee dos salas, una rústica y la otra, más pequeña pero con la decoración original, ocupando lo que fue la botica. Combina con acierto la cocina típica de asador y la actual.

MATARÓ – Barcelona – **574** H37 – 121 722 h. – Playa   15 B3

   ▶ Madrid 661 – Barcelona 28 – Girona/Gerona 72 – Sabadell 47
   👁 Localidad ★

Plano página siguiente

🏠🏠🏠   **NH Ciutat de Mataró**   🛗 ⅙ hab, 🄰🄲 ⅌ ꝑ 🆚 🆅🆂🄰 ⅏ 🄰🄴 🄞
Camí Ral 648, por Camí Ral ⊠08302 – ℰ 937 57 55 22 – www.nh-hoteles.com
101 hab – ††72/158 €, ⌂ 11,50 € – 4 suites – 17 apartamentos   AZ**a**
Rest *Camí Real* – *(cerrado agosto, sábado, domingo y festivos)* Carta 27/37 €
♦ Fachada en ladrillo visto e interior de línea moderna. Sus confortables y bien equipadas habitaciones mantienen la estética de la cadena. Amplios salones para convenciones. Dispone de un comedor de cuidado montaje y otro polivalente orientado a los banquetes.

🏠🄷   **Castell de Mata**   ⇐ 🚗 ⍨ 🛗 🄰🄲 ꝑ 🗭 🄿
carret. N II (km 649), por ① : 1,5 km ⊠08304 – ℰ 937 90 10 44
– www.hotelcastelldemata.com
52 hab – 8 suites   **Rest** –
♦ Hotel situado frente al mar y orientado al cliente de negocios. Posee un buen club deportivo y habitaciones funcionales, todas con terraza y la mitad con vistas a la playa. El restaurante complementa su carta tradicional con unas buenas vistas al Mediterráneo.

XXX   **El Nou-Cents**   🄰🄲 ⇄ 🆅🆂🄰 ⅏ 🄰🄴 🄞
El Torrent 21 ⊠08302 – ℰ 937 99 37 51 – www.elnou-cents.com
– cerrado 15 días en agosto y domingo noche   AY**d**
Rest – Carta 23/55 €
♦ Presenta un buen hall y dos comedores, uno clásico con detalles rústicos y el otro más actual. Cocina actual de bases clásicas, trabajando mucho la trufa, las setas y la caza.

XXX   **Sangiovese**   🄰🄲 ⅌ ⇄ 🆅🆂🄰 ⅏ 🄰🄴
Sant Josep 31 ⊠08302 – ℰ 937 41 02 67 – www.sangioveserestaurant.com
– cerrado 21 días en agosto, domingo noche y lunes   AY**c**
Rest – Carta 33/44 €
♦ Disfruta de una estética moderna, con detalles de diseño, dejando tanto la cocina como su completa bodega a la vista. Elaboraciones de tendencia actual con toques creativos.

ESPAÑA

579

MATARÓ

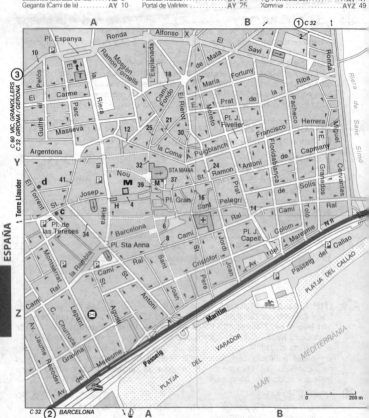

XX Bocca
   🛴 AC ⅍ ☞ VISA ⚫ AE ⓪

pl. d'Espanya 18 ⊠ *08302 –* 🖉 *937 41 12 69 – www.boccarestaurante.com*
– cerrado Semana Santa y 21 días en agosto   AY**t**

Rest – Carta 40/50 €

♦ Restaurante familiar de larga trayectoria. En su acogedora sala de línea clásica-actual podrá degustar una completa carta de cocina tradicional actualizada.

MATURANA – Álava – **573** D22 – ⊠ **01206**   **25** B2

  🅳 Madrid 375 – Vitoria-Gasteiz 18 – Logroño 111 – Pamplona 88

⌂ Sagasti Zahar ⅍
   ⅍ hab, 🖧 VISA ⚫ AE ⓪

Sagati Zahar 10 – 🖉 *945 31 71 58 – www.casarural-vitoria.com*
6 hab – †36/47 € ††45/59 €, ⌴ 5 € **Rest** – *(sólo clientes)* Menú 18 €

♦ Casa rural construida en piedra, rodeada de césped y dotada con un agradable porche. Ofrece unas habitaciones de cuidado ambiente rústico, aunque todas están personalizadas.

MAZAGÓN – Huelva – **578** U9 – Playa – ✉ 21130   **1** A2

▶ Madrid 638 – Huelva 23 – Sevilla 102

🛈 pl. Odón Betanzos ✆ 959 37 63 00 turismo.mazagon@terra.es Fax 959 37 60 44

XX   **El Remo** con hab   🌳 AC ⚡ rest, ¶ VISA ⑳ AE ①
av. de los Conquistadores 123 – ✆ 959 53 61 38 – www.complejoelremo.com
24 apartamentos – ♦♦79/137 €, ☲ 7 €
Rest – *(cerrado martes en invierno)* Carta 31/37 €
♦ Restaurante de corte clásico ubicado en 1ª línea de playa. Cuenta con una agradable terraza, un pequeño bar privado y un espacioso comedor con expositor de productos. También ofrecen varios apartamentos, los grandes con salón y los más pequeños tipo estudio.

por la carretera de Matalascañas :

🏠   **Parador de Mazagón** 🌿   ≤ 🌳 🛋 🔲 🏖 ⚡ & hab, AC ⚡ ¶ 🕌 P
Sureste : 7 km ✉ 21130 – ✆ 959 53 63 00   VISA ⑳ AE ①
– www.parador.es
62 hab – ♦124/144 € ♦♦155/180 €, ☲ 18 €   **Rest** – Menú 33 €
♦ Disfruta de un enclave privilegiado, pues está a la entrada del Parque Natural de Doñana. Habitaciones clásicas con detalles rústicos, la mayoría con magníficas vistas al mar. En su luminoso restaurante encontrará una completa carta de carácter regional.

MEAÑO – Pontevedra – **571** E3 – 5 465 h. – ✉ 36968   **19** A2

▶ Madrid 640 – Santiago de Compostela 67 – Pontevedra 28
– Viana do Castelo 131

🏠   **Quinta de San Amaro**   ≤ 🌳 🌳 🛋 AC ⚡ ¶ 🕌 P VISA ⑳ AE ①
lugar de San Amaro 6 – ✆ 986 74 89 38 – www.quintadesanamaro.com
14 hab ☲ – ♦73/87 € ♦♦87/120 €
Rest – *(cerrado lunes noche y martes de 15 octubre-mayo)* Menú 30 €
♦ Magnífico hotel rural situado en una finca rústica que conserva sus edificios en piedra. Buen salón social y habitaciones de excelente confort, todas con mobiliario colonial. El restaurante, que resulta muy luminoso por estar completamente acristalado, ofrece una buena carta de cocina tradicional.

MECINA FONDALES – Granada – **578** V20 – alt. 930 m – ✉ 18416   **2** D1

▶ Madrid 488 – Granada 69 – Almería 139 – Málaga 128

🏠   **Mecina Fondales** 🌿   ≤ 🌳 🌳 🛋 & hab, AC ⚡ hab, 🕌 VISA ⑳ AE
La Fuente 2 – ✆ 958 76 62 41 – www.hoteldemecina.com.es
21 hab – ♦56 € ♦♦82 €, ☲ 6 €   **Rest** – Menú 18,70 €
♦ Situado en un pequeño pueblo de Las Alpujarras. Posee una coqueta zona social, un patio árabe y habitaciones de aire rústico bastante bien equipadas, la mayoría con terraza. El comedor también presenta un ambiente rústico y ofrece una carta de sabor regional.

MEDINA DE POMAR – Burgos – **575** D19 – 6 321 h. – alt. 607 m   **12** C1
– ✉ 09500

▶ Madrid 329 – Bilbao 81 – Burgos 86 – Santander 108

🏠   **La Alhama** 🌿   📶 & hab, AC rest, ⚡ ¶ 🕌 P VISA ⑳
carret. de la Cerca, Noreste : 1 km – ✆ 947 19 08 46 – www.hralhama.es
– cerrado 23 diciembre-30 enero
17 hab ☲ – ♦39/43 € ♦♦56/59 € – 1 suite
Rest – *(cerrado domingo noche y lunes)* Menú 10 €
♦ Hotel de línea actual llevado por un amable matrimonio. Sus reducidas zonas sociales se completan con un pequeño salón y posee habitaciones funcionales de buen confort. El restaurante, luminoso y de correcto montaje, está comunicado con la cafetería.

MEDINA DE RIOSECO – Valladolid – **575** G14 – 4 977 h. – alt. 735 m   **11** B2
– ✉ 47800

▶ Madrid 223 – León 94 – Palencia 50 – Valladolid 41
◉ Iglesia de Santa María (capilla de los Benavente★)

XX **Pasos** ⒶⒸ ⅏ ⓋⅤⒶ ⓌⓄ ⒶⒺ ⓞ

Lázaro Alonso 44 – ℰ 983 70 10 02 – www.restaurantepasos.net
– cerrado del 7 al 30 de noviembre y lunes
Rest – Carta 30/40 €

♦ Entrada por un bar público de pulcro montaje. Comedor de estilo medieval castellano, con excelente servicio de mesa, chimenea, sillas en forja y variada carta tradicional.

MEDINA DEL CAMPO – Valladolid – **575** I15 – 21 540 h. – alt. 721 m   11 B2
– ⊠ 47400

▶ Madrid 154 – Salamanca 81 – Valladolid 43

🄸 pl. Mayor de la Hispanidad 48 ℰ 983 81 13 57 turismo@
ayto-medinadelcampo.es Fax 983 81 13 57

👁 Castillo de la Mota★

🄷🄰 **Villa de Ferias** 🛗 �&ᴄ hab. ⒶⒸ ⅏ ⅏ 🕭 𝗣 🚗 ⓋⅤⒶ ⓌⓄ ⒶⒺ ⓞ

av. V Centenario 3 – ℰ 983 80 27 00 – www.villadeferias.com
38 hab – †47 € ††67/79 €, � 3,50 €
Rest – Menú 16 €

♦ De línea actual, poniendo a su disposición una reducida zona noble con hall y habitaciones dotadas de suelos en tarima, mobiliario clásico de calidad y baños modernos. Acogedor restaurante con dos salas, una de aire colonial y la otra a modo de patio cubierto.

🄷🄰 **La Mota** sin rest 🛗 ⅏ 🕭 𝗣 ⓋⅤⒶ ⓌⓄ ⒶⒺ

Fernando el Católico 4 – ℰ 983 80 04 50
– www.domus-hoteles.es
44 hab – †48 € ††62 €, � 4 €

♦ Un hotel que va reformándose poco a poco. Ofrece un correcto hall-recepción y habitaciones funcionales de confort actual, la mayoría de ellas con los suelos en tarima.

X **Continental** ⒶⒸ ⅏ ⓋⅤⒶ ⓌⓄ ⒶⒺ

pl. Mayor de la Hispanidad 15 – ℰ 983 80 10 14 – cerrado del 15 al 30 de octubre y martes
Rest – Carta 25/35 €

♦ Bien ubicado en la Plaza Mayor y con acceso por un soportal. Encontrará un concurrido bar de tapas y una sala clásica, donde sirven tanto el menú como una carta tradicional.

MEDINA SIDONIA – Cádiz – **578** W12 – 11 683 h. – alt. 304 m   1 B3
– ⊠ 11170

▶ Madrid 620 – Algeciras 73 – Arcos de la Frontera 42 – Cádiz 42

🄸 pl. de la Iglesia Mayor, ℰ 956 41 24 04 ruralmedina@eresmas.com Fax 956
41 24 04

👁 Localidad★ – Conjunto arqueológico romano★ – Iglesia de Santa María la
Mayor★ (retablo★)

en la carretera de Vejer Sureste : 3 km

X **Venta La Duquesa** 🌤 ⒶⒸ ⅏ ⇆ 𝗣 ⓋⅤⒶ ⓌⓄ
ⓐ *carret. A 396 - Km 7,7 ⊠11170*
– ℰ 956 41 08 36 – www.duquesa.com
– cerrado del 7 al 22 de febrero, del 7 al 22 de noviembre y martes
Rest – Carta 19/30 €

♦ Típica venta situada en pleno campo, bien acondicionada en un estilo clásico-regional. Trabajan con gran amabilidad y elaboran una cocina recomendable a precios asequibles.

MEDINACELI – Soria – **575** I22 – 804 h. – alt. 1 201 m – ⊠ 42240   12 D3

▶ Madrid 154 – Soria 76 – Zaragoza 178

⚭ **Bavieca** con hab   AC 🛠 🛜 📶 VISA 🜂 AE ①

😊 *Campo de San Nicolás 6 – 🞧 975 32 61 06 – www.hostalruralbabieca.com*
– cerrado 22 diciembre-9 enero
7 hab ⌂ – ♦55 € ♦♦75 €   **Rest** – Carta 29/35 €
♦ Casa de piedra dotada con un interior de estilo actual. Su actividad principal es
el restaurante, ofreciendo en él una carta compensada de cocina tradicional e
internacional. Aquí también puede alojarse, ya que cuentan con unas habitaciones confortables, coloristas y de línea actual, algunas abuhardilladas.

en la antigua carretera N II Sureste : 3,5 km

⛨ **Nico**   AC rest, 🛠 📶 **P** VISA 🜂

⊠42240 – 🞧 975 32 60 11 – www.hotelnicomedinaceli.com
22 hab – ♦54/59 € ♦♦65/78 €, ⌂ 7,65 €   **Rest** – Menú 22 €
♦ Un buen recurso de carretera. Dispone de una espaciosa cafetería en la planta
baja y habitaciones de correcta amplitud, con mobiliario clásico y los baños completos. En su restaurante, bastante luminoso, podrá degustar elaboraciones de
sabor tradicional.

MEIRA – Lugo – **571** C8 – 1 800 h. – alt. 383 m – ⊠ 27240   20 D1

▶ Madrid 538 – A Coruña 121 – Lugo 36

al Este : 2,5 km

⛫ **Casa Cazoleiro** ⊗   🖵 🛠 📶 **P** VISA 🜂

Grañanova 5 ⊠27240 – 🞧 982 33 03 31 – www.casacazoleiro.com
10 hab – ♦38/48 € ♦♦48/60 €, ⌂ 5 €   **Rest** – Menú 14 €
♦ Casa rural dotada de espaciosas y confortables habitaciones. Disfruta de una
atractiva ubicación en pleno campo, con un cálido ambiente familiar, piscina y
varios caballos. Comedor rústico con las paredes en piedra ubicado en lo que
era la antigua cuadra.

MELIDE – A Coruña – **571** D5 – 7 874 h. – alt. 454 m – ⊠ 15809   20 C2

▶ Madrid 556 – A Coruña 72 – Santiago de Compostela 55 – Lugo 54

en la carretera N 547 Sureste : 6 km

⛫ **Casa de los Somoza**   🖵 🛠 **P** VISA 🜂

Coto ⊠15808 Coto – 🞧 981 50 73 72 – cerrado 15 diciembre-febrero
10 hab – ♦45 € ♦♦54 €, ⌂ 6 €   **Rest** – *(cerrado domingo noche)* Menú 16 €
♦ Casona de labranza con un bello jardín, en pleno Camino de Santiago. Ofrece
cálidas habitaciones con algunas paredes en piedra, techos en madera y mobiliario
de aire antiguo. El sencillo comedor se encuentra junto a un antiguo horno de pan.

MELILLA – **742** 6/11 – 73 460 h. – Playa – ⊠ 52001   2 C3

🛪 de Melilla, carret. de Yasinen por av. de la Duquesa Victoria 4 km AY
🞧 902 404 704

Iberia : aeropuerto 🞧902 400 500

🚢 – para Almería y Málaga : Cía. Trasmediterránea, General Marina 1, 🞧 902
45 46 45 info@trasmediterranea.es Fax 952 69 01 70 AY

🇮 Fortuny 21 (Palacio de Congresos), 🞧 95 297 61 51 info@
melillaturismo.com Fax 95 297 61 53

◉ Ciudad antigua★ : Terraza Museo Municipal ❄★ BZ**M**

Plano página siguiente

ESPAÑA

MELILLA

Tryp Melilla Puerto

explanada de San Lorenzo ⊠52004
– ℰ 952 69 55 25
– www.hotelmelillapuerto.com   AZ**a**
134 hab – †60/92 € ††80/128 €, ⊃ 8,20 € – 5 suites
Rest La Almoraima – Carta 30/45 €

♦ Ubicado en pleno puerto y con todo lujo de detalles. Dispone de un amplio hall y espaciosos salones, que al igual que las habitaciones se visten con buen mobiliario clásico. Restaurante de cuidado montaje alrededor de un patio, con una fuente en piedra.

Parador de Melilla 🎐 ⟨ 🚗 ⊒ 🎐 🕭 hab, 🎟 🎿 📶 🔊 **P**
av. Cándido Lobera ⊠52001 – ☎ 952 68 49 40   🚾 ⚌ ⅄ ⓞ
– www.parador.es   AYa
40 hab – ♦79/97 € ♦♦99/121 €, ⊑ 16 €   **Rest** – Menú 31 €
♦ Disfruta de sus instalaciones sobre un promontorio, con las mejores vistas sobre la ciudad. Amplias zonas nobles y habitaciones con mobiliario actual de influencia colonial. Atractivo comedor circular de carácter panorámico.

Rusadir sin rest, con cafetería   🎐 🎟 🎿 📶 📶 🚾 ⚌ ⅄ ⓞ
Pablo Vallescà 5 ⊠52001 – ☎ 952 68 12 40 – www.hotelrusadir.com
41 hab – ♦60/85 € ♦♦75/100 €, ⊑ 8 €   AYe
♦ Este céntrico hotel ofrece unas instalaciones funcionales y actuales. La reducida zona social se complementa con la cafetería y cuenta con habitaciones de buen equipamiento.

MENGÍBAR – Jaén – **578** S18 – 9 572 h. – ⊠ 23620   **2** C2
🚘 Madrid 314 – Sevilla 272 – Jaén 29 – Granada 115

Palacio de Mengíbar   🍴 🖼 🎐 🕭 hab, 🎟 📶 📶 📶 🚗
pl. de la Constitución 8 – ☎ 953 37 40 43 – www.palaciodemengibar.com
54 hab – 2 suites   **Rest**
♦ Este hermoso palacio data de finales del s. XIV, sin embargo, aquí también encontrará detalles del s. XI más propios del mundo árabe. Habitaciones personalizadas y un SPA. El restaurante, instalado en lo que fueron las caballerizas, propone una cocina actual.

MENORCA – Illes Balears – ver Balears

MERANGES – Girona – **574** E35 – 93 h. – alt. 1 540 m – ⊠ 17539   **14** C1
🚘 Madrid 652 – Girona/Gerona 166 – Puigcerdà 18
– La Seu d'Urgell/Seo de Urgel 50

𝕏 **Can Borrell** con hab 🎐   ⟨ 🍴 📶 📶 **P** 🚾 ⚌
Retorn 3 – ☎ 972 88 00 33 – www.canborrell.com – cerrado del 19 al 26 de diciembre
9 hab ⊑ – ♦79/92 € ♦♦92/105 €   **Rest** – (cerrado miércoles) Carta 28/41 €
♦ En un pueblo de montaña lleno de encanto. Acogedor marco de estilo rústico donde podrá saborear una cocina arraigada en el recetario catalán. Como complemento al negocio también ofrece habitaciones, algo sencillas pero bastante cuidadas y con vistas al valle.

Ses MERAVELLES – Illes Balears – ver Balears (Mallorca) : Palma

---

Es MERCADAL – Illes Balears – ver Balears (Menorca)

MÉRIDA – Badajoz – **576** P10 – 56 395 h. – alt. 221 m – ⊠ 06800   **17** B2
🚘 Madrid 347 – Badajoz 62 – Cáceres 71 – Ciudad Real 252
🖌 paseo de José Álvarez Sáenz de Buruaga ☎ 924 33 07 22 turismo@merida.es Fax 924 38 01 33
y Santa Eulalia 64 ☎ 924 33 07 22 Fax 924 38 01 33
◉ Mérida romana★★ : Museo Nacional de Arte Romano★★ (edificio★),
Mosaicos★ BY**M1** – Teatro romano★★ BZ – Anfiteatro romano★ BY
– Puente romano★ AZ – Iglesia de Santa Eulalia★ BY

Planos páginas siguientes

Parador de Mérida 🎐   🚗 ⊒ 🎐 🕭 hab, 🎟 📶 📶 📶 **P** 🚗
pl. de la Constitución 3 – ☎ 924 31 38 00   🚾 ⚌ ⅄ ⓞ
– www.parador.es   BYa
79 hab – ♦115/125 € ♦♦144/156 €, ⊑ 16 € – 3 suites   **Rest** – Menú 32 €
♦ Ocupa parte de un convento franciscano del s. XVIII, íntimo y acogedor, con habitaciones de estilo clásico y mobiliario castellano. Su hermoso patio serena el espíritu. En su restaurante podrá degustar una cocina que toma como base el recetario regional.

MÉRIDA

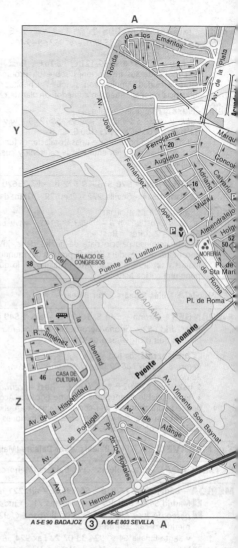

A 5-E 90 BADAJOZ ③ A 66-E 803 SEVILLA

Mérida Palace 🔥 📶 ⅙ hab, 🆎 📞 ⅍ 🚗
pl. de España 19
– ℰ 924 38 38 00 BY**c**
71 hab – 5 suites
Rest –
♦ Consta de dos edificios colindantes, uno del s. XVI y el otro del s. XIX. Cuidadas habitaciones con mobiliario neorrústico y un bonito patio decorado con azulejos antiguos. En su pequeño restaurante encontrará una correcta carta de tinte tradicional.

 Una clasificación en rojo destaca el encanto del establecimiento 🏨 ※※※.

586

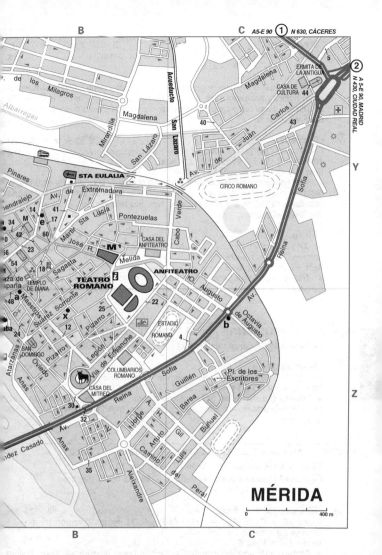

MÉRIDA

0   400 m

🏠🏠🏠 **Velada Mérida** ≤ ≋ 🏢 ᯓ hab, 𝔸�ℂ ❀ ⁽¹⁾ 🐜 🅿 𝘝𝘐𝘚𝘈 ⓒⓒ 🅰🅴 ⓞ
av. Reina Sofía – ℰ 924 31 51 10 – www.veladahoteles.com   CZb
99 hab – � 60/238 €, ⫰ 10,80 €

Rest *Alcazaba* – *(cerrado domingo noche y lunes)* Carta 25/41 €

◆ Hotel de línea actual y gran capacidad. Disfruta de un adecuado mantenimiento, organización a la altura y unas habitaciones de correcta amplitud que resultan confortables. Restaurante moderno que trabaja bien con el cliente de paso.

🏠🏠🏠 **Adealba** sin rest   🏢 𝔸�ℂ ⁽¹⁾ 🐜
Romero Leal 18 – ℰ 924 38 83 08 – www.hoteladealba.com   BYZa
18 hab

◆ Esta instalado en una casa señorial del s. XIX y sorprende tanto por el confort como por la calidad de sus habitaciones, todas diferentes y actuales. Patio típico cubierto.

587

ESPAÑA

🏨 **Nova Roma** 　　　　　　　　🛗 🅰️ ⚄ 🛜 🚗 💳 ⊚ 🅰️🄴 ⓪

Suárez Somonte 42 – 🕿 924 31 12 61 – www.novaroma.com 　　BZ**x**
55 hab – ♦69/72 € ♦♦93/97 €, ☲ 7 €
Rest – Menú 11,50 €
♦ De organización familiar y cercano a la zona monumental. Ofrece suficientes zonas nobles y habitaciones de buen confort, la mayoría de ellas con el mobiliario actualizado. En su comedor podrá degustar unas elaboraciones de tinte tradicional bastante correctas.

🏠 **Cervantes** 　　　　　　　　　🛗 🅰️ ⚄ 🛜 🚗 💳 ⊚

Camilo José Cela 10 – 🕿 924 31 49 01 – www.hotelcervantes.com 　　BY**e**
30 hab – ♦45/55 € ♦♦65/75 €, ☲ 4,50 €
Rest – *(cerrado domingo)* Menú 18 €
♦ Hotel pequeño y familiar ubicado en pleno centro de la ciudad. Posee un estilo bastante clásico, con habitaciones de impecable limpieza y sencillo mobiliario castellano. La cafetería y el restaurante han sido reformados, por lo que tienen una línea más actual.

🍴🍴🍴 **Altair** 　　　　　　　　　　🅰️ ⇄ 💳 ⊚ 🅰️🄴 ⓪

av. José Fernández López – 🕿 924 30 45 12 – cerrado del 1 al 7 de septiembre, domingo y martes noche 　　AY**v**
Rest – Carta aprox. 64 €
♦ Tras el hall se dispone el comedor, de estilo minimalista y con estores cubriendo sus cristaleras. Cuenta también con dos privados. Cocina creativa de bases tradicionales.

MESTAS DE ARDISANA – Asturias – **572** B15 – ✉ 33500 　　**5** C1

▶ Madrid 458 – Cangas de Onís 27 – Gijón 96 – Oviedo 83

🏠 **Benzua** sin rest 🌢 　　　　　　　　⚄ 🅿️ 💳 ⊚ 🅰️🄴

– 🕿 985 92 56 85 – www.hotelbenzua.com – cerrado noviembre
10 hab – ♦40/75 € ♦♦50/90 €, ☲ 4 €
♦ Hotelito situado en un bello entorno natural. Disfruta de una correcta zona social y habitaciones de adecuado confort, con mobiliario provenzal y baños completos.

MIERES – Asturias – **572** C12 – **44 070 h.** – alt. 209 m – ✉ 33600 　　**5** B2

▶ Madrid 426 – Gijón 48 – León 102 – Oviedo 20
🄸 Manuel Llaneza 8 (Casa de Cultura) 🕿 98 545 05 33 turismo@ ayto-mieres.es Fax 98 418 29 11

🍴🍴 **El Cenador del Azul** 　　　　　　🅰️ ⚄ 💳 ⊚

Aller 51-53 – 🕿 985 46 18 14 – cerrado 25 julio-15 agosto, domingo, martes noche y miércoles noche
Rest – Carta 30/45 €
♦ Céntrico y de amable organización familiar. Posee unas instalaciones de línea clásica-actual, con mobiliario de calidad, buen servicio de mesa y barra de apoyo a la entrada.

en Figaredo Sur : 4 km

🏨 **Palacio de Figaredo** 　　　　　🛗 ⚄ 🛜 🕭 🅿️ 💳 ⊚ 🅰️🄴

✉33683 Mieres – 🕿 985 42 77 06 – www.palaciofigaredo.com
11 hab – ♦55/60 € ♦♦65/75 €, ☲ 7 €
Rest – *(cerrado junio y domingo) (sólo clientes, sólo cena con reserva)* Menú 16 €
♦ Está instalado en un palacio del s. XVII y destaca por sus habitaciones, donde se juega con grandes espacios, una decoración actual y detalles de carácter minimalista.

en Cenera Suroeste : 7 km

🏠 **Palacio de Arriba** ⊗   🏢 ⅃ AC ⅝ hab, ⅞ P VISA ⚙ AE ①
*Lg. Cenera 76 ⊠33615 – ℰ 985 42 78 01 – www.palaciodearriba.es – cerrado
10 enero-9 febrero*
12 hab – †54 € ††65 €, ⊊ 5 € – 1 suite   **Rest** – *(cerrado lunes)* Menú 12 €
♦ Hotel de organización familiar y buen confort ubicado en una casona-palacio
restaurada, con una correcta zona social y habitaciones bien equipadas de línea
moderna. El restaurante se reparte entre dos zonas, una en el edificio principal y
la otra en un anexo.

🏠 **Cenera** ⊗   AC ⅝ ⁽¹⁾ VISA ⚙ AE
*⊠33615 Cenera – ℰ 985 42 63 50 – www.valledecenera.com
– cerrado 18 octubre-20 noviembre*
6 hab ⊊ – †40/55 € ††60/90 €
Rest *La Panoya* – *(cerrado miércoles salvo festivos)* Carta 24/35 €
♦ Típica casona asturiana en piedra y madera. Posee un pequeño salón social
con chimenea y cálidas habitaciones, cada una con su propio estilo y mobiliario
rústico. El restaurante, repartido en cuatro salas, también recrea un ambiente de
marcada rusticidad.

MIJAS – Málaga – **578** W16 – **73 787 h.** – alt. 475 m – ⊠ 29650   **1** B3

🚹 Madrid 585 – Algeciras 115 – Málaga 30
ℹ pl. Virgen de la Peña ℰ 95 258 90 34 turismo@mijas.es Fax 95 258 90 35
🗺 Mijas, Sur : 5 km, ℰ 95 247 68 43
👁 Pueblo★ ≤★

🍴 **El Capricho**   ≤ �ております AC ⅝ VISA ⚙ AE
*Los Caños 5-1° – ℰ 952 48 51 11 – cerrado 15 noviembre-15 diciembre y
domingo*
Rest – Carta 30/46 €
♦ Este restaurante familiar disfruta de un coqueto comedor de aire regional y
una terraza, con hermosas vistas sobre el pueblo. Cocina internacional con matices centroeuropeos.

MIRAFLORES DE LA SIERRA – Madrid – **576** J18 – **575** J18   **22** B2
– **5 947 h.** – alt. 1 150 m – ⊠ 28792

🚹 Madrid 52 – El Escorial 50 – Segovia 92

🏨 **Palacio Miraflores** ⊗   🌱 ⅃ 🏢 & hab, AC ⅝ ⁽¹⁾ 🚿 P 🅿 VISA ⚙ AE
Fuente del Pino 6 – ℰ 918 44 90 50 – www.palaciomiraflores.com
15 hab – †130/343 € ††146/343 €, ⊊ 16 €
Rest – *(cerrado domingo noche y lunes)* Carta 40/50 €
♦ Un palacete que ha sido recuperado para ofrecer unas estancias muy acogedoras y hasta cierto punto elegantes. Destaca por su mobiliario antiguo y por su
buen equipamiento. En su restaurante, luminoso y de excelente montaje, podrá
degustar una cocina de producto bien actualizada.

🏠 **La Parada del Rey** sin rest, con cafetería ⊗   ≤ ⅃ 🏢 ⅝ ⅞ VISA ⚙ ①
*av. de Madrid 16 - urb. Cerro de los Santos – ℰ 918 44 90 06
– www.paradadelrey.com*
12 hab – †86/120 € ††119/168 €
♦ Hotel emplazado en una villa-chalet de atractivos exteriores, con terrazas y
buenas vistas. Sus habitaciones ofrecen mobiliario tradicional-actual y un correcto
equipamiento.

🏠 **La Posada**   🏢 AC ⅝ 🚿 🛁 VISA ⚙ AE ①
Calvo Sotelo 6 – ℰ 918 44 46 46 – www.laposadademiraflores.com
17 hab – ††65/104 €, ⊊ 4,20 € – 8 apartamentos
Rest *Mesón Maito* – ver selección restaurantes
♦ Es confortable y posee materiales de calidad. Pequeño bar contiguo al hall,
correcta zona noble y habitaciones bien equipadas, con mobiliario en madera o
hierro forjado.

🏨 **Miraflores** 🛗 ₠ hab, 🆊 ⅍ ℡ ᴂ 🚗 ⅥⅤⓈ Ⓐ ⚭ Ⓘ
del Rio – ℰ *918 44 90 90 – www.miralforeshotel.com*
45 hab – 🛏100 € 🛏🛏107 €, ⊑ 8,70 € **Rest –** Carta aprox. 37 €
♦ Negocio de línea moderna y espíritu funcional. Disfruta de suficientes zonas nobles, cafetería y habitaciones de adecuado confort, la mayoría con baños de plato ducha. Su luminoso restaurante es panelable y ofrece unas relajantes vistas a la sierra.

✗ **Asador La Fuente** 🛋 🆊 ⅍ ⅥⅤⓈ ⚭ Ⓐ
Mayor 12 – ℰ *918 44 42 16 – www.asadorlafuente.com – cerrado del 15 al 30 de septiembre y lunes*
Rest – *(sólo almuerzo salvo viernes y sábado)* Carta 29/40 €
♦ Este asador disfruta de una sala de aire regional, con un horno de leña y la cocina a la vista. Posee también una atractiva terraza y utiliza productos de su propia huerta.

✗ **Mesón Maito** – Hotel La Posada 🛋 🆊 ⅍ ⅥⅤⓈ ⚭ Ⓐ Ⓘ
Calvo Sotelo 5 – ℰ *918 44 35 67 – www.asadormaito.es*
Rest – Carta 30/40 €
♦ Casa familiar especializada en carne roja de buey y asados en horno de leña, con instalaciones funcionales de estilo castellano que resultan muy acogedoras.

MOAÑA – Pontevedra – **571** F3 – **19 014 h.** – Playa – ⊠ 36950 **19** A3
▶ Madrid 607 – Pontevedra 28 – Vigo 21

🏨 **Bienestar Moaña** 🛗 ₠ hab, 🆊 ⅍ ℡ 🚗 ⅥⅤⓈ ⚭ Ⓘ
Donato Bernárdez – ℰ *986 39 31 76 – www.bienestarhoteles.com*
51 hab – 🛏72/105 € 🛏🛏84/130 €, ⊑ 7 €
Rest *Fonte das Donas* – Carta 30/38 €
♦ Hotel de línea moderna emplazado en la parte alta de Moaña. Su reducida zona social se compensa con unas habitaciones muy bien equipadas y amplias, varias con terraza-balcón. El restaurante, luminoso y actual, ofrece una carta de cocina tradicional gallega.

✗✗ **Prado Viejo** con hab 🛗 ⅍ ℡ 🅿 ⅥⅤⓈ ⚭ Ⓐ
☺ *Ramón Cabanillas 16 –* ℰ *986 31 16 34 – www.pradoviejo.com – cerrado del 1 al 15 de febrero y del 1 al 15 de noviembre*
15 hab – 🛏24/40 € 🛏🛏36/52 €, ⊑ 3,75 €
Rest – *(cerrado domingo noche y lunes)* Carta 30/35 €
♦ Este restaurante, que está llevado en familia, se presenta con un bar a la entrada y un moderno comedor. De sus fogones surge una cocina de mercado con detalles actuales. Como complemento el negocio también ofrece habitaciones, bastante funcionales y enfocadas tanto a los comerciales como al turista vacacional.

MOGARRAZ – Salamanca – **575** K11 – **314 h.** – alt. 766 m – ⊠ 37610 **11** A3
▶ Madrid 264 – Valladolid 218 – Salamanca 102 – Almeida 96

✗ **Mirasierra** ⇐ 🛋 🆊 ⅍ 🅿 ⅥⅤⓈ ⚭ Ⓐ Ⓘ
Miguel Ángel Maillo 58 ⊠*37610 –* ℰ *923 41 81 44*
– www.restaurantemirasierra.com – cerrado del 7 al 31 de enero, 7 días en junio, 7 días en septiembre, lunes y martes
Rest – *(sólo almuerzo salvo sábado)* Carta 25/34 €
♦ Se encuentra en un caserón típico de la zona, con un bar, dos terrazas y un amplio comedor dotado de vistas al valle. Una de sus especialidades son las carnes a la brasa.

MOGUER – Huelva – **578** U9 – **19 569 h.** – alt. 50 m – ⊠ 21800 **1** A2
▶ Madrid 618 – Huelva 19 – Sevilla 82
◉ Localidad★ – Monasterio de Santa Clara★ – Casa-Museo Zenobia y Juan Ramón★ – calle Andalucía★ – Torre de la Iglesia de Nuestra Señora de la Granada★

ESPAÑA

Plaza Escribano sin rest
Lora Tamayo 5 – ✆ 959 37 30 63 – www.hotelplazaescribano.com
20 hab – 🛉40 € 🛉🛉65 €, ☕ 5 €
◆ Se encuentra en una de las plazas de la localidad. Tras su fachada encalada encontrará una pequeña zona social polivalente y habitaciones bien equipadas de ambiente clásico.

MOIÀ – **Barcelona** – **574** G38 – **5 710 h.** – **alt. 776 m** – ✉ **08180** **14** C2

Madrid 611 – Barcelona 72 – Manresa 26

Monasterio de Santa María de l'Estany★, (claustro★ : capiteles★★) Norte : 8 km

Les Voltes de Sant Sebastià
Sant Sebastià 9 – ✆ 938 30 14 40 – www.lesvoltes.com – cerrado del 15 al 28 de febrero, del 24 al 30 de junio, lunes y martes
Rest – Carta 27/43 €
◆ Local ubicado en unas antiguas cuadras, con los techos abovedados en piedra. En su comedor podrá degustar una carta regional, con detalles actuales y productos de la zona.

MOJÁCAR – **Almería** – **578** U24 – **7 581 h.** – **alt. 175 m** – **Playa** – ✉ **04638** **2** D2

Madrid 527 – Almería 95 – Murcia 141

Glorieta 1 ✆ 950 61 50 25 info@mojacar.es Fax 950 61 51 63

Cortijo Grande (Turre), ✆ 950 47 91 76

Marina Golf, urb. Marina de la Torre, Noreste : 5,5 km, ✆ 950 13 32 35

Localidad★ – Emplazamiento★

en la playa :

Parador de Mojácar
paseo del Mediterráneo, Sureste : 2,5 km ✉04638 – ✆ 950 47 82 50 – www.parador.es
98 hab – 🛉102/110 € 🛉🛉128/138 €, ☕ 16 € **Rest** – Menú 32 €
◆ Ubicado en uno de los parajes más bellos de la costa de Almería. En él se ha realizado una importante actualización, mejorando tanto las zonas sociales como sus habitaciones. En su comedor podrá descubrir las especialidades de la zona y algunos platos que recuperan las raíces gastronómicas de la cocina árabe-andaluza.

Punta del Cantal hab, hab,
Lomos del Cantal 3, Sureste : 4,5 km ✉04638 – ✆ 950 47 26 58 – 16 abril-26 diciembre
48 apartamentos – 🛉🛉85/139 €, ☕ 7 € – 16 hab **Rest** – Menú 14 €
◆ Distribuye sus habitaciones alrededor de un patio de atractivo aire mediterráneo, con piscina y vistas al mar. Mobiliario funcional y baños modernos, todos con ducha. El comedor, que basa su oferta en un buffet, se ve complementado por un espacioso bar.

El Puntazo hab,
paseo del Mediterráneo 257, Sureste : 4,5 km ✉04638 – ✆ 950 47 82 65 – www.hotelelpuntazo.com
37 hab – 🛉57/137 € 🛉🛉71/137 €, ☕ 7 € – 24 apartamentos
Rest – Menú 11 €
◆ Instalaciones ubicadas en 1ª línea de playa. Ofrece habitaciones muy amplias y luminosas, todas con terraza, así como unos cuidados apartamentos distribuidos por el jardín. Restaurante con dos zonas, una de buffet y la otra para una carta tradicional.

La MOLINA – **Girona** – **574** E35 – **alt. 1 300 m** – **Deportes de invierno :** 15 1 – ✉ **17537** **14** C1

Madrid 651 – Barcelona 148 – Girona/Gerona 131 – Lleida/Lérida 180

Edificio Telecabina ✆ 972 89 20 31 lamolina@lamolina.cat Fax 972 14 50 48

La MOLINA

🏠 **Adserà** 🔧 ← 🛢 🖼 🎿 🅿 📶 ⚙

Pere Adserà 4 - alt. 1 600 - ℰ 972 89 20 01 - www.hoteladsera.com
– diciembre-abril y julio-11 septiembre
11 hab – 🛏43/80 € 🛏🛏60/110 €, 🍴 10 € **Rest** – *(sólo buffet)* Menú 21 €
♦ Emplazado en una estación de montaña, dispone de unas dependencias funcionales y de cuidado mantenimiento, que resultan muy válidas en su categoría. Comedor centrado en el servicio de buffet.

MOLINA DE ARAGÓN – Guadalajara – 576 J24 – 3 671 h. 10 D1
– alt. 1 060 m – ⊠ 19300

▶ Madrid 197 – Guadalajara 141 – Teruel 104 – Zaragoza 144

🏠 **Molino del Batán** sin rest 🔧 📄 🎿 ⁹ 🛁 🅿 📶 ⚙

carret. de Castilnuevo, Sur : 1 km - ℰ 949 83 11 11
14 hab 🍴 – 🛏40 € 🛏🛏50 € – 7 apartamentos
♦ Las habitaciones gozan de cierto encanto, con bellos detalles rústicos, mobiliario en madera y las paredes en piedra . Algunos de sus aseos poseen bañera de hidromasaje.

✕✕ **El Castillo** 🆎 🎿 📶 ⚙

San Felipe 2 - ℰ 949 83 05 19 - www.elcastillomolina.com - cerrado Navidades
y lunes
Rest – *(sólo almuerzo salvo sábados)* Carta aprox. 46 €
♦ Tras su fachada en piedra encontramos un comedor diáfano y de ambiente elegante, así como un salón para grupos en el piso superior. Carta de base tradicional y regional.

Es MOLINAR – Illes Balears – ver Balears (Mallorca) : Palma

MOLINASECA – León – 575 E10 – 794 h. – alt. 585 m – ⊠ 24413 11 A1
▶ Madrid 383 – León 103 – Lugo 125 – Oviedo 213

🏠 **De Floriana** 📶 🎿 ⁹ 🛁 📶 ⚙ 🆎

av. Astorga 5 - ℰ 987 45 31 46 - www.defloriana.com - cerrado
7 enero-2 febrero
20 hab – 🛏48/72 € 🛏🛏60/90 €, 🍴 12 €
Rest – *(cerrado domingo noche y lunes)* Menú 36 €
♦ Este pequeño hotel, que goza de unas modernas instalaciones, posee habitaciones amplias y de buen confort, con los suelos en madera. La planta superior está abuhardillada. El comedor goza de un cuidado montaje y destaca por su bodega acristalada a la vista.

🏠 **La Posada de Muriel** 🆎 🎿 rest, ⁹ 📶 ⚙ 🆎 ⓪

pl. del Santo Cristo - ℰ 987 45 32 01 - www.laposadademuriel.com
8 hab – 🛏40/50 € 🛏🛏65/80 €, 🍴 8 € **Rest** – Menú 16 €
♦ Entrañable marco de aire regional definido por la pizarra y la madera. Acogedoras habitaciones con nombres propios de caballeros templarios, buena lencería y baños completos.

✕ **Casa Ramón** 🆎 🎿 📶 ⚙ 🆎 ⓪

Jardines Ángeles Balboa 2 - ℰ 987 45 31 53 - cerrado 15 días
en septiembre-octubre y lunes
Rest – Carta 32/44 €
♦ Negocio afamado en la zona gracias a la calidad de sus productos. Se encuentra en una antigua casa de piedra, con un bar a la entrada y un comedor rústico en el 1er piso.

MOLINOS DE DUERO – Soria – 575 G21 – 184 h. – alt. 1 323 m 12 D2
– ⊠ 42156
▶ Madrid 232 – Burgos 110 – Logroño 75 – Soria 38

🏠 **San Martín** 🆎 rest, 🎿 ⁹ 📶 ⚙ ⓪

pl. San Martín Ximénez 3 - ℰ 975 37 84 42 - www.hsanmartin.com
16 hab – 🛏28/34 € 🛏🛏40/48 €, 🍴 5 € **Rest** – Menú 12 €
♦ Antigua escuela cuyo interior ha sido rehabilitado con un criterio moderno y actual, mientras su exterior ha sabido conservar la piedra. Habitaciones pequeñas pero curiosas. En su sencillo comedor podrá degustar varios platos de sabor tradicional.

MOLINS DE REI – Barcelona – **574** H36 – 24 067 h. – alt. 37 m   **15** B3
– ⊠ 08750

▶ Madrid 600 – Barcelona 18 – Tarragona 92

🏨 **Calasanz**   📶 🎰 📺 ⌚ 🚗 *VISA* 💿 🅰🅴 ⓞ
av. de Barcelona 36-38 – 𝒞 *936 68 16 39* – *www.hotelcalasanz.com*
20 hab – ♦49/59 € ♦♦59/69 €, � 6 €
Rest *Calasanz* – ver selección restaurantes
◆ En el centro de la localidad. Posee habitaciones confortables y de completo equipamiento, resultando algo pequeñas las camas de matrimonio. La cafetería suple al salón social.

🍴🍴 **Calop**   🎰 📺 ⇔ *VISA* 💿
passeig del Terraplè 35 – 𝒞 *936 80 57 83* – *www.restaurantcalop.com* – *cerrado del 8 al 21 de agosto, domingo y festivos*
Rest – Carta 28/45 €
◆ Presenta una decoración de aire minimalista, con las paredes en tonos oscuros, una iluminación muy cuidada y un buen servicio de mesa. Cocina actual de raíces tradicionales.

🍴🍴 **Calasanz** – Hotel Calasanz   🎰 📺 *VISA* 💿 🅰🅴 ⓞ
av. de Barcelona 36-38 – 𝒞 *936 68 16 39* – *www.hotelcalasanz.com*
Rest – Carta 27/37 €
◆ Restaurante de organización familiar muy apreciado en la ciudad. Ofrece una cocina tradicional de base catalana, con correcta carta, y numerosos menús a diferentes precios.

MOLLET DE PERALADA – Girona – **574** E39 – 174 h. – alt. 59 m   **15** B3
– ⊠ 17752

▶ Madrid 751 – Girona/Gerona 53 – Figueres 15 – Perpignan 59

🍴 **Ca La Maria**   🎰 📺 ⇔ 🅿 *VISA* 💿
Unió 5 – 𝒞 *972 56 33 82* – *www.restaurantcalamaria.net* – *cerrado febrero, domingo noche y martes*
Rest – *(sólo almuerzo en invierno)* Carta 25/35 €
◆ Este concurrido restaurante ocupa una antigua bodega. Dispone de una amplia sala, definida por sus grandes arcos, y dos comedores privados. Su carta ensalza la cocina local.

MOLLET DEL VALLÈS – Barcelona – **574** H36 – 52 484 h. – alt. 65 m   **14** D3
– ⊠ 08100

▶ Madrid 626 – Barcelona 23 – Girona 85

🍴 **La Garnatxa**   🎰 *VISA* 💿 🅰🅴
av. de Burgos 9 – 𝒞 *935 79 41 61* – *www.lagarnatxa.com* – *cerrado Semana Santa, del 15 al 31 de agosto, domingo y miércoles noche*
Rest – Carta 16/25 €
◆ El negocio, bien llevado por un matrimonio, se presenta con dos salas de línea actual, una por planta. Ofrece una sencilla carta tradicional, con platos catalanes y caseros.

MOLLÓ – Girona – **574** E37 – 360 h. – alt. 1 140 m – ⊠ 17868   **14** C1
▶ Madrid 707 – Barcelona 135 – Girona/Gerona 88 – Prats de Molló 24
🄶 Beget★★ (iglesia románica★★ : Majestad de Beget★) Sureste : 18 km

🏠 **Calitxó** ⊗   ⪡ 🍴 📶 📺 🅿 *VISA* 💿
passatge El Serrat – 𝒞 *972 74 03 86* – *www.hotelcalitxo.com* – *cerrado del 15 al 30 de noviembre*
25 hab ⊒ – ♦50/85 € ♦♦90/120 €   **Rest** – Menú 28 €
◆ Se encuentra en lo alto de la localidad y ofrece vistas a las montañas. Salón social con chimenea y habitaciones de varios estilos, resultando más atractivas las reformadas. En su comedor, de línea funcional, podrá degustar una cocina tradicional actualizada.

MONACHIL – Granada – **578** U19 – **6 967 h.** – alt. 730 m – ⊠ 18193   2 D1
- ▶ Madrid 440 – Granada 10 – Málaga 137 – Murcia 296

🏨 **AH Granada Palace**　　　⌇ 🛗 ⅙ hab. 🎛 ⅌ hab. ⅋ ⅗ 🅿 🚗 🎴 ⊕ 🎴
Granada 60 – 𝒞 958 30 30 90 – www.ahhotels.com
104 hab – ⅋50/250 € ⅋⅋50/300 €, ⥥ 12,50 € – 10 suites　**Rest** – Menú 25 €
◆ Está construido en ladrillo visto y emana cierto carácter andaluz, con un amplio hall dotado de ascensores panorámicos, salones panelables y habitaciones de muy buen confort. En su comedor podrá degustar una cocina de fusión basada en el recetario tradicional.

🏨 **Los Cerezos** ⌂　　⌇ ⌟ ⌇ 🛗 🎛 ⅌ hab. ⅋ ⅗ 🅿 🎴 ⊕ 🎴 ⊕
av. de la Libertad, (urb. Los Llanos) – 𝒞 958 30 00 04 – www.loscerezos.com
19 hab – ⅋45/60 € ⅋⅋60/75 €　**Rest** – Menú 20 €
◆ Ubicado en una urbanización. Se trata de un hotel totalmente reformado, por lo que todas sus habitaciones ofrecen buen confort y una misma estética clásica-actual. El comedor, que es panelable, se complementa con un bar y una terraza de verano.

🏨 **Huerta del Laurel** sin rest ⌂　　⌇ ⌟ 🛗 🎛 ⅌ ⅋ 🅿 🎴 ⊕ ⊕
Madre Trinidad Carreras 2 (casco antiguo) – 𝒞 958 50 18 67
– www.huertadellaurel.com
21 hab – ⅋40/50 € ⅋⅋50/60 €, ⥥ 6 €
◆ Hotel rústico de sencilla organización. Compensa su reducida zona social con unas habitaciones de correcto confort, la mayoría con baños actuales y algunas abuhardilladas.

🏨 **Alicia Carolina** sin rest　　　⅙ 🎛 ⅌ ⅋ 🅿 🎴 ⊕
Granada 1 (cruce Colinas) – 𝒞 958 50 03 93
10 hab ⥥ – ⅋30/45 € ⅋⅋50/60 €
◆ Su acogedor salón social con chimenea se complementa con unas cómodas habitaciones, decoradas en diferentes estilos, entre las que destacan las dos abuhardilladas.

⌂ **La Almunia del Valle** ⌂　　⌇ ⌟ 🎛 rest. ⅋ 🅿 🎴 ⊕
camino de la Umbría, (casco antiguo), Este : 1,5 km – 𝒞 958 30 80 10
– www.laalmuniadelvalle.com – cerrado del 8 al 28 de noviembre y
22 diciembre-2 enero
11 hab ⥥ – ⅋89/98 € ⅋⅋107/155 €
Rest – (sólo cena) (sólo clientes) Menú 38 €
◆ Casa de campo situada en una ladera e integrada plenamente en el paisaje, creando varias terrazas a modo de jardín escalonado. Habitaciones de estilo actual y buenas vistas.

MONASTERIO – ver el nombre propio del monasterio

MONDARIZ-BALNEARIO – **Pontevedra** – **571** F4 – **726 h.**　　19 B3
– alt. 70 m – Balneario – ⊠ 36890
- ▶ Madrid 575 – Ourense 70 – Pontevedra 51 – Vigo 34
- 🏌 Golf Balneario Mondariz, Oeste : 1 km, 𝒞 986 65 62 00

🏨 **Balneario de Mondariz** ⌂　　🍴 🍴 ⌟ ⅙ 🏌 🛗 🎛 ⅋ ⅗ 🚗
av. Enrique Peinador – 𝒞 986 65 61 56 – www.balneariodemondariz.com
190 hab – 2 suites　**Rest**
◆ Histórico hotel-balneario dotado con espaciosas zonas comunes y unas cuidadas habitaciones. Ofrece tratamientos terapéuticos y una interesante oferta termolúdica. Restaurante de línea clásica con carta de cocina tradicional e internacional.

MONDÉJAR – **Guadalajara** – **575** L20 – **576** L20 – **2 665 h.** – alt. 799 m　10 C1
– ⊠ 19110
- ▶ Madrid 73 – Toledo 134 – Guadalajara 54 – Cuenca 142

🏨 **Casona de Torres** 🛎 🎴 ॐ hab, 🍴 ॐ 🚗 ⊚ 🎴 ⓪

Mayor 1 – 𝒞 949 38 77 14 – www.casonadetorres.com
16 hab 🛏 – 🛏45/60 € 🛏🛏70/90 €
Rest – *(cerrado lunes) (sólo almuerzo salvo viernes y sábado)* Menú 20 €
♦ Hotel de estilo clásico ubicado en el centro de la localidad. Posee una reducida recepción, con la cafetería anexa, una salita de estar y habitaciones bien equipadas. El restaurante, de cuidado montaje, se complementa con un pequeño patio y un reservado.

MONDRAGÓN – Gipuzkoa – ver Arrasate/Mondragón

MONELLS – Girona – **574** G38 – **1 233 h.** – ✉ **17121**   **15** B1

▶ Madrid 713 – Girona/Gerona 28 – Barcelona 114 – Palamós 24

🏨 **Arcs de Monells** ॐ   🚗 ॐ ⅄ hab, 🎴 ॐ 🍴 ⅄ 🅿 🚗 ⊚

Vilanova 1 – 𝒞 972 63 03 04 – www.hotelarcsmonells.com
– cerrado 15 diciembre-15 enero
23 hab 🛏 – 🛏107/180 € 🛏🛏138/224 €
Rest – *(cerrado domingo noche y lunes) (sólo cena salvo verano)* Menú 32 €
♦ Esta antigua masía se encuentra en una pradera y posee un anexo más moderno. Sus espaciosas y confortables dependencias combinan la rusticidad de antaño y el diseño actual. El comedor está instalado en una construcción acristalada a modo de carpa.

MONFORTE DE LEMOS – Lugo – **571** E7 – **19 546 h.** – **alt. 298 m**   **20** C2
– ✉ **27400**

▶ Madrid 501 – Lugo 65 – Ourense 49 – Ponferrada 112

🏨 **Parador de Monforte de Lemos** ॐ   ⪡ ॐ 🛗 ⅄ hab, 🎴 ॐ 🍴
pl. Luis de Góngora y Argote – 𝒞 982 41 84 84   ⅄ 🅿 🚗 🚗 ⊚ 🎴 ⓪
– www.parador.es – cerrado 3 enero-16 febrero
45 hab – 🛏102/130 € 🛏🛏128/161 €, 🛏 16 € – 5 suites   **Rest** – Menú 32 €
♦ Bello conjunto arquitectónico situado sobre un promontorio con vistas panorámicas. El edificio principal ocupa un antiguo monasterio dotado de un hermoso claustro neoclásico. El restaurante disfruta de un cuidado montaje y un precioso techo en madera.

🍴 **O Grelo**   🎴 ॐ ↻ 🚗 ⊚ 🎴 ⓪
Campo de la Virgen (subida al Castillo) – 𝒞 982 40 47 01 – www.resgrelo.com
Rest – Carta 28/36 €
♦ Instalado en un antiguo edificio de piedra, en la subida al castillo. Bar público a la entrada para raciones, comedor en la 1ª planta y pequeña bodega excavada en la roca.

MONISTROL DE CALDERS – Barcelona – **574** G36 – **683 h.**   **14** C2
– **alt. 447 m** – ✉ **08275**

▶ Madrid 589 – Barcelona 54 – Girona/Gerona 107 – Lleida/Lérida 132

🍴🍴 **La Masia del Solà** con hab   🎴 ॐ rest, ⓒ 🅿 🚗 ⊚
carret. B-124 – 𝒞 938 39 90 25 – www.lamasiadelsola.com
– cerrado del 7 al 25 de enero y martes
8 hab 🛏 – 🛏150 € 🛏🛏210 €
Rest – *(sólo almuerzo salvo viernes y sábado)* Carta 35/42 €
♦ Restaurante familiar emplazado en una antigua masía, con tres comedores y dos privados de aspecto rústico-actual. Completa carta de mercado, de línea tradicional actualizada. También encontrará unas magníficas habitaciones de diseño, con las paredes en piedra.

> ▶ Madrid 391 – València 150 – Alacant/Alicante 41 – Murcia 93

XX   **Xiri**   ☆ AC ⅍ VISA ⚬⚬ AE ①
   parque Alameda – *€ 965 47 29 10* – www.restaurantexiri.com – *cerrado 7 días
   en enero, del 1 al 15 de julio, domingo noche y lunes*
   Rest – *(sólo almuerzo salvo viernes y sábado)* Carta 24/36 €
   ◆ Dispone de un sencillo bar público y un comedor clásico-regional de excelente
   montaje. Cocina tradicional actualizada, con asados en horno de leña, arroces y
   pasta fresca.

MONTANEJOS – Castellón – **577** L28 – **617 h.** – alt. 369 m – Balneario   **16** A1
– ⊠ 12448

> ▶ Madrid 408 – Castelló de la Plana/Castellón de la Plana 62 – Teruel 106
> – València 95

🏠   **Rosaleda del Mijares** ⊗   ▨ Ⅰ⅛ ⅙ AC ⅍ ⅗ VISA ⚬⚬
   carret. de Tales 28 – *€ 964 13 10 79* – www.gruporosaleda.com – *cerrado
   3 enero-12 febrero*
   81 hab – ♦56/63 € ♦♦72/86 €, ⊡ 10 €   **Rest** – Carta 19/32 €
   ◆ Hotel de sencilla organización ubicado junto al río. Ofrece cuidadas zonas
   sociales, habitaciones funcionales, agradables terrazas y una coqueta piscina
   cubierta. En su amplio restaurante se combinan la cocina tradicional mediterránea
   y la de sabor casero.

MONTBRIÓ DEL CAMP – Tarragona – **574** I33 – **2 219 h.**   **13** B3
– alt. 132 m – ⊠ 43340

> ▶ Madrid 554 – Barcelona 125 – Lleida/Lérida 97 – Tarragona 21

🏠   Termes Montbrió ⊗   ⅗ ☆ ⅃ ▨ Ⅰ⅛ ⅙ ⅙ hab, AC ⅔ P ⅗
   Nou 38 – *€ 977 81 40 00* – www.rocblanchotels.com
   207 hab – 8 suites   **Rest** –
   ◆ A su privilegiado emplazamiento en una gran finca, con un frondoso jardín, se
   une la excelente oferta lúdico-termal. Magnífico hall con salón social y elegantes
   habitaciones. En su comedor ofrecen un elaborado menú internacional.

🏠   **St. Jordi** sin rest   ⅗ AC ⅙ P VISA ⚬⚬ AE ①
   av. de Sant Jordi 24 – *€ 977 82 67 19* – www.hotelstjordi.com – *cerrado del 19 al
   26 de diciembre*
   23 hab ⊡ – ♦35/40 € ♦♦54/60 € – 6 apartamentos
   ◆ Este impecable hotel está instalado en una casa antigua, con un acogedor
   saloncito social y unas vistosas habitaciones. Ofrecen también seis modernos
   apartamentos en un anexo.

MONTE – ver el nombre propio del monte

MONTE LENTISCAL – Las Palmas – ver Canarias (Gran Canaria): Santa Brígida

---

MONTEAGUDO – Murcia – **577** R26 – **3 676 h.** – ⊠ 30160   **23** B2

> ▶ Madrid 400 – Alacant/Alicante 77 – Murcia 5

XXX   **Monteagudo**   AC ⅍ ⇔ P VISA ⚬⚬
   av. Constitución 93 – *€ 968 85 00 64* – www.restaurantemonteagudo.com
   – *cerrado domingo noche y lunes noche*
   Rest – Carta aprox. 37 €
   ◆ Negocio consolidado y con clientela habitual de negocios. Ofrece un bar de
   espera, un buen comedor clásico, dos salas acristaladas y un privado de aire rústico en la bodega.

MONTEAGUDO DE LAS SALINAS – Cuenca – **576** M24 – **136 h.**   **10** D2
– alt. 1 007 m – ⊠ 16360

> ▶ Madrid 248 – Toledo 265 – Cuenca 48

↑ **El Romeral** 📶 📱 P VISA ⊙ AE
Romero 1, Este : 1 km ✉16361 – 𝒞 680 95 68 92 – www.hotelromeral.com
12 hab – 👤55/85 € 👤👤65/85 €, ☐ 12 € **Rest** – Menú 25 €
♦ Instalaciones actuales y de organización familiar. Ofrece una reducida zona social y correctas habitaciones en las que se combina el mobiliario en madera, metal y forja. En el restaurante, de adecuado montaje, podrá degustar una cocina de sabor internacional.

MONTEALEGRE DE CAMPOS – Valladolid – **575** G15 – **150 h.**   **11** B2
– alt. 813 m – ✉ 47816
  ▶ Madrid 249 – Valladolid 44 – Palencia 44

✗✗ **Fátima-Posada la Casona** con hab ⌛   ♿ hab, AC 📶 VISA ⊙
Nicolás Rodríguez 64 – 𝒞 983 71 80 92 – www.restaurantefatima.es – cerrrado febrero
7 hab ☐ – 👤👤75/90 €
Rest – *(cerrado lunes) (sólo almuerzo salvo viernes y sábado)* Carta 31/46 € ❀
♦ Antigua casona de piedra decorada con una estética actual. Disfruta de un bar público y dos salas de cuidado montaje, donde podrá degustar una cocina de carácter creativo. También encontrará habitaciones de buen confort, con los suelos y los techos en madera.

MONTEMOLÍN – Badajoz – **576** R11 – **1 534 h.** – alt. 559 m – ✉ 06291   **17** B3
  ▶ Madrid 437 – Badajoz 116 – Córdoba 190 – Mérida 94

↑ **El Águila** 📶 AC 📶 🏠 VISA ⊙ ①
Corredera Alta 32 – 𝒞 924 51 02 64 – www.casaruralelaguila.com
8 hab ☐ – 👤40 € 👤👤65 € **Rest** – *(sólo clientes)* Menú 25 €
♦ Casa de pueblo de carácter señorial. Disfruta de varios salones sociales, un atractivo patio-terraza y habitaciones de buen confort, todas con nombre de campos de la zona.

MONTFALCÓ MURALLAT – Lleida – ver Les Oluges

MONTILLA – Córdoba – **578** T16 – **23 840 h.** – alt. 400 m – ✉ 14550   **1** B2
  ▶ Madrid 443 – Córdoba 45 – Jaén 117 – Lucena 28
  ℹ Capitán Alonso Vargas 3 𝒞 957 65 23 54 turismo@montilla.es Fax 957 65 24 28

✗✗ **Las Camachas** 📶 AC 📶 ⊙ P VISA ⊙ AE ①
av. Europa 3 – 𝒞 957 65 00 04 – www.restaurantelascamachas.com
Rest – Carta 20/30 €
♦ Mesón de arquitectura andaluza con varias salas de buen montaje, complementadas por un bar y una atractiva bodega. Su cocina elabora platos de la región a la antigua usanza.

en la carretera N 331

🏨 **Don Gonzalo** 📶 📶 📶 🛏 AC 📶 📶 📶 P VISA ⊙ AE ①
Suroeste : 3 km ✉14550 – 𝒞 957 65 06 58 – www.hoteldongonzalo.com
34 hab – 👤41 € 👤👤64 €, ☐ 4,50 € – 2 suites **Rest** – Menú 10 €
♦ Con su nombre rinde honores al hijo más ilustre de la ciudad, Don Gonzalo Fernández de Córdoba, El Gran Capitán. Posee dependencias de buen confort y completo equipamiento. El comedor ofrece un montaje bastante cuidado y una carta atenta al recetario regional.

MONTMELÓ – Barcelona – **574** H36 – **8 955 h.** – alt. 72 m – ✉ 08160   **15** B3
  ▶ Madrid 627 – Barcelona 20 – Girona/Gerona 80 – Manresa 54

✗✗ **Can Major** AC 📶 VISA ⊙
Major 27 – 𝒞 935 68 02 80 – www.canmajor.com – cerrado 14 días en agosto y domingo
Rest – Carta 30/41 €
♦ Negocio llevado entre dos hermanas. El comedor, que emana una estética actual, posee detalles modernistas. Propone una cocina tradicional con toques actuales y un buen menú.

ESPAÑA

MONTORO – Córdoba – **578** R16 – **9 917 h.** – alt. 195 m – ⊠ 14600   2 C2
> ❱ Madrid 364 – Sevilla 191 – Córdoba 47 – Jaén 110

por la carretera de Villa del Rio A-3102
Noreste : 5 km y desvío a la derecha 1 km

⌂ **Molino la Nava** ⌕   ⌱ Ġ hab, AC hab, ⁙ P VISA ☺ AE ①
camino La Nava 6 ⊠14600 – ℰ 957 33 60 41 – www.molinonava.com
8 hab ⊃ – ♦♦75/89 €   **Rest** – (sólo clientes, sólo cena) Carta 25/32 €
♦ Molino de aceite del s. XIX rodeado de olivos. Posee un agradable patio interior, un acogedor salón social y cuidadas habitaciones, personalizadas y con baños actuales. El restaurante, de buen montaje, ocupa la nave donde están los antiguos tanques de aceite.

MONTSENY – Barcelona – **574** G37 – **319 h.** – alt. 522 m – ⊠ 08460   14 C2
> ❱ Madrid 673 – Barcelona 60 – Girona/Gerona 68 – Vic 36
> 🛈 pl. de la Vila 7 ℰ 93 847 31 37 p.montseny.casal@diba.cat
> ⓖ Sierra de Montseny★

✗✗ **Can Barrina** con hab ⌕   ≤ ⌲ ⌆ ⌱ Ġ rest, ⅗ rest, ⅘ P VISA ☺ ①
carret. de Palautordera, Sur : 1,2 km – ℰ 938 47 30 65 – www.canbarrina.com
– cerrado 22 diciembre-11 enero
14 hab – ♦70 € ♦♦113 €, ⊃ 12 €   **Rest** – Carta 28/49 €
♦ Idílica masía familiar emplazada en pleno Parque Natural del Montseny. Ofrece un bar privado, varios comedores de aire rústico y una terraza acristalada dotada de chimenea. Durante la semana suele trabajar con empresas, ya que dispone de una buena sala de reuniones y habitaciones rústicas de adecuado confort.

por la carretera de Tona Noroeste : 7 km y desvío a la derecha 1 km

🛏 **Sant Bernat** ⌕   ≤ ⌲ ⌱ Ġ hab, AC rest, ⅗ ⁙ ⅘ P VISA ☺ AE
⊠08469 – ℰ 938 47 30 11 – www.hotelhusasantbernat.com
30 hab ⊃ – ♦60/175 € ♦♦60/185 € – 2 suites   **Rest** – Menú 25 €
♦ Situado en plena montaña, con un entorno de gran belleza, buenas vistas y una coqueta terraza. Las habitaciones del anexo son más actuales que las del edificio principal. El restaurante ofrece dos salas de aire rústico-montañés, una con la parrilla a la vista.

MONTSERRAT – Barcelona – **574** H35 – **alt. 725 m** – ⊠ 08691   15 A2
> ❱ Madrid 594 – Barcelona 49 – Lleida/Lérida 125 – Manresa 22
> ◎ Lugar★★★ – La Moreneta
> ⓖ Carretera de acceso por el oeste ≤★★ – Ermita Sant Jeroni★, Ermita de Santa Cecilia (iglesia★), Ermita de Sant Miquel★

🛏 **Abat Cisneros** ⌕   ▮⌷ Ġ hab, AC rest, ⅗ ⅘ VISA ☺ AE ①
pl. Monestir – ℰ 938 77 77 01 – www.monserratvisita.cat
82 hab ⊃ – ♦43/65 € ♦♦74/114 €   **Rest** – Menú 28,50 €
♦ Edificio histórico ubicado en pleno santuario, con un correcto salón social y habitaciones funcionales de adecuado confort. El comedor ocupa las antiguas caballerizas, con el techo abovedado, bellos detalles neorrústicos y una completa carta tradicional.

MONZÓN – Huesca – **574** G30 – **17 042 h.** – alt. 368 m – ⊠ 22400   4 C2
> ❱ Madrid 463 – Huesca 70 – Lleida/Lérida 50
> 🛈 Porches del Ayuntamiento ℰ 974 41 77 74 turismo@monzon.es Fax 974 41 77 74 y Castillo de Monzón ℰ 974 41 77 91 marianmur@terra.es Fax 974 41 77 93

🛏 **Vianetto**   ▮⌷ AC ⅗ ⁙ VISA ☺ AE ①
av. de Lérida 25 – ℰ 974 40 19 00 – www.hotelvianetto.com
84 hab – ♦38 € ♦♦60 €, ⊃ 5,60 €   **Rest** – Menú 12 €
♦ Sencillo y de amable organización familiar. Dispone de habitaciones funcionales y se aprecia que poco a poco están actualizando tanto el equipamiento como el confort. Su correcto restaurante se complementa con una amplia cafetería pública.

XX **Piscis**   AC ⅍ VISA ⓞⓞ AE ⓘ
pl. de Aragón 1 – 𝒞 974 40 00 48 – www.piscismonzon.com
Rest – Carta 30/40 €
♦ Céntrico negocio con una cafetería a la entrada. Ofrece un cuidado comedor a la carta, otro más amplio para el menú y un salón de acceso independiente para los banquetes.

MORA – Toledo – **576** M18 – **10 554 h.** – alt. 717 m – ✉ **45400**   **9** B2
▶ Madrid 100 – Ciudad Real 92 – Toledo 31

🏨 **Los Conejos**   🛎 AC ⅍ ⁽ᵗ⁾ 🛁 VISA ⓞⓞ
Cánovas del Castillo 16 – 𝒞 925 30 15 04 – www.losconejoshosteleria.com
25 hab ⌂ – †35 € ††60 €   **Rest** – (cerrado viernes) Carta 34/42 €
♦ Negocio familiar que poco a poco ha mejorado y ampliado sus instalaciones. La mayoría de las habitaciones tienen un correcto mobiliario funcional y cabinas de ducha. El restaurante, de montaje actual, ofrece una carta tradicional y asados en horno de leña.

MORA DE RUBIELOS – Teruel – **574** L27 – **1 756 h.** – alt. 1 035 m   **3** B3
– ✉ **44400**
▶ Madrid 341 – Castelló de la Plana/Castellón de la Plana 92 – Teruel 40 – València 129

🏨 **La Trufa Negra**   🛎 & hab, AC ⅍ hab, ⁽ᵗ⁾ 🛁 🚗 VISA ⓞⓞ
av. Ibáñez Martín 8 – 𝒞 978 80 71 44 – www.latrufanegra.com
36 hab – †70/144 € ††87/180 €, ⌂ 12 € – 3 suites   **Rest** – Menú 24 €
♦ Sin duda le sorprenderá por el gran nivel de equipación que presentan sus instalaciones, con reducidas zonas nobles, habitaciones modernas de buen confort y un completo SPA. Su restaurante goza de un excelente montaje y elabora una carta de sabor tradicional.

XX **El Rinconcico**   AC ⅍ VISA ⓞⓞ
ⓐ *Santa Lucía 4 – 𝒞 978 80 60 63 – www.elrinconcico.com – cerrado del 1 al 15 de julio y martes*
Rest – Carta 26/33 €
♦ Este pequeño restaurante está dotado con una bar de espera en la planta baja y un cuidado comedor en el piso superior. Cocina tradicional y buena relación calidad-precio.

MORAIRA – Alicante – **577** P30 – **956 h.** – Playa – ✉ **03724**   **16** B3
▶ Madrid 483 – Alacant/Alicante 75 – Gandía 65
🛈 carret. Moraira-Teulada 51 𝒞 96 574 51 68 teulada@touristinfo.net Fax 96 649 15 04

🏨 **La Sort** sin rest, con cafetería   ⟨ 🛎 AC ⅍ ⁽ᵗ⁾ 🚗 VISA ⓞⓞ AE
av. de la Paz 24 – 𝒞 966 49 19 49 – www.lasort.com
22 hab – †115/135 € ††120/210 €, ⌂ 12 €
♦ Se encuentra en 1ª línea de playa, al lado del castillo de Moraira. Dispone de una reducida zona social y modernas habitaciones, todas ellas con hidromasaje en los baños.

XX **La Sort**   AC ⅍ VISA ⓞⓞ AE
av. de Madrid 1 – 𝒞 966 49 11 61 – www.lasort.com – cerrado 22 diciembre-18 enero
Rest – Carta 45/62 €
♦ Negocio de organización familiar dotado de amplias cristaleras y un comedor de estética actual. Cocina tradicional con algunas influencias de la gastronomía japonesa.

por la carretera de Calp Suroeste : 1,5 km

XX **La Bona Taula**   ⟨ 🏛 AC ⅍ P VISA ⓞⓞ AE ⓘ
✉03724 – 𝒞 966 49 02 06 – www.bonataula.com – cerrado lunes
Rest – Carta 42/54 €
♦ Se encuentra en la orilla del mar, así que destaca por sus magníficas vistas. Aquí encontrará un salón clásico-elegante en dos niveles y una carta tradicional bien elaborada.

ESPAÑA

MORALZARZAL – Madrid – **576** J18 – **575** J18 – **11 582 h.** **22** A2
– alt. 979 m – ⊠ 28411

▶ Madrid 44 – Ávila 77 – Segovia 57

XXX **El Cenador de Salvador** con hab ⚎ 🅐🅒 ⌖ ⑴ **P** 🆅🆂🅰 ⚬ 🅐🅴 ⓪
av. de España 30, (hab sólo fines de semana) – ℰ *918 57 77 22*
– *www.elcenadordesalvador.es*
7 hab ⌗ – 🛉🛉150/300 €
Rest – *(cerrado domingo noche, lunes, martes noche en invierno y martes
mediodía en verano)* Carta aprox. 65 €
♦ Esta elegante villa está dotada con unos comedores clásicos de cuidadísimo montaje y una atractiva terraza ajardinada. Interesante carta y completos
menús degustación. Como complemento, también disfruta de unas excelentes
habitaciones.

MORAÑA – Pontevedra – **571** E4 – ⊠ 36660 **19** B2

▶ Madrid 591 – Santiago de Compostela 61 – Pontevedra 45
– Viana do Castelo 161

por la carretera de Campo Lameiro Sureste: 4 km y desvío a la derecha 1 km

⌂ **Pazo La Buzaca** ⚎ ⚎ ⛌ 🎐 🕭 hab, 🕭 hab, **P** 🆅🆂🅰 ⚬
Lugar de San Lorenzo 36 – ℰ *986 55 36 84* – *www.pazolabuzaca.com*
11 hab – 🛉81/110 € 🛉🛉90/185 €, ⌗ 10 € – **2 suites**
Rest – *(sólo clientes , sólo menú)* Menú 25 €
♦ Este pazo se encuentra en pleno campo y destaca por su bello entorno ajardinado. Ofrece habitaciones de gran autenticidad, todas con mobiliario antiguo y
baños actuales.

MORATALLA – Murcia – **577** R24 – **8 455 h.** – alt. 700 m – ⊠ 30440 **23** A2

▶ Madrid 390 – Murcia 86 – Albacete 139

XX **El Olivar** 🅐🅒 🕭 ⇄ 🆅🆂🅰 ⚬ 🅐🅴 ⓪
Caravaca 50 – ℰ *968 72 40 54* – *www.firo.com* – *cerrado lunes*
Rest – *(sólo almuerzo salvo sábado)* Carta 40/57 €
♦ El propietario cuida mucho la calidad de sus productos y presta especial aten-
ción al aceite de oliva virgen. Reducido bar de espera, comedor de aire rústico y
un privado.

MOREDA DE ALLER – Asturias – **572** C12 – ⊠ 33670 **5** B2

▶ Madrid 436 – Gijón 60 – León 103 – Oviedo 30

XX **Teyka** 🕭 🆅🆂🅰 ⚬ ⓪
Constitución 35 – ℰ *985 48 10 20* – *cerrado lunes*
Rest – Carta 30/39 €
♦ Encontrará un espacioso bar-cafetería y una sala clásica, esta última con chime-
nea y el techo acristalado a modo de lucernario. Cocina tradicional con productos
de la zona.

El MORELL – Tarragona – **574** I33 – **3 285 h.** – alt. 85 m – ⊠ 43760 **13** B3

▶ Madrid 528 – Lleida/Lérida 84 – Tarragona 29 – Tortosa 95

🏠 **La Grava** 🎐 🎐 🅐🅒 🕭 ⑴ **P** 🆅🆂🅰 ⚬ 🅐🅴 ⓪
Pareteta 6 – ℰ *977 84 25 55* – *www.lagrava.com* – *cerrado Navidades*
12 hab ⌗ – 🛉75/110 € 🛉🛉125/158 €
Rest *La Grava* – ver selección restaurantes
♦ Este coqueto hotel ofrece magníficas habitaciones personalizadas en su decoración, con mobiliario de aire antiguo, múltiples detalles decorativos e hidromasaje en los baños.

XX **La Grava** – Hotel La Grava 🅐🅒 🕭 ⇄ 🆅🆂🅰 ⚬ 🅐🅴 ⓪
Pareteta 6 – ℰ *977 84 25 55* – *www.lagrava.com* – *cerrado Navidades, domingo
noche y lunes*
Rest – Carta 37/47 € 🍷
♦ Casa familiar dotada de un agradable comedor neorrústico con chimenea.
Ofrece una atractiva carta tradicional con detalles de autor. Extensa bodega y
buen servicio de mesa.

ESPAÑA

MORELLA – Castellón – **577** K29 – **2 822 h.** – alt. 1 004 m – ✉ 12300   **16** B1

   ▶ Madrid 440 – Castelló de la Plana/Castellón de la Plana 98 – Teruel 139

   🛈 pl. de San Miguel ℰ 964 17 30 32 morella@touristinfo.net Fax 964 16 10 71

   ◉ Emplazamiento ★ – Basílica de Santa María la Mayor ★ – Castillo ≤ ★

🏠   **Rey Don Jaime**   🔊 AC 🛰 📶 🖋 VISA ⓸ AE

Juan Giner 6 – ℰ 964 16 09 11 – www.reydonjaimemorella.com
– cerrado del 8 al 26 de diciembre
43 hab – ♦37/52 € ♦♦61/104 €, ☱ 8,50 €   **Rest** – Menú 16,50 €
♦ En pleno centro del recinto amurallado se alza este hotel de habitaciones acogedoras y espaciosas, con decoración de estilo clásico-regional. Zonas sociales muy cuidadas. Cálido restaurante donde podrá disfrutar con la típica cocina de la comarca de Els Ports.

🍴🍴   **Casa Roque**   AC 🖋 VISA ⓸ AE ①

😊 *Cuesta San Juan 1 – ℰ 964 16 03 36 – www.casaroque.com – cerrado del 15 al 31 de enero, domingo noche y lunes salvo verano*
Rest – *(sólo almuerzo de enero - junio salvo viernes y sábado)* Carta 23/32 €
♦ Restaurante de aire regional ubicado en una casa-palacio del s. XVII, con las puertas en madera tallada. Propone una cocina casera actualizada y su especialidad es la trufa.

🍴   **La Fonda**   AC 🖋 ⇔ VISA ⓸

😊 *García 21 – ℰ 964 17 31 81 – cerrado del 15 al 31 de mayo y lunes*
Rest – Carta 21/30 €
♦ Distribuido en tres confortables salas de estilo clásico, aunque su capacidad resulta algo escasa. Destaca la del 3er piso, con el techo en madera y excelentes vistas.

🍴   **Meson del Pastor**   AC 🖋 VISA ⓸

Cuesta Jovaní 7 – ℰ 964 16 02 49 – www.mesondelpastor.com – cerrado del 1 al 7 de julio y miércoles salvo festivos
Rest – *(sólo almuerzo salvo viernes, sábado y agosto)* Carta 17/27 €
♦ Restaurante típico regional ubicado en un antiguo edificio, con la planta inferior rústica y la superior más actual. Destaca por sus elaboraciones a base de caza y setas.

MORGA – Vizcaya – **573** C21 – **409 h.** – alt. 248 m – ✉ 48115   **25** A3

   ▶ Madrid 407 – Vitoria/Gasteiz 83 – Bilbao 29 – Donostia/San Sebastián 95

en el barrio Andra Mari :

🏠   **Katxi** 🌿   🚗 AC 🖋 📶 🖋 P 🚲 VISA ⓸

Foruen Bidea 20 ✉48115 – ℰ 946 27 07 40 – www.katxi.com
9 hab – ♦81 € ♦♦93/103 €, ☱ 13 €
Rest *Katxi* – ver selección restaurantes
♦ Construcción a modo de caserío en plena reserva natural del Urdaibai. En conjunto resulta muy coqueto, con numerosos detalles y habitaciones personalizadas en su decoración.

🍴   **Katxi** – Hotel Katxi   🚗 AC 🖋 P 🚲 VISA ⓸

Foruen Bidea 20 ✉48115 – ℰ 946 25 02 95 – www.katxi.com
Rest – Carta 45/60 €
♦ Esta casa, ya centenaria, posee un bar con chimenea y una sala amplia a la par que luminosa. Carta regional e interesantes sugerencias, siempre con productos de gran calidad.

MORÓN DE ALMAZÁN – Soria – **575** H22 – **242 h.** – alt. 1 011 m   **12** D2
– ✉ 42223

   ▶ Madrid 185 – Valladolid 218 – Soria 49 – Logroño 153

🏡   **La Vieja Estación de Morón** sin rest 🌿   ≤ 🖋 🕻

av. de la Estación – ℰ 975 30 60 86 – www.laviejaestaciondemoron.com
6 hab ☱ – ♦40 € ♦♦53 €
♦ Dispone de un salón social con chimenea y una sala para desayunar, mientras que en la planta superior se distribuyen las habitaciones, funcionales y con mobiliario en forja.

MOS – Pontevedra – **571** F4 – **14 471 h.** – **alt. 110 m** – ✉ 36415   **19** B3
> ▶ Madrid 588 – Santiago de Compostela 101 – Pontevedra 44
> – Viana do Castelo 74

en Sanguiñeda Sur : 2,5 km

XX   **Esteban**   ☆ 🅰️🅲 ⅏ ⇄ 🅿️ 🆅🆂🅰 ⓒⓐ 🅰🅴 ⓞ
barrio do Monte 20 ✉ 36418 – 𝒞 986 33 01 50 – www.seleccionculinaria.com
– cerrado Navidades, 15 días en agosto, domingo, lunes noche y martes noche
Rest – Carta 30/44 € 🕸
   ◆ Resulta original por la combinación de elementos arquitectónicos tradicionales
y modernos. Buen montaje, cocina semivista y una carta tradicional con platos de
temporada.

MÓSTOLES – Madrid – **576** L18 – **575** L18 – **206 478 h.** – **alt. 661 m**   **22** A2
– ✉ 28934
> ▶ Madrid 17 – Toledo 64

🏨   **La Princesa**   📶 🅰️🅲 ⅏ ⑰ 🔊 🅿️ 🆝 🆅🆂🅰 ⓒⓐ 🅰🅴 ⓞ
autovía M-506, km 9 - salida Móstoles centro ✉ 28922 Alcorcón
– 𝒞 916 47 60 72 – www.laprincesa.com
76 hab – ♦65/80 € ♦♦70/100 €, ⊆ 10 €   **Rest** – Menú 18 €
   ◆ De línea funcional y llevado en familia. Sus habitaciones resultan algo justas en
sus dimensiones, aunque disfrutan de un buen equipamiento y unos aseos con
detalles. El comedor, ubicado junto a la cafetería, se complementa con varios
salones para banquetes.

MOTA DEL CUERVO – Cuenca – **576** N21 – **6 307 h.** – **alt. 750 m**   **10** C2
– ✉ 16630
> ▶ Madrid 139 – Albacete 108 – Alcázar de San Juan 36 – Cuenca 113

🏨   **Mesón de Don Quijote**   ◳ 🖪 🅰️🅲 ⅏ ⑰ 🅿️ 🆅🆂🅰 ⓒⓐ
Francisco Costi 2 – 𝒞 967 18 02 00 – www.mesondonquijote.com
36 hab – ♦55 € ♦♦110 €, ⊆ 7,50 €   **Rest** – Menú 25 €
   ◆ Tras su fachada de aire regional encontrará un cálido salón social, con chimenea y profusión de madera. Sus habitaciones se están actualizando y poseen
mobiliario variado. El comedor de estilo castellano se complementa con un espacioso salón para banquetes.

MOTILLA DEL PALANCAR – Cuenca – **576** N24 – **6 167 h.**   **10** D2
– **alt. 900 m** – ✉ 16200
> ▶ Madrid 202 – Cuenca 68 – València 146

XX   **Seto** con hab   📶 🅰️🅲 ⅏ ⑰ 🔊 🆅🆂🅰 ⓒⓐ 🅰🅴 ⓞ
carret. Madrid 54 – 𝒞 969 33 21 18 – www.hotelrestauranteseto.com
21 hab – ♦36 € ♦♦50 €, ⊆ 6 €   **Rest** – Carta 30/35 €
   ◆ Este restaurante disfruta de un ambiente rústico bastante cuidado y destaca
por sus comedores, con preciosos techos en madera. En su mesa priman los platos tradicionales. También ofrece un buen número de habitaciones, sencillas pero
correctas, con mobiliario castellano y alguna pieza de anticuario.

MOTRIL – Granada – **578** V19 – **60 279 h.** – **alt. 65 m** – ✉ 18600   **2** C2
> ▶ Madrid 501 – Almería 112 – Antequera 147 – Granada 73
> 🏌 Los Moriscos, urb. playa Granada, carret. de Bailén : 8 km, 𝒞 958 82 55 27

por la carretera N 340 Oeste : 3 km y desvío a la derecha 0,5 km

🏠   Casa de los Bates sin rest �─   ᴁ ⅏ ⑰ 🅿️
carret. de Mirasierra ✉ 18600 – 𝒞 958 34 94 95 – www.casadelosbates.com
5 hab
   ◆ Hermoso palacete andaluz del s. XIX, emplazado en lo alto de un cerro y
rodeado por un frondoso jardín tropical. Deléitese en los acogedores rincones
que le brinda.

MOZÁRBEZ – Salamanca – **575** J13 – 468 h. – alt. 871 m – ✉ 37796   11 B3

▶ Madrid 219 – Béjar 64 – Peñaranda de Bracamonte 53 – Salamanca 14

⌂ **Mozárbez**   🎨 ⌶ ⌘ 🅰🅒 ⌘ ⁍ 🛁 🅿 ᵛⁱˢᵃ ⊙ ⊙
carret. N 630 ✉37796 – ℰ *923 30 82 91* – *www.hotelmozarbez.com*
32 hab ⌸ – ✝34/58 € ✝✝49/104 €   **Rest** – Menú 10 €
♦ Íntimo hotel de carretera de carácter familiar, dotado de unas habitaciones muy correctas. Pequeña recepción y una acogedora cafetería pública con chimenea. Dispone de dos comedores de estilo clásico, uno de ellos reservado para banquetes.

MUGA DE SAYAGO – Zamora – **575** H11 – 406 h. – alt. 790 m   11 A2
– ✉ 49212

▶ Madrid 296 – Valladolid 145 – Zamora 44 – Bragança 92

🔠 **El Paraje de Sayago**   📶 🅰🅒 rest, ⌘ ᵛⁱˢᵃ ⊙ 🅐🅔 ⊙
av. José Luis Gutiérrez 4 – ℰ *980 61 76 77* – *www.elparajedesayago.com*
44 hab ⌸ – ✝50 € ✝✝60 €   **Rest** – *(sólo menú)* Menú 18 €
♦ Céntrico y dotado de una bonita fachada en granito. Posee una elegante cafetería y habitaciones clásicas, con los suelos en madera y ducha-columna de hidromasaje en los baños. En los fogones de su cuidado restaurante elaboran una cocina tradicional variada.

MUGARDOS – A Coruña – **571** B5 – 5 565 h. – alt. 8 m – ✉ 15620   19 B1

▶ Madrid 612 – Santiago de Compostela 90 – A Coruña 51 – Ferrol 13

⌿ **La Pedreira**   🎨 🅰🅒 ⌘ ⇔ 🅿 ᵛⁱˢᵃ ⊙ 🅐🅔 ⊙
La Pedreira 33, Sureste : 1,5 km – ℰ *981 47 08 08*
– *cerrado 19 septiembre-10 octubre, domingo noche y lunes noche*
Rest – Carta 24/38 €
♦ Presenta una sala-vinoteca bastante actual y un comedor clásico algo impersonal en la decoración. Su cocina tradicional-gallega se ve respaldada por una buena carta de vinos.

MUGIRO – Navarra – **573** D24 – 1 023 h. – ✉ 31878   24 A2

▶ Madrid 433 – Pamplona 34 – Vitoria/Gasteiz 86 – Logroño 124

⌿⌿ **Venta Muguiro**   🅰🅒 ⌘ 🅿 ᵛⁱˢᵃ ⊙
⊙ *Autovía A 15 - salida 123* – ℰ *948 50 41 02* – *cerrado 15 octubre-15 noviembre y miércoles*
Rest – *(sólo almuerzo salvo viernes, sabado y domingo de noviembre a junio)*
Carta aprox. 35 €
♦ Venta del s. XIX ubicada junto a la autovía. Disfruta de un marco rústico acogedor, con las paredes en piedra y la viguería en madera. Cocina tradicional vasco-navarra.

MÚJICA – Bizkaia – ver Muxika

MUNDAKA – Vizcaya – **573** B21 – 1 933 h. – Playa – ✉ 48360   25 A3

▶ Madrid 436 – Bilbao 37 – Donostia-San Sebastián 105

🄸 Kepa Deuna ℰ 94 617 72 01 turismo.mundaka@bizkaia.org Fax 94 617 72 01

🔠 **Atalaya** sin rest, con cafetería   📶 ⁍ 🅿 ᵛⁱˢᵃ ⊙ 🅐🅔 ⊙
Itxaropen 1 – ℰ *946 17 70 00* – *www.atalayahotel.es*
13 hab – ✝78/86 € ✝✝98/108 €, ⌸ 9,50 €
♦ Casa de atractiva fachada ubicada cerca del puerto. Posee una reducida zona social, con cafetería, y habitaciones de estilo antiguo que, en conjunto, resultan muy acogedoras.

⌂ **El Puerto** sin rest   ⋜ ⁍ 🕿 ᵛⁱˢᵃ ⊙ 🅐🅔 ⊙
Portu 1 – ℰ *946 87 67 25* – *www.hotelelpuerto.com*
11 hab – ✝40/80 € ✝✝60/90 €, ⌸ 9 €
♦ Antigua casa de pescadores con fachada típica de la zona. Ofrece una pequeña área social, un bar público para los desayunos y confortables habitaciones con vistas al puerto.

🏠 **Kurutziaga Jauregia** sin rest   📶 🛠 📶 📶 ☎

Kurtzio Kalea 1 – ℰ 946 87 69 25 – www.mundakahotelkurutziaga.com
– cerrado 21 días en noviembre
22 hab – ♦42/57 € ♦♦37/79 €, ⌴ 7 €

♦ Céntrica casa-palacio del s. XVIII a la que también se llama Palacio de la Cruz. Posee un bar privado y habitaciones clásicas con detalles rústicos, algunas abuhardilladas.

en la carretera de Gernika Sur : 1,2 km

🍴 **Portuondo**   ≼ 🛠 📶 ☎

barrio Portuondo – ℰ 946 87 60 50 – www.campingportuondo.com
– cerrado 12 diciembre-27 enero y lunes
Rest – *(sólo almuerzo en invierno salvo fin de semana)* Carta 36/49 €

♦ Instalado en un antiguo caserío, con una espectacular terraza sobre la playa de Laida. Cuenta con una zona para tapeo en la planta baja y un comedor rústico en el 1er piso.

MUNITIBAR (ARBACEGUI) – Vizcaya – **573** C22 – **413 h.** – alt. 198 m   **25** B3
– ✉ 48381

▶ Madrid 424 – Bilbao 43 – Donostia-San Sebastián 70 – Vitoria-Gasteiz 62

⌂ **Garro** sin rest ⌂   🚗 🛠 ☎ 🅿

Gerrikaitz 33 – ℰ 946 16 41 36 – www.nekatur.net
6 hab – ♦37/39 € ♦♦46/48 €, ⌴ 5 €

♦ Caserío ubicado en plena naturaleza. Posee una bella terraza-mirador, una zona social con chimenea y habitaciones que combinan el confort actual con los detalles rústicos.

MURCIA 🅟 – **577** S26 – **436 870 h.** – alt. 43 m   **23** B2

▶ Madrid 404 – Albacete 146 – Alacant/Alicante 81 – Cartagena 49

✈ de Murcia-San Javier por ② : 50 km ℰ 902 404 704

🔱 pl. Cardenal Belluga ℰ 968 35 87 49 informacion.turismo@ayto-murcia.es
Fax 968 35 87 48

R.A.C.E. San Leandro 1 (edificio Martinica) ℰ 968 25 00 72 Fax 968 34 02 29

👁 Catedral★ (fachada★, Capilla de los Vélez★, Museo : San Jerónimo★, campanario : ≼★) DY – Museo Salzillo★ CY - calle de la Trapería★ DY

🏨 **7 Coronas**   📶 ⅛ hab, 📶 🛠 hab, 📶 ⅛ 📶 📶 📶 ☎ ⓘ

paseo de Garay 5 ✉30003 – ℰ 968 21 77 73 – www.hotelsietecoronas.com
153 hab – ♦60/180 € ♦♦60/200 €, ⌴ 14,50 € – 3 suites   X**x**
Rest – Menú 22 €

♦ Bien organizado y con buen nombre en la ciudad. Posee un elegante hall de línea actual, salones de gran capacidad y habitaciones espaciosas decoradas al estilo de la cadena.

🏨 **Nelva**   🏊 🎇 📶 ⅛ hab, 📶 🛠 ☎

av. Primero de Mayo 9 ✉30006 – ℰ 968 06 02 00 – www.hotelnelva.es
242 hab – 8 suites   **Rest** –   X**v**

♦ Es un gran hotel y disfruta dos accesos, siendo uno de ellos para la zona de salones y convenciones. Ofrece habitaciones confortables, actuales y de completo equipamiento. El restaurante sorprende por su estética actual, con tonos negros y detalles dorados.

🏨 **NH Rincón de Pepe**   📶 ⅛ 📶 🛠 📶 🎇 📶 📶 📶 ☎ ⓘ

pl. Apóstoles 34 ✉30001 – ℰ 968 21 22 39 – www.nh-hotels.com   DY**r**
146 hab – ♦♦56/145 €, ⌴ 14 € – 2 suites
Rest *Rincón de Pepe* – ver selección restaurantes

♦ Se encuentra junto al casino, que es propiedad del hotel, y se presenta con un estilo NH completamente actualizado, sobre todo en las habitaciones. Clientela de negocios.

ESPAÑA

MURCIA

Arco de San Juan 🛗 AC 🍽 📶 🔻 🚗 VISA AE ⓘ
pl. de Ceballos 10 ⊠*30003* – ℰ *968 21 04 55* – *www.arcosanjuan.com*
97 hab – ♦55/127 € ♦♦55/177 €, ⊇ 15 €   DZ**n**
Rest – Carta aprox. 35 €
• Tras su fachada señorial se esconde un interior moderno y funcional, con una correcta zona social y habitaciones bien actualizadas. El restaurante presenta una bodega acristalada, una sala funcional de buen montaje y una carta regional con toques actuales.

AC Murcia sin rest, con cafetería por la noche 🛗 🔻 AC 🍽 📶 🅿 🚗 VISA ⓑ AE ⓘ
av. Juan Carlos I,39 ⊠*30009* – ℰ *968 27 42 50*   VISA ⓑ AE ⓘ
– *www.ac-hotels.com*   X**c**
107 hab – ♦♦65/159 €, ⊇ 14 € – 1 suite
• Instalado en un edificio moderno dotado de suficientes zonas sociales. Dispone de varios tipos de habitaciones, todas con un completo equipamiento y los suelos en madera.

Hesperia Murcia sin rest, con cafetería   🛗 AC 🍽 📶 🔻 🚗
Madre de Dios 4 ⊠*30004* – ℰ *968 21 77 89*   VISA ⓑ AE ⓘ
– *www.hesperia-murcia.com*   DY**a**
120 hab – ♦♦50/125 €, ⊇ 10 €
• Presenta una línea clásica y correctas habitaciones, con los suelos en plaqueta y sencillo mobiliario de aire funcional. Su zona social resulta amplia pero algo fría.

El Churra con cafetería   🛗 AC 🍽 📶 🔻 🚗 VISA ⓑ AE ⓘ
av. Marqués de los Vélez 12 ⊠*30008* – ℰ *968 23 84 00* – *www.elchurra.net*
97 hab – ♦♦54/90 €, ⊇ 6,50 € – 1 suite   X**z**
Rest *El Churra* – ver selección restaurantes
• Establecimiento de línea clásica cuya zona noble se complementa con una concurrida cafetería. Sus habitaciones son confortables y las junior-suites disfrutan de hidromasaje.

Churra-Vistalegre sin rest, con cafetería   🛗 AC 🍽 📶 🔻 🚗
Arquitecto Juan J. Belmonte 4 ⊠*30007* – ℰ *968 20 17 50*   VISA ⓑ AE ⓘ
– *www.elchurra.net*   X**e**
57 hab – ♦♦50/90 €, ⊇ 6,50 €
• Actual y acogedor, aunque resulta algo justo en las zonas comunes. Posee habitaciones de correcto confort, con mobiliario tintado y de aire provenzal. Clientela comercial.

Zenit Murcia sin rest   🛗 AC 🍽 📶 🔻 VISA ⓑ AE ⓘ
pl. San Pedro 5 ⊠*30004* – ℰ *968 21 47 42* – *www.zenithoteles.com*
61 hab – ♦42/150 € ♦♦47/300 €, ⊇ 8 €   CY**a**
• En pleno centro de la ciudad. Ofrece un hall bastante moderno, una correcta cafetería y habitaciones bien equipadas, con los suelos en tarima y mobiliario funcional-actual.

Hispano 2   🛗 AC 🍽 📶 🔻 🚗 VISA ⓑ AE ⓘ
Radio Murcia 3 ⊠*30001* – ℰ *968 21 61 52* – *www.restaurantehispano.es*
35 hab ⊇ – ♦40/90 € ♦♦50/125 €   DY**e**
Rest *Hispano* – ver selección restaurantes
Rest *Hispano Nueva Tradición* – *(cerrado sábado noche y domingo en verano, domingo noche resto del año)* Carta 25/38 €
• Negocio familiar de 3ª generación. En conjunto resulta algo anticuado, pero poco a poco están actualizando sus instalaciones. Las habitaciones nuevas son más confortables.

Casa Emilio sin rest, con cafetería   🛗 AC 🍽 🔻 VISA ⓑ
Alameda de Colón 9 ⊠*30002* – ℰ *968 22 06 31* – *www.hotelcasaemilio.com*
46 hab – ♦40/50 € ♦♦40/60 €, ⊇ 4 €   DZ**c**
• Hotel de gestión familiar ubicado en pleno centro comercial. Posee una pequeña cafetería, salas de reuniones cruzando la calle y habitaciones confortables en su categoría.

XXX **Rincón de Pepe** – Hotel NH Rincón de Pepe   AC ⅁ ⇧ VISA ◌◌ AE ◍
pl. Apóstoles 34 ⊠30001 – ℰ 968 21 22 39 – www.restauranterincondepepe.com
– cerrado agosto y fines de semana   DY**r**
Rest – Carta aprox. 50 €
♦ Este restaurante dispone de un hall, un espacio lateral de ambiente informal y
un comedor actual con la cocina semivista. Carta actualizada de mercado y un
menú degustación.

XX **El Churra** – Hotel El Churra   AC ⅁ ⇧ ⌂ VISA ◌◌ AE ◍
Obispo Sancho Dávila 13 ⊠30008 – ℰ 968 27 15 22 – www.elchurra.net
Rest – Carta 30/43 €   X**z**
♦ Un clásico de Murcia dotado con un sugerente bar de tapas, dos comedores y
varios privados. Carta tradicional con productos de la región, detalles actuales y
especialidades.

XX **Las Cadenas**   ⌂ AC ⅁ ⇧ VISA ◌◌ AE
☺ Apóstoles 10 ⊠30001 – ℰ 968 22 09 24 – cerrado agosto, domingo en verano y
domingo noche en invierno   DY**x**
Rest – Carta 27/35 €
♦ Acogedor pero sin lujos. Posee un pequeño bar de espera y comedores de
ambiente clásico, donde podrá degustar sus platos tradicionales y las deliciosas
sugerencias del día.

XX **Alborada**   AC ⅁ ⇧ VISA ◌◌ AE
☺ Andrés Baquero 15 ⊠30001 – ℰ 968 23 23 23 – www.alboradarestaurante.com
– cerrado sábado en julio-agosto, y domingo noche   DY**c**
Rest – Carta aprox. 35 €
♦ Posee un moderno bar de tapas, con botellero acristalado, así como un sobrio
comedor en tonos blancos y dos privados polivalentes. Carta tradicional con productos de mercado.

XX **Acuario**   AC ⇧ VISA ◌◌
pl. Puxmarina 1 ⊠30004 – ℰ 968 21 99 55 – www.restauranteacuario.com
– cerrado 15 días en agosto, domingo noche y lunes noche   DY**y**
Rest – Carta 29/34 €
♦ En una zona peatonal próxima a la Catedral. Cuenta con una sala distribuida
en dos niveles y un privado, donde podrá degustar una cocina tradicional con
toques personales.

XX **La Gran Taberna**   AC ⅁ ⇧ VISA ◌◌ AE ◍
☺ av. de la Libertad 6 ⊠30009 – ℰ 968 24 45 22 – www.lagrantaberna.net
– cerrado agosto, domingo y martes noche   X**v**
Rest – Carta 25/35 €
♦ Agradable comedor dividido en dos ambientes, uno tipo bistrot para el menú
y otro más clásico para la carta. Llama la atención una gran pizarra con sugerencias de la casa.

XX **Hispano** – Hotel Hispano 2   AC ⅁ ⇧ VISA ◌◌ AE ◍
Arquitecto Cerdá 7 ⊠30001 – ℰ 968 21 61 52 – www.restaurantehispano.es
– cerrado sábado noche y domingo en verano, domingo noche resto del año
Rest – Carta 30/44 €   DY**e**
♦ Goza de gran prestigio merced a su larga trayectoria, con un amplio bar rústico para degustar sus tapas y raciones. La gastronomía mediterránea es la base
de su cocina.

X **Morales**   AC ⅁ ⇧ VISA ◌◌ AE ◍
av. de la Constitución 12 ⊠30008 – ℰ 968 23 10 26 – cerrado del 15 al 31 de
agosto, sábado noche y domingo   X**d**
Rest – Carta 35/45 €
♦ Bien llevado entre dos hermanos. Posee un bar de espera, un sugerente expositor de productos y dos salas clásicas. Carta tradicional con un apartado de pescados y mariscos.

ESPAÑA

ESPAÑA

🍴 La Pequeña Taberna 🛋 AC ⚡ VISA ⓪ AE

pl. San Juan 7 ✉30003 – 𝒞 968 21 98 40 – www.lapequenataberna.com
– cerrado 21 días en agosto, domingo noche y lunes DZ**z**
Rest – Tapa 3,50 € – Ración aprox. 9 €

♦ Taberna típica, bien organizada y espaciosa, con una zona reservada para mesas y restaurante, aunque las raciones son su plato fuerte. Disfruta de una agradable terraza.

🍴 Pura Cepa 🛋 AC ⚡ VISA ⓪

pl. Cristo del Rescate 8 ✉30003 – 𝒞 968 21 73 97 – www.puracepamurcia.com
– cerrado 21 días en agosto y domingo DZ**a**
Rest – Tapa 3 € – Ración aprox. 12 €

♦ Bar a modo de vinoteca actual que rompe un poco con la estética tradicional de los locales de tapas murcianos. También dispone de una terraza y un moderno comedor al fondo.

🍴 Mesón Las Viandas AC ⚡ VISA ⓪ AE ⓞ

Pascual 2-4 ✉30004 – 𝒞 968 22 11 88 – www.mesonlasviandas.com
Rest – Tapa 2,50 € – Ración aprox. 4,20 € CY**r**

♦ Casa tipo mesón dotada con varias mesas de tapeo y una sala interior para las raciones. Entre sus especialidades están los arroces, las verduras y las migas murcianas.

en El Palmar por ② : 8 km

🍴🍴🍴 La Cabaña de la Finca Buenavista (Pablo González) AC ⚡ 🅿

❀ *urb. Buenavista ✉30120 – 𝒞 968 88 90 06* VISA ⓪ AE
– www.restaurantelacabana.es – cerrado Navidades, agosto, sábado, domingo y festivos
Rest – (sólo almuerzo salvo jueves) Menú 59 € – Carta 40/62 € ⅋

Espec. Carabinero 50 con yema de codorniz en salazón y cous-cous de brócoli. Lomo de vaca gallega con mollejas y perrechicos. Tarta de manzana con pasión esferificada y helado de macadamia.

♦ Este atractivo restaurante sorprende por su ubicación, pues ocupa una especie de cabaña africana, con las cubiertas de brezo y rodeada de jardines. Ofrece un bar privado y una sala de excelente montaje, donde podrá degustar una cocina creativa bien elaborada.

¿Cómo elegir entre dos direcciones equivalentes en una misma ciudad?
Dentro de cada categoría hemos clasificado los establecimientos por
orden de preferencia, empezando por los de nuestra predilección.

MURGIA (MURGUÍA) – Álava – **573** D21 – **2 390 h.** – **alt. 620 m** 25 A2
– ✉ 01130

🚗 Madrid 362 – Bilbao 45 – Vitoria-Gasteiz 19

📷 Zuia, zona deportiva de Altube, Noroeste : 5 km, 𝒞 945 43 09 22

🏨 La Casa del Patrón 🌿 🛗 AC ⚡ 🎵 🗚 VISA ⓪

San Martín 2 – 𝒞 945 43 07 54 – www.casadelpatron.com
14 hab – ♦47/52 € ♦♦59/65 €, ☲ 5,35 €
Rest – 𝒞 945 46 25 28 – Menú 19,45 €

♦ Hotel de amable organización familiar. La zona social resulta algo reducida, sin embargo esto se ve compensado por unas habitaciones muy correctas, con los suelos en madera. En un pabellón acristalado anexo encontrará el bar, la cafetería y el restaurante.

en Sarria Norte : 1,5 km

🍴 Arlobi 🛋 AC ⚡ ⟷ 🅿 VISA ⓪ AE

Elizalde 21 ✉01139 Sarria – 𝒞 945 43 02 12 – www.restaurantearlobi.com
Rest – (sólo almuerzo salvo verano y fin de semana) Carta 36/43 €

♦ Caserío vasco dotado con un patio-terraza, un bar público y dos comedores, uno rústico en la planta baja y otro mucho más funcional en el piso superior, este con un privado.

MURILLO EL FRUTO – **Navarra** – **573** E25 – **730 h.** – **alt. 366 m**   **24** B2
– ✉ 31313

▶ Madrid 361 – Pamplona 69 – Jaca 115 – Logroño 91

⛫ **Txapi-Txuri**   🍴 🆔 rest, 🛇 ⁽ᵗⁱⁿ⁾ 🅿 💳 ⓒⓑ
Santa Úrsula 59 – ☎ *948 71 58 08* – *www.turismoruralbardenas.com* – *cerrado enero-15 febrero*
9 hab – 👤36/45 € 👤👤52/60 €, ⌷ 7,80 €
Rest – *(sólo fines de semana y festivos)* Menú 16 €
◆ Este establecimiento está formado por dos edificios, uno en piedra que hace de hostal rural y el otro, a pocos metros, a modo de casa de alquiler, completa o por habitaciones. En su sencillo comedor le ofrecerán una cocina de tinte tradicional.

MUROS DE NALÓN – **Asturias** – **572** B11 – **1 970 h.** – **alt. 120 m**   **5** B1
– ✉ 33138

▶ Madrid 501 – Oviedo 55

🏨 **Playa de las Llanas** 🛇   🛗 🔆 hab, 🛇 ⁽ᵗⁱⁿ⁾ 🅿 💳 ⓒⓑ
Reborio 99 B – ☎ *985 58 38 68* – *www.hotelplayadelasllanas.com*
– *cerrado del 1 al 15 de noviembre*
18 hab ⌷ – 👤50/90 € 👤👤60/120 €   **Rest** – Menú 15 €
◆ Pintado de vistosos colores y dotado con una pequeña zona ajardinada. Su acogedora zona social, con chimenea, da paso a unas habitaciones bien equipadas y de aire rústico.

MUSKIZ – **Vizcaya** – **573** C20 – **7 216 h.** – **alt. 10 m** – ✉ 48550   **25** A3
▶ Madrid 419 – Bilbao 28 – Santander 82

por la carretera de Pobeña Norte : 2,5 km

🏨 **Palacio Muñatones**   🛗 🔆 hab, 🛇 hab, ⁽ᵗⁱⁿ⁾ 🅿 💳 ⓒⓑ
barrio San Julián ✉48550 – ☎ *946 33 88 71* – *www.hotelpalaciomunatones.com*
13 hab – 👤60/66 € 👤👤69/73 €, ⌷ 8 €   **Rest** – Menú 15 €
◆ Palacete del s. XVIII emplazado en la ruta del Camino de Santiago. Su escasa zona social se compensa con unas habitaciones de línea moderna, en el último piso abuhardilladas. El comedor, tipo asador-parrilla, ocupa una carpa anexa y tiene un montaje funcional.

en la carretera N 634 Noroeste : 4 km

🏠 **Muskiz** sin rest   🛇 ⁽ᵗⁱⁿ⁾ 🅿 💳 ⓒⓑ 🆎 ①
El Haya 16 ✉48550 – ☎ *946 70 78 28* – *www.hotelmuskiz.com*
20 hab – 👤46 € 👤👤55 €, ⌷ 4 €
◆ Instalado en lo que fue un edificio de aduanas. Presenta una pequeña recepción, un bar anexo, donde sirven los desayunos, y unas correctas habitaciones, algunas con jacuzzi.

MUTRIKU – **Guipúzcoa** – **573** C22 – **4 979 h.** – ✉ 20830   **25** B2
▶ Madrid 428 – Vitoria-Gasteiz 70 – Donostia-San Sebastián 47 – Bilbao 69
🔆 Sureste : Carretera a Deba en cornisa★ (≤★)

por la carretera de Deba Este : 2 km

🏨 **Arbe** sin rest 🛇   ≤ ⌷ 🛗 🔆 🛇 ⁽ᵗⁱⁿ⁾ 🅿 💳
Laranga Auzoa ✉20830 Mutriku – ☎ *943 60 47 49* – *www.hotelarbe.com*
11 hab – 👤65/75 € 👤👤90/100 €, ⌷ 10 €
◆ Está a las afueras de la localidad, en un edificio de ambiente moderno dotado con unas magníficas vistas a la costa. La mayor parte de su energía es de origen geotérmico.

MUXIKA (MÚJICA) – **Vizcaya** – **573** C21 – **1 473 h.** – **alt. 40 m**   **25** A3
– ✉ 48392

▶ Madrid 406 – Bilbao 32 – Donostia-San Sebastián 84 – Vitoria-Gasteiz 56

en la carretera BI 635 :

⌂ **Iberreko Errota** sin rest   ⚭ 📶 P̄
barrio Ariatza, Sureste . 4 km ⋈48392 – ☏ 946 25 45 67
8 hab – 🛏35/40 € 🛏🛏40/50 €, ⊊ 4,30 €
♦ Atractiva casa en piedra que antaño funcionó como molino, conservando en la sala de desayunos piezas de la maquinaria original. Confortables habitaciones de estilo clásico.

NATXITUA – Bizkaia – ver Ea

NAVACERRADA – Madrid – **576** J17 – **575** J17 – **2 710 h.**   **22** A2
– alt. 1 203 m – **Deportes de invierno en el Puerto de Navacerrada :** ≰9
– ⊠ 28491

▶ Madrid 50 – El Escorial 21 – Segovia 35

🏨 **Hacienda Los Robles**   🐿 ⩩ ℁ 🅰🅲 rest, ⚭ 📶 🛁 P̄ 💳 ⬤⬤
av. de Madrid 27 – ☏ 918 56 02 00 – www.haciendalosrobles.com
29 hab ⊊ – 🛏66/70 € 🛏🛏80/90 € – 5 suites   **Rest** – *(sólo menú)* Menú 27 €
♦ Este hotel rural tiene parte de la fachada en piedra y atractivas balconadas de madera. Ofrece una cálida zona social, tres salas de reuniones y habitaciones de buen confort. El restaurante, que basa su oferta en el menú, se complementa con un bar a modo de pub inglés.

🏠 **Nava Real**   🐿 ⚭ 📶 🛁 💳 ⬤⬤
Huertas 1 – ☏ 918 53 10 00 – www.hotelnavareal.com
16 hab – 🛏56 € 🛏🛏63 €, ⊊ 3,90 €   **Rest** – Menú 12 €
♦ Sólido edificio en piedra ubicado en el centro de la localidad. Lo más destacado es el exquisito gusto decorativo que ostentan sus habitaciones, de carácter intimista. El restaurante, que se encuentra en un anexo, recrea un ambiente rústico y ofrece una carta tradicional.

🍴🍴 **Felipe**   🅰🅲 ℁ 💳 ⬤⬤ 🅰🅴
av. de Madrid 2 – ☏ 918 56 08 34
Rest – Carta aprox. 35 €
♦ Establecimiento llevado con profesionalidad. Dispone de un buen bar para el tapeo y tres salones de cuidado montaje, uno de estilo rústico y los otros más clásicos.

en la carretera M 601 :

🍴🍴 **Las Postas** con hab   ≼ 🅰🅲 rest, ℁ 📶 🛁 P̄ 💳 ⬤⬤
Suroeste : 1,5 km ⊠28491 – ☏ 918 56 02 50 – www.hotelaspostas.com
22 hab ⊊ – 🛏50/55 € 🛏🛏60/80 €   **Rest** – Carta 25/33 €
♦ Ocupa una casa de postas del s. XIX, un curioso detalle recordado con el carruaje decorativo que tienen a la entrada. Espacioso comedor acristalado y carta tradicional. Como complemento al negocio también ofrece habitaciones, bastante correctas y orientadas tanto a los amantes de la montaña como del esquí.

NAVAFRÍA – Segovia – **575** I18 – **382 h.** – alt. 1 193 m – ⊠ 40161   **12** C3
▶ Madrid 103 – Segovia 32 – Aranda de Duero 90 – Valladolid 134

⌂ **Posada Mingaseda** 🐿   🛁 hab, ℁ 📶 💳 ⬤⬤ 🅰🅴 ①
Campillo 12 – ☏ 921 50 69 02 – www.posadamingaseda.es
14 hab ⊊ – 🛏70/95 € 🛏🛏96/145 €   **Rest** – *(sólo clientes)* Menú 20 €
♦ Instalado en una antigua casa restaurada con acierto. Sus dependencias, equipadas con mobiliario escogido y detalles de sumo gusto, resultan muy confortables.

NAVALCARNERO – Madrid – **576** L17 – **575** L17 – **21 584 h.**   **22** A2
– alt. 671 m – ⊠ 28600

▶ Madrid 32 – El Escorial 42 – Talavera de la Reina 85
🅱 pl. de Segovia 1, ☏ 91 810 11 42 info@turismo-navalcarnero.com Fax 91 811 13 48

XX **Hostería de las Monjas**   AC 🍴 VISA ⊙⊙ AE ①
la Iglesia 1 – 𝒞 918 11 18 19 – www.hosteriadelasmonjas.com
– cerrado del 15 al 31 de julio y lunes
Rest – *(sólo almuerzo salvo viernes y sábado)* Carta 38/45 €
♦ Bello edificio de estética castellana. Encontrará un bar público, donde sirven el menú, y dos salas a la carta en los pisos superiores, ambas con detalles rústicos y chimenea.

NAVALENO – Soria – **575** G20 – **939 h.** – alt. **1 200 m** – ⊠ 42149   **12** D2
➊ Madrid 219 – Burgos 97 – Logroño 108 – Soria 48

X **La Lobita**   AC 🍴 VISA ⊙⊙
av. La Constitución 54, (carret. N 234) – 𝒞 975 37 40 28 – www.lalobita.es
– cerrado del 1 al 8 de febrero, del 15 al 30 de septiembre, domingo noche y lunes
Rest – Carta 37/43 €
♦ Este sencillo restaurante dispone de un bar público, donde sirven el menú del día, y un comedor de ambiente funcional. Su carta de autor resulta algo atrevida en la zona.

X **El Maño**   AC 🍴 VISA ⊙⊙ ①
(😊) *Calleja del Barrio 5 – 𝒞 975 37 41 68 – cerrado del 1 al 15 de enero,*
del 1 al 15 de septiembre y lunes noche salvo verano
Rest – Carta 20/34 €
♦ Una antigua casona dotada de un interior sencillo que, no obstante, posee cierto encanto. La bondad de sus precios y una carta interesante lo han convertido en un clásico.

NAVARREDONDA DE GREDOS – Ávila – **575** K14 – **461 h.**   **11** B3
– alt. **1 600 m** – ⊠ 05635
➊ Madrid 174 – Ávila 62 – Plasencia 109 – Salamanca 102

⋔ **La Casa de Arriba** 🌺   🍴 ⁽ᵗ⁾ VISA ⊙⊙
La Cruz 19 – 𝒞 920 34 80 24 – www.casadearriba.com – cerrado enero
8 hab – †67 € ††79 €, � 7,50 €   **Rest** – *(sólo clientes sólo menú)* Menú 19 €
♦ Casona del s. XVII declarada de interés histórico-artístico. Posee un salón social y cuidadas habitaciones, con el solado en madera y mobiliario antiguo de distintos estilos. En su comedor rústico ofrecen, sólo por las noches, un menú a los clientes alojados.

NAVARRETE – La Rioja – **573** E22 – **2 830 h.** – alt. **512 m** – ⊠ 26370   **21** A2
➊ Madrid 345 – Burgos 106 – Logroño 11 – Vitoria-Gasteiz 84

🏠 **San Camilo** sin rest 🌺   🖨 🖩 AC ⁽ᵗ⁾ 🛁 🅿 VISA ⊙⊙ AE ①
carret. de Fuenmayor 4 – 𝒞 941 44 11 11 – www.sanmillan.com
– cerrado del 1 al 10 de enero
38 hab – †55/67 € ††65/95 €, ⊑ 10 €
♦ Antiguo seminario rodeado de una amplísima zona ajardinada. Posee varias salas de reuniones y habitaciones bien equipadas, todas con columna de hidromasaje en los baños.

NAVEDA – Cantabria – **572** C17 – **62 h.** – ⊠ 39211   **8** B2
➊ Madrid 362 – Santander 86 – Palencia 142

🏠 **Casona de Naveda** 🌺   🖨 🍴 ⁽ᵗ⁾ VISA ⊙⊙
pl. del Medio Lugar 37 – 𝒞 942 77 95 15 – www.casonadenaveda.com
9 hab – †64/71 € ††80/88 €, ⊑ 8 €
Rest – *(sólo clientes , es necesario reservar)* Menú 21 €
♦ Casa-palacio del s. XVII decorada con atractivas piezas de anticuario. Ofrece unas buenas zonas sociales y confortables habitaciones, dos de ellas con galerías acristaladas.

NAVIA – Asturias – **572** B9 – **9 190 h.** – Playa – ⊠ 33710   **5** A1
➊ Madrid 565 – A Coruña 203 – Gijón 118 – Oviedo 122
🅸 av. de la Darsena 𝒞 98 547 37 95 turismo@ayto-navia.es Fax 98 547 32 06

ESPAÑA

ESPAÑA

🏨 **Palacio Arias** sin rest   🔊 🛰 🚿 «🏠 P 🚗 VISA ⑳ AE ⓪
av. de los Emigrantes 11 – ℰ 985 47 36 71 – www.palacioarias.es
16 hab – ✝63 € ✝✝91/108 €, ⊊ 7,60 €
♦ Elegante palacete obra del insigne arquitecto Luís Menéndez Pidal. Posee algunas habitaciones abuhardilladas y varios salones sociales decorados con mobiliario antiguo.

🏨 **Blanco** 🕊   ☇ 🛋 🍴 🔊 & hab, 🎟 🚿 🛰 «🏠 P VISA ⑳ AE ⓪
La Colorada, Norte : 1,5 km – ℰ 985 63 07 75 – www.hotelblanco.net
62 hab – ✝27/50 € ✝✝50/100 €, ⊊ 7 €
Rest Blanco – Carta 31/47 €
♦ Este hotel ha sido renovado recientemente, por lo que ahora se presenta con un moderno SPA y habitaciones actuales, todas bastante lineales y mejoradas en su equipamiento. El restaurante destaca tanto por su luminosidad como por su cuidado servicio de mesa.

🏠 **Casona Naviega** sin rest   🚿 «🏠 P VISA ⑳
av. de los Emigrantes 37 – ℰ 985 47 48 80 – www.casonanaviega.com
12 hab – ✝35/75 € ✝✝50/75 €, ⊊ 6 €
♦ Casa de indianos de color azul ubicada a la entrada de la localidad. Posee habitaciones muy luminosas, con los suelos de tarima, mobiliario colonial y un buen equipamiento.

🏠 **Arias** sin rest   🔊 & 🚿 «🏠 P 🚗 VISA ⑳ AE ⓪
av. de los Emigrantes 11 – ℰ 985 47 36 71 – www.palacioarias.es
42 hab – ✝32/43 € ✝✝56/65 €, ⊊ 6,60 € – 21 apartamentos
♦ Conjunto funcional situado dentro de la finca del hotel Palacio Arias, con el que comparte la recepción. Sus habitaciones ofrecen mobiliario estándar y baños actuales.

🍴🍴 **La Barcarola**   VISA ⑳ AE
Las Armas 15 – ℰ 985 47 45 28 – cerrado del 15 al 31 de enero, lunes noche y martes salvo agosto
Rest – Carta 30/50 €
♦ Acogedor marco neorrústico con mobiliario antiguo. Dispone de un bar en la planta baja y una sala en el 1er piso, con gruesos muros en piedra y las vigas del techo en madera.

Las NEGRAS – Almería – **578** V23 – **335 h.** – Playa – ⊠ 04100   **2** D2
▶ Madrid 590 – Sevilla 463 – Almería 64

🏨🏨 **Cala Grande**   🏖 ☇ 🛋 🍴 & hab, 🎟 🚿 🛰 «🏠 P 🚗 VISA ⑳ AE ⓪
Navegante 1 – ℰ 950 38 82 28 – www.calagrande.es
44 hab ⊊ – ✝65/100 € ✝✝100/175 €   **Rest** – *(sólo cena)* Menú 25 €
♦ Edificio de estilo moderno y líneas puras complementado por tres villas. Ofrece una zona social con cafetería, un SPA y habitaciones bastante actuales, todas con balcón. El restaurante, bastante funcional, elabora una correcta carta tradicional.

NEGREIRA – A Coruña – **571** D3 – **6 941 h.** – alt. 183 m – ⊠ 15830   **19** B2
▶ Madrid 633 – A Coruña 92 – Santiago de Compostela 20

🏠 **Tamara**   🔊 & hab, 🎟 🚿 «🏠 P VISA ⑳ AE
av. de Santiago – ℰ 981 88 52 01 – www.hotel-tamara.com
32 hab – ✝37/50 € ✝✝49/62 €, ⊊ 4 € – 20 apartamentos   **Rest** – Menú 10 €
♦ Hotel de sencillas instalaciones y gran capacidad ubicado a la entrada de la localidad. Posee correctas habitaciones y apartamentos, siendo más actuales los de la 1ª planta. El restaurante trabaja mucho con banquetes y ofrece una carta bastante completa.

🏠 **Casa de Bola** sin rest 🕊   🚗 & 🚿 P VISA ⑳
Covas 9, Noroeste : 1 km – ℰ 981 81 82 06 – www.casadebola.com
– 15 marzo-15 diciembre
5 hab – ✝42/52 € ✝✝52/65 €, ⊊ 4 €
♦ Casa de aldea datada en 1830, construida en piedra y en una finca con un hórreo típico. Salón rústico con chimenea, habitaciones con mobiliario antiguo y aseos actuales.

✕ **Casa Barqueiro** 🅰🅲 ℅ 🆅🅸🆂🅰 ⓒ🅾 🅰🅴 🅾

av. de Santiago 13 – ℰ 981 81 82 34 – cerrado 15 días en noviembre y martes salvo agosto
Rest – Carta 25/35 €
♦ Llevado entre hermanos. Dispone de un buen bar-vinoteca, la cocina semivista y una sala de cuidado montaje. Cocina gallega en la que destacan las carnes y una completa bodega.

NEGURI – Bizkaia – ver Getxo

NERJA – Málaga – **578** V18 – 21 811 h. – Playa – ✉ 29780   2 C2
▶ Madrid 549 – Almería 169 – Granada 107 – Málaga 52
🅸 Carmen 1 ℰ 95 252 15 31 turismo@nerja.org Fax 95 252 62 87
◎ Localidad★ – Balcón de Europa★
🅶 Cueva de Nerja★★ Noreste : 4 km – Carretera★ de Nerja a La Herradura
⩽★★

🏨 **Parador de Nerja**   ⩽ 🚗 🏠 ⅃ ✕ 🛗 ḉ hab, 🅰🅲 ℅ 🟰 🕍 🅿
Almuñécar 8 – ℰ 952 52 00 50 – www.parador.es   🆅🅸🆂🅰 ⓒ🅾 🅰🅴 🅾
96 hab – †124/144 € ††155/180 €, ⥮ 18 € – 2 suites   **Rest** – Menú 33 €
♦ Magnífica ubicación en un acantilado, con un cuidado jardín frente al mar, una elegante zona noble y habitaciones actuales. Atractivo ascensor panorámico hasta la playa. Comedor con el techo en madera a modo de refugio de montaña.

🏨 **Balcón de Europa**   ⩽ 🏠 ⅃ 🛗 🅰🅲 ℅ 🟰 🕍 🆅🅸🆂🅰 ⓒ🅾 🅰🅴 🅾
paseo Balcón de Europa 1 – ℰ 952 52 08 00 – www.hotelbalconeuropa.com
110 hab – †72/109 € ††125/171 €, ⥮ 11,75 €   **Rest** – Menú 22 €
♦ Disfruta de excelentes vistas al mar desde la mayoría de sus confortables habitaciones, todas de línea clásica y adecuado confort. Destaca por su genuina terraza-solárium. Idílico restaurante panorámico.

🏨 **Paraíso del Mar** sin rest ⥿   ⩽ 🚗 ⅃ 🅰🅲 🟰 🌫 🆅🅸🆂🅰 ⓒ🅾 🅾
prolongación de Carabeo 22 – ℰ 952 52 16 21 – www.hotelparaisodelmar.es
– cerrado 14 noviembre-11 febrero
12 hab ⥮ – †83/116 € ††94/135 € – 4 suites
♦ Junto al Mirador del Bendito, disponiendo espectaculares vistas desde la piscina y las habitaciones, todas actuales y de diseño personalizado. Acceso privado a la playa.

🏨 **Plaza Cavana**   ⅃ 🔲 🛗 🅰🅲 ℅ 🕍 🌫 🆅🅸🆂🅰 ⓒ🅾 🅾
pl. Cavana 10 – ℰ 952 52 40 00 – www.hotelplazacavana.com
39 hab – †39/89 € ††59/149 €, ⥮ 8 €
Rest – (cerrado noviembre-febrero y martes) Menú 16 €
♦ Hotel de línea actual y atractivo exterior. Sus luminosas habitaciones disfrutan de un buen confort, con los cabeceros de las camas en azulejos. Agradables piscinas. El coqueto comedor tiene acceso directo desde la calle y ofrece una carta tradicional.

🏠 **Carabeo**   ⩽ 🏠 ⅃ 🅰🅲 hab, ℅ 🆅🅸🆂🅰 ⓒ🅾
Hernando de Carabeo 34 – ℰ 952 52 54 44 – www.hotelcarabeo.com
– marzo-noviembre
7 hab ⥮ – †75/85 € ††75/195 €   **Rest** – (cerrado lunes) Menú 25 €
♦ Disfruta de unas habitaciones detallistas, una agradable zona social con un bar de estilo inglés y un precioso patio ajardinado, con piscina y vistas al Mediterráneo. El comedor presenta un montaje clásico bastante acogedor.

✕✕ **Udo Heimer**   🏠 🅰🅲 ℅ 🆅🅸🆂🅰 ⓒ🅾
Andalucía 27 – ℰ 952 52 00 32 – www.udoheimer.net – cerrado enero y miércoles
Rest – (sólo cena) Carta 47/56 €
♦ La propietaria demuestra desde los fogones su pasión por la cocina de autor, ofreciendo elaboraciones en las que se juega con los contrastes, colores, texturas y sabores.

ESPAÑA

As NEVES – A Coruña – 571 B5 – ⊠ 15613 20 C1

▶ Madrid 608 – Santiago de Compostela 94 – A Coruña 48 – Lugo 113

🛏️ **Fraga do Eume** 🔲 🦽 🛗 🛗 🍽 ♪ 🛋 🛢 🚾 ⚫ 🆎
Estoxa 4, Oeste : 1 km – ℰ 981 49 24 06 – www.hotelfragadoeume.com
– *cerrado 23 diciembre-6 enero*
26 hab – ♦77/88 € ♦♦117/135 €, ☲ 8 € **Rest** – Menú 15 €
♦ Negocio familiar bien organizado y de buen confort. Las habitaciones están repartidas en dos plantas y gozan de un elegante estilo clásico, con materiales de calidad. En su comedor se sirve una correcta cocina de gusto tradicional.

NIEMBRO – Asturias – ver Llanes

NOJA – Cantabria – 572 B19 – 2 635 h. – Playa – ⊠ 39180 8 C1

▶ Madrid 422 – Bilbao 79 – Santander 45

✗✗ **Sambal** 🏠 ♪ 🚾 ⚫
🊠 *El Arenal (Campo de golf Berceda)* – ℰ 942 63 15 31
– *www.restaurantesambal.com* – *cerrado 20 diciembre-15 enero*
Rest – *(sólo almuerzo salvo viernes, sábado, festivos y verano)* Carta 25/35 €
♦ Junto al campo de golf de la ciudad. Presenta un hall, la cocina acristalada y dos salas de montaje actual, una con vistas a las pistas y la otra a una terraza. Carta actual.

NOREÑA – Asturias – 572 B12 – 5 415 h. – alt. 199 m – ⊠ 33180 5 B1

▶ Madrid 447 – Oviedo 16

🛏️ **Don Alberto** sin rest y sin ☲ 📶 ♪ ♪ 🚗 🚾 ⚫
Flórez Estrada 4 – ℰ 985 74 21 08 – www.hoteldonalberto.com
14 hab – ♦40/50 € ♦♦50/66 €
♦ Su organización puede ser sencilla, sin embargo resulta eficaz. Cuenta con una pequeña recepción, una cafetería pública y habitaciones algo reducidas pero de línea moderna.

🛏️ **Doña Nieves** sin ☲ 🦽 📶 ♪ ♪ 🛋 🚾 ⚫ 🆎 ⓪
Pío XII – ℰ 985 74 02 74 – www.hotelnieves-asturias.com
27 hab – ♦50/66 € ♦♦68/86 € **Rest** – *(en el Hotel Cabeza)*
♦ Funciona como un anexo del hotel Cabeza, ya que centraliza en él muchos de sus servicios. Las habitaciones están bien equipadas, con mobiliario clásico y los suelos en pergo.

🛏️ **Cabeza** 📶 🛗 rest, ♪ ♪ 🚗 🚾 ⚫ 🆎 ⓪
Javier Lauzurica 4 – ℰ 985 74 02 74 – www.hotelcabeza-asturias.com
48 hab – ♦42/53 € ♦♦58/68 €, ☲ 5 € **Rest** – Menú 10 €
♦ Encontrará unas habitaciones de línea clásica-tradicional, con mobiliario de madera maciza y baños actuales. Sus clientes pueden acceder al gimnasio del hotel Doña Nieves. El restaurante centra su oferta en un menú elaborado a base de platos tradicionales.

por la antigua carretera de Gijón Norte : 1,5 km

🛏️ **Cristina** 🌳 ◁ 🏠 📶 ♪ ♪ 🛋 🅿 🚗 🚾 ⚫ 🆎 ⓪
Las Cabañas – ℰ 985 74 47 47 – www.hotelcristina-asturias.com
55 hab – ♦70/86 € ♦♦88/108 €, ☲ 7 € **Rest** – Menú 12 €
♦ Conjunto actual a las afueras de la ciudad, definido por su fachada azul, con balcones y un amplio porche. Habitaciones amplias, funcionales y dotadas de mobiliario clásico. Disfruta de un restaurante a la carta y de una sidrería decorada con gran tipismo.

NOVO SANCTI PETRI (Urbanización) – Cádiz – ver Chiclana de la Frontera

ESPAÑA

La NUCIA – Alicante – **577** Q29 – **17 874 h.** – alt. 85 m – ⊠ 03530 · **16** B3
▶ Madrid 450 – Alacant/Alicante 56 – Gandía 64

XX **El Xato**　　　　　　　　　　　　　　　 ⌂ AC ⅗ VISA ⚫⚫ AE ⑩
Iglesia 3 – 𝒞 *965 87 09 31* – *www.elxato.com* – *cerrado noches de martes a jueves en invierno, domingo noche y lunes*
Rest – Carta 27/40 € ❀
♦ Presenta unas instalaciones modernas de línea minimalista, con un buen comedor principal y un privado en el sótano. Cocina tradicional actualizada y excelente carta de vinos.

en la carretera de Benidorm Sur : 4,5 km y desvío a la derecha 1 km

X **Kaskade I**　　　　　　　　　　　　　　 ⌂ ⅗ P VISA ⚫⚫
Colombia 1 (urb. Panorama III) ⊠03530 – 𝒞 *965 87 31 40*
– *cerrado 25 diciembre-15 enero y sábado mediodía*
Rest – Carta 22/35 €
♦ Está emplazado en un agradable paraje. Dispone de una amplia terraza y dos salas de aire regional, una de ellas con chimenea, donde ofrecen una extensa carta internacional.

NUÉVALOS – Zaragoza – **574** I24 – **361 h.** – alt. 724 m – ⊠ 50210 · **3** B2
▶ Madrid 223 – Guadalajara 166 – Tudela 139 – Zaragoza 108
◉ Monasterio de Piedra : Parque y cascadas★★ (Sur : 3 km)

🏠 **Río Piedra**　　　　　　　 ⌂ ♨ AC rest. ⅗ P 🚗 VISA ⚫⚫ AE ⑩
travesía Monasterio de Piedra 1 – 𝒞 *976 84 90 07* – *www.hotelriopiedra.com*
– *cerrado 7 enero-7 febrero*
30 hab �>– ♦40/50 € ♦♦60/70 €　**Rest** – Menú 15 €
♦ Negocio familiar con pequeña zona ajardinada. Las habitaciones resultan funcionales, amplias y luminosas, con discreto mobiliario en pino de línea provenzal. Su moderno comedor trabaja mucho con banquetes, aunque posee un sorprendente menú degustación.

en el Monasterio de Piedra Sur : 3 km

🏢 **Monasterio de Piedra** ☙　　　 ✉ ♨ 🖔 & hab, AC rest. ⅗ ⥁ P
⊠50210 Nuévalos – 𝒞 *902 19 60 52*　　　　　　　　 VISA ⚫⚫ AE ⑩
– *www.monasteriopiedra.com*
61 hab ⌂ – ♦73 € ♦♦136 €　**Rest** – Menú 27 €
♦ Este monasterio cisterciense del s. XII ofrece elegantes corredores gótico-renacentistas, hermosos patios y unas habitaciones de buen confort ubicadas en las antiguas celdas. Su espacioso restaurante ocupa lo que fue el dormitorio común de los monjes.

NUEVO PORTIL (Urbanización) – Huelva – ver Cartaya

OCAÑA – Toledo – **576** M19 – **9 468 h.** – alt. 730 m – ⊠ 45300 · **9** B2
▶ Madrid 66 – Alcázar de San Juan 90 – Aranjuez 15 – Toledo 52

XX **Palio**　　　　　　　　　　　　　　　　 & AC ⅗ VISA ⚫⚫
😊 *Mayor 12* – 𝒞 *925 13 00 45* – *www.paliorestaurante.es* – *cerrado 7 días en enero, 7 días en agosto y martes*
Rest – *(sólo almuerzo salvo jueves, viernes y sábado)* Carta aprox. 35 €
♦ Muy céntrico, pues se encuentra junto a la plaza Mayor. Se distribuye en tres plantas y sorprende tanto por su exquisito servicio como por sus detalles. Carta tradicional.

X **Casa Carmelo**　　　　　　　　　　　　　 AC ⅗ VISA ⚫⚫ AE
Santa Catalina 10 – 𝒞 *925 13 07 77* – *www.casacarmelo.com* – *cerrado domingo noche, lunes noche y martes noche*
Rest – Carta 34/38 €
♦ Sabores de la tierra en una casa del s. XV cuya sala principal, a modo de patio toledano, rebosa de luz natural. La galería de la planta superior se utiliza como privados.

ESPAÑA

OCHAGAVÍA – Navarra – **573** D26 – 614 h. – alt. 765 m – ⊠ 31680   **24** B2
   ▶ Madrid 472 – Bayonne 119 – Pamplona 75 – Tudela 165

🏠   **Auñamendi**   AC rest, 🍴 VISA ◐ AE
   pl. Gurpide 1 – 𝒞 948 89 01 89 – www.hostalauniamendi.com – cerrado
   11 septiembre-8 octubre
   11 hab – ♦♦64/74 €, ⊊ 7,80 €   **Rest** – Menú 19,50 €
   ◆ Negocio familiar ubicado en la plaza del pueblo. Se presenta con la recepción
   en la 1ª planta, un buen salón social y habitaciones de correcto confort, algunas
   abuhardilladas. El comedor ofrece una carta tradicional rica en carnes y un buen
   menú del día.

OIARTZUN (OYARZUN) – Guipúzcoa – **573** C24 – 9 894 h. – alt. 81 m   **25** B2
– ⊠ 20180

   ▶ Madrid 481 – Bayonne 42 – Pamplona 98 – Donostia-San Sebastián 11

al Sur :

✕✕✕   **Zuberoa** (Hilario Arbelaitz)   🌤 AC 🍴 ⇔ P VISA ◐ AE ①
🌼   *pl. Bekosoro 1, (barrio Iturriotz), 2,2 km – 𝒞 943 49 12 28 – www.zuberoa.com*
   – cerrado del 1 al 18 de enero, 24 abril-11 mayo, del 12 al 29 de octubre,
   domingo y miércoles
   Rest – Menú 120 € – Carta 69/88 € ⅋
   Espec. Cigala asada, gelée de jengibre y ravioli de vainilla. Chipirones y verduras
   de temporada salteadas con vinagreta de su tinta (julio-agosto). Pichón asado al
   romero, puré de patata y berza trufada.
   ◆ Hermoso caserío vasco del s. XV de aspecto recio y cuidado. Presenta una
   agradable terraza, dos privados y un comedor de elegante rusticidad. Cocina clásica de raíces vascas y buen nivel, con excelentes puntos de cocción y unas materias primas de gran calidad.

por la carretera de Irún Noreste : 2,5 km y desvío a la izquierda 1,5 km

🏨   **Usategieta** 🌤   ≤ 🚗 🕮 & hab, AC 🍴 P
   Maldaburu bidea 15 (barrio Gurutze) ⊠20180 – 𝒞 943 26 05 30
   – www.hotelusategieta.com
   13 hab   Rest –
   ◆ Atractivo hotel neorrústico ubicado en un bonito paraje. Posee un luminoso
   salón social y coquetas habitaciones, la mitad con balcón y las del piso superior
   abuhardilladas. El comedor, muy acogedor y de cuidado montaje, tiene parte de
   sus paredes en piedra.

OJÉN – Málaga – **578** W15 – 2 805 h. – alt. 780 m – ⊠ 29610   **1** A3
   ▶ Madrid 610 – Algeciras 85 – Málaga 64 – Marbella 8

en la Sierra Blanca Noroeste : 10 km por MA 5300 y carretera particular

🏨   **Refugio de Juanar** 🌤   🚗 ユ 🍴 🕮 AC rest, 🍴 🕯 🛁 P VISA ◐ AE ①
   ⊠29610 Ojén – 𝒞 952 88 10 00 – www.juanar.com
   23 hab ⊊ – ♦50/72 € ♦♦60/98 € – 3 suites   **Rest** – Menú 26 €
   ◆ Hotel de montaña ubicado en una reserva cinegética. Tiene unas cuidadas instalaciones, donde predomina el ladrillo visto, y espaciosas habitaciones con mobiliario provenzal. El comedor, de aire castellano, propone una cocina tradicional
   rica en carnes de caza.

OLABERRIA – Guipúzcoa – **573** C23 – 968 h. – alt. 332 m – ⊠ 20212   **25** B2
   ▶ Madrid 422 – Bilbao 85 – Donostia-San Sebastián 44 – Pamplona 74

✕   **Zezilionea** con hab 🌤   🌤 🕮 & hab, AC rest, 🍴 🕯 VISA ◐ AE
   San Joan Plaza – 𝒞 943 88 58 29 – www.hotelzezilionea.com – cerrado
   23 diciembre-6 enero
   9 hab ⊊ – ♦45 € ♦♦65 €
   Rest – *(cerrado domingo noche y lunes noche)* Carta 36/46 €
   ◆ Casa de organización familiar ubicada en el centro de la localidad. Ofrece un
   bar con algunas mesas para el menú, un comedor clásico de cuidado montaje y
   un coqueto privado. También ofrece habitaciones, todas ellas sencillas, funcionales y con los baños actuales.

OLAVE – Navarra – **573** D25 – 224 h. – ⊠ **31799** 24 B2

▶ Madrid 463 – Pamplona 12 – Vitoria-Gasteiz 105 – Logroño 104

Ibaiondo 🏨 🏧 ⚙ hab. 📞 🅿 VISA ⚙

carret. N121 A, km 11 – 🛇 948 33 00 61 – www.hotelibaiondo.com – cerrado
enero y febrero
14 hab – 🛏60/80 € 🛏🛏85/110 €, ⊆ 8,65 €
Rest – (sólo clientes, sólo cena) Menú 25 €

♦ Hotel emplazado en una casa típica, junto al río Ulzama. Presenta un interior
alegre y colorista, con dos salones sociales y coquetas habitaciones, dos de ellas
con chimenea. El comedor se complementa con una agradable terraza cubierta
para los desayunos.

OLEIROS – A Coruña – **571** B5 – 33 443 h. – alt. 79 m – ⊠ **15993** 19 B1

▶ Madrid 580 – A Coruña 16 – Ferrol 45 – Santiago de Compostela 78

XX **El Refugio** 🏧 ⚙ VISA ⚙ ⓞ

pl. de Galicia 11 – 🛇 981 61 08 03 – www.restaurante-elrefugio.com
– cerrado 20 días en septiembre, domingo noche y lunes salvo agosto y festivos
Rest – Carta 41/63 € 🏵

♦ Negocio de gran prestigio y sólida trayectoria profesional. Ofrece una completa
carta de cocina tradicional e internacional, con algunos mariscos y una bodega
excepcional.

XX **Comei Bebei** 🏧 ⚙ 🅿 VISA ⚙

av. Ramón Núñez Montero 20 – 🛇 981 61 17 41 – www.comeibebei.com
– cerrado del 15 al 31 de octubre, noches de domingo a jueves de noviembre a
mayo, domingo noche y lunes resto del año
Rest – Carta 29/35 €

♦ Tiene un bonito bar-vinoteca y dos salas de línea actual. Aquí encontrará una
cocina tradicional de temporada y una cuidada carta de vinos, actualizada y a
precios razonables.

en Montrove Oeste : 4 km :

🏯 **Pazo do Río** ← 🏧 ⚒ 🖾 🖪 ⚙ hab. ⚙ 🔊 🛆 🅿 VISA ⚙ 🄰🄴

Pazo do Río 16 ⊠15179 Montrove – 🛇 981 63 75 12 – www.pazodorio.com
21 apartamentos – 🛏🛏60/145 €, ⊆ 10 € – 9 hab **Rest** – Menú 30 €

♦ Resulta singular, ya que está instalado parcialmente en un pazo del s. XVI, con
un bello entorno ajardinado, hórreo, capilla... Habitaciones de aire rústico y
varias villas. En su restaurante ofrecen los platos típicos gallegos, siempre con
un toque casero.

OLITE – Navarra – **573** E25 – 3 650 h. – alt. 380 m – ⊠ **31390** 24 A2

▶ Madrid 370 – Pamplona 43 – Soria 140 – Zaragoza 140

🄸 plaza de los Teobaldos 4 🛇 948 74 17 03 oit.olite@navarra.es Fax 948 74
17 03

📷 Castillo de los Reyes de Navarra★★ – Iglesia de Santa María la Real
(fachada★)

🏯 **Parador de Olite** 🐾 🌸 ⚙ hab. 🏧 ⚙ 🔊 🛆 VISA ⚙ 🄰🄴 ⓞ

pl. de los Teobaldos 2 – 🛇 948 74 00 00 – www.parador.es
43 hab ⊆ – 🛏134/144 € 🛏🛏181/194 € **Rest** – Menú 32 €

♦ Instalado parcialmente en un ala del antiguo castillo de los reyes de Navarra. Ofrece elegantes dependencias donde conviven en armonía el pasado histórico y el confort actual. En su comedor podrá descubrir los platos más representativos del recetario regional.

🏯 **La Joyosa Guarda** 🐾 🌸 🏧 ⚙ hab. 🔊 🛆 🚗 VISA ⚙ 🄰🄴 ⓞ

Rua de Medios 23 – 🛇 948 74 13 03 – www.lajoyosaguarda.com
– cerrado del 23 al 27 de diciembre
24 hab ⊆ – 🛏70/108 € 🛏🛏110/124 €
Rest – (sólo clientes, sólo cena) Menú 25 €

♦ Casa-palacio restaurada de finales del s. XVIII. Posee acogedoras zonas sociales
y espaciosas habitaciones donde se combina a la perfección el mobiliario antiguo
y el actual. Al cliente alojado se le ofrece, sólo en las cenas, una pequeña carta
tradicional.

🏨 **El Juglar** sin rest   🗲 📶 📟 📺 🎿 🚐 💳 🏧 ⑩

Rua Romana 39 – 𝒞 948 74 18 55 – www.hoteleljuglar.com
9 hab – †72/90 € ††85/105 €, ⊑ 9 €

♦ Se encuentra fuera del casco antiguo pero muy cerca del centro, en una hermosa villa con las paredes en piedra. Todas las habitaciones están personalizadas en su decoración.

🏠 **Merindad de Olite** sin rest   📟 📺 🎿 📺 💳 🏧 ⑩

Rua de la Judería 11 – 𝒞 948 74 07 35 – www.hotelmerindaddeolite.com
10 hab – †48/58 € ††58/78 €, ⊑ 7,50 €

♦ Este hotel familiar está construido sobre los restos de una antigua muralla romana y decorado con una cálida rusticidad. Sus habitaciones presentan mobiliario muy variado.

🍴🍴 **Casa Zanito** con hab   📺 📟 📺 🎿 📺 💳 🏧 ⑩

Rua Mayor 10 – 𝒞 948 74 00 02 – www.casazanito.com – cerrado 15 diciembre-15 enero
16 hab – †43/58 € ††55/69 €, ⊑ 5 €

Rest – *(cerrado martes salvo julio-agosto y lunes)* Carta 39/50 €

♦ Casa de esmerado montaje instalada en el casco antiguo de Olite. En su comedor, de ambiente clásico-elegante, podrá degustar una carta de claras raíces locales. Las habitaciones, dotadas con mobiliario de calidad, son un buen complemento para el restaurante.

OLIVA – Valencia – **577** P29 – **28 419 h.** – Playa – ✉ 46780   **16** B2

▶ Madrid 424 – Alacant/Alicante 101 – Gandía 8 – València 76

ℹ passeig Lluís Vives 𝒞 96 285 55 28 oliva@touristinfo.net

🏌 Oliva Nova, Sureste : 6 km, 𝒞 96 285 76 66

en la playa Este : 3 km

🍴 **La Goleta**   🎿 📟 🎿 📺 💳 🏧

av. Mediterráneo 7 ✉46780 – 𝒞 962 85 63 26 – www.lagoletaoliva.com – cerrado lunes
Rest – Carta 24/37 €

♦ Restaurante de reducidas dimensiones emplazado en una casa tipo villa, con una sala moderna de buen confort y una pequeña terraza. Cocina tradicional a precios asequibles.

🍴 **Soqueta**   🎿 🎿 📺 💳 🏧 ⑩

Vía de Ronda ✉46780 – 𝒞 962 85 14 52 – cerrado domingo noche y lunes
Rest – Carta 35/52 €

♦ Distribuido en dos zonas: un salón sencillo para el menú y una terraza cubierta que trabaja la carta. Afamado por la calidad de sus platos de sabor típicamente valenciano.

OLIVARES DE DUERO – Valladolid – **575** H16 – **342 h.** – alt. 744 m   **12** C2
– ✉ 47359

▶ Madrid 216 – Aranda de Duero 65 – Valladolid 40

🏠 **Casa el Agapio** 🦢   🎿 📺 💳 🏧 ⑩

Santa María 11 – 𝒞 983 68 04 95 – www.agapio.com – cerrado del 1 al 20 de febrero
7 hab – †30 € ††50 €, ⊑ 3,50 €

Rest – *(cerrado martes)* Menú 15 €

♦ Casa rural de amable organización familiar. Encontrará un magnífico salón social, con chimenea, y habitaciones de suficiente confort, todas con los suelos en madera. En su restaurante de aire rústico podrá degustar algunos platos elaborados con avestruz.

OLIVENZA – Badajoz – **576** P8 – **11 852 h.** – **alt. 268 m** – ⊠ 06100   **17** A3

▶ Madrid 434 – Badajoz 30 – Cáceres 125 – Mérida 90

Palacio Arteaga 🔲 🄰🄲 ❄ 🌐 ♨ ⌂ 𝚟𝚒𝚜𝚊 ⓒⓞ 🄰🄴 ⓞ
Moreno Nieto 5 – 𝒞 924 49 11 29 – www.palacioarteaga.com
19 hab 🖙 – 🛏60/110 € 🛏🛏70/120 €   **Rest** – Carta 30/40 €
♦ Atractiva casa-palacio del s. XIX. Posee habitaciones bien equipadas, la mayoría de ellas con los suelos originales y todas con columna de hidromaseje en los baños. Su precioso restaurante de estilo regio se reparte por distintas salas de la casa.

OLMEDO – Valladolid – **575** I15 – **3 845 h.** – **alt. 771 m** – ⊠ 47410   **11** B2

▶ Madrid 151 – Ávila 79 – Salamanca 132 – Valladolid 44

Balneario Villa de Olmedo 🏊 🄽 💆 🛗 ⌂ hab, 🄰🄲 ❄ ♨ 🄿 ⌂
Pago de Sancti Spiritus – 𝒞 983 60 02 37 – www.balneariovilladeolmedo.com
79 hab – 3 suites   **Rest** El Hontanar –
♦ Modernas instalaciones ubicadas parcialmente en un antiguo convento. Encontrará espacios sociales con los techos abovedados, confortables habitaciones y un completo balneario. El restaurante está repartido en dos zonas, una con mejor montaje y varios privados.

OLOST – Barcelona – **574** G36 – **1 217 h.** – **alt. 669 m** – ⊠ 08516   **14** C2

▶ Madrid 618 – Barcelona 85 – Girona/Gerona 98 – Manresa 71

✖✖   **Sala** (Antonio Sala) con hab   🄰🄲 rest, ❄ 𝚟𝚒𝚜𝚊 ⓒⓞ ⓞ
❀   *pl. Major 17 – 𝒞 938 88 01 06 – www.fondasala.com*
– *cerrado Navidades y del 1 al 21 de septiembre*
6 hab – 🛏40 € 🛏🛏60 €, 🖙 7 €
Rest – *(cerrado domingo noche, lunes noche y martes)* Menú 80/110 €
– Carta 49/65 € 🦪
Espec. Tripa de bacalao estofada con garbanzos de Oristá. Arroz cremoso con setas de temporada y trufas (noviembre-marzo). Chuletitas de jabalí con salsa de mostaza de grano al agridulce (octubre-enero).
♦ Presenta un bar, con mesas para el menú, y un buen comedor a la carta de línea clásica-funcional. Cocina tradicional e internacional, con platos de caza y trufa en temporada. Como complemento ofrece unas sencillas habitaciones, todas con mobiliario antiguo.

OLOT – Girona – **574** F37 – **33 524 h.** – **alt. 443 m** – ⊠ 17800   **14** C1

▶ Madrid 700 – Barcelona 130 – Girona/Gerona 57

🅸 Hospici 8 𝒞 972 26 01 41 turisme@olot.cat Fax 972 27 19 00

👁 Localidad★ - Iglesia de Sant Esteve★ (cuadro de El Greco★) BY, Museo Comarcal de la Garrotxa★ BY**M** – Casa Solà-Morales★ (fachada modernista★) BY

🅖 Parque Natural de la Zona Volcánica de la Garrotxa★

Plano página siguiente

Riu Olot sin rest   ⇐ 🔲 🄰🄲 ♨ ♨ 🄿 ⌂
carret. de Santa Pau – 𝒞 972 26 94 44 – www.riu.com   BZ**c**
28 hab – 4 suites
♦ Conjunto de línea clásica dotado de excelentes vistas a la montaña. Su luminoso hall se completa con una agradable zona social y cuidadas habitaciones, la mitad con terraza.

Can Blanc sin rest 🌿   🔲 🏊 🄰🄲 ❄ ♨ 🄿 𝚟𝚒𝚜𝚊
Paratge La Deu, Sur : 2 km por ② – 𝒞 972 27 60 20 – www.canblanc.es
12 hab – 🛏50/61 € 🛏🛏83/100 €
♦ Un hotel con cierto encanto, ya que se ubica en una masía típica rodeada de árboles y frondosos parajes. Salón rústico con chimenea y habitaciones actuales en vivos colores.

OLOT

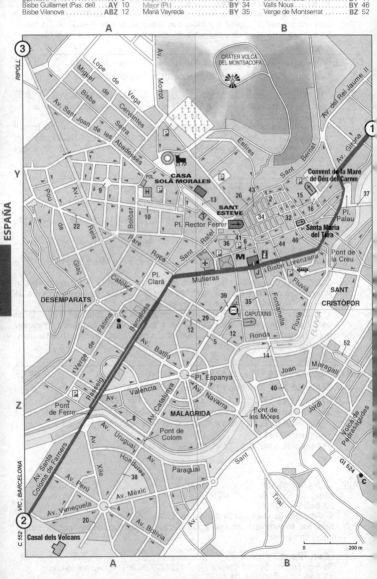

🏠 **Borrell** sin rest ▢ AC ℀ 🛜 **P** 🚙 VISA ⬤ AE ⓪
Notari Nonet Escubós 8 – 𝒞 972 27 61 61 – www.hotelborrell.com – cerrado
24 diciembre-10 enero AZ**a**
24 hab – ♦50/56 € ♦♦66/77 €, �]️ 10 €
♦ Céntrico, funcional y de eficiente organización familiar. Destaca por el buen
mantenimiento de sus instalaciones, con unas habitaciones amplias y correctamente equipadas.

🏠 **La Perla y Perla d'Olot** ▢ AC ℀ 🛜 🏋️ 🚙 VISA ⬤ AE ⓪
carret. La Deu 9, por ② – 𝒞 972 26 23 26
– www.laperlahotels.com
32 hab – ♦35/57 € ♦♦57/91 €, �]️ 8 € – 30 apartamentos
Rest – *(cerrado 20 diciembre-9 enero) (sólo menú)* Carta aprox. 30 €
♦ Se trata de dos hoteles, sin embargo ambos son de la misma propiedad y
están unidos interiormente, con la recepción en La Perla. Habitaciones y apartamentos funcionales. El restaurante tiene un montaje actual y basa su trabajo en
la elaboración de dos menús.

XXX **Les Cols** (Fina Puigdevall) con hab AC 🛜 **P** VISA ⬤ AE ⓪
🏵️🏵️ *Mas Les Cols - carret. de La Canya, por ①*
– 𝒞 972 26 92 09 – www.lescols.com
– cerrado del 1 al 20 de enero y 25 julio-15 agosto
5 hab �]️ – ♦208 € ♦♦260 €
Rest – *(cerrado domingo, lunes, martes noche y festivos)* Menú 80 €
– Carta 52/62 € ❀
Espec. Huevo del gallinero escalivado. Tomate negro de nuestra huerta, hierbas y
flores (verano). Paisaje volcánico de chocolate, ratafía y alforfón.
♦ Masía que sorprende por su estética interior de diseño puro, con mobiliario en
forja, acero y oro lacado. Cocina creativa. Sus habitaciones, de gestión independiente, ocupan vanguardistas pabellones de cristal, todas sin mobiliario, con
tatami, aseos inspirados en la naturaleza e íntimos jardines contemplativos.

Les OLUGES – Lleida – **574** G33 – **179 h.** – ✉ 25214 13 B2
▶ Barcelona 110 – Lleida/Lérida 63 – Tarragona 89 – Sant Julià de Lòria 116

en Montfalcó Murallat Sureste : 2,5 km

X **Montfalcó** AC ℀ **P** VISA ⬤
Rodó 6 ✉25214 Montfalcó Murallat
– 𝒞 973 53 17 55 – cerrado del 14 al 21 de febrero, 17 octubre-7 noviembre y
lunes
Rest – *(sólo almuerzo salvo viernes y sábado)* (es necesario reservar)
Carta 25/40 €
♦ Se encuentra en la plaza de este pequeño pueblo amurallado, en una antigua
casa de piedra. Dispone de un cálido hall, un comedor de cuidado montaje y una
bonita bodega.

ONDA – Castellón – **577** M29 – **25 691 h.** – **alt. 60 m** – ✉ 12200 16 B1
▶ Madrid 422 – Valencia 273 – Castelló de la Plana/Castellón de la Plana 25
– Teruel 120

🏠 **G.H. Toledo** ▢ ♿ hab, AC ℀ 🛜 VISA ⬤
Argelita 20 – 𝒞 964 60 09 72
– www.granhoteltoledo.com
25 hab �]️ – ♦40/43 € ♦♦50/80 €
Rest – *(cerrado domingo)* Carta 20/35 €
♦ Bien llevado por una familia que cuida cada detalle. Las habitaciones son funcionales, aunque resultan muy recomendables en su categoría y poseen baños
completos. En su restaurante, que se mezcla un poco con el bar, podrá degustar
una cocina bastante actual.

ONDARA – Alicante – **577** P30 – **6 546 h.** – **alt. 35 m** – ✉ 03760   **16** B2

▶ Madrid 431 – Alcoi 88 – Alacant/Alicante 84 – Denia 10

※※   **Casa Pepa** (Soledad Ballester)   🏡 🗚🗚 ❀ **P** 🚾 ⬤ 🗚🗚
☺   partida Pamis 7-30, Suroeste : 1,5 km – ℰ 965 76 66 06 – www.casapepa.es
– cerrado domingo noche, lunes y martes noche
Rest – (sólo cena en julio y agosto) Menú 45/70 € – Carta 50/65 €
Espec. Ventresca con salmuera de frutas y confitura de guisantes de temporada
(primavera-verano). Tibias hebras de berenjena, pimiento y cebolla con yogur de
bacalao. Pichón asado, tartar de pera con toques especiados.
♦ Casa de campo emplazada entre huertas, naranjos y olivos. Ofrece una agradable terraza, una pequeña sala de aire rústico y otra acristalada de línea más
actual, esta última presidida por una bodega acristalada. Cocina de carácter creativo y base mediterránea.

ONTINYENT (ONTENIENTE) – Valencia – **577** P28 – **37 735 h.**   **16** A2
– **alt. 400 m** – ✉ 46870

▶ Madrid 369 – Albacete 122 – Alacant/Alicante 91 – València 84

🖪 Portal de Sant Roc 1 ℰ 96 291 60 90 ontinyent@touristinfo.net Fax 96 291
63 03

🏠🏠🏠   **Kazar**   📶 🗚🗚 ❀ 🖐 🚴 **P** 🚾 ⬤ ⑩
Dos de Mayo 117 – ℰ 962 38 24 43 – www.hotelkazar.com
38 hab � – ♦80/100 € ♦♦100/110 €   **Rest** – Menú 18 €
♦ Hermoso palacete de estilo neomudejar flanqueado por palmeras. Ofrece un
saloncito árabe y unas confortables habitaciones, siendo las del anexo mucho
más actuales. El comedor se complementa con un salón para banquetes en un
edificio independiente.

※※   **El Tinell de Calabuig**   🗚🗚 ❀ 🚾
Josep Melcior Gomis 23 – ℰ 962 91 50 48 – cerrado Semana Santa, 7 días
en agosto, 7 días en octubre, domingo, lunes noche y martes noche
Rest – Carta aprox. 38 €
♦ Casa seria y de cuidado montaje. Ofrece una carta tradicional actualizada, con
base en la cocina de mercado, y varias jornadas gastronómicas tanto vegetarianas
como de caza.

OÑATI – Guipúzcoa – **573** C22 – **10 896 h.** – **alt. 231 m** – ✉ 20560   **25** B2

▶ Madrid 401 – Bilbao 62 – Donostia-San Sebastián 74 – Vitoria-Gasteiz 45

🖪 San Juan 14 ℰ 943 78 34 53 turismo@oinati.org Fax 943 78 30 69

🖸 Carretera★ a Arantzazu

en la carretera de Urrejola Oeste : 2 km

※※   **Etxe-Aundi** con hab ❧   🗚🗚 ❀ 🖐 **P** 🚾 ⬤ ⑩
Torre Auzo 9 ✉20560 Oñati – ℰ 943 78 19 56 – www.etxeaundi.com
– cerrado Navidades
12 hab – ♦43 € ♦♦54 €, ⊠ 6 €
Rest – (cerrado domingo noche) Carta 33/46 €
♦ Tras sus recios muros en piedra esta casa solariega recrea un ambiente bastante acogedor, con un bar público, un comedor clásico y dos privados. Cocina
de raíces locales. Como complemento al restaurante también ofrecen habitaciones, todas con baños modernos.

OREÑA – Cantabria – **572** B17 – **2 600 h.** – ✉ 39525   **8** B1

▶ Madrid 388 – Santander 30 – Bilbao 128 – Oviedo 158

🏠   **Caborredondo** sin rest ❧   🏡 ❀ 🖐 **P** 🚾 ⬤ ⑩
barrio Caborredondo 81, Noroeste : 1,5 km – ℰ 942 71 61 81
– www.posadacaborredondo.com – cerrado 15 diciembre-15 marzo
14 hab – ♦♦55/80 €, ⊠ 4 €
♦ Casa de estilo rústico-actual cuyas habitaciones combinan la madera, la piedra y el ladrillo visto, siendo abuhardilladas las de la última planta. Porche con
vistas al prado.

ÓRGIVA – Granada – **578** V19 – **5 659 h.** – **alt. 450 m** – ✉ 18400   **2** D1

▶ Madrid 485 – Almería 121 – Granada 60 – Málaga 121

🔒 Taray Botánico 🕭   🍴 ⬛ 🌂 ⚡ 🍴 ℙ 📷 ⊚ 🄰🄴
carret. A 348, Sur : 1,5 km – ✆ *958 78 45 25* – *www.hoteltaray.com* – *cerrado del 20 al 30 de enero*
15 hab – 🛉60/70 € 🛉🛉79/90 €, ⌷ 7,50 €
Rest – Menú 12 €
◆ La arquitectura típica y la decoración rústica se dan cita en este agradable complejo, definido por un interior de moderno equipamiento. Posee habitaciones de gran confort. Restaurante situado en el edificio central del hotel, con dos salas de buen montaje.

ORIHUELA – Alicante – **577** R27 – **86 164 h.** – **alt. 24 m** – ✉ 03300   **16** A3

▶ Madrid 445 – Alacant/Alicante 60 – Cartagena 81 – Murcia 24
ℹ Francisco Díe 25 (Palacio de Rubalcava) ✆ 96 530 27 47 orihuela@ touristinfo.net Fax 96 530 62 94
◉ Catedral★ - Colegio de Santo Domingo (iglesia★)

🏨 Meliá Palacio de Tudemir   🕭 🛗 ⬛ & hab, 🄰🄲 ⚡ 🍴 🄰 📷 ⊚ 🄰🄴
Alfonso XIII-1 – ✆ *966 73 80 10* – *www.hotelpalaciotudemir.com*
50 hab – 🛉50/105 € 🛉🛉57/115 €, ⌷ 10 €
Rest – Menú 16 €
◆ Instalado en un palacio del s. XVIII del que se conserva la escalera, la planta calle y el 1er piso, el resto es de nueva construcción. Habitaciones modernas y equipadas. El restaurante presenta un montaje clásico bastante correcto y una carta tradicional.

ORÍS – Barcelona – **574** F36 – **278 h.** – **alt. 708 m** – ✉ 08573   **14** C2

▶ Madrid 638 – Girona/Gerona 83 – Barcelona 87 – Font-Romeu 104

✕✕ L'Auró   🄰🄲 ⚡ ℙ 📷 ⊚
carret. C 17 - km 76,2 - salida Oris – ✆ *938 59 53 01* – *cerrado Semana Santa, 16 agosto-6 septiembre y lunes*
Rest – *(sólo almuerzo salvo viernes y sábado)* Carta 31/46 €
◆ Negocio familiar dotado con un bar, una sencilla sala para el menú y un amplio comedor a la carta, este más actual. Cocina tradicional con toques actuales y una buena bodega.

OROPESA – Toledo – **576** M14 – **2 937 h.** – **alt. 420 m** – ✉ 45560   **9** A2

▶ Madrid 155 – Ávila 122 – Talavera de la Reina 33
◉ Castillo★

🏨 Parador de Oropesa 🕭   🚗 ⬛ 🛗 🄰🄲 ⚡ 🍴 🄰 ℙ 📷 ⊚ 🄰🄴 ⓪
pl. del Palacio 1 – ✆ *925 43 00 00* – *www.parador.es*
44 hab – 🛉102/110 € 🛉🛉128/138 €, ⌷ 16 € – 4 suites
Rest – Menú 32 €
◆ Instalado en un castillo-palacio del s. XIV. Encontrará un atractivo patio, amplias zonas nobles y habitaciones de buen confort, con mobiliario actual que imita al antiguo. El comedor, con una terraza-mirador y el techo artesonado, presenta una carta regional.

🔒 La Hostería   🄰🄲 ⚡ 🍴 🄰 📷 ⊚ ⓪
paseo Escolar 5 – ✆ *925 43 08 75* – *www.lahosteriadeoropesa.com*
12 hab – 🛉55 € 🛉🛉70 €, ⌷ 5 €
Rest – Carta 26/36 €
◆ Establecimiento de atención familiar dotado de unas confortables habitaciones, correctamente equipadas y decoradas en un estilo neorrústico. Acogedora zona social. El restaurante ofrece una carta regional especializada en carnes y asados.

La OROTAVA – Santa Cruz de Tenerife – ver Canarias (Tenerife)

ORPESA (OROPESA DEL MAR) – Castellón – **577** L30 – **11 188 h.**   16 B1
– alt. 16 m – Playa – ✉ 12594

　　🚗 Madrid 447 – Castelló de la Plana/Castellón de la Plana 22
　　　– Tortosa 100

　　🛈 playa de la Concha (Plaza París), 𝒞 964 31 23 20 turismo@
　　　oropesadelmar.es Fax 964 31 24 91
　　　y Moscatell (Marina d'Or), 𝒞 964 31 41 34
　　　oropesaamplaries@touristinfo.net
　　　Fax 964 31 24 91

en la zona de la playa :

🏨　**Neptuno Playa** sin rest　　　　　≤ 🛗 🅰 🚗 𝚅𝙸𝚂𝙰 ⓪ 🅰🅴 ⓪
paseo Marítimo La Concha 1 ✉12594
– 𝒞 964 31 00 40
– Semana Santa-septiembre
88 hab – ♦45 € ♦♦65/81 €, ⌲ 5 €
◆ Situado en pleno paseo marítimo, es ideal para pasar unos días de descanso disfrutando del sol mediterráneo. Sus habitaciones están perfectamente equipadas.

ORREAGA (RONCESVALLES) – Navarra – **573** C26 – **30 h.** – alt. 952 m   24 B2
– ✉ 31650

　　🚗 Madrid 446 – Pamplona 47 – StJeanPieddePort 29

　　🛈 Antiguo Molino 𝒞 948 76 03 01 oit.roncesvalles@navarra.es Fax 948 76
　　　03 01

　　◎ Pueblo★ - Conjunto Monumental : museo★

🏨　**Roncesvalles**　　　　　　🛗 ✗ 🙶 🄿 𝚅𝙸𝚂𝙰 ⓪
– 𝒞 948 76 01 05 – www.hotelroncesvalles.com
– 15 marzo-10 diciembre
24 apartamentos – ♦♦60/70 €, ⌲ 10 € – 16 hab
Rest – (sólo clientes) Menú 25 €
◆ Ocupa la antigua Casa de los Beneficiados, que data de 1725 y está integrada en un ala de la Real Colegiata de Roncesvalles. Habitaciones y apartamentos de línea funcional. El comedor, bastante sencillo, centra su oferta en un correcto menú del día.

🏠　**La Posada**　　　　　　　　≤ ✗ 🄿 𝚅𝙸𝚂𝙰 ⓪
– 𝒞 948 76 02 25 – www.laposadaderoncesvalles.com
– cerrado noviembre
18 hab – ♦43/54 € ♦♦48/58 €, ⌲ 6,40 €
Rest – Menú 17,20 €
◆ Establecimiento de sólida construcción emplazado en un antiguo casón en piedra. Sus habitaciones, en algunos casos tipo dúplex, presentan un acogedor estilo rústico-regional. El comedor, precedido por un bar con chimenea, suele estar lleno de peregrinos.

ORUÑA – Cantabria – **572** B18 – ✉ 39470   8 B1
　　🚗 Madrid 426 – Santander 19 – Bilbao 113

✗✗　**Casa Setien**　　　　　　🅰 ✗ ⟺ 𝚅𝙸𝚂𝙰 ⓪ 🅰🅴 ⓪
Barrio El Puente 5 – 𝒞 942 57 52 51 – www.casasetien.com
Rest – Carta 29/40 €
◆ Este restaurante se presenta con un hall, una barra de espera y dos grandes salones, uno rústico y el otro clásico-actual, dando paso este último a una terraza acristalada.

¿Buenas comidas a precios moderados? Elija un Bib Gourmand ⊕.

OSUNA – Sevilla – **578** U14 – **17 851 h.** – alt. 328 m – ⊠ 41640   **1** B2

▶ Madrid 489 – Córdoba 85 – Granada 169 – Málaga 123

🄸 Carrera 82 ✆ 954 81 57 32 turismo@ayto-osuna.es
Fax 954 81 57 32

👁 Localidad★★ - Zona monumental★ – Colegiata★ (lienzos de Ribera★★, Panteón Ducal★★) – Monasterio de la Encarnación★ – Palacios y Casas Señoriales★★ – calle San Pedro★ – Torre de la Iglesia de la Merced★

Palacio Marqués de la Gomera ⌂   📶 & hab, 🄰🄲 ⅀ hab, ⁇ 🅂🄰 ☎ 🆅🅸🆂🄰 ⚙ 🄰🄴 ⓪
San Pedro 20 – ✆ 954 81 22 23
– *www.hotelpalaciodelmarques.com*
18 hab ⅀ – †68/154 € ††78/224 € – 2 suites
Rest *La Casa del Marqués* – *(cerrado domingo noche y lunes)* Carta aprox. 45 €

◆ Está instalado en un palacio barroco del s. XVIII. Aquí encontrará un hermoso patio cubierto, una curiosa capilla y confortables habitaciones personalizadas en su decoración. En su cálido restaurante podrá degustar una correcta carta de cocina tradicional.

La Casona de Calderón   📶 & 🄰🄲 ⁇ 🆅🅸🆂🄰 ⚙ 🄰🄴
pl. Cervantes 16 – ✆ 954 81 50 37 – *www.casonacalderon.es*
15 hab ⅀ – †80/90 € ††100/110 €
Rest – *(cerrado martes)* Menú 15 €

◆ Entre sus muchos detalles, esta preciosa casa del s. XVII cuenta con un acogedor patio, diversas esculturas, una fuente, un pozo y todas las habitaciones personalizadas. Su restaurante está vestido con una curiosa colección de grabados del s. XVIII y ofrece una carta tradicional.

La Casa del Duque sin rest   📶 & 🄰🄲 ⅀ ⁇ ☎ 🆅🅸🆂🄰 ⚙ ⓪
Granada 49 – ✆ 954 81 58 27 – *www.lacasadelduque.com*
17 hab ⅀ – †50/55 € ††80/90 €

◆ En una calle tranquila y cercana al centro. Aquí encontrará dos patios cubiertos, que funcionan como zona social, y unas confortables habitaciones de ambiente clásico-actual.

El Caballo Blanco   🄰🄲 ⅀ 🅿 🆅🅸🆂🄰 ⚙ ⓪
Granada 1 – ✆ 954 81 01 84
13 hab – †35 € ††55 €, ⅀ 3,50 €
Rest – *(cerrado domingo)* Carta 16/25 €

◆ Pequeño hostal emplazado en el casco antiguo de Osuna. Entre sus dependencias destacan el patio andaluz y las habitaciones, algunas instaladas en las antiguas cuadras. El comedor se presenta recorrido por un bello zócalo de azulejos sevillanos.

ESPAÑA

OTUR – Asturias – **572** B10 – Playa – ⊠ 33792   **5** A1

▶ Madrid 548 – A Coruña 193 – Gijón 91 – Lugo 134

Casa Consuelo   ⌂ 📶 ⅀ 🅿 🆅🅸🆂🄰 ⚙ 🄰🄴 ⓪
carret. N 634 – ✆ 985 47 07 67 – *www.casaconsuelo.com*
37 hab – †27/43 € ††43/54 €, ⅀ 5 €
Rest *Casa Consuelo* – ver selección restaurantes

◆ Buen hotel de carretera. Compensa lo reducido de su zona social con unas impecables habitaciones, la mayoría actualizadas y las del piso superior abuhardilladas.

🍴
Casa Consuelo – Hotel Casa Consuelo   🄰🄲 ⅀ 🅿 🆅🅸🆂🄰 ⚙ 🄰🄴 ⓪
carret. N 634 – ✆ 985 64 16 96 – *www.casaconsuelo.com* – *cerrado noviembre y lunes*
Rest – Carta 30/45 € 🍴

◆ Acreditado restaurante con salas de estilo clásico-regional y una destacable colección de botellas de vino. Su cocina ofrece una grata selección gastronómica.

625

▶ Madrid 499 – Ferrol 198 – A Coruña 183
– Santiago de Compostela 111

🖪 Caseta do Legoeiro-Ponte Romana ✆ 988 37 20 20
oficina.turismo.ourense@xunta.es Fax 988 21 49 76

R.A.C.E. carret. Celanova - Centro Comercial Carrefour (local 12), ✆ 988 24 02
78 Fax 988 24 02 66

◉ Catedral★ (Pórtico del Paraíso★★,Cimborrio★) AY**B** – Museo Arqueológico
y de Bellas Artes (Camino del Calvario★) AZ**M** – Claustro de San
Francisco★ AY

◩ Ribas de Sil (Monasterio de San Esteban : paraje★) 27 km por ②
- Gargantas del Sil★ 26 km por ②

🏠🏠🏠 **G.H. Ourense San Martín** sin rest, con cafetería   📶 🞖 🌳 ((ٴ 🛋 🚗
Curros Enríquez 1 ✉*32003 –* ✆ *988 37 18 11*   🟦🟦 ◎◎ 🅰🅴 ⓪
– www.gh-hoteles.com   AY**a**
89 hab – ♦71/225 € ♦♦71/281 €, ⌑ 13 €

♦ Todo un clásico en la ciudad. Dotado de suficientes zonas sociales y unas habitaciones de buen confort. Cafetería de línea moderna y terraza en el último piso.

✕✕ **Sanmiguel**   📶 🚗 🟦🟦 ◎◎ 🅰🅴 ⓪
San Miguel 12 ✉*32005 –* ✆ *988 22 12 45*
– www.restaurantesanmiguel.com
– cerrado del 10 al 31 de enero y domingo noche   AY**s**
Rest – Carta aprox. 43 €

♦ Repartido en varias salas de distintos estilos, todas con buen mobiliario y adecuado servicio de mesa, ofrece una cocina de múltiples sabores. Muy afamado en
la ciudad.

✕ **Zarampallo** con hab   📶 📶 rest, 🞖 rest, ((ٴ 🟦🟦 ◎◎ 🅰🅴 ⓪
Hermanos Villar 19 ✉*32005 –* ✆ *988 23 00 08 – www.zarampallo.com*
– cerrado del 1 al 15 de julio   AY**c**
14 hab – ♦35 € ♦♦50 €, ⌑ 4 €
Rest – *(cerrado domingo noche)* Carta aprox. 36 €

♦ Este restaurante distribuye sus salas en dos plantas, la del piso inferior con chimenea y la ubicada en el superior con la cocina abierta. Ambiente actual y carta
tradicional. Sus habitaciones, pequeñas, luminosas y bastante funcionales, resultan
válidas como recurso.

✕ **A Taberna**   📶 🞖 🟦🟦 ◎◎ 🅰🅴
Julio Prieto Nespereira 32 ✉*32005 –* ✆ *988 24 33 32 – www.ataberna.com*
*– cerrado Semana Santa, del 1 al 20 de agosto, domingo en verano, domingo
noche y lunes resto del año*   AZ**a**
Rest – Carta 27/38 €

♦ Un amable matrimonio, con él al frente de los fogones, lleva las riendas del
negocio. Posee dos salas de aire rústico y buen montaje, donde ofrecen una
carta tradicional.

✕ **Adega San Cosme (Casa Sindo)**   📶 🞖 🟦🟦
pl. de San Cosme 2 ✉*32005*
– ✆ *988 24 88 00*
– cerrado del 15 al 31 de enero, del 15 al 31 de agosto y domingo
Rest – Carta 30/45 €   AZ**d**

♦ Pequeño restaurante de estilo rústico definido por sus paredes en piedra, con
los suelos en mármol y profusión de madera. Cocina sencilla basada en productos
de la tierra.

🍸/ **Porta da Aira**   📶 🞖 🟦🟦 ◎◎ ⓪
Fornos 2 ✉*32005 –* ✆ *988 25 07 49*
– cerrado del 15 al 30 de septiembre y lunes   AY**h**
Rest – Tapa 4 € – Ración aprox. 16 €

♦ Bar de tapas muy conocido en la ciudad por sus huevos rotos, la especialidad
de la casa. Posee algunas mesas junto a la barra y ofrece una buena selección de
vinos por copas.

OURENSE

Alfonso R. Castelao .... **B** 2

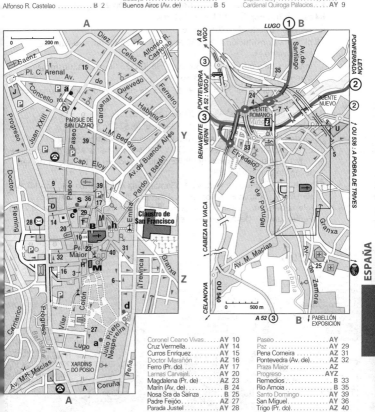

en Coles por ① : 8 km

⌂ **Casa Grande de Soutullo** sin rest ⌂   ⌘ ⌘ ⌘ **P** *VISA* ⊕⊕

Soutullo de Abaixo ⊠32152 Soutullo de Abaixo – ℰ 988 20 56 11
– www.pazodesoutullo.com

8 hab – ♦52/68 € ♦♦65/85 €, ⊋ 7,50 €

♦ Pazo familiar del s. XVIII. Dispone de un bello patio, una cálida zona social con chimenea y amplias habitaciones que combinan la piedra, la madera y el mobiliario de época.

en El Cumial por ③ : 6 km

🏨 **Auriense** ⌂   ← ⌘ ⌘ ⌘ ⌘ ⌘ ⌘ ⌘ ⌘ **P** *VISA* ⊕⊕ **AE** ⊕

El Cumial 12 ⊠32915 – ℰ 988 23 49 00
– www.eurostarsauriense.com

119 hab – ♦45/89 € ♦♦49/199 €, ⊋ 9 € – 15 suites

Rest – (cerrado sábado y domingo) Menú 15,50 €

♦ Construcción moderna y con amplios exteriores ajardinados. Espaciosa zona noble y unas habitaciones que compensan la funcionalidad del mobiliario con un completo equipamiento. Su restaurante denota cierta estética medieval y ofrece un buen servicio de mesa.

▶ Madrid 446 – Bilbao 306 – A Coruña 326 – Gijón 29

✈ de Asturias por ① : 47 km ✆ 902 404 704

Iberia : aeropuerto ✆ 902 400 500

🛈 pl. de la Constitución 4 ✉ 33009 ✆ 98 408 60 60 turismo-oviedo@ayto-oviedo.es,

Marqués de Santa Cruz ✉ 33000 ✆ 98 522 75 86 oficina.turismo@ayto-oviedo.es Fax 98 521 33 66

y Cimadevilla 4 ✉ 33003 ✆ 98 521 33 85 citpa.oviedo@infoasturias.com Fax 98 522 84 59

R.A.C.E. Foncalada 6, ✆ 98 522 31 06 Fax 98 522 76 68

🏌 Real Club de Golf La Barganiza, 12 km, ✆ 98 574 24 68

◉ Ciudad Vieja★★ - Catedral★ (retablo mayor★★, Cámara Santa : estatuascolumnas★★, tesoro★★) BY - Museo de Bellas Artes de Asturias★ BZ**M1** – Antiguo Hospital del Principado (escudo★) AY**P** - Iglesia de San Julián de Los Prados★ BY

⬡ Santuarios del Monte Naranco★ (Santa María del Naranco★★, San Miguel de Lillo★ : jambas★★) Noroeste : 4 km por av. de los Monumentos AY. Iglesia de Santa Cristina de Lena★ (⚟★) 34 km por ② – Teverga ⚟★ de Peñas Juntas - Desfiladero de Teverga★ 43 km por ③

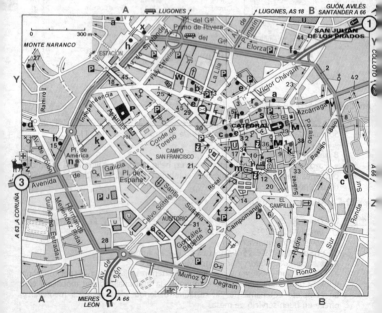

⛨⛨⛨⛨ **Meliá H. De la Reconquista** ⎪⛫⎪ ⎮ hab, 🆐 ⊞ ⟨⟩ ⛟ ⇔

Gil de Jaz 16 ✉*33004 –* ✆ *985 24 11 00* 🆅🆂🅰 ⊗ 🅰🅴 ⓪

– www.solmelia.com AY**P**

132 hab – ♥♥145/380 €, ⊑ 19 € – 10 suites

Rest – Carta aprox. 52 €

♦ Suntuoso hotel-monumento en un edificio del s. XVIII que en su origen funcionó como hospicio y hospital. Sus habitaciones y el salón porticado son joyas de gran exquisitez. Restaurante polivalente, elegante y de ambiente distinguido.

⛨⛨⛨ **AC Forum Oviedo** 🏠 ⎮🔓 ⎪⛫⎪ ⎮ hab, 🆐 ⊞ ⟨⟩ ⛟ ⇔ 🆅🆂🅰 ⊗ 🅰🅴 ⓪

pl. de los Ferroviarios 1 ✉*33003 –* ✆ *985 96 54 88 – www.ac-hotels.com*

148 hab – ♥♥65/200 €, ⊑ 13 € – 2 suites AY**h**

Rest – *(cerrado domingo)* Menú 21 €

♦ Moderno edificio instalado en la misma estación del ferrocarril. Cuenta con una amplia zona social, diversas salas de reuniones y habitaciones de completo equipamiento. El restaurante, instalado en el 2º piso, resulta actual dentro de su funcionalidad.

⛨⛨⛨ **Barceló Oviedo Cervantes** ⎪⛫⎪ ⎮ hab, 🆐 ⊞ ⟨⟩ ⛟ ⇔ 🆅🆂🅰 ⊗ 🅰🅴 ⓪

Cervantes 13 ✉*33004 –* ✆ *985 25 50 00 – www.barcelo.com* AZ**k**

70 hab – ♥♥90/290 €, ⊑ 16 € – 2 suites

Rest *La Galatea* – *(cerrado agosto, domingo y lunes)* Carta 34/49 €

♦ Un hotel realmente sorprendente, ya que integra una antigua casona rehabilitada en una solución arquitectónica final de diseño moderno. Interior espacioso y muy detallista. El restaurante ofrece una sala de aire minimalista y una cocina de carácter temático.

⛨⛨⛨ **Santo Domingo Plaza** ⎮🔓 ⎪⛫⎪ ⎮ hab, 🆐 ⊞ ⟨⟩ ⛟ ⇔ 🆅🆂🅰 ⊗ 🅰🅴 ⓪

Bulevar de la Ronda Sur ✉*33008 –* ✆ *985 20 78 80*

– www.hotelhusasantodomingoplaza.com BZ**c**

101 hab – ♥♥65/160 €, ⊑ 14 €

Rest *Deloya* – *(cerrado agosto y domingo)* Carta 45/53 €

♦ Llama la atención por su fachada vanguardista y por el diseño que define su interior. Luminoso hall con ascensores panorámicos y habitaciones actuales de completo confort. El restaurante, acristalado a un jardín de invierno, ofrece una cocina creativa.

⛨⛨⛨ **Monumental Naranco** ▦ ⎮🔓 ⎪⛫⎪ 🆐 ⊞ ⟨⟩ ⛟ ⇔ 🆅🆂🅰 ⊗ 🅰🅴 ⓪

Marcelino Suárez 29 ✉*33012 –* ✆ *985 96 32 80*

– www.hotelmonumentalnaranco.com AY**d**

62 hab – ♥♥60/250 €, ⊑ 13 € – 2 suites

Rest – *(cerrado domingo noche)* Menú 24 €

♦ Hotel de línea moderna dotado con una gran recepción, cafetería acristalada, varios salones y confortables habitaciones, todas con mobiliario clásico y los suelos en moqueta. El restaurante presenta una carta de gusto tradicional sin demasiadas complicaciones.

⛨⛨⛨ **Tryp Oviedo** ⎪⛫⎪ ⎮ hab, 🆐 ⊞ ⟨⟩ ⛟ ⇔ 🆅🆂🅰 ⊗ 🅰🅴 ⓪

Pepe Cosme 1 ✉*33001 –* ✆ *985 11 71 11 – www.solmelia.com* AY**x**

116 hab – ♥♥60/205 €, ⊑ 13 € – 2 suites

Rest – *(cerrado Navidades)* Menú 17,50 €

♦ Edificio moderno y acristalado. Cuenta con un buen hall, varias salas de reuniones y habitaciones actuales de gran amplitud, las superiores con su propio aparato de gimnasia. El restaurante ofrece una carta tradicional bastante sencilla y un correcto menú.

⛨⛨⛨ **G.H. Regente** sin rest ⎪⛫⎪ ⎮ ⟨⟩ ⛟ ⎮P⎮ 🆅🆂🅰 ⊗ 🅰🅴 ⓪

Jovellanos 31 ✉*33003 –* ✆ *985 22 23 43*

– www.granhotelregente.es BY**a**

120 hab – ♥65/136 € ♥♥65/159 €, ⊑ 13 € – 1 suite

♦ Este céntrico hotel cuenta con varios tipos de habitaciones, unas clásicas, otras más modernas, algunas minimalistas y unas suites dotadas de las mejores vistas a la Catedral.

ESPAÑA

Nap sin rest ⓘ ⓘ ⓘ ⓘ ⓘ ⓘ ⓘ ⓘ ⓘ ⓘ ⓘ
José Ramón Zaragoza 6 ⌧*33013 –* 𝒞 *985 08 08 00 – www.naphotel.es*
38 hab – ♦♦50/70 €, ⌱ 4 € – 2 suites   A7**z**
♦ Hotel de última generación dominado por las nuevas tecnologías. Todo en la habitación se controla desde la pantalla del televisor y posee columnas de hidromasaje en los baños.

Ciudad de Oviedo sin rest ⓘ ⓘ ⓘ ⓘ ⓘ ⓘ ⓘ ⓘ ⓘ
Gascona 21 ⌧*33001 –* 𝒞 *985 22 22 24 – www.hotelciudaddeoviedo.es*
51 hab – ♦65/135 € ♦♦65/151 €, ⌱ 10,80 €   BY**e**
♦ Su sobria fachada protege un interior de línea clásica y atenta organización. Posee habitaciones de correcta amplitud, con los suelos en moqueta y baños completos en mármol.

Ramiro I sin rest, con cafetería ⓘ ⓘ ⓘ ⓘ ⓘ ⓘ ⓘ ⓘ ⓘ
av. Calvo Sotelo 13 ⌧*33007 –* 𝒞 *985 23 28 50 – www.ayrehoteles.com*
84 hab – ♦49/122 € ♦♦57/132 €, ⌱ 10,80 €   AZ**a**
♦ Su nombre homenajea al rey precursor del arte asturiano. La zona social rezuma cierta elegancia clásica, y todas las habitaciones se han actualizado en confort y decoración.

NH Principado ⓘ ⓘ ⓘ ⓘ ⓘ ⓘ ⓘ ⓘ ⓘ
San Francisco 6 ⌧*33003 –* 𝒞 *985 21 77 92 – www.nh-hotels.com*   BZ**e**
88 hab – ♦♦49/155 €, ⌱ 14 € – 9 suites
Rest – *(cerrado agosto)* Carta aprox. 40 €
♦ Este hotel ocupa dos edificios comunicados interiormente. En general ofrece unas habitaciones bastante confortables, aunque son más actuales en un edificio que en el otro. El restaurante resulta bastante funcional y propone una carta de gusto tradicional.

La Gruta ⓘ ⓘ ⓘ ⓘ ⓘ ⓘ ⓘ ⓘ ⓘ
Fuertes Acevedo 140, (alto de Buenavista), por ③ ⌧*33006 –* 𝒞 *985 23 24 50*
– www.lagruta.com
101 hab – ♦♦45/75 €, ⌱ 4,25 € – 4 suites
Rest *La Gruta* – ver selección restaurantes
♦ Goza de una reconocida trayectoria en la ciudad. Conjunto de adecuadas instalaciones, con habitaciones funcionales y bien equipadas. Gran disponibilidad para congresos.

Ayre Hotel Alfonso II sin rest ⓘ ⓘ ⓘ ⓘ ⓘ ⓘ ⓘ ⓘ
Ramiro I-30 ⌧*33012 –* 𝒞 *985 27 76 60 – www.ayrehoteles.com – cerrado enero*
19 hab – ♦56/192 € ♦♦56/225 €, ⌱ 8,24 €   AY**f**
♦ Bella villa colonial situada en una zona residencial próxima al centro. Sus habitaciones, elegantes, amplias y luminosas, están imbuidas por un clima de calma y tranquilidad.

MHotel sin rest ⓘ ⓘ ⓘ ⓘ ⓘ ⓘ
Comandante Vallespín 3 ⌧*33013 –* 𝒞 *985 27 40 60 – www.mhotel.es*
24 hab – 1 suite   AZ**h**
♦ Bonito hotel definido por el diseño de sus dependencias, desde el diáfano hall hasta las habitaciones, algo justas de espacio pero bien equipadas y con los baños abiertos.

Fruela sin rest, con cafetería ⓘ ⓘ ⓘ ⓘ ⓘ ⓘ ⓘ ⓘ
Fruela 3 ⌧*33000 –* 𝒞 *985 20 81 20 – www.hotelfruela.com*   BZ**m**
28 hab – ♦♦50/200 €, ⌱ 11,70 €
♦ Su bella fachada está restaurada y presenta un hotel bastante actual, con una cafetería pública. Habitaciones bien equipadas, con cierto diseño y los suelos en madera.

Campus sin rest, con cafetería ⓘ ⓘ ⓘ ⓘ ⓘ ⓘ
Fernando Vela 13 ⌧*33001 –* 𝒞 *985 11 16 19 – www.aparthotelcampus.es*
65 apartamentos – ♦♦55/150 €, ⌱ 9 €   BY**f**
♦ Apartamentos con funcionamiento hotelero. Decoración funcional y un correcto equipamiento, con cocina y baños completos. Correcto hall y cafetería como únicas zonas nobles.

El Magistral sin rest 🛗 AC 🍽 🛰 🚴 VISA ☺ AE ①
Jovellanos 3 ✉33003 – ☏ 902 30 59 02 – www.magistralhoteles.com
51 hab – †50/180 € ††50/200 €, ☲ 12 € BY**h**
♦ Moderno establecimiento dotado de equipadas habitaciones, todas con los suelos en tarima, mobiliario funcional y baños actuales. Discreto hall-recepción y pequeña cafetería.

Astures sin rest 🛗 🍽 🛰 🚗 VISA ☺ AE ①
Campo de los Patos 7 ✉33010 – ☏ 985 20 09 08 – www.hotelastures.es
65 hab ☲ – †40/140 € ††40/150 € BY**v**
♦ Típico hotel de ciudad orientado al cliente de negocios. Posee una zona social en la planta superior y varios tipos de habitaciones, todas ellas con los suelos en parquet.

Campoamor sin rest 🛗 AC 🍽 🛰 VISA ☺
Argüelles 23 ✉33003 – ☏ 985 21 07 20 – www.hotelcampoamoroviedo.com
16 hab ☲ – †59/95 € ††64/130 € AZ**r**
♦ En pleno centro de la ciudad. Coquetas instalaciones con reducido hall-bar como única zona social. Destacan sus elegantes habitaciones, clásicas y con baños actuales.

Longoria Plaza sin rest 🛗 AC 🍽 🛰 VISA ☺
Covadonga 13 ✉33002 – ☏ 985 20 78 47 – www.longoriahoteles.com
33 hab – †43/110 € ††50/130 €, ☲ 7,50 € AY**e**
♦ Reconocible por su moderna y estrecha fachada. Conjunto práctico y funcional, con habitaciones de línea actual que resultan algo dispares en cuanto a sus dimensiones.

Carreño sin rest 🛗 ⅙ AC 🍽 🛰 🚴 🚗 VISA ☺ ①
Monte Gamonal 4 ✉33012 – ☏ 985 11 86 22 – www.hotelcarreno.com
42 hab – †37/50 € ††50/70 €, ☲ 6 € AY**a**
♦ Cuenta con unas instalaciones sencillas y funcionales, sin embargo en conjunto se muestra bastante renovado y cuidado. Las habitaciones son muy correctas en su categoría.

Casa Fermín AC 🍽 ⇔ VISA ☺ AE ①
San Francisco 8 ✉33003 – ☏ 985 21 64 52 – www.casafermin.com – cerrado domingo AZ**c**
Rest – Carta 45/55 € 🍃
♦ Negocio acreditado y de larga trayectoria. Disfruta de un atractivo comedor en dos alturas con los suelos en tarima, paredes en mármol travertino y el techo acristalado.

Del Arco AC 🍽 ⇔ VISA ☺ AE ①
pl. de América ✉33005 – ☏ 985 25 55 22 – www.delarco.com – cerrado 15 días en agosto y domingo AZ**n**
Rest – Carta 41/50 €
♦ Ofrece un cuidado bar de estilo inglés a la entrada y un elegante comedor a la carta en la 1ª planta, con moqueta y las paredes forradas en madera. Cocina tradicional.

La Corrada del Obispo AC 🍽 VISA ☺ AE
*Canóniga 18 ✉33003 – ☏ 985 22 00 48 – www.lacorradadelobispo.com
– cerrado domingo noche y lunes* BZ**k**
Rest – Carta 46/52 €
♦ Instalado en una casa del s. XVIII que muestra los muros en piedra vista y una decoración rústica salpicada con detalles modernos. Bar privado y amplias salas en la 1ª planta.

El Asador de Aranda 🍖 AC 🍽 VISA ☺ AE ①
Jovellanos 19 ✉33003 – ☏ 985 21 32 90 – www.asadordearanda.com – cerrado domingo en julio-agosto y domingo noche resto del año BY**r**
Rest – Carta 33/38 €
♦ Ofrece una oferta culinaria especializada en asados, con el clásico cordero, cochinillo y chuletones. Agradable patio a la entrada y una sala de noble estilo castellano.

ESPAÑA

ESPAÑA

XX **Casa Conrado**   AC ⅍ VISA ⓪ AE ①
Argüelles 1 ☒33003 – ℰ 985 22 39 19 – www.casaconrado.com – cerrado
agosto y domingo   BY**h**
Rest – Carta 39/52 €
♦ Una cita obligada para los amantes de la gastronomía asturiana. La experiencia y el buen hacer definen la cotidianeidad de la casa, que cuenta con una elegante clientela.

XX **La Goleta**   AC ⅍ VISA ⓪ AE ①
Covadonga 32 ☒33002 – ℰ 985 21 38 47 – www.lagoleta.com – cerrado julio y
domingo   AY**b**
Rest – Carta 35/50 €
♦ La filial marinera de Casa Conrado. Cálido marco cuya característica decoración anuncia una cocina basada en productos del mar. Bar en planta baja y comedor en el 1er piso.

XX **La Puerta Nueva**   AC ⅍ VISA ⓪ AE ①
Leopoldo Alas 2 ☒33008 – ℰ 985 22 52 27 – www.lapuertanueva.com – cerrado
domingo en julio y agosto   BZ**b**
Rest – *(sólo almuerzo salvo jueves, viernes y sábado)* Carta aprox. 45 €
♦ Su chef-propietario ha conseguido marcar su impronta en cada plato, logrando una cocina tradicional con detalles personalizados. Entorno acogedor y buen servicio de mesa.

XX **La Gruta** – Hotel La Gruta   ← AC ⅍ P VISA ⓪ AE
Fuertes Acevedo 140, (alto de Buenavista), por ③ ☒33006 – ℰ 985 23 24 50
– www.lagruta.com
Rest – Carta 35/52 €
♦ Merece la mención aparte respecto al hotel por su prestigio, carta y funcionamiento, con un amplio bar de raciones a modo de mesón y varias salas bien separadas entre sí.

X **Casa Arturo**   AC ⅍ VISA ⓪ AE
pl. de San Miguel 1 ☒33007 – ℰ 985 22 94 88 – cerrado Semana Santa,
domingo en verano y domingo noche resto del año   AZ**t**
Rest – Carta 40/63 €
♦ Marco neorrústico, tipo asador, con la parrilla vista. La especialidad son las carnes, aunque en su carta también verá platos asturianos, arroces, bacalaos y pescados del día.

X **El Raitán y El Chigre**   🛱 AC ⅍ VISA ⓪ ①
pl. de Trascorrales 6 ☒33009 – ℰ 985 21 42 18 – www.elraitan.com
– cerrado martes noche y miércoles noche   BZ**a**
Rest – Carta 33/40 €
♦ Dos céntricos restaurantes con entradas independientes. Ambos disfrutan de un cuidado estilo rústico y la misma carta, sin embargo, El Chigre está más orientado al tapeo.

X **Las Campanas de San Bernabé**   AC ⅍ VISA ⓪ AE ①
⊛ *San Bernabé 7 ☒33002 – ℰ 985 22 49 31 – cerrado agosto y domingo*
Rest – Carta 21/30 €   AY**w**
♦ Restaurante de sencillo montaje en estilo regional, con el suelo en baldosas de barro, las paredes en ladrillo visto y maderas policromadas en el techo. Carta algo reducida.

Ⅰ/ **El Buchito**   AC ⅍ VISA ⓪
Jovellanos 8 ☒33003 Oviedo – ℰ 984 18 89 07 – cerrado domingo noche y
lunes noche   BY**s**
Rest – Ración aprox. 12 €
♦ Bar de moderna decoración a modo de vinoteca. Dispone de una barra con una gran selección de vinos a la vista, mesas altas para tapeo y un correcto comedor en dos niveles.

Del Arco Taberna   🏧 🛇 💳 ⊙ 🅰🅴 ⊙
pl. de América 6 ✉33005 – 𝒞 985 25 55 22 – cerrado domingo   ΛZn
Rest – Tapa 6 € – Ración aprox. 12 €
♦ Taberna de buen montaje donde podrá degustar una variada selección de tostas y raciones. Se trata de una sala alargada y de estilo actual, con mesas y bancos corridos.

al Norte : 3 km

Casa Camila sin rest 🐾   ⇐ 📶 P 💳 🅰🅴
Fitoria 28, por Fray Ceferino ✉33194 – 𝒞 985 11 48 22 – www.casacamila.com
7 hab – †66/80 € ††89/109 €, ⇆ 9,20 €   AY
♦ Hotel con encanto, tipo chalet, cuya ubicación en la falda del Naranco brinda bellas vistas de la ciudad y sus alrededores. Acogedoras dependencias cuidadas al detalle.

en Colloto Noreste : 4 km

Palacio de la Viñona sin rest 🐾   🖻 📶 🛇 📶 P 💳 🆑 🅰🅴 ⊙
Julián Clavería 14, por La Tenderina ✉33010 Colloto – 𝒞 985 79 33 99
– www.palaciovinona.com   BYb
15 hab – †73/95 € ††91/121 €, ⇆ 10,80 €
♦ Una estancia encantadora entre el campo y la ciudad. Antigua casona reformada con interiores modernos y alegres. Organización familiar y elevado nivel de confort.

OYARZUN – Gipuzkoa – ver Oiartzun

OZA DOS RÍOS – A Coruña – **571** C5 – **3 202 h.** – ✉ **15388**   **19** B1
🚗 Madrid 571 – Santiago de Compostela 67 – A Coruña 29 – Lugo 76

en Cines Oeste : 3 km

Rectoral de Cines 🐾   🗇 🛇 📶 🔥 P 💳 🆑 ⊙
Casasnovas 4 ✉15389 Cines – 𝒞 981 77 77 10 – www.larectoraldecines.com
12 hab – †45/60 € ††60/95 €, ⇆ 8 €   **Rest** – *(sólo clientes)* Menú 20 €
♦ Magnífica casona en piedra rodeada por una zona de césped. Elegante salón social con chimenea y confortables habitaciones que destacan por sus detallistas baños. Su atractivo restaurante posee dos salas neorrústicas donde ofrecen una carta muy correcta.

PADRÓN – A Coruña – **571** D4 – **8 968 h.** – alt. 5 m – ✉ **15900**   **19** B2
🚗 Madrid 634 – A Coruña 94 – Ourense 135 – Pontevedra 37

Pazo de Lestrove   🚗 🗇 🖻 👍 hab, 🏧 🛇 hab, 📶 🔥 P 💳 🆑 🅰🅴
O Piñón-Lestrove ✉15916 Lestrove – 𝒞 981 81 71 27
– www.pousadasdecompostela.com – 20 abril-15 octubre y fines de semana resto del año
27 hab – †50/80 € ††60/120 €, ⇆ 7 €   **Rest** – Menú 21 €
♦ Este imponente edificio en piedra se construyó en el s. XVI como residencia veraniega del arzobispo de Santiago. La mayoría de sus habitaciones presentan mobiliario antiguo. El restaurante ofrece un elegante comedor y una cocina de sabor tradicional.

A Casa Antiga do Monte 🐾   ⇐ 🚗 🗇 🔥 🛇 📶 👍 🏡
Boca do Monte-Lestrove, Suroeste : 1,5 km   💳 🆑 🅰🅴 ⊙
– 𝒞 981 81 24 00 – www.susavilaocio.es
16 hab – †43/64 € ††64/96 €, ⇆ 5,30 €
Rest – *(sólo cena) (sólo clientes)* Carta 24/30 €
♦ Instalado en un edificio de piedra con encanto, ya que tiene un hórreo del s. XVIII y preciosos jardines con terrazas. Elegante zona social y habitaciones de cálido confort.

ESPAÑA

XX **Chef Rivera** con hab 🛎 AC 🛇 🌐 🍴 VISA ◉◎
enlace Parque 7 – 𝒞 981 81 04 13 -- www.chefrivera.com
17 hab – ⚤45/54 €, ⌑ 2,60 €
Rest – *(cerrado domingo noche, lunes noche y festivos noche salvo agosto)*
Carta aprox. 40 € 🏵
♦ Posee un comedor clásico, un privado y una bodega que destaca por sus Oportos. En la carta, tradicional e internacional, también encontrará diversos mariscos y platos de caza. El negocio se complementa con un salón de banquetes y unas correctas habitaciones.

X **A Casa dos Martínez** AC 🛇 VISA ◉◎ AE
😊 *Longa 7 – 𝒞 981 81 05 77 – cerrado del 24 al 30 de agosto y lunes*
Rest – *(sólo almuerzo salvo viernes y sábado)* Carta aprox. 35 €
♦ Restaurante de organización familiar ubicado en el casco antiguo, con una sala de línea actual dotada de sencillo mobiliario. Cocina de mercado y menú a un precio moderado.

PÁGANOS – **Álava** – **573** E22 – **63 h.** – ✉ **01309** **25** A2

▶ Madrid 367 – Vitoria-Gasteiz 44 – Logroño 22 – Pamplona 105
🄶 Laguardia★ – Iglesia de Santa María de los Reyes (portada★★) Sureste : 2,5 km

🛏 **Eguren Ugarte** sin rest ⪕ & AC 🌐 �️ P VISA ◉◎ AE
carret. A 124 km 61 – 𝒞 945 60 07 66 – www.egurenugarte.com
21 hab ⌑ – ⚤69/108 € ⚤⚤69/158 €
♦ Un torreón sirve de silueta identificativa a este hotel, ubicado en una bodega. Ofrece una zona noble polivalente, buenas vistas a los viñedos y habitaciones de línea moderna.

XX **Héctor Oribe** AC 🛇 VISA ◉◎ AE ⓘ
😊 *Gasteiz 8 – 𝒞 945 60 07 15 – www.hectororibe.es – cerrado*
20 diciembre-15 enero, del 1 al 15 de julio y domingo
Rest – *(sólo almuerzo salvo viernes y sábado)* Carta 34 €
♦ Presenta una barra de apoyo, una sala rústica-funcional y una pequeña bodega vista. Cocina de base tradicional con algún toque creativo y materias primas de su propia huerta.

PAGUERA – **Illes Balears** – ver **Balears (Mallorca) : Peguera**

PAIPORTA – **València** – ver **València**

Los PALACIOS Y VILLAFRANCA – **Sevilla** – **578** U12 – **36 824 h.** **1** B2
– alt. 12 m – ✉ **41720**

▶ Madrid 529 – Cádiz 94 – Huelva 120 – Sevilla 33

🛏 **Manolo Mayo** 🛎 & AC 🛇 🌙 P VISA ◉◎ ⓘ
av. de Sevilla 29 – 𝒞 955 81 10 86 – www.manolomayo.com
47 hab – ⚤45/56 € ⚤⚤73/85 €, ⌑ 5,35 €
Rest *Manolo Mayo* – ver selección restaurantes
♦ Este hotel disfruta de un correcto hall-recepción y habitaciones clásicas de completo equipamiento, la mayoría amplias. La cafetería se presenta como la única zona social.

XX **Manolo Mayo** – Hotel Manolo Mayo AC 🛇 P VISA ◉◎ ⓘ
av. de Sevilla 29 – 𝒞 955 81 10 86 – www.manolomayo.com – cerrado del 15 al 31 de agosto
Rest – Carta 22/35 €
♦ Casa familiar con cierto prestigio en la zona. Ofrece un comedor de montaje clásico, donde podrá degustar una cocina tradicional bien elaborada. Suele llenarse a diario.

PALAFRUGELL – **Girona** – **574** G39 – **22 365 h.** – alt. 87 m – Playa **15** B1
– ✉ **17200**

▶ Madrid 724 – Barcelona 124 – Girona 44

XX **Pa i Raïm**   🛜 AC VISA ⓪ AE

Torres i Jonama 56 – 🖉 *972 30 45 72* – *www.pairaim.com*
– *cerrado del 1 al 15 de enero, domingo noche, lunes y martes*
Rest – Carta 36/48 €
♦ Se encuentra en la antigua casa familiar del escritor Josep Pla y ofrece un comedor clásico, otro acristalado, tipo jardín de invierno, y una agradable terraza con árboles.

XX **La Xicra**   AC ⅍ VISA ⓪ AE ⓪

Sant Antoni 17 (Estret) ⊠17200 – 🖉 *972 30 56 30* – *www.restaurantlaxicra.com*
– *cerrado noviembre, domingo noche, martes noche y miércoles*
Rest – Carta 40/60 €
♦ Restaurante familiar con cierto reconocimiento en la zona. Posee un bar-hall privado y una sala repartida en tres espacios, de buen montaje y con los suelos en madera.

PALAMÓS – Girona – **574** G39 – **18 161 h.** – Playa – ⊠ 17230   **15** B1
    ▶ Madrid 726 – Barcelona 109 – Girona/Gerona 46
    🄸 passeig del Mar 🖉 972 60 05 50 oficinadeturisme@palamos.cat Fax 972 60 01 37

🏨 **Trias**   ← 🛜 ⊼ 🎐 ⅙ hab, AC ⅍ 📞 👪 **P** 🚗 VISA ⓪ AE ⓪

passeig del Mar – 🖉 *972 60 18 00* – *www.hoteltrias.com*
82 hab – †67/140 € ††88/185 €, � 11 €   **Rest** – Menú 11,80 €
♦ Todo un clásico, emplazado en 1ª línea de playa, que ahora se presenta renovado. Ofrece un diseño urbano y moderno, así como habitaciones actuales, la mayoría con terraza. Su amplio comedor se complementa con un porche-terraza y un bar de ambiente "chill out".

🏨 **Sant Joan** sin rest   ⊼ ⅍ **P** 🚗 VISA ⓪

av. Llibertat 79 ⊠17230
– 🖉 *972 31 42 08* – *www.hotelsantjoan.com*
– *17 junio-11 noviembre y fines de semana resto del año salvo 12 noviembre-febrero*
22 hab � – †57/83 € ††84/110 €
♦ Hotel familiar con mucho trabajo los fines de semana y en temporada. Sus habitaciones, alegres y actuales, se reparten por una casona a modo de masía. Piscina con césped.

XX **La Gamba**   🛜 AC VISA ⓪ AE ⓪

pl. Sant Pere 1 – 🖉 *972 31 46 33* – *www.lagambapalamos.com*
Rest – *(sólo almuerzo en invierno salvo viernes y sábado)* Carta 40/50 €
♦ Esta casa familiar dispone de un gran hall y una sala construida por la compañía de Gustave Eiffel, con arcos en hierro y las paredes en ladrillo visto. Productos del mar.

X **Celler de la Planassa**   🛜 AC ⇆ VISA ⓪

Vapor 4 (La Planassa) – 🖉 *972 31 64 96* – *www.cellerdelaplanassa.com* – *cerrado 7 días en febrero, 7 días en mayo, 15 días en octubre, domingo noche salvo julio-agosto y lunes*
Rest – *(sólo almuerzo salvo viernes y sábado en invierno)* Carta 31/57 €
♦ Antiguamente era una casa de pescadores, pero hoy se presenta con una terraza, una barra de apoyo y varios comedores. Carta tradicional, con productos del mar y dos menús.

X **Bell Port**   🛜 AC ⅍ VISA ⓪ ⓪

passeig del Mar 1 – 🖉 *972 31 57 72* – *www.restaurantbellport.com*
– *cerrado 8 diciembre-15 febrero*
Rest – *(sólo almuerzo salvo viernes,sábado y junio-septiembre)* Carta 50/60 €
♦ Negocio dotado de un cuidado comedor y una agradable terraza acristalada frente a la playa. Ofrece una carta tradicional, con productos del mar y pescados de gran calidad.

ESPAÑA

ESPAÑA

✗ **Gamas**   AC ⚒ ⬧ VISA ⬤ AE ⓪
Indústria 3 – ℰ 972 31 76 51 – cerrado 20 diciembre-20 enero, domingo noche y lunes
Rest – Carta aprox. 43 €
♦ Dispone de una pequeña barra de apoyo, un privado y el comedor principal, decorado con cuadros y motivos marineros. La cocina está semivista y cuenta con un buen expositor.

✗ **L'Arcada**   ⌂ AC VISA ⬤
Pagès Ortiz 49 – ℰ 972 31 51 69 – cerrado 20 diciembre-20 enero, domingo noche y lunes
Rest – Carta aprox. 52 €
♦ Tiene un funcionamiento bastante peculiar, ya que no hay carta escrita y el propietario va sacando fuentes, sobre todo de pescado, para que escoja usted mismo los productos.

en La Fosca Noreste : 2 km

🏨 **Áncora** ◈   ⌂ 🕮 AC ⚒ ⓣ P VISA ⬤ AE
Josep Plà ✉17230 apartado 242 Palamós – ℰ 972 31 48 58
– www.hotelancora.net
46 hab – ♦48/70 € ♦♦67/100 €, ⌖ 8 €
Rest – (cerrado 15 días en enero) Menú 23 €
♦ Hotel de organización familiar situado en 2ª línea de playa. Posee unas habitaciones espaciosas, todas con balcón, correcto mobiliario y baños actuales. Cuidada zona noble. En su comedor de línea clásica se elabora una carta tradicional y un menú de temporada.

en Plà de VallLlobregà carretera de Palafrugell C 31 - Norte : 3,5 km

✗✗ **Mas dels Arcs**   AC P VISA ⬤
✉17230 apartado 115 Palamós – ℰ 972 31 51 35 – cerrado 7 enero-27 febrero, lunes noche salvo verano y martes salvo agosto
Rest – Carta 34/39 €
♦ Restaurante familiar de 2ª generación llevado directamente por sus propietarios. Ofrece una sala, una terraza acristalada y platos regionales elaborados con productos locales.

en la carretera de playa Castell
por la carretera de Palafrugell C 31 - Norte : 4,5 km

🏨 **La Malcontenta** ◈   ⌂ 🔲 ⛱ hab, AC ⚒ hab, ⓣ P VISA ⬤ AE ⓪
Paratge t. Mirona-Platja Castell 12 ✉17230 – ℰ 972 31 23 30
– www.lamalcontentahotel.com
14 hab ⌖ – ♦♦150/310 €
Rest – (cerrado lunes de noviembre-marzo) Menú 18,50 €
♦ Está catalogado como hotel-monumento, ya que ocupa una masía que data del s. XVI. Ofrece una zona social clásica y espaciosas habitaciones dominadas por los tonos blancos. El luminoso restaurante se encuentra en un anexo y presenta una carta de cocina actual.

PALAU-SATOR – Girona – **574** G39 – 290 h. – alt. 20 m – ✉ 17256   15 B1
▶ Madrid 732 – Girona/Gerona 37 – Figueres 51 – Palafrugell 17

✗ **Mas Pou**   ⌂ AC ⚒ ⬧ P VISA ⬤ AE ⓪
🏵 *pl. de la Mota 4 – ℰ 972 63 41 25 – www.maspou.com – cerrado 23 diciembre-enero, domingo noche salvo julio-agosto y lunes*
Rest – Carta 21/35 €
♦ Instalado en una casona de piedra a modo de masía. Posee un hall de espera, comedores rústicos de sencillo montaje, algunos abovedados, y un pequeño museo rural.

PALAU-SAVERDERA – Girona – **574** F39 – 1 451 h. – alt. 78 m   14 D3
– ✉ 17495
▶ Madrid 763 – Figueres 17 – Girona/Gerona 57

⌂ **Niu de Sol** ⊗   📶 🗚 ⅍ hab, ⁌ 🍴 🚗 🆚 ⑳

Nou 34 – ☏ 972 11 00 02 – www.nidus-costabrava.com
8 hab ⌸ – ♦86/130 € ♦♦98/151 €
Rest – *(sólo clientes, sólo cena)* Menú 24 €
♦ Ocupa una casa rehabilitada que presenta por un lado el hotel y por otro el turismo rural. Correcta zona social, profusión de madera y baños actuales, todos con bañera. Ambos establecimientos comparten el comedor, muy enfocado al cliente alojado.

⌂ **El Cau de Palau** ⊗   🍴 🆚 ⑳

La Costa 19 – ☏ 972 11 00 02 – www.nidus-costabrava.com
5 hab ⌸ – ♦76/130 € ♦♦86/130 €   **Rest** – *(en el Hotel Niu del Sol)*
♦ Este turismo rural tiene un buen confort general y posee una decoración definida por la combinación de los estilos rústico, regional y mediterráneo. Zona social con chimenea.

PALENCIA 🅿 – 575 F16 – 82 651 h. – alt. 781 m   11 B2

🄳 Madrid 235 – Burgos 88 – León 128 – Santander 203
🄴 Mayor 105, ☏ 979 74 00 68 oficinadeturismodepalencia@jcyl.es Fax 979 70 08 22
R.A.C.E. av. Casado del Alisal 37, ☏ 979 74 69 50 Fax 979 70 19 74
◎ Catedral★★ (interior★★ : tríptico★ - Museo★ : tapices★) AY
🄶 Baños de Cerrato (Basílica de San Juan Bautista★) 14 km por ②

Plano página siguiente

ESPAÑA

🏨 **Castilla Vieja**   📶 ♿ hab, 🗚 rest, ⅍ rest, ⁌ 🍴 🛜 🚗 🆚 ⑳ 🄐 ⓪

av. Casado del Alisal 26 ✉34001 – ☏ 979 74 90 44 – www.hotelessuco.com
60 hab – ♦50/120 € ♦♦50/140 €, ⌸ 12 € – 9 suites   BZ**x**
Rest – Menú 18 €
♦ Céntrico y con todos los servicios que se le suponen a un hotel de su categoría. Posee salones de buena capacidad, habitaciones amplias y una decoración de línea clásica. El restaurante, a modo de mesón típico, se complementa con una espaciosa cafetería.

🏨 **Diana Palace**   📶 🗚 ⅍ ⁌ 🛜 🚗 🆚 ⑳ 🄐 ⓪

av. de Santander 12 ✉34003 – ☏ 979 01 80 50 – www.eurostarsdianapalace.com
65 hab – ♦49/396 € ♦♦53/399 €, ⌸ 9 €   BY**a**
Rest – *(cerrado domingo) (sólo cena)* Menú 14 €
♦ Este hotel compensa su reducida zona social con unas habitaciones bastante bien equipadas, amplias y de estética actual, todas con los suelos en tarima y modernos aseos. El restaurante tiene un uso polivalente, ya que también sirven en él los desayunos.

🏨 **AC Palencia** sin rest, con cafetería por la noche   🍷 📶 🗚 ⁌ 🛜 🚗 🆚 ⑳ 🄐 ⓪

av. de Cuba 25, Noreste : 1 km por Pasarela de Villalobón
✉34004 – ☏ 979 16 57 01 – www.ac-hotels.com
63 hab – ♦♦60/120 €, ⌸ 10,80 € – 2 suites   BY
♦ Posee el sello de la cadena, con suficientes zonas comunes y una atenta organización. Amplias habitaciones con los suelos en parquet, mobiliario escogido y baños actuales.

🏨 **Palacio Congresos** sin rest   📶 ♿ 🗚 ⅍ 📞 🛜 🚗 🆚 ⑳

Clara Campoamor 13, por av. de Santander ✉34003 – ☏ 979 10 07 61
– www.hotelpalaciocongresos.com   ABY
48 hab – ♦48/150 € ♦♦54/200 €, ⌸ 7,50 €
♦ Edificio de nueva construcción ubicado en una zona residencial. Disfruta de unas instalaciones modernas bastante funcionales, con habitaciones luminosas y una cafetería.

🏨 **Monclús** sin rest   📶 ⅍ 🆚 ⑳ 🄐 ⓪

Menéndez Pelayo 3 ✉34001 – ☏ 979 74 43 00 – www.hotelmonclus.com
40 hab – ♦35/62 € ♦♦42/73 €, ⌸ 4,15 €   AZ**c**
♦ Céntrico, sencillo y de organización familiar. Posee cierto desfase decorativo, con mobiliario castellano en las habitaciones y un correcto confort en su categoría.

PALENCIA

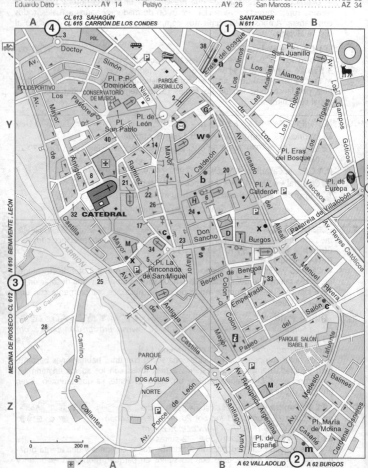

La Traserilla

San Marcos 12 ✉ *34001*
– ℰ *979 74 54 21*
– *www.latraserilla.es*   AZ**x**

Rest – Carta 26/35 €

♦ Está instalado en una casa restaurada del s. XIX, con un bar y cinco comedores, uno rústico y el resto de estética actual. Su carta combina la cocina tradicional y la actual.

638

XX **Casa Lucio**   AC SX ✿ VISA ◎◎
Don Sancho 2 ⊠34001 – ℰ 979 74 81 90 – www.restaurantecasalucio.com
– cerrado del 1 al 15 de julio y domingo salvo mayo   AZ**s**
Rest – Carta aprox. 37 €
♦ Tiene un bar público a la entrada, popular y que ofrece buenos pinchos, así como un comedor clásico de correcto montaje con el techo abovedado. Cocina palentina tradicional.

XX **Pepe´s**   AC SX VISA ◎◎
av. Manuel Rivera 16 ⊠34002 – ℰ 979 10 06 50 – cerrado del 1 al 26 de agosto y lunes   BZ**c**
Rest – Carta 42/63 €
♦ Posee un concurrido bar a la entrada y un comedor de ambiente castellano distribuido en dos niveles. Carta tradicional bastante completa, con bastantes pescados y mariscos.

XX **Asador La Encina**   AC SX VISA ◎◎ AE ①
Casañé 2 ⊠34002 – ℰ 979 71 09 36 – www.asadorlaencina.com   BZ**m**
Rest – Carta 32/40 €
♦ Se presenta con las características propias de un asador aunque algo más moderno y dotado con salas panelables. El horno de leña a la vista toma el protagonismo en el bar.

X **Isabel**   AC SX VISA ◎◎
☺ *Valentín Calderón 6 ⊠34001 – ℰ 979 74 99 98 – cerrado 2ª quincena de febrero, 21 septiembre-2 octubre, domingo noche y lunes*   AY**b**
Rest – Carta 24/29 €
♦ Este negocio familiar dispone de un pequeño bar que usan como zona de espera y un íntimo comedor de línea clásica. Buen servicio de mesa y platos de elaboración tradicional.

ℙ/ **Casa Matías-Bar Ecuador**   AC SX VISA ◎◎ AE
Los Soldados 19 ⊠34001 – ℰ 979 74 41 18 – cerrado del 13 al 29 de julio y miércoles salvo festivos   ABY**w**
Rest – Tapa 2,20 € – Ración aprox. 7 €
♦ Un bar de tapas con gran popularidad en la ciudad. Posee una sugerente barra repleta de raciones y montaditos, así como varios "camarotes" con mesas en el sótano.

La PALMA – Santa Cruz de Tenerife – ver Canarias

La PALMA DE CERVELLÓ – Barcelona – **574** H35 – ⊠ **08758**   **15** A3
🚩 Madrid 613 – Barcelona 22 – Girona 115 – Tarragona 99

XX **Amarena**   ☆ AC SX P VISA ◎◎
carret. de Corbera km 1,3 – ℰ 936 72 09 14 – www.restaurantamarena.com
– cerrado 15 días en febrero, 15 días en septiembre, martes noche y miércoles noche (salvo verano), domingo noche y lunes
Rest – Carta 33/44 €
♦ Negocio familiar dotado de una sala neorrústica y una terraza arbolada, con profusión de plantas. Cocina actual y de temporada, con especialidades como el foie y el chocolate.

PALMA DE MALLORCA – Illes Balears – ver Balears (Mallorca)

PALMA DEL RÍO – Córdoba – **578** S14 – 21 588 h. – alt. 54 m – ⊠ **14700**   **1** B2
🚩 Madrid 462 – Córdoba 55 – Sevilla 92

🏠 **Monasterio de San Francisco**   ☆ ℤ & AC SX ⅍ P VISA ◎◎ AE ①
av. Pío XII-35 – ℰ 957 71 01 83 – www.casasypalacios.com
35 hab – ♦60/96 € ♦♦75/120 €, ☲ 10 €   **Rest** – Menú 25 €
♦ Convento del s. XV distribuido en torno a tres patios. Sus habitaciones, algunas abovedadas, ofrecen muebles rústicos, enormes camas y baños actuales. El restaurante, decorado con una vitrina llena de uniformes, propone una cocina regional con actualizaciones.

PALMANOVA – Illes Balears – ver Balears (Mallorca)

El PALMAR (Playa de) – Cádiz – ver Vejer de la Frontera

El PALMAR – Murcia – ver Murcia

PALMONES – Cádiz – 578 X13 – Playa – ⊠ 11379

1 B3

🖪 Madrid 661 – Algeciras 8 – Cádiz 125 – Málaga 133

XX La Lonja

AC 🕸 ⇔ VISA ⚫ AE

Andalucía 50 – ℰ 956 67 60 87 – cerrado del 1 al 21 de julio y domingo
Rest – Carta 30/45 €

◆ Casa de gran éxito en la zona gracias al buen hacer de sus propietarios, uno en la sala y el otro como mayorista de pescados. Su plato más popular es el arroz con bogavante.

El PALO – Málaga – ver Málaga

PALS – Girona – 574 G39 – 2 799 h. – alt. 55 m – ⊠ 17256

15 B1

🖪 Madrid 744 – Girona/Gerona 40 – Palafrugell 8
🛈 pl. Major 7 ℰ 972 63 73 80 info@pals.es Fax 972 63 73 26
🖽 Golf Platja de Pals, camí del Golf (playa), ℰ 972 66 77 39
👁 Pueblo medieval★ (El Pedró★)

🏨 Mas Salvi ⑤

🚗 🎏 🏊 🔲 ※ AC 🕸 🖤 ♨ P VISA ⚫ AE

Carmany – ℰ 972 63 64 78 – www.massalvi.com – cerrado enero-15 febrero
20 hab � – ♦188/241 € ♦♦235/301 € – 2 suites
Rest – *(cerrado domingo noche y lunes salvo verano)* Menú 35 €

◆ Hotel de lujo instalado en una masía familiar del s. XVII completamente restaurada. Posee varias zonas sociales y habitaciones de aire rústico-actual con detalles de calidad. En el restaurante, con grandes ventanales, se elabora una cocina de base tradicional.

X Sol Blanc

🎏 AC P VISA ⚫

carret. de Torroella de Montgrí, Norte : 1,5 km – ℰ 972 66 73 65
– www.restaurantsolblanc.com – cerrado noviembre, miércoles salvo julio-agosto y martes
Rest – Carta 32/39 €

◆ Antigua masía instalada en pleno campo. Disfruta de una amplia terraza y dos salas, una acristalada y la otra, de techos altos, con chimenea. Cocina bien elaborada.

en la playa :

🏨 Sa Punta ⑤

🏊 🛎 AC 🕸 🖤 ♨ P 🚗 VISA ⚫ AE ①

Este : 6 km ⊠17256 – ℰ 972 66 73 76 – www.hotelsapunta.com
30 hab – ♦90/140 € ♦♦110/200 €, � 12 € – 3 suites
Rest Sa Punta – ver selección restaurantes

◆ Disfruta de unos cuidados exteriores y unas dependencias bastante espaciosas, bien equipadas y con los baños en mármol. Todas las habitaciones tienen su propia terraza.

🏨 La Costa ⑤

⇐ 🎏 🏊 🖪 ※ 🖽 🛎 AC 🕸 🖤 ♨ P 🚗 VISA ⚫ AE ①

av. Arenales de Mar 3, Este : 8 km ⊠17256 – ℰ 972 66 77 40
– www.resortlacosta.com – marzo-octubre
117 hab ⊠ – ♦127/224 € ♦♦172/324 € – 3 suites   **Rest** – Menú 37 €

◆ Destaca por su magnífico emplazamiento en un frondoso pinar, próximo al mar y con vistas a un campo de golf. Elegante hall-recepción y completa zona noble. El comedor tiene un uso polivalente y se apoya en otro restaurante más sencillo frente a la playa.

XXX Sa Punta – Hotel Sa Punta

🎏 🏊 AC 🕸 ⇔ P 🚗 VISA ⚫ AE ①

Este : 6 km ⊠17256 – ℰ 972 66 73 76 – www.hotelsapunta.com
Rest – Carta 52/60 €

◆ Este restaurante recrea un interior de ambiente clásico, con una bodega acristalada, un comedor con vistas al jardín y un privado. Carta tradicional con algún toque actual.

ESPAÑA

BRUT NATURE
GRAN RESERVA

Juvé y Camps

RESERVA DE LA FAMILIA

2007

Botella nº 04983

CAVA

La familia Juvé Camps ahonda
sus centenarias raíces en el
corazón de los viñedos del
Penedés. Generación
tras generación ha
sabido extraer
de la tierra
joyas
en

bruto para transformarlas en extraordinarios cavas, un tesoro

que ha
cultivado con esmero
hasta llegar a la excelencia con su
RESERVA DE LA FAMILIA

ViaMichelin

HOTEL RURAL SON LLOBET

Camino de Randa, 440
04004, Mallorca

desde|hacia|pasando por
esta dirección

+ info   Reservar

¡Clic, elijo!
¡Clic, reservo!

RESERVA DE HOTELES DESDE

www.ViaMichelin.com

Prepare su itinerario en la página web de ViaMichelin para optimizar todos sus desplazamientos. Desde allí, podrá comparar varios recorridos diferentes, seleccionar sus etapas gastronómicas, descubrir los lugares que debe visitar "obligatoriamente", etc. Y para más comodidad, reserve su hotel online según sus preferencias (aparcamiento, restaurante, etc.) y las disponibilidades en tiempo real de 100.000 hoteles en todo el mundo.

- *Sin gastos de reserva*
- *Sin gastos de anulación*
- *Los mejores precios del mercado*
- *La posibilidad de seleccionar y filtrar los hoteles de La Guía Michelin*

MICHELIN
La mejor forma de avanzar

▶ Madrid 396 – Barcelona 471 – Bayonne 118 – Bilbao 157

✈ de Pamplona por ③ : 7 km ℰ 902 404 704

Iberia : aeropuerto Noaín ℰ 902 400 500

🛈 Eslava 1, ℰ848 42 04 20 oit.pamplona@cfnavarra.es Fax 848 42 46 30

R.A.C.V.N. av. Sancho el Fuerte 29, ℰ 948 26 65 62
Fax 902 54 71 60

🏌 Club de Golf Castillo de Gorraiz, urb. Gorraiz (Valle de Egües), por la carret.
de Valcarlos: 7 km, ℰ948 33 70 73

🏌 Club de Campo Señorío de Zuasti, por la carret. de Vitoria-Gasteiz : 15 km,
salida autopista A 15 (área de servicio de Zuasti), ℰ948 30 29 00

🏌 Ulzama, por la carret. de Valcarlos : 21 km, ℰ948 30 51 62

👁 Catedral★★ (sepulcro★★, claustro★) BY – Museo de
Navarra★ (mosaicos★, capiteles★, pinturas murales★, arqueta hispano-
árabe★) AY**M** – Ayuntamiento (fachada★) AY**H** – Iglesia de San
Saturnino★ AY

PAMPLONA

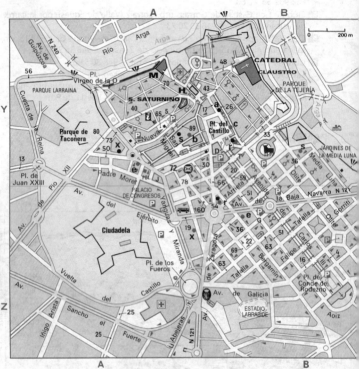

ESPAÑA

🏨🏨🏨🏨 Tres Reyes ⬛ ⬛ 🛁 ⬛ ⬛ hab. ⬛ ⬛ ⬛ ⬛ 🅿 ⬛ 🆅🆂🅰 ⬛ 🆎 ⬛
Jardines de la Taconera ✉*31001* – 🕿 *948 22 66 00* – *www.hotel3reyes.com*
152 hab – 🛇**152/374 €** 🛇🛇**192/399 €**, ⬛ **18 €** – **8 suites**   AY**x**
Rest – Menú 23 €
♦ Este hotel presenta una zona social clásica, un piano-bar, numerosas salas de reuniones y unas habitaciones de muy buen confort, las denominadas ejecutivas algo más amplias. En su restaurante, también clásico, encontrará una cocina de gusto internacional.

🏨🏨🏨🏨 G.H. La Perla ⬛ ⬛ hab. ⬛ ⬛ ⬛ ⬛ ⬛ 🆅🆂🅰 ⬛ 🆎 ⬛
pl. del Castillo 1 ✉*31001* – 🕿 *948 22 30 00* – *www.granhotellaperla.com*
43 hab – 🛇🛇**160/1800 €**, ⬛ **18 €** – **1 suite**   BY**a**
Rest *La Cocina de Alex Múgica* – *(cerrado Semana Santa, 1ª quincena de septiembre, domingo y lunes noche en verano, domingo noche y lunes resto del año) (sólo menú)* Menú 46 €
♦ Todo un clásico que se presenta bien reformado, con un interior actual y las habitaciones dedicadas a los personajes ilustres que aquí se han alojado. El restaurante propone una cocina que combina las raíces de la cocina navarra con las técnicas más actuales.

NH Iruña Park   🛎 🕭 hab, 🅰🅲 ❄ 🐾 🔊 🚗 🆅🅸🆂🅰 ⓸ 🅰🅴 ⓸
Arcadio María Larraona 1 ✉31008
– 🕾 948 19 71 19 – www.nh-hotels.com   X**r**
219 hab – 🕇🕇64/379 €, 🍽 16,50 € – 6 suites
Rest – Menú 21 €
♦ Instalado en un sólido edificio de color blanco. Disfruta de un gran hall clásico, varias salas de reuniones y unas cuidadas habitaciones, con las suites en la última planta. El comedor, separado de la cafetería por biombos, basa su trabajo en un menú diario.

Palacio Guendulain   🛎 🕭 🅰🅲 ❄ hab, 🐾 🔊 🚗 🆅🅸🆂🅰 ⓸ 🅰🅴 ⓸
Zapatería 53 ✉31001 – 🕾 948 22 55 22 – *www.palacioguendulain.com*
23 hab – 🕇🕇120/500 €, 🍽 15 € – 2 suites   AY**s**
Rest – *(sólo almuerzo salvo jueves, viernes y sábado)* Carta 45/61 €
♦ Le sorprenderá, pues decora su zona social con carruajes y objetos históricos. Bar inglés, biblioteca, salones de aire regio y confortables habitaciones, la mayoría clásicas. Su elegante restaurante propone una cocina elaborada y de tinte actual.

Blanca de Navarra   🛎 🅰🅲 ❄ 🐾 🔊 🚗 🆅🅸🆂🅰 ⓸ 🅰🅴 ⓸
av. Pío XII-43 ✉31008 – 🕾 948 17 10 10
– www.hotelblancadenavarra.com   X**e**
100 hab – 🕇116/289 € 🕇🕇140/289 €, 🍽 13,90 € – 2 suites
Rest – Carta 31/52 €
♦ El cuidado puesto en cada detalle es una de las características que mejor definen sus instalaciones. Algo parco en zonas comunes pero con habitaciones bien equipadas. En el restaurante, de ambiente clásico, ofrecen una correcta carta tradicional.

AC Ciudad de Pamplona sin rest, con cafetería   🕭 🅰🅲 ❄ 🐾 🔊
Iturrama 21 ✉31007 – 🕾 948 26 60 11   🚗 🆅🅸🆂🅰 ⓸ 🅰🅴 ⓸
– www.ac-hotels.com   X**a**
98 hab – 🕇🕇75/400 €, 🍽 15 € – 10 suites
♦ Sigue las pautas decorativas propias del grupo, con unas instalaciones modernas, personal dinámico y confortables habitaciones de estilo funcional-minimalista.

Reino de Navarra   🛎 🅰🅲 ❄ 🐾 🔊 🚗 🆅🅸🆂🅰 ⓸ 🅰🅴
Acella 1 ✉31008 – 🕾 948 17 75 75 – *www.abbahoteles.com*   X**n**
83 hab – 🕇70/350 € 🕇🕇70/380 €, 🍽 13 €
Rest – Menú 24 €
♦ Destaca por la amplitud de todas sus habitaciones, la mitad reformadas en un estilo funcional-actual y las de la última planta, algo más clásicas, de carácter ejecutivo. El comedor, que está unido a la cafetería, ofrece un menú diario y una carta tradicional.

Albret sin rest, con cafetería   🛎 🅰🅲 ❄ 🐾 🔊 🚗 🆅🅸🆂🅰 ⓸ 🅰🅴 ⓸
Ermitagaña 3 ✉31008 – 🕾 948 17 22 33 – *www.hotelalbret.net*   X**v**
107 hab – 🕇68/220 € 🕇🕇68/250 €, 🍽 12,50 € – 2 suites
♦ La zona social se reduce a su hall-recepción, sin embargo posee unas correctas habitaciones de línea funcional actualizada. Bar-cafetería con menús y buenos platos combinados.

Yoldi sin rest   🛎 🅰🅲 🐾 🆅🅸🆂🅰 ⓸ 🅰🅴 ⓸
av. de San Ignacio 11 ✉31002 – 🕾 948 22 48 00 – *www.hotelyoldi.com*
52 hab – 🕇70/227 € 🕇🕇80/346 €, 🍽 10,80 €   BZ**r**
♦ Destaca por su emplazamiento junto a la plaza del Castillo y por tener una línea actual-funcional. Las habitaciones, bien equipadas y con baños reformados, resultan luminosas.

Europa   🛎 🅰🅲 ❄ 🐾 🆅🅸🆂🅰 ⓸ 🅰🅴 ⓸
Espoz y Mina 11-1° ✉31002 – 🕾 948 22 18 00 – *www.hreuropa.com*
25 hab – 🕇75/115 € 🕇🕇85/150 €, 🍽 10,50 €   BY**r**
Rest *Europa* – ver selección restaurantes
♦ Ofrece una correcta organización familiar, un céntrico emplazamiento y habitaciones pequeñas aunque bien equipadas, con los baños en mármol. Un recurso válido en su categoría.

ESPAÑA

AH San Fermín sin rest   🖃 🕭 AC 🛠 🎯 🛁 🚗 VISA ⓒ AE ⓪

av. Villava 90 (Burlada) ✉31600 – 🕾 948 13 60 00 – www.ahsanfermin.com

86 apartamentos – 🛉🛉62/400 €, ⚏ 9 €   Vc

♦ Bien comunicado. Este aparthotel se presenta con una pequeña cafetería y apartamentos bastante amplios, todos con cocina completa, buenos electrodomésticos y baños modernos.

XXXX **Josetxo**   AC 🛠 ⇄ VISA ⓒ AE ⓪

pl. Príncipe de Viana 1 ✉31002 – 🕾 948 22 20 97 – www.restaurantejosetxo.com – *cerrado Semana Santa, agosto y domingo*   BZr

Rest – Carta 50/70 €

♦ Casa señorial definida por su elegancia y profesionalidad. Combina un magnífico marco, un servicio de mesa de nivel y elaboraciones tanto tradicionales como internacionales.

XXX **Rodero** (Koldo Rodero)   AC 🛠 ⇄ VISA ⓒ AE

£3 *Arrieta 3* ✉31002 – 🕾 948 22 80 35 – www.restauranterodero.com – *cerrado domingo y lunes noche*   BYs

Rest – Menú 50/70 € – Carta 50/65 €

Espec. Manjar blanco de almendra con erizos de mar. Lomo de bacalao con texturas de ajoarriero y torreznos. Pichón de Navaz asado con fresas, cerezas y consomé de habas de cacao.

♦ Casa de tradición familiar dotada con un comedor clásico-actual y dos privados. El secreto de su éxito radica, en gran medida, en la elaboración de platos actuales con productos regionales de temporada, combinando bien los sabores y logrando buenas texturas.

XXX **Enekorri**   AC 🛠 ⇄ VISA ⓒ AE ⓪

Tudela 14 ✉31003 – 🕾 948 23 07 98 – www.enekorri.com – *cerrado Semana Santa, 2ª quincena de agosto y domingo*   AZx

Rest – Carta 45/58 € ✦

♦ Restaurante de larga trayectoria. Presenta un hall de espera dominado por su bodega acristalada, una buena sala y dos privados. Cocina de base tradicional con toques actuales.

XXX **Alhambra**   AC 🛠 ⇄ VISA ⓒ AE ⓪

Francisco Bergamín 7 ✉31003 – 🕾 948 24 50 07 – www.restaurantealhambra.es – *cerrado Semana Santa y domingo*   BZe

Rest – Carta 46/63 € ✦

♦ Es un clásico de la ciudad y tiene un cuidado montaje, con todo tipo de detalles, una brigada profesional y un excelente servicio de mesa. Cocina tradicional elaborada.

XXX **Europa** (Pilar Idoate) – Hotel Europa   AC 🛠 ⇄ VISA ⓒ AE ⓪

£3 *Espoz y Mina 11-1°* ✉31002 – 🕾 948 22 18 00 – www.hreuropa.com – *cerrado domingo*   BYr

Rest – Menú 45 € – Carta 48/55 €

Espec. Sopa de ajetes tiernos, vieira, carabinero, berberecho y trigueros. Mero con escama de patata y mojo de zanahoria. Manitas de cerdo rellenas de láminas de hongo, tostada a la plancha con salsa tradicional y praliné de pistacho.

♦ Negocio ubicado en una céntrica calle peatonal y llevado entre varios hermanos. Ofrece dos salas de línea clásica-actual, algunos privados y una nutrida carta de cocina actual elaborada con productos regionales de calidad. Buena bodega y clientela de negocios.

XX **La Nuez**   AC 🛠 VISA ⓒ

Taconera 4 ✉31001 – 🕾 948 22 81 30 – www.restaurantelanuez.com – *cerrado Semana Santa, 2ª quincena de agosto, domingo noche, lunes y martes noche*

Rest – Carta 44/56 €   AYe

♦ Presenta un portalón de madera a la entrada y una sala de línea clásica-actual. Su chef propone una cocina de carácter clásico-internacional con ligeras influencias francesas.

✗ **La Casona** AC ⅌ VISA ⊛ AE ⓪
Pueblo Viejo (Barañain) ⊠31010 – ℰ 948 18 67 13
– www.lacasonarestaurante.net – cerrado domingo noche y lunes X**g**
Rest – Carta 30/40 €
♦ Casona tipo asador, con una sidrería a un lado y un comedor con parrilla a la vista al otro. Posee salones para banquetes y en su carta destacan los pescados a la brasa.

⅌ **Letyana** ⇱ AC ⅌ VISA ⊛
Travesía de Bayona 2 ⊠31011 – ℰ 948 25 50 45 – cerrado del 15 al 31 de julio y domingo de 15 junio-15 septiembre X**b**
Rest – Tapa 2,50 € – Ración aprox. 14 €
♦ Bar de tapas decorado con numerosos premios y diplomas. Presenta una barra repleta de pinchos y un pequeño comedor en la entreplanta, donde ofrecen sus menús degustación.

⅌ **Baserri** AC ⅌ VISA ⊛ ⓪
San Nicolás 32 ⊠31001 – ℰ 948 22 20 21 – www.restaurantebaserri.com
Rest – Tapa 2,50 € – Ración aprox. 12 € AY**b**
♦ Es muy popular y desde hace años se muestra volcado con la "cocina en miniatura". Posee un sencillo comedor al fondo para degustar un menú a base de tapas y pinchos creativos.

⅌ **Gaucho** AC ⅌
Espoz y Mina 4 ⊠31001 – ℰ 948 22 50 73 – www.cafebargaucho.com – cerrado del 15 al 31 de julio BY**r**
Rest – Tapa 2,50 € – Ración aprox. 6 €
♦ Este pequeño local, de ambiente clásico-antiguo, goza de gran popularidad en la ciudad. Muestra una barra repleta de pinchos de autor y cuenta con algunas mesas de apoyo.

⅌ **Bodegón Sarria** AC ⅌ VISA ⊛ AE ⓪
Estafeta 52 ⊠31001 – ℰ 948 22 77 13 BY**c**
Rest – Tapa 2 € – Ración aprox. 10 €
♦ Negocio familiar decorado con sugerentes jamones colgados del techo. Es una buena opción para disfrutar de los pinchos tradicionales, sobre todo con sus embutidos ibéricos.

en la urbanización Castillo de Gorraiz por ② : 4 Km

🏨 **Castillo de Gorraiz** ⅖ ⇱ ⅃₆ 🖼 ⎘ ⅒ AC ⅌ ⑁ ⚐ P ⇱ VISA ⊛ AE
av. Egüés 78 ⊠31620 Gorraiz – ℰ 948 33 77 22 – www.cghotel.es
46 hab ⊇ – ♟♟90/240 € – 1 suite
Rest *Palacio Castillo de Gorraiz* – ver selección restaurantes
♦ Está ubicado en un edificio actual y destaca tanto por la calidad de sus materiales como por tener un acceso directo al campo de golf. Habitaciones bien equipadas y SPA.

✗✗✗ **Palacio Castillo de Gorraiz** – Hotel Castillo de Gorraiz AC ⅌ ⇄ P
av. Egüés 78 ⊠31620 Gorraiz – ℰ 948 33 73 30 VISA ⊛ AE ⓪
– www.cgrestaurante.es – cerrado Navidades, Semana Santa, domingo noche, lunes y martes noche
Rest – Carta 31/38 €
♦ Se trata de un atractivo palacio del s. XVI dotado con un comedor clásico-actual y gran variedad de salones para banquetes. Cocina tradicional actualizada y completa bodega.

en el Parque Comercial Galaria por ③ : 4 km

🏨 **Zenit Pamplona** ⅃₆ ⎘ ⅒ AC ⅌ ⑁ ⚐ P ⇱ VISA ⊛ AE ⓪
X-1 ⊠31191 Cordovilla – ℰ 948 29 26 00 – www.zenithoteles.com
82 hab – ♟♟63/139 €, ⊇ 11 € – 3 suites **Rest** – *(sólo menú)* Menú 20 €
♦ Un hotel actual, orientado a la empresa y emplazado en una zona comercial cercana al aeropuerto. Posee varios espacios sociales y amplias habitaciones de estética funcional. En su restaurante encontrará un menú tradicional con detalles actuales.

ESPAÑA

645

en Zizur Mayor por ④ : 4 km

⌂⌂⌂ **AC Zizur Mayor** sin rest, con cafetería   🏠 🖭 🏧 🛜 🎥 🛁 🅿 🚗
Etxesakan 3 ⊠31180 Zizur Mayor – ℰ 948 28 71 19   VISA ◉◉ 🅰🅴 ①
– www.ac-hotels.com
71 hab – ♥♥56/300 €, ⬡ 12 € – 2 suites
◆ Posee las características clásicas de la cadena y se encuentra en una localidad
residencial, junto a la autovía de Logroño. Instalaciones modernas y de completo
equipamiento.

en Cizur Menor por ④ : 5 km

✂ **Martintxo**   🖭 🛜 ⇔ VISA ◉◉ 🅰🅴 ①
Irunbidea 1 ⊠31190 Cizur Menor – ℰ 948 18 00 20 – www.martintxo.com
– cerrado domingo noche
Rest – Carta 31/43 €
◆ Este negocio familiar cuenta con dos entradas bien diferenciadas, una a la sidrería y la otra para el asador, este último con varias salas de aire clásico. Cocina
tradicional.

PANCAR – Asturias – ver Llanes

PANES – Asturias – **572** C16 – **alt. 50 m** – ⊠ 33570   **5** C2
▶ Madrid 427 – Oviedo 128 – Santander 89
🚹 carret. general (Peñamellera Baja) ℰ 98 541 42 97 pbaja@netcom.es
Fax 985 41 44 51 (temp)
◉ Desfiladero de La Hermida★★ Suroeste : 12 km

⌂⌂ **Covadonga**   🖨 🖭 rest, 🛜 🅿 VISA ◉◉
Virgilio Linares – ℰ 985 41 42 30 – www.hotelcovadonga.net
22 hab – ♥25/45 € ♥♥45/75 €, ⬡ 5 €   **Rest** – Menú 12 €
◆ Establecimiento de organización familiar, que pone a su disposición unas espaciosas habitaciones de buen confort, con mobiliario funcional y baños completos.

⌂⌂ **El Tilo**   🛜 🖨 🖭 rest, 🛜 🅿 VISA ◉◉
Mayor – ℰ 985 41 41 67 – www.hoteleltilo.com – cerrado febrero
27 hab – ♥29/58 € ♥♥42/84 €, ⬡ 5 €   **Rest** – Menú 18 €
◆ Se encuentra próximo al río. En conjunto resulta práctico y funcional, con un
confort actual y unas espaciosas habitaciones dotadas de mobiliario en pino.

⌂ **Villa Elena** sin rest   🛜 🎥 🅿 VISA ◉◉
carret. General – ℰ 985 41 42 33 – marzo-octubre
10 hab ⬡ – ♥36/57 € ♥♥46/71 €
◆ En su estructura se aprecia cierto estilo montañés. Posee un salón social, correctas habitaciones con detalles rústicos y una sala acristalada para los desayunos.

en Alevia Noroeste : 3 km

⌂⌂ **Casona d'Alevia** sin rest 🌿   🛜 🎥 VISA ◉◉ ①
⊠33579 Peñamellera Baja – ℰ 985 41 41 76 – www.casonadalevia.com
– cerrado 7 enero-7 febrero
9 hab – ♥56/85 € ♥♥70/100 €, ⬡ 8 €
◆ Antigua casona restaurada según los dictados de la arquitectura popular asturiana. Acogedoras habitaciones con suelo en madera, vigas en el techo y baños
actuales.

en la carretera de Cangas de Onís :

⌂ **La Molinuca**   ⇐ 🛖 ⅃ hab, 🛜 🎥 🅿 VISA ◉◉ 🅰🅴
Oeste : 6 km ⊠33578 Peñamellera Alta – ℰ 985 41 40 30
– www.lamolinuca.com – 15 marzo-15 octubre
31 hab – ♥36/52 € ♥♥45/65 €, ⬡ 5 €   **Rest** – Menú 12 €
◆ Emplazado junto a la ribera del río Cares. Sus habitaciones, bien equipadas
aunque algo justas en dimensiones, resultan confortables en su categoría. Dispone de dos comedores de estilo montañés, uno con chimenea y el otro a
modo de terraza acristalada.

✗ **Casa Julián** con hab   ⟨ 🍴 🏺 P. VISA ⊙ ①
Oeste : 9 km ✉33578 Niserias – ℰ 985 41 57 97 – www.casajulian.com – cerrado 16 diciembre-febrero
4 hab – ♦48/64 € ♦♦54/75 €, ☕ 5 €   **Rest** – Carta 24/32 €
◆ Este negocio está llevado en familia y destaca por su emplazamiento, entre la carretera y el río Cares. En su carta encontrará platos tradicionales y regionales. En el piso superior cuenta con cuatro habitaciones bastante amplias y funcionales, eso sí, con magníficas terrazas para disfrutar del paisaje circundante.

PANTICOSA – **Huesca** – **574** D29 – **832 h.** – **alt. 1 185 m** – **Deportes de**   **4** C1
invierno : ⛷15 🎿1 – **Balneario** – ✉ 22661
  ▶ Madrid 481 – Huesca 86
  ◎ Balneario de Panticosa★ – Norte : Garganta del Escalar★★

🏨 **Sabocos** ⬙   ⟨ 🛗 🍴 🏺 P. VISA ⊙ ①
Fondón 1 – ℰ 974 48 74 88 – www.hotelsabocos.es – diciembre-abril y junio-septiembre
28 hab – ♦58/70 € ♦♦79/85 €, ☕ 12 €   **Rest** – (sólo cena) Menú 18 €
◆ Pequeño hotel decorado con mimo, llevado por un joven matrimonio. Sus alegres habitaciones, con suelo en madera, buena lencería y baños actuales, resultan muy cómodas.

🏠 **Morlans**   🆑 rest, 🍴 🏺 P. VISA ⊙ AE ①
San Miguel 4 – ℰ 974 48 70 37 – www.hotelmorlans.com
25 hab – ♦54/63 € ♦♦78/88 €   **Rest** – Menú 15 €
◆ Este hotel, típico de montaña, está definido por la profusión de madera en todas sus dependencias. Reducida área social y habitaciones sencillas pero de buen mantenimiento. El restaurante se muestra reformado y divide la sala en dos partes bien diferenciadas, una para el menú y otra de superior montaje para la carta.

🏠 **Valle de Tena**   🍴 🏺 P. VISA ⊙
La Cruz 69 – ℰ 974 48 70 73 – www.hotelvalledetena.com – diciembre-15 abril y 18 junio-15 septiembre
24 hab – ♦40/65 € ♦♦55/80 €, ☕ 10 €   **Rest** – (sólo clientes) Menú 17 €
◆ Muy familiar y ubicado en la entrada de la localidad. Posee una cuidada zona social con chimenea, dotándose de habitaciones funcionales y un sencillo comedor privado.

✗✗ **La Ripera**   🆑 🍴 ⇔ VISA ⊙
El Viero 2 – ℰ 974 48 70 95 – www.laripera.com – cerrado del 2 al 21 de septiembre, 7 días en mayo-junio, 7 días en octubre-noviembre y lunes salvo festivos, verano e invierno
Rest – Carta 30/44 €
◆ Se encuentra en el centro del pueblo, junto a la iglesia, con un bar público a la entrada, varios comedores de cálido aire montañés y un pequeño privado. Cocina tradicional.

La PARRA – **Badajoz** – **576** Q10 – **1 390 h.** – **alt. 536 m** – ✉ 06176   **17** B3
  ▶ Madrid 395 – Mérida 57 – Badajoz 60 – Barrancos 92

🏠 **Hospedería Convento de la Parra** ⬙   🏡 ☂ 🍴 VISA ⊙ AE
Santa María 16 – ℰ 924 68 26 92 – www.laparra.net – cerrado 8 enero-8 febrero
21 hab ☕ – ♦56/98 € ♦♦122/250 €   **Rest** – Menú 35 €
◆ Las paredes encaladas definen un conjunto que ha sabido cuidar los detalles con exquisita delicadeza. Sus habitaciones dan a un patio y ocupan las sobrias celdas del convento. Restaurante dotado de cierto encanto, con las mesas en madera natural.

PASAI DONIBANE (PASAJES DE SAN JUAN) – **Guipúzcoa**   **25** B2
– **573** C24 – **15 990 h.** – ✉ 20110
  ▶ Madrid 477 – Pamplona 100 – StJeandeLuz 27
    – Donostia-San Sebastián 11
  🛈 Donibane 63 ℰ 943 34 15 56 turismo.pasaia@oarsoaldea.net Fax 943 34
    17 77
  ◎ Localidad pintoresca★
  ◎ Trayecto★★ de Pasajes de San Juan a Fuenterrabía por el Jaizkíbel

ESPAÑA

Casa Cámara
≤ ⅏ VISA ☯

San Juan 79 – 𝒞 943 52 36 99 – cerrado domingo noche y lunes
Rest – Carta 33/51 €
♦ Casa centenaria asomada a un pequeño puerto pesquero. El comedor está presidido por un vivero, lleno de agua de mar, al que le afectan las mareas. Platos clásicos marineros.

Txulotxo
≤ ᴀᴄ ⅏ VISA ☯ ⓿

San Juan 71 – 𝒞 943 52 39 52 – www.restaurantetxulotxo.com – cerrado febrero, domingo noche y martes noche
Rest – Carta 27/36 €
♦ Emplazado en la calle más pintoresca de la ciudad, al borde del mar. En su comedor, clásico-actual y con vistas al puerto, podrá degustar una cocina típica vasca y marinera.

PASAIA (PASAJES DE SAN PEDRO) – Guipúzcoa – 573 C24 — 25 B2
– 15 990 h. – ✉ 20110

▶ Madrid 458 – Bayonne 50 – Pamplona 84 – Donostia-San Sebastián 6

Izkiña
ᴀᴄ ⅏ ⇦⇨ VISA ☯ ᴀᴇ

Euskadi Etorbidea 19 - Trintxerpe ✉20110 – 𝒞 943 39 90 43
– www.restauranteizkina.com – cerrado Semana Santa, del 22 al 31 de agosto, domingo noche, lunes y miércoles noche
Rest – Carta 41/55 €
♦ Negocio familiar de 3ª generación. Presenta un bar de pinchos a la entrada y dos salas, la principal de ambiente actual-marinero. Carta especializada en pescados y mariscos.

PAU – Girona – 574 F39 – 578 h. – alt. 33 m – ✉ 17494 — 14 D3
▶ Madrid 760 – Figueres 14 – Girona/Gerona 54

L'Olivar d'en Norat
⌂ ᴀᴄ ℙ VISA ☯ ᴀᴇ ⓿

carret. de Rosas, Este : 1 km – 𝒞 972 53 03 00 – cerrado febrero y lunes
Rest – Carta 24/47 €
♦ Restaurante de organización familiar situado entre olivos. Posee unas completas instalaciones, con una barra de apoyo y un comedor clásico-actual. Cocina de raíces vascas.

PEDRAZA – Segovia – 575 I18 – 473 h. – alt. 1 073 m – ✉ 40172 — 12 C2
▶ Madrid 126 – Aranda de Duero 85 – Segovia 35
ℹ Real 3 𝒞 921 50 86 66 turismo@pedraza.info
◉ Pueblo histórico★★

La Posada de Don Mariano ⌂
ᴀᴄ ⅏ ℙ VISA ☯ ᴀᴇ

Mayor 14 – 𝒞 921 50 98 86 – www.hoteldonmariano.com
18 hab – ♦80 € ♦♦95/115 €, ⌂ 9 €
Rest – *(cerrado del 1 al 15 de enero, del 15 al 30 de junio, domingo noche y lunes)* Carta 25/37 €
♦ Resulta sereno, desde la fachada en piedra hasta sus excelentes instalaciones. Coquetas habitaciones decoradas con gusto, todas con mobiliario antiguo bien restaurado. Un espléndido montaje y una delicada elegancia crean un comedor lleno de encanto.

Hospedería de Santo Domingo sin rest ⌂
≤ ⌕ �⅄ ⅏ VISA ☯ ᴀᴇ

Matadero 3 – 𝒞 921 50 99 71 – www.hospederiadesantodomingo.com
17 hab – ♦87/105 € ♦♦87/124 €, ⌂ 9 €
♦ Casa rehabilitada que ha conservado al máximo su estructura original. La zona social, con chimenea, dispone de dos ambientes y sus habitaciones poseen un equipamiento actual.

Hostería del Arco sin rest
⅏ ℙ VISA ☯

Cordovilla 1 – 𝒞 921 50 86 47 – www.hosteriadelarco.com
10 hab ⌂ – ♦95 € ♦♦115 €
♦ Con su fachada en piedra respeta la estética medieval de este precioso pueblo. El interior resulta actual, con todas las habitaciones distintas en su tamaño y decoración.

XX **La Olma**   🍴 💱 VISA ◉◉ AE ①
pl. del Alamo 1 – 𝒞 921 50 99 81 – www.laolma.com – cerrado martes
Rest – Carta 30/48 €
♦ Antigua casa de piedra dotada con una pequeña barra, las salas de aire rústico distribuidas en dos plantas y una agradable terraza cubierta. Cocina tradicional actualizada.

X **La Taberna de Antioquía**   ⇐ 🍴
La Florida 3 – 𝒞 921 50 98 11 – www.latabernadeantioquia.es – cerrado 10 días en enero,20 días en julio-agosto,domingo noche y lunes
Rest – Carta 45/55 €
♦ En este restaurante de organización familiar encontrará una amplia sala de aire rústico, con vistas a la sierra, y una cocina actualizada de bases tradicionales y regionales.

X **El Jardín**   🍴 AC 💱 ⇔ VISA ◉◉ AE
Calzada 6 – 𝒞 921 50 98 62 – cerrado lunes
Rest – Carta 26/33 €
♦ Restaurante típico castellano dotado con una barra a la entrada y el horno de asar a la vista. Ofrece una reducida carta de sabor regional y varias agradables terrazas.

Las PEDROÑERAS – Cuenca – **576** N21/ N22 – **7 221 h.** – **alt. 700 m**   10 C2
– ☒ 16660
▶ Madrid 160 – Albacete 89 – Alcázar de San Juan 58 – Cuenca 111

XXX **Las Rejas** (Manuel de La Osa)   AC 💱 ⇔ VISA ◉◉ AE ①
𝕊𝕊 *General Borrero 49 – 𝒞 967 16 10 89 – www.lasrejas.es – cerrado del 15 al 30 de junio y lunes salvo festivos*
Rest – *(sólo almuerzo salvo sábado)* Menú 65 € – Carta 68/78 €
Espec. Ventresca de atún con helado de coco. Lomo de cordero confitado en leche de oveja, vainilla y canela. Melón, Oporto y helado de yogur especiado.
♦ Casa de reconocido prestigio gastronómico. Posee varias salas de estilo rústico-elegante y un comedor que contrasta por su estética moderna. El chef ha vuelto la mirada hacia la cocina manchega tradicional, eso sí, muy elaborada y con cuidadas presentaciones.

El PEDROSO – Sevilla – **578** S12 – **2 267 h.** – **alt. 415 m** – ☒ 41360   1 B2
▶ Madrid 502 – Aracena 104 – Écija 96 – Sevilla 74

X **Los Álamos** con hab   AC 💱 rest, P. VISA ◉◉ AE ①
carret. de Sevilla A 432, Suroeste : 0,5 km – 𝒞 954 88 96 11
– cerrado del 15 al 30 de septiembre
5 apartamentos – ♛♛36/50 €, ☲ 2 €   **Rest** – Carta aprox. 25 €
♦ Negocio familiar situado a las afueras de la localidad. Dispone de un bar y un pequeño comedor, con chimenea, de línea clásica-regional. Cocina casera a precios moderados. También ofrece apartamentos en un edificio anexo, algo funcionales pero confortables.

PEGUERA – Illes Balears – ver Balears (Mallorca)

PEÑAFIEL – Valladolid – **575** H17 – **5 592 h.** – **alt. 755 m** – ☒ 47300   12 C2
▶ Madrid 176 – Aranda de Duero 38 – Valladolid 55
ℹ pl. de San Miguel 2 𝒞 983 88 15 26 info@turismopenafiel.com Fax 983 88 17 15
◎ Castillo ★

🏨 **Convento Las Claras**   🎐 ⅙ hab, AC 💱 hab, ¶ ⚴ P. VISA ◉◉ AE
pl. de los Comuneros 1 – 𝒞 983 87 81 68 – www.hotelconventolasclaras.com
62 hab ☲ – ♛98/115 € ♛♛110/130 € – 2 suites
Rest *Conde Lucanor* – Carta 38/50 €
♦ Ocupa un antiguo convento y destaca por su hermoso claustro, rodeado por una galería-balconada en madera y con el techo acristalado. Pequeño SPA y habitaciones clásicas. El restaurante, de buen montaje y cocina actual, está instalado en lo que fue la capilla.

ESPAÑA

PEÑARANDA DE BRACAMONTE – Salamanca – **575** J14   **11** B3
– 6 769 h. – alt. 730 m – ⊠ 37300

> ▶ Madrid 164 – Ávila 56 – Salamanca 43
>
> ℹ pl. de España 14 ℰ 923 54 12 00 fgsr.pdb@fundaciongsr.es Fax 923 54 16 87

🏨   **Las Cabañas - El Tostón de Oro**   🔲 AC ⅍ 🕻 🕻 **P** 📼 ⊚ AE ⓘ
Carmen 14 ⊠37300 – ℰ 923 54 02 03 – www.lascabanas.es
23 hab – †42/50 € ††65/85 €, � 7 €   **Rest** – *(cerrado lunes)* Carta 33/46 €
♦ Este hotel resulta moderno y disfruta de unas habitaciones bien equipadas, con buen mobiliario en madera e hidromasaje en algunos de sus baños. El restaurante goza de gran prestigio en la zona y se encuentra en el patio interior, bajo una cúpula acristalada.

PEÑARANDA DE DUERO – Burgos – **575** G19 – 578 h. – alt. 855 m   **12** C2
– ⊠ 09410

> ▶ Madrid 175 – Burgos 90 – Aranda de Duero 18 – Segovia 137
>
> 👁 Localidad★ - Plaza Mayor★ - Palacio de Avellaneda★ (artesonados★)

🍴🍴   **La Posada Ducal** con hab ⅌   ≼ 🔲 AC ⅍ 🕻 📼 ⊚
pl. Mayor 1 – ℰ 947 55 23 47 – www.laposadaducal.com
17 hab – †55/75 € ††70/80 €, � 6,90 €   **Rest** – Carta 30/40 €
♦ Ocupa una casa señorial y destaca por su emplazamiento, con vistas a una bonita plaza. Encontrará una pequeña cafetería y un comedor de ambiente castellano en la 1ª planta. Como complemento al negocio también ofrece unas correctas habitaciones de aire rústico.

PEÑARRUBIAS DE PIRÓN – Segovia – **575** I17 – ⊠ 40393   **12** C2

> ▶ Madrid 117 – Valladolid 208 – Segovia 23 – Avila 112

🏠   **Del Verde al Amarillo** ⅌   ≼ ₺ hab, ⅍ 🕻 ♨ **P** 📼 ⊚ AE
camino de Pinillos – ℰ 921 49 75 02 – www.delverdealamarillo.com
11 hab � – †68 € ††80 €
Rest – *(cerrado domingo noche)* (es necesario reservar) Menú 22 €
♦ Se encuentra en una antigua granja que ha sido bien recuperada. Cuentan con unas correctas habitaciones, mucha luz natural, una amplia terraza y agradables vistas al campo. El restaurante resulta espacioso y posee un buen montaje.

PEÑÍSCOLA – Castellón – **577** K31 – 7 894 h. – Playa – ⊠ 12598   **16** B1

> ▶ Madrid 494 – Castelló de la Plana/Castellón de la Plana 76 – Tarragona 124 – Tortosa 63
>
> ℹ Paseo Marítimo ℰ 964 48 02 08 peniscola@touristinfo.net Fax 964 48 93 92
>
> 👁 Ciudad Vieja★ (castillo★ ≼★)

🏨   **Hostería del Mar** – (Parador Colaborador)   ≼ 🌊 🔲 AC ⅍ rest, ♨ ♨ **P**
av. Papa Luna 18 – ℰ 964 48 06 00   🍴 📼 ⊚ AE ⓘ
– www.hosteriadelmar.net
85 hab – †53/108 € ††74/144 €, � 8,70 €   **Rest** – Menú 20 €
♦ Resulta singular por su decoración castellana y su magnífico emplazamiento, en 1ª línea de playa. Elegante zona social y habitaciones completas, todas con terraza. En su restaurante podrá degustar platos tradicionales, internacionales, mariscos y arroces.

🏠   **Mare Nostrum** sin rest   ≼ 🔲 AC ⅍ ♨ 📼 ⊚
Molino 4 – ℰ 964 48 16 26 – www.hotelmarenostrumpeniscola.com – cerrado 15 diciembre-enero
24 hab – †34/57 € ††50/79 €
♦ Se encuentra al lado del castillo. De organización familiar, dispone de una zona social simple y de habitaciones completas con buenas vistas sobre el mar y el pueblo.

La PERA – Girona – **574** F38 – 443 h. – alt. 89 m – ⊠ 17120   **15** B1

▶ Madrid 715 – Girona/Gerona 20 – Barcelona 117 – Figueres 51

por la carretera C 66 Este : 2 km y desvío a la derecha 0,5 km

↑   **Mas Duràn** ⏏   ⚡ 🄿 𝚟𝚒𝚜𝚊 ⚭
⊠ 17120 – ✆ 972 48 83 38 – www.masduran.com
6 hab ⊆ – †64 € ††80/100 €   **Rest** – (sólo cena) (sólo clientes) Menú 18 €
◆ Masía del s. XVII emplazada en pleno campo. Disfruta de unas cuidadas habitaciones, todas personalizadas, así como una atractiva zona social y un comedor privado.

PERALADA – Girona – **574** F39 – 1 805 h. – alt. 2 m – ⊠ 17491   **14** D3

▶ Madrid 738 – Girona/Gerona 47 – Perpignan 61
🄸 pl. Peixateria 6 ✆ 972 53 88 40 promocio@peralada.org Fax 972 53 83 27
🄿 Peralada, Paraje La Garriga, ✆ 972 53 82 87
🔘 Localidad★ – Castillo-palacio de Peralada★ – Convento del Carme★ (Museo del Castell de Peralada★ : colección de vidrio★★) – Claustro de Sant Domènec★

🏠   **Hostal de la Font** sin rest   📶 🄰🄲 🛈 𝚟𝚒𝚜𝚊 ⚭ 🄰🄴 ⓪
baixada de la Font 15-19 – ✆ 972 53 85 07 – www.hostaldelafont.es – cerrado noviembre
12 hab – †75 € ††75/95 €, ⊆ 9 €
◆ Antigua casa de piedra dotada de un acogedor salón social con chimenea y un patio interior. Sus habitaciones están bien equipadas, con baños actuales y los suelos en madera.

ESPAÑA

✕✕   **Cal Sagristà**   ⚡ 🄰🄲 𝚟𝚒𝚜𝚊 ⚭ 🄰🄴
😊 Rodona 2 – ✆ 972 53 83 01 – cerrado 21 días en febrero, 21 días en noviembre, lunes noche y martes salvo julio-agosto y festivos
Rest – Carta aprox. 35 €
◆ Acogedor restaurante llevado directamente por su propietaria. Ocupa una bonita casa dotada con una sala neorrústica. Cocina tradicional de buen nivel y productos de calidad.

al Noreste : 1,5 km

🏨   **Golf Peralada** ⏏   ◀ 🏊 🛖 🔞 📶 🄳 hab, 🄰🄲 ⚡ 🕾 🔌 🄿 🛆
av. Rocaberti ⊠ 17491 – ✆ 972 53 88 30   𝚟𝚒𝚜𝚊 ⚭ 🄰🄴 ⓪
– www.golfperalada.com
53 hab ⊆ – ††135/350 € – 2 suites
Rest – (sólo cena salvo fines de semana) Carta aprox. 60 €
◆ Su privilegiado emplazamiento en un campo de golf se complementa con una original oferta terapéutica y vitivinícola. Habitaciones decoradas con sumo gusto y magníficos baños. El restaurante disfruta de un buen servicio de mesa y relajantes vistas.

PERALEJO – Madrid – **576** K17 – **575** K17 – ⊠ 28211   **22** A2

▶ Madrid 48 – El Escorial 6 – Ávila 70 – Segovia 66

✕   **Casavieja**   🄰🄲 ⚡ 𝚟𝚒𝚜𝚊 ⚭ 🄰🄴
Galarza 8 – ✆ 918 99 20 11 – cerrado 23 agosto-8 septiembre y lunes salvo festivos
Rest – Carta 28/36 €
◆ Negocio familiar instalado en una casa de piedra que antaño sirvió como vaquería. La atractiva rusticidad interior supone un buen marco para degustar sus elaboraciones.

PERALES DEL PUERTO – Cáceres – **576** L9 – 970 h. – alt. 441 m   **17** B1
– ⊠ 10896

▶ Madrid 300 – Alcántara 68 – Cáceres 101 – Salamanca 149

🏠 Don Julio sin rest · 🔤 🛜 🛜 📶 **P** 🚗 ⊙⊙ **AE** ⊙
av. Sierra de Gata 20 – ✆ *927 51 46 51*
9 hab ⊂⊃ – 🛏50/60 € 🛏🛏62/75 €
♦ Agradable casa familiar transformada en hotel rural. Dispone de un salón social con chimenea y amplias habitaciones de techos altos, con detalles rústicos y baños actuales.

PERAMOLA – Lleida – **574** F33 – 379 h. – alt. 566 m – ⊠ 25790   **13** B2
  ▶ Madrid 567 – Lleida/Lérida 98 – La Seu d'Urgell/Seo de Urgel 47

al Noreste : 2,5 km

🏠🏠 Can Boix ⊗ · ⟨ 🚗 ⏚ 🗶 🎐 & hab, 🔤 🛜 📶 🖼 **P** 🚗 ⊙⊙ **AE** ⊙
Afueras ⊠*25790 –* ✆ *973 47 02 66 – www.canboix.cat – cerrado 30 días entre enero- febrero*
41 hab – 🛏84/116 € 🛏🛏104/145 €, ⊂⊃ 12 €   **Rest** – Carta 45/65 € 🎐
♦ Destaca por su tranquilidad y por la belleza del entorno, al pie de las sierras prepirenaicas. Correctas zonas nobles y habitaciones de buen confort, con los suelos en madera. El restaurante, de línea clásica y con chimenea, ofrece una carta de tinte regional.

PERATALLADA – Girona – **574** G39 – 411 h. – alt. 43 m – ⊠ 17113   **15** B1
  ▶ Madrid 752 – Girona/Gerona 33 – Palafrugell 16
  ◉ Localidad ★★

🏠 Aatu · 🚗 🏯 ⏚ 🗶 📶 **P** 🚗 ⊙⊙
Oeste : 1,2 km – ✆ *617 46 49 14 – www.hotelaatu.net*
13 hab ⊂⊃ – 🛏108/124 € 🛏🛏130/151 €   **Rest** – *(cerrado noviembre)* Menú 26 €
♦ A las afueras de la localidad. Distribuye sus estancias entre el edificio principal, que acoge la zona social y algunas habitaciones, y un anexo. Conjunto de confort actual. El comedor ofrece un montaje sencillo y una carta propia del recetario internacional.

🏠 Ca l'Aliu sin rest · 🔤 🛜 🚗 ⊙⊙ ⊙
Roca 6 – ✆ *972 63 40 61 – www.calaliu.com*
7 hab ⊂⊃ – 🛏50/60 € 🛏🛏60/70 €
♦ Hotel rural dotado de unas acogedoras habitaciones, todas con mobiliario antiguo restaurado y algunas de ellas abuhardilladas. Reducida zona social y pequeño patio-terraza.

🗶 La Riera con hab ⊗ · 🏯 🔤 hab, 🛜 **P** 🚗 ⊙⊙ **AE** ⊙
pl. les Voltes 3 – ✆ *972 63 41 42 – www.lariera.es – cerrado febrero*
8 hab ⊂⊃ – 🛏40 € 🛏🛏80 €   **Rest** – *(cerrado martes)* Menú 15 €
♦ Instalado en una antigua casa medieval. Posee dos comedores de aire rústico, con atractivas paredes en piedra, una sala para grupos y una espaciosa terraza rodeada de plantas. Las confortables habitaciones que completan el negocio se presentan con mobiliario antiguo y recias vigas de madera a la vista.

🗶 Can Nau · 🔤 🛜 ⇔ 🚗 ⊙⊙
pl. Esquiladors 2 – ✆ *972 63 40 35 – cerrado del 19 al 26 de diciembre, 15 junio-15 julio, domingo noche salvo agosto y miércoles salvo festivos*
Rest – *(sólo almuerzo en invierno salvo sábado)* Carta 21/32 €
♦ Antigua casona de estilo regional dotada de cuatro pequeñas salas de correcto montaje, con una decoración rústica personalizada. Amable atención familiar.

🗶 Bonay · 🏯 🔤 🛜 **P** 🚗 ⊙⊙
pl. les Voltes 13 – ✆ *972 63 40 34 – www.bonay.com
– cerrado 13 diciembre-9 enero, domingo noche y lunes*
Rest – *(sólo almuerzo en invierno salvo viernes y sábado)* Carta 29/40 €
♦ Establecimiento dirigido por dos hermanos, con una interesante bodega-museo en la planta baja y una sala de aire rústico en el 1er piso presidida por una bonita chimenea.

El PERDIGÓN – Zamora – **575** H12 – **753 h.** – alt. 720 m – ⊠ **49720**   **11** B2

■ Madrid 243 – Salamanca 74 – Valladolid 88 – Zamora 12

Ж **Bodega Pámpano**   ⅌ **P** 𝚟𝚒𝚜𝚊 ⓐ ⓪

ⒶⒶ *Iglesia 31 – ℰ 980 57 62 17 – www.bodegapampano.com
– cerrado del 1 al 15 de septiembre y lunes salvo festivos*
Rest – Carta 20/30 €

◆ Restaurante ubicado en una bodega con 300 años de antigüedad, entrando por una angosta escalera que baja hasta 12 m. de profundidad. Especializado en carnes a la brasa.

La PEREDA – Asturias – **ver Llanes**

El PERELLÓ – Tarragona – **574** J32 – **3 235 h.** – alt. 142 m – ⊠ **43519**   **13** A3

■ Madrid 519 – Castelló de la Plana/Castellón de la Plana 132 – Tarragona 59 – Tortosa 33

⌂ **La Panavera** sin rest ⌇   𝖠𝖢 ⁽ᵗ⁾ 𝚟𝚒𝚜𝚊 ⓐ
pl. del Forn 25 – ℰ 977 49 03 18 – www.hostallapanavera.es
6 hab ⌂ – †75 € ††100 €

◆ Céntrica casa de piedra que en su día funcionó como molino de aceite. Disfruta de habitaciones acogedoras, con mobiliario antiguo restaurado y atractivos detalles decorativos.

PERUYES – Asturias – **572** B14 – **67 h.** – ⊠ **33547**   **5** C1

■ Madrid 523 – Oviedo 91 – Santander 126

🏨 **Aultre Naray** ⌇   ⩽ ⅌ **P** 𝚟𝚒𝚜𝚊 ⓐ
Los Campos 12 – ℰ 985 84 08 08 – www.aultrenaray.com
11 hab – †65/92 € ††76/124 €, ⌂ 5,50 €   **Rest** – *(sólo clientes)* Menú 25 €

◆ Ocupa una casona centenaria emplazada en una aldea rodeada de montañas. Buena zona social y cuidadas habitaciones, aunque las abuhardilladas tienen los techos un poco bajos.

PETRA – Illes Balears – **ver Balears (Mallorca)**

PETRER – Alicante – **577** Q27 – **34 523 h.** – alt. 640 m – ⊠ **03610**   **16** A3

■ Madrid 380 – Albacete 130 – Alacant/Alicante 36 – Elda 2

ЖЖЖ **La Sirena**   𝖠𝖢 ⅌ 𝚟𝚒𝚜𝚊 ⓐ 𝖠𝖤 ⓪
av. de Madrid 14 – ℰ 965 37 17 18 – www.lasirena.net – cerrado Semana Santa, del 11 al 31 de agosto, domingo noche y lunes
Rest – Carta aprox. 42 €

◆ Posee un amplio bar y tres salas actuales. La especialidad son los pescados y mariscos, no obstante, en su carta, procura ofrecer tanto platos clásicos como evolucionados.

PIEDRA (Monasterio de) – Zaragoza – **ver Nuévalos**

PIEDRAHÍTA – Ávila – **575** K14 – **2 055 h.** – alt. 1 062 m – ⊠ **05500**   **11** B3

■ Madrid 172 – Ávila 62 – Plasencia 88 – Salamanca 70

🏠 **Gran Duque**   ⌸ 𝖠𝖢 rest, ⅌ ⁽ᵗ⁾ 𝚟𝚒𝚜𝚊 ⓐ
Pastelería 17 – ℰ 920 36 02 77 – www.hostalgranduque.net
21 hab – †45 € ††59 €, ⌂ 6 €   **Rest** – Menú 13 €

◆ Este hotel, de sencilla organización familiar, ofrece unas habitaciones confortables pero algo pequeñas, con los suelos en parqué, correctos baños y mobiliario castellano. El restaurante combina su buen servicio de mesa con una cocina tradicional actualizada.

ESPAÑA

PILES – Valencia – **577** P29 – **2 878 h.** – Playa – ⊠ 46712   **16** B2

▶ Madrid 422 – València 80 – Alacant/Alicante 107

en la playa Este : 2 km

※※   **GloriaMar**   ≤ AC ※ VISA ⦿

av. del Mar 1 ⊠46712 – ☎ 962 83 13 53 – www.gloriamar.es – cerrado del 2 al 16 de noviembre y lunes salvo verano
Rest – Carta 29/35 €
♦ Negocio familiar ubicado en 1ª línea de playa. Ofrece dos modernas salas, la del piso superior con magníficas vistas al mar, y una carta tradicional con algún toque creativo.

Es PIL.LARI – Illes Balears – ver Balears (Mallorca)

PINAR DE ANTEQUERA – Valladolid – ver Valladolid

PINETA (Valle de) – Huesca – ver Bielsa

El PINÓS (PINOSO) – Alicante – **577** Q26 – **7 689 h.** – alt. 450 m   **16** A3
– ⊠ 03650

▶ Madrid 399 – Albacete 148 – Alacant/Alicante 59 – Murcia 61

※   **Paco Gandía**   AC ※ VISA ⦿ AE

San Francisco 10 – ☎ 965 47 80 23 – cerrado agosto
Rest – (sólo almuerzo) Carta 35/45 €
♦ Goza de cierta popularidad y presenta un buen montaje, combinando lo rústico y lo actual. Reducida carta de cocina regional, con toques caseros y algunos arroces.

PINOS GENIL – Granada – **578** U19 – **1 262 h.** – alt. 774 m – ⊠ 18191   **2** D1

▶ Madrid 443 – Granada 11

en la carretera de Granada Oeste : 3 km

※   **Los Pinillos**   ☂ AC ※ P VISA ⦿ AE ⓘ

⊠18191 – ☎ 958 48 61 09 – www.restaurantelospinillos.com – cerrado del 15 al 30 de octubre, domingo noche y martes
Rest – Carta 35/45 €
♦ Sus más de 40 años de experiencia avalan el buen hacer de este restaurante de carretera, llevado entre varios hermanos. Está especializado en la celebración de banquetes.

PINTO – Madrid – **576** L18 – **575** L18 – **43 501 h.** – alt. 604 m – ⊠ 28320   **22** B2

▶ Madrid 20 – Aranjuez 28 – Toledo 59

🏨   **Plaza Santiago**   ☂ 🖬 & hab, AC ⑴ 🚶 🚗

pl. de Santiago 1 – ☎ 916 92 83 90 – www.egidohoteles.com
68 hab   Rest Savarín –
♦ Una vez finalizada su reforma se presenta con una zona ajardinada a la entrada, un gran hall, buenos salones y confortables habitaciones redecoradas en un estilo clásico. El restaurante ofrece una cocina de base tradicional con alguna que otra actualización.

🏠   **Indiana** sin rest   🖬 AC ※ ⑴ 🚗 VISA ⦿ AE ⓘ

Castilla 8 – ☎ 916 92 62 53 – www.hotel-indiana.com
25 hab – ♦♦49 €, ☲ 4 €
♦ Tras su sencilla fachada encontrará un hotel bien equipado y actual. La zona de desayunos está integrada en la recepción y cuenta con unas habitaciones muy acogedoras.

※※※   **Albahaca**   ☂ AC

San Juan 18 – ☎ 916 91 28 88 – www.restaurantealbahaca.net
Rest –
♦ Disfruta de un buen comedor clásico en dos niveles, donde ofrecen una cocina de base tradicional. El negocio se complementa con una cervecería dotada de acceso independiente.

ESPAÑA

XX **El Asador de Pinto** 🅰️🅲️ ✗ 𝘝𝘐𝘚𝘈 ⓿ 🅰️🅴 🔟
Castilla 19 – ℰ 916 91 53 35 – www.asadordepinto.es – cerrado Semana Santa y domingo noche
Rest – Carta 36/43 €
♦ Se presenta con un atractivo "txoko" vasco de aire rústico, un comedor castellano en el piso superior y dos privados. Carta tradicional con un buen apartado de sugerencias.

al Norte :

 Posadas de España sin rest, con cafetería ॐ 🔲🅰️ ✗ 🖐️ 🅜 🅿️
Sierra Nevada 3 - Parque Empresarial Andalucía (Sector 1) 𝘝𝘐𝘚𝘈 ⓿ 🅰️🅴 🔟
- 2,5 km – ℰ 916 91 84 60 – www.posadasdeespana.com
72 hab – ♥♥40/185 €, ☕ 7 €
♦ Sencillo hotel de equipamiento actual emplazado en un parque empresarial. Ofrece un correcto hall, con la cafetería anexa, y unas habitaciones funcionales de buen confort.

PITRES – Granada – **578** V20 – alt. 1 295 m – ✉ 18414   2 D1
▶ Madrid 468 – Granada 70 – Almería 140 – Málaga 128

🏠 **San Roque** 🏠 ✗ 🖐️ 🅿️ 𝘝𝘐𝘚𝘈 ⓿ 🅰️🅴
paseo Marítimo 57 – ℰ 958 85 75 28
8 hab ☕ – ♥40 € ♥♥58 €   **Rest** – Menú 10 €
♦ Edificio típico con un cálido interior, definido por las vigas en madera y la sobria decoración de estilo tradicional. Goza de correctas habitaciones en un ambiente familiar. Salón-comedor con chimenea, de aspecto hogareño y cotidiano.

PLÀ DE VALL LLOBREGÀ – Girona – ver Palamós

PLANOLES – Girona – **574** F36 – 279 h. – alt. 1 136 m – ✉ 17535   14 C1
▶ Madrid 672 – Barcelona 125 – Girona/Gerona 104 – Encamp 97

⌂ **Can Cruells** 🚿 🔲 ⅄ hab, ✗ rest, 🖐️ 🅿️ 𝘝𝘐𝘚𝘈 ⓿ 🅰️🅴
carret. N 152, Este : 0,5 km – ℰ 972 73 63 99 – www.cruells.cat
7 hab ☕ – ♥60 € ♥♥86/110 € – 2 apartamentos
Rest – *(cerrado lunes)* Menú 22 €
♦ Masía rehabilitada y enclavada en un paraje montañoso. Ofrece un magnífico salón social de estilo rústico-elegante y correctas habitaciones personalizadas en su decoración.

PLASENCIA – Cáceres – **576** L11 – 41 148 h. – alt. 355 m – ✉ 10600   18 C1
▶ Madrid 257 – Ávila 150 – Cáceres 85 – Ciudad Real 332
🛈 Santa Clara 2 ℰ 927 42 38 43 oficina.turismo@aytoplasencia.es Fax 927 42 55 94
◉ Catedral★ (retablo★, sillería★)

🏨 **Parador de Plasencia** ॐ 🏊 🎬 🕃 ⅄ hab, 🅰️🅲️ ✗ 🖐️ 🅜 🚗
pl. de San Vicente Ferrer – ℰ 927 42 58 70 𝘝𝘐𝘚𝘈 ⓿ 🅰️🅴 🔟
– www.parador.es
64 hab – ♥129/138 € ♥♥161/172 €, ☕ 18 € – 2 suites   **Rest** – Menú 33 €
♦ Combina, en un convento del s. XV, la austeridad dominica con un exquisito gusto decorativo. Impresionantes zonas nobles, extraordinarios claustros y mobiliario español. Su magnífico comedor está instalado en el refectorio y cuenta con azulejos antiguos como parte de su decoración.

🏨 **Alfonso VIII** 🎬 ⅄ hab, 🅰️🅲️ ✗ 🖐️ 🅜 𝘝𝘐𝘚𝘈 ⓿ 🅰️🅴 🔟
Alfonso VIII-34 – ℰ 927 41 02 50 – www.hotelalfonsoviii.com
53 hab – ♥68/90 € ♥♥96/150 €, ☕ 11 € – 2 suites   **Rest** – Menú 20 €
♦ Céntrico hotel de fachada sobria, que pone a su disposición unas dependencias de línea clásica con profusión de madera. A destacar la bonita escalera central. Restaurante de buen nivel con un espacioso salón para banquetes.

ESPAÑA

🏠 Real　　　　　　　🛗 ᴀᴄ ⚡ 📶 🅿 ᴠɪꜱᴀ ⊕⊕

av. de Salamanca – 📞 *927 41 29 00 – www.hostalreal.com*
30 hab – 🛏️41/49 € 🛏️🛏️51/57 €, 🍽 5,50 €　**Rest –** Menú 11 €
♦ Negocio de organización familiar, funcional y sencillo pero bien llevado.
Cuenta con unas habitaciones correctas, de suficiente confort en su categoría.
El restaurante, que resulta muy modesto, basa casi todo su trabajo en la elabora-
ción de un menú del día.

✕✕ Viña La Mazuela　　　　　　ᴀᴄ ⚡ ᴠɪꜱᴀ ⊕⊕ ①

av. de las Acacias 1 (urb. La Mazuela) – 📞 *927 42 58 42*
– www.restaurantelamazuela.es – cerrado del 1 al 15 de agosto, domingo en
verano y miércoles en invierno
Rest – Carta 30/45 € 🏵
♦ Concurrido bar público en la entrada, seguido de un acogedor comedor neoclásico con detalles regionales. En un local anexo disponen de salas para el menú,
grupos y banquetes.

✕ Mesón Chamizo　　　　　　ᴀᴄ ⚡ ⟷ ᴠɪꜱᴀ ⊕⊕ ①

pl. de Ansano 1 ✉10600 – 📞 *927 41 50 46 – cerrado 7 días en enero,*
1ª quincena de julio y domingo noche
Rest – Carta 29/39 €
♦ Céntrico restaurante de organización familiar y ambiente rústico, con las paredes en piedra. Aquí encontrará dos salas de correcto montaje y una carta de tinte
tradicional.

⸙/ La Pitarra del Gordo　　　　🏠 ᴀᴄ ⚡ ᴠɪꜱᴀ ⊕⊕

pl. Mayor 8 – 📞 *927 41 45 05 – www.lapitarradelgordo.com*
Rest – Tapa 1,20 € – Ración aprox. 11 €
♦ Este pequeño local está instalado en un marco rústico lleno de jamones col-
gando del techo. Goza de gran popularidad gracias al vino de pitarra y a sus
excelentes embutidos.

en la carretera N 110 Noreste : 4,5 Km

🏠🏠 Ciudad del Jerte　　🏊 🛗 ⅊ hab, ᴀᴄ ⚡ 🕻 🛎 🅿 🏧 ᴠɪꜱᴀ ⊕⊕ ᴀᴇ ①

carret. N 110 ✉10600 Plasencia – 📞 *927 41 22 28*
– www.hotelciudaddeljerte.com
52 hab – 🛏️60/72 € 🛏️🛏️65/138 €, 🍽 10 €　**Rest –** Menú 18 €
♦ Hotel de moderna construcción ubicado en una extensa finca. Su exterior, algo
funcional, contrasta con el interior, donde recrean un ambiente clásico con cierta
elegancia. El restaurante se complementa con una agradable terraza dotada de
vistas al valle.

PLATJA D'ARO – Girona – 574 G39 – Playa – ✉ 17250　　　　15 B1

> 🇲 Madrid 715 – Barcelona 102 – Girona/Gerona 39
> 🇮 Mossèn Cinto Verdaguer 4 📞 972 81 71 79 turisme@platjadaro.com
>   Fax 972 82 56 57
> 🏌 D'Aro-Mas Nou, urb. Mas Nou, Noroeste : 4,5 km, 📞 972 81 67 27

🏠🏠🏠 Cala del Pi 🦢　　≤ 🏠 🏊 🏖 ʟ₅ 🛗 ⅊ hab, ᴀᴄ ⚡ 📶 🛎 🅿 🏧

av. Cavall Bernat 160, Este : 1,5 km – 📞 *972 82 84 29*　　ᴠɪꜱᴀ ⊕⊕ ᴀᴇ ①
– www.salleshotels.com
41 hab 🍽 **–** 🛏️120/320 € 🛏️🛏️120/415 € – 8 suites　**Rest –** Carta 63/80 €
♦ Complejo de lujo ubicado al borde del mar, junto a una pequeña cala. Ofrece
una variada zona social, habitaciones completas, todas con terraza, y un SPA muy
personalizado. El restaurante presenta un ambiente rústico y una carta atenta al
recetario tradicional.

🏠🏠🏠 NM Suites 🦢　　　　🏠 🏊 🛗 🅱️ ᴀᴄ ⚡ rest, 📶 🏧 ᴠɪꜱᴀ ⊕⊕ ᴀᴇ ①

av. Onze de Setembre 70 – 📞 *972 82 57 70 – www.nm-suites.com*
39 hab 🍽 **–** 🛏️71/125 € 🛏️🛏️94/166 €
Rest *Sa Cova* **–** Carta 38/47 €
♦ Disfruta de un estilo actual y ofrece dos tipos de habitaciones, la mayoría a
modo de estudio, con cocina incorporada, y otras tipo suites, más lujosas y
mejor equipadas. En su restaurante, luminoso y de cuidado montaje, podrá
degustar una cocina creativa.

🏨 **Costa Brava** ⬦   ⬅ 🛎 🅰🅲 ❄ **P** 𝘝𝘐𝘚𝘈 ⓞⓞ 🅰🅴 ⓞ
carret.de Palamós - Punta d´en Ramís – ☎ *972 81 73 08*
– www.hotelcostabrava.com – marzo-noviembre
57 hab – ♦52/90 € ♦♦65/120 €, �🞆 8 €
Rest *Can Poldo* – Carta 35/48 €
◆ Está construido sobre las rocas de la playa y destaca por sus magníficas vistas. Bar-salón panorámico y habitaciones de distinto nivel, con un equipamiento personalizado. El restaurante ofrece dos salas clásicas, siendo mucho más atractiva la que da al mar.

🏨 **Xaloc**   🞢 🛗 🅰🅲 ❄ **P** 𝘝𝘐𝘚𝘈 ⓞⓞ
carret. de Palamós - Cala Rovira 9 – ☎ *972 81 73 00 – www.ghthotels.com*
– mayo-septiembre
47 hab – ♦70/115 € ♦♦98/195 €, �🞆 8 €   Rest – *(sólo cena buffet)* Menú 18 €
◆ Establecimiento vacacional ubicado en una pequeña cala. Posee una correcta zona social y habitaciones funcionales de suficiente confort en su categoría. El restaurante centra su actividad en el servicio de buffet y se complementa con un agradable bar-terraza.

✗ **Aradi**   🛎 🅰🅲 ❄ 𝘝𝘐𝘚𝘈 ⓞⓞ 🅰🅴 ⓞ
av. Cavall Bernat 78 – ☎ *972 81 73 76 – www.restaurantaradi.com – cerrado domingo noche de noviembre-marzo*
Rest – Carta 28/40 €
◆ Sencillo restaurante dotado con varias salas de estilo clásico y una terraza. Su carta resulta discreta pero en verano se complementa con mariscos y zarzuelas de pescado.

PLATJA DE PALMA – Illes Balears – ver Balears (Mallorca) : Palma

---

PLATJA DE SANT JOAN (PLAYA DE SAN JUAN) – Alicante   **16** B3
– 577 Q28 – Playa – ✉ **03002**

▶ Madrid 424 – Alacant/Alicante 7 – Benidorm 33

🏨🏨 **Hesperia Alicante**   ⬅ 🛎 🞢 🞤 𝟞 🔟🔟 🛗 & hab, 🅰🅲 ❄ 🆈 🎿 **P** 🚗
av. de las Naciones – ☎ *965 23 50 00*   𝘝𝘐𝘚𝘈 ⓞⓞ 🅰🅴 ⓞ
– www.hesperia.-alicante.com
154 hab – ♦♦60/177 €, �🞆 13 € – 2 suites   Rest – Carta aprox. 37 €
◆ Goza de un excelente nivel general y está ubicado junto a un campo de golf. Destaca por sus amplias zonas sociales y ofrece habitaciones bien equipadas, todas con terraza. Su restaurante ofrece una carta atenta al recetario tradicional.

🏨🏨 **Holiday Inn Alicante-Playa de San Juan** ⬦   🞢 𝟞 🛗 & hab,
av. de Cataluña 20 – ☎ *965 15 61 85*   🅰🅲 ❄ 🎿 **P** 𝘝𝘐𝘚𝘈 ⓞⓞ 🅰🅴 ⓞ
– www.holidayinnalicante.com
126 hab – ♦♦60/170 €, �🞆 12 €   Rest – Menú 17 €
◆ De línea actual, bien insonorizado y de confortable funcionalidad. Parece más un hotel de ciudad que de playa, ya que trabaja mucho con empresas. Predominio de tonos claros. El comedor resulta algo más sencillo que el resto de sus instalaciones.

🏨 **Mío Cid**   ⬅ 🛎 🞢 🛗 & hab, 🅰🅲 ❄ 🆈 🚗 𝘝𝘐𝘚𝘈 ⓞⓞ 🅰🅴 ⓞ
av. Costablanca 22-A – ☎ *965 15 27 00 – www.hotelmiocid.com*
43 hab – ♦50/75 € ♦♦60/90 €, �🞆 9 €   Rest – Menú 15 €
◆ Resulta llamativo por su eclecticismo, que combina detalles clásicos y propios del mudéjar-castellano. Ofrece habitaciones acogedoras aunque algo pequeñas, todas exteriores. Su sencillo bar-restaurante está dominado por el ladrillo visto y la madera.

✗✗ **Estella**   🅰🅲 ❄ 𝘝𝘐𝘚𝘈 ⓞⓞ 🅰🅴 ⓞ
av. Costa Blanca 125 – ☎ *965 16 04 07 – cerrado del 10 al 20 de junio, del 10 al 30 de noviembre, domingo noche y lunes*
Rest – Carta 34/41 €
◆ Restaurante de amable organización familiar. Posee un comedor clásico y un privado, ambos con un cuidado servicio de mesa. Carta internacional con influencias francesas.

en la carretera de Sant Joan d'Alacant Noroeste ; 2 km

✗ **La Vaquería** 🛣 🔟 🛇 📼 ⚫⚫ 🔟 ⓪
carret. Benimagrell 52 ⌨ *03560 El Campello –* ℰ *965 94 03 23*
Rest *– (cerrado domingo noche,lunes noche y martes noche en invierno)*
Carta 26/44 €
♦ Pintoresco asador de estilo rústico-actual que resulta vistoso por su colorista mon-
taje. Dispone de una agradable terraza y su especialidad son las carnes a la brasa.

PLAYA – ver el nombre propio de la playa

PLAYA CANYELLES (Urbanización) – Girona – ver Lloret de Mar

PLAYA HONDA – Las Palmas – ver Canarias (Lanzarote)

PLAYA DE ARINAGA – Las Palmas – ver Canarias (Gran Canaria) : Agüimes

PLAYA DE LAS AMÉRICAS – Santa Cruz de Tenerife – ver Canarias (Tenerife)

PLAYA DE SAN JUAN – Alacant – ver Platja de Sant Joan

PLAYA DEL INGLÉS – Las Palmas – ver Canarias (Gran Canaria) : Maspalomas

Las PLAYAS – Santa Cruz de Tenerife – ver Canarias (El Hierro) : Valverde

PLENTZIA – Vizcaya – **573** B21 – **4 302 h.** – ⌨ 48620   25 A3
🚗 Madrid 421 – Bilbao 25 – Santander 114 – Vitoria-Gasteiz 93

✗✗ **Kaian** con hab 🔋 ⅙ hab, 🔟 🛇 ⁽ᵖ⁾ 📼 ⚫⚫ 🔟 ⓪
Areatza 38 ⓦ *Plentzia –* ℰ *946 77 54 70 – www.kaianplentzia.com*
– cerrado 15 días en noviembre y 15 días en febrero
7 hab ⌷ – †75/115 € ††85/175 €
Rest *– (cerrado domingo noche, lunes y martes noche)* Carta 43/51 €
♦ Casa señorial, tipo chalet, dotada con un bar y tres salas, dos clásicas y la otra a
modo de terraza acristalada. Su carta tradicional se suele ver algo reducida en
invierno. Aquí también podrá encontrar unas confortables habitaciones, todas
personalizadas.

POBEÑA – Vizcaya – **573** B20 – **218 h.** – **Playa** – ⌨ 48550   25 A3
🚗 Madrid 405 – Vitoria/Gasteiz 81 – Bilbao 21 – Santander 84

✗ **Mugarri** con hab 🔟 rest, 🛇 ⁽ᵖ⁾ 🅿 📼 ⚫⚫ 🔟
pl. de Pobeña 2 – ℰ *946 70 77 99 – www.apartamentosmugarri.com*
8 apartamentos – ††60/75 €, ⌷ 8 €
Rest *– (cerrado 23 diciembre-3 enero, agosto y martes)* Carta 45/59 €
♦ Este negocio se presenta con un bar de tapas y un comedor distribuido en dos
zonas, una interior y la otra en un porche acristalado. Parrilladas, pescados y
mariscos. Como complemento también posee unos sencillos apartamentos,
todos con la cocina equipada.

La POBLA DE FARNALS – Valencia – **577** N29 – **7 340 h.** – **alt. 14 m**   16 B2
– ⌨ 46139
🚗 Madrid 369 – Castelló de la Plana/Castellón de la Plana 58 – València 17

en la playa Este : 5 km

✗✗ **Bergamonte** 🛣 🔫 🍴 🔟 🛇 ⌷ 🅿 📼 ⚫⚫ 🔟
av. del Mar 12 ⌨ *46137 –* ℰ *961 46 16 12 – www.bergamonte.es – cerrado*
domingo noche y lunes noche
Rest – Carta 28/39 €
♦ Disfruta de varios comedores y privados, aunque destaca el principal por su
típica estructura de barraca. Cocina valenciana y tradicional, con un buen apartado de arroces.

POBLET (Monasterio de) – Tarragona – **574** H33 – **73 h.**   **13** B2
– alt. 490 m – ⊠ 43448

> ▶ Madrid 528 – Barcelona 122 – Lleida/Lérida 51 – Tarragona 46
>
> 🛈 paseo del Abat Conill 9 (bajos) ✆ 977 87 12 47 oturconca@
> concadebarbera.cat Fax 977 87 12 82
>
> ◙ Paraje★ – Monasterio★★★ (capilla de Sant Jordi★★, Plaza Mayor★, Puerta
> Real★, Palacio del Rey Martín★, claustro★★ : capiteles★, templete★, sala
> capitular★★; Iglesia★★ : Panteón Real★★, Retablo Mayor★★)

🏨🏨   **Masía del Cadet** ⌂   🛐 📶 rest, 🏖 ⁂ 🅟 ᴠɪsᴀ ᴏᴏ 🆎 ➀
Les Masies, Este : 1 km ⊠43449 *Les Masies –* ✆ *977 87 08 69*
– www.masiadelcadet.com – cerrado noviembre
12 hab ⌷ – ♥♥84/108 €   **Rest** – Menú 22 €
♦ Antigua masía ubicada en un entorno tranquilo y de cuidados exteriores.
Cuenta con dos saloncitos sociales, uno de ellos con chimenea, y habitaciones
de correcto confort. El restaurante goza de una línea clásica-regional y ofrece
una atractiva carta catalana.

🏨   **Monestir** sin rest ⌂   🛁 📶 🏖 🅟 ⌂ ᴠɪsᴀ ᴏᴏ
Les Masies, Este : 1 km ⊠43449 *Les Masies –* ✆ *977 87 00 58*
– www.hotelmonestir.com
30 hab ⌷ – ♥68/78 € ♥♥85/98 €
♦ De larga tradición familiar, construido en piedra y reconocido como el más
antiguo de la localidad. Sus habitaciones, espaciosas y de techos altos, resultan
confortables.

A POBRA DE TRIVES (La PUEBLA DE TRIVES) – Ourense – **571** E8   **20** C3
– 2 549 h. – alt. 730 m – ⊠ 32780

> ▶ Madrid 479 – Bragança 146 – Lugo 115 – Ourense 74

🏨   **Casa Grande de Trives** sin rest   🏖 ⁂ ᴠɪsᴀ ᴏᴏ
Marqués de Trives 17 – ✆ *988 33 20 66 – www.casagrandetrives.com*
9 hab – ♥45/65 € ♥♥56/84 €, ⌷ 6 €
♦ Casa familiar en el centro del pueblo. Las habitaciones, con mobiliario de
época y baños actuales, ofrecen un buen confort. Destacan su capilla privada y
el salón social.

al Norte : 2 km

🏠   **Pazo Paradela** ⌂   🛋 🏖 ⁂ 🅟 ᴠɪsᴀ ᴏᴏ
carret. de Barrio - km 2 ⊠32780 *–* ✆ *988 33 07 14 – cerrado 22 diciembre-2 enero*
8 hab – ♥48 € ♥♥65/75 €, ⌷ 9 €   **Rest** – *(sólo clientes)* Menú 25 €
♦ Los primeros documentos sobre esta casa, construida en piedra, muy tranquila
y en pleno campo, datan de 1611. Conjunto rústico con un patio central y
amplias habitaciones.

POBRA DO CARAMIÑAL (PUEBLA DEL CARAMIÑAL) – A Coruña   **19** A2
– **571** E3 – 9 878 h. – Playa – ⊠ 15940

> ▶ Madrid 665 – A Coruña 123 – Pontevedra 68 – Santiago de Compostela 51
> 🄶 Mirador de la Curota★★ Norte : 10 km

✗✗   **A Terraza de Chicolino**   ← 🛐 📶 🏖 ⇄ ᴠɪsᴀ ᴏᴏ
Castelao 7 1º – ✆ *981 83 02 67 – www.aterrazadechicolino.es – cerrado martes*
salvo verano y festivos
Rest – Carta 40/45 €
♦ Está en la 1ª planta del mercado de abastos, con un bar, una sala actual, un
privado, terraza y vistas al puerto deportivo. Cocina tradicional actualizada, mariscos y arroces.

✗✗   **O Lagar**   📶 🏖 ⇄ ᴠɪsᴀ ᴏᴏ ➀
Condado 7 – ✆ *981 83 00 37 – www.restaurantelagar.com – cerrado*
23 diciembre-15 enero, domingo noche y lunes
Rest – *(sólo almuerzo salvo viernes y sábado en invierno)* Carta 30/43 €
♦ En este céntrico restaurante podrá degustar una carta de cocina tradicional
con algunos platos internacionales. Dispone de un comedor principal de línea clásica y un privado.

XX **Castelo** VISA ◎◎ AE
Díaz de Rábago 2 – ℰ *981 83 31 30*
Rest – Carta aprox. 45 €
♦ Negocio de ambiente rústico-actual ubicado en la avenida principal, junto al puerto, con vistas a la ría. Cocina tradicional y gallega basada en la excelencia del producto.

POLA DE SIERO – Asturias – **572** B13 – **51 181 h.** – ⊠ 33510   **5** B1
▶ Madrid 452 – Oviedo 19 – León 133

XX Pepitas AC P
La Carrera - Posada de Abajo, Oeste : 1,5 km ⊠*33519 La Carrera*
– ℰ *985 72 49 50 – www.pepitas.es*
Rest –
♦ Llevado entre hermanos en una aldea próxima a la localidad. Ocupa una casa de piedra dotada con dos salas de aire rústico-actual. Carta actual, raciones y un menú degustación.

POLA DE SOMIEDO – Asturias – **572** C11 – ⊠ 33840   **5** B2
▶ Madrid 444 – Oviedo 86

🏠 **Castillo del Alba** 📶 AC rest, 🛏 📶 P VISA ◎◎
Flórez Estrada – ℰ *985 76 39 96 – www.castillodelalba.com – cerrado 11 enero-9 marzo*
17 hab ⊇ – †45/60 € ††55/75 €
Rest – *(cerrado lunes salvo verano)* Menú 15 €
♦ Construcción montañesa dotada de una correcta zona social y un bar-cafetería. Ofrece habitaciones de estilo rústico-actual, con mobiliario sencillo y los armarios abiertos. En su restaurante podrá degustar los platos más tradicionales de la cocina asturiana.

🏠 **Casa Miño** sin rest 📶 🛏 📶 VISA
Rafael Rey López – ℰ *985 76 37 30 – www.hotelcasamino.com*
– cerrado 20 diciembre-5 febrero
15 hab ⊇ – †40/45 € ††54/66 €
♦ Edificio de estilo montañés en un magnífico entorno natural. Acogedor salón social con chimenea, y habitaciones que aúnan el calor rústico con el confort actual.

POLLENÇA – Illes Balears – ver Balears (Mallorca)

POLOP – Alicante – **577** Q29 – **4 245 h.** – alt. 230 m – ⊠ 03520   **16** B3
▶ Madrid 449 – Alacant/Alicante 57 – Gandía 63

X **Ca l'Àngeles** AC 🛏 VISA ◎◎ ◉
Gabriel Miró 12 – ℰ *965 87 02 26 – cerrado 15 junio-15 julio y martes*
Rest – *(sólo almuerzo salvo viernes, sábado y junio - septiembre)* Carta 40/47 €
♦ Pulcro establecimiento de aspecto antiguo y estilo neorrústico por su mobiliario y vigas de madera, así como las abundantes fotografías de familia. Platos tradicionales.

PONFERRADA – León – **575** E10 – **68 736 h.** – alt. 543 m – ⊠ 24400   **11** A1
▶ Madrid 385 – Benavente 125 – León 105 – Lugo 121
🇮 Gil y Carrasco 4 (junto al Castillo) ℰ 987 42 42 36 turismo@ponferrada.org
Fax 987 42 45 39
◎ Peñalba de Santiago★ Sureste : 21 km – Las Médulas★ Suroeste : 22 km

🏨 **AC Ponferrada** 📶 ɛ hab, AC 🛏 📶 🛁 🏊 VISA ◎◎ AE ◉
av. Astorga 2 – ℰ *987 40 99 73 – www.ac-hotels.com*
55 hab – ††65/130 €, ⊇ 10 € – 5 suites   **Rest** – *(sólo cena)* Menú 20 €
♦ Un hotel de línea moderna. Encontrará una espaciosa zona noble y cómodas habitaciones, todas con los suelos en tarima, mobiliario escogido y baños actuales en mármol. El restaurante sólo funciona durante las cenas, con una carta sencilla y platos combinados.

🏨 Ponferrada Plaza   ⁄⁄ 🛗 AC ⁄ ⁄ 🖶 P ⁄ VISA ⓪ AE ①

av. Escritores 6 – ℰ 987 40 61 71 – www.hotelponferradaplaza.es
38 hab – ♦55/100 € ♦♦55/110 €, ⊡ 7,60 € – 2 suites
Rest – *(cerrado domingo noche)* Menú 11 €
♦ En una zona residencial. Este hotel cuenta con un gran hall, amplias salas de reuniones y habitaciones de estilo clásico-actual, todas con los suelos en tarima. El restaurante, que tiene un horno de asar a la vista, presenta una carta de gusto tradicional.

🏨 El Castillo   🛗 AC ⁄ ⁄ 🖶 🚗 VISA ⓪ AE ①

av. del Castillo 115 – ℰ 987 45 62 27 – www.hotel-elcastillo.com
48 hab – ♦45/60 € ♦♦57/85 €, ⊡ 5 €
Rest – *(cerrado domingo noche)* Menú 12 €
♦ De moderna construcción junto al Castillo de los Templarios. Posee una adecuada zona social y habitaciones de confort actual, con tarima flotante y mobiliario funcional.

🏨 Los Templarios *sin rest, con cafetería*   🛗 ⁄ AC ⁄ ⁄ VISA ⓪ ①

Flórez Osorio 3 – ℰ 987 41 14 84 – www.hotellostemplarios.info
18 hab – ♦35/50 € ♦♦46/65 €, ⊡ 2,50 €
♦ Céntrico y de amable organización familiar. Ofrece habitaciones funcionales de correcto confort, con los suelos en tarima y plato ducha en la mayoría de los baños.

✗✗ Sofra   AC ⇄

Alcón 4 – ℰ 987 08 89 98 – www.restaurantesofra.com
Rest –
♦ Restaurante de línea moderna ubicado en el centro de la ciudad. Cuenta con una barra de apoyo a la entrada y el comedor principal en el 1er piso. Cocina de base tradicional.

✗✗ Menta y Canela   AC ⁄ VISA ⓪ AE

Alonso Cano 10, (barrio Cuatrovientos), Noroeste : 2 km – ℰ 987 40 32 89
– www.mentaycanela.com – cerrado domingo noche, lunes y martes noche
Rest – Carta 24/36 €
♦ Negocio llevado en familia. Posee un comedor de aire regional, con un horno de leña a la vista, donde podrá degustar una carta tradicional basada en productos de la zona.

por la carretera de Cacabelos Noroeste : 5 km y desvío a la derecha 1 km

✗ La Casona   🚗 AC ⁄ VISA ⓪ ①

Real 72 - Fuentesnuevas ⊠24411 Ponferrada – ℰ 987 45 53 58
– www.restaurantelacasona.com – cerrado domingo noche
Rest – Carta 25/35 €
♦ Casa rústica restaurada y emplazada a las afueras de Ponferrada. Disfruta de un amplio vestíbulo, un bar, una sala rústica-actual y un patio-terraza para la temporada estival.

PONT D'ARRÒS – Lleida – ver Vielha

El PONT DE BAR – Lleida – **574** E34 – **197 h.** – ⊠ 25723   **13** B1
➡ Madrid 614 – Puigcerdà 34 – La Seu d'Urgell/Seo de Urgel 23

en la carretera N 260 Este : 4,5 km

✗ La Taverna dels Noguers   AC P VISA ⓪ ①

⊠25723 – ℰ 973 38 40 20 – cerrado 7 enero-7 febrero, julio (salvo fines de semana) y jueves
Rest – *(sólo almuerzo salvo sábado)* Carta aprox. 30 €
♦ Casa llevada en familia con sala de estilo regional, presidida por una chimenea y techos en madera. Carta de elaboración casera con guisos y platos de la cocina catalana.

PONT DE MOLINS – Girona – **574** F38 – **486 h.** – alt. 84 m   **14** D3
– ⊠ 17706
➡ Madrid 749 – Figueres 6 – Girona/Gerona 42

(ESPAÑA)

X **El Molí** con hab 🅢   🖼 🖼 hab, 🛠 hab, 🕯 **P** *VISA* ☺☺ AE ①
carret. Les Escaules, Oeste : 2 km – 𝒞 *972 52 92 71 – www.hotelelmoli.es*
– cerrado 17 diciembre-22 enero
8 hab � – 🛏65/75 € 🛏🛏95/155 €
Rest *– (cerrado martes noche y miércoles)* **Carta 24/41 €**
♦ Antiguo molino harinero del s. XVIII transformado en restaurante-hotel. Está pegando al río Muga y combina la cocina regional con algunas especialidades de l'Empordà. Las habitaciones, todas exteriores, están decoradas con muebles de antiguas masías catalanas.

PONTE CALDELAS – Pontevedra – **571** E4 – **6 422 h. – alt. 320 m**   19 B2
– Balneario – ✉ **36820**

▶ Madrid 582 – Ourense 88 – Pontevedra 14 – Vigo 41

🏠 **Las Colonias** sin rest   📱 🛠 🕯 🕍 🚗 *VISA* ☺☺ ①
av. de Pontevedra 3 – 𝒞 *986 76 63 08 – www.hotel-lascolonias.com*
29 hab – 🛏31/46 € 🛏🛏46/62 €, ⊃ 4,20 €
♦ Instalado en un antiguo edificio de piedra. Ofrece una concurrida cafetería pública y unas habitaciones sencillas, con mobiliario funcional y los suelos en parquet.

PONTE ULLA (PUENTE ULLA) – A Coruña – **571** D4 – ✉ **15881**   19 B2

▶ Madrid 585 – Santiago de Compostela 22 – A Coruña 94 – Pontevedra 58

XX **Villa Verde**   🛖 🖼 🛠 **P** *VISA* ☺☺ AE ①
Lugar de Figueiredo 10 – 𝒞 *981 51 26 52 – www.villa-verde.es – cerrado*
22 diciembre-4 enero
Rest *– (sólo almuerzo salvo jueves, viernes y sábado)* **Carta 25/35 €**
♦ Antigua casa de campo construida en piedra. Posee dos salas de línea clásica con detalles rústicos, sin embargo, resulta más elegante la de "no fumadores". Cocina tradicional.

PONTEAREAS (PUENTEAREAS) – Pontevedra – **571** F4 – **23 172 h.**   19 B3
– alt. 50 m – ✉ **36860**

▶ Madrid 576 – Ourense 75 – Pontevedra 45 – Vigo 26

por la carretera de Mondariz Norte : 5,5 km y desvío a la izquierda 100 m

🏠 **Casa das Pías** 🅢   🛋 🛠 🕯 **P**
Cotobade 11 - Pías ✉*36895 Pías –* 𝒞 *986 64 55 19 – www.casadaspias.com*
7 hab – 🛏42/51 € 🛏🛏53/63 €, ⊃ 5,90 €
Rest *– (sólo cena) (sólo clientes)* **Menú 19,50 €**
♦ Construida en piedra, con un atractivo porche y piscina. Dispone de un salón social neorrústico, habitaciones con mobiliario en forja y madera, así como un comedor privado.

PONTECESURES – Pontevedra – **3 145 h.** – ✉ **36640**   19 B2

▶ Madrid 622 – Santiago de Compostela 29 – Pontevedra 42
– Viana do Castelo 145

XX **Olivo**   🖼 🛠 **P** *VISA* ☺☺ AE ①
av. de Vigo 12 – 𝒞 *986 55 73 63 – www.restauranteolivo.com – cerrado del 1 al*
15 de septiembre, domingo noche y martes
Rest – **Carta 30/45 €**
♦ Negocio de línea actual y cuidado montaje. Su propietario se formó como chef en Suiza y elabora una carta de gusto internacional, con numerosos platos italianos y gallegos.

PONTEDEUME (PUENTEDEUME) – A Coruña – **571** B5 – **8 457 h.**   19 B1
– Playa – ✉ **15600**

▶ Madrid 599 – A Coruña 48 – Ferrol 15 – Lugo 95

en Castelo de Andrade Sureste : 7 km

⚐ **Casa do Castelo de Andrade** sin rest ॐ   ₺ ⅏ ⁽ᵗ⁾ **P** VISA ⚙
✉ *15608 Castelo de Andrade – ℰ 981 43 38 39 – www.casteloandrade.com*
10 hab – ♦♦82/100 €, � 11 €
• Magnífico conjunto rural ubicado en una extensa finca. El edificio principal presenta dos salones de aire rústico y habitaciones detallistas personalizadas en su decoración.

PONTEJOS – Cantabria – 572 B18 – ✉ 39719   **8** B1
▶ Madrid 443 – Santander 12 – Bilbao 99

XXX **La Atalaya**   斎 歴 ⇔ **P** VISA ⚙ AE ①
av. de Pedrosa 52 – ℰ 942 50 39 06 – www.laatalayarestaurante.com
Rest – *(cerrado martes noche y miercoles noche en invierno, domingo noche y lunes noche)* Carta 28/45 €
• Posee un buen hall, una barra de apoyo y una sala acristalada de línea clásica, esta última con vistas a la ría y un piano de cola que ameniza las cenas los fines de semana.

PONTEVEDRA Ⓟ – 571 E4 – 81 576 h.   **19** B2
▶ Madrid 599 – Lugo 146 – Ourense 100 – Santiago de Compostela 57
🛈 Xeneral Gutiérrez Mellado 1, ℰ 986 85 08 14 oficina.turismo.pontevedra@ xunta.es Fax 986 84 81 23
◎ Barrio antiguo★ : Plaza de la Leña★ BY- Museo Provincial (tesoros célticos★) BY**M1** – Iglesia de Santa María la Mayor★ (fachada oeste★) AY – Ría★
◎ Mirador de Coto Redondo★★ ⁂★★ 14 km por ③

Plano página siguiente

ESPAÑA

⌂⌂⌂ **Parador de Pontevedra**   ◪ 斎 ◖ ₺ hab, 歴 ⅏ ⁽ᵗ⁾ ⩎ **P**
Barón 19 ✉36002 – ℰ 986 85 58 00 – www.parador.es   VISA ⚙ AE ①
45 hab – ♦102/129 € ♦♦128/161 €, ⊆ 16 € – 2 suites   AY**a**
Rest – Menú 32 €
• La tradición del pasado se funde con la arquitectura señorial en este pazo, definido por su magnífico emplazamiento y la serena belleza de sus muros en piedra. Destaca la terraza del restaurante, situada frente a un hermoso jardín y en pleno centro histórico.

⌂⌂ **Rías Bajas**   ◖ 歴 rest, ⅏ rest, ⁽ᵗ⁾ ⩎ ⇌ VISA ⚙ AE ①
Daniel de la Sota 7 ✉36001 – ℰ 986 85 51 00 – www.hotelriasbajas.com
93 hab – ♦60/75 € ♦♦75/115 €, ⊆ 6 €   **Rest** – Menú 13 €   BZ**n**
• Tiene gran tradición y se encuentra en el corazón de la localidad. Dispone de una correcta zona social y habitaciones muy clásicas, la mitad de ellas con terraza o balcón. El comedor se complementa con una sala polivalente que usan para comidas de grupos.

⌂ **Ruas**   斎 ◖ 歴 ⅏ rest, ⁽ᵗ⁾ VISA ⚙ AE
Sarmiento 20 ✉36002 – ℰ 986 84 64 16 – www.hotelruas.net   BY**r**
22 hab – ♦38/49 € ♦♦54/70 €, ⊆ 5 €   **Rest** – Menú 12 €
• Se encuentra en pleno casco antiguo y tiene la fachada en piedra. Las habitaciones, algo sencillas pero bastante cuidadas, presentan un buen confort y los suelos en parquet. El restaurante se completa con dos agradables terrazas emplazadas bajo soportales.

XX **La Casa de las 5 Puertas**   歴 ⅏ VISA ⚙
av. Santa María 8 ✉36002 – ℰ 986 85 19 48 – www.5puertas.com – cerrado domingo noche   AY**b**
Rest – Carta 24/32 € ⅏
• Tras su atractiva fachada en piedra dispone de un bar-vinoteca, tres salas de estética actual, distribuidas en dos alturas, y un privado. Cocina tradicional y completa bodega.

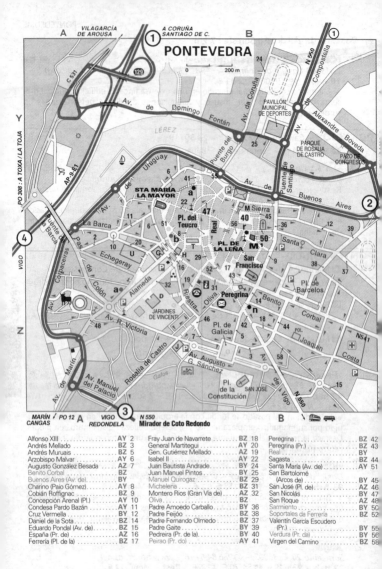

PONTEVEDRA

✕ **Alameda 10**   🄰🄲 ⚘ ♻ 𝘝𝘐𝘚𝘈 ⓪③ 🄰🄴

Alameda 10 ☒36001 – 𝒸 986 85 74 12
– www.restaurantealameda10.com
– cerrado 1ª quincena de enero, 1ª quincena de julio, martes noche salvo en agosto y diciembre, y domingo   AZ**a**
Rest – Carta aprox. 39 € ⬢

♦ Restaurante de correcto montaje cuya carta aúna los sabores gastronómicos tradicionales con una excelente y completa variedad de vinos. Comedor privado en la bodega.

en San Salvador de Poio por Puente de la Barca AY :

XXX **Solla** (Pepe Solla) $\leqslant$ AC $\mathcal{Y}$ P VISA OO AE O
£3 *av. Sineiro 7, carret. de La Toja : 2 km* ⊠*36005 San Salvador de Poio*
– $\mathscr{C}$ 986 87 28 84 – www.restaurantesolla.com – cerrado 15 días en Navidades,
25 abril-2 mayo, domingo noche, lunes y jueves noche
Rest – Carta 41/63 €
Espec. Bonito de Burela en escabeche al minuto (verano). Vieiras marinadas con
cítricos en un jugo de lechuga y aromáticas (primavera). Bacalao confitado con
guacamole, limón y calabaza.
♦ Antigua casa de campo de estilo regional ubicada junto la carretera. En su
comedor, moderno, elegante, con grandes ventanales y la cocina a la vista del
cliente, podrá degustar distintas elaboraciones de carácter creativo y unos mariscos de excelente calidad.

PONTS – Lleida – **574** G33 – **2 803 h.** – **alt. 363 m** – ⊠ 25740   **13** B2
▶ Madrid 533 – Barcelona 131 – Lleida/Lérida 64

XX **Ponts** $\widehat{\imath}$ AC $\mathcal{Y}$ $\Leftrightarrow$ P VISA OO AE O
☺ *carret. de Calaf 2 – $\mathscr{C}$ 973 46 00 17 – www.loponts.com*
– cerrado del 1 al 15 julio, domingo noche y lunes
Rest – Carta 30/35 €
♦ Está llevado con ilusión y profesionalidad entre dos hermanos. Disponen de
tres comedores de línea moderna donde ofrecen cocina regional actualizada y
un menú degustación.

PORT BALÍS – Barcelona – ver Sant Andreu de Llavaneres

PORT D'ALCÚDIA – Illes Balears – ver Balears (Mallorca)

PORT D'ANDRATX – Illes Balears – ver Balears (Mallorca)

El PORT DE LA SELVA – Girona – **574** E39 – **1 015 h.** – **Playa**   **14** D3
– ⊠ 17489
▶ Madrid 776 – Banyuls 39 – Girona/Gerona 67
🖪 Illa 13 $\mathscr{C}$ 972 38 71 22 turisme@elportdelaselva.cat Fax 972 38 74 13
◎ Localidad★
🄶 Monasterio de Sant Pere de Rodes★★★ (paraje★★, iglesia★★★,
campanario★★, capiteles★) Suroeste : 8 km

🄱🄷 **Porto Cristo** sin rest 📶 & AC (ŋ) VISA OO AE O
Major 59 – $\mathscr{C}$ 972 38 70 62 – www.hotelportocristo.com
– cerrado 13 diciembre-14 febrero
49 hab ⊆ – ††80/210 €
♦ Tras su reciente reforma dispone de unas habitaciones amplias y bien equipadas, con mobiliario funcional de calidad. Muchos de sus aseos cuentan con
bañera de hidromasaje.

X **Cal Mariner** con hab $\widehat{\imath}$ 📶 AC $\mathcal{Y}$ (ŋ) VISA OO
carret. de Cadaqués 2 – $\mathscr{C}$ 972 38 80 05 – www.calmariner.com
– cerrado 9 diciembre-febrero
8 hab – ††60/80 €, ⊆ 6 €   **Rest** – Carta aprox. 39 €
♦ Presenta dos salas distribuidas en dos niveles, ambas de ambiente marinero y
la del piso superior con una pequeña terraza. Carta tradicional con un buen apartado de arroces. También ofrece unas habitaciones que resultan muy correctas
como complemento al negocio.

X **Ca l'Herminda** $\leqslant$ AC VISA OO
l'Illa 7 – $\mathscr{C}$ 972 38 70 75 – www.herminda.com – cerrado 3 enero-febrero,
miércoles noche y jueves salvo verano
Rest – Carta 28/50 €
♦ Ocupa una antigua casa de pescadores y sorprende por su rústico interior, con
las paredes en piedra y grandes vigas de madera. Vivero propio y elaboraciones
tradicionales.

PORT DE POLLENÇA – Illes Balears – ver Balears (Mallorca)

ESPAÑA

PORT DE SÓLLER – Illes Balears – ver Balears (Mallorca)

PORTALS NOUS – Illes Balears – ver Balears (Mallorca)

PORTBOU – Girona – **574** C9 – **i** 325 h. – Playa – ⊠ 17497   14 D3
  ▶ Madrid 782 – Banyuls 17 – Girona/Gerona 74
  i passeig Lluís Companys ℰ 972 12 51 61 turisme.portbou@ddgi.es Fax 972 12 51 23
  ◎ carretera de Colera★★

⌂ **La Masía** sin rest   AC ℅ (🌀) VISA ⓐⓑ
  passeig de la Sardana 1 – ℰ 972 39 03 72
  14 hab – ✦43/58 € ✦✦68/95 €, � 6 €
  ◆ Negocio familiar situado en el paseo marítimo. Posee habitaciones correctas y de mobiliario estándar, la mayoría con terraza. Destaca el viejo pino que crece en su interior.

PORTO CRISTO – Illes Balears – ver Balears (Mallorca)

PORTOCOLOM – Illes Balears – ver Balears (Mallorca)

PORTONOVO – Pontevedra – **571** E3 – 2 081 h. – Playa – ⊠ 36970   19 A2
  ▶ Madrid 626 – Pontevedra 22 – Santiago de Compostela 79 – Vigo 49
  i carret. A Lanzada 21 ℰ 986 69 11 28 consorcio@sanxenxo.com Fax 986 69 11 28

🏠🏠 Royal Nayef sin rest ⏀   ◁ ⅃ 🖃 ⅙ AC (🌀) 🏠
  Canelas 4, bajada a la playa, Oeste : 1 km – ℰ 986 72 13 13
  – www.royalnayef.com
  26 hab
  ◆ En la bajada a la playa de Canelas. Ofrece habitaciones de diseño actual, con materiales de calidad, terrazas e hidromasaje en los baños. Piscina con vistas en la azotea.

⌂ **Siroco** sin rest   ◁ 🖃 ℅ VISA ⓐⓑ
  av. de Pontevedra 12 – ℰ 986 72 08 43 – abril-20 octubre
  32 hab ⊠ – ✦32/48 € ✦✦48/70 €
  ◆ Céntrico emplazamiento con vistas al mar. Correcta zona social en la 4ª planta, con terraza-solárium, pequeño jardín y habitaciones amuebladas en un estilo funcional.

⌂ **Martín-Esperanza**   ◁ 🖃 ℅ 🏠 VISA ⓐⓑ AE
  av. de Pontevedra 60 – ℰ 986 72 05 21 – www.hotelmartinesperanza.com
  – Semana Santa y junio-octubre
  16 hab – ✦33/44 € ✦✦54/75 €, ⊠ 5 €
  Rest – Menú 16 €
  ◆ Familiar y en 1ª línea de playa. Posee habitaciones de aire funcional, con mobiliario en pino y terraza en la mayoría de los casos. La zona social se limita a la cafetería. El comedor, dotado de vistas al mar, combina su carta con un correcto menú.

⌂ **Nuevo Cachalote**   🖃 AC rest, ℅ 🅿 VISA ⓐⓑ
  Rua da Mariña – ℰ 986 72 34 54 – www.cachalote.com – abril-octubre
  31 hab ⊠ – ✦36/45 € ✦✦51/77 €
  Rest – Menú 13,80 €
  ◆ Céntrico establecimiento de organización familiar. Dispone de una sencilla zona social y habitaciones funcionales dotadas con mobiliario provenzal y baños actuales. El restaurante ofrece una carta muy variada, con predominio de platos gallegos.

✗ **Titanic**   ◁ AC ℅ VISA ⓐⓑ AE
  Rafael Picó 46 – ℰ 986 72 36 45 – www.restaurantetitanic.com – cerrado
  22 diciembre-7 enero y lunes en invierno
  Rest – Carta 30/50 €
  ◆ Este restaurante familiar se encuentra en una zona elevada y desde su comedor disfruta de vistas al puerto. Carta tradicional con un buen apartado de mariscos.

ESPAÑA

en la carretera PO 308 :

Galatea ⟨ ⌧ ⌧ ⌧ ⌧ ⌧ ⌧ ⌧ hab, ⌧ ⌧ ⌧ ⌧ ⌧ ⌧ ⌧ ⌧
Paxariñas, Oeste : 1,5 km ⌧36970 Portonovo – ℰ 986 72 70 27
– www.hotelgalatea.com
80 hab ⌧ – †51/148 € ††76/177 € – 6 suites   **Rest** – Menú 26 €
♦ Atractivo hotel de nueva construcción, que combina el confort con un completo centro de tratamientos terapéuticos. Goza de unas confortables habitaciones de línea moderna. Espacioso restaurante con la carta al gusto de su cosmopolita clientela.

Canelas ⌧ ⌧ ⌧ hab, ⌧ ⌧ ⌧ ⌧ ⌧ ⌧ ⌧ ⌧
Oeste : 1 km ⌧36970 Portonovo – ℰ 986 72 08 67 – www.hotelcanelas.com
– Semana Santa-15 octubre
36 hab – †45/84 € ††54/97 €, ⌧ 7,60 €   **Rest** – Menú 21 €
♦ A las afueras de la localidad y muy próximo a la playa que le da nombre. Posee habitaciones con mobiliario funcional repartidas en cuatro plantas, la superior abuhardillada. El comedor disfruta de un montaje actual y ofrece una correcta carta tradicional.

PORTUGALETE – Vizcaya – **573** C20 – 48 105 h. – ⌧ 48920   **25** A3
▶ Madrid 415 – Bilbao 21 – Santander 82

G.H. Puente Colgante ⟨ ⌧ ⌧ hab, ⌧ ⌧ ⌧ ⌧ ⌧ ⌧ ⌧ ⌧ ⌧
María Díaz de Haro 2 – ℰ 944 01 48 00 – www.granhotelpuentecolgante.com
74 hab – ††60/182 €, ⌧ 12,50 €   **Rest** – Menú 15 €
♦ Frente a la ría y con una elegante fachada clásico-colonial de finales del s. XIX. Destaca el confort de sus habitaciones, con mobiliario moderno y baños completos en mármol. El restaurante tiene una línea actual y se complementa con una cafetería pública.

POSADA DE LLANERA – Asturias – **572** B12 – 13 776 h. – ⌧ 33424   **5** B1
▶ Madrid 462 – Oviedo 15 – Leon 140

La Corriquera ⌧ ⌧ ⌧ ⌧ ⌧
av. de Oviedo 19 – ℰ 985 77 32 30 – cerrado Semana Santa, 21 días en agosto, domingo noche y lunes
Rest – Carta 26/35 €
♦ Este restaurante, de línea actual, ofrece un pequeño bar, una moderna cocina acristalada y una sala interior en la que podrá degustar elaboraciones tradicionales y de mercado.

POSADA DE VALDEÓN – León – **575** C15 – 514 h. – alt. 940 m   **11** B1
– ⌧ 24915
▶ Madrid 411 – León 123 – Oviedo 140 – Santander 170
◔ Puerto de Pandetrave★★ Sureste : 9 km – Puerto de
Panderruedas★ (Mirador de Piedrafitas★★) Suroeste : 6 km – Puerto del
Pontón★ ⟨★★ Suroeste : 12 km

Picos de Europa ⌧ ⟨ ⌧ ⌧ ⌧ ⌧ ⌧ ⌧ ⌧
– ℰ 987 74 05 93 – www.picoseuropa.org – abril-5 noviembre
8 hab – †45/55 € ††55/65 €, ⌧ 5 €
Rest – *(sólo clientes, sólo cena menú)* Menú 18 €
♦ Un turismo rural muy agradable. Ofrece acogedoras habitaciones de aire rústico, todas pintadas en vivos colores, con mobiliario antiguo y cuatro de ellas abuhardilladas.

POTES – Cantabria – **572** C16 – 1 533 h. – alt. 291 m – ⌧ 39570   **8** A1
▶ Madrid 399 – Palencia 173 – Santander 115
🛈 Plaza de las estaciones ℰ 942 73 07 87 turismopotes@cantabria.org
Fax 942 73 07 87
◉ Paraje★
◔ Santo Toribio de Liébana ⟨★ Suroeste : 3 km – Desfiladero de La
Hermida★★ Norte : 18 km – Puerto de San Glorio★ (Mirador de Llesba
⟨★★) Suroeste : 27 km y 30 mn. a pie

ESPAÑA

Ⅹ **El Bodegón** ⚜ 𝗩𝗜𝗦𝗔 ⓐⓞ ⓞ
San Roque 4 – ℰ 942 73 02 47 – cerrado 22 diciembre-8 enero y miércoles
Rest – Carta 22/30 €
♦ Antigua casa que conserva parte de su estructura original, con la fachada en
piedra. Combina detalles rústicos y actuales, ofreciendo una buena cocina a pre-
cios moderados.

POZAL DE GALLINAS – Valladolid – **575** I15 – 526 h. – alt. 737 m   **11** B2
– ✉ 47450

▶ Madrid 160 – Valladolid 60 – Segovia 97 – Ávila 88

al Sureste : 3,3 km

⌂ **La Posada del Pinar** ⌚ ⚞ 𝄐 ⚜ rest, ⚿ 𝗣 𝗩𝗜𝗦𝗔 ⓐⓞ
Pinar de San Rafael ✉47450 – ℰ 983 48 10 04 – www.laposadadelpinar.com
– cerrado 15 enero-7 febrero
22 hab ⚏ – ♦85 € ♦♦95 €   **Rest** – *(sólo clientes)* Menú 20 €
♦ Buen turismo rural rodeado de pinares. Disfruta de varias zonas sociales, algunas con chimenea, y unas cuidadas habitaciones de estilo clásico. Elegante comedor privado.

POZOBLANCO – Córdoba – **578** Q15 – 17 669 h. – alt. 649 m   **1** B1
– ✉ 14400

▶ Madrid 361 – Ciudad Real 164 – Córdoba 67
▣ Pozoblanco, Sur : 3 km, ℰ957 33 91 71

🏨 **Dueñas Muñoz** ▤ ⚅ 𝗔𝗖 ⚜ ⓣ ⚞ 𝗩𝗜𝗦𝗔 ⓐⓞ ⓞ
Ronda de los Muñoces 2 – ℰ 957 77 00 19 – www.hotelruraldm.com
22 hab – ♦35/40 € ♦♦60/70 €, ⚏ 5 €
Rest *La Casona de la Abuela* – ver selección restaurantes
♦ Este hotelito de carácter familiar se presenta con una reducida zona social,
detalles rústicos y confortables habitaciones, todas personalizadas y con los suelos en tarima.

Ⅹ **La Casona de la Abuela** – Hotel Dueñas Muñoz 𝗔𝗖 ⚜ ⚞
⊛ *Ronda de los Muñoces 2 – ℰ 957 77 00 19* 𝗩𝗜𝗦𝗔 ⓐⓞ 𝗔𝗘 ⓞ
– www.hotelruraldm.com
Rest – Carta 24/35 €
♦ Posee un acceso independiente respecto al hotel y resulta bastante acogedor, ya que recrea un ambiente rústico-clásico. Cocina de base tradicional con
buenas actualizaciones.

POZUELO DE ALARCÓN – Madrid – **576** K18 – **575** K18 – 82 428 h.   **22** B2
– alt. 690 m – ✉ 28223

▶ Madrid 12

ⅩⅩ **Zurito** ⚞ 𝗔𝗖 ⚜ ⚞ 𝗩𝗜𝗦𝗔 ⓐⓞ 𝗔𝗘 ⓞ
Lope de Vega 2 ✉28223 – ℰ 913 52 95 43 – www.zurito.com – cerrado Semana
Santa, del 8 al 21 de agosto y domingo noche
Rest – Carta aprox. 45 €
♦ Tiene un bar donde sirven pinchos y raciones, un comedor de ambiente tradi-
cional, otro minimalista y tres privados. Cocina tradicional con buenas actualiza-
ciones del chef.

Ⅹ **La Española** ⚞ 𝗔𝗖 ⚜ ⚛ ⚞ 𝗩𝗜𝗦𝗔 ⓐⓞ 𝗔𝗘 ⓞ
av. Juan XXIII-5 ✉28224 – ℰ 917 15 87 85 – www.restaurantelaespanola.es
– cerrado domingo noche y lunes
Rest – Carta 39/54 €
♦ Negocio de corte clásico decorado con profusión de madera. De sus fogones
surge una cocina fiel al gusto tradicional, con buenas materias primas y platos
bastante elaborados.

junto a la autovía M 502 Sureste : 2,5 km

🏨 **AC La Finca** sin rest, con cafetería   🔽 🛗 ⚐ 🅰🅲 🕸 📶 🛁 🅿 🚗
paseo Club Deportivo 1 (Parque Empresarial La Finca)   🆅🅸🆂🅰 ⓪⓪ 🅰🅴
✉*28223* – ℰ *917 99 76 70* – www.ac-hotels.com
90 hab – 👫90/175 €, ⚐ 16 €
♦ Modernas instalaciones enfocadas al cliente de negocios, ya que se encuentra en un parque empresarial a las afueras de la ciudad. Habitaciones amplias y bien equipadas.

🍴🍴🍴 **Urrechu**   🍸 🅰🅲 🕸 ⇄ 🆅🅸🆂🅰 ⓪⓪ 🅰🅴 ⓪
Barlovento 1-1°, (C.C. Zoco de Pozuelo) ✉*28223* – ℰ *917 15 75 59*
– www.urrechu.com – *cerrado Semana Santa, del 1 al 20 de agosto y domingo noche*
Rest – Carta 50/58 € ⚕
♦ Posee una gran sidrería en planta baja y una sala rústica-actual en el piso superior, con varios privados y terraza. Cocina tradicional actualizada y excelente carta de vinos.

PRADES – Tarragona – **574** I32 – **676 h.** – ✉ **43364**   **13** B2
▶ Madrid 530 – Lleida/Lérida 68 – Tarragona 50

🍴 **L'Estanc**   🕸 🆅🅸🆂🅰 ⓪⓪
pl. Major 9 – ℰ *977 86 81 67* – *cerrado 15 enero-15 febrero y miércoles*
Rest – Carta 23/35 €
♦ Situado en el centro del pueblo, destaca por sus elaboraciones caseras con productos escogidos. Comedor rústico en dos niveles, con un sencillo montaje.

El PRAT DE LLOBREGAT – Barcelona – **574** I36 – **63 418 h.**   **15** B3
– alt. 5 m – ✉ **08820**
▶ Madrid 611 – Barcelona 15 – Girona/Gerona 113
🛫 de El Prat-Barcelona ℰ *902 404 704*

en el Parque de Negocios Mas Blau II Suroeste : 3 km

🏨 **Tryp Barcelona Aeropuerto** sin rest, con cafetería   🔽 🛗 ⚐ 🅰🅲 🕸
pl. del Pla de L'Estany 1-2 ✉*08820*   🕻 🛁 🚗 🆅🅸🆂🅰 ⓪⓪ 🅰🅴 ⓪
– ℰ *933 78 10 00* – www.trypbarcelonaaeropuerto.solmelia.com
196 hab – 👫96/297 €, ⚐ 15 € – 9 suites
♦ Conjunto funcional-actual ubicado en un parque de negocios junto al aeropuerto. Posee un gran hall abierto hasta el techo y prácticas habitaciones de completo equipamiento.

PRENDES – Asturias – **572** B12 – ✉ **33438**   **5** B1
▶ Madrid 484 – Avilés 17 – Gijón 10 – Oviedo 32

🍴🍴🍴 **Casa Gerardo** (Pedro y Marcos Morán)   🅰🅲 🕸 ⇄ 🅿 🆅🅸🆂🅰 ⓪⓪ 🅰🅴 ⓪
⚜ *carret. AS 19* – ℰ *985 88 77 97* – *cerrado lunes*
Rest – *(sólo almuerzo salvo viernes y sábado)* Menú 60/90 € – Carta 45/71 €
Espec. Ahumados, jugo de fabada, anguila ahumada y toques picantes. Ostra en escabeche de apio, rosas y pistachos. Lazos de manzana, helado de haba tonka y aire de aguardiente de manzana.
♦ Uno de los restaurantes más prestigiosos del Principado, con el dueño y su hijo a los fogones. Presenta un buen hall, un bar-vinoteca actual y acogedoras salas de ambiente neorrústico. Su cocina ofrece una perfecta simbiosis entre la tradición y la innovación.

PRIEGO DE CÓRDOBA – Córdoba – **578** T17 – **23 513 h.** – alt. 649 m   **2** C2
– ✉ **14800**
▶ Madrid 395 – Antequera 85 – Córdoba 103 – Granada 79
◉ Localidad★★ – Fuentes del Rey y de la Salud★★ – Parroquia de la Asunción★ : Capilla del Sagrario★★ – Barrio de la Villa★★ – El Adarve★

ESPAÑA

XX **Balcón del Adarve** ≤ 🕼 AC ❀ ⇔ VISA ⓪ AE

paseo de Colombia 36 – 𝒞 *957 54 70 75 – www.balcondeladarve.com*
– cerrado del 1 al 8 de septiembre y lunes
Rest – Carta 26/35 €

♦ Sorprende por su ubicación sobre unas antiguas murallas que sirven como balcón a las montañas y a los campos de olivos. Comedores de excelente montaje y terraza con vistas.

por la carretera de Zagrilla Noroeste : 4 km

🏠🏠 **Huerta de las Palomas** 🌢 🌁 🍃 🔲 ⅃ӕ 🖹 ⅋ hab, AC ❀ 🕻 ⅏ P

✉14800 – 𝒞 *957 72 03 05 – www.zercahoteles.com* VISA ⓪
34 hab ☲ – ♥65/82 € ♥♥82/108 €
Rest – *(cerrado 7 enero-13 febrero)* Menú 20 €

♦ Conjunto de estilo regional emplazado en pleno campo. Posee una correcta zona social y cálidas habitaciones distribuidas en torno a un bonito patio cubierto de aire andaluz. Ofrece dos restaurantes, uno rústico decorado con un pozo y otro para las barbacoas.

PRUVIA – Asturias – **572** B12 – ✉ 33192 **5** B1
▶ Madrid 468 – Avilés 29 – Gijón 13 – Oviedo 15

🏠 **La Campana** 🌁 🖹 AC 🕻 ⅏ P

carret. AS 266 – 𝒞 *985 26 58 36 – www.restaurantelacampana.com*
34 hab
Rest *La Campana* – ver selección restaurantes

♦ Hotel de línea actual-funcional ubicado en un entorno natural que invita al descanso. Cuenta con una pequeña zona social, un espacioso jardín y confortables habitaciones.

XX **La Campana** – Hotel La Campana AC ⇔ P

carret. AS 266 – 𝒞 *985 26 58 36 – www.restaurantelacampana.com*
Rest –

♦ Posee una zona de bar con varias salas y un comedor regional conocido como El Llar, especializado en platos asturianos y bastante popular por sus pescados y carnes a la brasa.

XX **La Venta del Jamón** 🕼 ❀ P VISA ⓪ AE

carret. AS 266 – 𝒞 *985 26 28 02 – www.laventadeljamon.com – cerrado domingo noche*
Rest – Carta 33/49 €

♦ Este negocio, ya centenario, disfruta de un bar-sidrería que funciona como zona de espera, un comedor rústico y otra sala más clásica en el piso superior. Cocina de temporada.

PUÇOL – Valencia – **577** N29 – **19 018 h.** – alt. 48 m – ✉ 46530 **16** B2
▶ Madrid 373 – Castelló de la Plana/Castellón de la Plana 54 – València 23

🏠 **Alba** sin rest 🖹 AC ❀ 🕻 ⅏ 🚗 VISA ⓪

carret. de Barcelona 12 – 𝒞 *961 42 24 44 – www.hotelesalba.com*
42 hab ☲ – ♥45/80 € ♥♥60/120 €

♦ Hotel dotado de un moderno hall con cafetería y habitaciones de adecuado confort, todas ellas con mobiliario actual-funcional, buen aislamiento y baños reducidos.

PUEBLA DE ALFINDÉN – Zaragoza – **574** H27 – **5 033 h.** – alt. 197 m **3** B2
– ✉ 50171
▶ Madrid 340 – Huesca 83 – Lleida/Lérida 139 – Zaragoza 17

XX **Galatea** AC ⇔ VISA ⓪ AE ⓪

Barrio Nuevo 6 (carret. N II) – 𝒞 *976 10 79 99 – www.restaurantegalatea.es*
– cerrado 15 días en agosto y domingo
Rest – *(sólo almuerzo salvo sábado)* Carta 34/45 €

♦ Esta acogedora casa tiene un pequeño privado en la planta de acceso y el comedor principal, de ambiente clásico, en la 1ª planta. Ofrece una carta tradicional actualizada.

PUEBLA DE SANABRIA – **Zamora** – **575** F10 – **1 571 h.** – **alt. 898 m**   **11** A2
– ⊠ 49300

> ▶ Madrid 341 – León 126 – Ourense 158 – Valladolid 183
> ◙ Carretera a San Martín de Castañeda ⩤★ Noreste : 20 km

🏨   **Posada de las Misas**   ⌂ � ⚟ 📶 VISA ⊚⊛ AE ⓞ
pl. Mayor 13 – 𝓒 *980 62 03 58 – www.posadadelasmisas.com*
14 hab ⌂⊐ – †68/92 € ††85/125 €   **Rest** – Menú 25 €
♦ Tras sus vetustas paredes en piedra encontrará un edificio totalmente nuevo, bastante colorista y con mobiliario de vanguardia. Biblioteca en el ático y terraza con vistas. Su restaurante, que goza de un buen montaje, ofrece una cocina tradicional actualizada.

🏠   **Posada Real la Cartería**   ⌂⌂ ✣ ✥ 📶 VISA ⊚⊛ AE
Rua 16 – 𝓒 *980 62 03 12 – www.lacarteria.com*
8 hab ⌂⊐ – †68/125 € ††85/125 €   **Rest** – Menú 25 €
♦ Casa del s. XVIII en piedra que combina la rusticidad de sus paredes y techos con detalles de diseño moderno, logrando un entorno muy cálido y gratificante. El comedor resulta un poco reducido, aunque cuenta con una cuidada decoración.

PUEBLA DEL CARAMIÑAL – **A Coruña** – ver Pobra do Caramiñal

PUENTE ARCE – **Cantabria** – **572** B18 – ⊠ 39470   **8** B1

> ▶ Madrid 406 – Santander 22 – Bilbao 115

🍴🍴 **El Nuevo Molino** (José Antonio González)   ⌂ AC ✣ ⇔ P VISA ⊚⊛ AE
✿ *barrio Monseñor 18 - carret. N 611 –* 𝓒 *942 57 50 55 – www.elnuevomolino.com*
– cerrado domingo noche y martes
Rest – Menú 42/54 € – Carta aprox. 50 €
Espec. Carpaccio de buey y virutas de foie-gras al oliva virgen. Rape emparrillado, puré de piel de limón, tomate relleno de erizos y ensalada de espinacas (abril-julio). Esponja de chocolate al aroma de trufa, arena de avellana y helado de boletus (abril-julio).
♦ Antiguo molino de agua decorado con detalles rústicos y grandes vigas de madera. Ofrece un buen hall con chimenea, una salita para la sobremesa en lo que fue la capilla, dos comedores de cuidado montaje y un hórreo que funciona como reservado. Cocina actual.

PUENTE DE SAN MIGUEL – **Cantabria** – **572** B17 – ⊠ 39530   **8** B1

> ▶ Madrid 376 – Burgos 141 – Santander 26 – Torrelavega 4

🍴🍴 **La Ermita 1883** con hab   AC ✣ VISA ⊚⊛
pl. Javier Irastorza – 𝓒 *942 83 84 91*
5 hab – †24/35 € ††41/50 €, ⊐ 7 €   **Rest** – Carta 27/38 €
♦ El bar y la sala para el menú tienen su propia cocina mientras, con cierta independencia, ofrece un comedor a la carta en el piso superior, clásico y de cuidado montaje. Las habitaciones con que se complementa se presentan con un cálido ambiente rústico.

🍴 **Hostería Calvo** con hab   AC rest. ✣ ⚟ VISA ⊚⊛ AE ⓞ
😊 *carret. de Oviedo 182 –* 𝓒 *942 82 00 56*
8 hab – †20/30 € ††40/50 €, ⊐ 6 €
Rest – *(cerrado junio, domingo noche y lunes)* Carta 25/35 €
♦ Esta casa goza de gran aceptación gracias a la calidad de sus productos, por eso, tiene una clientela habitual. La sala está decorada con cuadros del propio chef-propietario. Sus habitaciones, muy sencillas, se pueden considerar válidas como recurso.

PUENTE DE VADILLOS – **Cuenca** – **576** K23 – **246 h.** – ⊠ 16891   **10** C1

> ▶ Madrid 234 – Cuenca 70 – Teruel 164

🏠   **Caserío de Vadillos**   ⌷ ⅃ ✣ ⚟ P VISA ⊚⊛
🍽️ *av. San Martín de Porres –* 𝓒 *969 31 32 39 – www.caseriovadillos.com*
22 hab – †45 € ††55 €, ⊐ 4 €   **Rest** – Menú 13 €
♦ Este acogedor hotelito, llevado entre hermanos, sorprende por su atractiva fachada de estilo antiguo. Cafetería de aire regional, con chimenea, y habitaciones funcionales. En su restaurante, decorado con arcos y paredes en piedra, encontrará una carta de cocina tradicional.

PUENTE GENIL – Córdoba – **578** T15 – 30 033 h. – alt. 171 m – ⊠ 14500   **1** B2

   ▶ Madrid 457 – Sevilla 130 – Córdoba 69 – Málaga 101

✗   **Casa Pedro**   AC ✗ VISA ⓒ AE ⓞ
  Poeta García Lorca 5
  – 𝄢 957 60 42 76 – www.restaurantecasapedro.com
  – cerrado julio y lunes salvo festivos
  Rest – Carta 21/29 €
  ♦ Negocio familiar de línea actual. Posee una buena cafetería donde montan mesas para el menú y un comedor a la carta de correcto montaje, con las paredes en madera y piedra.

PUENTE LA REINA – Navarra – **573** D24 – 2 841 h. – alt. 346 m   **24** A2
– ⊠ 31100

   ▶ Madrid 403 – Logroño 68 – Pamplona 24
   ◉ Iglesia del Crucifijo (Cristo★) – Iglesia Santiago (portada★)
   ◉ Iglesia de Eunate★★ Este : 5 km – Cirauqui★ (iglesia de San Román : portada★) Oeste : 6 km

🏠   **El Peregrino**   🚗 🏊 AC ⁽¹⁾ 🛁 🅿 VISA ⓒ AE ⓞ
  carret. de Pamplona, Noreste : 1 km – 𝄢 948 34 00 75
  – www.hotelelperegrino.com
  – cerrado 8 enero-8 febrero
  12 hab – ♥120/300 € ♥♥150/300 €, � 20 €
  Rest – *(cerrado domingo noche y lunes)* Menú 65 €
  ♦ Este precioso hotel posee un interior de estilo rústico-elegante y magníficas habitaciones, donde combinan los muebles de época con valiosas obras de arte contemporáneo. Su restaurante ofrece dos bellos comedores, una sala acristalada y una excelente bodega.

PUENTE ULLA – A Coruña – ver Ponte Ulla

PUENTE VIESGO – Cantabria – **572** C18 – 2 746 h. – alt. 71 m   **8** B1
– Balneario – ⊠ 39670

   ▶ Madrid 364 – Bilbao 128 – Burgos 125 – Santander 26
   ◉ Cueva del castillo★

🏠   **G.H. Puente Viesgo** ⌕   🚗 🏊 🏋 ♨ AC rest, ✗ ⁽¹⁾ 🛁 🅿 🏧
  Manuel Pérez Mazo – 𝄢 942 59 80 61   VISA ⓒ AE ⓞ
  – www.balneariodepuenteviesgo.com
  142 hab – ♥106/141 € ♥♥138/171 €, � 11,50 € – 6 suites
  Rest *El Jardín* – Carta 38/44 €
  ♦ Dé un respiro a su salud en este hotel-balneario. Ofrece una correcta zona noble, numerosos servicios terapéuticos y unas confortables habitaciones, todas exteriores. En el restaurante encontrará una cocina tradicional actualizada y varios menús degustación.

PUENTEAREAS – Pontevedra – ver Ponteareas

PUENTEDEUME – A Coruña – ver Pontedeume

PUENTE DUERO – Valladolid – ver VALLADOLID

PUERTO – ver a continuación y el nombre propio del puerto

PUERTO BANÚS – Málaga – **578** W15 – 27 820 h. – Playa   **1** A3

   ▶ Madrid 622 – Algeciras 69 – Málaga 68 – Marbella 8
   ◉ Puerto deportivo★★

✗✗✗   **Cipriano**   🌳 AC ✗ ⇔ VISA ⓒ AE ⓞ
  av. Playas del Duque - edificio Sevilla ⊠29660 Nueva Andalucía
  – 𝄢 952 81 10 77 – www.restaurantecipriano.com – cerrado domingo en octubre-marzo
  Rest – Carta aprox. 55 €
  ♦ Magníficas instalaciones de estilo clásico, con maderas de calidad y detalles de gran elegancia. Buen bar-hall de espera, dos amplias salas y una coqueta terraza de verano.

PUERTO CALERO – Las Palmas – ver Canarias (Lanzarote)

PUERTO DE ALCUDIA – Illes Balears – ver Balears (Mallorca) : Port d'Alcúdia

PUERTO DE ANDRATX – Illes Balears – ver Balears (Mallorca) : Port d'Andratx

PUERTO DE BÉJAR – Salamanca – **575** K12 – 395 h. – alt. 850 m   11 A3
– ✉ 37720

▶ Madrid 227 – Valladolid 203 – Salamanca 83 – Cáceres 132

⌂ **El Jardín del Conde** ⌂   ✿ ⁽ₚ⁾ **P** 𝘝𝘐𝘚𝘈 ⓪
Finca Coto Nuestra Señora del Carmen, Suroeste : 1,5 km – 𝒞 923 41 41 75
– www.eljardindelconde.com – cerrado del 12 al 31 de diciembre
7 hab ☷ – †50/70 € ††65/85 € – 1 suite
Rest – *(julio-agosto y fines de semana resto del año)* (es necesario reservar)
Carta 27/39 €
♦ Destaca por su situación en un jardín romántico del s. XIX, con árboles y plantas de gran valor botánico. Cálida zona social con biblioteca y habitaciones de
sencillo confort.

PUERTO DE LA CRUZ – Santa Cruz de Tenerife – ver Canarias (Tenerife)

PUERTO DE LAS NIEVES – Las Palmas – ver Canarias (Gran Canaria) : Agaete

PUERTO DE MAZARRÓN – Murcia – **577** T26 – 5 686 h. – Playa   23 B3
– ✉ 30860

▶ Madrid 459 – Cartagena 33 – Lorca 55 – Murcia 69
𝒊 pl. de Toneleros (pérgola) 𝒞 968 59 44 26 turismo@mazarron.es Fax 968
15 31 21

🏨 **La Cumbre** ⌂   ⇐ ⌱ 🛗 🄰🄲 ✿ 🛁 **P** 🍽 𝘝𝘐𝘚𝘈 ⓪ 🄰🄴 ⓪
urb. La Cumbre – 𝒞 968 59 48 61 – www.hotellacumbre.com
119 hab – †33/70 € ††35/100 €, ☷ 7 €   **Rest** – Menú 15 €
♦ Ubicado a las afueras, en una zona elevada de una urbanización. Posee un
confort clásico, buenas zonas comunes y habitaciones actualizadas, casi todas
con terraza. Dispone de dos comedores, aunque suelen reservar el más espacioso
para la temporada alta.

PUERTO DE POLLENSA – Illes Balears – ver Balears (Mallorca) : Port de
Pollença

El PUERTO DE SANTA MARÍA – Cádiz – **578** W11 – 87 696 h.   1 A2
– Playa – ✉ 11500

▶ Madrid 638 – Cádiz 23 – Jerez de la Frontera 12 – Sevilla 113
𝒊 Pl. Alfonso X El Sabio 𝒞 956 54 24 13 turismo@elpuertodesantamaria.es
Fax 956 54 22 46
📷 Vista Hermosa, Oeste : 1,5 km, 𝒞 956 54 19 68
◉ Localidad★ – Iglesia Mayor Prioral (portada del Sol★) BZ – Monasterio de
Nuestra Señora de la Victoria (portada★) CY

Planos páginas siguientes

🏨 **Duques de Medinaceli**   🚗 ☂ ⌱ 🛗 🄰🄲 ✿ ⁽ₚ⁾ 🛁 **P** 𝘝𝘐𝘚𝘈 ⓪ 🄰🄴 ⓪
pl. de los Jazmines 2 – 𝒞 956 86 07 77
– www.jale.com   CY**b**
19 suites – †140/243 € ††201/303 €, ☷ 23 € – 9 hab
Rest *Reina Isabel* – Carta aprox. 45 €
♦ Palacete del s. XVIII dotado con un atractivo jardín botánico y una pequeña
capilla. Sus espaciosas dependencias están decoradas con sumo gusto en estilo
isabelino. Restaurante elegante y de excelente montaje, con una apacible terraza
como complemento.

EL PUERTO DE SANTA MARÍA

Alfonso X El Sabio (Pl.) . . BZ 3
Antonio Fernández Sevilla . . . . AZ
Arzobispo Bizarrón . . . . ABY 4
Aurora . . . . BZ 6
Caldevilla . . . . CY 7
Carmen Pérez Pascual . . BY 9
Catavino . . . . BZ 10
Curva . . . . BZ 12
Dr Múñoz Seca . . . . BY 13
Ejército (Av. del) . . . . AZ
Elias Ahuja (Pl. de) . . . . . AZ 15
Enrique Bartolomé (Pl. de) . . . . AZ 16
Fernán Caballero . . . . BZ 18
Fray Bernal Boyl (Av.) . . . CY 19
Galeras Reales (Pl. de las) . . . . BZ 21
Ganado . . . . BY
Herrería (Pl. de la) . . . . . BZ 22
Isaac Peral (Pl. de) . . . . . BZ 24
Javier de Burgos . . . . CZ 25
Libertad (Av. de la) . . . . . AZ 27
Luis Mazzantini . . . . AZ 28
Luna . . . . BZ
Magisterio (Rotonda) . . . AZ 30
Menesteo . . . . BZ 31
Micalea Aramburu de Mora . . . . BZ 33
Miguel del Pino (Pl.) . . . . AZ 34
Misericordia . . . . BZ 36
Pedro Múñoz Seca . . . . . BZ 37
Polvorista (Pl. del) . . . . . BZ 39
Pozos Dulces . . . . CY 40
Ribera del Marisco . . . . . CZ 41
Ribera del Río . . . . CYZ 42
Ricardo Alcón . . . . BZ 43
Santa M. de la Cabeza . . . AY 51
Santísima Trinidad . . . . . . CY 52
Santo Domingo . . . . BZ 54
San Juan . . . . BY 46
San Juan (Pl.) . . . . AY 48
San Sebastian . . . . . . ABYZ 49
Varilargueros . . . . AZ 55
Virgen de los Milagros BCYZ

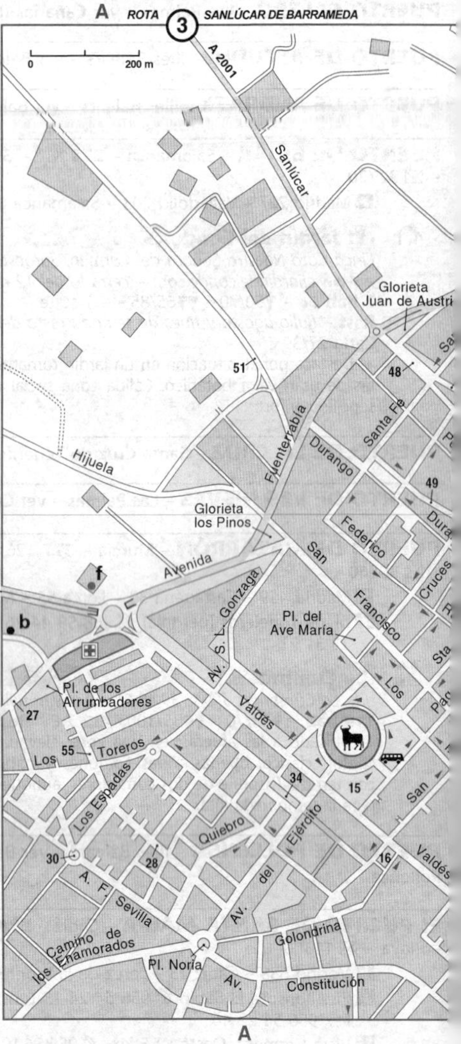

Monasterio San Miguel

Virgen de los Milagros 27
– *☎ 956 54 04 40*
– *www.hotelesjale.com* CY**a**
155 hab – 🚹122/219 € 🚹🚹175/273 €, ☕ 16 €
– 10 suites
Rest *Las Bóvedas* – Carta 38/56 €
◆ Antiguo convento donde se funden la sobria elegancia de su arquitectura y la decoración. Ofrece varios salones sociales, un claustro y habitaciones de buen confort.
El restaurante, de elegante clasicismo, organiza varias jornadas gastronómicas durante el año.

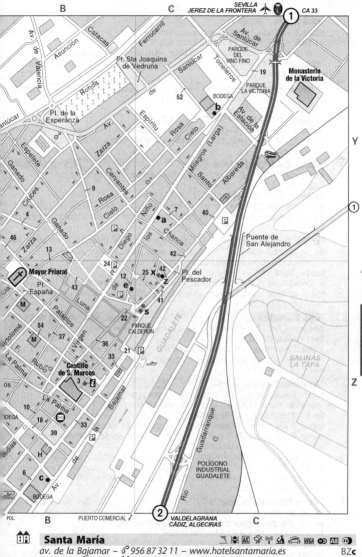

Santa María

🛅 📠 AC 🛁 ⌖ 🏊 ⇆ VISA ⓪ AE ①

av. de la Bajamar – ℰ *956 87 32 11 – www.hotelsantamaria.es*　BZ**c**

97 hab – ♥64/99 € ♥♥74/123 €, ⌷ 7,35 € – 3 suites

Rest – *(sólo menú)* Menú 17,70 €

♦ Conserva la portada de la antigua casa-palacio y un interior que invita al descanso. Amplia zona noble, cuidadas habitaciones y un atractivo solárium con piscina en el ático. Su comedor cuenta con dos salas donde se elabora un correcto menú diario.

Los Cántaros *sin rest, con cafetería*

📠 AC 🛁 ⌖ VISA ⓪ AE ①

Curva 6 – ℰ *956 54 02 40 – www.hotelloscantaros.com*　BZ**e**

39 hab – ♥64/116 € ♥♥78/136 €, ⌷ 7 €

♦ Toma el nombre de los cántaros del s. XVII encontrados en el subsuelo del solar. Habitaciones bien equipadas y dotadas de baños actuales, algunos con bañera de hidromasaje.

ESPAÑA

Del Mar sin rest   🅰️🅲 ⬝ 🚗 VISA ◉◉

Babor 5 – 𝒞 956 87 59 11 – www.delmarhotel.eu   AZ**b**
41 hab – 🛏45/107 € 🛏🛏60/128 €, ⬭ 6,50 €
• Presenta una cafetería con detalles marineros, un pequeño salón social y habitaciones de correcto confort, la mayoría con terraza y mobiliario clásico-funcional en pino.

Pinomar sin rest   ⬝ 🅱️ 🅲 ⬝ ⬝ 🅰️ ⬝ 🚗 VISA ◉◉

Jade 7, por av. de la Libertad AZ – 𝒞 956 05 86 46
– www.hotelpinomar.com
30 hab – 🛏43/108 € 🛏🛏54/130 €, ⬭ 4,35 €
• Tras su hermosa fachada de carácter regional encontrará una recepción, un rincón biblioteca y un patio típico andaluz. Correctas habitaciones y terraza-solárium en la azotea.

Casa del Regidor sin rest   🅱️ 🅲 🅰️ 📞 VISA ◉◉

Ribera del Rio 30 – 𝒞 956 87 73 33 – www.hotelcasadelregidor.com
– cerrado del 1 al 7 de enero   CZ**z**
15 hab – 🛏40/60 € 🛏🛏60/95 €, ⬭ 5 €
• Negocio familiar instalado en una casa del s. XVII. Ofrece un bonito patio andaluz a la entrada, un salón social con biblioteca y unas habitaciones de línea clásica-actual.

XXX El Faro del Puerto   🏠 🅰️🅲 ⬝ ⬝ 🅿️ VISA ◉◉ 🅰️🅴 ①

av. de Fuentebravía – 𝒞 956 87 09 52 – www.elfarodelpuerto.com
– cerrado domingo noche salvo agosto   AZ**f**
Rest – Carta 39/53 € ⬝
• Llevado por su chef-propietario. Posee varios comedores clásicos, tres privados y una bodega acristalada con más de 300 referencias. Cocina de temporada y buen producto local.

XX Los Portales   🅰️🅲 ⬝ ⬝ 🚗 VISA ◉◉ 🅰️🅴 ①

Ribera del Río 13 – 𝒞 956 54 18 12 – www.losportales.com   CZ**s**
Rest – Carta 35/45 €
• Aquí encontrará un bar clásico-andaluz, lleno de jamones, y elegantes salas decoradas con maderas nobles y azulejos. Carta especializada en pescados y mariscos de la bahía.

XX Aponiente (Angel León)   🅰️🅲 ⬝ VISA ◉◉ 🅰️🅴

💮 *Puerto Escondido 6 – 𝒞 956 85 18 70 – www.aponiente.com*
– cerrado enero-15 marzo, domingo noche y lunes   CZ**x**
Rest – Menú 56 € – Carta 48/54 €
Espec. Arroz meloso de plancton marino, tajaitas de volaores secos, "all i oli" ahumado. Pescado del día con chícharos, alcauciles y almejas. Láminas de chocolate y nata fresca, burbujas de galletas María.
• Situado en una calle peatonal. Posee un bar de espera a la entrada, dejando la cocina a la vista del cliente, y un pequeño comedor de montaje actual. Su chef propone una cocina creativa que no le dejará indiferente, destacando especialmente con los pescados.

⬝/ Casa Paco Ceballos   🏠 🅰️🅲 VISA ◉◉ 🅰️🅴 ①

Ribera del Marisco – 𝒞 956 54 29 08 – cerrado del 10 al 27 de enero,del 13 al 28 de octubre, domingo noche y miércoles salvo verano   CZ**s**
Rest – Tapa 2,50 € – Ración aprox. 10 €
• Bar de aire andaluz y larga tradición familiar. Dispone de una terraza con gran aceptación popular, donde podrá saborear con calma sus múltiples tapas de sabor marinero.

en la carretera de Rota AZ : Oeste : 1,5 km

Los Jándalos Vistahermosa &   ⬝ 🏠 ⬝ 🅱️ 🅲 hab, 🅰️🅲 ⬝ 📞

Amparo Osborne - Vistahermosa ⬚11500   🅰️ 🚗 VISA ◉◉ 🅰️🅴 ①
– 𝒞 956 87 34 11 – www.jandalos.com
45 apartamentos – 🛏🛏85/260 €, ⬭ 12,85 € – 18 hab   **Rest** – Menú 21 €
• Sobre todo destaca por el gran confort y la calidad de sus habitaciones, muy superiores a los apartamentos y a los dúplex del anexo. Espléndido entorno ajardinado y SPA. El restaurante, de buen montaje, se complementa con un agradable porche acristalado.

PUERTO DE SÓLLER – Illes Balears – ver Balears (Mallorca) : Port de Sóller

PUERTO DE VEGA – Asturias – **572** B10 – 1 849 h. – ⌂ 33790   5 A1
▶ Madrid 550 – Oviedo 103 – Lugo 158

Pleamar sin rest   ⇐ ⌘ ⁽ᵗ⁾ **P** VISA ⓒⓞ
Párroco Penzol – ⌘ 985 64 88 66 – www.hotelpleamar.com – cerrado 9 enero-9 febrero
9 hab – ♦65/78 € ♦♦75/90 €, ⌑ 8 €
♦ Este coqueto hotel le sorprenderá por su cuidadísima decoración. Ofrece habitaciones personalizadas de estilo rústico-actual, todas con detalles marineros y vistas al mar.

PUERTO DEL CARMEN – Las Palmas – ver Canarias (Lanzarote)

PUERTO DEL ROSARIO – Las Palmas – ver Canarias (Fuerteventura)

PUERTO LÁPICE – Ciudad Real – **576** O19 – 1 052 h. – alt. 676 m   9 B2
– ⌂ 13650
▶ Madrid 135 – Alcázar de San Juan 25 – Ciudad Real 62 – Toledo 85

El Puerto   AC ⌘ rest, **P** VISA ⓒⓞ AE
av. de Juan Carlos I-59 – ⌘ 926 58 30 50 – cerrado del 10 al 24 de enero
29 hab – ♦36 € ♦♦50 €, ⌑ 5 €   **Rest** – Menú 12 €
♦ Hotel familiar, a modo de venta típica, situado a la entrada del pueblo. Posee un agradable salón social con chimenea y habitaciones tan sobrias que resultan algo básicas. Su espacioso restaurante tiene un aire rústico y un correcto servicio de mesa.

PUERTO LUMBRERAS – Murcia – **578** T24 – 13 947 h. – alt. 333 m   23 A3
– ⌂ 30890
▶ Madrid 479 – Murcia 91 – Almería 140

Riscal   ⟦⟧ ⌖ hab, AC ⁽ᵗ⁾ ⩍ **P** ⌂ VISA ⓒⓞ AE ①
autovía A7 - salida 580, Norte : 2,5 km – ⌘ 968 40 20 50 – www.hotelriscal.com
61 hab – ♦50/80 € ♦♦50/110 €, ⌑ 8 €   **Rest** – Carta 20/35 €
♦ Tras su colorista fachada encontrará un hotel de carácter familiar enfocado a una clientela de viajantes y comerciales. Las instalaciones son modernas pero muy funcionales. En su restaurante elaboran una sencilla carta de gusto tradicional.

PUERTOLLANO – Ciudad Real – **576** P17 – 51 842 h. – alt. 708 m   9 B3
– ⌂ 13500
▶ Madrid 235 – Ciudad Real 38
ⓒ Castillo Convento de Calatrava la Nueva★ Este : 35 km

Tryp Puertollano sin rest   ⟦⟧ AC ⌘ ⁽ᵗ⁾ ⩍ ⌂ VISA ⓒⓞ AE ①
Lope de Vega 3 – ⌘ 926 41 07 68 – www.tryppuertollano.solmelia.com
38 hab – ♦59/95 € ♦♦65/120 €, ⌑ 10 €
♦ Este hotel cuenta con unas instalaciones bastante funcionales. Ofrece una correcta zona social y habitaciones de adecuado confort que se van actualizando poco a poco.

El Comendador   AC ⌘ VISA ⓒⓞ AE ①
Encina 16 – ⌘ 926 42 91 27 – www.restauranteelcomendador.com – cerrado del 3 al 16 de julio y domingo
Rest – *(sólo almuerzo salvo viernes y sábado)* Carta 27/40 €
♦ Dedicación y profesionalidad. Tiene un bar a la entrada, la cocina a la vista y una sala de aire rústico dotada con un buen servicio de mesa. Carta de cocina tradicional.

PUIG – Valencia – **577** N29 – 8 670 h. – alt. 50 m – ⌂ 46540   16 B2
▶ Madrid 367 – Castelló de la Plana/Castellón de la Plana 57 – València 18

Casbah sin rest, con cafetería   ⟦⟧ AC ⌘ ⁽ᵗ⁾ ⩍ ⌂ VISA ⓒⓞ AE ①
Julio Ribelles 13 – ⌘ 961 47 31 52 – www.hotelcasbah.com
57 hab – ♦44/75 € ♦♦58/120 €, ⌑ 6 €
♦ Conjunto funcional dotado de unas correctas habitaciones, todas de completo equipamiento en su categoría. Posee una cafetería con comedor, donde ofrecen un menú económico.

PUIG-REIG – Barcelona – **574** G35 – **4 403 h.** – alt. 455 m – ✉ 08692   14 C2
> ▶ Madrid 605 – Andorra la Vella 101 – Barcelona 86 – Girona/Gerona 129

Ⅹ   **El Celler de Ca la Quica**   ⛲ ⇔ 𝘝𝘐𝘚𝘈 ⓪
Major 48 – ℰ 938 38 02 20 – cerrado 26 abril-3 mayo, del 8 al 30 de agosto y lunes
Rest – *(sólo almuerzo salvo viernes y sábado)* Carta 29/38 €
♦ Esta casa del s. XIX posee varias salitas, todas con las paredes en piedra y los techos abovedados. Pequeña carta tradicional de mercado, menú del día y una bodega visitable.

PUIGCERDÀ – Girona – **574** E35 – **9 022 h.** – alt. 1 152 m – ✉ 17520   14 C1
> ▶ Madrid 653 – Barcelona 169 – Girona/Gerona 152 – Lleida/Lérida 184
> 🇮 Querol 1 ℰ 972 88 05 42 info@puigcerda.com Fax 972 14 15 22
> 🔝 Cerdanya, Suroeste : 1 km, ℰ 972 14 14 08
> 📷 Campanario ★

🏨🏨🏨   Villa Paulita 🌿   📷 ⅙ 🛗 ᕕ 🅰🄲 ⁘⁘ 🆂🄰 🚗
av. Pons i Gasch 15 – ℰ 972 88 46 22 – www.hospes.es
38 hab
Rest *L'Estany Senzone* – ver selección restaurantes
♦ Villa señorial emplazada junto a un lago artificial. Sus habitaciones están distribuidas entre el edificio principal, donde tienen un estilo clásico, y un anexo más moderno.

🏨   **Del Lago** sin rest 🌿   🖨 🗊 🗐 ⛲ ⁘⁘ 🅿 𝘝𝘐𝘚𝘈 ⓪ 🄰🄴 ⓪
av. Dr. Piguillem 7 – ℰ 972 88 10 00 – www.hotellago.com
24 hab – 👥100/120 €, ☕ 10 €
♦ Hotel de cuidados exteriores dotado con dependencias cálidas y de correcto equipamiento. Llamativa pérgola acristalada para los desayunos y atractiva piscina cubierta.

ⅩⅩⅩ   **L'Estany Senzone** – Hotel Villa Paulita   🄰🄲 🚗
av. Pons i Gasch 15 – ℰ 972 88 46 30 – www.hospes.es
Rest –
♦ Buen restaurante donde confluyen un ambiente muy cuidado, un destacable servicio de mesa, idílicas vistas al lago y un chef con cualidades. Cocina tradicional de calidad.

en la carretera de Barcelona Sureste : 1 km

🏨🏨   **Puigcerdà Park H.**   ≤ 🖨 🗊 ⛲ 🛗 🄰🄲 rest, ⛲ rest, ⁘⁘ 🅿 𝘝𝘐𝘚𝘈 ⓪ 🄰🄴 ⓪
✉17520 – ℰ 972 88 07 50 – www.hotelparkpuigcerda.com
– *cerrado 7 noviembre-2 diciembre*
54 hab ☕ – 👤68/84 € 👥82/103 €   **Rest** – *(sólo menú)* Menú 28 €
♦ Instalado en un edificio de inspiración montañesa con un agradable entorno ajardinado. Posee habitaciones de confort actual, todas ellas con terraza y los suelos en parquet. Sencillo aunque espacioso comedor en dos niveles, muy enfocado al cliente alojado.

en la carretera de Llívia Noreste : 1 km

🏨🏨   **Del Prado**   🖨 🗊 ⛲ 🛗 ⅙ hab, 🄰🄲 rest, ⛲ ⁘⁘ 🅿 🚗 𝘝𝘐𝘚𝘈 ⓪ 🄰🄴 ⓪
carret. de Llívia ✉17520 – ℰ 972 88 04 00
– *www.hoteldelprado.cat*
54 hab – 👤55/87 € 👥80/110 €, ☕ 11 €
Rest – *(cerrado del 15 al 30 de noviembre)* Menú 25,70 €
♦ Este hotel destaca por su buena organización familiar. Aquí encontrará una zona social variada y habitaciones bastante amplias, la mayoría de ellas de estética moderna. El restaurante está distribuido en dos salas de ambiente clásico y se muestra muy pendiente del servicio a la carta.

PUIGPUNYENT – Illes Balears – ver Balears (Mallorca)

Es PUJOLS – Illes Balears – ver Balears (Formentera)

PUNTA UMBRÍA – Huelva – **578** U9 – **14 708 h.** – Playa – ✉ 21100   1 A2

    🚗 Madrid 648 – Huelva 21

    🄳 av. Ciudad de Huelva 1 ☎ 959 49 51 60 turismo@puntaumbria.es Fax 959 49 51 66

🏠   Ayamontino   🖼 ▯ 🄰🄲 ¶¶ 🄿 🚗
    av. de Andalucía 35 – ☎ 959 31 14 50 – www.hotelayamontino.com
    45 hab   Rest –
    ◆ Su larga trayectoria avala el buen hacer de este hotel, situado en pleno centro de la localidad. Hall-recepción de aspecto actual y habitaciones de correcto equipamiento. El comedor se complementa con un bar-terraza que sólo funciona en temporada.

en la carretera de El Portil-Huelva Noroeste : 7,5 km :

🍴🍴   **El Paraíso**   🄰🄲 ❄ 🄿 𝗩𝗜𝗦𝗔 ⓒⓞ 🄰🄴 ⓞ
    ✉21100 – ☎ 959 31 27 56 – www.restauranteelparaiso.com
    Rest – Carta aprox. 48 €
    ◆ Restaurante lleno a diario. Su completa carta, elaborada con productos de calidad, avala el gran prestigio del que goza en toda la provincia. Clientela de negocios.

QUATRETONDETA – Alicante – **577** P29 – **129 h.** – alt. 520 m   16 B3
– ✉ 03811

    🚗 Madrid 430 – Alcoi 23 – Alacant/Alicante 80 – Benidorm 55

🏠   Els Frares ♨   🖼 🄰🄲 ¶¶
    av. País Valencià 20 – ☎ 965 51 12 34 – www.elsfrares.com
    15 hab   Rest –
    ◆ Hotel acogedor ubicado en el centro de la localidad. Posee tres pequeños salones sociales, uno de ellos con chimenea, y correctas habitaciones con vigas de madera a la vista. Sencillo comedor de aire rústico decorado con algunos aperos de labranza.

QUEJANA – Araba – ver Kexaa

QUIJAS – Cantabria – **572** B17 – ✉ 39590   8 B1

    🚗 Madrid 386 – Burgos 147 – Oviedo 172 – Santander 30

🏨   **La Torre de Quijas** sin rest   ❄ 🄿 𝗩𝗜𝗦𝗔 ⓒⓞ
    barrio Vinueva 76 - carret. N 634 – ☎ 942 82 06 45
    – www.casonatorredequijas.com – cerrado 15 diciembre-15 febrero
    22 hab – †50/70 € ††62/92 €, ☁ 6,50 €
    ◆ En piedra y de carácter indiano. Posee una cálida zona social, un patio cubierto y habitaciones de aire rústico, todas con mobiliario antiguo y algunas abuhardilladas.

🏠   **Posada Andariveles** sin rest   🖼 ❄ 🄿 𝗩𝗜𝗦𝗔 ⓒⓞ
    barrio Vinueva 181 - carret. N 634 – ☎ 942 82 09 24
    – www.casonaandariveles.com – cerrado 18 octubre-marzo
    15 hab – †40/60 € ††50/80 €, ☁ 5 €
    ◆ Se reparte en dos casas de estilo montañés, una con la agradable zona social y la otra con la mayoría de las habitaciones, personalizadas y algo recargadas. Pequeño SPA.

QUINTANA DE LOS PRADOS – Burgos – ver Espinosa de los Monteros

QUINTANADUEÑAS – Burgos – **575** E18 – alt. 850 m – ✉ 09197   12 C1

    🚗 Madrid 241 – Burgos 6 – Palencia 90 – Valladolid 125

🏨   **La Galería**   ▯ ♿ hab, 🄰🄲 ❄ ¶¶ 🆂🅰 🄿 🚗 𝗩𝗜𝗦𝗔 ⓒⓞ 🄰🄴 ⓞ
    Gregorio López Bravo 2, Sureste : 1,3 km – ☎ 947 29 26 06
    – www.hotelhqlagaleria.com
    60 hab ☁ – †48/107 € ††48/118 €
    Rest – *(cerrado domingo noche)* Carta 25/35 €
    ◆ Ubicado a las afueras de la ciudad, junto a un polígono industrial. Posee una cafetería, una moderna zona social y espaciosas habitaciones, funcionales pero de línea actual. El restaurante a la carta tiene un acceso independiente respecto a la zona del menú.

ESPAÑA

QUINTANALUENGOS – Palencia – **575** D16 – alt. 960 m – ✉ 34839   **12** C1

▶ Madrid 338 – Burgos 99 – Palencia 115 – Santander 117

⌂   **La Aceña** ⌂   ⇐ 🍽 **P** VISA ⊕
del Puente – ☎ 979 87 02 64 – *www.casarural-acena.com*
6 hab – 🛏30 € 🛏🛏45 €, ⊑ 4 €
Rest – *(solo cena) (sólo clientes)* Menú 18 €
♦ Antigua casa de labranza llevada por un amable matrimonio. Presenta un acogedor salón-comedor con chimenea, un patio-jardín y habitaciones rústicas de suficiente confort.

QUINTANILLA DE ONÉSIMO – Valladolid – **575** H16 – 1 163 h.   **12** C2
– alt. 745 m – ✉ 47350

▶ Madrid 215 – Aranda de Duero 63 – Valladolid 38

⌂⌂⌂   **Posada Fuente de la Aceña** ⌂   🛁 hab, 🅰🅲 🍽 🛜 🔊 **P**
camino del Molino – ☎ 983 68 09 10   VISA ⊕ 🅰🅴 ⓞ
– *www.fuenteacena.com*
22 hab – 🛏73/80 € 🛏🛏98/104 €, ⊑ 6 €
Rest – *(cerrado domingo noche y lunes)* Menú 20 €
♦ Instalado parcialmente en un antiguo molino a orillas del Duero. Las habitaciones, ubicadas en un edificio anexo, presentan una línea funcional-actual y baños modernos. El restaurante, dotado con dos salas de aire rústico-actual, ofrece una cocina creativa.

en la carretera N 122 Este : 3 km

⌂⌂⌂⌂   **Arzuaga** ⌂   ⇐ 🛁 🎬 🛁 hab, 🅰🅲 🍽 🛜 🔊 **P** VISA ⊕
km 325 – ☎ 983 68 70 04 – *www.hotelarzuaga.com*
91 hab ⊑ – 🛏114 € 🛏🛏151 € – 5 suites
Rest – Carta 31/46 €
♦ Forma parte de la bodega Arzuaga y cuenta con un anexo de estética actual, donde está la recepción. Habitaciones de gran nivel y un completo SPA, con servicios de vinoterapia. El restaurante, de aire rústico, tiene dos salas ubicadas en terrazas acristaladas.

QUINTANILLA DEL AGUA – Burgos – **575** F19 – 546 h. – alt. 851 m   **12** C2
– ✉ 09347

▶ Madrid 213 – Burgos 45 – Palencia 88 – Soria 131

⌂   **El Batán del Molino** ⌂   🍽 🛜 **P** VISA ⊕ ⓞ
🏠   *El Molino, Sur : 1 km* – ☎ 947 17 47 15
– *www.elbatandelmolino.com*
9 hab – 🛏45/50 € 🛏🛏55/60 €, ⊑ 5 €
Rest – *(sólo cena) (sólo clientes)* Menú 15 €
♦ Molino del s. XI emplazado en un paraje muy tranquilo y de agradables exteriores. Su arquitectura tradicional combina el ladrillo y la piedra con las vigas en madera vista.

RÁBADE – Lugo – **571** C7 – 1 711 h. – ✉ 27370   **20** C2

▶ Madrid 530 – A Coruña 79 – Lugo 15 – Ponferrada 133

⌂⌂⌂   **Coto Real**   🛗 🛁 🅰🅲 🍽 🛜 🔊 **P** VISA ⊕ 🅰🅴 ⓞ
av. A Coruña 107 – ☎ 982 39 00 12 – *www.cotoreal.com*
40 hab – 🛏39/93 € 🛏🛏50/93 €, ⊑ 6 €
Rest *Asador Coto Real* – ver selección restaurantes
♦ Hotel de línea moderna situado en el centro de la localidad. Presenta una correcta zona noble y coquetas habitaciones, no muy espaciosas pero con materiales de calidad.

✗✗   **Asador Coto Real** – Hotel Coto Real   🅰🅲 🍽 **P** VISA ⊕ 🅰🅴 ⓞ
av. A Coruña 107 – ☎ 982 39 00 12 – *www.cotoreal.com*
Rest – Carta 28/37 €
♦ Este restaurante tiene cierto prestigio en la zona y basa su oferta tanto en asados como en carnes a la brasa. Amplia sala de línea actual presidida por un gran horno de leña.

RABANAL DEL CAMINO – León – **575** E11 – alt. 1 150 m

– ✉ 24722

▶ Madrid 353 – León 67 – Ponferrada 34 – Zamora 86

La Posada de Gaspar ⌂ 🍴 **P** VISA ∞

Real 27 – ✆ 987 63 16 29 – www.laposadadegaspar.com – cerrado 20 días en enero-febrero

11 hab – ♦41 €, ♦♦54 €, ⌓ 6 € **Rest** – Menú 10 €

♦ Esta atractiva casa conserva los ideales de la arquitectura regional, con muchos detalles en piedra y sobrias habitaciones de aire rústico. Está muy orientada al peregrino. En su espacioso restaurante podrá degustar las especialidades propias de esta tierra.

La RÁBITA – Granada – **578** V20 – Playa – ✉ 18760

▶ Madrid 549 – Almería 69 – Granada 120 – Málaga 152

Las Conchas ← 🛗 🅰🅲 hab, 🍴 **P** 🚗 VISA ∞

paseo Marítimo 55 – ✆ 958 83 74 05 – www.hotellasconchas.com – junio-septiembre

30 hab – ♦40/66 €, ♦♦50/85 €, ⌓ 4 € **Rest** – Menú 12 €

♦ Hotel de organización familiar e impecable mantenimiento. Posee habitaciones amplias que cambian ligeramente según la planta, la mayoría con terraza y vistas al mar. Su restaurante, que está muy enfocado al cliente alojado, ofrece un buen servicio de mesa.

RACÓ DE SANTA LLÚCIA – Barcelona – ver Vilanova i la Geltrú

RÁFALES – Teruel – **574** J30 – 160 h. – alt. 627 m – ✉ 44589

▶ Madrid 456 – Zaragoza 143 – Teruel 192
– Castelló de la Plana/Castellón de la Plana 149

La Alquería 🅰🅲 🍴 hab, ¶↑ VISA ∞

pl. Mayor 9 – ✆ 978 85 64 05 – www.lalqueria.net

6 hab ⌓ – ♦60 € ♦♦82 € **Rest** – (cerrado domingo noche) Menú 25 €

♦ Esta antigua casa restaurada compensa su ausencia de espacios sociales con unas habitaciones de línea actual, casi todas con mobiliario en forja y baños de plato ducha. El restaurante se encuentra en la planta baja del edificio y en él podrá degustar una cocina tradicional actualizada.

RAÍCES – A Coruña – **571** D4 – ✉ 15895

▶ Madrid 604 – Santiago de Compostela 9 – A Coruña 81 – Pontevedra 60

Casa do Cruceiro sin rest ⌂ 🚗 🏊 🍴 ⌂ ¶↑ **P** VISA ∞

– ✆ 981 54 85 96 – www.casadocruceiro.com

7 hab – ♦36/44 € ♦♦54/66 €, ⌓ 5 €

♦ Cuidada casa de piedra con un pequeño jardín y piscina. Acogedora zona social y confortables habitaciones dotadas de mobiliario antiguo e hidromasaje en todos los baños.

RANDA – Illes Balears – ver Balears (Mallorca)

RASCAFRÍA – Madrid – **576** J18 – **575** J18 – 1 998 h. – alt. 1 163 m

– ✉ 28740

▶ Madrid 78 – Segovia 51
◉ Cartuja de El Paular★ (iglesia : retablo★★)

Santa María de El Paular ⌂ 🚗 🏊 ⅃⅚ 🍴 🛗 🍴 ¶↑ ♨ **P**

carret. M 604, Sur : 1,5 km ✉28741 El Paular VISA ∞ 🅰🅴 ⓪

– ✆ 918 69 10 11 – www.sheraton.com – cerrado enero

49 hab ⌓ – ♦99/109 € ♦♦109/119 € – 2 suites

Rest *Dom Lope* – Carta 34/50 €

♦ Instalado en una antigua y hermosa hospedería, junto al monasterio del s. XV del que toma su nombre. Presenta un patio porticado y equipadas habitaciones de línea clásica.

X **Barondillo** con hab   🍴 🍸 VISA ⑳ ⓪

cuesta del Chorro 4 – 𝒞 918 69 18 19 – www.barondillo.com – cerrado del 1 al 15 de junio

3 hab 🖙 – **♦♦**65/80 €   **Rest** – *(cerrado lunes y martes)* Carta 34/44 €

♦ Esta atractiva casa disfruta de un bar de apoyo en la planta baja y un reducido comedor en el piso superior, con las paredes en ladrillo visto y piedra. Carta tradicional. Como complemento al negocio también posee habitaciones, bastante amplias y con el mobiliario en madera o forja.

X **Los Calizos** con hab ⅍   🛪 🍸 🍸 P VISA ⑳ AE ⓪

carret. de Miraflores, Este : 1 km – 𝒞 918 69 11 12 – www.loscalizos.com

12 hab 🖙 – **♦**60 € **♦♦**80 €   **Rest** – Carta 38/47 €

♦ Emplazado en pleno campo. Posee dos salas neorrústicas de sencillo montaje y una agradable terraza ajardinada. De sus fogones surge una cocina fiel al recetario tradicional. Ofrece habitaciones de correcto confort que pueden venirle muy bien si desea pasar unos días en el Parque Natural de Peñalara.

El RASO – Ávila – ver Candeleda

RAXO – Pontevedra – **571** E3 – **1 051 h.** – ✉ **36992**   **19** A2

▶ Madrid 626 – Santiago de Compostela 77 – Pontevedra 14 – Viana do Castelo 129

en Serpe Norte : 1,5 km

XXXX **Pepe Vieira** (Xosé T. Cannas)   AC 🍸 P VISA ⑳

🕸 *camiño da Serpe ✉36992 Raxó – 𝒞 986 74 13 78 – www.pepevieira.com – cerrado domingo noche y lunes*

Rest – *(sólo almuerzo salvo fines de semana y verano)* Menú 53/73 € – Carta 44/56 €

Espec. Ostra gin fizz sobre una masa crujiente de pan de trigo, sardina en escabeche de guacamole, wasabi y lima. Merluza del pincho con patata aireada de laurel y piel de lima. Tendones suavemente guisados con crema de tuétanos, hongos y rúcula.

♦ Restaurante de estética moderna y cuidados exteriores llevado entre dos hermanos. En su comedor, diáfano, luminoso y de ambiente minimalista, podrá descubrir las elaboraciones propias de una cocina creativa y dos sugerentes menús degustación.

REBOREDO – Pontevedra – **571** E3 – **Playa** – ✉ **36980**   **19** A2

▶ Madrid 650 – A Coruña 116 – Pontevedra 52 – Santiago de Compostela 36

🏨 **Mirador Ría de Arosa**   ⪕ 🏊 🖃 🍸 🍸 P 🖹 🚗 VISA ⑳ AE

Reboredo 110 – 𝒞 986 73 18 99 – www.miradorriadearosa.com – cerrado enero

41 hab 🖙 – **♦**30/50 € **♦♦**50/90 €   **Rest** – Menú 21 €

♦ Combina su atractiva zona social con unas correctas habitaciones de línea clásica, la mayoría de ellas dotadas de balcón-terraza y vistas a la ría. También dispone de una cafetería y un comedor a la carta, este último con elaboraciones gallegas típicas y grandes ventanales panorámicos.

REGENCÓS – Girona – **574** G39 – **326 h.** – **alt. 78 m** – ✉ **17214**   **15** B1

▶ Madrid 721 – Barcelona 128 – Girona/Gerona 42 – Perpignan 115

⌂ Del Teatre   🖀 🖃 AC 🍸 P

pl. Major – 𝒞 972 30 62 70 – www.hoteldelteatre.com

6 hab   **Rest** *La Cuina del Teatre* –

♦ Hotel dotado de una estética muy cuidada. Dispone de una correcta zona social y amplias habitaciones en las que se combinan la decoración actual y los detalles de vanguardia. El restaurante anexo disfruta de un buen comedor acristalado con vistas al jardín.

Els REGUERS – Tarragona – **574** J31 – **626 h.** – ✉ **43527**   **13** A3

▶ Madrid 546 – Castelló de la Plana/Castellón de la Plana 134 – Tarragona 93 – Tortosa 7

XX   **El Celler d'en Panxampla** con hab   AC ⁽ᵗ⁾ P VISA ⁰⁰
carret. d'Alfara, Norte : 0,5 km – ⁶ 977 47 41 35 – www.elcellerdenpanxampla.com
4 hab ☲ – ♦70 € ♦♦100 €   **Rest** – *(cerrado lunes)* Carta 25/40 €
◆ Masía de aire rústico con cuyo nombre se recuerda a un legendario bando-
lero. Su comedor ocupa un antiguo molino de aceite y cuenta con una parrilla a la
vista del cliente. Sus coquetas habitaciones están personalizadas con nombres de
diferentes vientos de la zona y dan continuidad al ambiente rústico del negocio.

X   **Calau**   AC ⁒ P VISA ⁰⁰
Cabassers 26 – ⁶ 977 47 40 05 – *cerrado del 1 al 15 de julio, martes noche y miércoles*
Rest – Carta 20/27 €
◆ Negocio de organización familiar dotado con un bar público y un sencillo
comedor de aire rústico. Ofrece una carta tradicional y su especialidad son las car-
nes a la brasa.

REINOSA – Cantabria – **572** C17 – **10 307 h.** – alt. 850 m – Balneario en   **8** B2
Fontibre - Deportes de invierno en Alto Campóo, Oeste : 25 Km : ⚲ 13 ⚲ 1 – ⊠ 39200
   ▶ Madrid 355 – Burgos 116 – Palencia 129 – Santander 69
   ⓘ av. Puente de Carlos III - 23 ⁶ 942 75 52 15 turismo@aytoreinosa.es
     Fax 942 75 52 15
   ◉ Pico de Tres Mares★★★ (⁂★★★) Oeste : 26 km y telesilla

🏠   **Villa Rosa** sin rest   ▣ & ⁒ ⁽ᵗ⁾ VISA ⁰⁰
🔲 *Héroes de la Guardia Civil 4* – ⁶ 942 75 47 47 – www.villarosa.com
13 hab ☲ – ♦40/60 € ♦♦55/85 €
◆ Hotelito de ambiente clásico instalado en una hermosa villa de principios del
s. XX. Ofrece unos cuidados exteriores, un pequeño SPA y habitaciones bastante
bien equipadas.

en Alto Campóo Oeste : 25 km

🏠   **Corza Blanca** ⌘   ⇐ ⊼ ▣ ⁒ P VISA ⁰⁰ AE
alt. 1 660 ⊠39200 *Reinosa* – ⁶ 942 77 92 50 – www.altocampoo.com – *cerrado
octubre y junio*
68 hab – ♦45/62 € ♦♦56/78 €, ☲ 9 €   **Rest** – Menú 16 €
◆ Establecimiento de montaña de aspecto moderno y funcional. Disfruta de una
amplia zona social, acogedoras habitaciones y una gran oferta para practicar
deportes al aire libre. En su luminoso comedor podrá degustar una cocina fiel al
recetario tradicional.

REIS – Pontevedra – ver Sanxenxo

RENTERÍA – Gipuzkoa – ver Errenteria

REQUENA – Valencia – **577** N26 – **21 278 h.** – alt. 292 m – ⊠ 46340   **16** A2
   ▶ Madrid 279 – Albacete 103 – València 69
   ⓘ García Montes s/n ⁶ 96 230 38 51 requena@touristinfo.net Fax 96 230 38 51

🏠   **La Villa**   ▣ AC ⁒ hab, ⁽ᵗ⁾ VISA ⁰⁰
pl. Albornoz 8 – ⁶ 962 30 12 75 – www.hotellavillarestaurante.com
18 hab – ♦36 € ♦♦55 €, ☲ 4 €
Rest – *(cerrado 7 días en junio, 7 días en septiembre y domingo noche)*
Menú 15 €
◆ Este hotelito familiar se encuentra en la plaza principal del casco histórico. Dispone de una pequeña terraza y cuidadas habitaciones, con muebles de época. El
restaurante posee un estilo neorrústico, con detalles medievales, y una modesta
carta tradicional.

REQUIJADA – Segovia – **575** I18 – **19 h.** – alt. 1 107 m – ⊠ 40173   **12** C2
   ▶ Madrid 127 – Valladolid 107 – Segovia 41

🏠   **Posada de las Vegas** ⌘   ▣ ⁒ ⁽ᵗ⁾ VISA ⁰⁰
La Ermita 17 – ⁶ 921 12 70 08 – www.posadalasvegas.com
6 hab ☲ – ♦♦92/122 €   **Rest** – *(sólo clientes)* Menú 25 €
◆ Aquí la tranquilidad está garantizada. Dispone de un confortable salón social
y coquetas habitaciones de estilo rústico, con equipamiento actual y la viguería
a la vista.

ESPAÑA

REUS

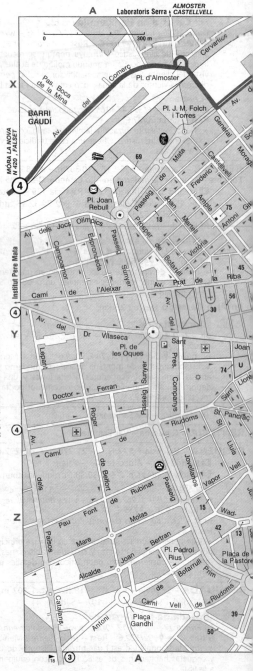

ESPAÑA

QUINTANA

Martí Folguera

Ceferí Olivé

Pl. de Pompeu Fabra

X

C 14

MONTBLANC

1

Av.

Marià

Segimon

Fortuny

de Setembre

Soler

Escorxabou

Gaudí

9

Frederic

Domènech

Antoni

PALAU DE FIRES
I CONGRESSOS

PARC
DE
SANT JORDI

Sant

Jordi

Riera

de

Pere

de

St.

Bosco

Dom.

Sant

Muralla

Alcalde

Roser

Morell

Av.

Vilallonga

Marià

ESPAÑA

J

Av.

Sàrda

Doctor

Alt

61

Sarda

27

Magí

Camí

de

Valls

Rourell

Fortuny

M

25

Robert

72

64

72

Roser

P

PALAU
BOFARULL

55

P

66

73

Montarols

78

a

22

H

37

CASA
NAVÀS

21

Jesús

12

33

34

24

Presó

Galanes

43

d'Arago

48

M²

Pl. Catalunya

Presi Josep Iria

Pl. de
l'Abat Oliba

Escultor

Modest

Genè

de

Llúria

Canonge

Bové

Fortuny

Y

Prim

P

Raval

de

Jesús

Centre
de Lectura

16

8

63

Sant Pere

31

63

Riera

Camí de l'Aigua Nova

Pere

de

Z

P

58

Raval

Folguera

Martí

7

P

52

54

57

Camí

de

Av.

del Carme

38

Batan

Toda

Pl. d'Antoni
Villarroel

Tarragona

2

AP 7 - E 15 BARCELONA

TARRAGONA

Pl. d'Hèrcules

Balmes

Eduard

Cambrils

Macià

Pl. Pau
Picasso

Tetuan

Carrilet

Cerimonies

40

President

Carretera

de

Bellisens

Josep

M.

de

Subirà

el

de

Pere

Escultor

Rocamora

49

SANT JOSEP

Provis

Vila

de

Jaume I

Routa

36

la Salle

Av.

CAMBRILS

3

C 14 SALOU, PORT AVENTURA
AP 7 - E 15 TORTOSA

VILA - SECA

REUS - Tarragona - **574** I33 - **107 118 h.** - **alt. 134 m** - ✉ **43201** **13** B3

Madrid 547 - Barcelona 118
- Castelló de la Plana/Castellón de la Plana 177 - Lleida/Lérida 90

de Reus por ② : 3 km ✆ 902 404 704

pl. Mercadal 3 (Edifici Gaudí Centre), ✆ 977 01 06 70 infoturisme@reus.cat

Reus Aigüesverds carret. de Cambrils km 1,8 - Mas Guardi, ✆ 977 75 27 25

Localidad★ - Casa Navàs★★ BY - Palau Bofarull★ BY

Universal Studios Port Aventura★★★ por ③

Planos páginas anteriores

Gaudir

pl. del Mercadal 3 (Edifici Gaudí Centre-4°) ✉43201 - ✆ 977 12 77 02 - www.gaudirestaurant.com - cerrado del 15 al 31 de enero, domingo y lunes noche BY**a**

Rest - Carta 45/61 €

◆ Sorprende por su emplazamiento, ya que se encuentra en la 4ª planta del edificio donde está el museo de Gaudí. Sala moderna y confortable rodeada por una agradable terraza.

en la carretera de Tarragona por ② : 1 km

Masía Crusells

✉43204 - ✆ 977 75 40 60 - www.masiacrusells.com - cerrado lunes noche

Rest - Carta 28/41 €

◆ Restaurante de aire clásico llevado de forma acertada entre varios hermanos. Trabaja tanto la carta como el banquete, siempre con unas elaboraciones de base tradicional.

en Castellvell AX : (Baix Camp) Norte : 2 km

El Pa Torrat

av. de Reus 24 ✉43392 Castellvell - ✆ 977 85 52 12 - www.restaurantelpatorrat.com - cerrado Navidades, del 15 al 31 de agosto, domingo noche, lunes noche, martes y festivos

Rest - Carta 32/45 €

◆ Acogedor restaurante de estilo rústico antiguo que ofrece sabrosos platos caseros de tradición catalana. Posee una salita más actual a modo de privado en el 1er piso.

RIAZA - Segovia - **575** I19 - **2 448 h.** - **alt. 1 200 m** - **Deportes de invierno en La Pinilla, Sur : 9 km : 12 1** - ✉ **40500** **12** C2

Madrid 116 - Aranda de Duero 60 - Segovia 70

Plaza

pl. Mayor 4 - ✆ 921 55 10 55 - www.restautanteplazaiguazu.com - cerrado 24 diciembre-2 enero

15 hab - †35/45 € ††45/60 €, ☕ 5 € **Rest** - Menú 10 €

◆ Hotel de aire regional instalado en una bella plaza porticada. Sus habitaciones resultan sencillas a la par que amplias y confortables, con mobiliario castellano. El restaurante, algo impersonal en la decoración, centra su trabajo en un recetario tradicional.

La Casona

de la Iglesia 5 - ✆ 921 55 10 82 - cerrado del 10 al 23 de junio y miércoles salvo festivos

Rest - Carta 35/50 €

◆ Se encuentra en la casa más antigua de la población, con una decoración típica castellana y una capilla del s. XVII. Cocina tradicional y buenas sugerencias sobre setas.

La Taurina

pl. Mayor 6 - ✆ 921 55 01 05 - cerrado octubre y lunes salvo verano

Rest - Carta 25/36 €

◆ Negocio típico, familiar y muy conocido por sus asados. La sala principal disfruta de una estética castellana y tiene la cocina a la vista, con un horno de asar de leña.

🍴 **Casaquemada** con hab   AC 🛜 VISA ●●
Isidro Rodríguez 18 – 𝒞 921 55 00 51
9 hab – 👤45 € 👥60 €, ☕ 3,50 €
Rest – Carta 21/34 €
◆ Un restaurante de los de toda la vida. Ofrece un bar y un comedor de aire rústico presidido por una gran chimenea, con la que se caldea la estancia los días de intenso frío. Sus habitaciones están reformadas y muy bien equipadas, con los suelos en moqueta.

RIBADEO – Lugo – 571 B8 – 9 983 h. – alt. 46 m – ✉ 27700   **20** D1

▶ Madrid 591 – A Coruña 158 – Lugo 90 – Oviedo 169
🅸 Dionisio Gamallo Fierros 7 𝒞 982 12 86 89 turismo@ribadeo.org Fax 982 12 08 09
🄶 Puente ⪡★

🏨 **O Cabazo** 🍃   📶 ⅗ hab, AC rest, 🛜 📶 ⅍ P VISA ●●
Río do Amalló 1 – 𝒞 982 12 85 17
– www.hotelrestauranteocabazo.com
38 hab – 👤36/60 € 👥45/75 €, ☕ 6,50 €
Rest – *(cerrado domingo noche salvo julio-octubre)* Menú 12 €
◆ Tras su ampliación se presenta con una zona social renovada, con una parte acristalada, así como nuevas y confortables habitaciones de ambiente clásico-colonial. El comedor, bastante luminoso y con detalles rústicos, disfruta de unas agradables vistas.

🏨 **Parador de Ribadeo** 🍃   ⪡ 📶 ⅗ hab, AC rest, 🛜 ⅍ P 🚗
Amador Fernández 7 – 𝒞 982 12 88 25   VISA ●● AE ①
– www.parador.es
46 hab – 👤106/134 € 👥133/168 €, ☕ 16 €
Rest – Menú 32 €
◆ Típica casona restaurada, en un paraje de excelsa belleza dominado por la ría y los pueblos asturianos de la orilla. Recréese en sus dependencias decoradas con sumo gusto. El restaurante cuenta con especialidades como la empanada y el lacón con grelos.

🏨 **Bouza** sin rest, con cafetería   📶 ⅗ 🛜 📶 VISA ●● AE
José Vicente Pérez Martínez 13 – 𝒞 982 13 00 87
– www.hotelbouza.com
28 hab – 👤39/52 € 👥49/65 €, ☕ 5,80 €
◆ Céntrico hotel dotado de una acertada organización y modernas instalaciones. Disfruta de unas espaciosas habitaciones, con los suelos en parquet y mobiliario funcional.

🏨 **Balastrera**   🛜 📶 P VISA ●● AE
Carlos III-17 – 𝒞 982 12 00 21 – www.balastrera.es
8 hab – 👤25/50 € 👥50/83 €, ☕ 5 €
Rest – Carta 18/30 €
◆ Llamativa casa de principios del s. XX con cuyo nombre se recuerda una antigua locomotora. Espacioso salón social y habitaciones clásicas, coloristas y con suelos en madera. Correcto restaurante a la carta, con un privado y cafetería, en un edificio anexo.

🏨 **A.G. Porcillán** sin rest   📶 📶 VISA ●●
Guimaran 5 (muelle de Porcillán)
– 𝒞 982 12 05 70 – www.hotelagporcillam.com
– cerrado 15 diciembre-15 enero
11 hab – 👤32/43 € 👥54/86 €, ☕ 4 €
◆ Coqueto y en la zona del puerto. Ofrece distintos tipos de habitaciones, seis de estilo náutico, dos neorrústicas y tres modernas, además, dos de ellas son abuhardilladas.

ESPAÑA

Mediante sin rest
pl. de España 16 – ✆ 982 13 04 53
– www.hotelmediante.com
20 hab – 🚹30/45 € 🚹🚹43/75 €, ☕ 6 €
◆ Céntrico negocio familiar de buen nivel en su categoría. Sus dependencias, cómodas y bien equipadas, le brindan una agradable estancia. Destacable limpieza y mantenimiento.

San Miguel
porto deportivo – ✆ 982 12 97 17 – www.casaruralron.com
– cerrado del 9 al 28 de enero, domingo noche y lunes noche salvo julio-octubre
Rest – Carta 29/46 €
◆ En el puerto deportivo. La planta inferior posee un bar de temporada y un privado, reservando el 2ª piso, por sus vistas, al comedor principal. Cocina tradicional marinera.

en Vilaframil Oeste : 5 km

La Villa con hab — hab, rest,
carret. N 634 - km 559 ✉27797 Vilaframil – ✆ 982 12 30 01
– www.hotelrestaurantelavilla.com – cerrado del 15 al 31 de diciembre y domingo noche
10 hab ☕ – 🚹30/45 € 🚹🚹45/75 €
Rest – Carta 22/30 €
◆ El restaurante centra la actividad de este negocio familiar, que tiene un pequeño bar y tres salas de correcto montaje en la 1ª planta, con los suelos y las vigas en madera. También ofrece unas cuidadas habitaciones, las del piso superior semi-abuhardilladas.

ESPAÑA

en Vilela Suroeste : 6 km

Casa Doñano — hab,
✉27714 Vilela – ✆ 982 13 74 29 – www.casadonano.com – cerrado 15 diciembre-15 marzo
9 hab – 🚹75/125 € 🚹🚹110/150 €, ☕ 10 €
Rest – *(sólo cena) (sólo clientes)* Carta 36/45 €
◆ Esta antigua casa de labranza perteneció a un indiano y se encuentra en plena naturaleza. Recrea un ambiente hogareño que combina el confort actual con mobiliario de época.

RIBADESELLA – **Asturias** – **572** B14 – **6 296 h.** – **Playa** – ✉ **33560** **5** C1

Madrid 485 – Gijón 67 – Oviedo 84 – Santander 128
Marqueses de Argüelles ✆ 98 586 00 38 info@ribadesella.es Fax 98 586 03 51
Cuevas Tito Bustillo★ (pinturas rupestres★)

El Jardín de Eugenia sin rest
Palacio Valdés 22 – ✆ 985 86 08 05 – www.eljardindeeugenia.com
14 hab ☕ – 🚹65/95 € 🚹🚹89/126 €
◆ Rompe un poco con la estética de los hoteles de la zona, pues es moderno y tiene detalles de vanguardia. Ofrece habitaciones de buen confort, en la 2ª planta abuhardilladas.

en la playa :

G.H. del Sella — hab,
Ricardo Cangas 17 ✉33560 – ✆ 985 86 01 50 – www.granhoteldelsella.com
– 15 marzo-15 octubre
77 hab – 🚹77/111 € 🚹🚹96/140 €, ☕ 12,50 € – 4 suites
Rest – Carta 35/55 €
◆ Se encuentra en 1ª línea de playa y está instalado parcialmente en el antiguo palacio de verano de los marqueses de Argüelles, dotado con elegantes dependencias. Completo SPA. El restaurante ofrece una carta tradicional, con varios arroces y platos marineros.

Villa Rosario ⌖ ⟨icons⟩
Dionisio Ruisánchez 6 ✉33560 – ☏ 985 86 00 90 – *www.hotelvillarosario.com*
17 hab – ♦50/150 € ♦♦75/210 €, ⌷ 9 €
Rest – *(cerrado octubre-mayo)* Carta 40/50 €

♦ Palacete de estilo indiano ubicado frente a la playa. Tanto la fachada como el interior están dominados por los tonos azules, con una decoración moderna y detalles de diseño. En un anexo se encuentra el restaurante, que está acristalado a modo de invernadero.

Ribadesella Playa sin rest ⟨icons⟩
Ricardo Cangás 3 ✉33560 – ☏ 985 86 07 15 – *www.hotelribadesellaplaya.com* – *abril-noviembre*
17 hab – ♦51/90 € ♦♦57/130 €, ⌷ 8 €

♦ Instalado en una elegante villa que tiene acceso directo a la playa. Adecuada zona noble y confortables habitaciones de aire clásico, destacando las que ofrecen vistas al mar.

Verdemar sin rest ⟨icons⟩
Elías Pando 19 ✉33560 – ☏ 985 86 17 17 – *www.hotelverdemar.net* – *cerrado 19 diciembre-19 enero*
12 hab ⌷ – ♦51/73 € ♦♦73/123 €

♦ Próximo al mar. Tanto la zona social como la cafetería pueden parecer algo pequeñas, sin embargo sus habitaciones son correctas, con mobiliario funcional y baños actuales.

El Corberu sin rest ⌖ ⟨icons⟩
Ardines - Suroeste : 1,5 km ✉33569 – ☏ 985 86 01 13 – *www.elcorberu.com*
8 hab – ♦40/50 € ♦♦52/75 €, ⌷ 5,50 €

♦ Turismo rural ubicado en una tranquila ladera, con vistas al valle del Sella y a las montañas. Posee un cálido salón social con chimenea y unas coquetas habitaciones.

La Huertona ⟨icons⟩
carret. de Junco, Suroeste : 1,5 km ✉33560 – ☏ 985 86 05 53 – *cerrado 15 días en mayo, 15 días en octubre, lunes noche y martes salvo julio-agosto*
Rest – Carta 38/50 €

♦ Negocio de organización familiar con cierto prestigio y reconocimiento en la zona. Pequeño bar de espera y un cuidado comedor, muy luminoso y con vistas a los alrededores.

por la carretera de Collía :

La Biesca sin rest ⌖ ⟨icons⟩
Sebreño - Suroeste : 2,5 km ✉33567 *Ribadesella* – ☏ 985 86 00 00 – *www.labiesca.com* – *Semana Santa-15 octubre*
11 hab – ♦35/60 € ♦♦45/100 €, ⌷ 5,50 €

♦ Acogedor hotelito con habitaciones de correcto confort, en un bello entorno natural. A destacar el atractivo porche y la gran sala de desayunos con arcos en ladrillo visto.

El Carmen sin rest ⟨icons⟩
El Carmen, Suroeste : 4 km ✉33567 *El Carmen* – ☏ 985 86 12 89 – *www.hotelelcarmen.com* – *cerrado 18 diciembre-11 marzo*
8 hab – ♦50/62 € ♦♦62/76 €, ⌷ 6,50 €

♦ Casa de nueva construcción que reproduce el estilo arquitectónico de la zona. Ofrece unas acogedoras dependencias de aire rústico y cuenta con un agradable entorno ajardinado.

en la carretera AS 263 Este : 4,5 km

Camangu sin rest ⟨icons⟩
Camango ✉33568 *Camango* – ☏ 985 85 76 46 – *www.camangu.com* – *cerrado 12 diciembre-febrero*
10 hab – ♦43/65 € ♦♦54/76 €

♦ Hotelito familiar ubicado junto a la carretera, en un bello paraje. Posee un acogedor salón social, donde sirven los desayunos, y unas cálidas habitaciones de línea clásica.

ESPAÑA

en Junco :

⚐ **Paraje del Asturcón** ⌂ ⪡ ✗ ⁿ **P** 𝚟𝚒𝚜𝚊 ⓸ ⒜ⓔ ⓞ
Suroeste : 4 km ✉33560 – ☎ 985 86 05 88 – www.parajedelasturcon.com
10 hab ✦40/80 € ✦✦60/100 €, ⛛ 5 €
Rest – (es necesario reservar) *(sólo clientes)* Carta 20/30 €
♦ Resulta tranquilo y disfruta de excelentes vistas. Aquí encontrará un acogedor salón social con chimenea y habitaciones rústicas de notable amplitud, algunas abuhardilladas.

⚐ **Mirador del Sella** sin rest ⌂ ⪡ ⁿ **P** 𝚟𝚒𝚜𝚊 ⓸
Suroeste : 4,5 km ✉33569 – ☎ 985 86 18 41 – www.miradordelsella.com
– 15 marzo-12 octubre
13 hab ✦55/89 € ✦✦69/128 €, ⛛ 9,50 €
♦ Su propietario ha sabido sacarle partido al hermoso entorno circundante. Buen salón social y confortables habitaciones de línea actual, algunas con hidromasaje en los baños.

⚐ **La Calma** sin rest ⌂ ⪡ ✗ ⁿ **P** 𝚟𝚒𝚜𝚊 ⓸
El Escayón 8- Suroeste : 3 km ✉33569 – ☎ 985 86 18 04 – www.la-calma.es
– cerrado 12 enero-12 febrero
5 hab ⛛ – ✦75/120 € ✦✦80/124 €
♦ Pequeño hotel rural llevado por un matrimonio inglés. Ofrece habitaciones de aire rústico-actual, no muy amplias pero con buenos detalles de acogida y unas vistas agradables.

RIBERA DE CARDÓS – Lleida – **574** E33 – alt. 920 m – ✉ 25570 **13** B1
▶ Madrid 614 – Lleida/Lérida 157 – Sort 21
◉ Valle de Cardós★

⌂ **Sol i Neu** ⌂ ⪡ ⛵ ✗ ⪡ **P** 𝚟𝚒𝚜𝚊 ⓸
Llimera 1 – ☎ 973 62 31 37 – 15 marzo-15 diciembre
27 hab – ✦32/38 € ✦✦59/65 €, ⛛ 6,50 € **Rest** – *(sólo menú)* Menú 20 €
♦ Establecimiento llevado en familia, dotado de unas instalaciones sencillas pero decorosas, en un bello paraje. Habitaciones de distinto confort que van renovando poco a poco.

RIBES DE FRESER – Girona – **574** F36 – **1 976 h.** – alt. 920 m **14** C1
– Balneario – ✉ 17534
▶ Madrid 689 – Barcelona 118 – Girona/Gerona 101
ℹ pl. Ajuntament 3 ☎ 972 72 77 28 turisme@valld) ribes.cat Fax 972 72 77 28
◉ Vall de Núria★ (tren cremallera ⪡★★)

⌂ **Els Caçadors** ⓶ 𝙰𝙲 rest, ✗ ⁿ ⌂ 𝚟𝚒𝚜𝚊 ⓸ ⓞ
Balandrau 24 – ☎ 972 72 70 77 – www.hotelsderibes.com – cerrado noviembre
24 hab – ✦33/60 € ✦✦63/84 €, ⛛ 7 € **Rest** – Menú 15 €
♦ Los propietarios están volcados en el negocio. Sus habitaciones se reparten en el edificio principal y en un anexo, con buen mobiliario, suelos en tarima y baños modernos. En su sencillo comedor podrá degustar platos caseros y guisos típicos de la zona.

⌂ **Catalunya Park H.** ⌂ ⪡ ⛵ ⛱ ⓶ ✗ ⁿ ⌂ 𝚟𝚒𝚜𝚊 ⓸
passeig Mauri 9 – ☎ 972 72 71 98 – www.catalunyaparkhotels.com – Semana Santa y 20 junio-26 septiembre
55 hab – ✦54 € ✦✦76 €, ⛛ 6 € **Rest** – *(sólo menú)* Menú 16 €
♦ Hotel de línea clásica llevado en familia, dotado de una correcta área social y unas habitaciones funcionales. A destacar la cuidada zona de césped con piscina.

⌂ **Catalunya** ⓶ ✗ ⁿ 𝚟𝚒𝚜𝚊 ⓸
Sant Quintí 37 – ☎ 972 72 70 17 – www.catalunyaparkhotels.com
23 hab – ✦40/50 € ✦✦59/66 €, ⛛ 6 € **Rest** – *(sólo cena)* Menú 16 €
♦ Pequeño hotel llevado directamente por sus propietarios, dotado de unas habitaciones muy funcionales con baños completos aunque un tanto reducidos.

RICOTE – Murcia – **577** R25 – **1 519 h.** – alt. **400 m** – ⊠ 30610   **23** B2

▶ Madrid 371 – Archena 10 – Cieza 15 – Cehegín 40

XX **El Sordo**   🕦 ⅋ 💳 ⓿ ⓪

🅰 *Alharbona – ☏ 968 69 71 50 – www.elsordo.es – cerrado julio y lunes*
Rest – Carta 25/35 € 🏵

♦ Este moderno restaurante dispone de un bar público y un comedor actual, con detalles de diseño. Ofrece una carta tradicional variada en la que destacan los platos de caza.

Sa RIERA (Playa de) – Girona – *ver Begur*

RINCÓN DE LA VICTORIA – Málaga – **578** V17 – **38 666 h.** – Playa   **2** C2
– ⊠ 29730

▶ Madrid 568 – Almería 208 – Granada 139 – Málaga 14

🔟 Añoreta, av. del Golf - urb. Añoreta Golf, ☏ 95 240 50 00

por la carretera de Macharaviaya
Noreste : 8 km y desvío a la derecha 1,3 km

🔛 Molino de Santillán ⌂   ⟨ 🚗 ⌂ ⤫ ⏸ 🅰 ⟨⟨ 🅿

⊠29730 – ☏ 952 40 09 49 – www.molinodesantillan.es
20 hab – 1 suite   **Rest** –

♦ En pleno campo y con el mar al fondo, resulta ideal si busca tranquilidad. Hotel a modo de cortijo con decoración neorrústica y confortables habitaciones personalizadas. El restaurante, que tiene su propio patio andaluz, elabora una cocina tradicional casera.

RIOFRÍO – Granada – **578** U17 – **290 h.** – ⊠ 18313   **2** C2

▶ Madrid 466 – Sevilla 195 – Granada 59 – Málaga 69

🔛 **Almazara** ⌂   ⟨ ⌂ ⤫ ⏸ 🅰 ⅋ 🅿 💳 ⓿ 🅰

*cerro de la Estación, Este : 0,5 km – ☏ 958 32 69 10 – www.almazarahotel.com
– abril-octubre*
44 hab ⌷ – ♦72/97 € ♦♦80/112 €
Rest – Menú 19 €

♦ Está ubicado a unos 500 m. del pueblo y ofrece agradables vistas a los campos de olivos. Reducida zona social y confortables habitaciones dotadas de mobiliario neorrústico. Buen restaurante de estilo clásico-actual con el mobiliario en hierro forjado.

RIÓPAR – Albacete – **576** Q22 – **1 507 h.** – alt. **1 139 m** – ⊠ 02450   **10** C3

▶ Madrid 295 – Albacete 119 – Ciudad Real 173 – Valdepeñas 108

🔛 **Riópar** sin rest ⌂   ⟨ ⏸ ⅋ ⟨⟨ 🅰 🅿 💳 ⓿ ⓪

Choperas 2 – ☏ 967 43 53 77 – www.hotelriopar.com
30 hab ⌷ – ♦50/55 € ♦♦80 €

♦ Sólida construcción de montaña. Ofrece una correcta zona social y cálidas habitaciones dotadas con suelos en madera, mobiliario en forja y en la mayoría de los casos balcón.

RIOTURBIO – Cantabria – *ver Comillas*

RIPOLL – Girona – **574** F36 – **11 057 h.** – alt. **682 m** – ⊠ 17500   **14** C1

▶ Madrid 675 – Barcelona 104 – Girona/Gerona 86 – Puigcerdà 65

🇮 pl. de l'Abat Oliba ☏ 972 70 23 51 turismeripoll@ajripoll.com Fax 972 70 23 51

🔳 Localidad★ - Antiguo Monasterio de Santa María★ (portada★★★, iglesia★, claustro★)

🔳 San Juan de las Abadesas★ : puente medieval★, Monasterio★★ (iglesia★ : descendimiento de la Cruz★★, claustro★) Noreste : 10 km

XX **Reccapolis**   🕏 AC 🏶 ⇔ VISA ⚙ AE

carret. Sant Joan 68 (C 151a) – ☏ 972 70 21 06 – www.reccapolis.com
– cerrado 23 agosto-19 septiembre
Rest – (sólo almuerzo salvo viernes y sábado) Carta 25/45 €
• Este restaurante posee tres acogedoras salas, coloristas y de línea clásica-modernista, así como un coqueto balcón-terraza con vistas al río. Cocina tradicional actualizada.

RIUDARENES – Girona – **574** G38 – **2 070 h.** – alt. 84 m – ✉ 17421   **15** A1

▯ Madrid 693 – Barcelona 80 – Girona/Gerona 27

🏠 **La Brasa**   🕏 AC 🏶 🕻 VISA ⚙ AE ⓞ

carret. Santa Coloma 21 – ☏ 972 85 60 17 – www.labrasa.com – cerrado julio
20 hab 🖵 – ♦35/40 € ♦♦70/80 €
Rest La Brasa – ver selección restaurantes
• Modesto hotel instalado en un edificio de nueva construcción. Ofrece habitaciones espaciosas y con baños actuales, aunque resultan funcionales y algo frías en su decoración.

X **La Brasa** – Hotel La Brasa   AC 🏶 ⇔ VISA ⚙ AE ⓞ

carret. Santa Coloma 21 – ☏ 972 85 60 17 – www.labrasa.com – cerrado julio y lunes salvo festivos
Rest – (sólo almuerzo) Carta 20/30 €
• Negocio familiar formado por cuatro salas rústicas de sencillo montaje, dos de ellas instaladas en una bodega con barricas de vino. Cocina catalana casera y platos a la brasa.

RIVAS - VACIAMADRID – Madrid – **576** L19 – **575** L19 – **68 405 h.**   **22** B2
– alt. 590 m – ✉ 28521

▯ Madrid 20 – Toledo 81 – Segovia 118 – Guadalajara 61

XX **La Cuchara de Rivas**   AC 🏶 VISA ⚙ AE

Silvia Munt 4 ✉28521 Rivas-Vaciamadrid – ☏ 914 99 81 31
– www.lacucharaderivas.com – cerrado domingo noche y lunes
Rest – Carta aprox. 45 €
• Disfruta de un bar público y una sala de ambiente actual, con bastante luz natural. En su amplia carta encontrará cocina tradicional actualizada y algún plato internacional.

en el Polígono Industrial Santa Ana salida 17 autovía A 3

🏢 AC Rivas   🕽 & hab. AC 🕻 ⚠ P

Francisco de Quevedo 2 ✉28529 – ☏ 914 99 07 00 – www.ac-hotels.com
84 hab   **Rest** –
• En un polígono que está viviendo un gran desarrollo. Correcto hall, buen salón social y las habitaciones clásicas de la cadena, modernas y con los suelos en tarima. El restaurante ofrece un montaje moderno y una cocina actual de cuidadas elaboraciones.

ROBLEDO DE CHAVELA – Madrid – **576** K17 – **575** K17 – **3 812 h.**   **22** A2
– alt. 903 m – ✉ 28294

▯ Madrid 84 – Ávila 98 – Segovia 75 – Toledo 111

🏠 **Rincón de Traspalacio** ⬧   🔧 🕽 & hab. AC rest. 🏶 🕻 ⚠ VISA ⚙

Traspalacio 24 – ☏ 918 98 15 30 – www.rincondetraspalacio.com
21 hab 🖵 – ♦66/82 € ♦♦82/102 €   **Rest** – Menú 25 €
• Destaca por su estética rústica-elegante, con un espacio interior ajardinado, una acogedora zona social y habitaciones personalizadas en su decoración. El restaurante ofrece una carta reducida pero cuidada, con opción a menús, carnes y platos tradicionales.

ROCAFORT – Valencia – **577** N28 – **6 640 h.** – alt. 35 m – ⊠ 46111

▶ Madrid 361 – València 9

XX   **Été**   AC VISA ◎◎ AE ①

Francisco Carbonell 33 – ℰ 961 31 11 90 – www.eterestaurante.com
*– cerrado 15 días en Semana Santa, del 10 al 31 de agosto, domingo, lunes y
festivos*
Rest – Carta 30/35 €
◆ Acogedora sala de estilo clásico decorada con carteles antiguos y una chimenea. Su cocina combina el recetario internacional, predominando el de tendencia
francesa y vasca.

El ROCÍO – Huelva – **578** U10 – ⊠ 21750

▶ Madrid 607 – Huelva 67 – Sevilla 78

◎ Parque Nacional de Doñana★★★

🏨   **La Malvasía**   AC ⅍ hab, 🍴 VISA ◎◎ AE

Sanlúcar 38 – ℰ 959 44 38 70 – www.lamalvasiahotel.com
16 hab � – †50/100 € ††60/120 €
Rest – *(cerrado lunes) (sólo cena en agosto)* Carta aprox. 30 €
◆ Tras su atractiva fachada encalada encontrará unas habitaciones acogedoras y
bien equipadas, cada una de ellas personalizada para combinar detalles clásicos
y rústicos. El restaurante presenta un montaje actual y una carta de cocina tradicional.

🏠   **Toruño** ⌂   ≤ AC ⅍ ⅍ VISA ◎◎

pl. del Acebuchal 22 – ℰ 959 44 23 23 – www.toruno.es
30 hab ⊆ – †55/350 € ††80/350 €   **Rest** – Menú 15 €
◆ En un emplazamiento privilegiado junto a las marismas de Doñana. Posee
habitaciones funcionales, con buen nivel de confort y equipamiento. El restaurante, de estilo rústico andaluz y dotado con buenas vistas, se encuentra en un
edificio anexo.

en la carretera de Matalascañas Suroeste : 4 km

🏨   **El Cortijo de los Mimbrales** ⌂   🛖 ⌇ AC rest, ⅍ 🍴 ⅍ P

⊠21750 – ℰ 959 44 22 37 – www.cortijomimbrales.com   VISA ◎◎ AE ①
26 hab ⊆ – ††75/150 € – 6 apartamentos   **Rest** – Carta aprox. 35 €
◆ Antiguo poblado convertido en atractivo conjunto rústico con habitaciones y
apartamentos, en una extensa finca de naranjos. Las albercas y el jardín centran
su oferta lúdica. El comedor se complementa con una espléndida terraza.

La RODA – Albacete – **576** O23 – **16 060 h.** – alt. 716 m – ⊠ 02630

▶ Madrid 210 – Albacete 37

🏠   **Flor de la Mancha**   ⌷ AC ⅍ 🍴 P VISA ◎◎ AE ①

Alfredo Atienza 139 – ℰ 967 44 09 00 – www.flordelamancha.com
76 hab ⊆ – †45/50 € ††65/75 €   **Rest** – Menú 15 €
◆ Pequeño hotel ubicado a la salida de la localidad. Las habitaciones resultan
amplias y confortables en su categoría, con mobiliario en madera maciza de
buena calidad. El restaurante, cálido y de cierto aire castellano, se complementa
con un privado.

XX   **Juanito** con hab   ⌷ AC ⅍ rest, 🍴 VISA ◎◎ AE ①
🍴

Mártires 15 – ℰ 967 54 80 41 – www.hoteljuanito.com
29 hab – †27 € ††52/60 €, ⊆ 4 €   **Rest** – Carta 22/33 €
◆ Dispone de una cafetería y un comedor clásico-elegante repartido en dos
zonas, donde podrá degustar una cocina bastante variada. Bodega completa en
su categoría. Sus habitaciones, que están distribuidas en dos plantas, se presentan con los suelos en tarima, mobiliario clásico y unos baños actuales.

RODA DE ISÁBENA – Huesca – **574** F31 – **36 h.** – alt. 751 m
– ⊠ 22482

▶ Madrid 491 – Huesca 106 – Lleida/Lérida 95

ESPAÑA

Hospedería de Roda de Isábena ⊗ ⇐ ℅ ☏ **P** 𝓥𝓘𝓢𝓐 ⊚ ⑩
pl. de la Catedral – ℰ 974 54 45 54 – www.hospederia-rdi.com
– *cerrado 20 al 26 de diciembre*
10 hab – ♦35/50 € ♦♦45/65 €, ⊑ 7,50 €
Rest *Hospedería La Catedral* – ver selección restaurantes
◆ Un remanso de paz y tranquilidad en el interior de un sobrio edificio medieval. Posee unas habitaciones equipadas con mobiliario actual, casi todas con balcón o terraza.

Hospedería La Catedral – Hotel Hospedería de Roda de Isábena ℅
pl. Pons Sorolla – ℰ 974 54 45 45 – www.hospederia-rdi.com 𝓥𝓘𝓢𝓐 ⊚ ⑩
– *cerrado 20 al 26 de diciembre*
Rest – Carta 19/31 €
◆ Emplazado en un refectorio cisterciense, con vistas al bonito claustro del s. XII. Su interior recrea un cálido ambiente con las paredes y bóveda en piedra.

RODALQUILAR – Almería – **578** V23 – 155 h. – ✉ 04115   **2** D2
▶ Madrid 587 – Sevilla 456 – Almería 52

Rodalquilar ⊗ ⎓ ⅙ ▮ ⅙ hab, 𝓐𝓒 ℅ rest, ⚐ **P** ⌂ 𝓥𝓘𝓢𝓐 ⊚
paraje de los Albacetes, Oeste : 0,7 km – ℰ 950 38 98 38
– www.hotelrodalquilar.com
24 hab ⊑ – ♦64/111 € ♦♦92/156 €   **Rest** – Menú 26 €
◆ Hotel horizontal definido por tener su propia sala de exposiciones y distribuirse en torno a un patio, con una piscina y palmeras. Habitaciones clásicas de correcto confort. Restaurante de adecuado montaje donde se ofrece una reducida carta tradicional.

ROIS – A Coruña – **571** D4 – ✉ 15911   **19** B2
▶ Madrid 638 – A Coruña 98 – Pontevedra 41 – Santiago de Compostela 46

Casa Ramallo 𝓐𝓒 ℅ **P** 𝓥𝓘𝓢𝓐 ⊚ 𝓐𝓔 ⑩
Castro 5 – ℰ 981 80 41 80 – *cerrado 24 diciembre-6 enero y lunes*
Rest – *(sólo almuerzo)* Carta 20/30 €
◆ Negocio familiar fundado en 1898. Encontrará una sala clásica con las paredes en piedra y una carta de palabra que destaca tanto por los guisos como por su exquisita lamprea.

ROJALES – Alicante – **577** R27 – 20 510 h. – alt. 125 m – ✉ 03170   **16** A3
▶ Madrid 436 – Valencia 197 – Alacant/Alicante 43 – Murcia 66
🏌 La Marquesa, av. Justo Quesada, ℰ 96 671 42 58

en la carretera CV 895 Sureste : 8 km

La Laguna ⎓ ⅙ ▮ ⅙ hab, 𝓐𝓒 ℅ ☏ ⚐ **P** ⌂ 𝓥𝓘𝓢𝓐 ⊚ 𝓐𝓔 ⑩
av. Antonio Quesada 53 - urb. Doña Pepa ✉03170 – ℰ 965 72 55 77
– www.hotellaguna.com
95 hab – ♦60/133 € ♦♦70/155 €, ⊑ 10 €   **Rest** – Carta 25/35 €
◆ Cercano a los Parques Naturales de Las Lagunas. Dispone de habitaciones cálidas y confortables, donde se miman los detalles. Buena oferta en servicios complementarios. Su restaurante elabora una carta actual-creativa y se complementa con una terraza-grill.

La ROMANA – Alicante – **577** Q27 – 2 576 h. – ✉ 03669   **16** A3
▶ Madrid 406 – Valencia 165 – Alacant / Alicante 45 – Murcia 80

La Romana ⊗ ⎓ ▮ ⅙ hab, 𝓐𝓒 ☏ ⚐ **P** 𝓥𝓘𝓢𝓐 ⊚ 𝓐𝓔
Partida Casa Azorín, Sur : 1 km – ℰ 966 19 26 00 – www.laromanahotel.es
18 hab – ♦50/80 € ♦♦60/140 €, ⊑ 10 €   **Rest** – Menú 19 €
◆ Casa de campo ubicada a las afueras de la localidad. Presenta una recepción minimalista, un sobrio salón social y unas habitaciones de línea actual, algunas con terraza. El comedor ofrece dos salas de montaje actual y una carta de tinte tradicional.

ROMANYÀ DE LA SELVA – Girona – **574** G38 – 145 h. – ⊠ 17240   **15** B1

▶ Madrid 710 – Barcelona 103 – Girona 32 – Perpignan 125

✕ **Can Roquet**   ☂ 🄰🄲 𝚟𝚒𝚜𝚊 ◉◉
pl. de l'Esglesia 1
– 𝒞 972 83 30 81 – www.canroquet.com
– cerrado 15 noviembre-febrero y lunes
Rest – Carta aprox. 45 €

♦ Se encuentra en un pequeño pueblo de montaña, instalado en una casa de piedra que data del s. XVIII. Destaca por su acogedora decoración y ofrece una cocina actual elaborada.

RONDA – Málaga – **578** V14 – 36 827 h. – alt. 750 m – ⊠ 29400   **1** A3

▶ Madrid 612 – Algeciras 102 – Antequera 94 – Cádiz 149

🄸 pl. de España 9, 𝒞 95 216 93 11 otronda@andalucia.org
Fax 95 216 93 14
y paseo Blas Infante, 𝒞 952 18 71 19 informacion@turismoderonda.es
Fax 952 18 71 47

◎ Localidad★★ - La Ciudad★★ – Puente Nuevo★ Y -
Jardines de Forestier★ Y**A** – Baños árabes★ Z –
Minarete de San Sebastián★ Z**F** – Santa María la Mayor★ Z –
Palacio de Mondragón★★ : Museo de la Ciudad Z**M4** –
Arco de Cristo ⩻★★ Y – Plaza de Toros★ Y**M6** –
Templete de la Virgen de los Dolores★ Y**V**

◪ Iglesia rupestre de la Virgen de la Cabeza★ ⩻★★ 2,7 km por ③ –
Cueva de la Pileta★ 20 km por ①. carretera★★ de Ronda
a San Pedro de Alcántara por ②

Plano página siguiente

🄷🄷 **Parador de Ronda**   ⩻ ▱ ⌁ ▤ 🄰🄲 ⅍ ⑪ ⌂ ⌂ 𝚟𝚒𝚜𝚊 ◉◉ 🄰🄴 ⓞ
pl. de España – 𝒞 952 87 75 00
– www.parador.es   Y**a**
70 hab – †134/144 € ††168/180 €, � 18 €
– 8 suites
Rest – Menú 33 €

♦ Ubicado al borde del Tajo. Posee un buen hall-recepción, cubierto por una cúpula moderna, y habitaciones de completo equipamiento, todas con los suelos en tarima. En su comedor, muy luminoso y de montaje clásico, encontrará una cocina de tinte regional.

🄷🄷 **Montelirio**   ☂ ▤ ⅙ hab, 🄰🄲 ⅍ ⑪ ⌂ 𝚟𝚒𝚜𝚊 ◉◉ 🄰🄴 ⓞ
Tenorio 8 – 𝒞 952 87 38 55
– www.hotelmontelirio.com   Y**b**
15 hab – †108 € ††162 €, ⊻ 10,80 €
Rest *Albacara* – Carta 32/48 €

♦ Casa-palacio del s. XVII dotada de impresionantes vistas al Tajo. Posee habitaciones personalizadas en su decoración, un patio y una espectacular terraza-balconada. Desde algunas mesas de su restaurante también se disfruta de una magnífica panorámica.

🄷🄷 **San Gabriel** sin rest ✑   ▤ 🄰🄲 ⅍ 𝚟𝚒𝚜𝚊 ◉◉ 🄰🄴
Marqués de Moctezuma 19
– 𝒞 952 19 03 92
– www.hotelsangabriel.com
– cerrado 21 diciembre-9 enero y del 19 al 31 de julio   Z**v**
21 hab – †66/68 € ††85/95 €, ⊻ 6 €

♦ Mansión señorial del s. XVIII que conserva el encanto de un pasado noble. Cuenta con un coqueto patio, bellas habitaciones de ambiente clásico y un personal sumamente atento.

695

RONDA

ESPAÑA

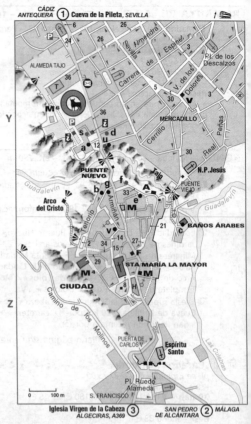

🏨🏨 **Reina Victoria** ≶ ⟨⚄ 🖾 🛏 ⛱ AC ⅌ 🛁 P VISA ⊕ AE ①

av. Dr. Fleming 25, por ① – ℰ 952 87 12 40 – www.hotelreinavictoriaronda.com

88 hab – ♥60/90 € ♥♥60/200 €, ☑ 13 €   **Rest** – Menú 25 €

♦ Atractivo edificio de aire inglés emplazado al borde del Tajo, con espléndidas vistas al valle y a la serranía de Ronda. Posee amplias habitaciones y una elegante zona noble. En su comedor, de ambiente clásico-funcional, le propondrán una carta tradicional.

🏨 **El Poeta de Ronda**   🖾 AC ⁽ⁱ⁾ VISA ⊕

Tenorio 1 – ℰ 952 87 01 01 – www.hotelpoeta.es   **Yg**

12 hab – ♥70/100 € ♥♥70/120 €, ☑ 5 €   **Rest** – Menú 20 €

♦ Tras su fachada de aire rondeño-andaluz sorprende por instalar la recepción en el patio-zona social de la casa. Tiene habitaciones bastante amplias, todas con buen mobiliario. El restaurante, íntimo y con pocas mesas, ofrece una cocina de tinte tradicional.

🏨 **Don Miguel**   ≶ 🖾 AC ⅌ 🚗 VISA ⊕ AE ①

pl. de España 4 – ℰ 952 87 77 22 – www.dmiguel.com   **Yu**

30 hab ☑ – ♥59/70 € ♥♥92/108 €

Rest Don Miguel – ver selección restaurantes

♦ Hotel de carácter familiar emplazado en una de las paredes del Tajo de Ronda. Ofrece habitaciones de correcto confort, unas con sencillo mobiliario provenzal y otras en forja.

⌂ **Alavera de los Baños** sin rest ⌂ 　　　　　𝕁 🕉 🕪 𝚅𝙸𝚂𝙰 ⓿

Hoyo San Miguel – ✆ 952 87 91 43 – www.alaveradelosbanos.com – cerrado enero Zc

9 hab ⌂ – ♦60/75 € ♦♦85/105 €

♦ Se encuentra junto a los baños árabes, con una decoración en colores vivos, un pequeño patio-jardín con alberca y unas coquetas habitaciones, la mayoría con ducha de obra.

⌂ **Ronda** sin rest y sin ⌂ 　　　　　𝔸ℂ 🕉 🕪 𝚅𝙸𝚂𝙰 ⓿ 𝔸𝔼 ⓪

Ruedo Doña Elvira 12 – ✆ 952 87 22 32 – www.hotelronda.net Ye

5 hab – ♦51/77 € ♦♦67/92 €

♦ Antigua casa rehabilitada. Casi no tiene zona social, sin embargo, compensa este detalle con unas habitaciones cuidadas y en vivos colores, todas con baños de plato ducha.

𝕏𝕏𝕏 **Tragabuches** 　　　　　𝔸ℂ 🕉 𝚅𝙸𝚂𝙰 ⓿ 𝔸𝔼

José Aparicio 1 – ✆ 952 19 02 91 – www.tragabuches.com – cerrado domingo noche y lunes Ys

Rest – Carta 49/63 €

♦ Este restaurante destaca por su emplazamiento, pues ocupa un edificio del s. XIX con interiorismo de vanguardia. Cocina de base tradicional bien actualizada.

𝕏𝕏 **Casa Santa Pola** 　　　　　🏠 𝔸ℂ 🕉 𝚅𝙸𝚂𝙰 ⓿ 𝔸𝔼 ⓪

Santo Domingo 3 – ✆ 952 87 92 08 Yf

Rest – Carta 32/42 €

♦ Preciosa casa de origen árabe dotada con múltiples salitas y balcones, algunos colgados literalmente sobre el Tajo. Cocina tradicional y rondeña de excelente elaboración.

𝕏 **Don Miguel** – Hotel Don Miguel 　　　　　🏠 𝔸ℂ 🕉 𝚅𝙸𝚂𝙰 ⓿ 𝔸𝔼 ⓪

pl. de España 5 – ✆ 952 87 10 90 – www.dmiguel.com – cerrado domingo mediodía en verano Yu

Rest – Carta 25/34 €

♦ Disfruta de una situación privilegiada, con bellas terrazas a modo de balcones escalonados sobre el Tajo. Salas sencillas y acogedoras dotadas de un correcto montaje.

𝕐/ **Tragatapas** 　　　　　🏠 𝔸ℂ 𝚅𝙸𝚂𝙰 ⓿ 𝔸𝔼 ⓪

Nueva 4 – ✆ 952 87 72 09 – cerrado lunes Yd

Rest – Tapa 2 € – Ración aprox. 12 €

♦ Bar de tapas ubicado en una céntrica calle peatonal. Ofrece una terraza y una sala de montaje actual, con varias pizarras en las que informan sobre sus pinchos y raciones.

en la carretera A 374 por ① :

🏨 **La Fuente de la Higuera** ⌂ 　　　　　⇐ 🏠 𝕁 🕉 🕪 𝙿 𝚅𝙸𝚂𝙰 ⓿

5,5 km y desvío a la derecha 3,2 km - Partido de los Frontones ✉29400 Ronda – ✆ 952 11 43 55 – www.hotellafuente.com

7 suites ⌂ – ♦♦169/245 € – 4 hab

Rest – (es necesario reservar) Menú 42 €

♦ Elegante mansión rural dotada con magníficas vistas a los olivares. Lujo y confort a su servicio, con amplias habitaciones que destacan por mimar cada detalle. El restaurante ofrece una carta desenfadada al mediodía y platos más elaborados por la noche.

🏨 **Don Benito** 　　　　　𝕁 🍴 🖥 ⅋ hab, 𝔸ℂ 🕉 𝙿 𝚅𝙸𝚂𝙰 ⓿ 𝔸𝔼

7 km ✉29400 Ronda – ✆ 952 16 11 69 – www.hoteldonbenito.com

22 hab ⌂ – ♦45/72 € ♦♦60/115 €

Rest – Menú 12,50 €

♦ Cuenta con una agradable zona social y unas cuidadas habitaciones que combinan el mobiliario clásico con detalles en madera y forja. El piso superior está abuhardillado. Su restaurante disfruta de un correcto montaje y ofrece platos de elaboración tradicional.

ESPAÑA

🚩 Madrid 562 – Sevilla 437 – Almería 23 – Granada 164

XXX **Alejandro** (Alejandro Sánchez)   🕸 ⅏ ⇔ VISA ⚙ AE ①
💮 *av. Antonio Machado 32 – ℰ 950 32 24 08 – www.restaurantealejandro.es*
– cerrado 2ª quincena de enero, 2ª quincena de mayo, domingo noche,
lunes y martes noche
Rest – Menú 40/60 €
Espec. Mariscos de la zona. Atún de anzuelo de Roquetas (abril-junio). Cacao, ron
agrícola, plátano y garrapiñados.
♦ Moderno restaurante situado en la zona del puerto. Ofrece un hall con sofás,
un comedor de cuidado montaje, dejando la cocina a la vista del cliente, y dos
privados. Carta actual, ligera y bien presentada, normalmente con productos
autóctonos de calidad.

ROQUETES – Tarragona – ver Tortosa

ROSES (ROSAS) – Girona – **574** F39 – **20 197 h.** – Playa – ⊠ **17480**   **14** D3

🚩 Madrid 763 – Barcelona 153 – Girona/Gerona 56
🛈 av. de Rhode 77 ℰ 972 25 73 31 turisme@roses.cat Fax 972 15 11 50
◻ Localidad★ – Ciudadela★

ESPAÑA

🏨🏨🏨 **Terraza**   ⇐ 😤 🏊 🏊 🛠 🖢 🕭 hab, 🕸 ⅏ hab, 🍴 🏋 P 🕭 VISA ⚙ AE ①
av. Rhode 32 – ℰ 972 25 61 54 – www.hotelterraza.com
– cerrado enero-marzo
87 hab ⊆ – ♦105/177 € ♦♦131/221 € – 3 suites   **Rest** – Menú 43 €
♦ Hotel de larga tradición familiar ubicado en pleno paseo marítimo. Dispone de
una variada zona social, habitaciones de completo equipamiento y un centro SPA
en la 5ª planta. El restaurante disfruta de mucha luz natural y un correcto montaje.

🏨🏨 **Ramblamar**   ⇐ 😤 🖢 🕸 ⅏ 🍴 VISA ⚙ AE
av. de Rhode 153 – ℰ 972 25 63 54 – www.hotelsrisech.com – Semana
Santa-15 octubre
52 hab ⊆ – ♦43/61 € ♦♦66/92 €   **Rest** – Menú 20 €
♦ Hotel de organización familiar, línea actual e instalaciones funcionales situado
frente a la playa. Posee habitaciones de correcto confort y equipamiento, todas
con terraza. El restaurante-cafetería de la planta baja está orientado al cliente
externo, pero hay un comedor en la entreplanta reservado al cliente alojado.

🏨 **Novel Risech**   ⇐ 😤 🖢 🕸 rest, VISA ⚙ AE
av. de Rhode 183 – ℰ 972 25 62 84 – www.hotelsrisech.com
78 hab ⊆ – ♦42/60 € ♦♦62/90 €   **Rest** – Menú 19 €
♦ Repartido en tres edificios ubicados frente al mar. Cuenta con unas dependencias muy funcionales que resultan de suficiente confort en su categoría. El comedor es muy espacioso y está claramente enfocado al cliente exterior.

XX **Flor de Lis**   🕸 ⅏ VISA ⚙ AE ①
Cosconilles 47 – ℰ 972 25 43 16 – www.flor-de-lis.com – Semana
Santa-10 octubre
Rest – *(cerrado martes salvo julio-septiembre) (sólo cena)* Carta 37/53 €
♦ Instalado en una antigua casa de piedra, posee dos salas de inspiración rús-
tica con el techo abovedado. Ofrece una carta arraigada en la tradición culinaria
francesa.

XX **Die Insel**   🕸 ⅏ VISA ⚙
Pescadors 17 – ℰ 972 25 71 23 – www.dieinsel.info – cerrado 10 enero-10 marzo
y martes
Rest – Carta 35/55 €
♦ Bien llevado por un alemán afincado en la localidad. Su restaurante, que se
complementa con una cervecería anexa, ofrece una carta de sabor internacional
y varios menús.

en la urbanización Santa Margarida Oeste : 2 km

🏠 Marítim ⟨ ⌿ 🛏 🛗 🚻 hab. 🄰🄲 ⚙ 🎿 🄿 🆅🅸🆂🅰 ⚙ 🄰🄴 ⑪

Jacinto Benavente 2 ✉ *17480 Roses –* ⚬ *972 25 63 90 – www.hotelmaritim.es*
– abril-octubre
144 hab ☕ *–* ♦55/85 € ♦♦70/129 €   **Rest** *– (sólo buffet)* Menú 14 €
♦ Negocio familiar ubicado en 1ª línea de playa, con unas habitaciones renovadas, funcionales y bien equipadas. Dispone de espaciosos salones sociales. Atractiva cafetería con vistas al mar y un correcto restaurante-buffet con especialidades frías y calientes.

🏠 Monterrey ⟨ ⌿ 🛏 📶 🄰🄲 rest. ⚙ 🄿 🆅🅸🆂🅰 ⚙ 🄰🄴 ⑪

passeig Marítim 72 ✉ *17480 Roses –* ⚬ *972 25 66 76 – www.monterrey.es*
– 15 marzo-15 noviembre
135 hab ☕ *–* ♦54/87 € ♦♦72/140 €   **Rest** *– (sólo buffet)* Menú 17 €
♦ Situado en 1ª línea de playa y con acceso directo a la misma. Disfruta de una
completa zona social y habitaciones de correcto confort, con baños reducidos y
terraza. El amplio comedor, que centra su trabajo en el servicio de buffet, disfruta
de unas agradables vistas a la piscina.

🏠 Montecarlo ⟨ 🖼 🛏 🛗 hab. 🄰🄲 rest. ⚙ 🎿 🆂🄿🄰 🆅🅸🆂🅰 ⚙ 🄰🄴 ⑪

av. de la Platja 2 ✉ *17480 Roses –* ⚬ *972 25 66 73 – www.hotelmontecarlo.net*
– cerrado 16 noviembre-26 diciembre y 2 enero-14 marzo
126 hab ☕ *–* ♦57/80 € ♦♦75/130 €   **Rest** *– (sólo buffet)* Menú 14,50 €
♦ Bien situado frente al mar. Posee una zona social bastante actual, una sala de
reuniones y correctas habitaciones dotadas de mobiliario clásico, todas con
terraza. El comedor, diáfano y de sencillo montaje, centra su actividad en el servicio de buffet.

🍴 El Jabalí con hab 🖼 🖼 🎿 🄰🄲 🆅🅸🆂🅰 ⚙

Jacinto Benavente ✉ *17480 Roses –* ⚬ *972 25 65 25 – abril-octubre*
6 hab ☕ *–* ♦65/76 € ♦♦90/122 €   **Rest** *– (cerrado miércoles)* Carta 20/36 €
♦ Negocio de organización familiar cercano a la playa. Tiene una sala de estilo
rústico dividida en dos partes y en sus fogones se elabora una cocina de sabor
internacional. Como complemento al restaurante ofrece habitaciones de buen
confort y una zona SPA en un edificio independiente.

en la playa de Canyelles Petites Sureste : 2,5 km

🏨 Vistabella ◈ ⟨ 🍴 🖼 🎿 🛏 🄰🄲 ⚙ 🎿 🆂🄰 🄿 🍽 🆅🅸🆂🅰 ⚙ 🄰🄴 ⑪

av. Díaz Pacheco 26 ✉ *17480 Roses –* ⚬ *972 25 62 00 – www.vistabellahotel.com*
– abril-octubre
21 hab ☕ *–* ♦♦140/310 € *– 8 suites*
Rest *Els Brancs –* ver selección restaurantes
Rest *–* Menú 55 €
♦ Goza de un magnífico emplazamiento frente a una cala y posee una agradable
terraza ajardinada. Acogedoras habitaciones y espléndidas suites, la real de estética surrealista.

🍴🍴 Els Brancs *– Hotel Vistabella* ⟨ 🍴 🄰🄲 ⚙ 🍽 🆅🅸🆂🅰 ⚙ 🄰🄴 ⑪

av. Díaz Pacheco 26 ✉ *17480 Roses –* ⚬ *972 25 62 00 – www.elsbrancs.com*
– abril-octubre
Rest *– (cerrado lunes) (sólo cena)* Carta 55/69 €
♦ Ofrece una refrescante estética mediterránea, con un buen servicio de mesa y
una bella terraza abierta al mar. Cocina creativa con acertada conjunción de técnica y producto.

en la Urbanización Mas Buscà Norte : 3 km

🏠 San Carlos ◈ 🖼 🖼 🎿 🍴 🛏 hab. 🄰🄲 ⚙ hab. 🄿 🆅🅸🆂🅰 ⚙ ⑪

Solsonès 19-21 ✉ *17480 Roses –* ⚬ *972 25 43 00 – www.hotel-sancarlos.com*
– Semana Santa-octubre
110 hab ☕ *–* ♦♦63/149 €   **Rest** *– (sólo buffet)* Menú 18 €
♦ Este hotel vacacional se encuentra a las afueras de la localidad y está rodeado
de instalaciones deportivas. Posee suficientes zonas sociales y unas habitaciones
funcionales. El comedor resulta sencillo a la par que original, ya que combina las
paredes pintadas con otras en piedra.

ESPAÑA

en la playa de La Almadraba Sureste : 3 km

🏨🏨 **Almadraba Park H.** ⚥ ⬅ 🏠 ⌇ ✗ 🍴 ♿ hab. 🅰️ 🛁 📶 ♨ **P**
✉ 17480 Roses – ☎ 972 25 65 50 🚗 ⚙ 🅰️ ①
www.almadrabapark.com – 8 abril-16 octubre
60 hab ⌿ – ♦110/150 € ♦♦145/236 € – 6 suites
Rest – Menú 43 €
♦ Atractivo hotel de cuidados exteriores, emplazado en una pequeña colina con terrazas ajardinadas sobre la bahía. Confortables habitaciones equipadas con baños modernos. Luminoso comedor desde donde se contempla el mar.

en Cala Montjoi Sureste : 7 km

✗✗✗ **El Bulli** (Ferran Adrià) ⬅ 🏠 🅰️ **P** 🚗 ⚙ 🅰️ ①
✿✿✿ ✉ 17480 Roses – ☎ 972 15 04 57 – www.elbulli.com
– 15 enero-julio
Rest – (cerrado domingo y lunes salvo excepciones) (sólo cena salvo excepciones) (es necesario reservar) (sólo menú degustación) Menú 270 € ♨
Espec. Tartar de tuétano con ostras. Flauta de anguila y foie. Banda de piña.
♦ Emplazado en una cala en las afueras de Roses, con unas instalaciones de acogedora rusticidad. La imaginación y la técnica sorprenden al comensal, que realiza un viaje culinario único a través de pequeñas degustaciones. Genialidad y creatividad sin precedentes.

ESPAÑA

ROTA – Cádiz – **578** W10 – **28 516 h.** – Playa – ✉ 11520 1 A2
▶ Madrid 653 – Cádiz 45 – Sevilla 128
🛈 Cuna 2 (Palacio Municipal Castillo de Luna) ☎ 956 84 63 45 turismo@aytorota.es Fax 956 84 63 46
📺 Villa vieja★ – Iglesia de Nuestra Señora de la O★ – Playa de la Costilla★

🏨🏨🏨 **Duque de Nájera** ⬅ ⌇ 🛗 🍴 ♿ hab. 🅰️ 🛁 📞 ♨ 🚗 🚗 🚗 ⚙ 🅰️ ①
Gravina 2 – ☎ 956 84 60 20
– www.hotelduquedenajera.com
92 hab – ♦64/166 € ♦♦64/193 €, ⌿ 16,05 €
Rest El Embarcadero – Carta 28/39 €
Rest La Bodega – (sólo cena buffet) Menú 30 €
♦ Magnífico hotel de línea clásica-actual ubicado en 1ª línea de playa. Ofrece espléndidas instalaciones y unas luminosas habitaciones, la mitad con terraza y vistas al mar. El restaurante El Embarcadero goza de entrada independiente y una decoración marinera.

en la carretera de Chipiona Oeste : 2 km

🏨🏨 **Playa de la Luz** ⚥ ⌇ 🏠 ⌇ 🛗 ✗ ♿ hab. 🅰️ 🛁 📞 ♨ **P** 🚗
av. Diputación ✉ 11520 – ☎ 956 81 05 00 ⚙ 🅰️ ①
– www.hotelplayadelaluz.com
– cerrado noviembre-enero
228 hab – ♦60/134 € ♦♦60/167 €, ⌿ 15 €
Rest – (junio-septiembre) Carta 30/41 €
♦ Complejo hotelero ubicado en 1ª línea de playa, con varios pabellones y jardines. El aire decorativo andaluz inunda sus completas dependencias. El restaurante, que se complementa con una gran terraza, sabe combinar la carta con un buen buffet para las cenas.

🏨 **La Espadaña** ⌇ ♿ 🅰️ 🛁 hab. ⚙ ♨ **P** 🚗 ⚙ 🅰️ ①
av. Diputación 150, Oeste : 2,5 km ✉ 11520 – ☎ 956 84 61 03
– www.hotelespadana.com
40 apartamentos ⌿ – ♦♦96/260 €
Rest – Carta 25/35 €
♦ Conjunto de aire regional emplazado frente a un pinar y cerca de la playa. Distribuye sus apartamentos en varios edificios, todos con cocina, terraza y unos baños actuales. En su comedor encontrará una sencilla carta de cocina tradicional y diversas raciones.

Las ROZAS DE MADRID – Madrid – **576** K18 – **575** K18 – **86 340** h. **22** A2
– alt. 718 m – ✉ 28230

▶ Madrid 19 – Segovia 91

✗✗ **La Chalota**   AC ✗ VISA ⚌
La Fuente 7 – ☎ 916 37 38 98 – www.lachalota.com – cerrado 21 días en agosto,
miércoles noche y domingo
Rest – Carta 34/43 €
♦ Ofrece un cálido comedor de línea clásica que destaca tanto por sus aparadores antiguos como por el atractivo tapizado del mobiliario. Cocina actual y buen servicio de mesa.

en la autovía A 6 :

🏨 **G.H. Las Rozas**   🛁 🛗 ⅙ hab, AC ✗ ☏ 🛏 ⬅ VISA ⚌ AE ①
Chile 2, Norte : 6 km - vía de servicio, salida 24 ✉28290 – ☎ 916 30 84 10
– www.granhotellasrozas.com
90 hab – ♦♦65/300 €, ⌷ 14 €   **Rest** – Menú 20 €
♦ Hotel de estética moderna. Su acogedora zona social se complementa con varias salas de reunión y unas espaciosas habitaciones, todo con mobiliario funcional-actual de calidad. El restaurante propone una reducida carta de cocina tradicional actualizada.

RUBIELOS DE MORA – Teruel – **574** L28 – **780** h. – alt. 929 m   **3** B3
– ✉ 44415

▶ Madrid 357 – Castelló de la Plana/Castellón de la Plana 93 – Teruel 56
🛈 pl. Hispano América 1 ☎ 978 80 40 01 turismorubielos@deteruel.es
Fax 978 80 46 00

🏨 **De la Villa** ⌇   ☏ AC rest, ✗ VISA ⚌
pl. del Carmen 2 – ☎ 978 80 46 40 – www.hotel-de-la-villa.com – cerrado del 4 al
14 de julio
14 hab – ♦62 € ♦♦80/90 €, ⌷ 6 €   **Rest** – (cerrado lunes) Menú 15 €
♦ Casa palaciega del s. XV dotada de un precioso hall social. Disfruta de unas correctas habitaciones de estilo antiguo, con los techos en madera y ladrillo visto. Su elegante restaurante goza de un cuidado montaje y se complementa con una agradable terraza.

🏨 **Montaña Rubielos** ⌇   ⬅ 🖵 🛁 AC ✗ ☏ 🛏 P VISA ⚌
av. de los Mártires – ☎ 978 80 42 36 – www.hotelrubielos.com
37 hab ⌷ – ♦♦52/72 €   **Rest** – Menú 16 €
♦ Conjunto de correcta distribución rodeado por un amplio jardín. Posee habitaciones funcionales de buen confort, todas ellas con mobiliario actual y baños completos. Comedor luminoso y de adecuado montaje.

RUEDA (Monasterio de) – Zaragoza – ver Sástago

RUENTE – Cantabria – **572** C17 – **1 022** h. – ✉ 39513   **8** B1

▶ Madrid 440 – Santander 54 – Palencia 204

🏠 **La Fuentona** sin rest   VISA ⚌ AE ①
Ruente 1 – ☎ 942 70 91 65 – www.posadalafuentonaenruente.com
9 hab ⌷ – ♦25/35 € ♦♦50/65 €
♦ Toma el nombre de un manantial próximo, donde nace un pequeño riachuelo. Ofrece un buen salón, con mesa para los desayunos, y unas acogedoras habitaciones de línea clásica.

✗✗ **Casa Nacho González**   ☏ AC VISA ⚌ AE ①
Barrio Monasterio – ☎ 942 70 91 25
– www.restaurantecasanachogonzalezenruente.com
Rest – Carta 25/35 €
♦ Tras su terraza encontrará un bar a modo de taberna típica, con la cocina abierta a un lado, y en el piso superior un salón de aire rústico. Cocina tradicional y a la brasa.

SABADELL

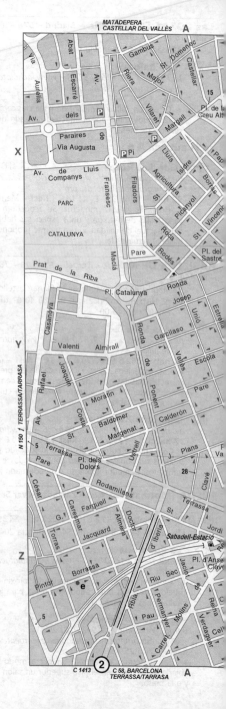

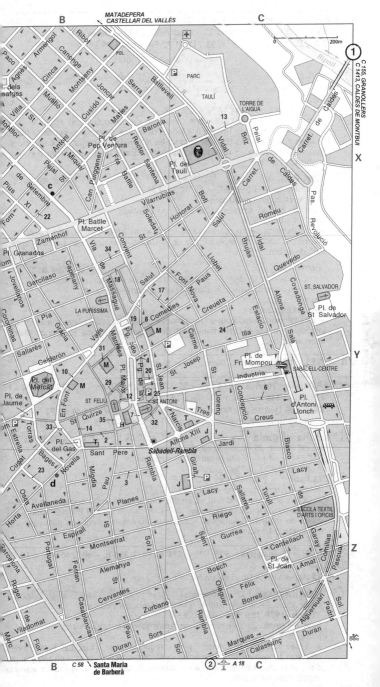

▶ Madrid 626 – Barcelona 23 – Lleida/Lérida 169 – Mataró 47

R.A.C.C. av. Barberà 56, *⌀* 93 711 94 72 Fax 93 508 95 94

Planos páginas anteriores

🏨 **Urpí**   📶 🔥 hab, 🆎 🛇 📶 🛄 🚗 VISA 💳 AE ①
av. 11 Setembre 40 ✉08208 – *⌀* 937 23 54 19
– www.hotelurpi.com   BX**c**
126 hab – †40/51 € ††47/56 €, ☕ 10 €
Rest – *(cerrado agosto) (sólo cena salvo fines de semana.)* Menú 15 €
♦ Negocio familiar de larga trayectoria. Ofrece una correcta recepción y habitaciones con diferentes tipos de confort, las renovadas de mejor equipamiento y línea más moderna. El restaurante, bastante clásico, se complementa con una concurrida cafetería.

🍴🍴 **Can Feu**   🆎 🛇 VISA 💳 AE
Pintor Borrassà 43 ✉08205 – *⌀* 937 26 27 91
– www.restaurantcanfeu.com
– cerrado agosto, sábado noche, domingo y festivos   AZ**e**
Rest – Carta 35/56 €
♦ Trabaja bastante. En cualquiera de sus salas, de líneas clásicas, podrá degustar una cocina tradicional especializada en pescados y mariscos, con un buen apartado de arroces.

🍴🍴 **Forrellat**   🆎 🛇 VISA 💳 AE ①
Horta Novella 27 ✉08201 – *⌀* 937 25 71 51 – www.forrellatcatering.com
– cerrado Semana Santa, 21 días en agosto, domingo noche
y lunes   BZ**d**
Rest – Carta 29/53 €
♦ Este negocio, llevado por un matrimonio, ofrece una sala de línea minimalista e impecable montaje. Carta tradicional de tendencia catalana y algunos platos internacionales.

S'ABANELL (Playa de) – Girona – ver Blanes

▶ Madrid 443 – Huesca 53 – Jaca 18

🛈 av. del Ejército 27 (Pirinarium Galería Comercial), *⌀* 974 48 42 72
oficinaturismopirinarium@aragon.es Fax 974 48 42 76

🏨 **Villa Virginia**   📺 🔥 📶 🆎 🛇 📶 🛄 🅿 🚗 VISA 💳 AE ①
av. del Ejército 25 (salida Huesca)
– *⌀* 974 48 44 40 – www.hotelvillavirginia.com
– cerrado del 15 al 31 de octubre
22 hab ☕ – †75/110 € ††100/140 €
Rest – *(cerrado domingo noche)* Menú 23 €
♦ Ocupa un antiguo edificio en piedra, con amplias zonas nobles y unas habitaciones muy espaciosas definidas por el confort, la calidad del mobiliario y los suelos en madera. El luminoso restaurante sustenta su carta con platos propios del recetario tradicional.

▶ Madrid 107 – Guadalajara 51

🏨 **Mariblanca** sin ☕, salvo verano   🚲 🏊 🆎 🛇 📶 VISA 💳
pl. de Abajo 2 – *⌀* 949 35 00 44 – www.hotelmariblanca.com
31 hab – †30/35 € ††50/60 €, ☕ 5 €
Rest – *(cerrado fines de semana en septiembre y domingo noche)*
Menú 10 €
♦ Posee una amplia cafetería y una reducida zona social. Las habitaciones, correctas aunque de sencillo mobiliario, se distribuyen en anexos en torno al jardín y la piscina. Comedor de cálida decoración que tiene en el cabrito asado la especialidad de la casa.

▶ Madrid 717 – Barcelona 103 – Girona/Gerona 42
▣ Localidad★ (≼★)

Hostal de La Gavina ◈   ≼ 🚗 🍴 ⬛ 🔲 🛁 ✻ 🎐 🆔 🗗 ⁽¹⁾ ♨ **P**
pl. de la Rosaleda – ✆ *972 32 11 00*   🚗 **VISA** ☯ **AE** ⓪
– *www.lagavina.com*
58 hab – ♦215/325 € ♦♦325/380 €, ☷ 32 € – 16 suites
Rest *Candlelight* – Carta 60/75 €
◆ Instalaciones palaciegas de gran lujo decoradas con antigüedades. Sus magníficas dependencias combinan el elevado confort con una refinada elegancia. Fitness e hidroterapia. El exquisito restaurante Candlelight hace gala de un hermoso patio señorial.

Barcarola   🍴 ⬛ 🔲 ⅙ 🆔 ⁽¹⁾ **P** 🚗 **VISA** ☯
Pau Picasso 1 - 19 – ✆ *972 32 69 32* – *www.barcarola.com*
44 hab ☷ – ♦65/115 € ♦♦80/140 €
Rest *Las Dunas* – Carta aprox. 30 €
◆ Ubicado en 2ª línea de playa y repartido entre dos edificios, uno con la mayoría de las zonas sociales y el otro con las habitaciones, todas con terraza y de línea actual. Su restaurante ofrece una completa carta internacional con algunos platos tradicionales.

Sant Pol   ≼ 🍴 🎐 ⅙ hab, 🆔 ⁽¹⁾ **P** 🚗 **VISA** ☯ **AE** ⓪
platja de Sant Pol 125 ✉ *17248* – ✆ *972 32 10 70* – *www.hotelsantpol.com*
– *cerrado noviembre*
22 hab ☷ – ♦58/105 € ♦♦70/125 €   **Rest** – *(cerrado jueves)* Menú 20 €
◆ Hotel de organización familiar ubicado en 1ª línea de playa. Disfruta de unas habitaciones completamente equipadas, todas con terraza y dos de ellas con jacuzzi. Restaurante muy orientado al cliente de paso, con carta de buen nivel.

La Taverna del Mar   ≼ 🍴 ✻ **VISA** ☯ **AE**
platja de Sant Pol – ✆ *972 32 38 00* – *www.latavernadelmar.com*
– *cerrado 15 diciembre-26 febrero*
Rest – Carta 60/75 €
◆ Su privilegiado emplazamiento y la cuidada decoración de aire marinero, con elegante mobiliario en mimbre, recrean un cálido marco. Productos de excelente calidad.

▶ Madrid 617 – Barcelona 105 – Escaldes-Engordany 112 – Encamp 124

por la carretera C 154 Sur : 1,5 km y desvío a la derecha 0,5 km

Els Casals (Oriol Rovira) con hab ◈   ⬛ 🎐 ⅙ hab, 🆔 ✻ **P** **VISA** ☯ ⓪
❀
Finca Els Casals ✉ *08517* – ✆ *938 25 12 00* – *www.hotelelscasals.com* – *cerrado del 3 al 25 de enero y 26 septiembre-4 octubre*
10 hab ☷ – ♦63/71 € ♦♦120/136 €
Rest – *(cerrado lunes y martes salvo verano) (sólo almuerzo salvo viernes, sábado y verano)* Menú 54/100 € – Carta 48/55 €
Espec. Menestra fría de verduras, hojas, tallos y germinados con helado de almendra tierna (primavera-verano). Pastel de trufa con panceta (enero-marzo). Lomo de oveja madurada a la parrilla con pocha del ganxet.
◆ Masía ubicada en una finca que le abastece de casi todos sus productos. Su cocina, actual y de hondas raíces locales, se sirve en el comedor que ocupa las antiguas cuadras. Como complemento también encontrará unas habitaciones actuales con detalles rústicos.

La mención **Rest** en rojo designa un establecimiento al que se le ha atribuido una distinción gastronómica ✿ (estrella) o ❀ (Bib Gourmand).

ESPAÑA

▶ Madrid 350 – Castelló de la Plana/Castellón de la Plana 40 – Teruel 120
– València 28

🖼 pl. Cronista Chabret, ☏ 96 265 58 59 sagunto@touristinfo.net Fax 96 266 26 77
y av. Mediterráneo 67, ☏ 96 269 04 02 saguntoplaya@touristinfo.net

◙ Acrópolis ❋❋ ★

✗   **L'Armeler**   🍴 AC VISA ◯◯ AE
Castillo 44 – ☏ 962 66 43 82 – www.larmeler.com – cerrado 20 junio-3 julio
Rest – *(sólo almuerzo de septiembre a junio salvo jueves, viernes y sábado)*
Carta 35/55 €
♦ Instalado en una casa del casco antiguo. Ofrece un hall con una barra de
apoyo a la entrada, varias salas distribuidas en distintas alturas y una carta de
tinte tradicional.

en el puerto Este : 6 km

🏨   **NH Puerto de Sagunto**   ƙ፩ 📶 ᕦ AC ❈ hab, ☎ ⼝ P ⌂
av. Ojos Negros 55 ✉46520 Puerto de Sagunto   VISA ◯◯ AE ◯
– ☏ 962 69 83 84 – www.nh-hotels.com
97 hab – ♦♦46/208 €, ⲥ 10,15 € – 2 suites   **Rest** – Carta 20/32 €
♦ Pensado para el cliente de empresa más que para el turista vacacional. Ofrece
confortables instalaciones de línea moderna, destacando las habitaciones por su
equipamiento. En su restaurante, de montaje actual y carácter informal, le ofrecerán una cocina de gusto tradicional.

🏨   **Vent de Mar** sin rest   📶 ᕦ AC ❈ ☎ ⌂ VISA ◯◯ AE ◯
Isla de Córcega 61 ✉46520 Puerto de Sagunto – ☏ 962 69 80 84
– www.hotelventdemar.com
86 hab ⲥ – ♦41/69 € ♦♦51/104 €
♦ Ofrece un pequeño salón social y habitaciones de estética actual, en la mayoría de los casos con terraza y los más altos con vistas al mar. Buen solárium en
la azotea.

🏠   **El Bergantín** sin rest, con cafetería   📶 AC ❈ ☎ ⌂ VISA ◯◯
pl. del Sol ✉46520 Puerto de Sagunto – ☏ 962 68 03 59 – www.elbergantin.com
– cerrado 5 diciembre-8 enero
24 hab – ♦30/38 € ♦♦46/57 €, ⲥ 3 €
♦ Hotel familiar preocupado por la mejora de sus instalaciones. Posee habitaciones de buen confort en su categoría y una cafetería en la que hay un menú especial para clientes.

✗✗   **Negresca**   AC ❈ VISA ◯◯
av. Mediterráneo 141 ✉46520 Puerto de Sagunto – ☏ 962 68 04 04
– www.negresca.net – cerrado domingo noche y lunes
Rest – Carta 30/45 €
♦ Se encuentra frente al mar y disfruta de grandes ventanales para ver la playa.
En su sala, distribuida en dos niveles y de línea actual, encontrará una carta
amplia y variada.

▶ Madrid 298 – León 66 – Palencia 63 – Valladolid 110

🏨   **Puerta de Sahagún**   ⑊ ƙ፩ 📶 ᕦ hab, AC ❈ rest, ⌂ ⌂ VISA ◯◯ AE ◯
carret. de Burgos – ☏ 987 78 18 80 – www.hotelpuertadesahagun.com
88 hab – ♦45/55 € ♦♦70/80 €, ⲥ 5 € – 3 suites
Rest – Menú 18 €
♦ De línea moderna y emplazado a las afueras de la localidad. Disfruta de una
espaciosa zona social y amplias habitaciones, con mobiliario de calidad y buen
equipamiento. En el luminoso restaurante ofrecen una carta tradicional y dos
menús degustación.

XX **Luis**   🛜 AC VISA ⓮ ⓘ

pl. Mayor 4 – 𝒞 987 78 10 85
Rest – Carta 31/45 €

♦ Casa donde podrá degustar una cocina tradicional bastante variada. Dispone de un bar a la entrada y dos salas de montaje clásico, con vistas a un bonito patio interior.

XX **San Facundo** con hab   🛏 AC ⚡ ⑭ ⚐ ⌲ VISA ⓮ ⓘ

av. de la Constitución 99 – 𝒞 987 78 02 76 – www.hostallacodorniz.com
40 hab – ♦40 € ♦♦50 €, ⌲ 5 €
Rest – Carta 30/40 €

♦ Restaurante de buen montaje y cuidada decoración. Aquí podrá disfrutar del sabroso lechazo churro, de los puerros de Sahagún o de sus populares jornadas de caza. Como complemento también dispone de habitaciones, funcionales y con los baños un poco pequeños.

C. Labonne/MICHELIN

Casa de las Conchas

SALAMANCA

Provincia : Ⓟ Salamanca
Mapa Michelin : 575 J12/ J13
▶ Madrid 206 – Ávila 98
– Cáceres 217 – Valladolid 115

Población : 155 619 h.
Altitud : 800 m
Mapa regional : 11 B3

INFORMACIONES PRÁCTICAS

🖪 Oficinas de Turismo

rúa Mayor (Casa de Las Conchas), ✆923 26 85 71 oficinadeturismodesalamanca@
jcyl.es Fax 923 26 24 92

y pl. Mayor 32, ✆923 21 83 42 información@turismodesalamanca.com Fax 923 27
91 14.

Golf

🏌 urbanización Vega de Salamanca (Villamayor), por av de Italia : 7 km,
✆923 33 70 11

👁 VER

El centro monumental*** : Plaza Mayor*** BY, Patio de Escuelas*** (fachada de la Universidad***) BZ U – Escuelas Menores (patio**, cielo de Salamanca*) BZ U¹ – Catedral Nueva** (fachada occidental***) BZ – Catedral Vieja*** (retablo mayor**, sepulcro** del obispo Anaya, órgano*) BZ – Convento de San Esteban* (fachada**, claustro*) BZ – Convento de las Dueñas (claustro**) BZ F – Palacio de Fonseca (patio*) BY D – Iglesia de la Purísima Concepción (retablo de la Inmaculada Concepción*) BY P – Convento de las Úrsulas (sepulcro*) BY X – Colegio Fonseca (patio*) AY – Casa de las Conchas* BY.

SALAMANCA

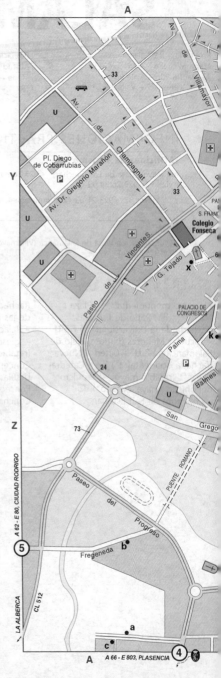

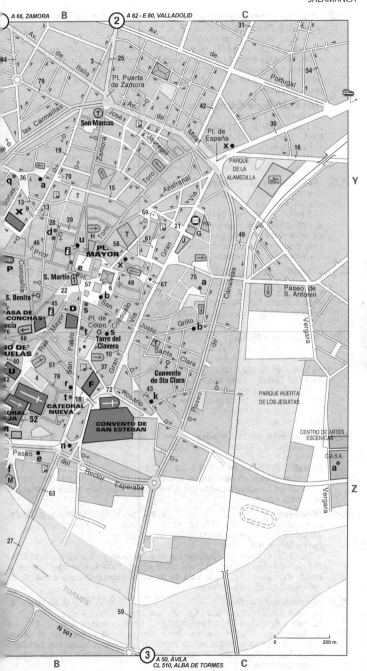

Av.
Av.
31

de
Italia
3
25
Pl. Puerta
de Zamora
42
Portugal
54
José
Av.
de
Mirat
30
San Marcos
79
Pl. de
España
16
X
Jáuregui
PARQUE
DE LA
ALAMEDILLA
19
Zamora
Toro
Azafranal
Vía
Y
q
36
a
70
15
7
13
X
9
39
69
21
J
G
49
28
Toro
T
61
Gran
d
46
H
58
PL.
MAYOR
Prior
u
e
X
75
a
Compañía
S. Martín
Paseo de
S. Antonio
S. Benito
22
57
6
b
48
67
Vergara
ASA DE
CONCHAS
45
D
S
San
Consuelo
cía
Mayor
Pl. de
Colón
Vía
Grillo
b
66
t
O
S
Justo
IO DE
UELAS
Rúa
Pablo
Torre del
Clavero
10
Santa
Clara
PARQUE HUERTA
DE LOS JESUITAS
40
51
San
37
Gran
Convento
de Sta Clara
4
78
U
r
F
72
Rosario
43
CENTRO DE ARTES
ESCENICAS
t
18
k
CATEDRAL
NUEVA
52
DRAL
EJA
C.A.S.A.
M
CONVENTO DE
SAN ESTEBAN
a
n
Paseo
e
f
M
del
Rector
Esperabe
Vergara
Z
63
27

TORMES

N 501
59

0   200 m

🏠🏠🏠 Alameda Palace Salamanca   🎫 🛗 & hab, 🅰️🅲 ॐ 🕪 🚕 🚗

paseo de la Estación 1 ⊠37004 – 𝒞 *923 28 26 26*   🆅🅸🆂🅰 ⓪ 🅰🅴 ⓪
– www.hotelalamedapalace.com   CY**x**

96 hab – ♦75/170 € ♦♦105/180 €, � 14 € – 7 suites   **Rest** – Menú 32 €

♦ Disfrute de la elegante decoración clásica que define sus estancias. Posee confortables habitaciones con las paredes enteladas, delicado mobiliario italiano y aseos en mármol. Ofrece un distinguido restaurante a la carta y varios salones para banquetes.

🏠🏠🏠 NH Palacio de Castellanos   🎫 🛗 🅰🅲 ॐ 🕪 🚕 🚗 🆅🅸🆂🅰 ⓪ 🅰🅴 ⓪

San Pablo 58 ⊠37008 – 𝒞 *923 26 18 18* – *www.nh-hotels.com*   BZ**r**
62 hab – ♦85/161 € ♦♦90/181 €, ⊠ 13,50 €
Rest – *(cerrado domingo y lunes) (sólo menú)* Menú 28 €

♦ Fachada señorial y completas instalaciones en este bello marco. Elegante patio interior que hace de hall-recepción, y mobiliario de calidad en sus dependencias. El restaurante, que resulta algo funcional, goza de una entrada independiente.

🏠🏠🏠 Parador de Salamanca ॐ   ≤ 🚗 🎫 ⅃ ♨ 🍴 🛗 & hab, 🅰🅲 ॐ 🕪

Teso de la Feria 2 ⊠37008 – 𝒞 *923 19 20 82*   🅿 🆅🅸🆂🅰 ⓪ 🅰🅴 ⓪
– www.parador.es   AZ**a**

103 hab – ♦118/129 € ♦♦149/161 €, ⊠ 18 € – 7 suites   **Rest** – Menú 33 €

♦ Está ubicado sobre un montículo en la ribera del río Tormes, por lo que goza de unas vistas privilegiadas. Conjunto actual dotado con habitaciones de excelente equipamiento. Su confortable comedor resulta luminoso y cuenta con grandes ventanales panorámicos.

🏠🏠 Rector *sin rest*   🛗 🅰🅲 ॐ 🕪 🚗 🆅🅸🆂🅰 ⓪ 🅰🅴 ⓪

Rector Esperabé 10 ⊠37008 – 𝒞 *923 21 84 82* – *www.hotelrector.com*
14 hab – ♦128/149 € ♦♦140/185 €, ⊠ 13 €   BZ**e**

♦ Su hermosa fachada neoclásica esconde un interior con cierto encanto. Salón social dotado de vidrieras modernistas y habitaciones elegantes con el mobiliario en caoba.

🏠🏠 Meliá Las Claras   🛗 🅰🅲 ॐ 🕪 🚕 🚗 🆅🅸🆂🅰 ⓪ 🅰🅴 ⓪

Marquesa de Almarza ⊠37001 – 𝒞 *923 12 85 00*
– www.melialasclaras.solmelia.com   CZ**k**
65 hab – ♦♦86/262 €, ⊠ 15,70 € – 7 suites
Rest *Las Claras* – Carta aprox. 42 €

♦ Moderno hotel que combina el clasicismo de su arquitectura con un equipamiento dotado de las últimas tecnologías. Dependencias confortables decoradas con sumo gusto. Diáfano restaurante con bonito techo artesonado y una carta tradicional actualizada.

🏠🏠 NH Puerta de la Catedral *sin rest*   🛗 & 🅰🅲 ॐ 🕪 🚕 🚗

pl. Juan XXIII-5 ⊠37008 – 𝒞 *923 28 08 29*   🆅🅸🆂🅰 ⓪ 🅰🅴 ⓪
– www.nh-hotels.com   AZ**x**
37 hab – ♦85/161 € ♦♦90/181 €, ⊠ 13,50 €

♦ Casona ubicada en pleno centro monumental. Su zona social combina la rusticidad de las paredes en piedra con el mobiliario moderno y ofrece habitaciones de confort actual.

🏠🏠 Fonseca   🎫 🛗 & hab, 🅰🅲 ॐ 🕪 🚕 🚗 🆅🅸🆂🅰 ⓪ 🅰🅴 ⓪

pl. San Blas 2 ⊠37007 – 𝒞 *923 01 10 10* – *www.abbafonsecahotel.com*
83 hab – ♦75/205 € ♦♦85/215 €, ⊠ 14 € – 3 suites   AY**x**
Rest – Menú 24 €

♦ Hotel de moderna construcción con la fachada en piedra, cuidando el estilo del centro histórico. Correcta zona social y espaciosas habitaciones completamente equipadas. La cafetería goza de un acceso independiente y da paso a un comedor de adecuado montaje.

🏠🏠 Casino del Tormes   🛗 🅰🅲 ॐ 🕪 🚕 🚗 🆅🅸🆂🅰 ⓪ 🅰🅴 ⓪

La Pesca 5 ⊠37008 – 𝒞 *923 21 47 87* – *www.hotelcasinodeltormes.com*
22 hab – ♦60/120 € ♦♦70/150 €, ⊠ 12 €   **Rest** – Menú 40 €   BZ**f**

♦ Disfruta de un buen emplazamiento, compartiendo edificio con el Casino, frente a la Casa Lis y a orillas del río Tormes. Habitaciones actuales con mobiliario de calidad. Su restaurante se ubica en un anexo, en lo que era una antigua fábrica de harinas.

Puente Romano de Salamanca sin rest 　　🛏️ 📶 📺 🎿 ⚙️ 🚗 📶 🔆
pl. Chica 10 ✉️*37008 –* ✆ *923 19 37 36*
– www.hotelpuenteromanodesalamanca.com　　　　　　　　　　　AZ**b**
33 hab – †54/96 € ††60/135 €, ☕ 7,50 € – 2 suites
♦ De organización familiar y construido en la ribera opuesta del Tormes. Goza de unas instalaciones actuales, con un bar integrado en la zona social y confortables habitaciones.

Microtel Placentinos sin rest 　　　　　　📶 📺 🎿 ⚙️ 📶 🔆 🔵
Placentinos 9 ✉️*37008 –* ✆ *923 28 15 31 – www.microtelplacentinos.com*
9 hab ☕ – †54/92 € ††60/112 €　　　　　　　　　　　　AZ**k**
♦ Pequeño hotel que hace gala de una sabia distribución del espacio. Dispone de cómodas habitaciones con las paredes en piedra, viguería en el techo e hidromasaje en los baños.

Estrella Albatros sin rest 　　📶 ♿ 📺 🎿 📞 🚗 📶 🔆 AE 🔵
Grillo 18 ✉️*37001 –* ✆ *923 26 60 33 – www.estrellaalbatros.com*　　CY**b**
42 hab – †55/120 € ††60/240 €, ☕ 8 € – 1 suite
♦ Edificio distribuido en cinco plantas, cada una de ellas decorada de una manera diferente. Sus espaciosas habitaciones tienen los suelos en tarima e hidromasaje en los baños.

Rona Dalba sin rest 　　　　📶 📺 🎿 📞 ♿ 📶 🔆 AE 🔵
pl. San Juan Bautista 12 ✉️*37002 –* ✆ *923 26 32 32 – www.hotelronadalba.com*
88 hab – †50/140 € ††50/160 €, ☕ 11,30 €　　　　　　BY**a**
♦ Aspecto actual y cuidado, aunque sus escasas zonas comunes se limitan a la cafetería y el atractivo salón de desayunos. Posee habitaciones funcionales y bien equipadas.

San Polo 　　　　　　　🏡 🛏️ 📺 🎿 📞 🚗 📶 🔆 AE 🔵
Arroyo de Santo Domingo 2 ✉️*37008 –* ✆ *923 21 11 77*
– www.hotelsanpolo.com　　　　　　　　　　　　BZ**n**
37 hab – ††50/120 €, ☕ 9 €　　**Rest** – Menú 15 €
♦ Su moderno exterior contrasta con las ruinas de la iglesia románica anexa. Las habitaciones ofrecen confort y equipamiento actuales, así como hidromasaje en numerosos baños. Tiene un comedor funcional en la planta baja y un restaurante clásico en el 1er piso.

Petit Palace Las Torres sin rest 　　　📶 ♿ 📺 🎿 📶 🔆 AE 🔵
Concejo 4 ✉️*37002 –* ✆ *923 21 21 00 – www.hthoteles.com*　　BY**u**
53 hab – †50/200 € ††55/225 €, ☕ 8 €
♦ Su fachada, que forma parte de la monumental Plaza Mayor, contrasta con un interior totalmente nuevo y de estética actual. Las habitaciones también ofrecen hidromasaje.

Torre del Clavero sin rest 　　　📶 📺 🎿 📞 🚗 📶 🔆
Consuelo 21 ✉️*37001 –* ✆ *923 28 04 10 – www.hoteltorredelclavero.com*
26 hab – †45/90 € ††50/140 €, ☕ 7 €　　　　　　BZY**s**
♦ Toma el nombre del torreón castrense situado frente a su entrada. Ofrece habitaciones actuales abuhardilladas en la última planta, con baños modernos y los suelos en tarima.

Eurowest sin rest 　　　　　📶 ♿ 📺 🎿 📶 🔆 AE 🔵
Pico del Naranco 2 ✉️*37008 –* ✆ *923 19 40 21 – www.hoteleurowest.com*
28 hab ☕ – †35/82 € ††45/120 €　　　　　　　AZ**c**
♦ Llevado con amabilidad por una familia volcada en el negocio. Ofrece una correcta zona social y amplias habitaciones, las más modernas personalizadas en su decoración.

La mención **Rest** en rojo designa un establecimiento al que se le ha atribuido una distinción gastronómica ❀ (estrella) o 🍴 (Bib Gourmand).

ESPAÑA

ESPAÑA

Hostería Casa Vallejo
📶 🅰🅲 📞 🆅🅸🆂🅰 ⓄⓄ 🅰🅴 ①
San Juan de la Cruz 3 ✉37001 – ℰ 923 28 04 21
– www.hosteriacasavallejo.com
– cerrado del 8 al 31 de febrero y del 15 al 30 de julio   BY**b**
13 hab – ♦28/40 € ♦♦40/80 €, ☑ 8 €
Rest *Casa Vallejo* – *(cerrado domingo noche y lunes)* Carta 32/42 €
♦ Negocio dotado con habitaciones funcionales de aspecto actual y correctos baños. Algunas estancias pueden resultar un poco pequeñas, pero es una buena opción en su categoría. Dispone de un bar público y un comedor, ofreciendo una sugerente carta tradicional.

El Toboso sin rest
📶 🆅🅸🆂🅰 ⓄⓄ 🅰🅴
Clavel 7 ✉37001 – ℰ 923 27 14 64 – www.hoteltoboso.com   BY**x**
28 hab – ♦30/35 € ♦♦45/60 €, ☑ 3 € – 7 apartamentos
♦ Espléndida situación por su proximidad a la Plaza Mayor, corazón de la vida salmantina. Habitaciones con mobiliario castellano y varios tipos de apartamentos. Baños renovados.

Víctor Gutiérrez
🅰🅲 🍴 🆅🅸🆂🅰 ⓄⓄ 🅰🅴
❀
San Pablo 66 ✉37008 – ℰ 923 26 29 73
– www.restaurantevictorgutierrez.com
– cerrado del 9 al 26 de enero, Semana Santa, del 3 al 20 de julio, domingo y lunes mediodía   BZ**t**
Rest – Menú 58 € – Carta 50/59 €
Espec. Ravioli de buey de mar, azafrán y cigala. Becada asada en su jugo (octubre-febrero). Cristal de piña, naranja y texturas de cítricos.
♦ Está llevado por el matrimonio propietario, con ella en la sala y él al frente de los fogones. Presenta un reducido comedor de estilo actual-funcional, con los suelos en tarima y unos modernos cuadros vistiendo sus paredes. Cocina creativa de buen nivel.

Plaza 23
🅰🅲 🍴 🆅🅸🆂🅰 ⓄⓄ
pl. Mayor 23 ✉37001 – ℰ 923 27 13 53
– www.restauranteplaza23.es   BY**e**
Rest – Carta 46/52 €
♦ Resulta actual y tiene un emplazamiento inmejorable, pues disfruta de vistas directas a la Plaza Mayor desde las dos mesas de sus ventanas. Cocina tradicional actualizada.

El Alquimista
🅰🅲 🍴 🆅🅸🆂🅰 ⓄⓄ
pl. San Cristóbal 6 ✉37001 – ℰ 923 21 54 93
– www.elalquimistarestaurante.com – cerrado Navidades, de 15 al 30 de julio, martes noche y miércoles   CY**a**
Rest – Carta 31/44 €
♦ Se presenta con una decoración de carácter industrial, un servicio de mesa bastante cuidado y una carta de base tradicional con buenas actualizaciones por parte del chef.

Casa Paca
🍽 🅰🅲 🍴 ⇄ 🆅🅸🆂🅰 ⓄⓄ 🅰🅴 ①
San Pablo 1 ✉37001 – ℰ 923 21 89 93
– www.casapaca.com   BY**s**
Rest – Carta 45/55 € ❀
♦ Dispone de un acceso directo al comedor principal y otro a un bar de tapas, con dos salas más y dos privados. Ambiente clásico con detalles rústicos y profusión de madera.

Le Sablon
🅰🅲 🍴 🆅🅸🆂🅰 ⓄⓄ 🅰🅴 ①
Espoz y Mina 20 ✉37002 – ℰ 923 26 29 52 – www.restaurantlesablon.com
– cerrado julio, lunes noche y martes   BY**d**
Rest – Carta 30/45 €
♦ Íntimo y bien dirigido por el matrimonio propietario. Sala única cuadrada con buen cubierto y una mesa-expositor central. Carta internacional variada e interesante bodega.

✗ **Momo DA2** ⌧ 𝖵𝖨𝖲𝖠 AE

av. Aldehuela (antigua cárcel) ⌧37008 – ℰ 923 18 07 82
– www.momosalamanca.com – cerrado domingo noche y lunes salvo verano
Rest – Carta 36/46 €   CZ**a**

♦ Forma parte del museo DA2. Dispone de una espaciosa terraza, una barra a la entrada y un interior de diseño actual. Cocina tradicional actualizada, con productos de la zona.

✗ **El Majuelo** AC ⌧ 𝖵𝖨𝖲𝖠 ⊕ AE

pl. de la Fuente 8 ⌧37002 – ℰ 923 21 47 11 – *cerrado Semana Santa, 21 días en agosto y domingo*   BY**q**
Rest – Carta 33/42 €

♦ Pequeño restaurante de aire rústico, con una barra, algunas mesas para tapear y un reducido comedor. Ofrecen tapas elaboradas al momento y una completa carta tradicional.

℘ **Momo** AC ⌧ 𝖵𝖨𝖲𝖠 AE

San Pablo 13 ⌧37001 – ℰ 923 28 07 98 – *www.momosalamanca.com – cerrado domingo en verano*   BY**t**
Rest – Tapa 1,50 € – Ración aprox. 12 €

♦ Local de pinchos con elementos minimalistas y sutiles detalles, como los relojes, que hacen referencia a la novela de la que toma el nombre. Comedor moderno en el sótano.

en Villamayor por ① y carretera SA 300 - Noroeste : 4,5 km

✗✗ **La Caserna** ⌖ AC ⌧ 𝖵𝖨𝖲𝖠 ⊕

Larga 5 ⌧37185 – ℰ 923 28 95 03 – *www.lacaserna.com – cerrado domingo noche y lunes*
Rest – Carta 30/37 €

♦ Cálido restaurante donde se ensalza la cocina regional, con un patio a la entrada y dos comedores rústicos definidos por las paredes en piedra y los detalles castellanos.

en la antigua carretera N 501 por ③ : 2,5 km

🏨 **Emperatriz III** ⌖ ⌤ ♨ AC ⌧ 𝗍ᵖ 𝖘🄰 P 𝖵𝖨𝖲𝖠 ⊕

⌧37900 Santa Marta de Tormes – ℰ 923 28 15 99 – *www.emperatrizhotel.com*
75 hab – †44/51 € ††56/71 €, ⌸ 6 €   **Rest** – Menú 17 €

♦ Hotel de nueva construcción y línea actual, con una amable organización familiar. Posee espaciosas zonas sociales y habitaciones funcionales de correcto confort. Restaurante de adecuado montaje con el mobiliario forrado en tela.

SALARDÚ – Lleida – **574** D32 – **alt. 1 267 m** – **Deportes de invierno en**   13 B1
Baqueira-Beret, Este : 4 km : ⚡31 🎿1 🎿1 – ⌧ 25598

🚗 Madrid 611 – Lleida/Lérida 172 – Vielha/Viella 9

👁 Localidad★ – Iglesia de Sant Andreu★ (pinturas góticas★★, Majestad de Salardú★★)

🏨 **Petit Lacreu** ≼ 🛋 ⌤ 𝖫ᵇ ♨ 🜋 𝗍ᵖ P 𝖵𝖨𝖲𝖠 ⊕

carret. de Viella – ℰ 973 64 41 42 – *www.hoteleslacreu.com – diciembre-abril y julio-septiembre*
30 hab ⌸ – †56/68 € ††86/96 €   **Rest** – *(sólo clientes en el Hotel Lacreu)*

♦ Este acogedor establecimiento disfruta de una coqueta zona social y habitaciones con mobiliario escogido, abuhardilladas en la 3ª planta. El comedor está en el Hotel Lacreu.

🏨 **Lacreu** ≼ 🛋 ⌤ ♨ AC rest, 𝗍ᵖ P 𝖵𝖨𝖲𝖠 ⊕

carret. de Viella – ℰ 973 64 42 22 – *www.hoteleslacreu.com – diciembre-abril y julio-septiembre*
59 hab ⌸ – †52/56 € ††70/90 €   **Rest** – *(sólo clientes)* Menú 17,50 €

♦ Negocio familiar de larga trayectoria, con habitaciones de distintos tipos pero de similar confort, renovadas en varias fases. Comidas sólo para los clientes alojados.

ESPAÑA

Deth Païs sin rest ⬠ ⬅ 🛏 ℀ 📶 P 🚗

pl. de la Pica – ☎ 973 64 58 36 – www.hotelpais.es – diciembre-abril y julio-septiembre

18 hab � – ✝42/65 € ✝✝56/86 €

♦ Bien llevado en familia, en un tranquilo paraje. Cuidada zona social, buen salón con barra de bar a un lado, y unas habitaciones de adecuado confort en su categoría.

✗ Prat Aloy 🍴 ℀ P 🚗

Dera Mola – ☎ 630 08 46 06 – www.prataloy.com – cerrado mayo-20 junio y lunes

Rest – Carta 21/36 €

♦ En una finca ajardinada, a la entrada de la localidad. Conjunto rústico con una correcta terraza, bar en la planta baja y un comedor con profusión de madera en el 1er piso.

en Tredós por la carretera del port de la Bonaigua :

De Tredós ⬠ ⬅ 🏊 🛏 ⬠ hab, ℀ 📶 P 🚗

Este : 1,4 km ✉25598 Salardú – ☎ 973 64 40 14 – www.hoteldetredos.com – diciembre-mayo y julio- septiembre

43 hab ⊥ – ✝69/89 € ✝✝90/130 €   **Rest** – *(sólo cena)* Menú 25 €

♦ Cálido establecimiento de montaña dotado de amplias instalaciones de aire clásico-regional, decoradas con sumo gusto. Gran salón social y habitaciones con baños detallistas.

en Bagergue Norte : 2 km

✗ Casa Perú ℀ ⟷ VISA 🚗

Sant Antoni 6 ✉25598 Bagergue – ☎ 973 64 54 37 – www.casaperu.es – cerrado mayo, del 1 al 15 de julio y miércoles en invierno

Rest – Carta 26/35 €

♦ Acogedoras instalaciones de estilo clásico-regional y un cuidado montaje, donde sirven una carta actualizada por el joven matrimonio propietario.

SALAS – Asturias – **572** B11 – 5 962 h. – alt. 239 m – ✉ 33860   **5** B1

▶ Madrid 480 – Oviedo 46 – León 157

Castillo de Valdés Salas 🍴 ℀ 📶 🚿 VISA 🚗 AE ①

pl. Campa – ☎ 985 83 01 73 – www.castillovaldesalas.com – cerrado 20 diciembre-15 enero

12 hab – ✝49/73 € ✝✝61/91 €, ⊥ 7,60 €

Rest – *(cerrado domingo noche)* Menú 15 €

♦ Instalado en el edificio del antiguo ayuntamiento, que tiene un bonito patio. Dispone de un salón social con chimenea y habitaciones de buen confort general. En su restaurante, muy luminoso y actual, encontrará una carta tradicional y un buen menú del día.

SALDUERO – Soria – **575** G21 – 182 h. – alt. 1 096 m – ✉ 42156   **12** D2

▶ Madrid 228 – Burgos 108 – Logroño 85 – Soria 42

Las Nieves ℀ 📶 VISA 🚗 ①

Rafael García 20 – ☎ 975 37 84 17 – www.hostallasnieves.com

16 hab ⊥ – ✝28 € ✝✝55 €   **Rest** – Menú 12 €

♦ Este hotelito combina su modestia con la pulcritud. Presenta una correcta zona social y habitaciones bastante amplias, con los suelos en tarima y mobiliario provenzal. El comedor posee cierto aire rústico, con sus nobles vigas de madera y una carta regional.

El SALER – Valencia – **577** N29 – **1 122 h.** – ⊠ 46002   **16** B2

▶ Madrid 366 – València 13 – Castelló de la Plana/Castellón de la Plana 85

al Sur : 7 km

🏨 **Parador de El Saler** ⤢   ≤ 🏠 🔟 🔳 ▦ ⫦ 👌 hab, 🅰🅒 ⅏ hab, 🌓 ⅍
av. de los Pinares 151 ⊠46012 València   🅿 ᴠɪꜱᴀ ⱺⱺ 🅰🄴 ⓞ
– ℰ 961 61 11 86 – www.parador.es
63 hab – ♦182 € ♦♦227 €, ⊇ 18 € – 2 suites   **Rest** – Menú 34 €
♦ Este parador, que ha sido completamente reconstruido, se encuentra en un enclave protegido, junto a la playa y con un campo de golf. Amplias instalaciones de estilo moderno. Su luminoso restaurante se complementa con una terraza, destacando esta última, al igual que todo el edificio, por sus buenas vistas.

SALINAS – Asturias – **572** B12 – **Playa** – ⊠ 33450   **5** B1

▶ Madrid 488 – Avilés 5 – Gijón 24 – Oviedo 39
◉ Desde la Peñona ≤ ★ de la playa

🍽🍽🍽 **Real Balneario** (Isaac Loya)   ≤ 🅰🅒 ⅏ ⇆ ᴠɪꜱᴀ ⱺⱺ 🅰🄴 ⓞ
❀ Juan Sitges 3 – ℰ 985 51 86 13 – www.realbalneario.com – cerrado
7 enero-7 febrero, domingo noche y lunes
Rest – Menú 55 € – Carta 50/57 € ♨
Espec. Lubina al champagne. Lomo de salmonete con verduras escabechadas. Ventresca de bonito del Cantábrico glaseada al ajoarriero (junio-septiembre).
♦ Situado frente a la playa. Presenta un buen hall, con un bar de espera, y unas salas de estilo clásico-marinero, destacando las dos acristaladas, a modo de terrazas cubiertas, por sus magníficas vistas. Cocina tradicional especializada en pescados y mariscos.

SALINILLAS DE BURADÓN – Álava – **573** E21 – ⊠ 01212   **25** A2

▶ Madrid 331 – Bilbao 88 – Vitoria-Gasteiz 39 – Logroño 51

🏠 **Areta Etxea** sin rest ⤢   ⅏ ᴠɪꜱᴀ ⱺⱺ
Mayor 17 – ℰ 945 33 72 75
5 hab – ♦40 € ♦♦50 €, ⊇ 5 €
♦ Casona del s. XVII ubicada en un pueblecito con casco medieval. Salón social con chimenea, habitaciones dotadas de mobiliario antiguo y una pequeña cocina para los clientes.

SALLENT – Barcelona – **574** G35 – **7 129 h.** – alt. 275 m – ⊠ 08650   **14** C2

▶ Madrid 593 – Barcelona 75

🍽🍽 **Ospi**   🅰🅒 ᴠɪꜱᴀ ⱺⱺ 🅰🄴 ⓞ
Estació 4 – ℰ 938 20 64 98 – www.restaurantospi.com – cerrado Semana Santa, del 8 al 21 de agosto, domingo, lunes, martes y miércoles noche
Rest – Carta 28/52 €
♦ Presenta un moderno comedor y una cocina semivista, donde su chef elabora platos tradicionales con toques actuales. La cafetería anexa sirve raciones extraídas de esta carta.

junto a la autovía C 16 :

🏨 **Hostal del Camp** ⤢   🔟 👌 hab, 🅰🅒 ⅏ 🌐 ⅍ 🅿 ᴠɪꜱᴀ ⱺⱺ 🅰🄴
salida 59, Sur : 3,8 km ⊠08650 – ℰ 938 37 08 77 – www.hostaldelcamp.com
26 hab – ♦44 € ♦♦68 €, ⊇ 8 €   **Rest** – Carta 21/30 €
♦ Edificio de aire regional emplazado en pleno campo. Reducida zona social y acogedoras habitaciones de ambiente clásico-regional, destacando las dobles por su mayor amplitud. En sus comedores podrá degustar una cocina tradicional de marcadas raíces catalanas.

🍽🍽 **La Sala**   🅰🅒 ⇆ 🅿 ᴠɪꜱᴀ ⱺⱺ 🅰🄴 ⓞ
salida 59 y camino de servicio, Sur : 4,5 km ⊠08650 – ℰ 938 37 02 68
– www.lasala.com
Rest – (sólo almuerzo salvo viernes y sábado) Carta 27/46 € ♨
♦ Masía del s. XIII dotada con un pequeño hall, un privado y un comedor principal, este con los techos abovedados y las paredes en piedra. Carta tradicional y excelente bodega.

ESPAÑA

– Deportes de invierno en El Formigal : ⚡21 – ✉ 22640

> ▶ Madrid 485 – Huesca 90 – Jaca 52 – Pau 78

🔠 Bocalé sin rest   ⬅ 🖻 📶 🕭 🕻 🖥 🚗 ᵛᶦˢᵃ 🔟 🆎
Puente Gállego 29 – ℰ 974 48 85 55 – www.bocale.com
– cerrado 2 mayo-15 junio y 12 octubre-noviembre
21 hab – ♦70/92 € ♦♦84/120 €, ⊒ 12 €
♦ Llevado directamente por el matrimonio propietario. Posee una decoración de estilo rústico con mobiliario y materiales de calidad, demostrando gran gusto por los detalles.

🔠 Valle de Izas sin rest   🖐 🖻 ℅ 🕻 ᵛᶦˢᵃ 🔟
Francia 26 – ℰ 974 48 85 08 – www.hotelvalledeizas.com – cerrado mayo y noviembre
16 hab ⊒ – ♦60/100 € ♦♦70/140 €
♦ Tras su fachada en piedra ofrece un interior bastante actual. Buen salón social y confortables habitaciones, con los suelos en madera y abuhardilladas en la última planta.

🏠 Almud ⌂   ⬅ ℅ 🕻 ᵛᶦˢᵃ 🔟 🆎 ①
Vico 11 – ℰ 974 48 83 66 – www.hotelalmud.com
11 hab ⊒ – ♦68/78 € ♦♦90/120 €
Rest – *(sólo cena menú) (sólo clientes)* Menú 18 €
♦ Céntrico y acogedor hotelito ubicado en una antigua casa de montaña. Destacan sus habitaciones, personalizadas y con mobiliario de época. Coqueto comedor de uso privado.

en Lanuza Sureste : 3 km

↑ La Casueña ⌂   ℅ hab, 🕻 ᵛᶦˢᵃ 🔟 ①
Troniecho ✉22640 – ℰ 974 48 85 38 – www.lacasuena.com – cerrado noviembre
10 hab ⊒ – ♦70/80 € ♦♦90/145 €
Rest – *(sólo clientes, sólo cena)* Menú 22 €
♦ Edificio de estilo montañés que destaca por sus atractivas pinturas de inspiración medieval, su acogedora zona social y sus detallistas habitaciones, algunas abuhardilladas.

en El Formigal Noroeste : 4 km

🏨 Meliá Alto Aragón   🖻 🖐 🖹 ℅ 🗚 ℅ hab, 🕻 🕭 🚗 ᵛᶦˢᵃ 🔟 🆎
✉22640 El Formigal – ℰ 974 49 05 05 – www.solmelia.com – 3 diciembre-2 abril y julio-10 septiembre
134 hab ⊒ – ♦72/185 € ♦♦100/300 € – 1 suite
Rest – *(sólo cena) (sólo buffet)* Menú 25 €
♦ Este hotel de aire montañés disfruta de un buen hall, una tienda de esquíes, un SPA y habitaciones de línea funcional, las del 2º piso con terraza y las del 3º abuhardilladas. En su comedor, amplio y funcional, le propondrán un correcto buffet.

🏨 Aragón Hills   ⬅ 🖹 🖻 🗚 🕻 🕭 🚗
✉22640 El Formigal – ℰ 974 49 02 92 – www.aragonhills.es
157 hab   Rest –
♦ Su hall puede resultar reducido, pero se complementa con una cafetería. Amplio SPA y habitaciones de estilo clásico-actual, la mitad con balcón y 24 tipo dúplex. El restaurante, orientado al buffet, también tiene una sala panelable para el servicio a la carta.

🏨 Villa de Sallent ⌂   ⬅ 🖻 🖐 🖹 🖻 hab, 🗚 rest, ℅ 🕻 🕭 🚗 ᵛᶦˢᵃ 🔟 🆎
✉22640 El Formigal – ℰ 974 49 02 23 – www.hotelvillasallent.com – cerrado mayo,octubre y noviembre
82 hab – ♦113/160 € ♦♦168/238 €, ⊒ 16 €   **Rest** – Menú 29 €
♦ Ocupa dos edificios anexos, con las fachadas en piedra y vistas de alta montaña. Cuidadas zonas nobles y dos tipos de habitaciones, unas actuales y otras de aire rústico. El comedor goza de un correcto montaje y ofrece una carta tradicional.

ESPAÑA

🏠 **Eguzki-Lore** ⬡   ⪡ 🕭 🌐 ᵛⁱˢᵃ 📇 AE ①
✉22640 El Formigal – ⌀ 974 49 01 23 – www.hoteleguzkilore.com
– diciembre-abril y junio-septiembre
35 hab ⌷ – ♦56/90 € ♦♦120/180 €   **Rest** – (sólo cena) Menú 14,50 €
♦ Encontrará una fachada bastante colorista, bellas vistas a las montañas y un interior algo recargado, con muchas plantas y antigüedades. Habitaciones reducidas pero actuales. El restaurante ofrece una cocina de corte internacional con tendencias vascas.

SALOU – Tarragona – **574** I33 – **26 649 h.** – Playa – ✉ 43840   **13** B3
  ▶ Madrid 556 – Lleida/Lérida 99 – Tarragona 10
  ℹ passeig Jaume I-4 (xalet Torremar) ⌀ 977 35 01 02 pmtsalou@salou.org
    Fax 977 35 19 86
  ◨ Localidad★ – Paseo de Jaume I★
  ◧ Universal Studios Port Aventura★★★

Planos páginas siguientes

🏨 **Magnolia**   🏛 ⛁ ⒧ 🎖 🛗 ⒧ hab. 🅰️ 🕭 🕾 🎿 🄿 ᵛⁱˢᵃ 📇
Madrid 8 – ⌀ 977 35 17 17 – www.magnoliahotelsalou.com   BY**x**
72 hab – ♦66/198 € ♦♦68/200 €, ⌷ 9,75 €   **Rest** – (sólo cena) Menú 15 €
♦ Actual y próximo al paseo marítimo. Tiene la recepción integrada en la zona social y espaciosas habitaciones, todas con los suelos en tarima, los baños originales y terraza. Restaurante funcional y de sencillo montaje.

ESPAÑA

🏠 **Regente Aragón**   ⛁ ⒧ 🖂 ⒧ 🅰️ 🕭 🕾 🎿 🚗 ᵛⁱˢᵃ 📇 AE ①
Llevant 5 – ⌀ 977 35 20 02 – www.hotelregentearagon.com   AY**a**
82 hab – ♦♦60/180 €, ⌷ 9 €
Rest José Luis Arceiz – ver selección restaurantes
♦ Disfruta de una línea actual y un moderno hall, con la mitad de sus habitaciones funcionales y el resto de un nivel superior. Jacuzzi en el ático y solárium en la azotea.

🏠 **Blaumar H.**   ⛁ ⒧ 🖂 🅰️ 🕭 🄿 ᵛⁱˢᵃ 📇
Pere III el Gran 4 – ⌀ 977 35 00 48 – www.blaumarhotel.com – marzo-octubre
250 apartamentos ⌷ – ♦♦93/178 €   AY**f**
Rest Arena – ver selección restaurantes
Rest – (sólo buffet) Menú 17,50 €
♦ Ideado para la familia, ya que cuenta con estancias tipo apartamento, muy luminosas y dotadas de una pequeña cocina. Amplia zona de entretenimiento, sobre todo para los niños.

🏠 **Planas**   ⪡ 🖂 ⒧ hab. 🅰️ 🕭 ᵛⁱˢᵃ 📇
pl. Bonet 3 – ⌀ 977 38 01 08 – www.hotelplanas.com – mayo-octubre
99 hab – ♦38/52 € ♦♦64/92 €, ⌷ 8,10 €   **Rest** – Menú 19 €   AY**e**
♦ Todo un clásico en la localidad. Ofrece una bonita terraza a la entrada, con árboles y palmeras, así como unas habitaciones algo antiguas pero de impecable mantenimiento. En el comedor podrá elegir entre su menú diario o una correcta carta internacional.

✗✗ **José Luis Arceiz** – Hotel Regente Aragón   🅰️ 🕭 ⇆ 🚗 ᵛⁱˢᵃ 📇 AE ①
Llevant 7 – ⌀ 977 35 07 07 – www.joseluisarceiz.com – abril-15 octubre
Rest – Carta 22/33 €   AY**a**
♦ Presenta un montaje de buen nivel, mobiliario de calidad y un acusado carácter intimista. Su mesa propone interesantes elaboraciones de estilo tradicional con toques vascos.

✗✗ **Albatros**   🏛 🅰️ 🕭 🚗 ᵛⁱˢᵃ 📇 AE ①
Brussel.les 60 – ⌀ 977 38 50 70 – cerrado del 7 al 31 de enero, domingo noche y lunes salvo festivos   BZ**f**
Rest – Carta 38/48 €
♦ Todo un clásico, bien dirigido y con una nutrida carta tradicional. Cuenta con una sala de buen confort y cuidado servicio de mesa, complementada por una agradable terraza.

SALOU

ESPAÑA

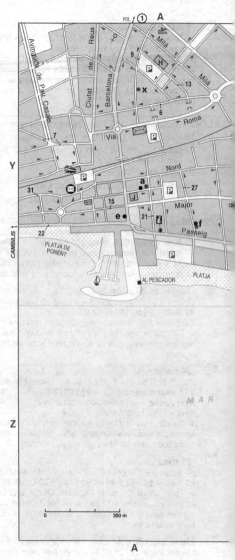

✗✗ **La Morera de Pablo & Ester**   🌫 🏧 ⅏ 𝖵𝖨𝖲𝖠 ⓿③ 𝖠𝖤
*Berenguer de Palou 10 ✉43840 – ℰ 977 38 57 63 – cerrado febrero, domingo
noche y lunes*   AY**x**
Rest – Carta 39/46 €

♦ Un joven matrimonio lleva las riendas de este acogedor restaurante. Su
pequeño comedor, completamente acristalado, se complementa con una atractiva terraza al aire libre.

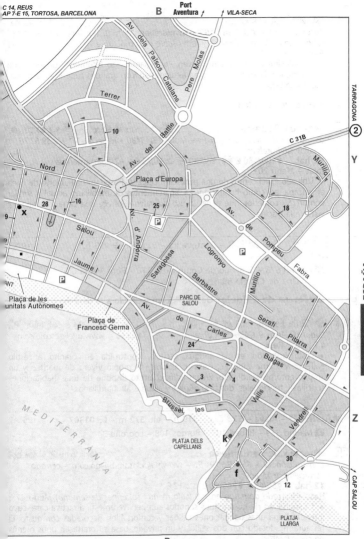

C 14, REUS
AP 7-E 15, TORTOSA, BARCELONA

Port
Aventura

VILA-SECA

TARRAGONA

②

Y

C 31B

ESPAÑA

Z

CAP SALOU

Av. dels Països Catalans

Pere Molas

Terrer

10

Av. del Batlle

Nord

Plaça d'Europa

28   16

X

9

Salou

Av. d'Andorra

Saragossa

25

P

Jaume I

P

Plaça de les
unitats Autònomes

Plaça de
Francesc Germà

Av.

de

PARC DE
SALOU

Barbastre

Logronyo

Av. de Pompeu Fabra

Murillo

18

Murillo

P

Carles

24

Serafí

Pitarra

Bulgas

3   4

Brussel·les

Valls

Verdell

30

12

k

f

MEDITERRÀNIA

PLATJA DELS
CAPELLANS

PLATJA
LLARGA

B

La Goleta ※※

⟨ ☆ AC ⋘ 🚗 VISA ⑳ AE ⑩

Gavina - playa Capellans – 𝒞 *977 38 35 66 – www.lagoletasalou.com – cerrado
domingo noche salvo verano*   BZ**k**
Rest – Carta 50/65 €

◆ Salpicado de detalles marineros y rodeado por una terraza acristalada con
buena panorámica de la playa. En su mesa degustará platos de sabor tradicional
e internacional.

✕ **Arena** – Hotel Blau Mar ⬜ 🅰🅲 ✕ 𝗩𝗜𝗦𝗔 ⬤⬤
Paseo Jaime I – ✆ *977 38 40 00 – www.arenarestaurant.com – cerrado del 10 al 17 de enero, domingo noche y lunes salvo marzo-octubre* AYf
Rest – Carta 30/41 €
♦ Establecimiento de espíritu joven, con talante algo informal y de ambiente mediterráneo. Destaca por su gran luminosidad, con grandes superficies acristaladas y una terraza.

en Vila-Seca Norte : 4 km

🏨 **Atenea Aventura** ⬛ ⬜ 🛏 ⬧ hab, 🅰🅲 ✕ 📞 🕥 🏊 📶 𝗩𝗜𝗦𝗔 ⬤⬤ 🅰🅴 ⬤
av. Ramón de Olzina 52, por Pere Molas ✉ *43480 Vila-Seca –* ✆ *977 39 62 78 – www.cityhotels.es* BY
52 hab – 🛏100/130 € 🛏🛏126/230 €, ⬜ 10,75 € – 42 apartamentos
Rest – Menú 20 €
♦ Ubicado en el centro de una población cercana. Posee un hall abierto de línea americana, así como habitaciones y apartamentos de mobiliario actual y similar confort. Su comedor, que tiene un uso polivalente, ofrece una carta tradicional y vistas a la piscina.

SALVATERRA DO MIÑO – Pontevedra – **571** F4 – 9 293 h. 19 B3
– ✉ 36450

🄳 Madrid 573 – Santiago de Compostela 118 – Pontevedra 60
– Viana do Castelo 89

por la carretera de Caldelas Oeste : 4,5 km y desvío a la derecha 0,5 km

✕✕ **A Vella Escola** con hab 🌄 🎐 ⬜ ⬛ ⬧ 🛏 ⬧ hab, 🅰🅲 📞 📶
Lugar de Arras 9 ✉ *36450 Cabreira –* ✆ *986 34 33 56 – www.avellaescola.com*
11 hab Rest –
♦ Está instalado en la antigua escuela, construida en granito al estilo gallego. Moderno montaje, carta tradicional, su propio vivero de marisco y un amplio entorno ajardinado. En un edificio anexo dispone de unas habitaciones sencillas y funcionales, dos tipo dúplex y algunas abuhardilladas.

SAMANIEGO – Álava – **573** E21 – 319 h. – alt. 572 m – ✉ 01307 25 A2
🄳 Madrid 339 – Bilbao 107 – Burgos 108 – Logroño 34

🏨 **Palacio de Samaniego** 🌄 📞 ⬧ hab, ✕ 📶 𝗩𝗜𝗦𝗔 ⬤⬤
Constitución 12 – ✆ *945 60 91 51 – www.palaciosamaniego.com – cerrado 15 diciembre-15 enero*
12 hab – 🛏55/65 € 🛏🛏66/99 €, ⬜ 12 €
Rest – *(cerrado domingo noche) (sólo menú , sólo fines de semana)* Menú 47 €
♦ La sobriedad de los antiguos señoríos aún pervive en esta atractiva casa, cuyo interior abriga unas habitaciones cálidas y confortables, decoradas con gusto. El restaurante, dotado con dos salitas y un privado, basa su oferta en unos menús de cocina actual.

SAMIEIRA – Pontevedra – **571** E3 – 1 063 h. – Playa – ✉ 36992 19 A2
🄳 Madrid 616 – Pontevedra 12 – Santiago de Compostela 69 – Vigo 38

🏨 **Villa Covelo** ⬉ ⬜ 🛏 📞 🅰🅲 ✕ 🕥 📶 𝗩𝗜𝗦𝗔 ⬤⬤
Covelo 37 – ✆ *986 74 11 21 – www.hotelvillacovelo.es – Semana Santa-octubre*
50 hab – ⬜ 🛏50/80 € 🛏🛏50/105 € **Rest** – Menú 21 €
♦ Hotel clásico-actual donde se cuidan mucho los detalles. Posee zonas sociales bien equipadas, habitaciones de correcto confort y un atractivo solárium en la azotea. El restaurante ofrece una pequeña carta y un buen menú, pues centran en este último su trabajo.

SAMOS – Lugo – **571** D8 – **1 707 h.** – ⊠ 27620   **20** C2
> ▶ Madrid 479 – Lugo 42 – Ourense 84 – Ponferrada 85

por la carretera de Sarria Oeste : 3,5 km y desvío a la derecha 0,8 km

⛰ Casa de Díaz sin rest ⌂   ⌘ **P**
Vilachá 4 – ℰ *982 54 70 70 – www.casadediaz.com*
10 hab
♦ Esta casa construida en piedra se encuentra en una amplia finca, con un pequeño palomar, hórreo y capilla familiar. La mayoría de sus habitaciones poseen mobiliario antiguo.

por la carretera de Triacastela Este : 6 km y desvío a la derecha 4 km

⛰ **Casa Arza** ⌂   ⅙ **VISA ⦿ AE ①**
Reigosa ⊠27633 *Reigosa –* ℰ *982 18 70 36 – www.casaarza.com*
9 hab – ♦28 € ♦♦35 €, ⤴ 4 €
Rest – *(sólo cena) (sólo clientes)* Menú 14 €
♦ Instalado en una antigua casa de labranza de una pequeña aldea. Agradable salón con chimenea y habitaciones rústicas con las paredes en piedra. Comedor privado abuhardillado.

SAN ADRIÁN – Navarra – **573** E24 – **6 201 h.** – alt. 318 m – ⊠ 31570   **24** A2
> ▶ Madrid 324 – Logroño 56 – Pamplona 74 – Zaragoza 131

🏨 **Villa de San Adrián**   ⅙ 🛗 & hab. **AC** ⅙ ♈ 🖧 **P** **VISA ⦿ AE**
av. Celso Muerza 18 – ℰ *948 69 60 68 – www.hotelvillasanadrian.com*
– cerrado 17 diciembre-2 enero
23 hab – ♦50/90 € ♦♦96/96 €, ⤴ 9 €
Rest – *(cerrado domingo)* Carta 28/40 €
♦ Buen hotel de línea actual dotado con instalaciones modernas y confortables. Ofrece una elegante cafetería, un salón social algo frío y habitaciones equipadas al detalle. Su elegante comedor de ambiente clásico se ve complementado por dos privados.

SAN ADRIÁN DE COBRES – Pontevedra – ver Vilaboa

SAN AGUSTÍN (Playa de) – Las Palmas – ver Canarias (Gran Canaria) :
Maspalomas

SAN AGUSTÍN DEL GUADALIX – Madrid – **576** J19 – **575** J19   **22** B2
– **11 133 h.** – alt. 648 m – ⊠ 28750
> ▶ Madrid 34 – Aranda de Duero 128

🍴🍴 **Casa Juaneca**   **AC** ⅙ **P** **VISA ⦿ AE**
Lucio Benito 3 – ℰ *918 41 84 78 – www.casajuaneca.com*
– cerrado domingo noche
Rest – Carta 30/45 €
♦ Restaurante familiar de estilo rústico-regional, con las paredes en piedra y el techo en madera. Espacioso hall con barra de apoyo y diversos comedores de esmerado montaje.

SAN ANTONIO DE BENAGÉBER – Valencia – **577** N28 – **16 552 h.**   **16** A2
– ⊠ 46183
> ▶ Madrid 350 – Valencia 23 – Castelló de la Plana/Castellón de la Plana 82

por la autovía CV 35 Noroeste : 3 km y desvío a la derecha 0,5 km

🍴🍴 **Granja Santa Creu**   ⛲ **AC** ⅙ **P** **VISA ⦿ AE ①**
urb. Montesano - salida 16 autovía ⊠46184 *San Antonio de Benagéber
–* ℰ *962 74 00 56 – cerrado Semana Santa, del 9 al 31 de agosto y lunes*
Rest – *(sólo almuerzo salvo viernes y sábado)* Carta 33/45 €
♦ En una urbanización. Presenta un comedor de corte clásico, otro divisible y una terraza en un patio interior. Carta tradicional e internacional, con un apartado de arroces.

SAN CLEMENTE – Cuenca – **576** N22 – **7 093 h.** – alt. 709 m   **10** C2
– ⊠ 16600

▶ Madrid 197 – Toledo 179 – Cuenca 105 – Albacete 81

⌂   **Casa de los Acacio** sin ⌑ ⌚   🍽 AC 🛇 ⁽ᵗ⁾ VISA ⦿ AE
Cruz Cerrada 10 – ℰ *969 30 03 60* – *www.casadelosacacio.es* – *cerrado del 7 al
21 de enero y del 15 al 30 de septiembre*
8 hab – †60/75 € ††80/105 €, ⌑ 8 €   **Rest** – *(cerrado lunes)* Menú 15 €
◆ Conjunto señorial del s. XVII en el que destaca su hermoso patio porticado, utilizado como salón social. Sus sobrias habitaciones poseen mobiliario antiguo en
perfecto estado. Su acogedor comedor presenta una aire regional y dispone de
una chimenea.

SAN ESTEBAN DE GORMAZ – Soria – **575** H20 – **3 314 h.**   **12** C2
– alt. 879 m – ⊠ 42330

▶ Madrid 164 – Valladolid 139 – Soria 75 – Segovia 120

⌂   **Rivera del Duero**   📶 AC 🛇 ⁽ᵗ⁾ VISA ⦿ AE ⓪
av. Valladolid 131 – ℰ *975 35 00 59* – *www.hotelrivera.es* – *cerrado Navidades*
25 hab ⌑ – †42/50 € ††55/66 €   **Rest** – *(cerrado domingo)* Carta 25/36 €
◆ Se encuentra en la avenida principal y presenta unas habitaciones de muy
buen confort en su categoría, con mobiliario de calidad, aseos actuales y los suelos en tarima. El restaurante, de estética castellana, se complementa con una
amplia cafetería.

SAN ESTEBAN DEL VALLE – Ávila – **575** L15 – alt. 778 m   **11** B3
– ⊠ 05412

▶ Madrid 177 – Ávila 67 – Plasencia 160 – Talavera de la Reina 57

⌂   **Posada de Esquiladores**   📶 ⅙ hab, AC 🛇 ⁽ᵗ⁾ ⅗ VISA ⦿ AE
Esquiladores 1 – ℰ *920 38 34 98* – *www.esquiladores.com*
12 hab – †70/80 € ††80/95 €, ⌑ 18 €
Rest – *(cerrado martes y miércoles)* Menú 24 €
◆ Ocupa dos edificios unidos que fueron restaurados con acierto. Dispone de un
bello interior y dos tipos de habitaciones, unas de cuidado aire rústico y otras
más actuales. El restaurante ocupa lo que era una antigua tienda y ofrece una
cocina tradicional.

SAN FELICES – Soria – **575** G23 – **66 h.** – alt. 1 050 m – ⊠ 42113   **12** D2

▶ Madrid 278 – Valladolid 263 – Soria 52 – Logroño 100

⌂   **La Casa de Santos y Anita** sin rest, con cafetería ⌚   ≤ VISA ⦿
Fuente 9 – ℰ *975 18 55 10* – *www.lacasadesantosyanita.com*
9 hab – †40 € ††45 €, ⌑ 3,50 €
◆ Casona en piedra ubicada en un pueblo de la sierra soriana. Posee un bar en
la planta baja y habitaciones en los dos pisos superiores, de línea actual con
detalles rústicos.

SAN FERNANDO – Cádiz – **578** W11 – **96 366 h.** – Playa – ⊠ 11110   **1** A3

▶ Madrid 634 – Algeciras 108 – Cádiz 13 – Sevilla 126

🄸 Real 26 ℰ 956 94 42 26 turismo@aytosanfernando.org Fax 956 94 40 55
R.A.C.E. Caño Herrera - Centro Comercial Bahía Sur, ℰ 956 88 60 63 Fax 956
88 60 68

✕✕   **Asador La Isla**   AC 🛇 ⇔ VISA ⦿
Calderón de la Barca 7 – ℰ *956 88 08 35* – *www.asadorlaisla.com* – *cerrado
domingo noche y lunes*
Rest – Carta aprox. 35 €
◆ Al lado del Ayuntamiento. Tras su fachada clásica encontrará un hall con
fotos antiguas, un comedor de cuidado montaje y un privado. Cocina tradicional,
carnes y bacalaos.

SAN ILDEFONSO – Segovia – ver La Granja

ESPAÑA

SAN JOSÉ – Almería – **578** V23 – 845 h. – Playa – ✉ 11597   **2** D2

> ▶ Madrid 590 – Almería 40

 Doña Pakyta ⚜   ⟨ AC 🌿 ☏ 📶 ⌂ VISA ⓪ AE ①

Del Correo 51 – ℰ 950 61 11 75 – www.hotelpakyta.com – cerrado
7 enero-27 febrero
11 hab ⊊ – ♦75/208 € ♦♦75/260 € – 2 suites
Rest *San Jose – (cerrado lunes salvo verano)* Carta 38/48 €

◆ Ubicado en 1ª línea de playa y dotado de excelentes vistas al mar. Ofrece luminosas zonas nobles y habitaciones con nombres de calas, la mayoría funcionales y con terraza. En el restaurante, algo sobrio pero de buen montaje, se elabora una carta tradicional.

 M.C. San Jose sin rest   🏊 & 🌿 ☏ ⌂ VISA ⓪

El Faro 2 – ℰ 950 61 11 11 – www.hotelesmcsanjose.com
31 hab ⊊ – ♦88/145 € ♦♦90/195 €

◆ Conjunto de construcción actual donde priman los espacios de estética moderna. Disfruta de una correcta zona social, balcones en todas sus habitaciones y un pequeño SPA.

 Cortijo El Sotillo ⚜   🏊 🌿 & hab, AC P

Norte : 1 km – ℰ 950 61 11 00 – www.cortijoelsotillo.es
20 hab Rest –

◆ Ubicado en las antiguas caballerizas del cortijo, con una decoración que afianza su carácter popular. Ofrece amplias habitaciones de aire mediterráneo, todas con terraza. Comedor de aire rústico donde se ofrecen platos de sabor tradicional.

SAN JUAN DE ALICANTE – Alacant – ver Sant Joan d'Alacant

SAN JUAN DEL PUERTO – Huelva – **578** U9 – 8 049 h. – alt. 14 m   **1** A2
– ✉ 21610

> ▶ Madrid 614 – Sevilla 80 – Huelva 12 – Castro Marim 66

 Real sin rest y sin ⊊   & AC 🌿 ☏ ⌂ VISA ⓪ AE ①

Real 35 – ℰ 959 70 13 31 – www.hostalreal.es
15 hab – ♦30/35 € ♦♦38/42 €

◆ Su zona social se reduce a un rincón con un ordenador. Las habitaciones disfrutan de un cuidado confort, con mobiliario rústico actual, colores vivos y baños modernos.

SAN LORENZO DE EL ESCORIAL – Madrid – **576** K17 – **575** K17   **22** A2
– 17 889 h. – alt. 1 040 m – ✉ 28200

> ▶ Madrid 49 – Ávila 64 – Segovia 52
>
> 🅸 Grimaldi 4 ℰ 91 890 53 13 info@sanlorenzoturismo.org
>
> 🅶 La Herrería, ℰ 91 890 51 11
>
> ◎ Monasterio★★★ (Palacios★★ : tapices★ - Panteones★★ : Panteón de los Reyes★★★, Panteón de los Infantes★) – Salas capitulares★ - Basílica★★ - Biblioteca★★ – Nuevos Museos★★ : El Martirio de San Mauricio y la legión Tebana★ – Casita del Príncipe★ (Techos pompeyanos★)
>
> 🅶 Silla de Felipe II ⟨★ Sur : 7 km

 Los Lanceros   🍴 🛎 AC 🌿 ☏ 🔊 ⌂ VISA ⓪ AE ①

Calvario 47 – ℰ 918 90 80 11 – www.loslanceros.com
36 hab ⊊ – ♦60/98 € ♦♦70/115 € **Rest** – Menú 20 €

◆ Hotel de línea clásica-actual orientado al cliente de empresa. Ofrece habitaciones de completo equipamiento, muchas con un pequeño balcón y todas con hidromasaje en los baños. En su restaurante encontrará una agradable terraza acristalada y una carta actual.

 Florida   🍴 🛎 AC 🌿 ☏ 🔊 VISA ⓪ AE ①

Floridablanca 12 – ℰ 918 90 15 20 – www.hflorida.com
50 hab – ♦40/70 € ♦♦50/85 €, ⊊ 4,50 € **Rest** – Menú 12,60 €

◆ Céntrico y funcional, posee unas acogedoras habitaciones con diferentes niveles de confort, destacando por equipamiento las que tienen jacuzzi y vistas al monasterio.

ESPAÑA

XX **Charolés** ⌂ AC ⌘ VISA ⊙ AE ⓪

Floridablanca 24 – 𝒞 918 90 59 75

Rest – Carta 41/55 €

♦ Afamado establecimiento donde se ofrece una cocina seria y bien elaborada. Dispone de varias salas de acogedora intimidad, con atractivas paredes en piedra. Trato exquisito.

XX **Parrilla Príncipe** con hab ⌂ ⋮ AC rest, ⌘ VISA ⊙

Floridablanca 6 – 𝒞 918 90 16 11 – www.parrillaprincipe.com
– cerrado 2ª quincena de febrero

25 hab – †45/55 € ††50/80 €, ⌸ 5,50 €

Rest – *(cerrado domingo noche en invierno y martes)* Carta 31/53 €

♦ Este agradable negocio tiene en el restaurante su principal actividad. Ofrece dos salas de línea clásica y un comedor más rústico, con las paredes en ladrillo visto y piedra. Sus habitaciones resultan funcionales y cuentan con mobiliario provenzal.

al Noroeste : 1,8 km

XX **Horizontal** ⌂ ⅄ AC ⌘ ⟠ P VISA ⊙

Camino Horizontal ⊠28200 San Lorenzo de El Escorial – 𝒞 918 90 81 68
– www.restaurantehorizontal.com – cerrado lunes noche, martes noche y miércoles noche en invierno

Rest – Carta 34/51 €

♦ Cálido restaurante ubicado en pleno monte. Posee una agradable terraza, un bar con chimenea y un impecable comedor clásico que combina las paredes pintadas y en piedra vista.

SAN MARTÍN DE LA VIRGEN DE MONCAYO – Zaragoza 3 B2
– **574** G24 – **300 h.** – **alt. 813 m** – ⊠ **50584**

▶ Madrid 292 – Zaragoza 100

🏠 **Gomar** ⌇ ← ⟲ ⋮ AC rest, ⌘ ⟙ P VISA ⊙

Camino de la Gayata – 𝒞 976 19 21 01 – www.hotelgomar.com

36 hab – †35 € ††50 €, ⌸ 6 € **Rest** – Menú 13 €

♦ Establecimiento de modesta organización familiar. Se han efectuado mejoras en el confort de las habitaciones y los aseos se han visto actualizados. El restaurante posee salones de sencillo montaje, trabajando los banquetes con asiduidad.

SAN MARTÍN DE TREVEJO – Cáceres – **576** L9 – **916 h.** 17 B1
– **alt. 610 m** – ⊠ **10892**

▶ Madrid 329 – Alcántara 82 – Cáceres 122 – Castelo Branco 95

en la carretera EX 205 Suroeste : 8 km

⟰ **Finca El Cabezo** sin rest ⌇ ⌘ ⟙ VISA ⊙

⊠10892 – 𝒞 927 19 31 06 – www.elcabezo.com

6 hab ⌸ – †60/85 € ††85 €

♦ Casa de labranza de gran rusticidad ubicada en pleno campo. Posee un acogedor salón social con chimenea y espaciosas habitaciones, con vigas a la vista y baños de buen nivel.

SAN MARTÍN DEL TESORILLO – Cádiz – **578** W14 – **2 727 h.** 1 A3
– ⊠ **11330**

▶ Madrid 647 – Sevilla 214 – Cádiz 151 – Gibraltar 31

por la carretera A 2101 Oeste : 5 km y desvío a la derecha

⟰ **Monasterio de San Martín** ⌇ ⌂ ⟲ ⅄ hab, AC ⌘ ⟠ P VISA ⊙

carret. A 2101 - km 4 (Montenegral Alto) ⊠11340 – 𝒞 956 61 85 15
– www.hotelmonasteriodesanmartin.com

21 hab ⌸ – †80/120 € ††90/130 €

Rest – *(sólo clientes sólo menú)* Menú 35 €

♦ Una hermosa construcción que recrea la estructura de un monasterio, con amplios jardines, claustros y rincones de paseo. Su interior presenta un elegante estilo rústico.

ESPAÑA

SAN MIGUEL DE REINANTE – Lugo – **571** B8 – ⌧ 27790   **20** D1

▶ Madrid 602 – Santiago de Compostela 188 – Lugo 113

⌂   **Casa do Merlo** 🍃   & hab, 🍴 📶 🅿 💳 ⊚
Sargendez 4, Norte : 1 km – 𝒞 *982 13 49 06* – *www.casadomerlo.com*
– marzo-23 diciembre
10 hab 🖃 – ♦65/98 € ♦♦76/115 €   **Rest** – *(cerrado lunes)* Carta 23/42 €
♦ Este acogedor hotel rural está instalado en una antigua casa señorial, en pleno campo. Ofrece dos salones sociales con chimenea, una biblioteca y habitaciones de buen confort. El restaurante, que se encuentra en un edificio anexo, se presenta acristalado y posee vistas al patio central. Cocina de gusto tradicional.

SAN MILLÁN DE LA COGOLLA – La Rioja – **573** E21 – 293 h.   **21** A2
– alt. 728 m – ⌧ 26326

▶ Madrid 326 – Burgos 96 – Logroño 53 – Soria 114

◉ Monasterio de Suso★ - Monasterio de Yuso (marfiles tallados★★)

en el Monasterio de Yuso :

🏛   **Hostería del Monasterio de San Millán** 🍃   ← 🎐 🅰🅲 rest, 🍴
⌧26326 San Millán de la Cogolla – 𝒞 941 37 32 77   🔦 💳 ⊚ 🅰🅴 ①
– www.sanmillan.com – cerrado 9 enero-1 marzo salvo fines de semana en febrero
22 hab – ♦77/86 € ♦♦112/135 €, 🖃 11 € – 3 suites
Rest – *(sólo cena salvo fines de semana, festivos y agosto.)* Menú 19 €
♦ Ocupa un ala del monasterio de San Millán de Yuso, cuna de la lengua castellana. Los viejos aires monacales y el confort actual conviven al calor de sus muros en piedra. En el comedor, que tiene un montaje clásico, podrá degustar sus especialidades regionales.

SAN PANTALEÓN DE ARAS – Cantabria – **572** B19 – 299 h.   **8** C1
– alt. 50 m – ⌧ 39762

▶ Madrid 464 – Santander 49 – Vitoria-Gasteiz 133 – Bilbao 74

⌂   **La Casona de San Pantaleón de Aras**   🖼 🍴 📶 🅿 💳 ⊚
barrio Alvear 65 (carret. CA 268) – 𝒞 *942 63 63 20*
– www.casonadesanpantaleon.com
7 hab 🖃 – ♦55/81 € ♦♦69/101 €   **Rest** – *(sólo cena) (sólo clientes)* Menú 20 €
♦ Casona rural del s. XVII dotada con paredes en piedra y un amplio entorno ajardinado. Habitaciones de aire rústico personalizadas en su decoración, con los suelos en madera.

SAN PEDRO DE ALCÁNTARA – Málaga – **578** W14 – 27 820 h.   **1** A3
– Playa – ⌧ 29670

▶ Madrid 624 – Algeciras 69 – Málaga 70

🅸 Marqués del Duero 69 𝒞 95 278 52 52 otsanpedro@marbella.es Fax 95 278 90 90

🅶 Guadalmina, urb. Guadalmina Alta, Oeste : 3 km, 𝒞 95 288 34 73

🅶 Aloha, urb. Aloha, Oeste : 3 km, 𝒞 95 290 70 85

🅶 Atalaya Golf, Oeste : 3,5 km, 𝒞 95 288 28 12

🅶 La Quinta Golf, urb. La Quinta Golf, Norte : 3,3 km, 𝒞 95 276 23 90

◐ Carretera★★ de San Pedro de Alcántara a Ronda (cornisa★★)

🍴🍴   **Albert & Simon**   🏠 🅰🅲 🍴 💳 ⊚ ①
urb. Nueva Alcántara (Edificio Mirador) – 𝒞 *952 78 37 14*
– www.albertysimon.com – cerrado del 15 al 28 de febrero, del 15 al 30 de junio y domingo
Rest – *(sólo cena)* Carta 38/58 €
♦ Acogedor restaurante llevado entre dos hermanos, uno en cocina y el otro en la sala. En su confortable comedor podrá degustar elaboraciones de sabor tradicional actualizado.

ESPAÑA

XX **Casa Fernando** 🛜 ⅋ 𝘝𝘐𝘚𝘈 ⓪⓪

av. del Mediterráneo – 𝒞 952 78 46 41 – www.casafernandos.com – cerrado 10 enero-10 febrero y domingo
Rest – Carta 30/37 €

♦ Edificio a modo de hacienda andaluza rodeada por un jardín. Ofrece dos salas de aire rústico, un sugerente expositor de pescado, su propio vivero y una carta tradicional.

por la carretera de Ronda y desvío a la derecha :

XX **El Gamonal** 🛜 𝔸�ℂ ⅋ 🅿 𝘝𝘐𝘚𝘈 ⓪⓪ ⓪

camino La Quinta, Norte : 2 km ⊠29670 – 𝒞 952 78 99 21
– www.restauranteelgamonal.com – cerrado miércoles
Rest – *(sólo cena en verano)* Carta 30/40 €

♦ Negocio de amable organización familiar. Posee dos alegres comedores de estilo neorrústico, ambos con los techos en madera y chimenea. Cocina basada en productos de la zona.

por la carretera de Cádiz :

🏨🏨🏨 **Villa Padierna** 🛇 ≼ 🛜 ⵣ 🛋 𝓕𝘴 🖼 🕴 𝔸ℂ ⅋ hab, ⅏ 𝔰𝔞 🛏

carret. de Cádiz – km 166, salida Cancelada : 6 Km y 𝘝𝘐𝘚𝘈 ⓪⓪ 𝔸𝔼 ⓪
desvío 2 Km ⊠29679 – 𝒞 952 88 91 50 – www.hotelvillapadierna.com
76 hab ⚏ – ♥♥209/411 € – 36 suites
Rest – Carta aprox. 45 €
Rest La Veranda – *(sólo cena)* Carta aprox. 60 €

♦ Hotel construido a modo de villa señorial, con profusión de mármol, muebles antiguos y obras de arte. Dispone de un luminoso patio central, excelentes habitaciones y un SPA. En el restaurante La Veranda le sorprenderán con una carta actual de tintes creativos.

XX **Víctor** 🛜 𝔸ℂ ⅋ 𝘝𝘐𝘚𝘈 ⓪⓪

Centro Comercial Guadalmina, Suroeste : 2,2 km ⊠29670 – 𝒞 952 88 34 91
– cerrado domingo noche y lunes
Rest – Carta 38/50 €

♦ Casa de reducidas dimensiones en estilo clásico, con bar-hall privado en la entrada. Ambiente tranquilo, buen mantenimiento y platos basados en la calidad del producto.

SAN PEDRO DE RUDAGÜERA – Cantabria – **572** B17 – **442 h.** 8 B1
– alt. 70 m – ⊠ 39526

▶ Madrid 387 – Santander 36 – Santillana del Mar 23 – Torrelavega 14

X **La Ermita 1826** con hab 🛇 𝔸ℂ rest, ⅋ ⅏⁰ 𝘝𝘐𝘚𝘈 ⓪⓪

– 𝒞 942 71 90 71 – www.laermita1826.com – cerrado del 1 al 20 de noviembre y miércoles salvo agosto
5 hab – ♥29/35 € ♥♥39/45 €, ⚏ 5 € **Rest** – Carta 32/38 €

♦ Acogedora casita de piedra dotada con un bar público, una gran sala en la que las vigas de madera toman el protagonismo y un comedor más clásico en el piso superior. También ofrece unas correctas habitaciones, aunque estas empiezan a acusar el paso del tiempo.

SAN PEDRO DEL PINATAR – Murcia – **577** S27 – **23 738 h.** – Playa 23 B2
– ⊠ 30740

▶ Madrid 441 – Alacant/Alicante 70 – Cartagena 40 – Murcia 51
🛈 av. de las Salinas 55 (edificio CIT) 𝒞 968 18 23 01 sppinatar@marmenor.es
Fax 968 18 37 06

ESPAÑA

Thalasia

av. del Puerto 327 – ℰ *902 33 43 30* – *www.thalasia.com*

208 hab – †70/185 € ††80/255 €, ⌖ 12,50 € – 3 suites

Rest – Menú 25 €

Rest *La Sal* – *(cerrado domingo salvo verano)* Carta 35/41 €

♦ Moderno y bien situado, ya que se ubica frente al Parque Natural de Las Salinas. Posee habitaciones actuales de completo equipamiento y un centro de talasoterapia. El restaurante gastronómico presenta detalles minimalistas y una carta tradicional actualizada.

Juan Mari

Emilio Castelar 113 C – ℰ *968 18 62 98* – *www.juanmari.es* – *cerrado domingo noche y martes noche*

Rest – Carta 30/40 €

♦ Este pequeño negocio familiar dispone de una barra de apoyo, un comedor actual y una terraza. Tiene la cocina semivista y ofrece una carta tradicional con platos temporada.

en Lo Pagán :

Traíña

av. Generalísimo 84, Sur : 1 km ✉30740 – ℰ *968 33 50 22*

– *www.hoteltraina.com* – *cerrado Navidades*

76 hab – †50/80 € ††60/100 € – 2 suites   **Rest** – Carta 28/38 €

♦ Hotel de fachada clásica ubicado en la principal avenida de la ciudad. Posee habitaciones de correcto confort, algunas con terraza, y suele tener clientes de empresa. En su comedor, de montaje funcional, se trabaja sobre la base de un menú degustación.

Bahía sin rest

Mar Adriático 4, Sur : 1 km ✉30740 – ℰ *968 17 83 86*

– *www.hotelapartamentosbahia.com*

35 apartamentos – ††45/100 €, ⌖ 5,50 €

♦ En este aparthotel encontrará un hall polivalente y apartamentos funcionales, equipados con cocina y baños modernos, la mayoría dotados de ducha. Solárium en la azotea.

Neptuno

av. Generalísimo 19, Sur : 2,5 km ✉30740 – ℰ *968 18 19 11*

– *www.hotelneptuno.net*

40 hab – †33/65 € ††43/95 €, ⌖ 5 €   **Rest** – Carta 22/30 €

♦ A pocos metros de Las Salinas, disfrutando de una ubicación privilegiada en 1ª línea de playa. Tanto la zona social como parte de sus habitaciones han sido actualizadas. Agradable comedor panorámico complementado con una terraza bajo toldos.

Venezuela

Campoamor, Sur : 2,5 km ✉30740 Lo Pagán – ℰ *968 18 15 15*

– *www.restaurantevenezuela.com* – *cerrado 12 octubre-12 noviembre, domingo noche y lunes*

Rest – Carta 32/50 €

♦ Un clásico en la zona. Sus pescados y mariscos le han otorgado el reconocimiento unánime. Casa seria llevada con profesionalidad por una atenta brigada.

SAN RAFAEL – Segovia – **575** J17 – ✉ **40410**   **12** C3

▶ Madrid 62 – Segovia 39 – Ávila 52 – Toledo 132

en la carretera de Segovia N 603 Norte : 8 km

Tryp Comendador

Río Tajo - urb. Los Ángeles de San Rafael ✉40424 Los

Ángeles de San Rafael – ℰ *921 19 58 00* – *www.solmelia.com*

150 hab – ††56/150 €, ⌖ 12 €   **Rest** – Carta aprox. 40 €

♦ Hotel de línea actual-funcional decorado con algún que otro detalle regional. Posee una acogedora zona social, con bar y chimenea, así como confortables habitaciones. El restaurante propone una carta tradicional enriquecida con un buen apartado de arroces.

ESPAÑA

SAN ROQUE – Cádiz – **578** X13 – **29 249 h.** – alt. 109 m – ⊠ 11360   1 B3
▶ Madrid 661 – Sevilla 192 – Cádiz 130 – Gibraltar 16

en la Estación de San Roque Oeste : 6 km

X   **Mesón el Guadarnés**   AC ※ VISA ◑ AE ◍
*av. Guadarranque 15 - carret. de Jimena ⊠11368 Estación de San Roque
– ℰ 956 78 65 04 – cerrado 7 días en junio , 7 días en agosto y domingo*
Rest – Carta 30/38 €
♦ Restaurante rústico y de reducida capacidad, dirigido desde la sala por su propietario. Ofrece una carta tradicional e internacional que tiene su especialidad en las carnes.

SAN SALVADOR DE POIO – Pontevedra – ver Pontevedra

SAN SEBASTIÁN – Gipuzkoa – ver Donostia-San Sebastián

SAN SEBASTIÁN DE LA GOMERA – Santa Cruz de Tenerife – ver Canarias
(La Gomera)

SAN SEBASTIÁN DE LOS REYES – Madrid – **576** K19 – **575** K19   22 B2
– **121** I6 – **75 912 h.** – alt. 678 m – ⊠ 28700
▶ Madrid 18

XXX   **Izamar**   ㎡ AC ※ ⇔ P VISA AE
*av. Matapiñonera 6 – ℰ 916 54 38 93 – www.izamar.com – cerrado domingo
noche y lunes*
Rest – Carta 45/65 €
♦ Negocio serio cuya cocina está especializada en la elaboración de productos del mar. Elegante marco con profusión de madera y detalles marineros. Posee vivero propio y tienda.

XXX   **Faro Norte**   ㎡ AC ※ ⇔ VISA ◑ AE ◍
*Lanzarote 1 - Nave 21 – ℰ 916 63 99 57 – www.faronorte.net – cerrado Semana
Santa, del 6 al 26 de agosto y domingo*
Rest – Carta 36/58 €
♦ Presenta una moderna estética marina, con detalles metálicos que simulan escamas y las paredes en tonos azules. Carta tradicional del norte y algunos platos actualizados.

XX   **Vicente**   AC ※ VISA ◑ AE ◍
*Lanzarote 26 – ℰ 916 63 95 32 – www.restaurantevicente.com – cerrado 21 días
en agosto y domingo*
Rest – Carta 26/37 €
♦ Este negocio posee un concurrido bar de tapas y varios comedores de ambiente rústico-actual. Su carta ofrece numerosos platos tradicionales y deliciosas carnes a la brasa.

en la carretera de Algete Noreste : 7 km

X   **El Molino**   ㎡ AC ※ ⇔ P VISA ◑ AE ◍
⊠28700 – ℰ 916 53 59 83 – www.asadorelmolino.com
Rest – Carta 35/50 €
♦ Este negocio demuestra buen montaje en todos sus comedores, definidos por el estilo típico castellano. Está especializado en cochinillo asado, cordero y carnes a la parrilla.

SAN VICENTE DE LA BARQUERA – Cantabria – **572** B16 – **4 546 h.**   8 A1
– Playa – ⊠ 39540
▶ Madrid 421 – Gijón 131 – Oviedo 141 – Santander 64
🛈 av. Generalísimo 20 ℰ 942 71 07 97 oficinadeturismo@
sanvicentedelabarquera.es Fax 942 71 07 97
◉ Emplazamiento★
◉ Carretera de Unquera ≼★

Villa de San Vicente sin rest ⟨ 🛗 🕸 🛜 𝗩𝗜𝗦𝗔 ⓪ 𝗔𝗘
Fuente Nueva 1 – ℰ 942 71 21 38 – www.hotelvsvicente.com – 15 marzo-octubre
50 hab ⊊ – †40/85 € ††50/125 €

♦ Goza de una ubicación privilegiada que permite contemplar la ciudad. Sus habitaciones resultan luminosas, actuales y alegres, decorándose en distintos tonos según la planta.

Azul de Galimar sin rest ⟨ 🛗 🕸 🕻 🗇 𝗩𝗜𝗦𝗔 ⓪ ⓪
Camino Alto Santiago 11 – ℰ 942 71 50 20 – www.hotelazuldegalimar.es
15 hab ⊊ – †45/85 € ††60/110 €

♦ Hotel de organización familiar emplazado en la parte alta de la localidad. Ofrece una luminosa zona social, una terraza acristalada y habitaciones de línea clásica-actual.

Luzón sin rest ⟨ 🛗 🕸 🛜 𝗩𝗜𝗦𝗔 ⓪ ⓪
av. Miramar 1 – ℰ 942 71 00 50 – www.hotelluzon.net – cerrado enero
36 hab – †30/45 € ††50/70 €, ⊊ 3 €

♦ Casona bien situada y con encanto, cuya zona noble evoca la decoración de principios del s. XX. Posee habitaciones funcionales dotadas con mobiliario de diferentes estilos.

Annua ⟨ 𝗔𝗖 𝗩𝗜𝗦𝗔 ⓪ 𝗔𝗘
paseo de la Barquera – ℰ 942 71 50 50 – www.annuagastro.com – cerrado enero-15 marzo,domingo noche salvo verano y lunes
Rest – *(sólo almuerzo salvo jueves, viernes y sábado en invierno)* Carta 35/47 €

♦ Emplazado a orillas del mar. Disfruta de una gran terraza, un hall con barra de espera, dos salas acristaladas y un espacio "chill out" para la sobremesa. Cocina creativa.

Maruja 🕸 𝗩𝗜𝗦𝗔 ⓪ 𝗔𝗘 ⓪
av. Generalísimo – ℰ 942 71 00 77 – www.restaurantemaruja.es
– cerrado del 1 al 15 de marzo, del 15 al 30 de noviembre, domingo noche y miércoles.
Rest – Carta 36/43 €

♦ Negocio de larga tradición familiar. Está repartido en tres zonas decoradas en un estilo clásico de inspiración inglesa, con las paredes en tela y un buen servicio de mesa.

BogaBoga 🗇 𝗔𝗖 🕸 𝗩𝗜𝗦𝗔 ⓪ 𝗔𝗘 ⓪
pl. José Antonio 9 – ℰ 942 71 01 50 – cerrado 15 diciembre-15 enero, lunes noche y martes salvo verano
Rest – Carta 38/45 €

♦ Restaurante de organización familiar muy conocido en la localidad. Presenta un bar público y un comedor de montaje clásico con las mesas algo apretadas. Cocina tradicional.

por la carretera N 634 Oeste : 3 km

Valle de Arco sin rest 🦢 ⟨ 🛗 🕸 🛜 𝗣 𝗩𝗜𝗦𝗔 ⓪ 𝗔𝗘 ⓪
Barrio Arco 26 ✉39548 Prellezo – ℰ 942 71 15 65 – www.hotelvalledearco.com – cerrado 15 diciembre-febrero
24 hab ⊊ – †56/85 € ††72/94 €

♦ Bella casona construida en piedra y madera. Ofrece una acogedora zona social y habitaciones de aire rústico personalizadas en su decoración, las más atractivas abuhardilladas.

en Los Llaos Noreste : 5 km

Gerra Mayor sin rest 🦢 ⟨ 🕸 🛜 𝗣 𝗩𝗜𝗦𝗔 ⓪
carret. de la playa de Gerra ✉39547 Los Llaos – ℰ 942 71 14 01
– www.hgerramayor.com – marzo-15 diciembre
19 hab – †35/50 € ††50/70 €, ⊊ 4,60 €

♦ Se encuentra en la cima de un monte, abarcando con sus vistas las playas, el mar y los Picos de Europa. Cafetería con terraza acristalada y habitaciones de estilo actual.

ESPAÑA

731

SAN VICENTE DE LA SONSIERRA – La Rioja – **573** E21 – **1 150 h.**   **21** A2
– alt. 528 m – ✉ 26338

> ◘ Madrid 334 – Bilbao 107 – Burgos 103 – Logroño 35

⌂ **Villa Sonsierra** sin rest 🅢   ♿ 🅰🅒 🏵 🎧 🅟 ⊞ ⓞ
Zumalacárregui 29 – ℰ *941 33 45 75 – www.villasonsierra.com*
13 hab ⌂ – ♦40/52 € ♦♦65/85 €
• Instalado en una preciosa casa del piedra del casco antiguo. Ofrece una reducida zona social y magníficas habitaciones, todas actuales y con buen mobiliario
en su categoría.

✗✗ **Casa Toni**   🅰🅒 🏵 ⟳ 🆚🆂🅰 ⓞ
Zumalacárregui 27 – ℰ *941 33 40 01 – www.casatoni.es – cerrado Navidades
y del 1 al 15 de julio*
Rest *– (sólo almuerzo salvo viernes, sábado, vísperas de festivos y verano)*
Carta aprox. 48 €
• Tras su fachada en piedra se oculta un interior muy moderno. Destaca tanto
por su carta, una perfecta simbiosis entre la cocina tradicional y la creativa,
como por su bodega.

SAN VICENTE DO MAR – Pontevedra – ver O Grove

SANDINIÉS – Huesca – **574** D29 – **47 h.** – ✉ 22664   **4** C1

> ◘ Madrid 460 – Huesca 79 – Jaca 43

✗ **Casa Pelentos** con hab 🅢   🏵 🆚🆂🅰 ⓞ
del Medio 6 – ℰ *974 48 75 00 – www.casapelentos.com – cerrado
3 noviembre-3 diciembre y 3 mayo-10 junio*
7 hab ⌂ – ♦50/60 € ♦♦72/90 €   **Rest** – Carta 30/43 €
• Este céntrico restaurante está instalado en un acogedor hotel rural que destaca por su atractiva fachada en piedra. Platos típicos de la zona y propios de
una cocina casera. Las habitaciones, algo pequeñas, resultan correctas dentro de
su sencillez.

SANGENJO – Pontevedra – ver Sanxenxo

SANGÜESA – Navarra – **573** E26 – **5 210 h.** – alt. 404 m – ✉ 31400   **24** B2

> ◘ Madrid 408 – Huesca 128 – Pamplona 46 – Zaragoza 140
> ℹ Mayor 2 ℰ 948 87 14 11 oit.sanguesa@navarra.es
> ◉ Iglesia de Santa María la Real★ (portada sur★★)

⌂ **Yamaguchi**   🅰🅒 rest, 🏵 🎧 🅟 🚗 🆚🆂🅰 ⓞ 🅰🅴 ⓞ
carret. de Javier, Este : 0,5 km – ℰ *948 87 01 27 – www.hotelyamaguchi.com*
41 hab – ♦38/45 € ♦♦64/71 €, ⌂ 7,15 €   **Rest** – Menú 13,50 €
• Este negocio, llevado en familia, resulta un recurso válido en su categoría.
Ofrece habitaciones de distinto confort, la mitad de ellas asomadas a un patio
ajardinado. Posee un amplio comedor clásico y suele organizar banquetes
durante los fines de semana.

SANGUIÑEDA – Pontevedra – ver Mos

SANLÚCAR DE BARRAMEDA – Cádiz – **578** V10 – **65 805 h.** – Playa   **1** A2
– ✉ 11540

> ◘ Madrid 632 – Cádiz 55 – Jerez de la Frontera 23 – Sevilla 107
> ℹ Calzada Duquesa Isabel ℰ956 36 61 10 turismo@aytosanlucar.org Fax 956
> 36 61 32
> ◉ Localidad★ – Iglesia de Nuestra Señora de la O (portada★★) – Covachas★

⌂ **Tartaneros** sin rest   🅰🅒 🏵 🆚🆂🅰 ⓞ 🅰🅴 ⓞ
Tartaneros 8 – ℰ *956 38 53 93 – www.hoteltartaneros.com*
22 hab ⌂ – ♦45/70 € ♦♦50/126 € – 2 suites
• Antigua mansión señorial con una magnífica fachada que refleja el esplendor
de antaño. Los elegantes salones sociales contrastan con la sobriedad de las
habitaciones.

ESPAÑA

Posada de Palacio sin rest   🔲 📶 🕏 💳 ⊙ 🅰
*Caballeros 11 (barrio alto) – 𝒞 956 36 48 10 – www.posadadepalacio.com
– cerrado 8 enero-8 febrero*
32 hab – †72/93 € ††88/120 €, ⊡ 8 € – 2 suites
♦ Hermosas casas del s. XVIII decoradas con mobiliario de época y piezas de anticuario. Posee tres patios interiores y algunas habitaciones con preciosos suelos
originales.

Mirador Doñana   ⇐ 🕏 🔲 🕏 ⟷ 💳 ⊙ 🅰 ⊙
*Bajo de Guía – 𝒞 956 36 42 05 – www.miradordonana.com – cerrado
15 enero-15 febrero y lunes salvo julio-agosto*
Rest – Carta 24/36 €
♦ Cocina marinera con protagonismo de los pescados fritos, langostinos y angulas del Guadalquivir. Ofrece dos comedores con motivos náuticos y fotografías de
puertos antiguos.

Casa Bigote   🔲 🕏 💳 ⊙ 🅰 ⊙
*Pórtico de Bajo de Guía 10 – 𝒞 956 36 32 42 – www.restaurantecasabigote.com
– cerrado noviembre y domingo*
Rest – Carta 28/34 €
♦ Acreditado restaurante de estilo neorrústico, salpicado con detalles marineros.
Productos frescos y buenos precios son sus claves. ¡No deje de probar sus gui-
sos y frituras!

SANLÚCAR DE GUADIANA – Huelva – **578** T7 – 367 h. – ✉ 21595   1 A2
▶ Madrid 686 – Sevilla 163 – Huelva 77 – Beja 236

Casa La Alberca   🕏 hab, 🔲 📶 💳 ⊙
Danzadores 2 – 𝒞 959 38 81 70 – www.casalaalberca.com
9 hab ⊡ – †60/65 € ††75/90 €   **Rest** – *(sólo clientes menú)* Menú 25 €
♦ Atractiva casa de turismo rural decorada en un estilo moderno, con mucho
diseño, destacando sus habitaciones por estar personalizadas y en algunos casos
abuhardilladas.

SANLÚCAR LA MAYOR – Sevilla – **578** T11 – 12 749 h. – alt. 143 m   1 A2
– ✉ 41800
▶ Madrid 569 – Huelva 72 – Sevilla 18

Hacienda Benazuza ⟷   ⇐ 🕏 ⟋ 🕏 ⌷ 🔲 📶 🕏 🅿 💳 ⊙ 🅰 ⊙
Virgen de las Nieves – 𝒞 955 70 33 44 – www.elbullihotel.com – abril-octubre
26 hab – †350 € ††350/450 €, ⊡ 36 € – 18 suites
Rest *La Alquería* – ver selección restaurantes
♦ Instalado en una magnífica alquería del s. X. En sus lujosas dependencias conviven a la perfección el mobiliario histórico, una decoración exquisita y el confort
más actual.

La Alquería – Hotel Hacienda Benazuza   🔲 🕏 🅿 💳 ⊙ 🅰 ⊙
❀❀ *Virgen de las Nieves – 𝒞 955 70 33 44 – www.elbullihotel.com – abril-octubre*
Rest – *(cerrado domingo y lunes) (sólo cena) (sólo menú)* Menú 120 € 🕏
Espec. Gazpacho de bogavante perfumado a la albahaca. Espaldita de conejo en
civet con gelatina caliente de manzana y salsa de foie-gras. Salmonetes con puré
de suquet y consomé de salmonetes fritos.
♦ Emplazado en un edificio independiente, donde se presenta con un buen hall
y una sala neorrústica repartida en varias alturas. Su cocina reproduce la creatividad de El Bulli en plena Andalucía, con un gran dominio técnico y unas delicadas
presentaciones.

SANT ANDREU DE LLAVANERES – Barcelona – **574** H37   15 A2
– 10 181 h. – alt. 114 m – ✉ 08392
▶ Madrid 666 – Barcelona 35 – Girona/Gerona 67

en la carretera N II Sureste : 2,5 km

XX **Las Palmeras** 🖼 🕸 ⇔ 🅿 🚾 ⊕ 🅰🅴 ⓪
Km 652 ⊠08392 – 𝒞 937 93 00 44 – www.restaurantlaspalmeras.com – cerrado del 15 al 30 de enero, domingo noche y lunes
Rest – Carta 45/65 €
◆ Instalado en un gran edificio con torreón. En su sala, de aire neorrústico-colonial, le ofrecerán una carta tradicional actualizada, con arroces y algún plato internacional.

en Port Balís Sureste : 3 km

XX **El Racó del Navegant** 🖾 🖼 🕸 🚾 ⊕ 🅰🅴
⊠08392 Sant Andreu de Llavaneres – 𝒞 937 92 86 13 – www.elracodelnavegant.com – cerrado del 2 al 5 de enero, domingo noche y lunes
Rest – Carta 35/55 €
◆ Presenta un comedor clásico-actual, con fotos de veleros y motivos marineros, así como una agradable terraza entoldada. Carta tradicional marinera con un apartado de arroces.

SANT ANTONI DE CALONGE – Girona – **574** G39 – **Playa**   **15** B1
– ⊠ 17252

▶ Madrid 717 – Barcelona 107 – Girona/Gerona 48
🆔 av. Catalunya 26 𝒞 972 66 17 14 turisme@calonge.cat Fax 972 66 10 80

🔠 **Rosamar** ⩽ ⌸ 🕼 🖼 rest, 🕸 🅿 🚾 ⊕ 🅰🅴
Josep Mundet 43 – 𝒞 972 65 05 48 – www.rosamar.com – abril-septiembre
78 hab ⊑ – ♦50/150 € ♦♦70/180 €   **Rest** – (sólo buffet) Menú 12 €
◆ Acogedor establecimiento situado frente al mar, en el paseo marítimo. Posee una correcta zona social y habitaciones actualizadas, todas con terraza y mobiliario en mimbre. Su espacioso comedor disfruta de vistas tanto a la piscina como al Mediterráneo y basa su trabajo en el servicio de un buffet.

SANT BOI DE LLOBREGAT – Barcelona – **574** H36 – **81 181 h.**   **15** B3
– **alt. 30 m** – ⊠ 08830

▶ Madrid 626 – Barcelona 19 – Tarragona 83

🔠 **El Castell** ⌂ 🗉 🕼 🕭 hab, 🖼 🕸 rest, 🕪 🛁 🅿 🚾 ⊕ 🅰🅴 ⓪
Castell 1 – 𝒞 936 40 07 00 – www.elcastell.com
48 hab ⊑ – ♦45/50 € ♦♦60/70 €   **Rest** – Carta 30/41 €
◆ Está en la cima de una colina, rodeado de terrazas con pinos. Ofrece una zona social totalmente renovada y habitaciones de diferentes estilos: actuales, rústicas y coloniales. El restaurante cuenta con dos comedores, uno para el menú y el otro para la carta.

SANT CARLES DE LA RÁPITA – Tarragona – **574** K31 – **15 511 h.**   **13** A3
– **Playa** – ⊠ 43540

▶ Madrid 505 – Castelló de la Plana/Castellón de la Plana 91 – Tarragona 90 – Tortosa 29
🆔 pl. Carles III-13 𝒞 977 74 46 24 turisme@stcrapita.altanet.org Fax 977 74 46 24

🔠🔠 **Miami Mar** ⩽ ⌸ 🗉 🕭 🖼 🕸 🕪 🛁 🗟 🚾 ⊕ 🅰🅴 ⓪
passeig Marítim 18 – 𝒞 977 74 58 59 – www.miamicanpons.com
29 hab ⊑ – ♦64/133 € ♦♦94/177 €
Rest *Miami Can Pons* – ver selección restaurantes
◆ En 1ª línea de playa. Dispone de una pequeña recepción con salón-bar y confortables habitaciones de estilo actual, todas con mobiliario moderno, terraza y vistas al mar.

⌂ **Juanito Platja**   ⩽ 🛋 AC 🍴 🎵 **P** VISA 🐾 ⓞ
passeig Marítim – 𝒸 977 74 04 62 – www.juanitoplatja.com – 15 abril-9 octubre
35 hab – ♦40/50 € ♦♦64/74 €, � 8 €   **Rest** – Menú 21 €
♦ Posee una situación privilegiada, ya que tiene un agradable solárium volcado al mar. Correcta zona social y habitaciones de suficiente equipamiento, todas con terraza. El restaurante cuenta con varias mesas al aire libre, a la sombra de unas frondosas moreras.

⌂ **Llansola**   AC 🍴 🎵 **P** 🐾 VISA 🐾 AE
Sant Isidre 98 – 𝒸 977 74 04 03 – www.llansolahotel.com – cerrado noviembre
21 hab ⊊ – ♦35/55 € ♦♦62/95 €
Rest – *(cerrado domingo noche y lunes)* Menú 17 €
♦ Hotel de organización familiar situado en el centro de la localidad. Ofrece unas cuidadas dependencias, con habitaciones funcionales aunque de correcto equipamiento. En su restaurante de estilo clásico podrá degustar una completa carta tradicional-marinera.

✗✗ **Miami Can Pons** – Hotel Miami Mar   🛋 AC 🍴 ⇄ 🐾 VISA 🐾 AE ⓞ
🦪 *passeig Marítim – 𝒸 977 74 05 51 – www.miamicanpons.com – cerrado del 15 al 31 de enero*
Rest – Carta aprox. 35 €
♦ De gran prestigio en la localidad y orientado a una clientela externa al hotel. Destaca su terraza acristalada junto a la piscina y elaboran una cocina tradicional-marinera.

✗✗ **Varadero**   AC 🍴 VISA 🐾 AE ⓞ
av. Constitució 1 – 𝒸 977 74 10 01 – www.varaderolarapita.com – cerrado 22 diciembre-enero
Rest – Carta aprox. 35 €
♦ Sólido negocio ubicado frente al club náutico. Dispone de una amplia cafetería, un comedor con un buen servicio de mesa, y dos salones para banquetes en la entreplanta.

ESPAÑA

SANT CELONI – Barcelona – **574** G37 – 16 860 h. – alt. 152 m   **15** A2
– ✉ 08470

▶ Madrid 662 – Barcelona 51 – Girona/Gerona 54

◧ Noroeste, Sierra de Montseny★ : itinerario★★ de Sant Celoni a Santa Fé del Montseny – Carretera★ de Sant Celoni a Vic por Montseny

⌂ **Suis** sin rest   🛗 🕭 AC 🍴 🎵 VISA 🐾
Major 152 – 𝒸 938 67 00 02 – www.hotelsuis.com
34 hab – ♦55 € ♦♦105 €, ⊊ 5 €
♦ Hotel de organización familiar y atractiva fachada instalado en un precioso edificio de 1860. Ofrece habitaciones muy funcionales pero de línea actual, algunas con terraza.

✗✗✗✗ **Can Fabes** (Santi Santamaria y Xavier Pellicer) con hab   🛗 🕭 hab, AC 🍴
❀ ❀ ❀ *Sant Joan 6 – 𝒸 938 67 28 51 – www.canfabes.com*   🕿 VISA 🐾 AE ⓞ
5 hab – ♦245 € ♦♦295 €, ⊊ 30 €
Rest – *(cerrado domingo noche, lunes y martes)* Menú 228 € – Carta 130/182 € 🍴
Espec. Festival de trufa y becada (diciembre-marzo). Langosta del Mediterráneo en bullabesa y asada a las finas hierbas (junio-septiembre). Setas del Montseny (septiembre-diciembre).
♦ Ofrece dos espléndidas salas, una de ambiente rústico-regional y la otra actual, así como una sorprendente mesa ubicada en la misma cocina. Platos creativos de raíces locales. Como complemento encontrará unas habitaciones amplias, de líneas puras y estética actual, con muy buenas calidades y unos magníficos desayunos.

✗ **Aroma**   🕭 AC 🍴 VISA 🐾
Sant Joan 33 – 𝒸 938 67 46 38 – www.aromarestaurant.es
– cerrado del 1 al 23 de agosto, 2 semanas en enero, domingo noche, lunes noche y martes
Rest – Carta 22/35 €
♦ Restaurante familiar de línea actual emplazado en el centro de la localidad. Propone una carta de cocina tradicional con predominio de platos catalanes y precios contenidos.

en la carretera Sant Martí de Montnegre Este : 3 km

ⓐⓐⓐ Cal Batlle ⬨ ⬅ 🚗 🏠 ⊒ 🍴 🛎 ⅙ rest, 🆊 ⓦ 🎤 **P**
– 𝒞 938 48 47 31 – www.hotelcalbatlle.com
11 hab – 1 suite **Rest**
♦ Conjunto de elegante aire rústico. Ofrece unas cuidadas habitaciones que combinan el mobiliario de época con vigas de madera y algunas paredes en piedra. El restaurante trabaja muy bien con el cliente exterior y elabora tanto cocina actual como de temporada.

SANT CLIMENT – Illes Balears – ver Balears (Menorca)

SANT CUGAT DEL VALLÈS – Barcelona – **574** H36 – 79 253 h.   **15** B3
– alt. 180 m – ✉ 08172

▷ Madrid 615 – Barcelona 20 – Sabadell 9
🗓 Sant Cugat, Villa, 𝒞 93 674 39 08
◎ Monasterio★★ (Iglesia★ : retablo de todos los Santos★, claustro★ :
capiteles románicos★)

ⓐⓐⓐ **Sant Cugat** 🏠 🛎 ⅙ hab, 🆊 🎤 🎤 🛎 🚗 🆅 ⓦ 🆎 ⓪
César Martinell 2 ✉08172 – 𝒞 935 44 26 70 – www.hotel-santcugat.com
97 hab – ⚤86/308 €, ⊑ 13,50 €
Rest Vermell – (cerrado 8 días en diciembre, 10 días en enero, 14 días en agosto y domingo noche) Menú 25 €
♦ Moderno edificio de forma lenticular ubicado junto al ayuntamiento. Ofrece unas instalaciones de línea minimalista con mucho diseño, buen confort y mobiliario de calidad. El restaurante, bastante luminoso y colorista, se complementa con una magnífica terraza.

✕✕ **Casablanca** 🆊 🆅 ⓦ 🆎 ⓪
Sabadell 47 ✉08172 – 𝒞 936 74 53 07 – www.casablancasantcugat.com
– cerrado Semana Santa, agosto y domingo
Rest – Carta 20/33 €
♦ Céntrica casa dotada con un comedor rústico, en ladrillo y madera, dividido en tres espacios. Cocina tradicional e internacional, con especialidades como el "Steak Tartar".

al Noroeste : 3 km

ⓐⓐ **Novotel Barcelona Sant Cugat** 🏠 ⊒ 🛎 ⅙ hab, 🆊 🎤 🎤 🛎 **P**
pl. Xavier Cugat ✉08190 – 𝒞 935 89 41 41   🚗 🆅 ⓦ 🆎 ⓪
– www.novotel.com
146 hab – ⚤75/200 €, ⊑ 15,50 € – 4 suites   **Rest** – Menú 18 €
♦ En un área empresarial. Ofrece una zona social con detalles de diseño, un bar polivalente, varias salas de reuniones y unas habitaciones funcionales de completo equipamiento. Su diáfano comedor disfruta de un montaje moderno, luminosidad y vistas a la piscina.

SANT ESTEVE DE PALAUTORDERA – Barcelona – **574** G37   **15** B2
– 2 458 h. – alt. 231 m – ✉ 08461

▷ Madrid 655 – Barcelona 56 – Girona 63

por la carretera del Montseny Noreste : 2 km

✕ **Can Marc** con hab ⬨ ⅙ rest, 🆊 rest, 🎤 ⓦ **P** 🆅 ⓦ
Camino de Can Marc 6 ✉08461 – 𝒞 938 48 27 13 – www.canmarc.com
– cerrado del 1 al 13 febrero y 19 septiembre-2 octubre
4 hab – ⚤50 €, ⊑ 5 €
Rest – (cerrado domingo noche y lunes) Carta 32/48 €
♦ Ubicado en una masía restaurada. Encontrará un comedor a la carta de ambiente rústico-actual, una sala para menús de aire antiguo y una cocina actual de bases tradicionales. Sus sencillas habitaciones son una buena opción si desea pasar unos días en el campo.

ESPAÑA

> ▶ Madrid 736 – Girona/Gerona 39 – Barcelona 136
> – Perpignan 104

χ   **Can Joan**   AC ⌘ ⇔ P VISA ⊛ AE ①
La Font 9 – ℰ 972 63 43 13 – www.canjoan.com – cerrado
24 diciembre-20 enero, lunes noche (octubre-junio) y martes salvo agosto
Rest – Carta 22/29 €
♦ Este acogedor restaurante dispone de un bar de apoyo a la entrada y tres
comedores de aire rústico, uno de ellos acristalado. Carta de base tradicional con
platos regionales.

χ   **Can Dolç**   🍴 AC ⌘ P VISA ⊛ AE ①
pl. de l'Esglesia – ℰ 972 63 50 03 – www.candolc.com – cerrado
23 diciembre-enero, martes noche salvo verano y miércoles
Rest – Carta 20/28 €
♦ Casa en piedra del s. XVII ubicada en el centro de la localidad. Ofrece diversas
salas distribuidas en dos pisos, todas de aire rústico y algunas con los techos
abovedados.

> La mención **Rest** en rojo designa un establecimiento al que se le ha atribuido
> una distinción gastronómica ✿ (estrella) o ❀ (Bib Gourmand).

ESPAÑA

> ▶ Madrid 713 – Barcelona 100 – Girona/Gerona 37
> 🖪 pl. Mercat 28 ℰ 972 82 00 51 turisme@guixols.cat
> Fax 972 82 01 19
> 🔘 Localidad★, Iglesia Monasterio de Sant Feliu★ (portada★★) A – Capilla de
> Sant Elm (≼★★) A – Pedralta★ por ③

Plano página siguiente

🏨   **Curhotel Hipócrates** ⌖   ≼ 🍴 ⌀ 🗋 ⅙ ⋈ ⅙ hab, ⌘ ⁽ᵖ⁾ 🛁 P
carret. de Sant Pol 229 – ℰ 972 32 06 62   VISA ⊛ AE ①
– www.hipocratescurhotel.com – cerrado 8 diciembre-4 febrero   B**c**
88 hab ⌑ – †80/125 € ††116/180 € – 2 suites
Rest – Menú 25 €
♦ Se encuentra en un área residencial y disfruta tanto de servicios terapéuticos
como de estética, con diversos espacios sociales y habitaciones clásicas de completo confort. Su cuidado comedor está repartido en dos zonas, en una sirven un
menú dietético y en la otra una carta propia del recetario tradicional.

🏨   **Plaça** sin rest |≣| AC ⁽ᵖ⁾ VISA ⊛ AE ①
pl. Mercat 22 – ℰ 972 32 51 55 – www.hotelplaza.org   A**f**
19 hab – †53/112 € ††79/112 €, ⌑ 8 €
♦ Hotel de gestión familiar e instalaciones funcionales. Ofrece habitaciones de
correcto confort, sin embargo, lo más atractivo es el solárium con jacuzzi de su
azotea.

χ   **Cau del Pescador**   AC VISA ⊛ AE ①
Sant Domènec 11 – ℰ 972 32 40 52 – www.caudelpescador.com
– cerrado del 3 al 18 de enero, lunes noche y martes en invierno   A**n**
Rest – Carta 45/60 €
♦ Llevado directamente por su chef-propietario. En su comedor, decorado con
detalles náuticos, le ofrecerán una carta tradicional marinera con un buen apartado de sugerencias.

χ   **Can Salvi**   🍴 VISA ⊛
passeig del Mar 23 – ℰ 972 32 10 13 – www.restaurantcansalvi.com
– cerrado domingo noche y jueves   A**r**
Rest – Carta 35/59 €
♦ Restaurante familiar de 3ª generación. Posee una sala interior que suelen usar
sólo por las noches, ya que su punto fuerte está en la terraza. Carta tradicional y
dos menús.

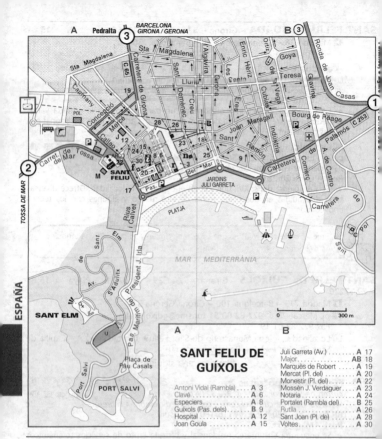

SANT FELIU DE GUÍXOLS

Antoni Vidal (Rambla) . . . . **A** 3
Clavé . . . . **A** 6
Especiers . . . . **A** 8
Guíxols (Pas. dels) . . . . **B** 9
Hospital . . . . **A** 12
Joan Goula . . . . **A** 15

Juli Garreta (Av.) . . . . **A** 17
Major . . . . **AB** 18
Marquès de Robert . . . . . **A** 19
Mercat (Pl. del) . . . . **A** 20
Monestir (Pl. del) . . . . **A** 22
Mossèn J. Verdaguer . . . . **A** 23
Notaria . . . . **A** 24
Portalet (Rambla del) . . . . **B** 25
Rutlla . . . . **A** 26
Sant Joan (Pl. de) . . . . . . **A** 28
Voltes . . . . **A** 30

SANT FERRIOL – Girona – ver Besalú

SANT FRUITÓS DE BAGES – Barcelona – **574** G35 – **7 961 h.** **15** A2
– alt. 246 m – ⊠ 08272

> ▶ Madrid 596 – Barcelona 72 – Manresa 5
> ◉ Monasterio de Sant Benet de Bages★★

🏠 **La Sagrera** sin rest   🔠 ⬚ 🛜 ⬚ 🚗 𝗩𝗜𝗦𝗔 ⬚ 𝗔𝗘 ⓪
av. Bertrand i Serra 2 – ℰ 938 76 09 42
– www.hotel-lasagrera.com
8 hab – †48 € ††70 €, � 6 €
♦ Casa del s. XVIII de excelente fachada. Presenta una sala polivalente para los desayunos, un salón social con el techo abovedado y habitaciones funcionales pero algo pequeñas.

🍴 **Can Ladis**   🔠 ⬚ 𝗩𝗜𝗦𝗔 ⬚ 𝗔𝗘 ⓪
carret. de Vic 56 – ℰ 938 76 00 19
– www.restaurante-marisqueria-canladis.com
– cerrado del 3 al 10 de enero, 22 agosto-8 septiembre y lunes
Rest – (sólo almuerzo salvo viernes y sábado) Carta 30/50 €
♦ Se encuentra en la avenida principal y está llevado totalmente en familia. Ofrece una cocina tradicional actualizada, especializada en pescados y mariscos, así como dos menús.

738

en la carretera de Sant Benet Sureste : 3 km

Món ⬡   🖨 🔳 🛗 ᴴ hab, 🖽 ⚙ hab, 🍴 🕏 🅿 🚾 ⦿ 🆎 ⓞ
camí de Sant Benet ✉08272 Sant Fruitós de Bages – 𝒞 938 75 94 00
– www.monstbenet.com
85 hab ⛛ – ♦95/125 € ♦♦110/140 € – 2 suites
Rest *L'Angle* – ver selección restaurantes   **Rest** – Menú 35 €

♦ Hotel de línea moderna ubicado en un tranquilo paraje junto al Monasterio de Sant Benet, que data del s. X. Ofrece amplias zonas nobles y habitaciones de muy buen confort. El restaurante, luminoso y de línea actual, ofrece una cocina tradicional actualizada.

※※※

L'Angle (Jordi Cruz) – Hotel Món   🖨 🖽 ⚙ 🍴 🚾 ⦿ 🆎
ॐ   *camí de Sant Benet ✉08272 Sant Fruitós de Bagés – 𝒞 938 75 94 29*
– www.restaurantangle.com – cerrado 15 días en enero, 15 días en agosto y lunes
Rest – (reserva aconsejable para cenar) Menú 70/90 € – Carta 60/75 €
Espec. Vieiras asadas con lentejas verdes del Berry, soja, naranja y vainilla con puerro joven y shiso al curry. Lomo de lenguado asado con calabaza, lemongrass, crema de ostras y hojas de malto naranja. Yogur, coco y limón.

♦ Situado en pleno campo, frente al Monasterio de Sant Benet. Se accede por el hall del hotel y presenta una sala de ambiente moderno, con amplios espacios acristalados y una cuidada iluminación. Cocina creativa elaborada con productos de excelente calidad.

SANT GREGORI – Girona – 574 G38 – 3 167 h. – alt. 112 m   15 A1
– ✉ 17199

🄳 Madrid 707 – Girona/Gerona 9 – Barcelona 108 – Figueres 52

※※

Maràngels   🖨 🖽 ⚙ 🅿 🚾 ⦿ ⓞ
carret. GI 531, Este : 1 km – 𝒞 972 42 91 59 – www.marangels.com
– cerrado 7 días en febrero, 31 agosto-6 septiembre, domingo noche y lunes
Rest – Carta 35/60 €

♦ Negocio instalado en una masía rodeada por un precioso entorno ajardinado. Ofrece acogedoras salas de atmósfera rústica-actual y una carta creativa a precios moderados.

SANT HILARI SACALM – Girona – 574 G37 – 5 763 h. – alt. 801 m   15 A1
– Balneario – ✉ 17403

🄳 Madrid 664 – Barcelona 82 – Girona/Gerona 45 – Vic 36
🄸 pl. Dr. Robert 𝒞 972 86 96 86 oficinaturisme@santhilari.cat Fax 972 86 96 77
🄾 Localidad ★

Balneari Font Vella   🔳 🛗 & hab, 🖽 ⚙ 🍴 🕏 🚾 ⦿ 🆎
passeig de la Font Vella 57 – 𝒞 972 86 83 05 – www.balnearifontvella.cat
– cerrado 3 enero-18 febrero
30 hab ⛛ – ♦155/190 € ♦♦180/220 €   **Rest** – Menú 28 €

♦ Hotel-balneario levantado sobre un palacete de línea modernista. Posee habitaciones de gran confort, todas con vestidores y maderas nobles. Tratamientos terapéuticos. El restaurante propone una carta de producto, con platos tradicionales e internacionales.

Ripoll   🛗 & hab, 🖽 ⚙ 🍴 🚾 ⦿
Vic 26 – 𝒞 972 86 80 25 – www.hotelripoll.com
28 hab ⛛ – ♦42/70 € ♦♦60/110 €
Rest – *(cerrado enero y martes)* Menú 19,25 €

♦ Hotel familiar renovado prácticamente en su totalidad, ya que ocupa un edificio centenario. Sus habitaciones resultan actuales, algunas con detalles rústicos y abuhardilladas. El comedor disfruta de un acceso independiente y está distribuido en dos niveles.

Torras   🛗 🖽 rest, ⚙ 🍴 🚾 ⦿ ⓞ
pl. Gravalosa 13 – 𝒞 972 86 80 96 – www.hostaltorras.com – cerrado 23 diciembre-enero
24 hab – ♦35/40 € ♦♦55/60 €, ⛛ 6,75 €
Rest *El Celler d'En Jordi* – *(cerrado domingo noche y viernes mediodía salvo verano)* Carta 24/38 €

♦ Céntrico establecimiento familiar dotado de habitaciones funcionales, aunque las están actualizando poco a poco y resultan muy correctas. Cálido salón social con chimenea. El restaurante disfruta de una cuidada decoración rústica, con las paredes en piedra.

SANT JOAN D'ALACANT (SAN JUAN DE ALICANTE) – Alicante   16 B3
– **577** Q28 – **21 939 h.** – alt. 50 m – ✉ 03550

> ▶ Madrid 426 – Alcoi 46 – Alacant/Alicante 9 – Benidorm 34

XX **Plegat**   ⒜Ⓚ ⅏ 🆅🆂🅰 ⦿

av. Diagonal 4 – ℰ 965 65 18 47 – www.plegat.es – cerrado martes
Rest – Carta 33/43 €

♦ Se trata de un restaurante de estética minimalista, con una barra a la entrada, una sala diáfana y la cocina a la vista. Cocina con detalles de autor y atenta al producto.

XX **La Quintería**   ⒜Ⓚ ⅏ ⇔ 🆅🆂🅰 ⦿ 🅰🅴 ①

Dr. Gadea 17 – ℰ 965 65 22 94 – cerrado 20 junio-15 julio, domingo y miércoles noche
Rest – Carta 41/54 €

♦ Llevado directamente por su propietario. Tiene varias salas de montaje clásico-tradicional y ofrece una carta bastante amplia, con un apartado de mariscos y platos gallegos.

SANT JOAN DESPÍ – Barcelona – ver Barcelona : Alrededores

SANT JORDI – Illes Balears – ver Balears (Eivissa)

SANT JOSEP DE SA TALAIA – Illes Balears – ver Balears (Eivissa)

SANT JULIÀ DE VILATORTA – Barcelona – 574 G36 – 2 955 h.   14 C2
– alt. 595 m – ✉ 08504

> ▶ Madrid 643 – Barcelona 72 – Girona/Gerona 85 – Manresa 58

🏠 **Masalbereda** ✎   🖥 🕼 � rest. Ⓚ ⅏ rest, ⦿ 🅿 🆅🆂🅰 ⦿ 🅰🅴

av. Sant Llorenç 68 – ℰ 938 12 28 52 – www.masalbereda.com
20 hab ⊑ – †106/229 € ††135/286 €
Rest – *(cerrado domingo noche)* Menú 43 €

♦ Hotel con encanto ubicado en una antigua masía. Posee un bello entorno ajardinado, acogedoras instalaciones y unas cálidas habitaciones, con detalles rústicos y modernos. El restaurante, de cocina tradicional actualizada, posee un atractivo balcón acristalado.

🏠 **Torre Martí** ✎   🍽 🍸 ⅙ hab, ⅏ ⅋ 🅿 🆅🆂🅰 ⦿ 🅰🅴

Ramón Llull 11 – ℰ 938 88 83 72 – www.hoteltorremarti.com – cerrado enero
8 hab ⊑ – †87/109 € ††139/177 €   **Rest** – *(sólo clientes)* Menú 48 €

♦ Esta atractiva casa señorial posee un salón-biblioteca y confortables habitaciones, casi todas con muebles antiguos de distintos estilos y algunas con acceso al jardín. En su acogedor restaurante, de línea modernista, se ofrece una cocina actual con dos menús.

XX **Ca la Manyana** con hab   Ⓚ ⅏ rest, ⅋ 🆅🆂🅰 ⦿

av. Nostra Senyora de Montserrat 38 – ℰ 938 12 24 94 – www.calamanyana.com – cerrado 15 días en marzo
17 hab – †62 € ††78 €, ⊑ 10 €
Rest – *(cerrado lunes) (sólo almuerzo salvo viernes y sábado)* Carta 36/51 €

♦ Instalado en una casona señorial de atractiva fachada. Su principal actividad se centra en el restaurante, donde podrá degustar la más arraigada tradición culinaria catalana. Como complemento al negocio ofrece habitaciones de buen confort general.

SANT LLUÍS – Illes Balears – ver Balears (Menorca)

SANT MARÇAL – Barcelona – 574 G37 – ✉ 08732   14 C2

> ▶ Madrid 686 – Barcelona 86 – Girona/Gerona 60 – Vic 36

🏠 **Sant Marçal** ✎   ≼ 🗔 ⅏ ⅋ ⅍ 🅿 🆅🆂🅰 ⦿ 🅰🅴

– ℰ 938 47 30 43 – www.hotelhusasantmarcal.com – abril-diciembre y fines de semana resto del año salvo enero
12 hab ⊑ – †65/200 € ††75/220 €   **Rest** – Carta aprox. 35 €

♦ Emplazado en plena montaña, ocupa un antiguo monasterio cuyas habitaciones, con decoración rústica personalizada, conservan el sosiego de antaño. Espléndida zona noble. El coqueto restaurante está repartido en dos partes, la exterior con vistas a la sierra.

SANT PAU D'ORDAL – Barcelona – **574** H35 – ✉ 08739   **15** A3

▶ Madrid 587 – Barcelona 51 – Lleida/Lérida 116 – Tarragona 66

XX   **Cal Saldoni**   AC ⅋ VISA ⚫⚫
Ponent 4 – ℰ 938 99 31 47 – www.calsaldoni.com – cerrado
24 diciembre-7 enero, 19 julio-7 agosto, lunes y martes
Rest – (sólo almuerzo salvo sábado) Carta 35/46 € ⅋⅋
♦ Negocio de organización familiar dotado con dos salas de estética neorrústica
y buen montaje. El chef, autodidacta, presenta una carta de autor con algún
plato regional.

XX   **Cal Xim**   ⌂ AC ⇔ VISA ⚫⚫ AE
(☺)   pl. Subirats 5 – ℰ 938 99 30 92 – www.calxim.com – cerrado Semana Santa y
23 agosto-5 septiembre
Rest – (sólo almuerzo salvo viernes) Carta 27/37 € ⅋⅋
♦ Llevado entre dos hermanos. La clave de su éxito radica en la calidad del producto y en los precios moderados. Cocina catalana de temporada, a la brasa
y con una buena bodega.

SANT PERE DE RIBES – Barcelona – **574** I35 – **28 353 h.** – **alt. 44 m**   **15** A3
– ✉ 08810

▶ Madrid 596 – Barcelona 46 – Sitges 4 – Tarragona 52
🛈 Major 110 (Masia Can Puig), ℰ 93 896 28 57 p.garraf.ciribes@diba.es

🏨   **Palou** sin rest   ⍑ ❘♠❘ AC ⅋ ⍦⍣ VISA ⚫⚫
Palou 15 – ℰ 938 96 05 95 – www.hotelpalou.com
10 hab ⌑ – ♦80/95 € ♦♦90/115 €
♦ Hotelito con encanto ubicado en una casa de finales del s. XIX. Sus habitaciones están personalizadas con una bella combinación de mobiliario de diseño y de
estilo antiguo.

XX   **Ibai** con hab   ⌂ ⍑ ❘♠❘ & hab. AC ⅋ ⍦ P VISA ⚫⚫ AE ①
carret. de Canyelles 1 – ℰ 938 96 54 90 – www.ibaiosteria.com
14 hab – ♦140 € ♦♦160 €, ⌑ 17 €   **Rest** – Carta 40/51 €
♦ Antigua casa de campo de ambiente señorial dotada con un luminoso comedor principal, una sala que deja la parrilla a la vista, bodega y terraza. Cocina tradicional y catalana. También cuenta con unas habitaciones en las que se cuidan mucho los detalles.

XX   **El Secreto de Juanfran**   ⌂ AC ⅋ ⇔ VISA ⚫⚫
Blades 1 - urb. Los Viñedos – ℰ 938 96 47 97 – www.elsecreto.cat – cerrado del
17 al 21 de enero, 26 abril-3 mayo, del 19 al 27 de septiembre y lunes
Rest – (sólo almuerzo salvo jueves, viernes y sábado) Carta 35/50 €
♦ Esta casa, tipo villa, se encuentra a las afueras de la localidad, con una terraza
ajardinada, un bar, dos salas de buen montaje y un privado. Cocina tradicional
actualizada.

en la carretera de Olivella Noreste : 1,5 km

X   **Can Lloses**   AC ⅋ P VISA ⚫⚫
urb. Can Lloses-Milà ✉08810 – ℰ 938 96 07 46 – www.canlloses.com – cerrado
octubre y martes
Rest – Carta 24/33 €
♦ Negocio de organización familiar dotado con un bar independiente y tres salas
de ambiente rústico-regional. Cocina catalana de corte casero, lo que aquí se
llama "Casolana".

SANT POL DE MAR – Barcelona – **574** H37 – **5 102 h.** – **Playa**   **15** A2
– ✉ 08395

▶ Madrid 679 – Barcelona 46 – Girona/Gerona 53

ESPAÑA

XXXX **Sant Pau** (Carme Ruscalleda)   〔AC〕 ✕ **P** VISA ⚫⚫ AE ◐

🕸 🕸 🕸 *Nou 10 – ℰ 937 60 06 62 – www.ruscalleda.cat – cerrado 21 días en mayo, 21 días en noviembre, domingo, lunes y jueves mediodía*
Rest – Menú 144 € – Carta 110/125 € 🕸

Espec. Ravioli vegetal y jamón Joselito, zanahoria, daikon, berenjena, calabacín y dashi de jamón. Pez loro sin espinas, pan integral, tomate maduro y tomate verde (junio-agosto). Carrillera de atún de L'Ametlla de Mar, bizcocho de chirivía, ciruela, orejón y nata especiada.

◆ Ofrece dos salas de elegante montaje, destacando la exterior por sus vistas tanto al jardín como al mar. Presenta unas elaboraciones muy creativas y delicadas pero también de hondas raíces locales, pues la mayoría de sus platos tienen reminiscencias catalanas.

SANT QUIRZE DEL VALLÈS – Barcelona – **574** H36 – **18 462 h.**   **15** B3
– alt. 188 m – ✉ 08192

▶ Madrid 611 – Barcelona 22 – Manresa 46 – Mataró 34

X **Lluernari**   🏠 〔AC〕 ✕ ⇄ VISA ⚫⚫ AE

😊 *Pintor Vila Puig 73 – ℰ 937 21 01 63 – www.lluernari.com – cerrado Semana Santa, agosto, domingo y lunes noche*
Rest – Carta 24/35 €

◆ Situado en la parte alta de la localidad. En sus salas, de destacable montaje rústico-regional, disfrutará de una cocina de temporada bien elaborada y a precios moderados.

en la carretera de Rubí C 1413a Suroeste : 4,5 km

X **Can Ferran**   🏠 〔AC〕 ✕ ⇄ **P**

😊 ✉08192 – ℰ 936 99 17 63 – www.masiacanferran.com – cerrado agosto, sábado noche, domingo y festivos
Rest – Carta 22/30 €

◆ Negocio familiar ubicado en una antigua masía, con tres amplias salas y un privado. Ofrecen platos regionales, judías del ganxet y carnes a la brasa. No acepta reservas.

SANT SADURNÍ D'ANOIA – Barcelona – **574** H35 – **12 237 h.**   **15** A3
– alt. 162 m – ✉ 08770

▶ Madrid 578 – Barcelona 46 – Lleida/Lérida 120 – Tarragona 68

XX **Cal Blay Vinticinc**   � 〔AC〕 ✕ ⇄ VISA ⚫⚫

Josep Rovira 27 – ℰ 938 91 00 32 – www.calblay.com – cerrado martes
Rest – *(sólo almuerzo salvo viernes y sábado)* Carta aprox. 35 €

◆ Céntrico y de línea actual. Encontrará dos salas y dos privados, todo moderno aunque con elementos rústicos y de diseño. Carta catalana de temporada con detalles actuales.

XX **La Cava d'en Sergi**   〔AC〕 ✕ VISA ⚫⚫

😊 *València 17 – ℰ 938 91 16 16 – www.lacavadensergi.com – cerrado Semana Santa, del 1 al 21 de agosto, último domingo de mes y lunes*
Rest – *(sólo almuerzo salvo viernes y sábado)* Carta 33/37 €

◆ Negocio llevado por un atento matrimonio. Presenta una carta de cocina tradicional actualizada, con toques creativos, así como dos menús, uno diario y otro de degustación.

SANT VICENÇ DE MONTALT – Barcelona – **574** H7 – **5 627 h.**   **15** A2
– ✉ 08394

▶ Madrid 663 – Barcelona 41 – Girona 65

🏠 **Castell de l'Oliver** ॐ   ← 🚗 🛁 🛎 〔AC〕 ✕ 📶 ⅷ **P** VISA ⚫⚫ AE

Norte : 1,5 km – ℰ 937 91 15 29 – www.hotelcastelldeloliver.es
8 hab – ✝142/177 € ✝✝157/197 €, ⊆ 15 €
Rest – *(cerrado domingo noche y lunes)* Menú 34 €

◆ Antigua casa señorial, tipo castillo, ubicada en una finca con muchos espacios ajardinados. Su reducida zona noble se ve compensada mediante habitaciones de excelente nivel. El restaurante destaca tanto por su montaje clásico como por el hecho de tener la cocina a la vista. Carta tradicional con toques actuales.

Montaltmar   ⇐ 🕼 🖾 🖾 🆊 % hab. ⁇ 🆅🆂🅰 ⑳ 🅰🅴 ⓘ

av. Montaltmar 1 – 𝒞 937 91 10 17 – www.montaltmar.com – cerrado febrero
9 hab ⌷ – 🛉120 € 🛉🛉130/160 €
Rest – *(cerrado lunes salvo festivos)* Menú 35 €
◆ Este pequeño hotel, que se ha renovado completamente, presenta habitaciones modernas, luminosas y de excelente confort, todas con vistas al mar. Trato personalizado. El restaurante ofrece una carta de cocina tradicional elaborada con productos de temporada.

SANT VICENT DEL RASPEIG (SAN VICENTE DEL RASPEIG)   16 A3
– Alicante – 577 Q28 **– 53 126 h. – alt. 110 m –** ⌧ **03690**

▶ Madrid 422 – Alcoi 49 – Alacant/Alicante 9 – Benidorm 48

✕   La Paixareta   🆊 % ⇄ 🆅🆂🅰 ⑳ 🅰🅴 ⓘ

Torres Quevedo 10 ⌧*03690 – 𝒞 965 66 58 39*
Rest – *(cerrado del 15 al 31 de agosto, domingo noche en julio-agosto y domingo resto del año)* Carta 31/44 €
◆ Un restaurante de línea clásica-provenzal donde se elabora una carta bastante variada, con guisos y arroces. Posee un comedor junto al bar, una sala al fondo y un privado.

SANTA BÁRBARA **– Tarragona – 574** J31 **– 3 955 h. – alt. 79 m**   13 A3
– ⌧ **43570**

▶ Madrid 515 – Castelló de la Plana/Castellón de la Plana 107 – Tarragona 98
– Tortosa 15

Venta de la Punta   🕼 🆊 % ⁇ 🚗 🆅🆂🅰 ⑳ ⓘ

Major 207 – 𝒞 977 71 89 63 – www.ventadelapunta.com
22 hab ⌷ – 🛉36 € 🛉🛉56 €
Rest *Venta de la Punta* – ver selección restaurantes
◆ Se trata de un hotel de instalaciones funcionales, muy enfocado a trabajar con viajantes. Ofrece habitaciones de buen tamaño, con mobiliario actual y la mínima equipación.

✕   Venta de la Punta **– Hotel Venta de la Punta**   🆊 % ⇄ 🆅🆂🅰 ⑳ ⓘ

carret. de Madrid 2 – 𝒞 977 71 90 95 – www.ventadelapunta.com – cerrado domingo noche y lunes noche
Rest – Carta 23/34 €
◆ Emplazado en un edificio cercano al hotel. Distribuye sus salas en dos plantas, aunque se suele utilizar la del piso inferior para servir el menú del día. Carta tradicional.

SANTA BRÍGIDA **– Las Palmas – ver Canarias (Gran Canaria)**

SANTA COLOMA DE FARNERS **– Girona – 574** G38 **– 11 739 h.**   15 A1
– alt. 104 m – Balneario – ⌧ **17430**

▶ Madrid 700 – Barcelona 87 – Girona/Gerona 29
◉ Localidad ★

Balneario Termas Orión 🌿   🖾 🖾 🎭 🕼 ⅙ hab. 🆊 % 🔧 🅿

Afueras, Sur : 2 km – 𝒞 972 84 00 65 – www.termesorion.cat   🆅🆂🅰 ⑳ 🅰🅴
– cerrado 3 enero-24 febrero
67 hab – 🛉47/87 € 🛉🛉72/122 €, ⌷ 10 €   **Rest** – *(sólo menú)* Menú 23,50 €
◆ Hotel-balneario ubicado en un gran parque a las afueras de la localidad. Disfruta de unos cuidados espacios sociales y confortables habitaciones de estilo actual. Espacioso restaurante de línea clásica, dotado con un salón para banquetes en un pabellón anexo.

ESPAÑA

en la carretera de Sils Sureste : 2 km

🏨 **Mas Solà** ⟨ ⌖ ⅃ 🛢 🏊 ⚙ 🏧 🅿 🚗 VISA ⓜ AE ⓞ
✉17430 – 𝒞 9/2 84 08 48 – www.massola.com
75 hab – †62/122 € ††73/132 €, ⊊ 13 € – 3 suites
Rest Mas Solà – ver selección restaurantes
♦ Presenta una estética moderna y está preparado tanto para el descanso como para el negocio. SPA y habitaciones actuales de buen confort, todas con magníficos baños y terraza.

✕✕ **Mas Solà** – Hotel Mas Solà ⌖ 🍴 🏧 ⇄ 🅿 VISA ⓜ AE ⓞ
✉17430 – 𝒞 972 84 08 48 – www.massola.com – cerrado martes
Rest – Carta 35/55 €
♦ Preciosa masía en piedra rodeada de césped y piscinas. Aquí encontrará dos salas de ambiente rústico y diversos privados. Carta tradicional actualizada y varios menús.

SANTA COLOMA DE GRAMENET – Barcelona – ver Barcelona : Alrededores

---

SANTA COLOMA DE QUERALT – Tarragona – **574** H34 – **3 167 h.** **13** B2
– ✉ 43420
🔟 Madrid 536 – Barcelona 91 – Lleida/Lérida 85 – Tarragona 59

✕ **Hostal Colomí** 🏧 🏧 VISA ⓜ ⓞ
Raval de Jesús 10 – 𝒞 977 88 06 53 – cerrado 7 días en septiembre
Rest – (sólo almuerzo salvo sábado) Carta aprox. 36 €
♦ En una antigua casa del centro de la localidad. Correcta sala con parrilla a la vista, un pequeño reservado en un lateral y otro en el 1er piso. Surtida oferta gastronómica.

SANTA COLOMBA DE SOMOZA – León – **575** E11 – **464 h.** **11** A1
– alt. 989 m – ✉ 24722
🔟 Madrid 344 – Valladolid 193 – León 64 – Oviedo 166

🏠 **Casa Pepa** 🏧 🏧 VISA ⓜ
Mayor 2 – 𝒞 987 63 10 41 – www.casapepa.com – cerrado 20 diciembre- 8 enero
6 hab ⊊ – ††73/84 € **Rest** – Menú 15 €
♦ Caserón de arrieros del s. XVIII ubicado en el corazón de La Maragatería. Conserva la estructura original, con un patio central y habitaciones rústicas llenas de encanto. En el restaurante podrá degustar una cocina tradicional con nuevos matices.

SANTA COMBA – A Coruña – **571** C3 – **10 683 h.** – alt. 352 m – ✉ 15840 **19** B1
🔟 Madrid 653 – A Coruña 67 – Santiago de Compostela 33

✕✕✕ **Retiro da Costiña** (Pastora García) 🏧 🏧 ⇄ 🅿 VISA ⓜ AE ⓞ
🏵 av. de Santiago 12 – 𝒞 981 88 02 44 – cerrado del 1 al 15 de octubre, domingo noche y miércoles
Rest – (reserva aconsejable para cenar) Menú 53,50 € – Carta 41/50 € 🏵
Espec. Atún rojo de almadraba con tomillo (febrero-abril). Espárragos frescos confitados con lascas de jamón Joselito y crema de espárragos (abril-mayo). Calamares con reducción de albariño (julio-septiembre).
♦ Bella casa de piedra dotada con una moderna bodega, un elegante comedor de línea clásica-actual y un agradable salón para la sobremesa, donde le ofrecerán una selección de licores y cafés. Cocina actualizada de base tradicional que destaca por sus productos.

SANTA CRISTINA (Playa de) – Girona – ver Lloret de Mar

SANTA CRISTINA D'ARO – Girona – **574** G39 – **5 017 h.** – ✉ 17246 **15** B1
🔟 Madrid 709 – Barcelona 96 – Girona/Gerona 33
🛈 Estació 4 (antigua Estación del Carrilet), 𝒞 972 83 52 93 turisme@ santacristina.net Fax 972 83 79 64
🏧 Costa Brava, urb. Golf Costa Brava "La Masía", 𝒞 972 83 70 55

en la carretera de Platja d'Aro Este : 2 km

🏠 **Mas Torrellas** ⬡   ⌾ ⚒ 📻 hab, ⚒ 🅿 VISA ⚌ 🄰🄴 ⓞ
✉ *17246 – ☏ 972 83 75 26 – www.mastorrellas.com – 15 marzo-25 septiembre*
17 hab ⬡ – 🛏46/66 € 🛏🛏66/86 €   **Rest** – Menú 20 €
◆ Antigua masía en pleno campo dotada de una correcta zona noble y unas habitaciones funcionales, con mobiliario de pino y baños actuales. Discreta organización. Buen restaurante de estilo rústico, con el techo abovedado y las paredes en piedra vista.

en la carretera de Girona Noroeste : 2 km

❌❌ **Les Panolles**   🈺 🄰🄲 ⬌ 🅿 VISA ⚌ 🄰🄴 ⓞ
✉ *17246 – ☏ 972 83 70 11 – cerrado lunes noche y martes salvo en verano*
Rest – Carta 35/50 €
◆ Esta atractiva masía del s. XVII presenta un comedor principal de ambiente rústico, con chimenea, así como dos coquetos privados. Carta de temporada y dos menús degustación.

al Noroeste : 5 km

🏠🏠 **Mas Tapiolas** ⬡   ⬱ 🍽 ⚒ 📺 🛁 ⚒ 🛗 ⅙ hab, 🄰🄲 ⚒ 📶 🛄 🅿
Veïnat de Solius ✉ 17246 Solius – ☏ 972 83 70 17   VISA ⚌ 🄰🄴 ⓞ
– www.salleshotels.com
39 hab ⬡ – 🛏80/145 € 🛏🛏90/240 €   **Rest** – Carta 40/59 €
◆ Hotel instalado parcialmente en una masía del s. XVII con grandes zonas ajardinadas. Sus dependencias están decoradas con sumo gusto y muchas tienen vistas al valle de Solios. En lo que fueron los establos se ubica el restaurante, dotado con un antiguo horno de pan y varias salas de elegante ambiente rústico.

SANTA CRUZ – Murcia – 577 R26 – ✉ 30004   23 B2
▶ Madrid 403 – Murcia 9

❌❌❌❌ **La Seda**   🄰🄲 ⚒ ⬌ 🅿 VISA ⚌ 🄰🄴 ⓞ
Vereda del Catalán, Norte : 1 km – ☏ 968 87 08 48 – www.palacetelaseda.com
– cerrado del 7 al 22 de agosto,domingo y festivos
Rest – Carta 56/65 € ⅙
◆ Mobiliario isabelino, arañas de Murano, techos artesonados y piezas de museo comparten mesa en este singular palacete, repleto de plantas y ubicado en plena huerta murciana.

SANTA CRUZ DE BEZANA – Cantabria – 572 B18 – 11 279 h.   8 B1
– alt. 45 m – ✉ 39100
▶ Madrid 378 – Bilbao 102 – Santander 8 – Torrelavega 18

🏠 **Los Sauces** sin rest ⬡   ⬱ ⚒ 📶 🅿 VISA ⚌ 🄰🄴 ⓞ
Alto de San Mateo 4, Sur : 2 km ✉ 39108 Maoño – ☏ 942 58 03 76
– www.sauces.es
10 hab ⬡ – 🛏30/50 € 🛏🛏30/60 €
◆ Válido como recurso. Todas sus habitaciones son dobles, exteriores y están forradas en madera. Entorno rodeado de césped, con una caseta acristalada a modo de merendero.

SANTA CRUZ DE LA PALMA – Santa Cruz de Tenerife – ver Canarias (La Palma)

SANTA CRUZ DE LA SERÓS – Huesca – 574 E27 – 140 h.   4 C1
– alt. 788 m – ✉ 22792
▶ Madrid 480 – Huesca 85 – Jaca 14 – Pamplona 105
◉ Pueblo ★
◉ Monasterio de San Juan de la Peña ★★ (paraje ★★, claustro ★ : capiteles ★★) Sur : 5 km

ESPAÑA

↑ **El Mirador de Santa Cruz** sin rest ॐ ≤ ≤ 5 % 《 P vɪsʌ ◎◎ ᴀᴇ
*Ordana 8 – 𝒞 974 35 55 93 – www.elmiradordesantacruz.com – cerrado del 2 al
16 de mayo y del 14 al 28 de noviembre*
6 hab ⊊ – †64/83 € ††94/132 €
♦ Hotel rural con las paredes en piedra. Posee un salón social con chimenea y
habitaciones en las que se aprecia el gusto por los detalles. Sauna y jacuzzi en la
planta baja.

SANTA CRUZ DE TENERIFE – Santa Cruz de Tenerife – ver Canarias (Tenerife)

SANTA ELENA – Jaén – 578 Q19 – 1 032 h. – alt. 742 m – ✉ 23213   2 C1
🚹 Madrid 256 – Sevilla 280 – Jaén 79 – Ciudad Real 114

por la carretera de Miranda del Rey
Noroeste : 2 km y desvío a la derecha 2 km

↑ **Mesa del Rey** ॐ ᴀᴄ rest, % P vɪsʌ ◎◎
salida 257 autovía ✉23213 – 𝒞 953 12 50 55 – www.mesadelrey.com
12 hab ⊊ – ††45 € **Rest** – (es necesario reservar) Menú 22 €
♦ Casa de campo donde la tranquilidad y el contacto con la naturaleza están
asegurados. Salón social con chimenea y habitaciones sobrias, la mayoría de
ellas con plato ducha. El comedor, sencillo y con una gran chimenea, ofrece su
cocina casera de palabra.

SANTA EUGÈNIA DE BERGA – Barcelona – 574 G36 – 2 231 h.   14 C2
– alt. 538 m – ✉ 08507
🚹 Madrid 641 – Barcelona 70 – Girona/Gerona 83 – Vic 4

XX **L'Arumí** ᴀᴄ % ⟷ P vɪsʌ ◎◎
*carret. d'Arbúcies 21 – 𝒞 938 85 56 03 – www.hotelarumi.com – cerrado julio,
domingo noche y lunes*
Rest – Carta aprox. 33 €
♦ Casa familiar de larga trayectoria. Ofrece un bar de espera y varios comedores,
tanto para la carta como para el menú. Platos regionales, sugerencias y una completa bodega.

SANTA EULALIA DEL RÍO – Illes Balears – ver Balears (Eivissa)

SANTA EULALIA DE OSCOS – Asturias – 572 C8 – 515 h.   5 A1
– alt. 547 m – ✉ 33776
🚹 Madrid 579 – A Coruña 169 – Lugo 78 – Oviedo 181

🏠 **Casa Pedro** ≤ 😤 % 《 P vɪsʌ ◎◎
*Teresa de Francisco – 𝒞 985 62 60 97 – www.hotelcasapedro.com – cerrado
23 diciembre-6 enero*
8 hab – †30/33 € ††45/50 €, ⊊ 4,50 €
Rest – (cerrado domingo en invierno) Menú 12 €
♦ Hotelito familiar de cuidada fachada. Dispone de unas habitaciones funcionales, con mobiliario estándar y baños actuales, que destacan por su buen mantenimiento. Comedor a la carta de discreto montaje, con un bar a la entrada donde
también sirven menús.

↑ **Casona del Bosque de Pumares** sin rest ॐ % 《 P vɪsʌ ◎◎
*Pumares, Oeste : 1 km – 𝒞 985 62 12 97 – www.casonapumares.com – cerrado
15 diciembre-15 febrero*
9 hab – †72/86 € ††82/96 €, ⊊ 7 €
♦ Magnífica casona del s. XVII en cuyo interior conviven rusticidad y confort. Ofrece un hermoso rincón con chimenea, en lo que fue la cocina, y habitaciones personalizadas.

↑ **Casona Cantiga del Agüeira** sin rest ॐ % P vɪsʌ ◎◎
Pumares, Oeste : 1 km – 𝒞 985 62 62 24 – www.cantigadelagueira.com
9 hab – †72/86 € ††82/96 €, ⊊ 7 €
♦ Casona asturiana que en su rehabilitación ha procurado ser respetuosa con los
materiales. Su propietaria es aficionada a la música y eso se ve reflejado en
numerosos detalles.

SANTA GERTRUDIS DE FRUITERA – Illes Balears – ver Balears (Eivissa)

SANTA MARGALIDA – Illes Balears – ver Balears (Mallorca)

SANTA MARGARIDA (Urbanización) – Girona – ver Roses

SANTA MARÍA DE GETXO – Bizkaia – ver Getxo (Getxoko Andramari)

SANTA MARÍA DEL CAMÍ – Illes Balears – ver Balears (Mallorca)

SANTA MARÍA DE MAVE – Palencia – **575** D17 – **46 h.** – ⊠ 34492   **12** C1

■ Madrid 323 – Burgos 79 – Santander 116

🏨 **El Convento de Mave** 📎   🚗 ⅏ 👶 **P** ⅦⅪ ⚥ **AE** ⑩
– ☎ 979 12 36 11 – www.elconventodemave.com – *cerrado noviembre, enero y febrero*
27 hab – †65/200 € ††75/250 €, ⊆ 7 €
Rest – *(cerrado domingo noche y lunes)* Carta aprox. 35 €
♦ En un antiguo monasterio benedictino. Posee correctas zonas sociales y dos tipos de habitaciones, unas tradicionales y otras, las más nuevas, de diseño rústico exclusivo. El comedor presenta dos salas revestidas en piedra y una cocina de elaboración actual.

SANTA POLA – Alicante – **577** R28 – **31 760 h.** – Playa – ⊠ 03130   **16** A3

■ Madrid 423 – Alacant/Alicante 19 – Cartagena 91 – Murcia 75
🛈 Astilleros 4, ☎ 96 669 60 52 santapolacentro@touristinfo.net Fax 96 669 60 39
pl. Diputación 6, ☎ 96 669 22 76 santapola@touristinfo.net Fax 96 669 60 39

🏠 **Quatre Llunes** sin rest   📳 🅰🅲 ⅏ ⁽ᵖ⁾ ⅦⅪ ⚥ **AE** ⑩
Marqués de Molins 41 – ☎ 966 69 60 80 – www.hostalquatrellunes.com
25 hab – †33/41 € ††45/58 €, ⊆ 3 €
♦ Hostal de línea actual ubicado cerca del puerto deportivo. La zona social del 1er piso se asoma sobre la recepción y poseen habitaciones algo pequeñas aunque de buen confort.

en la carretera N 332 :

🍴 **El Faro**   ⅏ 🅰🅲 ⅏ **P** ⅦⅪ ⚥ **AE** ⑩
Norte : 2,5 km ⊠03130 – ☎ 965 41 21 36
Rest – Carta 30/48 €
♦ Local dotado con un buen hall-recibidor, tres correctos comedores contiguos y una sala algo más pequeña de estilo clásico. Su carta se basa en pescados, mariscos y arroces.

en la carretera de Elx Noroeste : 3 km

🍴🍴 **María Picola**   🍴 🅰🅲 ⅏ **P** ⅦⅪ ⚥ ⑩
⊠03130 – ☎ 965 41 35 13 – *cerrado octubre, domingo noche y lunes salvo julio y agosto*
Rest – Carta 34/42 €
♦ Instalado en un bello chalet que destaca por su atractiva zona ajardinada, con una amplia terraza y un interior acogedor. Su carta tradicional posee un apartado de arroces.

SANTA PONÇA – Illes Balears – ver Balears (Mallorca)

SANTA SUSANNA – Barcelona – **574** H38 – **3 251 h.** – alt. 10 m   **15** A2
– Playa – ⊠ 08398

■ Madrid 670 – Girona/Gerona 50 – Barcelona 56

🏠 **Can Rosich** 📎   ⅏ ⁽ᵖ⁾ **P** ⅦⅪ ⚥ ⑩
Camino de la Riera, Noroeste : 1,5 Km – ☎ 937 67 84 73 – www.canrosich.com
7 hab – †45 € ††55/70 €, ⊆ 7 €   **Rest** – *(sólo cena) (sólo clientes)* Menú 18 €
♦ Masía del s. XVIII rodeada por un tranquilo paraje de montaña. Sus habitaciones, de sencillo montaje, cuentan con mobiliario antiguo original y baños de estilo rústico-actual. El comedor, que está caldeado por una chimenea, sólo trabaja con clientes alojados.

ESPAÑA

▶ Madrid 389 – Bilbao 116 – Burgos 154 – León 266

🛫 de Santander por ③ : 7 km ✆ 902 404 704

Iberia : aeropuerto Parayas ✆ 902 400 500

🛈 Jardines de Pereda ⊠ 39003 ✆ 942 20 30 00 turismo@ayto-santander.es
Fax 942 20 30 05

y Hernán Cortés 4 (Mercado del Este) ⊠ 39003 ✆ 942 31 07 08 ofitur@
cantabria.org Fax 942 31 32 48

R.A.C.E. Marcelino Sanz de Sautuola 4 ✆ 942 22 32 37 Fax 942 22 32 73

🗺 Pedreña, por la carret. de Laredo : 24 km, ✆ 942 50 00 01

👁 Emplazamiento★★ – Catedral : iglesia del Cristo★ EZ – Museo Regional de
Prehistoria y Arqueología★ (bastones de mando★) FZ**M1** – El
Sardinero★★ CDY – Paseo de Pereda★ EFZ – Península de la
Magdalena★★ DY – Paseo al Cabo Mayor★ CY

Planos páginas siguientes

🏨🏨🏨 **Bahía**   ⇐ 🛗 ₺ hab, 🕮 ℅ ⁽¹⁾ 🛁 🚗 VISA ⓪⓪ AE ⓪

av. Alfonso XIII-6 ⊠39002 – ✆ 942 20 50 00
– *www.gruposardinero.com*   EZ**h**
167 hab – 🛏64/150 € 🛏🛏74/210 €, � 15 € – 21 suites
Rest – Menú 20 €

♦ Hotel de línea clásica dotado con una correcta recepción, dos cafeterías, varias salas de reuniones y confortables habitaciones, todas amplias y con los suelos en moqueta. El comedor tiene un uso polivalente, ya que también ofrece el servicio de desayunos.

🏨🏨 **Coliseum**   🛗 🕮 ℅ ⁽¹⁾ 🛁 🚗 VISA ⓪⓪ AE ⓪

pl. de los Remedios 1 ⊠39001
– ✆ 942 31 80 81 – *www.hoteles-silken.com*   EZ**b**
92 hab – 🛏75/170 € 🛏🛏75/200 €, � 14,50 €
Rest – *(cerrado domingo noche salvo julio-agosto)* Carta 33/40 €

♦ Ubicado en una zona céntrica y comercial. En conjunto está diseñado para el cliente de negocios, con varios salones panelables y habitaciones actuales de completo confort. El restaurante, moderno y de líneas puras, trabaja con los tres servicios del día.

🏨🏨 **Abba Santander** sin rest   🛗 🕮 ℅ ⁽¹⁾ VISA ⓪⓪ AE ⓪

Calderón de la Barca 3 ⊠39002 – ✆ 942 21 24 50
– *www.abbasantanderhotel.com*   EZ**a**
37 hab – 🛏70/190 € 🛏🛏80/220 €, � 13,50 €

♦ Conjunto urbano de buena fachada, con balcones y galerías acristaladas. La zona social es algo justa, aunque esto se compensa con unas habitaciones actuales y bien equipadas.

🏨 **Vincci Puertochico** sin rest   🛗 🕮 ℅ ⁽¹⁾ VISA ⓪⓪ AE ⓪

Castelar 25 ⊠39004 – ✆ 942 22 52 00
– *www.vinccihoteles.com*   CY**s**
51 hab – 🛏52/190 € 🛏🛏65/238 €, � 14 €

♦ Edificio de modernas instalaciones emplazado a orillas de la bahía. La cafetería está integrada en la zona social y presenta habitaciones funcionales de estética actual.

🏨 **NH Ciudad de Santander** sin rest   🛗 ₺ 🕮 ℅ ⁽¹⁾ 🛁 🅿 🚗
Menéndez Pelayo 13 ⊠39006 – ✆ 942 31 99 00   VISA ⓪⓪ AE ⓪
– *www.nh-hotels.com*   FZ**e**
60 hab – 🛏🛏65/170 €, � 13 € – 2 suites

♦ Posee las características de la cadena aunando diseño y funcionalidad, sin menoscabo de un confort a la altura de las exigencias actuales. Cafetería con acceso independiente.

XXX **El Serbal** (Fernando Sainz)   AE VISA ⊕ AE
£3 *Andrés del Río 7 ⊠39004 – ℰ 942 22 25 15 – www.elserbal.com – cerrado*
domingo noche y lunes   FZ**k**
Rest – Menú 52/66 € – Carta 40/58 €
Espec. Huevo poché sobre crema de cebolleta, salmón, tocino ibérico y pimiento de Padrón con migas y trufa (primavera). Ventresca de atún rojo con melocotón encebollado y confitado en Módena (mayo-junio). Tiramisú con toffee de plátano y helado de café con leche al orujo de Liébana.
◆ Restaurante de línea clásica-actual dotado con un hall, tres salas distribuidas en torno a una pequeña bodega y un privado. Propone una cocina tradicional con toques actuales y ofrece unos buenos detalles complementarios, como el carro de panes artesanales.

XX **Del Puerto**   AE VISA ⊕ AE ⊙
Hernán Cortés 63 ⊠39003 – ℰ 942 21 56 55 – www.barcelopuerto.com
– cerrado domingo noche y lunes salvo verano   FZ**m**
Rest – Carta 42/61 €
◆ Negocio con cierto prestigio en la localidad. Dispone de un bar público, un buen expositor de productos y una elegante sala de línea clásica adornada con detalles marineros.

XX **Lasal**   AE VISA ⊕ AE ⊙
Castelar 5 ⊠39004 – ℰ 942 21 46 46 – www.lasaldesantander.com
Rest – Carta 40/55 €   FZ**x**
◆ Disfruta de un pequeño porche acristalado, que funciona como zona de espera, una acogedora sala principal de ambiente clásico y una terraza en temporada. Cocina tradicional.

XX **Asador Lechazo Aranda**   AE VISA ⊕
Tetuán 15 ⊠39004 – ℰ 942 21 48 23 – www.hotelaranda.com – cerrado
21 junio-7 julio y lunes noche   FZ**t**
Rest – Carta 28/40 €
◆ Sus instalaciones recrean sabiamente la belleza y atmósfera de la más noble decoración castellana. Ofrece una carta basada en carnes y especialidades como el cordero asado.

XX **La Bombi**   AE VISA ⊕ AE
Casimiro Sáinz 15 ⊠39003 – ℰ 942 21 30 28 – www.restaurantelabombi.com
– cerrado domingo   FZ**b**
Rest – Carta 37/54 €
◆ Restaurante que basa su éxito en la bondad de sus productos, con un sugerente expositor en el bar de la entrada. Se distribuye en tres salas y tiene la cocina acristalada.

XX **Cañadío**   AE VISA ⊕ AE
Gómez Oreña 15 (pl. Cañadío) ⊠39003 – ℰ 942 31 41 49
– www.restaurantecanadio.com – cerrado domingo   FZ**c**
Rest – Carta 35/50 €
◆ Su chef-propietario demuestra un gran entusiasmo. Dispone de un bar de tapas a la entrada, una moderna cocina a la vista del cliente y un comedor con buen servicio de mesa.

XX **Puerta 23**   AE VISA ⊕
Tetuán 23 ⊠39004 – ℰ 942 31 05 73 – www.puerta23.com – cerrado
31 enero-10 febrero, domingo noche y miércoles noche salvo julio-agosto
Rest – Carta 25/35 €   FZ**r**
◆ Posee un pequeño bar, un saloncito y un comedor principal de montaje minimalista-funcional. Cocina de base tradicional con buenas materias primas y cuidadas presentaciones.

XX **La Mulata**   AE VISA ⊕ AE ⊙
Andrés del Río 7 ⊠39004 – ℰ 942 36 37 85 – www.lamulata.net – cerrado lunes
Rest – Carta 40/50 €   FZ**d**
◆ Llevado con éxito entre dos hermanos. Dispone de un buen bar público, con un atractivo expositor de productos y algunas mesas, así como un comedor de línea actual-marinera.

ESPAÑA

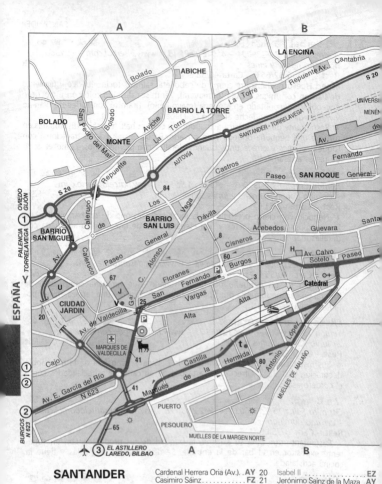

SANTANDER

SANTANDER

0   500 m

EL SARDINERO

CABO MAYOR   C

PALACIO DE
EXPOSICIONES

Castros

Infantes

GRAN CASINO

AUDITORIO

Av. Reina Victoria

PENÍNSULA DE
LA MAGDALENA

PLAYA DEL
CAMELLO

ZOO

PALACIO DE
LA MAGDALENA

PLAYA DE
LA MAGDALENA

I. DE LA
TORRE

Juan de
Borbón

52

Duque y Caja
y Galdós

Pérez

Victoria

Reina

INSTITUTO
OCEANOGRAFICO

PALACIO DE
FESTIVALES

51

PUERTO CHICO

BAHÍA   DE   **SANTANDER**

Alc. Lamera

INTERNACIONAL

Simón Cabarga

Túnel de Tetuán

LOS PINARES

Ríos

Dávila

Av. los Castros

Joaquín Costa

Sto Mauro

Pelayo

Menéndez

Pl. Alto
de Miranda

Paseo Catalayud

Ramón

Tetuán

Paseo Canalejas

Av.

Castelar

C   D

PARQUE
ALTAMIRA

12

MIRAMAR

**BARRIO
CARMELO**

Pelayo

Paseo Menéndez

Vía

Cornelia

Vista Alegre

San

Celedonio

Sol

Santa

Lucía

Lope de Vega

Gándara

Cortés

90

**Biblioteca
Menéndez
Pelayo**

Cervantes

12

Guevara

Sevilla

José

10

55

19

75

27

G.ª Mola

PUERTO
CHICO

30

32

Ruálasal

Hernán

46

82

**Museo de
Bellas Artes**

78

H

72

GH Mola

44

Pereda

Calvo Sotelo

Paseo

de

PALACETE

Túnel Pasaje
de Peña

37

49

Catedral

Isabel

Cádiz

15

López

BAHÍA

PARLAMENTO

13

Castilla

Pl.
Estaciones

ESTACIÓN
MARÍTIMA

DE   **SANTANDER**

0   200 m

E   F

ESPAÑA

751

ESPAÑA

XX Machinero 🔠 🎅 VISA ⓸ AE
Ruiz de Alda 16 ✉39009 – 𝒞 *942 31 49 21 www.machinero.com*
– cerrado 15 días en septiembre octubre y domingo BYt
Rest – Carta 25/34 €
♦ Su cocina expresa las inquietudes y tendencias de su chef-propietario. La discreta fachada y el bar de la entrada le restan cierto protagonismo al comedor, bastante cuidado.

X Mesón Gele 🔠 🎅 VISA ⓸ AE
Eduardo Benot 4 ✉39003 – 𝒞 *942 22 10 21 – www.mesongele.com – cerrado domingo noche y lunes* FZn
Rest – Carta 25/37 €
♦ Resulta céntrico y está llevado con amabilidad. Encontrará un concurrido bar público y un comedor rústico-regional distribuido en dos niveles. Cocina de tinte tradicional.

X Laury 🔠 🎅 VISA ⓸ AE
av. Pedro San Martín 4 (Cuatro Caminos) ✉39010 – 𝒞 *942 33 01 09*
– www.restaurantelaury.es – cerrado 22 agosto-11 septiembre, domingo y lunes noche AYv
Rest – Carta 41/52 €
♦ Posee un amplio bar en el que toman protagonismo su vivero y una parrilla a la vista. El comedor, luminoso, actual y de correcto montaje, está distribuido en dos niveles.

X Bodega Cigaleña 🔠 🎅 VISA ⓸ AE ⓪
Daoiz y Velarde 19 ✉39003 – 𝒞 *942 21 30 62 – cerrado domingo y lunes mediodía* FZa
Rest – Carta 35/50 € ❀
♦ Este atractivo establecimiento de aire rústico cuenta con multitud de detalles alusivos al mundo del vino y la vendimia. En su expositor se pueden ver botellas de gran valía.

X Prada a Tope 🎅 ⇔ VISA ⓸ AE ⓪
Guevara 7 ✉39001 – 𝒞 *942 21 00 97 – www.pradaatope-santander.com*
– cerrado domingo en verano, domingo noche y lunes resto del año
Rest – Carta 20/29 € EZx
♦ Un clásico de la cadena más representativa de la comarca de El Bierzo. Lo definen la rusticidad de sus maderas y los exquisitos productos en venta. Posee dos comedores.

℀ Días de Sur 🔠 🎅 VISA ⓸ AE ⓪
Hernán Cortés 47 ✉39003 – 𝒞 *942 36 20 70 – www.diasdesur.es* FZh
Rest – Tapa 2 € – Ración aprox. 12 €
♦ Amplio local de ambiente rústico-actual en el que se mezcla el servicio de tapas y raciones con una zona de mesas distribuida en dos alturas. Menú de cocina internacional.

℀ Casa Lita 🀫 🔠 🎅
paseo de Pereda 37 ✉39004 – 𝒞 *942 36 48 30 – www.casalita.es – cerrado lunes salvo julio y agosto* FZw
Rest – Tapa 2,50 € – Ración aprox. 15 €
♦ Taberna ubicada frente a Puertochico, una zona privilegiada de Santander. Ofrece una buena terraza, una gran barra repleta de pinchos vascos y una pequeña carta de raciones.

en El Sardinero :

🏨 Real ⤐ ⟨ 🚘 📠 📶 & hab, 🔠 🎅 ⟨⟩ ⅏ 🅿 VISA ⓸ AE ⓪
paseo Pérez Galdós 28 ✉39005 *Santander* – 𝒞 *942 27 25 50 – www.hotelreal.es*
114 hab – ♦100/295 € ♦♦100/350 €, ⚌ 22,50 € – 9 suites CYv
Rest *El Puntal* – Carta 43/54 €
♦ Este hermoso edificio destaca por su estratégica situación. Ofrece un amplio hall, luminosos salones tipo pérgola, elegantes habitaciones y un buen centro de talasoterapia. El restaurante El Puntal disfruta de un estilo clásico y agradables vistas a la bahía.

⚙️ **Hoyuela** ⌕ 　　　　　🛗 🅰️ ✂️ 📶 🏋️ 🚗 🆚 💳 🅰️🅴 ⓪
av. de los Hoteles 7 ✉39005 Santander – ✆ *942 28 26 28*
– www.hotelhoyuela.es 　　　　　　　　　　　　　CYa
49 hab – ♦120/155 € ♦♦160/220 €, ☕ 12 € – 6 suites
Rest – Menú 27,50 €
♦ Edificio tipo palacete cuyo interior, de corte clásico, se combina con un moderno mobiliario. Hermoso lucernario central, zona social circular y habitaciones de buen confort. Elegante comedor a la carta que evidencia en su montaje cierta inspiración inglesa.

🏨 **G.H. Victoria** ⌕ 　　　　　⟵ 🛋️ 🛗 🅰️ ✂️ 📶 🏋️ 🚗 🆚 💳 🅰️🅴 ⓪
María Luisa Pelayo 38 ✉39005 Santander – ✆ *942 29 11 00*
– www.granhotelvictoria.com 　　　　　　　　　　　DYx
67 hab – ♦75/166 € ♦♦92/207 €, ☕ 10,25 € – 3 suites
Rest – Menú 21 €
♦ Singular edificio cuyo diseño, con el tejado en forma de pirámide, lo dota de una gran luminosidad. Posee unas habitaciones actuales y luminosas, todas con su propia terraza. El restaurante, de línea moderna y adecuado montaje, ofrece una carta tradicional.

🏠 **Las Brisas** sin rest ⌕ 　　　　　　　　✂️ 📶 🆚 💳 🅰️🅴
La Braña 14 ✉39005 Santander
– ✆ *942 27 50 11 – www.hotellasbrisas.net*
– cerrado 10 diciembre-20 enero 　　　　　　　　CYb
13 hab ☕ – ♦50/90 € ♦♦70/120 €
♦ Este acogedor hotelito destaca por su esbelto torreón y sorprende al visitante tanto por su ambiente como por su decoración, con un estilo clásico y detalles muy elegantes.

XXX **Deluz** 　　　　　　　　　🛋️ 🅰️ ✂️ 🆚 💳 🅰️🅴 ⓪
Ramón y Cajal 18 ✉39005 Santander – ✆ *942 29 06 06*
– www.deluz.es 　　　　　　　　　　　　　　　CDYe
Rest – Carta 36/48 €
♦ Ubicado en un chalet de la zona residencial de El Sardinero. Disfruta de varios espacios y salones, todos con mobiliario de diseño y cubertería de plata. Entorno ajardinado.

por la salida ③ : 3,5 Km

🏨 **NH Santander Parayas** sin rest 　　🛋️ 🅰️ 📶 🅿️ 🚗 🆚 💳 🅰️🅴 ⓪
av. Parayas 50 (Polígono Industrial Nueva Montaña) ✉39011 Santander
– ✆ *942 35 22 66 – www.nh-hotels.com*
– cerrado 18 diciembre-10 enero
103 hab – ♦♦50/142 €, ☕ 9 €
♦ Disfruta de una espaciosa zona noble, con cafetería, y unas habitaciones funcionales dotadas de mobiliario actual y baños de plato ducha. Amplia zona de aparcamiento.

SANTERVÁS DE LA VEGA – Palencia – **575** E15 – **522 h.** 　　　**11** B1
– alt. 920 m – ✉ **34112**

🛣️ Madrid 327 – Valladolid 116 – Palencia 67 – León 97

🏠 **El Moral** ⌕ 　　　　　　🍽️ 🕭 hab, ✂️ 📶 🅿️ 🆚 💳 🅰️🅴 ⓪
carret. de Saldaña – ✆ *979 89 20 92*
– www.elmoral.com
12 hab ☕ – ♦30/60 € ♦♦50/75 €
Rest – Carta 20/30 €
♦ Destaca por su amable organización, con un buen hall-recepción, salón social y un atractivo porche. Habitaciones bien equipadas, muchas con hidromasaje y el suelo radiante. El restaurante presenta una carta superior a la media en este tipo de hotelitos.

ESPAÑA

▶ Madrid 555 – Barcelona 95 – Lleida/Lérida 83 – Tarragona 32

👁 Monasterio★★★ (Gran claustro★★★ - Sala capitular★★ - Iglesia★★ :
rosetón★ - tumbas reales★★, patio del Palacio Real★)

✗ **Grau**   🅰🅲 ❤ ♿ 𝚅𝙸𝚂𝙰 ⊚⊚

Pere El Gran 3 – ✆ *977 63 83 11* – *www.hostal-grau.com* – *cerrado*
15 diciembre-15 enero y lunes
Rest – Carta 22/35 €

♦ Negocio familiar de sencillas instalaciones. Posee un comedor de montaje clásico donde podrá degustar una cocina tradicional catalana con platos caseros y
carnes a la brasa.

Catedral

SANTIAGO DE COMPOSTELA

Provincia : A Coruña
Mapa Michelin : 571 D4
▶ Madrid 613 – A Coruña 72
– Ferrol 103 – Ourense 111

Población : 95 092 h.
Altitud : 264 m
Mapa regional : 19 B2

INFORMACIONES PRÁCTICAS

🛈 Oficinas de Turismo

rúa do Vilar 30, ℰ 981 58 40 81 ot.santiago@xunta.es Fax 981 56 51 78

y rúa do Vilar 63, ℰ 981 55 51 29 info@santiagoturismo.com Fax 981 55 47 48.

Golf

🏌 Santiago, por la carret. de A Coruña : 9 km, ℰ 981 88 82 76

Aeropuerto

✈ de Santiago de Compostela, Lavacolla por ② : 12 km ℰ 902 404 704 –

Iberia : aeropuerto ℰ 902 400 500

👁 VER

Praza do Obradoiro*** V – Catedral***
(Fachada del Obradoiro***, Pórtico de
la Gloria***, Museo de tapices**,
Claustro*, Puerta de las Platerias**) V
– Palacio Gelmírez (salón sinodal*) V **A**
– Hostal de los Reyes Católicos* :
fachada* V – Barrio antiguo** VX :
Praza da Quintana** – Puerta del
Perdón* – Monasterio de San Martín
Pinario* V – Colegiata de Santa María
del Sar* (arcos geminados*) Z – Paseo
de la Ferradura ≤* XY – Rúa do
Franco ≤* X.

Alrededores :
Pazo de Oca* : parque** 25 km por ③

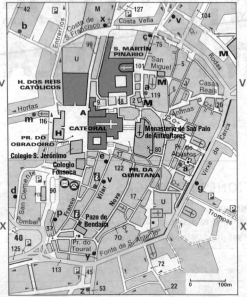

SANTIAGO DE COMPOSTELA

🏨🏨🏨🏨 **Parador Hostal dos Reis Católicos**   📶 ♿ hab, 🎗 ℀ ⁽ᵗ⁾ 🏋 🚗
praza do Obradoiro 1 ✉️15705 – ☎️ 981 58 22 00   💳 ⊗ 🅰🅴 ⓪
– *www.parador.es*   Va
131 hab 🍽 – 🛏224 € 🛏🛏280 € – 6 suites
Rest *Dos Reis* – Carta aprox. 50 €
Rest *Enxebre* – Carta aprox. 37 €
◆ Impresionante edificio del s. XVI donde conviven fe, arte y tradición. Posee una magnífica zona noble y habitaciones de época distribuidas en torno a cuatro patios interiores. El restaurante Dos Reis, dotado con enormes arcos de piedra, ofrece una carta tradicional en la que predominan los platos gallegos.

Meliá Araguaney 🔲 ⚡ 🖥 👤 hab, 🆎 ❄ hab, ⭐ 🛥 🚗 VISA 💳 AE ①
Alfredo Brañas 5 ✉15701 – ✆ 981 55 96 00 – www.araguaney.com
79 hab – †100/180 € ††110/200 €, ⚏ 15 € – 5 suites   Z**c**
Rest – Menú 23 €
♦ Resulta emblemático y se encuentra en la zona moderna de la ciudad, con unas magníficas habitaciones que destacan tanto por su amplitud como por su elegante clasicismo. El restaurante, tambien clásico, elabora una carta tradicional y cuenta con tres privados.

NH Obradoiro ⬅ 🚗 🔲 🖥 ⚡ 👤 👤 hab, 🆎 ❄ ⭐ 🛥 🅿 🚗
av. Burgo das Nacions, por av. de Xoán XXIII ✉15705   VISA 💳 AE ①
– ✆ 981 55 80 70 – www.nh-hotels.com   V**Y**
159 hab – ††69/268 €, ⚏ 15,50 €   **Rest** – Menú 25 €
♦ Edificio de arquitectura moderna ubicado en la zona universitaria. Ofrece un buen hall de entrada, con mobiliario de diseño, y confortables habitaciones de estética actual. En su espacioso comedor podrá degustar una cocina tradicional actualizada.

Puerta del Camino ⬅ 🔲 👤 👤 hab, 🆎 ⭐ 🛥 🅿 🚗 VISA 💳 AE ①
Miguel Ferro Caaveiro, por ② ✉15707 – ✆ 981 56 94 00
– www.puertadelcamino.com
152 hab – ††81/199 €, ⚏ 11 € – 8 suites
Rest *Berenguela* – Menú 24,50 €
♦ Conjunto acristalado y de moderna factura, con una amplia zona noble y habitaciones que miman los detalles. La ubicación junto al Palacio de Congresos define su clientela. El espacioso restaurante disfruta de una línea clásica muy cuidada y varios privados.

AC Palacio del Carmen 🌿 🚗 🏠 ⚡ 👤 👤 hab, 🆎 ⭐ 🛥 🅿
Oblatas ✉15703 – ✆ 981 55 24 44 – www.ac-hotels.com   Y**t**
70 hab – 4 suites
Rest *Camelio* –
♦ Este precioso hotel está emplazado en un antiguo convento y disfruta de una amplia zona ajardinada. Sus habitaciones tienen mobiliario y baños de diseño actual. El restaurante recrea un ambiente neorrústico y ofrece una carta de cocina tradicional actualizada.

A Quinta da Auga 🚗 🔲 👤 👤 hab, 🆎 ❄ hab, ⭐ 🛥 🅿 🚗
Paseo da Amaia 23 b, por ⑤ : 1,5 km ✉15706   VISA 💳 AE ①
– ✆ 981 53 46 36 – www.aquintadaauga.com
55 hab – †79/200 € ††120/200 €, ⚏ 13,60 € – 3 suites
Rest *Filigrana* – Carta 33/45 €
♦ Hotel de estilo clásico-actual restaurado con acierto. Goza de cierto encanto, ya que ofrece habitaciones personalizadas donde se cuidan los detalles. Amplio SPA. El restaurante, elegante y con un acceso independiente, propone una cocina regional actualizada.

G.H. Santiago 👤 👤 hab, 🆎 ❄ 📞 🛥 🚗 VISA 💳 AE ①
Maestro Mateo 27 ✉15706 – ✆ 981 53 42 22 – www.gh-hoteles.es
134 hab – †75/235 € ††118/294 €, ⚏ 12,95 € – 9 suites   Z**b**
Rest – (cerrado sábado y domingo) (sólo menú) Menú 12 €
♦ Su fachada acristalada da paso a un elegante hall-recepción dotado con ascensores panorámicos. Posee habitaciones de línea clásica con columnas de hidromasaje en los baños. Restaurante con vistas en la última planta.

San Francisco 🚗 🔲 👤 👤 hab, 🆎 ❄ 📞 🛥 🅿 VISA 💳 AE
Campillo San Francisco 3 ✉15705 – ✆ 981 58 16 34 – www.sanfranciscohm.com
82 hab – †96/139 € ††107/235 €, ⚏ 15,70 €   V**x**
Rest – Carta 30/48 €
♦ Hotel-monumento instalado en un convento del s. XVIII. Posee una variada zona social con restos arqueológicos, dos claustros y habitaciones con mobiliario de línea antigua. Su restaurante se complementa con dos espléndidos salones para banquetes.

ESPAÑA

Tryp San Lázaro hab,
av. Fernando de Casas Novoa, por ② ✉15707 – ✆ 981 55 10 00 – www.solmelia.com
130 hab – ††55/280 €, ☕ 10 € **Rest** – Carta aprox. 31 €
♦ Conjunto actual orientado al cliente de empresa y congresos. Las habitaciones resultan espaciosas, con mobiliario funcional y los suelos en tarima. Amplio aparcamiento.

Virxe da Cerca
Virxe da Cerca 27 ✉15703 – ✆ 981 56 93 50 – www.pousadasdecompostela.com
43 hab – †65/108 € ††76/151 €, ☕ 10,40 € Xg
Rest – *(cerrado domingo)* Menú 15 €
♦ Hotel con encanto ubicado parcialmente en una casa del s. XVIII, con las paredes en piedra y un precioso jardín interior. Las habitaciones del anexo tienen menor atractivo. El restaurante ofrece un montaje rústico y una carta de cocina gallega tradicional.

Rua Villar sin rest
Rúa do Vilar 8 ✉15705 – ✆ 981 51 98 58 – www.hotelruavillar.com
16 hab – †72/90 € ††80/150 €, ☕ 15 € VXe
♦ Casa del s. XVIII de indudable encanto, ya que está decorada con elegancia y disfruta de algunas obras de arte. La mayoría de sus habitaciones tienen las paredes en piedra.

ESPAÑA

Altair sin rest
Loureiros 12 ✉15704 – ✆ 981 55 47 12 – www.altairhotel.net – cerrado 15 días en enero Vv
11 hab – †76/92 € ††98/151 €, ☕ 8,10 €
♦ Esta casa combina con muchísimo gusto los elementos de diseño actual y las paredes en piedra. Todas las habitaciones resultan confortables, aunque destacan las abuhardilladas.

San Carlos sin rest
Hórreo 106 ✉15702 – ✆ 981 56 05 05 – www.hotelsancarlos.net Zt
21 hab – †105 € ††126 €, ☕ 10 €
♦ Acogedor y de atenta organización familiar. Presenta una reducida zona social y dos tipos de habitaciones, las más antiguas de línea clásica y las nuevas de estética actual.

Herradura sin rest
av. Xoán Carlos I-1 ✉15706 – ✆ 981 55 23 40 – www.hotelherradura.es
20 hab – †73/81 € ††86/97 €, ☕ 8 € Yv
♦ Atractivo edificio dotado de las típicas galerías gallegas en la fachada. Posee unas habitaciones de buen confort, con los baños algo justos, destacando las abuhardilladas.

Pombal sin rest
Pombal 12 ✉15705 – ✆ 987 56 93 50 – www.pousadasdecompostela.com – 20 abril-octubre Yk
14 hab – †60/90 € ††70/120 €, ☕ 7 €
♦ Dispone de un correcto salón social, con las paredes en piedra, así como unas confortables habitaciones definidas por su mobiliario rústico, dos de ellas abuhardilladas.

San Lorenzo hab,
San Lourenzo 2 ✉15705 – ✆ 981 58 01 33 – www.hsanlorenzo.com
54 hab – †46/62 € ††68/103 €, ☕ 8 € Yn
Rest – *(sólo menú)* Menú 14 €
♦ Su organización puede resultar algo sencilla, sin embargo está muy cerca del casco histórico. Adecuada zona social y habitaciones correctas dentro de su funcionalidad.

🏠 **Costa Vella** sin rest   ⟨ 🚗 ⅍ ⅋ VISA ⓪ AE ①
Porta da Pena 17 ⊠*15704 –* ℰ *981 56 95 30 – www.costavella.com*
14 hab – 🛇**54/59 €** 🛇🛇**70/81 €,** ⊊ **5,50 €**   V**c**
♦ Íntimo hotel ubicado en una casa restaurada. Destaca por su agradable terraza interior con jardín y por sus coquetas habitaciones, cuatro de ellas con galería y bellas vistas.

🏠 **San Clemente** sin rest   ⅍ ⅋ VISA ⓪ AE
San Clemente 28 ⊠*15705 –* ℰ *981 56 93 50 – www.pousadasdecompostela.com*
– 20 abril-octubre   X**d**
10 hab – 🛇**50/70 €** 🛇🛇**60/80 €,** ⊊ 6 €
♦ De pequeñas dimensiones pero bien situado en el casco histórico. Las habitaciones ofrecen un cuidado montaje y un buen confort, con el suelo en madera y las paredes en piedra.

🏠 **Entrecercas** sin rest   AC ⅍ ⅋ VISA ⓪
Entrecercas 11 ⊠*15705 –* ℰ *981 57 11 51 – www.hotelentrecercas.com*
7 hab – 🛇**55/70 €** 🛇🛇**70/98 €**   X**p**
♦ En una antigua casa de piedra con varios siglos de historia. Posee un correcto salón social y unas habitaciones que, aunque algo reducidas, resultan bastante coquetas.

🏠 **Airas Nunes** sin rest y sin ⊊   ⅍ ⅋ VISA ⓪ AE ①
Rúa do Vilar 17 ⊠*15705 –* ℰ *981 56 93 50 – www.pousadasdecompostela.com*
– cerrado noviembre, del 11 al 30 de diciembre y 2 enero-19 abril   X**v**
10 hab – 🛇**54/86 €** 🛇🛇**65/103 €**
♦ Ubicado en un edificio del s. XVII con soportales. Las habitaciones se reparten en tres pisos, todas con vigas de madera en los techos y mobiliario de estilo antiguo.

🏠 **Mapoula** sin rest y sin ⊊   ▯ ⅍ ⅋ VISA ⓪
Entremurallas 10-3° ⊠*15702 –* ℰ *981 58 01 24 – www.mapoula.com*
11 hab – 🛇**28/36 €** 🛇🛇**40/50 €**   X**y**
♦ Destaca por su localización en pleno casco antiguo. Negocio definido por su organización familiar, con habitaciones funcionales de correcto equipamiento y suelos en tarima.

XX **El Mercadito**   AC ⅍ ⇄ VISA ⓪ AE ①
Galeras 18 ⊠*15705 –* ℰ *981 57 42 39 – vvvw.elmercadito.es – cerrado*
domingo, lunes noche y martes noche   Y**e**
Rest – Carta 30/44 €
♦ Restaurante de línea actual dotado con un hall-saloncito de espera, dos privados y un comedor. Cocina tradicional actualizada, con toques creativos, y dos menús degustación.

XX **Casa Marcelo**   AC ⅍ VISA ⓪
Hortas 1 ⊠*15705 –* ℰ *981 55 85 80 – www.casamarcelo.net – cerrado domingo*
y lunes   V**m**
Rest – *(sólo cena salvo sábado y festivos) (sólo menú)* Menú 75 €
♦ Tras su cuidada fachada en piedra encontrará una sala de estética actual, con diversos detalles rústicos y los fogones a la vista. Ofrece un único menú de cocina actual.

XX **Pedro Roca**   AC ⅍ VISA ⓪ AE ①
Domingo García Sabell 1 ⊠*15705 –* ℰ *981 58 57 76 – www.pedroroca.es*
– cerrado domingo noche salvo vísperas de festivos   V**b**
Rest – Carta 42/53 €
♦ Local de estética actual dotado con un amplio interior y dos salas, una sólo de mesas y la otra con la cocina a la vista. Cocina gallega actualizada y un excelente producto.

XX **Asador Castellano**   AC ⅍ ⇄ VISA ⓪
Nova de Abaixo 2 ⊠*15705 –* ℰ *981 59 03 57 – www.asadorcastellano.net*
– cerrado domingo (julio-agosto), domingo noche y lunes resto del año
Rest – Carta 30/42 €   Z**x**
♦ Bar con mesas para tapear y dos salas de noble estilo castellano. La especialidad son las carnes y los asados en horno de leña, acompañados por vinos de la Ribera del Duero.

ESPAÑA

XX **Calderón**   AC ⚹ ⇄ VISA ⬤ AE ⓪

carreira do Conde 8 ⊠*15706 –* ☏ *981 55 43 56 – www.calderoncatering.com*
– cerrado del 1 al 18 de agosto y domingo   Yx
Rest – Carta 45/62 €

♦ Esta casa del s. XVIII, con gruesas paredes en piedra, ofrece una terraza ajardinada, un bar y cinco privados en lo que fueron las habitaciones, todos con detalles de diseño.

XX **Fornos**   AC ⚹ ⇄ VISA ⬤ AE ⓪

Hórreo 24 ⊠*15702 –* ☏ *981 56 57 21 – www.restaurantemarisqueriafornos.es*
– cerrado domingo   Xz
Rest – Carta 28/48 €

♦ Posee un bar de espera, varios privados y un comedor definido por la profusión de madera y las paredes enteladas. Su cocina apuesta por la bondad de los productos gallegos.

XX **Don Quijote**   AC ⚹ ⇄ VISA ⬤ AE ⓪

Galeras 20 ⊠*15705 –* ☏ *981 58 68 59 – www.quijoterestaurante.com*
Rest – Carta 35/56 €   Ye

♦ Este negocio familiar se presenta con un bar público, el comedor principal al fondo, dos salas de banquetes y un privado. Su carta de cocina gallega tiene un apartado de caza.

X **Acio**   AC ⚹ VISA ⬤ AE ⓪
🤭
Galeras 28 ⊠*15705 –* ☏ *981 57 70 03 – www.acio.es – cerrado del 1 al 15 de*
enero, domingo y martes noche   Ye
Rest – Carta aprox. 35 €

♦ Restaurante de sencillas instalaciones y ambiente neorrústico llevado por una joven pareja. De sus fogones surge una cocina actual, con un menú degustación y otro del día.

X **Bierzo Enxebre**   ⚹ VISA ⬤ AE
🤭
Troia 10 ⊠*15704 –* ☏ *981 58 19 09 – www.bierzoenxebre.es*   Va
Rest – Carta 20/30 €

♦ Este negocio cuenta con un bar, donde sirven tanto raciones como vinos por copa, y tres comedores de ambiente rústico. Cocina tradicional con platos gallegos y de El Bierzo.

Y/ **Caney** – Hotel Meliá Araguaney   AC ⚹ 🛋 VISA ⬤ AE ⓪

Alfredo Brañas 5 ⊠*15701 –* ☏ *981 55 96 03 – www.araguaney.com*
Rest – Tapa 8 € – Ración aprox. 12 €   Zc

♦ Magnífico bar de tapas con entrada independiente respecto al hotel. Correcta barra para tapeo y elegante comedor al fondo. Organizan diferentes jornadas gastronómicas.

Y/ **Abastos 2.0**   🕌 ⚹ VISA ⬤

Plaza de Abastos - Casetas 13-18 ⊠*15705 –* ☏ *981 57 61 45*
– www.abastosdouspuntocero.es   Xa
Rest – *(cerrado domingo, lunes y festivos) (sólo almuerzo salvo viernes y sábado en invierno)* Tapa 3,50 € – Ración aprox. 8 €

♦ Resulta sorprendente y singular, ya que ocupa seis casetas del mercado y se presenta con una estética actual. Es necesario reservar su única mesa y personalizan los menús.

en la antigua carretera N 634 por ② :

🏠 **Los Abetos** 🌳   ← 🚗 ⌇ 🖈 ⚹ ⬚ AC ⚹ ⁂ 🏋 P VISA ⬤ AE ⓪

San Lázaro - carret. Arines : 3 km ⊠*15820 –* ☏ *981 55 70 26*
– www.hotellosabetos.com
78 hab – ♦♦70/300 €, �️ 14 € – 70 suites   **Rest** – Menú 19,50 €

♦ Ofrece habitaciones de completo equipamiento, varias zonas sociales y un hermoso jardín. Servicio gratuito de minibús y suites en un anexo, cada una con su propio parking. El restaurante presenta buenas vistas y una cocina actualizada de base tradicional.

▶ Madrid 329 – Benavente 59 – León 55 – Ponferrada 81

en el Barrio de Abajo Este : 3 km

⌂ **Guts Muths** ⌂   *VISA* **◎◎**
Matanza 1 ✉*24732 –* ✆ *987 69 11 23 – www.gutsmuths.com*
8 hab – 🛏50/53 € 🛏🛏59/63 €, ☲ 6 €   **Rest** – *(cerrado lunes)* Menú 18,50 €
♦ Antigua casa de arrieros convertida en hotelito rural. Ofrece una sala de exposiciones en lo que fue el pajar y habitaciones de aire rústico pintadas por diferentes artistas. El restaurante ocupa la primitiva cocina, con bonitos azulejos y el
hogar a la vista.

▶ Madrid 393 – Bilbao 130 – Oviedo 171 – Santander 26

🇮 Jesús Otero 20 ✆ 942 81 88 12 santillana@cantabria.org Fax 942 84 02 65

◉ Pueblo pintoresco★★ : Colegiata★ (interior : cuatro Apóstoles★, retablo★,
claustro★ : capiteles★★)

◎ Museo de Altamira★★ (techo★★★) Suroeste : 2 km

🏨 **Parador de Santillana Gil Blas** ⌂   🖿 ⒶⒸ 🕉 🕻 ♨ 🅿 🚗
pl. Mayor – ✆ *942 02 80 28 – www.parador.es*   *VISA* **◎◎** ᴀᴇ ⓞ
28 hab – 🛏134/144 € 🛏🛏168/180 €, ☲ 18 €   **Rest** – Menú 33 €
♦ Antigua mansión solariega construida en piedra y con un bello zaguán empedrado. Sus habitaciones gozan de gran confort, con recias vigas de madera y
mobiliario castellano. Su amplio comedor posee detalles de cierta elegancia y platos típicos de la región.

🏨 **Casa del Marqués** sin rest ⌂   🖿 ⒶⒸ 🕉 🕻 🅿 *VISA* **◎◎** ᴀᴇ ⓞ
Cantón 26 – ✆ *942 81 88 88 – cerrado 9 diciembre-4 marzo*
15 hab ☲ – 🛏106/178 € 🛏🛏129/199 €
♦ Esta casa señorial del s. XIV sirvió como residencia al primer Marqués de Santillana. Sus estancias se decoran con gusto y elegancia, combinando el confort con
la tradición.

🏨 **Parador de Santillana** ⌂   🚂 🖿 🕉 🕻 ♨ 🅿 🚗 *VISA* **◎◎** ᴀᴇ ⓞ
pl. Ramón Pelayo – ✆ *942 81 80 00 – www.parador.es*
28 hab – 🛏115/125 € 🛏🛏144/156 €, ☲ 16 €   **Rest** – Menú 33 €
♦ No se limita a ser un anexo del parador principal, ya que funciona con independencia y sólo comparte algún servicio. Construido en el estilo arquitectónico
típico de la zona.

🏨 **La Casona de Revolgo** sin rest   🖿 ⒶⒸ 🕻 *VISA* **◎◎** ᴀᴇ ⓞ
Parque de Revolgo 3 – ✆ *942 81 82 77 – www.lacasonaderevolgo.com*
– 15 marzo-octubre y fines de semana resto del año
14 hab ☲ – 🛏50/80 € 🛏🛏65/130 €
♦ Casona del s. XVII que funcionó un tiempo como casa de postas. Posee un porche de entrada, una correcta zona social con chimenea y confortables habitaciones de línea colonial.

🏨 **Altamira** ⌂   ⒶⒸ rest, 🕉 *VISA* **◎◎** ᴀᴇ ⓞ
Cantón 1 – ✆ *942 81 80 25 – www.hotelaltamira.com*
32 hab – 🛏47/68 € 🛏🛏62/104 €, ☲ 8,50 €   **Rest** – Menú 17 €
♦ Casona señorial del s. XVII dotada con mobiliario castellano, detalles antiguos y
habitaciones que conservan el noble encanto de otros tiempos. La madera
abunda por doquier. Restaurante rústico en dos niveles, donde se crea una
atmósfera que rezuma calidez.

🏨 **Siglo XVIII** sin rest ⌂   🚂 🕉 🅿 *VISA* **◎◎**
Revolgo 38 – ✆ *942 84 02 10 – www.hotelsigloxviii.com – cerrado*
13 diciembre-febrero
16 hab – 🛏52/74 € 🛏🛏55/78 €, ☲ 5 €
♦ Casa tradicional con la fachada en piedra y madera. Ofrece estancias de cálido
confort y habitaciones vestidas con mobiliario castellano, las del último piso
abuhardilladas.

ESPAÑA

⌂ **Casa del Organista** sin rest ॐ   ☆ ☊ 🄿 🆅🆂🄰 ⓪⓪
Los Hornos 4 – ☏ *942 84 03 52 – www.casadelorganista.com*
– cerrado 22 diciembre-15 de enero
14 hab – ♦42/75 € ♦♦48/90 C, 🖵 Ɔ ¢
♦ Casona montañesa del s. XVIII sabiamente combinada en piedra y madera.
Ofrece unas acogedoras habitaciones de ambiente rústico, unas con terraza y
otras abuhardilladas.

✗ **Los Blasones**   🄰🄲 ☆ 🆅🆂🄰 ⓪⓪ ⓪
pl. de la Gándara 8 – ☏ *942 81 80 70 – cerrado 10 diciembre-21 marzo y lunes
salvo verano*
Rest – *(sólo almuerzo en noviembre y diciembre)* Carta 32/47 €
♦ Tras su fachada en piedra dispone de dos salas, una funcional para el menú y
otra rústica, con la cocina a la vista, para la carta. Platos tradicionales y pescados
al horno.

✗ **Gran Duque**   🄰🄲 ☆ 🆅🆂🄰 ⓪⓪
Jesús Otero 7 – ☏ *942 84 03 86 – www.granduque.com – cerrado
25 diciembre-enero, domingo noche y lunes mediodía*
Rest – Carta 28/38 €
♦ Pequeño restaurante de organización familiar. Encontrará una sala de aire rústico, un vivero de marisco y la cocina a la vista. Amplia carta tradicional y tres
tipos de menús.

por la carretera de Puente de San Miguel Sureste : 2,5 km

🏨 **Palacio Los Caballeros** sin rest ॐ   🖨 ⬚ ☆ 🔥 🄿 🆅🆂🄰 ⓪⓪ ⓪
barrio Vispieres ✉39360 *Santillana del Mar –* ☏ *625 34 06 65
– www.casonaloscaballeros.com – cerrado 15 diciembre-febrero*
30 hab – ♦50/76 € ♦♦70/119 €, 🖵 8,60 €
♦ Casona llevada con dedicación y ubicada en una extensa finca. Destaca por la
gran amplitud de sus habitaciones, todas coloristas, luminosas y personalizadas
en su decoración.

en Ubiarco Norte : 5 km

🏨 **Mar de Santillana** sin rest   🖨 ☊ 🄿 🆅🆂🄰 ⓪⓪
barrio Urdiales ✉39360 *Santillana del Mar –* ☏ *942 84 00 80
– www.mardesantillana.com*
15 hab – ♦48/69 € ♦♦59/86 €, 🖵 7,60 €
♦ Esta agradable casona disfruta de dos anexos actuales, uno acristalado hacia el
jardín y el otro con balcones de madera. En sus habitaciones encontrará mobiliario balinés.

SANTO DOMINGO DE LA CALZADA – **La Rioja** – **573** E21   **21** A2
– 6 780 h. - alt. 639 m – ✉ 26250

▶ Madrid 310 – Burgos 67 – Logroño 47 – Vitoria-Gasteiz 65
🄸 Mayor 33 ☏ 941 34 12 38 recepcion@elcaminoexpress.com Fax 941 34
12 38
◉ Catedral★ (retablo mayor★★) – Parte antigua★

🏨🏨 **Parador de Santo Domingo de la Calzada**   🄻🄰 ⬚ ﺗ hab, 🄰🄲
pl. del Santo 3 – ☏ *941 34 03 00*   ☆ ☊ 🔥 🄿 ⬚ 🆅🆂🄰 ⓪⓪ 🄰🄴 ⓪
– www.parador.es
59 hab – ♦120/134 € ♦♦155/168 €, 🖵 18 € – 2 suites
Rest – Menú 33 €
♦ Antiguo hospital de peregrinos ubicado junto a la catedral. Posee una agradable zona social dotada de bellos arcos en piedra y confortables habitaciones de
estilo clásico. El restaurante disfruta de una cálida rusticidad y un buen servicio
de mesa.

El Corregidor ⌂ 🕍 AK rest. ⅋ 🖢 ⅍ VISA ◉◉ AE

Mayor 14 – ℰ 941 34 21 28 – www.hotelelcorregidor.com – cerrado 30 días en diciembre-enero

32 hab – 🛏68 € 🛏🛏85 €, ☲ 7 €   **Rest** – Menú 15 €

♦ El edificio, construido por los actuales propietarios, presenta una fachada que continúa la tradición del ladrillo visto. Buena zona social y habitaciones de línea funcional. Restaurante de correcto montaje realzado mediante mobiliario clásico en tonos suaves.

✗✗ Los Caballeros ⅍ VISA ◉◉

Mayor 58 – ℰ 941 34 27 89 – www.restauranteloscaballeros.com – cerrado del 1 al 15 de enero y domingo noche salvo verano

Rest – Carta 30/45 €

♦ Ocupa una casa de piedra emplazada en una céntrica calle peatonal, con un hall, una barra de apoyo y dos salas, una de aire rústico y la otra algo más actual. Carta regional.

✗ El Rincón de Emilio 🍽 AK ⅍ ⇔ VISA ◉◉ AE ◑

pl. Bonifacio Gil 7 – ℰ 941 34 09 90 – www.rincondeemilio.com – cerrado febrero, lunes noche y martes salvo julio-septiembre

Rest – Carta 22/29 €

♦ Esta casa familiar cuenta con un comedor de ambiente rústico, un reservado y una agradable terraza, donde se encuentra la parrilla. Cocina fiel al recetario tradicional.

SANTO TOMÉ DEL PUERTO – Segovia – 575 I19 – 341 h. 12 C2
– alt. 1 129 m – ✉ 40590

> ▣ Madrid 100 – Aranda de Duero 61 – Segovia 59

⌂⌂⌂ Venta Juanilla ⌂ ⅍ hab. AK ⅍ 🖢 ⅍ P ⌆ VISA ◉◉

antigua carret. N I – ℰ 921 55 73 52 – www.hotelventajuanilla.es – cerrado del 5 al 25 de noviembre

32 hab – 🛏65/70 € 🛏🛏70/80 €, ☲ 8 € – 4 suites   **Rest** – Menú 21 €

♦ Ocupa una venta del s. X a la que han añadido un edificio moderno anexo. Amplia recepción con las paredes en piedra y habitaciones clásicas dotadas con mobiliario de calidad. El cálido restaurante se complementa con varios salones para banquetes.

SANTOÑA – Cantabria – 572 B19 – 11 569 h. – Playa – ✉ 39740 8 C1
> ▣ Madrid 441 – Bilbao 81 – Santander 48

✗ La Marisma 2 🍽 AK ⅍ VISA ◉◉

Manzanedo 19 – ℰ 942 66 06 06 – cerrado 15 diciembre-15 enero

Rest – *(sólo almuerzo salvo viernes y sábado)* Carta 40/50 €

♦ Disfruta de un espacioso bar y un comedor de montaje clásico, con las paredes forradas en madera. Elaboraciones sencillas y honestas basadas en diversos productos del mar.

en la playa de Berria Noroeste : 3 km

⌂⌂⌂ Juan de la Cosa 𝕾 ⇐ 🍽 🖵 ♨ ⌂ ⅍ 🖢 ⅍ P ⌆ VISA ◉◉ ◑

✉39740 – ℰ 942 66 12 38 – www.hoteljuandelacosa.com – cerrado enero

52 hab – 🛏62/99 € 🛏🛏91/132 €, ☲ 12,50 € – 19 apartamentos

Rest – Menú 25 €

♦ Su nombre rinde homenaje al insigne navegante de la localidad. Cuenta con modernas instalaciones junto a la playa, ofreciendo cómodas habitaciones y equipados apartamentos. Disfrute de las hermosas vistas que le brinda su comedor acristalado.

⌂ Posada Las Garzas sin rest ⅍ 🖢 VISA ◉◉

✉39740 – ℰ 942 66 34 84 – www.posadalasgarzas.com

11 hab ☲ – 🛏44/68 € 🛏🛏56/88 €

♦ Instalado en una casa que guarda la estética constructiva de la zona, con una agradable zona social, un porche acristalado y coquetas habitaciones de ambiente rústico.

ESPAÑA

SANTORCAZ – Madrid – **576** K19 – **575** K19 – **825 h.** – **alt. 878 m**   **22** B2
– ✉ 28818

▶ Madrid 52 – Toledo 126 – Guadalajara 30 – Segovia 145

⌂ **La Casona de Éboli** ⌘   🏠 ⚙ ⁿ⁰ ⚙ 🅅🅸🅂🄰 ⓪ 🄰🄴 ⓪

Embudo 6 – 𝒞 918 84 04 72 – www.casonaeboli.com – *cerrado agosto*
5 hab – ♥♥101/120 €, ⊊ 13 €
Rest – *(sólo fines de semana) (sólo menú)* Menú 30 €
♦ Esta casa de pueblo ha sido rehabilitada con mucho gusto. Ofrece un cálido
salón social con chimenea, un pequeño SPA y habitaciones de aire rústico, algunas
con hidromasaje. En su coqueto comedor podrá degustar un correcto menú de
sabor casero.

Los SANTOS DE LA HUMOSA – Madrid – **576** K20 – **2 139 h.**   **22** B2
– ✉ 28817

▶ Madrid 51 – Toledo 120 – Guadalajara 24 – Segovia 140

⌂ **El Pontifical** ⌘   🏠 🅺 ⚙ ⁿ⁰ 🄿 🅅🅸🅂🄰 ⓪ 🄰🄴

Río Henares 3 – 𝒞 918 84 92 34 – www.elpontifical.com
5 hab ⊊ – ♥55/100 € ♥♥65/150 €
Rest – *(cerrado del 8 al 18 de agosto, lunes y martes) (sólo almuerzo salvo
viernes y sábado)* Carta 26/36 €
♦ Ocupa un edificio del s. XVIII en el que se ha respetado parte de su construcción original. Posee un interior de línea actual, con habitaciones amplias y baños
modernos. El restaurante, ubicado parcialmente en la antigua bodega, ofrece una
carta tradicional.

SANTPEDOR – Barcelona – **574** G35 – **6 875 h.** – **alt. 320 m** – ✉ 08251   **14** C2
▶ Madrid 638 – Barcelona 69 – Manresa 6 – Vic 54

🏨 **Ramón**   🚲 📶 ⴟ 🅺 ⚙ ⁿ⁰ ⚙ 🄿 🚗 🅅🅸🅂🄰 ⓪ 🄰🄴 ⓪

Camí de Juncadella – 𝒞 938 32 08 50 – www.ramonpark-hotel.com
32 hab ⊊ – ♥76 € ♥♥92 € – 2 suites
Rest *Ramón* – ver selección restaurantes
♦ Hotel clásico-rural dotado con un gran hall, tipo patio, que está presidido por
una colección de coches antiguos. Habitaciones amplias, actuales y de completo
equipamiento.

✗✗ **Ramón** – Hotel Ramón   🏠 🅺 ⚙ ⇆ 🄿 🚗 🅅🅸🅂🄰 ⓪ 🄰🄴 ⓪

Camí de Juncadella – 𝒞 938 32 08 50 – www.ramonpark-hotel.com – *cerrado
domingo noche y festivos noche*
Rest – Carta 36/47 €
♦ Negocio familiar, con buena trayectoria, que decora sus salas a base de molini-
llos, relojes y pesas. Carta tradicional con un apartado de pescados y sugerencias
de temporada.

SANTUARIO – ver el nombre propio del santuario

SANTULLANO – Asturias – **572** B12 – **2 025 h.** – **alt. 167 m**   **5** B1
▶ Madrid 470 – Avilés 20 – Gijón 34 – Oviedo 25

en Biedes Este : 3 km

✗ **Casa Edelmiro**   🏠 ⚙ ⇆ 🄿 🅅🅸🅂🄰 ⓪

✉33190 Biedes – 𝒞 985 79 94 92 – www.casaedelmiro.com – *cerrado del 1 al 20
de agosto y martes*
Rest – Carta 25/35 €
♦ Casa familiar fundada en 1890 que goza de buen nombre en la zona. En su bien
dispuesta mesa sirven una cocina que mantiene las raíces gastronómicas locales.

SANTURIO – Asturias – ver Gijón

SANTURTZI (SANTURCE) – Vizcaya – **573** C20 – **46 978 h.** – ✉ 48980   **25** A3
▶ Madrid 411 – Bilbao 20 – Santander 97
🛈 av. Cristóbal Murrieta 25 𝒞 94 483 94 94 turismo@santurtzi.net
Fax 94 462 71 31

NH Palacio de Oriol
≤ 🛎 & hab, AC ❄ ⁽ 🛁 ⇌ VISA ⊛ AE ⓪

av. Cristóbal Murrieta 27 – ℰ 944 93 41 00 – www.nh-hotels.com – cerrado 24 diciembre-7 enero
86 hab – ♦70/85 € ♦♦82/92 €, ⊑ 14,50 € – 2 suites
Rest – *(cerrado lunes) (sólo almuerzo salvo viernes y sábado)* Menú 28,30 €
♦ Antiguo palacio familiar cuyo interior ha conservado la estructura original. Excelente salón de eventos, zona social en lo que era la capilla y habitaciones de buen confort. El comedor, que disfruta de un cuidado montaje, se complementa con dos saloncitos.

SANXENXO (SANGENJO) – **Pontevedra** – **571** E3 – **17 315 h.** – **Playa**   **19** A2
– ✉ **36960**

▶ Madrid 622 – Ourense 123 – Pontevedra 18 – Santiago de Compostela 75
🛈 Porto deportivo Juan Carlos I ℰ 986 72 02 85 oficinaturismo@sanxenxo.org
Fax 986 72 12 93

Augusta ⍋
≤ 🍴 ⊼ 🖾 🛁 🛎 & hab, AC ❄ ⁽ 🛁 ⇌ VISA ⊛

Lugar de Padriñán – ℰ 986 72 78 78 – www.augustasparesort.com
56 hab – ♦79/175 € ♦♦95/185 €, ⊑ 13,85 € – 51 apartamentos
Rest – Menú 26 €
♦ Elegante complejo distribuido en dos edificios, ambos con magníficos SPA, exteriores ajardinados y unas instalaciones montadas con materiales de calidad. Posee dos restaurantes, uno con una cocina tradicional y el otro, más actual, con platos internacionales.

Carlos I
⊼ 🖾 🛁 ❄ 🛎 AC ❄ ⁽ 🛁 P ⇌ VISA ⊛ AE ⓪

Vigo – ℰ 986 72 70 36 – www.carlosprimero.com
129 hab – ♦64/142 € ♦♦75/168 €, ⊑ 14 € – 1 suite   **Rest** – Menú 25 €
♦ Está cerca de la playa y destaca por su elegante zona noble, con varios salones sociales, un bar-cafetería, un completo SPA y amplias habitaciones de línea funcional-actual. Cuenta con un comedor de gran capacidad y un restaurante a la carta de buen montaje.

Sanxenxo
≤ ⊼ 🖾 🛁 🛎 & hab, AC ❄ ⁽ 🛁 ⇌ VISA ⊛ AE ⓪

av. Playa de Silgar 3 – ℰ 986 69 11 11 – www.hotelsanxenxo.com
87 hab ⊑ – ♦70/164 € ♦♦84/220 € – 5 suites   **Rest** – Menú 25 €
♦ Está bien situado sobre un acantilado y se distribuye en dos edificios, con una luminosa zona social y habitaciones actuales. SPA de agua marina y servicios terapéuticos. En su restaurante, que disfruta de magníficas vistas a la playa, encontrará una carta tradicional y un buen apartado de arroces.

Rotilio
≤ 🛎 AC

av. do Porto 7 – ℰ 986 72 02 00 – www.hotelrotilio.com
40 hab
Rest *La Taberna de Rotilio* – ver selección restaurantes
♦ Sorprende por su atractiva área social, con una terraza solárium y una sala panorámica en el ático. Todas sus habitaciones disfrutan de terraza, la mayoría con vistas al mar.

Justo
🛎 AC ❄ ⁽ VISA ⊛

paseo praia de Silgar 2 – ℰ 986 69 07 50 – www.hoteljusto.es – cerrado 12 diciembre-15 febrero
30 hab ⊑ – ♦38/67 € ♦♦59/97 €   **Rest** – *(julio-15 septiembre)* Menú 21 €
♦ Bien situado en el paseo de la playa. Disfruta de una amplia zona social y habitaciones de línea funcional, destacando las 12 que poseen terraza-balcón con vistas al mar.

🍴🍴 La Taberna de Rotilio – Hotel Rotilio
AC

av. do Porto 9 – ℰ 986 72 02 00 – www.hotelrotilio.com
Rest –
♦ Goza de cierto prestigio y se presenta con dos comedores, uno clásico y el otro actual. Carta tradicional con pescados, mariscos, un menú degustación y varios platos de autor.

ESPAÑA

en Reis Norte : 2 km

⌂ **Antiga Casa de Reis** sin rest 𝔖 ⟨ 𝒫 ⚡ 𝐏 *VISA* ⊙⊙
Reis 39 ✉ *36966 Padriñán* – ℰ *986 69 05 50* www.antigacasadereis.com
– *15 marzo 15 noviembre*
6 hab ⬚ ⚑ – **†**75 € **††**95/124 €
♦ Casa reconstruida que ha respetado, en lo posible, su distribución original. Posee numerosos detalles decorativos que combinan la piedra, la madera y el mobiliario antiguo.

en la carretera PO 308 :

🏨 **Nanín** ⟨ ⛱ ⅀ 🅸 ⅋ hab, 🄰🄲 rest, ⚡ 🅿 🚗 *VISA* ⊙⊙
playa de Nanín, Este : 1 km ✉ *36960* – ℰ *986 69 15 00* – www.nanin.com
– *Semana Santa-octubre*
28 apartamentos – **††**86/114 €, ⅀ 11,35 € – 24 hab
Rest – *(sólo menú)* Menú 24,60 €
♦ Este hotel, funcional y de línea actual, destaca por su privilegiada situación en una playa, con terrazas y vistas a la ría. Habitaciones y apartamentos de buen confort. El restaurante, espacioso pero algo impersonal, ofrece un sencillo menú tradicional.

El SARDINERO – Cantabria – ver Santander

SARDÓN DE DUERO – Valladolid – **575** H16 – **700** h. – **alt. 723 m**   **11** B2
– ✉ **47340**

▶ Madrid 206 – Valladolid 29 – Segovia 89 – Palencia 77

⌂ **La Puerta de la Ribera** 🚲 ⛱ 🄰🄲 ⅋ ⁰¹⁰ 🅿 *VISA* ⊙⊙ 🄰🄴 ①
carret. de Soria – ℰ *983 68 70 10* – www.lapuertalaribera.com – *cerrado del 1 al 21 de octubre*
7 hab ⬚ – **†**29 € **††**55 €   **Rest** – Menú 10 €
♦ Casa de sencilla organización, con un bar a la entrada que destaca por su extensa bodega y por la venta de productos típicos. Habitaciones personalizadas y bien equipadas.

SARRIA – Araba – ver Murgia

SARRIA – Lugo – **571** D7 – **13 508** h. – **alt. 420 m** – ✉ **27600**   **20** C2

▶ Madrid 491 – Lugo 32 – Ourense 81 – Ponferrada 109

🏨 **NH Alfonso IX** 𝔖 ⅀ 🖊 🄰🄲 ⅋ ⁰¹⁰ 🅿 *VISA* ⊙⊙ 🄰🄴 ①
Peregrino 29 – ℰ *982 53 00 05* – www.nh-hotels.com
60 hab – **†**60/74 € **††**74/94 €, ⅀ 10,80 €
Rest – Menú 14 €
♦ Bien situado en el centro de la localidad. Cuenta con una espaciosa cafetería y habitaciones de carácter funcional, todas ellas con los suelos en moqueta y baños abiertos. Agradable comedor y una buena oferta complementaria en salones para banquetes.

🏠 **Roma** 🄰🄲 rest, ⅋ ⁰¹⁰ *VISA* ⊙⊙

Calvo Sotelo 2 – ℰ *982 53 22 11*
18 hab – **†**39 € **††**50 €, ⅀ 4,50 €
Rest – Menú 14 €
♦ Es un clásico y se encuentra junto a la estación del tren. Las habitaciones, amplias y de correcto equipamiento, ofrecen el adecuado confort. Íntima zona noble. Atractivo restaurante de estilo neorrústico, con las paredes en piedra y clientela habitual.

ESPAÑA

SARVISÉ – Huesca – **574** E29 – **89 h.** – ✉ 22374   **4** C1

▶ Madrid 475 – Huesca 93 – Jaca 58

XX **Casa Frauca** con hab   🏧 rest, 🍴 💳 ◉◉ 📧
 carret. de Ordesa – ℰ *974 48 63 53 – www.casafrauca.com*
– *cerrado 9 enero-4 marzo*
12 hab ☕ – ✦38/48 € ✦✦50/60 €
Rest – *(cerrado domingo noche y lunes salvo verano y festivos)* Carta 24/35 €
♦ Pequeño negocio repartido en dos salas de ambiente rústico, con las vigas de
madera a la vista y algunas paredes en piedra. Aquí encontrará una cocina regional-casera. Como complemento también ofrece habitaciones, íntimas, coquetas
y con muchos detalles, destacando las abuhardilladas.

SÁSTAGO – Zaragoza – **574** I28 – **1 115 h.** – **alt. 153 m** – ✉ 50780   **4** C2

▶ Madrid 371 – Zaragoza 64 – Teruel 177 – Huesca 139

en el Monasterio de Rueda Sureste : 6 km

🏨 La Hospedería del Monasterio de Rueda ⌕   ⌕ 🛗 ᔾ hab, 🏧 ᔾ
✉50780 *Sástago –* ℰ *976 17 00 16 – www.monasteriorueda.es*   **P**
35 hab **Rest**
♦ Ocupa un ala del monasterio, con amplias zonas nobles y una decoración
actual. Las habitaciones resultan confortables y algunas de ellas cuentan con
hidromasaje en los baños. El restaurante se complementa con una bonita bodega
llena de barricas antiguas.

Cada restaurante con estrella está acompañado de tres especialidades
representativas de su cocina. Sucede que a veces estas no pueden
ser servidas, es el momento de aprovechar otras sabrosas recetas
inspiradas por la estación del año.

(margen) ESPAÑA

El SAUZAL – Santa Cruz de Tenerife – ver Canarias (Tenerife)

SEGORBE – Castellón – **577** M28 – **9 244 h.** – **alt. 358 m** – ✉ 12400   **16** A2

▶ Madrid 395 – Castelló de la Plana/Castellón de la Plana 57
– Sagunt/Sagunto 34 – Teruel 83
🛈 Marcelino Blasco 3 ℰ 964 71 32 54 segorbe@touristinfo.net Fax 964 71
19 53
◉ Museo (colección de retablos★)

🏠 **María de Luna**   🛗 ᔾ hab, 🏧 🍴 ᵂ 🚗 💳 ◉◉ 📧
av. Comunidad Valenciana 2 – ℰ *964 71 13 13 – www.hotelmariadeluna.es*
– *cerrado 24 diciembre-3 enero*
44 hab ☕ – ✦39/45 € ✦✦62/70 €
Rest – *(cerrado domingo noche y lunes)* Menú 15 €
♦ Hotel de línea actual y sencilla organización. Dispone de una pequeña zona
social y habitaciones funcionales de correcto confort, con los suelos en moqueta.
En su moderno restaurante encontrará una interesante carta de vinos y elaboraciones bastante cuidadas.

🏠 **Hospedería El Palen** ⌕   🛗 ᔾ hab, 🏧 🍴 ᵂ 💳 ◉◉
Franco Ricart 9 – ℰ *964 71 07 40 – www.elpalen.com – cerrado 27 junio-10 julio*
8 hab ☕ – ✦35/45 € ✦✦65/75 €   **Rest** – *(cerrado martes)* Carta 25/32 €
♦ Casa del s. XVIII que refleja su pasado en la decoración a base de cerámicas y
armas antiguas. Las habitaciones, sencillas y acogedoras, harán su estancia aún
más agradable. El restaurante posee un acceso directo y una decoración rústica
a modo de mesón.

▶ Madrid 98 – Ávila 67 – Burgos 198 – Valladolid 110

🄸 pl. Mayor 10, 𝒞 921 46 03 34 oficinadeturismodesegovia@jcyl.es Fax 921 46 03 30

y Azoguejo 1, 𝒞 921 46 67 20 info@turismodesegovia.com Fax 921 46 67 24

◉ Acueducto romano★★★ BY – Ciudad vieja★★ : Catedral★★ AY(claustro★, tapices★) – Plaza de San Martín★ (iglesia de San Martín★) BY – Iglesia de San Millán★ BY- Iglesia de San Juan de los Caballeros★ BY**M1**- Iglesia de San Esteban (torre★) AX – Alcázar★★ AX- Capilla de la Vera Cruz★ AX – Monasterio de El Parral★ AX

◉ Palacio de La Granja de San Ildefonso★★ (Museo de Tapices ★★, Jardines★★ : surtidores★) Sureste :11 km por ③ – Palacio de Riofrío★ Sur : 11 km por ⑤

🏨 **Parador de Segovia** ॐ   ← 🍴 ⌧ 🔲 ₤⑤ ※ 🖪 ᵫ. hab, 🄰🄲 ⑨ 🄺 🕸

carret. CL 601 ⊠40003 – 𝒞 921 44 37 37   🅿 🚗 🆅🆂🅰 ⑩ 🄰🄴 ⓪
– www.parador.es   AZ**v**

106 hab – ♦119/129€ ♦♦149/161€, ⯊ 18€ – 7 suites   **Rest** – Menú 33€

♦ Destaca por su emplazamiento, con impresionantes vistas sobre la ciudad y la sierra de Guadarrama. La línea moderna y actual contrasta con el marco de la antigua urbe. El restaurante disfruta de una atractiva chimenea central y un horno de asar a la vista.

🏨 **San Antonio El Real** ॐ   ₤⑤ 🖪 ᵫ. hab, 🄰🄲 ⑨ 🄺 🄺 🅿 🚗

San Antonio El Real ⊠40001 – 𝒞 921 41 34 55   🆅🆂🅰 ⑩ 🄰🄴 ⓪
– www.sanantonioelreal.es   AZ**a**

51 hab ⯊ – ♦95/300€ ♦♦100/350€   **Rest** – Menú 28€

♦ Ocupa un monasterio franciscano del s. XV dotado con agradables zonas sociales, un bello claustro central y habitaciones de línea moderna, todas con mobiliario de calidad. El comedor, de techos altos y cuidado montaje, ofrece una cocina tradicional y regional.

🏨 **Palacio San Facundo** sin rest   🖪 ᵫ. 🄰🄲 ⑨ 🄺 🄺 🚗 🆅🆂🅰 ⑩ 🄰🄴

pl. San Facundo 4 ⊠40001 – 𝒞 921 46 30 61
– www.hotelpalaciosanfacundo.com   BY**d**

33 hab ⯊ – ♦♦100/190€

♦ Edificio del s. XVI rebosante de historia. Su interior, en el que destaca el patio-claustro porticado, combina con gusto los elementos arquitectónicos y el mobiliario actual.

🏨 **Eurostars Plaza Acueducto** sin rest   ₤⑤ 🖪 ᵫ. 🄰🄲 ⑨ 🄺 🄺 🚗

av. Padre Claret 2-4 ⊠40001 – 𝒞 921 41 34 03   🆅🆂🅰 ⑩ 🄰🄴 ⓪
– www.eurostarshotels.com   BY**g**

70 hab – ♦♦55/399€, ⯊ 11€ – 2 suites

♦ Está bien integrado en el entorno del acueducto romano, sobre el que tiene buenas vistas. Habitaciones de completo equipamiento, con mobiliario actual y los suelos en tarima.

🏨 **Infanta Isabel**   🖪 🄰🄲 ⑨ 🄺 🄺 🚗 🆅🆂🅰 ⑩ 🄰🄴 ⓪

pl. Mayor 12 ⊠40001 – 𝒞 921 46 13 00 – www.hotelinfantaisabel.com

37 hab – ♦60/79€ ♦♦60/130€, ⯊ 9€   **Rest** – Menú 15€   BY**a**

♦ Una casa del s. XIX que ha sabido mantener su arquitectura original. Atractivas habitaciones en un bello marco señorial, donde tradición y confort conviven en armonía.

🏨 **Los Arcos**   ₤⑤ 🖪 🄰🄲 ⑨ 🄺 🄺 🚗 🆅🆂🅰 ⑩ 🄰🄴 ⓪

paseo de Ezequiel González 26 ⊠40002 – 𝒞 921 43 74 62
– www.hotellosarcos.com   BY**t**

59 hab – ♦60/200€ ♦♦60/280€, ⯊ 11€

Rest *La Cocina de Segovia* – ver selección restaurantes

♦ Hotel muy orientado al cliente de empresa, de hecho dispone de varias salas de reuniones y un gran salón de banquetes. Habitaciones funcionales de completo equipamiento.

ESPAÑA

ESPAÑA

B

SEGOVIA

La Casa Mudéjar 🖹 ⅋ hab, 🅰🅲 ⅏ ﹪ ᯤ 🆚 ⓪⑤ 🅰🅴 ⓪

Isabel La Católica 8 ✉*40001* – ℰ *921 46 62 50*

– www.lacasamudejar.com BY**v**

40 hab – 👫👫59/170 €, ☐ 10 €

Rest *El Fogón Sefardí* – Carta 25/35 €

◆ Este edificio, muy bien rehabilitado, combina sus dependencias con un aljibe romano, excelentes artesonados mudéjares y hermosos detalles decorativos. En su comedor, ubicado en el patio, podrá degustar platos tradicionales y los propios de la cocina sefardí.

ESPAÑA

Alcazar sin rest 🚗 %° ⁿ° 🄿 🔢 ₪
San Marcos 5 ⊠40003 – 𝒞 921 43 85 68 – www.alcazar-hotel.com
8 hab – ♦70/100 € ♦♦89/165 €, � 12 € AX**a**
♦ Casa señorial totalmente decorada con mobiliario antiguo restaurado. Presenta habitaciones de muy buen confort, cada una con el nombre de una reina de Castilla y León.

Fornos sin rest y sin ⊠ 🄰🄲 %° ⁿ° 🆅🅸🆂🅰 ₪ 🄰🄴
Infanta Isabel 13-1° ⊠40001 – 𝒞 921 46 01 98 – www.hostalfornos.com
17 hab – ♦34/41 € ♦♦48/55 € BY**n**
♦ Alojamiento emplazado en el corazón de la ciudad. Ofrece coquetas aunque sencillas habitaciones de línea actual, con las paredes en tonos pastel y el mobiliario pintado.

Villena (Julio Reoyo) 🏠 🄰🄲 %° 🆅🅸🆂🅰 ₪ 🄰🄴 ⓞ
❀
pl. Mayor 10 ⊠40001 – 𝒞 921 46 17 42 – www.restaurante-villena.com
– cerrado 2ª quincena de julio, domingo noche, lunes y martes noche
Rest – Menú 35/62 € – Carta aprox. 47 € BY**r**
Espec. Bacalao con hongos y mostaza. Carrillera de cerdo ibérico con orejones. Savarín de naranja con coco y chocolate.
♦ Este céntrico restaurante, ubicado bajo unos soportales en piedra, cuenta con dos salas bastante cuidadas y de línea actual. De sus fogones surge una cocina de autor con dos magníficos menús degustación, pudiendo elegir de ellos algunos platos a la carta.

La Cocina de Segovia – Hotel Los Arcos 🄰🄲 %° ⇄ 🍴 🆅🅸🆂🅰 ₪ 🄰🄴 ⓞ
paseo de Ezequiel González 26 ⊠40002 – 𝒞 921 43 74 62
– www.lacocinadesegovia.es – cerrado domingo noche BY**t**
Rest – Carta 33/43 €
♦ Su carta ensalza los sabores de esta tierra. El comedor, de ambiente clásico-regional, se presenta con dos hornos de asar, uno para el cochinillo y el otro para el cordero.

José María 🄰🄲 ⇄ 🆅🅸🆂🅰 ₪ 🄰🄴 ⓞ
Cronista Lecea 11 ⊠40001 – 𝒞 921 46 60 17 – www.rtejosemaria.com
Rest – Carta 35/50 € BY**u**
♦ Ofrece cinco salas de estilo castellano donde podrá degustar las especialidades típicas de la región y algunos platos de sorprendente actualidad. Vinos de elaboración propia.

Maracaibo -Casa Silvano- 🄰🄲 %° ⇄ 🆅🅸🆂🅰 ₪ 🄰🄴 ⓞ
paseo de Ezequiel González 25 ⊠40002 – 𝒞 921 46 15 45
– www.restaurantemaracaibo.com – cerrado 20 días en julio, domingo noche y lunes BY**h**
Rest – Carta 40/50 €
♦ Sus elaboraciones se han desmarcado un poco de los tradicionales asados segovianos. Aquí, en un entorno funcional-actual, encontrará platos modernos y una bodega equilibrada.

Convento de Mínimos 🄰🄲 %° 🆅🅸🆂🅰 ₪ ⓞ
pl. de Valdeláguila 3 ⊠40001 – 𝒞 921 46 09 98 – www.conventodeminimos.com
– cerrado domingo noche y lunes BY**c**
Rest – Carta 34/49 €
♦ Marco vanguardista que recupera la antigua iglesia de Mínimos, reconvertida más tarde en teatro. Posee un gran comedor principal y varios privados en lo que fueron los palcos.

Mesón de Cándido 🏠 🄰🄲 %° ⇄ 🆅🅸🆂🅰 ₪ 🄰🄴 ⓞ
pl. Azoguejo 5 ⊠40001 – 𝒞 921 42 59 11 – www.mesondecandido.es
Rest – Carta 31/42 € BY**s**
♦ ¡Toda una institución en la ciudad! Raigambre y tradición se dan cita en una casa del s. XV que, por méritos propios, se ha convertido en un referente de la cocina regional.

XX **Duque**　　　　　　　　　　　　　　 AC ⅀ ⇔ VISA ⓸ AE ⓪
Cervantes 12 ⊠40001 – ℰ 921 46 24 87 – www.restauranteduque.es
Rest – Carta 33/46 € ⅍　　　　　　　　　　　　　　BY**e**
♦ El mesón más antiguo de Segovia, ya que se fundó en 1895 y ha ido pasando de padres a hijos. Posee varias salas de cuidado montaje y resulta famoso por sus carnes y asados.

XX **Di Vino**　　　　　　　　　　　　　　　　 VISA ⓸ AE
Valdelaguila 7 ⊠40003 – ℰ 921 46 16 50 – www.restaurantedivino.com
– cerrado martes　　　　　　　　　　　　　　　　BY**k**
Rest – Carta 30/50 €
♦ Ubicado en pleno casco antiguo. Cuenta con un bar público, una sala para tapear y un comedor de montaje actual distribuido en dos alturas. Carta creativa de base tradicional.

X **El Bernardino**　　　　　　　 ⇧ AC ⅀ ⇔ VISA ⓸ AE ⓪
Cervantes 2 ⊠40001 – ℰ 921 46 24 77 – www.elbernardino.com　BY**e**
Rest – Carta 22/39 €
♦ Restaurante de línea clásica llevado entre dos hermanos. Ofrece salas espaciosas y una carta de base tradicional con algún plato más actual. Terraza con vistas sobre Segovia.

X **La Taurina**　　　　　　　　　　 ⇧ AC ⅀ VISA ⓸ AE ⓪
pl. Mayor 8 ⊠40001 – ℰ 921 46 09 02　　　　　　　BY**x**
Rest – Carta 28/49 €
♦ Este negocio se presenta con un bar típico a la entrada y las salas en dos niveles, todas de ambiente rústico-regional. Correcto montaje y elaboraciones propias de la zona.

Y/ **Cuevas de Duque**　　　　　　　 AC ⅀ VISA ⓸ AE ⓪
Santa Engracia 6 ⊠40001 – ℰ 921 46 24 86 – www.restauranteduque.es
Rest – Tapa 3 € – Ración aprox. 15 €　　　　　　　BY**e**
♦ Aunque con acceso independiente, pertenece a la misma propiedad que el restaurante Duque. Decoración típica algo recargada, un horno antiguo y una buena carta de raciones.

en la carretera N 110 por ② :

🏨 **Puerta de Segovia**　 ⊠ ♒ 🖁 ⅀ ⅍ 🕭 hab, AC ⅀ ⅝ ⅍ 🅿 VISA ⓸ AE ⓪
2,8 km ⊠40196 La Lastrilla – ℰ 921 43 71 61 – www.hotelpuertadesegovia.com
205 hab – †60/130 € ††60/150 €, ⋤ 10 €　**Rest** – Menú 22 €
♦ Hotel ubicado a las afueras de la ciudad y especializado tanto en convenciones como en banquetes. Posee amplios salones modulares y habitaciones funcionales de buen confort. En su restaurante encontrará una correcta carta de cocina regional.

por la carretera de La Granja por ③ : 3,5 km

🏨 **Cándido**　　 ⊠ ⊠ ♒ 🖁 ⅍ hab, AC ⅀ ⅝ ⅍ 🅿 ⟳ VISA ⓸ AE ⓪
av. Gerardo Diego ⊠40006 Segovia – ℰ 921 41 39 72 – www.candidohotel.es
108 hab ⋤ – ††90/200 € – 1 suite　**Rest** – Menú 30 €
♦ Resulta atractivo y se aprecia que en él han utilizado materiales de gran calidad. Encontrará amplias zonas nobles, bellos patios, habitaciones de buen confort y un SPA. Ofrece dos cuidados restaurantes, uno para invierno y el otro, con terraza, para verano.

en la carretera de Arévalo C 605 por ⑤ : 4,5 km

X **La Parrilla de Tejadilla**　　　　 ⇧ AC 🅿 VISA ⓸ AE ⓪
⊠40196 Zamarramala – ℰ 921 44 21 49 – cerrado del 10 al 31 de enero,
domingo noche y lunes
Rest – Carta 30/45 €
♦ Este restaurante posee un bar, dos agradables comedores de línea clásica y una amplia terraza de verano. Elaboran platos de base tradicional y deliciosas carnes a la parrilla.

SEGUR DE CALAFELL – Tarragona – **574** I34 – Playa – ⊠ **43882**   **13** B3
- ▶ Madrid 577 – Barcelona 62 – Tarragona 33
- 🄳 Sant Joan de Déu (Passeig Marítim), ℰ 977 15 90 58 turismesegur@
  calafell.org Fax 977 15 91 13

※ **Mediterràni**   🄰🄲 ⅍ 🆅🅸🆂🅰 ⚬⚬ 🄰🄴
pl. Mediterràni – ℰ 977 16 23 27 – cerrado 22 diciembre-10 enero y lunes salvo festivos
Rest – Carta 24/36 €
◆ Posee una pequeña barra de apoyo a la entrada, dos comedores de línea clásica con detalles marineros y otra sala más grande para grupos. Carta basada en la cocina catalana.

SEGURA DE LA SIERRA – Jaén – **578** R22 – 2 054 h. – ⊠ 23379   **2** D1
- ▶ Madrid 332 – Sevilla 386 – Jaén 159 – Albacete 152
- 🄾 Localidad★ (Panorámicas★★)

※ **Mirador de Peñalta**   🏠 🄰🄲 🆅🅸🆂🅰 ⚬⚬ 🄰🄴 ⓪
San Vicente 29 – ℰ 953 48 20 71 – cerrado lunes
Rest – Carta aprox. 25 €
◆ Se encuentra en la calle de acceso a la localidad. Encontrará un gran bar y un comedor, ambos de ambiente rústico y el último decorado con aperos de labranza. Cocina regional.

SEGURA DE LEÓN – Badajoz – **576** R10 – 2 140 h. – alt. 698 m   **17** B3
– ⊠ 06270
- ▶ Madrid 453 – Mérida 110 – Badajoz 109 – Barrancos 49

⌂ **Castillo de Segura de León** ⊗   🄰🄲 ⅍ ⁕¹ 🄿 🆅🅸🆂🅰 ⚬⚬ 🄰🄴 ⓪
Castillo – ℰ 924 70 31 10 – www.hotelcastillodesegura.com
8 hab � – †55/65 € ††75/85 €   **Rest** – Menú 15 €
◆ Parcialmente instalado en un castillo medieval que domina la ciudad. La zona social ocupa una galería y posee sobrias habitaciones en las que se combina distinto mobiliario. Su espacioso comedor disfruta de un cuidado servicio de mesa.

SENA DE LUNA – León – **575** D12 – 400 h. – alt. 1 142 m – ⊠ 24145   **11** B1
- ▶ Madrid 411 – León 65 – Oviedo 64 – Ponferrada 147

⌂ **Días de Luna** ⊗   ⪕ ⅍ ⁕¹ ⅐ 🄿 🆅🅸🆂🅰 ⚬⚬
🄾 *Magistrado Rodríguez Quirós 24 – ℰ 987 59 77 67 – www.diasdeluna.com*
– Semana Santa-octubre y fines de semana resto del año
17 hab � – ††41/59 €   **Rest** – *(sólo clientes , sólo menú)* Menú 18 €
◆ Casa rural ubicada en un bonito paraje, con una atractiva fachada en piedra y un ambiente acogedor. Sus habitaciones recrean un ambiente rústico y están decoradas con gusto.

SENCELLES – Illes Balears – ver Balears (Mallorca)

SEO DE URGEL – Lleida – ver La Seu d'Urgell

SEPÚLVEDA – Segovia – **575** I18 – 1 273 h. – alt. 1 014 m – ⊠ 40300   **12** C2
- ▶ Madrid 123 – Aranda de Duero 52 – Segovia 59 – Valladolid 107
- 🄾 Emplazamiento★

🏢 **Vado del Duratón**   🄸 🄰🄲 ⅍ ⁕¹ ⅐ 🄿 🆅🅸🆂🅰 ⚬⚬ 🄰🄴 ⓪
San Justo y Pastor 10 – ℰ 921 54 08 13 – www.vadodelduraton.com – cerrado enero
22 hab � – †40/55 € ††55/70 €
Rest *Fogón del Azogue* – *(cerrado lunes)* Carta 34/45 €
◆ Hotel de nueva construcción que ocupa una céntrica casona antigua. Pone a su disposición amplias zonas nobles y unas habitaciones de buen confort, con los baños en mármol. El restaurante está ubicado en un edificio anexo, comunicado por medio de un pasadizo.

⌂ **Posada de San Millán**   🐾 🛜 VISA ⓒⓞ

Vado 12 – 𝒞 921 54 01 77
– www.posadasanmillan.es
8 hab ⌑ – 📍72 € 📍📍80 €
Rest – *(sólo fines de semana)* Menú 25 €
♦ Hermoso edificio románico del s. XI dotado con un patio porticado y numerosos muebles restaurados. Cálido confort y una decoración que resulta algo ecléctica pero atractiva.

𝓧 **Cristóbal**   AC 🐾 VISA ⓒⓞ AE ⓪

Conde de Sepúlveda 9 – 𝒞 921 54 01 00
– www.restaurantecristobal.com
– cerrado del 1 al 15 de septiembre, del 15 al 30 de diciembre, lunes noche y martes
Rest – Carta 28/40 €
♦ Todo un clásico en la localidad. Dispone de un bar a la entrada seguido de un espacioso comedor y, en el sótano, otro salón con chimenea acompañado por una acogedora bodega.

SERINYÀ – Girona – **574** F38 – **1 095 h.** – ✉ 17852   **14** C3

▶ Madrid 714 – Barcelona 122 – Girona/Gerona 26 – Perpignan 89

⌂ **Can Solanas** ⊗   🚗 ☂ 🐾 🛜 P VISA ⓒⓞ ⓪

Sant Sebastià 48 – 𝒞 972 59 31 99
– www.cansolanas.com
5 hab ⌑ – 📍57/63 € 📍📍86/93 €
Rest – *(sólo clientes, sólo cena)* Menú 19 €
♦ Masía familiar que ha sido rehabilitada respetando, en lo posible, la distribución original. Destaca su gran terraza cubierta y la decoración, algo ecléctica pero muy cuidada.

SERPE – Pontevedra – ver Raxó

SERRA DE OUTES – A Coruña – **571** D3 – **7 425 h.** – **alt. 16 m**   **19** A2
– ✉ 15230

▶ Madrid 642 – Santiago de Compostela 42 – A Coruña 119
  – Pontevedra 78

por AC 550 Sur : 2 km y desvío a la derecha 1 km

⌂ **Casa do Zuleiro** sin rest ⊗   ♿ 🛜 P VISA ⓒⓞ AE

Brion de Arriba 52 - San Xoan de Roo ✉15230 – 𝒞 981 76 55 31
– www.casadozuleiro.com
8 hab ⌑ – 📍📍52/85 €
♦ Este conjunto rural, formado por varias casas, resulta realmente encantador. Ofrece una zona social con chimenea y acogedoras habitaciones, con profusión de madera y piedra.

SERRADUY – Huesca – **574** F31 – **alt. 917 m** – ✉ 22483   **4** D1

▶ Madrid 508 – Huesca 118 – Lleida/Lérida 100

◉ Roda de Isábena : enclave★ montañoso - Catedral : sepulcro de San Ramón★ (Suroeste : 6 km)

⌂ **Casa Peix**   ☂ 🐾 🛜 P VISA ⓒⓞ AE

– 𝒞 974 54 44 30 – www.hotelcasapeix.com
– cerrado 10 diciembre-1 enero
26 hab ⌑ – 📍26/30 € 📍📍41/47 €
Rest – *(cerrado domingo noche y lunes salvo festivos) (sólo menú)*
Menú 37,50 €
♦ Discreto establecimiento de montaña con unas instalaciones algo desfasadas. Sus habitaciones resultan sencillas, aunque gozan de un correcto mantenimiento. Dispone de un amplio y cuidado restaurante que basa su oferta en un extenso menú.

ESPAÑA

SETCASES – Girona – **574** E36 – 173 h. – alt. 1 279 m – **Deportes de invierno en Vallter:** ≰11 – ⊠ **17869**   **14** C1

▶ Madrid 710 – Barcelona 138 – Girona/Gerona 91

⌂ **La Coma** ≫   ≤ 🀫 🎿 🔲 🛗 🎋 **P** **VISA ⊛**

– 𝒞 972 13 60 74 – www.hotellacoma.com
22 hab ⌧ – ♦77/129 € ♦♦94/186 €
Rest – Menú 18,50 €
♦ Hotel de atención familiar y cuidados exteriores. Disfruta de una correcta zona social y habitaciones de variado confort, siendo las renovadas muy superiores a las antiguas. Comedor rústico de notable amplitud y sencillo montaje.

¡No confunda los cubiertos 𝖃 y las estrellas ❀! Los cubiertos definen una categoría de confort y de servicio. La estrella consagra únicamente la calidad de la cocina cualquiera que sea el standing del establecimiento.

La SEU D'URGELL (SEO DE URGEL) – Lleida – **574** E34 – 13 063 h.   **13** B1
– alt. 700 m – ⊠ **25700**

▶ Madrid 602 – Andorra la Vella 20 – Barcelona 200 – Lleida/Lérida 133
🛈 av. Valls d'Andorra 33 𝒞 973 35 15 11 info@turismeseu.com Fax 973 36 01 56
◎ Localidad★ - Catedral de Santa María★★ (Claustro★ : Iglesia de Sant Miquel★ - Museo diocesano★ : Beatus★★, retablo de la Abella de la Conca★)

🕍 **Parador de la Seu d'Urgell**   🔲 🛗 🛗 & hab, 🄰🄲 🎋 🎤 🕍 🖼
Sant Domènec 6 – 𝒞 973 35 20 00 – www.parador.es   **VISA ⊛ AE ①**
78 hab – ♦102/130 € ♦♦128/163 €, ⌧ 16 €
Rest – Menú 32 €
♦ Remotos orígenes medievales se ciernen sobre sus modernas instalaciones de línea minimalista. Zona social emplazada en el patio interior y habitaciones con baños en mármol. Su amplio restaurante combina perfectamente el diseño con la cocina de sabor regional.

🕍 **Nice**   🔲 & hab, 🄰🄲 🎋 🎤 🕍 🖼 **VISA ⊛ AE ①**
av. Pau Claris 4 – 𝒞 973 35 21 00 – www.hotelnice.net
59 hab – ♦49/64 € ♦♦71/94 €, ⌧ 10,40 €
Rest – Menú 17 €
♦ Sencillo establecimiento llevado en familia y situado en la calle principal de la localidad. Dispone de habitaciones funcionales, con los suelos en parquet y baños actuales. El comedor ofrece un adecuado montaje y centra su atención en el recetario regional.

⌂ **Avenida**   🔲 🎋 🎤 🕍 **VISA ⊛ AE ①**
av. Pau Claris 24 – 𝒞 973 35 01 04 – www.avenhotel.com
50 hab – ♦42/53 € ♦♦63/86 €, ⌧ 6 €
Rest – (cerrado lunes) Carta 21/38 €
♦ Este hotel compensa su reducida zona social con unas habitaciones de buen confort, la gran mayoría renovadas y en la última planta con aire acondicionado. Su restaurante ofrece una carta que toma como referencia la cocina italiana y la tradicional española.

𝖃 **Cal Pacho**   🄰🄲 🎋 ⟷ **VISA ⊛**
La Font 11 – 𝒞 973 35 27 19 – cerrado 23 diciembre-7 enero, del 1 al 15 de julio y domingo
Rest – (sólo almuerzo salvo junio-septiembre, viernes y sábado en invierno) Carta 19/28 €
♦ Casa familiar con muchos años de vida donde se combinan lo rústico y lo actual. Dispensa un cuidado servicio de mesa y unas elaboraciones caseras a precios ajustados.

en Castellciutat Suroeste : 1 km

El Castell de Ciutat 🏖   ← 🚗 🌳 ⅀ 🗔 ⅃⅂ 🄺 ⅋ 📶 🔐 **P**
carret. N 260 ✉*25700 apartado 53 La Seu d'Urgell*   🟥 🆚 🆎 ⓪
– 𝒞 *973 35 00 00* – *www.hotelelcastell.com*
34 hab ⅏ – ♀160/180 € ♀♀200/235 € – 4 suites
Rest – *(15 junio-15 octubre)* Menú 25 €
Rest *Tapies* – *(cerrado del 10 al 24 de enero y del 7 al 21 de noviembre)*
Carta 55/72 € 🦪
♦ Definido por su elegante decoración clásica. Ofrece buenas vistas al valle, una zona SPA y habitaciones de gran confort, las de la planta baja superiores a las abuhardilladas. El restaurante Tapies, dotado con ventanales panorámicos, propone una cocina actual.

al Noreste : 6 km

⌂   **Cal Serni** 🏖   ⅋ 📶 **P**
Calbinyà, (es necesario reservar) ✉*25798 Valls de Valira* – 𝒞 *973 35 28 09*
– *www.calserni.com*
6 hab – ♀42 € ♀♀60 €, ⅏ 8 €
Rest – *(sólo clientes , sólo menú)* Menú 15 €
♦ Se encuentra en una pequeña aldea de montaña, en una casa del s. XV donde también podrá visitar el Museo del Pagès. Ofrece habitaciones de estilo rústico con gran encanto.

ESPAÑA

SEVILLA

Provincia : Ⓟ Sevilla
Mapa Michelin : 578 T11/ T12
▶ Madrid 531 – A Coruña 917
– Lisboa 410 – Málaga 211

Población : 703 206 h.
Altitud : 12 m
Mapa regional : 1 B2

INFORMACIONES PRÁCTICAS

🛈 Oficinas de Turismo

av. de la Constitución 21 B, ℰ 95 422 14 04 otsevilla@ andalucia.org
Fax 95 422 97 53,

estación de Santa Justa, ℰ 95 453 76 26

y aeropuerto ℰ 95 478 20 35 otaesevilla@andalucia.org Fax 95 478 20 34

Automóvil Club

R.A.C.E. av. Eduardo Dato 22, ℰ 95 463 13 50 Fax 95 465 96 04.

Golf

🏌 Pineda, ℰ 95 461 14 00

🏌 Las Minas Golf "Duasa" (Aznalcázar), SO : 25 km por la carret. de Huelva,
ℰ 95 575 06 78

Aeropuerto

✈ de Sevilla-San Pablo por ① : 14 km ℰ 902 404 704

Iberia : aeropuerto ℰ 902 400 500

◉ VER

La Giralda*** (✱***) BX – Catedral*** (retablo Capilla Mayor***, Capilla Real**) BX – Real Alcázar*** BXY (Cuarto del Almirante : retablo de la Virgen de los Mareantes* ; Palacio de Pedro el Cruel*** : cúpula*** del Salón de Embajadores ; Palacio de Carlos V : tapices** ; Jardines* : galería del grutesco★) – Barrio de Santa Cruz*** BCX (Hospital de los Venerables*) – Museo de Bellas Artes*** (sala V***, sala X) AV – Casa de Pilatos** (azulejos**, escalera** : cúpula*) CX – Parque de María Luisa★★ FR (Plaza de España★ FR **114** – Museo Arqueológico* FR : Tesoro de Carambolo*, colección romana*). Otras curiosidades : Hospital de la Caridad* (iglesia) BY – Convento de Santa Paula* CV (portada* iglesia) – Iglesia del Salvador* BX (retablos barrocos**) – Palacio de la Condesa de Lebrija* BV – Capilla de San José* BX – Ayuntamiento (fachada oriental*) BX **H** – Iglesia de Santa María la Blanca* CX – Iglesia de San Luis de los Franceses* (interior**) FR **R** – Parque temático : Isla Mágica* FP. Alrededores : Itálica* 9 km por ⑥

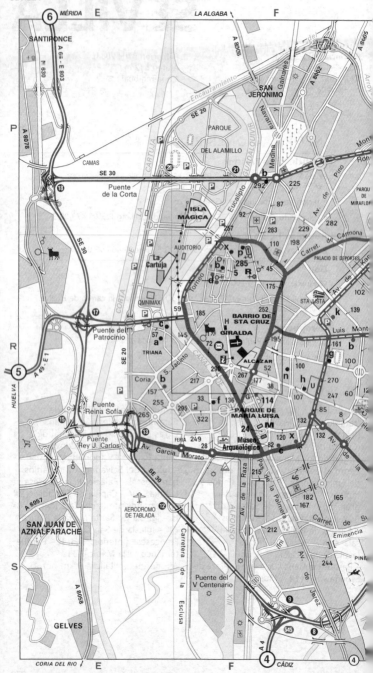

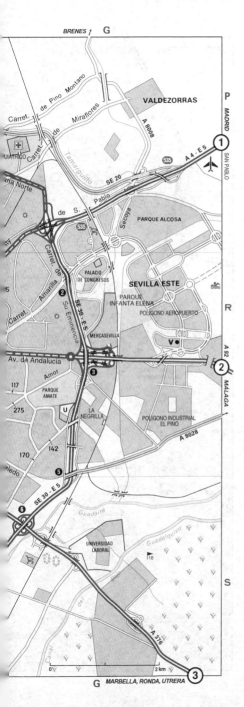

SEVILLA

SEVILLA

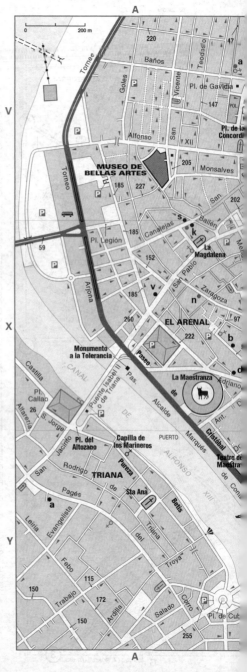

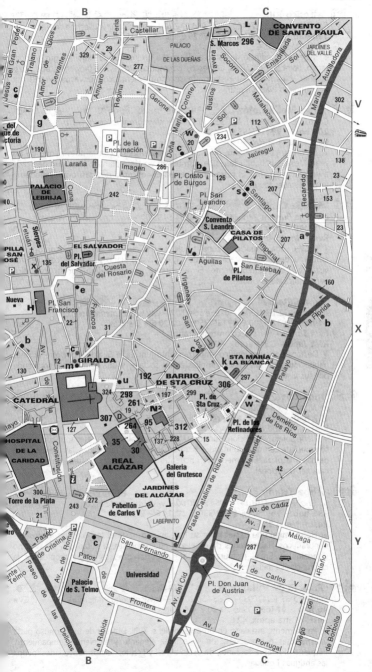

L · S. Marcos · 296 · CONVENTO DE SANTA PAULA · JARDINES DEL VALLE

PALACIO DE LAS DUEÑAS

Castellar · Feria · Socorro · Enladrillada · Sol · María Auxiliadora

Jesús del Gran Poder · Trajano · Dios · Amor · de · Cervantes · 329 · 29 · Amparo · 277 · Regina · Gerona · María Coronel · Bustos · Tavera · Matahacas · Recaredo

302 · V

c · g · del que de ctoria · 190

Pl. de la Encarnación · 20 · W · d · 234 · 112 · Jáuregui · 138 · 23

Laraña · Imagen · 286 · Pl. Cristo de Burgos · b. · 126 · a · s · Santiago · 207 · 153 · 23

PALACIO DE LEBRIJA · Cuna · 242 · Pl. San Leandro · Convento S. Leandro

Siempes · EL SALVADOR · Pl. del Salvador · CASA DE PILATOS · a · 207

PILLA SAN OSÉ · X · 135 · Cuesta del Rosario · Águilas · San Esteban · Pl. de Pilatos · 160

Nueva · H · Pl. San Francisco · e · Virgenes · La Florida · b · X

22 · Francos · 31 · San José · c · STA MARÍA LA BLANCA · k · 297

b · Av · c · V · GIRALDA · m · 12 · 130 · u · 192 · BARRIO DE STA CRUZ · 306

CATEDRAL · 324 · 298 · 261 · 197 · 299 · Pl. de Sta Cruz · w · Demétrio de los Ríos

307 · 127 · D · 19 · N · 95 · 312 · Pl. de los Refinadores · 15 · Menéndez · 42

HOSPITAL DE LA CARIDAD · 264 · 35 · 30 · 137 · 228 · 4 · Galería del Grutesco · Paseo Catalina de Ribera

REAL ALCÁZAR · 300 · Torre de la Plata · 21 · 243 · 272 · JARDINES DEL ALCÁZAR · Pabellón de Carlos V · LABERINTO · Avenida · Av. de Cádiz

Paseo de Cristina · c · Patos · San Fernando · a · y · J · 287 · Málaga

Av. de Roma · Universidad · Av. del Cid · Av. de Carlos V

Palacio de S. Telmo · La Rábida · Frontera · Pl. Don Juan de Austria · Riaño · Y

Paseo Telmo · de las · Delicias · Av. · de · Portugal · Diego · Av. de Borbolla

B · C

🏨🏨🏨🏨 Alfonso XIII 🚗 🛦 🏊 🖼 🕹 hab, 🅰🅲 🕉 rest, 🏋 🖫 🖸 🚘 🆚🆂🅰 ⊚ 🅰🅴 ⓪

San Fernando 2 ✉41004 – ☏ 954 91 70 00 – www.luxurycollection.com
128 hab – †195/545 € ††219/679 €, ☟ 25 € – 19 suites · · · · · · · · · · · · · · · · · BY**c**
Rest – Menú 35 €

◆ Majestuoso edificio de estilo andaluz con un interior de exquisito gusto decorativo, combinando arcos, arabescos y mosaicos. Posee habitaciones árabes, castellanas y barrocas. Su restaurante se complementa con un espacio chill out denominado Piazza Martini.

🏨🏨🏨 Gran Meliá Colón 🛌 🖼 🖫 🛦 hab, 🅰🅲 🕉 hab, 🕻 🏋 🚘 🆚🆂🅰 ⊚ 🅰🅴 ⓪

Canalejas 1 ✉41001 – ☏ 954 50 55 99 – www.granmeliacolon.com
204 hab – ††119/455 €, ☟ 24 € – 35 suites · AX**k**
Rest – Carta aprox. 50 €

◆ Se presenta totalmente reformado y modernizado, con la nueva línea de los Gran Meliá. Sus habitaciones se distribuyen en siete plantas, cada una dedicada a un pintor español. El restaurante refleja el concepto de "gastro-bar", moderno y con detalles taurinos.

🏨🏨🏨 Sevilla Center ◁ 🏊 🛌 🖼 🖫 🛦 hab, 🅰🅲 🕉 hab, 🕻 🏋 🚘 🆚🆂🅰 ⊚ 🅰🅴 ⓪

av. de la Buhaira 24 ✉41018 – ☏ 954 54 95 00 – www.hotelescenter.com
209 hab – ††60/540 €, ☟ 14 € – 24 suites · FR**n**
Rest – Menú 40 €

◆ Posee una espaciosa zona noble y habitaciones de buen confort, sin embargo, debemos destacar las que hay en las dos platas superiores, con mejores vistas y mayor equipamiento. El restaurante le sorprenderá por su magnífica panorámica de la ciudad.

🏨🏨🏨 Eme Catedral 🏊 🖼 🛦 hab, 🅰🅲 🕻 🆚🆂🅰 ⊚ 🅰🅴 ⓪

Alemanes 27 ✉41004 – ☏ 954 56 00 00 – www.emecatedralhotel.com
54 hab – †120/300 € ††150/350 €, ☟ 20 € – 6 suites · · · · · · · · · · · · · · · · · BX**m**
Rest *Santo* – ver selección restaurantes
Rest *Japo* – Carta aprox. 40 €

◆ Destaca por su magnífico emplazamiento junto a la Giralda y por ofrecer unas habitaciones de gran nivel, amplias zonas sociales y una azotea que sorprende por sus vistas.

🏨🏨🏨 Inglaterra 🖼 🅰🅲 🕉 hab, 🕻 🏋 🚘 🆚🆂🅰 ⊚ 🅰🅴 ⓪

pl. Nueva 7 ✉41001 – ☏ 954 22 49 70 – www.hotelinglaterra.es · · · · · · · · AX**r**
112 hab – †115/215 € ††140/275 €, ☟ 15 € – 9 suites
Rest – *(cerrado agosto)* Carta 32/45 €

◆ Tiene solera y tradición, aunque está bien actualizado. Su elegante zona social se completa con un pub irlandés y unas habitaciones renovadas, las mejores asomadas a la plaza. El comedor se encuentra en la 1ª planta y ofrece una carta de carácter tradicional.

🏨🏨🏨 Abba Triana ◁ 🖼 🛦 hab, 🅰🅲 🕉 🏋 🚘 🆚🆂🅰 ⊚ 🅰🅴 ⓪

pl. Chapina ✉41010 – ☏ 954 26 80 00 – www.abbahoteles.com · · · · · · · · · ER**c**
135 hab – †69/305 € ††69/330 €, ☟ 14 € – 2 suites
Rest – Menú 25 €

◆ Hotel actual que destaca por su hall, abierto hasta el techo y con ascensores panorámicos. Habitaciones de excelente equipamiento, la mitad con vistas al río Guadalquivir. En el restaurante podrá degustar diversos platos propios de la cocina clásica italiana.

🏨🏨🏨 Palacio de Villapanés 🛌 🖼 🛦 hab, 🅰🅲 🕉 hab, 🏋 🚘 🆚🆂🅰 ⊚ 🅰🅴 ⓪

Santiago 31 ✉41003 – ☏ 954 50 20 63 – www.almahotels.com · · · · · · · · · CV**a**
46 hab – ††169/409 €, ☟ 20 € – 4 suites
Rest – Carta aprox. 42 €

◆ Parcialmente instalado en un palacio del s. XVIII. Disfruta de un hermoso patio y espaciosas habitaciones, todas de línea elegante y excelente equipamiento. Pequeño SPA. El restaurante, de estilo actual y con los techos abovedados, ocupa las antiguas bodegas.

Las Casas del Rey de Baeza 🕭 　　　　🛋 🛏 ዿ hab, 🌃 ᐧᑊᐧ 🏠 🚗
Santiago (pl. Jesús de la Redención 2) ✉41003 – ℰ 954 56 14 96
– www.fuenso.com　　　　　　　　　　　　　　　　　　　　CVs
37 hab – 3 suites　**Rest** –
♦ Conjunto tradicional lleno de encanto. Ocupa una antigua corrala dotada con
patios que recuerdan otros tiempos y habitaciones coloniales-actuales de excelente equipamiento. En su restaurante encontrará cocina tradicional actualizada y
varios menús degustación.

 Las Casas de la Judería 🕭 　　　🛋 🛏 ዿ hab, 🌃 ✕ 🏠 🚗
pl. Santa María la Blanca 3 ✉41004 – ℰ 954 41 51 50　　　🆅🆂🅰 ⬤⬤ 🅰🅴 ⓞ
– www.casasypalacios.com　　　　　　　　　　　　　　　　CXk
130 hab – ♦85/160 € ♦♦135/360 €, ⨅ 19 €　**Rest** – Menú 35 €
♦ Singular y con mucho encanto. Sus magníficas habitaciones, el SPA y las zonas
sociales están distribuidas en 17 casas antiguas que, en total, llegan a tener hasta
37 patios. El restaurante destaca tanto por su carta tradicional como por sus
techos antiguos.

 Vincci La Rábida 　　　　　　　🏠 🛋 ዿ hab, 🌃 ᐧᑊᐧ 🏠 🚗
Castelar 24 ✉41001 – ℰ 954 50 12 80 – www.vinccihoteles.com　　AXb
79 hab – 2 suites　**Rest** –
♦ Casa-palacio del s. XVIII emplazada en una calle tranquila. Tanto las habitaciones como la zona noble cuidan su decoración, aunque lo más destacado es el
patio central. El restaurante se completa para las cenas, y sólo en temporada, con
una agradable terraza.

 Casa Romana sin rest 　　　　　　　　🛋 ዿ 🌃 ᐧᑊᐧ
Trajano 15 ✉41002 – ℰ 954 91 51 70 – www.hotelcasaromana.com
26 hab　　　　　　　　　　　　　　　　　　　　　　　BVc
♦ Hotel con encanto ubicado en una casa del s. XVIII. Ofrece habitaciones de elegante clasicismo, con mobiliario de calidad y excelentes baños. Terraza-solárium
con jacuzzi.

 NH Viapol sin rest, con cafetería 　　🛋 ዿ 🌃 ✕ ᐧᑊᐧ 🏠 🚗 🆅🆂🅰 ⬤⬤ 🅰🅴 ⓞ
Balbino Marrón 9 ✉41018 – ℰ 954 64 52 54 – www.nh-hotels.com
90 hab – ♦60/238 € ♦♦60/297 €, ⨅ 14 € – 6 suites　　　FRh
♦ Con el estilo NH, buenos materiales y un equipamiento perfecto. Ofrece instalaciones actuales y una atractiva terraza ajardinada que utilizan para el bar y los
desayunos.

 AC Sevilla Torneo sin rest, con cafetería 　　　🛋 ዿ 🌃 ᐧᑊᐧ 🚗
av. Sánchez Pizjuan 32 ✉41009 – ℰ 954 91 59 23 – www.ac-hotels.com
81 hab　　　　　　　　　　　　　　　　　　　　　　FPb
♦ Emplazado cerca del puente del Alamillo. Dispone de un moderno hall, con
cafetería y comedor para los desayunos, así como un patio con sillones y unas
habitaciones actuales.

 Vértice Sevilla 　　　🔳 🛁 🛋 ዿ hab, 🌃 ✕ 🕭 🏠 🚗 🆅🆂🅰 ⬤⬤ 🅰🅴 ⓞ
av. de la Aeronáutica ✉41020 – ℰ 954 47 58 47 – www.verticehoteles.com
107 suites – ♦45/300 € ♦♦60/350 €, ⨅ 10,80 € – 51 hab　　GRv
Rest – Carta aprox. 35 €
♦ Próximo al Palacio de Congresos y orientado a una clientela de ejecutivos.
Ofrece salas de reunión bien equipadas y habitaciones actuales, la mayoría de
ellas con salón. El restaurante elabora una carta tradicional actualizada que cambian tres veces al año.

 Bécquer 　　　　🛋 🛋 🌃 ✕ ᐧᑊᐧ 🏠 🚗 🆅🆂🅰 ⬤⬤ 🅰🅴 ⓞ
Reyes Católicos 4 ✉41001 – ℰ 954 22 89 00 – www.hotelbecquer.com
137 hab – ♦♦79/279 €, ⨅ 15 € – 1 suite　**Rest** – Menú 28 €　　AXv
♦ Un clásico renovado con puntualidad. Presenta un salón social de línea clásica,
un pequeño SPA y habitaciones de buen confort general, todas con tarima flotante. Atractivo comedor en tonos blancos, con el techo acristalado y las sillas
de mimbre.

ESPAÑA

Zenit Sevilla 🗞️ 🕼 🖻 hab, 🔢 ⅌ ㊉ 🔊 🚗 𝗩𝗜𝗦𝗔 ⊙ 🗚 ⓪

Pagés del Corro 90 ⊠41010 – ℰ 954 34 74 34 – www.zenithoteles.com

112 hab – ♚♚50/395 €, ⌟ 13 € – 16 suites   **Rest** – Menú 18 €   AY**a**

♦ Para llegar al hotel se accede por un pequeño callejón y un patio. Cuenta con varios salones panelables y unas habitaciones definidas por su sólido mobiliario de aire rústico. El restaurante disfruta de un llamativo techo abovedado y ofrece una cocina actual.

Novotel Sevilla Marqués del Nervión   🖵 🗞️ 🕼 hab, 🔢 ⅌ ㊉

av. Eduardo Dato 71 ⊠41005 – ℰ 954 55 82 00   🔊 🚗 𝗩𝗜𝗦𝗔 ⊙ 🗚 ⓪

– www.novotel.com   FR**g**

169 hab – ♚68/225 € ♚♚68/250 €, ⌟ 14 € – 2 suites   **Rest** – Menú 15 €

♦ Instalaciones modernas, luminosas y funcionales, destacando el que todas sus habitaciones dispongan de cama de matrimonio y de un sofá-cama. Piscina panorámica en el ático. Su luminoso comedor disfruta de vistas al estadio de fútbol Ramón Sánchez Pizjuán.

Las Casas de los Mercaderes sin rest   🗞️ 🔢 🗞️ 🚗 𝗩𝗜𝗦𝗔 ⊙ 🗚 ⓪

Álvarez Quintero 9 ⊠41004 – ℰ 954 22 58 58 – www.casasypalacios.com

47 hab – ♚54/190 € ♚♚65/280 €, ⌟ 14 €   BX**e**

♦ Edificio del s. XVIII ubicado en pleno centro, con un agradable patio cubierto y habitaciones de adecuado equipamiento. Coqueta sala de desayunos y un solárium en la azotea.

Doña María sin rest   🖵 🗞️ 🔢 🗞️ 🕼 𝗩𝗜𝗦𝗔 ⊙ 🗚 ⓪

Don Remondo 19 ⊠41004 – ℰ 954 22 49 90 – www.hdmaria.com   BX**u**

65 hab – ♚80/145 € ♚♚115/250 €, ⌟ 13 €

♦ Posee habitaciones señoriales en diferentes estilos, cada una dedicada a una mujer famosa de Sevilla. Soberbia terraza-azotea, con piscina e inmejorables vistas a la Giralda.

Petit Palace Marqués Santa Ana sin rest   🗞️ 🕼 🔢 🕼 🔊 🚗

Jimios 9 ⊠41001 – ℰ 954 22 18 12 – www.hthoteles.com   𝗩𝗜𝗦𝗔 ⊙ 🗚 ⓪

57 hab – ♚81/389 € ♚♚86/400 €, ⌟ 16,20 €   BX**b**

♦ Ocupa una casa del s. XIX dotada con dos patios, uno cubierto que hace de zona social y otro abierto como terraza. Habitaciones actuales y bien equipadas, todas con ordenador.

Monte Triana sin rest, con cafetería   🗞️ 🔢 🗞️ 🕼 🔊 🚗 𝗩𝗜𝗦𝗔 ⊙ 🗚 ⓪

Clara de Jesús Montero 24 ⊠41010 – ℰ 902 52 05 55 – www.hotelesmonte.com

117 hab – ♚50/154 € ♚♚50/160 €, ⌟ 10 €   ER**a**

♦ Una buena opción en el popular barrio de Triana. Posee una zona noble de cuidada sobriedad y habitaciones funcionales, con mobiliario clásico y los suelos en tarima flotante.

Monte Carmelo sin rest, con cafetería   🗞️ 🔢 🗞️ 🕼 🔊 🚗 𝗩𝗜𝗦𝗔 ⊙ 🗚 ⓪

Vírgen de la Victoria 7 ⊠41011 – ℰ 902 52 05 55 – www.hotelesmonte.com

68 hab – ♚50/214 € ♚♚50/220 €, ⌟ 10 €   FR**f**

♦ En una zona tranquila del barrio de Los Remedios. El conjunto se ha renovado poco a poco, incorporando a sus confortables habitaciones un completo equipamiento.

Amadeus Sevilla sin rest   🗞️ 🕼 🔢 🗞️ 🕼 𝗩𝗜𝗦𝗔 ⊙

Farnesio 6 ⊠41004 – ℰ 954 50 14 43 – www.hotelamadeussevilla.com

19 hab – ♚68/85 € ♚♚76/95 €, ⌟ 8,50 €   CX**c**

♦ Hermosa casa transformada en hotel temático, con la música clásica como la clave de su filosofía. Posee habitaciones personalizadas en su decoración, dos de ellas con piano.

Casa Sacristía de Santa Ana sin rest   🗞️ 🕼 🔢 🕼 🔊

Alameda de Hércules 22 ⊠41001 Sevilla – ℰ 954 91 57 22

– www.hotelsacristia.com   FR**b**

25 hab

♦ De la antigua sacristía sólo queda su estructura original y algunas puertas usadas ahora como cabeceros. Patio típico como zona social y habitaciones de línea clásica-actual.

Alcoba del Rey de Sevilla sin rest   🔄 AC ⌀ 📶 VISA ⬤⬤ AE

Bécquer 9 ✉41002 – 𝒞 954 91 58 00 – www.alcobadelrey.com   FR**p**

15 hab ⌂ – ✝80/214 € ✝✝95/271 €

♦ Hotel que recupera la estética andalusí. Posee un patio mudéjar, habitaciones dotadas de preciosos baños y una jaima en la azotea-solárium. Toda su decoración está a la venta.

Posada del Lucero sin rest   🔄 AC ⌀ 📶 VISA ⬤⬤ ①

Almirante Apodaca 7 ✉41003 – 𝒞 954 50 24 80
– www.imgposadadellucero.com   CV**c**

39 hab – ✝80/210 € ✝✝80/226 €, ⌂ 17 €

♦ Este edificio remonta sus orígenes a una posada del s. XVI, aunque de esa época sólo queda el patio y algunas paredes. Interior moderno-funcional y habitaciones actuales.

Casona de San Andrés sin rest   🔄 ⌀ AC 📶 VISA ⬤⬤ ①

Daoíz 7 ✉41003 – 𝒞 954 91 52 53 – www.casonadesanandres.com

26 hab ⌂ – ✝40/120 € ✝✝75/180 €   BV**g**

♦ Ocupa un edificio del s. XIX con dos patios interiores, a los que dan muchas de sus habitaciones. En su decoración se han conservado labores de rejería y vidrieras antiguas.

Adriano sin rest   ⛱ 🔄 AC 📶 ⛉ 🚗 VISA ⬤⬤

Adriano 12 ✉41001 – 𝒞 954 29 38 00 – www.adrianohotel.com   AX**d**

34 hab – ✝40/200 € ✝✝50/300 €, ⌂ 15 €

♦ Su espacioso hall integra la recepción y la cafetería. Las habitaciones están bien equipadas, con decoración clásica y mobiliario de calidad. Azotea-solárium con jacuzzi.

Patio de la Alameda sin rest   AC ⌀ 🚗 VISA ⬤⬤ AE

Alameda de Hércules 56 ✉41002 – 𝒞 954 90 49 99
– www.patiodelaalameda.com   FR**x**

21 apartamentos – ✝✝100/125 €, ⌂ 8,50 €

♦ Tiene las ventajas de un aparthotel. Posee tres patios llenos de plantas, uno de ellos cubierto para funcionar como zona social. Habitaciones amplias, la mayoría con cocina.

Petit Palace Canalejas sin rest   🔄 ⌀ AC 📶 VISA ⬤⬤ AE ①

Canalejas 2 ✉41001 – 𝒞 959 22 64 00 – www.hthoteles.com   AXV**s**

52 hab – ✝✝60/350 €, ⌂ 8 €

♦ Tras su atractiva fachada de línea clásica encontrará unas habitaciones de carácter funcional, todas ellas con su ordenador portátil y columnas de hidromasaje en los baños.

La Casa del Maestro sin rest   ⌀ AC ⌀ 📶 VISA ⬤⬤ AE ①

Niño Ricardo 5 ✉41003 – 𝒞 954 50 00 07 – www.lacasadelmaestro.com
– *cerrado agosto*   CV**b**

11 hab ⌂ – ✝90/190 € ✝✝90/260 €

♦ Hotel con encanto donde vivió el famoso guitarrista flamenco Niño Ricardo. Posee un pequeño patio, terraza-solárium en la azotea y unas coquetas habitaciones personalizadas.

Abanico sin rest   🔄 AC ⌀ ☎ VISA ⬤⬤ AE ①

Aguilas 17 ✉41003 *Sevilla* – 𝒞 954 21 32 07 – www.hotelabanico.com

22 hab – ✝50/150 € ✝✝55/160 €, ⌂ 10 €   CX**v**

♦ Casa sevillana del s. XIX emplazada en pleno casco antiguo. Ofrece un patio típico decorado con azulejos y habitaciones de línea clásica, todas con colores bastante vivos.

Maestranza sin rest y sin ⌂   🔄 AC ⌀ 📶 VISA ⬤⬤

Gamazo 12 ✉41001 – 𝒞 954 56 10 70 – www.hotelmaestranza.es   BX**s**

18 hab – ✝41/67 € ✝✝57/87 €

♦ Establecimiento edificado sobre una típica casa sevillana, que ha sido restaurada y acondicionada para su bienestar. Habitaciones prácticas y un pequeño patio a modo de hall.

ESPAÑA

� **Don Pedro** sin rest y sin ⌷ 　　　🖃 📠 ℀ 🕪 🆅🅸🆂🅰 ⑳
Gerona 24 ✉41003 – 𝒞 954 29 33 33 – www.hoteldonpedro.net 　　CV**d**
20 hab – †50/65 € ††60/83 €
♦ Casa señorial del s. XVIII dotada con un hermoso patio central, donde está la zona social. La mitad de sus habitaciones se asoman a la calle y cinco disfrutan de terraza.

⚫ **Puerta de Sevilla** sin rest 　　　🖃 ℀ 📠 ℀ 🆅🅸🆂🅰 ⑳ 🅰🅴 ⓪
Puerta de la Carne 2 ✉41004 – 𝒞 954 98 72 70 – www.hotelpuertadesevilla.com
16 hab – †52/130 € ††67/160 €, ⌷ 6 € 　　CX**w**
♦ Bien ubicado a la entrada del barrio de Santa Cruz. Tras su elegante fachada encontrará una reducida zona social y habitaciones algo pequeñas pero cuidadas y alegres.

❌❌❌ **Santo** – Hotel Eme Catedral 　　　📠 ℀ 🆅🅸🆂🅰 ⑳ 🅰🅴 ⓪
☼ *Argote de Molina 6 ✉41004 – 𝒞 954 56 10 20 – www.emehotel.com*
Rest – Menú 85 € – Carta 55/70 € 　　BX**m**
Espec. Ensalada tibia de tuétanos de verdura con marisco, crema de lechuga de caserío y jugo yodado. Lenguado asado con almeja, mantequilla de cítricos y jugo espumoso de patata en salsa verde. Soufflé de chocolate con crema helada de caramelo y canela.
♦ Ofrece un bar de espera, con varios sofás para la sobremesa, y una sala bastante original, pues combina los suelos y paredes antiguos con una moderna decoración. Presenta una cocina creativa, fresca y actual, con productos escogidos y técnicas muy depuradas.

❌❌❌ **Egaña Oriza** 　　　📠 ✿
San Fernando 41 ✉41004 – 𝒞 954 22 72 54 – www.restauranteoriza.com
Rest – 　　CY**y**
♦ Junto a la antigua muralla. Encontrará un luminoso comedor, tipo jardín de invierno, y varios privados. Cocina tradicional de inspiración vasca y deliciosos platos de cuchara.

❌❌❌ **Gastromium** 　　　📠 ℀ ✿ 🆅🅸🆂🅰 ⑳ 🅰🅴 ⓪
av. Ramón Carande 12 ✉41013 – 𝒞 954 62 55 55 – www.gastromium.com
– cerrado agosto, domingo noche y lunes 　　FR**x**
Rest – Carta 51/70 €
♦ Restaurante de estética actual y buen confort dotado con una sala de diseño, detalles minimalistas, numerosos espejos y un techo muy original. Cocina de autor bien elaborada.

❌❌❌ **Taberna del Alabardero** con hab 　　🖃 📠 ℀ 🍽 🆅🅸🆂🅰 ⑳ 🅰🅴 ⓪
Zaragoza 20 ✉41001 – 𝒞 954 50 27 21 – www.tabernadelalabardero.es
– cerrado agosto 　　AX**n**
7 hab ⌷ – †100/250 € ††120/300 € 　**Rest** – Carta aprox. 50 €
♦ Esta casa-palacio del s. XIX tiene sus elegantes salas distribuidas en torno a un bucólico patio andaluz, que funciona como salón de té. Excelente montaje y cocina creativa. Si está pensando en alojarse aquí encontrará unas magníficas habitaciones, todas de gran confort y la mayoría con mobiliario de época.

❌❌❌ **Abantal** (Julio Fernández) 　　　📠 ℀ 🆅🅸🆂🅰 ⑳ 🅰🅴 ⓪
☼ *Alcalde José de la Bandera 7 ✉41003 – 𝒞 954 54 00 00*
– www.abantalrestaurante.es – cerrado del 1 al 9 de mayo, 21 días en agosto,
domingo y lunes 　　CX**b**
Rest – Menú 55/95 € – Carta aprox. 56 €
Espec. Huevos de campo escalfados con migas y papada. Rabo de cerdo ibérico deshuesado con crema ligera de "manteca colorá" y cigala. Bizcocho de almendras con limón, helado de tomillo y caramelo de miel.
♦ Disfruta de un bar privado a la entrada y una única sala de ambiente moderno, con las paredes desnudas y un esmerado servicio de mesa. Cocina de carácter creativo elaborada con productos de gran calidad, cuidando mucho los detalles y las presentaciones.

ESPAÑA

XXX **San Fernando 27**   Ⓐ ✧
San Fernando 27 ⊠41004   ℰ 954 22 09 66 – www.sanfernando27.com
Rest –   BY**a**
♦ Disfruta de una estética actual, con el comedor principal junto a un patio cubierto y el piso superior dotado de varios privados. Cocina creativa y un área de investigación.

XX **Az-Zait**   Ⓐ �️ ⓥⓘⓢⓐ ⓒⓞ ⒶⒺ ⓞ
😊 *pl. San Lorenzo 1 ⊠41002 – ℰ 954 90 64 75 – www.az-zaitrestaurantes.com
– cerrado agosto y domingo salvo diciembre*   FR**d**
Rest – Carta aprox. 35 €
♦ Bien organizado, clásico y con un cuidadísimo servicio de mesa. Su carta ofrece un maridaje entre la cocina internacional y los platos tradicionales de tintes creativos.

XX **Casa Robles**   🍴 Ⓐ �️ ✧ ⓥⓘⓢⓐ ⓒⓞ ⒶⒺ ⓞ
Álvarez Quintero 58 ⊠41004 – ℰ 954 56 32 72 – www.roblesrestaurantes.com
Rest – Carta aprox. 32 €   BX**c**
♦ Resulta turística y tiene prestigio, con su terraza, un bar de tapas y varias salas de línea clásica-regional distribuidas tanto en la casa como en los anexos. Nutrida bodega.

XX **El Asador de Aranda**   🍴 Ⓐ ✂️ Ⓟ ⓥⓘⓢⓐ ⓒⓞ ⒶⒺ ⓞ
*Luis Montoto 150 ⊠41005 – ℰ 954 57 81 41 – www.asadoresdearanda.com
– cerrado agosto y domingo noche*   FR**b**
Rest – Carta 24/33 €
♦ Palacete que sorprende por la fachada y sus exteriores. Dispone de cuatro salas de estilo castellano, con profusión de maderas y vidrieras. La especialidad es el lechazo.

XX **Jaylu**   Ⓐ ✂️ ⓥⓘⓢⓐ ⓒⓞ ⒶⒺ ⓞ
*López de Gomara 19 ⊠41010 – ℰ 954 33 94 76 – www.restaurantejaylu.com
– cerrado del 15 al 30 de agosto y domingo noche*   ER**b**
Rest – Carta 75/100 €
♦ Tiene gran aceptación por la calidad de los pescados y mariscos que sirven. El comedor goza de un buen servicio de mesa y una decoración de cierta elegancia. Selecta bodega.

XX **Becerrita**   Ⓐ ✂️ ✧ 🚗 ⓥⓘⓢⓐ ⓒⓞ ⒶⒺ ⓞ
*Recaredo 9 ⊠41003 – ℰ 954 41 20 57 – www.becerrita.com – cerrado domingo
noche*   CX**a**
Rest – Carta 37/45 €
♦ Este acogedor negocio posee un bar de tapas, dos comedores bien acondicionados y cuatro privados, todo de estilo clásico-andaluz. Especialidades regionales y completa bodega.

X   **El Espigón**   Ⓐ ✂️ ⓥⓘⓢⓐ ⓒⓞ ⒶⒺ ⓞ
Bogotá 1 ⊠41013 – ℰ 954 62 68 51 – www.elespigon.com – cerrado domingo
Rest – Carta 30/44 €   FR**c**
♦ Frecuentado por gente de negocios. Sabor marinero en el bar de la entrada, y tres salas bien montadas con servicio a la carta. Especial protagonismo de pescados y mariscos.

X   **Manolo Vázquez**   Ⓐ ✂️ ⓥⓘⓢⓐ ⓒⓞ ⓞ
Baltasar Gracián 5 ⊠41007 – ℰ 954 57 21 46   FR**k**
Rest – Carta 31/44 €
♦ Restaurante de cocina tradicional andaluza en el que los pescados y mariscos se alzan con un especial protagonismo. Decoración algo recargada y una clientela de negocios.

X   **Eslava**   Ⓐ ✂️ ⓥⓘⓢⓐ ⓒⓞ ⒶⒺ ⓞ
*Eslava 3 ⊠41002 – ℰ 954 90 65 68 – cerrado del 9 al 20 de enero, del 9 al 30 de
agosto, domingo noche y lunes*   FR**d**
Rest – Carta 25/35 €
♦ Este restaurante de ambiente familiar se alza como un referente de la cocina tradicional actualizada. Posee un bar de tapas bastante popular y un comedor de sencillo montaje.

ESPAÑA

X **Horacio** AC ⛛ ⇔ VISA ⊕ AE ⓘ

Antonia Díaz 9 ⊠41001 – ℰ 954 22 53 85 – www.restaurantehoracio.com
– cerrado del 15 al 31 de agosto y martes salvo abril-mayo AX**c**
Rest – Carta 25/36 €
• Este sencillo establecimiento cuenta con un bar público y dos salas montadas a distinto nivel. Ofrece platos tradicionales, sugerencias diarias y un menú bastante económico.

X **El Rinconcillo** AC ⛛ VISA ⊕ AE ⓘ

Gerona 40 ⊠41003 – ℰ 954 22 31 83 – www.elrinconcillo.es – cerrado del 1 al 6
de enero, 15 días en julio y 15 días en septiembre CV**w**
Rest – Carta 20/27 €
• Negocio llevado entre dos hermanos. Dispone de una taberna en la planta baja, la más antigua de Sevilla, y dos comedores rústicos en los pisos superiores. Cocina tradicional.

𝒴/ **Robles Placentines** ⛱ AC ⛛ VISA ⊕ AE ⓘ

Placentines 2 ⊠41004 – ℰ 954 21 31 62 – www.roblesrestaurantes.com
Rest – Tapa 2,10 € – Ración aprox. 12,95 € BX**v**
• Bar tipo mesón, con profusión de maderas y una atractiva decoración que gira en torno al mundo taurino. Posee una sala en la 1ª planta y ofrece una sugerente carta de tapas.

𝒴/ **Casa La Viuda** ⛱ AC ⛛ VISA ⊕ AE ⓘ

Albareda 2 ⊠41001 – ℰ 954 21 54 20 – cerrado domingo en julio y agosto
Rest – Tapa 2 € – Ración aprox. 12 € BX**x**
• Un céntrico establecimiento con todo el calor de los bares de tapas. Buen hacer y gran variedad de elaboraciones. Amables tertulias en un entorno joven y animado.

𝒴/ **El Burladero** – Hotel Gran Meliá Colón AC VISA ⊕ AE ⓘ

Canalejas 1 ⊠41001 Sevilla – ℰ 954 50 55 99 – www.granmeliacolon.com
Rest – Tapa 3 € – Ración aprox. 7 € AX**k**
• Gastro-bar de estética moderna decorado con fotos de toreros. Posee un buen expositor de vinos y chacinas, una sala con dos privados y unas deliciosas tapas de cocina actual.

𝒴/ **Dos de Mayo** AC ⛛ VISA ⊕ AE ⓘ

pl.de Gavidia 6 ⊠41002 – ℰ 954 90 86 47 – cerrado domingo en julio y agosto
Rest – Tapa 2 € – Ración aprox. 12 € AV**a**
• Este negocio, que está totalmente reformado en un estilo clásico-antiguo, emana historia y tradición, pues el local data de finales del s. XIX. Tapas típicas de la ciudad.

en Bellavista por av. de Jerez FS : 5,5 km

🏨 **Doña Carmela** 📧 ⛴ hab. AC ⛛ 📶 ⇦ VISA ⊕ AE ⓘ

av. de Jerez 14 ⊠41014 Sevilla – ℰ 954 69 29 03 – www.dcarmela.com
58 hab – †45/97 € ††50/129 €, � 4 € **Rest** – Menú 11 €
• Tras su fachada clásica encontrará un hotel de adecuado confort frecuentado por una clientela de comerciales y turistas. Correcta zona social y habitaciones actualizadas. El comedor, ubicado en el 1er piso, combina la sencillez con un ambiente distendido.

SIERRA BLANCA – Málaga – ver Ojén

SIERRA DE CAZORLA – Jaén – ver Cazorla

SIERRA NEVADA – Granada – **578** U19 – **alt. 2 080 m** – **Deportes de** 2 D1
invierno : ⚡28 ⚡2 ⚡1 – ⊠ 18193

▶ Madrid 461 – Granada 31

Meliá Sierra Nevada 🔲 🏠 🛗 🕪 🏊 🚾 ⑳ 🅰🅴 ⓪
pl. Pradollano – ☎ *958 48 04 00* – *www.melia-sierra-nevada.com*
– *diciembre-abril*
219 hab ⌧ – ♦76/257 € ♦♦82/394 € – 2 suites
Rest – *(sólo cena)* Menú 38 €
♦ En plena estación invernal. Posee un hall clásico, con una tienda de esquí, una piscina cubierta dotada de vistas a las montañas y habitaciones actualizadas de buen confort. El restaurante está dominado por el uso de la madera y recrea un ambiente de montaña.

Kenia Nevada ⪪ 🔲 🏠 🛗 🕪 🕪 🏊 🚗 🚾 ⑳ 🅰🅴 ⓪
Virgen de las Nieves 6 – ☎ *958 48 09 11* – *www.kenianevada.com*
66 hab – ♦55/111 € ♦♦90/194 €, ⌧ 16,05 € **Rest** – *(sólo buffet)* Menú 34 €
♦ Precioso edificio de estética alpina. Tanto las zonas sociales como sus habitaciones poseen detalles de ambiente rústico-montañés y, en muchos casos, vistas a las montañas. El comedor basa su oferta gastronómica en un nutrido servicio de buffet.

SIGÜENZA – Guadalajara – **575** |22 – **576** |22 – **5 044 h.** – **alt. 1 070 m** 10 C1
– ⊠ 19250

🚩 Madrid 129 – Guadalajara 73 – Soria 96 – Zaragoza 191
🖪 Serrano Sanz 9 ☎ 949 34 70 07 turismo@siguenza.es Fax 949 34 70 08
◉ Catedral★★ (Interior : puerta capilla de la Anunciación★, conjunto escultórico del crucero★★, techo de la sacristía★, cúpula de la capilla de las Reliquias★, púlpitos presbiterio★, crucifijo capilla girola★ - Capilla del Doncel : sepulcro del Doncel★★)

Parador de Sigüenza 🐾 🛗 ₺ hab, 🅰🄲 🕪 🕪 🏊 🅿 🚾 ⑳ 🅰🅴 ⓪
– ☎ *949 39 01 00* – *www.parador.es*
79 hab – ♦115/120 € ♦♦144/156 €, ⌧ 15 € – 2 suites **Rest** – Menú 32 €
♦ Instalado en un castillo medieval cuyas murallas testimonian un pasado colmado de historia. Bellas estancias con decoración de época y numerosas comodidades actuales. En su hermoso salón-comedor podrá degustar los platos más típicos.

La Casona de Lucía sin rest 🕪 🕪 🚾 🅰🅴 ⓪
bajada de San Jerónimo 12 – ☎ *949 39 01 33* – *www.lacasonadelucia.com*
– *cerrado del 15 al 31 de enero*
10 hab – ♦50/60 € ♦♦67/90 €, ⌧ 5 €
♦ Tras su fachada en piedra encontrará un hotelito de organización familiar bastante cuidado. Entre sus acogedoras habitaciones destaca la que tiene el techo abuhardillado.

El Doncel con hab 🅰🄲 rest, 🕪 🕪 🚾 🅰🅴 ⓪
paseo de la Alameda 3 – ☎ *949 39 00 01* – *www.eldoncel.com*
– *cerrado del 23 al 31 de diciembre y del 15 al 28 de febrero*
18 hab – ♦48/78 € ♦♦58/98 €, ⌧ 6 €
Rest – *(cerrado domingo noche y lunes)* Carta aprox. 45 €
♦ Ofrece un buen comedor rústico-moderno, con las paredes en piedra y atractivas vigas de madera. Encontrará una carta tradicional con tintes de autor y una selecta bodega. Como complemento al negocio también disfruta de unas correctas habitaciones y algunas suites.

Calle Mayor 🅰🄲 🕪 🚾 ⑳ 🅰🅴 ⓪
Mayor 21 – ☎ *949 39 17 48* – *www.restaurantecallemayor.com* – *cerrado del 20 al 31 de diciembre, domingo noche y lunes salvo verano*
Rest – Carta 25/35 €
♦ Restaurante de estilo neorrústico. Dispone de una sala en dos niveles de buen montaje, donde podrá degustar una cocina de base tradicional con algún toque actual.

ESPAÑA

SILLEDA – Pontevedra – 571 D5 – 9 248 h. – alt. 463 m – ⊠ 36540   **19** B2

    D Madrid 574 – Chantada 50 – Lugo 84 – Ourense 73

🛏️   **Ramos** sin rest   🖧 ⚗️ 🛜 📶 📶 *VISA* 🅰️ 📧

    Antón Alonso Ríos 24 – ☎ 986 58 12 12 – www.hotelramos.com

    33 hab – 🛏25/40 € 🛏🛏35/60 €, ⤴ 5 € – 2 apartamentos

    • Dispone de una pequeña recepción, un coqueto salón y una moderna cafetería en dos niveles. Habitaciones funcionales de buen confort y espaciosos apartamentos.

✗   **Ricardo**   ⚗️ *VISA* 📧

    San Isidro 15 – ☎ 986 58 08 77

    Rest – Carta 28/40 €

    • Un buen lugar para degustar las carnes gallegas y el pescado fresco. Posee un comedor independiente, amplio y de correcto montaje, y una cafetería con mesas para el menú.

SIMANCAS – Valladolid – 575 H15 – 5 152 h. – alt. 725 m – ⊠ 47130   **11** B2

    D Madrid 197 – Ávila 117 – Salamanca 103 – Segovia 125

    🖼️ Entrepinos, carret. de Pesqueruela km 1,5, ☎ 983 59 05 11

✗✗   **Patio Martín**   🆔 ⚗️ ⇔ *VISA* 📧

    Las Tercias 2 – ☎ 983 59 11 33 – www.patiomartin.es – cerrado 15 días en enero, 15 días en agosto y lunes

    Rest – *(sólo almuerzo salvo viernes y sábado)* Carta 34/43 €

    • Casa de pueblo rehabilitada a la que se accede por un patio, donde está la parrilla a la vista. Posee un comedor de cuidado montaje y un privado. Buen producto de temporada.

SINEU – Illes Balears – ver Balears (Mallorca)

SÍSAMO – A Coruña – 571 C3 – ⊠ 15106   **19** B1

    D Madrid 640 – Carballo 3 – A Coruña 43 – Santiago de Compostela 46

🏠   **Pazo do Souto** 🌿   📻 🍵 ⚗️ 📶 🅿️ *VISA* 📧 📧 📧

    Torre 1 – ☎ 981 75 60 65 – www.pazodosouto.com – cerrado enero y febrero

    11 hab – 🛏39/55 € 🛏🛏55/75 €, ⤴ 6 €   **Rest** – Menú 15 €

    • En un antiguo pazo del s. XVII. Disfruta de un bello entorno, cálidos rincones y confortables habitaciones, la mayoría con bañera de hidromasaje y algunas abuhardilladas. El coqueto comedor se sitúa en la 1ª planta.

SITGES – Barcelona – 574 I35 – 27 668 h. – Playa – ⊠ 08870   **15** A3

    D Madrid 597 – Barcelona 45 – Lleida/Lérida 135 – Tarragona 53

    🛈 Sinia Morera 1 ☎ 93 894 50 04 info@sitgestur.com Fax 93 894 43 05

    🖼️ Terramar, ☎ 93 894 05 80

    ◎ Localidad★★ - Casc antic★★ – Museo del Cau Ferrat★★ EZ – Museo Maricel de Mar★ EZ – Casa Llopis★ DY

Planos páginas siguientes

🏨   **San Sebastián Playa H.**   < 🏖️ 🍵 🖥️ & hab, 🆔 ⚗️ 📶 🔧 📻

    Port Alegre 53 – ☎ 938 94 86 76   *VISA* 📧 📧 📧

    – www.hotelsansebastian.com   CV**e**

    51 hab ⤴ – 🛏95/350 € 🛏🛏105/375 €   **Rest** – Menú 20 €

    • Destaca tanto por su emplazamiento en el paseo marítimo como por sus cuidadas habitaciones, todas con mobiliario de gran calidad y unos preciosos cabeceros pintados a mano. Restaurante de cocina mediterránea con un buen apartado de arroces.

🏨   **Calipolis**   < 🖥️ & hab, 🆔 ⚗️ 📶 🔧 📻 *VISA* 📧 📧 📧

    av. Sofia 2 – ☎ 938 94 15 00 – www.hotelcalipolis.com   DZ**s**

    163 hab – 🛏98/215 € 🛏🛏98/230 €, ⤴ 17 € – 7 suites   **Rest** – Menú 26 €

    • Edificio circular ubicado en pleno paseo marítimo. Posee una zona social amplia y luminosa, así como habitaciones actuales, la mayoría con terraza y vistas al mar. En su restaurante panorámico podrá degustar una cocina tradicional marinera bien elaborada.

SITGES

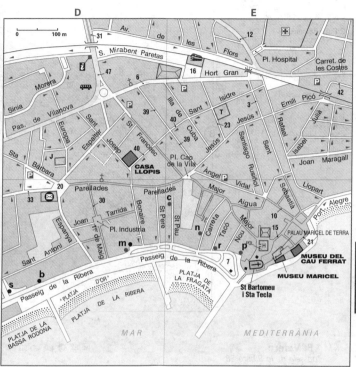

ESPAÑA

  La Niña   🛜 ⌱ 📶 ⅙ hab, 🆔 ❄ ⅏ ⅍ 🚗 💳 ⬤ 🆎 ⓞ

passeig de la Ribera 65 – ℰ 938 11 35 40 – www.laninahotel.com – cerrado del 18 al 29 de diciembre   DZ**b**

47 hab ⊇ – †85/162 € ††98/176 €

Rest – Menú 18 €

♦ Se encuentra en el paseo marítimo y destaca por su hermosa fachada clásica. Hall con detalles náuticos y habitaciones funcionales, 16 de ellas con terraza y vistas al mar. El restaurante disfruta de una gran terraza y propone una extensa carta tradicional.

  Platjador   🛜 ⌱ 📶 🆔 ❄ ⅏ 💳 ⬤ 🆎

passeig de la Ribera 35 – ℰ 938 94 50 54 – www.hotelsitges.com – 18 abril-noviembre   DZ**m**

59 hab ⊇ – †40/142 € ††51/200 €

Rest *El Rincón de Pepe* – Carta 25/40 €

♦ Hotel de línea actual-funcional y buen confort general. En la 5ª planta ofrece un salón-bar con gran encanto, pues tiene una atractiva terraza-solárium panorámica. El restaurante, también actual y con terraza, ofrece una carta tradicional y varios arroces.

SITGES

El Velero   🍴🍴   AC ⅍ ✿ VISA ⓾ AE ①

passeig de la Ribera 38
– ☎ 938 94 20 51
– www.restaurantevelero.com
– *cerrado 15 días en enero, lunes salvo julio-agosto y domingo noche*
Rest – Carta 35/52 € ☷   DZ**m**
♦ Establecimiento de seria organización familiar dotado con una terraza cubierta, dos comedores clásicos y un privado. Cocina mediterránea de temporada y una nutrida bodega.

Maricel   🍴🍴   🍽 AC VISA ⓾ AE ①

passeig de la Ribera 6
– ☎ 938 94 20 54
– www.maricel.es
– *cerrado del 15 al 30 de noviembre, martes noche y miércoles*   EZ**r**
Rest – Carta 41/60 €
♦ Este restaurante familiar posee una atractiva terraza acristalada y dos comedores clásicos. Su carta alterna platos tradicionales, como los arroces, con otros más creativos.

Fragata   🍴🍴   🍽 AC ⅍ VISA ⓾ AE ①

passeig de la Ribera 1 – ☎ 938 94 10 86
– www.restaurantefragata.com   EZ**p**
Rest – Carta aprox. 50 €
♦ Ha sabido conjugar su rica tradición familiar con una atractiva modernización de las instalaciones. Completa carta de cocina actual y un apartado de arroces más tradicionales.

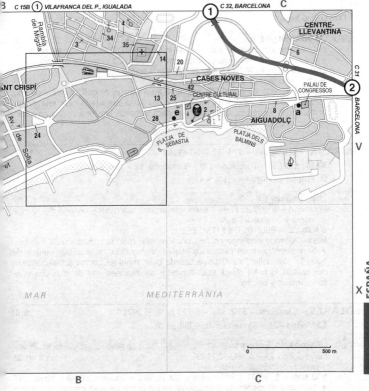

X **Casa Hidalgo**   AC ♨ ⇆ VISA ⊕⊙ AE ①
Sant Pau 12 – ℰ 938 94 38 95 – cerrado 15 diciembre-15 enero, domingo noche
y lunes   EZc
Rest – Carta 32/47 €
♦ Este céntrico local ofrece una sala de correcto montaje, un privado en el
sótano y una carta de cocina tradicional enriquecida con algunos mariscos y platos gallegos.

X **La Nansa**   AC ♨ ⇆ VISA ⊕⊙ AE ①
Carreta 24 – ℰ 938 94 19 27 – www.restaurantlanan. com – cerrado enero, 10
días en junio, martes noche y miércoles   EZn
Rest – Carta 35/48 €
♦ Presenta un ambiente marinero, ya que se decora con nansas, redes y aparejos
de pesca. Cocina tradicional catalana y marinera, así como especialidades típicas
de la ciudad.

en el puerto de Aiguadolç

🏨🏨🏨 **Meliá Sitges** ♨   ⇚ 🖾 ☆ ⅀ 🖾 🖪 🛎 ᵶ hab, AC ♨ ᵖ) 🕭 🚗
Joan Salvat Papassect 38 ⊠08870 Sitges   VISA ⊕⊙ AE ①
– ℰ 938 11 08 11 – www.solmelia.com   CVa
301 hab – ♥♥80/250 €, ⅀ 20 € – 6 suites
Rest *Noray* – Carta aprox. 55 €
♦ Enfocado tanto al cliente vacacional como al de negocios y convenciones, ya
que posee un gran auditorio. Habitaciones clásicas de completo equipamiento,
todas con terraza. El espacioso restaurante se complementa, si es necesario, con
una carpa para banquetes.

al Oeste : 6 km

Dolce Sitges hab, AC

av. Camí de Miralpeix 12, por Juan de la Cierva ✉ 08870 – ✆ 938 10 90 00 – www.dolcesitges.com – cerrado 22 diciembre-5 enero

260 hab – 294/348 € 374/428 € – 3 suites AX

Rest – *(sólo viernes y sábado)* Menú 56,25 €

♦ Hotel de estética actual ubicado junto a un campo de golf. Ofrece modernos espacios sociales, cálidas habitaciones y una zona preparada para reuniones y conferencias. Entre sus restaurantes destaca Esmarris, con una cocina creativa y varios menús degustación.

SIURANA – Tarragona – 574 I32 – ✉ 43362 13 B3

Madrid 536 – Barcelona 147 – Tarragona 52 – Lleida 87

Emplazamiento★★★ (≤★★)

XX **Els Tallers** con hab AC

Rentadors – ✆ 977 82 11 44 – www.restaurantelstallers.net – cerrado del 10 al 30 de enero y 30 mayo-5 junio

6 hab – 90/100 € 115/135 €

Rest – *(cerrado domingo noche,lunes y martes) (sólo menú)* Menú 32,50/57 €

♦ Se encuentra en un pintoresco pueblo de montaña, en el mismo edificio del hotel La Siuranella. Sala rústica-actual de buen montaje, cocina actual-creativa y dos menús. El hotel ofrece unas coquetas habitaciones, tres de ellas con vistas panorámicas y balcón.

ESPAÑA

SOLARES – Cantabria – 572 B18 – 5 723 h. – ✉ 39710 8 B1

Madrid 425 – Santander 18 – Bilbao 88

Balneario Solares hab, AC

Calvo Sotelo 13 – ✆ 942 52 13 13 – www.hotelbalneariosolares.es

108 hab – 78/121 € 121/178 €, 10,50 € – 5 suites **Rest** – Menú 25 €

♦ Balneario de modernas instalaciones rodeado por un gran parque con árboles centenarios. Sus habitaciones resultan bastante actuales y espaciosas, con los suelos en moqueta. El restaurante, diáfano y algo impersonal, posee vistas al jardín y a la piscina.

X Casa Enrique con hab AC rest, P

paseo de la Estación 20 – ✆ 942 52 00 73 – www.restaurantecasaenrique.com

16 hab Rest –

♦ Negocio de carácter centenario ubicado frente a la estación de ferrocarril. Ofrece un agradable porche, un bar y dos salas de línea clásica-actual, la principal con chimenea. Aquí, como complemento, también encontrará unas habitaciones de estilo funcional.

SOLIVELLA – Tarragona – 574 H33 – 685 h. – ✉ 43412 13 B2

Madrid 525 – Lleida/Lérida 66 – Tarragona 51

Monasterio de Vallbona de les Monges★★ (iglesia★★, claustro★)

XX **Cal Travé** AC P

carret. d'Andorra 56 – ✆ 977 89 21 65 – www.sanstrave.com – cerrado del 1 al 15 de julio, del 15 al 31 de octubre y miércoles

Rest – *(sólo almuerzo salvo viernes y sábado)* Carta aprox. 35 €

♦ Negocio de larga trayectoria familiar. Ofrece una cocina catalana con sabrosas elaboraciones caseras y carnes a la brasa. Reducida bodega con vinos de producción propia.

SÓLLER – Illes Balears – ver Balears (Mallorca)

SOLSONA – Lleida – 574 G34 – 9 233 h. – alt. 664 m – ✉ 25280   13 B2

 ▶ Madrid 577 – Lleida/Lérida 108 – Manresa 52

 🄳 carret. Bassella 1 ✆ 973 48 23 10 turisme@turismesolsones.com Fax 973 48 19 33

 ◉ Localidad★★ - Museo Diocesano y Comarcal★★ (pinturas★★ románicas y góticas, frescos de Sant Quirze de Pedret★★, frescos de Sant Pau de Caserres★, Cena de Santa Constanza★) - Catedral★ (Virgen del Claustro★)

🏨 **Sant Roc**   🛗 🔟 ✂ 🕪 ⚙ 🄿 🎫 ⊚ 🄰🄴 ⓪

pl. Sant Roc – ✆ 973 48 00 06 – www.hotelsantroc.com

25 hab – ♦60 € ♦♦105 €, ⊇ 10 €

Rest *El Buffi* – Carta 33/44 €

 ♦ Bello edificio de principios del s. XX donde se combinan el confort actual y los detalles de vanguardia. Destacan las habitaciones del tercer piso, amplias y abuhardilladas. El restaurante disfruta de un cuidado montaje, con techos altos y grandes ventanales.

SOMAÉN – Soria – 575 I23 – 52 h. – ✉ 42257   12 D2

 ▶ Madrid 172 – Valladolid 386 – Soria 96 – Guadalajara 116

🏨 **Posada Real de Santa Quiteria** 🌦   ⇐ 🔟 ✂ 🄿 🎫 ⊚ 🄰🄴

Barrio Alto 8 – ✆ 975 32 03 93 – www.posadasantaquiteria.com

10 hab – ♦♦110/179 €, ⊇ 12 €   **Rest** – *(cerrado lunes)* Carta 34/40 €

 ♦ ¡Maravilloso! Sorprende por sus magníficas instalaciones, distribuidas en una casa-portazgo del s. XVIII y una torre árabe del s. XI, ambas restauradas con muchísimo gusto. El luminoso restaurante presenta una estética rústica-elegante y una cocina de autor.

SOMIÓ – Asturias – ver Gijón

SON SERVERA – Illes Balears – ver Balears (Mallorca)

SON VIDA – Illes Balears – ver Balears (Mallorca) : Palma

SONDIKA – Vizcaya – 573 C21 – 4 536 h. – alt. 42 m – ✉ 48150   25 A3

 ▶ Madrid 400 – Bilbao 14 – Vitoria-Gasteiz 72 – Donostia-San Sebastián 100

 🛬 de Sondika-Bilbao ✆ 902 404 704

Iberia: aeropuerto ✆ 902 400 500

🍴🍴 **Gaztañaga**   🔟 ✂ 🎫 ⊚ 🄰🄴 ⓪

Txorri Erri 34 – ✆ 944 53 15 10 – www.restaurantegaztanaga.com – *cerrado agosto, sábado y domingo*

Rest – *(sólo almuerzo salvo viernes)* Carta 45/67 €

 ♦ Esta amable casa familiar presenta un bar de espera y un comedor clásico de impecable montaje, con los suelos en madera. Carta tradicional-regional y buenas sugerencias.

SORBAS – Almería – 578 U23 – 2 854 h. – alt. 409 m – ✉ 04270   2 D2

 ▶ Madrid 552 – Almería 59 – Granada 174 – Murcia 167

 🄳 Terraplén 9, ✆ 950 36 44 76 turismo@sorbas.es Fax 950 36 40 01

 ◉ Emplazamiento★

en Cariatiz Noreste : 10 km

🏠 **Cortijo Alto de Cariatiz** 🌦   🏡 🔟 🕭 hab, 🔟 ✂ rest, 🕪 🄿 🎫 ⊚ 🄰🄴

Los Alias ✉04270 – ✆ 950 36 91 31 – www.cortijoaltodecariatiz.com

11 hab – ♦50/70 € ♦♦70/113 €, ⊇ 6 €

Rest – *(es necesario reservar)* Menú 17 €

 ♦ Resulta bastante acogedor, ya que dispone de un edificio principal para las zonas sociales y siete casitas distribuidas a su alrededor, todo en un estilo rústico-actual. El restaurante, que elabora platos de sabor tradicional, se complementa con una terraza.

ESPAÑA

> ▶ Madrid 225 – Burgos 142 – Calatayud 92 – Guadalajara 169
> 🗓 Medinaceli 2, ℰ 975 21 20 52 oficinadeturismodesoria@jcyl.es
>   Fax 975 22 12 89
> 👁 Iglesia de Santo Domingo★ (portada★★) A – Catedral de San Pedro
>   (claustro★) B – San Juan de Duero (claustro★) B

🏨 **Parador de Soria** ✎ ≤ 📶 ⅙ hab, 🆉 ⅗ 🏊 P 𝖵𝖨𝖲𝖠 ◉ 🄰🄴 ⓘ
parque del Castillo ✉42005 – ℰ 975 24 08 00 – www.parador.es   Be
67 hab – †124/134 € ††155/168 €, ⊇ 18 € **Rest** – Menú 33 €
♦ Edificio de nueva construcción en el que lo más valorado son sus magníficas
vistas, tanto al valle del Duero como a las montañas. Decoración actual con detalles regionales. En el comedor podrá degustar platos propios de estas tierras.

🏨 **Alfonso VIII** 📶 ⅙ hab, 🆉 ⅗ ⁽ⁱ⁾ 🏊 ⟲ 𝖵𝖨𝖲𝖠 ◉ 🄰🄴
Alfonso VIII-10 ✉42003 – ℰ 975 22 62 11 – www.hotelalfonsoviiisoria.com
81 hab – †84/111 € ††84/134 €, ⊇ 14 € – 7 suites   Ab
Rest – Menú 21 €
♦ Hotel de cuidada línea clásica. La zona social se complementa con una espaciosa cafetería y las habitaciones disfrutan de un buen confort, con amplios
baños en mármol. El restaurante, que cuenta con un acceso independiente,
ofrece una carta tradicional.

🏨 **Leonor Mirón** ✎ ≤ 📶 ⅙ hab, 🆉 ⅗ ⁽ⁱ⁾ 🏊 P 𝖵𝖨𝖲𝖠 ◉ 🄰🄴 ⓘ
paseo del Mirón ✉42005 – ℰ 975 22 02 50 – www.hotel-leonor.com – cerrado
enero y febrero   Bb
33 hab – †67 € ††117 €, ⊇ 10 € **Rest** – Menú 20,30 €
♦ El nombre de este bello edificio no es gratuito, pues evoca a la mujer que tantos versos inspiró a Machado. Ofrece habitaciones de elegante estilo clásico y
buenas vistas. El comedor ha mejorado en el montaje y combina su carta tradicional con un buen menú.

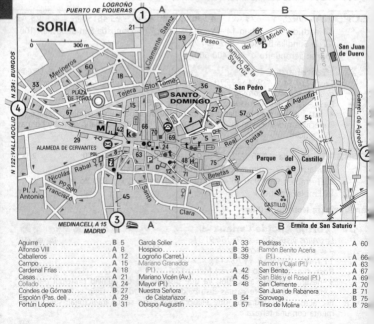

ESPAÑA

🛏 **Hostería Solar de Tejada** sin rest y sin 🛏   📶 ⚙ ⁽ᵗ⁾ 𝘷𝘪𝘴𝘢 ⊙

Claustrilla 1 ✉42002 – ℰ *975 23 00 54   www.hosteriasolardetejada.com*
18 hab – ♦42/52 € ♦♦56 €   A**c**
♦ Hotel coqueto y familiar de gran atractivo, ubicado en el casco antiguo de la ciudad. Gusto exquisito y alegres habitaciones con baños originales.

XXX **Rincón de San Juan**   🏠 🄰🄲 ⚙ 𝘷𝘪𝘴𝘢 ⊙

Diputación 1 ✉42002 – ℰ *975 21 50 36 – www.rincondesanjuan.com – cerrado domingo*   A**t**
Rest *– (sólo almuerzo salvo viernes y sabado)* Carta 33/42 €
♦ Negocio que combina la decoración rústica con un buen servicio de mesa. Ofrecen una carta tradicional y cuando el clima es benigno montan una terraza en un patio interior.

XX **Fogón del Salvador**   🄰🄲 ⚙ 𝘷𝘪𝘴𝘢 ⊙ 🄰🄴 ⓞ

pl. del Salvador 1 ✉42001 – ℰ *975 23 01 94 – www.fogonsalvador.com*
– cerrado martes en invierno salvo festivos   A**k**
Rest – Carta 30/40 €
♦ La calidad de sus productos y una dirección profesional le han labrado un hueco en la ciudad. Adecuado montaje, y una cocina basada en carnes a la brasa.

X **Mesón Castellano**   🄰🄲 ⚙ ⇔ 𝘷𝘪𝘴𝘢 ⊙ 🄰🄴 ⓞ

pl. Mayor 2 ✉42002 – ℰ *975 21 30 45 – www.mesoncastellanosoria.com*
Rest – Carta 28/45 €   B**t**
♦ Una casa bien cimentada que ha dado buenos frutos. Su interior alberga dos salas rústico-castellanas, en donde ofrecen una carta tipo asador que contempla también el pescado.

X **Casa Augusto**   🄰🄲 ⚙ 𝘷𝘪𝘴𝘢 ⊙ 🄰🄴 ⓞ

pl. Mayor 5 ✉42002 – ℰ *975 21 30 41 – www.casaaugusto.com – cerrado 15 enero-15 febrero*   B**r**
Rest – Carta 27/33 €
♦ Su cálido comedor está decorado con gusto, combinando zonas azulejadas con numerosas fotografías de gente de las letras y el espectáculo. Ofrece una carta de base tradicional.

X **El Mesón de Isabel**   🄰🄲 ⚙ 𝘷𝘪𝘴𝘢 ⊙ 🄰🄴 ⓞ

pl. Mayor 4 ✉42002 – ℰ *975 21 30 41 – www.casaaugusto.com – cerrado 15 enero-15 febrero*   B**r**
Rest – Carta 24/30 €
♦ Se trata del hermano pequeño del restaurante Casa Augusto, con el que comparte cocina, aunque no carta, siendo esta última más reducida. Coqueto entorno clásico-regional.

por la carretera N 234 por ④ **: 8 km y desvío a la derecha 1,2 km**

🏨 **Valonsadero** 🌿   ≤ 🏠 📶 ♿ hab, 🄰🄲 ⚙ ⁽ᵗ⁾ 🅿 𝘷𝘪𝘴𝘢 ⊙ 🄰🄴 ⓞ

Monte Valonsadero ✉42005 – ℰ *975 18 00 06 – www.hotelvalonsadero.com*
– cerrado 26 diciembre-15 enero
9 hab 🛏 – ♦45/75 € ♦♦65/110 €   Rest – Menú 22 €
♦ El elegante estilo y su privilegiada ubicación en pleno campo, lo convierten en un recurso decididamente atractivo. Sus habitaciones con mobiliario de época son una joya. Luminoso comedor en tonos suaves, con grandes ventanas y bellas vistas.

SORT – Lleida – **574** E33 – **2 382 h. – alt. 720 m** – ✉ **25560**   **13** B1
▶ Madrid 593 – Lleida/Lérida 136
🛈 camí de la Cabanera, ℰ 973 62 10 02 turisme@pallarssobira.info
   Fax 973 62 10 03

ESPAÑA

Pessets ← 🚗 ⌾ ⅄ ✕ 🕍 ⅄ hab, 🔲 ⅄ ⅊ ⅍ 🆚 ⓌⓈ

carret. de Seo de Urgel – ☏ *973 62 00 00 – www.hotelpessets.com – cerrado noviembre*

76 hab ☲ – †57/86 € ††85/127 € **Rest** – Menú 19 €

♦ Bien llevado en familia. Dispone de una zona social de aire actual-funcional y confortables habitaciones, destacando algunas de la 4ª planta por tener detalles de diseño. Su cuidado restaurante tiene un uso polivalente, ya que completa su actividad dando también el servicio de desayunos. Carta actualizada.

Fogony (Zaraida Cotonat) 🔲 ⅄ ⓌⓈ ⓌⓈ ⅏ ⓌⒾ

☸

av. Generalitat 45 – ☏ *973 62 12 25 – www.fogony.com – cerrado del 7 al 22 de enero, domingo noche, lunes y martes*

Rest – (es necesario reservar) Carta 46/73 €

Espec. Colmenillas con salsa de foie de pato macerado con Armagnac y Oporto. Arroz con conejo, sepia, costillitas y "all i oli". Palpis de lechazo ecológico, aceite de jamón y almendras.

♦ El matrimonio propietario, que está al frente del negocio, apuesta claramente por la cocina creativa, siempre elaborada con productos de la zona y cuidando mucho tanto las presentaciones como los puntos de cocción. Cálido comedor de ambiente rústico-actual.

SOS DEL REY CATÓLICO – Zaragoza – **574** E26 – **690 h.** – alt. 652 m   **3** B1 – ✉ 50680

▶ Madrid 423 – Huesca 109 – Pamplona 59 – Zaragoza 122

◉ Iglesia de San Esteban★ (cripta★, coro★)

⑥ Uncastillo (iglesia de Santa María : portada Sur★, sillería★, claustro★) Sureste : 22 km

Parador de Sos del Rey Católico ☟ ← 🕍 ⅄ hab, 🔲 ⅄ ⅊ ⅍

Arquitecto Sáinz de Vicuña 1 – ☏ *948 88 80 11*   🅿 ⓌⓈ ⅏ ⅏ ⅈ – *www.parador.es – cerrado 2 enero-11 febrero*

66 hab – †102/110 € ††128/138 €, ☲ 16 € **Rest** – Menú 32 €

♦ Edificio de estilo regional frente a la muralla medieval, destacando su galería cerrada y la barbacana con balaustre en madera. Confortables habitaciones de sobria decoración. Diáfano comedor con pilastras de piedra y viguería en el techo.

Casa del Infanzón sin rest ☟ 🔲 ⅄ ⅊ ⓌⓈ

Coliseo 3 – ☏ *605 94 05 36 – www.casadelinfanzon.com*

10 hab – ††56/82 €, ☲ 7 €

♦ Construcción en piedra donde abundan los elementos rústicos. Posee una agradable zona social y coquetas habitaciones en las que se combinan los detalles en forja y madera.

SOTO DE CANGAS – Asturias – **572** B14 – **175 h.** – alt. 84 m   **5** C2 – ✉ 33589

▶ Madrid 439 – Oviedo 73 – Santander 134

La Ablaneda sin rest   ⅄ ⅊ 🅿 ⓌⓈ ⅏

El Bosque - carret. de Covadonga, Sur : 1 km ✉ *33589 El Bosque –* ☏ *985 94 02 45 – www.ablaneda.com – marzo-3 noviembre*

10 hab – †45/65 € ††50/80 €, ☲ 6 €

♦ Chalet rodeado por un extenso prado. Dispone de un pequeño porche, una luminosa zona social y habitaciones de diferentes tamaños, algunas abuhardilladas y con mucha madera.

La Balsa sin rest   ⅄ ⅊ ⓌⓈ ⅏ ⅈ

carret. de Covadonga – ☏ *985 94 00 56 – www.labalsa.es – cerrado diciembre, enero y febrero*

14 hab ☲ – †35/60 € ††40/85 €

♦ Instalado en una casona de piedra al borde de la carretera. Dispone de unas cuidadas habitaciones con suelo en madera y vigas en el techo, destacando las abuhardilladas.

ESPAÑA

SOTO DE LUIÑA – Asturias – **572** B11 – ⊠ 33156

▶ Madrid 520 – Avilés 37 – Gijón 60 – Luarca 30

🏠 **Casa Vieja del Sastre** sin ⊡   ⅏ hab, **P** 𝗩𝗜𝗦𝗔 ⵙⵙ
Barrio los Quintos – ☏ 985 59 61 90 – *www.casaviejadelsastre.com*
15 hab – ♦29/49€ ♦♦55/72€   **Rest** – *(cerrado lunes)* Menú 25€
♦ Casa de organización plenamente familiar. Posee dos salones sociales poliva-lentes y unas habitaciones de impecable mantenimiento, las de la parte nueva con mejores baños. Su acogedor restaurante elabora una carta casera, de tipo asturiano, con toques actuales.

al Noroeste : 1,5 km

XX **Cabo Vidio** con hab ⌂   ⅏ **P** 𝗩𝗜𝗦𝗔 ⵙⵙ
acceso carret. N 632 ⊠33156 – ☏ 985 59 61 12 – *www.cabovidio.com* – *cerrado 6 enero-5 marzo*
12 hab ⊡ – ♦35/55€ ♦♦60/75€
Rest – *(cerrado lunes noche, martes en verano y domingo noche)* Carta 30/45€
♦ Esta casa familiar se presenta con un comedor rústico-actual y vistas al jardín. Ofrece una cocina casera de línea actual y destaca por la calidad de sus materias primas. También cuenta con unas habitaciones de impecable mantenimiento y un agradable solárium.

SOTO DEL REAL – Madrid – **576** J18 – **575** J18 – **8 294 h.** – alt. 921 m   **22 B2**
– ⊠ 28791

▶ Madrid 47 – El Escorial 47 – Guadalajara 92 – Segovia 83

XX **La Cabaña**   🏠 𝗔𝗖 ⅏ ⟷ **P** 𝗩𝗜𝗦𝗔 ⵙⵙ ⓞ
pl. Chozas de la Sierra (urb. La Ermita) – ☏ 918 47 78 82
– *www.lacabanadesoto.com* – *cerrado lunes noche y martes*
Rest – Carta 29/40€
♦ Está instalado en un chalet, con un amplio jardín a la entrada y un porche que usan como terraza de verano. En sus comedores podrá degustar una cocina de base tradicional.

SOVILLA – Cantabria – **572** C17 – ⊠ 39409

▶ Madrid 402 – Santander 46 – Bilbao 134

XX **El Regajal de la Cruz**   🏠 𝗔𝗖 ⟷ **P** 𝗩𝗜𝗦𝗔 ⵙⵙ 𝗔𝗘 ⓞ
barrio Sovilla 20 – ☏ 625 38 90 36 – *cerrado 10 días en febrero y martes en verano*
Rest – Carta aprox. 40€
♦ Este curioso restaurante ocupa una casona del s. XVIII y cuenta con un patio que hace de terraza en temporada. Atractiva decoración, espacios amplios y una carta tradicional.

SUANCES – Cantabria – **572** B17 – **8 229 h.** – Playa – ⊠ 39340

▶ Madrid 394 – Bilbao 131 – Oviedo 182 – Santander 28

en la zona del puerto :

🏨 **Playa Ribera** sin rest   📶 𝗔𝗖 ⅏ ⟨ᵗ⟩ **P** 𝗩𝗜𝗦𝗔 ⵙⵙ
Comillas 14 ⊠39340 Suances – ☏ 942 81 18 98 – *www.hotelplayaribera.com*
– *cerrado enero*
13 hab ⊡ – ♦49/84€ ♦♦50/112€
♦ Hotel de organización familiar y línea vanguardista. Presenta un buen nivel, combinando su mobiliario actual con detalles de diseño. Se desayuna en un pabellón acristalado.

XX **La Dársena**   𝗔𝗖 ⅏ 𝗩𝗜𝗦𝗔 ⵙⵙ
Muelle 23 ⊠39340 Suances – ☏ 942 84 44 89 – *www.ladarsena.es*
Rest – Carta aprox. 35€
♦ Este restaurante disfruta de cierta popularidad en la ciudad. Posee un amplio bar de tapas a la entrada y un comedor de cuidado montaje decorado con deta-lles marineros.

en la zona de la playa :

🏨 Cuevas III
🛗 🗚 rest, 🍽 🛜 🅿 🚗 💳 ⬦ 🅰🅴

Ceballos 53 ⊠39340 Suances – 𝒞 942 84 43 43 – cerrado 11 diciembre-febrero
62 hab 🖵 – †50/95 € ††70/130 € **Rest** – (sólo cena) (solo buffet) Menú 25 €
♦ Edificio de arquitectura tradicional donde se combinan la piedra y la madera. Sus habitaciones, sobrias y la mayoría con los suelos en tarima, reflejan un ambiente clásico. El restaurante basa su oferta en un sencillo buffet.

🏨 Azul sin rest
🗔 🛗 🍽 🖆 🚗 💳 ⬦ 🅰🅴

Acacio Gutiérrez 98 ⊠39340 Suances – 𝒞 942 81 15 51 – www.elhotelazul.com
– marzo-octubre y fines de semana resto del año
30 hab – †40/88 € ††40/115 €, ⊇ 5 €
♦ Moderno y fiel a su nombre, ya que tiene la fachada pintada en tonos azules. Ofrece una zona de convenciones y confortables habitaciones decoradas en colores muy vivos.

en la zona del faro :

🏨 Albatros ⌂
⬅ 🗔 🖥 🛗 🍽 🅿 💳 ⬦

Madrid 18-B (carret. de Tagle) ⊠39340 Suances – 𝒞 942 84 41 40
– www.supremahoteles.com – cerrado noviembre-enero
42 hab – †44/130 € ††58/144 €, ⊇ 6 € **Rest** – (sólo menú) Menú 12 €
♦ Su exuberante fachada está cubierta por una enredadera que mimetiza el edificio con el verde paisaje cántabro. Encontrará habitaciones funcionales y un pequeño SPA. El restaurante, alegre y de sencillo montaje, centra su oferta en un menú tradicional.

🏨 Apart. El Caserío ⌂
⬅ 🗔 🍽 hab, 🛜 🚗 💳 ⬦ 🅰🅴 ⓘ

av. Acacio Gutiérrez 157 ⊠39340 Suances – 𝒞 942 81 05 75 – www.caserio.com
– cerrado 23 diciembre-23 enero
19 apartamentos – ††65/110 €, ⊇ 5 € **Rest** – (comida en el Rest. El Caserío)
♦ Apartamentos actuales y de equipamiento completo, en su mayoría tipo dúplex y con terraza privada. Su emplazamiento sobre el mar le confiere una belleza singular.

🏠 El Castillo sin rest ⌂
⬅ 🛜 💳 ⬦

av. Acacio Gutiérrez 141 ⊠39340 Suances – 𝒞 942 81 03 83 –
9 hab – ††40/110 €, ⊇ 6 €
♦ Construcción a modo de castillo emplazado en un bello entorno. Ofrece coquetas habitaciones personalizadas en su decoración, muchas con los cabeceros en forja y vistas al mar.

✗ El Caserío con hab ⌂
🗚 rest, 🍽 🛜 🅿 💳 ⬦ 🅰🅴 ⓘ

av. Acacio Gutiérrez 159 ⊠39340 Suances – 𝒞 942 81 05 75 – www.caserio.com
– cerrado 23 diciembre-23 enero
9 hab – †65/110 € ††100/140 €, ⊇ 5 €
Rest – (cerrado lunes salvo verano) (sólo almuerzo salvo viernes y sábado de octubre a mayo) Carta 38/45 €
♦ Su especialidad son los banquetes, sin embargo, también disfruta de una gran cafetería y un luminoso comedor acristalado a modo de galería. Carta tradicional. Para gestionar sus sencillas habitaciones cuenta con una pequeña recepción independiente.

SUDANELL – Lleida – 574 H31 – 887 h. – alt. 152 m – ⊠ 25173   **13** A2
🄳 Madrid 453 – Huesca 127 – Lleida/Lérida 11 – Tarragona 105

✗ La Lluna
🗚 🍽 💳 ⬦ ⓘ

av. Catalunya 11 – 𝒞 973 25 81 93 – cerrado Semana Santa, del 15 al 31 de agosto y lunes
Rest – (sólo almuerzo) Carta 23/30 €
♦ Cuenta con un bar a la entrada y dos salas definidas por tener parte de sus paredes en piedra. Carta regional con especialidades como los caracoles y las carnes a la brasa.

🄳 Madrid 399 – Santander 26 – Bilbao 87

🏠 **La Casona de Suesa** sin rest ⬙ 🛜 **P.** 🎴 ⊙⊙

La Pola 5 – ℰ 942 50 40 63 – www.lacasonadesuesa.com – cerrado Navidades
10 hab ⊑ – †75/91 € ††90/135 €

◆ Casa rústica muy bien rehabilitada. Encontrará dos salas con chimenea y unas habitaciones personalizadas, todas con los suelos en madera y cuatro de ellas abuhardilladas.

TACORONTE – Santa Cruz de Tenerife – ver Canarias (Tenerife)

TAFALLA – Navarra – **573** E24 – 11 394 h. – alt. 426 m – ✉ 31300

24 A2

🄳 Madrid 365 – Logroño 86 – Pamplona 38 – Zaragoza 135
🄶 Ujué ★ Este : 19 km

🏠 **Beratxa** 🛗 🄰🄲 ⅍ 🕻 🎴 🎴 ⊙⊙ 🄰🄴

Escuelas Pías 7 – ℰ 948 70 40 46 – www.hotelberatxa.com
15 hab – †63/78 € ††89/125 €, ⊑ 8 €
Rest – *(cerrado domingo noche)* Carta 32/45 €

◆ Este negocio familiar distribuye sus habitaciones en tres plantas, todas con los suelos en moqueta, mobiliario clásico-funcional y las paredes de los cabeceros en madera. El comedor recrea un ambiente rústico, con la parrilla y el horno de leña a la vista.

🍴🍴🍴 **Tubal** 🄰🄲 ⅍ ⇔ 🎴 ⊙⊙ 🄰🄴 ⊙

pl. Francisco de Navarra 4-1° – ℰ 948 70 08 52 – www.restaurantetubal.com
– cerrado 21 enero-3 febrero, 21 agosto-6 septiembre, domingo noche y lunes
Rest – Carta 48/60 €

◆ Negocio familiar de reconocido prestigio. Ofrece una tienda delicatessen, elegantes salas de estilo clásico y un bonito patio. Carta de cocina navarra y una completa bodega.

TALAVERA DE LA REINA – Toledo – **576** M15 – 88 856 h.
– alt. 371 m – ✉ 45600

9 A2

🄳 Madrid 120 – Ávila 121 – Cáceres 187 – Córdoba 435
🄸 Palenque 2, ℰ 925 82 63 22 oficinaturismo@aytotalaveradelareina.es
Fax 925 80 66 14
R.A.C.E. Cervantes 4, ℰ 925 72 02 60 Fax 925 82 53 20

🏨 **Ebora** 🛗 🄰🄲 ⅍ 🎴 🎴 ⊙⊙ 🄰🄴 ⊙

av. de Madrid 1 – ℰ 925 80 76 00 – www.hotelebora.com
165 hab – †52/71 € ††64/88 €, ⊑ 6,95 €
Rest *Anticuario* – ver selección restaurantes

◆ Hotel de línea clásica-actual situado en el centro de la ciudad. Ofrece suficientes zonas nobles y unas confortables habitaciones, con mobiliario clásico-funcional.

🍴🍴 **Anticuario** – Hotel Ebora 🄰🄲 ⅍ ⇔ 🎴 ⊙⊙ 🄰🄴 ⊙

av. de Madrid 1 – ℰ 925 80 76 00 – www.restauranteanticuario.com
Rest – *(cerrado agosto) (sólo almuerzo salvo viernes y sábado)* Carta 33/45 €

◆ Posee un acceso independiente respecto al hotel y una sala clásica, con los suelos en moqueta, mobiliario de calidad y un buen servicio de mesa. Cocina tradicional elaborada.

🍴🍴 **Ruiz de Luna** 🄰🄲 ⅍ ⇔ 🎴 🄰🄴

av. de la Constitución 7 – ℰ 925 81 89 95 – www.restauranteruizdeluna.com
Rest – Carta aprox. 35 €

◆ Tiene un hall en la planta baja, con un gran mueble-bodega, y las salas en la 1ª planta, estas últimas de estética minimalista. Cocina de base tradicional con toques actuales.

🍴 **El Esturión** 🄰🄲 ⅍ 🎴 ⊙⊙ 🄰🄴 ⊙

Miguel Hernández 7 – ℰ 925 82 46 38 – cerrado del 1 al 15 de julio, domingo noche y lunes
Rest – Tapa 4,50 € – Ración aprox. 15 €

◆ Negocio ubicado en una zona nueva de la ciudad. Ofrece un bar de tapas de ambiente marinero y un cuidado comedor. Su especialidad son las frituras y los productos ibéricos.

ESPAÑA

♀/ **Taberna Mingote**   🕭 AC ⅍ VISA ⅏ AE ⑩

pl. Federico García Lorca 5 – ℰ 925 82 56 33 – cerrado del 15 al 31 de julio, martes noche y miércoles

Rest – Tapa 4 € – Ración aprox. 14,50 €

♦ Esta simpática taberna se presenta con una decoración rústica dominada por los motivos taurinos y los dibujos de Mingote. Su comedor está presidido por un gran mural cerámico.

en Pepino Norte : 6 km

XX **La Viña**   🕭 AC ⅍ P VISA ⅏

carret. Navamorcuende km 5,600 ⊠ 45638 – ℰ 619 21 74 00 – www.lavinarestaurante.es – cerrado lunes

Rest – Carta 31/42 €

♦ Casa de piedra ubicada en pleno campo, en lo que iba a ser un hotel rural. Posee dos salas de bella rusticidad y varios privados distribuidos en las antiguas habitaciones.

TAMARIU – **Girona** – **574** G39 – **Playa** – ⊠ 17212   **15** B1

▶ Madrid 731 – Girona/Gerona 48 – Palafrugell 10 – Palamós 21

🏠 **Tamariu**   🕭 |ੳ| AC ⅍ rest, ¶¹ 🚗 VISA ⅏

passeig del Mar 2 – ℰ 972 62 00 31 – www.tamariu.com – 26 febrero-8 diciembre

17 hab � – †72/95 € ††103/157 €   **Rest** – Menú 21 €

♦ Hotel de organización familiar ubicado en 1ª línea de playa. Brinda una correcta zona social y confortables habitaciones de línea actual-funcional, todas con balcón. Su luminoso comedor ofrece una carta tradicional bastante completa y vistas al la playa.

🏠 **Es Furió**   AC ⅍ ¶¹ 🚗 VISA ⅏ AE

Foraió 7 – ℰ 972 62 00 36 – www.esfurio.com – marzo-7 noviembre

8 hab ⊆ – †50/80 € ††80/140 €   **Rest** – Menú 14 €

♦ Céntrico establecimiento con el dueño al frente. Su escasa zona social se compensa con unas habitaciones alegres y confortables, todas con terraza y baños completos.

TAPIA DE CASARIEGO – **Asturias** – **572** B9 – **4 186 h.** – **Playa**   **5** A1
– ⊠ 33740

▶ Madrid 578 – A Coruña 184 – Lugo 99 – Oviedo 143

🛈 pl. de la Iglesia, ℰ 985 47 29 68 turismotapia@hotmail.com Fax 985 62 80 80

🏠 **San Antón** |ੳ| ⅍ hab, ¶¹ VISA ⅏

pl. de San Blas 2 – ℰ 985 62 80 00 – www.hrsananton.com – cerrado Navidades

18 hab – †42/58 € ††60/85 €, ⊆ 4 €

Rest – *(cerrado domingo noche)* Menú 15 €

♦ Hotelito llevado directamente por el matrimonio propietario. Posee unas instalaciones muy correctas, con una reducida zona social y habitaciones bastante cuidadas. Su carta de cocina casera se enriquece con varios guisos del día y arroces caldosos por encargo.

XX **El Bote**   AC ⅍ ⇔ VISA ⅏

Marqués de Casariego 30 – ℰ 985 62 82 82 – www.restauranteelbote.com – cerrado miércoles noche

Rest – Carta aprox. 47 € ⅋

♦ Disfruta de un bar, una acogedora sala con el suelo en parquet y un privado. El negocio se comunica interiormente con una taberna, donde ofrecen una cocina más informal.

TARAMUNDI – **Asturias** – **572** B8 – **739 h.** – **alt. 276 m** – ⊠ 33775   **5** A1

▶ Madrid 571 – Lugo 65 – Oviedo 195

🛈 Solleiro 18, ℰ98 564 68 77 turismo@taramundi.net Fax 98 564 68 77

La Rectoral ⊜   ≼ 🕭 ♨ & hab, 🎟 ⅏ 🛦 🄿 ₘₐ ⊛ 🄰🄴 ⓪

La Villa – 𝒞 *985 64 67 67* – *www.arceahoteles.com*
18 hab – †55/103 €, ††60/129 €, ⌚ 12 €
Rest – *(cerrado martes)* Menú 17 €
♦ Estamos ante una magnífica casona del s. XVIII, de estilo rústico-regional y con vistas al valle. Aquí se combinan el confort actual y el sosiego propio de su emplazamiento. Su impecable comedor se ve complementado con una espléndida terraza.

Taramundi   🕭 ▯ 🎟 rest, ⅏ ᵞₚ 🚾

Mayor 8 – 𝒞 *985 64 67 27* – *www.hoteltaramundi.com*
8 hab – ††42/60 €, ⌚ 4,50 €
Rest – Menú 12 €
♦ Reducido y de sencilla pero amable organización familiar. La recepción está en la cafetería y sus impecables habitaciones, con una decoración rústica, resultan acogedoras.

Casa Paulino   🎟 ⅏ ᵞₚ 🚾 ⊛ 🄰🄴

av. Galicia – 𝒞 *985 64 67 36* – *www.casapaulinotaramundi.com*
8 hab – †38/51 € ††45/57 €, ⌚ 6 €
Rest – Menú 12 €
♦ Resulta acogedor, con la fachada en piedra y el bar dotado de entrada independiente. Ofrece habitaciones de aire rústico, confortables y en algunos casos abuhardilladas. En el comedor, luminoso y de buen montaje, podrá degustar platos de sabor tradicional.

Casa Petronila   ≼ ▯ 🎟 ⅏ ᵞₚ 🚾 ⊛ 🄰🄴

pl. del Campo – 𝒞 *985 64 68 74* – *www.casapetronila.com*
20 hab – †30/42 € ††42/60 €, ⌚ 3 €
Rest – Menú 12 €
♦ Este hotel disfruta de una amable organización familiar. Sus espaciosas habitaciones combinan la funcionalidad con un correcto confort, suelos en tarima y unos aseos actuales. Bar público con puerta independiente y un comedor de sencillo montaje.

TARANCÓN – Cuenca – 576 L20 – 15 651 h. – alt. 806 m – ⊠ 16400   10 C2
▶ Madrid 81 – Cuenca 82 – València 267

en la carretera N 400 Noreste : 5,5 km

✗✗ Hospedería la Estacada   🎟 ⇔ 🄿
⊠ *16400* – 𝒞 *969 32 59 48* – *www.fincalaestacada.com*
Rest –
♦ Se encuentra en la bodega Finca La Estacada, ubicada en pleno campo, con un comedor de estética actual, dos privados y una sala de catas. Cocina tradicional y vinos propios.

TARANES – Asturias – 572 C14 – ⊠ 33557   5 C2
▶ Madrid 437 – Gijón 116 – León 186 – Oviedo 111

en la carretera AS 261 Este : 3 km

La Casona de Mestas ⊜   ≼ ⅏ 🄿 🚾 ⊛

⊠ *33557* – 𝒞 *985 84 30 55* – *www.casonademestas.com* – *cerrado 20 enero-febrero*
14 hab – †42/48 € ††52/60 €, ⌚ 5 €   **Rest** – Menú 15 €
♦ Casona de corte regional en un bello entorno natural montañoso. La sencilla calidez de las habitaciones encuentra el complemento perfecto en la bondad de sus aguas termales. Comedor instalado en un pabellón acristalado de techo alto con viguería.

ESPAÑA

TARAZONA – Zaragoza – **574** G24 – **11 211 h.** – alt. 480 m – ⊠ 50500   3 B1

> ▶ Madrid 294 – Pamplona 107 – Soria 68 – Zaragoza 88
>
> 🅑 pl. de San Francisco 1, 𝒸 976 64 00 74 turismo@tarazona.es Fax 976 19 90 75
>
> 🔲 Catedral (capilla★)
>
> 🔲 Monasterio de Veruela★★ (iglesia abacial★★, claustro★ : sala capitular★)

🏨 **Condes de Visconti** sin rest   🔲 🄰🄲 ⚙ 🕻 🅿 🆅🆂🅰 ⊗ 🄰🄴 ⓞ
Visconti 15 – 𝒸 976 64 49 08 – www.condesdevisconti.com
15 hab – ♦59/81 € ♦♦68/150 €, ⊒ 8 €
♦ Palacete del s. XVI que ha conservado su estructura original. Disfruta de un hermoso patio interior y habitaciones detallistas, varias de ellas con hidromasaje en los baños.

🏨 **Brujas de Bécquer**   🔲 🄰🄲 ⚙ 🕻 🅼 🅿 🚗 🆅🆂🅰 ⊗ 🄰🄴 ⓞ
Teresa Cajal 30 – 𝒸 976 64 04 04 – www.hotelbrujas.com
56 hab – ♦♦49/69 €, ⊒ 5 €
Rest – (cerrado domingo noche) Menú 11 €
♦ Hotel de carretera ubicado a la salida de la localidad. Sus habitaciones gozan de un correcto confort, con mobiliario sencillo y funcional, siendo los baños actuales. En su restaurante podrá degustar una carta amplia y variada.

🏨 **Santa Águeda** sin rest   🔲 🄳 🄰🄲 🕻 🆅🆂🅰 ⊗ 🄰🄴 ⓞ
Visconti 26 – 𝒸 976 64 00 54 – www.santaagueda.com
11 hab ⊒ – ♦42/53 € ♦♦64/75 €
♦ Hostal dedicado a la artista turiasonense Raquel Meller. Posee una salita y habitaciones funcionales de suficiente confort, combinando mobiliario en hierro forjado y madera.

TARIFA – Cádiz – **578** X13 – **17 793 h.** – Playa – ⊠ 11380   1 B3

> ▶ Madrid 715 – Algeciras 22 – Cádiz 99
>
> 🚢 para Tánger : FRS Iberia, S.L., Estación Marítima, 𝒸 956 68 18 30 Fax 956 62 71 80
>
> 🅑 paseo de la Alameda, 𝒸 956 68 09 93 turismo@aytotarifa.com Fax 956 68 09 93
>
> 🔲 Mirador del Estrecho ≤★★ – Playa de los Lances★
>
> 🔲 Ruinas romanas de Baelo Claudia★ 15 km al Noroeste

en la carretera de Cádiz Noroeste : 6,5 km

🏨 **La Codorniz**   🍴 🍴 🏊 🄰🄲 ⚙ 🕻 🅿 🆅🆂🅰 ⊗
⊠11380 – 𝒸 956 68 47 44 – www.lacodorniz.com
35 hab – ♦54/100 € ♦♦67/131 €, ⊒ 10 €
Rest – Menú 40 €
♦ Arquitectura de aire andaluz que recuerda las tradicionales ventas. Sus habitaciones resultan confortables y destacan las que dan al jardín, a modo de bungalows con porche. El restaurante, rústico-regional con chimenea, ofrece una completa carta tradicional.

en la carretera de Málaga Noreste : 11 km

🏨 **Mesón de Sancho**   🏊 🍴 🄰🄲 rest, ⚙ 🅿 🚗 🆅🆂🅰 ⊗ 🄰🄴 ⓞ
⊠11380 apartado 25 – 𝒸 956 68 49 00 – www.mesondesancho.com
49 hab – ♦40/74 € ♦♦55/89 €, ⊒ 6 €
Rest – Carta 30/40 €
♦ Bien situado para ver el Estrecho de Gibraltar. Ofrece amplias habitaciones a ambos lados de la carretera, pero recomendamos las del edificio principal por ser más actuales. En el restaurante elaboran una completa carta de cocina tradicional.

> ▶ Madrid 555 – Barcelona 109
> – Castelló de la Plana/Castellón de la Plana 184 – Lleida/Lérida 97
> 🚺 Fortuny 4, ✆ 977 23 34 15 ot.tarragona@gencat.cat Fax 977 24 47 02
> y Major 39, ✆ 977 25 07 95 turisme@tarragona.cat Fax 977 24 55 07
> **R.A.C.C.** Rambla Nova 48, ✆ 977 21 19 62 Fax 902 53 51 15
> 🏨 Costa Dorada, Este : 8 km, ✆ 977 65 33 61
> 🔘 Tarragona romana★★ : Passeig Arqueológic★ DZ, Museu Nacional
> Arqueològic de Tarragona★ DZ**M4** – Recinte Monumental del Pretori i del
> Circ Romà★ DZ**M1** – Anfiteatro★★ DZ – Ciudad medieval :
> Catedral★★ (Museo Diocesano★, claustro★★, retablo de Santa Tecla★★★)
> DZ. Otras curiosidades : – El Serrallo★ AY
> 🔘 Acueducto de les Ferreres★★ 4 km por ④ – Mausoleo de
> Centcelles★★ Noroeste : 5 km por ③ – Torre de los Escipiones★ 5 km por
> ① – Villa romana de Els Munts★ : emplazamiento★★, termas★ 12 km por
> ①. Arco de Barà★ 20 km por ① (Roda de Barà)

Planos páginas siguientes

🏨 **Ciutat de Tarragona**   🕭 🖃 ⴆ hab, 🆎 ❄ rest, ⁋ 🎤 🚗 ▨◎ ⒶⒺ ⓞ
pl. Imperial Tarraco 5 ⊠43005 – ✆ 977 25 09 99 – www.sbhotels.es
156 hab – ♥♥62/175 €, � 11 € – 12 suites   **Rest** – Menú 16 €   AY**a**
♦ Muy bien situado, con buena iluminación natural y mobiliario moderno. Sus
espaciosas habitaciones poseen un equipamiento capaz de satisfacer los más
mínimos detalles. Comedor amplio y funcional ubicado en el 1er piso.

🏨 **AC Tarragona**   🕭 🖃 ⴆ hab, 🆎 ❄ ⁋ 🎤 🚗 ▨◎ ⒶⒺ ⓞ
av. de Roma 8 ⊠43005 – ✆ 977 24 71 05 – www.ac-hotels.com   AY**w**
115 hab – ♥♥60/120 €, ⊂ 12 €
Rest – *(cerrado agosto, sábado y domingo)* Carta 32/49 €
♦ Un hotel actual dotado con un buen hall-salón social y unas modernas habitaciones que disfrutan de un completo equipamiento. Desde el solárium del ático
se divisa el mar. En su restaurante encontrará una carta media de gusto tradicional.

🏨 **Imperial Tarraco**   ≼ � ❄ 🖃 ⴆ hab, 🆎 ❄ 🎤 🅿 ▨ ◎ ⒶⒺ ⓞ
passeig de les Palmeres ⊠43003 – ✆ 977 23 30 40 – www.husa.es   DZ**d**
145 hab – ♥62/145 € ♥♥62/205 €, ⊂ 15 € – 25 suites   **Rest** – Menú 16 €
♦ Disfrute de sus excelentes vistas sobre el Mediterráneo. Posee unas instalaciones actualizadas, equipadas con todo lo necesario para que su estancia resulte
confortable. En el comedor se ofrece una correcta carta de cocina tradicional e
internacional.

🏨 **SB Express** sin rest, con cafetería   🖃 ⴆ 🆎 ⁋ 🎤 🚗 ▨ ◎ ⒶⒺ ⓞ
pl. de les Corts Catalanes 4 ⊠43005 – ✆ 977 22 10 50 – www.sbhotels.es
90 hab – ♥49/99 € ♥♥52/120 €, ⊂ 7 €   AY**b**
♦ Edificio de construcción actual ubicado en una zona bien comunicada. Posee
modernas y espaciosas habitaciones, pensadas para el trabajo y todas con sofá
convertible en cama.

🏨 **Astari** sin rest, con cafetería por la noche   ≼ ⍵ 🖃 🆎 ⁋ 🎤 🚗
Via Augusta 95 ⊠43003 – ✆ 977 23 69 00   ▨ ◎ ⒶⒺ ⓞ
– www.hotelastari.com   BY**t**
80 hab – ♥64/95 € ♥♥72/95 €, ⊂ 7,20 €
♦ Orientado a la actividad empresarial, con un amplio hall-recepción de línea
actual, habitaciones de gran calidez y una luminosa cafetería en la que sirven
una pequeña carta.

🏨 **Nuria** sin rest, con cafetería   🖃 🆎 ❄ ⁋ 🚗 ▨ ◎ ⒶⒺ ⓞ
Via Augusta 145 - 1,5 km, por Vía Augusta ⊠43007
– ✆ 977 23 50 11 – www.hotelnuria.com
– *cerrado 20 diciembre-9 enero*   BY
57 hab – ♥52/76 € ♥♥65/95 €, ⊂ 9 €
♦ Hotel de larga trayectoria familiar. Posee unas instalaciones de línea actual, un
correcto salón social y habitaciones de adecuado equipamiento, la mayoría
con terraza.

ESPAÑA

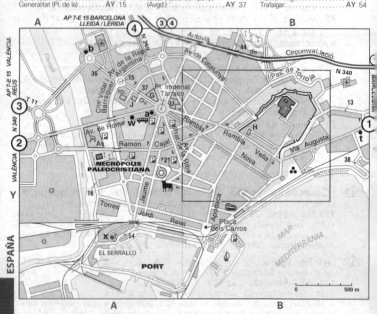

Cuixa (Camí de la) . . . . **BY** 13
Generalitat (Pl. de la) . . . . **AY** 15

Independència (Pssg de la) . . **AY** 16
Mallorca . . . . **AY** 21
President F. Macià (Avgd.) . . . **AY** 36
President Lluís Companys
(Avgd.) . . . . **AY** 37

Rafael
de Casanova
(Pas. Marítim de) . . . . **BY** 38
Rovira i Virgili . . . . **BY** 44
Trafalgar . . . . **AY** 54

🏠 Plaça de la Font

🕾 🖨 AC ⚡ ⁽ᵗ⁾ VISA ⚎

pl. de la Font 26 ⊠43003 – ℰ 977 24 61 34

– www.hotelpdelafont.com DZ**c**

20 hab – ♦45/55 € ♦♦55/60 €, � 5 €

Rest – *(cerrado diciembre)* Menú 12,50 €

♦ Resulta céntrico y está junto a un parking público. Dispone de unas reducidas pero coquetas instalaciones y habitaciones de buen confort, las que dan a la plaza con balcón. La sencilla cafetería-restaurante se complementa con una agradable terraza.

✕✕ El Terrat

AC ⚡ VISA ⚎ AE

Pons d'Icart 19 ⊠43004

– ℰ 977 24 84 85 – www.elterratrestaurant.com

– cerrado 25 enero-7 febrero, 2ª quincena de agosto, domingo noche

y lunes CZ**p**

Rest – Carta 35/46 €

♦ Dotado con dos salas de línea moderna y un cuidado montaje. Disfruta de gran aceptación, ya que ofrece una interesante combinación entre la cocina tradicional y la de autor.

✕✕ Aq

AC ⚡ ⇔ VISA ⚎ AE ⓞ

Les Coques 7 ⊠43003 – ℰ 977 21 59 54 – www.aq-restaurant.com – cerrado

Navidades, 15 días en julio, domingo y lunes DZ**a**

Rest – Carta 35/44 €

♦ Se encuentra junto a la catedral, con un montaje moderno y detalles de diseño. Propone una cocina creativa que atesora técnica y se muestra fiel a los productos de mercado.

TARRAGONA

Arcs

AC ☆ VISA ☼☼

Misser Sitges 13 ⊠43003 – ℰ 977 21 80 40 – www.restaurantarcs.com
– cerrado del 2 al 21 de enero, del 3 al 12 de julio, domingo y lunes

Rest – Carta 39/48 €

DZ**b**

♦ Este restaurante dispone de una barra de apoyo y una sala de ambiente rústico-actual, con las paredes y arcos originales en piedra. Cocina actualizada de base tradicional.

Manolo

☆ AC ☆ VISA ☼☼ AE ①

Gravina 61 ⊠43004 – ℰ 977 22 34 84 – www.restaurantmanolo.net
– cerrado domingo noche y lunes

AY**x**

Rest – Carta 34/51 €

♦ Negocio familiar con sencillo bar en la entrada, comedor de cuidado mantenimiento en un lateral, y terraza exterior. Carta especializada en productos del mar.

en la carretera N 240 por ④ : 2 km

Les Fonts de Can Sala

☆ AC ⇄ P VISA ☼☼ AE ①

⊠43007 – ℰ 977 22 85 75 – www.lesfontsdecansala.com

Rest – Carta aprox. 40 €

♦ Ubicado a las afueras de la ciudad, en una bella masía de ambiente rústico. También posee dos anexos para banquetes, uno de ellos con árboles en su interior. Carta regional.

TARRASA – Barcelona – ver Terrassa

TÀRREGA – Lleida – **574** H33 – **16 539 h.** – alt. 373 m – ⊠ 25300   13 B2

▶ Madrid 503 – Balaguer 25 – Barcelona 112 – Lleida/Lérida 44

🔠 **Pintor Marsà**   🏡 AC rest, 🍴 rest, ⏴ 🅿 VISA ⓒⓞ

av. Catalunya 112   𝒞 973 50 15 16
– www.hostaldelcarme.com
23 hab – ♦51/86 € ♦♦62/86 €, � 5,90 €
Rest – (cerrado domingo noche y lunes) Menú 10 €
♦ Sencillo establecimiento de organización familiar. Ofrece una correcta zona
social, un bar de cierta elegancia y habitaciones funcionales aunque con los
aseos algo pequeños. Su coqueto comedor se ve complementado con una
terraza-barbacoa.

TARRIBA – Cantabria – **572** C17 – ⊠ 39409   8 B1

▶ Madrid 402 – Santander 46 – Bilbao 134

🔠 **Palacio García Quijano** sin rest   🍴 📶 🅿 VISA ⓒⓞ ①

Tarriba 13-14 – 𝒞 942 81 40 91 – www.garciaquijano.com
17 hab � – ♦69 € ♦♦90/154 €
♦ Ocupa una casa palaciega que data de 1606, con las fachadas en piedra y el
entorno ajardinado. Tanto las zonas comunes como las habitaciones tienen un
estilo clásico-elegante.

TAÜLL – Lleida – **574** E32 – alt. 1 630 m – **Deportes de invierno :** 🎿16   13 B1
– ⊠ 25528

▶ Madrid 567 – Lleida/Lérida 150 – Vielha/Viella 57
◉ Iglesia de Sant Climent★★ – Iglesia de Santa María★

🍴 **El Calíu**   🏡 🍴 VISA ⓒⓞ AE

carret. de Pistas – 𝒞 973 69 62 12 – www.elcaliutaull.com – cerrado 15 días
en noviembre, 15 días en mayo y martes salvo festivos
Rest – Carta 22/31 €
♦ En los bajos de un bloque de apartamentos. Su fachada de estilo montañés
contrasta con la moderna y colorida decoración interior. Carta sencilla con elaboraciones a la brasa.

A TEIXEIRA – Ourense – **571** E7 – **479 h.** – alt. 560 m – ⊠ 32765   20 C3

▶ Madrid 481 – Lugo 89 – Ourense 46 – Ponferrada 108

🏠 **Casa Grande de Cristosende** 🐾   🕭 hab, 🍴 VISA ⓒⓞ AE ①

Cristosende, Suroeste : 1,7 km – 𝒞 988 20 75 29
– www.casagrandecristosende.com
7 hab – ♦♦54/78 €, � 4 €
Rest – (cerrado martes) Menú 16 €
♦ Antigua casona solariega donde la piedra vista toma el protagonismo en cada
estancia. Correcta zona social y confortables habitaciones, con los suelos y los
techos en madera. Su comedor se complementa con el patio de la casa durante
la época estival.

TEJINA – ver Canarias (Tenerife)

El TEJO – Cantabria – ver Comillas

TEMBLEQUE – Toledo – **576** M19 – **2 376 h.** – ⊠ 45780   9 B2

▶ Madrid 92 – Aranjuez 46 – Ciudad Real 105 – Toledo 55
◉ Plaza Mayor★

en la autovía A 4 Sur : 5 km

🍴 **La Chimenea de Turleque**   AC 🍴 🅿 VISA ⓒⓞ AE

⊠45780 – 𝒞 925 59 50 44 – www.lachimeneadeturleque.es
Rest – Carta aprox. 35 €
♦ Se encuentra en un área de servicios y dispone de una buena barra, una zona
de menú y un comedor a la carta con forma de gran chimenea. Carta tradicional
y platos creativos.

TERRADELLES – Girona – **574** F38 – **85 h.** – ⊠ 17468   **14** D3

> ◧ Madrid 710 – Barcelona 118 – Girona/Gerona 19 – Perpignan 76

⌂   **Mas Alba** ⌁   ⊿ ⌇ Ġ. hab, ⚒ ⌖ **P** VISA
– ☏ 972 56 04 88 – www.masalba.cat – cerrado 7 enero-8 febrero
5 hab ☞ – †55/65 € ††70/90 € **Rest** – (sólo clientes) Menú 15 €
♦ Antigua masía familiar que data de 1360. Posee una recepción abovedada, un
salón-comedor con chimenea y habitaciones rústicas con detalles de muros y
maderas originales.

TERRADES – Girona – **574** F38 – **301 h.** – ⊠ 17731   **14** C3

> ◧ Madrid 748 – Girona/Gerona 50 – Figueres 14 – Perpignan 60

⚹   **La Fornal** con hab ⌁   ⌂ ⌇ **AC** ⌖ **P** VISA ⤳ AE
Major 31 – ☏ 972 56 90 95 – www.lafornal.com – cerrado 15 enero-7 febrero
4 hab ☞ – †115/133 € ††143/167 €
Rest – (cerrado domingo noche, lunes y martes noche) Carta 30/43 €
♦ Esta acogedora casa posee dos comedores de buen montaje y aire rústico, uno
de ellos decorado con arcos. Cocina fiel al recetario tradicional. Como complemento al negocio ofrece una cálida zona social con chimenea y amplias habitaciones personalizadas en su decoración, cada una dedicada a un oficio.

TERRASSA (TARRASA) – Barcelona – **574** H36 – **210 941 h.**   **15** B3
– alt. 277 m

> ◧ Madrid 613 – Barcelona 31 – Lleida/Lérida 156 – Manresa 41
>
> ◨ Raval de Montserrat 14, ☏ 93 739 70 19 turisme@terrassa.cat Fax 93 739
>   70 63
>
> **R.A.C.C.** Puig Novell 1, ☏ 93 785 72 41 Fax 902 54 70 30
>
> ◉ Conjunto Monumental de Iglesias de Sant Pere★★ : Sant Miquel★, Santa
>   María★ (retablo de los Santos Abdón y Senén★★) – Iglesia de Sant Pere
>   (retablo de piedra★) – Masía Freixa★ – Museo de la Ciencia y la Técnica
>   de Cataluña★

Plano página siguiente

⌂   **Vapor Gran**   ⌨ ⌷ Ġ. hab, **AC** ⌖ ⌢ ⌣ VISA ⤳ AE ①
Portal Nou 42 ⊠08221 – ☏ 937 36 90 30 – www.hotelvaporgran.com
77 hab – †50/150 € ††50/178 €, ☞ 13 € – 2 suites   AZ**h**
Rest Mun – Carta aprox. 40 €
♦ Es moderno y está en pleno centro de la ciudad, con un correcto hall-recepción, salón-cafetería, confortables habitaciones de diseño y un pequeño solárium
en el ático. El restaurante propone una cocina actual, con toques creativos y raíces tradicionales.

⌂   **Don Cándido**   ⪡ ⌨ ⌷ Ġ. hab, **AC** ⌯ rest, ⌖ ⌢ ⌣ VISA ⤳ AE ①
Rambleta Pare Alegre 98 ⊠08224 – ☏ 937 33 33 00
– www.hoteldoncandido.com   AZ**a**
103 hab – †50/144 € ††50/170 €, ☞ 12,75 € – 3 suites **Rest** – Menú 15,15 €
♦ Este hotel ocupa un curioso edificio de planta circular situado a la entrada de
la ciudad. Posee un gran lobby-bar con salón social abierto y habitaciones de
confort actual. Su restaurante elabora una carta tradicional, un menú del día y
un menú degustación.

⌂   **Terrassa Park** sin rest, con cafetería   ⌨ Ġ. **AC** ⌯ ⌢ ⌣ VISA ⤳ AE ①
av. Santa Eulàlia 236 ⊠08223 – ☏ 937 00 44 00 – www.hotelterrassapark.com
74 hab – †50/128 € ††50/157 €, ☞ 7,85 €   BZ**c**
♦ De línea actual, con reducidas zonas nobles y la cafetería integrada. Sus habitaciones disfrutan de suficiente equipamiento, con mobiliario funcional y los suelos en tarima.

ESPAÑA

ESPAÑA

A E 9-C 16, TARRAGONA ② C 58, BARCELONA   RUBY

XX **Capritx** (Artur Martínez) AC 📶 VISA ⦿ AE ①
🕸 *Pare Millán 140, por Pardo Bazán* ✉08225 – *℘ 937 35 80 39 – www.capritx.com*
– cerrado Navidades, Semana Santa, 15 días en agosto, domingo y lunes
Rest – *(sólo menú)* Menú 30/40 € AY
Espec. Huevo ecológico de San Lorenzo Sagall a baja temperatura con puré rústico de patata de montaña y trufa al natural. Corvina con sofrito de calabaza, sus
pipas e hinojo. Crema de chocolate con polvo de galleta.
♦ El chef-propietario es el nieto del fundador, por eso conoce los orígenes de la
casa cuando esta sólo era un bar. En su comedor, íntimo y de línea moderna,
podrá degustar una cocina creativa rica en detalles. Basa su trabajo en unos variados menús degustación.

XX **Sara** AC 📶 VISA ⦿ AE ①
😊 *av. Abat Marcet 201* ✉08225 – *℘ 937 35 80 25 – cerrado Semana Santa, 3*
semanas en agosto, domingo y miércoles noche AY**d**
Rest – Carta 27/34 €
♦ Está llevado por el matrimonio propietario y se presenta con una sala clásica
dividida en dos ambientes. Cocina tradicional con elaboraciones cuidadas y precios interesantes.

TERUEL ℗ – 574 K26 – 35 396 h. – alt. 916 m 3 B3

▷ Madrid 301 – Albacete 245 – Cuenca 152 – Lleida/Lérida 334
🛈 San Francisco 1 (edificio Carmelitas), ℘ 978 64 14 61 ofi.turismo.teruel@
aragob.es Fax 978 62 43 74
y pl. de los Amantes 6, ℘ 978 62 41 05
R.A.C.E. Miguel de Cervantes 11, ℘ 978 60 34 95 Fax 978 61 00 77
◉ Emplazamiento★ – Museo Provincial★ Y, Torres mudéjares★ YZ
– Catedral (techo artesonado★) Y

Plano página siguiente

🏠 **Torico Plaza** sin rest 📾 ⴺ AC 📶 ⁿⁱ VISA ⦿ AE ①
Yagüe de Salas 5 ✉44001 – *℘ 978 60 86 55 – www.bacohoteles.com*
31 hab – †50/111 € ††60/180 €, ⫤ 7 € Z**b**
♦ Hotel actual ubicado en el corazón de la ciudad. Ofrece habitaciones funcionales y de correcto confort, dotadas con mobiliario de buen nivel. La recepción está
en el 1er piso.

🏠 **Suite Camarena Plaza** sin rest 📾 AC 📶 ⁿⁱ 🚗 VISA ⦿ AE ①
urb. Pinilla-edificio Camarena, Sur : 1,5 km por N 234 ✉44001 – *℘ 978 60 86 55*
– www.bacohoteles.com – cerrado enero Z
24 hab – †50/111 € ††60/150 €, ⫤ 7 €
♦ Se encuentra en una zona cercana al campo de fútbol y posee habitaciones de
línea actual, con los suelos en tarima. Espacio social polivalente para el servicio de
desayunos.

🏠 **Plaza Boulevard** sin rest, con cafetería 📾 AC 📶 ⁿⁱ VISA ⦿ AE ①
pl. Tremedal 3 ✉44001 – *℘ 978 60 86 55 – www.bacohoteles.com* Z**c**
18 hab – †37/76 € ††50/180 €, ⫤ 7,50 €
♦ Su pequeña recepción junto a la cafetería se ve compensada por unas habitaciones de adecuado confort y equipamiento, dos de ellas abuhardilladas y una
con su propia sauna.

XX **La Tierreta** AC 📶 ⟷ VISA ⦿ AE ①
Francisco Piquer 6 ✉44001 – *℘ 978 61 79 23 – www.latierreta.com – cerrado 7*
días en julio Y**a**
Rest – Carta 36/43 €
♦ Resulta interesante, ya que ofrece una cocina creativa basada en los productos de la zona. Posee un comedor principal con el suelo en tarima y un privado
en el sótano.

ESPAÑA

TERUEL

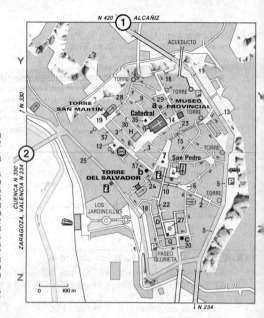

en la carretera N 234 Noroeste : 2 km

Parador de Teruel 　🍽 🏊 ❄ 🚿 ⛳ hab, 📺 ☎ 📶 📱 🅿 🚗　ＶＩＳＡ ⬤⬤ 🅰🅴 ①

✉44003 – ☎ 978 60 18 00 – www.parador.es

54 hab – †87/106 € ††109/133 €, ☕ 16 € – 6 suites

Rest – Menú 32 €

♦ Palacete típico turolense ubicado en un paraje arbolado. Cuenta con unas zonas sociales bien acondicionadas y ofrece habitaciones amplias vestidas con mobiliario castellano. Su cocina le guiará en un recorrido por los platos más significativos de la región.

TINEO – Asturias – **572** B10 – 11 146 h. – alt. 673 m – ✉ 33870　　　**5** A1

🚩 Madrid 523 – León 185 – Lugo 184 – Oviedo 68

🅾 ✴★★

en El Crucero Noreste : 3,5 km

Casa Lula 　　　　📺 🅿 ＶＩＳＡ ⬤⬤ 🅰🅴

antigua carret. C 630 – ☎ *985 80 02 38 – www.casalula.com – cerrado del 1 al 15 de enero y viernes*

Rest – Carta aprox. 35 €

♦ Bien valorado desde su fundación en 1925. Ofrece un comedor de aire regional, otro más íntimo con las paredes en piedra y un salón para banquetes con acceso independiente.

TITULCIA – Madrid – **576** L19 – **575** L19 – 1 162 h. – alt. 509 m – ✉ 28359　　**22** B2

🚩 Madrid 37 – Aranjuez 21 – Ávila 159

El Rincón de Luis y H. La Barataria con hab 　　📺 🚿 ☎ ＶＩＳＡ ⬤⬤ ①

Grande 31 – ☎ *918 01 01 75 – www.elrincondeluis.com*

7 hab – ††30/50 €, ☕ 6 €

Rest – *(cerrado 2ª quincena de agosto y lunes) (sólo almuerzo)* Carta 23/40 €

♦ Esta casa de organización familiar cuenta con un bar público a la entrada y dos salas clásicas de correcto montaje. Su especialidad son los asados en horno de leña. También ofrece habitaciones en un edificio independiente de línea actual, todas dotadas con una pequeña cocina y un buen confort general.

El TOBOSO – Toledo – **576** N21 – **2 219 h.** – alt. 692 m   10 C2
– ⊠ 45820

> ▶ Madrid 138 – Albacete 124 – Alcázar de San Juan 30 – Toledo 127

  Casa de la Torre ⌖   ⅏ ⱽⁱˢᵃ
Antonio Machado 16 – ℰ 925 56 80 06
– www.casadelatorre.com
12 hab ⌑ – ⵜⵜ59/91 €
Rest – (es necesario reservar) Menú 25 €
♦ Encantadora casona manchega decorada con múltiples detalles alusivos a Cervantes. Sus confortables habitaciones disfrutan de mobiliario antiguo restaurado y baños sencillos.

La TOJA (Isla de) – Pontevedra – ver A Toxa (Illa de)

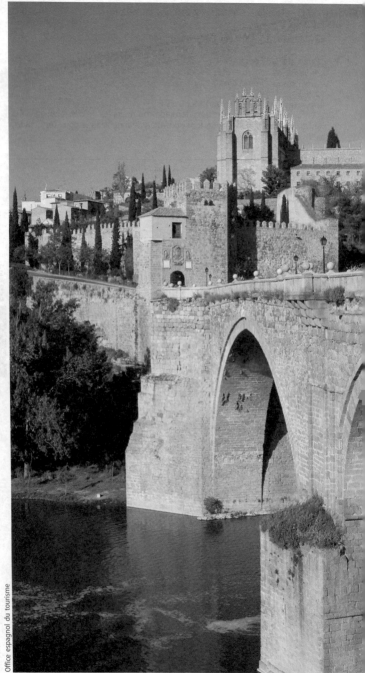

Puente de San Martín y Catedral

TOLEDO

Provincia : P Toledo	**Población :** 82 291 h.
Mapa Michelin : 576 M17	**Altitud :** 529 m
▶ Madrid 71 – Ávila 137	**Mapa regional : 9** B2
– Ciudad Real 120	
– Talavera de la Reina 78	

INFORMACIONES PRÁCTICAS

🛈 Oficinas de Turismo

puerta Bisagra, ✆ 925 22 08 43 infoturismotoledo@jccm.es Fax 925 25 26 48

y pl. del Ayuntamiento 1, ✆ 925 25 40 30 turismo@ayto-toledo.org Fax 925 25 59 46

Automóvil Club

R.A.C.E. Colombia 10, ✆ 925 21 16 37 Fax 925 21 56 54.

👁 VER

Emplazamiento*** – El Toledo Antiguo*** – Catedral*** **BY** (Retablo de la Capilla Mayor**, Sillería del coro***, transparente girola*, artesonado mudéjar de la sala capitular*, Sacristía : obras de El Greco*, Tesoro : custodia**) – Iglesia de Santo Tomé : El Entierro del Conde de Orgaz*** **AY** – Casa y Museo de El Greco* **AY M**[1]) – Sinagoga del tránsito** (decoración mudéjar) **AYZ** – Iglesia de Santa María la Blanca* : capiteles **AY** – Monasterio de San Juan de los Reyes* (iglesia : décoración escultórica*) **AY** – Iglesia de San Román : museo de los concilios y de la cultura visigoda* **BY** – Museo de Santa Cruz** (fachada**, colección de pintura de los s. XVI y XVII*, obras de El Greco*, obras de primitivos*, retablo de la Asunción de El Greco*, patio plateresco*, escalera de Covarrubias*) **CXY.**

Otras curiosidades :
Hospital de Tavera* : palacio* – Iglesia : El bautismo de Cristo de El Greco* **BX.**

TOLEDO

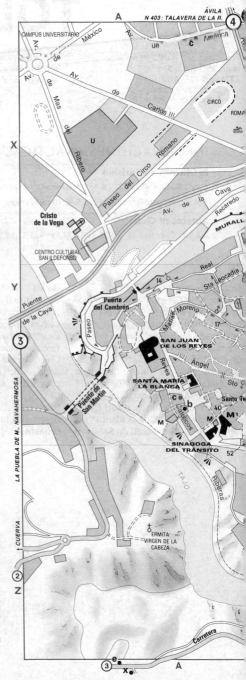

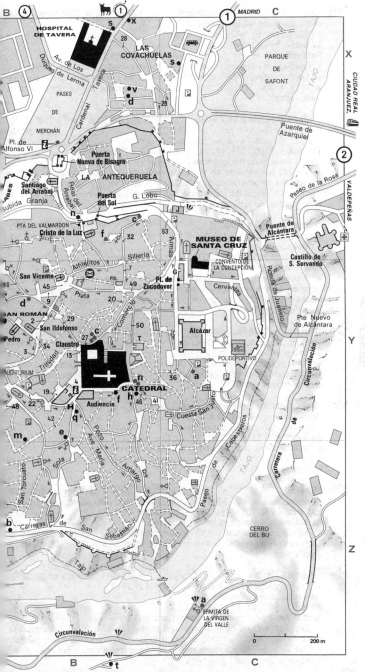

TOLEDO

Palacio Eugenia de Montijo 🔥 🛗 & 🎬 ⚡ ⁑ 🛁 🚐 🆚 ⊙⊙ ᴀᴇ ⓪
pl. del Juego de Pelota 7 ✉45002
– 𝒞 925 27 46 90 – www.fontecruz.com   BYZ**m**
37 hab – ♥♥89/225 €, ⌚ 15 € – 3 suites
Rest Belvis – *(cerrado domingo noche y lunes)* Carta 35/52 €
♦ Palacio bien restaurado que combina sus artesonados y detalles antiguos con
un hermoso patio, un SPA, excelentes habitaciones y una magnífica sala de desayunos a la carta. El restaurante disfruta de un cuidadísimo montaje de estética
clásica-actual.

Hilton Buenavista Toledo 🗻 🏊 🔥 🛗 & hab, 🎬 ⚡ rest, ⁑ 🛁 🚐
Concilios de Toledo 1, por ④ AX ✉45005   🆚 ⊙⊙ ᴀᴇ ⓪
– 𝒞 925 28 98 00 – www.buenavistatoledo.com
110 hab – ♥100/135 € ♥♥220/255 €, ⌚ 21 € – 7 suites
Rest – *(cerrado domingo)* Menú 22 €
♦ Ubicado parcialmente en el palacio de Buenavista, que data del s. XVI y se
encuentra a las afueras de Toledo. Atractiva zona social y habitaciones de elegante estilo clásico. El restaurante muestra un buen montaje y una carta de
cocina tradicional actualizada.

Parador de Toledo 🌿 🚙 🗻 🏊 🛗 & 🎬 ⚡ ⁑ 🛁 🅿
cerro del Emperador ✉45002 *– 𝒞 925 22 18 50*   🆚 ⊙⊙ ᴀᴇ ⓪
– www.parador.es   BZ**t**
76 hab – ♥129/138 € ♥♥161/172 €, ⌚ 18 € – 3 suites
Rest – Menú 33 €
♦ Ocupa un antiguo edificio que ha sido totalmente reformado, con amplias
zonas nobles y habitaciones de excelente confort. Interior de estética actual con
toques regionales. En su comedor, de ambiente regional-actual, descubrirá una
cocina de raíces locales.

 Hesperia Toledo sin rest 🛗 & 🎬 ⚡ ⁑ 🛁 🚐 🆚 ⊙⊙ ᴀᴇ ⓪
Marqués de Mendigorría 10 ✉45003 *– 𝒞 925 01 06 00 – www.hesperia-toledo.es*
54 hab – ♥♥54/200 €, ⌚ 12 €   BX**x**
♦ Instalado en un antiguo edificio de piedra dotado con suficientes zonas nobles
y amplias habitaciones, todas de buen confort y correcto equipamiento. Organización de cadena.

 San Juan de los Reyes sin rest 🛗 & 🎬 ⚡ ⁑ 🛁 🚐 🆚 ⊙⊙ ᴀᴇ ⓪
Reyes Católicos 5 ✉45002 *– 𝒞 925 28 35 35*
– www.hotelsanjuandelosreyes.com   AY**b**
38 hab – ♥90/136 € ♥♥90/170 €, ⌚ 12 €
♦ Destaca por su céntrico emplazamiento, en un edificio protegido que data del
s. XIX. Posee habitaciones completas y actuales, todas con hidromasaje o jacuzzi
en los baños.

Beatriz 🔥 🗻 🔥 ⚡ 🛗 & 🎬 ⚡ ⁑ 🛁 🅿 🚐 🆚 ⊙⊙ ᴀᴇ ⓪
carret. de Ávila, por ④ ✉45005 *– 𝒞 925 26 91 00 – www.beatrizhoteles.com*
295 hab – ♥60/103 € ♥♥60/155 €, ⌚ 12,50 €
Rest Alacena – ver selección restaurantes
♦ Hotel de línea actual con magníficas prestaciones y un trato personalizado.
Convenciones y demás celebraciones encuentran aquí su lugar de referencia.
Amplia terraza.

María Cristina 🛗 🎬 ⚡ ⁑ 🛁 🚐 🆚 ⊙⊙ ᴀᴇ ⓪
Marqués de Mendigorría 1 ✉45003 *– 𝒞 925 21 32 02*
– www.hotelesmayoral.com   BX**s**
74 hab – ♥48/76 € ♥♥48/118 €, ⌚ 7 €
Rest El Ábside – *(cerrado domingo)* Carta 35/53 €
♦ Ocupa un antiguo hospital en el que también se alberga un ábside mudéjar
del s. XV. Su entrada, a modo de loggia italiana, continúa la tradición toledana
del ladrillo visto. El restaurante, muy acogedor, posee antiguos muros en piedra
y una carta tradicional.

ESPAÑA

AC Ciudad de Toledo ⌂ ≼ 🛁 🛗 🛂 🕎 📶 🕍 🅿 🆚 ⓒⓞ 🆎 ⑩
carret. de Circunvalación 15 ✉ *45005* – 𝒞 *925 28 51 25* – *www.ac-hotels.com*
49 hab – 🛏🛏64/167 €, 🍽 13 € AZe
Rest – *(cerrado domingo y lunes)* Menú 40 €
♦ Está a las afueras de la ciudad, en un antiguo edificio de piedra que ha sido recuperado dándole una estética actual. Correctas zonas nobles y habitaciones de buen confort. El restaurante, de aire regional-actual, ofrece unas excelentes vistas sobre la ciudad.

 Pintor El Greco *sin rest* 🛗 🛂 🛗 📶 🕍 🚗
Alamillos del Tránsito 13 ✉ *45002* – 𝒞 *925 28 51 91*
– *www.hotelpintorelgreco.com* AYd
60 hab – 1 suite
♦ Consta de dos partes, una de ambiente regional que ha sido actualizada y otra nueva. Reducidas zonas nobles y dos tipos de habitaciones, unas funcionales y otras más actuales.

 Casona de la Reyna *sin rest* 🛗 🛂 🕎 📶 🚗
carrera de San Sebastián 26 ✉ *45002* – 𝒞 *925 28 20 52*
– *www.casonadelareyna.com* BZb
25 hab
♦ Hotel de nueva construcción y ambiente rústico-actual decorado con buen gusto. Ofrece unas correctas zonas sociales y confortables habitaciones con mobiliario en madera.

 Abad Toledo *sin rest* 🛗 🛂 🕎 📶 🕍 🆚 ⓒⓞ 🆎
Real del Arrabal 1 ✉ *45003* – 𝒞 *925 28 35 00* – *www.hotelabadtoledo.com*
22 hab – 🛏64/100 € 🛏🛏64/124 €, 🍽 8,10 € BXn
♦ Ocupa una antigua casa que en otro tiempo funcionó como herrería. Tras su rehabilitación se caracteriza por conservar, en lo posible, los elementos constructivos originales.

 Mayoral 🛗 🛂 🕎 📶 🕍 🚗 🆚 ⓒⓞ 🆎 ⑩
av. Castilla-La Mancha 3 ✉ *45003* – 𝒞 *925 21 60 00* – *www.hotelesmayoral.com*
110 hab – 🛏48/76 € 🛏🛏48/118 €, 🍽 7 € CXs
Rest – *(cerrado domingo)* Menú 20 €
♦ Hotel funcional ubicado a poca distancia de la estación del AVE. Ofrece varias salas de reuniones y habitaciones amplias, de correcto equipamiento y con mobiliario clásico. Restaurante de línea muy funcional ubicado junto a la recepción y la cafetería.

 Princesa Galiana *sin rest* 🛗 🛂 🛗 🕎 📶 🕍 🆚 ⓒⓞ
paseo de la Rosa 58, por paseo de la Rosa ✉ *45006* – 𝒞 *925 25 72 00*
– *www.hotelprincesagaliana.com* CX
27 hab – 🛏55/86 € 🛏🛏55/113 €, 🍽 11 €
♦ Su fachada en piedra conserva la tradición de la arquitectura toledana. Habitaciones con detalles mudéjares, poseyendo las de la 3ª planta una estructura abuhardillada.

 Eurico *sin rest* 🛗 🛂 🛗 🕎 📶 🕍 🆚 ⓒⓞ 🆎
Santa Isabel 3 ✉ *45002* – 𝒞 *925 28 41 78* – *www.hoteleurico.com* BYq
23 hab – 🛏43/89 € 🛏🛏49/119 €, 🍽 7,50 €
♦ Está ubicado en pleno casco histórico. Ofrece habitaciones amplias, con suelos en tarima y mobiliario funcional, así como un patio, un bello arco mudéjar y cuevas del s. XV.

 Abacería ⌂ ≼ 🕎 🛗 🛂 🕎 📶 🕍 🅿 🆚 ⓒⓞ ⑩
Pontezuelas 8 ✉ *45004* – 𝒞 *925 25 00 00* – *www.hotelabaceria.com*
40 hab – 🛏54/61 € 🛏🛏95/112 €, 🍽 7,20 € **Rest** – Menú 23,35 € AZx
♦ Un hotel que destaca por sus buenas vistas sobre la ciudad. Dispone de espaciosas zonas comunes y habitaciones de suficiente confort, con mobiliario rústico-moderno. El restaurante, que está complementado con un bar y una terraza, ofrece una carta tradicional.

ESPAÑA

ESPAÑA

Duque de Lerma sin rest 🌿   🕮 AC ✵ VISA ☎ AE
Espino 4 ⊠45003 – ✆ 925 22 25 00 – www.hotelesmartin.com   BX**v**
18 hab – †70/80 € ††85/95 €, ⌂ 6 €
♦ Hotel de organización familiar. Presenta correctas zonas sociales y unas habitaciones de adecuado confort, con los baños reducidos, unos con bañera y otros con plato ducha.

Casa de Cisneros sin rest   AC ✵ ⁽ᵗ⁾ ♿ VISA ☎ AE
Cardenal Cisneros 12 ⊠45001 – ✆ 925 22 88 28
– www.hostal-casa-de-cisneros.com   BY**f**
10 hab – †50/60 € ††66/90 €, ⌂ 6 €
♦ Casa del s. XVI excelentemente restaurada. Ofrece habitaciones algo pequeñas pero muy bien decoradas, con mobiliario rústico, recias vigas de madera y baños de plato ducha.

La Posada de Manolo sin rest   AC ✵ ⁽ᵗ⁾ VISA ☎
Sixto Ramón Parro 8 ⊠45001 – ✆ 925 28 22 50 – www.laposadademanolo.com
14 hab – †42/50 € ††72/90 €, ⌂ 6 €   BY**h**
♦ En una antigua casa restaurada. Posee una reducida zona social, habitaciones decoradas en diferentes estilos y un agradable comedor para desayunos con vistas a la Catedral.

Santa Isabel sin rest   🕮 AC ✵ ⁽ᵗ⁾ 🚗 VISA ☎ AE ①
Santa Isabel 24 ⊠45002 – ✆ 925 25 31 20 – www.santa-isabel.com
41 hab – †33/42 € ††43/65 €, ⌂ 5 €   BY**e**
♦ Este sencillo hotel está distribuido en dos edificios cercanos a la Catedral. El más atractivo y confortable, que data del s. XIV, disfruta de un precioso patio castellano.

Martín sin rest 🌿   🕮 AC ✵ VISA ☎ AE
Espino 10 ⊠45003 – ✆ 925 22 17 33 – www.hotelmartin.es   BX**d**
29 hab – †50/65 € ††65/75 €, ⌂ 6 € – 2 apartamentos
♦ Está en una zona tranquila del casco antiguo. Tiene sus habitaciones repartidas en dos zonas, las de la parte nueva con mayor calidad y confort. Discretos apartamentos.

XXX **Adolfo** con hab   🕮 & hab, AC ✵ rest, ⁽ᵗ⁾ VISA ☎ AE ①
Hombre de Palo 7 ⊠45001 – ✆ 925 22 73 21 – www.grupoadolfo.com
9 apartamentos – ††97/130 €, ⌂ 16,25 €   BY**c**
Rest – (cerrado domingo noche) Carta 61/85 € ❀
♦ Dispone de un buen hall y dos salas de línea actual, ambas con mobiliario clásico y hermosos techos artesonados. Carta actualizada de base tradicional. Como complemento al negocio presenta nueve confortables apartamentos en un edificio anexo, todos con cocina.

XX **As de Espadas**   AC ✵ ⇔ VISA ☎ AE
paseo de la Rosa 64, por ② ⊠45006 – ✆ 925 21 27 07 – cerrado agosto y domingo
Rest – Carta 37/49 €
♦ Restaurante de aire actual ubicado frente a la estación del AVE. Combina luz, espacio y muy buen confort para ofrecer una carta de base tradicional con productos de calidad.

XX **La Perdiz**   AC ✵ VISA ☎ AE ①
Reyes Católicos 7 ⊠45002 – ✆ 925 25 29 19 – www.grupoadolfo.com – cerrado domingo noche y lunes   AY**c**
Rest – Carta 34/45 €
♦ Una casa que, siendo la hermana menor del restaurante Adolfo, ha sabido mantener el listón bien alto: profesionalidad, calidad y saber hacer. Correcta cocina regional.

XX **Locum**   AC ✵ ⇔ VISA ☎ AE
Locum 6 ⊠45001 – ✆ 925 22 32 35 – www.locum.es – cerrado 2ª quincena de agosto, lunes noche y martes   BY**n**
Rest – Carta 35/48 €
♦ Ocupa una casa del s. XVII emplazada en una callejuela, junto a la Catedral. Cuenta con un hall, una barra de apoyo, dos salas y un privado. Cocina actual de base tradicional.

XX **El Palacete** 〰 AC ⚙ ⇔ VISA ⊚ AE ⓞ
Soledad 2 ⊠45001 – ℰ 925 22 53 75 – www.restauranteelpalacete.com
– cerrado del 1 al 15 de septiembre, domingo noche y lunes CY**a**
Rest – Carta 35/47 €
♦ Casa hispanomusulmana del s. XI declarada de interés cultural. Presenta un
bello patio central, decoración mozárabe y la viguería labrada. Cocina tradicional
actualizada.

XX **La Ermita** ≤ AC ⚙ VISA ⊚ AE ⓞ
carret. de Circunvalación ⊠45004 – ℰ 925 25 31 93
*– www.laermitarestaurante.com – cerrado 15 días en agosto, domingo noche y
lunes* CZ**a**
Rest – Carta 35/48 €
♦ Casa de piedra que sorprende por su situación al borde del río Tajo, con soberbias vistas de la ciudad. Comedor moderno, grandes ventanales y elaboraciones
tradicionales.

XX **Los Cuatro Tiempos** AC ⚙ VISA ⊚ AE ⓞ
Sixto Ramón Parro 5 ⊠45001 – ℰ 925 22 37 82
– www.restauranteloscuatrotiempos.com – cerrado domingo noche
Rest – Carta 30/40 € BY**n**
♦ Ofrece un comedor principal muy luminoso, con las paredes en ladrillo visto, y
varias salas a diferentes alturas. Cocina tradicional actualizada y buena bodega climatizada.

XX **Alacena** – Hotel Beatriz 〰 AC ⚙ ⇔ P ⌂ VISA ⊚ AE ⓞ
carret. de Ávila, por ④ ⊠45005 – ℰ 925 26 91 00 – www.beatrizhoteles.com
Rest – Carta 32/45 €
♦ Integrado en el hotel, junto a la zona de banquetes. Ofrece un cuidado mon-
taje clásico y una carta tradicional que destaca por su apartado de arroces.
Terraza ajardinada.

XX **Almena** AC ⚙ ⇔ VISA ⊚ AE ⓞ
Núñez de Arce 11 ⊠45001 – ℰ 925 21 04 42 – www.almenarestaurante.com
– cerrado agosto y martes BX**c**
Rest – *(sólo almuerzo salvo viernes, sábado, festivos y vísperas)* Carta aprox.
40 €
♦ Situado en el casco antiguo de la ciudad. Ofrece una sala principal de línea
actual, con los suelos en madera, y un buen privado. Cocina tradicional con
toques actuales.

XX **La Orza** 〰 AC ⚙ VISA ⊚ AE ⓞ
*Descalzos 5 ⊠45002 – ℰ 925 22 30 11 – www.restaurantelaorza.com – cerrado
sábado noche* AY**a**
Rest – Carta 36/41 €
♦ Restaurante de poca capacidad y ambiente rústico que sacrifica el número de
comensales para dar un mejor confort. Cocina tradicional evolucionada y buen
servicio de mesa.

XX **El Pórtico** AC ⚙ ⇔ VISA AE
*av. de América 1 ⊠45004 – ℰ 925 21 43 15 – cerrado del 15 al 30 de agosto y
domingo noche* AX**c**
Rest – Carta 31/48 €
♦ Este acogedor restaurante cuenta con una barra de apoyo, dos comedores de
aire regional y dos salas más en el sótano, una de ellas en la misma
bodega. Cocina tradicional.

XX **Casa Aurelio** AC ⚙ VISA ⊚ AE ⓞ
*Sinagoga 1 ⊠45001 – ℰ 925 22 13 92 – www.casa-aurelio.com – cerrado julio y
miércoles* BY**c**
Rest – Carta 36/47 € ⌂
♦ Su estilo siguen las directrices de la casa matriz, Aurelio. Ofrece un comedor
amplio y de buen montaje, con varios huecos que funcionan como reservados.
Bodega visitable.

ESPAÑA

XX **Cúrcuma** 🍴 AC 🌂 ⇆ VISA ⓪ AE ①

Tendillas 3 ✉45002 – ℰ 925 25 02 02 – www.restaurante-curcuma.com
– cerrado del 17 al 24 de enero, del 8 al 31 de agosto, domingo noche y lunes
Rest – Carta 37/42 € BY**d**

• Disfruta de un vestíbulo, una sala actual con el techo acristalado, un privado
y una terraza arbolada en la parte posterior. Cocina tradicional y platos típicos
de la zona.

X **Hierbabuena** AC 🌂 VISA ⓪ AE

callejón de San José 17 ✉45003 – ℰ 925 22 39 24
– www.restaurantehierbabuena.com – cerrado agosto, domingo en verano y
domingo noche resto del año BX**f**
Rest – Carta 33/46 €

♦ Presenta una distribución rectangular alrededor de un patio con vegetación.
Ambiente rústico, mobiliario clásico y un correcto servicio de mesa. Cocina clásica-tradicional.

X **Casa Aurelio** AC 🌂 VISA ⓪ AE ①

Sinagoga 6 ✉45001 – ℰ 925 22 20 97 – www.casa-aurelio.com – cerrado
agosto y lunes BY**c**
Rest – Carta 35/45 €

♦ Restaurante de ambiente regional considerado como una institución en la ciudad. Ofrece un bar de apoyo, tres salas y una carta que se muestra fiel al recetario regional.

por la carretera de Circunvalación AZ Sur : 5 km

🏠 **Cigarral del Pintor** sin rest 🌂 ⇐ 🗄 🝙 AC 🌂 P VISA ⓪ AE ①

urb. La Pozuela 50 ✉45004 Toledo – ℰ 678 74 95 75
– www.cigarraldelpintor.com
9 hab – ♥60/75 € ♥♥80/105 €, ☲ 6 €

♦ Esta casa rural se encuentra en pleno campo y ofrece vistas al valle de los Cigarrales. Dispone de un elegante salón social y habitaciones bastante bien equipadas.

TOLOSA – Guipúzcoa – **573** C23 – **18 044 h.** – alt. 77 m – ✉ 20400 **25** B2

🚹 Madrid 444 – Pamplona 64 – Donostia-San Sebastián 26
– Vitoria-Gasteiz 89

🛈 pl. Santa María 1, ℰ 943 69 74 13 tour@tolosaldea.net Fax 943 67 62 13

🏠 **Oria** 🍴 ᰟ hab, AC rest, 🌂 hab, 🍴 🛁 🚗 VISA ⓪ AE

Oria 2 – ℰ 943 65 46 88 – www.hoteloria.com
45 hab – ♥57/60 € ♥♥81/88 €, ☲ 10 €
Rest *Botarri* – *(cerrado sábado mediodía y domingo)* Menú 18 €

♦ Sus habitaciones están distribuidas en dos edificios, uno actual y el otro a
modo de chalet, con un estilo de principios del s. XX y estancias algo más espaciosas. El amplio restaurante, tipo asador, está decorado con barriles de sidra y
detalles neorrústicos.

XXX **Frontón** AC 🌂 ⇆ VISA ⓪ AE

San Francisco 4-1° – ℰ 943 65 29 41 – www.restaurantefronton.com – cerrado
Navidades, domingo noche y lunes
Rest – Carta 35/47 €

♦ Singular edificio de estética racionalista adosado a un frontón. Disfruta de un
gran comedor de estilo Art-déco y un acogedor privado-bodega. Carta tradicional variada.

X **Hernialde** AC 🌂 VISA ⓪ AE

Martín José Iraola 10 – ℰ 943 67 56 54 – www.restaurantehernialde.com
– cerrado del 14 al 20 de febrero y del 14 al 24 de agosto
Rest – *(sólo almuerzo salvo jueves,viernes y sábado)* Carta 37/45 €

♦ Resulta algo justo en sus dimensiones pero presenta una sala muy actual, con
grandes ventanales y paneles de madera. Cocina tradicional con platos vascos e
internacionales.

ESPAÑA

TOLOX – Málaga – **578** V15 – **2 373 h.** – **alt. 315 m** – **Balneario** – ✉ **29109** **1** A3

Madrid 600 – Antequera 81 – Málaga 54 – Marbella 46

al Noroeste : 3,5 km

Cerro de Hijar hab,

✉29109 – ☎ 952 11 21 11 – www.cerrodehijar.com
18 hab – †40/45 € ††60/70 €, ☕ 8,50 € **Rest** – Menú 21 €

◆ Privilegiada situación en un cerro con vistas a la sierra de las Nieves. Su arquitectura evoca una típica hacienda andaluza, con espaciosas habitaciones de aire colonial. El restaurante ofrece un servicio de mesa de diseño y un menú con platos creativos.

TONA – Barcelona – **574** G36 – **7 955 h.** – **alt. 600 m** – ✉ **08551** **14** C2

Madrid 627 – Barcelona 56 – Manresa 42

Sierra de Montseny★ : Carretera★ de Vic a Sant Celoni por Montseny

Aloha

carret. de Manresa 6 – ☎ 938 87 02 77 – www.hotelaloha.com – cerrado 24 diciembre-6 enero
32 hab – †60 € ††104 €, ☕ 12,50 €
Rest – *(cerrado domingo noche)* Menú 18 €

◆ Acogedor y de agradable organización familiar. Sus habitaciones poseen un correcto equipamiento, destacando las dos especiales y las cinco abuhardilladas de la última planta. En su restaurante, de línea clásica, encontrará dos menús y una carta tradicional.

La Ferrería

av. dels Balnearis – ☎ 938 12 53 56 – www.laferreria.es – cerrado miércoles
Rest – *(sólo almuerzo salvo jueves, viernes y sábado)* Carta 31/53 €

◆ Esta bellísima masía en piedra disfruta de un patio, un moderno bar de espera y varias salitas rústicas con detalles de vanguardia. Cocina de temporada con toques creativos.

Torre Simón

Doctor Bayés 75 – ☎ 938 87 00 92 – www.torresimon.com – cerrado 15 días en agosto y lunes
Rest – *(sólo almuerzo salvo viernes y sábado)* Carta 37/49 €

◆ Hermosa villa de veraneo de estilo modernista dotada con dos comedores clásicos, dos privados y una agradable terraza. Cocina de temporada actualizada y sugerencias del día.

TOPAS – Salamanca – **575** I13 – **642 h.** – **alt. 820 m** – ✉ **37799** **11** B2

Madrid 222 – Valladolid 120 – Salamanca 26 – Zamora 52

por la carretera N 630 Oeste : 9,5 km y desvío a la derecha 2,3 km

Castillo del Buen Amor rest, rest,

✉37799 – ☎ 923 35 50 02 – www.buenamor.net
34 hab – †70/410 € ††80/410 €, ☕ 12 € – 6 suites
Rest – (es necesario reservar) Menú 35 €

◆ Castillo-palacio del s. XV construido sobre una fortaleza. Posee una variada zona noble, un hermoso patio gótico y espaciosas habitaciones, algunas bajo cúpulas. El restaurante conserva cierto aroma medieval, con las paredes en piedra y el techo abovedado.

TORÀ – Lleida – **574** G34 – **1 367 h.** – **alt. 448 m** – ✉ **25750** **13** B2

Madrid 542 – Barcelona 110 – Lleida/Lérida 83 – Manresa 49

Hostal Jaumet con hab

carret. C 1412 – ☎ 973 47 30 77 – www.hostaljaumet.com – cerrado 10 días en enero y 10 días en noviembre
17 hab – †50/60 € ††80/92 €, ☕ 8,50 € **Rest** – Carta 28/35 €

◆ Negocio familiar de 4ª generación, ya que abrió sus puertas en 1890. Dispone de un gran bar y un comedor clásico, donde podrá degustar deliciosos guisos y platos regionales. Quien se quiera alojar encontrará habitaciones de ambiente clásico y buen confort general, así como algunos servicios superiores a su categoría.

ESPAÑA

TORAZO – Asturias – **572** B13 – 280 h. – ⊠ 33535 5 B1

▶ Madrid 505 – Oviedo 52 – León 176

🏠 **Hosteria de Torazo** ⤷ 🏠 ⊼ 🖪 🔌 🐧 & hab, 🛅 🛠 🏝 **P** 🚗
pl. de la Sierra 1 – 𝒞 985 89 80 99 ⅦⅢ ⬤ 🎴
– www.hosteriadetorazo.com
22 hab ⊑ – †97/140 € ††108/194 € – 8 suites **Rest** – Menú 32 €
♦ Casona reconvertida en hotel, pues cuenta con varios anexos y numerosos servicios. Encontrará unas instalaciones modernas, habitaciones de confort actual y un completo SPA. En su restaurante podrá degustar una cocina tradicional bastante contundente.

TORDESILLAS – Valladolid – **575** H14 – 9 067 h. – alt. 702 m 11 B2
– ⊠ 47100

▶ Madrid 179 – Ávila 109 – León 142 – Salamanca 85
🄵 Casas del Tratado, 𝒞 983 77 10 67 turismo@tordesillas.net Fax 983 10 89 11
◉ Convento de Santa Clara★ (artesonado★★, patio★)

🏠 **Parador de Tordesillas** ⤷ 🚃 🏠 ⊼ 🔳 🖪 🔌 & hab, 🛅 🛠 🐧 🏝
carret. de Salamanca, Suroeste : 1 km **P** 🚗 🆅🆂🅰 ⬤ 🎴 ⓞ
– 𝒞 983 77 00 51 – www.parador.es
68 hab – †106/134 € ††133/168 €, ⊑ 16 € **Rest** – Menú 32 €
♦ Casa solariega al abrigo de un frondoso pinar, auténtico remanso de paz y tranquilidad. Agradable zona noble, varias salas de reunión y habitaciones de estilo castellano. Luminoso comedor con el techo artesonado y sobria decoración.

🏠 **Torre de Sila** sin rest 🖪 & 🛅 🛠 🐧 🆅🆂🅰 ⬤
antigua carret. Madrid-Coruña – 𝒞 983 79 59 52 – www.torredesila.com
29 hab ⊑ – †54/65 € ††72/82 €
♦ Moderno edificio construido junto a la estación de autobuses. La zona social se complementa con una cafetería y ofrece habitaciones actuales, todas con los suelos en tarima.

🏠 **Doña Carmen** ⇐ 🛅 🛠 🐧 **P** 🆅🆂🅰 ⬤ 🎴 ⓞ
carret. de Salamanca – 𝒞 983 77 01 12 – www.hotellostoreros.com
15 hab – †41 € ††65 €, ⊑ 4,50 € **Rest** – Menú 14,50 €
♦ Pequeño hotel de organización familiar a orillas del Duero. Las habitaciones resultan confortables y tienen personalidad para su categoría, algunas con detalles en forja. Su comedor ofrece un sencillo montaje y platos propios de un recetario regional.

❌❌ **La Lonja** 🛅 🆅🆂🅰 ⬤
av. de Valladolid 36 – 𝒞 983 77 11 11 – cerrado lunes
Rest – (sólo almuerzo de octubre a julio salvo viernes y sábado) Carta 25/35 €
♦ Encontrará dos salas de esmerado montaje, una con la cocina acristalada y la otra, más amplia, de estética actual. Cocina de fuertes raíces vascas y cuidadas presentaciones.

❌ **Los Toreros** con hab 🛅 rest, 🛠 🐧 🐧 🚗 🆅🆂🅰 ⬤ 🎴 ⓞ
av. de Valladolid 26 – 𝒞 983 77 19 00 – www.hotellostoreros.com
27 hab – †26/36 € ††47/57 €, ⊑ 5 €
Rest – (cerrado del 25 al 31 de diciembre) Carta 20/31 €
♦ Forma parte de un hotel, sin embargo, aquí quien lleva el peso del negocio es el restaurante, dotado con un bar y un gran comedor. Carta de sabor tradicional y varios menús. Las habitaciones, válidas como recurso, sorprenden por su sencillez.

en la autovía A 62 Este : 5 km

🏠 **El Montico** 🚃 🏠 ⊼ ❌ 🛅 rest, 🛠 rest, 🐧 **P** 🆅🆂🅰 ⬤ 🎴 ⓞ
⊠47100 – 𝒞 983 02 82 00 – www.elmontico.com
59 hab – †50/60 € ††60/105 €, ⊑ 6 € – 4 suites **Rest** – Menú 20 €
♦ ¡Disfrute del descanso en un paraje de frondosos pinares! Dentro de sus instalaciones encontrará un gran salón-bar con chimenea y confortables habitaciones de línea clásica. El agradable comedor a la carta destaca por la altura de sus techos y su luminosidad.

ESPAÑA

TORIJA – Guadalajara – **576** J20 – **1 283 h.** – alt. 964 m – ✉ 19190　　**10** C1
> ▶ Madrid 77 – Toledo 147 – Guadalajara 22 – Segovia 168

⌂　**El Alcominero** sin rest ⌂　　　　　　　　　　🕉 VISA ⓪ AE ①
General Aldeanueva 5 – ℰ 659 63 15 54 – mayo-octubre
4 hab � – ♦25 € ♦♦50 €
♦ Casa de pueblo adaptada como turismo rural. Presenta un patio con alberca, una sala de desayunos con chimenea y sencillas habitaciones vestidas con mobiliario castellano.

TORLA – Huesca – **574** E29 – **324 h.** – alt. 1 113 m – ✉ 22376　　**4** C1
> ▶ Madrid 482 – Huesca 92 – Jaca 54

◉ Paisaje★

🄶 Parque Nacional de Ordesa y Monte Perdido★★★ Noreste : 8 km

🔆　**Abetos** sin rest　　　　　　⇐ 🖧 🛎 🕉 🛰 P. 🚗 VISA ⓪ AE
carret. de Ordesa – ℰ 974 48 64 48 – www.torla.com – Semana
Santa-10 diciembre
22 hab – ♦48/53 € ♦♦55/75 €, ⊂ 8,60 €
♦ Típica construcción pirenaica rodeada de césped. Tiene una cálida zona social con chimenea y acogedoras habitaciones, con el suelo en parquet y abuhardilladas en el 2º piso.

🔆　**Villa Russell** sin rest　　　　　　　🛎 🕉 🛰 🚗 VISA ⓪
Arruata 8 – ℰ 974 48 67 70 – www.hotelvillarussell.com – Semana
Santa-15 diciembre
17 hab ⊂ – ♦57/80 € ♦♦80/114 €
♦ En el centro de la localidad. Dispone de suficientes zonas sociales y espaciosas habitaciones dotadas de un completo equipamiento, con columna de hidromasaje en los baños.

⌂　**Bujaruelo**　　　　　　　　　🛎 🕉 🛰 P. VISA ⓪
carret. de Ordesa – ℰ 974 48 61 74 – www.torla.com – cerrado 8 enero-18 abril
23 hab – ♦38/54 € ♦♦53/70 €, ⊂ 8 €
Rest – (sólo cena) (sólo menú) Menú 16 €
♦ Tras su fachada en piedra se esconde un interior completamente renovado. Posee un salón social dotado de chimenea y habitaciones de estilo actual, con los suelos en madera. El restaurante presenta una estética rústica y basa su oferta en un menú.

⌂　**Villa de Torla**　　　　　　⇐ 🛝 🛎 🄰🄲 rest, 🕉 VISA ⓪ ①
pl. Aragón 1 – ℰ 974 48 61 56 – www.hotelvilladetorla.com
– cerrado 7 enero-15 marzo
38 hab – ♦35/45 € ♦♦52/69 €, ⊂ 6 €　**Rest** – (sólo clientes) Menú 15 €
♦ Goza de habitaciones en distintos estilos, pero dentro de una misma línea rústica con profusión de madera. Completa su oferta con dos terrazas-solárium y un comedor privado.

✗✗　**El Duende**　　　　　　　　　🄰🄲 🕉 VISA ⓪ ①
La Iglesia – ℰ 974 48 60 32 – www.elduenderestaurante.com – cerrado del 6 al 29 enero y martes salvo junio-octubre
Rest – Carta aprox. 36 €
♦ Casa en piedra dotada con un bar de espera en la planta baja y dos salas en los pisos superiores, ambas rústicas y de cuidado montaje. Cocina tradicional de buen nivel.

TORNAVACAS – Cáceres – **576** L12 – **1 181 h.** – alt. 871 m – ✉ 10611　　**18** C1
> ▶ Madrid 216 – Mérida 200 – Cáceres 132 – Salamanca 104

⌂　**Antigua Posada**　　　　　　　　　　　　　　　🕉
Real de Abajo 32 – ℰ 927 17 70 19 – www.antiguaposada.com
5 hab ⊂ – ♦39 € ♦♦58 €　**Rest** – (sólo cena) (sólo clientes) Menú 15 €
♦ Casa del s. XVIII con la fachada en piedra. Posee un comedor con chimenea y habitaciones rústicas personalizadas, con los suelos en madera y ducha en la mayoría de sus baños.

TORO – Zamora – **575** H13 – **9 822 h.** – alt. 745 m – ⊠ 49800   **11** B2

> ▷ Madrid 210 – Salamanca 66 – Valladolid 63 – Zamora 33
> 🆔 pl. Mayor 6 ✆ 980 69 47 47 turismo@toroayto.es Fax 980 69 47 48
> 🔾 Colegiata★ (portada occidental★★ - Interior : cúpula★, cuadro de la Virgen de la Mosca★)

🏨 **Juan II** 🕊️   ⬛ 📶 Ⓐ ✂ rest, ♨️ 🆚 ⓐ Ⓐ ⓘ
paseo del Espolón 1 – ✆ 980 69 03 00 – www.hoteljuanii.com
42 hab – ♦58/61 € ♦♦77/81 €, ⊈ 5,10 €   **Rest** – Menú 11 €
♦ Dotado de hermosas vistas sobre la vega del Duero. Sus habitaciones poseen baños actuales y mobiliario castellano, aunque destacan las del 1er piso y las que tienen terraza. Dispone de dos comedores, donde ofrecen una carta regional, y un salón para banquetes.

Sa TORRE – Balears – **ver Balears (Mallorca)**

TORRE BARONA – Barcelona – **ver Castelldefels**

TORRE DEL COMPTE – Teruel – **574** J30 – **158 h.** – alt. 497 m   **4** C2
– ⊠ 44597

> ▷ Madrid 409 – Teruel 189 – Tortosa 71 – Zaragoza 136

🏨 **La Parada del Compte** 🕊️   ⬅ 🛋️ ⬛ Ⓐ ✂ ⁇ Ⓟ 🆚 ⓐ Ⓐ
antigua Estación del Ferrocarril, Noreste : 2,5 km – ✆ 978 76 90 72
– www.hotelparadadelcompte.com
11 hab ⊈ – ♦♦110 €   **Rest** – (es necesario reservar) Menú 28 €
♦ Un nuevo concepto de hotel rural ubicado en una antigua estación de tren. La decoración de las estancias, identificadas como apeaderos, se inspira en el lugar de origen. Su restaurante le propone un apetitoso viaje por la cocina tradicional.

TORRE DEL MAR – Málaga – **578** V17 – **15 791 h.** – Playa – ⊠ 29740   **2** C2

> ▷ Madrid 570 – Almería 190 – Granada 141 – Málaga 31
> 🆔 paseo de Larios, ✆ 95 254 11 04 turismo@ayto-velezmalaga.es

🏘️ **Mainake**   🛋️ ⬛ 📶 ℹ hab, Ⓐ ✂ ⁇ ♨️ 🔾 🆚 ⓐ Ⓐ
Los Fenicios – ✆ 952 54 72 46 – www.hotelmainake.com
40 hab ⊈ – ♦50/100 € ♦♦60/120 €   **Rest** – Menú 10 €
♦ Ciertos toques de elegancia y unos materiales de notable calidad perfilan el interior de este confortable hotel, que cuenta además con una relajante piscina en el ático. Restaurante cuidado y bien dispuesto.

🏠 **Miraya** sin rest   📶 Ⓐ ✂ ⁇ 🆚 ⓐ ⓘ
Patrón Veneno 6 – ✆ 952 54 59 69 – www.hotelmiraya.com
20 hab – ♦40/60 € ♦♦50/90 €, ⊈ 4 €
♦ De línea moderna y frente al paseo marítimo. Todas las habitaciones poseen un sencillo mobiliario provenzal y baños completos, aunque destacan las que disfrutan de terraza.

TORRE-PACHECO – Murcia – **577** S27 – **31 495 h.** – alt. 17 m   **23** B2
– ⊠ 30700

> ▷ Madrid 438 – Murcia 41 – Alicante 109

al Este : 3 km y desvío a la izquierda 1 km

🏨 Intercontinental Mar Menor   🛋️ ⬛ 🔾 🄻 🄸 📶 ℹ hab, Ⓐ 🕻 Ⓟ 🔾
Ceiba, (urb. Mar Menor Golf) ⊠ 30700 – ✆ 968 04 18 40
– www.intercontinental.com
62 hab – 2 suites
Rest –
Rest *Aqua* –
♦ Se encuentra en una urbanización que tiene su propio campo de golf. Buen hall, amplia zona social y habitaciones de línea mediterránea, todas con terraza. Completo SPA. En el restaurante Aqua encontrará una carta internacional y una gran colección de aguas.

TORREBLANCA – **Castellón** – **577** L30 – **6 115 h.** – **Playa** – ✉ **12596**   **16** B1

▶ Madrid 454 – Valencia 113 – Castelló de la Plana/Castellón de la Plana 44 – Teruel 184

X   **La Strada**   AC ⚡ VISA ⚫ AE ⓪
😊   *av. del Mar 13 – 𝒞 964 42 14 41 – www.restaurantelastrada.es – cerrado 15 días en marzo y 15 días en noviembre*
Rest – *(sólo fines de semana y festivos en invierno)* Carta 25/35 €
♦ Un matrimonio lleva con entusiasmo y buen hacer las riendas de este negocio. En su moderno comedor podrá disfrutar de una atractiva cocina de autor a precios asequibles.

TORRECABALLEROS – **Segovia** – **575** J17 – **1 154 h.** – **alt. 1 152 m**   **12** C3
– ✉ **40160**

▶ Madrid 97 – Segovia 12

🏠   **El Rancho** 🌿   🏊 🔲 🛁 🎴 AC ⚡ 🎙 🛎 🅿 VISA ⚫ AE ⓪
pl.del Mediodía 1 – 𝒞 921 40 10 60 – www.el-rancho.com
50 hab 🍴 – †90/102 € ††100/132 €
Rest *El Rancho de la Aldegüela* – ver selección restaurantes
♦ Está en un gran complejo con tiendas. Ofrece una elegante zona noble y habitaciones de buen confort, combinando el estilo tradicional castellano y los detalles orientales.

🏠   **Burgos** sin rest   🏊 🔲 ⚡ 🅿 VISA ⚫
🍴   *carret. N 110 – 𝒞 921 40 12 18 – www.hostalburgos.com*
26 hab – †43 € ††60 €, 🍴 3 €
♦ Este hotel destaca por su excelente limpieza y mantenimiento, con unas habitaciones amplias y confortables. Pequeña recepción y un comedor donde sólo sirven desayunos.

XX   **La Portada de Mediodía**   🛎 AC ⚡ VISA ⚫ AE ⓪
San Nicolás de Bari 31 – 𝒞 921 40 10 11 – www.laportadademediodia.com – cerrado domingo noche y lunes
Rest – Carta aprox. 36 €
♦ Se encuentra en una casa antigua bien habilitada, con la entrada ajardinada, un bar de espera, la cocina vista con un horno de asar y tres comedores de cuidado aire rústico.

XX   **El Rancho de la Aldegüela** – Hotel El Rancho   🛎 ⚡ VISA ⚫ AE ⓪
pl. Marqués de Lozoya 3 – 𝒞 921 40 10 60 – www.el-rancho.com – cerrado domingo noche
Rest – Carta 30/45 €
♦ Su ubicación en una finca de esquileo le confiere un cálido sabor rústico, reforzado por unos exteriores muy cuidados. Está especializada en asados y carnes a la parrilla.

XX   **El Huerto de San Roque**   🛎 AC ⚡ VISA ⚫ AE ⓪
camino del Molino 1 – 𝒞 921 40 13 04 – www.elhuertodesanroque.com – cerrado del 15 al 30 de enero y lunes
Rest – Carta 30/42 €
♦ Vistosa casa construida en un estilo regional. Posee dos salas de línea rústica, destacando la del piso superior por tener chimenea, vigas de madera y mejores vistas.

TORREJÓN DE ARDOZ – **Madrid** – **576** K19 – **575** K19 – **118 162 h.**   **22** B2
– **alt. 585 m** – ✉ **28850**

▶ Madrid 24 – Toledo 90 – Segovia 117 – Guadalajara 37

🏠   **Asset Torrejón**   🛁 🎴 🍴 ⚙ hab. AC ⚡ 🎙 🛎 🅿 VISA ⚫ AE ⓪
av. de la Constitución 32 – 𝒞 916 77 06 49 – www.assethoteles.es
131 hab – ††55/260 €, 🍴 16 €
Rest *Livonia* – *(cerrado agosto y fines de semana)* Menú 14 €
♦ Resulta céntrico y se encuentra en un edificio de modernas instalaciones, con detalles de diseño en la zona social y unas habitaciones que destacan por su gran equipamiento. El restaurante combina su estética moderna con una interesante carta tradicional.

Torre Hogar 🛗 ⌷ AC ⌖ ⁙ 🔊 ☕ VISA ⊕ AE ⓪
av. de la Constitución 96 – 𝒞 916 77 59 75 – www.torrehogar.com
84 hab – †60/140 € ††60/161 €, ⌲ 12 €
Rest – *(cerrado agosto, sábado y domingo)* Menú 16 €
♦ Hotel de aspecto confortable. Posee un hall-recepción con acogedora cafetería contigua y dos tipos de habitaciones, todas de estilo clásico pero mejor equipadas en el ático. En su alegre comedor le ofrecerán una carta tradicional y un buen apartado de arroces.

Plaza Mayor sin rest ⌷ AC ⌖ ⁙ 🔊 ☕ VISA ⊕
Cristo 21 – 𝒞 916 48 78 50 – www.hostal-plazamayor.com
34 hab ⌲ – †50/70 € ††60/90 €
♦ La zona social del hotel se limita a su cafetería, de uso exclusivo para los clientes alojados. Ofrece habitaciones modernas, con los suelos en madera y mobiliario de calidad.

TORRELAGUNA – Madrid – 576 J19 – 575 J19 – 4 853 h. – alt. 744 m   22 B2
– ⊠ 28180

▶ Madrid 58 – Guadalajara 47 – Segovia 108

La Posada del Camino Real AC ⌖ ⁙ 🔊 VISA ⊕
San Francisco 6 – 𝒞 918 43 12 58 – www.posadadelcaminoreal.es
14 hab ⌲ – †44/55 € ††72 €   Rest – Menú 10 €
♦ Conjunto castellano con un bello patio porticado. Sus habitaciones, acogedoras y decoradas en diferentes colores, poseen mobiliario rústico en hierro forjado y madera. Restaurante distribuido en dos salas, destacando la ubicada en una cueva-bodega del s. XVII.

TORRELAVEGA – Cantabria – 572 B17 – 55 947 h. – alt. 23 m   8 B1
– ⊠ 39300

▶ Madrid 384 – Bilbao 121 – Oviedo 178 – Santander 24
🄸 Juan José Ruano 9, 𝒞 942 89 29 82 turismotorrelavega@cantabria.org
Fax 942 89 29 82

Montedobra ☕ ⌷ AC ⌖ hab, ⁙ VISA ⊕ AE
paseo Joaquín Fernández Vallejo 21, por paseo Joaquín Fernández Vallejo
⊠39316 Tanos – 𝒞 942 88 17 37 – www.hotelmontedobra.com
15 hab ⌲ – †49/65 € ††75/96 €
Rest – *(cerrado domingo noche)* *(sólo menú)* 16 €
♦ Hotel de organización familiar y diseño exterior actual. Posee unas habitaciones de buen nivel, todas actuales, con los suelos en tarima y abuhardilladas en la última planta. El restaurante ofrece un montaje funcional y una carta fiel al recetario tradicional.

Cuatro Caminos sin rest y sin ⌲ ⌷ ⁙ VISA ⊕
Julián Ceballos 8 – 𝒞 942 80 42 30 – www.pensioncuatrocaminos.es
8 hab – †40/50 € ††48/60 €   Zc
♦ Establecimiento de ambiente acogedor e impecable mantenimiento. Aquí encontrará cuatro habitaciones redecoradas en tonos claros y otras cuatro con un estilo algo más clásico.

✕✕ Los Avellanos AC ⌖ VISA ⊕ AE ⓪
❀ *paseo Joaquín Fernández Vallejo 122 - 2 km, por paseo Joaquín Fernández Vallejo* ⊠39316 Tanos – 𝒞 942 88 12 25 – www.losavellanos.com – *cerrado 20 días en septiembre-octubre y lunes*   Z
Rest – *(sólo almuerzo salvo jueves, viernes y sábado)* Carta 38/54 € ⅜
Espec. Verduras de la tierra, anchoa, bonito y melón (junio-septiembre). Huevo, patata, setas y trufa (otoño-invierno). Manitas de cerdo, cremoso de berza y patata confitada.
♦ Cuenta con un pequeño hall, una bodega acristalada y una sala de línea minimalista dominada por los tonos blancos. De sus fogones surge una cocina creativa y varios platos tradicionales, siempre con buenas materias primas y unas cuidadas presentaciones.

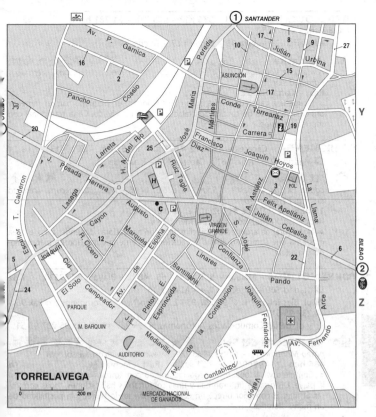

❌❌ **El Palacio** 🏡 AC ⇔ VISA ⓜ ⓞ

paseo Joaquín Fernández Vallejo 192 - Sur 1,5 km, por paseo Joaquín Fernández Vallejo ⊠39316 Tanos – ℰ 942 80 11 61 – www.elpalacio.es – *cerrado del 15 al 30 de septiembre, domingo noche y lunes*   Z

Rest – Carta 32/41 €

♦ Se presenta con un jardín, una carpa que utilizan como terraza y tres salas de línea clásica en la 1ª planta, todas personalizadas. Cocina actual de cuidadas presentaciones.

TORRELLANO – Alicante – **577** R28 – **4 436 h.** – ⊠ 03320   **16** A3

▶ Madrid 425 – Valencia 192 – Alacant 15 – Murcia 76

🏠 **Areca** 🌆 🍴 🛗 AC ⌘ 🌳 🛌 VISA ⓜ AE

del Limón 2 ⊠03320 – ℰ 965 68 54 78 – www.hotelareca.es

72 hab – †65/138 € ††65/151 €, ⊇ 10,80 €

Rest *Carabí* – (cerrado domingo noche) Carta 25/37 €

♦ Conjunto de línea moderna, funcional y, en cierto modo, con gusto por la estética minimalista. Sus habitaciones, de buen equipamiento, están dirigidas al cliente de empresa. El luminoso restaurante se complementa con una terraza dotada de mobiliario de diseño.

TORRELODONES – Madrid – **576** K18 – **575** K18 – **21 781 h.** 22 A2
– alt. 845 m – ⊠ 28250

> ▶ Madrid 29 – Ávila 85 – Segovia 67 – Toledo 99

※※   **La Casita**   🛣 🗚 ⅋ ⇦ 𝚟𝚒𝚜𝚊 ⓐⓑ 🗚🗉
camino de Valladolid 111 – ℰ 918 59 55 05 – www.vuestracasita.com – cerrado
domingo noche
Rest – Carta 42/55 €
◆ Ocupa una casita de piedra en la que encontrará un pequeño bar, un comedor
principal, a modo de cabaña acristalada, y un gran privado. Carta tradicional con
toques creativos.

TORREMENGA – Cáceres – **576** L12 – **621 h.** – alt. 530 m – ⊠ 10413 18 C1

> ▶ Madrid 227 – Ávila 161 – Cáceres 118 – Plasencia 33

⌂   **El Turcal** ❧   🗾 🗚 ⅋ ⑼
carret. EX 203, Suroeste : 1,5 km – ℰ 616 61 11 16 – www.elturcal.com – cerrado
del 5 al 31 de enero
11 hab – †91/108 € ††102/108 €, � 8 €
Rest – (sólo cena) (sólo clientes) Menú 23 €
◆ Hotel rural de arquitectura bioclimática, con acogedoras dependencias de línea
moderna que combinan diseño y tradición mediante la utilización de piedra, hierro y madera.

TORREMOLINOS – Málaga – **578** W16 – **65 448 h.** – Playa – ⊠ 29620 1 B2

> ▶ Madrid 569 – Algeciras 124 – Málaga 16

🄸 pl. Blas Infante 1, ℰ 95 237 95 12 turismo@ayto-torremolinos.org Fax 95
237 95 51

  y pl. de las Comunidades Autónomas, ℰ 95 237 19 09 Fax 95 237 95 51

🏨🏨🏨   **Meliá Costa del Sol**   ≼ 🗾 🖼 ♿ hab. 🗚 ⅋ ⑼ 🏊 🄿 𝚟𝚒𝚜𝚊 ⓐⓑ 🗚🗉 ⓞ
paseo Marítimo 11 – ℰ 952 38 66 77 – www.hotelmeliacostadelsol.com
486 hab ⊠ – ††60/160 € – 54 suites   **Rest** – Menú 17 €   Y**b**
◆ Complejo vacacional y de negocios dotado con amplias instalaciones frente a
la playa. Disfruta de un gran hall y unas confortables habitaciones, todas con vistas al mar. El comedor ofrece un completo servicio de buffet y la posibilidad de
un menú dietético.

🏨🏨🏨   **Isabel** sin rest   ≼ 🗾 🖼 ♿ 🗚 ⅋ ⑼ 🛌 𝚟𝚒𝚜𝚊 ⓐⓑ 🗚🗉 ⓞ
paseo Marítimo 47 – ℰ 952 38 17 44 – www.hotelisabel.net – cerrado
noviembre-febrero   Y**n**
70 hab ⊠ – †55/120 € ††68/149 €
◆ Este hotel disfruta de un luminoso hall, con gran profusión de mármol, y habitaciones de cuidado equipamiento, unas con bañera y otras con cabina-ducha de
hidromasaje.

※※   **Med**   ≼ 🛣 ⅋ 𝚟𝚒𝚜𝚊 ⓐⓑ
Las Mercedes 12-2°, (Balcón de San Miguel) – ℰ 952 05 88 30 – cerrado del 15 al
31 de enero y lunes   Y**a**
Rest – Carta 40/55 € 🍽
◆ Se encuentra en la 2ª planta de un edificio y destaca por sus magníficas vistas
al mar, tanto desde la terraza como desde su comedor. Platos actuales y carnes
a la brasa.

al Suroeste : barrios de La Carihuela y Montemar

🏨🏨   **La Luna Blanca** ❧   🛣 🗾 🗚 ⅋ ⑼ 🛌 𝚟𝚒𝚜𝚊 ⓐⓑ 🗚🗉
pasaje del Cerrillo 2 ⊠29620 – ℰ 952 05 37 11 – www.hotellalunablanca.com
9 hab ⊠ – †60/105 € ††70/130 €   Z**b**
Rest – (es necesario reservar) Menú 30 €
◆ Hotel tipo chalet llevado directamente por sus propietarios nipones. Posee un
buen salón social y amplias habitaciones, la suite japonesa con tatami en vez de
cama. En su restaurante, de línea informal, ofrecen platos internacionales y especialidades de Japón.

TORREMOLINOS

ESPAÑA

X **Figón de Montemar** 🛜 🗚 🛠 🚾 ⓸ 🖭 ⓞ
av. Pez Espada 101 ⊠29620 – ℰ 952 37 26 88 – cerrado 10 enero-10 febrero ,
domingo noche y lunes noche Z**v**
Rest – Carta 25/33 €
♦ Resulta bastante acogedor. Encontrará una única sala de techos altos y línea
clásica, así como una terraza acristalada en la parte trasera. Carta amplia de
cocina tradicional.

X **Juan** ◁ 🗚 🛠 🚾 ⓸ 🖭
🚇 *paseo Marítimo 28 ⊠29620 – ℰ 952 38 56 56 – www.restaurantejuan.es*
– cerrado 22 diciembre-22 enero Z**t**
Rest – Carta aprox. 35 €
♦ Negocio familiar decorado con motivos marineros. Ofrece un bar público y un
comedor acristalado con vistas al mar. Carta tradicional con pescados y mariscos
de calidad.

en la carretera de Málaga por ① :

🏛 **Parador de Málaga del Golf** ◁ 🛜 🏊 🛠 🖼 🛏 ᒪ hab, 🗚 🛠 �ᛈ
junto al campo de golf - 5 km ⊠29080 Málaga 🖄 🅿 🚾 ⓸ 🖭 ⓞ
– ℰ 952 38 12 55 – www.parador.es
82 hab – †129/146 € ††161/183 €, ⊊ 18 € – 6 suites **Rest** – Menú 33 €
♦ Bello parador integrado en un entorno ideal para la práctica del golf. Disfruta
de espacios modernos, terrazas y amplias habitaciones de línea clásica-actual. En
su comedor, luminoso y bastante agradable, encontrará una carta tradicional y un
buen menú.

TORRENT – Girona – **574** G39 – **193 h.** – ⊠ **17123** 15 B1
▶ Madrid 744 – Barcelona 133 – Girona/Gerona 37 – Palafrugell 4

🏛 **Mas de Torrent** 🦢 ◁ 🚗 🛜 🏊 🖫 ᒪᓯ 🛠 ᒪ hab, 🗚 🛠 rest, ᛈ 🖄 🅿
– ℰ 972 30 32 92 – www.mastorrent.com – cerrado 🚾 ⓸ 🖭 ⓞ
4 enero-marzo
32 hab ⊊ – †230/360 € ††290/445 € – 7 suites
Rest – *(cerrado lunes 15 octubre-30 diciembre)* Menú 78 € ✧
♦ Disfruta de unas dependencias magníficas, decoradas con sumo gusto y distribuidas entre la masía del s. XVIII y sus anexos. Completo SPA y atractivo entorno
natural. Cuenta con dos cuidados restaurantes, uno con vistas a la terraza y otro
junto a la piscina.

TORRENUEVA – Málaga – **578** W15 – **Playa** – ⊠ **29649** 1 A3
▶ Madrid 572 – Málaga 42 – Algeciras 101 – Marbella 18

🏛 El Océano Beach H. 🦢 ◁ 🛜 🏊 🖫 ᒪᓯ 🗚 ᛈ 🅿
autovía N 340 - km 199 – ℰ 952 58 75 50 – www.oceanohotel.com
40 hab Rest –
♦ Este atractivo hotel destaca por su emplazamiento, pues está volcado sobre el
mar y tiene unas preciosas terrazas. Sus confortables habitaciones poseen mobiliario colonial. El restaurante presenta una carta internacional y una decoración de
tintes africanos.

TORRICO – Toledo – **575** M14 – **576** M14 – **846 h.** – **alt. 445 m** 9 A2
– ⊠ **45572**
▶ Madrid 169 – Toledo 136 – Cáceres 161 – Ávila 151

en Valdepalacios Noreste : 6 km

🏛 **Valdepalacios** 🦢 🚗 🏊 🖫 ᒪᓯ 🛏 🗚 🛠 ᛈ 🖄 🅿 🚾 ⓸ 🖭
carret. Oropesa a Puente del Arzobispo – ℰ 925 45 75 34 – www.valdepalacios.es
27 hab – †200/280 € ††300/350 €, ⊊ 20 €
Rest *Tierra* – ver selección restaurantes
♦ Presenta la fisonomía de una gran hacienda, con amplias zonas ajardinadas y
construcciones anexas. Ofrece un estilo clásico-elegante y habitaciones de excelente equipamiento.

ESPAÑA

Tierra – Hotel Valdepalacios
carret. Oropesa a Puente del Arzobispo – ✆ 925 45 75 34 – www.valdepalacios.es
Rest – *(cerrado domingo noche, lunes y martes mediodía)* Menú 95 €
– Carta 60/80 €
Espec. Cigala con su consomé y boletus. Jarrete de ternera con patatas mortero. Raya guisada con patata morada.
◆ Su sala, luminosa y de montaje clásico-elegante, disfruta de grandes cristaleras para ver la piscina y la terraza. Sorprende por su nivel gastronómico, ya que combina sabores y texturas para ofrecer una cocina actual elaborada con productos de temporada.

TORRIJOS – **Toledo** – **576** M17 – **13 117 h.** – **alt. 529 m** – **✉ 45500** **9** B2

Madrid 87 – Ávila 113 – Toledo 29

El Mesón hab,
Puente 19 – ✆ 902 88 96 36 – www.hotelelmeson.es
42 hab – 🛉42/47 € 🛉🛉66/74 €, ☕ 3 € **Rest** – Carta 29/35 €
◆ Este pequeño hotel disfruta de un ambiente familiar y se va actualizando poco a poco. Sus habitaciones son confortables y acogedoras, con mobiliario actual y baños modernos. El comedor, de correcto montaje, ofrece una interesante carta de cocina tradicional.

Tinín
Puente 62 – ✆ 925 76 11 65 – www.restaurantetinin.com
– cerrado 17 agosto-8 septiembre y miércoles
Rest – Carta 30/45 €
◆ Restaurante de estilo castellano dotado con dos entradas, una para el bar y otra para el comedor. Ofrece una carta tradicional que trabaja mucho con los productos locales.

ESPAÑA

TORROELLA DE MONTGRÍ – **Girona** – **574** F39 – **11 598 h.** **15** B1
– **alt. 20 m** – **✉ 17257**

Madrid 740 – Barcelona 127 – Girona/Gerona 30

Ullà 31 (Museu de la Mediterrània), ✆ 972 75 51 80 info@museudelamediterrania.org Fax 972 75 51 82

Empordá, Sur : 1,5 km, ✆ 972 76 04 50

Localidad★ - Castillo ≤★★

al Sureste :

Clipper hab,
urb. Mas Pinell, 8 km ✉ 17257 Torroella de Montgrí – ✆ 972 76 29 00
– www.clipperhotel.com – cerrado 21 diciembre-12 febrero
39 hab ☕ – 🛉76/118 € 🛉🛉92/176 € **Rest** – Menú 20 €
◆ Instalaciones confortables y de línea actual. Sus habitaciones se distribuyen en torno a la piscina, todas con terraza, suelos en tarima y una pequeña cocina integrada. El restaurante cuenta con dos salas y ofrece una cocina de base tradicional.

Picasso
carret. de Pals y desvío a la izquierda ✉ 17257 Torroella de Montgrí
– ✆ 972 75 75 72 – www.hotelpicasso.net – cerrado 10 enero-20 febrero
17 hab ☕ – 🛉42 € 🛉🛉64/102 €
Rest – *(cerrado miércoles salvo verano)* Menú 13,50 €
◆ Un hotel que destaca por su emplazamiento, en un paraje tranquilo y próximo a la playa. Aquí encontrará habitaciones de línea actual con baños de aire rústico. Su sencillo restaurante ofrece una carta tradicional y disfruta de una clientela asidua.

TORTOSA – **Tarragona** – **574** J31 – **35 143 h.** – **alt. 10 m** – **✉ 43500** **13** A3

Madrid 486 – Castelló de la Plana/Castellón de la Plana 123
– Lleida/Lérida 129 – Tarragona 83

pl. del Carrilet 1, ✆ 977 44 96 48 turisme@tortosa.cat Fax 977 51 12 56

Localidad★ - Catedral★★ BY – Palacio Episcopal★ : capilla gótica★ BY
– Reales Colegios de Tortosa★ (Colegio Sant Lluís★ patio★★) CY

Planos páginas siguientes

TORTOSA

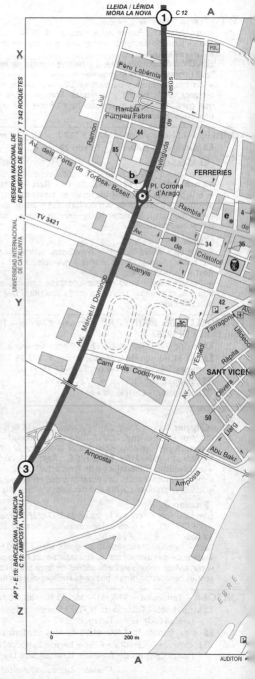

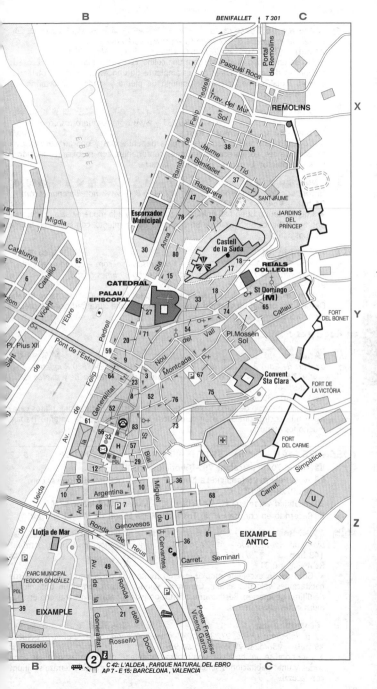

BENIFALLET · T 301

Portal de Remolins

Pasqual Roca

REMOLINS · X

Trav. del Mur

Perpelló

Felip

de

Sol

Jaume · 38 · 45

Benifallet · Tió

37

Rambla · Rasquera

47 · SANT JAUME

Escorxador Municipal

78 · 70

JARDINS DEL PRÍNCEP

Sta. Anna

30 · 80

Castell de la Suda

15 · 18

17

REIALS COL.LEGIS

CATEDRAL

PALAU EPISCOPAL

27 · 33

18

St Domingo (M)

65 · Callau

FORT DEL BONET · Y

71 · 54

del Vall

74

Pl.Mossen Sol

Pedrell

20

l'Ebre

Pl. Pius XII

Pont de l'Estat

59 · 9

Nou · Montcada

64

3

P · 67

Convent Sta Clara

FORT DE LA VICTÒRIA

23

8 · 52

75

Generalitat

52 · 76

73

Av.

61 · 56 · 83

32 · St. Blai

FORT DEL CARME

H

57 · 29

Simpàtica

12

U

la

10 · Argentina · 10 · Miguel · 36

Carret.

de

68 · P 7

68

U

Av.

Ronda · Genovesos

de · U

81

EIXAMPLE ANTIC · Z

Llotja de Mar

Reus

36 · Carret. · Seminari

P

Cervantes

de

PARC MUNICIPAL TEODOR GONZÁLEZ

49

de

POL

la

Ronda

dels

39

EIXAMPLE

21

Generalitat

Docs

Poeta Francesc Vicenç Garcia

Rosselló

Rosselló

Parador de Tortosa 🍴   ⇐ 🚗 🏊 📶 � 📺 🌊 🛁 P 📶 ☎ AE ①
Castell de la Suda – 𝒞 977 44 44 50 – www.parador.es   CY
72 hab – †102/110 € ††128/138 €, 🖃 16 €   **Rest** – Menú 32 €
◆ Ocupa un castillo medieval sobre una colina, con vistas a la vega del Ebro. Sus magníficas dependencias recrean el ambiente de épocas pasadas, sin olvidar el confort actual. Comedor con predominio de piedra y madera, destacando sus ventanales góticos.

Corona Tortosa   🚗 🏊 📶 📺 🌊 🛁 🚗
pl. Corona de Aragón 7 – 𝒞 977 58 04 33 – www.hotelcoronatortosa.com
72 hab – 30 apartamentos   **Rest** –   AX**b**
◆ Conjunto funcional dotado de amplias dependencias y una atractiva piscina rodeada de césped. Ofrece habitaciones confortables, con mobiliario escogido y baños completos. Luminoso comedor a la carta.

Berenguer IV sin rest   📶 ⅙ 📺 🌊 🛁 📶 ☎ AE ①
Historiador Cristófol Despuig 36 – 𝒞 977 44 95 80 – www.hotelberenguer.com
54 hab – †64/95 € ††72/95 €, 🖃 7,20 €   BZ**c**
◆ Cuenta con un buen hall unido a la zona social y a la moderna sala de desayunos. Sus habitaciones gozan de un completo equipamiento, con suelos en tarima y baños actuales.

❌❌ Rosa Pinyol   📺 🌊 📶 ☎ AE ①
Hernán Cortés 17 – 𝒞 977 50 20 01 – www.rosapinyol.com – *cerrado del 1 al 7 de febrero, del 15 al 30 de septiembre, domingo y lunes noche*   AY**e**
Rest – Carta aprox. 35 €
◆ Bien llevado en familia, con el propietario a los fogones y su esposa en la sala. Destaca por ofrecer un cuidado servicio de mesa y una carta tradicional a precios moderados.

en Roquetes :

❌ Amaré   📺 🌊 📶 ☎
av. Port de Caro 2, por av. dels Ports de Tortosa-Beseit ✉ *43520 Roquetes* – 𝒞 977 50 03 80 – *cerrado 4 agosto-1 septiembre, martes noche y miércoles salvo festivos*   AX
Rest – Carta 30/35 €
◆ Sencillo negocio de larga trayectoria familiar. Destaca por elaborar platos caseros y una cocina catalana muy respetuosa con los sabores de antaño. Trabaja mucho los menús.

TOSSA DE MAR – Girona – 574 G38 – 5 948 h. – Playa – ✉ 17320   15 B2
🛣 Madrid 707 – Barcelona 79 – Girona/Gerona 41
🅸 av. El Pelegrí 25 (edificio La Nau), 𝒞 972 34 01 08 info@infotossa.com Fax 97234 07 12
👁 Localidad veraniega★, Vila Vella★ BZ – Museo Municipal★ BZ**M**
🅲 Recorrido en cornisa★★ de Tossa de Mar a LLoret de Mar 11 km por ②

G.H. Reymar 🍴   ⇐ 🚗 🏊 🌊 ⅙ 🌊 📶 📺 🌊 🛁 🚗 📶 ☎ AE ①
platja de Mar Menuda – 𝒞 972 34 03 12 – www.ghreymar.com – *mayo-octubre*
148 hab 🖃 – †79/146 € ††124/280 € – 18 suites   BY**x**
Rest – Menú 31 €
◆ Goza de un excelente emplazamiento frente a la playa, con la mitad de sus habitaciones volcadas al mar. Centro de salud y belleza con algún tratamiento de última generación. Restaurante acristalado y de montaje funcional, con espléndidas vistas panorámicas.

Florida sin rest   📶 ⅙ 📺 🌊 📶 P 📶 ☎ AE ①
av. de la Palma 12 – 𝒞 972 34 03 08 – www.hotelflorida.biz – *22 abril-16 octubre*
49 hab – †36/62 € ††55/100 €, 🖃 9 €   BZ**d**
◆ Este hotel se presenta con una moderna cafetería, que hace las veces de zona social, y unas habitaciones sencillas pero confortables. Agradable terraza-solárium con jacuzzi.

ESPAÑA

TOSSA DE MAR

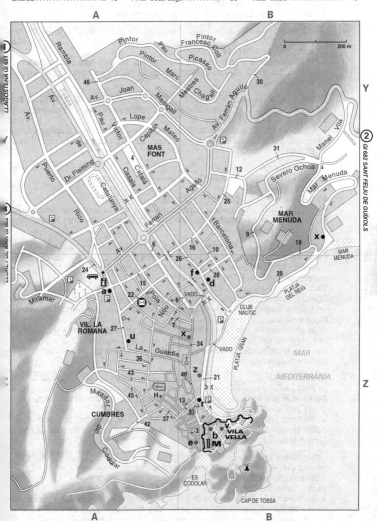

ⓘ **Capri** ≤ 🕼 🛏 🏧 ⅍ hab, 🆚 ☎

passeig del Mar 17 – 𝒞 972 34 03 58 – www.hotelcapritossa.com
– marzo-20 diciembre BZ**r**
22 hab ☑ – ♦55/76 € ♦♦68/104 € **Rest** – Menú 15 €

◆ Su escasa zona social se ve compensada por unas habitaciones con distinta decoración según la planta, unas clásicas y otras más coloristas, todas de adecuado confort. El restaurante, que recrea un ambiente clásico con pinceladas marineras, se complementa con una agradable terraza.

ⓘ **Turissa** sin rest ⟱ 🕼 🗞 🏧 ⅍ 🆚 ☎ ⓘ

av. del Pelegrí 27 – 𝒞 972 34 02 11 – www.hotelturissa.com AZ**a**
27 hab ☑ – ♦30/70 € ♦♦50/90 €

◆ Resulta funcional y algo justo en sus espacios, sin embargo, estos detalles se combinan con una línea actual bastante cuidada, por lo que es una buena opción en su categoría.

ⓘ **Sant March** sin rest ⟱ ⟱ 🏧 ⅍ ⁽ᵗ⁾ 🅿 🆚 ☎

av. del Pelegrí 2 – 𝒞 972 34 00 78 – www.hotelsantmarch.com – 15 abril-octubre
29 hab ☑ – ♦33/50 € ♦♦58/81 € AZ**u**

◆ Sencillo hotel de ambiente familiar. Posee unas habitaciones amplias y luminosas que se van actualizando poco a poco, así como una piscina central muy agradable.

ⓘ **Avenida** sin rest 🗞 🏧 ⅍ 🆚 ☎ 🏧 ⓘ

av. de la Palma 5 – 𝒞 972 34 07 56 – www.hotelavenidatossa.com
– marzo-octubre BZ**f**
45 hab ☑ – ♦42 € ♦♦64/105 € – 3 suites

◆ Se está actualizando poco a poco, lo que hace que presente algunos contrastes, como una zona social de estética actual y unas habitaciones confortables pero algo anticuadas.

XXX **La Cuina de Can Simon** (Xavier y Josep María Lores) 🏧 ⅍
ℰ3 *Portal 24 – 𝒞 972 34 12 69 – www.lacuinadecansimon.es* 🆚 ☎ 🏧 ⓘ
– cerrado 10 enero- 3 febrero, domingo noche, lunes y
martes salvo verano y festivos BZ**e**
Rest – Menú 64/95 € – Carta 56/75 €
Espec. Huevo de corral escalfado, acompañado de patata enmascarada y jamón de bellota. Suquet con rape y gambas. Chocolate con mermelada, helado de higos y galleta.

◆ Se encuentra en una calle peatonal, junto a la muralla del castillo, y disfruta de una organización íntegramente familiar. Ofrece un pequeño hall a la entrada y una sala de ambiente rústico-elegante en la que podrá degustar una cocina tradicional actualizada.

X **Castell Vell** 🕼 ⟱ 🆚 ☎ 🏧 ⓘ

pl. Roig i Soler 2 – 𝒞 972 34 10 30 – mayo-12 noviembre BZ**v**
Rest – *(cerrado lunes mediodía en julio-agosto y lunes salvo festivos resto del año)* Carta 35/52 €

◆ Negocio emplazado en pleno casco histórico. El comedor, que está distribuido en varios niveles, se decora con objetos antiguos y aperos de labranza. Carta tradicional.

X **Victoria** 🕼 🏧 🆚 ☎

passeig del Mar 23 – 𝒞 972 34 01 66 – www.hrvictoriatossa.com
– cerrado diciembre,enero y martes salvo verano BZ**z**
Rest – Carta 30/50 €

◆ Restaurante de sencillo montaje y discreto servicio de mesa, donde ofrecen una cocina tradicional especializada en pescados y mariscos. Terraza frente a la playa.

Ⓨ **Can Sisó** 🕼 🏧 ⅍ 🆚 ☎ ⓘ

pl. de las Armas 1 – 𝒞 972 34 07 08 – www.cansiso.com – cerrado martes salvo mayo-octubre BZ**b**
Rest – Ración aprox. 16 €

◆ Junto a la entrada del recinto amurallado. Disfruta de una amplia terraza y una agradable sala de ambiente rústico, donde combina sus raciones con una carta tradicional.

ESPAÑA

TOTANA – Murcia – **577** S25 – 29 211 h. – alt. 232 m – ✉ 30850   **23** B2
> ▶ Madrid 437 – Murcia 50 – Almería 171

junto a la salida 620 de la autovía A 7 Este : 7 km

🏨 **Executive Sport**   ⬛ 📶 🅰️ ✂️ ⁿ⁺ ⚒ 🅿️ 🚗 VISA ⚙ AE
El Granado 1 ✉30850 – *𝒞 968 41 82 09* – *www.executive-sport.com*
50 hab – †49/62 € ††61/90 €, ⊑ 4,90 €   **Rest** – Menú 10 €
♦ Emplazado junto a la autovía, con habitaciones actuales y bien equipadas. A escasos metros hay un pequeño centro comercial, donde tienen las salas de reuniones. Dispone de un restaurante self-service en el hotel y un comedor a la carta en el área comercial.

TOURO – A Coruña – **571** D5 – 4 230 h. – alt. 310 m – ✉ 15822   **19** B2
> ▶ Madrid 589 – Santiago de Compostela 31 – A Coruña 82 – Lugo 86

al Este : 7 km

🏠 **Pazo de Andeade** ॐ   📠 ✂️ ⁿ⁺ ⚒ 🅿️ VISA ⚙
Andeade-Lugar de Casa Grande 1 ✉15824 *Andeade* – *𝒞 981 51 73 59*
– www.pazodeandeade.com
9 hab – †42/50 € ††53/63 €, ⊑ 8 €
Rest – *(cerrado lunes y martes)* Menú 16 €
♦ Negocio familiar instalado en un atractivo pazo cuyos orígenes se remontan al s. XVIII. Un marco de cálida rusticidad que resulta ideal para una estancia sosegada. En su comedor el comensal puede degustar un buen menú de temporada.

A TOXA (Illa de) (La Toja Isla de) – Pontevedra – **571** E3   **19** A2
– **Balneario** – **Playa** – ✉ 36991
> ▶ Madrid 637 – Pontevedra 33 – Santiago de Compostela 73
> 🗺 La Toja, *𝒞 986 73 01 58*
> 👁 Paraje★★ – Carretera★ de La Toja a Canelas

🏨 **G.H. La Toja** ॐ   ⬅ 📠 📠 ⬛ 🔲 ₤₆ ✂️ 📶 🅰️ ✂️ ⁿ⁺ ⚒ 🅿️ VISA ⚙ AE ①
– 𝒞 986 73 00 25 – www.granhotellatoja.com
172 hab ⊑ – †130/226 € ††186/295 € – 25 suites   **Rest** – Carta 45/60 €
♦ Un hotel emblemático situado al borde de la ría de Arousa, con idílicas vistas y magníficos exteriores. Elegante zona social, SPA-balneario y habitaciones de gran confort. Comedor de cuidado montaje, con mobiliario escogido y un excelente servicio de mesa.

🏨 **Louxo La Toja** ॐ   ⬅ 📠 📠 ⬛ ₤₆ 🖥 ⚙ hab, 🅰️ ✂️ ⁿ⁺ ⚒ 🅿️
– 𝒞 986 73 02 00 – www.louxolatoja.com   VISA ⚙ AE ①
113 hab ⊑ – †70/143 € ††89/160 € – 3 suites
Rest *Rias Gallegas* – Carta 30/54 €
♦ Sus instalaciones gozan de un emplazamiento privilegiado al borde del mar, con unas correctas zonas sociales, amplias habitaciones y un centro de talasoterapia. El restaurante disfruta de excelentes vistas a la ría de Arousa y elabora platos tradicionales.

🍴 **Los Hornos**   ⬅ 📠 🅰️ ✂️ VISA ⚙ AE
– 𝒞 986 73 10 32 – cerrado enero, domingo noche y lunes
Rest – Carta aprox. 38 €
♦ Llevado por el G. H. La Toja. En sus luminosas salas acristaladas, siempre con vistas a la ría, podrá degustar una cocina tradicional con algunos mariscos. Atractiva terraza.

TRAMACASTILLA – Teruel – **574** K25 – 113 h. – alt. 1 260 m   **3** B3
– ✉ 44112
> ▶ Madrid 275 – Teruel 57 – Zaragoza 198

TRAMACASTILLA

por la carretera A 1512 Este : 1 km

✗✗ **Hospedería El Batán** con hab
☎44112 – *978 70 60 70* – www.elbatan.es – cerrado 15 días en enero
7 hab – †43 € ††67 €, � 9 € **Rest** – (cerrado martes) Carta 34/44 €
♦ Restaurante de ambiente rústico-regional emplazado en pleno campo, en una antigua fábrica de lana. Ofrece un buen servicio de mesa y una cocina tradicional bien elaborada. También encontrará unas habitaciones no muy amplias pero de buen confort general, así como un apartamento en una casita anexa.

TRAMACASTILLA DE TENA – Huesca – **574** D29 – 148 h.   **4** C1
– alt. 1 224 m – ⊠ 22663
🔼 Madrid 472 – Zaragoza 151 – Huesca 81

🏨 **El Privilegio**
pl. Mayor – *974 48 72 06* – www.elprivilegio.com
20 hab � – †99/124 € ††130/165 € – 6 suites **Rest** – Menú 25 €
♦ Tras su atractiva fachada en piedra encontrará un hotel moderno y acogedor. Sus habitaciones, algunas abuhardilladas, poseen mobiliario de calidad y suelos en tarima. El restaurante disfruta de un buen montaje y presenta una cuidada carta de cocina actual.

TRASVÍA – Santander – ver Comillas

TRECEÑO – Cantabria – **572** C17 – ⊠ 39592   **8** B1
🔼 Madrid 402 – Burgos 163 – Oviedo 140 – Santander 47

🏨 **Palacio Guevara**
barrio La Plaza 22 – *942 70 33 30* – www.palacioguevara.com
16 hab – †50/90 € ††85/120 €, � 7 € **Rest** – Menú 18 €
♦ Hermoso palacio montañés construido en 1713. Presenta un luminoso salón social y habitaciones rústicas donde conviven en armonía la piedra, la madera y el confort actual. Su cálido restaurante se complementa con un anexo acristalado para las celebraciones.

✗ **Prada a Tope** con hab
barrio El Ansar 1 – *942 70 51 00* – www.pradaatope-treceno.com – cerrado del 15 al 28 de febrero y 21 junio-6 julio
8 hab ⊥ – †45/65 € ††50/70 € **Rest** – (cerrado miércoles) Carta 20/29 €
♦ Está ubicado en una casa de estilo regional y dispone de dos salas, una de aire rústico y la otra montada en una terraza-porche acristalada. Venta de productos propios. Si desea alojarse aquí encontrará unas sencillas habitaciones de ambiente rústico-actual.

TREDÓS – Lleida – ver Salardú

TREFACIO – Zamora – **575** F10 – 202 h. – alt. 960 m – ⊠ 49359   **11** A2
🔼 Madrid 366 – Valladolid 212 – Zamora 122 – Bragança 53

🏨 El Rincón de Trefacio
carret. de San Ciprián – *980 62 83 00*
18 hab Rest –
♦ Conjunto construido en piedra, con un pequeño jardín. En dos edificios anexos se reparten las habitaciones, sobrias en decoración y con los suelos en parquet o barro cocido.

TREGURÀ DE DALT – Girona – **574** F37 – ⊠ 17869   **14** C1
🔼 Madrid 695 – Barcelona 141 – Girona 92 – Canillo 154

🏨 **Fonda Rigà**
final carret. Tregurà – *972 13 60 00* – www.fondariga.com – cerrado 27 junio-8 julio y del 7 al 18 de noviembre
16 hab ⊥ – †50/60 € ††90/96 € **Rest** – Menú 22 €
♦ Negocio familiar ubicado en un entorno de gran autenticidad rural. Sus habitaciones disfrutan de un confort bastante actual, todas con detalles modernos y la mitad con vistas. El restaurante combina su cuidada decoración rústica con un buen servicio de mesa.

TRES CANTOS - Madrid - 576 K18 - 575 K18 - 41 064 h. - alt. 802 m - ✉ 28760 22 B2

Madrid 26

Foxá 3 Cantos
ronda de Europa 1 - ☎ 918 05 48 00 - www.hotelesfoxa.com
88 hab - †75/172 € ††75/215 €, ☕ 15 € - 2 suites **Rest** - Menú 18 €
♦ Presenta un gran hall, presidido por una colección de Lladrós, y unas habitaciones muy bien equipadas, todas con mobiliario antiguo de calidad. Club deportivo y SPA. El restaurante posee dos salas, una de línea clásica y otra con luz natural en una galería.

Jardín de Tres Cantos
av. de los Encuartes 17 - ☎ 918 06 49 99 - www.vphoteles.com
54 hab ☕ - †78/134 € ††78/165 € **Rest** - Menú 10,50 €
♦ Este hotel de línea clásica tiene una buena clientela de ejecutivos. La zona social resulta algo justa, sin embargo ofrece un gran nivel de confort en sus habitaciones. El restaurante, separado de la cafetería por unos biombos, presenta una carta tradicional.

TRESGRANDAS - Asturias - 572 B16 - ✉ 33590 5 C2

Madrid 421 - Gijón 101 - Oviedo 111 - Santander 77

Puerta del Oriente
AC rest,
- ☎ 985 41 12 89 - www.puertadeloriente.com
8 hab ☕ - †60/105 € ††75/150 €
Rest - *(sólo clientes, sólo cena)* Menú 16 €
♦ Pequeño hotel de estilo funcional rodeado de verdes prados. Dispone de una correcta zona social con chimenea y espaciosas habitaciones, con los suelos en tarima.

El Molino de Tresgrandas
- ☎ 985 41 11 91 - www.molinotresgrandas.com
8 hab - †68/75 € ††94/99 €, ☕ 10 € **Rest** - Menú 20 €
♦ Antiguo molino rehabilitado en un bello paraje. Presenta una sencilla organización familiar, así como unas habitaciones de estilo rústico correctamente equipadas.

ESPAÑA

TRUJILLO - Cáceres - 576 N12 - 9 822 h. - alt. 564 m - ✉ 10200 18 C2

Madrid 254 - Cáceres 47 - Mérida 89 - Plasencia 80

pl. Mayor, ☎ 927 32 26 77 turismo@trujillo.es Fax 927 65 91 40

Pueblo histórico★★ . Plaza Mayor★★ (palacio de los Duques de San Carlos★, palacio del Marqués de la Conquista : balcón de esquina★) - Iglesia de Santa María★ (retablo★)

Parador de Trujillo
hab,
Santa Beatriz de Silva 1 - ☎ 927 32 13 50
- www.parador.es
48 hab - †120/130 € ††150/163 €, ☕ 16 € - 2 suites **Rest** - Menú 32 €
♦ Ocupa el antiguo convento de Santa Clara, del s. XVI. Las habitaciones, que contrastan con el edificio por su modernidad, se distribuyen alrededor de un hermoso claustro. El comedor se complementa con una antigua capilla, donde suelen servir los desayunos.

NH Palacio de Santa Marta sin rest, con cafetería
Ballesteros 6 - ☎ 927 65 91 90
- www.nh-hotels.com
50 hab - ††55/179 €, ☕ 14,50 €
♦ En un edificio histórico, sin embargo, salvo detalles, el interior resulta de estética actual. Habitaciones de completo equipamiento, algunas con magníficas vistas al pueblo.

Victoria 🛎 ⬚ hab, 🆎 ✲ ᵗ⁹ ⛴ 🅥🅢🅐 ⬚ 🅐🅔 ⓪

pl. del Campillo 22 – ☎ *927 32 18 19* – *www.hotelvictoriatrujillo.es*
27 hab – 🛉80 €, 🛉🛉125 €, ⌁ 5 € **Rest** – Menú 16 €

◆ Agradable casa solariega de principios del s. XX. Posee un bonito patio distribuidor, cuidadas zonas sociales y habitaciones funcionales, las del piso superior
abuhardilladas. El restaurante, ubicado un edificio anexo, presenta una carta de
cocina tradicional.

por la carretera EX 208 Sureste : 11 km y desvío a la derecha 1 km

⌂ Viña Las Torres sin rest ⌘ ⪡ ⟁ ✲ 🆎 ✲ ᵗ⁹ 🅥🅢🅐 ⬚

camino de Buenavista ✉10200 – ☎ *927 31 93 50* – *www.vinalastorres.com*
8 hab ⌁ – 🛉57 € 🛉🛉69 €

◆ Antigua villa vacacional situada en pleno campo y rodeada por un jardín silvestre. Posee habitaciones de aire rústico, destacando las ubicadas en el torreón por
sus vistas.

TUDELA – Navarra – 573 F25 – 34 717 h. – alt. 275 m – ✉ 31500 24 A3

▶ Madrid 316 – Logroño 103 – Pamplona 84 – Soria 90

ℹ Juicio 4, ☎ 948 84 80 58 puntoencuentro@tudela.es Fax 948 84 80 58

◉ Catedral★ (claustro★★, portada del Juicio Final★, interior – capilla de
Nuestra Señora de la Esperanza★)

ESPAÑA

🏢 AC Ciudad de Tudela 🛗 🛎 🆎 ✲ ᵗ⁹ ⛴ 🅟 🅥🅢🅐 ⬚ 🅐🅔 ⓪

Misericordia – ☎ *948 40 24 40* – *www.ac-hotels.com*
41 hab – 🛉🛉100/120 €, ⌁ 12 € **Rest** – *(cerrado domingo)* Menú 30 €

◆ Tras la antigua fachada del edificio original se esconde un hotel muy actual.
Buena zona social, patio con palmeras y cuidadas habitaciones, las del piso superior con terraza. El restaurante, de estética actual, elabora una cocina tradicional
actualizada.

Santamaría sin rest, con cafetería 🛎 🆎 ᵗ⁹ ⛴ 🅥🅢🅐 ⬚ 🅐🅔

Camino San Marcial 14 – ☎ *948 82 12 00* – *www.hotelsantamaria.net*
52 hab – 🛉50/58 € 🛉🛉60/105 €, ⌁ 5 €

◆ Cercano al casco antiguo. Aquí encontrará habitaciones de línea funcional,
todas con los suelos en tarima y terraza-balcón. En su cafetería también ofrecen
platos combinados.

✕✕ Treintaitres 🆎 ✲ 🅥🅢🅐 ⬚ 🅐🅔 ⓪

Pablo Sarasate 7 – ☎ *948 82 76 06* – *www.restaurante33.com* – *cerrado
24 diciembre- 2 enero, 31 julio- 16 agosto,domingo,lunes noche y martes noche*
Rest – Carta 31/43 €

◆ Posee una barra de bar con varias mesas y dos salas, una por planta, ambas de
línea clásica-actual. Cocina regional actualiza, buenos platos de verdura y un
menú degustación.

✕ Iruña 🆎 ✲ 🅥🅢🅐 ⬚ 🅐🅔 ⓪

Muro 11 – ☎ *948 82 10 00* – *www.restauranteiruna.com*
– *cerrado del 15 al 30 de septiembre y jueves salvo festivos*
Rest – Carta 30/45 €

◆ Casa de organización familiar dotada con un pequeño bar y un comedor, este
último clásico-actual y con partes panelables. Completa carta de cocina regional y
tradicional.

✕ Pichorradicas - Casa Ignacio con hab 🆎 ✲ ᵗ⁹ 🅥🅢🅐 ⬚

Cortadores 11 – ☎ *948 82 10 21* – *www.pichorradicas.es*
7 hab – 🛉50/70 € 🛉🛉60/80 €, ⌁ 8 €
Rest – *(cerrado domingo noche y lunes)* Carta 29/37 €

◆ Ofrece dos salas de reducida capacidad y buen montaje, ambas de estilo rústico-
actual, con vigas de madera y las paredes en piedra o ladrillo visto. Cocina vasco-
navarra. Sus habitaciones suponen una buena opción si desea alojarse en Tudela,
pues gozan de una línea bastante actual, buen mobiliario y excelente confort.

en la carretera N 232 Sureste : 3 km

XX **Beethoven**
av. Tudela 30 ⊠*31512 Fontellas –* 𝒞 *948 82 52 60 – www.rtebeethoven.com
– cerrado agosto y domingo*
Rest – Carta 30/46 €
♦ Tras su discreta fachada encontrará un establecimiento de elegante ambiente clásico, con un cuidado servicio de mesa y las paredes en madera. Amplia carta de cocina regional.

por la carretera NA 125 Noreste : 4 km y desvío a la derecha 0,5 km

Ɑↄↄ **Aire de Bardenas** 🕭 ≼ 🕭 🖪 ㎸ ⱭE
⊠*31500 Tudela –* 𝒞 *948 11 66 66 – www.airedebardenas.com*
22 hab – ♦♦165/290 €, ⌁ 14 € **Rest** – Carta 32/44 €
♦ Ha ganado varios premios de arquitectura y resulta original por su inhóspito emplazamiento, junto al desierto de las Bardenas Reales. Habitaciones muy actuales y sobrias. El restaurante, también de diseño moderno, elabora una cocina tradicional actualizada.

TUDELA DE DUERO – Valladolid – **575** H16 – **8 503 h.** – alt. 701 m   **11** B2
– ⊠ **47320**

▶ Madrid 188 – Aranda de Duero 77 – Segovia 107 – Valladolid 16

Ɑↄↄ **Jaramiel** 🕭 ⌁ 𝐼ᵭ 🖬 ㎸ rest, 🕭 ⁅⁆ 🖪 ㎸ Ɑↄↄ
carret. N 122, Noroeste : 1 km – 𝒞 *983 52 02 67 – www.jaramiel.es – cerrado 23 diciembre-2 enero*
47 hab – ♦45 € ♦♦55 €, ⌁ 4 €
Rest – *(cerrado domingo noche y lunes)* Menú 12 €
♦ Este hotel distribuye sus habitaciones en tres pequeños edificios, presentándose todas ellas con un buen confort general, una estética castellana y los aseos completos. Comedor clásico-regional y un gran salón para banquetes a modo de invernadero acristalado.

X **Mesón 2,39** 🕭 ㎸ ㎸ ㎸ ⱭE ⓪
ⓐ
Antonio Machado 39 – 𝒞 *983 52 07 34 – cerrado del 16 al 31 de agosto y lunes*
Rest – *(sólo almuerzo salvo viernes y sábado)* Carta 24/35 €
♦ Sorprendente restaurante de ambiente castellano escondido tras una fachada en piedra. Propone una cocina que ensalza los productos de la tierra y las verduras de temporada.

TUI – Pontevedra – **571** F4 – **17 262 h.** – alt. 44 m – ⊠ **36700**   **19** B3

▶ Madrid 604 – Ourense 105 – Pontevedra 48 – Porto 124
🖪 Colón, 𝒞 986 60 17 89 oficina.turismo.tui@xunta.es Fax 986 60 17 89
◎ Emplazamiento★, Catedral★ (portada★)

Ɑↄↄ **Parador de Tui** 🕭 ≼ 🕭 ⌁ ㎸ 🖬 & hab, 🖬 ㎸ ⁅⁆ 🖪 ㎸ Ɑↄↄ ⱭE ⓪
av. de Portugal – 𝒞 *986 60 03 00 – www.parador.es*
31 hab – ♦102/129 € ♦♦128/161 €, ⌁ 16 € – 1 suite **Rest** – Menú 32 €
♦ El granito y la madera recrean la ornamentación de este Parador, que reproduce, en un bello paraje, un típico pazo gallego. Habitaciones neorrústicas de completo equipamiento. En su elegante comedor encontrará platos propios de la cocina tradicional gallega.

Ɑↄ **Colón Tuy** ≼ ⌁ 🖬 & 🖬 ㎸ ⁅⁆ 🕭 🚗 ㎸ Ɑↄↄ ⱭE ⓪
Colón 11 – 𝒞 *986 60 02 23 – www.hotelcolontuy.com*
45 hab ⌁ – ♦53/69 € ♦♦66/86 € – 21 apartamentos
Rest *Silabario* – ver selección restaurantes
♦ Familiar y bastante actualizado. Cuenta con una zona social de aire moderno, una cafetería pública y habitaciones funcionales pero bien equipadas. También ofrece apartamentos.

XXX **Silabario** – Hotel Colón Tuy ⟨AK⟩ ⟨℘⟩ ⟨⟩ VISA ⟨⟩ AE ⟨⟩
Colón 11 – ☎ *986 60 70 00 – www.restaurantesilabario.com – cerrado*
23 diciembre-3 enero, domingo y lunes
Rest – Carta 35/46 €

♦ Sorprende por sus magníficas instalaciones, ya que tiene un interior minimalista con muchos detalles de diseño, grandes ventanales y un buen servicio de
mesa. Cocina actual.

X **O Novo Cabalo Furado** ⟨⟩ AK ⟨℘⟩ VISA ⟨⟩
pl. do Concello 3 – ☎ *986 60 22 63 – cerrado 15 días en enero,15 días en junio,*
domingo en julio-agosto y domingo noche y lunes resto del año
Rest – Carta 25/35 €

♦ Casa familiar de sencillas instalaciones. Presenta una barra a la entrada, una
sala de estilo clásico-funcional y un patio interior que funciona como terraza.
Cocina gallega.

TURÉGANO – **Segovia** – **575** I17 – **1 088 h.** – **alt. 935 m** – ⊠ **40370**   **12** C2
☑ Madrid 130 – Aranda de Duero 72 – Segovia 35 – Valladolid 96

XX **El Zaguán** con hab ⟨≣⟩ AK ⟨℘⟩ ⟨⟩ VISA ⟨⟩ AE
☺ *pl. de España 16 –* ☎ *921 50 11 65 – www.el-zaguan.com*
32 hab – ♥40/60 € ♥♥53/66 €, ⊇ 6 €   **Rest** – Carta 29/35 €

♦ Conjunto castellano de atractivo ambiente rústico-regional, definido por sus
recias vigas de madera y el horno de asar a la vista. Carta regional con un punto
de evolución. Ofrece calidas habitaciones de aire rústico en el mismo edificio y en
un anexo, este último emplazado en lo que fue una antigua serrería.

en Carrascal Sur : 8 km

🏠 Casa de Hechizo ⟨⟩ AK ⟨℘⟩
camino de Torreiglesias – ☎ *656 87 31 36 – www.hotelesconhechizo.com*
8 hab   Rest –

♦ Hotel de diseño actual ubicado en pleno campo. Disfruta de un interior vanguardista que muestra una gran atracción por la estética zen y las líneas rectas.
Baños integrados. El restaurante, que resulta diáfano, tiene abundante luz natural
y una carta creativa.

TURIENO – **Cantabria** – **572** C16 – **108 h.** – ⊠ **39586**   **8** A1
☑ Madrid 412 – Santander 110 – Palencia 181

🏠 **Posada Laura** sin rest ⊗ ⟨≤⟩ ⟨℘⟩ ⟨⟩ P VISA ⟨⟩ AE
– ☎ *942 73 08 54 – www.posadalaura.com – cerrado 2 diciembre-8 enero*
10 hab – ♥40/75 € ♥♥60/80 €, ⊇ 5 €

♦ Disfruta de una pequeña zona ajardinada, un coqueto salón social con chimenea y confortables habitaciones, de ambiente rústico-actual pero personalizadas
en su decoración.

ÚBEDA – **Jaén** – **578** R19 – **35 649 h.** – **alt. 757 m** – ⊠ **23400**   **2** C2
☑ Madrid 323 – Albacete 209 – Almería 227 – Granada 141
🈺 Baja del Marqués 4 (Palacio del Marqués de Contadero) ☎ 953 77 92 04
otubeda@andalucia.org Fax 953 77 92 06 AZ
◉ Localidad★★ – Barrio Antiguo★★ : plaza Vázquez de Molina★★ BZ,
Palacio de las Cadenas★ BZH, capilla de El Salvador★★ BZ – Iglesia de
Santa María de los Alcázares★ BZ – Iglesia de San Pablo★ BY – Palacio del
Conde de Guadiana (torre★) AYQ

🏨 **Parador de Úbeda** ⊗ ⟨≣⟩ AK ⟨℘⟩ ⟨⟩ ⟨ó⟩ VISA ⟨⟩ AE ⟨⟩
pl. Vázquez Molina – ☎ *953 75 03 45 – www.parador.es*   BZc
35 hab – ♥130/144 € ♥♥162/180 €, ⊇ 18 € – 1 suite   **Rest** – Menú 33 €

♦ Palacio del s. XVI dotado con un gran patio de doble galería, una hermosa
escalera en piedra y bellos artesonados. Habitaciones de línea rústica-elegante y
buen nivel. En su restaurante podrá descubrir la cocina típica regional y unos
curiosos menús.

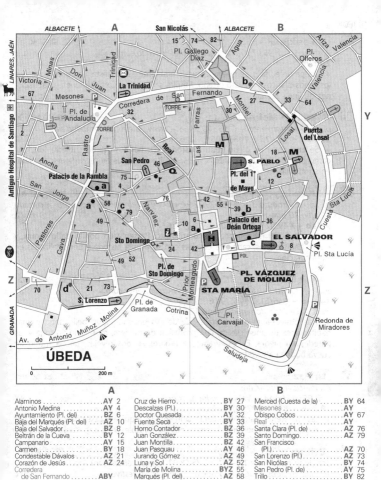

ÚBEDA

0   200 m

🏠 **Palacio de la Rambla** sin rest   🖨 🆊 🛇 📶 🛜 💳 💳 🆎

pl. del Marqués 1 – ℰ 953 75 01 96
– www.palaciodelarambla.com
– cerrado del 9 al 28 de enero y 17 julio-11 agosto   **AYa**
8 hab ⚁ – 🛏96 € 🛏🛏120 €

◆ Sumérjase en el exquisito pasado de este palacio del s. XVI. Ofrece estancias decoradas con mobiliario de época, un bello patio renacentista y habitaciones de estilo clásico.

🏠 **Las Casas del Cónsul** sin rest   🛋 🅖 🆊 📶 💳

pl del Marqués 5 – ℰ 953 79 54 30
– www.lascasasdelconsul.com   **AZa**
9 hab – 🛏80/95 € 🛏🛏95/115 €, ⚁ 11 €

◆ Casa señorial rehabilitada en un estilo clásico-actual. Ofrece un patio central, coquetos rincones y elegantes habitaciones, una de ellas dúplex y otra tipo apartamento.

ESPAÑA

El Postigo sin rest
🔟 📶 ⚫ 🅰🅲 ⁈

Postigo 5 – ☏ *953 75 00 00 – www.hotelelpostigo.com* AZc
26 hab
♦ Ocupa un edificio de nueva factura y ambiente minimalista, con predominio de los tonos blancos y mucho diseño. Amplio salón social con chimenea y habitaciones de línea actual.

María de Molina sin rest
🔟 📶 🅰🅲 🎇 *VISA* 🆗 🅰🅴 ⓪

pl. del Ayuntamiento – ☏ *953 79 53 56 – www.hotelmariademolina.es*
27 hab – 🛏50/75 € 🛏🛏83/105 €, ☕ 6,50 € BZa
♦ Se encuentra en pleno centro histórico. Su hermoso patio cubierto funciona como distribuidor de las habitaciones, resultando todas amplias y personalizadas en su mobiliario.

Nueve Leyendas sin rest
📶 ⚫ 🅰🅲 ⁈ 🚗 *VISA* 🆗

pl. López Almagro 3 – ☏ *953 79 22 97 – www.hotelnueveleyendas.com – cerrado 31 julio-10 agosto* BZb
9 hab – 🛏49/92 € 🛏🛏60/105 €, ☕ 7,50 €
♦ Casa señorial rehabilitada con gran gusto. Presenta un bonito patio central y nueve habitaciones, cada una de ellas con su propia historia y personalizadas en su decoración.

Álvar Fáñez
📶 🅰🅲 🎇 ⁈ *VISA* 🆗 🅰🅴 ⓪

Juan Pasquau 5 – ☏ *953 79 60 43 – www.alvarfanez.com* AYr
14 hab – 🛏45/61 € 🛏🛏55/90 €, ☕ 3,50 €
Rest – *(cerrado domingo)* Menú 12 €
♦ Tras atravesar el gran portalón de acceso encontrará un bello patio y unas habitaciones de línea clásica, con profusión de madera, mobiliario en forja y las paredes en piedra. El restaurante se reparte en dos niveles, uno a modo de cueva-bodega abovedada.

La Paz sin rest
📶 🅰🅲 ⁈ 🚗 *VISA* 🆗 ⓪

Andalucía 1, por Minas
– ☏ *953 75 08 48 – www.hotel-lapaz.com* AY
39 hab – 🛏50 € 🛏🛏75 €, ☕ 6 €
♦ Casa de atenta y amable organización familiar. Aquí la escasez de zonas sociales se ve compensada por unas habitaciones confortables y de impecable limpieza.

✗✗ Zeitúm
🚗 🅰🅲 *VISA* 🆗

San Juan de la Cruz 10 – ☏ *953 75 58 00 – www.zeitum.com – cerrado 10 julio-10 agosto, domingo noche y lunes salvo festivos* BYc
Rest – Carta aprox. 40 €
♦ Ocupa una casa antigua que ha sido remozada dándole una estética actual, con detalles de diseño y el mundo de la aceituna como eje temático de su decoración. Cocina de autor.

✗✗ Asador de Santiago
🚗 🅰🅲 🎇 *VISA* 🆗 🅰🅴

av Cristo Rey 4, por Obispo Cobos AY – ☏ *953 75 04 63*
– www.asadordesantiago.com – cerrado del 1 al 14 de agosto y domingo noche
Rest – Carta 35/52 €
♦ Todo un clásico de la ciudad. Posee un animado bar de tapas y dos salas, una de línea actual-contemporánea y la otra algo más clásica. Elaboraciones actuales y buen producto.

✗✗ Cantina La Estación
🅰🅲 🎇 *VISA* 🆗

cuesta Rodadera 1 – ☏ *687 77 72 30 – cerrado del 1 al 15 de septiembre, martes noche y miércoles* BYb
Rest – Carta 33/39 €
♦ Le sorprenderá por su ambientación, pues tiene un bar de tapas a modo de estación y una sala que imita el interior de un antiguo vagón de tren. Cocina actual y buen montaje.

※ **Amaranto**   🔝 AC VISA ⓪⑨ AE ⓪
(ⓐ) *Hortelanos 6 – ℰ 953 75 21 00 – www.restauranteamaranto.es – cerrado del 22*
al 30 de junio, del 9 al 19 de enero, domingo noche y lunes   AZ**d**
Rest *– (sólo almuerzo salvo viernes, sábado y Semana Santa-octubre)*
Carta aprox. 35 €
♦ Llevado por un matrimonio, con ella pendiente de los clientes y él atento a los
fogones. En su sala, sencilla y de línea actual, le ofrecerán una cocina regional
actualizada.

UBIARCO – Cantabria – ver Santillana del Mar

UDALLA – Cantabria – ver Ampuero

ULLDECONA – Tarragona – **574** K31 – **7 236 h.** – **alt. 134 m**   **13** A3
– ✉ 43550

▶ Madrid 510 – Castelló de la Plana/Castellón de la Plana 88 – Tarragona 104
– Tortosa 30

en la carretera de La Sénia :

※※ **Les Moles**   AC 🍴 ⇔ **P** VISA ⓪⑨ AE ⓪
Noroeste : 2 km ✉43550 – ℰ 977 57 32 24 – www.lesmoles.com – cerrado
noviembre, domingo noche, lunes y martes noche
Rest – Carta 28/58 €
♦ De aire neorrústico, con la sala en piedra vista y un privado en un altillo. Elaboran una cocina de tintes creativos y poseen también un pabellón acristalado para
banquetes.

※※ **L'Antic Molí**   AC 🍴 ⇔ **P** VISA ⓪⑨ AE
Barri Castell, Noroeste : 10 km ✉43559 El Castell – ℰ 977 57 08 93
– www.anticmoli.com – cerrado del 15 al 30 de noviembre y lunes
Rest – Carta 36/44 €
♦ Disfruta de tres comedores, uno de ambiente mediterráneo, otro más rústico y
el último, a modo de privado, con terraza. Gran salón para banquetes y una
cocina de tinte actual.

UNCASTILLO – Zaragoza – **574** E26 – **801 h.** – **alt. 601 m** – ✉ 50678   **3** B1
▶ Madrid 386 – Huesca 88 – Pamplona 83 – Zaragoza 107

🏠 **Posada La Pastora** sin rest ⓢ   🍴 📶 VISA ⓪⑨ ⓪
Roncesvalles 1 – ℰ 976 67 94 99 – www.lapastora.net – cerrado del 7 al 31 de
enero
8 hab – †52 € ††74 €, ☕ 6,50 €
♦ Caserón de piedra rehabilitado que aún conserva cierto tipismo. Íntima recepción junto al comedor de desayunos y unas habitaciones reducidas aunque de
suficiente confort.

URDA – Toledo – **576** N18 – **3 136 h.** – **alt. 763 m** – ✉ 45480   **9** B2
▶ Madrid 145 – Toledo 74 – Ciudad Real 56

🏠 **Los Laureles** ⓢ   🍴 📶 **P** VISA ⓪⑨ AE
camino Tembleque 12 – ℰ 925 47 40 50 – www.casaruralloslaureles.es
7 hab ☕ – †31/40 € ††50/60 €   **Rest** *– (sólo clientes , sólo menú)* Menú 15 €
♦ Ofrece una zona social con chimenea y habitaciones de correcto confort, con
mobiliario rústico y baños de plato ducha. Huerto, cuadras y un jacuzzi cubierto
en el jardín.

URDAITZ (URDÁNIZ) – Navarra – **573** D25 – **76 h.** – **alt. 696 m**   **24** B2
– ✉ 31698

▶ Madrid 413 – Pamplona 18 – Bilbao 176 – Donostia-San Sebastián 96

ESPAÑA

※※ **El Molino de Urdániz** (David Yárnoz)   🖭 🕸 **P** 🚾 ⓪ ⓪

🕸 *carret. N 135, Suroeste : 0,5 km – 𝒞 948 30 41 09 – www.elmolinourdaniz.com*
– cerrado 15 días en febrero,lunes, martes noche, miércoles noche y domingo
noche
Rest – Menú 45/65 € – Carta 40/58 €
Espec. Alcachofas y salsifí salteado, ragú de hongos y un cocido espumoso de
aromáticos. Lomo de salmón ligeramente ahumado, pimienta roja, pompas de
"lechuga de mar" y verduras. Pechuga de pichón, acompañada de un bizcocho
aéreo de algas, trufa y huevas de Jerez.
♦ Casa familiar construida en piedra y llevada con gran acierto. Presenta un bar
público con chimenea y dos comedores de elegante ambiente rústico en el piso
superior. Su chef propone una carta de cocina creativa bastante variada y un
completo menú degustación.

URDAZUBI (URDAX) – Navarra – **573** C25 – 368 h. – **alt. 95 m**   **24** B1
– ✉ 31711

▶ Madrid 475 – Bayonne 26 – Pamplona 80

⌂ **Irigoienea** sin rest 🕸   ≤ 🕸 ⁿ⁰ **P** 🚾 ⓪
barrio Iribere, Noreste : 1,5 km – 𝒞 948 59 92 67 – www.irigoienea.com
– Semana Santa, julio - 15 septiembre y fines de semana resto del año
10 hab – ♦50/55 € ♦♦72/82 €, ⌐ 8 €
♦ El sereno entorno natural, el sabor de antaño y el confort actual se funden en
este caserón del s. XVIII. Zona social con biblioteca-mirador y unas cálidas habitaciones.

❌ **La Koska**   🕸 **P** 🚾 ⓪ 🖭 ⓪
San Salvador 3 – 𝒞 948 59 90 42 – cerrado 15 diciembre-15 enero y lunes
Rest – Carta 39/43 €
♦ Ocupa una casa típica y se presenta con una única sala de aire rústico, presi-
dida por una chimenea. Propone una carta tradicional y su especialidad son las
carnes a la brasa.

URDILDE – A Coruña – **571** D3 – 60 h. – ✉ 15281   **19** B2

▶ Madrid 617 – Santiago de Compostela 21 – A Coruña 96 – Pontevedra 73

por la carretera de Negreira Norte : 0,5 km y desvío a la izquierda 1 km

⌂ **Fogar do Selmo** 🕸   ⅃ 🕸 hab, **P** 🚾 ⓪
Casal do Poño ✉15281 Urdilde – 𝒞 981 80 52 69 – www.fogardoselmo.com
10 hab – ♦48/64 € ♦♦60/80 €, ⌐ 5,35 €
Rest – (es necesario reservar) Menú 20 €
♦ Turismo rural instalado en una antigua casa de labranza. Ofrece una decoración rústica-actual, atractivas paredes en piedra y cálidas habitaciones con mobiliario restaurado. En su coqueto restaurante elaboran una carta de gusto tradicional, aunque normalmente es necesario reservar.

URKIOLA (Puerto de) – Vizcaya – **573** C22 – alt. 700 m – ✉ 48211   **25** A2

▶ Madrid 386 – Bilbao 40 – Donostia-San Sebastián 79 – Vitoria-Gasteiz 31

❌ **Bizkarra** con hab   🛜 🕸 ⁿ⁰ **P** 🚾 ⓪ 🖭 ⓪
– 𝒞 946 81 20 26 – www.burdi-kurutze.com – cerrado 24 diciembre-8 enero y
lunes
3 hab ⌐ – ♦65 € ♦♦80 €   **Rest** – Carta 35/50 €
♦ Este negocio, llevado en familia, goza ya de una larga trayectoria. Posee un
modesto comedor junto al bar público y, en la 1ª planta, otro de superior montaje. En un edificio anexo, que en su día funcionó como posada, ofrecen habitaciones de confort actual.

ESPAÑA

URRÚNAGA – Álava – **573** D22 – **81 h.** – ✉ **01170** **25** A2
> ▶ Madrid 361 – Vitoria-Gasteiz 14 – Logroño 103 – Pamplona 101

XX **Urtegi Alde** 〔AC〕 ⅍ ⇔ 〔P〕 〔VISA〕 ⑳ ⓪
Urrúnaga 13 – ✆ *945 46 57 01*
Rest – Carta aprox. 42 €
◆ Instalado parcialmente en un antiguo caserío con dos partes bien diferencia-
das, una rústica que conserva los viejos pesebres de la cuadra y otra acristalada
de estilo moderno.

UTIEL – Valencia – **577** N26 – **12 420 h.** – alt. 720 m – ✉ **46300** **16** A2
> ▶ Madrid 269 – Albacete 117 – Almansa 97 – València 82

▥ **El Tollo** ≼ 🖻 ₺ hab, 〔AC〕 ⅍ ⁽¹⁾ 〔P〕 〔VISA〕 ⑳ 〔AE〕
Alto San Agustín – ✆ *962 17 02 31* – *www.hoteltollo.com*
35 hab � – †50/60 € ††76/91 € – 8 apartamentos **Rest** – Menú 11,50 €
◆ Recurso de carretera dotado de unas confortables dependencias de diseño
actual, equipadas con buen mobiliario. Su zona social se limita a la cafetería. El
restaurante posee dos comedores, uno clásico-actual para el menú y otro de
mejor montaje para la carta.

XX **El Carro** con hab y sin ⊆ 〔AC〕 ⅍ ⁽¹⁾ 〔VISA〕
Héroes del Tollo 21 – ✆ *962 17 11 31* – *www.restauranteelcarro.com*
2 hab – †50 € ††70 €
Rest – *(cerrado domingo y miércoles noche)* Carta 30/48 €
◆ Este restaurante presenta una barra a la entrada y una luminosa sala de línea
actual distribuida en varios niveles. Carta tradicional de temporada con algún
plato creativo. Como complemento al negocio también cuenta con unas habitaciones de confort actual y excelente nivel.

UTRERA – Sevilla – **578** U12 – **50 665 h.** – alt. 49 m – ✉ **41710** **1** B2
> ▶ Madrid 523 – Sevilla 37 – Cádiz 106 – Huelva 127

▥ **Veracruz** sin rest 🖻 ₺ 〔AC〕 ⅍ ⁽¹⁾ 🚗 〔VISA〕 ⑳ 〔AE〕 ⓪
Corredera 44 – ✆ *955 86 52 52* – *www.hotelveracruz.com*
18 hab ⊆ – †50/60 € ††75/100 €
◆ Disfruta de un luminoso patio interior y coquetas habitaciones, todas con
mobiliario clásico-actual y plato ducha en la mayoría de los baños. Agradable azo-
tea-terraza.

por la carretera de Estación Don Rodrigo Noroeste : 15 km

⌂ **Hacienda de Orán** sin rest ॐ 🚗 ⊼ 〔AC〕 ⅍ ⁽¹⁾ ⅍ 〔P〕 〔VISA〕 ⑳ 〔AE〕 ⓪
✉*41710* – ✆ *902 93 43 94* – *www.haciendadeoran.com*
19 hab ⊆ – †80/100 € ††100/120 €
◆ Casa-cortijo ubicada en pleno campo, con un importante museo de carruajes.
Destaca por el bello estilo regional de sus habitaciones, por la atractiva piscina y
los jardines.

VALDASTILLAS – Cáceres – **576** L12 – **380 h.** – alt. 638 m – ✉ **10614** **18** C1
> ▶ Madrid 242 – Mérida 172 – Cáceres 102 – Salamanca 141

⌂ **Garza Real** ॐ ⅍ ⁽¹⁾ 〔VISA〕 ⑳
Piscina 12 – ✆ *927 47 50 55* – *www.garzareal.com* – *cerrado 15 enero-10 febrero*
y 15 septiembre-6 octubre
6 hab ⊆ – †60/75 € ††70/85 €
Rest – *(cerrado de lunes a jueves en invierno,lunes y martes en verano)*
Menú 28 €
◆ Casa llevada por una pareja. Dispone de una pequeña salita social y habitaciones personalizadas de estilo rústico actual, con mobiliario restaurado y baños de
plato ducha. El restaurante sorprende por su cuidado servicio de mesa y por su
atractiva carta.

VALDEMORO – Madrid – **576** L18 – **575** L18 – **62 750 h.** – alt. 615 m **22** B2
– ✉ **28342**
> ▶ Madrid 27 – Aranjuez 21 – Toledo 53

Chirón

XXX

AC 🗱 VISA ⦿ AE ①

Alarcón 27 – 𝒞 918 95 69 74 – www.restaurantechiron.com – cerrado Semana Santa, 15 días en agosto y domingo noche

Rest – Carta 34/40 € ❀

♦ Este elegante restaurante disfruta de una bodega acristalada a la entrada y otra en el piso superior, justo a la entrada de los comedores. Excelente servicio y carta de autor.

VALDEPALACIOS – Toledo – ver Torrico

VALDEPEÑAS – Ciudad Real – **576** P19 – **31 147 h.** – alt. 720 m   **9** B3
– ✉ 13300

▶ Madrid 203 – Albacete 168 – Alcázar de San Juan 87 – Aranjuez 156

◙ San Carlos del Valle★ (plaza Mayor★) Noreste : 22 km

Veracruz Plaza sin rest, con cafetería

命命命

🗘 🕼 AC 📶 🕍 🚗

pl. Veracruz – 𝒞 926 31 30 00 – www.hotelveracruzplaza.com

54 hab – 2 suites

♦ Resulta céntrico y destaca tanto por su diseño de interiores, bastante actual, como por los tratamientos que ofrece en su zona SPA. Equipadas habitaciones de aire minimalista.

Central sin rest

🕼 AC 🗱 📶 🚗 VISA ⦿ ①

Capitán Fillol 4 – 𝒞 926 31 33 88 – www.hotelcentralval.com

26 hab – ✝42 € ✝✝60 €, 🖵 4 €

♦ Encontrará la recepción en la 1ª planta. Este hotel ofrece un excelente nivel de limpieza y espaciosas habitaciones, con mobiliario funcional y aseos actuales completos.

La Fonda de Alberto

XX

AC 🗱 ⇔ VISA ⦿ AE ①

Cristo 67 – 𝒞 926 31 61 76 – www.lafondadealberto.com – cerrado domingo noche y lunes

Rest – Carta aprox. 40 €

♦ Ofrece un bar de tapas, dos salas de buen confort y un privado clásico-actual, este último con una bodega acristalada. Honesta cocina tradicional y sugerencias del día.

Sucot

X

AC 🗱 VISA ⦿ AE

av. 1° de Julio 91 – 𝒞 926 31 29 32 – www.restaurantsucot.es – cerrado lunes

Rest – Carta aprox. 34 €

♦ Presenta una estética rústica actualizada, con una barra de bar, dos salas y una decoración definida por las paredes en ladrillo, antiguas tinajas y una bodega acristalada.

en la autovía A 4 Norte : 4 km

La Aguzadera

XX

🌫 ⛶ AC 🗱 P VISA ⦿ AE ①

dirección Córdoba ✉13300 Valdepeñas – 𝒞 926 32 32 08
– www.laaguzadera.com – cerrado domingo noche, lunes y martes noche

Rest – Carta 30/37 €

♦ Negocio de seria organización familiar. Tras su cuidada fachada encontrará un buen hall de entrada, una bodega vista y tres salas de línea clásica-actual. Cocina tradicional.

Venta La Quintería

X

🕭 AC 🗱 P VISA ⦿ AE ①

dirección Madrid ✉13300 – 𝒞 926 33 82 93 – www.laaguzadera.com – cerrado miércoles

Rest – *(sólo almuerzo)* Carta 27/35 €

♦ Venta típica manchega dotada con patio y tienda. Posee dos comedores, uno con chimenea y otro más amplio regional, este adornado con grandes tinajas y la viguería a la vista.

ESPAÑA

VALDESOTO – Asturias – **572** B13 – **2 110 h.** – ⌧ 33938   **5** B1

▶ Madrid 451 – Oviedo 22 – León 129

⛩ **La Quintana de Valdés** sin rest ॐ   ⌶ ⅋ ⁽⁰⁾ **P** *VISA* ◎◎
barrio de Tiroco de Arriba 53, Oeste : 1,8 km – ℰ *985 73 55 77*
– www.laquintanadevaldes.com – cerrado 15 enero-15 febrero
6 hab – †55/75 € ††70/90 €, ⌸ 8 €
♦ Esta casa campesina tiene sus orígenes en el s. XVII. Posee habitaciones de estilo rústico, la mayoría con mobiliario de anticuario y columna de hidromasaje en los baños.

VALDEVIMBRE – León – **575** E13 – **1 078 h.** – **alt. 811 m** – ⌧ 24230   **11** B1

▶ Madrid 332 – León 25 – Palencia 123 – Ponferrada 104

✗ **Los Poinos**   *VISA* ◎◎ ◍
canal de Rozas 81 – ℰ *987 30 40 18 – www.lospoinos.com*
– cerrado 10 enero-3 febrero y miércoles
Rest – Carta 28/38 €
♦ Su nombre rememora los tacos de madera sobre los que se apoyan las cubas. Bar rústico a la entrada y diversos comedores excavados en la piedra caliza de una antigua bodega.

VALDEZUFRE – Huelva – **578** S10 – **292 h.** – ⌧ 21207   **1** A2

▶ Madrid 503 – Sevilla 80 – Huelva 108 – Barrancos 71

🏠 Posada de Valdezufre   ⌶ ⌸ 𝔸�ℂ ⁽⁰⁾
Santa Marina 1 – ℰ *959 46 33 22 – www.valdezufre.com*
18 hab   Rest –
♦ Casa de labranza rehabilitada de aire regional. Sus habitaciones ofrecen amplitud y confort, destacando por tener una decoración rústica personalizada con mobiliario antiguo. El restaurante resulta algo reducido, aunque se ve apoyado por una agradable terraza.

VALDILECHA – Madrid – **576** L20 – **575** L20 – **2 794 h.** – **alt. 718 m**   **22** B2
– ⌧ 28511

▶ Madrid 44 – Guadalajara 48 – Toledo 111

🏠 **El Palacete de La Ochava**   ⌶ ⌸ ⅄ hab, 𝔸�ℂ ⅋ ⁽⁰⁾ 𝔰𝔞 ෧
prolongación calle Alcalá 4 – ℰ *918 76 10 20*   *VISA* ◎◎ 𝔸𝔼 ◍
– www.laochava.com
38 hab ⌸ – †48/150 € ††60/190 €
Rest – Carta 33/45 €
♦ Hotel de sencilla organización familiar que sorprende por su buen nivel de equipamiento y confort. Habitaciones cálidas y detallistas, cada una con el nombre de un torero. El restaurante, de aire rústico, ofrece una carta tradicional especializada en asados.

Hemisfèric

VALÈNCIA

Provincia : P Valencia
Mapa Michelin : 577 N28/ N29
▶ Madrid 352 – Albacete 183
 – Alacant/Alicante 174
 – Barcelona 355

Población : 814 208 h.
Altitud : 13 m
Mapa regional : 16 B2

INFORMACIONES PRÁCTICAS

🛈 Oficinas de Turismo

Paz 48, ☏ 96 398 64 22 valencia@ touristinfo.net Fax 96 398 64 21

Xàtiva 24 (Estación del Norte), ☏ 96 352 85 73 valenciarenfe@ touristinfo.net
Fax 96 352 85 73

y Poeta Querol, ☏ 96 351 49 07 dipuvalencia@ touristinfo.net Fax 96 351 99 27.

Automóvil Club

R.A.C.V. Marqués del Turia 79, ☏ 96 334 55 22 Fax 96 334 39 89

Golf

🏌 Club de Golf Manises, por la carret. de Madrid : 12 km, ☏ 96 153 40 69

🏌 Club Escorpión, NO : 19 km por carretera de Liria, ☏ 96 160 12 11

🏌 El Saler (Parador de El Saler), por la carret. d'El Saler : 15 km, ☏ 96 161 03 84

Aeropuerto

✈ de Valencia-Manises por ④ : 11 km ☏ 902 404 704

Iberia : aeropuerto ☏ 902 400 500

Transportes marítimos

⛴ para Baleares : Cia. Trasmediterránea, Muelle de Poniente (Estación Marítima), ☏ 902 45 46 45 info@trasmediterranea.es Fax 96 316 48 55 CV.

👁 VER

La Ciudad Vieja* : Catedral* (El Miguelete*, Capilla del Santo Cáliz*) EX, Palau de la Generalitat* (artesonado* del Salón dorado) EX ; Lonja* (sala de la contratación**) DY, Plaza de la Virgen* EX – Ciutat de les Arts i les Ciències* (L'Oceanogràfic**, Museu de les Ciències Príncipe Felipe**, L'Hemisfèric*, L'Umbracle*) BV.

Otras curiosidades :
Museo de Cerámica** (Palacio del Marqués de Dos Aguas**) EY M[1] – Museo de Bellas Artes San Pio V* (primitivos valencianos**) FX – Colegio del Patriarca o del Corpus Christi* (triptico de la Pasión*) EY N – Torres de Serranos* EX – IVAM* DX – Museo de historia de València (MhV)* AU.

VALÈNCIA

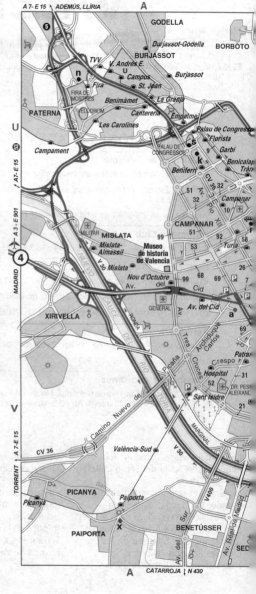

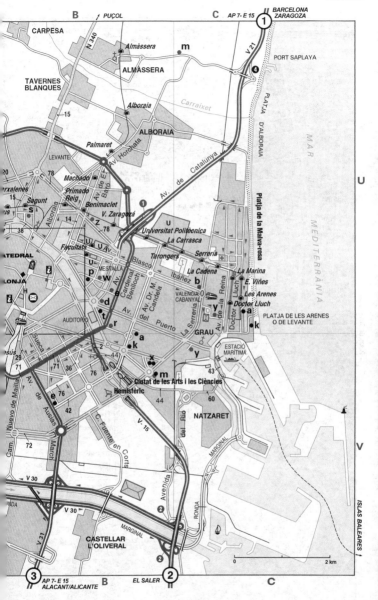

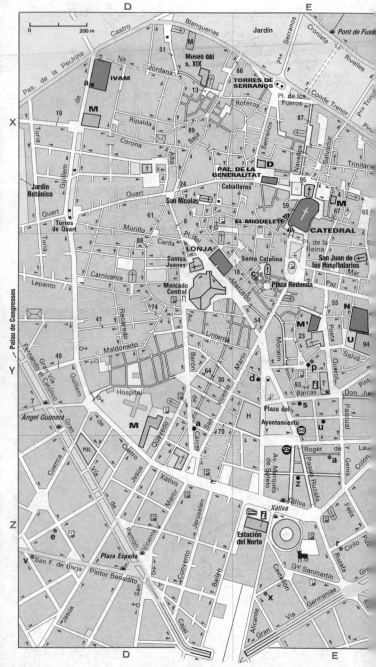

VALÈNCIA

The Westin València

Amadeo de Saboya 16 ✉46010 Ⓜ *Alameda*
– ☎ *963 62 59 00* – www.westin.com   BUp
130 hab – †† 120/510 €, ☑ 23 € – 5 suites
Rest *Oscar Torrijos* – Carta aprox. 60 €

♦ Instalado en un edificio histórico. Disfruta de un gran patio dotado de pérgolas y unas habitaciones de línea clásica-elegante, todas amplias y de excelente equipamiento. El restaurante gastronómico está a cargo de un chef con mucho prestigio en la ciudad.

SH Valencia Palace

paseo de la Alameda 32 ✉46023 – ☎ *963 37 50 37*
– www.hotel-valencia-palace.com   BUt
233 hab – 5 suites   **Rest** –

♦ Presenta un excelente confort, con un gran hall-recepción, una zona de salones bastante amplia y cuidadísimas habitaciones, la mayoría de ellas modernizadas. Su restaurante ofrece una estética actual y una carta tradicional, con un buen apartado de arroces.

Sorolla Palace

av. Cortes Valencianas 58 ✉46015 Ⓜ *Burjassot* – ☎ *961 86 87 00*
– www.hotelsorollapalace.com   AUs
246 hab – †† 75/300 €, ☑ 15 € – 25 suites   **Rest** – Carta 34/52 €

♦ Disfruta de una clientela habitual de negocios gracias a su fisonomía moderna y a la proximidad respecto al Palacio de Congresos. Habitaciones de línea funcional-actual. El restaurante, que goza de un buen montaje, se complementa con varios comedores privados.

Ayre Astoria Palace

pl. Rodrigo Botet 5 ✉46002 Ⓜ *Colón* – ☎ *963 98 10 00* – www.ayrehoteles.com
197 hab – †70/316 € †† 70/364 €, ☑ 15 € – 7 suites   EYp
Rest *AB Vinatea* – ver selección restaurantes

♦ Combina su elegante línea clásica con un céntrico emplazamiento. Entre sus habitaciones, todas de gran confort, destacan las de la 3ª planta, que es la ejecutiva.

Palau de la Mar

Navarro Reverter 14 ✉46004 Ⓜ *Colón* – ☎ *963 16 28 84* – www.hospes.es
65 hab – †† 110/180 €, ☑ 19 €   FYc
Rest *Senzone* – Carta 42/51 €

♦ Ocupa parcialmente dos palacetes del s. XIX, donde encontrará su área social y la mayoría de las habitaciones, todas de líneas puras y completo equipamiento. Zona de SPA. El restaurante ofrece una cocina mediterránea-creativa con arroces muy variados.

Meliá Valencia

Menorca 22 ✉46023 – ☎ *902 16 16 20* – www.solmelia.com   BVx
253 hab – †† 85/450 €, ☑ 17,50 € – 9 suites
Rest – *(cerrado domingo)* Carta 43/54 €

♦ Este hotel de línea moderna cuenta con numerosos detalles de diseño y una atractiva zona ajardinada, con árboles y terrazas. Sus habitaciones tienen un buen equipamiento. El restaurante se presenta actual y acristalado, con una llamativa carta de autor.

Barceló València

av. de Francia 11 ✉46023 Ⓜ *Amistat* – ☎ *963 30 63 44*
– www.barcelovalencia.com   BVk
175 hab – †† 65/450 €, ☑ 18 € – 12 suites
Rest – *(cerrado domingo noche)* Carta aprox. 35 €

♦ Goza de un privilegiado emplazamiento con vistas a la Ciudad de las Artes y las Ciencias. Sus instalaciones resultan amplias y modernas, con un atractivo SPA en la azotea. Restaurante de línea actual donde podrá degustar una cocina tradicional e internacional.

Confortel Aqua 4 — 🛗 ठ hab, 🎬 ⁿⁱ 🕍 🚗

Luis Garcia Berlanga 19-21 ✉46023 – ☎ 963 18 71 00
– *www.confortelhoteles.com* — **BVm**
176 hab – 8 suites **Rest** –
♦ Conjunto con dos hoteles que comparten servicios y salones. Se encuentran sobre un centro comercial y destacan por su interesante combinación de diseño y funcionalidad.

 Meliá Plaza — 𝄞 🛗 ठ hab, 🎬 ⅍ ⁿⁱ 🕍 🚗 📼 ⊕ 🎴 ⑩

pl. del Ayuntamiento 4 ✉46002 Ⓜ *Xàtiva* – ☎ 963 52 06 12 – *www.solmelia.com*
100 hab – ♛♛80/300€, ⊊ 15€ **Rest** – Menú 22€ — **EYd**
♦ Renovado poco a poco, consiguiendo así un esmerado confort general, con materiales escogidos y una elegante decoración. Habitaciones de excelente equipamiento. En su restaurante elaboran platos mediterráneos, internacionales y una buena selección de arroces.

 Abba Acteón — 𝄞 🛗 ठ hab, 🎬 ⅍ ⁿⁱ 🕍 🚗 📼 📶 🎴 ⑩

Vicente Beltrán Grimal 2 ✉46023 Ⓜ *Ayora* – ☎ 963 31 07 07
– *www.abbahotels.com* — **BUVa**
182 hab – ♛55/300€ ♛♛55/320€, ⊊ 14,60€ – 5 suites
Rest *Amalur* – Carta aprox. 42€
♦ Calidad y diseño son sus referentes. Habitaciones de notable amplitud, decoradas con materiales escogidos, y un excelente equipamiento con baños en mármol. El restaurante resulta diáfano, moderno y de cuidado montaje.

 NH Center — 🖼 𝄞 🛗 ठ hab, 🎬 ⅍ 🕍 📼 📶 🎴 ⑩

Ricardo Micó 1 ✉46009 – ☎ 963 47 50 00 – *www.nh-hotels.com* — **AUr**
189 hab – ♛♛55/435€, ⊊ 14,50€ – 3 suites **Rest** – Menú 18€
♦ Hotel de cadena algo superior a la media gracias a complementos como el albornoz en los baños. Piscina polivalente con techo móvil y buena oferta en salas de reuniones. Luminoso comedor de notable amplitud y ambiente acogedor.

 Tryp Oceanic — 🏊 𝄞 🛗 🎬 ⅍ ⁿⁱ 🕍 🚗 📼 📶 🎴 ⑩

Pintor Maella 35 ✉46023 Ⓜ *Serrería* – ☎ 963 35 03 00 – *www.solmelia.com*
195 hab – ♛♛70/600€, ⊊ 15€ – 2 suites **Rest** – Carta 25/35€ — **BVx**
♦ Conjunto ubicado junto a la Ciudad de las Ciencias. Posee una adecuada zona social, habitaciones de completo equipamiento y una pequeña piscina con césped. El restaurante ofrece un montaje moderno-funcional y una carta tradicional.

 Reina Victoria — 🛗 ठ hab, 🎬 ⅍ ⁿⁱ 🕍 📼 📶 🎴 ⑩

Barcas 4 ✉46002 Ⓜ *Xàtiva* – ☎ 963 52 04 87 – *www.husa.es* — **EYs**
95 hab – ♛65/295€ ♛♛65/350€, ⊊ 13€ **Rest** – Menú 21€
♦ Bella fachada y magnífica ubicación, a un paso de los principales museos. Elegantes instalaciones con atractiva zona social, y unas habitaciones actualizadas con acierto. El comedor se encuentra en la 1ª planta, junto al bar de estilo inglés.

 Novotel València Palacio de Congresos — 🏊 𝄞 🛗 ठ hab, 🎬

Valle de Ayora 1 ✉46015 Ⓜ *Beniferri* — ⅍ hab, ⁿⁱ 🕍 🚗 📼 📶 🎴 ⑩
– ☎ 963 99 74 00 – *www.novotel.com* — **AUk**
148 hab – ♛♛69/210€, ⊊ 15€ – 3 suites **Rest** – Menú 18€
♦ Dispone de un buen hall de entrada, una variada zona social y habitaciones de adecuado equipamiento, con buenas mesas de trabajo y baños completos. El restaurante, que disfruta de una estética actual, deja la cocina a la vista del cliente.

Ad-Hoc — 🛗 🎬 ⅍ ⁿⁱ 📼 📶 🎴 ⑩

Boix 4 ✉46003 – ☎ 963 91 91 40 – *www.adhochoteles.com* — **FXa**
28 hab – ♛70/180€ ♛♛82/237€, ⊊ 13€
Rest – *(cerrado sábado mediodía y domingo)* Menú 19,50€
♦ Atractivo conjunto del s. XIX. Posee una reducida zona social y habitaciones definidas por su decoración neorrústica, con ladrillo visto, vigas de madera y losetas de barro. El restaurante resulta agradable e invita a una apacible sobremesa.

ESPAÑA

NH Abashiri hab,
av. de Ausias March 59 ✉46013
– ✆ 963 35 63 10 – www.nh-hotels.com BV**e**
168 hab – 🚹50/100 € 🚹🚹60/210 €, ☕ 10,50 €
Rest – *(cerrado Navidades, julio, agosto, sábado y domingo)*
Carta aprox. 35 €
◆ Distribuido en dos edificios anexos tras la última ampliación. Marca el espíritu práctico de la cadena, con zonas nobles de escasa amplitud y habitaciones íntimas. El comedor se ve realzado por su abundante luz natural.

Sorolla Centro sin rest
Convento Santa Clara 5 ✉46002 Ⓜ Xàtiva – ✆ 963 52 33 92
– www.hotelsorollacentro.com EZ**z**
58 hab – 🚹64/160 € 🚹🚹75/246 €, ☕ 10,70 €
◆ Dispone de una fachada acristalada y una recepción bien renovada, logrando un estilo actual. Encontrará habitaciones funcionales de correcto confort, con baños actuales.

Mediterráneo sin rest
Barón de Cárcer 45 ✉46001 Ⓜ Xàtiva – ✆ 963 51 01 42
– www.hotel-mediterraneo.es DY**a**
34 hab – 🚹56/141 € 🚹🚹56/195 €, ☕ 8 €
◆ Céntrico establecimiento dotado con una sala de desayunos en la 1ª planta y habitaciones clásicas, todas con los suelos en moqueta y completo equipamiento en su categoría.

ESPAÑA

Continental sin rest
Correos 8 ✉46002 Ⓜ Colón – ✆ 963 53 52 82 – www.contitel.es EY**u**
46 hab ☕ – 🚹50/70 € 🚹🚹55/115 €
◆ Céntrico hotel de estilo actual y mobiliario funcional. Su escasa zona social se compensa con habitaciones de correcto confort, la mitad de ellas hacia un patio interior.

Ibis Palacio de Congresos sin rest, con cafetería
Valle de Ayora 5 ✉46015 – ✆ 963 17 33 37
– www.ibishotel.com AU**k**
154 hab – 🚹🚹59/99 €, ☕ 6,50 €
◆ Ofrece las características habituales en los hoteles de la cadena, con habitaciones un poco más amplias de lo normal, mobiliario funcional-polivalente y baños de una pieza.

Arrop (Ricard Camarena)
Almirante 14 ✉46003
– ✆ 963 92 55 66 – www.arrop.com
– cerrado domingo y lunes FX**x**
Rest – Menú 54/69 € – Carta 52/70 €
Espec. Arroz de vaca gallega. Liebre a la royal, pera escalivada y rúcula. Mousse de galleta, fresa y coco.
◆ Instalado en los bajos de un palacete. Posee un elegante hall y tres salas, donde combinan algunos restos arqueológicos con un montaje minimalista. Cocina creativa que destaca tanto por la bondad de las materias primas como por sus exquisitas presentaciones.

Rías Gallegas
Cirilo Amorós 4 ✉46004 Ⓜ Xàtiva
– ✆ 963 52 51 11 – www.riasgallegas.es
– cerrado Semana Santa, del 7 al 31 de agosto, domingo y lunes noche
Rest – Carta 48/60 € EZ**r**
◆ Esta casa ha dado un giro radical tanto en su estética como en su cocina, ofreciendo elaboraciones mucho más creativas, con un menú degustación y un apartado de mariscos.

VALÈNCIA

XXX ⊗ **Torrijos** (Josep Quintana) 〔AC ✥ ⟷ VISA ⊕ AE〕

Dr. Sumsi 4 ⊠46005 Ⓜ Colón – ℰ 963 73 29 49 – www.restaurantetorrijos.com
– cerrado del 10 al 16 de enero, del 25 al 30 de abril, del 15 al 31 de agosto, del
5 al 11 de septiembre, domingo y lunes   FZh
Rest – Menú 58/80 € – Carta aprox. 63 € 🍴

Espec. Langosta mediterránea con fideos y verduras, cocida con su propio coral al
agua con gas. Cochinillo confitado con puré de patata, azafrán y mango. Arena
de té verde con sorbete de "caipirinha" y espuma de coco.
♦ Tras su puerta de acceso encontrará un espacio gastronómico polivalente, con
una elegante sala de línea actual, una atractiva bodega acristalada y dos privados,
uno de ellos en la misma cocina. Sus elaboraciones de autor demuestran un gran
dominio técnico.

XXX ⊗ **Ca'Sento** (Raúl Aleixandre) 〔AC ✥ VISA ⊕ AE〕

Méndez Núñez 17 ⊠46024 Ⓜ Ayora – ℰ 963 30 17 75 – www.casento.net
– cerrado del 15 al 31 marzo, del 1 al 15 de agosto, domingo y lunes
Rest – Menú 110 € – Carta 68/79 €   CVy

Espec. Ensalada de trufa de Benassal con alcachofa macerada (diciembre-marzo).
All i pebre de anguilas. Ganache de chocolate con helado de caramelo y canela.
♦ Un negocio que sorprende por su moderno montaje, con detalles de diseño y
la cocina semivista. Presenta unos platos de sólida base marinera, todos elaborados con productos de excepcional calidad para conseguir buenas texturas y unos
sabores más definidos.

XXX ⊗ **La Sucursal** 〔AC ✥ VISA ⊕ AE Ⓞ〕

Guillém de Castro 118 ⊠46003 Ⓜ Túria – ℰ 963 74 66 65
– www.restaurantelasucursal.com – cerrado del 12 al 26 de agosto, sábado
mediodía y domingo   DXa
Rest – Menú 70 € – Carta aprox. 55 € 🍴

Espec. Steak tartar con encurtidos y velo de liliáceas. Salmonete de roca con verduras ecológicas y corales. Sorbete de melocolón de viña sanguina con esponja
de vino dulce Monastrell.
♦ Instalado dentro del Instituto Valenciano de Arte Moderno, donde encontrará
una cafetería pública en la planta baja y una sala de estética minimalista en el
piso superior. Su chef combina a la perfección las elaboraciones tradicionales
con las de vanguardia.

XXX **Alejandro del Toro** 〔AC ✥ ⟷ VISA AE〕

Amadeo de Saboya 15 ⊠46010 Ⓜ Aragón – ℰ 963 93 40 46
– www.restaurantealejandrodeltoro.com – cerrado domingo   BUw
Rest – Carta 55/68 €

♦ El chef-propietario elabora una cocina creativa y presenta un espacioso comedor de estética minimalista, con una bodega acristalada que deja la cocina a la
vista del cliente.

XXX ⊗ **Vertical** (Jorge De Andrés) 〔≤ AC VISA ⊕ AE Ⓞ〕

Luis Garcia Berlanga 19 ⊠46013 – ℰ 963 30 38 00
– www.restaurantevertical.com – cerrado del 15 al 31 de agosto y domingo
Rest – (sólo menú) Menú 50/63 €   BVm

Espec. Cremoso de foie. Ciervo con frutos rojos y polenta. Soufflé de mascarpone,
helado de leche de cabra y bizcocho de gorgonzola.
♦ Este singular restaurante se encuentra en la última planta del hotel Confortel
Aqua 4 y destaca tanto por sus modernas instalaciones como por sus vistas.
Posee una sala de estética actual y ofrece una cocina creativa a través de un
único menú gastronómico.

XXX **AB Vinatea** – Hotel Ayre Astoria Palace 〔AC ✥ ⟷ VISA ⊕ AE Ⓞ〕

Vilaragut 4 ⊠46002 Ⓜ Colón – ℰ 963 98 10 00 – www.ayrehoteles.com
– cerrado domingo, lunes y martes noche   EYp
Rest – Carta 35/50 €

♦ Disfruta de un acceso independiente. En su moderno comedor podrá degustar
una cocina de base tradicional y regional, con elaboraciones actuales y un buen
apartado de arroces.

ESPAÑA

XXX **Riff** (Bernd Knöller) 🕸   AC ⚒ VISA ◉◉ AE ◉

Conde de Altea 18 ☒46005 Ⓜ *Colón – 𝒞 963 33 53 53*
– www.restaurante-riff.com – cerrado Semana Santa,agosto, domingo y lunes
Rest – Menú 55/89 € – Carta 56/67 € 🕸   **FZk**
Espec. Ensalada de puntillas, "all i oli" ligero, trompetas de la muerte y berros.
Arroz "Brut". Sopa de piña, fresitas del bosque y helado de yogur.
• Tras su pequeña fachada encontrará un hall y una sala actual, con las sillas de
diseño y los suelos en tarima. Sigue las nuevas tendencias gastronómicas y
denota el origen del chef, pues ofrece unas elaboraciones creativas con guiños a
la cocina alemana.

XXX **Eladio**   AC ⚒ ⇔ VISA ◉◉ AE ◉

Chiva 40 ☒46018 – 𝒞 963 84 22 44 – www.restauranteeladio.es – cerrado
Semana Santa,domingo y lunes noche   **AUa**
Rest – Carta 30/43 €
• Cuidadas instalaciones de distinguido estilo clásico, con bar privado en la
entrada, y una carta de arraigadas raíces gallegas. Dirección eficiente y brigada
profesional.

XX **El Alto de Colón**   AC ⚒ VISA ◉◉ AE ◉

Jorge Juan 19 ☒46004 Ⓜ *Colón – 𝒞 963 53 09 00 – www.grupoelalto.com*
– cerrado Semana Santa, agosto, sábado mediodía y domingo   **FZa**
Rest – Carta 40/50 €
• Establecimiento singular ubicado en uno de los torreones del mercado de
Colón, de estilo modernista. Presenta atractivos techos con azulejos y una cocina
actual mediterránea.

XX **Kailuze**   AC ⇔

Gregorio Mayáns 5 ☒46005 Ⓜ *Xàtiva – 𝒞 963 35 45 39 – www.kailuze.com*
Rest –   **FZd**
• Se presenta con un hall a la entrada y una sala de montaje clásico que destaca
por su excelente servicio de mesa. Cocina tradicional actualizada de buen nivel
gastronómico.

XX **Sergio Alarcó**   AC ⚒ ⇔ VISA ◉◉ AE ◉

Marino Blas de Lezo 23 ☒46022 – 𝒞 963 55 22 80 – cerrado domingo, lunes
noche y martes noche   **CUb**
Rest – Carta 35/44 €
• Dirigido por su chef-propietario. Tiene un comedor minimalista que destaca
tanto por su servicio de mesa como por su bodega acristalada. Carta tradicional
e internacional.

XX **Askua**   AC

Felip María Garín 4 ☒46021 – 𝒞 963 37 55 36 – www.restauranteaskua.com
Rest –   **BUd**
• Restaurante con prestigio en la ciudad y clientela de buen nivel. Encontrará una
sala de diseño moderno y una reducida carta especializada en carnes a la brasa.

XX **El Gastrónomo**   AC ⚒ 🚗 VISA ◉◉ AE

av. Primado Reig 149 ☒46020 Ⓜ *Benimaclet – 𝒞 963 69 70 36*
– www.elgastronomorestaurante.com – cerrado agosto, domingo y lunes noche
Rest – Carta 36/45 €   **BUz**
• Un restaurante a la antigua usanza, de organización profesional, ambiente clásico y con una nutrida selección gastronómica entre cuyos platos destaca su
famoso Steak Tartare.

XX **Ocho y Medio**   🍴 AC ⚒ VISA ◉◉ AE ◉

pl. Lope de Vega 5 ☒46001 – 𝒞 963 92 20 22 – www.elochoymedio.com
Rest – Carta 42/50 €   **EYc**
• Resulta céntrico y acogedor, con un bar privado, una estética neorrústica y las
dos salas en la planta superior. Carta creativa e internacional con un buen apartado de foie.

XX **Civera Centro** 🕭 📶 ⅊ ⇄ 🆚 ⅋ 📴 ⓞ
Mosén Femades 10 ⊠46002 Ⓜ Colón – ☏ 963 52 97 64
– www.marisqueriascivera.com – cerrado 25 julio-7 agosto EZ**a**
Rest – Carta aprox. 45 €
♦ Especializado en pescados, mariscos y arroces. Dispone de un bar de tapas, comedores de estilo marinero y varios privados. Entre sus platos destacan las fuentes de mariscos.

XX **Canyar** 📶 ⅊ 🆚 ⅋ 📴 ⓞ
Segorbe 5 ⊠46004 – ☏ 963 41 80 82 – www.canyarrestaurante.com – cerrado agosto, sábado mediodía y domingo EZ**x**
Rest – (sólo menú) Menú 73 €
♦ Restaurante familiar dotado con cierto aire Art-déco y detalles modernistas. Sólo ofrece un menú de pescados y mariscos, siendo su producto estrella la gamba roja de Denia.

XX **Apicius** 📶 ⅊ 🆚 ⅋ 📴
Eolo 7 ⊠46021 Ⓜ Aragón – ☏ 963 93 63 01 – www.restaurante-apicius.com
– cerrado agosto, sábado mediodía y domingo BU**e**
Rest – Carta 33/50 €
♦ Negocio llevado con mucha ilusión y buen hacer. Se presenta con un único salón, amplio, funcional y de estética actual. Pequeña carta de cocina creativa y un menú degustación.

XX **Chust Godoy** 📶 ⅊ ⇄ 🆚 ⅋ 📴 ⓞ
Boix 6 ⊠46003 Ⓜ Colón – ☏ 963 91 38 15 – www.chustgodoy.com – cerrado Semana Santa, agosto, sábado mediodía y domingo FX**a**
Rest – Carta 51/63 €
♦ Casa seria dirigida por el chef-propietario y su esposa. Dispone de un comedor neorrústico y dos privados, uno tipo bodega. Carta de mercado con un buen apartado de arroces.

XX **Sangonereta** 📶 ⅊ 🆚 ⅋ 📴
Sorni 31 ⊠46004 Ⓜ Colón – ☏ 963 73 81 70 – www.sangonereta.com – cerrado Semana Santa, sábado mediodía y domingo FY**s**
Rest – Carta 44/59 €
♦ Este restaurante recrea un ambiente actual y cuenta con cuatro pequeñas salas que también se pueden utilizar como privados. Carta de cocina creativa con un menú degustación.

X **Montes** 📶 ⅊ 🆚 ⅋ 📴 ⓞ
㉝
pl. Obispo Amigó 5 ⊠46007 Ⓜ Pl. Espanya – ☏ 963 85 50 25 – cerrado Semana Santa, agosto, domingo noche, lunes y martes noche DZ**v**
Rest – Carta 25/35 €
♦ Dispone de un pequeño hall a la entrada, una sala alargada y el comedor principal al fondo, clásico pero con algún detalle regional. Cocina tradicional a precios moderados.

X **Mey Mey** 📶 ⅊ 🆚 ⅋ 📴 ⓞ
Historiador Diago 19 ⊠46007 Ⓜ Pl. Espanya – ☏ 963 84 07 47
– www.mey-mey.com DZ**e**
Rest – Carta 22/35 €
♦ Su cuidado montaje cuenta con la estética habitual de un restaurante chino, destacando la fuente circular con peces de colores. Carta cantonesa y apartado de platos al vapor.

Y/ **Casa Montaña** 📶 ⅊ 🆚 ⅋ 📴 ⓞ
José Benlliure 69 ⊠46011 – ☏ 963 67 23 14 – www.emilianobodega.com
– cerrado domingo noche CU**y**
Rest – Tapa 3 € – Ración aprox. 12 € 🍴
♦ Esta preciosa taberna antigua está decorada con detalles típicos y grandes toneles. Ofrece varias salas a modo de privados, una buena carta de tapas y una increíble bodega.

ESPAÑA

en la playa de Levante (Les Arenes) CUV :

Las Arenas ◁ 🚗 🕏 ⛱ 🎿 🏊 Ⅰ₅ 🕯 🏧 ⚘ 🎄 🐾 🚌 ▨ ⓩ ⟨Æ⟩ ①
Eugenia Viñes 22 ⊠46011 Ⓜ *Neptú* – *ℰ 963 12 06 00* – www.h-santos.es
243 hab – ♦♦140/605 €, ⌂ 22 C – 10 suites ⎕la
Rest – Carta aprox. 50 €
Rest *Sorolla* – Carta 40/60 €
♦ Lujoso hotel ubicado frente a la playa. Se distribuye en tres edificios, con unas acogedoras zonas nobles, magníficas salas de reuniones y habitaciones muy bien equipadas. El restaurante Sorolla disfruta de un montaje elegante y una carta de corte creativo.

Neptuno ◁ Ⅰ₅ 🕯 🤝 hab. 🏧 🐾 🚌 ▨ ⚘ ⟨Æ⟩ ①
paseo de Neptuno 2 ⊠46011 Ⓜ *Neptú* – *ℰ 963 56 77 77*
– www.hotelneptunovalencia.com – *cerrado del 10 al 30 de enero* CU**k**
50 hab ⌂ – ♦115/205 € ♦♦128/280 €
Rest *Tridente* – *(cerrado lunes)* Carta 40/50 €
♦ Hotel de estética actual ubicado frente a la playa. Ofrece habitaciones de diseño minimalista y buen equipamiento, todas con materiales de calidad y bañeras de hidromasaje. En su restaurante se elabora una interesante carta de autor y algunos arroces.

junto a la Fira de Mostres :

Vora Fira 🛏 🕯 🏧 🐾 🚌 🎄 🐾 ▨ ⚘ ⟨Æ⟩ ①
Cullera 67 ⊠46035 *Benimàmet* – *ℰ 963 64 00 52* – www.hotelvorafira.es
131 hab – ♦50/190 € ♦♦50/285 €, ⌂ 11 € AU**n**
Rest – Carta aprox. 52 €
♦ Pensado y diseñado para el cliente de ferias. Se trata de un hotel funcional y completamente renovado, con una correcta zona social y habitaciones de línea actual. El comedor, que está muy enfocado al exterior, combina su carta con un equilibrado menú.

en Almàssera :

✕✕ **Lluna de València** 🏧 🐾 Ⓟ ▨ ⚘ ⟨Æ⟩ ①
camí del Mar 56 ⊠46132 *Almàssera* – *ℰ 961 85 10 86*
– www.llunadevalencia.com – *cerrado domingo noche, lunes y martes noche*
Rest – Carta aprox. 35 € CU**m**
♦ Un olivo milenario preside la entrada y reparte sus salas en lo que fue una alquería, con la principal de aire rústico-elegante. Carta tradicional con un apartado de arroces.

en Paiporta :

✕✕ **Machado Dotze** 🏧 🐾 ▨ ⚘
Antonio Machado 12 ⊠46200 *Paiporta* – *ℰ 963 97 22 27* – *cerrado agosto*
Rest – Carta aprox. 45 € AV**x**
♦ Esta casa destaca por su carácter íntegramente familiar y ofrece unas instalaciones muy acogedoras. En su reducida carta encontrará platos tradicionales e internacionales.

VALÈNCIA D'ÀNEU – Lleida – **574** E33 – **alt. 1 075 m** – ⊠ 25587 **13** B1
🗺 Madrid 626 – Lleida/Lérida 170 – La Seu d'Urgell/Seo de Urgel 86

La Morera 🗻 ◁ 🕯 🏧 🐾 Ⓟ ▨ ⚘ ⟨Æ⟩
carret. C 28 – *ℰ 973 62 61 24* – www.hotel-lamorera.com – *cerrado 15 octubre-noviembre*
28 hab ⌂ – ♦47/108 € ♦♦74/146 € **Rest** – Menú 18 €
♦ Cuidados exteriores con piscina, y unas habitaciones de línea funcional decoradas con mobiliario de pino, todas con balcón excepto las abuhardilladas.

VALENCIA DE DON JUAN – **León** – **575** F13 – **5 083 h.** – **alt. 765 m** **11** B1
– ⊠ 24200
🗺 Madrid 285 – León 38 – Palencia 98 – Ponferrada 116

X **Casa Alcón**　　　　　　　　AC ⅍ VISA ⓩ ⓘ
(☺) *pl. Mayor – ℰ 987 75 10 96 – www.casaalcon.es – cerrado 24 diciembre-4 enero*
Rest – *(sólo almuerzo salvo Semana Santa, verano y fines de semana)*
Carta 30/35 €
◆ Negocio familiar dotado con un bar de espera a la entrada y una sala de estilo clásico-regional. Trabaja mucho el menú, aunque también propone una carta interesante.

VALL D'ALBA – Castellón – **577** L29 – **2 951 h.** – alt. 300 m　　**16** B1
– ✉ 12194

　▶ Madrid 447 – València 98 – Castelló de la Plana 30 – Teruel 189

XX **Cal Paradís**　　　　　　　AC ⅍ ⇔ VISA ⓩ AE ⓘ
av. Vilafranca 30 – ℰ 964 32 01 31 – www.calparadis.com – cerrado 26 diciembre-4 enero
Rest – *(sólo almuerzo salvo viernes y sabado)* Carta 30/40 €
◆ Se encuentra en la calle principal de la localidad, llevado por un matrimonio amable y profesional. El moderno comedor tiene su replica en una cocina bastante creativa.

La VALL DE BIANYA – Girona – **574** F37 – **1 228 h.** – alt. 480 m　　**14** C1
– ✉ 17813

　▶ Madrid 706 – Figueres 48 – Girona/Gerona 74 – Vic 74

en L'Hostalnou de Bianya :

⋔ **Mas El Guitart** sin rest ⌁　　　　⇐ ⌶ ⅍ ⟨ⁱ⟩ P VISA ⓩ
Oeste:1,5 km ✉17813 La Vall de Bianya – ℰ 972 29 21 40
– www.guitartrural.com – cerrado del 27 junio-3 julio
5 hab – ♥♥60 €, � 8 € – 2 apartamentos
◆ Esta casa rural se encuentra en plena montaña, donde presenta diversos espacios sociales, habitaciones de discreto confort y unas buenas vistas. También posee apartamentos.

en la carretera C 26 :

XXX **Ca l'Enric** (Jordi e Isabel Juncà)　　　　AC ⅍ ⇔ P VISA ⓩ
❀ *Noroeste : 2 km ✉17813 – ℰ 972 29 00 15 – www.calenric.net*
– cerrado 31 diciembre-20 enero, del 4 al 20 de julio, domingo noche, lunes, martes noche y miércoles noche
Rest – Menú 68/89 € – Carta 68/87 € ⌘
Espec. Nuestra versión de la patata de Olot. Hamburguesa de atún con trufa, queso y cebolla. Arroz de pato, caracoles y espárragos trigueros.
◆ Negocio familiar emplazado en una atractiva casa de piedra, al borde de la carretera. Posee un buen hall, un salón para la sobremesa con chimenea y un comedor neorrústico de gran confort. De sus fogones surge una cocina actual que no olvida las raíces locales.

VALLADOLID Ⓟ – **575** H15 – **317 864 h.** – alt. 694 m　　**11** B2
　▶ Madrid 191 – Burgos 125 – León 139 – Salamanca 115
　✈ de Valladolid por ⑥ : 13 km ℰ 902 404 704
Iberia : aeropuerto Villanubla ℰ902 400 500
🛈 Pabellón de Cristal Campo Grande, ℰ 983 21 93 10 turismo@ valladolidturismo.com Fax 983 21 78 60
R.A.C.E. Santa María 21, ℰ 983 39 20 99 Fax 983 39 68 95
◉ Museo Nacional de Escultura★★★ en el colegio de San Gregorio (portada★★★, patio★★, capilla★) CX – Iglesia de San Pablo (fachada★★★) CX. Otras curiosidades : – Catedral★ (museo Diocesano y Catedralicio★) CY- Iglesia de las Angustias (Virgen de los siete cuchillos★) CYL - Museo Oriental (colección de Arte Chino★, marfiles★) BZM1

Planos páginas siguientes

VALLADOLID

ESPAÑA

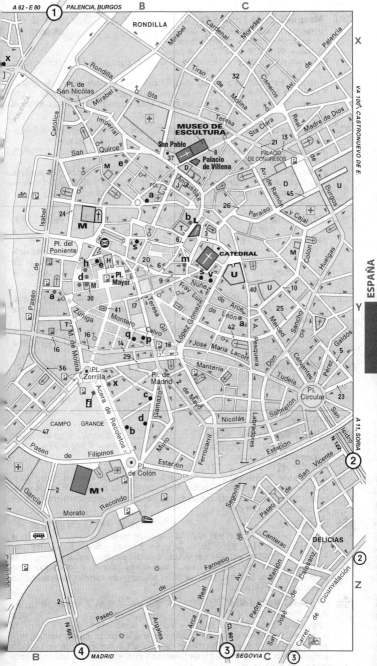

Marqués de la Ensenada 🛏️ 🔆 hab, 🅰🅲 📶 hab, 📶 🚗

av. Gijón 1 (Puente Mayor) ✉47009 – 𝒞 983 36 14 91 · 𝚅𝙸𝚂𝙰 ◌ AE ◌
– *www.hotelmarquesdelaensenada.com* · BXx
25 hab – ♦♦85/230 €, 🍽 13 € – 4 suites
Rest *Antonio de Ulloa* – (cerrado del 1 al 15 de agosto, domingo noche, lunes y martes noche) Menú 45 €

♦ Resulta elegante, recupera las instalaciones de la antigua fábrica de harinas "La Perla" y está tematizado sobre diversos personajes ilustres del s. XVIII. El restaurante, construido sobre lo que fue el almacén, propone una cocina tradicional actualizada.

Meliá Recoletos 📶 🔆 hab, 🅰🅲 📶 📶 🚗 𝚅𝙸𝚂𝙰 ◌ AE ◌

acera de Recoletos 13 ✉47004 – 𝒞 983 21 62 00 – *www.solmelia.com*
80 hab – ♦80/120 € ♦♦95/130 €, 🍽 13 € · BZb
Rest *El Hereje* – Carta aprox. 40 €

♦ Hace gala de una magnífica situación frente al Campo Grande y dispone de unas habitaciones espaciosas, con los suelos en moqueta y abuhardilladas en la última planta. Su restaurante elabora una cocina tradicional actualizada y deliciosos arroces.

Olid Meliá 🛏️ 📶 🔆 hab, 🅰🅲 📶 📶 🚗 𝚅𝙸𝚂𝙰 ◌ AE ◌

pl. San Miguel 10 ✉47003 – 𝒞 983 35 72 00 – *www.solmelia.com* · BXa
207 hab – ♦65/110 € ♦♦65/135 €, 🍽 15 € – 4 suites **Rest** – Menú 23 €

♦ Una de las referencias hoteleras en la ciudad. Destaca por su céntrico emplazamiento, con un equipamiento completo y numerosos salones. Habitaciones de estilo clásico-actual. El comedor a la carta, luminoso y de ambiente clásico, se encuentra en la 1ª planta.

Gareus sin rest, con cafetería 📶 🔆 🅰🅲 📶 📶 🚗

Colmenares 2 ✉47004 – 𝒞 983 21 43 33 – *www.hotelgareus.com* · BYc
41 hab

♦ Ocupa un edificio restaurado de principios del s. XX y se presenta con una pequeña biblioteca como zona social. Habitaciones bien equipadas, detallistas y de estética actual.

NH Bálago sin rest, con cafetería 🛏️ 📶 🔆 🅰🅲 📶 📶 🚗 𝚅𝙸𝚂𝙰 ◌ AE ◌

Las Mieses 28 ✉47009 – 𝒞 983 36 38 80 – *www.nh-hotels.com* · AXb
112 hab – ♦♦58/181 €, 🍽 13 € – 8 suites

♦ Ubicado junto a la Feria de Muestras, con unas instalaciones modernas y funcionales. Dispone de suficientes zonas sociales, salas de reuniones y confortables habitaciones.

Vincci Frontaura 🏊 🛏️ 📶 🔆 hab, 🅰🅲 📶 📶 🚗 𝚅𝙸𝚂𝙰 ◌ AE ◌

paseo de Zorrilla 332, por paseo de Zorrilla AZ ✉47008 – 𝒞 983 24 75 40
– *www.vinccihoteles.com*
94 hab – ♦♦68/270 €, 🍽 12 € **Rest** – Carta aprox. 35 € 🏵

♦ Posee una línea actual y compensa su lejanía del centro con una buena situación para entrar y salir de la ciudad. Habitaciones algo pequeñas pero de excelente equipamiento. El restaurante, de uso polivalente, se complementa con un bar que tiene mucho diseño.

Felipe IV 📶 🅰🅲 📶 📶 🚗 𝚅𝙸𝚂𝙰 ◌ AE ◌

Gamazo 16 ✉47004 – 𝒞 983 30 70 00 – *www.hfelipeiv.com* · BZd
129 hab – ♦60/110 € ♦♦60/250 €, 🍽 14 € – 2 suites **Rest** – Menú 18 €

♦ Hotel de correctas instalaciones dotado con una escalera central que separa la recepción de la cafetería. Encontrará numerosos salones y habitaciones de ambiente clásico. El restaurante, también clásico y de carácter polivalente, se encuentra en la 1ª planta.

Novotel Valladolid 🏊 📶 🔆 hab, 🅰🅲 📶 🚗 🅿 🚗 𝚅𝙸𝚂𝙰 ◌ AE ◌

Puerto Rico ✉47014 – 𝒞 983 45 95 95 – *www.novotel.com* · AZc
136 hab – ♦♦66/180 €, 🍽 14,50 € – 2 suites **Rest** – 19 €

♦ Junto al Museo de la Ciencia. Dispone de amplias zonas nobles, salas de reuniones bien dispuestas y habitaciones de línea actual-funcional con un cuidado equipamiento. El restaurante presenta un sencillo montaje, un servicio show cooking y una carta actual.

Amadeus sin rest
Montero Calvo 18 ✉47001 – ✆ 983 21 94 44 – www.hotelamadeus.net
31 hab – 🚹65/108 € 🚹🚹76/130 €, ☕ 10,80 € BY**p**
◆ Emplazado en una zona muy comercial. Goza de suficientes áreas comunes y espaciosas habitaciones, con los suelos en parquet, mobiliario de calidad y equipamiento completo.

NH Ciudad de Valladolid
av. Ramón Pradera 10 ✉47009 – ✆ 983 35 11 11 – www.nh-hotels.com – cerrado 22 diciembre-7 enero AX**a**
78 hab – 🚹🚹49/225 €, ☕ 13 € – 2 suites
Rest – *(cerrado sábado y domingo) (sólo menú)* Menú 24 €
◆ Edificio emplazado frente a la Feria de Muestras. Continúa con el estilo y la filosofía de esta cadena, manteniendo como referencias la funcionalidad y el confort. Su agradable comedor, de uso polivalente y centrado en un menú, ocupa la planta sótano.

Imperial rest,
Peso 4 ✉47001 – ✆ 983 33 03 00 – www.himperial.com BY**e**
63 hab – 🚹50/120 € 🚹🚹60/299 €, ☕ 8 € **Rest** – Menú 26 €
◆ Casa señorial del s. XVI ubicada en pleno centro. Posee un precioso salón rodeado de columnas en la zona del bar, así como habitaciones de estilo clásico bien actualizadas. En el comedor, que es panelable, ofrecen una carta basada en diferentes menús.

Mozart sin rest, con cafetería
Menéndez Pelayo 7 ✉47001 – ✆ 983 29 77 77 – www.hotelmozart.net
42 hab – 🚹55/81 € 🚹🚹60/120 €, ☕ 10 € BY**q**
◆ En una histórica casa residencial de estilo ecléctico que está rodeada de calles peatonales. Ofrece habitaciones de estética moderna, las del último piso abuhardilladas.

Atrio sin rest, con cafetería
Núñez de Arce 5 ✉47002 – ✆ 983 15 00 50 – www.hotelatrio.es CY**s**
27 hab – 🚹60/100 € 🚹🚹60/120 €, ☕ 11 €
◆ Hotel de línea actual ubicado en pleno casco histórico. Disfruta de una coqueta zona social y habitaciones bastante bien equipadas, todas con hidromasaje en los baños.

El Nogal
Conde Ansurez 10 ✉47003 – ✆ 983 34 03 33 – www.hotelelnogal.com
26 hab – 🚹48/70 € 🚹🚹68/130 €, ☕ 6 € **Rest** – Menú 15 € BY**s**
◆ Íntimo, céntrico y de amable organización familiar. Reducida zona social y confortables habitaciones, casi todas con balcón y columna de hidromasaje en los baños. El comedor está repartido en varias salas y presenta un buen montaje.

Catedral sin rest
Núñez de Arce 11 ✉47002 – ✆ 983 29 88 11 – www.hotelesvalladolid.com
27 hab – 🚹🚹50/100 €, ☕ 9 € CY**v**
◆ De bella fachada y en un entorno de ambiente universitario. Salita de reuniones, habitaciones funcionales pero detallistas, con aseos reducidos, y cafetería para desayunos.

Ramiro's (Jesús Ramiro)
av. de Salamanca - Museo de la Ciencia - ✉47014 – ✆ 983 27 68 98 – www.ramiros.es – cerrado domingo AZ**e**
Rest – Menú 48/68 € – Carta aprox. 51 €
Espec. Gazpacho tibio de calabaza con nieve de aceite de oliva. Tortilla Ramiro's. Cochinillo segoviano con puré de cruasán y aceite de oro.
◆ Ubicado en la planta ático de la torre del Museo de la Ciencia, un edificio vanguardista dotado con magníficas vistas a la ciudad. Posee un taller-aula de investigación y una sala acristalada de línea clásica-actual. Cocina de autor que aúna técnica y calidad.

ESPAÑA

XX **La Parrilla de San Lorenzo** 　　　　AC ⁂ ⇔ VISA ⑳ AE ①

*Pedro Niño 1 ⊠47001 – 𝒞 983 33 50 88 – www.hotel-convento.com – cerrado
lunes en julio-agosto y domingo noche* 　　　　　　　　　　　　BY**a**
Rest – Carta 21/33 € ⅋⅋

• Ocupa los baños de un convento de clausura del s. XVI declarado Monumento
Nacional, con un bar, comedores abovedados de aire medieval y una bodega visitable. Cocina regional.

XX **Germán** 　　　　　　　　　　　AC ⁂ VISA ⑳ AE ①

*Fray Luis de León 22 ⊠47007 – 𝒞 983 29 03 09 – www.restaurantegerman.com
– cerrado del 1 al 15 de agosto, domingo noche, lunes noche y martes noche*
Rest – Carta 38/52 € 　　　　　　　　　　　　　　　　　CY**a**

• Negocio familiar ubicado en la noble casa-palacio de los Marqueses de Castromonte. En su acogedora sala abovedada ofrecen elaboraciones de corte tradicional actualizado.

XX **Trigo** 　　　　　　　　　　　　AC ⁂ VISA ⑳ AE ①

*Los Tintes 8 ⊠47002 – 𝒞 983 11 55 00 – www.restaurantetrigo.com
– cerrado 2ª quincena de agosto, domingo noche y miércoles* 　　　CY**m**
Rest – Carta 39/52 €

• Restaurante de buen montaje y estética minimalista ubicado cerca de la Catedral. Aquí encontrará una cocina tradicional actualizada que cuida mucho las presentaciones.

XX **La Viña de Patxi** 　　　　　　　　⁇ AC ⁂ VISA ⑳

*Rastrojo 9 ⊠47014 – 𝒞 983 34 14 07 – www.lavinadepatxi.com – cerrado
domingo noche y lunes* 　　　　　　　　　　　　　　　　　AY**x**
Rest – Carta 33/46 €

• Se encuentra en una zona residencial, con una terraza exterior, un bar a la
entrada y un comedor, todo en una línea bastante actual. Cocina tradicional y
de raíces vascas.

XX **El Figón de Recoletos** 　　　　　　AC ⁂ ⇔ VISA ⑳ ①

*acera de Recoletos 3 ⊠47004 – 𝒞 983 39 60 43 – cerrado 20 julio-12 agosto y
domingo noche* 　　　　　　　　　　　　　　　　　　　　BY**x**
Rest – Carta 30/38 €

• Restaurante con toda la hidalguía castellana. Dispone de varias salas, aunque
destacan las de la entrada por su decoración nobiliaria, con profusión de madera
y vidrieras.

XX **Gabino** 　　　　　　　　　　　AC ⁂ VISA ⑳ AE

*Angustias 3-1° ⊠47003 – 𝒞 983 14 01 90 – www.restaurantegabino.com
– cerrado agosto y domingo noche* 　　　　　　　　　　　　CY**b**
Rest – Carta 32/44 €

• Ubicado en el 1er piso de un edificio histórico junto al Teatro Calderón, con
varias salas que pueden convertirse en privados. Cocina tradicional evolucionada
y de mercado.

XX **La Perla de Castilla** 　　　　　　　AC ⁂ VISA ⑳ AE ①

*av. Ramón Pradera 15 ⊠47009 – 𝒞 983 37 18 28 – cerrado Semana Santa y
domingo* 　　　　　　　　　　　　　　　　　　　　　　AX**f**
Rest – Carta 33/45 €

• Negocio familiar con acceso por bar público. Posee un comedor de línea clásico-regional, con vigas de madera, donde ofrecen una cocina tradicional con
detalles actuales.

XX **Don Bacalao** 　　　　　　　　　AC ⁂ VISA ⑳ AE ①
⊛
*pl. Santa Brígida 5 ⊠47003 – 𝒞 983 34 39 37 – www.restaurantedonbacalao.es
– cerrado del 1 al 15 de agosto, domingo noche y lunes* 　　　　BX**e**
Rest – Carta 25/35 €

• Un local bastante concurrido donde le sorprenderán con interesantes elaboraciones y cuidadas presentaciones. Ambiente animado, carta tradicional y gran
profesionalidad.

X **Zarabanda** ⬜ AC ⬜ 🍴 🚗 VISA ⬜ AE
av. Monasterio Nuestra Señora del Prado 2, (Centro Cultural Miguel Delibes)
✉47015 – ℰ983 38 48 12 – www.restaurantezarabanda.es – *cerrado domingo*
noche   AZ**m**
Rest – Carta 31/41 €

♦ Dentro de un gran edificio con carácter multidisciplinar, diseñado por el prestigioso arquitecto Ricardo Bofill. El restaurante, ubicado en la 3ª planta, irradia creatividad.

X **La Raíz** AC ⬜ VISA
😊 *San José 23 ✉47007 – ℰ983 22 82 47 – cerrado 10 días en enero, domingo y*
lunes noche en verano, domingo noche y lunes resto del año   BZ**s**
Rest – Carta 27/35 €

♦ Dispone de una zona de barra a la entrada y un comedor algo reducido pero bastante acogedor, con una decoración de aire rústico. Cocina de mercado y un apartado de bacalaos.

X **La Goya** 🍴 ⬜ **P** VISA ⬜ AE
puente Colgante 79 ✉47014 – ℰ983 34 00 23 – cerrado agosto, domingo
noche y lunes   AZ**b**
Rest – Carta 27/42 €

♦ Goza de gran arraigo, con una carta basada en guisos y platos de caza. Comedor de invierno de aire regional y otro de verano bajo los soportales de un bello patio castellano.

Y **La Tasquita** AC ⬜ VISA ⬜ ⬜
Caridad 2 ✉47001 – ℰ983 35 13 51 – cerrado del 16 al 31 de julio y lunes
Rest – Tapa 3 € – Ración aprox. 10 €   BY**d**

♦ Bar de tapas tipo taberna antigua, con una sala definida por el zócalo de azulejos y su precioso suelo. Ofrece deliciosas tostas y canapés, así como montaditos y raciones.

Y **La Taberna del Herrero** 🍴 AC ⬜ VISA ⬜ AE ⬜
Calixto Fernández de la Torre 4 ✉47001 – ℰ983 34 23 10
– www.latabernadelherrero.es – cerrado del 1 al 15 de agosto   BY**d**
Rest – Tapa 2,50 € – Ración aprox. 5 €

♦ Sala neorrústica con mesas, amplia barra y la cocina a la vista. Elaboran pinchos y raciones que sirven en cazuelitas o sartenes, pudiéndose acompañar con vinos por copa.

Y **Vino Tinto Joven** AC ⬜ VISA ⬜ AE ⬜
Campanas 1 ✉47001 – ℰ983 37 80 26 – www.vinotinto.es
– cerrado del 1 al 15 de julio y domingo   BY**h**
Rest – Tapa 2,50 € – Ración aprox. 10 €

♦ Un buen lugar para degustar tapas y raciones, eso sí, todas ellas de cocina actual. Se encuentra bajo unos soportales y presenta una estética actual. Personal joven y amable.

Y **Villa Paramesa** AC ⬜ VISA ⬜
Calixto Fernández de la Torre 5 ✉47001 – ℰ619 13 77 58 – cerrado lunes
mediodía   BY**d**
Rest – Tapa 2,50 € – Ración aprox. 10 €

♦ Está llevado entre dos hermanos y se presenta con un salón de aire rústico-actual. Buena barra con expositor de tapas, raciones y tostas de cocina actual sobre pizarras.

por la salida ④ : 3 km

🏨 Foxa Valladolid ⬜ ↳ 🍴 📶 ᖕ hab, AC 🗿 ⬜ 🚗
av. de Madrid 46 ✉47008 – ℰ983 45 93 30 – www.hotelesfoxa.com
70 hab   Rest –

♦ Está distribuido en dos edificios, reservando el espacio entre ambos para su club deportivo. Todas las habitaciones son amplias, con mobiliario oriental o antiguo restaurado. Zona de restauración con cafetería, salón de desayunos y comedor bastante funcional.

ESPAÑA

en Pinar de Antequera Sur : 6 km

XX **Llantén**   AC ✗ VISA ☺☺ AE ➀

Encina 11, por paseo Zorrilla – 𝒞 *983 24 42 37 www.restaurantellunten.com*
– cerrado del 15 al 30 de octubre, domingo noche y lunes   AZ
Rest – Carta 41/42 € 🕸

♦ Instalado en una casa tipo villa, donde encontrará dos coquetas salas de aire
neorrústico, ambas con buen servicio de mesa y chimenea. Cocina creativa de raíces tradicionales.

en Puente Duero Sur : 10 km

X **Dámaso**   AC ✗ VISA ☺☺

Real 14, por paseo Zorrilla ⊠*47152 Puente Duero –* 𝒞 *983 40 53 72 – cerrado*
domingo noche y lunes
Rest – Carta 30/50 €

♦ Este restaurante, de interesante cocina, ocupa una casa de pueblo dotada con
dos salas y un pequeño patio. El chef-propietario informa en mesa sobre los platos disponibles.

por la salida ⑤ :

🏨🏨 **AC Palacio de Santa Ana** ⑤   ⪥ 🖥 ↲₅ 🛋 AC ✗ 📶 🛁 P ⛾

Santa Ana - 4 km ⊠*47195 Arroyo de la Encomienda*   VISA ☺☺ AE ➀
– 𝒞 *983 40 99 20 – www.ac-hotels.com*
95 hab – ♛♛70/185 €, ⊆ 15 € – 3 suites
Rest *Los Jerónimos* – Carta 38/49 €

♦ En el antiguo monasterio de los Jerónimos, rodeado de una bonita pradera
con mirador frente al río Pisuerga. Magnífico claustro y habitaciones con mobiliario de diseño. El restaurante presenta un montaje clásico-actual y una carta de
tinte tradicional.

🏨🏨 **La Vega** ⑤   ⪥ 🖥 ↲₅ 🛋 ⅘ hab. AC ✗ 🛁 P ⛾ VISA ☺☺ AE ➀

av. de Salamanca - 6 km ⊠*47195 Arroyo de la Encomienda –* 𝒞 *983 40 71 00*
– www.lavegahotel.com
143 hab – ♛82/118 € ♛♛94/132 €, ⊆ 10,70 € – 6 suites   **Rest** – Menú 20 €

♦ Hotel moderno de equilibrada fachada. Atractivo hall-recepción con ascensores
panorámicos, amplias zonas nobles y salones de convenciones. Habitaciones de
buen confort. Su acogedor restaurante fusiona la cocina tradicional con la de autor.

en la urbanización Fuente Berrocal Norte : 4 km

XX **El Hueco**   🏠 AC ✗ ↔ VISA ☺☺ AE ➀

pl. de la Ópera 4, por carret. de Fuensaldaña ⊠*47009 –* 𝒞 *983 38 07 02*
– www.elhueco.es   AX
Rest – Carta aprox. 45 €

♦ Concurrido bar a la entrada, con horno de leña a la vista, y un correcto comedor clásico decorado con numerosas antigüedades. Dispone de varios salones
anexos para banquetes.

VALLDEMOSSA – Illes Balears – ver Balears (Mallorca)

VALLE – ver el nombre propio del valle

VALLE – Cantabria – **572** C19 – **alt. 138 m** – ⊠ 39815   8 C1
▶ Madrid 364 – Bilbao 84 – Burgos 130 – Santander 54

🏠🏠 **Torre de Ruesga** ⑤   ⪥ 🏊 ↲₅ AC ✗ 🛁 P VISA ☺☺ AE ➀

barrio de la Bárcena – 𝒞 *942 64 10 60 – www.t-ruesga.com*
– cerrado 4 enero- 10 febrero
15 hab – ♛70/80 € ♛♛95/125 €, ⊆ 12 €
Rest – *(cerrado domingo noche y lunes)* Carta 26/39 €

♦ Palacete del s. XVII que combina el estilo clásico de su zona noble con la rusticidad de unas habitaciones decoradas al detalle, algunas en los torreones.
Bellos exteriores. El restaurante, distribuido en dos salas, ofrece una carta de
tinte tradicional.

VALLE DE CABUÉRNIGA – Cantabria – **572** C17 – **1 093 h.** 8 B1
– alt. 260 m – ⊠ 39510

> ▶ Madrid 389 – Burgos 154 – Oviedo 163 – Palencia 172

🔠 **Camino Real** ⊗   ⚡ hab, ⁇ 🄿 ⅦⅤ🄰 ⊙⊙ 🄰🄴 ⓪

Selores, Sur : 1,5 km ⊠39511 Selores – ℰ 942 70 61 71
– www.caminorealdeselores.com
17 hab ⊑ – **†**73/120 € **††**90/140 € – 8 suites
Rest – *(cerrado del 7 al 31 de enero, lunes y martes en invierno)* Carta 35/45 €
♦ Casona del s. XVII en la que se mezclan elementos rústicos originales con otros de diseño moderno. Las habitaciones, repletas de detalles, ocupan también cuatro edificios más. El restaurante, de ambiente muy acogedor, recupera lo que un día fueron las cuadras.

🔠 **Casona del Peregrino** ⊗   ⚡ ⁇ 🄿 ⅦⅤ🄰 ⊙⊙

Terán, Sur : 1 km ⊠39510 Terán de Cabuérniga – ℰ 942 70 63 43
– www.casonadelperegrino.es – cerrado 9 enero - 12 febrero
12 hab – **†**50/70 € **††**70/90 €, ⊑ 8 €   **Rest** – *(cerrado lunes)* Menú 17 €
♦ Esta casona familiar, ubicada en el centro del pueblo, destaca por su encantadora balconada de madera. Ofrece habitaciones amplias, algunas abuhardilladas, y baños actuales. En su restaurante, que está muy enfocado al cliente alojado, encontrará una correcta carta tradicional.

VALLE DE GUERRA – ver Canarias (Tenerife) : Tejina

VALLEJERA DE RIOFRÍO – Salamanca – **575** K12 – **68 h.** 11 A3
– alt. 1 141 m – ⊠ 37717

> ▶ Madrid 210 – Ávila 100 – Plasencia 64 – Salamanca 70

🔠 **Cubino H.** ⊗   ⇐ 🖾 🎢 ⚡ ‖ 🕭 hab, 🄰🄲 ⚡ rest, ⁇ 🕭🄰 🄿 ⅦⅤ🄰 ⊙⊙

antigua carret. N 630 – ℰ 923 40 46 00 – www.cubinohotel.com
30 hab – **†**60 € **††**73 €, ⊑ 5,50 €   **Rest** – Menú 10,50 €
♦ Hotel moderno, funcional y colorista, ubicado en plena sierra de Béjar. Resulta ideal para los amantes del deporte, con amplias zonas nobles y habitaciones de buen confort. Su restaurante brinda unas magníficas vistas y una carta de gusto tradicional.

XX **La Corrobla**   ⇐ ⚡ 🄿 ⅦⅤ🄰 ⊙⊙ 🄰🄴
(🕭)
antigua carret. N 630, Noroeste : 1 km – ℰ 923 41 10 35 – cerrado 15 días en junio, 2ª quincena de septiembre y lunes
Rest – *(sólo almuerzo salvo sábado y verano)* Carta 27/34 €
♦ Llevado con buen hacer por un atento matrimonio. Dispone de dos luminosos comedores con chimenea, destacando el superior por su cubierta en madera y sus vistas panorámicas.

VALLFOGONA DE BALAGUER – Lleida – **574** G32 – **1 769 h.** 13 B2
– alt. 235 m – ⊠ 25680

> ▶ Madrid 486 – Barcelona 181 – Lleida 25 – Tarragona 125

XX **El Dien**   🄰🄲 ⚡ ⅦⅤ🄰 ⊙⊙ 🄰🄴 ⓪

Estació 28 – ℰ 973 05 30 14 – www.eldien.com – cerrado del 3 al 18 de enero, del 12 al 27 de septiembre y martes
Rest – *(sólo almuerzo salvo viernes y sábado)* Carta 37/56 €
♦ Tras su sencilla fachada encontrará un hall espacioso, con sillones para la sobremesa y un espacio para fumadores, así como un comedor clásico-funcional. Carta actualizada.

VALLROMANES – Barcelona – **574** H36 – **2 283 h.** – **alt. 153 m** 15 B3
– ⊠ 08188

> ▶ Madrid 643 – Barcelona 22 – Tarragona 123
> 🔝 Vallromanes, Afueras, ℰ 93 572 90 64

ESPAÑA

XX **Sant Miquel** AC ⇔ VISA ⊛ AE ①

pl. de l'Església 12 – ℰ *935 72 90 29 – www.stmiquel.cat*
– cerrado del 10 al 25 de enero, del 8 al 22 de agosto y lunes
Rest *– (sólo almuerzo salvo viernes y sábado)* Carta aprox. 50 € ⚘
♦ Este negocio familiar, asentado y bastante céntrico, disfruta de dos comedores, uno funcional y el otro tipo jardín de invierno. Carta de temporada y completa bodega.

X **Mont Bell** AC ⅌ P VISA AE

carret. de Granollers, Oeste : 1 km – ℰ *935 72 81 00 – www.mont-bell.es*
– cerrado Semana Santa, del 1 al 21 de agosto y domingo noche
Rest *–* Carta 26/45 €
♦ Restaurante de larga tradición familiar dotado con dos comedores clásicos, otro más actual y un salón anexo. Extensa carta de cocina tradicional y bodega con caldos propios.

VALLS *– Tarragona –* **574** I33 *– 25 092 h. – alt. 215 m –* ⊠ 43800   **13** B3

▶ Madrid 535 – Barcelona 100 – Lleida/Lérida 78 – Tarragona 19

🄵 La Cort 61 ℰ 977 61 25 30 turisme.valls@altanet.org Fax 977 61 25 30

◎ Localidad ★ – Teatro Principal ★

▢▢▢ **Class Valls** ⬛ ᴷ₆ |✿| & hab, AC ⅌ ᵖᵖ ⅍ P ⌂ VISA ⊛ AE ①

passeig President Tarradellas - carret. N 240 – ℰ *977 60 80 90*
– www.hotelclassvalls.com
83 hab *–* ♦56/80 € ♦♦66/95 €, ⌓ 10 €   **Rest** *–* Menú 15 €
♦ Hotel de estética actual. La recepción está integrada en la zona social y disfruta de unas habitaciones funcionales, con los suelos en tarima y el mobiliario en tonos claros. En el restaurante El Tast se combina la carta tradicional con un correcto menú.

en la carretera N 240 :

▢▢ **Félix** ⬛ ℀ |✿| AC ⅌ ᵖᵖ ⅍ P VISA ⊛

Sur : 1,5 km ⊠43800 *–* ℰ *977 60 90 90 – www.felixhotel.net*
53 hab *–* ♦40/60 € ♦♦50/89 €, ⌓ 8 €
Rest *Casa Félix –* ver selección restaurantes
♦ Un buen recurso de carretera, ya que compensa su reducida zona social con unas habitaciones clásicas de adecuado confort. También cuenta con un agradable entorno ajardinado.

XX **Casa Félix** *– Hotel Félix* AC ⅌ ⇔ P VISA ⊛

Sur : 1,5 km ⊠43800 *–* ℰ *977 60 13 50 – www.felixhotel.net*
Rest *–* Carta aprox. 37 €
♦ Casa muy conocida por sus "calçotadas". Posee una cafetería para tapear, tres salones clásicos y cinco privados, algunos muy originales por encontrarse en enormes toneles.

X **Les Espelmes** ⩽ AC ⅌ ⇔ P VISA ⊛ AE ①

Norte : 8 km ⊠43813 *Fontscaldes –* ℰ *977 60 10 42 – www.lesespelmes.com*
– cerrado 20 junio-28 julio y miércoles
Rest *–* Carta 27/40 €
♦ Cuenta con una clientela habitual de negocios y ofrece cinco coquetos comedores de estilo clásico-regional, donde podrá degustar elaboraciones catalanas y una selecta bodega.

VALVERDE *– Santa Cruz de Tenerife – ver Canarias (El Hierro)*

VALVERDE DEL MAJANO *– Segovia –* **575** J17 *– 975 h. – alt. 923 m*   **12** C3
– ⊠ 40140

▶ Madrid 94 – Segovia 12 – Ávila 63 – Valladolid 118

al Noreste : 3,5 km por la carretera de Eresma y desvío 1,5 km

⌂ **Caserío de Lobones** ॐ ❄ ॐ P VISA ⓪ AE
✉40140 – ☎ 921 12 84 08 – www.lobones.com
10 hab – ♦95 € ♦♦121/142 €, ⌷ 11 €
Rest – *(sólo cena) (sólo clientes)* Carta aprox. 33 €
♦ Posada rural en pleno campo, junto a una arboleda atravesada por el río Eresma. Habitaciones con decoración personalizada y la opción de cena sólo para los clientes alojados.

VALVERDÓN – Salamanca – **575** I12 – **264 h.** – **alt. 766 m** – ✉**37115**   11 A2
▶ Madrid 224 – Valladolid 130 – Salamanca 15 – Miranda do Douro 82

ᐃᐧᐧᐃ **Hacienda Zorita** ॐ ॐ ॐ ⬢ AC ⁽ᵗ⁾ ॐ P
carret. SA 300, Sureste : 0,5 km – ☎ 923 12 94 00 – www.haciendas-espana.com
20 hab – 2 **suites** **Rest**
♦ Este antiguo convento de dominicos, recuperado como hotel, tiene en la producción de vinos una de sus principales actividades. Combina el entorno rústico y el diseño actual. El restaurante destaca por el cuidado servicio de mesa y por sus grandes cristaleras.

VARGAS – Cantabria – **572** C18 – **815 h.** – ✉**39679**   8 B1
▶ Madrid 418 – Santander 35 – Bilbao 110

⌂ **Los Lienzos** ॐ ॐ ⁽ᵗ⁾ P VISA ⓪
barrio El Acebal – ☎ 942 59 81 80 – www.posadaloslienzos.com – *cerrado del 6 al 31 de enero*
8 hab ⌷ – ♦♦60/98 € **Rest** – *(sólo clientes, sólo cena)* 20 €
♦ Ocupa una casa de indianos, con el entorno ajardinado, que data de 1913. Posee dos salones clásicos, un porche acristalado y coquetas habitaciones de estilo rústico-elegante.

El VEDAT – València – **ver Torrent**

VEGA DE SAN MATEO – Las Palmas – **ver Canarias (Gran Canaria)**

VEGA DE TIRADOS – Salamanca – **575** I12 – **209 h.** – **alt. 789 m**   11 A2
– ✉ **37170**
▶ Madrid 235 – Valladolid 141 – Salamanca 25 – Bragança 186

XX **Rivas** AC ॐ VISA ⓪ AE ⓪
⊛ Gómez Mateos 19 – ☎ 923 32 04 71 – www.restauranterivas.com
– *cerrado 2ª quincena de septiembre y lunes*
Rest – *(sólo almuerzo salvo viernes y sábado)* Carta 25/35 €
♦ Restaurante clásico, con mobiliario de calidad y algún detalle rústico. Ofrece una cocina de base regional elaborada con gusto y cariño. Excelente relación calidad-precio.

VEJER DE LA FRONTERA – Cádiz – **578** X12 – **12 973 h.** – **alt. 193 m**   1 A3
– ✉ **11150**
▶ Madrid 667 – Algeciras 82 – Cádiz 50
🛈 av. los Remedios 2, ☎ 956 45 17 36 info@turismovejer.com Fax 956 45 16 20
◉ Localidad ★
🖾 Parque Natural La Breña y Marismas de Barbate★ – Playa de los Caños de Meca★★

ᐃᐧᐧᐃ **V ... sin rest** ॐ ♿ AC ॐ ⁽ᵗ⁾ VISA ⓪
Rosario 11 – ☎ 956 45 17 57 – www.hotelv-vejer.com – *febrero-noviembre*
12 hab ⌷ – ♦♦215/460 €
♦ En esta casa del s. XVII encontrará un pequeño patio con columnas, una zona social de ambiente colonial, un aljibe y dos tipos de habitaciones, unas clásicas y otras actuales.

ESPAÑA

Convento de San Francisco

La Plazuela – ℰ *956 45 10 01* – *www.tugasa.com*

25 hab ⊊ – ♦54 € ♦♦79 €

Rest *El Refectorio* – *(cerrado lunes salvo verano)* Carta 21/30 €

‣ Antiguo convento donde se funden la soledad de antaño y el confort actual. Las habitaciones, la mayoría de techos altos, poseen mobiliario rústico y una sencilla decoración. El restaurante, que ocupa lo que fue el refectorio, elabora una cocina tradicional.

La Casa del Califa

pl. de España 16 – ℰ *956 44 77 30* – *www.grupocalifa.com* – *cerrado 10 enero-10 febrero*

17 hab ⊊ – ♦60/125 € ♦♦73/175 €

Rest *El Jardín del Califa* – Carta 22/34 €

♦ Este singular hotel está distribuido en casitas contiguas del centro de la población. Sus habitaciones resultan detallistas, con mobiliario de anticuario y baños coloristas. El restaurante posee una preciosa terraza y propone una cocina de raíces magrebíes.

El Paso sin rest

carret. N 340, Este : 1,5 km – ℰ *956 45 11 63* – *www.hotelelpaso.net*

25 hab ⊊ – ♦40/55 € ♦♦55/80 €

♦ Se encuentra junto a la carretera y le sorprenderá por sus detalles decorativos. Salón social con chimenea y correctas habitaciones, todas con mobiliario en forja y madera.

Trafalgar

pl. de España 31 – ℰ *956 44 76 38* – *cerrado enero, del 1 al 15 de febrero, domingo noche y lunes salvo verano*

Rest – Carta 20/31 €

♦ Céntrico restaurante que pone a su disposición dos comedores, el principal de carácter actual y el secundario, más acogedor, de aire rústico. Cocina tradicional actualizada.

---

en la playa de El Palmar Oeste : 11 km

Casa Francisco con hab

playa de El Palmar (Vejer Costa) ⊠11150 – ℰ *956 23 27 86*
– *www.casafranciscoeldesiempre.com* – *cerrado 11 diciembre-febrero*

12 hab ⊊ – ♦45/75 € ♦♦60/120 €

Rest – *(cerrado miércoles salvo verano)* Carta 32/42 €

♦ En 1ª línea de playa. Dispone de un bar de tapas, un comedor rústico y una terraza acristalada, esta última con vistas al mar. Carta tradicional basada en pescados y arroces. Como complemento posee unas sencillas habitaciones vestidas con mobiliario provenzal.

VÉLEZ BLANCO – Almería – **578** S23 – **2 259 h.** – alt. 1 070 m – ⊠ 04830

2 D2

▶ Madrid 506 – Almería 148 – Granada 168 – Lorca 52

Casa de los Arcos sin rest

San Francisco 2 – ℰ *950 61 48 05* – *www.hotelcasadelosarcos.com* – *cerrado junio*

8 hab – ♦40/45 € ♦♦55/85 €, ⊊ 5,15 € – 6 suites

♦ Conjunto arquitectónico de los ss. XVIII y XIX. Las huellas de un pasado señorial se reflejan tanto en los muros como en su interior, con antigüedades y mobiliario artesanal.

Velad Al-Abyadh sin rest

Balsa Parra 28 – ℰ *950 41 51 09* – *www.hotelvelad.com*

26 hab ⊊ – ♦45 € ♦♦70/120 €

♦ La calidez del estilo rústico define un espacio confortable en este hotel de organización familiar. Habitaciones bien equipadas y buena aceptación en la zona.

XX **El Molino**   🛜 AC ⅏ VISA ☉ AE ①

☺ *Curtidores – ℰ 950 41 50 70 – cerrado del 1 al 21 de julio*
Rest – *(sólo almuerzo salvo viernes y sábado)* Carta aprox. 35 €
♦ Negocio familiar ubicado en una casa de piedra del casco antiguo. En sus comedores de aire rústico podrá degustar platos tradicionales y especialidades como el cabrito.

VÉLEZ MÁLAGA – Málaga – **578** V17 – **74 190 h.** – alt. 67 m   **2** C2
– ⊠ 29700

▶ Madrid 530 – Almería 180 – Granada 100 – Málaga 35

🏠 **Dila** sin rest   📳 AC ⅏ ᵗᵖᵗ VISA ☉ ①
av. Vivar Téllez 3 – ℰ 952 50 39 00 – www.hoteldila.com
23 hab – ♦35/40 € ♦♦50/60 €, ☲ 5 €
♦ Pequeño hotel llevado de modo familiar. Sus sencillas instalaciones cuentan con una recepción en el 1er piso, y unas confortables habitaciones con mobiliario provenzal.

El VENDRELL – Tarragona – **574** I34 – **35 821 h.** – ⊠ 43700   **13** B3

▶ Madrid 570 – Barcelona 75 – Lleida/Lérida 113 – Tarragona 27
🅝 Dr. Robert 33, ℰ 977 66 02 92 turisme@citvendrell.cat Fax 977 66 59 24
◎ Museo Deu★
🅒 Sant Salvador, Museo Pau Casals★ Sureste : 3,5 km

X **El Molí de Cal Tof**   AC ⅏ ⇔ P VISA ☉
av. de Santa Oliva 2 – ℰ 977 66 26 51 – www.elmolidecaltof.com – cerrado domingo noche y lunes
Rest – Carta aprox. 45 €
♦ Está instalado parcialmente en una casa de piedra y reparte sus salas de aire rústico entre varios niveles, con un privado, un amplio comedor-bodega y una sala para grupos.

Las VENTAS CON PEÑA AGUILERA – Toledo – **576** N17 – **1 338 h.**   **9** B2
– alt. 790 m – ⊠ 45127

▶ Madrid 124 – Toledo 54 – Ciudad Real 121

XX **Casa Parrilla**   AC ⅏ VISA ☉ AE
av. Toledo 3 ⊠45127 – ℰ 925 41 82 07 – www.casaparrilla.es – cerrado 7 días en enero, del 1 al 15 de julio, del 1 al 7 de septiembre y miércoles salvo festivos
Rest – *(sólo almuerzo salvo viernes y sábado)* Carta 33/49 €
♦ Ofrece un cuidado montaje, con una barra de espera y un comedor rústico. Su cocina regional, especializada en caza y venado, está acompañada por una buena carta de vinos.

VERA – Almería – **578** U24 – **13 985 h.** – alt. 102 m – ⊠ 04620   **2** D2

▶ Madrid 512 – Almería 95 – Murcia 126

🏨 **Terraza Carmona**   📳 AC ⅏ ᵗᵖᵗ 🛆 P VISA ☉ AE ①
Del Mar 1 – ℰ 950 39 07 60 – www.terrazacarmona.com
38 hab – ♦54/63 € ♦♦71/82 €, ☲ 8 €
Rest *Terraza Carmona* – ver selección restaurantes
♦ En el centro de la ciudad. Su recepción está decorada con detalles taurinos y ofrece habitaciones de correcto confort, en la 1ª planta con terraza y las de la 2ª con balcón.

XX **Terraza Carmona** – Hotel Terraza Carmona   AC ⅏ P VISA ☉ AE ①
☺ *Del Mar 1 – ℰ 950 39 07 60 – www.terrazacarmona.com*
– cerrado del 11 al 25 de enero y lunes
Rest – Carta aprox. 35 € 🕸
♦ Este negocio familiar goza de fama en la zona. Entre sus acogedoras instalaciones destaca el comedor principal, con cierto encanto y solera. Carta regional y platos locales.

ESPAÑA

Juan Moreno 🗚 🕸 ⇄ 𝚟𝚒𝚜𝚊 ⬤

carretera de Ronda Bloq 3 – ☎ *950 39 30 51 – www.restaurantejuanmoreno.es
– cerrado domingo y lunes noche*
Rest – Carta 30/42 €

◆ Se encuentra en los bajos de un edificio de viviendas, con una barra de apoyo, un comedor de estilo actual y tres privados. Carta tradicional y buen apartado de sugerencias.

en la carretera de Garrucha Sureste : 2 km

Verahotel ⤢ 🖩 🗚 🕸 ⁇ 🛆 🄿 🚗 𝚟𝚒𝚜𝚊 ⬤ 🄰🄴 ⓘ

✉ *04620 –* ☎ *950 39 30 08 – www.verahotel.es*
24 hab ⤢ – †52/78 € ††71/118 € **Rest** – Menú 22 € ⌘

◆ Compensa su reducida zona social con unas habitaciones bastante cuidadas, todas decoradas con mobiliario clásico de calidad y en la parte trasera con terraza. Comedor de montaje actual, varios privados y una carta tradicional con un buen apartado de arroces.

por la carretera N 340 Suroeste : 7,3 km

Valle del Este ⤢ 🔁 🖩 🖩 🕮 ⅅ hab, 🗚 🕸 rest, ⁇ 🛆 🄿 𝚟𝚒𝚜𝚊 ⬤ 🄰🄴 ⓘ

urb. Valle del Este ✉ *04620 –* ☎ *950 54 86 00 – www.valledeleste.es*
132 hab – ††50/110 €, ⤢ 9 € – 10 suites **Rest** – Carta 29/44 €

◆ Está en una urbanización residencial y disfruta de su propio campo de golf. Espaciosa zona social, habitaciones bien equipadas, una terraza con piscina y un luminoso SPA. En su comedor podrá encontrar un completo servicio de buffet.

VERA DE BIDASOA – Navarra – ver Bera

VERDICIO – Asturias – 572 B12 – ✉ 33448   5 B1

🄳 Madrid 493 – Oviedo 43 – Avilés 14 – Gijón 26

Palacio de Fiame sin rest ⤴ 🕸 ⁇ 🄿 𝚟𝚒𝚜𝚊 ⬤

Fiame – ☎ *985 87 81 50 – www.palaciodefiame.com*
18 hab – †40/60 € ††45/80 €, ⤢ 5 €

◆ Junto a un pequeño palacio del que toma nombre. Posee unas confortables habitaciones con mobiliario moderno y baños completos, algunas con hidromasaje y otras con terraza.

La Fustariega 🗚 🕸 🄿 𝚟𝚒𝚜𝚊 ⬤ 🄰🄴 ⓘ

Fiame – ☎ *985 87 81 03 – www.restaurantelafustariega.com – cerrado miércoles salvo agosto y festivos*
Rest – Carta 30/50 €

◆ Bar-sidrería dotado de una espaciosa sala para el menú y de dos correctos comedores para la carta. Cocina tradicional variada elaborada con productos escogidos.

VERÍN – Ourense – 571 G7 – 14 391 h. – alt. 612 m – Balneario   20 C3
– ✉ 32600

🄳 Madrid 430 – Ourense 69 – Vila Real 90
🄸 San Lázaro 26, ☎ 988 41 16 14 turismo@verin.net Fax 988 41 19 00
🄲 Castillo de Monterrey (❋★ - Iglesia : portada★) Oeste : 6 km

junto al castillo Noroeste : 4 km

Parador de Verín ⤴ ⇐ ⤢ ⤢ 🖩 🗚 🕸 ⁇ 🛆 🄿 𝚟𝚒𝚜𝚊 ⬤ 🄰🄴 ⓘ

subida al Castillo ✉ *32600 –* ☎ *988 41 00 75 – www.parador.es – cerrado 15 diciembre-enero*
22 hab – †84/102 € ††105/128 €, ⤢ 16 € **Rest** – Menú 32 €

◆ Sólida construcción a modo de pazo ubicado junto al antiguo castillo. Tiene unas cuidadas zonas nobles y las habitaciones distribuidas en dos plantas, todas con buenas vistas. En el sereno marco de su comedor podrá degustar los platos típicos de la región.

en la carretera N 525 Noroeste : 4,5 km

Gallego ← ⌶ |≡| ⓐ rest, ⚒ ⁿ ⚙ Ⓟ ⌂ 𝚟𝚒𝚜𝚊 ⓒⓞ ⒶⒺ ⓘ
✉ 32618 apartado 82 – ℰ 988 41 82 02 – www.hotelgallego.com
40 hab – ♦39 € ♦♦60/64 €, ⌐ 5,40 €   **Rest** – Carta 25/30 €
♦ El valle de Monterrei recrea su entorno en un paraje natural de gran belleza. Hotel de línea clásica dotado de correctas zonas sociales y habitaciones con baños completos. El restaurante, que fue el origen del negocio, ofrece cocina regional e internacional.

VIANA – Navarra – **575** E22 – 3 812 h. – alt. 470 m – ✉ 31230   **24** A2
▶ Madrid 341 – Logroño 10 – Pamplona 82

Palacio de Pujadas |≡| ⅙ hab, ⓐ ⁿ ⚙ ⌂ 𝚟𝚒𝚜𝚊 ⓒⓞ
Navarro Villoslada 24 – ℰ 948 64 64 64 – www.palaciodepujadas.com
28 hab ⌐ – ♦50/80 € ♦♦70/110 €   **Rest** – (sólo menú) Menú 23 €
♦ Esta casa-palacio del s. XVI se presenta con un hall en piedra, una correcta zona social y unas habitaciones de línea clásica-actual, destacando las temáticas del último piso. En su comedor de ambiente rústico podrá degustar una cocina de gusto tradicional.

Borgia ⇔ 𝚟𝚒𝚜𝚊 ⓒⓞ ⓘ
Serapio Urra – ℰ 948 64 57 81
Rest – (sólo almuerzo salvo fines de semana) Carta 40/57 €
♦ Disfruta de una fachada en piedra, forja y madera. La sala combina su decoración rústica con algunos detalles de diseño. Cocina de producto, con un toque personal del chef.

VIBAÑO – Asturias – **572** B15 – 479 h. – alt. 90 m – ✉ 33500   **5** C1
▶ Madrid 477 – Oviedo 104 – Santander 105

al Noroeste : 3,5 km

La Montaña Mágica ⌂ ← ⌸ ⅙ hab, ⚒ rest, ⁿ Ⓟ 𝚟𝚒𝚜𝚊 ⓒⓞ
El Allende ✉ 33508 El Allende – ℰ 985 92 51 76 – www.lamontanamagica.com
14 hab – ♦50/65 € ♦♦55/112 €, ⌐ 5,40 €
Rest – (sólo cena) (sólo clientes) Menú 14,70 €
♦ Está formada por tres edificios en piedra y destaca por sus magníficas vistas, tanto a la sierra del Cura como a los Picos de Europa. Habitaciones amplias y confortables.

VIC – Barcelona – **574** G36 – 39 844 h. – alt. 494 m – ✉ 08500   **14** C2
▶ Madrid 637 – Barcelona 66 – Girona/Gerona 79 – Manresa 52
ℹ Ciutat 4, ℰ 93 886 20 91 turisme@vic.cat Fax 93 889 26 37
◉ Localidad★★ - Museo episcopal★★★ BY – Catedral★ (pinturas★★, retablo★★, claustro★) BCY – Plaça Major★ BY
Ⓖ L'Estany★ : Monasterio de Santa María de L'Estany★ Suroeste : 19 km – Monasterio de Sant Pere de Casserres★, emplazamiento★★ Noreste : 17 km

Planos páginas siguientes

NH Ciutat de Vic |≡| ⅙ hab, ⓐ ⚒ ⁿ ⚙ ⌂ 𝚟𝚒𝚜𝚊 ⓒⓞ ⒶⒺ ⓘ
passatge Can Mastrot – ℰ 938 89 25 51 – www.nh-hotels.com   BXa
36 hab – ♦48/124 € ♦♦67/146 €, ⌐ 11,50 €
Rest – (cerrado agosto y domingo noche) Menú 20 €
♦ Muy enfocado al cliente de empresa y trabajo. Ofrece una reducida zona social y las habitaciones típicas de la cadena, con un correcto equipamiento en su categoría. En su restaurante, amplio y luminoso, encontrará un menú del día y una carta tradicional.

ESPAÑA

VIC

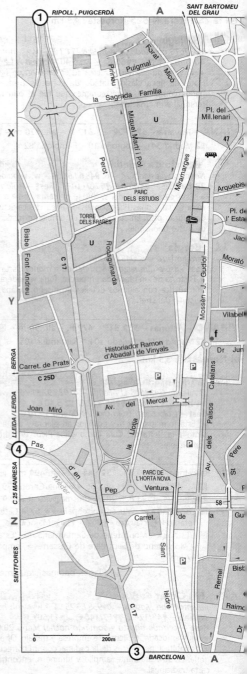

del
Nord
Carret. de Manlieu
45
52
Calbó
57
Sant Bernat
Fleming
Conlat d'Osona
Roda
Francesc
Camprodon
Av. de
de
Gurb
del Pare Coll
Manlieu
Jaume I
Lluís Vives
El
Baró de Savassona
Puigsacalm
Doctor
Pedraforca
de
Carret.
38
a
Balenyà
Nou
Conqueridor

X

emany
Pla de
Gurb
Manlieu
69
Nou
Rambla del Carme
71
Sant
Antoni
41
Sant Pau
de l'Art e la Pell
18
36
24
69
75
la Gelada
PLAÇA MAJOR
6
la Fusina
9
Pl. de la Divina Pastora
Verdaguer
P
22
48
72

Y

Rambla de l' Hospital
Nou
la Riera
H
14
63
67
Temple Romà
20
Bisbe Torras i Bages
43
66
i
n
St Segimon
Call
St
Just
MUSEU EPISCOPAL
49
42
J
12
64
60
la Ramada
17
CATEDRAL
4
51
Palau Episcopal
74
3
ANTA CREU
61
29
8
54
Prat d'en Galliners
AUDITORI
Anselm
Clavé
Mèder
ere
Soledat
Av. de
Martí
PARC JAUME BALMES
la
Sant
Genís
Pelayo

Z

Pep
Ventura
Andreu Febrer
Francesc
Bac de Roda
46
i
31
32
Generalitat
Aguilar
55
Menéndez
27
Doctor
Salarich
35
34
Strauch
Pare Huix
25
de
Sant
Josep Pratdesaba
Aviés
de
Av.
de
Providència
Pl. de l'Amusic
25
Jaume
Pius XII
dels Països Catalans
Abadal
Passeig
Av. de
l' Estadi
30
Pas. St Jaume
AV.

ESPAÑA

② C 25 GIRONA / GERONA

✗ Boccatti
         🄰🄲 ✗ 𝚅𝙸𝚂𝙰 ⚫ 🄰🄴

Mossèn Josep Gudiol 21 – ℰ 938 89 56 44 – cerrado Navidades, del 15 al 30 de abril, del 15 al 30 de agosto, domingo noche, miércoles noche y jueves
Rest – Carta 33/50 €   AY**f**

◆ Ocupa un antiguo bar y está llevado de forma muy familiar por su propietario. Tiene una carta de sabor marinero que sorprende por la variedad y calidad de sus materias primas.

✗ Basset
         🄰🄲 ✗ ⇔ 𝚅𝙸𝚂𝙰 ⚫ 🄰🄴

Sant Sadurní 4 – ℰ 938 89 02 12 – cerrado Semana Santa, domingo y festivos
Rest – Carta 30/40 €   BY**n**

◆ Negocio dotado con un bar privado y tres salas de ambiente rústico. En su carta, escrita a mano, presentan una cocina tradicional elaborada con productos de temporada.

por la carretera de Roda de Ter : 15 km CX

🏨 Parador de Vic-Sau ॐ
     ≼ ⨄ ✗ 🄸 ఉ hab, 🄰🄲 ✗ 🄿 ⤳   𝚅𝙸𝚂𝙰 ⚫ 🄰🄴 ⓪

✉ 08500 – ℰ 938 12 23 23 – www.parador.es
38 hab – †115/125 € ††144/156 €, ⌑ 16 €   **Rest** – Menú 32 €

◆ Tiene aires de masía catalana, con una sólida arquitectura en piedra y vistas al pantano de Sau. Espaciosas instalaciones, salas polivalentes y habitaciones bien equipadas. El restaurante, muy luminoso, ofrece una carta regional con especialidades de la zona.

VIELHA (VIELLA) – Lleida – 574 D32 – 5 710 h. – alt. 971 m   13 B1
– Deportes de invierno en Baqueira-Beret : ≼31 ≼1 ≼1 – ✉ 25530

▶ Madrid 595 – Lleida/Lérida 163 – StGaudens 70
🛈 Sarriulera 10, ℰ 973 64 01 10 o.torisme@aran.org Fax 973 64 03 72
◉ Iglesia (Cristo de Mijaran★)
ⓖ Norte : Valle de Arán★★

🏨 Eth Solan sin rest
     ≼ 🄸 ✗ ᵞ 🄿 ⤳ 𝚅𝙸𝚂𝙰 ⚫ 🄰🄴 ⓪

av. Baile Calbetó Barra 14 – ℰ 973 64 02 04 – www.hotelethsolanvielha.com – diciembre-abril y julio-12 octubre
39 hab ⌑ – †43/69 € ††66/116 €

◆ Negocio que destaca por su moderno confort. Dotado de correctas zonas nobles y con habitaciones de completo equipamiento, algunas de ellas con bañera de hidromasaje.

🏨 Fonfreda sin rest
     🄸 ✗ ᵞ ⤳ 𝚅𝙸𝚂𝙰 ⚫ 🄰🄴 ⓪

passeig de la Llibertat 18 – ℰ 973 64 04 86 – www.hotelfonfreda.com
26 hab ⌑ – †52/72 € ††72/92 €

◆ Acogedor y de correcto confort en su categoría. Ofrece habitaciones de distintos tipos, con los suelos y el mobiliario en madera, siendo abuhardilladas en la última planta.

🏨 Albares sin rest
     ♨ 🄸 ఉ ✗ ᵞ ⤳ 𝚅𝙸𝚂𝙰 ⚫

passeig de la Libertat 11 – ℰ 973 64 00 81 – www.hotelalbares.com – cerrado 22 junio - 11 julio
14 hab ⌑ – †40/60 € ††60/120 €

◆ Este pequeño hotel destaca por su céntrico emplazamiento. Disfruta de una zona social con chimenea, un barra de bar y confortables habitaciones de ambiente rústico-actual.

🏨 Husa Riu Nere
     🄸 ✗ ᵞ 𝚅𝙸𝚂𝙰 ⚫ 🄰🄴 ⓪

Mayor 4 – ℰ 973 64 01 50 – www.hotelhusariunere.com – cerrado mayo-diciembre
48 hab – †40/80 € ††50/106 €, ⌑ 7 €
Rest – *(sólo clientes sólo cena menú)* Menú 17 €

◆ Son dos hoteles ubicados en un mismo edificio del casco viejo, con una recepción común y una amplia zona noble. Las habitaciones tienen un correcto confort y suelos en tarima.

ESPAÑA

⌂ **Apart. Serrano** sin ⌑ 〔𝄞〕 ⚷ ⁽¹⁾ 𝖵𝖨𝖲𝖠 ⊙⊙ 𝖠𝖤 ⓪
San Nicolás 2 – ℰ 973 64 01 50 – www.hotelriunere.com – 4 diciembre-25 abril y junio-15 octubre
9 apartamentos – ♦♦50/160 €, ⌑ 7 €   **Rest** – *(en el Hotel Riu Nere)*
♦ Apartamentos acogedores y espaciosos, algunos tipo buhardilla y de estilo clásico, con cocina bien equipada y en los cuartos de baño más modernos con bañera de hidromasaje.

✗✗ **Era Lucana** 𝄞 𝖠𝖢 ⚷ 𝖵𝖨𝖲𝖠 ⊙⊙ 𝖠𝖤 ⓪
⊚ *av. Alcalde Calbetó 10, edificio Portals d'Arán – ℰ 973 64 17 98*
– www.eralucana.com – cerrado 25 junio-15 julio y lunes no festivos salvo agosto
Rest – Carta 32/35 €
♦ Dispone de un bar de espera, una sala principal de buen montaje y dos privados de estilo clásico-actual, con los techos en madera. Ofrece cocina tradicional actualizada.

✗ **Nicolás** ⚷ 𝖵𝖨𝖲𝖠 ⊙⊙ ⓪
Castèth 7 – ℰ 973 64 18 20 – cerrado lunes
Rest – Carta 28/40 €
♦ De amable organización con el chef-propietario al frente. Posee dos salas de correcto montaje y mobiliario clásico donde podrá degustar una cocina de corte internacional.

✗ **Deth Gormán** 𝖠𝖢 ⚷ 𝖵𝖨𝖲𝖠 ⊙⊙ ⓪
Met Día 8 – ℰ 973 64 04 45 – cerrado mayo y martes
Rest – Carta 20/34 €
♦ Este es un negocio ya tradicional, pues abrió sus puertas hace más de 25 años. En su comedor podrá degustar los platos más representativos de la gastronomía aranesa.

✗ **All i Oli** ⚷ 𝖵𝖨𝖲𝖠 ⊙⊙
Major 9 – ℰ 973 64 17 57
Rest – Carta 37/50 €
♦ Pequeño negocio familiar dotado con una sala de adecuado montaje, una barra de apoyo y parrilla a la vista. Carta amplia especializada en caracoles y verduras a la brasa.

en Escunhau por la carretera de Salardú - Este : 3 km

⌂⌂ **Casa Estampa** ⌾ ▦ 〔𝄞〕 ⅋ hab, ⚷ ⁽¹⁾ 𝗣 𝖵𝖨𝖲𝖠 ⊙⊙ ⓪
Sortaus 9 ✉25539 Escunhau – ℰ 973 64 00 48 – www.hotelcasaestampa.com
18 hab ⌑ – ♦54/70 € ♦♦65/108 €   **Rest** – Menú 17 €
♦ Antigua casa de piedra totalmente restaurada, donde destacan el salón social con chimenea y las habitaciones, de equipamiento actual y decoradas al estilo montañés. Restaurante rústico típico aranés, con la viguería vista en madera y los suelos en piedra.

⌂⌂ **Es Pletieus** ≤ 〔𝄞〕 ⚷ ⁽¹⁾ 𝗣 𝖵𝖨𝖲𝖠 ⊙⊙ ⓪
carret. C 28 ✉25539 Escunhau – ℰ 973 64 07 90 – www.espletieus.com
– cerrado mayo y noviembre
18 hab ⌑ – ♦35/60 € ♦♦50/80 €
Rest *Es Pletieus* – ver selección restaurantes
♦ Esmerada organización con los propietarios al frente. Suficiente zona social, y unas habitaciones de cuidado confort con mobiliario funcional y baños actuales.

✗✗ **Es Pletieus** – Hotel Es Pletieus ≤ ⌕ ⟳ 𝗣 𝖵𝖨𝖲𝖠 ⊙⊙ ⓪
carret. C 28 ✉25539 Escunhau – ℰ 973 64 04 85 – www.espletieus.com
– cerrado abril ,martes mediodía en invierno y martes resto del año
Rest – Carta 29/36 €
♦ Los techos altos en madera definen su cálida decoración. Posee un comedor de correcto montaje, dos privados en la planta superior y una carta atenta a la cocina tradicional.

ESPAÑA

Ⅹ **El Niu**   ⍩ _VISA_ ⍟

Ⓐ _Deth Pònt 1_ ⊠_25539 Escunhau_ – ℰ _973 64 14 06_ – _cerrado 22 junio-22 julio y_
   domingo noche
   Rest – Carta 32/35 €
   • Situado junto a la carretera general y bien organizado desde la cocina por su
   propietario. El comedor de línea clásica se caldea durante las cenas mediante una
   chimenea.

en Betlán Noroeste : 4,5 km

⌂⌂ **Tierras de Arán** sin rest   ⇐ ▯ ⍩ ⍟ _VISA_ ⍟
   Sacorreges 5 ⊠_25537 Betlán_ – ℰ _973 08 60 30_ – _www.tierrasdearan.com_
   15 hab ⌑ – ⍩⍩80/130 €
   • Este encantador hotelito posee una reducida zona social con chimenea y confortables habitaciones de estilo rústico-actual, algunas con un altillo e hidromasaje en los baños.

en Garòs por la carretera de Salardú - Este : 5 km

⌂ **Garós Ostau** sin rest ⍟   ⇐ ⍩ _VISA_ ⍟ _AE_
   Cal 3 ⊠_25539 Garós_ – ℰ _973 64 23 78_
   – _cerrado del 1 al 15 de julio y del 1 al 7 de septiembre_
   8 hab – ⍩⍩60/78 €, ⌑ 7 €
   • Instalado en una antigua cuadra de ganado, con abundancia de piedra y
   madera en su decoración. Salón social con chimenea y habitaciones de buen
   nivel, algunas abuhardilladas.

en Pont d'Arrós Noroeste : 6 km

⌂⌂ **Peña**   ⇐ ▯ _fó_ ▯ ⍚ hab, _AK_ rest, ⍟ _sá_ _P_ ⍟ _VISA_ ⍟ _AE_ ⍟
   carret. N 230 ⊠_25537 Pont d'Arrós_ – ℰ _973 64 08 86_
   – _www.hotelpenha.com_
   62 hab – ⍩47/53 € ⍩⍩67/86 €, ⌑ 10 €
   Rest – Menú 18 €
   • Junto a la carretera. Se presenta con dos zonas bien diferenciadas, destacando
   la más nueva por la mejor calidad de sus habitaciones, muchas tipo dúplex o con
   terraza. También ofrece dos comedores, uno clásico-actual en la parte nueva y
   otro más funcional, aunque para fumadores, en la zona antigua del hotel.

Ⅹ **Boixetes de Cal Manel**   ⍝ _AK_ ⍩ _P_ _VISA_ ⍟
   carret. N 230 ⊠_25537 Pont d'Arrós_ – ℰ _973 64 11 68_ – _cerrado del 1 al 20 de_
   junio, del 2 al 23 de noviembre y lunes salvo festivos
   Rest – Carta 24/35 €
   • Se encuentra en una casa de piedra a las afueras de la localidad. Barra de
   apoyo a la entrada y una sala con dos ambientes, uno de línea clásica y el otro
   algo más rústico.

VIGO – **Pontevedra** – **571** F3 – **297 332 h.** – **alt. 31 m**   **19** A3

▶ Madrid 588 – A Coruña 156 – Ourense 101 – Pontevedra 27
✈ de Vigo por N 550 : 9 km BZ ℰ 902 404 704
Iberia : aeropuerto Peinador ℰ 902 400 500
▯ Cánovas del Castillo 22, ℰ 986 43 05 77 oficina.turismo.vigo@xunta.es
   Fax 986 43 00 80
   y Teófilo Llorente 5, ℰ 986 22 47 57 turismo.apedra@vigo.org
R.A.C.E. Oporto 17, ℰ 986 22 70 61 Fax 986 22 64 74
▣ Real Aero Club de Vigo, por la carret. de Ourense : 11 km, ℰ 986 48 66 45
◉ Emplazamiento★ – El Castro ⇐★★ AZ
◨ Ría de Vigo★★ – Mirador de la Madroa★★ ⇐★★ por carret. del
   aeropuerto : 6 km BZ

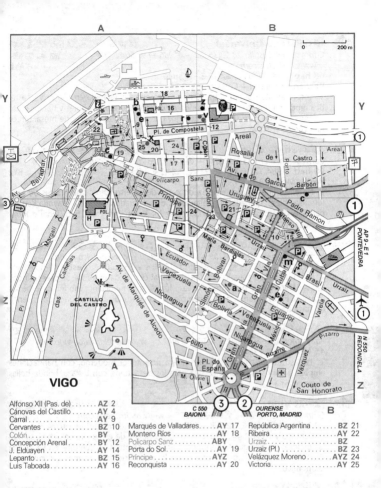

VIGO

🅰🅰🅰 **Pazo Los Escudos** ≤ 🚗 🌫 🍽 ❄ 🛁 hab, 🅰🅲 ❄ 📶 🛎 **🅿** 🚐
av. Atlántida 106, por av. Beiramar : 5 km ✉36208 **VISA ⊚ AE ①**
– 𝒞 986 82 08 20 – www.pazolosescudos.com AY
48 hab – ♥♥134/299 €, ☲ 18 € – 6 suites
Rest – Menú 38 €

◆ Distribuido en dos edificios: uno de nueva construcción, con grandes espacios
acristalados y el otro, en un antiguo pazo, con las paredes en piedra. Magníficos
exteriores. El restaurante disfruta de una elegante línea neorrústica y en él encontrará la carta propia de una cocina tradicional.

🅰🅰🅰 **NH Palacio de Vigo** 🛁 🍽 ❄ hab, 🅰🅲 ❄ 📶 🛎 🚐 **VISA ⊚ AE ①**
av. de García Barbón 17 ✉36201 – 𝒞 986 43 36 43
– www.nh-hotels.com BY**y**
107 hab – ♥♥69/249 €, ☲ 16 € – 1 suite
Rest – Menú 22 €

◆ Instalado en un atractivo edificio de fachada clásica, tras la cual encontrará un
elegante hall. Las habitaciones resultan confortables y gozan de un completo
equipamiento. El restaurante se complementa con un patio cubierto donde sirven
los desayunos.

AC Palacio Universal
Cánovas del Castillo 28 ✉ *36202* – ✆ *986 44 92 50*
– *www.ac-hotels.com* 🚗 AYb
68 hab – ♛♛80/364 €, ☐ 12 € – 1 suite
Rest *La Cuaderna* – Carta aprox. 30 €
♦ Sorprendente por el contraste que existe entre la fachada en piedra y la estética moderna que domina su interior, con adecuadas zonas nobles y habitaciones de buen confort. El restaurante, que goza de un cuidado servicio de mesa, ofrece una cocina creativa.

Ciudad de Vigo
Concepción Arenal 5 ✉ *36201* – ✆ *986 22 78 20* – *www.ciudaddevigo.com*
99 hab – ♛84/171 €, ♛♛146/211 €, ☐ 12 € – 2 suites BYz
Rest – Menú 23,75 €
♦ Hotel de línea clásica emplazado cerca del puerto. Ofrece unas salas de conferencias bien equipadas y habitaciones de adecuado confort, la mayoría con los baños en mármol. En su reducido comedor sirven una carta tradicional e internacional.

Coia
Sanxenxo 1, por ③ ✉ *36209* – ✆ *986 20 18 20* – *www.hotelcoia.com*
110 hab – ♛76/86 €, ♛♛76/195 €, ☐ 10,80 € – 16 suites **Rest** – Menú 17 €
♦ Este hotel, bien actualizado y orientado al cliente de empresa, se presenta con unas habitaciones bastante amplias, luminosas, mobiliario moderno y baños actuales. El restaurante, que se complementa con una cafetería, ofrece una sencilla carta tradicional.

América sin rest
Pablo Morillo 6 ✉ *36201* – ✆ *986 43 89 22* – *www.hotelamerica-vigo.com*
45 hab ☐ – ♛♛72/132 € AYr
♦ Tras su fachada en piedra encontrará un interior moderno, con habitaciones amplias y baños originales. La sala para los desayunos, con terraza, brinda bellas vistas a la ría.

Zenit Vigo
Gran Vía 1 ✉ *36204* – ✆ *986 41 72 55* – *www.zenithoteles.com* BZm
99 hab – ♛♛54/89 €, ☐ 7,50 € **Rest** – *(cerrado domingo)* Menú 14 €
♦ Céntrico y confortable. Posee unas habitaciones de estilo clásico-actual, siendo las mejores las tres que tienen terraza en la 9ª planta y las que ofrecen vistas a la ría. El restaurante centra su trabajo en la elaboración de un menú, completo y económico.

Compostela sin rest
García Olloqui 5 ✉ *36201* – ✆ *986 22 82 27* – *www.hcompostela.com*
30 hab – ♛55/67 €, ♛♛65/87 €, ☐ 7,50 € AYe
♦ Disfruta de una excelente ubicación en la zona centro, cerca del puerto. Lo mejor son sus habitaciones, con mobiliario funcional, una buena equipación y los suelos en tarima.

Puerta del Sol sin rest y sin ☐
Porta do Sol 14 ✉ *36202* – ✆ *986 22 23 64* – *www.alojamientosvigo.com*
15 hab – ♛43/55 € ♛♛58/70 € AYc
♦ Este hotel ofrece un buen confort general. Posee habitaciones de estilo rústico-actual bastante coloristas y baños pequeños pero cuidados, con columnas de hidromasaje.

Canaima sin rest, con cafetería
av. de García Barbón 42 ✉ *36201* – ✆ *986 43 09 34* – *www.hotelcanaimavigo.es*
50 hab – ♛35/50 € ♛♛45/65 €, ☐ 4 € BYZc
♦ De suficiente confort en su categoría. Todas sus habitaciones están vestidas con mobiliario castellano, aunque las más atractivas son las que tienen terraza-balcón en galería.

XX **Maruja Limón** (Rafael Centeno)   AC VISA ⓒ AE
⪘   *Victoria 4* ✉36201 – ✆ 986 47 34 06
    – cerrado Navidades, del 15 al 30 de septiembre, domingo y lunes
    Rest – Menú 39,90 € – Carta 38/49 €   AY**x**
    Espec. Vieiras de Cambados con tocino de cerdo confitado y fruta de la pasión.
    Merluza de Celeiro cocinada a baja temperatura, trigueros silvestres y jugo montado de cítricos. Tetilla, café y cacao.
    ♦ Dicen que su nombre le viene de la suegra del chef, mujer de la que aprendió algunas recetas. Presenta un hall y una sala bastante diáfana, con la cocina semivista, una pared en piedra y una sobria decoración. Elaboraciones actualizadas y un menú degustación.

XX **Bitadorna Vigo**   AC ⅍ VISA ⓒ AE
Ecuador 56 ✉36203 – ✆ 986 13 69 51 – *www.bitadorna.com* – *cerrado del 15 al 31 de agosto y domingo*   BZ**a**
Rest – Carta 36/52 €
♦ Restaurante de estética actual donde se combinan los tonos azules con los motivos marineros. Pescados y mariscos de calidad, algunos con toques actuales en su elaboración.

X **La Oca**   ⅍ VISA ⓒ AE
☺   *Purificación Saavedra 8 (frente mercado de Teis),
    por av. de García Barbón* ✉36207 – ✆ 986 37 12 55
    – cerrado del 6 al 16 de enero, 22 julio-7 agosto, sábado y domingo
    Rest – *(sólo almuerzo salvo viernes y vísperas de festivos)*   BY
    Carta 28/35 €
    ♦ Su sala, algo reducida, se presenta con el suelo en tarima y mobiliario clásico de buen nivel. Interesante menú degustación, platos de temporada y una variada carta de vinos.

X Casa Esperanza   AC
Luis Taboada 28 ✉36201 – ✆ 986 22 86 15   BY**v**
Rest –
♦ Restaurante de gran tradición familiar. Posee dos salas de reducidas dimensiones, ambas coloristas y la de la entrada con un buen expositor de productos. Cocina tradicional.

Y/ **Prada a Tope**   🍴 AC ⅍ VISA ⓒ AE ⓞ
pl. de Compostela 19 ✉36201
– ✆ 986 44 72 36 – www.pradaatope.com   BY**v**
Rest – Tapa 2 € – Ración aprox. 10 €
♦ Encontrará una tienda que vende productos del Bierzo, una espaciosa terraza, servicio de restaurante y una sugerente barra repleta de embutidos, cecinas y jamones ibéricos.

en Bembrive por ② : 6 km

XX **Soriano**   < AC ⅍ ⇔ P VISA ⓒ AE
Chans 25 ✉36313 Bembrive – ✆ 986 48 13 73 – *www.asadorsoriano.com*
– cerrado domingo noche
Rest – Carta aprox. 38 € 🏵
♦ El acceso es algo difícil aunque está bien señalizado. Ofrece varias salas neorrústicas y una carta tradicional apreciada por sus carnes. Excelente bodega y hermosas vistas.

ESPAÑA

VILA DE CRUCES – **Pontevedra** – **571** D5 – **6 475 h.** – **alt. 375 m**   **19** B2
– ✉ 36590

🛆 Madrid 579 – Santiago de Compostela 51 – Pontevedra 106
   – A Coruña 122

por la carretera de Ponte Ledesma
Oeste : 15 km y desvío a la izquierda 1,5 km

⌂ **Casa dos Cregos** ✍ 🄢 ❄ rest, ⑪ 🄿 VISA ⦿
Barcusa 18 ✉ *36580* 𝒞 *906 50 37 70 – www.casadoscregos.com*
7 hab – ♦40/50 € ♦♦50/62 €, ☑ 4 €
Rest – (es necesario reservar) *(sólo clientes)* Menú 19 €
♦ Casa de labranza en piedra rodeada por un jardín con estanque y árboles frutales. Ofrece habitaciones sobrias, la mayoría con mobiliario antiguo y dos abuhardilladas.

La VILA JOIOSA (VILLAJOYOSA) – Alicante – 577 Q29 – **33 797 h.**   **16** B3
– Playa – ✉ 03570
▶ Madrid 450 – Alacant/Alicante 32 – Gandía 79
🄸 av. País Valencià 10, 𝒞 96 685 13 71 touristinfo.vilajoiosa@gva.es Fax 96 685 29 47

por la carretera de Alacant Suroeste : 3 km

🏨 **El Montíboli** ✍   ⟨ ⒜ 🔲 🄵ₐ 🄢 🄸 🄰🄺 🄢 ⑪ 🅢 🄿 VISA ⦿ 🄰🄴 ⓞ
✉ *03570 – 𝒞 965 89 02 50 – www.montiboli.es*
73 hab ☑ – ♦81/148 € ♦♦148/212 € – 12 suites
Rest *Emperador* – Carta 50/65 €
Rest *Minarete* – *(julio-agosto) (sólo almuerzo)* Carta 30/41 €
♦ Hotel de línea rústica-elegante emplazado sobre un promontorio, en un entorno dominado por el Mediterráneo. Disfruta de zonas ajardinadas y unas habitaciones personalizadas. El restaurante Emperador, de cuidado montaje, propone una deliciosa cocina de autor.

VILA-REAL (VILLARREAL) – Castellón – 577 M29 – **51 205 h.**   **16** B1
– alt. 35 m – ✉ 12540
▶ Madrid 416 – Castelló de la Plana/Castellón de la Plana 8 – València 61

🏨 Vila-Real Palace   🔲 🄵ₐ 🄸 🄰 �& hab, 🄰🄺 ⑪ 🅢 🚗
Arcadi García Sanz 1 – 𝒞 964 50 66 00 – www.marinador.com
74 hab – 3 suites   **Rest** –
♦ Reseñable hotel situado a la entrada de la ciudad. Para su deleite, todas las habitaciones cuentan con bañera de hidromasaje. ¡Disfrute en la magnífica piscina cubierta! Restaurante de estilo clásico en la 1ª planta.

🍴🍴 **Espliego**   🄰🄺 🄢 ⟺ VISA ⦿ ⓞ
⊛ *Escultor Fuster – 𝒞 964 53 03 05 – www.espliegorestaurante.com – cerrado*
Semana Santa, del 15 al 31 de agosto, domingo en verano y lunes en invierno
Rest – *(sólo almuerzo salvo viernes y sábado)* Carta aprox. 36 €
♦ Este atractivo restaurante disfruta de varios espacios independientes y una sala de ligero aire rústico. Presenta un buen servicio de mesa y una carta de tintes creativos.

VILA-SECA – Tarragona – ver Salou

VILABOA – Pontevedra – 571 E4 – **6 015 h. – alt. 50 m – ✉ 36141**   **19** B2
▶ Madrid 618 – Pontevedra 9 – Vigo 19

en San Adrián de Cobres Suroeste : 7,5 km

🏠 **Rectoral de Cobres** sin rest ✍   ⟨ ✍ 🄹 🄢 ⑪ 🄸 🄿 VISA ⦿ 🄰🄴
✉ *36142 San Adrián de Cobres – 𝒞 986 67 38 10 – www.rectoral.com*
8 hab – ♦60/90 € ♦♦80/150 €, ☑ 10 €
♦ En una antigua casa de sacerdotes que data de 1729. Goza de unas cuidadas dependencias en las que se combinan la decoración rústica, las vistas y los detalles de diseño.

VILABOA – Ourense – ver Allariz

VILADECANS – Barcelona – **574** I36 – 63 489 h. – alt. 18 m – ✉ 08840   **15** B3

▶ Madrid 603 – Barcelona 22 – Tarragona 78 – Manresa 63

XX   **Cal Mingo**   AC ⚙ VISA ⊙⊙

carret. C 245, Noreste : 0,5 km – 𝒞 *936 37 38 47* – *www.calmingo.net* – *cerrado Semana Santa, agosto, domingo noche, lunes noche y martes noche*
Rest – Carta 30/45 €
♦ Antigua masía restaurada en un estilo muy funcional. En sus salas encontrará una carta de gusto tradicional, con un buen apartado de arroces, bacalaos, carpaccios y foies.

VILADECAVALLS – Barcelona – **574** H35 – 7 322 h. – ✉ 08232   **15** A3

▶ Madrid 619 – Barcelona 32 – Girona/Gerona 111 – Lleida/Lérida 132

XX   **Ristol Viladecavalls**   AC ⇔ P VISA ⊙⊙

Antoni Soler Hospital 1 – 𝒞 *937 88 29 98* – *www.ristol.com* – *cerrado Semana Santa, agosto y martes*
Rest – Carta 33/44 €
♦ Amplio restaurante de estética actual que destaca por tener la cocina a la vista. Carta tradicional actualizada con platos de bacalao, arroces y especialidades catalanas.

VILADRAU – Girona – **574** G37 – 1 100 h. – alt. 821 m – ✉ 17406   **14** C2

▶ Madrid 647 – Barcelona 76 – Girona/Gerona 61
🖂 Migdia 1, 𝒞 93 884 80 35 info@ccenviladrau.org Fax 93 884 80 35

⌂🛏   **Xalet La Coromina**   ⊿ ⚙ «ⁱ» P VISA ⊙⊙ AE

carret. de Vic 4-6 – 𝒞 *938 84 92 64* – *www.xaletcoromina.com* – *cerrado 24 enero-6 febrero*
8 hab ☕ – †85/105 € ††110/140 €
Rest – *(cerrado lunes salvo festivos)* Carta 33/52 €
♦ Hotelito instalado en una bonito chalet de principios del s. XX que está rodeado por un atractivo jardín. Dispone de unas habitaciones confortables con los baños actuales. Reducido restaurante donde ofrecen una cocina arraigada en el recetario catalán.

VILAFAMÉS – Castellón – **577** L29 – 2 017 h. – alt. 321 m – ✉ 12192   **16** B1

▶ Madrid 441 – Valencia 92 – Castelló de la Plana/Castellón de la Plana 28
   – Teruel 150

⌂   **El Jardín Vertical** ⚲   ☎ ⚙ «ⁱ» VISA ⊙⊙

Nou 15 – 𝒞 *964 32 99 38* – *www.eljardinvertical.com*
8 hab ☕ – ††135/195 €   **Rest** – *(cerrado lunes y martes)* Menú 35 €
♦ Este antiguo edificio ha sido restaurado con gusto, conservando su rusticidad y los muros en piedra. Zona social con chimenea y magnífica vistas desde algunas habitaciones.

VILAFLOR – Santa Cruz de Tenerife – ver (Canarias) Tenerife

VILAFRAMIL – Lugo – ver Ribadeo

VILAFRANCA DEL PENEDÈS – Barcelona – **574** H35 – 38 425 h.   **15** A3
– alt. 218 m – ✉ 08720

▶ Madrid 572 – Barcelona 54 – Tarragona 54
🖂 Cort 14, 𝒞 93 818 12 54 turisme@vilafranca.org Fax 93 818 14 79
◉ Localidad ★ – Museo de Vilafranca ★ – Museo del Vino ★ – Convento de Sant Francesc ★

⌂🛏🛏   Casa Torner i Güell   ⮐ AC «ⁱ»

Rambla de Sant Francesc 26 – 𝒞 *938 17 47 55* – *www.casatorneriguell.com*
13 hab – 4 suites   **Rest** –
♦ Ocupa una casa señorial que data de 1884 y destaca por sus magníficas habitaciones, todas con un interiorismo de diseño, muebles de gran calidad y un excelente equipamiento. El restaurante, totalmente acristalado, propone una cocina tradicional actualizada.

Pere III El Gran sin rest 🗐 ♿ 🏧 ℡ 🛁 🚗 ⓩ ᴹᴬ ①

pl. Penedès 2 – ℰ 938 90 31 00 – www.hotelpedrotercero.com

52 hab – †50/68 € ††60/85 €, � 6,75 €

♦ Hotel de línea actual dotado con un correcto hall, una cafetería que hace de zona social y varias salas de reuniones. Las habitaciones resultan confortables y funcionales.

Cal Ton 🏧 ⅍ ⇔ 🚗 ⓩ ᴬᴱ ①

Casal 8 – ℰ 938 90 37 41 – www.restaurantcalton.com – cerrado Semana Santa, del 1 al 21 de agosto, domingo noche, lunes, martes noche y festivos noche

Rest – Carta 30/49 €

♦ Negocio dotado con varios salas, una tipo jardín de invierno. Cocina catalana actualizada y tradicional, con platos tan singulares como sus minicanelones. Excelente bodega.

Casa Joan 🏧 ⅍ ⇔ 🚗 ⓩ

pl. de l'Estació 8 – ℰ 938 90 31 71 – cerrado Navidades, Semana Santa, 2ª quincena de agosto, domingo y festivos

Rest – (sólo almuerzo) Carta 30/38 €

♦ Posee un bar de espera, dos salas y un privado, todo con mobiliario de época y un estilo clásico-antiguo bastante cuidado. Cocina tradicional e internacional de corte clásico.

VILAGRASSA – Lleida – **574** H33 – **455 h.** – alt. 355 m – ⊠ 25330   **13 B2**

🖸 Madrid 510 – Barcelona 119 – Lleida/Lérida 41 – Tarragona 78

Del Carme 🍴 ⅍ 🗐 ♿ hab, 🏧 rest, ⅍ rest, 🛁 🅿 🚗 ⓩ

antigua carret. N II – ℰ 973 31 10 00 – www.hostaldelcarme.com

40 hab – †47/70 € ††60/70 €, ⊠ 5,90 €   **Rest** – Menú 12 €

♦ Hotel de organización familiar ubicado junto a la carretera. Presenta una correcta zona social y habitaciones funcionales, todas ellas con los suelos en tarima. El restaurante, que destaca por su montaje, ofrece una sala acristalada y una cocina tradicional.

VILALBA – Lugo – **571** C6 – **15 437 h.** – alt. 492 m – ⊠ 27800   **20 C1**

🖸 Madrid 540 – A Coruña 87 – Lugo 36

Parador de Vilalba 🚿 🗐 ♿ hab, 🏧 ⅍ ℡ 🛁 🚗 🚗 ⓩ ᴬᴱ ①

Valeriano Valdesuso – ℰ 982 51 00 11 – www.parador.es

48 hab – †102/110 € ††128/138 €, ⊠ 16 €   **Rest** – Menú 32 €

♦ El encanto de antaño y las comodidades del presente se funden en este noble hotel, instalado parcialmente en una torre medieval. Habitaciones de cuidada decoración. Entrañable comedor definido por la calidez de sus recios muros.

Villamartín 🏊 🍴 🗐 🏧 ⅍ ℡ 🛁 🅿 🚗 ⓩ ᴬᴱ ①

av. Terra Chá – ℰ 982 51 12 15 – www.hotelvillamartin.com

60 hab – †45/53 € ††58/64 €, ⊠ 6,50 €

Rest – (cerrado domingo noche y lunes) Menú 14 €

♦ Amplias y variadas instalaciones de línea funcional. Disponen de una correcta zona noble, habitaciones espaciosas, salón de banquetes y servicios complementarios.

VILAMARTÍN DE VALDEORRAS – Ourense – **571** E8 – **2 164 h.**   **20 D3**
– alt. 314 m – ⊠ 32340

🖸 Madrid 448 – Lugo 129 – Ourense 104 – Ponferrada 54

Paladium 🍃 🚿 🚿 🏊 🍴 🗐 🏧 ⅍ rest, ℡ 🛁 🅿 🚗 ⓩ ᴬᴱ

Valdegodos, Noreste : 1,5 km – ℰ 988 33 68 01 – www.chpaladium.es

27 hab – †45/50 € ††58/73 €, ⊠ 4,50 €

Rest – (cerrado 15 días en febrero, 15 días en octubre, domingo noche y lunes) Menú 13 €

♦ Combina un estilo rústico algo recargado con cierta estética de montaña. Buen jardín, un merendero a modo de bodega excavado en la roca y habitaciones con mobiliario macizo. Comedor de discreto montaje y unas enormes salas para la organización de banquetes.

▶ Madrid 342 – Valencia 34 – Castellón de la Plana 95

por la carretera de Pedralba Oeste : 3 km

🏨 **Mas de Canicattí** ⌂   ≤ 🚗 🏊 🏊 🎿 ⚒ 🍽 🛗 AC 🧺 rest, 🕭 🏋 P.
carret. de Pedralba, km 2,9 ✉46191 Vilamarxant   VISA ◉◉ AE
– 𝒞 961 65 05 34 – www.masdecanicatti.com
16 hab ☲ – ♥♥132/290 € – 11 suites
Rest *El Càdec* – Carta 39/49 €
♦ Se distribuye entre una antigua masía y un edificio actual, ambos en una finca de naranjos con el entorno ajardinado. Decoración moderna, habitaciones minimalistas y SPA. En el restaurante, muy luminoso y de cuidado montaje, podrá degustar unos platos atentos al recetario tradicional.

VILANOVA DEL VALLÈS – Barcelona – **ver Granollers**

▶ Madrid 589 – Barcelona 50 – Lleida/Lérida 132 – Tarragona 46

🛈 passeig del Carme (parc de Ribes Roges), 𝒞 93 815 45 17 turisme@ vilanova.cat Fax 93 815 26 93

◉ Localidad★ - Museo romántico-Casa Papiol★ – Biblioteca-Museo Balaguer★, Museo del Ferrocarril★

ESPAÑA

en la zona de la playa :

🏨 **Ceferino**   🏊 🎿 🛗 AC 🧺 🕭 🏋 VISA ◉◉ AE
passeig Ribes Roges 2 ✉08800 Vilanova i la Geltrú – 𝒞 938 15 17 19
– www.hotelceferino.com
27 hab – ♥62/101 € ♥♥75/128 €, ☲ 9,50 €
Rest – *(cerrado 7 enero-10 febrero,domingo noche y lunes)* Menú 25 €
♦ Aquí encontrará unas cuidadas instalaciones, atractivas terrazas y una gran zona social. Posee dos tipos de habitaciones, destacando las más actuales por su excelente confort. El restaurante combina su cocina tradicional actualizada con una completa bodega.

🏠 **Ribes Roges** sin rest   🎿 AC 🕭 VISA ◉◉ AE ◉
Joan d'Àustria 7 ✉08800 Vilanova i la Geltrú – 𝒞 938 15 03 61
– www.vilanovahotels.com
12 hab ☲ – ♥54 € ♥♥70/90 €
♦ Acogedor hotelito dotado con una terraza en la parte posterior. Correcta zona social y habitaciones coloristas de buena amplitud, todas con un mobiliario completo y actual.

XX **Negrefum**   🏋 AC 🧺 VISA ◉◉ AE
pl. de la Mediterrània 2 ✉08800 Vilanova i la Geltrú – 𝒞 938 15 33 62
– www.negrefum.cat – cerrado martes noche y miércoles noche salvo verano, domingo noche y lunes
Rest – Carta 31/49 €
♦ Este negocio presenta un hall de espera y una sala de ambiente moderno, con bastante luz natural, buen montaje y múltiples detalles de diseño. Cocina tradicional actualizada.

XX **Peixerot**   🏊 AC 🧺 🕭 VISA ◉◉ AE ◉
passeig Marítim 56 ✉08800 Vilanova i la Geltrú – 𝒞 938 15 06 25
– www.peixerot.com – cerrado domingo noche salvo julio-agosto
Rest – Carta aprox. 55 €
♦ Casa con cierto prestigio en la zona. Dispone de un sugerente expositor a la entrada, un buen comedor principal y dos privados. Especializado en arroces pescados y mariscos.

en Racó de Santa Llúcia Oeste : 2 km

XX **La Cucanya** ⟨ ⬜ AC ⬜ P VISA ⬤ ⓘ

⊠ *08800 Vilanova i La Geltrú* – ℰ *938 15 19 34* – *www.restaurantlacucanya.com*
– *cerrado martes salvo julio, agosto, festivos y vísperas*
Rest – Carta 37/43 €

♦ Al borde del mar, en un edificio acristalado y rodeado de terrazas. Ofrece una carta internacional y nacional, pero también la organización de catas y jornadas gastronómicas.

VILAR – Pontevedra – ver Crecente

VILELA – Lugo – ver Ribadeo

VILLABLINO – León – **575** D11 – **10 660 h.** – alt. 1 014 m – ⊠ 24100   **11** A1

▶ Madrid 430 – Valladolid 240 – León 108 – Oviedo 110

ℹ pl. Luis Mateo Diez, ℰ 987 47 19 84

⌂ **La Brañina** sin rest ⬜ ⬜ ⬜ VISA ⬤ AE ⓘ

La Brañina 20 – ℰ *987 48 03 61* – *www.hotel-labranina.com*
40 hab ⬜ – †40 € ††58 €

♦ Hotel de línea actual ubicado en una de las salidas de la localidad. Ofrece un espacioso salón social con chimenea y unas habitaciones confortables con los baños completos.

X **Arándanos** AC ⬜ ⬌ VISA

pl. Sierra Pambley 10 – ℰ *987 48 03 96* – *www.hostalarandanos.com*
– *cerrado 26 abril-8 mayo y lunes*
Rest – Carta 26/35 €

♦ Este negocio dispone de un bar de espera y un comedor con las paredes en piedra. Como parte de su decoración muestra unas curiosas maquinas antiguas de picar carne.

VILLABUENA DE ÁLAVA – Álava – **573** E21 – **318 h.** – ⊠ 01307   **25** A2

▶ Madrid 356 – Vitoria-Gasteiz 64 – Logroño 37 – Pamplona 121

⌂⌂⌂ Viura ⬦ ⎍ ⬜ ⬜ hab, AC ⬜ ⬜ P

Mayor – ℰ *945 60 90 00* – *www.hotelviura.com*
33 hab   **Rest** –

♦ Muy moderno, vinculado a la cultura del vino y construido en forma de cubos. Habitaciones amplias y luminosas, con mucho diseño y los suelos en cemento pulido. Su original restaurante, decorado con duelas de barricas, ofrece una cocina tradicional actualizada.

VILLACARRIEDO – Cantabria – **572** C18 – **1 765 h.** – alt. 211 m   **8** B1
– ⊠ 39640

▶ Madrid 379 – Santander 33 – Bilbao 116 – Burgos 140

⌂⌂⌂ **Palacio de Soñanes** ⬦ ⬜ ⬜ AC ⬜ ⬜ ⬜ P VISA ⬤ AE ⓘ

barrio Quintanal 1 – ℰ *942 59 06 00* – *www.palaciodevillacarriedo.com*
28 hab – †81/135 € ††110/172 €, ⬜ 10 € – 2 suites
Rest *Iniro* – *(cerrado domingo noche y lunes)* Carta 35/45 €

♦ Este impresionante palacio barroco destaca tanto por su fachada como por su espectacular escalera. Las habitaciones combinan con sumo gusto el mobiliario antiguo y el moderno. En el restaurante, de ambiente clásico, encontrará una cocina elaborada y actual.

X **Las Piscinas** ⬜ AC ⬌ P VISA ⬤

Parque Luciano Abascal – ℰ *942 59 02 14* – *cerrado noviembre*
Rest – Carta aprox. 35 €

♦ Restaurante familiar emplazado en un parque municipal. Disfruta de una agradable terraza, un bar a la entrada y una sala de ambiente rústico distribuida en dos alturas.

VILLACORTA – Segovia – **575** I19 – alt. 1 092 m – ⊠ 40512   **12** C2

> ▶ Madrid 125 – Segovia 87 – Aranda de Duero 78

⛺ **Molino de la Ferrería** ♨   ⊟ 🌂 ⁽ᵗ⁾ **P** _VISA_ ⓪

camino del Molino, Sur : 1 km – ℰ 921 12 55 72 – www.molinodelaferreria.es
– cerrado del 4 al 10 de enero y del 18 al 31 de julio
12 hab �☐ – ♛64/79 € ♛♛80/95 €
Rest – _(sólo cena salvo fines de semana y festivos)_ (es necesario reservar)
Menú 18 €
♦ Antiguo molino ubicado en plena naturaleza y al borde de un río. Su agradable exterior y las cuidadas habitaciones en estilo rústico lo convierten en una
opción acertada.

VILLAFRANCA DEL BIERZO – León – **575** E9 – 3 481 h.   **11** A1
– alt. 511 m – ⊠ 24500

> ▶ Madrid 403 – León 130 – Lugo 101 – Ponferrada 21
> 🔢 av. Bernardo Díaz Ovelar 10 ℰ 987 54 00 28 turismo@
> villafrancadelbierzo.org Fax 987 54 24 79

🏠 **Casa Méndez**   **AC** rest, 🌂 ⁽ᵗ⁾ _VISA_ ⓪

Espíritu Santo 1 – ℰ 987 54 24 08 – www.casamendez.es
12 hab – ♛32/37 € ♛♛42/49 €, ⊑ 6 €
Rest – _(cerrado lunes de diciembre - abril y domingo noche)_ Menú 15 €
♦ Este pequeño hostal familiar compensa sus sencillas dependencias con unas
habitaciones muy limpias y de correcto confort, dotadas de mobiliario castellano.
El comedor se presenta con mobiliario provenzal, vistas al río y una carta de
sabor tradicional.

🏠 **Las Doñas del Portazgo**   ▣ **AC** ⁽ᵗ⁾ _VISA_ ⓪

Ribadeo 2 (calle del Agua) – ℰ 987 54 02 57 – www.elportazgo.es
17 hab – ♛57/62 € ♛♛80/120 €, ⊑ 11 €   **Rest** – _(sólo clientes)_ 26 €
♦ Casa rehabilitada de organización familiar. Presenta unas habitaciones no muy
grandes pero sumamente acogedoras, abuhardilladas en la última planta y con
las paredes en tela. El comedor, de uso polivalente, se ve acompañado por un privado que hay en el sótano.

VILLAGONZALO-PEDERNALES – Burgos – **575** F18 – 1 529 h.   **12** C2
– alt. 900 m – ⊠ 09195

> ▶ Madrid 231 – Aranda de Duero 76 – Burgos 8 – Palencia 81

🏨 **Rey Arturo**   ▣ 㘿 hab, **AC** rest, 🌂 ⁽ᵗ⁾ 🛁 **P** 🚗 _VISA_ ⓪ **AE** ⓪

autovía A 62 - salida 2 – ℰ 947 29 42 51 – www.hotelreyarturo.com
52 hab – ♛38/80 € ♛♛40/120 €, ⊑ 6,50 €   **Rest** – Menú 15 €
♦ Hotel de carretera que sorprende por su buena organización. Ofrece unas habitaciones bastante funcionales, con mobiliario clásico-tradicional y un correcto
equipamiento. El comedor a la carta, acristalado y de aire clásico, se ve apoyado
por una cafetería.

VILLAJOYOSA – Alacant – ver La Vila Joiosa

VILLALBA DE LA SIERRA – Cuenca – **576** L23 – 559 h. – alt. 950 m   **10** C2
– ⊠ 16140

> ▶ Madrid 183 – Cuenca 21
> ◐ Este : Ventano del Diablo (≪ garganta del Júcar★)

✕✕ **Mesón Nelia**   🖾 **AC** 🌂 **P** _VISA_ ⓪
⊛
carret. de Cuenca – ℰ 969 28 10 21 – www.mesonnelia.com
– cerrado 10 enero-10 febrero, lunes noche, martes noche y miércoles
Rest – Carta 25/34 €
♦ Esta casa, que goza de cierto prestigio, se ha convertido en todo un referente
de la gastronomía conquense. Su chef-propietario elabora una cocina tradicional
actualizada.

VILLALCÁZAR DE SIRGA – Palencia – **575** F16 – 195 h. – alt. 800 m   **11** B2
– ⊠ 34449

> ▶ Madrid 285 – Burgos 81 – Palencia 46

ESPAÑA

X **Mesón de Villasirga** 🖾 🎉 VISA ⬤⬤
pl. Mayor – ℰ 979 88 80 22 – cerrado Navidades y enero
Rest – *(sólo almuerzo salvo fines de semana)* Carta aprox. 35 €
♦ Cálido local con una decoración típica que ensalza los valores de antaño. Es muy conocido por las bondades de su lechazo y de sus famosos tropezones de morcilla casera.

VILLALLANO – **Palencia** – **575** D17 – **45 h.** – ✉ 34815   **12** C1
 ▶ Madrid 330 – Valladolid 148 – Palencia 103 – Santander 110

X **Ticiano** 🖾 🎉 VISA ⬤⬤
Concepción – ℰ 979 12 36 10 – www.ticiano.es – cerrado del 10 al 31 de enero y lunes
Rest – Carta 35/48 €
♦ Este restaurante, instalado en lo que fueron unas cuadras, presenta un bar con chimenea y un comedor con los techos en madera, a modo de cabaña. Carta tradicional actualizada.

VILLAMARTÍN – **Cádiz** – **578** V13 – ✉ 11650   **1** B2
 ▶ Madrid 555 – Algeciras 131 – Cádiz 87 – Ronda 61

🏠 **La Antigua Estación** sin rest ⬤   ⬅ 🧊 🖾 🅿 VISA ⬤⬤
Norte : 1,5 km – ℰ 617 56 03 51 – www.antiguaestacion.com
26 hab – †40/90 € ††60/100 €, ⊇ 5 €
♦ Ocupa una antigua estación de ferrocarril dotada con un aeródromo privado y buenas vistas a la localidad. Diáfano salón social con chimenea y habitaciones de línea actual.

VILLAMAYOR – **Asturias** – **572** B14 – ✉ 33530   **5** C1
 ▶ Madrid 508 – Avilés 74 – Gijón 70 – Oviedo 52

🏠 **Palacete Real** 🖾 🎉 🕯 🅿 VISA ⬤⬤ AE
El Caneyu – ℰ 985 70 29 70 – www.palaceterreal.com – cerrado diciembre-marzo
9 hab ⊇ – †75/100 € ††85/110 €
Rest – *(sólo clientes, sólo cena)* Carta 28/40 €
♦ Bonito palacete de estilo colonial. Ofrece una zona social de aire clásico y unas cuidadas habitaciones, variantes en su decoración aunque todas con los suelos en tarima.

por la carretera de Borines y **desvío a Cereceda** Noreste : 5 km

🏠 **Palacio de Cutre** ⬤   ⬅ 🚗 🏠 🎉 🕯 🚿 🅿 VISA ⬤⬤ AE ①
La Goleta ✉33583 – ℰ 985 70 80 72 – www.palaciodecutre.com – cerrado 7 enero-19 marzo
18 hab ⊇ – †65/120 € ††79/140 €
Rest – *(cerrado domingo noche y lunes)* Menú 32 €
♦ Antigua casa señorial en un pintoresco paraje con espléndidas vistas a los valles y montañas. Sus confortables dependencias recrean un marco de entrañable rusticidad. Comedor de correcto montaje.

VILLAMAYOR – Salamanca – ver Salamanca

VILLANASUR RÍO DE OCA – **Burgos** – **575** E20 – **192 h.** – ✉ 09258   **12** C1
 ▶ Madrid 290 – Valladolid 169 – Burgos 45 – Logroño 85

⌂ **Valle de Oca** ⬤ 🎉 VISA ⬤⬤ ①
Plaza 8 – ℰ 947 59 46 02 – www.valledeocahotel.com
8 hab – †95 € ††115 €, ⊇ 8 €   **Rest** – *(sólo clientes)* Menú 30 €
♦ Casa de pueblo rehabilitada con gusto. Ofrece habitaciones de aire rústico totalmente personalizadas, unas con mirador, otras con chimenea y algunas hasta con bañera francesa. En su comedor, reducido pero muy acogedor, presentan una carta de gusto tradicional.

VILLANÚA – Huesca – **574** D28 – **477 h.** – **alt. 953 m** – ✉ 22870   **4** C1

▶ Madrid 496 – Huesca 106 – Jaca 15

🏠 **El Reno**   ◁ ✿ **P** 𝚅𝙸𝚂𝙰 ⓪ 𝔸𝔼 ⓪

carret. de Francia 23 – ☎ *974 37 80 66 – www.hotelelreno.com – cerrado mayo y noviembre*

15 hab ⌸ – **†**30/50 € **††**55/75 €

Rest – *(cerrado lunes salvo festivos)* Menú 20 €

◆ Acceso por un bar público, donde se encuentra la recepción. Las habitaciones resultan bastante discretas, con unos correctos aseos y un reducido salón social en el 1er piso. Restaurante de aire rústico, con una gran chimenea y el techo en madera sin devastar.

VILLANUEVA DE ARGAÑO – Burgos – **575** E18 – **117 h.**   **12** C1
– **alt. 838 m** – ✉ 09652

▶ Madrid 264 – Burgos 21 – Palencia 78 – Valladolid 115

✕ **Las Postas de Argaño**   🍽 𝔸ℂ ✿ **P** 🚗 𝚅𝙸𝚂𝙰
☺ *av. Rodríguez de Valcarce –* ☎ *947 45 01 56 – cerrado febrero y domingo noche*
Rest – Carta 25/35 €

◆ Esta antigua casa de postas se presenta rehabilitada y centra su actividad en dos sencillos comedores castellanos, ambos con un correcto servicio de mesa. Carta tradicional.

VILLANUEVA DE COLOMBRES – Asturias – ver Colombres

VILLANUEVA DE GÁLLEGO – Zaragoza – **574** G27 – **4 255 h.**   **3** B2
– **alt. 243 m** – ✉ 50830

▶ Madrid 333 – Huesca 57 – Lleida/Lérida 156 – Pamplona 179

✕✕✕ **Sella-La Val d'Onsella**   𝔸ℂ ✿ ⇄ **P** 𝚅𝙸𝚂𝙰 ⓪ ⓪
Pilar Lorengar 1 – ☎ *976 18 03 88 – www.sellacomplejohostelero.com – cerrado Navidades,15 días en agosto y lunes*
Rest – *(sólo almuerzo salvo viernes y sabado)* Carta 45/55 € ⅌

◆ Complejo hostelero de grandes dimensiones en el que se han empleado materiales de calidad, con modernos comedores y varios privados. Excelentes prestaciones para banquetes.

VILLANUEVA DE LA CAÑADA – Madrid – **576** K17 – **575** K17   **22** A2
– **16 804 h.** – ✉ 28691

▶ Madrid 37 – Ávila 93 – Toledo 87

✕✕ **La Partida**   🍽 𝔸ℂ ⇄ 𝚅𝙸𝚂𝙰 ⓪ 𝔸𝔼 ⓪
Velázquez 2 – ☎ *918 15 68 90 – www.lapartida.com – cerrado del 1 al 24 de agosto y lunes*
Rest – Carta 30/44 €

◆ Un negocio con personalidad. Ofrece una terraza, un comedor principal bajo bóvedas y una sala que funciona como privado, todo con mobiliario colonial. Carta amplia y actual.

VILLANUEVA DE LA SERENA – Badajoz – **576** P12 – **25 838 h.**   **18** C2
– ✉ 06700

▶ Madrid 325 – Mérida 58 – Badajoz 118 – Cáceres 124

en la carretera N 430 Norte : 10 Km

🏨 **Cortijo Santa Cruz**   🍽 *Få* ✿ ⅃ hab, 𝔸ℂ ✿ ⓦ 🛁 **P** 𝚅𝙸𝚂𝙰 ⓪ 𝔸𝔼
✉*06700 Villanueva de la Serena –* ☎ *924 83 24 15*
– www.hotelcortijosantacruz.es
44 hab – **†**60/75 € **††**70/100 €, ⌸ 9 € – 4 suites
Rest *La Encomienda* – *(cerrado domingo noche y lunes)* Carta aprox. 43 €

◆ Está instalado en un antiguo cortijo dotado con varias zonas sociales y habitaciones clásicas. El edificio se complementa con un área de restauración y un buen club deportivo. El restaurante se ve acompañado por una cafetería y un gran salón para banquetes.

VILLANUEVA DE LA VERA – Cáceres – **576** L13 – 2 108 h.   18 C1
– alt. 498 m – ⊠ 10470

> ▶ Madrid 200 – Mérida 196 – Cáceres 149 – Avila 120

por la carretera de Vega de la Barca Sureste : 3,5 km

⛫ **Finca la Herrería** ⌂   ⊐ AC ⅏ P VISA ⊚⊚
   carret. de Vega de la Barca ⊠10470 – ℰ 605 25 20 65
   – *www.fincalaherreria.com* – *cerrado Navidades y del 13 al 23 de septiembre*
   6 hab ⊇ – †75/80 € ††85/120 €
   Rest – *(sólo cena menú) (sólo clientes)* Menú 18 €
   ♦ Casa rural ubicada en una tranquila finca. Salón social con chimenea, habitaciones bastante amplias y una terraza con vistas al valle. Comedor privado para el
   cliente alojado.

VILLANUEVA DE LOS INFANTES – Ciudad Real – **576** P20   10 C3
– 5 806 h. – alt. 650 m – ⊠ 13320

> ▶ Madrid 242 – Toledo 192 – Ciudad Real 97 – Jaén 169
> ℹ pl. Mayor 3, ℰ 926 36 13 21 turismo@infantes.org Fax 926 36 11 58

⛫ **La Morada de Juan de Vargas** sin rest   AC ⅏ ℅ VISA ⊚⊚ AE ⊙
   Cervantes 3 – ℰ 926 36 17 69 – *www.lamoradadevargas.com*
   6 hab ⊇ – †45/55 € ††50/79 €
   ♦ Casa del s. XVI ubicada junto a la Plaza Mayor. Posee una coqueta zona social,
   un patio interior y hermosas habitaciones de aire rústico, la mayoría con mobiliario de época.

⛫ **Posada Abuela Fidela** sin rest   AC ⅏ ⅏ VISA ⊚⊚
   Don Quijote 16 – ℰ 619 33 97 36 – *www.abuelafidela.com*
   7 hab ⊇ – †39/64 € ††48/89 €
   ♦ En una casa de dos plantas, siendo la inferior para los dueños y la superior
   para los clientes. Zona social con chimenea y cálidas habitaciones, dos de ellas
   abuhardilladas.

VILLANUEVA DE SAN CARLOS – Ciudad Real – **576** Q18 – 382 h.   9 B3
– alt. 654 m – ⊠ 13379

> ▶ Madrid 264 – Toledo 212 – Ciudad Real 61 – Jaén 154

en La Alameda Sureste : 3,5 km

XX **La Encomienda**   ⌂ AC ⅏ VISA ⊚⊚
   Queipo de Llano 34 ⊠13379 *Villanueva de San Carlos* – ℰ 926 87 91 69
   – *cerrado agosto*
   Rest – *(sólo almuerzo)* Carta 24/35 €
   ♦ Bello restaurante de ambiente rústico ubicado en una antigua quesería. Dispone de un hall, un patio y dos comedores, uno acristalado y el otro en lo que
   fueron las cuadras.

en Belvis Noreste : 9 km

⛫ **El Tamujo de Calatrava** sin rest ⌂   ⊐ AC P
   camino Finca Cantohincado ⊠13379 *Villanueva de San Carlos* – ℰ 678 71 16 68
   – *www.eltamujodecalatrava.spaces.live.com*
   7 hab – †50/65 € ††60/75 €, ⊇ 5 €
   ♦ En pleno campo, disfrutando de un entorno muy cuidado y con piscina. Atractivo jacuzzi, zona social con chimenea y sencillas habitaciones, algunas con muebles restaurados.

VILLARCAYO – Burgos – 575 D19 – 4 820 h. – alt. 615 m – ⌧ 09550   12 C1

▶ Madrid 321 – Bilbao 81 – Burgos 78 – Santander 100

en Horna Sur : 1 km

🏠🏠 **Doña Jimena**   🔲 ⬛ ⚡ ⛄ 🅿 🕭 VISA ⬤⬤

🍴 *Zamora* ⌧*09554 Horna – ℰ 947 13 05 63 – www.hoteljimena.es – Semana Santa-noviembre*

21 hab 🍽 – ♂45/55 € ♂♂60/70 € – 1 suite

Rest *Mesón El Cid* – ver selección restaurantes

♦ Presenta dos zonas sociales, por un lado su salón con chimenea y por otro el patio interior, que tiene el techo acristalado. Las habitaciones se visten con mobiliario clásico.

✗✗ **Mesón El Cid** – Hotel Doña Jimena   AC ⚡ 🅿 VISA ⬤⬤

Zamora ⌧*09554 Horna – ℰ 947 13 11 71 – www.hoteljimena.es – cerrado 25 octubre-3 diciembre y lunes*

Rest – Carta 30/45 €

♦ Un negocio que sabe combinar los detalles rústicos y regionales con el mobiliario clásico. Ofrece un bar, un salón con chimenea, dos cálidos comedores y una carta tradicional.

en la carretera de Medina de Pomar Este : 5 km

🏠 **Granja Ribacardo**   🛏 AC rest, ⚡ rest, 🅿 VISA ⬤⬤

⌧*09513 Villanueva la Lastra – ℰ 947 19 15 34*

– www.posadagranjaribacardo.com – cerrado 7 días en enero y 7 días en junio

9 hab – ♂45/48 € ♂♂60/65 €, 🍽 6 €

Rest – *(sólo clientes)* Menú 20 €

♦ Recio palacete adosado a una torre defensiva del s. XV. Destaca tanto por su salón social, con chimenea, como por el buen confort que ofrece en sus cálidas habitaciones. El comedor, acogedor y con las paredes en piedra, presenta una carta de tinte tradicional.

VILLARICOS – Almería – 578 U24 – 571 h. – Playa – ⌧ 04618   2 D2

▶ Madrid 541 – Sevilla 457 – Almería 101 – Murcia 151

✗ **Playa Azul** con hab   AC ⚡ VISA AE

Baria 87 – ℰ 950 46 70 75 – www.hostalplayaazul.com – cerrado del 20 al 30 de octubre

30 hab – ♂20/30 € ♂♂42/60 €, 🍽 4,50 €

Rest – *(cerrado domingo noche salvo verano)* Carta aprox. 41 €

♦ Negocio familiar situado a unos 50 m. de la playa. Disfruta de una terraza cubierta, dos comedores y un privado. Carta tradicional con numerosos pescados, mariscos y arroces. Como complemento también ofrece unas sencillas habitaciones dotadas de un acceso independiente.

VILLARREAL – Castelló – ver Vila-real

VILLARROBLEDO – Albacete – 576 O22 – 26 642 h. – alt. 724 m   10 C2
– ⌧ 02600

▶ Madrid 188 – Toledo 177 – Albacete 85 – Cuenca 126

🆔 pl. de Ramón y Cajal 9, ℰ 967 14 19 80 turismo@villarrobledo.com Fax 967 14 71 60

🏨 **Juan Carlos I** sin rest   ⬛ ⚹ AC ⚡ ⛄ 🆚 VISA ⬤⬤

pl. Ramón y Cajal 22 – ℰ 967 13 71 71 – www.villahotel2000.com

40 hab – ♂41 € ♂♂63 €, 🍽 4,50 €

♦ Ubicado en el centro de la localidad, con un agradable cafetería pública a la entrada y una terraza en el último piso. Habitaciones de estilo clásico bien insonorizadas.

– **Cantabria** – **572** C18 – ⊠ **39698**　　　　　**8** B1

▶ Madrid 361 – Santander 33 – Bilbao 118 – Burgos 122

🏨　**La Real Labranza Villasevil** 🐾　　⟨ ☁ 🍴 ⚔ ⑪ **P** **VISA** **◎◎** **AE** **①**
Piedrahíta 95 – 𝒞 *942 59 65 10 – www.villasevil.com　cerrado del 10 al 31 de enero*
14 hab � – ⪢53/70 € ⪢⪢90/120 €　**Rest** – Menú 14 €
◆ Casa de estilo indiano con un hermoso porche, escalera y artesonado rústico-
tradicional. Tanto la zona noble como las habitaciones sorprenden por su refinada
decoración. El comedor presenta una estética clásica algo recargada.

– **Cantabria** – **572** B18 – ⊠ **39793**　　**8** B1

▶ Madrid 387 – Bilbao 86 – Burgos 153 – Santander 14

🍴🍴🍴　**Cenador de Amós** (Jesús Sánchez)　　　　🎖 ❀ ✧ **P** **VISA** **◎◎** **AE**
✿　*pl. del Sol –* 𝒞 *942 50 82 43 – www.cenadordeamos.com – cerrado
23 diciembre-17 enero, domingo noche y lunes*
Rest – Menú 45/80 € – Carta 53/64 €
Espec. Alcachofas rellenas con estofado de perdiz (febrero-junio). Lomo de merluza con hongos en aceite virgen. Helado de pepino con ginebra y bergamota.
◆ Casa solariega del s. XVIII rehabilitada en un estilo neorrústico. Posee varias
salas y acogedores privados, todos de cuidado montaje y algunos con las paredes
enteladas. Su chef propone una cocina actualizada en la que se aúnan la técnica y
la imaginación.

– **Asturias** – **572** B13 – **14 775 h.** – **alt. 4 m** – ⊠ **33300**　　**5** B1

▶ Madrid 493 – Gijón 30 – Oviedo 43

◧ Iglesia y Monasterio de San Salvador de Valdediós★ Suroeste : 7 km

🏨　**Carlos I** sin rest　　　　　　　　　　　　❀ ⑪ **VISA** **◎◎**
▣　*pl. Carlos I-4 –* 𝒞 *985 89 01 21 – cerrado enero y febrero*
16 hab – ⪢30/55 € ⪢⪢45/65 €, ⊒ 4 €
◆ Casona señorial del s. XVIII. Su pequeña zona social se ve compensada por
unas habitaciones de notable amplitud, la mayoría con mobiliario de época y
algunas abuhardilladas.

🏨　**Casa España** sin rest　　　　　　　　　❀ ⑪ **VISA** **◎◎** **AE** **①**
pl. Carlos I-3 – 𝒞 *985 89 20 30 – www.hcasaespana.com*
12 hab – ⪢40/60 € ⪢⪢50/70 €, ⊒ 4,50 €
◆ Ocupa un atractivo edificio de aire indiano, de principios del s. XX. Decorado con
gusto, conserva la escalera de madera original que da acceso a las habitaciones.

🏠　**Avenida Real** sin rest　　　　　　　　❀ ⑪ ⇌ **VISA** **◎◎** **AE** **①**
Carmen 10 – 𝒞 *985 89 20 47 – www.hotelavenidareal.com*
8 hab – ⪢40/50 € ⪢⪢60/85 €, ⊒ 6 €
◆ Pequeño hotel de moderna concepción interior. Posee un agradable saloncito
en la 1ª planta y habitaciones reducidas pero detallistas, todas personalizadas en
su decoración.

🏠　**El Conventín** sin rest　　　　　　🔊 ⬇ ❀ ✆ ⇌ **VISA** **◎◎** **AE** **①**
Carmen 14 – 𝒞 *985 89 33 89 – www.hcasaespana.com*
8 hab – ⪢40/60 € ⪢⪢50/75 €, ⊒ 4,80 €
◆ Dispone de una pequeña zona social y correctas habitaciones, combinando
mobiliario en forja y de aire colonial. En temporada baja funciona como anexo
del hotel Casa España.

– **Madrid** – **576** I18 – **575** I18 – **258 h.**　**22** B1
– **alt. 1 066 m** – ⊠ **28739**

▶ Madrid 86 – Guadalajara 92 – Segovia 85

XX **Hospedería El Arco** con hab ⬅ 🄰🄲 ⅍ rest, ⏱ 🆅🅸🆂🅰 ⓞ🅰🄴

El Arco 6 – ℰ 918 68 09 11 – 15 junio-15 septiembre y fines de semana resto del año salvo Navidades

4 hab ⌷ – ♦95 € ♦♦110 €

Rest – *(cerrado domingo noche y lunes)* Carta 34/45 €

♦ Casa ubicada en la zona alta de la localidad. Disfruta de una sala clásica-actual presidida por un arco mudéjar del s. XIII, donde ofrecen una carta de tinte tradicional. Las habitaciones, amplias, cálidas y luminosas, han sido recientemente reformadas.

VILLENA – Alicante – **577** Q27 – **35 222 h.** – alt. 503 m – ⊠ 03400   **16** A3

▶ Madrid 361 – Albacete 110 – Alacant/Alicante 58 – València 122

◉ Museo Arqueológico (tesoro de Villena★★) - Iglesia de Santiago (pilares helicoidales★)

🏠 **Salvadora** 🛗 🄰🄲 🆅🅸🆂🅰 ⓞ🅰🄴 ⓞ

av. de la Constitución 102 – ℰ 965 80 09 50 – www.hotelsalvadora.com

39 hab – ♦39/42 € ♦♦67/74 €, ⌷ 4,50 €

Rest *Salvadora* – ver selección restaurantes

♦ Casi un siglo de historia avala la trayectoria de esta antigua y céntrica posada familiar, regentada hoy por los nietos de sus fundadores. Se ha actualizado poco a poco.

XX **Wary Nessy** 🄰🄲 ⅍ 🆅🅸🆂🅰 ⓞ🅰🄴 ⓞ

Isabel la Católica 13-A – ℰ 965 80 10 47 – www.warynessy.com – cerrado Semana Santa, 2ª quincena de julio y lunes

Rest – Carta 23/38 €

♦ Este céntrico restaurante está llevado entre dos hermanos y dispone de una completa carta tradicional, con algunas elaboraciones de autor. Su diáfano comedor es panelable.

XX **Salvadora** – Hotel Salvadora 🄰🄲 ⅍ 🆅🅸🆂🅰 ⓞ🅰🄴 ⓞ

😊 *av. Constitución 102 – ℰ 965 80 09 50 – www.hotelsalvadora.com*

Rest – Carta aprox. 35 €

♦ Presenta un bar público, una zona de comidas informal y dos amplias salas de ambiente funcional. Su carta sorprende, ya que tiene platos tradicionales, regionales y actuales.

VILLOLDO – Palencia – **575** F16 – **417 h.** – alt. 790 m – ⊠ 34131   **11** B2

▶ Madrid 291 – Valladolid 81 – Palencia 30 – Burgos 101

XX **Estrella del Bajo Carrión** con hab 🏠 🄰🄲 rest, ⅍ ⏱ 🅿 🆅🅸🆂🅰 ⓞ

Mayor 32 – ℰ 979 82 70 05 – www.estrellabajocarrion.com

10 hab ⌷ – ♦♦90/130 €

Rest – *(cerrado domingo noche y lunes)* Carta 32/51 €

♦ Recrea una atmósfera muy acogedora, con un salón de uso polivalente y un luminoso comedor de estética actual. Cocina tradicional con toques actuales y buenas presentaciones. Las habitaciones tienen un estilo bastante moderno, con detalles rústicos y de diseño.

VINARÒS – Castellón – **577** K31 – **28 273 h.** – Playa – ⊠ 12500   **16** B1

▶ Madrid 498 – Castelló de la Plana/Castellón de la Plana 76 – Tarragona 109 – Tortosa 48

🛈 pl. Jovellar 2, ℰ 964 45 33 34 vinaros@touristinfo.net Fax 964 45 56 25

XX **El Langostino de Oro** 🄰🄲 ⅍ 🆅🅸🆂🅰 ⓞ

San Francisco 31 – ℰ 964 45 12 04 – cerrado domingo noche y lunes

Rest – Carta 36/53 €

♦ Trabaja mucho los pescados, mariscos y arroces, aunque también destacan, en temporada, las recetas de caza. Los sabrosos langostinos a la piedra hacen honor a su nombre.

ESPAÑA

XX **Faro de Vinaròs**   🔊 🅼 ♨ 🆅🆁🅼 ⓐⓤ

port de Vinaròs – 𝄞 964 45 63 62 – cerrado del 15 al 30 de noviembre, domingo noche y lunes

Rest – Carta 37/40 €

♦ Ocupa la antigua casa del farero, junto al puerto y la playa. En sus salas podrá degustar una carta de cocina tradicional actualizada, con mariscos, arroces y varios menús.

X **La Cuina**   🖤 🆅🅸🆂🅰 ⓞⓑ 🅰🅴 ⓞ

paseo Blasco Ibáñez 12 – 𝄞 964 45 47 36 – cerrado domingo noche salvo verano

Rest – Carta 25/45 €

♦ Pequeño restaurante familiar con un esmerado servicio de mesa. La carta combina los sabores mediterráneos con la cocina francesa. Además le propone variados menús.

VINUESA – Soria – **575** G21 – **1 003 h.** – alt. **1 110 m** – ⊠ **42150**   **12** D2

▶ Madrid 230 – Burgos 112 – Logroño 81 – Soria 36

🏠 **La Pinariega** sin rest ॐ   🖤

Reina Sofía 4 – 𝄞 975 37 80 16 – www.lapinariega.es

5 hab � – ♦♦52 €

♦ Casona del s. XIX en piedra cuyas habitaciones, con viguería en el techo y mobiliario escogido, conservan el suelo en madera antigua. Pequeño jardín con gallinero y palomar.

VIÑUELA – Málaga – **578** V17 – **1 994 h.** – alt. **150 m** – ⊠ **29712**   **2** C2

▶ Madrid 500 – Almería 188 – Granada 114 – Málaga 48

por la carretera A 335 Noroeste : 1,5 km y desvío a la izquierda 1,5 km

🏨 **La Viñuela** ॐ   ⫷ ⌂ ☞ ⤳ 🏊 🏋 ⅙ hab, 🅼 🖤 ⅌ ⅍ 🅿 🆅🅸🆂🅰 ⓞⓑ 🅰🅴 ⓞ

⊠*29712 – 𝄞 952 51 91 93 – www.hotelvinuela.com*

34 hab ⊔ – ♦75/86 € ♦♦102/230 € – 3 suites   **Rest** – Menú 25 €

♦ Conjunto acogedor junto al embalse de La Viñuela, con la sierra al fondo y un jardín que invita al relax. Ofrece habitaciones personalizadas de carácter clásico y moderno. Su restaurante disfruta de un buen montaje y agradables vistas al entorno natural.

VITORIA-GASTEIZ 🅿 – Álava – **573** D21 – **235 661 h.** – alt. **524 m**   **25** A2

▶ Madrid 350 – Bilbao 64 – Burgos 111 – Logroño 93

✈ de Vitoria por ④ : 8 km 𝄞 902 404 704

Iberia : aeropuerto Foronda 𝄞 902 400 500

🛈 pl. General Loma ⊠ 01005 𝄞 945 16 15 98 turismo@vitoria-gasteiz.org Fax 945 16 11 05

R.A.C.V.N. Micaela de Portilla 2, 𝄞 945 14 65 90 Fax 902 54 71 40

◉ Ciudad Vieja★★ - Visita a las obras de restauración de la Catedral de Santa María★★ BY - Museo del Naipe "Fournier"★ BY**M4** - Museo de Armería★ AZ - Artium★ BY

◉ Gaceo (iglesia : frescos góticos★★) 21 km por ②

🏨 **G.H. Lakua**   🛁 🕮 ⅙ hab, 🅼 🖤 🕻 ⅍ 🏊 � 🆅🅸🆂🅰 ⓞⓑ 🅰🅴 ⓞ

Tarragona 8, por ④ ⊠01010 – 𝄞 945 18 10 00 – www.granhotelakua.com

115 hab – ♦59/150 € ♦♦69/250 €, ⊔ 12,85 € – 32 apartamentos   AY

Rest – Menú 26,50 €

♦ Bien comunicado pero algo lejos del centro urbano. Ofrece una gran recepción, con una zona de piano-bar integrada, y modernas habitaciones dotadas de lo último en domótica. Tiene un restaurante a la carta y una cafetería que también sirve comidas informales.

VITORIA-GASTEIZ

Angulema . . . . **BZ** 2
Becerro de Bengoa . . . . **AZ** 5
Cadena y Eleta . . . . **AZ** 8
Dato . . . . **BZ**
Diputación . . . . **AZ** 12
Escuelas . . . . **BY** 15
España (Pl. de) . . . . **BZ** 18
Gasteiz (Av. de) . . . . **AYZ**
Herrería . . . . **AY** 24
Independencia . . . . **BZ** 27
Machete
(Pl. del) . . . . **BZ** 30
Madre Vedruna . . . . **AZ** 33
Nueva Fuera . . . . **BY** 34
Ortiz de Zárate . . . . **BZ** 36
Pascual de Andagoya
(Pl. de) . . . . **AY** 39
Portal del Rey . . . . **BZ** 42
Postas . . . . **BZ**
Prado . . . . **AZ** 45
Santa María (Cantón de) . . . . **BY** 51
San Francisco . . . . **BZ** 48
Virgen Blanca
(Pl. de la) . . . . **BZ** 55

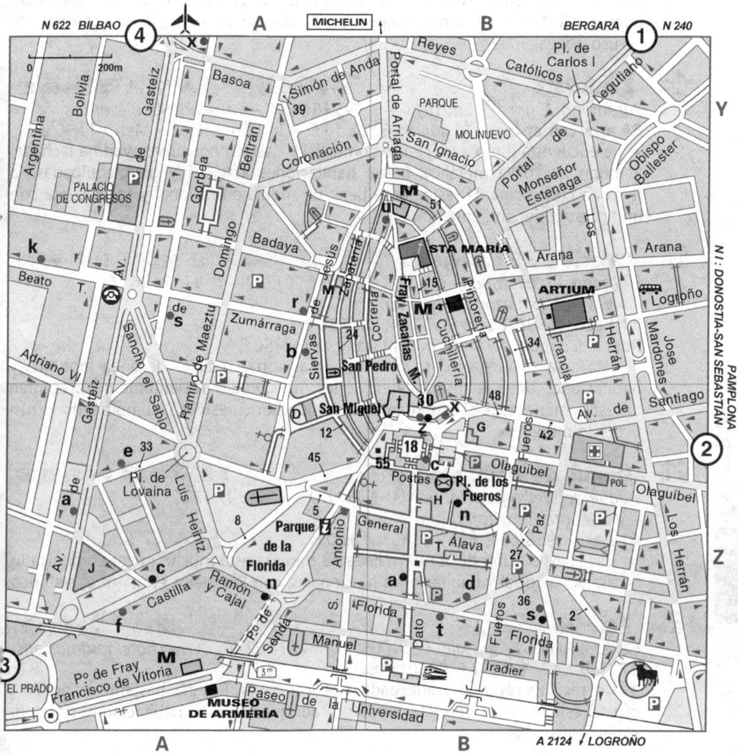

Jardines de Uleta

hab, AC, VISA

Uleta 1, (Armentia), por ③ : 2 km ✉01007 – ☎ 945 13 31 31
– www.jardinesdeuleta.com
102 apartamentos – 👥70/176 €, ☕ 12 €
Rest ***Arimendi*** – Carta 45/55 €

◆ Emplazado en una zona residencial próxima al centro de la ciudad. Encontrará un patio central de uso polivalente y modernos apartamentos, todos de gran amplitud. El restaurante, elegante y de estética clásica-actual, ofrece una cocina tradicional actualizada.

Ciudad de Vitoria

AC, VISA

Portal de Castilla 8 ✉01008 – ☎ 945 14 11 00
– www.hotelciudaddevitoria.com AZ**c**
148 hab – 👤60/265 € 👥60/275 €, ☕ 14,50 € – 1 suite
Rest – *(cerrado domingo)* Menú 24 €

◆ Disfruta de una serena fachada y está muy orientado hacia una clientela de negocios. Su marcada funcionalidad y excelente equipamiento dan paso a un confort moderno y actual. El restaurante, de montaje clásico-actual, destaca por su amplia variedad de menús.

ESPAÑA

🏨 **NH Canciller Ayala** 🛗 📶 ⚙ 🛜 ⚙ 🚗 🚙 VISA ⚙ AE ⓪

Ramón y Cajal 5 ✉01007 – 🖋 945 13 00 00 – www.nh-hotels.com   AZ**n**
173 hab – ♥♥46/161 €, ⬚ 14 €   **Rest** – Menú 28 €
♦ Hotel de carácter urbano dotado con una correcta zona social, diversos salones y unas habitaciones bastante bien equipadas, en general amplias, actuales y de buen confort. El restaurante, que centra su trabajo en el menú, ocupa una sala de uso polivalente.

🏨 **Boulevard** 🛗 🅰 hab, 📶 ⚙ hab, 🕿 🛜 🅿 🚗 VISA ⚙ AE

Zaramaga 3, por ① ✉01013 – 🖋 945 18 04 00 – www.hotelboulevard.es
54 apartamentos – ♥♥60/155 €, ⬚ 10 € – 36 hab   **Rest** – Menú 11,90 €
♦ Se encuentra junto a un centro comercial y destaca por su innovadora fachada, a modo de malla metálica. Posee habitaciones actuales y bien equipadas, la mayoría con cocina. El restaurante tiene un montaje funcional y se presenta con un acceso independiente.

🏨 **Palacio de Elorriaga** �´ 🚗 🅰 hab, 📶 ⚙ 🛜 🅿 VISA ⚙

Elorriaga 15, (Elorriaga), por ② : 1,5 km ✉01192 – 🖋 945 26 36 16
– www.hotelpalacioelorriaga.com
21 hab – ♥50/91 € ♥♥50/129 €, ⬚ 7,50 €
Rest – *(cerrado domingo noche)* Carta aprox. 50 €
♦ Esta casa solariega del s. XV ofrece unas zonas sociales de línea moderna y habitaciones de aire rústico, aunque las redecoradas recientemente presentan un estilo más actual. El restaurante sorprende por su estética, combinando lo rústico y lo moderno.

🏨 **Duque de Wellington** sin rest 🛗 📶 ⚙ 🛜 🚗 VISA ⚙ AE ⓪

Duque de Wellington 14, por ④ ✉01010 – 🖋 945 17 57 07
– www.hotelesenvitoria.com
41 hab – ♥58/65 € ♥♥59/95 €, ⬚ 8,50 €
♦ Tras la instalación de la nueva línea de tranvías está mucho mejor comunicado. Escasa zona social y habitaciones funcionales, con los suelos en parquet sintético.

🏨 **Páramo** sin rest 🛗 📶 ⚙ 🛜 VISA ⚙ AE

General Álava 11 (pasaje) ✉01005 – 🖋 945 14 02 40 – www.hotelparamo.com
37 hab ⬚ – ♥40/47 € ♥♥50/64 €   BZ**n**
♦ Un recurso céntrico y adecuado a su categoría. Resulta bastante tranquilo y ofrece estancias de correcta amplitud, aunque algunas habitaciones sin duda están anticuadas.

🏨 **Dato** sin rest y sin ⬚ ⚙ 🛜 VISA ⚙ AE ⓪

Dato 28 ✉01005 – 🖋 945 14 72 30 – www.hoteldato.com   BZ**a**
14 hab – ♥35/39 € ♥♥50/55 €
♦ Muy céntrico, de impecable mantenimiento y suficiente confort. Sorprende por su decoración, sin duda peculiar, ya que en algunos espacios puede resultarnos algo recargada.

🏨 **Iradier** sin rest y sin ⬚ 🛗 ⚙ 🛜 VISA

Florida 49 ✉01005 – 🖋 945 27 90 66 – www.hoteliradier.com   BZ**s**
20 hab – ♥36 € ♥♥57 €
♦ Pequeño hotel de organización familiar situado en pleno centro. Ofrece unas instalaciones sencillas, sin embargo estas destacan por su buen nivel de limpieza y mantenimiento.

🏠 **La Casa de los Arquillos** sin rest y sin ⬚ 🛜 VISA ⚙ ⓪

paseo Los Arquillos 1 2° ✉01001 – 🖋 945 15 12 59
– www.lacasadelosarquillos.com   BZ**z**
8 hab – ♥70/85 € ♥♥70/92 €
♦ Su encanto es indiscutible, pues ocupa un edificio antiguo del casco histórico y ofrece habitaciones bien personalizadas. Una vez acogido, el cliente tiene su propia llave.

XXX   **Ikea** (José Ramón Berriozabal)   AK 🕉 ⇔ P. VISA ⚫ AE ⓪
ۍ   *Portal de Castilla 27 ✉01007 – 𝒞 945 14 47 47 – www.restauranteikea.com*
– cerrado 10 agosto-3 septiembre, domingo noche y lunes   AZ**f**
Rest – Menú 75 € – Carta 62/74 € 🏵
Espec. Ravioli de carabineros sobre salsa ligera de espinacas. Lomo de lubina sobre coca de anchoas y puré de zanahoria al curry. Helado de queso con infusión de frutos rojos.
♦ Instalado en una antigua villa, donde encontrará un sorprendente interior de estética actual dominado por la madera y el diseño de Javier Mariscal. Cocina creativa que destaca tanto por la calidad de sus materias primas como por sus buenas presentaciones.

XXX   **El Portalón**   AK 🕉 ⇔ VISA ⚫
Correría 151 ✉01001 – 𝒞 945 14 27 55 – www.restauranteelportalon.com
– cerrado domingo noche   BY**u**
Rest – Carta 36/47 €
♦ Data del s. XV y es un buen ejemplo de arquitectura tradicional, con un interior rústico dominado por el ladrillo y la madera. Bodega visitable en las antiguas caballerizas.

XXX   **Zaldiarán**   AK 🕉 ⇔ VISA ⚫ ⓪
ۍ   *av. Gasteiz 21 ✉01008 – 𝒞 945 13 48 22 – www.restaurantezaldiaran.com*
– cerrado Semana Santa, domingo y martes noche   AZ**a**
Rest – Menú 58 € – Carta aprox. 60 €
Espec. Cremoso de aguacate y txangurro con gelée de tomate (primavera-verano). Láminas de trufa negra con yema de huevo a baja temperatura, tocino confitado y espuma de patata. Kokotxas de merluza en salsa emulsionada y guisantes pelados con espuma verde.
♦ Sus instalaciones pueden resultar algo impersonales, ya que se reparten entre varios salones panelables y una sala a la carta definida tanto por su montaje clásico como por la independencia de sus mesas. Elaboraciones creativas con productos de gran calidad.

XXX   **Andere**   AK 🕉 ⇔ VISA ⚫ AE ⓪
Gorbea 8 ✉01008 – 𝒞 945 21 49 30 – www.restauranteandere.com – cerrado 15 días en agosto, domingo noche y lunes   AY**s**
Rest – Carta 40/50 €
♦ Negocio con muchos años de vida. Dispone de un amplio hall, un comedor clásico, varios salones para banquetes y un bello patio cubierto al estilo de un jardín de invierno.

XX   **El Clarete**   AK 🕉 VISA ⚫ AE
Cercas Bajas 18 ✉01008 – 𝒞 945 26 38 74 – www.elclareterestaurante.com
– cerrado Semana Santa, del 9 al 31 de agosto, domingo, lunes noche, martes noche y miércoles noche   AY**b**
Rest – Carta 40/50 €
♦ Posee un aspecto actual, con las paredes en piedra, los suelos de pizarra, bodega acristalada en una sala y la cocina semivista en la otra. Cocina interesante a buen precio.

XX   **Arkupe**   AK 🕉 ⇔ VISA ⚫ ⓪
Mateo Moraza 13 ✉01001 – 𝒞 945 23 00 80 – www.restaurantearkupe.com
Rest – Carta 45/50 €   BZ**z**
♦ Este bello edificio de finales del s. XIX está dotado con dos acogedoras salas, la de la planta baja redecorada en un estilo actual-elegante y la superior algo más rústica.

XX   **Olárizu**   AK 🕉 ⇔ VISA ⚫ AE
Beato Tomás de Zumárraga 54 ✉01009 – 𝒞 945 21 75 00 – www.olarizu.com
– cerrado Semana Santa, del 10 al 24 de agosto y lunes   AY**k**
Rest – *(sólo almuerzo salvo viernes y sábado)* Carta 30/44 €
♦ Tras ser reformado se presenta con una pequeña sala a la carta y varios salones de línea moderna. Su carta, de gusto tradicional, se complementa con una buena oferta de menús.

ESPAÑA

Gurea

XX   **Gurea**   AC ✍ ⇔ VISA ⓿

pl. de la Constitución 10 ⊠01012 – 𝒞 945 24 59 33 – cerrado del 9 al 31 de agosto   AY**x**

Rest – *(sólo almuerzo salvo jueves, viernes y sábado)* Carta 29 €

♦ De ambiente moderno y organización familiar. La sala está repartida entre varios rincones y cuenta con dos privados. Carta tradicional con un buen apartado de sugerencias.

XX   **Dos Hermanas**   AC ✍ ⇔ VISA ⓿ AE ⓪

Madre Vedruna 10 ⊠01008 – 𝒞 945 13 29 34
– www.restaurantedoshermanas.com – cerrado domingo noche   AZ**e**

Rest – Carta 35/45 €

♦ Restaurante con evocador ambiente clásico que destaca por todos sus detalles decorativos. Aquí encontrará una carta tradicional-actualizada y varios tipos de menús.

X   **Izaga**   AC ✍ VISA ⓿ AE

Beato Tomás de Zumárraga 2 ⊠01008 – 𝒞 945 13 82 00
– www.restauranteizaga.com – cerrado Semana Santa, 10 agosto-4 septiembre, domingo noche y lunes   AY**r**

Rest – Carta 32/42 €

♦ Llevado en familia con gran profesionalidad. Este negocio de línea moderna ofrece una barra de apoyo para el tapeo y dos pequeñas salas de correcto montaje. Carta tradicional.

X   **El Mesón**   AC ✍ VISA ⓿ AE ⓪

Ortiz de Zárate 5 ⊠01005 – 𝒞 945 14 27 30 – cerrado 1ª quincena de febrero, 1ª quincena de septiembre, lunes noche y martes   BZ**d**

Rest – Carta 35/45 €

♦ El negocio, llevado de forma familiar entre dos matrimonios, se presenta con un buen bar de tapas y raciones, así como una sala de sencillo montaje en un nivel superior.

Y/   **Toloño**   AC VISA ⓿

Cuesta San Francisco 3 ⊠01001 – 𝒞 945 23 33 36 – www.tolonobar.com
– cerrado domingo noche y lunes en agosto   BZ**x**

Rest – Tapa 2,50 € – Ración aprox. 10 €

♦ Este es un bar con mucha historia, sin embargo, ahora refleja un estilo actual. Tiene las especialidades escritas en una pizarra y con sus tapas organiza temporadas temáticas.

Y/   **El Rincón de Luis Mari**   AC ✍ VISA ⓿ AE ⓪

Rioja 14 ⊠01005 – 𝒞 945 25 01 27 – cerrado septiembre y martes

Rest – Tapa 1,50 € – Ración aprox. 8 €   BZ**s**

♦ Céntrico establecimiento de carácter familiar. Ofrece una barra repleta de tapas y jamones ibéricos, así como una sala más tranquila, con mesas, para el servicio de raciones.

Y/   **Izartza**   ⌂ AC ⇔ VISA ⓿

pl. de España 5 ⊠01001 – 𝒞 945 23 55 33 – cerrado domingo noche

Rest – Tapa 2,80 € – Ración aprox. 10 €   BZ**c**

♦ Bar tipo bistrot dedicado tanto a las tapas como a las raciones, todo bastante elaborado y fiel reflejo de una cocina actual. Su pequeño privado sólo se ofrece bajo reserva.

Y/   **Dólar**   ⌂ AC VISA ⓿ AE ⓪

Florida 26 ⊠01005 – 𝒞 945 23 00 71 – www.bardolar.es   BZ**t**

Rest – Tapa 1,70 € – Ración aprox. 8 €

♦ Este bar, con las paredes en piedra, tiene un estilo bastante actual y dispone de un salón acristalado hacia un patio-terraza interior. Completa y variada barra de tapas.

Es VIVÉ – Illes Balears – ver Balears (Eivissa)

VIVEIRO – Lugo – **571** B7 – **16 238 h.** – ⊠ 27850   20 C1

▶ Madrid 602 – A Coruña 119 – Ferrol 88 – Lugo 98

i av. Ramón Canosa, ℰ 982 56 08 79 turismoviveiro@hotmail.com Fax 982 56 11 47

en Celerio Norte : 2 km

X **Boa Vista** con hab   🗚 rest, 🏱 🖭 🗚

carret. C 642 ⊠27863 Celeiro – ℰ 982 56 22 90 – www.boavistahotel.es
20 hab � – ♥20/40 € ♥♥38/69 €
Rest – *(cerrado domingo noche salvo julio y agosto)* Carta 23/32 €
◆ Este negocio cuenta con un bar público, un comedor para el menú y una sala independiente para la carta, esta última con un montaje de línea actual. Cocina tradicional. Las habitaciones que aquí se ofrecen gozan de un buen nivel general, resultando amplias y confortables.

en Galdo Suroeste : 3,5 km

⌂ **Pazo da Trave** 🞓

Trave ⊠27867 Galdo – ℰ 982 59 83 31 – www.pazodatrave.com – cerrado enero
18 hab – ♥49/71 € ♥♥66/108 €, ⊐ 9,80 €   **Rest** – Menú 24 €
◆ Resulta encantador. Este pazo tiene más de 500 años de historia y en él se han cuidado todos los detalles. Atractiva fachada en piedra, hórreo, capilla y precioso jardín. El restaurante ocupa un cenador acristalado, a modo de cabaña, y destaca por su buena carta tradicional.

en la playa de Area por la carretera C 642 - Norte : 4 km

🖭 **Ego** 🞓

⊠27850 Viveiro – ℰ 982 56 09 87 – www.hotelego.com
45 hab – ♥70/100 € ♥♥100/150 €, ⊐ 12 €
Rest *Nito* – ver selección restaurantes
◆ Se encuentra en una ladera frente a la ría, por lo que disfruta de unas hermosas vistas. Encontrará unas instalaciones amplias y cuidadas, con un confort bastante actual.

XXX **Nito** – Hotel Ego   < 🏱 🖭 🗚

⊠27850 Viveiro – ℰ 982 56 09 87 – www.hotelego.com
Rest – Carta 41/54 €
◆ Agradable marco dotado con excelentes vistas sobre la ría y la playa. Dispone de un bar a la entrada y un comedor actual, donde podrá degustar platos de sabor marinero.

VIVER – Castellón – **577** M28 – **1 754 h.** – alt. 550 m – ⊠ 12460   16 A1

▶ Madrid 412 – Castelló de la Plana/Castellón de la Plana 90 – Teruel 56 – València 85

X **Thalassa**   🗚 🖭 🗚

☺ *Cazadores 3 – ℰ 964 14 12 58 – www.restaurantethalassa.com – cerrado 15 enero-15 marzo y lunes*
Rest – *(sólo almuerzo salvo jueves, viernes y sábado)* Carta 30/35 €
◆ Negocio familiar de aire moderno, con las paredes en colores vivos y detalles de diseño. La carta resulta un poco reducida, aunque ofrece platos de cuidada elaboración.

XÀBIA (JÁVEA) – Alicante – **577** P30 – **31 593 h.** – Playa – ⊠ 03730   16 B2

▶ Madrid 457 – Alacant/Alicante 87 – València 109

i en el puerto : pl. Almirante Bastarreche 11, ℰ 96 579 07 36 info@xabia.org Fax 96 579 60 57

y por la carret. del Cabo de la Nao-Plá 136 (Urbanización la Plaza), ℰ 96 646 06 05 xabiaarenal@touristinfo.net Fax 96 579 62 58

🖾 Jávea, carret. de Benitachell : 4,5 km, ℰ 96 579 25 84

🞖 Cabo de San Antonio★ (⩽★) Norte : 5 km – Cabo de la Nao★ (⩽★) Sureste : 10 km

al Sureste por la carretera del Cabo de la Nao :

🏨 **Parador de Jávea** ⚘ ≪ 🚗 🍴 ⚷ 🛋 🎐 🍴 & hab, 🆎 🚫 🕻 🕷 🅿
av. Mediterráneo 233 ✉03730 – ☎ 965 79 02 00 　　🚹 🚾 🔙 🕘
– *www.parador.es*
70 hab 🍴 ✝️137/166 € ✝️✝️194/207 € **Rest** – Menú 33 €
♦ Está actualizado y presenta un buen nivel general, con agradables exteriores, una zona ajardinada y vistas al mar. Sus espaciosas habitaciones poseen mobiliario colonial. El amplio comedor supone una buena opción para conocer las especialidades gastronómicas de la región.

🍴🍴 **Los Remos La Nao** 　　　　🍴 🆎 🆅🆂🅰 🚫 🔙
av. Libertad 21 - 3,5 km ✉03730 – ☎ 966 47 07 76 – *www.losremoslanao.com*
– *cerrado martes salvo julio-agosto*
Rest – Carta 32/43 €
♦ En 1ª línea de playa. Cuenta con una barra de espera, una bodega acristalada y dos salas, una de ellas unida a la terraza. Cocina tradicional basada en pescados y mariscos.

🍴🍴 **Gota de Mar** 　　　　🍴 🚫 🅿 🆅🆂🅰 🚫 🔙 🕘
La Murciana 2 - 5,5 km ✉03730 – ☎ 965 77 16 48 – *www.gotademar.com*
– *abril-diciembre*
Rest – *(cerrado lunes) (sólo cena salvo verano)* Carta 30/41 €
♦ Bonita casa de planta baja situada en una zona residencial. Dispone de un agradable comedor clásico donde ofrecen una carta internacional con influencias francesas.

🍴 **Chez Ángel** 　　　　　🆎 🚫 🆅🆂🅰 🚫
av. del Plà 135 - 3 km ✉03730 – ☎ 965 79 27 23 – *cerrado febrero y martes*
Rest – Carta 24/40 €
♦ Bien llevado por un matrimonio. Tiene un bar a la entrada y un comedor clásico, con chimenea, que sorprende por su decoración a base de corcho y espejos. Carta muy variada.

🍴/ **Es Tapa Ti** 　　　　　　🆎 🚫 🆅🆂🅰 🚫
av. Libertad, bloque 11 - 3,5 km ✉03730 – ☎ 966 47 31 27 – *www.estapati.net*
– *cerrado miércoles salvo mayo-septiembre*
Rest – Tapa 1,95 € – Ración aprox. 9,50 €
♦ En 1ª línea de playa y con la cocina a la vista desde la barra. La zona de mesas para degustación está acristalada tanto en el techo como en las paredes, que son móviles.

en el camino Cabanes Sur : 7 km

🍴 **La Rústica** 　　　　🍴 🚫 🅿 🆅🆂🅰 🚫 🔙 🕘
camino Cabanes 39 ✉03730 – ☎ 965 77 08 55 – *www.larusticajavea.com*
– *cerrado febrero, domingo noche y lunes salvo verano*
Rest – Carta 29/49 €
♦ Villa rústica llevada en familia. Disfruta de una zona ajardinada, una terraza de verano y dos pequeños comedores de acogedor ambiente rústico. Carta con toques innovadores.

Na XAMENA (Urbanización) – Illes Balears – ver Balears (Eivissa) : Sant Miquel de Balansat

XÀTIVA (JÁTIVA) – Valencia – **577** P28 – 29 386 h. – alt. 110 m　　**16** A2
– ✉ 46800

　▶ Madrid 379 – Albacete 132 – Alacant/Alicante 108 – València 59
　🄸 Alameda Jaume I-50, ☎ 96 227 33 46 xativa@touristinfo.net Fax 96 228 22 21
　◉ Ermita de Sant Feliu (pila de agua bendita★).

Huerto de la Virgen de las Nieves sin rest
av. de la Murta 10 – ℰ 962 28 70 58 – www.huertodelavirgendelasnieves.com
9 hab
♦ Casa del s. XIX decorada con antigüedades y rodeada por un pequeño jardín con piscina. Posee un salón-recepción tipo patio y habitaciones detallistas con mobiliario de época.

Vernisa sin rest, con cafetería por la noche
Académico Maravall 1 – ℰ 962 27 10 11 – www.hotelvernisa.com
39 hab – †48/65 € ††59/80 €, ⬠ 5 €
♦ Sencillo hotel emplazado en plena zona comercial y de negocios. Sus habitaciones son funcionales, muy correctas en equipamiento y baños. Trato amable y cordial.

XERTA – Tarragona – **574** J31 – **1 300** h. – alt. 26 m – ✉ 43592   **13** A3

▶ Madrid 553 – Barcelona 196 – Tarragona 100
– Castelló de la Plana/Castellón de la Plana 137

Villa Retiro ॐ
Dels Molins 2 – ℰ 977 47 38 10 – www.hotelvillaretiro.com – cerrado enero
7 hab ⬠ – †96/150 € ††150/257 € – 2 suites
Rest *Torreo de l'India* – ver selección restaurantes
♦ Palacete rodeado por un exuberante jardín arbolado. Consta de dos edificios y ofrece habitaciones de gran confort, algunas con los suelos originales y mobiliario antiguo.

XXX **Torreo de l'India** (Francesc López) – Hotel Villa Retiro
ॐ *Dels Molins 2 – ℰ 977 47 38 10*
– www.hotelvillaretiro.com – cerrado enero y lunes
Rest – Menú 58/64 € – Carta 49/76 €
Espec. Manjar del Delta del Ebro (diciembre-marzo). Angulas con alcachofa y callos de bacalao (enero-marzo). La torre de Babel (agosto-octubre).
♦ Emplazado en un edificio anexo al hotel. Se presenta con un ficus centenario justo a la entrada, un buen hall, una sala para la sobremesa y un comedor rústico-elegante en el piso superior. Cocina delicada y creativa, con influencias francesas y tradicionales.

XILXES – Castelló – ver Chilches

YAIZA – Las Palmas – ver Canarias (Lanzarote)

YECLA – Murcia – **577** Q26 – **35 025** h. – alt. 570 m – ✉ 30510   **23** B1

▶ Madrid 359 – Alacant/Alicante 82 – Albacete 108 – Murcia 101

La Paz
av. de la Paz 180 – ℰ 968 75 13 50 – www.lapaz-hotel.com
32 hab – †45/60 € ††60/115 €, ⬠ 6 €
Rest *Ródenas* – ver selección restaurantes
♦ Emplazado en un polígono industrial a las afueras de la ciudad. Compensa su escasa zona social con una gran cafetería y ofrece habitaciones de línea funcional.

XX **Ródenas** – Hotel La Paz
av. de la Paz 180 – ℰ 968 75 13 50 – www.lapaz-hotel.com – cerrado 21 días en agosto y domingo
Rest – Carta aprox. 50 €
♦ Bien llevado por el chef-propietario, autodidacta e ilusionado con el negocio. Posee un comedor luminoso y de excelente montaje, con la cocina semivista. Cocina de mercado.

ESPAÑA

▶ Madrid 522 – Almería 99 – Granada 104 – Jaén 194

X

🏠

El Rincón de Yegen con hab ⌖   ⟵ ⌇ ⅌ rest, **P** ⓋⒶ ⏀

camino de las Eras 2 – 𝒞 958 85 12 70 – www.elrincondeyegen.com
– cerrado 15 enero-15 febrero
4 hab – †30 € ††45/55 €, ⌷ 5 € – **3** apartamentos
Rest – (cerrado martes) Carta 24/33 €

♦ Está formado por un conjunto de casitas ubicadas a las afueras del pueblo, con un bar y un comedor rústico en dos alturas. Platos tradicionales y especialidades de la zona. El negocio se completa con habitaciones de sencillo confort y apartamentos tipo dúplex.

YUSO (Monasterio de) – La Rioja – ver San Millán de la Cogolla

---

ZAFRA – Badajoz – **576** Q10 – **16 424 h.** – alt. 509 m – ⊠ 06300   **17** B3

▶ Madrid 401 – Badajoz 76 – Mérida 58 – Sevilla 147

🛈 pl. de España 8 b, 𝒞 924 55 10 36 turismo@zafra.es Fax 924 55 10 36

◎ Las Plazas★

ESPAÑA

🏨 **Parador de Zafra** ⌖   ⌂ ⌇ 🕮 ⅊ hab, 🄰🄲 ℀ ⁗ 🕴 ⓋⒶ ⏀ 🄰🄴 ⓪

pl. Corazón de María 7 – 𝒞 924 55 45 40 – www.parador.es
51 hab – †115/125 € ††144/156 €, ⌷ 16 €   **Rest** – Menú 32 €

♦ Solera y tradición conviven en un castillo del s. XV que tuvo como huésped de honor a Hernán Cortés. Interiores grandiosos, hermoso patio renacentista y una sobria decoración. En su restaurante encontrará especialidades propias de la cocina típica extremeña.

🏨 **Casa Palacio Conde de la Corte** sin rest   ⌇ 🕮 🄰🄲 ℀ ⁗ ⓋⒶ ⏀ 🄰🄴

pl. del Pilar Redondo 2 – 𝒞 924 56 33 11 – www.condedelacorte.com
15 hab ⌷ – †88/250 € ††110/250 €

♦ Su historia está íntimamente ligada al mundo del toro bravo de lidia. Presenta un hermoso patio central, una galería acristalada y elegantes habitaciones de ambiente clásico.

🏨 **Huerta Honda**   🕮 ⅊ 🄰🄲 ℀ ⁗ 🕴 ⌂ ⓋⒶ ⏀ 🄰🄴

López Asme 32 – 𝒞 924 55 41 00 – www.hotelhuertahonda.com
47 hab – †63/130 € ††79/150 €, ⌷ 5 € – 1 suite
Rest Barbacana – ver selección restaurantes

♦ Es entrañable y cuenta con muchos detalles. Aquí encontrará dos tipos de habitaciones, las superiores de atractivo aire regional y las más nuevas de inspiración minimalista.

🏨 **Las Eras**   🕮 ⅊ hab, 🄰🄲 ℀ ⁗ 🕴 ⓋⒶ ⏀ 🄰🄴

Alcazaba – 𝒞 924 56 32 12 – www.hotellaseras.com
25 hab – †54/129 € ††71/150 €, ⌷ 3,50 €   **Rest** – Menú 10 €

♦ Hotel de organización familiar y estética actual. Tiene una cafetería pública, una espaciosa zona social y habitaciones bien equipadas, las del piso superior abuhardilladas.

🏠 **Victoria** sin rest y sin ⌷   🄰🄲 ⁗ ⓋⒶ ⏀

pl. de España 8 – 𝒞 924 55 43 82 – www.hotelvictoriazafra.com
19 hab – †25/40 € ††45/75 €

♦ Tras su reciente reforma ha logrado un confort muy correcto en su categoría. Las habitaciones resultan algo reducidas, aunque destacan por la calidad de sus maderas.

🏠 **Plaza Grande**   🕮 🄰🄲 ℀ rest, ⁗ ⓋⒶ ⏀ 🄰🄴 ⓪

Pasteleros 2 – 𝒞 924 56 31 63 – www.hotelplazagrande.com
16 hab – †28/65 € ††45/115 €   **Rest** – Menú 10 €

♦ Sus habitaciones gozan de un cálido confort, con solado rústico y el mobiliario en madera o forja. La mitad de ellas están abuhardilladas y todas poseen baños actuales. El restaurante ocupa un marco rústico, con los techos abovedados y las paredes en piedra.

XX **La Rebotica**   🔟 🕸 🆅🅸🆂🅰 ⊙⊙ 🅰🅴 ⓞ

Botica 12 – ℰ 924 55 42 89 – www.lareboticadezafra.com
– cerrado del 1 al 15 de agosto, domingo noche y lunes
Rest – Carta 30/35 €
♦ Restaurante de cuidada decoración, con un hall-bar a la entrada y la cocina a la vista según se accede al comedor. Ofrece una correcta carta tradicional y de mercado.

XX **Barbacana** – Hotel Huerta Honda   🔟 🕸 🆅🅸🆂🅰 ⊙⊙ 🅰🅴

López Asme 30 – ℰ 924 55 41 00 – www.hotelhuertahonda.com – cerrado domingo noche y lunes
Rest – Carta 35/50 € ⅋
♦ Recrea un entorno muy acogedor gracias a la elegante decoración en tonos rojizos y a su perfecta combinación con elementos rústicos originales. Buen servicio de mesa.

X **Josefina**   🔟 🕸 🆅🅸🆂🅰 ⊙⊙ 🅰🅴 ⓞ

López Asme 1 – ℰ 924 55 17 01 – cerrado domingo noche y lunes noche
Rest – Carta 25/35 €
♦ Negocio familiar de organización sencilla pero eficaz. Sala dotada de mobiliario de calidad y un servicio de mesa correcto. Gastronomía tradicional a precios moderados.

en la carretera N 432 Noroeste : 3 km

🏠 **Las Atalayas** 🐾   ⪦ 🔫 🕸 ⅙ hab, 🔟 🕸 rest, ⓣ 🛁 🅿 🆅🅸🆂🅰 ⊙⊙ ⓞ

✉06300 – ℰ 924 56 32 01 – www.zafralasatalayas.com
17 hab – ♥45/110 € ♥♥55/120 €, ⌑ 10 € – 16 apartamentos
Rest – (cerrado 8 enero-marzo, domingo noche y lunes mediodía) Menú 19 €
♦ En un paraje repleto de olivos, vides y montes. Parece un cortijo, con su propia plaza de tientas, y distribuye las habitaciones entre el edificio principal y unos bungalows. Su restaurante panorámico cuenta también con una terraza acristalada y una carpa.

ZAHARA DE LA SIERRA – Cádiz – **578** V13 – **1 513 h.** – alt. **511 m**   1 B2
– ✉ 11688

▶ Madrid 598 – Sevilla 106 – Cádiz 120 – Gibraltar 156
◉ Localidad★ – Emplazamiento★★

🏠 **Arco de la Villa** 🐾   ⪦ 🕮 ⅙ hab, 🔟 🕸 ⓣ 🅿 🆅🅸🆂🅰 ⊙⊙ ⓞ

camino Nazarí – ℰ 956 12 32 30 – www.tugasa.com
17 hab ⌑ – ♥49 € ♥♥66 €   **Rest** – Menú 16 €
♦ Este pequeño hotel disfruta de vistas al embalse, a las montañas y a los pueblos que lo rodean. Habitaciones de correcto confort, todas con mobiliario clásico y buenas vistas. La sencilla cafetería da paso a un comedor bastante luminoso.

ZAHARA DE LOS ATUNES – Cádiz – **578** X12 – **1 591 h.** – Playa   1 B3
– ✉ 11393

▶ Madrid 687 – Algeciras 62 – Cádiz 70 – Sevilla 179

en la carretera de Atlanterra :

🏨 **Meliá Atlanterra** 🐾   🏊 🔫 🕸 🖿 🔟 🕸 🛁 🅿 🆅🅸🆂🅰 ⊙⊙ 🅰🅴 ⓞ

Sureste : 4 km ✉11393 – ℰ 956 43 90 00 – www.solmelia.com – abril-11 octubre
280 hab ⌑ – ♥80/160 € ♥♥96/260 € – 5 suites
Rest Mediterráneo – (sólo cena) Carta 32/45 €
♦ Complejo a pie de playa, rodeado de una cuidada zona ajardinada. Sus amplias y confortables instalaciones le proponen gran variedad de actividades lúdicas y deportivas. El elegante restaurante Mediterráneo ofrece una correcta carta internacional.

ESPAÑA

🏠🏠🏠 **Antonio II** ⟨ 🗜 |🛋| 🚫 hab, 🅰🄲 🛉 📶 **P** 🚗 **VISA** ⬤ 🄰🄴 ⓞ
Sureste : 1 km ✉11393 – ☎ *956 43 91 41 – www.antoniohoteles.com*
– abril-12 octubre
38 hab ⌾ – 🛉57/97 € 🛉🛉91/183 € **Rest** – Menú 21 €
♦ Destaca por la calidad de los materiales y el gran confort general. Hall-recepción con cafetería anexa, elegante salón social y habitaciones de completo equipamiento. Utiliza los servicios de restaurante y piscina pertenecientes al hotel Antonio.

🏠🄷 **Porfirio** 🏠 🗜 |🛋| 🚫 hab, 🅰🄲 🛉 📶 🖄 🚗 **VISA** ⬤ ⓞ
paseo del Pradillo 33, Sureste : 0,5 km ✉11393 – ☎ *956 44 95 15*
– www.hotelporfirio.com – marzo-octubre
63 hab ⌾ – 🛉45/130 € 🛉🛉60/140 € – 3 suites
Rest – *(cerrado lunes)* Menú 20 €
♦ Buen hotel de organización familiar que destaca por sus completas habitaciones de línea clásica, todas con terraza. El área social se limita a una amplia cafetería. Su sencillo restaurante se completa con algunas mesas en la zona ajardinada de la piscina.

🏠🄷 **Antonio** 🏠 ⟨ 🗜 🅰🄲 🛉 **P** **VISA** ⬤ 🄰🄴 ⓞ
Sureste : 1 km ✉11393 – ☎ *956 43 91 41 – www.antoniohoteles.com – cerrado diciembre y enero*
30 hab ⌾ – 🛉40/81 € 🛉🛉70/162 € **Rest** – Menú 22 €
♦ Un clásico en la localidad, ubicado en 1ª línea de playa. Pone a su disposición unas dependencias luminosas y acogedoras en las que el color blanco es el protagonista. Ofrece un comedor de estilo clásico-regional con detalles marineros en la decoración.

ZALDIERNA – La Rioja – ver Ezcaray

ZAMORA 🅿 – 575 H12 – 66 293 h. – alt. 650 m   11 B2

■ Madrid 246 – Benavente 66 – Ourense 266 – Salamanca 62

🛈 Príncipe de Asturias 1, ☎ 980 53 18 45 oficinadeturismodezamora@cyl.es
Fax 980 53 38 13

y pl. Arias Gonzalo 6, ☎ 980 53 36 94 oficinaturismo@zamora.es Fax 980
53 36 94

R.A.C.E. av. Requejo 34, ☎ 980 51 59 72 Fax 980 51 59 72

◉ Catedral★ (cimborrio★, sillería★★) A– Museo Catedralicio (tapices
flamencos★★) – Iglesias románicas★ (La Magdalena, Santa María la Nueva,
San Juan, Santa María de la Orta, Santo Tomé, Santiago del Burgo) AB

◙ Arcenillas (Iglesia : Tablas de Fernando Gallego★) Sureste : 7 km - Iglesia
visigoda de San Pedro de la Nave★ Noroeste : 19 km por ④

🏠🏠🏠 **Parador de Zamora** 🗜 🎧 |🛋| 🅰🄲 🛉 📶 🖄 **VISA** ⬤ 🄰🄴 ⓞ
pl. de Viriato 5 ✉49001 – ☎ *980 51 44 97 – www.parador.es*   B**a**
46 hab – 🛉120/144 € 🛉🛉150/180 €, ⌾ 16 € – 6 suites **Rest** – Menú 32 €
♦ Ubicado en un céntrico palacio del s. XV, con bello patio renacentista y un interior que recrea aromas medievales. Amplia zona noble y habitaciones de gran confort. Elegante comedor castellano donde ofrecen una cocina regional con toques actuales.

🏠🏠🏠 **Meliá Horus Zamora** |🛋| 🅰🄲 🛉 📶 🖄 🚗 **VISA** ⬤ 🄰🄴 ⓞ
pl. del Mercado 20 ✉49003 – ☎ *980 50 82 82 – www.solmelia.com*
38 hab – 🛉🛉65/290 €, ⌾ 12 € – 7 suites   B**c**
Rest *La Bóveda* – Carta 30/45 €
♦ Establecimiento de línea clásica ubicado en un antiguo edificio del casco histórico. Ofrece elegantes zonas sociales y habitaciones de completo equipamiento. El restaurante, que toma su nombre del techo abovedado, disfruta de un excelente servicio de mesa.

ESPAÑA

ZAMORA

Escala 0 — 300 m

ESPAÑA

Alfonso IX	B 2	Francos (Rúa de los)	A 22	Sacramento	B 74
Alfonso XII	B 3	Fray Diego de Deza (Pl.)	A 23	Santa Clara	B 84
Antonio del Aguila (Pl.)	A 5	Horta	B 27	Santa Lucía (Pl.)	B 86
Arias Gonzalo (Pl. de)	A 8	Ignacio Gazapo	B 36	Santiago	B 75
Cabañales	B 12	Leopoldo Alas Clarín	A 40	San Torcuato	B 78
Candelaría (Pas.)	B 13	Mayor (Pl.)	A 42	San Torcuato	
Catedral (Pl. de la)	A 15	Morana (Cuesta de la)	A 48	(Ronda de)	B 80
Ciento (Pl. de los)	A 16	Notarios (Rúa de los)	A 60	San Vicente	B 82
Constitución (Pl. de)	B 18	Príncipe de Asturias (Av.)	B 66	Tres Cruces (Av.)	B 88
Corral Pintado	B 19	Puebla de Sanabria	A 70	Víctor Gallego	B 90
Damas	A 20	Puentica (Pl. de la)	A 69	Viriato (Pl.)	B 96
Feria	B 21	Riego	B 72	Zorilla (Pl. de)	B 99

NH Palacio del Duero ॐ

pl. de la Horta 1 ⊠49002 – ℰ 980 50 82 62 – www.nh-hotels.com   Bw

49 hab – ♦60/100 € ♦♦60/245 €, ⊇ 13 €

Rest *La Vinícola* – *(cerrado lunes)* Carta 38/49 €

♦ Definido por la modernidad y el diseño, con una espaciosa zona social, completo equipamiento y una decoración que mima todos los detalles. El restaurante, ubicado en la antigua alcoholera, da paso a un hermoso salón de banquetes abovedado y pintado al fresco.

AC Zamora

av. Príncipe de Asturias 43, por av. Príncipe de Asturias ⊠49029
– ℰ 980 55 79 40 – www.ac-hotels.com   B

75 hab – ♦♦65/220 €, ⊇ 11 €

Rest – Carta 25/35 €

♦ Edificio de línea moderna con las características clásicas de confort en esta cadena. Posee un buen hall-recepción y habitaciones bien equipadas, con baños actuales.

913

Dos Infantas sin rest 🔄 AC ⚙ ⁛ 🛁 🚗 VISA ⊙ AE ⊙

Cortinas de San Miguel 3 ✉49015 – ☏ 980 50 98 98

– www.hoteldosinfantas.com **Bb**

68 hab – ✝40/100 € ✝✝50/175 €, ⊿ 8 €

◆ Tras su moderna fachada y el atractivo hall encontrará un hotel en constante proceso de mejoras. Posee una cuidada zona social y dispone de habitaciones de confort actual.

Sayagués 🔄 ⚙ hab, AC ⚙ ⁛ 🛁 🚗 VISA ⊙ AE ⊙

pl. Puentica 2 ✉49031 – ☏ 980 52 55 11 – *www.hotelsayagues.net*

52 hab – ✝40/55 € ✝✝60/110 €, ⊿ 6 € – 4 suites **Ak**

Rest – Menú 12 €

◆ Pequeña recepción, cafetería pública y zona social escasa, ya que sus salones se aprovechan para los numerosos banquetes. Progresiva actualización de las habitaciones.

Doña Urraca sin rest 🔄 AC ⚙ ☏ VISA ⊙

pl. La Puebla 8 ✉49005 – ☏ 980 16 88 00 – *www.hoteldonaurraca.com*

40 hab – ✝34 € ✝✝56 €, ⊿ 4 € **Ax**

◆ Hotel de línea actual dotado con una cafetería pública independiente. Dispone de un luminoso salón social en el 1er piso y correctas habitaciones, con los suelos en tarima.

París AC ⇄ VISA ⊙ AE ⊙

av. de Portugal 14 ✉49015 – ☏ 980 51 43 25

– www.restaurantepariszamora.com – cerrado domingo noche **Bs**

Rest – Carta 27/45 €

◆ De larga trayectoria. Barra de espera clásica, un comedor bien renovado y los privados en el piso superior. Ofrece una carta tradicional muy atenta a la calidad del producto.

Sancho 2 - La Marina AC ⚙ ⇄ VISA ⊙ AE

parque de la Marina Española ✉49012 – ☏ 980 52 60 54

– www.restaurantesancho2.com **Bn**

Rest – Carta 32/45 €

◆ Cafetería acristalada e instalaciones acogedoras, con varios salones y reservados, siendo el comedor principal de estilo actual. Carta internacional con toques actuales.

El Rincón de Antonio AC VISA ⊙ AE ⊙

Rúa de los Francos 6 ✉49001 – ☏ 980 53 53 70 – *www.elrincondeantonio.com*

– cerrado domingo noche **Bx**

Rest – Carta 44/56 € ⌘

◆ Distribuye el espacio en varios rincones, donde se combinan los elementos rústicos con una colorista estética actual. Cocina de la tierra, con algún que otro detalle creativo.

Casa Mariano AC ⚙ VISA ⊙ AE

av. Portugal 28 ✉49016 – ☏ 980 53 44 87 – *www.restaurantesancho2.com*

– cerrado 15 días en julio, domingo noche y lunes **Bt**

Rest – Carta 30/40 €

◆ Dispone de un bar público y varios comedores, entre los que destaca el que muestra una sección de la muralla de la ciudad. Horno de asar a la vista y platos tradicionales.

Grial 🔄 AC ⚙ VISA ⊙

av. de Portugal 18 ✉49015 – ☏ 980 53 53 21 **Bs**

Rest – Tapa 1 € – Ración aprox. 7 €

◆ Atractiva cervecería que refuerza su decoración con mesas en forma de barril. Buen expositor de pinchos y cuidadas tablas que reciben el favor del público joven.

al Noreste : 2,5 km

🏨 **Aretxarte**   ◻ 🖃 ⴜ hab. 🔲 ⌘ ⁗ 🔏 🅿 🚾 ⓧ 🔠 ⓞ
Parque Tecnológico - Ibaizabal 200 ⊠48170 – ℰ 944 03 69 00
– www.aretxarte.com – cerrado 21 diciembre - 4 enero
30 hab ⌂ – ♦64/71 € ♦♦74/80 €
Rest – *(cerrado domingo salvo mayo)* Menú 24 €
♦ Hotel ubicado en la zona empresarial de la ciudad. Su pequeña recepción está integrada en la zona social y ofrece habitaciones de estilo actual, con mobiliario funcional. El restaurante, amplio y luminoso, trabaja bastante bien con los clientes no alojados.

🍴🍴 **Gaminiz**   🔲 ⌘ ⇄ 🅿 🚾 ⓧ 🔠 ⓞ
Parque Tecnológico - Ibaizabal 212 ⊠48170 – ℰ 944 31 70 25
– www.gaminiz.com – cerrado Navidades,Semana Santa, agosto y domingo
Rest – *(sólo almuerzo salvo viernes y sábado)* Carta 40/55 €
♦ Su moderna estructura imita la forma de un caserío. Cuenta con un concurrido bar público y una sala de cuidado montaje, donde también suelen organizar exposiciones temporales.

ESPAÑA

La Aljafería

ZARAGOZA

Provincia : P Zaragoza
Mapa Michelin : **574** H27
▶ Madrid 312 – Barcelona 307
  – Bilbao 305 – Lleida/Lérida 150

Población : 674 317 h.
Altitud : 200 m
Mapa regional : **3** B2

INFORMACIONES PRÁCTICAS

🖫 Oficinas de Turismo

glorieta Pío XII (Torreón de la Zuda), ℰ 902 20 12 12 infoturismozuda@zaragoza.es
Fax 976 20 06 35

pl. de Nuestra Señora del Pilar, ℰ 902 20 12 12 infoturismopilar@zaragoza.es
Fax 976 72 12 81

y Rioja 33 (estación Zaragoza-Delicias), ℰ 902 20 12 12 infoturismodelicias@
zaragoza.es Fax 976 32 89 37

Automóvil Club

R.A.C.E. San Juan de la Cruz 2, ℰ 976 35 79 72 Fax 976 35 89 51.

Golf

🖫 La Peñaza, por la carret. de Madrid : 12 km, ℰ 976 34 28 00

Aeropuerto

🛧 de Zaragoza, por ⑥ : 9 km ℰ 902 404 704

Iberia : aeropuerto ℰ 902 400 500 Z

◉ VER

La Seo** (retablo del altar mayor*,
cúpula* mudéjar de la parroquieta,
Museo capitular*, Museo de tapices**)
Y – La Lonja* Y – Basílica de Nuestra
Señora del Pilar* (retablo del altar
mayor*, Museo pilarista*) Y
– Aljafería* : artesonado de la sala del
trono* AU

ZARAGOZA

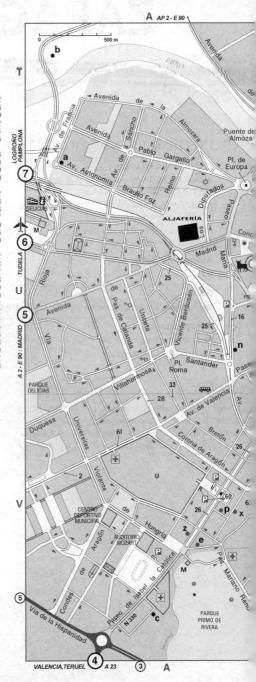

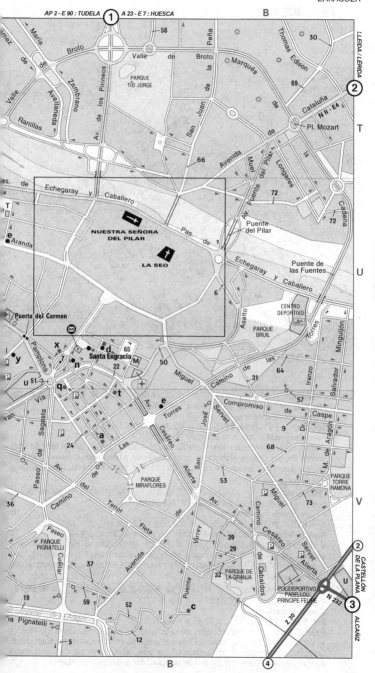

ZARAGOZA

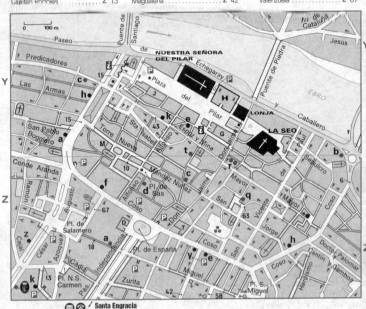

Santa Engracia

🏨🏨🏨 **Palafox**

♨ 🛗 🖥 🕭 hab, 🆇 🕸 ⑪ 🔏 🚗 🚘 VISA ⑯ AE

Marqués de Casa Jiménez ✉50004 – ✆ 976 23 77 00
– www.palafoxhoteles.com

Zk

160 hab – ♦85/230 € ♦♦85/250 €, 🖙 20 € – 19 suites
Rest *Aragonia* – *(cerrado agosto y domingo)* Carta 42/63 €

◆ De excelente organización. Presenta una recepción firmada por el famoso interiorista Pascua Ortega, salones de gran capacidad y habitaciones bien equipadas en su categoría. Restaurante de cuidado montaje, con una destacable bodega y una genuina cava de puros.

🏨🏨🏨 **Hiberus**

← 🕸 ♨ 🖥 🕭 hab, 🆇 🕸 ⑪ 🔏 🅿 🚗 VISA ⑯ AE ⑩

paseo de los Puentes 2 ✉50018 – ✆ 876 54 20 08
– www.palafoxhoteles.com

ATb

164 hab – ♦65/190 € ♦♦65/210 €, 🖙 20 € – 12 suites
Rest *Celebris* – *(cerrado agosto, domingo y lunes)* Carta 38/47 €

◆ Magnífico hotel ubicado junto al Parque Metropolitano del Agua. Ofrece amplias zonas comunes, interiores minimalista y luminosas habitaciones, casi todas con vistas al Ebro. El restaurante presenta un diseño vanguardista y una carta con elaboraciones de autor.

🏨🏨🏨 **Meliá Zaragoza**

🔏 🖥 🕭 hab, 🆇 🕸 ⑪ 🔏 🚗 VISA ⑯ AE ⑩

av. César Augusto 13 ✉50004 – ✆ 976 43 01 00
– www.solmelia.com

Zz

238 hab – ♦♦65/378 €, 🖙 19,45 € – 9 suites
Rest *El Bearn* – *(cerrado 15 días en agosto, domingo y lunes)* Carta 36/46 €

◆ Un hotel que sabe combinar el lujo y el prestigio con un carácter emblemático. Completa zona social y habitaciones bien equipadas, tanto para el ocio como para el negocio. Comedor de ambiente agradable y cuidado montaje.

Boston
av. de Las Torres 28 ⊠*50008* – ℰ *976 59 91 92* – *www.hotelboston.es*
296 hab – ♥♥74/300 €, ⇄ 16,20 € – 16 suites BV**e**
Rest – *(cerrado agosto)* Menú 35 €
◆ Destaca un amplio y atractivo hall-recepción, que tiene un uso polivalente. Buen confort general y habitaciones bien equipadas, todas con un nivel bastante alto en domótica. La celebración de banquetes privados y de empresa tienen aquí su referencia.

NH Gran Hotel
Joaquín Costa 5 ⊠*50001* – ℰ *976 22 19 01* – *www.nh-hotels.com* BU**d**
114 hab – ♥♥59/219 €, ⇄ 15,50 € – 19 suites
Rest *La Ontina* – ver selección restaurantes
◆ Edificio de estilo clásico en el que deslumbra su hall, ubicado bajo una gran cúpula y que sirve como área social. En sus estancias se aprecia el gusto por los detalles.

Reino de Aragón
Coso 80 ⊠*50001* – ℰ *976 46 82 00* – *www.hotelreinodearagon.com*
111 hab – ♥♥65/200 €, ⇄ 12,85 € – 6 suites **Rest** – Menú 18 € Z**y**
◆ Moderno y confortable. Ofrece salones panelables de gran capacidad y habitaciones espaciosas, con los cabeceros de las camas de línea minimalista y los suelos en moqueta. En su comedor podrá degustar una carta de base tradicional con algún detalle de autor.

Tryp Zaragoza *sin rest, con cafetería*
Francia 4-6 ⊠*50000* – ℰ *976 28 79 50*
– *www.solmelia.com* AT**a**
159 hab – ♥♥55/150 €, ⇄ 10 € – 3 suites
◆ Una opción interesante tanto para los turistas como para los clientes de empresa. Posee un hall amplio de aire informal y habitaciones funcionales de correcto equipamiento.

Zentro *sin rest*
Coso 86 ⊠*50001* – ℰ *976 70 33 00* – *www.zaragoza.zentro.com* Z**e**
94 hab – ♥♥65/200 €, ⇄ 12,84 €
◆ Conjunto de nueva generación. Ofrece habitaciones con detalles de diseño y un moderno hall, dotado con ascensores panorámicos y luces indirectas que delimitan los ambientes.

Zenit Don Yo
Juan Bruil 4-6 ⊠*50001* – ℰ *976 22 67 41* – *www.zenithoteles.com* BU**n**
127 hab – ♥♥50/182 €, ⇄ 10 € – 19 suites
Rest *Centenario* – Carta aprox. 30 €
◆ Han redecorado gran parte de sus instalaciones, con una actualización de línea minimalista. Destacan los salones y las habitaciones, modernas y de completo equipamiento. Su comedor ofrece un correcto menú diario y otro, de arroces, para los fines de semana.

Oriente
Coso 11-13 ⊠*50003* – ℰ *976 20 32 82* – *www.hotel-oriente.com* Z**f**
70 hab – ♥60/108 € ♥♥60/162 €, ⇄ 10 € **Rest** – Menú 12,50 €
◆ Hotel de diseño urbano y estética actual. Ofrece habitaciones de equipamiento completo y cuidado confort, con los suelos en tarima y buenos baños. El restaurante, que está ubicado en la 1ª planta, dispone de una sala panelable algo impersonal.

Hesperia Zaragoza
Conde de Aranda 48 ⊠*50003* – ℰ *976 28 45 00* – *www.hesperia-zaragoza.com*
86 hab – ♥♥54/177 €, ⇄ 11 € BU**e**
Rest – *(cerrado domingo noche)* Menú 17 €
◆ Hotel de línea moderna definido por su eficiente organización y el esmerado mantenimiento. Las habitaciones gozan de un completo equipamiento, con mobiliario de diseño actual.

ESPAÑA

🏨 **Cesaraugusta** sin rest 🛗 ⚹ 🌉 🛜 ☁ 💳 ⓸ 🅰🅴 ⓸

av. Anselmo Clavé 45 ✉*50004 –* 𝒞 *976 28 27 27 – www.hotelcesaraugusta.com*
39 hab ☷ – **♦**49/109€ **♦♦**55/150€ AU**n**

♦ Ha renovado progresivamente la mayoría de sus habitaciones, que resultan espaciosas y poseen mobiliario de diferentes estilos. Pequeña cafetería para servir los desayunos.

🏨 **Conquistador** sin rest, con cafetería por la noche salvo fines de semana

Hernán Cortés 21 ✉*50005* 🛗 ⚹ 🌉 ⚿ 🛜 ☁ 💳 ⓸ 🅰🅴 ⓸
– 𝒞 *976 21 49 88 – www.conquistadorhotel.com* BU**y**
44 hab – **♦**43/100€ **♦♦**48/120€, ☷ 7€

♦ Hotel de organización familiar. Ofrece habitaciones de buena amplitud, con mobiliario clásico y los suelos en pergo. La sala de desayunos y la cafetería están en el sótano.

🏨 **Villa Gomá** 🛗 ⚹ hab, 🌉 🛜 ☁ 🅰🅴

Cardenal Gomá 1 ✉*50009 –* 𝒞 *976 56 74 60 – www.hotelvillagoma.es*
35 hab – **♦**55/95€ **♦♦**60/120€, ☷ 7€ **Rest** – Menú 13€ AV**c**

♦ Suele alojar entre sus clientes a familiares de personas ingresadas en un hospital cercano. Ofrece habitaciones de estética moderna, sin grandes calidades pero confortables. En su comedor, que está casi unido a la cafetería y trabaja bastante, podrá encontrar una completa carta tradicional.

🏨 **Gran Vía** sin rest 🛗 ⚹ 🌉 ⚿ 🛜 💳 ⓸ 🅰🅴 ⓸

Gran Vía 38 ✉*50005 –* 𝒞 *976 22 92 13 – www.granviahotel.com* BV**f**
44 hab – **♦♦**54/65€, ☷ 8,65€

♦ Hotel de una organización amable y solvente. Dispone de una zona social de uso polivalente y habitaciones actuales, la mayoría con columna de hidromasaje en los baños.

🏨 **El Príncipe** sin rest, con cafetería 🛗 🌉 ⚿ 🛜 🔊 💳 ⓸ 🅰🅴 ⓸

Santiago 12 ✉*50003 –* 𝒞 *976 29 41 01 – www.hotel-elprincipe.com*
57 hab – **♦♦**50/180€, ☷ 9€ Y**e**

♦ Disfruta de un buen emplazamiento para el turista. Todas sus habitaciones resultan confortables, sin embargo, son más atractivas las del anexo, que tienen un estilo moderno.

🏨 **Ramiro I** sin rest 🛗 ⚹ 🌉 🛜 🔊 ☁ 💳 ⓸ 🅰🅴 ⓸

Coso 123 ✉*50001 –* 𝒞 *976 29 82 00 – www.hotelramiro.es* Z**h**
69 hab ☷ – **♦♦**60/128€

♦ Es interesante tanto para el cliente de empresa como para el turista de fin de semana. Ofrece instalaciones actuales y habitaciones funcionales que destacan por su amplitud.

🏨 **Avenida** sin rest 🛗 ⚹ 🌉 🛜 💳 ⓸ 🅰🅴 ⓸

av. César Augusto 55 ✉*50003 –* 𝒞 *976 43 93 00*
– www.hotelavenida-zaragoza.com Y**a**
85 hab – **♦**40/90€ **♦♦**50/120€, ☷ 8€

♦ Disfruta de una organización familiar muy dedicada, de hecho, constantemente realizan mejoras. Sus habitaciones presentan mobiliario renovado y un buen equipamiento.

🏨 **Hispania** sin rest 🛗 ⚹ 🌉 ⚿ 🕿 ☁ 💳 ⓸ 🅰🅴 ⓸

av. César Augusto 95 ✉*50003 –* 𝒞 *976 28 49 28 – www.hotelhispania.com*
44 hab – **♦**45/82€ **♦♦**59/104€, ☷ 7€ Y**h**

♦ Conjunto funcional de atenta organización. Las habitaciones presentan un confort actual y baños completos, aunque el mobiliario puede resultar sencillo en sus calidades.

✕✕✕ **La Mar** 🌉 ⚿ ☁ 💳 ⓸ 🅰🅴

pl. Aragón 12 ✉*50004 –* 𝒞 *976 21 22 64 – www.restaurantelamar.com – cerrado Semana Santa, agosto, domingo y festivos* BU**x**
Rest – Carta aprox. 60€

♦ Casa palaciega con palmeras en la entrada y un interior de estilo clásico elegante, con hermoso artesonado y frescos en el techo. Ofrece un excelente servicio de mesa.

XXX **La Ontina** – Hotel NH Gran Hotel   🏧 ⅍ 🆚 ⓿ 🅰🅴 ⓪
*Felipe Sanclemente ✉50001 – ☏ 976 21 45 75 – www.nh-hotels.com – cerrado
agosto y domingo*   BU**d**
Rest – Carta aprox. 60 €
♦ Todo un clásico que goza de renombre. En la planta baja cuenta con una
cafetería y ofrece varias salas panelables en el piso superior. Excelente servicio
de mesa.

XXX **Goyesco**   🏧 ⅍ ⇔ 🆚 ⓿ 🅰🅴 ⓪
*Manuel Lasala 44 ✉50006 – ☏ 976 35 68 71 – www.restaurantegoyesco.com
– cerrado del 8 al 21 agosto y domingo salvo mayo*   AV**e**
Rest – Carta 24/33 €
♦ Goza de cierta fama en la ciudad, con una inteligente distribución y un montaje de indudable entidad. Elaboraciones tradicionales, destacando su sabroso
costillar de cordero.

XX **La Granada**   🏧 ⅍ ⇔ 🆚 ⓿ 🅰🅴 ⓪
San Ignacio de Loyola 14 ✉50008 – ☏ 976 22 39 03 – cerrado domingo
Rest – Carta 45/60 €   BUV**q**
♦ Su buen nivel gastronómico se confirma en una carta inventiva y de autor. La
sala combina el clasicismo con detalles de diseño y modernidad, siempre con un
esmerado montaje.

XX **Bal d'Onsera** (Josetxu Corella)   🏧 ⅍ 🆚 ⓿
ⓈⒿ *Blasón Aragonés 6 ✉50003 – ☏ 976 20 39 36 – www.baldonsera.com – cerrado
Navidades, Semana Santa, 15 días en agosto, domingo y lunes*   Z**d**
Rest – Menú 72 € – Carta 56/74 €
Espec. Ensalada contemporánea (primavera-verano). Flor de atún crudo, helado
de pimiento rojo y hortalizas de temporada (primavera-verano). Tomate de Tarazona y rebozuelos (septiembre-octubre).
♦ Pequeño restaurante emplazado en una calle peatonal del casco antiguo. Ofrece un hall y una reducida sala de aire minimalista, con mobiliario
moderno, la cocina semivista y los suelos en madera. Elaboraciones muy cuidadas
y creativas, con bases tradicionales.

XX **El Chalet**   🏧 ⅍ ⇔ 🆚 ⓿ 🅰🅴
*Santa Teresa de Jesús 25 ✉50006 – ☏ 976 56 91 04
– www.elchaletrestaurante.es – cerrado Semana Santa, 15 días en agosto,
domingo noche y lunes*   AV**x**
Rest – Carta 34/51 €
♦ Su ubicación en una villa permite la distribución de sus salas en dos plantas,
con un cuidado servicio de mesa y una decoración clásica-moderna. Atractiva
terraza de verano.

XX **Txalupa**   🏧 ⅍ ⇔ 🆚 ⓿ ⓪
*paseo Fernando el Católico 62 ✉50009 – ☏ 976 56 61 70
– www.txalupazaragoza.com – cerrado Semana Santa, domingo noche, lunes
noche y martes noche*   AV**z**
Rest – Carta 35/41 €
♦ Se respira seriedad y buen hacer por los cuatro costados. Posee una barra de
espera a la entrada, dos comedores y un reservado, todo montado con materiales
de gran calidad.

XX **La Bastilla**   🏧 ⅍ 🆚 ⓿ 🅰🅴
*Coso 177 ✉50001 – ☏ 976 29 84 49 – www.labastilla.com – cerrado del 8 al 22
de agosto, domingo noche, lunes y martes noche*   YZ**b**
Rest – Carta 41/50 €
♦ Ocupa lo que antaño fueron los graneros del convento del Santo Sepulcro y
parte de la antigua muralla. Atractivo marco de aire rústico, con ladrillo visto y
vigas de madera.

XX **Antonio**   🏧 ⅍ 🆚 ⓿ 🅰🅴 ⓪
pl. San Pedro Nolasco 5 ✉50001 – ☏ 976 39 74 74 – cerrado domingo noche
Rest – Carta 31/45 €   Z**q**
♦ Resulta íntimo, acogedor y detallista, tanto en el mobiliario como en su servicio
de mesa. Aquí podrá degustar una cocina de base tradicional con toques de
actualidad.

XX El Mar Azul
AC 🕉 VISA ⚫⚫ AE

Bruno Solano 3 ✉50006 – ✆976 40 05 20 – cerrado domingo noche, lunes noche y martes noche AV**p**

Rest – Carta 36/57 €

♦ Este negocio familiar inició sus pasos como bar y ahora se presenta como un restaurante de reducida capacidad. Elaboraciones sencillas, con gran protagonismo de los pescados.

XX La Matilde
AC 🕉 ⚡ VISA ⚫⚫ AE ⓘ

Predicadores 7 ✉50003 – ✆976 43 34 43 – www.lamatilde.com – cerrado Semana Santa, domingo y festivos Y**c**

Rest – Carta 36/43 €

♦ Casa de amable organización familiar, cuyo aspecto general de sabor antiguo no está exento de buen confort y cierto encanto. Amplia carta de vinos y licores.

X Churrasco
AC 🕉 VISA ⚫⚫ AE ⓘ

Francisco Vitoria 19 ✉50008 – ✆976 22 91 60 – cerrado domingo en agosto

Rest – Carta aprox. 45 € BV**t**

♦ Bar-mesón muy concurrido que dispone de mesas para el menú diario. La sala a la carta evoca a una bodega, y aunque se antoja algo apretada resulta confortable.

X La Prensa
AC 🕉 VISA ⚫⚫ ⓘ

José Nebra 3 ✉50007 – ✆976 38 16 37 – www.restaurantelaprensa.com – cerrado Semana Santa, agosto, domingo noche y lunes BV**c**

Rest – Carta 40/48 € 🍴

♦ Llevado en familia, con el propietario en la sala y su esposa a los fogones. Posee un bar de espera y dos salas de línea clásica-actual. Carta creativa de base tradicional.

X Casa Portolés
AC 🕉 VISA ⚫⚫ ⓘ

Santa Cruz 21 ✉50003 – ✆976 39 06 65 – cerrado domingo noche y lunes

Rest – Carta 30/39 € YZ**t**

♦ Su bar da paso a un coqueto comedor de aire rústico, repartido en dos espacios y con las paredes pintadas en colores vivos. Ofrece carta, un menú y sugerencias del día.

X Alberto
AC 🕉 🚗 VISA ⚫⚫ AE ⓘ

Pedro María Ric 35 ✉50008 – ✆976 23 65 03 BV**a**

Rest – Carta 22/32 €

♦ Posee dos entradas, una por un pequeño bar donde ofrecen un buen surtido de tapas y la otra directa al comedor. Elaboran una carta de tinte tradicional y platos de la zona.

℘/ Los Victorinos
AC 🕉

José de la Hera 6 ✉50001 – ✆976 39 42 13 – cerrado 15 días en mayo y 15 días en noviembre Z**r**

Rest – Tapa 2,60 € – Ración aprox. 12 €

♦ Sugerente expositor de pinchos en la barra, que supone la mejor carta de presentación. El calor de la decoración taurina crea una atmósfera cálida y muy acogedora.

℘/ Los Zarcillos
AC 🕉 VISA ⚫⚫

José de la Hera 2 ✉50001 – ✆976 39 49 04 – cerrado 15 días en junio, 15 días en septiembre y lunes Z**r**

Rest – Tapa 2,90 € – Ración aprox. 14 €

♦ Este sencillo local, de aspecto cuidado, ofrece una elaborada variedad de tapas y pinchos, así como cuatro mesas para saborear sus raciones. Amplia variedad de vinos.

℘/ Continental
AC 🕉 VISA

Cinco de Marzo 2 ✉50004 – ✆976 23 73 31 Z**a**

Rest – Tapa 2 € – Ración aprox. 9 €

♦ Un bar pequeño y sin zona de mesas, aunque está muy concurrido desde el desayuno hasta el cierre. Cuelgan pizarras en las que anuncian tapas, raciones y tablas variadas.

Y/ **El Ensanche de Carlos** 　　　　　　　　　　　 AC ⌘
Santa Cruz 2-4 ✉50003 – ℰ 976 39 47 03
– cerrado agosto, domingo y festivos 　　　　　　　 Z**c**
Rest – Tapa 2 € – Ración aprox. 10 €
◆ Un establecimiento que, siendo algo reducido y modesto en sus instalaciones, goza de una notable popularidad. Aquí encontrará buen producto y unas sencillas elaboraciones.

en la carretera del aeropuerto por ⑥ : 8 km

XXX **Gayarre** 　　　　　　　　 ⟨⟩ AC ⌘ ⇔ P VISA ☺ AE ①
✉50190 Garrapinillos
– ℰ 976 34 43 86 – www.restaurantegayarre.com
– cerrado Semana Santa y 2ª quincena de agosto
Rest – *(sólo almuerzo salvo jueves, viernes y sábado)* Carta 34/47 €
◆ Lujoso chalet dotado de una agradable zona ajardinada. En su carta combinan elaboraciones creativas y otras de tendencia más tradicional. Salón de banquetes y bonita bodega.

ZARAUTZ – Guipúzcoa – **573** C23 – **22 627 h.** – Playa – ✉ **20800** 　　 **25** B2
▶ Madrid 482 – Bilbao 85 – Pamplona 103 – Donostia-San Sebastián 20
🅸 Nafarroa 3, ℰ 943 83 09 90 turismoa@zarautz.org Fax 943 83 56 28
🖼 Zarautz, Este : 1 km, ℰ 943 83 01 45
🅶 Carretera en cornisa★★ de Zarauz a Guetaria

🏨 **Zarauz** 　　　　　　　 ⓢ AC rest, ⌘ ᵗ⁰ ⅍ P VISA ☺ AE ①
Nafarroa 26 – ℰ 943 83 02 00
– www.hotelzarauz.com
– cerrado Navidades
75 hab – ♥77/101 € ♥♥92/122 €, ⌂ 7,50 €
Rest – *(cerrado domingo noche salvo verano)* Menú 12,90 €
◆ Goza de un correcto equipamiento y confort, con unas habitaciones de línea clásica algo desfasadas que se ven compensadas por una zona social bien dispuesta. El restaurante presenta un montaje clásico-antiguo y una carta de gusto internacional.

🏨 **Roca Mollarri** sin rest 　　　　　 & ⌘ ᵗ⁰ VISA ☺ AE ①
Zumalakarregi 11 – ℰ 943 89 07 67 – www.hotel-rocamollari.com
– cerrado 12 diciembre-6 enero
12 hab – ♥52/75 € ♥♥67/98 €, ⌂ 8 €
◆ Esta coqueta casa de gestión familiar cuenta con una parte destinada a hotel y otra a vivienda particular. El salón social armoniza con las habitaciones, bastante cálidas.

XX **Karlos Arguiñano** con hab 　　　　 ≤ AC ⌘ ᵗ⁰ VISA ☺ AE ①
Mendilauta 13
– ℰ 943 13 00 00 – www.hotelka.com
– cerrado Navidades y enero
12 hab – ♥99/160 € ♥♥135/199 €, ⌂ 12 €
Rest – *(cerrado domingo noche y miércoles)* Carta 32/44 €
◆ Precioso palacete conocido como Villa Aiala, donde este famoso chef ha recreado un entorno muy acogedor. Ofrece una cafetería y una sala de línea clásica con vistas al mar. El conjunto se completa con una elegante zona noble y unas coquetas habitaciones.

XX **Gure Txokoa** 　　　　　　　　　 AC ⌘ VISA ☺
Gipuzkoa 22 – ℰ 943 83 59 59
– www.restauranteguretxokoa.es
– cerrado 15 días en febrero, 15 días en noviembre, domingo noche y lunes
Rest – Carta 42/51 €
◆ Presenta un pequeño bar privado y a continuación la sala, rústica y de cuidado montaje. Cocina vasca con productos de temporada, diversos platos a la parrilla y algo de caza.

ESPAÑA

ZEANURI – Vizcaya – 573 C21 – 1 330 h. – alt. 230 m – ✉ 48144 25 A2

Madrid 394 – Bilbao 33 – Donostia-San Sebastián 101 – Vitoria-Gasteiz 43

en el barrio de Altzusta Sureste: 3,5 km

Ellauri sin rest

Altzusta 38 ✉48144 Zeanuri – ✆ 946 31 78 88 – www.ellauri.com

9 hab – †85/95 € ††110/125 €, ☕ 9,50 €

◆ Dotado con una sobria fachada en piedra y un torreón. El interior contrasta mucho con el exterior, pues tanto las habitaciones como la zona social son de estética minimalista.

en el barrio de Ipiñaburu Sur: 4 km

Etxegana hab, rest, VISA AE

Ipiñaburu 38 ✉48144 Zeanuri – ✆ 946 33 84 48 – www.etxegana.com

18 hab ☕ – †80/110 € ††80/280 €

Rest – *(sólo clientes)* Menú 28 €

◆ Singular y en plena naturaleza. Ofrece habitaciones dominadas por el estilo hindú, con materiales de calidad, numerosas tallas y algún que otro detalle moderno. Pequeño SPA.

ESPAÑA

ZIERBENA – Vizcaya – 573 B20 – ✉ 48508 25 A3

Madrid 410 – Bilbao 24 – Santander 80

barrio El Puero s/n (edificio Multifundición), ✉48508 ✆946 40 49 74, turismo@zierbena.net Fax 946 36 62 84

Lazcano VISA AE

Travesía Virgen del Puerto 21 – ✆ 946 36 50 32 – cerrado Semana Santa, agosto, domingo, lunes noche, martes noche y miércoles noche

Rest – Carta 40/55 €

◆ Instalaciones sencillas pero decorosas, con un bar a la entrada y el comedor en el 1er piso. Ofrece una cocina marinera de correcta elaboración y posee su propio vivero.

ZIZUR MAYOR – Navarra – ver Pamplona

La ZUBIA – Granada – 578 U19 – 17 803 h. – alt. 760 m – ✉ 18140 2 C1

Madrid 438 – Granada 8 – Málaga 135 – Murcia 294

La Zubia sin rest VISA

Murcia 23 – ✆ 958 59 03 54 – www.hotellazubia.com

12 hab ☕ – †43/49 € ††59/76 €

◆ Construcción típica dotada de habitaciones clásicas. En su patio morisco podrá contemplar el bello arte del empedrado y la frescura emanada de la arquitectura andaluza.

ZUBIRI – Navarra – 573 D25 – ✉ 31630 24 B2

Madrid 414 – Pamplona 20 – Donostia-San Sebastián 97

Hostería de Zubiri VISA

av. Roncesvalles 6 – ✆ 948 30 43 29 – www.hosteriadezubiri.com – abril-noviembre

10 hab ☕ – †50/59 € ††60/72 €

Rest – *(sólo cena) (sólo clientes)* Menú 19 €

◆ Típico hotel de montaña que descubre un cálido interior neorrústico, con habitaciones alegres y baños detallistas. Servicio de restaurante con cena sólo para clientes.

▶ Madrid 410 – Bilbao 65 – Donostia-San Sebastián 54 – Vitoria-Gasteiz 55

✗   **Kabia**   AC ⅍ VISA ✪ ①
Legazpi 5 – ℰ *943 72 62 74 – www.restaurantekabia.com – cerrado 7 días en*
agosto y lunes
Rest – *(sólo almuerzo salvo viernes y sábado)* Carta 40/50 €
◆ Este restaurante presenta una línea funcional-actual, con dos salas para el
menú en la planta baja y un reducido comedor a la carta en el piso superior.
Cocina de buen nivel.

© Departamente de Turismo del Gobierno de Andorra

Andorra

ANDORRA LA VELLA – **Andorra** – **alt. 1 029 m** – ✉ **AD500**　　　13 B1

▶ Madrid 625 – Barcelona 199 – Carcassonne 165 – Foix 102

🛈 Dr. Vilanova 13 - Edifici Davi - Local C ℰ 00 376 82 02 14 oficinanacional@
andorraturisme.ad Fax 00 376 82 58 23
y pl. de la Rotonda ℰ 00 376 87 31 03
turisme@comuandorra.ad
Fax 00 376 86 98 07 (temp)

A.C.A. Babot Camp 13 ℰ 00 376 80 34 00 Fax 00 376 82 25 60

🏨🏨🏨 **Andorra Park H.** ⚓　　　← ⚗ 🏖 ⛶ 🖼 ℱ♨ ✗ 🛎 ⅙ hab, 🆎 ✾ 🕻 🚿 **P**
Les Canals 24　　　　　　　　　　　　　　　　　　　🚗 **VISA** ⟷ **AE**
– ℰ 00 376 87 77 77
– *www.parkhotelandorra.com*　　　　　　　　　　　　　　　　　　Bb
89 hab ☖ – ♦105/210 € ♦♦120/300 €
– 1 suite
– 8 apartamentos
Rest *És Andorra* – Carta 36/48 €
Rest *Racó del Park* – *(sólo cena)* Carta aprox. 35 €
♦ Rodeado de jardines y en la parte alta de la ciudad. Presenta amplias zonas
sociales, habitaciones de excelente confort, todas con terraza, y un completo
SPA. És Andorra, el restaurante gastronómico, combina las vistas con una carta
tradicional actualizada.

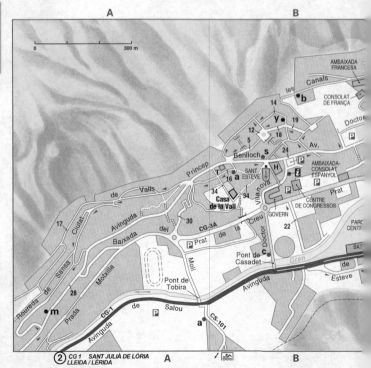

Plaza

María Pla 19 – ℰ 00 376 87 94 44 – www.plazandorra.com **Ca**
45 hab ♦106/226 € ♦♦127/269 €, ☲ 17,50 € – 45 suites
Rest – *(cerrado lunes noche y martes)* Carta 47/56 €
♦ Hotel de línea clásica no exento de cierta elegancia. Destaca su diáfano lobby, con dos ascensores panorámicos y los pasillos de las habitaciones a la vista. Buen confort. En su restaurante, también de cuidado montaje, proponen una cocina de tendencia actual.

Arthotel

Prat de la Creu 15-25 – ℰ 00 376 76 03 03 – www.arthotel.ad **Cd**
125 hab – ♦62/207 € ♦♦65/218 €, ☲ 9 €
Rest – Menú 19 €
Rest *Plató* – Carta 27/46 €
♦ Aquí encontrará una buena combinación de profesionalidad y estética actual. La zona noble se complementa con la cafetería y ofrece unas habitaciones bastante espaciosas. El restaurante Plató cuenta con un montaje funcional y goza de un acceso independiente.

President

av. Santa Coloma 44 – ℰ 00 376 87 72 77 – www.janhotels.com **Am**
100 hab ☲ – ♦60/124 € ♦♦80/165 € **Rest** – Carta 29/43 €
♦ Conjunto clásico-actual dotado de suficientes espacios sociales y confortables habitaciones, todas con los suelos en parquet. Piscina cubierta y solárium en la 7ª planta. El restaurante posee un correcto montaje dentro de una depurada línea moderna.

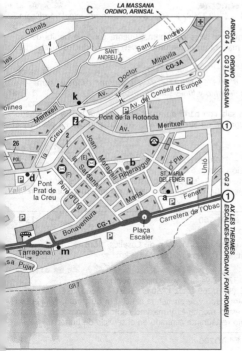

ANDORRA

ANDORRA LA VELLA

Diplomatic
🏨 🔲 🛋 ⅖ 🛗 hab, AC ⅌ 📶 🛎 📥 VISA ⓪ AE ①
av. Tarragona – ℰ 00 376 80 27 80 – www.diplomatichotel.com **Cm**
83 hab ⊠ – ♦52/116 € ♦♦65/165 € – 2 suites **Rest** – Menú 18,50 €
♦ Situado en pleno centro comercial y de negocios. Ofrece habitaciones funcionales que resultan adecuadas tanto para el cliente de empresa como para el turista. Cocina internacional sin pretensiones servida en un sencillo marco de estética contemporánea.

Florida sin rest
🏠 🖪 📶 VISA ⓪ AE ①
Llacuna 15 – ℰ 00 376 82 01 05 – www.hotelflorida.ad **By**
27 hab ⊠ – ♦41/86 € ♦♦45/95 €
♦ El trato familiar define a este hotel de fachada actual. Posee unas reducidas zonas nobles, confortables habitaciones con los suelos en tarima, un pequeño gimnasio y sauna.

Borda Estevet
XX AC 🅿 VISA ⓪ AE
carret. de La Comella 2 – ℰ 00 376 86 40 26 – www.bordaestevet.com
Rest – Carta aprox. 40 € **Aa**
♦ Los magníficos muros en piedra de una antigua granja acogen varios comedores de estilo rústico, uno de ellos con chimenea. Cocina tradicional de mercado y catalana.

La Borda Pairal 1630
XX AC ⅌ 🅿 VISA ⓪
Doctor Vilanova 7 – ℰ 00 376 86 99 99 – www.labordapairal1630.com – cerrado domingo noche y lunes **Bc**
Rest – Carta 26/40 €
♦ Antigua borda de piedra que destaca por su decoración rústica. Posee una barra de apoyo, un comedor dotado de bodega acristalada y una sala para banquetes en la 1ª planta.

Taberna Ángel Belmonte
XX AC ⅌ VISA ⓪
Ciutat de Consuegra 3 – ℰ 00 376 82 24 60 – www.tabernaangelbelmonte.com
Rest – Carta 40/56 € **Cb**
♦ Agradable restaurante con aires de taberna. Cuenta con una bonita decoración dominada por la madera en un entorno impecable. Productos locales, pescados y mariscos.

Can Benet
XX AC VISA ⓪
antic carrer Major 9 – ℰ 00 376 82 89 22 – www.restaurant_canbenet.com – cerrado del 15 al 30 de junio y lunes salvo festivos **Ba**
Rest – Carta 26/53 €
♦ Posee una pequeña sala con barra de apoyo en la planta baja y el comedor principal en el piso superior, de aire andorrano, con las paredes en piedra y el techo en madera.

Papanico
Y/ AC ⅌ VISA ⓪
av. Princep Benlloch 4 – ℰ 00 376 86 73 33 – www.papanico.com **Bs**
Rest – Tapa 3 € – Ración aprox. 6 €
♦ Céntrico establecimiento donde podrá degustar unas deliciosas tapas y raciones. Se complementa con un comedor tipo jardín de invierno, donde ofrecen una carta tradicional.

CANILLO – alt. 1 531 m – ⊠ AD100
13 B1
▶ Andorra la Vella 12
◉ Crucifixión ★ en la iglesia de Sant Joan de Caselles, Noreste : 1 km
– Santuari de Meritxell (paraje★) Suroeste : 3 km

Ski Plaza
🏨 🔲 🛋 ⅖ 🛗 hab, AC rest, ⅌ 📶 🚗 VISA ⓪ AE ①
carret. General – ℰ 00 376 73 94 44 – www.plazandorra.com
121 hab – ♦74/226 € ♦♦95/269 €, ⊠ 17,50 € **Rest** – Menú 26 €
♦ Está bastante bien equipado y se encuentra a 1.600 m de altitud. Aquí encontrará habitaciones de estilo montañés y máximo confort, algunas con jacuzzi y otras para niños. Amplio restaurante centrado en el servicio de buffet.

ENCAMP – alt. 1 313 m – ⊠ AD200
13 B1
▶ Andorra la Vella 8
🎔 pl. Consell, ℰ 00 376 73 10 00 turisme@encamp.ad Fax 00 376 83 98 78

Coray ⟨ ⬚ ▮ AC rest, ⚒ ☺ VISA ⓪

Caballers 38 – ℰ 00 376 83 15 13 – cerrado noviembre
85 hab ⌂ – †40/70 € ††48/72 €
Rest – *(sólo buffet)* Menú 11 €

♦ Hotel bien situado en la zona alta de la ciudad. Posee unas zonas sociales actuales y habitaciones funcionales, muchas de ellas con vistas a los campos del entorno. El amplio y luminoso comedor basa su actividad en el servicio de buffet.

 Univers ▮ ⚒ ⅏ P VISA ⓪

René Baulard 13 – ℰ 00 376 73 11 05 – www.hoteluniversandorra.com – cerrado noviembre
31 hab – †38/42 € ††65/75 €, ⌂ 8 €   **Rest** – Menú 14 €

♦ Negocio de amable organización familiar ubicado a orillas del Valira Oriental. Ofrece un estilo clásico-funcional y habitaciones algo pequeñas aunque de suficiente confort. En su correcto comedor podrá degustar una reducida carta de sabor tradicional.

ESCALDES ENGORDANY – alt. 1 105 m – ✉ AD700   **13** B1

▶ Andorra la Vella 2

🛈 pl. Co-Prínceps, ℰ 00 376 82 09 63 caseta.escaldes@andorra.ad Fax 00 376 86 66 97

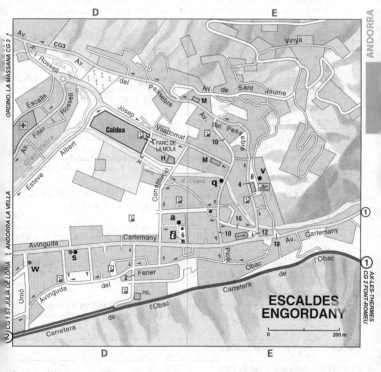

Roc de Caldes ⚜ ⟨ 🖼 🛗 🔥 hab, 🅰🅒 rest, 🏊 🔊 🅿 🍴 🚗 💳 💳
carret. d'Engolasters, por ① *carretera de l'Obac* – ℰ 00 376 87 45 55
– www.rocdecaldes.com
45 hab – 👫100/220 €, ⌹ 15 €   **Rest** – Menú 18 €
♦ En la ladera de la montaña. Lujoso hotel cuya arquitectura contemporánea se integra en la naturaleza. Las habitaciones, decoradas con gusto, brindan preciosas vistas. El restaurante, que presenta un montaje clásico, destaca por su magnífica panorámica.

Roc Blanc   🖼 🔥 🛗 🔥 hab, 🅰🅒 🏊 🔊 🔊 🚗 💳 💳
pl. dels Co-Prínceps 5 – ℰ 00 376 87 14 00 – www.rocblanchotels.com
157 hab ⌹ – 👤75/240 € 👫90/310 € – 3 suites   Da
Rest *L'Entrecôte* – Carta 30/41 €
♦ Se encuentra en el centro de la localidad y está repartido en tres edificios unidos entre sí. Completa zona social y habitaciones acogedoras, con mobiliario clásico-actual. Su restaurante L'Entrecôte disfruta de un correcto montaje y un acceso independiente.

Casa Canut   🔥 🔥 🅰🅒 🏊 🔊 🚗 💳 💳 💳
av. Carlemany 107 – ℰ 00 376 73 99 00 – www.casacanuthotel.com
33 hab – 👫120/250 €, ⌹ 15 €   Ds
Rest *Casa Canut* – ver selección restaurantes
♦ Al pasar el umbral de su discreta fachada quedará seducido por el refinamiento de este hotel. Habitaciones personalizadas, muy confortables y de extraordinario equipamiento.

Espel   🔥 🔥 hab, 🅰🅒 rest, 🏊 🚗 💳 💳
pl. Creu Blanca 1 – ℰ 00 376 82 08 55 – www.hotelespel.com – *cerrado 2 mayo
- 24 junio*   Ev
84 hab ⌹ – 👤51/77 € 👫67/111 €   **Rest** – *(sólo menú)* Menú 16 €
♦ Tras una importante reforma se presenta con una estética mucho más actual. Las habitaciones, confortables y con los suelos en tarima, poseen mobiliario funcional. Su sencillo restaurante combina el buffet de los desayunos con la elaboración de un menú.

Metropolis sin rest   🔥 🅰🅒 🏊 🔊 🚗 💳 💳 ⓪
av. de les Escoles 25 – ℰ 00 376 80 83 63 – www.hotel-metropolis.com
68 hab ⌹ – 👤61/142 € 👫74/161 €   Eq
♦ Establecimiento de sobria decoración que destaca por su ubicación, entre Caldea y las tiendas libres de impuestos. Cuenta con habitaciones funcionales y de adecuado confort.

🍴🍴🍴 **Casa Canut** – Hotel Casa Canut   🅰🅒 🏊 🚗 💳 💳 💳
av. Carlemany 107 – ℰ 00 376 73 99 00 – www.casacanuthotel.com
Rest – Carta 46/79 €   Ds
♦ Conjunto clásico elegante repartido en varias salas, una de ellas con la cocina semivista. Su carta, tradicional y de mercado, posee un buen apartado de pescados y mariscos.

🍴🍴 **Gínjol**   🅰🅒 💳 💳
de la Unió 11 baixos – ℰ 00 376 82 67 16 – *cerrado 21 días en mayo, 7 días en septiembre, domingo noche y lunes*   Dw
Rest – Carta 34/50 €
♦ Este pequeño restaurante recrea una atmósfera actual, con un buen servicio de mesa, suelos en tarima y luces indirectas. De sus fogones surge una cocina con inquietudes.

INCLES – Andorra – ver Soldeu

LLORTS – Andorra – ver Ordino

La MASSANA – alt. 1 241 m – ⊠ AD400   **13** B1

🄳 Andorra la Vella 7
🄸 Avinguda Sant Antoni 1, ℰ 00 376 83 56 93 turismelamassana@andorra.ad
Fax 00 376 83 86 93

🏠 **Rutllan** ≤ 🚗 ⊐ 🛎 ⅋ hab, 🅰🅲 rest, ⅋ ⅋ 🚗 ⅦⅤ🆂🅰 ⓞⓞ 🄰🄴
av. del Ravell 3 – 𝒞 00 376 83 50 00 – www.hotelrutllan.com
96 hab ⊡ – ❶50/135 € ❶❶80/160 €   **Rest** – Menú 28 €
◆ Hotel de organización familiar instalado en un edificio con profusión de madera. Ofrece confortables habitaciones que durante la época estival cubren sus balcones de flores. Restaurante de línea clásica decorado con numerosos jarrones de cerámica y cobre.

🏠 **Abba Xalet Suites H.** 🦢 ⊐ 🛎 ⅋ rest, ⅋ ⅋ 🅿 🚗 ⅦⅤ🆂🅰 ⓞⓞ 🄰🄴
carret. de Sispony, Sur : 1,8 km – 𝒞 00 376 73 73 00
– www.abbaxaletsuiteshotel.com
47 hab ⊡ – ❶62/166 € ❶❶78/208 € – 36 suites   **Rest** – Menú 23 €
◆ Se distribuye en dos edificios y tiene la particularidad de que mientras uno abre todo el año, con habitaciones clásicas, el otro lo hace en temporada y sólo ofrece suites. Dispone de dos restaurantes, uno por hotel, ambos de correcto montaje y uso polivalente, ya que atienden los tres servicios del día.

✕✕✕ **El Rusc** 🅰🅲 ⅋ 🅿 ⅦⅤ🆂🅰 ⓞⓞ 🄰🄴
carret. de Arinsal 1,5 km – 𝒞 00 376 83 82 00 – www.elrusc.com – cerrado 15 junio-15 julio, domingo noche y lunes
Rest – Carta aprox. 56 €
◆ Bonita casa de piedra dotada con un elegante comedor rústico, un privado y un salón para banquetes. Ofrece platos vascos, tradicionales y una bodega bastante completa.

MERITXELL – alt. 1 527 m – ✉ AD100 13 B1

🚹 Andorra la Vella 11
👁 Santuari de Meritxell (paraje★)

🏠 **L'Ermita** 🛏 🛎 ⅋ hab, ⅋ ⅋ 🚗 ⅦⅤ🆂🅰 ⓞⓞ
Meritxell – 𝒞 00 376 75 10 50 – www.hotelermita.com – cerrado del 8 al 14 de junio y 19 octubre-18 noviembre
27 hab ⊡ – ❶35/55 € ❶❶60/98 €   **Rest** – Carta 24/35 €
◆ Hotel familiar ubicado en un bello paraje de montaña, junto al santuario de la Virgen de Meritxell. Disfruta de una agradable zona social y habitaciones funcionales. Su restaurante presenta una estética rústica y tiene una completa carta regional.

ORDINO – alt. 1 304 m – Deportes de invierno : 1 940/2 625 m. ⛷13 13 B1
⛷1 – ✉ AD300

🚹 Andorra la Vella 9

🏠 **Coma** 🦢 ≤ 🚗 ⊐ ⅋ 🛎 ⅋ hab, 🅰🅲 rest, ⅋ 🅿 🚗 ⅦⅤ🆂🅰 ⓞⓞ
– 𝒞 00 376 73 61 00 – www.hotelcoma.com
48 hab ⊡ – ❶35/80 € ❶❶70/100 €
Rest – (cerrado del 2 al 26 de noviembre) Carta 30/54 €
◆ Resulta acogedor y está llevado por la misma familia desde 1932. Sus habitaciones poseen mobiliario funcional de línea actual, bañera de hidromasaje y en muchos casos terraza. En su restaurante, amplio y polivalente, podrá degustar una cocina tradicional bastante sabrosa.

en Llorts :

✕✕ **La Neu** ⅋ ⅦⅤ🆂🅰 ⓞⓞ
carret. General, Noroeste : 5,5 km – 𝒞 00 376 85 06 50
– www.restaurant-laneu.com – cerrado 15 días en mayo, 15 días en octubre y miércoles
Rest – Carta 30/52 €
◆ Este pequeño restaurante presenta una sala acristalada que destaca tanto por su montaje como por sus vistas a las montañas. Carta de palabra con interesantes platos de autor.

PAS DE LA CASA – alt. 2 085 m – Deportes de invierno :
1 710/2 640 m. ⚡63 ⚡4 – ✉ AD200

> ◨ Andorra la Vella 29
> ◎ Emplazamiento ★
> ◫ Port d'Envalira ★ ★

por la carretera de Soldeu Suroeste : 10 km

🏨 **Grau Roig** ⚲ ≼ 🕱 🔲 ∤å 🛎 ₺ hab, 🕱 rest, ¶¶ **P** 🚗 **VISA** ◐◐ **AE**
Grau Roig ✉AD200 – ℰ 00 376 75 55 56 – www.hotelgrauroig.com
– cerrado 25 abril-16 junio y 15 octubre-25 noviembre
42 hab ⌓ – ♦91/290 € ♦♦108/350 € **Rest** – Carta 42/58 € ⛀
♦ Con el circo de Pessons como telón de fondo, esta típica construcción de
montaña resulta ideal para pasar unos días. Habitaciones coquetas y bien equipadas. Agradable restaurante con el techo artesonado, paredes en piedra y objetos antiguos.

SANT JULIÀ DE LÒRIA – alt. 909 m – ✉ **AD600**

> ◨ Andorra la Vella 7

al Sureste : 7 km

🏨 **Coma Bella** ⚲ ≼ 🕱 🔲 ∤å 🛎 🕱 ¶¶ 🔄 **P** 🚗 **VISA** ◐◐
bosque de La Rabassa - alt. 1 300 ✉AD600 – ℰ 00 376 74 20 30
– www.hotelcoma-bella.com – cerrado del 2 al 23 de noviembre
30 hab ⌓ – ♦37/57 € ♦♦56/96 € **Rest** – Menú 13 €
♦ Conjunto aislado y tranquilo por su ubicación, en pleno bosque de La Rabassa.
Ofrece amplias zonas nobles y unas habitaciones funcionales dotadas con baños
actuales. Correcto restaurante que destaca por sus magníficas vistas a las cumbres colindantes.

SOLDEU – alt. 1 826 m – Deportes de invierno : 1 710/2 640 m. ⚡63
⚡4 – ✉ AD100

> ◨ Andorra la Vella 20

🏨🏨 **Sport H. Hermitage** ≼ 🔲 ∤å 🛎 ₺ hab, 🚾 🕱 ⚲ 🔄 🚗 **VISA** ◐◐ ◐
carret. de Soldeu – ℰ 00 376 87 06 70 – www.sporthotels.ad – cerrado mayo y
junio
114 hab ⌓ – ♦♦150/785 € – 6 suites **Rest** – Carta aprox. 60 €
♦ Disfruta de un lujoso interior en el que se combinan las estéticas zen y contemporánea. Amplio SPA, completos servicios terapéuticos y unas magníficas vistas a las montañas. El restaurante posee dos temáticas diferentes, una mediterránea y otra más asiática.

🏨 **Xalet Montana** ≼ 🔲 ∤å 🛎 ₺ hab, 🕱 ¶¶ **P** 🚗 **VISA** ◐◐
carret. General – ℰ 00 376 73 93 33 – www.xaletmontana.net
– 20 diciembre-15 abril
40 hab ⌓ – ♦87/117 € ♦♦117/156 € **Rest** – *(sólo clientes buffet)* Menú 18 €
♦ Hotel de esmerada decoración donde todas las habitaciones disfrutan de vistas a las pistas de esquí. Posee un salón de ambiente nórdico y una agradable
zona de relax.

en Incles Oeste : 1,5 km

🏨🏨 **Galanthus** ∤å 🛎 ₺ hab, 🚾 🕱 hab, ¶¶ ⚲ 🚗 **VISA** ◐◐
carret. General – ℰ 00 376 75 33 00 – www.somriuhotels.com
– cerrado 2 mayo-30 junio y 17 octubre - 17 noviembre
55 hab – ♦50/180 € ♦♦65/240 €, ⌓ 15 € **Rest** – Menú 25 €
♦ Se presenta con una línea actual y varios salones que sirven de complemento
a la zona social. Las habitaciones poseen mobiliario funcional, suelos en tarima y
duchas de obra. En su restaurante encontrará una carta creativa y algunas especialidades japonesas.

en El Tarter Oeste : 3 km

🏨🏨 **Nordic** ⟨ icons ⟩ rest, ⟨ icons ⟩

✉AD100 – ☎ 00 376 73 95 00 – www.grupnordic.ad – cerrado del 1 al 15 de mayo y noviembre

120 hab ⌷ – †70/198 € ††94/264 €

Rest – *(sólo cena) (sólo buffet)* Menú 20 €

♦ Posee un gran vestíbulo en el que encontrará una colección de motos y coches antiguos. Todas sus habitaciones tienen terraza, unas con vistas al pueblo y otras a las montañas. El restaurante resulta bastante amplio y está centrado en el servicio de buffet.

El TARTER – ver Soldeu

Portugal

Distinções 2011

Distinciones 2011
Awards 2011

Estabelecimentos com estrelas 2011

Bragança

Porto

Amarante

Coimbra

Praia do Guincho

Lisboa

Praia da Galé

Vilamoura

Armação de Pêra

Vale Formoso

Almancil

Ilha da Madeira

Funchal

A cor está de acordo com o estabelecimento de maior número de estrelas da localidade

Praia da Galé — A localidade possui pelo menos um restaurante 2 estrelas ✸✸

Lisboa — A localidade possui pelo menos um restaurante 1 estrela ✸

Estabelecimentos com estrelas

Establecimientos con estrellas
Starred establishments

✿✿ 2011

Albufeira / Praia da Galé	Vila Joya

✿ 2011

Almancil	Amadeus
Almancil	São Gabriel
Almancil / Vale Formoso	Henrique Leis
Amarante	Largo do Paço
Armação de Pêra	Ocean
Cascais / Praia do Guincho	Fortaleza do Guincho
Coimbra	Arcadas da Capela
Funchal	Il Gallo d'Oro
Lisboa	Tavares
Quarteira / Vilamoura	Willie's

Os Bib Gourmand 2011

Arcos de Valdevez

Santa Marta de Portuzelo

Chaves

Calvos

Braga

Apúlia

Pedra Furada

Vila Nova de Famalicão

Moreira de Cónegos

Nogueira

Porto

Carvalhos

Oliveira de Azeméis

Salreu

Viseu

Vagos

Nelas

Gouveia

Aguada de Cima

Canas

Belmonte

Cantanhede

de Senhorim

Caceira
de Cima

Marrazes

Sertã

Castelo
Branco

Leiria

Golegã

Toledo

Alpiarça

Arruda
dos Vinhos

São Pedro
do Sintra

Bucelas

Tercena

Lisboa

Alcochete

Santiago
do Escoural

Évora

Lagos

Poço Barreto

Altura

Sesmarias

Vale de Parra

Quatro Águas

Ilha da Madeira

Estreito de Câmara
de Lobos

● Localidade que possui pelo menos
um estabelecimento Bib Gourmand

Bib Gourmand

Refeições cuidadas a preços moderados
Buenas comidas a precios moderados
Good food at moderate prices

PORTUGAL

Águeda /		**Lagos**	Dom Henrique
Aguada de Cima	Adega do Fidalgo	**Leiria**	O Casarão
Albufeira		**Leiria / Marrazes**	Casinha Velha
Vale de Parra	A Casa do Avô	**Lisboa**	D'Avis
Albufeira / Sesmarias	O Marinheiro	**Lisboa**	Saraiva's
Alcochete	O Arrastão	**Lisboa**	Solar dos Nunes
Alpiarça	A Casa da Emília	**Maia / Nogueira**	Machado
Altura	A Chaminé	**Moreira de Cónegos**	S. Gião
Arcos de Valdevez	Grill Costa do Vez	**Nelas**	Os Antónios
Arruda dos Vinhos	Porta Um **N**	**Oliveira de Azeméis**	Diplomata
Belmonte	Quinta da Bica **N**	**Pedra Furada**	Pedra Furada
Braga	Centurium	**Poço Barreto**	O Alambique
Bucelas	Barrete Saloio	**Póvoa de Lanhoso /**	
Canas de Senhorim	Zé Pataco	**Calvos**	Maria da Fonte
Cantanhede	Marquês de Marialva	**Queluz / Tercena**	O Parreirinha
Carvalhos	Mário Luso	**Salreu**	Casa Matos **N**
Castelo Branco	Praça Velha	**Santiago do Escoural**	Manuel Azinheirinha
Chaves	A Talha	**Sertã**	Santo Amaro
Chaves	Carvalho	**Sintra /**	
Estreito de Câmara		**São Pedro de Sintra**	Cantinho de S. Pedro
de Lobos	Adega da Quinta	**Tavira / Quatro Águas**	4 Águas
Évora	Dom Joaquim **N**	**Toledo**	O Pão Saloio
Fão / Apúlia	Camelo Apulia	**Vagos**	Nelita **N**
Figueira da Foz /		**Viana do Castelo /**	
Caceira de Cima	Azenha Velha **N**	**Santa Marta de Portuzelo**	Camelo
Golegã	O Barrigas	**Vila Nova de Famalicão**	Tanoeiro
Gouveia	O Júlio	**Viseu**	Muralha da Sé

N Novo 😊 ➡ **Nuevo** 😊 ➡ **New** 😊

Bib Hotel

Grato descanso a preço moderado
Grato descanso a precio moderado
Good accomodation at moderate prices

Hotéis agradáveis

Hoteles agradables
Particularly pleasant hotels

Estoril	Palácio
Lisboa	Lapa Palace
Sintra	Penha Longa H.

Armação de Pêra	Vila Vita Parc
Armação de Pêra	Vilalara Thalassa Resort
Beja	Pousada de São Francisco
Cascais	Albatroz
Évora	Convento do Espinheiro
Funchal	Choupana Hills
Funchal	Quinta das Vistas
Lisboa	Pestana Palace
Portimão	Le Méridien Penina
Sintra	Tivoli Palácio de Seteais

Amarante	Casa da Calçada
Cascais	Estalagem Villa Albatroz
Cascais /	
Praia do Guincho	Fortaleza do Guincho
Évora	Pousada dos Lóios
Funchal	Estalagem Casa Velha do Palheiro

Lagos	Vila Valverde
Lisboa	As Janelas Verdes
Redondo /	
Aldeia da Serra	Convento de São Paulo
Viana do Castelo	Casa Melo Alvim
Vieira do Minho / Caniçada	Aquafalls
Vila Viçosa	Pousada de D. João IV

Lisboa	Solar do Castelo
Lisboa	York House

Monsaraz	Estalagem de Monsaraz

Alcobaça	Challet Fonte Nova
Calheiros	Paço de Calheiros
Cascais	Casa da Pérgola
Fataunços	Casa de Fataunços
Manteigas	Casa das Obras
Monção	Solar de Serrade
Montemor-o-Novo	Monte do Chora Cascas
Pinhão	Casa do Visconde de Chanceleiros
Quintela de Azurara	Casa de Quintela
Santarém	Casa da Alcáçova

Restaurantes agradáveis

Restaurantes agradables

Particularly pleasant Restaurants

Albufeira / Praia da Galé	Vila Joya
Cascais / Praia do Guincho	Fortaleza do Guincho

Almancil	Pequeno Mundo
Almancil / Quinta do Lago	Casa Velha
Almancil / Vale Formoso	Henrique Leis
Amarante	Largo do Paço
Armação de Pêra	Ocean
Lisboa	Tavares

Leiria / Marrazes	Casinha Velha
Maia / Nogueira	Machado

Turismo Rural

Albergaria-a-Velha /	
Alquerubim	Casa de Fontes
Alcantarilha	Casa do Catavento
Alcobaça	Challet Fonte Nova
Alcobaça / Aljubarrota	Casa da Padeira
Almancil	Quinta dos Rochas
Alvarrões	Quinta do Barrieiro
Amares	Quinta do Burgo
Armação de Pêra	Casa Bela Moura
Belver	Quinta do Belo-Ver
Borba	Casa de Borba
Borba	Casa do Terreiro do Poço
Cabeçudo	Quinta de Santa Teresinha
Calheiros	Paço de Calheiros
Cascais	Casa da Pérgola
Castelo de Vide	Casa Amarela
Castelo Novo	Quinta do Ouriço
Cercal	Herdade da Matinha
Chaves / Nantes	Quinta da Mata
Chaves /	
Santo Estêvão	Quinta de Santa Isabel
Colares / Azoia	Quinta do Rio Touro
Cumieira	Quinta da Cumieira
Ervedal da Beira	Solar do Ervedal
Fataunços	Casa de Fataunços
Figueira da Foz /	
Caceira de Cima	Casa da Azenha Velha
Frossos	Quinta da Vila Francelina
Lamego	Quinta da Timpeira
Lamego	Villa Hostilina
Lousada	Casa de Juste

Macedo de Cavaleiros /	
Chacim	Solar de Chacim
Manteigas	Casa Das Penhas Douradas
Manteigas	Casa das Obras
Mesão Frio	Casa de Canilhas
Monção	Solar de Serrade
Moncarapacho	Casa da Calma
Mondim de Basto	Quinta do Fundo
Monsaraz	Monte Alerta
Montemor-o-Novo	Monte do Chora Cascas
Óbidos	Casa d'Óbidos
Óbidos	Quinta da Torre
Pinhão	Casa de Casal de Loivos
Pinhão	Casa do Visconde de Chanceleiros
Póvoa e Meadas	Quinta da Bela Vista
Quintela de Azurara	Casa de Quintela
Redondo / Aldeia da Serra	Água d'Alte
Ruivães	Casa de Dentro (Capitão-Mor)
Santa Catarina	
da Fonte do Bispo	Quinta da Fonte do Bispo
Santa Cruz da Trapa	Quinta do Pendão
Santa Marinha do Zêzere	Casarão
Santa Marta	
de Penaguião	Casal Agrícola de Cevêr
Santarém	Casa da Alcáçova
Serrazes	Quinta do Pedreno
Silveiros	Casa de Mourens
Silves	Quinta do Rio-Country Inn
Sintra	Casa Miradouro
Tabuaço	Quinta das Heredias
Tabuadelo	Paço de São Cipriano

PORTUGAL

Para saber mais

Para saber más
Further information

PORTUGAL

Os vinhos

Los vinos
Wines

①   *Vinhos Verdes*

②, ③   *Porto e Douro, Dão*

④   *Bairrada*

⑤ *a* ⑧ *Bucelas, Colares, Carcavelos, Setúbal*

⑨ *a* ⑫ *Lagoa, Lagos, Portimão, Tavira*

⑬ *a* ⑮ *Borba, Redondo, Reguengos*

⑯   *Madeira*

Vinhos
e especialidades regionais

Portugal possui uma tradição vitivinícola muito antiga. A diversidade das regiões vinícolas tem determinado a necessidade de regulamentar os seus vinhos com Denominações de Origem, indicadas no mapa correspondente.

Regiões e localização no mapa	Características dos vinhos	Especialidades regionais
Minho, Douro Litoral, Trás-Os-Montes, Alto Douro ① e ②	**Tintos** encorpados, novos, ácidos **Brancos** aromáticos, suaves, frutados, delicados, encorpados **Portos** (Branco, Tinto, Ruby, Tawny, Vintage) ricos em açúcares	*Caldo verde, Lampreia, Salmão, Bacalhau, Presunto, Cozido, Feijoada, Tripas*
Beira Alta, Beira Baixa, Beira Litoral ③ e ④	**Tintos** aromáticos, suaves, aveludados, equilibrados, encorpados **Brancos** cristalinos, frutados, delicados, aromáticos	*Queijo da Serra, Papos de Anjo, Mariscos, Caldeiradas, Ensopado de enguias, Leitão assado, Queijo de Tomar, Aguardentes*
Estremadura, Ribatejo ⑤ e ⑧	**Tintos** de cor rubí, persistentes, secos, encorpados **Brancos** novos, delicados, aromáticos, frutados, elevada acidez **Moscatel de Setúbal,** rico em álcool, de pouca acidez	*Amêijoas à bulhão pato, Mariscos, Caldeiradas, Queijadas de Sintra, Fatias de Tomar*
Algarve ⑨ e ⑫	**Tintos** aveludados, suaves, frutados **Brancos** suaves	*Peixes e mariscos na cataplana, Figos, Amêndoas*
Alentejo ⑬ e ⑮	**Tintos** robustos e elegantes	*Migas, Sericaia, Porco à Alentejana, Gaspacho, Açordas, Queijo de Serpa*
Madeira ⑯	Ricos em álcool, secos, de subtil aroma	*Espetadas (carne, peixe), Bolo de mel*

PORTUGAL

Vinos y especialidades regionales

Portugal posee una tradición vinícola muy antigua. La diversidad de las regiones vinícolas ha determinado la necesidad de regular sus vinos con Denominaciones de Origen (Denominações de Origem), indicadas en el mapa correspondiente.

PORTUGAL

Regiones y localización en el mapa	Características de los vinos	Especialidades regionales
Minho, Douro Litoral, Trás-Os-Montes, Alto Douro ① y ②	**Tintos** con cuerpo, jóvenes, ácidos	*Caldo verde (Sopa de berza), Lamprea, Salmón,*
	Blancos aromáticos, suaves, afrutados, delicados, con cuerpo **Oportos** (Blanco, Tinto, Ruby, Tawny, Vintage) ricos en azúcares	*Bacalao, Jamón, Cocido, Feijoada (Fabada), Callos*
Beira Alta, Beira Baixa, Beira Litoral ③ y ④	**Tintos** aromáticos, suaves, aterciopelados, equilibrados, con cuerpo **Blancos** cristalinos, afrutados, delicados, aromáticos,	*Queso de Serra, Papos de Anjo (Repostería), Mariscos, Calderetas, Guiso de pan y anguilas, Cochinillo asado, Queso de Tomar, Aguardientes*
Estremadura, Ribatejo ⑤ al ⑧	**Tintos** de color rubí, persistentes, secos, con cuerpo **Blancos** jóvenes, delicados aromáticos, afrutados, elevada acidez **Moscatel de Setúbal**, rico en alcohol, bajo en acidez	*Almejas al ajo, Mariscos, Calderetas, Queijadas (Tarta de queso) de Sintra, Torrijas de Tomar*
Algarve ⑨ al ⑫	**Tintos** aterciopelados, suaves **Blancos** suaves	*Pescados y mariscos « na cataplana », Higos, Almendras*
Alentejo ⑬ al ⑮	**Tintos** robustos y elegantes	*Migas, Sericaia (Repostería), Cerdo a la Alentejana, Gazpacho (Sopa fría de tomate y cebolla), Açordas (Sopa de pan y ajo), Queso de Serpa*
Madeira ⑯	Ricos en alcohol, secos, de sutil aroma	*Brochetas (carne, pescado), Pastel de miel*

Wines and regional specialities

Portugal has a very old wine producing tradition. The diversity of the wine growing regions made it necessary to regulate those wines by the Appellation d'Origine (Denominações de Origem) indicated on the corresponding map.

Regions and location on the map	Wine's characteristics	Regional Specialities
Minho, Douro Litoral, Trás-Os-Montes, Alto Douro ① and ②	**Reds** full bodied, young, acidic **Whites** aromatic, sweet, fruity, delicate, full bodied **Port** (White, Red, Ruby, Tawny, Vintage), highly sugared	*Caldo verde (Cabbage soup), Lamprey, Salmon, Codfish, Ham, Stew, Feijoada (Pork and bean stew), Tripes*
Beira Alta, Beira Baixa, Beira Litoral ③ and ④	**Reds** aromatic, sweet, velvety, well balanced, full bodied **Whites** crystal-clear, fruity, delicate, aromatic	*Serra Cheese, Papos de Anjo (Cake), Seafood, Fishsoup, Ensopado de enguias (Eel stew), Roast pork, Tomar Cheese, Aguardentes (distilled grape skins and pips)*
Estremadura, Ribatejo ⑤ to ⑧	Ruby coloured **reds**, big, dry, full bodied **Young whites** delicate, aromatic, fruity, acidic **Moscatel from Setúbal**, strong in alcohol, slightly acidic	*Clams with garlic, Seafood, Fish soup, Queijadas (Cheesecake) from Sintra, Fatias (Sweet bread) from Tomar*
Algarve ⑨ to ⑫	Velvety **reds**, light, fruity Sweet **whites**	*Fish and Seafood « na cataplana », Figs, Almonds*
Alentejo ⑬ to ⑮	Robust elegant **reds**	*Migas (Fried breadcrumbs), Sericaia (Cake), Alentejana pork style, Gaspacho (Cold tomato and onion soup), Açordas (Bread and garlic soup), Serpa Cheese*
Madeira ⑯	Strong in alcohol, dry with a delicate aroma	*Kebab (Meat, Fish), Honey cake*

PORTUGAL

- → *Descobrir o melhor restaurante ?*
- → *Encontrar o hotel mais próximo ?*
- → *Situar-se nas plantas e nos mapas ?*
- → *Decifrar os símbolos utilizados no guia ?*

Siga os Bibs vermelhos !

Os conselhos do **Bib Chef** para ajudar-lhe no restaurante.

As habilidades e as informações do **Bib Astuto** para uma melhor utilização do guia...e na estrada.

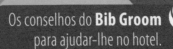

Os conselhos do **Bib Groom** para ajudar-lhe no hotel.

Localidades
de A a Z

Localidades
de A a Z

Towns
from A to Z

PORTUGAL

AGUADA DE CIMA – Aveiro – ver Águeda

ÁGUEDA – Aveiro – 733 – 591 K4 – 4 341 h. 4 B2

▶ Lisboa 250 – Aveiro 22 – Coimbra 42 – Porto 85

🛈 Largo Dr. João Sucena, 𝒞 234 60 14 12 agueda@rotadaluz.pt

🏠 Conde d'Águeda sem rest 🏨 ⅙ 🞔 ⤢ 🛰 🞖 🞗 🞘

Praça Conde de Águeda ☎3750-1114 – 𝒞 234 61 03 90
– www.hotelcondedagueda.com
28 qto ⌂ – †50/65 € ††70/85 €

♦ Destaca tanto pelo seu moderno exterior como pela sua central localização, com uma atractiva esplanada-bar no terraço. Confortáveis quartos dotados de mobiliário actual.

em Aguada de Cima Sudeste : 9,5 km

✗ Adega do Fidalgo 🞖 🞗 🞘 🞙 🞚

Almas da Areosa ✉3750-043 Aguada de Cima – 𝒞 234 66 62 26 – *fechado domingo noite*
Rest – Lista 19/29 €

♦ Negócio de carácter familial com ambiente rústico, dispõe de duas salas de refeição, ambas com tecto de madeira e mobiliário provençal. Bom terraço de verão, um forno a lenha e uma grelha.

ALANDROAL – Évora – 733 – 593 P7 – 1 422 h. 2 C2

▶ Lisboa 192 – Badajoz 53 – Évora 56 – Portalegre 86

🛈 Praça da República, 𝒞 268 44 00 45 pturismo.adl.dsscd@cm.alandroal.pt
Fax 268 44 00 42

✗ A Maria 🞔 🞗 🞖 🞘 🞙

Rua João de Deus 12 ✉7250-142 – 𝒞 268 43 11 43 – *fechado do 16 ao 31 de agosto e 2ª feira noite*
Rest – Lista 29/40 €

♦ Este restaurante típico possui o encanto das coisas simples. A sua sala é original pois as paredes imitam as fachadas das casas alentejanas. Cozinha regional.

ALBERGARIA-A-VELHA – Aveiro – 733 – 591 J4 – 5 279 h. 4 B1

▶ Lisboa 261 – Aveiro 20 – Coimbra 62 – Viseu 73

em Alquerubim Sudoeste : 9 km

🏠 Casa de Fontes 🞖 🞗 🞘 🞙 🞚 🞛 🞜

✉3850-365 Alquerubim – 𝒞 234 93 87 01 – www.casadefontes.pt
10 qto ⌂ – †60 € ††70 € **Rest** – (só jantar) (só clientes) Menu 25 €

♦ Esta casa senhorial de 1873 exala antiguidade por todos seus poros. Dispõe de um grande jardim, uma área social variada e quartos simples, com mobiliário provençal.

ALBERNOA – Beja – 733 – 593 S6 – 846 h. 1 B3

▶ Lisboa 196 – Évora 104 – Faro 125 – Setúbal 165

ao Noroeste : 7 km

🏠 Vila Galé Clube de Campo 🞖 🞗 🞘 🞙 🞚 🞛 🞜

Herdade da Figueirinha ✉7801-732 Beja
– 𝒞 284 97 01 00 – www.vilagale.pt
78 qto ⌂ – †68/136 € ††80/160 € – 3 suites **Rest** – Lista 24/32 €

♦ O hotel, composto por vários edifícios, todos eles dentro de uma grande propriedade, oferece um SPA completo, sua própria adega, várias opções de lazer, e quartos de estilo alentejano. Refeitório rústico com grandes vigas de madeira e uma lareira que preside a sala.

🚩 Lisboa 326 – Faro 36 – Lagos 52

🏛 Rua 5 de Outubro, 𝒞 289 58 52 79 turismo.albufeira@rtalgarve.pt
e Estrada de Santa Eulália (Areias de São João), 𝒞 289 51 59 73
posto.turismo@cm-albufeira.pt Fax 289 51 35 56

🏌 Vale de Parra, Oeste : 8,5 km Salgados Golf Club, 𝒞 289 58 30 30

◎ Sítio ★

🏨 **Real Bellavista**   🁢 🖼 *ł*6 🛗 ₺ qto, 🎦 ❄ ⁽ᵗ⁾ 🍽 **P** 🚗 ⅥSA ⑳ 🗚
Av. do Estádio ✉*8200-127* – 𝒞 *289 54 00 60* – *www.hoteisreal.com*
190 qto � – 👤58/208 € 👥👥63/213 € – 5 suites
Rest – *(só jantar buffet)* Menu 19,50 €
◆ Na zona alta da cidade e dirigido tanto ao cliente em férias como ao de negócios. Salões amplos, quartos funcionais de completo equipamento e um bom fitness. O seu amplo refeitório dispõe de uma sala envidraçada com vistas sobre a piscina.

🏨 **Alísios**   ⩽ 🛎 🖼 🛗 ₺ qto, 🎦 ❄ ⁽ᵗ⁾ 🍽 **P** ⅥSA ⑳ 🗚 ⓞ
Av. Infante Dom Henrique 83 ✉*8200-916* – 𝒞 *289 58 92 84*
– *www.hotelalisios.com*
115 qto ⊻ – 👤100/135 € 👥👥110/155 €   **Rest** – *(só jantar)* Lista aprox. 35 €
◆ Hotel funcional cuja localização ao pé da praia evidencia uma orientação ao turismo de férias. Correcta zona social e confortáveis quartos e uma elegante varanda-solarium.

🏨 **Vila Galé Cerro Alagoa**   🁢 🖼 *ł*6 🛗 ₺ qto, 🎦 ❄ ⁽ᵗ⁾ 🍽 **P** 🚗
Rua do Município ✉*8200-916* – 𝒞 *289 58 31 00*   ⅥSA ⑳ 🗚 ⓞ
– *www.vilagale.pt*
243 qto ⊻ – 👤43/170 € 👥👥50/200 €   **Rest** – *(só jantar)* Menu 20 €
◆ Um hotel de grande capacidade, mas algo afastado da praia. Oferece amplas zonas sociais, quartos espaçosos e uma grande piscina coberta de ambiente tropical. Restaurante em dois níveis com uma zona para a ementa e outra para o buffet.

🍴 **O Cabaz da Praia**   ⩽ 🛎 🎦 ❄ ⅥSA ⑳ ⓞ
Praça Miguel Bombarda 7 ✉*8200-076* – 𝒞 *289 51 21 37* – *fechado janeiro*
Rest – Lista 26/38 €
◆ Restaurante com uma agradável esplanada frente ao mar. Possui um refeitório clássico, com decoração simples e ao mesmo tempo elegante, onde oferecem uma ementa internacional.

em Areias de São João Este : 2,5 km

🍴 **Três Palmeiras**   🎦 ❄ **P** ⅥSA ⑳ 🗚 ⓞ
Av. Infante D. Henrique 51 ✉*8200-261 Albufeira* – 𝒞 *289 51 54 23* – *fechado janeiro e domingo*
Rest – Lista 27/34 €
◆ Restaurante assentado e bem consolidado, que deve a sua fama à qualidade dos seus peixes. Séria organização familiar, esmerada manutenção e um simples serviço de mesa.

na praia de Santa Eulália Este : 4 km

🏨 **Grande Real Santa Eulália**   ⩽ 🛎 🁢 *ł*6 ❄ 🛗 ₺ qto, 🎦 ❄ ⁽ᵗ⁾ 🍽
✉*8200-916 Albufeira* – 𝒞 *289 59 80 00*   **P** 🚗 ⅥSA ⑳ 🗚 ⓞ
– *www.hoteisreal.com*
160 qto ⊻ – 👤112/482 € 👥👥132/502 €
Rest – Menu 40 €
Rest *Pergula* – *(só jantar)* Lista 60/75 €
◆ Complexo com atractivos exteriores situado na 1ª linha de praia. Possui quartos completos de estilo clássico-colonial, bem como apartamentos mais coloristas e funcionais. O pequeno restaurante à la carte é luminoso e dispõe de uma esplanada com vistas.

PORTUGAL

em Sesmarias Oeste : 4 km

🏨🏨🏨 São Rafael Suite H. ⌂   🕭 ⻑ 🔲 *Ĺ₅* ❊ 🎐 ⻓ qto. ⁇ 🕏 🅿
São Rafael ✉*8200-613 Albufeira – ✆ 289 54 03 00*
– www.cs-soorafaelsuitehotel.com
86 suites – 19 qto   **Rest** –
◆ É moderno, tranquilo e funcional, com a particularidade de ter uma boa oferta em serviços de relaxação e descanso. Quartos bastante espaçosos, tipo suite. O cuidado refeitório com ementa complementa-se com outro mais funcional para o buffet.

❊❊   **O Marinheiro**   🕭 🄰🄲 ❊ 🅿 *VISA* ⚛
(🎐)   *Caminho da Praia da Coelha* ✉*8200-385 Albufeira – ✆ 289 59 23 50*
– www.albufeiratopholidays.com – fechado dezembro, janeiro e domingo salvo maio-setembro
Rest – *(só jantar)* Lista 20/30 €
◆ Casa tipo villa que surpreende pelo seu bom nível gastronómico. Desfruta de instalações funcionais e de uma esplanada, onde oferecem pratos tradicionais e internacionais.

na Praia da Galé Oeste : 6,5 km

🏨🏨🏨   **Vila Galé Praia**   ⻑ *Ĺ₅* ❊ 🎐 ⻓ qto, 🄰🄲 ❊ 🕾 *VISA* ⚛ 🄰🄴 ⓪
✉*8200-917 apartado 2204 Albufeira – ✆ 289 59 01 80 – www.vilagale.pt*
40 qto ⌲ – ♦64/136 € ♦♦75/176 €   **Rest** – Lista 26/37 €
◆ Apresenta uma linha moderna-actual e um bom nível de conforto. Zona social em duas alturas, quartos de completo equipamento e magnífica piscina rodeada de jardins. No seu restaurante são elaborados pratos tradicionais, internacionais e de origem exótica.

❊❊❊❊   **Vila Joya** com qto ⌂   ⇐ 🖃 🕭 ⻑ *Ĺ₅* ❊ 🄰🄲 ❊ ⁇ 🅿 *VISA* ⚛ 🄰🄴 ⓪
✿✿   ✉*8201-902 Guia ABF – ✆ 289 59 17 95 – www.vilajoya.com – (o preço do quarto é com meia pensão incluída)*
16 qto ⌲ – ♦235/315 € ♦♦300/380 € – 4 suites
Rest – *(só menú ao jantar)* Menu 89/155 € – Lista 80/105 € ☗
Espec. Medalhões de lavagante com couve-flor e caviar. Carne de porco a Alentejana. Mil-folhas exótico.
◆ Esta bela villa é um pequeno paraíso em frente ao mar e o seu restaurante um templo gastronómico onde a elegância e a criatividade culinária se encontram em equilíbrio. Dispõe de um terraço com alpendre, uma adega, aberta ao público, belos jardins e quartos encantadores, todos eles personalizados.

em Vale de Parra Noroeste : 7,5 km

❊❊   **A Casa do Avô**   🕭 🄰🄲 ❊ *VISA* ⚛ ⓪
(🎐)   *Sítio de Vale de Parra* ✉*8200-427 Albufeira – ✆ 289 51 32 82*
– www.restaurante-acasadoavo.com – fechado janeiro e 2ª feira salvo maio-agosto
Rest – Lista 26/32 €
◆ Bem dirigido pelo seu proprietário, que está à frente do negócio. Apresenta um ambiente regional bastante cuidado e destaca por oferecer pratos tradicionais muito fartos.

na Praia da Falésia Este : 10 km

🏨🏨🏨   **Sheraton Algarve** ⌂   ⇐ 🖃 🕭 ⻑ 🔲 *Ĺ₅* ❊ 🖸 🎐 ⻓ 🄰🄲 ❊ 🕾 🕏 🅿
✉*8200-909 apartado 644 Albufeira – ✆ 289 50 01 00*   *VISA* ⚛ 🄰🄴 ⓪
– www.luxurycollection.com
232 apartamentos ⌲ – ♦♦140/490 € – 182 qto – 33 suites
Rest *O Pescador* – *(fechado novembro-março)* Lista 50/70 €
Rest *Il Giardino* – *(fechado outubro -fevereiro)* *(só jantar)* Lista 50/58 €
◆ Magnífico edifício situado sobre uma falésia, num local de grande beleza. O seu elevado conforto e um alto equipamento conformam um interior luxuoso e cuidado. Dispõe de vários restaurantes, onde se destaca O Pescador, tanto pela sua ementa como pela montagem.

ALCÁCER DO SAL – Setúbal – 733 – 593 Q4 – **3 902 h.**

   ▶ Lisboa 97 – Beja 94 – Évora 75 – Setúbal 55

   🛈 Largo Pedro Nunes, ℰ 265 61 00 70 turismoalcacer@m-alcacerdosal.pt
   Fax 265 61 00 79

🏨🏨🏨 **Pousada D. Afonso II** ⬥   ≼ 🕾 ⓩ ➍ ♿ qto, Ⓜ 🏸 ♨ 🅿
   Castelo de Alcácer ✉7580-197 – ℰ 265 61 30 70   𝖵𝖨𝖲𝖠 ⓒⓞ Ⓐ🅔 ⓘ
   – www.pousadas.pt
   33 qto ⚟ – 🛏98/288 € 🛏🛏110/300 € – 2 suites   **Rest** – Menu 30 €
   ♦ O passado e o presente convivem num castelo-convento situado sobre uma colina, com o rio Sado ao fundo. Sabe conjugar a sobriedade decorativa e o desenho funcional. O espaçoso restaurante dispõe de grandes vidraças com vistas ao jardim.

ALCANTARILHA – Faro – 733 – 593 U4 – **964 h.**

   ▶ Lisboa 258 – Albufeira 12 – Faro 48 – Lagos 36

🏠 **Capela das Artes** sem rest ⬥   ⓩ ♿ Ⓜ 🏸 ♨ 🅿 𝖵𝖨𝖲𝖠 ⓒⓞ Ⓐ🅔 ⓘ
   Quinta da Cruz ✉8365-908 apartado 101 – ℰ 282 32 02 00
   – www.capeladasartes.com – fechado dezembro- 13 fevereiro
   26 qto ⚟ – 🛏🛏70/120 €
   ♦ Tem um encanto especial, já que combina o seu trabalho de hotel com a organização de cursos e exposições. Quartos de ar rústico, amplos embora algo sóbrios.

pela estrada N 269 Nordeste : 6,5 km

🏠 **Casa do Catavento** sem rest   ☞ ⓩ 🏸 🅿 𝖵𝖨𝖲𝖠 ⓒⓞ Ⓐ🅔 ⓘ
   Escorrega do Malhão ✉8365-024 – ℰ 282 44 90 84
   – www.casadocatavento.com – fevereiro-outubro
   4 qto ⚟ – 🛏54/82 € 🛏🛏65/85 €
   ♦ Situado em pleno campo, com um pequeno jardim, esplanada e piscina. Aconchegante zona social com lareira e quartos correctos, todos eles, com a excepção de um, possuem duche.

ALCOBAÇA – Leiria – 733 – 592 N3 – **4 987 h. – alt. 42 m**

   ▶ Lisboa 110 – Leiria 32 – Santarém 60

   🛈 Praça 25 de Abril, ℰ 262 58 23 77

   ◙ Mosteiro de Santa Maria★★ : Igreja★★ (túmulo de D. Inês de Castro★★, túmulo de D. Pedro★★), edifícios da abadia★★

🏠 **Challet Fonte Nova** sem rest ⬥   ☞ ➍ Ⓜ 🏸 ⓦ 🅿 𝖵𝖨𝖲𝖠 ⓒⓞ Ⓐ🅔 ⓘ
   Rua da Fonte Nova 8 ✉2460-046 – ℰ 262 59 83 00 – *www.challetfontenova.pt*
   10 qto ⚟ – 🛏85 € 🛏🛏120 €
   ♦ Esta casa senhorial, do final do século XIX. e cercada por jardins, oferece uma área social elegante e quartos com mobiliário de época, os mais modernos situados em um anexo.

em Aljubarrota Nordeste : 6,5 km

🏠 **Casa da Padeira** sem rest   ≼ ⓩ ⓦ 🅿
   Estrada N 8-19 ✉2460-711 Aljubarrota – ℰ 262 50 52 40
   – www.casadapadeira.com
   8 qto ⚟ – 🛏45/55 € 🛏🛏50/75 €
   ♦ Bonita casa com mobiliário português. Possui um acolhedor salão social com lareira e quartos correctos, a maioria dos mesmos um pouco sóbrios e com casas de banho com prato de duche.

ALCOCHETE – Setúbal – 733 – 593 P3 – **7 376 h.**

   ▶ Lisboa 59 – Évora 101 – Santarém 81 – Setúbal 29

   🛈 Largo da Misericórdia, ℰ 21 234 86 55 posto-turismo@cm-alcochete.pt
   Fax 21 234 86 95

X **O Arrastão** ⓐ KC ⅗ P VISA ⑩ AE

Praia dos Moinhos ✉*2890-166 – ℰ 212 34 21 51 – fechado agosto, domingo noite e 2ª feira*

Rest – Lista 22/30 €

♦ Encontra-se ao pé da praia e tem um ambiente de marcada inspiração marítima, com um restaurante de montagem simples e uma sala privada. Peixe de excelente qualidade e frescura.

ALDEIA DA SERRA – Évora – ver Redondo

ALDEIA DAS DEZ – Coimbra – **733** – **592** L6 – 318 h. – alt. 450 m   4 B2

▶ Lisboa 286 – Coimbra 81 – Guarda 93

Quinta da Geia ⌓   ⇐ 宗 ユ ふ qto, ⅗ ⑨ 纟 P VISA ⑩ ①

Largo do Terreiro do Fundo do Lugar ✉*3400-214 – ℰ 238 67 00 10 – www.quintadageia.com – fechado janeiro*

15 qto – ♸59/90 € ♸♸69/100 €, ⌷ 6,50 €

Rest – Menu 22,50 €

♦ O encanto dos tempos passados e o conforto actual convivem neste atractivo conjunto do séc. XVII. Ambiente rústico e boas vistas, tanto ao vale como à serra da Estrela. O seu refeitório simples complementa-se, no Verão, com uma agradável esplanada.

ALFERRAREDE – Santarém – **733** – **592** N5 – 4 302 h.   6 B2

▶ Lisboa 145 – Abrantes 2 – Santarém 79

X **Cascata** KC ⅗ VISA ⑩ ①

Rua Manuel Lopes Valente Junior 19-A ✉*2200-260 Abrantes – ℰ 241 36 10 11 – www.cascata.pt – fechado domingo noite e 2ª feira*

Rest – Lista 20/29 €

♦ Esta casa familiar conta com um restaurante no térreo, uma sala de refeição mais clássica no andar de cima e um espaço moderno para banquetes.

ALIJÓ – Vila Real – **733** – **591** I7 – 2 127 h.   8 B3

▶ Lisboa 411 – Bragança 115 – Vila Real 44 – Viseu 117

Pousada do Barão de Forrester ✍ ユ ⅗ ⌸ KC ⅗ P

Rua Comendador José Rufino ✉*5070-031*   VISA ⑩ AE ①

– ℰ 259 95 92 15 – www.pousadas.pt

21 qto ⌷ – ♸78/208 € ♸♸90/220 €   **Rest** – Menu 30 €

♦ Se uma adequada reforma melhorou o nível de conforto, a sua ampliação incrementou o número de quartos. Cuidados exteriores e uma aconchegante zona social. Elegante restaurante com sossegadas vistas aos jardins.

ALJUBARROTA – Leiria – ver Alcobaça

ALMANCIL – Faro – **733** – **593** U5 – 3 117 h.   3 B2

▶ Lisboa 306 – Faro 13 – Huelva 115 – Lagos 68

🔞 Vale de Lobo, Sudoeste : 6 km, ℰ 289 35 34 65

🔞 Quinta do Lago, ℰ 289 39 07 00

◉ Igreja de S. Lourenço★ (azulejos★★)

XXX **Pequeno Mundo** 宗 KC ⅗ P VISA ⑩ AE

Pereiras, Oeste : 1,5 km ✉*8135-907 – ℰ 289 39 98 66 – fechado dezembro-janeiro e domingo*

Rest – (só jantar) Lista 40/57 €

♦ Inesquecíveis jantares numa antiga casa de campo decorada com gosto e estilo. É um referencial charmoso e atractivo, onde se oferece uma cozinha bastante bem elaborada.

XXX **Vincent** 🍽 AC ⁂ **P** VISA ⊙ AE
Estrada de Quarteira ✉8135-906 apartado 3533 – 𝒞 289 39 90 93 – fechado
15 novembro-15 dezembro,2ª feira em junho-agosto e domingo
Rest – *(só jantar)* Lista 41/61 €
♦ Acede-se por uma agradável esplanada ajardinada e oferece um bom bar, com
loja de vinhos e azeites, assim como um refeitório clássico bastante alegre e de
cores viva.

XX **Aux Bons Enfants** 🍽 AC ⁂ **P** VISA ⊙
Estrada a Quinta do Lago, Sul : 1,5 km ✉8135-908 – 𝒞 289 39 68 40
– fechado 15 novembro-dezembro e domingo
Rest – *(só jantar)* Lista aprox. 37 €
♦ A sua elegante fachada é passagem para um interior bastante acolhedor, com
uma atractiva esplanada e uma sala de jantar decorada com antiguidades. Cozinha de evocadoras raízes galas.

XX **Couleur France** 🍽 AC ⁂ **P** VISA ⊙ ①
Vale d'Eguas, Estrada de Portimão - Noroeste : 1,5 km ✉8135-033
– 𝒞 289 39 95 15 – www.couleur-france.net – fechado domingo
Rest – *(só menú ao almoço)* Lista 30/45 €
♦ Apresenta uma estética bastante actual, com um pátio à entrada, um lounge-
-bar, duas salas de design industrial, a principal com clarabóia, e um ambiente pri-
vado. Ementa de fusão.

X **Fuzios** 🍽 ⁂ **P** VISA ⊙ AE ①
Rua do Comércio 286 - Estrada de Quarteira ✉8135-127 – 𝒞 289 39 90 19
– fechado 15 novembro-25 dezembro e 4ª feira
Rest – *(só jantar)* Lista 36/48 €
♦ Encontra-se à beira da estrada de Quarteira e possui duas salas de jantar de
acolhedora decoração clássica-regional. Cozinha internacional com predomínio
de pratos italianos.

em Vale Formoso Nordeste : 1,5 km

XXX **Henrique Leis** 🍽 AC ⁂ **P** VISA ⊙ AE
⁑ *✉8100-267 Loulé – 𝒞 289 39 34 38 – www.henriqueleis.com – fechado*
dezembro, 2ª feira salvo julho-agosto e domingo
Rest – *(só jantar)* Menu 80 € – Lista 59/70 € ⌘
Espec. Tartelete sablé de vieiras marinadas em Borsch e em água de côco. Lombo
de linguado com crumble multicolor. Mil-folhas contemporâneo de citrinos e
mascarpone.
♦ A casa, com um ambiente neorrústico agradável, dispõe de uma pequena sala
decorada com muito bom gusto e oferece uma extensa ementa de cozinha
moderna, com detalhes e toques criativos e associações bastante coerentes.

ao Sul

XXX **São Gabriel** 🍽 AC ⁂ **P** VISA ⊙ AE ①
⁑ *Estrada de Vale do Lobo a Quinta do Lago, 4 km ✉8135-912 – 𝒞 289 39 45 21*
– www.sao-gabriel.com – fechado dezembro, janeiro e 2ª feira
Rest – *(só jantar)* Lista 50/74 €
Espec. Filete de pregado com cebola branca confitada, molho de champanhe e
puré de batata fumada. Creme de lavagante. Costeleta de borrego grelhado e
perna assada no forno, molho suave de alho e gnocchi de alecrim.
♦ O restaurante, que soube manter um ambiente tradicional, dispõe de uma
varanda com jardim muito agradável, um bar e duas salas de refeição, a principal
equipada com uma lareira. O menu oferece uma cozinha criativa que combina
domínio técnico com algumas associações clássicas.

XX **Chez Angelo** 🍽 AC ⁂ **P** VISA ⊙ AE
Corgo da Zorra - Estrada de Vale do Lobo, 4 km ✉8135-107 – 𝒞 289 39 22 06
– fechado dezembro-janeiro e 2ª feira
Rest – *(só jantar)* Lista 35/44 €
♦ A seguir ao seu amplo hall, com lareira e zona de espera, encontramos um elegante refeitório definido pela sua estética rústica. Mobiliário em forja e duas grandes clarabóias.

PORTUGAL

XX **Casa dos Pinheiros**

Corgo da Zorra - Estrada de Vale do Lobo, 3 km ✉8135 – ✆ 289 39 48 32 – www.casadospinheiros.net – fechado dezembro e domingo

Rest – *(só jantar)* Lista 38/48 €

◆ Bastante popular na zona. Possui uma zona de espera, um pequeno balcão e um refeitório de montagem actual, com grandes vidraças. Bom expositor de peixes e viveiro próprio.

XX **Florian**

Vale Verde - Estrada da Quinta do Lago, 7 km ✉8135 Almancil – ✆ 289 39 66 74 – www.florianrestaurant.com – fechado 26 novembro-23 janeiro e 5ª feira

Rest – *(só jantar)* Lista 44/54 €

◆ Dispõe de um único refeitório de ar colonial, com quadros antigos, numerosas fotografias e cadeiras em ratan. Talher moderno e ementa internacional de inspiração francesa.

X **Mr. Freddie's**

Escanxinas - Estrada de Vale do Lobo, 2 km ✉8135-107 – ✆ 289 39 36 51 – www.mr.freddies.com – fechado domingo

Rest – *(só jantar)* Lista 30/45 €

◆ Está situado junto à estrada, com um bom bar à entrada e um refeitório principal de ar rústico. Oferecem pratos tradicionais, alguns elaborados na presença do cliente.

PORTUGAL

na estrada de Quarteira

Quinta dos Rochas sem rest

Fonte Coberta, Sudoeste : 3,5 km ✉8135-019 – ✆ 289 39 31 65 – www.quintadosrochas.pt.vu – março-outubro

10 qto – 🛉45/65 € 🛉🛉50/85 €, ☕ 5 €

◆ Casa muito familiar de ar mediterrâneo rodeada de árvores. Põe à sua disposição quartos amplos e cómodos, equipados com mobiliário standard.

XXX **Amadeus** (Siegfried Danler-Heinemann)

✿ *Escanxinas, Sudoeste : 2,5 km ✉8135-016 – ✆ 289 39 91 34 – www.amadeus.hm – fechado janeiro, fevereiro e 3ª feira*

Rest – *(só jantar)* Lista aprox. 72 €

Espec. Pescada de anzol, estufada em caldo de caldeirada com puré de brócolos e perceves. Bife de Nebraska com espargos verdes e molho de pimenta verde. Savarim Mozart em creme de pistácio e gelado de nougat.

◆ Esta linda vila goza de um terraço encantador, um hall elegante e uma sala de refeição de estilo clássico equipada com uma lareira. Menu internacional com raízes austro-alemães e tendências actuais, realizações requintadas e produtos de boa qualidade.

em Vale do Garrão Sul : 6 km

Formosa Park

Praia do Ancão ✉8135-172 Almancil – ✆ 289 35 28 00 – www.formosapark-hotel.com – fechado 28 novembro-15 janeiro

61 apartamentos ☕ – 🛉🛉83/275 € **Rest** – Menu 25 €

◆ Encontra-se numa zona tranquila, perto de um pinhal e com acesso directo à praia. Dispõe de apartamentos amplos e bem equipados, todos eles com varanda e cozinha. No seu restaurante simples encontrará uma ementa de gosto tradicional.

em Vale do Lobo Sudoeste : 6,2 km

XX **La Place**

✉8135-864 – ✆ 289 35 33 56 – *fechado novembro-janeiro e 2ª feira*

Rest – *(só jantar)* Lista 37/50 €

◆ Situado no 1º andar de uma selecta zona comercial. No seu refeitório, clássico-elegante, oferecer-lhe-ão uma ementa ampla com especialidades francesas. Esplanada que dá ao oceano.

na Quinta do Lago Sul : 8,5 km

Quinta do Lago ⟨icons⟩ ≤ 📷 🏠 ⚒ 🖼 ⅃₆ ✕ ⧖ 🍴 qto, 🔟 ⁿⁱ ⚲ 🅿
✉8135-024 Almancil – ℰ 289 35 03 50 – www.hotelquintadolago.com
132 qto – 9 suites
Rest Ca d'Oro – (só jantar)
Rest Brisa do Mar –
♦ Situado num condomínio de luxo, com agradáveis vistas ao Atlântico e à ria Formosa. Magníficas instalações, bom equipamento e vários serviços complementares. O elegante restaurante Ca d'Oro destaca pelas cuidadas elaborações.

Monte da Quinta Suites 🏠 ⚒ 🖼 ⅃₆ 🖼 ৬ qto, 🔟 ⁿⁱ ⚲ 🅿 ⧉
✉8135-909 apartado 2095 Almancil – ℰ 289 00 03 98 ⟨VISA⟩ ⟨⟩ ⟨AE⟩
– www.mqclub.com
132 apartamentos – ♥♥150/400 € **Rest** – Lista aprox. 45 €
♦ Dispõe de um hall-recepção espaçoso e decorado com peixes metálicos, um SPA correcto e apartamentos de diversas categorias, todos eles com varanda e mobiliário funcional. O restaurante dispõe de varanda própria e oferece um menu com um toque tradicional.

Casa Velha 🏠 🔟 ⚤ ⟨⟩ 🅿 ⟨VISA⟩ ⟨⟩ ⟨AE⟩
✉8135-024 Almancil – ℰ 289 39 49 83 – www.restaurante-casavelha.com
– fechado dezembro, janeiro e domingo
Rest – (só jantar) Lista 57/69 € ⟨⟩
♦ Esplêndida vila dotada com bar de espera e um refeitório de elegante estilo rústico, definido pela sua grande lareira, tecto a modo de cabana e uma pequena adega à vista.

ALMEIRIM – Santarém – **733** – **592** O4 – **10 627 h.** 6 B2
▶ Lisboa 88 – Santarém 7 – Setúbal 116

O Novo Príncipe sem rest 🖼 🔟 ⚤ ⁿⁱ ⚲ 🅿 ⧉ ⟨VISA⟩ ⟨⟩
Timor 1 ✉2080-103 – ℰ 243 57 06 00 – www.hotelonovoprincipe.com
60 qto ⟨⟩ – ♥38/50 € ♥♥56/120 €
♦ Apresenta um aspecto actual e uma zona social bem renovada. Entre os seus quartos, confortáveis e com preços muito acessíveis, destacam os novos por serem maiores.

ALPIARÇA – Santarém – **733** – **592** O4 – **6 243 h.** 6 B2
▶ Lisboa 93 – Fátima 68 – Santarém 11 – Setúbal 107

A Casa da Emília 🔟 ⚤
Rua Manuel Nunes Ferreira 101 ✉2090-115 – ℰ 243 55 63 16 – fechado 2ª feira e 3ª feira meio-dia
Rest – Lista 20/28 €
♦ A sala de jantar, bastante agradável mas um pouco reduzida, está compensada por um excelente serviço de mesa e por atenções exemplares. Pequena ementa de cozinha caseira.

ALQUERUBIM – Aveiro – ver Albergaria-a-Velha

ALTE – Faro – **733** – **593** U5 – **430 h.** 3 B1
▶ Lisboa 314 – Albufeira 27 – Faro 41 – Lagos 63

Alte H. ⟨icon⟩ ≤ ⚒ ✕ 🖼 ⧖ qto, 🔟 ⚤ ⚲ 🅿 ⟨VISA⟩ ⟨⟩ ⟨AE⟩ ⟨⟩
Montinho, Noroeste : 1 km ✉8100-012 – ℰ 289 47 85 23 – www.altehotel.com
28 qto ⟨⟩ – ♥35/66 € ♥♥44/87 € – 2 suites **Rest** – Menu 10 €
♦ Hotel tranquilo e aconchegante, cuja elevada localização proporciona belas vistas. Apesar de não possuir grandes luxos, oferece um bom conforto. O restaurante panorâmico possui uma sedutora esplanada.

ALTURA – Faro – 733 – 593 U7 – 665 h. – Praia   3 C2

▶ Lisboa 352 – Ayamonte 7 – Faro 47

✗ **A Chaminé**   🔠 🍴 VISA ⑩ ㉓ ⑩

😊 *Av 24 de Junho , Sul : 1 km* ✉8950-411 – *℘ 281 95 01 00*
Rest – Lista 27/35 €
♦ A bondade dos seus produtos converteram-no num clássico do lugar. Uma esplanada envidraçada antecede o agradável refeitório com a cozinha à vista.

✗ **Fernando**   🏠 🔠 🍴 VISA ⑩ ㉓

Rua da Alagoa, Sul : 1 km ✉8950-411 – *℘ 281 95 64 55 – fechado 2ª feria salvo julho-agosto*
Rest – Lista 25/35 €
♦ Discreto estabelecimento de carácter familiar, onde se oferecem reconfortantes pratos a preços atractivos. Um expositor de peixes revela uma cozinha de qualidade.

ALVARRÕES – Portalegre – 733 – 592 N7 – 28 h.   2 C1

▶ Lisboa 226 – Portalegre 10 – Castelo Branco 79 – Santarém 159

pela estrada de Portalegre Sul : 1 km e desvio a esquerda 3 km

🏠 **Quinta do Barriero** sem rest ⌂   ← 🛋 🍽 🔠 🍴 ⌖ Ⓟ
Reveladas ✉7330-336 – *℘ 245 96 43 08 – www.quintadobarrieiro.com*
7 qto ⌷ – †60/65 € ††85/125 €
♦ Casa completamente remodelada num lugar isolado. As suas divisões dispõem de uma agradável decoração rústica e conta com originais detalhes de escultura no exterior.

ALVITO – Beja – 733 – 593 R6 – 1 247 h.   2 C2

▶ Lisboa 161 – Beja 39 – Grândola 73

🅕 Rua dos Lobos 13 ✉ 7920-022 ℘ 284 48 08 08 turismo@cm-alvito.pt Fax 284 48 51 57

🏨 **Pousada Castelo de Alvito** ⌂   🛋 🍽 📺 🔠 qto, 🔠 🍴 🔯
Largo do Castelo ✉7920-999 – *℘ 284 48 07 00*   VISA ⑩ ㉓ ⑩
– www.pousadas.pt
20 qto ⌷ – †98/238 € ††110/250 € **Rest** – Menu 30 €
♦ Antigo castelo convertido em Pousada, com um pátio central e quartos de ar medieval. Oferece amplos espaços, equipamento correcto e jardim com piscina. No restaurante, que tem um belo tecto abobadado, elaboram pratos de sabor tradicional.

🏠 **A Varanda**   🔠 🍴 🕻
Praça da República 9 ✉7920-028 – *℘ 284 48 51 35*
– www.avaranda-hospedaria.planetaclix.pt
9 qto ⌷ – †50 € ††70/90 € **Rest** – Lista 24/30 €
♦ Um pequeno hotel bastante original que oferece quartos de excelente conforto para a sua categoria, todos eles personalizados e dedicados a vários amigos do proprietário. O hotel também tem um bom restaurante com cozinha tradicional e um pub-bar original, em homenagem à Lady Di.

AMARANTE – Porto – 733 – 591 I5 – 10 113 h. – alt. 100 m   8 B2

▶ Lisboa 372 – Porto 64 – Vila Real 49

🅕 Alameda Teixeira de Pascoaes, *℘ 255 42 02 46* amarante@cm-amarante.pt Fax 255 42 02 03

◎ Localidade★, Igreja do convento de S. Gonçalo (órgão★) – Igreja de S. Pedro (tecto★)

◎ Travanca : Igreja (capitéis★) Noroeste : 18 km por N 15, Estrada de Amarante a Vila Real ←★ Picão de Marão★★

Casa da Calçada 🏯 🗲 🖐 &. 🅰 🛠 🔥 🅿 VISA ⓧ 🅰 ①

Largo do Paço 6 ✉4600-017 – 𝒞 255 41 08 30 – *www.casadacalcada.com*
– fechado do 3 ao 23 de janeiro
26 qto ⌧ – †110/480 € ††130/500 € – 4 suites
Rest *Largo do Paço* – ver selecção restaurantes
♦ Antiga casa senhorial situada junto à zona histórica. A zona social possui vários espaços e os quartos estão decorados com muito bom gosto. Amplo exterior ajardinado.

Navarras sem rest 🖐 🅰 🛠 🅰 VISA ⓧ 🅰 ①

Rua António Carneiro 84 ✉4600-049 – 𝒞 255 43 10 36 – *www.tamegaclube.com*
58 qto ⌧ – †60/74 € ††74/92 €
♦ Num edifício urbano um pouco anódino. Hotel funcional dotado de quartos actuais, com um correcto conforto e casas de banho na mesma linha. Discreta zona nobre.

Largo do Paço – Hotel Casa da Calçada 🍴 🗲 🅰 🛠 🅿 VISA ⓧ 🅰 ①

Largo do Paço 6 ✉4600-017 – 𝒞 255 41 08 30 – *www.casadacalcada.com*
– fechado do 3 ao 23 de janeiro
Rest – Lista 52/69 €
Espec. O pombo, o foie-gras e as cerejas. O imperador e o lavagante. O chocolate, a manga e a baunilha.
♦ Instalado em um belo palacete, com um interior clássico e elegante, o restaurante oferece uma cozinha moderna bastante imaginativa, com uma boa base tradicional, um cozimento perfeito, produtos de alta qualidade e um domínio técnico evidente.

pela estrada IP 4 Sudeste : 17 km

Pousada de S. Gonçalo 🗲 🗲 🅰 🗲 qto, 🅰 🛠 🔥 🅿

Serra do Marão - alt. 885 ✉4604-909 – 𝒞 255 46 00 30 VISA ⓧ 🅰 ①
– www.pousadadomarao.com
14 qto ⌧ – †78/238 € ††90/250 € – 1 suite **Rest** – Menu 30 €
♦ Proporciona o prazer de algumas vistas privilegiadas sobre a serra de Marão. Quartos clássicos com detalhes de certo encanto e uma área nobre reduzida mas aconchegante. Refeitório de agradável atmosfera e esplêndida vista panorâmica.

AMARES – Braga – **733** – **591** H4 – **956 h.** 8 A2

▶ Lisboa 371 – Braga 15 – Porto 65

pela estrada de Póvoa de Lanhoso
Sudeste : 2,5 km, desvio a direita 0,5 km e desvio a esquerda 0,5 km

Quinta do Burgo sem rest 🗲 🗲 🗲 🛠 🛠 🅿

Lugar dos Almeidas ✉4720-612 Prozelo AMR – 𝒞 253 99 27 49
– www.quintadoburgo.com
6 qto ⌧ – †37/77 € ††46/77 €
♦ Casa rústica rodeada por um campo de vinhedos. Interiores cuidados e com numerosos detalhes, mas com uma linha decorativa simples. Possui espaçosos apartamentos T1 anexos.

AMIEIRA – Évora – **733** – **593** R7 – **410 h.** 2 C2

▶ Lisboa 194 – Évora 61 – Beja 59 – Setúbal 160

ao Nordeste: 3,5 km

Amieira Marina 🗲 🗲 🅰 🛠 🅿 VISA ⓧ 🅰

✉7220-999 Amieira – 𝒞 266 61 11 73 – *www.amieiramarina.com* – *só aos fins de semana em janeiro-março*
Rest – *(só almoço salvo 6ª feira,sábado ,domingo e feriados)* Lista 25/40 €
♦ Restaurante panorâmico construído sobre as águas do Grande Lago de Alqueva. O restaurante dispõe de duas salas modernas e luminosas com uma bela vista. Cozinha tradicional e regional.

ANADIA – Aveiro – 733 – 591 K4 – 3 034 h. 4 B2

▶ Lisboa 229 – Coimbra 30 – Porto 92

Cabecinho sem rest 🏢 ⟨icons⟩

Av. Eng. Tavares da Silva ✉3780-203 – ✆ 231 51 09 40
– *www.hotel-cabecinho.com*
49 qto ⊠ – ♥48 € ♥♥60 € – 2 suites

♦ Entre as suas diferentes zonas sociais destaca a sala-adega da cave, dotada com arcos em tijolo à vista. Os quartos possuem mobiliário funcional e chãos em alcatifa.

APÚLIA – Braga – ver Fão

ARCOS DE VALDEVEZ – Viana do Castelo – 733 – 591 G4 – 1 867 h. 8 A1

▶ Lisboa 416 – Braga 36 – Viana do Castelo 45

🖪 Rua Prof. Dr. Mário Júlio Almeida Costa, ✆ 258 51 02 60
delegacaoturismo.arcosvaldevez@gmail.com Fax 258 51 02 69

Costa do Vez 🏢 ⟨icons⟩

Estrada de Monção ✉4970-483 – ✆ 258 52 12 26 – *www.costadovez.pt*
28 qto ⊠ – ♥27,50/30 € ♥♥45/50 € – 1 suite
Rest *Grill Costa do Vez* – ver selecção restaurantes

♦ Um hotel de organização simples que costuma trabalhar com vendedores. Apresenta quartos de linha funcional com um suficiente conforto e um correcto equipamento.

✗ **Grill Costa do Vez** – Hotel Costa do Vez ⟨icons⟩

Estrada de Monção ✉4970-483 – ✆ 258 51 61 22 – *www.costadovez.pt*
– *fechado do 1 ao 15 de outubro e 2ª feira*
Rest – Lista 16/28 €

♦ Excelente restaurante de ambiente rústico-regional que contrasta com a funcionalidade do hotel. Encontrará uma ementa de cozinha tradicional com bastantes pratos grelhados.

AREIAS DE SÃO JOÃO – Faro – ver Albufeira

ARGANIL – Coimbra – 733 – 592 L5 – 2 677 h. – alt. 115 m 4 B2

▶ Lisboa 260 – Coimbra 60 – Viseu 80

🖪 Av. das Forças Armadas - Casa Municipal da Cultura, ✆ 235 20 01 37
geral@cm-arganil.pt Fax 235 20 01 38

De Arganil sem rest 🏢 ⟨icons⟩

Av. das Forças Armadas ✉3300-011 – ✆ 235 20 59 59
34 qto ⊠ – ♥38 € ♥♥50 €

♦ Este hotel tem instalações cuidadas mas com um conforto algo básico. Possui um salão-bar como zona social e quartos com mobiliário simples com casas de banho actuais.

Canário sem rest ⟨icons⟩

Rua Oliveira Matos ✉3300-062 – ✆ 235 20 24 57
24 qto ⊠ – ♥38 € ♥♥50 €

♦ Situado numa rua central pedonal. Possui quartos de suficiente conforto, com mobiliário funcional e casas de banho actuais. Zona nobre reduzida.

ARMAÇÃO DE PÊRA – Faro – 733 – 593 U4 – 3 005 h. – Praia 3 B2

▶ Lisboa 262 – Faro 51 – Beja 131 – Lagoa 11

🖪 Av. Marginal, ✆ 282 31 21 45 turismo.armacaodepera@rtalgarve.pt

⊙ passeio de barco★★ : grutas marinhas★★

ao Oeste :

Vila Vita Parc ⌖　　⇐ 🍴 🎱 🏊 ⛵ 🛁 🎣 🍴 🎥 🛗 🌡 🔍 ♿ 🛗 🌡 🅿 🚗

Alporchinhos, 2 km ✉8400-450 Porches – ☎ *282 31 01 00*　　🆅🆂🅰 ⬤⬤ 🅰🅴 ⓪

– www.vilavitaparc.com

87 qto ⌂ – 👥230/625 €

Rest *Ocean* – ver selecção restaurantes

♦ Arquitecturas serenas num complexo onde o gosto e a elegância convivem em harmonia com um estilo de inspiração árabe. Jardins bonitos em frente ao mar e um completo Spa.

Vilalara Thalassa Resort ⌖　　⇐ 🍴 🎱 🏊 🛁 🍴 🎥 🛗 🛗 🌡 🔍 🅿

Praia das Gaivotas, 2 km ✉8400-450 Porches　　　🚗 🆅🆂🅰 ⬤⬤ 🅰🅴 ⓪

– ☎ 282 32 00 00 – www.vilalararesort.com – fechado 5 janeiro - 10 fevereiro

120 qto ⌂ – 👤170/473 € 👥220/494 €

Rest – Menu 46 €

Rest *B & G* – Lista 33/58 €

♦ Pequeno paraíso repartido em vários edifícios e com acesso à praia. Os seus quartos têm um equipamento completo e estão rodeados por magníficos jardins. Entre os seus restaurantes destaca-se o elegante Vilalara, com uma varanda-terraço para o Atlântico.

Casa Bela Moura sem rest　　　　🛗 🛗 🌡 🔍 🅿

Estrada de Porches, 2 km ✉8400-450 Porches – ☎ *282 31 34 22*

– www.casabelamoura.com – 15 fevereiro-15 novembro

15 qto ⌂ – 👤50/132 € 👥66/176 €

♦ Excelente, pois ocupa uma Casa de Campo distribuída em dois edifícios. Elegante salão social, quartos de conforto actual, arredores ajardinados com piscina climatizada.

Ocean – Hotel Vila Vita Parc　　⇐ 🍴 🎱 🏊 🍴 🛗 🌡 🅿 🚗 🆅🆂🅰 ⬤⬤ 🅰🅴

Alporchinhos, 2 km ✉8400-450 Porches – ☎ *282 31 01 00 – www.vilavitaparc.com*

Rest – *(fechado janeiro, 3ª feira e 4ª feira) (só jantar)* Menu 120 € – Lista 80/97 €

Espec. Carabineiro com feijão verde, toucinho "lardo colonato" e amêndoas verdes. Pregado do Atlântico e camarão selvagem, toronja, batata doce e salada mizuna. Lombo de borrego de Monchique a 69° com beringela, lasanha de pimento fumado e puré de alho.

♦ Instalado em uma vila anexada ao hotel, o restaurante oferece um ambiente classic e elegante e um terraço com vista agradável para o mar. Cozinha moderna com detalhes próprios ao seu autor e algumas influências do norte da Europa, sempre com boas associações de sabores.

ARRAIOLOS – Évora – **733** – **593** P6 – **2 433 h.**　　　　**2** C2

▶ Lisboa 125 – Badajoz 102 – Évora 22 – Portalegre 103

Pousada Nossa Senhora da Assunção ⌖　　🛗 🍴 🛗 🛗 🌡 🔍

Quinta dos Loios, Norte : 1 km ✉7041-909 apartado　　🅿 🆅🆂🅰 ⬤⬤ 🅰🅴 ⓪

61 – ☎ *266 41 93 40 – www.pousadas.pt*

30 qto ⌂ – 👤98/238 € 👥110/250 € – 2 suítes　**Rest** – Menu 30 €

♦ Instalada parcialmente em um antigo convento, cuja igreja, revestida de azulejos, data de 1585. Elementos clássicos, detalhes modernos, um claustro e quartos sóbrios. A luminosa sala de refeição com tecto abobadado está dividida em dois espaços.

ARRUDA DOS VINHOS – Lisboa – **733** – **592** P2 – **3 733 h.**　　**6** A2

▶ Lisboa 39 – Santarém 59 – Leiria 124 – Setúbal 73

Porta Um　　　　　　🍴 🛗 🔍

Urb. Cerrado e Fontainhas, Lote 1 - Loja B ✉2630-295 – ☎ *263 97 81 86*

– fechado 15 dias em março, 15 dias em agosto, domingo noite e 2ª feira

Rest – Lista 20/26 €

♦ Gerenciado por um casal, ela no serviço e ele no fogão, o restaurante dispõe de uma sala de refeição com a cozinha meia aberta e oferece um menu tradicional com detalhes modernos.

PORTUGAL

▶ Lisboa 252 – Coimbra 56 – Porto 70 – Vila Real 170

🖪 Rua João Mendonça 8, 𝒞 234 42 07 60 rotadaluz@rotadaluz.pt Fax 234 42 83 26

A.C.P. Av. Dr. Lourenço Peixinho 89 ­ D, v 234 42 25 71 Fax 234 42 52 20

◉ Bairro dos canais★ (canal Central, canal de São Roque) Y – Antigo
Convento de Jesus★★ : Igreja★★ (capela-mor★★, coro baixo★, túmulo da
princesa Santa Joana★★), Museu★★ (retrato da princesa Santa Joana★) Z

🖳 Ria de Aveiro★

🏨 **Meliá Ria** 🔲 🕼 🕼 📶 🔇 🗹 qto, 📶 🕼 🗬 🕼 🖽 🖾 🕸 🕅 🕪

Cais da Fonte Nova, Lote 5 ⊠3810-200 – 𝒞 234 40 10 00 – www.meliaria.com
126 qto 🖙 – †91/111 € ††101/121 € – 2 suites Xc
Rest – Lista 26/36 €
♦ A forma cúbica do edifício, o seu revestimento que chama a atenção e a localização
junto à ria, são os seus melhores atributos. Luminosas zonas nobres, confortáveis
quartos e SPA. O restaurante é polivalente e desfruta dum bom serviço de mesa.

🏨 **Moliceiro** sem rest 🖾 🕭 📶 🕼 🗬 🕼 🖼 🖾 🕸 🕅 🕪

Rua Barbosa de Magalhães 15-17 ⊠3800-154 – 𝒞 234 37 74 00
– www.hotelmoliceiro.com Yr
48 qto 🖙 – †88/115 € ††98/375 € – 1 suite
♦ Seu nome refere-se a um tipo de embarcação típica da região. Dispõe de uma
recepção elegante, um piano-bar e quartos de estilo clássico-moderno com detalhes elegantes.

🏨 **As Américas** sem rest 🖾 🕭 📶 🕼 🕼 🕼 🖼 🖾 🕸 🕅 🕪

Rua Eng. Von Hafe 20 ⊠3800-176 – 𝒞 234 34 60 10 – www.hotelasamericas.com
68 qto 🖙 – †78/85 € ††93/106 € – 2 suites Yk
♦ O Hotel, de estilo clássico-moderno que surpreende pela sua decoração elegante, oferece uma uma área social variada e quartos confortáveis, com piso de
carpete e casas de banho modernas.

🏨 **Imperial** 🖾 🕭 qto, 📶 🕼 rest, 🕼 🕼 🖾 🕸 🕅

Rua Dr. Nascimento Leitão ⊠3810-108 – 𝒞 234 38 01 50 – www.hotelimperial.pt
85 qto 🖙 – †45/60 € ††63/80 € – 22 suites **Rest** – Menu 8 € Zu
♦ Dispõe de uma boa área social, várias salas nos últimos andares e quartos confortáveis de estilo clássico. Aqueles que encontram-se na parte mais moderna são
maiores. O restaurante dispõe de uma sala de refeição de estilo actual e funcional, e oferece um menu tradicional.

🏨 **Afonso V** sem rest ॐ 🖾 📶 🕼 🗬 🕼 🖾 🕸

Rua Dr. Manuel das Neves 65 ⊠3810-101 – 𝒞 234 42 51 91 – www.hoteisafonsov.com.pt
76 qto 🖙 – †35/95 € ††50/145 € – 2 suites Zb
♦ Estabelecimento de carácter familiar e estilo clássico, equipado com dois
bares, uma grande sala de reunião e quartos confortáveis localizados nas duas
alas do edifício.

🏨 **Jardim Afonso V** sem rest ॐ 🖾 🕭 📶 🕼 🕼 🕼 🖾 🕸

Praceta D. Afonso V ⊠3810-094 – 𝒞 234 42 65 42 – www.hoteisafonsov.com.pt
48 qto 🖙 – †43/54 € ††61/75 € Zt
♦ A sua localização, num anexo do hotel Afonso V, evidencia uma propriedade
compartida, assim como uma actividade que complementa ao mesmo. Quartos
clássicos de bom conforto.

🏨 **Aveiro Center** sem rest 🖾 🕭 🕼 🖾 🕸 🕅
🍴 Rua da Arrochela 6 ⊠3810-052 – 𝒞 234 38 03 90 – www.grupoalboi.com
22 qto 🖙 – †46/48 € ††65/75 € Zs
♦ O hotel foi renovado com sucesso e agora dispõe de um agradável pátio, uma
sala de recepção espaçosa e quartos bem decorados, todos com piso laminado.

🏨 **José Estevão** sem rest 🖾 📶 🕼 🖾 🕅

Rua José Estevão 23 ⊠3800-202 – 𝒞 234 38 39 64 – www.joseestevao.com
– fechado Natal Ya
12 qto 🖙 – †51/56 € ††61/66 €
♦ Este pequeno hotel de carácter residencial e decorado de forma funcional, dispõe de uma pequena recepção e quartos de estilo clássico, alguns deles com piso
de carpete e outros com piso de madeira.

AVEIRO

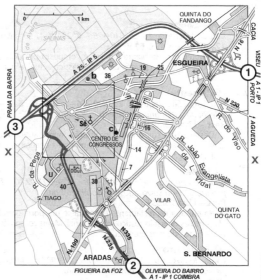

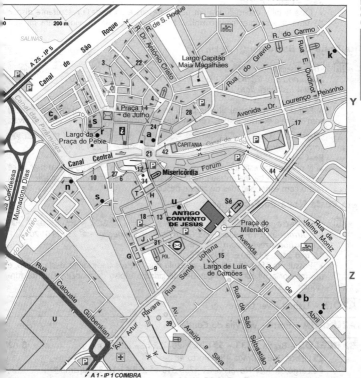

Das Salinas sem rest   🖾 ⚹ ⟨⟩ ⊕ VISA ⚬⚬

Rua da Liberdade 10 ✉3810-126 – ☎ 234 40 41 90 – www.grupoalboi.com
17 qto ☑ – †45 € ††60/65 €   YZ**n**

♦ O hotel, com ambiente familiar, é composto por dois edifícios ligados por um corredor de vidro. Quartos de estilo clássico-actual, alguns com sótão e oito com cozinha.

Salpoente   AC ⚹ VISA ⚬⚬ AE

Rua Canal Sao Roque 83 ✉3800 256   ☎ 234 38 26 74 – www.salpoente.com
– *fechado 1 semana em janeiro e domingo*   X**b**
Rest – Lista 23/30 €

♦ Destaca pela sua original localização, numa antiga fábrica de sal junto a um canal. Mobiliário clássico-actual, pormenores decorativos rústicos e grandes fotografias antigas.

À Linha   AC ⚹ VISA ⚬⚬

Rua Joào Afonso 13-15 ✉3800-198 – ☎ 939 21 02 10 – *fechado do 15 ao 31 de janeiro, 3ª feira salvo agosto e domingo noite*   Y**c**
Rest – Lista 25/33 €

♦ Na entrada do restaurante encontra-se um porta-garrafas e uma sala de refeição simples de estilo rústico e tradicional. Menu composto principalmente de peixes e frutos do mar grelhados.

O Moliceiro   ⟨⟩ AC ⚹ VISA ⚬⚬ ①

Largo do Rossio 6 ✉3800-246 – ☎ 234 42 08 58 – *fechado do 15 ao 30 de junho, do 15 ao 30 de outubro e 5ª feira*   Y**s**
Rest – Lista 20/33 €

♦ Casa familial especializada em peixes frescos e na brasa.O restaurante dispõe de uma sala simples com cozinha aberta, uma câmara de vidro para mostrar seus produtos.

na Praia da Barra por ③ : 9 km

Farol sem rest   🖾 ⟨⟩

Largo do Farol ✉3830-753 Gafanha da Nazaré – ☎ 234 39 06 00
– www.residencialfarol.com
12 qto – 3 suites

♦ Edifício de ar colonial situado perto do farol e da praia. Possui uma zona social com lareira e quartos actuais, com mobiliário funcional e as paredes em tons vivos.

Boca da Barra   ← ⟨⟩ AC ⚹ VISA ⚬⚬ AE ①

Largo do Farol 14 ✉3830-753 Gafanha da Nazaré – ☎ 234 36 95 42
Rest – Lista 35/45 €

♦ O restaurante está localizado próximo ao farol e oferece vista para o mar. Você encontrará um bar na entrada do restaurante, uma sala de refeição simples e um menu com especialidades de caça e pesca.

em Costa Nova do Prado por ③ : 9,5 km

Azevedo sem rest   🖾 ⚹ ⟨⟩ ⚗ VISA ⚬⚬ AE ①

Rua Arrais Ança 16 ✉3830-455 Gafanha da Encarnação – ☎ 234 39 01 70
– www.hotelazevedo.com
16 qto ☑ – †35/60 € ††45/70 €

♦ Possui uma fachada original, ao estilo dos celeiros tradicionais desta região, e um interior acolhedor, com paredes de ladrilho e piso de madeira. Quartos funcionais.

AZÓIA – Lisboa – ver Colares

AZURARA – Porto – ver Vila do Conde

BARCELOS – Braga – **733** – **591** H4 – **20 625 h.** – alt. 39 m   8 A2

▶ Lisboa 366 – Braga 18 – Porto 48

🛈 Largo Sr. José Novais 8 ✉ 4750-310 ☎ 253 81 18 82 turismo@
cm-barcelos.pt Fax 253 82 21 88

◉ Interior★ da Igreja Matriz, Igreja de Nossa Senhora do Terço★, (azulejos★)

Bagoeira 🛗 ⅓ 📶 ⅋ ⅋ 🐾 🦺 🛏 VISA ⚏ ⓿
Av. Dr. Sidónio Pais 495 ✉4750-333 – ☏ 253 80 95 00 – *www.bagoeira.com*
51 qto ⊿ – ♦45/55 € ♦♦55/75 € – 3 suites
Rest *Bagoeira* – ver selecção restaurantes
♦ Este hotel de desenho actual, oferece uns confortáveis quartos com casas de banho cuidadas embora algo pequenas. Sala de pequenos almoços e bar no terraço, onde há uma esplanada.

Do Terço sem rest 🛗 ⅓ 📶 ⅋ 🐾 🛏 VISA ⚏
Rua de S. Bento - Edif. do Terço ✉4750-267 – ☏ 253 80 83 80
– *www.hoteldoterco.com*
37 qto – ♦35/50 € ♦♦40/55 €, ⊿ 7,50 €
♦ Este pequeno hotel, distribuído em três andares, apresenta-se como uma boa opção de descanso na cidade. Os seus quartos são simples mas muito actuais.

Bagoeira – Hotel Bagoeira 📶 ⅋ 🐾 🛏 VISA ⚏
Av. Dr. Sidónio Pais 495 ✉4750-333 – ☏ 253 81 12 36 – *www.bagoeira.com*
Rest – Lista 20/35 €
♦ Negocio assentado na localidade e com muitos anos de história às suas costas. Nele poderá degustar vários pratos tradicionais e especialidades típicas da região.

BARROSELAS – Viana do Castelo – 733 – 591 H3 – 3 795 h.   8 A2
▶ Lisboa 384 – Viana do Castelo 15 – Braga 44 – Porto 74

Quinta de São Sebastião sem rest 🦢 ⅃ ⅋ ⅓ ⅋ 🐾 🅿
Rua Faria Torres 2 ✉4905-475 – ☏ 258 77 05 20   VISA ⚏ 🅐🅔 ⓿
– *www.quintadesaosebastiao.com*
11 qto ⊿ – ♦60/70 € ♦♦70/80 € – 1 apartamento
♦ Antiga Casa de Campo localizada dentro da sua própria quinta mas ao mesmo tempo dentro da localidade. Oferece zonas ajardinadas, esplanadas, espaços sociais e quartos com conforto correcto.

BATALHA – Leiria – 733 – 592 N3 – 2 082 h. – alt. 71 m   6 A2
▶ Lisboa 120 – Coimbra 82 – Leiria 11
🖪 Praça Mouzinho de Albuquerque, ☏ 244 76 51 80 info@rt-leiriafatima.pt
◉ Mosteiro★★★ : Claustro Real★★★, igreja★★ (vitrais★, capela do Fundador★), Sala do Capítulo★★ (abóbada★★★, vitral★), Capelas imperfeitas★★ (portal★★) – Lavabo dos Monges★, Claustro de D. Afonso V★

Villa Batalha 🦢 ⅏ 🆓 🔲 ⅙ ⅋ 🛗 ⅓ qto, 📶 ⅋ 🐾 🦺 🅿 🦺
Rua Dom Duarte I-248 ✉2440-415 – ☏ 244 24 04 00   VISA ⚏ 🅐🅔
– *www.hotelvillabatalha.pt*
73 qto ⊿ – ♦80/90 € ♦♦100/120 € – 20 suites   **Rest** – Lista 30/40 €
♦ Este hotel destaca-se pela sua extensa área rodeada por jardins, com gramados e um campo de golfe. Dispõe de uma área social elegante e quartos modernos totalmente equipados. O restaurante de estilo clássico-actual, oferece um menu tradicional com alguns pratos da cozinha internacional.

Mestre Afonso Domingues 🦺 🛗 ⅙ qto, 📶 ⅋ 🐾 🦺 VISA ⚏ 🅐🅔 ⓿
Largo Mestre Afonso Domingues 6 ✉2440-102 – ☏ 244 76 52 60
– *www.hotel.mestreafonsodomingues.pt*
20 qto ⊿ – ♦75/105 € ♦♦90/130 € – 2 suites   **Rest** – Lista 18/26 €
♦ Seu nome é uma homenagem ao arquiteto que concebeu o mosteiro, situado em frente ao hotel. Quartos de estilo moderno, mobiliário funcional e casas de banho pequenas. O restaurante, bem montado, surpreende por sua varanda a poucos metros do mosteiro.

Casa do Outeiro sem rest 🦢 ⅃ ⅙ 🛗 ⅙ 📶 ⅋ 🐾 🅿 VISA ⚏ ⓿
 Largo Carvalho do Outeiro 4 ✉2440-128 – ☏ 244 76 58 06
– *www.casadoouteiro.com*
15 qto ⊿ – ♦46/58 € ♦♦51/70 €
♦ Esta casa familiar oferece instalações bem cuidadas, sempre em processo de modernização. Possui quartos alegres e coloridos com um conforto excelente para sua categoria.

PORTUGAL

BEJA

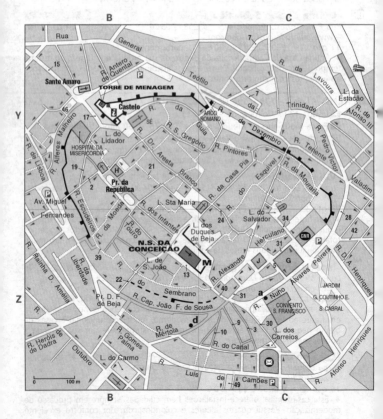

BEJA Ⓟ – 733 – 593 R6 – 21 658 h. – alt. 277 m   2 C3

  ▶ Lisboa 194 – Évora 78 – Faro 186 – Huelva 177

  ℹ️ Largo Dr. Lima Faleiro (Castelo de Beja), ℰ 284 31 19 13 turismo@
  cm-beja.pt Fax 284 31 19 13

  ◎ Antigo Convento da Conceição★, BZ- Castelo (torre de menagem★) BY

🏨 **Pousada de São Francisco**   🚗 🛏 ⌇ ✕ 🛎 🔥 qto, 🖼 Ꭷᏸ 🗝 Ⓟ

Largo D. Nuno Álvares Pereira ✉️7801-901   🆅🅸🆂🅰 ᎧᎧ 🅰🅴 ⓪
– ℰ 284 31 35 80 – www.pousadas.pt   CZa
34 qto ⌷ – ♦98/178 € ♦♦110/190 € – 1 suite   **Rest** – Menu 30 €
◆ Instalado num convento do séc. XIII, do qual ainda se conservam o seu primitivo traçado e a capela. Interior onde a elegância antecede um conforto moderno.
Restaurante com belas abóbadas de cruzeiros, criando assim um estilo sereno e
distinguido.

🏨 Bejaparque   ⌇ 🔥 🛎 🔥 🖼 Ꭷᏸ 🗝 Ⓟ 🚗

Rua Francisco Miguel Duarte 1 ✉️7800-510 – ℰ 284 31 05 00
– www.bejaparquehotel.com   Aa
68 qto – 3 suites   **Rest** –
◆ O hotel, um pouco afastado do centro histórico, dispõe de um hall moderno,
salas de reunião versáteis e quartos de estilo funcional e moderno, todos eles
bem equipados e com varanda. O restaurante, luminoso e colorido, oferece uma
cozinha com um toque tradicional.

🏨 **Francis** sem rest   🔥 🛎 🖼 Ꭷᏸ 🗝 Ⓟ 🆅🅸🆂🅰 ᎧᎧ 🅰🅴 ⓪

Praça Fernando Lopes Graça-Lote 31 ✉️7800-430 – ℰ 284 31 55 00
– www.hotel-francis.com   Ac
45 qto ⌷ – ♦60 € ♦♦70 €
◆ O hotel está localizado perto da estação de trem e de autocarro. Dentre suas
instalações deve-se destacar o ginásio totalmente equipado e os quartos, todos
eles com mobiliário funcional e varanda.

🏠 **Santa Bárbara** sem rest   🛎 🖼 🆅🅸🆂🅰 ᎧᎧ 🅰🅴 ⓪

Rua de Mértola 56 ✉️7800-475 – ℰ 284 31 22 80
– www.residencialsantabarbara.pt   BZd
26 qto ⌷ – ♦30/35 € ♦♦45/50 €
◆ Localizada numa rua pedonal, a residência possui uma sala de estar acolhedora
com lareira e quartos simples de estilo clássico, a metade deles dispõe de chu-
veiro e três de varanda.

BELMONTE – Castelo Branco – 733 – 592 K7 – 2 301 h.   5 C2

  ▶ Lisboa 338 – Castelo Branco 82 – Guarda 20

  ℹ️ Praça de Republica, ℰ 275 91 14 88 Fax 275 91 14 88

  ◎ Castelo (⁂★)- Torre romana de Centum Cellas★ Norte : 4 km

pela estrada de Caria Sul : 0,7 km e desvio a direita 1,5 km

🏨 **Pousada Convento de Belmonte** 🐾   ⪡ ⌇ 🖼 Ꭷᏸ 🗝 Ⓟ

Serra da Esperança ✉️6250-909 – ℰ 275 91 03 00   🆅🅸🆂🅰 ᎧᎧ 🅰🅴 ⓪
– www.conventodebelmonte.pt
24 qto ⌷ – ♦118/288 € ♦♦130/300 €   **Rest** – Menu 30 €
◆ Destaca pelas suas belas vistas à serra da Estrela e à cova da Beira. A zona
nobre aproveita as ruínas dum antigo convento e possui quartos de bom conforto. O refeitório que desfruta de uma moderna montagem encontra-se num
ambiente aberto à serena majestade da paisagem circundante.

na estrada N 18 Norte : 5 km

✕✕ **Quinta da Bica**   🖼 Ꭷᏸ Ⓟ 🆅🅸🆂🅰 ᎧᎧ 🅰🅴

😊 ✉️6300-115 – ℰ 275 43 14 34
Rest – Lista 28/35 €
◆ Destaca pelo sua atractiva localização, pois forma parte de um cuidado campo
de golfe. A sua ampla sala de jantar proporciona um bom serviço de mesa e tem
a cozinha envidraçada.

BELVER – Portalegre – 733 – 592 N6 – 302 h.   2 C1

▶ Lisboa 175 – Castelo Branco 85 – Portalegre 61 – Santarém 107

⌂ **Quinta do Belo-Ver** sem rest ⌖   ⪡ 🌫 ✕ 🅰🅲 🌣 🛜 🅿

Rua Capitão João Pires 2 ✉6040-024 Belver Gav – ✆ 241 63 90 40
– www.quintadobelover.net

7 qto ⌷ – 🛉🛉65 €

• Hotel agradável que oferece uma bela vista desde a área da piscina, e dispõe
de uma sala social com lareira e quartos de estilo clássico, três deles com varanda
e um com solão.

BOM JESUS DO MONTE – Braga – ver Braga

BOMBARRAL – Leiria – 733 – 592 O2 – 4 352 h.   6 A2

▶ Lisboa 76 – Leira 84 – Óbidos 12 – Santarém 58

🄸 Largo do Município (Palácio Gorjão), ✆ 262 60 90 53 turismo@
cm-bombarral.pt Fax 262 60 90 41

✕ **Dom José**   🅰🅲 🌣 🆅🅸🆂🅰 ⓒ🄳 🄰🄴

Rua Dr. Alberto Martins dos Santos 4 ✉2540-087 – ✆ 262 60 43 84
– fechado do 19 ao 31 de dezembro, 19 maio- 12 junho,domingo noite
e 2ª feira

Rest – Lista 20/25 €

• Esta casa familial dispõe de uma sala de refeição simples e impecável e uma
sala de exposição e venda de vinhos. Menu com apenas 10 pratos do dia, todos
eles caseiros.

Os preços apresentados junto ao símbolo 🛉 correspondem ao preço mais baixo
na época baixa, depois o preço mais elevado na época alta, para um quarto
individual. O mesmo critério com o símbolo 🛉🛉 desta vez para um quarto duplo.

BORBA – Évora – 733 – 593 P7 – 3 984 h.   2 C2

▶ Lisboa 180 – Évora 57 – Badajoz 50 – Portalegre 69

⌂ **Casa do Terreiro do Poço** sem rest   🌫 🅰🅲 🌣 🛜 ♨

Largo dos Combatentes da Grande Guerra 12 ✉7150-152 – ✆ 917 25 60 77
– www.casadoterreirodopoco.com

9 qto ⌷ – 🛉65/75 € 🛉🛉75/95 €

• Casa acolhedora cuja primeira edificação data do séc. XVII. Apresenta uma
atractiva zona social e quartos aconchegantes, a maioria dos quais com mobiliário
de época e belas casas de banho.

⌂ **Casa de Borba** sem rest   ⇙ 🌫 🌣 🅿

Rua da Cruz 5 ✉7150-125 – ✆ 268 89 45 28 – www.casadeborba.com – fechado
do 20 ao 27 de dezembro

5 qto ⌷ – 🛉75 € 🛉🛉85 €

• Lindo edifício do século XVIII. Destaca-se tanto pela escadaria de mármore
quanto pelos quartos, com mobiliário de época e decoração com detalhes retrô.

pela estrada N 4 Nordeste : 3 km e desvio a dereita 0,7 km

🄷🄷 **Valmonte** ⌖   🌫 ✕ ⅙ 🅰🅲 🌣 qto, ♨ 🅿 🆅🅸🆂🅰 ⓒ🄳 🄰🄴 ⓞ

✉7150-999 Borba – ✆ 268 80 00 80 – www.valmonte.net

12 qto ⌷ – 🛉70/110 € 🛉🛉85/120 €

Rest Tavola – (reserva aconselhada) Menu 20 €

• O hotel ocupa uma antiga quinta localizada em um vinhedo, e portanto dispõe de uma pequena adega. Acesso por um pátio típico, quartos sóbrios e de
estilo rústico. A sala de refeição segue a estética do edifício e oferece uma cozinha tradicional.

PORTUGAL

BOURO – Braga – **733** – **591** H5   **8** A2

▶ Lisboa 370 – Braga 35 – Guimarães 43 – Porto 85

🏨 **Pousada de Santa Maria do Bouro** ॐ   🛁 📶 📺 ⚡ 🅿️

✉4720-633 Bouro (Santa Marta) – ☏ 253 37 19 70   🆅🅸🆂🅰 ⊚ 🅰🅴 ⓪
– www.pousadas.pt
30 qto ⌚ – 🕴188/278 € 🕴🕴200/290 € – 2 suites   **Rest** – Menu 30 €
♦ Construída sobre as ruínas dum convento beneditino. A decoração interior quis
manter a sobriedade do estilo primitivo, utilizando um mobiliário de vanguarda.
Refeitório austero mas confortável, onde se oferece uma ementa tradicional.

BRAGA Ⓟ – **733** – **591** H4 – **117 272 h.** – alt. 190 m   **8** A2

▶ Lisboa 368 – Bragança 223 – Pontevedra 122 – Porto 54

🅔 Av. Liberdade 1, ☏ 253 26 25 50 turismo@cm-braga.pt Fax 253 61 3387
A.C.P. Rua Dom Diogo de Sousa 35, ☏ 253 21 70 51 Fax 253 61 67 00
◙ Sé Catedral★ Z: estátua da Senhora do Leite★, interior★ (abóbada★, altar
   flamejante★, caixas de órgãos★) – Tesouro★, capela da Glória★ (túmulo★)
◙ Santuário de Bom Jesus do Monte★★ (perpectiva★) 6 km por ① – Capela
   de São Fructuoso de Montélios★ 3,5 km ao Norte pela N 101 -Monte
   Sameiro★ (❄★★) 9 km por ①

🏨 **Bracara Augusta**   📶 ♿ 📺 ⚡ 📶 🆅🅸🆂🅰 ⊚ 🅰🅴 ⓪
Av. Central 134 ✉4710-229 – ☏ 253 20 62 60 – www.bracaraaugusta.com
17 qto ⌚ – 🕴69/79 € 🕴🕴89/99 € – 2 suites   Y**e**
Rest *Centurium* – ver selecção restaurantes
♦ Edifício histórico remodelado com materiais de qualidade, como o soalho de carva-
lho ou a escada central. Possui quartos bem equipados, no andar superior açoitados.

🏨 **Pousada de São Vicente** sem rest   🚗 🛁 📶 📺 ⚡ 🅿️
Largo de Infias ✉4710-299 – ☏ 253 20 95 00   🆅🅸🆂🅰 ⊚ 🅰🅴 ⓪
– www.pousadas.pt   Y**b**
24 qto ⌚ – 🕴148/178 € 🕴🕴178/190 € – 2 suites
♦ Instalado num atractivo palacete de finais do séc. XIX, com oito quartos em
estilo antigo e o resto num edifício anexo comunicado, mais actuais e funcionais.

🏨 **D. Sofia** sem rest   📶 📺 ⚡ 📶 ♿ 🅿️ 🆅🅸🆂🅰 ⊚ 🅰🅴
Largo S. João do Souto 131 ✉4700-326 – ☏ 253 26 31 60
– www.hoteldonasofia.com   Z**f**
34 qto ⌚ – 🕴45/50 € 🕴🕴60/65 €
♦ Situado na zona monumental da cidade. Organização amável, detalhes de muito
bom gosto na decoração e no mobiliário, e quartos de completo equipamento.

🏨 **Albergaria Senhora-a-Branca** sem rest   📶 📺 ⚡ ☎ 🚗
Largo da Senhora-a-Branca 58 ✉4710-443   🆅🅸🆂🅰 ⊚ 🅰🅴 ⓪
– ☏ 253 26 99 38 – www.albergariasrabranca.pt   Y**c**
18 qto ⌚ – 🕴35/45 € 🕴🕴50/60 € – 2 suites
♦ Fachada de estilo clássico, em harmonia com os edifícios adjacentes, em pleno
centro urbano. Espaços comuns de bom conforto e quartos bem acondicionados.

🍴🍴🍴 **Centurium** – Hotel Albergaria Bracara Augusta   🏡 📺 ⚡ 🆅🅸🆂🅰 ⊚ 🅰🅴 ⓪
   Av. Central 134 ✉4710-229 – ☏ 253 20 62 60 – www.bracaraaugusta.com
– *fechado domingo*   Y**e**
Rest – Lista 18/27 €
♦ Desfruta duma localização privilegiada num edifício do séc. XIX, com elegantes arcos e colunas em pedra no refeitório principal e um aprazível jardim-espla-
nada de verão.

🍴🍴 **De Bouro**   📺 ⚡ 🆅🅸🆂🅰 ⊚ 🅰🅴 ⓪
Rua Santo António das Travessas 30-32 ✉4700-040 – ☏ 253 26 16 09
– www.debouro.com – *fechado domingo*   Z**a**
Rest – Lista 22/30 €
♦ Situado numa típica ruela do centro histórico. Moderno refeitório onde servem
directamente uma pequena variedade de entradas, deixando ao cliente a eleição
do 2º prato.

BRAGA

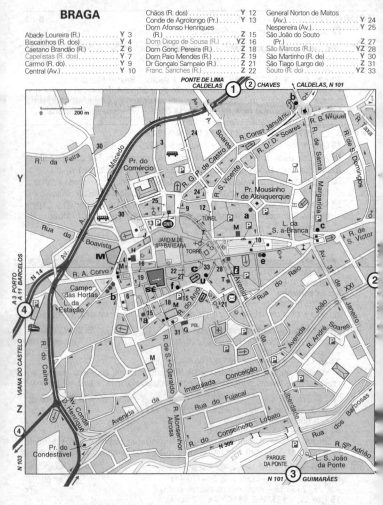

Brito's

Praça Mouzinho de Alburquerque 49-A ⊠4710-301

– ℰ 253 61 75 76

– fechado do 1 ao 15 de setembro e 4ª feira   Y**a**

Rest – Lista 18/27 €

♦ Possui umas discretas instalações com balcão de apoio, cozinha à vista, decoração típica portuguesa e um refeitório principal alongado presidido por um arco de pedra.

O Alexandre

Campo das Hortas 10 ⊠4700-210

– ℰ 253 61 40 03

– fechado do 1 ao 15 de setembro e 4ª feira   Z**b**

Rest – Lista 22/32 €

♦ Sério e de boa organização familiar, num edifício do bairro antigo com certo carisma. Destaca o seu moderno interior em contraste com o tipismo dos locais adjacentes.

✗ **Inácio** 🅰️🅲 ℅ 🆅🅸🆂🅰 ⓒ🅔 🅰🅴 ⓘ
*Campo das Hortas 4 ✉4700-210 – ℰ 253 61 32 35 – fechado Natal,Páscoa,do
14 ao 29 de setembro e 3ª feira* Zb
Rest – Lista 24/33 €
♦ Restaurante típico com as paredes em pedra, lareira e vigas de madeira à
vista. Esta casa está especializada em pratos regionais de tendência caseira.
Bom produto.

✗ **Cruz Sobral** 🅰🅲 ℅ 🆅🅸🆂🅰 ⓒ🅔 ⓘ
*Campo das Hortas 7-8 ✉4700-210 – ℰ 253 61 66 48
– www.restaurantesobral.com.pt – fechado do 5 ao 20 de abril, do 21 ao 31 de
julho e 2ª feira* Zb
Rest – Lista 22/30 € 🏵
♦ Varias gerações duma mesma família à frente do negócio. Elabora uma cozinha
de sabor popular em fogão de lenha e à vista da clientela. Destaca a sua ementa
de vinhos.

pela estrada do Bom Jesus do Monte por ② : 4 km

✗ **O Pórtico** 🔭🅰🅲 ℅ 🆅🅸🆂🅰 ⓒ🅔 🅰🅴 ⓘ
*Arco-Bom Jesus (junto ao elevador) ✉4710-454 – ℰ 253 67 66 72
– fechado 5ª feira*
Rest – Lista 28/38 €
♦ Pequeno e modesto na sua montagem, ambientado num estilo rústico-regional que o torna aconchegante. Na sua mesa primam os peixes sobre as carnes.
Amável atenção.

no Bom Jesus do Monte por ② :

🏨 **Elevador** 🌿 ⬅🚗🛗🅰🅲 ℅ rest, 🍴🕌P🆅🅸🆂🅰 ⓒ🅔 🅰🅴 ⓘ
6 km ✉4715-056 Braga – ℰ 253 60 34 00 – www.hoteisbomjesus.pt
22 qto ⌕ – ♥68/85 € ♥♥84/102 € **Rest** – Menu 20 €
♦ Deve o seu nome ao pitoresco ascensor do séc. XIX movido à água. Confortável salão-bar, e quartos de linha clássica actualizados com elegância. O restaurante panorâmico oferece uma das vistas mais belas da cidade.

🏨 **Parque** sem rest 🌿 🎬🅰🅲 🕌P🆅🅸🆂🅰 ⓒ🅔 ⓘ
6,2 km ✉4715-056 Braga – ℰ 253 60 34 70 – www.hoteisbomjesus.pt
45 qto ⌕ – ♥68/85 € ♥♥84/102 € – 4 suites
♦ Ocupa um edifício nobre do parque. A atractiva decoração da sua zona
comum, realçada com distinguidos detalhes, convida ao repouso. Quartos clássicos de bom conforto.

🏨 **Templo** sem rest 🌿 🔲🎬🅰🅲 P🆅🅸🆂🅰 ⓒ🅔 ⓘ
6,3 km ✉4715-056 Braga – ℰ 253 60 36 10 – www.hoteisbomjesus.pt
42 qto ⌕ – ♥68/85 € ♥♥84/102 €
♦ Conjunto de estilo actual equipado com uma boa área social, um bar, um solário e uma piscina. Quartos funcionais, um pouco pequenos mas confortáveis.

🏨 **Do Lago** sem rest 🎬🅰🅲 P🆅🅸🆂🅰 ⓒ🅔 🅰🅴 ⓘ
6,5 km ✉4715-056 Braga – ℰ 253 60 30 20 – www.hoteisbomjesus.pt
53 qto ⌕ – ♥43/48 € ♥♥49/57 €
♦ Hotel com instalações luminosas, modernas e funcionais. Sua área social é
complementada por uma boa distribuição em cada um dos andares. Quartos
confortáveis.

na antiga estrada de Ponte de Lima Noroeste : 3,5 km

✗ **Casa das Artes** 🅰🅲 ℅ 🆅🅸🆂🅰 ⓒ🅔 🅰🅴 ⓘ
*Rua Costa Gomes 353 (Real), por L. da Estação ✉4700-262 Braga
– ℰ 253 62 20 23 – www.restaurantecasadasartes.com – fechado domingo*
Rest – Lista 24/34 € Z
♦ Antiga loja com uma original decoração à base de brinquedos, bonecas e
objectos de circo. Oferece duas salas, uma delas é uma esplanada coberta. Música
ao vivo de piano ou harpa.

PORTUGAL

BRAGANÇA ℙ – 733 – 591 G9 – 20 086 h. – alt. 660 m 9 D2

🚗 Lisboa 521 – Ciudad Rodrigo 221 – Guarda 206 – Ourense 189

🅹 Av. Cidade de Zamora, ℰ 273 38 12 73 turismo@cm-braganca.pt Fax 273 38 12 73

A.C.P. Av. Sá Carneiro, ed. Translande - loja 41, ℰ 273 32 50 70 Fax 273 32 50 71

◎ Cidadela medieval★ – Museu do Abade de Baçal★

◎ – Mosteiro de Castro de Avelãs★, Oeste : 5 km

🏠🏠🏠 Pousada de São Bartolomeu 🌿 🍴 🛏 🛗 ⚓ qto, 🖩 🍽 ... 🅿

Estrada de Turismo, Sudeste : 0,5 km ✉5300-271   🆅🆂🅰 ⊚ 🅰🅴 ⓪
– ℰ 273 33 14 93 – www.pousadas.pt

28 qto ⌴ – 🛏78/240 € 🛏🛏90/252 € **Rest** – Menu 30 €

• Destaca pela sua situação, no alto duma encosta, com magníficas vistas tanto para o castelo de Bragança como para a cidade. Quartos de conforto actual dotados de esplanada. Restaurante panorâmico num ambiente banhado com abundante luz natural.

🏠🏠 São Lázaro 🍽 🕼 ⚓ qto, 🖩 🍽 ... 🚾 🅿 🚗 🆅🆂🅰 ⊚ 🅰🅴

Av. Cidade de Zamora, Nordeste : 1,8 km ✉5300-111 – ℰ 273 30 27 00
– www.hoteis-arco.com

264 qto ⌴ – 🛏56/74 € 🛏🛏70/87 € – 8 suites **Rest** – Menu 17,50 €

• É o maior hotel da região. Dispõe de uma ampla recepção, várias salas de reuniões e quartos espaçosos de estilo clássico-actual. O restaurante combina a sua ementa de cozinha tradicional com diversas especialidades brasileiras e internacionais.

🏠 Nordeste Shalom sem rest 🍽 🕼 🖩 🍽 ... 🚗 🆅🆂🅰 ⊚ 🅰🅴 ⓪

Av. Abade de Baçal 39, Oeste : 1 km ✉5300-068 – ℰ 273 33 16 67

30 qto ⌴ – 🛏30/35 € 🛏🛏40/45 €

• Desfruta de uma correcta zona social, de uma luminosa sala de pequenos-almoços no último andar e quartos de conforto adequado, a maioria com varanda. Clientela comercial.

pela estrada de Cabeça Boa Sul : 2,5 km

🏠🏠 Estalagem Turismo 🍴 🍽 🕼 🖩 ... 🅿 🆅🆂🅰 ⊚ 🅰🅴

Estrada de Turismo ✉5300-852 Bragança – ℰ 273 32 42 04
– www.estalagemturismo.com

40 qto ⌴ – 🛏25/40 € 🛏🛏45/60 € **Rest** – Lista 20/28 €

• A origem do negócio está no restaurante; porém, actualmente dispõe de quartos cuidados com ambiente clássico, todos com bom mobiliário e casas de banho actuais. No seu refeitório encontrará uma ementa de cozinha tradicional bem elaborada.

pela estrada N 103-7 Norte : 4.5 km

🍴 O Javali 🕼 🆅🆂🅰 ⊚ ⓪

Quinta do Reconco ✉5300-672 Bragança – ℰ 273 33 38 98

Rest – Lista 26/35 €

• Por trás do bar público da entrada, aquecido por uma lareira, encontrará dois refeitórios de ambiente rústico com profusão de pedra e madeira. Cozinha regional e pratos de caça.

BUARCOS – Coimbra – ver Figueira da Foz

BUCELAS – Lisboa – 733 – 592 P2 – 1 833 h. – alt. 100 m 6 A2

🚗 Lisboa 30 – Santarém 62 – Sintra 40

🍴 Barrete Saloio 🕼 🍽 🆅🆂🅰 ⊚ 🅰🅴 ⓪

Rua Luís de Camões 28 ✉2670-662 – ℰ 219 69 40 04 – www.barretesaloio.eu
– fechado do 2 ao 18 de agosto, 2ª feira noite e 3ª feira

Rest – Lista 19/24 €

• Casa familiar de íntimo ambiente regional, que experimentou diversos usos ao longo da sua história. Uma sucessão de detalhes rústicos conforma um quadro muito aconchegante.

CABANÕES – Viseu – ver Viseu

CABEÇUDO – Castelo Branco – 733 – 592 M5 – 54 h.   4 B3

▶ Lisboa 177 – Castelo Branco 76 – Coimbra 77 – Leiria 97

⌂   **Quinta de Santa Teresinha** sem rest ⌖   ⌕ ⌰ ※ 🅰🅲 ⁎⁎ ♨ 🅿

Largo de Igreja ⊠6100-730 – ℰ 918 79 54 06   🆅🅸🆂🅰 ⓪ 🅰🅴
– *www.santosemarcal.pt*

6 qto ⌂ – 🛏50/60 € 🛏🛏70/75 €

♦ Este bonito casarão possui uma agradável zona social, quartos amplos com mobiliário torneado, cuidados exteriores e uma grande tenda para diferentes eventos.

CACEIRA DE CIMA – Coimbra – ver Figueira da Foz

CALDAS DA RAINHA – Leiria – 733 – 592 N2 – 24 918 h. – alt. 50 m   6 A2
– Termas

▶ Lisboa 92 – Leiria 59 – Nazaré 29

🛈 Rua Engenheiro Duarte Pacheco, ℰ 262 83 97 00 turismocultura@
cm-caldas-rainha.pt Fax 262 83 97 26

◉ Parque D. Carlos I★, Igreja de N. S. do Pópulo (tríptico★)

※※   **Sabores d'Itália**   ⅙ 🅰🅲 ※ 🆅🅸🆂🅰 ⓪

Praça 5 de Outubro 40 ⊠2500-198 – ℰ 262 84 56 00 – *www.saboresditalia.com*
– *fechado do 7 ao 24 novembro,do 16 ao 30 de maio e 2ª feira*

Rest – Lista 20/35 €

♦ Detrás de sua fachada discreta esconde-se um restaurante elegante com duas salas modernas. O menu de cozinha italiana também inclui alguns pratos portugueses.

CALDAS DE MONCHIQUE – Faro – ver Monchique

CALHEIROS – Viana do Castelo – 733 – 591 G4   8 A1

▶ Lisboa 391 – Viana do Castelo 29 – Braga 43 – Porto 85

⌂   **Paço de Calheiros** sem rest ⌖   ≼ ⌕ ⌰ ※ 🅿 🆅🅸🆂🅰 ⓪

⊠4990-575 – ℰ 258 94 71 64 – *www.pacodecalheiros.com*

9 qto ⌂ – 🛏🛏125 € – 6 apartamentos

♦ Formoso paço senhorial rodeado de jardins. Possui salas e quartos de ambiente antigo, vários apartamentos anexos tipo duplex e boas vistas ao vale de Lima.

CALVOS – Braga – ver Póvoa de Lanhoso

CAMINHA – Viana do Castelo – 733 – 591 G3 – 2 315 h.   8 A1

▶ Lisboa 411 – Porto 93 – Vigo 60

🛈 Rua Ricardo Joaquim de Sousa, ℰ 258 92 19 52 turismocaminha@
portugalmail.pt Fax 258 92 19 32

◉ Igreja Matriz (tecto★)

※   **Duque de Caminha**   ⌰ ※ 🆅🅸🆂🅰 ⓪ 🅰🅴 ⓪

Rua Ricardo Joaquim de Sousa 111 ⊠4910-155 – ℰ 258 72 20 46
– *fechado 15 dias em dezembro, domingo noite e 2ª feira salvo agosto*

Rest – Lista 25/35 €

♦ Antiga casa de pedra na parte histórica da localidade, cujo interior alberga um agradável refeitório de ar rústico, com mesas um pouco apertadas. Gratificante quotidianidade.

※   **Solar do Pescado**   🅰🅲 ※ 🆅🅸🆂🅰 ⓪ 🅰🅴

Rua Visconde Sousa Rego 85 ⊠4910-156 – ℰ 258 92 27 94
– *www.solardopescado.com* – *fechado do 15 ao 30 de maio, do 15 ao 30 de novembro, domingo noite e 2ª feira salvo julho-setembro*

Rest – Lista 35/50 €

♦ Negócio especializado em peixes e mariscos. Possui um refeitório clássico português com dois arcos em pedra e belos azulejos, assim como uma sala interior com pormenores rústicos.

CANAS DE SENHORIM – Viseu – 733 – 591 K6 – 2 377 h. 4 B2

▶ Lisboa 269 – Coimbra 74 – Viseu 25

Urgeiriça ⌂ 🍴 🎎 ⚙️ 🛏️ qto, 🅰️ 🎱 ⚓ 🅿️ VISA ⊛ AE ①

Estrada N 234, Nordeste : 1,5 km ✉3525-301 – ☎ 232 67 12 67
– *www.hotelurgeirica.pt*
83 qto ⌹ – 🕴40/70 € 🕴🕴60/90 €
Rest – Menu 15 €

♦ Elegante hotel que possui uma decoração clássica de estilo inglês, porém, a pouco e pouco está a adaptar o seu mobiliário de época para oferecer um maior conforto. O refeitório está presidido por uma grande lareira e dois quadros da realeza britânica.

Zé Pataco 🅰️ 🎱 🅿️ VISA ⊛ ①

Rua do Comércio 124 ✉3525-052 – ☎ 232 67 11 21
– *www.restaurantezepataco.com*
– *fechado do 1 ao 15 de setembro e 3ª feira*
Rest – Lista 14/28 €

♦ Casa familiar muito consolidada, cujos muros albergam um refeitório aconchegante de estilo regional com cobertura de madeira, onde servem uma ementa média a preços atractivos.

CANIÇADA – Braga – ver Vieira do Minho

CANIÇO – Madeira – ver Madeira (Arquipélago da)

CANIÇO DE BAIXO – Madeira – ver Madeira (Arquipélago da) : Caniço

---

CANTANHEDE – Coimbra – 733 – 592 K4 – 5 004 h. 4 A2

▶ Lisboa 222 – Aveiro 42 – Coimbra 23 – Porto 112
◻ Varziela : retábulo★ Nordeste : 4 km.

Marialva Park H. 🎎 ⚙️ qto, 🅰️ 🎱 ⚓ ⚓ 🅿️ 🛋️ VISA ⊛ AE ①

Quinta de São Mateus Lote. 1 ✉3060-000 – ☎ 231 41 02 20
– *www.marialvaparkhotel.pt*
64 qto ⌹ – 🕴60/70 € 🕴🕴75/90 € – 2 suites
Rest – *(fechado domingo noite) (só buffet ao almoço salvo fines de semana)*
Menu 11 €

♦ Parte da sua fachada está envidraçada, fazendo que as suas divisões desfrutem de grande luminosidade. Zona social polivalente com detalhes de desenho e quartos funcionais. O seu moderno restaurante combina o serviço de ementa com o de buffet.

Marquês de Marialva 🎱 ⇄ 🅿️ VISA ⊛ AE ①

Largo do Romal 16 ✉3060-129 – ☎ 231 42 00 10
– *www.marquesdemarialva.com*
– *fechado domingo noite*
Rest – Lista 22/30 €

♦ Afamado na zona. Possui várias salas com uma montagem adequada e decoração intimista, uma delas com lareira. Dispõe de ementa, trabalhando sobretudo com diferentes menus.

CARAMULO – Viseu – 733 – 591 K5 – 1 546 h. – alt. 800 m 4 B2

▶ Lisboa 280 – Coimbra 78 – Viseu 38
ℹ Av. Jerónimo Lacerda 750, ☎ 232 86 14 37 infoturismo@rtdaolafoes.com
Fax 232 86 14 37
◻ Museu de Caramulo★ (Exposição de automóveis★)
◻ Caramulinho★★ (miradouro) Sudoeste : 4 km – Pinoucas★ : ☀ Noroeste : 3 km.

Do Caramulo ⅏ ⇐ ⌗ ⊠ ⊠ ⅃₅ ▥ ⅃ qto, ⒶⒸ ⅏ Ⓒⅅ ☖ **P**
Av. Dr. Abel Lacerda ⊠3475-031 – ℰ 232 86 01 00   ⓥⓘⓢⓐ ⓪ ⒶⒺ ⓪
– www.wrhotels.com
83 qto ⌲ – **♥**70/104 € **♥♥**70/137 € – 4 suites
Rest – Menu 25 €
◆ Antigo hospital reconvertido em hotel. Dispõe de suficientes zonas sociais, quartos de bom conforto, um completo SPA e excelentes vistas para a serra da Estrela. No seu restaurante poderá degustar uma cozinha bastante bem elaborada de base tradicional.

CARCAVELOS – Lisboa – **733** – **592** P1 – **6 782 h.** – Praia   **6** B3
▶ Lisboa 20 – Sintra 15

na praia :

 Riviera ⊠ ⊠ ⅃₅ ⅏ ⅃ ⅃ qto, ⒶⒸ ⅏ Ⓒⅅ ☖ **P** ⌂ ⓥⓘⓢⓐ ⓪ ⒶⒺ ⓪
Rua Bartolomeu Dias-Junqueiro ⊠2775-551 – ℰ 214 58 66 00
– www.rivierahoteis.com
115 qto ⌲ – **♥**99/144 € **♥♥**119/177 € – 15 suites   **Rest** – Menu 23 €
◆ Um hotel vocacionado ao cliente de empresa. Possui uma correcta zona social e quartos bastante bem equipados, todos em tons claros e com os solos em alcatifa. No seu refeitório combinam-se o serviço à la carte e o buffet.

 PraiaMar ⇐ ⅃ ⅃ ⒶⒸ ⅏ ⅏ ⅃ **P** ⓥⓘⓢⓐ ⓪ ⒶⒺ ⓪
Rua do Gurué 16 ⊠2775-581 – ℰ 214 58 51 00
– www.almeidahotels.com
148 qto ⌲ – **♥**70/140 € **♥♥**85/165 € – 6 suites   **Rest** – Menu 22 €
◆ Este hotel, perto da praia, oferece uma espaçosa zona nobre e quartos de adequado equipamento, com mobiliário e detalhes decorativos de qualidades standard. O restaurante, situado no último andar, oferece uma surpreendente visão panorâmica do oceano.

XX **A Pastorinha** ⇐ ⌂ ⒶⒸ ⅏ **P** ⓥⓘⓢⓐ ⓪ ⒶⒺ ⓪
Av. Marginal ⊠2775-604 – ℰ 214 58 04 92 – fechado 15 dias em abril, 15 dias em outubro e 3ª feira
Rest – Lista 38/47 €
◆ De grande aceitação na zona. O seu refeitório, moderno e colorista, complementa-se com um reconfortante serviço de creche para crianças, um bar e uma esplanada de frente para o mar.

CARREGAL DO SAL – Viseu – **733** – **591** K6 – **1 480 h.**   **4** B2
▶ Lisboa 257 – Coimbra 63 – Viseu 29

XXX **Quinta de Cabriz** ⒶⒸ ⅏ **P** ⓥⓘⓢⓐ ⓪
Antiga Estrada N 234, Sudoeste : 1 km ⊠3430-909 – ℰ 232 96 12 22
– www.daosul.com
Rest – Lista 25/35 €
◆ Restaurante localizado dentro das adegas, aonde cada passo transforma-se em uma experiência sensorial. A cozinha combina os vinhos da casa com a gastronomia tradicional das Beiras.

CARVALHOS – Porto – **733** – **591** I4   **8** A3
▶ Lisboa 310 – Amarante 72 – Braga 62 – Porto 12

XX **Mário Luso** ⒶⒸ ⅏ ⓥⓘⓢⓐ ⓪ ⒶⒺ ⓪
Largo França Borges 308 ⊠4415-240 – ℰ 227 84 21 11 – www.marioluso.com
– fechado do 16 ao 31 de agosto, domingo noite e 2ª feira
Rest – Lista 24/29 €
◆ Os detalhes rústicos e regionais desenham o seu cálido ambiente, realçado por uma amável atenção. Dificuldade do estacionamento compensada por uma boa e bem elaborada cozinha.

▶ Lisboa 32 – Setúbal 72 – Sintra 16

🖪 Rua Visconde da Luz 14, *&* 21 486 82 04

🖬 Quinta da Marinha, Oeste : 3 km, *&* 21 486 01 80

Ⓖ Estrada de Cascais a Praia do Guincho★ - Sudoeste: Boca do Inferno★ (precipicio★) AY - Praia do Guincho★ por③: 9 km.

🏨 **Albatroz**   ⇐ 🍴 🛋 👌 qto, 🎮 💆 🍸 🖫 🅿 🛋 VISA ⨶ 🅰🆃🅴 🕪

Rua Frederico Arouca 100 ⊠*2750-353* – *&* 214 84 73 80

– www.albatrozhotels.com   AZ**e**

49 qto ⌑ – 🛏125/480 € 🛏🛏145/580 € – 11 suites   **Rest** – Lista 31/45 €

♦ Complexo com vários palacetes junto ao mar e um anexo de nova construção. Conforto elevado; a zona antiga merece uma especial menção pela sua gratificante decoração. Elegante restaurante com uma impressionante visão panorâmica sobre a infinidade do oceano.

🏨 **Grande Real Villa Itália**   ⇐ 🍴 🌊 🗖 🛋 👌 qto, 🎮 💆 🍸 🖫 🅿 🛋

Rua Frei Nicolau de Oliveira 100 ⊠*2750-319*   VISA ⨶ 🅰🅴

– *&* 210 96 60 00 – www.hoteisreal.com   AY**b**

102 qto ⌑ – 🛏205/330 € 🛏🛏230/355 € – 22 suites

Rest – Lista aprox. 50 €

♦ Está formado por vários edifícios, entre os quais se destaca o antigo palácio do Rei Humberto II de Itália. Materiais de qualidade, dependências elegantes e um completo SPA. No seu restaurante elabora-se uma ementa criativa.

🏨 **Cascais Miragem**   ⇐ 🌊 🔲 🗖 🛋 👌 qto, 🎮 💆 🕪 🖫 🅿 🛋

Av. Marginal 8554 ⊠*2754-536* – *&* 210 06 06 00   VISA ⨶ 🅰🅴 🕔

– www.cascaismirage.com   BX**a**

177 qto ⌑ – 🛏160/335 € 🛏🛏180/355 € – 15 suites

Rest – Menu 35 €

Rest Gourmet – *(só jantar)* Lista aprox. 45 €

♦ Desfruta de numerosos espaços sociais e grande variedade de salões, com quartos clássicos de completo equipamento e mobiliário de qualidade. Excelente organização. O restaurante Gourmet destaca-se pelo seu cuidado e elegante serviço de mesa.

🏨 **Estalagem Villa Albatroz**   ⇐ 🍴 🛋 🎮 💆 🍸 VISA ⨶ 🅰🅴 🕔

Rua Fernandes Tomaz 1 ⊠*2750-342* – *&* 214 86 34 10

– www.albatrozhotels.com   AZ**v**

11 qto ⌑ – 🛏105/330 € 🛏🛏133/380 €

Rest Vin Rouge – *(fechado domingo noite e 2ª feira)* Lista 34/44 €

♦ Edifício senhorial localizado em frente ao oceano. Suas paredes abrigam um interior bastante acolhedor com quartos de estilo clássico que se destacam pelos seus detalhes elegantes. O restaurante que dispõe de um terraço, oferece uma cozinha moderna e bem apresentada.

🏨 **Pestana Cascais**   ⇐ 🚗 🌊 🔲 🗖 🍽 🛋 👌 qto, 🎮 💆 🚲 🅿 VISA 🅰🅴

Av. Manuel Julio Carvalho e Costa 115, pela estrada do Guincho ⊠*2754-518*

– *&* 214 82 59 00 – www.pestana.com   AY

142 qto ⌑ – 🛏115/254 € 🛏🛏129/268 € – 7 suites

Rest – Lista 22/30 €

♦ Hotel moderno e funcional com atractivos exteriores ajardinados. Completa oferta lúdico-desportiva e pequenos quartos tipo apartamentos, todos com cozinha. A actividade do refeitório varia entre a ementa e o buffet, dependendo da ocupação.

⌂ **Casa da Pérgola** sem rest   🚗 🎮 💆 🍸 VISA ⨶ 🕔

Av. Valbom 13 ⊠*2750-508* – *&* 214 84 00 40 – www.pergolahouse.com

– *fechado 16 dezembro-14 fevereiro*   AZ**y**

10 qto ⌑ – 🛏60/85 € 🛏🛏98/150 €

♦ Uma bela fachada precedida dum atractivo jardim, que recolhe a herança das moradas senhoriais. Sinta o peso da tradição nos quartos amplos e categóricos.

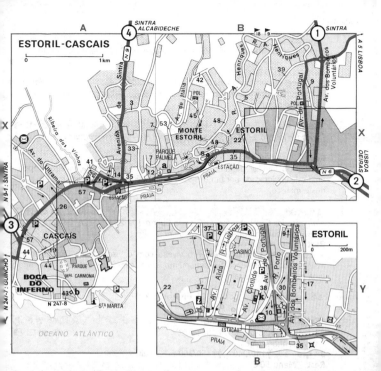

ESTORIL-CASCAIS

✗✗ Visconde da Luz

🏠 AC ⚒ P VISA ⚬⚬ AE ①

Jardim Visconde da Luz ✉2750-416
– ℰ 214 84 74 10
– www.viscondedaluz.com
– *fechado 3ª feira*

Rest – Lista 40/61 €

AZ**d**

♦ Edificação em madeira tipo moradia alberga instalações muito esmeradas, com viveiro próprio, atractivo expositor de produtos e uma interessante colecção de vinhos do Porto.

XX **Reijos**   🛋 AK ℀ VISA ⚙

Rua Frederico Arouca 35 ⊠2750-355 – ℰ 214 83 03 11 – fechado janeiro e
domingo   AZ**s**
Rest – Lista 25/31 €
• Dispõe de uma pequena esplanada à entrada e duas salas, a interior mais
íntima e com alguns detalhes em pedra. Oferecem elaborações próprias do receituário tradicional.

X **Beira Mar**   🛋 AK ℀ VISA ⚙ AE ⚙

Rua das Flores 6 ⊠2750-348 – ℰ 214 82 73 80 – www.beiramarcascais.com
– fechado 3ª feira   AZ**f**
Rest – Lista 40/62 €
• Negócio familiar dirigido com orgulho. Cozinha semi-vista, viveiro próprio e
uma sala envidraçada por um dos seus laterais. Ementa tradicional, rica em pescados e marisco.

X **Luzmar**   AK ℀ VISA ⚙ AE ⚙

Alameda dos Combatentes da Grande Guerra 104 ⊠2750-326 – ℰ 214 84 57 04
– www.luzmar.dcsa.pt – fechado 2ª feira   AZ**n**
Rest – Lista aprox. 44 €
• Compartilhe a propriedade e o viveiro com o Visconde da Luz, garantindo
assim a sua qualidade e funcionamento. Local com duas entradas, refeitório e
uma esplanada coberta.

na estrada do Guincho por Av. 25 de Abril AY :

🏠🏠🏠 **Estalagem Sra. da Guia**   ⇐ 🌊 🛋 ℐ ↳ AK ℀ ⁋ 🍴 ⅏ P
3,5 km ⊠2750-642 – ℰ 214 86 92 39   VISA ⚙ AE ⚙
– www.senhoradaguia.com
38 qto ⌂ – 🛏140/240 € 🛏🛏150/300 € – 3 suites
Rest – Menu 50 €
• Rodeado de pinheiros e como tela de fundo o oceano. Distribui-se em três edifícios, deixando o mais antigo para as zonas comuns. Ambientes elegantes e de
grande conforto. O restaurante, muito luminoso, apresenta uma excelente montagem e uma estética mediterrânica.

XX **Furnas do Guincho**   ⇐ 🌊 AK ℀ P VISA ⚙ AE ⚙
3,5 km ⊠2750-642 – ℰ 214 86 92 43 – www.furnasdoguincho.pt
Rest – Lista 30/45 €
• Negócio com várias esplanadas, uma associada ao bar e o resto às salas do restaurante. Ementa atenta à tradição, com protagonismo de peixe e marisco.

na Quinta da Marinha por Av. 25 de Abril : 4 km AY

🏠🏠🏠 **Vivamarinha** sem rest 🌿   🏊 ℐ ↳ 🔌 🛋 AK ℀ 🐾 P 🚗 VISA ⚙ AE ⚙
Rua das Palmeiras - Lote 5 – ℰ 214 82 91 00 – www.vivamarinha.pt
139 apartamentos – 🛏🛏120/160 €, ⌂ 15 €
• Este belo hotel está rodeado de pinhais e compensa a sua reduzida zona social
com quartos bastante amplos, todos de linha moderna e com cozinha. Piscina climatizada.

🏠🏠🏠 **Quinta da Marinha** 🌿   🌊 ℐ ↳ ℐ ↳ ℀ 🎬 🛋 ℐ ↳ qto, AK ℀ 🐾 🍴 P
4 km e desvio a direita 2 km ⊠2750-715   🚗 VISA ⚙ AE ⚙
– ℰ 214 86 01 00 – www.quintadamarinha.com
188 qto ⌂ – 🛏270/290 € 🛏🛏290/310 € – 10 suites
Rest – *(só buffet)* Menu 38 €
Rest Rocca – *(só jantar)* Lista aprox. 55 €
• Junto a um campo de golfe, resulta ser ideal para os amantes deste desporto.
Actual e bem equipado, com quartos bem cuidados e todos com varanda. O
seu refeitório simples para o buffet complementa-se com um pequeno restau-
rante à la carte.

na Praia do Guincho por Av. 25 de Abril : 9 km AY

Fortaleza do Guincho ⌾   🝙 ᵸ 🝙 P ᴠᴵˢᴬ ⓒⓔ ᴀᴇ ⓞ
✉2750-642 Cascais – ℰ 214 87 04 91 – www.guinchotel.pt
27 qto ⌓ – ᛏ180/330 € ᛏᛏ190/340 €
Rest *Fortaleza do Guincho* – ver selecção restaurantes
♦ Antiga fortaleza num promontório rochoso sobre o mar. Belo pátio porticado e quartos de cuidada decoração, com mobiliário de qualidade.

Fortaleza do Guincho – Hotel Fortaleza do Guincho   ≤ 🝙 🝙 P
✉2750-642 Cascais – ℰ 214 87 04 91   ᴠᴵˢᴬ ⓒⓔ ᴀᴇ ⓞ
– www.guinchotel.pt
Rest – Menu 50/70 € – Lista 68/85 € ⅋⅋
Espec. Foie-gras de ganso da região de Landes, chutney de maçã e ruibarbo com gengibre, fina geleia de moscatel de Setúbal. Lombo de porco alentejano assado com guarnição da época. Lavagante azul assado com toranja e pequenos legumes.
♦ Este restaurante maravilhoso dispõe de uma pequena sala de estar elegante, um bar e uma sala de refeição de vidro que se destaca tanto pelo seu conforto quanto pela sua maravilhosa vista para o mar. Cozinha internacional perfeita, bem apresentada e realizada.

Porto de Santa Maria   ≤ 🝙 🝙 P ᴠᴵˢᴬ ⓒⓔ ᴀᴇ
✉2750-642 Cascais – ℰ 214 87 94 50 – fechado 2ª feira
Rest – Lista 50/66 €
♦ É um restaurante emblemático com vistas sobre o oceano. Destaca pelo grande nível da sua cozinha, com produtos do mar de excelente qualidade. Completíssima ementa de vinhos.

O Faroleiro   ≤ ⌂ 🝙 🝙 P ᴠᴵˢᴬ ⓒⓔ ᴀᴇ ⓞ
✉2750-642 Cascais – ℰ 214 87 02 25 – www.faroleiro.com
Rest – Lista 37/50 €
♦ Restaurante tipo moradia situado à beira do mar. O interior está definido pela profusão de madeira, com vigas à vista e uma barca de pesca para expor os seus produtos.

Panorama   ≤ ⌂ 🝙 🝙 P ᴠᴵˢᴬ ⓒⓔ ᴀᴇ ⓞ
✉2750-642 Cascais – ℰ 214 87 00 62
– fechado 3ª feira
Rest – Lista 36/54 €
♦ Possui uma sala distribuída em dois níveis; ementa a base de peixes e mariscos. Montagem simples mas correcta, com viveiro próprio e expositor de produtos.

Mar do Guincho   ≤ 🝙 🝙 P ᴠᴵˢᴬ ⓒⓔ ᴀᴇ ⓞ
✉2750-642 Cascais – ℰ 214 85 82 80 – www.faroleiro.com
Rest – Lista 38/46 €
♦ É funcional; porém, apresenta uma amável organização e um bom produto. Oferece o seu próprio viveiro, uma pequena esplanada e pratos de elaboração simples.

Meste Zé   ≤ ⌂ 🝙 🝙 P ᴠᴵˢᴬ ⓒⓔ ᴀᴇ ⓞ
✉2750-642 Cascais – ℰ 214 87 02 75
– www.faroleiro.com
Rest – Lista 38/46 €
♦ Apresenta o refeitório em dois níveis e uma esplanada escalonada onde é possível desfrutar da brisa marinha. Grandes janelas e mobiliário funcional em tons verdes.

A expressão **Rest** em vermelho indica os estabelecimentos acreditados com as nossas distinções Gastronómicas ⅋ (estrela) ou ⅋ (Bib Gourmand).

PORTUGAL

▶ Lisboa 256 – Cáceres 137 – Coimbra 155 – Portalegre 82

🛈 Alameda da Liberdade, 𝒞 272 33 03 39 turismo.cmcb@mail.telepac.pt
Fax 272 33 03 50

A.C.P. Av. General Humberto Delgado16 B, 𝒞 272 32 53 75
Fax 272 32 53 85

◙ Jardim do Antigo Paço Episcopal★★

🏨 **Tryp Colina do Castelo** ⑤   ⟨ 🔲 🔊 ¾ 📶 🕻 ùụ, 🎞 🕅 ¶¶ 🕸 🅿
Rua da Piscina ⊠6000 453 – 𝒞 272 34 92 80   ⟨🚋 🆅🆂🅰 ⓪ 🅰🅴 ⓪
– www.trypcolinacastelo.com   **e**
97 qto � – †79/86 € ††90/96 € – 6 suites
Rest – Menu 15 €

♦ Hotel moderno e funcional situado na parte alta da cidade, tendo portanto, boas vistas. Idóneo para congressos, pois a sua zona nobre está diversificada. No refeitório, combinam-se a ementa e o buffet.

🏨 **Rainha D. Amélia**   📶 🕻 qto, 🎞 🕅 ¶¶ 🕸 🅿 ⟨🚋 🆅🆂🅰 ⓪ 🅰🅴 ⓪
Rua de Santiago 15 ⊠6000-179 – 𝒞 272 34 88 00
– www.hotelrainhadamelia.pt   **b**
64 qto ⊻ – †47/72 € ††54/88 €
Rest – Menu 13 €

♦ Encontra-se no centro da cidade, próximo à zona comercial, com salas de reuniões bem equipadas e quartos confortáveis de estilo clássico-funcional. O restaurante, que resulta ser acolhedor e detalhista, oferece uma cozinha regional variada.

🍴🍴 **Praça Velha**   🎞 🕸 🅿 🆅🆂🅰 ⓪ 🅰🅴
😊 *Largo Luís de Camões 17* ⊠6000-116 – 𝒞 272 32 86 40 – www.pracavelha.com
– fechado domingo noite e 2ª feira   **a**
Rest – Lista 25/29 €

♦ Restaurante central com solos e colunas de pedra vista. Excelente montagem e impecável manutenção, realçado pela cálida decoração rústica. Ambiente aconchegante.

PORTUGAL

CASTELO BRANCO

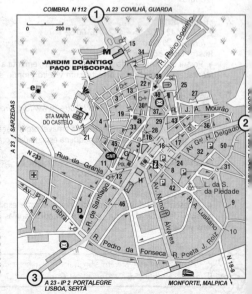

CASTELO DE VIDE – Portalegre – 733 – 592 N7 – 2 678 h. – alt. 575 m
– Termas

➤ Lisboa 213 – Cáceres 126 – Portalegre 22

🛈 Praça D. Pedro V, 𝒞 245 90 13 61 sociocultural.cmcv@gmail.com Fax 245 90 18 27

◉ Castelo ⩽★ – Judiaria★

◉ Capela de Na. Sra. de Penha ⩽★ Sul : 5 km – Estrada★ escarpada de Castelo de Vide a Portalegre por Carreiras, Sul : 17 km

🏨 **Sol e Serra**   ⅃ 🛉 ⅙ qto, Ⓐ 🎱 ⩗
av. da Europa 1 ⊠7320-202 – 𝒞 245 90 00 00 – www.baratahotels.com
86 qto
Rest *A Palmeira* –
◆ Desfrute da boa área social, do bar com terraço e dos quartos alegres decorados ao estilo alentejano, alguns deles com mobiliário de ferro forjado e outros de madeira pintada. O restaurante, bastante grande e dominado por uma lareira, oferece um menu tradicional.

⌂ **Casa Amarela** sem rest   🛉 Ⓐ ⩗
Praça D. Pedro V-11 ⊠7320-113 – 𝒞 245 90 58 78 – www.casaamarelath.com
10 qto ⊆ – 🛉70/85 € 🛉🛉95/130 €
◆ Casa senhorial central do s. XVIII, cuja bela fachada, decorada com motivos de rocalha, alberga um interior caseiro. Possui quartos sóbrios de estilo antigo e conforto actual.

CASTELO NOVO – Castelo Branco – 733 – 592 L7 – 168 h.

➤ Lisboa 261 – Castelo Branco 32 – Coimbra 179 – Guarda 80

⌂ **Quinta do Ouriço** sem rest ⍩   ⩽ 🛋 ⅃ ✕ ☏ ℙ
Rua da Bica ⊠6230-160 – 𝒞 275 56 72 36 – www.quintadoourico.com
5 qto ⊆ – 🛉60/65 € 🛉🛉75/90 € – 2 suites
◆ Discreta casa do séc. XVII com detalhes decorativos da época e um ambiente ajardinado. Está repartida em duas partes, uma delas ocupada pela família proprietária.

CERCAL – Setúbal – 733 – 593 S3

➤ Lisboa 183 – Setúbal 149 – Beja 109 – Faro 152

pela estrada de Vila Nova de Milfontes 1,5 km e desvio a direita 3 km :

⌂ **Herdade da Matinha** ⍩   🛋 ⅃ ⩗ ℙ 🆅🆂🅰 ⓿
⊠7555-231 Cercal do Alentejo – 𝒞 933 73 92 45 – www.herdadedamatinha.com
11 qto ⊆ – 🛉78/98 € 🛉🛉108/128 € **Rest** – Menu 35 €
◆ Situa-se em plena natureza e desfruta de um ambiente muito cuidado. Excelente sala de estar e quartos atractivos de ar rústico, simples mas alegres e coloridos.

CERNACHE DO BONJARDIM – Castelo Branco – 733 – 592 M5
– 788 h.

➤ Lisboa 187 – Castelo Branco 81 – Santarém 110

pela estrada N 238 Sudoeste : 10 km

🏨 **Estalagem Vale da Ursa** ⍩   ⩽ 🛋 ⅃ ✕ 🛉 ⅙ qto, Ⓐ ⩗ rest, ⩗
⊠6100-302 – 𝒞 274 80 29 81 – www.hotelvaledaursa.com   ℙ 🆅🆂🅰 ⓿
– fechado novembro
17 qto ⊆ – 🛉60/70 € 🛉🛉70/95 € **Rest** – *(fechado 2ª feira)* Menu 15 €
◆ Hotel pequeno e intimista de carácter familiar numa margem do rio Zêzere, com quartos um pouco antigos mas cuidados. A sua melhor atracção radica na tranquilidade reinante. O restaurante dispõe de esplanada e está aberto à imensidão da paragem circundante.

CHACIM – Bragança – ver Macedo de Cavaleiros

> ▶ Lisboa 475 – Ourense 99 – Vila Real 66
>
> 🖪 Av. Teniente Valadim 39, 𝒞 276 34 06 61 rturismoatb@mail.telepac.pt
> Fax 276 32 14 19
>
> 🔟 Vidago, Sudoeste : 20 km, 𝒞 276 90 96 62
>
> ◎ Igreja da Misericórdia★
>
> ⒢ Oeste : Alto Vale do rio Cávado★ : estrada de Chaves a Braga pelas
> barragens do Alto Rabagão★ i, na Paradela★ (local★), da Caniçada (≼ ⩘)
> – e ≼★★ do Vale e Serra do Gerês - Montalegre (local★)

🏨 **Forte de S. Francisco** ॐ   ⌐ ⌂ ⌰ ✗ 🛏 & qto, 𝄞 ✗ 🅐 ℙ
Alto da Pedisqueira ⊠*5400-435* – 𝒞 *276 33 37 00*   [VISA] [OO] [AE] [O]
– www.fortesaofrancisco.com
56 qto ⊑ – 🛉90/120 € 🛉🛉100/135 € – 2 suites
Rest *Cozinha do Convento* – Lista aprox. 32 €
♦ Fortaleza que tem as suas raízes no séc. XVII. Recinto amuralhado carregado de
história, onde se une a tranquilidade dos tempos passados com um excelente e
moderno conforto. Refeitório panorâmico montado com detalhe e bom gosto.

✗✗ **A Talha**   🅐 ✗ [VISA] [OO] [O]
⊛ *Rua Comendador Pereira da Silva 6 - Bairro da Trindade* ⊠*5400-443*
– 𝒞 276 34 21 91
Rest – Lista 16/22 €
♦ Tem sabido fidelizar aos seus clientes e ganhar-se certa fama graças, em
grande medida, à sua saborosa cozinha tradicional com grelha de carvão. Bom
refeitório e esplanada envidraçada.

✗✗ **Carvalho**   🅐 ✗ [VISA] [OO] [AE] [O]
⊛ *Alameda do Tabolado* ⊠*5400-523* – 𝒞 *276 32 17 27* – *fechado Natal, Páscoa,
domingo noite e 2ª feira*
Rest – Lista 23/30 €
♦ Casa acreditada que deve o seu sucesso à plena dedicação da sua proprietária.
No seu refeitório poderá degustar uma ementa tradicional, com peixe fresco, que
muda diariamente.

em Nantes Sudeste : 5 km

🏠 **Quinta da Mata** ॐ   ⌐ ⌰ ✗ ✗ ☏ ⚐ ℙ [VISA] [OO] [AE] [O]
Estrada de Valpaços ⊠*5400-581 apartado 194 Chaves* – 𝒞 *276 34 00 30*
– www.quintadamata.net
6 qto ⊑ – 🛉69 € 🛉🛉80/100 €
Rest – (a pedido) *(só clientes)* Menu 20 €
♦ Conjunto rústico de cálidas dependências, onde poderá recuperar a tranquilidade própria dum ambiente rural. Ambiente familiar, com profusão de pedra e
mobiliário antigo.

na estrada de São Pedro de Agostém Sul : 5,5 km

🏨 **Casa de Samaiões** ॐ   ≼ ⌐ ⌰ ✗ & qto, 🅐 ✗ ⚐ ℙ [VISA] [OO] [AE] [O]
⊠*5400-574* – 𝒞 *276 34 04 50* – *www.hotel-casasamaioes.com*
18 qto ⊑ – 🛉54/82 € 🛉🛉72/93 €
Rest – *(fechado domingo noite e 2ª feira)* Menu 25 €
♦ De bom conforto geral. Pelas suas características decorativas e a localização
em plena natureza resulta ideal para aqueles que procuram turismo rural com os
serviços dum hotel. Amplo restaurante panorâmico de estilo neo-rústico, com as
vigas à vista.

em Santo Estêvão Nordeste : 8 km

🏠 **Quinta de Santa Isabel** sem rest ॐ   ☏ ℙ
⊠*5400-750 Chaves* – 𝒞 *276 35 18 18* – *www.quintadesantaisabel.com.pt*
5 apartamentos ⊑ – 🛉🛉40/90 €
♦ Conjunto formado por varias casas em pedra, tipo apartamento, que dão para
um pátio comum. O antigo lagar funciona como zona social e os quartos têm
grande encanto.

Cidade Velha e Universidade

COIMBRA

Provincia : ▣ Coimbra
Mapa Michelin : 733 – 592 L4
▶ Lisboa 200 – Cáceres 292
– Porto 118 – Salamanca 324

População : 101 069 h.
Altitude : 75 m
Mapa regional : 4 B2

INFORMAÇÕES PRÁTICAS

🖫 Postos de Turismo

Largo da Portagem, ✆239 48 81 20 atendimento@turismo-centro.pt Fax 239 48 81 29

Largo D. Dinis, ✆ 239 83 25 91

e Praça da República, ✆ 239 83 32 02

Automóvel Club

A.C.P. Av. Navarro 6, ✆ 239 85 20 20 Fax 239 83 50 03.

◉ VER

Sítio* – Cidade Velha e Universidade* : Sé Velha** (retábulo*, Capela do Sacramento*) Z – Museu Nacional Machado de Castro** (cavaleiro medieval*) YZ **M²** – Velha Universidade** (balcão≼*) : capela (caixa de órgão**), biblioteca** Z – Mosteiro de Santa Cruz* : igreja* (pùlpito*), claustro do Silêncio*, coro (cadeiral*) Y – Convento de Celas (retábulo*) V – Convento de Santa Clara a Nova (túmulo*) X.
Arredores :
Miradouro do Vale do Inferno* 4 km por ③ – Ruinas de Conimbriga* (Casa de Cantaber*, casa dos Repuxos** : mosaicos**) 17 km por ③ – Penela ✳* desde o castelo 29 km por ②.

993

COIMBRA

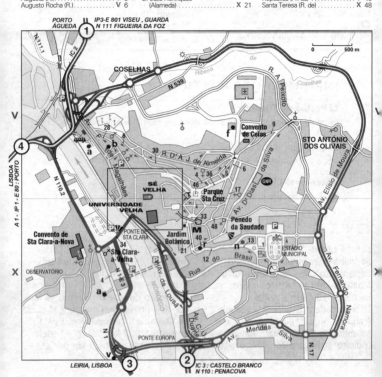

🏨🏨🏨 **Quinta das Lágrimas** 🍃　🛌🖥🎰🔥🆎♨️🏋️🅿️ VISA ⊗ AE ⓪

Rua António Augusto Gonçalves ⊠3041-901 – 📞 239 80 23 80
– www.quintadaslagrimas.pt　　　　　　　　　　　　　　　　　　X**a**
47 qto 🍽 – †139/199 € ††169/245 € – 5 suites
Rest *Arcadas da Capela* – ver selecção restaurantes
• Palácio luxuoso do século XVIII, rodeado por um jardim botânico. Você encontrará quartos de de diversos estilos e um grande anexo, aonde situa-se a área de conferência e o SPA moderno.

🏨🏨 **Tivoli Coimbra** 🖥🛌🖥🆎♨️📶🏋️🚗🏊 VISA ⊗ AE ⓪

Rua João Machado 4 ⊠3000-226
– 📞 239 85 83 00 – www.tivolihotels.com　　　　　　　　　　　V**b**
95 qto – †60/150 € ††70/200 €, 🍽 10 € – 5 suites
Rest – Menu 17,50 €
• Oferece reduzidas mas suficientes zonas nobres e quartos que, sobretudo, destacam pelo seu amplo tamanho. Conforto correcto e um bom centro de fitness. O restaurante dispõe de uma sala de refeição aconchegante de estilo clássico-actual e com carácter polivalente.

COIMBRA

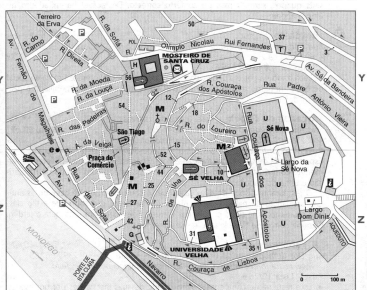

🏠 **Dona Inês**　　　　　　　⪕ ※ 🗐 ⅃ qto, 🆔 🐎 🚗
Rua Abel Dias Urbano 12 ✉3000-001 – ℰ 239 85 58 00
– www.hotel-dona-ines.pt　　　　　　　　　　　　　**Va**
72 qto – 2 suites　**Rest** –
◆ Após uma grande obra de renovação, o hotel oferece um novo anexo e quartos de estilo moderno e funcional. O restaurante dispõe de uma entrada independente e oferece uma cozinha internacional.

🏠 **Tryp Coimbra**　　　　⪕ 🗐 ⅃ qto, 🆔 ※ 📶 🐎 🚗 📼 ⲟⲟ 🆎
Av. Armando Gonsalves-Lote 20 ✉3000-059 – ℰ 239 48 08 00
– www.trypcoimbra.com　　　　　　　　　　　　　　**Vf**
133 qto – ♦54/116 € ♦♦60/128 €, ☲ 9,50 €
Rest – Lista 24/36 €
◆ Possui uma boa área social com bar integrado, várias salas de reunião e quartos bastante funcionais, com decoração simples e com carpete. O restaurante, muito luminoso e de concepção clássica, está localizado no andar térreo.

🏠 **D. Luís**　　　　　　⪕ 🗐 ⅃ qto, 🆔 ※ 📶 📶 🅿 📼 ⲟⲟ 🆎 ⓞ
Santa Clara ✉3040-091 – ℰ 239 80 21 20
– www.hoteldluis.pt　　　　　　　　　　　　　　　**Xv**
98 qto ☲ – ♦43/49 € ♦♦51/59 € – 2 suites
Rest – Menu 20 €
◆ Desfruta de vistas para o rio Mondego, amplas zonas nobres, salões de grande capacidade e quartos espaçosos; porém, o seu mobiliário é algo simples e funcional. Também dispõe dum amplo restaurante panorâmico.

🏠 **Oslo** sem rest 🖨 AC ⚄ 🎵 ☕ VISA ⚄ AE ⓞ
Av. Fernão de Magalhães 25 ✉3000-175 – 𝒞 239 82 90 71
– www.hotel-oslo.web.pt YZ**e**
36 qto ⌧ – ✚50/60 € ✚✚60/75 €
♦ Pequeno hotel de carácter familiar que, a pouco e pouco, actualiza e unifica os
seus quartos, simples mas de conforto correcto. Destacável bar-miradouro no
último andar.

🏠 **Botánico** sem rest 🖨 AC ⚄ VISA ⚄
Rua Combatentes da Grande Guerra (Ao cimo) Bairro São José 15 ✉3030-207
– 𝒞 239 71 48 24 X**r**
25 qto ⌧ – ✚40 € ✚✚55 €
♦ Localizado na parte alta da cidade, este pequeno hotel oferece uma área social
de estilo moderno e quartos de estilo clássico, todos eles com mobiliário e piso
de madeira.

✗✗✗✗ **Arcadas da Capela** – Hotel Quinta das Lágrimas 🏠 AC ⚄ P
☾ *Rua António Augusto Gonçalves* ✉3041-901 VISA ⚄ AE ⓞ
– 𝒞 239 80 23 80 – www.quintadaslagrimas.pt X**a**
Rest – *(só jantar de junho a setembro)* Menu 50/80 € – Lista 51/70 € ⌘
Espec. Salada de vieiras caramelizadas com vinagreta de chocolate. Filetes de sal-
monete com risotto de verduras. Leite creme queimado com gelado de manjeri-
cão e telha de papoila.
♦ O restaurante dispõe de duas salas que se comunicam e que ocupam as anti-
gas cavalariças do palácio, cada uma com uma decoração sóbria de estilo clás-
sico-moderno, uma delas possui uma estrutura de vidro com vista para o jardim.
Cozinha com base tradicional e toques internacionais.

✗ **A Taberna** AC ⚄ VISA ⚄ AE ⓞ
Rua Dos Combatentes da Grande Guerra 86 ✉3030-181 – 𝒞 239 71 62 65
– www.restauranteataberna.com – fechado domingo noite e 2ª feira
Rest – Lista 19/26 € X**n**
♦ Este restaurante compensa a simplicidade de suas instalações por um espaço
bastante acolhedor, com cozinha aberta e fogão a lenha. Menu tradicional.

COLARES – Lisboa – 733 – 592 P1 – 306 h. – alt. 50 m 6 B3
🚗 Lisboa 35 – Sintra 8
🛈 Cabo da Roca-Azóia, 𝒞 21 928 00 81 dtur.roca@cm-sintra.pt Fax 21 928
08 92
📷 Azenhas do Mar★ (sítio★) Noroeste : 7 km

na Praia Grande Noroeste : 3,5 km

🏨 **Arribas** ⌂ ≤ 🏠 ⌧ 🖨 ⅙ qto, AC ⚄ 🎵 ⅍ P VISA ⚄ AE ⓞ
Av. Alfredo Coelho 28 ✉2705-329 *Colares* – 𝒞 219 28 90 50
– www.hotelarribas.pt
58 qto ⌧ – ✚52/97 € ✚✚68/120 € **Rest** – Menu 12,50 €
♦ A sua localização na 1ª linha de praia define uma orientação para as férias.
Quartos de suficiente conforto com casas de banho actuais e amplíssima piscina
de água salgada. A zona do restaurante é simples, estando complementada por
uma grande esplanada.

em Azóia Estrada do Cabo da Roca - Sudoeste : 10 km

🏠 **Quinta do Rio Touro** sem rest ⌂ ≤ 🚗 ⌧ ⅙ 🎵 VISA ⚄
Caminho do Rio Touro ✉2705-001 *Sintra* – 𝒞 219 29 28 62
– www.quinta-riotouro.com
4 qto ⌧ – ✚✚100/200 € – 4 suites
♦ Destaca pelo seu ambiente privilegiado, junto ao Cabo de Roca e com vistas
a um fantástico vale. Zonas nobres de ar antigo e quartos personalizados na
decoração.

PORTUGAL

CONDEIXA-A-NOVA – Coimbra – **733** – **592** L4 – **3 268 h.**   4 A2

▶ Lisboa 192 – Coimbra 15 – Figueira da Foz 34 – Leiria 62

🏠 **Pousada de Santa Cristina** ⌘   ⇐ ☞ ⌁ ※ ☏ ᴀ◎ ※ ⇧ 🅿
Rua Francisco Lemos ✉3150-142 – 🕽 239 94 12 86   ⟦ⅥⅥ⟧ ⊙⊙ 🄰🄴 ⓪
– www.pousadas.pt
45 qto 🖙 – 🛏78/178 € 🛏🛏90/190 €   **Rest** – Menu 30 €
♦ Pousada de impecáveis instalações dotadas com um amplo ambiente de relva
e piscina. Oferece uma reduzida zona social e confortáveis quartos de estilo clássico. O restaurante, também de estilo clássico e feito de vidro, goza de uma bela
vista para o jardim.

COSTA NOVA DO PRADO – Aveiro – ver Aveiro

COVA DA IRIA – Santarém – ver Fátima

COVILHÃ – Castelo Branco – **733** – **592** L7 – **18 774 h.** – **alt. 675 m**   5 C2
– Desportos de inverno na Serra da Estrela : 🎿4 ❄1

▶ Lisboa 301 – Castelo Branco 62 – Guarda 45
🛈 Av. Frei Heitor Pinto, 🕽 275 31 95 60 turismo.estrela@mail.telepac.pt
Fax 275 31 95 69
◎ Estrada★ da Covilhã a Seia (⇐★), Torre★★ 49 km – Estrada★★ da Covilhã
a Gouveia (vale glaciário de Zêzere★★) (⇐★), Poço do Inferno★ : cascata★,
(⇐★) por Manteigas : 65 km – Unhais da Serra (sítio★) Sudoeste : 21 km

ao Sudeste

🏠 **Tryp Dona María** ⇐ ▣ ⌁ 🖪 🕭 ᴋ qto, ᴀ◎ ※ ⁹ ⇧ 🅿 ⌂ ⟦ⅥⅥ⟧ ⊙⊙ 🄰🄴 ⓪
Alameda Pêro da Covilhã, 2,5 km ✉6200-507 – 🕽 275 31 00 00 – www.solmelia.com
81 qto 🖙 – 🛏44/70 € 🛏🛏51/98 € – 6 suites   **Rest** – Menu 15 €
♦ O hotel, localizado em uma importante porta de entrada para a cidade, dispõe
de uma bela área social e quartos espaçosos com mobiliário clássico-funcional.
Centro de fitness completo. A sala de refeição é polivalente pois também serve-
-se o pequeno-almoço.

🏠 **Turismo da Covilhã** ⇐ ⌁ ▣ 🖪 🕭 ᴋ qto, ᴀ◎ ※ ⁹ ⇧ 🅿 ⌂
Acesso à Estrada N 18, 3,5 km ✉6201-909 – 🕽 275 33 04 00   ⟦ⅥⅥ⟧ ⊙⊙ 🄰🄴
– www.hotelturismo.com.pt
94 qto 🖙 – 🛏49/70 € 🛏🛏70/110 € – 10 suites
Rest *Piornos* – Lista 20/25 €
♦ Hotel de linha moderna que destaca pelas suas cuidadas instalações, com uma
ampla zona nobre, vários salões para convenções e um completo centro de fitness e beleza. O restaurante combina buffet com serviço "à la carte".

🏠 **Santa Eufêmia** sem rest ⇐ 🕭 ᴀ◎ ※ ⁹ 🅿 ⟦ⅥⅥ⟧ ⊙⊙ 🄰🄴 ⓪
Av. da Universidade, 2 km ✉6200-374 – 🕽 275 31 02 10 – www.viveaserra.com
85 qto 🖙 – 🛏34/40 € 🛏🛏51/60 €
♦ É um hotel simples e funcional, vocacionado ao cliente de trabalho. Oferece
uma reduzida zona social e quartos actuais, com os solos alcatifados e casas de
banho completas.

na estrada das Penhas da Saúde Noroeste : 5 km

🏠 **Dos Carqueijais** ⌘ ⇐ ☞ ⌁ ※ ᴋ qto, ᴀ◎ ※ 🅿 ⟦ⅥⅥ⟧ ⊙⊙ 🄰🄴
✉6200-073 Covilhã – 🕽 275 31 91 20 – www.turistrela.pt
50 qto 🖙 – 🛏66/140 € 🛏🛏84/170 €   **Rest** – Menu 22 €
♦ Apresenta uma estética moderna que contrasta com o magnífico ambiente
natural. Zona social acolhedora com lareira e quartos bastante cuidados, com
mobiliário de design. Refeitório panorâmico com vistas para a imensidão das
suas belas paisagens.

CRATO – Portalegre – **733** – **592** O7 – **1 620 h.**   2 C1

▶ Lisboa 206 – Badajoz 84 – Estremoz 61 – Portalegre 20
🛈 Mosteiro de Santa Maria de Flor da Rosa (Flor da Rosa) ✉ 7430-999 🕽 245
99 73 41 turismo@cm-crato.pt
◎ Mosteiro de Flor da Rosa★ : igreja★ Norte : 2 km

em Flor da Rosa Norte : 2 km

Pousada Flor da Rosa ⚐ ⇐ 🖙 🖾 🖙 🖾 ⚒ ℃ 🖙 🙀 P 🖾 ⚙ 🖾 ⓘ
✉7430-999 Flor da Rosa – ☎ 245 99 72 10 – www.pousadas.pt
24 qto ⌂ – ✦118/288 € ✦✦130/300 € **Rest** – Menu 30 €
✦ Antigo mosteiro do séc. XIV que une a sua condição histórica com um interior vanguardista. Quartos distribuídos entre o núcleo primitivo e uma ala de nova construção. Refeitório com as paredes em pedra vista e mobiliário actual.

CUMIEIRA – Vila Real – **733** – **591** I6 – 273 h.   8 B2
▶ Lisboa 369 – Braga 98 – Porto 93 – Vila Real 9

Quinta da Cumieira sem rest ⚐   🖾 ℃ 🖾 ⚒ P
✉5030-053 Santa Marta de Penaguião – ☎ 259 96 95 44
– www.quintadacumieira.com
5 qto ⌂ – ✦✦40/60 €
✦ Quinta rústica rodeada de vinhedos. Os quartos giram ao redor dum atractivo pátio interior, com um correcto conforto, casas de banho com duche e mobiliário de estilo antigo.

CURIA – Aveiro – **733** – **591** K4 – 2 704 h. – alt. 40 m – Termas   4 B2
▶ Lisboa 229 – Coimbra 27 – Porto 93
🅳 Largo (Tamengos), ☎ 231 51 22 48 info@turismo-curia.pt Fax 231 51 29 66

Curia Palace H.   🖙 🖙 🖾 🖾 ℃ 🖾 ⌂ qto, 🖾 ⚒ ℃ 🖙 🙀 P 🖾 ⚙ 🖾 ⓘ
✉3780-541 Tamengos – ☎ 231 51 03 00 – www.almeidahotels.com
100 qto ⌂ – ✦80/130 € ✦✦90/150 € **Rest** – Lista 20/30 €
✦ Instalado em um edifício senhorial de 1926. Dispõe de um belo jardim, um SPA e dois tipos de quarto, uns de estilo moderno e outros com mobiliário de época. O restaurante ocupa o que era antes o salão de baile, com tectos altos e balcões.

Do Parque sem rest ⚐   ℃ P 🖾 ⚙ 🖾
✉3780-541 Tamengos – ☎ 231 51 20 31 – www.hoteldoparquecuria.com
– 15 abril-outubro
21 qto ⌂ – ✦25/35 € ✦✦40/50 €
✦ Este edifício agradável de carácter familial com um certo halo de romantismo, dispõe de áreas sociais bem cuidadas e quartos clássicos modernizados com sucesso.

EIRA DO SERRADO – Madeira – ver Madeira (Arquipélago da)

ELVAS – Portalegre – **733** – **592** P8 – 15 115 h. – alt. 300 m   2 D2
▶ Lisboa 222 – Portalegre 55
🅳 Praça da República, ☎ 268 62 22 36 turismo@cm-elvas.pt Fax 268 62 22 36
🔟 Muralhas★★ – Aqueduto da Amoreira★ – Largo de Santa
Clara★ (pelourinho★) – Igreja de N. S. da Consolação★ (azulejos★)

Pousada de Santa Luzia   🖙 🖾 ℃ 🖾 ⚒ P 🖾 ⚙ 🖾 ⓘ
Av. de Badajoz (Estrada N 4) ✉7350-097 – ☎ 268 63 74 70 – www.pousadas.pt
25 qto ⌂ – ✦78/178 € ✦✦90/190 € **Rest** – Menu 30 €
✦ Pousada de estilo clássico-regional e impecável manutenção, situada nos arredores da localidade. Zona nobre aconchegante e quartos de confortável ar alentejano. O restaurante, que possui vistas à piscina, trabalha bem com o cliente de passagem.

na estrada N 4 :

Varchotel   🖙 ℃ qto, 🖾 ⚒ rest, ⓧ P 🖾
Varche, Oeste : 5,5 km ✉7350-473 – ☎ 268 62 16 21 – www.varchotel.com
35 qto – ✦30/48 € ✦✦48/55 €, ⌂ 6 € – 2 suites
Rest – (fechado 2ª feira) Lista 18/25 €
✦ A sua atractiva fachada, de muros caiados e vãos debruados, dá-nos a bem-vinda a um interior de correcto equipamento e conforto, com quartos de estilo clássico. Refeitório principal de simples montagem e ampla sala de banquetes.

PORTUGAL

ERVEDAL DA BEIRA – Coimbra – 733 – 592 K6 – 550 h.   4 B2
> ▶ Lisboa 276 – Coimbra 72 – Guarda 86

⌂ **Solar do Ervedal** ⌖   📧 ⟰ 🛇 **P** 🚗 ᴠɪsᴀ 💳
Rua Dr. Francisco Brandão 12 ✉3405-063 – 𝒞 *238 64 42 83 – fechado novembro*
5 qto ⌑ – 🛏80 € 🛏🛏90 €   **Rest** – *(só jantar) (só clientes)* Menu 25 €
♦ Esta casa solarenga oferece umas instalações bastante cuidadas, com espaçosos quartos, boas casas de banho e mobiliário português, tanto antigo como actual. Refeitório privado.

ESPOSENDE – Braga – 733 – 591 H3 – 9 197 h. – Praia   8 A2
> ▶ Lisboa 367 – Braga 33 – Porto 49 – Viana do Castelo 21
> 🄸 Largo Rodrigues Sampaio 47, 𝒞 253 96 13 54 Fax 253 96 13 54
> 🄶 Quinta da Barca em Gemeses, Sudeste : 4,5 km, 𝒞 253 96 67 23

🏨 **Suave Mar** ⌖   ⟰ ⅙ ℀ |≡| Ġ qto, 🅼 🛇 ⁑ 🛠 **P** 🚗 ᴠɪsᴀ 💳 ᴀᴇ ⓪
Av. Eng. Eduardo Arantes e Oliveira ✉4740-204 – 𝒞 *253 96 94 00*
– www.suavemar.com
84 qto ⌑ – 🛏55/98 € 🛏🛏60/103 €
Rest *Varanda do Cávado* – Lista 21/31 €
♦ Muito cuidado, com instalações decoradas com grande detalhe e uma agradável piscina no pátio interior. Peça os quartos com vistas para o mar e à Foz do Cávado. Aconchegante restaurante com uma magnífica panorâmica.

ESTARREJA – Aveiro – 733 – 591 J4 – 4 261 h.   4 A1
> ▶ Lisboa 272 – Aveiro 22 – Porto 50 – Viseu 85

🏨 **Eurosol Estarreja** ⌖   📧 ⟰ 🗔 ⅙ ℀ |≡| Ġ qto, 🅼 🛇 ⁑ 🛠 **P**
Rua Marquês Rodrigues 57, Nordeste : 1,8 km ✉3860-404   ᴠɪsᴀ 💳 ᴀᴇ ⓪
– 𝒞 234 84 04 30 – www.eurosol.pt
67 qto ⌑ – 🛏48/80 € 🛏🛏60/100 €   **Rest** – Menu 10 €
♦ O edifício principal abriga os quartos, de estilo actual, as áreas sociais e o SPA. Os apartamentos ocupam vilas independentes. O restaurante que dispõe de grandes janelas, oferece um menu tradicional.

ESTEFÂNIA – Lisboa – ver Sintra

ESTÓI – Faro – ver Faro

ESTORIL – Lisboa – 733 – 592 P1 – 2 247 h. – Praia   6 B3
> ▶ Lisboa 23 – Sintra 13
> 🄸 Arcadas do Parque, 𝒞 21 466 38 13 info@visiteestoril.com Fax 21 467 22 80
> **A.C.P.** Av. Nice 68 A, 𝒞 21 466 53 04 Fax 21 466 53 06
> 🄷 Estoril, 𝒞 21 468 01 76
> 🄾 Estância balnear★

Ver planta de Cascais

🏨 **Palácio**   ⟸ 📧 ⟰ |≡| Ġ 🅼 🛇 ⁑ ℘ 🛠 **P** ᴠɪsᴀ 💳 ᴀᴇ ⓪
Rua do Parque ✉2769-504 – 𝒞 *214 64 80 00 – www.palacioestorilhotel.com*
129 qto – 🛏340/370 € 🛏🛏370/400 €, ⌑ 26 € – 32 suites   BY**k**
Rest *Four Seasons* – ver selecção restaurantes
♦ Líder da hotelaria local, que soube manter a sua sólida reputação. Oferece zonas nobres de grande elegância e quartos de magnífico conforto.

🏨 **Alvorada** sem rest |≡| Ġ 🅼 🛇 ⁑ 🛠 **P** 🚗 ᴠɪsᴀ 💳 ᴀᴇ ⓪
Rua de Lisboa 3 ✉2765-240 – 𝒞 *214 64 98 60 – www.hotelalvorada.com*
51 qto ⌑ – 🛏65/98 € 🛏🛏92/154 €   BY**b**
♦ Destaca pela sua localização, junto ao famoso Casino do Estoril. Dispõe duma correcta zona social e uns quartos de estética actual, todos eles com varanda.

XXX **Four Seasons** – Hotel Palácio   🔟 ⅏ **P** 𝚅𝚒𝚜𝚊 ⬭ 𝖠𝖤 ⬤

Rua do Parque ✉2769-504 – ☏ 214 64 80 00 – www.palacioestorilhotel.com

Rest – Lista 40/59 €   BY**k**

♦ Desfruta de uma entrada independente e sabe reunir a elegância clássica com a estética de gosto inglês, combinando madeiras nobres, alcatifas e um magnífico serviço de mesa.

XXX **Cimas**   < 🔟 ⅏ ↻ **P** 🍴 𝚅𝚒𝚜𝚊 ⬭ 𝖠𝖤

Av. de Sabóia 9 ✉2765-278 – ☏ 214 68 04 13 – www.cimas.com.pt – *fechado do 1 ao 21 de agosto e domingo*   BX**s**

Rest – Lista 37/59 €

♦ Casa com tradição na zona. Ocupa um edifício de estilo inglês dotado de um pequeno bar e de um refeitório, destacando este último pelas suas grandes vidraças com vistas sobre a baía.

ESTREITO DE CÂMARA DE LOBOS – Madeira – ver Madeira (Arquipélago da)

ESTREMOZ – Évora – 733 – 593 P7 – 7 682 h. – alt. 425 m   2 C2

▶ Lisboa 179 – Badajoz 62 – Évora 46

◉ A Vila Velha★ - Sala de Audiência de D. Dinis (colunata gótica★)

◧ Évoramonte : Sítio★, castelo★ (❄★) Sudoeste : 18 km.

PORTUGAL

🏠 **Estalagem Páteo dos Solares** ⌖   🚗 🏡 ☃ 🎦 ㄑ qto, 🔟 ⅏ 𝗦𝝠

Rua Brito Capelo ✉7100-562 – ☏ 268 33 84 00   **P** 𝚅𝚒𝚜𝚊 ⬭ 𝖠𝖤 ⬤

– www.pateosolares.com

40 qto ㄩ – †150/170 € ††160/180 €

Rest *Alzulaich* – Lista 24/36 €

♦ Esta casa senhorial possui um ambiente ajardinado, com terraços e piscina, junto à muralha. Hall atractivo e salão social, salas de conferências e quartos clássicos. O restaurante, decorado com azulejos do Alentejo, oferece uma cuidada ementa tradicional.

 O Gadanha sem rest e sem ㄩ   � 🔟 ⅏ 𝚅𝚒𝚜𝚊

Largo General Graça 56 ✉7100-112 – ☏ 268 33 91 10

– www.residencialogadanha.com

12 qto – †20 € ††33 €

♦ Residência de localização central com organização familiar. Os quartos são bastante funcionais, sendo correctos e com alguns detalhes de bom gosto. Preços económicos.

Évora, bela janela no meio, lanterna à direita, à esquerda varandas

ÉVORA

Provincia : 🅿 Évora
Mapa Michelin : 733 – 593 Q6
▶ Lisboa 153 – Badajoz 102
  – Portalegre 105 – Setúbal 102

População : 41 159 h.
Altitude : 301 m
Mapa regional : 2 C2

INFORMAÇÕES PRÁTICAS

🚹 Posto de Turismo

Praça de Giraldo 73, ☏ 266 77 70 71 cmevora.dpt@mail.evora.net Fax 266 73 20 75.

Automóvel Club

A.C.P. Rua Alcárcova de Baixo 7, ☏ 266 70 75 33 Fax 266 70 96 96.

👁 VER

Sé** **BY** : interior* (cúpula*, cadeiral*),
Museu de Arte Sacra* (Virgem do
Paraíso**), Claustro* – Museu
Regional* **BY M** ¹ (Baixo-relevo*,
Anunciação*) – Templo romano* **BY**
– Convento dos Lóios* **BY** : Igreja*,
Edifícios conventuais (portal*), Paço
dos Duques de Cadaval* **BY P** – Largo
da Porta de Moura (fonte*) **BCZ**
– Igreja de São Francisco (interior*,
capela dos Ossos*) **BZ** – Fortificações*
– Antiga Universidade dos Jesuitas
(claustro*) **CY**
Arredores :
Convento de São Bento de Castris
(claustro*) 3 km por N 114-4.

ÉVORA

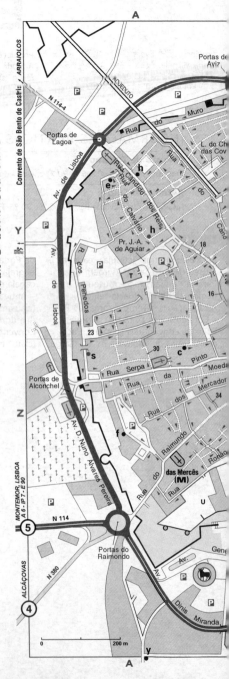

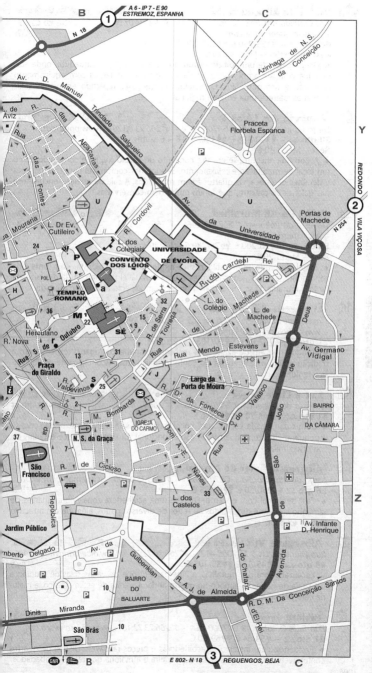

M'AR De AR Aqueduto ⬜ 🏠 🏊 ⓕ🌊 🍴 ⚕ qto, 🔲 ⚙ 🖐 🏋 🚗

Rua Candido dos Reis 72 ✉️7000-582 – ☎ 266 74 07 00   🆅🅸🆂🅰 ⚙ 🅰🅴 ⓪

– www.mardearhotels.com   AY**h**

60 qto ⚏ – ♦125/250 € ♦♦137/280 € – 4 suites

Rest *Degust'Ar* – Lista 30/40 €

♦ Ocupa parte de um edifício histórico localizado junto ao aqueduto, onde surpreende com um amplo pátio ajardinado, quartos modernos com equipamento completo e um bom SPA O restaurante, que está repartido em várias salas pequenas, oferece uma ementa regional.

Pousada dos Lóios ⧈ 🏊 🔲 ⚙ 🏋 🅿 🆅🅸🆂🅰 ⚙ 🅰🅴 ⓪

Largo Conde de Vila Flor ✉️7000-804 – ☎ 266 73 00 70 – *www.pousadas.pt*

30 qto ⚏ – ♦130/288 € ♦♦160/300 € – 6 suites   BY**a**

Rest – Menu 30 €

♦ A pousada encontra-se em um convento do século XV, hoje concebido como um local de meditação e relaxamento. Seu interior confortável conserva pinturas e detalhes de época. Os quartos foram renovados. A sala de refeição encontra-se nas galerias do claustro, que foram muito bem conservadas.

M'AR De AR Muralhas ⬜ 🏊 🍴 ⚕ qto, 🔲 ⚙ 🖐 🏋 🚗

Travessa da Palmeira 4 ✉️7000-546 – ☎ 266 73 93 00   🆅🅸🆂🅰 ⚙ 🅰🅴 ⓪

– www.mardearhotels.com   AZ**f**

85 qto ⚏ – ♦70/200 € ♦♦75/230 € – 6 suites

Rest – Menu 20 €

♦ Hotel decorado num estilo rústico-moderno muito colorista, com uma boa zona nobre, quartos aconchegantes e uma agradável piscina com jardim situada junto à muralha. O seu restaurante oferece um aspecto atractivo e cuidado.

Albergaria do Calvário sem rest 🍴 ⚕ 🔲 ⚙ 🔊 🚗 🆅🅸🆂🅰 ⚙ 🅰🅴 ⓪

Travessa dos Lagares 3 ✉️7000-565 – ☎ 266 74 59 30

– www.albergariadocalvario.com   AY**e**

21 qto ⚏ – ♦72/82 € ♦♦90/108 € – 2 suites

♦ Antigo armazém de azeite cuja reabilitação soube conjugar o respeito com a tradição e com as exigências do conforto mais actual. Aconchegante estilo clássico-regional.

Santa Clara sem rest 🍴 ⚕ 🔲 🔊 🆅🅸🆂🅰 ⚙ 🅰🅴 ⓪

Travessa da Milheira 19 ✉️7000-545 – ☎ 266 70 41 41 – *www.hotelsantaclara.pt*

41 qto ⚏ – ♦64/70 € ♦♦70/76 €   AZ**c**

♦ Detrás da fachada sóbria, você encontrará uma sala polivalente, onde serve-se o pequeno almoço, e quartos de estilo funcional. Um anexo oferece estadias de conforto similar.

Albergaria Solar de Monfalim sem rest 🔲 ⚙ 🆅🅸🆂🅰 ⚙ 🅰🅴 ⓪

Largo da Misericórdia 1 ✉️7000-646 – ☎ 266 75 00 00 – *www.monfalimtur.pt*

26 qto ⚏ – ♦50/60 € ♦♦60/85 €   BZ**s**

♦ Casa senhorial com encanto. Oferece uma acolhedora zona nobre, quartos de tamanho variado e distribuídos ao redor de diversos pátios, além de um atractivo terraço exterior.

Albergaria Vitória sem rest 🍴 ⚕ 🔲 ⚙ 🏋 🆅🅸🆂🅰 ⚙ ⓪

Rua Diana de Lis 5 ✉️7005-413 – ☎ 266 70 71 74 – *www.albergariavitoria.com*

48 qto ⚏ – ♦45/85 € ♦♦55/105 €   AZ**y**

♦ Localizada fora das muralhas, a albergaria dispõe de várias salas de reunião e uma sala de pequeno-almoço no quarto andar. Quartos de estilo clássico, a maioria com balção ou terraço.

Riviera sem rest 🔲 ⚙ 🆅🅸🆂🅰 ⚙ 🅰🅴 ⓪

Rua 5 de Outubro 49 ✉️7000-854 – ☎ 266 73 72 10 – *www.riviera-evora.com*

21 qto ⚏ – ♦53/64 € ♦♦69/80 €   BZ**r**

♦ Residência com instalações acolhedoras e preços razoáveis. Dispõe de quartos confortáveis, todos com os solos de madeira e a maioria dos tectos abobadados.

✗✗ **Fialho**   AC ⚒ VISA AE

Travessa das Mascarenhas 16 ⊠*7000-557 –* ✆ *266 70 30 79*
– www.restaurantefialho.com – fechado 24 dezembro-1 janeiro, do 1 ao 22 de
setembro e 2ª feira   AY**h**
Rest – Lista 23/40 € ⌂

♦ Negócio de família de mais de meio século. Aqui encontra-se duas salas de
refeição de estilo clássico, uma ementa variada, sobremesas da casa e uma
adega completa.

✗✗ **Dom Joaquim**   AC ⚒ VISA ⊙⊙ ⓞ

Rua dos Penedos 6 ⊠*7000-537 –* ✆ *266 73 11 05 – fechado do 1 ao 15 de*
janeiro,do 1 ao 15 de agosto,domingo noite e 2ª feira   AZ**s**
Rest – Lista 20/30 €

♦ Este negócio de família oferece uma única sala bem concebida e elegante,
com paredes tipo pedra e vários empregados à sua disposição. Menu variado,
menu de degustação e sugestões diárias.

✗ **O Antão**   AC ⚒ VISA ⊙⊙ AE ⓞ

Rua João de Deus 5 ⊠*7000-534 –* ✆ *266 70 64 59 – www.antao.pt*
– fechado 2ª feira e 3ª feria meio-dia   BY**f**
Rest – Lista 25/32 €

♦ Local bem dirigido. Possui duas salinhas à entrada e outra num pátio coberto,
realçando o conjunto com muitos pormenores decorativos. Ementa variada e com
preços acessíveis.

pela estrada de Estremoz N 18 por ① : Noreste : 4 km

🏛 **Convento do Espinheiro** ⚋   ⚋ ⚋ ⊠ ᴸ⚒ ✗ |≣| ⌖ qto, AC ⚒ ⁽¹⁾ ⚒

Canaviais ⊠*7002-502 –* ✆ *266 78 82 00*   **P** VISA ⊙⊙ AE
– www.conventodoespinheiro.com
86 qto ⊑ – †130/270 € ††150/290 € – 6 suites
Rest – Menu 45 €

♦ Instalado em um convento que data de 1458. Aqui você encontrará uma área
social variada, um claustro, uma bela igreja e dois tipos de quarto, aqueles que
foram reformados são mais modernos. O bar ocupa o que era antes a cozinha e
a sala de refeição a antiga adega, com tectos abobadados

FAFE – Braga – **733** – **591** H5 – **15 323 h.**   8 B2

▶ Lisboa 375 – Amarante 37 – Guimarães 14 – Porto 67

🏠 **Comfort Inn**   ⌖ qto, AC ⚒ ⁽¹⁾ ⚒ **P** VISA ⊙⊙ AE ⓞ

Av. do Brasil ⊠*4820-121 –* ✆ *253 00 07 00 – www.choicehotels.com*
58 qto ⊑ – †43/65 € ††48/75 €
Rest – Menu 13,50 €

♦ Ao estilo da cadeia, numa zona nova à entrada da localidade. Interior muito
funcional e quartos equipados com mobiliário de qualidade standard.

FÃO – Braga – **733** – **591** H3 – **2 843 h. – Praia**   8 A2

▶ Lisboa 365 – Braga 35 – Porto 47

em Apúlia pela estrada N 13 - Sul : 6,3 km

✗✗ **Camelo Apulia**   ⟨ AC ⚒ **P** VISA ⊙⊙ AE ⓞ

Rua do Facho ⊠*4740-055 Apulia –* ✆ *253 98 76 00*
– www.camelorestaurantes.com – fechado 2ª feira salvo julho-agosto
Rest – Lista aprox. 28 €

♦ Destaca pelo seu desenho, com grandes superfícies envidraçadas para desfrutar das vistas sobre a praia e sobre o mar. Salas de montagem actual, viveiro,
expositor e produtos de excelente qualidade.

FARO Ⓟ – Faro – **733** – **593** U6 – **36 824 h.** – Praia   **3** B2

▶ Lisboa 309 – Huelva 105 – Setúbal 258

🛫 de Faro por ① : 7 km ☏ 289 800 801

T.A.P. ☏ 707 205 700

🛈 Rua da Misericórdia 8, ☏ 289 80 36 04 turismo.faro@rtalgarve.pt

A.C.P. Av. 5 de Outubro 42, ☏ 289 89 89 50 Fax 289 80 21 32

🔟 Vila Sol (Vilamoura), 23 km pela estrada de Lagos, ☏ 289 30 05 05

🔟 Laguna Golf Course (Vilamoura), ☏ 289 31 01 80

🔟 Pinhal Golf Course (Vilamoura), ☏ 289 31 03 90

🔟 Old Course (Vilamoura), ☏ 289 31 03 41

🔟 Vale do Lobo, 20 km pela estrada de Lagos, ☏ 289 35 34 65

🔟 Qinta do Lago, 16 km pela estrada de Lagos, ☏ 289 39 07 00

◉ Vila-a-dentro★-Miradouro de Santo António ※※★ B

🄶 Praia de Faro ≤★ 9 km por ① – Olhão (campanário da igreja ※★) 8 km por ③

🏨 **Santa María**   🛗 ఉ qto, 🗗 ※ ⸙ 🆅🅸🆂🅰 ⊕ 🅰🅴 ⓪

Rua de Portugal 17 ⊠8000-281 Faro – ☏ 289 89 80 80
– www.jcr-group.com   A**a**
60 qto �里 – ♦42/98 € ♦♦53/120 €

Rest – Lista 15/25 €

♦ Este hotel apresenta-se completamente remodelado, razão pela qual oferece um conforto muito actual . Correcta zona social e dois tipos de quartos, alguns com varanda. O restaurante, moderno e ao mesmo tempo funcional, complementa-se com um bar.

PORTUGAL

FARO

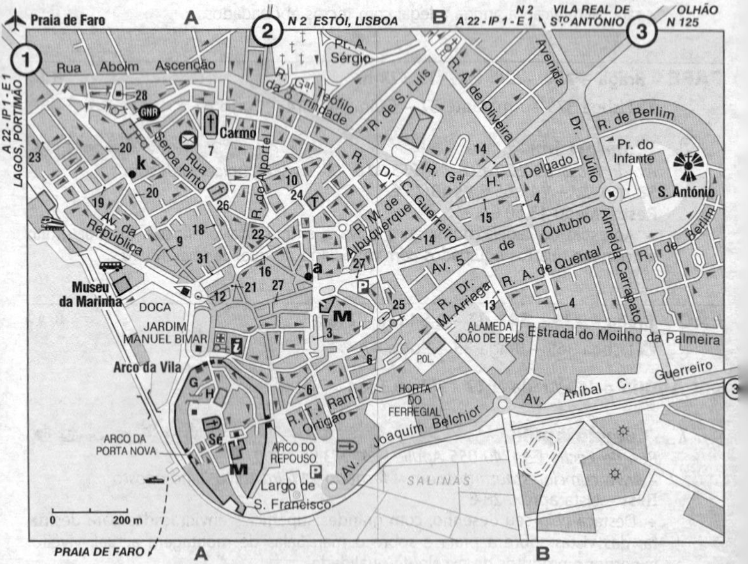

⌂ **Algarve** sem rest 🛗 ⅙ 🅰🅒 ⚙ 🚗 🆅🅸🆂🅰 ⊗ 🅰🅴 ⓪
Rua Infante D. Henrique 52 ✉8000-363 – ℰ 289 89 57 00
– www.residencialalgarve.com **Ak**
40 qto � – 🛉37/75 € 🛉🛉48/100 €
♦ Encontra-se numa casa de finais do séc. XIX. Simples sala de pequenos almoços e quartos funcionais, com mobiliário em pinho e a maioria com duche nas
casas de banho.

na Praia de Faro por ① : 9 km

🍴🍴 **O Costa** ⅙ 🛋 🅰🅒 🆅🅸🆂🅰 ⊗ 🅰🅴 ⓪
Av. Nascente 7 ✉8005-520 Faro – ℰ 289 81 74 42
– www.restauranteocosta.com
– fechado 27 outubro-5 novembro, 24 dezembro-15 janeiro, domingo noite no
inverno e 3ª feira
Rest – Lista 37/49 €
♦ O restaurante combina vista espectacular para a ria e a cidade com belos detalhes decorativos. Cozinha tradicional e elaborada e produtos de qualidade, como
a excelente carne de Wagyu.

em Estói por ② : 11 km

🏘 **Pousada do Palácio de Estói** ⅙ ⅙ 🛋 🛋 ⅃ 🅽 ⅃♨ 🛗 ⅙ qto, 🅰🅒
Rua S. José ✉8005-465 – ℰ 289 99 01 50 ⚙ qto, ⚉ 🅹🅰 🚗 🆅🅸🆂🅰 ⊗ 🅰🅴 ⓪
– www.pousadas.pt
60 qto – 🛉118/288 € 🛉🛉130/300 € – 3 suites
Rest – Menu 30 €
♦ A pousada ocupa um palácio do século XVIII que surpreende pelos seus jardins
de estilo Versalhês. Recepção moderna, salões palacianos, capela e quartos de
estilo funcional e moderno. O restaurante combina estilo moderno e detalhes
de época.

🍴🍴 **Monte do Casal** com qto ⅙ ⅙ 🛋 🛋 ⅃ 🅰🅒 qto, ⚙ 🅿 🆅🅸🆂🅰 ⊗ 🅰🅴 ⓪
Estrada de Moncarapacho, Sudeste : 3 km ✉8000-661 Faro
– ℰ 289 99 01 40 – www.montedocasal.pt
– fechado 3 janeiro-2 fevereiro
14 qto � – 🛉🛉155/550 € – 6 suites
Rest – Lista aprox. 70 €
♦ Esta casa de campo, que data do séc. XVIII apresenta-se com um pequeno bar
de ambiente colonial e um refeitório clássico situado nas antigas cavalariças.
Ementa internacional. O conjunto possui vários anexos, exteriores cuidados e
quartos com um conforto correcto, todos com mobiliário clássico.

FATAUNÇOS – Viseu – **733** – **591** J5 – **272 h.** **4** B1
▶ Lisboa 311 – Aveiro 70 – Viseu 25

⌂ **Casa de Fataunços** sem rest 🛋 ⅃ ⚙ ⚙ 🆅🅸🆂🅰 🅰🅴
✉3670-095 – ℰ 232 77 26 97 – www.casadefataunlos.com
– fechado Natal
8 qto � – 🛉40/50 € 🛉🛉60/70 €
♦ Bela mansão do séc. XVIII com agradáveis exteriores. O interior define-se pelos
seus elegantes detalhes decorativos, com aconchegantes zonas comuns e quartos
de bom nível.

FÁTIMA – Santarém – **733** – **592** N4 – **7 788 h.** – alt. 346 m – Centro de **6** B2
Peregrinação.
▶ Lisboa 135 – Leiria 26 – Santarém 64
🅸 Av. D. José Alves Correia da Silva (Cova da Iria), ℰ 249 53 11 39 info@
rt-leiriafatima.pt
🅶 Parque natural das serras de Aire e de Candeeiros★ : Sudoeste Grutas de
Mira de Aire★ o dos Moinhos Velhos

PORTUGAL

XX **Tia Alice**　　　　　　　　　　　　　AC ⌖ VISA ⊕ AE
Rua do Adro 152 ✉2495-557 – 𝒞 249 53 17 37
– fechado do 1 ao 10 de fevereiro, do 1 ao 20 de julho, domingo noite e 2ª feira
Rest – Lista 25/40 €
◆ O restaurante encontra-se em plena parte antiga da cidade e dispõe de duas salas de ambiente actual, ambas dominadas por tons de branco e paredes de pedra. Cozinha caseira e tradicional.

na Cova da Iria Noroeste : 2 km

🏨 **Dom Gonçalo**　　　🔲 ⅃♨ 🛎 & AC ⌖ 🕪 🕭 P 🚗 VISA ⊕ AE ①
Rua Jacinta Marto 100 ✉2495-450 Fátima – 𝒞 249 53 93 30
– www.hoteldg.com
71 qto ☲ – †67/180 € ††77/180 €
Rest O Convite – ver selecção restaurantes
◆ Localizado próximo ao Santuário e dividido em duas partes, uma antiga e a outra moderna, o hotel oferece portanto dois tipos de quarto. Dispõe de uma área social renovada e um grande SPA.

🏨 **Lux Fátima**　　　　　🛎 & AC ⌖ qto, 🕇 🕭 🚗 VISA ⊕
Av. D. José Alves Correia da Silva Lt. 2 ✉2495-402 Fátima – 𝒞 249 53 06 90
– www.luxhotels.pt
66 qto ☲ – ††50/250 € – 1 suite
Rest Palatus – Lista 20/33 €
◆ O edifício, em forma de "U", reserva sua parte central para o hotel e as alas laterais para os apartamentos privados. Quartos de estilo moderno. O restaurante oferece um menu tradicional, com detalhes modernos.

🏨 **Estrela de Fátima**　　　🛎 & AC ⌖ 🕇 🕭 🚗 VISA ⊕ AE ①
Rua Dr. Cónego Manuel Formigão 40 ✉2496-908 Fátima – 𝒞 249 53 11 50
– www.fatima-hotels.com
66 qto – †34/88 € ††43/98 €, ☲ 4,90 €
Rest – Menu 12,90 €
◆ O hotel foi modernizado aos poucos, e agora dispõe de uma sala de estar moderna, várias salas de reunião, um terraço-pátio e quartos de estilo funcional e moderno. O restaurante, que conta com uma sala simples, oferece receitas tradicionais.

🏠 **Cruz Alta** sem rest　　　🛎 & AC ⌖ 🕪 P VISA ⊕ AE ①
Rua Dr. Cónego Manuel Formigão 10 ✉2496-908 Fátima – 𝒞 249 53 14 81
– www.fatima-hotels.com
43 qto – †32/75 € ††40/85 €, ☲ 4,65 €
◆ Estabelecimento de aspecto acolhedor e linha actual. Tem um pequeno salão social junto à recepção e quartos espaçosos, com as casas de banho bem equipadas.

🏠 **Santo António**　　　　🛎 & AC rest, ⌖ 🚗 VISA ⊕ AE ①
Rua de São José 10 ✉2495-434 Fátima – 𝒞 249 53 36 37
– www.hotelsantoantonio.com
36 qto ☲ – †35/45 € ††45/55 €
Rest – Menu 15 €
◆ Organizado com seriedade e com bom aspecto geral. Hotelzinho dotado de quartos confortáveis, correctos na sua funcionalidade e discreta zona social. Sala de jantar onde servem pratos variados e económicos, e um menu turístico.

XXX **O Convite** – Hotel Dom Gonçalo　　　AC ⌖ P VISA ⊕ AE ①
Rua Jacinto Marto 100 ✉2495-450 Fátima – 𝒞 249 53 93 30
– www.hoteldg.com
Rest – Lista 25/35 €
◆ O restaurante dispõe de uma entrada própria, um acesso a partir do hall do hotel e uma sala de jantar confortável de estilo actual. Menu tradicional com algumas sugestões diárias.

FELGUEIRAS – Porto – 733 – 591 H5 – **15 525 h.** 8 A2
> ▶ Lisboa 379 – Braga 38 – Porto 65 – Vila Real 57

🏨 **Horus** sem rest 🖼 ⒧ 🛗 ⅙ 🅼 ⚄ 🕯 ♨ 🚗 🆚 ⓒⓞ 🅰🅴 ⓘ
Av. Dr. Leonardo Coimbra 57 ⊠4614-909 – ℰ 255 31 24 00 – www.hotelhorus.pt
46 qto ⌧ – †42/47 € ††63/70 € – 12 suites
♦ Modernas instalações que ressaltam pelos seus quartos vanguardistas, com mobiliário de bom nível e chãos em madeira. Interessante oferta de serviços complementares.

FERMENTELOS – Aveiro – 733 – 591 K4 – **3 135 h.** 4 A2
> ▶ Lisboa 244 – Aveiro 20 – Coimbra 42

na margem do lago Nordeste : 1 km

🏨 **Estalagem da Pateira** ⌱ ⇐ 🗚 ⒧ 🛗 ⅙ qto, 🅼 ⚄ ♨ 🅿 🚗
Rua da Pateira 84 ⊠3750-439 – ℰ 234 72 12 05   🆚 ⓒⓞ 🅰🅴
– www.pateira.com
59 qto ⌧ – †40/67 € ††60/89 €
Rest – Menu 13,75 €
♦ Situada perto do lago, a estalagem oferece diversas actividades lúdicas, uma área social variada e dois tipos de quarto, uns de estilo rústico e outros de estilo funcional e moderno. A sala de refeição panorâmica e relaxante combina uma vista esplêndida com um menu regional.

FERRAGUDO – Faro – 733 – 593 U4 – **1 644 h.** – Praia 3 A2
> ▶ Lisboa 288 – Faro 65 – Lagos 21 – Portimão 3

em Vale de Areia Sul : 2 km

🏨 **Casabela H.** ⌱ ⇐ 🚗 ⒧ ⚄ 🛗 🅼 ⚄ ♨ 🅿 🆚 ⓒⓞ 🅰🅴 ⓘ
Praia Grande ⊠8400-275 Ferragudo – ℰ 282 49 06 50
– www.hotel-casabela.com – fechado dezembro-janeiro
63 qto ⌧ – †125/193 € ††135/220 €
Rest – (só jantar) Lista 24/40 €
♦ Além de proporcionar-nos uma impressionante vista panorâmica, possui acesso directo à praia. O seu relaxado ambiente e as esmeradas instalações são um convite a uma confortável estadia. Restaurante semicircular, banhado com toda a luz e cor do mar.

FIGUEIRA DA FOZ – Coimbra – 733 – 592 L3 – **10 848 h.** – Praia 4 A2
> ▶ Lisboa 181 – Coimbra 44
> 🅸 Av. 25 de Abril, ℰ 233 42 26 10 geral@figueiraturismo.com Fax 233 41 83 31
> **A.C.P.** Av. Saraiva de Carvalho 140, ℰ 233 42 41 08 Fax 233 42 93 18
> 👁 Localidade★

Plantas páginas seguintes

🏨 **Sweet Atlantic** ⇐ 🛗 ⅙ qto, 🅼 ⚄ qto, 🕯 ♨ 🆚
Av. 25 de Abril 21 ⊠3080-086 – ℰ 233 40 89 00 – www.sweethotels.pt
68 qto – ††86/140 €, ⌧ 10 €   A**v**
Rest – (fechado domingo) Menu 26 €
♦ Torre com design elegante localizada em frente à praia. Dispõe de quartos de estilo moderno, a maioria com sala separada e kitchenette. O restaurante dispõe duas áreas, uma para o pequeno-almoço e outra para as refeições.

🏨 **Mercure Figueira da Foz** ⇐ 🛗 ⅙ qto, 🅼 ⚄ ♨ 🚗 🆚 ⓒⓞ 🅰🅴 ⓘ
Av. 25 de Abril 22 ⊠3080-086 – ℰ 233 40 39 00 – www.mercure.com
101 qto – †85/165 € ††95/175 €, ⌧ 9 €   A**v**
Rest – (só jantar salvo 17 julho-agosto) Menu 18,90 €
♦ O hotel goza de uma localização privilegiada no passeio marítimo, com uma boa área social e dois tipos de quarto, aqueles que têm vista para o mar são mais modernos. Restaurante bastante luminoso e bem concebido.

PORTUGAL

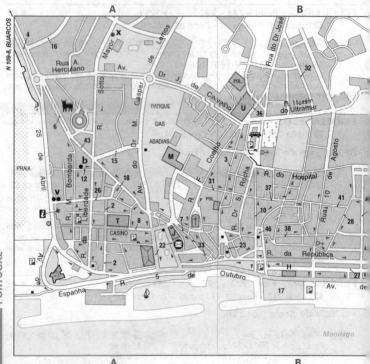

PORTUGAL

N 109→8, BUARCOS

PRAIA

Mondago

🏠 **Aviz** sem rest 　　　　　　　　🛇 🆅🅸🆂🅰 ⊕⊕ 🆀🅴 ⓞ
Rua Dr. Lopes Guimarães 16 ⊠3080-169 – 𝒞 233 42 26 35
– www.residencialaviz.pt.to 　　　　　　　　　　　A**b**
17 qto ⌂ – ♦20/50 € ♦♦25/60 €
◆ Pequeno hotel de organização familiar localizado no centro da cidade. Os
seus quartos são muito adequados na sua categoria, com os solos e o mobiliário
de madeira.

🍴 **Quinta Santa Catarina** 　　　　　　🕿 🆔 🛇 🅿 🆅🅸🆂🅰 🆀🅴
Rua Joaquim Sotto Mayor 92 ⊠3080-209 – 𝒞 233 42 34 68 – fechado
25 abril-6 mayo e domingo 　　　　　　　　　　　A**x**
Rest – Lista 20/30 €
◆ Casa com fachada simples, localizada dentro de uma quinta frondosa, a mais
antiga da cidade. Sala de estilo funcional e actual, com grandes janelas e vista
para o bosque.

em Caceira de Cima :

🏠 **Casa da Azenha Velha** 🦢 　　　　🚗 🍴 🆔 🛇 🅿
Antiga Estrada de Coimbra, Nordeste : 5,5 km ⊠3080-399 Figueira da Foz
– 𝒞 233 42 50 41
6 qto ⌂ – ♦50/55 € ♦♦65/75 € – 1 apartamento
Rest *Azenha Velha* – ver selecção restaurantes
◆ Bela casa de turismo rural de estilo senhorial, bem conservada e rodeada por jar-
dins. A casa oferece uma área social acolhedora, quartos correctos e um aparta-
mento.

1012

FIGUEIRA DA FOZ

PORTUGAL

☆ ⌂ **Azenha Velha** – Hotel Casa da Azenha Velha   🛜 🎩 ⅌ 🅿 VISA ⑤ 🅰🅴 ⑪
*Antiga Estrada de Coimbra, Nordeste : 5,5 km ⊠3080-399 Figueira da Foz
– ℰ 233 42 61 00*
Rest – *(fechado domingo noite e 2º feira)* Lista 22/30 €
   ♦ Você encontrará um bar com lareira, uma cozinha aberta e uma sala de refei-
ção com vista para o campo. O seu menu tradicional é complementado por um
buffet de entradas e sobremesas.

FLOR DA ROSA – Portalegre – ver Crato

FOLGOSA – Viseu – **733** – **591** I6 – **457 h.**   5 C1
   ☑ Lisboa 399 – Viseu 79 – Vila Real 48 – Porto 142

🍴🍴 **D.O.C.**   < 🛜 🎩 ⅌ 🅿 VISA ⑤ 🅰🅴 ⑪
*Estrada Nacional 222 ⊠5110-204 – ℰ 254 85 81 23 – www.restaurantedoc.com
– fechado janeiro, domingo noite e 2ª feira*
Rest – Lista 30/48 € ♨
   ♦ Ocupa um edifício de linha actual que se situa na própria margem do Douro,
com uma esplanada atractiva sobre o rio. Cozinha tradicional com toques criativos e boas vistas.

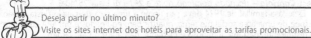

Deseja partir no último minuto?
Visite os sites internet dos hotéis para aproveitar as tarifas promocionais.

FOZ DO ARELHO – Leiria – 733 – 592 N2 – 1 215 h.   6 A2
▶ Lisboa 101 – Leiria 62 – Nazaré 27

🏠 **Penedo Furado** sem rest   🛠 P VISA ☺ AE ◑
Rua dos Camarções 3 ✉2500-481 – ℰ 262 97 96 10
– *www.hotelpenedofurado.com*
26 qto ⌷ – ♦35/50 € ♦♦40/75 €
♦ Este pequeno hotel familiar dispõe de uma área social correcta e quartos confortáveis, a maioria deles foram renovados com um estilo funcional e moderno.

FROSSOS – Aveiro – 733 – 591 K4 – 802 h.   4 A1
▶ Lisboa 265 – Aveiro 19

⌂ **Quinta da Vila Francelina** sem rest ⌘   ☒ 🛠 📞 P
✉3850-663 – ℰ 917 20 34 71 – *www.quintadavilafrancelina.pt*
10 qto ⌷ – ♦75 € ♦♦85 €
♦ Surpreende pela sua estética, semelhante a uma casa de indianos, mas com detalhes modernos. Os quartos do edifício principal são de estilo clássico-senhorial e os anexos de estilo moderno.

FUNCHAL – Madeira – ver Madeira (Arquipélago da)

FUNDÃO – Castelo Branco – 733 – 592 L7 – 7 744 h.   5 C2
▶ Lisboa 303 – Castelo Branco 44 – Coimbra 151 – Guarda 63
🛈 Largo da Estaçao, ℰ 275 77 30 32 geral@fundaoturismo.pt Fax 275
    77 3036

✕ **Hermínia**   🛖 AC 🛠 VISA ☺
Av. da Liberdade 123 ✉6230-398 – ℰ 275 75 25 37
– *www.hotelsamasafundao.com*
Rest – Lista 20/25 €
♦ Localizado em uma das avenidas mais importantes da cidade, o restaurante, dividido em dois andares, oferece um ambiente clássico-funcional e uma cozinha baseada em receitas tradicionais.

na estrada N 18

🏨 **O Alambique de Ouro**   ☒ ☒ ♨ 🛠 🏊 ⌓ qto, AC 🛠 📞 ♨ P 🛁
Sítio da Gramenesa, Norte : 2,5 Km ✉6230-463   VISA ☺ AE
– ℰ 275 77 41 45 – *www.hotelalambique.com*
150 qto ⌷ – ♦36/58 € ♦♦48/80 € – 2 suites
Rest – *(fechado 27 junho-8 julho e 24 outubro-4 novembro)* Menu 20 €
♦ Apresenta um ambiente atractivo e dois tipos de quartos: os clássicos, com as cabeceiras das camas de cerâmica, e os de estilo moderno, bastante mais amplos. O restaurante, com um agradável ar rústico, completa-se com vários salões para banquetes.

🏨 **Fundão Palace** sem rest   ☒ 🛁 ♨ AC 🛠 ♒ 🛁 P VISA ☺ ◑
Norte : 3 Km ✉6230-476 – ℰ 275 77 93 40 – *www.fundaopalacehotel.com*
42 qto ⌷ – ♦45/60 € ♦♦60/75 € – 2 suites
♦ É uma boa opção pelos seus serviços e conforto, com quartos muito amplos e bem equipados. Porém, é algo frio e impessoal pela sua escassa decoração.

GIBRALTAR – Lisboa – ver Torres Vedras

GOLEGÃ – Santarém – 592 N4 – 3 743 h.   6 B2
▶ Lisboa 133 – Santarém 64 – Leiria 73 – Portalegre 122
◉ Igreja matriz (pórtico★)

🏨 **Lusitano**   🚗 🛖 ☒ ♨ 🛁 ⌓ qto, AC 🛠 📞 🛁 P 🛁 VISA ☺ AE
Gil Vicente 4 ✉2150-193 – ℰ 249 97 91 70 – *www.hotellusitano.com*
23 qto ⌷ – ♦122/135 € ♦♦135/150 € – 1 suite
Rest *Capriola* – *(fechado domingo noite e 2ª feira)* Lista 25/40 €
♦ Esta casa familiar de 1924 deve seu nome a uma raça de cavalo desta região. Dispõe de uma área social moderna, quartos bem equipados e um SPA completo. O restaurante, bastante luminoso e elegante, dá para um belo jardim.

※ O Barrigas ⚏ AC ※ VISA ⬤⬤

Largo 5 de Outubro 55 ⊠2150-124 – ℰ 249 71 76 31 – www.obarrigas.com
– fechado do 15 ao 31 de agosto, domingo noite e 2ª feira
Rest – Lista aprox. 18 €
♦ Singular, moderno e bastante popular. Aqui apenas pode-se comer escolhendo a partir do buffet completo ou de um pequeno menu de pratos principais, todos a preços acessíveis.

GONDARÉM – Viana do Castelo – ver Vila Nova de Cerveira

GONDOMAR – Porto – 733 – 591 I4 – 25 717 h.   8 A3
▶ Lisboa 306 – Braga 52 – Porto 7 – Vila Real 86

na estrada N 108 Sul : 5 km

🏠 Estalagem Santiago ⇐ 🛗 AC ※ rest, ♿ P VISA ⬤⬤

Aboínha ⊠4420-088 – ℰ 224 54 00 34
– www.estalagemsantiago.com
20 qto ⊑ – †60 € ††70 €
Rest – *(fechado 4º feira)* Lista 27/36 €
♦ Possui uma agradável localização frente ao rio, num ambiente de grande beleza natural. Desfrute da paisagem serena e tenha um bom descanso nos seus simples quartos.

GOUVEIA – Guarda – 733 – 591 K7 – 3 653 h. – alt. 650 m   5 C2
▶ Lisboa 310 – Coimbra 111 – Guarda 59
🛈 Jardim da Ribeira, ℰ 238 08 39 30 gouveia.postodeturismo@gmail.com
Fax 238 08 39 34
🔲 Estrada★★ de Gouveia a Covilhã (⇐★, Poço do Inferno★ : cascata★, vale glaciário do Zêzere★★, ⇐★) por Manteigas : 65 km.

※ O Júlio ※ VISA ⬤⬤

Rua do Loureiro 11-A ⊠6290-534 – ℰ 238 49 80 16
– fechado do 1 ao 15 de setembro e 3ª feira
Rest – Lista 24/35 €
♦ Situado em frente ao bar que deu origem ao negócio familiar. Possui um balcão de apoio que cobre a cozinha semi-vista. Refeitório de cuidada montagem, com as paredes em pedra.

GRANJA – Porto – 733 – 591 I4 – 417 h. – Praia   8 A3
▶ Lisboa 317 – Amarante 79 – Braga 69 – Porto 18

🏨 Solverde ⇐ 🛁 🖾 ♨ ※ 🛗 ♿ qto, AC ※ 🎵 ♿ P 🚗 VISA ⬤⬤ AE ①

Av. da Liberdade ⊠4410-154 São Félix da Marinha – ℰ 227 33 80 30
– www.solverde.pt
169 qto ⊑ – †99/250 € ††109/275 € – 5 suites
Rest – Menu 25 €
♦ Desfrute das suas modernas instalações, equipadas com materiais de qualidade, que sem ter um excesivo luxo oferecem um conforto de alto nível. Magníficos exteriores. Refeitório panorâmico com formosas vistas sobre o mar.

GUARDA ℙ – Guarda – 733 – 591 K8 – 23 696 h. – alt. 1 000 m   5 C2
▶ Lisboa 361 – Castelo Branco 107 – Ciudad Rodrigo 74 – Coimbra 161
🛈 Praça Luís de Camões, ℰ 271 20 55 30 postodeturismo@hotmail.com
Fax 271 20 55 33
A.C.P. Rua Batalha dos Reis 107, ℰ 271 21 34 67 Fax 271 21 49 04
◉ Sé★ (interior★)
🔲 Castelo Melhor★ (recinto★) 77 km a Nordeste – Sortelha★ (fortaleza★ ❋★) 45 km a Sul – Vila Nova de Foz Côa (Igreja Matriz : fachada★) 92 km a Norte – Parque Arqueológico do Vale do Côa★★ 77 km a Norte

PORTUGAL

Vanguarda
⇐ 🖩 🕭 qto, 🔟 ✗ 🕪 🛎 🚗 VISA ⚙ AE

Av. Monsenhor Mendes do Carmo ✉6300-586 – ℰ *271 20 83 90*
– www.naturaimbhotels.com
76 qto ☲ – †56 € ††76 € – 6 suites   **Rest** – Menu 16 €
♦ Situado na parte alta da cidade, num edifício de linha actual. Possui quartos espaçosos e na sua maior parte com varanda. Destaca-se o restaurante panorâmico do 4º andar.

Santos sem rest
🖩 🕭 ✗ 🕪 VISA ⚙ AE ⓪

Rua Tenente Valadim 14 ✉6300-764 – ℰ *271 20 54 00*
– www.residencialsantos.com
27 qto ☲ – †20/30 € ††35/45 €
♦ Atractiva residência contígua aos muros da antiga muralha, pelo que possui diferentes paredes em pedra. Quartos funcionais, com chãos em madeira e casas de banho reduzidas.

pela estrada N 16 Nordeste : 4 km

Lusitania Parque
🛏 🛏 🗚 ✗ 🖩 🕭 qto, 🔟 ✗ 🕪 🛎 🅿 🚗
VISA ⚙ AE ⓪

Urb. Quinta das Covas - Lote 34 ✉6300-389
– ℰ 271 23 82 85 – www.hotellusitaniaparque.com
56 qto ☲ – †70/84 € ††80/94 € – 7 suites
Rest – *(só jantar)* Lista aprox. 29 €
♦ Hotel de linha actual que destaca pela sua variada oferta de serviços. Possui uns quartos espaçosos e de completo equipamento, assim como um magnífico ginásio. Bar elegante e um luminoso restaurante de estética actual.

em João Bragal Nordeste : 7,5 km

Casas do Bragal
🕭 🔟 ✗ 🅿 VISA ⚙ AE

João Bragal de Baixo ✉6300-070 – ℰ *271 96 38 96 – www.casasdobragal.com*
– fechado do 1 ao 15 de janeiro, do 1 ao 15 de agosto, 3ª feira e 4ª feira meio-dia
Rest – Lista 35/55 €
♦ Está instalado numa casa de pedra e possui um refeitório que surpreende pelos seus detalhes de design. Cozinha regional de bom nível onde abundam os produtos autóctones.

GUIMARÃES – Braga – 733 – 591 H5 – 53 040 h. - alt. 175 m
8 A2

🚘 Lisboa 364 – Braga 22 – Porto 52 – Viana do Castelo 70
🅸 Alameda de S. Dâmaso 83, ℰ 253 41 24 50 turismo.alameda@hotmail.com
e Praça de S. Tiago, ℰ 253 51 87 90 turismo.santiago@hotmail.com
Fax 253 51 51 34
👁 Castelo★ – Paço dos Duques★ (tectos★, tapeçarias★) – Museu Alberto Sampaio★ (estátua jacente★, ourivesaria★, tríptico★, cruz processional★)
M1 – Praça de São Tiago★ – Igreja de São Francisco (azulejos★, sacristia★)
🄶 Penha (❊★) Sudeste : 8 km - Trofa★Sudeste : 7,5 km.

Pousada de Nossa Senhora da Oliveira
🕯 🖩 🔟 ✗ VISA ⚙ AE ⓪

Rua de Santa Maria ✉4801-910 apartado 101 – ℰ *253 51 41 57*
a
10 qto ☲ – †78/208 € ††90/220 € – 6 suites
Rest – Menu 30 €
♦ As reminiscências de um belo passado delimitam a sua localização em plena zona histórica. Desde as janelas,as vistas ao ambiente medieval constituem um grande espectáculo. O bom ofício da cozinha manifesta-se com esmero numa mesa que cuida de cada detalhe.

Villa H. sem rest
🖩 🕭 🔟 ✗ 🕪 🛎 🚗 VISA ⚙ AE ⓪

Av. D. João IV-631, por Av. D. João IV ✉4810-532 – ℰ *253 42 14 40*
– www.villa-hotel.net
44 qto ☲ – †70 € ††85 € – 3 suites
♦ Conjunto de estética actual e funcional, dominado pelas linhas puras com materiais de qualidade. Os seus quartos desfrutam duma notável amplitude e casas de banho completas.

PORTUGAL

GUIMARÃES

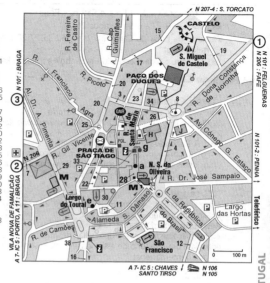

🏠 **Toural** sem rest 📶 📺 🛜 «»» 🔊 VISA ⓒⓢ AE ⓞ

Feira do Pão ⊠4800-153 – ℰ 253 51 71 84 – www.hoteltoural.com

25 qto ⌁ – †55/65 € ††75/85 € – 5 suites **e**

♦ Moderno hotel situado no centro da cidade, com espaços diáfanos e mobiliário em ratan. Bar, zona social e espaçosos quartos com os chãos em alcatifa.

⛐ **Solar do Arco** 📺 🛜 VISA ⓒⓢ AE ⓞ

Rua de Santa Maria 48 ⊠4810-443 – ℰ 253 51 30 72 – www.solardoarco.com
– fechado 4ª feira em janeiro-março **g**

Rest – Lista 22/32 €

♦ Instalado num edifício antigo da zona histórica, com área de espera e duas salas de correcta montagem. Cozinha variada com predomínio dos pratos tradicionais.

na estrada da Penha Este : 2,5 km

🏠 **Pousada de Santa Marinha** 🌿 ← 🔟 🔟 🛜 🖧 占 qto, 📺 🛜 🔊 🖧
⊠4810-011 – ℰ 253 51 12 49 **🅿 VISA ⓒⓢ AE ⓞ**

49 qto ⌁ – †98/238 € ††110/250 € – 2 suites **Rest** – Menu 30 €

♦ Situada num convento cuja reabilitação recebeu o prémio Europa Nostra. Na sua arquitectura e decoração há vestígios de distintas épocas. Destacável salão azulejado. Esmerado restaurante onde convivem em harmonia os patrimónios artístico e culinário.

pela estrada N 101 Noroeste : 4 km

⛐⛐ **Quinta de Castelães** 📺 🛜 🅿 VISA ⓒⓢ AE ⓞ

Lugar de Castelães ⊠4805-339 – ℰ 253 55 70 02 – www.quintadecastelaes.com
– fechado domingo noite e 2ª feira

Rest – Lista 25/35 €

♦ Negócio rústico-regional situado numa antiga quinta. Conserva a cozinha original como museu. Os quartos converteram-se em reservados e oferece uma extensa ementa.

 Boa comida a preços moderados? Escolha um Bib Gourmand ⊕.

> ▶ Lisboa 300 – Faro 54 – Lagos 26
> 🖼 Largo da Praia do Carvoeiro 2, ℰ 282 35 77 28 turismo.carvoeiro@ rtalgarve.pt
> 🔲 Carvoeiro : Algar Seco (sítio marinho★★) Sul : 6 km.

na Praia do Carvoeiro :

🏨 **Tivoli Carvoeiro** ⌘   🔫 🏖 🎣 🏑 🔲 🕹 ♨ 🛎 ♿ qto, 🔲 ⚙ ♨ 🅿️
Vale Covo, Sul : 6 km ✉8401-911 apartado   **VISA ⊙⊙ AE ⓪**
1299 Carvoeiro LGA – ℰ 282 35 11 00 – www.tivolihotels.com
289 qto ⌑ – 🕴50/150 € 🕴🕴60/165 € – 4 suites
Rest *A Varanda* – *(só jantar)* Lista 27/43 €
• Possui uma agradável piscina e com espaçosos jardins em degraus. Salas multifuncionais e quartos bem equipados, a maioria dos quais possui belas vistas. Elegante restaurante com esplanada panorâmica.

XX **L'Orange**   🏖 🔲 ♨ ⊙⊙
Mato Serrão, Sul : 4,5 km ✉8400-556 – ℰ 282 35 72 97 – fechado dezembro, janeiro e domingo
Rest – *(só jantar)* Lista 28/32 €
• Esta acolhedora casa, tipo villa, desfruta de uma pequena esplanada na entrada e um refeitório de estilo clássico. Bom serviço de mesa para uma ementa de gosto internacional.

X **Julio's**   🏖 🔲 ♨ VISA ⊙⊙ AE ⓪
Vale do Milho, Sul : 7 km ✉8400-564 Carvoeiro LGA – ℰ 282 35 83 68
– www.julios-restaurant.com – fechado 18 novembro- 23 dezembro e domingo
Rest – *(só jantar)* Lista 22/32 €
• Bonita casa, tipo villa, situada ao pé da estrada. Possui uma entrada ajardinada, uma esplanada montada com simplicidade e uma sala algo fria na sua decoração.

X **O Pátio**   🏖 🔲 ♨ VISA ⊙⊙ AE ⓪
Largo da Praia 6, Sul : 5 km ✉8400-517 Carvoeiro LGA – ℰ 282 35 73 67
– www.praiacarvoeiro.com
Rest – Lista 30/45 €
• Restaurante de ampla trajectória. Oferece um refeitório rústico com lareira, um bom expositor de produtos, viveiro próprio e uma cozinha de elaboração cuidada e tradicional.

> ▶ Lisboa 290 – Beja 167 – Faro 82 – Setúbal 239
> 🖼 Rua Belchior Moreira Barbudo (S.João), ℰ 282 76 30 31 turismo.lagos@ rtalgarve.pt
> 🏌 Campo de Palmares Meia Praia, ℰ 282 79 05 00
> 🔲 Sítio ≤★ – Igreja de Santo António★ (decoração barroca★) Z**A**
> 🔲 Ponta da Piedade★★ (sítio★★, ≤★), Praia de Dona Ana★ Sul : 3 km – Barragem da Bravura★ 15 km por ②

🏨 **Marina Rio** sem rest   ≤ 🔲 📶 🔲 ♨ VISA ⊙⊙ AE
Av. dos Descobrimentos ✉8600-645 – ℰ 282 78 08 30 – www.marinario.com
36 qto ⌑ – 🕴55/117 € 🕴🕴58/120 €   Y**a**
• Este hotel de carácter familiar oferece uma elegante zona nobre e quartos funcionais, todos com terraço e metade deles com vistas à marina. Solarium no último andar.

XX **Dos Artistas**   🏖 🔲 VISA ⊙⊙ AE ⓪
Rua Cândido dos Reis 68 ✉8600-567 Lagos – ℰ 282 76 06 59
– www.lagos-artistas.com – fechado domingo   Z**c**
Rest – Lista 35/50 €
• Desfruta de certo encanto, pois possui uma atractiva esplanada interior e um refeitório de ambiente clássico-colonial. Propõe uma ementa internacional com três menus de degustação.

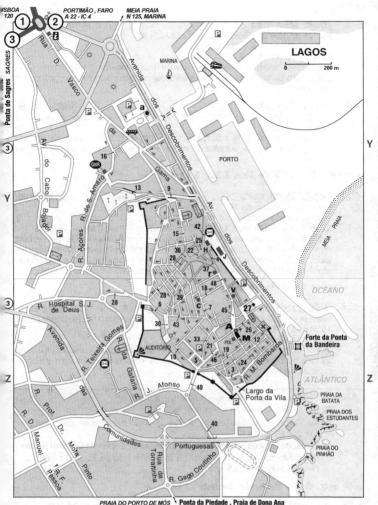

LAGOS

0   200 m

X **Dom Sebastião**   🛪 🆔 ℁ 🆅🅸🆂🅰 ⓒ 🅰🅴 ⓞ
Rua 25 de Abril 20 ✉8600-763 – ℰ 282 78 04 80
– www.restaurantedonsebastiao.com   **Yr**
Rest – Lista 19/28 € ℬℬ
♦ A estética neo-rústica e as suas esplanadas, uma exterior e a outra num pátio, são os seus pontos fortes. Cozinha tradicional portuguesa, numerosos mariscos e uma adega visitável.

X **Dom Henrique**   🆔 ℁ 🆅🅸🆂🅰 ⓒ 🅰🅴 ⓞ
🏵 *Rua 25 de Abril 75 ✉8600-763 – ℰ 282 76 35 63 – www.dhenrique.grupoadm.pt*
Rest – Lista 23/30 €   **Zv**
♦ Negócio de ambiente actual, jovem e informal. Tem duas salas de correcta montagem, a do andar superior de menor utilização e comunicada com um bar adjacente.

na Praia do Porto de Mós Z Sul : 2,5 km

🏠 **Vivenda Miranda** ॐ   ⟨ 🛋 🛪 ⅃ ℁ 🅿 🆅🅸🆂🅰 ⓒ 🅰🅴
por Rua da Torraltinha ✉8600-282 Lagos – ℰ 282 76 32 22
– www.vivendamiranda.com – fechado do 1 ao 22 de dezembro   **Z**
22 qto ☲ – ♦100/140 € ♦♦150/200 € – 4 suites   **Rest** – Menu 45 €
♦ Hotel com encanto situado em frente ao mar numa zona elevada que desfruta de cuidados jardins. Zona social escassa e quartos confortáveis distribuídos em vários níveis. No seu restaurante encontrará uma montagem clássica e uma grande esplanada, esta última dotada com impressionantes vistas. Cozinha internacional.

na estrada da Praia da Luz por ③ : 4 km

🏠 **Vila Valverde** ॐ   🛋 ⅃ 🆃🆅 🛗 🆔 ℁ qto, ℅ 🅿 🆅🅸🆂🅰 ⓒ 🅰🅴
Valverde – ℰ 282 79 07 90 – www.vilavalverde.com – fechado 11 dezembro-22 janeiro
15 qto ☲ – ♦84/153 € ♦♦99/180 €
Rest – *(só clientes a pedido)* Lista 37/46 €
♦ Esta magnífica casa de campo possui um aspecto actual e uma extensa zona ajardinada. Zona social acolhedora e quartos modernos, todos com preciosas casas de banho e terraço.

LAMEGO – Viseu – 733 – 591 I6 – 9 626 h. – alt. 500 m   **5 C1**
▶ Lisboa 369 – Viseu 70 – Vila Real 40
🖅 Av. Visconde Guedes Teixeira, ℰ 254 61 20 05 info@douro-turismo.pt
   Fax 254 61 40 14
◎ Museu de Lamego★ (pinturas sobre madeira★) – Capela do Desterro (tecto★)
◐ Miradouro da Boa Vista★ Norte : 5 km – São João de Tarouca : Igreja S. Pedro★ Sudeste : 15,5 km.

pela estrada de Resende Nordeste : 2 km

🏠 **Villa Hostilina** sem rest ॐ   ⟨ 🛋 ⅃ 🛁 ℁ ⑪ 🅿 🆅🅸🆂🅰 ⓒ
✉5100-192 – ℰ 254 61 23 94 – www.villahostilina.com
7 qto ☲ – ♦30/65 € ♦♦55/65 €
♦ Antiga casa de campo dotada com belos exteriores e vistas para a serra. Encontrará um mobiliário português do princípio do séc. XX e uma boa oferta de serviços terapêuticos.

pela estrada N 2 :

🏠 **Lamego** ॐ   ⟨ ⅃ 🖬 🛁 ℁ 🔥 ₺ qto, 🆔 ℁ ♨ 🅿 🏠 🆅🅸🆂🅰 ⓒ 🅰🅴 ⓞ
Quinta da Vista Alegre, Nordeste : 2 km ✉5100-183 – ℰ 254 65 61 71
– www.hotellamego.pt
88 qto ☲ – ♦60/78 € ♦♦77/98 € – 5 suites
Rest – Menu 12 €
♦ Oferece uma linha clássica com algumas soluções construtivas mais modernas. Espaçosa zona nobre e quartos funcionais de completo equipamento, com as casas de banho actuais. O refeitório oferece vistas sobre a montanha.

⚐ **Quinta da Timpeira** ⌖ ≼ 🚗 🗙 ✗ 🅰🅒 qto, ✗ 🅿 💳 ⊕ 🅰🅴 ⓪
Penude, Sudoeste : 3,5 km ✉*5100-718 Penude –* ☎ *254 61 28 11*
– www.quintadatimpeira.com
7 qto � – ●57/60 € ●●70/75 €
Rest *– (só clientes , só menú)* Menu 23 €
♦ Casa de Campo instalada entre cerejeiras e vinhas. Oferece uma luminosa zona social dotada de lareira e quartos actuais, todos com soalho flutuante e mobiliário provençal. Num edifício anexo encontra-se o restaurante, com uma correcta ementa de sabor caseiro.

LAUNDOS *– Porto – 733 – 591* H3 *–* **1 679 h.**   8 A2
▶ Lisboa 343 – Braga 35 – Porto 38 – Viana do Castelo 47

🏠 **Estalagem São Félix Parque** ⌖ ≼ 🗙 🛗 ♿ qto, 🅰🅒 ✗ 📞 🛎 🅿
Monte de São Félix, Nordeste : 1,5 km ✉*4570-345*   💳 ⊕ 🅰🅴
– ☎ *252 60 71 76 – www.saofelixhotel.com*
36 qto ⊐ – ●52/68 € ●●70/100 €
Rest – Menu 20 €
♦ Muito tranquilo, dominando os arredores desde a parte alta dum monte. As zonas comuns são acolhedoras, dentro da sua funcionalidade, e os quartos são confortáveis. Restaurante panorâmico de correcta montagem e ementa tradicional.

LAVRE *– Évora – 733 – 593* P4 *–* **578 h.**   1 B2
▶ Lisboa 101 – Évora 52 – Santarém 65 – Setúbal 69

na estrada N 114 Sudeste : 2,5 km

🏠 **Courelas da Mata** ⌖ ≼ 🏠 🗙 ✗ ♿ qto, 🅰🅒 ✗ 🅿 💳 ⊕ 🅰🅴 ⓪
✉*7050-488 –* ☎ *265 84 71 90 – www.hotelruralcourelasdamata.net*
11 qto ⊐ – ●40/50 € ●●60/70 €   **Rest** – Menu 22,50 €
♦ Encontra-se em pleno campo, com umas instalações actuais e um ambiente muito cuidado. Os seus quartos coloristas dispõem de mobiliário funcional e varanda com vistas. Luminoso restaurante de estilo clássico distribuído em duas salas.

LEÇA DA PALMEIRA *– Porto – 733 – 591* I3 *– Praia*   8 A2
▶ Lisboa 322 – Amarante 76 – Braga 55 – Porto 13
ver plano de Porto aglomeração

🏢 **Tryp Porto Expo** 🍴 🗙 🎧 🛗 ♿ qto, 🅰🅒 ✗ 📶 🛎 🅿 💳 ⊕ 🅰🅴 ⓪
Rotunda da Exponor ✉*4450-801 –* ☎ *229 99 00 00 – www.solmelia.com*
117 qto ⊐ – ●85/102 € ●●96/115 € – 3 suites   AUp
Rest – Lista 21/33 €
♦ Interessante localização junto a um centro de exposições. Dirigido para a clientela de negócios, dispõe de quartos bem equipados e correctas salas de congressos.

🗙🗙🗙 **O Chanquinhas** 🅰🅒 ✗ ⟳ 🅿 💳 ⊕ 🅰🅴 ⓪
Rua de Santana 243 ✉*4450-781 –* ☎ *229 95 18 84 – www.chanquinhas.com*
– fechado 10 dias em Natal, 15 dias em agosto e domingo   AUs
Rest – Lista 23/35 €
♦ Antiga casa senhorial convertida num elegante restaurante familiar, de reconhecido prestígio na zona. O seu agradável refeitório clássico sugere-lhe uma ementa de bom nível.

LEIRIA 🅿 *– 733 – 592* M3 *–* **42 061 h.** *– alt. 50 m*   6 A2
▶ Lisboa 129 – Coimbra 71 – Portalegre 176 – Santarém 83
🛈 Jardim Luís de Camões, ☎ 244 84 87 70 info@rt-leiriafatima.pt Fax 244 84 87 79
A.C.P. Av. Marquês de Pombal 462, ☎ 244 82 36 32 Fax 244 81 22 22
◉ Castelo ★ (sítio ★) BY

Plantas páginas seguintes

PORTUGAL

LEIRIA

QUINTA MATINHA

QUINTA ST ANTÓNIO

URB. NOV LEIRIA

agueira

da

Marrazes

Marinheiros

Estrada

dos

Foz

dos

R. G. Barata Rodrigues

Av. Dr. Francisco Sá Carneiro

X

Pimenta

Abril

Cristiano

Cruz

Pero Alvito

R. de S. Francisco

13

12

23

R.

CASTELO

Korrodi

POL.

31

G

CATEDRAL

Av. Heróis de Angola

R. Comissão da Iniciativa

24

27

T

19

Y

3

6

34

Pr. Paulo VI

• c

PARQUE JAIME FILIPE DA FONSECA

61

52

R. Alfredo Keil

7

22

54

JARDIM

LUÍS DE

48

58

63

CAMÕES

37

BAIRRO ANJOS

40

25

27

R. Conde Ferreira

10

60

21

51

16

R. M. dos Santos

18

4

45

ESPÍRITO SANTO

b •

9

4

Av. Dr. José

25

Jardim

55

URB. ENCOSTA

③

30

CONVENTO DA ORTELA

H

39

R. de Tomar

Z

J

57

Pombal

33

M

49

Av. Marquês

de

Av. N.S. de Fátima

R. da N.S. da Encarnação

42

36

TOLOMEU

B

C

0   200 m

1023

Eurosol Residence 🛋 🔥 🗖 👬 qto, 🚾 🏵 🍸 🖢 🚗 💳 ⚙ 💳 ⚙

Rua Comissão da Iniciativa 13 ✉2410-098 – 𝒞 244 86 04 60 – *www.eurosol.pt*
58 apartamentos – 👬77/83 €, ⌚ 6,50 €   CY**c**
Rest – *(fechado sábado noite e domingo)* Menu 17,50 €
♦ O hotel dispõe de uma pequena área social, limitada ao bar do nono andar e
de apartamentos espaçosos, todos funcionais e com cozinha. Agradável piscina
panorâmica na açoteia. O seu charmoso restaurante oferece um pequeno menu
de pratos tradicionais.

Pontuel   ⪕ 🚾 🏵 💳 ⚙ 💳

Largo de Camões 15 ✉2410-127 – 𝒞 244 82 15 17 – *www.pontuel.pt*
– fechado 2ª feira   CZ**b**
Rest – Lista 25/35 €
♦ Dispõe de duas salas modernas, uma por andar, com detalhes design, fachada
de vidro com vista para o castelo. Cozinha moderna com raízes tradicionais e
toques criativos.

em Marrazes na estrada N 109 por ① : 1 km

Casinha Velha   🚾 🏵 💳 ⚙ 💳

Rua Professores Portelas 23 ✉2415-534 – 𝒞 244 85 53 55 – *www.casinhavelha.com*
– fechado 10 dias em janeiro, 20 dias em julho, domingo noite e 3ª feira
Rest – Lista 25/30 € ⭐
♦ Casa familiar de ambiente acolhedor, com uma bonita sala de jantar de ar rústico no primeiro andar e curiosos detalhes. Ementa caseira, especialidades diárias
e uma adega completa.

na estrada IC 2 por ④ : 4,5 km

O Casarão   🚾 🏵 🅿 💳 ⚙ 💳 ⚙

Estrada da Maceira 10 ✉2400-823 – 𝒞 244 87 10 80 – *www.ocasarao.pt*
– fechado 2ª feira
Rest – Lista 22/30 € ⭐
♦ O vigamento aparente, os azulejos e os ornamentos de latão coexistem em um
ambiente rústico elegante. Aqui você encontrará uma cozinha tradicional em por-
ções generosas e uma excelente adega.

Elevador da Bica

LISBOA

Província : P Lisboa
Mapa Michelin : 733 – **592** – **593** P2
▶ Madrid 631 – Porto 319 – Elvas 209
– Faro 278

População : 509 751 h.
Altitude : 111 m
Mapa regional : 6 B3

INFORMAÇÕES PRÁTICAS

🛈 Postos de Turismo

Palácio Foz, Praça dos Restauradores, ✆ 21 346 33 14 info@atlx.pt Fax 21 031 28 19

Estação Santa Apolónia (chegadas internacionais), ✆ 21 882 16 06 info@atlx.pt Fax 21 882 16 05

Aeroporto, ✆ 21 845 06 60 Fax 21 845 06 58.

Bancos e Casas de câmbio

Todos os bancos : abertos de 2ª a 6ª feira das 8,30 h. às 15 h. Encerram aos sábados, domingos e feriados.

Transportes

Taxi : Dístico com a palavra « Táxi » iluminado sempre que está livre. Companhias de rádio-táxi, ✆ 21 811 90 00

Metro, carro eléctrico e autocarros : Rede de metro, eléctricos e autocarros que ligam as diferentes zonas de Lisboa. Para o aeroporto existe uma linha de autocarros -aerobus- com terminal no Cais do Sodré.

Aeroporto e Companhias Aéreas :

✈ Aeroporto de Lisboa, N : 8 km, ✆ 21 841 35 00 CDN.

T.A.P., Av. Duque de Loulé 125 ✆ 21 707 205 700.

Estações de combóios

🚈 Santa Apolónia, ✆ 808 208 208 MX.

🚈 Rossio, ✆ 808 208 208 KX.

🚈 Cais do Sodré, ✆ 808 208 208 JZ.

🚈 Oriente, ✆ 808 208 208 DN.

Automóvel Club

A. C. P. (Automóvel Club de Portugal)

Rua Rosa Araújo 24, ☎ 21 318 01 00.

Golf

📷 Lisbon Sports Club, 20 km pela estrada de Sintra, ☎ 21 431 00 77

📷 Club de Campo da Aroeira, 15 km pela estrada de Setúbal, ☎ 21 297 91 10

Aluguer de viaturas

AVIS, ☎ 800 20 10 02 – EUROPCAR, ☎ 21 940 77 90 – HERTZ, ☎ 21 942 63 00 – BUDGET, ☎ 808 25 26 27.

◉ VER

PANORÂMICAS DE LISBOA

Ponte 25 de Abril* por ② : ≤**– Cristo Rei por ②: ✳**– Castelo de São Jorge** : ≤*** LX – Miradouro de Santa Luzia* : ≤** LY L¹) – Elevador de Santa Justa* : ≤* KY – Miradouro de São Pedro de Alcântara* : ≤** JX L² – Miradouro do Alto de Santa Catarina* JZ A¹) – Miradouro da Senhora do Monte : ≤***LV – Largo das Portas do Sol* : LY. Igreja e Convento de Nossa Senhora da Graça (Miradourou*) LX.

MUSEUS

Museu Nacional de Arte Antiga*** (políptico da Adoração de S. Vicente***, Tentação de Santo Antão***, Biombos japoneses**, Doze Apóstolos*, Anunciação*, Capela*) EU M¹⁶ – Fundação Gulbenkian (Museu Calouste Gulbenkian*** FR, Centro de Arte Moderna* FR M²– Museu da Marinha* (modelos*** de embarcações) AQ M⁷ – Museu Nacional do Azulejo (Convento da Madre de Deus**) : igreja**, sala do capítulo* DP M¹⁷ – Museu da Água da EPAL* HT M⁵ – Museu Nacional do Traje* BN M²¹ – Museu Nacional do Teatro* BN M¹⁹ – Museu Militar (tectos*) MY M¹⁵ – Museu de Artes Decorativas** (Fundação Ricardo do Espírito Santo Silva) LY M¹³ – Museu Arqueológico – Igreja do Carmo* KY M⁴ – Museu de Arte Sacra de São Roque* (ornamentos sacerdotais*) JKX M¹¹ – Museu Nacional do Chiado* KZ M¹⁸ – Museu da Música* BN M⁹ – Museu Rafael Bordalo Pinheiro (cerámicas*) CN M²³

IGREJAS E MOSTEIROS

Sé*** (túmulos góticos*, grade, tesouro) LY – Mosteiro dos Jerónimos*** (Igreja de Santa Maria : abóbada**, claustro ; Museu Nacional de Arqueologia : tesouro*) AQ – Igreja de São Roque* (capela de São João Baptista**, interior) JX – Igreja de São Vicente de Fora (azulejos*) MX – Basílica da Estrela* (jardim*) EU A² – Igreja da Conceição Velha (fachada sul) LZ D¹ – Igreja de Santa Engrácia MX.

BAIRROS HISTÓRICOS

Belém** (Centro Cultural*) AQ – A Baixa pombalina** JKXYZ – Alfama** LY – Chiado e Bairro Alto* JKY.

LUGARES PITORESCOS

Praça do Comércio (ou Terreiro do Paço**) KZ – Torre de Belém*** AQ – Palacio dos Marqueses de Fronteira** (azulejos**) ER – Rossio* (estação : fachada* neo-manuelina) KX – Rua do Carmo e Rua Garrett* KY – Avenida da Liberdade JV – Parque Eduardo VII* (≤* , Estufa fria) FS – Jardim Zoológico** ER – Aqueduto das Águas Livres ES – Jardim Botánico JV – Parque Florestal de Monsanto (Miradouro : ✳*) APQ – Campo de Santa Clara MX – Escadinhas de Santo Estêvão (≤*) MY – Palacio da Ajuda AQ – Fundação Arpad Szenes-Vieira da Silva EFS – Passeio no Tejo (≤**) – Ponte Vasco da Gama** DN – Oceanário de Lisboa** DN – Estação de Oriente DN – Parque das Nações DN.

COMPRAS

Bairros comerciais : Baixa (Rua Augusta), Chiado (Rua Garrett).
Antiguidades : Rua D. Pedro V, Rua da Escola Politécnica, Feira da Ladra (3ª feira e sábado).
Centro comercial : Torres Amoreiras, Colombo.
Desenhadores : Bairro Alto.

LISTA ALFABÉTICA DOS HOTÉIS
LISTA ALFABÉTICA DE LOS HOTELES
INDEX OF HOTELS

LISTA ALFABÉTICA DOS RESTAURANTES
LISTA ALFABÉTICA DE LOS RESTAURANTES
INDEX OF RESTAURANTS

LISBOA

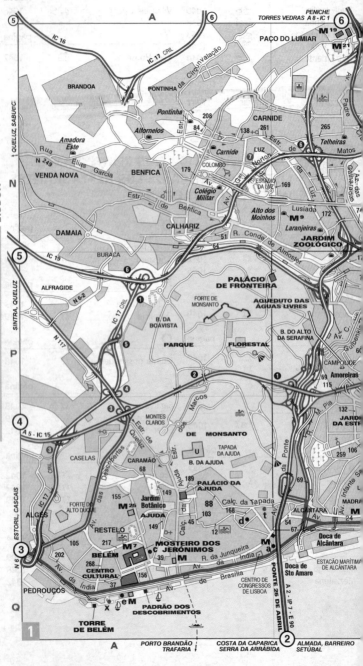

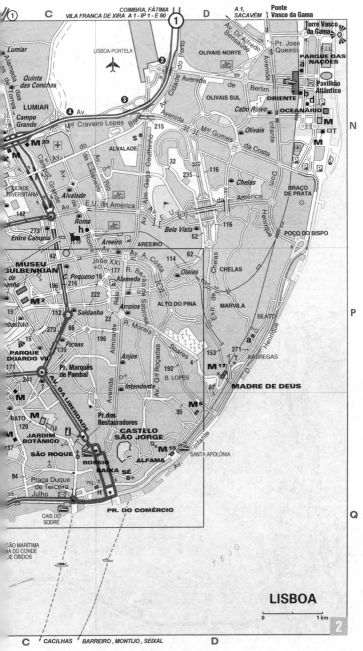

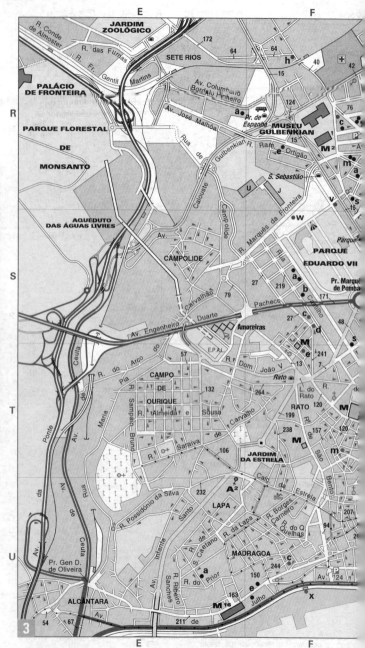

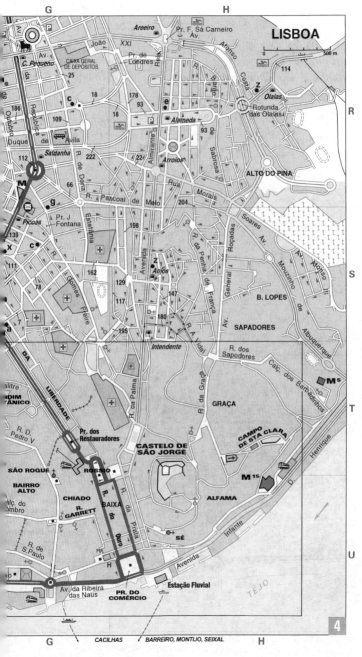

LISBOA

Campo dos Mártires da Pátria

234

SÃO JOSÉ

160

ELEVADOR DO LAVRA

JARDIM BOTÂNICO

Parque Mayer

COLISEU DOS RECREIOS

AVENIDA

LIBERDADE

Praça do Príncipe Real

ELEVADOR DA GLÓRIA

Palácio Foz

Restauradores

Pr. dos Restauradores

ROSSIO

Pr. Dom Pedro IV

Pr. da Figueira

252

151

SÃO ROQUE

M 11

Rossio

BAIRRO ALTO

ELEVADOR DE STA JUSTA

M 4

Largo do Carmo

194

28

190

91

BAIXA

CHIADO

Garrett

ELEVADOR DA BICA

SANTA CATARINA

228

Pr. Luís de Camões

Baixa-Chiado

A 1

G

M 18

M

R. da Boavista

R. de São Paulo

R. do Alecrim

Ivens

POL.

MINISTÉRIO

R. V. Cordon

do Arsenal

PRAÇA DO COMÉRCIO

Praça Dom Luís I

Av. 24 de Julho

MINISTÉRIO

CAIS DO SODRÉ

Praça Duque de Terceira

Av. da Ribeira das Naus

CAIS DAS COLUNAS

Cais do Sodré

5

CACILHAS

1036

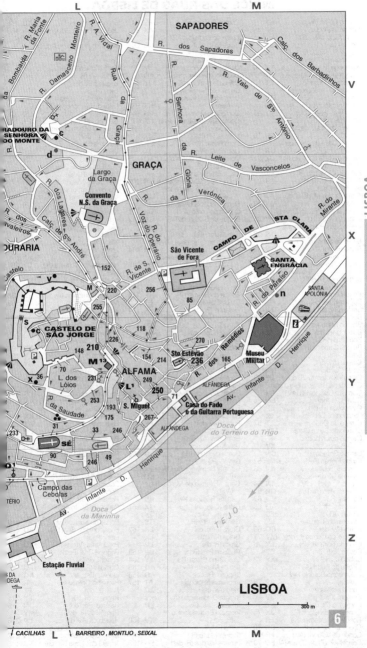

ÍNDICE DAS RUAS DE LISBOA

Centro

Tivoli Lisboa

Av. da Liberdade 185 ⊠1269-050 – ℰ 213 19 89 00 – www.tivolihotels.com
260 qto – ♦132/630 € ♦♦132/660 €, ⚏ 15 € – 48 suites 5JV**d**
Rest *Terraço* – Lista 45/58 €
Rest *Brasserie Flo Lisboa* – Lista 41/51 €
♦ Elegante, confortável e com uma magnífica sala social. Quartos aconchegantes e bem equipados de refinada decoração. Atractiva piscina rodeada de árvores. O restaurante Terraço dispõe de uma sala envidraçada no último andar com belas vistas.

Avenida Palace sem rest

Rua 1° de Dezembro 123 ⊠1200-359 – ℰ 213 21 81 00
– www.hotelavenidapalace.pt 5KX**z**
64 qto ⚏ – ♦350 € ♦♦400 € – 18 suites
♦ Edifício elegante e com prestigio que data de 1892. Possui uma esplêndida zona nobre complementada por um bonito bar de estilo inglês e quartos de cuidado classicismo.

Sofitel Lisbon Liberdade

Av. da Liberdade 127 ⊠1269-038 – ℰ 213 22 83 00 – www.sofitel.com
167 qto ⚏ – ♦♦145/350 € – 4 suites 5JV**r**
Rest *Ad Lib* – ver selecção restaurantes
♦ Apresenta uma decoração moderna e múltiplos detalhes de design. Os quartos estão equipados ao máximo nível, com materiais de primeira qualidade.

Bairro Alto H

Praça Luis de Camões 2 ⊠1200-243 Ⓜ Baixa-Chiado – ℰ 213 40 82 88
– www.bairroaltohotel.com 5JY**a**
51 qto ⚏ – ♦215/330 € ♦♦250/650 € – 4 suites **Rest** – Lista 30/40 €
♦ Belo edifício da zona monumental que foi restaurado. Apresenta uma decoração actual, com detalhes minimalistas, bem como um terraço com vistas na cobertura do edifício. O restaurante combina a sua montagem simples com grandes janelas com vistas à praça.

Lisboa Plaza

Travessa do Salitre 7 ⊠1269-066 – ℰ 213 21 82 18 – www.heritage.pt
94 qto – ♦120/226 € ♦♦130/248 €, ⚏ 14 € – 12 suites 5JV**b**
Rest – Menu 35 €
♦ Hotel de linha clássica que compensa a sua reduzida mas atractiva zona social com uns elegantes quartos. Bom equipamento e materiais de qualidade. O seu refeitório oferece um atractivo e completo buffet.

🏨 **Do Chiado** sem rest　　　　⟨ 🛗 ♿ 🅰🅲 ⚡ 🕪 📶 𝘃𝘪𝘴𝘢 ⓸ 🄰🄴 ⓪
Rua Nova do Almada 114 ✉*1200-290* Ⓜ *Baixa-Chiado* – 𝒞 *213 25 61 00*
– www.hoteldochiado.pt　　　　　　　　　　　　　　　　**5KYc**
40 qto ⌓ – 🛉184/294 € 🛉🛉223/294 €
♦ Está situado em pleno Chiado e surpreende pelo excelente equipamento dos
seus quartos, destacando os do 7º andar pelas suas varandas privadas com vistas
sobre a cidade.

🏨 **Heritage Av Liberdade** sem rest　　　🛗 ♿ 🅰🅲 ⚡ 🕪 𝘃𝘪𝘴𝘢 ⓸ 🄰🄴 ⓪
Av. da Liberdade 28 ✉*1250-145* Ⓜ *Avenida* – 𝒞 *213 40 40 40* – *www.heritage.pt*
42 qto – 🛉150/295 € 🛉🛉163/325 €, ⌓ 14 €　　　　**5JXs**
♦ Possui uma fachada clássica e uma zona social de carácter polivalente, já que
também se serve neste local o pequeno-almoço. Oferece quartos bem equipados
e de estilo actual.

🏨 **Altis Avenida**　　　　　　　　📶 🛗 ♿ 🅰🅲 🕪 🔊
Rua 1º de Dezembro 120 ✉*1200-360* – 𝒞 *210 44 00 00*
– www.altisavenidahotel.com　　　　　　　　　　　**5KXb**
68 qto – 2 suites
Rest *Rossio* –
♦ Sem dúvida, o melhor deste hotel é a sua localização e os seus quartos, não
muito grandes mas de estilo clássico-actual, alguns com uma pequena varanda e
a maioria com uma bela vista. No 7 º andar encontra-se um elegante restaurante
panorâmico.

🏨 **NH Liberdade**　　　　🛋 🛗 ♿ qto, 🅰🅲 ⚡ 🕪 🔊 📶 𝘃𝘪𝘴𝘢 ⓸ 🄰🄴 ⓪
Av. da Liberdade 180-B ✉*1250-146* – 𝒞 *213 51 40 60* – *www.nh-hotels.com*
58 qto ⌓ – 🛉118/193 € 🛉🛉133/208 € – 25 suites　　　**5JVz**
Rest – Lista 30/35 €
♦ Na zona de negócios mais importante da cidade. Hotel confortável e funcional,
com o estilo próprio da cadeia e uns quartos de estética moderna em tons cin-
zentos. A ementa do restaurante oferece uma união entre a cozinha espanhola e
portuguesa.

🏨 **Internacional Design H.** sem rest　　　🛗 ♿ 🅰🅲 ⚡ 🕪 🔊 𝘃𝘪𝘴𝘢 ⓸ 🄰🄴 ⓪
Rua da Betesga 3 ✉*1100-090* Ⓜ *Rossio* – 𝒞 *213 24 09 90*
– www.idesignhotel.com　　　　　　　　　　　　**5KYv**
55 qto ⌓ – 🛉🛉90/500 €
♦ O hotel possui uma decoração que não deixa ninguém indiferente. Quartos
repartidos em quatro andares, cada um com um estilo diferente: urbano, tribo,
zen e pop.

🏨 **Mundial**　　　　　⟨ 🛗 ♿ qto, 🅰🅲 ⚡ 🕪 🔊 📶 𝘃𝘪𝘴𝘢 ⓸ 🄰🄴 ⓪
Praça Martim Moniz 2 ✉*1100-341* – 𝒞 *218 84 20 00* – *www.hotel-mundial.pt*
345 qto ⌓ – 🛉🛉88/350 € – 5 suites　　　　　　**5KXa**
Rest *Varanda de Lisboa* – Lista 25/38 €
Rest *Jardim Mundial* – Lista aprox. 25 €
♦ Com todo o conforto e técnica actuais. Um gratificante alojamento de quartos
esmerados e equipados, em pleno coração da Baixa Pombalina. O restaurante
panorâmico do 8º andar, Varanda de Lisboa, tem esplêndidas vistas.

🏨 **Tivoli Jardim**　　　🛋 🛗 ♿ 🅰🅲 ⚡ 🕪 🔊 🅿 📶 𝘃𝘪𝘴𝘢 ⓸ 🄰🄴 ⓪
Rua Julio Cesar Machado 7 ✉*1250-135* – 𝒞 *213 59 10 00* – *www.tivolijardin.com*
119 qto – 🛉🛉115/270 €, ⌓ 12,50 €　**Rest** – Lista 36/55 €　**5JVa**
♦ A modernidade e funcionalidade dos novos tempos ao serviço do cliente de
empresa. Amplo hall e quartos actuais de cálida decoração, metade deles com
varanda. O seu luminoso e diáfano refeitório está especializado em pratos de
sabor tradicional.

🏨 **Britania** sem rest　　　　　🛗 ♿ 🅰🅲 ⚡ 🕪 𝘃𝘪𝘴𝘢 ⓸ 🄰🄴 ⓪
Rua Rodrigues Sampaio 17 ✉*1150-278* Ⓜ *Avenida* – 𝒞 *213 15 50 16*
– www.heritage.pt　　　　　　　　　　　　　　**5JVc**
33 qto – 🛉130/230 € 🛉🛉143/255 €, ⌓ 14 €
♦ A sua zona social limita-se ao bar, com um bonito chão em madeira e pinturas que falam das antigas colónias Portuguesas. Quartos amplos com certo ar
Art-déco.

Olissippo Castelo sem rest ⟨ 🛗 ⟨ 🅰️ ⟨ ⟨ 🚾 ⟨ 🅰️ ⟨
Rua Costa do Castelo 126 ⊠1100-179 – 𝒞 218 82 01 90
– www.olissippohotels.com   **6LXv**
24 qto ☷ – ♦175 € ♦♦195 €
◆ Situado junto ao castelo de São Jorge, com um dos seus muros colados à muralha. Quartos de grande nível, 12 com a sua própria varanda ajardinada e magníficas vistas.

Veneza sem rest 🛗 🅰️ ⟨ ⟨ 🅿️ 🚾 ⟨ 🅰️ ⟨
Av. da Liberdade 189 ⊠1250-141 🅼 Avenida – 𝒞 213 52 26 18
– www.viphotels.com   **5JVd**
37 qto – ♦55/62 € ♦♦55/80 €, ☷ 8,50 €
◆ Pequeno palacete de linha elegante e instalações reduzidas. Tanto a zona nobre como os quartos combinam com harmonia o seu passado clássico e o presente mais funcional.

Solar do Castelo sem rest ⟨ 🛗 🅰️ ⟨ ⟨ 🚾 ⟨ 🅰️ ⟨
Rua das Cozinhas 2 ⊠1100-181 – 𝒞 218 80 60 50 – www.heritage.pt
14 qto – ♦162/310 € ♦♦176/340 €, ☷ 14 €   **6LYc**
◆ Instalado parcialmente num pequeno palacete do séc. XVIII. Interior aconchegante e completamente actualizado, com quartos modernos onde destacam os detalhes de desenho.

Metropole sem rest 🛗 🅰️ ⟨ 🚾 ⟨ 🅰️ ⟨
Praça Don Pedro IV-30 (Rossio) ⊠1100-200 🅼 Rossio – 𝒞 213 21 90 30
– www.almeidahotels.com   **5KYs**
36 qto ☷ – ♦137/195 € ♦♦152/210 €
◆ Edifício de princípios do séc. XX no coração da velha Lisboa. Oferece quartos clássicos e de alto conforto, destacando os que possuem varanda para a praça do Rossio.

Solar dos Mouros sem rest ⟨ ⟨ 🅰️ ⟨ ⟨ 🚾 ⟨ 🅰️ ⟨
Rua do Milagre de Santo António 6 ⊠1100-351 🅼 Baixa-Chiado
– 𝒞 218 85 49 40 – www.solardosmouros.com   **6LYx**
13 qto – ♦119/240 € ♦♦139/466 €, ☷ 14,80 €
◆ Casa típica personalizada na sua decoração, com uma distribuição algo irregular e um moderno interior. Possui quartos coloristas e em vários casos com excelentes vistas.

Albergaria Senhora do Monte sem rest ⟨ 🛗 🅰️ ⟨ 🚾 ⟨ 🅰️ ⟨
Calçada do Monte 39 ⊠1170-250 – 𝒞 218 86 60 02
– www.senhoramonte.blogspot.com   **6LVc**
28 qto ☷ – ♦65/99 € ♦♦75/150 €
◆ Aprazível alojamento no bairro residencial da Graça. Aconchegantes quartos de linha clássica-funcional e um bar esplanada que desfruta de esplêndidas vistas.

Lisboa Tejo sem rest 🛗 ⟨ 🅰️ ⟨ ⟨ 🚾 ⟨ 🅰️ ⟨
Rua dos Condes de Monsanto 2 ⊠1100-159 🅼 Rossio – 𝒞 218 86 61 82
– www.evidenciahoteis.com   **5KXr**
51 qto ☷ – ♦82/113 € ♦♦87/131 € – 7 suites
◆ Definido pela sua decoração em tons azuis, tanto na fachada como em cada uma das suas divisões. Bom hall de estilo modernista e quartos de correcto equipamento.

Alegria sem rest 🛗 🅰️ ⟨ 🚾 ⟨ 🅰️
Praça da alegria 12 ⊠1250-004 – 𝒞 213 22 06 70 – www.alegrianet.com
35 qto – ♦48/78 € ♦♦53/88 €, ☷ 5 €   **5JXv**
◆ Ocupa um edifício centenário embora de cuidada fachada, com varandas repletas de plantas. Os seus quartos possuem chãos em madeira antiga e casas de banho simples mas alegres.

Portuense sem rest 🛗 🅰️ ⟨ 🚾 ⟨
Rua das Portas de Santo Antão 149-157 ⊠1150-267 🅼 Rossio – 𝒞 213 46 41 97
– www.pensaoportuense.com   **5KXc**
35 qto ☷ – ♦40/50 € ♦♦50/70 €
◆ Pequena pensão de organização familiar situada em pleno centro de Lisboa. Os quartos são algo básicos, embora estão muito limpos e bem insonorizados.

✗✗✗ 🕸 Tavares (José Avillez) 　　　　　AC 💇 VISA ◉ AE ◉
Rua da Misericórdia 37 ✉1200-270 🍽 Baixa-Chiado – ℰ 213 42 11 12
– www.restaurantetavares.pt – fechado domingo e 2ª feira 　　　　5JY**e**
Rest – Menu 90 € – Lista 68/95 € 🕸
Espec. A horta da "galinha dos ovos de ouro". Robalo escalfado a 54º. Pastel de nata em mil-folhas com gelado de canela.
◆ Emblemático, tanto pela sua elegância quanto pela sua antiguidade, este restaurante, fundado em 1784 dispõe de um bom hall e uma sala decorada majestosamente com grandes e belos espelhos dourados e candeeiros. Cozinha criativa elaborada a partir de uma sólida base tradicional.

✗✗✗ Gambrinus 　　　　　AC 💇 ✪ 🍃 VISA ◉ AE ◉
Rua das Portas de Santo Antão 25 ✉1150-264 🍽 Restauradores
– ℰ 213 42 14 66 　　　　5KX**n**
Rest – Lista 50/70 €
◆ Um clássico de Lisboa. Possui um bom bar e um refeitório com lareira onde poderá degustar pratos tradicionais portugueses e internacionais, com um bom apartado de marisco.

✗✗✗ Tágide 　　　　　< AC 💇 ✪ VISA ◉ AE ◉
Largo da Academia Nacional de Belas Artes 18-20 ✉1200-005 🍽 Baixa-Chiado
– ℰ 213 40 40 10 – www.restaurantetagide.com
– fechado agosto, domingo e 2ª feira 　　　　5KZ**k**
Rest – Lista aprox. 46 €
◆ Negócio de grande classicismo. Possui um bar de espera, uma sala privada que funciona como salão de chá e um refeitório com certo encanto, pois está decorado com belos azulejos portugueses.

✗✗✗ Casa do Leão 　　　　　< 🕸 AC 💇 VISA ◉ AE ◉
Castelo de São Jorge ✉1100-129 – ℰ 218 87 59 62 – www.pousadas.pt
Rest – Lista 34/55 € 　　　　6LXY**s**
◆ No interior das muralhas do castelo de São Jorge. Refeitório clássico-português com lareira e o tecto em abóbada, assim como uma esplanada dotada de espectaculares vistas.

✗✗ O Faz Figura 　　　　　< 🕸 AC 💇 VISA ◉ AE ◉
Rua do Paraíso 15-B ✉1100-396 – ℰ 218 86 89 81 – www.fazfigura.com
Rest – Lista aprox. 40 € 　　　　6MX**n**
◆ Nos arredores da Alfama. Tem uma sala interior de linha actual, outra envidraçada e uma agradável esplanada. Cozinha tradicional com algum detalhe de criatividade.

✗✗ Via Graça 　　　　　< AC 💇 ✪ VISA ◉ AE ◉
Rua Damasceno Monteiro 9-B ✉1170-108 – ℰ 218 87 08 30
– www.restauranteviagraca.com – fechado sábado meio-dia e domingo
meio-dia 　　　　6LV**d**
Rest – Lista 30/41 €
◆ Este restaurante de organização familiar tem um dos seus maiores atractivos nas suas magníficas vistas panorâmicas. Cozinha tradicional portuguesa e uma cuidada adega.

✗✗ Ad Lib – Hotel Sofitel Lisbon Liberdade 　　　　　AC 💇 VISA ◉ AE ◉
Av. da Liberdade 127 ✉1269-038 – ℰ 213 22 83 50 – www.restauranteadlib.pt
– fechado sábado meio-dia e domingo meio-dia 　　　　5JV**r**
Rest – Lista 30/50 €
◆ Possui uma entrada própria com respeito ao hotel, com uma pequena recepção e uma montra de vinhos. Na sua sala, moderna com toques orientais, encontrará uma ementa tradicional.

✗✗ Solar dos Presuntos 　　　　　AC 💇 VISA ◉ AE ◉
Rua das Portas de Santo Antão 150 ✉1150-269 🍽 Avenida – ℰ 213 42 42 53
– www.solardospresuntos.com – fechado agosto, Natal, domingo e feriados
Rest – Lista 39/45 € 🕸 　　　　5KX**f**
◆ Dirigido pelos seus proprietários, com boa exposição de produtos e um conforto correcto. Ampla selecção de pratos tradicionais e marisco, assim como uma excelente adega.

✗ **La Paparrucha** ⟨ 🖾 AC ⅏ VISA ⓒⓞ AE ①

Rua D. Pedro V 18-20 ⊠*1250-094* Ⓜ *Chiado* – ⍟ *213 42 53 33*
– www.lapaparrucha.com **5JXa**
Rest – Lista aprox. 32 €
♦ Popular restaurante argentino de estilo funcional, que baseia o seu trabalho nas excelências das suas carnes no churrasco. Tem boas vistas e possui uma concorrida esplanada.

Este

 Tivoli Oriente 🖾 ⌘ ⍟ qto, AC ⅏ ⟨⟩ 🖾 VISA ⓒⓞ AE ①

Av. D. João II (Parque das Nações) ⊠*1990-083* – ⍟ *218 91 51 00*
– www.tivolitejo.com **2DNb**
262 qto – ⍫85/330 €, ⥿ 10 € – 17 suites
Rest *VIII Colina* – Lista aprox. 30 €
♦ Atractivo edifício situado junto à Estação do Oriente, com quartos actuais e casas de banho reduzidas. As zonas nobres não são muito amplas, apesar de que estão bem acondicionadas. O restaurante A VIII Colina desfruta de uma excelente vista panorâmica.

 Fontana Park H. ⌘ ⍟ qto, AC ⅏ ⟨⟩ 🖾 VISA ⓒⓞ AE ①

Rua Engenheiro Vieira da Silva 2 ⊠*1050-105* – ⍟ *210 41 06 00*
– www.fontanaparkhotel.com **4GRSg**
139 qto ⥿ – ⍫140/255 € ⍫160/275 €
Rest – *(fechado agosto e domingo)* Lista 45/65 €
♦ Um hotel de design pensado para o viajante do século XXI. Oferece espaços modernos, uma decoração minimalista, quartos confortáveis e um jardim interior fiel à filosofia Zen. Desfruta de dois restaurantes, um japonês e outro de cozinha tradicional.

 Altis Park H. ⌘ ⍟ qto, AC ⅏ ⟨⟩ 🖾 VISA ⓒⓞ AE ①

Av. Engenheiro Arantes e Oliveira 9 ⊠*1900-221* – ⍟ *218 43 42 00*
– www.altishotels.com **4HRz**
285 qto ⥿ – ⍫275 € ⍫305 € – 15 suites **Rest** – Menu 20 €
♦ Hotel moderno e ponto de referência para congressos e conferências, já que dispõe de um grande auditório. Os quartos dos andares superiores têm magníficas vistas. O restaurante Navegadores oferece uma cozinha de bom nível gastronómico.

 AC Lisboa ⍟ ⌘ ⍟ qto, AC ⅏ ⟨⟩ 🖾 VISA ⓒⓞ AE ①

Rua Largo Andaluz 13 - B ⊠*1050-121* – ⍟ *210 05 09 30* – *www.ac-hotels.com*
81 qto – ⍫90/170 €, ⥿ 10 € – 2 suites **Rest** – Menu 21 € **4GSx**
♦ Situado na parte posterior do palácio de Sottomayor, com uma fachada moderna e uma boa zona social. Quartos de completo equipamento, alguns com varanda. Refeitório de adequada montagem onde se combina a ementa e o buffet.

 Olissippo Oriente ⌘ ⍟ qto, AC ⅏ qto, ⟨⟩ ⋈ VISA ⓒⓞ AE ①

Rua D. João II, Parque das Nações ⊠*1990-083* Ⓜ *Oriente* – ⍟ *218 92 91 00*
– www.olissippohotels.com **2DNd**
182 qto ⥿ – ⍫180/200 € ⍫200/220 € **Rest** – Lista aprox. 35 €
♦ Hotel instalado no recinto da Expo. Desfruta de instalações bastante modernas, com suficientes zonas nobres, salas de reuniões e quartos de bom conforto. No seu cuidado refeitório combina-se o serviço buffet com uma correcta ementa tradicional.

 Holiday Inn Lisbon ⍟ ⌘ ⍟ qto, AC ⅏ ⟨⟩ ⋈ 🖾 VISA ⓒⓞ AE ①

Av. António José de Almeida 28-A ⊠*1000-044* – ⍟ *210 04 40 00*
– www.holiday-inn.com **4GRc**
161 qto – ⍫180 € ⍫200 €, ⥿ 13,50 € – 8 suites **Rest** – Menu 15 €
♦ Conjunto de linha actual orientado ao homem de negócios. Possui uma correcta zona social e quartos de adequado equipamento dotados com mobiliário clássico-moderno. No seu refeitório oferecem uma correcta ementa tradicional.

Roma ← ⬚ ♨ ♿ qto, 🅰🅒 ⚡ 📶 🛁 🚗 🆅🆂🅰 ⓐ 🅰🅴 ⓞ

Av. de Roma 33 ✉*1749-074* Ⓜ *Roma* – ☎ *217 93 22 44* – *www.hotelroma.pt*
263 qto ⌧ – ♦65/100 € ♦♦75/150 € **Rest** – Menu 17,50 €   **2**CN**h**

♦ Numa importante avenida da cidade. Conjunto actual onde as instalações confortáveis e amplas cuidam do seu sossego. Destacam os seus quartos executivos. Restaurante cuidado e de estilo clássico-moderno, com uma boa ementa tradicional e internacional.

Tryp Oriente 🛗 ♿ qto, 🅰🅒 ⚡ 📶 🛁 🚗 🆅🆂🅰 ⓐ 🅰🅴 ⓞ

Av. D. João II (Parque das Nações) ✉*1990-083* – ☎ *218 93 00 00*
– *www.solmelia.com*   **2**DN**a**
206 qto ⌧ – ♦130/165 € ♦♦145/185 €   **Rest** – Menu 15 €

♦ No recinto da Expo. Conjunto funcional que dispõe de um bom hall-bar com sala e espaçosos quartos, destacando os dois andares superiores pelas suas vistas. O seu luminoso restaurante, que tem aceso independente, oferece uma pequena ementa.

Dom Carlos Park sem rest 🛗 🅰🅒 ⚡ 📶 🛁 🆅🆂🅰 ⓐ 🅰🅴 ⓞ

Av. Duque de Loulé 121 ✉*1050-089* Ⓜ *Marquês de Pombal* – ☎ *213 51 25 90*
– *www.domcarlospark.com*   **4**GS**n**
76 qto ⌧ – ♦70/147 € ♦♦77/196 €

♦ Clássico e elegante, conjugando a sua privilegiada localização com um ambiente tranquilo. Aconchegantes quartos com casas de banho em mármore e uma escassa zona social.

Travel Park sem rest 🛗 ♨ 🅰🅒 ⚡ 🕊 🛁 🚗 🆅🆂🅰 ⓐ 🅰🅴 ⓞ

Av. Almirante Reis 64 ✉*1150-020* Ⓜ *Anjos* – ☎ *218 10 21 00*
– *www.hoteltravelpark.com*   **4**HS**z**
61 qto ⌧ – ♦60/100 € ♦♦70/120 €

♦ Dotado de uma correcta zona social e de um pátio exterior com esplanada. Oferece quartos funcionais com o chão em alcatifa, salvo no 1º andar que são antialérgicas. Refeitório interior de estilo clássico.

Dom Carlos Liberty sem rest ♨ 🛗 🅰🅒 ⚡ 🕊 🛁 🆅🆂🅰 ⓐ 🅰🅴 ⓞ

Rua Alexandre Herculano 13 ✉*1150-005* Ⓜ *Marquês de Pombal*
– ☎ *213 17 35 70* – *www.domcarlosliberty.com*   **4**GS**a**
59 qto ⌧ – ♦70/147 € ♦♦77/196 €

♦ Este hotel apresenta-se com instalações modernas, uma reduzida zona social e quartos de bom conforto geral, a maioria deles com casas de banho com pratos de duche.

A.S. Lisboa sem rest 🛗 🅰🅒 ⚡ 🛁 🆅🆂🅰 ⓐ 🅰🅴 ⓞ

Av. Almirante Reis 188 ✉*1000-055* Ⓜ *Alameda* – ☎ *218 42 93 60*
– *www.hotel-aslisboa.com*   **4**HR**e**
75 qto ⌧ – ♦50/75 € ♦♦60/85 €

♦ Edifício de fachada muito vertical situado numa zona dinâmica da cidade. Em conjunto resulta funcional, com reduzidas zonas sociais e quartos de correcto conforto.

Alicante sem rest 🛗 🅰🅒 ⚡ 📶 🆅🆂🅰 ⓐ 🅰🅴 ⓞ

Av. Duque de Loulé 20 ✉*1050-090* – ☎ *213 53 05 14*
– *www.residenciaalicante.com*   **4**GS**c**
53 qto ⌧ – ♦55/75 € ♦♦65/85 €

♦ Alojamento de carácter familiar e linha funcional. Os seus quartos são adequados dentro da sua categoria, com os chãos em soalho flutuante e casas de banho actuais.

XXX Na Ordem com Luis Suspiro 🅰🅒 ⚡ 🆅🆂🅰 ⓐ ⓞ

Av. Almirante Gago Coutinho 151 ✉*1749-084* – ☎ *218 40 61 17*
– *www.naordemcomluissuspiro.com* – *fechado do 1 ao 15 de agosto e domingo*
Rest – Lista 35/50 € ⊛   **2**DN**s**

♦ Ocupa um atractivo palacete dotado com uma sala de jantar clássica-elegante e um jardim onde se organizam os banquetes. Cozinha de autor orgulhosa de trabalhar com produtos nacionais.

✕ **D'Avis**   🅰🅲 ✕ 🆅🅸🆂🅰 ⬥ ⓞ
Rua do Grilo 98 ✉*1950-146*
– ✆ *218 68 13 54* – *www.davis.com.pt*
– *fechado agosto, domingo e feriados*   **2DPa**
Rest – Lista 21/27 €
♦ Restaurante típico um pouco pequeno mas bem organizado. Interessante cozinha a preços atractivos, num aconchegante ambiente decorado ao estilo do belo e agradável Alentejo.

Oeste

Four Seasons H. Ritz Lisbon   ≤ 🛁 🖼 *Lб* 🛎 ᕃ qto, 🅰🅲 ✕ qto, ℰ
Rua Rodrigo da Fonseca 88 ✉*1099-039*   ᕤ 🅿 🚗 🆅🅸🆂🅰 ⬥ 🅰🅴 ⓞ
– ✆ *213 81 14 00*
– *www.fourseasons.com*   **3FSb**
262 qto – ♦295/500 € ♦♦320/525 €, ⬚ 30 € – 20 suites
Rest *Varanda* – Lista 70/85 €
♦ Luxo e excelência nos quartos, alguns de filme. Magníficas zonas comuns e excelentes materiais farão da sua estadia um prazer. O seu belo restaurante clássico oferece uma ementa e buffet nos almoços, assim como pratos mais sofisticados nos jantares.

Lapa Palace ✎   ≤ 🚗 🛁 ⛲ 🖼 *Lб* 🛎 ᕃ qto, 🅰🅲 ✕ ᵗⁱ ᕤ 🅿 🚗
Rua do Pau de Bandeira 4 ✉*1249-021* Ⓜ *Rato*   🆅🅸🆂🅰 ⬥ 🅰🅴 ⓞ
– ✆ *213 94 94 94* – *www.olissippohotels.com*   **3EUa**
102 qto – ♦♦370/430 €, ⬚ 28,50 € – 7 suites
Rest – Lista 47/61 €
♦ Elegância e classicismo sobre uma colina, com o Tejo ao fundo. Palácio do séc. XIX com sítios íntimos e evocadores jardins, com uma cascata entre as árvores. O restaurante oferece uma esmerada cozinha com especialidades italianas e portuguesas.

Pestana Palace ✎   🚗 ⛲ 🖼 *Lб* 🛎 ᕃ qto, 🅰🅲 ✕ ᵗⁱ ᕤ 🚗
Rua Jau 54 ✉*1300-314* – ✆ *213 61 56 00*   🆅🅸🆂🅰 ⬥ 🅰🅴 ⓞ
– *www.pestana.com*   **1AQd**
177 qto ⬚ – ♦330/351 € ♦♦350/367 € – 17 suites
Rest *Valle Flor* – Lista 45/74 €
♦ Formoso palácio do séc. XIX restaurado e decorado segundo a época, com suntuosos salões e quartos detalhistas. Os cuidados exteriores são um autêntico paraíso botânico. Magnífico restaurante tanto pela sua cozinha quanto pela beleza dos luxuosos refeitórios.

Altis Belém   ≤ 🛁 *Lб* 🛎 ᕃ qto, 🅰🅲 ✕ ᵗⁱ ᕤ 🅿 🚗 🆅🅸🆂🅰 ⬥ 🅰🅴 ⓞ
Doca do Bom Sucesso ✉*1400-038* – ✆ *210 40 02 00*
– *www.altisbelemhotel.com*   **1AQe**
45 qto ⬚ – ♦130/350 € ♦♦150/570 € – 5 suites
Rest *Feitoria* – *(fechado do 7 ao 23 de agosto, domingo e 2ª feira)*
Lista 34/52 € ❀
♦ Um hotel que aposta claramente pelo luxo e pela modernidade. Dispõem de um completíssimo SPA e quartos muito amplos, todos personalizados e com vistas sobre o rio Tejo. Este restaurante elegante e luminoso, oferece uma cozinha moderna.

Tiara Park Atlantic Lisboa   ≤ *Lб* 🛎 ᕃ qto, 🅰🅲 ✕ ℰ ᕤ 🚗
Rua Castilho 149 ✉*1099-034* Ⓜ *Marquês de Pombal*   🆅🅸🆂🅰 ⬥ 🅰🅴 ⓞ
– ✆ *213 81 87 00* – *www.tiara-hotels.com*   **3FSa**
314 qto – ♦100/450 € ♦♦120/470 €, ⬚ 23 € – 17 suites
Rest *L'Appart* – Lista 50/66 €
♦ Completas instalações e profissionalismo num esmerado ambiente de modernos quartos e suites. Casas de banho em mármore e mobiliário de qualidade. Restaurante de gratificante decoração em quatro ambientes, com buffet, ementa ou prato do dia.

Real Palacio 🐾 🛎 📶 ⚕ qto, 🔃 ⚙ 🐾 ⚓
Rua Tomás Ribeiro 115 ⊠*1050-228* – ☎ *213 19 95 00* – *www.realhotelsgroup.com*
143 qto – 4 suites   **3FRs**
Rest *Guarda Real* –
♦ Conjunto de estilo clássico-actual em cuja decoração se combinam o mármore e as madeiras nobres. Entre os seus quartos destacam os situados no palácio do séc. XVII. No seu elegante restaurante poderá degustar elaborações tradicionais e internacionais.

Holiday Inn Lisbon Continental 📶 🛎 ⚕ qto, 🔃 ⚙ 📶 🐾 ⚓
Rua Laura Alves 9 ⊠*1069-169* – ☎ *210 04 60 00*   💳 ⓪ ⓪
– *www.holiday-inn.com*   **3FRq**
210 qto – ♥60/150 € ♥♥70/180 €, ⌷ 12,90 € – 10 suites   **Rest** – Menu 23 €
♦ Hotel de fachada actual onde se encontram os executivos de empresa. Aconchegantes quartos dotados de numerosos detalhes e correctas zonas sociais. Refeitório de nível algo inferior.

Real Parque 🛎 ⚕ 🔃 ⚙ 🐾 ⚓
Av. Luís Bívar 67 ⊠*1069-146* Ⓜ *Picoas* – ☎ *213 19 90 00*
– *www.realhotelsgroup.com*   **3FRa**
147 qto – 6 suites
Rest *Cozinha do Real* –
♦ Reuniões, negócios e turismo. Refinado mobiliário, qualidade e bom gosto por todos os lados. Interior clássico-actual, moderna fachada e elegante zona nobre. O restaurante é muito aconchegante, com uma montagem de bom nível.

Jerónimos 8 *sem rest, com snack-bar* 🛎 ⚕ 🔃 ⚙ 📶 🐾 💳 ⓪ ⓪
Rua dos Jerónimos 8 ⊠*1400-211* – ☎ *213 60 09 00* – *www.jeronimos8.com*
65 qto ⌷ – ♥120/220 € ♥♥140/240 €   **1AQc**
♦ Está instalado num antigo edifício que foi completamente renovado, justamente ao lado do Mosteiro dos Jerónimos. Bastante confortável e de estética minimalista.

Aviz 🛎 ⚕ qto, 🔃 ⚙ 🐾 ⚓ 💳 ⓪ ⓪
Rua Duque de Palmela 32 ⊠*1250-098* Ⓜ *Marquês de Pombal* – ☎ *210 40 20 00*
– *www.hotelaviz.com*   **3FSv**
56 qto ⌷ – ♥120/150 € ♥♥150/350 € – 14 suites   **Rest** – Lista 32/52 €
♦ Este hotel de linha clássica oferece um hall elegante e quartos de cuidado equipamento, alguns deles dedicados a personalidades históricas que se alojaram no mesmo. O restaurante, acolhedor e também clássico, rememora com diversos objectos o antigo Aviz.

As Janelas Verdes *sem rest* 🛎 ⚕ 🔃 ⚙ 📶 💳 ⓪ ⓪
Rua das Janelas Verdes 47 ⊠*1200-690* – ☎ *213 96 81 43* – *www.heritage.pt*
29 qto – ♥143/280 € ♥♥157/298 €, ⌷ 14 €   **3FUe**
♦ Situado parcialmente numa casa senhorial do séc. XVIII, com uma bonita sala-biblioteca e boas vistas. O conjunto é cálido e romântico, com um íntimo classicismo.

Marquês de Pombal 📶 🛎 ⚕ qto, 🔃 ⚙ 🐾 ⚓ 💳 ⓪ ⓪
Av. da Liberdade 243 ⊠*1250-143* – ☎ *213 19 79 00*
– *www.hotel-marquesdepombal.pt*   **3FSe**
120 qto ⌷ – ♥138/172 € ♥♥150/184 € – 3 suites   **Rest** – Lista 23/33 €
♦ Oferece um ambiente moderno e funcional envolvido em materiais insignes, tecnologias actuais e com uma sala de conferências modulável. Bom conforto geral. O restaurante está unido ao café e nele poderá degustar uma correcta cozinha internacional.

Vila Galé Ópera ⬛ 📶 🛎 ⚕ qto, 🔃 ⚙ 🐾 ⚓ 💳 ⓪ ⓪
Travessa do Conde da Ponte ⊠*1300-141* – ☎ *213 60 54 00* – *www.vilagale.pt*
243 qto ⌷ – ♥63/170 € ♥♥74/220 € – 16 suites   **1ABQa**
Rest – Menu 20 €
♦ Encontra-se junto ao centro de congressos, que determina o seu tipo de clientela. Amplo hall, quartos modernos de conforto funcional e uma completa oferta de fitness. Restaurante de montagem actual, decorado com detalhes alusivos ao mundo da música.

Sana Reno H. sem rest ⬛ 🔲 🆎 ❄ ⁾ 🛁 🚗 🅅🅸🆂🅰 ⓒⓞ 🅰🅴 ⓞ
Av. Duque d'Ávila 195-197 ⊠1050-082 Ⓜ São. Sebastião – ℰ 213 13 50 00
– www.sanahotels.com   **3FRm**
89 qto ⌚ – ♦180 € ♦♦190 € – 3 suites
♦ O seu elegante hall anuncia umas instalações de esmerado conforto. Possui quartos bem equipados, com os solos alcatifados e uma pequena piscina com sauna.

Açores Lisboa ⬛ ᴦ qto, 🆎 ❄ ⁾ 🛁 🚗 🅅🅸🆂🅰 ⓒⓞ 🅰🅴 ⓞ
Av. Columbano Bordalo Pinheiro 3 ⊠1070-060 Ⓜ Praça de Espanha
– ℰ 217 22 29 20 – www.bensaude.pt   **3ERa**
123 qto ⌚ – ♦67/190 € ♦♦75/205 € – 5 suites   **Rest** – Menu 15 €
♦ Conjunto actual-funcional dotado com uma amável organização de cadeia. Compensa a sua reduzida zona social com quartos bem equipados e casas de banho completas. O restaurante oferece buffet ao meio-dia e uma ementa tradicional à noite.

York House 🏠 🆎 ❄ ⁾ 🛁 🅅🅸🆂🅰 ⓒⓞ ⓞ
Rua das Janelas Verdes 32 ⊠1200-691 – ℰ 213 96 24 35
– www.yorkhouselisboa.com   **3FUe**
32 qto – ♦85/150 € ♦♦95/220 €, ⌚ 15 €   **Rest** – Lista aprox. 38 €
♦ Num convento do séc. XVII. Oferece um interior plenamente actualizado tanto em conforto como em decoração, sabendo combinar o mobiliário de época com outro mais actual. Restaurante de montagem clássica com um friso de azulejos antigos que chama a atenção.

Sana Executive H. sem rest ⬛ ᴦ 🆎 ❄ ⁾ 🛁 🚗 🅅🅸🆂🅰 ⓒⓞ 🅰🅴 ⓞ
Av. Conde Valbom 56 ⊠1050-069 Ⓜ São Sebastião – ℰ 217 95 11 57
– www.sanahotels.com   **3FRg**
72 qto ⌚ – ♦53/83 € ♦♦58/93 €
♦ Boa localização e acertada escolha para o cliente de empresa. Prático e funcional. Hall-recepção moderno, confortáveis quartos bem equipados e casas de banho em mármore.

Marquês de Sá ⬛ ᴦ qto, 🆎 ❄ 🛁 🚗 🅅🅸🆂🅰 ⓒⓞ 🅰🅴 ⓞ
Av. Miguel Bombarda 130 ⊠1050-167 – ℰ 217 91 10 14
– www.olissippohotels.com   **3FRc**
163 qto ⌚ – ♦150/180 € ♦♦170/200 €   **Rest** – Menu 17 €
♦ Conjunto funcional dotado de um atractivo hall e um amplo bar-sala social. Os quartos têm um mobiliário algo simples, embora por equipamento são correctos. O refeitório apresenta uma linha clássica e oferece uma ementa tradicional simples.

Sana Rex H. sem rest ⬛ 🆎 ❄ ⁽⁾ 🛁 🅅🅸🆂🅰 ⓒⓞ 🅰🅴 ⓞ
Rua Castilho 169 ⊠1070-051 Ⓜ Marquês de Pombal – ℰ 213 88 21 61
– www.sanahotels.com   **3FSa**
68 qto ⌚ – ♦80/190 € ♦♦90/200 €
♦ Tem uma boa localização em frente ao parque de Eduardo VII, com numerosos quartos orientados ao mesmo. Destaca o hall-bar, que possui um esplêndido chão empedrado.

Berna sem rest ⬛ ᴦ 🆎 ❄ ⁽⁾ 🛁 🚗 🅅🅸🆂🅰 ⓒⓞ 🅰🅴 ⓞ
Av. António Serpa 13 ⊠1069-199 Ⓜ Campo Pequeno – ℰ 217 81 43 00
– www.viphotels.com   **4GRa**
240 qto – ♦♦68/80 €, ⌚ 7 €
♦ Lazer e negócio encontram o seu alojamento no centro moderno da cidade. Quartos reduzidos mas equipados, casas de banho com espaço justo e zonas comuns suficientes.

Real Residência sem rest ⬛ 🆎 ⁽⁾ 🛁 🅿
Rua Ramalho Ortigão 41 ⊠1070-228 – ℰ 213 82 29 00
– www.realresidencial.com   **3FRe**
24 apartamentos
♦ Pequeno aparthotel de ambiente clássico situado na parte alta da cidade. Não tem zona social mas desfruta de apartamentos bastante bem equipados e confortáveis.

Príncipe Lisboa sem rest   🛗 AC 🛁 ⛄ ⚜ 🅟 VISA ⊛ AE ⓪

Av. Duque d'Ávila 201 ⊠*1050-082* Ⓜ *São Sebastião –* ℰ *213 59 20 50*
– www.hotelprincipelisboa.com   3FR**m**
68 qto ⊇ – ♥45/65 € ♥♥60/90 €
♦ De linha prática e actual. Correcto hall-recepção, uma moderna sala de
pequenos almoços e quartos funcionais bem equipados, todos eles com os
chãos em alcatifa.

Nacional sem rest   🛗 🕭 AC 🛁 ⛄ ⚜ ⚞ VISA ⊛ AE ⓪

Rua Castilho 34 ⊠*1250-070* Ⓜ *Marquês de Pombal –* ℰ *213 55 44 33*
– www.hotel-nacional.com   3FST**s**
61 qto ⊇ – ♥64/90 € ♥♥75/106 €
♦ Nele dão-se cita uma organização profissional, um amável serviço e um ambiente que conjuga a funcionalidade das instalações com a actualidade do equipamento.

Itália sem rest   🛗 AC 🛁 VISA ⊛ AE ⓪

Av. Visconde de Valmor 67 ⊠*1050-239* Ⓜ *Saldanha –* ℰ *217 97 77 36*
– www.residencial-italia.com   3FR**g**
44 qto ⊇ – ♥40/100 € ♥♥50/120 €
♦ Desfruta de um atractivo pátio com algumas mesas, relvado e laranjeiras, algo
que surpreende no centro da cidade. Os quartos são actuais, simples e funcionais.

XXXX **Eleven**   ≤ AC 🛁 ⇔ 🅟 VISA ⊛ AE ⓪

Rua Marquês de Fronteira ⊠*1070* Ⓜ *São Sebastião –* ℰ *213 86 22 11*
– www.restauranteleven.com – fechado domingo   3FS**w**
Rest – Lista 60/76 € ఔ
♦ Desfruta de uma excelente montagem, um hall-bar privado e um moderno
refeitório dotado com magníficas vistas ao parque, ao rio e a toda a cidade. Cozinha criativa bem elaborada.

XXX **Conventual**   AC 🛁 VISA ⊛ AE ⓪

Praça das Flores 45 ⊠*1200-192 –* ℰ *213 90 91 96*
– fechado agosto e domingo   3FT**m**
Rest – Lista 30/50 €
♦ Tem um merecido prestígio e é um bom exponente da cozinha tradicional portuguesa. O refeitório, de linha clássica-monacal, decora-se com numerosas figuras
religiosas.

XX **Vela Latina**   🐜 AC 🛁 ⇔ VISA ⊛ AE ⓪

Doca do Bom Sucesso ⊠*1400-038 –* ℰ *213 01 71 18 – www.velalatina.pt*
– fechado domingo e feriados   1AQ**x**
Rest – Lista 35/50 €
♦ Situado perto da Torre de Belém, com um elegante bar privado, uma magnífica sala privada e a sala principal de estilo clássico-marinheiro. Agradável esplanada envidraçada.

XX **Quinta dos Frades**   AC 🛁 VISA ⊛ AE

Rua Luís Freitas Branco 5-D ⊠*1600-488 –* ℰ *217 59 89 80*
– www.quintadosfrades.com – fechado sabado meio-dia, domingo e feriados
Rest – Lista 27/39 €   2CN**r**
♦ Negócio de organização séria e profissional. No seu refeitório, de tectos altos e
ambiente moderno, poderá degustar pratos próprios do receituário tradicional e
internacional.

XX **Saraiva's**   🛁 VISA ⊛ AE ⓪

Rua Engenheiro Canto Resende 3 ⊠*1050-104* Ⓜ *São Sebastião –* ℰ *213 54 06 09*
– fechado 6ª feira noite, sábado e feriados   3FR**v**
Rest – Lista 20/30 €
♦ Negócio sério e bem organizado. Oferece uma decoração moderna que
recorda a década dos 80 e uma ementa bastante completa, com pratos tradicionais e internacionais.

✗✗ Clube do Peixe 🄰🄲 💲 📧 ⁒ ⓪

Av. 5 de Outubro 180 ✉1050-063 ⓦ Campo Pequeno – ℰ 217 97 34 34
– www.clube-do-peixe.com – fechado domingo **4GRd**
Rest – Lista 25/35 €
♦ Desfruta de certo êxito na zona. Após o sugestivo expositor de peixes e mariscos que tem na entrada, encontrará uma sala clássico-actual, com alguns detalhes
marinheiros.

✗✗ Bocca 🄰🄲 💲 📧 ⁒ 🄰🄴 ⓪

Rua Rodrigo da Fonseca 87 D ✉1250-190 – ℰ 213 80 83 83 – www.bocca.pt
– fechado domingo e 2ª feira **3FSc**
Rest – Lista 42/62 €
♦ O restaurante conta com duas salas de estética actual, a principal com a cozinha aberta, e um espaço na adega chamado "gastro-bar" que propõe tapas e
petiscos. Cozinha criativa.

✗✗ Adega Tia Matilde 🄰🄲 💲 ⇔ 🍽 📧 ⁒ 🄰🄴 ⓪

Rua da Beneficéncia 77 ✉1600-017 ⓦ Praça de Espanha – ℰ 217 97 21 72
– www.adegatiamatilde.com – fechado sábado noite e domingo **3FRh**
Rest – Lista 27/34 €
♦ Casa de longa tradição familiar com grande sucesso na zona. As suas instalações são amplas, compensando a sua situação com uma magnífica garagem na
cave. Cozinha tradicional.

✗✗ Varanda da União ⇐ 🄰🄲 💲 📧 ⁒ 🄰🄴 ⓪

Rua Castilho 14 C-7° ✉1250-069 – ℰ 213 14 10 45 – www.varandadauniao.com
– fechado sábado meio-dia, domingo e feriados meio-dia **3FTb**
Rest – Lista 26/39 €
♦ Bela visão panorâmica sobre os telhados lisboetas, no 7º andar dum edifício de
habitação. Atendido por uma brigada numerosa, baseia o seu êxito na qualidade
do produto.

✗✗ A Travessa 🍽 💲 📧 ⁒ 🄰🄴

Travessa do Convento das Bernardas 12 ✉1200-638 ⓦ Cais do Sodré
– ℰ 213 90 20 34 – www.atravessa.com – fechado domingo **3FUc**
Rest – Lista 37/54 €
♦ Ocupa parte dum convento do séc. XVII. O refeitório possui um bonito tecto
em abóbada, solos rústicos e complementa-se com uma esplanada no claustro.

✗✗ O Polícia 🄰🄲 💲 ⇔ 📧 ⁒ 🄰🄴 ⓪

Rua Marquês Sá da Bandeira 112 ✉1050-150 ⓦ São Sebastião
– ℰ 217 96 35 05 – www.restauranteopolicia.com – fechado sábado noite,
domingo e feriados **3FRc**
Rest – Lista 27/44 €
♦ Afamados peixes. Expositor de produtos, correcta montagem e duas entradas.
Sala em quatro ambientes, organização familiar e concorrido ambiente. É conve-
niente reservar.

✗✗ Mezzaluna 🄰🄲 💲 📧 ⁒ 🄰🄴 ⓪

Rua Artilharia Um 16 ✉1250-039 ⓦ Rato – ℰ 213 87 99 44
– www.chefguerrieri.com – fechado Natal ,sábado meio-dia e domingo
Rest – Lista aprox. 30 € **3FSd**
♦ Restaurante de ambiente casual-chic dirigido directamente pelo seu chef-pro-
prietário. Na sua ementa encontrará a cozinha tradicional italiana e algumas varia-
ções ítalo-portuguesas.

✗ Solar dos Nunes 🄰🄲 💲 ⇔ 📧 ⁒ 🄰🄴 ⓪

Rua dos Lusíadas 68-72 ✉1300-372 – ℰ 213 64 73 59 – www.solardosnunes.pt
– fechado do 7 ao 31 de agosto e domingo **1AQt**
Rest – Lista aprox. 30 €
♦ Aconchegante ambiente e dependências de ar típico, com uma adequada
montagem e um esplêndido chão empedrado. Completa ementa tradicional portuguesa e uma boa adega.

✕ Mãe d'Água
Travessa das Amoreiras 10 ⊠1250-025 Ⓜ Rato – ☏ 213 88 28 20
– fechado 3 semanas em agosto, sábado, domingo e feriados
Rest – Lista 31/40 €   **3FTe**
♦ O seu reduzido espaço acentua a sua calidez. Balcão de apoio e uma sala decorada com numerosas fotografias e quadros relativos à tauromaquia. Excelente serviço de mesa.

✕ Tromba Rija
Rua Cintura do Porto de Lisboa - edif 254 ⊠1200-109 – ☏ 213 97 15 07
– www.trombarija.com – fechado domingo noite e 2ª feira meio-dia
Rest – Menu 35 €   **3FUx**
♦ Encontra-se num antigo armazém do porto e baseia o seu trabalho em elaborar um completíssimo buffet tradicional português, com mais de 50 pratos diferentes.

✕ O Funil
Av. Elias Garcia 82-A ⊠1050-100 Ⓜ Campo Pequeno – ☏ 217 96 60 07
– www.ofunil.com – fechado domingo noite   **4GRn**
Rest – Lista 22/34 €
♦ Oferece instalações actuais e tem as suas salas repartidas em dois andares, todas com um bom mobiliário. Cozinha tradicional e especialidades como o bacalhau ao estilo Funil.

LOULÉ – Faro – 733 – 593 U5 – 12 075 h.   3 B2
▶ Lisboa 299 – Faro 16
🄘 Av. 25 de Abril 9, ☏ 289 46 39 00 turismo.loule@rtalgarve.pt

🏨 Loulé Jardim H. sem rest
Praça Manuel de Arriaga ⊠8100-665 – ☏ 289 41 30 94
– www.loulejardimhotel.com
52 qto ⊑ – ♥41/56 € ♥♥50/73 €
♦ Destaca pelo seu cálido interior, com uma sala social dotada de lareira e um pátio repleto de plantas. Os quartos são funcionais, embora muito luminosos e confortáveis.

✕ Atelier do Bacalhau
Rua de São Paulo 27 ⊠8100-687 – ☏ 289 41 46 24 – fechado sábado meio-dia, domingo e feriados
Rest – Lista aprox. 28 €
♦ Este pequeno estabelecimento resulta modesto mas surpreende pela sua decoração em torno ao mundo do bacalhau, com as paredes em pedra e alguns detalhes marinheiros.

✕ Bica Velha
Rua Martin Moniz 17 ⊠8100-606 – ☏ 289 46 33 76
– fechado janeiro-15 fevereiro
Rest – (só jantar) Lista 20/27 €
♦ Dirigido pelos seus proprietários, a decoração dá ao ambiente um agradável ar rústico, ao mesmo tempo que os tectos abobadados se erguem com serena dignidade.

LOUSADA – Porto – 733 – 591 I5 – 4 051 h.   8 A2
▶ Lisboa 349 – Porto 44 – Braga 47 – Vila Real 60

na estrada N 207-2 Nordeste : 10 km

🏠 Casa de Juste
⊠4620-823 – ☏ 255 82 16 26 – www.casadejuste.com – março-outubro
14 qto ⊑ – ♥80 € ♥♥100 €   **Rest** – (fechado domingo) (só menú) Menu 25 €
♦ Casa senhorial do séc. XVII situada numa extensa quinta agrícola dedicada à produção de vinho. Zona social de ar clássico e quartos decorados em diferentes estilos. No seu restaurante, de linha actual, poderá degustar um completo prato do dia.

LUSO – Aveiro – **733** – **591** K4 – **1 582 h.** – alt. 200 m – **Termas**   **4** B2

> ▶ Lisboa 230 – Aveiro 44 – Coimbra 28 – Viseu 69
>
> 🛈 Rua Emídio Navarro 136, ✆ 231 93 91 33 info.luso-bucaco@
> turismodocentro.pt Fax 231 93 90 07

🏠 **Alegre** sem rest ॐ   ⛟ 🛠 ⁽ᵗ⁾ **P** 🆅🅸🆂🅰 ◎ 🅰🅴 ⓪
Rua Emidio Navarro 2 ✉3050-224 – ✆ 231 93 02 56 – *www.alegrehotels.com*
18 qto ☲ – †32/74 € ††37/79 €
♦ Esta bela casa senhorial construída em 1859 dispõe de um pequeno jardim,
tectos altos, piso de madeira, móveis e decoração de estilo clássico português.

MACEDO DE CAVALEIROS – Bragança – **733** – **591** H9 – **8 784 h.**   **9** C2
– alt. 580 m

> ▶ Lisboa 510 – Bragança 42 – Vila Real 101
>
> 🛈 Casa Falcao (Câmara Municipal), ✆ 278 42 61 93

🍴 **O Montanhês**   🆆🅲 🛠 ⇔ **P** 🆅🅸🆂🅰 ◎ 🅰🅴 ⓪
Rua Camilo Castelo Branco 19 ✉5340-237 – ✆ 278 42 24 81
Rest – Lista 20/28 €
♦ Negócio dotado de dois refeitórios rústicos, um deles com uma grelha à vista,
assim como um privado numa zona ligeiramente sobre elevada. Cozinha regional
especializada em carnes à brasa.

em Chacim Sudeste : 12 km

🏠 **Solar de Chacim** ॐ   ⬛ ⛟ 🍴 🛠 ⁽ᵗ⁾ **P**
✉5340-092 – ✆ 278 46 80 00 – *www.solardechacim.com*
6 qto ☲ – †50 € ††70 €   **Rest** – *(só clientes)* Menu 20 €
♦ Antiga casa senhorial dotada de uma bela fachada e cuidados exteriores. Sala
social com lareira e confortáveis quartos, com os chãos em madeira e mobiliário
de época.

PORTUGAL

Câmara de Lobos

Arquipélago da MADEIRA

Mapa Michelin : **733**
População : 245 806 h.

Mapa regional : **7** A2

Arquipélago de origem volcânico, está situado a 800 km da Costa Africana e a mais de 900 km ao sudoeste de Lisboa.

O clima suave todo o ano (entre 16ºC e 20ºC) e sua vegetação exuberante fazem das ilhas um lugar privilegiado para o descanso e o ócio.

O arquipélago da Madeira, com uma superficie de 782 km2 é composto de duas ilhas (Madeira e Porto Santo) e dois grupos de ilhéus inabitados, as ilhas Desertas e as ilhas Selvagens.

MADEIRA : A ilha é constituída por uma cadeia de montanhas com uma altitude superior a 1.200 m., onde culminam alguns picos (Pico Ruivo : 1.862 m.). O litoral é muito escarpado. As praias são raras e geralmente pedregosas.

A capital da ilha é Funchal.

A cultura do vinho da ilha foi introduzida na Madeira a partir do séc. XV. As três principais castas são o Sercial, o Boal e o Malvasía, o mais afamado. Também se produz o Verdelho.

Os bordados (em tela, linho, organdi) são uns dos principais recursos da ilha.

PORTO SANTO : A ilha prestasse aos maiores contrastes. É constituída por uma vasta planície onde se erguem alguns picos, sendo o mais elevado o Pico do Facho (517 m.).

Uma imensa praia de areia dourada com mais de 7 km., situada ao longo da Costa Sul, um clima ameno e mais seco do que na Madeira, atraem os turistas para esta ilha pacata.

Os habitantes de Porto Santo vivem da pesca e de algumas culturas. A vinha produz um excelente vinho branco, muito doce.

INFORMAÇÕES PRÁTICAS

Transportes

✈ ver : Funchal e Vila Baleira

⛴ para Madeira ver : Lisboa. Em Madeira ver : Funchal, Vila Baleira (Porto Santo).

CANIÇO – **733** B3　　　　　　　　　　　　　　　　　　　**7** A2

🚩 Funchal 8

🛈 Rua Robert Baden Powell, ℰ 291 93 29 19 turismocanico@
madeiratourism.org

em Caniço de Baixo Sul : 2,5 km

🏠　**Inn & Art** ⤳　　　　　　　　　　　🛜 ⅏ rest, 𝚅𝙸𝚂𝙰 ◑◉ 𝙰𝙴 ◑
　　Robert Buden Powell 61-62 ✉9125-036 Caniço de Baixo – ℰ 291 93 82 00
　　– www.innart.com
　　10 qto ⌑ – †90/100 € ††120/140 €
　　Rest – Menu 26 €
　　♦ Neste atractivo hotel, situado sobre uma falésia, respira-se uma atmosfera que
　　combina o boémio e o artístico com agradáveis quartos de estilo funcional. O seu
　　restaurante tem a cozinha à vista do cliente e uma espectacular esplanada.

EIRA DO SERRADO – **733** B2　　　　　　　　　　　　　　　**7** A2

🚩 Funchal 14

🏨　**Estalagem Eira do Serrado** ⤳　　　　　⟨ 🛜 ⅏ ⅏ 𝙿 & 𝐀𝐂 ⅏ ⅏ 𝙰𝙴 ◑
　　Alt. 1 095 ✉9000-421 Funchal – ℰ 291 71 00 60 – www.eiradoserrado.com
　　25 qto ⌑ – †30/40 € ††40/50 €
　　Rest – Menu 11 €
　　♦ Cenário natural presidido pelas imponentes montanhas do Curral das Freiras.
　　Desfrute das vistas e das suas confortáveis instalações. Concorrido mas correcto
　　refeitório panorâmico.

Os estabelecimentos de turismo rural ⤂ não nos oferecem os mesmos
serviços que um hotel. Diferem pela sua hospitalidade e a sua decoração,
e que refletem a personalidade dos seus proprietários. Aqueles classificados
em vermelho ⤂ são os mais agradáveis.

ESTREITO DE CÂMARA DE LOBOS – **733** B2 – **1 047 h.**　　**7** A2

🚩 Funchal 9

🏨　**Quinta do Estreito** ⤳　　　　⟨ 🛋 ⅏ ⅏ ⅏ ⅏ & 𝐀𝐂 ⅏ ⅏ 𝙿 🛜
　　Rua José Joaquim da Costa ✉9325-034 – ℰ 291 91 05 30　　𝚅𝙸𝚂𝙰 ◑◉ 𝙰𝙴 ◑
　　– www.charminghotelsmadeira.com
　　48 qto ⌑ – †140/245 € ††150/255 €
　　Rest *Adega da Quinta e Rest Bacchus* – ver selecção restaurantes
　　♦ Quinta situada na maior região vinícola da Madeira, a aproximadamente 8 km
　　do Funchal. Oferece quartos muito relaxantes, todos com madeiras exóticas, már-
　　mores e vistas sobre o mar.

XXX　**Bacchus** – Hotel Quinta do Estreito　　　🛜 ⅏ 𝙿 🛜 𝚅𝙸𝚂𝙰 ◑◉ 𝙰𝙴 ◑
　　Rua José Joaquim da Costa ✉9325-034 – ℰ 291 91 05 30
　　– www.charminghotelsmadeira.com
　　Rest – (só jantar) (só menú) Menu 42 €
　　♦ Um restaurante que recria duas atmosferas diferentes. Na sua cozinha, bas-
　　tante criativa, utilizam produtos frescos combinados com elementos próprios da
　　gastronomia madeirense.

X　　**Adega da Quinta** – Hotel Quinta do Estreito　　⟨ 🛜 ⅏ 𝙿 𝚅𝙸𝚂𝙰 ◑◉ 𝙰𝙴 ◑
🐵　Rua José Joaquim da Costa ✉9325-034 – ℰ 291 91 05 30
　　– www.charminghotelsmadeira.com
　　Rest – Lista aprox. 30 €
　　♦ Destaca tanto pelas suas vistas sobre a costa como pela sua adega, pois nela
　　conservam grandes barris de vinho. Propõe eventos gastronómicos e uma cozi-
　　nha típica madeirense.

FUNCHAL – 733 B3 – **103 932 h.**   **7** A2

▶ Porto Moniz 98 – Santana 55

🛫 do Funchal por Á : 16 km ­v 291 520 700

T.A.P., Av. das Comunidades Madeirenses 8 ☏707 205 700

🚢 para Porto Santo : Porto Santo Line ☏291 21 03 00 info@portosantoline.pt
Fax 291 22 64 34

ℹ Av. Arriaga 16 ✉ 9004-519 Funchal ☏ 291 21 19 02

A.C.P. Rua Dr. Brito Câmara, 9 ☏ 291 22 36 59,
Fax 291 22 02 52

🏌 Santo da Serra, 25 km pela estrada de Quinta do Palheiro Ferreiro,
☏291 55 01 00

👁 ≼★ de ponta da angra BZ**V**- Sé★ (tecto★) BZ – Museu de Arte Sacra
(colecçaõ de quadros★) BY**M2**- Museu Frederico de Freitas★ **BY**
– Quinta das Cruzes★★ AY – Largo do Corpo Santo★ DZ
– Jardim Botánico★ ≼★ Y

🗺 Miradouro do Pináculo★★ 4 km por ② Pico dos Barcelos★ (❄★) 3 km
por ③ Monte (localidade★★) 5 km por ① – Quinta do Palheiro
Ferreiro★★ 5 km por ② – Câmara de Lobos (localidade★, estrada ≼★)
passeio pela levada do Norte★ - Cabo Girão★ 9 km por ③ X – Eira do
Serrado ❄★★★ (estrada ≼★★, ≼★) Noroeste : 13 km pela Rua Dr. Pita
– Curral das Freiras (localidade★, ≼★) Noroeste : 17 km pela Rua Dr. Pita.

PORTUGAL

FUNCHAL

FUNCHAL

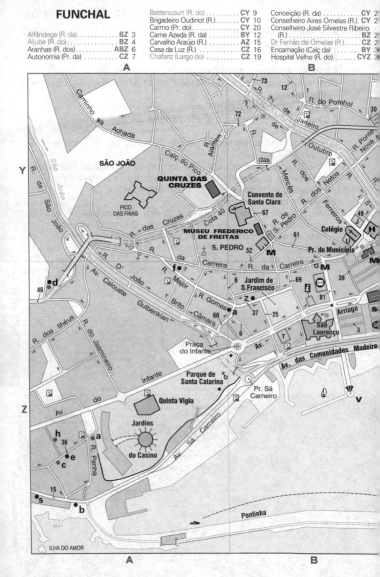

♔♔♔♔ **Reid's Palace**   ⟨ 🚗 🏡 ⅃ 🛎 ❀ 🛗 🅰🅲 ⚒ 🕾 ♨ 🅿 𝚟𝚒𝚜𝚊 ⚏ 🄰🄴 ⓪

Estrada Monumental 139 ✉*9000-098 –* ℰ*291 71 71 71*
– www.reidspalace.com   **Xz**
150 qto ☲ *–* ♟**225/315 €** ♟♟**310/415 € –** 13 **suites**
Rest *Les Faunes – (só jantar, fechado julho-setembro)* Lista aprox. 62 €
Rest *Villa Cipriani – (só jantar)* Lista 50/75 €

♦ Um símbolo cuja história remete ao ano de 1891. Elegantes instalações e exteriores de luxo, com um jardim semi-tropical sobre um promontório rochoso. O atractivo restaurante Les Faunes oferece uma ementa de interesse gastronómico e magníficas vistas.

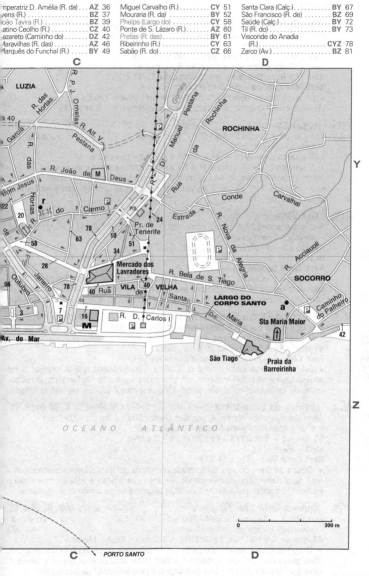

Quinta das Vistas 🐾 ⇐ 🚗 🛜 🏊 🏊 ₤₆ 🛗 ⚽ qto, 🕼 ∯ ⁽ᵖ⁾ 🛎 **P**
Caminho de Santo António 52 ⊠9000-187 VISA ⚫⚫ AE ⓪
– ☎ 291 75 00 07 – www.charminghotelsmadeira.com **X h**
64 qto � – ♦185/280 € ♦♦195/290 € – 7 suites
Rest – Menu 43 €

♦ Possui espectaculares vistas graças à sua situação na parte alta da cidade. Excelentes espaços sociais, um SPA e quartos equipados com materiais de qualidade. O restaurante possui uma sala envidraçada e uma esplanada panorâmica coberta.

The Cliff Bay ⅁ ‹ 🖨 🍴 🏊 🏊 💪 ✂ 🎷 🛗 🖥 🅰🅲 🎷 📶 🎿 🅿 🚗

Estrada Monumental 147 ✉ *9004-532 –* ☎ *291 70 77 00*

– www.portobay.com 🆅🅸🅂🅰 ⓪ 🅰🅴 ⓪
Xc

194 qto ⊊ – 🛏 170/470 € 🛏🛏 195/495 € – 6 suites
Rest *Il Gallo d'Oro* – ver selecção restaurantes
Rest *The Rose Garden* – (só jantar) Lista 35/43 €
Rest *Blue Lagoon* – (só almoço) Lista 30/45 €

• Deixe-se seduzir pela beleza da ilha e desfrute duma estadia inesquecível neste elegante hotel. Quartos de excelente equipamento e exóticos jardins.

Royal Savoy ‹ 🍴 🏊 🏊 💪 ✂ 🛗 🖥 💪 qto, 🅰🅲 🎷 📶 🎿 🅿 🚗

Rua Carvalho Araújo ✉ *9000-022 –* ☎ *291 21 35 00* 🆅🅸🅂🅰 ⓪ 🅰🅴 ⓪
– www.savoyresort.com AZs

178 apartamentos ⊊ – 🛏🛏 500/750 € **Rest** – Lista 42/65 €

• Magnífico hotel situado na 1ª linha de mar, com piscinas e esplanadas em terrenos ganhos ao mesmo. Ampla zona social com piano-bar e uns quartos de elevado conforto. Este elegante restaurante é decorado com um estilo moderno e alguns detalhes orientais.

The Vine ‹ 🍴 🏊 🅰🅲 🎷 qto, 🍴 🎿 🚗 🆅🅸🅂🅰 ⓪ 🅰🅴 ⓪

Rua dos Aranhas 27-A, centro comercial Dolce Vita ✉ *9000-044 –* ☎ *291 00 90 00*
– www.hotelthevine.com ABZa

57 qto ⊊ – 🛏 191/255 € 🛏🛏 221/285 € – 22 suites
Rest *Uva* – (fechado domingo meio-dia e 2ª feira) Lista 60/90 €
Rest *Terra Lounge* – Lista 25/45 €

• Moderno e localizado na parte mais animada de Funchal, o hotel faz parte de um complexo comercial e oferece uma área social moderna, quartos minimalistas e um bom SPA. O restaurante Uva oferece pratos de inspiração francesa e uma bela vista.

Quinta da Casa Branca ⅁ 🖨 🍴 🏊 🅰🅲 qto, 🎷 🍴 🅿

Rua da Casa Branca 7 ✉ *9000-088 –* ☎ *291 70 07 70* 🆅🅸🅂🅰 ⓪ 🅰🅴 ⓪
– www.quintacasabranca.pt Xt

41 qto – 🛏🛏 205/500 €, ⊊ 20 € – 2 suites
Rest *Casa da Quinta* – (só jantar) Lista 45/65 €

• Este hotel, totalmente moderno, localizado numa antiga quinta, oferece belos jardins, uma área nobre correcta, um SPA e quartos muito confortáveis. O restaurante, de estilo clássico, divide-se em vários espaços e oferece um menu actual.

Quinta da Bela Vista ⅁ 🖨 🏊 🎷 🛗 🖥 🎷 🅿 🆅🅸🅂🅰 ⓪ 🅰🅴 ⓪

Caminho do Avista Navios 4, por Rua Doctor Pita : 3 km ✉ *9000-129*
– ☎ *291 70 64 00 – www.belavistamadeira.com* X

82 qto ⊊ – 🛏 165/219 € 🛏🛏 220/292 € – 7 suites
Rest – Menu 43 €
Rest *Casa Mãe* – Lista 34/52 €

• Quinta de finais do séc. XIX formada por vários edifícios situados numa extensa área ajardinada. Oferece quartos de elegante classicismo e zonas comuns detalhistas. O atractivo restaurante Casa Mãe encontra-se na antiga casa senhorial.

Quinta Bela São Tiago ⅁ ‹ 🖨 🍴 🏊 🛗 🅰🅲 🎷 🍴 🅿

Rua Bela São Tiago 70 ✉ *9060-400 –* ☎ *291 20 45 00* 🆅🅸🅂🅰 ⓪ ⓪
– www.hotelquintabelasaotiago.com DZa

64 qto ⊊ – 🛏 70/180 € 🛏🛏 90/250 € – 8 suites **Rest** – Menu 40 €

• Ocupa uma casa senhorial do séc. XIX, restaurada e ampliada com dois edifícios, oferecendo um conforto moderno e actual. Vistas atractivas ao mar e à cidade. O refeitório destaca pela sua boa montagem e pelo alto nível gastronómico.

Meliã Madeira Mare ‹ 🍴 🏊 🛗 💪 qto, 🅰🅲 🛎 🎿 🅿 🚗 🆅🅸🅂🅰 ⓪ 🅰🅴 ⓪

Rua de Leichlingen 2 (Lido), pela estrada Monumental
- Oeste : 1,5 km ✉ *9000-003 –* ☎ *291 72 41 40 – www.meliahotels.com*

200 qto ⊊ – 🛏 80/210 € 🛏🛏 80/230 € – 20 apartamentos X
Rest – Menu 40 €

• O hotel, localizado em frente ao mar, é ideal tanto para lazeres quanto para negócios. O hotel oferece um SPA e quartos de alto nível, todos eles com varanda. O hotel dispõe de dois restaurantes, um com buffet e o outro com menu de inspiração italiana.

🛏️🛏️🛏️ **Estalagem Quintinha de São João** 　　🚗 ⊼ 🔲 🛗 🖥️ 🔲 ⚡ 📶 🚗

Rua da Levada de São João 4 ✉️*9000-191* 　　　　　　　VISA ⓿ AE ⓿
– ☎ 291 74 09 20 – www.quintinhasaojoao.com 　　　　　　　　AZ**d**
37 qto ⌤ – **🛏**95/162 € **🛏🛏**125/234 € – 6 suites
Rest *A Morgadinha* – *(só jantar)* Lista 29/36 €
♦ Localizada em uma das quintas históricas da cidade, a estalagem combina arquitectura clássica com um interior acolhedor. SPA moderno e quartos espaçosos. O restaurante, localizado num edifício separado, oferece uma seção de cozinha goesa.

🛏️🛏️🛏️ **Quinta da Penha de França** sem rest, com snack-bar ☃️ 　　🚗 ⊼ 🖥️

Rua Imperatriz D. Amélia 85 ✉️*9000-014* 　　　　　　⚡ 🅿 VISA ⓿ AE ⓿
– ☎ 291 20 46 50 – www.hotelquintapenhafranca.com 　　　　　　AZ**e**
76 qto ⌤ – **🛏**71/98 € **🛏🛏**105/141 €
♦ Belo conjunto de estilo português, cujos quartos estão repartidos entre a antiga casa senhorial e os edifícios mais recentes, rodeados por um frondoso jardim.

🛏️🛏️🛏️ **Penha França Mar** sem rest, com snack-bar ao almoço 　　◁ ⊼ 🖥️ 🔲 ⚡

Rua Carvalho Araújo 1 ✉️*9000-022* – *☎ 291 20 46 50* 　　🅿 VISA ⓿ AE ⓿
– www.hotelquintapenhafranca.com 　　　　　　　　　　　AZ**b**
33 qto ⌤ – **🛏**80/98 € **🛏🛏**116/141 €
♦ Funciona como um anexo da Quinta da Penha de França, com o qual se comunica através de um elevador e de uma ponte exterior. Quartos amplos e funcionais.

🛏️🛏️ **Estalagem Quinta Perestrello** 　　🚗 ⊼ 🔲 ⚡ 🅿 VISA ⓿ AE ⓿

Rua Dr. Pita 3 ✉️*9000-089* – *☎ 291 70 67 00 – www.charminghotelsmadeira.com*
36 qto ⌤ – **🛏**100/225 € **🛏🛏**110/235 € 　　　　　　　　X**d**
Rest – *(só jantar)* Menu 31 €
♦ Atractiva casa senhorial do séc. XIX com um cuidado jardim. Alberga uns quartos de corte clássico, com os chãos em madeira, mobiliário português e em muitos casos varanda.

🛏️🛏️ **Madeira** sem rest 　　⊼ 🖥️ ⚡ 📶 🚲 VISA ⓿ AE ⓿

Rua Ivens 21 ✉️*9001-801* – *☎ 291 23 00 71 – www.hotelmadeira.com*
47 qto ⌤ – **🛏**57 € **🛏🛏**66 € – 6 suites 　　　　　　　　　BZ**z**
♦ Instalações de aspecto actual e ar funcional, em plena zona urbana. Possui uma zona social correcta e quartos de adequado conforto, a maioria dos mesmos algo reduzidos.

🛏️ **Funchal Design** 　　　　　　　　　　　　　🖥️ 🔲 📞

Rua da Alegria 2 ✉️*9000-040* – *☎ 291 20 18 00 – www.funchaldesignhotel.com*
8 qto – 8 apartamentos 　　　　　　　　　　　　　　AZ**f**
Rest 560 –
♦ O hotel, de estilo moderno e simples, revela-se urbano, central e funcional. Os quartos, um pouco pequenos, brincam com as cores preta e branca. O restaurante oferece um menu conciso, que combina cozinha regional e italiana.

XXX **Il Gallo d'Oro** – Hotel The Cliff Bay 　　　　🏠 🔲 ⚡ 🅿 VISA ⓿ AE ⓿
☣️ *Estrada Monumental 147* ✉️*9004-532* – *☎ 291 70 77 00 – www.portobay.com*
Rest – *(só jantar)* Menu 62/82 € – Lista 60/75 € 　　　　　　　X**c**
Espec. Consommé de crustáceos, vieiras e camarão carabineiro com erva caninha e gengibre. Tornedó de vaca "Black Angus" em crosta de pimenta, crocante de batata à "Riviera" e azeitona taggiasche. Crocante de manga e maracujá, biscoito de amêndoa, creme ligeiro de "Fava-Tonca" e ananás.
♦ O restaurante dispõe de um pequeno hall de estilo inglês, uma sala elegante de estilo clássico dividida em dois níveis e um terraço. O chefe oferece uma cozinha internacional e moderna com vários menus de degustação e apresentações requintadas.

X **Casa Velha** 　　　　　　　　　🏠 🔲 ⚡ VISA ⓿ AE ⓿

Rua Imperatriz D. Amélia 69 ✉️*9000-018* – *☎ 291 20 56 00*
– www.casavelharestaurant.com 　　　　　　　　　　　AZ**a**
Rest – Lista 34/38 €
♦ Este edifício elegante de estilo clássico repartido em dois andares, dispõe de um bar com ambiente inglês e um belo terraço. Serviço agradável e profissional.

PORTUGAL

1059

PORTUGAL

✗ Dona Amélia   AC ⚡ VISA ⊙ AE ⓪

Rua Imperatriz D. Amélia 83 ✉9000-018 – ✆291 22 57 84
– www.casavelharestaurant.com   AZ**c**
Rest – Lista 34/38 €

♦ Do mesmo proprietário que o restaurante Casa Velha. Refeitório em dois níveis, de aspecto cuidado, decorado com detalhes que lhe conferem um aconchegante ambiente.

ao Nordeste da cidade : 5,5 km

🏨 Choupana Hills ⚘   ≤ 🖾 🛱 ☒ 🖾 🛏 AC ⚡ 📞 🖾 P VISA ⊙ AE ⓪

Travessa do Largo da Choupana, por Caminho do Meio ✉9060-348 Funchal
– ✆291 20 60 20 – www.choupanahills.com   V
58 qto ⌑ – ♦188/369 € ♦♦211/411 € – 4 suites
Rest *Xôpana* – Lista 48/76 €

♦ O edifício principal é formado por duas grandes cabanas unidas, com um elegante interior de desenho moderno. Os quartos, distribuídos em bungalows, têm o máximo conforto. No seu distinguido restaurante poderá degustar de uma interessante cozinha elaborada.

pela estrada de Camacha por ② : 8 km

🏠 Estalagem Casa Velha do Palheiro ⚘   🖾 🛱 ☒ ✗ 🖾 ⚡ rest,

Rua da Estalagem 23 - São Gonçalo   P VISA ⊙ AE ⓪
✉9060-415 Funchal – ✆291 79 03 50 – www.palheiroestate.com
35 qto ⌑ – ♦151/256 € ♦♦199/347 € – 2 suites
Rest *(só jantar)* Menu 40 €

♦ Situada numa bela paisagem rodeada de idílicos jardins, próximo a um campo de golfe. Uma antiga casa senhorial e dois edifícios novos anexos albergam as suas elegantes dependências. Refeitório de excelente montagem e brigada profissional.

MONTE – 733 B2   7 A2

▶ Funchal 4
◉ Localidade ★★

🏠 Quinta do Monte ⚘   ≤ 🖾 ☒ 🛏 🛖 AC ⚡ 🖾 P VISA ⊙ AE ⓪

Caminho do Monte 192 ✉9050-288 – ✆291 78 01 00
– www.charminghotelsmadeira.com
38 qto ⌑ – ♦121/268 € ♦♦131/278 € – 4 suites   **Rest** – Menu 43 €

♦ A paz do ambiente e a arquitectura típica fundem-se nesta quinta de frondosa vegetação. Antiga casa senhorial, mobilada com óptimo gosto em elegantes dependências. O restaurante possui uma esplanada envidraçada ao estilo miradouro.

🏠 Quinta Mirabela   ≤ 🛱 ☒ 🛏 🛖 AC 📞 P

Caminho do Monte 105-107 ✉9050-288 – ✆291 78 02 10
– www.quinta-mirabela.com
24 qto
Rest *O Refúgio do Monte* –

♦ Esta antiga quinta localizada na rua por onde deslizam os típicos Carros de Cesto, dispõe de um SPA, quartos modernos e um terraço com uma vista maravilhosa. O restaurante oferece um menu tradicional português, muito atento às apresentações.

PONTA DELGADA – 733 B2   7 A2

▶ Funchal 40

pela estrada de São Vicente Sudoeste : 1 km e desvío a direita 1,2 km

🏠 Monte Mar Palace ⚘   ≤ ☒ 🖾 🛗 ₺ qto, AC ⚡ 🛖 P 🖾

Sítio do Montado ✉9240-104 Ponta Delgada   VISA ⊙ AE ⓪
– ✆291 86 00 30 – www.montemarpalace.com
106 qto ⌑ – ♦60/70 € ♦♦65/100 € – 4 suites   **Rest** – Menu 18 €

♦ Um conjunto actual que apresenta impressionantes vistas para o oceano. Possui uma ampla zona social, quartos completamente equipados e um pequeno campo de golfe. O restaurante é amplo e concentra o seu trabalho no serviço de buffet.

PONTA DO SOL – **733** A2 – **138 h.**   **7** A2

> ▶ Funchal 22

 Estalagem da Ponta do Sol ⍢   ⪦ 🛋 🎾 🗖 *Łᵶ* 🛗 ⅙ qto, 🅰🅒 ⅗ 🌐
Quinta da Rochinha ✉9360 – 𝒞 291 97 02 00   🅟 **VISA** 🆖 🅐🅔 🅞
– *www.pontadosol.com*
54 qto ⌷ – ♥70/95 € ♥♥90/120 €   **Rest** – Menu 22 €
♦ A estalagem surpreende pelo seu design, pois trata-se de um edifício antigo, com anexos modernos, localizado no topo de um rochedo. Decoração funcional e moderna, vista magnífica. O seu restaurante desfruta de uma montagem actual e uma bela panorâmica sobre o oceano.

PORTO MONIZ – **733** A2 – **402 h.**   **7** A2

> ▶ Funchal 106
> 🔢 Porto Moniz 𝒞 291 85 01 93
> 🔲 Localidade★, escolhos★
> 🔲 Estrada de Santa ⪦★ Sudoeste : 6 km – Seixal (localidade★) Sudeste :
>   10 km – Estrada escarpada★★ (⪦★) de Porto Moniz a São Vicente,
>   Sudeste : 18 km.

🏠 **Salgueiro**   ⪦ 🛋 🎾 🚗 **VISA** 🆖 🅐🅔 🅞
Lugar do Tenente 34 ✉9270-095 – 𝒞 291 85 00 80 – *www.pensaosalgueiro.com*
19 qto ⌷ – ♥28/33 € ♥♥35/40 € – 1 apartamento   **Rest** – Lista 22/28 €
♦ Situado numa bela paisagem de vinhedos e pescadores, junto a piscinas naturais. Estabelecimento dotado de aconchegantes quartos, bem dirigido pelos seus empregados. O seu popular restaurante, que foi a origem do negócio, possui agradáveis vistas para o mar.

SANTA CRUZ – **733** B2 – **6 026 h.**   **7** A2

> ▶ Funchal 14

na via rápida : Noreste : 1,3 km

 Estalagem Albatroz   ⪦ 🛋 🎾 🗖 🅰🅒 qto, 🎾 🌐 🔧 🅟 **VISA** 🆖 🅐🅔 🅞
Quinta Dr. Américo Durão, Sítio da Terça ✉9100-187 Santa Cruz
– 𝒞 291 52 02 90 – *www.albatrozhotel.com*
18 qto ⌷ – ♥105/126 € ♥♥150/180 € – 2 suites   **Rest** – Menu 35 €
♦ Aprecia-se o interesse por dar um bom serviço ao cliente. Os seus amplos quartos estão decorados num estilo rústico actual, todos com um pequeno terraço e boas vistas. No restaurante, diáfano e de uso polivalente, oferecem uma ementa tradicional.

PORTO SANTO

VILA BALEIRA – **733** D1 – **567 h.** – **Praia**   **7** B2

> 🛬 do Porto Santo : 2 km, 𝒞 291 980 120
> 🚢 para Funchal : Porto Santo Line 𝒞291 21 03 00 info@portosantoline.pt
>   Fax 291 22 64 34.
> 🔢 Av. Henrique Vieira e Castro 5 ✉ 9400-179 Porto Santo 𝒞 291 98 23 61
>   (ext. 203) Fax 291 98 35 62
> 🔟🔟 Sítio das Marinhas, 𝒞 291 98 37 78
> 🔲 Largo do Pelourinho★
> 🔲 A Pedreira★ 8 km ao Sudoeste – Pico das Flores ⪦★ 9 km ao Sudoeste.

 Torre Praia ⍢   ⪦ 🗖 *Łᵶ* 🛗 🅰🅒 🎾 🌐 🅟 **VISA** 🆖 🅐🅔 🅞
Rua Goulart Medeiros ✉9400-164 Vila Baleira – 𝒞 291 98 04 50
– *www.portosantohotels.com*
62 qto ⌷ – ♥35/85 € ♥♥50/115 € – 4 suites   **Rest** – Menu 23 €
♦ Instalações de vanguarda e uma localização de luxo, uma praia de fina areia amarela. Desfrute dos seus espaçosos quartos dotados de adequados salões. O restaurante surpreende na zona pelo desenho actual e a sua variada ementa internacional.

PORTUGAL

MAIA – Porto – 733 – 591 I4 – 35 625 h. 8 A2

▶ Lisboa 314 – Braga 44 – Porto 11 – Vila Real 98

🏨 **Egatur Maia**   🖪 & qto, 🎿 💱 🐾 🏊 🅿 🚗 💳 🐙 🆎 ⓪
Rua Simão Bolívar 375 ⊠4470-214 – 𝒞 229 43 56 50 – www.hotelegaturmaia.com
80 qto – †88 € ††102 €, ⊇ 6 € – 8 suites   **Rest** – Lista 20/28 €
♦ Conjunto moderno, bastante central e de espaçosas instalações, com um bar
integrado nas zonas nobres. Os seus acolhedores quartos dispõem de um mobiliário funcional. Restaurante polivalente, onde servem tanto os pequenos almoços
como as comidas.

🏨 **Central Parque** sem rest   🖪 & 🎿 💱 🐾 🏊 🚗 💳 🐙 🆎 ⓪
Av. Visconde de Barreiros 83 ⊠4470-151 – 𝒞 229 47 55 63
– www.hotelcentralparque.com
40 qto ⊇ – †52/100 € ††57/110 €
♦ Na avenida principal da localidade. Moderno hotelzinho dotado de aconchegantes zonas comuns, decoradas com detalhes de bom gosto e quartos confortáveis.

em Nogueira Este : 3,5 km

🏨 **Albergaria Machado** ॐ   🖪 🎿 💱 🅿
Rua Dr. António José de Almeida 442 ⊠4475-456 Nogueira Maia
– 𝒞 229 61 70 40 – www.restaurantemachado.com
10 qto – †30/40 € ††50 €
Rest Machado – ver selecção restaurantes
♦ Hotel de amável organização familiar. A zona social é algo reduzida e possui
quartos muito cuidados, com os chãos em parquet e casas de banho modernas
em mármore.

🍴 **Machado** – Hotel Albergaria Machado   🎿 💱 🅿
Rua Dr. António José de Almeida 467 ⊠4475-456 Nogueira Mai
– 𝒞 229 41 08 39 – www.restaurantemachado.com – fechado 2ª e 3ª feira
Rest – (só menú) Menu 23 €
♦ Restaurante rústico de grande tipismo, onde se combinam a madeira, a pedra
e o granito. Oferece um bom prato do dia e a sua especialidade é a vitela asada
ao estilo de Lafões.

MALHOU – Santarém – 733 – 592 N3 6 B2

▶ Lisboa 101 – Santarém 27 – Leiria 53 – Coimbra 112

🍴🍴 **O Malho**   🎿 💱 🅿 💳 🐙 🆎
Rua Padre Reis ⊠2380-537 – 𝒞 249 88 27 81 – fechado agosto e 2ª feira
Rest – Lista 25/30 €
♦ Surpreendente vila familiar de estilo ribatejano. Possui um bar na entrada, com
exposição de produtos e três salas de estilo clássico decoradas com detalhes
regionais.

MANGUALDE – Viseu – 733 – 591 K6 – 5 457 h. – alt. 545 m 5 C2

▶ Lisboa 317 – Guarda 67 – Viseu 18

🏨 **Estalagem Casa d'Azurara**   🍽 🕿 🖪 🎿 rest, 💱 🅿 💳 🐙 🆎
Rua Nova 78 ⊠3530-215 – 𝒞 232 61 20 10 – www.azurara.com
– fechado 15 dias em fevereiro
15 qto ⊇ – †87/98 € ††101/120 €   **Rest** – (preciso reservar) Menu 30 €
♦ Hotelzinho cheio de graça e encanto instalado numa antiga casa senhorial, que
dispõe de atractivos quartos decorados com um gosto apurado. Refeitório situado
num sítio sereno e aberto a um bonito jardim.

pela estrada N 16 Este : 2,8 km

🏨 **Senhora do Castelo** ॐ   ⇐ 🎿 🖪 🍽 🖪 & qto, 🎿 💱 🐾 🏊 🅿
Monte da Senhora do Castelo ⊠3534-909   💳 🐙 🆎 ⓪
– 𝒞 232 61 99 50 – www.cotel.pt
83 qto ⊇ – †37 € ††50 € – 4 suites   **Rest** – Menu 15 €
♦ Desfrute de uma situação dominante com vistas as serras da Estrela e do
Caramulo. O seu funcional interior alberga quartos amplos e bem equipados,
com casas de banho actuais. Refeitório panorâmico muito correcto mas sem
grandes detalhes.

MANTEIGAS – Guarda – 733 – 591 K7 – 3 065 h. – alt. 775 m –
Desportos de Inverno na Serra da Estrela : ✂4 ✂1 – Termas

- ▶ Lisboa 355 – Guarda 49
- 🅴 Rua Dr. Estevez de Carvalho 2, ℰ 275 98 11 29 Fax 275 98 11 29
- 🅶 Poço do Inferno★ (cascata★) Sul : 9 km – Sul : Vale glaciário do Zêzere★★, ≼★

⌂ **Casa das Obras** sem rest   ⏛ ⏚ ⚡ ⁽ᵗᵗ⁾ **P.**
Rua Teles de Vasconcelos ✉6260-185 – ℰ 275 98 11 55 – www.casadasobras.pt
6 qto ⌺ – †50/70 € ††64/100 €
♦ Casa Senhorial que conserva no seu interior a atmosfera do séc. XVIII, com aconchegantes detalhes e mobiliário de época nos quartos. Pequeno jardim com piscina ao atravessar a rua.

pela estrada das Caldas Sul : 2 km e desvio a esquerda 1,5 km

🏠 **Albergaria Berne** ⚶   ≼ ⌂ ⏚ ⏛ 🄰🄲 ⚡ ⁽◝⁾ **P.** 🆅🅸🆂🅰 ⊕ ⓪
Quinta de Santo António ✉6260-191 – ℰ 275 98 13 51
– www.albergariaberne.com – fechado do 15 ao 30 de setembro
17 qto ⌺ – †35/65 € ††55/75 €
Rest – (fechado domingo noite e 2ª feira) Menu 16,50 €
♦ Acolhedor hotelzinho dirigido por uma família proprietária. Possui uma boa sala social e cuidados quartos, a maioria dotados de varanda e alguns com excelentes vistas. O seu restaurante oferece uma ementa muito variada, com predomínio de pratos internacionais.

pela estrada de Gouveia :

⌂ **Casa Das Penhas Douradas** ⚶   ≼ ⍐ ⚡ ⁽◝⁾ 🆅🅸🆂🅰 ⊕
Norte : 16 Km e desvio a esquerda 1,5 Km ✉6260-200 Manteigas
– ℰ 275 98 10 45 – www.casadaspenhasdouradas.pt
18 qto ⌺ – †80/100 € ††120/150 €   **Rest** – (só menú a pedido) Menu 30 €
♦ Esta casa com ar de montanha destaca-se pela sua localização, em plena natureza e com magníficas vistas para a serra da Estrela. Oferece quartos actuais forrados em madeira. O restaurante é bastante funcional e concentra a sua oferta numa ementa simples.

MARRAZES – Leiria – ver Leiria

MARVÃO – Portalegre – 733 – 592 N7 – 178 h. – alt. 865 m

- ▶ Lisboa 240 – Portalegre 22 – Castelo Branco 106 – Santarém 172
- 🅴 Largo de Santa Maria, ℰ 245 90 91 31 turismo@cm-marvao.pt Fax 245 99 35 26
- 🅾 Sítio★★ – A Vila★ (balaustradas★) – Castelo★ (❄★★) : aljibe★

🎴 **Pousada de Santa Maria** ⚶   ≼ 🖻 🄰🄲 ⚡ 🆅🅸🆂🅰 ⊕ 🄰🄴 ⓪
Rua 24 de Janeiro 7 ✉7330-122 – ℰ 245 99 32 01 – www.pousadas.pt
28 qto ⌺ – †78/178 € ††90/190 € – 3 suites   **Rest** – Menu 30 €
♦ Pousada central, de ar regional, cujo interior alberga uma cuidada zona social, com confortáveis quartos com mobiliário antigo e casas de banho actuais. Refeitório panorâmico com grandes janelas que se abrem às montanhas.

🏠 **El Rei D. Manuel** ⚶   ≼ ⌂ 🖻 ⚿ qto, 🄰🄲 ⚡ ⁽◝⁾ 🆅🅸🆂🅰 ⊕ 🄰🄴 ⓪
Largo de Olivença ✉7330-104 – ℰ 245 90 91 50 – www.turismarvao.pt
15 qto ⌺ – †55/65 € ††65/75 €
Rest – (fechado 3ª feira e 4ª feira) Menu 20 €
♦ Pequeno hotel de organização familiar situado no coração desta pitoresca localidade. Oferece quartos confortáveis, destacando-se nove deles pelas excelentes vistas. Refeitório atractivo e de ar regional onde encontrará um ambiente cómodo e agradável.

🏠 **Casa D. Dinis** sem rest ⚶   🄰🄲 ⚡ ⁽◝⁾ 🆅🅸🆂🅰 ⊕ ⓪
Rua Dr. Matos Magalhães 7 ✉7330-121 – ℰ 245 99 39 57
– www.casadomdinis.pai.pt
8 qto ⌺ – †35/45 € ††45/55 €
♦ Casa tradicional levada por um amável casal. Dispõe de uma acolhedora sala social com lareira e quartos muito correctos na sua categoria, com as casas de banho renovadas.

MATOSINHOS – Porto – ver Porto

MELGAÇO – Viana do Castelo – 733 – 591 F5 – 761 h. – Termas   8 B1
▶ Lisboa 451 – Braga 110 – Ourense 61 – Viana do Castelo 89
🛈 Rua da Loja Nova, ☎ 251 40 24 40 Fax 251 40 24 37

ao Noroeste : 3 km

🏨 **Monte Prado** ⟲   ⟨ ⫶ ⛶ 🛁 🖥 ⅏ qto, 🎬 ⚐ 🛜 ⅍ 🅿 🛖
no complexo desportivo e de lazer ✉4960-320 Prado   🖿 ⬤⬤ 🆎 ⓤ
☎ 251 40 01 30 – www.hotelmonteprado.pt
50 qto ⭤ – †75/88€ ††93/105€
Rest *Foral de Melgaço* – Lista aprox. 25 €
◆ Construído numa encosta junto ao rio, caracteriza-se por estar rodeado dumas cuidadas instalações desportivas. Conjunto moderno, confortável, amplo e de linhas rectas. O restaurante, que é diáfano e luminoso, desfruta duma entrada independente.

em Peso Oeste : 3,5 km

🏨 **Quinta do Reguengo** sem rest ⟲   ⫶ 🖥 ⅏ 🎬 ⚐ 🅿 🆅🅸🆂🅰
✉4960-267 Melgaço – ☎ 251 41 01 50 – www.reguendodemelgaco.pt
12 qto ⭤ – ††75/90€ – 3 suites
◆ Hotel de amável organização familiar, rodeado por um pequeno vinhedo graças ao qual produzem o seu próprio vinho Albarinho. Quartos de excelente conforto na sua categoria.

🍴 **Adega do Sossego**   🎬 ⚐ 🆅🅸🆂🅰 ⬤⬤ 🆎 ⓤ
✉4960-235 Melgaço – ☎ 251 40 43 08 – www.adegadosossego.com
– *fechado 21 junho-14 julho e 4ª feira*
Rest – Lista aprox. 35 €
◆ Restaurante familiar situado numa pequena ruela. Dispõe de dois andares, com uma cálida decoração rústica que combina as paredes em pedra e os tectos em madeira.

MESÃO FRIO – Vila Real – 733 – 591 I6   8 B3
▶ Lisboa 375 – Braga 88 – Porto 77 – Vila Real 36

na estrada N 108 Este : 2 km

🏨 **Pousada Solar da Rede** ⟲   ⟨ ☞ ☞ ⫶ ⅏ 🎬 ⚐ ⅍ 🅿
Santa Cristina ✉5040-336 – ☎ 254 89 01 30   🆅🅸🆂🅰 ⬤⬤ 🆎 ⓤ
– www.pousadas.pt
29 qto ⭤ – †98/238€ ††110/250€   **Rest** – Menu 30 €
◆ Casa senhorial do séc. XVIII rodeada de vinhas. O núcleo principal alberga os quartos mais aconchegantes, distribuindo o resto em edifícios anexos. Vistas do rio Douro. Elegante refeitório onde a sobriedade evidencia um óptimo gosto decorativo.

pela estrada N 108 Este : 2 km e desvio a esquerda 0,8 km

🏠 **Casa de Canilhas** sem rest   ⟨ ⫶ ⅏ ⚐ 🅿
Lugar de Banduja ✉5040 – ☎ 254 89 11 81 – www.canilhas.com
7 qto ⭤ – †60/90€ ††60/100€
◆ Casa familiar dotada de amplas esplanadas e magníficas vistas sobre o rio Douro. Possui uma acolhedora sala social com biblioteca e uns quartos repletos de atractivos pormenores.

MINA DE SÃO DOMINGOS – Beja – 733 – 593 S7 – 664 h.   2 C3
▶ Lisboa 242 – Beja 68 – Faro 136 – Mértola 18

🏨 **São Domingos** ⟲   ☞ ⫶ 🛁 ⅏ qto, 🎬 ⚐ 🛜 ⅍ 🅿 🆅🅸🆂🅰 ⬤⬤ 🆎 ⓤ
Rua Dr. Vargas ✉7750-171 Mértola – ☎ 286 64 00 00
– www.hotelsaodomingos.com
31 qto ⭤ – †74/120€ ††92/150€   **Rest** – Menu 18 €
◆ As zonas sociais e alguns quartos ocupam o palacete que funcionou como sede administrativa das minas. As restantes divisões encontram-se num anexo mais actual. O restaurante oferece uma estética actual e uma cozinha regional com detalhes pertinentes.

MIRANDELA – Bragança – 733 – 591 H8 – **10 775 h.** 9 C2
> ▶ Lisboa 475 – Bragança 67 – Vila Real 71
> 🛈 Rua D. Afonso III, 𝒞800 30 02 78 postodeturismo@cm-mirandela.pt
> 📷 Museu Municipal Armindo Teixeira Lopes★

XXX **Flor de Sal** AK ⅀ VISA ⦿ AE
Parque Dr. José Gama ✉5370-527 – 𝒞 278 20 30 63
– www.flordesalrestaurante.com – fechado do 3 ao 9 de janeiro,
30 outubro-6 novembro, domingo noite e 2ª feira de outubro-fevereiro
Rest – Lista 40/60 € ⅋
◆ Sem dúvida ficará surpreendido! Possui um atractivo hall com porta-garrafas, uma sala moderna adornada com detalhes de design e um bar com esplanada junto ao rio. Boa adega e cozinha actual.

XX **D. Maria** AK ⅀ VISA ⦿ AE ⓞ
Rua Dr. Jorge Pires 3 ✉5370-430 – 𝒞 278 24 84 55 – *fechado do 15 ao 30 de setembro*
Rest – Lista aprox. 26 €
◆ Restaurante de estilo actual levado com bom fazer pelo seu proprietário. Oferece uma montagem actual e uma completa ementa tradicional, com variados mariscos e algum prato francês.

X **O Grês** AK ⅀ ⇔ VISA ⦿ AE ⓞ
Av. Nossa Senhora do Amparo ✉5370-210 – 𝒞 278 24 82 02 – *fechado do 1 ao 15 de julho e domingo noite*
Rest – Lista 25/35 €
◆ Todo um clássico, já que abriu as suas portas há mais de 30 anos. Na sua sala, que está repartida em duas partes, poderá degustar uma completa ementa tradicional e pratos locais.

MOIMENTA DA BEIRA – Viseu – 733 – 591 J7 – **2 238 h.** 5 C1
> ▶ Lisboa 338 – Viseu 51 – Guarda 84 – Vila Real 62

pela estrada N 226 Sudeste : 2,5 km

🏨 **Verdeal** ⅍ ⅃ 🍴 ⅙ qto, AK ⅀ ⅍ P VISA ⦿ AE
✉3620 – 𝒞 254 58 40 61 – www.hotel-verdeal.com
34 qto ⅏ – †35/40 € ††50/65 € **Rest** – *(fechado 2ª feira)* Menu 15 €
◆ Situado nos arredores da localidade. Desfruta de suficientes zonas comuns e quartos actuais de bom conforto, todos com mobiliário funcional e os chãos em soalho.

MONÇÃO – Viana do Castelo – 733 – 591 F4 – **2 379 h.** – Termas 8 A1
> ▶ Lisboa 451 – Braga 71 – Viana do Castelo 69 – Vigo 48
> 🛈 Praça Deu-La-Deu (Cassa do Curro), 𝒞 251 65 27 57 turismomoncao@portugalmail.pt Fax 251 65 27 51
> 📷 Miradouro★

na estrada de Sago Sudeste : 3 km

⌂ **Solar de Serrade** sem rest ⅍ ⅀ ⅍ P
Mazedo ✉4950-280 Mazedo – 𝒞 251 65 40 08 – www.solardeserrade.pt
6 qto ⅏ – †55/65 € ††75/85 € – 2 suites
◆ Casa armoriada de arquitectura senhorial, numa quinta agrícola dedicada à produção de vinho Alvarinho. Salões de época e elegantes quartos, a maioria com mobiliário antigo.

MONCARAPACHO – Faro – 733 – 593 U6 – **968 h.** 3 C2
> ▶ Lisboa 286 – Faro 18 – Beja 156 – Olhão 9

🏨 **Vila Monte** ⅍ ⅃ ⅃ L⅚ ⅍ AK ⅀ ⅍ P VISA ⦿ AE ⓞ
Sítio dos Caliços, Norte : 2 km ✉8700-069 – 𝒞 289 79 07 90 – www.vilamonte.com
29 qto ⅏ – †119/199 € ††139/225 € – 24 suites
Rest Orangerie – *(só jantar salvo outubro-maio)* Lista 43/50 €
◆ Esta quinta tem os quartos decorados em diferentes estilos e distribuídos em diferentes edifícios, tendo grande privacidade. Agradável zona ajardinada. O restaurante, de cuidada montagem e com esplanada, ressalta pelo seu bom fazer aos fogões.

PORTUGAL

MONCARAPACHO

na estrada N 398 Norte : 4,5 km

⌂ **Casa da Calma** ⊗   🍴 ⅃ ﹪ qto, **P** 𝚟𝚒𝚜𝚊 ⓪
Sítio do Pereiro ⊠*8700-123 –* ☎ *289 79 10 98 – www.casadacalma.com*
8 qto ⊅ – **†**60/110 € **††**70/140 €
Rest – *(só clientes , a pedido)* Lista 20/32 €
♦ Conjunto de estilo regional situado em pleno campo. Oferece quartos cuidados
com mobiliário típico e antiguidades, bem como uma agradável esplanada.

MONCHIQUE – Faro – *733* – 593 U4 – 2 593 h. – alt. 458 m – Termas   3 A1
▶ Lisboa 260 – Faro 86 – Lagos 42
🛈 Largo de S. Sebastião, ☎ 282 91 11 89 turismo.monchique@rtalgarve.pt
◪ Estrada★ de Monchique à Fóia ≼★, Monte Fóia★ ≼★

nas Caldas de Monchique Sul : 6,5 km

⌂ **Albergaria do Lageado** ⊗   🍴 ⅃ & qto, ﹪ 𝚟𝚒𝚜𝚊 ⓪ ⓪
⊠*8550-232 Monchique –* ☎ *282 91 26 16 – maio-outubro*
20 qto ⊅ – **†**40/50 € **††**45/60 €
Rest – Menu 15 €
♦ Apesar das suas modestas instalações, é um recurso atractivo. Possui uma sala
social com lareira e uma estética que homenageia as tradições do país. Restaurante
decorado com certo tipismo, cujas paredes são realçadas por base de azulejos.

MONDIM DE BASTO – Vila Real – *733* – 591 H6 – 2 013 h.   8 B2
▶ Lisboa 404 – Amarante 35 – Braga 66 – Porto 96

pela estrada de Vila Real Sul : 2,5 km

⌂ **Quinta do Fundo** ⊗   🍴 ⅃ ﹪ ﹪ ⓒ ⅍ **P**
Vilar de Viando ⊠*4880-212 –* ☎ *255 38 12 91 – www.quintadofundo.com
– fechado janeiro*
5 qto ⊅ – **††**50 € – 2 suites   **Rest** – Menu 30 €
♦ Cálido ambiente familiar numa quinta agrícola, com bodegas próprias, onde se
produz e engarrafa o popular vinho verde. Quartos simples com mobiliário antigo.

MONFORTINHO (Termas de) – Castelo Branco – *733* – 592 L9   5 D3
– 163 h. – alt. 473 m – Termas
▶ Lisboa 310 – Castelo Branco 70 – Santarém 229
🛈 Av. Conde da Covilhã - Edifício das Piscinas Municipais ☎ 277 43 42 23
Fax 277 43 42 23

🏨 **Fonte Santa** ⊗   🍴 ⅃ ﹪ ⥾ & qto, ⅍ ﹪ ⓒ **P** 𝚟𝚒𝚜𝚊 ⓪ ⒜ⓔ ⓪
⊠*6060-072 –* ☎ *277 43 03 00 – www.monfortur.pt*
39 qto ⊅ – **†**75/125 € **††**110/170 € – 3 suites   **Rest** – Menu 22 €
♦ Este hotel-balneário foi remodelado num estilo moderno e actual, dando assim
serviço às necessidades de um público mais jovem. Possui um frondoso parque
privado. No seu luminoso restaurante poderá degustar uma cozinha tradicional
actualizada.

🏨 **Astória** ⊗   🍴 ⅃ ⅃ ﹪ ⥾ & qto, ⅍ ﹪ ﹪ ⅍ **P** 𝚟𝚒𝚜𝚊 ⓪ ⒜ⓔ ⓪
Padre Alfredo ⊠*6060-072 –* ☎ *277 43 04 00 – www.monfortur.pt*
83 qto ⊅ – **†**50/66 € **††**80/110 €   **Rest** – Menu 17 €
♦ Destaca pelo seu completo SPA, que dá serviço tanto a este hotel como ao
Fonte Santa. Oferece cuidadas instalações de linha clássica e quartos confortáveis.
As grandes janelas e a alegre decoração conformam um refeitório cheio de graça
e encanto.

🏨 **Das Termas** ⊗   ⅍ ﹪ **P** 𝚟𝚒𝚜𝚊 ⓪ ⓪
Padre Alfredo ⊠*6060-072 –* ☎ *277 43 03 10 – fechado 15 dezembro-15 janeiro*
20 qto ⊅ – **†**35/45 € **††**45/55 €   **Rest** – *(só menú)* Menu 12,50 €
♦ Hotelzinho de carácter familiar, cujo equipamento cumpre com as necessidades básicas do conforto. Aconchegantes quartos com mobiliário em madeira e
casas de banho actuais.

MONSARAZ – Évora – 733 – 593 Q7 – 126 h. – alt. 342 m   2 C2

▶ Lisboa 191 – Badajoz 96 – Évora 59 – Portalegre 144

🛈 Largo D. Nuno Alvares Pereira 5, ℰ 266 55 71 36

◉ Localidade★★ – Sítio★★ – Rua Direita★

🏠 **Estalagem de Monsaraz** ⟟   ⟵ 🛋 ⫯ ⅃ ₺ qto, 🅺 ⚒ 𝕍𝕀𝕊𝔸 ⊚ 🅰🅴
Largo de S. Bartolomeu 5 ⊠*7200-175 –* ℰ *266 55 71 12*
– www.estalagemdemonsaraz.com
19 qto ⌂ – **†**70/74 € **††**93/99 €
Rest *Sabores de Monsaraz* – *(fechado domingo noite e 2ª feira)* Lista aprox.
36 €
♦ Conjunto rústico-regional situado ao pé das muralhas, com uma piscina-jardim
que desfruta de belas vistas. As suas cálidas instalações têm o aroma do quoti-
diano. O restaurante ocupa uma casa de pedra típica localizada a cerca de 50 m.

pela estrada de Telheiro Norte : 1,5 km e desvío a direita 1,3 km

🏠 **Monte Alerta** sem rest ⟟   ⟵ 🛋 ⅃ 𝐿₅ 🅺 ⚒ 🅿
⊠*7200-175 apartado 101 –* ℰ *266 55 70 65 – www.montealerta.pt*
10 qto ⌂ – **†**55/65 € **††**70/80 €
♦ Casa de campo familiar com magníficas instalações e atractivos exteriores. Dispõe de uma ampla zona social e espaçosos quartos decorados com mobiliário
de época.

MONTE – Madeira – ver Madeira (Arquipélago da)

MONTE GORDO – Faro – ver Vila Real de Santo António

MONTE REAL – Leiria – 733 – 592 M3 – 1 149 h. – alt. 50 m – Termas   6 A1

▶ Lisboa 147 – Leiria 16 – Santarém 97

🛈 Largo Manuel da Silva Pereira (Parque Municipal), ℰ 244 61 21 67
info@rt-leiriafatima-pt

🏨 **Palace H. Monte Real**   ⅃ 🖥 ₺ 🅺 ⚒ ⫯ 𝐬𝐀 🅿 🕬 𝕍𝕀𝕊𝔸 ⊚ 🅰🅴 ⓞ
Rua de Leiria 1 ⊠*2426-909 –* ℰ *244 61 89 00 – www.termasdemontereal.pt*
95 qto ⌂ – **†**100/120 € **††**120/144 € – 5 suites
Rest *Paços da Rainha* – Lista 30/45 €
♦ Este hotel instalado em um edifício imponente de aparência palaciana com
uma fachada maravilhosa e um anexo moderno, oferece quartos muito confortáveis, aqueles que encontram-se na parte nova dispõem de varanda. O restaurante, muito bem concebido, oferece um menu de carácter internacional.

🏨 **D. Afonso**   ⅃ ⚒ 🖥 🅺 ⚒ 𝐬𝐀 🕬 𝕍𝕀𝕊𝔸 ⊚ 🅰🅴
Rua Dr. Oliveira Salazar 19 ⊠*2425-044 –* ℰ *244 61 12 38*
– www.hoteldomafonso.com – abril-dezembro
74 qto ⌂ – **†**50/70 € **††**60/80 €   **Rest** – *(só menú)* Menu 15 €
♦ Um hotel de cuidadas instalações, embora na sua decoração e mobiliário
começa a apreciar-se o passar do tempo. Quartos bem equipados e boa zona de
lazer. Refeitório de grande capacidade e adequada montagem, onde basicamente
oferecem um prato do dia.

🏠 **Santa Rita**   ⅃ ⚒ rest, 🕬 🅿 𝕍𝕀𝕊𝔸
Rua de Leiria 35 ⊠*2425-039 –* ℰ *244 61 21 47 – abril-novembro*
42 qto ⌂ – **†**40/50 € **††**50/75 €   **Rest** – Menu 14 €
♦ Pequeno hotel com uma organização séria e impecável manutenção. Possui
quartos de linha clássica decorados com mobiliário antigo, uma piscina rodeada
de relva e um solarium. O restaurante tem um certo encanto dentro da sua estética classicista.

MONTEMOR-O-NOVO – Évora – 733 – 593 Q5 – 8 298 h. – alt. 240 m   1 B2

▶ Lisboa 112 – Badajoz 129 – Évora 30

🛈 Largo Calouste Gulbenkian, ℰ 266 89 81 03 turismo_dcdj@
cm-montemornovo.pt Fax 266 87 70 96

pela estrada de Alcácer do Sal Sudoeste : 3 km e desvio a direita 1 km

⌂ **Monte do Chora Cascas** ⍋   🍴 🛎 �🍽 ▥ rest, ⍋ 🅿 ▨
✉7050-013 – ☎ 266 89 96 90 – www.montechoracascas.com
7 qto ⌂ – ♦100/130 € ♦♦140/150 €
Rest – *(só jantar) (só clientes)* Menu 40 €
◆ Uma Casa de Campo de autêntico luxo. Desfruta de magníficos quartos, personalizados e decorados com muito bom gosto, assim como de uma elegante sala social com piano e lareira. A acolhedora sala de refeição ocupa o antigo galinheiro, tema de sua decoração.

MONTIJO – Setúbal – 733 – 593 P3 – 25 561 h.   1 A2
▶ Lisboa 40 – Setúbal 24 – Vendas Novas 45

🏨 **Tryp Montijo Parque H.**   🛗 ᴴ qto, ▥ ⍋ ⍥ 🕯 ⍆ ▨ ☎ ℻
Av. João XXIII-193 ✉2870-159 – ☎ 212 32 66 00
– www.trypmontijoparque.solmelia.com
84 qto ⌂ – ♦85 € ♦♦99/166 €   **Rest** – Lista 20/25 €
◆ Está muito focalizado a viajantes e clientes de empresa. Oferece uma recepção luminosa, salões com painéis e quartos espaçosos e correctos em relação a funcionalidade. A sua agradável sala de jantar está decorada com motivos marítimos.

MORA – Évora – 733 – 593 P5 – 2 453 h.   1 B1
▶ Lisboa 117 – Évora 59 – Santarém 75 – Portalegre 114

✂ **Afonso**   ▥ ⍋ ▨ ☎ ℻ ①
Rua de Pavia 1 ✉7490-207 – ☎ 266 40 31 66 – www.restauranteafonso.com
– fechado 15 dias em março, do 16 ao 30 de setembro e 4ª feira
Rest – Lista aprox. 35 €
◆ Restaurante administrado em família equipado com um bar e uma sala de refeição de estilo neorrústico, com tecto de ladrilhos de barro e belos arcos. Cozinha alentejana, pratos de caça e uma boa adega.

MOREIRA DE CÓNEGOS – Braga – 733 – 591 H4/ H5 – 5 828 h.   8 A2
▶ Lisboa 362 – Braga 34 – Porto 53 – Viana do Castelo 82

✂✂ **S. Gião**   ▥ ⍋ 🅿 ▨ ☎ ℻ ①
😊   Rua Comendador Joaquim de Almeida Freitas 56 ✉4815-270 – ☎ 253 56 18 53
– www.sgiao.com – fechado agosto, domingo noite e 2ª feira
Rest – Lista 22/30 €
◆ Restaurante de cozinha tradicional que destaca por ter um forno de lenha e os seus próprios fumados. O seu diáfano refeitório possui grandes vidrais com vistas sobre as montanhas.

NANTES – Vila Real – ver Chaves

NAZARÉ – Leiria – 733 – 592 N2 – 9 587 h. – Praia   6 A2
▶ Lisboa 123 – Coimbra 103 – Leiria 32
🅸 Av. da República, ☎ 262 56 11 94
◎ Sítio★★ - O Sítio ≼★ B- Farol : sítio marinho★★ – Igreja da Misericórdia
(miradouro★) B

🏨 **Praia** sem rest   🕯 ⍩ 🛗 & ▥ ☎ ⍆ ⍥ ▨ ☎ ℻ ①
Av. Vieira Guimarães 39 ✉2450-110 – ☎ 262 56 92 00 – www.hotelpraia.com
72 qto ⌂ – ♦50/140 € ♦♦60/160 € – 4 suites – 4 apartamentos   **Ab**
◆ Localizado perto da praia, o hotel possui uma área social espaçosa, quartos modernos, todos com varanda ou balcão e apartamentos duplex com cozinha.

✂✂ **Mar Bravo** com qto   ≼ 🍴 🛗 ▥ ⍋ rest, ⍥ ▨ ☎ ℻ ①
Praça Sousa Oliveira 71 ✉2450-159 – ☎ 262 56 91 60 – www.marbravo.com
– fechado do 22 ao 26 de dezembro   **As**
16 qto ⌂ – ♦50/100 € ♦♦55/120 €   **Rest** – Lista 26/36 €
◆ Apresenta uma montagem actual, esplanada e vistas sobre o mar. Aqui encontrará um ementa mediterrânica-marinheira, produtos ao peso e saborosos peixes ao sal, que são a sua especialidade. Os quartos, de estilo moderno, oferecem uma deslumbrante vista panorâmica para a praia.

PORTUGAL

NAZARÉ

NELAS – Viseu – **733 – 591** K6 – **3 073 h.**   5 C2

> ▶ Lisboa 277 – Coimbra 81 – Viseu 19

> 🛈 Largo Dr. Veiga Simão, ☎ 232 94 43 48 polo.viseu@turismodocentro.pt

🏨 Nelas Parq   📶 & qto, 🅰🅒 🍴 rest, ᵗᵞ 🔊 🅿 🆚🆂🅰 ⑩ 🅰🅔 ⑩
Av. Dr. Fortunato de Almeida ✉*3520-056 –* ☎ *232 94 14 70*
– www.hotelnelasparq.com
72 qto ☷ – †45/65 € ††55/75 € – 3 suites   **Rest** – Menu 12,50 €
♦ Hotel de linha actual dotado duma correcta zona social. Põe à sua disposição uns quartos funcionais e em geral bem equipados, com os chãos em alcatifa. Cuidado refeitório e uma sala para banquetes com acceso independente.

✕✕ Os Antónios   & 🅰🅒 🍴 🆚🆂🅰 ⑩ 🅰🅔
🙂 *Largo Vasco da Gama 1* ✉*3520-079 –* ☎ *232 94 95 15 – www.osantonios.com*
– fechado domingo noite
Rest – Lista aprox. 35 €
♦ Restaurante instalado numa antiga casa, cuja fachada e íntimo interior conservam ainda o calor da tradição. Possui também uma zona de bar e um pavilhão aberto para banquetes.

✕✕ Bem Haja   🅰🅒 🍴 🆚🆂🅰 ⑩ 🅰🅔 ⑩
Rua da Restauração 5 ✉*3520-069 –* ☎ *232 94 49 03 – www.bemhaja.net*
Rest – Lista 24/34 €
♦ Acolhedora casa cujas salas possuem certo estilo neo-rústico, combinando as paredes em pedra e com os quadros modernos. Cozinha regional com queijos de elaboração própria.

NOGUEIRA – Porto – ver Maia

▶ Lisboa 92 – Leiria 66 – Santarém 56

ℹ Largo de São Pedro, *℘* 262 95 92 31 posto.turismo@cm-obidos.pt

◎ A Cidadela medieval★★ (Rua Direita★, Praça de Santa Maria★, Igreja de Santa Maria : interior★, Túmulo★) - Murallas★★ (≼★★)

Pousada do Castelo ⓢ   ≼ 🔃 🦾 P VISA ⓒⓞ AE ①

Paço Real ⊠2510-999 – *℘* 262 95 50 80 – www.pousadas.pt

9 qto ⌇ – 🛉148/328 € 🛉🛉160/340 €   **Rest** – Menu 30 €

♦ Instalada em um antigo castelo que se destaca pela sua localização, adossada à muralha e com exteriores dignos do cinema, a pousada dispõe de quartos correctos e suites dentro das torres. A sala de refeição dispõe de janelas com vista para o pátio de armas e os arredores.

Real d'Óbidos sem rest ⓢ   🎗 🛉 ﴾ 🔃 🦾 ☖ 🔨 ⟨⎯ VISA ⓒⓞ AE ①

Rua D. João de Ornelas ⊠2510-074 – *℘* 262 95 50 90 – www.hotelrealdobidos.com

15 qto ⌇ – 🛉75/150 € 🛉🛉90/187 € – 2 suites

♦ Edifício senhorial localizado ao lado das muralhas, com exteriores agradáveis, uma piscina com vista magnífica e quartos confortáveis de estilo rústico.

Casa das Senhoras Rainhas ⓢ   🏠 🛉 🔃 🦾 VISA ⓒⓞ AE ①

Rua Padre Nunes Tavares 6 ⊠2510-070 – *℘* 262 95 53 60
– www.senhorasrainhas.com

10 qto ⌇ – 🛉149/166 € 🛉🛉163/179 €

Rest *Cozinha das Rainhas* – Lista 30/39 €

♦ Na parte antiga da cidade. A casa oferece uma boa sala social e quartos clássicos com mobiliário colonial orientados para as muralhas, a maioria deles com varanda. Este elegante restaurante com um terraço ao lado da muralha, oferece uma cozinha com um toque moderno.

⌂ Casa d'Óbidos sem rest ⓢ   🌉 🎗 🦾 🔨 ☖ P VISA ⓒⓞ

Quinta de S. José, Nordeste : 1,5 km ⊠2510-135 – *℘* 262 95 09 24
– www.casadobidos.com

6 qto ⌇ – 🛉75 € 🛉🛉90 € – 4 apartamentos

♦ Extensa quinta nos arredores da cidade. O edifício principal possui quartos com os chãos em madeira e mobiliário de época, reservando os seus apartamentos para o anexo.

✗ Alcaide   🔃 🦾 VISA ⓒⓞ AE ①

Rua Direita 60 ⊠2510-001 – *℘* 262 95 92 20 – www.restaurantealcaide.com
– fechado 15 dias em novembro e 4ª feira

Rest – Lista 23/27 €

♦ Este restaurante é um exemplo típico dentro da área murada e dispõe de uma única sala de refeição de estilo simples e regional. Peça as especialidades da casa.

ao Noroeste :

⌂ Quinta da Torre sem rest ⓢ   🌉 🦾 P

estrada do Bairro, 2 km e desvio particular 0,5 km ⊠2510-080 – *℘* 917 64 95 96
– www.quintadatorre-obidos.com – fechado fevereiro

6 qto ⌇ – 🛉70/75 € 🛉🛉80/85 € – 2 apartamentos

♦ A quinta ocupa uma grande propriedade e possui dois edifícios, o principal com uma área social aconchegante e quartos de estilo neorrústico, o anexo abriga os apartamentos.

OEIRAS – Lisboa – 733 – 592 P2 – 33 939 h. – Praia   6 B3

▶ Lisboa 18 – Cascais 8 – Sintra 16

ℹ Rua do Aqueduto - Entrada dos Jardins do Palácio Marquês de Pombal, *℘* 214 40 87 81 turismo.oeiras@cm-oeiras.pt Fax 214 40 87 81

em Santo Amaro de Oeiras Sul : 3 km

✗ Saisa   ≼ 🏠 🦾 VISA ⓒⓞ AE ①

Praia ⊠2780 Oeiras – *℘* 214 43 06 34 – fechado 2ª feira

Rest – Lista aprox. 26 €

♦ Atractiva localização ao pé da praia. Modesto estabelecimento num estilo clássico e cuidado. O seu expositor de produtos anuncia uma cozinha de qualidade. Direcção eficiente.

PORTUGAL

OLHÃO – Faro – **733** – **593** U6 – **26 022 h.** – **Praia**   **3** C2
> ◼ Lisboa 299 – Faro 9 – Beja 142 – Portimão 74

🏠   **Boémia** sem rest   AC ⸮ ⁽¹⁾
Rua da Cerca 20 ⊠8700-387 – ℰ 289 71 45 13 – www.pensaoboemia.com.pt
15 qto – ⫯30/45 € ⫯⫯40/60 €, � 8 €
♦ Simples mas atractivo estabelecimento de carácter familiar. Oferece uma luminosa salinha para os pequenos almoços e alegres quartos que são muito correctos na sua categoria.

OLIVEIRA DE AZEMÉIS – Aveiro – **733** – **591** J4 – **11 689 h.**   **4** B1
> ◼ Lisboa 275 – Aveiro 38 – Coimbra 76 – Porto 40
> 🛈 Praça José da Costa, ℰ 256 67 44 63 oazemeis@rotadaluz.pt
> 🔲 Arouca (Museu de Arte Sacra : quadros primitivos★) 33 km a Nordeste

✕✕   **Diplomata**   AC ⸮ VISA ⬤⬤ AE ⓞ
🄪   Rua Dr. Simões dos Reis 125 ⊠3720-245 – ℰ 256 68 25 90
– www.diplomata.com.sapo.pt – fechado do 15 ao 31 de agosto e domingo
Rest – Lista 22/30 €
♦ Este restaurante acolhedor dispõe de um corrimão, duas salas de estilo clássico e uma maior para grupos, localizada no segundo andar. Menu de pratos regionais.

OURÉM – Santarém – **733** – **592** N4 – **4 582 h.**   **6** B2
> ◼ Lisboa 135 – Castelo Branco 139 – Leiria 23
> 🛈 Rua Beato Simão Lopes - Zona do Castelo ⊠ 2490-473 ℰ 249 54 46 54

🏠   **Pousada Conde de Ourém** 🌿   🏯 ⌇ ⫼ 🖐 qto, AC ⸮ ⁽¹⁾ 🛁
Largo João Manso - zona do castelo ⊠2490-481   VISA ⬤⬤ AE ⓞ
– ℰ 249 54 09 20 – www.pousadas.pt
30 qto ⊊ – ⫯98/238 € ⫯⫯110/250 €   **Rest** – Menu 30 €
♦ A pousada está localizada na parte antiga da cidade e conta com dois edifícios, o antigo hospital e a casa senhorial. Os quartos dispõem de mobiliário funcional e piso de madeira. O restaurante de estilo clássico-actual é completado por um terraço de verão íntimo.

OUTEIRO – Vila Real – **733** – **591** G6   **8** B2
> ◼ Lisboa 431 – Braga 74 – Ourense 85 – Porto 123

🏠   **Estalagem Vista Bela do Gerês** 🌿   ⪡ ▢ ⸮ P VISA ⬤⬤ AE ⓞ
Estrada N 308, Este : 1 km ⊠5470-332 Outeiro MTR – ℰ 276 56 01 20
– www.vistabela.com
14 qto ⊊ – ⫯50/75 € ⫯⫯60/75 € – 2 suites   **Rest** – Menu 20 €
♦ Oferece uma bela localização de interesse paisagístico. A sua construção em pedra garante uma perfeita integração com as montanhas e a barragem de Paradela. Simples restaurante de linha regional, onde uma lareira esquenta o ambiente.

OVAR – Aveiro – **733** – **591** J4 – **10 935 h.** – **Praia**   **4** A1
> ◼ Lisboa 285 – Aveiro 43 – Porto 45 – Viseu 99
> 🛈 Rua Elias Garcia ⊠ 3885-213 ℰ 256 57 22 15 ovar@rotadaluz.pt Fax 256 58 31 92

🏠   **Aqua H.**   🏯 ⫼ 🖐 qto, AC ⸮ qto, ⁽¹⁾ 🛁 🚗 VISA ⬤⬤ AE ⓞ
Rua Aquilino Ribeiro 1 ⊠3880-151 – ℰ 256 57 51 05 – www.aquahotel.pt
56 qto ⊊ – ⫯50/85 € ⫯⫯55/95 €   **Rest** – (só jantar) Lista 16/25 €
♦ O hotel, com personalidade própria, dispõe de uma agradável área social e quartos modernos, todos com piso de tarima, mobiliário de venguê e cabeceiras de tecido. O restaurante, anexado à cafeteria, oferece uma cozinha tradicional.

na Praia do Areinho Sudoeste : 6 km

✕   **Esplanada da Ria**   🏯 AC ⸮ VISA ⬤⬤ AE ⓞ
Praia do Areinho ⊠3880-223 Ovar – ℰ 256 59 14 93 – fechado do 24 ao 30 de setembro e 2ª feira
Rest – Lista 20/35 €
♦ Pequeno restaurante familiar localizado na língua de terra que separa o estuário do mar. Possui um terraço de verão, uma sala luminosa decorada com motivos marinhos.

▶ Lisboa 20

🏨 **Real Oeiras**   🔳 ⅃ 🛁 🖇 & qto, 🅰🅲 ⚡ 👌 🅿 🛏 ⅥⅢ🖙 ⓪ 🅐🅔 ⓪
Rua Alvaro Rodrigues de Azevedo 5 ✉*2770-197* – ℰ *214 46 99 00*
– *www.hoteisreal.com*
97 qto – 🛏90/125 €, 🛏🛏100/155 €, ⌕ 10 € – 3 suites
Rest – Menu 25,50 €
♦ Hotel de linha moderna, actual e funcional que pela sua situação num alto
domina uma grande extensão. Quartos luminosos, com os chãos em alcatifa e
correctas casas de banho.

🍴🍴 **Os Arcos**   🅰🅲 ⚡ ⇄ ⅥⅢ🖙 ⓪ 🅐🅔 ⓪
Rua Costa Pinto 47 ✉*2770-046* – ℰ *214 43 33 74*
Rest – Lista 28/40 €
♦ Oferece dois refeitórios, um deles com vistas para o mar. Recriam um ambiente
dominado pelo tijolo à vista e a madeira. Especializado em peixes e mariscos.

🍴🍴 **Fornos do Padeiro**   🅰🅲 ⚡ ⅥⅢ
Estrada de Paço de Arcos 6 B ✉*2770-129* – ℰ *214 69 41 48*
– *www.fornosdopadeiro.pt*
Rest – Lista 30/40 €
♦ Local temático onde tudo gira em torno do pão, com muitas fotos de fornos,
um pequeno canto-museu e um sala de refeição de estilo neorrústico. Cozinha
tradicional portuguesa.

▶ Lisboa 299 – Viseu 36 – Aveiro 58 – Coimbra 103

🍴🍴 **Eira da Bica**   ≤ 🅰🅲 ⚡ 🅿 ⅥⅢ 🖙 🅐🅔
Casa da Bica-Touça ✉*3670-151 Paços de Vilharigues* – ℰ *232 77 13 43*
– *www.eiradabica.com* – *fechado 2º feira*
Rest – Lista aprox. 25 €
♦ Atrás da sua fachada de pedra encontrará um interior bastante aberto e actual.
Ementa tradicional, pratos regionais e deliciosas carnes, tanto Arouquesas como
de Lafões.

▶ Lisboa 43 – Setúbal 8
🛈 Castelo de Palmela, ℰ 21 233 21 22 cmpal.tur@mail.telepac.pt Fax 21 233
33 42
◉ Castelo★ (❄★), Igreja de São Pedro (azulejos★)

🏨 **Pousada de Palmela** 🌢   ≤ 🖇 🅰🅲 ⚡ 📶 👌 🅿 ⅥⅢ ⓪ 🅐🅔 ⓪
Castelo de Palmela ✉*2950-317* – ℰ *212 35 12 26* – *www.pousadas.pt*
28 qto ⌕ – 🛏98/238 € 🛏🛏110/250 €
Rest – Menu 30 €
♦ Excelente pousada situada num convento do séc. XV, junto às muralhas do
castelo de Palmela. Tem um grande nível, com agradáveis zonas nobres e elegantes quartos. O restaurante oferece uma montagem muito cuidada e uma interessante ementa tradicional.

em Quinta do Anjo Oeste : 3,5 km

🍴 **Alcanena**   🅰🅲 ⚡ ⅥⅢ ⓪ 🅐🅔 ⓪
Rua Venancio da Costa Lima 99 ✉*2950-701 Quinta do Anjo* – ℰ *212 87 01 50*
– *www.restaurantealcanena.com* – *fechado do 1 ao 15 de julho e 4ª feira*
Rest – Lista 20/25 €
♦ A cozinha portuguesa de toda a vida. Curioso buffet com uma mesa de queijos, outra de enchidos e uma grande na qual há recipientes com 20 pratos quen-
tes e outros com 20 pratos frios.

PORTUGAL

PAREDE – Lisboa – **733** – **592** P1 – **8 650 h.** – Praia 6 B3
> ▶ Lisboa 21 – Cascais 7 – Sintra 15

XXX **Dom Pepe** ⇐ 𝔸ℂ ⅍ 𝚟𝚒𝚜𝚊 ⊚ 𝔸𝔼 ⊚
Rua Sampaio Bruno 4A-1° ✉2775-279 – ℰ 214 57 06 36
– www.restaurantedompepe.com – fechado 2ª feira
Rest – Lista 35/49 € ⅗
♦ No seu refeitório, confortável, acolhedor e com vistas sobre o mar, poderá degustar a sua ementa internacional e as atractivas sugestões do chef. Equipa profissional e adega completa.

XX **Toscano** ⇐ 𝔸ℂ ⅍ 𝚟𝚒𝚜𝚊 ⊚ 𝔸𝔼 ⊚
Travessa Barbosa de Magalhães 2 ✉2775-162 – ℰ 214 57 28 94
– fechado 3ª feira
Rest – Lista 32/39 € ⅗
♦ Oferece um bar privado e duas salas, a principal com lareira e a outra, localizada no andar superior, de carácter panorâmico. Serviço profissional e clientela de bom nível.

PAUL – Lisboa – ver Torres Vedras

PEDRA FURADA – Braga – **733** – **591** H4 8 A2
> ▶ Lisboa 344 – Braga 29 – Porto 40 – Viana do Castelo 36

X **Pedra Furada** 𝔸ℂ ⅍ 𝐏 𝚟𝚒𝚜𝚊 ⊚ 𝔸𝔼
☺ *Estrada N 306 ✉4755-392 – ℰ 252 95 11 44 – fechado do 25 ao 31 de agosto e 2ª feira noite*
Rest – Lista 21/28 €
♦ Casa familiar com certo reconhecimento na zona. Oferecem uma cozinha caseira com produtos cultivados por eles próprios. Refeitório rústico dominado por uma grande lareira.

PENHAS DA SAÚDE – Castelo Branco – **733** – **592** L7 – **Desportos de** 5 C2
inverno na Serra da Estrela : ✆4 ✆1
> ▶ Lisboa 311 – Castelo Branco 72 – Covilhã 10 – Guarda 55

🏨 **Serra da Estrela** ⋟ ⇐ 𝔸ℂ ⅍ 𝔰𝔞 𝐏 𝚟𝚒𝚜𝚊 ⊚ 𝔸𝔼
Alt. 1 550 ✉6200-073 Covilhá – ℰ 275 31 03 00 – www.turistrela.pt
80 qto 🖙 – ♦66/140 € ♦♦84/170 € **Rest** – Menu 22 €
♦ Hotel de montanha instalado num edifício horizontal, cujo interior alberga os quartos exteriores, funcionais e bem equipados com casas de banho actuais. Refeitório agradável, muito cuidado e de cálida iluminação.

PENICHE – Leiria – **733** – **592** N1 – **15 595 h.** – Praia 6 A2
> ▶ Lisboa 92 – Leiria 89 – Santarém 79
> ▬ para a Ilha da Berlenga (15 maio-15 setembro) : Viamar, no porto de Peniche, ℰ 262 78 56 46 Fax 262 78 38 47
> 🛈 Rua Alexandre Herculano, ℰ 262 78 95 71 turismo@cm-peniche.pt Fax 262 78 95 71
> ◉ O Porto : regresso da pesca★
> ◔ Cabo Carvoeiro★ – Papoa (❋★) – Remédios (Nossa Senhora dos Remédios : azulejos★) ❋★. - Ilha Berlenga★★ : passeio em barco★★★, passeio a pé★★ (sítio★, ⇐★) 1 h. de barco.

🏨 **Pinhalmar** ⋟ ⇐ ⅂ 🛏 ⅌ qto, 𝔸ℂ ⅍ 𝔰𝔞 𝐏 𝚟𝚒𝚜𝚊 ⊚
estrada Marginal Sul (Cabo Carvoeiro) ✉2520-227 – ℰ 262 78 93 49
– www.pinhalmar.com
27 qto 🖙 – ♦38/90 € ♦♦49/110 € **Rest** – (só clientes) Menu 15 €
♦ O hotel encontra-se em um lugar bastante isolado, a 200 m. do farol do Cabo Carvoeiro. Bar-sala social e quartos funcionais e modernos, a metade deles com varanda e vista para o mar.

XX **Nau dos Corvos** ⇐ 🗻 AK ⚡ P 🆅🆂🅰 ⊗ ⓪

Cabo Carvoeiro (junto ao farol) ⊠2520-605 – ☏ 262 78 31 68
– www.naudoscorvos.com – *fechado domingo noite e 2ª feira de outubro-junho*
Rest – Lista 35/50 €

♦ O restaurante destaca-se pela sua localização sobre um promontório rochoso, quase acima do mar. Hall com viveiro de marisco, bar privado panorâmico e sala de refeição toda de vidro.

PEREIRA – Coimbra – **733** – **592** L4 – **302 h.**   4 A2
▶ Lisboa 208 – Coimbra 17 – Aveiro 73 – Leiria 77

XXX **Quinta São Luiz** 🗻 AK ⚡ P 🆅🆂🅰 ⊗ AE ⓪

Rua do Pedrão ⊠3140-337 – ☏ 239 64 20 00 – www.quintasluiz.com – *fechado 2ª feira*
Rest – Lista 33/42 €

♦ Magnífico restaurante instalado numa quinta do século XVII que serviu como convento e lagar. Encontrará uma estética minimalista e uma cozinha criativa de base internacional.

PESO – Viana do Castelo – ver Melgaço

PESO DA RÉGUA – Vila Real – **733** – **591** I6 – **9 101 h.**   8 B3
▶ Lisboa 379 – Braga 93 – Porto 102 – Vila Real 25
🄸 Rua da Ferreirinha, ☏ 254 31 28 46 Fax 254 32 22 71

🏨 **Régua Douro** ⇐ 🗻 🛏 ⛛ & qto, AK 🛗 P 🚗

Largo da Estação da CP ⊠5050-237 – ☏ 254 32 07 00
– www.hotelreguadouro.pt
67 qto – 10 suites   **Rest** –

♦ Concebido com certo luxo e amplitude de espaços, numa linha urbana que surpreende pela sua localização. Quartos confortáveis e um ambiente natural com boas vistas. Restaurante panorâmico com vistas para o Douro e os vinhedos na outra margem.

PINHÃO – Vila Real – **733** – **591** I7 – **820 h.** – **alt. 120 m**   8 B3
▶ Lisboa 399 – Vila Real 30 – Viseu 100
🄶 Norte : Estrada de Sabrosa★★ ⇐★

🏨 **Vintage House** ⇐ 🗻 ⛛ 🛏 AK ⚡ P 🆅🆂🅰 ⊗ AE ⓪

Lugar da Ponte ⊠5085-034 – ☏ 254 73 02 30 – www.cs-vintagehouse.com
41 qto � – ♦120/179 € ♦♦135/233 € – 2 suites
Rest *Rabelo* – Lista 36/51 €

♦ Este elegante hotel desfruta duma decoração de estilo inglês e magníficas vistas sobre o Douro. Cuidadas zonas nobres e quartos clássicos com muito pormenor. O restaurante evidência uma montagem com muito bom gosto e apresenta paredes pintadas a fresco.

ao Norte : 5 km

🏠 **Casa do Visconde de Chanceleiros** 🕊 ⇐ 🗻 ⛛ ⚡ P 🆅🆂🅰 ⊗ AE ⓪

Chanceleiros ⊠5085-201 – ☏ 254 73 01 90
– www.chanceleiros.com
9 qto ⊻ – ♦90/110 € ♦♦100/125 €   **Rest** – (a pedido) *(só clientes)* Menu 30 €
♦ A decoração original combina estilos clássico e regional. As áreas sociais encontram-se no edifício principal e os quartos nos anexos, com vista para as vinhas.

🏠 **Casa de Casal de Loivos** 🕊 ⇐ ⛛ ⚡

⊠5085-010 Casal de Loivos – ☏ 254 73 21 49 – www.casadecasaldeloivos.com
– *fechado janeiro*
6 qto ⊻ – ♦80 € ♦♦100 €   **Rest** – *(só clientes)* Menu 25 €
♦ Antiga casa de pedra situada na parte alta de uma colina, desfrutando de uma magníficas vistas panorâmicas do rio Douro. Sala social com lareira e quartos correctos.

POÇO BARRETO – Faro – 733 – 593 U4

▶ Lisboa 253 – Faro 52 – Beja 122 – Lagoa 12

3 B2

XX   **O Alambique**   🍴 AC 🍽 P VISA ⓸ ⓞ

Ⓐ   *Estrada de Silves ⊠8300-042 Silves – 𝒞 282 44 92 83 – www.alambique.de*
– fechado 3 novembro-14 dezembro, 4ª feira (novembro-fevereiro) e 3ª feira
Rest – Lista 22/30 €

  ♦ Casa de piso térreo situada junto à estrada, com duas salas de tectos altos e correcta montagem separadas por dois arcos em pedra. Agradável esplanada na parte de trás.

POMBAL – Leiria – 733 – 592 M4 – 5 779 h.

▶ Lisboa 153 – Coimbra 43 – Leiria 28

6 B1

🅘 Rua Eduardo Gomes, 𝒞 236 21 32 30 info@rt-leiriafatima.pt

🏨   **Pombalense**   📶 & qto, AC 🍽 ⓣ 🎿 🚗 VISA ⓸ AE ⓞ

Rua Alexandre Herculano 26 ⊠3100-494 – 𝒞 236 20 09 90 – www.hotelpombalense.pt
39 qto ⬜ – †53/62 € ††67/78 €
Rest *Palomino* – Lista aprox. 23 €

  ♦ Hotel com equipamento moderno situado junto à estação de comboios. Possui um hall-recepção actual, uma sala polivalente e quartos confortáveis com um ar funcional. O restaurante oferece uma cozinha tradicional portuguesa e pratos internacionais.

🏨   **Do Cardal** sem rest   📶 AC 🍽 ⓣ 🎿 🚗 VISA ⓸ AE ⓞ

Largo do Cardal ⊠3100-440 – 𝒞 236 20 02 20 – www.residencialdocardal.com
27 qto ⬜ – †35/40 € ††45/50 €

  ♦ Hotelzinho central de organização familiar. Possui quartos decorados com mobiliário clássico e casas de banho espaçosas que nalguns casos contam com varanda.

🏠   **Sra. de Belém** sem rest   📶 AC 🍽 ⓣ P VISA ⓸

Av. Heróis do Ultramar 185 ⊠3100-462 – 𝒞 236 20 08 00
– www.senhoradebelem.com
27 qto ⬜ – †38/40 € ††48/55 €

  ♦ Estabelecimento administrado em família e equipado com belas instalações. Os quartos são modernos e oferecem um equipamento completo, alguns dispõem de varanda.

na estrada N 1 Noroeste : 2 km

XX   **O Manjar do Marquês**   AC 🍽 ⇆ P VISA ⓸ AE ⓞ

⊠3100-373 – 𝒞 236 20 09 60 – www.omanjardomarques.com
– fechado do 16 ao 30 de julho
Rest – Lista 20/26 €

  ♦ Grande complexo equipado com um snack-bar, uma sala de refeição "à la carte", uma sala de banquetes e sua própria loja de productos típicos. Um serviço de estrada a preços acessíveis.

PONTA DELGADA – Madeira – ver Madeira (Arquipélago da)

PONTA DO SOL – Madeira – ver Madeira (Arquipélago da)

PONTE DE LIMA – Viana do Castelo – 733 – 591 G4 – 2 752 h.

▶ Lisboa 392 – Braga 33 – Porto 85 – Vigo 70

8 A2

🅘 Paço do Marquês, 𝒞 258 94 23 35 turismopontedelima@gmail.com
    Fax 258 94 23 35

🏌 Golfe de Ponte de Lima, Sul : 3 km, 𝒞 258 74 34 15

◉ Ponte★ - Igreja-Museu dos Terceiros (talhas★)

pela estrada N 201 Sul : 3 km

🏨   **Axis Ponte de Lima** sem rest ⅏   🖼 ♨ 🍽 🏌 📶 ⓢ & AC 🍽 ⓣ 🎿 P

Quinta de Pias - Fornelos ⊠4990-620 – 𝒞 258 90 02 50   🚗 VISA ⓸ AE
– www.axishoteisegolfe.com
40 qto ⬜ – †58/65 € ††65/96 €

  ♦ Definido pela sua estética de linhas rectas. Oferece uma correcta zona social, uma magnífica piscina interior e quartos funcionais, metade dos quais com vistas sobre um campo de golfe.

PORTALEGRE ⓟ – 733 – 592 O7 – 15 274 h. – alt. 477 m   2 C1

- ▶ Lisboa 238 – Badajoz 74 – Cáceres 134 – Mérida 138
- ⓘ Rua Guilherme Gomes Fernandes 22, ☏ 245 30 74 45 turismo@cm-portalegre.pt Fax 245 30 74 70
- ⓖ Pico São Mamede ❊★ – Estrada★ escarpada de Portalegre a Castelo de Vide por Carreiras, Norte : 17 km

⌂ **Mansão Alto Alentejo** sem rest   ⒶⒸ ℀ ⓋⓘⓈⓐ 🅟 ⒶⒺ
Rua 19 de Junho 59 ✉7300-155 – ☏ 245 20 22 90
– www.mansaoaltoalentejo.com.pt
13 qto 🛏 – ▮30/35 € ▮▮40/45 €
♦ Situado em pleno centro histórico da cidade, junto à Catedral. Ficará surpreendido com os quartos chiques, todos de gosto regional alentejano e conforto correcto.

Deseja partir no último minuto?
Visite os sites internet dos hotéis para aproveitar as tarifas promocionais.

PORTEL – Évora – 733 – 593 R6 – 2 713 h.   2 C2

- ▶ Lisboa 176 – Beja 41 – Évora 42 – Faro 181

⌂⌂ **Refúgio da Vila**   🏡 🏊 ⓘ⌂ ㏗ qto, ⒶⒸ ⓦ Ⓐⓘ 🅟 ⓋⓘⓈⓐ ⓒⓒ ⒶⒺ
Largo Dr. Miguel Bombarda 8 ✉7220-369 – ☏ 266 61 90 10
– www.refugiodavila.com
30 qto 🛏 – ▮95/111 € ▮▮117/137 €
Rest Adega do Refúgio – Lista 25/31 €
♦ Esta casa senhorial do século XIX brilhantemente recuperada, oferece uma elegante área social e quartos bem decorados com mobiliário de época, situados no edifício principal. O restaurante, que se destaca pelo seu tecto abobadado, oferece uma cozinha regional.

PORTIMÃO – Faro – 733 – 593 U4 – 17 710 h. – Praia   3 A2

- ▶ Lisboa 290 – Faro 62 – Lagos 18
- ⓘ Av. Tomás Cabreira (Praia da Rocha), ☏ 282 41 91 32 turismo.praiadarocha@rtalgarve.pt
- 🔟 Penina, pela estrada de Praia da Rocha : 5 km, ☏ 282 42 02 00
- 🔳 ≤★ da ponte sobre o rio Arade X
- ⓖ Praia da Rocha★★ (miradouro★, enseadas★★) ZA

na Praia dos Três Irmãos Sudoeste : 4,5 km

✕✕ **Búzio**   ≤ 🏡 ℀ ⓋⓘⓈⓐ ⓒⓒ ⒶⒺ ⓞ
Aldeamento da Prainha ✉8500-904 Alvor – ☏ 282 45 87 72
– www.restaurantebuzio.com – fechado janeiro, fevereiro e domingo
Rest – Lista 27/40 €
♦ Negocio de sólida trajectória localizado num edifício tipo villa. Possui um espaçoso Lounge Bar, um refeitório de montagem moderna e uma esplanada chique com vistas sobre o mar.

na estrada N 125 por ③ : 5 km

⌂⌂⌂ **Le Méridien Penina** 🛥   ≤ 🍽 🏡 🏊 ㋛ ✕ 🔟 🛗 ⒶⒸ ℀ 📞 Ⓐⓘ 🅟
✉8501-952 apartado 146 – ☏ 282 42 02 00   ⓋⓘⓈⓐ ⓒⓒ ⒶⒺ ⓞ
– www.lemeridien.com
179 qto – ▮80/260 € ▮▮105/285 €, 🛏 21 € – 17 suites
Rest Sagres – (só jantar) (só buffet) Menu 36 €
Rest Grill – (só jantar) Lista 35/45 €
Rest L'Arlecchino – (só jantar) Lista 25/35 €
♦ Um referencial para os amantes do golfe, onde o equipamento e o conforto alcançam a sua máxima expressão. Excelente direcção, belos exteriores e uma elegante zona nobre. Entre os seus restaurantes destaca o Grill pelo seu belíssimo mobiliário de estilo inglês.

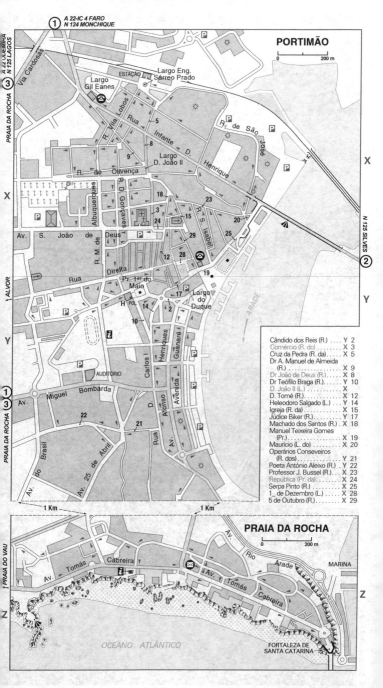

PORTIMÃO

0   200 m

A 22-IC 4 FARO
N 124 MONCHIQUE

A 22 UDEMIRA
N 125 LAGOS

PRAIA DA ROCHA

Via Cardosas

Largo
Gil Eanes

ESTAÇÃO

Largo Eng.
Sárreo Prado

Rua Vila Lobos

Rua 5

Infante D.

Largo
D. João II

R. do Olivença

R. de São José

Henrique

R. D. Gonçalves

R. M. de Albuquerques

Av. S. João de Deus

Rua Direita

Pr. 1er do Maio

Largo
do Duque

ARADE

N 125 SILVES

X

Y

ALVOR

Rua

Carlos I

Henriques

Guararé

AUDITÓRIO

Av. Miguel Bombarda

Rua D. Afonso

Avenida

Av. do Brasil

Av. 25 de Abril

PRAIA DA ROCHA

Cândido dos Reis (R.)	Y 2
Comércio (R. do)	X 3
Cruz da Pedra (R. da)	X 5
Dr A. Manuel de Almeida (R.)	X 9
Dr João de Deus (R.)	X 8
Dr Teófilo Braga (R.)	Y 10
D. João II (L.)	X
D. Tomé (R.)	X 12
Heleodoro Salgado (L.) . . .	Y 14
Igreja (R. da)	X 15
Júdice Biker (R.)	X 17
Machado dos Santos (R.) .	X 18
Manuel Teixeira Gomes (Pr.)	X 19
Maurício (L. do)	X 20
Operários Conseveiros (R. dos)	Y 21
Poeta António Aleixo (R.) .	Y 22
Professor J. Bussel (R.) . .	X 23
República (Pr. da)	X 24
Serpa Pinto (R.)	X 25
1_ de Dezembro (L.)	X 28
5 de Outubro (R.)	X 29

1 Km   1 Km

PRAIA DA ROCHA

0   200 m

PRAIA DO VAU

Av. Tomás Cabreira

Av. Rio Arade

MARINA

Av. Tomás Cabreira

OCEANO ATLÂNTICO

FORTALEZA DE
SANTA CATARINA

Z

Vista do Porto desde Gaia

PORTO

Provincia : P Porto
Mapa Michelin : 733 – 591 I3
▶ Lisboa 310 – A Coruña 305
– Madrid 591

População : 227 790 h.
Altitude : 90 m
Mapa regional : 8 A3

INFORMAÇÕES PRÁTICAS

🛈 Postos de Turismo

Rua do Clube Fenianos 25, ✆ 22 205 27 40 visitporto@cm-porto.pt
Fax 22 332 33 03

Praça D. João I-43, ✆ 22 205 75 14 Fax 22 205 32 12

Rua do Infante D. Henrique 63, ✆ 22 206 04 12 visitporto@cm-porto.pt
Fax 22 206 04 14

Av. D. Afonso Henriques – Parque Basilio (Matosinhos) ✆ 22 938 44 14.

Automóvel Club

A.C.P. Rua Gonçalo Cristovão 2, ✆ 22 205 67 32 Fax 22 205 66 98.

Golf

🏌 Miramar, pela estrada de Espinho : 9 km, ✆ 22 762 20 67

Aeroporto

✈ Francisco Sá Carneiro, 17 km por ① ✆ 22 943 24 00

T.A.P., ✆ 707 205 700

👁 VER

Sítio** – Vista de Nossa Senhora da Serra do Pilar* EZ – As Pontes (ponte Maria Pia* FZ, ponte D. Luis I** EZ) – As Caves do vinho do Porto* (Vila Nova de Gaia) DEZ O Velho Porto** : Sé (altar*) – Claustro (azulejos*) EZ– Casa da Misericórdia (quadro Fons Vitae*) EZ P – Palácio da Bolsa (Salão árabe*) EZ – Igreja de São Francisco** (decoração barroca**, árvore de Jessé*) EZ – Cais da Ribeira* EZ – Torre dos Clérigos* ✳* EY.
Outras curiosidades :
Fundação Engo António de Almeida (colecção de moedas de ouro*) BU M¹ – Igreja de Santa Clara* (talhas douradas*) EZ R – Fundação de Serralves* (Museu Nacional de Arte Moderna) : Jardim*, grades de ferro forjado* AU

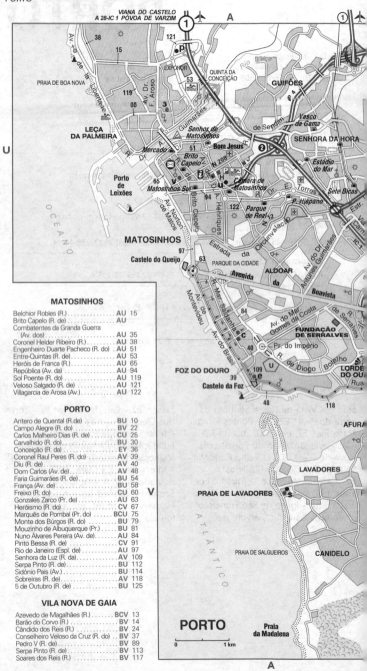

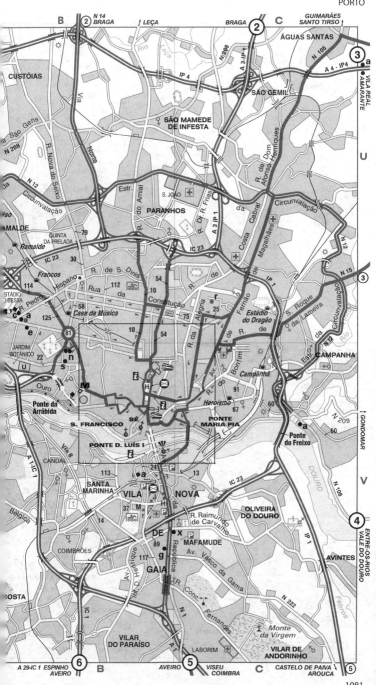

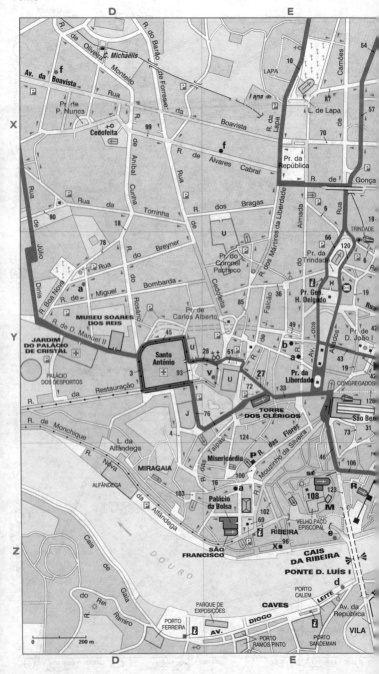

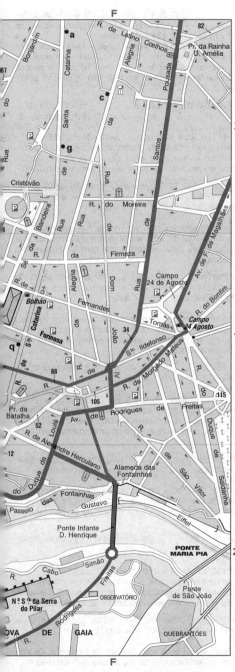

PORTO

Porto Palácio ⟨ ▣ ♨ 🛗 ⚐ qto, ⯆ ⚙ qto, ⫟ ♨ ⟲ ▨ ⟋ ⟐
Av. da Boavista 1269 ✉4100-130 – ☎ 226 08 66 00 – www.hotelportopalacio.com
232 qto – ♦260/520 € ♦♦280/560 €, ☑ 13 € – 18 suites   BU**e**
Rest Salsa & Loureiro – Lista aprox. 35 €   **Rest Grappa** – Lista aprox. 26 €
♦ Foi remodelado, por isso agora possui uma grande zona social, um centro de congressos, um SPA e até um espectacular andar top onde há um bar panorâmico. Dentro de seus restaurantes encontra-se uma cozinha tradicional portuguesa, mediterrânea e italiana.

Pousada do Porto Palácio do Freixo ♨   ⟨ ⟐ ⯆ ▣ ♨ 🛗
Estrada N-108 ✉4300-416   🛗 qto, ⯆ qto, ⚙ qto, ⫟ ♨ ⯈ ▨ ⟋ ⓪
  ☎ 225 31 10 00 – www.pousadas.pt   CV**a**
77 qto ☑ – ♦138/288 € ♦♦150/300 € – 10 suites   **Rest** – Menu 30 €
♦ A pousada ocupa um belo palácio declarado Património Nacional. Você encontrará áreas sociais bem cuidadas e quartos de estilo clássico, localizados num anexo. O restaurante, dividido em três salas modernas, oferece um menu tradicional.

Sheraton Porto   ⟰ ▣ 🛗 ♨ qto, ⯆ ⚙ ⟲ ⫟ ♨ ⟋ ▨ ⟋ ⓪
Rua de Tenente Valadim 146 ✉4100-476 – ☎ 220 40 40 00 – www.sheraton.com
250 qto – ♦125/260 € ♦♦150/285 €, ☑ 25 € – 16 suites   BU**c**
Rest – Lista 36/47 €
♦ Um grande hotel em todos os sentidos, com um enorme hall que aglutina as zonas sociais e o piano-bar. Quartos de linha actual que ressaltam pelas suas casas de banho envidraçadas. O seu moderno restaurante complementa-se com uma zona para pequenos almoços.

Tiara Park Atlantic Porto   ♨ ⯆ qto, ⯆ ⚙ ⟲ ⫟ ♨ ⟋ ▨ ⟋ ⓪
Av. da Boavista 1466 ✉4100-114 – ☎ 226 07 25 00 – www.tiara-hotels.com
225 qto – ♦220/320 € ♦♦240/340 €, ☑ 23 € – 7 suites   BU**a**
Rest – Lista 37/49 €
♦ Oferece grande conforto em todos os seus quartos, decorados com materiais nobres num ambiente elegante e harmonioso. Boa oferta para a organização de convenções e congressos. No seu luminoso refeitório poderá degustar uma ementa cuidada e de corte cosmopolita.

Infante de Sagres   ⟰ ♨ ⯆ ⚙ ⫟ ♨ ⟋ ▨ ⟋ ⓪
Praça D. Filipa de Lencastre 62 ✉4050-259 – ☎ 223 39 85 00
– www.hotelinfantesagres.pt   EY**b**
62 qto ☑ – ♦192 € ♦♦214 € – 8 suites   **Rest** – Menu 22,50 €
♦ Este hotel foi redecorado, por isso agora apresenta um chamativo contraste entre as zonas comuns, muito clássicas, e os seus cuidadíssimos quartos, todos de linha actual. No seu elegante restaurante encontrará uma cozinha internacional e elaborações actuais.

Mercure Porto Centro   ⟨ ♨ ⯆ qto, ⯆ ⫟ ♨
Praça da Batalha 116 ✉4049-028 – ☎ 222 04 33 00 – www.mercure.com
140 qto – 9 suites   **Rest** –   FY**f**
♦ Situado no centro histórico e comercial. Este hotel desfruta de uma espaçosa zona social e de quartos confortáveis, todos redecorados num estilo clássico-actual. O seu restaurante panorâmico tem um carácter polivalente, pois também oferece pequeno almoço.

Grande H. do Porto   ♨ ⯆ qto, ⯆ ⚙ ⫟ ♨ ⟋ ▨ ⟋ ⓪
Rua de Santa Catarina 197 ✉4000-450 – ☎ 222 07 66 90
– www.grandehotelporto.com   FY**q**
90 qto ☑ – ♦55/120 € ♦♦60/130 € – 8 suites   **Rest** – Menu 13,50 €
♦ Numa rua pedonal muito central e comercial. A zona nobre toma protagonismo numa elegante sala com colunas e possui quartos que foram recentemente actualizados. Atractivo restaurante clássico, com belas molduras e lustres de cristal.

Pestana Porto sem rest   ⟨ ♨ ⯆ ⯆ ⫟ ♨
Praça da Ribeira ✉4050-513 – ☎ 223 40 23 00 – www.pestana.com
48 qto   EZ**x**
♦ Pitoresco conjunto de edifícios na zona mais turística da localidade. Quartos confortáveis equipados com mobiliário actual, na sua maioria com vistas ao rio.

PORTUGAL

🏨 **Ipanema Porto H.** 🛋 ⅙ qto, 🅰🅒 ℅ ᵗⁱ⁰ ⅘ 🄿 🆅🅸🆂🅰 ⊚ 🅰🅴
Rua Campo Alegre 156 ✉4150-169 – ℰ 226 07 50 59 – www.hoteisfenix.com
140 qto ⌿ – **♠♠**60/260 € – 10 suites   **Rest** – Menu 20 €   BV**s**
♦ Na Boavista, convenções, negócios e turismo. Lembre da sua estadia no Porto,
hospedando-se nesta casa de estilo moderno. Amplos e dotados quartos de estilo
actual. Cálido refeitório que está em consonância com a sua categoria.

🏨 **Fenix Porto** sem rest 🛋 ⅙ 🅰🅒 ℅ ᵗⁱ⁰ ⊜ 🆅🅸🆂🅰 ⊚ 🅰🅴
Rua Gonçalo Sampaio 282 ✉4150-365 – ℰ 226 07 18 00 – www.hoteisfenix.com
148 qto ⌿ – **♠♠**61/261 €   BV**n**
♦ Apresenta dois tipos de quartos, uns de linha funcional e os outros distribuídos nos dois andares superiores, com uma estética muito mais actual e mobiliário
de design.

🏨 **Tuela Porto** 🛋 ⅙ qto, 🅰🅒 ℅ ᵗⁱ⁰ ⅘ ⊜ 🆅🅸🆂🅰 ⊚ 🅰🅴
Rua Arquitecto Marques da Silva 200 ✉4150-483 – ℰ 226 00 47 47
– www.hoteisfenix.com   BV**n**
154 qto ⌿ – **♠♠**55/200 €   **Rest** – Menu 15 €
♦ Este hotel oferece uma zona social correcta, com bar incluído, bem como quartos mais ou menos amplos, todos com os chãos atapetados e mobiliário funcional. O restaurante possui painéis removíveis, sendo de carácter polivalente, pois
oferece os três serviços do dia.

🏨 **Tryp Porto Centro** sem rest 🛋 ⅙ 🅰🅒 ℅ 📞 ᵗⁱ⁰ ⅘ 🆅🅸🆂🅰 ⊚ 🅰🅴 ⓞ
Rua da Alegria 685 ✉4000-046 – ℰ 225 19 48 00
– www.trypportocentro.solmelia.com   FX**c**
62 qto ⌿ – **♠**60/120 € **♠♠**70/130 €, ⌿ 9,50 €
♦ Hotel de linha moderna e actual decorado em tons claros. O mais destacado dos
seus quartos é a amplitude, embora também desfrutam dum bom equipamento.

🏨 **Internacional** 🛋 🅰🅒 ℅ qto, ⅘ 🆅🅸🆂🅰 ⊚ 🅰🅴 ⓞ
Rua do Almada 131 ✉4050-037 – ℰ 222 00 50 32 – www.hi-porto.com
35 qto ⌿ – **♠**45/60 € **♠♠**50/70 €   **Rest** – Menu 10 €   EY**a**
♦ Pequeno, familiar, aconchegante e confortável, com zonas nobres actuais. A
sua decoração surpreende com detalhes dignos e originais, em pedra e cerâmica.
Este pequeno restaurante familial, acolhedor e confortável, com zonas nobres
actuais, oferece uma decoração que surpreende pelos seus detalhes originais
de pedra e de cerâmica.

🏨 **Da Bolsa** sem rest 🛋 ⅙ 🅰🅒 ℅ ᵗⁱ⁰ ⊚ 🅰🅴 ⓞ
Rua Ferreira Borges 101 ✉4050-253 – ℰ 222 02 67 68 – www.hoteldabolsa.com
36 qto ⌿ – **♠**50/80 € **♠♠**70/130 €   EZ**a**
♦ A cálida familiaridade dum pequeno hotel de elegante fachada. Equipamento
básico mas cuidado e quartos que, ainda reduzidos, oferecem uma aconchegante
decoração.

🏠 **América** sem rest 🛋 ⅙ 🅰🅒 ℅ ᵗⁱ⁰ ⊜ 🆅🅸🆂🅰 ⊚ 🅰🅴
Rua Santa Catarina 1018 ✉4000-447 – ℰ 223 39 29 30
– www.hotel-america.net   FX**g**
21 qto ⌿ – **♠**45 € **♠♠**55 €
♦ Pequeno estabelecimento de organização familiar e localização central, com
casas de banho actuais e quartos idóneos para o descanso. Zona comun polivalente.

🏠 **Século Residencial** sem rest 🛋 🅰🅒 ℅ 🄿 🆅🅸🆂🅰 ⊚ 🅰🅴 ⓞ
Santa Catarina 1256 ✉4000-447 – ℰ 225 09 91 20 – www.seculoresidencial.com
23 qto ⌿ – **♠**35/45 € **♠♠**45/55 €   FX**a**
♦ Hotel simples embora bastante cuidado, levado com dedicação. Correcta zona
de pequenos almoços e quartos funcionais com casas de banho completas, algumas com hidromassagem.

🏠 **Mira D'Aire** sem rest 🅰🅒 ℅ ᵗⁱ⁰ 🆅🅸🆂🅰 ⊚
Rua Álvares Cabral 197 ✉4050-041 – ℰ 222 08 31 13 – www.hotelmiradaire.com
11 qto ⌿ – **♠**40/55 € **♠♠**45/60 €   EX**f**
♦ Casa centenária, simples e familiar, com uma bela escada em madeira. Os quartos são reduzidos embora confortáveis, com mobiliário provençal e casas de
banho completas.

XX **D. Tonho**　　　　　　　　🍴 AC ⅍ ↻ VISA ⓪ AE ⓪

Cais da Ribeira 13-15 ✉4050-509 – ℰ *222 00 43 07* – *www.dtonho.com*
Rest – Lista aprox. 34 €　　　　　　　　　　　　　　　　EZ**e**

♦ Em pleno centro histórico e em frente ao Douro. As paredes de pedra da
muralha medieval cercam um ambiente clássico-vanguardista de boa montagem.
Ementa de gosto tradicional.

XX **Lider**　　　　　　　　　　　　AC ⅍ VISA ⓪ AE ⓪

Alameda Eça de Queiroz 126 ✉4200-274 – ℰ *225 02 00 89* – *fechado domingo
em agosto*　　　　　　　　　　　　　　　　　　　　　CU**r**
Rest – Lista 30/44 €

♦ Situado numa zona tranquila e nova da cidade. Magnífica direcção e cuidada
manutenção onde a luz natural inunda o seu clássico interior. Ambiente suave e
atento serviço.

XX **Artemisia**　　　　　　　　　　AC ⅍ VISA ⓪ AE

Rua Adolfo Casais Monteiro 135 ✉4050-014 – ℰ *226 06 22 86*
– *www.restauranteartemisia.com* – *fechado domingo meio-dia*　　　DY**a**
Rest – *(só jantar em agosto)* Lista aprox. 34 €

♦ Resulta ser bastante central e pela tarde funciona como salão de chá. Possui
um pequeno hall na entrada e um refeitório de montagem moderna. Cozinha
internacional de corte actual.

X **Irene Jardim**　　　　　　　　🍴 AC ⅍ VISA AE

Praça Parada Leitão 17 ✉4050-456 – ℰ *222 01 17 87*
– *www.irenejardim.izispot.com* – *fechado do 1 ao 15 de janeiro e domingo*
Rest – Lista 20/35 €　　　　　　　　　　　　　　　　EY**v**

♦ Restaurante tipo bistrot situado num edifício clássico protegido. Dispõe de
uma esplanada, um bar envidraçado e um refeitório que deixa a cozinha à vista.
Ementa internacional.

X **Toscano**　　　　　　　　　　AC ⅍ VISA ⓪ AE ⓪

Rua Dr. Carlos Cal Brandão 22 ✉4050-160 – ℰ *226 09 24 30*
– *www.restaurantetoscano.net* – *fechado domingo*　　　　　　DX**f**
Rest – Lista 19/33 €

♦ Pequeno restaurante ao rés-do-chão dum edifício de localização central. Espaços reduzidos mas bem aproveitados, uma decoração actual e boa ementa de
cozinha italiana.

X **Mendi**　　　　　　　　　　　AC ⅍ VISA ⓪ AE ⓪

Av. da Boavista 1430-loja 1 ✉4100-114 – ℰ *226 09 12 00*
– *www.mendirestauranteindiano.com* – *fechado agosto e domingo*
Rest – Lista 25/38 €　　　　　　　　　　　　　　　　BU**a**

♦ Exótico estabelecimento de estilo alegre e juvenil que destaca pela cozinha
indiana, elaborada por profissionais autóctones, muito correcta e com uma
extensa ementa.

na Foz do Douro :

XX **Foz Velha**　　　　　　　　　AC ⅍ VISA ⓪ AE

Esplanada do Castelo 141 ✉4150-196 – ℰ *226 15 41 78* – *www.fozvelha.com*
– *fechado do 1 ao 15 de agosto, domingo e 2ª feira ao meio-dia*　　AV**e**
Rest – Lista 33/53 €

♦ Combinam à perfeição as cores vivas e a decoração moderna, com as características próprias duma antiga casa senhorial. Algumas mesas desfrutam de vistas
sobre o mar.

XX **Cafeína**　　　　　　　　　　AC ⅍ VISA ⓪ AE ⓪

Rua do Padrão 100 ✉4150-557 – ℰ *226 10 80 59* – *www.cafeina.pt*
Rest – Lista 30/36 €　　　　　　　　　　　　　　　　AU**c**

♦ É um dos restaurantes que está na moda, pelo que costuma estar cheio quase
todos os dias. Ao seu moderno refeitório acrescenta-se uma zona para fumadores
e outra de bar nocturno.

XX **Terra**　　　　　　　　　　　　　 ᵍᵍ VISA ⓄⓄ AE Ⓞ
Rua do Padrão 103 ⊠*4150-559 –* ℰ *226 17 73 39 – www.restauranteterra.com*
Rest *– Lista 30/36 €*　　　　　　　　　　　　　　　　 AU**c**
◆ Casa de singular fachada, por estar coberta de azulejos. Possui um sushi-bar e
uma sala de ar neo-rústico, com pormenores de desenho e predomínio das
cores lilás.

em Matosinhos :

🏠 **Amadeos** sem rest　　　　 ᐧ ⓵ Ṫ AC ᵍᵍ ᵗᵗ VISA ⓄⓄ AE Ⓞ
Rua Conde Alto Mearim 1229 ⊠*4450-036 Matosinhos –* ℰ *229 39 97 00*
– www.htilthotels.com　　　　　　　　　　　　　　　　　 AU**u**
50 qto � *–* ⸙⸙45/55 €
◆ Boa escolha para o cliente de empresa. Casas de banho modernas e quartos
funcionais. Simpático pátio-esplanada, zonas nobres e uma linha actual configu-
ram o seu ambiente.

XX **Esplanada Marisqueira Antiga**　　　　 AC ᵍᵍ VISA ⓄⓄ AE Ⓞ
Rua Roberto Ivens 628 ⊠*4450-249 Matosinhos –* ℰ *229 38 06 60*
– www.esplanadamarisqueria.com.pt – fechado 2ª feira　　　 AU**v**
Rest *– Lista 30/50 €*
◆ Um estabelecimento que resulta bastante popular. Boa organização, ambiente
animado e peixes e mariscos de grande qualidade, pois possui um viveiro próprio.

XX **Os Lusiadas**　　　　　　　　 AC ᵍᵍ VISA ⓄⓄ AE Ⓞ
Rua Tomás Ribeiro 257 ⊠*4450-297 Matosinhos –* ℰ *229 37 82 42*
– www.oslusiadas.com.pt – fechado domingo　　　　　　 AU**v**
Rest *– Lista 40/55 €*
◆ A sua moderna ambientação inspira-se nos Lusíadas, a obra maestra de
Camões. Sala aconchegante com expositor de produtos, que combina com um
discreto serviço de mesa.

PORTO ANTIGO *– Viseu – ver Cinfães*

PORTO MONIZ *– Madeira – ver Madeira (Arquipélago da)*

PORTO SALVO *– Lisboa – 733 – 592* P2 *– 7 666 h.*　　　 6 B3
🔼 *Lisboa 19 – Setúbal 59 – Oeiras 4 – Amadora 17*

🏨 **Lagoas Park H.**　　　　 ᵎᵃ ⓵ Ṫ AC ᵍᵍ qto, ᵗᵗ ᴣᴬ ⇌ VISA ⓄⓄ AE Ⓞ
Rua Encosta das Lagoas ⊠*2740-245 –* ℰ *211 10 97 00 – www.tdhotels.pt*
180 qto � *–* ⸙150 € ⸙⸙170 € *– 2 suites*
Rest *Treinta y Tres – ver selecção restaurantes*
Rest *– Menu 24 €*
◆ Este hotel de concepção moderna, localizado em uma área de expansão
empresarial, dispõe de um hall luminoso, salas de reunião de grande capacidade
e quartos modernos e confortáveis. O restaurante, localizado próximo ao lobby-
-bar, é luminoso e bem concebido.

XX **Treinta y Tres** *– Hotel Lagoas Park H.*　　 ⸮ ᵍᵍ ⇌ VISA ⓄⓄ AE Ⓞ
Rua Encosta das Lagoas ⊠*2740-245 –* ℰ *211 10 97 00 – www.tdhotels.pt*
Rest *– Lista aprox. 35 €*
◆ O restaurante ocupa uma estrutura de vidro original e seu nome é uma home-
nagem à região do Uruguai de onde vem os gaúchos. Intalações modernas e car-
nes de alta qualidade.

PORTO SANTO *– Madeira – ver Madeira (Arquipélago da)*

PÓVOA DE LANHOSO *– Braga – 733 – 591* H5 *– 3 564 h.*　　 8 A2
🔼 *Lisboa 375 – Braga 19 – Caldelas 24 – Guimarães 21*

pela estrada N 205 Este : 1,5 km e desvío a esquerda 0,5 km

🏠 **Vila Joaquina** sem rest ⬤　　　 ᴣ Ṫ AC ᵗᵗ P VISA ⓄⓄ Ⓞ
Lugar da Aldeia ⊠*4830-191 –* ℰ *253 63 90 90 – www.vilajoaquina.com*
15 qto � *–* ⸙30/50 € ⸙⸙45/75 €
◆ Casa de estilo colonial do princípio do séc. XX, restaurada e ampliada como
hotel rural, num relaxante sítio entre campos, com horta própria e piscina.

em Calvos Nordeste : 3 km

🔒 Maria da Fonte 🅢 ⟵ ⛱ 🖾 ₤ ✗ ₺ qto, 🕮 ⅏ 🕼 ₴ 🄿

⊠4830-065 Póvoa de Lanhoso – ☎ 253 63 96 00   🆅🅸🆂🅰 ⊙◯ 🄰🄴 ⊙
– www.mariadafonte.com
27 qto ☲ – ♦62/79 € ♦♦81/102 € – 3 suites   **Rest** – Menu 17,50 €
◆ Diferentes edifícios em pedra, típicos da região, formam este conjunto situado num ambiente rural. Os seus cálidos quartos são amplos e possuem casas de banho completas. No seu luminoso restaurante poderá degustar uma saborosa cozinha tradicional.

> Nao confunda os talheres ✗ e as estrelas ⊛! Os talheres definem uma categoria de conforto e serviço. A estrela consagra unicamente a qualidade da cozinha cualquer que seja o standing do estabelecimento.

PÓVOA DE VARZIM – Porto – **733** – **591** H3 – **27 810 h.** – Praia   8 A2

🄳 Lisboa 348 – Braga 40 – Porto 31
🄸 Praça Marquês de Pombal, ☎ 252 29 81 20 pturismo@cm-pvarzim.pt
Fax 252 61 78 72
◉ O bairro dos pescadores★ AZ
🄶 Rio Mau : Igreja de S. Cristóvão (capitéis★) por ② : 12 km

🔒🔒 G. H. da Póvoa ⟵ 🕼 ₺ qto, 🕮 ⅏ 🍴 ₴ 🆅🅸🆂🅰 ⊙◯ 🄰🄴 ⊙
Largo do Passeio Alegre 20 ⊠4490-428
– ☎ 252 29 04 00   AZ**a**
84 qto ☲ – ♦50/75 € ♦♦60/95 € – 2 suites
Rest – Lista 27/41 €
◆ Desfruta de uma localização de luxo, pois ocupa um edifício histórico situado em frente ao mar. Zona social correcta e quartos funcionais com equipamento completo. No seu refeitório poderá degustar pratos tradicionais ou um variado buffet.

pela estrada N 13 AY :

🔒 Torre Mar sem rest 🍴 ₺ 🕮 ⅏ 🍴 🄿 🚂 🆅🅸🆂🅰 ⊙◯ ⊙
A Ver-o-Mar, Norte : 2,3 km ⊠4490-091 A Ver-o-Mar – ☎ 252 29 86 70

– www.hotel-torre-mar.pt
31 qto ☲ – ♦39/60 € ♦♦52/75 €
◆ A acertada organização e a boa manutenção são as suas notas características. Dotado de discretas zonas comuns e de um conforto muito válido dentro da sua categoria.

🔒 Sol Póvoa sem rest 🍴 ₺ 🕮 ⅏ 🍴 🄿 🚂 🆅🅸🆂🅰 ⊙◯ 🄰🄴 ⊙
Rua José Morneiro 100, Norte : 1,8 km ⊠4490-100 A Ver-o-Mar – ☎ 252 29 05 10

– www.hotelsolpovoa.com
30 qto ☲ – ♦45/60 € ♦♦60/75 €
◆ Estabelecimento de organização simples mas amável, com divisões funcionais embora de adequado conforto. Possui uma agradável zona de relvado na parte posterior.

✗✗ O Marinheiro 🕮 ⅏ ⊂⊃ 🄿 🆅🅸🆂🅰 ⊙◯ 🄰🄴 ⊙
A Ver-o-Mar, Norte : 2 km ⊠4490-091 A Ver-o-Mar
– ☎ 252 68 21 51
Rest – Lista 25/34 €
◆ Um barco encalhado em terra firme alberga este original restaurante disposto em dois andares e com um atractivo ambiente marinheiro. A sua especialidade são os produtos do mar.

PORTUGAL

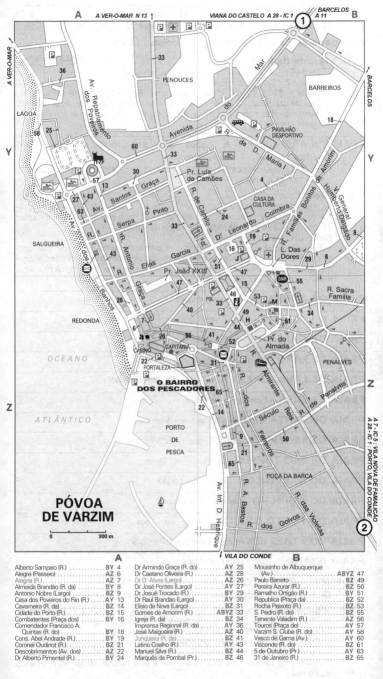

PÓVOA DE VARZIM

0 — 300 m

PÓVOA E MEADAS – Portalegre – **733** – **592** N7 – **666 h.**

☐ Lisboa 210 – Castelo Branco 60 – Portalegre 25 – Santarém 142

na estrada da Barragem da Póvoa Sudoeste : 1.5 km

⌂   **Quinta da Bela Vista** ◈   ⌨ ⌘ 🅰 🈹 **P** 🅰🅴
☒7320-014 – ☎ 245 96 81 25 – www.quintabelavista.net
– fechado do 5 ao 20 de janeiro
4 qto �☞ – **♦**75 € **♦♦**80 € – 3 apartamentos   **Rest** – (só clientes) Menu 18 €
♦ Casa de campo dos anos 30 definida pelo seu mobiliário de finais do séc. XIX.
Ambiente familiar numa atmosfera de época, com aconchegante zona social e
refeitório privado.

PRAIA DA AREIA BRANCA – Lisboa – **733** – **592** O1 – **487 h.** – Praia

☐ Lisboa 77 – Leiria 91 – Santarém 78
🛈 Praia da Areia Branca (Lourinhã), ☎ 261 42 21 67 turismo@cm-lourinha.pt
Fax 261 41 01 08

🏠   **Dom Lourenço**   🅰 rest, 🈹 **P** 🆅🆂🅰 ☯
Av. Antonio José do Vale 2 ☒2530-213 Lourinhá – ☎ 261 42 28 09
– www.domlourenco.com – fechado do 1 ao 15 de maio e do 1 ao 15 de novembro
11 qto �☞ – **♦**25/45 € **♦♦**35/50 € – 9 apartamentos
Rest – (fechado 2º feira) Menu 12 €
♦ Pequeno hotel que realizou importantes melhoras. Possui quartos actuais, com
os chãos em soalho e casas de banho com duche, assim como uns bons apartamentos. O seu restaurante, complementa-se com um bar público, oferece uma
nutrida ementa tradicional.

PRAIA DA BARRA – Aveiro – ver Aveiro

PRAIA DA FALÉSIA – Faro – ver Albufeira

PRAIA DA GALÉ – Faro – ver Albufeira

PRAIA DE FARO – Faro – ver Faro

PRAIA DE LAVADORES – Porto – ver Vila Nova de Gaia

PRAIA DE MIRA – Coimbra – ver Mira

PRAIA DE SANTA CRUZ – Lisboa – ver Silveira

PRAIA DE SANTA EULÁLIA – Faro – ver Albufeira

PRAIA DE SÃO TORPES – Setúbal – ver Sines

PRAIA DO CARVOEIRO – Faro – ver Lagoa

PRAIA DO GUINCHO – Lisboa – ver Cascais

PRAIA DO PORTO DE MÓS – Faro – ver Lagos

PRAIA DOS TRES IRMÃOS – Faro – ver Portimão

PRAIA GRANDE – Lisboa – ver Colares

PROENÇA-A-NOVA – Castelo Branco – **733** – **592** M6

☐ Lisboa 220 – Castelo Branco 54 – Coimbra 105 – Santarém 151

🏠🏠🏠   **Pousada das Amoras** ◈   ⇐ ⌨ 🕻 ⅙ qto, 🅰 🈹 🅰 **P** 🆅🆂🅰 ☯ 🅰🅴 ⓵
Rua Comendador Assis Roda 25 ☒6150-557 – ☎ 274 67 02 10 – www.pousadas.pt
33 qto ☞ – **♦**78/178 € **♦♦**90/190 €   **Rest** – Menu 30 €
♦ Construção típica da zona situada fora da localidade, numa quinta cercada
por um muro de pedra. Quartos de conforto actual, sem luxos mas equipados.
O restaurante oferece uma boa montagem e uma ementa atenta ao receituário
tradicional.

PORTUGAL

🚍 Lisboa 308 – Faro 22

ℹ️ Praça do Mar, ✆ 289 38 92 09, turismo.quarteira@rtalgarve.pt

🏌️ Vila Sol (Vilamoura), Noroeste : 6 km, ✆ 289 30 05 05

🏌️ Laguna Golf Course (Vilamoura), Noroeste : 6 km, ✆ 289 31 01 80

🏌️ Pinhal Golf Course (Vilamoura), Noroeste : 6 km, ✆ 289 31 03 90

✗ **Alphonso's**   �️ 🄰🄲 ✗ 🆅🅸🆂🅰 ⓸ 🄰🄴 ⓪

Rua Abertura Mar ✉️*8125-100* – *✆ 289 31 46 14* – *fechado sábado meiodia julho-setembro e sábado resto do ano*

Rest – Lista 19/29 €

♦ Casa assentada e de organização profissional. Dispõe de um pequeno bar de espera e de duas salas de ar rústico. Ementa tradicional com peixes frescos comprados no mercado.

em Vilamoura :

🏨 **Hilton Vilamoura As Cascatas**   🌴 🏊 🔲 🛌 ✗ 🃏 🕪 ♿ qto, 🄰🄲 ✗

Rua da Torre D'Agua Lote 4.11.1B

✉️*8125-615 Vilamoura* – *✆ 289 30 40 00* – *www.hilton.com*   🕪 🏋️ 🍽️ 🆅🅸🆂🅰 ⓸ 🄰🄴

135 qto ⛶ – 🍴142/450 € – 1 suite – 69 apartamentos

Rest – Menu 39 €

Rest *Cilantro* – *(só jantar)* Lista aprox. 46 €

♦ Possui vários edifícios distribuídos em torno de uma zona central de piscinas e esplanadas. Quartos de excelente nível, uma boa oferta de lazer e um completo SPA. Entre os seus restaurantes destaca-se o Cilantro, com elaborações portuguesas e latino-americanas.

🏨 **Tivoli Victoria** ⌄   ⟵ 🏊 🔲 🛌 🃏 🕪 ♿ qto, 🄰🄲 🕪 🏋️ 🅿 🆅🅸🆂🅰 ⓸ 🄰🄴

Victoria Gardens - Noroeste : 7 km ✉️*8125-135 Vilamoura* – *✆ 289 31 70 00* – *www.tivolihotels.com*

268 qto ⛶ – 🍴150/700 € 🍴🍴190/800 € – 14 suites

Rest – Lista aprox. 45 €

Rest *Emo* – *(só jantar)* Lista aprox. 50 €

♦ O hotel, de grande tamanho, está localizado entre vários campos de golfe. Dispõe de um grande hall com um bar, um bom SPA e quartos modernos, todos eles com varanda. O restaurante Emo oferece uma concepção moderna, uma cozinha actual-mediterrânea e uma boa vista.

🏨 **The Lake Resort**   🏊 🛌 ✗ 🕪 ♿ qto, 🄰🄲 ✗ 🕪 🏋️ 🍽️ 🆅🅸🆂🅰 ⓸ 🄰🄴 ⓪

Praia da Falésia, Oeste : 4,5 km ✉️*8126-910 Vilamoura* – *✆ 289 32 07 00* – *www.thelakeresort.com* – *fechado 21 novembro-29 dezembro*

183 qto ⛶ – 🍴190/449 € 🍴🍴220/479 € – 9 suites   **Rest** – Menu 39 €

♦ Grande construção dotada de quartos amplos, luminosos e modernos. Oferece serviços adicionais de beleza, como o SPA, e uns amplos exteriores com piscina e lago. No seu restaurante principal combinam-se o buffet e os pratos do dia temáticos.

✗✗ **Willie's** (Wilhelm Wurger)   🌴 🄰🄲 ✗ 🅿 🆅🅸🆂🅰 ⓸ 🄰🄴 ⓪

🕸 *Rua do Brasil 2, Área do Pinhal Golf Course - Noroeste : 6 km* ✉️*8125 Quarteira* – *✆ 289 38 08 49* – *www.willies-restaurante.com* – *fechado março e 4ª feira*

Rest – *(só jantar)* Lista aprox. 63 €

Espec. Vieiras em carpaccio de beterraba com maçã verde e creme de "wasabi". Ravioli de marisco com molho de vermute. Crêpe com morangos "Romanoff", gelado de canela.

♦ Localizado em uma zona residencial, próximo a um hotel de luxo e rodeado por jardins, o restaurante dispõe de uma sala de refeição de estilo clássico e oferece uma cozinha internacional e bem apresentada. O chefe e proprietário do restaurante é atento aos mínimos detalhes.

QUATRO ÁGUAS – Faro – ver Tivira

QUELUZ – Lisboa – **733** – **592** P2 – **48 860 h.** – **alt. 125 m**   6 B3

🚍 Lisboa 15 – Sintra 15

◉ Palácio Nacional de Queluz★★ (sala do trono★) – Jardins do Palácio (escada dos Leões★)

🏨 **Pousada de D. Maria I** ⟨icons⟩

Largo do Palácio ✉2745-191 – ☎214 35 61 58 – www.pousadas.pt
24 qto ⌂ – ♦98/208 € ♦♦110/220 € – 2 suites
Rest *Cozinha Velha* – ver selecção restaurantes
♦ Magnífico palacete de fachada clássica que forma parte dum interessante conjunto histórico. Interior elegante, cujo estilo e decoração homenageiam à rainha Maria I.

XXXX **Cozinha Velha** – Hotel Pousada de D. Maria I ⟨icons⟩

Largo do Palácio ✉2745-191 – ☎214 35 61 58 – www.pousadas.pt
Rest – Lista 41/64 €
♦ Instalado nas antigas cozinhas do palácio, que conservam a estrutura original dominada por uma grande lareira central. Amplo salão para banquetes e agradável esplanada.

em Tercena Oeste : 4 km

X **O Parreirinha** ⟨icons⟩

Av. Santo António 5 ✉2730-069 Barcarena – ☎214 37 93 11
– www.restauranteparreirinha.pt – fechado agosto, sábado meio-dia e domingo
Rest – Lista 25/30 €
♦ Negócio familiar repartido em dois refeitórios simples, reduzidos e com a montagem típica portuguesa. A sua clientela tem bom nível e mostra-se fiel à cozinha tradicional.

QUINTA DO ANJO – Setúbal – ver Palmela

QUINTA DO LAGO – Faro – ver Almancil

QUINTELA DE AZURARA – Viseu – **733** – **591** K6 – **372 h.** 5 C2
🡺 Lisboa 299 – Guarda 64 – Viseu 21

🏠 **Casa de Quintela** ⟨icons⟩

Largo José Tavares 1 ✉3530-334 – ☎232 62 29 36
5 qto ⌂ – ♦60 € ♦♦75 € **Rest** – (só clientes a pedido) Menu 20 €
♦ Conjunto em pedra do séc. XVII dotado dum rico mobiliário. As dependências possuem certo encanto, com tectos em madeira e um cálido conforto. Refeitório familiar de uso privado.

REDONDO – Évora – **733** – **593** Q7 – **3 796 h.** – alt. 306 m 2 C2
🡺 Lisboa 179 – Badajoz 69 – Estremoz 27 – Évora 34

X **O Barro** ⟨icons⟩

Rua D. Arnilda e Eliezer Kamenezky 44 ✉7170-062 – ☎266 90 98 99 – fechado do 11 ao 25 de janeiro, do 11 ao 21 de maio, do 17 ao 24 de agosto, domingo noite e 2ª feira
Rest – Lista 25/35 € ⟨icon⟩
♦ Atractivo embora de reduzida capacidade. Conta com uma minúscula sala à entrada e outra mais confortável a diferente altura, de estilo rústico-regional e com o tecto em madeira.

em Aldeia da Serra :

🏨 **Convento de São Paulo** ⟨icons⟩

Estrada N 381, Norte : 10 km ✉7170-120 Redondo
– ☎266 98 91 60 – www.hotelconventosaopaulo.com
32 qto ⌂ – ♦90/180 € ♦♦90/200 € – 8 suites **Rest** – Lista 30/38 €
♦ Antigo convento localizado em um grande terreno cheio de oliveiras e sobreiros. Dispõe de uma área social de carácter histórico, com corredores de azulejos do século XVIII. O mobiliário nobre e os azulejos antigos recriam um refeitório de serena austeridade.

🏠 **Água d'Alte** ⟨icons⟩

Herdade Agua d'Alte 14, Norte 6,5 km ✉7170-120 Redondo – ☎266 98 91 70
– www.wonderfulland.com/aguadalte
10 qto ⌂ – ♦85/105 € ♦♦95/120 € **Rest** – (só clientes) Menu 40 €
♦ Casa de construção actual situada em pleno campo. Possui uma sala social de ar rústico e diferentes quartos de conforto actual, todos com varanda. Refeitório privado.

PORTUGAL

REGUENGO – Portalegre – **733** – **592** O7 – **132 h.** 2 C1

▶ Lisboa 233 – Portalegre 6 – Castelo Branco 116 – Santarém 182

na estrada N 246-2

Ж **Tomba Lobos** �VISA 🌐 AE ①
✉7300-529 Reguengo – www.tombalobos.com – fechado
24 dezembro-2 janeiro, do 1 ao 15 de agosto, domingo noite e 2ª feira
Rest – Lista aprox. 35 €
♦ O restaurante dispõe de uma praça pavimentada que serve de terraço na alta
temporada, um bar e uma pequena sala de refeição de estilo actual e funcional.
Cozinha tradicional de Alentejo e bem elaborada.

REGUENGOS DE MONSARAZ – Évora – **733** – **593** Q7 – **5 900 h.** 2 C2

▶ Lisboa 169 – Badajoz 94 – Beja 85 – Évora 39

ao Sudeste : 6 km

ЖЖ **Herdade do Esporão** 🏡 Ⓚ 🕸 ⇔ P VISA 🌐 AE
✉7200-999 – 𝒞 266 50 92 80 – www.esporao.com – fechado 7 dias em agosto
Rest – (só almoço) Lista 38/54 €
♦ Conjunto regional localizado numa zona de vinhas, com uma barragem ao
fundo. O terraço e a sua agradável sala são um convite para desfrutar de uma
cozinha tradicional com toques criativos.

RIO MAIOR – Santarém – **733** – **592** N3 – **7 433 h.** 6 A2

▶ Lisboa 77 – Leiria 50 – Santarém 31

🏠 **Paulo VI** sem rest 📶 Ⓚ Ⓚ 🕸 P VISA 🌐 ①
Av. Paulo VI 66 ✉2040-325 – 𝒞 243 90 94 70 – www.hotelpaulovi.pt
24 qto 🍽 – †30/45 € ††45/60 €
♦ Central, moderno e com aspecto actual. Está vocacionado a uma clientela de
vendedores e gente de negócios graças aos seus preços acessíveis e à facilidade
de estacionamento.

RUIVÃES – Braga – **733** – **591** G5 8 B2

▶ Lisboa 404 – Braga 49 – Porto 98

⛰ **Casa de Dentro (Capitão-Mor)** sem rest 🌿 🎐 🕸 🕸 🏊 P
✉4850-341 Vieira do Minho – 𝒞 253 65 81 17 – www.casadedentro.com
4 qto 🍽 – †50 € ††63 €
♦ De organização familiar, numa pequena quinta agrícola com sítios ajardinados
e castanheiros. Possui um salão polivalente de estilo actual e quartos de ar rústico.

SAGRES – Faro – **733** – **593** U3 – **1 906 h.** – **Praia** 3 A2

▶ Lisboa 286 – Faro 113 – Lagos 33

ℹ Rua Comandante Matoso, 𝒞 282 62 48 73 turismo.sagres@rtalgarve.pt

◧ Ponta de Sagres★★★ Sudoeste : 1,5 km – Cabo de São
Vicente★★★ (≤★★)

🏨 **Memmo Baleeira** 🌿 ≤ 🏡 🎐 🎎 🛁 📶 Ⓚ 🕸 🏊 P VISA 🌐 AE ①
Vila de Sagres ✉8650-357 – 𝒞 282 62 42 12 – www.memmobaleeira.com
111 qto 🍽 – †80/165 € ††100/180 € **Rest** – Lista 35/45 €
♦ É luminoso e está situado perto do porto, com uma estética minimalista. Oferece quartos de design, a maioria deles em tons brancos, com terraço e vistas
para o mar. No seu moderno restaurante poderá degustar os pratos próprios do
receituário tradicional e internacional.

🏨 **Pousada do Infante** 🌿 ≤ 🏡 🎐 🕸 🎎 🛁 qto, Ⓚ 🕸 🏊 P
✉8650-385 – 𝒞 282 62 02 40 – www.pousadas.pt VISA 🌐 AE ①
51 qto 🍽 – †78/238 € ††90/250 € **Rest** – Menu 30 €
♦ Desfruta de uma situação privilegiada, já que conta com bonitas vistas sobre o
oceano. Luminosa sala social com lareira e confortáveis quartos, todos eles com
varanda. Restaurante clássico actualizado de correcta montagem.

SALREU – Aveiro – **733** – **591** J4   **4** A1

  ▶ Lisboa 267 – Aveiro 20 – Porto 57 – Viseu 79

XX   **Casa Matos**   AE ♨ VISA

  Rua Padre Antonio Almeida 7-A ✉*3865-282* – ℰ *234 84 13 19* – *fechado do 1 ao 15 de janeiro, do 1 ao 15 de junho e domingo*
  Rest – Lista 20/30 € ♨

  ♦ Na entrada do restaurante encontra-se um bar animado com paredes de pedra e uma sala elegante de estilo clássico-rústico sobre dois níveis. Menu amplio de cozinha regional.

SANTA CATARINA DA FONTE DO BISPO – Faro – **733** – **593** U6   **3** C2
– **385 h.**

  ▶ Lisboa 273 – Faro 26 – Portimão 75

na estrada N 270 Este : 2 km

⌂   **Quinta da Fonte do Bispo** ⌕   🛏 🏡 ⌒ ⅀ ⅍ AE ♨ rest, ⅍ P

  Fonte do Bispo ✉*8800-161* – ℰ *281 97 14 84*   VISA ◉◉
  – *www.qtfontebispo.com*
  6 qto ⌿ – ✝50/70 € ✝✝50/100 €   **Rest** – Menu 10 €

  ♦ Este turismo rural, localizado em pleno campo, oferece instalações cuidadas de ar rústico e um belo jardim. Quartos amplos, tipo apartamento T1, com lareira.

SANTA CLARA-A-VELHA – Beja – **733** – **593** T4 – **283 h.**   **1** B3

  ▶ Lisboa 219 – Beja 110 – Faro 92 – Portimão 56

na barragem de Santa Clara Este : 5,5 km

🏠   **Pousada de Santa Clara** ⌕   ⅀ ⌒ ⅀ ▣ ⅍ qto, AE ♨ P

  ✉*7665-879* – ℰ *283 88 22 50* – *www.pousadas.pt*   VISA ◉◉ AE ◉
  18 qto ⌿ – ✝148/238 € ✝✝160/250 €   **Rest** – Menu 30 €

  ♦ Pousada encravada numa interessante paisagem natural. Instalações actuais, quartos com equipamento completo e magníficas vistas tanto à albufeira como às montanhas.

SANTA CRUZ – Madeira – ver Madeira (Arquipélago da)

SANTA CRUZ DA TRAPA – Viseu – **733** – **591** J5 – **1 389 h.**   **4** B1

  ▶ Lisboa 318 – Aveiro 76 – Viseu 31

⌂   **Quinta do Pendão** ⌕   ⅀ ⅍ rest, P VISA ◉◉ ◉

  Rua do Pendão ✉*3660-259* – ℰ *232 79 95 39* – *www.quintadopendao.com*
  22 qto ⌿ – ✝50/70 € ✝✝55/75 €   **Rest** – *(só menú à pedido)* Menu 25 €

  ♦ O tipismo e a rusticidade definem umas instalações situadas em pleno campo. Alguns dos seus quartos têm lareira e todos eles possuem casas de banho completas. Restaurante rústico-actual presidido por um velho lagar onde pisavam as uvas.

SANTA LUZIA – Viana do Castelo – ver Viana do Castelo

SANTA MARIA DA FEIRA – Aveiro – **733** – **591** J4 – **11 040 h.**   **4** B1
– **alt. 125 m**

  ▶ Lisboa 291 – Aveiro 47 – Coimbra 91 – Porto 31
  🅸 Praça da República, ℰ 256 37 08 02 gab.turismo@cm-feira.pt Fax 256 37 08 03

  ◙ Castelo ★

🏨   **Dos Lóios** sem rest   ▣ ⅍ AE ⅏ ⌒ 🚗 VISA ◉◉ AE ◉

  Rua Dr. Antonio C. Ferreira Soares 2 ✉*4520-214* – ℰ *256 37 95 70*
  – *www.residencialdosloios.com*
  32 qto ⌿ – ✝37/45 € ✝✝47/60 € – 4 suites

  ♦ A pequena área social é compensada por uma boa sala de pequeno-almoço com vista para o castelo, quartos espaçosos, todos com mobiliário funcional e casa de banho completa.

na estrada N 1 :

Feira Pedra Bela sem rest 🔲 🕭 ⚙ 🛎 ♿ 🎛 🛜 🚗 🚘 VISA ⓪ AE
Rua Malaposta 510, Nordeste : 5 km ✉4520-506 – ℰ 256 91 03 50
– www.hotelpedrabela.com
62 qto ⇄ – ♦38/45 € ♦♦45/50 €
♦ Estabelecimento familiar tratado com amabilidade. Tem uma adequada zona social e quartos actuais vestidos com móveis de madeiras nobres, muitos deles com varanda.

Pedra Bela ♿ ⚙ **P** VISA ⓪ AE ⓪
Rua Malaposta 496, Nordeste : 5 km ✉4520-506 – ℰ 256 91 13 38
– www.hotelpedrabela.com
Rest – Lista aprox. 22 €
♦ O restaurante possui uma decoração funcional e tradicional, mobiliário de madeira e um friso de azulejos portugueses que protege as paredes. Menu tradicional e pratos do dia.

SANTA MARINHA DO ZÊZERE – Porto – 733 – 591 I6 – 166 h.   8 B3
▶ Lisboa 385 – Porto 81 – Viseu 94 – Vila Real 45

Casarão sem rest ⧉ ⟨ ⤬ ⚙ **P**
Igreja ✉4640-465 – ℰ 254 88 21 77 – *www.o-casarao.com*
5 qto ⇄ – ♦♦65 €
♦ Desfruta de excelentes vistas, dominando todo o Vale do Douro. Sala social com lareira, uma antiga cozinha em pedra e correctos quartos com os chãos em madeira.

SANTA MARTA DE PENAGUIÃO – Vila Real – 733 – 591 I6 – 773 h.   8 B3
▶ Lisboa 360 – Braga 99 – Porto 96 – Vila Real 17

na estrada N 2 Norte : 1 km

Casal Agrícola de Cevêr ⧉ ⟨ ⤱ ⤬ ⤬ ⚙ ♿ **P**
Quinta do Pinheiro-Sarnadelo ✉5030-569 *Sevêr SMP* – ℰ 254 81 12 74
– www.casalagricoladecever.com
5 qto ⇄ – ♦65/70 € ♦♦75/80 €   **Rest** – *(só jantar a pedido)* Menu 25 €
♦ O prazer do tradicional num ambiente gratificante e familiar, onde a cultura do vinho é o grande protagonista. A zona social possui um refeitório privado e correctos quartos.

SANTA MARTA DE PORTUZELO – Viana do Castelo – ver Viana do Castelo

SANTANA – Setúbal – ver Sesimbra

SANTARÉM P – 733 – 592 O3 – 27 831 h. – alt. 103 m   6 A2
▶ Lisboa 78 – Évora 115 – Faro 330 – Portalegre 158
ℹ Campo Emílio Infante da Câmara (Casa do Campino) ✉ 2000-014 ℰ 243 33 03 30 info@rtribatejo.org Fax 243 33 03 40
e Rua Capelo e Ivens 63 ✉ 2000-039 ℰ 243 30 44 37 posto.turismo@ cm-santarem.pt Fax 243 30 44 01
A.C.P. Av. Bernardo Santareno 43, Loja R, ℰ 243 30 35 20 Fax 243 30 35 29
◎ Miradouro de São Bento★ ⁂★ B – Igreja de São João de Alporão (Museu Arqueológico★)B – Igreja da Graça★ B
◿ Alpiarça : Casa dos Pátudos★ (tapeçarias★, faianças e porcelanas★) 10 km por ②

Planta página seguinte

Alfageme sem rest ⧉ ♿ ♿ ⚙ ⟨ ♿ **P** VISA ⓪ AE ⓪
Av. Bernardo Santareno 38 ✉2005-177 – ℰ 243 37 08 70 – *www.hotelalfageme.com*
67 qto ⇄ – ♦59/70 € ♦♦69/100 €   A e
♦ Localizado ao lado do hospital. Aqui você encontrará um hall de recepção correcto com um bar e quartos distribuídos sobre quatro andares, todos de estilo clássico e funcional.

PORTUGAL

SANTARÉM

Alex Herculano (R.) .... A 3
Alf. de Santarém (R.) .... B 4
Braamcamp Freire (R.) .... B 6
Cândido dos Reis (Largo) .... A 7

Capelo Ivens (R.) .... AB 9
G. de Azevedo (R.) .... A 10
João Afonso (R.) .... A 12
Miguel Bombarda (R.) .... B 13
Piedade (Largo da) .... A 15
São Martinho (R. de) .... B 16
Serpa Pinto (R.) .... AB

Teixeira Guedes (R.) .... A 18
Tenente Valadim (R.) .... B 19
Vasco da Gama (R.) .... A 21
Zeferino Brandão (R.) .... A 22
1_ de Dezembro (R.) .... B 24
5 de Outubro (Av.) .... B 25
31 de Janeiro (R.) .... A 27

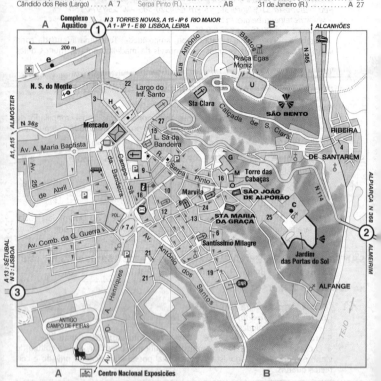

⌂ **Casa da Alcáçova** ⟑ ⟨ 🅿 🍴 🄰🄲 ⎈ 🛜 🛎 🅿 VISA ⊕⊕
Largo da Alcáçova 3 ⊠2000-110 – ⟨ 243 30 40 30 – www.alcacova.com
8 qto ⊆ – ♦85/145 € ♦♦105/175 €   Bc
Rest – (só jantar) (só clientes) Menu 45 €
◆ Esta casa senhorial do século XVII oferece algumas ruínas romanas, uma muralha antiga, uma vista maravilhosa para o rio Tejo, uma sala de estar elegante e
quartos de estilo clássico.

SANTIAGO DO CACÉM – Setúbal – 733 – 593 R3 – 5 240 h.   1 B2
– alt. 225 m

🛣 Lisboa 146 – Setúbal 98

🛈 Largo do Mercado, ⟨ 269 82 66 96 turismo@cm-santiagocacem.pt Fax 269
82 68 87

◉ Á saida sul da Vila ⟨⋆

🏨 **Albergaria D. Nuno** sem rest ⟨ 🍴 🏢 🄰🄲 ⎈ 🛜 🛎 🅿 VISA ⊕⊕ 🄰🄴 ①
Av. D. Nuno Álvares Pereira 90 ⊠7450-103 – ⟨ 269 82 33 25
– www.albdnuno.com
75 qto ⊆ – ♦48/61 € ♦♦63/82 €
◆ Este hotel é funcional e já tem alguns anos, mantendo-se em bom estado graças à sua perfeita manutenção. Instalações algo frias na sua decoração.

1096

SANTIAGO DO ESCOURAL – Évora – 733 – 593 Q5 1 B2

▶ Lisboa 117 – Évora 28 – Setúbal 85 – Beja 86

✗ **Manuel Azinheirinha** 𝔸ℂ ⅏ ☜

Rua Dr. Magalhães de Lima 81 ✉7050-556 – ☏ 266 85 75 04
– fechado do 10 ao 21 de outubro, 2ª feira noite e 3ª feira
Rest – Lista 24/30 €
♦ Embora resulte muito modesto destaca pelo seu bom nível gastronómico, com uma equilibrada ementa de especialidades alentejanas e pratos tradicionais portugueses.

SANTO AMARO DE OEIRAS – Lisboa – ver Oeiras

SANTO ANTÓNIO DAS AREIAS – Portalegre – 733 – 592 N8 – 734 h. 2 C1

▶ Lisboa 245 – Portalegre 27 – Castelo Branco 112 – Santarém 178
◧ Marvão★★ – A Vila★ (balaustradas★) – Castelo★ (⚘★★) :
aljibe★ Sudoeste : 5,5 km

🏨 **O Poejo** 🕭 ⅏ 𝄖 ₺ qto, 𝔸ℂ ⅏ qto, ⁋ 𝚅𝙸𝚂𝙰 ☜ 𝔸𝙴 ⓞ

av. 25 de Abril 20 ✉7330-251 – ☏ 245 99 26 40 – www.a-poejo.com
13 qto ☷ – †55/70 € ††80/120 €
Rest – *(fechado do 15 ao 31 de janeiro,domingo noite e 2ª feira)* Lista 20/26 €
♦ Este pequeno hotel dispõe de um pátio agradável uma área social parecida com uma biblioteca e quartos de estilo actual, geralmente bem equipados, alguns deles com varanda. O restaurante, polivalente e de estilo funcional, ocupa o que era antes um moinho de azeite.

SANTO ESTÊVÃO – Vila Real – ver Chaves

SANTO TIRSO – Porto – 733 – 591 H4 – 13 961 h. – alt. 75 m 8 A2

▶ Lisboa 345 – Braga 29 – Porto 28
ℹ Praça 25 Abril, ☏ 252 83 04 11 turismo@cm-stirso.pt Fax 252 85 92 67

🏨 **Cidnay** ≼ 🕭 ₤₺ 𝄖 ₺ qto, 𝔸ℂ ⅏ ⁋ 𝙨𝙖 🚗 𝚅𝙸𝚂𝙰 ☜ 𝔸𝙴 ⓞ

Rua Dr. João Gonçalves ✉4784-909 apartado 232 – ☏ 252 85 93 00
– www.hotel-cidnay.pt
66 qto ☷ – †80/120 € ††95/140 € – 2 suites
Rest – Menu 25 €
♦ Concebido para oferecer o maior bem-estar, conjugando tradição e modernidade. Quartos aconchegantes, áreas comuns abertas e jardins interiores de ar tropical. A fundadora do convento de Santo Tirso, Dona Unisco, dá nome ao restaurante.

SÃO BRÁS DE ALPORTEL – Faro – 733 – 593 U6 – 3 867 h. 3 C2

▶ Lisboa 293 – Faro 17 – Portimão 63
ℹ Largo de S. Sebastião 23, ☏ 289 84 31 65 turismo.saobras@rtalgarve.pt

na estrada N 2 Norte : 2 km

🏨 **Pousada de São Brás** ◈ ≼ ⅏ ⅏ 𝄖 ₺ qto, 𝔸ℂ 🅿

Poço dos Ferreiros, (fechado temporariamente para obras) ✉8150-054
– ☏ 289 84 23 05 – www.pousadas.pt
33 qto Rest –
♦ Construção do tipo quinta portuguesa localizada em pleno campo, com uma grande tranquilidade. Os quartos são amplos e apresentam um mobiliário de linha provençal. O restaurante desfruta de lareira, oferecendo impressionantes vistas do ambiente.

SÂO PEDRO DE MOEL – Leiria – 733 – 592 M2 – 436 h. – Praia 6 A2

▶ Lisboa 135 – Coimbra 79 – Leiria 22

🏨 **Mar e Sol** ≼ 𝄖 ₺ qto, 𝔸ℂ ⅏ ⁋ 𝙨𝙖 𝚅𝙸𝚂𝙰 ☜ 𝔸𝙴

Av. da Liberdade 1 ✉2430-501 – ☏ 244 59 00 00 – www.hotelmaresol.com
57 qto ☷ – †40/80 € ††55/130 €
Rest – *(fechado do 1 ao 7 de novembro, domingo noite e 2ª feira meio-dia)* Menu 16 €
♦ Localizado em frente ao oceano. Atrás de sua fachada de vidro, você encontrará uma área social bastante diáfana e quartos luminosos, confortáveis e modernos. O restaurante combina menu tradicional com uma vista maravilhosa para o Atlântico.

SÃO PEDRO DE SINTRA – Lisboa – ver Sintra

PORTUGAL

      D Lisboa 321 – Aveiro 76 – Viseu 22
      i Da Barroca 3, *ℰ* 232 71 13 20

nas termas Sudoeste : 3 km

🏨   **Vouga**   ← 🏠 ⌤ 🛗 & qto, **AC** 🚷 **ⅷ** **P** **VISA**
Estrada Principal 575 ⊠*3660-692 Várzea SPS* – *ℰ 232 72 30 63* – *www.hotelvouga.com*
48 qto ⌲ – **†**28/61 € **††**34/73 €   **Rest** – Menu 12 €
♦ De organização familiar e construído em várias fases. Tem uma zona social
com um bar actual, salão e recepção, mas o mais destacado é o conforto dos
seus quartos. Refeitório muito luminoso graças às grandes janelas panorâmicas.

🏨   **Aparthotel Vouga** sem rest   🛗 & **AC** 🚷 **ⅷ** 🚗 **VISA**
Rua de Mendes Frazão 83 ⊠*3660-692 Várzea SPS* – *ℰ 232 72 85 02*
– *www.hotelvouga.com*
20 qto ⌲ – **†**43/65 € **††**49/73 €
♦ Modernas instalações dotadas dumas correctas zonas nobres e quartos funcionais,
todos eles com os chãos em soalho, uma pequena cozinha incorporada e esplanada.

X   **Adega do Ti Joaquím**   **AC** 🚷 **P** **VISA** **⓪** **AE** **①**
Rua Central 781 ⊠*3660-692 Várzea SPS* – *ℰ 232 71 12 50*
– *www.adegatijoaquim.com* – *fechado janeiro e 3ª feira*
Rest – Lista 30/50 €
♦ Situado num edifício de linha clássico-actual dotado com um correcto serviço
de mesa. Na sua cozinha, que está parcialmente à vista, elaboram-se pratos tradicionais de Portugal.

      D Lisboa 303 – Guarda 69 – Viseu 45
      i Rua Pintor Lucas Marrão, *ℰ* 238 31 77 62 Fax 238 31 77 64
      G Estrada★★ de Seia à Covilhã (←★★, Torre★★, ←★) 49 km

XX   **Museu do Pão**   **AC** 🚷 **P** **VISA**
Quinta Fonte do Marrão - Estrada de Covilhã ⊠*6270-909* – *ℰ 238 31 07 60*
– *www.museudopao.pt* – *fechado 2ª feira*
Rest – *(só menú buffet)* Menu 17,50 €
♦ Está situado na cave dum museu dedicado à histórica elaboração do pão.
Encontrará uma esplanada panorâmica e um refeitório atractivo presidido por
um moinho de água.

      D Lisboa 313 – Viseu 32 – Aveiro 72 – Porto 111

🏠   **Quinta do Pedreno** 🌿   ⌤ & qto, **AC** 🚷 rest, 🕻 **ⅷ** **P** **VISA**
Norte : 0,5 km ⊠*3660-606* – *ℰ 232 72 83 96* – *www.quintadopedreno.com*
15 qto ⌲ – **†**40/45 € **††**55/60 €   **Rest** – Menu 11 €
♦ Este antigo palacete reabilitado oferece umas instalações actuais que contras-
tam com a pedra à vista de algumas das suas divisões. Quartos clássicos muito
agradáveis. No seu restaurante, também clássico, encontrará uma cozinha fiel ao
receituário tradicional.

      D Lisboa 248 – Castelo Branco 72 – Coimbra 86

XX   **Pontevelha**   ← **AC** 🚷 **VISA** **⓪** **AE**
Alameda da Carvalha ⊠*6100-730* – *ℰ 274 60 01 60* – *www.santosemarcal.pt*
– *fechado 2ª feira*
Rest – Lista aprox. 24 €
♦ Sala de jantar espaçosa e panorâmica com vistas para a imensidão do ambiente, com uma atractiva grelha à vista e um grande salão para banquetes. Saborosa cozinha de teor regional.

PORTUGAL

X **Santo Amaro** 〔AC〕 〔%〕 〔VISA〕 〔OO〕 〔AE〕

(😊) *Rua Bombeiros Voluntários* ✉6100-730 – 𝒞 274 60 41 15
– *www.santosemarcal.pt* – *fechado 4ª feira*
Rest – Lista aprox. 22 €
♦ Destaca desde o exterior pelas suas amplas vidraças de design moderno, onde está situada a cafetaria. Sala de jantar com uma montagem esmerada e ambiente clássico e um pessoal atento.

SESIMBRA – Setúbal – **733** – **593** Q2 – **5 776 h.** – Praia   1 A2

▶ Lisboa 39 – Setúbal 26

🄻 Largo da Marinha 26-27, 𝒞 21 228 85 40 turismo@cm-sesimbra.pt

◎ Porto★

🄶 Castelo ≼★ Noroeste : 6 km – Cabo Espichel★ (sítio★) Oeste : 15 km – Serra da Arrábida★ (Portinho de Arrábida★, Estrada de Escarpa★★) Este : 30 km

XX **Ribamar** 〔🍴〕〔AC〕〔%〕〔VISA〕〔OO〕〔AE〕

Av. dos Náufragos 29 ✉2970-637 – 𝒞 212 23 48 53 – *www.ribamar.com.pt*
Rest – Lista 38/46 €
♦ Apresenta um bom nível de conforto, com elegantes instalações com motivos marítimos, cozinha à vista e um agradável terraço envidraçado. Peixe fresco de excelente qualidade.

em Santana Norte : 3,5 km

XX **Angelus** 〔AC〕〔%〕〔↔〕〔VISA〕〔OO〕〔AE〕

Praça Duques de Palmela 11 ✉2970-592 Sesimbra – 𝒞 212 68 13 40
– *www.sesimbragolf.com*
Rest – Lista 31/40 €
♦ Todo um clássico na localidade. Possui uma sala de jantar principal de ar rústico, caracterizada por ter os tectos de madeira e uma sala privada. Ementa tradicional bastante ampla.

SESMARIAS – Faro – ver Albufeira

SETÚBAL 🄿 – **733** – **593** Q3 – **87 521 h.**   1 B2

▶ Lisboa 45 – Badajoz 196 – Beja 143 – Évora 102

🚢 para Tróia : Atlantic Ferries 𝒞265 23 51 01 Fax 265 54 60 31

🄻 Rua de Santa Maria, 𝒞 265 53 42 22 cmsetubal@mun-setubal.pt
e Travessa Frei Gaspar 10, 𝒞 265 53 91 20 geral@turismolisboavaledetejo.pt

A.C.P. Av. Bento Gonçalves 18 A, 𝒞 265 53 22 92 Fax 265 23 92 37

◎ Castelo de São Felipe★ (❄★) por Rua São Filipe AZ – Igreja de Jesus★ AY

🄶 Serra da Arrábida★ (Estrada de Escarpa★★) por ② – Quinta da Bacalhoa★ : jardins (azulejos★) por ③ : 12 km

Plantas páginas seguintes

🏠🏠🏠 **Estalagem do Sado** ঌ ≼〔📶〕〔&〕qto, 〔AC〕〔%〕〔📡〕〔🏋〕〔🄿〕〔🛖〕〔VISA〕〔OO〕〔AE〕〔①〕

Rua Irene Lisboa 1-3 ✉2900-028 – 𝒞 265 54 28 00 – *www.estalagemdosado.com*
57 qto – ♦90/120 € ♦♦120/145 €, ☕ 15 € – 9 suites   AY**a**
Rest – Menu 28 €
♦ Instalado parcialmente num antigo palacete, onde se situa a sua excelente zona nobre. A maioria dos quartos estão num anexo e têm terraços com vistas para o mar. O restaurante situa-se no último andar e possui a impressionantes vistas panorâmicas.

🄱🄰 **Mar e Sol** sem rest 〔📶〕〔AC〕〔%〕〔📡〕〔🏋〕〔🛖〕〔VISA〕〔OO〕

Av. Luisa Todi 606-612 ✉2900-457 – 𝒞 265 53 48 68 – *www.resmaresol.com*
71 qto ☕ – ♦34/42 € ♦♦45/60 €   AZ**r**
♦ Situa-se na avenida principal, com uma espaçosa zona social e confortáveis quartos que, a pouco e pouco, estão a ser actualizados tanto no mobiliário como na decoração.

X **El Toro** 〔AC〕〔%〕〔VISA〕〔AE〕

Rua António José Baptista 111 ✉2910-401 – 𝒞 265 52 49 95 – *fechado do 15 ao 31 de agosto e 4ª feira*   CY**m**
Rest – Lista 20/28 €
♦ Junto a praça de touros. Este restaurante é muito simples na sua montagem mas oferece uma ementa bastante ampla, com uma boa secção de aperitivos e de cozinha espanhola.

SETÚBAL

na estrada N 10 por ① :

🏨 **Novotel Setúbal** ⚙ 🖼🏊✗🏐📶🚗 qto, 🅰🅒 ✗ rest, ⚚ 🐕 📶
  Monte Belo, 2,5 km ⊠*2910-509* – ℰ *265 73 93 70* ⠀⠀⠀⠀ VISA ⑳③ AE ⓪
  – www.novotel.com
  105 qto – 🛏40/115 € 🛏🛏55/120 €, � 9 €
  Rest – *(só jantar)* Menu 15 €
  ♦ É um hotel funcional e actual, no estilo da cadeia. Oferece quartos amplos
  com um equipamento correcto, bem como um cuidado jardim e uma magnífica
  piscina.

PORTUGAL

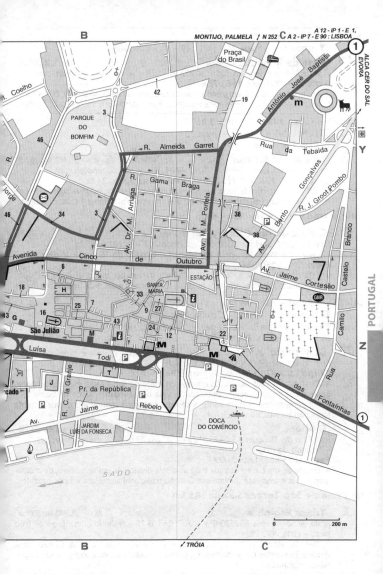

no Castelo de São Filipe Oeste : 1,5 km

Pousada de São Filipe 🕭 ← 🕭 🖺 ✎ **P** **VISA** ⚫ **AE** **①**
por Rua São Filipe ✉2900-300 – 𝒞 265 55 00 70 – www.pousadas.pt
16 qto ☞ – **†**98/238 € **††**110/250 €   AZ
Rest – Menu 30 €

♦ Pousada instalada dentro das muralhas duma antiga fortaleza, dominando o rio que banha a cidade e o istmo de Tróia. Decoração rústica e quartos com vistas. O seu refeitório panorâmico possui uma atractiva varanda no 1º andar, desde a qual se pode ver Setúbal e a desembocadura do rio Sado.

SILVEIROS – Braga – 733 – 591 H4
8 A2

▶ Lisboa 358 – Braga 24 – Porto 49 – Viana do Castelo 43

⌂ **Casa de Mourens** sem rest ⚶   ⚏ ☉ ✕ ⚇ **P**
Rua de Mourens ✉4775-225 – ✆ 252 96 14 29 – www.casademourens.com
6 qto ⊑ – †51/59 € ††62/73 €
♦ As origens desta casa, em pleno ambiente rural, remontam-se ao séc. XV. Oferece uma sala social com uma grande lareira, espaçosos apartamentos e numerosas actividades.

SILVES – Faro – 733 – 593 U4 – 5 869 h.
3 B2

▶ Lisboa 265 – Faro 62 – Lagos 33
◉ Castelo⋆ – Sé⋆

🏠 **Colina dos Mouros**   ⟨ ☉ 🖾 ⚇ qto, ⓦ ✕ ♨ **P** **VISA** ⚏ **AE** ⓞ
Pocinho Santo ✉8300-999 – ✆ 282 44 04 20 – www.colinahotels.com
55 qto ⊑ – †33/70 € ††37/80 €   **Rest** – Lista aprox. 24 €
♦ Edifício de atractiva fachada e espaçosos quartos, cujas simples instalações são compensadas por um equipamento mais do que correcto. Vistas sobre a cidade histórica.

pela estrada N 124 Nordeste : 6 km

⌂ **Quinta do Rio-Country Inn** sem rest ⚶   ✕ **P**
Sítio de São Estévão ✉8300-047 *apartado 217* – ✆ 282 44 55 28
– www.quintariocountryinn.home.sapo.pt – *fechado do 15 ao 31 de dezembro*
6 qto ⊑ – ††50/60 €
♦ Está situado em pleno campo e está bem tratado por um casal italiano. Propõe quartos muito discretos com cabeceiras de ferro forjado e casas de banho com duche.

SINES – Setúbal – 733 – 593 S3 – 11 303 h. – Praia
1 A3

▶ Lisboa 165 – Beja 97 – Setúbal 117
🛈 Largo do Poeta Bocage (Castelo de Sines), ✆ 269 63 44 72 turismo@mun-sines.pt
◉ Santiago do Cacém ⟨⋆

🏛 **Dom Vasco** ⚶   ☉ 🖾 ⚇ qto, ⓦ ✕ ⚏⁰ **VISA** ⚏ **AE** ⓞ
Rua do Parque ✉7520-202 – ✆ 269 63 09 60 – www.domvasco.com
27 qto ⊑ – †70/170 € ††90/210 €   **Rest** – 20 €
♦ Descubra os seus exclusivos quartos de estilo personalizado, evocando pontos geográficos e personagens vinculadas à vida do navegante Vasco da Gama. Elegante zona nobre. O restaurante apresenta uma boa montagem e uma ementa atenta ao receituário tradicional.

✕ **O Migas**   ⓦ **VISA** ⚏ **AE** ⓞ
Rua Pero de Alenquer 17 ✉7520-234 – ✆ 269 63 67 67 – www.omigas.net
– *fechado domingo*
Rest – *(só jantar)* Lista 21/27 €
♦ Dispõe de um bar na entrada e de uma sala distribuída em dois níveis, de montagem actual e ambiente minimalista. Cozinha tradicional alentejana e bons produtos.

na Praia de São Torpes Sudeste : 8,5 km

✕ **Trinca Espinhas**   ⟨ ☂ ⓦ ✕ **P** **VISA** ⚏ **AE** ⓞ
Praia de São Torpes ✉7520-089 – ✆ 269 63 63 79 – *fechado novembro e 5ª feira*
Rest – Lista 20/31 €
♦ Bem localizado, pois ocupa uma casa de madeira sobre a praia. Oferece uma decoração simples de ar marinheiro, grandes vidraças abertas ao mar e uma agradável esplanada.

SINTRA – Lisboa – 733 – 592 P1 – 25 630 h. – alt. 200 m
6 B3

▶ Lisboa 28 – Santarém 100 – Setúbal 73
🛈 Praça da República 23, ✆ 21 923 11 57 dtur@cm-sintra.pt
e Estação da C.P. Av. Miguel Bombarda, ✆ 21 924 16 23 dtur@cm-sintra.pt
◉ Localidade⋆⋆⋆ - Palácio Real⋆⋆ (azulejos⋆⋆, tecto⋆⋆) Y – Museu de Arte Moderna⋆ Y – Museu do Brinquedo⋆ Z – Quinta da Regaleira⋆ (estrada de Colares N 375) Z
◎ Sul : Parque da Pena⋆⋆ Z, Cruz Alta⋆⋆ Z, Castelo dos Mouros⋆ (⟨⋆) Z, Palácio Nacional da Pena⋆⋆ ⟨⋆⋆ Z – Parque de Monserrate⋆ Oeste : 3 km – Peninha ⟨⋆⋆ Sudoeste : 10 km – Azenhas do Mar⋆ (sítio⋆) 16 km por ① – Cabo da Roca⋆ 16 km por ①

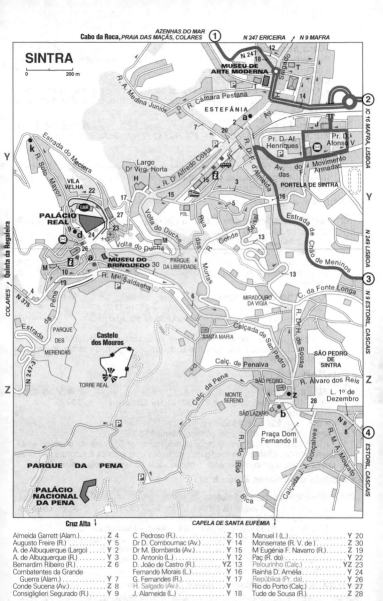

SINTRA

0   200 m

AZENHAS DO MAR
Cabo da Roca, *PRAIA DAS MAÇÃS, COLARES* ①   N 247 ERICEIRA   N 9 MAFRA

MUSEU DE
ARTE MODERNA

ESTEFÂNIA

Pr. D. Af.
Henriques

Pr. D.
Áfonso V

PORTELA DE SINTRA

PALÁCIO
REAL

MUSEU DO
BRINQUEDO

PARQUE
DA LIBERDADE

MIRADOURO
DA VIGÍA

Castelo
dos Mouros

TORRE REAL

PARQUE
DES
MERENDAS

SANTA MARIA

SÃO PEDRO
DE
SINTRA

MONTE
SERENO

SÃO PEDRO

SÃO LÁZARO

Praça Dom
Fernando II

L. 1º de
Dezembro

PARQUE DA PENA

PALÁCIO
NACIONAL
DA PENA

Cruz Alta ↓   CAPELA DE SANTA EUFÉMIA ↓

Tivoli Sintra ← 🏃 🛗 ⚙ qto, 🖵 🕸 💆 ⚓ 🅿 🛜 🆚 ⓒⓑ 🅰🅴 ⓞ

Praça da República ✉2710-616 – 📞 219 23 72 00 – www.tivolihotels.com

76 qto – ♦82/117 € ♦♦92/127 €, ☐ 10 € – 1 suite   **Y** d

Rest – Menu 21 €

◆ Hotel de boa organização e carácter funcional. Oferece uma zona social dotada de vistas e quartos de linha clássica bastante espaçosos, todos com terraço. O restaurante panorâmico combina a sua ementa tradicional com um esmerado serviço de mesa.

1103

↑ **Casa Miradouro** sem rest ⌂ ⟨ ⚙ ⁕ ᵗ⁺ⁱ VISA ⓪⑩
Rua Sotto Mayor 55 ⊠2710-628 – ℰ 219 10 71 00 – www.casa-miradouro.com
– fechado do 7 ao 21 de janeiro Y**k**
8 qto ⌕ – ♦85/120 € ♦♦95/135 €
♦ Casa senhorial dotada com uma cálida zona social e espaçosos quartos, quase
todos eles com casas de banho com duche. O seu pequeno jardim desfruta de
excelentes vistas.

✗✗ **Tacho Real** ⛩ 𝔸ℂ ⚙ VISA ⓪⑩ 𝔸𝔼 ⓪
Rua da Ferraria 4 ⊠2710-555 – ℰ 219 23 52 77 – fechado 3ª feira noite no
inverno e 4ª feira Z**a**
Rest – Lista aprox. 30 €
♦ Imponente casa dotada com numerosos arcos interiores e uma decoração
antiga que proporciona ao conjunto um certo ar medieval. Combinam a cozinha
tradicional e internacional.

em São Pedro de Sintra :

🏠 **Estalagem Solar dos Mouros** sem rest 𝔸ℂ ⚙ VISA ⓪⑩ 𝔸𝔼 ⓪
Calçada de São Pedro 64 ⊠2710-508 Sintra – ℰ 219 24 32 53
– www.estalagemsolardosmouros.com Z**z**
8 qto ⌕ – ♦55/60 € ♦♦60/75 €
♦ Casa de organização familiar simples e amável. Apresenta uma cálida zona
social com lareira e quartos algo simples mas cuidados, sempre com detalhes de
boas-vindas.

✗ **Cantinho de S. Pedro** ⚙ VISA ⓪⑩ 𝔸𝔼 ⓪
Praça D. Fernando II-18 ⊠2710-483 Sintra – ℰ 219 23 02 67
– www.cantinhosaopedro.com – fechado do 16 ao 30 de junho Z**b**
Rest – Lista 20/28 €
♦ Situado numa animada praça com restaurantes e diferentes comércios.
Fachada de ar rústico, bar com mesas de estilo antigo e um refeitório de estilo
regional em dois níveis.

na Estefânia :

🏠 **Nova Sintra** ⛩ ⚙ ⁕ ᵗ⁺ⁱ VISA ⓪⑩ 𝔸𝔼
Largo Afonso de Albuquerque 25 ⊠2710-519 Sintra – ℰ 219 23 02 20
– www.novasintra.com Y**a**
9 qto ⌕ – ♦55/65 € ♦♦65/85 €
Rest – (fechado sábado) (só almoço) Menu 15,50 €
♦ Um recurso válido e simpático, situado numa antiga casa de marcado ambiente familiar. Desfruta de modestas instalações com quartos funcionais. O restaurante desfruta de certo encanto, tendo o apoio de uma ampla esplanada.

na estrada de Colares Z pela N 375 :

🏨🏨🏨 **Tivoli Palácio de Seteais** ⌂ ⟨ 🚗 ⛩ ⌇ ⁕ ⬛ 𝔸ℂ ⚙ qto, ᵗ⁺ⁱ ♨
Rua Barbosa do Bocage 10, Oeste : 1,5 km ⊠2710-517 ℙ VISA ⓪⑩ 𝔸𝔼 ⓪
– ℰ 219 23 32 00 – www.tivolihotels.com
29 qto ⌕ – ♦245/640 € ♦♦245/680 € **Rest** – Lista aprox. 50 €
♦ Magnífico palácio do século XVIII rodeado de jardins. Depois da sua elegante
recepção encontrará várias salas de ar régio e excelentes quartos com mobiliário
de época. O restaurante complementa-se com uma esplanada e um recinto semi-
-privado, este último numa preciosa sala oval.

na estrada da Lagoa Azul-Malveira por ④ : 7 km

🏨🏨🏨 **Penha Longa H.** ⌂ ⟨ ⛩ ⌇ 🖽 ⅙ ⁕ 🖼 🛗 ⅙ qto, 𝔸ℂ ⚙ ᵗ⁺ⁱ ♨ ℙ
⊠2714-511 – ℰ 219 24 90 11 🚗 VISA ⓪⑩ 𝔸𝔼 ⓪
– www.penhalonga.com
177 qto ⌕ – ♦♦350 € – 17 suites
Rest Assamassa – (fechado 4ª feira, 5ª feira, 6ª feira e sábado) (só jantar)
Lista aprox. 50 €
Rest Midori – (fechado domingo e 2ª feira) (só jantar) Lista 49/60 €
♦ Belo complexo com monumentos históricos do séc. XV, com um magnífico palacete
e quartos de grande conforto. Oferece vistas ao campo de golfe e à serra de Sintra. No restaurante Assamassa encontrará uma completa ementa internacional.

na Quinta da Beloura por ④ : 8 km

🏨🏨 **Pestana Sintra Golf** ⚘   ⌧ ⌧ ♨ ✖ ⊡ ⊞ ⚐ ⅗ qto, ⩆ ✎ ⁗ 🎿 **P**
Rua Mato da Mina 19 ⌧*2710-692* – 𝒞 *210 42 43 00*   **VISA ⦿ AE ⦿**
– *www.pestana.com*
83 qto ⌸ – ♯81/109 € ♯♯99/123 €   **Rest** – Menu 26 €
♦ Hotel de linha moderna situado num campo de golfe. Possui suficientes zonas nobres e quartos com um bom conforto geral, muitos do tipo duplex. Pequeno SPA. A sala de jantar é bastante luminosa e apresenta uma montagem actual com toques orientais.

SOUSEL – Portalegre – 733 – 592 P6 – **2 047 h.**   2 C1
▶ Lisboa 185 – Badajoz 73 – Évora 63 – Portalegre 59

ao Sudoeste : 3,5 km

🏨🏨 Pousada de São Miguel ⚘   ⟞ ⌆ ⌧ ⩆ 🎿 **P**
Estrada Particular ⌧*7470-999* – 𝒞 *268 55 00 50* – *www.pousadas.pt*
28 qto – 4 suites   **Rest**
♦ Na parte alta de uma colina e com vistas aos olivais da região. Zona social decorada com motivos cinegéticos e quartos de equipamento completo, todos com varanda. Refeitório tranquilo e sossegado, ao calor dum belo mobiliário.

TABUAÇO – Viseu – 733 – 591 I7 – **1 647 h.**   5 C1
▶ Lisboa 416 – Viseu 96 – Vila Real 64 – Guarda 179

pela estrada N 323 Sul : 6 km e desvio a esquerda 1 km

↑ **Quinta das Heredias** ⚘   ⟞ ⌧ ⅗ qto, **P**
Granjinha – 𝒞 *254 78 70 04* – *www.quintadasheredias.com*
10 qto ⌸ – ♯60/70 € ♯♯80/90 €   **Rest** – *(só clientes)* Menu 25 €
♦ Instalado numa antiga quinta rodeada de vinhas, olivais e laranjeiras. Possui quartos de estilo clássico-actual, bem como um apartamento-duplex num anexo.

TABUADELO – Braga – 733 – 591 H5   8 A2
▶ Lisboa 355 – Porto 49 – Braga 29

↑ **Paço de São Cipriano** sem rest ⚘   ⎙ ⌧ ✖ **P VISA ⦿ ⦿**
⌧*4835-461* – 𝒞 *253 56 53 37* – *www.pacoscipriano.com*
7 qto ⌸ – ♯90 € ♯♯125 €
♦ Magnífico paço do séc. XV rodeado de belos jardins e um floresta autóctone. O seu interior transporta-nos a outras épocas, destacando a alcova da torre, de autêntico sonho.

TAVIRA – Faro – 733 – 593 U7 – **10 434 h.** – Praia   3 C2
▶ Lisboa 314 – Faro 30 – Huelva 72 – Lagos 111
🛈 Rua da Galeria 9 ⌧ 8800-329 𝒞 281 32 25 11
◉ Localidade ★

🏨🏨 **Pousada Convento da Graça** ⚘   ⎙ ⌧ ⌸ ⅗ qto, ⩆ ✖ ⁗ 🎿 **P**
Rua D. Paio Peres Correia ⌧*8800-407* – 𝒞 *281 32 90 40*   **VISA ⦿ AE ⦿**
– *www.pousadas.pt*
31 qto ⌸ – ♯118/288 € ♯♯130/300 € – 5 suites   **Rest** – Menu 30 €
♦ Ocupa parte de um convento do séc. XVI ao qual se acrescentou um anexo de nova construção. Quartos algo pequenos mas bem equipados e uma atractiva piscina-solarium. O restaurante tem o tecto de madeira e uma esplanada montada no antigo claustro.

🏨🏨 **Vila Galé Tavira** ⚘   ⎙ ⌧ ⌧ ⚐ ⌸ ⅗ qto, ⩆ ✖ ⁂ 🎿 ⎈ **VISA ⦿ AE ⦿**
Rua 4 de Outubro ⌧*8800-362* – 𝒞 *281 32 99 00* – *www.vilagale.pt*
262 qto ⌸ – ♯40/140 € ♯♯50/160 € – 6 suites   **Rest** – Menu 22 €
♦ Estabelecimento alegre e de linha moderna ao redor duma piscina central. Quartos espaçosos e confortáveis, todos com a sua própria varanda. O restaurante, que combina a sua actividade com o serviço de pequeno-almoço, dispõe de uma zona à la carte e de outra para o buffet.

em Quatro Águas :

🏨 Vila Galé Albacora ⊛   🔝 🔲 ∱⑥ & qto. 🎦 ⅍ ⅃ 🅿 ⅥⅥ ⊛ AE ⓪

Sul : 3 km ✉8800 Tavira – ℰ *281 38 08 00 – www.vilagale.pt*
161 qto ⌕ – †38/140 € ††45/165 €   **Rest** – Menu 20 €
♦ Junto à ria, numa antiga aldeia de pescadores. O seu interior alberga uma capela e quartos correctos com casas de banho actuais distribuídos ao redor duma piscina. Amplo refeitório com serviço de buffet e varias salinhas de cuidada montagem para a ementa.

✗ Portas do Mar   ← 🛋 🎦 ⅍ 🅿 ⅥⅥ ⊛ AE ⓪

Sul : 2 km ✉8800 Tavira – ℰ *281 32 12 55 – fechado do 20 ao 30 de outubro e 3ª feira*
Rest – Lista 20/33 €
♦ Um estabelecimento simples mas confortável, com um correcto serviço de mesa e uma direcção sempre atenta. A casa está especializada em peixe e marisco.

✗ 4 Águas   ← 🛋 🎦 ⅍ 🅿 ⅥⅥ ⊛ AE ⓪
☺

Sul : 2 km ✉8800-602 Tavira – ℰ *281 32 53 29 – www.4aguas.net*
– fechado janeiro e 2ª feira
Rest – Lista 27/32 €
♦ Destaca pela sua localização, com vistas às zonas alagadas a um pequeno porto pesqueiro. Oferece uma sala com detalhes marinheiros e está especializado em peixes e mariscos.

TERCENA – Lisboa – ver Queluz

TERRUGEM – Portalegre – 733 – 592 P7 – 1 231 h.   2 C2
▶ Lisboa 193 – Badajoz 37 – Evora 73 – Portalegre 63

✗✗✗ A Bolota Castanha   ← 🎦 ⅍ 🅿 ⅥⅥ ⊛ AE ⓪

Quinta das Janelas Verdes ✉7350-491 Terrugem ELV – ℰ *268 65 61 18*
– fechado uma semana en agosto e 2ª feira
Rest – Lista 33/43 €
♦ Este restaurante de aparência clássica dispõe de um bar, uma lareira e uma sala de refeição com dois ambientes, um deles com uma varanda de vidro. Decoração detalhista.

TOLEDO – Lisboa – 733 – 592 O2 – 415 h.   6 A2
▶ Lisboa 69 – Peniche 26 – Torres Vedras 14

✗ O Pão Saloio   🎦 ⅍ 🅿 ⅥⅥ
☺

Rua Guerra Peninsular 27 ✉2530-782 Lourinhã – ℰ *261 98 43 55*
– www.opaosaloio.pt – fechado do 1 ao 18 de maio, do 1 ao 18 de outubro e 2ª feira
Rest – Lista 24/30 €
♦ Definido pelo seu ambiente rústico, com curiosos bancos feitos de coches. Refeitório em vários níveis onde oferecem elaborações tradicionais e uma boa ementa de vinhos.

TOMAR – Santarém – 733 – 592 N4 – 15 764 h. – alt. 75 m   6 B2
▶ Lisboa 145 – Leiria 45 – Santarém 65

🅘 Av. Dr. Cândido Madureira, ℰ 249 32 24 27 turismo@cm-tomar.pt Fax 249 32 24 27

◉ Convento de Cristo★★ : igreja★ (charola dos Templários★★) edifícios conventuais★ (janela★★★) – Igreja de São João Baptista (portal★)

🏨 Dos Templários ⊛   ← 🚗 🔝 🔲 ∱⑥ ⅍ 🍴 & qto. 🎦 ⅍ ⅋ ⅃ 🅿   ⅥⅥ ⊛ AE ⓪

Largo Cândido dos Reis 1 ✉2304-909 – ℰ *249 31 01 00*
– www.hoteldostemplarios.pt
171 qto ⌕ – †78/108 € ††91/128 € – 5 suites   **Rest** – Lista 23/35 €
♦ Este estabelecimento, com exteriores bem cuidados, está localizado ao lado do rio que divide a cidade. Dispõe de um grande hall, várias salas de reunião e quartos espaçosos, todos eles com varanda. O restaurante, luminoso e de estilo clássico, oferece um menu internacional.

TORRÃO – Setúbal – **733** – **593** R5 – **2 099 h.**
> ▶ Lisboa 126 – Beja 51 – Évora 46 – Faro 168
> ▣ Viana do Alentejo (Igreja : portal★) 25 km a Nordeste

ao Sudoeste pela estrada N 5 : 13,6 km

🏨 **Pousada de Vale do Gaio** ⟋   ⟨ 🍽 🛋 ⨁ 📶 ℀ 🅿 *VISA* ⊛ 🆀 ⓪
Junto da Barragem Trigo de Morais ✉*7595-034* – 𝒞 *265 66 96 10*
– *www.pousadas.pt*
14 qto ⌒ – ♦108/288 € ♦♦120/300 € **Rest** – Menu 30 €
♦ Um lugar para esquecer-se do mundanal ruído desfrutando do seu idílico
ambiente natural. Solicite os quartos do 1º andar, com excelentes vistas sobre a
barragem. Coqueto refeitório com uma agradável esplanada exterior.

TORREIRA – Aveiro – **733** – **591** J3 – **1 678 h.** – **Praia**
> ▶ Lisboa 290 – Aveiro 42 – Porto 54
> 🄸 Av. Hintze Ribeiro 30, 𝒞 234 83 82 50

na estrada N 327 Sul : 5 km

🏨 **Pousada da Ria** ⟋   ⟨ 🍽 ⨁ ℀ 📶 ℀ 🛁 🅿 *VISA* ⊛ 🆀 ⓪
Bico do Muranzel ✉*3870-301* – 𝒞 *234 86 01 80* – *www.pousadas.pt*
19 qto ⌒ – ♦78/238 € ♦♦90/250 € **Rest** – Menu 30 €
♦ Esta confortável Pousada que, além de instalações muito aconchegantes, tem
uma encantadora esplanada sobre as águas calmas da ria de Aveiro. A beleza
dos arredores encontra seu eco em uma sala de refeição íntima e calma.

TORRES NOVAS – Santarém – **733** – **592** N4 – **11 815 h.**
> ▶ Lisboa 118 – Castelo Branco 138 – Leiria 52 – Portalegre 120
> 🄸 Largo dos Combatentes 4-5, 𝒞 249 81 30 19 turismo@cm-torresnovas.pt
>   Fax 249 81 16 96

🏨 **Torres Novas** 🛗 ⛨ 📶 ℀ ⁽ᵖ⁾ 🛁 *VISA* ⊛ 🆀
Praça 5 de Outubro 5 ✉*2350-418* – 𝒞 *249 81 36 60* – *www.hoteltorresnovas.pt*
39 qto ⌒ – ♦42/92 € ♦♦48/122 € – 3 suites **Rest** – Menu 8,50 €
♦ Este edifício com localização central oferece atrás de sua fachada clássica, um
hall de estilo funcional, uma sala de estar e quartos confortáveis, todos eles com
casa de banho moderna. O restaurante que dispõe de uma sala de refeição dividida em duas partes, oferece um menu tradicional enriquecido pelas sugestões
do dia.

TORRES VEDRAS – Lisboa – **733** – **592** O2 – **2 350 h.** – **alt. 30 m**
– **Termas**
> ▶ Lisboa 52 – Santarém 74 – Sintra 62
> 🄸 Rua 9 de Abril, 𝒞 261 31 04 83 postoturismo@cm-tvedras.pt Fax 261 31
>   40 94

🏠 **São Pedro** sem rest   📶 ℀ ⁽ᵖ⁾ 🅿 *VISA* ⊛ 🆀
Rua Mouzinho Albuquerque 2-G ✉*2560-354* – 𝒞 *261 33 01 30*
– *www.residencialsaopedro.com.pt*
18 qto ⌒ – ♦30 € ♦♦40/45 €
♦ Uma gratificante quotidianidade impera em todos os lugares. Sem zonas públicas. Amplos quartos correctamente equipados. São de destacar os que possuem
casa de banho completa.

em Paúl pela estrada N 9 - Oeste : 3,5 km

🍴 **Moínho do Paúl**   📶 ℀ 🅿 *VISA* ⊛ 🆀
Av. da Lapa 13 ✉*2560-232 Torres Vedras* – 𝒞 *261 32 36 96* – *fechado do 15 ao*
31 de agosto
Rest – Lista 23/31 €
♦ Casa familiar com muitos anos de história. Apresenta dois refeitórios de montagem simples onde poderá encontrar uma pequena ementa tradicional e buffet
dois dias por semana.

ao Sudeste

pela estrada N 8 : 4 km e desvío a esquerda pela estrada de Cadriceira 2,5 km

Camporeal 🦢 ⟨ 🛍 ⌽ 🖵 *Lб* 🖼 🖭 & qto, 🎿 ℀ ℗ 🛎 ℗ 🚗

Rua do Campo ✉2565-779 – ℰ 261 96 09 00
– *www.camporeal.pt*   VISA ⓪ AE ①
140 qto ⌦ – 👬👬120/220 € – 11 suites
Rest – Menu 30 €
Rest *Grande Escolha* – *(só jantar)* Lista aprox. 48 €

♦ Este hotel de luxo desfruta de boas vistas, estando muito vocacionado ao turismo-relax, com quartos de grande conforto, um moderno SPA, piscina climatizada e um campo de golfe. No seu restaurante gastronómico poderá encontrar uma ementa internacional bem elaborada.

em Gibraltar na estrada N 9 - Oeste : 5,5 km

🏠 Páteo da Figueira sem rest ⌦ 🎿 ℡ ℗ VISA ⓪

✉2560-122 Ponte do Rol – ℰ 261 33 22 64 – *www.patiodafigueira.com*
19 qto ⌦ – 👤33/35 € 👬👬48/53 €

♦ Pequeno hotel de organização atenta e familiar. Oferece quartos de tamanho correcto com mobiliário rústico e solos em madeira, bem como uma sala de pequeno-almoço com lareira.

TRANCOSO – Guarda – 733 – 591 J7 – 2 209 h.   5 C1

🚹 Lisboa 351 – Coimbra 145 – Guarda 45 – Viseu 71
🆔 Av. Heroes de São Marcos, ℰ 271 81 11 47 turismo@cm-trancoso.pt
   Fax 271 81 21 89
👁 Fortificações★

🏯 Turismo de Trancoso ⌦ *Lб* 🖭 & qto, 🎿 ℀ ℡ 🛎 ℗ 🚗 VISA ⓪ ①

Rua Professora Irene Avillez ✉6420-227 – ℰ 271 82 92 00
– *www.hotel-trancoso.com*
49 qto ⌦ – 👤55/105 € 👬👬70/135 € – 4 suites   **Rest** – Lista 25/35 €

♦ Hotel de linha moderna dotado de divisões alegres e luminosas. Desfruta dum atractivo hall aberto e quartos de completo equipamento, com os chãos em soalho. O restaurante oferece uma ementa tradicional e alguns pratos internacionais.

✗✗ Área Benta 🖭 ℀ VISA ⓪ ①

Rua dos Cavaleiros 30-A ✉6420-040 – ℰ 271 81 71 80 – *www.areabenta.pt*
– *fechado 10 dias em julho, domingo noite e 2ª feira no inverno*
Rest – Lista aprox. 30 €

♦ Casa dotada com um acolhedor bar privado e uma sala de exposições. No 1º andar situam-se os refeitórios, definidos pela sua moderna decoração com as paredes em pedra.

UNHAIS DA SERRA – Castelo Branco – 733 – 592 L7 – 1 046 h.   5 C2

🚹 Lisboa 288 – Castelo Branco 66 – Guarda 65 – Viseu 148
👁 Sítio★

H2otel 🦢 ⟨ ⌦ ℡ *Lб* & qto, 🎿 ℀ qto, ℡ 🛎 ℗ 🚗 VISA ⓪ AE

av. das Termas ✉6201-909 – ℰ 275 97 00 20 – *www.h2otel.com.pt*
84 qto ⌦ – 👤75/110 € 👬👬100/160 € – 6 suites   **Rest** – Menu 19 €

♦ O edifício, cuja concepção define-se pela sua fantástica fachada, oferece duas áreas sociais, vários salas, um SPA completo e quartos de estilo clássico-actual de altíssimo nível. O restaurante tem um carácter polivalente pois oferece três serviços por dia.

VAGOS – Aveiro – 733 – 591 K3 – 3 126 h.   4 A1

🚹 Lisboa 233 – Aveiro 12 – Coimbra 43

✗ Nelita 🖭 ℀ VISA ⓪

Rua Padre Vicente Maria da Rocha ✉3840-453 – ℰ 234 79 35 52 – *fechado domingo noite*
Rest – Lista 20/32 €

♦ A fachada pode parecer-lhe um pouco insípida, mas detrás das vidraças, você encontrará uma grande sala de refeição com um ambiente provençal português. Menu regional com peixes e carnes de qualidade.

VALE DE AREIA – Faro – ver Ferragudo

VALE DE PARRA – Faro – ver ALBUFEIRA

VALE DO GARRÃO – Faro – ver Almancil

VALE DO LOBO – Faro – ver Almancil

VALE FORMOSO – Faro – ver Almancil

VALENÇA DO MINHO – Viana do Castelo – 733 – 591 F4 – **3 106 h.**   8 A1
– alt. 72 m

> ▶ Lisboa 440 – Braga 88 – Porto 122 – Viana do Castelo 52
> 🛈 Av. de Espanha, 𝒸 251 82 33 29 Fax 251 82 33 74
> 👁 Vila Fortificada★ (≤★)
> 🄶 Monte do Faro★★ (❆★★) Este : 7 km e 10 min. a pé

XX   **Mané**   🄰🄲 ⅌ 𝚅𝙸𝚂𝙰 ⦾ 🄰🄴 ⓪

Av. Miguel Dantas 5 ✉*4930-678* – 𝒸 *251 82 34 02 – fechado do 1 ao 15 de
janeiro e 2ª feira*
Rest – Lista 22/30 €

♦ Negócio familiar com uma espaçosa esplanada, café e os refeitórios do restaurante no andar superior. Oferecem uma cozinha tradicional e uma destacável
ementa de vinhos.

dentro das muralhas :

🏠🏠🏠   **Pousada do São Teotónio** 🖖   ≤ ₺ qto, 🄰🄲 ⅌ 𝚅𝙸𝚂𝙰 ⦾ 🄰🄴 ⓪

Baluarte do Socorro ✉*4930-619* – 𝒸 *251 80 02 60 – www.pousadas.pt*
18 qto ☲ – †78/208 € ††90/220 €   **Rest** – Menu 30 €

♦ Situado numa das extremidades da muralha, oferece-nos uma privilegiada vista
panorâmica sobre as águas do Minho. Actualizado e bem dirigido, possui um completo equipamento. Luminoso refeitório envidraçado, com o tecto em madeira.

X   **Fortaleza**   🏠 🄰🄲 ⅌ 𝚅𝙸𝚂𝙰 ⦾ 🄰🄴

Rua Apolinário da Fonseca 5 ✉*4930-706* – 𝒸 *251 82 31 46 – fechado
15 janeiro-15 fevereiro e 3ª feira*
Rest – Lista 23/36 €

♦ Casa assentada na zona e bem dirigida pelo casal proprietário. O seu impecável aspecto e uma decoração simples mas actual conformam um ambiente cálido
e aconchegante.

VIANA DO CASTELO 🄿 – 733 – 591 G3 – **28 725 h.** – Praia   8 A2

> ▶ Lisboa 388 – Braga 53 – Ourense 154 – Porto 74
> 🛈 Rua do Hospital Velho, 𝒸 258 82 26 20 turismo@portoenorte.pt Fax 258 82
> 78 73
> 👁 O Bairro Antigo★ B : Praça da República★ B – Hospital da Misericórdia★
> B- Museu Municipal★ (azulejos★★, faianças portuguesas★) A**M**
> 🄶 Monte de Santa Luzia★★, Basílica de Santa Luzia ❆★★ Norte : 6 km

Planta página seguinte

🏠🏠🏠   **Flôr de Sal**   ≤ 🖵 🛁 🛗 ₺ qto, 🄰🄲 ⅌ rest, ☏ 🛁 🄿 🚗 𝚅𝙸𝚂𝙰 ⦾ 🄰🄴 ⓪

Av. de Cabo Verde 100, (Praia Norte), por Rua de Monserrate ✉*4900-568*
– 𝒸 *258 80 01 00 – www.hotelflordesal.com*   A
57 qto ☲ – †110/130 € ††150/190 € – 3 suites   **Rest** – Menu 25 €

♦ Edifício de estilo moderno aberto ao mar. Desfruta dum espaçoso hall com
boas vistas e mobiliário de desing, assim como quartos de completo equipamento e um SPA. Refeitório luminoso e de estética actual.

🏠🏠🏠   **Axis Viana**   🖵 🖵 🛁 🛗 ₺ qto, 🄰🄲 ⅌ ☏ 🛁 🄿 🚗 𝚅𝙸𝚂𝙰 ⦾ 🄰🄴 ⓪

Av.Capitão Gaspar de Castro ✉*4900-462* – 𝒸 *258 80 20 00*
– www.axisviana.com   B**a**
83 qto ☲ – †85/100 € ††100/120 € – 4 suites   **Rest** – Lista 23/35 €

♦ Ocupa um edifício de design dotado com uma espectacular fachada, um
grande hall, um Lobby-Bar e uma luminosa zona social. Quartos amplos, modernos e bem equipados. O restaurante, algo frio, combina a sua actividade à la
carte com o serviço de pequeno-almoço.

Casa Melo Alvim sem rest

🛗 🏧 🕸 🕻 ⅏ 🅿️ VISA ◑ AE ①

Av. Conde da Carreira 28 ✉4900-343 – 𝒞 258 80 82 00
– www.meloalvimhouse.com

Av

17 qto ☕ – ♦95/150 € ♦♦115/175 € – 3 suites

♦ Casa senhorial do séc. XVI, onde se apreciam diferentes estilos artísticos fruto das suas sucessivas ampliações. Os seus quartos possuem mobiliário português e casas de banho em mármore.

✗ Os 3 Potes

VISA ◑ AE ①

Beco dos Fornos 7 ✉4900-523 – 𝒞 258 82 99 28

Bs

Rest – Lista 22/34 €

♦ Restaurante situado num atractivo espaço histórico. A sua decoração rústico--regional reveste-o dum tipismo decididamente acolhedor, com um antigo forno de pão em pedra.

em Santa Marta de Portuzelo por ① : 5,5 km

✗ Camelo

🌳 🏧 🕸 🅿️ VISA ◑ AE ①

Estrada N 202 ✉4925-104 Viana do Castelo – 𝒞 258 83 90 90
– www.camelorestaurantes.com – fechado 2ª quinzena de junho e 2ª feira

Rest – Lista 25/30 €

♦ Tem prestígio e trabalha muito com festas. Atrás do bar da entrada, com expositor e viveiro, encontrará um refeitório de estilo actual, outro mais rústico e um pátio-esplanada.

PORTUGAL

VIANA DO CASTELO

Bandeira (R. da) . . . . B	Capitão Gaspar de Castro (R.) . . . . B 4	Humberto Delgado (Av.). . . . . . A 13
Cândido dos Reis (R.) . . . . B 3	Carmo (R. do). . . . . B 6	João Tomás da Costa (Largo) . . . . B 15
	Combatentes da Grande Guerra (Av. dos) . . . . . AB 7	Luís de Camões (Av.) . . . . B 16
	Conde da Carreira (Av. da) . . . A 9	República (Pr. da) . . . . B 18
	Dom Afonso III (Av.) . . . . B 10	Sacadura Cabral (R.) . . . . B 19
	Gago Coutinho (R. de) . . . . . . B 12	Santa Luzia (Estrada) . . . . A 21
		São Pedro (R. de) . . . . B 22

Santa Luzia Norte : 6 km

 Pousada do Monte de Santa Luzia ⌂ ⟨icons⟩
✉4901-909 Viana do Castelo ⟨icons⟩ qto, ℳ ⟨icons⟩
– 𝒞 258 80 03 70 – www.pousadas.pt
51 qto ⌷ – †128/158 € ††140/170 € **Rest** – Menu 30 €
♦ Singular edifício de princípios do séc. XX, numa localização privilegiada pelas suas vistas sobre o mar e o estuário do Lima. O interior aposta pela sobriedade decorativa. O seu luminoso restaurante de estilo clássico complementa-se, no Verão, com uma pequena esplanada e oferece uma cozinha de sabor tradicional.

VIEIRA DO MINHO – Braga – **733** – **591** H5 – 1 656 h. – alt. 390 m   8 B2
▶ Lisboa 398 – Braga 33 – Viana do Castelo 95 – Vila Real 140

em Caniçada

 Aquafalls ⌂ ⟨icons⟩ qto, ℳ ⟨icons⟩
Estrada de Parada de Bouro (Lugar de S. Miguel), Noroeste: 7 km y desvio a dereita 1,5 km ✉4850-053 Caniçada – 𝒞 253 64 90 00 – www.aquafalls.pt
14 qto ⌷ – †182/290 € ††210/332 € – 10 suites   **Rest** – Menu 30 €
♦ O edifício principal abriga uma área social moderna e um SPA, com vista mara-vilhosa para o rio Cávado. Os quartos, em formato de bungaló, encontram-se no jardim. O restaurante, bem conservado, oferece uma cozinha moderna e dispõe de um bar-terraço panorâmico.

 Pousada de São Bento ⌂ ⟨icons⟩
Estrada N 304, Noroeste : 7 km ✉4850-047 Caniçada – 𝒞 253 64 91 50
– www.pousadas.pt
38 qto ⌷ – †168/312 € ††180/324 € **Rest** – Menu 30 €
♦ Situa-se numa bela paragem dotada com magníficas vistas à serra do Gerês e ao rio Cávado. Interior de ar montanhês, com muita madeira e quartos bem equi-pados. No seu agradável restaurante elabora-se uma cozinha fiel ao receituário tradicional.

VILA BALEIRA – Madeira – ver Madeira (Arquipélago da) : Porto Santo

VILA DO BISPO – Faro – **733** – **593** U3 – 788 h.   3 A2
▶ Lisboa 322 – Faro 111 – Lagos 25 – Aljezur 35

✗ **A Eira do Mel** ⟨icons⟩
Estrada do Castelejo ✉8651-909 – 𝒞 282 63 90 16 – www.eiradomel.com
– fechado domingo
Rest – Lista aprox. 35 €
♦ Casa de aldeia com certo tipismo, rusticidade e uma grande dose de autentici-dade. O refeitório, repartido em dois espaços, tem um simples serviço de mesa. Deliciosos guisados.

VILA DO CONDE – Porto – **733** – **591** H3 – 25 731 h. – Praia   8 A2
▶ Lisboa 342 – Braga 40 – Porto 28 – Viana do Castelo 42
ℹ Rua 25 de Abril 103, 𝒞 252 24 84 73 turismo@cm-viladoconde.pt Fax 252 24 84 22
◉ Convento de Santa Clara★ (túmulos★)

em Azurara pela estrada N 13 - Sudeste : 1 km

 Santana ⌂ ⟨icons⟩ qto, ℳ ⟨icons⟩
✉4480-188 – 𝒞 252 64 04 60 – www.santanahotel.net
65 qto ⌷ – †78/88 € ††102/117 € – 10 suites
Rest *Santa Clara* – Lista 22/40 €
♦ Situado numa localização privilegiada. O seu interior faz gala duma múltipla zona nobre e recreativa, além de quartos muito bem equipados. Restaurante envidraçado com magníficas vistas sobre o mosteiro de Santa Clara e o rio Ave.

VILA FRANCA DE XIRA – Lisboa – **733** – **592** P3 – 16 480 h.   6 A2
▶ Lisboa 32 – Évora 111 – Santarém 49
ℹ Praça Afonso de Albuquerque 12, 𝒞 263 28 56 05 turismo@cm-vfxira.pt Fax 263 27 15 16

PORTUGAL

🏠 **Flora** sem rest   🔤 🛇 VISA ◉◉ AE ◉
Rua Noel Perdigão 12 ✉*2600-218* – ☏ *263 27 12 72* – *www.flora.com.sapo.pt*
22 qto ⌷ – †38/43 € ††50/58 €
◆ Hotelzinho familiar caracterizado pelos espaços reduzidos que são aproveitados com engenho e subtileza. Quartos funcionais, a maioria deles com casas de banho com duche.

✄ **O Forno**   🔤 🛇 VISA ◉◉ AE ◉
Rua Dr. Miguel Bombarda 143 ✉*2600-195* – ☏ *263 28 21 06* – *fechado 3ª feira*
Rest – Lista 20/32 €
◆ Negócio de ambiente tradicional dividido em dois andares, com o andar superior reservado para os grupos. Possui um bom expositor do produto, forno e grelha de assar à vista.

VILA FRESCA DE AZEITÃO – Setúbal – **733** – **593** Q2/ Q3 – **319 h.**   1 A2
▶ Lisboa 34 – Sesimbra 14 – Setúbal 12

🏠🏠🏠 **Club d'Azeitão** sem rest   🚗 🏊 🍴 📶 🔤 🛇 📞 🏋 P VISA ◉◉ AE ◉
Estrada N 10 ✉*2925-483 Azeitão* – ☏ *212 19 85 90* – *www.turimhoteis.com*
30 qto ⌷ – †50/90 € ††60/120 €
◆ Casa de campo senhorial que surpreende pelo seu cuidado e extenso jardim. Oferece um interior sóbrio e quartos bastante amplos com mobiliário antigo.

VILA NOVA DE CERVEIRA – Viana do Castelo – **733** – **591** G3   8 A1
– **781 h.**
▶ Lisboa 425 – Viana do Castelo 37 – Vigo 46
ℹ Praça do Município, ☏ 251 70 80 23 turismo@cm-vncerveira.pt Fax 251 70 80 22

em Gondarém pela estrada N 13 - Sudoeste : 4 km

🏠🏠🏠 **Estalagem da Boega** ⬡   🚗 🏊 🍴 🛇 📞 🏋 P VISA ◉◉ AE
Quinta do Outeiral ✉*4920-061 Gondarém* – ☏ *251 70 05 00*
– *www.estalagemboega.com*
27 qto ⌷ – †45/100 € ††55/110 € – 2 suites
Rest – *(fechado domingo noite)* Menu 20 €
◆ Casa senhorial de gratificantes exteriores cujos quartos são distribuídos em três edifícios, sendo que os mais aconchegantes albergam o núcleo primitivo. Os detalhes antigos evocam o seu passado. Dispõe de dois refeitórios, o principal tem azulejos e mobiliário clássico.

na estrada de Valença do Minho Nordeste : 6 km

🏠🏠 **Turismo do Minho**   🏊 🍴 📶 ♿ qto, 🔤 🛇 📞 🏋 P VISA ◉◉ AE
Vila Mea ✉*4920-140 Vila Mea* – ☏ *251 70 02 45* – *www.hotelminho.com*
60 qto ⌷ – †42/72 € ††62/83 €
Rest *Braseirão do Minho* – Lista 20/33 €
◆ Conjunto de estética actual que surpreende exteriormente pelo seu jogo de linhas puras. Oferece um moderno interior, com quartos funcionais e apartamentos tipo duplex. O restaurante está separado do hotel e tem um estilo mais regional.

VILA NOVA DE FAMALICÃO – Braga – **733** – **591** H4 – **30 184 h.**   8 A2
– alt. 88 m
▶ Lisboa 350 – Braga 18 – Porto 33
ℹ Praça D. Maria II, ☏ 252 31 25 64 postodeturismo@
vilanovadefamalicao.org Fax 252 31 25 64

✄ **Tanoeiro**   🔤 🛇 VISA ◉◉ AE ◉
Praça Da Maria II-720 ✉*4760-111* – ☏ *252 32 21 62* – *www.tanoeiro.com*
– *fechado domingo noite*
Rest – Lista aprox. 28 €
◆ Assim que entrar reparará que aqui se come bem. Casa com tradição na zona, dotada de cuidadas instalações e uma cozinha à vista com fogo de lenha. Pratos regionais.

na estrada N 206 Nordeste : 1,5 km

🏨 **Moutados** 📶 🕭 AC ❄ ⚓ 👬 🖳 P VISA ⚙ AE ⓘ
Av. do Brasil 1223 ⊠*4764-983* – *℘ 252 31 23 77* – *www.moutados.com.pt*
57 qto – 🛏53/60 € 👬65/80 €
Rest *Moutados de Baixo* – ver selecção restaurantes
♦ Situado nos arredores da cidade e orientado ao cliente de negócios. Zona comum de adequado conforto e quartos de linha funcional.

✗ **Moutados de Baixo** – Hotel Moutados AC ❄ P VISA ⚙ AE ⓘ
Av. do Brasil 1701 ⊠*4764-983* – *℘ 252 32 22 76* – *www.moutados.com.pt*
– fechado do 1 ao 15 de agosto e 2ª feira
Rest – Lista 25/34 €
♦ Desfruta duma sala espaçosa e bem organizada, com a cozinha à vista num dos seus laterais e grandes superfícies envidraçadas noutro. Elaboram pratos de sabor regional.

VILA NOVA DE GAIA – Porto – **733** – **591** I4 – **96 877 h.**   8 A3
▶ Lisboa 316 – Porto 3
🅰 Av. Diogo Leite 242, *℘* 22 370 37 35 turismo.vngaia@mail.cm-gaia.pt
Fax 22 379 09 94,
e Av. Ramos Pinto - Loja 510, *℘* 22 375 62 16 turismo.vngaia@
mail.cm-gaia.pt Fax 22 370 06 17

ver planta do Porto

🏨 **The Yeatman** ⟨ 🕭 🏊 🕭 🕭 qto, AC ❄ rest, ⚓ 🖳 🚗 VISA ⚙ AE ⓘ
Rua do Choupelo ⊠*4400-088* – *℘ 220 13 31 00* – *www.theyeatman.com*
70 qto – 🛏139/353 € 👬154/368 €, ⊊ 15 € – 12 suites   BV**a**
Rest – Lista 60/80 €
♦ Instalações em frente ao centro histórico do Porto. Os seus quartos são de linha clássica-actual, todos têm terraços e muitos são personalizados com temas de carácter vinícola. O restaurante com esplanada de verão, oferece uma carta com propostas actuais.

🏨 **Gaiahotel** ⟨ 🕭 🕭 🕭 qto, AC ❄ ⚓ 🕭 🚗 VISA ⚙ AE ⓘ
Av. da República 2038 ⊠*4430-195* – *℘ 223 74 26 00* – *www.gaiahotel.pt*
90 qto ⊊ – 👬60/80 € – 2 suites   **Rest** – Menu 13,50 €   BV**g**
♦ Desfrute duma gratificante estadia nas suas equipadas instalações. Quartos dirigidos para o cliente de negócios e zonas nobres um pouco reduzidas mas bem mobiladas. Atractivo restaurante panorâmico situado no 10º andar.

🏨 **ClipHotel** sem rest 🕭 AC ❄ ⚓ ⚓ 🕭 VISA ⚙
Av. da República 1559 ⊠*4430-205* – *℘ 223 74 59 10* – *www.cliphotel.pt*
53 qto ⊊ – 🛏50/100 € 👬60/120 €   BCV**x**
♦ Este hotel situado no centro renovou recentemente a sua recepção, criando também uma pequena zona social. Oferece quartos funcionais e simples, com mobiliário actual.

✗ **D. Tonho em Gaia** 🕭 AC ❄ VISA ⚙ AE ⓘ
Av. Diogo Leite ⊠*4400-111* – *℘ 223 74 48 35* – *www.dtonho.com*   EZ**d**
Rest – Lista aprox. 28 €
♦ É alegre, moderno e informal, por estar situado numa espécie de carruagem envidraçada junto ao rio, com esplanada, relvado e boas vistas. Serviço de cozinha continuo.

na Praia de Lavadores Oeste : 7 km

🏨 **Casa Branca** ❧ ⟨ 🖵 🕭 ❄ 🕭 AC ⚓ 🕭 🖳 P 🚗 VISA ⚙ AE ⓘ
Rua da Belgica 86 ⊠*4400-044 Vila Nova de Gaia* – *℘ 227 72 74 00*
– www.casabranca.com   AV**s**
54 qto ⊊ – 🛏75/150 € 👬80/160 € – 4 suites
Rest *Casa Branca* – ver selecção restaurantes
♦ Serena localização numa atractiva paisagem da Costa Verde. Elegantes instalações de estilo clássico, áreas comuns mobiladas com detalhe e um completo fitness.

PORTUGAL

XX **Casa Branca** – Hotel Casa Branca   ≤ ⧉ AC ⊗ ✿ P VISA ⊕ AE ⓪
Av. Beira Mar 751 ✉4400-382 Vila Nova de Gaia – ℰ 227 72 74 00
– www.casabranca.com – fechado 2ª feira e 3ª feira ao meio-dia   AV**s**
Rest – Lista aprox. 40 €
♦ Casa de organização profissional onde se combinam o desenho e a modernidade do presente com os pormenores do passado. Bom serviço de mesa e excelentes vista sobre o mar.

VILA POUCA DA BEIRA – Coimbra – 733 – 592 L6 – 245 h.   4 B2
▶ Lisboa 271 – Coimbra 67 – Castelo Branco 118 – Viseu 55

⌂⌂⌂ **Pousada Convento do Desagravo** ⟡   ≤ ⧉ ⊗ 🍴 & qto, AC ⊗
✉3400-758 – ℰ 238 67 00 80 – www.pousadas.pt   ⚐ P VISA ⊕ AE ⓪
22 qto ⌂ – ♥98/238 € ♥♥110/250 € – 7 suites
Rest – Menu 30 €
♦ Situado num antigo convento restaurado, com diferentes zonas nobres, um
pátio central com colunas e a sua própria igreja. Os quartos e as suas casa de
banho são de linha actual. Restaurante de cuidada montagem onde oferecem
uma ementa de tendência tradicional.

VILA PRAIA DE ÂNCORA – Viana do Castelo – 733 – 591 G3   8 A1
– 4 111 h. – Termas – Praia
▶ Lisboa 403 – Viana do Castelo 15 – Vigo 68
ℹ Av. Dr. Ramos Pereira, ℰ 258 91 13 84 turismovpancora@portugalmail.pt
Fax 258 91 13 38

⌂⌂⌂ **Meira**   ⧉ 🔌 & qto, AC ⊗ rest, 🍴 ⌂⌂ VISA ⊕ AE
Rua 5 de Outubro 56 ✉4910-386 – ℰ 258 91 11 11 – www.hotelmeira.com
– fechado novembro- 7 dezembro
52 qto ⌂ – ♥60/120 € ♥♥70/140 € – 3 suites   **Rest** – Menu 25 €
♦ Dirigido pessoalmente pelo seu proprietário. Oferece uma correcta zona social
e quartos bem equipados, repartidos em dois andares e em vários casos com
varanda. No restaurante encontrará uma cozinha tradicional e um buffet económico durante o almoço.

VILA REAL P – 733 – 591 I6 – 16 138 h. – alt. 425 m   8 B2
▶ Lisboa 400 – Braga 103 – Guarda 156 – Ourense 159
ℹ Av. Carvalho Araújo 94, ℰ 259 32 28 19 rtsmarao@gmail.com Fax 259 32
84 15
A.C.P. Alameda de Grasse - Centro Comercial Dolce Vita Douro, Loja 01A,
ℰ 259 37 56 50 Fax 259 37 56 50
◉ Igreja de São Pedro (tecto★)
◱ Solar de Mateus★★ (fachada★★) Este : 3,5 Km Z – Estrada de Vila Real a
Amarante ≤★ – Estrada de Vila Real a Mondim de Basto (descida
escarpada★)

⌂⌂⌂ Mira Corgo   ≤ ⧉ 🔌 & qto, AC 📞 ⚐ P ⌂⌂
Av. 1º de Maio 76 ✉5000-651 – ℰ 259 32 50 01 – www.hotelmiracorgo.com
144 qto – 22 suites   **Rest** –   **Za**
♦ Desfruta dum amplo hall-recepção, um discreto bar anexo e correctas zonas
sociais, todas elas com os chãos em alcatifa. Quartos espaçosos e remodelados.
Atractivo restaurante panorâmico onde também se servem pequenos almoços.

⌂⌂ **Miraneve (Cabanelas)**   🔌 AC 🍴 ⌂⌂ VISA ⊕ AE ⓪
Rua D. Pedro de Castro ✉5000-669 – ℰ 259 32 31 53 – www.miraneve.pt
26 qto ⌂ – ♥30/40 € ♥♥50/60 €   **Yb**
Rest – (fechado 3ª feira) Lista 23/30 €
♦ Pequeno e situado no centro da localidade. De eficiente organização e correcto
conforto, propõe quartos bem cuidados e equipados com casas de banho actuais.

※ **Terra de Montanha** 🅰🅲 ※ 🆅🅸🆂🅰 ⬤⬤ 🅰🅴 ⓪

Rua 31 de Janeiro 16-18/a – ℰ 259 37 20 75
– www.terrademontanha.pt
– fechado domingo noite **Yc**
Rest – Lista aprox. 22 €
◆ É curioso por ter uma decoração, na qual dominam os motivos vinícolas e pelas suas mesas, algumas postas em tonéis de vinho de grande tamanho. Cozinha regional.

VILA REAL

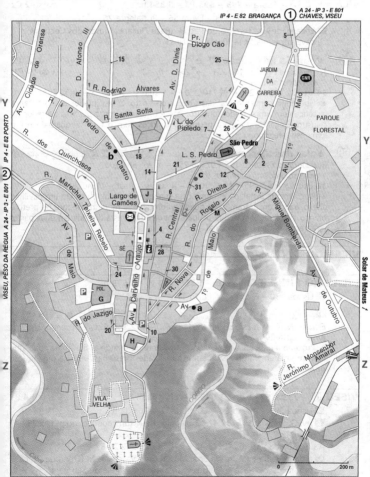

VILA REAL DE SANTO ANTÓNIO – Faro – 733 – 593 U7   3 C2
– 10 489 h. – Praia

▶ Lisboa 314 – Faro 53 – Huelva 50

🚢 para Ayamonte (Espanha), Av. da Republica, 🕾 281 54 31 52 Fax 281 54 31 52

🛈 Centro Cultural António Aleixo, 🕾 281 54 21 00 e Av. Marginal (em Monte Gordo), 🕾 281 54 44 95

🏩 **Apolo** sem rest   🗷 🖃 🏧 ⚡ 🕪 **P** ▥ 🐵 🖭 ①
Av. dos Bombeiros Portugueses ⊠8900-209 – 🕾 281 51 24 48
– www.apolo-hotel.com
42 qto ⊊ – ♥30/125 € ♥♥40/130 €
◆ De simples organização, oferece discretas instalações que são compensadas por uma esmerada manutenção. Quartos correctos com casas de banho pouco modernas.

VILA VIÇOSA – Évora – 733 – 593 P7 – 5 354 h.   2 C2

▶ Lisboa 185 – Badajoz 53 – Évora 56 – Portalegre 76

◉ Localidade★ – Terreiro do Paço★ (Paço Ducal★, Museu dos Coches★ : cavalariças reais★) – Porta dos Nós★

 Pousada de D. João IV 🗞   ▱ 🛱 🗷 🖃 🕹 qto, 🏧 ⚡ 🕪 ⚕ **P**
Terreiro do Paço ⊠7160-251 – 🕾 268 98 07 42   ▥ 🐵 🖭 ①
– www.pousadas.pt
34 qto ⊊ – ♥98/238 € ♥♥110/250 € – 5 suites   **Rest** – Menu 30 €
◆ No antigo convento real das Chagas de Cristo. O seu interior une a herança histórica com um elevado conforto, fazendo girar as zonas públicas ao redor do claustro. Elegante sala para pequenos almoços com o tecto abobadado e um luminoso refeitório.

 Solar dos Mascarenhas   🗷 🕹 qto, 🏧 ⚡ 🕪 ▥ 🐵
Rua Florbela Espanca 125 ⊠7160-283 – 🕾 268 88 60 00
– www.solardosmascarenhas.com
18 qto ⊊ – ♥75/95 € ♥♥85/105 € – 4 suites   **Rest** – Menu 20 €
◆ Parcialmente instalado em uma casa senhorial do século XVI e em um pavilhão anexo, aonde encontram-se os quartos. Combinação moderna de tons de preto e branco. A sala de jantar, que ocupa a antiga adega, está dividida em duas partes e oferece um menu tradicional.

VILAMOURA – Faro – ver Quarteira

VILAR DO PINHEIRO – Porto – 733 – 591 I4 – 2 579 h.   8 A2

▶ Lisboa 330 – Braga 43 – Porto 17

🍴 **Rio de Janeiro**   🏧 ⚡ **P** ▥ 🐵 🖭 ①
Estrada N 13, Noroeste : 1 km ⊠4485-860 – 🕾 229 27 02 04 – fechado 2ª feira
Rest – Lista 20/30 €
◆ Próximo a uma área de serviço. Restaurante de grande aceitação na zona, que oferece uma ementa baseada em especialidades brasileiras. Discreta organização no seu estilo.

VISEU ℗ – 733 – 591 K6 – 21 545 h. – alt. 483 m   4 B1

▶ Lisboa 292 – Aveiro 96 – Coimbra 92 – Guarda 85

🛈 Av. Gulbenkian, 🕾 232 42 09 50 polo.viseu@turismodocentro.pt Fax 232 42 09 57

A.C.P. Rua da Paz 36, 🕾 232 42 24 70 Fax 232 42 24 37

◉ Cidade Velha★ : Adro da Sé★ Museu Grão Vasco★★ **M** (Trono da Graça★, primitivos★★) – Sé★ (liernes★, retábulo★) – Igreja de São Bento (azulejos★)

🏨 Montebelo ⬩ ← ≤ 🗊 Ⅰ⅖ 🛋 ☐ qto, 🅰 ⅍ ⁗ ⅍ 🄿 🚗 🚐 ⑨ 🄰🄴 ⓪

Urb. Quinta do Bosque, por Av. Infante D. Henrique ✉3510-020
– ☏ 232 42 00 00 – www.hotelmontebelo.pt
154 qto ⬩ – ▯115 € ▯▯135 € – 18 suites   **Rest** – Menu 28 €
♦ De linha moderna e magníficas instalações, o seu interior revela um gosto
pelos grandes espaços. Confortáveis quartos com mobiliário de qualidade e
casas de banho actuais. Restaurante panorâmico e de cuidada decoração onde
oferecem uma cozinha diversificada.

🏨 Pousada de Viseu ≤ 🗊 Ⅰ⅖ 🛋 ☐ qto, 🅰 ⅌ ⅍ 🄿 🚐 ⑨ 🄰🄴 ⓪

Rua do Hospital ✉3500-161 *– ☏ 232 45 63 20 – www.pousadas.pt*
81 qto ⬩ – ▯78/178 € ▯▯90/190 € – 3 suites   **x**
Rest – Menu 30 €
♦ Instalado no antigo hospital de São Teotónio, este lindo edifício de 1842 dis-
põe- de um agradável pátio coberto e quartos de estilo moderno, aqueles que
encontram-se no último andar possuem varanda. O restaurante combina estética
moderna com menu tradicional.

🏨 Palácio dos Melos ⬩ 🛋 ☐ 🅰 ⅍ ⁗ 🄿 🚐 ⑨ 🄰🄴

Rua Chão Mestre 4 ✉3510-103 *– ☏ 232 43 92 90*
– www.hotelpalaciodosmelos.pt   **b**
27 qto ⬩ – ▯60/80 € ▯▯70/90 €   **Rest** – Lista 25/38 €
♦ Antigo casarão da nobreza situado na zona monumental. Oferece espaços sociais bem restaurados e quartos confortáveis, os da parte nova são mais actuais. O
restaurante, de montagem actual, elabora uma ementa internacional com algum
prato regional.

✕✕ Muralha da Sé 🅰 ⅍ ⬩ 🚐 ⑨ 🄰🄴 ⓪

Adro da Sé 24 ✉3500-195 *– ☏ 232 43 77 77 – fechado do 15 ao 31 de outubro,
domingo noite e 2ª feira*   **a**
Rest – Lista 22/30 €
♦ Singular edifício situado em plena zona antiga. Possui um pequeno hall, um
agradável refeitório com as paredes em pedra e um privado. Cozinha tradicional
a preços comedidos.

PORTUGAL

VISEU

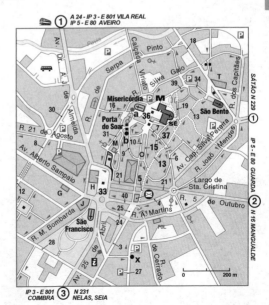

na estrada N 16 por ② : 6,5 km

XX **Quinta da Magarenha**   🔤 ❄ P VISA ⑩ AE ①
Via Caçador - junto a saída 20 da Auto-Estrada A 25 ✉3505-764
*– 𝒞 232 47 91 06 – www.magarenha.com – fechado 1ª quinzena de janeiro, 1ª
quinzena de julho, domingo noite e 2ª feira*
Rest – Lista aprox. 25 €
♦ Negócio de organização profissional com instalações bem cuidadas de linha
clássica. Dispõe de quatro refeitórios, dois com serviço à carte e o resto para
banquetes.

em Cabanões por ③ : 3 km

🏨 **Príncipe Perfeito** ⬙   ≤ 🛋 & qto, 🔤 ❄ 🎐 🕍 P VISA ⑩
Bairro da Misericórdia ✉3500-895 Viseu – 𝒞 232 46 92 00
– www.hotelprincipeperfeito.pt
38 qto � – ♥69 € ♥♥79 € – 5 suites
Rest *O Grifo* – Menu 15 €
♦ De traçado nobre e tranquila localização, possui uma ampla zona social, atractivos exteriores e quartos confortáveis e bem equipados com casas de banho
actuais. Restaurante em tons esbranquecidos, com tectos elevados e abundante
luz natural.

→ Descobrir o melhor restaurante ?
→ Encontrar o hotel mais próximo ?
→ Situar-se nas plantas e nos mapas ?
→ Decifrar os símbolos utilizados no guia ?

ℓ *Siga os Bibs vermelhos !*

Os conselhos do **Bib Chef**
para ajudar-lhe no restaurante.

As habilidades e as informações do
Bib Astuto para uma melhor
utilização do guia. . .e na estrada.

Os conselhos do **Bib Groom**
para ajudar-lhe no hotel.

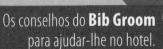

→ *¿ Descubrir el mejor restaurante ?*
→ *¿ Hallar el hotel mas próximo ?*
→ *¿ Situarse sobre los planos y los mapas ?*
→ *Descifrar los símbolos utilizados en la guía…*

¡ Siga los Bibs rojos !

Los consejos del **Bib Chef** para ayudarle en el restaurante..

Las habilidades y las informaciones del **Bib Astuto** para una mejor utilización de la guía…y en la carretera.

Los consejos del **Bib Groom** para ayudarle en el hotel.

Prefijos telefónicos internacionales

Importante: para las llamadas internacionales, no se debe marcar el cero (0) inicial del prefijo interurbano (exepto para llamar a Italia).

Indicativos telefónicos internacionais

Importante: para as chamadas internacionais, o (0) inicial do indicativo interurbano não se deve marcar (exepto nas ligações para Italia).

desde/da/d'/ dalla/von/from → a/para/en/in nach/to	AND	A	B	CH	CZ	D	DK	E	FIN	F	GB	GR
AND Andorra		0043	0032	0041	00420	0049	0045	0034	00358	0033	0044	0030
A Austria	00376		0032	0041	00420	0049	0045	0034	00358	0033	0044	0030
B Belgium	00376	0043		0041	00420	0049	0045	0034	00358	0033	0044	0030
CH Swizerland	00376	0043	0032		00420	0049	0045	0034	00358	0033	0044	0030
CZ Czech Republic.	00376	0043	0032	0041		0049	0045	0034	00358	0033	0044	0030
D Germany	00376	0043	0032	0041	00420		0045	0034	00358	0033	0044	0030
DK Denmark	00376	0043	0032	0041	00420	0049		0034	00358	0033	0044	0030
E Spain	00376	0043	0032	0041	00420	0049	0045		00358	0033	0044	0030
FIN Finland	00376	0043	0032	0041	00420	0049	0045	0034		0033	0044	0030
F France	00376	0043	0032	0041	00420	0049	0045	0034	00358		0044	0030
GB United Kingdom	00376	0043	0032	0041	00420	0049	0045	0034	00358	0033		0030
GR Greece	00376	0043	0032	0041	00420	0049	0045	0034	00358	0033	0044	
H Hungary	00376	0043	0032	0041	00420	0049	0045	0034	00358	0033	0044	0030
I Italy	00376	0043	0032	0041	00420	0049	0045	0034	00358	0033	0044	0030
IRL Ireland	00376	0043	0032	0041	00420	0049	0045	0034	00358	0033	0044	0030
J Japan	001376	00143	00132	00141	001420	00149	00145	00134	001358	00133	00144	00130
L Luxembourg	00376	0043	0032	0041	00420	0049	0045	0034	00358	0033	0044	0030
N Norway	00376	0043	0032	0041	00420	0049	0045	0034	00358	0033	0044	0030
NL Netherlands	00376	0043	0032	0041	00420	0049	0045	0034	00358	0033	0044	0030
PL Poland	00376	0043	0032	0041	00420	0049	0045	0034	00358	0033	0044	0030
P Portugal	00376	0043	0032	0041	00420	0049	0045	0034	00358	0033	0044	0030
RUS Russia		81043	81032	81041	810420	81049	81045	*	810358	81033	81044	*
S Sweden	009376	00943	00932	00941	009420	00949	00945	00934	009358	00933	00944	00930
USA	011376	01143	01132	01141	011420	01149	01145	01134	01358	01133	01144	01130

*No es posible la conexión automática
*Não é possível a ligação automática

International Dialling Codes

Note: When making an international call, do not dial the first (0) of the city codes (except for calls to Italy).

H	I	IRL	J	L	N	NL	PL	P	RUS	S	USA	
0036	0039	00353	0081	00352	0047	0031	0048	00351	007	0046	001	Andorra AND
0036	0039	00353	0081	00352	0047	0031	0048	00351	007	0046	001	Austria A
0036	0039	00353	0081	00352	0047	0031	0048	00351	007	0046	001	Belgium B
0036	0039	00353	0081	00352	0047	0031	0048	00351	007	0046	001	Swizerland CH
0036	0039	00353	0081	00352	0047	0031	0048	00351	007	0046	001	Czech CZ Republic
0036	0039	00353	0081	00352	0047	0031	0048	00351	007	0046	001	Germany D
0036	0039	00353	0081	00352	0047	0031	0048	00351	007	0046	001	Denmark DK
0036	0039	00353	0081	00352	0047	0031	0048	00351	007	0046	001	Spain E
0036	0039	00353	0081	00352	0047	0031	0048	00351	007	0046	001	Finland FIN
0036	0039	00353	0081	00352	0047	0031	0048	00351	007	0046	001	France F
0036	0039	00353	0081	00352	0047	0031	0048	00351	007	0046	001	United GB Kingdom
0036	0039	00353	0081	00352	0047	0031	0048	00351	007	0046	001	Greece GR
	0039	00353	0081	00352	0047	0031	0048	00351	007	0046	001	Hungary H
0036		00353	0081	00352	0047	0031	0048	00351	*	0046	001	Italy I
0036	0039		0081	00352	0047	0031	0048	00351	007	0046	001	Ireland IRL
00136	00139	001353		001352	00147	00131	00148	001351	*	00146	0011	Japan J
0036	0039	00353	0081		0047	0031	0048	00351	007	0046	001	Luxembourg L
0036	0039	00353	0081	00352		0031	0048	00351	007	0046	001	Norway N
0036	0039	00353	0081	00352	0047		0048	00351	007	0046	001	Netherlands NL
0036	0039	00353	0081	00352	0047	0031		00351	007	0046	001	Poland PL
0036	0039	00353	0081	00352	0047	0031	0048		007	0046	001	Portugal P
81036	*	*	*	*	*	81031	81048	*		*	*	Russia RUS
00936	00939	009353	0981	009352	00947	00931	00948	009351	0097		0091	Sweden S
01136	01139	011353	01181	011352	01147	01131	01148	011351	*	01146	–	USA

*Direct dialling not possible

Léxico gastronómico
Léxico gastronómico
Gastronomical lexicon

→ LEGUMBRES	→ LEGUMES	→ VEGETABLES
Aceitunas	Azeitonas	Olives
Aguacate	Abacate	Avocado
Alcachofas	Alcachofras	Artichokes
Berenjena	Beringela	Aubergine
Calabacín	Abobrinha	Courgette
Calabaza	Cabaça	Pumpkin
Cardo	Cardo	Cardoon
Coliflor	Couve-flor	Cauliflower
Endibias	Escarola	Chicory
Escarola	Escarola	Endive
Espárragos	Espargos	Asparagus
Espinacas	Espinafres	Spinach
Garbanzos	Grão de bico	Chickpeas
Guisantes	Ervilhas	Peas
Habas	Favas	Broad beans
Judías	Feijão	Beans
Judías verdes	Feijão verde	French beans
Judiones	Feijão grande	Butter beans
Lechuga	Alface	Lettuce
Lentejas	Lentilhas	Lentils
Patatas	Batatas	Potatoes
Pepino	Pepino	Cucumber
Pimientos	Pimentos	Peppers
Puerros	Alhos franceses	Leeks
Repollo/col	Repolho/Couve	Cabbage
Tomates	Tomates	Tomatoes
Zanahoria	Cenoura	Carrot

Lexique gastronomique
Lessico gastronomico
Gastronomisches Lexikon

→ LÉGUMES	→ LEGUMI	→ GEMÜSE
Olives	Olive	Oliven
Avocat	Avocado	Avocado
Artichauts	Carciofi	Artischocken
Aubergines	Melanzane	Auberginen
Courgettes	Zucchine	Zucchini
Courge	Zucca	Kürbis
Cardon	Cardo	Kardonen
Chou-fleur	Cavolfiore	Blumenkohl
Endives	Indivia	Chicoree
Scarole	Scarola	Endivien
Asperges	Asparagi	Spargel
Épinards	Spinaci	Spinat
Pois chiches	Ceci	Kichererbsen
Petits pois	Piselli	Erbsen
Fèves	Fave	Dicke Bohnen
Haricots	Fagioli	Bohnen
Haricots verts	Fagiolini	Grüne Bohnen
Fèves	Fagioli	Saubohnen
Laitue	Lattuga	Kopfsalat
Lentilles	Lenticchie	Linsen
Pommes de terre	Patate	Kartoffeln
Concombre	Cetriolo	Gurken
Poivrons	Peperoni	Paprika
Poireaux	Porri	Lauch
Chou	Cavoli	Kohl
Tomates	Pomodori	Tomaten
Carotte	Carote	Karotten

Arroz blanco	Arroz branco	White rice
Arroz de marisco	Arroz de marisco	Seafood rice
Arroz de pollo	Arroz com frango	Chicken rice
Arroz de verduras	Arroz com legumes	Vegetable rice
Arroz negro	Arroz preto	Black rice
Boleto	Seta	Cep mushrooms
Canelones	Canelões	Cannelloni
Champiñones	Cogumelos	Small mushrooms
Colmenillas	Espécie de cogumelo	Morel mushrooms
Espaguetis	Espaguetes	Spaghetti
Lasaña	Lasanha	Lasagne
Níscalos	Míscaros	Mushrooms
Seta de cardo	Seta de cardo	Oyster mushrooms
Trufa	Trufa	Truffle

Almejas	Amêijoas	Clams
Angulas	Eirós	Eels
Berberechos	Amêijoas	Cockles
Bogavante	Lavagante	Lobster
Calamares	Lulas	Squid
Camarón	Camarão	Shrimp
Cangrejo	Caranguejo	Crab
Carabineros	Camarão vermelho	Jumbo prawn
Centollo	Santola	Spider crab
Chipirones	Lulinhas	Squid
Cigalas	Lagostim	Langoustine
Gambas	Gambas	Prawns
Langosta	Lagosta	Lobster
Langostinos	Lagostims	Prawns
Mejillones	Mexilhões	Mussels
Navajas	Navalhas	Razor clams
Nécoras	Caranguejos	Small crabs
Ostras	Ostras	Oysters
Percebes	Perceves	Barnacles
Pulpo	Polvo	Octopus
Sepia	Sépia	Cuttlefish
Vieiras	Vieiras	Scallops
Zamburiñas	Leques	Queen scallops

→ RIZ, PÂTES ET CHAMPIGNONS	→ RISO, PASTA E FUNGHI	→ REIS, NUDELN UND PILZE
Riz blanc	Riso bianco	Weißer Reis
Riz aux fruits de mer	Risotto ai frutti di mare	Reis mit Meeresfrüchten
Riz au poulet	Risotto al pollo	Reis mit Huhn
Riz aux légumes	Risotto alle verdure	Gemüsereis
Riz noir	Risotto al nero di seppia	Schwarzer Reis
Bolet	Porcini	Pilze
Cannelloni	Cannelloni	Cannelloni
Champignons de Paris	Champignon	Champignons
Morilles	Ovoli	Morcheln
Spaghetti	Spaghetti	Spaghetti
Lasagne	Lasagne	Lasagne
Mousserons	Prugnolo	Reizker
Pleurote du Panicot	Cardoncello	Distelpilz
Truffe	Tartufo	Trüffel

→ FRUITS DE MER	→ FRUTTI DI MARE	→ MEERESFRÜCHTE
Clovisses	Arselle	Muscheln
Anguille	Anguilla	Aal
Coques	Vongole	Herzmuscheln
Homard	Astice	Hummer
Encornets	Calamari	Tintenfisch
Petite crevette	Gamberetti	Garnelen
Crabe	Granchi	Krabben
Grande crevette rouge	Gambero rosso	Cambas
Araignée de mer	Gransevola	Teufelskrabbe
Calmar	Calamari	Tintenfische
Langoustines	Scampi	Kaisergranat
Gambas	Gamberi	Garnelen
Langouste	Aragosta	Languste
Crevette	Gamberone	Langustinen
Moules	Cozze	Miesmuscheln
Couteaux	Cannolicchio	Scheidenmuscheln
Étrilles	Granchi	Kleine Meereskrebse
Huîtres	Ostriche	Austern
Anatifes	Lepadi	Entenmuscheln
Poulpe	Polpo	Kraken
Seiche	Seppia	Tintenfisch
Coquilles Saint-Jacques	Capesante	Jakobsmuscheln
Pétoncles	Capesante	Kammmuscheln

PESCADOS	PEIXES	FISH
Arenques	Arenques	Herring
Atún / bonito	Atum / Bonito	Tuna
Bacalao	Bacalhau	Cod
Besugo	Besugo	Sea bream
Boquerones/anchoas	Boqueirão/Anchova	Anchovies
Caballa	Sarda	Mackerel
Dorada	Dourada	Dorado
Gallos	Peixe-galo	John Dory
Lenguado	Linguado	Sole
Lubina	Robalo	Sea bass
Merluza	Pescada	Hake
Mero	Mero	Halibut
Rape	Tamboril	Monkfish
Rodaballo	Rodovalho	Turbot
Salmón	Salmão	Salmon
Salmonetes	Salmonetes	Red Mullet
Sardinas	Sardinhas	Sardines
Trucha	Truta	Trout

CARNES	CARNE	MEAT
Buey	Boi	Ox
Cabrito	Cabrito	Kid
Callos	Tripas	Tripe
Cerdo	Porco	Pork
Chuletas	Costeletas	Chops
Cochinillo	Leitão	Suckling pig
Cordero	Cordeiro	Lamb
Costillas	Costelas	Ribs
Entrecó	Bife	Entrecote
Hígado	Fígado	Liver
Jamón	Presunto	Ham
Lechazo	Cordeiro novo	Milk-fed lamb
Lengua	Língua	Tongue
Lomo	Lombo	Loin
Manitas	Pés	Pig's trotters
Mollejas	Moelas	Sweetbreads
Morros	Focinhos	Snout
Oreja	Orelha	Pig's ear
Paletilla	Pá	Shoulder
Rabo	Rabo	Tail
Riñones	Rins	Kidneys
Solomillo	Lombo	Sirloin
Ternera	Vitela	Veal
Vaca	Vaca	Beef

→ POISSON	→ PESCI	→ FISCH
Harengs	Aringhe	Heringe
Thon	Tonno	Thunfisch
Morue/Cabillaud	Merluzzo	Kabeljau
Pagre	Pagro	Seebrasse
Anchois	Alici/acciughe	Anchovy
Maquereau	Sgombri	Makrele
Dorade	Orata	Dorade
Cardine	Rombo giallo	Butt
Sole	Sogliola	Seezunge
Bar	Branzino	Wolfsbarsch
Merlu	Nasello	Seehecht
Mérou	Palombo	Heilbutt
Lotte	Rana Pescatrice	Seeteufel
Turbot	Rombo	Steinbutt
Saumon	Salmone	Lachs
Rougets	Triglie	Rotbarbe
Sardines	Sardine	Sardine
Truite	Trota	Forelle

→ VIANDE	→ CARNI	→ FLEISCH
Bœuf	Manzo	Ochse
Cabri	Agnellino da latte	Lamm
Tripes	Trippa	Kutteln
Porc	Maiale	Schwein
Côtelettes d'agneau	Costolette	Kotelett
Cochon de lait	Maialino da latte arrosto	Spanferkelbraten
Agneau	Agnello	Lamm
Côtelettes	Costolette	Kotelett
Entrecôte	Bistecca	Entrecote
Foie	Fegato	Leber
Jambon	Prosciutto	Schinken
Agneau de lait	Agnello	Lamm
Langue	Lingua	Zunge
Filet	Lombo	Filet
Pieds de porc	Piedino	Schweinefuß
Ris de veau	Animelle	Bries
Museaux	Musetto	Maul
Oreille de porc	Orecchio di maiale	Schweineohr
Épaule	Spalla	Schulter
Queue	Coda	Schwanz
Rognons	Rognoni	Nieren
Filet	Filetto	Lendenstück
Veau	Vitello	Kalb
Bœuf	Bue	Rind

→ AVES Y CAZA	→ AVES E CAÇA	→ FOWL AND GAME
Avestruz	Avestruz	Ostrich
Becada	Galinhola	Woodcock
Capón	Capão	Capon
Ciervo	Cervo	Venison
Codorniz	Codorniz	Quail
Conejo	Coelho	Rabbit
Faisán	Faisão	Pheasant
Jabalí	Javali	Wild boar
Liebre	Lebre	Hare
Oca	Ganso	Goose
Paloma	Pomba	Pigeon
Pato	Pato	Duck
Pavo	Peru	Turkey
Perdiz	Perdiz	Partridge
Pichón	Pombinho	Squab pigeon
Pintada	Galinha da Guiné	Guinea fowl
Pollo	Frango	Chicken
Pularda	Frango	Chicken
Venado	Veado	Deer

→ CONDIMENTOS	→ CONDIMENTOS	→ CONDIMENTS
Aceite de oliva	Azeite da azeitona	Olive oil
Ajo	Alho	Garlic
Albahaca	Alfavaca	Basil
Azafrán	Açafrão	Saffron
Canela	Canela	Cinnamon
Cebolla	Cebola	Onion
Cominos	Cominhos	Cumin
Eneldo	Endro	Dill
Estragón	Estragão	Tarragon
Guindilla	Guindia	Chilli pepper
Hierbabuena-menta	Hortelã-pimenta	Mint
Laurel	Loureiro	Laurel
Mantequilla	Manteiga	Butter
Mostaza	Mostarda	Mustard
Orégano	Orégão	Oregano
Perejil	Salsa	Parsley
Pimentón	Pimentão	Paprika
Pimienta	Pimenta	Pepper
Romero	Alecrim	Rosemary
Sal	Sal	Salt
Tomillo	Tomilho	Thyme
Vinagre	Vinagre	Vinegar

→ VOLAILLES ET GIBIER	→ GALLINACE I CACCIAGIONE	→ GEFLÜGEL UND WILDBRET
Autruche	Struzzo	Strauß
Bécasse	Beccaccia	Schnepfe
Chapon	Cappone	Kapaun
Cerf	Cervo	Reh
Caille	Quaglia	Wachtel
Lapin	Coniglio	Kaninchen
Faisan	Fagiano	Fasan
Sanglier	Cinghiale	Wildschwein
Lièvre	Lepre	Hase
Oie	Oca	Gans
Pigeon	Colomba	Taube
Canard	Anatra	Ente
Dinde	Tacchino	Truthahn
Perdrix	Pernice	Rebhuhn
Pigeonneau	Piccione	Täubchen
Pintade	Faraona	Perlhuhn
Poulet	Pollo	Huhn
Poularde	Pollo	Poularde
Cerf	Cervo	Hirsch

→ CONDIMENTS	→ CONDIMENTI	→ ZUTATEN
Huile d'olive	Olio d'oliva	Olivenöl
Ail	Aglio	Knoblauch
Basilic	Basilico	Basilikum
Safran	Zafferano	Safran
Cannelle	Cannella	Zimt
Oignon	Cipolla	Zwiebel
Cumin	Cumino	Kümmel
Aneth	Aneto	Dill
Estragon	Dragoncello	Estragon
Piment rouge	Peperoncino	Roter Pfeffer
Menthe	Menta	Minze
Laurier	Alloro	Lorbeer
Beurre	Burro	Butter
Moutarde	Senape	Senf
Marjolaine	Origano	Oregano
Persil	Prezzemolo	Petersilie
Paprika	Paprica	Paprika
Poivre	Pepe	Pfeffer
Romarin	Rosmarino	Rosmarin
Sel	Sale	Salz
Thym	Timo	Thymian
Vinaigre	Aceto	Essig

→ EMBUTIDOS Y CURADOS	→ ENCHIDOS E CURADOS	→ SAUSAGES AND CURED MEATS
Butifarra	Linguiça da Catalunha	Catalan sausage
Cecina	Chacina	Cured meat
Chorizo	Chouriço	Spiced sausage
Jamón	Presunto	Ham
Lacón	Lacão	Shoulder of pork
Morcilla	Morcela	Black pudding
Salchicha	Salsicha	Sausage
Salchichón	Salsichão	Salami
Sobrasada	Paio das Baleares	Majorcan sausage
Tocino	Toucinho	Bacon

→ FRUTAS Y POSTRES	→ FRUTAS E SOBREMESAS	→ FRUITS AND DESSERTS
Castañas	Castanhas	Chestnut
Chocolate	Chocolate	Chocolate
Cuajada	Coalhada	Curd
Flan	Pudim	Crème caramel
Fresas	Morangos	Strawberries
Fruta	Fruta	Fruit
Fruta en almíbar	Fruta em calda	Fruit in syrup
Helados	Gelados	Ice cream
Higos	Figos	Figs
Hojaldre	Folhado	Puff pastry
Manzanas asadas	Maçãs assadas	Baked apple
Melón	Melão	Melon
Miel	Mel	Honey
Mousse de chocolate	Mousse de chocolate	Chocolate mousse
Nata	Nata	Cream
Natillas	Doce de ovos	Custard
Nueces	Nozes	Walnut
Peras	Pêras	Pears
Piña	Ananás	Pineapple
Plátano	Banana	Banana
Queso curado	Queijo curado	Smoked cheese
Queso fresco	Queijo fresco	Fromage frais
Requesón	Requeijão	Fromage blanc
Sandía	Melancia	Watermelon
Tartas	Torta	Cakes/tarts
Yogur	Iogurte	Yoghurt
Zumo de naranja	Sumo de laranja	Orange juice

→ CHARCUTERIES	→ SALSICCE E CURED	→ WÜRSTE
Saucisse catalane	Salsiccia Catalana	Katalanische Wurst
Viande séchée	Scatti	Trockenfleisch
Saucisson au piment	Salsicce piccanti	Pfefferwurst
Jambon	Prosciutto	Schinken
Épaule de porc	Spalla di maiale	Schweineschulter
Boudin	Salsiccia	Blutwurst
Saucisse	Salsicce	Würstchen
Saucisson	Salame	Salami
Saucisse de Majorque	Soppressata	Mallorquinische Wurst
Lard	Lardo	Speck

→ FRUITS ET DESSERTS	→ FRUTTA E DESSERT	→ FRÜCHTE UND DESSERTS
Châtaignes	Castagne	Kastanien
Chocolat	Cioccolato	Schokolade
Lait caillé	Cagliata	Dickmilch
Crème au caramel	Crème caramel	Pudding
Fraises	Fragole	Erdbeeren
Fruits	Frutta	Früchte
Fruits au sirop	Frutta sciroppata	Obst in Sirup
Glaces	Gelato	Eis
Figues	Fichi	Feigen
Feuilleté	Pasta sfoglia	Gebäck
Pomme braisée	Mela al forno	Bratapfel
Melon	Melone	Melone
Miel	Miele	Honig
Mousse au chocolat	Mousse di cioccolato	Schokoladenmousse
Crème	Crema	Sahne
Crème anglaise	Budino	Cremespeise
Noix	Noci	Walnuss
Poires	Pere	Birnen
Ananas	Ananas	Ananas
Banane	Banana	Banane
Fromage sec	Formaggio stagionato	Hartkäse
Fromage frais	Formaggio fresco	Frischkäse
Fromage blanc	Formaggio bianco	Quark
Pastèque	Cocomero	Wassermelone
Tartes	Torte	Torten
Yaourt	Yogurt	Joghurt
Jus d'orange	Succo d'arancia	Orangensaft

Localidad que posee como mínimo

- ● un hotel o un restaurante
- ✿ una de las mejores mesas del año
- ⊕ un restaurante « Bib Gourmand »
- ⊡ un hotel « Bib Hotel »
- ✗ un restaurante agradable
- ⌂ una casa rural agradable
- ⌂ un hotel agradable
- ✑ un hotel muy tranquilo

Localidade que possui como mínimo

- ● um hotel ou um restaurante
- ✿ uma das melhores mesas do ano
- ⊕ um restaurante « Bib Gourmand »
- ⊡ um hotel « Bib Hotel »
- ✗ um restaurante agradável
- ⌂ uma casa rural agradável
- ⌂ um hotel agradável
- ✑ um hotel muito tranquilo

Place with at least

- ● a hotel or a restaurant
- ✿ a starred establishment
- ⊕ a restaurant « Bib Gourmand »
- ⊡ a hotel « Bib Hôtel »
- ✗ a particularly pleasant restaurant
- ⌂ a particularly pleasant guesthouse
- ⌂ a particularly pleasant hotel
- ✑ a particularly quiet hotel

1156

Mapas

Mapas de las localidades citadas,
por regiones

Mapas

Mapas das localidades citadas, por regiões

Maps

Regional maps of listed towns

Distancias

ALGUNAS PRECISIONES

En el texto de cada localidad encontrará la distancia a las ciudades de los alrededores y a la capital del estado.
Las distancias entre capitales de este cuadro completan las indicadas en el texto de cada localidad.
El kilometraje está calculado a partir del centro de la ciudad por la carretera más cómoda, o sea la que ofrece las mejores condiciones de circulación, pero que no es necesariamente la más corta.

Distâncias

ALGUMAS PRECISÕES

No texto de cada localidade encontrará a distância até às cidades dos arredores e à capital do país.
As distâncias deste quadro completam assim as que são dadas no texto de cada localidade.
A quilometragem é contada a partir do centro da localidade e pela estrada mais prática, ou seja, aquela que oferece as melhores condições de condução, mas que não é necessàriamente a mais curta.

Distances

COMMENTARY

The text on each town includes its distance from its immediate neighbours and from the capital.
The distances in the table completes that given under individual town headings in calculating total distances.
Distances are calculated from centres and along the best roads from a motoring point of view - not necessarily the shortest..

Barcelona	Lisboa	Madrid	Málaga	Donostia-San Sebastián		Barcelona	Lisboa	Madrid	Málaga	Donostia-San Sebastián	
1549	2265	1802	2330	1335	Amsterdam	1433	2142	1680	2208	1212	London
1035	2057	1594	2024	1127	Barcelona	1153	2110	1647	2142	1180	Luxembourg
1871	2804	2342	2861	1874	Berlin	639	1731	1241	1628	800	Lyon
941	2066	1544	1931	1136	Bern	507	1678	1110	1496	748	Marseille
1633	2343	1880	2408	1413	Birmingham	980	2151	1583	1969	1221	Milano
635	1174	712	1240	244	Bordeaux	1374	2452	1976	2363	1522	München
1878	2970	2481	2868	2040	Bratislava	958	1497	1035	1562	567	Nantes
1899	3070	2502	2888	2140	Brindisi	1559	2730	2162	2548	1799	Napoli
1339	2056	1594	2122	1126	Bruxelles/Brussel	2439	3277	2815	3342	2347	Oslo
1284	1862	1399	1927	932	Cherbourg	2252	3422	2854	3241	2492	Palermo
622	1545	1082	1613	615	Clermont-Ferrand	1037	1754	1292	1820	824	Paris
1906	2614	2151	2679	1684	Dublin	1721	2724	2261	2711	1793	Praha
1388	2249	1787	2315	1319	Düsseldorf	1371	2541	1973	2360	1611	Roma
1334	2317	1854	2323	1387	Frankfurt am Main	2775	3598	3135	3663	2668	Stockholm
785	1876	1387	1774	946	Genève	1132	2135	1672	2122	1204	Strasbourg
2067	2777	2314	2842	1847	Glasgow	393	1278	815	1290	348	Toulouse
1820	2643	2180	2708	1712	Hamburg	2353	3360	2897	3343	2430	Warszawa
2128	2951	2488	3016	2021	Kobenhavn	1807	2885	2409	2796	1955	Wien
1253	1971	1508	2036	1041	Lille	1600	2771	2203	2589	1841	Zagreb

Madrid - Birmingham 1880 km

Distancias entre las ciudades principales
Distàncias entre as cidades principais
Distances between major towns

Madrid - Vigo 597 km

España en 25 mapas

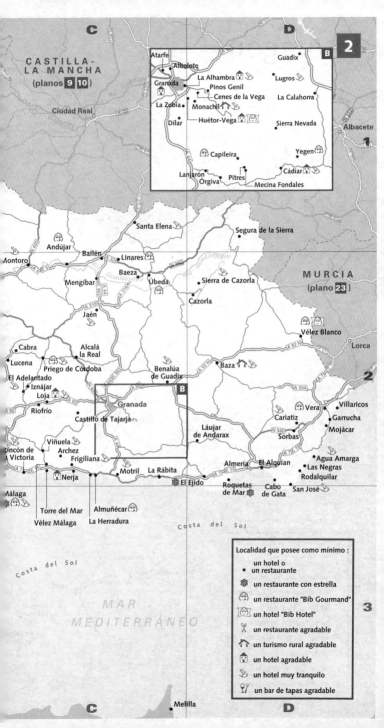

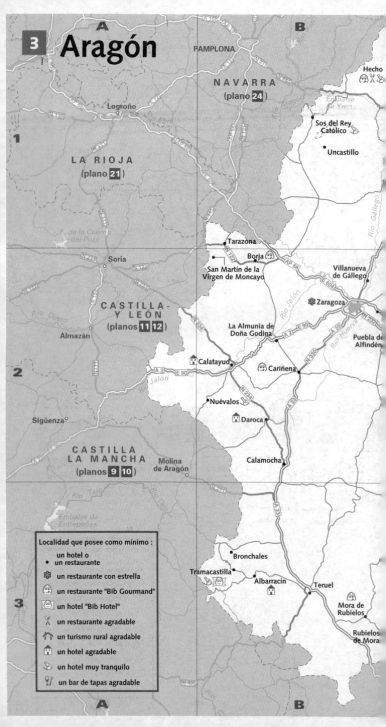

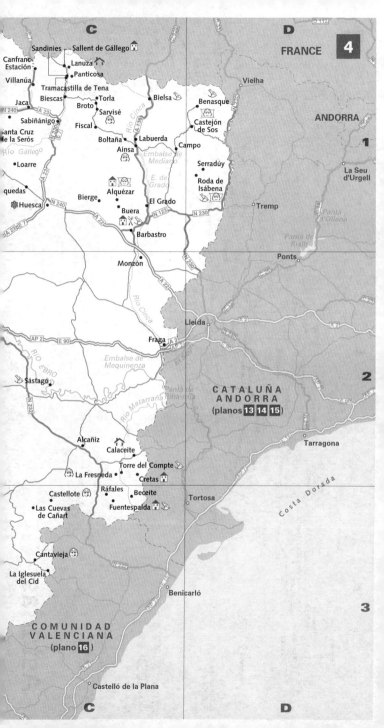

Asturias

Baleares

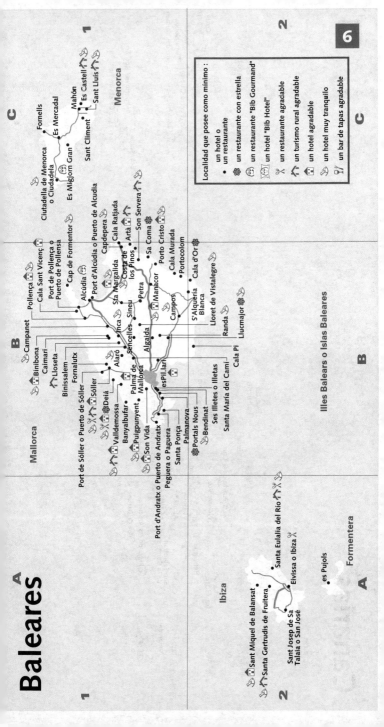

Illes Balears o Islas Baleares

Localidad que posee como mínimo :

- un hotel o
- un restaurante
- 🌼 un restaurante con estrella
- 😊 un restaurante "Bib Gourmand"
- 🏠 un hotel "Bib Hotel"
- ✕ un restaurante agradable
- ⬆ un turismo rural agradable
- 🏠 un hotel agradable
- 🌼 un hotel muy tranquilo
- ⬆ un bar de tapas agradable

Mallorca

Port de Sóller o Puerto de Sóller
Binibona
Campanet
Caimari
Lloseta
Binissalem
Formalutx
Sóller
Deià
Alaró
Banyalbufar
Valldemossa
Puigpunyent
Palma de Mallorca
Son Vida
Port d'Andratx o Puerto de Andratx
Peguera o Paguera
Santa Ponça
Palmanova
Portals Nous
Bendinat
Ses Illetes o Illetas
Santa María del Camí
Pollença
Cala Sant Vicenç
Port de Pollença o Puerto de Pollença
Cap de Formentor
Alcúdia
Port d'Alcúdia o Puerto de Alcúdia
Sta. Margalida
Costa de los Pinos
Inca
Sencelles
Sineu
Algaida
esPil.larí
Petra
Manacor
Cala Ratjada
Capdepera
Artà
Son Servera
Sa Coma
Porto Cristo
Cala Murada
Portocolom
Cala d'Or
S'Alqueria Blanca
Lloret de Vistalegre
Randa
Campos
Llucmajor
Cala Pi

Menorca

Fornells
Es Mercadal
Mahón
Es Castell
Sant Lluís
Ciutadella de Menorca o Ciudadela
Es Migjorn Gran
Sant Climent

Ibiza

Sant Miquel de Balansat
Santa Gertrudis de Fruitera
Santa Eulalia del Río
Sant Josep de Sa Talaia o San José
Eivissa o Ibiza

Formentera

es Pujols

6

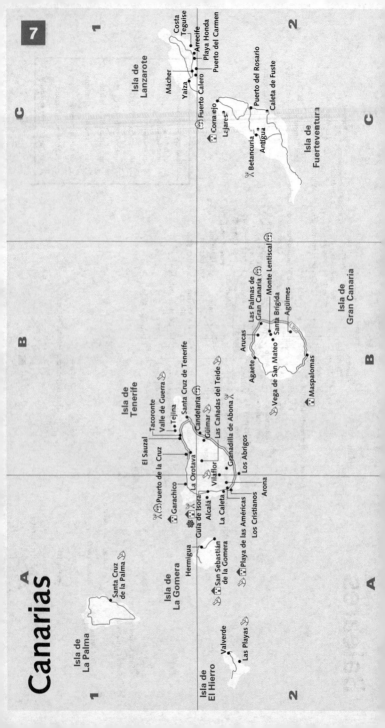

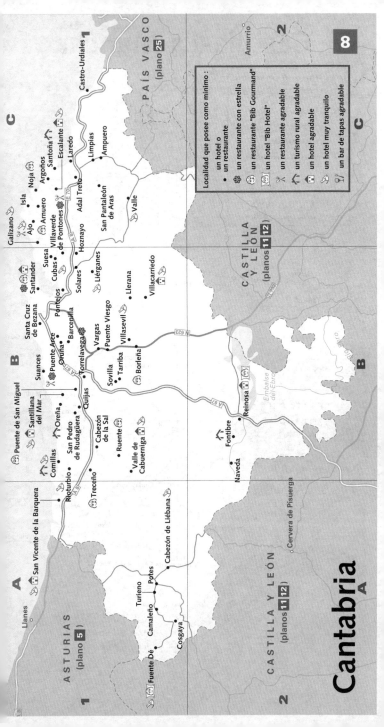

Cantabria

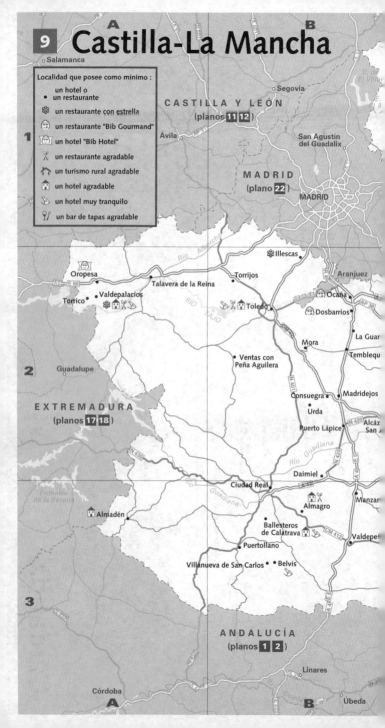

10

C

Calatayud

Imón

Carabias Sigüenza

Molina de Aragón

ARAGÓN
(planos 3 4)

Río Tajo Río Tajo

Brihuega

Torija

Guadalajara

Alocén *Embalse de Entrepeñas*

Río Guadiela

Sacedón

Puente de Vadillos

Teruel

Buendía

Mar de Castilla

Mondéjar

Villalba de la Sierra

Jábaga Chillarón de Cuenca

Tarancón Cuenca

Cañete

Ballesteros

Río Cabriel

Monteagudo de las Salinas

E. de Contreras

Cardenete

Belmonte

Mota del Cuervo

Alarcón Motilla del Palancar

Toboso

Las Pedroñeras San Clemente

Campo de Criptana

Villarrobledo

Requena

Río Cabriel

Río Júcar

La Roda

Alcalá del Júcar

COMUNIDAD VALENCIA
(plano 16)

Villanueva de los Infantes

Albacete

Almansa

Yecla

Elda

Riópar

Hellín

Elx/ Elche

MURCIA
(plano 23)

Caravaca de la Cruz

C

D

Castilla y León

A **B**

ASTURIAS
(plano 5)

GALICIA
(planos 19 20)

Posada de
Valdeón

La Cueta

Villablino

Sena de
Luna

Caldas
de Luna

Boñar

Cistierna

1

Las Herrerías
de Valcarce

Cacabelos

Canedo

Villafranca del Bierzo

Carracedelo

Ponferrada

Molinaseca

Rabanal del Camino

Santa Colomba
de Somoza

Castrillo de
los Polvazares

Santiago
Millas

Carrizo de
la Ribera

León

Astorga

Valdevimbre

Valencia de
Don Juan

Sahagún

Santervás
de la Vega

Carrión de
los Conde

Villalcázar de Sirga

Villoldo

A Pobra
de Trives

Trefacio

Puebla de Sanabria

E. de Valparaíso

Río Tera

Benavente

Fuentes
de Nava

Palencia

Montealegre
de Campos

Ampudia

PORTUGAL

Embalse de
Ricobayo

Medina de
Rioseco

Fuensaldaña

2

Coreses

Zamora

Toro

Valladolid

Sardó
de Due

Fresnadillo

Simancas

Tude
de Due

Muga de Sayago

El Perdigón

Tordesillas

Matapozuelos

Pozal de
Gallinas

Cha

Embalse de
Almendra

Medina
del Campo

Olmedo

Hinojosa de Duero

Topas

Valverdón

Villamayor

Arévalo

Vega de Tirados

Salamanca

Mozárbez

Peñaranda
de Bracamonte

Cobos
Segov

Alba de
Tormes

Ciudad
Rodrigo

Vállejera
de Riofrío

Horcajo
Medianero

Ávila

Piedrahíta

La Alberca

Mogarraz

Guijuelo

Navarredonda
de Grédos

Burgohondo

3

Béjar

Puerto de Béjar

El Barco de Ávila

Hoyos
del Espino

Parador de Gredos

Candelario

Bohoyo

San Esteban
del Valle

EXTREMADURA
(planos 17 18)

El Raso

Candeleda

Plasencia

A **B**

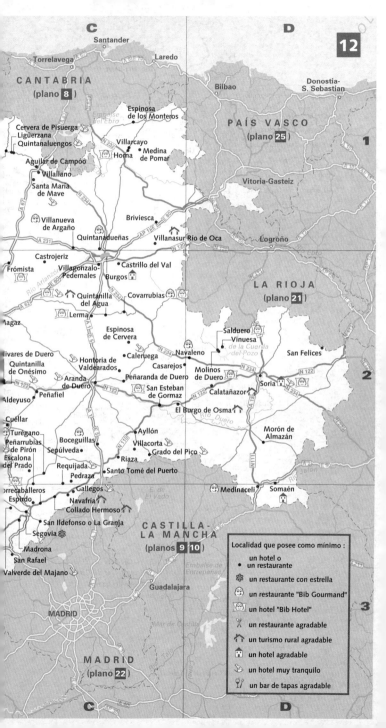

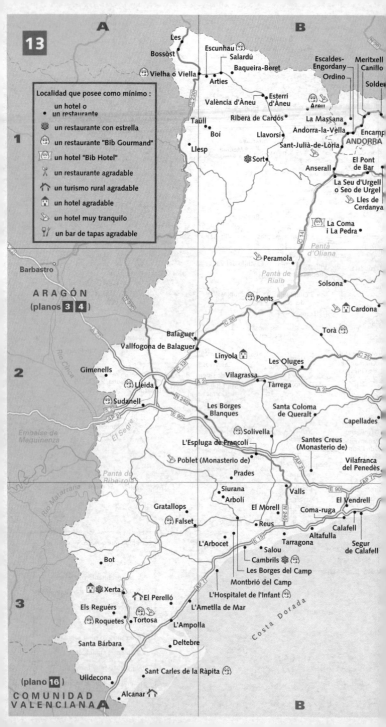

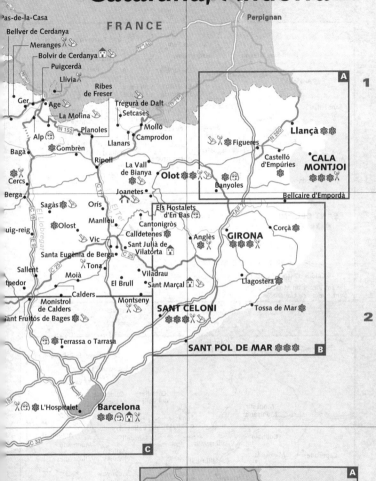

Cataluña, Andorra

Gualta • L'Estartit
Corçà ✿ • Torroella de Montgrí
La Pera Peratallada
Sant Gregori Madremanya Palau-sator ☺
Monells Pals ⚔
Anglès ✖ ✿ ✿ ✿ GIRONA Begur
La Bisbal Sant Feliu Aigua Blava
Sant Hilari Fornells d'Empordà de Boada Regencós Tamariu
Sacalm de la Selva Torrent Llafranc
Romanyà Palafrugell Calella de Palafrugell
Santa Coloma Caldes de de la Selva ✖ Palamós
de Faners Malavella Sant Antoni de Calonge
Arbúcies Llagostera Platja d'Aro
Riudarenes Santa Cristina S'Agaró
Breda d'Aro San Feliú de Guixols
Gualba
SANT CELONI Tossa de Mar ✿
✿ ✿ ✿ ✖ Lloret de Mar
Calella Blanes ☺
Santa Susanna
SANT POL DE MAR ✿ ✿ ✿
Caldes d'Estrac o Caldetas
Sant Vicenç de Montalt
Sant Andreu de Llavaneres

Sant Fruitós
de Bages Sant Esteve de Palautordera
Manresa L'Ametlla
del Vallès La Garriga
Castellar Caldes de
del Vallès • Montbui Granollers
Monestir
Montserrat Terrassa Sant Quirze Mataró
Collbató o Tarrasa del Vallès Argentona
Viladecavalls Sabadell Montmeló
Capellades Masquefa Mollet Vallromanes
Castellbisbal del Vallès Cabrils
Martorell Sant Cugat Cerdanyola
del Vallès del Vallès El Masnou
Sant Sadurní Santa Coloma Badalona
d'Anoia Corbera de de Gramenet
Llobregat Molins Barcelona ✿ ✿ ☺ ⚔ ✖
La Palma de Rei Esplugues de Llobregat
Vilafranca de Cervelló Cervelló Sant Just Desvern
del Penedès Sant Pau Sant Boi de Llobregat L'Hospitalet de Llobregat ✿ ☺ ✖
d'Ordal
Begues
Sant Pere Gavà El Prat de Llobregat
de Ribes Viladecans
Vilanova Castelldefels
i la Geltrú Sitges

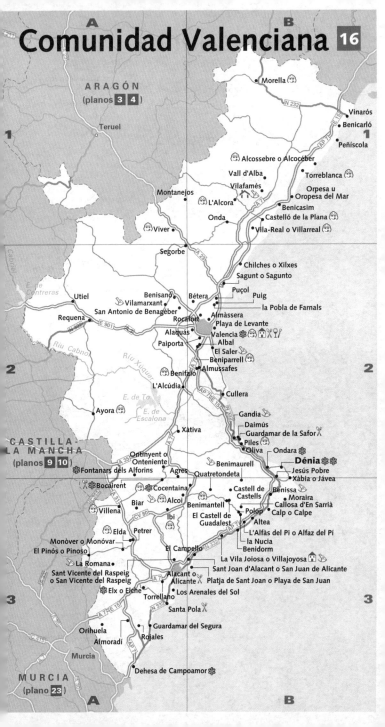

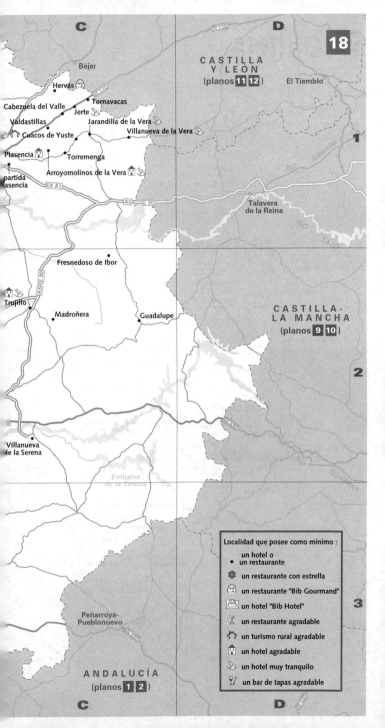

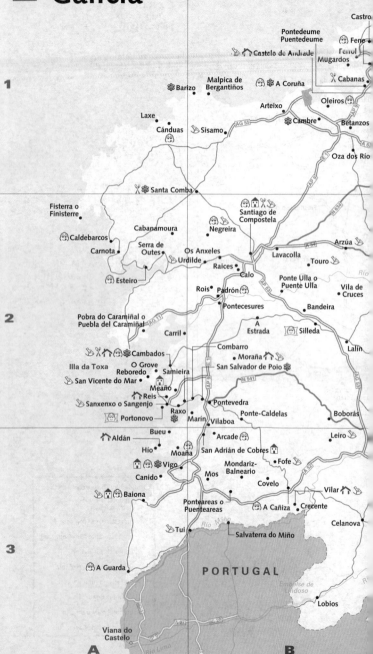

19 Galicia

A   **B**

1

2

3

Castro
Pontedeume
Puentedeume   Fene
Castelo de Andrade   Ferrol
Mugardos
Cabanas

Malpica de
Bergantiños   A Coruña
Barizo
Arteixo   Oleiros
Laxe   Cambre   Betanzos
Cánduas   Sisamo
AG 55   Oza dos Río

Santa Comba

Fisterra o
Finisterre   Santiago de
Compostela
Cabanamoura   Negreira
Caldebarcos   Arzúa
Carnota   Serra de
Outes   Os Anxeles   Lavacolla   Touro
Urdilde   Raices   Calo
Esteiro   Rois   Padrón   Ponte Ulla o
Puente Ulla   Vila de
Cruces
Pontecesures
Pobra do Caramiñal o   Bandeira
Puebla del Caramiñal   AG 111   A
Carril   Estrada   Silleda
Cambados   Lalín
Illa da Toxa   O Grove   Combarro
Reboredo   Samieira   Moraña
San Vicente do Mar   San Salvador de Poio
Meaño
Reis   AP 9   N 541
Sanxenxo o Sangenjo   Raxo   Pontevedra   Boborás
Portonovo   Marín   Ponte-Caldelas
Vilaboa   Leiro
Bueu   Arcade
Aldán   San Adrián de Cobres
Hío   Moaña   Fofe
Vigo   Mondariz-   Vilar
Canido   Mos   Balneario
Covelo
Baiona   Ponteareas o   A Cañiza   Crecente
Puenteareas
Celanova
Tui   Salvaterra do Miño
Río Miño
A Guarda

PORTUGAL

Embalse de
Lindoso

Lobios

Viana do
Castelo
Río Lima

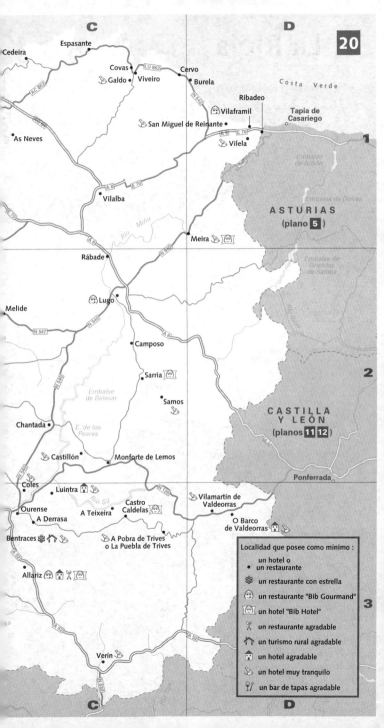

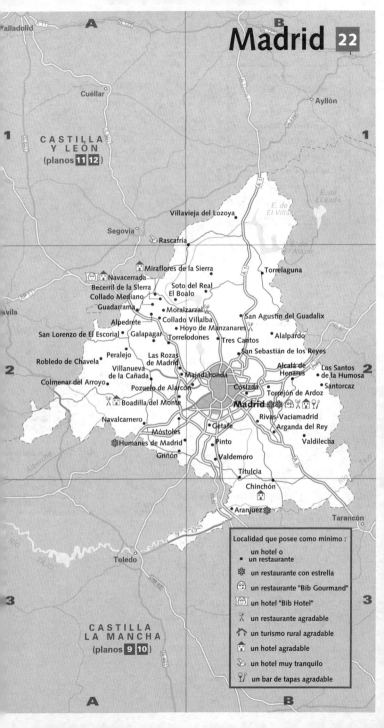

A · B

Valladolid

Cuéllar

Ayllón

1 · CASTILLA Y LEÓN (planos 11 12) · 1

E. de El Villar

Villavieja del Lozoya

Segovia

Rascafría

Miraflores de la Sierra

Torrelaguna

Navacerrada
Becerril de la Sierra
Collado Mediano
Guadarrama
Soto del Real
El Boalo
Moralzarzal
Alpedrete
Collado Villalba
San Agustín del Guadalix
Ávila
San Lorenzo de El Escorial
Galapagar
Hoyo de Manzanares
Alalpardo
Torrelodones
Tres Cantos
San Sebastián de los Reyes

Peralejo
Las Rozas de Madrid
Robledo de Chavela
Alcalá de Henares
Los Santos de la Humosa

2 · **Villanueva de la Cañada**
Colmenar del Arroyo
Majadahonda
Santorcaz
Pozuelo de Alarcón
Coslada
Torrejón de Ardoz · 2

Boadilla del Monte
Madrid

Navalcarnero
Rivas-Vaciamadrid
Móstoles
Getafe
Arganda del Rey
Humanes de Madrid
Pinto
Valdilecha
Griñón
Valdemoro

Titulcia

Chinchón

Aranjuez

Tarancón

Toledo

3 · CASTILLA LA MANCHA (planos 9 10) · 3

RÍO TAJO

Localidad que posee como mínimo :

- un hotel o
- • un restaurante
- ❀ un restaurante con estrella
- 😊 un restaurante "Bib Gourmand"
- 🏠 un hotel "Bib Hotel"
- ✕ un restaurante agradable
- 🏠 un turismo rural agradable
- 🏠 un hotel agradable
- ⌂ un hotel muy tranquilo
- 🍸 un bar de tapas agradable

A · B

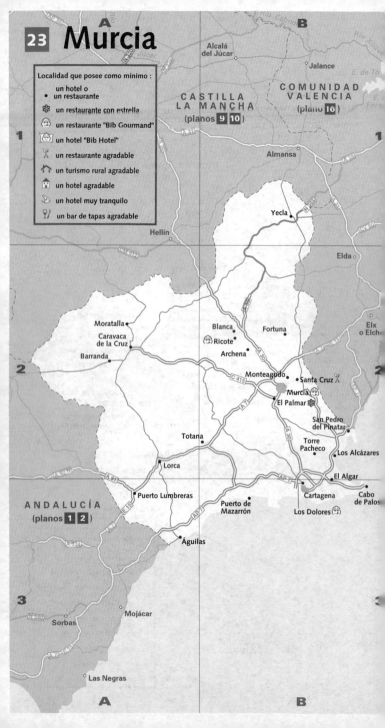

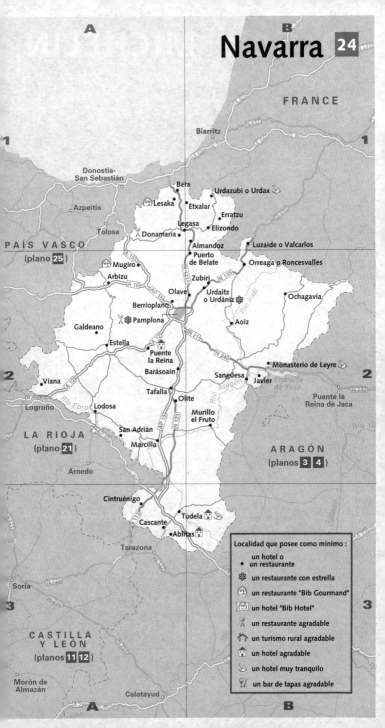

O Guia MICHELIN

Uma colecção para desfrutar!

Belgique & Luxembourg
Deutschland
España & Portugal
France
Great Britain & Ireland
Italia
Nederland
Portugal
Suisse-Schweiz-Svizzera
Main Cities of Europe

E também:

Chicago
Hong Kong Macau
Kyoto Osaka Kobe
London
New York City
Paris
San Francisco
Tokyo

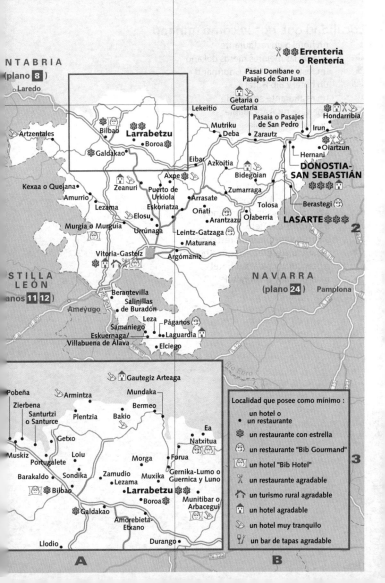

País Vasco 25

A **B**

1

NTABRIA
(plano 8)
Laredo

✗ ✿✿ **Errentería
o Rentería**

Pasai Donibane o
Pasajes de San Juan

🏠 Getaria o
Guetaria

Lekeitio

Mutriku
Deba

Pasaia o Pasajes
de San Pedro

Zarautz

✿🏠✗ Hondarribia

Artzentales

✿🏠 Bilbao

Larrabetzu ✿✿

Galdakao ● Boroa ✿

Eibar

Azkoitia

Irun

Oiartzun ●

Hernani

**DONOSTIA-
SAN SEBASTIÁN**

✿✿✿✿ 🏠

Kexaa o Quejana ●

Amurrio ●

Zeanuri 🏠

Puerto de
Urkiola

Lezama ●

Elosu ●

Murgia o Murguía

Urrúnaga ●

Axpe ✿

Arrasate

Eskoriatza

Oñati

Arantzazu

Bidegoian

Zumarraga

Tolosa ●

Olaberria

Berastegi 😊

LASARTE ✿✿✿

Leintz-Gatzaga 😊

Maturana ●

Vitoria-Gasteiz
✿🏠🏠🏠

Argómaniz ●

STILLA
LEÓN
anos 11 12)

Ameyugo

Berantevilla ●

Salinillas
de Buradón

Leza

Páganos 😊

NAVARRA
(plano 24) Pamplona

Samaniego

Eskuernaga/
Villabuena de Álava ●

Laguardia 🏠

Elciego ●

2

🐦🏠 Gautegiz Arteaga

Pobeña ●

🐦 Armintza

Mundaka ●

Zierbena ●

Santurtzi
o Santurce ●

Plentzia ●

Bermeo ●

Bakio ●

Ea ●

Natxitua ●

Muskiz ●

Getxo ●

Loiu ●

Morga ●

Forua ●

Portugalete ●

Sondika ●

Zamudio ●

Muxika ●

Gernika-Lumo o
Guernica y Luno ●

Barakaldo ●

🏠🏠 Bilbao

Lezama ●

Larrabetzu ✿✿

Munitibar o
Arbácegui
🏠🐦

✿ Galdakao ●

Boroa ✿

Amorebieta-
Etxano ●

Llodio ●

Durango ●

A **B**

3

Localidad que posee como mínimo :

● un hotel o
un restaurante

✿ un restaurante con estrella

😊 un restaurante "Bib Gourmand"

🏠 un hotel "Bib Hotel"

✗ un restaurante agradable

🏠 un turismo rural agradable

🏠 un hotel agradable

🐦 un hotel muy tranquilo

🍷 un bar de tapas agradable

Localidade que possui como mínimo

- ● um hotel ou um restaurante
- ✿ uma das melhores mesas do ano
- ⊕ um restaurante « Bib Gourmand »
- 🏨 um hotel « Bib Hotel »
- ✗ um restaurante agradável
- ⌂ uma casa rural agradável
- 🏠 um hotel agradável
- ⌘ um hotel muito tranquilo

Localidad que posee como mínimo

- ● un hotel o un restaurante
- ✿ una de las mejores mesas del año
- ⊕ un restaurante « Bib Gourmand »
- 🏨 un hotel « Bib Hotel »
- ✗ un restaurante agradable
- ⌂ una casa rural agradable
- 🏠 un hotel agradable
- ⌘ un hotel muy tranquilo

Place with at least

- ● a hotel or a restaurant
- ✿ a starred establishment
- ⊕ a restaurant « Bib Gourmand »
- 🏨 a hotel « Bib Hôtel »
- ✗ a particularly pleasant restaurant
- ⌂ a particularly pleasant guesthouse
- 🏠 a particularly pleasant hotel
- ⌘ a particularly quiet hotel

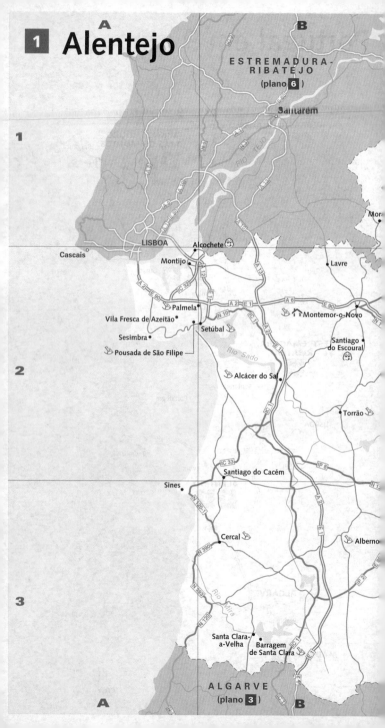

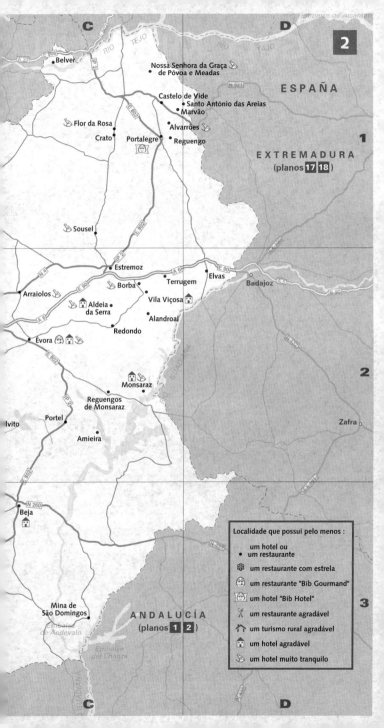

O Guia MICHELIN
Uma colecção para desfrutar!

Belgique & Luxembourg
Deutschland
España & Portugal
France
Great Britain & Ireland
Italia
Nederland
Portugal
Suisse-Schweiz-Svizzera
Main Cities of Europe

E também:

Chicago
Hong Kong Macau
Kyoto Osaka Kobe
London
New York City
Paris
San Francisco
Tokyo

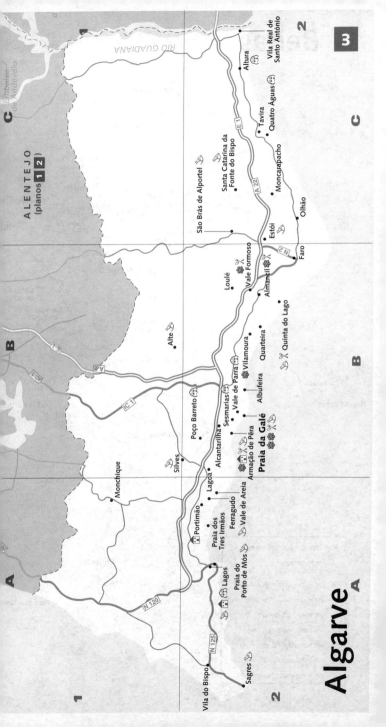

Algarve

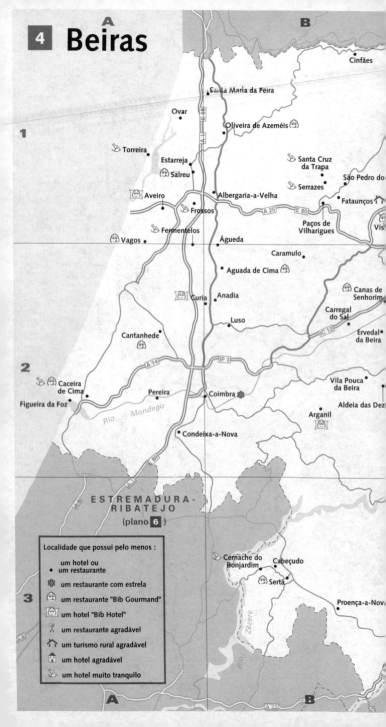

A **B**

BEIRAS
(planos 4 5)

Luso

1

Figueira da Foz

Rio Mondego

Coimbra

Monte Real

Pombal

São Pedro de Moel

Marrazes

Leiria

Nazaré

Batalha

Ourém

Fátima

Tomar

Rio Zêzere

Alcobaça

Foz do Arelho

Torres Novas

2

Peniche

Óbidos

Caldas da Rainha

Malhou

Golegã

Alferrarede

Praia da Areia Branca

Rio Maior

A 23

Toledo

Bombarral

Santarém

Alpiarça

Gibraltar

Torres Vedras

Almeirim

RIO TEJO

Arruda dos Vinhos

ALENTEJO
(planos 1 2)

Bucelas

Vila Franca de Xira

Praia do Guincho

Lisboa

3

Sintra

Colares

São Pedro de Sintra

Azoia

Tercena

Praia do Guincho

Porto Salvo

Queluz

Cascais

Lisboa

Estoril

Paço de Arcos

Parede

Oeiras

Carcavelos

Santo Amaro de Oeiras

A **B**

A   B

1   1

Ilha do Porto Santo

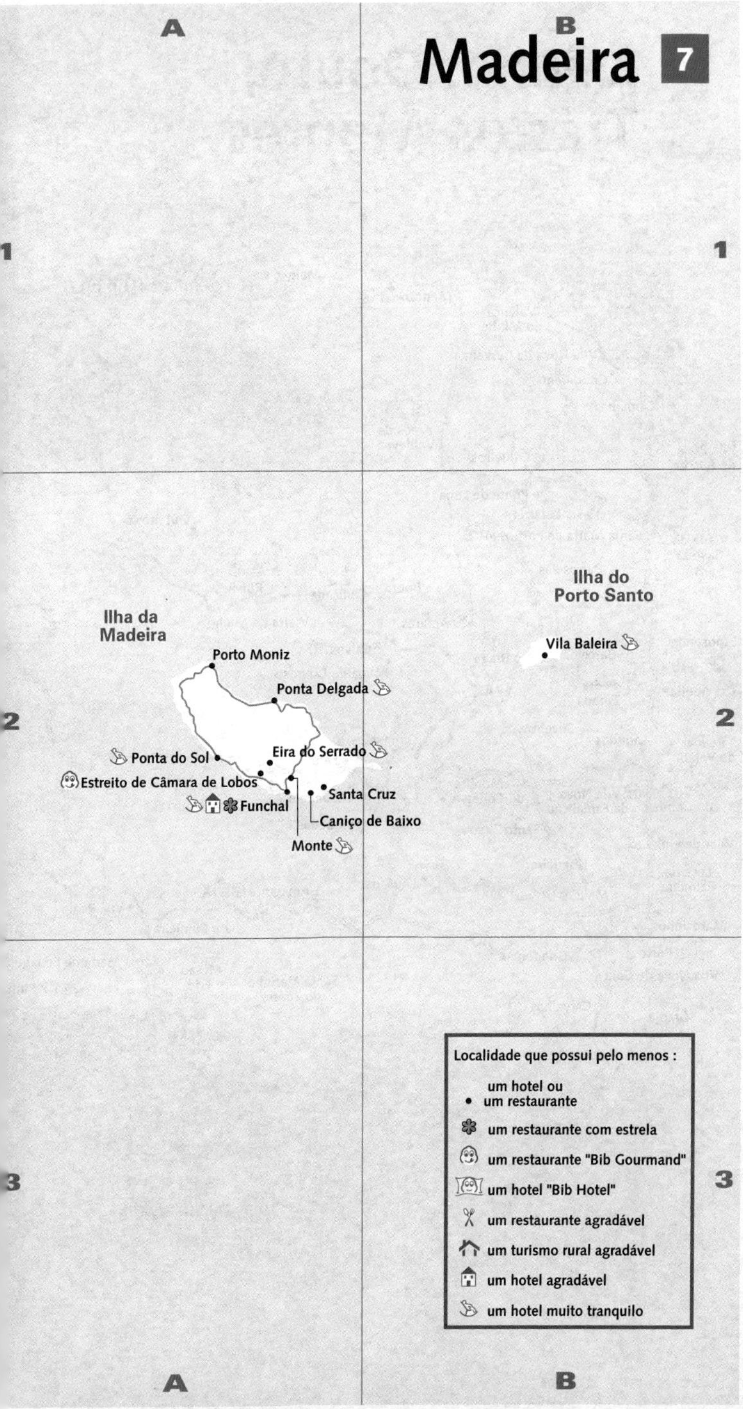

Vila Baleira 🦢

Ilha da Madeira

Porto Moniz

Ponta Delgada 🦢

🦢 Ponta do Sol •   Eira do Serrado 🦢

😊 Estreito de Câmara de Lobos

🦢 🏠 ❀ Funchal • Santa Cruz

Caniço de Baixo

Monte 🦢

2   2

3   3

Localidade que possui pelo menos :

• um hotel ou um restaurante

❀ um restaurante com estrela

😊 um restaurante "Bib Gourmand"

🏨 um hotel "Bib Hotel"

✗ um restaurante agradável

🏠 um turismo rural agradável

🏠 um hotel agradável

🦢 um hotel muito tranquilo

A   B

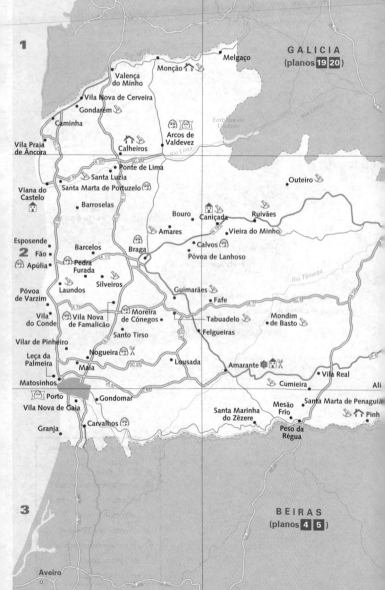

8 Minho, Douro, Trás os Montes

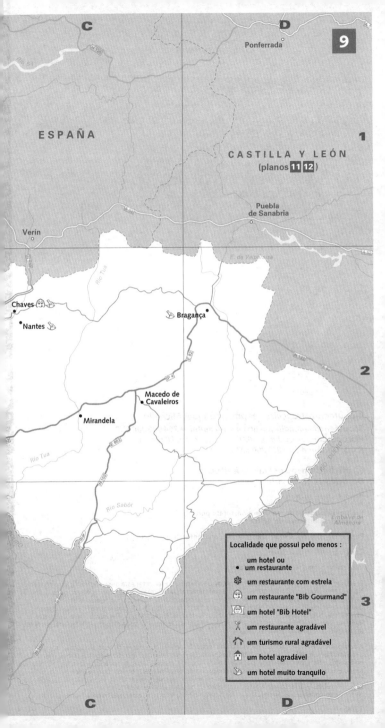

Manufacture française des pneumatiques Michelin

Société en commandite par actions au capital de 304 000 000 EUR
Place des Carmes-Déchaux – 63 Clermont-Ferrand (France)
R.C.S. Clermond-Fd B 855 200 507

© **Michelin propriétaires-éditeurs**
Dépôt légal Octobre 2010

Printed in Italy, 10-2010

Population Portugal : « Source : Instituto National de Estatística_Portugal »

Compogravure : Jouve, Saran

Impression-reliure : CANALE, Turin (Italie)

El equipo editorial ha prestado la mayor atención a la hora de redactar esta guía y de verificar su contenido. No obstante algunas informaciones (normas administrativas, formalidades, precios, direcciones, números de teléfonos, páginas y direcciones de internet...) se ofrecen a título indicativo debido a las constantes modificaciones de este tipo de datos. Existe la posibilidad de que algunas de ellas no sean exactas o exhaustivas en el momento de publicarse la guía. Antes de cualquier actuación por su parte, le invitamos a que se informe ante los organismos oficiales. Declinamos toda responsabilidad ante posibles imprecisiones que puedan detectarse.

A equipa editorial teve todo o seu cuidado na redacção deste guia e na verificação dos elementos que o mesmo contém. Não obstante, algumas informações (normas administrativas, formalidades, preços, endereços, números de telefone, páginas e endereços de internet...) são proporcionadas a título indicativo, tendo em conta e evolução constante dos dados fornecidos. Por este motivo, não é de excluir a possibilidade de que algumas destas informações não sejam rigorosamente exactas ou exhaustivas à data de aparição desta obra. Este facto não é, evidentemente, da nossa responsabilidade.
Antes de cualquer actuação pela sua parte, aconselhamos informarse perante os organismos oficiais.